U0516761

歷代刑法考

附寄簃文存 一

〔清〕沈家本 撰
鄧經元 駢宇騫 點校

中華書局

圖書在版編目(CIP)數據

歷代刑法考:附寄簃文存/(清)沈家本撰;鄧經元,駢宇騫點校. —北京:中華書局,1985.12(2024.12重印)
ISBN 978-7-101-01463-1

Ⅰ.歷… Ⅱ.①沈…②鄧…③駢… Ⅲ.刑法-法制史-中國-古代 Ⅳ.D924.02

中國版本圖書館CIP數據核字(2006)第034337號

封面題簽:繆　鉞
初版編輯:崔文印
責任編輯:胡　珂
責任印製:管　斌

歷代刑法考
附寄簃文存
(全四册)
〔清〕沈家本 撰
鄧經元
駢宇騫 點校

*

中華書局出版發行
(北京市豐臺區太平橋西里38號 100073)
http://www.zhbc.com.cn
E-mail:zhbc@zhbc.com.cn
三河市宏達印刷有限公司印刷

*

850×1168毫米 1/32・73⅜印張・8插頁・1573千字
1985年12月第1版 2024年12月第4次印刷
印數:10901-11900册 定價:298.00元

ISBN 978-7-101-01463-1

點校説明

沈家本（一八四〇——一九一三），字子惇，號寄簃，清浙江歸安（今浙江吴興）人。光緒九年進士，歷官天津府知府、保定府知府、刑部左侍郎、大理院正卿、法部右侍郎、資政院副總裁等職，並於光緒二十八年充任修訂法律大臣。

沈家本是清末的法學名家。他初入仕途即任刑部郎中，歷官四十餘年，大多主管司法。清史稿有傳。清末實行「新政」，派沈家本、伍廷芳等主持修訂法律。當時頒行和未及頒行的新律，如大清新刑律草案、大清現行刑律、大清商律草案及刑事民事訴訟法等，大都在沈家本等人的主持下修成。

沈家本專心法律之學，平生著述甚富，其所著書後人刻有沈寄簃先生遺書。（甲編收書二十二種共八十六卷，乙編收書十三種共一百零四卷，尚列有未刻書目十六種共一百三十二卷。）這次點校刊行的歷代刑法考附寄簃文存，就是沈寄簃先生遺書甲編的全部内容。

四庫全書總目政書類法令目按語説：「刑爲盛世所不能廢，而亦盛世所不尚，兹所録者，略存梗概而已，不求備也。」這種看法是有代表性的。而從漢至清，除朝廷頒行的律令之外，傳世的法學專門著作，實在是屈指可數。歷代刑法考的編纂，在系統整理我國法制史資料方面，可説是一次創舉。作爲一部開創性著作，它首先表現在内容的豐富與取材的廣博上。歷代與刑法有關的資料，如刑法制度、刑官建制、律目變遷、各朝赦免、監獄設置、刑具種類、行刑方法，以至鹽法、茶法、酒禁、同居、丁年等等，巨細無遺，咸登畢録。書中集録的資料，按目分列，縷析條分，上下幾千年，既洋洋大觀，而又不顯得蕪雜。

其次，是文獻考訂的精核。清史稿本傳稱沈家本「少讀書，好深湛之思，於周官多創獲。博稽掌故，多所纂述。」沈家本學有淵源，尤精於經學與小學。本書最見功力的部分，是對於先秦及兩漢文獻的考訂。書中對文獻的考辨，一般都是從訓詁着手，引經據典，追本溯源，旁徵博引，力求闡發其本意。沈家本非常注意吸收清代樸學大師段玉裁、桂馥、王筠等人的研究成果，而又常常作出自己的判斷。清史稿所稱「於周官多創獲」，就是指的他對先秦、兩漢刑法制度的研究。

此書論述歷代律法，着重在漢律、唐律及明律。唐律是我國現存最早而又最爲完整的古代律法，也是唐以後各朝律法之所本，其重要性是顯而易見的。明律爲清律所直接承襲，書中對明律的論述，目的比較明確，主要就在於借鑑。和沈家本同時的律學大家薛允升著有唐明律合刻，論説利弊得失，薛氏右唐而左明，沈家本對唐律也很推崇，但態度却較爲客觀，實事求是，不偏不倚。對漢律的研究是本書的精華。歷代刑法考收有漢律摭遺二十二卷，約占全書份量的三分之一。漢律摭遺的特點是對材料的徵稽探隱發微，力求窮盡，而考辨則多引漢人説法以解釋漢律。漢律久亡，經過沈家本的整理，漢律面目大致可觀，其中有些還是研究漢代典章制度及社會性質的珍貴資料。歷代刑法考一書及稍後問世的程樹德九朝律考，在整理我國法制史資料方面，都應算是具有總結性的研究著作。

沈家本在我國法學及法律思想發展史上都是一位承先啓後的有代表性的人物。他精通我國舊律，對近代西方、日本各國法律也有較深的瞭解。他推崇我國歷史上的法治思想，並試圖結合近代西方的法治理論以用於立法，主張變法自强。他深知我國舊律的種種弊端及執法官吏的腐敗，時時加以評説。此書對於研究我國法制史及法律思想發展的歷史，都是一部有價值的參考書。

本書所附寄簃文存八卷，是沈家本學術論著及重要文稿的彙編。這是研究沈家本思想的重要資料。其中一些學術論述，其精辟論斷及校勘成果，至今仍爲研究者所採用。

我們這次點校所用的底本，卽沈寄簃先生遺書本。書中引文均一一核查原書。除明顯的錯字、避諱字逕改及少數異體字改爲通行字之外，凡校訂改字之處均標以方、圓括號。圓括號内爲原有字，在前用小一號字靠右排列；方括號内爲改正字，在後與正文同列。點校中的缺點和錯誤，敬請讀者指正。

鄧經元
駢宇騫

歷代刑法考總目

刑制總考四卷

刑制總考一……五
唐虞……五
夏……九
商……一〇
周……一一
刑制總考二……一五
秦……一五
漢……一八
蜀……二〇
魏……二一
吳……二四
晉……二六
刑制總考三……三一
宋　齊……三一
梁……三一
陳……三五
北魏……三五
北周……三八
北齊……四〇
隋……四三
刑制總考四……四九
唐……四九
宋……五四
遼……五六

金……五八
元……六一
明……六三

刑法分考十七卷

刑法分考一……七一
夷三族 七族 九族 十族 族……七一
族……七九
七族 九族 十族……八〇
緣坐……八一
連坐……八六
保任……八七
刑法分考二……九一
醢 附脯……九一
炮格 附烙法……九四
焚……九六
烹……九九
轘……一〇三
沈河……一〇七
陵遲……一〇八
支解……一一一
磔……一一三
刑法分考三……一一五
要斬……一一五
梟首……一一八
戮尸 剉尸……一二四
斬……一二九
殺……一三三
刑法分考四……一三五
絞……一三五
磬……一三八
棄市……一三八

笞殺……一三九
考竟……一四一
剖心……一四四
射殺……一四五
射鬼箭……一四六
生瘞……一四七
投崖……一四七
非法之刑……一四八
刑法分考五……一五五
肉刑……一五五
除肉刑……一六四
議復肉刑……一六六
刑法分考六……一八三
宫……一八三
禁自宫……一九二
刵……一九四
貫耳……一九五
刖……一九六
髕……二〇〇
斷腕……二〇四
斷腳筋……二〇五
劓……二〇六
互詳總考……二〇七
刑法分考七……二一一
墨……二一一
遼……二三三
金……二三三
元……二三三
明……二三五
鈦……二三七
刑法分考八……二三九
充軍……二三九

刑法分考九……二四七
遷 亦曰徙……二四七
徙……二五四
遷徙……二五九
編管 又曰羈管 又曰編置……二六〇
放 亦曰蔡……二六一
刑法分考十……二六七
流……二六七
安置……二七七
居住……二七九
謫戍……二七九
屯戍……二八三
刑法分考十一……二八九
城旦……二八九
舂……二九二
鬼薪……二九三
白粲……二九五
隸臣妾……二九六
司寇……二九七
髡……二九九
完 耏 亦作耐……三〇一
罰作 復作……三〇三
刑法分考十二……三〇五
監禁作工……三〇五
工役……三〇七
執……三一五
囚……三二一
枷號……三二五
罰金……三二八
囚繫……三三一
刑法分考十三……三三五
徒……三三五

隸……三四七
刑法分考十四……三五五
杖……三五五
鞭……三七六
督……三八二
刑法分考十五……三八五
奴……三八五
奴婢……三九三
奴婢禁令……四〇二
逃奴……四〇四
奴婢放贖之制……四〇五
自贖爲良……四一五
部曲考……四一六
官户 番户……四二二
雜户 樂户 驛户 隸户 營户……四二二
二税户……四二四
刑法分考十六……四二七
贖……四二七
刑法分考十七……四八三
免……四八三
削爵一級……四八四
免官……四八四
官當……四八七
比徒……四八九
除名……四八九
禁錮……四九一
監禁……五〇〇
考囚……五〇一
掠……五〇一
榜……五〇四
考……五〇四
測罰……五〇七

元魏非刑……五〇八
夾指壓踝……五〇九
唐考囚法……五一〇
訊囚酷法……五一二
宋掠囚法……五一五
遼拷訊之具……五一六
金掠囚事……五一七
元蒙古人不拷掠……五一七
明拷訊法……五一八

赦考十二卷

赦一……五二一
原赦……五二一
赦二……五二九
述赦一……五二九
踐阼……五二九
改元……五三五
立后……五四〇
建儲……五四二
后臨朝……五四四
大喪……五四四
帝冠……五四五
郊 后土附……五四六
祀明堂……五四八
臨雍……五四九
封禪……五四九
立廟……五五〇
巡狩……五五〇
徙宮……五五二
定都……五五二
從軍……五五二
克捷……五五四

年豐……五五五
祥瑞……五五五
災異……五五八
劭農……五六五
飲酎……五六六
遇亂……五六六
赦三……五六九
述赦二……五六九
減等……五六九
特赦……五七三
曲赦……五七六
赦徒……五七八
別赦……五八〇
漢世諸帝赦之次數……五八二
赦四……五八九
述赦三……五八九

大赦……五八九
魏……五八九
吴……五九〇
晉……五九二
宋……五九六
南齊……五九八
梁……六〇〇
陳……六〇二
北魏……六〇三
北齊……六〇七
北周……六〇八
隋……六〇九
十六國……六一〇
唐……六一六
赦五……六二五
述赦四……六二五

五代……六二五
十國……六二七
宋……六二八
遼……六三七
金……六三九
元……六四一
明……六四四
赦六……六四九
述赦五……六四九
曲赦……六四九
別赦……六六九
赦徒……六七六
王國赦事……六七八
外國赦……六七九
赦屬國……六八〇
爲臣下赦……六八〇
赦七……六八一
赦例一……六八一
赦八……六九三
赦例二……六九三
赦九……七二三
赦例三……七二三
赦十……七四七
赦儀……七四七
赦占……七五五
赦十一……七五九
論赦一……七五九
赦十二……七八一
論赦二……七八一
漢代録囚……七九一
六代録囚……七九三
唐代慮囚……七九四

宋代慮囚……七九八
審録……八〇三

律令九卷

律令一……八〇九
律……八〇九
令……八一一
科……八一三
法……八一三
黄帝李法……八一四
唐虞造律……八一四
夏科條　贖刑……八一六
軍法……八一六
政典……八一七
禹刑……八一八
殷官刑……八一八
殷罰　殷彝……八一九
湯令……八一九
湯刑……八二〇
周文王法……八二〇
周刑典　官刑　宫刑　八成……八二一
八辟……八二四
五禁　八成……八二五
五刑……八二七
三法……八二七
六約……八二七
周刑禁……八二八
没入……八三〇
鄉八刑……八三〇
和難　辟讎……八三一
周刑書……八三三
周贖刑……八三三

甫刑金選品……八三二
周誓命　九刑……八三二
周律……八三三
周令……八三四
箕子八條……八三四
晉常法……八三四
晉被廬之法　刑鼎……八三五
晉戎索……八三六
鄭刑書……八三六
鄭竹刑……八四一
楚僕區……八四一
楚憲令……八四二
魏憲……八四二
魏李悝法經……八四二
律令二……八四五
秦法……八四五
衛鞅變法……八四五
秦法令……八四七
秦律令……八四八
二世法律……八四九
漢三章……八四九
漢律九章……八五〇
賈誼定律令……八五二
漢除律令……八五三
叔孫通傍章……八五三
張蒼定律令……八五三
孝景改定律令……八五四
鼂錯更定法令……八五五
孝武條定法令……八五五
越宮律　朝律……八五八
主父偃律令八事……八五八
漢律經　令甲……八五八

令乙令丙……八五九
甲令乙令……八六〇
漢氏施行　丁酉詔書……八六〇
宣帝蠲除律令……八六一
元帝省刑罰……八六一
成帝減死蠲除律令……八六二
哀帝輕殊死刑……八六三
漢法近古……八六四
漢律令百有餘篇……八六五
挈令　板令……八六五
漢章程……八六六
任子令　誹謗訞欺法……八六六
酎金律……八六六
田租稅律　田律田令　戍卒令……八六七
水令……八六七
公令……八六七
功令……八六七
養老令……八六七
馬復令……八六八
禄秩令……八六八
宮衛令……八六八
金布律令　錢律……八六八
胎養令……八六八
祀令　祠令……八六九
齋令……八六九
三互法……八六九
賣爵令……八六九
品令……八六九
上計律……八七〇
大樂律……八七〇
漢尚方律……八七〇
尉律……八七〇

建武律令故事……八七〇
陳寵辭訟比……八七一
肅宗著令五十餘事……八七一
陳寵請除漢法溢于甫刑者……八七三
鮑昱法比都目……八七三
郭躬輕刑四十一事……八七三
陳忠決事比……八七四
孝宣舊令……八七四
小杜律……八七四
律説……八七五
律三家……八七五
律鄭氏説……八七五
律家……八七六
九法……八七六
律本章句　尚書舊事……八七六
六條　九條……八七七
廷尉決事　駮事　雜詔書……八七七
漢名臣奏　漢名臣奏事……八七七
南臺奏事……八七八
律略論……八七八
具令　著令……八七九
法十家……八七九
漢晉律序注……八八〇
馬將軍故事……八八〇
董仲舒治獄……八八一
蜀科……八八二
法檢科令軍令……八八二
十六條……八八二
吴科條……八八二
律令三……八八五
魏甲子科……八八五
減死令　罰金令……八八五

禁復讎……八八五
新律　舊律　魏令……八八六
減鞭杖令　删定大辟……八八八
士亡法……八八八
女嫁不從坐……八八九
律略論　法論……八九一
魏主奏事　魏名臣奏事　魏臺雜訪議
　魏廷尉決事……八九〇
金策……八九〇
晉泰始律……八九〇
庚戌制……八九六
陳杜律……八九六
晉令……八九六
籍田令……八九七
六條……八九七
五條詔書……八九七
尚書十二條……八九八
晉故事……八九八
漢晉律序注……八九八
雜律解……八九九
律本　雜律……八九九
雜議　彈事　駮事　雜制……八九九
晉宋齊梁律……九〇〇
宋改定令制……九〇〇
除峻重法……九〇〇
宋律……九〇一
宋令……九〇二
南齊律……九〇二
齊永明律……九〇三
齊五服制……九〇四
齊令……九〇四
梁律……九〇四

梁令……九〇六
梁科……九〇六
陳律……九〇六
陳令　陳科……九〇七
陳新制……九〇八
後魏律……九〇八
法例律　盜律　賊律　赦律　鬬律……九一三
獄官令官品令……九一三
太皇太后令十八條……九一三
太昌條格……九一四
北齊麟趾格……九一四
北齊律……九一五
權令　別條權格……九一六
北齊令……九一六
免宮刑……九一七
西魏免宮刑……九一七
大統式……九一七
周律……九一八
禁報讎……九一九
刑書要制……九一九
刑經聖制……九二〇
隋律……九二〇
大業律……九二三
隋開皇令……九二四
隋大業令……九二四
新式……九二四
律令四……九二五
唐約法十二條……九二五
律令格式……九二五
新格五十三條……九二五
武德律……九二六
貞觀律……九二七

唐令……九二九
貞觀格……九三〇
貞觀式……九三〇
貞觀留司格……九三〇
永徽律　式　式本　令　散頒格
留司格……九三〇
律疏……九三一
永徽留本司格後……九三三
永徽式……九三三
法例……九三四
垂拱格式　删垂拱式……九三四
太極格……九三五
開元格　後格……九三六
格後長行敕……九三七
開元新格　格式律令事類……九三七
開元格後敕……九三八
開元格令科要……九三九
元和格敕　元和删定制敕……九三九
太和格後敕　開成詳定格……九四〇
大中刑法總要格後敕……九四一
大中刑律統類……九四二
度支長行旨……九四三
律令手鑑……九四三
式苑……九四三
刑法要録……九四三
判格……九四四
法鑑……九四四
大中後雜敕……九四四
吏部甲令……九四四
學令……九四四
品秩令式……九四五
水令……九四五

司門式　光祿式……九四五
兵部格……九四六
唐刑法二十八家……九四六
旁通開元格　開元禮律格令要訣……九四七
貞觀募戍西州法……九四七
天寶重杖代死刑法……九四七
元和死罪改流法……九四八
乾元改重法……九四八
建中改重法……九四八
元和改重法……九四九
會昌改重法……九四九
天寶改輕法……九五〇
寶曆增法……九五〇
律令五……九五一
梁新定格式律令……九五一
刑律總要……九五一
梁令　梁式　梁格……九五一
後唐同光刑律統類……九五二
開成格……九五三
長興敕條……九五三
清泰制敕……九五三
賊徒推勘致死以故殺論……九五三
贓罪……九五四
竊盜……九五五
盜分攻劫城鎮劫掠鄉村……九五五
枉法贓……九五六
詳定大中刑法統類……九五六
天成長定格……九五七
天成雜敕……九五七
後晉天福編敕……九五七
鬭毆故傷人辜內死……九五八
竊盜贓……九五八

強盜……九五九
周續編敕……九六〇
鹽麴條法……九六一
周刑統……九六三
諸盜三犯……九六四
江南刑律統類……九六四
江南格令條……九六四
江南删定條……九六四
僞吴删定格令……九六四
蜀雜制敕……九六五
律令六……九六七
宋建隆律……九六七
建隆編敕　新編敕……九六七
新定律……九六八
建隆重定刑統……九六八
開寶刑統……九六九
開寶長定格　盧多遜長定格……九七〇
捕盜令……九七〇
論訴人不得驀越陳狀……九七〇
士庶閹童男……九七〇
别籍異財……九七一
内侍養子令……九七一
僞黄金……九七一
試判假手……九七一
市二價……九七二
嶺南盜贓……九七二
太平興國編敕……九七三
決獄違限令……九七三
繼母殺子及婦……九七三
私鑄……九七三
礬法……九七三
尊長錮送子弟……九七三

雍熙竊盜令……九七四
斷獄失入制……九七四
蒲博……九七五
劫賊……九七五
淳化編敕……九七五
淳化令式……九七六
咸平編敕……九七六
三司刪定編敕……九七七
景德三司新編敕……九七七
景德農田編敕……九七八
大中祥符編敕……九七八
天禧編敕……九七九
盜剥桑柘……九七九
童僕勿私黥……九八〇
誘人子弟析産……九八〇
海行條貫……九八〇
天聖刪定咸平編敕……九八〇
天聖新修令……九八二
律文音義　律令釋文……九八二
天聖五服敕……九八三
景祐編敕……九八三
慶曆編敕……九八四
慶曆編敕　律學武學敕式……九八四
附令敕　續附令敕……九八四
三司條約……九八五
皇祐一司一路一州一縣敕……九八五
貢舉條制……九八五
嘉祐禄令　驛令……九八五
嘉祐編敕……九八六
嘉祐詳定編敕……九八七
端拱以來宣敕劄子……九八八
嘉祐審官院編敕……九八八

饑民刼倉廩……九八八
輕強盜法 竊盜附……九八九
殊死親老疾……九九〇
治平諸司條式……九九〇
熙寧三司令式……九九〇
熙寧編敕……九九一
熙寧諸司敕式……九九二
尚書刑部敕……九九二
軍馬敕……九九三
熙寧中書禮房條例……九九三
熙寧新編敕令式……九九三
重修開封府熙寧編……九九四
熙寧條貫……九九四
法寺斷例……九九五
熙寧常平敕……九九五
國子監敕式令 學令……九九五
元豐諸司敕式 編敕……九九五
元豐司農敕式令……九九六
元豐講筵式……九九七
三省樞密六曹條制……九九七
謀殺已傷案問欲舉……九九七
重贓併滿輕贓法……九九七
失入死罪……九九八
命官免杖黥……九九八
諸倉丐取法……九九八
盜賊重法……九九九
配流遇冬停遣……一〇〇一
供奉官有養子不得更養子……一〇〇一
估贓法……一〇〇一
元祐敕令式……一〇〇一
紹聖敕令……一〇〇三
元符刑名斷例……一〇〇三

強盜欲舉自首……………………………………一〇〇四
預妓樂宴會法……………………………………一〇〇四
佃客犯主　命士送徒……………………………一〇〇四
失入人罪…………………………………………一〇〇五
崇寧斷例刑名例…………………………………一〇〇五
大觀法制敕令格式………………………………一〇〇六
政和敕令格式……………………………………一〇〇六
宣和敕令格式……………………………………一〇〇七
疑獄當奏不奏……………………………………一〇〇七
鬥殺情理輕重格…………………………………一〇〇七
圜土法……………………………………………一〇〇八
監司互察法………………………………………一〇〇八
違御筆……………………………………………一〇〇八
情法輕重取旨令…………………………………一〇〇九
計贓律……………………………………………一〇〇九
定笞法……………………………………………一〇一〇
囊橐之家…………………………………………一〇一〇
士庶拜僧…………………………………………一〇一〇
官吏論告按察官…………………………………一〇一〇
品官枷訊　宗室捶考　去官免罪………………一〇一一
虐吏慘酷…………………………………………一〇一一
以禁錢買物饋獻…………………………………一〇一二
減捶刑……………………………………………一〇一二
御筆斷罪…………………………………………一〇一二
禁蘇黄文…………………………………………一〇一二
靖康删修條法……………………………………一〇一三
建炎修敕令格式…………………………………一〇一三
紹興重修敕令格式………………………………一〇一四
紹興在京令式……………………………………一〇一六
禄秩新書　禄秩敕令格…………………………一〇一六
紹興太學敕令　貢舉令式………………………一〇一六
紹興常平免役敕令格式…………………………一〇一七

吏部續降七司通用法……一〇一七
大宗正司敕令格式……一〇一七
紹興刑名斷例……一〇一七
紹興續修條例……一〇一八
紹興申明刑統……一〇一八
以絹計贓……一〇一九
私鹽法……一〇一九
誤決重囚法……一〇二〇
三省法　贓吏法……一〇二一
乾道新編特旨斷例……一〇二一
乾道敕令格式……一〇二一
檢驗格目……一〇二二
淳熙敕令格式……一〇二二
淳熙條法事類　修法樞要……一〇二三
淳熙吏部左選敕令格式　吏部條法
總類……一〇二四
販牛過淮……一〇二四
盜賊法……一〇二四
死罪奏流徙先決遣……一〇二四
以絹計贓以錢定罪……一〇二五
六項強盜……一〇二五
慶元敕令格式……一〇二六
慶元條法事類……一〇二六
開禧重修七司法……一〇二七
檢驗正背人形圖……一〇二七
嘉定吏部條法總類　百司吏職補授
法……一〇二八
家屬受財私和……一〇二八
毀錢爲銅……一〇二八
計贓鐵錢二當一……一〇二九
官物不應用而用……一〇二九
淳祐敕令格式……一〇二九

淳祐條法事類……一〇三〇
寶祐七司條令……一〇三〇
羣牧司編……一〇三〇
銓曹格敕　大宗正司條　諸軍班直禄令　茶鹽目録……一〇三〇
五服相犯法纂　九族五服圖制……一〇三一
紹興士師龜總……一〇三一
紹興折獄龜鑑……一〇三一
疑獄集　續疑獄集……一〇三二
律鑑　法要……一〇三二
金科易覽……一〇三二
五刑纂要録　五刑纂經……一〇三三
刑法纂要　斷獄立成　外臺祕要憲問……一〇三三
刑法要例　法鑑　章程體要　法例六贓圖……一〇三三

沿革制置敕　百司考選格敕……一〇三三
讞獄集　青囊本旨論……一〇三四
作邑自箴　諭俗編　養賢録使範……一〇三四
金科玉律總括詩　金科玉律　金科類要　刑統賦解……一〇三四
廣律判辭　措刑論律心……一〇三四
律令七……一〇三五
遼法律……一〇三五
軍律　軍法……一〇三五
宮刑令……一〇三五
立標識……一〇三六
南京律文……一〇三六
漢律……一〇三六
統和更定法令……一〇三六
兄弟不連坐……一〇三七
奴婢告首主……一〇三七

黥面……一〇三七
竊盜……一〇三八
太平更定法令……一〇三八
重熙輕法……一〇三八
重熙條制……一〇三九
重熙改法……一〇三九
清寧重法……一〇三九
咸雍條制　太康續增　大安續增……一〇四〇
金用遼宋法……一〇四〇
天眷衛禁法　律文……一〇四一
皇統制……一〇四一
正隆續降制書……一〇四一
軍前權宜條理……一〇四一
大定重修制條……一〇四二
明昌律義　泰和律義　律令　新定
　敕條　六部格式……一〇四二
提刑司條制……一〇四四
校定泰和新格……一〇四四
金國舊俗……一〇四五
盜賊徵償法……一〇四五
以人對贖法……一〇四六
同姓爲婚……一〇四六
没入法……一〇四六
盜發遼陵……一〇四七
買貧民爲奴……一〇四七
竊盜制……一〇四七
私度僧尼　繼父母男女不嫁娶……一〇四七
漏泄……一〇四八
私相越境法……一〇四八
決杖法……一〇四八
禁酒……一〇四八
出征軍逃亡法……一〇四九

亂言……一〇四九
服用金線……一〇四九
盜馬……一〇五〇
品官犯賭博法……一〇五〇
親民吏杖決收贖……一〇五〇
兄弟之妻續婚……一〇五〇
妄言邊關兵馬……一〇五〇
網捕走獸法……一〇五一
職官犯罪去官猶論……一〇五一
命婦犯姦……一〇五一
踐民田　盜穀……一〇五一
盜太廟物……一〇五二
僚佐並坐……一〇五二
推算相命……一〇五二
出繼子分產制……一〇五二
榷場香茶罪賞法……一〇五三
護送罪人逃亡……一〇五三
婚娶不以禮者以姦論……一〇五三
殺妻及奴婢……一〇五三
職官再犯贓……一〇五四
糾彈之官犯法不舉……一〇五四
服内成親……一〇五四
冒廕罪賞……一〇五四
行幸妄取于民……一〇五五
強取羊馬……一〇五五
情見……一〇五五
婦人免輸作分決杖……一〇五五
八議……一〇五六
同職糾察法……一〇五六
罪人在禁聽親族入視……一〇五六
禁民收制書……一〇五七
品官子孫試補法提刑司條……一〇五七

捕盜制……一〇五七
強族大姓交往官吏……一〇五八
親王長史府掾故失罪……一〇五八
奴誘良人法……一〇五八
部内按災傷法……一〇五八
民庶不得服純黄銀褐色……一〇五八
稱本朝爲蕃……一〇五九
受獻遺……一〇五九
詐爲制書……一〇五九
司獄筵宴往還　私建庵室……一〇五九
伶人禁……一〇五九
投匿名書……一〇六〇
繹道拜父母……一〇六〇
故作疑申呈……一〇六〇
習角抵槍棒……一〇六〇
徒不決杖……一〇六〇
元舉官連坐……一〇六一
軍前受財法……一〇六一
隨處盜賊赦……一〇六一
屬託法……一〇六一
宫中傳達轉遞……一〇六二
軍前怠慢……一〇六二
服内婚娶……一〇六二
官犯鬬殺遇赦　決斷法……一〇六二
皇族養異姓爲子……一〇六三
品官過闕則下……一〇六三
管軍官受財　監户爲婚　造作不如法……一〇六三
造上茶……一〇六三
避廟諱……一〇六三
卑幼捕尊長……一〇六三
猛安謀克户毀樹蘙地……一〇六四

放良人不得應科舉……一〇六四
户絶田宅……一〇六四
賣毁銅牌……一〇六四
增減宫門鎖鑰……一〇六四
省令史詭稱妄易……一〇六五
申報盜賊　限錢法……一〇六五
按察司體訪不實……一〇六五
私鹻……一〇六五
鞫勘官受飲宴　盜用僞造都門契……一〇六五
避孔子諱……一〇六六
軍逃亡　拜禮依本朝……一〇六六
姦細　圍場誤射人……一〇六六
急遞鋪　軍前差發受贓　飛蝗入境……一〇六六
賣馬外境……一〇六六
茶禁……一〇六七
蟲蝻生發……一〇六七
制書忘誤……一〇六七
造作人匠……一〇六七
安泊強竊盜……一〇六七
亡失告身文憑……一〇六八
按察官笞決……一〇六八
私發進奉帖關及制書……一〇六八
收潰軍亡馬……一〇六八
逃軍居停人　安泊逃軍……一〇六八
不求士不赴任……一〇六九
奴婢捄主……一〇六九
京師失火……一〇六九
屠牛……一〇六九
以銀計贓……一〇七〇
御史的決……一〇七〇
藏匿逃亡……一〇七〇
行省杖屬官……一〇七一

不遵本條……一〇七一
律令八……一〇七三
元初頒條畫……一〇七三
太宗條令……一〇七三
中統條格　行中書條格……一〇七四
贓罪十三等……一〇七五
法令三十七章……一〇七五
尚書省條畫……一〇七六
禁行金泰和律……一〇七六
軍官格例……一〇七六
軍籍條例……一〇七七
至元新格……一〇七七
大德律令……一〇七七
滅盜賊條格……一〇七八
受賕條格……一〇七八
大德律令……一〇七八
贓罪十二章……一〇七九
風憲宏綱……一〇七九
大元通制……一〇八〇
封贈通制……一〇八一
農桑舊制……一〇八一
遷徙法……一〇八一
經世大典……一〇八二
私造格例……一〇八四
至正條格……一〇八四
假貸歲久子本相侔而止　息以三分
　爲率……一〇八五
私商越境……一〇八五
私殺馬牛……一〇八六
宣聖廟侵擾褻瀆……一〇八六
使臣禁令……一〇八六
諸王禁令……一〇八七

官吏禁令……一〇八八
軍官軍人禁令……一〇九一
僧官僧人禁令……一〇九三
匿書名……一〇九四
私藏軍器　私造……一〇九四
獵禁……一〇九五
天文圖讖……一〇九六
畏吾兒僧陰陽巫覡道人呪師……一〇九六
方士日者……一〇九六
巫蠱……一〇九七
妄談天象……一〇九七
回回曆……一〇九七
失誤軍期……一〇九七
踐民禾……一〇九八
擾民……一〇九八
私鹽……一〇九九
販馬……一一〇〇
代軍……一一〇〇
軍逃……一一〇〇
調軍……一一〇一
役軍……一一〇一
避役……一一〇二
僞造……一一〇二
服色禁令……一一〇三
誣告……一一〇四
越訴……一一〇四
擊登聞鼓……一一〇四
死罪不待時……一一〇四
用杖不用笞……一一〇五
徒不杖……一一〇五
禁刲割……一一〇五
繫獄待對……一一〇五

没妻子……二〇六
籍没……二〇六
冒名支糧……二〇七
漢人與蒙古人鬭毆……二〇七
驅丁……二〇八
賭博……二〇八
盜……二〇八
捕盜令……二〇九
闌遺　買良爲娼……二一〇
典雇妻女……二一〇
略賣……二一〇
事關中書尚書……二一〇
稽緩文移……二一一
搜取私物……二一三
多取分例……二一三
抽分固匿……二一三
和市價直……二一三
奏請金銀……二一三
進獻……二一三
教兵藝……二一三
斂鈔……二一三
親屬……二一四
私渡……二一四
課程……二一四
下海下番……二一四
匿税……二一五
擅據民田……二一五
流民……二一六
赦款……二一六
留養……二一六
酒禁……二一六
植物動物禁令……二一七

雜禁令……一一一九
括馬……一一二〇
市毒藥……一一二〇
律令九……一一二一
明初律令　律令直解……一一二一
祖訓録……一一二三
宦官禁令……一一二三
鐵榜……一一二三
律令憲綱……一一二四
洪武七年大明律……一一二五
土官犯罪律……一一二六
洪武更定大明律……一一二六
太孫改定律條……一一三〇
大明律誥……一一三〇
大誥……一一三一
大明令……一一三二
皇明祖訓……一一三二
教民榜文……一一三三
榜例……一一三三
應合抄劄……一一三四
合編充軍……一一三四
決不待時……一一三四
遷發種田……一一三五
交趾刑名事例……一一三六
貴州土人斷罪例……一一三六
會定見行律……一一三六
問刑條例……一一三七
武官有犯奏請……一一四〇
申明亭……一一四一
更定親屬相容隱律……一一四一
越訴……一一四二
功臣死罪減祿……一一四二

誣告法……一一四三
監生犯罪……一一四三
誹謗……一一四三
京城盜馬……一一四四
吏典犯罪……一一四四
義女爲妾……一一四五
侵欺軍糧……一一四五
盜採銀礦……一一四六
竊盜遇赦……一一四六
姦義男婦……一一四六
生員犯罪……一一四七
拷訊致死……一一四七
親屬相姦……一一四八
威逼父母致死……一一四八
訐告原問官……一一四八
殺人不同謀　竊盜臨時拒捕……一一四九
子弟劫父兄……一一四九
僞造文書……一一四九
買休賣休……一一五〇
侵盜錢糧……一一五〇
盜珠……一一五一
刺字……一一五一
熱審……一一五二
寒審……一一五三
明志刑法類所録書……一一五四

獄考一卷

獄考……一一五七

刑具考一卷

刑具考……一一九三
梏拳桎……一一九三

杻……一一九八
械……一一九九
盜械……一一九九
校……一二〇一
枷……一二〇四
徽纆……一二〇七
縲絏……一二〇九
鎖……一二一〇
鉗釱……一二一二
鞭……一二一三
笞杖……一二一四
拶指……一二一八
夾棍　腦箍……一二一九
檻車……一二二〇

行刑之制考一卷

行刑之制考……一二二三
行刑之時……一二三五
停刑日期……一二四二

死刑之數一卷

死刑之數……一二四七

唐死罪總類一卷

唐死罪總類……一二五三
斬……一二五三
絞……一二五九

充軍考一卷

充軍考上……一二七一
充軍考中……一二七三
充軍考下……一二九五

鹽法考　私礬考　私茶考
酒禁考　同居考　丁年考
合一卷

鹽法考……一二九九
私礬考……一三〇九
私茶考……一三一一
酒禁考……一三一七
同居考……一三二五
丁年考……一三三一

律目考一卷

律目考……一三四五

漢律摭遺二十二卷

漢律摭遺自序……一三六五
漢律摭遺卷一……一三六七
總述……一三六七
目録……一三七〇
崔浩漢律序……一三九〇
漢律摭遺卷二……一三九三
盜律……一三九三
劫略……一四〇〇
恐猲……一四〇一
和賣買人……一四〇二
持質……一四〇三
受所監……一四〇四
受財枉法……一四〇六
勃辱強賊……一四〇八
還贓畀主……一四〇九
賊傷……一四〇九
漢律摭遺卷三……一四一三

賊律一……一四一三
大逆無道……一四一三
漢律摭遺卷四……一四三五
賊律二……一四三五
欺謾……一四三五
詐僞……一四三九
踰封……一四四四
矯制……一四四九
賊伐樹木……一四五三
殺傷人畜産……一四五三
諸亡印……一四五三
儲峙不辦……一四五四
盜章……一四五五
漢律摭遺卷五……一四五七
賊律三……一四五七
漢律摭遺卷六……一四七五
囚律……一四七五
詐僞生死……一四七五
詐自復除……一四七五
告劾……一四七六
傳覆……一四七九
繫囚……一四八〇
鞫獄……一四九一
斷獄……一四九六
漢律摭遺卷七……一五〇三
捕律……一五〇三
漢律摭遺卷八……一五一一
雜律……一五一一
假借……一五一一
不廉……一五一三
呵人受錢……一五一六
使考驗賂……一五一六

輕狡……一五一六
越城……一五三三
博戲……一五三三
淫侈……一五三四
漢律摭遺卷九……一五三三
具律一……一五三三
漢律摭遺卷十……一五五一
具律二……一五五一
漢律摭遺卷十一……一五七三
具律三……一五七三
出賣呈……一五七三
擅作修舍事……一五七三
漢律摭遺卷十二……一五八九
興律……一五八九
上獄……一五八九
考事報讞……一五八九
擅興徭役……一五九〇
乏徭……一五九一
稽留……一五九三
烽燧……一五九三
漢律摭遺卷十三……一五九九
廄律……一五九九
逮捕……一六一六
告反……一六一七
逮受……一六一七
登聞道辭……一六一八
乏軍興……一六一九
奉詔不謹……一六三一
不承用詔書……一六三三
上言變事……一六三三
以警事告急……一六三三
漢律摭遺卷十四……一六三五

户律一……一六二五
漢律摭遺卷十五……一六四一
户律二……一六四一
漢律摭遺卷十六……一六五九
傍章……一六五九
越宫律……一六六四
朝律……一六七九
漢律摭遺卷十七……一六八五
金布律……一六八五
毁傷亡失縣官財物……一六八五
罰贖入責呈黄金爲價……一六八五
平庸……一六八七
坐臧……一六八八
酎金律……一六九〇
尉律……一六九一
漢律摭遺卷十八……一七〇五
田租税律　田令……一七〇五
錢律……一七〇八
上計律……一七〇九
大樂律……一七一六
田律……一六一七
尚方律……一七一七
漢律摭遺卷十九……一七一九
箠令……一七一九
挈令……一七一九
廷尉挈令……一七一九
光禄挈令……一七一九
廷尉板令……一七一九
公令……一七二〇
水令……一七二〇
功令……一七二三
養老令……一七二三

馬復令……一七三五
秩禄令……一七三七
宫衞令……一七三〇
任子令……一七三〇
胎養令……一七三一
祀令　祠令……一七三一
齋令……一七三二
品令……一七三二
戍卒令……一七三三
予告令……一七三三
令甲……一七三四
寧告科……一七三六
漢律摭遺卷二十……一七三九
雜録……一七三九
律説……一七四五
漢律摭遺卷二十一……一七五三
軍法……一七五三
漢律摭遺卷二十二……一七六七
決事類　故事附……一七六七
春秋斷獄……一七七〇
廷尉決事……一七七九

明律目箋三卷

明律目箋一……一七八三
五刑……一七八三
十惡……一七八四
八議……一七八七
應議者犯罪……一七九一
職官有犯……一七九三
軍官有犯　軍官軍人犯罪免徒流
處決叛軍　殺害軍人　在京
犯罪軍民……一七九三

文武官犯公罪　文武官犯私罪……一七九三
應議者之父祖有犯……一七九三
犯罪得累減……一七九四
以理去官　無官犯罪……一七九五
除名當差……一七九五
流囚家屬……一七九五
常赦所不原……一七九六
徒流人在道會赦……一七九六
犯罪存留養親……一七九七
工樂户及婦人犯罪……一七九九
徒流人又犯罪……一八〇〇
老小廢疾收贖　犯罪時未老疾……一八〇〇
給没贓物……一八〇二
犯罪自首……一八〇三
二罪俱發以重論……一八〇三
犯罪共逃　同僚犯公罪　公事失錯　共犯罪分首從　犯罪事發在逃……一八〇四
親屬相爲容隱……一八〇四
吏卒犯死罪……一八〇六
化外人有犯……一八〇六
本條别有罪名　加減罪例　稱乘輿車駕　稱期親祖父母　稱與同罪　稱監臨主守　稱日者以百刻　稱道士女冠……一八〇六
斷罪依新頒律……一八〇七
斷罪無正條……一八〇七
徙流遷徙地方……一八二五
明律目箋二……一八二七
職制……一八二七
選用軍職　大臣專擅選官　文官不許封公侯……一八二七
官員襲廕……一八二七

濫設官吏　貢舉非其人……一八二八
舉用有過官吏　擅離職役　官吏赴任過限　無故不朝參公座……一八二八
擅勾屬官　官吏給由　姦黨　交結近侍官員　上言大臣德政……一八二九
公式……一八二九
講讀律令……一八二九
制書有違……一八二九
棄毀制書印信……一八三〇
上書奏事犯諱　事應奏不奏……一八三〇
出使不復命　漏洩軍情大事　官文書稽程……一八三一
照刷文卷　磨勘卷宗……一八三一
同僚代判署文案　增減官文書……一八三一
封掌印信　漏使印信　漏用鈔印　擅用調兵印信　信牌……一八三二

户律……一八三二
户役……一八三二
脱漏户口　人户以籍爲定　私創庵院及私度僧道……一八三二
立嫡子違法　收留迷失子女……一八三三
賦役不均　丁夫差遣不平　隱蔽差役　禁革主保里長　逃避差役……一八三三
點差獄卒　私役部民夫匠……一八三四
別籍異財　卑幼私擅用財　收養孤老……一八三四
田宅……一八三五
欺隱田糧　檢踏災傷田糧……一八三五
功臣田土　盗賣田宅　任所置買田宅　典買田宅　盗耕種官民田　荒蕪田地……一八三五

棄毀器物稼穡等　擅食田園瓜果　私借官車船……一八三六
婚姻……一八三六
男女婚姻……一八三六
典雇妻女　妻妾失序　逐壻嫁女……一八三六
居喪嫁娶　父母囚禁嫁娶……一八三七
同姓爲婚　尊卑爲婚　娶親屬妻妾　娶部民婦女爲妻妾　娶逃走婦女……一八三八
强占良家妻妾　娶樂人爲妻妾　僧道娶妻　良賤爲婚姻　蒙古色目人婚姻……一八三八
出妻　嫁娶違律主婚媒人罪……一八三九
倉庫……一八四〇
鈔法　錢法……一八四〇
收糧違限　多收税糧斛面　隱匿費用税糧課物　攬納税糧　虚出通關硃鈔　附餘錢糧私下補數……一八四〇
私借錢糧　私借官物　那移出納　庫秤雇役侵欺　冒支官糧　錢糧互相覺察……一八四一
倉庫不覺被盜　守支錢糧及擅開官封　出納官物有違　收支留難　起解金銀足色……一八四一
損壞倉庫財物　轉解官物　擬斷贓物不當　守掌在官財物　隱瞞入官家産……一八四一
課程……一八四三
鹽法　監臨勢要中鹽　沮壞鹽法……一八四三
私茶　私礬　匿税　舶商匿貨　人户虧兑課程……一八四三

錢債……一八四三
違禁取利　費用受寄財物　得遺
失物……一八四三
市廛……一八四四
私充牙行埠頭　市司評物價　把
持行市　私造斛斗秤尺　器用
布絹不如法……一八四四
禮律……一八四四
祭祀……一八四四
祭享……一八四五
毀大祀丘壇……一八四五
致祭祀典神祇　歷代帝王陵寢
褻瀆神明　禁止師巫邪術……一八四五
儀制……一八四六
合和御藥　乘輿服御物……一八四六
收藏禁書及私習天文……一八四七
御賜衣物　失誤朝儀　失儀　奏
對失敍　朝見留難……一八四七
上書陳言　見任官輒自立碑　禁
止迎送　公差人員欺陵長官……一八四八
服舍違式　僧道拜父母……一八四八
失占天象　術士妄言禍福……一八四八
匿父母夫喪　棄親之任　喪葬
鄉飲酒禮……一八四九
兵律……一八五〇
宮衛……一八五〇
太廟門擅入　宮殿門擅入　宿衛
守衛人私自代替　從駕稽違
直行御道……一八五〇
內府工作人匠替役　宮殿造作罷
不出　輒出入宮殿門　關防內
使出入　向宮殿射箭　宿衛人

兵杖　禁經斷人充宿衛……一八五一
衝突儀仗　行宮營門　越城　門禁鎖鑰　懸帶關防牌面……一八五一
軍政……一八五二
擅調官軍　申報軍務　飛報軍情　邊境申索軍需……一八五二
失誤軍事　從征違期　軍人替役　主將不固守……一八五二
縱軍擄掠　不操練軍士　激變良民　私賣戰馬　私賣軍器　毀棄軍器　私藏應禁軍器　縱放軍人歇役　公侯私役官軍　從征守禦官軍逃　優恤軍屬　夜禁……一八五三
關津……一八五三
私越冒渡關津　詐冒給路引　關津留難　遞送逃軍妻女出城　盤詰姦細　私出外境及違禁下海　私役弓兵……一八五三
廄牧……一八五五
牧養畜產不如法　孳生馬匹　驗畜產不以實　養療瘦病畜產不如法　乘官畜脊破領穿　官馬不調習……一八五五
宰殺馬牛　畜產齩踢人　隱匿孳生官畜產　私借官畜產　公使人等索借馬匹……一八五六
郵驛……一八五六
遞送公文　邀取實封公文　鋪舍損壞　私役鋪兵　驛使稽程　多乘驛馬　多支廩給　文書應給驛而不給　公事應行稽程……一八五六

占宿驛舍上房　乘驛馬齎私物
私役民夫擡轎　病故官家屬還
鄉　承差轉雇寄人　乘官畜車
船附私物　私借驛馬……一八五七
明律目箋三……一八五九
刑律……一八五九
賊盜……一八五九
謀反大逆　謀叛　造妖書妖言……一八五九
盜大祀神御物　盜制書　盜印
信　盜內府財物　盜城門鑰
盜軍器　盜園陵樹木……一八六一
監守自盜倉庫錢糧　常人盜倉庫
錢糧……一八六二
强盜……一八六二
劫囚……一八六三
白晝搶奪……一八六四
竊盜　盜馬牛畜産　盜田野穀麥
親屬相盜……一八六四
恐嚇取財　詐欺官私取財　略人
略賣人　發冢……一八六五
夜無故入人家　盜賊窩主　共謀
爲盜　公取竊取皆爲盜　起除
刺字……一八六五
人命……一八六六
謀殺人……一八六六
謀殺制使及本管長官　謀殺祖父
母父母……一八六七
殺死姦夫……一八六七
謀殺故夫父母　殺一家三人　採
生折割人　造畜蠱毒殺人……一八六八
鬬毆及故殺人……一八六九
屏去人服食……一八六九

戲殺誤殺過失殺傷人……一八七〇
夫毆死有罪妻妾　殺子孫及奴婢圖賴人……一八七〇
弓箭傷人　車馬殺傷人　庸醫殺傷人　窩弓殺傷人……一八七〇
威逼人致死……一八七一
尊長爲人殺私和　同行知有謀害……一八七一
鬬毆……一八七二
鬬毆……一八七三
保辜限期……一八七三
宮内忿争　皇家袒免以上親被毆　毆制使及本管長官　佐職統屬毆長官　上司官與統屬官相毆　九品以上官毆長官……一八七三
拒毆追攝人　毆受業師　威力制縛人……一八七三
良賤相毆　奴婢毆家長……一八七四
妻妾毆夫　同姓親屬相毆　毆大功以下尊長　毆期親尊長　毆祖父母父母……一八七五
妻妾與夫親屬相毆　毆妻前夫之子　妻妾毆故夫父母……一八七六
父祖被毆……一八七六
罵詈……一八七七
罵人　罵制使及本管長官　佐職統屬罵長官　奴婢罵家長　罵尊長　罵祖父母父母　妻妾罵夫期親尊長　妻妾罵故夫父母……一八七七
訴訟……一八七八
越訴　投匿名文書告言人罪　告狀不受理　聽訟迴避……一八七八
誣告……一八七九

干名犯義　子孫違犯教令　見禁
囚不得告舉他事……一八七九
教唆詞訟　軍民約會詞訟　官吏
詞訟家人訴　誣告充軍及遷徙……一八七九
受贓……一八八〇
官吏受財……一八八一
坐贓致罪……一八八一
事後受財　有事以財請求……一八八二
在官求索借貸人財物　家人求索
風憲官吏犯贓……一八八三
因公擅科斂　私受公侯財物　剋
留盜贓　官吏聽許財物……一八八三
詐僞……一八八三
詐爲制書　詐傳詔旨　對制上書
詐不以實　僞造印信曆日等
僞造寶鈔……一八八四
私鑄銅錢……一八八五
詐假官　詐稱內使等官　近侍詐
稱私行　詐爲瑞應　詐病死傷
避事　詐教誘人犯法……一八八五
犯姦……一八八六
犯姦　縱容妻妾犯姦　親屬相姦
誣執翁姦　奴及雇工人姦家
長妻　姦部民妻女　居喪及
僧道犯姦　良賤相姦　官吏
宿娼　買良爲娼……一八八六
雜犯……一八八七
拆毀申明亭　夫匠軍士病給醫藥
賭博　閹割火者　囑託公事
私和公事　失火　放火故燒
人房屋　搬做雜劇　違令
不應爲……一八八七

捕亡……一八八八
應捕人追捕罪人　罪人拒捕　獄囚脫監及反獄在逃　徒流人逃　稽留囚徒　主守不覺失囚　知情藏匿罪人　盜賊捕限……一八八九
斷獄……一八九〇
囚應禁而不禁　故禁故勘平人　淹禁　陵虐罪囚　與囚金刃解脫　主守教囚反異　獄囚衣糧　功臣應禁親人入視　死囚令人自殺……一八九〇
老幼不拷訊　鞫獄停囚待對　依告狀鞫獄　原告人事畢不放回　獄囚誣指平人……一八九一
官司出入人罪……一八九二
辯明冤枉　有司決囚等第　檢驗屍傷不以實……一八九二
決罰不如法　長官使人有犯　斷罪引律令……一八九三
獄囚取服辯……一八九三
赦前斷罪不當　聞有恩赦而故犯　徒囚不應役　婦人犯罪　死囚覆奏待報　斷罪不當　吏典代寫招草……一八九四
工律……一八九四
營造……一八九五
擅造作　虛費工力採取不堪用　造作不如法　冒破物料　帶造段匹　織造違禁龍鳳文段匹　造作過限　修理倉庫　有司官吏不住公廨……一八九五
河防……一八九五

失時不修隄防　侵占街道　修理
橋梁道路……一八九六

明大誥峻令一卷

明大誥峻令考……一八九九
族誅……一八九九
淩遲……一九〇一
極刑……一九〇八
梟令……一九〇八
斬……一九一六
死罪……一九一八
墨面文身挑筋去指……一九三〇
墨面文身挑筋去膝蓋……一九三〇
剁指……一九三一
斷手……一九三一
刖足……一九三一
閹割爲奴……一九三二
斬趾枷令……一九三二
常枷號令……一九三二
枷項游歷……一九三三
重刑……一九三三
免死發廣西拏象人口遷化外……一九三四
遷……一九三五
充軍……一九三七
全家抄没……一九三八
戴罪還職……一九三八
先戴罪還職後追贓……一九四〇
先戴罪充書吏後杖一百戴罪還職……一九四一
先戴罪還職後降充書吏……一九四一
先戴罪充書吏後降除……一九四一
先戴罪改除後追贓……一九四一
戴罪降除……一九四二

免罪充軍……一九四二
禁錮書寫……一九四二
追贓……一九四二
戴罪充書吏……一九四三
免罪工役及砌城准工……一九四三
戴罪讀書……一九四三
戴罪充監生……一九四四
鐲腳本部書寫……一九四四
杖一百安置……一九四四
監生戴徒罪除職……一九四四
爲民……一九四四
戴罪聽差……一九四五
該徒……一九四五
戴罪調除烟瘴地面……一九四五
笞四十別用……一九四五

歷代刑官考二卷

歷代刑官考敍……一九五一
歷代刑官考自敍……一九五三
歷代刑官考上……一九五五
太皞伏羲氏……一九五五
共工氏……一九五六
炎帝神農氏……一九五六
黄帝有熊氏……一九五六
少皞金天氏……一九五七
顓頊高陽氏……一九五七
唐虞夏……一九五七
殷……一九五八
周……一九五八
秦……一九六六
漢……一九六六

魏……一九七八
吴……一九七九
晉……一九七九
宋……一九八〇
齊……一九八一
梁……一九八一
陳……一九八三
後魏……一九八二
後齊……一九八三
後周……一九八四
隋……一九八四
歷代刑官考下……一九八七
唐……一九八七
宋……一九九一
遼……一九九六
金……一九九八
元……二〇〇〇
明……二〇〇五
附録……二〇一三

寄簃文存八卷

卷一……二〇二三
奏議……二〇二三
删除律例内重法摺……二〇二三
虚擬死罪改爲流徒摺……二〇二八
僞造外國銀幣設立專條摺……二〇三〇
旗人遣軍流徒各罪照民人實行發
配摺……二〇三一
變通旗民交産舊制摺……二〇三三
禁革買賣人口變通舊例議……二〇三七
删除奴婢律例議……二〇四三
删除同姓爲婚律議……二〇四七

軍臺議……二〇五三
與受同科議……二〇五七
設律博士議……二〇五八
變通行刑舊制議……二〇六〇

卷二……二〇六三

論……二〇六三
論故殺　故殺案、毆案、餘論、注識、說帖附……二〇六三
論殺死姦夫……二〇八三
論威逼人致死……二〇八七
論誣指……二〇九二
論誣證……二〇九五
論附加刑……二〇九六
論没收……二〇九七

卷三……二〇九九

說……二〇九九
死刑惟一說……二〇九九
再醮婦主婚人說……二一一五
變通異姓爲嗣說……二一一八
誤與過失分別說……二一二一
官司出入人罪唐明律比較說……二一二三
明律徒流折杖與唐律徒流加杖之法不同說……二一二七
故殺胞弟二命現行例部院解釋不同說　附說……二一三一
法學盛衰說……二一四一

卷四……二一四五

考……二一四五
比部考……二一四五
釋……二一四六
釋貸借……二一四六
釋慮囚……二一五四
釋規避……二一五五

釋聞……二二五七
學斷……二二五七
後魏劉輝之獄……二二五七
宋安崇緒之獄……二二五九
宋檀偕之獄……二二六〇
宋阿云之獄……二二六一
卷五……二二七一
箋……二二七一
婦女離異律例偶箋 奏稿附……二二七一
補……二二九一
補洗冤録四則……二二九一
書……二二九六
與戴尚書論監獄書……二二九六
答戴尚書書……二二九七
答問……二二九八
答王仁山問篤疾廢疾……二二九八
答友人問夫亡守志例文書……二三〇四
卷六……二三〇七
序……二三〇七
重刻唐律疏議序……二三〇七
重刻明律序……二三〇八
宋刑統賦序……二三一一
無寃録序……二三一三
王穆伯佑新注無寃録序……二三一五
秋審比較條款附案序……二三一八
通行章程序……二三二〇
讀例存疑序……二三二三
薛大司寇遺稿序……二三二三
刑案匯覽三編序……二三二四
刺字集序……二三二六
歷代刑官考序……二三二八
漢律摭遺自序……二三二九

大清律例講義序……二二三一
法學通論講義序……二二三三
裁判訪問録序……二二三四
監獄訪問録序……二二三七
法學名著序……二二三九
政法類典序……二二四一
新譯法規大全序……二二四二
法學會雜誌序……二二四三

卷七

跋……二二四七
鈔本唐律疏議跋……二二四七
唐律釋文跋……二二四八
常熟瞿氏宋本律文附音義跋……二二五〇
刑統賦解跋……二二五三
粗解刑統賦跋……二二五四
刑統賦疏跋……二二五五
鈔本元典章跋……二二五六
元史新編跋……二二五八
大誥跋……二二六〇
范永鑾重刊大明律跋……二二六一
萬曆大明律跋……二二六三
日本享保本明律跋……二二六四
律疏附例跋……二二六五

卷八……二二六七

跋……二二六七
順治律跋……二二六七
雍正律刻本跋……二二六九
雍正三年修律黄册跋……二二六九
雍正七年續纂條例黄册跋……二二七一
廣彙全書跋……二二七一
律例根源跋……二二七二
羅石帆官司出入人罪減除折算表

跋……………………………………二二七三
張扶萬大令鵬一新著二書跋……………………二二七四
書後……………………………………二二七五
書四庫全書提要政書類後…………………二二七五
書鈔本律文十二卷音義一卷後………………二二七六
書律音義後……………………………………二二七八
書刑統賦解韻釋後………………………………二二七九
書明大誥後……………………………………二二八一
書勞提學新刑律草案説帖後…………………二二八三

歷代刑法考

刑制總考四卷

刑制總考一

唐虞

按：唐虞以前，刑制無聞，《舜典》所紀刑制，乃舜攝位時事，其時堯猶在位。《尚書大傳》象刑屬之唐虞，而其文則在唐傳，以其時尚在唐也。《慎子》及漢人稱引專言有虞者，以其事出諸舜也。今總標曰「唐虞」，庶時與事胥統之矣。

象刑　《書·舜典》：「象以典刑。」《益稷》：「方施象刑惟明。」《尚書大傳》：「唐虞象刑而民不敢犯，苗民用刑而民興相漸。唐虞之象刑，上刑赭衣不純，中刑雜屨，下刑墨幪，以居州里，而民恥之。」注：「純，緣也。時人尚德義，犯刑但易之衣服，自爲大恥。屨，履也。幪，巾也，使不得冠飾。《周禮》罷民亦然，上刑易三，中刑易二，下刑易一，輕重之差。」《御覽》六百四十五引，無後二十二字。《公羊傳》襄二十九年疏引無前十八字。《孝經緯》：「上罪墨幪赭衣雜屨，中罪赭衣雜屨，下罪雜屨而已。」《周禮·司圜》疏。按：此所謂易三、易二、易一之差也。《慎子》：「有虞《荀子》注引，下有「氏」字。之誅，以幪巾《荀子》注作「畫跪」。當墨，《荀子》注作「黥」。以草纓《荀子》作「慅嬰」，楊倞注：「當爲澡嬰。」當劓，以菲屨《荀子》作「菲對屨」，楊倞注：「菲，草履也。」對當爲紨，傳寫誤耳。紨，枲也。《慎子》作紨。言罪人或菲或枲爲屨，故曰菲紨屨。紨，方孔反。」《初學記》引作「屨扉」。當刖，以艾畢當宮，艾，蒼白色。畢，韠也，所以蔽前。布衣無領以當大辟，此有虞《荀子》注下有「氏」字。之誅也。斬人《初學記》下有「之」字。肢體，鑿其肌《初學記》作「形」。，膚，謂之刑；畫衣冠，異章服，謂之戮。上世用戮而民不犯也，當世用刑而民不從。」《御覽》六百四十五。《白虎通》：「五帝畫象者，其衣服象五刑也，犯墨者蒙巾，《北堂書鈔》引「巾」上有「皂」字。犯劓者赭其衣，犯髕者以墨幪其髕處而畫之，犯宫者履雜扉，犯大辟者布衣無領。」《初學記》二十。孫星衍《尚書今古文注疏》：「《周禮·司圜》疏引《孝經緯》云，三皇無文，五帝畫象，三王肉刑。」《漢書·刑法志》：「禹承堯舜之後，自以德衰而制肉刑，湯武順而行之，以俗薄於唐虞故也。」是明唐虞無肉刑。鄭注《周禮·司圜》云「弗使冠飾者，著墨幪，若古之象刑與」。鄭氏亦信象刑之説也。

按：象刑之義，漢人舊説皆同。文帝詔「有虞時，畫衣冠異章服〔以爲戮〕，而民不犯」，《刑法志》。武帝詔「昔在唐虞，畫象而民不犯」，《武紀》元光元年。俱以象刑爲畫象。慎子，周人，其説同於《尚書大傳》。《荀子·正論篇》亦云「世俗之爲説者曰，治古無肉刑，而有象刑」，其言與《慎子》大略相同，是自周至漢相承之師説也。《荀子》獨謂「象刑非生於治古，起於亂今。蓋其立言之意以輕刑爲非，故訾象刑爲俗説。班固採其説入《刑法志》，並云「所謂象刑惟明者，言象天道而作刑，安有菲屨赭衣者哉？」其後馬融、僞孔傳以及宋儒諸家皆不取象刑之説。朱子自爲一説，而又云或謂畫爲五刑之狀，亦可。似又不廢舊説矣。竊謂古義相傳，究不可廢，荀子蓋習見七國民僞澆漓，謂非重刑不可，而未思上古敦龐之世，固不可同年而語也。《司圜》「弗使冠飾」，及後來罪囚赭衣，皆古者象刑之遺制，正未可謂起於亂今也，故備録之。

五刑　《書·舜典》：流宥五刑。馬融曰：「五刑，墨、劓、剕、宫、大辟。」《史記·集解》。

按：有虞氏五刑，他無明文，僞孔傳亦同馬融之説，故疏謂準《吕刑》文。《魯語》刑五而已，大刑甲兵，次刑斧鉞，中刑刀鋸，其次鑽笮，薄刑鞭扑。所稱五刑與《吕刑》異。此文鞭扑分列於下，自不在五刑之内。至五刑始於何代，經傳無文。《吕刑》言苗民習蚩尤之惡，淫爲劓、刵、椓、黥，知五刑由來久矣。

《通典》云：「據《左氏》載叔向所言，夏亂政而作九刑，三辟之刑興，皆叔世也。言九刑，以墨一、劓二、剕三、宫四、大辟五，又流六、贖七、鞭八、扑九，故曰九刑也。三辟者，言三王始用五刑之法，故謂之三辟也。」班固又云「五帝畫象而人知禁，禹承堯舜之後，自以德衰，始制肉刑，湯武順而行之，以俗薄於唐虞故也」。而《孝經緯》亦云「五帝畫象，三王肉刑。畫象者，上罪黑蒙赭衣，中罪赭衣雜屨，下罪雜屨而已」。若如三家之言，則前五帝皆同畫象，不用肉刑，其後以爲不然何也？按《舜典》云「流宥五刑」，五刑者，以傷刻肌肉，亦謂之肉，蓋《書》美大舜以流放之寬代刀鋸之毒。若如三家之言，五帝不用五刑矣，則舜何得言以流放代之？足明帝舜以前行五刑明矣。其後，舜又贊美皋陶曰「汝作士，五刑有服」，知帝舜初立之時暫廢五刑，後又用耳。且《尚書》經正聖哲所傳，左氏、班書何忽而不據？其讖緯之言，固不足徵也。荀卿曰「肉刑蓋百王之所同，未有知其所由來者矣」。誠哉是言。

按：杜氏謂五刑在舜前，誠是。至謂舜初暫廢五刑，後又用，此則未確。《舜典》之「象以典刑」在舜攝位時，《益稷》之「方施象刑」在堯崩後，如取象刑之説，不得分爲二事也。竊意舜時五刑、象刑蓋並行。其命皋陶也，曰「蠻夷猾夏，寇賊姦宄。汝作士，五刑有服」，是五刑者所以待蠻夷者也。《史記·五帝紀》「怙終賊刑」，《集解》：「鄭玄曰，怙其姦邪，終身以爲殘賊，則用刑之。」則五刑者，文所以待怙惡者也。若象刑，所以待平民者也。觀於有苗弗率，敷文德而苗格，是治苗亦以德不以刑。禹言「苗頑弗卽工」，而帝曰「皋陶方祗厥敍，方施象刑惟明」。仍是以德化之。若象刑爲常刑，則與德化之旨不合矣。

五流　《舜典》：流宥五刑。五流有宅，五宅三居。流共工于幽州，放驩兜于崇山，竄三苗于三危，殛鯀于羽山。傳：「殛、竄、放、流，皆誅也。異其文，述作之體。」疏：「《釋言》云，殛，誅也。傳稱流四凶族者，皆是流，而謂之殛、竄、放、流，皆誅者。流者，移其居處，若水流然，罪之正名，故先言也。放者，使之自活。竄者，投棄之名。殛者，誅責之稱。俱是流徙，異其文，述作之體也。」

鞭　《舜典》：鞭作官刑。

扑　《舜典》：扑作教刑。《益稷》：庶頑讒說若不在時，侯以明之，撻以記之。書用識哉。欲並生哉。

贖刑　《舜典》：金作贖刑。

赦　《舜典》：眚災肆赦。

按：《舜典》所記刑制，頗稱完備。《國語》：「展禽曰：堯能單均刑法以儀民。」疑舜之刑制當日亦曾承堯命者也。後來刑法，其宗旨悉出於舜。罰弗及嗣，卽文王罪人不孥之法也。宥過無大，刑故無小，卽《康誥》「非眚惟終，非終惟眚」之意也。罪疑惟輕，卽《吕刑》刑疑有赦、罰疑有赦之制也。「與其殺不辜，甯失不經」二語，尤爲用刑者之所當尋繹。推求太密，每涉於苛。會得此旨，庶歸平恕。近來，泰西之法頗與此旨暗合，知聖人之言其包藴宏矣。舜之稱皋陶曰「明于五刑，以弼五教」，《吕刑》曰「士制百姓于刑之中，以教祗德」，是刑者非威民之具，而以輔教之不足者也。以欽恤爲心，以明允爲用，虞廷垂訓，其萬世所當取法者歟？

夏

五刑　隋《藝文志》刑法：夏后氏五刑有五，科條三千。《周禮·司刑》鄭注：「夏刑大辟、臏辟、宫辟、劓、墨。」

肉刑　揚子《法言·先知篇》：夏后肉辟三千。漢《刑法志》：禹承堯舜之後，自以德衰，始制肉刑。

贖刑　《書》序：吕命穆王訓夏贖刑，作吕刑。傳：「吕侯以穆王命作書，訓暢夏禹贖刑之法，更從輕。」疏：「夏法行於前代，廢已久矣，今復訓暢夏禹贖刑之法，以周法傷重，更從輕，以布告天下。」

孥戮　《書·甘誓》：左不攻于左，汝不用命；右不攻于右，汝不用命；御非其馬之正，汝不用命。用命賞于祖，不用命戮于社，予則孥戮汝。傳：「孥，子也。非但止汝身，辱及汝子，言恥累也。」疏：「我則并殺汝子，以戮辱汝。《湯誓》傳『古之用刑，父子兄弟罪不相及』，今云『孥戮汝』，權以脅之。」

按：夏后氏刑制，《書》傳不詳。《隋志》言刑五，《書》序言贖刑，至揚子言肉辟則在五刑之内，此其大較也。竊意禹佐舜治，受舜禪，其政教奚事改革？《漢志》謂禹自以德衰，尚制肉刑，蓋拘於五帝畫象，三王肉刑之緯説，而未觀其通也。五帝畫象，三王肉刑，恐亦就當日治化之精神大概言之，究之帝王之法制，其詳既不可得而聞，其科條之若何同異，正未易質言之也。《尚書大傳》：「夏后氏不殺不刑，死罪罰二千饌。」《史記・平準書・索隱》。「禹之君民也，罰弗及强而天下治。」《路史・後紀》十三《夏后氏紀》。是夏代刑輕，尚有唐虞之化，不殺不刑，其殆用象刑之法歟？

商

官刑　《書・伊訓》：制官刑，儆于有位。曰敢有恒舞于宫，酣歌于室，時謂巫風。敢有殉于貨色，恒于遊畋，時謂淫風。敢有侮聖言，逆忠直，遠耆德，比頑童，時謂亂風。惟兹三風十愆，卿士有一于身，家必喪。邦君有一于身，國必亡。臣下不匡其刑墨，具訓于蒙士。

按：官刑是何刑，《書》不具，蓋非死刑也。臣下刑墨，此商有肉刑之證。

肉刑　見上。《泰誓》：斮朝涉之脛。傳：「冬月見朝涉水者，謂其脛耐寒，斬而視之。」

按：斮脛蓋即髕，亦肉刑之一也。

劓殄　《書・盤庚》：乃有不吉不迪，顛越不恭，暫遇姦宄，我乃劓殄滅之，無遺育，無俾易種于兹新邑。傳：「不恭，不奉上命，暫遇人而刼奪之。劓，割。育，長也，言不吉之人當割絶滅之，無遺長其類，無使易種於此新邑。」疏：「無遺長其類，謂早殺其人，不使得子孫，有此惡類也。」《左氏哀十一年傳》：「《盤庚》之誥曰，其有顛越不共，則劓殄無遺育，無俾易種于兹邑。」杜注：「顛越不共，縱横不承命者也。劓，割也。殄，絶也。」

按：杜解「顛越不共如縱横不承命者」，蓋叛逆之徒也。劓殄無遺育，則緣坐之法也。在外爲姦，在内爲宄，所包者廣，本不專指劫奪言。如衹劫奪而已，法不應若是重也。

孥戮 《湯誓》：予則孥戮汝。

按：説詳《甘誓》。

胥靡 《史記·殷本紀》：是時説爲胥靡。晉灼《漢書音義》云：「胥，相也。靡，隨也。古者相隨坐，輕刑之名。」

炮烙 《史記·殷本紀》：於是紂乃重刑辟，有炮烙之法。

醢脯 《殷本紀》：九侯有好女，入之紂。九侯女不憙淫，紂怒，殺之，而醢九侯。鄂侯争之彊，辨之疾，并脯鄂侯。

按：殷世刑制，大抵五刑皆備，《書》傳亦不詳也。而炮烙、醢脯，獨詳于《史》。淫刑以逞，而國亦隨之亡矣。然則重刑何爲哉？荀卿謂治則刑重，亂則刑輕，非篤論也。

周

五刑 墨、劓、宫、刖、殺。《周禮·秋官·司刑》。

圜土 以圜土聚教罷民。凡害人者，寘之圜土而施職事焉，以明刑恥之。其能改過，反于中國，不齒三年。其不能改而出圜者，殺。《大司寇》。凡害人者，弗使冠飾而加明刑焉，任之以事而收教之。能改者，上罪三年而舍，中罪二年而舍，下罪一年而舍。其不能改而出圜土者，殺。雖出，三年不齒。凡圜土之刑人也不虧體，其罰人也不虧財。

嘉石　以嘉石平罷民。凡萬民之有罪而未麗於法而害於州里者，桎梏而坐諸嘉石，役諸司空。重罪旬有三日坐，朞役；其次九日坐，九月役；其次七日坐，七月役；其次五日坐，五月役；其下罪三日坐，三月役。使州里伍之，則宥而舍之。《大司寇》。

奴　其奴男子入于罪隸，女子入于舂槀。凡有爵者與七十者與未齔者，皆不爲奴。

斬　斬以鈇鉞，若今要斬。《掌戮》注。

殺　殺以刀刃，若今棄市。同上。

膊、辜　膊謂去衣磔之。辜之言枯也，謂磔之。同上。

焚　凡殺其親者焚之。《掌戮》。

髡　鄭司農云：「髡當爲完，謂但居作三年，不虧體者也。」玄謂此出五刑之中，而髡者必王之同族不宫者，宫之爲翦其類，髡頭而已。同上。

屋誅　鄭司農云：「屋誅謂夷三族。」玄謂「屋」讀爲「其刑剭」之「剭」，剭誅謂所殺不於市而以適甸師氏者也。《司烜氏》注。

車轘　誓馭曰車轘。《條狼氏》。

鞭　誓大夫曰敢不關鞭五百，誓師曰三百。同上。

刵　劓刵人。注：「刵，截耳，刑之輕者。」《康誥》。

疑赦　五刑之疑有赦，五罰之疑有赦。　墨辟疑赦，其罰百鍰，閱實其罪；劓辟疑赦，其罪惟倍，閱實其罪；剕辟疑赦，其罰倍差，閱實其罪；宮辟疑赦，其罰六百鍰，閱實其罪；大辟疑赦，其罰千鍰，閱實其罪。《呂刑》。

無餘刑　無有餘之刑，刑者非一也。《費誓》。

磬　公族其有死刑，則磬於甸人。《禮記·文王世子》。

按：三代刑制，周室爲詳，《書》序言「訓夏贖刑」，《康誥》言「師兹殷罰」，其所因所損益必非一端，《書》缺有閒，今不可攷矣。夫刑者，古人不得已而用之，誦《立政》一篇，兢兢以庶獄勿誤爲戒，而終以蘇公之由獄歸之以敬。《呂刑》一篇，惓惓于率乂民彝，而尤以庶威奪貨，以亂無辜爲戒。其哀矜惻怛之意，馬氏《通考》謂千載之下猶使人爲之感動，此可見周家之於刑獄其欽恤明允固無異于唐虞也。典獄非訖于威，後之用刑者其當知此意也夫。

又按：焚、轘二刑，或議其酷，非盛世之事也。竊意此二刑不在五刑之内。轘當是軍中之法，春秋時屢見，必非常刑。焚如之刑，古今罕覩，惟王莽行之，或疑《周禮》一書，劉歆等諂附王莽有所附益于其閒，此類皆非原本，不爲無見。

刑制總考二

秦

夷三族　《史記·秦本紀》：文公二十年，法初有三族之罪。武公三年，誅三父等而夷三族。

士伍　《秦本紀》：武安君白起有罪，爲士伍，遷陰密。《集解》：如淳曰：「嘗有爵而以罪奪爵，皆稱士伍。」

斬　《始皇本紀》：八年，王弟長安君成蟜將軍擊趙，反，死屯留，軍吏皆斬，遷其民於臨洮。將軍壁死，卒屯留蒲鶮反，戮其屍。

遷　見上。

戮屍　見上。

梟首　《始皇本紀》：長信侯毐作亂而覺，矯王御璽及太后璽以發縣卒及衛卒、官騎、戎翟君公、舍人，將欲攻蘄年宮爲亂。王知之，令相國昌平君、昌文君發卒攻毐。戰咸陽，斬首數百，盡得毐等，衛尉竭、内史肆、佐弋竭、中大夫令齊等二十人，皆梟首，車裂以徇，滅其宗。及其舍人，輕者爲鬼薪，及奪爵遷蜀四千餘家，家房陵。

車裂　見上。又《商君傳》：秦惠王車裂商君以徇。

鬼薪　見上。

奪爵遷　《始皇本紀》：文信侯不韋死，竊葬。其舍人臨者，晉人也，逐出之；秦人六百石以上奪爵，遷；五百石以下不臨，遷；勿奪爵。自今以來，操國事不道如嫪毒、不韋者，籍其門，視此。《索隱》：「謂籍没其一門皆爲徒隸。」《正義》：「籍録其子孫，禁不得仕宦。」

籍其門　見上。

棄市　《始皇本紀》：有敢偶語《詩》、《書》者，棄市。以古非今者族。吏見知不舉者與同罪。令下三十日不燒，黥爲城旦。

族　見上。

與同罪　見上。

城旦　見上。

具五刑　《史記・李斯傳》：二世二年七月，具斯五刑，論腰斬咸陽市。

腰斬　見上。又見下。

相收司連坐　《史記・商君傳》：卒定變法之令。令民爲什伍，而相收司連坐。不告姦者腰斬，告姦者與斬敵首同賞，(隱)〔匿〕姦者與降敵同罰。民有二男以上不分異者，倍其賦。有軍功者，各以率受上爵；爲私鬭者，各以輕重被刑大小。僇力本業，耕織致粟帛多者，復其身。事末利及怠而貧者，舉以爲收孥。於是太子犯法，刑其傅公子虔，黥其師公孫賈。四年，公子虔又犯約，劓之。商君亡至關下，欲舍客舍。客人不知其是商君也，曰：「商君之法，舍人無驗者坐之。」

同罰、收孥　見上。

黥、劓　見上。

舍人無驗者坐之　見上。

鑿顛抽脅鑊亨　《漢書·刑法志》：秦用商鞅，增加肉刑、大辟，有鑿顛、抽脅、鑊亨之刑。

體解　《通典》：後又體解荆軻。

磔　《通考》：十公主磔死於社。

蒺藜　《説苑》：秦始皇取太后，遷之咸陽宫，下令曰：「以太后事諫者，戮而殺之，蒺藜其脊。」

按：秦自商鞅變法修刑，唐虞欽恤之風久已歇絶，迨始皇兼併列國，剛戾自用，以爲自古莫〔及〕己若。《本紀》載侯生、盧生之言曰：「上樂以刑殺爲威，天下畏罪持禄，莫敢盡忠。上不聞過而日驕，下懾伏謾欺以取容。」班固《刑法志》之言曰：「秦始皇兼吞戰國，遂毁先王之法，滅禮誼之官，專任刑罰，躬操文墨，晝斷獄，夜理書，自程決事，日縣石之一。而姦邪竝生，赭衣塞路，囹圄成市，天下愁怨，潰而叛之。」觀於斯言，則重刑之往事大可鑒矣，世之用刑者，愼勿若秦之以刑殺爲威，而深體唐虞欽恤之意也。

漢

殺人者死傷人及盜抵罪　《史記·高祖本紀》：與父老約，法三章耳：殺人者死，傷人及盜抵罪。《集解》應劭曰：「抵，至也，又當也。除秦酷政，但至於罪也。」李斐曰：「傷人有曲直，盜臧有多少，罪名不可豫定，故凡言抵罪，未知抵何罪也。」《索隱》韋昭云：「抵，當也。謂使各當其罪。」

夷三族　《漢書·刑法志》：漢興之初，雖有約法三章，網漏吞舟之魚，然其大辟，尚有夷三族之令。令曰：「當三族者，皆先黥，劓，斬左右止，笞殺之，梟其首，菹其骨肉於市。其誹謗詈詛者，又先斷舌。」故謂之具五刑。彭越、韓信之屬皆受此誅。至高后元年，乃除三族罪。

要斬　《周禮·掌戮》鄭注：「斬以鈇鉞，若今要斬也。殺以刀刃，若今棄市也。」

棄市　見上。

梟首　《漢書·高紀》：梟故塞王欣頭櫟陽市。又《薛宣傳》：況宣子梟首於市。

磔　《漢書·景紀》：中二年，改磔曰棄市，勿復磔。注：師古曰：「磔謂張其尸也。」

肉刑　文帝十三年，除肉刑。

宮刑　《景紀》：死罪欲腐者，許之。注：如淳曰：「腐，宮刑也。丈夫割勢，不復能生子，如腐〔木〕不生實。」

文帝除宮刑見《景紀》元年詔。

城旦舂　《惠紀》：上造以上及內外公孫、耳孫，有罪當刑及當爲城旦舂者，皆耐爲鬼薪、白粲。民年七十以上若不滿十歲有罪當刑者，皆完之。

耐　見上。

鬼薪白粲　見上。

完　見上。

髡鉗　《高紀》注：師古曰：「鉗，以鐵束頸也。」

罰作　見上。

笞　《刑法志》：文帝十三年，除肉刑。定律曰：諸當完者，完爲城旦舂；當黥者，髡鉗爲城旦舂；當劓者，笞三百；當斬左止者，笞五百；當斬右止，及殺人先自告，及吏坐受賕枉法，守縣官財物而卽盜之，已論命復有笞罪者，皆棄市。李奇曰：「命，逃亡也。復於論命中有罪也。」罪人獄已決，完爲城旦舂，滿三歲爲鬼薪、白粲。鬼薪、白粲一歲，爲隸臣、妾。隸臣、妾一歲，免爲庶人。隸臣、妾滿二歲，爲司寇。司寇一歲，及作如司寇二歲，皆免爲庶人。其亡逃及有罪耐以上，不用此令。前令之刑城旦舂歲而非禁錮者，如完爲城旦舂歲數以免。景帝元年定律：笞五百曰三百，笞三百曰二百。中六年，減笞三百曰二百，笞二百曰一百。

女徒復作　《宣紀》注：李奇曰：「復作者，女徒也。謂輕罪，男子守邊一歲，女子軟弱不任守，復令作於官，亦一歲，故謂之復作徒也。」孟康曰：「復音服，謂弛刑徒也，有赦令詔書去其鉗釱赭衣。更犯事，不從徒加，與民爲例，故當復爲官作，滿其本罪年月日，律名爲復作也。」

顧山　《平紀》：元始元年，天下女徒已論，歸家，顧山錢月三百。注：如淳曰：「已論者，罪已定也。令甲，女子犯罪，作如徒六月，顧山遣歸。說以爲當於山伐木，聽使入錢顧功直，故謂之顧山。」應劭曰：「舊刑鬼薪，取薪於山以給宗廟，今使女徒出錢顧薪，故曰顧山也。」師古曰：「如說近之。謂女徒論罪已定，並放歸家，不親役之，但令一月出錢三百，以顧人也。爲此恩者，所以行太皇太后之德，施惠〔政〕於婦人。」

司寇　見上。

輸作　《後漢書·和紀》：永元元年冬十月，令郡國弛刑輸作軍營。《韋彪傳》：坐論輸左校。注：「左校，署名，屬將作也。」《龐參傳》：坐法輸作若盧。注：「若盧，獄名。」

按：輸作，蓋罰作之別，其但曰輸者，省文也。

流徙　《後書·桓紀》。詳遷。

徙詳徙。　遷詳遷。

按：漢之遷徙，本不稱流，其以流徙連稱者，乃文法偶然用之耳。

鞭詳鞭。

蜀

夷三族　《蜀志·魏延傳》：延獨與其子數人逃亡，奔漢中。儀遣馬岱追斬之，遂夷延三族。

棄市　《劉琰傳》：琰妻胡氏入賀太后，太后令特留胡氏，經月乃出。胡氏有美色，琰疑其與後主有私，呼（卒）五百撾胡，至於以履搏面，而後棄遣。胡具以告言琰，琰坐下獄。有司議曰：卒非撾妻之人，面非受履之地。琰竟棄市。

徙　《廖立傳》：徙汶山郡。《李嚴傳》：徙梓潼郡。《楊儀傳》：徙漢嘉郡。

按：蜀繼漢後，當用漢法。陳壽志傳所見甚希，無以考之。《馬謖傳》云「下獄物故」，而《諸葛亮傳》云「戮謖以謝衆」。則謖非良死，蓋卽考竟之法也。

魏

死刑三　《晉志》，下並同。

髠刑四

完刑作刑各三

贖刑十一

罰金六

雜抵罪七

《晉書·刑法志》：依古義制爲五刑。其死刑有三，髠刑有四，完刑、作刑各三，贖刑十一，罰金六，雜抵罪七，凡三十七名。至於謀反大逆，臨時捕之，或汙瀦，或梟菹，夷其三族，不在律令，所以嚴絕惡迹也。

五歲刑　《魏志·文紀》：黃初五年八月，幸壽春。揚州界將吏士民，犯五歲刑已下，皆原除之。《晉志》：魏法：毆兄姊加至五歲刑。

按：漢無五歲刑，據此文是魏有五歲刑也。《王淩傳》：「爲發干長，太祖辟爲丞相掾屬。」注：《魏略》曰：「淩爲長，遇事，髡刑五歲，當道掃除。時太祖車過，問此何徒，左右以狀對。太祖曰：『此子師兄子也，所坐亦公耳。』於是主者選爲驍騎主簿。」計其時，在建安中，是漢末已有五歲刑矣。何年所定，無可考。晉以後並承用之。

鈦左右趾易以木械　《晉志》：定甲子科，犯鈦左右趾者易以木械。是時乏鐵，故易以木焉。又嫌漢律太重，故令依律論者聽得科半，使從半減也。

依律論者聽得科半　見上。

怨毒殺人減死　《晉志》：魏文帝受禪，時有大女劉朱，撾子婦酷暴，前後三婦自殺，論朱(朱)減死輸作尚方，因是下怨毒殺人減死之令。　《通考》：按所謂怨毒殺人者，蓋行兇之人遭被殺之人苦毒，故不勝其怨憤起而殺之。今劉朱之事，史不言子婦有悖逆其姑之跡，則非怨毒殺人也。要之姑撾其婦，婦因撾而自殺，非姑手殺之，則可以免死，但以爲怨毒，則史文不明，未見其可坐以此律耳。

按：此段史文不詳，馬氏之説，仍是未明。竊疑劉朱施苦毒而子婦自殺，得以減死，故受苦毒而怨憤殺人者亦得減死論，事實相因，故著於此，非謂劉朱之事爲怨毒殺人也。

以罸代金　《晉志》：魏明帝改士庶罸金之令，男聽以罸代「代」字依《通典》、《通考》補。金，婦人如「如」字《通典》、《通考》作「加」。笞還從鞭督之例，以其形體裸露故也。

按：今本《晉志》脱一「代」字，遂不可解，故據《通典》、《通考》補正。鞭督之例，未詳，觀「形體裸露」語，是笞者必露形體，而鞭則不爾也。

鞭督　見上。

汙瀦、梟菹、夷三族　並見上。

剖棺暴尸　詳戮尸。

受賕輕重法　《晉志》：律文煩廣，事比衆多，離本依末，決獄之吏如廷尉獄吏范洪受囚絹二丈，附輕法論之，獄吏劉象受屬偏考囚張茂物，附重法論之。洪、象雖皆棄市，而輕枉者相繼。

按：洪、象二事，情有輕重，當時分别附輕重法，未爲失也。惟情分輕重而罪同棄市，魏法若何，不可詳矣。

妄相告　《魏書·文紀》：黄初五年正月，初令謀反大逆乃得相告，其餘皆勿聽治；敢妄相告，以其罪罪之。

復讎　又黄初四年，詔曰：「喪亂以來，兵革未戢，天下之人，互相殘殺。今海内初定，敢有私復讎者，皆族之。」

減等　黄初元年，是歲長水校尉戴陵諫不宜數行弋獵，帝大怒；陵減死一等。

乞恩　又四年，詔曰：「有虞氏畫象而民弗犯，周人刑錯而不用。朕從百王之末，追望上世之風，邈乎！何相去之遠？法令滋章，犯者彌多，刑罰愈衆，而姦不可止。往者按大辟之條，多所蠲除，思濟生民之命，此朕之至意也。而郡國（蔽）〔斃〕獄，一歲之中尚過數百，豈朕訓導不醇，俾民輕罪，將苛法猶存，爲之陷穽乎？有司其議獄緩死，務從寬簡。及乞恩者，或辭未出而獄以報斷，非所以究理盡情也。其令廷尉及天下獄官，諸有死罪具獄以定，非謀反及手殺人，亟語其親治，有乞恩者，使與奏當文書俱上，朕將思所以全之。其布告天下，使明朕意。」

没財産　《高柔傳》：是時，殺禁地鹿者身死，財産没官。

官奴婢　又：護軍營士竇禮近出不還，營以爲亡，表言逐捕，没其妻盈及男女爲官奴婢。

按：曹魏刑制，史舉其綱而未詳其目。其死刑三，以晉制考之，梟首也，斬也，棄市也。晉承魏《志》也。髡刑有鈦左右趾，完刑，作刑，自五歲刑以下凡五，餘不詳也。觀於序略之文，亦云詳慎矣。明帝時有減鞭杖之令、乞恩之詔，其於用刑非無矜恤之意，特爾時宫室盛興，而期會迫急，帝親召問，言猶在口，身首已分。又有殺禁地鹿抵死之法，豈議刑則明而用刑則昧歟？

吳

夷三族　《吳志·孫權傳》：赤烏八年秋七月，將軍馬茂等圖逆，夷三族。

按：吳時三族之夷屢見，步闡及同計數十人，《孫晧傳》。奚熙，同上。吕據，《吕範傳》。張震、朱恩等，《諸葛恪傳》。滕胤，《孫綝傳》。孫綝，《綝傳》。濮陽興、張布，《興傳》。張俊。《孫奮傳》。

族誅　《孫和傳》：權欲廢和立亮，無難督陳正、五營督陳象上書，稱引晉獻公殺申生，立奚齊，晉國擾亂，又據、晃固諫不止。權大怒，族誅正、象，據、晃牽入殿，杖一百。

按：據，朱據；晃，屈晃。

廷杖　見上。

按：此卽後來之廷杖。

車裂　《孫奮傳》：豫章太守張俊車裂，夷三族。　《孫晧傳》注：孫俶父子俱見車裂。

罰金　《齊語》：小罪讁以金分。韋昭注：「今之罰金是也。」

按：韋昭，吳人，所云今者，當指吳時。

徙　《虞翻傳》：權積怒非一，遂徙翻交州。

禁固　《孫匡傳》注：《江表傳》曰：「曹休出洞口，呂範率軍禦之。時匡爲定武中郎將，遺範，令放火，燒損茅芒，以乏軍用，範卽啟送匡還吳。權別其族爲丁〔氏〕，禁固終身。」

減等　《孫權傳》：嘉禾六年，孟宗喪母奔赴，已而自拘於武昌以聽刑。陸遜陳其素行，因爲之請，權乃減宗一等。

髡、鞭　《孫亮傳》注：《江表傳》曰：「亮使黃門以銀椀并蓋就中藏吏取交州所獻甘蔗餳。黃門先恨藏吏，以鼠矢投餳中，啟言藏吏不謹。亮呼吏持餳器入，問曰：『此器既蓋之，且有掩覆，無緣有此，黃門將有恨於汝耶？』吏叩頭曰：『嘗從某求宮中莞席，宮席有數，不敢與。』亮曰：『必是此也。』覆問黃門，具首伏。即於目前加髡、鞭，斥付外署。」

鋸頭　《孫晧傳》：鳳皇二年，晧愛妾或使人至市劫奪百姓財物，司市中郎將陳聲，素晧幸臣也，恃晧寵遇，繩之以法。妾以愬晧，晧大怒，假他事燒鋸斷聲頭，投其身於四望之下。

剥面、鑿眼、刖足　《孫晧傳》：又激水入宮，宮人有不合意者，輒殺流之。或剥人之面，或鑿人之眼。注：「吳平後，晉侍中庾峻等問晧侍中李仁曰：『聞吳主披人面，刖人足，有諸乎？』仁曰：『以告者過也。』」

官奴

按：吳之刑制見於諸《傳》者如此，大約承漢之舊法，未之有改。孫權果於殺戮，雖陸遜勸以施德緩刑，張昭諷其刑罰微重，終未悛改。迨至峻、綝竊政，屠戮忠良，晧尤昏暴，至于剥面鑿眼，聞于鄰國，不亡何待？

晉

死刑三

耐罪四

贖罪五

《唐六典》：晉刑名之制：大辟之刑有三，一曰梟，二曰斬，三曰棄市。髡刑有四，一曰髡鉗，五歲刑，笞二百；二曰四歲刑；三曰三歲刑；四曰二歲刑。贖死金二斤，贖五歲刑金一斤十二兩，四歲、三歲、二歲各以四兩爲差。又有雜抵罪，罰金十二兩、八兩、四兩、二兩、一兩之差。棄市以上爲死罪，二歲刑以上爲耐罪，罰金一兩以上爲贖罪。

按：梟、斬、棄市，《晉志》所謂死刑不過三也。髡四、贖五、雜抵五，《晉志》所謂生刑不過十四等也。《六典》稱一兩以上爲贖罪，是并贖、罰爲一。然贖是贖，罰是罰，實二事也。《晉志》言「金等不過四兩」，謂贖死以下並以四兩爲一等之差，雜抵罪輕則有不及四兩者。

雜抵罪　見上。

按：此即罰金也。

加作　諸重犯亡者，髮過三寸輒重髡之，加作一歲。《晉志》劉頌疏。

鞭詳鞭。

按：晉律督罪五十以下鞭如令，若今之笞以五十爲限。

絞　《晉志》：周顗等復肉刑議：截頭絞頸，尚不能禁。

按：漢之斬，要斬也；棄市，斬首也。惟《史記·索隱》以棄市爲絞罪，與鄭氏《周禮》不合。據周顗等語，是晉時棄市已爲絞罪，其斬曰截頭，亦非要斬矣。此制何時所改，史未詳。

族　《晉志》：裴頠表稱：雖陵兆尊嚴，唯毁廢然後族之，此古典也。若登踐犯損，失盡敬之道，事止刑罪可也。去八年，奴聽教加誣周龍燒草，廷尉遂奏族龍，一門八口并命。會龍獄翻，然後得免。考之情理，準之前訓，所處實重。《懷紀》：永嘉元年，除三族刑。《明紀》：太甯三年，復三族刑，惟不及婦人。

《通考》：庾翼言：「大較江東之政，以嫗煦豪强，常爲民蠹，時有刑法，輒施之寒劣。」按史稱元帝好刑名，郭璞復有繁刑之諫，《璞傳》載全疏數百言，然指陳實事，不過言建興四年，督運令史淳于伯刑于市，而血逆上流，以爲冤酷之異。蓋自江左中興以來，姑息立國，北征大事，以乏興殺一督運，未爲過也。而當時冤之，史氏書之，以爲淫刑。嗣時之後，習爲寬弛，劉隗、刁協、庾亮稍欲濟以綜核，而召變稔禍矣。

按：晉之刑制，成于泰始，觀張斐《律注》所言，是修律諸人討論頗爲詳審，故當日衆以爲便，而馬氏以寬弛譏之，此非法之過而用法者之過也。即如淳于伯之獄，司直劉隗奏曰：「謹按行督運令史淳于伯刑，血著柱，遂逆上終極柱末二丈三尺，旋復下流四尺五寸。百姓諠譁，士女縱觀，咸曰其寃。伯息忠訴辭稱枉，云伯督運訖去二月，事畢代還，無有稽乏。受賕使（役），罪不及死。軍是戍軍，非爲征軍，以乏軍興論，於理爲枉。四年之中，供給運漕，凡諸徵發租調百役，皆有稽停，而不以軍興論，至於伯也，何獨明之？」《劉隗傳》。據此奏語，伯事畢代還，無有稽乏，而以稽乏誅，是不明也。百役稽停，不以軍興論，而獨誅伯，是不平也。不明不平，詎曰不寃。當時隗奏之，王導等上疏引咎，元帝復引以爲己過，非無故也。又如周龍之獄，燒草不過失火罪耳，乃遽擬族誅，且不知其被誣也。使非獄翻，則一門八口不皆寃死乎？就此二事觀之，晉之法豈寬弛之弊哉？亦用法者非其人耳，苟非其人，徒法而已。

刑制總考三

宋 齊

《唐六典》：宋及南齊律之篇目及刑名之制略同晉氏，惟贖罪絹兼用之。

黥刖 《通考》：明帝太始四年，詔定黥刖之制。詳刖。

梁

死罪 梟首、棄市。

耐罪 五歲刑、四歲刑、三歲刑、二歲刑。

贖罪 贖死以下凡五等，罰金五等。

又制九等 一歲刑，半歲刑，百日刑，鞭杖六等。

又八等 一免官，加杖督；二免官；三奪勞百日，杖督；餘杖督五等。

《隋書·刑法志》：梁律，其制刑爲十五等之差：棄市已上爲死罪，大罪梟其首，其次棄市。刑二歲已上爲耐罪，言各隨伎能而任使之也。有髡鉗五歲刑，笞二百，收贖絹，男子六十疋。又有四歲刑，男子四十八疋。又有三歲刑，男子三十六疋。又有二歲刑，男子二十四疋。罰金一兩已上爲贖罪。贖死者金二斤，男子十六疋。贖髡鉗五歲刑笞二百者，金一斤十二兩，男子十四疋。贖四歲刑者，金一斤八兩，男子十二疋。贖三歲刑者，金一斤四兩，男子十疋。贖二歲刑者，金一斤，男子八疋。罰金十二兩者，男子六疋。罰金八兩者，男子四疋。罰金四兩者，男子二疋。罰金二兩者，男子一疋。罰金一兩者，男子二丈。女子各半之。又制九等之差：有一歲刑，半歲刑，百日刑，鞭杖二百，鞭杖一百，鞭杖五十，鞭杖三十，鞭杖二十，鞭杖一十。有八等之差：一曰免官，加杖督一百；二曰免官；三曰奪勞百日，杖督一百；四曰杖督一百；五曰杖督五十；六曰杖督三十；七曰杖督二十；八曰杖督一十。論加者上就次，當減者下就次。老小於律令當得鞭杖罰者，皆半之。其應得法鞭杖者，以熟靼鞭、小杖。過五十者，稍行之。將吏已上及女人應有罰者，以罰金代之。其以職員應罰，及律令指名制罰者，不用此令。女子懷孕者，勿得決罰。其謀反、降叛、大逆已上皆斬。父、子、同產男，無少長，皆棄市。母、妻、姊妹及應從坐棄市者妻、子女、妾，同補奚官爲奴婢。貲財没官。劫，身皆斬，妻、子補兵。遇赦降死者，黵面爲劫字，髡鉗，補冶鎖士終身。其下又讁運，配材官冶士、尚方鎖士，皆以輕重差其年數。其重者或終身。士人有禁錮之科，亦有輕重爲差。其犯清議，則終身不齒。耐罪囚八十已上，十歲已下，及孕者、盲者、侏儒當械繫者，及郡國太守、相、都尉、關中侯已上，亭侯已上之父母妻子，及所生坐非死罪除名之罪，二千石已上非檻徵者，並頌繫之。三年八月，建(安)〔康〕女子任提女，坐誘口當死。其子景慈對鞫辭云，母實行此。是時法官虞僧虯啟稱：「案子之事親，有隱無犯，直躬證父，仲尼爲非。景慈素無防閑之道，死有明目之據，陷親極刑，傷和損俗。凡乞鞫不審，降罪一等，豈得避五歲之刑，忽死母之命！景慈宜加罪辟。」詔流於交州。至是復有徒流之罪。

徒流 見上。

《隋志》：武帝敦睦九族，優借朝士，有犯罪者，皆諷羣下，屈法申之。百姓有罪，皆按之以法。其緣坐則老幼不免，一人亡逃，則舉家質作。人既窮急，姦宄益深。後帝親謁南郊，秣陵老人遮帝曰：「陛下爲法，急於黎庶，緩於權貴，非長久之術。誠能反是，天下幸甚。」帝於是思有以寬之。舊獄法，夫有罪，逮妻子，子有罪，逮父母。十一年正月壬辰，乃下詔曰：「自今捕謫之家，及罪應質作，若年有老小者，可停將送。」十四年，又除黵面之刑。帝銳意儒雅，疏簡刑法，自公卿大臣，咸不以鞫獄留意。姦吏招權，巧文弄法，貨賄成市，多致枉濫。大率二歲刑已上，歲至五千人。是時王侯子弟皆長，而驕蹇不法。武帝年老，厭於萬機，又專精佛戒，每斷重罪，則終日弗懌。嘗遊南苑，臨川王宏，伏人於橋下，將欲爲逆。事覺，有司請誅之。帝但泣而讓曰：「我人才十倍於爾，處此恒懷戰懼。爾何爲者？我豈不能行周公之事，念汝愚故也。」免所居官。頃之，還復本職。由是王侯驕橫轉甚，或白日殺人於都街，劫賊亡命，咸於王家自匿，薄暮塵起，則剥掠行路，謂之打稽。武帝深知其弊，而難於誅討。十一年十月，復開贖罪之科。中大同元年七月甲子，詔自今犯罪，非大逆，父母、〔祖父母〕勿坐。自是禁網漸疏，百姓安之，而貴戚之家，不法尤甚矣。尋而侯景逆亂。及元帝即位，懲前政之寬，且帝素苛刻，及周師至，獄中死囚且數千人，有司請皆釋之，以充戰士。帝不許，並令棒殺之。事未行而城陷。敬帝即位，刑政適陳矣。

按：梁武用法，急黎庶而緩權貴，雖因秣陵老人之諫，思有以寬黎庶，而終不能改也。乃杜佑《通典》之議曰：按法用刑，誠難差異，然酌於人情，通於物理，衣冠之與黎蒸，如草木之有秀茂。若戮一士族，雖或無寃，如摧茂林，薙翹秀，或覩其疹瘁，則多傷惘之懷，使人離心，皆如崩角。若戮一匹庶，縱或小屈，如斬叢撥，蹂荒蕪，未覺其彫殘，乃鮮嗟歎之議，免俗惶駭，不猶愈乎？儻謂不然，立覩其患。武帝深旨，未可爲尤。前志著八議之科，近法有收贖之制，豈比下俚便令同儕。往事足徵，未可多咎。此説非也。凡人皆同類，其人而善也者，茂林翹秀也；其人而惡也者，叢撥荒蕪也。法之及不及，但分善惡而已，烏得有士族匹庶之分？士族之惡者，戮之苟當其罪，何至使人離心？匹庶之善者，戮之苟不當其罪，其嗟歎豈少也哉？若謂士族之惡者亦茂林翹秀，匹庶之善者亦叢撥荒蕪，是使人但知士族匹庶之分，而不復知善惡之分矣，此大亂之道也。至八議收贖之法，皆必其情之可原者，亦非盡人而宥之。臨川王謀弒逆而梁武縱之，遂至王侯驕横，罔知義理。侯景之亂，臨賀王正德實引之渡江，湘東諸王互鬩於外而不急君父之難。推原禍始，是孰貽之戚哉？杜氏蓋未究治亂之根，因而徇其一偏之見也。世或懲梁氏疏簡之失而謂法不可輕，此又非探本之論。梁之弊在法廢，不在刑輕。法立而不行，與無法等，世未有無法之國而能長安久治者也。

《武紀》：中大(通)〔同〕(四)〔三〕年，前樂山縣侯蕭正則有罪流徙，至是招誘亡命，欲寇廣州，在所討平之。此亦梁代流徙之事。

陳

官當　《隋志》：陳氏制《律》三十卷。其制惟重清議禁錮之科。若縉紳之族，犯虧名教，不孝及内亂者，發詔棄之，終身不齒。先與士人爲婚者，許妻家奪之。其獲賊帥及士人惡逆，免死付治，聽將妻入役，不爲年數。又存贖罪之律，復父母緣坐之刑。自餘篇目條綱，輕重簡繁，一用梁法。五歲四歲刑，若有官，准當二年，餘並居作。其三歲刑，若有官，准當二年，餘一年贖。若公坐過誤，罰金。其二歲刑，有官者，贖論。一歲刑，無官亦贖論。寒庶人，准決鞭杖。

北魏

斬、絞、腰斬、轘、沉淵　《魏書·刑罰志》：世祖即位，定律令。除五歲、四歲刑，增一年刑。分大辟爲二科：死、斬。死入絞。大逆不道腰斬，誅其同籍，年十四已下腐刑，女子没縣官。害其親者轘之。爲蠱毒者，男女皆斬，而焚其家。巫蠱者，負羖羊抱犬沉諸淵。當刑者贖，貧則加鞭二百。畿内民富者燒炭於山，貧者役於圊溷，女子入舂稾；其固疾不逮于人，守苑囿。王官階九品，得以官爵除刑。《唐六典》：崔浩定大辟，有轘、腰斬、殊死、棄市四等。

腐刑　見上。

流徒　《魏書·孝文紀》：太和十六年五月，詔羣臣於皇信堂更定律條，流徒限制，帝親臨決之。

按：流徒限制，史無明文，徒罪卽年刑也。《唐六典》：崔浩定刑名，於漢魏以來，除髠鉗五歲四歲，增一歲刑，是必有二年、三年之年刑。太和十一年詔，有「刑限三年」之文，見《志》。《志》所引《法例律》有「當刑二歲」之文，此其證也。惟《志》載永平三年費羊皮事所引《賊律》「謀殺人，從者五歲刑」；神龜中劉輝事所引《鬭律》「殺子孫者五歲刑，毆殺者四歲刑」，是五歲四歲刑，神䴥中雖曾删除，其後仍復舊制，但不知在何年。

贖　見上。又《志》言：昭成建國二年，當死者，聽其家獻金馬以贖。

役　見上。

鞭　見上。

以官爵除刑　見上。

按：此卽《唐律》官當之法。

留養　《魏志》：《法例律》：「諸犯死罪，若祖父母、父母年七十已上，無成人子孫，旁無期親者，具狀上請。流者鞭笞，留養其親，終則從流。不在原赦之例。」

按：此太和十二年詔，著之令格，又見《孝文本紀》。

門房之誅　《魏志》：真君六年，改定律制，加門誅四。太安四年，增律門房之誅十有三。延興四年，罷門房之誅。太和三年，修改律令，五年冬訖，門房之誅十有六。

按：門房之誅乃後魏舊制，延興既罷，而太和新律仍有之，是既罷而旋復也。太和十一年又詔議門房之誅，刪除繁酷，如何議決，史未載。

梟首 《魏志》：太和五年，大辟之罪，重者止梟首。

謫守邊戍 《魏志》：和平末，冀州刺史源賀上言：「自非大逆，手殺人者，請原其命，謫守邊戍。」詔從之。

流徙 《魏志》：《獄官令》：「諸犯年刑已上枷鎖，流徙已上，增以杻械。迭用不俱。」

按：流徙似卽流罪，與戍邊爲二事。流乃常刑，故詳於《獄官令》，戍邊則一時之制也。

備 《魏志》：昭成建國二年，盜官物，一備五，私則備十。

按：備卽《唐律》「有贓應備」之備。《疏議》有「備償」之語，卽今之賠償也。古無「賠」字。《正字通》、《字彙》二書始載之。《字彙》：「賠，古無此字，俗音裴，作賠補之字。」

又按：後魏刑制大抵因於魏晉，觀《刑罰志》所引有《法例律》、《盜律》、《賊律》、《鬭律》，其文殆皆魏晉舊文。至所引有《赦律》，爲魏晉所無，或是後魏所別出也。《隋志》有《後魏律》二十卷，始修于神麚中。死刑，視魏晉增轘一等。太和五年，復修死刑，止于梟首。似已刪除腰斬及轘刑矣。後魏門房之誅最嚴，爲歷代所無，延興中罷之而旋復。太和十一年又議之，史無刪除明文，殆此制未能盡廢歟？《志》言世祖以刑禁重，神麚中，詔崔浩定律令。正平元年，又命游雅等增損之。顯祖勤於治功，末年尤重刑罰。高祖哀矜庶獄，太和中命高閭等修律，五年告成，十五年更定之，十六年頒行，爲一朝之大法。世宗亦意在寬政，是其并吞北方，政令統一，與南朝並峙，非偶然也。

北周

杖刑五　自十至五十。

鞭刑五　自六十至於百。

徒刑五　一年、二年、三年、四年、五年。

流刑五　衛服、要服、荒服、鎮服、蕃服。

死刑五　一罄，二絞，三斬，四梟，五裂。

贖罪　自杖至流各五等，死刑爲一等。

《隋志》：保定三年《大律》，其制罪：一曰杖刑五，自十五至五十。二曰鞭刑五，自六十至於百。三曰徒刑五。徒一年者鞭六十，笞十。徒二年者，鞭七十，笞二十。徒三年者，鞭八十，笞三十。徒四年者，鞭九十，笞四十。徒五年者，鞭一百，笞五十。四曰流刑五。流衛服，去皇畿二千五百里者，鞭一百，笞六十。流要服，去皇畿三千里者，鞭一百，笞七十。流荒服，去皇畿三千五百里者，鞭一百，笞八十。流鎮服，去皇畿四千里者，鞭一百，笞九十。流蕃服，去皇畿四千五百里者，鞭一百，笞一百。五曰死刑五，一曰罄，二曰絞，三曰斬，四曰梟，五曰裂。五刑之屬各有五，合二十五等。不立十惡之目，而重惡逆、不道、大不敬、不孝、不義、内亂之罪。凡惡逆，肆之三日。盜賊羣攻鄉邑及入人家者，殺之無罪。若報讎者，告於法而自殺之，不坐。經爲盜者，注其籍。唯皇宗則否。其贖杖刑五，金一兩至五兩。贖鞭刑五，金六兩至十兩。贖徒刑五，一年金十二兩，二年十五兩，三年一斤二兩，四年一斤五兩，五年一斤八兩。贖流刑，一斤十二兩，俱役六年，不以遠近爲差等。贖死刑，金二斤。鞭者以一百爲限。加笞者，合二百止。應加鞭笞者，皆先笞後鞭。婦人當笞者，聽以贖論。徒輸作者，皆任其所能而役使之。杖十已上，當加者上就次，數滿乃坐。當減者，死罪流蕃服，蕃服已下俱至徒五年。五年已下，各以一等爲差。盜賊及謀反、大逆、降、叛、惡逆罪當流者，皆甄一房配爲雜户。其爲盜賊事發逃亡者，懸名注配。若再犯徒、三犯鞭者，一身永配下役。應贖金者，鞭杖十，收中絹一疋。流徒者，依限歲收絹十二疋。死罪者一百疋。其贖刑，死罪五旬，流刑四旬，徒刑三旬，鞭刑二旬，杖刑一旬。限外不輸者，歸於法。貧者請而免之。又初除復讎之法，犯者以殺論。

時晉公護將有異志，欲寬政以取人心，然闇於知人，所委多不稱職。既用法寬弛，不足制姦，子弟僚屬，皆竊弄其權，百姓愁怨，控告無所。武帝性甚明察，自誅護後，躬覽萬機，雖骨肉無所縱捨，用法嚴正，中外肅然。宣帝性殘忍暴戾，自在儲貳，惡其叔父齊王憲及王軌、宇文孝伯等。及即位，並先誅戮，由是内外不安，俱懷危懼。帝又恐失衆望，乃行寬法，以取衆心。宣政元年八月，詔制九條，宣下州郡。大象元年，又下詔曰：「高祖所立《刑書要制》，用法深重，其一切除之。」然帝荒淫日甚，惡聞其過，誅殺無度，疏斥大臣。又數行肆赦，爲姦者皆輕犯刑法。政令不一，下無適從。於是又廣《刑書要制》，而更峻其法，謂之《刑經聖制》。宿衛之官，一日不直，罪至削除。逃亡者皆死，而家口籍没。上書字誤者，科其罪。鞭杖百二十爲度，名曰天杖。其後又加至二百四十。又作霹靂車，以威婦人。其決人罪，云與杖者，即一百二十，多打者，即二百四十。帝既酣飲過度，嘗中飲，有下士楊文祐白宫伯長孫覽求歌曰：「朝亦醉，暮亦醉。日日恆常醉，政事日無次。」鄭譯奏之，帝怒，命賜杖二百四十而致死。後更令中士皇甫猛歌，猛歌又諷諫。鄭譯又以奏之，又賜猛杖一百二十。是時下自公卿，内及妃后，咸加棰楚，上下愁怨。及帝不豫，而内外離心，各求苟免。

北齊

死刑　轘、梟、斬、絞，凡四等。

流刑　投於邊裔，以爲兵卒。

刑罪　五歲、四歲、三歲、二歲、一歲，凡五等。各加鞭一百。

鞭　一百、八十、六十、五十、四十，凡五等。

杖　三十、二十、十，凡三等。

《隋志》：「齊河清三年《齊律》，其制，刑名五：一曰死。重者轘之，其次梟首，並陳屍三日；無市者，列於鄉亭顯處。其次斬刑，殊身首。其次絞刑，死而不殊。凡四等。二曰流刑，謂論犯可死，原情可降，鞭笞各一百，髡之，投於邊裔，以爲兵卒。未有道里之差。其不合遠配者，男子長徒，女子配舂，並六年。三曰刑罪，卽耐罪也。有五歲、四歲、三歲、二歲、一歲之差。凡五等。各加鞭一百。其五歲者，又加笞八十，四歲者六十，三歲者四十，二歲者二十，一歲者無笞。並鎖輸左校而不髡。無保者鉗之。婦人配春及掖庭織。四曰鞭，有一百、八十、六十、五十、四十之差，凡五等。五曰杖，有三十、二十、十之差，凡三等。大凡爲十五等。按：死四等，流一等，刑五等，鞭五等，杖三等，凡十八等。而云十五等者，蓋四死爲一等也。當加者上就次，當減者下就次。贖罪舊以金，皆代以中絹。死一百匹，流九十二匹，刑五歲七十八匹，四歲六十四匹，三歲五十匹，二歲三十六匹。各通鞭笞論。一歲無笞，則通鞭二十四匹。鞭杖每十，贖絹一匹。至鞭百，則絹十匹。無絹之鄉，皆准收錢。自贖笞十已上至死，又爲十五等之差。當加減次，如正決法。合贖者，謂流內官及爵秩比視、老小閹癡并過失之屬。在官犯罪，鞭杖十爲一負。閑局六負爲一殿，平局八負爲一殿，繁局十負爲一殿。加於殿者，復計爲負焉。又列重罪十條：一曰反逆，二曰大逆，三曰叛，四曰降，五曰惡逆，六曰不道，七曰不敬，八曰不孝，九曰不義，十曰內亂。其犯此十者，不在八議論贖之限。

贖罪　見上。

在官犯罪　見上。

重罪十條　見上。

棒殺　《隋志》：（從事）清河房超爲黎陽郡守，有趙道德者，使以書屬超。超不發書，棒殺其使。文宣於是令守宰各設棒，以誅屬請之使。後都官郎中宋軌奏曰：「昔曹操懸棒，威於亂時，今施之太平，未見其可。若受使請賕，猶致大戮，身爲枉法，何以加罪？」於是罷之。

《隋志》：齊天保元年，始命羣官刊定魏朝《麟趾格》。是時軍國多事，政刑不一，決獄定罪，罕依律文，相承謂之變法（從事）。既而議造《齊律》，積年不成。其決獄猶依魏舊。是時刑政尚新，吏皆奉法。自六年之後，帝遂以功業自矜，恣行酷暴，昏狂酗醬，任情喜怒。爲大鑊、長鋸、剉碓之屬，並陳於庭，意有不快，則手自屠裂，或命左右臠噉，以逞其意。時僕射楊遵彥，乃令憲司先定死罪囚，置於仗衞之中，帝欲殺人，則執以應命，謂之供御囚。經三月不殺者，則免其死。帝嘗幸金鳳臺，受佛戒，多召死囚，編籧篨爲翅，命之飛下，謂之放生。墜皆致死，帝視以爲歡笑。時有司折獄，又皆酷法。訊囚則用車輻⿰犭芻杖，（字典無「⿰犭芻」字，《通典》作「縐」，疑是「搊」字之譌。搊，《博雅》：「拘也。」《廣韻》：「手搊也。」）夾指壓踝，又立之燒犁耳上，或使以臂貫燒車釭。既不勝其苦，皆致誣伏。七年，豫州檢使白㯳，爲左丞盧斐所劾，乃於獄中誣告斐受金。文宣知其姦罔，詔令按之，果無其事。乃勑八座議立案劾格，負罪不得告人事。於是挾姦者畏糾，乃先加誣訟，以擬當格，吏不能斷。又妄相引，大獄動至千人，多移歲月。然帝猶委政輔臣楊遵彥，彌縫其闕，故時議者竊云，主昏於上，政清於下。孝昭在藩，已知其失，即位之後，將加懲革。未幾而崩。武成即位，思存輕典，大寧元年，乃下詔曰：「王者所用，唯在賞罰，賞貴適理，罰在得情。然理容進退，事涉疑似，盟府司勳，或有開塞之路，三尺律令，未窮畫一之道。想文王之官人，念宣尼之止訟，刑賞之宜，思獲其所。自今諸應賞罰，皆賞疑從重，罰疑從輕。」又以律令不成，頻加催督。河清三年，尚書令趙郡王叡等，奏上《齊律》十二篇。是後法令明審，科條簡要，又勑仕門之子弟，常講習之。齊人多曉法律，蓋由此也。其不可爲定法者，別制《權令》二卷，與之並行。後平秦王高歸彦謀反，須有約罪，律無正條，於是遂有《別條權格》，與律並行。大理明法，上下比附，欲出則附依輕議，欲入則附從重法，姦吏因之，舞文出没。至於後主，權幸用事，有不附之者，陰中以法。綱紀紊亂，卒至於亡。

隋

死刑二　絞、斬。

流刑三　一千里、居作二年。一千五百里、居作二年半。二千里。居作三年。應住居作者，三流俱役三年。近流加杖一百，一等加三十。

徒刑五　一年、一年半、二年、二年半、三年。

杖刑五　自六十至於百。

笞刑五　自十至於五十。

贖

《隋志》：開皇元年，更定新律，其刑名有五：一曰死刑二，有絞，有斬。二曰流刑三，有一千里、一千五百里、二千里。應配者，一千里居作二年，一千五百里居作二年半，二千里居作三年。應住居作者，三流俱役三年，近流加杖一百，一等加三十。三曰徒刑五，有一年、一年半、二年、二年半、三年。四曰杖刑五，自六十至於百。五曰笞刑五，自十至於五十。而蠲除前代鞭刑及梟首、轘裂之法。其(法)〔流〕徒之罪皆減從輕。唯大逆、謀反叛者，父子兄弟皆斬，家口没官。又置十惡之條，多採後齊之制，而頗有損益。一曰謀反，二曰謀大逆，三曰謀叛，四曰惡逆，五曰不道，六曰大不敬，七曰不孝，八曰不睦，九曰不義，十曰内亂。犯十惡及故殺人獄成者，雖會赦，猶除名。其在八議之科，及官品第七以上犯罪，皆例減一等。其品第九已上犯者，聽贖。應贖者，皆以銅代絹。贖銅一斤爲一負，負十爲殿。笞十者銅一斤，加至杖百則十斤。徒一年，贖銅二十斤，每等則加銅十斤，三年則六十斤矣。流一千里，贖銅八十斤，每等則加銅十斤，二千里則百斤矣。二死皆贖銅百二十斤。犯私罪以官當徒者，五品已上，一官當徒二年；九品已上，一官當徒一年；當流者，三流同皆二字今本作「周」，此從《通典》、《通考》。比徒三年。若犯公罪者，徒各加一年，當流者各加一等。其累徒過九年者，流二千里。三年，更定新律。除死罪八十一條，流罪一百五十四條，徒、杖等千餘條，定留唯五百條。自是刑網簡要，疏而不失。

論曰：甚矣！有國家者，非立法之難，而用法之難也。隋文帝除梟轘之慘刑，減流徒之年限，以輕代重，化死爲生。後來《唐律》多本於隋，《唐律》固世所稱爲得古今之平者也，隋之立法，可謂善矣。乃觀於隋之用刑，何其異哉？史言高祖性猜忌，素不悦學，既任智而獲大位，因以文法自矜，明察臨下。恆令左右覘視内外，有小過失，則加以重罪。又患令史贓(汙)〔污〕，因私使人以錢帛遺之，得犯立斬。每於殿庭打人，一日之中，或至數四。嘗怒問事揮楚不甚，卽命斬之。十年，尚書左僕射高熲、治書侍史柳彧等諫，以爲朝堂非殺人之所，殿庭非決罰之地。帝不納。熲等乃盡詣朝堂請罪，曰：「陛下子育羣生，務在去弊，而百姓無知，犯者不息，致陛下決罰過嚴。皆臣等不能有所裨益，請自退屏，以避賢路。」

帝於是顧謂領左右都督田元曰：「吾杖重乎？」元曰：「重。」帝問其狀，元舉手曰：「陛下杖大如指，捶楚人三十者，比常杖數百，故多致死。」帝不懌，乃令殿内去杖，欲有決罰，各付所由。後楚州行參軍李君才上言，帝寵高熲過甚，上大怒，命杖之，而殿内無杖，遂以馬鞭笞殺之。自是殿内復置杖。未幾怒甚，又於殿庭殺人。十六年，有司奏合州倉粟少七千石，命斛律孝卿鞫問其事，以爲主典所竊。復令孝卿馳驛斬之，没其家爲奴婢，鬻粟以填之。是後盜邊糧者，一升已上皆死，家口没官。上又以典吏久居其職，肆情爲姦。諸州縣佐史，三年一代，經任者不得重居之。十七年，詔又以所在官人，不相敬憚，多自寬縱，事難克舉。諸有殿失，雖備科條，或據律乃輕，論情則重，不卽決罪，無以懲肅。其諸司屬官，若有愆犯，聽於律外斟酌決杖。於是上下相驅，迭行捶楚，以殘暴爲幹能，以守法爲懦弱。是時帝意每尚慘急，而姦回不止，京市白日，公行掣盜，人間强盜，亦往往而有。帝患之，問羣臣斷禁之法。楊素等未及言，帝曰：「朕知之矣。」詔有能糾告者，没賊家産業，以賞糾人。時月之間，内外寧息。其後無賴之徒，候富人子弟出路者，而故遺物於其間，偶拾取則擒以送官，而取其賞。大抵被陷者甚衆。帝知之，乃命盜一錢已上皆棄市。行旅皆晏起(晚)〔早〕宿，天下懔懔焉。此後又定制，行署取一錢已上，聞見不告言者，坐至死。自此四人共盜一榱桷，三人同竊一瓜，事發卽時行決。有數人劫執事而謂之曰：「吾豈求財者耶？但爲枉人來耳。而爲我奏至尊，自古以來，體國立法，未有盜一錢而死也。而不爲我以聞，吾更來，而屬無類矣。」帝聞之，爲停盜取一錢棄市之法。帝嘗發怒，六月棒殺人。大理少卿趙綽固争曰：「季夏之月，天地成長庶類，不可以此誅殺。」帝報曰：「六月雖曰生長，此時必有雷霆。天道既於炎陽之時震其威怒，我則天而行，有何不可。」遂殺之。帝以年齡晚暮，尤崇尚佛道，又素信鬼神。二十年詔，沙門道士壞佛像天尊，百姓壞岳瀆神像，皆以惡逆論。帝猜忌，二朝臣僚，用法尤峻。御史監師，於元正日不劾武官衣劍之不齊者，或以白帝，帝謂之曰：「爾爲御史，何縱捨自由。」命殺之。諫議大夫毛思祖諫，又殺之。左領軍府長史考校不平，將作寺丞以諫麥䴵遲晚，武庫令以署庭荒蕪，獨孤師以受蕃客鸚鵡，帝察知，並親臨斬決。仁壽中，用法益峻，帝既喜怒不恆，不復依准科律。時楊素正被委任，素又稟性高下，公卿股慄，不敢措言。素於鴻臚少卿陳延不平，經蕃客館，庭中有馬屎，又庶僕氈上樗蒲，旋以白帝。帝大怒曰：「主客令不灑掃庭內，掌(國)〔固〕以私戲污敗官氈，罪狀何以加此。」皆於西市棒殺，而榜捶陳延，殆至於斃。大理寺丞楊遠、劉子通等，性愛深文，每隨牙奏獄，能承順帝旨。帝大悅，並遣於殿庭三品行中供奉，每有詔獄，專使主之。候帝所不快，則案以重抵，無殊罪而死者，不可勝原。遠又能附楊素，每於塗中接候，而以囚名白之，皆隨素所爲輕重。其臨終赴市者，莫不塗中呼枉，仰天而哭。越公素侮弄朝權，帝亦不之能悉。史於文帝之淫刑以逞，詳述之也如此，何其與修律之旨大相徑庭也？然則有法而不循法，法雖善，與無法等。《志》又言：煬帝即位，以高祖禁網深刻，又敕修律令，降從輕典者，二百餘條。後帝乃外征四夷，內窮嗜慾，兵革歲動，賦斂滋繁。有司皆臨時迫脅，苟求濟事，憲章遐棄，賄賂公行，窮人無告，聚爲盜賊。帝乃更立嚴刑，敕天下竊盜已上，罪無輕重，不待奏聞，皆斬。百姓轉相羣聚，攻剽城邑，誅罰不能禁。帝以盜賊不息，乃益肆淫刑。九年，又詔爲盜者籍沒其家。自是羣盜大起，郡縣官人，又各專威福，生殺任情矣。及楊玄感反，帝誅之，罪及九族。其尤重者，行轘裂梟首之刑。或磔而射之，命公卿已下，臠噉其肉。百姓怨嗟，天下大潰。觀於煬帝之先輕刑而後淫刑，與文帝如出一轍。文淫刑而身被弒，煬淫刑而國遂亡。蓋法善而不循法，法亦虛器而已。世無無法之國而能長久者。世多以隋與秦並稱，秦乎隋乎？其淫刑者之龜鑑乎？

刑制總考四

唐

笞刑五　笞十至五十。

杖刑五　杖六十至於百。

徒刑五　自徒一年，以半年爲差，至於三年。

流刑三　自流二千里、二千五百里、三千里，三流皆役一年，然後編所在爲户。而常流之外更有加役流者，本死刑，武德中改爲斷趾，貞觀六年改爲加役流，謂常流唯役一年，此流役三年，故以加役名焉。

死刑二　絞、斬。

贖罪　凡贖罪以銅：自笞十銅一斤至杖一百則銅十斤。徒一年二十斤至徒三年則六十斤。流二千里銅八十斤至流三千里則百斤。絞與斬銅止一百二十斤。

《舊唐書·刑法志》：高祖初起義師於太原，卽布寬大之令。百姓苦隋苛政，競來歸附。旬月之間，遂成帝業。既平京城，約法爲(二)十〔二〕條。惟制殺人、劫盜、背軍、叛逆者死，餘並蠲除之。及受禪，詔納言劉文静與當朝通識之士，因開皇律令而損益之，盡削大業所用煩峻之法。又制五十三條格，務在寬簡，取便於時。尋又敕尚書左僕射裴寂等撰定律令，大略以開皇爲準。及太宗卽位，又命長孫無忌、房玄齡與學士法官，更加釐改。戴胄、魏徵又言舊律令重，於是議絞刑之屬五十條，免死罪，斷其右趾。應死者多蒙全活。太宗尋又愍其受刑之苦，謂侍臣曰：「前代不行肉刑久矣，今忽斷人右趾，意甚不忍。」其後蜀王法曹參軍裴弘獻又駮律令不便於時者四十餘事，太宗令參掌删改〔之〕。弘獻於是與玄齡等建議，以爲古者五刑，刖居其一。及肉刑廢，制爲死、流、徒、杖、笞凡五等，以備五刑。今復設刖足，是爲六刑。減死在於寬弘，加刑又加煩峻，乃與八座定議奏聞。於是又除斷趾法，改爲加役流三千里，居作二年。自是比古死刑，殆除其半。玄齡等遂與法司定律五百條，比隋代舊律，減大辟者九十二條，減流入徒者七十一條。其當徒之法，唯奪一官，除名之人，仍同士伍。凡削煩去蠹，變重爲輕者，不可勝紀。

《新唐書・刑法志》云：高宗既昏懦，而繼以武氏之亂，毒流天下，幾至於亡。自永徽以後，武氏已得志，而刑濫矣。當時大獄，以尚書刑部、御史臺、大理寺雜按，謂之「三司」，而法吏以慘酷爲能，至不釋枷而笞捶以死者，皆不禁。律有杖百，凡五十九條，犯者或至死而杖未畢，乃詔除其四十九條，然無益也。武后已稱制，懼天下不服，欲制以威，乃修後周告密之法，詔官司受訊，有言密事者，馳驛奏之。自徐敬業、越王貞、琅邪王沖等起兵討亂，武氏益恐。乃引酷吏周興、來俊臣輩典大獄，與侯思止、王弘義、郭弘霸、李敬仁、康暐、衛遂忠等集告事數百人，共爲羅織，構陷無辜。自唐之宗室與朝廷之士，日被告捕，不可勝數，天下之人，爲之仄足，如狄仁傑、魏元忠等，皆幾不免。左臺御史周矩上疏曰：「比姦憸告訐，習以爲常。推劾之吏，以深刻爲功，鑿空争能，相矜以虐。泥耳囊頭，摺脅籤爪，懸髮熏耳，卧鄰穢溺，刻害支體，糜爛獄中，號曰『獄持』；閉絶食飲，晝夜使不得眠，號曰『宿囚』。殘賊威暴，取快目前。被誣者苟求得死，何所不至？爲國者以仁爲宗，以刑爲助，周用仁而昌，秦用刑而亡。願陛下緩刑用仁，天下幸甚！」武后不納。麟臺正字陳子昂亦上書切諫，不省。及周興、來俊臣等誅死，后亦老，其意少衰，而狄仁傑、姚崇、宋璟、王及善相與論垂拱以來酷濫之寃，太后感寤，由是不復殺戮。然其毒虐所被，自古未之有也。

按：古今刑法，隋以前書多散失，惟《唐律》獨存完全無闕。論者咸以唐法爲得其中，宋以後皆遵用，雖間有輕重，其大段固本於唐也。夫法之善者，仍在有用法之人，苟非其人，徒法而已。觀於唐室開創之初，布寬大，削煩峻。貞觀四年，天下斷死罪三十九人，刑輕而犯者少，何其盛也？迨武氏肆虐，毒流宇内，初未改唐之律令，而用法者爲周興、來俊臣之徒，遂使朝士宗親咸罹寃酷。玄宗開元年間，號稱治平，人罕犯法。二十五年，刑部所斷天下死罪五十八人。迨李林甫用事，信任羅希奭、吉温之徒，復起大獄，以誣陷所殺數十百人，如韋堅、李邕等皆一時名臣，天下寃之。益可知有其法者尤貴有其人矣。大抵用法者得其人，法卽嚴厲亦能施其仁於法之中；用法者失其人，法卽寬平亦能逞其暴於法之外。此其得失之故，實筦乎宰治者之一心，爲仁爲暴，朕兆甚微，若空言立法，則方策具在，徒虚器耳。

要斬　安、史之亂，定僞官罪爲六等，達奚珣、韋恆要斬。見《新志》。

按：唐無要斬之法，此蓋加重於律之外者。

徒杖配諸軍　《新志》：「詔曰：徒非重刑，而役者寒暑不釋械繫。杖，古以代肉刑也，或犯非巨蠹而捶以至死，其皆免，以配諸軍自効。」

按：此卽六代補兵、明代充軍之意，其事在天寶改元後，《志》不詳何年。

死罪流天德五城　《新志》：憲宗元和八年詔：「兩京、關內、河東、河北、淮南、山南東西道死罪十惡、殺人、鑄錢、造印，若强盜持仗劫京兆界中及它盜贓逾三匹者，論如故。其餘死罪皆流天德五城，父祖子孫欲隨者，勿禁。」蓋刑者，政之輔也。政得其道，仁義興行，而禮讓成俗，然猶不敢廢刑，所以爲民防也，寬之而已。今不隆其本，顧風俗謂何而廢常刑，是弛民之禁，啟其姦，由積水而決其防。故自玄宗廢徒杖刑，至是又廢死刑，民未知德，而徒以爲幸也。

《通鑑》天寶六載除斬、絞條：上慕好生之名，令應絞、斬者皆重杖流嶺南，其實有司率杖殺之。

按：《新志》謂廢死刑事在元和中，而《通鑑》有天寶六載除斬、絞之事，新、舊《志》皆不載，未知本於何書。德宗時又有重杖處死之法，見下條。然處死究較改流爲重也。近日泰西人有創除去死罪之議者，究未能實見諸施行，殆亦斯民之教育尚難臻此境界乎！

重杖處死　《新志》：故時，別敕決人捶無數。寶應元年，詔曰：「凡制敕與一頓杖者，其數止四十；至到與一頓及重杖一頓、痛杖一頓者，皆止六十。」德宗性猜忌少恩，然用刑無大濫。刑部侍郎班宏言：

「謀反、大逆、〔及〕〔反〕叛、惡逆四者，十惡之大也，犯者宜如律。其餘當斬、絞刑者，決重杖一頓處死，以代極法。」故時，死罪皆先決杖，其數或百或六十，於是悉罷之。

賜死　《新志》：五品已上論死，或賜死于家。太宗時。《舊志》：會昌元年九月，庫部郎中、知制誥紇干泉等奏：「準刑部奏，犯贓官五品已上，合抵死刑，請準獄官令賜死於家者，伏請永爲定格。」從之。

按：德宗之世，斬、絞改爲重杖處死，則天寶之除斬、絞條，殆行之未久卽復舊制歟？以法制而言，杖輕於斬、絞，以人身之痛苦言，杖不能速死，反不如斬、絞之痛苦爲時較暫。且杖則血肉淋漓，其形狀亦甚慘。以斬與絞相較，則斬殊身首又不如絞之身首尚全，故近來東西各國有單用絞刑者，亦仁術之一端也。

又按：綜論有唐一代，除武后之時、李林甫之時以及甘露之變、清流之禍，並由于閹宦之肆孽，其餘諸帝，無有淫刑以逞者。貞觀、開元之治，代宗之仁恕，無論矣。德宗之猜忌少恩，然用刑無大濫。憲宗之英果明斷，然於用刑喜寬仁。穆宗之童騃，然頗知慎刑法。此皆其開創貽謀之善，故後嗣尚守其法。肅宗之治僞官，當時以爲少過，然諸人中如陳希烈、張均、張垍輩，或任受鈞衡，或親聯肺腑，心懷怨望，甘心從賊，此而不誅，政何以肅？温公以六等議刑爲可，實正論也。史稱自高祖、太宗除隋虐亂，治以寬平，民樂其安，重於犯法，致治之美，幾乎三代之盛時。考其推心惻物，其可謂仁矣！斯言非溢美也。後代治律之士莫不以唐爲法，世輕世重，皆不能越其範圍，然則今之議刑者，其亦可定厥宗旨乎？

宋

笞刑五　一十、贖銅一斤，決臀杖七下放。二十、贖銅二斤，決臀杖七下放。三十、贖銅三斤，決臀杖八下放。四十、贖銅四斤，決臀杖八下放。五十。贖銅五斤，決臀杖十下放。

杖刑五　六十、贖銅六斤，決臀杖十三下放。七十、贖銅七斤，決臀杖十五下放。八十、贖銅八斤，決臀杖十七下放。九十、贖銅九斤，決臀杖十八下放。一百。贖銅十斤，決臀杖二十。其杖長三尺五寸，大頭闊二寸，厚九分，小頭徑九分以下。

徒刑五　一年、贖銅二十斤，決脊杖十三下放。一年半、贖銅三十斤，決脊杖十五下放。二年、贖銅四十斤，決脊杖十七放。二年半、贖銅五十斤，決脊杖十八放。三年。贖銅六十斤，決脊杖二十。以上不刺面，役滿自放。

流刑三　二千里、贖銅八十斤，決脊杖十七，配役一年。二千五百里、贖銅九十斤，決脊杖十八，配役一年。三千里、贖銅一百斤，決脊杖二十，配役一年。加役流。決脊杖二十，配役三年。

死刑二　絞、斬。贖銅一百二十斤，並決重杖一頓，以代極刑。

按：此《宋刑統》之文也。《刑統》久無傳本，《天一閣書目》政書類有《刑統》三十卷，烏絲闌鈔本，不著撰人名氏。《書目》刊于嘉慶十三年，當時尚有此書，而無好事者爲之刊刻。今從天一閣傳鈔一通，惜卷首數頁殘缺不全。此文見元王元亮《唐律表五刑圖説》，今備録之，並可以補《刑統》

之缺。

凌遲　《通考》：仁宗天聖六年，詔如聞荆湖殺人祭鬼，自今首謀若加功者，凌遲斬。

按：殺人祭鬼，非常之事，故以非常之法施之。《通考》云：「凌遲之法，昭陵以前雖兇强殺人之盜亦未嘗輕用，自詔獄既興，而以口語狂悖者，皆麗此刑矣。」可見宋之凌遲不在常刑之列。《渭南文集》有請除凌遲之刑狀，是南宋時此刑常用之。

配隸　《宋史·刑法志》：凡應配役者傅軍籍，用重典者黥其面。會赦，則有司上其罪狀，情輕者，縱之；重者，終身不釋。

圜土　又崇寧中，始從蔡京之請，令諸州築圜土以居强盜貸死者。晝則役作，夜則拘之，視罪之輕重，以爲久近之限。許出圜土〔日〕充軍，無過者縱釋。行之二年，其法不便，迺罷。大觀元年，復行。四年，復罷。

贖法　又至和初，又詔：「前代帝王後，嘗仕本朝，官不及七品者，祖父母、父母、妻子罪流以下，聽贖。雖不仕而嘗被賜予者，有罪，非巨蠹，亦如之。」隨州司理參軍李抃父毆人死，抃上所授官以贖父罪，帝哀而許之。君子謂之失刑，然自是未嘗爲比。而終宋之世，贖法惟及輕刑而已。

按：宋代刑法本於唐，其凌遲之法雖沿於五代，然不常用也。史稱其「士初試官，皆習律令。其君一以寬仁爲治，故立法之制嚴，而用法之情恕」。「國既南遷，累世猶知以愛民爲心，雖其失慈弱，而祖宗之遺意猶未泯焉」。則一朝之得失可以見矣。

遼

死　絞、斬、淩遲。
流　邊城部族之地、境外、絶域。
徒　終身、五年、一年半。
杖　五十至三百。
籍没
黥刺
木劍　大棒　鐵骨朵
鞭烙　麤細杖
贖銅
重法　投高崖、五車轘、梟磔、生瘞、射鬼箭、砲擲、支解、炮烙鐵梳。

《遼史·刑法志》：制刑之凡有四：曰死，曰流，曰徒，曰杖。死刑有絞、斬、淩遲之屬，又有籍没之法。流〔刑〕量罪輕重，寘之邊城部族之地，遠則投諸境外，又遠則罰使絶域。徒刑一曰終身，二曰五年，三曰一年半；終身者決五百，其次遞減百；又有黥刺之法。杖刑自五十至三百，凡杖五十以上者，以沙袋決之；又有木劍、大棒、鐵骨朵之法。木劍、大棒之數三，自十五至三十；鐵骨朵之數，或五、或七。

有重罪者，將決以沙袋，先於(睢)〔脽〕骨之上及四周擊之。拷訊之具，有麤、細杖及鞭、烙法。麤杖之數二十；細杖之數三，自三十至於六十。鞭、烙之數，凡烙三十者鞭三百，烙五十者鞭五百。被告諸事應伏而不服者，以此訊之。品官公事誤犯，民年七十以上、十五以下犯罪者，聽以贖論。贖銅之數，杖一百者，輸錢千。……木劍、大棒者，太宗時制。木劍面平背隆，大臣犯(罪)重〔罪〕，欲寬宥則擊之。沙袋者，穆宗時制，其制用熟皮合縫之，長六寸，廣二寸，柄一尺許。

太祖初年，庶事草創，犯罪者量輕重決之。其後治諸弟逆黨，權宜立法。親王從逆，不磬諸甸人，或投高崖殺之；淫亂不軌者，五車轘殺之；逆父母者視此；訕詈犯上者，以熟鐵(推)〔錐〕摏其口殺之。又爲梟磔、生瘞、射鬼箭、砲擲、支解之刑。歸於重法，閑民使不爲變耳。

宮刑 詳宮。

《志》又云：穆宗嗜酒及獵，不恤政事，五坊、掌獸、近侍、奉膳、掌酒人等，以獐鹿、野豕、鶻雉之屬亡失傷斃，及私歸逃亡，在告踰期，召不時至，或以奏對少不如意，或以飲食細故，或因犯者遷怒無辜，輒加炮烙鐵梳之刑。甚者至于無算。或以手刃刺之，斬擊射燎，斷手足，爛肩股，折腰脛，劃口碎齒，棄尸于野。且命築封于其地，死者至百餘人。京師置百尺牢以處繫囚。蓋其即位未久，惑女巫肖古之言，取人膽合延年藥，故殺人頗衆。後悟其詐，以鳴鏑叢射，騎踐殺之。

腰斬 《志》又云：近侍劉哥、烏古斯嘗從齊王妻而逃，以赦，後會千齡節出首，乃詔諸近侍、護衛集視而腰斬之。聖宗時。

戮尸　《志》又云：天祚乾統元年，凡大康三年預乙辛所害者悉復官爵，籍没者出之，流放者還鄉里。至二年，始發乙辛等墓，剖棺戮尸，誅其子孫，餘黨子孫減死，徙邊。《志》又云：賞罰無章，怨讟日起，劇盜相挺，叛亡接踵。天祚大恐，益務繩以嚴酷，由是投崖、砲擲、釘割、臠殺之刑復興焉。或有分尸五京，甚者至取其心以獻祖廟。雖由天祚救患無策，流爲殘忍，亦由祖宗有以啟之也。遼之先代，用法尚嚴。使其子孫皆有君人之量，知所自擇，猶非祖宗貽謀之道；不幸一有昏暴者，少引以藉口，何所不至。然遼之季世，與其先代用刑同，而興亡異者，何歟？蓋創業之君，施之於法未定之前，民猶未敢測也；亡國之主，施之於法既定之後，民復何所賴焉。此其所爲異也。傳曰新國輕典，豈獨權事宜而已乎？

按：遼起朔方，以用武立國。太祖之世，刑多酷慘；穆宗性尤好殺，天祚荒暴，遂至于亡。論者咎其貽謀之不善，與唐代相考鏡，其仁與暴何適相反也？史稱其「季世與先代用刑同而興亡異者」，由於法之未定與既定，是固然矣，實則昏明之判耳。太祖時，下特詔以疏滯獄，置鍾院以達民冤，朝政明而法度立，此其所以興也。穆宗虐止褻御，不及大臣百姓，其知女巫妖妄見誅，諭臣下濫刑切諫，亦非不明也。天祚則昏暴兼之，此其所以亡也。豈盡由於法之定不定哉？後之鑒古者，當如唐之仁，毋若遼之暴，斯可矣。

金

笞刑五　一十，贖銅二斤；　二十，贖銅四斤；　三十，贖銅六斤；　四十，贖銅八斤；　五十，贖銅十斤。

杖刑五　六十，贖銅十二斤；七十，贖銅十四斤；八十，贖銅十六斤；九十，贖銅十八斤；一百，贖銅二十斤。

徒刑七　一年，贖銅四十斤，決杖六十，加杖一百二十；一年半，贖銅六十斤，決杖六十，加杖一百四十；二年，贖銅八十斤，決杖七十，加杖一百八十；二年半，贖銅一百斤，決杖七十，加杖一百八十；三年，贖銅一百二十斤，決杖八十，加杖二百；四年，贖銅一百六十斤，決杖九十，加杖二百；五年，贖銅一百八十斤，決杖一百，加杖二百。

流刑三　二千里，贖銅一百六十斤，配役一年；二千五百里，贖銅一百八十斤，配役一年；三千里，贖銅二百斤，配役一年。

死刑二　絞、斬，贖銅二百四十斤。

按：此金泰和律文也。《泰和律義》原書久亡，元鄭汝翼《永徽法經》以唐律、金律分類相附，尚存其略，而《永徽法經》僅有四庫所輯《永樂大典》本，其書僅列于存目中，未經發刻，故世無傳本。此五刑之制，見於元王元亮《唐律表五刑圖說》，故備録之。

擊腦　《金史·刑志》：金國舊俗，輕罪笞以柳葼，殺人及盜劫者，擊其腦殺之，没其家資，以十之四入官，其六賞主，併以家人爲奴婢。其親屬欲以馬牛雜物贖者，從之。或重罪亦聽自贖，然恐無辨於齊民，則劓、刵以爲別。

没貲　見上。

劓刵　見上。

刺字、充軍、終身徒　《金志》：天會七年，詔凡竊盜，但得物，徒三年；十貫以上，徒五年，刺字充下軍；三十貫以上，徒終身。

《金史·刑志》序：金初，法制簡易，無輕重貴賤之别，刑、贖並行，此可施諸新國，非經世久遠之規也。天會以來，漸從吏議，皇統頒制，兼用古律。厥後，正隆又有《續降制書》。大定有《權宜條理》，有《重修制條》。明昌之世，《律義》、《勅條》並修，品式寖備。既而《泰和律義》成書，宜無遺憾。然國脈紓蹙，風俗醇醨，世道升降，君子觀一代之刑法，每有以先知焉。金法以杖折徒，累及二百，州縣立威，甚者置刃於杖，虐於肉刑。季年，君臣好用筐篋故習，由是以深文傅致爲能吏，以慘酷辦事爲長才。有司姦贓真犯，此可決也，而微過亦然。風紀之臣，失糾皆決。考滿，校其受決多寡以爲殿最。原其立法初意，欲以同疏戚、壹小大，使之咸就繩約於律令之中，莫不齊手並足以聽公上之所爲，蓋秦人強主威之意也。是以待宗室少恩，待大夫士少禮。終金之代，忍恥以就功名，雖一時名士有所不免。至於避辱遠引，罕聞其人。殊不知君子無恥而犯義，則小人無畏而犯刑矣。是故論者於教愛立廉之道，往往致太息之意焉。

按：金代刑制之失，史詳之矣。泰和律目一准於唐，豈其律文並不昉唐律耶？今其全書不可得見，無以定之。

元

笞刑　七下，十七，二十七，三十七，四十七，五十七。

杖刑　六十七，七十七，八十七，九十七，一百七。

徒刑　一年、杖六十七。一年半、杖七十七。二年、杖八十七。二年半、杖九十七。三年。杖一百七。

流刑　遼陽、湖廣。（迤北）《元志》序云：南人遷於遼陽迤北之地，北人遷於南方湖廣之鄉。

死刑　斬、淩遲處死。

按：此元之五刑，見《元史·刑法志》，即元之律文也。《元典章》言流二千里、比徒四年。二千五百里、比徒四年半。三千里，比徒五年。當是舊法，故《志》不及也。元制死罪，有斬無絞，而《元典章》所載舊案往往稱引舊例，應絞而改其名曰處死，此又其用法之獨異者。

出軍　《元典章·新集》刑制門奴兒干出軍條：强盜持仗不曾傷人，但得財，一百七，出軍。至二十貫，爲從的一百七，出軍。不持仗，不曾傷人，至四十貫，除首賊外，餘人斷一百七，出軍。竊盜豁車子、剜房子的賊每，傷事主，爲從的斷一百七，出軍；不曾傷事主，但得財，皆斷一百七，出軍；不曾得財，于內有舊賊，出軍。怯烈司裏偷盜駝馬牛，初犯爲從者，斷一百七，出軍。又延祐七年，中書省議得各處合流遼陽行省罪囚，無分輕重，一概發付奴兒干地面。緣彼中别無種養生業，歲用衣糧，站赤重加勞費，卽目肇州見有屯田。今後若有流囚，照依所犯分揀，重者發付奴兒干，輕者于肇州，從宜安置，屯種自贍，似爲便益。

按：元代出軍之制，未詳始於何年，《元典章》肇州屯種條所列有出軍、流遠之分，是發往肇州之人不皆爲出軍者也。私鹽三犯者，蒙古、色目人發兩廣、海南，漢人、南人發付遼陽屯田，《元典章》二十二。當亦在出軍之列。《元典章》五十出征軍人搶奪比同强盜杖斷條，有發付雲南應充軍役之文，此其證也。明代充軍之制，蓋卽原于元之出軍。明初充軍者，皆發邊省衞所，與元之遼陽屯田情形相似，第明以補邊衞之什伍，其用意則不同耳。

遷徙　《元史·文宗紀》：天曆二年，更定遷徙法。詳遷徙。

按：元代遷徙之法與流不同，蓋卽唐之移鄉也。《元典章》所載遷徙之案，有遷徙廣東者，有遷徙遼陽者；又有稱再犯移徙，三犯移徙邊遠者。是遷徙有南北之殊，又有遠近之異，皆在天曆以前。然延祐三年省札云：今之遷徙，卽古移鄉之法，比之流囚，事例不同。是天曆前本有此法，文宗更定之。明代亦有遷徙之法，大約亦因於天曆之制。

贖詳贖。

罰俸

明

笞刑五　一十、贖銅錢六百文。二十、贖銅錢一貫二百文。三十、贖銅錢一貫八百文。四十、贖銅錢二貫四百文。五十。贖銅錢三貫。

杖刑五　六十、贖銅錢三貫六百文。七十、贖銅錢四貫二百文。八十、贖銅錢四貫八百文。九十、贖銅錢五貫四百文。一百。贖銅錢六貫。

徒刑五　一年，杖六十。贖銅錢一十二貫。一年半，杖七十。贖銅錢一十五貫。二年，杖八十。贖銅錢一十八貫。二年半，杖九十。贖銅錢二十一貫。三年，杖一百。贖銅錢二十四貫。

流刑三　二千里，杖一百。贖銅錢三十貫。二千五百里，杖一百。贖銅錢三十三貫。三千里，杖一百。贖銅錢三十六貫。

死刑二　絞、斬。贖銅錢四十二貫。

淩遲　明律淩遲凡十三條。

按：淩遲之法，不列五刑，明律中爲大逆、惡逆、不道等項，所犯非常，故以非常之法處之。

雜犯斬絞准徒五年　明律雜犯斬凡四條，雜犯絞凡九條。

諸家舊説云，但有死罪之名而無死罪之實，以其罪難免而情可矜，故准徒五年以貸之，雖貸其死而不易其名，所以示戒也。又云，竊盜滿數是真絞，監守常人滿數是雜犯，推立法之意，不欲因盜錢糧官物而卽殺之也。

按：此明制之寬於唐律者。

雜犯流總徒四年

按：此蓋從雜犯斬絞遞減之。

族誅、梟令、墨面文身、挑筋去指、或去膝蓋。剁指、斷手、刖足、閹割爲奴、斬趾枷令、常枷號令、枷項遊歷、免死發廣西、拏象人口遷化外、全家抄没、鐲脚本部書寫。

按：以上各項皆洪武時峻法也，見《大誥》。迨洪武三十年以後，太祖亦悟嚴刑之不足以化民，此等峻法不復用矣。梟令者，斬首示衆，明律無此名，《問刑條例》乃有之，是當日亦因事用之，初不以此爲死罪之等差。入國朝後乃以此爲死罪之一級，殆失其本意。斷手刖足等項，乃古之肉刑，洪武中偶一用之，常枷號令即今法永遠枷號之權輿，此等在明代本非常法。兹録於此，見重刑之無效，治世之道當探其源也。

刺字　《明律》監守常人盜搶奪竊盜並刺字。洪武三十年御製《大明律》序，合黥刺者，除黨逆家屬并律該載外，其餘有犯俱不黥刺。

按：觀此序文，可見太祖於刺字一事亦不輕用。

夷三族　《明史·卓敬傳》：燕王即位，被執，帝猶不忍殺。姚廣孝故與敬有隙，進曰：「敬言誠見用，上寧有今日？」乃斬之，誅其三族。《方孝孺傳》：孝孺之死，宗族親友前後坐誅者數百人。《通鑑輯覽》注：《遜國名臣傳》云，孝孺大書數字，投筆于地曰：「死即死，詔不可草。」帝大怒，曰：「汝焉能遽死，朕當滅汝十族。」《紀事本末》採其説，改作「文皇大聲曰：『汝獨不顧九族乎？』孝孺曰：『便十族奈我何！』乃收其門生廖鏞、林嘉猷等爲一族，並坐，然後詔磔孝孺于市。」舊史例議以鏞、嘉猷逮論，在孝孺死後，十族之説非實，今亦不採。《成祖紀》：殺齊泰、黄子澄、方孝孺等，皆夷其族。《明史·刑法志》：洪武元年諭省臣：「鞫獄當平恕，古者非大逆不道，罪止及身。民有犯者，毋得連坐。」尚書夏恕嘗引漢法，請著律，反者夷三族。太祖曰：「古者，父子兄弟罪不相及，漢仍秦舊，法太重。」卻其奏不行。

按：靖難時，族誅之臣齊、黄諸人外有練子寧、巨敬、景清、高翔、王度、葛誠、盧振、葉惠仲，皆見本傳。《孝孺傳》但言「宗族親友坐誅者數百人」，而不採九族十族之説，以舊説未足盡信也。洪武時，族誅者胡藍之獄爲多。《明史·藍玉傳》：「二十六年二月，錦衣衛指揮蔣瓛告玉謀反，下吏鞫訊。獄辭云：『玉同景川侯曹震、鶴慶侯張翼、舳艫侯朱壽、東莞伯何榮及吏部尚書詹徽、户部侍郎傅友文等謀爲變，將伺帝出耤田舉事。』獄具，族誅之。列侯以下坐黨夷滅者不可勝數。至九月，乃下詔曰：『藍賊爲亂，謀泄，族誅萬五千人。自今胡黨、藍黨概赦不問。』胡謂丞相惟庸也。」其中豈無夷及三族者？史無明文，不能詳也。族誅既非常刑，夷三族尤爲罕見，成祖之屠戮忠良，淫刑以威，罪無可逭矣。太祖雖嘗卻夏恕之奏，而胡、藍二獄，作法于涼，豈非厲之階哉？

安置、遷徙、口外爲民、充軍 《明史·刑法志》：流有安置，有遷徙，去鄉一千里，杖一百，徒二年。有口外爲民，其重者充軍。充軍在明初唯邊方屯種，後定制，分極邊、烟瘴、邊遠、邊衛、沿海、附近。軍有終身，有永遠。

按：遷徙即唐律之殺人移鄉千里外也，不在三流之列。充軍別有説，兹不具。

贖法　《明志》：凡贖法有二，有律得收贖者，有例得納贖者。洪武三十年定贖罪事例，凡内外官吏，犯笞杖者記過，徒流遷徙者俸贖之。永樂十一年令，除公罪依例紀録收贖，及死罪情重者依律處治，其情輕者，斬罪八千貫，絞罪及榜例死罪六千貫，流徒笞杖納鈔有差。無力者發天壽山種樹。

《明志》：始，太祖懲元縱弛之後，刑用重典，然特取決一時，非以爲則。後屢詔釐正，至三十年始申畫一之制，所以斟酌損益之者，至纖至悉，令子孫守之，羣臣有稍議更改，即坐以變亂祖制之罪。而後乃滋弊者，由於人不知律，妄意律舉大綱，不足以盡情僞之變。於是因律起例，因例生例，例愈紛而弊愈無窮。英、憲以後，欽恤之意微，偵伺之風熾。巨惡大憝，案如山積，而旨從中下，縱之不問；或本無死理，而片紙付詔獄，爲禍尤烈。故綜明法大略，而以廠衛終之。刑法有創之自明，不衷古制者，廷杖、東西廠、錦衣衛、鎮撫司獄是已。是數者，殺人至慘，而不麗於法。踵而行之，至末造而極。舉朝野命，一聽之武夫、宦豎之手，良可歎也。

按：綜論有明一代刑政，太祖用重典以懲一時，而酌中制以垂後世，猛烈之治，寬仁之詔，相輔而行，未嘗偏廢也。惠帝專欲以仁義化民，元年刑部報囚，減太祖時十三。其後仁宗、宣宗、孝宗，政治清明，刑法最稱平恕。穆宗優恤死亡，世亦稱之。用刑之慘毒，莫甚於成祖。其後英宗時，王振亂政，刑章大紊，然帝心頗寬平。霜降審録重囚，實自天順始。情可矜疑者，得沾法外之恩，實仁政也。憲宗多秕政，而於刑獄猶慎之。武宗時，劉瑾專權，寃濫滿獄。世宗意主苛刻，中年益肆誅戮。神宗性仁(果)〔柔〕，而獨惡言者，内外官杖戍爲民者至一百四十人。後不復視朝，刑辟罕用，則又失之廢弛。熹宗昏亂，閹豎用事，酷虐極矣。莊烈帝銳意綜理，時國事日棘，重法以繩臣下，救過不暇，而卒無救於亂亡。此有明一代刑政之大較也。

刑法分考十七卷

刑法分考一

夷三族七族　九族　十族　族

《書·泰誓》："罪人以族。"孔傳："一人有罪，刑及父母、兄弟、妻子，言淫濫。"疏："秦政酷虐，有三族之刑，謂非止犯者之身，乃更上及其父，下及其子。經言『罪人以族』，故以三族解之。父母前世也，兄弟及妻當世也，子孫後世也。一人有罪，刑及三族，言淫濫也。"蔡傳："族，親族也。一人有罪，刑及親族也。"

按：此"族"字未必便是三族，三族乃秦法，恐古未有此制。蔡傳渾言親族較妥。今《書·泰誓》，說者咸以爲東晉人僞作，幾成定論，然其語亦必有所本，非盡臆造。或據《荀子·君子篇》有"亂世夷三族"之文，遂謂今《泰誓》取諸《荀子》，第荀子乃周末人，所稱亂世未必專指商紂，大約古有是說，東晉人采入今《書》耳。

《史記·秦本紀》："文公二十年，法初有三族之罪。"《集解》張晏曰："父母、兄弟、妻子也。"如淳曰："父族、母族、妻族也。"武公三年，誅三父等而夷三族，以其殺出子也。《漢書·高紀》："罪三族。"注師古曰："如說是也。"《刑法志》："秦用商鞅，造參夷之誅。"注師古曰："參夷，夷三族。"

按：文公二十年爲周平王二十五年，武公三年爲周莊王二年，皆在東周之初。三族之罪，史言始於文公，而班《志》以爲商鞅所造者，疑文公、武公之後，秦亦不常用此法，至鞅而始著爲常法歟？杜貴墀《漢律輯證》云：「《李陵傳》『於是族陵家，母弟妻子皆伏誅。』按：據此，是三族者即文帝所謂父母、妻子、同産也。如淳注非。『仲尼燕居三族。』注：『父、子、孫也。』《儀禮・士昏禮》注：『三族，謂父昆弟、己昆弟、子昆弟。』鄭康成所謂三族如此。《周禮・秋官・司烜氏》鄭司農注：『屋誅，謂夷三族，無親屬收葬者。』無親屬收葬則是並母族妻族盡誅矣，三代時烏得有此？故後鄭不從。《後書・肅宗紀》：『元和元年，詔曰往者妖言大獄，所及廣遠，一人犯罪，禁至三屬。』賢注：『即三族也。謂父族、母族、妻族。』蓋承如淳之謬。」本按三族之説，諸家不同，漢儒説《尚書》九族者有今古文之異説，三族者就九族中推衍而出，故亦兩説並行也。《書・堯典》「以親九族」，鄭玄云：「九族，上自高祖，下至玄孫，凡九族。」馬融同，見《釋文》。此古文《尚書》説也，皆同姓有服者，孔傳亦承用之。觀於《詩・葛藟序》，毛傳云據己上至高祖，下及玄孫；《漢書・高紀》「七年，置宗正以序九族」。可見漢初以九族爲同姓，皆古文家説也。夏侯歐陽等以爲九族者，父族四、母族三、妻族二，皆據異姓有服。許慎《五經異義》、應劭《風俗通》皆主之，此今文《尚書》説也。杜預《左傳》注桓六年説雖小異，然亦是父族四、母族三、妻族二，仍即今文之説而稍變之。《周禮・小宗伯》「三族」，鄭玄注謂父、子、孫。張晏之説本之，《泰誓》孔傳亦同，蓋衍自古文之説。如淳分父、母、妻三族，蓋衍自今文之説。鄭衆注「司烜氏屋誅」，其義爲説者所不取，然可見其説亦主今文家也。

右古文者謂《堯典》經文下云百姓可該異姓，右今文者謂人生九十始有曾孫，高祖玄孫，無相及之理，各持一是。國朝説經家亦人人殊，未有定論。顔師古注「夷三族」，以如説爲是，而杜貴墀以爲謬。然據《文紀》、《李陵傳》爲證，則尚未確呂后時已除三族刑，文帝所言乃收坐法，雖其後新垣平尚有夷三族之誅，然與收坐法無涉。夷三族者，必具五刑，而《鼂錯傳》丞相等劾奏錯曰：「大逆無道，錯當要斬，父母妻子同産無少長皆棄市。臣請論如法。」制曰「可」。此所引者必當時之律文，其僅止腰斬，卽所言「父母妻子同産無少長皆棄市」者，未必卽爲夷三族之法。《主父偃傳》「遂族偃」；《郭解傳》「大逆無道，遂族解」；《公孫賀傳》「遂父子死獄中，家族」；此三《傳》之言族者，似皆止於一家。《灌夫傳》「及繫，灌夫罪至族，悉論灌夫支屬」，其時灌氏支屬自得棄市，罪不緣夫也。《王温舒傳》「人有變告温舒受員騎錢，它姦利事，罪至族，自殺。其時兩弟家及兩婚家亦各自坐它罪而族。光禄勳徐自爲曰：『悲夫！夫古有三族，而王温舒罪至五族乎！』」注師古曰：「温舒與弟同三族，而兩妻家各一，故爲五也。」温舒兩弟之罪不緣温舒，可見漢時族法實與夷三族者不同，《李陵傳》未足爲三族之證。徐自爲以兩婚家爲五族，則妻族似不在三族之内，然兄弟與己身，本但爲一族，而自爲以温舒及兩弟爲三族，與鄭、張之言三族者亦不合，似所謂五族，猶言五家耳，不足以證三族之義也。《晉志》言魏改漢律，大逆從坐，不及祖父母、孫。至於謀反大逆，臨時捕之，夷其三族，不在律令。是三族本有祖父母、孫在内，不止父、子、孫三世。鄭、張之説，亦未能合。《後漢書・桓紀》：「延熹二年，大將軍梁冀謀爲亂。詔司隸校尉張彪將兵圍冀第，收大將軍印綬，冀與妻皆自殺。衛尉梁淑、河南尹梁胤、屯騎校尉梁讓、越騎校尉梁忠、長水校尉梁戟等，及中外宗親數十人，皆伏誅。」《梁冀傳》：「諸梁及孫氏中外宗親送詔獄，無少長皆棄市。」《傳》所言孫氏，乃冀妻孫壽之族，是妻族也，雖《紀》、《傳》皆不言三族，亦三族兼及妻族之一證。

《漢書·刑法志》：漢興之初，雖有約法三章，網漏吞舟之魚，然其大辟，尚有夷三族之令。令曰：「當三族者，皆先黥，劓，斬左右止，笞殺之，梟其首，菹其骨肉於市。注師古曰：「菹謂醢也。」其誹謗詈詛者，又先斷舌。」故謂之具五刑。彭越、韓信之屬，皆受此誅。至高后元年，乃除三族罪。其後，新垣平謀爲逆，復行三族之誅。《高后紀》：元年春正月，詔曰：「前日孝惠皇帝言欲除三族辠、妖言令，議未決而崩，今除之。」

按：已除而復用者，蓋卽《晉志》所謂不在律令而臨時捕之者也。

《晉書·刑法志》：及魏國建，傍採漢律，定爲魏法。又改《賊律》，但以言語及犯宗廟園陵，謂之大逆無道，要斬，家屬從坐，不及祖父母、孫。至於謀反大逆，臨時捕之，或汙瀦，或梟菹，夷其三族，不在律令，所以嚴絕惡迹也。

文帝爲晉王，令賈充定法律。減梟斬族誅從坐之條，除謀反、適養母出女嫁皆不復還坐、父母棄市。

按：魏代夷三族不在律令，似因於漢。漢惠除三族罪，雖其後有行之者，殆亦非常之事。若主父偃、郭解等，本《傳》言族而不言三族，當非三族者也。迨魏又減族誅之條，自是，此法稍寬。

《隋志》載歷代刑法，皆無此名目矣。

《晉書・刑法志》：及景帝輔政，是時魏法，犯大逆者誅及已出之女。毌丘儉之誅，其子甸、妻荀氏應坐死，其族兄顗與景帝姻，通表魏帝，以匄其命。詔聽離婚。荀氏所生女芝，爲潁川太守劉子元妻，亦坐死，以懷姙繫獄。荀氏辭詣司隸校尉何曾乞恩，求沒爲官婢，以贖芝命。曾哀之，使主簿程咸上議曰：「夫司寇作典，建三等之制；甫侯修刑，通輕重之法。叔世多變，秦立重辟，漢又修之。大魏承秦、漢之弊，未及革制，所以追戮已出之女，誠欲殄醜類之族也。然則法貴得中，刑慎過制。臣以爲女人有三從之義，無自專之道，出適他族，還喪父母，降其服紀，所以明外成之節，異在室之恩。而父母有罪，追刑已出之女；夫黨見誅，又有隨姓之戮。一人之身，內外受辟。今女既嫁，則爲異姓之妻；如或産育，則爲他族之母，此爲元惡之所忽。戮無辜之所重，於防則不足懲姦亂之源，於情則傷孝子之心。男不得罪於他族，而女獨嬰戮於二門，非所以哀矜女弱，蠲明法制之本分也。臣以爲在室之女，從父母之誅；既醮之婦，從夫家之罰。宜改舊科，以爲永制。」於是有詔改定律令。

按：此事魏《志》、《紀》、《傳》皆不載，《晉志》無年月可考，《通鑑綱目》列於高貴鄉公正元二年，並云魏朝從之，遂著爲令。《圖書集成・祥刑典》載高貴鄉公正元二年詔改定三族律令，即據《通鑑綱目》及《晉志》也。

《晉書・懷紀》：永嘉元年，除三族刑。《東海王越傳》：及懷帝即位，委政於越。吏部郎周穆，清河王覃舅，越之姑子也，與其妹夫諸葛玫共說越曰：「主上之爲太弟，張方意也。清河王本太子，爲羣凶所廢。先帝暴崩，多疑東宫。公盍思伊霍之舉，以寧社稷乎？」言未卒，越曰：「此豈宜言耶！」遂叱左右斬之。以玫、穆世家，罪止及身，因此表除三族之法。

《明紀》：太寧三年，復三族刑，惟不及婦人。

按：明帝太寧二年，王敦反逆，事平後，詔王敦羣從一無所問，蓋爲王導，故不坐。其時尚未復三族刑，至三年之復三族刑，是否爲王敦之黨，史亦不詳。又《愍紀》建興三年六月丁卯，地震。辛巳，勅雍州掩骼埋胔，修復陵墓，有犯者誅及三族。此事在大寧之前，是懷帝時雖曾除之，亦偶一設此厲禁也。

《魏書·刑罰志》：昭成建國二年，犯大逆者，親族男女無少長皆斬。世祖神䴪中，詔司徒崔浩定律令。大逆不道腰斬，誅其門籍，年十四已下腐刑，女子没縣官。正平元年，改定律制門誅。高宗太安四年，增律門房之誅十有三。高祖延興四年，詔自非大逆干犯者，皆止其身，罷門房之誅。

《高祖紀》：延興四年六月乙卯，詔曰：「朕應歷數開一之期，屬千載光熙之運，雖仰嚴誨，猶懼德化不寛，至有門房之誅。然下民兇戾，不顧親戚，一人爲惡，殃及合門。朕爲民父母，深所愍悼。自今以後，非謀反、大逆、干犯、外奔，罪止其身而已。今德被殊方，文軌將一，宥刑寛禁，不亦善乎？」太和三年，詔中書令高閭集中祕官等修改舊文，隨例增減。五年冬訖，凡八百三十二章，門房之誅十有六。十一年，詔曰：「前命公卿論定刑典，而門房之誅猶在律策，違失《周書》父子異罪。推古求情，意甚無所取。可更議之，删除繁酷。」

按：門房之誅，乃後魏舊典，而其制未詳。觀於《志》言「親族男女無少長皆斬」，又言「誅其同籍」，蓋卽夷三族之法也。惟魏世此法甚爲繁苛，如世祖太延元年，詔「自今以後，亡匿避難，羈〔旅〕他鄉，皆當歸還舊居，不問前罪。民相殺害，牧司依法平決，不聽私輒報〔復〕，敢有報〔者〕，誅及宗族；鄰伍相助，與同罪。」太平真君五年，詔「自王公已下至於庶人，有私養沙門、師巫及金銀工巧之人在其家者，皆遣詣官曹，不得容匿。限今年二月十五日，過期不出，師巫、沙門身死，主人門誅」。又詔「自王公已下至於卿士，其子息皆詣太學。其百工伎巧、騶卒子息，當習其父兄所業，不聽私立學校。違者師身死，主人門誅」。《世祖紀》。羣行剽劫，首謀門誅。《刑罰志》：太和五年除。不僅反逆者用此法，延興詔云「非大逆、干紀者，皆止其身」，可見當時此法之濫。高祖雖曾詔罷門房之誅，而太和修律尚有十六章，後又詔刪除，而史未詳其所議。蓋終魏之世，此法未能除也。

《唐書・王世充傳》：裴仁基與其子行儼及宇文儒童、崔德本等謀劫世充，復立侗，不克，夷三族。

〔按〕：《隋書・裴仁基傳》不言夷三族事，《世充傳》亦無此文。

《明史・卓敬傳》：燕王卽位，被執，帝猶不忍殺。姚廣孝故與敬有隙，進言曰：「敬言誠見用，上寧有今日？」乃斬之，誅其三族。

按：成祖時誅夷甚衆，而史稱夷三族者惟敬一人。

《荀子・君子篇》：古者刑不過罪，爵不踰德。故殺其父而臣其子，殺其兄而臣其弟。刑罰不怒罪，爵賞不踰德，分然各以其誠通。是以爲善者勸，爲不善者沮；刑罰綦省而威行如流，政令致明而化易如神。傳曰「一人有慶，兆民賴之」。此之謂也。亂世則不然，刑罰怒罪，爵賞踰德，以族論罪，以世舉賢。故一人有罪而三族皆夷，德雖如舜，不免刑均，是以族論罪也。先祖當賢，後子孫必顯，行雖如桀、紂，列從必尊，此以世舉賢也。以族論罪，以世舉賢，雖欲無亂，得乎哉！楊倞注：「三族，父、母、妻族也。夷，滅也。均，同也，謂同被其刑也。」

按：觀《荀子》此言，是戰國三族之法各國亦行之。

《文獻通考》：文所行，獨新垣平一事，爲盛德之玷。然此事所關甚重，蓋其寵新垣平也，惑於求仙希福之說，而淫諂之祀迄漢世而未能正者以此，其誅新垣平也，復行收孥相坐之律，而濫酷之刑迄漢世而未能除者亦以此。帝恭儉，仁賢之主，而此二事，失禮失刑，遂令後嗣遵而守之，以爲漢家制度，不敢革正，惜哉！

按：新垣平後，如主父偃、郭解等本《傳》但言族，未必卽是三族。上官桀等之變，並父母同產當坐者，亦免爲庶人而不殺。昭、宣以後，用刑爲輕矣。洪邁《容齋隨筆》：漢族誅之法，每輕用之。「袁盎陷鼂錯，但云：『方今計，獨有斬錯耳。』而景帝使丞相以下劾奏，遂至父母妻子同產無少長皆棄市。主父偃陷齊王於死，武帝欲勿誅，公孫丞相爭之，遂族偃。郭解客殺人，吏奏解無罪，公孫大夫議，遂族解。且偃、解二人本不死，因議者之言，殺之足矣，何遽至族乎？用刑之濫如此！」本按：此論甚當，偃、解之獄，主於公孫，律不應死而遽族之，酷吏當以弘爲首。漢代三族之誅，韓、彭外，惟新垣平。東漢之末，董卓賊臣也，李傕卓黨也，它不多見。至若董承、王服、种輯、耿紀、韋晃、金禕皆謀誅曹操，則漢室之忠臣馬騰亦異於操者，司馬氏踵其智，曹爽、王淩、毋丘儉、諸葛誕之徒並蒙此禍。誅鋤異己，以遂其篡逆之圖，豈尚可以常法言哉？

族

《左氏襄二十三年傳》：晉人克欒盈于曲沃，盡殺欒氏之族黨。

按：《傳》言「族黨」，未必不誅及三族，當不止於欒氏。第晉國當日，乃諸大夫自相并吞，就其同黨而胥夷之，初非有族誅之法。他如昭二十八年，晉滅祁氏、羊舌氏與欒氏之情形相同。宣四年，楚滅若敖氏，昭十四年，楚滅養氏族，皆滅其一族而已。大約春秋之時，中國尚未有三族之法，故《史記》於秦文公特著之。

《史記・秦始皇紀》：有敢偶語《詩》、《書》者棄市。以古非今者族。

《漢書・高紀》：父老苦秦苛法久矣，誹謗者族，偶語者棄市。注師古曰：「族，謂誅及其族也。」

按：此「族」字，未必便是三族，故注但云「誅及其族」。

《魏志・文紀》：黄初四年春正月，詔曰：「喪亂以來，兵革未戢，天下之人，互相殘殺。今海內初定，敢有私復讎者皆族之。」

按：此禁人殘殺，故特設此峻法。

《宋史·太祖紀》：乾德四年九月，虎捷指揮使孫進、龍衞指揮使吴瓌等二十七人，坐黨吕翰亂伏誅，夷進族。十二月，妖人張龍兒等二十四人伏誅，夷龍兒、李(土)〔玉〕、楊密、聶贇族。開寶二年，散指揮都知杜延進等謀反伏誅，夷其族。

七族　九族　十族

《史記·鄒陽傳》：然則荆軻之湛七族。《集解》應劭曰：「荆軻爲燕刺秦始皇，不成而死，其族坐之湛没。」張晏曰：「七族，上至曾祖，下至曾孫。」《索隱》：「又一説云，父之族，一也；姑之子，二也；姊妹之子，三也；女子之子，四也；母之族，五也；從子，六也；及妻父母凡七。」《漢書·陽傳》無「荆」字。注師古曰：「湛七族，無荆字也。尋諸史籍，荆軻無湛族之事，不知陽所云定何人也。」周氏壽昌《漢書注校補》云：鄒陽不過甚其辭以明秦酷，何關事實也？王充《論衡·語增篇》「秦王誅軻九族，復滅其一里」，充在後漢亦是因陽此言造之，未足爲據。

按：秦政之暴，何所不至？鄒陽在漢初，必有所據，恐非虚造。

《隋書·刑法志》：及楊玄感反，帝誅之，罪及九族。

按：九族之誅，史傳惟見此事。

《明史·方孝孺傳》：孝孺之死，宗族親友前後坐誅者數百人。《通鑑輯覽》注：《遜國名臣傳》云，孝孺大書數字，投筆于地曰：「死即死，詔不可草。」帝大怒曰：「汝焉能遽死？朕當滅汝十族。」《紀事本末》

採其說，改作「文皇大聲曰：『汝獨不顧九族乎？』孝孺曰：『便十族柰我何！』乃收其門生廖鏞、杜嘉猷等爲一族並坐。然後詔磔孝孺于市。」《舊史例議》以鏞、嘉猷逮論在孝孺死後，十族之說非實，今亦不採。

緣坐

《書·甘誓》：予則孥戮汝。孔傳：「孥，子也。非但止其身，辱及汝子，言恥累也。」《正義》：「《詩》云『樂爾妻孥』，對妻別文，是孥爲子也。」《湯誓》：予則孥戮汝，罔有攸赦。孔傳：「古之用刑，父子兄弟罪不相及。今云孥戮汝，無有所赦，權以脅之，使勿犯。」《正義》不於《甘誓》解之者，以夏啓承舜禹之後，刑罰尚寬，殷周以後，其罪或相緣坐，恐其實有孥戮，故於此解之。鄭玄云「大罪不止其身，又孥戮其子孫」。《周禮》云「其奴男子入于罪，隸女子入于舂槀」。鄭意以爲實戮其子，故《周禮》注云「奴謂從坐而沒入縣官者」也。孔以孥戮爲權脅之辭，則《周禮》所云非從坐也。鄭衆云，謂坐爲盜賊而爲奴者，輸於罪隸、舂人、槀人之官，引此「奴戮女」，又引《論語》云「箕子爲之奴」。或如衆言，別有沒入，非緣坐者也。《說命·正義》：「《史記·殷本紀》云『是時說爲胥靡，築於傅險』。」晉灼《漢書音義》云：「胥，相也。靡，隨也。古者相隨坐，輕刑之名。」

按：孥戮，先鄭引作「奴戮」，說與孔傳異；後鄭則以爲孥戮其子孫，注《周禮》則以爲從坐，故論緣坐不得不先列此文。《魏志·毛玠傳》大理鍾繇詰玠曰：「自古聖帝明王，罪及妻子。《書》云『左不共左，右不共右，予則孥戮女』。」與後鄭同。是漢時二說並行，其今古文之異歟？孔傳謂「權以脅之」，殆以其說爲未安而作此游移之語，第法有一定，無權脅之理，是其説尤不可通。胥靡爲隨坐，晉灼既有此說，故附見於此。《荀子·儒孝篇》「鄉也，胥靡之人」。楊倞注：「胥靡，刑徒人也。胥，相靡繫也。謂鑠相聯相繫，《漢書》所謂鋃鐺者也。」《漢書·楚元王傳》：「二人諫，不聽，胥靡之。」注應劭曰：「《詩》云『若此無罪，論胥以鋪』。胥靡，刑名也。」師古曰：「聯繫使相隨而服役之，故謂之胥靡，猶今之役囚徒以鎖聯綴耳。晉說近之，而云隨坐輕刑，非也。」觀此《傳》下文云「衣之赭衣，使杵臼雅春於市」，則胥靡之解自當以顔、楊爲是，晉灼之注不可從也。

《周禮·司厲》注：玄謂奴從坐而没入縣官者，男女同名。

按：鄭說未是，已詳奴下，今姑兩出之。

《史記·商君傳》：匿姦者與降敵同罰。《索隱》：「案律，降敵者誅其身，没其家，今匿姦者，言當與之同罰也。」

事末利及怠而貧者，舉以爲收孥。《索隱》：「怠者，懈也。《周禮》謂之『疲民』。以言懈怠不事事之人而貧者，則糾舉而收録其妻子，没爲官奴婢，蓋其法特重於古也。」

按：同罰卽連坐之事，一家有罪，九家連坐，不論其爲親族與否，與並坐家室之律不同，蓋卽《文紀》之相坐法。《索隱》所稱「誅其身，没其家」，乃降敵之律，亦應收孥也。《周禮》「收教罷民，置之圜土」，初不及其妻子，秦並妻子亦没爲官奴婢，用法之苛，無過於此。漢之收律，承秦之舊，其應收者，不僅罷民，而罷民其一端也。文帝除之，可謂盛德，惜後來奉行未能畫一耳。今律「知情不舉」，卽秦律「匿姦同罰」之意。

《史記·趙奢傳》：秦之間言曰：「秦之所(畏)〔惡〕，獨畏馬服君趙奢之子趙括爲將耳。」趙王因以括爲將，代廉頗。其母上書，願王勿遣。王終遣之，卽有如不稱，妾得無隨坐乎？

按：商君收孥之法在孝公時，趙事在孝成王六年，後商君九十餘年，豈趙亦參用秦法，故有隨坐之事歟？

《史記·孝文紀》：元年十二月，上曰：「法者，治之正也，所以禁暴而率善人也。今犯法已論，而使毋罪之父母妻子同産坐之，及爲收帑，朕甚不取。其議之。」有司皆曰：「民不能自治，故爲法以禁之。相坐坐收，所以累其心，使重犯法，所從來遠矣。如故便。」上曰：「朕聞法正則民慤，罪當則民從。且夫牧民而導之善者，吏也。其既不能導，又以不正之法罪之，是反害於民爲暴者也。何以禁之？朕未見其便，其孰計之。」有司皆曰：「陛下加大惠，德甚盛，非臣等所及也。請奉詔書，除收帑諸相坐律令。」《集解》應劭曰：「帑，子也。秦法一人有罪，並坐其家室，今除此律。」《漢書·文紀》：盡除收帑相坐律令。注師古曰：「帑，讀與奴同，假借字也。」《刑法志》：平、勃乃曰：「陛下幸加大惠於天下，使有罪不收，無罪不相坐，甚盛德，臣等所不及也。臣等謹奉詔，盡除收律、相坐法。」

按：收與坐係二事。《説文》：「收，捕也。」《漢志》「逮繫」，注：「辭之所及，則追捕之。」《詩·瞻卬》：「此宜無罪，汝反收之。」毛傳：「收，拘收也。」有罪者收，無罪者坐。《漢志》言「使有罪不收，無罪不相坐」，曰收律，曰相坐法，畫然分明。收者，收其帑坐，不獨罪及什五，卽監臨部主亦連坐矣。

《晉書·刑法志》：律之初制，無免坐之文，張湯、趙禹始作監臨部主、見知故縱之例。其見知而故不舉劾，各與同罪，失不舉劾，各以贖論，其不見、不知，不坐也，是以文約而例通。科之爲制，每條有違科，不覺不知，從坐之免，不復分别，而免坐繁多，宜總爲免例，以省科文，故更制定其由例，以爲《免坐律》。諸律令中有其教制，本條無從坐之文者，皆從此取法也。

按：從坐多而始有免坐之事，晉之爲《免坐律》，以寬大剷繁苛也。

《隋書·刑法志》：梁武帝《梁律》：其謀反、降叛、大逆已上皆斬。父子同産男，無少長，皆棄市。母妻姊妹及應從坐棄市者，妻子女妾同補奚官爲奴婢。資財没官。舊獄法：夫有罪，逮妻子，子有罪，逮父母。天監十一年正月壬辰，乃下詔曰：「自今捕讁之家，及罪應質作，若年有老小者，可停將送。」中大同元年七月甲子，詔曰「自今犯罪，非大逆，父母、祖父母勿坐」。陳氏制律，復父母緣坐之刑。《北齊律》：盜及殺人而亡者，卽懸名注籍，甄其一房配驛户。《周大律》：盜賊及謀反、大逆、降、叛、惡逆罪當流者，皆甄一户配爲雜户。隋開皇六年，詔除孥戮相坐之法。

按：晉懷帝除夷三族刑，明帝又復之，唯不及婦人。自是之後，凡從坐之母妻姊妹等，皆得不死而没爲官奴婢。故《隋志》自梁以降，遂無夷三族之刑。梁曰「從坐」，陳曰「緣坐」，實卽夷三族之遺意。今律猶沿用之，玆别出緣坐一門，以存其實。當時犯罪重者，皆坐父母妻子，梁除父母、祖父母之坐，而陳又復之，蓋亦魏、晉以後相承之法，隋始除之。

《唐律》：諸謀反及大逆者，皆斬。父子年十六以上，皆絞。十五以下及母女、妻妾、子妻妾亦同。祖孫、兄弟、姊妹，若部曲、資財、田宅，並没官。男夫年八十及篤疾、婦人年六十及廢疾者，並免。餘條婦人應緣坐者，準此。伯叔、兄弟之子，並流三千里，不限籍之同異。卽雖謀反，詞理不能動衆，威力不足率人者，亦皆斬。父子、母女、妻妾，並流三千里。緣坐非同居者，資財、田宅不在没限。雖同居，非緣坐及緣坐子孫應免流者，各準分法應還。若女許嫁已定，歸其夫。出養、入道及聘妻未成者，不追坐。出養者，從所養坐。道士及婦人，若部曲、奴婢，犯反逆者，止坐其身。諸謀叛者，絞。已上道者，皆斬。謂協同謀計乃坐，被驅率者非。妻、子流二千里。若率部衆百人以上，父母、妻、子，流三千里。

《唐書·刑法志》：故時律，兄弟分居，蔭不相及，而連坐則俱死。同州人房彊以弟謀反當從坐，帝因録囚爲之動容，曰：「反逆有二：興師動衆一也，惡言犯法二也。輕重固異，而均謂之反，連坐皆死，豈定法耶？」玄齡等議曰：「《禮》，孫爲父尸，故祖有蔭孫令，是祖孫重而兄弟輕。」於是令反逆者，祖孫與兄弟緣坐，皆配没；惡言犯法者，兄弟配流而已。

按：《唐律》祖孫兄弟之不坐死，蓋起於此。惟「惡言犯法」，《唐律》無此文，不知所指何條。

《通考》：貞觀十七年，刑部以反逆連坐律兄弟没官爲輕，請改從死。敕八座議之。議者以爲秦、漢、魏、晉之法反者夷三族，今宜如刑部所請。給事中崔仁師駁曰：「古者父子兄弟罪不相及，柰何以亡秦酷法變隆周中興？且誅其父子，足累其心，此而不顧，何愛兄弟？」上從之。

連坐

《史記·商君傳》：令民爲什伍，而相收司連坐。不告姦者腰斬，告姦者與斬敵首同賞，匿姦者與降敵同罰。《索隱》：「收司謂相糾發也。一家有罪而九家連舉發，若不糾舉，則十家連坐。恐變令不行，故設重禁。」惠氏棟曰：「相收者，彼此相拘管，猶《周官·司圜》『收教罷民』之收；相司者，相督察以告姦也。」王氏引之《讀書雜志》：「收」當爲「牧」字之誤也。《方言》曰「監，牧察也」。鄭注《周官》「禁殺戮」曰，「司，猶察也」。凡相監察謂之牧司。《周官》禁暴氏曰「凡奚隸聚而出入者則司牧之，戮其犯禁者」。《酷吏傳》曰「置伯格長以牧司姦盜賊」。《漢書》譌作「收司」，顏師古以爲收捕司察姦人，非也。皆其證也。《索隱》本作「牧司」，注云「牧司謂糾發也，一家有罪，則九家連舉發」。然則必先司察而後舉發，舉發而後收捕，不得先言收而後言司矣。《索隱》之「牧司謂相糾發」，後人亦依正文改爲「收司」，而不知「收」非糾發之謂也。

按：此文以王說爲是，《酷吏傳》尤爲確證。惠說分收司爲二，近於望文生義。彼此自相拘管，自來無此政體。且商君之宗旨，權者君之所獨制，豈有令民自相拘管之理，必不然也。

《宋書·武紀》：〔永初二年〕冬十月丁酉，詔曰：「兵制峻重，務在得宜。役身死叛，輒考傍親，流遷彌廣，未見其極。遂令冠帶之倫，淪陷非所。宜革以弘泰，去其密科。自今犯罪充兵合舉户從役者，便付營押領。其有户統及謫止一身者，不得復侵濫服親，以相連染。」

保任

《周禮·地官·大司徒》：令五家爲比，使之相保。注：「保，猶任也。」疏：「使五家相保，不爲罪過。」

呂氏祖謙曰：「五家爲比，其居甚近，非特同其休戚，亦可以察其奇衺，故使之相保。」

《族師》：五家爲比，十家爲聯；五人爲伍，十人爲聯；四閭爲族，八閭爲聯；使之相保相受，刑罰慶賞相及相共。注：「相共，猶相救、相賙。」疏：「云使之相保者，謂相保不爲愆負。云相受者，謂宅舍有故，相受寄託。云刑罰慶賞相及者，案趙商問：『《族師》之義，鄰比相坐，《康誥》之說，門内尚否？《書》《禮》是錯，未達皆趣？』鄭答：『《族師》之職，周公新制禮，使民相共敕之法。《康誥》之時，周法未定，又新誅三監，務在尚寬，以安天下。先後異時，各有云爲，乃謂是錯。』」李氏叔寶曰：「《族師》聯比其民而歡洽其心，使之有相保相受之法。而於刑罰亦相及，則苟有一爲不善者，必爲衆庶所棄，而其身不得以自容，聖人善俗之道端在於此。」馬氏端臨曰：「秦人什伍之法與成周一也，然周之法則欲其出入相友，守望相助，疾病相扶持，是教以相率而爲仁厚之君子。秦之時，一人有姦，鄰里告之，一人犯罪，鄰里坐之，是教以相率而爲苛刻之小人。」

比長各掌其比之治，五家相受相和親，有罪奇衺亦相及。疏：「云五家相受者，宅舍有故崩壞，相寄託。云相和親者，案《尚書》云『爾室不睦，爾惟和哉』，五家之内有不和親則使之自相和親。云有罪奇衺則相及者，五家有罪惡則連及，欲使不犯，故注云『衺，猶惡也』。」金氏瑶曰：「有罪奇衺，犯奇衺之罪也。相及，以警其覺察，卽所謂相保也。」

惠氏士奇《禮·説刑罰慶賞相及相共條》：「管子治齊，因《地官》比、閭、族、黨、州、鄉之法，變爲什伍、游宗、里尉、州長、鄉師、士師之名，仍師其遺而意加詳焉。《地官》之教也，德行、道藝、賢能爲一書，孝弟、睦婣、有學者爲一書，敬敏、任恤、和親爲一書，過惡爲一書，有罪奇邪爲一書。善相勸，惡相糾，慶賞相共，刑罰相及。而管子之法，凡孝弟、忠信、賢良、儁材，則其下以次復於上，長家復於什伍，什伍復於游宗，游宗復於里尉，里尉復於州長，州長以計於鄉師，鄉師以著於士師。計者比也，是爲比法。著者書也，是爲書伐。凡有過惡，則其下以次及於上，家屬及於長家，長家及於什伍之長，什伍之長及於游宗，游宗及里尉，里尉及於州長，州長及鄉師，鄉師及於士師。及者坐也，下有罪，坐其上也。故曰有不孝不弟而不以告，謂之下比，其罪五。然則《族師》所謂相及者，比長及閭胥，閭胥及族師，族師以上，罰皆相及可知矣。三月一復，六月一計，十二月一著。凡上賢不過等，使能不兼官，罰有罪不獨及，賞有功不專與，卽《族師》所謂賞相共，罰相及之意。而五家爲比，十家爲聯，五人爲伍，十人爲聯，卽管子所謂什伍之長也。用其法而變通之，一則爲王，一則以霸。商鞅相秦，命民爲什伍，而相收司連坐。一家有罪，九家舉發，若不糾舉，連坐九家。説者以爲本《族師》之政而益之以暴，故趙商問曰，《康誥》門内尚寬，《族師》鄰比相坐，《書》《禮》不同，蓋疑之也。愚謂管子法《周官》，事類相近焉，且民有過惡，州長糾之，黨正戒之，閭胥撻而罰之，比長圜土内之，未已也又讀法以教之。州長一年四，黨正七，族師十有四，閭胥讀無時。射於序而觀之德，飲於序而訓之禮，師田行役，誅不用命者而示之法。如是而民猶有過惡，不亦鮮乎？若夫族師什伍其民，非若後世之孳孳求姦懇懇用刑以爲事也。人與人相保，家與家相受，少相居，長相游，祭祀相福，死喪相恤，禍患相憂，居處相樂，行作相和，哭泣相哀，則驕躁淫暴衺惡之風於是乎革，孝友睦婣任恤之化於是乎興。大司徒以三物教萬民，鄉大夫以五物詢衆庶，禮明樂備，仁漸義摩，其道實始於此，成於此，而謂暴秦收司連坐之法亦於是乎出，謬矣。」

按：相保之義，舊説或以爲卽秦之連坐，然連坐之法，創自商鞅，《史記·商君傳》有明文。周初盛時，恐不如是。鄭注訓「保」爲「任」，任非連坐之謂也。比長之相及，賈疏以爲連及，金氏謂卽相保，然「保」與「及」義實不同，當爲二事。保先而及後，既相保卽負責任，既負責任而比中猶有罪過之人，是爲不負其責任，卽不能不引爲咎。此事之相因者，而未可遽混爲一。相保之事，有糾察，有勸導，皆其責任也。則其相及，豈連及之謂哉？且連坐者，罪與之同，乃秦之酷法。相及者，對其責任亦不過若後世之失察而已，必不失之苛也。

《漢書·元紀》：初元五年，除光禄大夫以下至郎中保父母同産之令。注應劭曰：「舊時相保，一人有過，皆當坐之。」師古曰：「特爲郎中以上除之者，所以優之也。同産謂兄弟也。」

按：相坐法，文帝已除之，此相保法當與相坐不同，似卽《周禮》「相保」之義。其説見上。保，猶任也。《梁律》居作者有五任之制，北齊謂之保，唐或稱保，或稱任，或稱保任。若今之涉訟，其不覊繫者，必取具保人，保其不逃避也。又今時訟結之後亦有取保者，保其不再爲非，與《周禮》「相保」之義尤爲相近。應劭所言，恐是秦法，漢之相保，未必如是。至保父母同産之令，以情理論，甚多窒礙。父母有過，爲之子者但有幾諫之道而無責善之理，此而責其相保，豈非賊恩之大者乎？同産雖不同於父母，亦祇有規勸之方，而難以糾察相責備。親屬相隱，聖人之教也。

《隋志》：《梁律》徒居作者具五任，其無任者，著斗械。《北齊律》三曰刑罪，並鎖輸左校而不髡。無保者鉗之。

按：無任者，著械防其逃也，北齊之鉗亦是此意。保卽任也。

《唐書·睿宗紀》：景雲元年，大赦。長流、長任未達者還之。

《玄宗紀》：開元十六年正月庚申，許徒以下囚保任營農。

按：前條長任，若今之取長保者，後條保任，《册府》八十三作「保放」。保任爲一事，保放謂責保而放之，乃二事。

刑法分考二

醢附脯

《離騷》：「不量鑿而正枘兮，固前修以菹醢。」王逸注：「菹醢，龍逢、梅伯是也。」

按：桀殺關龍逢，他書不言。菹醢，惟見此注。王逸，漢人，當别有所本，故列於首。《莊子·胠篋篇》：「龍逢斬。」

《禮記·明堂位》：「昔殷紂亂天下，脯鬼侯以饗諸侯。」鄭注：「以人肉爲薦羞，惡之甚也。」孔疏：「脯鬼侯者，《周本紀》作『九侯』。『九』與『鬼』聲相近。」

按：見《殷本紀》，作「醢九侯」，「脯」與「醢」不同，詳下。

《殷本紀》：九侯有好女，入之紂。九侯女不憙淫，紂怒，殺之，而醢九侯。鄂侯争之彊，辨之疾，并脯鄂侯。《集解》徐廣曰：「一作『鬼侯』。鄴縣有九侯城。」《正義》：「《括地志》云，相州滏陽縣西南五十里爲九侯城，亦名鬼侯城，蓋殷時九侯城也。」《吕氏春秋·行論篇》：「昔者紂爲無道，殺梅伯而醢之，殺鬼侯而脯之，以禮諸侯於廟。」高注：「肉醬爲醢，肉熟曰脯。梅伯、鬼侯，皆紂之諸侯也。梅伯説鬼侯之女美，令紂取之，紂聽妲己之譖，曰以爲不好，故醢梅伯，脯鬼侯，以其脯燕諸侯於廟中。」又《過理篇》：

「刑鬼侯之女而取其環，殺梅伯而遺文王其醢，不適也。」高注：「聽妲己之譖，殺鬼侯之女以爲脯，而取其所服之環也。」《春秋繁露·王道》：「殺梅伯以爲醢，刑鬼侯之女取其環。」《離騷》：「后辛之菹醢兮，殷宗用而不長。」

按：鬼侯之事，諸書皆言脯，獨《史記》以爲醢。梅伯之事，諸書相同，獨《史記》不稱梅伯。高誘又稱以鬼侯之女爲脯，而諸書皆不及，此並傳聞之異辭。紂之暴虐，無所不至，故《書》云「紂之罪，浮于桀」也。

《禮記·檀弓》：孔子哭子路於中庭，有人弔者，而夫子拜之。既哭，進使者而問故。使者曰：「醢之矣。」鄭注：「醢之者，示欲啗食以怖衆。」遂命覆醢。

按：此哀十五年事，《左傳》但稱結纓而死，不言醢，此傳聞之異。然衛莊昏暴，不必無此事也。

《左傳》：莊十二年，宋人請猛獲於衛。衛人歸之。亦請南宮萬于陳，以賂。陳人使婦人飲之酒，而以犀革裹之，比及宋，手足皆見。宋人皆醢之。杜注：「醢，肉醬。并醢猛獲，故言皆。」

按：二人弑君之賊，故宋人醢之，非常刑也。

襄十九年，莊公卽位，執公子牙於句瀆之丘。以夙沙衛易己，衛奔高唐以叛。齊慶封圍高唐，弗克。高唐人殖綽、工僂會夜縋納師，醢衛于軍。

按：莊公恨衛，故醢之。

《漢書·刑法志》：令曰：「當三族者，皆先黥，劓，斬左右止，笞殺之，梟其首，菹其骨肉於市。」注師古曰：「菹謂醢也。」

《黥布傳》：漢誅梁王彭越，盛其醢以徧賜諸侯。至淮南，淮南王方獵，見醢，因大恐。注師古曰：「反者被誅，皆以爲醢，即《刑法志》所云『菹其骨肉』是也。」《李陵答蘇武書》：「韓彭菹醢。」

按：菹醢，秦法之極慘者也，漢承用之，並著于令。惠帝時雖已除之，而《吴王濞傳》膠西王卬之謁弓高侯曰「敢請菹醢之罪」，是其名尚在人心目間也。迨新垣平又有夷族之事，重法之難除也如此。始作俑者，可勝誅哉！

《晉書·刑法志》：至於謀反大逆，臨時捕之，或汙瀦，或梟菹，夷其三族，不在律令。

按：晉時菹醢，不著律令，而其事出於臨時，視漢已寬矣。

《宋朝事實》十六：歐希範，環州思恩縣人。謀爲亂。慶曆四年，遂領衆三千餘人破環州。明年，轉運使杜杞大領兵至環州，使攝官歐曄、進士曾子華、宜州押司官吴香誘其黨六百餘人，始與之盟，置蔓陀花酒中。既昏醉，稍呼起，問勞至，則皆推于後廡下，盡擒殺之。後三日，得希範等十數人，剖其腹，繪五臟圖，仍醢之以賜諸溪洞(中)。

按：剖腹繪圖，已無所取，醢以賜諸溪洞，尤駭聽聞。當時梅摯曾劾其誘降之罪，僅止賜書申戒，而在事者仍行賞有差，宋法之寬如此。

《元史·世祖紀》：至元十九年三月，益都千户王著，以阿合馬蠹國害民，與高和尚合謀殺之。壬午，誅王著、張易、高和尚于市，皆醢之，餘黨悉伏誅。

按：高和尚，妖人也，王著與之合謀，故特用重法歟。

炮格「格」一作「烙」，說見下　附烙法

《御覽》六百四十七：《符子》曰：「桀觀炮烙於瑤臺，謂龍逄曰：『樂乎？』龍逄曰：『樂。』桀曰：『觀刑何無惻怛之心？』龍逄曰：『天下苦之而君以爲樂，臣君之股肱，何不悅乎？』桀曰：『聽子諫，諫得我改之，諫不得我刑之。』龍逄曰：『臣觀君冠危石也，臣觀君履春冰也，未有冠石而不壓，蹈〔履〕春冰而不陷。』桀笑曰：『是日亡則與俱亡，子知我之亡而不自知亡乎？子就炮烙之刑，吾觀子。』龍逄趨而歌曰：『造物勞我以生息，我〔以〕炮烙故涉薪，我樂而人不知。』赴火而死。」

按：炮格之法，紂所作也，此言桀有炮烙之刑。《韓非》、《淮南》又兼桀、紂言之，說見下。

《史記·殷本紀》：「百姓怨望而諸侯有畔者，於是紂乃重刑辟，有炮格之法。」《集解》：「《列女傳》曰，膏銅柱，下加之炭，令有罪者行焉，輒墮炭中，妲己笑，名曰炮格之刑。」《索隱》：「鄒誕生云，格，一音閣。」又云：「見蟻布銅斗，足廢而死，於是爲銅格，炊炭其下，使罪人步其上。與《列女傳》少異。」

按：炮格，宋本如是，今本譌作「炮烙」。段氏玉裁云：「『炮烙』本作『炮格』，《江鄰幾雜志》引陳和叔云《漢書》作『炮格』。今案《索隱》云云，又楊倞注《荀子·議兵篇》『音古責反』，觀鄒、楊所音，皆是『格』字無疑。鄭康成注《周禮·牛人》云，互若今屠家縣肉格意。紂所爲亦相似。庋格、庋閣，兩音皆可通。《呂氏春秋·過理篇》云『肉圃爲格』，高氏注：『以銅爲之，布火其下，以人置上，

人爛墮火而死。』《列女傳》所説亦相類，是其爲『格』顯然。而但以燔灼爲義，今諸書皆爲後人改作『炮烙』矣。」王氏念孫云：「《漢書》謂《谷永傳》『榜箠瘠於炮格』也。師古曰『膏塗銅柱，加之火上』。此正釋『炮格』二字，而今本亦改爲『炮烙』矣。」

《韓非子・難勢篇》：桀、紂爲高臺深池以盡民力，爲炮烙以傷民性。《淮南子・俶真訓》：逮至夏桀、殷紂，燔生人，辜諫者，爲炮烙，鑄金柱。鑄金柱，然火其下，以人置其上，墮陊火中，而對之笑也。剖賢人之心，析才士之脛，醢鬼侯之女，菹梅伯之骸。

按：此二書述炮烙事，並兼桀、紂二人言之，第紂作炮烙見《殷本紀》，而《夏本紀》不載桀事。《竹書紀年》亦言紂作炮烙之刑，而桀無之。鄒誕生言「紂見蟻布銅斗而爲炮格」，《淮南子・齊俗訓》云「炮烙生乎熱斗」，高誘注「庖人進羹于紂，熱以爲惡，以熱斗殺之。趙國斗可以殺〔人〕，故起炮烙」。可見前無此刑，紂始作之也。羅泌《路史》發揮云：「炮烙之事，考之書則紂之行，不聞其爲桀也。大抵書傳所記桀、紂之事多出模倣。如《世紀》等倒拽九牛，撫梁易柱，引鉤申索，握鐵流湯，傾宮瑶室，與夫璿臺三里，金柱三千。車行酒，騎行炙，酒池糟丘，脯林肉圃，宮中九市，牛飲三千。丘鳴鬼哭，山走石泣，兩日並出，以人食獸。六月獵西山，以百二十日爲夜等事。紂爲如是，而謂桀亦如是，是豈其俱然哉？」觀於羅氏此説，則炮烙之事，可以類推矣。

《周本紀》：西伯乃獻洛西之地，以請紂去炮格之刑，紂許之。

按：紂因天下怨畔而重刑辟，肆其暴虐，而終于滅亡。文王獻地，請去炮烙之刑，而周室以興，一興一亡，肇于仁暴，後之議刑者，當知此意。

《遼史·刑法志》：穆宗嗜酒好獵，不恤政事，五坊、掌獸、近侍、奉膳、掌酒人等，輒加炮烙、鐵梳之刑。甚者至於無算。《穆宗紀》：應歷十五年三月，虞人沙剌迭偵鵝失期，加炮烙、鐵梳之刑而死。

按：穆宗凶暴，故用此等刑法，第遼代本有烙法，此所謂炮烙者，亦即爲常用之烙法，故至于無算而人不必遽死，與殷紂之炮格迥不同也。

又云：拷訊之具有鞭烙法，凡烙三十者鞭三百，烙五十者鞭五百。

《左傳》：昭二十七年，將師退，遂令攻郤氏，且爇之。子惡聞之，遂自殺也。國人弗爇。令曰：「不爇郤氏，與之同罪。」或取一編菅焉，或取一秉秆焉，國人投之，遂弗爇也。令尹炮之。杜注：「燒燔郤宛。」《正義》曰：「令尹炮之一句，是鄢將師令衆之辭。」服虔云：「民不肯爇也，鄢將師稱令尹使女燔炮之。燔、炮、爇，皆是燒也。」

按：郤宛自殺，杜注云「燒燔郤宛」，似爲燒其尸在。然依《傳》文，乃是燒郤宛之家，非燒郤宛。杜語微欠分曉。

焚

《秋官·掌戮》：凡殺其親者焚之。鄭注：「親，緦服以内也。焚，燒也。《易》曰：『焚如，死如，棄如。』」賈疏：「親謂五服。五服多，故云凡殺其親。據人之親與王之親，皆謂五服已内知者。案僖二十五年，衞侯燬滅邢，《公羊傳》曰，何以名絶？曷爲絶之？滅同姓也。滅同姓尚絶之，況殺緦麻之親得不重乎？以此而言，故知親謂緦已上也。《易》曰『焚如死如棄如』者，按《離卦》九四『突如，其來如，焚如，死如，棄如』。注云，震爲長子，爻失正，又互體兑，兑爲附決，臣子居明法之家而無正，何以自斷？其君父不志也。突如，震之失正，不知其所如，又爲巽。巽爲進退，不知所從。不孝之罪，五刑莫大焉，得用議貴之辟刑之，若如所犯之罪。焚如，殺其親之刑。死如，殺人之刑也。棄如，流宥之刑。」

按：焚如之刑太慘，古三代勝時何以有此？殊屬可疑。至《易・離卦》九四「焚如死如棄如」，《九家易》荀爽曰：「陰以不正，居尊乘陽，歷盡數終，天命所誅。位喪民畔，下离所害，故焚如也。以离入坎，故死如也。火息灰損，故棄如也。」荀説與鄭不同，可見漢儒師説，不盡同康成也。

《左傳》：昭二十二年辛卯，鄩肸伐皇，大敗，獲鄩肸。〔壬辰〕，焚諸王城之市。杜注：「焚鄩肸。」

按：春秋時言焚者僅此事。

《漢書・匈奴傳》：和親侯王歙者，王昭君兄子也。莽遣歙、歙弟騎都尉展德侯颯使匈奴，賀單于初立，賜黄金衣被繒帛，因購求陳良、終帶等。單于盡收四人及手殺校尉刀護賊芝音妻子以下二十七人，皆械檻付使者，遣廚唯姑夕王富等四十人送歙、颯。莽作焚如之刑，燒殺陳良等。注應劭曰：「《易》有焚如、死如、棄如之言，莽依此作刑名也。」如淳曰：「焚如、死如、棄如者，謂不孝子也。不畜於父母，不容於朋友，故燒殺棄之，莽依此作刑名也。」

按：此《傳》言莽作焚如之刑，是前此所無，至莽始造也。《易》義固不必如鄭説，即《周禮》之語，或亦疑劉歆所附益以諂莽者，非無故也。

桓譚《新論》：男子畢唐殺其母。詔焚燒其屍，暴其罪於天下。

按：此不知何年之事。

《吳志・闞澤傳》：初，以呂壹姦罪發聞，有司窮治，奏以大辟，或以爲宜加焚裂，用彰元惡。權以訪澤，澤曰：「盛明之世，不宜復有此刑。」權從之。

按：孫權猶能聽闞澤之言，豈三代明王而設此慘毒之刑？所見轉不如孫權也。

《左傳》：哀二十六年，掘褚師定子之墓，焚之于平莊之上。

按：此役也，魯、宋、越會師納衛輒。定子，褚師比之父。輒怨比而焚其父尸以逞忿，非刑也。

《漢書・趙王遂傳》：吳、楚反，遂與合謀起兵。其相建德、內史王悍〔諫〕，不聽。遂燒殺建德。

《晉書・李特載記》：斬特及李輔、李遠，皆焚其屍，傳首洛陽。

《北齊書・後主紀》：武平五年二月，（行臺）南安王思好反。尚書令唐邕等大破思好，思好投（火）〔水〕死，焚其尸，及其妻李氏。

《隋書・煬紀》：大業九年十二月，車裂玄感弟朝請大夫積善及黨與十餘人，仍焚而揚之。

《金史・海陵紀》：貞元二年五月丁丑，太原尹徒單阿里出虎伏誅，復命其子朮斯剌乘傳焚其骨，投（火）〔水〕中。正隆六年八月癸丑，以諫伐宋弑皇太后徒單氏于甯德宮，仍命即宮中焚之，棄其骨水中。

烹《史記》、《漢書》皆作「亨」，古「烹」字也

《左傳》：襄四年，羿猶不悛，將歸自田，家衆殺而亨之，以食其子。其子不忍食諸，死於窮門。

按：此烹之見於夏時者，然是既殺而烹，與烹人之事少異。

《殷本紀》：紂囚西伯羑里。注：「《帝王世紀》云，囚文王，文王之長子曰伯邑考，質於殷，爲紂御，紂烹爲羹，賜文王，曰『聖人當不食其子羹』。文王食之。紂曰『誰謂西伯聖者？食其子羹尚不知也』。」

按：烹人子以食其父，紂之暴虐滋甚，非殷之常法也。

《史記·齊太公世家》：哀公時，紀侯譖之周，周烹哀公。《集解》徐廣曰：「周夷王。」《周本紀》：是爲夷王。《正義》：「《紀年》云，三年，致諸侯，烹齊哀公于鼎。」《韓子·十過篇》：公曰：「然則易牙何如？」管仲曰：「不可。夫易牙爲君主味，君之所未嘗食唯人肉耳，易牙蒸其子首而進之，君所知也。人之情莫不愛其子，今蒸其子以爲膳於君，其子弗愛，又安能愛君乎？」

按：此非刑，乃烹人事，故附見於此。此事不近人情，恐是傳聞之過。桓公，五霸之首，烏至有食人之事？戰國策士每多造設之詞，以聳動時人之聽，不盡可信。

《春秋》：襄二十六年秋，宋公殺其世子痤。《左傳》：寺人惠墻伊戾爲太子內師而無寵。秋，楚客聘於晉，過宋。太子知之，請野享之。公使往，伊戾請從之。至則欿，用牲，加書徵之，而馳告公曰：「太子將爲亂，既與楚客盟矣。」公囚太子，太子乃縊而死。公徐聞其無罪也，乃亨伊戾。

《左傳》：哀十六年，白公奔山而縊，其徒微之，生拘石乞而問白公之死焉，對曰：「余知其死所，而長者使余勿言。」曰：「不言將烹。」乞曰：「此事也克則爲卿，不克則烹，固其所也。何害？」乃烹石乞。

按：觀石乞以烹爲固其所，可見烹人之事春秋時常有之，不足異也，然而慘矣。

《呂氏春秋・上德篇》：公子重耳之鄭，鄭文公不敬，被瞻諫曰：「君不禮也，不如殺之。」鄭君不聽。晉既定，興師攻鄭，求被瞻，被瞻謂鄭君曰：「不若以臣與之。」鄭君曰：「此孤之過也。」被瞻曰：「殺臣以免國，臣願之。」被瞻入晉軍，文公將烹之，被瞻據鑊而呼曰：「三軍之士，皆聽瞻也。自今以來，無有忠於其君。忠於其君者，將烹。」文公謝焉，罷師歸之於鄭。

按：《晉語》亦載此事，文少異。「被瞻」作「叔詹」，「據鑊而呼」作「據鼎耳而疾號」。《左傳》無此事。

《呂氏春秋・至忠篇》：齊王病痏，注：「齊王，湣王也。」使人之宋迎文摯，文摯至，視王之疾，謂太子曰：「王之疾必可已也。雖然，王是疾已，則必殺摯也。」太子曰：「何故？」文摯對曰：「非怒王則疾不可治。怒王則摯必死。」太子頓首彊請曰：「苟已王之疾，臣與臣之母以死爭之於王，王必幸臣與臣之母，願先生之勿患也。」文摯曰：「請以死爲王。」與太子期而將往，不當者三，齊王固已怒矣。文摯至，不解屨登牀，履王衣，問王之疾，王怒而不與言。文摯固出辭以重怒王，王叱而起，疾乃遂已。王大怒，不說，將生烹文摯。太子與王后急爭之而不能得，果以鼎生烹文摯，爨之三日三夜，顏色不變。文摯曰：「誠欲殺我，則胡不覆之，以絕陰陽之氣。」王使覆之，文摯乃死。

《漢書・刑法志》：秦大辟有鑊亨之刑。注師古曰：「鼎大而無足曰鑊，以鬻人也。」

按：烹事盛行於周及秦、漢之間，秦并設爲常刑，秦法之慘，此其一端也。春秋之後，如齊威王烹阿大夫，及左右嘗譽者皆並烹之，見《史記・齊敬仲完世家》。中山之君烹樂羊之子而遺之羹，見《韓非子・說林》。周苛見《漢書・高紀》。酈食其見本《傳》。高祖欲亨蒯通見《通傳》。侯景南奔，高澄命先剥景妻子面皮，以大鐵鑊盛油煎殺之，見《南史・景傳》。石勒執劉寅，以鑊湯煮之，見《晉中興書》。《御覽》六百四十五。董卓攻得李旻、張安，畢圭苑中，生烹之，二人臨入鼎，相謂曰「不同日生乃同日烹」，同上。此外卽罕見矣。

《釋名》：煮之於鑊曰烹，若烹禽獸之爲也。

按：烹人之器，或言鼎，或言鑊。主父偃曰「丈夫生不五鼎食，死卽五鼎亨耳」。《新序》言：「田單處中牟，佛肸以中牟叛，置鼎於庭。致士大夫曰：『與我者受邑，不吾與者烹。』」並言鼎，文摯事亦言鼎，《釋名》則言鑊。《史記・藺相如傳》：「謂秦王曰，臣令人持璧歸，知欺大王之罪當誅，請就湯鑊。」亦言鑊。鄭叔詹事，一言鼎，一言鑊，他書亦鼎、鑊錯雜。考《淮南・說山訓》「嘗一臠肉，知一鑊之味」，高注：「有足曰鼎，無足曰鑊。」顔師古亦謂「鼎大而無足曰鑊」，然則鼎、鑊乃有足無足之分，實一類。析言之，則鼎爲鼎，鑊爲鑊。渾言之，則鑊亦得稱鼎也。《唐書・魏元忠傳》「既誅賊謝天下，雖死鼎鑊所甘心」。高適詩「秦王轉無道，諫者鼎鑊親」。皆鼎鑊連言。

《晉書・南燕慕容超載記》：超議復肉刑、九等之選，乃下書於境內曰：「陽九數纏，永康多難。自北都傾陷，典章淪滅，律令法憲，靡有存者。所宜修定，尚書可召集公卿。至如不忠不孝若封嵩之輩，梟斬不足以痛之，宜致烹轘之法，亦可附之律條，納以大辟之科。肉刑者，乃先聖之經，不刊之典，漢文易之，輕重乖度。今犯罪彌多，死者稍衆。肉刑之于化也，濟育既廣，懲慘尤深，光壽、建興中，二祖已議復之，未及而晏駕。其令博士已上參考舊事，依《呂刑》及漢、魏、晉律令，消息增損，議成燕律。五刑之屬三千，而罪莫大于不孝。孔子曰：『非聖人者無法，非孝者無親，此大亂之道也。』轘裂之刑，烹煮之戮，雖不在五品之例，然亦行之自古。渠彌之轘，著之《春秋》；哀公之烹，爰自中代。世宗都齊，亦愍刑罰失中，咨嗟寢食。王者之有刑糾，猶人之左右手焉。故孔子曰：『刑罰不中，則人無所措手足。』是以蕭何定法令而受封，叔孫通以制儀爲奉常。立功立事，古之所重。其明議損益，以成一代準式。周漢有貢士之條，魏立九品之選，二者孰愈，亦可詳聞。」羣下議多不同，乃止。

按：《通鑑》云「南燕主超增置烹轘之法」，然觀《載記》所言，是當時實議而未成也。

《論衡·書虚篇》：傳書言：「吴王夫差殺伍子胥，煮之於鑊，乃以鴟夷橐投之於江。」

按：《左傳》、《史記》、《越絶》、《吴越春秋》並言子胥自殺，無被烹事，王充此言虚也。

《五代史·姚洪傳》：長興中，遣洪將千人戍閬州。董璋反，執洪，璋曰：「爾爲健兒，我與汝厚，奈何負邪？」洪罵曰：「老賊！爾昔爲李七郎奴，掃馬糞，得一臠殘炙，感恩不已。今天子用爾爲節度使，何苦反邪？吾能爲國家死，不能從人奴以生！」璋怒，然鑊於前，令壯士十人刲其肉而食，洪至死大罵。

按：此非烹而甚於烹者。

《魏書·孝靜記》：武定八年，常侍侍講荀濟知帝意，乃與華山王大器、元瑾密謀，於宫内爲山，而作地道向北城。至千秋門，門者覺地下響動，以告文襄。文襄勒兵入宫，曰：「陛下何意反邪！臣父子功存社稷，何負陛下邪！」將殺諸妃嬪。帝正色曰：「王自欲反，何關於我。我尚不惜身，何況妃嬪！」文襄下牀叩頭，大啼謝罪，於是酣飲，夜久乃出。居三日，幽帝於含章殿，大器、瑾等皆見烹於市。

《北齊書·後主紀》：武平六年正月，烹妖賊鄭子饒於都市。

轘

《周禮·秋官·條狼氏》：凡誓，執鞭以趨於前，且命之，誓僕右曰殺，誓馭曰車轘。注：「誓者，謂出軍及將祭祀時也。出軍之誓，誓左右及馭，則《書》之《甘誓》備矣。車轘，謂車裂也。」

《左傳》：桓十八年而轘高渠彌。杜注：「車裂曰轘。」《正義》曰：「《周禮·條狼氏》『誓馭曰車轘』，然則周法有此刑。」宣十一年，殺夏徵舒，轘諸栗門。襄二十二年，轘觀起於四竟。杜注：「轘，車裂以徇。」

《淮南子·氾論訓》：昔者萇弘，周室之執數者也，天地之氣，日月之行，風雨之變，律曆之數，無所不通，然而不能自知車裂而死。

按：《左傳》第云周人殺萇弘，不言車裂。《莊子·胠篋篇》「萇弘胣」，徐：「勑紙反。」崔云「胣，裂也」。《淮南子》曰「萇弘鈹裂而死」。司馬云「胣，剔也」。一曰刳腸曰胣。《韓子·難言篇》「萇弘分胣」。注：「磔，裂也。勑氏反。」據司馬所引，則《淮南》本作「鈹裂」，今本「車」字譌也。

《淮南子·繆稱訓》：吳起刻削而車裂。高誘注：「吳起相楚，設貴臣相坐之法，卒車裂也。」

按：《史記·吳起傳》：「及悼王死，宗室大臣作亂而攻吳起，吳起走之王尸而伏之。擊起之徒因射吳起，并中悼王。悼王既葬，太子立，乃使令尹盡誅射吳起而并中王尸者。坐射起而夷宗死者七十餘家。」據《傳》文，起被射而死，死後肅王臧盡誅射起者，不應有車裂之事。高誘《呂氏春秋·執一篇》注亦有吳起車裂之語。考《戰國策·秦策》、《韓非子·和氏》、《問田》諸篇，並有吳起支解之文，或起死後復被支解，至言車裂則非也。

《史記·商君傳》：秦發兵攻商君，殺之於鄭黽池。秦惠王車裂商君以徇，曰：「莫如商鞅反者！」遂滅商君之家。

《蘇秦傳》：其後齊大夫多與蘇秦爭寵者，而使人刺蘇秦，不〔死〕，殊而走。齊王使人求賊，不得。蘇秦且死，乃謂齊王曰：「臣卽死，車裂臣以徇於市，曰『蘇秦爲燕作亂於齊』，如此則臣之賊必得矣。」於是如其言，而殺蘇秦者果自出，齊王因而誅之。

《始皇紀》：長信侯毐作亂，敗走。卽令國中：有生得毐，賜錢百萬；殺之，五十萬。盡得毐等。衛尉竭、內史肆、佐弋竭、中大夫令齊等二十人皆梟首。車裂以徇，滅其宗。《正義》：「《說苑》云，始皇取毐四支車裂之。」

《陳涉世家》：宋留以軍降秦。秦傳留至咸陽，車裂留以徇。

《始皇紀》贊：吾讀《秦紀》，至於子嬰車裂趙高，未嘗不健其決，憐其志。

按：《紀》言子嬰遂刺殺高於齋宮，三族高家，以徇咸陽。據贊語則是先刺而後車裂以徇也。

《孔叢子》四：齊王行車裂之刑，羣臣諍之，弗聽。子高見齊王曰：「聞君行車裂之刑，無道之刑也，而君行之，臣切以爲下吏之過也。」王曰：「寡人爾民多犯法，爲法之輕也。」子高曰：「然，此誠君之盛意也。夫人含五常之性，有喜怒哀樂，喜怒哀樂，無過其節，過則毁於義。民多犯法，以法重，無所措手足也。今天下悠悠，士無定處，有德則住，無德則去。欲規霸王之業與衆大國爲難，而行酷刑以懼遠近，國內之民將叛，四方之士不至，此乃亡國之道。君之下史，不具以聞，徒恐逆主意以爲憂，不慮不諫之危亡。其所矜者小，所喪者大，故曰下吏之過也。臣觀之，又非徒不諍而已也，必知此事之爲不可，將有非議在後，則因曰君忿意實然。我諫諍，必有龍逢、比干之禍，是爲虛自居于忠正之地，而闇推君主使同於桀、紂也。且夫〔爲〕人臣見主然而不諍，以陷主於危亡，罪之大者也。人主疾，臣之弼，已而惡之，資臣以箕子、比干之忠，惑之大者也。」齊王曰：「謹聞命。」遂除車裂之法焉。

《説文》：轘，車裂人也。

《釋名》：車裂曰轘。轘也者，散也，支體分散。

按：轘，見《周禮》，當爲周制。鄭注謂軍中之誓用之，是爲軍中特設徇示於衆之刑，非常刑也。高渠彌、夏徵舒並關軍事，夏徵舒、商鞅、趙高並先殺而後轘，嫪毒先梟首而後車裂，蘇秦亦死後車裂，可以見此刑之制，實爲既殺之後分裂其屍，以徇於衆。《説苑》謂始皇取毒四支，分裂之。觀起之事，亦謂分裂其屍以徇于四竟也。秦後，此事不多見。《吴書·孫奮傳》：「民間或謂皓死，訛言奮與上虞侯奉當有立者。奮母仲姬墓在豫章，豫章太守張俊疑其或然，掃除墳塋。皓聞之，車裂俊，夷三族。」《續漢書》：「張角別黨馬元義爲山陽所捕得，鎖送京師，車裂于市。又姑臧民白興以女爲妻，復以妻爲婢，轘殺于姑臧市。」崔鴻《前涼録》。池陽民婦唆其夫殺母，轘殺之。《前秦録》。左僕射封嵩言「慕容超非太后所生」，超五車裂之。《南燕録》。人有盗其母之錢而逃者，太后轘而殺之。《前秦録》。並見《御覽》六百四十五。又乞伏乾歸爲兄子公府所弑，熾磐討之，公府走，追擒，並其四子轘之于譚郊。魏范陽盧溥聚衆攻掠，生獲溥及其子焕，轘之。見《魏書·道武紀》。至桓寬《鹽鐵論》云「李斯車裂于雲陽之市」，然《史記》斯本《傳》二世二年七月，「具斯五刑論，腰斬咸陽市」。非車裂也。

北齊死刑四等，重者轘之。隋《刑法志》。

周死刑五，五曰裂。同上。

隋高祖開皇元年，更定新律。蠲除前代鞭刑及梟首轘裂之法。詔頒之曰：「帝王作法，沿革不同，(所)〔取〕適于時，故有損益。夫絞以致斃，斬則殊(形)〔刑〕，除惡之體，於斯已極。梟首轘身，義無所取，不益懲肅之理，徒表安忍之懷。鞭之爲用，殘剥膚體，徹骨侵肌，酷均臠切。雖云遠古之式，事乖仁者之刑，梟轘及鞭，並令去也。」煬帝更立嚴刑。及楊玄感反，帝誅之，罪及九族。其尤重者，轘裂梟首之刑。或磔而射之，命公卿已下，臠噉其肉。同上。

按：六代時，北朝尚有轘裂之名，而南朝已無此法。隋文帝除之，而煬帝又用之。迨唐室受命，不用此刑，此後遂罕見矣。

《通鑑》：唐昭宣帝天祐二年十二月癸丑，守司空兼門下侍郎、同平章事柳璨貶登州刺史，太常卿張廷範貶萊州司户。甲寅，斬璨於上東門外，車裂張廷範於都市。

按：張廷範黨附朱全忠而爲全忠所殺，車裂之慘，自取之也。

《五代史·李存孝傳》：存孝泥首請罪，縛載後車，至太原，車裂之以徇。

按：唐後車裂之刑僅見此事。

《遼史·刑法志》：淫亂不軌者，五車轘殺之。

按：遼代刑法嚴酷，多爲歷代所不經見，車轘尚是古法，特已廢而復行，遂爲遼代酷刑之一。

沈河

《吕氏春秋·驕恣篇》：趙簡子沈鸞徼於河，《説苑·君道篇》作「鸞激」。曰：「吾嘗好聲色矣，而鸞徼致之；吾嘗好宫室臺榭矣，而鸞徼爲之；吾嘗好良馬善御矣，而鸞徼來之。今吾好士六年，而鸞徼未嘗進一人也，是(長)長吾過而絀善也。」

按：《左傳》：「成十一年，郤犨來聘，求婦于聲伯。聲伯奪施氏婦以與之，生二子于郤氏。郤氏亡，晉人歸之施氏。施氏逆諸河，沈其二子。」杜注：「沈之于河。」此亦沈河也，而事屬私家，鸞徼之事則竟以爲官刑矣。後來惟元魏有沈淵之刑，他無所見。

《魏書·刑法志》：巫蠱者負羖羊抱犬沈諸淵。

按：負羊拖犬，似是厭勝之事。

《史記·伍子胥傳》：乃自剄死。吴王乃取子胥尸盛以鴟夷革，浮之江中。《韓非子·難言篇》：司馬子期死而浮於江。

按：此並死後而棄尸于江者。《左傳》子期被殺，無浮江事。

《後漢書·張讓傳》：中軍校尉袁紹説大將軍何進，令誅中官以悦天下。謀泄，讓、忠等因進入省，遂共殺進。而紹勒兵斬忠，捕宦官無少長悉斬之。讓等數十人劫質天子走河上。追急，讓等悲哭辭曰：「臣等殄滅，天下亂矣。惟陛下自愛！」皆投河而死。

按：此自投河者。

《通鑑》：唐昭宣帝天祐二年六月戊子朔，敕裴樞、獨孤損、崔遠、陸扆、王溥、趙崇、王贊等並所在賜自盡。時全忠聚樞等及朝士貶官者三十餘人於白馬驛，一夕盡殺之，投尸于河。初，李振屢舉進士，竟不中第，故深疾搢紳之士，言于全忠曰：「此輩常自謂清流，宜投之黄河，使爲濁流！」全忠笑而從之。

按：死後而投于河者。

陵遲

《遼史・刑法志》：死刑有絞、斬、陵遲之屬。

按：陵遲之刑，始見於此，古無有也。放翁謂起於五季，然不詳爲何時。

《宋史・刑法志》：御史臺嘗鞫殺人賊，獄具，知雜王隨請臠咼之，帝曰：「五刑自有常制，何爲慘毒也。」入内供奉官楊守珍使陝西，督捕盜賊，因請「擒獲强盜至死者，望以付臣陵遲，用戒兇惡。」詔：「捕賊送所屬，依法論決，毋用陵遲。」陵遲者，先斷其支體，乃抉其吭，當時之極法也。蓋真宗仁恕，而慘酷之刑，祖宗亦未嘗用。

《通考》：仁宗天聖六年，詔如聞荆湖殺人祭鬼，自今首謀若加功者陵遲斬。熙寧八年，沂州民朱唐告越州餘姚縣主簿李逢有逆謀，提點刑獄王廷筠等言其無跡，但謗讟朝政，語涉指斥及妄說休咎，請法外編配。仍治告人之妄。帝疑之，遣權御史推直官蹇周輔劾治，中書以廷筠等所治不當，並劾之。廷筠懼，縊死。逢辭連右羽林大將軍、秀州團練使世居、醫官劉育等，詔捕繫。御史臺獄令范百禄、徐禧雜治差官，即世居及育家索圖讖簡牘。獄具，世居賜死，逢、育及河中府觀察推官徐革並陵遲處死。將作監簿張靖、武舉進士郝士宣皆腰斬。司天監學生秦彪、百姓李士寧杖脊，湖南編管。馬端臨曰：「陵遲之法，昭陵以前雖兇强殺人之盜亦未嘗輕用，自詔獄既興，而以口語狂悖者皆麗此刑矣。詔獄盛於熙豐之間，蓋柄國之權臣藉此以威縉紳。祖無擇之獄，王安石私怨所誣也；鄭俠、蘇軾之獄，杜絶忠言也；世居之獄，則呂惠卿欲文致李士寧以傾王安石；陳世儒之獄，則賈種民欲文致世儒妻母呂以傾呂公著。至王安石欲報呂惠卿，而特勘張若濟之獄，蔡確欲勘吳充，而特勘潘開之獄。其事皆起于纖微，而根連株逮，坐累者甚衆，蓋其置獄之本意，自有所謂非深竟黨與不能以逞其私憾，而非中以危法則不能以深竟黨與。此所以濫酷之刑至於輕施也。」

陸游《渭南文集·條對狀》：「一、伏覩律文，罪雖甚重，不過處斬。蓋以身首異處，自是極刑，懲惡之方，何以加此。五季多故，以常法爲不足，於是始於法外特置陵遲一條。肌肉已盡，而氣息未絶，肝心聯絡，而視聽猶存。感傷至和，虧損仁政，實非聖世所宜遵也。議者習熟見聞，以爲當然，乃謂如支解人者，非陵遲無以報之。臣謂不然，若支解人者必報以陵遲，則盜賊蓋有滅人之族者矣，蓋有發人之丘墓者矣，則亦將滅其族、發其丘墓以報之乎？國家之法，奈何必欲稱盜賊之殘忍哉？若謂斬首不足禁姦，則臣亦有以折之。昔三代以來用肉刑，而隋、唐之法杖脊，當時必亦謂非肉刑杖脊不足禁姦矣。乃漢文帝、唐太宗一日除之，而犯法者乃益稀少，幾致刑措。仁之爲效，如此其昭昭也。欲望聖慈特命有司除陵遲之刑，以明陛下至仁之心，以增國家太平之福，臣不勝至願。

按：放翁此狀，仁人之言，亦可見爾時亦常用此刑。《讀律佩觿》云：「陵遲者，其法乃寸而磔之，必至體無餘臠，然後爲之割其勢。女則幽其閉，出其臓腑，以畢其命，支分節解，菹其骨而後已。」

《荀子·宥坐篇》：「百仞之山任負車登焉，何則？陵遲故。楊倞注：「遲，慢也。陵遲，言丘陵之勢漸慢也。」王肅云：「陵遲，陂池。謝校案，《淮南子》『山以陵遲，故能高』。陵遲，猶迆邐陂陀之謂。此注與《匡謬正俗》俱訓陵遲爲丘陵，似泥。」

按：陵遲之義，本言山之由漸而高，殺人者欲其死之徐而不速也，故亦取漸次之義。至其行刑之法，《讀律佩觿》所言同於菹醢，至爲慘毒，豈明制如此歟？律無明文，不能詳也。今律亦不言此法。相傳有八刀之説，先頭面，次手足，次胸腹，次梟首，皆劊子手師徒口授，他人不知也。京師與保定亦微有不同，似此重法。而國家未明定制度，未詳其故，今幸際清時，此法已奉特詔删除，洵一朝之仁政也。

《元史·刑法志》：死刑則有斬而無絞，惡逆之極者，又有陵遲處死之法焉。

《明史·刑法志》：二死之外有陵遲，以處大逆不道諸罪者，非五刑之正，故圖不列。

支解

《遼史·刑法志》：又爲梟磔、生瘞、射鬼箭、（箭）砲擲、支解之刑，歸於重法。

按：支解似與陵遲無别，觀《志》云「帝怒，斬壽哥等，支解之」。然則支解在死後，陵遲在生前也。

《韓詩外傳》曰：齊景公之時，民有得罪于景公者，景公大怒，縛置之殿下，召左右支解之。晏子左手持頭，右手磨刀，仰面而問曰：「古者明王，每支解人，不審從何支解也？」景公離席曰：「縱之！罪在寡人。」

〔按：〕據此則古無支解之刑也。陵遲之刑與支解無異，固明王所不用也。

《淮南子·繆稱訓》：故商鞅立法而支解。

按：車裂，支體分散，與支解無異，故此言支解。

《史記·秦始皇紀》：燕太子丹患秦兵至國，恐，使荊軻刺秦王。秦王覺之，不中，體解軻以徇。

按：支解之事，古無此名而有此事。荊卿之外，石季龍太子宣殺石韜，季龍誅宣及其妻子九人，又誅其四率已下三百人，宦者五十人，皆車裂節解，棄之漳河。《晉書·石季龍載記》。劉裕攻慕容超于廣固，張綱爲攻具，超大怒，懸其母而支解之。《慕容超載記》。崔㥄爲東兗州刺史，其妻馮氏受納狼籍，爲御史劾，與㥄俱〔召〕，詔付廷尉，諸因多姦焉，獄中致斃。尋別詔斬馮氏於都市，支解爲九段。《北史·崔㥄傳》。此數事皆在遼以前。至遼以後，如元中統三年李璮伏誅，體解以徇。至元二十二年，西川趙和尚自稱宋福王子廣王以誑民，民有信之者；真定劉驢兒有三乳，自以爲異，謀不軌；皆磔裂以徇。《元史·世祖紀》。大德十年三月，河間民王天下奴弒父，磔裂于市。十二月，磁州民田雲童弒母，磔裂于市。亦皆支解之事，磔裂連文，必非漢之磔也。

磔

《周禮·秋官·掌戮》：掌斬殺賊諜而搏之。鄭注：「『搏』當爲『膊諸城上』之『膊』字之誤也。膊，謂去衣磔之。」《釋文》：「膊，普博反，磔也。」

殺王之親者辜之。鄭注：「辜之，言枯也，謂磔之。」

《左傳》：成二年，齊侯伐我北鄙，圍龍。頃公之嬖人盧蒲就魁門焉，龍人囚之。殺而膊諸城上。杜注：「膊，磔也。」 僖二十八年，曹人尸諸城上。杜注：「磔晉死人於城上。」

《漢書・景紀》：中二年，改磔曰棄市，勿復磔。注應劭曰：「先此諸死刑皆磔於市，今改曰棄市，自非妖逆不得磔也。」師古曰：「磔謂張其尸也。」

按：《廣雅・釋詁》：「県，磔也。」是凡磔必張其尸並県首，至是改爲棄市，既不張尸，亦不県首矣。然此後言磔尸者亦屢見，是法雖除而習慣未盡除也。

《説文》：磔，辜也。段《注》：「《掌戮》『辜之』言枯也，謂磔之，鄭與許合。凡言磔者，開也，張也。刳其胷腰而張之，令其乾枯不收。」 桀，磔也。从舛，在木上也。王注：「玄應引《説文》『磔』字説，曰張也，開也。雖與今本不同，而與『桀』从舛意相合。舛字向背，象人骨肉分解離之狀，在木上者，磔梟於木上。」

《荀子・正論篇》：斬斷枯磔。楊倞注：「斷如字。枯，棄市，暴屍也。磔，車裂也。《周禮》『以疈辜祭四方百物』，注『謂披磔牲體也』，或者枯與疈辜義同歟？《韓子》曰：『楚南之地，麗水之中生金，民多竊采之。采金之禁，得而輒辜磔。所辜磔甚衆，而民竊金不止。』疑辜卽枯也。」

按：磔有張、開二義。《玉篇》「磔，張也」；《通俗文》「張申曰磔」；《廣雅》「張也，開也」；《廣韻》同。《周禮》、《左傳》、《景紀》皆是張義。《漢書・云敞傳》「磔尸東市門」，《後漢書・陽球傳》「僵磔王甫尸於夏城門」，《王吉傳》「凡殺人皆磔尸車上」。《釋天》「祭風曰磔」。郭云：「今俗當大道中磔狗，云以止風，此其象。」李巡云：「祭風以牲頭蹄及皮，破之以祭，故曰磔。」孫炎云：「既祭，披磔其牲，以風散之。」《王尊傳》：「取不孝子，縣磔著樹，使騎吏五人，張弓射殺之。」亦皆張義也。《荀子・宥作篇》：「吴子胥不磔姑蘇東門外乎？」楊倞注：「磔，車裂也。」《史記・李斯傳》：「十公主矺死於杜。」《索隱》云：「矺，音宅，與磔同，古今字異耳。磔謂裂支體而殺之。」此開義也。《周禮・大宗伯》「以疈辜」，注：「玄謂「疈，疈牲胷也」。亦開義。開義與陵遲爲近，然謂磔卽陵遲，恐未必然。成二年之文，先殺而後膊，僖二十八年《傳》本言「尸諸城上」，杜以磔解之，師古之所謂張其尸也。《釋天》孫炎之注亦謂「既祭而披磔其牲」。惟《李斯傳・索隱》謂「裂支體而殺之」，大似後世之陵遲，然恐非古義。楊倞以磔爲車裂，不知有所本否。車裂自有轘名，似不得以磔當之，兩《漢書》之磔亦衹爲榜示之意。觀《陽球傳》言「曹節見磔，甫屍道次」，《王吉傳》言「隨其罪目，宣示屬縣。夏月腐爛，則以繩連其骨，周徧一郡」，可以見支體之未嘗分裂也。後來以磔爲陵遲，似卽本《索隱》諸説矣。自漢景除磔刑，班、范二書惟云敶諸《傳》偶一見之，非常法也。宋、遼、元三史《本紀》頗載磔事。宋太（祖）〔宗〕淳化五年五月，磔李順黨八人于鳳翔市。八月，貝州言驍捷卒劫庫兵爲亂，推都虞候趙咸雍爲帥，轉運使王嗣宗率屯兵擊敗之，擒咸雍，磔于市。仁宗慶歷八年閏月，貝州平，磔王則于都市。遼太祖七年，以轄賴縣人掃古非法殘民，磔之。元文宗至順二年三月，豫王阿喇忒納失里等禽雲南諸賊，悉斬之，磔尸以徇。此諸《紀》所言之磔，似爲陵遲之别名，非漢之磔也，然無明文以證之。

刑法分考三

要斬

《公羊昭二十六年傳》：君不忍加之以鈇鑕。何休注：「鈇鑕，要斬之罪。」

《周禮·秋官·掌戮》：掌斬殺賊諜而搏之。注：「斬以鈇鉞，若今要斬也。殺以刀刃，若今棄市也。」

《秦策·范子因王稽入秦篇》：今臣之胸不足以當椹質，要不足以待斧鉞。

按：古者斬人大多是要斬，故往往以要領並言。《管子·小匡》：「管仲曰：斧鉞之人，幸以獲生，以屬其要領，屬，綴連也。臣之禄也。」《檀弓》：「是全要領以從先大夫於九京也。」注：「全要領者，免於刑誅也。」《後漢書·李雲傳》：「成帝赦朱雲腰領之誅。」不但云保首領，而必云全要領，可知要斬爲多，至漢世猶然也。范雎謂胸當椹質，要待斧鉞。言胸伏於椹質之上，而以斧鉞斬其要也，其狀甚明。《漢書·張蒼傳》：「蒼當斬，解衣伏質，身長大，肥白如瓠，時王陵見而怪其美士，迺言赦勿斬。」又《王訢傳》：「繡衣御史暴勝之使持斧逐捕盗賊，過被陽，欲斬訢，訢已解衣伏質，仰言曰云云。勝之壯其言，貰不誅。」並言解衣伏質，即范雎所謂胸當椹質也。《項籍傳》：「孰與身伏斧質。」

注師古曰：「質謂鍖也。古者斬人，加於鍖上而斫之也。」《公羊傳》之「鑕」卽質也。鈇有二解，《倉頡篇》：「鈇，椹也，質也，鐵斧也。」《文選・策魏公九錫文》注引。《後漢書・李固傳》：「河内趙承等數十人亦要鈇鑕詣闕通訴。」注：「《字林》曰：鈇鑕，椹也。」《固傳》又言：「固弟子汝南郭亮，乃左提章鉞，右秉鈇鑕，詣闕上書，乞收固尸。」是亦以鈇鑕爲椹。段若膺云：「古多訓鈇爲椹質。説《倉頡》者，謂椹質爲鈇，以古詩『斬芻之質』謂之稾砧隱語。夫字言之説，《倉頡》者是也。」《後漢・獻帝紀》「加鈇鉞」，注引《倉頡篇》「鈇，斧也」，此奪去「椹質也鉞」四字，爲俗誤所本，此一解也。《説文》：「鈇，莝斫刀也。」《一切經音義》引《説文》有謂「莝刀也」二句，《後漢書・獻帝紀》注引《説文》作「莝刀也」。《列子・説符》注「鈇，鉞也」，《泥犂經音義》引《倉頡》曰：「鈇亦横斧也。」玉函山房輯本。《漢書・戾太子傳》「不顧鈇鉞之誅」，注師古曰「鈇所以斫人，如今莝刃也」。王棻友云：「刀之用在切，鈇之用在斫。鈇，今謂之鍘。鍘牀，古謂之椹質，又謂之稾砧。」此一解也。愚謂二解實一義也，今之鍘刀，刀與牀相連，疑古亦如是。合言之曰鈇質，或亦謂之椹，分言之則刀爲鈇，牀爲椹爲質，鈇亦謂之横斧，言其形也。

《説文》：「斬，截也。从車斤。斬，法車裂也。」段《注》：「此説从車之意，蓋古用車裂，後人乃法車裂之意而用鈇鉞，故字亦从車。斤者，鈇鉞之類也。」桂氏《義證》：「斬，法車裂者。」《廣雅》：「斬，裂也。」

按：斬之義，曰截、曰裂，是本指要斬而言，引伸之亦爲斷首之義。古書多言殺而不言斬。

《釋名》：斫頭曰斬，斫腰曰腰斬。斬，暫也，暫加兵卽斷也。

按：《釋名》爲漢劉熙所著，其分斬與要斬爲二，當據漢法也。暫从斬得聲，以暫釋斬，未必爲制字之本意。

《莊子·胠篋篇》：昔者龍逢斬。《韓子·説疑篇》：若夫關龍逢、王子比干、隨季梁、陳洩冶、楚申胥、吴子胥，此六人者，皆疾争强諫以勝其君。言聽事行，則如師徒之勢；一言而不聽，一事而不行，則陵其主以語，待之以其身，雖死家破，要領不屬，手足異處，不難爲也。

按：龍逢之死，《韓詩外傳》諸書但言殺，不詳何刑。《莊子》則言斬，《韓子》有「要領不屬，手足異處」之文，則又似要斬矣。《符子》言「炮烙」，説詳彼門。惟季梁、申胥無被殺事，比干剖心，子胥自殺，浮江洩冶。《左傳》但言「殺」，與《韓子》所言皆異，大抵諸子之書多龐雜，不盡可信，記異而已。

《史記·孔子世家》：定公十年春，及齊平。會於夾谷。優倡侏儒爲戲而前。孔子趨而進，歷階而登，不盡一等，曰：「匹夫而熒惑，諸侯者罪當誅！請命有司！」有司加法焉，手足異處。

《商君傳》：不告姦者要斬。

按：手足異處，當是要斬。

《史記·淮陰侯傳》：信亡楚歸漢，未得知名，爲連敖。坐法當斬，其輩十三人皆已斬，次至信，信乃仰視，適見滕公，曰：「上不欲就天下乎？何爲斬壯士！」滕公奇其言，壯其貌，釋而不斬。

按：此「斬」字亦當爲要斬，信仰視見滕公，與王訢之仰言正同。至斬字从車之意，許說當有所受，諸家並無異說，今既別無考證，不必遽議其紆回也。

《漢書・尹翁歸傳》：有論罪，輸掌畜官，使斫莝，責以員程，不得取代。不中程，輒笞督，極者至以鈇自剄而死。顏注：「鈇，斫莝刀也。使其斫莝，故因以莝刃自剄。」

按：此亦以鈇爲刀。

又按：漢法：大逆無道要斬。如欒大，坐誣罔。田仁，坐失縱。屈氂，坐大逆無道。均見《武紀》。張延年自稱衛太子誣妄。見《雋不疑傳》。

《唐六典》：崔浩定大辟有轘、腰斬、殊死、棄市四等。

按：魏、晉以後，南朝已無腰斬，而元魏尚用之。齊、周二代則並無此名，又不用矣。唐太和九年，王涯等要斬；詳梟首。宋太平興國三年，殿直霍瓊坐募兵劫民財腰斬；《宋史・太宗紀》。熙寧八年，張靖武等腰斬；詳淩遲。宋齊愈謀立異姓以危宗社腰斬都市；《宋志》。遼聖宗時，劉哥等要斬。詳總考。皆間或行之，非常法也。

《遼史・穆宗紀》：應曆十五年二月，以獲鴨，除鷹坊刺面、腰斬之刑。

梟首

《說文》：「県，到首。賈侍中說，此斷首到縣県字。」段《注》：「到者，今之倒字。《廣韻》引《漢書》曰

『三族，令先黥、劓，斬左右趾，梟首，葅其骨』，今《漢書・刑法志》作『梟』，蓋非孫愐所見之舊矣。梟首，字當用此。古堯切。」《玉篇》：「梟，野王謂縣首於木上竿頭，以肆大罪。秦刑也。」王氏筠云：「借用梟字者，梟當磔。《廣雅》曰『梟，磔也』，故借之。」

按：《説文》：「梟，不孝鳥也。日至捕梟磔之。从鳥，頭在木上。」鈕樹玉《校録》云：「磔而縣之於木也，因卽謂之爲梟者，凡磔而縣之，皆象此梟也。」

《史記・殷本紀》：「甲子日，紂兵敗，走，入登鹿臺，衣其寶玉衣，赴火而死。周武王遂斬紂頭，縣之白旗。殺妲己。」《逸周書・克殷解》：「商辛奔内，登於鹿臺之上，屏遮而自燔於火。武王乃手大白以麾諸侯，先入適王所，乃克，射之三發，而後下車而擊之，以輕呂斬之，以黄鉞折，縣諸大白，乃適二女之所。既縊，王又射之三發，乃右擊之，以輕呂斬之，以玄鉞，縣諸小白。」孔晁注：「輕呂，劍名。折，絶其首。二女，妲己及嬖妾。」朱氏右曾云：「此事世多疑之，然《墨子》云『武王折紂而係之赤繯，載之白旗』；《荀子》云『紂縣於赤旆』；《尸子》云『武王親斫殷紂之頸』；《汲郡古文》云『武王親禽紂於南單之臺』；正與此同。《孟子》所謂『聞誅一夫紂，未聞弑君也』。」又《世俘解》：「武王在祀，大師負商王紂，縣首白旂，妻二首赤旂，乃以先馘入燎於周廟。」《列女傳》：「紂乃登廩臺，衣寶玉衣而自殺，於是武王遂致天之罰，斬妲己頭，縣於小白旗，以爲亡紂者是女也。」

按：此疑戰國策士造設之言，非真實也。《逸書》爲孔子所删，其言不盡雅馴，此則并非删定時原文，恐是後人羼入。齊宣王以湯放桀、武王伐紂問孟子，蓋當未稱東帝之時，策士早有勸進之辭假以爲說，故宣王有此問也。《趙策·希寫見建信君篇》有「武王羈於玉門，卒斬紂之頭而縣於大白者」云云，亦其一證。楊用修云，武王伐紂，爲天下除暴也。紂已死矣，又斬以黄鉞而縣之白旗，何悖耶？賈子言，紂死，棄玉門之外，觀者皆進蹴之，武王使人帷而守之，猶不止也。此近於事理。《容齋隨筆》云，武王之伐紂，應天順人，不過殺之而已。紂既死，至梟戮俘馘，且用之以祭乎？其不然者也。顧亭林云，上古以來，無殺君之事，湯之於桀也放之而已。使紂不自焚，武王未必不以湯之所以待桀者待紂，紂而自焚，此武王之不幸也。此言得聖人之心矣。夫友貞受剄尚許全義之葬，從珂自焚亦入徽陵之封，豈武之聖轉不如亂世之主乎？《列女傳》但言斬妲己頭懸之，以爲亡紂者是女，而不言斬紂頭，較爲近理。顧野王以梟首爲秦法，而言梟首者莫先於此事，故録之。

《左傳》：昭五年，豎牛懼，奔齊。孟仲之子殺之塞關之外，投其首於甯風之棘上。

按：此非梟首而近於梟首者。

《史記·秦始皇紀》：毐得毒等，皆梟首，車裂以徇。《集解》：「縣首於木上曰梟。」

按：此車裂刑之梟首。

《漢書·高紀》：梟故塞王欣頭櫟陽市。

按：欣爲塞王，都櫟陽，梟其頭於市，殆以洩秦人之忿乎？

《刑法志》：令曰：當三族者，皆先黥、劓、斬左右止，笞殺之，梟其首，菹骨肉於市。

按：此三族刑之梟首。

《公羊文十六年傳》何休注：「無尊上，非聖人，不孝者，斬首梟之。」

按：何休所言，當是漢法。

《御覽》六百四十：董仲舒決獄曰：「甲、乙與丙争言相鬥，丙以佩刀刺乙，甲卽以杖擊丙，誤傷乙，甲當何論？或曰，毆父當梟首。論曰：臣愚以父子至親也，聞其鬥，莫不有怵悵之心，扶杖而救之，非所以欲詬父也，《春秋》之義許止。父病，進藥於其父而卒。君子原心赦而不誅甲，非律所謂毆父，不當坐。」

按：毆父梟首，漢律也，卽上條之不孝。此不孝刑之梟首。

《漢書·武紀》：元光五年七月，皇后陳氏廢。捕爲巫蠱者，皆梟首。《外戚孝武陳皇后傳》：后又挾婦人媚道，頗覺。元光五年，上遂窮治之，女子楚服等坐爲皇后巫蠱祠祭祝詛，大逆無道，相連及誅者三百餘人。楚服梟首於市。又《武紀》：征和三年六月，丞相屈氂下獄要斬，妻子梟首。《劉屈氂傳》：是時治巫蠱獄急，内者令郭穰告丞相夫人以丞相數有譴，使巫祠社，祝詛主上，有惡言，及與貳師將軍共禱祠，欲令昌邑王爲帝。有司奏請按驗，罪至大逆不道。有詔載屈氂廚車以徇，要斬東市，妻子梟首華陽街。

按：此大逆不道之梟首，卽何休之所謂無尊上者也。屈氂但要斬而不言梟首，或因非正犯歟？

《梁平王襄傳》：李太后，親平王之大母也。而平王之后曰任后，任后甚有寵於襄。初，孝王有罍尊，直千金，戒後世善寶之，毋得以與人。任后聞而欲得之。李太后曰：「先王有命，毋得以尊與人。他物雖百鉅萬，猶自恣。」任后絕欲得之。王襄直使人開府取尊賜任后，又王及母陳太后事李太后多不順。有漢使者來，李太后欲自言，王使謁者中郎胡等遮止，閉門。李太后與爭門，措指，太后啼謼，不得見漢使者。後病薨。病時，任后未嘗請疾；薨，又不侍喪。元朔中，犴反逦上變告，書聞，天子下吏驗問，有之。公卿治，奏以爲不孝，請誅王及太后。天子曰：「首惡失道，任后也。朕置相吏不逮，無以輔王，故陷不誼，不忍致法。」削梁王五縣，奪王太后湯沐成陽邑，梟任后首於市，中郎胡等皆伏誅。

《薛宣傳》：妻死，而敬武長公主寡居，上令宣尚焉。後宣卒，況（宣子）與主私亂。哀帝外家丁、傅貴，主附事之，而疏王氏。元始中，莽自尊爲安漢公，主又出言非莽。而況與呂寬相善，及寬事覺時，莽並治況。使者迫守主，遂飲藥死。況梟首於市。

按：王莽殺議己者，故重刑以肆虐，非漢法也。

《原涉傳》：故茂陵令尹公壞涉冢舍者爲建主簿，涉本不怨也。涉從建所出，尹公故遮拜涉，謂曰：「易世矣，宜勿復相怨！」涉曰：「尹君，何壹魚肉涉也！」涉用是怒，使客刺殺主簿。涉欲亡去，申屠建內恨恥之，陽言：「吾欲與原巨先共鎮三輔，豈以一吏易之哉！」賓客通言，令涉自繫獄謝，建許之。賓客車數十乘共送涉至獄。建遣兵道徼取涉於車上，送車分散馳，遂斬涉，縣之長安市。師古曰：「縣其首。」

按：涉治冢舍奢，僭踰制。尹公，守茂陵令，時墮壞之，不爲過也，乃怒其遮拜而使客刺殺之，此漢律之使人殺人，罪當棄市。申屠建殺之，亦不爲過，因恨其殺主簿而梟首焉，則非法也。

《御覽》六百四十六：廷尉決事曰：「河內太守上民張太有有狂病，病發殺母弟，應梟首。遇赦，謂不當除之，梟首如故。」

按：殺母弟者，殺母及弟，故應梟首，遇赦，不當除，即後來十惡不赦之意。陳忠議狂易殺人得減重論在永初中，此當是永初以前事。

《御覽》六百四十六：《續漢書》：「張濟爲河南令，中常侍段珪奴乘犢車於道，濟即收捕之，梟首，懸尸珪門。」

按：奴乘犢車，何以應即梟首？未詳其故。

又按：漢法之梟首，當以何休所言爲斷，其餘如薛況、原涉諸人，皆非律應梟首者，特任意逞威耳。

張斐注律表：梟首者惡之長，斬刑者罪之大，棄市者死之下。晉《刑法志》。

《北堂書鈔》四十五：晉律注：「梟斬棄之於市者斬頭也，令上不及天，下不及地也。」

《隋志》：梁律「大罪梟首」，陳氏一用梁法；齊刑名五，一曰死重者轘之，其次梟首；周死刑五，四曰梟。

《魏志》：太和三年，除羣行剽劫首謀門誅，律重者止梟首。

隋高祖除梟首之法。詳轘。

《通鑑》：唐文宗太和九年十一月，李訓將奔鳳翔，爲盩厔鎮遏使宋楚所擒，械送京師。至昆明池，訓恐至軍中更受酷辱，謂送者曰：「得我則富貴矣！聞禁兵所在搜捕，汝必爲所奪，不若取我首送之。」送者從之，斬其首以來。左神策出兵三百人，以李訓首引王涯、王璠、羅立言、郭行餘，右神策出兵三百人，擁賈餗、舒元輿、李孝本獻於廟社，徇於兩市。命百官臨視，腰斬於獨柳之下，梟其首於興安門外。親屬無問親疏皆死，孩稚無遺，妻女不死者没爲官婢。

按：甘露之變，奄禍最烈。《唐律》無梟首及要斬之文，仇士良等戕害朝臣，乃用此律外之文，不可以尋常論也。

遼有梟礫之刑，見《遼史·刑法志》。

明有梟令之法，見《大誥》。

按：自隋除梟首之法，唐、宋二代，此事遂希。賈餗等禍由奄人，不同常法。宋世太平興國三年，秦州言，戎酋王泥豬寇八狼戍，巡檢劉崇讓擊敗之，梟其首以徇。《太宗紀》。靖康元年，梟童貫首於市。《欽宗紀》。開禧三年，誅吴曦，傳首詣行在，梟三日。《寧宗紀》。亦偶行之，非常法也。

戮尸　剉尸「尸」亦作「屍」

《御覽》六百四十七：《韓子》：「齊國好厚葬，布帛盡於衣衾，林木盡於棺槨。桓公患之，以告管仲，曰：

『布帛盡則無以爲幣，林木盡則無以爲守備，如民之厚葬不休，奈何？』管仲對曰：『凡民之有爲也，非名則利利。』於是乃下令曰『棺過度者戮其尸，罪當喪者』。夫戮死無名，罪當喪者無利，無名利，何故爲之？」

按：戮尸事始見於此，然與後來之戮尸其命意不同。

《左傳》：文十八年，齊懿公之爲公子也，與邴歜之父爭田，弗勝。及卽位，乃掘而刖之。注：「斷其尸足。」

按：此是戮尸之意，但斷足而非梟首。

《左傳》：宣十年，鄭子家卒。鄭人討幽公之亂，斲子家之棺而逐其族。杜注：「斲薄其棺，不使從卿禮。」

按：此但斲薄其棺，與戮尸無涉也。而後來言追戮者輒引此爲故事，故列於此。

《左傳》：襄二十八年，求崔杼之尸，將戮之，不得。既，崔氏之臣曰：「與我其拱璧，吾獻其柩。」於是得之。十二月乙亥朔，齊人遷莊公，殯於大寢。以其棺尸崔杼於市。國人猶知之，皆曰：「崔子也。」杜注：「崔氏弑莊公，又葬不如禮，故以莊公棺著崔杼尸邊，以彰其罪。」

《左傳》：昭十四年，邢侯怒，殺叔魚與雍子於朝。宣子問其罪於叔向。叔向曰：「三人同罪，施生戮死可也。」乃施邢侯而尸雍子與叔魚於市。

按：戮尸之文，此二事最爲明著，古者殺人必陳尸於市三日。《周禮·秋官敘官·掌戮》注：

「戮猶辱也，既斬殺又辱之。」叔魚事，《晉語》作「殺其生者而戮其死者」，韋昭注：「陳尸爲戮。」然則此二《傳》亦陳尸之謂，《傳》文明言尸於市，非必於既死之尸，猶梟其首也，與後來戮尸梟首之事微有不同。管仲之令亦陳尸以示辱耳，否則棺之過度乃當喪者之罪，但以示辱尚可，若必施以梟示之刑，死者何辜枉受此慘禍哉？必不然矣。

《史記・始皇本紀》：八年，王弟長安君成蟜將軍擊趙，反，死屯留，軍吏皆斬死，遷其民於臨洮。將軍壁死，卒屯留、蒲鶮反，戮其屍。《索隱》：「高誘云，屯留，上黨之縣名。謂成蟜爲將軍而反，秦兵擊之，而蟜壁於屯留而死。屯留、蒲鶮二邑之反卒雖死，猶戮其屍。」

《後漢・靈紀》：中平元年冬十月，皇甫嵩與黄巾賊戰於廣宗，獲張角弟梁。角先死，迺戮其屍。注：發棺斷頭，傳送馬市。

按：此云「發棺斷頭」，與後來戮屍梟示之事相符。

《魏書・王淩傳》：朝議咸謂《春秋》之義，齊崔杼、鄭歸生皆加追戮，陳尸斲棺，載在方策。淩、愚罪宜如舊典。乃發淩、愚冢，剖棺，暴屍於所近市三日，燒其印綬、朝服，親土埋之。

按：王淩飲藥死，令狐愚先一年病死，亦可已矣，朝臣諂司馬懿，故有發冢剖棺之舉，此孔子所謂鄙夫無所不至者也。《傳》文言用崔杼歸生故事，而但云暴尸於市而不言梟首，是尚與後來之戮尸者不同。

《晉書・王敦傳》：有司議曰：「王敦滔天作逆，有無君之心，宜依崔杼、王淩故事，剖棺戮尸，以彰元惡。」於是發瘞出尸，焚其衣冠，踞而刑之。敦、充首同日懸於南桁，觀者莫不稱慶。

按：此用杅淩故事，彼但暴尸，此則梟示矣。後來戮尸之制當仿於此。

《遼史·穆宗紀》：天禄十八年三月，殺鶻人胡特魯、近侍化葛及監囚海里，仍剉海里之尸。十九年二月，殺前導末及益剌，剉其屍，棄之。

按：剉尸之名始見於此。

《元史·世祖紀》：至元十九年五月，追治阿合馬罪，剖棺，戮其尸於通玄門外。

《泰定帝紀》：泰定四年，潮州判官錢珍，挑推官梁楫妻劉氏，不從，誣楫下獄殺之。事覺，珍飲藥死，詔戮尸傳首。北海廉訪使劉安仁，坐受珍賂除名。

《元典章》諸惡表：殺死親兄，雖在禁死，戮尸曉衆。

《刑法志》大惡門：諸子弒其父母，雖瘐死獄中，仍支解其屍以徇。諸因争虐殺其兄者，雖死，仍戮其屍。

《明律》謀殺祖父母父母條新題例：萬曆十六年正月題，奉欽依今後在外衙門，如有子孫謀殺祖父母、父母者，巡按御史會審，情真即單詳到院，院寺即行單奏決，單到日，御史即便處決。如有監故在獄者，仍戮其屍。　殺一家三人條例一：殺一家非死罪二人及支解人爲首監故者，將財産斷付被殺之家，妻子流二千里，仍剉碎死屍，梟首示衆。

《史記·伍子胥傳》：伍子胥求昭王，既不得，乃掘楚平王墓，出其尸，鞭之三百，然後已。《吴越春秋》：伍胥以不得昭王，乃掘平王之墓，出其屍，鞭之三百。左足踐腹，右手抉其目，誚之曰：「誰使汝用讒諛之口殺我父兄，豈不寃哉？」《越絶書》：荆平王已死，子胥將卒六千，操鞭箠笞之平王之墓，而數之曰：「昔者吾先人無罪而子殺之，今此報子也。」

按：太史公曰：「怨毒之於人甚矣哉！」子胥之報楚，既償其志矣，而必爲掘墓鞭尸之舉，似不近情理，恐是戰國時人造設之辭，未足信也。平王卒於魯昭公二十六年，柏舉之役在魯定公四年，相距凡十一年，楚地沮洳，豈平王之尸尚完善無恙以待胥之鞭箠，且踐腹而抉目哉？此事理之難信者也。《越絶》以爲笞墓，似爲近之。

《晉書·姚萇載記》：萇乃掘苻堅屍，鞭撻無數，裸剥衣裳，薦之以棘，坎土而埋之。《慕容儁載記》：儁夜夢石虎齧其臂，覺，遂痛寤而惡之，命發其墓，剖棺出尸，蹋而罵之曰：「死胡安敢夢生天子！」遣其御史中尉陽約數其殘酷之罪，鞭其尸而投之漳水。

《通鑑》：唐文宗太和九年，時崔潭峻已卒，亦剖棺鞭尸。

《唐書·竇懷貞傳》：與太平公主謀逆，既敗，投水死，追戮其尸。

《武三思傳》：睿宗立，以父子皆逆節，斵棺暴尸，夷其墓。

《五代史·朱守殷傳》：明宗詔幸汴州，守殷尤不自安，乃殺都指揮使馬彦超，閉城反。明宗遣范延光馳兵傅其城，汴人開門納延光，守殷自殺其族，乃引頸命左右斬之。明宗至汴州，命鞭其尸，梟首於市。

《閩世家》：曦自昶世倔强難制，昶相王倓每抑折之。新羅遣使聘閩以寶劍，昶舉以示倓曰：「此將何爲？」倓曰：「不忠不孝者斬之。」曦居旁色變。曦既立，而新羅復獻劍，曦思倓前言，而倓已死，命發冢戮其尸，倓面如生，血流被體。

國計使陳匡範增算商之法以獻，曦曰：「匡範人中寶也。」已而歲入不登其數，乃借於民以足之，匡範以憂死。其後知其借於民也，剖棺斷尸，棄之水中。

《明史·武宗紀》：正德五年十月，戮張綵尸於市。《莊烈帝紀》：崇禎元年正月，戮魏忠賢及其黨崔呈秀尸。

斬

《周禮·秋官·掌戮》：掌斬殺賊諜。注：「斬以鈇鉞，若今要斬也。殺以刀刃，若今棄市也。」

按：此分斬、殺爲二事，鄭蓋據漢法言之，以今況古也。惟《呂刑》言「大辟疑赦，其罰千鍰」，與墨辟之百鍰、劓辟之二百鍰、剕辟之五百鍰、宫辟之六百鍰分爲五等，是大辟祇有一等。如果三代之時大辟有要斬、棄市二項，則必有輕重之差，不應贖鍰之數毫無區别也。《魯語》：「臧文仲言：『刑五：大刑用兵甲，其次用斧鉞，中刑用刀鋸，其次用鑽笮，薄刑用鞭扑。』」《周禮》疏引「斧鉞」，注：「謂犯斬罪者。」刀鋸，注：「刀以劓之，鋸以笮之。」如是，刀中容棄市。此未詳何人之注。韋昭注：「割劓用刀，斷截用鋸。」亦有大辟，故《周語》曰「兵在其頸」。據舊説則中刑亦有大辟，然既謂之大辟，豈得又謂之爲中刑？其説未安。是大刑之死刑但用斧鉞，不得有他刑也，是據文仲之言大辟祇有一項也。《條狼氏》之誓衆曰殺、曰車轘，而不曰斬，車轘當爲軍中之刑。韋昭《魯語》注：「斧鉞，軍器也。」《書》曰「後至者斬」，《條狼氏》之殺，即謂斬刑。《爾雅》：「斬，殺也。」斬、殺二字，義相轉注，不可區爲二也。

《左傳》：僖三十三年，先軫曰：「匹夫逞志於君而無討，敢不自討乎？」免冑入狄師，死焉。狄人歸其元，注：「元，首。」面如生。　文十一年冬十月甲午，敗狄於鹹，獲長狄僑如。富父終甥摏其喉，以戈殺之，埋其首於子駒之門。齊襄公之二年，鄋瞞伐齊，齊王子成父獲其弟榮如，埋其首於周首之北門。　襄十八年，中行獻子將伐齊，夢與厲公訟，弗勝；公以戈擊之，首隊於前，跪而戴之，奉之以走。　昭五年，豎牛懼，奔齊。孟仲之子殺諸塞關之外，投其首於甯風之棘上。　定十四年，使罪人三行，屬劍於頸，而辭曰：「二君有治，臣奸旗鼓，不敏於君之行前，不敢逃刑，敢歸死。」遂自剄焉(師屬之目)。　哀十三年，吳人告敗於王，王惡其聞也，自剄七人於幕下。

按：此皆春秋時斷首之事，然非刑也。

《墨子・魯問篇》：子墨子見齊王曰：「今有刀於此，試之人頭，倅然斷之，可謂利乎？」大王曰：「利。」子墨子曰：「多試之人頭，倅然斷之，可謂利乎？」大王曰：「利。」

按：此設言斷首之事，亦非刑也。

張斐律表注：梟首者惡之長，斬刑者罪之大，棄市者死之下。《晉志》。

按：此以梟首、斬、棄市爲死罪之三等，曹魏刑也，梟首居首，是以斬爲斷首，棄市爲絞矣。腰斬之刑，此時蓋已除之，而史無明文。其後南朝皆遵行之，梁、陳則有梟首、棄市，而無斬刑。

後魏大辟有殊死。詳要斬。

按：後魏大辟四等，殊死在要斬、棄市之間，自當爲斷首之刑。顏師古《匡謬正俗》殊死條：每見赦書，或云殊死以下，或云死罪以下，爲有異否？何謂殊死？董勛答曰，殊，異也。死有異死者，大逆族誅、梟首、斬腰。《易》有焚如之刑也。漢高帝初興之際，死罪已下是爲異死者，不赦也。世祖始起，赦殊死以下，是謂異死者皆赦也。按稱殊死、絶死，謂斬刑也。《春秋傳》曰「斷其木而不殊」，班書《韓延壽傳》云「門下掾自剄，人救不殊」。殊者訓絶，而死有斬、絞，故或云殊死，或云死。但云死者，絞縊刑也。云殊死者，身首分離，死内之重也，非取殊異爲名。又漢高帝五年，赦天下殊死已下。何言不赦乎？《説文》：「殊，死也。从歺，朱聲。」段《注》：「凡漢詔云殊死者，皆謂死罪也。死罪者，首身分離，故云殊死。」《左傳》、《釋文》引《説文》有「一曰斷也」四字，段依以補之而注之曰斷，與死本無二義。許以字从歺，故以死爲。《正義》「凡物之斷」，爲别一義。《左傳》曰：「武城人塞其前，斷其後之木而勿殊。郲師過之，乃推而蹷之。」《史記·蘇秦傳》：「刺蘇秦，不死，殊而走。」按弗殊者，謂不絶也。不死殊而走者，謂人雖未死，創已決裂也，皆斷之説也。宣帝詔曰「骨肉之親，粲而不殊」。凡言殊異、殊絶，皆引伸之義。桂氏《義證》云：「《後漢·光武紀》罪非犯殊死，一切勿案。注云，殊死，謂斬刑殊絶也。」魏之《陳羣傳》：「漢律所殺殊死之罪。」《增韻》：「漢律殊死謂斬刑。」愚按：以上各說，並以殊死爲斬刑，後魏改斬之名爲殊死，亦必用舊説也。惟據鄭氏《掌戮》注，漢有要斬、棄市即斬首。二刑，而無絞刑，師古分殊死與死爲二，似尚未確。要斬亦殊絶者，不得但云身首分離也。

北齊河清三年，奏上《齊律》，刑名五：一曰死，重者轘之；其次梟首；其次斬刑，殊身首；其次絞刑，**死**而不殊。

按：此以殊、不殊爲斬、絞之分，義甚明顯，特其時無要斬耳。

隋死刑二：斬、絞。詳總考。

按：隋開皇中，廢除梟、轘諸重法，死刑存斬、絞二項，唐律承之，自是歷代相沿，死刑惟此二項，雖有淩遲等項，並不入正刑之内。元代死刑有斬無絞，而淩遲以處惡逆之極者，蓋亦不列入正刑，其死刑惟一矣，此元之與歷代不同者。

《説文·首部》：「𢧵，截也。」段本作「截首也」，其《注》云：「首字各本奪，今補。《斤部》曰『斷者，截也』；《戈部》曰『截者，斷也』。截首則字从斷首，會意。《集韻》、《類篇》皆云斷首是也。《廣雅》『𢧵，斷也』。此引伸爲凡截之稱。」《廣韻》：「𢧵，斷首。出《玉篇》。」

按：許書「斬」字，不得指斬首言，「𢧵」从首，自當專指斷首，段《注》不爲無見。惟《廣韻》云出《玉篇》，謂斷首之訓始見《玉篇》，似許書本無首字。姑録其説，附於此門之末。

《公羊文十六年傳》注：「殺人者刎頭。」《釋文》：「頭如字，本又作脰，音豆。」《廣雅·釋詁》：「刎，斷也。」《一切經音義》注引《公羊傳》云：「公遂刎脰而死。何休曰：『刎，割也。』」《穀梁僖十年傳》：「刎脰而死。《釋文》：「脰，音豆，頸也。」

殺

《書·舜典》：「怙終賊刑。孔傳：「賊，殺也。」

《左傳》：「昭十四年，《夏書》曰『昏、墨、賊，殺』，《逸書》三者皆死刑。皋陶之刑也。

按：《舜典》鄭注「怙其姦邪，終身以爲殘賊」則用刑之見。《史記·集解》與孔傳異。近來說經者多主鄭說，不以賊爲殺。然據《左傳》所引《夏書》，皋陶之時實有殺刑，杜注但言死刑，究爲何者之刑？今無以定之。

《周禮·司刑》：「殺罪五百。注：「殺，死刑也。」

《掌戮》注：「殺以刀刃，若今棄市也。」

按：周之五刑，《司刑》但言殺罪，《呂刑》但言大辟，並不言爲何者之刑。《掌戮》鄭注始以殺爲斬首之刑，乃以漢制言之，難定其爲周之刑也。竊謂古者死刑唯一，故皋陶之刑曰殺，周制亦但言殺。《夏書·胤征》言：「先時者殺無赦，不及時者殺無赦。」《禮記·檀弓》言：「臣弑君，凡在官者殺無赦；子弑父，凡在官者殺無赦。」《王制》記四誅，亦但言殺。《說文》：「殺，戮也。」《釋名·釋喪制篇》：「罪人曰殺，殺，竄也，埋竄之使不復見也。」夫必生命絕而後不復見，罪如是亦云至矣。夏刑大辟二百,《司刑》殺罪五百,《吕刑》大辟之罰,其屬二百。凡言死罪者,統於二百、五百之中,未聞於其中有等差之别,此可以見古者死刑唯一,未嘗有二也。《春秋》書楚殺其大夫得臣及公子側,皆畏罪而自殺,王使止之,弗及。鄭殺其大夫公孫黑,先自縊,而後尸諸衢。是《春秋》之書殺不必皆爲斬刑也。南宫萬、猛獲、夙沙衛之醢,高渠彌、夏徵舒、觀起之轘,二百四十年之間亦不多見,自當别論。公族之罄,下卿之絞縊,又爲異於尋常者。

刑法分考四

絞

《左傳》：哀二年，若其有罪，絞縊以戮，桐棺三寸，不設屬辟，無入於兆，下卿之罰也。杜注：「所以縊人物。」

按：杜注以絞爲縊人之物，當爲繩帶之類。《儀禮·喪服》傳：「絞帶者，繩帶也。」賈公彦疏：「以絞麻爲繩作帶，故云絞帶也。」此以絞縊爲下卿之罰，當爲周制。春秋時，如魯殺公子慶父、鄭殺公孫黑，皆自縊。楚殺成得臣、公子側，亦皆自死，殆即此制也。

晉《刑法志》：斬刑者罪之大，棄市者罪之下。

按：尚書周顗等議肉刑云：「截頭絞頸，尚不能禁。」截頭者斬，絞頸者棄市。晉之刑法，議自魏代，可以知魏之棄市亦絞刑也。南朝宋、齊、梁、陳，北朝魏並有棄市之名，皆謂絞刑。

北周死刑五，二絞。詳總考。

北齊死刑四，有絞。詳總考。

按：絞刑之名，始見於周、齊二代。周律定於保定三年癸未，齊律定於河清三年甲申，相距先後祇一年，而同時改棄市爲絞，殆其時北方學者論説各有所受，故不約而同也。

隋開皇律：死罪斬絞。

按：自此以後，絞爲正刑，至今相沿不改。

《後漢書・吴祐傳》：安丘男子毋丘長與母俱行市，道遇醉客辱其母，長殺之而亡；安丘追蹤於膠（西）〔東〕得之。祐移安丘逮長妻，到，解其桎梏，使同宿獄中，妻遂懷孕。至冬盡行刑，長泣謂母曰云云，因投繯而死。注：「謂以繩而繯，投之而縊也。繯音胡犬反。」

按：漢律殺人棄市，毋丘長不及行刑而自縊，非當時有此投繯之罪也，然後來稱絞爲繯者，實本於此。

《吕氏春秋・慎行論》：崔杼歸無歸，因而自絞也。注：「絞，經也。」

按：此以自經爲絞。

《説文・交部》：「絞，縊也。」《糸部》：「縊，經也。」《手部》：「摎，縛殺也。」段《注》：「縛殺者，以束縛殺之也。且縣死者曰縊，亦曰雉經。凡以繩帛等物殺人者曰縛殺，亦曰摎，亦曰絞。《廣韻》曰：『摎者，絞縛殺。』多『絞』字，爲長。今之絞罪，即古所謂摎也。居求切，亦力周切。」

按：絞罪之名，漢以前未見，春秋時多曰縊，其見於《左傳》者，如莫敖縊於荒谷、桓十三。夷姜縊、桓十六。太子申生縊於新城、僖四。楚成王縊，文元。此皆自絞者也。公子圍入問王疾，縊而弑之。杜注「縊，絞也」，孫卿曰「以冠纓縊之」，此人縊之者也。亦曰雉經，《晉語》申生乃雉經於新城之廟。《釋名》：「懸繩曰縊，縊阨其頸也。屈頸閉氣曰雉經，如雉之爲也。」分雉經與縊爲二，然皆是别死之名，而非罪名。《釋名》乃劉熙作。熙，漢人。其《釋喪制篇》列棄市、斬、轘、烹之名而不及絞，可以見漢法無絞。《戰國策·秦策》：「甘羅曰：『應侯欲伐趙，武安君難之，去咸陽七里，絞而殺之。』」此言絞殺者，然亦非罪名也。晉之時，絞曰棄市。杜預，晉人，其釋《左傳》以絞爲縊人之物，不以爲罪名，可以見晉法無絞也。六代時，南朝並曰棄市，北朝魏亦曰棄市，惟周、齊曰絞，絞之名當定於此時。隋《開皇律》定絞與斬爲死罪之二等，《唐律》承之，絞遂列於正刑之内。竊嘗論之，古者刑人於市，與衆棄之，刑至於死極矣，若以死爲未足，而必欲使之多受痛苦，是以刑爲洩忿之方，而無當於衆棄之義。且充洩忿之意而立一重法，久之而習見之，習聞之，必將又以此法爲未重而更立一重法，重之又重，更無窮已，此歷代慘酷之刑，所以名目繁多也。自開皇定律，死刑惟斬、絞，而蠲除重法，由是烹、轘諸刑世遂罕見。惜梟首、陵遲諸法，後來又復施行。作法於輕，猶懼其重，矧作法於重，將何所底止哉？世之議律者，尚其慎之又慎，一法之敝，禍延百世，可懼也。

《春明夢餘録》：「元世祖定天下之刑，笞、杖、徒、流、絞五等。天下死囚，審讞已定，亦不加刑，皆老死於囹圄。自後惟秦王伯顔出天下死囚，始一加刑，故七八十年之中老稚不曾覩斬戮，及見一死人頭，輒相驚駭，可謂勝殘去殺，黎元在海涵春育之中矣。」

按：元《刑法志》言死刑，有斬無絞，此以絞列五刑，或係傳寫之誤。陶宗儀《輟耕録》二：「國初立法，死則有斬、有陵遲，而無絞。」陶，元末人，所言元法與《刑法志》合，可以證孫説之不足據。第就孫説言，可見元之五刑，死刑亦惟一種。陵遲，其特別法也。

磬《隋志》作「罄」

《禮記·文王世子》：公族其有死罪則磬於甸人。鄭注：「縣縊殺之曰磬。」《正義》曰：「磬謂磬盡也。」《左傳》曰：「室如縣磬。」杜預云：「磬，盡也。」皇氏云：「如縣樂器之磬也。」

隋《刑法志》：北齊死刑五，一磬，二絞。

按：《左傳》僖二十六年「室如縣罄」。《釋文》：「罄亦作『磬』，盡也。」《魯語》作「磬」，韋昭注：「如縣磬也。」疏引劉炫説亦云如罄在縣。《説文》：「罄，器中空也。」《詩》：「罄無不宜，瓶之罄矣。」傳並云「罄，盡也」。古書磬、罄多互相假借。《樂記·石聲》「磬」，注：「磬，當爲罄。」《淮南·覽冥篇》：「磬龜無腹。」高誘注：「磬，空也。」此刑《禮記》作「磬」，《隋志》作「罄」，磬、罄通也。惟磬、絞並爲絞頸之刑，而北齊分爲二，不知其制如何。《左傳》「子西縊而縣絶」，文十年。鄭解磬曰縣縊，《釋名》「縣繩曰縊」，是磬刑必縣，如縣磬然也。至絞刑如何，未有明文，疑如今絞刑，但以繩絞頸，氣閉則斃，不必縣也。

棄市

《漢書·景紀》注：師古曰：「棄市，殺之於市也。謂之棄市者，取刑人於市，與衆棄之也。」

按：《周禮·掌戮》鄭注「殺以刀刃，若今棄市也」。是漢之棄市乃斬首之刑。

《高紀》：偶語者棄市。《索隱》：「按《禮》云『刑人於市，與衆棄之』，故今律謂絞刑爲棄市是也。」

按：此秦法也。秦法棄市爲何等？刑書無明文，以漢法推之，當亦斬刑。

魏、晉以下，棄市爲絞刑。詳絞下。

笞殺

《御覽》六百四十九：《楚漢春秋》曰：「上敗彭城，降人丁固追，上被而顧曰：『丁公何相逼之甚？』乃迴馬而去。上即位，欲陳功。上曰：『使項氏失天下是子也，爲人臣，用兩心，非忠也。』使下吏笞殺之。」

《後漢書·黨錮傳》：熹平五年，永昌太守曹鸞上書大訟黨人，言甚方切。帝省奏，大怒，即詔司隸、益州檻車收鸞，送槐里獄掠殺之。《橋玄傳》：又爲漢陽太守。時上邽令皇甫禎有臧罪，玄收考髡笞，死於冀市。

《隋志》：楚州行參軍李君才上言，帝寵高熲過甚，上大怒，以馬鞭笞殺之。帝常發怒，六月棒殺人。大理少卿趙綽固争曰：「季夏之月，天地成長庶類，不可以此時誅殺。」帝報曰：「六月雖曰生長，此時必有雷霆。天道既於炎陽之時，震其威怒，我則天而行，有何不可。」遂殺之。仁壽中，用法益峻，帝既喜怒不恆，不復依準科律。時楊素正被委任。素又禀性高下，公卿股慄，不敢措言。素於鴻臚少卿以私戲汙敗官氈，罪狀何以加此。」皆於西市棒殺，而榜捶陳延，殆至於斃。

陳延不平，經蕃客館，庭中有馬屎，又庶僕氈上樗蒲。旋以白帝，帝大怒曰：「主客令不灑掃庭内，掌固

《通典》：上元二年六月，刑部奏，謹按五刑，笞、杖、徒、流、死是也。今准勑除削絞，死罪准有四刑。每有思慮，須降死刑。不免，還斬、絞。勑律互用，法理難容。又應決重杖之人，令式先無分析，京城知是蠹害，決殺者多死外州。見流嶺南，決不至死。決有兩種，法開二門，勑旨斬、絞刑宜依格律處分。寶應元年九月，刑部大理奏准式制勑處分，與一頓杖者決四十，至到與一頓及重杖一頓者並決六十，無文至死者爲准式處分。又制勑，或有令決痛杖一頓者，式文既不載杖數，請准至到與一頓，決六十，並不至死。勑旨依。

《唐志》：劇賊高玉啗人數千，後擒獲，會赦，代宗將貸其死，公卿議請爲菹醢，帝不從，卒杖殺之。德宗性猜忌少恩，然用刑無大濫。刑部侍郎班宏言：「謀反、大逆及叛、惡逆四者，十惡之大也，犯者宜如律。其餘當斬、絞刑，決重杖一頓處死，以代極法。」故時死罪皆先決杖，其數或百或六十，於是悉罷之。

按：斬、絞而死與重杖而死，均死也，不足以言仁，且斬、絞而死，其死也速，重杖而死，其死也遲，其所受之苦楚，轉有甚於斬、絞者，未足爲良法也。至憲宗元和八年，詔兩京、關内、河東、河北、淮南、山南東西道死罪十惡、殺人、鑄錢造印、若强盜持仗劫京兆界中及它盜贓踰三匹者，論如故，其餘死罪，皆流天德五城。由是，犯死罪有不死者不少矣。《唐書》紀、傳言杖殺者與他史之言

笞殺者不同，故不備録。

《宋史·太祖紀》：建隆二年四月，商河縣李瑤坐贓，杖死。開寶五年十二月，内班董延諤坐監務盜芻粟，杖殺之。

《太宗紀》：太平興國三年七月，中書令史李知古坐受賕擅改刑部所定法，杖殺之。八月，詹事丞徐選坐贓，杖殺之。

《真宗紀》：大中祥符三年九月，杖殺入内高品江守恩於鄭州。天禧四年四月，杖殺前定陶縣尉麻士瑶於青州。

《高宗紀》：紹興十二年九月，杖殺僞福國長公主李善静。

《遼史·刑法志》：五院部民有自壞鎧甲者，其長佛奴杖殺之，上怒其用法太峻，詔奪官。吏以故不敢酷撻。聖宗時。

《元史·順帝紀》：至正十六年二月，定住及平章政事桑哥失里等復奏哈麻、雪雪兄弟罪惡，遂命貶哈麻惠州安置，雪雪肇州安置，尋杖殺之。

考竟

《釋名》：獄死曰考竟。考竟者，考得其情，竟其命於獄中也。

杜貴墀《漢律輯證》：「《順帝紀》陽嘉三年春，『詔以久旱，京師諸獄無輕重，皆且勿考竟』。《質帝紀》『其令中都官繫囚罪非殊死考未竟者，一切任出，以須立秋』。《朱暉傳》『再遷臨淮太守，數年，坐法免』。注：《東觀記》曰：『坐考長吏囚死獄中。』《後書·韓棱傳》『竇氏敗，棱典案其事，深竟黨與』。安帝詔自今長吏被考竟未報，自非父母喪，無故輒去職者云云。據已上《紀》、《傳》所述，非竟命於獄中，乃考實以竟其事耳。」

《魏志·賈逵傳》：爲豫州刺史，到官數月，乃還；考竟其二千石以下阿縱不如法者，皆舉奏免之。帝曰：「逵真刺史矣。」

按：《逵傳》言考竟，言奏免，則考竟非竟命獄中甚明。杜說固是，然《釋名》乃劉熙所撰，熙爲漢末人，所言當是漢法。《漢書·王章傳》：「上初納受章言，後不忍退鳳。章由是見疑，遂爲鳳所陷。果下廷尉獄，妻子皆收繫。章小女年可十二，夜起號哭曰：『平生獄上呼囚，數常九，今八而止。我君素剛，先死者必君。』明日問之，章果死。章爲京兆二歲，死不以其罪，衆庶冤紀之。」《元后傳》：「上使尚書劾奏章『知野王前〔以〕王舅出補吏，而私薦之，欲令在朝阿附諸侯；又知張美人體御至尊，而妄稱引羌胡殺子蕩腸，非所宜言』。遂下章吏。廷尉致其大逆罪，以爲『比上夷狄，欲絕繼嗣之端；背畔天子，私爲定陶王』。章死獄中。」合二《傳》觀之，章非良死，所謂竟命獄中也。又《鄭崇傳》：「上怒，下崇獄，窮治，死獄中。」《後漢書·袁紹傳》：「卓遣執金吾胡毋班喻紹，紹使河內太守王匡殺之。」注：「謝承《後漢書》：班遂死獄中。」此亦殺之於獄中者。又《御覽》六百四十六：「《後漢書》曰，丹陽方儲明風角，爲洛陽令，功曹是竇憲客。客爲憲所風，夜殺人斷頭，著奩中，置廄門下，欲令儲去官。儲摩死者，近問誰所殺，有頃，曰死人言爲功曹所殺。收功曹考竟。又曰向栩性卓詭不倫，張角起，栩不欲國家興兵，但遣將河上北向讀《孝經》，賊自滅。張讓讒栩與角同心，收送黃門北寺獄考竟之。」范書作「殺之」。又曰：「董卓被誅，蔡邕在司徒，王允坐，殊不懌，言之而歎，有動色，允勃然叱之曰：『董卓，國之大賊，幾傾漢室，君爲王臣，所宜同忿，而懷其私遇以忘大節，今天誅有罪而反相傷痛，豈不與爲逆哉？』即收付廷尉考竟其罪，邕遂死獄中。」《魏志·文紀》注：「《魏略》曰，王將出征，霍性上疏諫，帝怒，遣刺姦就考竟殺之。」《司馬芝傳》：「特進曹洪乳母當，與臨汾公主侍者共事無澗神繫獄。卞太后遣黃門詣府傳令，芝不通，輒勑洛陽獄考竟，而上疏曰云云，輒勑縣考竟，擅行刑戮。」《華佗傳》「遂考竟佗，佗臨死」云云。《晉書》曰：「王豹上書白，勸齊王冏與成都王穎如分陝之制，會長沙王乂至，冏案上見豹箋，謂冏曰：『小子間離骨肉，何不銅駝下打殺！』冏既不能嘉豹之策，遂納乂言，乃奏『爲臣不忠不孝不義，輒都街考竟，以明邪正』。豹將死，曰：『懸吾頭大司馬門，見兵之攻齊也。』衆庶寃之。俄而冏敗。」《三國典略》曰：「齊兗州刺史武城縣公崔陵恃預舊恩，頗自矜，縱妾馮氏，假其威刑，恣情取納，風正不立，爲御史所劾，召收繫廷尉考竟，遂死獄中。」觀以上七則，並是竟命獄中之事，足爲《釋名》之左證。《賈逵傳》又云：「太祖征劉備，先遣逵至斜谷觀形勢。道逢水衡，載囚人數十車，逵以軍事急，輒竟重者一人，皆放其餘。」是直以竟爲殺矣。《唐書·來俊臣傳》：「詔于麗景門別置獄，勑俊臣等顓按事，百不一貸。王弘義戲謂麗景門爲『例竟』，謂入者例皆盡也。」亦與考竟之意相似。

《虞延傳》：今考實未竟，宜當盡法。

按：玩此辭意，「竟」字亦當作竟命解。

《陳蕃傳》：時小黄門趙津、南陽大猾張氾等，奉事中官，乘勢犯法，二郡太守劉瓆、成瑨考案其罪，雖經赦令，而並竟考殺之。宦官怨恚，有司承旨，遂奏瓆、瑨罪當棄市。皆死於獄中。曹節等矯詔誅武等，遂令收蕃，送黄門北寺獄，黄門從官騶蹋踧蕃曰：「死老魅！復能損我曹員數，奪我曹稟假不？」即日害之。

按：劉瓆、成瑨、陳蕃皆死於獄中，亦所謂考竟者也。

剖心

《殷本紀》：比干曰：「爲人臣者，不得不以死争。」迺强諫紂。紂怒曰：「吾聞聖人心有七竅。」剖比干，觀其心。

《書·泰誓》：剖賢人之心。傳：「比干忠諫，謂其心異於人而觀之，酷虐之甚。」

《荀子·正論》：「刳比干。」

按：紂酷虐至剖大臣之心，尚不以此爲刑也。後世用刑者，每以剖心祭仇爲快，得不謂之爲酷虐乎？乃當聖仁之世，明諭中外，廢除重刑，而大吏尚有此種行爲，殊可怪也。

《晉書·苻生載記》：生推告賊者，殺之，刳而出其心。

《五代史·吴越世家》：潤州牙將劉浩逐其帥周寶，寶奔常州，浩推薛朗爲帥。鏐遣杜棱等攻常，取周寶以歸，寶病卒。棱等進攻潤州，逐劉浩，執薛朗，剖其心以祭寶。

按：剖心以祭，事始見此，乃亂世軍人所爲，豈足爲法？近世，此等事竟有形諸奏牘者，自古以來，刑法無此文也。

《張彦澤傳》：耶律德光至京師，聞彦澤劫掠，怒，鎖之。都人争投狀數其惡，乃命高勳監殺之。行至北市，斷腕出鎖，然後用刑，勳剖其心祭死者，市人争破其腦，取其髓，臠其肉而食之。

《劉守光傳》：晋王命李存霸執仁恭至雁門，刺其心血以祭先王墓，然後斬之。

按：此但刺心血，又稍不同。

《宋史·高紀》：建炎二年七月，禁軍中抉目刳心之刑。

按：當時軍中以刳心爲常，故禁之，可見此刑之不可爲訓也。

《元史·順帝紀》：至正二十二年六月，田豐及王士誠刺殺察罕帖木兒，遂走入益都城。十一月，擴廓帖木兒復益都，田豐等伏誅。盡誅其黨，取田豐、王士誠之心以祭察罕帖木兒。

《明志》：魏忠賢設刺心之刑。

射殺

《漢書·王尊傳》：美陽女子告假子不孝，曰：「兒常以我爲妻，妒笞我。」尊聞之，遣吏收捕驗問，辭服。尊曰：「律無妻母之法，聖人所不忍書，此經所謂造獄者也。」尊於是出坐廷上，取不孝子縣磔著樹，使騎吏五人張弓射殺之，吏民驚駭。

按：假子，今之義子也。尊云律無妻母之法，是漢法視義母與親母同。

《遼史・穆宗紀》：應歷七年四月初，女巫肖古上延年藥方，當用男子膽和之。不數年，殺人甚多。至是，覺其妄，射殺之。

按：《志》云「以鳴鏑叢射、騎踐殺之」，與《紀》稍異。

射鬼箭

《遼史・太祖紀》：七年六月，以養子涅里思附諸叛（弟），以鬼箭射殺之。天贊二年三月，討叛奚胡損，獲之，射以鬼箭。誅其黨三百人，沈之狗河。四年，次撒葛山，射鬼箭。

《太宗紀》：天顯十二年，射鬼箭於雲州北。

《景宗紀》：乾亨二年十月，次南京，獲敵，射鬼箭。

《聖宗紀》：統和四年五月，以所俘宋人射鬼箭。十二月，以所獲宋卒射鬼箭。二十二年閏月，南伐，次固安，以所獲諜者射鬼箭。

《興宗紀》：景福十三年十月，獲黨項偵人，射鬼箭。

《遼志》：又爲射鬼箭之刑。

鬼箭」。

《禮志》軍儀：出師以死囚，還師以一諜者，植柱縛其上，於所向之方亂射之，矢集如蝟，謂之「射鬼箭」。

按：據《禮志》，射鬼箭乃軍儀，非刑也。然如涅里思之事，非是軍儀，蓋有時用之於刑矣。

生瘞

《遼史·太祖紀》：七年六月，獲逆黨雅里、彌里，生瘞之銅河南軌下。神册三年四月，皇弟迭烈哥謀叛，事覺，如有罪當誅，預爲營壙，而諸戚請免。上素惡其弟寅底石妻涅里衮，乃曰：「涅里衮能代其死，則從。」涅里衮自縊壙中，并以奴女古、叛人曷魯只生瘞其中。遂赦迭烈哥。

《遼志》：又爲生瘞之刑。

按：生瘞之刑，殆偶行之，非常法。

投崖

《遼志》：親王從逆，不磬諸甸人，或投高崖殺之。

《太祖紀》：七年六月，以夷离菫涅里衮諸弟爲叛，不忍顯戮，命自投崖而死。

非法之刑

《商君書·賞刑篇》：晉文公將欲明刑，以親百姓，於是合諸侯大夫於侍千宮，顛頡後至，〔吏〕請其罪，（按：《太平御覽》卷六百三十六、六百四十六引作「吏請其罪」，今據補。）君曰：「用事焉。」吏遂斷顛頡之脊以殉。晉國之士，稽焉皆懼，曰：「顛頡之有寵也，斷以殉，況於我乎！」

按：《韓非子·外儲說》載此事作「斬顛頡之脊」，《北堂書鈔》四十五引作「斷脊」，《御覽》六百四十六斬類引《商君書》作「斬顛頡之首」，與今本及《書鈔》本不同。斷脊之事罕見。晉文，霸者之盛，必不用此非法之刑。《左傳》但言「殺顛頡以徇於師」，無斷脊之文也。至文公令無入僖負羈之宫，而顛頡與魏犨爇僖負羈氏，以其違軍令而殺之。與《商君》所言「後至」亦不同。

漢《刑法志》：秦用商鞅，增加肉刑，大辟有鑿顛、抽脅、鑊亨之刑法。

按：鑿顛、抽脅，非法之刑，商鞅慘酷，創爲此法，宜其身膺車裂之報也。

《漢書·王莽傳》：勑令掘單于知墓，棘鞭其屍。《匈奴傳》：莽作焚如之刑，燒殺陳良等。《翟義傳》：莽盡壞義第宅，汙池之。發父方進及先祖冢在汝南者，燒其棺柩，夷滅三族，誅及種嗣，至皆同坑，以棘五毒并葬之。

〔按〕：惠棟曰：「賊莽之惡，百倍於秦。」

《吴志·孫皓傳》：鳳皇元年，何定姦穢發聞，伏誅。注：「《江表傳》：定爲子求少府李勖女，不許。

定挾忿譖勖於皓，皓尺口誅之，焚其尸。」

二年，皓愛妾或使至市劫奪百姓財物，司市中郎將陳聲，皓素幸臣也，恃皓寵遇，繩之以法。妾以愬皓，皓大怒，假他事燒鋸斷聲頭，投其身於四望之下。

天璽元年，會稽太守車浚、湘東太守張詠不出算緡，就在所斬之，徇首諸郡。注：「《江表傳》：皓謂浚欲樹私恩，遣人梟首。又尚書熊睦見皓酷虐，微有所諫，皓使人以刀環撞殺之，身無完肌。」

天紀元年，孫俶姦情發聞，伏誅。注：「《江表傳》：俶奢淫無厭，取小妻三十餘人，擅殺無辜，衆姦並發，父子俱見車裂。」

〔三年〕初，皓每宴會羣臣，無不咸令沈醉。置黃門郎十人，特不與酒，侍立終日，爲司過之吏。宴罷之後，各奏其闕失，迕視之咎，謬言之愆，罔有不舉。大者即加威刑，小者輒以爲罪。後宮數千，而采擇無已。又激水入宮，宮人有不合意者輒殺流之。或剥人之面，或鑿人之眼。注：「吴平後，晉侍中庾峻等問皓侍中李仁曰：『聞吴主披人面，刖人足，有諸乎？』仁曰：『以告者過也。』又問曰：『云歸命侯乃惡人橫睛逆視，皆鑿其眼，有諸乎？』仁曰：『亦無此事。』」

按：周仁爲其君諱也，皓之虐聞於鄰國，陳壽載於《傳》，實當非虚語。

《晉書·苻生載記》：生推告賊者，殺之，刳而出其心。左光禄大夫張平諫，生大怒，以爲妖言，鑿其頂而殺之。嘗使太醫程延合安胎藥，問人參好惡并藥分多少，延曰：「雖小小不具，自可堪用。」生以爲譏其目，鑿延出目，然後斬之。或生剥囚面皮，令其歌舞，觀之以爲嬉樂。左右忤旨而死者不可勝數，至於截脛、刳胎、拉脅、鋸頸殺者，動以千數。

《石季龍載記》：立其子宣爲天王皇太子。宣素惡韜寵，使楊杯、牟皮、牟成、趙生等殺韜。季龍悲怒，幽宣於席庫，以鐵環穿其頷而鏁之。積柴鄴北，樹標於其上，標末置鹿盧，穿之以繩，倚梯柴積，送宣於標所，韜所親宦宦者郝稚、劉霸拔其髮，抽其舌，牽之登梯，上於柴積。郝稚以繩貫其頷，鹿盧絞上，劉霸斷其手足，斫眼潰腹如韜之傷。四面縱火，煙焰際天。季龍從昭儀已下數千登中臺以觀之。火滅，取灰分置諸門交道中。

《乞伏慕末列傳》：慕末弟軻殊羅與叔父什寅謀殺慕末，慕末收其黨與盡殺之。赦軻殊羅，什寅鞭之，什寅曰：「我負汝死，不負汝鞭。」慕末怒，刳其腹，投屍於河水。

《赫連勃勃載記》：勃勃凶殊好殺，有所嫌忿，便手自戮之，羣臣忤視者毁其目，笑者抉其脣，諫者謂誹謗，先截其舌而後斬之。

《石虎載記》：石堪南奔，追獲，炙而殺之。

《隋書·煬帝紀》：大業十二年，幸江都。奉信郎崔民象以盜賊充斥，於建國門上表，諫不宜巡幸。上大怒，先解其頤，乃斬之。

《隋志》：煬帝卽位，外征四夷，内窮嗜慾，兵革歲動，賦役滋繁。窮人無告，聚爲盜賊。帝乃更立嚴刑，勅天下竊盜已上，罪無輕重，不待聞奏，皆斬。九年，又詔爲盜者籍没其家。自羣盜大起，及楊玄感反，帝誅之，罪及九族。其尤重者，行轘裂梟首之刑。或磔而射之，命公卿已下，臠噉其肉。百姓怨嗟，天下大潰。

《五代史·劉守光傳》：爲鐵籠、鐵刷，人有過者，坐之籠中，外燎以火，或刷剔其皮膚以死。械梁、晉使者下獄，置斧鑕於庭，令曰：「敢諫者死？」孫鶴進曰：「滄州之敗，臣蒙不殺，今日之事，不敢不諫。」守光怒，推之伏鑕，令軍士割而啖之。鶴呼曰：「不出百日，大兵當至！」命窒其口而醢之。

《漢家人蔡王信傳》：信所至黷貨，好行殺戮。軍士有犯法者，信召其妻子，對之刲剔支解，使自食其肉，血流盈前，信命樂飲酒自如也。

《南漢世家》：龔性聰悟而奇酷，爲刀鋸、支解、刳剔之刑，每視殺人，則不勝其喜，不覺朵頤，垂涎呀呷，人以爲真蛟蜃也。

《遼史·穆宗紀》：應歷七年四月初，女巫肖古上延年藥方，當用男子膽和之。不數年，殺人甚多。至是，覺其妄。辛巳，射殺之。十年八月，以鎮茵石狻猊擊殺近侍古哥。十三年六月，近侍傷獐，杖殺之。十四年二月，支解鹿人没答、海里等七人於野，封土識其地。十一月壬午，日南至，宴飲達旦。自〔是〕晝寢夜飲，殺近侍小六於禁中。十五年三月癸酉，近侍東兒進匕筯不時，手刃刺之。癸巳，虞人沙（賴）〔剌〕迭偵鵝失期，加炮烙、鐵梳之刑而死。十七年六月，支解雉人壽哥、念古，殺鹿人四十四人。十二月，殺饔人海里，復臠之。十八年三月，殺鶻人胡特魯、近侍化葛及監囚海里，仍剉海里之尸。十九年二月，殺前導末及益剌，剉其尸，棄之。

按：穆宗荒耽於酒，嗜殺不已，以致變生肘腋，可爲殷鑒。

《遼史・天祚紀》：天慶五年九月，耶律章奴反，犯行宫。順國女直阿鶻産以三百騎一戰而勝，章奴詐爲使者，欲奔女直，爲邏者所獲，縛送行在，腰斬於市，剖其心以獻祖廟，支解以徇五路。

《金史・海陵紀》：正隆五年二月，遣引進使高植、刑部郎中海狗分道監視所獲盜賊，並淩遲處死，或鋸灼去皮截手足。六年八月，以諫伐宋弑皇太后徒單氏於（德）甯〔德〕宫，仍命即宫中焚之，棄其骨水中，并殺其侍婢等十餘人。

按：海陵無道，淫刑其一端耳。並弑母而焚之，並棄骨水中，慘忍極矣。

明《大誥》峻令。

按：洪武《大誥》諸峻令，曰族誅，曰梟令，曰墨面文身、挑筋去指，曰墨面文身、挑筋去膝蓋，曰剁指，曰斷手，曰刖足，曰閹割爲奴，曰斷趾枷令，曰常枷號令，曰枷項游歷。並詳《大誥峻令考》。

《明史・景清傳》：磔死，族之。籍其鄉，轉相攀染，謂之瓜蔓抄，村里爲墟。

《馬宣傳》：甯府左長史石撰者以臣節諷甯王，王亦心敬之。及城陷，憤詈不屈，支解死。

《高翔傳》：成祖召，欲用之。翔喪服入見，語不遜，族之。發其先冢，親黨悉戍邊。諸給高氏産者皆加税，曰：「令世世罵翔也。」

《卓敬傳》：斬之，誅其三族。

按：成祖濫誅洩忿，屠戮忠良，當時磔死、族誅甚衆，至瓜蔓抄、支解、發冢，三族尤其甚者。《守溪筆記》載清事云「醢之，罪及九族」，與本傳異。至方孝孺十族之説，出於《遜國名臣傳》，而史傳不載，《通鑑》亦不採，今附記於此。

《明志》：正德五年會重囚，減死者二人。時寃濫滿獄，而刑官懼觸劉瑾怒，所上止此。後磔流賊趙鐩等於市，剥爲魁者六人皮。法司奏祖訓有禁，不聽。尋以皮製鞍鐙，帝每騎乘之。

按：武宗荒游無度，然而非酷虐之君也，剥皮之事則罕見。

魏忠賢又設斷脊、墮指、刺心之刑。

按：忠賢屠害忠良，設此淫刑，必有教猱升木者，真可痛恨。

刑法分考五

肉刑

《書·吕刑》："王曰："若古有訓，蚩尤惟始作亂，延及于平民。"傳："順古有遺訓，言蚩尤造始作亂，惡化相易，延及於平善之人。九黎之君，號曰蚩尤。"《釋文》："蚩，尺之反。尤，有牛反。馬云，少昊之末。九黎，君名。" 罔不寇賊，鴟義姦宄，奪攘撟虔。傳："平民化之無不相寇賊，爲鴟梟之義，以相奪攘，矯稱上命，若固有之，亂之甚。" 苗民弗用靈，制以刑，惟作五虐之刑曰法。傳："三苗之君習蚩尤之惡，不用善化民而制以重刑，惟爲五虐之刑，自謂得法。蚩尤黄帝所滅，三苗帝堯所誅，言異世而同惡。" 殺戮無辜，爰始淫爲劓、刵、椓、黥。傳："三苗之主頑凶，若民敢行虐，刑以殺戮無罪，於是始大爲截人耳鼻，椓陰黥面，以加無辜，故曰五虐。"疏："蚩尤造始作亂，其事往前未有，蚩尤今始造之，必是亂民之事，不知造何事也。下説三苗之主習蚩尤之惡，作五虐之刑。此章主説虐刑之事，蚩尤所作必亦造虐刑也。以峻法治民，民不堪命，故惡化轉相染易，延及於平善之民，亦化爲惡也。九黎之君，號曰蚩尤，當有舊説云，然不知出何書也。《史記·五帝本紀》云：『神農氏世衰，諸侯相侵伐，蚩尤最爲暴虐，莫能伐之。黄帝乃徵師諸侯，與蚩尤戰於涿鹿之野，遂擒殺蚩尤。而諸侯咸尊軒轅爲天子。』如《本紀》之言，蚩尤是炎帝之末諸侯君也。應劭云『蚩尤，古天子』。鄭云『蚩尤霸天下，皇帝所伐者』。《漢書音義》有臣瓚者《孔子三朝記》云『蚩尤，庶人之貪者』。諸說不同，未知蚩尤是何人也。《楚語》曰『少昊氏之衰也，九黎亂德，顓頊受之，使復舊常』。則九黎在少昊之末，非蚩尤也。韋昭云『九黎氏，九人，蚩尤之徒也』。韋昭雖以九黎爲蚩尤，要《史記》蚩尤在炎帝之末，《國語》九黎在少昊之末，二者不得同也。九黎之文，惟出《楚語》，孔以蚩尤爲九黎。下傳又云『蚩尤，黄帝所滅』。言黄帝所滅，則與《史記》同矣。孔非不見《楚語》，而爲此說，蓋以蚩尤是九黎之君。黄帝雖滅蚩尤，猶有種類尚在，故下至少昊之末，更復作亂。若其不然，孔意不可知也。鄭玄云『學蚩尤爲此』者，九黎之君，在少昊之代也。其意以蚩尤當炎帝之末，九黎當少昊之末，九黎學蚩尤，九黎非蚩尤也。上說蚩尤之惡，即以苗民繼之，知經意言三苗之君習蚩尤之惡靈善也，不用善化民而制以重刑，學蚩尤制之用五刑而虐爲之，故爲五虐之刑，不必臯陶五刑之外别有五刑也。鄭玄以爲苗民即九黎之後，顓頊誅九黎，至其子孫爲三國，高辛之衰，又復九黎之惡，堯興又誅之，堯末又在朝，舜臣堯又竄之，後禹攝位，又在洞庭逆命，禹又誅之，穆王深惡此族三生凶德，故著其惡而謂之民。孔惟言異世同惡，不言三苗是蚩尤之子孫。韋昭云『三苗，炎帝之後，諸侯共工也』。《釋詁》云『淫，大也』。於是大爲截人耳鼻，椓陰黥面，苗民爲此刑也。椓陰即宫刑也，黥面即墨刑也。《康誥》周公戒康叔云『無或劓刵人』，即周世有劓、刵之刑，非苗民别造此刑也，以加無辜，故曰五虐。鄭玄云『刵，斷耳。劓，截鼻。椓，謂椓破陰。黥，爲羈黥人面。苗民大爲此四刑者，言其特深刻，異於臯陶之爲』。鄭意蓋謂截耳截鼻多截之，椓陰苦於去勢，黥面甚於墨額。孔意或亦然也。」《禮記・緇衣》疏引鄭注《吕刑》云：「苗民謂九黎之君也，九黎之君於少昊氏衰而棄善道，上效蚩尤重刑，必變九黎。言苗民者，有苗九黎之後，顓頊代少昊誅九黎，分流其子孫，爲居於西裔者。三苗至高辛之衰，又復九黎之君惡，堯興又誅之，堯末又在朝，舜時又竄之，後王深惡此族三生凶惡，故著其氏而謂之民。民者，冥也，言未見仁道。」王氏鳴盛《尚書後案》曰，鄭云苗民謂九黎之君者，《國語・楚語》云後三苗復九黎之德，則三苗非即九黎，故《緇衣》引此。鄭彼注云高辛氏之末，諸侯有三苗者作亂，不以苗民爲九黎。此云苗民謂九黎之君者，下云「遏絶苗民」，又云「乃命重黎」。命重黎是顓頊事，則遏絶苗民自是謂顓頊之誅九黎，則此苗民是謂九黎之君矣。《緇衣》引此，止取制作虐刑以證彼上文，齊之以刑，則民有遯心之義，意不主于苗民，故鄭于彼注不必致詳，卽以三苗當苗民可也。此經據下文則苗民實是九黎，不可卽以爲三苗，雖與《禮》注不同，無妨也。云「九黎之君于少昊衰而棄善道」者，《楚語》云「其後三苗復九黎之德」，則是子孫襲其先祖之詞，故彼韋昭注亦云「三苗，九黎之後也」。云「顓頊代少昊誅九黎，分流其子孫」者，《楚語》少昊之衰云云，下云顓頊受之，是顓頊代少昊也。下云「遏絶苗民，無世在下」，三苗在顓頊之後，則遏絶苗民，非誅三苗，乃是誅九黎也。「無世在下」，是分流其子孫也。云「高辛氏衰，又復九黎之君惡，堯興又誅之」者，《楚語》云「其後三苗復九黎之德」，韋注云，其後，高辛氏之季年也，高辛氏衰，三苗爲亂，如九黎之爲，堯興而誅。云「堯末又在朝，舜臣堯又竄之」者，《堯典》云「竄三苗于三危」是也。云「後禹攝位，又在洞庭逆命，禹又誅之」者，《檀弓》云「舜葬于蒼梧之野」，鄭彼注云，舜征三苗而死，因留葬焉。考蒼梧與洞庭相近，三苗在洞庭，故征三苗而至蒼梧也。舜既没，禹復征之，事見《墨子》等書。鄭意總以三苗卽九黎子孫，九黎非蚩尤子孫，但九黎效蚩尤之惡，而三苗又效九黎之惡耳，説最明析。鄭又云，苗民爲此四刑特深刻，異于皋陶之爲者，下文墨、劓、剕、宮、大辟五刑，據鄭《堯典》及《秋官·司刑》等注，謂虞夏及周皆用之。今此苗民所用四刑，與墨、劓、剕、宮亦略同，但皋陶明允，用當其罪，而民不犯不必的決。苗民用法特深刻，故異于皋陶，非謂皋陶竟不用五刑也。詳玩鄭説，劓、刵等肉刑不始于苗民，少昊前已有之，苗民但用之，特深刻耳。《世本·作篇》乃云「伯夷作五刑」，疑非也。江氏聲《尚書集注音疏》言其特深刻，異于咎繇之爲者。咎繇制象刑，雖有五刑，不虧人體，苗民爲肉刑，侵刻肌膚，是異于咎繇之爲也。《説文·攴部》：「斀，去陰之刑也。从攴，蜀聲。《周書》曰，刖，劓、斀、黥。」段《注》：「斀，斲也。《大雅》『昏椓靡共』，鄭云，昏、椓，皆奄人也。昏，其官名也。椓，毁陰者也。此假椓爲斀。」《吕刑》篇文「刖」當作「刵」。《尚書正義》曰，賈、馬、鄭、古文《尚書》「劓、刵、劅、剠」，大小夏侯、歐陽《尚書》作「臏、宫、劓、割頭、庶剠。」按：賈、馬、鄭皆作「刵」，許必同，《釋文》及《正義》卷二皆云「劓刵」，本篇《正義》作「刵劓」，唐初本固不同耳。斀、黥，據《正義》賈、馬、鄭作「劅剠」，「劅」同「斀」，「剠」同「黥」，衛包因《正義》云「斀椓人陰」，乃易爲「椓」字，而不知斀、椓字義之不同。椓，擊也。去陰不可云椓。

《虞書標目疏》云：庸生賈、馬之等，惟傳孔學經文三十三篇，故鄭與三家同以爲古文，而鄭承其後，所注皆同賈逵、馬融之學，題曰古文《尚書》，篇與夏侯等同，而經字多異。夏侯等書「宅嵎夷」爲「宅嵎鐵」，「昧谷」曰「柳谷」，「心腹腎腸」曰「憂腎陽」，「劓刵劅剠」云「臏宮劓割頭庶剠」，是鄭注不同也。

按：《虞書標目疏》之語是《吕刑》，此文古文《尚書》作「劓刵斀剠」四字，今文《尚書》作「臏宫劓割頭庶剠」七字也。《尚書後案》云「臏即剕，割頭即大辟，庶剠即墨，庶剠者庶煮也」。《秋官·庶氏》以藥物燻攻毒蠱，故以名官。彼《敍官》注：「庶，讀如藥以煑之煑。」《司刑》注：「墨黥，先刻其面，以墨窒之。」言刻額爲瘡，以墨塞瘡孔，令變色，則墨須煑，故云庶剠也。《尚書今古文注疏》謂五刑本有刖無刵，則刵，「刖」字之誤。夏侯等書是今文，以「臏」當「刖」，「宫」當「椓」。割頭即大辟，庶剠之庶亦同王氏之説。據此二家言，則臏也、宫也、劓也、割頭也、庶剠也，其刑凡五。上文明言五虐之刑，今文此數正相符合，古文止舉四刑，不符五虐之數。自來説《書》諸家無有論及此者，此恐今文是而古文或有奪字也。《説文》引「劓刵」作「刖劓」，諸家並以「刖」爲「刵」之誤，然後文「剕辟」、「剕罰」，古文作「剕」，即刖也，今文則作「臏」，以彼例此，不應今文作「臏」、古文作「刵」，絶不相侔。如此，恐古文《尚書》本作「刖」，後來傳寫誤作「刵」，並注文亦因之而誤。《説文》作「刖」，其未誤之僅存者也。苗刑惟刻深，故曰五虐。臏，去厀骨不能行，此肉刑之重于劓、刵者，乃有刵而無臏，恐亦非刻深之實事矣。至肉刑之始於何時，已無可考，《尚書後案》謂少昊前已有之，蓋即據此文。顓頊誅九黎事，言之九黎在少昊之末也。竊即此文推之曰「惟作」，作者，創造之謂也。曰「爰始」，始者，初也，是從前未有之，苗民初創造之也，肉刑實始於苗民，可據此而論定焉。康成以三代皆用此刑，故辭意不免回互顧同一，截人耳鼻，有何區別。鑿額刻面，椓陰去勢，輕重難分，然則謂用法特深刻，異於臯陶之爲者，未必然矣。

《舜典》：象以典刑。蔡傳：「示人以常刑，所謂墨、劓、剕、宮、大辟，五刑之正也。所以待夫元惡大憝、殺人傷人、穿窬淫放，凡罪之不可宥者也。」大全朱子曰：「流專以宥肉刑而不及於鞭扑，贖專以待鞭扑而不上及於肉刑，則其輕重之間未嘗不致詳也。」黄度《尚書説》：「舜作五流之法，以寬肉刑。肉刑，聖人之所甚不忍也，故寬之。其所不忍而不廢禁，暴誥姦爲不可已也。而謂之常刑，肉刑之行於世久矣，不得已而存之，而使其民遷善遠罪則有其道焉。」

按：流以寬肉刑，朱子有此説，而黄氏之説從之，蔡傳不取此説，蓋與朱子異矣。

五刑有服。傳：「五刑，墨、劓、剕、宮、大辟。」

按：《史記・五帝紀・集解》引馬融注同，然此恐是以《吕刑》説《舜典》耳，唐虞之制，未必與《吕刑》同也。剕本爲臏，康成云臯陶改臏爲剕，其説與《周禮・司刑》注異，説詳臏下。

《孝經緯》：三皇無文，五帝畫象，三王肉刑。《周禮・司圜》疏。

揚子《法言・先知篇》：唐虞象刑惟明，夏后肉辟三千，不膠者卓矣。

《漢志》：禹承堯、舜之後，有以德衰而制肉刑，湯、武順而行之者，以俗薄於唐、虞故也。

《故唐律疏》：昔者三王，始用肉刑，赭衣難嗣，皇風更遠，朴散淳離，傷肌犯骨。注：「前漢武帝制曰，殷人執五刑以督姦，傷肌膚以懲惡。言去古浸遠，淳古質朴之風離散，人多犯法爲姦惡，故用刑傷肌犯骨，以懲治之也。」

按：唐虞畫象，三王肉刑。觀《孝經緯》及子雲、孟堅之言，是漢代儒生多持此説而莫敢以爲妄。荀卿生當周末，雖嘗著論非此説，亦第虚明其意而不能實徵諸方策也亦卽此。可見自周以來，師説相承，非無所受，未可遽目爲世俗之説。今就《吕刑》之文推之，肉刑作自苗民，當時既斥爲五虐。帝堯清問下民鰥寡，有辭于苗，豈有尤而效之之理？姑無論三后成功所崇德教，卽以情勢而論，亦可以知其必無也。共、驩、苗、鯀四族，在唐虞之世既以凶稱，必不同尋常之罪惡，而其刑僅止於流。庶頑讒説，必先之以侯明撻記，俟其不格而後威之，是其刑之宗旨以輕不以重也，則當時之不用肉刑，正可卽其時其事而決之矣。

《荀子·正論篇》：世俗之爲説者曰「治古無肉刑，而有象刑，治古，古之治世也。肉刑，墨、劓、剕、宮也。象刑，異章服恥辱其形象，故謂之象刑也。《書》曰「皋陶方施象刑惟明」。孔安國云：「象，法也。案《書》之象刑，亦非謂形象也。」墨黥，慅嬰，共艾畢，菲對屨，殺赭衣而不純，治古如是。」世俗説以治古如是。是不然，以爲治邪？則人固莫觸罪，非獨不用肉刑，亦不用象刑矣。以爲人或觸罪矣，而直輕其刑，然則是殺人者不死，傷人者不刑也。罪至重而刑至輕，庸人不知惡矣，亂莫大焉。凡刑人之本，禁暴惡惡，且徵其未也。徵讀爲懲。未，謂將來。殺人者不死，而傷人者不刑，是謂惠暴而寬賊也，非惡惡也。故象刑殆非生于治古，並起於亂今也。今之亂世，妄爲此説。治古不然，凡爵列官職賞慶刑罰皆報也，以類相從者也。一物失稱，亂之端也。夫德不稱位，能不稱官，賞不當功，罰不當罪，不祥莫大焉。昔者武王伐有商，誅紂，斷其首，縣之赤旆。夫征暴誅悍，治之盛也。殺人者死，傷人者刑，是百王之所同也，未有知其所由來者也。刑稱罪則治，不稱罪則亂。故治則刑重，亂則刑輕。犯治之罪固重，犯亂之罪固輕也。《書》曰「刑罰世輕世重」，此之謂也。

按：荀子所稱「治古」，未明其爲五帝之世抑三王之世，以漢人之説求之，自指唐虞也。其所稱「亂今」，當指周末言，荀子蓋見當日七國政教之廢失，有激而爲此論。其所謂「治則刑重」者，世治則有罪者不能倖逃于法之外，故見爲重，世亂則有罪者往往巧遁于法之中，故見爲輕。若真以刑重爲是，刑輕爲非，則商、韓之流亞耳，荀子宗旨似尚不如此。

《商君書·賞刑篇》：夫先王之禁，刺殺，斷人之足，黥人之面，非求傷民也，以禁姦止過也。故禁姦止過，莫若重刑。刑重而必得，則民不敢試，故國無刑民。國無刑民，故曰：明刑不戮。《畫策篇》：神農既殁，以强勝弱，以衆暴寡，故黄帝作爲君臣上下之義，父子兄弟之禮，夫婦妃匹之合；内行刀鋸，外用甲兵。故時變也。由此觀之，神農非高於黄帝也，然其名尊者，以適於時也。故以戰去戰，雖戰可也。以殺去殺，雖殺可也。以刑去刑，雖重刑可也。

按：鞅之法在重刑，謂斷足、黥面足以禁姦止過。在鞅之時，固令出惟行，民不敢犯矣。而鞅卒受車裂之誅，重刑之效如是。《韓非》亦云「仁義愛惠不足用，而嚴刑重罰可以治國」。《姦刼弑臣篇》。而韓亦不得其死，可懼哉！商謂黄帝内行刀鋸，是黄帝亦用肉刑矣，此語恐不足信。

《後漢書·梁統傳》：是以五帝有流、殛、放、殺之誅，三王有大辟、刻肌之法。注：「刻肌，謂墨、劓、臏、刖。」

按：此統上疏語，亦主三王肉刑之説。

《周禮·司刑》注：夏刑臏辟三百，宮辟五百，劓墨各千。

《周禮·司刑》：墨罪五百，劓罪五百，刖罪五百，宮罪五百。

《書·呂刑》：墨罰之屬千，劓罰之屬千，剕罰之屬五百，宮罰之屬三百。

按：夏、周肉刑，詳于《書》、《禮》，殷制未詳。《伊訓》言墨則肉刑亦當承于夏。《緯書》所謂三王肉刑也，兩漢説者皆持此説，殆《尚書》家言，師承授受如此，非同無本之論。竊嘗論之，唐虞以畫象爲常刑，兼用流宥鞭扑，而仍有殺罪。《書》所謂怙終賊刑，傳所謂昏墨賊殺，皋陶之刑也。迨至夏后氏之時，人民渾樸之氣漸遜於唐虞，因民之犯禁而采用肉刑。殷周承之，蓋亦寓與時消息之義。《書》言「蠻夷猾夏，寇賊姦宄」，下文接言「五刑」及「五流」，可見五流亦以處夫寇賊姦宄之徒。《書》傳言降畔、寇賊、劫略、奪攘、撟虔者，其刑死；又言決關梁、踰城郭而略盜者，其刑臏；姦軌盜攘傷人者，其刑劓：可見三王肉刑卽以代唐虞之五流。以經文及傳文互相參證，其制之沿革固有可考者，三王之世與唐虞之世異，其輕重自不必盡同。董子曰，三王之道，所祖不同，非其相反，將以捄溢扶衰所遭之變然也。然則三王豈不知肉刑之慘？而采用之者亦與時爲變通焉耳。其不用唐虞之五流者，必法久而弊故也。秦及漢初，沿用周制，至文帝乃除之宮刑，既除復用，至永初中，亦除。魏、晉而降，雖間有用肉刑者亦不復全用，用之亦不久卽除。惟晉天福中刺配之法宋以後相沿未改，故肉刑有四而其一尚存。世之人習焉不察，亦未深思漢文除肉刑之至意，此正議法所當加之意者也。今天子哀矜爲念，删除重法數端，而刺字卽居其一，媲美前皇，固舉世所共欽佩。懿歟休哉！

孫氏星衍《尚書今古文注疏》：「今文稱髕，實卽古文之剕也。」王氏鳴盛云：「剕既起皋陶，則肉刑虞已有，非也。刑起于三王時，唐虞有髕名，以菲履象之而已。」《大傳》云「夏后氏不殺不刑」，亦準令贖罪。至殷時，始實用之，故董仲舒對策云「殷人執五刑以督姦，傷肌膚以懲惡」。

按：「殷人執五刑」二句，乃武帝册制之語，非仲舒對策之文，疏小誤。惟據此二語爲夏后不殺不刑之證，自是通論。古書亡失者多，卽伏生《書傳》亦多殘缺，此等語必漢時《尚書》家言，單辭隻句，亦可寶貴也。

除肉刑

《漢書・文紀》：十三年五月，除肉刑法。

《刑法志》：文帝卽位十三年，齊太倉令淳于公有罪當刑，詔獄逮繫長安。淳于公無男，有五女，當行會逮，罵其女曰：「生子不生男，緩急非有益也！」其少女緹縈，自傷悲泣，迺隨其父至長安，上書曰：「妾父爲吏，齊中皆稱其廉平，今坐法當刑。妾傷夫死者不可復生，刑者不可復屬，雖後欲改過自新，其道亡繇也。妾願没入爲官婢，以贖父刑罪，使得自新。」書奏天子，天子憐悲其意，遂下令曰：「制詔御史：蓋聞有虞氏之時，畫衣冠異章服以爲戮，而民弗犯，何治之至也！今法有肉刑三，孟康曰：「黥、劓二，刖左右止合一，凡三也。」而姦不止，其咎安在？非乃朕德之薄，而教不明與！師古曰：「與讀曰歟。」吾甚自愧。故夫訓道不純而愚民陷焉。師古曰：「道讀曰導。」《詩》曰：『愷弟君子，民之父母。』今人有過，教未施而刑已加焉，或欲改行爲善，而道亡繇至，朕甚憐之。夫刑至斷支體，刻肌膚，終身不息，師古曰：「息，生也。」何其刑之痛而不德也！豈稱爲民父母之意哉？其除肉刑，有以易之；及令罪人各以輕重，不亡逃，有年而免。孟康曰：「其不逃亡者，滿其年數，得免爲庶人。」具爲令。」師古曰：「使更爲條制。」丞相張蒼、御史大夫馮敬奏言：「肉刑所以禁姦，所由來者久矣。陛下下明詔，憐萬民之一有過被刑者終身不息，及罪人欲改行爲善而道亡繇至，於盛德，臣等所不及也。臣謹議請定律曰：諸當完者，完爲城旦舂；瓚曰：「文帝除肉刑，皆有以易之，故以完易髡，以笞代劓，以釱左右止代刖。今既曰完矣，不復云以完代完也。此當云髡者完也。」當黥者，髡鉗爲城旦舂；當劓者，笞三百；當斬左止者，笞五百；當斬右止，及殺人先自告，及吏坐受賕枉法，守縣官財物而即盜之，已論命復有笞罪者，皆棄市。李奇曰：「命，逃亡也。復於論命中有罪也。」晉灼曰：「命者，名也，成其罪也。」師古曰：「止，足也。當斬右足者，以其罪次重，故從棄市也。殺人先自告，謂殺人而自首，得免罪者也。吏受賕枉法，謂曲公法而受賂者也。守縣官財物而即盜之，即今律所謂主守自盜者也。殺人害重，受賕盜物，贓汙之身，故此三罪已被論名而又犯笞，亦皆棄市也。今流俗書本『笞三百』『笞五百』之上及『劓者』之下有『籍笞』字，『復有笞罪』亦云『復有籍笞罪』，皆後人妄加耳，舊本無也。」罪人獄已決，完爲城旦舂，滿三歲爲鬼薪白粲。鬼薪白粲一歲，爲隸臣妾。隸臣妾一歲，免爲庶人。師古曰：「男子爲隸臣，女子爲隸妾。鬼薪白粲滿一歲爲隸臣，一歲免爲庶人。隸妾亦然也。」隸臣妾滿二歲，爲司寇。司寇一歲，及作如司寇二歲，皆免爲庶人。如淳曰：「罪降爲司寇，故一歲，正司寇，故二歲也。」其亡逃及有罪耐以上，不用此令。師古曰：「於本罪中又重犯者也。」前令之刑城旦舂歲而非禁錮者，如完爲城旦舂歲數以免。李奇曰：「謂文帝作此令之前有刑者。」臣昧死請。」制曰：「可。」

按：舉千數百年相沿之成法，一旦欲變而易之，此非有定識以決之，定力以行之，則衆説之淆亂足以惑其聰明，衆力之阻撓足以摇其號令，故變之難也。文帝因一女子之書發哀矜之念，出一令而卽施行，其定識、定力爲何如？後之議者，猶主張復古之肉刑，斷斷如也，何所見之固也？文帝言有肉刑三而姦不止，一言蔽之矣。止姦之道，在于教養，教養之不講而欲姦之格也難矣哉！

文帝除宫刑。詳宫。

按：文帝之世，肉刑全除，景帝後，宫刑復行。至東漢永初中，陳忠請除蠶室刑事，得施行，宫刑亦不用矣。《魏志》言曹操下令使平議死刑可宫割者，是其時宫已不用，故操欲復之也。自魏迄晉，復肉刑之議紛紛陳説，迄不果行。宋明帝黥刖之制，梁武帝黵面之制，並不久卽罷。宫刑則南朝無行之者，北朝元魏尚有腐刑，故説者以爲至隋始除也。

議復肉刑

《漢志》：禹承堯舜之後，自以德衰而制肉刑，湯武順而行之者，以俗薄於唐虞故也。今漢承衰周暴秦極敝之流，俗已薄於三代，而行堯舜之刑，是猶以鞿而御𩢍突，違救時之宜矣。且除肉刑者，本欲以全民也，今去髡鉗一等，轉而入於大辟。以死罔民，失本惠矣。故死者歲以萬數，刑重之所致也。至乎穿窬之盜，忿怒傷人，男女淫佚，吏爲姦臧，若此之惡，髡鉗之罰又不足以懲也。故刑者歲十萬數，民既不畏，又曾不恥，刑輕之所生也。故俗之能吏，公以殺盜爲威，專殺者勝任，奉法者不治，亂名傷制，不可勝條。是以罔密而姦不塞，刑蕃而民愈嫚。必世而未仁，百年而不勝殘，誠以禮樂闕而刑不正也。豈宜惟思所以清原正本之論，删定律令，籑二百章，孟康曰：「籑音撰。」以應大辟。其餘罪次，於古當生，今觸死者，皆可募行肉刑。及傷人與盜，吏受賕枉法，男女淫亂，皆復古刑，爲三千章。詆欺文致微細之法，悉蠲除。如此，則刑可畏而禁易避，吏不專殺，法無二門，輕重當罪，民命得全，合刑罰之中，殷天人之和，李奇曰：「殷亦中」。順稽古之制，成時雍之化。成康刑錯，雖未可致，孝文斷獄，庶幾可及。《詩》云「宜民宜人，受禄于天。」《書》曰「立功立事，可以永年」。師古曰：「今文《泰誓》之辭也。永，長也。」言爲政而宜於民者，功成事立，則受天禄而永年命，所謂「一人有慶，萬民賴之」者也。

按：班固以《荀子·正論篇》之言爲善，既引《荀子》之言，而復論之如此，文帝除肉刑，議之者自固始。

《崔寔傳》：昔高祖令蕭何作九章之律，有夷三族之令，黥、劓、斬趾、斷舌、梟首，故謂之具五刑。文帝雖除肉刑，當劓者笞三百，當斷左趾者笞五百，當斷右趾者棄市。右趾者既殞其命，笞撻者往往至死，雖有輕刑之名，其實殺也。當此之時，民皆思復肉刑。至景帝元年，乃下詔曰：「加笞與重罪無異，幸而不死，不可爲民。」乃定律，減笞輕捶。自是之後，笞者得全。以此言之，文帝乃重刑，非輕之也；以嚴致平，非以寬致平也。必欲行若言，當大定其本，使人主師五帝而式三王。盪亡秦之俗，遵先聖之風，棄苟全之政，蹈稽古之蹤，復五等之爵，立井田之制。然後選稷契爲佐，伊呂爲輔，樂作而鳳皇儀，擊石而百獸舞。若不然，則多爲累而已。

按：此録寔所著《政論》之文，其論肉刑之語尚未明著。《晉志》有崔寔以爲宜復肉刑之語，必尚有説。觀《御覽》所引一條爲本《傳》所無，是《政論》全書已亡，無可考矣。

《御覽》六百四十八：崔寔《政論》：「高祖非疑「作」之譌。九章之律，高后深疑「除」之譌。三族之罪，文帝去肉刑，景帝減加笞，由此言之，世有所更，何獨拘前？」

按：《御覽》此條列于論肉刑門内，當爲議肉刑之文。

《後漢書・孔融傳》：時論者多欲復肉刑。融乃建議曰：「古者敦庬，善否不別，「不」，《晉志》及《御覽》六百四十八並作「區」。吏端刑清，政無過失。百姓有罪，皆自取之。末世陵遲，風化壞亂，政撓其俗，法害其人。故曰上失其道，民散久矣。而欲繩之以古刑，投之以殘棄，殘其支體而棄廢之。非所謂與時消息者也。紂斮朝涉之脛，天下謂爲無道。夫九牧之地，千八百君，《前書》賈山曰：「昔者周蓋千八百國，以九州之人養千八百君也。」若各刖一人，是下《晉志》、《御覽》「下」上有「天」字。常有千八百紂也。求俗休和，弗可得已。且被刑之人，慮不念生，志在思死，類多趨惡，莫復歸正。夙沙亂齊，伊戾禍宋，趙高、英布，爲世大患。不能止人遂爲非也，適足絶人還爲善耳。雖忠如鬻（權）〔拳〕，信如卞和，智如孫臏，冤如巷伯，才如史遷，達如子政，一離刀鋸，没世不齒。是太甲之思庸，穆公之霸秦，南睢之骨立，衛武之《初筵》，陳湯之都賴，《前書》:「湯字子公。遷西域副校尉,矯制發諸國兵,斬郅支單于於都賴水上。」魏尚之守邊,無所復施也。漢開改惡之路,凡爲此也。故明德之君,遠度深惟,棄短就長,不苟革其政者也。」朝廷善之,卒不改焉。

荀悦《申鑒·時事篇》:肉刑古也,或曰:「復之乎?」曰:「古者人民盛焉,今也至寡。整衆以威,撫寡以寬,道也。復刑,非務必也,生刑而極死者,復之可也。如斬右趾,本生刑也,而改爲棄市則極死矣。斯則斬右趾之刑,復之可也。自古肉刑之除也,斬右趾者死也。惟復肉刑,是謂生死而息民。」

《魏志·王修傳》:魏國既建,爲大司農郎中令。太祖議行肉刑,修以爲時未可行,太祖採其議。徙爲奉常。

《魏志·鍾繇傳》:初,太祖下令,使平議死刑可宮割者。繇以爲「古之肉刑,更歷聖人,宜復施行,以代死刑」。議者以爲非悦民之道,遂寢。及文帝臨饗羣臣,詔謂「(太祖)〔大理〕欲復肉刑,此誠聖王之法。公卿當善共議」。議未定,會有軍事,復寢。太和中,繇上疏曰:「大魏受命,繼蹤虞、夏。孝文革法,不合古道。先帝聖德,固天所縱,墳典之業,一以貫之。是以繼世,仍發明詔,思復古刑,爲一代法。連有軍事,遂未施行。陛下遠追二祖遺意,惜斬趾可以禁惡,恨入死之無辜,乃明習律令,與羣臣共議。出本當右趾而入大辟者,復行此刑。《書》云『皇帝親問下民,鰥寡有辭于苗』。此言堯當除蚩尤、有苗之刑,先審問於下民之有辭者也。若(令)〔今〕蔽獄之時,訊問三槐、九棘、羣吏、萬民,使如孝景之令,其當棄市,欲斬右趾者許之。其黥、劓、左趾、宮刑者,自如孝文,易以髡、笞。能有姦者,率年二十至四五十,雖斬其足,猶任生育。今天下人少於孝文之世,下計所全,歲三千人。張蒼除肉刑,所殺歲以萬計。

臣欲復肉刑，歲生三千人。子貢問能濟民可謂仁乎？子曰：『何事於仁，必也聖乎，堯、舜其猶病諸！』又曰：『仁遠乎哉？我欲仁，斯仁至矣。』若誠行之，斯民永濟。」書奏，詔曰：「太傅學優才高，留心政事，又於刑理深遠。此大事，公卿羣僚善共平議。」司徒王朗議，以爲「繇欲輕減大辟之條，以增益刖刑之數，此卽起僵爲豎，化屍爲人矣。然臣之愚，猶有未合微異之意。夫五刑之屬，著在科律，科律自有減死一等之法，不死卽爲減。施行已久，不待遠假斧鑿於彼肉刑，然後有罪次也。前世仁者，不忍肉刑之慘酷，是以廢而不用。不用已來，歷年數百。今復行之，恐所減之文未彰於萬民之目，而肉刑之問已宣於寇讎之耳，非所以來遠人也。今可按繇所欲輕之死罪，使減死之髡、刖。嫌其輕者，可倍其居作之歲數。內有以生易死不訾之恩，外無以刖易釱駭耳之聲。」議者百餘人，與朗同者多。帝以吴、蜀未平，且寢。注袁宏曰：「夫民心樂全而不能常全，蓋利用之物縣於外，而嗜慾之情動於內也。於是有進取貪競之行，希求放肆之事。進取不已，不能充其嗜慾，則苟且徼倖之所生也；希求無饜，無以愜其慾，則姦僞忿怒之所由興也。先王知其如此，而欲救其弊，或先德化以陶其心；其心不化，然後加以刑辟。《書》曰：『百姓不親，五品不遜。汝作司徒而敬敷五教。蠻夷猾夏，寇賊姦宄。汝作士，五刑有服。』然則德、刑之設，參而用之者也。三代相因，其義詳焉。《周禮》：『使墨者守門，劓者守關，宫者守內，刖者守囿。』此肉刑之制可得而論者也。荀卿亦云，殺人者死，傷人者刑，百王之所同，未有知其所由來者也。夫殺人者死，而相殺者不已，是大辟可以懲未殺，而不能使天下無殺也。傷人者刑，而害物者不息，是黥、劓可以懼未刑，不能使天下無刑也。故將欲止之，莫若先以德化。夫罪過彰著，然後入於刑辟，是將殺人者不必死，欲傷人者不必刑。縱而勿化，則陷於刑辟。故刑之所制，在於不可移之地。禮教則不然，明其善惡，所以潛勸其情，消之於未殺也；示之恥辱，所以內愧其心，治之於未傷也。故過微而不至於著，罪薄而不及於刑。終入罪辟者，非教化之所得也，故雖殘一物之生，刑一人之體，是除天下之害，夫何傷哉！率斯道也，風化可以漸淳，刑罰可以漸少，其理然也。苟不能化其心，而專任刑罰，民失義方，動罹刑網，求世休和，焉可得哉？周之成、康，豈按三千之文而致刑錯之美乎？蓋德化漸漬，致斯有由也。漢初懲酷刑之弊，務寬厚之論，公卿大夫，相與恥言人過。文帝登朝，加以玄默。張武受賂，賜金以愧其心；吳王不朝，崇禮以訓其失。是以吏民樂業，風流篤厚，斷獄四百，幾致刑措，豈非德刑兼用已然之效哉？世之欲言刑罰之用，不先德教之益，失之遠矣。今大辟之罪，與古同制。免死已下，不過五歲，既釋鉗鎖，復得齒于人倫。是以民無恥惡，數爲姦盜，故刑徒多而亂不治也。苟教之所去，罰當其罪，一離刀鋸，沒身不齒，鄰里且猶恥之，而況于鄉黨乎？而況朝廷乎？如此，則夙沙、趙高之儔，無施其惡矣。古者察其言，觀其行，而善惡彰焉。然則君子之去刑辟，固已遠矣。過誤不幸，則八議之所宥也。若夫卞和、史遷之冤，淫刑之所及也。苟失其道，或不免於大辟，而況肉刑哉！《漢書》：『斬右趾及殺人先自言告，吏坐受賕，守官物而卽盜之，皆棄市。』此班固所謂當生而令死者也。今不忍刻截之慘，而安勦絶之悲，此最治體之所先，有國所宜改者也。」

《陳羣傳》：時太祖議復肉刑，令曰：「安得通理君子達於古今者，使平斯事乎！昔陳鴻臚以爲死刑有可加於仁恩者，正謂此也。御史中丞能申其父之論乎？」羣對曰：「臣父紀以爲漢除肉刑而增加笞，本與仁惻而死者更衆，所謂名輕而實重者也。名輕則易犯，實重則傷民。《書》曰：『惟敬五刑，以成三德。』《易》著劓、刖、滅趾之法，所以輔政助教，懲惡息殺也。且殺人償死，合於古制；至於傷人，或殘毀其體而裁翦毛髮，非其理也。若用古刑，使淫者下蠶室，盜者刖其足，則永無淫放穿踰之姦矣。夫三千之屬，雖未可悉復，若斯數者，時之所患，宜先施用。漢律所殺殊死之罪，仁所不及也，其餘逮死者，可以刑殺。如此，則所刑之與所生足以相貿矣。今以笞死之法易不殺之刑，是重人支體而輕人軀命也。」時鍾繇與羣議同，王朗及議者多以爲未可行。太祖深善繇、羣言，以軍事未罷，顧衆議，故且寢。

《夏侯玄傳》注：《魏氏春秋》曰：「玄嘗著《樂毅》、《張良》及《本無肉刑論》，辭旨通遠，咸傳於世。」

《博物志》：肉刑，明王之制，荀卿每論之。至漢文帝感太倉公女之言而廢之。班固著論宜復。迄漢末魏初，陳紀又論宜申古制，孔融云不可。復欲申之，鍾繇、王朗不同，遂寢。夏侯玄、李勝、曹羲、丁謐建私議，各有彼此，多云時未可復，故遂逭焉。（按：逭，稗海本《博物志》作「寢」，《太平御覽》卷六百四十八引亦作「寢」。當據改。）

《晉志》：獻帝建安元年，應劭又删定律令，以爲《漢儀》，表奏之。是時天下將亂，百姓有土崩之勢，刑罰不足以懲惡，於是名儒大才故遼東太守崔寔、大司農鄭玄、大鴻臚陳紀之徒，咸以爲宜復肉刑。漢朝既不議其事，故無所用。及魏武帝匡輔漢室，尚書令荀彧博訪百官，復欲申之，而少府孔融議，以爲古者敦庬云云，卒不改焉。及魏國建，陳紀子羣時爲御史中丞，魏武下令又欲復之，使羣申其父論。羣深陳其便。時鍾繇爲相國，亦贊成之，而奉常王修不同其議。魏武帝亦難以藩國改漢朝之制，遂寢不行。魏文帝受禪，又議肉刑。詳議未定，會有軍事，復寢。其後正始之間，天下無事，於是征西將軍夏侯玄、河南尹李勝、中領軍曹羲、尚書丁謐又追議肉刑，卒不能決。其文甚多，不載。

按：鄭玄徵爲大司農，陳紀爲大鴻臚，並在建安初。而崔寔卒于建甯中，與鄭、陳時不相接，此文敍於建安元年後，時天下已亂，非將亂也。夏侯玄之《肉刑論》不傳，觀於《志》末，言孔琳之議不同，用王朗、夏侯玄之旨，是玄非議復古者，故《博物志》云玄與曹羲等私議各有彼此也。

及劉頌爲廷尉，頻表宜復肉刑，不見省，又上言曰：「臣昔上行肉刑，從來積年，遂寢不論。臣竊以爲議者拘孝文之小仁，而輕違聖王之典刑，未詳之甚，莫過於此。今死刑重，故非命者衆；生刑輕，故罪不禁奸。所以然者，肉刑不用之所致也。今爲徒者，類性元惡不軌之族也，去家懸遠，作役山谷，飢寒切身，志不聊生，又有廉士介者，苟慮不首死，則皆爲盜賊，豈況本性奸凶無賴之徒乎！又令徒富者輸財，解日歸家，乃無役之人也。貧者起爲姦盜，又不制之虜也。不刑，則罪無所禁；不制，則羣惡橫肆。爲法若此，近不盡善也。是以徒亡日屬，賊盜日煩，亡之數者至有十數，得輒加刑，日益一歲，此爲終身之徒也。自顧反善無期，而災困逼身，其志亡思盜，勢不得息，事使之然也。古者用刑以止刑，今反於此。諸重犯亡者，髮過三寸輒重髡之，此以刑生刑；加作一歲，此以徒生徒也。亡者積多，繫囚猥畜。議者曰囚不可不赦，復從而赦之，此謂刑不制罪，法不勝姦。下知法之不勝，相聚而謀爲不軌，月異而歲不同。故自頃年以來，姦惡陵暴，所在充斥。議者不深思此故，而曰肉刑於名忤聽，忤聽孰與盜賊不禁？聖王之制肉刑，遠有深理，其事可得而言，非徒懲其畏剝割之痛而不爲也，乃去其爲惡之具，使夫姦人無用復肆其志，止姦絶本，理之盡也。亡者刖足，無所用復亡。盜者截手，無所用復盜。淫者割其勢，理亦如之。除惡塞源，莫善於此，非徒然也。此等已刑之後，便各歸家，父母妻子，共相養恤，不流離於塗路。有今之困，創愈可役，上準古制，隨宜業作，雖已刑殘，不爲虚棄，而所患都塞，又生育繁阜之道自若也。今宜取死刑之限輕，及三犯逃亡淫盜，悉以肉刑代之。其三歲刑以下，已自杖罰遣，又宜制其罰數，使有常限，不得減此。其有宜重者，又任之官長。應四五歲刑者，皆髡笞，笞至一百，稍行，使各有差，悉不復居作。然後刑不復生刑，徒不復生徒，而殘體爲戮，終身作誡。人見其痛，畏而不犯，必數倍於今。且爲惡者隨發被刑，去其爲惡之具，此爲諸已刑者皆良士也，豈與全其爲姦之手足，而蹙居必死之窮地同哉！而猶曰肉刑不可用，臣竊以爲不識務之甚也。臣昔常侍左右，數聞明詔，謂肉刑宜用，事便於政。願陛下信獨見之斷，使夫能者得奉聖慮，行之於今。比填溝壑，冀見太平。《周禮》三赦三宥，施於老幼悼耄，黔黎不屬逮者，此非爲惡之所出，故刑法逆舍而宥之。至於自非此族，犯罪則必刑而無赦，此政之理也。暨至後世，以時嶮多難，因赦解結，權以行之，又不以寬罪人也。至今恒以罪積獄繁，赦以散之，是以赦愈數而獄愈塞，如此不已，將至不勝。原其所由，肉刑不用之故也。今行肉刑，非徒不積，且爲惡無具則姦息。去此二端，獄不得繁，故無取於數赦，於政體勝矣。」疏上，又不見省。及于江左，元帝爲丞相時，河東衛展爲晉王大理，考擿故事。及帝即位，展爲廷尉，又上言：「古者肉刑，事經前聖，漢文除之，增加大辟。今人户彫荒，百不遺一，而刑法峻重，非句踐養胎之義也。愚謂宜復古施行，以隆太平之化。」詔内外通議。於是驃騎將軍王導、太常賀循、侍中紀瞻、中書郎庾亮、大將軍諮議參軍梅陶、散騎郎張嶷等議，以：「肉刑之典，由來尚矣。肇自古先，以及三代，聖哲明王所未曾改也。豈是漢文常主所能易者乎！時蕭曹已沒，絳灌之徒不能正其義。逮班固深論其事，以爲外有輕刑之名，內實殺人。又死刑太重，生刑太輕，生刑施於上，死刑怨於下，輕重失當，故刑政不中也。且原先王之造刑也，非以過怒也，非以殘人也，所以救姦，所以當罪。今盜者竊人之財，淫者好人之色，亡者避叛之役，皆無殺害也，則(刖)〔加〕之以刑。刑之則止，而加之斬戮，戮過其罪，死不可生，縱虐於此，歲以巨計。此迺仁人君子所不忍聞，而況行之於政乎！若乃惑其名而不練其實，惡其生而趣其死，此畏水投舟，避坎蹈井，愚夫之不若，何取於政哉！今大晉中興，遵復古典，率由舊章，起千載之滯義，拯百殘之遺黎，使皇典廢而復存，黔首死而更生，至義暢于三代之際，遺風播乎百世之後，生肉枯骨，惠侔造化，豈不休哉！惑者乃曰，死猶不懲，而況於刑？然人者冥也，其至愚矣，雖加斬戮，忽爲灰土，死事日往，生欲日存，未以爲改。若刑諸市朝，朝夕鑒戒，刑者詠爲惡之永痛，惡者覩殘刖之長廢，故足懼也。然後知先王之輕刑以御物，顯誡以懲愚，其理遠矣。」尚書令刁協、尚書薛兼等議，以爲：「聖上悼殘荒之遺黎，傷犯死之繁衆，欲行刖以代死刑，使犯死之徒得存性命，則率土蒙更生之澤，兆庶必懷恩以反化也。今中興祚隆，大命惟新，誠宜設寬法以育人。然懼羣小愚蔽，習翫所見而忽異聞，或未能咸服。愚謂行刑之時，先明申法令，樂刑者刖，甘死者殺，則心必服矣。古典刑不上大夫，今士人有犯者，謂宜如舊，不在刑例，則進退爲允。」尚書周顗、郎曹彥、中書郎桓彝等議，以爲：「復肉刑以代死，誠是聖王之至德，哀矜之弘私。然竊以爲刑罰輕重，隨時而作。時人少罪而易威，則從輕而寬之；時人多罪而難威，則宜死刑而濟之。肉刑平世所應立，非救弊之宜也。方今聖化草創，人有餘姦，習惡之徒，爲非未已，截頭絞頸，尚不能禁，而乃更斷足劓鼻，輕其刑罰，使欲爲惡者輕犯寬刑，蹈罪更衆，是爲輕其刑以誘人於罪，殘其身以加楚酷也。昔之畏死刑以爲善人者，今皆犯輕刑而殘其身，畏重之常人，反爲犯輕而致囚，此則何異斷刖常人以爲恩仁邪！受刑者轉廣，而爲非者日多，踊貴屨賤，有鼻者醜也。徒有輕刑之名，而實開長惡之源。不如以殺止殺，重以全輕，權小停之，須聖化漸著，兆庶易威之日，徐施行也。」議奏，元帝猶欲從展所上，大將軍王敦以爲：「百姓習俗日久，忽復肉刑，必駭遠近。且逆寇未殄，不宜有慘酷之聲以聞天下。」於是乃止。咸康之世，庾冰好爲糾察，近於繁細，後益矯違，復存寬縱，疏密自由，律令無用矣。至安帝元興末，桓玄輔政，又議欲復肉刑斬左右趾之法，以輕死刑，命百官議。蔡廓上議曰：「建邦立法，弘教穆化，必隨時置制，德刑兼施。長貞一以閑其邪，教禁以檢其慢，灑湛露以流潤，厲嚴霜以肅威，雖復質文迭用，而斯道莫革。肉刑之設，肇自哲王。蓋由曩世風淳，人多惇謹，圖像既陳，則機心直戢，刑人在塗，則不逞改操，故能勝殘去殺，化隆無爲。季末澆僞，設網彌密，利巧之懷日滋，耻畏之情轉寡。終身劇役，不足止其奸，況乎黥劓，豈能反於善。徒有酸慘之聲，而無濟俗之益。至於棄市之條，實非不赦之罪，事非手殺，考律同歸，輕重(約)〔均〕科，減降路塞，鍾陳以之抗言，元皇所爲留愍。今英輔翼贊，道邈伊周，誠宜明慎用刑，愛人弘育，申哀矜以革濫，移大辟於支體，全性命之至重，恢繁息於將來。」而孔琳之議不同，用王朗、夏侯玄之旨。時論多與琳之同，故遂不行。

《宋書・孔琳之傳》：桓玄時議復肉刑，琳之以爲：「唐、虞象刑，夏禹立辟，蓋淳薄既異，致化實同，寬猛相濟，惟變所適。《書》曰『刑罰世輕世重』，言隨時也。夫三代風純而事簡，故罕蹈刑辟，季末俗巧而務殷，故動陷憲網。若三千行於叔世，必（省）〔有〕踊貴之尤，此五帝不相循法，肉刑不可悉復者也。漢文發仁惻之意，傷自新之路莫由，革古創制，號稱刑厝，然名輕而實重，反更傷民。故孝景嗣位，輕之以緩。緩而民慢，又不禁邪，期于刑罰之中，所以見美在昔，歷代詳論而未獲厥中者也。兵荒後，罹法更多。棄市之刑，本斬右趾，漢文一謬，承而勿革，所以前賢悵恨，議之而未辯。鍾繇、陳羣之意，雖小有不同，而欲右趾代棄市。若從其言，則所治者衆矣。降死之生，誠爲輕法，然人情慎顯而輕昧，忽遠而驚近，是以盤盂有銘，韋弦作佩，況在小人，尤其所惑，或目所不覩，則忽而不戒，日陳于前，則驚心駭矚。由此言之，重之不必不傷，輕之不必不懼，而可以全其性命，蕃其產育，仁既濟物，功亦益衆。又今之所患，逋逃爲先，屢叛不革，〔宜〕逃身靡所，亦以肅戒未犯，永絶惡原。至於餘條，宜依舊制。豈曰允中，貴獻管穴。」

宋明帝太始四年，定黥、刖之制。及帝崩，其例乃寢。詳總考。

梁有黵面之刑，旋除之。詳總考。

唐太宗時行斷趾法，不數年除之。詳刖。

按：文帝除肉刑之後，漢末及魏、晉人議之者多，然刻肌、斷體之法已廢而復行之，人皆見爲慘矣。故宋之黥、刖，梁之黵面，唐之斷趾，並不久即廢，此自然之勢也。

《宋志》：初，韓絳嘗請用肉刑，曾布復上議曰：「先王之制，刑罰未嘗不本於仁，然而有斷肢體、刻肌膚以至於殺戮，非得已也。蓋人之有罪，贖刑不足以懲之，故不得已而加之以墨、劓、剕、宮、大辟，然審適輕重，則又有流宥之法。至漢文帝除肉刑而定笞箠之令，後世因之以爲律。大辟之次，處以流刑，代墨、劓、剕、宮，不惟非先王流宥之意，而又失輕重之差。古者鄉田同井，人皆安土重遷。流之遠方，無所資給，徒隸困辱，以至終身。近世之民，輕去鄉井，轉徙四方，固不爲患，而居作一年，卽聽附籍，比於古爲輕矣。況折杖之法，於古爲鞭扑之刑，刑輕不能止惡，故犯法日益衆，其終必至於殺戮，是欲輕而反重也。今大辟之目至多，取其情可貸者，處之以肉刑，則人之獲生者必衆。若軍士亡去應斬，賊盜贓滿應絞，則刖其足；犯良人於法應死，而情輕者處以宮刑。至於劓、墨，則用刺配之法。降此而後爲流、徒、杖、笞之罪，則制刑有差等矣。」議既上，帝問可否於執政，王安石、馮京互有辨論，迄不果行。

邱氏濬曰：「獻帝建安中，議者欲復肉刑，孔融議云云。按自文帝廢肉刑，至是蓋三百年，一旦欲復之，難矣。孔融之議，專爲惜人，是卽所謂雖欲改過自新，其道亡繇者也。肉刑有五，宮居其一，乃其中尤慘者也。四刑止毒其身，宮刑乃絕其世，人之有生，承傳禪續，其來有非一世，而一旦絕之於其身，豈非人生大慘哉？自漢文帝廢肉刑，後有議欲復之者，仁人君子必痛止之。夫於人之有罪者，尚不忍戕其生，絕其世，乃有一種悖天無親之徒，自宮其身以求進，以祖宗百世之脈雲仍萬世之傳而易一身之富寵。歲月如流，人生幾何，胡不思之甚邪？愚民無知而自落陷穽，上之人亦恬然視之而不加禁止，何哉？茲亦斁彝倫敗風化感傷和氣之一端。有國者所當嚴爲之禁而罪其主，使用刀之人，是亦不忍人之政之大者也。

按：漢文除肉刑，千古之仁政也，班固首議其非。漢末大儒鄭玄及名士崔寔、陳紀並有復古之議。建安初，荀彧申其説而孔融駮之。曹操又欲復之，鍾繇迎合其旨，陳羣亦申其父紀之論而王修駮之。太和中，繇復上疏申其説而王朗駮之。洎乎江左劉頌言之，不省，衛展又言，而周顗、曹彥、桓彝等駮之。桓玄又申其議而蔡廓、孔琳之又駮之，故事迄不行。溯自建安之初，迄乎江左之季，議復者辯論鋒起，而卒格於衆議者，仁慘攸判，人有同心也。今試卽諸家之説而綜論之：班固以爲死刑重而生刑輕，是以姦不止，民愈嫚。夫以斬右止而改從棄市，乃由生入死，謂刑重則誠重矣。第既謂刑輕不足以塞姦，而肉刑更輕于死刑，遂可以塞姦乎？謂復肉刑則刑可畏而禁易避，彼死且不畏，豈遂畏肉刑乎？推其意旨，自相鑿枘，此固説之失也。崔寔以爲右止者既殞其命，笞撻者往往致死，文帝乃重刑，非輕之，以嚴致平，非以寬致平也。夫黥、劓與左止俱去，不可謂非減重爲輕。自景帝改定箠令，笞者亦未至戕其命，至右止去死罪一間，雖漢律今不可考，其條目必不多，其情罪必較重，故文帝可兩府之議。當其時，斷罪四百，幾致刑措，德化之隆，後代莫比，豈以嚴致平哉？蓋寔以孝宣之嚴刑峻法爲優，于孝文以除肉刑爲苟全之政，其謂文帝以嚴致平，實有悖于哀矜之本旨，不過附會其詞，以申其重刑之論耳，此寔説之失也。陳紀以爲殺人償死，傷人或殘毁其體，是以刑爲報施之事矣。先王之制，刑以止姦禁暴也，豈若尋常報施之事必兩相當哉？謂淫者下蠶室，盜者刖其足，則永無淫放穿踰之姦。夫淫者有罪，何至遽令絶世，且治男子猶可，婦人將必閉諸宮中，設或淫風流行，又安得千百之室以處之？刖足艱於行，身卽不能爲盜，而可爲盜之謀首，又豈刖足之所能禁？此紀說之失也。鍾繇以爲蔽獄之時，訊問三槐九棘、羣吏萬民，其當棄市，欲斬右止者許之，歲生三千人。夫以一人之罪而必聚羣吏萬民而訊問之，且歲有三千人，又必一一訊問之，其事極煩擾，勢必有不能行者。繇謂孝文不合古道，而大魏繼蹤虞夏，諛詞阿世，顛倒是非，悖謬孰甚？此繇說之失也。劉頌以爲亡者刖足，盜者截手，淫者割勢，除惡塞源，莫善於此。其意略同陳紀，而截手之刑，古法所無，未免駭聽。頌又謂殘體爲戮，終身作誡，人見其痛，畏而不犯，豈知利欲之誘如蟻慕羶，生計一窮，鋌而走險，驟欲禁遏之，斷非肉刑之所能致效也。此頌說之失也。厥後王導、刁協諸人所持之說，大略相同。鄭康成爲漢末大儒，而其說不傳，未知其意旨何如。蓋自班固創於前，自此推波助瀾，至東晉之末而猶未息，可爲法家中之一大争端矣。推求其故，則張蒼定律改斬右止爲棄市，係由生入死，人遂得據此以爲言耳。在當日，定律之本旨必非無因，特其說不傳，論者不察，併一切肉刑而亦議之，紛争不已，何其固也？駮復古之議者，王修但稱時未可行，而其議不詳。孔琳之辭未別白，荀悦、蔡廓不以復肉刑爲是，而欲復斬右止之法，惟孔融與周顗等所議最爲切中事情。王朗所議，尤爲通論，迨後唐貞觀中，除斷趾法改加役流，與朗議實相吻合，此實可於張蒼之法補救其未善者也。夫自皇風既邈，德化不修，習俗日積，狂瀾難挽，上之人不知本原之是務，而徒欲下之人之不爲，非也。於是重其刑誅謂可止姦而禁暴，究之姦能止乎？暴能禁乎？朝治而暮犯，暮治而晨亦如之，屍未移而人爲繼踵，治愈重而犯愈多，此皆明祖閱歷之言著之《大誥》者也。然則欲以肉刑止姦而禁暴，其無效也可知矣。袁宏謂刑罰之用，不先德教之，益失之遠矣，亮哉言乎！

刑法分考六

宮

《書・呂刑》：爰始淫爲劓、刵、椓、黥。詳肉刑。

《舜典》：五刑有宮。

《愼子》：有虞之誅，以艾畢當宮。詳總考。

夏宮辟五百。詳肉刑。

按：商之宮刑無考，商法多承于夏，既有肉刑，則有宮刑可知。

《周禮・司刑》：宮罪五百。注：「宮者，丈夫則割其勢，女子閉於宮中。」

《書・呂刑》：宮辟疑赦，其罰六百鍰，閱實其罪。傳：「宮，淫刑也，男子割勢，婦人幽閉，次死之刑。」疏：「伏生《書傳》云，男女不以義交者其刑宮。」是宮刑爲淫刑也。男子之陰名爲勢，割去其勢與椓去其陰事亦同也。婦人幽閉，閉於宮，使不得出也。本制宮刑，主爲淫者，後人被此罪者，未必盡皆爲淫。昭五年《左傳》：楚子「以羊舌肸爲司宮」，非坐淫也。漢除肉刑，除墨、劓、剕耳，宮刑猶在。近代反逆緣坐，男子十五已下不應死者，皆宮之。大隋開皇之初，始除男子宮刑，婦人猶閉於宮。宮是次死之刑，宮於四刑爲最重。段氏《古文尚書撰異》「六百」，《周本紀》作「五百」，張守節《正義》從之，此今文《尚書》之別本也。

按：《司刑》宮罪五百，周初之刑，《呂刑》宮辟三百，穆王改定之刑。輕罪增，故墨、劓各千倍其數。重罪減，故宮減十之四爲三百，大辟減五之三爲二百也。周初，刖次于殺，宮次于刖。穆王以剕尚能行，宮絶人之世，故降剕，而宮次于死刑，此權衡損益之得其中者。蔡傳不深求其故而輕肆詆諆，其亦未究夫世輕世重之微意歟！

《周禮・掌戮》：宮者使守內。注：「以其絶人道也，今世或然。」疏：「此所守則寺人之類，守正內，五人之等是也。」

《天官・敘官》：酒人奄十人。注：「奄，精氣閉藏者，今謂宦人。《月令・仲冬》『其器閎以奄』。《釋文》『奄，於檢反』。劉『於驗反』。徐『於劍反』。」疏：「奄十人，以其與女酒及奚同職，故用奄人。奄不稱士，則此奄亦府史之類，以奄爲異也。」　漿人奄五人，籩人奄一人，醢人奄一人，醯人奄二人，鹽人奄二人，冪人奄一人，內小臣奄上士四人。注：「奄稱士者，異其賢。」疏：「上『酒人』、『漿人』等奄不稱士，則非士也。獨此云以其有賢，行命爲士，故稱士也。案：《詩・巷伯》『奄，官也』。注云：『巷伯，內小臣，小臣於宮中爲近，故謂之巷伯。』必知巷伯與小臣爲一人者，以其俱名奄。又言巷，亦宮中爲近，又稱伯，長也。內小臣又稱士，亦是長義，故一人也。」　閽人。疏：「《詩》云，昏椓靡共。箋云，皆奄人，彼据后宮門，故使奄者也。」　寺人王之正內五人。注：「寺之言侍也。《詩》云，寺人孟子，正內路寝。」疏云：「寺之言侍者，欲取就近侍御之義，此奄人也。知者見僖二十四年晉文公既入吕，郤欲焚公宮，寺人披請見公，使讓之，且辭焉。披曰：『齊桓公置射鉤而使管仲相君，若易之行者甚衆，豈惟刑臣彼寺人？』披自稱刑人，明寺人奄人也。」內司服奄一人，縫人奄二人。

按：寺人披自稱刑臣，則凡奄人之給事於王宮者皆宮者也，其職役不獨守內而已。

寺人掌王之內人及女宮之戒令。注：「內人，女御也。女宮，刑女之在宮中者。」疏：「謂男女没入縣官爲奴者也。」

按：推鄭「刑女」之意，乃女子之犯宮刑者，故謂之女宮，非没入爲奴者也。

《詩・小雅・巷伯》：刺幽王也，寺人傷於讒，故作是詩也。注：「巷伯，奄官。寺人，內小臣也。奄官上士四人，掌王后之命，於宮中爲近，故謂之巷伯。」

《秦風・車鄰》：寺人之令。傳：「寺人，內小臣也。《釋文》：『寺人，奄人。』」疏：「《左傳》齊有寺人貂，晉有寺人披，是諸侯之官有寺人也。」

《禮記・文王世子》：公族無宮刑。注：「宮，割淫刑。」公族無宮刑，不翦其類也。注：「翦，割截也。」疏：「所以無宮刑，不可翦其同類。公族既犯宮刑，當髡去其髮，故《掌戮》云，髡者使守積。鄭康成注云，謂同族不宮者也。」方氏慤曰：「有生所以傳類，而宮刑則無生之道，故無宮刑。」陳氏澔曰：「受宮刑者絶生理，故謂之腐刑，如木之朽腐無發生也。此刑不及公族，不忍絶其生生之類耳。」

《左傳》：僖二年，齊寺人貂始漏師于多魚。注：「寺人，內奄官。《釋文》：『寺人，奄官名。』」

《史記·齊太公世家》：管仲病，桓公問曰：「羣臣誰可相者？」管仲曰：「知臣莫若君。」公曰：「豎刁如何？」對曰：「自宫以適君，非人情難親。」

按：刁即貂也，據《史記》，貂乃自宫，非受宫刑者。春秋之時，諸侯並有寺人之官。晉之寺人披、僖六年。齊之侍人賈舉、襄二十五年，侍人即寺人。宋之寺人惠𡡉伊戾、襄二十六年。寺人柳昭六年。皆是。

《左傳》：襄十七年，齊人獲臧堅。齊侯使夙沙衛唁之，且曰：「無死！」堅稽首曰：「拜命之辱！抑君賜不終，姑又使其刑臣禮於士。」以杙抉其傷而死。注：「使賤人來唁己，是惠賜不終也。夙沙衛，奄人，故謂之刑臣。」

按：奄人之禍，春秋時已屢見之。貂之亂國，舉之與聞弒君，伊戾之讒殺太子，柳之讒逐右師，受其禍者，齊、宋爲著。馴至于秦趙高望夷之事，其禍亦云極矣，可懼也。夙沙衛得志于齊，而有節之士賤之，如臧堅者可以風矣。

《尚書大傳》：男女不以義交者其刑宫。《周禮·司刑》疏：「以義交，謂依六禮而婚者。」

《御覽》六百四十八：《尚書刑德放》曰：「宫者，女子淫亂，執置宫中，不得出也。割者，丈夫淫，割其勢也。」

《白虎通·五刑篇》：宫者法土之壅水。

《史記·秦始皇紀》：作宫阿房，故天下謂之阿房宫。隱宫徒刑者七十餘萬人。《正義》：「餘刑見於市朝。宮刑，一百日隱於蔭室養之乃可，故曰隱宮，下蠶室是。」

方氏苞校語云：「下隱宮及送徒作阿房宮者共七十餘萬人也。」蔣西谷曰：「玩上下文，不當插入下隱宮事，蓋隱括宮徒刑者七十餘萬人分作阿房或驪山也。」按：蔣説於文義亦未甚洽，似下隱宮之説較勝。然《正義》釋爲宮刑，亦有所據。《蒙恬傳》：「趙高昆季數人皆生隱宮。」《集解》：「徐廣曰，爲宦者。」《索隱》：「劉氏云，蓋其父犯宮刑，妻子没爲官奴婢，妻後野合所生子皆承趙姓，並宮之，故云兄弟生隱宮。謂隱宮者，宦之謂也。」此劉氏之説，未知别有所本，抑想當然。而隱宮之爲宦者，於趙高情事相合。宦者有籍，故下云「除其宦籍」，則以此證隱宮之義，《正義》之説未可遽非也。

《漢書·鼂錯傳》：後詔有司舉賢良文學士，錯在選中。上親策詔之曰，惟十有五年云云。錯對曰：「今陛下配天象地，寬大愛人，肉刑不用，辠人亡帑；非謗不治，鑄錢者除；後宮出嫁；除去陰刑。」注張晏曰：「宮刑也。」

按：文帝除肉刑在十三年，錯對策在十五年，錯曰「肉刑不用」、「除去陰刑」分爲二事，似文帝之除肉刑與除宮刑非一時事，不然宮刑亦肉刑之一，何必分言之？《漢志》載丞相張蒼等議請定律，所除爲黥、劓、斬左右止三者，無一語及宮刑也。

《景帝紀》：元年詔曰：「孝文皇帝臨天下，通關梁，不異遠方。除誹謗，去肉刑，賞賜長老，收恤孤獨，以遂羣生；減耆欲，不受獻，罪人不帑，不誅亡罪，不私其利也；除宮刑，出美人，重絶人之世也。」

按：此詔「除宮刑，出美人」，與鼂錯對語「後宮出嫁，除去陰刑」二句文意正同，可見文帝時宮刑實已除之矣。此詔分肉刑、宮刑爲二事，與錯對合，當不誣也。《史記·文紀》載此詔，「除宮刑」作「除肉刑」，與上文「去肉刑」之語既複，與下文「重絶人之世」一語亦不相貫，當是傳寫之譌。

《通考》一百六十三：古者五刑，皆肉刑也。孝文詔謂今有肉刑三而姦不止。注謂黥、劓、斬止三者，獨不及宮刑。至景帝元年，詔言孝文皇帝除宮刑，出美人，重絶人之世也，則知文帝并宮刑除之。至景帝中元年，赦徒作陽陵者，死罪欲腐者許之。而武帝時，李延年、司馬遷、張安世兄賀皆坐腐刑，則是因景帝中元年之後宮刑復用，而以施之死罪之情輕者，不常用也。

徐天麟《西漢會要》説與《通考》同。

梁玉繩《史記志疑》云：景帝元年詔曰「除宮刑」，《漢書》鼂錯對策曰「除去陰刑」，則文帝固已除宮刑矣。且《漢志》並無不易宮刑明文，疑此是劓、刖、宮爲三肉刑，蓋黥刑至輕，自不應數之。而宮刑之復，必帝也。又「去肉刑」下按語云，下文云「罪人不帑，不誅亡罪」，「除宮刑，出美人，重絶人之世」，蓋敍事以類相從，則此「去肉刑」三字爲錯出重見，疑是「去田租」之誤。除田租乃第一惠政，非文帝不能行，詔中不應獨缺，且與「賞賜長老，收恤孤獨」類也。書局《校勘札記》云，上文云「去肉刑」，此不當複出，當依《漢書》作「除宮刑」，與下「出美人」爲類，所謂「重絶人之世也」，《志疑》以其複出，疑上「去肉刑」爲「去田租」。案：《漢書》亦作「去肉刑」，不誤。

王棠《知新録》云：孝文詔謂有肉刑三，而注家謂黥、劓、斬止三事。但詔中斷支體是指斬止、割鼻，刻肌膚是指黥，終身不息是指宮刑，只不言大辟，當是肉刑四，何以言肉刑三也。且景帝元年詔云「孝文皇帝除宮刑，重絶人之世」，則知文帝已除宮刑，正與詔相應，不識何以言三也。

按：文帝詔言「有以易之」，丞相等定律曰「當黥者，髡鉗爲城旦舂；當劓者，笞三百；當斬左止者，笞五百；當斬右止，及殺人先自告，及吏坐受賕枉法，守縣官財物而卽盜之，已論命復有笞罪者，皆棄市」。是以髡鉗城旦舂、笞、棄市易黥、劓、斬止也，其文甚明白，注家亦本律文而言之耳。文帝「終身不息」一語，王棠以爲指宮刑，然張蒼等奏言「陛下明詔，憐萬民之一有過，被刑者終身不息」，是此語亦泛言肉刑，非必指宮刑也。張蒼等議中既無一語及宮刑，則文帝之除宮刑當另爲一事，史不言者，闕文也。

《史記·文紀》：今法有肉刑三。《索隱》韋昭云：「斷趾、黥、劓之屬。」崔浩《漢律序》云：「文帝除肉刑而宮不易。」張斐注云：「以淫亂人族類，故不易之也。」

《周禮·司刑》賈公彦疏：「文帝赦肉刑，所赦者惟赦墨、劓與刖三者，其宮刑至隋乃赦也。」

按：此二説蓋據景帝後宮刑復行而言，猶言漢除肉刑而宮不易耳。不可以文害詞也。

《景紀》：中元四年秋，赦徒作陽陵者，死罪欲腐者許之。注：「蘇林曰：宮刑，其創腐臭。」如淳曰：「腐，宮刑也。丈夫割勢，不能復生子，如腐木不生實。」

按：死罪許腐，自是宮刑復行矣。東漢死罪因募下蠶室，其法蓋本於此。

《西域樓蘭傳》：征和元年，樓蘭王死，國人來請質子在漢者，欲立之。質子常坐漢法，下蠶室宮刑，故不遺。

按：質子亦坐宮刑，不以屬國而稍恕，漢法之嚴如此。

《烏孫傳》：副使季都別將醫養視狂王，狂王從十餘騎送之。都還，坐知狂王當誅，見便不發，下蠶室。宣帝元康中平。

按：漢之宮刑不盡以淫，此亦其一也。

《後漢書・光武紀》：建武二十八年冬十月癸酉，詔死罪繫囚皆一切募下蠶室，蠶室，宮刑獄名。宮刑者畏風，須暖，作窨室蓄火如蠶室，因以名焉。窨，音一禁反，見《前書音義》。其女子宮。謂幽閉也。

按：東漢死罪下蠶室蓋仿景帝之制，其後三十一年復行之。明帝永平八年，詔死罪減一等，其大逆無道者募下蠶室。章帝建初七年，詔殊死募下蠶室，其女子宮。元和元年、章和元年、和帝永元八年同。安帝以後，此事未見，蓋已用陳忠之議除蠶室刑，故此制亦不行也。

《後漢書・陳忠傳》：永初中辟司徒府，三遷廷尉正。忠略依寵意，奏上(三)〔二〕十三條，爲《決事比》。以省請讞之敝。又上除蠶室刑。事皆施行。注：「蠶室，宮刑名也，或云犗刑也。音奇敗反。作窨室畜火如蠶室。」《説文》曰：「犗，騬牛也。」騬音繒。《漢舊儀》注曰：「少府若盧獄有蠶室也。」

按：自永初除宮刑，爾後何時復行，未能詳也。魏、晉下逮梁、陳南朝未見此刑，後魏有之。

《魏書・刑罰志》：大逆不道腰斬，誅其同籍，年十四已下腐刑，女子没縣官。

按：此北朝尚有宮刑之證。

《北齊書·後主紀》：天統五年二月，詔應宫刑者並免刑爲官口。

按：北齊律成于河清三年，《隋志》所載並無宫刑名目，何以天統五年尚有宫刑免爲官口之詔？豈河清之律至天統始施行歟？

《隋書·樊叔略傳》：父歡，仕魏爲南兖州刺史、阿陽侯。屬高氏專權，將謀興復之計，爲高氏所誅。叔略時在髫齔，遂被腐刑，給使殿省。

按：此東魏時事，承魏法有宫刑。

《北史·魏文紀》：大統十三年二月，詔自今應宫刑者，直没官，勿刑。

按：西魏免宫刑尚止一隅，至齊天統中而北朝皆免，尚不及南朝也。迨後北周《大律》其載在《隋志》者已無宫刑名目，乃賈公彦《周禮·司刑》疏謂宫刑至隋乃赦，《書·吕刑》孔疏亦同，何也？《隋志》所載開皇定律詔文，所去者梟、轘及鞭，而不言宫刑，如果宫刑至是始除，乃仁者之事，沿革之大端也。詔中方將侈陳之以爲美名，豈有略而不言之理？豈賈、孔亦别有説歟？

《遼志》：穆宗應曆十二年，國舅帳郎君蕭延之奴海里彊陵拽剌禿里年未及之女，以法無文，加之宫刑，仍付禿里以爲奴。

按：此以刑法無文而爲此重法。穆宗嗜酒，刑罰任意，斷手足、爛肩股、折腰脛，無所不至，非可以尋常論也。

禁自宫

明律閹割火者：凡官民之家不得乞養他人之子，閹割火者，違者杖一百，流三千里，其子給親。

《纂注》：毆殺乞養異姓子，止杖一百，徒三年。今閹割不至於死，乃杖一百，流三千里者，謂其僭分私割故也。按乞養子有撫養之恩義，毆死，非意料，故罪輕。閹割火者，其乞養之初意，本爲閹割計，無恩義可言。閹割卽律之毁敗人陰陽，與篤疾同科，故同凡論以滿流，非加重也。

明《問刑條例》：一先年浄身人曾經發回，若不候朝廷收取官司明文起送，私自來京圖謀進用者，問發邊衛充軍。一弘治五年十二月三十四日，節該欽奉孝宗皇帝聖旨：今後取私自浄身的，本身并下手之人處斬，全家發邊遠充軍，兩鄰及歇家不舉首的問罪。有司里老人等仍要時常訪察，但有此等之徒，卽便捉拏送官，如或容隱，一體治罪不饒。欽此。一萬曆十一年八月，内節奉聖旨：自宫禁例載在《會典》，我皇祖明旨甚嚴，乃無知小民往往犯禁私割，致傷和氣。著都察院，便行五城御史及通行各省直撫按，衙門嚴加禁約。自今五年以後，民間有四五子以上，願以一子報官閹割者聽，有司造册送部，候收補之日選用。如有私割的，照例重治，鄰佑不舉的，一併治罪不饒。欽此。

《明會典》：永樂二十二年，令凡自宫者，以不孝論。軍犯，罪及本管頭目總小旗。民犯，罪及有司里老。宣德二年，令凡自浄身者，軍還原伍，民還原籍，不許投入王府及官員勢要之家，隱藏躱避差役。若再犯者，犯及隱藏之家俱處死。該管總小旗、里老、鄰人知而不舉，一體治罪。正統十二年，令凡自首在官閹者，送南海子種菜。其隱瞞不首及再擅浄身并私收使用者，事發，全家發遼東充軍。天順二年，令浄身者拏問邊遠充軍。成化九年，令私自浄身希求進用者，本身處死，全家發煙瘴地面充軍。十五年，令浄身人巡城御史錦衣官督同五城兵馬，逐回原籍。若該城内外容留潛住者，并火甲鄰佑人等一體究治。本身枷號一個月，滿日決打一百，押回。如再來京師，家下父兄人等俱治罪。正德元年，令直隸、順天等府，山東、河南等布政司地方再有私自浄身者，照例，本身并下手之人處死，全家發邊遠充軍。其先已浄身者，立籍點閘，不使私自逃至京師擾害官府。二年，令違例私自浄身人著錦衣衛，五城兵馬著落各該地方，盡數逐去。如有潛躲在京者，拏住殺之。九年，令今後再有私自浄身者，除幼小無知者本身免死充軍，其餘俱照見行事例。本身并主使下手之人處斬，全家發邊遠充軍。里老鄰佑及本管官不行舉察者，各從重治罪。十六年，詔私自浄身人在京潛住，希圖收用，著緝事衙門，巡城御史訪拏究問。今後敢有私自浄身者，本身并下手之人處斬，全家發煙瘴地面充軍。兩鄰及歇家不舉者，皆治罪。

按：自宫禁例，明代可謂嚴厲矣。而明代閹豎之禍較之唐、宋爲烈，可見徒立一重法而無實意以行之，亦徒法而已。

《井觀瑣言》：《綱目分注》記南漢宦官之横云，凡羣臣有才能及進士狀頭皆先下蠶室，然後得進。亦有自治以求進者，由是宦者近二萬人，貴顯用事大抵皆宦者也。王行卿《集覽解集》自宫引《吕刑》宫辟爲據云，已自割勢求爲宦官也。近時陳伯載作《正誤》，乃破其説。謂自宫以求進用，非求爲宦官也。

予按《通鑑》自宫求進者下云，亦有免死而宫者。又按：齊桓公曰，豎刁自宫以近寡人，管仲以爲其身之忍，又將何有於君？今《分注》先言羣臣皆下蠶室，後言宦者近二萬人，則《集覽》之説是矣。而伯載非之，何也？自宫求進，猶范曄言腐身熏子以自衒達云爾。

按：自宫，謂無罪而自宫者。若《吕刑》之宫辟，乃有罪而宫刑，非自宫也。古者自宫之事，惟見於豎貂。

刵

《書·康誥》：又曰劓刵人，無或劓刵人。傳：「刵，截耳，刑之輕者。」疏：「劓在五刑，爲截鼻。而有刵者，《周官》五刑所無，而《吕刑》亦云劓刵。《易·噬嗑》上九云『何校滅耳』，鄭玄以爲臣從君坐之刑，孔意然否？未明。要有刵而不在五刑之類。」王氏《尚書後案》：「鄭曰，刵者臣從君坐之刑者。僖二十八年《左傳》，衛侯與元咺訟，鍼莊子爲坐，衛侯不勝，刖鍼莊子。是周世有臣從君坐之刑，但彼用刖，而鄭于此注以刵當之者，春秋之法不盡周初之制也。」段氏《古文尚書撰異》：「正義此條語意未明，云臣從君坐之刑，疑是蒙上文舉鄭《周易》注也，或系之《尚書》鄭注云。僖二十八年《左傳》衛侯與元咺訟，鍼莊爲坐，衛侯不勝，刖鍼莊子。此臣從君坐之證。鄭《尚書》注是『刖』字，經文『刵』當爲『刖』之誤。《吕刑》『刵、劓、劅、剠』，《説文》引作『刖、劓、斀、黥』，亦當改『刵』爲『刖』。竊謂此《説文》字誤耳，不得據誤改經。《尚書大傳》曰，決關梁踰城郭而略盜者其刑臏，鄭注《周禮》、《孝經》皆用之刖，自有犯條，不得以臣從君坐之刑釋刵也。臣從君坐，此必鄭氏説《周易》語，今不得其詳矣，不當證以左氏也。《康誥》、《吕刑》皆有刵，不得云古無刵刑。」

按：古者五刑無刵。《説文・刀部》「刵，斷耳也」。《耳部》「聝，軍戰斷耳也。《春秋傳》以爲俘聝。从耳或聲。馘，聝或从首」。《大雅》「攸馘安安」，傳「馘，獲也。不服者，殺而獻其左耳」。《魯頌》「在泮獻馘」，箋「馘，所格者之左耳」。僖二十二年《左傳》「示之俘馘」，杜注「馘，所截耳」。宣十二年《傳》「右入壘折馘」，杜注「折馘，斷耳」。《王制》「出征執有罪，反釋奠於學，以訊馘告」，注「訊馘，所生獲斷耳者」。昭二十六年《傳》「林雍羞爲顔鳴下，苑何忌取其耳」，杜注「不欲殺雍，但截其耳以辱之」。然則斷耳乃軍戰所用，非常刑。《書》誡康叔以治殷民，自當用常刑，不當用軍中之刑也。段氏所稱或説疑「刵」爲「刖」之誤，不爲無見，未可遽議其非。

《吕刑》：「爰始淫爲劓、刵、椓、黥。詳肉刑。」

按：劓刵，《説文・攴部》「斁」下引作「刖劓」，鄭康成本作「刵劓」，故其注刵在劓前，然疑鄭本亦與許同。「刖」誤爲「刵」，并注斷足，亦誤爲斷耳矣。孔傳本作「刵劓」，故注云截人耳鼻。耳在鼻前，知正文亦刵在劓前，不知何時正文誤作「劓刵」，《釋文》已如是，餘説詳肉刑。

貫耳

《左傳》：僖二十七年，子玉復治兵於蔿，終日而畢鞭七人，貫三人耳。《正義》曰：「耳，助句也。」林

注：「以矢貫其耳。」

按：林注是，此言子玉治兵之嚴也。貫耳卽聅，乃軍法。

《說文》：「聅，軍法，以矢貫耳也。从耳矢。」《司馬法》曰：「小罪聅，中罪刵，大罪剄。」恥列切。桂氏《義證》：「刵當爲『聅』，本書聅斷耳也。」王氏《句讀》說同。

按：聅爲軍法，桂、王之說是。

刖《說文》作「跀」、「䟘」

《管子・侈靡篇》：「佶堯之時，其獄一踦腓，一踦屨，而當死。今周公斷指滿稽，斷首滿稽，斷足滿稽，而死民不服，非人性也，敝也。」房玄齡注：「諸侯犯罪者，令著一隻屨以恥之，可以當死刑。今周公，謂時所用法也。稽，考也。罪滿而斷，則從而考之；首滿其罪者，亦從而考之；應斷足所罪滿者，又從而考之。凡此，欲以爲審慎也。罪定者死之，然人尚不服其罪，豈人性之然乎？時爽故也。」《說文》：「踦，一足也。」去奇切。段《注》：「《管子》『佶堯之時，一踦腓，一踦屨，而當死』，謂一足剕，一足屨，當死罪也。引伸之，凡物單曰踦。」

按：如段說，則「腓」者「剕」之叚借字也。《白虎通》、《周禮》疏並作「腓」，依舊注則未必如段說。斷指、斷首、斷足，恐亦非謂刑名，古未聞有斷指之刑也。房注「著一隻屨以恥之」，是一足有屨，一足無屨。腓，脛腨也。一足不使著屨而并露（其）其腓也。據五帝畫象說，房注爲是，段以爲

「剕」之叚借字，恐未確。

《書・舜典》傳：五刑有剕。詳宮下。

《慎子》：有虞之誅，以菲屨當刖。

按：《慎子》與《白虎通》之説不同。詳髕下。此又以刖爲髕，有虞之刑果有髕、剕、刖之名乎？古書無可考矣。

《周禮・秋官・司刑》：刖罪五百。注：「刖，斷足也。周改臏作刖。《書》傳云，決關梁踰城郭而略盜者，其刑臏。」疏：「臏本亦苗民虐刑，咎繇改臏作腓，至周改腓作刖。《書》傳云臏者，舉本名也。」

《掌戮》：刖者使守囿。注：「斷足驅衛禽獸，無急行。」

按：《左傳》莊十九年「楚鬻拳自刖，楚人以爲大閽」，昭五年「若吾以韓起爲閽」。杜注：「刖足使守門。」並與《周禮》墨者守門不合，杜説未知別有所據，抑即鬻拳之事推之，疑楚法如是也。

《呂刑》：剕辟疑赦，其罰倍差，閱實其罪。傳：「刖足曰剕刑。倍差謂倍之又半，爲五百鍰。」剕罰之屬五百。疏：「《釋詁》云，剕，刖也。李巡云，斷足曰刖。《説文》云，刖，絶也。是刖者斷絶之名，故削足曰剕。」《詁》者言之譌。

《爾雅・釋言》：「䠊，刖也。」郭注：「斷足。《釋文》：『䠊』本亦作『剕』，同。扶味反，又枝迷反。刖足曰剕。」

《説文》：「跀，斷足也。从足，月聲。䠒，跀或从兀。」段《注》：「此與《刀部》『刖』異。刖，絶也。經傳多以『刖』爲『跀』。《周禮・司刑》注云『周改臏作刖』。按唐、虞、夏刑用臏，去其厀頭骨也。周用跀，斷足也。凡於周言臏者，舉本名也。《莊子》：『魯有兀者叔山，無趾，踵見仲尼。』崔譔云，無趾絶踵行。然則跀刑卽漢之斬趾，無足指，故以足跟行也。無足指不能行，故別爲跀足者之屨以助其行。左氏云踊貴屨賤是也。臏則足廢不能行，跀則用踊尚可行，故跀輕於臏也。跀一名『䠊』，䠊一作『剕』，鄭《駁異義》云，臯陶改臏爲剕。《呂刑》有剕，周改剕爲『刖』，此恐誤，與《司刑》注不合。𧿁亦形聲。《莊子・養生主》注曰，介，偏刖之名。崔本作『兀』，又作『𧿁』，云斷足也。《德充符》『申徒嘉，兀者也』。李云，刖足曰兀。」桂氏《義證》、《一切經音義》二：「刖，古文跀、𧿁二形。刖，斷足也，周改臏爲刖。」《廣雅》：「刖，危也，謂斷足卽危也。」　刖，絶也。段《注》：「凡絶皆稱刖，故『劓』下云刖鼻也，刖足則爲跀。《周禮》『刖者使守囿』，此是假『刖』爲『跀』。《困》九五『劓刖』，京房作『劓劊』，《說文》劊、刖義同。」王氏《句讀》：「跀爲斷足之專名，刖則斷絶之通名。」　䠊，跀也。从足非聲。扶味切。

《白虎通・五刑篇》：腓辟之屬五百。腓者，脱其臏也。

按：此用《呂刑》，而字作「腓」，《御覽》引作「臏」。

《左傳》昭三年：晏子曰：「國之諸市，屨賤踊貴。」於是景公繁於刑，繁，多也。有鬻踊者。故對曰：「踊貴屨賤。」景公爲是省於刑。注：「踊，刖足者屨。言刖多。」《釋文》：「踊，音勇，刖足者之屨也。」

《韓非子・和氏篇》：楚人和氏得玉璞楚山中，奉而獻諸厲王，厲王使玉人相之，玉人曰：「石也。」王以和爲誑，而刖其左足。及厲王薨，武王卽位，和又奉其璞而獻之武王，武王使玉人相之，又曰：「石也。」王又以和爲誑，而刖其右足。武王薨，文王卽位，和乃抱其璞而哭於楚山之下，三日三夜，淚盡而繼之以血。王聞之，使人問其故，曰：「天下之刖者多矣，子奚哭之悲也？」和曰：「吾非悲刖也，悲夫寶玉而題之以石，貞士而名之以誑，此吾所以悲也。」王乃使玉人理其璞而得寶焉，遂命曰「和氏之璧」。

按：古者之刖，初犯刖左足，復犯刖右足，此其證。漢法斬止卽古者之刖，亦右重於左。

《史記・孫子傳》：後百餘歲有孫臏。孫臏嘗與龐涓俱學兵法。龐涓既事魏，得爲惠王將軍，而自以爲能不及孫臏，乃陰使召孫臏。臏至，龐涓恐其賢於己，疾之，則以法刑斷其兩足而黥之，欲隱勿見。

按：孫臏史逸其名，其稱孫臏者猶英布之稱黥布，當時有此習也。此兩足同時並刖而又加以黥，蓋非常刑矣。

《說苑・雜言篇》：衞國之法，竊駕君車罪刖。

《漢志》：當斬左止者，笞五百；當斬右止，已論命復有笞罪者，棄市。詳總考。注臣瓚曰：「文帝除肉刑，以鈦左右止代刖。」

按：此文帝除肉刑，故斬左止者以笞代，斬右止者必再犯刖者，兩足俱刖，其情重，故已論命復有笞罪者棄市也。臣瓚謂以鈦左右止代刖，與《志》文不符，當別有說。

《宋書・明帝紀》：泰始四年九月，詔凡竊執官仗，拒戰邏司，或攻剽亭寺及害吏民者，依舊制。五人以下相逼奪者，特賜黥刖，投畀四遠，仍用代殺，方古爲優。互詳墨。

按：黥刖者，刖而黥之。自漢文除肉刑，至是復行之矣，然用以代殺，固爾時矜恤之刑也。

《唐志》：太宗即位，詔長孫無忌、房玄齡等復定舊令，議絞刑之屬五十，皆免而斷右趾。既而又哀其斷毀支體，謂侍臣曰：「肉刑，前代除之久矣，今復斷人趾，吾不忍。」王珪、蕭瑀、陳叔達對曰：「受刑者當死而獲生，豈憚去一趾？去趾，所以使見者知懼。今以死刑爲斷趾，蓋寬之也。」帝曰：「公等更思之。」其後蜀王法曹參軍裴弘獻駁律令四十餘事，乃詔房玄齡與弘獻等重加删定。玄齡以謂「古者五刑，刖居其一。及肉刑既廢，今以笞、杖、徒、流、死爲五刑，而又刖足，是六刑也」。於是除斷趾法，爲加役流三千里，居作二年。

髕俗作「臏」

《周禮·秋官·司刑》注：「《書》傳：決關梁踰城郭而略盜者，其刑臏。夏刑臏辟三百，宫辟五百。」《釋文》：「臏，頻忍反。徐：方忍反。劉：符人反。」疏：「臏亦苗民虐刑，咎繇改臏作腓，至周改腓作刖。」

《書》傳云，臏者，舉本名也。」

《周本紀》：臏辟、臏罰。《漢志》：臏罰。

按：二書所言，並據《吕刑》。蓋今文《尚書》作「臏」，古文《尚書》作「剕」，馬、班用今文。下條《尚書緯》亦用今文，故云「臏罰」也。

《御覽》六百四十八：《尚書刑德放》曰，臏者，脱去人之臏也。臏罰之屬五百，象七宿精。七宿，昏中變而節氣之精也。《禮統》曰：「臏，刑法。金勝木，去其節目也。」

《公羊傳》襄二十九年疏：《元命苞》云「臏辟之屬五百」。

《白虎通・五刑篇》：腓者，脱其臏也。

按：《御覽》六百四十八引《白虎通》「腓」作「臏」。

《説文》：「髕，厀耑也。从骨，賓聲。」毗忍切。段《注》：「厀，脛頭節也。《釋骨》云，蓋膝之骨曰膝髕。《大戴禮》曰，人生朞而髕，髕不備則人不能行。古者五刑，臏、宮、劓、墨、死。臏者，『髕』之俗，去厀頭骨也。周改『髕』作『跀』，其字借作『刖』，斷足也，漢之斬止是也。髕者廢不能行，跀者尚可箸踊而行。踊，刖足者之屨。《莊子》『兀者叔山無趾，踵見仲尼』。崔譔云『無趾故以踵行，是則跀輕于髕也』。古文《尚書・吕刑》説『夏刑作剕』，《周禮・司刑》注引《尚書大傳》皆作『髕』，《周禮》注云周改髕作刖，而《公羊》疏引鄭《駮異義》云臯陶改臏爲剕。《吕刑》有剕，周改剕爲刖，與《周禮》注不合。《足部》云『𨁈，跀也』。𨁈即剕字，許謂𨁈卽跀矣，鄭析𨁈、跀爲二，不知其制何以分別？竊謂《周禮》注爲長，《駮異義》則未定之論，許説亦非是也。『剕』惟見於《吕刑》，他經傳無。言𨁈、言剕者，蓋𨁈者髕之一名，故《周禮》説周制作『刖』。《吕刑》説夏制，則今文《尚書》作『臏』，古文《尚書》作『剕』，實一事也。周改髕爲跀，卽改𨁈爲跀也。許釋𨁈爲刖，非。鄭云『臯陶改髕爲𨁈』，亦非也。髕作𨁈，如《禹貢》『蠙』作『玭』，《商書》『紂』作『受』，音轉字異，非有他也。」

按：剕，𨁈之或體。𨁈，跀也。跀與髕爲二刑，段氏言之詳矣。今文《尚書》作「髕」，古文《尚書》作「剕」，説者是混臏與剕爲一，如《漢書·百官公卿表》顔注「剕，去臏骨也」，此以剕爲臏也。段氏此注，許、鄭並譏。陳壽祺《五經異義疏證》謂鄭于《周禮·司刑》注、《尚書大傳》注皆云周改臏作刖者，原始言之，《駮異義》云周改刖爲刖則審矣。其意與段同。竊謂穆王訓夏贖刑，其文曰「度作刑」，作者創作之，謂前此周之贖刑不及夏之詳，故特師其法之意而重作之。其書皆告誡之辭，非敍述之辭，乃新法既定之後，頒行于國中，特作此篇，以訓臣僚。所言五刑疑赦之法，必皆其新定之法，必參以周制，非追述夏制也。周之刖罪，見于《周官》，當爲周初所定。春秋時諸侯之國猶皆用刖，其見于《左傳》者，鄭强鉏、莊十六。楚鬻拳、莊十九，自刖。齊鮑牽、成十七。衛鍼莊子，僖二十八。可見周之刖未嘗廢也，豈有穆王之時獨不用哉？此以《吕刑》之文反覆讀之，而知「剕」之不可與「臏」混而爲一也。許之訓䠊爲跀者，以䠊字从足也。《釋名·釋形體篇》：「足，續也。言續脛也。」足在脛以下，故䠊字以斷足訓之。若脛以上之字，其見于許書者，如脛、胻也。腓、脛腨。胻、脛耑。腳、脛也。股、髀也。胯，股也。皆从月，骹、脛也。骭、骹也。𩪘、厀脛間骨。髕、厀耑。髁、髀骨。髖、髀上。髀，股外。皆从骨，無从足者。惟髀之古文作「䠋」。段氏謂从足者，足所恃以能行也。然其字非小篆，難以規許，此以許書反覆推之，而知䠊之當爲跀，不得合臏、剕爲一事也。鄭氏《司刑》注先言周改臏爲刖，後言夏刑臏辟，其文本甚明白。其所言夏刑，當有所本，而非自《吕刑》推見之者。觀其刑之序，大辟之下臏、宫、劓、墨與所引《書》傳之臏、宫、劓、墨相合，而與《吕刑》之墨、劓、剕、宫之序不同，是夏時宫次于臏，周則剕次于宫。《吕刑》所謂世輕世重，正指此類，可見穆王監夏而非襲夏。宮次于髕，故髕三百而宮五百。剕次于宮，故剕五百而宮三百。髕不能行故重于宮，剕尚能行故輕于宮，輕重等差，確有定序。周初，刖罪次于殺罪，與夏之髕次于大辟者相同。《吕刑》宮次于大辟，與周初之制不同，此必爲穆王所改定，並恐剕之名亦穆王所改，而非前有所承也。此以鄭注反覆求之，而知剕、刖之當爲一，髕、剕之不可混爲一也。然則許書與鄭氏《周禮》注本相貫通，並無疑竇，獨《公羊》疏引鄭《駁異義》有皋陶改臏爲剕，周改剕爲刖之説，而其義遂不可通矣。自來説經者但言去髕、斷足二制，别無他説，髕、剕、刖之何以分别？段已言之，既云周改髕爲刖，何以又云皋陶改髕爲剕？其説抵捂，必有一誤。《漢志》謂禹承堯舜之後，自以德衰而制肉刑，湯武順而行之。然則唐虞之時，有象刑而無肉刑，又安有皋陶改髕之事，將何説以通之乎？則惟孔疏《書傳》云臏者，舉本名之説爲得之矣。《今文》「髕」，本名也，《古文》「剕」，今名也。跀即剕也，今名爲剕、爲跀，而世俗猶相沿稱爲髕耳。《史記》言「龐涓召孫臏，臏至，以法刑斷其兩足而黥之」。夫曰斷其兩足，刖也，故《潛夫論》云「孫臏修能于楚，龐涓自魏誘以刖之」，而舉世以臏稱，此非今名沿用本名者乎？苗民之黥，三代爲墨，而世俗之言墨者，仍以黥稱，此其比也。段謂髕作「𨁈」者，音轉字異。此即以段之《音韻表》言之，賓聲在真、臻部，非聲在脂、微部，不同部也。月聲則與非聲同在脂、微部，同部者得相通轉，與異部之相通轉大不同也。則以古音而論，𨁈、跀近而髕、𨁈遠矣。聲之遠近，出于自然，不可過於紆曲，此段説之不足信者也。今得而論定之曰，唐虞無肉刑，夏有髕辟，周改髕爲刖，穆王又名爲剕，可以解衆説之糾紛矣。

《尚書大傳》：決關梁踰城郭而略盜者，其刑臏。陳壽祺校語云：「其刑臏，諸書引作『臏』，惟《華嚴經》第七十三、《音義》卷下引《傳》首三句作『髕』。《音義》云字从『骨』，今依改。」

按：臏，髕之或體，《說文》有髕無臏。

《公羊傳》襄二十九年何休注：古者肉刑，墨、劓、臏、宫與大辟而五。

按：何氏亦用今文《尚書》，故作「臏」。

《白虎通・五刑篇》：五帝畫象者，犯臏者以墨蒙其臏處而畫之。

按：或據此謂五帝時已有髕刑，然《慎子》又云「有虞以菲屨當刖」。髕、刖之名，各書淆混不分，蓋非一日矣。竊謂五帝畫象，未必先有髕之名，迨後制肉刑以臏、宫等名當五帝之畫象，後人不察，反以畫象當肉刑矣。

斷腕

《宋史・太宗紀》：雍熙二年十月，汴河主糧胥吏坐奪漕軍口糧，斷腕徇于河畔三日，斬之。

按：贓吏犯罪，律有正條，斬之而先斷腕，實不足以爲法，此太宗之過舉也。觀於後條，豈宋時遂奉爲定制歟？

《元史・世祖紀》：二十七年七月，江淮省平章沙不丁，以倉庫官盜欺錢糧，請依宋法黥而斷其腕，帝曰：「此回回法也。」不允。

按：世祖不允平章之請，此勝於太宗處，惟以爲回回法，必有所本，今不可考矣。

《耶律楚材傳》：又有旨：「凡奥都剌合蠻所建白，令史不爲書者，斷其手。」楚材曰：「國之典故，先帝悉委老臣，令史何與焉。事若合理，自當奉行，如不可行，死且不避，况截手乎！」

按：據此是元時常行截手之法。

明《大誥》有挑筋、去指、剁指、斷手之刑。

按：詳《大誥峻令考》。晉時，劉頌有盜者截手之議，然歷代無行之者。

斷脚筋

《南史·宋明帝紀》：太始四年秋九月戊辰，詔定黥刖之制。有司奏：「自今凡劫竊執官仗、拒戰邏司、攻剽亭寺及傷害吏人，并監司將吏自爲劫，皆不限人數，悉依舊制斬刑。若遇赦，黥及兩頰『劫』字，斷去兩脚筋，徙付交、梁、寧州。五人以下止相逼奪者，亦依黥作『劫』字，斷去兩脚筋，徙付遠州。若遇赦，原斷徒猶黥面，依舊補冶士。家口應及坐，悉依舊結讁。」及上崩，其例乃寢。

按：古之刖者斷足，此乃斷去兩脚筋，與古之刖名同而實異。肉刑，漢世已除，明帝偶行之，不久仍廢。知議復肉刑者，其事終難行矣。

明《大誥》有挑筋、去指之法。

按：此係挑手筋，非脚筋。

劓

《易·睽》六三：其人天且劓。疏：「刵額爲天，截鼻爲劓。既處二四之間，皆不相得。其爲人也，四從上刑之，故刵其額，二從下刑之，又截其鼻，故曰其人天且劓。」《釋文》：「劓，魚器反，截鼻也。」王肅作「臲」，魚一反。《集解》虞翻曰：「其人謂四惡人也。黥額爲天，割鼻爲劓。《无妄》：乾爲天。震二之乾五，以陰墨其天，乾五之震二，毁艮割其鼻也。兑爲刑人，故其人天且劓。」《説文》：「劓，刖鼻也。从刀，臬聲。段《注》：「臬，法也。形聲包會意。」《易》曰「天且(劓)劓」，劓或从鼻。段《注》：「刀鼻會意。」

按：《困》上六，《釋文》「臲」，王肅「妍喆反」，《説文》作「劓」，是「臲」乃「劓」之或體。《一切經音義十六引《説文》：「劓，决鼻也。」

《困》九五：劓刖，困于赤紱。注：「以陽居陽，任其壯者也。不能以謙致物，物則不附。忿物不附，而用其壯猛，行其威刑，異方愈乖，遐邇愈叛，刑之欲以得，乃益所以失也，故曰『劓刖困赤紱』也。」疏：「兑爲西方之卦，赤紱南方之物，故曰『劓刖困于赤紱』。」《集解》虞翻曰：「割鼻曰劓，斷足曰刖。四動時，震爲足，艮爲鼻，离爲兵，兑爲刑，故劓刖也。赤紱謂二，否乾爲朱，故赤。坤爲紱，未變應五，故困于赤紱也。」崔憬曰：「劓刖，刑之小者也，於困之時，不崇柔德，以剛遇剛，雖行其小刑而失其大柄，故言劓刖也。」《釋文》：「荀、王肅本『劓刖』作『臲卼』，云不安貌。」陸同。鄭云「劓刖」當爲「倪伔」，京作「劓劊」。案《説文》「劊，斷也」。

《書・舜典》注。詳刖。

《周禮・司刑》注：夏劓千。

《書・盤庚》：乃有不吉不迪，顛越不恭，暫遇姦宄，我乃劓殄滅之，無遺育，無俾易種于茲新邑。蔡傳：「乃有不善不道之人顛隕踰越不恭上命者，及暫時所遇爲姦爲宄掠行道者，我小則加以劓，大則殄滅之，無有遺育，毋使移其種于此新邑也。」

按：孔傳訓劓爲割。孔疏五刑，截鼻爲劓，故劓爲割，不以爲劓刑也。蔡傳云「小則加以劓」，是直以爲劓刑矣。

互詳總考

《康誥》：非汝封刑人殺人，無或刑人殺人。非汝封又曰劓刵人，無或劓刵人。傳言：「得刑殺罪人，無以得刑殺人，而有妄殺無辜者。劓，截鼻。刵，截耳。刑之輕者亦言所得行，所以舉輕以戒爲人輕行之。」疏：「以國君故得專刑殺於國中而不可濫。其刑卽墨、劓、剕、宮也。」

《呂刑》：爰始淫爲劓、刵、椓、黥。傳：「於是始大爲截人耳、鼻，椓陰、黥面，以加無辜，故曰五虐。」劓辟疑赦，其罰惟倍，閱實其罪。傳：「截鼻曰劓刑，倍百爲二百鍰。」劓罰之屬千。

《周禮・秋官・司刑》：劓罪五百。注：「劓其鼻也。今東西夷或以墨劓爲俗，古刑人逃亡者之世類與？《書》傳觸易君命，革輿服制度，姦軌盜攘傷人者，其刑劓。」疏：「墨劓之人，亡逃向夷，詐云中國之人皆墨劓爲俗，夷人亦爲之，相襲不改，故云墨劓爲俗也。言與者，無正文，鄭以意而言也，故言與以疑之。云觸易君命者，觸君命令不行及改易之。云革輿服制度者，依典命上公九，命國家宫室、車旗、衣服、禮儀皆以九爲節。侯伯已下及卿大夫士，皆依命爲多少之節，是不革。今乃革之，革改也，謂上僭也。制度卽宫室禮儀制度也。云姦軌者，案《舜典》云『寇賊姦軌』，鄭注云，强聚爲寇，殺人爲賊，由内爲姦，起外爲軌。案成十七年長魚矯曰，臣聞亂在外爲姦，在内爲軌。御姦以德，御軌以刑。鄭與傳不同，鄭欲見在外亦得爲軌，在内亦得爲姦，故反覆見之，或後人轉寫誤，當以傳爲正云。」《御覽》六百四十八引《尚書大傳》注，鄭玄曰：「攘，竊也。」

《掌戮》：劓者使守關。注：「截鼻亦無妨，以貌醜遠之。」疏：「此則王畿五百里上面有三關十二關門，劓者守之。」

《尚書·刑德放》：劓屬千，象七政，日月五星，應政變易。《北堂書鈔》四十四。

《史記·商君傳》：四年，公子虔又犯約，劓之。

賈誼《新書》：秦所尚書，告語也，刑罰也。故趙高傅胡亥而教之獄，所習者非斬劓人，則夷人之三族也。

《史記·田單傳》：單宣言曰：「吾唯懼燕軍之劓所得齊卒。」燕人聞之，如其言。城中人見齊諸降者盡劓，皆怒，堅守。

《漢志》：當劓者，笞三百。景帝元年，定律：笞三百，曰二百。

按：此文帝除肉刑改也，詳總考。

《御覽》六百四十八：《禮統》曰：「劓刑，法木克土，決其皮革也。」

《白虎通·五刑篇》：劓者法木之穿土。劓者，劓其鼻也。

按：《御覽》引《白虎通》曰「劓，劓其鼻也，法木之穿土也」。去鼻亦孔見。

《梁書·武帝紀》：天監十四年正月辛亥，詔曰：「世輕世重，隨時約法，前以劓墨，用代重辟，猶念改悔，其路已壅，並可省除。」

按：天監十四年除黥面之刑，見《隋志》，即此事也。《隋志》梁律：劫身，黥面爲劫字。而劓刑不言始于何時，至是皆除之也。六代之世，肉刑時行時廢，唐乃悉除之，此唐律所以稱善。晉天福以後，刺配之法興，而黥刑又行于世矣。

《唐書·吐蕃傳》：其刑雖小罪必抉目，或刖、劓，以皮爲鞭抶之。

《金志》：或重罪亦聽自贖，然恐無辨於齊民，則劓、刵以爲別。

刑法分考七

墨

《易·睽》六三：其人天且劓。《釋文》：「天，剠也。馬云，剠鑿其額曰天。」李氏《集解》虞翻曰：「黥額爲天。」

按：墨，一名黥。《説文》：「黥，墨刑在面也。从黑，京聲。剽或从刀作。」段《注》：「刀之而墨之也，會意。」《易》、《釋文》作「剠」，又剽之或體。

《書·舜典》五刑注。詳五刑。

夏墨辟千。詳五刑。

《伊訓》：制官刑，儆于有位。言湯制官法，以儆戒官。曰：敢有恒舞于宫、酣歌于室，時謂巫風；敢有殉于貨色、恒于游畋，時謂淫風；殉，求也，昧求財貨美色，常游戲畋獵，是淫過之風俗。敢有侮聖言、逆忠直、遠耆德、比頑童，時謂亂風。惟兹三風十愆，卿士有一于身，家必喪，邦君有一于身，國必亡。臣下不匡，其刑墨，具訓于蒙士。傳：「墨刑，鑿其額，涅以墨。」疏言：「十愆有一則亡國喪家，邦君、卿士慮其喪亡之故，則宜以争。臣自匡正，犯顔而諫，臣之所難，故設不諫之刑，以勵臣下，故言臣不正君則服墨刑。墨刑，五刑之輕者，《司刑》所謂『墨罪五百』者也。」

《呂刑》：苗民弗用靈，制以刑，惟作五虐之刑曰法。殺戮無辜，爰始淫爲劓、刵、椓、黥。傳：「黥面。」疏：「黥面卽墨刑也。鄭玄云，黥爲羈黥人面。鄭意黥面甚於墨額，孔意或亦然也。」墨辟疑赦，其罰百鍰，閱實其罪。孔傳：「刻其顙而涅之曰墨刑，疑則赦從罰。」疏：「《說文》云，顙，額也。墨，一名黥。鄭玄《周禮》注云，墨，黥也。先刻其面，以墨窒之。言刻額爲瘡，以墨窒瘡孔，令變色也。」墨罰之屬千。

《周禮・司刑》：墨罪五百。注：「墨，黥也。先刻其面，以墨窒之。」《釋文》：「窒，本又作『涅』，同，乃結反。」《掌戮》：墨者使守門。注：「黥者無妨於禁御。」《司約》：凡大約劑書於宗彝，小約劑書於丹圖，若有訟者，則珥而辟藏，其不信者服墨刑。注：「鄭司農云，謂有爭訟罪罰，刑書謬誤不正者，爲之開藏取本刑書以正之，當開時，先祭之。玄謂，訟，訟約，若宋仲幾薛宰者也。辟藏，開府視約書。不信，不如約也。珥讀曰衈，謂殺雞取血釁其尸。」

《禮記・文王世子》：公族其有死罪則磬于甸人，其刑罪則纖剸亦告于甸人。注：「纖讀爲殲。殲，刺也。剸，割也。刺、割、臏、墨、劓、刖，皆以刀鋸刺割人體也。」《正義》曰：「案《魯語》云『小刑用鑽鑿，次刑用刀鋸』。案墨刑刻其面，是用鑽鑿也。」

《春秋左氏襄公十九年傳》：婦人無刑。注：「無黥、刖之刑。」《正義》曰：「婦人淫則閉之於宮，犯死不得不殺。而云婦人無刑，知其於五刑之中無三等刑耳。三等，墨、劓、刖也。三等之刑，墨輕刖重，故舉其輕重而略其劓也。《周禮》謂之墨，《尚書》謂之黥。黥、墨爲一，故依《尚書》言黥也。」《昭公五年傳》注：「刖足使守門。」《正義》曰：「墨是刑之輕者。」

《孝經》：五刑之屬三千。《釋文》：「墨刻其額而涅之墨。」

《尚書大傳》：非事而事之，出入不以道義而誦不詳之辭者，其刑墨。《周禮·司刑》注。鄭玄注：「非事而事之，今所不當得爲也。」

按：《御覽》六百四十八引「詳」作「祥」，陳校本「今」改「令」。按：詳、祥古通，陳校改「今」爲「令」，非也。鄭注《周禮》，每引漢法以相況。曰今亦曰今時，此「今」字亦舉漢法爲比也。「所」下疑有奪字。

《尚書刑德放》曰：涿鹿者，竿人顙也。黥者，馬羈竿人面也。鄭玄曰：「涿鹿、黥皆先次刀錠傷人，墨布其中，故後世謂之墨王民也。」《御覽》六百四十八。墨象斗度，墨之屬千，斗度變往名。《北堂書鈔》四十四。

按：《酉陽雜俎》引《尚書刑德放》，上「竿」字作「鑿」，下「竿」字作「笮」。《魯語》注「笮，黥刑」，是「竿」乃「笮」之譌。《漢書·刑法志》「笮」作「鑿」。「斗度」，《古微書》作「斗華」，玉函山房輯本《刑德放》亦作「斗華」。

《國語·周語》：有斧鉞、刀墨之民。韋昭注：「斧鉞，大刑也。刀墨，謂以刀刻其額而墨窒之。」

《國語·魯語》：中刑用刀鋸，其次用鑽笮。韋昭注：「笮，黥刑也。」

《戰國策·秦策》：商君治秦，法令至行，公平無私，罰不諱强大，賞不私親近，法及太子，黥劓其傅。高誘注：「刻其顙以墨實其中曰黥。」鮑彪注：「墨涅其顙曰黥。」

《史記·商君傳》：於是太子犯法。衛鞅曰：「法之不行，自上犯之。」將法太子。太子，君嗣也，不可施刑，刑其傅公子虔，黥其師公孫賈。明日，秦人皆趨令。

《荀子·正論篇》：世俗之爲説者曰：治古無肉刑，而有象刑，墨黥。楊倞注：「世俗以爲古之重罪以墨涅其面而已，更無劓、刖之刑也。」

《白虎通》：墨，墨其額也，取火法之勝金也。得火亦變而墨也。《御覽》六百四十八。

《經義述聞》曰：《呂刑》「刵劓剠黥」，《堯典》正義引夏侯等書作「臏宫劓割頭庶剠」，考《御覽·刑罰部》引《尚書刑德放》云云，又引鄭注云云，然則墨刑在面謂之黥，在額謂之涿鹿。涿古讀若獨，涿、鹿疊韻字。「頭庶剠」即「涿鹿黥」。頭、涿古同聲，庶則「鹿」之譌耳。

《漢書·武帝紀》：畫象而民不犯。注師古曰：「墨，謂以墨黥其面也。」

《漢書·百官公卿表》：正五刑。注師古曰：「墨鑿其額而涅以墨也。」

《漢書·刑法志》：墨罪五百。注師古曰：「墨，黥也。鑿其面以墨涅之。」

《秦始皇紀》：三十四年，丞相李斯請燒《詩》、《書》百家語，有敢偶語《詩》、《書》者棄市。以古非今者族。吏見知不舉與同罪。令〔下〕三十日不燒，黥爲城旦。制曰：可。

《漢書·文帝紀》：十三年，除肉刑法。

《刑法志》：當黥者髡鉗爲城旦舂。

《匈奴傳》：漢使王烏等闚匈奴。匈奴法，漢使不去節，不以墨黥其面，不得入穹廬。王烏，北地人，習胡俗，去其節，黥面入廬。單于愛之，陽許曰：「吾爲遣其太子入質於漢，以求和親。」

按：此言王烏習胡俗，豈匈奴之俗黥面歟？漢使以墨黥面，疑祇是以墨塗面而已，非真以刀刻其面也。

《後漢書・朱穆傳》：臣願黥首繫趾。注：「黥首，謂鑿額涅墨也。」

按：此太學書生劉陶等上書訟穆語，殆設言之辭，非爾時尚有黥首之刑。

《後漢書・酷吏傳》：論至於畫衣冠。注：「墨，黥面也。」

賈誼《陳政事疏》：廉恥節禮，以治君子，故有賜死而亡戮辱，是以黥劓之罪不及大夫，以其離主上不遠也。

《晉令》：奴婢亡，加銅青，若墨黥兩眼。後再亡，黥兩頰上。三亡，横黥目下，皆長一寸五分，廣五分。

《酉陽雜俎》八、《御覽》六百四十八。

《南史・宋明帝紀》：泰始四年，詔定黥刖之制。有司奏：「自今凡劫竊執官仗、拒戰邏司、攻剽亭寺及傷害吏人，并監司將吏自爲劫，皆不限人數，悉依舊制斬刑。若遇赦，黥及兩頰『劫』字，斷去兩腳筋，徙付交、梁、寧州。五人以下止相逼奪者，亦依黥作『劫』字，斷去兩腳筋，徙付遠州。若遇赦，原斷徙猶黥面，依舊補治士。家口應及坐，悉依舊結讁。」及帝崩，其例乃寢。

《隋書・刑法志》：梁天監元年定律，劫身皆斬。遇赦降死者，黵面爲「劫」字。十四年，除黵面之刑。《說文》：「黵，大污也。」《廣韻》：「黵，大污垢黑。」

按：黵，《玉篇》「丁敢切」，《廣韻》「當敢切」，《廣韻》「都敢切」，《類篇》、《集韻》並「覩敢切」。丁、當、都、覩，皆端母，其音同也。《類篇》、《集韻》又吐敢、止染二切，音稍異，亦上聲也。《御覽》「黵，音都咸切」。諸書無此音，疑「咸」乃「感」之誤。

《北史・魏文紀》：大統十三年，詔自今亡奴婢應黥者，止科亡罪。

《宋史・刑法志》：凡應配役者傅軍籍，用重典者黥其面。凡犯盜，刺環於耳後：徒、流方，杖，圓；三犯杖，移於面。徑不過五分。開寶八年，詔嶺南民犯竊〔盜〕，贓滿五貫至十貫者，決杖、黥面、配役，十貫以上乃死。雍熙二年，令竊盜滿十貫者，奏裁；七貫，決杖、黥面、隸牢城；五貫，配役三年，三貫，二年，一貫，一年。此條《通考》刑五引稱太平興國十年。端拱二年舊制，僮僕有犯，得私黥其面。帝謂：「僮使受傭，本良民也。」詔「盜主財者，杖脊、黥面，配牢城，勿私黥之」。此條《通考》刑五稱咸平六年。天聖五年，陝西旱，因詔：「民劫倉廩，非傷主者減死，刺隸他州。」景祐二年，改强盜法。不持仗得財爲錢六千，若持仗罪不至死者，仍刺隸(二)千里外牢城。有司言：「竊盜不用威力，得財爲錢五千，即刺爲兵，反重於强盜，請減之。」遂詔至十千始刺爲兵，京城持仗竊盜，得財爲錢四千，亦刺爲兵。慶曆三年，詔曰：「如聞百姓抵輕罪，而長吏擅刺他州，朕甚憫焉。自今非得於法外從事者，毋得輒刺罪人。」熙寧三年，比部郎中、知(房)〔金〕州張仲宣嘗檄巡檢體究金州金阬，無甚利。土人憚興作，以金八兩求仲宣不差官。及事覺，法官坐仲宣枉法贓應絞，援前比貸死，杖脊、黥配海島。知審刑院蘇頌言：「仲宣所犯，可比恐喝條。且古者刑不上大夫，仲宣官五品，有罪得乘車，今刑爲徒隸，其人雖無足矜，恐汚辱衣冠爾。」遂免杖、黥，流賀州。自是命官無杖、黥法。　熙寧三年，中書上言刑名未安者五：其三，刺配之法二百餘條，其間情理輕者，亦可復古徒流移鄉之法，俟其再犯，然後決刺充軍。其配隸並減就本處，或與近地。凶頑之徒，自從舊法。不果行。　元豐元年，青州民王贇父爲人毆死，贇幼，未能復讎。幾冠，刺讎，斷支首祭父墓，自首。論當斬。帝以殺讎祭父，又自歸罪，其情可矜，詔貸死，刺配鄰州。　紹聖三年，刑部侍郎邢恕等言：「藝祖初定天下，主典自盜，贓滿者往往抵死。仁宗之初，尚不廢也。其後用法稍寬，官吏犯自盜，罪至極法，率多貸之，卒自此漸少。上曰近歲配隸稍多，久後當如何？準等奏，如雜犯死罪猶可從輕，至如劫盜六項，指揮之行爲盜者，莫不曉得將欲爲盜必先虛立爲首之名，殺人姦濫之罪皆歸之，以故爲首者不獲而犯者免死，盜何由懲？上曰可。令刑寺集議奏聞。既而刑部大理寺奏言，象以典刑，墨居其一，流放之法，用宥五刑，是墨刑不施而後宥以流也。鞭作官刑，說者曰鞭以爲治，官事之刑，是流墨不施而後及於鞭也。蓋曰墨曰流曰鞭三者，俱爲九刑之一，自帝舜以迄三王，未聞有兼施並用者。漢文帝除肉刑，當黥者髡鉗爲城旦舂，惟劓與刖方及於笞，則黥之與笞，漢時亦不兼用也。歷代遵尚鞭笞，度數雖有不同，止用其一，無復他法。隋文帝始改百王之制而用其二，然亦不兼施，今簡册可考也。流刑，徙之遠方，則在千里、千五百里、二千里之外，止於離其鄉井。徒刑，役於當處，則有一年、一年半、二年、二年半、三年之限，止役作其身，凡是二者皆不笞決。惟杖刑自六十至百，笞刑自十至五十，是二者笞決其身，隨即縱遣。至唐高祖加千里之流，太宗申加役之制，餘因隋舊而已。晉天福始創刺配，合用其二，仍役而不決。逮我藝祖，一洗五代之苛，猶以隋制爲重，於是悉易以決，爲流徒杖笞之法，名存實改，自加役流至流二千里，其刑四，並決脊杖，配役有差。所謂配役，非今之所謂配，古所謂徒役是也。自徒三年至徒一年，其刑有五，並決脊杖有差，而盡免其徒役之年。自杖一百至六十，自笞五十至十，其刑各五，悉易以臀杖而減其數，如杖一百止決二十，減其八十之數是也。由杖九十以下至於笞十，悉從末減，於是帝舜三居之法至此始不用。流罪得免遠徙，徒罪得免役年，笞杖得減決死。然甚者猶決刺配島，錢仙芝帶館職，李希甫歷轉運使，不免也。比朝廷用法益寬，主典人吏軍司有犯，例各貸死，略無差別。欲望講述祖宗故事，凡自盜，計贓多者，間出睿斷，以肅中外。」詔：「今後應枉法自盜，罪至死，贓多者，並取旨。」

《通考》一百六十八：咸平三年，先是江浙、荆湖、廣南遠地應强盜及持仗不死者，并部其屬至京師，多殞於道路。乃詔自今止決杖黥面，配所在五百里外牢城。元祐五年，刑部言：「佃客犯主，加凡一等。主犯之，杖以下勿論，徒以上減凡人一等。謀殺盜詐及有所規求避免而犯者不減。因毆致死者不刺面，配鄰州。情重者奏裁。」從之。紹興十九年，刑部看詳捕獲沿海劫盜並係持仗兇徒，理宜措置關防，今將合該刺配廣南及三千里之人斷訖，權行刺配鄂州都統制軍下。二千五百里以下之人斷訖，量訖地里遠近，權行刺配池州、太平州、建康府都統制軍下，並收管重役。其配字欲以配州府屯駐軍重役字爲文，候盜賊衰息日依舊制。從之。淳熙八年，詔自今强盜抵死特貸命之人並於額上刺「强盜」二字，餘字分刺兩頰。令刺强盗，當自此始。淳熙十一年，校書郎羅點言：「比年以來，所在流配人甚衆，强盗之獄，每案必有逃卒，積此不已，爲害不細。臣嘗推原其端，蓋由配法太繁，本朝折杖之制視前代用刑爲輕，而刺配之法視前代用刑爲重。國初敕令尚簡，入配者少，承平既久，防禁益密。在仁宗朝，張方平極陳其弊，建議減除，迨今百有餘年，有增無損。竊謂欲戢盗賊，不可不銷逃亡之卒，欲銷逃亡之卒，不可不減刺配之法。望詔有司，將見行刺配情輕者從寬減降，别定居役，或編管之，令其應配者檢會。淳熙元年五月，指陳擇其强壯刺充屯駐大軍，庶幾州黥配之卒自此漸少。上曰：「近歲配隸稍多，久後當何如？」準等奏：「如雜犯死罪猶可從輕，至如劫盗六項，指揮之行爲盗者莫不曉得，將欲爲盗，必先虚立爲首之名，殺人姦濫之罪皆歸之，以故爲首者不獲而犯者免死，盗何由懲？」上曰：「可。」令刑寺集議奏聞。既而刑部大理寺奏言：「象以典刑，墨居其一，流放之法，用宥五刑，是墨刑不施而後宥以流也。鞭作官刑，説者曰鞭以爲治官事之刑，是流、墨不施而後及於鞭也。蓋曰墨、曰流、曰鞭，三者俱爲九刑之一，自帝舜以迄三王未聞有兼施並用者。漢文帝除肉刑，當黥者髡鉗爲城旦舂，惟劓與刖方及於笞，則黥之與笞漢時亦不兼用也。歷代遵尚鞭、笞度數，雖有不同，止用其一，無復他法。隋文帝始改百王之制而用其二，然亦不兼施，今簡册可考也。流刑徙之遠方則在千里、千五百里、二千里之外，止於離其鄉井；徒刑役於當處則有一年、一年半、二年、二年半、三年之限，止役作其身；凡是二者，皆不笞決。惟杖刑自六十至百，笞刑自十至五十，是二者笞決其身，隨即縱遣。至唐，高祖加千里之流，太宗申加役之制，餘因隋舊而已。晉天福始創刺配，合用其二，仍役而不決。逮我藝祖，一洗五代之苛，猶以隋制爲重，於是悉易以決爲流、徒、杖、笞之法，名存實改。自加役流至流二千里，其刑四，並決脊杖，配役有差。所謂配役，非今之所謂配，古所謂徒役是也。自徒三年至徒一年，其刑有五，並決脊杖有差，而盡免其徒役之年。自杖一百至六十，自笞五十至十，其刑各五，悉易以臀杖而減其數，如杖一百止決二十，減其八十之數是也。由杖九十以下至於笞十，悉從末減。於是帝舜三居之法至此始不用，流罪得免，遠徙徒罪得免役年，笞杖得減決數，而省刑之意遂冠百王。其後坐特貸者，方決杖黥面配遠州牢城，而舜之九刑始併用其三，黥爲墨，配卽流，杖迺鞭，三者始萃於一夫之身，蓋其制將以寬死罪，合三爲一，猶爲生刑，端未爲過。至太宗皇帝，始詔竊盜贓滿五貫者，決杖黥面配役，其意亦以宥死。蓋國初之制，竊盜三貫棄市故也。累聖相承，固未嘗有慘於用刑之意，而人情狃於見聞，法令易以滋彰。據張方平所奏，祥符、天聖、慶曆，其數至倍是也。今以刑書考之，其麗於配者幾五百條，中間有數項比之慶曆又復數倍，積少成多，殆非一朝一夕之故。然回視藝祖創法之始，特以宥死者，固已遠矣。又有罪不至配而用情重決配者，亦有泛言決配而因以決配者，嘗推原其故，爰自建隆以及淳熙二百年之間，決配既多，視以爲常，不復知有前代之遺制與？夫祖宗之美意，臣僚奏請動以決配爲言，有司建立亦以決配爲可，而配法始滋矣。近者李椿嘗建此議，陛下特詔近臣各述所見，其間亦有爲陛下略言及此者，而講之不詳亦卒以廢格，良可惜也。竊謂今罪之麗於大辟者宥其一死，俯從決配，乃藝祖之遺制，固不容輕議。自餘流罪以下，情理重害未可遽去者且仍舊。其次重者，當如方平之請，代以役年。其輕者並行刊削，如此既不失藝祖創法之本意，亦稍復前代沿襲之舊章，非細故也。但方平之請，止具四等，而今世配法乃至十四等，今欲推廣方平之意，永不放還者、役終身海外者役八年，遠惡廣南者役七年，三千里、二千五百里並役六年，二千里、一千五百里者並役五年，千里、五百里者並役四年，特旨配鄰州者役三年，本州本城者並役二年，不刺面者役一年，免其文面並役當處。雖累會恩，不許原免。則方平之意得矣。」上尋謂輔臣曰：「朕思之配法，雜犯配罪，只配本州牢城，犯私茶鹽之類，不必遠配，只刺充本州廂軍令著役。若是劫盜已經三次，便可置之死，可論刑寺熟議奏來。」十四年八月，臣僚言：「刺配之法始於晉天福間，國初加杖用貸死罪，其後科禁寖密，刺配日增。考之《祥符編敕》，止四十六條，至於慶曆已一百七十餘條，今淳熙配法凡五百七十條，配法既多，犯者自衆，黥隸之人所至充斥。近臣僚建請改定居役之法，已降指揮看詳，至今未見定論，蓋緣刺配情理稍輕，既欲降居役則編管乃爲從坐，不應卻令徙鄉，輕重不倫，議乃中格。竊謂前後創立配條不爲無説，若止令居役不離鄉井，則幾於惠姦，不足以懲惡。若盡用配法，不恤黥刺，則面目一壞，誰復顧藉。强民適長，威力有過，無由自新檢照。《元豐刑部格》諸編配人，自有不移不放及移放條限，《政和編配格》又有情重、稍重、情輕、稍輕四等色目，若依倣舊格稍加參訂，將犯配法人，如入情重，則依舊刺面，用不移不放之格。其次稍重，則止刺額角，用配及十年之格。其次稍輕，則與免黥刺，用不刺面役滿放還之格。其次最輕，則降爲居役别立年限縱免之格。儻使居役本條或有從坐，編管則置之本城，減其放限。如此則於見行條法並無抵捂，且使刺面之法專處情犯凶蠹，而其他偶麗於罪，皆得全其面目，知有所顧藉，可以自新。省黥徒，銷姦黨，誠天下之切務，即詔有司裁定，其後迄如舊制。」

嘉泰四年，臣僚言：「後世衣食之路日蹙，犯法者衆，配隸之人，中路多逸，及到配所，州郡憚於贍養，往往故縱不捕。此徒雖幸脱免，而其身實無所容於天地間，飢寒切身，若非羣衆販買私商，即是聚爲强盜。配隸之人蓋有兩等，其鄉民一時鬭毆殺傷及胥吏犯贓貸命流配等人，設使逃逸，未必皆是强勇，能爲大過。欲止徒配本州牢城重役，立爲條限，限滿，給據復爲良民。至於累犯强盜及聚衆販賣私商，曾經殺傷捕獲之人，皆能跳梁山溪，運動兵仗，非村民胥吏之比。欲並配屯駐軍，立爲年限，限滿改刺，從正軍衣糧，誠爲利便。」從之。

遼

《遼史·刑法志》：有黥刺之法。統和二十九年，以舊法，宰相、節度使世選之家子孫犯罪，徒杖如齊民，惟免黥面，詔自今但犯罪當黥，即准法同科。詔自今三犯竊盜者，黥額、徒三年；四則黥面、徒五年；至於五則處死。興宗重熙二年，有司奏：「元年詔曰，犯重罪徒終身者，加以捶楚，而又黥面。是犯一罪而具三刑，宜免黥。其職事官及宰相、節度使世選之家子孫，犯姦罪至徒者，未審黥否？」上諭曰：「犯罪而悔過自新者，亦可用之人，一黥其面，終身爲辱，朕甚憫焉。」後犯終身徒者，止刺頸。奴婢犯逃，若盜其主物，主無得擅黥其面，刺臂及頸者聽。犯竊盜者，初刺右臂，再刺左，三刺頸之右，四刺左，至于五則處死。

《聖宗紀》：統和二十九年五月，詔帳族有罪，黥墨依諸部人例。

金

《金志》：太宗天會七年，詔凡竊盜，但得物徒三年，十貫以上徒五年，刺字充下軍，三十貫以上徒終身，仍以贓滿盡命刺字於面，五十貫以上死。

元

《元史·刑法志》：諸倉庾官吏與府州司縣官吏人等，以百姓合納稅糧，通同攬納，接受折價飛鈔者，十石以上，各刺面，杖一百七。　諸海道運糧船户，盜糶官糧，詐稱遭風覆没者，計贓刺斷，雖會赦，仍刺之。　諸南北兵馬司，罪囚八十七以下，決遣；應刺配者，就刺配之。　諸審囚官强愎自用，輒將蒙古人刺字者，杖七十七，除名，將已刺字去之。以上職制。　諸爲人子孫，爲首同他盜發掘祖宗墳墓，盜取財物者，以惡逆論，雖遇大赦原免，仍刺字徙遠方屯種。以上大惡。　諸竊盜初犯，刺左臂，謂已得財者。再犯刺右臂，三犯刺項。　强盜初犯刺項，並充（景）〔警〕跡人，官司以法拘檢關防之。其蒙古人有犯，及婦人犯者，不在刺字之例。　諸强盜再犯，仍刺。　諸燒鈔庫合干檢鈔行人，輒盜昏鈔出庫分使者，刺斷。　諸盜局院官物，雖贓不滿貫，仍加等，杖七十七，刺字。　諸工匠已關出庫物料，成造及額餘外，不曾還官，因盜出局者，斷罪，免刺。　諸發冢得財不傷屍，杖一百七，刺配。　諸於迴野盜伐人材木者，免刺，計贓科斷。　諸竊盜贓不滿貫，斷罪，免刺。　諸被誘脅上盜，不曾分贓，而容隱不首者，杖六十七，免刺。　諸先犯誘姦婦人在逃，後犯竊盜，二事俱發，以誘姦爲重，杖從姦，刺從盜。　諸詐稱收稅，攔頭剽奪行李財物者，以盜論，刺斷，充（景）〔警〕跡人。　諸盜米糧，非因饑饉者，仍刺斷。　諸盜塔廟神像服飾，無人看守者，斷罪，免刺。　諸竊盜應徒，若有祖父母、父母年老，無兼丁侍養者，刺斷免徒；再犯而親尚存者，候親終日，發遣居役。　諸女直人爲盜，刺斷同漢人。　諸年饑民窮，見物而盜，計贓斷罪，免刺配。　諸竊盜，一歲之中頻犯者，從一重，論刺斷。　諸年饑，迫其子若壻同持仗行劫，子若壻減死一等，坐免刺。　諸父爲人誘爲盜，疾不能往，命其子從之，而分其贓者，父減爲從一等，免刺，子以爲從論。　諸兄弟同盜，皆刺。　諸奴盜主財，斷罪，免刺。　諸盜雇主財者，免刺。　諸同主奴相盜，斷罪，免刺。　諸軍人爲盜，刺斷，免充（景）〔警〕跡人。　諸守庫藏軍人，輒爲首誘引外人偷盜官物，但經二次三次入庫爲盜，及提鈴把門軍人，受贓縱賊者，皆處死。　爲從者，杖一百七，刺字流遠。　諸見役軍人在逃，因爲竊盜得財，杖一百七，仍刺字，杖從逃軍，刺從盜。　諸僧道爲盜，同常盜，刺斷。　諸僧道盜其親師祖、師父及同師兄弟財者，免刺。　諸幼小爲盜，事發長大，以幼小論。　未老疾爲盜，事發老疾，以老疾論。　其所當罪，聽贖，仍免刺配，諸犯罪亦如之。　諸年未出幼，再犯竊盜者，仍免刺。　諸竊盜年幼者爲首，年長者爲從，爲首仍聽贖免刺配，爲從依常律。　諸掏摸人身上錢物者，初犯、再犯、三犯，刺斷徒流，並同竊盜法。　諸盜親屬馬牛，事未覺自首，願償價，不從，既送官，仍以自首論，免刺。　諸强盜行劫，爲主所逐，分散奔走，爲首者殺傷鄰人，爲從者不知，不以殺傷事主不分首從論，爲首者處死，爲從者杖一百七，刺配。　諸竊盜棄財拒捕，毆傷事主者，杖一百七，免刺。　諸爲盜先竊後强，會赦，其下手殺傷事主者，不赦，餘仍刺而釋之。　諸藏匿强竊盜賊，若未行盜，及行盜之後，知情藏匿之家，各減强竊從賊一等科斷，免刺。諸謀欲圖人所質之田，輒遣人强劫贖田之價者，主謀、下手一體刺斷，其卑幼爲尊長驅役者免刺。諸先犯强盜刺斷，再犯竊盜，止依再犯竊盜刺配。諸色目人犯盜，免刺。諸爲盜經刺，自除其字，再犯非理者，補刺。五年不再犯，已除籍者，不補刺，年未滿者仍補刺。諸盜賊赦前擅去所刺字，不再犯，赦後不補刺。諸應刺左右臂，而臂有雕青者，隨上下空歇之處刺之。諸犯竊盜已經刺臂，卻偏文其身，覆蓋元刺，再犯竊盜，於〔手〕背刺之。諸累犯竊盜，左右項臂刺徧，而再犯者，於項上空處刺之。諸脅從上盜，而不受贓者，止以不首之罪罪之，杖六十七，不刺。諸爲盜得財者，聞有涉疑根捕，卻以贓還主者，減二等論罪，免徒刺及倍贓。諸竊盜因事主盤詰，而自首服，其贓未還主者，計贓減二等論罪，刺字。諸無服之親，相首爲盜，止科盜罪，免刺配。諸竊盜悔過，以贓還主不盡，其餘贓猶及刺罪者，仍刺之。以上盜賊。諸故燒官府廨宇，及有人居止宅舍，無問舍宇大小，財物多寡，比同强盜，免刺，杖一百七，徒三年。其無人居止空房，并損壞財物，及田場積聚之物，同竊盜，免刺，計贓斷罪。因盜取財物者，同强盜，刺斷。諸挾仇放火，隨時撲滅，不曾延燎者，比强盜。不曾傷人不得財，杖七十七，徒一年半，免刺。以上禁令。

明

《明史·刑法志》：正統八年，大理寺言：「律載竊盜初犯刺右臂，再犯刺左臂，三犯絞。今竊盜遇赦再犯者，咸坐以初犯，或仍刺右臂，或不刺。請定爲例。」章下三法司議，刺右遇赦再犯者刺左，刺左遇赦又犯者不刺，立案。赦後三犯者絞。帝曰：「竊盜已刺，遇赦再犯者依常例擬，不論赦，仍通具前後所犯以聞。」

洪武三十年，御製《大明律序》，合黥刺者，除逆黨家屬并律該載外，其餘有犯俱不黥刺。

明律凡稱與同罪者，止坐其罪，不在刺字、絞斬之限。准盜論，免刺字；以盜論，刺字。凡白晝搶奪人財物者，並於右小臂膊上刺「搶奪」二字。《纂注》：其搶奪再犯者，照例於右臂膊重刺。凡竊盜已行而不得財，免刺；但得財者，初犯並於右小臂膊上刺「竊盜」二字，再犯刺左小臂膊，三犯者絞。以曾經刺字爲坐，掏摸者罪同，若軍人爲盜免刺。凡盜田野穀麥菜果及無人看守器物者，免刺。凡各居親屬相盜財物者，並免刺。其同居奴婢雇工人，盜家長財物及自相盜者，免刺。凡恐嚇取人財物者，免刺。凡用計詐欺官私以取財物者，免刺。若冒認及誆賺局騙拐帶人財物者，免刺。凡發掘墳冢盜取器物甎石者，免刺。其知人强竊後而分贓者，免刺。凡盜賊曾經刺字，若有起除原刺字樣者，補刺。

按：觀於御製序文，是明祖於刺字一端亦極慎重，不輕刺也。律內該載者亦止搶奪、竊盜兩項，逆黨家屬，律無明文，不知刺何字樣，殆亦臨時決定，並非一概刺字歟？光緒丙戌，余輯《刺字集》五卷，付之手民，以備官司援引。復彙輯自古刑法有關刺字者，成《刺字考》一卷，非徒考厥源流，亦藉以究其得失。今刺字已奏準删除，《刺字集》一書已同故紙，惟此卷尚可備考古者之參稽，因編入《歷代刑法考》內，而删去舊名，識其緣起於此。宣統元年三月，家本記。

釱

《史記·平準書》：「敢鑄鐵器煮鹽者，釱左趾。《集解》：「韋昭曰，釱，以鐵爲之，著左趾以代刖也。」《索隱》：「按《三蒼》云，釱，踏腳鉗也。」《字林》：「徒計反。」張斐(漢書)《漢晉律序》云：「狀如跟衣，著足下，重六斤，以代臏，至魏武改以代刖也。」按上「足」字當作「右」。

《急就篇》：鬼薪白粲鉗釱髡。顏注：「以鐵錔頭曰鉗，踏足曰釱。」

《說文》：「鉗，以鐵有所劫束也。釱，鐵鉗。」桂氏《義證》：「鐵鉗也者，《御覽》引作『脛鉗』也。《字書》『在足曰釱』。《蒼頡篇》『鉗，釱也』。《管子·幼官篇》『刑則交寒害釱』。」劉績注云：「釱，鉗械人足也。」《漢書·陳萬年傳》「或私解脱鉗釱」，顏注：「鉗在頸，釱在足，以鐵爲之。」《後漢書·朱穆傳》：「臣願黥首繫趾。」注：「繫趾，謂釱其足也，以鐵著足曰釱。」

《晉書·刑法志》：魏武定甲子科，犯釱左右趾者易以木械。是時乏鐵，故易以木焉。

按：《漢志》：文帝改當斬左止者笞五百；當斬右止，已論命復有笞罪者，棄市。景帝元年，減笞五百曰三百。中六年，又減笞三百曰笞二百。而不及釱刑，是景帝時尚未定，此法當在武帝之世，殆以笞二百尚有死者故改之歟？「斬右止，已論命復有笞罪者，棄市」，其無笞罪，定以何罪？《志》亦不詳，疑「已論命而無笞罪者」即釱右止，可由左止而推，故史略之也。《後漢書·帝紀》赦詔多列右止之名，魏世尚兼有釱左右趾之法。

刑法分考八

充軍

《史記·始皇紀》：三十三年，發諸嘗逋亡人、贅壻、賈人略取陸梁地。二世二年冬，陳涉所遣周章等將西至戲，兵數十萬。二世大驚，與羣臣謀曰：「奈何？」少府章邯曰：「盜已至，衆彊，今發近縣不及矣。酈山徒多，請赦之，授兵以擊之。」二世乃大赦天下，使章邯將，擊破周章軍。

按：發罪人以從軍自秦始，卽其謫戍亦充軍也。詳謫戍。

《漢書·高紀》：十一年秋七月，淮南王布反。上赦天下死罪以下，皆令從軍；徵諸侯兵，上自將以擊布。

《武紀》：元鼎五年夏四月，南越王相呂嘉反，殺漢使者及其王、王太后。遣伏波將軍路博德出桂陽，下湟水；樓船將軍楊僕出豫章，下湞水；歸義越侯嚴爲戈船將軍，出零陵，下離水；甲爲下瀨將軍，下蒼梧。皆將罪人。江淮以南樓船十萬人，越馳義侯遺別將巴蜀罪人，發夜郎兵，下牂柯江，咸會番禺。元封二年，朝鮮王攻殺遼東都尉，迺募天下死罪擊朝鮮。秋，遣樓船將軍楊僕、左將軍荀彘將應募罪人擊朝鮮。六年，益州、昆明反，赦京師亡命令從軍，遣拔胡將軍郭昌將以擊之。太初元年，遣貳師將軍李廣利發天下讁民西征大宛。　天漢四年春正月，發天下七科讁及勇敢士，遣貳師將軍李廣利將六萬騎、步兵七萬人出朔方。　注：「張晏曰，吏有罪一，亡命二，贅壻三，賈人四，故有市籍五，父母有市籍六，大父母有市籍七，凡七科也。」

《昭紀》：元鳳元年，武都氐人反，遣執金吾馬適建、龍頟侯韓增、大鴻臚廣明將三輔、太常徒，皆免刑擊之。

《宣紀》：神爵元年，西羌反，發三輔、中都官徒弛刑，及應募佽飛射士、羽林孤兒，胡、越騎，三河、潁川、沛郡、淮陽、汝南材官，金城、隴西、天水、安定、北地、上郡騎士、羌騎，詣金城。

《後漢書·顯宗紀》：永平八年冬十月，詔三公募郡國中都官死罪繫囚，減皋一等，勿笞，詣度遼將軍營，屯朔方、五原之邊縣；妻子自隨，便占著邊縣。注：「占著謂附名籍。」父母同産欲相代者，恣聽之。凡徙者，賜弓弩衣糧。　九年春，詔郡國死罪囚減罪，與妻子詣五原、朔方占著，所在死者皆賜妻父若男同産一人復終身；其妻無父兄獨有母者，賜其母錢六萬，及復其口算。　十六年九月，詔令郡國中都官死罪繫囚減死罪一等，勿笞，詣軍營，屯朔方、敦煌；妻子自隨，父母同産欲求從者，恣聽之；女子嫁爲人妻，勿與俱。謀反大逆無道不用此書。　十七年秋，令武威、張掖、酒泉、敦煌及張掖屬國，繫囚右止已下任兵者，皆一切勿治其罪，詣軍營。

《肅宗紀》：建初七年，詔天下繫囚減死一等，勿笞，詣邊戍；妻子自隨，占著所在；父母同産欲相從者，恣聽之；有不到者，皆以乏軍興論。　元和元年秋八月，改元，郡國中都官繫囚減死一等，勿笞，詣邊縣；妻子自隨，占著在所。章和元年夏四月丙子，令郡國中都官繫囚減死一等，詣金城戍。秋，死罪囚犯法在丙子赦前而後捕繫者，皆減死，勿笞，詣金城戍。九月，詔郡國中都官繫囚減死罪一等，詣金城戍。

《和紀》：永元元年冬，令郡國弛刑輸作軍營。其徒出塞者，刑雖未竟，皆免歸田里。八年秋，詔郡國中都官繫囚減死一等，詣敦煌戍。

《安紀》：元初二年冬，遣中郎將任尚屯三輔。詔郡國中都官繫囚減死一等，勿笞，詣馮翊、扶風屯，妻子自隨，占著所在；女子勿輸。延光三年九月，詔郡國中都官死罪繫囚減死一等，詣敦煌、隴西及度遼營。

《順紀》：永建元年冬，詔減死罪以下徙邊。五年冬，詔郡國中都官死罪繫囚皆減罪一等，詣北地、上郡、安定戍。建康元年冬沖帝已卽位。令郡國中都官繫囚減死一等，徙邊；謀反大逆不用此令。

《桓紀》：建和元年，減天下死罪一等，戍邊。和平元年冬，減天下死罪一等，徙邊戍。永興元年冬、同上。二年秋。同上。

按：漢代戍邊之事東京爲多，其初爲守邊計，其後遂爲死罪遇赦減等之法。始于永平，訖于永興，蓋已著于令甲矣。洎乎建安，天下分裂，遂無此事。

《通考》一百六十八：宋制：爲劫者身斬，家人棄市，同籍周親謫補兵。

《隋書·刑法志》：梁律：劫身皆斬，妻子補兵。陳同。

按：子可爲兵，妻乃婦女，其補兵者不知何以處之，抑第充廝役之事歟？

北齊流刑，投於邊裔，以爲兵卒。詳流。

按：北齊之流，卽後代之充軍也。

《隋志》：自魏、晉相承，死罪其重者，妻子皆以補兵。

按：據此則妻子補兵不僅爲劫者矣。

《隋志》：開皇十三年，改徒及流並爲配防。

按：配防似卽戍邊之意。

《唐書·刑法志》：玄宗詔：「徒非重刑，而役者寒暑不釋械繫。杖，古以代肉刑也，或犯非巨蠹而捶以至死，其皆免，以配諸軍自効。」

按：此一時寬典，非常制。

《宋史·刑法志》：凡應配役者傅軍籍，用重典者黥其面。會赦，則有司上其罪狀，情輕者，縱之；重者，終身不釋。太宗以國初諸方割據，沿五代之制，罪人率配隸西北邊，多亡投塞外，誘羌爲寇，乃詔：「當徒者，勿復隸秦州、靈武、通遠軍及緣邊諸郡。」時江、廣已平，乃皆流南方。先是，犯死罪獲貸者，多配隸登州沙門島及通州海島，皆有屯兵使者領護。而通州島中凡兩處官煮鹽，豪强難制者隸崇明鎮，懦弱者隸東州市。太平興國五年，始令分隸鹽亭役之，而沙門如故。端拱二年，詔免嶺南流配荷校執役。始令雜犯至死貸命者，（按：此句以下至「止隸諸州牢城」，《宋會要·刑法》四之三繫於咸平元年十二月，疑「始令」上有脱文。）勿流沙門島，止隸諸州牢城。帝欲寬配隸之刑，祥符六年，詔審刑院、大理寺、三司詳定以聞。既而所犯茶鹽礬麴、私鑄造軍器、市外蕃香藥、挾銅錢誘漢口出界、主吏盜貨官物、夜聚爲妖，比舊法咸從輕減。

乾興以前，州軍長吏，往往擅配罪人。仁宗即位，首下詔禁止，且令情非巨蠹者，須奏待報。又詔諸路按察官，取乾興赦前配隸兵籍者，列所坐罪狀以聞。自是赦書下，輒及之。

罪人貸死者，舊多配沙門島，至者多死。景祐中，詔當配沙門島者，第配廣南地牢城；（按：《續資治通鑑長編》一一九、《通考》一六八《刑考》作「廣南遠惡地牢城」，《宋會要·刑法》四之一九作「廣南遠惡軍牢城」，疑此處「地」上脫「遠惡」二字。）廣南罪人，乃配嶺北。然其後又有配沙門島者。慶曆六年，又詔曰：「如聞百姓抵輕罪，而長吏擅刺隸他州，朕甚憫焉。自今非得於法外從事者，毋得輒刺罪人。」

配隸重者沙門島砦，其次嶺表，其次三千里至鄰州，其次羈管，其次遷鄉。

熙寧六年，審刑院言：「登州沙門島配隸，以二百人爲額，餘則移置海外，非禁姦之意。」詔以三百人爲額。廣南轉運使言：「春州瘴癘之地，配隸至者十死八九，願停配罪人。」詔：「應配沙門島者，許配春州，餘勿配。」既而諸配隸除凶盜外，少壯者並寘河州，止五百人。初，神宗以流人去鄉邑，疾死於道，而護送禁卒，往來勞費，用張誠一之議，隨所在配諸軍重役。後中丞黃履等言，罷之。元祐六年，刑部言：「諸配隸沙門島，强盜殺人縱火，贓滿五萬錢、强姦毆傷兩犯至死，累贓至二十萬錢、謀殺致死，及十惡死罪，造蠱已殺人者，不移配。强盜徒黨殺人不同謀，贓滿二十五萬，遇赦移配廣南，溢額者配遠惡。餘犯遇赦移配荆湖南北、福建路諸州，溢額者配隸廣南。在沙門島滿五年，遇赦不該移配與不許縱還而年及六十以上者，移配廣南。在島十年者，依餘犯格移配。篤疾或年及七十在島三年以上，移配近鄉州軍。犯狀應移而老疾者同。其永不放還者，各加二年移配。」後又定：「沙門島已溢額，移配瓊州、萬安軍、昌化、朱崖軍。」《通考》云紹聖三年。熙甯三年，中書上刑名未安者五：其三，刺配之法二百餘條，其閒情理輕者，亦可復古徒流移鄉之法，俟其再犯，然後決刺充軍。其配隸並減就本處，或與近地。凶頑之徒，自從舊法。編管之人，亦迭送他所，量立役作時限，無得髡鉗。

按：宋代刺配之法，沿于石晉。《祥符編敕》止四十六條，慶曆增百七十餘條，熙甯中又增至二百餘條，雖經中書奏請詳議，迄不果行。至於淳熙增至五百七十條，以視祥符十餘倍矣。《宋志》言，配法日多，犯者日衆，黥配之人，所至充(軍)〔斥〕。羅點言其太重，敕刑、寺集議，迄如舊制。積重難返，是可慨也。竊嘗思之，其因亦有數端：淺躁之倫，不求甚解，一法之誤，諸法相因而生。見聞所習，積非成是，此一因也。剛暴之徒，意存苛虐，舊法已重，猶以爲輕，欲稍減輕，決非所喜，此一因也。昏庸之輩，事理不明，是者或以爲非，非者反以爲是，既無決擇，惟事因循，此一因也。媢嫉之流，性多猜忌，議非己出，好立異同，不論公是公非，但欲申其博辯，此一因也。迂拘之士，蹈習故常，謂舊章不可愆忘，謂祖制烏容變亂，改弦易轍，深以爲非，此一因也。宋時中書諸公手握政權，尚不能竟行其說，羅點之議，朝廷亦曾採擇，臣僚亦曾贊成，而其事仍格而不行，況其他哉，噫！

《通考》一百六十八：紹興二十四年，詔諸路州軍有編管之人願充廂軍者聽。

按：《宋史·高宗紀》敕編管人充廂軍在是年，卽此事。

《通考》：又光宗紹熙二年，知瓊州黃揆言：「今中外之姦民以罪抵死而獲貸者，必盡投之海外以爲兵，是聚千百虎狼而共置之一丘也。今日積者已多，而纍纍遞送者方來未已，一旦稔惡積釁，潰裂四出，臣恐偏州之民，項背不能帖席而臥也。請自今凡凶惡貸死而隸於流籍者，許分之沿江諸屯及其他遠惡之地，無專指海外以爲凶藪，庶幾陰消潛削，不至滋蔓流毒偏方。」從之。

按：凶惡之人麕聚一處，固虞生事，然既以爲兵而無法以管束之，是徒有兵之名矣。法久則敝，此其一也。

《通考》：又紹熙三年，臣僚言：「配法自有年限，方許放停。近來更不照應，一二年閒，隨卽放便，是致人皆玩法，以配爲常。請行下諸路，應犯法刺配，如至本州，須依條限，方許放停。如限内再有所犯，乞撥入屯駐軍中重役，永不放便。」從之。甯宗嘉泰四年四月，臣僚言：「後世衣食之路日蹙，犯法者衆，配隸之人中路多逸，及到配所，州郡憚於贍養，往往故縱不捕，此徒雖幸脱免，而其身實無所容於天地閒，饑寒切身，若非羣衆販買私商，卽是聚爲强盜。配隸之人，蓋有兩等：其閒鄉民一時鬬毆殺傷及胥吏犯贓貸命流配等人，設使逃逸，未必皆是强勇，能爲大過。欲止徒配本州牢城重役，立爲條限，限滿，給據復爲良民。至於累犯强盜及聚衆販賣私商，曾經殺傷捕獲之人，皆能跳梁山溪，運動兵仗，非村民胥吏之比。欲並配屯駐軍，立爲年限，限滿改刺，從正軍衣糧，誠爲利便。」從之。

按：觀此兩條，是宋之刺配有充軍者，有重役者，如何分別，當別有條章，今不詳矣。

《名臣奏議》二百十一：翰林學士張方平請減刺配刑名箚子略曰：「按歷代刑法之制，蓋自漢文除肉刑而用箠令，于後沿革，世有增損，大體笞、杖、徒、流、大辟，爲法五等。至隋，高熲以經世之才議定科律，笞以一十至五十，杖以六十至一百，徒以一年至三年，流以一千至二千里，大辟以絞斬，蠲損前代鞭刑、梟首、轘裂之法。輕重之準，識者以爲盡天下之平。唐室遵用，唯加流刑以二千里至三千里，然而笞杖皆用竹，其徒流者不加杖，若加杖者卽免役。諸犯徒應居作者，在京送將作監，婦人送少府監縫作。在外者，供當處官役，婦人配舂。犯流應配者，三流俱役一年，加役流者流三千里，役三年。若家無兼丁與工樂雜户太常音聲人及習天文并給使散使者，方加杖免役，還充本邑。皇朝建隆四年，太祖自立一王之法，始建折杖之制。一百折二十，以次爲差。杖制用木而大，於箠各有重輕之令。犯徒者加杖免役，犯流者加杖配役。其情罪尤重者，更爲加杖刺配之法。逮今百年，雖累聖以慈恕御天下，留神刑典，而科禁條章，其實煩密。四朝編敕，自建隆、開寶、興國、淳化、咸平、祥符、天聖、慶曆，八經詳定，門目寖廣，其刺配之條比前代絶重。前代加役流卽不加杖，又役滿卽放，或會赦卽免。今刺配者，先具徒、流、杖之刑，而更黥刺，服役終身。其配遠惡州軍者，無復地里之限。祖宗之世，此條尚稀，臣嘗檢會《祥符編敕》刺配之罪四十六條、《天聖編敕》五十四條、今《慶曆編敕》九十九條，諸係禁奏取旨又七十一條，比之天聖，蓋已增倍。其閒亦有一條該刑名數節，詳而究之，比《祥符敕》幾三倍矣。乞差官據《慶曆編敕》及《續降敕》諸刺配條，重行施用，議從減除。」

《名臣奏議》二百十一：蘇頌請重議加役流疏略曰：「昔漢文帝感一女子之言而制髡鉗代肉刑，則有城旦、鬼薪、司寇之差。唐太宗納裴宏獻之議而立加役流代斬止，則有三歲居作之限。今欲寬省嚴誅，又憫配隸轉徙之勞，莫如重議加役流法。」

洪氏邁云：秦之末造，赭衣半道，而姦不息。宋制減死一等及胥吏兵卒配徒者，涅其面而刺之，本以示辱，且使人望而識之耳。久而益多，每郡牢城營，其額常溢，殆至十餘萬，凶盜處之恬然。蓋習熟而無所恥也。羅隱《讒書》云：「九人冠而一人髽，則髽者慕而冠者勝；九人髽而一人冠，則冠者慕而髽者勝。」正謂是歟？《老子》曰：「民常不畏死，柰何以死懼之。若使民常畏死，則爲惡者吾得執而殺之，孰敢？」可謂至言。

邱氏濬曰：《舜典》「象以典刑」，五刑也，於五刑之外，有流、有鞭、有扑、有贖，是爲九刑。宋人承五代，爲刺配之法，既杖其脊又配其人，而且刺其面，是一人之身一事之犯而兼受三刑也。宋人以忠厚立國，其後子孫受禍最慘，意者以其刑法太過。杖人之脊，刺人之面，皆漢、唐所無者。歟！故其末世子孫，生者有繫累之苦，死者遭暴露之禍，後世用刑者宜以爲戒。宋人於今五刑之外又爲刺配之法，豈非所謂六刑乎？聚罪廢無聊之人於牢城之中，使之合羣以搆怨，其憤憤不平之心，無所於洩心中之意，雖欲自新，而面上之文已不可去，其亡去爲盜，挺起爲亂，又何怪哉？宋江以三十六人横行河朔，迄不能制之，是皆刺配之徒，在在而有，以爲之耳目故也。

按：刺配之法，宋人多議其非，欲改而終不行，習慣之難改如此。一罪三刑，明時不免，如竊盜犯徒以上，又配、又杖、又刺，邱氏之言，殆譏當世歟。

《金史·刑志》：天會七年，詔凡竊盜，但得物徒三年，十貫以上徒五年，刺字充下軍。

《元史·世祖紀》：至元二年十月，詔隨路私商曾入南界者，首實免罪充軍。十年十月，有司斷死罪五十人，詔加審覆，其十三人因鬭毆殺人，免死充軍，餘令再三審覆。十九年十一月，中書省臣言：「天下重囚，除謀反大逆，殺祖父母、父母，妻殺夫，奴殺主，因姦殺夫，並正典刑外，餘犯死罪者，令充日本、占城、緬國軍。」從之。

《元典章》刑十一流遠出軍地面條：大德十一年，都省准擬合出軍的賊令，各路官司依例發遣。漢兒、蠻子人申解遼陽省，發付大帖木兒出軍；色目、高麗人申解湖廣省，發付劉二拔都出軍。

按：大帖木兒亦作奴兒干，劉二拔都亦作極邊地面。成宗元貞元年秋七月，立肇州屯田萬户府，以遼陽行省左丞阿散領其事。

《明史·刑法志》：五刑之外，其重者曰充軍。充軍，明初惟邊方屯種，後定制，分極邊、烟瘴、邊遠、邊衞、沿海、附近。軍有終身，有永遠。初制流罪三等，視地遠近，邊衞充軍有定所。蓋降死一等，唯流與充軍爲重。然《名例律》稱二死三流各同爲一減。如二死遇恩赦減一等，即流三千里；流三等以《大誥》減一等，皆徒五年。犯流罪者，無不減至徒罪矣。故三流常設而不用。而充軍之例爲獨重。律充軍者凡四十六條，《諸司職掌内》二十二條，則洪武間例皆律所不載者。其嘉靖二十九年條例，充軍凡二百十三條，與萬曆十三年所定大略相同。洪武二十六年定，應充軍者，大理寺審訖，開付陝西司，本部置立文簿，注姓名、年籍、鄉貫。有逃故，按籍勾補。其後條例有發烟瘴地面、極邊、沿海諸處者，例各不同。而軍有終身，有永遠。永遠者，罰及子孫，皆以實犯死罪減等者充之。明初法嚴，縣以千數，數傳之後，以萬計矣。有丁盡户絶，止存軍產者，或并無軍產，户名未除者，朝廷歲遣御史清軍，有缺必補。每當勾丁，逮捕族屬、里長，延及他甲，雞犬爲之不寧。論者謂既減死罪一等，而法反加於刀鋸之上，如革除所遣謫，至國亡，戍籍猶有存者，刑莫慘於此矣。嘉靖間，有請開贖軍例者。世宗曰：「律聽贖者，徒杖以下小罪耳。死罪矜疑，乃減從謫發，不可贖。」御史周時亮復請廣贖例。部議審有力者銀十兩，得贖三年以上徒一年，稍有力者半之。而贖軍之議卒罷。御史胡宗憲言：「南方之人不任兵革，其發充邊軍者，宜令納銀自贖。」部議以爲然。因擬納例以上。帝曰：「豈可預設此例，以待犯罪之人。」復不允。萬曆二年罷歲遣清軍御史，并於巡按，民獲稍安，給事中徐桓言：「死罪雜犯准徒充軍者，當如其例。」給事中嚴用和請以大審可矜人犯，免其永戍。皆不許。而命法司定例：「奉特旨處發叛逆家屬子孫，止於本犯親枝内勾補，盡絶即與開豁。若未經發遣而病故，免其勾補。其實犯死罪免死充軍者，以著伍後所生子孫替役，不許勾原籍子孫。其他充軍及發口外者，俱止終身。」崇禎十一年諭兵部：「編遣事宜，以千里爲附近，二千五百里爲邊衞，三千里外爲邊遠，其極邊烟瘴以四千里外爲率。止拘本妻，無妻則已，不許擅勾親鄰。如衰痼老疾，准發口外爲民。」十五年又諭：「欲令引例充軍者，准其贖罪。」時天下已亂，議卒不行。明制充軍之律最嚴，犯者亦最苦。親族有科歛軍裝之費，里遞有長途押解之擾。至所充之衞，衞官必索常例。然利其逃去，可乾没口糧，每私縱之。其後律漸弛，發解者不能十一。其發極邊者，長解輒賄兵部，持勘合至衛，虚出收管，而軍犯顧在家偃息云。

按：《志》言律充軍四十六條，而以明律考之，邊遠二十一條，各衛十八條，共三十九條，與《志》所言不合，未詳。

諸司職掌刑部司門科編發囚軍條：凡本部問有應合充軍者，必須照依律與《大誥》内議擬明白，大理寺審無冤枉，開付陝西司，本部置立文簿，注寫各人姓名、年籍、鄉貫、住址明白，照依南北籍編成排甲，每一小甲，軍一十名，總甲管軍五十名，每百户該管一百一十二名，一樣造册二本，將各總、小甲軍人姓名、年籍、鄉貫、住址并該管百户姓名充軍衛分注寫明白，一本進赴内府收照，一本同總、小甲軍人責付該管百户領去充軍，仍咨呈該府作數。如浙江、河南、山東、陝西、山西、北平、福建，并直隸應天、廬州、鳳陽、淮安、揚州、蘇州、松江、常州、和州、滁州、徐州人，發雲南、四川屬衛，江西、湖廣、四川、廣東、廣西，并直隸太平、甯國、池州、徽州、廣德、安慶人，發北平、大甯、遼東屬衛。其軍人遇有逃故，該管百户具呈合干上司，照籍勾補。合編充軍、販賣私鹽、詭寄田糧、私充牙行、私自下海、閑吏、土豪、應合抄劄家屬、積年民害官吏、誣告人充軍、無籍户、攬納户、舊日山寨頭目、更易姓名家屬、不務生理、游食、斷指誹謗、小書生、主文、野牢子、幫虎、伴當、直司。

按：合編充軍二十二條，强半爲律文所不載，而《大誥》所載有不止充軍者。今將各款目條列于左，律文《大誥》分注于下。

販賣私鹽課程　　律無例有，《大誥》未見。

詭寄田糧田宅　律無例有，《大誥》正編「詭寄田糧」第三十九條云，將自己田地移坵換段詭寄他人及灑派等項，事發到官，全家抄没。續編四十五條。

私充牙行市廛　律無例有，《大誥》續編八十二條。

私自下海私出外境及違禁下海　律云，凡將馬牛軍需、鐵貨銅錢、緞疋紬絹絲緜私出外境貨賣及下海者，杖一百。

閑吏濫設官吏　律云，其罷閒官吏在外干預官事、結攬寫發文案、把持官府蠹政害民者，並杖八十。於犯人名下追銀二十兩充賞，仍於門首書寫過名，三年不犯，官爲除去。再犯加二等。遷徙有所規避者，从重論。《大誥》鄉民除患第五十九條：今後布政司府州縣在役之吏、在閒之吏、城市鄉村老姦巨猾頑民，專一起滅詞訟、教唆陷人、通同官吏害及州里之間者云云，幫縛赴京，罪除民患，以安良民。敢有邀截阻當者，梟令。又續編容留濫設第七十三條云，容留罷閒、擅便濫設、祇禁吏員等項，律已有條，所在諸司往往故違律法，委員受刑，容留此輩，以致剥削吾民，每每加罪於此等官吏云云。《況鍾集·通禁蘇民積弊榜示》有積年隸兵、罷閒吏典、主文、刁民勢豪人等一條。

土豪　律、例多豪强之文而無土豪名目，《大誥》亦無。況鍾《榜示》有勢豪，其嚴革諸弊榜示有土豪、大户語。

應合抄劄家屬　律、例、《大誥》並無文。

積年民害官吏　律、例無文，《大誥》有。

誣告人充軍　律有專條，《大誥》未及。

無籍户　律無，例有無籍之徒而無無籍户名目。《大誥》亦無專文，惟攬納虛買實收第十九條有無籍之徒，水災不害第三十二條有無籍頑民，納糧入水第五十二條有姦頑無籍之民。

攬納户攬納税糧　律凡攬納税糧者，杖八十。即所謂攬納户也。《大誥》有。此可見明之初年，糧户不皆自己納糧，有此攬納之人也。

舊日山寨頭目　律、例、《大誥》並無明文。明初，大亂初平，此等人尚不少，故有此目，承平日久，自無此等人矣。

更名易姓家屬　律、例、《大誥》並無明文。

不務生理　律、例無文，《大誥》有。況鍾《榜示》一有等頑民，不務生理，專一包攬軍需顔料，科欲害民，以一得十，侵欺入己，經手不納，及官府催併實收，捏告人户拖欠，重行灑小民者，又禁棍惡積弊，又有等不務生理，游手好閒云云。此可見明初風俗之敝。

游食　律、例無，《大誥》有。

斷指誹謗　律、例無，《大誥》有。

小書生　律、例、《大誥》並無文。惟《大誥》罷除濫設條内所稱幫閒名目有小官一項，未知即小書生否。詳幫虎。

主文　律、例無文。《大誥續編》松江逸民爲害條：自開國以來，惟兩浙、江西、兩廣、福建所設有司官，未嘗任滿一人，往往未及終考，自不免乎贓，貪官固非人，實由所在吏卒，并在閑不務生理之徒、安保茶食之輩，浸潤説誘，陷害者多。今洪武十九年，松江府吏卒有犯，都察院詢問害民之由，其所供也止松江一府。其不務生理者，專於衙門阿附役吏皁隸，夤緣害民。吏其名曰正吏，曰主文，曰寫發。皁隸其名曰正皁隸，曰小弓兵，曰直司。牢子其名曰正牢子，曰小牢子，曰野牢子。此三等牢子，除正牢子合應正役外，餘有小牢子、野牢子九百餘名，皆不務生理，紛然於城市鄉村擾害吾民。

野牢子　律、例無，《大誥》見上。

幫虎　律、例無。《大誥》罷除濫設條：松江一府坊廂中，不務生理交結官府者一千三百五十名，蘇州坊廂一千五百二十一名，嗚呼！務業者有限，此等不務生理者如許，皆是市井之徒。幫閑在官，自名曰小牢子、野牢子、直司、主文、幫虎，其名凡六。不問農民急務之時，生事下鄉，攪擾農業。芒種之時，此等賫執批文，抵農所在，或就水車上鎖人下車者有之，或就手内去其秧苗鎖人出田者有之。觀上條及此條情形，當時民閑受其擾害非尋常可比，宜太祖以重法繩之也。

直司　律、例無，《大誥》見上。

伴當　律無例有，《大誥》未見。

以上二十二條，乃洪武閒辦法，其中亦有律所已具而不在充軍之列者，則後來已改從輕矣。至如斷指誹謗，乃洪武十九年福建沙縣民羅輔等十三人朋姦誹謗，卻説如今朝廷法度好生利害，我每各斷了手指便没用了。此亦偶有，此事遂定爲專條。又如舊日山寨頭目，其初有此等人，久亦無之，故後來此等名目皆不用也。

《續通考》一百三十七：英宗正統五年，刑部議定：凡罪囚無力贖罪者，沿海邊衛旗軍舍，餘照舊例的決，還役隨住。陝西民雜犯死罪，文職官吏知印承差，贓罪滿貫，照例發往莊浪等衛安遠等遞運所充軍擺站，其餘各處軍職旗軍舍，餘笞杖的決。雜犯死罪、五年流罪、四年徒罪，照徒年限。福建、浙江、山東發本處沿海，貴州、四川、廣西、雲南、陝西、湖廣發本處沿邊，廣東發廣西沿邊，江西、南直隸發浙江金山衛沿海，北直隸、河南發宣府，俱送總兵官處定撥衛所立功，備禦瞭哨，滿日發回衛所，還職著役。民人、陰陽人等俱發附近衛要處擺站。十一月，更定受枉法贓充軍之例。初制，凡官吏人等犯枉法贓者，不分南北，俱發北方邊衛充軍。至是，三法司言，洪武定律時鈔貴物賤，所以枉法贓至百二十貫，免絞充軍。今鈔賤物貴，若以物估鈔，至百二十貫，枉法贓俱發充軍，輕重失倫矣。今後文職官吏人等受枉法贓，比律該絞者，估鈔八百貫之上俱發北方邊衛充軍，其受贓不及前數者，視見行列發落。從之。

景帝景泰元年八月，詔官吏人等爲事充軍者止終本身。

憲宗成化二十一年正月，定軍犯族屬分别同異籍之例。時以妖言人犯，例應全家煙瘴充軍，中有疏遠族屬無辜受累，詔所司勘實。仍令今後坐全家充軍者，除謀逆不限籍之同異外，其餘罪犯戚屬各居異籍者並與分豁。

孝宗弘治十二年六月，令問斷遷發罪人，有自願本地充軍者聽，不願者仍口外爲民。時御史王哲奏，遷發口外爲民者，風土不宜，往往疾病道死，請今後兩廣及雲、貴、四川、福建犯應遷發者，悉改撥本處附近衞所充軍。部議以充軍之罪甚於遷發，今聽其自願。從之。十七年五月，三法司議請年七十以上、十五以下及廢疾人眞犯死罪者奏發充軍，徒流以上合充軍者，本身自犯聽收贖，有壯丁主使者罪坐主使之人，奏上報。可。

世宗嘉靖三年十一月，詔今後除反逆緣坐外，凡減死充永遠軍未遣而死獄者，俱免勾補，著爲令。後十一年九月，刑部言，永遠未遣者，本犯死或又逮其子孫，視死刑反重，近嘗奏准開釋，而在外有司或未諳曉，吏得因以爲姦，請通行申諭。凡法當永戍而未發遣病故者，不必逮其子孫。從之。六年七月，御史楊彝奏，凡罪應充軍者，請敕所司从宜編發，遠不過三千里，程不過一、二月，無使軍人走死解户貽累。部議從之。二十九年五月，給事中俞鸞又奏，比者邊事孔棘，軍伍空虛，與其投生人於必死之地，不若少寬其法，因而用之。夫今之充軍罪犯，除附近之外，不過曰邊衞、曰邊遠、曰極邊而已。南北地里不過曰本省、隔省、再隔省而已，以罪之重輕權地之遠近。邊衞可以本省擬配，邊遠可以隔省擬配，極邊可以再隔省擬配。如內省無邊方者，可以隔省附近邊方擬配邊衞，其邊遠、極邊亦可依類遞配。庶解者易至，逃者易勾，而有司便於遵守。部覆從之。

刑法分考九

遷亦曰徙

《史記·秦始皇紀》：八年，王弟長安君成蟜將軍擊趙，反，死屯留，軍吏皆斬死，遷其民於臨洮。《正義》：「言屯留之民被成蟜略衆共反，故遷之於臨洮郡也。」九年，長信侯毐作亂，車裂以徇，滅其宗。及其舍人，輕者爲鬼薪。及奪爵遷蜀四千餘家，家房陵。十二年，文信侯不韋死，竊葬。其舍人臨者，晉人也，逐出之；秦人六百石以上奪爵，遷；五百石以下不臨，遷，勿奪爵。《正義》：「若是秦人哭臨者，奪其官爵，遷移於房陵。不哭臨不韋者，不奪官爵，亦遷移於房陵。」

按：此三事皆有罪而遷。

《漢書·彭越傳》梁大僕有罪，亡走漢，告梁王與扈輒謀反。於是上使使掩捕梁王，囚之雒陽。有司治反形已具，請論如法。上赦以爲庶人，徙蜀青衣。西至鄭，逢呂后從長安東，欲之雒陽，道見越。越爲呂后泣涕，自言亡罪，願處故昌邑。呂后許諾，詔與俱東。至雒陽，呂后言上曰：「彭越壯士也，今徙之蜀，此自遺患，不如遂誅之。妾謹與俱來。」於是呂氏令其舍人告越復謀反。廷尉奏請，遂夷越宗族。

按：漢無流罪，此言徙者，乃由死罪減等，不忍誅而赦之也。越雖未至徙所，而漢世言徙者自越始，此後淮南、濟川諸王皆用此法。雖謀反大逆，亦得減死，親親之誼，與常人不同也。

《文紀》：六年十一月，淮南王長謀反，廢遷蜀嚴道，死雍。

按：丞相等奏長所犯不軌當弃市，帝不忍，徙蜀，行至雍，不食而死。

《武紀》：建元三年，濟川王明坐殺太傅、中傅，廢遷房陵。

元鼎元年，濟東王彭離有罪，廢徙上庸。

按：《表》云「坐殺人」，《傳》云「昏莫私與其奴亡命少年數十人行剽，殺人取財物以爲好。所殺發覺者百餘人」。

三年，常山王舜薨。子敎嗣立，有罪，廢徙房陵。

按：《表》云「坐憲王喪服姦」。

《宣紀》：本始四年秋，廣川王去有罪，廢遷上庸，自殺。

按：本《傳》云：「悖虐，聽后昭信讒言，燔燒亨煑，生割剥人，拒師之諫，殺其父子。凡殺無辜十六人，至一家母子三人，逆節絶理。其十五人在赦前，大惡仍重。」

地節四年十二月，清河王年有罪，廢遷房陵。

按：《表》云「坐與同産妹姦」。

甘露四年夏，廣川王海陽有罪，廢遷房陵。

按：《傳》云「與從弟調等謀殺一家三人，已殺」。

《元紀》：建昭元年冬，河間王元有罪，廢遷房陵。

按：《表》云「坐殺人」。

《梁孝王武傳》：元始中，立坐與平帝外家中山衛氏交通，新都侯王莽奏廢立爲庶人，徙漢中。立自殺。

按：立，孝王七世孫。

《成紀》：永始二年十二月，詔曰：「前將作大匠萬年知昌陵卑下，不可爲萬歲居，奏請營作，建置郭邑，妄爲巧詐，積土增高，多賦斂繇役，興卒暴之作。卒徒蒙辜，死者連屬，百姓罷極，天下匱竭。萬年佞邪不忠，毒流衆庶，海内怨望，至今不息，雖蒙赦令，不宜居京師。其徙萬年敦煌郡。」

《哀紀》：建平元年春正月，侍中騎都尉新成侯趙欽、成陽侯趙訢皆有罪，免爲庶人，徙遼西。

《平紀》：元始二年，遣執金吾候陳茂假以鉦鼓，募汝南、南陽勇敢吏士三百人，諭説江湖賊成重等二百餘人皆自出，送家在所收事。重徙雲陽，賜公田宅。注：「服虔曰，重，成重也。作賊長帥，故徙之也。」

《後書·顯宗紀》：永平十三年，楚王英謀反，廢，國除，遷於涇縣，所連及死徙者數千人。

《阜陵王延傳》：建武十五年封淮陽公，十七年進爵爲王。延性驕奢而遇下嚴烈。永平中，有上書告延與姬兄謝弇及姊館陶主壻駙馬都尉韓光招姦猾，作圖讖，祠祭祝詛。事下案驗，光、弇被殺，辭所連及，死徙者甚衆。有司奏請誅延，顯宗以延罪薄於楚王英，故特加恩，徙爲阜陵王，食二縣。

《順紀》：永建元年，詔「坐法當徙，勿徙；亡徒當傳，勿傳」。

《桓紀》：建和三年五月，詔「昔孝章皇帝愍前世禁徙，故建初之元，并蒙恩澤，流徙者使還故郡，没入者免爲庶民。先皇德政，可不務乎！其自永建元年迄于今歲，凡諸妖惡，支親從坐，及吏民減死徙邊者，悉歸本郡；唯没入者不從此令」。

《靈紀》：建甯二年冬十月丁亥，中常侍侯覽諷有司奏前司空虞放、太僕杜密、長樂少府李膺、司隸校尉朱寓、潁川太守巴肅、沛相荀昱、河内太守魏朗、山陽太守翟超皆爲鉤黨，下獄，死者百餘人，妻子徙邊。

《楊終傳》：建初元年，大旱穀貴，終以爲廣陵、楚、淮陽、濟南之獄，徙者萬數，又遠屯絕域，吏民怨曠，乃上疏曰：「臣聞『善善及子孫，惡惡止其身』，百王常典，不易之道也。秦政酷烈，違牾天心，一人有罪，延及三族。高祖平亂，約法三章。太宗至仁，除去收孥。萬姓廓然，蒙被更生，澤及昆蟲，功垂萬世。陛下聖明，德被四表。今以比年久旱，災疫未息，躬自菲薄，廣訪失得，三代之隆，無以加焉。臣竊按《春秋》水旱之變，皆應暴急，惠不下流。自永平以來，仍連大獄，有司窮考，轉相牽引，掠拷冤濫，家屬徙邊。加以北征匈奴，西開三十六國，頻年服役，轉輸煩費。又遠屯伊吾、樓蘭、車師、戊己，民懷土思，怨結邊域。傳曰：『安土重居，謂之衆庶。』昔殷民近遷洛邑，且猶怨望，何況去中土之肥饒，寄不毛之荒極乎？且南方暑濕，障毒互生。愁困之民，足以感動天地，移變陰陽矣。陛下留念省察，以濟元元。」肅宗下其章。司空第五倫亦同終議。太尉牟融、司徒鮑昱、校書郎班固等難倫，以施行既久，孝子無改父之道，先帝所建，不宜回異。終復上書曰：「秦築長城，功役繁興，胡亥不革，卒亡四海。故孝元弃珠崖之郡，光武絶西域之國，不以介鱗易我衣裳。魯文公毁泉臺，《春秋》譏之曰『先祖爲之而己毁之，不如勿居而已』，以其無妨害於民也。襄公作三軍，昭公舍之，君子大其復古，以爲不舍則有害於民也。今伊吾之役，樓蘭之屯，久而未還，非天意也。」帝從之，聽還徙者，悉罷邊屯。終兄鳳爲郡吏，太守廉范爲州所考，遣鳳候終，終爲范游説，坐徙北地。帝東巡狩，鳳皇黄龍並集，終贊頌嘉瑞，上述祖宗鴻業，凡十五章，奏上，詔貰還故郡。

按：詔還坐楚、淮陽事徙者四百餘家，令歸本郡。事在二年，見《本紀》。

《梁竦傳》：後坐兄松事，與弟恭俱徙九真。顯宗後詔聽還本郡。有三男三女，肅宗納其二女，皆爲貴人。小貴人生和帝，竇皇后養以爲子，而竦家私相慶。後諸竇聞之，恐梁氏得志，終爲己害。建初八年，遂譖殺二貴人，而陷竦等以惡逆。詔使漢陽太守鄭據傳考竦罪，死獄中，家屬復徙九真。辭語連及舞陰公主，坐徙新城，使者護守。

《馬融傳》：先是融有事忤大將軍梁冀旨，冀諷有司奏融在郡貪濁，免官，髡徙朔方。

《蔡邕傳》：初，邕與司徒劉郃素不相平，叔父衛尉質又與將作大匠陽球有隙。球即中常侍程璜女夫也，璜遂使人飛章言邕、質數以私事請託於郃，郃不聽，邕含隱切，志欲相中。於是下邕、質於洛陽獄，劾以仇怨奉公，議害大臣，大不敬，弃市。事奏，中常侍吕强愍邕無罪，請之，帝亦更思其章，有詔減死一等，與家屬髡鉗徙朔方，不得以赦令除。會明年大赦，乃宥邕還本郡。邕自徙及歸，凡九月焉。

《魏志·杜畿傳》：子恕爲幽州刺史，加建威將軍，使持節，護烏丸校尉。時征北將軍程喜屯薊，尚書袁侃等戒恕曰：「程申伯處先帝之世，傾田(園)〔國〕讓於青州，足下今俱杖節，使共屯一城，宜深有以待之。」而恕不以爲意。至官未期，有鮮卑大人兒，不由關塞，徑將數十騎詣州，州斬所從來小子一人，無表言上。喜於是劾奏恕，下廷尉，當死，以父畿勤事水死，免爲庶人，徙章武郡。

《吴志·虞翻傳》：翻性疏直，數有酒失。權與張昭論及神仙，翻指昭曰：「彼皆死人，而語神仙，世豈有仙人邪！」權積怒非一，遂徙翻交州。注：「《吴書》曰，翻雖在徙弃，心不忘國，常憂五谿宜討，以遼東海絶，聽人使來屬，尚不足取，今去入財以求馬，既非國利，又恐無獲。欲諫不敢，作表以示吕岱，岱不報，爲愛憎所白，復徙蒼梧猛陵。」

按：魏、吴並有徙者，用漢法也。

《晉書·殷浩傳》：兵敗，桓温上疏罪浩，坐廢爲庶人，徙於東陽之信安縣。

《魏書·孝文紀》：延興二年三月，連川敕勤謀叛，徙配青、徐、齊、兖四州爲營户。太和四年正月，襄城王韓積有罪，削爵徙邊。

《隋書·郎茂傳》：爲晉陽宫留守。其年，恒山贊治王文同與茂有隙，奏茂朋黨，附下罔上。詔遣納言蘇威、御史大夫裴藴雜治之。茂素與二人不平，因深文巧詆，成其罪狀。帝大怒，及其弟司隸別駕楚之，皆除名爲民，徙且末郡。

《唐書·羅道琮傳》：慷慨尚節義。貞觀末，上書忤旨，徙嶺表。

《宋史·太祖紀》：乾德二年四月，徙永州諸縣民之畜蠱者三百二十六家於縣之僻處，不得復齒於鄉。

《盧多遜傳》：雍熙三年，卒於流所，徙其家於容州，未幾，復移置荆南。

《太宗紀》：太平興國八年四月，流樞密副使弭德超於瓊州，并徙其家。

按：此數事是徙非流。

《遼史·道宗紀》：大康三年五月，北院樞密使耶律乙辛奏，右護衛太保查剌等告〔知〕北〔面〕〔院〕樞密使〔事〕蕭速撒等八人謀立皇太子，上以無狀，不治，出速撒等三人補外，護衛撒撥等六人各鞭百餘，徙於邊。

《輟耕録》：至元二十四年，宗王乃顏叛，後伏誅，徙其餘黨于慶元之定海縣。

《元史·世祖紀》：至元二十九年八月，賽甫丁處〔死〕，餘黨杖而徙之，仍籍其家産。

《成宗紀》：大德八年十月，命省、臺、院官鞫高麗國相吴祁及千户石天〔輔〕〔補〕等，以祁離閒王父子，謀歸日本，皆笞之，徙安西。

《明史·王良傳》：爲浙江按察使。燕王卽位，遣使召良。良執使者將斬之，衆劫之去。良集諸司印於私第，遂積薪自焚，印俱毁。成祖曰：「死固良分，朝廷印不可毁。毁印，良不得爲無罪。」徙其家於邊。

《圖書集成·祥刑典·流徙部·明外史趙登傳》：權湖洲知府安吉州有賈姓者，豪横，數奪人田園子女，有司莫能制。登諷人訟之，列其狀以奏，竟徙其家而還其所奪於民。

按：漢無流而有遷，亦謂之徙，時亦稱爲流徙，而實非流，蓋皆死罪降減者也。北魏獄官令有流徙之文，則流與流徙不別。自北齊、北周，流列正刑，别無徙法。隋、唐承之，而當時尚有徙者，殆臨時之處分，不爲常法。自宋迄明，大略如是。至明别有遷徙之名，乃唐之移鄉，與此不同。

《明史·刑法志》：流有安置、有遷徙、有口外爲民。

按：口外爲民與古之徙相似，非流非軍，别爲一法。言爲民則不以罪人視之矣。《問刑條例》又有犯罪問發，屬軍衛者充軍，屬有司者爲民，凡十九條，似是用充軍之法，而與軍及流又不同。又有問發爲民者改發口外兩條。又有問發直隸延慶、保安二州爲民。人犯但有在逃者改發遼東。自在安樂二州一條，並較但言爲民者重，又一例也。

徙

《史記·始皇紀》：二十八年，始皇南登琅邪，大樂之，留三月。乃徙黔首三萬户琅邪臺下，復十二歲。三十五年，因徙三萬家麗邑，五萬家雲陽，皆復不事十歲。

按：秦、漢徙民有二端：如秦時成蟜、嫪毐、吕不韋諸事，有罪而遷者也；至二十八年之徙，因樂其地。三十五年，除道，道九原抵雲陽，塹山堙谷，直通之。作阿房宫，或作麗山，因徙民實其中。並與有罪而遷者不同，漢代徙民亦如是。

《始皇紀》：三十六年，於是始皇卜之，卦得游徙吉。遷北河榆中三萬家。拜爵一級。《正義》：謂北河勝州也。榆中即今勝州榆林縣也。言徙三萬家以應卜卦游徙吉也。

《六國年表》：始皇三十六年，徙民於北河、榆中，耐徙三處，《集解》：徐廣曰：「一作『家』。」拜爵一級。

按：此一事也，《表》言徙民，是無罪之人，非特以應卜兆，亦爲實邊計也。

《漢書·高紀》：五年後九月，徙諸侯子關中。九年十一月，徙齊、楚大族昭氏、屈氏、景氏、懷氏、田氏五姓關中，與利田宅。

《婁敬傳》：敬從匈奴來，因言「匈奴河南白羊、樓煩王，去長安近者七百餘里，輕騎一日一夕可以至。秦中新破，少民，地肥饒，可益實。夫諸侯初起時，非齊諸田，楚昭、屈、景莫與。今陛下雖都關中，實少人。北近胡寇，東有六國彊族，一日有變，陛下亦未得安枕而卧也。臣願陛下徙齊諸田，楚昭、屈、景，燕、趙、韓、魏後，及豪傑名家，且實關中。無事，可以備胡；諸侯有變，亦足率以東伐。此彊本弱末之術也。」上曰：「善。」迺使劉敬徙所言關中十餘萬口。注：師古曰：「今高陵、櫟陽諸田，華陰、好時諸景，及三輔諸屈、諸懷尚多，皆此時所徙。」

按：此爲强幹弱枝之計，所徙者並大族也。

《景紀》：五年春正月，作陽陵邑。張晏曰：「景帝作壽陵，起邑。」夏，募民徙陽陵，賜錢二十萬。

《武紀》：建元二年夏四月，初置茂陵邑。應劭曰：「武帝自作陵也。」三年春，賜徙茂陵者户錢二十萬，田二頃。元朔二年，徙郡國豪傑及訾三百萬以上于茂陵。太始元年，徙郡國吏民豪傑于茂陵、雲陵。師古曰：「此當言雲陽，而傳寫者誤爲陵耳。茂陵帝自所起，而雲陽甘泉所居，故總使徙豪傑也。」

《昭紀》：始元三年，募民徙雲陵，賜錢田宅。四年，徙三輔富民雲陵，賜錢戶十萬。

《宣紀》：本始元年春正月，募郡國吏民訾百萬以上徙平陵。文穎曰：「昭帝陵。」二年春，以水衡錢爲平陵，徙民起第宅。元康元年春，以杜東原上爲初陵，更名杜縣爲杜陵，徙丞相、將軍、列侯、吏二千石、訾百萬者杜陵。

《元紀》：永光四年冬十月，以渭城壽陵亭部原上爲初陵。服虔曰：「元帝所置陵也。」詔曰：「安土重遷，黎民之性；骨肉相附，人情所願也。頃者有司緣臣子之義，奏徙郡國民以奉園陵，令百姓遠棄先祖墳墓，破業失產，親戚別離，人懷思慕之心，家有不安之意。是以東垂被虛耗之害，關中有無聊之民，非久長之策也。《詩》不云虖？『民亦勞止，汔可小康，惠此中國，以綏四方。』今所爲初陵者，勿置縣邑，使天下咸安土樂業，亡有動搖之心。布告天下，令明知之。」又罷先后父母奉邑。

《成紀》：建始二年，以渭城延陵亭部爲初陵。鴻嘉元年春二月，行幸初陵，赦作徒。以新豐戲鄉爲昌陵縣，奉初陵。二年夏，徙郡國豪傑訾五百萬以上五千戶于昌陵。賜丞相、御史、將軍、列侯、公主、中二千石冢地、第宅。師古曰：「並於昌陵賜之。」永始元年秋七月，詔曰：「朕執德不固，謀不盡下，過聽將作大匠萬年言昌陵三年可成。作治五年，中陵、司馬殿門內尚未加功。天下虛耗，百姓罷勞，客土疏惡，終不可成。朕惟其難，怛然傷心。夫『過而不改，是爲過矣。』其罷昌陵，及故陵勿徙吏民，令天下毋有動搖之心。

《哀紀》：建平二年七月，以渭城西北原上永陵亭部爲初陵。勿徙郡國民。

按：漢世作陵徙民，自景帝始。《主父偃傳》又説上曰：「茂陵初立，天下豪傑兼并之家，亂衆民，皆可徙茂陵，内實京師，外銷姦猾，此所謂不誅而害除。」上又從之。是其初尚爲强本之策，後則侈矣。元帝罷之，甚盛德也。成帝初作昌陵，復徙五千户終以作治，勿成而罷。哀帝義陵，勿復徙民，此制遂廢。洎乎東都，光武陵制儉約，後嗣遵守，與西都殊矣。

《武紀》：元朔二年春，匈奴入上谷、漁陽，殺略吏民千餘人。遣將軍衛青、李息出雲中，至高闕，遂西至符離，獲首虜數千級。收河南地，置朔方、五原郡。夏，募民徙朔方十萬口。元鼎六年秋，遣浮沮將軍公孫賀出九原，匈河將軍趙破奴出令居，皆二千餘里，不見虜而還。迺分武威、酒泉地置張掖、敦煌郡，徙民以實之。

按：漢代徙民實邊之策，創自鼂錯。此時河南、匈奴昆邪來降，得其地而無人以實之，邊事終不安也。徙民之策，乃事勢之必當行者，攘外以安内，衛霍之功，豈可没哉？

《景紀》：元年春正月，詔曰：「閒者歲比不登，民多乏食，夭絶天年，朕甚痛之。郡國或磽陿，無所農桑毄畜；或地饒〔廣〕，薦草莽，水泉利，而不得徙。其議民欲徙寬大地者，聽之。」

按：此聽民自徙。

《武紀》：元狩四年冬，有司言關東貧民徙隴西、北地、西河、上郡、會稽凡七十二萬五千口，縣官衣食振業。

按：此移民就粟。

元鼎六年，東越王餘善反，攻殺漢將吏。遣橫海將軍韓説云云，擊之。元封元年，東越殺王餘善降。詔曰：「東越險阻反覆，爲後世患，遷其民於江淮閒。」遂虚其地。

按：此慮其恃險爲患而遷之。江淮間能容此衆，其人數必不甚多，可以見當時甌越生聚之未蕃也。

元封三年，武都氐人反，分徙酒泉郡。注師古曰：「不盡徙。」

按：此分徙以離其黨。

《平紀》：元始二年，起官寺市里，募徙貧民，縣次給食。至徙所，賜田宅什器，假與犁、牛、種、食。又起五里於長安城中，宅二百區，以居貧民。

按：此王莽擾民之政。

《後漢書·光武紀》：建武九年，徙雁門吏人於太原。十年，省定襄郡，徙其民於西河。十一年，因隴西太守馬援擊破先零羌，徙致天水、隴西、扶風。十五年二月，徙雁門、代郡、上谷三郡民，置常〔山〕關、居庸關以東。注：「《前書》曰，代郡有常山關，上谷郡居庸縣有關。時胡寇數犯邊，故徙之。」二十年，省五原郡，徙其吏人置河東。二十三年春正月，南郡蠻叛，遣武威將軍劉尚討破之，徙其種人於江夏。二十六年，南單于遣子入侍，奉奏詣闕。於是雲中、五原、朔方、北地、定襄、雁門、上谷、代八郡民歸於本土。遣謁者分將施刑補理城郭。發遣邊民在中國者，布還諸縣，皆賜以裝錢，轉輸給食。

注：「《東觀記》曰，時城郭丘墟，掃地更爲，上悔前徙之。」

按：建武時，因邊郡被寇，徙民甚多。南單于歸化之後，八郡之民歸於故土，《東觀記》謂帝悔前此之徙，然事有變遷，亦未可遽咎前徙之誤也。

《顯宗紀》：永平五年，發遣邊人在内郡者，賜裝錢人二萬。

《獻紀》：初平元年二月，董卓驅徙京師百姓悉西入關。

遷徙

《唐律》：諸殺人會赦免者，移鄉千里外。《疏議》曰：「殺人應死，會赦免罪，而死家有期以上親者，移鄉千里外爲户。其有特勅免死者，亦依會赦例移鄉。」

按：後來遷徙之法本此。

《元史·文宗紀》：天曆二年七月，更定遷徙法：凡應徙者，驗所居遠近，移之千里，在道遇赦，皆得放還；如不悛再犯，徙之本省不毛之地，十年無過，則量移之；所遷人〔死〕，妻子聽歸土著。著爲令。

《明史·刑法志》：有遷徙去鄉一千里，杖一百，准徙二年。

按：《明志》以遷徙爲流之屬，實則遷徙，卽唐之移鄉，非流也。元天歷時定爲此法，明因於元耳，非明創也。

《周禮·地官·調人》：凡和難父之讎，辟諸海外；兄弟之讎，辟諸千里之外；從父兄弟之讎，不同國。注：「和之使辟，於此不得就而仇之。」疏：「殺人之賊，王法所當討，卽合殺之，但未殺之間雖已會赦，猶當使離鄉辟讎也。」

按：唐律移鄉之意實本於此。

編管又曰羈管，又曰編置

《宋史·刑法志》：凡命官犯重罪，當配隸，則於外州編管，或隸牙校。其坐死特貸者，多杖、黥配遠州牢城，經恩量移，始免軍籍。皇祐中，既赦，命知制誥曾公亮、李絢閱所配人罪狀以聞，於是多所寬縱。公亮請著爲故事，且請益、梓、利、夔四路就委轉運、鈐轄司閱之。自後每赦命官，率以爲常。配隸重者沙門島砦，其次嶺表，其次三千里至鄰州，其次羈管，其次遷鄉　仁宗時，單州民劉玉父爲王德毆死，德更赦，玉私殺德以復父讎。帝義之，決杖，編管。熙甯九年，知桂州沈起欲經略交趾，取其慈恩州，交人遂破欽，犯邕管。詔邊人橫遭屠戮，職其致寇，罪悉在起，特削官爵，編置遠惡州。

《哲宗紀》：紹聖四年十一月，詔放歸田里程頤涪州編管。元符元年九月，秦觀除名，移雷州編管。二年九月，右正言鄒浩論劉氏不當立，特除名勒停，新州羈管。

《劉安世傳》：蔡京既相，連七謫至峽州羈管。

按：編管、羈管、編置，皆是重於安置者，是何區別，未詳。

《通考》一百六十八：開禧元年閏八月，臣僚言：「國朝品式條章燦然備具，謂人之難於離鄉井也。於是有配隸、羈管、編管之條，然非姦贓、强盗、殺人、貸命與夫門傷情重者不以是罪之。今世酷吏曾不是思，於配隸、羈管、編管之外自創爲押出外界之條，使之蕩析離居，浮游失所，未免有客死異鄉之歎。欲嚴飭中外，自配隸、羈管、編管之外，惟他鄉作過之人許勒歸本貫，其餘悉從本條科罪，不得輒將士著之家人屬押出外界。」從之。

按：此禁止押出外界之私法也，觀此文，羈管次于配隸，編管次于羈管，即輕重之等差也。羈管，當是羈繫而管束之；編管，當是編入户籍而管束之；編置，當又輕于編管，謂編籍而安置之。隨文詮解，義或如是。

放亦曰蔡

《書·舜典》：放驩兜于崇山。傳：「放，誅也。」疏：「放者，使之自活。」《淮南·修務篇》『放驩兜于三苗』。注『放，棄也』。」

《孟子》：萬章問曰：「象日以殺舜爲事，立爲天子則放之，何也？」孟子曰：「封之也；或曰，放焉。」「敢問或曰放者，何謂也？」曰：「象不得有爲於其國，天子使吏治其國而納其貢税焉，故謂之放。豈得暴彼民哉？」注：「象不得施教於其國，天子使吏代其治而納貢賦與之，比諸放也。」

《書·仲虺之誥》：成湯放桀于南巢。疏：「桀奔南巢，湯縱而不迫，故稱放也。」

《孟子》：齊宣王問曰：「湯放桀，武王伐紂，有諸？」孟子對曰：「於傳有之。」

《史記・夏本紀》：湯遂率兵以伐夏桀。桀走鳴條，遂放而死。

《書・太甲序》：太甲既立，不明，伊尹放諸桐。傳：「不知朝政，故曰放。」《正義》曰：「舜放四凶，徙之遠裔。《春秋》『放其大夫，流之他境』。嫌此亦然，故辨之云。不知朝政，故曰放。使之遠離國都，往居墓側，與彼放逐事同，故亦稱放也。」

《孟子》：公孫丑曰：「伊尹曰：『予不狎于不順，放太甲于桐，民大悅。太甲賢，又反之，民大悅。』賢者之爲人臣也，其君不賢，則固可放與？」孟子曰：「有伊尹之志，則可；無伊尹之志，則篡也。」

《史記・殷本紀》：帝太甲既立三年，不明，暴虐，不遵湯法，亂德，於是伊尹放之於桐宮。

《周禮・夏官・大司馬》：放弑其君則殘之。注：「放，逐也。鄭以逐解放，則若季氏逐昭公之類是也。」

《左傳》：莊六年夏，衛侯入，放公子黔牟於周，放甯跪于秦。注：「宥之以遠曰放。」

《春秋》宣元年經：晉放其大夫胥甲父于衛。《公羊傳》：放之者何？猶曰無去是云爾。然則何言爾？近正也。此其爲近正奈何？古者大夫已去，三年待放，君放之非也，大夫待放正也。注：「古者刑不上大夫，故有罪放之而已。」《穀梁傳》：放猶屏也。稱國以放之，無罪也。注：「屏，除。」《左傳》注：「放者，受罪黜免，宥之以遠。」疏：「《舜典》云，流宥五刑。孔安國云，以流放之，法寬五刑，是放者有罪，當刑而不忍刑之，寬其罪而放棄之也。三諫不從，待放。而去者，彼雖無罪，君不用其言，任令自去，亦是放棄之義。放之與奔，俱是去國，而去情小異。《釋例》曰，奔者，迫窘而去，逃死四鄰，不以禮出也。放者，受罪黜免，宥之以遠也。臣之事君，三諫不從有待放之禮，故《傳》曰義則進，否則奉身而退，迫窘而出奔。及以禮見放，俱去其國，故《傳》通以進爲文。仲尼修《春秋》，又以所稱爲優劣也。言優劣者，放者，君舍其罪，緩步而出，是其優也。奔者，止則懼死，奔馳而出，是其劣也。昭八年，楚人執陳公子招，放之于越。哀三年，蔡人放其大夫公孫獵于吳。與此胥甲父等皆甘心受罪，黜其官位，宥之以適遠方，是實放而書放也。襄二十九年《傳》稱齊公孫蠆、公孫竈放其大夫高止於北燕。書曰『出奔』，罪高止也。高止好以事自爲功，且專，故難及之。彼罪高止，故實放而書奔也。然則文十四年《傳》稱宋高哀不義宋公而出，遂來奔。高哀無罪，亦改放而書奔者。放者，緣遣者之意。爲義奔者，指去國之人立文據，其所往之處，皆是從外來耳。高哀身來至魯，自魯而稱來奔，不書宋人之意，故不得言放，此乃外內之文異耳。叛者，以地適他稱叛人，魯則稱來奔，亦此之類也。」

《左傳》：成四年，晉趙嬰通于趙莊姬。五年春，原、屏放諸齊。

襄二十九年《傳》：秋九月，齊公孫蠆、公孫竈放其大夫高止於北燕。書曰「出奔」，罪高止也。高止好以事自爲功，且專，故難及之。注：「放者，宥之以遠，實放，書奔，所以示罪。」

昭元年《傳》：鄭放游楚于吳。

《春秋》昭八年經：冬十月壬午，楚師滅陳，執陳公子招，放之于越。

哀三年經：蔡人放其大夫公孫獵于吳。

《史記·屈原傳》：屈平既嫉之，雖放流，睠顧楚國。頃襄王怒而遷之。《集解》：「《離騷》序曰：『遷於江南。』」

按：屈原是遷而亦曰放。

《列女傳·貞順篇》：卿大夫外淫者，放。

《書·蔡仲之命》：惟周公位冢宰，正百工，羣叔流言，乃致辟管叔于商，囚蔡叔于郭鄰，以車七乘。

《左傳》：昭元年，周公殺管叔而蔡蔡叔。杜注：「蔡，放也。」《釋文》：「上『蔡』字，素達反。《說文》作『𥻨』，音同。下蔡叔如字。」疏：「《說文》云，𥻨，散之也。从米殺聲。然則『𥻨』字，殺下米也，𥻨爲放散之義，故訓爲放也。隸書改作，已失本體，『𥻨』字不復可識，寫者全類『蔡』字，至有重爲一『蔡』字，重點以讀之者。定四年《傳》正義同五經文字。𥻨，放也。《春秋》多借『蔡』字。」段氏玉裁云：「𥻨本謂散米，引伸之，凡放散皆曰𥻨，字譌作『蔡』耳。亦省作『殺』。《齊民要術》凡云『殺米』者，皆『𥻨米』也。《孟子》曰『殺三苗於三危』，卽『𥻨三苗』也。」

按：《說文》「放，逐也」。《大學》「唯仁人放流之，迸諸四夷，不與同中國」。屈原遷于江南，《史記》謂之放流，是放、流一義。放者，流之別名也。《周禮·司刑》五刑之法，《書·呂刑》言五刑，並無流之名。以《春秋》經傳考之，周蓋名曰放，或以情減，或以恩降，卽《舜典》之流宥。鄭子産執子南而數之有云「君曰，余不女忍殺，宥女以遠，勉速行乎，無重而罪」。可以見周之放亦由五刑而減降之。其地分遠近，若衛之於周、於秦，晉之於衛、於齊，齊之於燕、鄭，蔡之於吳，楚之於越。或在千里之外，或在九州之外，與馬融三居之説亦堪印證也。

《禮·王制》：司徒修六禮以節民性，明七教以興民德，齊八政以防淫，一道德以同俗，養耆老以致孝，恤孤獨以逮不足，上賢以崇德，簡不肖以絀惡。命鄉簡不帥教者以告，耆老皆朝于庠。元日，習射上功，習鄉上齒，大司徒帥國之俊士與執事焉。不變，命國之右鄉簡不帥教者移之左，命國之左鄉簡不帥教者移之右，如初禮。不變，移之郊，如初禮。郊，鄉界之外者也，稍出遠之。不變，移之遂，遠郊之外曰遂。如初禮。不變，屏之遠方，終身不齒。遠方，九州之外。齒，錄也。凡入學以齒，將出學，小胥、大胥、小樂正、簡不帥教者以告于大樂正，大樂正以告于王，王命三公、九卿、大夫、元士皆入學。不變，王親視學。不變，王三日不舉，屏之遠方。西方曰棘，東方曰寄，終身不齒。棘當爲「僰」。僰之言偪，使之偪寄於夷戎。不屏於南北，爲其太遠。

按：前節謂鄉學，後節謂國學。國學之中，王太子、王子、羣后之大子、卿大夫元士之適子、國之俊選皆造焉。其不帥教者，雖王子亦屏之，此政教之所以畫一也。然王子而欲實行之，恐亦多阻礙。疏云，王子、公卿之子雖屏夷狄，但居夷狄内畔，故下注云，不屏於南北，爲其太遠，明鄉人則屏於南北也。此亦爲鄭氏斡旋其説耳，然究非整齊畫一之道。《王制》「屏之四方」，鄭注：「屏，猶放去也。」故此條列於此。

刑法分考十

流

《書·舜典》：流宥五刑。傳：「宥，寬也。以流放之法寬五刑。」《正義》曰：「流謂徙之遠方，放使生活，以流放之法寬縱五刑也。鄭玄云，其輕者，或流放之，四罪是也。王肅云，謂君不忍刑殺，宥之以遠方，然則知此是據狀合刑，而情差可恕，全赦則太輕，致刑即太重，不忍依例刑殺，故完全其體，宥之遠方。應刑不刑，是寬縱之也。」

朱子曰：「流宥五刑者，其人所犯，合此五刑。而情輕可恕，或因過誤，則全其肢體，不加刀鋸，但流以宥之，屏之遠方，不與同齒，如五流有宅，五宅三居之類。」蔡傳：「宥，寬也，所以待夫罪之稍輕，雖入于五刑，而情可矜，法可疑，與夫親貴勳勞而不可加以刑者，則以此而寬之也。」

流共工于幽州，放驩兜于崇山，竄三苗于三危，殛鯀于羽山。孔傳：「殛、竄、放、流，皆誅也。」《正義》曰：「《釋言》云，殛，誅也。傳稱流四凶族者，皆是流，而謂之殛、竄、放、流，皆誅者。流者移其居處，若水流然，罪之正名，故先言也。放者使之自活，竄者投棄之名，殛者誅責之稱，俱是流徙，異其文，述作之體也。四者之次，蓋以罪重者先，共工滔天，爲罪之最大，驩兜與之同惡，故以次之。祭法以鯀障洪水，故列諸祀典，功雖不就，爲罪最輕，故後言之。」

五流有宅，五宅三居。傳：「謂不忍加刑則流放之，若四凶者。五刑之流，各有所居，五居之差有三等之居，大罪四裔，次九州之外，次千里之外。」《正義》曰：「五刑之流，各有所居，謂徙置有處也。五居之差有三等之居，量其罪狀爲遠近之差也。四裔最遠，在四海之表，故大罪四裔，謂不犯死罪也。故《周禮·調人職》云『父之讎，辟諸海外』，卽與四裔爲一也。次九州之外，卽《王制》云：『入學不率教者，屏之遠方。西方曰僰，東方曰寄。』注云，偪寄于夷狄也。與此九州之外同也。次千里之外者，卽《調人職》云『兄弟之讎，辟諸千里之外』也。《立政》云中國之外不同者，言中國者，據罪人所居之國定千里也。據其遠近，其實一也。《周禮》與《王制》既有三處之別，故約以爲言。鄭玄云三處者，自九州之外至於四海，三分其地，遠近若周之夷鎭蕃也。然罪有輕重不同，豈五百里之校乎？不可從也。」

《史記·五帝本紀·集解》：馬融曰：「謂在八議，君不忍刑，宥之以遠。五等之差亦有三等之居：大罪投四裔，次九州之外，次中國之外。」

《禹貢》：五百里要服，三百里夷，二百里蔡。五百里荒服，三百里蠻，二百里流。傳：「蔡，法也。法三百里而差簡。流，移也，言政教隨其俗。」《正義》曰：「蔡之爲法，無正訓也。上言三百里夷，夷訓平也，言守平常教耳。此名爲蔡，義簡於夷，故訓蔡爲法。法則三百里者，去京師彌遠差復簡易，言其不能守平常也。流如水流，故云移也。其俗流移無常，故政教隨其俗，任其去來，不復蠻來之也。」馬融曰：「蔡，法也。受王者刑法而已。流者，流行無城郭常居。」《史記·夏本紀》。鄭玄曰：「蔡之言殺，減殺其賦。」

《書》疏。蔡傳：「蔡，放也。」《左傳》云：「蔡，蔡叔是也，流放罪人於此也。流，流放罪人之地，蔡與流皆所以處罪人，而罪有輕重，故地有遠近之別也。」

按：蔡傳以二百里蔡、二百里流爲流放罪人之地，與古說不同。竊謂「蔡」當以鄭說爲是，「流」當以馬説爲是，蔡説並非也。五服之内，同歸覆幬，乃獨此要、荒二服，各分二百里，專爲流放罪人之地，則此二百里者將有人民乎？無人民乎？有人民則居此區域内者未有罪戾而亦膺流放之名，同居覆幬之中，何獨薄視此區域之人民也？無人民則安得如許空閒之地爲罪人居？又當聲教四訖之時又安得如許罪人也？近來講漢學者，仍遵古說，惟蔡傳久行于世，既有流放之說，仍録之而辨之如此。

邱濬《大學衍義補》云：虞廷五刑之下有流而無徒，漢世除肉刑，完爲城旦舂、鬼薪、白粲之類，皆徒刑也，而無流。

梁律有流。詳總考。

按：秦、漢以降，未有流刑。梁武天監三年，因任提女之子景慈證成母罪，流於交州。自此復有流刑，蓋亦不在正刑之内。

後魏有流刑。北周流刑五。北齊刑名五，二曰流刑。並詳總考。

按：六代時，南朝惟梁有流刑，然亦不入五刑之内。北魏流刑亦稱流徙。太和十六年，更定流徙限制。其獄官令亦年刑流徙並稱，似其時流已列入正刑。北周之制，史始詳耳。北齊流刑，投邊爲兵卒，有似後來之軍，而與流稍不同。

《魏書·孝文紀》：太和十二年正月，詔曰：「鎮戍流徙之人，年滿七十，孤單窮獨，雖有妻妾而無子孫，諸如此等，聽解名還本。」

按：解名還本者，解除流罪名籍，還歸本土也。觀於此詔，可見當時流人尚非終身不返者。

隋開皇律流刑三。詳總考。以官當流者，三流同比，徒三年。累徒過九年者，流二千里。同上。

按：開皇元年定律，流爲五刑之一，實因於魏、周。自唐以下，歷代相沿，莫之改也。邱氏濬曰，古者流罪無定刑，惟入於五刑者，有情可矜，法可疑，與夫親貴勳勞而不可加以刑者，臨時權其輕重，差其遠近，所以從寬而宥也。後世制爲成法，則惟論其罪而不復究其情矣。此説固然，第自漢廢肉刑，劓及斬左止改爲笞，笞數多者，每至於死，少則不足以示懲，於是死罪以下不得不有以通其變，流所以通其變也。此乃古今事勢之不同，刑亦因之而改，未可遽議其非也。至於流之道里，馬融以四裔、九州之外、中國之外爲三等之居，後世地分遠近，實原於此。北魏流有限制，史未具載。北齊無道里之差。惟北周分衛、要、荒、鎮、藩五服，自二千五百里至四千五百里，以五百里爲等差。隋分千里、千五百里、二千里三等。唐每等加千里，爲二千里、二千五百里、三千里。宋、明以迄于今，皆承用之。唐、虞之五流謂五刑，皆有可宥之條，後世明之充軍、流徙、杖笞，皆可問發，頗與其制相近。魏、周以下之流，其分道里遠近，有似唐、虞之三居而一無定刑，一入正刑，大不同矣。

開皇元年，詔流役六年改爲五載。《隋志》。

按：隋制流之應配者，其居作分二年、二年半、三年。應住居作者，三流俱役三年，與此文不同。考北周贖流刑，俱六年，此文之「五載」，當亦指贖流刑言也。

開皇十三年，改徒及流並爲配防。《隋志》。

按：配防之法，未詳，疑卽漢之屯邊也。

《唐書・刑法志》：武德二年，更撰律令，流罪三，皆加千里，居作三歲至二歲半者，悉爲一歲。

邱氏濬曰：《舜典》惟有流而無徒，隋、唐之制，既流而又居作，則是兼徒矣。

《唐律》：諸犯流應配者，三流俱役一年。本條稱加役流者，流三千里，役三年。役滿及會赦免役者，卽於配處從户口例。《疏議》曰：「役滿一年及三年，或未滿會赦，卽於配所從户口例，課役同百姓。應選者須滿六年，故令云『流人至配所，六載以後聽仕』。反逆緣坐流及因反逆免死配流，不在此例。卽本犯不應流而特配流者，三載以後亦聽仕。」 妻妾從之，父祖子孫欲隨者聽之。移鄉人家口亦準此。《疏議》曰：「依令，犯流斷定，不得棄放妻妾。」 若流移人身喪，家口雖經附籍，三年内願還者放還。卽造畜蠱毒家口，不在聽還之例。 諸流配人在道會赦，計行程過限者，不得以赦原。有故者，不用此律。若程内至配所者，亦從赦原。 逃亡者，雖在程内，亦不在免限。卽逃者身死，所隨家口仍準上法聽還。 諸犯罪已發及已配而更爲罪者，各重其事。卽重犯流者，依留住法決杖，於配所役三年。若已至配所而更犯者，亦準此。 卽累流徒應役者，不得過四年。若更犯流徒罪者，準加杖例。其杖罪以下，亦各依數決之。

累決笞杖者，不得過二百，其應加杖者亦如之。

《舊唐書·刑法志》：貞觀十四年，又制流罪三等，不限以里數，量配邊惡之州。其後雖存寬典，而犯者漸少。《新志》「邊惡」作「邊要」。十四年，又徙死罪以實西州，流者戍之，以罪輕重爲更限。

按：此有更限，亦非長流。

《唐書·高祖紀》：諸遭隋枉殺而子孫被流者，皆還之。

《太宗紀》：武德九年八月甲子，卽皇帝位。大赦，武德流人還之。

《刑法志》：貞觀五年，增損隋律。流移人在道疾病，婦人免乳，祖父母、父母喪，男女奴婢死，皆給假，授程糧。非反逆緣坐，六歲縱之，特流者三歲縱之，有官者得復仕。

《舊唐書·宣宗紀》：大中四年正月，大赦天下。徒流比在天德者，以十年爲限，既遇鴻恩，例減三載。但使循環添換，邊不闕人，次第放歸，人無怨苦。其秦、原、威、武諸州、諸關，先準格徒流人，亦量與立限，止於七年，如要住者，亦聽。十一月，敕「收復成、維、扶等三州，建立已定，條令制置，一切合同。其已配到流人，宜準秦、原、威、武等州流例，七年放還」。

按：《唐律》流人在配，役滿卽於配處從戶口例，不得還歸本貫。然觀於貞觀五年六歲、三歲縱之之例，是其初不如是也，疑爲永徽中更定，當再詳之。若武德、大中之放還，乃遇恩赦，亦與流犯在道會赦之律不同。武德時此律未定，大中時則特恩也。

《通考》一百六十八：憲宗元和八年，刑部侍郎王播奏：「天德軍五城及諸邊城配流人等，臣切見諸處配流人每逢恩赦，悉得歸還。唯前件流人，皆被本道重奏，稱要防邊，遂令没身，終無歸日。臣又見比年邊城犯流者，多是胥徒小吏，或是鬥打輕刑，據罪可原，在邊無益。請自今流人准格例滿日六年後，並許放還。所冀抵法者，足以悛懲，滿歲者，絶其愁怨。」從之。

按：據此所稱，格例六年放還，是已不用役滿從户口例之律。可見《唐律》之文在唐代不能一律遵用矣。又稱恩赦悉得歸還，是又不用在道行程過限不得赦原之律。

《刑法志》：太宗即位，詔長孫無忌、房玄齡等復定舊令，議絞刑之屬五十，皆免死而斷右趾。既而又哀其斷毁支體，謂侍臣曰：「肉刑，前代除之久矣，今復斷人趾，吾不忍也。」王珪、蕭瑀、陳叔達對曰：「受刑者當死而獲生，豈憚去一趾？去趾，所以使見者知懼。今以死刑爲斷趾，蓋寬之也。」帝曰：「公等更思之。」其後蜀王法曹參軍裴弘獻駁律令四十餘事，乃詔房玄齡與弘獻等重加删定。玄齡等以謂「古者五刑，刖居其一。及肉刑既廢，今以笞、杖、徒、流、死爲五刑，而又刖足，是六刑也。」於是除斷趾法，爲加役流三千里，居作二年。

按：加役流之名創於貞觀，僅加居作二年，與隋之流二千里、居作三年者相等，此唐律之輕於隋者。

《五代會要》：後唐清泰三年，尚書刑部郎中李元龜奏：「准《開成格》，應斷天下徒流人到所流處，本管晝時申御史臺，候年月滿日申奏，方得放還本貫。近年凡徒流人，所管雖奏，不申御史臺報大理寺，所以不知放還年月。望依律格處分。」從之。

按：據此，則五季之時，流人年滿放還，仍用唐法。

宋流刑四，悉仍唐法，惟多決脊杖。詳總考。

邱氏濬曰：《舜典》入于五刑者，情輕法重，故爲流以宥之，則是流者不復刑也。唐之流刑，既定里數，又於此外有所謂加役流者。宋因唐制，每流各加以杖，而又配役，則是五刑之中兼用流、徒、杖三者矣。本朝流罪，惟有杖而不配役，比宋爲輕矣。

按：北齊、北周之流兼用鞭笞，是一罪三刑。隋除鞭笞而加居作，爲一罪二刑。宋又加杖或黥面，則又爲一罪三刑矣。

《通考》一百六十八：流配舊制，止於遠徙，不刺。而晉天福中始創刺面之法，遂爲戢姦重典。宋因其法。

《宋書·刑法志》：太宗以國初諸方割據，沿五代之制，罪人率配隸西北邊，多亡投塞外，誘羌爲寇，乃詔："當徒者，勿復隸秦州、靈武、通遠軍及緣邊諸郡。"時江、廣已平，乃皆流南方。

按：刺配之法，宋傅軍籍，觀熙甯時中書議復古徒流移鄉之法，俟其再犯，然後決刺充軍，可知刺配與流不同也。宋初，刺配之條尚少，如此條之西北改流南方，又可知流罪未廢，與刺配爲二。後來軍流之分，實肇於此時。

《宋志》：凡應配役者，太平興國五年始令分隸鹽亭役之。

按：此後來囚徒煎鹽之始。分隸鹽亭，則不屬軍籍，與流之應役同矣。

《宋志》：先是，太祝刁衎上疏言：「古者投姦人於四裔，今乃遠方囚人，盡歸象闕，配務役。神京天子所居，豈可使流囚於此聚役。望自今外處罪人，勿許解送上京，亦不留於諸務充役。」

按：此條《志》列於雍熙二年，而有「先是」之文，未必果在是年。《圖書集成·祥刑典》定爲雍熙二年，未知別有所據否。然可見雍熙之時，流人送京應役，未全用刺配之法也。

曾布復肉刑議：大辟之次，處以流刑，代墨、劓、剕、宮，不惟非先王流宥之意，而又失輕重之差。古者鄉田同井，人皆安土重遷。流之遠方，無所資給，徒隸困辱，以至終身。近世之民，輕去鄉井，轉徙四方，固不爲患，而居作一年，即聽附籍，比於古亦輕矣。況折杖之法，於古爲鞭朴之刑，刑輕不能止惡，故犯法日益衆，其終必至於殺戮，是欲輕而反重也。

按：曾布此議在熙甯中，見《刑法志》，可以見一年附籍之法未盡泯也，特刺配者日多耳。

遼流刑寘之邊郡部族之地，遠則投諸境外，又遠則罰使絕域。詳總考。

《續通考》一百三十七：流刑始太宗。會同時，皇族錫里郎君謀毒通事嘉哩等，命重杖之，及其妻流於矩巴哩密河。其後世宗天禄二年，天德、蕭翰、瑠格及其弟瓌都等謀反，天德伏誅，杖翰，流瑠格，遣瓌都，使哈噶斯國。景宗保甯二年，國舅蕭海只等盜殺樞密使蕭思溫，誅之，流其弟紳圖於黃龍府。興宗重熙七年，南面侍御準格爾詐取女直貨物，罪死，上以有吏能，黥而流之。道宗大康二年，上欲觀《起居注》，修注郎布當及等不進，各杖而罷之，流林牙蕭巖壽於烏隗威部。大安三年，燕國人錫庫厭魅梁王，伏誅，子蘭陵郡王蕭綽喰除名，置邊郡。

金泰和律流刑三。詳總考。

按：明昌五年，尚書省言《名例》内徒年之律無決杖之文，便不用杖。緣先謂流刑，非今所宜，且代流役，四年以上俱決杖云云。據此，是金初徒刑四年以上決杖以代流役，而别無流刑，泰和律本於唐律，始定有流刑也。

元流刑。詳總考。

《續通考》一百三十七：其流罪發各處屯種者，止令監臨關防屯種。諸流遠囚徒，惟女直、高麗二族流湖、廣，餘並流尼嚕罕及取海青之地。泰定間，又從御史言，以職官贓污者流放廣南。

按：元又有遷徙法，與流異，詳遷徙。

《圖書集成·祥刑典》：諸流囚居役，非遇元正、寒食、重午等節，勿給假。諸有罪，奉旨流遠，雖會赦，非奏請不得放還。

《元史·王結傳》：先時，有罪者，北人則徙廣〔海〕（南），南人則徙遼東，去家萬里，往往道死。結請更其法，移鄉者止千里〔外〕，改過聽還其鄉，著爲令。

《世祖紀》：十七年十一月，詔有罪配役者，量其程遠近。

明流罪三。詳總考。

明律：其徒流遷徙安置人口至配所，及犯謀反、逆叛，緣坐應流。若造畜蠱毒、採生折割人、殺一家三人會赦猶流者，並不在赦放之限。

按：明律流囚家屬、徒流人、在道會赦、徒流人又犯罪諸律，並本於唐。《明史·刑法志》：初制流罪三等，視地遠近，邊衛充軍有定所。蓋降死一等，唯流與充軍爲重。然《名例律》稱二死三流各同爲一減。如二死遇恩赦減一等，卽流三千里；流三等以《大誥》減一等，皆徒五年。犯流罪者，無不減至徒罪矣。故三流常設而不用。

《續通考》一百三十七：建文四年時成祖已卽位。九月，令雜犯死罪及流罪赴北平種田。帝諭法司曰：「前令罪人入米贖罪，以省轉輸之勞，近聞有貧不能致米者，往往憂慼以死，非朕本意。自今除十惡死罪外，其餘死罪及流罪，令挈家赴北平種田，流罪三年，死罪五年，後録爲良民。其徒罪令煎鹽，杖罪輸役如故。仍選徒罪以下罷職官假以職名，俾督民耕種。三年有成績，實授，無成，仍坐原罪。」永樂十年正月，令誣告犯徒流等罪者免罪，挈妻子徙盧龍、山海、永平、小興州爲民種田。十一年五月，令囚徒運糧，無力者發天壽山種樹，死罪終身，徒流各照年限，杖罪每等五百株，笞罪每等一百株。

安置

《唐書·高宗紀》：顯慶四年四月，流長孫無忌於黔州。本《傳》：遂下詔削官爵封户，以揚州都督一品俸置于黔州，所在發兵護送。《舊書·本紀》：太尉、揚州都督、趙國公無忌帶揚州都督於黔州安置。《舊書·本傳》：遂去其官爵，流黔州，仍遣使發次州府兵援送至流所。

《高宗紀》：儀鳳元年十月，降封郇王素節鄱陽郡王。本《傳》：坐受賕降王鄱陽，削封户什七，徙置袁州，錮終身。《舊紀》：郇王素節削户三分之二，於袁州安置。《舊傳》：袁州安置，禁錮終身。儀鳳二年，又改於岳州安置。

《澤王上金傳》：有司誣奏，削封邑，徙置澧州。《舊傳》：澧州安置。

《高宗紀》：永淳元年七月，零陵郡王明自殺。本《傳》：永隆中，坐太子賢事，降王零陵，徙黔州。《舊紀》云薨。《舊傳》云徙。《通鑑》云安置。

《太平公主傳》：玄宗以太子監國，使宋王、歧王總禁兵。主恚權分，乘輦至光範門，召宰相白廢太子。於是宋璟、姚元之不悦，請出主東都，帝不許，詔主居蒲州。《通鑑》云蒲州安置。

按：安置之名，見於《舊唐書》，《通鑑》從之。長孫無忌，《新書·紀》曰流，《傳》曰置，《舊傳》亦曰流，《舊紀》方曰安置，是安置卽流也。郇王，《新傳》曰徙置，《舊紀、傳》並曰安置，澤王，《新傳》曰徙置，《舊傳》曰安置，是安置卽徙也。零陵王，《新、舊傳》並曰徙，太平公主，《新傳》、《通鑑》並曰安置，然則唐之安置乃臨文之異，非當時有安置之名也。

《宋史·太祖紀》：開寶四年四月，前左監門衛將軍趙玭訴宰相趙普，坐誣毁大臣，汝州安置。

按：宋王公及文武官犯罪有安置之法。有削其官爵而安置者，如雍熙二年廢楚王元佐爲庶人，均州安置；《太宗紀》。紹聖二年，梁惟簡除名，全州安置《哲宗紀》。是也。有貶其官秩而安置者，如天聖七年二月，貶曹利用爲崇信軍節度副使，房州安置；《仁宗紀》。熙甯四年，种諤坐陷撫甯堡，責授汝州團練〔副〕使，潭州安置；《神宗紀》。元豐五年，知延州沈括以措置乖方，責授均州團練副使，隨州安置同上。是也。非流非徙非遷而又似流似徙似遷，乃宋法與唐之安置不同。張端義《貴耳集》：張端義端平三年應詔上言，得旨，韶州安置。考之典故，安置待宰執侍從，居住待庶官。小臣用大臣之法，誤矣。

《明史·刑法志》：流有安置，有遷徙，有口外爲民。

居住

《宋史·哲崇紀》：紹聖二年二月，吕大防以監修史事貶秩，分司南京安州居住。

《范純仁傳》：貶武安軍節度副使，永州安置。徽宗卽位，欽聖顯肅后同聽政，卽日授純仁光禄〔卿〕，分司南京，鄧州居住。

《高宗紀》：紹興十七年十二月，鄭剛中落職，桂陽監居住。十八年二月，段拂罷，尋落職，興國軍居住。

按：居住亦宋法也，大約安置輕于編管，居住又輕于安置。有降官居住者，吕大防是；有落職居住者，鄭剛中等是；有由安置改居住者，范純仁是也。

謫戍

《始皇紀》：三十三年，發諸嘗逋亡人、贅壻、賈人略取陸梁地，爲桂林、象郡、南海，以適遣戍。《集解》：徐廣曰：「五十萬人守五嶺。」《正義》：「適音直革反。戍，守也。」西北斥逐匈奴。自榆中並河以東，屬之陰山，以爲四十四縣，城河上爲塞。又使蒙恬渡河取高闕、（陶）〔陽〕山、北假，中築亭障以逐戎人。徙謫，實之初縣。《索隱》：「徙有罪而謫之，以實初縣，即上『自榆中屬陰山，以爲三十四縣』是也。故漢七科謫亦因於秦。」

按：此亦有罪而遷，爲實邊計。高帝十一年詔云「秦徙中縣之民南方三郡，使與百粤雜處」即此事也，此策漢亦用之。後世言實邊者，多主此策，然經理不得其宜，利害亦復相因，是在得其人矣。

《始皇紀》：三十五年，益發謫徙邊。

按：《集解》引《年表》「徙民北河、榆中」爲注，非也，彼是三十六年事。此言徙，實永戍也。

《陳涉世家》：二世元年七月，發閭左適戍漁陽。（九百人）《索隱》：「閭左謂居閭里之左也。秦時復除者居閭左。今力役凡在閭左者悉發之也。又云，凡居以富强爲右，貧弱爲左。秦役戍多，富者役盡，兼取貧弱者也。」

《漢書·鼂錯傳》：臣聞秦時北攻胡貉，築塞河上，南攻楊粤，置戍卒焉。楊粤之地少陰多陽，其人疏理，鳥獸希毛，其性能暑。秦之戍卒不能其水土，戍者死於邊，輸者僨於道。秦民見行，如往弃市，因以讁發之，名曰「讁戍」。先發吏有讁及贅壻、賈人，後以嘗有市籍者，又後以大父母、父母嘗有市籍者，後入閭，取其左。注：「孟康曰，秦時復除者居閭之左，後發役不供，復役之也。或云直先發取其左也。」師古曰：「居閭之左者，一切皆發之，非謂復除也。」

《食貨志》：發閭左之戍。注：「應劭曰，戍者曹輩盡，復入閭，取其左發之，未及取右而秦亡。」師古曰：「閭左之釋，應最得之。」

按：據錯言，先發賈人及有市籍者，則《索隱》後一説似爲得之。此所發者，無罪之人，似卽更卒也。

《食貨志》：秦用商鞅之法，又加月爲更卒，已復爲正，一歲屯戍，一歲力役，三十倍於古。注：「師古曰，更卒，謂給郡縣一月而更者也。正卒，謂給中都官者也。率計今人一歲之中，屯戍及力役之事三十倍多於古也。」

《昭紀》元鳳四年注：如淳曰：「更有三品，有卒更，有踐更，有過更。古者正卒無常人，皆當迭爲之，一月一更，是爲卒更也。貧者欲得顧更錢者，次直者出錢顧之，月二千，是爲踐更也。天下人皆直戍邊三日，亦名爲更，律所謂繇戍也。雖丞相子亦在戍邊之調。不可人人自行三日戍，又行者當自戍三日，不可往便還，因便住一歲一更。諸不行者，皆出錢三百入官，官以給戍卒，是爲過更也。律説，卒踐更者，居也，居更縣中五月乃更也。後從尉律，卒踐更一月，休十一月也。《食貨志》云云，此漢初因秦法而行之也。後遂改易，有謫乃戍邊一歲耳。」

《史記·將相名臣年表》：高后五年，令戍卒歲更。　文帝十三年，除戍卒令。

按：更卒之制，漢因於秦。鼂錯言遠方之卒守塞一歲而更，卽高后歲更之法也。《表》言文帝除戍卒令而更賦之名，初未嘗改。《昭紀》元鳳四年詔「三年以前逋更賦未入者，皆勿收」，疑文帝所除者卒更之法。而過更之法終漢之世行之，故有「逋更賦」，下至東京，亦仍有更賦之名也。

《漢書·武紀》：元狩五年春，徙天下姦猾吏民於邊。

《魏書·刑法志》：世祖真君五年，命恭宗總百揆監國。少傅游雅上疏曰：「殿下親覽百揆，經營內外，昧旦而興，咨詢國老。臣職忝疑承，司是獻替。漢武時，始啟河右四郡，議諸疑罪而謫徙之。十數年後，邊郡充實，並修農戍，孝宣因之，以服北方。此近世之事也。帝王之於罪人，非怒而誅之，欲其從善而懲惡。謫徙之苦，其懲亦深。自非大逆正刑，皆可從徙，雖舉家投遠，忻喜赴路，力役終身，不敢言苦。且遠流分離，心或思善。如此，姦邪可息，邊垂足備。」恭宗善其言，然未之行。和平末，冀州刺史源賀上言：「自非大逆手殺人者，請原其命，謫守邊戍。」詔從之。高祖哀矜庶獄，至於奏讞，率從降恕，全命徙邊，歲以千計。

《源賀傳》：賀出爲征南將軍、冀州刺史。上書曰：「臣聞：人之所寶，莫寶於生全；德之厚者，莫厚於宥死。然犯死之罪，難以盡恕，權其輕重，有可矜恤。今勍寇游魂於北，狡賊負險於南，其在疆場，猶須防戍。臣愚以爲自非大逆、赤手殺人之罪，其坐贓及盜與過誤之愆應入死者，皆可原命，謫守邊境。是則已斷之體，更受全生之恩；傜役之家，漸蒙休息之惠。刑措之化，庶幾在茲。《虞書》曰『流宥五刑』，此其義也。臣受恩深重，無以仰答，將違闕庭，豫增係戀，敢上瞽言，唯加裁察。」高宗納之。已後入死者，皆恕死徙邊。久之，高宗謂羣臣曰：「源賀勸朕宥諸死刑，徙充北番諸戍，自爾至今，一歲所活殊爲不少，生濟之理既多，邊戍之兵有益。卿等事朕，致何善意也？苟人人如賀，朕治天下復何憂哉！顧憶

〔誠〕〔忠〕言，利實廣矣。」

《孝文紀》：延興二年九月，詔流迸之民，皆令還本，違者配徙邊鎮。

《唐書·太宗紀》：貞觀十六年春，徙天下死罪囚實西州。

《刑法志》：十六年，徙死罪以實西州，流者戍之，以罪輕重爲更限。

按：《説文》：「戍，守邊也。从人持戈。」《詩·序·采薇》「遣戍役也，遣戍役以守衛中國」。箋云：「戍，守也。」《揚之水》：「不與我戍申。」傳云：「戍，守也。」莊十七年《公羊解詁》：「以兵守之曰戍。」古者，封建之世，以兵守之皆曰戍，見于《春秋》者多矣，不獨戍邊也。秦滅六國，天下混一，斥逐胡戎，邊地空虚，遣發罪人以守衛，始有戍邊之事。其人充荷戈之役，與軍士無異，卽後代之充軍，第其制不同耳。此等戍卒，皆仰給於官朝。錯所謂「戍者死於邊，輸者僨於道」，其敝如此。迨錯上屯戍之議，農戍兼修，文帝用其策。終漢世，皆踵行之，洵守邊至計也。

《續通考》一百三十七：洪武十五年正月，命將校士卒雜犯死罪者免死，杖發戍邊。十六年正月，令雜犯死罪者罰戍邊。英宗正統五年十月，刑部言：「舊例，軍丁力士犯盜者皆戍邊，比者詔從律斷。但令輸作復役，以是人輕於犯盜。請復舊例，庶使知懼。」從之。

屯戍

《漢書·鼂錯傳》：錯復言守邊備塞，勸農力本，當世急務二事，曰：「聞秦時北攻胡貉，築塞河上，南攻楊粤，置戍卒焉。其起兵而攻胡、粤者，非以衛邊地而救民死也，貪戾而欲廣大也，故功未立而天下亂。且夫起兵而不知其埶，戰則爲人禽，屯則卒積死。夫胡貉之地，積陰之處也，木皮三寸，冰厚六尺，食肉而飲酪，其人密理，鳥獸毳毛，其地能寒。楊粤之地少陰多陽，其人疏理，鳥獸希毛，其性能暑。秦之戍卒不能其水土，戍者死於邊，輸者僨於道。秦民見行，如往棄市，因以謫發之，名曰『謫戍』。先發吏有謫及贅壻、賈人，後以嘗有市籍者，又後以大父母、父母嘗有市籍者，後入閭，取其左。發之不順，行者深怨，有背畔之心。凡民守戰至死而不降北者，以計爲之也。故戰勝守固則有拜爵之賞，攻城屠邑則得其財鹵以富家室，故能使其衆蒙矢石，赴湯火，視死如生。今秦之發卒也，有萬死之害，而無銖兩之報，死事之後不得一算之復，天下明知禍烈及己也。陳勝行戍，至於大澤，爲天下先倡，天下從之如流水者，秦以威劫而行之之敝也。胡人衣食之業不著於地，其埶易以擾亂邊竟。何以明之？胡人食肉飲酪，衣皮毛，非有城郭田宅之歸居，如飛鳥走獸於廣壄，美草甘水則止，草盡水竭則移。以是觀之，往來轉徙，時至時去，此胡人之生業，而中國之所以離南畝也。今使胡人數處轉牧行獵於塞下，或當燕代，或當上郡、北地、隴西，以候備塞之卒，卒少則入。陛下不救，則邊民絶望而有降敵之心；救之，少發則不足，多發，遠縣纔至，則胡又已去。聚而不罷，爲費甚大；罷之，則胡復入。如是連年，則中國貧苦而民不安矣。陛下幸憂邊境，遣將吏發卒以治塞，甚大惠也。然令遠方之卒守塞，一歲而更，不知胡人之能，不如選常居者，家室田作，且以備之。以便爲之高城深塹，具藺石，布渠荅，復爲一城其内，城間百五十步。要害之處，通川之道，調立城邑，毋下千家，爲中周虎落。先爲室屋，具田器，迺募罪人及免徙復作令居之；不足，募以丁奴婢贖罪及輸奴婢欲以拜爵者；不足，迺募民之欲往者。皆賜高爵，復其家。予冬夏衣，廩食，能自給而止。郡縣之民得買其爵，以自增至卿。其亡夫若妻者，縣官買予之。人情非有匹敵，不能久安其處。塞下之民，祿利不厚，不可使久居危難之地。胡人入驅而能止其所驅者，以其半予之，縣官爲贖其民。如是，則邑相救助，赴胡不避死，非以德上也，欲全親戚而利其財也。此與東方之戍卒不習地埶而心畏胡者，功相萬也。以陛下之時，徙民實邊，使遠方無屯戍之事，塞下之民，父子相保，亡係虜之患，利施後世，名稱聖明，其與秦之行怨民，相去遠矣。」上從其言，募民徙塞下。錯復言：「陛下幸募民相徙以實塞下，使屯戍之事益省，輸將之費益寡，甚大惠也。下吏誠能稱厚惠，奉明法，存卹所徙之老弱，善遇其壯士，和輯其心而勿侵刻，使先至者安樂而不思故鄉，則貧民相募而勸往矣。臣聞古之徙遠方以實廣虛也，師古曰：「所以充實寬廣空虛之地。」相其陰陽之和，嘗其水泉之味，審其土地之宜，觀其屮木之饒，然後營邑立城，製里割宅，通田作之道，正阡陌之界，先爲築室，家有一堂二內，門户之閉，置器物焉，民至有所居，作有所用，此民所以輕去故鄉而勸之新邑也。爲置醫巫，以救疾病，以脩祭祀，男女有昏，生死相卹，墳墓相從，種樹畜長，張晏曰：「畜長，六畜也。長音竹兩反。」室屋完安，此所以使民樂其處而有長居之心也。臣又聞古之制邊縣以備敵也，使五家爲伍，伍有長；十長一里，里有假士；四里一連，連有假五百；十連一邑，邑有假候。皆擇其邑之賢才有護，習地形知民心者，居則習民於射法，出則教民於應敵。故卒伍成於內，則軍正定於外。服習已成，勿令遷徙，幼則同游，長則共事。夜戰聲相知，則足以相救；晝戰目相見，則足以相識；驩愛之心，足以相死。如此而勸以厚賞，威以重罰，則前死不還踵矣。所徙之民非壯有材力，但費衣糧，不可用也；雖有材力，不得良吏，猶亡功也。陛下絶匈奴不與和親，臣竊意其冬來南也，壹大治，則終身創矣。欲立威者，始於折膠，來而不能困，使得氣去，後未易服也。愚臣亡識，唯陛下財察。」

按：徙民實邊之策實創於鼂錯，不獨漢代行之有效，乃千古至計也，故備録之。今歐洲殖民之政特小變其宗旨耳，其道一也。

《武紀》：天漢元年，發讁戍屯五原。

《昭紀》：元鳳五年六月，發三輔及郡國惡少年吏有告劾亡者，屯遼東。注：「如淳曰，告者，爲人所告也。劾者，爲人所劾也。」師古曰：「惡少年謂無賴子弟也。告劾亡者，謂被告劾而逃亡。」

《西域傳》：地節二年，漢遣侍郎鄭吉、校尉司馬憙將免刑罪人田渠犂，積穀，欲以攻車師。至秋收穀，吉、憙發城郭諸國兵萬餘人，自與所將田士千五百人共擊車師，攻交河城，破之。

《趙充國傳》：遂上屯田奏：「願罷騎兵，留弛刑應募，及淮陽、汝南步兵與吏士私從者，分屯要害處。冰解漕下，繕鄉亭，浚溝渠，治湟陿以西道橋七十所，令可至鮮水左右。田事出，賦人二十晦。至四月草生，發郡騎及屬國胡騎伉健各千，倅馬什二，就草，爲田者游兵。以充入金城郡，益積蓄，省大費。

按：讁戍者發罪人以守邊也，屯戍者發罪人以實邊，農戍兼修也，其事是一是二？秦之讁戍，一時之計，不以爲常，漢之屯戍，時時行之，後且成爲赦罪降等之常制。讁戍、屯戍二者，遂難區别，兹姑列爲二門，互備參考。

元《成宗紀》：元貞元年秋七月，立肇州屯田萬户府，以遼陽行省左丞阿散領其事。

按：至元三十年，世祖以乃顔故地曰阿八剌忽者，立城名曰肇州。《元史·地理》云「不知其所屬所領之詳」。惟屯田府既領于遼陽左丞，其地亦當屬于遼陽。當時出者俱發遼陽，疑屯田卽用此出軍之人也。

《續通考》一百三十七：太祖洪武八年，敕官吏受贓及雜犯私罪當罷職役者發鳳陽屯種，民犯流者鳳陽輸作一年，然後屯種。建文四年九月，成祖已卽位。帝諭法司曰：「前令罪人入米贖罪，以省轉輸之勞，近聞有貧不能致米者，往往憂慼以死，非朕本意。自今除十惡死罪外，其餘死罪及流罪，令挈家赴北平種田，流罪三年，死罪五年，後録爲良民。仍選徒罪以下罷職官，假以職名，俾督民耕種。三年有成績，實授，無成，仍坐原罪。」成祖永樂二年正月，詔自今有犯交易金銀之禁者免死，徙家於興州屯戍。十年正月，令誣告犯徒流等罪者免罪，挈妻子徙盧龍、山海、永平、小興州爲民種田。

刑法分考十一

城旦

《史記·始皇紀》：丞相李斯曰：「臣請史官非秦記皆燒之。令下三十日不燒，黥爲城旦。」《集解》：「如淳曰，《律說》，論決爲髡鉗，輸邊築長城，晝日伺寇虜，夜暮築長城。」城旦，四歲刑。《漢書·惠紀》注：「應劭曰，城旦者，旦起行治城，四歲刑。」

衞宏《漢舊儀》：秦制：凡有罪，男髡鉗爲城旦，城旦者治城也。女爲舂，舂者治米也。皆作五歲，完四歲。

按：城旦，秦制，漢因之。應、如二說並言四歲刑，而衞宏云作五歲，完四歲，《漢志》亦分完城旦舂、髡鉗城旦舂爲二，後漢仍之。城旦爲徒役之事，而罪之應充徒役者不止城旦，魏世有髡刑、完刑、作刑之分，北周始定名爲徒，後世亦稱徒爲城旦者，豈以徒役之事城旦居首歟？

《漢志》：諸當完者，完爲城旦舂；當黥者，髡鉗爲城旦舂。臣瓚曰：「文帝除肉刑，皆有以易之，故以完易髡，以笞代劓，以釱左右止代刖。今既曰完矣，不復「復」疑是「得」之譌。以完代完也。此當言髡者完也。」

按：文帝除肉刑，城旦舂遂分爲二等，以髡鉗城旦舂當黥，以完城旦舂當舊日之髡鉗城旦舂，故臣瓚云「以完易髡」。而《志》文「當完」之「完」，自是「髡」字之譌也。

《志》又云：罪人獄已決，完爲城旦舂，滿三歲爲鬼薪白粲。鬼薪白粲一歲，爲隸臣妾。隸臣妾一歲，免爲庶人。前令之刑城旦舂歲而非禁錮者，如完爲城旦舂歲數以免。

按：前令之刑，謂此令之前有刑者也，是前令之城旦舂歲與此令之完城旦舂歲其數不同，此令必降于前令，故非禁錮者即以此令之歲數爲限，今所謂斷罪用新頒律也。前段之文似是降等之法，今不能詳矣。惟云完爲城旦舂，滿三歲爲鬼薪、白粲，是完城旦舂與鬼薪、白粲同爲三歲刑。《後書·明紀》言贖論者，右止至髡鉗城旦舂十匹，完城旦舂至司寇作三匹。髡鉗城旦舂與右止爲一等，完城旦舂下至司寇作爲一等，可以見完城旦舂之歲數不與髡鉗城旦舂相同。諸家說城旦舂者並云四歲刑，《志》云完城旦舂滿三歲，其等次相符，獨衛宏言作五歲，完四歲，與衆說不同。《晉律》云髡鉗五歲刑，晉法多沿于漢，衛說必有據。或云《志》文「滿三歲」當下屬，言滿三歲者爲鬼薪、白粲也，然下文又云「隸臣妾滿二歲，爲司寇」，隸臣妾，二歲刑也，與此段文法正同，「滿三歲」不得下屬爲解，或說亦未是，今姑闕疑。

《漢書·王子侯表》：平城侯禮，元狩三年坐恐猲取雞以令買償免，復謾，完爲城旦。師古曰：「恐猲取人雞，依令買雞以償，坐此免侯，又犯欺謾，故爲城旦也。」

按：此文當是誣人取雞，出令責其買償也，師古之說未明。

欒侯義坐使人殺人，髡爲城旦。

《高惠高后文功臣表》：「平陽侯曹宗，征和二年，坐與中人姦，闌入宮掖門，入財贖完爲城旦。

留侯張不疑坐與門大夫殺故楚內史，贖爲城旦。師古曰：「門大夫，侯之屬官也。」

酇侯蕭獲坐〔使〕奴殺人，減死，完爲城旦。

汾陰侯周意坐行賕，髡爲城旦。

隆慮侯周通有罪，完爲城旦。

鄲侯周仲居坐爲太常收赤側錢不收，完爲城旦。如淳曰：「民巧法，用之不便，又廢也。」

安丘侯張拾坐入上林謀盜鹿，又搏揜，完爲城旦。師古曰：「謂搏擊揜襲人而奪其物也。搏字或作博。一曰博，六博也，揜，意錢之屬也，皆謂戲而取人財也。」

按：後說是。

邔侯黃遂坐掩搏奪公主馬，髡爲城旦。師古曰：「搏字或作博，已解於上。」

樊侯蔡辟方坐搏揜，完爲城旦。

山陽侯張當居坐爲太常擇博士弟子故不以實，完爲城旦。

成安侯韓延年坐爲太常行大行令事留外國書一月，乏興，入穀贖，完爲城旦。師古曰：「當有所興發，因其遲留故闕乏。」

將梁侯楊僕坐爲將軍擊朝鮮畏懦，入竹二萬箇，贖完爲城旦。師古曰：「箇，枚也。」

新時侯趙弟坐爲太常鞠獄不實，入錢百萬贖死，而完爲城旦。如淳曰：「鞠者以其辭決罪也。」晉灼曰：「律說出罪爲故縱，入罪爲故不直。」

《外戚恩澤侯表》：長平侯衛伉，太初元年嗣侯，闌入宮，完爲城旦。平津侯公孫度坐爲山陽太守詔徵鉅野令史成不遣，完爲城旦。牧丘侯石德坐爲太常失法罔上，祠不如令，完爲城旦。

按：城旦舂、鬼薪、白粲、隸臣妾、司寇諸名，魏、晉以降不具，蓋已除之。茲録漢諸《表》城旦之事，髡完並有，可以見漢法之大略焉。

舂

《周禮》：舂人奄二人，女舂抌二人，奚五人。注：「女舂抌，女奴能舂與抌者。抌，抒臼也。《詩》云：『或舂或抌。』」槀人奄八人，女槀每奄二人，奚五人。注：「鄭司農云，槀讀爲『犒師』之『犒』，主冗食者，故謂之犒。」《秋官·司厲》：其奴男子入于罪隸，女子入于舂槀。注：「鄭司農云，謂坐爲盜賊而爲奴者輸於罪隸，舂人、槀人之官也。」

按：此女奴之能舂者，故入于舂人，尚非以舂爲罪之名。漢時之城旦舂，則竟以其所任之事爲罪名矣。

《漢書·惠紀》：及當爲城旦舂者。注：「應劭曰，城旦，旦起治城；舂者，婦人不豫外徭，但舂作米，皆四歲刑也。」

按：漢之舂實本于周制。

《外戚傳》：惠帝立，呂后爲皇太后，迺令永巷囚戚夫人，髡鉗衣赭衣，令舂。戚夫人舂且歌曰：「子爲王，母爲虜，終日舂薄暮，常與死爲伍！相離三千里，當誰使告女？」

按：《百官公卿表》永巷令丞，宦者，屬少府。此囚戚夫人於永巷而令之舂也，似當時永巷有女舂之役。

《漢舊儀》：女爲舂，舂者，治米也。

《後漢書・明紀》注：《前書音義》曰，舂者，婦人犯罪不任軍役之事，但令舂以食徒者。

按：《漢舊儀》言白粲爲祠祀擇米，此云舂以食徒者，是白粲與舂其執役同，第一以供祠祀，一以食徒者，爲不同耳。周之女舂，可當秦、漢之白粲，漢之女舂則小異矣。

《隋志》：北齊律：刑罪，婦人配舂及掖庭織，其不合遣配者，女子配舂，六年。

按：魏、晉以降，未見舂名，惟北齊有之。

鬼薪

《史記・始皇紀》：及其舍人，輕者爲鬼薪。《集解》應劭曰：「取薪給宗廟爲鬼薪也。」如淳曰：「《律說》，鬼薪作三歲。」

按：此嫪毒之舍人。毒反，吏滅其宗，其舍人重者刑戮，輕者罰徒役三年也。

《漢舊儀》：秦制：鬼薪三歲。鬼薪，男當爲祠祀鬼神伐山之薪蒸也。

按：鬼薪，秦制，漢因之。

《漢書·平紀》：元始元年，天下女徒已論，歸家，顧山錢月三百。注：如淳曰：「已論者，罪已定也。令甲，女子犯罪，如作徒六月，顧山遣歸。說以爲當於山伐木，聽使入錢顧功直，故謂之顧山。」應劭曰：「舊刑鬼薪，取薪於山以給宗廟，今使女徒出錢顧薪，故曰顧山也。」師古曰：「如說近之。謂女徒論罪已定，並放歸家，不親役之，但令一月出錢三百，以顧人也。」

按：秦制男女之役不同，女以舂當城旦，以白粲當鬼薪，以作如司寇當司寇，以復作當戍罰作，是女無鬼薪之役也。顧山之法，是女亦充鬼薪之役矣，未知漢法與秦異抑別有說也，俟考。

《王子侯表》：畢梁侯嬰坐首匿罪人，爲鬼薪。離石侯綰坐上書謾，耐爲鬼薪。師古曰：「謾，欺誑也。」

《功臣表》：成侯董朝坐爲濟南太守與城陽王女通，耐爲鬼薪。

曲成侯蟲皇柔坐爲汝南太守知民不用赤側錢爲賦，爲鬼薪。師古曰：「赤側解在《食貨志》。時並令以充賦，而汝南不遵詔令。」

《食貨志》：錢多輕，而公卿請令京師鑄官赤仄，一當五，賦官用非赤仄不得行。白金稍賤，民弗寶用，縣官以令禁之，無益，歲餘終廢不行。

按：民不用赤側而罪及太守，張湯之法，其苛虐類此，而武帝信任之，史遷之譏，豈得爲謗？

宣曲侯丁通有罪，赦爲鬼薪。

柏至侯許福坐爲姦，爲鬼薪。

按：爲姦，爲姦利也。

杜衍侯王舍有罪，爲鬼薪。

朝陽侯華當坐教人上書枉法，耏爲鬼薪。

平棘侯林辟彊有罪，爲鬼薪。

按：鬼薪之見於諸《表》者，凡九條，彙録備考。

《惠紀》：上造以上及内外公孫耳孫有罪當刑及當爲城旦舂者，皆耐爲鬼薪白粲。

按：此赦降也。有罪當刑，謂當論肉刑者皆降爲三歲刑也。

《劉輔傳》：減死罪一等，論爲鬼薪。

按：上條城旦舂耐爲鬼薪，此條死罪減爲鬼薪，其減法不詳。

白粲

《漢舊儀》：秦制：鬼薪三歲，女爲白粲者，以爲祠祀擇米也，皆作三歲。

《漢書・惠紀》：白粲。注：「應劭曰，坐擇米使正白爲白粲，三歲刑。」《御覽》六百四十八引應注「正白」下有「粲然」二字。

《百官公卿表》：少府，屬官有導官、令丞。注：「師古曰，導官主擇米。」《續漢書・百官志》：大司農屬官導官，令主舂御米及作乾糒。導，擇也。

《說文》：粲，稻重一秙，爲粟二十斗，爲米十斗曰毇，段《注》：「此當有奪文，當以『爲米十斗』句絕。下云『爲米九斗曰毇，〔稻〕粟二十斗爲米十斗』者，《九章算術》所謂稻率六，糲米率三十也。稻粟二十斗爲米十斗，今目驗猶然，其米甚粗，不得曰毇明矣。爲米九斗曰毇者，下文云『米一斛舂爲九斗曰毇』是也，毇即粺，禾黍言粺，稻言毇。稻米九斗而舂爲八斗，則亦曰糳。八斗而舂爲六斗大半斗則曰粲，猶之禾黍糳米爲七斗則曰侍御也。禾黍米至於侍御，稻米至於粲，皆精之至矣。」爲米六斗大半斗曰粲。段《注》：「謂以八斗舂爲六斗大半斗也。以今目驗言之，稻米十斗舂之爲六斗大半斗，精無過此者矣。」

按：粲爲稻米之至精者，擇之使正白，故以白粲爲名。白粲與舂原是一事，而一爲四歲刑，一爲三歲刑，罪分二等者，以米之精粗爲差別，其工力亦有高下也。或謂白粲卽舂，混二爲一，非是。導官主擇米，則白粲必供役于導官，舂何屬？未詳。西漢導官屬少府，東漢改屬大司農。《漢官》曰「員役百一十二人」，似其制已與西漢不同矣。

隸臣妾

《漢志》：鬼薪白粲一歲，爲隸臣妾。隸臣妾一歲，免爲庶人。隸臣妾滿二歲，爲司寇。司寇一歲，及作如司寇二歲，皆免爲庶人。注：「師古曰，男子爲隸臣，女子爲隸妾。鬼薪白粲滿一歲爲隸臣，隸臣一歲免爲庶人。隸妾亦然也。」

《書·費誓》：臣妾逋逃。傳：「役人賤者，男曰臣，女曰妾。」

按：《左傳》僖十七年「男爲人臣，女爲人妾」，此不過泛言賤者之稱，昭七年「輿臣隸，隸臣僚」，但言人之有十等耳，皆與罪名無涉也。《漢舊儀》所言秦制，鬼薪、白粲之次無隸臣妾之名，是秦所無，漢增之也。隸臣妾二歲刑，其名與奴婢相近，而實非奴婢。魏、晉以下，皆無此名。

《漢書·功臣表》：武陽侯蕭勝坐不齋，耐爲隸臣。師古曰：「謂當祠而不齋也。」

戚侯季信成坐爲太常縱丞相侵神道，爲隸臣。

藏侯張勝有罪，爲隸臣。

南宮侯張生有罪，爲隸臣。

襄城侯韓釋之坐詐疾不從，耐爲隸臣。

按：漢《功臣表》有此五事，今彙録之。

司寇

《漢舊儀》：罪爲司寇，司寇男備守，女爲作如司寇，皆作二歲。

《漢志》：隸臣妾滿二歲，爲司寇；司寇一歲，及作如司寇二歲，皆免爲庶人。注：「如淳曰，罪降爲司寇，故一歲，正司寇，故二歲也。」

按：司，猶察也。《周禮》師氏注。古別無「伺」字，司即伺察之字。司寇，伺察寇盜也，男以備守，其義蓋如此。「作如司寇」，不知所役者何事，此二歲刑也。

《恩澤侯表》：平丘侯王遷坐平尚書聽請受臧六百萬，自殺。如淳曰：「律，諸爲人請求於吏以枉法，而事已行，爲聽行者，皆爲司寇。」師古曰：「有人私請求，而聽受之。」

按：如淳所引，漢律文也，此其僅存者。

《王子侯表》：楊丘侯偃坐出國界，耐爲司寇。

按：此與《功臣表》之終陵侯並以出界爲司寇，而《功臣表》甯侯魏指文後三年。坐出界，免，與此二侯之罪輕重不同，如何分别？未詳。

沈猷侯受坐爲宗正聽請，不具宗室，耐爲司寇。師古曰：「受爲宗正，人私請求者，受聽許之，故於宗室之中事有不具，而受獲罪。」

《功臣表》：終陵侯華禄坐出界，耐爲司寇。

深澤侯趙修有罪，耐爲司寇。

吴房侯楊去疾有罪，耐爲司寇。

衍侯翟不疑坐挾詔書論，耐爲司寇。師古曰：「詔書當奉持之，而挾以行，故爲罪也。」

髡

《周禮·秋官·掌戮》：髡者使守積。注：「鄭司農云，髡當爲『完』，謂但居作三年，不虧體者也。玄謂此出五刑之中，而髡者必王之同族不宮者，宮之爲翦其類，髡頭而已。守積，積在隱者宜也。」疏：「先鄭以髡爲完，但居作三年，不虧體。以此爲《圜土》罷民解之。不從者，《掌戮》所掌皆虧體，於義不可，故後鄭引《文王世子》解之也。」《周官義疏》：「王氏應電曰，注以髡爲王族犯宮刑而減之者，非也，公族不翦，其類但可減爲刖以下耳。苟降從髡，則應劓刖者不獲減刑乃反重耶？案記所謂公族無宮刑，蓋議獄時不當以宮而降從劓刖耳。先鄭以髡者爲《司圜》所收罷民，似可通，其不冠飾而墨幪，疑卽爲其髡也。蓋能改者反其州里，不能改而出圜土者殺。其罪不至殺而又不能改者，州里莫任，將焉置之？則長髡而使之守積宜矣。」

按：後鄭之說，固有難通，先鄭之說，賈疏已駁之。罷民必在圜土，守積則不在圜土中矣。髡者，鬄髮，罷民僅弗使冠飾，未嘗鬄髮，不得卽謂之髡也。竊意髡在五刑之外，乃刑之輕于肉刑者亦施之，于情罪稍輕之人而視圜土之罷民則較重，故使守積，守積亦居作之一端也。

《史記·始皇紀》：黥爲城旦。《集解》：「如淳曰，《律說》論決爲髡鉗，輸邊築長城，晝日伺寇虜，夜暮築長城。城旦，四歲刑。」

《御覽》六百四十九：《風俗通》：「秦始皇遣蒙恬築長城，徒士犯罪〔亡〕依（止）鮮卑山，後遂繁息，今皆髡頭衣赭，亡徒之明效也。」

按：此《風俗通》逸文。據此則秦之徒皆髡矣，漢之髡鉗，承秦法也。今皆髡頭，應以目驗言之。《後漢書·鮮卑傳》言「婚姻先髡頭」，與此略同，惟范言「鮮卑，東胡之支」，與此不同。《東胡傳》亦言以髡頭爲輕便。

《漢志》：當黥者，髡鉗爲城旦舂。

按：漢之髡，乃居作之最重者，餘不髡也。完則輕于髡者，亦非居作者人人皆完也。似周之髡於墨、劓、宫、刵外别爲一等，與漢法異。若《惠紀》之「七十以上及不滿十歲，當刑者完之」，似又但完而不刑矣。

《季布傳》：迺髡鉗布，衣褐，并與其家僮數十人，之魯朱家所賣之。

《田叔傳》：漢下詔捕趙王及羣臣反者。趙有敢隨王，罪三族。唯田叔、孟舒等十餘人赭衣自髡鉗，隨王至長安。

按：爾時爲官奴者並髡鉗，故季布髡鉗，廁家僮中，田叔等髡鉗，如爲王家奴也。

《急就篇》：鬼薪白粲鉗釱髡。顔注：「鬄髮曰髡。」

《説文》：「髡，鬄髮也。从髟，〔兀〕聲。髡或从元。」段《注》：「《楚辭·涉江》『接輿髡首』。王注，髡，剔髮也。剔者，俗『鬄』字。元亦兀聲也，故亦从元聲。古或假『完』爲『髡』，如漢《刑法志》『完者使守積』，《王制》注同。」

魏律：髡刑、完刑各三。

按：髡、完爲二等，魏亦因于漢。

又《曹瞞別傳》：太祖常行，經麥中，令士卒犯麥者死，騎士皆下馬持麥以相傳。時太祖馬騰入麥中，敕主簿，對以《春秋》之義，罰不加於尊。太祖曰：「制法而自犯之，何以率下，然孤爲軍帥，不可殺，請自刑。」因拔劍割髮以置地。

按：割髮抵髡操之詐。

《御覽》六百四十九：晉律髡鉗五歲刑。梁同陳，曰髡鞭。《隋志》。

《晉志》：諸重犯亡者，髮過三寸輒重髡之。劉頌上。髡作者刑之威。髡罪者似秋凋落之變。張斐《律序》。

《隋志》：北齊流刑，鞭笞各一百，髡之。刑罪，並鎖輸左校而不髡。

按：北齊流罪髡而刑罪不髡，與古制異。完之名，晉以後無明文，當已廢除。至北周以後，并無髡之名，蓋亦廢之矣。

完　耏亦作「耐」

《易·睽》六三：見輿曳，其牛掣，其人天且劓，无初有終。程傳：「天，髡首本義。六三上九正應，而三居二陽之閒，後爲二所曳，前爲四所掣，而當睽之時，上九猜很方深，故又有髡劓之傷。然邪不勝正，終必得合，故其象占如此。」惠棟《辨證語類》：「天亦作而，鬚鬢也。篆文『天』作『𠑹』，『而』作『𠕒』。注以爲髡首之刑，從程傳也。愚案：漢令完而不髡曰耐。應劭曰，輕罪不至於髡，完其耏鬢，故曰耏。古『耐』字从彡，髮膚之意也。耐音而，古只作『而』。《考工記》曰作其鱗之而是也。明人姚旅《露書》謂袁坤儀讀天爲而，豈未考《語類》耶？《語類》之説本胡安定瑗。」《漢書・惠紀》：「民年七十以上若不滿十歲有罪當刑者，皆完之。」注：「孟康曰，不加肉刑，髡鬄也。」

按：孟康以完爲髡，然髡者鬄髮，完者僅去須鬢，實不同也。

《漢志》：諸當完者，完爲城旦舂。注：「臣瓚曰，文帝除肉刑，皆有以易之，故以完易髡，以笞代劓，以釱左右止代刖。今既曰完矣，不復云以完代完也。此當云髡者完也。」

按：《後漢書・孝明紀》髡鉗城旦舂與完城旦舂分爲二等，與此《志》同。魏亦分髡作、完作爲二。《惠紀》注孟康以完爲髡，誤也。

又按：此《志》下文云「當黥者，髡鉗爲城旦舂」，是分完城旦舂、髡鉗城旦舂爲二，《明紀》可證。髡鉗城旦舂爲五歲刑，完城旦舂爲四歲刑，《漢舊儀》所云「作五歲，完四歲」也。

《後漢書・光武紀》：耐罪亡命，吏以文除之。注：「耐，輕罪之名。《前書音義》曰：一歲刑爲罰作，二歲刑以上爲耐。」《明紀》：完城旦舂。注：「完者，謂不加髡鉗。」

魏完刑。詳髡。

《隋志》：梁律：刑二歲已上爲耐罪，言各隨伎能而任使之也。　北齊刑罪即耐罪也。

《說文》：「耏，罪不至髡也。从彡而，而亦聲，耐或从寸，諸法度字从寸。」段《注》：「《高帝紀》『令郎中有罪耐以上，請之』。應劭曰：『輕罪不至於髡，完其耏鬢，故曰耏。古耏字从彡，髮膚之意也。杜林以爲法度之字皆从寸，後改如是。言耐罪以上，皆當先請也。耐音若能。』按耐之罪輕於髡，髡者鬄髮也，不鬄其髮，僅去須鬢，是曰耐，亦曰完。謂之完者，言完其髮也。《刑法志》曰『當髡者，完爲城旦舂』。王粲詩『許歷爲完士，一言(猶)〔獨〕敗秦』。江遂曰『漢令謂完而不髡曰耐』，然則應仲遠言『完其耏鬢』，正謂去其鬢而完其髡耳。桂氏《義證》：《禮記》『故聖人以耐天下爲一家』。鄭：『耐古能字。古者犯罪，以髡其鬢，謂之耐罪，故字从寸。寸爲法也，以不虧體，猶堪其事，故謂之耐。』」

罰作　復作

《漢舊儀》：秦制：男爲戍罰作，女爲復作，皆一歲。

按：戍、罰作當是二事。李奇曰「輕罪，男子守邊一歲」，所謂戍也。罰作者，輸作之事。

《漢書・文紀》元年注蘇林曰：「一歲爲罰作。」

按：罰作蓋承秦制，而無「戍」字，與秦制稍異。

二年，民讁作縣官者赦之。

按：此即罰作之法。

《漢書・王子侯表》：平侯遂坐知人盜官母馬爲臧，會赦，復作。師古曰：「有人盜馬，爲臧匿之，雖會赦，猶復作。復作者，徒役也。」

按：復作是女徒之名，見秦制。《宣紀》注李奇曰：「復作者，女徒也。謂輕罪，男子守邊一歲，女子軟弱不任守，復令作於官，亦一歲。」是漢時亦有復作之女徒也。此男子而亦曰復作，疑即罰作之別名。

刑法分考十二

監禁作工

《周禮·秋官》：司圜中士六人，下士十有二人，府三人，史六人，胥十有六人，徒百有六十人。掌囚下士十有二人，府六人，史十有二人，徒百二十人。《欽定義疏》：「掌囚僅用司圜下士之數，徒亦減四之一而無胥，蓋拘囚以待刑殺，栖止有定，耳目易周。若罷民則施以職事，所以稽其業緒，糾其爭鬬，防其遁逸者，尤不可以不詳。故士有加，徒有加，而又有胥，以董其徒，惟恐其不能改而致屏遠方，或出圜土而入于大辟也。」

《大司寇》：以圜土聚教罷民。注：「圜土，獄城也，聚罷民其中，困苦以教之爲善也。民不愍作勞有似於罷。」疏：「教之者，正謂夜入圜土，晝則役之司空，困苦則歸善。罷，謂困極罷弊，此圜土被囚而役，是不愍强作勞之民有似罷弊之人也。」

凡害人者，寘之圜土而施職事焉，以明刑恥之。注：「害人謂爲邪惡，已有過失麗於法者，以其不故犯法，寘之圜土，繫教之，庶其困悔而能改也。寘，置也。施職事，以所能役使之。明刑，書其罪惡於大方版，著其背。」疏：「此罷民本無故心，直是過誤，此入五刑者爲輕，比坐嘉石者爲重，故云已麗於法。」

其能改過，返於中國，不齒三年。注：「反於中國，謂舍之還於故鄉里也。不齒者，不得以年次列于平民。」其不能改而出圜土者，殺。注：「出，謂逃亡。」

司圜掌收教罷民。凡害人者，弗使冠飾而加明刑焉，任之以事而收教之。能改者，上罪三年而舍，中罪二年而舍，下罪一年而舍。其不能改而出圜土者，殺。雖出三年不齒。注：「弗使冠飾者，著墨幪，若古之象刑與。舍，釋之也。鄭司農云，罷民，謂惡人不从化，爲百姓所患苦，而未入五刑者也。故曰凡害人者，不使冠飾，任之以事，若今時罰作矣。」疏云：「收教者，謂入圜土見收，使困苦改悔，是收教也。云害人者，謂抽拔兵劍誤以傷人者也。云明刑者，以版牘書其罪狀與姓名，著於背，表示於人，是明刑也。」凡圜土之刑人也，不虧體；其罰人也，不虧財。注：「言其刑人但加以明刑，罰人但任之以事耳。鄭司農云，以此知其爲民所苦而未入刑者也，故大司寇職曰，凡萬民之有罪過而未麗於法而害於州里者，桎梏而坐諸嘉石，役諸司空。又曰以嘉石平罷民。《國語》曰，罷士無伍，罷女無家。言爲惡無所容入也。玄謂圜土所收教者，過失害人已麗于法者。」疏：「先鄭以坐嘉石、共入圜土二者爲一，其義不通，故後鄭不從。按：司寇職及司救職，皆上論嘉石之罪民，下別云圜土之罰民，分明兩事不同，故後鄭謂圜土所教者，過失害人已麗於法者，與嘉石之罷民是邪惡過淺別也。」

邱氏濬云：「弗使冠飾，後世犯罪者去衣冠其原始此。先王之於惡人，不徒威之以刑，而又愧之以禮，去衣冠以恥之，加明刑以警之，任事役以勞之，凡此，欲其省己愆以與善念也。能改卽止，不能改然後加之以刑。後世徒罪有年限本此，然惟限其年而已。限滿卽出，以爲平人，而無復古人冀其改惡之意，亦無復古人雖出不齒之教矣。」

《宋史·刑法志》：蘇頌元豐中嘗建議：「請依古〔置〕圜土，取當流者治罪訖，髡首鉗足，晝則居作，夜則置之圜土。滿三歲而後釋，未滿歲而遇赦者，不原。既釋，使送本鄉，譏察出入。又三歲不犯，乃聽自如。」時未果行。崇寧中，始從蔡京之請，令諸州築圜土以居強盜貸死者。晝則役作，夜則拘之，視罪之輕重，以爲久近之限。許出圜土〔日〕充軍，無過者縱釋。行之二年，其法不便，乃罷。大觀元年，復行。四年，復罷。

《通考》引石林葉氏曰：前世常患加役流法太重，官有監驅之勞而配隸者有送路犇亡困踣之患。蘇子容元豐中建議：「請依古〔置〕圜土，所當流者，髡首鉗足，晝則居作，夜則置之圜土。」崇寧初，蔡魯公始行之，人不以爲善也。

按：圜土，古法。蔡京此議，烏可以人廢言？而當時旋行旋罷何哉？其故大抵有二：一則經費多，一則管領難。不知行之既久，犯者漸少，經費亦可漸省，管領既習亦無所謂難也。今東西各國皆有禁錮服役之制，其原甚古，今人不察而斥以爲西法何？未讀《周官》也。

工役

《史記·始皇紀》：三十四年，適治獄吏不直者，築長城及南越地。

《漢書·惠紀》：三年六月，發諸侯王、列侯徒隸二萬人城長安。

《武紀》：元狩三年，發謫吏穿昆明池。注如淳曰：「《食貨志》：（以）〔於〕舊吏弄法，故謫使穿池，更發有貲者爲吏也。」

《食貨志》：於是除千夫、五大夫爲吏，不欲者出馬；故吏皆謫令伐棘上林，作昆明池。

《昭紀》：元鳳六年春正月，募郡國徒築遼東玄菟城。

《後漢書·光武紀》：建武二十六年，雲中、五原、朔方、北地、定襄、雁門、上谷、代八郡民歸於本土。遣謁者分將施刑補理城郭。

按：秦、漢發罪人以充役在尋常力役之外，其故有二：一則正卒不足又役及有罪之人，如始皇之適吏築城是也；一則不欲勞民故以罪人充役，如惠帝發徒隸城長安是也。其事同其意則不同矣。《昭紀》言「募」，當是願充役者，役之不强迫也。始元、元鳳之間，以息民爲心，霍光之功德豈可没哉？建武時之遣弛刑補理邊郡城郭與秦之開邊讁戍亦大不相同。王莽之亂，百姓虚耗，故發罪人以充役，既可省良民之遠築，又可使有罪者服勞而思善，策之最便者也。

《漢舊儀》：秦制：凡有罪，男髡鉗爲城旦。城旦者，治城也。女爲舂。舂者，治米也。皆作五歲。完四歲，鬼薪三歲。鬼薪者，男當爲祠祀鬼神伐山之薪蒸也；女爲白粲者，以爲祠祀擇米也，皆作三歲。罪爲司寇，司寇男備守，女爲作如司寇，皆作二歲。男爲戍罰作，女爲復作，皆一歲到三月。

按：城旦以下罪，並工役之事。

《漢書·百官公卿表》：司隸校尉，周官，武帝征和四年初置。持節，從中都官徒千二百人。注師古曰：「以掌徒隸而巡察，故云〔司隸〕。中都官，京師諸官府也。」

按：中都官，謂京師諸官府，是漢時京師諸官府皆有徒隸以供役。《宣紀》「發三輔、中都官徒弛刑，詣金城」，謂三輔屬縣及諸官府之徒也。《百官公卿表》「少府屬官導官，令主擇米」，似女徒之白粲，即供導官之役使者。《衞青傳》「青嘗從人至甘泉居室，有一鉗徒相青」，甘泉居室亦少府屬官之一，既有鉗徒供役使。又《寵參傳》「坐法輸作若盧」，若盧，官名，亦屬少府，詔獄所在亦有輸作之人，是少府有徒隸也。《韋彪傳》「坐論輸左校」，《李燮傳》「輸作左校」，《史弼傳》「論輸左校」，《皇甫規傳》「論輸左校」，《李膺傳》「輸作左校」，《劉祐傳》「輸左校」，《蔡衍傳》「曹鼎輸作左校」，左校，官名，屬將作大匠。《續漢書・百官志》「將作大匠，屬官左校令一人，掌左工徒；右校令一人，掌右工徒」，是將作大匠有徒隸也。《伍被傳》「上林有水司空，主囚徒者」，水司空屬水衡都尉，是水衡都尉有徒隸也。此漢時諸官府並有徒隸供役之證。《昭紀》、《趙充國傳》並云「三輔、太常徒」，當時諸陵縣屬太常，故徒隸之屬于太常者視他官府爲多矣。

《宣紀》：女徒。詳總考。

按：時曾孫在襁褓，收繫郡邸獄，女徒趙徵卿、胡組更乳養之。郡邸長、丞屬大鴻臚，主諸郡邸之在京師者，女徒乳養亦充役也。又《平紀》「女徒歸家，顧山錢月三百」，應劭謂「舊刑鬼薪，取薪於山以給宗廟，今使女徒出錢顧薪，故曰顧山也」，是顧山即鬼薪也。

《成紀》：鐵官徒。詳徒。

按：《紀》稱潁川鐵官徒、山陽鐵官徒。《續漢書·郡國志》「潁川郡屬縣陽城有鐵」，西漢當有鐵官，故有徒以供役。山陽無聞。

《文紀》注蘇林曰：「一歲爲罰作，二歲刑以上爲耐。」

按：鬼薪也，城旦也，白粲也，舂也，皆工役之專務，即此以爲罪名。若罰作，若耐，則不名一事，但視其所能者役之。鐵官，其一端也。

《隋志》：《梁律》劫身遇赦降死者，髡鉗，補冶鎖士終身。其下又讁運配材官冶士、尚方鎖士。陳用梁法，常以三月，令御史中丞、侍御史、蘭臺令史，親行京師諸獄及冶署，察理囚徒冤枉。

按：《隋書·百官志》：「梁少府卿，置材官將軍、左中右尚方、東西冶等令丞。」《通典》：「宋有東冶、南冶，各置令丞一人，而屬少府。齊因之。江南諸郡縣有鐵者，或置冶令，或置冶丞，多是吴所置。梁、陳有東、西冶，東冶重，西冶輕，其西冶即宋、齊之南冶。」據此是梁有東、西冶署，冶士、鎖士蓋供役于冶署者。觀於陳之察理冶署囚徒，則當日囚徒之集于冶署者衆矣。

《魏書·道武帝紀》：天賜元年五月，置山東諸冶，發州郡徒讁造兵甲。

按：此卽梁、陳冶士之制。

《宋志》：先是，犯死罪獲貸者，多配隸登州沙門島及通州海島。太平興國五年，始令分隸鹽亭役之，而沙門如故。

《明會典·拘役囚人》：國初，令罪人得以力役贖罪。死罪拘役終身，徒流照年限，笞、杖計月日，滿日疏放。或修造，或屯種，或煎鹽炒鐵，事例不一，具列于後：

洪武八年，令雜犯死罪者免死，工役終身。徒流照年限工役。官吏受贓及雜犯死罪當罷職役者發鳳陽屯種。民犯流罪者鳳陽工役一年，然後屯種。

十五年，令笞、杖罪囚悉送滁州種苜蓿，每一十十日。

十六年，令徒、流、笞、杖罪囚代農民力役贖罪。役十日，准笞二十、杖一十。徒、流各計年准之。

二十六年，定凡刑部問擬刑名，除真犯死罪的決外，其餘笞、杖、徒、流、雜犯死罪應合准工者，議擬明白，審録允當，開送河南部。本部置立文簿，編成字號，注寫各囚姓名、年籍、鄉貫、住址，并爲事緣由、工役年限日期。分豁滿日，充軍疏放，終身工役。凡遇修砌城垣、街道、修蓋官員房屋及起築功臣墳塋等項，其該衙門移文到部，照依工作處所合用，笞、杖等囚，撥付監工人員收領，前去工役。取訖領狀在卷，本司一樣造册二本，編寫字號并領去囚人姓名、年籍、鄉貫、住址及爲某事工役、幾年幾日。分豁滿日，充軍疏放，終身工役。監工某人，領去某處工作。一本進赴內府，一本咨發工部收照。候各囚工滿，監工人員查理役過工程，具呈工部，計算無欠。合准工滿，比查原册相同，連人咨發本部，又於原卷簿內查理相同，然後具手本，差官齎赴內府底册內前件頂下注銷明白。合疏放者，引赴御橋叩頭，下送應天府，今在京，送順天府。給引甯家。合充軍者，付發陝西司，照籍編發。今例折納工價，惟引赴御橋叩頭仍舊。

三十五年，令撥徒罪囚人充國子監膳夫，照年限拘役。

又令罪囚工役。笞罪每等五日。杖罪每等十日。徒罪准所徒年月，加以應杖之數。流罪三等，俱四年一百日。雜犯死罪，工役終身。

永樂二年，奏准徒、流發充恩軍者，于長安左右門造守衛官軍飯食，于漢、趙二府牧馬。不充軍者，充國子監膳夫，將軍軍伴土工，或於北京爲民種田、遵化炒鐵，或自買船遞運，或擺站運鹽。笞、杖罪止鑄錢准工。

十一年，令囚徒運糧無力者，發天壽山種樹。死罪終身，徒、流各照年限，杖罪每等五百株，笞罪每等一百株。

宣德二年，令匠役雜犯死罪鎖鐐，終身工役。徒、流、笞、杖罪，論年限工役。

五年，令罪囚無力運甎者，雜犯死罪准雜工五年，徒、流各依年限准工，杖罪准工十個月，笞罪准工五個月。

正統五年，令囚犯無力贖罪者，沿海邊衛旗軍舍餘，照舊例的決，還役隨住。陝西民雜犯死罪，文職官吏、知印承差、贓罪滿貫，照例發莊浪等衛、安遠等遞運所充軍擺站，其餘各處軍職旗軍舍餘，笞杖的決。雜犯死罪五年，流罪四年，徒罪照徒年限。福建、浙江、山東發本處沿海，貴州、四川、廣西、雲南、陝西、湖廣發本處沿邊，廣東發廣西沿邊，江西、南直隸發浙江金山衛沿海，北直隸、河南發宣府，俱送總兵官處定撥衛所立功，備禦哨瞭，滿日發回衛所，還職著役。民人、陰陽人等俱發附近衛要去處擺站。

十三年，令四川各井竈丁犯罪加役，雜犯死罪者罰役五年，流以下遞減年月，俱於本井上工，日加煎鹽三斤。

天順四年，令雲南罪囚雜犯死罪并徒流罪無力者解發各場煎銀，死罪五年，流罪四年，徒罪各照年限。

成化十六年，令問發運灰、運炭等項罪囚，有貧難無力監追半年之上，運納不及者，許送所司告送原問衙門，原係軍民舍餘及例該革去職役之人，俱照例改撥做工擺站，其例該復還職役之人，有貧難情願做工者亦與改撥。

弘治二年，令內外徒罪囚犯，不分軍民舍餘，無力者，俱決訖所犯杖數，照徒年限，發遣做工炒鐵等項科擬。

十三年奏定：凡樂户雜犯死罪，無力做工，流罪決杖一百，拘役四年。徒杖笞罪，俱不的決，止擬拘役，滿日著役。若犯竊盜、掏摸、搶奪等項，亦刺字充警。

嘉靖二十四年題准：問刑衙門除軍職旗軍舍餘外，凡問發囚徒俱定與本縣驛遞，若本縣驛遞不係衝要，或無原設驛遞，俱定發本府或本州衝要驛遞擺站。

萬曆三年題准：各處充徒人犯二年半以下，原係犯徒減等情輕者，分發本州縣，拘羈擺站做工，定撥輕役。軍竈徒犯，亦聽定撥本場煎鹽，本境哨瞭。其三年以上罪重者，仍照舊行。

准工則例：每徒一年，蓋房一間，餘罪三百六十日，准徒一年，共蓋房一間。杖罪不拘杖數，每三名共蓋房一間。每正工一日，鈔買物料等項八百文爲准，雜工三日爲准。挑土并瓶瓦，附近三百擔，每擔重六十斤爲准。半里二百擔，一里一百擔，二里五十擔，三里三十五擔，四里二十五擔，五里二十擔，六里一十七擔，七里一十五擔，八里一十三擔，九里一十一擔，十里一十擔。打牆，每牆高一丈，厚三尺，闊一尺，就本處取土爲准。

囚徒該撥廠，分真犯竊盜，計贓以竊盜論，常人盜倉庫錢糧、常人盜官畜産、卑幼盜己家財、雇工人盜家長財物，撥臺基廠、八里莊黑窑修倉。其計贓准竊盜、監守自盜、倉庫錢糧盜贓而故買，撥馬窐炭廠、周日灰廠、大峪楸棍廠、瓷家務灰廠、寅洞山廠、西山齋堂炭廠、楊村南北廠、尹兒灣南北廠、蔡村掘河獨流廠。

永樂三年奏准：凡犯笞杖罪，無力准工，許詣屯所，爲民種田，聽官給牛具、種子。

十七年，令做工罪囚并雜犯罪，准併工運甎。

正德十六年題准：囚犯該運灰炭者，止令赴部秤收，每灰炭一百斤各加耗五斤，付各該衙門催事人役領回應用。如願收價，照原定數目，每灰一百斤折與銀一錢二分，炭一百斤與銀一錢五分，俱免犯人親納，違者著科，道官參究。

嘉靖二十三年奏准：凡致司送部做工運灰炭囚犯，置簿鈐印，給各委官收掌登記，領過囚數名及做過工程辦過物料。其囚犯不願做工運灰炭者，折納工價。每季終，主事親詣繕工司查驗，價送節慎庫，爲雇募甎炭等項運赴各工，如有侵收工價、虚報物料者，呈部參問。

計内府年例：灰炭、御用監水和炭三十萬斤。

隆慶三年題准：召商買辦兵仗局水和炭五十萬斤，内官監水和炭二十五萬斤，織染局石灰七萬斤，寶鈔石灰一十二萬二千五百斤，供用庫石灰一萬三千三百三十三斤，以上俱刑部撥運。近年運炭多係折色，送屯田司帖節慎庫，遇額數不多，動支買辦上納。

洪武十八年，詔聖賢之後犯工役者，俱免。

二十八年，詔凡罰役死者，免追家屬補役。

按：徒刑以徒役得名，而歷代罪人之拘役者亦不盡皆充徒之人。在北周以前，徒刑本曰年刑，而拘役有不以年計者。如秦、漢之謫吏，隨事謫發。梁、陳之冶鎖士，或至終身充役。北周定名曰徒，則犯徒者心應拘役。隋則流罪亦有居作之事，唐、宋承之，拘役者不以役限明，則自雜犯死罪以至笞杖皆得以力役贖罪，於是除真犯死罪外，遂無不充役之人。其後則應役者又得以錢鈔贖，而贖法遂繁，拘役之事亦漸廢弛。蓋法久弊生，不能不變，變而不善，其弊益滋。創法難，變法尤難，此不可不慎者也。

執

《春秋》：僖五年冬，晉人執虞公。注：「虞公貪璧馬之寶，距絶忠諫，稱人以執，同於無道於其民之例，所以罪虞，且言易也。」

十七年《傳》：齊人以爲討，而止公。注：「內諱執，皆言止。」

十九年春王三月，宋人執滕子嬰齊。注：「稱人以執，宋以罪及民告。」己酉，邾人執鄫子，用之。《左傳》：夏，宋公使邾文公用鄫子于次睢之社，欲以屬東夷。注：「稱人以執，宋以罪及民告也。鄫雖失大國會盟之信，然宋用之，爲罪已甚，故直書『用之』，言若用畜産也。不書社，赴不及也。不書宋使邾而以邾自用爲文，南面之君，善惡自專，不得託之于他命。睢水受汴，東經陳留、梁、譙、沛、彭城縣入泗。此水次有妖神，東夷皆社祠之，蓋殺人而用祭。」

二十一年秋，宋公、楚子、陳侯、蔡侯、鄭伯、許男、曹伯會于盂。執宋公以伐宋。注：「不言楚執宋公者，宋無德而争盟，爲諸侯所疾，故總見衆國共執之文。」十二月癸丑，公會諸侯，盟于薄，釋宋公。

二十八年三月丙午，晉侯入曹，執曹伯。畀宋人。注：「畀，與也。」晉人執衛侯，歸之于京師。注：「稱人以執，罪及民也。諸侯不得相治，故歸之京師。」曹伯襄復歸于曹。三十年，衛侯鄭歸于衛。

成九年，晉人執鄭伯。注：「鄭伯既受盟于蒲，又受楚賂會于鄧，故晉執之。稱人者，晉以無道于民告諸侯。」《左傳》：秋，鄭伯如晉。晉人討其貳于楚也，執諸銅鞮。注：「銅鞮，晉別縣，在上黨。」

按：晉執他國之臣置諸別邑，不以歸絳，殆不使與人交通也。其執他國之君，如前之衛成、後之曹成，並歸于京師，尊王室也，獨此執諸別縣何歟？

十五年癸丑，公會晉侯、衛侯、鄭伯、曹伯、宋世子成、齊國佐、邾人，同盟于戚。晉侯執曹伯，歸于京師。注：「不稱人以執者，曹伯罪不及民。歸之京師，禮也。」《傳》：十五年春，會于戚，討曹成公也。討其殺太子而自立，事在十三年。執而歸諸京師。書曰「晉侯執曹伯」，不及其民也。凡君不道于其民，諸侯討而執之，則曰「某人執某侯」，稱人，示衆所欲執。不然，則否。謂身犯不義者。十六年，曹伯歸自京師。十七年《左傳》：公遊于匠麗氏，欒書、中行偃遂執公焉。十八年春王正月庚申，晉欒書、中行偃使程滑弒厲公。

襄十九年，晉人執邾子。注：「稱人以執，惡及民也。」《傳》：執邾悼公，以其伐我故。二十六年《傳》：衛侯如晉，晉人執而囚之於士弱氏。秋七月，齊侯、鄭伯爲衛侯故如晉，晉侯乃許歸衛侯。衛人歸衛姬于晉，乃釋衛侯。

按：此事經不書，晉爲臣執君，故不告。

昭四年，楚人執徐子。《傳》：徐子，吳出也，以爲貳焉，故執諸申。注：「稱人以執，以不道於其民告。」

十有一年冬十有一月丁酉，楚師滅蔡，執蔡世子有以歸，用之。《傳》：用隱大子于岡山。注：「用之，殺以祭山。」疏：「父既死矣，猶稱世子者，君死而國被圍，未暇以禮即位，故國以世子告。」

三十年《傳》：吳子執鍾吾子。

哀八年春王正月，宋公入曹，以曹伯陽歸。《傳》：執曹子及司城彊以歸，殺之。

十四年夏四月，齊陳桓執其君，寘于舒州。六月，齊人弒其君壬于舒州。

按：春秋時君之被執，有國亡而被執者，如虞公、蔡世子、有曹伯陽是；有臣弑君而先執之者，如晉厲、齊簡是；有爲强國所執者，如滕子、鄫子、宋公、曹伯、鍾吾子是；以惡及民而被執者，如衛侯、成公。鄭伯、成公。曹伯、成公。邾子悼公。是，惟衛成、曹成歸于京師，最爲得體，此霸之盛也。昭公以後，晉霸衰而諸侯無被執者矣。故其始也，諸侯相治，可以見天下之無王。其繼也，大夫重而諸侯輕，諸侯被執者，可以見天下之無霸，世風日降，可慨也夫。

莊十有七年春，齊人執鄭詹。《傳》：鄭不朝也。注：「齊桓始霸，鄭既伐宋，又不朝齊。詹爲鄭執政大臣，詣齊見執。不稱行人，罪之也。諸執大夫皆稱人以執之，大夫賤故。」

三十年，楚公子元歸自伐鄭，而處王宮。鬬射師諫，則執而梏之。注：「足曰桎，手曰梏。」

按：後世監禁之犯有著械者，殆仿於此。

僖四年，齊人執陳轅濤塗。秋，及江人、黄人伐陳。《傳》：伐陳，討不忠也。注：「以濤塗爲誤軍道。」

宣十七年《傳》：齊侯使高固、晏弱、蔡朝、南郭偃會。及斂盂，高固逃歸。夏，會於斷道，討貳也。盟於卷楚，辭齊人。晉人執晏弱於野，王執蔡朝於原，執南郭偃於温。執三子不書，非卿。苗賁皇使，見晏桓子。歸，言於晉侯。晉人緩之，逸。注：「緩，不拘執，使得逃去也。」

按：據此則當日之執有緩急之别。

成十有六年九月，晉人執季孫行父，舍之于苕丘。

襄五年《傳》：王使王叔陳生愬戎于晉，晉人執之。士魴如京師，言王叔之貳於戎也。注：「王叔反有二心于戎，失奉使之義，故晉執之。」

十有一年，楚執鄭行人良霄。《傳》：書曰「行人」，言使人也。注：「書行人，言非使人之罪。古者兵交，使在其閒，所以通命示整，或執殺之，皆以爲譏也。」

十四年《傳》：春，吴告敗于晉。會于向，爲吴謀楚故也。范宣子數吴之不德也，以退吴人。執莒公子務婁，以其通楚使也。在會不書，非卿。

十有八年夏，晉人執衛行人石買。《傳》：夏，晉人執衛行人石買于長子，執孫蒯于屯留，爲曹故也。注：「前年衛伐曹。石買即是伐曹者，宜即懲治本罪。而晉因其爲行人之使執之，故書行人以罪晉。」

十九年《傳》：夏五月壬辰晦，齊靈公卒。莊公即位。執公子牙于句瀆之丘。

二十(二)〔一〕年《傳》：齊侯使慶佐爲大夫，復討公子牙之黨，執公子買于句瀆之丘。

二十有六年，晉人執衛寗喜。《傳》：晉人執寗喜、北宫遺，使女齊以先歸。注：「討其弑君伐孫氏也。」

昭四年秋七月，楚子、蔡侯、陳侯、許男、頓子、胡子、沈子、淮夷伐吴。執齊慶封殺之。

八年，楚人執陳行人干徵師殺之。《傳》：罪不在行人也。

十有三年八月甲戌，同盟于平丘。公不與盟。晉人執季孫意如以歸。《傳》：晉人執季孫意如，以幕蒙之，使狄人守之。司鐸射懷錦奉壺飲冰以蒲伏焉。守者御之，乃與之錦而入。晉人以平子歸，子服湫從。注：「信邾、莒訴，欲討魯故。蒲伏竊往，飲季孫。冰，箭筩，蓋可以取飲。」

按：季孫之在晉，在絳，不在別邑，故叔鮒之告季孫曰將爲子除館於西河，以恐之也。別邑不能與人交通，故季孫懼。然曰除館，則當時之待外臣猶有禮也。

二十有三年春王正月，叔孫婼如晉。晉人執我行人叔孫婼。《傳》：晉人使與邾大夫坐，叔孫曰：「列國之卿當小國之君，固周制也。邾又夷也。寡君之命介子服回在，請使當之，不敢廢周制故也。」乃不果坐。使各居一館。分別叔孫、子服回。士伯聽其辭而愬諸宣子，乃皆執之。二子辭不屈，故士伯愬而執之。士伯御叔孫，從者四人，過邾館以如吏。疏：「御，謂引進叔孫，詣于獄也。」先歸邾子。士伯曰：「以芻蕘之難，從者之病，將館子於都。」都，別都。叔孫旦而立，期焉。乃館諸箕。舍子服昭伯於他邑。別囚之。

按：《傳》云「吏人之與叔孫居者，請其吠狗」，所謂吏人者，蓋守者也，有守者，所以禁其交通。《傳》又云「叔孫所館者，雖一日，必葺其牆屋」，是其所館非獄也，故叔孫能葺之，又自有吠狗，與縲絏者不同。古者外臣之被執，其待之也要自有禮，春秋時尚不盡廢，今不能詳矣。

定六年秋，晉人執宋行人樂祁犂。注：「稱行人，言非其罪。」

七年，齊人執衛行人北宮結以侵衛。齊侯、衛侯盟于沙。注：「稱行人，非使人之罪。」

按：是時衛欲叛晉，故使齊執結以就盟。執，非其實也。

十年《傳》：晉人討衛之叛，故曰：「由涉佗、成何。」於是執涉佗，以求成於衛。衛人不許。晉人遂殺涉佗，成何奔燕。

哀十四年《傳》：齊簡公之在魯也，闞止有寵焉。及即位，使爲政。陳成子憚之，驟顧諸朝。子我夕，陳逆殺人，逢之，遂執以入。陳氏方睦，使疾，而遺之潘沐，備酒肉焉，使詐病，因内潘沐，并得内酒肉。潘，米汁，可以沐頭。饗守囚者，醉而殺之，而逃。

按：此殺人之犯，蓋執而囚之，故有守囚者。

《説文》：執，捕辠人也。从丮、㚔，㚔亦聲。

按：今隸作執。

《書・召誥》：徂厥亡，出執。傳：「出見執殺。」

《禮記・檀弓》：君之臣不免於罪，則將肆諸市朝，而妻妾執。注：「執，拘也。」

囚

《夏本紀》：夏桀不務德而武傷百姓，百姓弗堪。迺召湯而囚之夏臺，已而釋之。《索隱》：「獄名。夏曰均臺。皇甫謐曰『地在陽翟』是也。」

《書・泰誓》：囚奴正士。傳：「箕子正諫而以爲囚奴。」　武成釋箕子囚。

《史記・殷本紀》：箕子懼，乃詳狂爲奴，紂又囚之。

《周禮・敍官・掌囚》注：「囚，拘也。」《説文》：「囚，繫也。」

按：據《史記》之文，囚、奴是兩事，先奴而後囚也。

《殷本紀》：紂囚西伯羑里。《集解》：「《地理志》曰，河内湯陰有羑里城，西伯所拘處。」

《左傳》：襄三十一年，紂囚文王七年，諸侯皆從之囚。紂於是乎懼而歸之。

《書・蔡仲之命》：囚蔡叔于郭鄰。傳：「囚，謂制其出入。郭鄰，中國之外地名。」

按：此放而又囚者。

《左傳》：僖二十八年，執衛侯，歸之于京師，寘諸深室。注：「深室，別爲囚室。」

按：此與後世之監禁無異。

《管子・大匡》：凡庶人欲通，鄉吏不通，七日囚；出欲通，吏不通，五日囚。出，謂欲適他國。貴人子欲通，吏不通，三日囚。

按：此似卽後世監禁之法，乃其最輕者，故以七日、五日、三日爲限。

《左傳》：宣二年春，鄭公子歸生受命于楚，伐宋。宋華元、樂呂禦之。二月壬子，戰於大棘，宋師敗績，囚華元，獲樂呂。

十二年，楚熊負羈囚知罃。知莊子以其族反之，厨武子御，下軍之士多從之。射連尹襄老，獲之，遂載其尸。射公子穀臣，囚之。以二者還。

十五年，宋人使樂嬰齊告急于晉。晉侯欲救之。伯宗曰：「不可。」乃止。使解揚如宋，使無降楚，曰：「晉師悉起，將至矣。」鄭人囚而獻諸楚。

成七年秋，楚子重伐鄭，師于汜。諸侯救鄭。鄭共仲、侯羽軍楚師，囚鄖公鍾儀，獻諸晉。晉人以鍾儀歸，囚諸軍府。注：「軍藏府也。」九年，晉侯觀于軍府，問之曰：「南冠而縶者，誰也？」有司對曰：

「鄭人所獻楚囚也。」使稅之。注：「縶，拘執。稅，解也。」

按：縶，繫也，蓋以獄具繫之，故使解脱之也。此古者監禁之制如此。

九年，莒人囚楚公子平，楚人曰：「勿殺！吾歸而俘。」莒人殺之。

十六年，囚楚公子茷。

按：十七年《傳》「欒書怨郤至，使楚公子茷告公」，是晉以公子茷歸，尚得見晉君，不若鍾儀之囚諸軍府。

襄二十六年《傳》：楚子、秦人侵吳，及雩婁，聞吳有備而還。遂侵鄭。五月，至于城麇。鄭皇頡戍之。出與楚師戰，敗。穿封戌囚皇頡。楚人以皇頡歸。印堇父與皇頡戍城麇，楚人囚之，以獻于秦。

衛侯如晉，晉人執而囚之於士弱氏。注：「士弱，晉主獄大夫。」

按：此言執而囚之，是凡言執者不皆囚之也。

定五年《傳》：陽虎囚季桓子及公父文伯。注：「陽虎欲爲亂，恐二子不從，故囚之。」

九年《傳》：齊侯執陽虎，將東之。陽虎願東，乃囚諸西鄙。盡借邑人之車，鍥其軸，麻約而歸之。載葱靈，寢於其中而逃。追而得之，囚於齊。又以葱靈逃，奔宋，遂奔晉，適趙氏。

十三年，晉趙鞅謂邯鄲午曰：「歸我衛貢五百家，吾舍諸晉陽。」午許諾。歸告其父兄，父兄皆曰：「不可。衛是以爲邯鄲，而寘諸晉陽，絶衛之道也。不如侵齊而謀之。」乃如之，而歸之于晉陽。趙孟怒，召午而囚諸晉陽。使其從者説劍而入，涉賓不可。乃使告邯鄲人曰：「吾私有討於午也，二三子唯所欲立。」遂殺午。

按：囚而從者仍得入，是未絶其交通也。後世監犯，親人得入視，正如此。

哀六年，齊陳乞弑其君荼。《傳》：使胡姬以安孺子如賴。去鬻姒，殺王甲，拘江説，囚王豹于句竇之丘。按：安孺子即荼也。

八年《傳》：齊侯使如吴請師，將以伐我。乃歸邾子。邾子又無道，吴子使大宰子餘討之，囚諸樓臺，栫之以棘。栫，擁也。使諸大夫奉太子革以爲政。

按：此卽後世之監禁。

《吴越春秋》四：吴王知范蠡不可得爲臣，謂曰：「子既不移其志，吾復置子於石室之中。」范蠡曰：「臣請如命。」吴王起，入宫中，越王、范蠡趨入石室。吴王曰：「誅討越寇，囚之石室。」

按：《史記·越世家》無此事。又大夫扶同曰「文王囚於石室」，他書亦未見。

《史記·孟嘗君傳》：齊湣王二十五年，復卒使孟嘗君入秦，昭王卽以孟嘗君爲秦相。人或説秦昭王曰：「孟嘗君賢，而又齊族也，今相秦，必先齊而後秦，秦其危矣。」於是秦昭王乃止。囚孟嘗君，謀欲殺之。

《漢書·外戚傳》：惠帝立，吕后爲皇太后，迺令永巷囚戚夫人。

按：《漢書·百官公卿表》少府屬官有永巷令丞，武帝改永巷爲掖庭。《宣紀》「暴室」，應劭曰「宫人獄也」，屬于掖庭。《史記·外戚世家》「鉤弋夫人送掖庭獄」。然則永巷有獄焉，故令永巷囚戚夫人也。《續漢書·百官志》掖庭令有暴室丞一人，主中婦人疾病者，就此室〔治〕；其皇后、貴人有罪，亦就此室。

《初學記》二十：《風俗通》曰：「囚，遒也。言辭窮情，得以罪誅遒。也《禮》『罪人寘諸圜土』，故『囚』字爲囗守人，此其象也。」

按：此《風俗通》逸文，又見《意林》及《御覽》六百四十二。

《爾雅》：「囚，拘也。」《説文》：「囚，繫也。从人在囗中。」

按：囗，回也，象回所之形，圍繞字當用此。人在囗中則不得出矣，故囹、圄等字皆从囗。

《山海經·海内西經》：「貳負之臣曰危，危與貳負殺窫窳。帝乃梏之疏屬之山，梏，猶繫縛也。桎其右足，反縛兩手與髮，繫之山上木。在開題西北。」《海内經》：「北海之内，有反縛盜械、帶戈常倍之〔佐〕，名曰相顧之尸。」亦貳負臣危之類。

按：此二事甚怪，並囚繫也，不知時代，故附于後。

枷號

《周禮·秋官·大司寇》：以嘉石平罷民。注：「嘉石，文石也，樹之外朝門左。平，成也，成之使善。」疏：「嘉，善也，有文乃稱嘉，故知文石也。欲使罷民思其文理以改悔自脩。」凡萬民之有罪過而未麗於法而害於州里者，桎梏而坐諸嘉石，役諸司空。重罪旬有三日坐，朞役；其次九日坐，九月役；其次七日坐，七月役；其次五日坐，五月役；其下罪三日坐，三月役。使州里任之則宥而舍之。注：「有罪過，謂邪惡之人所罪過者也。麗，附也。未附於法，未著於法也。役諸司空，坐日訖，使給百工之役也；役月訖，使其州里之人任之，乃赦之宥寬也。」疏：「云未麗於法，祇謂入圜土爲法，此坐嘉石之罷民，未入圜土，差輕故也。云害於州里者，謂語言無忌，侮慢長老。云桎梏而坐諸嘉石者，謂坐時坐日滿，役諸司空則無桎梏也。云使州里任之者，仍恐習前爲非而不改，故使州長里宰保任乃舍之，以稍輕，入鄉即得與鄉人齒，亦無垂緌五寸之事也。」王氏安石云：「州里任之則宥而舍之，則無任者終不舍焉，是乃使州里相安也，非特如此而已，司空之役不可廢也。與其傴平民而苦之，孰若役？此以安州里之爲利也。」邱氏濬云：「此後世役罪人以工庸而里正相保伍者，其原出於此。」

《地官·司救》：掌萬民衺惡，過失而誅讓之，以禮防禁而救之。注：「衺惡，謂侮慢長老，語言無忌，而未麗於罪者。過失亦由之衺惡，酗醟好訟，若抽拔兵器誤以行傷害人麗於罪者。誅，誅責也，古者重刑且責怒之，未即罪也。《釋文》『酗，況付反；醟，音詠』。」疏：「此經與下文二經爲總目也，則云衺惡謂坐嘉石之罷民不入圜土者，過失謂不坐嘉石入圜土者也。云酗醟者，孔注《尚書》云『以酒爲凶曰酗』，此據字，酒旁爲凶，是因酒爲凶者也。若然，醟者，榮下作酉，小人飲酒一醉，日富亦因酒爲榮，俱是『酒』之省『水』之字也。」凡民之有衺惡者，三讓而罰，三罰而士加明刑，恥諸嘉石，役諸司空。注：「罰謂撻擊之也。加明刑者，去其冠飾而書其衺惡之狀，著之背也。」其有過失者，三讓而罰，三罰而歸於圜土。注：「過失近罪，晝日任之以事而收之，夜藏於獄，亦如明刑以恥之，不使坐嘉石，其罪已著，未忍刑之。」

疏:「云收者,以其罪重使人收斂之,不使漫游。」

《宋史·太宗紀》:淳化三年八月, 釋嶺南東、西路罰作荷校者。 明《大誥》有斷趾枷令、常枷號令、枷項遊歷等名。

按:枷號之制,歷代未見,周世嘉石桎梏而坐,乃其權輿也,然至多以旬有三日爲限,少者三日而已。 明祖《大誥峻令》始有枷令名目, 其常枷號令蓋卽今日之永遠枷號矣。 然明祖雖用之而未嘗著爲常法,故《明史·刑法志》不詳其制,惟《問刑條例》問擬枷號者凡五十三條, 有一月、兩月、三月、半年之別,皆不在常法之內。 又有用一百斤及一百二十斤枷者,尤不可以爲常法也。 至《大誥峻令》三項、《條例》中未見,蓋已廢而不用矣。

明《問刑條例》:凡枷號人犯,除例有正條及催徵稅糧用小枷枷號朝枷夜放外, 敢有將罪輕人犯用大枷枷號傷人者,奏請降級調用。 因而致死者,問發爲民。

按:明代濫用枷號,致有傷害人命之事,故又定此專條。

《明史·刑法志》:宣德三年,怒御史嚴皚、方鼎、何傑等沈湎酒色,久不朝參,命枷以徇。 自此言官有荷校者。 至正統中,王振擅權,尚書劉中敷,侍郎吴璽、陳瑺,祭酒李時勉率受此辱。

按:枷令之法,太祖創之,乃致辱及大臣,作法于涼,其敝至此,可爲好用重法者戒。

罰金

《周禮·秋官·職金》：掌受士之金罰、貨罰，入于司兵。詳贖。

《呂刑》：兩造具備，師聽五辭。五辭簡孚，正于五刑。五刑不簡，正于五罰。五罰，出金贖罪。五罰不服，正于五過。正于五過，從赦免。五刑之疑有赦，五罰之疑有赦，其審克之。刑疑赦從罰，罰疑赦從免。其當清察，能得其理。

按：舊説罰金卽贖刑，然以《呂刑》之文考之，則罰與贖當爲二事。言五罰，是罰有五等，五罰次于五刑，則五刑當各有罰，此五罰常刑也，非疑而赦者也，五罰有疑則赦從免矣。《職金》之金罰，當亦常刑，乃周之舊制。穆王訓夏作贖刑，專謂五刑之疑赦者，與舊制之金罰各爲一法。蔡九峯謂鞭扑之可議者許贖，夫可議者卽可疑者也，以此文論之則從免矣，尚何贖之有哉？

《地官·司市》：國君過市則刑人赦，夫人過市罰一幕，世子過市罰一帟，命夫過市罰一蓋，命婦過市罰一帷。注：「市者人之所交利而行刑之處，君子無故不游觀焉，若游觀則施惠以爲説也。國君則赦其刑人，夫人、世子、命夫、命婦則使之出罰，異尊卑也。必罰幕、帟、蓋、帷，市者衆也，此四物者在衆之用也。」

按：此非罰金也，而事與罰金相類，故附於此。古者市自有垣，不爲衢路，故可以申斯令禁，今則市爲四達之衢，又安能禁之哉？

《齊語》：小罰讁以金分。韋昭注：「今之罰金是也。《管子·中匡》『過罰以金』。」

按：此管仲之制，詳贖下。其法死罪、刑罪以甲兵贖，小罪則罰金，似以贖、罰分輕重矣。

漢《乙令》：蹕先至而犯者罰金四兩。《史記·張釋之傳》如淳注。漢《宮衛令》：諸出入殿門公車司馬門，乘軺傳者皆下，不如令，罰金四兩。同上。《漢書》注無「乘軺傳」三字。漢《令甲》：諸侯在國，名田他縣，罰金二兩。《漢書·哀紀》注。

《史記·張釋之傳》：其後拜釋之爲廷尉。頃之，上行出中渭橋，有一人從橋下走出，乘輿馬驚。於是使騎捕，屬之廷尉。釋之治問。曰：「縣人來，聞蹕，匿橋下。久之，以爲行已過，即出，見乘輿車騎，即走耳。」釋之奏當，一人犯蹕，當罰金。上怒曰：「此人親驚吾馬，吾馬賴柔和，令他馬，固不敗傷我乎？而廷尉乃當之罰金！」釋之曰：「法者天子所與天下公共也。今法如此而更重之，是法不信於民也。且方其時，上使立誅之則已。今已下廷尉，廷尉，天下之平也，壹傾〔而〕天下用法皆爲輕重，民安所措其手足？唯陛下察之。」良久，上曰：「廷尉當是也。」

按：漢之罰金，載在律令，是漢初即有之。贖爲武帝以後事，與罰金各爲一法也。

《晉書·刑法志》：律之初制，無免坐之文，張湯、趙禹始作監臨部主見知故縱之例。其見知而故不舉劾，各與同論，失不舉劾，各以贖論。

按：此文謂漢法也，亦武帝時有贖之一證。

《晉志》：魏明帝改士庶罰金之令，男聽以罰金。

魏法：罰金六。詳總考。

晉有雜抵罰金五等之差。詳總考。

《晉律》：失贖罪囚，罰金四兩也。以金罰相代者，率金一兩以罰當十也。《御覽》六百五十一。

《晉律》注：金等不過四兩。詳贖。

《梁律》：罰金五等。詳總考。將吏已上及女人應有罰者，以罰金代之，其以職員應罰及律令指名制罰者，不用此令。《隋志》。

《陳律》：公坐過誤罰金。詳總考。

按：罰金之名，始見于《職金》而詳于《管子》，罪之最輕者用之，罰與贖義有别。《說文》：「罰，辠之小者，从刀、詈，未以刀有所賊，但持刀罵詈則應罰。」「贖，貿也。」貿易財也。五罰輕于五刑，罰爲犯法之小者，而刑爲犯法之重者。凡言罰金者，不别立罪名，而罰金即其名在五刑之外自爲一等。凡言贖者，皆有本刑，而以財易其刑故曰贖，贖重而罰金輕也。古者辭多通用，罰亦可稱刑，凡經傳之言刑者，罰亦該于其内，贖亦可稱罰。《吕刑》之五刑疑赦，皆曰其罰若干鍰，渾言之則義本相通，析言之則名自有别，不容混也。漢以罰金爲常法，而贖則武帝始行之，下逮魏晉六代南朝並承用斯法。北朝魏及齊周並有贖而無罰金，隋唐承之，於是罰金之名無復有用之者。近日東瀛刑法有罰金一項，其事則采自西方，其名實本之於古，論者不察，輒詆爲歐人之法，不宜於中華，曷勿陳，故籍而一考之。

《宋志》:仁宗時,刑部嘗薦詳覆官,帝記其姓名,曰:「是嘗失入人罪不得遷官者,烏可任法吏?」舉者皆罰金。

《哲宗紀》:元豐八年四月,水部員外郎王諤非職言事,坐罰金。

按:宋無罰金之刑,此所謂罰金,恐卽後來之罰俸也。

《元史・刑法志》:諸犯界酒,十瓶以下,罰中統鈔一十兩,笞二十,七十瓶以上,罰鈔四十兩,笞四十七,酒給元主。酒雖多,罰止五十兩,罪止六十。

按:此條言罰鈔,頗與罰金之名相似,《元典章》則稱追鈔,似爲充賞之用。《元典章》别有醞造私酒追鈔之條,是其比也,與罰金之義微有不同。

囚繫

《漢書・惠紀》:爵五大夫、吏六百石以上及宦皇帝而知名者有罪當盜械者,皆頌繫。注如淳曰:「盜者逃也,恐其逃亡,故著械也。頌者容也,言見寬容,但處曹舍,不入狴牢也。」師古曰:「宦皇帝而知名者,謂雖非五大夫爵、六百石吏,而早事惠帝,特爲所知,故亦優之。盜械者,凡以罪著械皆得稱焉,不必逃亡也。古者頌與容同。」

按:《詩・巧言》「君子信盜」。傳「逃也」。疏:「《風俗通》亦云『盜,逃也』。言其晝伏夜奔,逃避人也。」是盜逃乃古義,如說是。師古不明古義,遂有不必逃亡之語,而未爲盜字作解,此其疏也。

獄因著械，古制已然，頌繫不著械，若今時之散禁也。

《刑法志》：孝景三年，復下詔曰：「高年老長，人所尊敬也；鰥寡不屬逮者，人所哀憐也。其著令：年八十以上、八歲以下，及孕者未乳，師古曰：「乳，産也。」師、朱儒如淳曰：「師，樂師盲瞽者。朱儒，短人不能走者。」當鞠繫者，頌繫之。」師古曰：「頌讀曰容。容，寬容之，不桎梏。」

《宣紀》：地節四年九月，詔曰：「令甲，死者不可生，刑者不可息。師古曰：「息謂生長，言劓、刖、臏、割之徒不可更生長，亦猶謂子爲息耳。」此先帝之所重，而吏未稱。今繫者或以掠辜若飢寒瘐死獄中，蘇林曰：「瘐，病也。囚徒病，律名爲瘐。」如淳曰：「律，囚以飢寒而死曰瘐。」師古曰：「瘐，病是也。此言囚或以掠笞及飢寒及疾病而死。如説非矣。瘐音庾，字或作瘉，其音亦同。」何用心逆人道也！朕甚痛之。其令郡國歲上繫囚以掠笞若瘐死者所坐名、縣、爵、里，師古曰：「名，其人名也。縣，所屬縣也。爵，其身之官爵也。里，所居邑里也。」丞相御史課殿最以聞。」師古曰：「凡言殿最者，殿，後也，課居後也；最，凡要之首也，課居先也。殿音丁見反。」惠氏棟曰：案下文「掠笞若瘐死」，則蘇、如二説相兼乃備。

按：蘇、如二氏並曹魏時人，其時漢律尚存，皆及見之。所言律者，漢律也，其説自可信。師古以如説爲非，是未知如説之本于漢律也。今時獄囚監斃，管獄官例有處分，其法實仿于此。

《平紀》：元始四年春正月，詔曰：「蓋夫婦正則父子親，人倫定矣。前詔有司復貞婦，歸女徒，誠欲以防邪辟，全貞信。及眊悼之人，刑罰所不加，聖王之所制也。惟苛暴吏多拘繫犯法者親屬，婦女老弱，構怨傷化，百姓苦之。其明敕百僚，婦女非身犯法，及男子年八十以上、七歲以下，家非坐不道，詔所名捕，它皆無得繫。張晏曰：「名捕，謂下詔特所捕也。」其當驗者，卽驗問。師古曰：「就其所居而問。」定著令。」

《後漢書·光武紀》：建武三年秋七月庚辰，詔曰：「男八十以上，十歲以下，及婦人從坐者，自非不道，詔所名捕，皆不得繫。當驗問卽就驗。女徒雇山歸家。」

按：老小勿繫，三詔老者，八十以上皆同。小者，景八歲以（上）〔下〕平七歲，光武十歲。平帝政出王莽，光武爲寬矣。

五年五月丙子，詔曰：「久旱傷麥，秋種未下，朕甚憂之。將殘吏未勝，獄多冤結，元元愁恨，感動天氣乎？其令中都官、三輔、郡國出繫囚，辠非犯殊死一切勿案，見徒免爲庶人。務進柔良，退貪酷，各正厥事焉。」

按：此因旱而出繫囚。七年正月詔同，其後屢行之，不備録。

《隋志》：《梁律》：耐罪囚八十已上，十歲已下，及孕者、盲者、朱儒當械繫者，及郡國太守相、都尉、關中侯已上，亭侯已上之父母妻子，及所生坐非死罪、除名之罪，二千石已上非檻徵者，並頌繫之。

按：老小不繫，小以十歲爲限，承東京之制。

《魏書·孝文紀》：太和十一年十一月戊申，詔曰：「朕惟上政不明，令民陷身罪戾。今寒氣勁切，杖捶難任。自今月至來年孟夏，不聽拷問罪人。又歲既不登，民多饑窘，輕繫之囚，宜速決之，無令薄罪久留獄犴。」

《隋志》：北齊河清三年，奏上《齊律》，自犯流罪以下合贖者，及婦人犯刑已下，侏儒、篤疾、癃殘非犯死罪，皆訟繫之。

按：訟繫卽頌繫。

《唐六典》：杖笞與公坐徒，及年八十八歲、廢疾、懷孕、侏儒之類，皆訟繫以待弊。

《宋史・理宗紀》：景定四年十二月，詔在京置窠栅、私繫囚并非法獄具，臺憲其嚴禁戢，違者有刑。

《度宗紀》：咸淳元年七月癸亥，禁在京置窠栅，私繫囚。

按：窠栅之形式如何，無可考，蓋卽今時班館之類。

刑法分考十三

徒

《書·説命》："説築傅巖之野。"傳："傅氏之巖在虞、虢之界，通道所經，有澗水壞道，常使胥靡刑人築護此道。説賢而隱，代胥靡築之，以供食。"疏："《史記·殷本紀》云，是時説爲胥靡，築於傅險。晉灼《漢書音義》云，胥，相也。靡，隨也。古者相隨坐，輕刑之名。言於時築傅險則以杵築地。傅説賢人，必身不犯罪，言其説爲胥靡，當是時代胥靡也。皇甫謐云，高宗夢天賜賢人胥靡之衣，蒙之而來，且云我徒也，姓傅名説，天下得我者豈徒也哉？武丁悟而推之曰，傅者相也，説者懽悦也，天下當有傅我而説民者哉？明以夢視百官，百官皆非也，乃使百工寫其形象，求諸天下。果見築者胥靡衣褐，帶索執役于虞、虢之間傅巖之野。名説，以其得諸傅巖，謂之傅説。案：謐言初夢卽云姓傅名説，又言得之傅巖謂之傅説，其言自不相副。謐惟見此書，傅會爲近世之語，其言非實事也。"《漢書·楚元王傳》："中公、白生獨留。王戊稍淫暴，二十年，爲薄太后服私姦，削東海、薛郡，乃與吳通謀。二人諫，不聽，胥靡之，衣之赭衣，使杵臼雅舂於市。"注："應劭曰：'《詩》云『若此無罪，淪胥以鋪』。胥靡，刑名也。'晉灼曰：'胥，相也。靡，隨也。古者相隨坐輕刑之名。'師古曰：'聯繫使相隨而服役之，故謂之胥靡，猶今之役**囚徒以鎖聯綴耳**。晉説近之，而云隨坐輕刑，非也。」

按：胥靡之名，惟見此二事，他無可證。傅説事疑爲周代圜土罷民之比，弗使冠飾而任之以事者，古者未聞罪人以徒爲名。皇甫謐之説，孔疏謂傅會爲近世之語是也。申公、白生杵臼雅春，似卽城旦舂之舂，觀本《傳》語意，亦不以胥靡爲罪名，應劭之説恐未必是，晉灼注顔已駁之。

《周禮·秋官·大司寇》：以**嘉石**平罷民。凡萬民之有罪過而未麗於法而害於州里者，桎梏而坐諸**嘉石**，役諸司空。重罪旬有三日坐，朞月役；其次九日坐，九月役；其次七日坐，七月役；其次五日坐，五月役；其下罪三日坐，三月役。使州里任之，則宥而舍之。《司圜》：掌收教罷民。凡害人，弗使冠飾而加明刑焉，任之以事而收教之。能改者，上罪三年而舍，中罪二年而舍，下罪一年而舍。其不能改而出**圜土**者，殺。雖出三年不齒。

按：肺石之制與今之枷號相似，特此制既坐而又役之，與枷號不同。圜土之制實爲後來徒罪之所自昉，三年、二年、一年亦徒分五等之所昉，特此則聚而教之，後之徒罪但屬於官，不以圜土聚之，此與徒罪之不同者也。今日東西各國監禁習藝之法則甚爲近之。

《周禮·天官·大宰》：胥十有二人，徒百有二十人。注：「此民給徭役者，若今衛士矣。胥讀如諝，謂其有才智爲什長。」疏：「胥有才智爲什長，徒給使役，故一胥十徒也。《王制》云，下士視上農夫食九人，禄足以代耕。則府食八人，史食七人，胥食六人，徒食五人，禄其官並亞士，故號庶人在官者也。鄭云，若今衛士者，衛士亦給徭役，故以漢法况之。」《小宰》：掌百官府之徵令，辨其八職。七曰胥，掌官敘以治敘。八曰徒，掌官令以徵令。注：「治敘，次序官中，如今侍曹伍伯傳吏朝也。徵令，趨走給召呼。」疏：「云治敘次序官中者，既有才智爲什長，當次序官中，須人驅役之，處則科次其徒，故云次敘官中也。云如今侍曹伍伯傳吏朝也者，漢時五人爲伍。伯，長也，是五人之長。言傳吏朝也者，傳在朝羣吏諸官事務於朝也。云徵令趨走給召呼者，其徒止爲在朝趨走，供給官人召呼使役之事也。」

按：徒，使也，《廣雅·釋詁》。衆也。《公羊·昭八年傳》注。《周禮·地官·司徒》疏鄭目録云：「司徒主衆徒。」《詩·緜》「乃召司徒」，箋「司徒，役之事」。《荀子·王霸篇》注「人徒謂胥徒，給徭役者也」。《易·象上》傳「舍車而徒」，崔注「徒，塵賤之事也。古者供役使者謂之徒，其人本庶人，故亦訓衆，其事爲人下，故亦曰塵賤之事，非有罪之人也」。三代以上，罪無徒名，若戰國時之刑徒，《史記·孫子傳》「孫臏以刑徒陰見，説齊使」。黥徒，《范雎傳》「令兩黥徒夾而馬食之」。猶曰受刖之人、受黥之人耳，即《漢書·敘傳》之「布實黥徒」，《衛青傳》之「有一鉗徒相青」，語意亦如是，非指徒罪言也。秦漢始有徒稱，然其刑之名爲鬼薪、城旦之屬，不名爲徒，第以此等人供役使之事，故當時稱之爲徒耳。《唐律疏議》始云「徒者，奴也」，蓋奴辱之，其説不知何本，實與古義不合。《論衡·四諱篇》云「被刑謂之徒」，王充雖漢人，亦徇于後起之義，非古也。

《史記·始皇紀》：隱宮徒刑者七十餘萬人，乃分作阿房宮，或作麗山。

按：「徒刑」二字，始見於此，然此文頗有可疑，隱宮之解説者分歧。《黥布傳》「及壯，坐法黥。布已論輸麗山，《正義》言：「布論決受黥竟，麗山作陵也。時會稽郡輸身徒。」麗山之徒數十萬人，布皆與其徒長豪桀交通」。所謂麗山之徒，猶《游俠傳》言「布衣之徒」，《過秦論》言「遷徙之徒」，謂徒衆也。布受黥刑，非徒刑而亦輸麗山。《高帝紀》「送徒酈山，徒多道亡」，乃解縱所送徒，此「徒」字明是徒衆，可以見麗山之徒不皆曾論徒刑者。秦雖暴虐，亦何至犯徒刑者七十餘萬之多？此《紀》先言「始皇大怒，使刑徒三千人皆伐湘山樹，赭其山」，其文作「刑徒」，此「徒刑」恐有譌。

《始皇紀》：輕者爲鬼薪。李斯曰：「臣請史官非秦紀皆燒之。非博士官所職，天下敢有藏《詩》、《書》、百家語者，悉詣守、尉雜燒之。令下三十日不燒，黥爲城旦。」

按：鬼薪、城旦，並徒役之事，此秦之徒刑也，而其名則曰鬼薪、城旦，可以見秦時並不名徒，前條「徒刑」語未可信也。

漢有罰作及耐罪。詳總考。

按：漢罰作爲一歲刑，正司寇爲二歲刑，鬼薪、白粲爲三歲刑，城旦舂爲四歲刑，其所爲並徒役之事。文十三年所定律文爲城旦舂等名，可知漢律不名徒也。其稱爲徒者，亦如《周官》胥徒之徒，因供徒役，遂以徒名。凡膺此罪之人，亦皆爲供徒役者，故其人亦稱爲徒，非謂所論之罪名爲徒。沿習既久，并罪名亦改爲徒，蓋自北周始。

《漢書·文紀》二年，民謫作縣官及貸種食未入、入未備者，皆赦之。《景紀》：中四年，赦徒作陽陵者。《武紀》：元封二年春，幸緱氏，遂至東萊。夏四月，還祠泰山。至瓠子，臨決河，赦所過徒。《宣紀》：元康元年，詔其赦天下徒。五鳳元年，赦徒作杜陵者。《元紀》：初元四年，行幸河東，祠后土。赦汾陰徒。永光元年春正月，行幸甘泉，郊泰畤。赦雲陽徒。《成紀》：建始二年春正月，上始郊〔祀〕長安南郊。赦奉郊縣長安、長陵及中都官耐罪徒。河平四年春正月，赦天下徒。鴻嘉元年春二月，行幸初陵，赦作徒。注師古曰：「徒人之在陵作役者。」《哀紀》：建平二年夏四月，赦天下徒。《平紀》：元始元年秋九月，赦天下徒。二年九月，赦天下徒。

按：漢代赦徒之典，文帝時曰「謫作」，其後曰「徒作」、曰「作徒」、曰「耐罪徒」，皆謂有罪作役之人，非其刑名曰徒刑也。夷考其義，因其充徒役，故謂之徒。周之徒，庶人在官充役者也，漢之徒，有罪在官充役者也，其人異，其義同。故屬於鐵官者曰鐵官徒，《成紀》：「陽朔三年夏六月，潁川鐵官徒申屠聖等百八十人殺長吏，盜庫兵，自稱將軍。永始三年，山陽鐵官徒蘇令等二百二十八人攻殺長吏，盜庫兵，自稱將軍。」屬於三輔太常者曰三輔太常徒，《昭紀》、《趙充國傳》。屬於中都官者曰中都官徒，《後書·和紀》。亦曰三輔中都官徒，《宣紀》。女曰女徒，見下。篤癃老小女徒曰篤癃老小女徒，同上。見充者曰見徒。見下。《論衡》「被刑謂之徒」，張斐《律序注》「罪已定爲徒」，自是，徒之名專屬於有罪充役之人，而有罪未定囚禁之人亦謂之囚徒矣。

女徒見《宣紀》、《平紀》。詳總考。漢《令甲》：女子犯罪，作如徒六月，顧山遣歸。說以爲當於山伐木，聽使人錢顧功直，故謂之顧山。《平紀》注引。《後漢書·光武紀》：女徒雇山歸家。注：「《漢書音義》曰：《令甲》，女子犯徒遣歸家，每月出錢雇人於山伐木，名〔曰〕雇山。」

按：《後書》注引《令甲》與《前書》所引不同，當以《前書》爲是。「女子犯罪」爲句，「作如徒」爲句。作如徒者，言其罪應作役如男子之徒役也，說以爲云云，乃律說也。《後書》之注，傳寫有譌奪。

復作徒，見《宣紀》女徒復作注。詳總考。

《漢書·昭紀》：元鳳元年，武都氐人反，遣執金吾馬適建、龍頟侯韓增、大鴻臚廣明將三輔、太常徒，皆免刑擊之。蘇林曰：「是時太常主諸陵縣治民也。」《宣紀》：神爵元年，西羌反，發三輔、中都官徒弛刑。李奇曰：「弛，廢也。謂若今徒解鉗釱赭衣，置任輸作也。」師古曰：「中都官，京師諸官府也。《漢儀注》長安中諸官獄三十六所。弛刑，李說是也。若今徒囚但不枷鎖而責保散役之耳。」《趙充國傳》：時上已發三輔、太常徒弛刑。師古曰：「弛〔刑〕謂不加鉗釱者也。弛之言解也。」《後漢書·光武紀》：建武十二年，遣驃騎大將軍杜茂將衆郡施刑屯北邊，築亭候，修烽燧。注：「施，讀曰弛。弛，解也。」二十二年秋九月戊辰，地震裂。遣謁者案行，其死罪繫囚在戊辰以前，減死罪一等；徒皆弛解鉗，衣絲絮。注：「弛，解脫也。《倉頡篇》曰：『鉗，釱也。』音奇炎反。《前書音義》曰：『釱，足鉗也。』音徒計反，又大蓋反。舊法，在徒役者不得衣絲絮，今赦許之。」二十六年，於是雲中、五原、朔方、北地、定襄、雁門、上谷、代八郡民歸於本土。遣謁者分將施刑補理城郭。「施」與「弛」同。《前書·宣紀》「女徒復作」，注孟康曰：「復，音服，謂弛刑徒也，有赦令詔書去其鉗釱赭衣。更犯事，不從徒加，與民爲例，故當復爲官作，滿其本罪年月日，律名爲復作也。」

按：據孟康之說，是弛刑徒即復作徒，觀《趙充國傳》，是充徒役者解其刑謂之弛刑，即《昭紀》之免刑。《光武紀》但曰施刑，惟《孝和紀》「永元三年冬十月癸未，行幸長安」，「十二月庚辰，至自長安，減弛刑徒從駕者刑五月」，以「弛刑徒」連文。充國之弛刑發以屯邊，《光武紀》之「施刑發以充役」，並與復作之義不合，孟康之説有未盡也。

《光武紀》：建武五年五月，詔見徒免爲庶人。七年正月詔同。

按：見，胡甸反，俗作現。見徒，見充徒役者。

《御覽》六百四十二：孔融《肉刑論》曰：今之洛陽道橋，作徒困於廝役，十死一生，故國家嘗遣三府請詔月一案行，又置南甄官使者主養病徒，僅能存之。語所謂洛陽豪徒韓伯密，加笞十中一，髡頭至耳髮詣膝。此自爲刑，非國法之意。

按：作徒至於十死一生，情殊可憫，當時設官以案行之，病者養之，所以待之者亦云至矣，此漢法之善者也。此文《孔集》未收。百三家本。漢之徒大約多在本土，有事則徵發之。鍾離意辭大司徒府而送徒河内，見《後書·意傳》。此由都下發往外郡之證也。在本土故逃亡者少，晉以後，情形蓋不同矣。

魏髡刑四，完刑、作刑各三。詳總考。

《御覽》六百四十二：《晉律》曰：髡鉗五歲刑，笞二百。若諸主亡詐僞將吏、越武庫垣、兵守逃歸家、兄弟保人之屬，並五歲刑也。四歲刑。若復上闌沃殿問上變事、通露泄選舉事、謀發密事、毆兄姊之屬，並四歲刑。三歲刑。若傷人上而謗、僞造官印、不憂軍事、戲殺人之屬，並三歲刑也。二歲刑。二歲刑減一等入罰金，三歲至五歲刑皆耐罪，皆越戍作弃。走馬衆中有挾天文圖讖之屬，並爲二歲刑。張斐《律序》曰：徒加不過六，囚加不過五，罪已定爲徒，未定爲囚。累作不過十二歲，五歲徒犯一等加六歲，犯六等加爲十二歲作。累笞不過千二百。五歲徒加六等，笞之一千二百。

按：《晉律》久亡，此其僅存者。張斐，《晉志》作「張裴」，其《律序》見《晉志》而無注文。

張裴《律序》：刑等不過一歲。《晉志》。

《晉志》劉頌復肉刑表：今爲徒者，類性元惡不軌之族也，去家懸遠，作役山谷，饑寒切身，志不聊生，雖有廉士介者，苟慮不首死，則皆爲盜賊，豈況本性姦凶無賴之徒乎！又令徒富者輸財，解日歸家，乃無役之人也。貧者起爲姦盜，又不制之虜也。不刑，則罪無所禁；不制，則羣惡橫肆。爲法若此，近不盡善也。是以徒亡日屬，賊盜日煩，亡之數者至有十數，得輒加刑，日益一歲，此爲終身之徒也。自顧反善無期，而災困逼身，其志亡思盜，勢不得息，事使之然也。古者用刑以止刑，今反於此。諸重犯亡者，髮過三寸輒重髡之，此以刑生刑；加作一歲，此以徒生徒也。亡者積多，繫囚猥畜。議者曰囚不可不赦，復從而赦之，此爲刑不制罪，法不勝姦。下知法之不勝，相聚而謀爲不軌，月異而歲不同。故自頃年以來，姦惡陵暴，所在充斥。

按：徒刑之敝，在晉已然，此疏所言，極爲痛切，而究不能變通者，未得其術也。苟有其術矣，而必謂舊法之不可改也，何哉？劉頌言「終身之徒」，與張斐所言「徒加不過六，累作不過十二歲」者不合，殆渡江之後，舊法已不盡遵行與。

梁耐罪四。詳總考。

隋《刑法志》：帝鋭意儒雅，疏簡刑法，自公卿大臣，咸不以鞫獄留意。姦吏招權，巧文弄法，貨賄成市，多致枉濫。大率二歲刑已上，歲至五千人。是時徒居作者具五任，其無任者，著斗械。若疾病，權解之。是後囚徒或有優劇。大同中，皇太子在春宮視事，見而愍之，乃上疏曰：「臣以比時奉敕，權親京師雜事。切見南北郊壇、材官、車府、太府下省、左裝等處上啓，並請四五歲已下輕囚，助充使役。自有刑均罪等，愆目不異，而甲付錢署，乙配郊壇。錢署三所，於辛原作「辛」，當「辛」之譌。爲劇，郊壇六處，在役則優。今聽獄官詳其可否，舞文之路，自此而生。公平難遇其人，流泉易啟其齒，將恐玉科重輕，全關墨綬，金書去取，更由丹筆。愚謂宜詳立條制，以爲永准。」帝手敕報曰：「頃年以來，處處之役，唯資徒謫，逐急充配。若科制繁細，義同簡約，切須之處，終不可得。引例興訟，今茲方始，防杜姦巧，自是爲難。更當別思，取其便也。」竟勿之從。

按：觀於梁武言「處處之役」、「逐急充配」，是當日公家之役惟徒是賴，非若今日徒犯之無役可充也。

梁有徒罪。詳流。

按：梁自五歲刑至二歲刑名曰耐罪，即後來之徒罪也。天監三年，景慈流於交州，《隋志》遂曰「至是復有徒流之罪」，此「徒」字恐有誤。陳用梁法，仍爲五歲刑至二歲刑，不名徒也。

北魏太和十六年，定流徒限制。詳總考。

按：《魏紀》言「定流徒限制」，而所定罪名仍爲一歲刑至五歲刑，亦謂之年刑，是尚未以徒爲正名也。《魏志》所引《法例律》有「當刑二歲」，《獄官令》有「諸犯年刑」等文，其律令正文不以徒名，可見此乃修史者以後來之名加之，便於文詞耳。

北齊刑罪五。詳總考。其不合遠配者，男子長徒，女子配舂，並六年。《隋志》。刑罪：婦人配舂及掖庭織。《隋志》。

按：北齊刑名五，三曰刑，即耐罪，自五歲至一歲，乃後來之徒罪而不名徒。男子長徒者視五歲刑多一年，其作徒之年較長也。

北周徒刑五。詳總考。徒輸作者，皆任其所能而役使之。《隋志》。

按：北周之徒刑即舊日之年刑也，改名爲徒，實自周始，惟其年數爲一年至五年，隋改爲一年至三年，分五等。自唐以後，歷代相沿，至今不改。

隋徒刑五。詳總考。

唐徒刑五。詳總考。《唐書·刑法志》：居作者著鉗若校，京師隸將作，女子隸少府縫作。旬給假一日，臘、寒食二日，毋出役院。病者釋鉗校、給假，疾差陪役。凡役，男子入于蔬圃，女子入于廚饎。玄宗詔曰：「徒非重刑，而役者寒暑不釋械繫。杖，古以代肉刑也，或犯非巨蠹而捶以至死，其皆免，以配諸軍自効。」

按：此杖徒充軍之始，蓋不獨明法爲然矣。時方以此爲恩，而後世則以爲重，此古今情形之不同也。

宋徒刑五。詳總考。

按：魏、晉年刑，役而不杖，六代南朝皆同北朝，齊、周乃加鞭笞，隋、唐去之，至宋又有折杖之制。自是相承沿用，皆加杖，梁肅所謂一罪二刑也。

《宋史・刑法志》：初，徒罪非有官當贖銅者，在京師則隸將作監役，兼役之宮中，或輸作左校、右校役。開寶五年，御史臺言：「若此者，雖有其名，無復役使。遇祠祭，供水火，則有本司供官。望令大理依格斷遣。」於是並送作坊役之。初，京師裁造院募女工，而軍士妻有罪，皆配隸南北作坊。天聖初，特詔釋之，聽自便。婦人應配，則以妻窑務或軍營致遠務卒之無家者，著爲法。時又詔曰：「聞配徒者，其妻子流離道路，罕能生還，朕甚憐之。自今應配者，録具獄刑名及所配道里，上尚書刑部詳覆。」未幾，又詔應配者，須長吏以下集聽事慮問。後以奏牘煩冗，罷録具獄，第以單狀上承進司。既又罷慮問焉。知益州薛田言：「蜀人配徒他路者，請雖老疾毋得釋。」帝曰：「遠民無知犯法，終身不得還鄉里，豈朕意哉？察其情可矜者許還。」後復詔罪狀獷惡者勿許。熙甯三年，中書上刑名未安者五：其二，徒、流折杖之法，禁網加密，良民偶有抵冒，致傷肌體，爲終身之辱；愚頑之徒，雖一時創痛，而終無愧恥。若使情理輕者復古居作之法，遇赦第減月日，使良善者知改過自新，凶頑者有所拘繫。

按：婦人應配，即以妻他人，徒罪妻子流離道路，此皆宋法之不善者。觀薛田事，宋之徒犯有配他路不得還鄉者，帝雖不允，而情稍重者仍勿許還，亦太苛矣。熙甯中書所議，事不果行，然觀此議，似徒罪折杖即不居作矣。顧折杖之制，定於太祖時，而薛田事則在仁宗時，與前說又不相符，未詳其故。

遼徒刑三。詳總考。

《遼史·興宗紀》：重熙五年，新定條制成，詔有司凡朝日執之，仍頒行諸道。蓋纂修太祖以來法令，參以古制，其刑有死、流、杖及三等之徒而五。

按：《圖書集成·祥刑典》云，《刑法志》徒刑之數詳於重熙，卽指此文，然三等之徒亦遼初所有，非定於興宗也。

金徒刑七。詳總考。

《金史·刑法志》：明昌五年，尚書省奏：「在制，《名例》內徒年之例，無決杖之文便不用杖。緣先謂流刑非今所宜，且代流役四年以上俱決杖，而徒三年以下難復不用。婦人比之男子雖差輕，亦當例減。」遂以徒二年以下者杖六十，二年以上杖七十，婦人犯者並決五十，著于《敕條》。

按：此與泰和律文不同，蓋泰和時又改定矣。

《梁肅傳》：爲濟南尹，上疏曰：「刑罰世輕世重，自漢文除肉刑，罪至徒者帶鐐居役，歲滿釋之，家無兼丁者，加杖准徒。今取遼季之法，徒一年者杖一百，是一罪二刑也，刑罰之重，於斯爲甚。今太平日久，當用中典，有司猶用重法，臣實痛之。自今徒罪之人，止居作，更不決杖。」不報。

《續通考》一百三十七云：朝廷以爲今法已輕於古，恐滋姦惡，不從。是金制徒刑決杖其來已久，何待明昌五年始議定制？意大定後，中閒別有變更，至是復之，稍從輕減，特史文未詳耳。

按：梁肅上疏在大定十七年，距明昌五年祇十八年，何以別有變更？且尚書省所奏又是律文，殊不可解，豈當時别有條例歟？

元徒刑五。詳總考。

《元史·成宗紀》：元貞二年五月，詔諸徒役者，限一年釋之，毋杖。

按：徒罪減年免杖，當爲一時之特恩，非常制也。

《續通考》一百三十七：時漳州路推官上言：「律，徒者不杖，今杖而又徒，非恤刑之意，宜加徒減杖。」遂定爲令。

按：此條《續通考》列于英宗至治二年，而《本紀》未見此文，未詳何本。徒者不杖，未知所言何律，《元史·刑法志》徒下有杖也。

《元史·曹伯啟傳》：英宗立，俄拜集賢學士、御史臺侍御史。有詔同刊定《大元通制》，伯啟言：「五刑者，刑異五等，今黥杖役於千里之外，百無一生還者，是一人身備五刑，非五刑各底於一人也。法當改易。」丞相是之，會伯啟除浙西廉訪使，不果行。

按：據此，元時徒罪發千里之外，與明例之以五百里爲限者不同。明徒罪五，又有准徒五年、准徒四年、准徒二年。詳總考。

隸

《地官·師氏》：王舉則從，聽治亦如之，使其屬帥四夷之隸，各以其兵服守王之門外且蹕。注：

「蹕，猶行也。兵服旃布，弓劍不同也。門外，中門之外。蹕止行人，不得迫王宮也。」

《周禮·秋官·序官》：司隸中士二人，下士十有二人，府五人，史十人，胥二十人，徒二百人。注：「隸，給勞辱之役者，漢始置司隸，亦使將徒，治道溝渠之徒，後稍尊之，使主官府及近郡。」疏：「以隸是罪人爲奴僕，故知給勞辱之役也。又引漢始置司隸云云者，以漢時司隸官與周同，故舉以爲況也。」罪隸百有二十人。注：「盜賊之家爲奴者。」疏：「此中國之隸，言罪隸，古者身有大罪，身既從戮，男女緣坐，男子入於罪隸，女子入于舂槀，故注云盜賊之家爲奴者。蠻隸已下，皆百二十人者，鄭云凡隸衆矣，此其選以爲役員者，謂隸中選取善者，以爲役之員數爲限，其餘衆者，以爲隸民，故司隸職云，帥其民而搏盜賊，役國中之辱事之等，是百二十人外謂之民者也。」蠻隸百有二十人。注：「征南夷所獲。」閩隸百有二十人。注：「閩南蠻之別。」夷隸百有二十人。注：「征東夷所獲。」貉隸百有二十人。注：「征東北夷所獲。凡隸衆矣，此其選以爲役員，其餘謂之隸。」

《司隸》：掌五隸之法，辨其物而掌其政令。注：「五隸謂罪隸，四翟之隸也。物，衣服兵器之屬。」帥其民而搏盜賊，役國中之辱事，爲百官積任器，凡囚執人之事。注：「民，五隸之民也。鄭司農云，百官所當任持之器物，此官主爲積聚之也。玄謂任猶用也。」疏：「《序官》五隸，皆百二十員，員外皆是民，故云五隸之民也。」邦有祭祀賓客喪紀之事，則役其煩辱之事。注：「煩猶劇也，《士喪禮》下篇曰『隸人涅厠』。」掌帥四翟之隸，使之皆服其邦之服，執其邦之兵，守王宮與野舍之厲禁。注：「野舍，王者所止舍。厲，遮例也。」疏：「服其邦之服，執其邦之兵，若東方南方衣布帛、執刀劍，西方北方衣氊裘、執弓矢。云守王宮與野舍者，即《師氏》職云『帥四夷之隸守王宮野舍亦如之』者是也。校勘記云，『遮例』即『遮迾』也。《説文》曰『迾，遮也』。易氏祓曰，周之興也，東南先服王化。四翟之隸，即南方之蠻，東南之閩，東方之夷，東北之貉，其服屬有素，故使列於守衛。」

《罪隸》：掌役百官府，與凡有守者，掌使令之小事。注：「役，給其小役。」疏：「云小役者，止謂給小小勞役之事，謂若大役，非隸所共，故以小役解之。」凡封國若家，牛助爲牽徬。注：「鄭司農云，凡封國若家，謂建諸侯立大夫家也。牛助爲牽徬，此官主爲送致之也。玄謂牛助，國以牛助轉徙也，罪隸牽徬之，在前曰牽，在旁曰徬。《釋文》：『徬，步浪反。』」疏：「國家以官牛助諸侯及大夫家運物往至任所。云在前曰牽者，謂車轅内一牛，前亦一牛，今還遣二隸，前者牽前牛，徬者御當車之牛，故據人而言牽徬也。」其守王宮與其厲禁者，如蠻隸之事。

《蠻隸》：掌役校人養馬，其在王宮者，執其國之兵以守王宮，在野外則守厲禁。疏：「爲校人所役使以養馬。按校人良馬，一師四圉，不見隸者，蓋是雜役之中。」

《閩隸》：掌役畜養鳥，而阜蕃教擾之，掌子則取隸焉。注：「杜子春云，子當爲祀。玄謂掌子者，王立世子，置臣使掌其家事，而以閩隸役之。」

《夷隸》：掌役牧人養牛馬與鳥言。注：「鄭司農云，夷狄之人或曉鳥獸之言，故《春秋傳》云『介葛盧聞牛鳴，曰是生三犧，皆用矣』，是以貉隸職掌與獸言。」其守王宮者與其守厲禁者，如蠻隸之事。

《貉隸》：掌役服不氏，而養獸而教擾之，掌與獸言。注：「不言阜蕃者，猛獸不可服又不生乳於圈檻也。」其守王宫者與其守厲禁者，如蠻隸之事。

《司厲》：其奴男子入于罪隸。《一切經音義》廿四引鄭衆注：「隸，奴也，賤也，役也。」

《禁暴氏》：凡奚隸聚而出入者則司牧之，戮其犯禁者。注：「奚隸，女奴男奴也。」疏：「《天官》酒人、漿人之等，皆名女奴爲奚。五隸，又是男奴，故云『奚隸，女奴男奴』。」

《儀禮・既夕禮》：隸人涅廁。注：「隸人，罪人也，今之徒役作者。涅，塞也。爲人復往褻之，又以鬼神不用。」疏：「古者非直不共偪浴，亦不共廁，故得云『死者不用也』。」

《左傳》：襄二十三年初，斐豹隸也，著於丹書。欒氏之力臣曰督戎，國人懼之，斐豹謂宣子曰：「苟焚丹書，我殺督戎。」宣子喜曰：「而殺之。」所不請於君焚丹書者，有如日。注：「蓋豹犯罪没爲官奴，以丹書其罪。」疏：「以斐豹請焚丹書，知以丹書其籍。近世魏律緣坐配没爲工樂雜户者，皆用赤紙爲籍，其卷以鉛爲軸。此亦古人丹書之遺法。」

《國語・周語》：絶後無主，堙替隸圉。注：「堙，没也。替，廢也。隸，役也。圉，養馬者。」子孫爲隸。注：「隸，役也。」

按：此卽降在皁隸之意。

《晉語》：其猶隸農也。韋昭注：「隸，今之徒也。」

《漢書・百官公卿表》：司隸校尉，周官，武帝征和四年初置。持節，從中都官徒千二百人，捕巫蠱，督大姦猾。顔注：「以掌徒隸而巡察，故云司隸。中都官，京師諸官府也。」

《惠帝本紀》：三年六月，發諸侯王、列侯徒隸二萬人城長安。

《刑法志》：鬼薪白粲一歲爲隸臣妾。顔注：「男子爲隸臣，女子爲隸妾。」

《晉書·苻堅載記》：課後宫，置典學，立内司，以授於掖庭，選閹人及女隸有聰識者置博士以授經。

《左傳》：文六年，衆隸賴之而後即命。

按：《列子·仲尼篇》「隸人之生」，注：「隸，猶羣輩也。」衆隸之隸當爲羣輩之義，衆民也，亦曰萌隸、樂毅《報燕王書》：「所以能循法令，順庶孽，施及萌隸。」氓隸、賈誼《過秦論》：「然而陳涉甕牖繩樞之子，氓隸之人，而遷徙之徒也。」民隸，馬融《日蝕疏》：「上以應天變，下以安民隸。」猶言人民耳，與隸役之義異。

成十六年，嬰齊魯之常隸也。注：「隸，賤官。」

昭三年，欒、郤、胥、原、狐、續、慶、伯，降在皁隸。注：「皁隸，賤官。」

昭七年，天有十日，人有十等，下所以事上，上所以共神也。故王臣公，公臣大夫，大夫臣士，士臣皁，皁臣輿，輿臣隸，隸臣僚，僚臣僕，僕臣臺。馬有圉，牛有牧，以待百事。疏：「服虔曰，隸，隸屬於吏也。」

定四年，且夫祝，社稷之常隸也。注：「隸，賤臣也。」

定十年，武叔聘于齊，齊侯享之，曰：「子叔孫！若使郈在君之他竟，寡人何知焉？屬與敝邑際，故敢助君憂之。」對曰：「非寡君之望也。所以事君，封疆社稷是以。敢以家隸勤君之執事。」

按：家隸謂家臣。是時郈馬正侯犯以郈叛。郈，叔孫、武叔之邑也，侯犯奔齊，齊人致郈，武叔往謝，故有此語。

《文選·上林賦》：以贍萌隸。注：「司馬彪曰，隸，小臣也。」

《廣雅·釋詁》一：隸，臣也。

《漢書·戾太子傳》：江充布衣之人、閭閻之隸臣耳。顏注：「隸，賤也。」

按：此與《刑法志》之隸臣不同，彼乃罪名，此爲常語。

《急就篇》：奴婢私隸枕牀杠。顏注：「隸，附著之義也。私隸者，言屬著私家，非給公役者。」

按：《説文》「隸，附箸也」。箸，今之「著」字，凡人之附箸於人者，即有卑賤之義，故曰徒隸、曰民隸、曰臣隸，皆從此義引伸而出者也。古之徒隸，多有罪之人，如《周禮》所載者是。《左傳》之衆隸，即民隸、萌氓，並與民通。至常隸之解，或爲賤官，或爲賤臣，並是當日問答謙辭，自居於卑賤之列。卑隸之隸，服虔解爲隸屬於吏，隸屬亦即附著之義也。江充人稱爲隸臣，亦即賤臣之比，司馬彪釋爲小臣，《廣雅》釋爲臣。臣隸之稱，訓詁相承，有自來矣。卑隸，名居十等，雖賤亦在臣列，本與徒隸不同，乃世風沿習，目爲汙賤。《北史·魏文帝紀》詔曰：「工商卑隸，各有厥分，而有司縱濫，或染清流。」盧思道《北齊興亡論》：「陸令萱穆提婆者出於卑隸，本是韡工，愚暗庸短，僅辨菽麥。」觀此二文，則當日旌別已嚴，後世隸卒之賤，其權輿於此時歟？《唐書·高士廉傳贊》悠悠世胙，迄無考，按冠冕、卑隸混爲一區。玩此語意，是竟屏卑隸於冠冕之外矣。良由風會既殊，名稱亦異，今時古事難强同矣。民隸、臣隸與徒隸名相引伸而實則迥異，爲分析之如此。

《宋史·李大臨傳》：仁宗嘗遣使賜館閣官，御書至大臨家，大臨貧無皁隸，方自秣馬。使者還奏，帝曰：「真廉士也。」

按：此《傳》所稱皁隸，似是家中驅使之人，大臨貧不能畜也。

《宋史·蠻夷傳》：其後湖南盜起，征斂百出，義保無復舊制，困苦不勝，乃舉其世業，客依蠻峒，聽其繇役。州縣猶驗舊籍催科，胥隸及門，則挈家遠徙。

按：此《傳》所稱胥隸，似即今書吏衙役之名。

《明會典》：洪武二十八年，詔刑部將合用獄具依法較定，與諸司遵守，敢有仍前不遵者，就用非法獄具，處治皁隸，祇禁輒敢聽從行用者，一體處死。

按：行杖之人稱爲皁隸，不知起于何時，觀於此詔，是明初已有此稱。明時稱謂沿于元者爲多，或即起於元也，當再考之。周時之隸皆有罪之人，司隸帥五隸之民以充役，凡囚執人之事亦任之。後來官役之以隸稱，似即原於此，惟古之隸皆有罪之人，賤之可也。若今之隸，皆良民充當。在官府既不能無此等之人，募以充此役，既任用之而又賤視之，其理安在？

刑法分考十四

杖

《書》：扑作教刑。傳：「扑，榎楚也，不勤道業則撻之。」疏：「有扑作師儒教訓之刑，《學記》云，榎、楚二物，以收其威。鄭玄云，榎，挌也。楚，荆也。二物可以扑撻犯禮者，知扑是榎楚也。既言以收其威，知不勤道業則撻之。《益稷》云，撻以記之。又《大射》、《鄉射》皆云，司馬援扑，則扑亦官刑。惟言作教刑者，官刑鞭扑俱用，教刑惟扑而已，故屬扑于教。其實官刑亦當用扑，蓋重者鞭之，輕者撻之。」

《史記·五帝紀·集解》鄭玄曰：「扑爲教官爲刑者。」江氏聲云：「盧侍中注《學記》引此經，是支郎櫝楚，所以撻不率教者，故云爲教官爲刑者。」蔡傳：「學校之刑也。」

《益稷》：庶頑讒説，若不在時，侯以明之，撻以記之。傳：「衆頑愚讒説之人，若所行不在于是而爲非者當察之，當行射侯之禮，以明善惡之教。笞撻不是者，使記識其過。」疏：「《射禮》有序賓以賢詢衆擇善之義，是可以明善惡也。」江聲《尚書集注音疏》：此以下言教國子之事，因上歷論用人而及之，在察時是也。庶頑讒説之人，女若不察于是，當以射侯之禮明之。射之爲言，繹也。繹者，各繹己之志，故可以明之。惠先生《明堂大道録》云，庶頑讒説若不在時，大司徒、大樂正之簡不率教也。侯以明之，辟雍之大射也。撻以記之，大學之夏楚也。工以內言，大司樂之以樂語教國子也。格則承之庸之，大樂正之造士也。否則威之，遠方之寄棘也，則皆是教國子事也。撻，抶也，抶以荆支。《鄉射》：記射者有過則撻之。記謂懲忞之俾不忘也。

《周禮·地官·閭胥》：凡事，掌其比觵撻罰之事。注：「觵撻者，失禮之罰也。觵用酒，其爵以兕角爲之。撻，扑也。」疏：「凡有失禮者，輕者以觵酒罰之，重者以楚撻之。」

《周禮·春官·小胥》：掌學士之徵令而比之觵其不敬者，巡舞列而撻其怠慢者。注：「觵，罰爵也。撻，猶抶也，抶以荆扑。」

《儀禮·鄉射禮》：司射遂適階西，取扑搢之以反位。注：「扑所以撻犯教者。《書》云『扑作教刑』，疏引《書》者，彼謂教學之刑，此爲教射法，教雖不同，用扑是一，故引爲證也。」記射者有過則撻之。注：「過則矢揚中人，凡射時矢中人當刑之，今鄉會衆賢，以禮樂勸民，而射者中人，本意在侯，去傷害之心遠，是以輕之以扑，撻於中庭而已。」箭籌八十，長尺有握，握素。注：「握，本所持處也。素，謂刊去之，刊本一膚。」疏：「長尺，復云有握，則握在一尺之外，則此籌尺四寸矣。云刊本一膚者，《公羊傳》僖三十一年『雲觸而出，膚寸而合，不崇朝而徧雨乎天下，唯泰山爾』。何休云，側手爲膚，又投壺，云室中五扶。注云，鋪四指曰扶，一指案寸，皆謂布四指，一指一寸，四指則四寸，引之者證握膚爲一，謂刊四寸也。」楚扑長如笴，刊本尺。注：「刊，其可持處。」

《大射禮》：遂取扑搢之。注：「扑所以撻犯教者也。」

《禮記·學記》："夏、楚二物，收其威也。注："夏，搯也。楚，荆也。二者所以扑撻犯禮者。收，謂收斂整齊之。威，威儀也。"《月令》："季秋之月，命僕及七騶咸駕，載旌旐，授車以級，整設于屏外，司徒搢扑，北面誓之。注："誓衆以軍法也。"

《左傳》："文十八年，歜以扑抶職。杜注："扑，箠也。抶，擊也。"襄十八年，子罕聞之，親執扑以行築者而抶其不勉者。杜注："扑，杖。"

按：扑卽今之笞杖，三代以上不在五刑之列，惟學校典禮諸事用之，所謂教訓之刑也。春秋時或用以治官事，如宋子罕之執扑以行築者，《月令》之搢扑誓衆則與鞭同用矣。杜注訓扑爲杖，乃後來之義。《說文》："杖，持也。"凡可持之物皆曰杖，喪杖、齒杖、兵杖皆是，笞杖之杖亦可持者，故得襲其名耳。《說文》："撻，《鄉飲》酒罰不敬，撻其背。"扑撻之處，他書不言，惟許說之，當必有所受之也。

《漢志》："孝文十三年，定律曰：諸當完者，完爲城旦舂；當黥者，髡鉗爲城旦舂；當劓者，笞三百；當斬左止者，笞五百；當斬右止，及殺人先自告，及吏坐受賕枉法，守縣官財物而卽盜之，已論命復有笞罪者，皆棄市。罪人獄已決，完爲城旦舂，滿三歲爲鬼薪白粲。鬼薪白粲一歲，爲隸臣妾。隸臣妾一歲，免爲庶人。隸臣妾滿二歲，爲司寇。司寇一歲，及作如司寇二歲，皆免爲庶人。其亡逃及有罪耐以上，不用此令。前令之刑城旦舂歲而非禁錮者，如完爲城旦舂歲數以免。是後，外有輕刑之名，內實殺人。斬右止者又當死。斬左止者笞五百，當劓者笞三百，率多死。師古曰："笞數既多，亦不活也。"景帝元年，下詔曰：「加笞與重罪無異，孟康曰：「重罪謂死罪。」幸而不死，不可爲人。其定律：笞五百曰三百，笞三百曰二百。」猶尚不全。至中六年，又下詔曰：「加笞者，或至死而笞未畢，朕甚憐之。其減笞三百曰二百，笞二百曰一百。」又曰：「笞者，所以教之也，其定箠令。」師古曰：「箠，策也，所以擊者也。音止㰆反。」丞相劉舍、御史大夫衛綰請：「笞者，箠長五尺，其本大一寸，其竹也，末薄半寸，皆平其節。當笞者笞臀。如淳曰：「然則先時笞背也。」毋得更人，師古曰：「謂行笞者不更易人也。」畢一罪乃更人。」自是笞者得全。邱氏濬曰：「自廢肉刑之後，易刀鋸以竹箠，所以全人之身也。景帝定爲令，凡笞所用之質，所制之度，所行之人，所施之處，皆詳悉具著，以示天下後世，以此爲防。後世猶有巧爲之具，倍爲之度，用所不可用之人，施所不當施之處，其慘固有甚於肉刑者，此在明聖之朝，所當禁革，是亦不忍之政之一端也。」

《北堂書鈔》四十五：《三輔決録》注云，丁邯，字叔春。選邯爲郎，託疾不就，詔問實病否，邯對曰：「實不病，恥以孝廉爲令史職耳。」世祖怒曰：「虎賁減頭杖之數十。」

《後漢紀》：明帝時，九卿皆鞭杖。詳鞭。

《蜀志・先主傳》：除安喜尉。督郵以公事到縣，先主求謁，不通，直入縛督郵，杖二百，解綬繫其頸著馬柳，棄官亡命。

《御覽》六百五十：《晉陽秋》：「諸葛武侯杖二十以上親決。宣王聞之，喜曰，吾無患矣。」

按：古者扑作教刑，自漢文帝除肉刑，劓及斬左止者並改爲笞，而笞爲死刑之次，視城旦等刑爲重。景帝所定箠令，尚未有杖之名，亦無大小之别也。諸經之稱杖者，齒杖、喪杖，無稱刑杖者。

《家語》云「舜之事父，小杖則受，大杖則走」，《韓詩外傳》亦云「舜爲人子，小箠則待笞，大杖則逃」，然此家庭之事，非官刑也。《晉語》言「范武子以杖擊文子」，《左傳》言「邾莊公奪杖敲閽」，此仍是拄杖之杖，非刑杖之杖。世祖、明帝時始有杖之名，則笞刑之稱杖當在東京矣。《晉陽秋》有「杖二十以上」之語，是當時決杖必有定數，然不可攷矣。

魏明帝減鞭杖，改婦人加笞。並詳鞭。《魏書·刑罰志》序：明帝除婦人加笞之制。

《晉令》：應得法杖者以小杖，過五寸者稍行之。應杖而髀有瘡者緩臀也。《北堂書鈔》四十五。

按：一本無「緩」字，固難解，「緩臀」二字亦費解，當有譌奪。《御覽》六百五十引作「應受杖而體有瘡者，督之也」，在督門內，此「臀」字疑「督」之譌。「髀」一本作「脾」，恐亦傳寫之譌。《御覽》作「體」，其字似當作「髀」。髀，股也。臀，《說文》作「𡱂」，亦作「臀」，髀也。杖本以臀受，有瘡故督之，《御覽》本是也。「五寸」乃「五十」之譌，梁律可證。

張斐《律序》：累笞不過千二百。詳徒。

按：笞至千二百，可謂酷矣。「千」字或引作「于」，然以《晉志》上下文觀之，不得作「于」，且張序注云「五歲徒加六等，笞之一千二百」，是「千」字不誤。惟《晉律》五歲刑笞二百，如以二百爲一等，則六等之加當爲千四百，與此數不符。張序上文云「囚加不過五」，恐此注「六」字乃「五」字傳寫之譌。

《世說新語》：桓公在荆州，全欲以德被江、漢，恥以威刑肅物。《温別傳》曰：「温以永和元年自徐州遷荆州刺史。」令史受杖，正從朱衣上過。桓式年少，從外來，云：「向從閤下過，見令史受杖，上捎雲根，下拂地足。」意譏不著。桓公曰：「我猶患其重。」

按：杖從衣上過，是令史受杖不去衣也，豈杖督之制如此歟？

《宋書·武紀》：永初二年六月壬寅，詔曰：「杖罰雖有舊科，然職務殷碎，推坐相尋。若皆有其實，則體所不堪；文行而已，又非設罰之意。可籌量觕爲中否之格。」甲辰，制諸署敕吏四品以下，又府署所得輒罰者，聽統府寺行四十杖。

《梁書·武紀》：天監元年四月，詔曰：「禮闈文閣，宜率舊章，貴賤卽位，各有差等，俯仰拜伏，以明王度，濟濟洋洋，具瞻斯在。頃因多難，治綱弛落，官非積及，榮由幸至。六軍尸四品之職，青紫治白簿之勞。振衣朝伍，長揖卿相，趨步廣闥，並驅丞郎。遂冠履倒錯，珪甑莫辨。靜言疚懷，思返流弊。且玩法惰官，動成逋弛，罰以常科，終未懲革。夫檟楚申威，蓋代斷趾，笞捶有令，如或可從。外詳共平議，務盡厥理。」

梁律有鞭杖、杖督之制。詳總考。

《隋志》：梁律諸督罰，大罪無過五十、三十，小者二十。當笞二百以上者，笞半，餘半後決，中分鞭杖。老小於律令當得鞭杖者，以熟靻鞭、小杖。過五十者，稍行之。將吏已上及女人應有罰者，以罰金代之。其以職員應罰，及律令指名制罰者，不用此令。

《圖書集成·祥刑典·笞杖部》：北魏獻文帝制捶令，拷悉依令從輕。詳考訊。

北齊杖三等，年刑加笞。詳總考。笞者，笞臀而不中易人。在官犯罪，鞭杖十爲一負。〈閒居〉〔閑局〕六負爲一殿，平局八負爲一殿，繁局十負爲一殿。加於殿者，復計爲負焉。

北周杖刑五，徒流加笞。詳總考。

《隋志》：周宣帝《刑經聖制》鞭杖皆百二十爲度，名曰天杖。其後又加至二百四十。其決人罪，云與杖者，卽一百二十，多打者，卽二百四十。互詳總考。

隋開皇律，杖刑五，笞刑五，三流應住者加杖。詳總考。

按：杖、笞古本不分，自隋除鞭而分杖、笞爲二，杖重笞輕。唐以下承之，至今未改。

《隋志》：高祖性猜忌，每於殿廷打人，一日之中，或至數四。十年，尚書左僕射高熲、治書侍御史柳盛等諫，以爲朝堂非殺人之所，殿廷非決罰之地。帝不納。熲等乃盡詣朝堂請罪，曰：「陛下子育羣生，務在去弊，而百姓無知，犯者不息，致陛下決罰過嚴。皆臣等不能有所裨益，請自退屏，以避賢路。」帝於是顧謂領左右都督田元曰：「吾杖重乎？」元曰：「重。」帝問其狀，元舉手曰：「陛下杖大如指，捶楚人三十者，比常杖數百，故多致死。」帝不懌，乃令殿内去杖，欲有決罰，各付所由。後楚州行參軍李君才上言，帝寵高熲過甚，上大怒，命杖之，而殿内無杖，遂以馬鞭笞殺之。自是殿内復置杖。十七年，詔又以所在官人，不相敬憚，多自寬縱，事難克舉。諸有殿失，雖備科條，或據律乃輕，論情則重，不卽決罪，無以懲肅。其諸司屬官，若有愆犯，聽於律外斟酌決杖。於是上下相驅，迭行捶楚，以殘暴爲幹能，以守法爲懦弱。

《唐律》：「杖刑五，笞刑五。詳總考。《疏議曰》：「笞者，擊也，又訓爲恥。言人有小愆，法須懲誡，故加捶撻以恥之。漢時笞則用竹，今時則用楚，故《書》云『扑作教刑』，卽其義也。漢文帝十三年，太倉令淳于意女緹縈上書，願没入爲官婢，以贖父刑，帝悲其意，遂改肉刑。當黥者，髡鉗爲城旦令舂，當劓者笞三百。此卽笞、杖之目未有區分。笞擊之刑，刑之輕者也。隨時沿革，輕重不同，俱期無刑，義唯必措。《孝經》援神契云『聖人制五刑，以法五行』。《禮》云『刑者，侀也，成也，一成而不可變，故君子盡心焉』。《孝經》鉤命決云『刑者，侀也，質罪示終』。然殺人者、死傷人者刑，百王之所同，其所由來尚矣。」《説文》云「杖者，持也」。而可以擊人者歟？《家語》云「舜之事父，小杖則受，大杖則走」。《國語》云「薄刑用鞭扑」。《書》云「鞭作官刑」。猶今之杖刑者也。又蚩尤作五虐之刑，亦用鞭扑，源其濫觴，所從來遠矣。漢景帝以笞者已死而笞未畢，改三百曰二百，二百曰一百，奕代沿流，曾微增損，爰洎隋室，以杖易鞭。今律云「累決笞杖者不得過二百」，蓋循漢制也。

《唐書・刑法志》：代宗性仁恕，常以至德以來用刑爲戒。卽位五年，府縣寺獄無重囚。故時，别敕決人捶無數。寶應元年，詔曰：「凡制敕與一頓杖者，其數止四十，至到與一頓及重杖一頓、痛杖一頓者，皆止六十。」德宗性猜忌少恩，然用刑無大濫。刑部侍郎班宏言：「謀反、大逆及叛、惡逆四者，十惡之大也，犯者宜如律。其餘當斬絞刑者，決重杖一頓處死，以代極法。」故時，死罪皆先決杖，其數或百或六十，於是悉罷之。

《通考》一百六十六：貞元八年敕，比來所斷罪，拘守科條，或至死刑，猶先決杖，處之極法，更此傷殘，惻隱之懷，實所不忍。今後罪至死者，先決杖宜停。按：鞭扑在有虞爲至輕之刑，在五刑之下，至漢文帝除肉刑，始以笞代斬趾，而笞數既多，反以殺人。其後以爲笞者多死，其罪不至死者遂不復笞，而止於徒流。魏、晉以下，笞數皆多，笞法皆重。至唐而後，復有重杖、痛杖之律，只云一頓而不爲之數，行罰之人得以輕重，其手欲活則活之，欲斃則斃之，夫生之與死，箠楚之與刀鋸，亦大有閒矣。今重杖、痛杖之法乃出入乎生死之間，而使姦吏因緣爲市，是何理也？至於當絞斬者皆先決杖，或百或六十，則與秦之具五刑何異？建中時，始定重杖爲死刑。貞元時，始令死刑不先決杖，蓋革累朝弊法云。

按：《唐志》稱德宗時以重杖代極法，死罪不先決杖。據《通考》，死罪不決杖在貞元八年，其重杖代極刑在建中三年，《通考》引班宏奏。非同時事。既以重杖代死刑，則重杖之杖與先決之杖同一杖也，有何分別？貞元之停亦空言耳。《唐律》無死罪決杖之文，敕云「拘守科條」，是當時已著爲法，但不詳始於何年，歷代亦無此法。《通考》謂革累朝弊政，是未即二事而合觀之也。

《文宗紀》：太和八年四月丙戌，詔笞罪毋鞭背。

按：鞭背之禁，太宗時已著爲令，殆日久漸弛，復有用之者，故禁之。此可見臨民之官好以撲撻示威，自古已然，不自今始。僞蜀李匡遠，樂聞捶撻之聲，曰此一部肉鼓吹，何其性之慘忍如此？大可怪也。然今之以鼓吹爲樂者固大有人矣。

《舊唐書·張廷珪傳》：再遷黃門侍郎。時監察御史蔣挺以監決杖刑稍輕，敕朝堂杖之，廷珪奏曰：「御史憲司，清望耳目之官，有犯當殺即殺，當流即流，不可決杖。士可殺，不可辱也。」時制命已行，然議者以廷珪之言爲是。

按：《廷珪傳》但言開元初，不言何年，《新書》同，《御覽》六百五十引《唐書》稱開元二年。

《張嘉貞傳》：開元十年，祕書監姜皎犯辠，嘉貞又附會王守一奏請杖之，皎遂死于路。俄而廣州都督裴伷先下獄，上召侍臣問當何辠，嘉貞又請杖之。兵部尚書張説進曰：「臣聞刑不上大夫，以其近于君也。故曰『士可殺，不可辱。』臣今秋受詔巡邊，中途聞姜皎以辠於朝堂決杖，配流而死。皎官是三品，亦有微功。若其有犯，應死卽殺，應流卽流，不宜決杖廷辱，以卒伍待之。且律有八議，勳貴在焉。皎事已往，不可追悔。伷先祇宜據狀流貶，不可輕又決罰。」上然其言。嘉貞不悦，退謂説曰：「何言事之深也？」説曰：「宰相〔者〕，時來卽爲，豈能長據？若貴臣盡當可杖，但恐吾等行當及之。此言非爲伷先，乃爲天下士君子也。」

按：此事與前事絶相似，前事以制已行而不及，此事帝獨從之，此係乎其人，幸不幸矣！嘉貞以廷杖勸人主，安得爲知體？

《通考》一百六十六：《容齋洪氏隨筆》曰：唐太宗自臨治兵，以部陳不整，命大將軍張士貴杖中郎將等，怒其杖輕，下士貴吏。魏徵諫曰：「將軍之職，爲國牙爪，使之執杖，已非治法，況以杖輕下吏乎？」上亟釋之。明皇開元三年，御史大夫宋璟坐監朝堂杖人杖輕，貶睦州刺史，姚崇爲宰相，弗能止，盧懷慎亦爲相，疾亟，表言璟明時重器，所坐者小，望垂矜録，上深納之。太宗、明皇，有唐賢君也，而以杖人輕之故，加罪大將軍、御史大夫，可謂失政刑矣。

吴氏《能改齋漫録》曰：陳政敏《遯齋閒覽》言杜子美「脱身簿尉中，始與箠楚辭」。韓退之「判司卑官不堪説，未免箠楚塵埃閒」。杜牧之「參軍與簿尉，塵土驚恙勸，一語不中治，鞭笞身滿瘡」。謂唐時參軍、簿尉有過不免受杖。鮑彪謂詳考杜、韓所言，捶有罪者也。牧之亦言，驚見有罪者如此，非身受杖也。退之江陵途中，云：「栖栖法曹掾，何處事卑陬，何況親犴獄，敲榜發姦偷。」此豈身受杖者耶？然《太平廣記》載李遜决包尉臀杖十下，及《舊唐書》于頔爲湖州刺史，改蘇州，追憾湖州舊尉，封杖以計强決之，則鮑論亦未當。按裴佃先之事觀之，則唐三品官固有受杖者，又張士貴、宋璟所監涖者，其受刑必皆佃先之流，則箠楚非特簿尉末僚而已。

《王遂傳》：遂器用不弘，僻於聚斂，而非兼撫之才，但峻威刑，以繩亂俗。其所製笞杖，率踰常制。遂既死，監軍使封其杖進呈，上令出示於朝，以戒廉使。

按：《御覽》六百五十引《唐書》此事與《舊書》之文不符，未知所引何人之書。且言遂爲浙西觀察使被禍，然遂爲沂兖海觀察使，爲牙將所害，未嘗官浙西也。封杖進呈，此監軍使頗有見地，出示於朝，可以見當日朝廷於此事極慎重也。

《通考》一百六十六：宣宗大中七年敕，法司斷罪每脊杖一下折法杖十下，臀杖一下折笞杖五下。則吏無逾判，法守常規。

又閩主曦欲杖御史大夫，諫議大夫鄭元弼諫曰：「古者刑不上大夫，中丞儀刑百辟，豈宜加之箠楚？」乃釋之。致堂胡氏曰：「庶人貧賤，不能備禮，故不責以行禮。大夫尊貴，不可加刑，故不使之受刑，非固欲然，因其勢也。賈誼得聖人之意，故引投鼠忌器之喻，自是漢不加刑於大臣，大臣有罪皆自殺。而臨川王氏反此義爲之説，曰禮不可以庶人爲下而不用，刑不可以大夫爲上而不施，其意非爲化民成俗而興禮教也，直欲殺戮故老以制異己耳，豈非邪説害義之大乎？以區區之閩無道之曦猶能爲，鄭元弼正論而自屈，談經佐王，乃祖韓非、商鞅之術，曾元弼之不若而世猶尊信之何哉？」

《五代會要》：周顯德五年七月敕，州縣自官已下，因公事行責情杖，量情狀輕重用，不可過臀十五杖。因責情杖致死者，具事由聞奏。

按：情杖之名，僅見於此，其意如何，未詳。

宋笞、杖刑各五。詳總考。

《宋史·刑法志》：太祖受禪，始定折杖之制。

按：宋折杖之制載在《刑統》，《宋志》與《刑統》同。

《宋志》：徒、流、笞通用常行杖，徒罪決而不役。雍熙元年，始令諸州笞、杖罪不須證逮者，長吏即決之，勿復付所司。三年，令大理寺杖罪以下，須刑部詳覆。先是，天下旬奏獄狀，雖杖、笞皆申覆，而徒、流罪非繫獄，乃不以聞。六年，天聖。集賢校理聶冠卿請罷覆杖、笞，而徒以上雖不繫獄，皆附奏。詔從其説。元豐元年詔曰：應三司、諸寺監吏犯杖、笞不俟追究者，聽即決，餘悉送大理獄。六年，詔宗子犯罪，庭訓示辱。比有去衣受杖，傷膚敗體，有惻朕懷。其令大宗正司恪守條制，違者以違御筆論。紹聖二年，户部如三司故事，置推勘檢法官，應在京諸司事干錢穀當追究者，從杖以下即定斷。

《宋志》：熙寧三年，比部郎中、知房州張仲宣嘗檄巡檢體究金州金阬，無甚利。土人憚興作，以金八兩求仲宣不差官。及事覺，法官坐仲宣枉法贓應絞，援前比貸死，杖脊、黥配海島。知審刑院蘇頌言：「仲宣所犯，可比恐喝條。且古者刑不上大夫，仲宣官五品，有罪得乘車，今刑爲徒隸，其人雖無足矜，恐汙辱衣冠爾。」遂免杖、黥，流賀州。自是命官無杖、黥法。

《宋志》：熙寧三年，中書上刑名未安者五：其二，徒、流折杖之法，禁網加密，良民偶有抵冒，致傷肌體，爲終身之辱；愚頑之徒，雖一時創痛，而終無愧恥。若使情理輕者復古居作之法，遇赦第減月日，使良善者知改過自新，凶頑者有所拘繫。

〔按〕：此段言杖之無益於治，可謂要言不煩，可見古人早見及此，特行之不力耳。

《通考》一百六十七：大觀三年，更定笞法。自今並以小杖行決，笞十爲五，二十爲七，三十爲八，四十爲十五，五十爲二十，不以大杖比折，永爲定制。

《宋史·理宗紀》：淳祐二年三月，詔今後州縣官有罪，諸帥司毋輒加杖責。十年十月，詔諸主兵官，今後行罰，毋杖脊以傷人命。

按：宋代杖脊之制，太祖創之，然其數至二十而止，主兵官刑罰不如法，故禁之。

宋死罪重杖一頓。詳總考。

遼有杖刑及木劍、大棒、鐵骨朵之法。詳總考。

按：遼有杖無笞，與唐、宋法異。其五十以上者決以沙袋，亦不以杖也。木劍、大棒、鐵骨朶等，皆歷代所無者。

金《泰和律》笞、杖刑各五。詳總考。

金法以杖折徒。

按：金用《唐律》，故笞、杖亦遵唐，以杖折徒，則宋制也。詳總考。

《金史·刑志》：金國舊俗，輕罪笞以柳蔞。至皇統閒，詔諸臣，以本朝舊制，兼採隋、唐之制，參遼、宋之法，類以成書，名《皇統制》，頒行中外。時制，杖罪至百，則臀、背分決。及海陵庶人以脊近心腹，遂禁之。雖主決奴婢，亦論以違制。大定九年，復命杖至百者臀、背分受，如舊法。已而，上謂宰臣曰：「朕念罪人杖不分受，恐至深重，乃令復舊。今聞民有不欲者，其令罷之。」二十五年二月，上以婦人在囚，輸作不便，而杖不分決，與殺無異，遂命免死輸作者，決杖二百而免輸作，以臀、背分決。

《金志》：大定八年，制品官犯賭博法，贓不滿五十貫者其法杖，聽贖。再犯者杖之。且曰「杖者所以罰小人也。既爲職官，當先廉恥，既無廉恥，故以小人之罰罰之」。

按：爲小人之所爲，即罰以小人之罰，世宗之懲賭也至矣，而人之犯賭者如故，積習固非一罰之所能挽回也。

《宣宗紀》：貞祐三年三月，禁州縣置刃於杖以決罪人。

《賈鉉傳》：鉉上書曰：「親民之官，任情立威，所用決杖，分徑長短不如法式，甚者以鐵刃置於杖端，因而致死。閒者陰陽愆戾，和氣不通，未必不由此也。願下州郡申明舊章，檢量封記，按察官其檢察不如法者，具以名聞。内庭敕斷，亦依已定程式。」制可。

按：鉉言在大定中，故《續通考》引此事曰「初曰」，至是詔并禁之。

《金志》：大定十七年，上以正（降）〔隆〕《續降制書》多任己意，而與皇統之《制》並用，是非淆亂。遂置局，命大理卿移剌慥總中外明法者共校正云云。參以近所定徒杖減半之法，凡校定千一百九十條，分爲十二卷，以《大定重修制條》爲名，詔頒行焉。

按：徒杖減半之法，《志》中未見，未詳如何減法，亦不知定於何年。

貞祐三年，上謂宰臣，自今監察官犯罪，其事關軍國利害者，並笞決之。

《續通考》一百三十五：金待朝士有禮，未嘗輕用刑罰，大定閒惟品官賭博再犯決杖而已。承安五年，始詔定進納官有犯決斷法。至宣宗，喜用刑罰，朝士往往被箠楚至用杖乃決殺言者。高琪用事，定職官犯罪決斷百餘條，時左司諫穆延呼喇勒上言曰：「禮義廉恥，以治君子，刑罰威獄，以治小人，此萬世不易之論也。近者朝廷急於求治，有司奏請從權立法，應贖者亦多的決。夫爵禄所以馭貴也，貴不免辱則卑賤者又何加焉？車駕所駐，非同征行，而凡科徵小過皆以軍期罪之，不已甚乎？且百官皆朝廷遴選，多由文行武功閥閱而進，乃與凡庶等則享爵禄者亦不足爲榮矣。抑又有大可慮者，爲上者將曰，官猶不免，民復何辭？則苛暴之政日行。爲下者將曰，彼亦既然，吾復何恥？則陵犯之心益肆。其弊可勝言哉！伏願依元年恩赦『刑不上大夫』之文，削此一切之法，幸甚。」帝初欲行之，而高琪固執以爲不可，遂寢。至哀帝正大元年十二月，始從右丞張行信言，凡高琪所定的決之法一切改除，復依舊制，而金國已亡矣。

元笞刑六、杖刑五。詳總考。

《續通考》一百三十五：元太祖初頒條畫，刑獄惟重罪處死，其餘雜犯量情笞決。

按：元笞、杖之法，載在《刑法志》，實本于《大元通制》，其書成于英宗至治三年，至世祖《至元新格》，頒行於至元二十八年，在《通制》之前，《新格》當已包於《通制》之內，而《通制》未必與《新格》全同。《續通考》繫《刑法志》所載於《至元新格》之下，是以後爲前也，未知別有所據否？《志》序云「凡七下至五十七謂之笞刑，凡六十七至一百七謂之杖刑」，與律文相合。《元典章》三十九《刑制門》「《五刑訓義》：笞一十，七下。二十、三十，十七下。四十、五十，二十七下。杖六十、七十，三十七下。八十、九十，四十七下。一百，五十七下。徒一年、一年半，六十七下。二年、二年半，七十七下。三年，八十七下。四年，九十七下。五年。一百七下。」其笞、杖之數既與《志》不符，其徒之年數亦異，且笞當爲五等，而《志》獨多一等，與《典章》又不合。考《元典章》所載新例加徒減杖法，及五十七以下用笞，六十七以上用杖，又與《志》合，然則《五刑訓義》所言乃元之舊法，而《志》之所載乃新例也，此例改自何年，已無可考。

《元志》：大德間，王約復上言：「國朝之制，笞杖十減爲七，今之杖一百者，宜止九十七，不當又加十也。」

按：王約請減笞杖之制，當時實未施行。一百七下，元舊法，新法並以此爲斷。《圖書集成·祥刑典·笞杖部》列入此條，蓋卽本《元志》序。邱氏濬云：元笞刑每十數必加以七者，其初本欲減以輕刑也，其後承誤，反以爲加焉。大德間王約云云，則其立法之始意可見矣。

按：元之笞數，自七下起，實是減而非加也。笞、杖各五，當止九十七。乃笞多一等，止於五十七，於是杖自六十七起，止於一百七，則本減而變爲加矣，其故無可考。王棠《知新録》：元人笞刑七下至五十七，杖刑自六十七至一百零七，何以止于七也？葉靜齋《草木子》曰：「元世祖定天下之笞刑、杖刑，原曰『天饒他一下，地饒他一下，我饒他一下』，自後每笞、杖刑減三下。」

按：以七爲度，說見於此。

《元史·成宗紀》：元貞二年五月，詔諸徒役者限一年釋之，毋杖。

按：徒罪免杖，當是一時寬卹之令，非常制。

明笞、杖刑及徒、流加杖。詳總考。

按：明笞、杖用唐法，而徒、流加杖爲《唐律》所無，蓋宋制也。宋徒刑加杖自十三以至二十，卽杖刑六十至百，實決之數，明律全用之。流刑加杖十七、十八、二十三等，卽杖刑之八十、九十、一百。明三流並杖一百，則稍有不同，是又不全用宋制。元律有杖一百七流遠若干條，一百七卽明之滿杖，然則明法又參以元制也。

《明史・刑法志》：刑法有創之自明，不衷古制者，廷杖、東西廠、錦衣衛、鎮撫司獄是已。是數者，殺人至慘，而不麗於法。踵而行之，至末造而極。舉朝野命，一聽之武夫、宦豎之手，良可歎也。太祖常與侍臣論大臣禮。太史令劉基曰：「古者公卿有罪，盤水加劍，詣請室自裁，未嘗輕折辱之，所以存大臣之體。」侍讀學士詹同因取《大戴禮》及賈誼疏以進，且曰：「古者刑不上大夫，以勵廉恥也。必如是，君臣恩禮始兩盡。」帝深然之。

洪武六年，工部尚書王肅坐法當笞，太祖曰：「六卿貴重，不宜以細故辱。」命以俸贖罪。後羣臣詿誤，許以俸贖，始此。然永嘉侯朱亮祖父子皆鞭死，工部尚書(夏)〔薛〕祥斃杖下，故上書者以大臣當誅，不宜加辱爲言。廷杖之刑，亦自太祖始矣。宣德三年怒御史嚴皚、方鼎、何傑等沈湎酒色，久不朝參，命枷以徇。自此言官有荷校者。至正統中，王振擅權，尚書劉中敷，侍郎吳璽、陳瑺，祭酒李時勉率受此辱，而殿陛行杖習爲故事矣。成化十五年，汪直誣陷侍郎馬文昇、都御史牟俸等，詔責給事御史李俊、王濬輩五〔十〕六人容隱，廷杖人二十。正德十四年，以諫止南巡，廷杖舒芬、黃鞏等百四十六人，死者十一人。嘉靖三年，羣臣争大禮，廷杖豐熙等百三十四人，死者十六人。中年刑法益峻，雖大臣不免笞辱。宣大總督翟鵬、薊州巡撫朱方以撤防早，宣大總督郭宗皋、大同巡撫陳燿以寇入大同，刑部侍郎彭黯、左都御史屠僑、大理卿沈良才以議丁汝夔獄緩，戎政侍郎蔣應奎、左通政唐國相以子弟冒功，皆逮杖之。方、燿斃於杖下，而黯、僑、良才等杖畢，趣治事。公卿之辱，前此未有。又因正旦朝賀，怒六科給事中張思靜等，皆朝服予杖，天下莫不駭然。四十餘年間，杖殺朝士，倍蓰前代。萬曆〔六〕〔五〕年，以争張居正奪情，杖吳中行等五人。其後盧洪春、孟養浩、王德完輩咸被杖，多者至一百。後帝益厭言者，疏多留中，廷杖寢不用。天啟時，太監王體乾奉敕大審，重笞戚畹李承恩，以悦魏忠賢。於是萬燝、吳裕中斃於杖下，臺省力争不得。閣臣葉向高言：「數十年不行之敝政，三見於旬日，萬萬不可再行。」忠賢乃罷廷杖，而以所欲殺者悉下鎮撫司，士大夫益無噍類矣。

南京行杖，始於成化十八年。南御史李珊等以歲祲請振。帝摘其疏中訛字，令錦衣衛詣南京午門前，人杖二十，守備太監監之。至正德間，南御史李熙劾貪吏觸怒劉瑾，矯旨杖三十。時南京禁衛久不行刑，選卒習數日，乃杖之，幾斃。

正德元年殺東廠太監王岳，命丘聚代之，又設西廠以命谷大用，皆劉瑾黨也。瑾又改惜薪司外薪廠爲辦事廠，榮府舊倉地爲内辦事廠，自領之。京師謂之内行廠，雖東西廠皆在伺察中，加酷烈焉。且創例，罪無輕重皆決杖，永遠戍邊，或枷項發遣。枷重至百五十斤，不數日輒死。

《續通考》一百三十六：洪武六年正月，命廷臣坐笞罪得以俸贖。即據王肅事。案太祖此令善矣，後卒杖永嘉侯朱亮祖、工部尚書〔夏〕〔薛〕祥，子孫踵而行之，廷杖幾爲故事。武宗正德中，杖言事者舒芬等四十六人，死者十一人。世宗嘉靖初，以議大禮，杖豐熙等百三十四人，死者十六人。中年刑法益峻，雖大臣不免，史言其四十餘年間，杖殺朝士倍蓰前代。公卿之辱自古未有，辱公卿猶可言也，王振、劉瑾、魏忠賢之徒疊起而得志，率由於此。蓋監杖用内官，行杖用衛卒，士大夫既懸命其手，則欲小人之不歸誠於彼，而君子之不觸其禍難矣。《志》稱「廷杖之制自太祖始」，今考太祖三十餘年中，實無明文創爲此制，又以六年之詔證之尤信，然則太祖特偶一爲之，而不圖其後世之因而甚焉。是故用法不可不慎，以爲創自太祖則非也。

明林俊諫廷杖疏云：「又聞古者撻人于朝，與衆辱之而已，非必欲壞爛其體膚而致之死也，亦非所以待士大夫也。成化時，臣及見廷撻三五臣，率容厚緜底衣，以重氈疊帊，猶卧牀褥，數月淤血始消。正德時，逆瑾用事，始啟去衣之端，重非國體所宜，釀有末年諫止南巡撻死之慘。幸遇新詔收卹，士氣始回，不謂又偶有此。臣又見成化、弘治間詔獄諸旨，唯叛逆、妖言、强盜，好生打著問，喇虎殺人打著問，其餘常犯，送錦衣衛、鎮撫司問。鎮撫奏逆，法司議罪，中間情重，始有來説之旨，部寺覆奏，始有降調之旨。今一概打問，無復低昂，恐舊典失查，非祖宗仁厚之意，即此二事，似宜循舊。」

按：廷杖爲有明一代粃政，然其事則不始於明。如東漢世祖之杖丁邯，明帝時九卿皆鞭杖；隋高祖好於殿廷打人，一日之中或至數四；唐玄宗之杖蔣挺、姜皎於朝堂，皆前事也。東漢之捶撲，以左雄之言而除。隋高祖性雖猜忌，亦嘗以高熲等切諫，殿内去杖。開元時，以張説之言而止，未有如明代之廷杖直與國運相終始者也。

《圖書集成·祥刑典·笞杖部·紀事·刑法志》：嘉靖三年，羣臣争大禮，聚哭左順門，帝大怒，杖五品以下豐熙等一百三十有四人，死者王思等十七人，於時裹瘡吮血，塡滿犴狴，此其最酷者矣。故事：凡杖者，以繩縛兩腕，囚服，逮赴午門外。每入一門，門扉隨闔，至杖所，列校百人衣襞衣，執木棍林立。司禮監宣駕帖訖，坐午門西墀下左，錦衣衛使坐右，其下緋而趨走者數十人。須臾，縛囚定，左右厲聲喝，喝閣棍，則一人持棍出，閣於囚股上，喝打，則行杖，杖之三，則喝令著實打，或伺上意不測，曰用心打，則囚無生理矣。五杖而易一人，喝如前，每喝，環列者羣和之，喊聲動地，聞者股慄。凡杖，以布承囚，四人舁之，杖畢，舉布擲諸地，幾絶者外恆八九。

按：此引明《法志》，前一段文與今《志》不合，後一段爲今《志》所無，似《明史稿》之文也。

查嗣瑮、查浦輯聞午門廷杖，司禮監、錦衣衛使分坐左右，列校行杖之輕重，匪獨察二人之語言辨其顏色也，黠者每視其足，足如箕張則囚可生，鞾尖一斂則囚無生理矣。聞諸惡少年行習行杖時，先縛革爲二人，一寘甎於中，一紙裹其外，俱以衣覆之。杖寘甎者，視之若輕，徐解而觀，則甎都裂。杖紙裹者，視之極重，而紙無傷，能如是則入選，以朝臣之死生恣閹豎武夫之喜怒，真可歎息痛恨也。

按：廷杖慘毒狀，以上二説言之爲詳。吾嘗謂明祚之亡，基於嘉靖，成於萬曆，天啟不過揚其焰耳，是可爲太息流涕者也。

宋胡太初《晝簾餘論·用刑篇》：「縣無甚重之刑，小則訊，大則決，又大則止於杖一百而已。吏民無甚愆過，便輒以杖一百加之，不知罪或大於此又將何術以處之哉？而況行杖者或觀望聲勢，或接受賄賂，行遣之時，殆同兒戲，此非所以使人畏，乃所以使人玩也。愚謂杖一百之刑最不可數施，訊決亦止可十數下，若大杖止五、七下或十下，須令如法決遣。下下嚴峻，然後人自畏服，初不在乎數目之多，徒爲行杖者賣弄耳。若杖一百，卻留爲極典，非大過犯大愆誤不施，須令人人畏懼而不敢犯，此則省刑之大略也。每姦盜辟囚獲到之初，首行腿訊，多至二三百下，此其不可者一也。蓋被獲到官，沿途縶縛拷打，或饑餓困頓已非一日，若又卽從而訊決，多有斃於杖下者，孰若竟押下獄明正典刑耶？豪强之家論訴鄰里，官司不問是非，便與行遣，此其不可者二也。蓋杖決雖微，王法攸寓，不可妄加無罪，豈應副人情之具？若徇其私請，張其聲勢，將來武斷，鄉曲稔惡積愆，欲救之無及矣。盜賊累犯，合與刺環，今有初犯及盜不滿匹者，一爲勢利所怵，便與斷刺，不知鞭撻至慘肌膚猶有可完之時，一經刺環，瘢痕永無可去之理，所犯出於一時，不得已而被罪，至於終身不雪，此所當戒者三也。凶惡害民，合與永鎖，今有偶觸長官之怒及勢家所惡者，便與幽之囹圄，縶之尉寨，不知罪不至死，一身之困躓難逃。身既被囚，數口之饑寒孰給，所謂破家縣令皆是之類，此所當戒者四也。乃若用刑之節，如入夜有禁，遇日當禁，皆當時時警省；老幼不及，疾孕不加，皆當事事審察。令甲備著，毋待多云。然又有三說：一我醉，二彼醉，三羸瘠。蓋我醉而行刑，則旁觀必以使酒疑我，萬一果有過當，雖悔奚追？彼醉而加刑，則配酎之中何知畏懼？萬一挾酒陵犯，取辱貽羞。羸瘠而受刑，則必其人飲食之闕違，氣力之困憊，笞箠之下尤有不可測者。今又有人求加於杖一百之外，自知徒流以上不可用，乃輒槌折手足，尤爲殘忍。某事某罪，國有彝章，法外戕人，豈字民之官所當爲者？戒之哉！戒之哉！」

按：「配酎」當是「酩酊」之譌。

鞭

《書・舜典》：鞭作官刑。傳：「以鞭爲治官事之刑。」疏：「此有鞭刑，則用鞭久矣。《周禮・條狼氏》：誓大夫曰敢不關，鞭五百。《左傳》有鞭徒人費、圉人犖是也。子玉使鞭七人，衛侯鞭師曹三百，日來亦皆施用。大隨造律，方使廢之。治官事之刑者，言若於官事不治則鞭之，蓋量狀加之，未必有定數也。」

《史記・五帝紀・集解》馬融曰：「爲辨治官事者爲刑。」

按：馬云辨治者，辨是辨具之義，傳言治官事之刑蓋本於馬。「辨」本从刀，今作「辦」，从力，後起字。

《周禮・地官・司市》：掌市之治教政刑，量度禁令。凡市入則胥市中執鞭役者。執鞭度，守門市之羣吏平肆，展成奠賈，上旌于思次以令市，市師涖焉，而聽大治大訟。胥師賈師，涖于介次，而聽小治小訟。注：「胥守門察僞詐也，必執鞭度，以威正人衆也。度謂殳也，因刻丈尺耳。」疏：「鞭以威人衆，度以正人衆，故幷言之也，則一物以爲二用，若以繫梢於上則爲鞭。以長丈二，因刻丈尺則爲度。」胥各掌其所治之政，執鞭度而巡其前，掌其坐作出入之禁令，襲其不正者。凡有罪者，撻戮而罰之。疏：「此鞭度謂以殳爲鞭而量物也。」

按：鞭以撻人，度以量物，鞭度當分爲二，疏謂一物二用。又謂以殳爲鞭，恐未是，鞭與殳形狀不同也。

《秋官・序官》：條狼氏下士六人，胥六人，徒六十人。杜子春云：「『條』當爲『滌器』之『滌』，玄謂滌除也。狼，狼扈道上者。」疏云：「狼，狼扈道上者，謂不蠲之物在道，猶今言狼藉也。」《條狼氏》：掌執鞭以趨辟，王出入則八人夾道，公則六人，侯、伯則四人，子、男則二人。趨辟，趨而辟行人，若今卒辟車之爲也。孔子曰「富而可求，雖執鞭之士，吾亦爲之」，言士之賤也。凡誓，執以趨於前，且命之。誓者謂出軍及將祭祀時也。誓大夫曰敢不關，鞭五百，誓師曰三百。鄭司農云，誓大夫曰敢不關，謂不關於君也。玄謂大夫自受命以出，則其餘事莫不復請。疏：「此先鄭義未足，故後鄭增成之。玄謂『大夫自受命以出，則其餘事莫不復請』，言此者欲見受命出征梱外之事將軍裁之，不須復請，除此以外，其無不復請，皆須請於君乃得行事。」

《朝士》：掌建邦外朝之法，帥其屬而以鞭呼趨且辟。趨朝辟行人，執鞭以威之。

《左傳》：莊八年，誅屨于徒人費，弗得，鞭之，見血。走出，遇賊于門，劫而束之。費曰：「我奚御哉！」袒而示之背，信〔之〕。三十二年，雩，講于梁氏，女公子觀之。圉人犖自牆外與之戲。子般怒，使鞭之。僖二十七年，子玉復治兵於蔿，終日而畢，鞭七人，貫三人耳。襄十四年初，公有嬖妾，使師曹誨之琴，師曹鞭。

按：觀於徒人費之事，是古之鞭於背，與《説文》之言「撻其背」者正同，可見鞭扑皆於背也。觀於師曹之事，則當時教訓之事亦有用鞭者，鞭扑互相爲用不拘，拘於官刑，教訓之分矣。

《後漢紀・明紀》：永平三年，時詔賜降胡千縑，尚書素范書作「案」。事，誤以千爲百。上大怒，詔郎欲鞭之，意曰：「過誤者人所有也，若以懈慢爲罪，臣居大官皆在臣，臣請先受坐，解衣就撻。」上意解，皆原之。

按：范書《鍾離意傳》作「召郎將笞之」，笞與鞭不同。《會稽典録》《御覽》六百四十九：「詔賜縑三百匹，尚書郎暨鄷誤以三千匹賜之，上大怒，鞭鄷殿下。」亦作「鞭」，疑「笞」乃范以意改也。意時爲尚書僕射，故自言居大官。

《順紀》：陽嘉二年初，明帝時，政嚴事峻，九卿皆鞭杖。雄上言曰：「九卿位亞三等，班在大臣，行有佩玉之節，動有庠序之儀，加以鞭杖，誠非古典。」上卽除之。

按：范書《左雄傳》「鞭杖」作「撲罰」，亦與此異。《御覽》六百四十九：「《漢晉春秋》曰，明帝勤於吏事，苛察踰甚，或於殿前鞭殺尚書郎亦可。」爲用鞭之證。

《御覽》六百四十九：《會稽典録》曰：「謝夷吾爲郡功曹吏，太守第五倫妻車馬入府，無所關啟。夷吾鞭功曹佐吏門闌，卒牽車馬出之，收其人從，倫爲解之，良久乃已。」《汝寧先賢傳》曰：「許嘉年十三，父給亭治道，坐不敬，當得鞭，嘉叩頭流血，請得免，由是感激讀書。」

《後漢·劉寬傳》：歷典三郡，温仁多恕，雖在倉卒，未嘗疾言遽色。嘗以爲「齊之以刑，民免而無恥」。吏人有過，但用蒲鞭罰之，示辱而已，終不加苦。

《圖書集成·祥刑典·鞭刑部》：魏明帝太和年間，定鞭督之令。

按：此事《魏志·明帝本紀》不載。《晉志》云：「明帝改士庶罰金之令，婦人加笞還從鞭督之例。」玩其文意，似本有鞭督之例，婦人還從之，非明帝始創也，當再考。

《魏志·明紀》：青龍二年春二月癸酉，詔曰：「鞭作官刑，所以糾慢怠也，而頃多以無辜死。其減鞭杖之制，著爲令。」

《晉律》：諸有所督罰，五十以下，鞭如令。平心無私而以辜死者，二歲刑。《御覽》六百四十九。

《晉令》：應得法鞭者，執以鞭，過五十，稍行之。有所督罪，皆隨過大小，大過五十，小過二十。同上。

《晉令》四十篇，十五曰鞭杖。詳律令。

《隋書·刑法志》：梁武帝即位，乃制權典，其科有罰金、鞭杖、杖督之罪。天監元年，《梁律》成，鞭杖凡六等。詳總考。詔鞭杖在京師者，皆於雲龍門行。《隋志》。

《梁令》有鞭杖篇。詳律令。

《圖書集成·祥刑典·鞭刑部》：北魏神䴥□年，詔定鞭刑二百。孝明帝熙平□年奏准，親老犯流者鞭笞留養。

按：《魏書·太武紀》不載定鞭刑之事。《刑罰志》：「神䴥中，崔浩定律令，當刑者贖，貧則加鞭二百。」此指無力贖罪者言，非常刑也，疑其常刑必有鞭，特史文未詳耳。魏《法例律》「流者鞭笞留養」，詳總考。此乃太和十二年詔著之令格，又見《孝文本紀》熙平中，乃主簿李陽駁議中引《法例律》，非是年定此制也，《祥刑典》此二條當修。

北齊鞭五等，刑罪五等，各加鞭，流刑鞭笞各一百。詳總考。決流刑鞭笞者，鞭其背。五十，一易執鞭人。《隋志》。

北周鞭刑五，徒流各加鞭。詳總考。

《周書·武紀》：保定元年七月戊申，詔曰：「亢旱歷時，嘉苗殄瘁。豈犴獄失理，刑罰乖衷歟？其所在見囚：死以下，一歲刑以上，各降本罪一等，百鞭以下，悉原免之。」

隋開皇元年除鞭刑。詳總考。

《隋志》：後楚州行參軍李君才上言，帝寵高熲過甚，上大怒，命杖之，而殿内無杖，遂以馬鞭笞殺之。

按：隋文除鞭刑而復以馬鞭笞殺人，是其除重刑但慕虚名耳，非真能行仁政也。

《唐書·太宗紀》：貞觀四年十一月戊寅，除鞭背刑。

《刑法志》：太宗嘗臨見《明堂鍼灸圖》，見人之五藏皆近背，鍼灸失所，則其害致死，歎曰：「夫箠者，五刑之輕，死者，人之所重。安得犯至輕之刑而或致死？」遂詔罪人無得鞭背。

按：隋已除鞭刑而唐初復行之，總由居上之人情性粗暴，以撻人爲足，以示己之威，而亦不致遽致人於死，遂輕於用之，世亦相習焉，而輕視之矣。太宗有感而除之，盛德也。

遼有鞭烙之刑。詳總考。

按：遼代鞭烙法乃考訊所用，遼刑多慘酷，此其一。

《元史·世祖紀》：至元二十九年二月，申禁鞭背。

按：《續通考》作「除問刑官鞭背法」，是元之鞭問刑者尚用之，《紀》言申禁，則是本應禁者是年又重申之耳。

《元史·刑法志》職制：諸鞫獄輒以私怨暴怒，去衣鞭背者，禁之。

按：《元史·刑法志》襲用《大元通制》，而《通制》成于至治三年二月，故《圖書集成·祥刑典·鞭刑部》係此條于英宗至治三年，曰「《通制》成，禁鞫獄以私怨鞭背」，其實與至元申禁之令乃一事也，不過是年纂入《大元通制》中耳。

《譚子化書》：王取其絲，吏取其綸，王取其綸，吏取其綍。夫取之不已，至於欺罔，欺罔不已，至於鞭撻，鞭撻不已，至於盜竊，盜竊不已，至於殺害，殺害不已，至於刑戮。欺罔非民愛而聚斂者教之，殺害非民願而鞭撻者訓之。

按：此條所言鞭撻之害，至理名言，凡爲上者，當三復之。

督

魏鞭督之例。詳總考。

《晉律》：諸有所督罰，五十以下，鞭如令。詳鞭。

《晉令》：應受杖而體有瘡者，督之也。《御覽》六百五十。

束皙《勸農傳》：乃有老閑舊猥，挾欺難覺，時雖被考，不過校督，歃對囹圄，笑向桎梏。同上。

按：《說文》：「督，察也。」《漢書·王褒傳》：「如此，則使離婁督繩。」注師古曰「督，察視也」。此「督」字之本義也。《丙吉傳》：「汝嘗坐養皇曾孫不謹督笞，汝安得有功？」注師古曰「督謂視察之」。

視察卽察視督笞者，視察而笞之也。《晉律》言「督罰鞭如令」，則鞭督之義似與督笞同矣。然《晉令》云「體有瘡者督之」，有瘡則不能受杖，又似督則不實鞭者。觀束晳之稱校督曰「欹對囹圄，笑向桎梏」，如實鞭者豈能如此？《太平御覽·刑法部》別立督一門，凡録四條，今仍之。

《隋書·刑法志》：梁武帝卽位，依周、漢舊事，有罪者贖。其科，凡在官身犯，罰金。鞭杖杖督之罪，悉入贖停罰。

按：杖督之名，見於此。《志》云「依舊」，是本有杖督之名，梁特承用之耳。杖督者，官入贖，其非官身，必應決杖矣。

梁天監律杖督有八等之差。詳總考。

《南史·蕭琛傳》：累遷尚書左丞。時齊明帝用法嚴峻，尚書郎坐杖罰者皆卽科行，琛乃密啟曰：「郎有杖起自後漢，爾時郎官位卑，親主文案，與令史不異。故郎三十五人，令史二十人，是以古人多恥爲此職。自魏、晉以來，郎官稍重。今方參用高華，吏部又近於通貴，不應官高昔品，而罰遵曩科。所以從來彈舉，雖在空文，而許以推遷。或逢赦恩，或入春令，便得息停。宋元嘉、大明中，經有被罰者，別由犯忤主心，非關常準。自泰始、建元以來，未經施行，事廢已久，人情未習。自奉敕之後，已行倉部郎江重欣杖督五十，皆無不人懷慚懼。兼有子弟成長，彌復難爲儀適。其應行罰，可特賜輸贖，使與令史有異，以彰優緩之澤。」帝納之。

按：觀蕭琛之啟，是杖督者實杖矣，惟與束晳之言不合，未詳其故。

刑法分考十五

奴

《書·甘誓》：予則孥戮汝。 《史記》「孥」作「帑」。 江氏聲《尚書集注音疏》：「『帑』或爲『奴』，當從『奴』，謂有罪而没爲奴也。或奴，或戮，視其所犯。鄭仲師注《周禮·司厲職》引此作『奴』，『帑』是子孫之稱，先王惡惡止其身，當止奴。其有辜者，必不子孫從坐。《湯誓·正義》引鄭注《湯誓》『孥戮』云，『大辠不止其身，又帑戮其子孫』，然則鄭説此經，當亦謂然，今不從之者。《左傳》引《康誥》曰，『父子兄弟罪不相及』，虞夏政尚寬簡，豈反子孫從坐？其説非是。」 段氏玉裁《古文尚書撰異》：「古『奴婢』、『妻孥』字，皆作『奴』，故鄭司農釋《尚書》之『奴』爲奴婢，假如今本作『孥』，則司農何至釋爲奴婢？故知『孥』是俗，衛包所改，《尚書》原文只作『奴』也。《王莽傳》：莽曰『秦置奴婢之市，與牛馬同蘭』，《書》曰『予則奴戮汝』，唯不用命者被此辜矣。 師古曰『奴戮之以爲奴也。説《書》者以爲帑子也。 戮及妻子，此説非也』。《泰誓》曰『囚奴正士，豈及子之謂乎』？ 按莽所用者，今文《尚書》説也，先鄭注《司厲》引《尚書》亦用今文説。《漢書·季布欒布傳》贊曰『奴僇苟活』，亦是用今文説其字，則古文、今文皆作『奴』也。」 孫氏星衍《尚書今古文注疏》：「史遷『孥』作『帑』，一作『奴』。 奴者，《漢書》注李奇曰『男女徒總名爲奴』。 戮者，《廣雅・釋詁》云『辱也』。《周禮・司厲》注鄭司農云『今之奴婢，古之罪人也』。鄭注《周禮》云『奴，從坐而没入縣官者，男女同名』。案三代已前，父子兄弟罪不相及，至秦始有連坐收帑之法，以此説《夏書》更不合。僞孔既以爲辱及汝子，其于《湯誓》又云『權以脅之使勿犯』，皆失之。『孥』俗字，當爲『奴』，鄭司農所引蓋今文也。《詩・棠棣》『樂爾妻帑』，疏引此文作『帑』，亦假借字。」

《湯誓》：「予則孥戮汝。」顔師古《匡謬正俗》：「𦒱，古文「戮」字。《商書・湯斲》古「誓」字。云『予則孥𦒱汝』，孔安國傳云『古之用刑，父子兄弟罪不相及』。今云，孥戮權以脅之，使勿犯也。案孥戮者，或以爲奴，或加刑戮，無有所赦耳。此非『孥子之孥』，猶《周書・泰誓》稱『囚孥正士』，亦謂或囚或孥也，豈得復言并子俱囚也？又班固《漢書・季布傳》贊云『及至困厄奴僇苟活』，蓋引《商書》之言以爲折衷矣。」段氏玉裁云：「此條除『孥子』之『孥』外，盡正爲『奴』字而後可讀，亦可以證《尚書》之本作『奴』矣。其實『孥子之孥』兩『孥』字，亦當正爲『奴』，古子女奴婢統稱奴，其既也假『帑』爲『奴』字，其後又製『孥』字爲之。」孫氏《書疏》：「古無從坐之法，漢法因暴秦之舊，未能盡除，鄭用漢法説經，失之。」

《論語》：箕子爲之奴。何晏注：「馬曰，箕子佯狂爲奴。」《殷本紀》：「箕子懼，乃佯狂爲奴，紂又囚之。」皇侃《論語義疏》：「箕子者紂之諸父也，時爲父師，是三公之職，屢諫不從，知國必殞。己身非長，不能輒去，職任寄重，又不可死，故佯狂而受囚爲奴。」黄氏式三《論語後案》：「爲之奴者，罪隸之奴也。《周官・司厲》『其奴男子入於罪隸，女子入於舂槀』。《夏書》云『奴戮』，殷亦有是制，武王勝殷釋囚，是其徵也。」《書・泰誓》：「囚奴正士。」孔傳：「箕子正諫而以爲囚奴。」「武成釋箕子囚。」孔傳：

「囚奴徒隸。」《正義》：「鄭衆云『爲之奴者繫於衆隸之官』，是囚爲奴，以徒隸役之也。」

《書·説命》：説築傅巖之野。孔傳：「傅氏之巖在虞虢之界，通道所經，有澗水壞道，常使胥靡刑人築護此道。説賢而隱，代胥靡築之，以供食。」《史記·殷本紀》：「於是迺使百工營求之野，得説於傅巖中。是時説爲胥靡，築於傅險。」《墨子·尚賢篇》：「昔者傅説居北海之洲圜土之上，衣褐帶索，築於傅巖之城。」

《周禮·司厲》：其奴男子入于罪隸，女子入于舂槀。注：「鄭司農云，謂坐爲盜賊而爲奴者，輸於罪隸、舂人、槀人之官也。由是觀之，今之爲奴婢，古之罪人也。故《書》曰『予則奴戮汝』，《論語》曰『箕子爲之奴』，罪隸之奴也，故《春秋傳》曰，斐豹隸也，著於丹書。請焚丹書，我殺督戎，恥爲奴，欲焚其籍也。玄謂奴從坐而没入縣官者男女同名。」疏：「先鄭《尚書》『予則奴戮女』及《論語》『箕子爲之奴』，皆與此經奴爲一。若後鄭義《尚書》『奴』，奴爲子，若《詩》『樂爾妻奴』，奴卽子也，後鄭不破者，亦得爲一義。」

按：《甘誓》、《湯誓》並有「孥戮」之文，孔傳訓「孥」爲「子」，當是舊説，第古者罰弗及嗣，夏、商開創之初，恐未必有此不正之法。先鄭訓爲罪隸之奴，其説較長。《匡謬正俗》説與先鄭同，是古説如是。後鄭《司厲》注以爲從坐没入，而不破先鄭之説，《正義》謂亦得爲一義，乃模棱之見。文王治岐，罪人不孥，《康誥》又稱「父子兄弟罪不相及」，《左氏昭二十年傳》引。周之家法如是。《周禮》爲元公所作，豈能顯然違背哉？近儒江氏、段氏、孫氏皆非後鄭而從先鄭，自是定論。説代胥靡，箕子爲奴，皆足爲殷法之證，周法則《司厲》詳矣。

《周禮·天官·酒人》：女酒三十人，奚三百人。鄭注：「女酒，女奴曉酒者。古者從坐男女没入縣官爲奴，其少才知以爲奚。今之侍史官婢或曰奚官女。」《正義》曰：「侍史官婢，舉漢法言之。」《漿人》：女漿十有五人，奚百有五十人。鄭注：「女漿，女奴曉漿者。」《籩人》：女籩十人，奚二十人。鄭注：「女籩，女奴之曉籩者。」《醢人》：女醢二十人，奚四十人。鄭注：「女醢，女奴曉醢者。」《醯人》：女醯二十人，奚四十人。鄭注：「女醯，女奴曉醯者。」《鹽人》：女鹽二十人，奚四十人。鄭注：「女鹽，女奴曉鹽者。」《冪人》：女冪十人，奚二十人。鄭注：「女冪，女奴曉冪者。」女祝四人，奚八人。鄭注：「女祝，女奴曉祝事者。」女史八人，奚十有六人。鄭注：「女史，女奴曉書者。」《縫人》：女工八十人，奚三十人。鄭注：「女工，女奴曉裁縫者。」

按：酒人以下，女酒等凡八百八十餘人，如皆爲没官之女奴，安得如此之多數？恐不然也。

《説文·女部》：「奴婢，皆古之辠人也。《周禮》曰『其奴男子入于辠隸，女子入于舂槁』。从女从又。」《初學記》十九引《説文》作「男入罪曰奴，女入罪曰婢」。又《辛部》：「童，男有辠曰奴，奴曰童，女曰妾。从辛重省聲。」

按：許氏亦取先鄭之説，可見古説之相同。童字从辛，辛，辠也，有辠曰奴，故从辛也。

《風俗通》：古制本無奴婢，卽犯事者或原之。臧者，被臧罪没入爲官奴婢。獲者，逃亡獲得爲奴婢也。

按：今本《風俗通》無此條，見《初學記》十九、《藝文類聚》三十五。奴之名自夏迄周皆有之，而應劭謂古無之者，蓋古者無買賣奴婢之事，秦始有之，見《漢書·王莽傳》，漢承秦俗，其時奴婢與財貨相等。《食貨志》：「東置滄海郡，人徒之費疑於南夷。又興十餘萬人築衞〔朔方〕，轉漕甚遠，自山東咸被其勞，費數十百鉅萬，府庫竝虚。乃募民入奴婢得以終身復，爲郎增秩。」《陸賈傳》：「陳平迺以奴婢百人，車馬五十乘，錢五百萬遺賈。」《張安世傳》：「家童七百人，皆有手技作事。」《霍光傳》：「賞賜前後黄金七千斤，錢六千萬，雜繒三萬匹，奴婢百七十人。」《貨殖傳》：「蜀卓氏富至童八百人。」《史記》作「千人」。「齊俗賤奴虜，而刁間獨愛貴之。桀黠奴，人之所患，唯刁間收取，使之逐魚鹽商賈之利，或連車騎交守相，然愈益任之，終得其力，起數千萬。故曰甯爵無刁，言能使豪奴自饒，而盡其力也。」此可見漢代畜奴之風甚盛，舉凡輸納、賞賜、贈遺等事，皆可以奴婢當之，而家業之富饒及生産之盡力，皆可於奴婢卜之，此等奴婢不皆爲有罪之人矣。《季布傳》：「周氏曰：漢求將軍急，迹且至臣家，能聽臣，臣敢進計；即否，願自頸。布許之。迺髡鉗布，衣褐，置廣柳車中，並與其家僮數十人，之魯朱家所賣之。朱家心知其季布也，買置田家。」《欒布傳》：「爲人所略，賣爲奴於燕，爲其主家報仇。」《成紀》永始四年，禁民踰制，詔内亦有多畜奴婢之語。《哀紀》又有多畜奴婢亡限之詔，可見西漢風俗，買賣奴婢之習未能改也。後世相沿，不以爲非。桂氏馥云：「《説文》奴婢，皆古罪人，今之奴婢，其祖父初無罪惡，而世世不可逃，亦可痛已。」

漢律：罪人妻子没爲奴婢，黥面。《魏志·毛玠傳》。

按：漢之奴婢有二類：一爲官奴婢，如文、武二《紀》所稱，乃有罪而入官爲奴婢者。漢律久亡，何罪當入官，已無可考。《司厲》先鄭注謂坐爲盜賊而爲奴，後鄭謂從坐而沒入縣官，二者蓋兼有之。《高紀》郎中田叔、孟舒等十人，自髡鉗爲王家奴。《田叔傳》云「赭衣，自髡鉗」，此僞爲官奴者，可見當日之官奴必皆髡鉗也。一爲私家之奴婢，《高紀》五年，詔民以飢餓自賣爲人奴婢者，皆免爲庶人。此民間之自相買賣者，本非罪人。觀於免爲庶人之詔，則當日之奴婢無論爲官奴婢、爲私家之奴婢，未嘗令其世世爲奴婢也。後世奴婢但有主家放出及本人贖身之事，而國家無赦免之文，亦刑法中一缺典也。文帝已除黥刑，何以奴婢尚有黥面之律？證諸《毛玠傳》，是魏世尚承用此法，豈緣坐之妻子特黥面以示別歟？《後漢書・朱穆傳》有「臣願黥首繫趾」之語，殆此一事尚未除也。

《魏志・毛玠傳》：後有白玠者：「出見黥面反者，其妻子沒爲官奴婢，玠言曰『使天不雨者蓋此也』。」太祖大怒，收玠付獄。大理鍾繇詰玠曰：「自古聖帝明王，罪及妻子。《書》云『左不共左，右不共右，予則孥戮女』。司寇之職，男子入于罪隸，女子入于舂槀。漢律，罪人妻子沒爲奴婢，黥面。漢法所行黥墨之刑，合于古典。今真奴婢祖先有罪，雖歷百世，猶有黥面供官，一以寬良民之命，二以宥并罪之辜。此何以負於神明之意，而當致旱？」

按：毛玠之意殆以妻子沒官爲非法，故有不雨之誚，鍾繇之詰亦用康成之説，未必真爲古典。父子兄弟罪不相及，春秋時猶行之，況三代盛時耶？至「祖先有罪，歷百世猶有黥面」之語，尤爲不典。繇本漢人，豈未知免爲庶人之詔謂以寬良民之命？夫既屬良民，烏可黥面而使之爲奴婢？其辭雖辯，能令玠心折否？第據此可爲魏氏官奴婢之法。

《晉書・刑法志》：去捕亡亡没爲奴婢之制。

按：第二「亡」字疑有誤，此蓋但去逃亡罪人妻子没官之制，非别條没官爲奴婢之制一律皆删。

《酉陽雜俎》引《晉令》：「奴婢亡，加銅青若墨黥，黥兩眼後；再亡，黥兩頰上；三亡，横黥目下。」此可爲晉有官奴婢之證。

《隋書・刑法志》：梁律：其謀反、降叛、大逆已上皆斬。父子同産男，無少長，皆棄市。母妻姊妹及應從坐棄市者，妻子女妾同補奚官爲奴婢。陳用梁法。

按：本應棄市而爲奴婢，此梁律輕於舊律者，而舊律(之)之從坐爲奴婢不知爲何等罪。

《魏書・刑法志》：神麚中，定律令。大逆不道腰斬，女子没縣官。巫蠱者，女子入舂稾。

按：此不言爲奴婢，而仍是官奴婢之制。

《魏書・高柔傳》：護軍營士竇禮近出不還，營以爲亡，表言逐捕，没其妻盈及男女爲官奴婢。

按：逃人妻子没官爲奴婢，晉代去之，元魏蓋仍曹魏之法。

《(魏)〔隋〕志》：宣帝大象元年，廣《刑書要制》，而更峻其法，謂之《刑經聖制》。宿衛之官，一日不直，罪至削除。逃亡者皆死，而家口籍没。

按：此文「籍没」，史未言爲奴婢、爲雜户。

《隋志》：開皇元年，定新律。唯大逆謀反叛者，家口没官。六年，詔免尉遲迥、王謙、司馬消難三道逆人家口之配没者，悉官酬贖，使爲編户。因除孥戮相坐之法。十六年，有司奏合州倉粟少七千石，命斛律孝卿鞫問其事，以爲主典所竊。復令孝卿馳驛斬之，没其家〔爲〕奴婢，鬻粟以填之。是後盗邊糧者，一升已上皆死，家口没官。

按：隋文帝始除孥戮之法，其後盗糧一升者家口没官，何其先後仁殘之懸絶也？其始沽名，其後任性。

《唐書·刑法志》：謀反者男女奴婢没爲官奴婢，隸司農，七十者免之。凡役，男子入于蔬圃，女子入于廚饎。

《唐六典》：都官郎中員外郎掌配没隸簿録俘囚，以給衣糧藥療，以理訴競雪寃。凡公私良賤，必周知之。凡反逆相坐，没其家爲官奴婢。反逆家男女及奴婢没官，皆謂之官奴婢。男年十四以下者，配司農；十五以上者，以其年長，命遠京邑，配嶺南爲城奴。一免爲番户，再免爲雜户，三免爲良人，皆因赦宥所及則免之。凡免皆因恩言之，得降一等、二等，或直入良人。諸律、令、格、式有言官户者，是番户之總號，非謂别有一色。年六十及廢疾，雖赦令不該，並免爲番户；七十則免爲良人，任所居樂處而編附之。凡初配没有伎藝者，從其能而配諸司。婦人工巧者，入于掖庭。其餘無能，咸隸司農。凡諸行宫與監牧及諸王公主應給者，則割司農之户以配。諸官奴婢賜給人者，夫妻男女不得分張，三歲已下聽隨母，不充數。若應簡進内者，取無夫無男女也。其餘雜伎則擇諸司之户教充。凡配官曹長輸，其作番户、雜户，則分爲番。番户一年三番，雜户一年五番，番皆一月。十六已上當番請納資者，亦聽之，其官奴婢長役無番也。男子入于蔬圃，女子入于廚饎，迺甄爲三等之差，以給其衣糧也。

奴婢

《周禮·大宰》：以九職任萬民。八曰臣妾，聚斂疏材。鄭注：「臣妾，男女貧賤之稱。晉惠公卜懷公之生，曰將生一男一女，男爲人臣，女爲人妾。生而名其男曰圉，女曰妾。及懷公質於秦，妾爲宦女焉。」《正義》曰：「臣妾，貧賤之稱者，或奴戮之餘允，或背德之質子，晉惠之男女皆是，故引晉惠以釋之也。」

按：《左傳》僖十七年杜注，「圉，養馬者，不聘曰妾」，皆賤者之事。後鄭以臣妾爲貧賤之稱，故引《左傳》臣妾以證之，非遂謂臣妾卽奴婢也。《易·遯卦》「畜臣妾吉」，可見臣妾之供厮役古實有之，但畜之而非買賣之，不與後世之奴婢同耳。至若背德質子，既非聚斂疏材之人，奴戮餘允亦不得在九職之列，《正義》之説未是。馬氏《通考》附奴婢於户口之後，列此條爲首，以其類於奴婢也。今仍列於此而附辨之如此。

《漢書·王莽傳》：莽曰：秦爲無道，置婢奴之市，與牛馬同蘭，師古曰：「蘭謂遮蘭之，若牛馬蘭圈也。」制於臣民，顓斷其命。姦虐之人因緣爲利，至略賣人妻子，逆天心，誖人倫，謬於「天地之性人爲貴」之義。《書》曰「予則奴戮女」，唯不用命者，然後被此辜矣。今更名奴婢曰「私屬」，皆不須賣買。

按：買賣奴婢，實始于秦，有《莽傳》可證。漢接秦敝，其俗未改，王莽禁之，不得謂其非也，惟莽遇事操切，轉病民耳。

《漢書·食貨志》：漢興，接秦之敝，諸侯竝起，民失作業，而大饑饉。凡米石五千，人相食，死者過半。高祖乃令民得賣子，就食蜀漢。賈誼說上曰：「歲惡不入，請賣爵、子，既聞耳矣。」注如淳曰：「賣爵級又賣子也。」

按：賈誼所言，蓋即指高祖時事。

武帝即位，數年其後，府庫正虛。迺募民能入奴婢得以終身復，爲郎增秩。師古曰：「庶人入奴婢則復終身，先爲郎者就增其秩也。」一曰入奴婢少者復終身，多者得爲郎，舊爲郎更增秩也。」楊可告緡徧天下，中家以上大氐皆遇告。杜周治之，獄少反者。迺分遣御史、廷尉正、監分曹往，往即治郡國緡錢，得民財物以億計，奴婢以千萬數。其没入奴婢，分諸苑養狗馬禽獸，及與諸官。官益雜置多，師古曰：「謂雜置官員分掌衆事。」徒奴婢衆，而下河漕度四百萬石，及官自糴迺足。

《通考》云：今按豪家奴婢，細民爲飢寒所驅而賣者也。官奴婢，有罪而没者也。民以飢寒，至於棄良爲賤，上之人不能有以振救之，乃復效豪家兼并者之所爲，設法令其入奴婢以拜爵復役，是令飢寒之民無辜而與罪隸等也。況在官者十餘萬人而復税良民以養之，則亦何益於事哉？

按：漢時奴婢與貨財同類，故有没入之事，馬氏所譏詳矣。

《成紀》：永始四年六月，詔曰：方今世俗奢僭罔極，靡有厭足。公卿列侯親屬近臣，四方所則，未聞修身遵禮，同心憂國者也。或乃奢侈逸豫，務廣第宅，治園池，多畜奴婢，被服綺縠，設鐘鼓，（被）〔備〕女樂，車服嫁娶葬理過制。吏民慕效，寖以成俗，其申敕有司，以漸禁之。

《漢書·哀紀》：綏和二年六月，詔曰：「諸侯王、列侯、公主、吏二千石及豪富民多畜奴婢，田宅亡限，與民爭利，百姓失職，重困不足。其議限列。」師古曰：「令條列而爲限禁。」有司條奏：「諸王、列侯得名田國中，列侯在長安及公主名田縣道，關內侯、吏民名田，皆無得過三十頃。諸王奴婢二百人，列侯、公主百人，關內侯、吏民三十人。年六十以上，十歲以下，不在數中。賈人皆不得名田、爲吏，犯者以律論。諸名田畜奴婢過品，皆沒入縣官。」

《食貨志》：哀帝卽位，師丹輔政，建言：「古之聖王莫不設井田，然後治乃可平。孝文皇帝承亡周亂秦兵革之後，天下空虛，故務勸農桑，帥以節儉。民始充實，未有兼并之害，故不爲民田及奴婢爲限。今累世承平，豪富吏民訾數鉅萬，而貧弱俞困。宜略爲限。」天子下其議。丞相孔光、大司空何武奏請：「諸侯王、列侯皆得名田國中。列侯在長安，公主名田縣道，及關內侯、吏民名田皆毋過三十頃。諸侯王奴婢二百人，列侯、公主百人，關內侯、吏民三十人。期盡三年，犯者沒入官。」時田宅奴婢賈爲減賤，丁、傅用事，董賢隆貴，皆不便也。詔書且須後，遂寢不行。

《平紀》：元始三年夏，安漢公奏車服制度，吏民養生、送終、嫁娶、奴婢、田宅、器械之品。

按：漢世豪富吏民多畜奴婢，未有限制，師丹建言，雖經廷臣奏議，施行終格於權貴，不能行也。王莽奏定之品，史傳不詳。《莽傳》言「坐賣買奴婢抵罪者不可勝數」，是當日已決行之，莽政苛細，未能盡善也。

《後漢書·光武紀》：建武十一年二月，詔曰：「天地之性人爲貴。其殺奴婢，不得減罪。」八月，詔曰：「敢炙〔灼〕奴婢，論如律，免所炙灼者爲庶人。」冬十月，詔除奴婢射傷人棄市律。

按：西漢承秦敝俗，吏民多畜奴婢，習爲故常，遂使無辜良民吏爲罪隸。武帝時，告緡所没入者至千萬數，其未没入者正何限也。元帝時，官奴婢尚有十餘萬人，其屬私家者更不知凡幾矣。哀帝雖下師丹之議，沮格不行，至於殺死得減罪，不與凡民同科，而奴婢傷人，罪至棄市，良賤之分，相去懸絶，甚至炙灼，任意慘虐成習，不以爲怪。迨世祖中興，歷年放免之詔詳具《本紀》，兹又特申此禁，所以待奴婢者可謂寬矣，西漢敝俗爲之一變，洵盛德也。

又按：《唐律》主殺無罪奴婢徒一年，此卽漢律之減等也。奴婢毆良人折跌支體及瞎其一目者絞，此卽漢律之射傷人棄市也。建武之制，其僅行于一時歟？抑後來又改歸舊制歟？

《漢書·食貨志》：董仲舒説上曰：「秦用商鞅之法，改帝王之制，除井田，民得賣買，富者田連阡陌，貧者無立錐之地。又顓川澤之利，管山林之饒，荒淫越制，踰侈以相高，小民安得不困？漢興，循而未改。古井田法雖難卒行，宜少近古，限民名田，以澹不足，塞兼并之路。鹽鐵皆歸於民。去奴婢，除專殺之威。服虔曰：「不得專殺奴婢也。」薄賦斂，省繇役，以寬民力。然後可善治也。」

《御覽》五百：《晉書》：「辛靈周旋江州間，謂其土人曰，天地之於人物一也，咸欲不失其性，奈何制服人以爲奴婢乎？諸君若欲享多福以保性命，可悉免遣之。」

按：董辛之論皆至言，其如世主不能用何？

《魏書·食貨志》：孝文太和九年，下詔均給天下民田：諸男夫十五以上，受露田四十畝，婦人二十畝，奴婢依良。諸民年及課則受田，老免及身没則還田。奴婢、牛隨有無以還受。諸初受田者，男夫一人給田二十畝，課蒔餘，種桑五十樹，棗五株，榆三根。非桑之土，夫給一畝，依法課蒔榆、棗。奴各依良。諸麻布之土，男夫及課，别給麻田十畝，婦人五畝，奴婢依良。皆從還受之法。若始受田而身亡，及買賣奴婢牛者，皆至明年正月乃得還受。十年，李沖上言云云，年十五以上未娶者，四人出一夫一婦之調；奴任耕，婢任績者，八口當未娶者四；耕牛二十頭當奴婢八。

按：《志》言「奴婢依良」，似奴婢亦得受田，又言買賣奴婢、牛，牛二十當奴婢八，則直以奴婢與畜産同論，何人之不幸也，然此風自秦漢已然。

《通鑑》：梁承聖三年冬十月，魏遣柱國于謹帥師伐梁。十一月，入江陵，盡俘王公以下，及選百姓男女數萬口爲奴婢，分賞三軍，小弱者，皆殺之。

按：《容齋隨筆》云：「元魏破江陵，盡以所俘士民爲奴，無問貴賤，蓋北方夷俗然也。」

《通考》十一：唐永昌元年，越王貞被誅，家僮勝衣田者千餘人，於是制王公已下奴婢有數。萬歲通天元年敕，士庶家僮僕有驍勇者，官酬主直，並令討擊契丹。大足元年敕，以北緣邊州縣不得畜突厥奴婢。天寶八載敕，京畿及諸郡百姓有先是給使在私家驅使者，限敕到五日内，一切送内侍省，其中有是南口及契卷分明者，各作限約，定數驅使。雖王公之家不得過二十人，其職事官一品不得過十二人，二品不得過十人，三品不得過八人，四品不得過六人，五品不得過四人。京文武清官六品、七品不得過二人，八品、九品不得過一人。其嗣郡主、縣主、國夫人、諸縣君等，請各依本品同職事及京清資官處分，其有別承恩賜，不在此限。其蔭家父祖先有者，各依本蔭職減，比見任之半。其南口請以蜀蠻及五溪嶺南夷獠之類。大曆十四年，詔邕府歲貢奴婢，使之離父母之鄉，絶骨肉之戀，非仁也，宜罷之。

元和八年，敕嶺南諸道不得輒以良口餉遺販易。

按：關涉奴婢之事，歷代史書擇其要者載入《本紀》，若兩漢，若宋、元，皆然，重其事也。新、舊《唐書》獨紀載寥寥，未詳其故。《通考》彙集頗夥，今備録之。

《唐書·張廷珪傳》：遷監察御史，會詔市荆、益奴婢。廷珪上書曰：「荆、益奴婢多國家户口，姦豪掠買，一入於官，永無免期。南北異宜，至必生疾，此有損無益也。」后乃止。

按：此武后時事。

《李德裕傳》：出爲鄭滑節度使，徙劍南西川。蜀人多鬻女爲人妾，德裕爲著科約，凡年十三而上，執三年勞，下者，五歲。及期則歸之父母。

按：「妾」當作「婢」，《山堂肆考》引此事作「婢」，可據以訂正。贊皇所定科約大可推行，惟年限不妨稍寬耳。大中有立年限爲約之令，與贊皇之意大約相同。

《通考》十一：宋開寶二年，詔奴婢非理致死者，即時檢視，聽其主，速自收瘞。病死，不須檢視。

按：此詔專爲檢視不檢視而言，其非理致死，本主是否問罪，詔未及也。

《通考》十一：至道二年，江南、兩浙、福建州軍貧人負富人息錢，無以償，没入男女爲奴婢者，限詔到並令檢勘，還其父母，敢隱匿者治罪。

按：此事亦見《宋史·太宗紀》。

《宋史·刑法志》：舊制：僮僕有犯，得私黥其面。帝謂：「僮使受傭，本良民也。」詔盜主財者，杖脊、黥面配牢城，勿私黥之。此太宗時事。

《通考》十一：咸平六年，詔士庶家雇僕有犯，不得黥其面。

按：一太宗時事，一真宗時事。

《遼史·太宗紀》：天顯五年二月，以所俘渤海户賜李胡。

《世宗紀》：天禄元年八月，以崇德宫户分賜翼戴功臣，及北院大王洼、南院大王吼各五十户，安摶、楚補各百。的魯、鐵剌子孫先以非罪籍没者歸之。

《聖宗紀》：統和四年(四)〔六〕月，以所俘分賜皇族及乳母。以太尉王八所俘生口分賜趙妃及于越迪輦乙里婉。按伐宋所俘。二十九年二月，所俘高麗人分置諸陵廟，餘分賜内戚大臣。二十八年伐高麗。

《蕭德傳》：太平中，改契丹行宫都部署，賜宫户十有五。

《王繼忠傳》：統和二十二年，宋使來聘，詔繼忠與宋使相見，仍許講和。以繼忠家無奴隸，賜宫户三十。

《耶律玦傳》：玦不喜貨殖，帝知其貧，賜宫户十。

《續通考》十四：道宗咸雍時，以耶律伊遜先朝任使，賜漢人户四十。

《耶律夷臈葛傳》：遷寄班都知，賜宮户。《續通考》：「穆宗應曆十八年九月，以掖庭户賜耶律伊勒格。」

按：遼代賜户之制，蓋其國之舊俗，歷代所鮮見也。

《元史·世祖紀》：至元十九年二月，賜諸王塔剌海籍没五十户，願受十二户。

按：據此事則元代亦有賜户之制，史不多見耳。

《遼史·聖宗紀》：開泰元年十二月，詔諸道水災饑民質男女者，起來年正月，日計傭錢十文，價折傭盡，遣還其家。

按：此荒政之一端，後未聞有行之者。

《金史·太宗紀》：天會十年四月，詔諸良人知情嫁奴者，聽如故爲妻；其不知而嫁者，去住悉從所欲。

《續通考》：大定二十二年六月，制立限放良人奴，限内娶良人爲妻，所生男女即爲良。

《食貨志》：大定二十三年，定制，女直奴婢如有得力，本主許令婚聘者，須取問房親及村老給據，方許聘於良。

《食貨志》：大定二十年，以上京路女直人户，規避物力，自賣其奴婢，致耕田者少，遂以貧乏，詔定制禁之。

按：耕田而全賴奴婢，當時風俗如此，故有此詔，然非重農之道。自明以來，情形大不同矣。

《元史·世祖紀》：至元九年正月，敕軍奴入民籍者，還正之。

按：軍民異籍，故正之，其爲奴則一也。

《世祖紀》：至元十五年五月，申傭奴代軍之禁。

按：此卽兵律之軍人替役也，身不行而使奴代，故嚴其禁。

《成宗紀》：大德七年閏五月禁，諸王、駙馬等征北諸軍以奴爲代者罪之。

《續通考》十四：明制：凡庶民之家不許存養奴婢，家奴不許娶良人女爲妻，家長不許以奴婢與良人爲夫妻，各離異改正。其收留迷失在逃子女，不送官司而賣爲奴婢，及得迷失在逃奴婢而賣者，與冒認良人爲奴婢、冒認他人奴婢者並有罪。神宗萬曆十五年十月，定縉紳家奴婢例。都察院左都御史吳時來奏：「庶人之家不許養奴婢，蓋謂功臣家方給賞奴婢，庶民當自服勤勞，故不得存養，有犯者，皆稱雇工人。初未言及縉紳之家也，且雇工人多有不同，擬罪自當有間。至若縉紳之家固不得上比功臣，亦不可下同黎庶，存養家人，勢所不免，合令法司酌議，無論官民之家有立券用值工作有年限者，皆以雇工人論。有受值微少，工作止計月日者，仍以凡人論。若財買十五以下恩養已久、十六以上配有室家者，照例同子孫論。或恩養未久不曾配合者，庶人之家仍以雇工人論，在縉紳之家比照奴婢律論。」

又明洪武五年，詔蒙古色目人氏，既居中國，許與中國人家結婚姻，不許自相嫁娶，違者男女兩家抄沒入官爲奴婢，其色目欽察自相婚姻不在此限。十七年，以抄沒人口給軍官家爲役。明初，以罪抄沒人口多分給功臣家爲奴婢，是年令抄劄成丁男婦收充軍役，餘者給軍官爲奴。

奴婢禁令

《通考》十一：唐元和四年，敕嶺南、黔中、福建等道百姓多被公私掠賣爲奴婢，宜令所在長吏切加捉搦，並審細勘責，委知非良人百姓，乃許交關，犯者準法處。長慶元年，詔禁登、萊州及緣海諸道縱容海賊掠賣新羅人口爲奴婢。

按：唐代畜奴之風尚盛，越王貞家僮至千餘人之多。其緣邊緣海諸道之人被掠賣者習爲故常，至掠及新羅人畜及突厥人，並以良口爲餉遺之物，故天寶中有定立限制之敕。元和、長慶屢申禁令，積重難返，自古然矣。

《通考》十：大中九年，禁嶺南諸州貨賣男女，如有以男女傭賃與人貴分口食任，於當年立年限爲約，不得將出外界。

按：此事《新唐書·宣宗本紀》載入係閏四月事，《舊紀》不載。《唐書·孔戣傳》：「拜嶺南節度使。南方鬻口爲貨，掠人爲奴婢，戣峻爲之禁。親吏得嬰兒於道，收育之，戣論以死。由是閭里相約不敢犯。」

《五代會要》：天成元年十月三日，敕京城諸道若不是正口，不得私書契卷，輒使《通考》引作「賣」。良人。

周顯德五年七月，新定《刑統》：眩誘良口勾引逃亡奴婢與貨賣所資衣裝者，其眩誘勾引之人伏請處死，良口奴婢並准律格處分。如是居停主人，元不是勾引之人，請行重斷。其或分受贓物至三匹以上者，處死。如有將良口於番界貨賣者，居停主人明知賣與番界不告官者，亦請處死。

按：此法極嚴，爲一時懲創之用，未可奉爲永制也。

《通考》十一：宋天禧三年，詔自今掠賣人口入契丹界者，首領並處死，誘致者同罪，未過界者決杖、黥配。大理寺言：「按律：諸奴婢其主不請官司而殺者杖一百，無罪而殺者徒二年。又諸主毆部曲致死者徒一年，故殺者加一等。其有愆犯決罰至死及過失殺者勿論。自今人家傭賃當明設契約，及五年，主因過毆決至死者，欲望加部曲一等，但不以愆犯而殺者，減常人一等，如過失殺者勿論。」從之。

按：越界處死即今販賣人口出境之例，應擬絞罪，與宋相同。至大理寺所言，乃就唐律而小變通之。

《遼史·興宗紀》：重熙十五年正月，禁契丹以奴婢鬻與漢人。

《金史·太祖紀》：天輔二年六月，詔有司禁民凌虐典雇良人，及倍取贖直者。

《太宗紀》：天會三年七月，詔權勢之家毋買貧民爲奴。其脅買者一人償十五人。詐買者一人償二十人。皆杖一百。

《續通考》十四：（正）〔至〕元十三年，申明以良爲娼之禁。

按：娼與奴婢雖不同而良賤之分則同也，故附見於此。

《元史·世祖紀》：（正）〔至〕元十五年正月，禁官吏軍民賣所娶江南良家子女及爲娼者，賣、買者兩罪之，官没其直，人復爲良。八月，詔諭軍民官毋得估據民産，抑良爲奴。

《續通考》：十八年五月，申嚴鬻人之禁。二十年十月，禁江南州郡以邑養子轉相販鬻，及强將平民略賣者。

《世祖紀》：二十年十一月，禁雲南權勢没人以爲奴，及黥其面者。

《成宗紀》：大德六年十二月，命中書省更定略賣良人罪例。

《仁宗紀》：延祐二年正月，禁南人典質妻子販買爲驅。二月，禁民轉鬻養子。

《英宗紀》：至（德）〔治〕二年閏月，萬户李英以良民爲奴，擅文其面，坐罪。九月，禁江南典雇妻妾。

《武宗紀》：至大二年十月，樂實言：「江南富室有蔽占王民奴使之者，動輒百千家，有多至萬家者，其力可知。乞自今有歲收糧滿五萬石以上者，令石輸二升於官，仍質一子而軍之。」帝曰：「如樂實言行之。」

按：此懲蔽占之法，然此等情形後來亦罕見之。《成宗紀》：「大德三年二月，詔縉山縣民户爲勢家所蔽者，悉還縣定籍。」此亦蔽占之事，第不言奴使。

《趙世延傳》：二十九年，至元。出僉江南湖北道肅政廉訪司事。嚴常、澧掠賣良民之禁。

逃奴

《元史・世祖紀》：至元十一年，以諸路逃奴之無主者二千人隸行工部。十六年五月，以五臺僧多匿逃奴及逋賦之民，敕西京宣慰司、按察司搜索之。　二十九年十月，命趙德澤、吴榮領逃奴無主者二百四十户，淘銀耕田於廣甯、瀋州。

《成宗紀》：大德八年三月，敕軍民逃奴有獲者卽付其主，主在他所者，付所在官司給之，仍追逃奴鈔充獲者賞；逃及誘匿者，論罪有差。

《仁宗紀》：延（裕）〔祐〕六年十一月，禁民匿蒙古亡奴。

奴婢放贖之制

《漢書》：高祖五年，詔曰：民以飢餓自賣爲人奴婢者，皆免爲庶人。

《文紀》：後四年，免官奴婢爲庶人。

《武紀》：建元元年，赦吴、楚七國帑輸在官者。　注應劭曰：「吴、楚七國反時，其首事者妻子没入爲官奴婢，武帝哀焉，皆赦遣之也。」

《哀紀》：綏和二年六月，詔官奴婢五十以上免爲庶人。

《貢禹傳》：禹言：諸官奴婢十餘萬人戲游亡事，税良民以給之，歲費五六鉅萬，宜免爲庶人，稟食，令代關東戍卒，乘北邊亭塞候望。

按：西漢官奴婢赦免之事，《本紀》内僅四事，貢禹所言在元帝時，其事未施行也。　惟官奴婢至十餘萬之多，實堪駭異。　《食貨志》言「武帝時，告緡所没入之奴婢千萬數」，此時殆尚承其害，乃禹言之，而不見聽何也？

《後書·光武紀》：建武二年五月，詔曰：「民有嫁妻賣子欲歸父母者，恣聽之。敢拘執，論如律。」

六年十一月，詔王莽時吏人没入爲奴婢不應舊法者，皆免爲庶人。

七年五月，詔吏人遭饑亂及爲青、徐賊所略爲奴婢下妻，欲去留者，恣聽之。注：「杜預〔注〕《左傳》云，不以道取爲略。」敢拘制不還，以賣人法從事。注：「言從賣人之事以結其罪。」

十一年八月，詔曰：「敢炙奴婢，論如律，免所炙灼者爲庶民。」

十二年三月，詔隴、蜀民被略爲奴婢自訟者，及獄官未報，一切免爲庶民。

十三年冬十二月，詔益州民自八年以來被略爲奴婢者，皆一切免爲庶民；或依託爲人下妻，欲去者，恣聽之；敢拘留者，比青、徐二州以略人法從事。

十四年十二月，詔益、涼二州奴婢，自八年以來自訟在所官，一切免爲庶民，賣者無還直。

中元二年四月，詔邊人遭亂爲内郡人妻，在己卯赦前，一切遣還邊，恣其所樂。

《殤紀》：延平元年六月，詔曰：「自建武之初以至于今，八十餘年，宫人歲增，房御彌廣。又宗室坐事没入者，猶託名公族，甚可愍焉。今悉免遣，及掖庭宫人，皆爲庶民，以抒幽隔鬱滯之情。諸官府、郡國、王侯家奴婢姓劉及疲癃羸老，皆上其名，務令實悉。」

《安紀》：永初四年二月，詔没入官爲奴婢者，免爲庶人。

按：兩漢免良之詔歷朝多有，而以建武時爲多。惟西漢所免者多官奴婢，建武所免者亂時略取之人，爲不同耳。鄧后所免遺者又多掖庭宫人，尤爲曠典。

《晉書・元紀》：大興四年五月詔曰：「昔漢二祖及魏武皆免良人，武帝時，涼州覆敗，諸爲奴婢亦皆復籍，此累代成規也。其免中州良人遭難爲揚州諸郡僮客者，以備征使。」

按：此僮客亦遭難流離者，非罪人也。魏武事不見於《魏志》，涼州事亦不見《晉書・武紀》。

《姚興載記》：弘始元年，班命郡國百姓因荒自賣爲奴婢者，悉免爲良人。

《周書・武紀》：保定五年六月，詔曰：「江陵人年六十五以上爲官奴婢者，已令放免。其公私奴婢有年至七十以外者，所在官司，宜贖爲庶人。」建德元年十月，詔江陵所獲俘虜充官口者，悉免爲民。

按：此魏恭帝元年于謹破江陵所俘獲者，至是悉免爲民，幸矣。

《通考》十一：唐顯慶二年，敕放諸奴婢爲良及部曲客女者聽之，皆由家長手書，長比見任之半，其南口請以蜀蠻人。官奴婢年六十以上及廢疾者，並免賤。長慶四年，敕諸司、諸使各勘官户奴婢有廢疾及年七十者，準格免賤從良。會昌五年，中書門下奏：天下諸寺奴婢，江淮人數至多，其間有寺已破廢，全無僧衆，奴婢既無衣食，皆自營生。洪潭管内人數倍多，一千人以下、五百以上處計必不少，並放從良百姓。旨依。昭宗大順二年，敕天下州府及在京諸軍，或因收擄百姓男女，宜給内庫銀絹，委兩軍收贖，歸還父母。其諸州府委本道觀察使取上供錢充贖，不得壓良爲賤。

《五代會要》：後唐同光二年，(敕)〔敕〕應有百姓婦女俘虜他處爲婢妾者，不得占留，一任骨肉識認。

《宋史・太祖紀》：開寶四年三月，詔廣南有買人男女爲奴婢轉傭利者，並放免。《通考》：「不如詔旨者決杖配流。」

按：時初平南漢，故有此詔。

《太宗紀》：淳化二年七月，詔陝西緣邊諸州，饑民鬻男女入近界部落者官贖之。

按：因饑民賣與戎人，故以官財贖還其父母也。

《遼史・聖宗紀》：統和七年二月，詔南京所俘有親屬分隸諸帳者，給官錢贖之，使相從。

按：贖使相從，全其親屬，將放爲良乎？抑仍爲屬下人乎？

《金史・太祖紀》：天輔六年十月，詔奴婢先其主降，並釋爲良。

按：時方攻遼，民多逃散，故有是詔。

《太宗紀》：天會元年十一月，詔女直人，先有附於遼，今復虜獲者，悉從其所欲居而復之。其奴婢部曲，昔雖逃背，今能復歸者，並聽爲民。二年，詔孛堇完顏阿實賚曰：「先帝以同姓之人有自鬻及典質其身者，命官爲贖。今聞尚有未復者，其悉閱贖之。」

按：此恤同部及同姓之人也。

天會二年四月，詔贖上京路新遷甯江州户口賣身〔者〕六百餘人。八年正月，詔避役之民，以微直鬻身權貴之家者，悉出還本貫。（八）〔五〕月，詔河北、河東簽軍，其家屬流寓河南被俘掠爲奴婢者，官爲贖之，俾復其業。九年四月，詔新徙戍邊户，匱于衣食，有典質其親屬奴婢者，官爲贖之。户計其口而有二三者，以官奴婢益之，使户爲四口。十年四月，詔諸良人知情嫁奴者，聽如故爲妻；其不知而嫁者，去住悉從所願。

《熙宗紀》：皇統四年十(一)月，詔陝西、蒲、解、汝、蔡等處因歲饑，流民典雇爲奴婢者，官給絹贖爲良，放還其鄉。《食貨志》：「丁男三匹，婦人幼小二匹。」

《世宗紀》：大定二年四月，詔征契丹，招誘來降者，除奴婢以已虜爲定，其親屬使各還其家，仍官爲贖之。　三年十一月，詔中都、平州及饑荒地并經契丹剽掠，有質賣妻子者，官爲收贖。〔四年〕九月，上謂宰臣曰：「北京、懿州、臨潢等路嘗經契丹寇掠，平、薊二州近復旱蝗，百姓艱食，父母兄弟不能相保，多賣鬻爲奴，朕甚憫之。可速遣使閲實其數，出内庫物贖之。　十一年八月，詔應因窩斡被掠女直及諸色人未經刷放者，官爲贖放。隱匿者，以違制論。其年幼不能稱説住貫者，從便住坐。　十七年二月，詔：海陵時，大臣無辜被戮家屬籍没者，竝釋爲良。　二十九年二月，章宗已即位。詔宮籍監户舊係睿宗及皇考之奴婢者，悉放爲良。　閏五月，詔諸饑民賣身已贖放爲良，復與奴生男女，並聽爲良。

《章宗紀》：明昌元年三月，禮官言：「民或一産三男，其驅婢所生，舊制官給錢百貫，以資乳哺，請更給錢四十貫，贖以爲良。」制可。　泰和四年十二月，敕陝西、河東饑民所鬻男女，官爲贖之。　七年七月，詔贖西夏人口，盡贖放還，敢有藏匿者以違制論。

《容齋隨筆》曰：「靖康之後，陷于金虜者，帝子王孫，宦門仕族之家，盡没爲奴婢，使供作務。每人一月支稗子五斗，令自舂爲米，得一斗八升，用爲餱糧。歲支麻五把，令緝爲裘，此外更無一錢一帛之入。男子不能緝者，則終歲裸體，虜或哀之，則使執爨，雖時負火得煖氣，然才出外取柴，歸再坐火邊，皮肉卽脱落，不日輒死。惟喜有手藝，如醫人、繡工之類，尋常只團坐地上，以敗席或蘆籍襯之。遇客至開筵，引能樂者使奏技，酒闌客散，各復其初，依舊環坐刺繡，任其生死，視如草芥云。」按洪氏所言，可謂慘矣，然金時放贖之令史不絶書，其騖虚名而鮮實政歟？抑上施恩而下屯膏也？

《元史·劉敏傳》：癸未，太祖十七年。授安撫使，便宜行事，兼燕京路，豪民冒籍良民爲奴者衆，敏悉歸之。

按：此時元尚未混一天下，劉敏便宜行事，以惠一方之民事，可紀也。

《耶律楚材傳》：楚材奏曰：「制器者必用良工，守成者必用儒臣。儒臣之事業，非積數十年，殆未易成也。」帝曰：「果爾，可官其人。」楚材曰：「請校試之。」乃命宣德州宣課使劉中隨郡考試，以經義、詞賦、論分爲三科，儒人被俘爲奴者，亦令就試，其主匿弗遣者死。得士凡四千三十人，免爲奴者四之一。

按：此太宗九年事，亦見《本紀》，《續通考》列此事於太宗免儒士之被俘爲奴者一條之下是也。惟又採高智耀請免淮、蜀儒士被俘爲奴一事見後。列於此事之前，並云後立校試儒臣法，是未考高事當世祖時，在此事之後，不相及也。

《傳》又云：時將相大臣有所驅獲，往往寄留諸郡，楚材因括户口，並令爲民，匿占者死。

按：元崛起朔方，其軍行以俘虜爲上，楚材毅然行之而毫無所阻者，元帝信任之專也。後世之人欲舉一事，則阻撓者蠭起，事安得成？

《太宗紀》：十二年十二月，籍諸王大臣所俘男女爲民。

按：《楚材傳》事在六年甲午，與此非一事。《續通考》敘《楚材傳》事屬於帝元年，是未考。《楚材傳》明言「甲午，議籍中原民」也。

《廉希憲傳》：歲甲寅，世祖以京兆分地命希憲爲宣撫使。國制，爲士者無隸奴籍，京兆多豪强，廢令不行。希憲至，悉令著籍爲儒。己未，世祖渡江取鄂州，命希憲入籍府庫。希憲引儒生百餘，拜伏軍門，因言：「今王師渡江，凡軍中俘獲士人，宜官贖遣還，以廣異恩。」世祖嘉納之。還者五百餘人。

按：甲寅爲憲宗四年，己未爲憲宗九年，時世祖未卽位。

《高智耀傳》：世祖卽位，召見，力言儒術有補治道。時淮、蜀士遭俘虜者，皆没爲奴，智耀奏言：「以儒爲驅，古無有也。陛下方以古道爲治，宜除之，以風厲天下。」帝然之，卽拜翰林學士，令循行郡縣區別之，得數千人。

《世祖紀》：中統二年四月，詔軍中所俘儒士，聽贖爲民。

陶宗儀《輟耕録》：今蒙古色目人之臧獲，男曰奴，女曰婢，總曰驅口。蓋國初平定諸國，以俘到男女匹爲夫婦，而所生子孫永爲奴婢。奴婢男女互相婚嫁，不許聘取良家。

按：驅口者，軍行所驅獲者也，或曰取驅使之義，未詳孰是。金代已有驅名，《金史·食貨志》有爲良、爲驅之分，《太宗紀》亦有良人被略爲驅之詔。又稱驅丁，見《兵志》。以驅丁充阿里喜。元時亦有驅丁之名，至元九年五月，敕諸路軍户驅丁，除至元七年前從良食籍者當差，餘雖從良，並令助本户軍力。又稱驅婢，見《章宗紀》，是元之稱驅口沿於金也。智耀云「以儒爲驅」，猶言以儒爲奴耳。

《世祖紀》：至元元年八月，陝西行省臣上言：「宋新附民宜撥地土衣糧，給其牛種，仍禁邊將分匿人口。」二年十月，敕統軍抄不花、萬户懷都麾下軍士所俘宋人九十三口，官贖爲民。其私越禁界掠獲者四十五人，許令親屬完聚，竝種田内地。十年四月，敕南儒爲人掠賣者，官贖爲民。十四年二月，諸王只必鐵木兒言：「永昌路驛百二十(五)〔户〕，疲於供給，質妻孥以應役。」詔賜鈔百八十錠贖還之。十七年正月，以海賊賀文達所掠良婦百三十餘人還其家。敕相威檢覈阿里海牙、忽都帖木兒等所俘丁二萬二千餘人，並放爲民。二月，瀘州安撫使梅國賓請贖還瀘州軍民之爲俘者，從之。十二月，遼東所益兵以妻子易馬，敕以合輸賦税贖還之。敕鏤板印之。十八年六月，敕賽典赤、火尼分管烏木、拔都怯兒等八處民户。謙州織工百四十二户貧甚，以粟給之，其所鬻妻子官與贖還。八月，敕開元等路六驛饑，其鬻妻子者官爲贖之。十九年四月，御史臺言：「阿里海牙占降民爲奴，而以爲征討所得。」有旨降民還之有司，征討所得，籍其數量，賜臣下有功者。五月，籍阿合馬妻子親屬所營資産，其奴婢縱之爲民。二十二年十一月，籍重慶府不花家人百二十三户爲民。二十七年三月，永昌站户饑，賣子及奴産者甚衆，命甘肅省贖還。總兵官討賊者，多俘掠良民，敕行御史臺分揀之，凡爲民者千六百九十五人。十一月，御史臺言：「江南盜起，討賊官利其剽掠，復以生口充餉遺，請給還其家。」帝嘉納之。

《續通考》十四：二十七年，桓州饑，民鬻子女以爲食，司農特爾格奏以官帑贖之。

《續通考》十四：成宗大德五年七月，籍安西王所侵占田站等四百餘户爲民。

《元史·拜住傳》：延祐間，朔漠大風雪，羊馬駝畜盡死，人民流散，以子女鬻人爲奴婢。拜住以與王根本之地，其民宜加振卹，請立宗仁衛總之，命縣官贖置衛中，以遂生養。

《仁宗紀》：延祐四年七月，帝謂省臣曰：「比聞蒙古諸部困乏，往往鬻子女於民家爲婢僕，其命有司贖之還各部。」

《英宗紀》：延祐七年十二月，英宗已即位。詔命官家屬流落邊遠者，有司給資遣之；其子女典鬻於人者，聽還其家。至治元年十月，敕蒙古子女鬻爲回回、漢人奴者，官收養之。二年十一月，站户貧乏鬻賣妻子者，官贖還之。

《文宗紀》：天曆元年十一月，敕京畿及四方民爲兵所掠而奴於人者，有司追理送還。二年正月，中書省臣言：「近籍没欽察家，其子年十六，請令與其母同居；仍請繼今臣僚有罪致籍没者，其妻有子，他人不得陳乞，亦不得没爲官口。」從之。

《續通考》十四：順帝至正五年五月，詔以軍士所掠雲南子女一千一百人放還鄉里，不願歸者聽。

《元史·吕思誠傳》：改景州蓨縣尹。民翟彝自其大父因河南亂，被掠爲人奴，歲納丁粟以免作。思誠知彝力學，召其主與之約，終彝身三十石，仍代之輸，得爲良民。

《張德輝傳》：爲河東南北路宣撫使。兵後孱民多依庇豪右，及有以身傭藉衣食，歲久掩爲家奴，悉遣還之爲民。

《李德輝傳》：起爲山西宣慰使。權勢之家籍民爲奴者，咸按而免之，復業近千人。

《張文謙傳》：至元元年，詔文謙以中書左丞行省西夏、中興等路，得蜀士陷於俘虜者五六人，理而出之。　三年，還朝。諸勢家言有户數千，當役屬爲私奴者，議久不決。文謙謂以乙未歲户帳爲斷，奴之未占籍者，歸之勢家可也，其餘良民無爲奴之理。議遂定，守以爲法。

《袁裕傳》：中統初，由聊城縣丞，辟中書右司掾。南京總管劉克興掠良民爲奴隸，後以矯制獲罪，當籍孥、産之半，裕言于中書，止籍其家，奴隸得復爲良民數百。至元八年，授西夏、中興等路新民安撫副使。言：「西夏羌、渾雜居，驅良莫辨，宜驗已有從良書者，則爲良民。」從之，得八千餘人。

《張惠傳》：至元元年冬，拜參知政事，行省山東。以銀贖俘囚二百餘家爲民，其不能歸者，使爲僧，建寺居之。李璮之亂，山東民被軍士虜掠者甚衆，惠至，大括軍中，悉縱之。

按：元起北方游牧之國也，素尚俘掠，不重農事，迨入中原，故習未改，良民之被俘掠者不可勝數，貴胄、儒生夷爲奴隸，含垢忍辱，其慘有不忍言者。遺黎稀少農事，遂荒饑饉閒作，振貸不及，故當日之君臣蒿目情形，咸知以放贖良民爲要政。《紀》、《傳》所載，獨視歷代爲多，今彙録於此，於以見有人有士之義焉。

《明史·太祖紀》：洪武五年五月，詔曰：「天下大定，禮儀風俗不可不正。諸遭亂爲人奴隸者復爲民。凍餒者里中富室假貸之，孤寡殘疾者官養之，毋失所。」　十九年四月，詔贖河南饑民所鬻子女。

《續通考》：「官贖之也，凡女子年十二以上者，不在收贖之限。」

《成祖紀》：建文四年成祖已即位。十月，詔從征將士掠民間子女者還其家。永樂八年正月，免去年揚州、淮安、鳳陽、陳州水災田租，贖軍民所鬻子女。

《仁宗紀》：永樂二十二年仁宗已即位。十一月，詔禮部：「建文諸臣家屬在教坊司、錦衣衛、浣衣局及習匠、功臣家爲奴者，悉宥爲民，還其田土。言事謫戍者亦如之。」

《續通考》：憲宗成化二年，巡按御史婁芳言：「徐州、河南等處人民鬻賣男女者沿途成羣，價值賤甚，甚至夷人番僧亦行收買。兑出内庫銀帛齎付巡視都御史設法收贖及禁約邊關，不許番僧人等夾帶中國人口出境，仍給價贖還原籍人。巡撫大臣區畫牛種，給與耕種，令户部行之。二十二年，詔陝西、山西、湖南等處軍民，先因饑荒逃移將妻妾子女典賣與人者，典買之家首告，準給原價贖取歸宗，其無主及願留者聽，隱匿者罪同。」

自贖爲良

《金史・太祖紀》：收國二年二月，詔曰：「比以歲凶，庶民艱食，多依附豪族，因爲奴隸，及有犯法，徵償莫辨，折身爲奴者，或私約立限，以人對贖，過期則爲奴者，並聽以兩人贖一爲良。若元約以一人贖者，即從元約。」

按：以兩人贖一爲良，是多一良多二奴矣，此法未爲盡善。

天輔七年二月，詔自今顯、咸、東京等路往來，聽從其便。其間被虜及鬻身者，並許自贖爲良。

《太宗紀》：天會元年十二月，詔比聞民間乏食，至有鬻其子者，其聽以丁力等者贖之。

《食貨志》：二年，民有自鬻爲奴者，詔以丁力等者易之。七年，詔兵興以來，良人被略爲驅者，聽其父母妻子贖之。《本紀》六載在是年三月。

部曲考

《唐律》：諸官户部曲、官私奴婢有犯，本條無文者，各準良人。《疏議》曰：「部曲謂私家所有。」《刑統》、《釋文》此等之人隨主屬貫，又別無户籍，若此之類，各爲部曲。又諸部曲毆良人者，加凡人一等，奴婢又加一等。其良人毆傷他人部曲者，減凡人一等，奴婢，又減一等。若故殺部曲者絞、奴婢流三千里。諸奴婢有罪，其主不請官司而殺者，杖一百。無罪而殺者，徒一年。諸主毆部曲至死者，徒一年。故殺者，加一等。此部曲、奴婢並不得以良人論，而按其加、減，皆相去一等，部曲差良人一等，奴婢又差一等也。至部曲之名義如何？究竟爲何等人？起於何年？《疏義》及《釋文》均言之未詳。按《史記·李廣傳》「廣行無部曲行陳」，《續漢書·百官志》「將軍其領軍皆有部曲。大將軍營五部，部校尉一人，部下有曲，曲有軍候一人，曲下有屯，屯長一人」，《漢書》小顏注「廣尚於簡易，故行道之中而不立部曲也」，部曲之稱，始見於此，乃軍中分別伍隊之稱。《玉篇》：「部，分判也。」《漢書·高紀》「部署諸將」，注：「部署，分部而署置。」《釋名》：「曲，局也。」《禮記·曲禮》「左右有局」，鄭注：「局，部分也。」《爾雅·釋言》：「局，分也。」郭注：「謂分部。」《樂記》注：「分，猶部曲也。」是部、曲二字，並有分別之義。析言之，部自部，曲自曲，統言之則云部曲。《後漢書·郭躬傳》「一統於督，謂在部曲也」。《周禮·地官》：「鄉師大役，則帥民徒而至，治其政令。」鄭注：「而至，至作部曲也。」孔疏：「所營作之處，皆有部曲分別，故云部曲也。」《夏官·大司馬》「中軍以鼙令鼓」，鄭注：「羣吏卽聽誓，各復其部曲。」凡此之稱部曲者，並爲伍隊之虛名通號，非卽稱其人爲部曲。康成乃漢末人，其説如此，則其名義可推而知也。惟一軍之成立，各有部曲，卽各有統此部曲之人，習俗便於稱謂，遂舉屬此部曲之人呼之爲部曲，當亦起於漢末。《後漢書·董卓傳》云「尋而何進及弟苗先所領部曲皆歸於卓」，又云「與卓故部曲樊稠、李蒙等合」，又云「故牛輔部曲董承」，《袁術傳》「奔其部曲陳、簡雷薄於灊山」，《吴志·孫皓傳》「臨海太守奚熙部曲殺熙」，此並足爲屬某人部曲卽稱某人部曲之證。其中有稱部曲將者：如《董卓傳》「楊定者故卓部曲將」，《英雄記》「何進部曲將吴匡」，《魏志·董卓傳》注。《蜀志·龐悳傳》「部曲將董超」等皆是。又有稱爲部曲督者：《魏志·明紀》太和二年注「《魏略》曰，郝昭少入軍爲部曲督」，《孫皓傳》「郭馬本合浦太守修允部曲督」。自是之後，遂爲官名，《晉書·武紀》「咸甯五年，除部曲督以下質任」，此其證也。推原其故，部曲本爲軍中之虛名通號，受命令于國家，所統之人與所屬之人不相聯繫，既非所統之人之所能私有，亦非所屬之人之所能私自相從。洎乎黄巾亂起，海内沸騰，一時豪強號召，徒黨雲合霧會。廬江雷緒率部曲數萬口稽顙，《先主傳》。孟達率部曲四千餘家歸魏，《魏志·明紀》注。此人數之有可稽者。而斯時之部曲，或出於鄉里收合，《蜀志·霍峻傳》：「兄篤，於鄉里合部曲數百人。」或出於臨時合募，《趙雲傳》注：「《雲别傳》：先主與雲同牀眠卧，密遣雲合募得數百人，皆稱劉左將軍部曲。」或出於互相并吞。如董卓使吕布殺丁原而并其衆之類，不勝枚舉。又有廢其將而分與他人者：如《孫輔傳》注「《典略》曰，輔遣人齎書呼曹公。行人以告，乃悉斬輔親近，分其部曲，徙輔置東」是也。自是某人之部曲遂各爲某人之所私有，故《蜀志·先主傳》注「《英雄記》：布令備還州，并勢擊術。具刺史車馬童僕，發遣備妻子部曲家屬」。《李典傳》：「典宗族部曲三十餘家，居乘氏，自請願徙詣魏郡。太祖笑曰：『汝欲慕耿純耶？』遂徙部曲宗族萬二千餘口居鄴。」《李通傳》：「爲陽安都尉。太祖與袁紹相拒於官渡。紹遣使拜通征南將軍，通親戚部曲流涕曰：『今孤危獨守，以失大援，亡可立而待也，不如亟從紹。』」《韓當傳》：「綜内懷懼，載父喪，將母家屬部曲男女數千人。」以上諸事，並以部曲與家屬、宗族、親戚相連而及，此可證其爲私有者也。延及六朝，此風未革，如《陳書·高紀》「南豫州刺史沈泰奔於齊，詔其部曲妻兒各令復業」，《文紀》「東揚州刺史張彪起兵圍臨海，世祖與周文育輕兵往會稽，以掩彪後，彪將沈泰開門納世祖，世祖盡收其部曲家累」。亦以部曲與妻兒家累同稱，此等部曲幾與奴婢爲類，永遠隸于私家，然其時尚未有卑賤之明文也。《姚弋仲載記》「弋仲部曲馬何羅博學有文才」，《姚興載記》云「碩德將佐言於碩德曰，公威名宿重，部曲最强」，又云「桓謙，江左貴族，部曲偏於荆楚」，是部曲中大有人才，亦多舊時官屬。《李雄載記》「加丞相范長生爲天地太師之封號，西山侯，復其部曲不豫軍征」，則并軍役亦復之，其待之優也如此，與《唐律》之部曲絶不相同。然則《唐律》之部曲究爲何等人？起於何時乎？或曰元魏之生口也：《魏書·世祖紀》：「神麢三〈月〉〔年〕十一月，獲乞伏熾磐質子及定車旗，簿其生口，班賜將士各有差。延和元年八月，撫軍大將軍、永昌王健攻建德，驃騎大將軍、樂平王丕攻冀陽，皆拔之，虜獲生口，班賜將士各有差。正平元年，賜留臺文武所獲軍資生口，各有差。」《高祖紀》：「太和五年四月，以南俘萬餘口班賜羣臣。」《世宗紀》：「永平元年十二月，俘蕭衍卒三千餘人，分賜王公已下。」《肅宗紀》：「熙平元年三月，以硤石俘虜分賜百寮。」此等分賜之人，既屬私家則公家别無户籍，其卽所謂部曲乎？此一説也。或曰東晉之佃客等人也：《晉書·食貨志》：「其官品第一至於第九，各以貴賤占田，而又各以品之高卑蔭其親屬，多者及九族，少者三世。宗室、國賓、先賢之後及士人子孫亦如之。而又得蔭人以爲衣食客及佃客，第六以上得衣食客三人，第七、第八品二人，第九品及舉輦、跡禽、前驅、由基、强弩、司馬、羽林郎、殿中宂從武賁、殿中武賁、持椎斧武騎武賁、持鈒宂從武賁、命中武賁武騎一人。其應有佃客者，官品第一、第二佃客無過五十户，第三品十户，第四品七户，第五品五户，第六品三户，第七品二户，第八品、第九品一户。」《通考》十一：「東晉寓居江左以來，都下人多爲諸王公貴人左右佃客、典計、衣食客之類，皆無課役。官品第一、第二佃客無過四十户，每品減五户，至第九品五户，其佃穀皆與大家量分。其典計，官品第一、第二置三人，第三、第四置二人，第五、第六及公府、參軍、殿中監、監軍長史、司馬、部曲督、關外侯、材官、議郎以上一人，皆通在佃客數中。官品第六以上，並得衣食客三人，第七、第八二人，第九品、舉輦、跡禽、前驅、彊弩、司馬、羽林郎、殿中虎賁、持椎斧武騎虎賁、持鈒宂從虎賁、命中武騎一人，其客皆注客籍。」與《晉志》詳略互見，此等之人，既無課役，專屬私家，其卽私有之部曲乎？此一説也。或曰隋時之佃家也：《通典》七：「隋承西魏喪亂，周、齊分據，暴君慢吏，賦重役勤，人不勘命，多依豪室。禁網隳紊，姦僞尤滋。高熲覩流宂之病，建輸籍之法。於是定其名，輕其數，使人知浮客被彊家收大半之賦爲編甿奉公。上蒙輕減之征。」浮客，謂避公稅依豪強作佃家也。此等之人，避役而依豪室，必無户籍在官，其卽爲私家之部曲乎？此一説也。或曰方鎮之吏兵也：《晉書·范甯傳》：「方鎮去官，皆割精兵器仗以爲送，故米布之屬不可稱計。監司相容，初無彈糾。其中或有清白，亦復不見甄異。送兵多者至於千餘〔家〕，少者數十户。既力入私門，復資官廩布。兵役既竭，枉服良人，牽引無端，以相充補。若是功勳之臣，則已享裂土之祚，豈應封外復置吏兵乎！謂送故之格宜爲節制，以三年爲斷。」此等之人，本皆部曲，去官尚可分割，在官卽同主君，此一説也。今就諸説考之，生口多出俘虜，分賜之家固爲私有之人，而視同奴婢。梁承聖三年，魏于謹破江陵，盡俘王公以下及選百姓男女數萬口爲奴婢，分賞三軍，可以證生口不得等于部曲，則此説非。佃客、衣食客賴私家蔭庇，固與平人有殊，然《通考》云「皆注客籍」，尚有籍在官，與部曲之隨主屬貫者有別，則此説亦非。浮客賦入豪室，別于編甿，無在官之户籍，然當時既有部曲之名，何以不稱部曲而稱浮客，且此等人本爲避賦役計，非卽爲豪室私有之人，故高熲輸籍之法行而浮客皆自歸編户，不與部曲同也。《唐書·食貨志》「浮民、部曲、客女、奴婢縱爲良者附寬鄉」，浮民卽浮客也，浮民、部曲並言，其爲兩項人明甚，則此説亦非。吏兵一入私門，卽不供公家之役，然猶資官廩布，究非得爲私家所有之人，與部曲之亞於奴婢者情狀未合，則此説亦非。然則究將何説以明之？竊謂部曲既爲軍中部分之名，則其人必出自軍中，故仍稱之爲部曲。計自三國鼎峙，下至周、隋，此三百數十年間兵禍未絶于世，一時將吏莫不各有部曲以自私，如前所引《蜀志》諸書所云者，江左迄于陳氏，此稱猶在。元魏起自陰山，但分部落，一部之長，各據所部之人爲私有之人，繼入中原，此風猶沿而不改，故亦有部曲之名，第其初部曲雖供役私家而尚未淪于卑賤，故別于奴婢，而不混爲一等。洎乎朝移代易，榮悴不齊，此等人不供役公家，不繫名户籍，其妻兒衣食仍仰給私門，而部曲之稱猶襲疇昔，於是雜户、官户之外遂有此一項名目矣。此從名稱上推測之如此，此由于世變之遷流，固非一朝一夕之故也。《周書·武帝紀》：「建德六年十一月，詔自永熙三年七月已來，去年十月已前，東土之民，被抄略在化内爲奴婢者；及平江陵之後，良人没爲奴婢者，並宜放免。所在附籍，一同民伍。若舊主人猶須共居，聽留爲部曲及客女。」此詔改奴婢爲部曲，乃奴婢與部曲同在私家分別等級之明證，而客女亦同見于詔中，似奴婢、部曲、客女三者之纂入律内實始於此。時唐用隋律，隋承周後，周之舊法，必多沿襲而未改者，此源流之約略可考者也。此等人原其家世，本非賤隸，不可與奴婢同科而論，其依賴之心、服從之義，究難與良人同等。如有相犯，僅得減奴婢一等，蓋亦酌乎情理之中焉。至於衣食客、佃客、浮家、吏兵等項間亦以相依日久，併于部曲。事或有之，書缺有間，更無可考矣。《唐律》又有寺觀部曲、奴婢，此等恐是國家所撥賜他人所分遺者，故亦有此名目。金時，議罷僧道奴婢，内族襄曰，出家之人安用僕隸？是寺觀本不當有此等人供其役使。寺觀有部曲及奴，已屬非理，寺觀而有婢，尤可怪也。武宗廢浮屠法，籍僧尼爲民，奴婢丁壯者爲兩税户。《食貨志》。但舉奴婢而不及部曲，殆爾時寺觀已無此等人歟？

官户　番户

《唐律》若姦監臨内雜户、官户妻條《疏議》曰：「官户者，亦謂前代以來，配隸相生；或有今朝配没，州、縣無貫，唯屬本司。」又官户部曲條《疏議》曰：「官户隸屬司農，州、縣元無户貫。」

《唐六典》：凡反逆相坐，没其家爲官奴婢，一免爲番户，再免爲雜户，三免爲良人。諸律令格式有言官户者，是番户之總稱，非謂别有一色。年六十及廢疾，雖赦令不該，並免爲番户。凡配官曹長，輸其作番户、雜户，則分爲番。番户一年三番，雜户二年五番，番皆一月。十六已上當番請納資者，亦聽之。其官奴婢，長役無番也。

《金史·食貨志》：凡没入官良人，隸宫籍監爲監户；没入官奴婢，隸太府監爲官户。

按：分番輸作，故稱番户，即官户也。

雜户　樂户　驛户　隸户　營户

《魏書·刑法志》：孝昌已後，强盜殺人者，妻子同籍，配爲樂户；其不殺人及贓不滿五匹者，妻子亦爲樂户；小盜妻子配驛。

《隋書·刑法志》：齊律：盜及殺人而亡者，即縣名注籍，甄其一房配驛户。周大律：盜賊及謀反、大逆、降叛、惡逆罪當流者，皆甄一房配爲雜户。魏虜西涼之人，没入名爲隸户。魏武入關，隸户皆在東魏，後齊因之，仍供厮役。建德六年，齊平後，帝欲施輕典於新國，乃詔凡諸雜户，悉放爲百姓。自是無復雜户。

《唐律》「若姦監臨内雜户、官户、部曲妻及婢者」，《疏議》曰：「雜户者，謂前代以來，配隸諸司，職掌課役，不同百姓。依令老免、進丁、受田，依百姓例，各於本司上下。」又「諸工樂雜户」，《疏議》曰：「雜户者，散屬諸司上下。」

《魏書・世祖紀》：太平真君〔八〕〔五〕年六月，北部民殺立義將軍、衡陽公莫孤，率五千餘落北走。追擊于漢南，殺其渠帥，餘徙居冀、相、定三州爲營户。

《高祖紀》：延興元年十月，沃野、統萬二鎮敕勒叛。詔太尉、隴西王源賀追擊，至枹罕，滅之，斬首三萬餘級，徙其遺迸於冀、相、定三州爲營户。

按：雜户之名，起於北朝，當時以爲賤。《北史・（文武五）〔獻文六〕王傳》：「咸陽王禧，太和九年封。時王國舍人應取八族及清修之門，禧取伍城五雜户爲之，深爲帝責。」又《孝文紀》：「詔厮養户不得與士庶爲婚，有文武之才積勞應進者，同庶族例聽之。」此其證也。唐制官奴婢再免方爲雜户，是雜户與奴婢不同。若金時以女直爲本户，漢人及契丹爲雜户，則名同實異也。孝昌之樂户蓋充賤役，若唐之樂户屬于太常，本是良人亦名同實異也。《元史・世祖紀》「振火少里驛户之乏食者」，此驛户與魏、齊之驛户亦未必同，特未詳其制耳。

二税户

《金史·李晏傳》：初，錦州龍宫寺，遼主撥賜户民俾輸税于寺，歲久皆以爲奴，有欲訴者，害之島中。晏乃具奏：「在律，僧不殺生，況人命乎？遼以良民爲二税户，此不道之甚也，今幸遇聖朝，乞盡釋爲民。」世宗納其言，於是獲免者六百餘人。

《食貨志》：大定二十九年十一月，時章宗已即位。上封事者言，乞放二税户爲良。省臣欲取公牒可憑者爲准，參知政事移剌履謂「憑驗真僞難明，凡契丹奴婢今後所生者悉爲良，見有者則不得典賣，如此則三十年後奴皆爲良，而民不病焉。」上以履言未當，令再議。省奏謂不拘括則訟終不絶，遂遣大興府治中烏古孫仲和、侍御史范楫分括北〔京〕路及中都路二税户，凡無憑驗，其主自言之者及因通檢而知之者，其税半輸官、半輸主，而有憑驗者悉放爲良。明昌元年六月，奏北京等路所免二税户凡一千七百餘户，萬三千九百餘口，此後爲良爲驅，皆從已斷爲定。

《内族襄傳》：章宗初即政，議罷僧道奴婢。太尉克甯奏曰：「此蓋成俗日久，若遽更之，於人情不安。陛下如惡其數多，宜嚴立格法，以防濫度，則自少矣。」襄曰：「出家之人安用僕隸？乞不問從初如何所得，悉放爲良。若寺觀物力元係奴婢之數推定者，並合除免。」詔從襄言。由是二税户多爲良者。

按：二税户之名惟見於此，其税半輸官、半輸寺，故謂之二税。其始本皆良户，撥賜僧道而僧道遂以爲奴，當時僧道之豪横可見一斑矣。世宗納李晏之言，免之而未盡也。章宗力排省議，毅然行之，内族襄贊成之力爲多，自此遂無二税户之名，洵一代之仁政也。

刑法分考十六

贖

《虞書》：金作贖刑。傳：「金，黄金。誤而入刑，出金以贖罪。」《正義》曰：「此以金爲黄金。《吕刑》『其罰百鍰』，傳爲『黄鐵』，俱是贖罪而金、鐵不同者，古之金、銀、銅、鐵總號爲金，别之，四名耳。此傳『黄金』，《吕刑》『黄鐵』，皆是今之銅也。古之贖罪者皆用銅，漢始改用黄金，但少其斤兩，令與銅相敵，故鄭玄《駁異義》言『贖死罪千鍰』。鍰，六兩大半兩，爲四百一十六斤十兩大半兩銅，與金贖死罪金三斤爲價相依附，是古贖罪皆用銅也。實謂銅，而謂之金鐵，知傳之所言謂銅爲金鐵耳。漢及後魏贖罪皆用黄金，後魏以金難得，合金一兩收絹十匹。今律乃復依古，死罪贖銅一百二十斤，於古稱爲三百六十斤。孔以鍰爲六兩，計千鍰爲三百七十五斤，今贖輕於古也。『誤而入罪，出金以贖』，卽律『過失殺傷人，各依其狀以贖論』是也。《吕刑》所言疑赦乃罰者，卽今律『疑罪各從其實以贖論』是也。疑，謂虚實之證等，是非之理均，或事涉疑似，旁無證見，或雖有證見，事涉疑似，如此之類，言皆爲疑罪，疑而罰贖，《吕刑》已用。言誤而輸贖，於文不顯，故此傳指言誤而入罪以解此贖。鞭扑加於人身，可云扑作教刑，金非加人之物，而言金作贖刑，出金之與受扑，俱是人之所患，故得指其所出以爲刑名。」蔡傳：

「贖其罪也，蓋罪之極輕，雖入鞭扑之刑而情法猶有可議者也。據此經文，則五刑有流宥而無金贖，《周禮·秋官》亦無其文，至《吕刑》乃有五等之罰，疑穆王始制之，非法之正也。蓋當刑而贖則失之輕，疑赦而贖則失之重，且使富者幸免，貧者受刑，又非所以爲平也。」朱子曰：「金作贖刑者，使之入金而免其罪，所以贖，夫犯鞭扑之刑而情又輕者也。」

馬融曰：「意善功惡，使出金贖罪，坐不戒慎者。」《史記·五帝本紀·集解》。江聲曰：「意善功惡者，功謂事也，謂意本無惡而所爲之事或不戒慎而有傷害，縱之則無所懲，刑之則恐枉濫，姑使出金贖之，故云坐不戒慎者。」《尚書集注音疏》。

《尚書大傳》：夏后氏不殺不刑，死罪罰二千饌。《史記·平準書·索隱》。禹之君民也，罰弗及强而天下治。一饌，六兩。注：「所出金鐵也。死罪出三百七十五斤，用財少爾。」《路史·後紀》十三《夏后氏紀》引《甫刑傳》。陳壽祺《大傳定本》案：「『饌』，他本作『鐉』，非。惟震澤王氏《史記》本不誤。」鄭注：「三百七十五斤，適合千饌六千兩之數。」《索隱》引《大傳》「二」字當衍。

《周禮·秋官·職金》：掌受士之金罰貨罰，入于司兵。注：「給治兵及工直也。貨，泉貝也。罰，罰贖也。《書》曰『金作贖刑』。」疏云：「掌受士之金罰者，謂斷獄訟者有疑即使出贖。既言金罰又曰貨罰者，出罰之家，時或無金，即出貨以當金直，故兩言之。金有兩義，若相對而言，則有金、銀、銅、鐵爲異，若散而言之，總謂之金。但古出金贖罪，皆據銅爲金，若用黄金百鍰，乃至大辟千鍰，無齊之理。」

按：《夏官》「司兵掌五兵五盾，各辨其物與其等，以待軍事」，是司兵掌五兵者。此金罰入于司兵，當即以此金治兵器。孔疏言「古者贖罰，據銅爲金」，其説頗有據，鄭云「給治兵及工直」者，金以治兵，貨以給直也。

《呂刑》序：「呂命穆王訓夏贖刑。」傳：「呂侯以穆王命作《書訓》，暢夏禹贖刑之法，更從輕以布告天下。」疏：「經言陳罰贖之事，不言何代之禮，故序言『訓夏』，以明經是夏法。王者代相，革易刑罰，世輕世重。殷以變夏，周又改殷。夏法行於前代，廢已久矣，今復訓暢夏禹贖刑之法，以周法傷重，更從輕以布告天下。以其事合於當時，故孔子録之以爲法。《周禮・職金》『掌受士之金罰貨罰，入于司兵』，則周亦有贖刑，而遠訓夏之贖刑者，《周禮》惟言『士之金罰』，人似不得贖罪，縱使亦得贖罪，贖必異於夏法，以夏刑爲輕，故祖而用之。」

《呂刑》：「墨辟疑赦，其罰百鍰，閱實其罪。刑疑則赦，從罰。六兩曰鍰。鍰，黄鐵也。閱實其罪，使與罰各相當。劓辟疑赦，其罰惟倍，閱實其罪。倍百爲二百鍰。剕辟疑赦，其罰倍差，閱實其罪。倍差，謂倍之又半，爲五百鍰。宫辟疑赦，其罰六百鍰，閱實其罪。大辟疑赦，其罰千鍰，閱實其罪。死刑也。五刑疑，各入罰，不降，相因古之制也。墨罰之屬千，劓罰之屬千，剕罰之屬五百，宫罰之屬三百，大辟之罰其屬二百，五刑之屬三千。別言罰之，合言刑屬，明刑罰同屬，互見其義，以相備。蔡傳：「今按《皋陶》所謂罪疑惟輕者，降一等而罪之耳。今五刑疑赦而直罰之以金，是大辟、宫、剕、劓、墨皆不復降等用矣。蘇氏謂五刑疑，各入罰，不降，當因古制。非也。舜之贖刑，官府、學校鞭扑之刑耳。夫刑莫輕於鞭扑，入於鞭扑之刑而又情法猶有可議者則是無法以治之，故使之贖，特不欲遽釋之也。而穆王之所謂贖，雖大辟亦贖也，舜豈有是制哉？」

《職金》疏：「《考工·冶氏》云，戈戟重三鋝。夏侯歐陽説云『墨罰疑赦，其罰百率』，古以六兩爲率。古《尚書》説『百鍰』，鍰者，率也。一率十一銖二十五分銖之十三也，百鍰爲三斤，鄭玄以爲古之『率』多作『鍰』。鄭注《冶氏》云，許叔重《説文解字》云『鋝，鍰也』。今東萊稱或以大半兩爲鈞，十鈞爲鍰，鍰重六兩大半兩。若然，鋝、鍰一也。言大半兩是三分兩之二，鄭意以此爲正，故不從諸家，以六兩爲鍰。」《説文》：「鋝，十一銖二十五分銖之十三也。从金寽聲。《周禮》曰重三鋝，北方二十兩爲三鋝。」「鍰，鋝也。从金爰聲。《書》曰『罰百鍰』。」段氏玉裁《尚書撰異》云：「今文《尚書》作『率』，或作『饌』；古文《尚書》作『鍰』。《史記·周本紀》百率、五百率、千率，此依今文《尚書》也。徐廣曰：『率音刷。』《索隱》曰：『舊本率，亦作選。』考《漢書·蕭望之傳》曰『甫刑之罰，小過赦，薄罪贖，有金選之品』。《尚書大傳》曰『一饌六兩，率與選、饌皆雙聲』。《職金》正義云云，按此蓋出《五經異義》。今文《尚書》作『率』，古文《尚書》作『鍰』。今文《尚書》説『率重六兩』，古文《尚書》説『鍰重十一銖二十五分銖之十三』。其字其説皆異也。古文家説『鍰』即『率』者，比合伏生《尚書》言之耳。馬季長云『賈逵説俗儒以鋝重六兩』。俗儒者，謂歐陽夏侯，即《大傳》『一饌六兩』也。鄭、孔、王及小《爾雅》以六兩訓鍰，此用今文《尚書》説説古文《尚書》也。馬季長、許叔重則用古《尚書》説，謂『鍰』即《考工記》之『鋝』字。馬注《考工記》曰『鋝，量名，當與《吕刑》鍰同』。《尚書正義》引。此許謂『鍰』即『鋝』之所本也。」

按：今文、古文《尚書》二説，多寡之數懸殊。古文説鍰者，十一銖二十五分銖之十三，百鍰爲三斤，其數輕；今文説鋝者六兩三分兩之二，百鋝爲四十一斤十兩三分兩之二，其數重。王氏鳴盛

《尚書後案》是今文而非古文，謂四十斤十兩三分兩之二以贖墨罪不爲重，等而上之至千鍰，亦祇四百十六斤十兩三分兩之二，約計今銅價，僅值白金一百二三十兩。如百鍰爲銅三斤，可贖黥面之罪，推之大辟，祇用銅三十斤，就今銅價，僅值白金五六兩，以贖死罪，有是理乎？江氏聲《尚書集注音疏》則是古文而非今文，謂百鍰爲四十一斤十兩三分兩之二太重。竊謂古今物價之貴賤不能盡同。《左傳》僖十八年，鄭伯始朝于楚。楚子賜之金，既而悔之，與之盟曰：「無以鑄兵！」故以鑄三鐘。杜注：「古者以銅爲兵。」是此傳之所謂金乃銅也。夫三鐘之銅，爲數幾何？而貴重之如此，是必當時銅少而貴，不與今同也。然則據今之價以論古法，未必符也。《舜典》疏引鄭《駁異義》云「云與金贖死罪金三斤爲價相依附」，「與金」之「金」，陳氏《異義疏證》改作「今」，是也。今謂漢時，似鄭說較長。

蔡傳又云：「按此篇專訓贖刑，蓋本《舜典》『金作贖刑』之語。今詳此書，實則不然，蓋《舜典》所謂贖者，官府學校之刑爾，若五刑，則固未嘗贖也。五刑之寬，惟處以流，鞭扑之寬，方許其贖。今穆王贖法，雖大辟亦與其贖免矣。漢張敞以討羌，兵食不繼，建爲入穀贖罪之法。初亦未嘗及夫殺人及盜之罪，而蕭望之等猶以爲如此則富者得生，貧者獨死，恐開利路以傷治化。曾謂唐虞之世而有是贖法哉？穆王巡游無度，財匱民勞，至其末年，無以爲計，乃爲此一切權宜之術以斂民財。夫子録之，蓋亦示戒，然其一篇之書哀矜惻怛，猶可想見三代忠厚之遺意云爾。」

馬氏端臨《通考》云：「《呂刑》一書，先儒蔡九峯以爲《舜典》所謂贖刑者云云，愚以爲未然。蓋熟讀此書，哀矜惻怛之意千載之下猶使人爲之感動且拳拳乎？訖富惟貨之戒，則其不爲聚斂征求設也審矣。鬻獄取貨，末世暴君汙吏之所爲，而謂穆王爲之，夫子取之乎？且其所謂贖者，意自有在，學者不能詳味經意而深考之耳。其曰『墨辟疑赦，其罰百鍰』，蓋謂犯墨法之中疑其可赦者，不遽赦之而姑取其百鍰以示罰耳。繼之曰『閱實其罪』，蓋言罪之無疑則刑，可疑則贖，皆當閱其實也。其所謂疑者何也？蓋唐虞之時，刑清律簡，是以贖金之法止及鞭扑，而五刑無贖法。至於周而律之繁極矣，五刑之屬至于三千，若一按之律盡從而刑之，何莫非投機觸罟者？天下之人無完膚矣。是以穆王哀之，而五刑之疑各以贖論。姑以大辟一條言之，夫所犯者，死罪而聽其贖金以免，誠不可以訓也，然大辟之屬二百，則豈無疑赦而在可議之列者？有如殺人反逆之類，則是不可不殺，雖萬鍰亦難貰死矣。而二百之屬，其罪不皆至此也。以經傳考之，其在周則王制之析言破律、行僞學非、酒誥之羣飲，其在漢則列侯坐酎金不敬、將帥出師失期之類，於律皆死罪也，而其情則可矜，其法則可議，豈必盡殺之乎？此則死罪之疑赦者也。意周所以斷斯獄，必在其罰千鍰之科，而漢制則不過或除其國，或贖爲庶人，亦其遺意也，蓋哀矜庶獄，乃此書之大旨，贖特其一事。序者專以訓夏贖刑言之，已失其義。而此書之首又止言「耄荒度作刑以詰四方」，夫曰作刑以詰四方者，主於用刑之意也，而此書所言，大概哀民之罹於法而不忍刑之，懼有司之不能審克而輕用之，其意蓋期於無刑而非作刑也。故愚疑篇首或有脫簡，如『耄荒度』之語，亦難通。二序既不得書之意，而後之儒者復因穆王有巡游之事，遂於此書肆爲譏評，而不復味其辭亦已疏矣。以愚觀之，一篇之中，察獄情之隱痛，鑒天道之神明，而示勸戒於報應之間，咨嗟懇惻諄復詳練，老者之言也。其作於既聞祈招之後乎？是豈復有侈心之可議哉？或曰罪疑則降等施刑可矣，何必贖乎？曰古之議疑罪者，降殺一法也，《虞書》所謂『罪疑惟輕』，此書所謂『上下比罪』，上刑適輕，下服是也。罰贖一法也，《虞書》所謂『金作贖刑』，此書所謂『五刑之贖』是也，固並行而不悖也。且其言曰罰懲，非死人極於病，蓋財者人之所甚欲，故奪其欲以病之，使其不爲惡耳，豈利其貨乎？至又以爲所言皋陶不與三后之列，遂使後世以刑官爲輕。後漢楊賜拜廷尉，自以代非法家，言曰『三后成功，皋陶不與，蓋吝之也』，亦此書立言之疵啟之陋哉？俗儒之論也。夫刑以齊民，古人重之謹之而非所先也。故夫子以政，刑不若德禮，而此書曰『三后成功，惟殷於民』，士制百姓於刑之中，以教祗德，蓋曰必居以安之，食以養之，禮以教之，然後及於刑耳。豈以皋陶爲劣於禹稷而後之乎？然卽此章先後輕重之意觀之，蓋可以明此書之不爲作刑以詰四方而作矣。」

或問朱子曰：「贖刑非古法歟？」曰：「古之所謂贖刑者贖扑耳。夫既已殺人傷人矣，又使之得以金贖，則有財者皆可以殺人傷人，而無辜被害者何其大不幸也？且殺人者安然居乎鄉里，彼孝子順孫之欲報其親者，豈肯安於此乎？所以屏之四裔，流之遠方，彼此兩全之也。」

董鼎曰：「舜既以五流而宥五刑矣，鞭扑之輕者乃許以金贖，所以養其愧恥之心而開以自新之路。曰眚災肆赦，則直赦之而已。穆王乃以刑爲致罪，以罰爲贖金。既謂五刑之疑有赦，而又曰其罰若干鍰，則雖在疑赦，皆不免於罰贖。五刑盡贖，非鬻獄乎？自是，有金者雖殺人可以無死，而刑者相半於道必皆無金者也，中正安在哉？」

《通考》一百七十一：致堂胡氏曰：「按《舜典》五刑之目，一曰象以典刑，二曰鞭作官刑，三曰扑作教刑，四曰金作贖刑，五曰怙終賊刑。何爲設贖？謂罪之疑者也。三代相承，至周穆王其法尤密，乃有罰鍰之數，皆爲疑刑也。鞭施於官，蓋胥吏徒隸也；扑施於教，蓋學校夏楚也，是則鞭重而扑輕，鞭以痛懲，扑以愧恥而已。夫當官典刑教，臨時之用，有何可疑而使贖乎？無疑而贖，則頑者肆怠者縱，法不嚴而人易犯，其末流乃至於惟贖之利，變亂正刑，其弊有不可勝言者。且使士流與卒伍同條，豈刑不上大夫之義乎？」案《虞書》言金作贖刑而已，九峯蔡氏則以爲贖，特爲鞭扑輕刑設，五刑本無贖法，而以穆王贖鍰之事爲非。致堂胡氏則以爲贖本爲五刑之疑者，而鞭扑輕刑則無贖法，二論正相反。然以《書》之本文考之，固未見其專爲五刑設或專爲鞭扑設也。愚嘗論之五刑，刑之大者所以懲創其罪慝，鞭扑，刑之小者，所以課督其慵怠，五刑而許之論贖者，蓋矜其過誤之失。《書》所謂「罪疑惟輕」，所謂五刑之疑有赦是也。鞭扑而許其論贖者，蓋養其愧恥之心記。所謂刑不上大夫，東坡所謂鞭撻一行則豪傑不出於其閒，故士之刑者不可用，用者不可刑是也，二者皆聖人忠厚之意也。

邱氏濬云：「馬氏之言謂穆王之贖法非利其貨入，蓋因後世禁網深密，犯罪者多閱其實，有可疑者則罰，其甚欲之金以貸其罪也。夫罪入五刑而可疑者，使富而有金者出金以贖其罪可矣，若夫無立錐之民而犯大辟之罪，何從而得金千鍰乎？如是則罪之疑者，富者得生，貧者坐死，是豈聖人之刑哉？然則罪之有疑者如之何則可？《書》固自謂上下比罪，上刑適輕下服，是卽《虞書》罪疑惟輕也，奚用贖爲哉？」

按：《吕刑》贖法，議者紛如，自以胡氏之言爲近於事理，馬氏之説尤爲詳明，若蔡九峯之説則拘墟之見，未見其確也。《舜典》贖刑雖列于鞭扑之次，自爲刑之一項，初無鞭扑得贖明文，謂鞭扑方許其贖乃臆度之詞，别無證據，此其未確者一也。夏后氏之刑多承於虞，邁種之法，必無所改。而死罪千饌，見於伏生《大傳》，則謂有虞必無五刑，贖法何所據而云？然《書》缺有間，未可臆斷，此其未確者二也。《職金》金罰貨罰，載在《秋官》，周法當必本于虞夏，乃謂《秋官》無文，穆王始制，况《書》序明言訓夏贖刑，故傳疏有周法傷重更從輕之語，乃一概抹殺，此其未確者三也。巡守之禮，不始于周穆王，肆其侈心，周流荒遠，有如《穆天子傳》所紀者。然自祈招詩進獲没祇宫，則其暮年之不復巡游，克終厥德，可以想見。乃謂財匱民勞，爲一切權宜之術，以斂民財，果又何所據而云然？三復此篇，但見哀矜惻怛之意，形于言表，何嘗爲聚斂計哉？此其未確者四也。罪而可赦，赦之而已，有疑于赦，故使從罰，《書》中於疑赦反覆言之，可謂詳盡。當刑者決無贖理，何患失之輕？疑于赦，不可遽赦，而使得贖，何患失之重？若不可遽赦而遽赦之，則反失其平矣，乃抹殺一疑字。一若穆王之法，凡麗于五刑者皆可以金贖，此其未確者五也。富者得生，貧者坐死，自漢以來，議贖法者皆以此爲言。第國家立法，但問其當於理否耳，苟當於理，則法一而已，祇論罪之當贖不當贖，不能論其人之富與貧。富者之得生，法如是，非幸也；貧者之不能自贖，貧者之不幸，非法使之也。且果爲疑赦者，法亦必有以濟其窮，何至忍視其受刑哉？此其未確者六也。蔡之持論甚正，朱子亦取之，然按之事理，未見其允，故就胡、馬二家之説而推衍之如此。季長意善功惡之說，必漢儒師傳所授受，故近日釋《尚書》者皆宗馬說。孔傳乃魏晉人所作，其說蓋亦衍于馬也。邱氏謂《周禮》金罰貨罰，以爲治兵之工直，後世有罰者，往往歸之内藏以爲泛用，或以爲繕脩營造之費，非古制也。按此蓋指明制而言，書此以爲諷也，歷代則未聞。

《國語·齊語》：桓公問曰：「夫軍令則寄諸内政矣，齊國寡甲兵，爲之若何？」管子對曰：「輕過而移諸甲兵。」移之甲兵，謂輕其過，使以甲兵贖罪。桓公曰：「爲之若何？」管子對曰：「制重罪贖以犀甲一戟，重罪，死罪也。輕罪贖以鞼盾一戟，輕罪，劓、刖之屬也。鞼盾，綴革有文如繢也。小罪讁以金分，分，符問切。小罪，不入於五刑者。以金贖，有分兩之差，今之罰金是也。宥閒罪。」閒，居諫切。宥，赦也。閒罪，刑罰之疑者也。

《管子·中匡》：對曰：「不可。甲兵未足也，請薄刑罰，以厚甲兵。」於是死罪不殺，刑罪不罰，使以甲兵贖。死罪以犀甲一戟，刑罪以脅盾一戟，既出盾又令出一戟也。過罰以金，過誤致罪出金以贖之。軍無所計而訟者成以束矢。《小匡》：管子對曰：「制重罪入以兵甲犀脅二戟；輕罪入蘭盾鞈革二戟；蘭即所謂蘭錡，兵架也。鞈革，重革，當心著之，可以禦矢。小罪入以金鈞；三十金曰鈞。分宥薄罪，入以半鈞；無坐抑而訟獄者，正三禁之而不直，則入一束矢以罰之。謂其人自無所坐，而被抑屈爲訟者，正當禁之三日，得其不直者，則令入束矢也。

按：疑赦而贖，矜之，非利之也。管子以甲兵未足而使以甲兵贖，則真利之矣。此霸者之政，與王者異也。富者得生而貧者如何處分？所未詳也。

《左傳》：宣二年，宋人以兵車百乘、文馬百駟以贖華元於鄭。

按：此俘虜之贖，非常法。

《家語·致思》：魯國之法，贖人臣妾于諸侯，皆取金于府。子貢贖之，辭而不取金。孔子聞之曰：「賜失之矣。夫聖人之舉事也可以移風易俗，而教導可以施之於百姓，非獨適身之行也。今魯國富者寡而貧者衆，贖人受金則爲不廉，則何以相贖乎？」自今以後，魯人不復贖人於諸侯。

按：此贖臣妾於鄰國之法，當時之臣妾有罪者也。

《漢書·惠紀》：元年，民有罪，得買爵三十級以免死罪。注應劭曰：「一級直錢二千，凡爲六萬，若今贖罪人三十匹縑矣。」師古曰：「令出買爵之錢以贖罪。」

邱氏濬曰：《舜典》金作贖刑，非利之也，而後世則利之矣。惠帝令民有罪得買爵以免死罪，則是富者有罪非徒有財而得免死，又因而得爵焉。嗚呼！是何等賞罰耶？

按：據師古之注，是準買爵之錢以贖罪，非竟予之以爵也。

《食貨志》：鼂錯説上曰：「方今之務，莫若使民務農而已矣。欲民務農，在於貴粟；貴粟之道，在於使民以粟爲賞罰。今募天下民入粟縣官，得以拜爵，得以除罪。如此，富人有爵，農民有錢，粟有所渫。師古曰：「渫，散也，音先列反。」夫能入粟以受爵，皆有餘者也；取於有餘，以供上用，則貧民之賦可損，所謂損有餘補不足，令出而民利者也。順於民心，所補者三：一曰主用足，二曰民賦少，三曰勸農功。今令民有車騎馬一匹者，復卒三人。車騎者，天下武備也，故爲復卒。神農之教曰：『有石城十仞，湯池百步，帶甲百萬，而亡粟，勿能守也。』以是觀之，粟者，王者大用，政之本務。令民入粟受爵至五大夫以上，乃復一人耳，此其與騎馬之功相去遠矣。爵者，上之所擅，出於口而亡窮；粟者，民之所種，生於地而不乏。夫得高爵與免罪，人之所甚欲也。使天下入粟於邊，以受爵免罪，不過三歲，塞下之粟必多矣。」於是文帝從錯之言，令民入粟邊，六百石爵上造，稍增至四千石爲五大夫，萬二千石爲大庶長，各以多少級數爲差。錯復奏言：「陛下幸使天下入粟塞下以拜爵，甚大惠也。竊恐塞卒之食不足用大渫天下粟。邊食足以支五歲，可令入粟郡縣矣；足支一歲以上，可時赦，勿收農民租。如此，德澤加於萬民，民俞勤農。時有軍役，若遭水旱，民不困乏，天下安甯；歲孰且美，則民大富樂矣。」上復從其言，乃下詔賜民十二年租稅之半。明年，遂除民田之租稅。後十三歲，孝景二年，令民半出田租，三十而稅一也。其後，上郡以西旱，復修賣爵令，而裁其賈以招民；及徒復作，得輸粟於縣官以除罪。

按：錯所言拜爵、除罪爲二事，文帝但從其拜爵一事，故《志》但言入粟拜爵之法。錯復奏亦第言入粟拜爵，不及除罪。迨後孝景時，以上郡以西旱，始行輸粟除罪之制，但及徒復作而不及他罪，亦偶行之一時，不爲常法也。《通考》言文帝納錯説，募民入粟除罪，誤也。《大學衍義補》亦承其誤。文帝事，《本紀》不載，《通鑑》載於十二年，蓋以《志》文有「賜民十二年租稅之半」，故知在是年也。

《武紀》：天漢四年秋九月，令死罪入贖錢五十萬減死罪一等。太始二年秋，旱，九月。同上。

《食貨志》：於是大司農陳臧錢經用，賦稅既竭，不足以奉戰士。有司請令民得買爵及贖禁錮免（臧）〔減〕罪。邱氏濬曰：「辟以止辟，此二帝三王立法之初意也。若死者而可以利贖，則犯法死者皆貧民，而富者不復死矣。其雜犯贖之可也，若夫殺人者而亦得贖焉，則死者何辜，而其寡妻孤子何以洩其憤哉？死者抱千載不報之冤，生者含没齒不平之氣，以此感傷天地之和，致災異之變，或馴致禍亂者亦或有之。爲天地生民主者，不可不以武帝爲戒。」

按：《食貨志》令民得買爵贖罪是二事，其文敍於置武功爵之上。置武功爵，《武紀》載在元狩六年六月，故《通鑑》從之，第是年所許贖罪者，祗禁錮及臧罪，不及他罪也。天漢、太始乃有死罪贖減之令，亦偶行之，不爲常法。邱氏之言固爲痛切，然其害亦不至是。

《漢書·李廣傳》：後四歲，元光六年。廣以衞尉爲將軍，出雁門擊匈奴。匈奴兵多，破廣軍，生得廣云云。得脱，於是至漢，漢下廣吏。吏當亡失多，爲虜所生得，當斬，贖爲庶人。

《蘇建傳》：後一歲，元朔六年。以右將軍再從大將軍出定襄，亡翕侯，失軍當斬，贖爲庶人。《武紀》云亡軍，獨身脱還。

《張騫傳》：騫以校尉從大將軍擊匈奴，知水草處，軍得以不乏，迺封騫爲博望侯。是歲元朔六年也。後二年，騫爲衞尉，與李廣俱出右北平擊匈奴。匈奴圍李將軍，軍亡失多，而騫後期當斬，贖爲庶人。

《公孫敖傳》：爲騎將軍，出代，亡卒七千人，當斬，贖爲庶人。元光六年。後二歲，元狩二年。以將軍出北地，後票騎，失期當斬，贖爲庶人。

《趙食其傳》：明年，元狩四年。爲右將軍，從大將軍出定襄，迷失道，當斬，贖爲庶人。《紀》云後期。

《司馬遷傳》：因爲誣上，卒從吏議。家貧，財賂不足以自贖。

按：李廣諸人皆以軍法當斬而贖者，司馬遷被宮刑，而與任安書言家貧不足自贖，是武帝時宫刑亦可贖也，何以宣帝時張敞之議又格不行，豈孝武時之贖乃特恩非常制歟？

《蕭望之傳》：是歲西羌反，神爵元年。漢遣後將軍征之。京兆尹張敞上書言：「國兵在外，軍以夏發，隴西以北，安定以西，吏民並給轉輸，田事頗廢，素無餘積，雖羌虜以破，來春民食必乏。窮辟之處，買亡所得，縣官穀度不足以振之。願令諸有辠，非盜受財殺人及犯法不得赦者，皆得以差入穀此八郡贖罪。務益致穀以豫備百姓之急。」事下有司，望之與少府李彊議，以爲「民函陰陽之氣，有好義欲利之心，在教化之所助。堯在上，不能去民欲利之心，而能令其欲利不勝其好義也；雖桀在上，不能去民好義之心，而能令其好義不勝其欲利也。故堯、桀之分，在於義利而已，道民不可不慎也。今欲令民量粟以贖罪，如此則富者得生，貧者獨死，是貧富異刑而法不壹也。人情，貧窮，父兄囚執，聞出財以得生活，爲人子弟者將不顧死亡之患，敗亂之行，以赴財利，求救親戚。一人得生，十人以喪，如此，伯夷之行壞，公綽之名滅。政教壹傾，雖有周召之佐，恐不能復。古者臧於民，不足則取，有餘則予。《詩》曰『爰及矜人，哀此鰥寡』，上惠下也。又曰『雨我公田，遂及我私』，下急上也。今有西邊之役，民失作業，雖户賦口斂以贍其困乏，古之通義，百姓莫以爲非。以死救生，恐未可也。陛下布德施教，教化既成，堯舜無以加也。今議開利路以傷既成之化，臣竊痛之。」於是天子復下其議兩府，丞相、御史以難問張敞。敞曰：「少府左馮翊所言，常人之所守耳。昔先帝征四夷，兵行三十餘年，百姓猶不加賦，而軍用給。今羌虜一隅小夷，跳梁於山谷閒，漢但令辠人出財減辠以誅之，其名賢於煩擾良民横興賦斂也。又諸盜及殺人犯不道者，百姓所疾苦也，皆不得贖；首匿、見知縱、所不當得爲之屬，議者或頗言其法可蠲除，師古曰：「以其罪輕而法重，故常欲除此科條。」今因此令贖，其便明甚，何化之所亂？《甫刑》之罰，小過赦，薄罪贖，有金選之品，應劭曰：「選音刷，金銖兩名也。」師古曰：「字本作『鋝』，鋝即『鍰』也。」所從來久矣，何賊之所生？敞備皁衣二十餘年，嘗聞罪人贖矣，未聞盜賊起也。竊憐涼州被寇，方秋饒時，民尚有飢乏，病死於道路，況至來春將大困乎！不早慮所以振救之策，而引常經以難，恐後爲重責。常人可與守經，未可與權也。敞幸得備列卿，以輔兩府爲職，不敢不盡愚。」望之、彊復對曰：「先帝聖德，賢良在位，作憲垂法，爲無窮之規，永惟邊竟之不贍，故《金布令甲》曰『邊郡數被兵，離飢寒，夭絶天年，父子相失，令天下共給其費』，固爲軍旅卒暴之事也。聞天漢四年，常使死罪人入五十萬錢減死罪一等，豪彊吏民請奪假貣至爲盜賊以贖罪。其後姦邪横暴，羣盜並起，至攻城邑，殺郡守，充滿山谷，吏不能禁，明詔遣繡衣使者以興兵擊之，誅者過半，然後衰止。愚以爲此使死罪贖之敗也，故曰不便。」時丞相魏相、御史大夫丙吉亦以爲羌虜且破，轉輸略足相給，遂不施敞議。

按：蕭、張之議，世多是蕭而非張，蕭守經而張行權也。然以備一時之急，張議正未可非，凡犯法之不得赦者既不許贖，則許贖皆情輕者，出穀以貸其罪，有何傷于政化？望之言固持正，似未合於事機，至欲户賦口斂以贍困乏，尤爲非計。敞謂小夷跳梁，但令罪人出財，賢於紛擾良民，洵通論也。《武紀》天漢二年「泰山、琅邪羣盜徐敎等阻山攻城，道路不通。遣直指使者暴勝之等衣繡衣杖斧分部逐捕」。其令死罪減贖則在四年，實在此後二年。乃望之謂羣盜之起緣於死罪之贖，殊於情事不合。以漢人言漢事，神爵又距天漢不遠，何以所言之舛錯如此，不可解也。至「富者得生，貧者獨死」二語，尤爲後來説者所主持，前已約略辨之矣。且除去情重之犯，則死罪已屬無多，若豪强吏民請奪假貣爲盜賊以贖罪，此則州郡經理之不善，正未可以此爲藉口。且恐言之過甚其詞，或偶有一二事而已。

《貢禹傳》：禹又言：「孝文皇帝時，貴廉絜，賤貪汙，賈人、贅壻及吏坐贓者皆禁錮不得爲吏，賞善罰惡，不阿親戚，罪白者伏其誅，疑者以與民，亡贖罪之法，故令行禁止，海内大化，天下斷獄四百，與刑錯亡異。武帝始臨天下，尊賢用士，闢地廣境數千里，自見功大威行，遂從耆欲，用度不足，乃行一切之變，使犯法者贖罪，入穀者補吏，是以天下奢侈，官亂民貧，盜賊並起，亡命者衆。郡國恐伏其誅，則擇便巧史書習於計簿能欺上府者，以爲右職；姦軌不勝，則取勇猛能操切百姓者，以苛暴威服下者，使居大位。故亡義而有財者顯於世，欺謾而善書者尊於朝，誖逆而勇猛者貴於官。故俗皆曰：『何以孝弟爲？財多而光榮。何以禮義爲？史書而仕宦。何以謹慎爲？勇猛而臨官。』故黥劓而髡鉗者猶復攘臂爲政於世，行雖犬彘，家富埶足，目指氣使，是爲賢耳。故謂居官而置富者爲雄桀，處姦而得利者爲壯士，兄勸其弟，父勉其子，俗之敗壞，迺至於是。察其所以然者，皆以犯法得贖罪，求士不得真賢，相守崇財利，誅不行之所致也。今欲興至治，致太平，宜除贖罪之法。相守選舉不以實，及有臧者，輒行其誅，亡但免官，師古曰：「不止免官而已。」則争盡力爲善，貴孝弟，賤賈人，進真賢，舉實廉，而天下治矣。孔子，匹夫之人耳，以樂道正身不解之故，四海之内，天下之君，微孔子之言亡所折中。況乎以漢地之廣，陛下之德，處南面之尊，秉萬乘之權，因天地之助，其於變世易俗，調和陰陽，陶冶萬物，化正天下，易於決流抑隊。自成康以來，幾且千歲，欲爲治者甚衆，然而太平不復興者，何也？以其舍法度而任私意，奢侈行而仁義廢也。陛下誠深念高祖之苦，醇法太宗之治，正己以先下，選賢以自輔，開進忠正，致誅姦臣，遠放諂佞，放出園陵之女，罷倡樂，絶鄭聲，去甲乙之帳，退僞薄之物，修節儉之化，驅天下之民皆歸於農，如此不解，則三王可侔，五帝可及。唯陛下留意省察，天下幸甚。」

按：西漢贖罪之法，據禹言始于孝武，蓋卽《食貨志》所載贖禁錮免臧罪也。禹奏，始言「貴廉絜，賤貪汙」，終言「進真賢，舉實廉」，中言「崇財利，誅不行」之禍，請除贖罪之法。有臧者輒行其誅。反覆指陳，可謂痛切。爾時石顯用事，此議竟格不行也。終西漢之世，贖法祇禁錮、坐贓二事，其他罪未嘗行。

《續漢書》：建武初，令天下繫囚減罪一等，出縑贖罪，輕重有差。《白孔六帖》四十四。

《後漢書·光武紀》：建武二十九年夏四月乙丑，詔令天下繫囚自殊死已下及徒各減本罪一等，其餘贖罪輸作，各有差。

按：東漢贖法，《續漢書》謂始於建武初，而《本紀》惟此一事，其後每遇赦宥輒行之而輕重不同。

《明紀》：中元二年四月，詔中二千石下至黄綬，貶秩贖論者，悉皆復秩還贖。十二月，詔天下亡命殊死已下，聽得贖論：死罪入縑二十匹，右趾至髡鉗城旦舂十匹，完城旦舂至司寇作三匹。其未發覺，詔書到先自告者，半入贖。永平八年十月，詔亡命者令贖罪各有差。十五年二月，詔亡命自殊死已下贖：死罪縑四十匹，右趾至髡鉗城旦舂十匹，完城且至司寇五匹；犯罪未發覺，詔書到日自告者，半入贖。十七年五月，制中二千石、二千石下至黄綬，貶秩奉贖，在去年已來皆還贖。十八年三月，詔其令天下亡命，自殊死已下贖：死罪縑三十匹，右趾至髡鉗城且舂十匹，完城且至司寇五匹；吏人犯罪未發覺，詔書到自告者，半入贖。

《章紀》：建初七年九月，詔亡命贖：死罪縑二十匹。餘與永平十八年同。元和元年八月，詔亡命者贖，各有差。和帝永元三年正月、八年八月；安帝延光三年九月；順帝永建元年十月、陽嘉元年九月並同。章和元年九月，詔亡命者贖。與建初七年同。

《安紀》：永初元年九月，詔死罪已下及亡命贖，各有差。順帝永和五年五月，桓帝建和三年九月並同。六年五月，令中二千石下至黄綬，一切復秩還贖，賜爵各有差。元初二年，詔亡命死罪以下贖，各有差。

《順紀》：永建四年正月，詔從甲寅赦令已來復秩屬籍，三年正月已來還贖。漢安二年十月，令郡國中都官繫囚殊死已下出縑贖，各有差；其不能入贖者，遣詣臨光縣居作二歲。

《靈紀》：建甯元年十月，令天下繫囚罪未決入縑贖，各有差。熹平三年十月，四年十月，六年十月；光和三年八月，五年七月；中平四年九月並同。

《陳寵傳》：寵又鉤校律令條法，溢於《甫刑》者除之。今律令死刑六百一十，耐罪千六百九十八，贖罪以下二千六百八十一，溢於《甫刑》者千九百八十九，其四百一十大辟，千五百耐罪，七十九贖罪。宜令三公、廷尉平定律令，應經合義者，可使大辟二百，而耐罪、贖罪二千八百，並爲三千，悉删除其餘。

按：《吕刑》五刑之屬三千，謂疑赦應罰者。《周禮·司刑》五刑各爲五百，共二千五百。穆王改墨、劓各千，剕五百，宫三百，大辟二百，蓋減重刑而增輕刑，故爲三千。然五刑之不應罰者自別爲三千，不在此數也。寵欲合贖罪定爲三千以符《甫刑》之數，疑漢時説《尚書》者有此一解，然與經文不符。《甫刑》之墨爲漢之耐，《甫刑》之劓、剕爲漢之笞，此文不言笞罪，已該於耐罪之中，《甫刑》墨、劓、剕爲二千五百，與此傳之數亦不相中，所未詳也。

又按：東漢贖法不傳，今將各《紀》所載彙録於此：建武時殊死已下及徒減而不贖，其餘贖。所謂其餘者，不知指何者而言。明帝以後，贖罪以縑，死罪有二十匹、三十匹、四十匹之分，完城旦春至司寇有三匹、五匹之分，右止至髡鉗城旦春則無分別，殆其初亦隨時增損。永初以後，詔不言縑數，則已有定制，應劭所謂贖罪人三十匹縑是也。至貶秩贖論者得還贖，自告者半贖，亡命者贖，罪未決者贖，不能贖者居作，東京之制亦可以得其大凡矣。

漢《金布律》：罰贖以呈黄金爲價。晉《刑法志》。

《尚書·舜典》疏：古之贖罪者皆用銅，漢始改用黄金，但少其斤兩，令與銅相敵。故鄭玄《駁異義》言贖死罪千鍰。鍰，六兩大半兩，爲四百一十六斤十兩大半兩銅，與今贖死金三斤爲價相依附。

按：東漢贖罪以縑不以金，史有明文，應劭亦言用縑，而《金布律》言以黄金爲價，康成之駁即本漢律言也。第西京死罪之贖惟天漢、太始兩行之，爲錢五十萬，亦不以金。元狩六年所定贖禁錮免贓罪法是否以金，亦無可考。律言以金爲價，疑是準此爲贖之數，不必定用金也。

蔡邕表賀録换誤上章謝罪：今月十八日，臣以相國兵討逆賊，故河内太守王臣等屯陳破壞，斬獲首級，詣朝堂上賀，臣邕奉賀録，故羽林郎將李參遷城門校尉，而署名羽林左監，右衛尉杜衍在朝堂而稱不在録，咎在臣不詳省案，使參以亡爲存，在衍以存爲亡，錯奏謬録，不可行，侍御史劾臣不敬，當賜刑書懲戒不悋，陛下天地之德，不辱收戮。丙辰，詔書以一月俸贖罪。

按：此後世罰俸之權輿，漢時亦謂之贖罪。

《晉書·刑法志》：魏法贖刑十一，罰金六。

按：此贖刑、罰金顯分爲二，魏法承於漢也。

《魏志·明紀》：太和四年十月，令罪非殊死聽贖各有差。

晉律：其年老小篤癃及女徒，皆收贖。諸應收贖者，皆月入中絹一匹，老小女人半之。

晉律：贖死金二斤。注曰：「謂其贖五歲以下一等減半，四歲以下一等減半也。凡諸侯上書言及不敬，皆贖論。諸侯應八議以上，請得減收留贖，勿髡鉗笞也。」《北堂書鈔》四十四。

按：收贖專就年刑言，月入絹一匹，五歲刑得月六十，入絹六十匹；四歲刑得月四十八，入絹四十八匹；三歲刑得月三十六，入絹三十六匹；二歲刑得月二十四，入絹二十四匹。後來梁律實本於此。贖死罪金二斤，梁亦同也。鄭康成言漢贖死金三斤，而晉減爲二斤，殆以其時金價貴歟。觀於晉、宋、齊兼用絹，梁、陳全用絹，北朝齊、周亦皆用絹，隋又改用銅，此可以見金貴之故。

《晉志》：泰始四年，班新律。其後，明法掾張斐又注律，表上之，其要曰：五刑不簡，正于五罰，五罰不服，正于五過，意善功惡，以金贖之。金等不過四兩，月贖不計日，日作不拘月。贖罰者誤之誡。

《御覽》六百五十一：《會稽典録》：「楊矯爲右丞，詣南宫取急案條閣舊事，於複道中逢太常羊柔不避車，矯糾奏柔，以爲知丞卽應行威儀，有敍九列外官而公干犯，請廷尉治柔罪。詔勿治，以三月俸贖罪。」

按：此與蔡邕事正同，蓋承用漢法。

宋、齊贖罪兼用絹。詳總考。

按：宋、齊刑制同晉，見《唐六典》。

《梁書·武紀》：天監元年，詔曰：「金作贖刑，有聞自昔，入縑以免，施於中世，民悦法行，莫尚乎此。永言叔世，偷薄成風，嬰訾入罪，厥塗匪一。斷弊之書，日纏於聽覽；鉗釱之刑，歲積於牢犴。死者不可復生，刑者無因自返，由此而望滋實，庸可致乎？朕夕惕思治，念崇政術，斟酌前王，擇其令典，有可以憲章邦國，罔不由之。釋愧心於四海，昭情素於萬物。俗僞日久，禁網彌繁。漢文四百，邈焉已遠。雖省事清心，無忘日用，而委銜廢策，事未獲從。可依周、漢舊典，有罪入贖，外詳爲條格，以時奏聞。」

《隋志》：梁武帝卽位，乃制權典，依周、漢舊事，有罪者贖。詳總考。

按：此梁武初卽位之制，未詳。

梁律：收贖四等，贖五等。詳總考。

按：梁收贖之法本於晉，説見前，其贖法當亦本於晉也。罰金自爲五等，而梁律罰金一兩已上爲贖罪，是罰金亦統於贖罪矣。男子云云者，對於女子各半之，而言女子半之，亦晉制也。此天監元年八月修定之律，其時删定郎蔡法度取齊武時删定郎王植之集注張、杜舊律，就其本損益以爲梁律，故其法多用晉，此律之源流可以討尋者。

《隋志》：天監三年十月，詔以金作權典，宜在蠲息。於是除贖罪之科。

《隋志》：大同十一年十月，復開贖罪之科。

《梁書・武紀》：大同十一年十月，詔曰：「堯、舜以來，便開贖刑，中年依古，許罪身入貲，吏下因此，不無姦猾，所以一日復敕禁斷。川流難壅，人心惟危，既乖内典慈悲之義，又傷外教好生之德。《書》云『與殺不辜，甯失不經』。可復開罪身，皆聽入贖。」

按：觀於詔語，贖科復開，仍是佛氏慈悲之義。

陳存贖罪之科。詳總考。

《魏書・刑罰志》：昭成建國二年，當死者，聽其家獻金馬以贖。神䴥中，崔浩定律令，當刑者贖。詳總考。

按：昭成，代王什翼犍也。其時法度未備，故有金馬之贖。迨崔浩定律令，當刑者贖，刑罪即年刑也，惟年刑許贖，則死罪不得贖，已不用金馬之法矣。

北齊贖罪十五等。詳總考。《隋志》：齊又列重罪十條：一曰反逆，二曰大逆，三曰叛，四曰降，五曰惡逆，六曰不道，七曰不敬，八曰不孝，九曰不義，十曰內亂。其犯此十者，不在八議論贖之限。

按：八議論贖之法，《隋志》不具，他無可考。

北周贖罪，杖、鞭、徒、流各五等，死刑爲一等。詳總考。

按：北齊、北周之制，有贖而無罰金，雖輕罪至笞十亦名贖，蓋已删罰金之名矣。

又按：梁死刑二，北齊死罪四，北周死罪五，而贖法則同，不復分等，蓋卽唐法二死同一減之意也。

隋贖罰，以銅代絹，自笞至死罪凡十九等。詳總考。

按：古者贖本以銅，漢始改用黃金，而武帝則或以錢，東京用縑，晉律收贖用絹，而贖罪用金。《唐六典》謂宋、齊兼用絹，或不分別收贖與贖罪矣。梁律收贖用絹，自六十匹至二十四匹凡四等，其數多。贖罪以金，而以絹代，自十六匹至二丈凡十等，其數少，其法蓋本于晉。而贖罪亦不用金，以絹一匹抵金二兩，故贖死者金二斤，男子十六匹，餘可類推也。北齊、北周亦皆以絹代金，至隋又以銅代絹，復古制矣，唐、宋遂相沿不改。元以鈔，明以銅錢。

《隋志》：煬帝卽位，又敕修律令。時斗稱皆小舊二倍，其贖銅亦加二倍爲差。杖百則三十斤矣。徒一年六十斤，每等加三十斤爲差，三年則一百八十斤矣。流無異等，贖二百四十斤。二死同贖三百六十斤。其實不異開皇舊制。

唐律笞刑五，贖銅一十一斤，二十二斤，三十三斤，四十四斤，五十五斤；杖刑五，贖銅六十六斤，七十七斤，八十八斤，九十九斤，一百十斤；徒刑五，贖銅一年二十斤，一年半三十斤，二年四十斤，二年半五十斤，三年六十斤；流刑三，贖銅二千里八十斤，二千五百里九十斤，三千里一百斤；死刑二，贖銅一百二十斤。

按：唐法悉本開皇，三流里數加而贖銅之數則同也。

《唐律・名例二・應議請減》：此名贖章。諸應議、請、減及九品以上之官，若官品得減者之祖父母、父母、妻、子、孫犯流罪以下，聽贖。《疏議》曰：「應議、請、減者，謂議、請、減三章内人。亦有無官而入議、請、減者，故不云官也。及九品以上官者，謂身有八品、九品之官。若官品得減者，謂七官以上之官，蔭及祖父母、父母、妻、子、孫，犯流罪以下並聽贖。」若應以官當者，自從官當法。《疏議》曰：「議、請、減以下人身有官者，自從官當除免，不合留官取蔭收贖。」其加役流、《疏議》曰：「加役流，舊是死刑，武德中改爲斷趾。國家惟刑是恤，恩弘博愛，以刑者不可復屬，死者務欲生之，情軫向隅，恩覃祝網，以貞觀六年奉制改爲加役流。」反逆緣坐流、《疏議》曰：「謂緣坐反逆得流罪者。其婦人有官者，比徒四年，依官當之法，亦除名。無官者，依留住法，加杖、配役。」子孫犯過失流、《疏議》曰：「謂耳目所不及、思慮所不到之類，而殺祖父母、父母者。」不孝流《疏議》曰：「不孝流者，謂聞父母喪，匿不舉哀，流；告祖父母、父母者，絞，從者流；呪詛祖父母、父母者，流；厭魅求愛媚者，流。」問曰：「居喪嫁娶，合徒三年，或恐喝或强，各合加至流罪，得入不孝流以否？」答曰：「恐喝及强，元非不孝，加至流坐，非是正刑，律貴原情，據理不合。」及會赦猶流者，《疏議》曰：「案《賊盜律》云，造畜蠱毒，雖會赦，并同居家口及教令人亦流三千里。《斷獄律》云，殺小功尊屬、從父兄姊及謀反、大逆者，身雖會赦，猶流二千里。此等並是會赦猶流。其造畜蠱毒，婦人有官、無官，並依下文，配流如法。有官者，仍除名，至配所免居作。」各不得減贖，除名、配流如法。除名者，免居作。即本罪不應流配而特配者，雖無官品，亦免居作。《疏議》曰：「男夫犯此五流，假有一品以下及取蔭者，並不得減贖，除名、流配如法。三流俱役一年，稱加役流者，役三年。家無兼丁者，依下條加杖、免役。故云如法。」注：「除名者，免居作，卽本罪不應流配而特流配者，雖無官品，亦免居作。」《疏議》曰：「犯五流之人有官爵者，除名，流配，免居作。卽本罪不應流配而特流配者，雖無官品亦免居作。謂有人本犯徒以下及有蔭之人，本法不合流配，而責情特流配者，雖是無官之人，亦免居作。」其於期以上尊長及外祖父母、夫、夫之祖父母，犯過失殺傷應徒，若故毆人至廢疾應流，男夫犯盜謂徒以上。及婦人犯姦者亦不得減贖。有官爵者，各從除、免、當、贖法。《疏議》曰：「過失殺祖父母、父母，已入五流，若傷，卽合徒罪，故云期以上。其期親尊長及外祖父母、夫、夫之祖父母，犯過失殺及傷，應合徒者。故毆人至廢疾應流，謂特蔭合贖，故毆人至廢疾，準犯應流者。男夫犯盜徒以上，謂計盜罪至徒以上，强盜不得財亦同。及婦人犯姦者，並亦不得減贖。言亦者，亦如五流，不得減贖之義。」注：「有官爵者，各從除、免、當、贖法。」《疏議》曰：「謂故毆小功尊屬至廢疾，及男夫於監守內犯十惡及盜，婦人姦入內亂者，並合除名。若男夫犯盜斷徒以上及婦人犯姦者，並合免官。其於期親以上尊長，犯過失殺傷應徒，及故毆凡人至廢疾應流，並合官當。犯除名者爵亦除。本犯免官、免所居官及官當者，留爵收贖。縱有官爵合減亦不得減，故云各從除、免、當、贖法。」問曰：「五流不得減贖，若會降，合減贖以否？」答曰：「五流，除名、配流，會降至徒以下，有蔭、應贖之色，更無配役之文，卽有聽贖者，有不聽贖者。止如加役流、反逆緣坐流、不孝流，此三流會降，並聽收贖。其子孫犯過失流，雖會降亦不得贖。何者？文云：於期以上尊長，犯過失殺傷應徒，不得減贖。此雖會降，猶是過失應徒，故不合贖。其有官者，自準除免、當、贖、之例。本法既不合例減，降後亦不得減科。其會赦猶流者，會降灼然不免。」諸婦人有官品及邑號犯罪者，各依其品，從議、請、減、贖、當、免之律，不得蔭親屬。《疏議》曰：「婦人有官品者，依令：妃及夫人，郡、縣、鄉君等是也。邑號者，國、郡、縣鄉等名號是也。婦人六品以下無邑號，直有官品，卽媵是也。依《禮》：『凡婦人，從其夫之爵命。』注云：『生禮死事，以夫爲尊卑。』故犯罪應議、請、減、贖者，各依其夫品，從議、請、減、贖之法。若犯除、免、官當者，亦準男夫之例，故云各從議、請、減、贖、當、免之律。婦人品命既因夫、子而授，故不得蔭親屬。」若不因夫、子別加邑號者，同封爵之例。《疏議》曰：「別加邑號者，犯罪一與男子封爵同。除名者，爵亦除。免官以下，並從議、請、減、贖之例，留官收贖。」諸五品以上妾犯非十惡者，流罪以下聽以贖論。《疏議》曰：「五品以上之官，是爲通貴，妾之犯罪，不可配決。若犯非十惡，流罪以下聽用贖論。其贖條內不合贖者，亦不在贖限。若妾自有子孫及取餘親蔭者，假非十惡，聽依贖例。」其假版官犯流罪以下，聽以贖論。《疏議》曰：「假版授官，不著令、式，事關恩澤，不要耆年，聽以贖論，不以假版官當罪。其準律不合贖者，處徒以上，版亦除削。」《釋文》：「諸假版官者，即攝官也。假，猶借也。謂此等之身無正官，故權假借他官版以令攝事，故名之曰假版官也。」諸無官犯罪，有官事發，流罪以下，以贖論。謂從流外及庶人而任流內者，不以官當、除、免。犯十惡及五流者，不用此律。《疏議》曰：「無官犯罪，有官事發，流罪以下，皆依贖法。謂從流外及庶人而任流內者，其除名及當、免，在身見無流內告身，亦同無官例。其於贖章內合除、免、官當者，亦聽收贖，故云不以官當、除、免。若犯十惡五流，各依本犯除名及配流，不同此條贖法，故云不用此律。」問曰：「無官犯罪，有官事發，流罪以下，以贖論。雖稱以贖，如有七品以上官，合減以否？」答曰：「既稱流罪以下以贖論，據贖條內不得減者，此條亦不合減。自餘雜犯應減者，並從減例。據下文『無蔭犯罪，有蔭事發，並從官、蔭之法』，故知得依減之例。」其流內官而任流外職犯罪，以流內當及贖徒一年者，各解流外任。《疏議》曰：「假有勳官，任流外職者，犯徒以上罪，以勳官當之。或犯徒，用官不盡，而贖一年徒以上者，各解流外任。」其雜犯死罪，即在禁身死，若免死別配及背死逃亡者，並除名。皆謂本犯合死而獄成者。會降者，聽從當、贖法。《疏議》曰：「雜犯死罪以下，未奏畫逢降，有官者聽官當，有蔭者依贖法。本法不得蔭贖者，亦不在贖限。其會赦者，依令解見任職事。」問曰：「上文云十惡、故殺人、反逆緣坐，會赦猶除名。雜犯死罪等，會降從當贖法。若有別蒙敕放及會慮減罪，得同赦、降以否？」答曰：「若使普覃惠澤，非涉殊私，雨露平分，自依恒典。如有特奉鴻恩，總蒙原放，非常之斷，人主專之，爵命並合如初，不同赦、降之限。其有會慮減罪，計與會降不殊，當免之科，須同降法。慮若全免，還從特放之例。」又問：「加役流以下五流，犯者除名、配流如法。未知會赦及降，若爲處分？」答曰：「會赦猶流，常赦所不免，雖會赦、降，仍依前除名、配流。其不孝流、反逆緣坐流，雖會赦亦除名。子孫犯過失流，會赦免罪；會降，有官者聽依當、贖法。其加役流，犯非一色，入十惡者，雖會赦、降，仍合除名。稱以枉法論、監守内以盜論者，會赦免所居官；會降同免官之法。自餘雜犯，會赦從原，會降依當、贖法。凡斷罪之法，應例減者，先減後斷。其五流先不合減者，雖會降後亦不合減科。」**若官盡未敍，更犯流以下罪者，聽以贖論。**敍限各從後犯計年。《疏議》曰：「謂用官當免並盡，未到敍日，更犯流罪以下者，聽以贖論。以其年限未充，必有敍法，故免決配，聽依贖法。本犯不合贖者亦不得贖。」問曰：「此條内有毆告大功尊長、小功尊屬者，合以贖論否？」答曰：「上條毆、告大功尊長、小功尊屬，不得以蔭論。今此自身官盡，聽以贖論，即非用蔭之色，聽同贖法。」注：「敍限各從後犯計年。」《疏議》曰：「犯免官及免所居官、官當者，各依後犯計年聽敍。官盡更犯，聽依贖法。若犯當免官，更三載之後聽敍。免所居官者，更期年之後聽敍。其犯徒、流，不合贖而真配者，流則依令六載，徒則役滿敍之。雖役滿仍在免官限内者，依免官敍例。」**諸以官當徒者，罪輕不盡其官，留官收贖。官少不盡其罪，餘罪收贖。**《疏議》曰：「假有五品以上官，犯私坐徒二年，例減一等，即是罪輕不盡其官，留官收贖。官少不盡其罪者，假有八品官，犯私坐一年半徒，以官當徒一年，餘罪半年收贖之類。」**其犯除、免者，罪雖輕，從例除、免。罪若重，仍依當、贖法。**《疏議》曰：「凡是除名、免官，本罪雖輕，從例除、免。罪重者，各準所犯，準當徒、流及贖法。假有職事正七品上，復有歷任從七品下，犯除名、流不合例減者，以流比徒四年，以正七品上一官當徒一年，又以從七品下一官當徒一年。更無歷任及勳官，則徵銅四十斤，贖二年徒坐，仍準例除名。若罪當免官者，亦準此當、贖法，仍依例免官。此名罪若重，仍依當贖法。」**其除爵者，雖有餘罪，不贖。**《疏議》曰：「爵者既得傳授子孫，所以義同帶礪。今並除削，在責已深，爲其國除，故有殘罪不贖。」**諸年七十以上、十五以下及廢疾犯流罪以下，收贖。**犯加役流、反逆緣坐流、會赦猶流者，不用此律。至配所，免居作。《疏議》曰：「依《周禮》，年七十以上及未齔者，並不爲奴。今律年七十以上、七十九以下、十五以下、十一以上及廢疾，爲矜老小及疾，故流罪以下收贖。」問曰：「上條贖章稱犯流罪以下聽贖，此條及官當條即言收贖，未知聽之與收有何差異？」答曰：「上條犯十惡等有不聽贖處，復有得贖之處，故云聽贖。其當徒，官少不盡其罪，餘罪收贖；及矜老小廢疾，雖犯十惡，皆許收贖。此是隨文設語，更無別例。」注：「犯加役流云云。」《疏議》曰：「加役流者，本是死刑，元無贖例，故不許贖。反逆緣坐流者，逆人至親，義同休戚，處以緣坐，重累其心。此雖老疾，亦不許贖。會赦猶流者，爲害深重，雖會大恩，猶從流配。此等三流，特重常法，故總不許收贖。至配所免居作者，矜其老小，不堪役身，故免居作。其婦人流法與男子不同，雖是老小，犯加役流亦合收贖，徵銅一百斤。反逆緣坐流，依《賊盜律》，婦人年六十及廢疾，並免，不入此流。即雖謀反，詞理不能動衆，威力不足率人者，亦皆斬。父子、母女、妻妾並流三千里。其女及妻妾年十五以下十一以上，亦免流配，徵銅一百斤。婦人犯會赦猶流，唯造畜蠱毒並同居家口仍配。」**八十以上、十歲以下及篤疾犯反逆、殺人應死者，上請。盜及傷人者，亦收贖。**有官爵者，各從官當、除、免法。《疏議》曰：「盜者，雖是老小及篤疾，並爲意在貪財，傷人者，老小疾人未離忿恨。此等二事，既侵損於人，故不許全免，令其收贖。若有官爵者，須從官當、除、免之法，不得留官徵贖。謂毆從父兄姊傷，合除名；盜五匹以上，合免官；毆凡人折支，合官當之類。」問曰：「既云『盜及傷人亦收贖』，若或强盜合死，或傷五服内親亦合死刑，未知並得贖否？」答曰：「盜及傷人亦收贖，但盜既不言强竊，傷人不顯親疏，直云收贖，不論輕重。謂其老小，特被哀矜。設令强盜，傷親合死，據文並許收贖。」又問：「既稱傷人收贖，即似不傷者無罪。若有毆殺他人部曲、奴婢，及毆己父母不傷，若爲科斷？」答曰：「奴婢賤隸，唯於被盜之家稱人；自外諸條殺傷，不同良人之限。若老小篤疾，律許哀矜，雜犯死刑，並不科罪。傷人及盜，俱入贖刑。例云：殺一家三人爲不道。注云：殺部曲、奴婢者非。即驗奴婢不同良人之限。惟因盜殺傷，亦與良人同。其應出罪者，舉重以明輕。雜犯死刑，尚不論罪；殺傷部曲、奴婢，明亦不論。其毆父母，雖小及疾可矜，敢毆者，乃爲惡逆；或愚癡而犯，或情惡故爲，於律雖得勿論，準禮仍爲不孝。老小重疾，上請聽裁。」又問：「八十以上，十歲以下，盜及傷人亦收贖。注云：有官爵者，各從除、免、當、贖法。未知本罪至死，仍得以官當贖以否？」答曰：「條有收贖之文，注設除、免之法，止爲矜其老疾，非謂故輕其罪。但雜犯死罪，例不當贖，雖有官爵，並合除名。既死無比徒之文，官有當徒之例，明：其除、免、當法，止據流罪以下。若欲以官折死，便是律外生文，自須依法除名，死依贖例。」若罪人自首及遇恩原減者，亦準罪人原減法。其應加杖及贖者，各依杖贖、例。《疏議》曰：「其應加杖，假有官户、奴婢犯流，而爲過致資給，捉獲官户、奴婢等，流罪加杖二百，過致資給者，並依杖二百罪減之，不從流減。其罪本合收贖，過致資給者亦依贖法，不以官當加杖、配役。」諸二罪以上俱發，以重者論。謂非應累者，唯具條其狀，不累輕以加重。若重罪應贖，輕罪應居作、官當者，以居作、官當爲重。」《疏議》曰：「謂甲過失折人二支應流，依法聽贖；私有禁兵器合徒，官當，即以官當爲重。若白丁犯者，即從禁兵器徒一年半，即居作爲重罪。若更多犯，自依從重法。」問曰：「有七品子犯折傷人，合徒一年，應贖；又犯盜，合徒一年，家有親老，應加杖。二罪俱發，何者爲重？」答曰：「律以贖法爲輕，加杖爲重，故盜者不得以蔭贖。家有親老，聽加杖放之，即是加杖爲重罪。若贖一年半徒，自從重斷徵贖；不合從輕加杖。」諸官户、部曲、稱部曲者，部曲妻及客女亦同。官私奴婢有犯，本條無正文者，各準良人。若犯流、徒者，加杖，免居作。應徵正贓及贖，無財者，準銅二斤，各加杖十。決訖，付官、主。《疏議》曰：「犯罪應徵正贓及贖，無財可備者皆據其本犯及正贓，準銅每二斤，各加杖十，決訖，付官、主。銅數雖多，不得過二百。今直言正贓不言倍贓者，正贓無財，猶許加杖放免；倍贓無財，理然不坐。其有財堪備者，自依常律。」若老小及廢疾，不合加杖，無財者放免。《疏議》曰：「謂以上應徵贖之人，若年七十以上、十五以下及廢疾，依律不合加杖，勘檢復無財者，並放免不徵。其部曲、奴婢應徵贓贖者，皆徵部曲及奴婢，不合徵主。」諸共犯罪而有逃亡，見獲者稱亡者爲首，更無證徒，則決其從罪。後獲亡者稱前人爲首，鞫問是實，還依首論，通計前罪，以充後數。

若前輸贖物，後應還者，還之。《疏議》曰：「假令有九品官，犯徒一年，詐爲從罪，前斷處杖一百，徵銅十斤，今依首論，斷作一年徒坐，以九品一官當徒坐盡，前徵銅十斤者還之。是名前輸贖物，後應還者，還之。其增減人罪，今有輕重者，亦從此律。《疏議》曰："此設判官之罪。增人罪者，有人犯徒一年，止有九品一官，官司增罪，科徒二年，官當一年，餘罪收贖。後更審問，止合徒一年，前增一年贖物，即合追還。減人罪者，若有一人身居兩職，並是九品以上，犯徒二年，官司減爲一年半，用一官當徒一年，餘有半年，官當不盡，贖銅十斤。檢知前失，還用兩官，當徒二年。前輸半年贖物，亦合還主。"若枉，入人徒年者，即計庸，折除課役及贖直。《疏議》曰："及贖直者，假有七品以上子，被枉徒一年，即以役身之庸折其贖直。計庸折銅不盡，更徵餘贖。或折銅已盡，仍有餘庸，更亦不計。若有課役，依上法折除。其判官得罪，自從故失。或有中男十六以上應贖，犯杖一百，官司處徒一年，亦以役日計庸，折充贖直；盡與不盡，皆同上解。"其本應徒，已決杖、笞者，即以杖、笞贖直，準減徒年。《疏議》曰："假有本坐合徒一年，官司決杖一百。決訖事發，還合科徒。前已決杖一百，不可追改。準徒一年，贖銅二十斤；即是十八日徒當銅二斤，準笞十。前決（杖）一百，總合減徒一百八十日，即當銅十斤，折徒半年。若一年徒罪，已笞五十，即以五斤之銅，減徒役九十日；減外殘徒，各依式配役。"諸囚在禁，妄引人爲徒侶者，以誣告罪論。即本犯雖死，仍準流徒加杖及贖法。諸疑罪，各依所犯，以贖論。《疏議》曰："謂依所疑之罪用贖法收贖。"

按：贖法，自隋已前《史》、《志》但載大綱而條目不具，其體裁然也。歷代律書皆亡；惟《唐律》完善，於贖法頗爲詳明，今備録之。六代南朝，收贖數多而贖罪數少。唐贖銅之數載于五刑條下，收贖、贖罪無重輕之異，其法當亦仿於開皇也。

《通考》一百七十一：唐玄宗天寶六載，敕節文："其贖銅如情，願納錢，每斤一百二十文。若欠負官物，應徵正贓及贖物，無財以備，官役折庸。其物雖多，限三年。一人一日折絹四匹。若會恩其物合免者，停役。

按：此以庸抵贖，卽後來以工作折罰之意。

又同上。僖宗乾符三年，敕應殘疾篤疾犯徒流罪，或是連累，卽許徵贖，如身犯罪，不在免限，其年十五以下者，準律文處分。

《五代會要》：晉天福六年，尚書刑部員外郎李象奏：「請今後凡是散官，不計高低，若犯罪不得當贖，亦不得上請。」詳定院覆奏：「內外文武官，有品官者自依品官法，無品官、有散使官者，應內外帶職廷臣賓從、有功將校等，並請同九品官例。其京都軍巡使及諸道州府衙前職員、內外雜任鎭將等，並請準律，不得上請當贖。其巡司馬步司判官，雖有曾歷品官者，亦得同流外職。準律，杖罪已下依決罰例，徒罪已上仍舊當贖法。」

《宋史·刑法志》：乾德四年，《通考》作開寶。大理正高繼申上言：「《刑統·名例律》：三品、五品、七品以上官親屬犯罪，各有等第減贖。恐年代已深，不肖自恃先蔭，不畏刑章。今犯罪身無官，須祖、父曾任本朝官，據品秩得減贖。如仕于前代，須有功惠及民、爲時所推、歷官三品以上，乃得請。」從之。後又定：「流內品官任流外職，準律交，徒罪以上依當贖法。諸司授勒留官及歸司人犯徒流等罪，公罪許贖，私罪以決罰論。」淳化四年，《通考》作端拱二年。詔諸州民犯罪，或入金贖，長吏得以任情而輕重之，自今不得以贖論。婦人犯杖以下，非故爲，量輕重笞罰或贖銅釋之。仁宗深憫夫民之無知也，欲立贖法以待薄刑，迺詔有司曰：「先王用法簡約，使人知禁而易從。後代設茶、酒、鹽稅之禁，奪民厚利，刑用滋章。今之《編敕》，皆出律外，又數改更，官吏且不能曉，百姓安得聞之？一陷于理，情雖可哀，法不得贖。豈禮樂之化未行而專用刑罰之弊與？漢文帝使天下人入粟於邊，以受爵免罪，幾于刑措。其議科條非著于律者，或冒利犯禁，奢侈違令，或過誤可憫，別爲贖法。鄉民以穀麥，市人以錢帛，使民重穀麥，免刑罰，則農桑自勸，富壽可期矣。」詔下，論者以爲富人得贖而貧者不能免，非朝廷用法之意。時命輔臣分總職事，以參知政事范仲淹領刑法，未及有所建明而仲淹罷，事遂寢。至和初，又詔：「前代帝王後，嘗仕本朝官不及七品者，祖父母、父母、妻子罪流以下，聽贖。雖不仕而嘗被賜子者，有罪，非巨蠹，亦如之。」隨州司理參軍李抃父毆人死，抃上所授官以贖父罪，帝哀而許之。君子謂之失刑，然自是未嘗爲比。而終宋之世，贖法惟及輕刑而已。

《宋刑統》：自笞至死，贖銅之法與唐律同。詳總考。

按：宋贖銅之法全用唐法，載在《刑統》，而史言「終宋之世，贖法惟及輕刑」，殆宋時議者多非之，故亦虛懸此法而不用與。仁宗之詔，《通考》云是慶曆三年，亦格於衆議而寢。然使妥議條章，量存矜恤，未嘗不可以寬過誤而養廉恥也。

《宋史・真宗紀》：咸平元年二月，慮囚，老幼疾病，流以下聽贖。二年正月，定諸司使以下至三班使臣有罪比品聽贖。

《通考》一百七十一：真宗景德二年，審刑院大理寺上折杖贖金條：犯加役流而下，一罪先發，已經論罰，餘罪後發，又計前杖科決。上以細民膚革薦傷，殊非哀矜之意，詔申定其制，止贖。金以滿，餘數若情理凶惡者，即復決杖。

《真宗紀》：大中祥符五年二月，詔貢舉人公罪聽贖。

《燕翼貽謀録》：舊制士人與編氓等。大中祥符五年二月，詔貢舉人曾預省試，公罪聽收贖，而所贖，止於公罪徒，其後，私罪杖亦許贖論。

《仁宗紀》：天聖七年，詔定吏人犯罪不許用蔭贖。

《燕翼貽謀録》：國初，吏人皆士大夫子弟不能自立者，忍恥爲之，犯罪用蔭贖，吏有所恃，敢於爲姦。天聖七年三月乙丑，三司吏毋士安犯罪，用祖令孫蔭，詔特決之。仍詔今後吏人犯罪，並不用蔭。又詔吏投募，責狀在身無蔭贖，方聽入役。苟吏可用蔭，則是仕官不如爲吏也，誘不肖子弟爲惡，莫此爲甚，禁之，誠急務不可緩也。

按：今之吏古之庶人，在官者皆良民也。兩漢之世，名臣多出其中，是在馭之得其道，吏豈能爲患哉？自宋之後，賤視吏，而吏之權日益重即此。天聖之制，亦賤吏之一端也。夫人之情，衆貴之則亦自居於貴，衆賤之則亦自居於賤。人至甘居於賤，則凡常人之所不爲者亦爲之矣。迨至窟宅既深，勢不可去而向之，賤視之轉又貴視之，而其權益不可奪矣，乃以咎吏，夫豈吏之咎哉？

《宋志》：熙甯三年，中書上刑名未安者五：其四，令州縣考察士民，有能孝悌力田爲衆所知者，給帖付身。偶有犯令，情輕可恕者，特議贖罰；其不悛者，科決。迄不果行。

《通考》一百七十一：熙甯四年，前單州碭山縣尉王存立言，嘉祐中，同學究出身以父坐事配隷，納官贖自便，而鄉縣不免丁役，願同舉人例。詔復賜出身，仍注合入官。

按：此以官贖父罪者，當是權時行之。

《遼史·刑法志》：品官公事誤犯，民年七十以上、十五以下犯罪者，聽以贖論。贖銅之數，杖一百者，輸錢千。重熙元年，詔職事官公罪聽贖，私罪各從本法。子弟及家人受賕，不知情，止坐犯人。

《金史·刑志》：金國舊俗，輕罪云云，其親屬欲以馬牛雜物贖者，從之。或重罪亦聽其贖。詳總考。

按：此文輕罪下有殺人、盜劫云云，其親屬句總承上文，是殺人、盜劫亦可贖也。《刑志》云「金初，法制簡易，無輕重貴賤之別，刑、贖並行」，蓋謂此。

《金志》：世宗大定八年，制品官犯賭博法，贓不滿五十貫者其法杖，聽贖。再犯者，杖之。

泰和元年，所修律成，實唐律也，但加贖銅皆倍之。詳總考。

按：泰和贖銅之數，視唐、宋加倍，惟徒增爲七。其四年、五年贖銅之數與流二千里、二千五百里同。

《金史·完顏伯嘉傳》：伯嘉至歸德，上言，乞雜犯死罪以下納粟贖免。宰臣奏：「伯嘉前在代州嘗行之，蓋一時之權，不可爲常法。」遂寢。

《續通考》一百三十五：興定三年十月，定贓計罪，以銀爲則。先是貞祐三年五月，有司輕重謀罰，率以錢贖而當罪不平，遂命贖銅計贓皆以銀價爲準。至是，省臣奏，向以物重錢輕，犯贓者計錢論罪則太重，於是以銀爲則，每兩爲錢二貫。有犯通寶之贓者，直以通寶論。如因軍興調發受通寶及三十貫者，已得死刑，準以金銀價纔爲錢四百有奇，罪止當杖，輕重懸絶如此，遂命準犯時銀價論罪。後參政李復亨言，近制犯通寶贓者並以物價折銀定罪，每兩爲錢二貫，而法當贖銅者止納通寶見錢，乞亦令輸銀，既足懲惡，又有補於官。詔省臣議。遂命犯公錯過誤者止徵通寶見錢，贓污故犯者輸銀。

《元史·刑法志》：贖刑：諸牧民官，公罪之輕者，許罰贖。諸職官犯夜者，贖。諸年老七十以上，年幼十五以下，不任杖責者，贖。諸罪人癃篤殘疾，（者）〔有〕妨科決（有）〔者〕，贖。每笞杖一，罰中統鈔一貫。諸有司遺失印信，隨即尋獲者，罰俸一月。諸囚徒反獄，提牢官隨時捉獲及半以上者，罰俸一月。

《明史·刑法志》：贖刑本《虞書》，《吕刑》有大辟之贖，後世皆重言之。至宋時，尤慎贖罪，非八議者不得與。明律頗嚴，凡朝廷有所矜恤、限於律而不得伸者，一寓之於贖例，所以濟法之太重也。又國家得時藉其入，以佐緩急。而實邊、足儲、振荒、宫府頒給諸大費，往往取給於贓贖二者。故贖法比歷代特詳。凡贖法有二，有律得收贖者，有例得納贖者。律贖無敢損益，而納贖之例則因時權宜，先後互異，其端實開於太祖云。律凡文武官以公事犯笞罪者，官照等收贖錢，吏每季類決之，各還職役，不附過。杖以上記所犯罪名，每歲類送吏、兵二部，候九年滿考，通記所犯次數，黜陟之。吏典亦備銓選降敍。至於私罪，其文官及吏典犯笞四十以下者，附過還職而不贖，笞五十者調用。軍官杖以上皆的決。文（武）〔官〕及吏杖罪，並罷職不敍，至嚴也。然自洪武中年已三下令，准贖及雜犯死罪以下矣。三十年命部院議定贖罪事例：凡内外官吏，犯笞杖者記過，徒流遷徙者俸贖之，三犯罪之如律。自是律與例互有異同。及頒行《大明律》御製《序》：「雜犯死罪、徒流、遷徙等刑，悉視今定贖罪條例科斷。」於是例遂輔律而行。仁宗初即位，諭都察院言：「輸罰工作之令行，有財者悉倖免，宜一論如律。」久之，其法復弛。正統間，侍講劉球言：「輸罪非古，自公罪許贖外，宜悉依律。」時不能從。其後循太祖之例，益推廣之。凡官吏公私雜犯准徒以下，俱聽運炭納米等項贖罪。其軍官軍人照例免徒流者，例贖亦如之矣。贖罪之法，明初嘗納銅，成化間嘗納馬，後皆不行，不具載。惟納鈔、納錢、納銀常竝行焉，而以初制納鈔爲本。故律贖者曰收贖律鈔，納贖者曰贖罪例鈔。永樂十一年，令除公罪，依例紀録收贖，及死罪情重者依律處治。其情輕者，斬罪八千貫，絞罪及榜例死罪六千貫，流、徒、杖、笞納鈔有差。無力者發天壽山種樹。宣德二年，定笞杖罪囚，每十贖鈔二十貫。徒流罪名，每徒一等折杖二十，三流竝折杖百四十。其所罰鈔，悉如笞杖所定。無力者發天壽山種樹：死罪終身；徒流各按年限；杖，五百株；笞，一百株。景泰元年，令問擬笞杖罪囚，有力者納鈔，笞十，二百貫，每十以二百貫遞加，至笞五十爲千貫。杖六十，千八百貫，每十以三百貫遞加，至杖百爲三千貫。其官吏贓物，亦視今例折鈔。天順五年，令罪囚納鈔：每笞十，鈔二百貫，餘四笞，遞加百五十貫；至杖六十，增爲千四百五十貫，餘杖各遞加二百貫。成化二年，令婦人犯法贖罪。弘治十四年，定折收銀錢之制：例難的決人犯，并婦人有力者，每杖百，應鈔二千二百五十貫，折銀一兩，每十以二百貫遞減，至杖六十爲銀六錢；笞五十，應減爲鈔八百貫，折銀五錢，每十以百五十貫遞減；至笞二十爲銀二錢；笞十應鈔二百貫，折銀一錢。如收銅錢，每銀一兩折七百文。其依律贖鈔，除過失殺人外，亦視此數折收。正德二年，定錢鈔兼收之制。如杖一百，應鈔二千二百五十貫者，收鈔千一百二十五貫，錢三百五十文。嘉靖七年，巡撫湖廣都御史朱廷聲言：「收贖與贖罪有異，在京與在外不同，鈔貫止聚於都下，錢法不行於南方。故事，審有力及命婦、軍職正妻，及例難的決者，有贖罪例鈔；老幼廢疾及婦人餘罪，有收贖律鈔。贖罪例鈔，錢鈔兼收。如笞一十，收鈔百貫，收錢三十五文，其鈔二百貫，折銀一錢。杖一百，收鈔千一百二十五貫，收錢三百五十文，其鈔二千二百五十貫，折銀一兩。今收贖律鈔，笞一十，止贖六百文，比例鈔折銀不及一釐；杖一百，贖鈔六貫，折銀不及一分，似爲太輕。蓋律鈔與例鈔，貫既不同，則折銀亦當有異。請更定爲則，凡收贖者，每鈔一貫，折銀一分二釐五毫。如笞一十，贖鈔六百文，則折銀七釐五毫，以罪重輕遞加折收贖。」帝從其奏，令中外問刑諸司，皆以此例從事。時重修條例，奏定贖例。在京則做工、每笞一十，做工一月，折銀三錢。至徒五年，折銀十八兩。運囚糧、每笞一十，米五斗，折銀二錢五分。至徒五年，五十石，折銀二十五兩。運灰、每笞一十，一千二百斤，折銀一兩二錢六分。至徒五年，六萬斤，折銀六十三兩。運甎、每笞一十，七十箇，折銀九錢一分。至徒五年，三千箇，折銀三十九兩。運水和炭五等。每笞一十，二百斤，折銀四錢。至徒五年，八千五百斤，折銀十七兩。運灰最重，運炭最輕。在外則有力、稍有力二等。初有頗有力、次有力等，因御史言而革。其有力，視在京運囚糧，每米五斗，納穀一石。初折銀上庫，後折穀上倉。稍有力，視在京做工年月爲折贖。婦人審有力，與命婦、軍職正妻，及例難的決之人，贖罪應錢鈔兼收者，笞、杖每一十，折收銀一錢。其老幼廢疾婦人及天文生餘罪收贖者，每笞一十，應鈔六百文，折收銀七釐五毫。於是輕重適均，天下便之。至萬曆十三年，復申明焉，遂爲定制。凡律贖，若天文生習業已成、能專其事、犯徒及流者，決杖一百，餘罪收贖。婦人犯徒流者，決杖一百，餘罪收贖。如杖六十，徒一年，全贖鈔應十二貫，除決杖准訖六貫，餘鈔六貫，折銀七分五釐，除倣此。其決杖一百，審有力又納例鈔二千二百五十貫，應收錢三百五十文，鈔一千一百二十五貫。凡年七十以上、十五以下及廢疾犯流以下，收贖；八十以上、十歲以下及篤疾、盜及傷人者，亦收贖。凡犯罪時未老疾，事發時老疾者，依老疾論；犯罪時幼小，事發時長大者，依幼小論，竝得收贖。如六十九以下犯罪，年七十事發；或無疾時犯罪，廢疾後事發，得依老疾收贖。他或七十九以下犯死罪，八十事發；或廢疾時犯罪，篤疾時事發，得入上請。八十九犯死罪，九十事發，得勿論，不在收贖之例。若在徒年限內老疾，亦如之。如犯杖六十，徒一年，一月之後老疾，合計全贖鈔十二貫。除已杖六十，准三貫六百文，剩徒一年，應八貫四百文計算。每徒一月，贖鈔七百文，已役一月，准贖七百文外，未贖十一月，應收贖七貫七百文。餘倣此。老幼廢疾收贖，惟雜犯五年仍科之。蓋在明初，即真犯死罪，不可以徒論也。其誣告例，告二事以上，輕實重虛，或告一事，誣輕爲重者，已論決全抵剩罪，未論決笞杖收贖，徒流杖一百，餘罪亦聽收贖。如告人笞三十，內止一十實已決，全抵，剩二十之罪未決，收贖一貫二百文。如告人杖六十，內止二十實已決，全抵，剩四十之罪未決，收贖二貫四百文。如告人杖六十，徒一年，內止杖五十實已決，全抵，剩杖一十、徒一年之罪未決，徒一年，折杖六十，併杖共七十，收贖四貫二百文。如告人杖一百，流二千里，內止杖六十、徒一年實已決，以總徒四年論，全抵，剩杖四十、徒三年之罪未決，以連徒折杖流如一等論，共計杖二百二十，除告實杖六十、徒一年，折杖六十，剩杖一百，贖鈔六貫。若計剩罪，過杖一百以上，須決杖一百訖，餘罪方聽收贖。又過失傷人，准鬬毆傷人罪，依律收贖。至死者，准雜犯斬絞收贖，鈔四十二貫。內鈔八分，應三十三貫六百文，銅錢二分，應八千四百文，給付其家。已徒五年，再犯徒收贖。鈔三十六貫。若犯徒流，存留養親者，止杖一百，餘罪收贖。其法實杖一百，不准折贖，然後計徒流年限，一視老幼例贖之。此律自英宗時詔有司行之，後爲制。天文生、婦女犯徒流，決杖一百，餘罪收贖者，雖罪止杖六十，徒一年，亦決杖一百，律所謂應加杖者是也。皆先依本律議其所犯徒流之罪，以《誥》減之。至臨決時，某係天文生，某係婦人，依律決杖一百，餘收贖。所決之杖並須一百者，包五徒之數也。然與誣告收贖剩杖不同，蓋收贖餘徒者決杖，而贖徒收贖剩杖者，折流歸徒，折徒歸杖，而照數收贖之，其法各别也。其婦人犯徒流，成化八年定例，除姦盜不孝與樂婦外，若審有力并決杖，亦得納鈔贖罪。例每杖十，折銀一錢爲率，至杖一百，折銀一兩止。凡律所謂收贖者，贖餘罪也。其例得贖罪者，贖決杖一百也。徒、杖兩項分科之，除婦人，餘囚徒流皆杖決不贖。惟弘治十三年，許樂户徒杖笞罪，亦不的決，此律鈔之大凡也。例鈔自嘉靖二十九年定例。凡軍民諸色人役及舍餘審有力者，與文武官吏、監生、生員、冠帶官、知印、承差、陰陽生、醫生、老人、舍人，不分笞、杖、徒、流、雜犯死罪，俱令運灰、運炭、運甎、納米、納料等項贖罪。此上係不虧行止者。若官吏人等例應革去職役，此係行止有虧者。與軍民人等審無力者，笞、杖罪的決，徒、流、雜犯死罪各做工、擺站、哨瞭、發充儀從。情重者煎鹽炒鐵，死罪五年，流罪四年，徒按年限。其在京軍丁人等無差。占者與例難的決之人笞杖，亦令做工。時新例，犯姦盜受贓，爲行止有虧之人，概不許贖罪。唯軍官革職者，俱運炭、納米等項發落，不用五刑條例的決實配之文。所以寬武夫，重責文吏也。於是在京惟行做工、運囚糧等五項，在外惟行有力、稍有力二項，法令益徑省矣。要而論之，律鈔輕，例鈔重，然律鈔本非輕也，祖制每鈔一文，當銀一釐，所謂笞一十折鈔六百文定銀七釐五毫者，即當時之銀六錢也。所謂杖一百折鈔六貫銀七分五釐者，即當時之銀六兩也。以銀六錢，比例鈔折銀不及一釐，以銀一兩，比例鈔折銀不及一分，而欲以此懲犯罪者之心，宜其勢有所不行矣。特以祖宗律文不可改也，於是不得已定爲七釐五毫、七分五釐之制。而其實所定之數，猶不足以當所贖者之罪，然後例之變通生焉。考洪武朝，官吏軍民犯罪聽贖者，大抵罰役之令居多，如發鳳陽屯種、滁州種苜蓿、代農民力役、運米輸邊贖罪之類，俱不用鈔納也。律之所載，笞若干，鈔若干文，杖若干，鈔若干貫者，垂一代之法也。然按三十年詔令，罪囚運米贖罪，死罪百石，徒流遞減，其力不及者，死罪自備米三十石，徒流十五石，俱運納甘州、威虜，就彼充軍。計其米價、脚價之費，與鈔數差不相遠，其定爲贖鈔之等第，固不輕於後來之例矣。然罪無一定，而鈔法之久，日變日輕，此定律時所不及料也。即以永樂十一年令「斬罪情輕者，贖鈔八千貫，絞及榜例死罪六千貫」之詔言之，八千貫者，律之八千兩也；六千貫者，律之六千兩也；下至杖罪千貫，笞罪五百貫，亦一千兩、五百兩也。雖革除之際，用法特苛。豈有死罪納至八千兩，笞杖罪納至一千兩、五百兩而尚可行者？則知鈔法之弊，在永樂初年，已不啻輕十倍於洪武時矣。宣德時，申交易用銀之禁，冀通鈔法。至弘治而鈔竟不可用，遂開准鈔折銀之例。及嘉靖新定條例，俱以有力、稍有力二科贖罪：有力米五斗，准律之納鈔六百文也；稍有力工價三錢，准律之做工一月也。是則後之例鈔，纔足比於初之律鈔耳。而況老幼廢疾，諸在律贖者之銀七釐五毫，准鈔六百文，銀七分五釐，准鈔六貫。凡所謂律贖者，以比於初之律鈔，其輕重相去尤甚懸絶乎？唯運炭、運石諸罪例稍重。蓋此諸罪，初皆令親自赴役，事完寧家，原無納贖之例。其後法令益寬，聽其折納，而估算事力，亦畧相當，實不爲病也。大抵贖例有二：一罰役，一納鈔，而例復三變。罰役者，後多折工值納鈔，鈔法既壞，變爲納銀、納米。然運灰、運炭、運石、運甎、運碎甎之名尚存也。至萬曆中年，中外通行有力、稍有力二科，在京諸例，并不見施行，而法益歸一矣。所謂通變而無失於古之意者此也。初令罪人得以力役贖罪：死罪拘役終身，徒流按年限，笞杖計日月。或修造，或屯種，或煎鹽炒鐵，滿日疏放。疏放者，引赴御橋，叩頭畢，送應天府，給引寧家。合充軍者，發付陝西司，按籍編發，後皆折納工價，惟赴橋如舊。宣德二年，御史鄭道寧言：「納米贖罪，朝廷寬典，乃軍儲倉拘係罪囚，無米輸納，自去年二月至今，死者九十六人。」刑部郎俞士吉嘗奏：「囚無米者，請追納於原籍，匠仍輸作，軍仍備操，若非軍匠，則（追）〔遣〕還所隸州縣（遣）〔追〕之。」詔從其奏。嘉靖間，有請開贖軍例者。世宗曰：「律聽贖者，徒杖以下小罪耳。死罪矜疑，乃減從謫發，不可贖。」御史周時亮復請廣贖例。部議審，有力者銀十兩得贖三年以上徒一年，稍有力者半之。而贖軍之議卒罷。御史胡宗憲言：「南方之人，不任兵革，其發充邊軍者，宜令納銀自贖。」部議以爲然，因擬納例以上。帝曰：「豈可預設此例，以待犯罪之人。」復不允。

《大學衍義補》曰：贖刑乃帝王之法，孔子修書，載在聖經，蓋惟用之學校，以寬鞭扑之刑，所以養士大夫之廉恥也。後世乃一概用之，以爲常法，遇有邊防之警則俾之納粟於邊，遇有帑藏之乏則俾之納金於官，此猶不得已而爲之，是以職金納金貨于司兵之意也。若當夫無事之時而定以爲常制，則是幸民之犯以爲國之利，可乎？然此猶爲國也，今之藩臬州邑往往假以繕造公宇、修理學校爲名，隨意輕重而取之，名雖爲公，實則爲己，朝廷雖有明禁，公然爲之，恬無所畏。乞敕法司，申明舊制，再有犯者，坐以枉法，終身不齒。庶幾，姦弊少息乎。按：《虞書》五刑之下有流，所以宥乎疑獄及不可加刑之人，鞭扑之下有贖，所以宥夫輕罪及以養士大夫廉恥之節，然未有徒刑也。而徒之刑始見于《周官》，然亦未明言其爲徒也而有徒之意焉，所以爲此刑者蓋亦流宥之意，而其罪視流爲輕矣。本朝因隋、唐舊制，以笞、杖、徒、流、死爲五刑。所謂流者率從寬減以爲徒，真用以流者蓋無幾也。至於贖刑，國初雖因唐制而贖以錢，五刑一十九等，自六百文以至四十二貫，第立制以爲備而不盡用也。其後或隨時以應用而有罰米贖罪之比，然皆以貸輕刑爾，其真犯死罪者則否。是以一世之人得以安其室家之樂而無流徙之苦，役作於外者曾不幾時，限滿而歸者卽復如舊。富者不以財而幸免，貧者不以匱而獨死。其制刑視前代爲輕，其用刑視前代爲省，民心之親戴，國祚之綿長，豈無所自哉？

明律：笞、杖、徒、流、死贖銅錢。詳總考。

《明會典》：洪武間，令各處知府、知州、知縣，有犯公罪笞四十以下者，許令贖銅，每笞一十半斤。杖一十十斤。徒一年一百二十斤，一年半一百四十斤，二年一百六十斤，二年半一百八十斤，三年二百斤。流二千里二百二十斤，二千五百里二百四十斤，三千里二百六十斤。

《續通考》一百三十九：洪武六年，定職官以俸贖罪例。以工部尚書王肅坐法當笞，太祖特爲屈法，許得以俸贖罪，遂著爲令。後三十二年奏准：凡應罰官員，月俸計十分爲率，追罰一分入官，每俸一石，罰鈔一百文。

《明會典》：凡納鈔、納錢、折銀：永樂十一年，令除公罪，依例紀録收贖。及死罪情重者，依律處治。其情輕者，斬罪贖鈔八千貫，絞罪及榜例死罪六千貫，流罪三千貫，徒罪二千貫，杖罪一千貫，笞罪五百貫。宣德二年，定笞杖罪囚贖鈔。已見前《明志》。景泰元年，令內外法司問擬笞杖罪囚，有力者納鈔。已詳《明志》。其貪贓官吏，除金銀珠寶仍追本色，餘物亦照今例折鈔。羅段每匹八百貫，綾紗三百貫，大絹一百貫，小絹三棱布各三十貫，大綿布二十貫，小綿布八貫。天順五年，令罪囚納鈔。已詳《明志》。弘治十四年奏：刑部都察院問完例難的決人犯并婦人有力者，已詳《明志》，惟笞五十該鈔七百五十貫，《明志》作八百貫。當以《明志》爲是。按季類送户部，明立文案，照數支給。正德二年，令囚犯贖罪照舊兼收錢鈔。如杖一百，該鈔二千二百五十貫，折銀一兩，該折收銅錢七百文。今收鈔一千一百二十五貫，收錢三百五十文，餘四杖五笞，俱照原遞給鈔數，錢鈔中半收受。嘉靖七年議准：老幼廢疾并婦人天文生餘罪等項律該收贖，原定鈔貫數少，折銀太輕，更定則例。每鈔一貫，折銀一分二釐五毫。如笞一十，贖鈔六百文，則折銀七釐五毫，以罪輕重遞加折收，令天下問刑諸司皆以此例，從之。又議准：軍民犯罪，除納米、擺站、哨瞭外，笞一十准工一個月，四笞遞加半月。杖六十，准工四個月，四杖遞加半個月。徒罪照徒年限各納銀，內稍有力，每月工價錢三錢，三年共十兩八錢，其近行稍次有力每月工食銀一錢事例革去。

《明史·太祖紀》：洪武二十三年十二月，令殊死以下囚輸粟北邊自贖。二十五年正月，令死囚輸粟塞下。

按：洪武二十三年輸粟之事，即《會典》運米北邊之事，所准贖者，雜犯死罪，其十惡并殺人者不在內。《紀》云殊死以下，乃襲漢代之文，而於明制殊未符合。

《宣宗紀》：宣德元年正月，赦死罪以下運糧宣府自贖。

《明會典》：凡納運米穀：洪武二十三年，令罪囚運米贖罪，除十惡并殺人者論死，餘死罪運米北邊。力不及者，或二人併力運納。三十年，令罪囚運米贖罪。死罪一百石，徒流遞減。其力不及者，死罪自備米三十石，徒流罪十五石，俱運赴甘州威虜地方上納，就彼充軍。永樂三年，令官民雜犯死罪以下量增贖罪米，聽於京倉上納，免赴北京。雜犯死罪〔納米〕一百一十石；流罪三等八十石，加役者九十石；徒罪三年六十石，二年半五十石，二年并遷徙者四十五石，一年半三十五石，一年三十石；杖罪九十、一百俱二十五石，六十至八十二十石；笞罪十石。《續通考》繫於七月。并云，先是，帝以北平軍餉不繼，令獄囚輸米贖罪，兼省餽運之勞。雜犯死罪六十石，徒流遞減，輸畢釋之。至是，户部奏量增云云。十一年，令流罪〔運米〕四十石，徒罪三年三十五石，餘四徒減五石，杖罪十石，笞罪五石，俱於北京官倉給糧。自備車牛，運赴懷來上納。《續通考》繫於五月。并云，從都御史李慶等奏也。宣德二年，令南京法司問擬監守自盜雜犯死罪以下，各自備米於南京倉上納贖罪。死罪，官吏一百石，軍民人等八十石；流罪六十石；徒三年、二年半遞減十石，二年三十五石，一年半至杖九十遞減五石；杖八十一十二石，七十、六十遞減二石；笞五十，六石，四笞遞減一石。《續通考》繫於七月。按語云，是時納米者，贓罪得不死，徒流以下皆復用。不能納者，雖笞杖，久繫不釋，往往致死。後以御史張純言，貧人罪輕者始免追繫云。三年，令雜犯死罪以下官吏依例納米，軍匠力能納者亦如之。若家遠不能者，行原籍追納，就彼官收貯。若非存留備操上工者，遞回納米。《續通考》繫於五月。並云，時刑部奏：軍卒工匠納米者多有逋逃負欠，於是令云云。四年，令納米贖罪者，北京法司并直隸河間等八府及河南、山東官吏軍民人等俱於京倉。雜犯死罪五十石；流罪比死罪減十石；徒三年三十五石，以下四等遞減五石；杖一百十石，以下四等遞減一石；笞五十，五石，四十減一石，三十又減五斗，二十又減一石，一十又減五斗。南京法司及湖廣、江西并南直隸太平等府州縣官送北京，吏典軍民人等俱於南京倉。浙江并直隸蘇、松、常、鎮四府及江北直隸鳳陽等府州縣官送北京，吏典軍民人等俱於淮南倉。徐州於臨清倉，俱依宣德二年納米南京倉石數。其監守盜糧、兜攬貨物與逃亡軍囚、夫匠廚子等項及力不能納米者，依律問斷。《續通考》繫於正月。並云，帝欲寬恤罪囚，令法司會議贖罪事例。於是御史顧佐等奏：南京水運良便，北京陸路頗難，請令北京法司云云。從之。五年，令在外罪囚贖罪，除真犯外，文武官員犯贓者，送京師如律處治。軍職犯死罪者，納米贖罪，送京師調衛。非贓罪則不分輕重，俱納米還職役。正統十四年，令通州運米至京倉，雜犯死罪三百六十石；三流并杖一百徒三年者，一百八十石；餘四等遞減四十石；杖每一十，八石；笞每一十，四石。通州運至居庸關、隆慶衛等倉，雜犯死罪九十石；三流并杖一百徒三年，七十石；餘四等遞減十石；杖每一十，二石；笞每一十，一石。景泰三年，令法司罪囚於京倉運米赴宣府、宣德倉贖罪，雜犯死罪四十五石；三流并徒三年，三十五石；餘四等遞減五石；杖一百，十石；餘四等遞減一石。六年，令法司罪囚杖以上，自備米運赴宣府上倉，斬絞罪二十石；三流並徒三年，十六石；徒二年半十三石五斗，徒二年十一石，一年半九石，一年六石五斗；杖每一十，四斗。又令在京法司并北直隸罪囚運米沿邊贖罪，雜犯死罪九十石；三流并徒三年七十石，俱減二十石；杖九十徒二年半，六十石，減十五石；杖七十徒一年半，四十石；杖六十徒一年，三十石，俱減十石；杖罪每一十，二石，減作一石五斗；笞罪不減。弘治四年，令法司徒杖罪囚仍照舊例，不分軍民人等，但審有力，犯該杖六十徒一年，納米十五石，餘四徒遞加五石。正德二年，議準罪人例，該納米者每石折穀一石五斗，收預備倉備賑。七年，令在外囚犯紙箚，二分納紙，八分納米穀，上倉備賑，不許折收銀兩。嘉靖四年奏准：陝西各邊及近邊軍職犯罪，準徒立功，未經起解及已到配所者，俱許令納米或折納雜糧上倉贖罪，完日還職，仍於原衞所帶俸差操。每徒半年，納米一十石，折雜糧一十五石。其未到配所者亦照前數遞減。五年奏準：大同、宣府、楡林、山西等處及甯夏等邊，凡問軍職立功，未經起解及已到配所願納贖者，照四年例折納雜糧或折銀，完日回衞閒住，待年限滿日帶俸。若本鎮錢糧不乏，有犯者仍令立功，不準贖。

《續通考》一百三十九：宣德二年七月，定岷州、洮州、河州、臨洮納米贖罪例。岷州、洮洲二衞，死罪十石，流以下有差；河州、臨洮二衞，死罪十三石，流以下有差。三年三月，定陝西西安府納米贖罪例。時以陝西去岷洮等衞路遠，輸粟延緩，敕法司加增米數，令於西安永豐倉上納。於是死罪加至十六石，流以下皆遞增之。四年二月，定陝西、甯夏諸衞加米贖罪例。舊例，甯夏犯罪者令於西安倉納贖，時以甯夏倉無儲偫，令於本處納米，數準岷、洮二衞例加倍之。六年七月，定四川納米贖罪例。時以四川松潘諸衞山路險遠，糧饟難運，會川諸衞開礦需米，饋運不便，所司各請以屬内罪囚納米贖罪。於是部議，松潘去四川城千里，死罪二十石，流以下有差。會川去四川城道里倍於松潘，其米視松潘各減之。詔從其議。八月，定萬全諸衞納米贖罪例。後軍都督府奏，萬全近邊，糧饟爲重，請令罪囚納贖。部議有力納米者，就近運赴獨石等衛倉納完，死罪十二石，流十石，徒八石，杖五石，笞三石。從之。英宗正統元年九月，定蘭州等處納米贖罪例。先是，鎮守陝西都御史陳鎰、巡撫山西、河南侍郎于謙俱奏納米麥豆贖罪。至是，部議蘭縣倉死罪三十石，流以下有差。黄河迆北莊浪等處宜稍減，死罪二十石，流以下有差。帝從之。三年八月，以陝西饑，令雜犯死罪以下輸銀贖罪，送邊吏易米振之。户部議定例，死罪納銀三十六兩，三流二十四兩，徒五等視流遞減三兩，杖一百者六兩，九十以下及笞五等俱遞減五錢。十一月，以大興、宛平二縣缺糧振濟，命罪囚納米贖罪，死罪七十石，流罪五十五石，徒罪五等各以五石遞減，杖每一十二石，笞每一十一石五斗。六年十二月，命廣西吏典知印承差有犯贓罪者，免其解京運輭，就發昭平等遞運所擺運，死罪五年，流罪四年，徒各照年限。笞杖納米，完日疏放。景泰三年十一月，定直隸等處納米贖罪例。先是，御史鄒來學奏定，永平、山海等處有犯輕重罪名，俱於本處備糧贖罪，死罪九十石，三流并徒三年七十石，其餘四等徒遞減十石，杖罪每等二石，笞罪每等一石。至是，命保定、真定等處贖罪則例一如鄒來學所奏行之。四年四月，以直隸災，又更定納贖例。死罪六十石，流以下有差。七年三月，以山東諸省災，令輸贖者暫抵以麥豆。從御史李宏請也。成化二年，令罪囚納豆贖罪，死罪五十石，流以下有差。萬曆十五年二月，令府、州、縣自理罰贖，俱令折穀，不許納銀。有徒杖不能全完者量減石數，其充軍罪重情輕者亦許納贖。從工科給事中郭顯忠請也。

按：贖法，明代最詳，卽納米一端，初無一定之制，洪武輸粟之法，史文不具。永樂以後，一地一例，一時一例，代有損益，大抵以運道之險易分米石之多寡，故死罪一項多至六十石，少至十石。

道險遠則運費重，故減其數，亦寬恤之政也。

《明會典》：凡納馬：成化二年，令在京文武官吏軍民人等犯該徒流等罪有力者，送兵部估算運灰腳價納馬。徒二年約腳價銀一十三兩三錢，二年半約一十六兩六錢，三年約二十兩，三流約二十三兩三錢，俱納馬一匹；雜犯死罪約銀三十五兩六錢，納馬二匹。每馬一匹準銀十兩，外剩腳價銀兩不勾買馬一匹者，追收在官，會太僕寺委官，隨時買馬。

《明會典》：凡措備草料：正統九年，令刑部都察院問完囚人，以四爲率，内二分納草贖罪。其斬絞罪者納草一千八百束，三流并徒三年者一千四百束，徒二年半者一千二百束，徒二年者一千束，徒一年半者八百束，徒一年者六百束，笞杖者每一十四十束。每束重一十五斤。《續通考》云，户部言，民間芻豆，歲用不給，請令法司囚犯云云。從之。　十四年，令陝西西安、慶陽、延安等衛府官吏舍人所犯不係贓罪，笞、杖、徒、流及軍民人等犯，該笞杖不該立功者，定撥各堡納草。　成化十四年，令遼東二十五衛囚犯納草贖罪，除笞罪并真犯死罪及例該充軍等項并無力外，其餘雜犯死罪納草三百五十束，徒三年納草二百五十束，徒二年納草二百束，徒一年納草一百五十束，杖罪每一十納草十束。

《續通考》：成化二年三月，定婦人犯法贖罪例。時廣東按察司奏，婦人犯笞杖并徒罪者例俱的決，但所犯多緣連累，甚爲可憫，乞依納鈔事例爲便。法司議，自後所犯姦盜不孝并審無力，與樂婦的決，餘悉納贖，著爲令。

按：贖法至明，可謂繁矣，納錢、納馬，皆暫行於一時，不久卽廢，惟納鈔、納米行之最久。納鈔者後改爲納錢，或錢鈔兼收，後又改爲折錢。納米者，或以麥豆抵。其無力或以工作，其應工作者或又折銀。贖與役兩法，每相輔而行。《明會典》及《續通考》所載頗爲詳盡，今備録之。

《明會典》在京納贖諸例圖分八層：曰做工、曰米、曰灰、曰甎、曰碎甎、曰水和炭、曰石、曰老疾折銀。凡做工：笞一十，一個月，每等加半月，笞五十，三個月；杖六十，四個月，亦每等加半月，杖一百，六個月；徒罪，照徒年限。徒三年爲止。米：笞一十，五斗，每等加五斗，笞五十，二石五斗；杖六十，六石，每等加一石，杖一百，十石；徒一年，十五石，每等加五石，徒三年，三十五石；流罪，四十石；雜犯死罪，五十石。其折穀者，每斗加五升，自笞一十七斗五升至杖一百十五石，徒一年半三十石至雜犯死罪七十五石，並依此折算。徒一年，當爲二十二石五斗，而圖中作二十一石五斗，當是傳刻之譌也。嘉靖本、隆慶本《明律》，其誤並同。灰：笞一十，一千二百斤，每等加六百斤；杖一百，六千六百斤；徒一年，一萬二千斤，每等加六千斤；流罪，四萬二千斤；雜犯死罪，六萬四千二百斤。其折銀每百斤九分，自笞一十折銀一兩八分，至雜犯死罪折銀五十七兩七錢八分。甎：七十個，每等加三十五個，至杖一百，三百八十五個；徒一年，六百個，每等加三百個，至流罪二千一百個；雜犯死罪，三千二百個。其折銀者，笞一十，三錢，每等加三錢，至杖一百三兩；徒一年四兩，每等加二兩，至雜犯死罪十六兩。碎甎：二千八百斤，每等加一千四百斤，至杖一百，一萬五千四百斤；徒一年，二萬四千斤，每等加一萬二千斤，自徒二年四萬八千斤至流罪八萬四千斤，並以此計算。徒一年半當爲三萬六千斤，圖中作二萬六千斤，亦傳刻之譌也。雜犯死罪，一十二萬八千斤。水和炭：笞一十，二百斤，每等加一百斤，笞五十，六百斤；

杖六十，七百二十斤，每等亦加一百斤，杖一百，一千一百二十斤；徒一年，一千七百斤，一年半、二年，遞加九百斤，二年半，四千三百斤，按此項獨止加八百斤，未詳其故。三年，五千二百斤；按此加九百斤。流罪，五千八百斤；雜犯死罪，九千斤。其折銀者，每百斤二錢；石：斤數自笞至雜犯死罪並與灰同。老疾折錢：笞一十，一文，至徒三年，十二文。

按：《明律》，嘉靖、隆慶二本，此圖並與《會典》同。萬曆三十四年本圖，其目同，惟米曰運囚糧，灰至石并有「運」字。其做工，多折銀一層，一個月折銀三錢，至徒三年折銀十兩八錢。又有四年折銀十四兩四錢，五年折銀十八兩，蓋卽此圖之流罪、雜犯死罪也。惟此圖做工無流罪、雜犯死罪月日，其説詳後。運灰百斤折銀一錢五釐，笞一十折銀一兩二錢六分，至徒五年 六十三兩。運甎，每個以一分三釐計算，自笞一十折銀九錢一分至徒五年三十九兩，並較此圖爲重。運水和炭，自笞一十至徒一年，與此同，一年半以上以八百五十斤遞加，四年以上以一千七百斤遞加，仍以二錢折百斤，又較此圖爲輕也。又一萬曆本圖無運碎甎、運石、老疾折錢三層，是否在三十四年之後，未詳。

《明律》此圖按語云：按舊圖，流罪止加一等，蓋因律文三流同爲一減也，但流罪俱以《大誥》減盡，唯總徒四年及雜犯遇例減去一年者則實徒四年矣，難以止加一等，今將做工、運灰、運甎、運炭四項照年限改正。唯納米一項，奉有軍職立功每年納米十石定例，相應照舊。

按：舊圖徒三年後三流罪、雜犯死罪，此改爲四年、五年，故加此按語也。

《明會典》在外納贖諸例圖分八層，上三層曰無力、有力、稍有力。無力者：依律，笞一十至杖一百以上，俱的決；徒一年以下，俱民擺站、軍瞭哨；雜犯五年，軍職立功，有力納米，年滿復職帶俸。有力者：照例，舊例折銀上庫，今定折穀上倉，笞自一十至雜犯五年徒以上，連杖總折，米數與在京運米之數同，穀數則倍米數，與在京異。稍有力：納工價，照儀從事例，每做工一月，折銀三錢。自笞一十三錢至雜犯五年十八兩，即《明律》圖在京之數也。此三層下空一格，蓋舊例尚有一層曰稍次有力納工食，惟比工價減半。河南兵備周期雍呈行奏準，輕則每笞、杖一十折銀一錢，笞一十，一錢，每等加一錢，至杖一百一兩；每徒一月折銀一錢，至雜犯五年六兩。不知於何年刪除。

下四層曰收贖律鈔、曰贖罪例鈔、曰錢鈔兼收、曰贖鈔。收贖律鈔者：老幼廢疾工樂户婦人折杖餘罪及一應輕贖者。舊例，刑部覆都御史陳洪謨奏，與例鈔應別今定。刑部覆都御史朱廷聲奏，每貫折銀一分二釐五毫。笞一十，鈔六百文，每等以六百文遞加，至杖一百，鈔六貫。全贖銅錢兼徒杖收折。徒一年，鈔十二貫，每等以三貫遞加，徒三年，鈔二十四貫。流二千里，鈔三十貫，每等仍以三貫遞加，流三千里，三十六貫。遷徙準徒二年，除杖贖，止贖鈔一十三貫二百文。絞斬，四十二貫，折銀五錢二分五釐。贖罪例鈔者：軍職正妻例難的決之人有力者。舊例，先將鈔一貫折銀三釐，比納米九重。都御史朱廷聲題照尚書閔珪議與工食同。笞一十，鈔一百五十貫，折錢七十文，折銀一(兩)〔錢〕，鈔以一百五十貫遞加，錢以七十文遞加。杖六十，鈔一千四百五十貫，鈔以二百遞加，錢仍以七十文遞加，至杖一百，鈔二千二百五十貫，折錢七百文。其折錢之數即舊例稍次有力納工食之數，今將稍次有力刪去，而與工食同尚存也。徒流情重，不準納鈔，婦人餘罪，徒一年收贖鈔六貫，折錢三文，每鈔一貫，折錢半文。每等以一文半遞加，徒三年折錢九文。充軍比此，流二千里。贖鈔三十貫。錢鈔兼收者：即上件人犯該贖者。在京常用銀鈔，故見行兼收。在外錢鈔不便，故奏行折銀。見上。笞一十，錢三十五文，鈔一百貫，錢以三十五文至杖一百三百五十文。圖内笞三十，一百五文。「五」下衍「十」字。笞四十，一百四十文。「一百」誤作「二百」。笞五十，二百七十五文，奪「五」字，致不可通。鈔則笞二十加五十貫，以上則以七十五貫遞加，至笞五十爲三百七十貫。杖六十，七百二十五貫，以一百貫遞加，至杖一百爲一千一百二十五貫。折杖，誣輕爲重者。徒一年，杖六十，連徒共折杖一百二十，此從嘉靖本《明律》、《明會典》二十作「五十」，萬曆本《明律》作「四十」，並誤。照杖數倍之。餘四徒準此。流二千里，流杖共折杖二百二十，每等以一十遞加，至流三千里，共折杖二百四十。總徒四年，千名者實以服制，虛加三等，不折杖。雜犯五年，誣致死，未決流三千里，不折杖。斬絞，全誣者流三千里，加役三年。贖鈔：雜犯又犯者。笞杖決訖，照前發遣。徒一年，贖鈔六貫，每等以三貫遞加，三年贖鈔十八貫。總徒四年，已徒又犯徒，遇例減一年。雜犯五年，贖鈔三十六貫。圖後載過失殺，依律收贖，鈔四十二貫。内鈔八分，該三十三貫六百文，銅錢二分，該八千四百文，給付其家。

按：此圖各本《明律》並同，惟收贖律鈔格内鈔若干文、貫，《明律》並作「錢」字。又末一層有贖銅，出《會典》。其數並與《會典》同，已見前。且其法已不行，故圖不列也。

《明會典》收贖鈔圖分二層，上層曰：誣輕爲重，已決，全抵剩罪，未決，笞杖收贖。徒流杖一百，餘收贖。如告人笞三十，內止一十實已決，全抵，剩二十之罪未決，收贖一貫二百文。如告人杖六十，內止二十實已決，全抵，剩四十之罪未決，收贖鈔二貫四百文。如告人杖六十、徒一年，內止笞五十實已決，全抵，剩杖一十、徒一年之罪未決，徒一年折杖六十，并杖共七十，收贖四貫二百文。如告人未決杖一百、流二千里，折杖一百二十，內止杖六十、徒一年，折杖六十，實剩杖一百，收贖鈔六貫。已決准徒四年，除實外，全〔抵〕剩杖四十、徒三年。如告人未決杖一百、流二千五百里，折杖一百三十，內止杖六十、徒一年，折杖六十，實剩一百一十，止杖一百，餘收贖六百文。已決準徒四年，除實外，全抵剩杖四十、徒三年。

下層曰：徒限內老疾收贖。徒一年，除杖外，徒該八貫四百文計，未役，每日贖二十三文三分三釐三毫，每月贖七(十)〔百〕文。一年半，除杖外，徒該十貫八百文計，未役，每日贖二十文，月贖鈔六百文。二年，除杖外，徒該一十三貫二百文計，未役，每日贖十八文三釐三毫四絲，月贖五百五十文。二年半，除杖外，徒該一十五貫六百文計，未役，每日贖一十七文三分三釐三毫四絲，月贖五百二十文。三年，除杖外，徒該一十八貫計，未役，每日贖一十六文六分七釐，每月五百文。

按：此圖上層每笞杖一十，贖鈔六百文，徒流亦折杖計算。已決者全抵，剩罪未決者笞杖贖。徒流止杖一百，餘收贖。原圖自笞一十至流三千里各有假如算法，茲録其四，餘可類推也。下層所云除杖外，徒該八貫四百文者，老疾收贖，本法杖六十爲三貫六百文，徒一年爲十二貫，除去三貫六百文，故得八貫四百文，下準此。二年半條下「一十五貫」，《會典》奪「五」字，各本《明律》亦然，惟一本《明律》有「五」字，今據以補入。

《瑣言》曰：以上贖罪則例係原行者，輕重適當，經久可行。其後雖有節年題準事例，如稍次有力則過於輕，如每徒一年，折銀十兩，每米一石，折穀二石則過於重。其户部等衙門有因救荒而題者，有因助邊而題者，各輕重不等，要非適中之例。雖一時暫行而不可以久遠，故今重修《問刑條例》，特爲開示，止照原行則例擬斷，不許妄引别例。庶幾較若畫一而無彼此異同之患，輕重適平而爲經久可行之政矣。若夫納鈔贖罪之法，止於笞杖而不及徒流者，罪重而鈔輕故也。

按：老疾折錢及婦人餘罪收贖折錢，其例太輕，萬曆時已皆不用，《瑣言》所謂過於輕者别本，萬曆本《明律》婦人餘罪收贖，每貫折銀一分二釐五毫，已詳圖内，而婦人餘罪折錢之法，圖内未曾删去，何也？

王圻《續文獻通考》：近有五刑收贖例，凡老幼篤疾，笞一十至三十，折錢一文；笞四十至杖六十，折錢二文；杖七十至杖一百，折錢三文；徒一年，折錢六文，徒二年，折錢九文，徒三年，折錢十二文。其餘殘疾、風疾、痰疾、氣疾等項，審無力，俱不準其收贖。

按：《明會典》在京納贖諸例圖末層曰老疾折錢，其數全同《明律》。嘉靖、隆慶、萬曆各本亦同，惟折數太少，等于兒戲矣。其法始于何年？未詳。王圻言「近有」，當在嘉靖之後，萬曆時别有老小廢疾收贖之法，則此已不行矣。

王圻《續通考》：洪武二十三年十二月，諭刑部尚書楊靖等曰：「自今惟犯十惡并殺人者論死，餘雜犯死罪皆令輸粟北邊以自贖，力不及者，或二人或三人併力輸運，仍令還家備資以行。」劉三吾等曰：「聖心仁恕，垂念及此，罪人受更生之恩矣。」上曰：「善爲國者，惟以生道樹德，不以刑殺立威。」

按：明祖晚年，深知刑殺不足以爲治，大變初年宗旨，故有此令，後之出治者可以鑒矣。《太祖紀》二十三年輸粟北邊，當卽此事，惟《紀》言殊死以下與此言雜犯死罪以下者不同。《明會典》亦載此事，亦云除十惡并殺人者論死，餘死云云，恐《紀》文疏略也。

王圻《續通考》：洪武三十年六月，諭問刑衙門：今後實犯死罪以下，如律，其雜犯死罪，準徒收贖。

按：此與上條之意同而稍變其法，實犯死罪、雜犯死罪，《明律》有分別款目載在律內，自洪武時始。

刑法分考十七

免

《漢書·武紀》：建元二年冬十月，丞相嬰、太尉蚡免。

按：《漢紀》書「免」，始見於此。《禮記·樂記》「人情之所不能免也」，疏：「免，猶止退也。」時嬰、蚡免丞相、太尉官而以侯家居，是所免者職事之官，而勳官仍在也。《王子侯表》、《功臣表》、《恩澤侯表》之書免者，無職事官則免侯，如以侯兼爲職事官者，并其勳官而免之，與此記之書免者不同。又有書病免者，如《竇嬰傳》之爲吴相，病免。會丞相綰病免。乃自行去官而亦稱免。蓋其時之言免者，但以止退爲義，尚未定於法律中也。洎至於唐，則免官之法定於律中矣。

《漢書·食貨志》：列侯以百數，皆莫求從軍。至飲酎，少府省金，李奇曰：「省，視也，至嘗酎飲宗廟，少府視其金多少。」而列侯坐酎失侯者百餘人。

按：列侯之坐酎金免者，《王子侯表》六十六人，《功臣表》二十一人，《恩澤侯表》三人，内在元鼎五、六年間者八十三人，征和年者一人，不得年五人，宣帝時二人，不符百餘人之數。朝侯固城五鳳四年坐酎金，少四兩，免；襄隄侯聖地節四年坐奉酎金斤八兩，少四兩，免；並以金四兩而失一侯，漢法之苛如此。

削爵一級「削」亦曰「奪」

《漢書·王子侯表》：祚陽侯仁坐與繇賦，削爵一級，爲關内侯。

《功臣表》：博陽侯周遬有罪，奪爵一級。

壯武侯宋昌有罪，奪爵一級，爲關内侯。

南鄃侯起坐後父故削爵一級，爲關内侯。師古曰：「會於廷中而隨父，失朝廷以爵之序，故削爵也。」惠棟曰：「廷中隨父，何罪之有？後父疑即《儀禮》所謂繼父也。」

按：二説俱未安，姑闕疑。

義陽侯厲温敦坐子伊細王謀反，削爵爲關内侯。

《恩澤侯表》：高平侯魏弘〔坐〕酎宗廟騎至司馬門，不敬，削爵一級爲關内侯。

博陽侯丙顯。同上。

按：今時降級之法本此。

免官

《漢書·劉向傳》：元帝初即位，太傅蕭望之爲前將軍，少傅周堪爲諸吏光禄大夫，皆領尚書事。更生擢爲散騎宗正給事中，與侍中金敞拾遺於左右。四人同心輔政，患苦外戚許、史在位放縱，而中書宦官弘恭、石顯弄權。望之、堪、更生議，欲白罷退之。未白而語泄，遂爲許、史及恭、顯所譖愬，堪、更生下獄，及望之皆免官。

按：《漢書·列傳》言免官者甚多，不具録。漢之免官，統詞也。晉律則有免官、免所居官之別，唐律承之。漢之免官亦但云免，有以罪免者，有以病免者，三公則有以罪策免者，何武。有以災異策免者，有策免就第傅喜。還第丁明。歸第竇憲。者，有免歸田里者，有免歸故郡者，諸竇。有免徙合浦者，毋將隆等。有免爲庶人者，諸葛豐、孫寶、蕭由。蓋皆出于臨時之處分，無定例也。

《御覽》六百五十一：晉律曰：免官比三歲刑，其無真官而應免者，正刑召還也。句疑有誤。有罪應免官而有文武加官者，皆免所居職官。其犯免官之罪，不得減也。其當免官者，先上。免官，謂不聽應收治者也。

《隋志》：梁律有八等之差，一曰免官加杖督一百，二曰免官。

按：梁律亦分二等。

《唐律》：免官者，三載之後，降先品二等敍。《疏議》曰：「降先品二等，正四品以下，一階爲一等；從三品以上及勳官，正、從各爲一等。假有正四品上免官，三載之後，得從四品上敍。上柱國免官，三載之後，從上護軍敍。是爲三載之後，降先品二等敍。」免所居官及官當者，期年之後，降先品一等敍。《疏議》曰：「免所居官及官當，罪又輕，故至期年聽敍。稱期者，匝四時曰期，從敕出解官日至來年滿三百六十日也。」若本犯不至免所居官及官當而特免官者，敍法同免所居官。《疏議》曰：「本犯不至免所居官者，謂非府號、官稱犯父祖名以下等罪。本犯不至官當者，謂九品以上犯私罪不至一年徒，公罪不至二年徒；五品以上私罪不至二年徒，公罪不至三年徒。特敕免官者，敘法一同免所居官，期年，降先品一等敘，故云敘法同免所居官。」其免官者，若有二官，各聽依所降品敘。若勳官降一等者，從上柱國削授柱國；降二等者，削授上護軍之類。即降品卑於武騎尉者，聽從武騎尉敘。《疏議》曰：「二官，謂職事等帶勳官。若犯免官，職事、勳官並免。假從正六品上職事免官，降至從六品上敘。又帶上柱國亦免，從上護軍敘。此是各聽依所降品敘。故注云若勳官降一等者，從上柱國削授柱國；降二等者，削授上護軍之類。即降品卑於武騎尉者，聽從武騎尉敘。」即免官、免所居官及官當，斷訖更犯，餘有歷任官者，各依當、免法。兼有二官者，先以高官當。《疏議》曰：「假有人犯免官及免所居官，或以官當徒，各用一官、二官當免訖，更犯徒、流，或犯免官、免所居官、官當，餘有歷任之官告身在者，各依上法當、免。未斷更犯，通以降所不至者當之。」注云云。《疏議》曰：「此既重犯之人，明非見任職事。若有勳官、職事二官，先以高者當。假有前任六品職事及五品勳官，先以勳官當。若當罪不盡，亦以次高者當，不限勳官、職事。」仍累降之，所降雖多，各不得過四等。各，謂二官各降，不在通計之限。《疏議》曰：「假有前犯免官，已降二等，又犯免官，或當徒官盡，亦降二等，故云仍累降之。即雖斷訖更犯，經三度以上，敘日止依此律再降四等法。其免所居官，及當徒用官不盡，斷訖更犯，後敘各降一等，及至四度重犯，總降四等。後犯雖多，止以四等爲限。或頻犯免官訖，又再犯免所居官者，亦合計所犯，降四等敘之。故云所降雖多，不得過四等。」注云云。《疏議》曰：「職事、散官、衛官爲一官，所降不得過四等。勳官爲一官，所降亦不得過四等。此二官犯者，各降四等爲法，不在通計之限。」若官盡未敘，更犯流以下罪者，聽以贖論。敘限各從後犯計年。《疏議》曰：「謂用官當、免並盡，未到敘日，更犯流以下罪者，聽以贖論。以其年限未充，必有敘法，故免決配，聽依贖論。本犯不合贖者，亦不得贖。」問曰：「此條內有毆告大功尊長、小功尊屬者，合以贖論否？」答曰：「上條毆告大功尊長、小功尊屬，不得以蔭論。今此自身官盡，聽以贖論，即非用蔭之色，聽同贖法。」注云云。《疏議》曰：「犯免官及免所居官未敘，更犯免官及免所居官、官當者，各依後犯計年聽敘。官盡更犯，聽依贖法。若犯當免官，更三載之後聽敘。免所居官者，更期年之後聽敘。其犯徒、流，不合贖而真配者，流則依令六載，徒則役滿敍之。雖役滿，仍在免官限內者，依免官敍例。」不在課役之限，雖有歷任之官，不得預朝參之例。《疏議》曰：「不在課役者，謂有敍限，故免其課役。雖有歷任之官者，假有一品職事，犯當免官，仍有歷任二品以下官，未敍之間，不得預朝參之例。其免所居官及以官當徒，限內未敍者，亦準此。」

官當

《隋志》：陳律：五歲四歲刑，若有官，準當二年，餘並居作。其三歲刑，若有官，準當二年，餘一年贖。若公坐過誤，罰金。其二歲刑，有官者，贖論。一歲刑，無官亦贖論。

開皇元年，更定新律。犯私罪以官當徒者，五品已上，一官當徒二年；九品已上，一官當徒一年；當流者，三流同比徒三年。若犯公罪者，徒各加一年，當流者各加一等。

《唐律》：諸犯私罪以官當徒者，私罪，謂私自犯，及對制詐不以實，受請枉法之類。《疏議》曰：「私罪，謂不緣公事，私自犯者。雖緣公事，意涉阿曲，亦同私罪。對制詐不以實者，對制雖緣公事，方便不吐實情，心挾隱欺，故同私罪。受請枉法之類者，謂受人囑請，屈法申情，縱不得財，亦爲枉法。此例既多，故云之類也。」五品以上，一官當徒二年；九品以上，一官當徒一年。《疏議》曰：「九品以上官卑，故一官當徒一年。五品以上官貴，故一官當徒二年。」若犯公罪者，公罪，謂緣公事致罪而無私、曲者。各加一年當。《疏議》曰：「私、曲相須。公事與奪，情無私、曲，雖違法式，是爲公坐。各加一年當者，五品以上，一官當徒三年；九品以上，一官當徒二年。」以官當流者，三流同比徒四年。《疏議》曰：「品官犯流，不合真配，既須當、贖，所以比徒四年。假有八品、九品官犯私罪流，皆以四官當之；無四官者，準徒年當、贖，故云三流同比徒四年。」其有二官，謂職事、散官、衛官同爲一官，勳官爲一官。《疏議》曰：「謂職事、散官、衛官計階等者，既相因而得，故同爲一官。其勳官，從勳加授，故別爲一官。是爲二官。若用官當徒者，職事每階各爲一官，勳官即正、從各爲一官。」先以高者當，若去官未敍，亦準此。《疏議》曰：「先以高者當，謂職事等三官內取最高者當之。若官未敍者，謂以理去任及雖不以理去任，告身不追者亦同，並準上例，先以高者當。」問曰：「律云若去官未敍亦準此。或有去官未敍之人而有事發，或罪應官當以上，或不至官當，別敕令解，其官當敍法若爲處分？」答曰：「若本罪官當以上，別條云以理去官與見任同，即依以官當、徒之法。用官不盡，一年聽敍，降先品一等；若用官盡者，三載聽敍，降先品二等；若犯罪未至官當，不追告身，敍法依考解例，期年聽敍，不降其品。從見任解者，敍法在《獄官令》。先已去任，本罪不至解官，奉敕解者，依《刑部式》，敍限同考解例。本犯應合官當者，追毀告身。」次以勳官當。《疏議》曰：「假有六品職事官兼帶勳官柱國以上，犯私罪流，例減一等，合徒三年。以六品職事當徒一年；次以柱國當徒二年之類。」問曰：「假有人任三品、四品職事，又帶六品以下勳官，犯罪應官當者，用三品職事當訖，次以何官當？」答曰：「律云先以高者當，即是職事、散官、衛官中取最高品當訖。次以勳官當，即須用六品勳官當罪，不得復從四品職事當之。」行、守者，各以本品當，仍各解見任。《疏議》曰：「假有從五品，下行正六品，犯徒二年半私罪，例減一等，猶徒二年。以本階從五品官當徒二年，仍解六品見任。其有六品散官，守五品職事，亦犯私罪徒二年半者，亦用本品官當徒一年，餘徒收贖，解五品職事之類」。問曰：「先有正六品上散官，上守職事五品，或有從五品官，下行正六品官，犯徒當罪，若爲追毀告身？」答曰：「律云，行、守者各以本品當，仍各解見任。其正六品上散官，守五品者，五品所守，別無告身；既用六品官當，即與守官俱奪。若五品行六品者，以五品當罪，直解六品職事，其應當罪告身同階者，悉合追毀。」若有餘罪及更犯者，聽以歷任之官當。歷任，謂降所不至者。《疏議》曰：「若有餘罪者，謂二官當罪之外，仍有餘徒，或當罪雖盡而更犯法，未經科斷者，聽以歷任降所不至告身，以次當之。」其流內官而任流外職犯罪，以流內官當及贖徒一年者，各解流外任。《疏議》曰：「假有勳官，任流外職者，犯徒以上罪，以勳官當之；或犯徒用官不盡，而贖一年徒以上者，各解流外任。」

諸以官當徒者，罪輕不盡其官，留官收贖。官少不盡其罪，餘罪收贖。

比徒

《唐律》：諸除名者，比徒三年。免官者，比徒二年。免所居官者，比徒一年。流外官，不用此律。謂以輕罪誣人及出入之類，故制此比。若所枉重者，自從重。《疏議》曰：「除名、免官、免所居官，罪有差降，故量輕重，節級比徒。流外之職，品秩卑微，誣告反坐，與白丁無異，故云不用此律。」注云云。《疏議》曰：「假有人告五品以上官，監臨主守內盜絹一匹。若事實，盜者合杖八十，仍合除名。若虛，誣告人不可止得杖罪，故反坐比徒三年。免官者，謂告五品於監臨外盜絹五匹，科徒一年，仍合免官。若虛，反坐不可止科徒一年，故比徒二年。免所居官者，謂告監臨內姦婢，合杖九十，姦者，合免所居官。若虛，反坐不可止得杖罪，故比徒一年。及出入之類者，謂不盜監臨內物，官人枉判作盜所監臨，或實盜監臨，官人判作不盜，即是官司出入除名，比徒三年。若出入免官者，比徒二年。出入免所居官者，比徒一年之法。其藏匿罪人若過致資給，或爲保、證及故縱等，有除、免者，皆從比徒之例，故云之類。」若誣告道士、女冠應還俗者，比徒一年，其應苦使者，十日比笞十。官司出入者，罪亦如之。《疏議》曰：「依格，道士等有歷門教化者，百日苦使。若實不教化，枉被誣告，反坐者誣告苦使十日，比笞十，百日杖一百。」

除名

《書·蔡仲之命》：降霍叔于庶人，三年不齒。孔傳：「罪輕故退爲衆人，三年之後乃齒録，封爲霍侯。」疏：「降黜霍叔於庶人，若今除名爲民，三年之內不得與兄弟年齒相次。」

按：降爲庶人則官籍無名，故疏以除名爲比。

《史記·蒙恬傳》：趙高者，諸趙疏遠屬也。高有大罪，秦王令蒙毅法治之。毅不敢阿法，當高死罪，除其宦籍。

按：宦籍者，仕宦之人書名于籍也，罪重者，除而去之。

漢律：死罪及除名，罪證明白，考掠已至，而抵隱不服，處當列上。

按：此文見《陳書·沈洙傳》，是除名之稱始于漢世。

《御覽》六百五十一：晉律曰：「除名當三歲刑。吏犯不孝、謀殺其國王侯伯子男官長、誣偷受財枉法及掠人和賣誘藏亡奴婢，雖遇赦，皆除名爲民。其當除名而所取飲食所用之物非以爲財利者，應罰金四兩以下，勿除名。」

《隋志》：開皇元年，更定新律。犯十惡及故殺人獄成者，雖會赦，猶除名。

《唐律》：諸除名者官爵悉除，課役從本色，《疏議》曰：「若犯除名者，謂出身以來官爵悉除。課役從本色者，無蔭同庶人，有蔭從蔭例，故云各從本色。又依令，除名未敍人，免役輸庸，並不在雜徭及點防之限。」六載之後聽敍，依出身法。《疏議》曰：「假有元年犯罪，至六年之後，七年正月始有敍法。其間雖有閏月，但據載言之，不以稱年，要以三百六十日爲限。一依出身法，犯除名人，年滿之後敍法依《選舉令》。三品以上，奏聞聽敕；正四品，於從七品下敍；從四品，於正八品上敍；正五品，於正八品下敍；從五品，於從八品上敍；六品、七品，於從九品上敍；八品、九品，並於從九品下敍。若有出身品高於此法者，聽從高。出身，謂藉蔭及秀才明經之類。準此令文，出身高於常敍，自依出身法。出身卑於常敍，自依常敍。故云出身品高者聽從高。又《軍防令》，勳官犯除名，限滿應敍者，二品於驍騎尉敍；三品於飛騎尉敍；四品於雲騎尉敍；五品以下，於武騎尉敍。」若本犯不至免官而特除名者，敍法同免官例。婦人因夫、子得邑號，犯除名者，年滿之後，夫、子見在有官爵者，聽依式敍。《疏議》曰：「本犯不至免官者，情在可責而特除名，矜其所犯先輕，故許同免官之例收敍。」問曰：「本犯雖非免官，當徒用官並盡，依律『當徒用官盡者敍限同免官』，未知當徒用官不盡，今被特責除名，敍法亦同免官以否？」答曰：「凡稱除名、官當，不論本犯輕重，從例除、免，不計徒年。罪不至免官而特除名者，止論正犯免官之法。當徒官盡，不在其中。」注云云。《疏議》曰：「婦人因夫、子而得邑號，曰夫人、郡君、縣君、鄉君等。其身犯罪而得除名，年滿敍日，計夫、子見在官爵，仍合授夫人、郡、縣、鄉君者，並依前授，不降其品。若夫、子被降官者，並依降授法。如夫、子進官者，聽依高敍。其婦人敍法，令備明文，爲因夫、子官爵，故不依降減之例。」問曰：「婦人不因夫、子，別加邑號，犯除名者，合敍以否？」答曰：「律云，不依夫、子，別加邑號者，同封爵之例。爵無常敍之法，除名不合更敍。」

其犯除、免者，罪雖輕，從《例》除、免。罪若重，仍依當、贖法。其除爵者，雖有餘罪，不贖。

禁錮

《禮記・王制》：命鄉簡不帥教者以告耆老，皆朝于庠，元日習射上功，習鄉上齒，大司徒帥國之俊士與執事焉。不變，命國之右鄉簡不帥教者移之左，命國之左鄉簡不帥教者移之右，如初禮。不變，移之郊，如初禮。不變，移之遂，如初禮。不變，屏之遠方，終身不齒。將出學，小胥、大胥、小樂正簡不帥教者以告于大樂正，大樂正以告于王，王命三公九卿、大夫、元士皆入學。不變，王親視學。不變，王三日不舉，屏之遠方。西方曰棘，東方曰寄，終身不齒。鄭注：「齒，猶録也。」孔疏：「《文王世子》云古者謂年齡，齒亦齡也。以年相次，是録其長幼，故云齒猶録也。」

按：録，第也。《吴語》注。不得與帥教者，以長幼相次第也；帥教者，可與俊秀之選；不齒者，終身屏棄，不復見録。此雖無禁錮之名而即禁錮，勿令仕。漢時之禁錮，亦有徙之邊方者，其法蓋原于古。

《左傳》成二年：及共王即位，將爲陽橋之役，使屈巫聘于齊，且告師期。巫臣盡室以行。及鄭，使介反幣，而以夏姬行。遂奔晉，而因郤至，以臣于晉。晉人使爲邢大夫。子反請以重幣錮之。注：「禁錮，勿令仕。」

按：子反之請雖未行，而春秋時禁錮之事各國皆有，此法非始於晉錮欒氏，於此可見。

襄二十一年：會于商任，錮欒氏也。注：「禁錮欒盈，使諸侯不得受。」二十二年冬，會于沙隨，復錮欒氏也。

《孟子》：今也爲臣，諫則不行，言則不聽；膏澤不下於民；有故而去，則君搏執之，又極之於其所往。趙注：「搏執其親族也。極者，惡而困之也。」朱注：「極，窮也，窮之於其所往之國，如晉錮欒氏也。」

《韓策》：公仲數不信於諸侯，諸侯錮之。南委國於楚，楚王弗聽，蘇代爲謂楚王曰：「不若聽而備於其反也。朋之反也，常仗趙而畔楚，仗齊而畔秦。今四國錮之，而無所入矣，亦甚患之。此方其爲尾生之時也。

《漢書・武紀》：元朔六年六月，詔諸禁錮及有過者，咸蒙厚賞，得免減罪。

按：西漢初即有禁錮之法，故詔書及之。此後赦文有赦及禁錮者，有不及禁錮者，蓋定于臨時，不盡同也。《息夫躬傳》「躬同族親屬素所厚者，皆免廢錮」。師古曰：「終身不得仕。」漢法有本身終身禁錮者，有錮及同族親屬者，亦不一律。

《後漢書·章紀》：元和元年十二月壬子，詔曰：「《書》云：『父不慈，子不祇，兄不友，弟不恭，不相及也。』往者妖言大獄，所及廣遠，一人犯罪，禁至三屬，即三族也。謂父族、母族及妻族。莫得垂纓仕宦王朝。如有賢才而没齒無用，朕甚憐之，非所謂與之更始也。諸以前妖惡禁錮者，一皆蠲除之，以明棄咎之路，但不得在宿衛而已。」

按：此言妖惡禁錮，蓋皆緣坐之人，禁至三屬，當以本宗爲斷，未必遂及于母族、妻族。《黨錮傳》之五屬，較三屬爲重，注以五服爲解，此其證也。三屬乃漢舊法，五屬則閹寺之肆毒，難以舊法論矣。

《後漢書·黨錮傳》：時河内張成善説風角，推占當赦，遂教子殺人。李膺爲河南尹，督促收捕，既而逢宥獲免，膺愈懷憤疾，竟案殺之。初，成以方技交通宦官，帝亦頗誶其占。成弟子牢修因上書誣告膺等養太學遊士，交結諸郡生徒，更相驅馳，共爲部黨，誹訕朝廷，疑亂風俗。於是天子震怒，班下郡國，逮捕黨人，布告天下，使同忿疾，遂收執膺等。其辭所連及陳寔之徒二百餘人，或有逃遁不獲，皆懸金購募。使者四出，相望於道。明年，尚書霍諝、城門校尉竇武並表爲請，帝意稍解，乃皆赦歸田里，禁錮終身。而黨人之名，猶書王府。自是正直放廢，邪枉熾結。

又張儉鄉人朱並，承望中常侍侯覽意旨，上書告儉與同鄉二十四人別相署號，共爲部黨，圖危社稷。靈帝詔刊章捕儉等。大長秋曹節因此諷有司奏捕前黨故司空虞放、太僕杜密、長樂少府李膺、司隸校尉朱寓、潁川太守巴肅、沛相荀昱、河南太守魏朗、山陽太守翟超、任城相劉儒、太尉掾范滂等百餘人，皆死獄中。餘或先殁不及，或亡命獲免。自此諸爲怨隙者，因相陷害，睚眦之忿，濫入黨中。又州郡承旨，或有未嘗交關，亦離禍毒。其死徙廢禁者，六七百人。

熹平五年，永昌太守曹鸞上書大訟黨人，言甚方切。帝省奏大怒，卽詔司隸、益州檻車收鸞，送槐里獄掠殺之。於是又詔州郡更考黨人門生故吏父子兄弟，其在位者，免官禁錮，爰及五屬。謂斬衰、齊衰、大功、小功、緦麻也。光和二年，上祿長和海上言：「禮，從祖兄弟別居異財，恩義已輕，服屬疏末。而今黨人錮及五族，既乖典訓之文，有謬經常之法。」帝覽而悟之，黨錮自從祖以下，皆得解釋。

中平元年，黄巾賊起，中常侍呂彊言於帝曰：「黨錮久積，人情多怨。若久不赦宥，輕與張角合謀，爲變滋大，悔之無救。」帝懼其言，乃大赦黨人，誅徙之家皆歸故郡。其後黄巾遂盛，朝野崩離，綱紀文章蕩然矣。凡黨事始自甘陵、汝南，成於李膺、張儉，海内塗炭，二十餘年。

按：東京初次黨禍在桓帝時，尚止放歸田里，禁錮終身，無死徙者。後次在靈帝時，則死徙者至六七百人之多。人之云亡，邦國殄瘁，民心去而鼎祚旋移。漢亡于桓、靈，而靈之昏更甚于桓，古今黨禍無烈于此時者矣。錮及五屬，慘甚參夷，而門生、故吏亦在其中，則更不止五屬。明成祖之屠戮忠良也，門弟子有與其難者，與此事先後一轍，可慨也夫。

《李膺傳》：乃詣詔獄。考死，妻子徙邊，門生、故吏及其父兄，並被禁錮。

按：本《傳》言「轉蜀郡太守，以母老乞不之官」，則膺父早沒，《傳》亦不言其有兄，此所謂父兄，乃門生、故吏之父兄，株連之禍，一至如此。

《劉愷傳》：時征西校尉任尚以姦利被徵抵罪，尚曾副大將軍鄧騭，騭黨護之，而太尉馬英、司空李郃承望騭旨，不復先請，即獨解尚臧錮，愷不肯與議。後尚書按其事，二府並受譴咎，朝廷以此稱之。

按：「臧」古「贓」字。漢法以臧抵罪者禁錮終身，故曰臧錮。此云解之，使得復仕也。漢之待臧吏嚴矣。

清河相叔孫光坐臧抵罪，遂增錮二世，釁及其子。二代，謂父子俱禁錮。是時居延都尉范邠復犯臧罪，詔下三公、廷尉議。司徒楊震、司空陳褒、廷尉張皓議依光比。愷獨以爲「《春秋》之義，『善善及子孫，惡惡止其身』，所以進人以善也。《尚書》『上刑挾輕，下刑挾重』。如今使臧吏禁錮子孫，以輕從重，懼及善人，非先王詳刑之意也」。有詔：「太尉議是。」

按：《傳》言增錮，則舊法所無而加重之也，臧吏固當懲錮，及其子則非法矣。

《陳忠傳》：忠略依寵意，奏上二十三條，爲《決事比》，以省請讞之敝。又上除蠶室刑；解臧吏三世禁錮。

按：臧吏三世禁錮，蓋漢舊法也，忠奏解之，則不復錮及三世矣。忠爲尚書，司徒劉愷舉之，愷爲司徒在元初二年，則忠上此事亦當在此時也。前條叔孫光之事則在建光元年已後，愷爲太尉之時，三世禁錮之法已除，故錮及其子謂之增錮，時從愷議，并二世之禁亦不行矣。

《魏志・陳思王植傳》：至於臣者，人道絶緒，禁錮明時，臣竊自傷也。

按：此「求通親親表」語，表又云「近且婚媾不通，兄弟乖絶，吉凶之問塞，慶弔之禮廢，恩紀之違，甚於路人，隔閡之異，殊於胡越」。又云「每四節之會，塊然獨處，左右惟僕隸，所對惟妻子，高談無所與陳，發義無所與展」。此禁錮之情形也。陳壽云，魏氏王公，既徒有國土之名而無社稷之實，又禁防壅隔，同於囹圄。袁子云，王國有老兵百餘人以衞其國，雖有王侯之號而乃儕于匹夫。縣隔千里之外無朝聘之儀，鄰國無會同之制，諸侯游獵不得過三十里，又爲設防輔監國之官以伺察之，王侯皆思爲布衣而不能得。魏文報陳思王詔雖云「本無禁錮諸國通問之詔，矯枉過正，下吏懼譴，以至於此耳。已敕有司，如王所訴」，而終未行也。古來薄于親親無如魏氏者。

《御覽》六百五十二：晉令曰：「犯免官，禁錮三年。」

按：據此則免官無不禁錮矣，三年乃年限之最少者，或數年，或十年，或終身，蓋亦有輕重之差。

《晉志》：省禁錮相告之條。

《武紀》：泰始元年冬十二月丙寅，詔除舊嫌，解禁錮。乙亥，詔約法省刑。除魏宗室禁錮。二年春二月，除漢宗室禁錮。冬十一月己卯，罷山陽公國督軍，除其禁制。

《宋書・何承天傳》：承天與尚書左丞謝元素不相善。太尉江夏王義恭歲給資費錢三千萬，布五萬匹，米七萬斛。義恭素奢侈，用常不充，二十一年，逆就尚書換明年資費。而舊制出錢二十萬，布五百匹以上，並應奏聞，元輒命議以錢二百萬資給太尉。事發覺，爲承天所糾。上大怒，遣元長歸田里，禁錮終身。

按：元之所犯特事應奏，不奏耳非自身犯臧罪也而罪至禁錮終身，可見國家之法每有出于人主之一時喜怒者。

《南齊書·王晏傳》：晏弟詡，永明中爲少府卿。六年，敕位未登黄門郎，不得畜女妓。詡與射聲校尉陰玄智坐畜妓免官，禁錮十年。敕特原詡禁錮。

按：宋、齊之法不傳，觀此二事，知禁錮承前代用之。《梁律》禁錮之科亦舊法也。

《隋志》：《梁律》：士人有禁錮之科，亦有輕重爲差。其犯清議，則終身不齒。梁元帝卽位，詔禁錮奪勞一皆曠蕩。

《魏書·世祖紀》：泰常八年十月壬申，卽皇帝位，大赦天下。於是除禁錮，釋嫌怨，開倉庫，賑窮乏。

按：後魏之法，多沿魏、晉，故亦有禁錮之科。

《唐律》：其加役流、反逆緣坐流、子孫犯過失流、不孝流及會赦猶流者，各不得減贖，除名、配流如法。

按：此唐時之長流人也，雖遇恩赦，不得減贖，卽與禁錮無異。《唐律》別無禁錮之文也，凡赦文中所稱不在赦限者，皆是徙錮之意。然大赦中亦有並流人放還者，亦有量移近處者，此卽除禁錮之事，特名目不同耳。

《册府元龜》：開元十八年正月制：「其亡官失爵、放還不齒及諸色被停解免與替人等非犯贓者，宜令司存勘責，量加收敍。」

按：此次赦文有不齒之目，二十七年二月赦制亦云不齒之類量加收敍，天寶後赦制亦多有此文，或亦云終身勿齒。

二十年十一月制：官人犯贓及有罪被推者，本罪雖原，不得更令卻上。天寶十三載二月制：官人犯入已贓，不可更令卻上。至德元年七月制：官吏犯枉法贓，終身勿齒。

按：此卽漢法贓錮之意。

上元二年正月制：其先，緣安祿山僞署三司有名，應在流貶者原情議罪。負國誠深，朕以捨其殊死，竄於荒徼，固當與衆共棄，長爲匪人。然皆邦國舊臣，嘗挂纓冕，使其終没裔土，永匿魍魂，孰若貸以殊私，俾令效節，亦準例處分。

按：與衆共棄，長爲匪人，卽是禁錮之事。

興元元年正月制：先有痕累禁錮、反逆緣坐承前恩赦不該者，並宜洗雪。亡官失爵，放歸勿齒，量加收敍。

按：唐代禁錮之名始見此制，貞元元年、二十一年、元和十五年、太和元年赦制並有禁錮洗滌之文。

《宋史·太宗紀》：淳化三年四月丁丑，詔江南、兩浙、荆湖吏民之配嶺南者還本郡禁錮。四年九月，詔諸雜除禁錮人，州縣有闕得次補以責效，能自新勤幹者具聞再敍。五年九月壬申，大赦，諸官先犯贓罪配隸禁錮者放還。十月，詔釋殿前司逃軍親屬之禁錮者。

《宋史·蔡京傳》：時元祐羣臣貶竄死徙略盡，京猶未愜意，命等其罪狀。首以司馬光，目曰姦黨，刻石文德殿門，又自書爲大碑，徧班郡國。初，元符末以日食求言，言者多及熙甯、紹聖之政，則又籍范柔中以下爲邪等。凡名在兩籍者三百九人，皆錮其子孫，不得官京師及近甸。

《韓侂胄傳》：已而侂胄拜保甯軍節度使、提舉佑神觀。又設僞學之目，以網括趙汝愚、朱熹門下知名之士。用何澹、胡紘爲言官。澹言僞學宜加風厲，或指汝愚爲僞學罪首；紘條奏汝愚有十不遜，且及徐誼。汝愚謫永州，誼謫南安軍。慮他日汝愚復用，密諭衡守錢鍪圖之，汝愚抵衡暴薨。留正舊在都堂衆辱侂胄，至是，劉德秀論正引用僞黨，正坐罷斥。吏部尚書葉翥要侍郎倪思列疏論僞學，思不從，侂胄乃擢翥執政而免思官。侂胄加開府儀同三司。時臺諫迎合侂胄意，以攻僞學爲言，然憚清議，不欲顯斥熹。侂胄意未快，以陳賈嘗攻熹，召除賈兵部侍郎。未至，亟除沈繼祖臺察。繼祖誣熹十罪，落職罷祠。三年，劉三傑入對，言前日僞黨，今變而爲逆黨。侂胄大喜，即日除三傑爲右正言，而坐僞黨逆黨得罪者五十有九人。王沇獻言令省部籍記僞學姓名，姚愈請降詔嚴僞學之禁，二人皆得遷官。施康年、陳讜、鄧友龍、林采皆以攻僞學久居言路，而張釜、張巖、程松率由此秉政。六年，婺州布衣吕祖泰上書言道學不可禁，請誅侂胄，以周必大爲相。侂胄大怒，決杖流欽州。言者希侂胄意，劾必大首植僞黨，降爲少保。一時善類悉罹黨禍，雖本侂冑意，而謀實始京鏜。逮鏜死，侂冑亦稍厭前事，張孝伯以爲不弛黨禁，後恐不免報復之禍。侂冑以爲然，追復汝愚、朱熹職名，留正、周必大亦復秩還政，徐誼等皆先後復官。僞黨之禁寖解。

按：此有宋禁錮之兩大事，前則成靖康之禍，後則朝政日非，國運亦因之不昌，與東漢之黨錮實出一轍。禁錮亦古法，而釀亂也如此。

《元史·文紀》：至順二年，湖廣參政徹里帖木兒與速速、班丹俱坐出怨言，鞫問得實，刑部議當徹里帖木兒、班丹杖一百七，速速處死，會赦，徹里帖木兒流廣東，班丹廣西，速速徙海南，皆置荒僻州郡。有旨：「此輩怨望於朕，向非赦原，俱當置之極刑，可俱籍其家，速速禁錮終身。」

按：怨望而置極刑，近於秦法之誹謗者族，會赦，禁錮亦甚幸矣。禁錮之見于《文紀》者，欽察台在英宗朝，陰與中政使咬住造謀誣告，同妻帑禁錮廣南。至順二年。和尚御史中丞坐受婦人爲賂，遇赦原，禁錮終身。至順元年。

明《大誥》有禁錮書寫之名。

按：詳《大誥峻令考》。

監禁

《易·坎》：上六：係用徽纆，寘于叢棘，三歲不得，凶。

按：此卽後世之監禁，古無其名而有其法。春秋時哀八年，吳之討邾子也，囚諸樓臺，栫之以棘，符此占矣。

又按：桀囚湯，紂囚西伯、囚比干，周公囚蔡叔，春秋時之言囚者尤多，皆後世監禁之權輿。詳囚。

《晉書·惠紀》：永平九年十二月壬戌，廢皇太子遹爲庶人，及其三子幽于金墉城。永甯元年春正月乙丑，趙王倫篡帝位。(景)〔丙〕寅，遷帝于金墉城，改金墉曰永昌宮。

按：後帝反正詔有迎朕幽宮之語，是名遷而實幽也。

太安元年十二月，河間王〔顒〕表齊王冏窺伺神器，請廢。長沙王乂奉乘輿屯南止車門，攻冏，殺之，幽其諸子于金墉城。二年十一月，東海王越執長沙王乂，幽于金墉城。

《懷紀》：永嘉元年十二月，東海王越矯詔囚清河王覃于金墉城。

按：惠、懷之際，幽囚之事頻書於《紀》，幾以金墉城爲幽宮矣，此雖非監禁，而其事則與監禁無殊也。

考囚

掠

《禮記·月令》：仲春之月，毋肆掠。注：「肆，謂死刑暴尸也。《周禮》曰肆之三日。掠，謂捶治人。

《釋文》：「掠，音亮，考捶。」疏：「肆，陳也，謂陳尸而暴之。然春陽既動，理無殺人，何得更有死尸？而禁其陳肆者，蓋是大逆不孝罪甚之徒，容得春時殺之，殺則埋之，故禁其陳肆。」應氏鏞曰：「肆，縱也。肆掠，任意笞箠。雖輕刑不可縱也，桎梏且欲去之，况敢暴尸乎？且陳尸與掠治並言，亦輕重不倫矣。」

按：考囚乃不得已之事，任意笞箠，卽屬非法，常時當禁，何待仲春？此仍以孔疏之説爲妥。且以文法論之，上文之囹圄、桎梏，下文之獄訟，皆是駢字，不應此忽異也。《淮南·時則訓》作「毋笞掠」，《淮南》書多取諸前人，或《月令》「肆」字有誤，然《吕覽》亦作「肆」。考囚之事始於何時，書傳未詳，《月令》乃周末儒生所纂，疑周時卽有之也。

《史記·夏侯嬰傳》：高祖戲而傷嬰，人有告高祖。高祖時爲亭長，重坐傷人，告故不傷嬰，嬰證之。後獄覆，嬰坐高祖繫歲餘，掠笞數百，終以是脱高祖。

路温舒尚德緩刑書：臣聞秦有十失，其一尚存，治獄之吏是也。夫人情安則樂生，痛則思死。棰楚之下，何求而不得？故囚人不勝痛，則飾辭以視之；吏治者利其然，則指道以明之；上奏畏卻，則鍛練而周内之。晉灼曰：「精孰周悉，致之法中也。」師古曰：「卻，退也，畏爲上卻退。」蓋奏當之成，雖咎繇聽之，猶以爲死有餘辜。何則？成練者衆，文致之罪明也。是以獄吏專爲深刻，殘賊而亡極，媮爲一切，不顧國患，此世之大賊也。故俗語曰：「畫地爲獄，議不入；刻木爲吏，期不對。」此皆疾吏之風，悲痛之辭也。故天下之患，莫深於獄；敗法亂正，離親塞道，莫甚乎治獄之吏。此所謂一尚存者也。

按：據温舒所言，考囚之酷，秦爲最甚，夏侯嬰以受傷人而笞掠至數百之多，其他之恣意笞掠更可知矣。古先王之世必不如是，《月令》之禁掠則并其輕者而禁之，其不得恣意笞掠也明矣。

《漢書·宣紀》：（本始）〔地節〕四年，詔曰：「令甲，死者不可生，刑者不可息。此先帝之所重，而吏未稱。今繫者或以掠辜若飢寒瘐死獄中，蘇林曰：「瘐，病也。囚徒病，律名爲瘐。」如淳曰：「律，囚以飢寒而死曰瘐。」何用心逆人道也！朕甚痛之。其令郡國歲上繫囚以掠笞若瘐死者所坐名、縣、爵、里，丞相御史課殿最以聞。」

按：漢承秦敝，考囚之法蓋亦甚酷，路温舒所謂其一尚存。觀宣帝此詔，當日之以掠而死者衆矣，以瘐死之多寡爲獄吏之殿最，其法歷代遵行，治標之道不得不爾。

《漢書·陳咸傳》：咸爲御史中丞，公卿以下皆敬憚之。是時中書令石顯用事顓權，咸頗言顯短，顯等恨之。時槐里令朱雲殘酷殺不辜，有司奏舉，未下。咸素善雲，雲從刺候，教令上書自訟。於是石顯微伺知之，白奏咸漏洩省中語，下獄掠治，減死，髡爲城旦。

按：陳咸以御史中丞而亦掠治亦髡，漢法之嚴如此，因於秦也。

《後漢書·周紆傳》：紆遷司隸校尉。六年夏旱，車駕自幸洛陽録囚徒，二人被掠生蟲，坐左轉騎都尉。

《釋名》：「搥而死者曰掠。掠，狼也，用威大暴如豺狼也。」

按：此以搥死爲掠，自是别一義。掠者未必皆死，掠而至于死其甚者矣。豺狼之喻，良不爲過，唐有重杖處死之法，於漢無聞。

榜

《史記・李斯傳》：於是二世乃使高案丞相獄，治罪，責斯與子由謀反狀，皆收捕宗族賓客。趙高治斯，榜掠千餘，不勝痛，自誣服。趙高使其客十餘輩詐爲御史、謁者、侍中，更往覆訊斯。斯更以其實對，輒使人復榜之。後二世使人驗斯，斯以爲如前，終不敢更言，辭服。

《張耳傳》：貫高至，對獄，曰：「獨吾屬爲之，王實不知。」吏治榜笞數千，刺剟，身無可擊者，終不復言。《索隱》：「徐廣：音丁劣反。」案：掇亦刺也，《漢書》作「刺爇」，張晏云「爇，灼也」，《説文》云「燒也」，應劭云「以鐵刺之」。《漢書・耳傳》注師古曰：「榜，謂捶擊之也，音彭。」應劭曰：「以鐵刺之，又燒灼之。」

《急救篇》：盜賊繫囚榜笞臀。顔注：「榜笞，捶繫之也。」

按：《廣雅・釋詁》：「搒，擊也。」《一切經音義》二十一、《字書》：「搒，捶也。」《廣韵》：「搒，笞打。」其字从手，而《史》、《漢》則多从木，《後漢書・陳寵傳》注：「篣卽搒也。」古字通用。《聲類》曰：「笞也。」《虞延傳》注「篣，捶也。」其字又从竹，是榜、搒、篣三字通。李斯以丞相之貴而不免榜笞，誣服考掠之法，可畏如此，而世猶以考掠爲必不可廢，何也？

考

《後漢書・虞延傳》：遷洛陽令。是時，陰氏有客馬成者，常爲姦盜，延收考之。陰氏屢請，獲一書輒加篣二百。篣，捶也，音彭。

按：考者，考掠也。觀於下文「加篣」之文，可見宋本律文考囚之字並作「考」。孫奭《律音義》「考掠」作「拷」者，非，下音諒，考擊也。泰定本《唐律》作「拷」，俗，然《玉篇》已云「拷，打也」，《廣韻》三十二晧，不收「拷」，《集韻》乃收之，疑《玉篇》之「拷」亦是後來羼入者，非顧氏原文。

《後漢書・戴就傳》：會稽上虞人也。仕郡倉曹掾，揚州刺史歐陽參奏太守成公浮臧罪，遣部從事薛安案倉庫簿領，收就於錢唐縣獄。幽囚考掠，五毒備至。就慷慨直辭，色不變容。又燒鋘斧，使就挾於肘腋。鋘从吳，《毛詩》云「不吳不敖」。何承天《纂文》曰「臿，今之鋘也。」張揖《字詁》云「臿，刃也」。鋘音華。按《說文》、《字林》、《三蒼》並無鋘字。就語獄卒：「可熟燒斧，勿令冷。」每上彭考，彭即篣也。因止飯食不肯下，肉焦毁墮地者，掇而食之。主者窮竭酷慘，無復餘方，乃卧就覆船下，以馬通薰之。一夜二日，皆謂已死，發船視之，就方張眼大駡曰：「何不益火，而使滅絶！」又復燒地，以大鍼刺指爪中，使以把土，爪悉墮落。主者以狀白安，安呼見就，謂曰：「太守罪穢狼藉，受命考實，君何故以骨肉拒扞耶？」就據地答言：「太守剖符大臣，當以死報國。卿雖銜命，固宜申斷冤毒，柰何誣枉忠良，强相掠理，令臣謗其君，子證其父！薛安庸騃，忸行無義，就考死之日，當白之於天，與羣鬼殺汝於亭中。如蒙生全，當手刃相裂！」安深奇其壯節，即解械，更與美談，表其言辭，解釋郡事。

按：考掠五毒，《御覽》六百四十九引《後漢書》作「拷訊五毒」。

《漢書・張湯傳》：訊鞫論報。注師古曰：「訊，考問也。」又《王子侯表》上：「安檀侯福訊未竟。」注：

「訊謂考問之。」

《唐書·元澹傳》：澹字行沖，以字行〔顯〕，爲東都副留守。嗣彭王子志謙坐仇人告變，考訊自誣，株蔓四十人，行沖察其枉，列奏見原。

按：曰掠、曰榜、曰考，並爲考囚之事，後來但曰考，并改其字作「拷」，此古今文字之異也。

《後漢書·陳寵傳》：肅宗初，爲尚書。是時承永平故事，吏政尚嚴切，尚書決事率近於重。寵以帝新即位，宜改前世苛俗。乃上疏曰：「臣聞先王之政，賞不僭，刑不濫，與其不得已，寧僭不濫。故唐堯著典，『眚災肆赦』；周公作戒，『勿誤庶獄』；伯夷之典，『惟敬五刑，以成三德』。由此言之，聖賢之政，以刑罰爲首。往者斷刑嚴明，所以威懲姦慝，姦慝既平，必宜濟之以寬。陛下即位，率由此義，數詔羣僚，弘崇晏晏。而有司執事，未悉奉承，典刑用法，猶尚深刻。斷獄者急於篣格酷烈之痛，篣即搒也，古字通用。《聲類》曰：「笞也。」《説文》曰：「格，擊也。」執憲者煩於詆欺放濫之文，或因公行私，逞縱威福。夫爲政猶張琴瑟，大弦急者小弦絶。故子貢非臧孫之猛法，而美鄭僑之仁政。《詩》云：『不剛不柔，布政優優。』方今聖德充塞，假于上下，宜隆先王之道，蕩滌煩苛之法。輕薄箠楚，以濟羣生；全廣至德，以奉天心。」帝敬納寵言，每事務於寬厚。其後遂詔有司，絶鉆鑽諸慘酷之科，《蒼頡》曰：「鉆，持也。」《説文》曰：「鉆，鐵銸。」其炎反。銸音陟葉反。鑽，臏刑，謂鑽去其髕骨也。鑽音作喚反。解妖惡之禁，除文致之請讞五十餘事，定著于令。是後人俗和平，屢有嘉瑞。

《章紀》：元和元年秋七月丁未，詔曰：「掠者唯得榜、笞、立。《蒼頡篇》曰：「掠，問也。」《廣雅》曰：「榜，擊也，音彰。」《說文》曰：「笞，擊也。」立謂立而考訊之。又《令丙》，箠長短有數。自往者大獄已來，掠考多酷，鉆鑽之屬，慘苦無極。念其痛毒，怵然動心。《書》曰『鞭作官刑』，豈云若此？宜及秋冬理獄，明爲其禁。」

按：《說文》：「鉆，鐵鉗也。」「鑽，所以穿也。」《急就章》顔注：「鉆以鐵，有所鑷取也。鑽，所以穿通也。」此皆掠考之具。觀於元和詔文，知《陳寵傳》亦當如是解，《張耳傳》之刺剟必用鉆鑽之具，此其證章懷注以鑽爲去髕骨者誤。髕刑，漢時久廢，章帝絶諸慘酷之科，由于納陳寵之言洵仁政也。

《通考》一百六十三：按：建武以來，雖屢有省刑薄罰之詔，然上下相胥以苛酷爲能，而考囚之際尤極殘忍。《獨行傳》載楚王英坐反，誅其所疏天下名士，有會稽太守尹興名，乃徵興詣廷尉獄。其功曹陸續、主簿梁宏、駟勳等及掾史五百餘人詣洛陽詔獄就考，諸吏不堪痛楚，死者大半，唯續、宏、勳考掠五毒，肌肉消爛，終無異詞。戴就仕倉曹掾云云。且興不過以姓名罥罣，反形未具；公浮爲人誣以臧罪；陸續、戴就所坐不過以郡功曹不肯證成太守之罪。乃非同謀之人而乃窮極慘酷，如此則罪情稍重而不肯誣服者考死於狴犴之下，蓋不可勝計矣。

按：楚王英事在顯宗之世，其時用法嚴也，戴就事當在順、桓之世，其時漢政已衰矣。

測罰

《隋書·刑法志》：《梁律》：凡繫獄者，不即答欵，應加測罰，不得以人士爲隔。若人士犯罰，違扞不欵，宜測罰者，先參議牒啓，然後科行。斷食三日，聽家人進粥二升。女及老小，一百五十刻乃與粥，滿千刻而止。其問事諸罰，皆用熟靻鞭、小杖。陳氏一用梁法。其有贓驗顯然而不欵，則上測立。立測者，以土爲垛，高一尺，上圓，劣容囚兩足立。鞭二　，笞三十訖，著兩械及杻，上垛。一上測七刻，日再上三。七日上測，七日一行鞭。凡經杖，合一百五十，得度不承者，免死。

《御覽》六百四十九：《梁書》曰：梁代舊律測囚之法，一上起自晡鼓，盡于二更。及比部郎中泉剛定律令，以舊法測立持久，非人所堪，分其刻數，日再上。廷尉以爲新制過輕，請集八座議之。尚書周弘正議曰：「凡小大之獄，必應以情，豈可恣考掠以判刑罪？且測人時節，本非古制，近代以來，方有此法。起自晡鼓，迄于二更，豈是常人所能堪忍？所以重械之下誣枉者多，朝暮二時，同等刻進而求於事爲哀。」

按：測罰之制，惟梁、陳用之，上測有時，行鞭有數，以視慘酷之無度者，實爲勝之。隋以後此制廢也。

元魏非刑

《魏書·尉古真傳》：太祖之在賀蘭部，賀染干遣侯引乙突等詣行宮，將肆逆。古真知之，密以馳告，侯引等不敢發。染干疑古真泄其謀，乃執拷之，以兩軸押其頭，傷一目，不伏，乃免之。

又《盧度世傳》：以崔浩事棄官逃于高陽鄭羆家，羆匿之。使者囚羆長子，遂被拷掠，至乃火爇其體，因以物故。

《魏書·刑罰志》：神麚中，定律令，拷訊不踰四十九。永平元年，尚書令高肇等奏曰：「謹案《獄官令》：諸察獄，先備五聽之理，盡求情之意，又驗諸證信，事多疑似，猶不首實者，然後加以拷掠。」

按：魏之《獄官令》當有所本，《唐六典》：「凡察獄之官先備五聽，又稽諸證信，有可徵焉，而不首實者，然後拷掠。」據《唐律疏議》、《六典》所言，乃唐《獄官令》之文，與《魏志》所言大略相同。《魏志》有「謹案」之字，必當日律令之文如此。後魏律令，初亦承用魏、晉，魏、晉承於漢，疑此乃漢律之遺文也。夫令文如此，而仍有軸押火爇之事，酷吏之所爲真有無人心者。

夾指壓踝

《隋志》：北齊文宣時有司折獄，又皆酷法。訊囚則用車輻⿰犭芻杖，夾指壓踝，又立之燒犁耳上，或使以臂貫燒車釭。既不勝其苦，皆致誣伏。

按：「⿰犭芻」，《字典》犬部不收，恐是「搊」字之譌。《玉篇》：「搊，楚尤切，手搊也。」《廣韻》十八尤：「搊，手搊，楚鳩切。」《集韻》：「側九切，持也。」搊杖，當是手持以擊人者；夾指，後世拶指也；壓踝，後世之夾棍也。至于犁耳、車釭則非刑矣。文宣淫刑如此，宜齊祚之不長也。

《隋志》：開皇元年，更定新律。自前代相承，有司訊考，皆以法外。或有大棒束杖，車輻鞵底，壓踝杖桄之屬，楚毒備至，多所誣伏。雖文致於法，而每有枉濫，莫能自理。至是盡除苛慘之法，訊囚不得過二百。

按：隋文帝除苛慘之法可謂善矣，然帝性慘急，其刑未嘗平也。

唐考囚法

《唐律》：諸應議、請、減，若年七十以上、十五以下及廢疾者，並不合拷訊，皆據衆證定罪，違者以故失論。《疏議》曰：「應議，謂在《名例》八議人；請，謂應議者期以上親及孫，若官爵五品以上者；減，謂七品以上之官，及五品以上之祖父母、父母、兄弟、姊妹、妻、子、孫者。若年七十以上、十五以下及廢疾，依令『一支廢、腰脊折、癡瘂侏儒等』，並不合拷訊，皆據衆證定罪。稱衆者，三人以上，明證其事，始合定罪。違者以故失論，謂不合拷訊而故拷訊致罪有出入者，即依下條故出入人及失出入人罪法。其罪雖無出入而枉拷者，依前人不合捶拷法，以鬬殺傷論，至死者加役流。」

諸應訊囚者，必先以情，審察辭理，反覆參驗；猶未能決，事須訊問者，立案同判，然後拷訊。違者杖六十。《疏議》曰：「依《獄官令》，察獄之官，先備五聽，又驗諸證信，事狀疑似猶不首實者，然後拷掠。故拷囚之義，先察其情，審其辭理，反覆案狀，參驗是非。猶未能決，謂事不明辨，未能斷決。事須拷問者，立案，取見在長官同判，然後拷訊。若充使推勘及無官同判者，得自別拷。若不以情審察及反覆參驗而輒拷者，合杖六十。」

諸拷囚不得過三度，數總不得過二百；杖罪以下不得過所犯之數。拷滿不承，取保放之。《疏議》

曰：「依《獄官令》，拷囚每訊相去二十日，若訊未畢，更移他司，仍須拷鞫，即通計前訊以充三度，故此條拷囚不得過三度，杖數總不得過二百。杖罪以下，謂本犯杖罪以下、笞十以上，推問不承，若欲須拷，不得過所犯笞杖之數，謂本犯一百杖，拷一百不承，取保放免之類。若本犯雖徒一年，應拷者亦得拷滿二百，拷滿不承，取保放之。」

若拷過三度及杖外以他法拷掠者，杖一百。杖數過者，反坐所剩。以故致死者，徒二年。《疏議》曰：「以他法拷掠，謂拷囚法杖之外，或以繩懸縛，或用棒拷打，但應行杖外，悉爲他法。」

即有瘡病，不待差而拷者，亦杖一百。若決杖、笞者，笞五十，以故致死者，徒一年半。若依法拷決而邂逅致死者，勿論，仍令長官等勘驗。違者杖六十。

諸拷囚限滿而不首者，反拷告人。其被殺、被盜，家人及親屬告者，不反拷。被水火損敗者亦同。拷滿不首，取保並放。違者以故失論。《疏議》曰：「囚拷經三度，杖數滿二百而不首，反拷告人，謂還準前人拷數，反拷告人。拷滿復不首，取保釋放。其被殺、被盜之家，若家人及親屬告者，所訴盜殺之人被拷滿不首者，各不反拷告人。以殺、盜事重，例多隱匿，反拷告者，或不敢言。若被人決水入家、放火燒宅之類，家人及親屬告言者，亦不反拷告人。拷滿不首，取保並放。違者以故失論，違，謂若應反拷而不反拷及不應反拷而反拷者，若故者，依故出入法，失者依失出入論。其本法不合拷而拷者，依前人不合拷捶法，亦以故失論。其應取保放而不放者，從不應禁而禁。不取保放者，於律有違，當不應得爲，流以上從重，徒罪以下從輕。」

諸監臨之官因公事自以杖捶人致死及恐迫人致死者，各從過失殺人法。若以大杖及手足毆擊，折傷以上，減鬬殺傷罪二等。雖是監臨主司，於法不合行罰及前人不合捶拷而捶拷者，以鬬殺傷論，至死加役流。即用刃者，各從鬬殺傷法。

《唐六典》：凡察獄之官先備五聽，又稽諸證信，有可徵焉，而不首實者，然後拷掠，二十日一訊。三訊未畢，更移佗司，仍須拷鞫，通計前訊以充三度。即罪非重害及疑似處少，不必備三。若囚因訊致死者，皆與長官及糾彈官對驗。其拷囚及行決罰不得中，易人。

《唐志》：凡杖，皆長三尺五寸，削去節目。訊杖，大頭徑三分二釐，小頭二分二釐。常行杖，大頭二分七釐，小頭一分七釐。笞杖，大頭二分，小頭一分有半。

按：唐代拷囚之法最有節度，拷不過三度，數不過二百，二十日一訊，不得連日拷。拷不得中，易人。罪非重害，不必備三，法之善毋逾此者。梁、陳立測之法，視此遜矣，然法立而不遵亦徒法耳。索元禮、來俊臣之徒，都以非法拷人，其慘毒有不勝言者，此又關乎國，是不可以常法論。天寶之世，亦有吉溫、羅希奭之屬，用人者可不慎歟？

訊囚酷法

《唐書・酷吏傳》序：至載初，右臺御史周矩諫后曰：「囚人告訐，遂以爲常，泥耳籠首，枷楔兼暴，拉脅籤爪，縣髮熏目，號曰『獄持』，晝禁食，夜禁寐，敲撲撼搖，使不得瞑，號曰『宿囚』。」

《唐書・酷吏索元禮傳》：元禮揣旨，即上書言急變，召對，擢遊擊將軍，爲推使。即洛州牧院爲制獄，作鐵籠鞶囚首，加以楔，至腦裂死。又横木關手足轉之，號「曬翅」。或紡囚梁上，縋石於頭。訊一囚，窮根柢，相牽聯至數百未能訖，衣冠氣褫。

按：字書無「鞶」字，當作「轂」。《玉篇》「急束也」，《廣韻》「許角切」，《字典》「轂」下引《元禮傳》。《康熙》中所據《唐書》字尚未誤，《舊書・元禮傳》周矩疏中有「枷研楔轂」句。

又《來俊臣傳》：俊臣鞫囚，不問輕重皆注醯于鼻，掘地爲牢，或寢以匽溺，或絶其糧，囚至齧衣絮以食，大抵非死終不得出。每赦令下，必先殺重囚乃宣詔。又作大枷，各爲號：一、定百脈，二、喘不得，三、突地吼，四、著即臣，五、失魂膽，六、實同反，七、反是實，八、死豬愁，九、求即死，十、求破家。後以鐵爲冒頭，被枷者宛轉地上，少選而絶。凡囚至，先布械于前示囚，莫不震懼，皆自誣服。時有來子珣、周興者，永昌初，子珣上書，擢監察御史，后倚以按獄，多徇后旨。興少習法律，自尚書史積遷秋官侍郎，屢決制獄，文深峭，妄殺數千人。天授中，人告子珣、興與丘神勣謀反，詔來俊臣鞫狀。初，興未知被告，方對俊臣食，俊臣曰：「囚多不服，柰何？」興曰：「易耳，内之大甕，熾炭周之，何事不承。」俊臣曰：「善。」命取甕且熾火，徐謂興曰：「有詔按君，請嘗之。」興駭汗，叩頭服罪。

按：《通考》一百六十六載元禮等訊囚酷法：或以椽關手足而轉之，謂之鳳凰曬翅；或以物絆其腰，引枷向前，謂之驢駒拔橛；或使跪捧枷，累甓其上，謂之仙人獻果；或使立高木之上，引枷尾向後，謂之玉女登梯；或倒縣，石縋其首；或以醋灌鼻；或以鐵圈轂其首而加楔，至有腦裂髓出者。所稱酷法，較史傳爲詳。

《王弘義傳》：再遷左臺侍御史，與來俊臣競慘刻。暑月縶囚，别爲狹室，積蒿施氈罽其上，俄而死；已自誣，乃舍他獄。每移檄州縣，所至震慴。弘義輒詫曰：「我文檄如狼毒、野葛矣！」

又《周利貞傳》：開元中，又有洛陽尉王鈞、河南丞嚴安之，捶人畏不死，視腫潰，復笞之，至血流乃喜。

《王旭傳》：每治獄，囚皆逆服。製獄械，率有名，曰「驢駒拔橛」、「犢子縣」等，以怖下，又縋髮以石，脅臣之。

《吉温傳》：林甫與李適之、張垍有隙。適之領兵部，而垍兄均爲侍郎，林甫密遣吏擿其銓史僞選六十餘人，帝命京兆與御史雜治，累日情不得。炅使温佐訊，温分囚廷左右，中取二重囚訊後舍，楚械搒掠，皆呻呼不勝，曰：「公幸留死，請如牒。」乃挺出。諸史迎懾其酷，及引前，不訊皆服。日中獄具，林甫以爲能。温嘗曰：「若遇知己，南山白額虎不足縛。」林甫久當國，權焄天下，陰構大獄，除不附己者。先引温居門下，與錢塘羅希奭爲奔走，椎鍛詔獄。相勖以虐，號「羅鉗吉網」。

《敬羽傳》：肅宗初，擢監察御史。乃作巨枷，號「𧊒尾榆」，囚人多死。又仆死于地，以門牡轢腹；掘地實棘，席蒙上，瀕坎鞫囚，不服則擠之坎，人多濫死。

按：𧊒，《玉篇》「大也」，《廣韵》「大力之貌，方結切，讀若邊，入聲」。𧊒尾，殆後大於前，其力必後墜，囚人之首所不能勝，故多死也。

致堂胡氏曰：自古酷刑，未有甚武后之時，其技與其具皆非人理，蓋出於佛氏地獄之事也。佛之意本以怖愚人，使之信也，然其説自南北朝瀾漫至唐未有用以治獄者，何獨言武后之時效之也？佛之言在册，知之者少，形於繪畫，則人人得見，而慘刻之吏智巧由是滋矣。閻立本圖《地獄變相》至今尚有之，況當時羣僧得志，繪事偶像之盛從可知矣。是故惟仁人之言其利博，佛本以善言之，謂治鬼罪於幽陰間耳，不虞其弊使人真受此苦也。吁！亦不仁之甚矣。

按：致堂之説歸咎佛氏，然非則天之恨毒，索來之徒烏能得志哉？

宋掠囚法

《宋志》：令諸州獲盗，非狀驗明白，未得掠治。其當訊者，先具白長吏，得判乃訊之。凡有司擅掠囚者，論爲私罪。

按：此建隆時令，獲盗尚不得擅掠，矧他囚乎？

《通考》一百六十六：太宗太平興國六年，詔自今繫囚，如證佐明白而捍拒不伏合訊掠者，集官屬同訊問之，勿令胥吏拷決。

按：此條與前條之意略同，即《唐六典》所謂有徵而不首實然後拷掠也。世之拷囚者，未明白而即拷，拷之又無節度，全失唐、宋之舊法矣。胥吏拷決，當是五季之秕政，至太宗時革之。

《通考》一百六十六：政和七年，詔品官犯，三問不承，即奏請追攝，若果情理重害而拒隱者方許枷訊，所以示別也。邇來有司廢法，不候三問，追攝不原輕重，枷訊與常人無異，將使人有輕視爵禄之心。可中明條令，以稱欽恤庶獄之意。又詔：宗室犯罪與常人同法。有司承例奏請，不候三問，未承即加訊問，非朕所以篤親親之恩也。自今有犯，除涉情理重害別被處分外，餘止以衆證爲定，仍取伏辯，無得輒加捶拷。若罪至徒以上，方許依條置勘，其合庭訓者，並送大宗正司，以副朕敦睦九族之意。

按：此二條後世尚行之。

《宋志》：理宗起自民閒，具知刑獄之弊。初即位，即詔天下恤刑，又親制《審刑銘》以警有位。而天下之獄不勝其酷。每歲冬夏，詔提刑行郡決囚，提刑憚行，悉委倅貳，倅貳不行，復委幕屬。所委之人，類皆肆行威福，以要饋遺。監司、郡守，擅作威福，意所欲黥，則令入其當黥之由，意所欲殺，則令證其當死之罪，呼喝吏卒，嚴限日時，監勒招承，催促結欵。而又擅置獄具，非法殘民，或斷薪爲杖，掊擊手足，名曰「掉柴」；或木索並施，夾兩脰，名曰「夾幫」；或纏繩於首，加以木楔，名曰「腦箍」；或反縛跪地，短豎堅木，交辮兩股，令獄卒跳躍於上，謂之「超棍」，痛深骨髓，幾於殞命。

按：理宗恤刑，而其時之弊若此而帝不聞也，由于壅閉之深也。壅閉可以亡國，可畏哉！可懼哉！

遼拷訊之具

《遼志》：拷訊之具，有麤、細杖及鞭、烙法。麤杖之數二十；細杖之數三，自三十至於六十。鞭、烙之數，凡烙三十者鞭三百，烙五十者鞭五百。被告諸事應伏而不服者，以此訊之。

按：法外拷囚，歷代多有，遼代鞭、烙之法酷矣，乃明著於法中亦古所未有也。

金掠囚事

《金志》：大定七年，左藏庫夜有盜殺都監郭良臣盜金珠，求盜不得。命點檢司治之，執其可疑者八人鞫之，掠三人死，五人誣伏。上疑之，命同知大興府事移剌道雜治。既而親軍百夫長阿思鉢鬻金於市，事覺，伏誅。上聞之曰：「箠楚之下，何求不得，柰何鞫獄者不以情求之乎。」賜死者錢人百貫，不死者五十貫。

按：金拷囚之法史不具，《志》但書此事。世宗明主，而其時尚有此事，甚矣酷吏之不絕于人間也。金《酷吏傳》僅列二人，並未及拷囚，蓋事多闕逸矣。

元蒙古人不拷掠

《元志》：諸鞫獄不能正其心，和其氣，感之以誠，動之以情，推之以理，輒施以大披挂及王侍郎繩索，並法外慘酷之刑者，悉禁止之。諸正蒙古人，除犯死罪，監禁依常法，有司毋得拷掠。諸鞫獄輒以私怨暴怒，去衣鞭背者，禁之。諸鞫問囚徒，重事須加拷訊者，長貳僚佐會議立案，然後行之，違者重加其罪。

按：禁慘酷，禁鞭背拷訊，先立案，並舊法也，惟蒙古人不拷訊，乃元制。

明拷訊法

《明律》：凡應八議之人及年七十以上、十五以下若廢疾者，並不合拷訊，皆據衆證定罪，違者，以故失入人罪論。

按：此條本于《唐律》，惟《唐律》於拷囚之法甚詳。《明律》概行，删去拷訊，遂無節度，遇有疑難之案，仁厚者束手難行，暴戾者恣意捶打，枉濫之害，勢所不免，此古法之所以不可遽廢也。

歷代刑法考

附寄簃文存 二

〔清〕沈家本 撰
鄧經元 駢宇騫 點校

中華書局

敕考十二卷

赦一

原赦

《易·解卦》：象曰，雷雨作，解。君子以赦過宥罪。疏：「赦謂放免，過謂誤失，宥謂寬宥，罪謂故犯。過輕則赦，罪重則宥，皆解緩之義也。」程傳：「天地解散而成雷雨，故雷雨作而爲解也。赦，釋之。宥，寬之。過失則赦之可也，罪惡而赦之則非義也，故寬之而已。君子觀雷雨解之象，體其發育則施恩仁，體其解散則行寬釋也。」邱濬曰：「按『雷雨作，解。君子以赦過宥罪』，蓋言《易卦》之象如此爾。人君於人之有過者而赦之，有罪者而宥之，亦猶《易》之有是象也。然過有小大，過失之小者固不必問，若事雖過失而事體所關則大，如失火延燒陵廟，射箭誤中親長之類，其罪有不可釋者，原其情則非故也，故因時赦其罪以宥之。『宥』如『流宥五刑』之宥也，所謂罪者，過失而入於罪者耳。若夫大憝極惡之罪，殺人不死則死者何辜？攫財不罪則失者何苦？『雷雨作，解』，豈謂如是之人哉？」

按：此「罪」字如邱説則與赦過無分別矣，當是情可矜原者故寬之，即《舜典》「流宥五刑」之意。

《舜典》：眚災肆赦。傳：「眚，過。災，害也。肆，緩也。過而有害者緩赦之。」疏：「若過誤爲害，原情非故者，則緩縱而赦放之。」《史記・五帝紀・集解》：「鄭玄曰，眚烖，爲人作患害者也。過失，雖有害則赦之。」　邱濬曰：「朱子曰『言不幸而觸罪者則肆而赦之，此法外意也』。按此萬世言赦罪者之始，夫帝舜之世所謂赦者，蓋因其所犯之罪，或出於過誤，或出於不幸，非其本心固欲爲是事也。而適有如是之罪焉，非特不可以入常刑，則雖流宥、金贖亦不可也，故宜赦之。蓋就一人一事而言耳，非若後世概爲一札，併凡天下之罪人，不問其過誤故犯，一切除之也。」

按：《易・訟》「无眚」，《釋文》鄭注「眚，過也」，是鄭亦訓眚爲過，災爲害，故云過失雖有害則赦之，東晉之孔傳正用鄭説也。《史記・集解》「眚」下疑奪「過也」二字，以致詞不別白。江氏聲《音疏》引此文而删上九字　蓋疑之也。

《周禮・秋官・司刺》：掌三刺、三宥、三赦之法，以贊司寇聽獄訟。注：「赦，舍也。壹刺曰訊羣臣，再刺曰訊羣吏，三刺曰訊萬民。壹宥曰不識，再宥曰過失，三宥曰遺忘。注：「鄭司農云，不識，謂愚民無所識則宥之。過失，若今律過失殺不坐死。玄謂，識，審也。不審，若今仇讎當報甲，見乙誠以爲甲而殺之者。過失，若舉刃欲砍伐而軼中人者。遺忘，若間帷薄忘有在焉，而以兵矢投射之。」壹赦曰幼弱，再赦曰老耄，三赦曰惷愚。」注：「惷愚，生而癡騃童昏者。鄭司農云，幼弱、老耄，若今律令年未滿八歲、八十以上，非手殺人，他皆不坐。」　邱濬曰：「按赦有二者之義，蓋就其所犯之人，品原其所犯之情，實而赦之宥之也，其與後世所頒之赦異矣。」

《地官・司諫》：掌糾萬民之德而勸之朋友，正其行而强之道藝，强猶勸也。巡問而觀察之，以時書德、行、道藝，辨其能而可任於國事者，以考鄉里之治，以詔廢置，以行赦宥。注：「因巡問勸强萬民而考鄉里吏民罪過，以告王所當罪不。」疏：「司諫，考鄉里之治者，由上文，巡問卽察官民善不也。云而考鄉里吏民罪過者，以巡問觀察萬民則知吏之治不，故鄭兼吏民總言之。」

《司市》：國君過市則刑人赦。注：「市者人之所交利而行刑之處，君子無故不游觀焉，若游觀則施惠以爲説也，國君則赦其刑人。」

按：《司市》云「市刑，小刑憲罰，中刑徇罰，大刑扑罰」。此所謂刑人，卽犯此三者之人也。

《吕刑》：五刑之疑有赦，五罰之疑有赦，其審克之。傳：「刑疑赦從罰，罰疑赦從免，其當清察能得其理。」蔡傳：「疑于刑則質于罰也，疑于罰則質于過而宥免之也。」邱濬曰：「按此所謂有赦者，赦其有疑者耳，非若後世不問有疑無疑一概蠲除之也。」

按：如孔傳之説，則此節所云卽漢之赦降，今之減等也。下節「墨辟疑赦」云云，乃是贖法。詳贖。

《王制》：赦從重。注：「雖是罪可重，猶赦。」疑獄，訊與衆共之，衆疑，赦之。凡作刑罰，輕無赦。注：「法雖輕，不赦之，爲人易犯。」疏：「此非疑獄，故雖輕不赦也。若輕者輒赦則犯者衆也，故《書》云『刑故無小』。」

《論語》：仲弓爲季氏宰，問政。子曰：「先有司，赦小過，舉賢才。」朱注：「過，失誤也。大者，於事或有所害，不得不懲；小者，赦之則刑不濫，而人心悦矣。范氏曰，不赦小過則下無全人矣。」

按：管子之旨與孔子之言正相反，此王霸之分也。

《通考》一百七十一：管仲曰：「文有三情，按：今《管子》作「侑」。武無一赦。」楚陶朱公中子殺人繫獄，乃令其長子賫千金遺楚王所信善，莊生請之。莊生入見楚王言：「某星宿某，獨以德爲可以除之。」王乃使使者封三錢之庫。楚人告朱公長男以爲赦，弟固當出，重千金虚棄莊生，以爲殊無短長也。乃復見莊生，以爲王且赦，使封之。」朱公長男曰：「王且赦。」曰：「何以也？」曰：「每王且赦，常封三錢之府，昨暮王使莊生乃還其金，羞爲所賣。復入言王曰：「臣前言某星，王言欲修德報之。今臣出，道路皆言陶之富人朱公之子殺人囚楚，其家多持金錢賂王左右，王非爲楚國而赦，乃以朱公子故也。」楚王大怒，令論殺朱公子。明日，遂下赦令。按唐虞三代之所謂赦者，或以其情之可矜，或以其事之可疑，或以其在三赦、三宥、八議之列，然後赦之。蓋臨時隨事而爲之斟酌，所謂議事以制者也。至後世乃有大赦之法，不問情之淺深、罪之輕重，凡所犯在赦前則殺人者不死，傷人者不刑，盗賊及作姦犯科者不詰，於是赦遂爲偏枯之物，長姦之門。今觀管仲所言及陶朱公之事，則知春秋戰國時已有大赦之法矣。

《春秋·莊二十二年》：春王正月，肆大眚。《穀梁傳》：「肆，失也。眚，災也。」《集解》：「《易》稱『赦過宥罪』，《書》稱『眚災肆赦』，經稱『肆大眚』，皆放赦罪人，蕩滌衆故。有時而用之，非經國之常制。」災紀也，失故也。《集解》：「災謂罪惡。紀，治理也。有罪當治理之，今失之者，以文姜之故。」爲嫌天子之葬也。《集解》：「文姜罪應誅絶，誅絶之罪不葬。若不赦除衆惡而書葬者，嫌天子許之，明須赦而後得葬。」惠棟《九經古義》云：「『失』係古『佚』字，『佚』與『逸』同，謂逸囚也。」

《左傳》杜注：「無傳。赦有罪也，《易》稱『赦過宥罪』，《書》稱『眚災肆赦』，傳稱『肆眚圍鄭』，皆放赦罪人，蕩滌衆故，以新其心。有時而用之，非制所常。故《書》疏：『肆，緩也。眚，過也。』緩縱大過，是赦有罪也。大罪猶赦，則小罪亦赦之，猶今赦書大辟罪以下悉皆原免也。此諸言肆眚者，皆是放赦罪人，蕩滌衆故，除其瑕穢，以新其心也。必其國有大患，非赦不解，或上有嘉慶，須布大恩，如是乃行此事。故《釋例》曰：『天有四時，得以成歲，雷霆以振之，霜雪以齊之，春陽以煖之，雲雨以潤之，然後能相育也。天且弗違，而況於人乎？物不可終否，故受之以同人。同人者與人同也，解天下之至結，成天下之亹亹，肆大眚之謂也。』堯曰：『咨！爾舜，有罪不敢赦，所以須待革命。』有時而用，非制所常，故書之也。」杜唯言有時用之，亦不知此時何以須赦？《穀梁傳》曰「肆大眚」，爲嫌天子之葬也，其意言文姜有罪，不合以禮而葬。若不赦，不復書葬，嫌天子許之，明須赦而後得葬，故爲赦也。賈逵以文姜爲有罪，故須赦而後葬，以説臣子也。魯大赦國中罪過，欲令文姜之過因是得除，以葬文姜，杜不明説，要文姜出奔之日尚稱夫人，夫人之名未嘗有貶，何須以赦除之？此赦必不爲文姜也。但夫人以去年七月薨，十一月則當合葬，乃至此年正月，經七月始葬，如此遲緩，必是國家有事，須赦解之，但不知其所由耳。胡傳：「肆眚者，蕩滌瑕垢之稱也。《舜典》曰『眚災肆赦』，《易》於《解卦》曰『君子以赦過宥罪』，《吕刑》曰『五刑之疑有赦，五罰之疑有赦』，《周官》『司刺掌赦宥之法』，未聞肆大眚也。大眚皆肆則廢天討，虧國典，縱有罪，虐無辜，惡人幸以免矣。後世有姑息爲政，數行恩宥，惠姦宄，賊良民，而其弊益滋，蓋源於此。故諸葛孔明曰『治世以大德不以小惠』，其爲政於蜀，軍旅數興而赦不妄下，斯得《春秋》之旨。肆眚而曰大眚，譏失刑也。」邱濬曰：「按後世大赦天下，其原蓋出於此。夫魯所肆者，一國之中而謂之眚，則其所赦者過失焉耳。眚而謂之大意者，魯國向有所肆，皆小眚也。今則併其大者而肆之，然於罪惡猶未赦也。聖人書之，以垂戒萬世以此爲坊。後世赦文乃至徧赦天下，已發覺未發覺、已結正未結正，罪無大小，咸赦除之。甚至十惡之罪、常赦所不原者亦或赦焉。惠姦宄，賊良民，怙終得志，善良喑啞，失天討之公，縱人欲之私，皆春秋之罪人也。」

按：眚，過也。大眚云者，其所肆非一人一邑，蓋舉一國之中咸肆之，故曰大也。眚與罪惡之出于故意者不同。唐虞卽有肆赦之法，春秋時亦有肆眚之事，但於一人一邑行之，舉一國而肆之，非法也，故書以譏之。胡、邱之說，持論甚正，似未得大眚之本義。

《左傳・襄九年》：肆眚圍鄭。注：「肆，緩也。眚，過也。」疏：「肆訓爲緩，緩從罪人，謂放赦之也。將求民力，開恩赦罪，赦諸侯之軍内犯法者。服虔以爲放鄭囚。案《傳》未與鄭戰，無囚可放。設使有囚可放，鄭人以戰而獲，非有所犯，不得謂之肆眚也。」

按：《爾雅・釋詁》：「赦，舍也。」郭注：「舍，放置。」《三蒼》：「赦，舍也。」與《周禮》鄭注合。《説文》：「赦，置也。」其義亦同，謂有罪者放置之也。據《通考》之説，是古之赦者乃過失之類。如《司刺》所言者，尚無後世大赦常赦之事，惟春秋之肆大眚，似爲大赦之權輿。管子言赦之害，其相齊亦在斯時，可見春秋之初已有此事，但不知實起於何時耳。自漢以後，遂爲常法矣。

《逸周書・大武篇》：陳有七來，來有三哀、四赦。四赦，一勝人必嬴，二取威信復，三人樂生身，四赦民所惡。《大聚篇》：王親在之，賓大夫，免列以選，赦刑以寬，復亡解辱，削赦輕重，皆有數，此謂行風。注：「削，削其職。赦，赦其罪。數，等差。風，風聲。」

按：前條頗難解，姑録之。後條言赦有等差也。

賈子《新書》：惟稽五赦，以綏民中。一曰原心，二曰明信，三曰勸功，四曰褒化，五曰權計。

《史記·秦始皇紀》：始皇推終始五德之傳，以爲周得火德，秦代周德，從所不勝。方今水德之始，改年始，朝賀皆自十月朔。衣服旄旌節旗皆上黑。數以六爲紀，符、法冠皆六寸，而輿六尺，六尺爲步，乘六馬。更名河曰德水，以爲水德之始。剛毅戾深，事皆決於法，刻削無仁恩和義，然後合五德之數。於是急法，久者不赦。

《後漢·霍諝傳》：諝聞《春秋》之義，原情定過，赦事誅意。

赦二

述赦一

按：《漢舊儀》所述漢代之赦，僅踐阼、改元、立后、建儲四事，其他之因事而赦者尚多，今將漢事分類録之。

踐阼

《漢書・高后紀》：惠帝崩，太子立爲皇帝，年幼，太后臨朝稱制，大赦天下。

按：高祖於五年十二月破楚，春正月，以天下事畢，赦天下。迨二月甲午，即皇帝位，不復赦。惠帝於十二年四月甲辰，高祖崩，丁未發喪，大赦天下。五月丙寅，惠帝即位，不復赦。是漢初尚無踐阼赦也。此太子即位，少帝也，史不著其名。班《紀》書赦于即位稱制之下，其爲踐阼之赦歟？抑爲稱制之赦歟？《史記》書赦于即位之前，似此赦非踐阼之赦。迨四年，少帝廢，恒山王弘爲皇帝，不改元，不赦。

《孝文紀》：詔曰：「制詔丞相、太尉、御史大夫：間者諸呂用事擅權，謀爲大逆，欲危劉氏宗廟，賴將相列侯宗室大臣誅之，皆伏其辜。朕初卽位，其赦天下。」

按：此踐阼之赦也。文帝自代來，故赦以安人心，踐阼赦當始此。迨文帝於後七年六月崩，景帝卽位，未赦，其元年四月之赦距卽位之日已遠。武帝於景帝後元三年正月卽位，建元元年二月赦天下，其相去亦遠。惠帝、景帝並於葬後卽位，武帝於景帝崩日卽位，昭帝於次日卽位，其踐阼之日亦不同。

《昭紀》：後元二年二月，武帝崩。戊辰，太子卽皇帝位，謁高廟。夏六月，赦天下。武帝，三月甲申葬茂陵。

按：三月葬而六月乃赦，此赦在葬後者。

《宣紀》：元平元年四月，昭帝崩，無嗣。大將軍霍光請皇后徵昌邑王。六月丙寅，王受皇帝璽綬，尊皇后曰皇太后。癸巳，光奏王賀淫亂，請廢。秋七月，光奏議曰：「孝武皇帝曾孫病已，有詔掖庭養視，至今年十八，師受《詩》、《論語》、《孝經》操行節儉，慈仁愛人，可以嗣孝昭皇帝後，奉承祖宗，子萬姓。」奏可。遣宗正德至曾孫尚冠里舍，洗沐，賜御府衣。太僕以軨獵車奉迎曾孫，就齊宗正府。庚申，入未央宮，見皇太后，封爲陽武侯。已而羣臣奉上璽綬，卽皇帝位，謁高廟。九月，大赦天下。

按：昭帝於六月壬申葬，昌邑王於丙寅受皇帝璽綬，在葬之先也。宣帝卽位始赦，故在葬後。

《元紀》：黄龍元年十二月，宣帝崩。癸巳，太子卽皇帝位。初元二年春正月辛丑，孝宣皇帝葬杜陵。大赦天下。

按：此即位在葬前而赦在葬後。

《成紀》：竟寧元年五月，元帝崩。六月己未，太子即皇帝位。七月，大赦天下。

《元紀》：秋七月丙戌，葬渭陵。

按：此即位在葬前，赦與葬同月而無日，不詳其先後。

《哀紀》：綏和二年三月，成帝崩。四月丙午，太子即皇帝位，大赦天下。

《成紀》：四月己卯，葬延陵。

《平紀》：元壽二年六月，哀帝崩。秋七月，遣車騎將軍王舜、大鴻臚左咸使持節迎中山王。九月辛酉，中山王即皇帝位，大赦天下。

《哀紀》：秋九月壬寅，葬義陵。

按：哀、平二帝即位及赦並在葬前。

《後漢書・光武紀》：建武元年六月己未，即皇帝位。於是改元爲建武，大赦天下。

《明紀》：中元二年二月戊戌，即皇帝位。三月丁卯，葬光武皇帝於原陵。夏四月丙辰，詔曰：「予末小子，奉承聖業，夙夜震畏，不敢荒寧。先帝受命中興，德侔帝王，協和萬邦，假於上下，懷柔百神，惠於鰥寡。朕承大運，繼體守文，不知稼穡之艱難，懼有廢失。聖恩遺戒，顧重天下，以元元爲首。公卿百僚，將何以輔朕不逮？其賜天下男子爵，人二級；三老、孝悌、力田人三級；爵過公乘，得移與子若同産、同産子；及流人無名數欲自占者人一級；鰥、寡、孤、獨、篤癃粟，人十斛。其施刑及郡國徒，在中元〔二〕〔元〕年四月己卯赦前所犯而後捕繫者，悉免其刑。又邊人遭亂爲内郡人妻，在己卯赦前，一切遣還邊，恣其所樂。中二千石下至黄綬，貶秩贖論者，悉皆復秩還贖。

《章紀》：永平十八年八月壬子，即皇帝位。壬戌，葬孝明皇帝于顯節陵。冬十月丁未，大赦天下。

按：和帝即位之年無赦。

《殤紀》：元興元年十二月辛未夜，即皇帝位。尊皇后曰皇太后，太后臨朝。延平元年三月甲申，葬孝和皇帝于慎陵。五月辛卯，皇太后詔曰：「皇帝幼沖，承統鴻業，朕且權佐助聽政，兢兢寅畏，不知所濟。深惟至治之本，道化在前，刑罰在後。將稽中和，廣施慶惠，與吏民更始。其大赦天下。自建武以來諸犯禁錮，詔書雖解，有司持重，多不奉行，其皆復爲平民。」

按：太后臨朝，大赦用太后詔，與吕后之事殆不殊矣。

《安紀》：延平元年八月，殤帝崩，太后與兄車騎將軍鄧騭定策禁中。其夜，使騭持節，以王青蓋車迎帝，齋于殿中。皇太后御崇德殿，百官皆吉服，羣臣陪位，引拜帝爲長安侯。皇太后詔：「以祜爲孝和皇帝嗣」，讀策畢，太尉奉上璽綬，即皇帝位，年十三。太后猶臨朝。永初元年春正月癸酉朔，大赦天下。

《安紀》：延光四年三月丁卯，幸葉，帝崩于乘輿。庚午，還宮。辛未夕，乃發喪。尊皇后爲皇太后。

太后臨朝，立章帝孫濟北惠王壽子北鄉侯懿。乙酉，北鄉侯即帝位。四月己酉，葬孝安皇帝于恭陵。六月乙巳，大赦天下。

《順紀》：永甯元年，立爲皇太子。延光三年，廢爲濟陰王。明年三月，安帝崩，北鄉侯立，濟陰以廢黜，不得上殿。及北鄉侯薨。十一月丁巳，是夜，中黄門孫程等十九人共斬江京、劉安、陳達等，迎濟陰王於德陽殿西鐘下，即皇帝位，年十一。永建元年春正月甲寅，詔曰：「先帝聖德，享祚未永，早棄鴻烈。姦慝緣間，人庶怨讟，上干和氣，疫癘爲災。朕奉承大業，未能甯濟。蓋至理之本，稽宏德惠，蕩滌宿惡，與人更始。其大赦天下。賜男子爵，人二級，爲父後、三老、孝悌、力田三級，流民欲自占者一級；鰥、寡、孤、獨、篤癃、貧不能自存者粟，人五斛；貞婦帛，人三匹。坐法當徙，勿徙；亡徒當傳，勿傳。徒囚逃亡當傳捕者放之勿捕。宗室以罪絶，皆復屬籍。其與閻顯、江京等交通者，悉勿考。勉修厥職，以康我民。」

按：沖帝即位無赦。

《質紀》：沖帝不豫，大將軍梁冀徵帝到洛陽都亭。及沖帝崩，皇太后與冀定策禁中，丙辰，使冀持節，以王青蓋車迎帝入南宫。丁巳，封爲建平侯，其日即皇帝位，年八歲。己未，葬孝沖皇帝于懷陵。二月乙酉，大赦天下。

《桓紀》：本初元年，梁太后徵帝到夏門亭，會質帝崩，太后遂與兄大將軍冀定策禁中，閏月庚寅，使冀持節，以王青蓋車迎帝入南宫，其日即皇帝位，時年十五。太后猶臨朝政。秋七月乙卯，葬孝質皇帝于静陵。建和元年春正月戊午，大赦天下。

《靈紀》：桓帝崩，無子，皇太后與父城門校尉竇武定策禁中，使守光禄大夫劉儵持節，將左右羽林至河間奉迎。建甯元年春正月己亥，帝到夏門亭，使竇武持節，以王青蓋車迎入殿中。庚子，卽皇帝位，年十二。改元建寧。二月辛酉，葬孝桓皇帝于宣陵。庚午，謁高廟。辛未，謁世祖廟。大赦天下。中平六年四月丙辰，帝崩。戊午，皇子辯卽皇帝位。尊皇后曰皇太后，太后臨朝。大赦天下。六月辛酉，葬孝靈皇帝于文陵。

按：東京諸帝皆先葬而後赦，此獨先赦而後葬。

《獻紀》：中平六年四月，少帝卽位，封帝爲勃海王，徙封陳留王。九月甲戌，卽皇帝位，年九歲。大赦天下。

《蜀志·先主傳》：建安二十五年，魏文帝稱尊號，改年曰黄初。或傳聞漢帝見害，先主乃發喪制服，追謚曰孝愍皇帝。太傅許靖等云：「臣等謹與博士許慈、議郎孟光，建立禮儀，擇令辰，上尊號。」卽皇帝位於成都武擔之南。章武元年夏四月，大赦，改元。

《後主傳》：章武三年四月，先主殂于永安宫。五月，後主襲位于成都。大赦，改元。

按：赦非古法，漢初高、景、武三帝皆無赦，惠帝但恩及於親貴老小，未大赦，其有赦者，必有故。文以自代來，昭以霍光秉政，宣以曾孫入嗣，大統皆事出非常，赦以靖人心也。元、成以後，踵而行之，東京亦承其制，惟和、沖二帝卽位無赦，《和紀》疑史之闕文，沖帝于八月卽位，次年正月即崩，蓋未及赦也。

改元

《景紀》：中元年夏四月，赦天下。　後元年三月，赦天下。

按：文帝改後元年不赦，改元之赦當自景帝始。

《武紀》：建元元年春二月，赦天下。　元光元年夏四月，赦天下。復七國宗室前絕屬者。　元朔元年春三月甲子，立皇后衛氏。詔曰：「朕聞天地不變，不成施化；陰陽不變，物不暢茂。《易》曰『通其變，使民不倦』。《詩》云『九變復貫，知言之選』。朕嘉唐虞而樂殷周，據舊以鑒新。其赦天下，與民更始。諸逋（負）〔貸〕及辭訟在孝景後三年以前，皆勿聽治。」　元狩元年夏四月，赦天下。丁卯，立皇太子。　元鼎元年夏五月，赦天下。　元封元年、太初元年。皆不赦。　天漢元年夏五月，赦天下。　太始元年夏六月，赦天下。　征和元年。不赦。　後元元年春二月，詔曰：「朕郊見上帝，巡于北邊，見羣鶴留止，以不羅（網）〔罔〕，靡所獲獻。薦于泰畤，光景並見。其赦天下。」

按：武帝即位無赦而改元赦，其後十改元三無赦。

《昭紀》：始元元年秋七月，赦天下。　元鳳元年夏六月，赦天下。　元平元年。不赦。

按：昭帝即位赦，改元又赦，其後二改元一無赦，蓋帝崩于夏四月未及赦也。

《宣紀》：本始元年五月，鳳皇集膠東、千乘。赦天下。　地節元年夏六月，詔曰：「蓋聞堯親九族，以和萬國。朕蒙遺德，奉承聖業，惟念宗室屬未盡而以罪絶，若有賢材，改行勸善，其復屬，使得自新。」元康元年三月，詔曰：「迺者鳳皇集泰山、陳留，甘露降未央宮。朕未能章先帝休烈，協寧百姓，承天順地，調序四時，獲蒙嘉瑞，賜兹祉福，夙夜兢兢，靡有驕色，内省匪解，永惟罔極。《書》不云乎？『鳳皇來儀，庶尹允諧。』其赦天下徒，賜勤事吏中二千石以下至六百石爵，自中郎吏至五大夫，佐史以上二級，民一級，女子百户牛酒。加賜鰥寡孤獨、三老、孝弟、力田帛。所振貸勿收。」神爵元年。赦在二年。五鳳元年夏，赦徒作杜陵者。甘露元年、黄龍元年。皆不赦。

按：宣帝即位赦，改元又赦，以鳳凰集也。其後六改元，惟一赦天下徒而已，其一赦杜陵徒，一復宗室屬籍，餘三無赦。

《元紀》：永光元年三月，詔曰：「五帝三王任賢使能，以登至平，而今不治者，豈斯民異哉？咎在朕之不明，亡以知賢也。是故壬人在位，而吉士雍蔽。重以周秦之弊，民漸薄俗，去禮義，觸刑法，豈不哀哉！繇此觀之，元元何辜？其赦天下，令厲精自新，各務農畝。無田者皆假之，貸種、食如貧民。師古曰：「此皆謂遇赦新免罪者也，故云如貧民。」賜吏六百石以上爵五大夫，勤事吏二級，爲父後者民一級，女子百户牛酒，鰥寡孤獨高年帛。」建昭元年、竟寧元年皆不赦。

按：元帝即位、改元赦，其後三改元二不赦。而改元之先後，年頻有赦，是當時之赦不拘于改元之年也。

《成紀》：建始元年二月，大赦天下。以火災也。河平元年四月，大赦天下。以日蝕也。陽朔元年三月，赦天下。　鴻嘉元年有詔舉冤獄不赦。二月壬午，行幸初陵，赦作徒。　永始元年六月丙寅，立皇后趙氏，大赦天下。　元延元年夏四月丁酉，赦天下。以災異也。　綏和元年春正月，大赦天下。

按：成帝即位赦，改元又赦，以災異也。其後六改元五赦，一立后，二災異，不專以改元，一但舉冤獄而不赦。

《哀紀》建平元年春正月，赦天下。　二年六月，待詔夏賀良等言赤精子之讖，漢（室）〔家〕歷運中衰，當再受命，宜改元易號。詔曰：「漢興二百載，歷數開元。皇天降非材之佑，漢國再獲受命之符，朕之不德，曷敢不通！夫基事之元命，必與天下自新，其大赦天下。以建平二年爲太初元將元年。號曰陳聖劉太平皇帝。漏刻以百二十爲度。」八月，詔曰：「待詔夏賀良等建言改元易號，增益漏刻，可以永安國家。朕過聽賀良等言，冀爲海內獲福，卒亡嘉應。皆違經背古，不合時宜。六月甲子制書，非赦令也，皆蠲除之。賀良等反道惑衆，下有司。」皆伏辜。　元壽元年春正月，大赦天下。以日蝕也，詳災異。

按：哀帝即位赦，改元又赦。其一改元亦赦，以災異也。建平二年已改元，大赦，又蠲除矣。平帝未改元。

《光武紀》：中元元年夏四月己卯，大赦天下。是時，封禪還宮。

按：光武即位改元，後一改元赦。明帝未改元。

《章紀》：元和元年八月癸酉，詔曰：「朕道化不德，吏政失和，元元未諭，抵罪於下。寇賊争心不息，邊野邑屋不修。永惟庶事，思稽厥衷，與凡百君子，共宏斯道。中心悠悠，將何以寄？其改建初九年爲元和元年。郡國中都官繫囚減死一等，勿笞，詣邊縣；妻子自隨，占著在所。其犯殊死，一切募下蠶室；其女子宮。繫囚鬼薪、白粲以上，皆減本罪一等，輸司寇作。亡命者贖，各有差。」章和元年夏四月丙子，令郡國中都官繫囚減死一等，詣金城戍。秋七月壬戌，詔曰：「朕聞明〔君之〕德（之君），啟迪鴻化，緝熙康乂，光照六幽，訖惟人面，靡不率俾，仁風翔于海表，威霆行乎鬼區。然後敬恭明祀，膺五福之慶，獲來儀之貺。朕以不德，受祖宗弘烈。乃者鳳皇仍集，麒麟並臻，甘露宵降，嘉穀滋生，芝草之類，歲月不絕。朕夙夜祗畏上天，無以彰于先功。今改元和四年爲章和元年。」秋，令是月養衰老，授几杖，行糜粥飲食。其賜高年二人共布帛各一匹，以爲醴酪。死罪囚犯法在丙子赦前而後捕繫者，皆減死，勿笞，詣金城戍。

按：章帝即位改元，後二改元皆赦。

《和紀》：元興元年夏四月庚午，大赦天下，改元元興。宗室以罪絕者，悉復屬籍。

按：和帝即位改元。後一改元赦，殤帝在位未一年。

《安紀》：元和元年夏四月丁酉，大赦天下。永寧元年夏四月丙寅，立皇子保爲皇太子，改元永寧，大赦天下。建光元年秋七月己卯，改元建光，大赦天下。延光元年三月丙午，改元延光，大赦天下。還徙者。

按：安帝即位改元，後四改元皆赦。

《順紀》：陽嘉元年三月庚寅，大赦天下，改元陽嘉。詔宗室絕屬籍者，一切復籍。永和元年春正月己巳，改元永和，大赦天下。　漢安元年春正月癸巳，大赦天下，改元漢安。　建康元年夏四月辛巳，立皇子炳爲皇太子，改年建康，大赦天下。

按：順帝卽位改元，後四改元皆赦，冲帝在位未一年，質帝在位未二年。

《桓紀》：和平元年春正月甲子，大赦天下，改元和平。　元嘉元年春正月癸酉，大赦天下，改元元嘉。　永興元年夏五月丙申，大赦天下，改元永興。　永壽元年春正月戊申，大赦天下，改元永壽。延熹元年六月戊寅，大赦天下，改元延熹。　永康元年六月庚申，大赦天下，悉除黨錮，改元永康。　時李膺等頗引宦官子弟，宦官多懼，請帝以天時當赦，帝許之，故除黨錮也。

按：桓帝卽位改元，後六改元皆赦。

《靈紀》：熹平元年夏五月己巳，大赦天下，改元熹平。　光和元年三月辛丑，大赦天下，改元光和。中平元年十二月己巳，大赦天下，改元中平。

按：靈帝卽位改元，後三改元皆赦。　少帝改元光熹，又改昭寧，皆未赦。

《獻紀》：初平元年春正月辛亥，大赦天下。　興平元年春正月辛酉，大赦天下，改元興平。　建安元年春正月癸酉，大赦天下，改元建安。　二十五年三月，改元延康。

按：獻帝卽位大赦，改元又赦，其後三改元，其二赦。　延康未一年而漢祚移矣。

《蜀志·後主傳》：延熙元年春正月，立皇后張氏，大赦，改元。　景耀元年，史官言景星見，於是大赦，改元。　六年夏，大赦，改元爲炎興。

按：改元之事始于文，而改元之赦始于景，其後踵而行之。然武之元封、太初、征和，昭之元平，宣之地節、神爵、五鳳、甘露、黄龍，元之建昭、竟寧，成之鴻嘉，皆無赦也，是西京時尚未著爲常法。東京則凡改元無不赦者，蜀漢承之。

立后

高祖五年，尊王后曰皇后。未赦。

《惠紀》：四年冬十月壬寅，立皇后張氏。未赦。

《文紀》：元年三月，有司請立皇后。皇太后曰：「立太子母竇氏爲皇后。」未赦。

《景紀》：七年夏四月乙巳，立皇后王氏。未赦。

《武紀》：元朔元年春三月甲子，立皇后衞氏。赦天下。詳改元。

按，此年之赦，係于立后之下，立后之赦當始于是，惟其文云「與民更始」，似是改元之意，今兩繫之。

《昭紀》：始元四年春三月甲寅，立皇后上官氏。赦天下。辭訟在後二年前，皆勿聽治。

《宣紀》：元平元年十一月壬子，立皇后許氏。本始四年三月乙卯，立皇后霍氏。赦天下。元康二年二月乙丑，立皇后王氏。

按：宣帝三后，霍氏有赦，而許、王無赦者，事在赦後，故不復赦也。

《元紀》：初元元年三月丙午，立皇后王氏。赦後未赦。

《成紀》：建始二年三月丙午，立皇后許氏。未赦。 永始元年，立皇后趙氏。大赦天下。詳改元，兩繫。

《哀紀》：五月丙戌，立皇后傅氏。赦後未赦。

《平紀》：元始四年二月丁未，立皇后王氏。大赦天下。

《光武紀》：建武二年六月戊戌，立貴人郭氏爲皇后，子彊爲皇太子，大赦天下。 十七年冬十月辛巳，廢皇后郭氏爲中山太后，立貴人陰氏爲皇后。未赦。

按：郭后之立大赦而陰后未赦，其時制詔曰「異常之事，非國休福，不得上壽稱慶」，則其未赦蓋以此也。 自後立后，自明訖桓無書赦者。《靈帝宋后紀》不書赦，而《續漢書·禮儀志》劉昭注引蔡質所記立宋皇后儀言「后卽位大赦天下」，質乃靈帝時人，記當時事必不誤，疑范《紀》疏漏也。蜀先主之立吴后及後主之先立張氏並未赦，其後立張后則大赦，其時武侯已没，故赦典復行。

《後主傳》：建興元年，立皇后張氏。 十五年夏六月，皇后張氏薨。 延熙元年春正月，立皇后張氏。大赦，改元。 立子璿爲皇太子。

按：東京自建武十七年陰后之立未赦，其後諸帝皆不赦，豈《漢舊儀》所言乃西京之制歟？抑范《紀》有缺文歟？

建儲

《高紀》：二年六月壬午，立太子，赦罪人。

按：建儲之赦始此。惠帝張后無子，吕氏取後宫美人子名之以爲太子，《惠紀》不言，見《高后紀》，殆其事甚祕也。

《文紀》：元年正月，有司請蚤建太子云云，「子啟最長，敦厚慈仁，請建以爲太子」。上乃許之。

按：文帝立太子未赦。

《景紀》：四年夏四月己巳，立皇子榮爲皇太子。六月，赦天下，賜民爵一級。七年春正月，廢皇太子榮爲臨江王。夏四月丁巳，立膠東王徹爲皇太子。賜民爲父後者爵一級。

按：此又未赦。

《武紀》：元狩元年十一月，淮南王安、衡山王賜謀反，誅。黨與死者數萬人。夏四月，赦天下。丁卯，立皇太子。賜中二千石爵右庶長，民爲父後者一級。詔曰：「朕聞咎繇對禹，曰在知人，知人則哲，惟帝難之。蓋君者心也，民猶支體，支體傷則心憯怛。日者淮南、衡山修文學，流貨賂，兩國接壤，怵於邪說，而造篡弒，此朕之不德。《詩》云：『憂憂慘慘，念國之爲虐。』已赦天下，滌除與之更始。朕嘉孝弟、力田，哀夫老眊孤寡鰥獨，或匱於衣食，甚憐愍焉。其遣謁者巡行天下，存問致賜。曰『皇帝使謁者賜縣三老、孝者帛，人五匹；鄉三老、弟者、力田帛，人三匹；年九十以上及鰥寡孤獨帛，人二匹，絮三斤；

八十以上米，人三石。有寃失職，使者以聞。縣鄉卽賜，毋贅聚』。」

按：赦與立皇太子相連而書，似是先赦後立者，以詔語觀之，又似爲二王謀反而赦，姑繫于此，追據自殺而昭帝立爲太子則未赦。

《宣紀》：地節三年夏四月戊申，立皇太子，大赦天下。賜御史大夫爵關内侯，中二千石爵右庶長，天下當爲父後者爵一級。賜廣陵王黄金千斤，諸侯十五人黄金各百斤，列侯在國者八十七人黄金各二十斤。

《元紀》：初元二年夏四月丁巳，立皇太子。賜御史大夫爵關内侯，中二千石爵右庶長，天下當爲父後者爵一級，列侯錢各二十萬，五大夫十萬。

按：元帝立太子未赦，是建儲之赦亦不以爲常。自後成、哀皆無子，平又短祚，西京之運終矣。

《光武紀》：建武二年六月戊戌，立貴人郭氏爲皇后，子彊爲皇太子，大赦天下。

按：後彊廢，立東海王陽爲皇太子，未赦。詳立后。

《明紀》：永平三年二月甲子，立皇子炟爲皇太子。賜天下男子爵，人二級；三老、孝弟、力田人三級；流人無名數欲占者人一級；鰥、寡、孤、獨、篤癃、貧不能自存者粟，人五斛。

《章紀》：建初〔三〕〔四〕年夏四月戊子，立皇子慶爲皇太子。賜爵，人二級，三老、孝悌、力田人三級，民無名數及流人欲自占者人一級；鰥、寡、孤、獨、篤癃、貧不能自存者粟，人五斛。七年，廢皇子慶爲清河王，立皇子肇爲皇太子。

《和紀》：元興元年冬十二月辛未，帝崩于章德前殿，年二十七。立子隆爲皇太子。賜天下男子爵人云云。同永平三年。

《安紀》：永寧元年夏四月丙寅，立皇子保爲皇太子，改元永寧，大赦天下。延光三年廢皇太子保爲濟陰王。

《順紀》：建康元年夏四月辛巳，立皇子炳爲皇太子，改年建康，大赦天下。

按：沖、質短祚，桓帝無子，靈帝有子而未立也。

《蜀志·先主傳》：章武元年五月，立子禪爲皇太子。

《後主傳》：延熙元年春正月，立皇后張氏。大赦，改元。立子璿爲太子。

按：東京建儲有赦有不赦，《續漢書·禮儀志》言「拜皇太子，大赦天下」，豈當時不盡遵用歟？抑范《紀》之疏也？

后臨朝以下《漢舊儀》所不及者

呂后臨朝稱制　鄧后臨朝並詳踐阼。

大喪

《高紀》：十年秋七月癸卯，太上皇崩，葬萬年。赦櫟陽囚死罪以下。臣瓚曰：「萬年陵在櫟陽縣界，故特赦之。」

按：此廣太上皇之恩也。

十二年夏四月甲辰，帝崩于長樂宮。呂后與審食其謀曰云云，乃以丁未發喪，大赦天下。

《高后紀》：八年秋七月辛巳，皇太后崩于未央宮。遺詔賜諸侯王各千金，將相列侯下至郎吏各有差。大赦天下。

《平紀》：元始五年冬十二月丙午，帝崩于未央宮。大赦天下。

帝冠

《惠紀》：四年三月甲子，皇帝冠，赦天下。

《昭紀》：元鳳四年春正月丁亥，帝加元服，見于高廟。注如淳曰：「元服，謂初冠加上服也。」師古曰：「如氏以爲衣服之服，此説非也。元，首也。冠者，首之所著，故曰元服。其下《汲黯傳序》云『上正元服』，是知謂冠爲元服。」

按：昭帝加元服，但有恩賜，無赦。

《和紀》：永元三年春正月甲子，皇帝加元服。元，首也。謂加冠於首。賜諸侯王、公、將軍、特進、中二千石、列侯、宗室子孫在京師奉朝請者黄金，將、大夫、郎吏、從官帛。賜民爵及粟帛各有差，大酺五日。郡國中都官繫囚死罪贖縑，至司寇及亡命，各有差。

《安紀》：永初三年，皇帝加元服。元服謂加冠也。《士冠禮》曰：「令月吉辰，加爾元服。」鄭玄云：「元，首也。」大赦天下。

《順紀》：永建四年春正月丙寅，詔曰：「朕託王公之上，涉道日寡，政失厥中，陰陽氣隔，寇盜肆暴，庶獄彌繁，憂悴永歎，疢如疾首。《詩》云：『君子如祉，亂庶遄已。』三朝之會，朔旦立春，嘉與海内，洗心自新。其赦天下。從甲寅赦令已來復秩屬籍，三年正月已來還贖。其閻顯、江京等知識婚姻禁錮，一原除之。務崇寬和，敬順時令，遵典去苛，以稱朕意。」丙子，帝加元服。

按：此先赦而後冠。丙寅、丙子相去十日。

《桓紀》：建和二年春正月甲子，皇帝加元服。庚午，大赦天下。

《靈紀》：建寧四年春正月甲子，帝加元服，大赦天下。

郊后土附

《文紀》：十五年夏四月，上幸雍，始郊見五帝，赦天下。

按：此文帝惑於公孫臣、新垣平之説而有此赦也。十六年夏四月又郊則不赦，迨至趙宋之世，凡郊必赦，則惑之甚者矣。

《武紀》：元鼎五年十一月辛巳朔旦，冬至。立泰畤于甘泉。天子親郊見，朝日夕月。夏四月，赦天下。　天漢元年春正月，行幸甘泉，郊泰畤。三月，行幸河東，祠后土。夏五月，赦天下。互詳改元。後元元年春正月，行幸甘泉，郊泰畤，遂幸安定。二月，赦天下。互詳改元。

《元紀》：初元四年三月，行幸河東，祠后土。赦汾陰徒。　永光元年春正月，行幸甘泉，郊泰畤。赦雲陽徒。　建昭二年春正月，行幸甘泉，郊泰畤。夏四月，赦天下。

按：泰畤立于武帝元鼎五年，其年始郊赦，其後泰畤之郊皆赦。至宣帝神爵元，五鳳元，甘露元、三，元帝永光五，成帝元延三、四，綏和二等年，郊泰畤未赦。

《成紀》：建始二年春正月，罷雍五畤。辛巳，上始郊祀長安南郊。詔曰：「迺者徙泰畤、后土于南郊、北郊，朕親飭躬，郊祀上帝。皇天報應，神光並見。三輔長無共張繇役之勞，赦奉郊縣長安、長陵及中都官耐罪徒。減天下賦錢，算四十。」　永始四年春正月，行幸甘泉，郊泰畤，神光降集紫殿。大赦天下。

按：既已徙泰畤、后土于南北郊，又郊泰畤何也？

《獻紀》：建安元年春正月癸酉，郊祀上帝於安邑，大赦天下，改元建安。互見改元。秋七月丁丑，郊祀上帝，大赦天下。

按：一歲二郊，非禮也，亂世之政令如此。

祀明堂

《明紀》：永平二年春正月辛未，宗祀光武皇帝於明堂，帝及公卿列侯始服冠冕、衣裳、玉佩、絇屨以行事。禮畢，登靈臺。使尚書令持節詔驃騎將軍、三公曰：「今令月吉日，宗祀光武皇帝於明堂，以配五帝。禮備法物，樂和八音，詠祉福，舞功德，其班時令，勑羣后。事畢，升靈臺，望元氣，吹時律，觀物變。羣僚藩輔，宗室子孫，衆郡奉計，百蠻貢職，烏桓、濊貊咸來助祭，單于侍子、骨都侯亦皆陪位。斯固聖祖功德之所致也。朕以闇陋，奉承大業，親執圭璧，恭祀天地。仰惟先帝受命中興，撥亂反正，以甯天下，封泰山，建明堂，立辟雍，起靈臺，恢弘大道，被之八極；而胤子無成、康之質，羣臣無吕、旦之謀，盥洗進爵，踧踖惟慙。素性頑鄙，臨事益懼，故『君子坦蕩蕩，小人長戚戚』。其令天下自殊死已下，謀反大逆，皆赦除之。百僚師尹，其勉修厥職，順行時令，敬若昊天，以綏兆人。」

《章紀》：建初三年春正月己酉，宗祀明堂。禮畢，登靈臺，望雲物。大赦天下。

元和二年二月丙辰，東巡狩。辛未，幸太山，柴告岱宗。有黄鵠三十從西南來，經祠壇上，東北過于宫屋，翱翔升降。進幸奉高。壬申，宗祀五帝于汶上明堂。癸酉，告祠二祖、四宗，大會外内羣臣。丙子，詔曰：「朕巡狩岱宗，柴望山川，告祠明堂，以章先勳。其二王之後，先聖之胤，東后蕃衛，伯父伯兄，仲叔季弟，幼子童孫，百僚從臣，宗室衆子，要荒四裔，沙漠之北，葱嶺之西，冒耏之類，跋涉懸度，陵踐阻絶，駿奔郊畤，咸來助祭。祖功宗德，延及朕躬。予一人空虚多疚，纂承尊明，盥洗享薦，慙愧祗慄。

《詩》不云乎：『君子如祉，亂庶遄已。』歷數既從，靈耀著明，亦欲與士大夫同心自新。其大赦天下。諸犯罪不當得赦者，皆除之。復博、奉高、嬴，無出今年田租、芻藁。」

《和紀》：永元五年春正月乙亥，宗祀五帝於明堂，遂登靈臺，望雲物。大赦天下。

按：武帝元封五年三月甲子，祠高祖于明堂以配上帝，未赦。太始三月壬午，祀高祖于明堂以配上帝，癸未，祀孝景皇帝于明堂，赦，以修封也。東京祀明堂始赦。

臨雍

《明紀》：永平八年冬十月丙子，臨辟雍，養三老、五更。禮畢，詔三公募郡國中都官死罪繫囚，減罪一等，勿笞，詣度遼將軍營，屯朔方、五原之邊縣；妻子自隨，便占著邊縣；父母同產欲相代者，恣聽之。其大逆無道殊死者，一切募下蠶室。亡命者令贖罪各有差。凡徙者，賜弓弩衣糧。

按：二年冬，幸辟雍，其年祀明堂先已赦。

《和紀》：永元十四年三月戊辰，臨辟雍，饗射，大赦天下。

封禪

《武紀》：元封五年春三月，還至泰山，增封。甲子，祠高祖于明堂，以配上帝，因朝諸侯王列侯，受郡國計。夏四月，詔曰：「朕巡荆揚，輯江淮物，會大海氣，以合泰山。上天見象，增修封禪。其赦天下。」

按：武帝元封元年，封泰山、禪梁父、改元而未赦，此增封則赦，太初三年修封未赦。

天漢三年三月，行幸泰山，修封，祀明堂，因受計。還幸北地，祠常山，瘞玄玉。夏四月，赦天下。

太始四年春三月，行幸泰山。壬午，祀高祖于明堂，以配上帝，因受計。癸未，祀孝景皇帝于明堂。甲申，（增）〔修〕封。〔丙戌〕，禪石閭。夏四月，幸不其，祠神人于交門宮，若有鄉坐拜者。作《交門之歌》。夏五月，還幸建章宮，大置酒，赦天下。

按：征和四年，幸泰山，修封，未赦。

《光武紀》：中元元年春正月丁卯，東巡狩。二月己卯，幸魯，進幸太山。辛卯，柴望岱宗，登封太山；甲午，禪于梁父。夏四月癸酉，車駕還宮。己卯，大赦。

立廟

《光武紀》：〔建武〕三年春正月辛巳，立皇考南頓君已上四廟。壬午，大赦天下。

巡狩

《武紀》：元封二年冬十月，行幸雍，祠五畤。春，幸緱氏，遂至東萊。夏四月，還祠泰山。至瓠子，臨決河，令從臣將軍以下皆負薪塞河隄，作《瓠子歌》。赦所過徒，賜孤獨高年米，人四石。

《明紀》：永平十五年春二月庚子，東巡狩。辛丑，幸偃師。詔亡命自殊死已下贖：死罪縑四十匹，右趾至髡鉗城旦春十匹，完城旦至司寇五匹；犯罪未發覺，詔書到日自告者，半入贖。徵沛王輔會睢陽。進幸彭城。癸亥，帝耕于下邳。三月，徵琅邪王京會良成，徵東平王蒼會陽都，又徵廣陵侯及其三弟會魯。祠東海恭王陵。還，幸孔子宅，祠仲尼及七十二弟子。親御講堂，會皇太子、諸王説經。又幸東平。辛卯，進幸大梁，至定陶，祠定陶恭王陵。夏四月庚子，車駕還宫。乙巳，大赦天下，其謀反大逆及諸不應宥者，皆赦除之。

《章紀》：建初七年九月甲戌，幸偃師，東涉卷津，至河内。遂覽淇園。己酉，進幸鄴，勞饗魏郡守令已下，至于三老、門闌、走卒，賜錢各有差。勞賜常山、趙國吏人，復元氏租賦三歲。辛卯，車駕還宫。詔天下繫囚減死一等，勿笞，詣邊戍；妻子自隨，占著所在；父母同産欲相從者，恣聽之；有不到者，皆以乏軍興論。軍興而致闕乏，當死刑也。及犯殊死，一切募下蠶室；其女子宫。繫囚鬼薪、白粲已上，皆減本罪各一等，輸司寇作。亡命贖：死罪入縑二十匹，右趾至髡鉗城旦春十匹，完城旦至司寇三匹；吏人有罪未發覺，詔書到自告者，半入贖。章和元年八月癸酉，南巡狩。甲申，徵任城王尚會睢陽。戊子，幸梁。乙未，幸沛，徵會東海王政。九月庚子，幸彭城，東海王政、沛王定、任城王尚皆從。辛亥，幸壽春。壬子，詔郡國中都官繫囚減死罪一等，詣金城戍；犯殊死者，一切募下蠶室；其女子宫；繫囚鬼薪、白粲已上，減罪一等，輸司寇作。亡命者贖：死罪縑二十匹，右趾至髡鉗城旦春七匹，完城旦至司寇三匹；吏民犯罪未發覺，詔書到自告者，半入贖。己未，幸汝陰。冬十月丙子，車駕還宮。

徙宮

《昭紀》：元鳳二年夏四月，上自建章宮徙未央宮，大置酒。賜郎從官帛，及宗室子錢，人二十萬。吏民獻牛酒者賜帛，人一匹。六月，赦天下。

定都

《高紀》五年，戍卒婁敬求見，說上曰：「陛下取天下與周異，而都雒陽，不如入關，據秦之固。」上不便以問張良，良因勸上。是日，車駕西都長安。拜婁敬爲奉春君，賜姓劉氏。六月壬辰，大赦天下。

從軍

《史記·秦二世紀》：二年冬，陳涉所遣周章等將西至戲，兵數十萬。二世大驚，少府章邯曰：「盜已至，衆彊，今發近縣不及矣。酈山徒多，請赦之，授兵以擊之。」二世乃大赦天下，使章邯將，擊破周章軍而走。

按：秦無赦，此不得已而大赦。秦并天下至於亡凡十五年，惟此一赦耳。今附列于此。

《高紀》：十一年秋七月，淮南王布反。上赦天下死罪以下，皆令從軍。

《武紀》：元封六年，益州、昆明反，赦京師亡命令從軍。

《明紀》：永平八年冬十月，詔三公募郡國中都官死罪繫囚，減罪一等，詣度遼將軍營，屯朔方、五原之邊縣。

按：是年春復置度遼將軍，屯五原曼柏。至冬，臨雍，禮畢，遂赦死罪以從軍也。其文云妻子自隨，便占著邊縣，又爲實邊計矣。九年春，又詔郡國死罪囚減罪，與妻子詣五原、朔方，占著所在。似又專爲移民計，故不言屯。

十六年九月丁卯，詔令郡國中都官死罪繫囚減死罪一等，詣軍營，屯朔方、敦煌。

十七年秋八月丙寅，令武威、張掖、酒泉、敦煌及張掖屬國，繫囚右趾已下任兵者，皆一切勿治其罪，詣軍營。

《章紀》：建初七年，詔天下繫囚減死一等，詣邊戍。詳巡狩類。

按：元和元年，郡國中都官繫囚減死一等，勿笞，詣邊縣，不言屯戍。

章和元年四月，令郡國中都官繫囚減死一等，詣金城戍。七月，詔死罪囚犯法在丙子赦前而後捕繫者，皆減死，詣金城戍。九月，詔郡國中都官繫囚減死罪一等，詣金城戍。以上詳改元及巡狩。

《和紀》：永元元年冬十月，令郡國弛刑輸作軍營。八年八月，詔郡國中都官繫囚減死一等，詣敦煌戍。

《安紀》：元初二年冬十月，遣中郎將任尚屯三輔。詔郡國中都官繫囚減死一等，勿笞，詣馮翊、扶風屯。延光三年〔九月〕乙巳，詔郡國中都官死罪繫囚減死一等，詣敦煌、隴西及度遼營。

《順紀》：永建五年冬十月丙辰，詔郡國中都官死罪繫囚皆減死一等，詣北地、上郡、安定戍。

克捷

《高紀》：二年春正月，諸將拔北地，虜雍王弟章平。赦罪人。

五年春正月，下令曰「楚地已定」云云，又曰「兵不得休八年，萬民與苦甚，今天下事畢，其赦天下殊死以下。」

六年冬十月，人告楚王信謀反，上問左右，左右爭欲擊之。用陳平計，乃僞游雲夢。十二月，會諸侯于陳，楚王信迎謁，因執之。詔曰：「天下既安，豪桀有功者封侯，新立，未能盡圖其功。身居軍九年，或未習法令，或以其故犯法，大者死刑，吾甚憐之。其赦天下。」

十年九月，代相國陳豨反。上自東，至邯鄲。十一年冬，太尉周勃道太原入定代地，將軍柴武斬韓信於參合。上還雒陽。大赦天下。

《武紀》：元朔六年春二月，大將軍衞青將六將軍兵十餘萬騎出定襄，斬首三千餘級。還，休士馬于定襄、雲中、雁門。赦天下。

《元紀》：建昭四年春正月，以誅郅支單于告祠郊廟。赦天下。

年豐

《明紀》：永平十年夏四月戊子，詔曰：「昔歲五穀登衍，今茲蠶麥善收，其大赦天下。方盛夏長養之時，蕩滌宿惡，以報農功。百姓勉務桑稼，以備災害。吏敬厥職，無令愆墮。」

祥瑞

《武紀》：元封二年六月，詔曰：「甘泉宮內中產芝，九莖連葉。上帝博臨，不異下房，賜朕弘休。其赦天下，賜雲陽都百户牛酒。」作《芝房之歌》。

四年春三月，祠后土。詔曰：「朕躬祭后土地祇，見光集于靈壇，一夜三燭。幸中都宮，殿上見光。師古曰：「中都在太原。」其赦汾陰、夏陽、中都死罪以下，賜三縣及楊氏皆無出今年租賦。」

六年冬，行幸回中。春，作首山宮。應劭曰：「首山在上郡，於其下立宮廟也。」文穎曰：「在河東蒲坂界。」三月，行幸河東，祠后土。詔曰：「朕禮首山，昆田出珍物，化或爲黃金。祭后土，神光三燭。其赦汾陰殊死以下。」

太初二年夏四月，詔曰：「朕用事介山，祭后土，皆有光應。文穎曰：「介山在河東皮氏縣東南。其山特立，周七十里，高三十里。」其赦汾陰、安邑殊死以下。」

《宣紀》：本始元年五月，鳳皇集膠東、千乘。赦天下。

地節二年夏四月，鳳皇集魯郡，羣鳥從之。大赦。

元康元年三月，詔曰：「迺者鳳皇集泰山、陳留，甘露降未央宮。朕未能章先帝休烈，協寧百姓，承天順地，調序四時，獲蒙嘉瑞，賜茲祉福，夙夜兢兢，靡有驕色，內省匪懈，永惟罔極。《書》不云乎？『鳳皇來儀，庶尹允諧。』其赦天下徒，賜勤事吏云云。

神爵二年春二月，詔曰：「迺者正月乙丑，鳳皇甘露降集京師，羣鳥從以萬數。朕之不德，屢獲天福，祗事不怠，其赦天下。」

四年春二月，詔曰：「迺者鳳皇甘露降集京師，嘉瑞並見。修興泰一、五帝、后土之祠，祈爲百姓蒙祉福。鸞鳳萬舉，蜚覽翺翔，集止于旁。齋戒之暮，神光顯著。薦鬯之夕，神光交錯。或降于天，或登于地，或從四方來集于壇。上帝嘉嚮，海內承福。其赦天下。」

五鳳三年三月，行幸河東，祠后土。詔曰「往者匈奴數爲邊寇，百姓被其害。朕承至尊，未能綏安匈奴。虛閭權渠單于請求和親，病死。右賢王屠耆堂代立。骨肉大臣立虛閭權渠〔單于〕子爲呼邪單于，擊殺屠耆堂。諸王並自立，分爲五單于，更相攻擊，死者以萬數，畜産大耗什八九，人民飢餓，相燔燒以求食，因大乖亂。單于閼氏子孫昆弟及呼遬累單于、名王、右伊秩訾、且渠、當户以下將衆五萬餘人來降歸義。單于稱臣，使弟奉珍朝賀正月，北邊晏然，靡有兵革之事。朕飭躬齋戒，郊上帝，祠后土，神光並見，或興于谷，燭燿齋宮，十有餘刻。甘露降，神爵集。已詔有司告祠上帝、宗廟。三月辛丑，鸞鳳又集長樂宮東闕中樹上，飛下止地，文章五色，留十餘刻，吏民並觀。朕之不敏，懼不能任，婁蒙嘉瑞，獲茲祉福。《書》不云乎？『雖休勿休，祗事不怠』。公卿大夫其勗焉。減天下口錢。赦殊死以下」云云。

甘露二年春正月，詔曰：「迺者鳳皇甘露降集，黃龍登興，醴泉滂流，枯槁榮茂，神光並見，咸受禎祥。其赦天下。」

按：宣帝在位凡十赦，即位、立后、建儲各一，而祥瑞居其六焉。蓋自即位之始，即以鳳集赦天下，而天下喻其風指，此祥瑞之所以史不絕書也。夫赦非善政，況以祥瑞而赦。宣帝爲西京令主而其惑也，如是其尚有封禪之侈心乎？

《明紀》：永平十七年春正月，甘露降於甘陵。是歲，甘露仍降，樹枝內附，芝草生殿前，神雀五色翔集京師。西南夷哀牢、儋耳、僬僥、槃木、白狼、動黏諸種，前後慕義貢獻；西域諸國遣子入侍。夏五月戊子，公卿百官以帝威德懷遠，祥物顯應，迺並集朝堂，奉觴上壽。制曰：「天生神物，以應王者；遠人慕化，實繇有德。朕以虛薄，何以享斯？惟高祖、光武聖德所被，不敢有辭。其敬舉觴，太常擇吉日策告宗廟。其賜天下男子爵，人二級，三老、孝悌、力田人三級，流人無名數欲占者人一級；鰥、寡、孤、獨、篤癃、貧不能自存者粟，人三斛；郎、從官視事十歲以上者，帛十匹。中二千石、二千石下至黃綬，貶秩奉贖，在去年以來皆還贖。」八月丙寅，令武威、張掖、酒泉、敦煌及張掖屬國，繫囚右趾已下任兵者，皆一切勿治其罪，詣軍營。

《安紀》：延光三年四月壬戌，沛國言甘露降豐縣。六月辛未，扶風言白鹿見雍。秋七月，馮翊言甘露降頻陽、衙。潁川上言木連理。白鹿、麒麟見陽翟。八月戊子，潁川上言麒麟一、白虎二見陽翟。九月乙巳，詔郡國中都官死辠繫囚減罪一等，詣敦煌、隴西及度遼營；其右趾已下及亡命者贖，各有差。

《桓紀》：建和元年十一月，濟陰言有五色大鳥見于己氏。戊午，減天下死罪一等，戍邊。注：「《續漢志》曰：時以爲鳳皇。政既衰缺，梁冀專權，皆羽孽也。己氏，縣名。」

《蜀志·後主傳》：景耀元年，史官言景星見，於是大赦，改元。宦人黄皓始專政。

按：説者每言蜀無史官，觀此《紀》文，非無史官也。獨此史官何人？妄陳祥瑞乃改元，後僅歷六祀而蜀卽亡，祥瑞云乎哉？

災異

《文紀》：後四年夏四月丙寅晦，日有蝕之。五月，赦天下。免官奴婢爲庶人。

《高后紀》：六年春，星晝見。夏四月，赦天下。

《武紀》：元光四年夏四月，隕霜殺草。五月，地震。赦天下。元狩三年春，有星孛于東方。夏五月，赦天下。

《昭紀》：元鳳四年五月丁丑，孝文廟正殿火，上及羣臣皆素服。發中二千石將五校作治，六日成。六月，赦天下。

《宣紀》：本始四年夏四月壬寅，郡國四十九地震，或山崩水出。詔曰：「蓋災異者，天地之戒也。朕承洪業，奉宗廟，託于士民之上，未能和羣生。迺者地震北海、琅邪，壞祖宗廟，朕甚懼焉。丞相、御史其與列侯、中二千石博問經學之士，有以應變，輔朕之不逮，毋有所諱。令三輔、太常、内郡國舉賢良方正各一人。律令有可蠲除以安百姓，條奏。被地震壞敗甚者，勿收租賦。」大赦天下。上以宗廟墮，素服，避正殿五日。

《元紀》：初元二年三月，詔曰：「蓋聞賢聖在位，陰陽和，風雨時，日月光，星辰静，黎庶康寧，考終厥命。今朕恭承天地，託于公侯之上，明不能燭，德不能綏，災異並臻，連年不息。乃二月戊午，地震于隴西郡，毁落太上皇廟殿壁木飾，壞敗豲道縣城郭官寺及民室屋，壓殺人衆。山崩地裂，水泉湧出。天惟降災，震驚朕師。治有大虧，咎至於斯。夙夜兢兢，不通大變，深惟鬱悼，未知其序。閒者歲數不登，元元困乏，不勝飢寒，以陷刑辟，朕甚閔之。郡國被地動災甚者無出租賦。赦天下。有可蠲除減省以便萬姓者，條奏，毋有所諱。丞相、御史、中二千石舉茂材異等直言極諫之士，朕將親覽焉。」三年夏四月乙未晦，茂陵白鶴館災。詔曰：「迺者火災降於孝武園館，朕戰栗恐懼。不燭變異，咎在朕躬。羣司又未肯極言朕過，以至於斯，將何以寤焉！百姓仍遭凶阨，無以相振，加以煩擾虐苛吏，拘牽虐微文，不得永終性命，朕甚閔焉。其赦天下。」永光二年春二月，詔曰：「蓋聞唐虞象刑而民不犯，殷周法行而姦軌服。今朕獲承高祖之洪業，託位公侯之上，夙夜戰栗，永惟百姓之急，未嘗有忘焉。然而陰陽未調，三光晻昧。元元大困，流散道路，盜賊並興。有司又長殘賊，失牧民之術。是皆朕之不明，政有所虧。咎至於此，朕甚自恥。爲民父母，若是之薄，謂百姓何！其大赦天下，賜民爵一級，女子百户牛酒，鰥、寡、孤、獨、高年、三老、孝弟力田帛。」又賜諸侯王、公主、列侯黄金，中二千石以下至中都官長吏各有差，吏六百石以上爵五大夫，勤事吏各二級。夏六月，詔曰：「閒者連年不收，四方咸困。元元之民，勞於耕耘，又亡成功，困於饑饉，亡以相救。朕爲民父母，德不能覆，而有其刑，甚自傷焉。其赦天下。」四年春二月，詔曰：「朕承至尊之重，不能燭理百姓，婁遭凶咎。加以邊竟不安，師旅在外，賦歛轉輸，元元騷動，窮困亡聊，犯法抵罪。夫上失其道而繩下以深刑，朕甚痛之。其赦天下，所貸貧民勿收責。」

《成紀》：建始元年春正月乙丑，皇曾祖悼考廟災。有星孛于營室。〔二月〕，詔曰：「迺者火災降於祖廟，有星孛于東方，始正而虧，咎孰大焉！《書》云：『惟先假王正厥事。』羣公孜孜，帥先百寮，輔朕不逮。崇寬大，長和睦，凡事恕己，毋行苛刻。其大赦天下。」河平元年夏四月己亥晦，日有蝕之，既。詔曰：「朕獲保宗廟，戰戰栗栗，未能奉稱。傳曰：『男教不修，陽事不得，則日爲之蝕。』天著厥異，辜在朕躬。公卿大夫其勉悉心，以輔不逮。百寮各修其職，惇任仁人，退遠殘賊。陳朕過失，無有所諱。」大赦天下。　陽朔元年春二月丁未晦，日有蝕之。三月，赦天下徒。　二年春，寒。詔曰：「昔在帝堯立羲、和之官，命以四時之事，令不失其序。故《書》云『黎民於蕃時雍』，明以陰陽爲本也。今公卿大夫或不信陰陽，薄而小之，所奏請多違時政。傳以不知，周行天下，而欲望陰陽和調，豈不謬哉！其務順四時月令。」三月，大赦天下。　元延元年春正月己亥朔，日有蝕之。夏四月丁酉，無雲有雷，聲光耀耀，四面下至地，昏止。赦天下。

《哀紀》：元壽元年春正月辛丑朔，日有蝕之。詔曰：「朕獲保宗廟，不明不敏，夙夜憂勞，未皇甯息。

惟陰陽不調，元元不贍，未睹厥咎。婁敕公卿，庶幾有望。至今有司執法，未得其中，或上暴虐，假埶獲名，溫良寬柔，陷於亡滅。是故殘賊彌長，和睦(且)〔日〕衰，百姓愁怨，靡所錯躬。迺正月朔，日有蝕之，厥咎不遠，在余一人。公卿大夫其各悉心勉帥百僚，敦任仁人，黜遠殘賊，期於安民。陳朕之過失，無有所諱。其與將軍、列侯、中二千石舉賢良方正能直言者各一人。大赦天下。」

《平紀》：元始元年夏五月丁(未)〔巳〕朔，日有蝕之。大赦天下。二年九月戊申晦，日有蝕之。赦天下徒。

《光武紀》：建武三年五月乙卯晦，日有食之。六月壬戌，大赦天下。五年夏四月，旱，蝗。五月丙子，詔曰：「久旱傷麥，秋種未下，朕甚憂之。將殘吏未勝，獄多冤結，元元愁恨，感動天氣乎？其令中都官、三輔、郡、國出繫囚，罪非犯殊死一切勿案，見徒免爲庶人。務進柔良，退貪酷，各正厥事焉。」七年三月癸亥晦，日有食之，避正殿，寢兵，不聽事五日。詔曰：「吾德薄致災，謫見日月，戰慄恐懼，夫何言哉！今方念愆，庶消厥咎。其令有司各修職任，奉遵法度，惠茲元元。百僚各上封事，無有所諱。其上書者，不得言聖。」夏四月壬午，詔曰：「比陰陽錯謬，日月薄食。百姓有過，在予一人，大赦天下。」二十二年九月戊辰，地震裂。制詔曰：「日者地震，南陽尤甚。夫地者，任物至〔重〕，靜而不動者也。而今震裂，咎在君上。鬼神不順無德，災殃將及吏人，朕甚懼焉。其令南陽勿輸今年田租芻藁。遣謁者案行，其死罪繫囚在戊辰以前減死罪一等，徒皆弛解鉗，衣絲絮。賜郡中居人壓死者棺錢，人三千。其口賦逋稅而廬宅尤破壞者，勿收責。吏人死亡，或在壞垣毀屋之下，而〔家〕羸弱不能收拾者，其以見錢穀取傭，爲尋求之。」　二十九年春二月丁巳朔，日有食之。遣使者舉冤獄，出繫囚。夏四月乙丑，詔令天下繫囚自殊死已下及徒各減本罪一等，其餘贖罪輸作各有差。　三十一年夏五月癸酉晦，日有食之。是夏，蝗。秋九月甲辰，詔令死罪繫囚皆一切募下蠶室，其女子宮。

《和紀》：永元六年秋七月，京師旱。詔中都官徒各除半刑，謫其未竟，五月以下皆免遣。　十一年春二月，遣使循行郡國，稟貸被災害不能自存者，令得漁采山林池澤，不收租稅。夏四月丙寅，大赦天下。

《安紀》：永初四年三月戊子，杜陵園火。癸巳，郡國九地震。夏四月，六州蝗。丁丑，大赦天下。六年六月壬辰，豫章、員谿、原山崩。辛巳，大赦天下。　元初元年二月己卯，日南地坼。三月癸酉，日有食之。夏四月丁酉，大赦天下。互見改元。　二年三月癸亥，京師大風。五月，京師旱，河南及郡國十九蝗。六月，洛陽新城地裂。九月壬午晦，日有食之。冬十月，詔郡國中都官繫囚減死一等，勿笞，詣馮翊、扶風屯，互見從軍。妻子自隨，占著所在；女子勿輸。亡命死罪以下贖，各有差。其吏人聚爲盜賊，有悔（過）者，除其罪。　四年春二月乙巳朔，日有食之。乙卯，大赦天下。

《順紀》：永建五年夏四月，京師旱。辛巳，京師及郡國十二蝗。冬十月丙辰，詔郡國中都官死罪繫囚皆減罪一等，詣北地、上郡、安定戍。

陽嘉三年春二月己丑，詔以久旱，京師諸獄無輕重皆且勿考竟，須得澍雨。五月戊戌，詔曰：「昔我太宗，丕顯之德，假于上下，儉以恤民，政致康乂。朕秉事不明，政失厥道，天地譴怒，大變仍見。春夏連旱，寇賊彌繁，元元被害，朕甚愍之。嘉與海内洗心更始。其大赦天下，自殊死以下謀反大逆諸犯不當得赦者，皆赦除之。」永和四年三月乙亥，京師地震。四月戊午，大赦天下。五年春二月戊申，京師地震。五月己丑晦，日有食之。丁丑，令死罪已下及亡命贖，各有差。

《質紀》：本初元年五月，海水溢。戊申，使謁者案行，收葬樂安、北海人爲水所漂没死者，又稟給貧羸。庚戌，太白犯熒惑。六月丁巳，大赦天下。

《桓紀》：建和元年夏四月庚寅，京師地震。丙午，詔郡國繫囚減死罪一等，勿笞。唯謀反大逆，不用此書。三年夏四月丁卯晦，日有食之。五月乙亥，詔曰：「蓋聞天生蒸民，不能相理，爲之立君，使司牧之。君道得於下，則休祥著乎上；庶事失其序，則咎徵見乎象。間者，日食毁缺，陽光晦暗，朕祗懼潛思，匪遑啟處。傳不云乎：『日食修德，月食修刑。』昔孝章帝愍前世禁徙，故建初之元，並蒙恩澤，流徙者使還故郡，没入者免爲庶民。先皇德政，可不務乎！其自永建元年迄乎今歲，凡諸妖惡，支親從坐，及吏民減死徙邊者，悉歸本郡；唯没入者不從此令。」八月乙丑，有〔星〕孛于天市。京師大水。九月己卯，地震。庚寅，地又震。詔死罪以下及亡命者贖，各有差。　和平元年秋七月，梓潼山崩。冬十一月辛巳，減天下死罪一等，徙邊戍。　永興元年秋七月，郡國三十二蝗。河水溢。百姓飢窮，流冗道路，至有數十萬户，冀州尤甚。詔在所振給乏絶，安慰居業。十一月丁丑，詔減天下死罪一等，徙邊戍。二年二月癸卯，京師地震。六月，彭城泗水增長逆流。京師蝗。東海朐山崩。九月丁卯朔，日有食之。閏月減天下死罪一等，徙邊戍。　永壽二年十二月，京師地震。三年春正月己未，大赦天下。　延熹四年春正月辛酉，南宮嘉德殿火。戊子，丙署火。大疫。二月壬辰，武庫火。五月辛酉，有星孛于心。丁卯，原陵長壽門火。己卯，京師雨雹。六月，京兆、扶風及涼州地震。庚子，岱山及博尤來山並頹裂。己酉，大赦天下。八年春正月丙申晦，日有食之。己酉，千秋萬歲殿火。三月辛巳，大赦天下。

《靈紀》：建甯元年冬十月甲辰晦，日有食之。令天下繫囚罪未決，入縑贖，各有差。熹平二年春正月，大疫。二月壬午，大赦天下。三年秋，（河）〔洛〕水溢。冬十月癸丑，令天下繫囚罪未決，入縑贖。四年夏四月，郡國（十）〔七〕大水。五月丁卯，大赦天下。延陵園災。冬十月丁巳，令天下繫囚罪未決，入縑贖。六年冬十月癸丑朔，日有食之。辛丑，京師地震。辛亥令天下繫囚罪未決，入縑贖。光和二年夏四月甲戌，日有食之。辛巳，中常侍王甫及太尉段熲並下獄死。丁酉，大赦天下。諸黨錮小功已下皆除之。時上禄長和（浮）〔海〕言：「黨人錮及五族，有乖典訓。」帝從之。三年秋，表是地震，涌水出。八月，令繫囚罪未決，入縑贖，各有差。五年二月，大疫。夏四月，旱。五月庚申，永樂宮署災。秋七月，有星孛于太微。癸酉，令繫囚罪未決，入縑贖。

《獻紀》：初平四年春正月甲寅朔，日有食之。丁卯，大赦天下。

按：遇災而赦，班、范兩《紀》有明著者，有不明著者。遇災之年有赦降之事，必非無故。桓、靈二《紀》災異頻仍，史不絕書，赦降之事亦不絕書，是否相因，無他佐證。今凡遇災之年而有赦降之事，別無他故，可考者悉彙於此，以備參考，而世運之盛衰亦藉以考見焉。

劭農

《文紀》：二年春正月丁亥，詔曰：「夫農，天下之本也，其開藉田，朕親率耕，以給宗廟粢盛。民讁作縣官及貸種食未入、入未備者，皆赦之。」師古曰：「種者，五穀之種也。食者，所以爲糧食也。」

《景紀》：元年春正月，詔曰：「間者歲比不登，民多乏食，夭絶天年，朕甚痛之。郡國或磽陿，無所農桑毄畜；或地（廣）饒〔廣〕，薦草莽，水泉利，而不得徙。其議民欲徙寬大地者，聽之。」夏四月，赦天下。賜民爵一級。

《成紀》：陽朔四年春正月，詔曰：「夫《洪範》八政，以食爲首，斯誠家給刑錯之本也。先帝劭農，薄其租稅，寵其彊力，令與孝弟同科。間者，民彌惰怠，鄉本者少，趨末者衆，將何以矯之？方東作時，其令二千石勉勸農桑，出入阡陌，致勞來之。《書》不云乎？『服田力嗇，乃亦有秋』。其勗之哉！」二月，赦天下。

《明紀》：中元二年明帝已卽位。十二月甲寅，詔曰：「方春戒節，人以耕桑。其勑有司務順時氣，使無煩擾。天下亡命殊死以下，聽得贖論：死罪入縑二十匹，右趾至髠鉗城旦舂十匹，完城旦舂至司寇作三匹，其未發覺，詔書到先自告者，半入贖。」

飲酎

《和紀》：永元八年八月辛酉，飲酎。詔郡國中都官繫囚減死一等，詣敦煌戍。其犯大逆，募下蠶室；其女子宮。自死罪已下，至司寇及亡命者入贖，各有差。

遇亂

《靈紀》：中平元年三月壬子，大赦天下黨人，還諸徙者，唯張角不赦。注：時中常侍呂强言於帝曰：「黨錮久積，若與黃巾合謀，悔之無救。」帝懼，皆赦之。

按：此亂象已成，不得已而爲此赦，與平常之恩赦命意大不相同，然已無及矣。范書立《黨錮傳》，著漢之所以亡也。

《獻紀》：初平三年五月丁酉，大赦天下。六月己未，大赦天下。

《董卓傳》：初，卓以牛輔子壻，素所親信，使以兵屯陝。輔分遣其校尉李傕、郭汜、張濟將步騎數萬，擊破河南君朱儁於中牟。其後牛輔營中無故大驚，輔懼，乃齎金寶踰城走。左右利其貨，斬輔，送首長安。牛輔既敗，衆無所依，欲各散去。傕等恐，乃先遣使詣長安，求乞赦免。王允以爲一歲不可再赦，不許之。傕等益懷憂懼，不知所爲。武威人賈詡時在傕軍，説之曰：「聞長安中議欲盡誅涼州人，諸君若棄軍單行，則一亭長能束君矣。不如相率而西，以攻長安，爲董公報仇。事濟，奉國家以正天下；

若其不合，走未後也。」傕等然之，各相謂曰：「京師不赦我，我當以死決之。若攻長安剋，則得天下矣；不剋，則鈔三輔婦女財物，西歸鄉里，尚可延命。」衆以爲然，於是共結盟，率軍數千，晨夜西行。王允聞之，乃遣卓故將胡軫、徐榮擊之於新豐。榮戰死，軫以衆降。傕隨道收兵，比至長安，已十餘萬，與卓故部曲樊稠、李蒙等合，圍長安城。城峻不可攻，守之八日，呂布軍有叟兵内反，引傕衆得入。城潰，放兵虜掠，死者萬餘人。殺衛尉种拂等。呂布戰敗出奔。王允奉天子保宣平城門樓上。於是大赦天下。

按：初平三年，一歲三大赦。正月之赦，詳特赦。卓未誅也，卓以四月誅。五月之赦，以誅卓也。《御覽》六百五十二引謝承《後漢書》曰「陝中諸將求乞大赦，王允等以爲殺卓時已赦，今復求乞，一歲不可再赦」云云。乃其證惟正月赦，五月又赦，何言一歲不可再赦乎？六月之赦則傕等已入長安，不得已而赦，然亦無救于亂。使傕等求乞，但告以已在赦中，則人心必涣，賈詡之謀，未必能行，乃以允之疏而詡之賊，漢室遂不可復興矣。哀哉！

赦三

述赦二

減等

《史記·將相年表·大事記》：孝惠六年八月，赦齊。

按：《通考》一百七十一引司馬氏《大事記》作「赦降」，今本「齊」字誤也。是年七月，齊悼惠王薨，別無事，何緣施赦？且《史表》此文之上有「立太倉、西市」一事，與齊王薨之文相隔，明非一事也。降者，下也，卽後漢之減等也。今減等始此。梁氏《史記志疑》謂齊本無罪，何赦之有？疑「八月赦齊」四字爲衍文，蓋未考。《通考》引此文，固在赦中也。

《漢書·惠紀》：十二年五月丙寅，太子卽皇帝位云云。上造以上及內外公孫耳孫有罪當刑及當爲城旦舂者，皆耐爲鬼薪白粲。應劭曰：「上造，爵滿十六者也。內外公孫，謂王侯內外孫也。耳孫者，玄孫之子也。言去其曾高益遠，但耳聞之也。今以上造有功勞，內外孫有骨血屬婕，施德布惠，故事從其輕也。」李斐曰：「耳孫，曾孫也。」張晏曰：「公孫，宗室侯王之孫也。」晉灼曰：「耳孫，玄孫之曾孫也，《諸侯王表》在八世。」師古曰：「上造，第二爵名也。內外公孫，國家宗室及外戚之孫也。耳孫，諸說不同。據《平記》及《諸侯王表》說『梁孝王玄孫之耳孫』。耳音仍。又《匈奴傳》說握衍朐鞮單于，云『烏維單于耳孫』。以此參之，李云曾孫是也。然《漢書》諸處又皆云曾孫非一，不應雜兩稱而言。據《爾雅》『曾孫之子爲玄孫，玄孫之子爲來孫，來孫之子爲昆孫，昆孫之子爲仍孫』，從己而數，是爲八葉，則與晉説相同。仍、耳聲相近，蓋一號也。」

民年七十以上若不滿十歲有罪當刑者，皆完之。

按：漢興才十二年，諸侯王之年長者亦不能有八世孫，李以耳孫爲曾孫者近是。曾孫又爲遠孫之通稱，耳孫當亦同也。惠帝即位，無大赦，但施恩于親、貴、老、小四者，或耐或完，事從其輕，即赦降之事蓋惠帝即位之初已先行之矣。

《景紀》：中〔元〕四年，死罪欲腐者，許之。詳宮及赦例。

按：死罪降而爲宮亦減等也，是減等之法漢初已行之，第史不多見耳。

《光武紀》：建武二十二年，制詔：死罪繫囚在戊辰以前減死罪一等。詳赦例。

按：減等之名實始見于此，自此以後，東京遂奉爲成法矣。

二十八年冬十月癸酉，詔死罪繫囚皆一切募下蠶室，其女子宮。

按：《景紀》「死罪欲腐者，許之」，其後蓋遵用此法，特史不書耳。此年之詔當承舊法行之。《景紀》言欲腐者許，此言「募下」，其用意正同，不强之也。

二十九年夏四月乙丑，詔令天下繫囚自殊死以下及徒各減本罪一等。

三十一年秋九月甲辰，詔令死罪繫囚皆一切募下蠶室，其女子宮。

《明紀》：永平八年十月，詔三公募郡國中都官死罪繫囚，減罪一等，勿笞，詣度遼將軍營，屯朔方、五原之邊縣；其大逆無道殊死者，一切募下蠶室。詳從軍。

按：漢法死罪減一等爲斬左止，除肉刑後應笞二百。今募徙邊戍，故勿笞也。

九年春三月，詔郡國死罪囚減罪，與妻子詣五原、朔方。詳從軍。

十六年九月，令郡國中都官死罪繫囚減死罪一等，勿笞，詣軍營，屯朔方、敦煌。詳從軍。

《章紀》：建初七年九月，詔天下繫囚減死一等，勿笞，詣邊戍；及犯殊死，一切募下蠶室；其女子宫。繫囚鬼薪、白粲已上，皆減本罪各一等。詳赦例。

元和元年八月，詔郡國中都官繫囚減死一等，勿笞，詣邊縣；其犯殊死，一切募下蠶室；其女子宫。繫囚鬼薪、白粲已上，皆減本罪一等。

章和元年夏四月丙子，令郡國中都官繫囚減死一等，詣金城戍。七月，詔死罪囚犯法在丙子赦前而後捕繫者，皆減死，勿笞，詣金城戍。九月，詔郡國中都官繫囚減死罪一等，詣金城戍；犯殊死者，一切募下蠶室；其女子宫。繫囚鬼薪、白粲已上，減罪一等。

《和紀》：永元三年，減弛刑徒從駕者刑五月。

按：但減五月則不及一等矣，漢之年刑自一歲至四歲，以一歲爲一等，五月尚不及一歲之半，不知當日減法以何爲準。漢律久亡，無可考矣。

《和紀》：永元六年，詔中都官徒各除半刑，謫其未竟，五月已下皆免遣。

按：此除刑之半，不但減一等矣。未竟五月者免遣，若以五月爲半刑，則全刑僅十月，漢無十月刑也。除半刑，則四歲者爲二歲，三歲一歲半，二歲者爲一歲，一歲爲六月。設如本罪爲一歲刑，已居作六月，以除半言，即可免。以未竟五月言，則尚多一月，免乎不免乎？又如本罪爲四歲刑，已居作三歲，以除半言，已過期一歲，以未竟五月言，則尚多七月，免乎不免乎？不知當日如何處分也。

八年八月，詔郡國中都官繫囚減死一等，詣敦煌戍。其犯大逆，募下蠶室；其女子宫。

十一年二月，詔郡國中都官徒及篤癃老小女徒各除半刑，其未竟三月者，皆免歸田里。

按：除半刑與三年、六年同，而未竟者又以三月爲限，所免之刑期較五月又短，不知當日如何除法。或曰「三」乃「五」之誤，此以意揣，無文以證之。

《安紀》：元初二年十月，詔郡國中都官繫減死一等，勿笞，詣馮翊、扶風屯。詳從軍。

延光三年九月，詔郡國中都官死罪繫囚減罪一等，詣敦煌、隴西及度遼營。詳從軍。

《順紀》永建元年十月，詔減死罪已下徙邊。五年十月，詔郡國中都官死罪繫囚皆減罪一等，詣北地、上郡、安定戍。

陽嘉元年九月，詔郡國中都官繫囚皆減死一等。

建康元年沖帝即位。十一月，令郡國中都官繫囚減死一等，徙邊。

《桓紀》：建和元年四月，詔郡國繫囚減死罪一等，勿笞。其令徒作陵者減刑各六月。互詳赦徒。

按：此減刑六月，與前之五月又不同，如本罪爲一歲刑，實與除半者無異矣。

和平元年十一月，減天下死罪一等，徙邊戍。

永興元年十一月，減天下死罪一等，徙邊戍。二年九月，減天下死罪一等，徙邊戍。

按：自此以後，遂無減等之文。至靈帝時，非大赦即縑贖，蓋與舊典不同矣。大抵永平以後徙屯爲多，實邊之一策也。桓帝時尚行之，靈帝遂廢而不用，亦其時大赦頻仍，幾無可減之繫囚，世變之亟，卽赦事可以見矣。

特赦

《史記·秦紀》：昭襄王二十一年，募徙河東賜爵，赦罪人遷之。二十六年，赦罪人遷之穰。二十七年，錯攻楚，赦罪人遷之南陽。二十八年，大良造白起攻楚，取鄢、鄧，赦罪人遷之。三十四年，秦與魏、韓上庸地爲一郡，南陽免臣遷居之。孝文王元年，赦罪人。莊襄王元年，大赦罪人。

按：昭襄王之赦罪人，遷之以實初地也。始皇之徙謫，以實初縣，其策實本於此。若惠文、莊襄之赦，卽爲後世改元肆赦之權輿矣。大赦之名亦始見於此，秦事無多，附列於此。

《高紀》：九年春正月丙寅，前有罪殊死以下，皆赦之。

《文紀》：七年夏四月，赦天下。

《景紀》：中元年夏四月，赦天下。五年六月，赦天下。後元年三月，赦天下。

《武紀》：元朔三年三月，詔曰：「夫刑罰所以防姦也，內長文所以見愛也；晉灼曰：「長音長吏之長。」張晏曰：

「長文，長文德也。」師古曰：「詔育有文德者，即親内而崇長之，所以見仁愛之道。見謂顯示也，音胡電反。」以百姓之未洽于教化，朕嘉與士大夫日新厥業，祗而不解。其赦天下。

《昭紀》：始元元年秋七月，赦天下。元鳳元年夏六月，赦天下。六年夏，赦天下。

按：元鳳於八月改元，在赦之後，知赦非爲改元也。

《宣紀》：元康二年春正月，詔曰：「《書》云『文王作罰，刑兹毋赦』，今吏修身奉法，未有能稱朕意，朕甚愍焉。其赦天下，與士大夫厲精更始。」

《元紀》：建昭五年春三月，詔曰：「蓋聞明王之治國也，明好惡而定去就，崇敬讓而民興行，故法設而民不犯，令施而民從。今朕獲保宗廟，兢兢業業，匪敢解怠，德薄明晻，教化淺微。傳不云虖？『百姓有過，在予一人。』其赦天下。」

《成紀》：鴻嘉三年夏四月，赦天下。綏和元年春正月，大赦天下。

《哀紀》：建平元年春正月，赦天下。

《光武紀》：建武二年三月乙未，大赦天下。詔曰：「頃獄多冤人，用刑深刻，朕甚愍之。孔子云：『刑罰不中，則民無所措手足。』其與中二千石、諸大夫、博士、議郎議省刑法。」四年春正月甲申，大赦天下。五年二月丙午，大赦天下。七年春正月丙申，詔中都官、三輔、郡、國出繫囚，非犯殊死，皆一切勿案其罪。見徒免爲庶民。耐罪亡命，吏以文除之。注：「亡命謂犯耐罪而背名逃者。令吏爲文簿，記其姓名而除其罪，恐遂逃不歸，因失名籍。」二十四年春正月乙亥，大赦天下。

《明紀》：永平十六年九月丁卯，詔令郡國中都官死罪繫囚減死罪一等，勿笞，詣軍營，屯朔方、敦煌；妻子自隨，父母同產欲求從者，恣聽之；女子嫁爲人妻，勿與俱。謀反大逆無道不用此書。十八年春三月丁亥，詔曰：「其令天下亡命，殊死已下贖：死罪縑三十匹，右趾至髡鉗城旦舂十匹，完城旦至司寇五匹；吏人犯罪未發覺，詔書到自告者，半入贖。

《和紀》：永元二年春正月丁丑，大赦天下。十一年夏四月丙寅，大赦天下。

《安紀》：永初元年秋九月丙戌，詔死罪以下及亡命贖，各有差。六年夏四月丙寅，令中二千石下至黃綬，一切復秩還贖，賜爵各有差。　建光元年二月癸亥，大赦天下。七月改元又赦。

《順紀》：永建元年冬十月辛巳，詔減死罪已下徙邊，其亡命贖，各有差。　漢安二年冬十月辛丑，令郡國中都官繫囚殊死已下出縑贖，各有差；其不能入贖者，遣詣臨羌縣居作二歲。　建康元年沖帝即位。十一月己酉，令郡國中都官繫囚減死一等，徙邊；謀反大逆，不用此令。

《桓紀》：永興二年春正月甲午，大赦天下。　延熹三年春正月丙申，大赦天下。六年三月戊戌，大赦天下。

《靈紀》：建甯二年春正月丁丑，大赦天下。　熹平三年二月己巳，大赦天下。五年夏四月癸亥，大赦天下。六年春正月辛丑，大赦天下。　光和三年春正月癸酉，大赦天下。四年夏四月庚子，大赦天下。五年春正月辛未，大赦天下。六年三月辛未，大赦天下。　中平四年春正月己卯，大赦天下。秋九月丁酉，令天下繫囚罪未決入縑贖。五年春正月丁酉，大赦天下。

《獻紀》：初平二年春正月辛丑，大赦天下。三年春正月丁丑，大赦天下。興平二年春正月癸丑，大赦天下。

《後主傳》：建興十二年秋八月，大赦天下。延興六年十一月，大赦。九年秋，大赦。十二年夏四月，大赦。十四年冬，大赦。十七年春正月，大赦。十九年，大赦。無月日。二年，大赦。同上。景耀四年冬十月，大赦。

按：有有事而赦者，有無事而赦者，有事之赦，前已分類編之矣。無事而赦，如元朔三年有詔，元康二年有詔，建昭五年有詔，皆特赦也。其或有事而無可考見，亦悉彙於此，以備參考。

曲赦

《高紀》：十年七月，赦櫟陽囚死罪已下。詳大喪。九月，代相國陳豨反。上曰：「豨嘗爲吾使，甚有信。代地吾所急，故封豨爲列侯，以相國守代，今乃與王黄等劫掠代地！吏民非有罪也，能去豨、黄來歸者，皆赦之。」十二年，陳豨降將言豨反時燕王盧綰之豨所陰謀。上使辟陽侯審食其迎綰，綰稱疾。食其言綰反有端。春二月，使樊噲、周勃將兵擊綰。詔曰：「燕王綰與吾有故，愛之如子，聞與陳豨有謀，吾以爲亡有，故使人迎綰。綰稱疾不來，謀反明矣。燕吏民非有罪也，賜其吏六百石以上爵各一級。與綰居，去來歸者，赦之，加爵亦一級。」

按：一赦櫟陽囚，一赦代吏民，一赦燕吏民，並曲赦也。惟漢時尚無曲赦之名，故《西漢會要》

列於別赦，其無代吏民一事，則遺漏也。

《文紀》：三年五月，上自甘泉之高奴，因幸太原。濟北王興居聞帝之代，欲自擊匈奴，乃反。秋七月，上自太原至長安。詔曰：「濟北王背德反上，詿誤吏民，爲大逆。濟北吏民兵未至先自定及以軍城邑降者，皆赦之，復官爵。與王興居去來者，亦赦之。」八月，虜濟北王興居，自殺。赦諸與興居反者。

《景紀》：三年正月，吳王濞、膠西王卬、楚王戊、趙王遂、濟南王辟光、菑川王賢、膠東王雄渠皆舉兵反。大赦天下。遣太尉亞夫、大將軍竇嬰將兵擊之。二月，諸將破七國，斬首十餘萬級。追斬吳王濞於丹徒。膠西王卬、楚王戊、趙王遂、濟南王辟光、菑川王賢、膠東王雄渠皆自殺。夏六月，詔曰：「迺者吳王濞等爲逆，起兵相脅，詿誤吏民，吏民不得已。今濞等已滅，吏民當坐濞等及逋逃亡軍者，皆赦之。楚元王子藝等與濞等爲逆，朕不忍加法，除其籍，毋令汙宗室。」

《武紀》：〔元封〕四年，赦汾陰、夏陽、中都死罪以下。詳祥瑞。六年，赦汾陰殊死以下，詳祥瑞。赦京師亡命。詳從軍。太初二年，赦汾陰、安邑殊死以下。詳祥瑞。

《元紀》：初元四年，赦汾陰徒。永光元年，赦雲陽徒。並詳郊。

《成紀》：建(昭)〔始〕二年，赦奉郊縣長安、長陵及中都官耐罪徒。詳祥瑞。

《光武紀》：建武六年五月辛丑，詔曰：「惟天水、隴西、安定、北地吏人爲隗囂所詿誤者，又三輔遭難赤眉，有犯法不道〔者〕，自殊死以下，皆赦除之。」初，樂浪人王調據郡不服。秋，遣樂浪太守王遵擊之，郡吏殺調降。秋九月庚子，赦樂浪謀反大逆殊死已下。十八年秋七月，吳漢拔成都，斬史歆等。壬戌，赦益州所部殊死已下。

《明紀》：中元二年明帝已卽位。秋九月，燒當羌寇隴西，敗郡兵於允街。赦隴西囚徒，減(死)〔罪〕一等。　永平十七年秋八月丙寅，令武威、張掖、酒泉、敦煌及張掖屬國，繫囚右趾已下任兵〔者〕，皆一切勿治其罪，詣軍營。

《安紀》：永初元年六月丁卯，赦除諸羌相連結謀叛逆者。

按：是時先零羌叛，斷隴道，大爲寇掠，遣鄧騭等討之，故有是令。

五年閏月丁酉，赦涼州河西四郡。

按：是時先零羌寇擾涼州，故曲赦河西四郡。

元初三年春，蒼梧、鬱林、合浦蠻夷反叛。三月丙辰，赦蒼梧、鬱林、合浦、南海吏人爲賊所迫者。

按：《宋志》云，赦一路或一州爲曲赦，茲別出之。曲赦之名，漢世未見，六代始有之。

赦徒

《文紀》：二年，民謫作縣官及貸種食未入、入未備者，皆赦之。互詳重農。

《景紀》：(十)〔中元〕四年，赦徒作陽陵者。

《武紀》：元封二年，赦所過徒。詳巡狩。

《宣紀》：元康元年，赦天下徒。詳祥瑞。　五鳳元年夏，赦徒作杜陵者。

《元紀》：初元四年，赦汾陰徒。詳郊。　永光元年，赦雲陽徒。詳郊。

《成紀》：建始二年赦奉郊縣長安、長陵及中都官耐罪徒。詳郊。　三年春三月，赦天下徒。　河平四年春正月，匈奴單于來朝，赦天下徒。　陽朔元年，赦天下徒。詳災異。　鴻嘉元年春二月壬午，行幸初陵，赦作徒。

《哀紀》：建平二年春三月，赦天下徒。

《平紀》：元始元年六月，天下女徒已論，歸家，顧山錢月三百。　師古曰：「爲此恩者，所以行太皇太后之德，施惠政於婦人。」　秋九月，赦天下徒。　二年，赦天下徒。詳災異。

《光武紀》：建武五年，見徒免爲庶民。詳災異。　七年，見徒免爲庶民。詳特赦。

《和紀》：永元元年十月，令郡國弛刑輸作軍營。　其徒出塞者，刑雖未竟，皆免歸田里。　三年冬十月癸未，行幸長安。　十二月庚辰，至自長安，減弛刑徒從駕刑五月。　六年，　詔中都官徒各除半刑謫。詳災異。　十一年，詔郡國中都官徒及篤癃老小女徒各除半刑。詳減等。

《桓紀》：建和元年夏四月（庚寅）〔丙午〕，詔曰：「比起陵塋，彌歷時歲，力役既廣，徒隸尤勤。　頃雨澤不沾，密雲復散，儻或在茲。　其令徒作陵者減刑各六月。」

別赦

《高紀》：五年初，田橫歸彭越。項羽已滅，橫懼誅，與賓客亡入海。上恐其久爲亂，遣使者赦橫，曰：「橫來，大者王，小者侯；不來，且發兵加誅。」

八年秋八月，吏有罪未覺發者，赦之。

按：是年高祖過趙，貫高等謀弑，事未發，殆帝已微覺之，故特赦以安反側歟。

《景紀》：三年冬十二月，詔曰：「襄平侯嘉晉灼曰：「紀通子也。」子恢說不孝，謀反，欲以殺嘉，大逆無道。其赦嘉爲襄平侯，及妻子當坐者復故爵。論恢說及妻子如法。」

《武紀》：建元元年五月，赦吳楚七國帑輸在官者。注應劭曰：「吳楚七國反時，其首事〔者〕妻子沒入爲官奴婢，（者）武帝哀焉，故赦遣之也。」

元光六年春，詔曰：「夷狄無義，所從來久。閒者匈奴數寇邊境，故遣將撫師。古者治兵振旅，因遭虜之方入，將吏新會，上下未輯，代郡將軍公孫敖、雁門將軍廣所任不肖，校尉又背義妄行，棄軍而北，少吏犯禁。用兵之法：不勤不教，將率之過也；教令宣明，不能盡力，士卒之罪也。將軍已下廷尉，使理正之，而又加法於士卒，二者並行，非仁聖之心。朕閔衆庶陷害，欲刷恥改行，復奉正義，厥路亡繇。其赦雁門、代郡軍士不循法者。」

《昭紀》：元鳳元年冬十月，詔曰：「左將軍安陽侯桀、票騎將軍桑樂侯安、御史大夫弘羊皆數以邪枉干輔政，大將軍不聽，而懷怨望，與燕王通謀，置驛往來相約結。燕王遣壽西長、孫縱之等賂遺長公主、丁外人、謁者杜延年、大將軍長史公孫遺等，交通私書，共謀令長公主置酒，伏兵殺大將軍光，徵立燕王爲天子，大逆毋道。故稻田使者燕倉先發覺，以告大司農敞，敞告諫大夫延年，延年以聞。丞相徵事任宮手捕斬桀，丞相少史王壽誘將安入府門，皆已伏誅，吏民得以安。封延年、倉、宮、壽皆爲列侯。」又曰：「燕王迷惑失道，前與齊王子劉澤等爲逆，抑而不揚，望王反道自新，今迺與長公主及左將軍桀等謀危（社稷）〔宗廟〕。王及公主皆自伏辜。其赦王太子建、公主子文信及宗室子與燕王、上官桀等謀反父母同產當坐者，皆免爲庶人。其吏爲桀等所詿誤，未發覺在吏者，除其罪。」

《宣紀》：地節四年秋七月，大司馬霍禹謀反。詔曰：「迺者，東織室令史張赦使魏郡豪李竟報冠陽侯霍雲謀爲大逆，朕以大將軍故，抑而不揚，冀其自新。今大司馬博陸侯禹與母宣成侯夫人顯及從昆弟冠陽侯雲、樂平侯山諸姊妹壻度遼將軍范明友、長信少府鄧廣漢、中郎將任勝、騎都尉趙平、長安男子馮殷等謀爲大逆。顯前又使女侍醫淳于衍進藥殺共哀后，謀毒太子，欲危宗廟。逆亂不道，咸伏其辜。諸爲霍氏所詿誤未發覺在吏者，皆赦除之。」

《宣紀》：元康二年夏五月，詔曰：「聞古天子之名，難知而易諱也。今百姓多上書觸諱以犯罪者，朕甚憐之。其更諱詢。諸觸諱在令前者，赦之。」

《哀紀》：建平二年夏四月，詔曰：「漢家之制，推親親以顯尊尊。定陶恭皇之號不宜復稱定陶。尊恭皇太后曰帝太太后，稱永信宮；恭皇后曰帝太后，稱中安宮。立恭皇廟于京師。赦天下徒。」

《章紀》：建初二年夏四月戊子，詔還坐楚、淮陽事徙者四百餘家，令歸本郡。元和元年十二月壬子，詔曰：「《書》云：『父不慈，子不祇，兄不友，弟不恭，不相及也。』往者妖言大獄，所及廣遠，一人犯罪，禁至三屬，即三族也。謂父族、母族及妻族。莫得垂纓仕宦王朝，如有賢才而没齒無用，朕甚憐之，非所謂與之更始也。諸以前妖惡禁錮者，一皆蠲除之，以明棄咎之路，但不得在宿衞而已。」

《安紀》：永初四年二月乙亥，詔曰自建初以來，諸祅言它過坐徙邊者，各歸本郡；其没入官爲奴婢者，免爲庶人。

漢世諸帝赦之次數

高帝　二年、正月、六月。五年、正月、六月大。六年、十二月。九年、正月。十一年、正月大、七月。十二年。四月。

按：高帝在位十二年，其赦天下凡九，或曰赦，或曰大赦，今總彙焉，而注「大」字以别之。其五年，令曰：「兵不得休八年，萬民與苦甚，今天下事畢，其赦天下殊死以下。」六年，詔曰：「天下既安，豪傑有功者封侯，新立，未能盡圖其功。身居軍九年，或未習法令，或以其故犯法，大者死刑，吾甚憐之。其赦天下。」蓋高帝當大亂之後不能不赦，以與天下更始，固非平世所得同也。又曲赦三，别赦二，詳彼門。

惠帝四年。三月。

按：惠帝在位七年，赦天下衹一次，減等二，贖一，詳彼門。

呂后　臨朝、大赦。六年、四月。八年。遺詔大赦。

按：呂后赦三。

文帝　即位、七年、十五年、後四年。

按：文帝在位二十三年，凡四赦，皆不言大。又曲赦一，赦徒一，詳彼門。

景帝　元年、三年大、四年，中元年、五年，後元年。

按：景帝在位十六年，凡赦六，又曲赦一，減死一，赦徒一，詳彼門。

武帝　建元元年，元光元年、四年，元朔元年、三年、六年，元狩元年、三年，元鼎元年、五年，元封二年、五年，天漢元年、三年，太始元年、四年，征和三年，後元元年。

按：武帝在位五十五年，凡赦十八，皆不言大。又曲赦四，赦徒一，詳彼門。

昭帝　即位，始元元年、四年，元鳳元年、二年、四年、六年。

按：昭帝在位十三年，凡赦七，皆不言大。又別赦一，詳彼門。

宣帝　即位大，本始元年、四年一、二大，地節二年大、三年大，元康二年，神爵二年、四年，五鳳三年，甘露二年。

按：宣帝在位二十五年，凡赦十一，言大者四，一即位，一災異，一親政，一建儲也。又別赦一，赦徒二，詳彼門。

元帝　初元元年大、二年、三年，永光元年、二年一、二大、四年，建昭二年、三年、五年。

按：元帝在位十五年，凡赦十，又赦徒二，詳彼門。

成帝　即位大，建始元年大，河平元年大，陽朔二年大、四年，鴻嘉三年，永始四年大，元延元年，綏和元年大。

按：成帝在位二十六年，凡赦九，而六言大。又赦徒五，詳彼門。

哀帝　即位大，建平元年、二年大，元壽元年大。

按：哀帝在位六年，凡赦四，其建平二年之大赦，則當時已蠲除矣。又赦徒一，詳彼門。

平帝　即位，元始元年、四年、五年。

按：平帝在位五，凡赦四，並言大。又赦徒三，詳彼門。

光武　建武元年、二年、三年二、四年、五年、六年、七年、二十四年，中元元年。

按：光武在位三十三年，凡大赦十，東京之赦皆言大也。七年以前八赦，大亂之時，不得不以赦安人心也。八年以後，中原略定，即不復赦。中元元年之赦，改元封禪也。二十四年之赦，不詳其故，是時匈奴內附，或即以此。光武之於赦蓋亦慎之，不但因吳漢之言。又減等四，曲赦三，免徒二，詳彼門。

明帝　永平二年、十年、十五年。

按：明帝在位十八年，凡大赦三，二年之赦不言大而是大赦。又減等二，贖三，曲赦二，免徒一，均詳彼門。

章帝　即位，建初三年，元和二年。

按：章帝在位十三年，凡大赦三，又減贖三，減等二，還徒一，除禁錮一。

和帝　永元二年、五年、十一年、十四年，元興元年。

按：和帝在位十七年，凡大赦五。又減贖一，贖一，免徒一，並詳彼門。赦徒三，詳赦徒。

殤帝　延平元年太后詔。

按：殤帝在位八月，大赦一。

安帝　永初元年、三年、四年、六年，元初四年，永甯元年，建光元年，延光元年。

按：安帝在位十九年，凡大赦八，又減贖二，贖一，曲赦三，別赦一，並詳彼門。

少帝　延光四年。

按：少帝，北鄉侯也，在位八月，大赦一，未改元。

順帝　永建元年、四年，陽嘉元年、三年，永和元年、四年，漢安元年，建康元年。

按：順帝在位十九年，凡赦八，永建四年不言大，惟此赦復秩、屬籍、除禁錮三者俱備，視餘年之赦爲寬，疑《紀》文奪「大」字也。又減贖二，減一，贖二，並詳彼門。

沖帝

按：沖帝在位六月，改元而未大赦，惟減等一。

質帝　即位，本初元年。

按：質帝在位未二年，大赦二。

元年。

桓帝　建和元年、二年，和平元年，元嘉元年，永興元年、二年，永壽元年、三年，延熹元年、三年、四年、六年、八年，永康元年。

按：桓帝在位二十一年，凡大赦十四，又減等六，贖一，減徒一，别赦一。

靈帝　建甯元年、二年、四年，熹平元年、二年、三年、四年、五年、六年，光和元年、二年、三年、四年、五年、六年，中平元年、二年、三年、四年、五年。

按：靈帝在位二十二年，凡大赦二十，幾於無年不赦矣。中平元年三月赦，赦黨人也，十二月赦，改元也，一年二赦。漢赦之多無逾桓、靈者，愈赦愈亂，赦何益哉？又贖七，詳彼門。

少帝　即位，改元。

按：少帝，皇子辯也，在位六月，大赦二。

獻帝　即位，初平元年、二年、三年三、四年，興平元年、二年，建安元年二。

按：獻帝在位三十一年，凡大赦十一。中平六年，少帝二赦，獻帝一赦，一年三赦。初平三年，一年三赦。建安元年，二郊二赦。蓋自中平六年至建安元年，八年之中大赦十三，亂世之政不足道矣。迨許都既遷，政歸曹氏，自是遂無赦矣。

先主　章武元年。

按：先主在位三年，大赦一。

後主　建興元年、十二年，延熙元年、六年、九年、十二年、十四年、十七年、十九年、二十年，景耀元年、四年，炎興元年。

按：後主在位四十一年，凡大赦十三。自建興元年至十二年，中間十年不赦，武侯之政也。侯薨即赦，俗見之難除也。

按：此有漢一代之赦事也，大抵盛時赦少，亂時赦多。文帝在位二十三年，衹四赦。靈帝在位二十二年，凡二十赦，蓋幾於無歲不赦，而黨人獨不赦，惡人幸而善人傷，何顛倒如斯也？迨亂作而後赦黨人，而天下已潰敗決裂，不可挽回矣。武侯之治蜀十年不赦，武侯薨而赦遂多，此孟光之所以責費褘也。

赦四

述赦三

大赦

魏

《魏志·文紀》：延康元年十月，即阼，改延康爲黄初，大赦。

按：文帝在位七年，大赦一，又曲赦二。

《明紀》：黄初七年五月，即位，大赦。太和二年四月，赦繫囚非殊死以下。四年十月，令罪非殊死聽贖各有差。五年七月，皇子殷生，大赦。青龍二年三月，大赦。景初元年五月，大赦。二年四月，大赦。

按：明帝在位十三年，大赦五，赦非殊死一，贖一，又曲赦一。

《三少帝紀》：齊王芳景初三年正月，即位，大赦。秋七月，上始親臨朝，聽公卿奏事。八月，大赦。正始四年，帝加元服，四月，立皇后甄氏，大赦。嘉平元年正月，大赦。誅曹爽。三年四月，大赦。四年，立皇后，大赦。五年四月，大赦。六年二月，大赦。誅李豐、夏侯元。四月，立皇后，大赦。

按：齊王在位十五年，大赦九。

高貴鄉公嘉平六年十月，卽位，大赦，改元。正元。二年，立皇后，大赦。甘露二年九月，大赦。

按：高貴鄉公在位七年，大赦三，又曲赦三。

陳留王甘露五年六月，卽位，大赦，改元。景元。四年，立皇后，十一月，大赦。咸熙二年九月，大赦。

按：陳留王在位六年，大赦三，又曲赦二。魏氏歷年四十六而大赦二十一，以三少帝時爲多，國運衰則赦多也。

《少帝齊王紀》：景初元年，卽位，官奴婢六十已上，免爲良人。正始七年秋八月戊申，詔曰：「屬到市觀見所斥賣官奴婢，年皆七十，或癃疾殘病，所謂天民之窮者也。且官以其力竭而復鬻之，進退無謂，其悉遣爲良民。若有不能自存者，郡縣振給之。」注：「臣松之案：帝初卽位，有詔『官奴婢六十以上免爲良人』。既有此詔，則宜遂爲永制。七八年間，而復貨年七十者，且七十奴婢及癃疾殘病，並非可售之物，而鬻之於市，此皆事之難解。」

按：衰世之政有不可以常理論者，卽位時雖有詔，奉行者不力，故甫七八年而尚有此等人，惟此等人不能力作，官方鬻之而孰肯買之？此則真不可解者。

吴

《孫權傳》：黄武三年八月，赦死罪。黄龍元年四月，卽皇帝位，大赦，改元。三年，會稽南始平言嘉禾生。十二月丁卯，大赦，改明年元也。次年爲嘉禾元年。三年正月，大赦。以公孫淵稱藩也。赤烏五年，立子和爲太子，大赦。八年八月，大赦。十年十月，赦死罪。太元元年，立皇后，大赦，改元。二年二月，大赦，改元爲神鳳。

《孫亮傳》：太元二年四月，卽位，大赦，改元。建興。二年正月，立皇后，大赦。十月，大赦。孫峻殺諸葛恪。太平元年十月，大赦，改元。二年四月，亮臨正殿，大赦，始親政事。九月，大赦。

《孫休傳》：太平三年九月，卽位，大赦，改元永安。七年正月，大赦。七月，大赦。

《孫皓傳》：永安七年七月，卽位，改元，大赦。元興。甘露元年四月，改元，大赦。十一月，大赦。寶鼎元年八月，改元，大赦。二年春，大赦。建衡元年十月，改元，大赦。是歲大赦。三年正月，大赦。時克交阯。鳳皇元年八月，大赦。二年九月，大赦。時封諸王。天册元年，大赦，改元。不言何月。天璽元年，改年，大赦。時於臨平湖邊得石函，刻上作皇帝字。八月，歷陽山石文理成字。封禪國山，明年改元，大赦。天紀。二年七月，大赦。立諸王。四年春，大赦。立諸王。

按：孫氏四主，權在位三十一年，大赦七，赦死罪二。亮在位七年，大赦六。休在位七年，大赦三。皓在位十七年，大赦十五。皓政暴亂而赦最多，可以見赦非盛世事也。魏、吴二國，卽位、立后必赦，而改元不盡赦，如魏之青龍、吴之赤烏元年皆未赦。

晉

《晉書·武紀》：泰始元年十二月，卽位，大赦。除舊嫌，解禁錮，亡官失爵者悉復之。四年正月丙戌，律令成。(丁亥)〔戊子〕，耕籍，大赦。有詔。八年六月，大赦。咸寧元年正月，大赦，改元。二年十月，立皇后，大赦。五年四月，大赦，降除部曲督以下質任。太康元年三月，平吴，大赦，改元。

按：武帝在位二十六年，大赦七，又曲赦二，赦徒三，别赦一。

《惠紀》：太熙元年四月，卽位，大赦，改元。永平元年三月，誅楊駿。大赦。二年八月，大赦。六年正月，大赦。八年三月，大赦。永康元年，大赦，改元。四月，趙王倫等矯詔廢賈后，大赦。十一月，立皇后，大赦。永甯元年四月，帝復位，大赦，改元。六月，立皇太孫，大赦。八月，大赦。戊辰，原徙邊者。大安元年十二月，大赦。河間王顒(表)誅齊王冏。二年八月，大赦。河間、成都二王舉兵逼京師。十一月，大赦。張方害長沙王乂。永興元年正月，大赦，改元永安。三月，立成都王穎爲皇太弟，大赦。七月，討穎。戊戌，大赦。六軍敗績，帝幸鄴。庚(辰)〔申〕，大赦，改元建武。八月，張方迎帝。辛巳，大赦。十一月，方刼帝幸長安。僕射荀藩等在洛陽，爲留臺。(景)〔丙〕午，留臺大赦，改元復爲永安。十二月，以豫章王熾爲皇太弟，大赦，改元。二年八月，大赦。光熙元年五月，帝還洛陽。六月，大赦，改元。

按：惠帝在位十七年，大赦二十三，又曲赦五。永康元年、永甯元年並一歲三赦，永興元年一歲七赦。是時，二后肇禍，八王搆難，政之紛拏，不足道也。

《懷紀》：光熙元年十一月，卽位，大赦。永嘉元年正月，大赦，改元，除三族刑。三月，立皇太子，大赦。二年正月，大赦。十二月，大赦。四年正月，大赦。

按：懷帝在位五年，大赦六，又曲赦二。

《愍紀》：永嘉六年，荀藩等奉爲皇太子，大赦。建興元年四月，卽位，大赦，改元。二年正月，大赦。三年四月，大赦。六月，地震，大赦。

按：愍帝在位四年，大赦五。

《元紀》：建武元年(二)〔三〕月，卽晉王位，大赦，改元。其殺祖父母、父母，及劉聰、石勒，不從此令。太興元年三月，卽位，大赦，改元。二年十二月，大赦。永昌元年正月，大赦，改元。四月，王敦反，入石頭，大赦。

按：元帝在位六年，大赦五，又別赦一。

《明紀》：永昌元年閏月，卽位，大赦。太寧二年七月，王敦死，大赦，惟敦黨不原。十月，詔王敦羣從一無所問。三年三月，立皇太子，大赦。

按：明帝在位三年，大赦三，又赦徒一。

《成紀》：太寧三年閏月，卽位，大赦。咸和元年二月，大赦。三年二月，蘇峻反，矯詔大赦。四年二月，蘇峻誅，大赦。五年正月，大赦。七年正月，大赦。咸康元年正月，帝加元服，大赦，改元。二年二月，立皇后，大赦。　五年正月，大赦。　六年三月，大赦。　八年正月，大赦。

按：成帝在位十七年，大赦十，內一不數。又赦徒二。

康帝咸（康）〔和〕八年六月，卽位，大赦。　建元元年十一月，大赦。

按：康帝在位二年，大赦二。

《穆紀》：建元二年九月，卽位，大赦。　永和二年正月，大赦。　三年六月，大赦。　五年正月，大赦。

九年正月，大赦。　升平元年正月，帝加元服，大赦。　八月，立皇后，大赦。　五年正月，大赦。

按：穆帝在位十七年，大赦八。

《哀紀》：升平五年五月，卽位，大赦。　隆和元年正月，大赦，改元。　興寧元年二月，大赦，改元。

九月，皇子生，大赦。

按：哀帝在位四年，大赦四。

《廢帝紀》：興寧三年二月，卽位，大赦。　三年正月，大赦。　六年四月，大赦。

按：廢帝在位六年，大赦三，又曲赦一。

《簡文紀》：興寧六年十一月，卽位，大赦。

按：簡文在位二年，大赦一。

《孝武紀》：咸安二年七月，卽位，大赦。　寧康二年正月，大赦。　三年正月，大赦。　八月，立皇后王

氏，大赦。　太元元年正月，帝加元服，大赦。　五月，地震，大赦。　四年正月，大赦。　五年六月，以比歲

荒儉，大赦，自太元三年以前逋租宿債皆蠲除之。七年八月，大赦。八年二月，大赦。十二月，以寇難初平，大赦。九年十月，以玄象乖度，大赦。十一年三月，大赦。十二年正月，大赦。八月，立皇太子，大赦。十五年三月，地震，大赦。十七年正月，大赦。

按：孝武在位二十四年，大赦十七，又赦徒二，别赦一。

《安紀》：太元二十一年九月，即位，大赦。隆安元年四月，大赦。殺王國寶及王緒。二年，王恭等反。誅恭。十月，大赦。四年正月，大赦。七月，大赦。元興元年正月，大赦，改元。三年，帝在尋陽。三月，密詔，大赦謀反大逆已下，惟桓玄一祖之後不宥。五月，誅桓玄，大赦。凡諸畏逼事屈逆命者，一無所問。義熙元年正月，大赦，改元，惟玄、振一祖及同黨不在原例。桓玄、桓振。三年二月，大赦。五年正月，大赦。六年五月，大赦。八年九月，劉裕害劉藩、謝混。矯詔曰：「劉毅苞藏禍心，構逆南夏，藩、混助亂，志肆姦宄。賴甯輔玄鑒，撫機挫鋭，凶黨即戮。其大赦天下，惟劉毅不在其例。」十一年正月，大赦。九月，大赦。十二年八月，伐姚泓，大赦。十四年正月，大赦。

按：安帝在位二十二年，大赦十六，又曲赦一。

《恭紀》：義熙十四年十二月，即位，大赦。

按：恭帝在位二年，大赦一。

宋

《宋書・武紀》：永初元年六月，卽位，大赦，改元。其有犯鄉論清議、贓汙淫盜，一皆蕩滌洗除，與之更始。長徒之身，特皆原遣。亡官失爵，禁錮奪勞，一依舊準。七月，原放刼賊餘口沒在臺府者，諸〔流〕徙家並聽還本土。八月，開亡叛赦，限內首出，蠲租布二年。先有資狀、黄籍猶存者，聽復本注。癸酉，立王太子爲皇太子。乙亥，詔：「見刑罪無輕重，可悉原赦。限百日，以今爲始。先因軍事所發奴僮，各還本主；若死亡及勳勞破免，亦依限還直。」二年正月，郊，大赦。三年正月，詔刑罰無輕重，悉皆原降。三月，上疾瘳。大赦。

按：武帝在位三年，大赦三，赦見罪人一，原降一。

《少帝紀》：永初三年五月，卽位，大赦。景平元年正月，大赦，改元。二年，皇太后令廢帝，赦死罪以下。

按：少帝在位二年，大赦二，廢後赦死罪一。

《文紀》：元嘉元年八月，卽位，大赦，改元。二年正月，帝親政，郊，大赦。三年正月，討謝晦，西征，大赦。二月，繫囚見徒，一皆原赦。六年，立皇子劭爲皇太子，大赦。八年六月，大赦。十年正月，大赦。十二年正月，大赦。十三年四月，大赦。殺檀道濟。十四年正月，郊，大赦。十六年十二月，皇太子冠，大赦。十七年十月，誅劉湛，大赦。十九年四月，以久疾愈，始奉（初）〔礿〕祠，大赦。二十一年正月，大赦。《通考》云：「親耕籍田。」二十三年四月，大赦。二十四年正月，大赦，繫囚降宥。二十六年三月，謁京陵，大赦。（按：「謁京陵」爲二月事。）二十七年十一月，索虜内寇，大赦。

按：文帝在位三十年，大赦十七，赦繫囚見徒一，又曲赦四，赦徒一。

《孝武紀》：元嘉三十年四月，即位，大赦。贓汙清議，悉皆盪除。孝建元年正月，改元，大赦。七月，誅南郡王義宣，大赦。二年六月，以國哀除釋，大赦。三年正月，立皇太子妃何氏，大赦。大明元年正月，改元，大赦。三年七月，誅竟陵王誕，大赦。四年正月，耕籍，大赦。尚方徒繫及逋租宿債，大明元年以前，一皆原除。六年正月，郊祀明堂，大赦。七年二月，駕巡南豫、南兗二州，大赦。十二月，行幸歷陽，大赦。

按：孝武在位十一年，大赦十一，又曲赦七，别赦三。

《前廢帝紀》：大明八年閏五月，即位，大赦。永光元年正月，大赦。景和元年即永光。十一月，皇子生，大赦天下。贓汙淫盜，悉皆原除。

按：前廢帝在位二年，大赦三，曲赦二。

《明紀》：泰始元年十二月，即位，大赦，改元。犯鄉論清議，贓汙淫盜，並悉洗除。長徒之身，特賜原遣。亡官失爵，禁錮舊勞，一依舊典。其昏制謬封，並皆刊削。二年九月，誅晉安王子勛等，大赦。三年八月，北討，大赦。四年正月，祠南郊，大赦。五年正月，耕籍田，大赦。六年，皇太子納妃，大赦天下。巧注從軍，不在赦例。七年八月以疾愈大赦。

按：明帝在位八年，大赦七，又曲赦十一。

《後廢帝紀》：泰豫元年四月，卽位，大赦。元徽元年正月，改元，大赦。自元年以前貽罪徙放者，悉聽還本土。二年五月，桂陽王休範反，大赦。十一月，御加元服，大赦。四年正月，耕籍田，大赦。七月，建平王景素反，伏誅，大赦。五年六月，誅沈勃等，大赦。

按：後廢帝在位五年，大赦七，又曲赦一。

《順帝紀》：元徽五年七月，卽位，改元昇明，大赦。十二月，大赦。沈攸之等舉義兵。二年十月，立皇后謝氏，減死罪一等，五歲刑以下悉原。

按：順帝在位五年，大赦二，減死赦徒一。

南齊

《南齊書·高紀》：建元元年四月，卽位，大赦，改元。「有犯鄉論清議，贓汙淫盜，一皆蕩滌，洗除先注，與之更始。長徒敕繫之囚，特皆原遣。亡官失爵，禁錮奪勞，一依舊典」。又詔「刼賊餘口没在臺府者，悉原放。諸負釁流徙者，聽還本土」。六月，立皇太子賾。斷諸州郡禮慶。見刑入重者，降一等，并申前赦恩百日。二年正月，大赦。三年六月，大赦。

按：高帝在位四年，大赦三，降等一，又曲赦四。

《武紀》：建元四年三月壬戌，卽位，大赦。六月，立皇太子長懋。詔申壬戌赦恩百日。永明元年正月辛亥，郊，大赦，改元。三月癸丑，詔申辛亥赦恩五十日，以期訖爲始。京師囚繫，悉皆原宥。三署軍徒，優量降遣。詔文有「星緯失序，陰陽愆度」語，而《紀》内未書災異。戊寅，詔「四方見囚，罪無輕重，及劫賊餘口長徒勑繫，悉原赦。」六月，詔「凡坐事應覆治者，在建元四年三月已前，皆原宥」。三年正月，郊，大赦。都邑三百里内罪應入重者，降一等，餘依赦制。劾繫之身，降遣有差。四年閏月，耕籍。詔「見刑罪殊死以下，悉原宥」。七年正月，郊，大赦。八年七月，大赦。詔曰「緯象愆度」，《紀》未書災異。

按：武帝在位十一年，大赦五，中赦二，赦見囚二，赦覆治一。

《鬱林王紀》：隆昌元年，改元，大赦。

按：六代諸帝即位赦，改元又赦，惟鬱林即位未赦。

《海陵王紀》：延興元年七月，即位，大赦，改元。

按：鬱林、海陵二王在位皆未一年大赦，各一。

《明紀》：建武元年十月，即位，大赦，改元。劫賊餘口在臺府者，可悉原放。負釁流徙，並還本鄉。二年十月，納皇太子妃，大赦。四年正月，大赦。

按：明帝在位五年，大赦三，又曲赦三。

《東昏侯紀》：永元元年正月，大赦，改元。即位未赦。四月，立皇太子，大赦。九月，以頻誅大臣，大赦。二年五月，誅江夏王寶玄，大赦。三年正月，郊，大赦。

按：東昏在位三年，大赦五，又曲赦五。

《和紀》：永元三年正月，受命，大赦，唯梅蟲兒、茹法珍等不在赦例。中興元年三月，即位，大赦，改元。

《梁書·武紀》：中興元年十二月，封建安郡公。下令大赦天下，唯王咺之等四十一人不在赦例。

按：和帝在位一年，大赦三，曲赦一。中興元年十二月之赦，雖出梁武之令，尚是和帝時事。

梁

《梁書·武紀》：天監元年四月，即位，大赦，改元。如宋、齊。三年五月，大赦。四年正月，郊，赦。《通考》云大赦。五年十一月，以師出淹時，大赦。時伐魏。六年八月，赦。七年四月，皇太子納妃，赦大辟以下。八月丁巳，赦大辟以下未結正者。《通考》云「以皇子繹生」，《紀》不書。《元帝紀》以天監七年八月丁巳生，《通考》當本此。八年正月，郊，赦。《通考》云大赦。十年正月，郊，大赦。十二年正月，郊，赦大辟以下。十三年二月，耕籍，赦。十四年正月，皇太子冠，赦。《通考》云大赦。十五年九月，赦。《通考》無。十六年，耕籍，赦罪人。《本紀》無，見《通考》。十八年四月，大赦。《通考》云「受佛戒，赦罪人」。普通元年，改元，大赦。二年正月，郊，大赦。三年五月壬辰朔，日有蝕之，既。癸巳，赦。《通考》云大赦。四年正月，郊，大赦。六年正月，郊，大赦。七年〔正月〕，赦殊死已下。十一月，大赦。大通元年三月，幸同泰寺捨身。還宮，赦，改元。中大通元年正月，祠南郊，大赦。六月，大赦。九月，幸同泰寺捨身。十月，還宮，大赦，改元。三年正月，郊，大赦。七月，立皇太子，大赦。五年正月，郊，大赦。六年二月，耕籍田，大赦。大同元年正月，大赦，改元。二年正月，郊，大赦。八月，幸阿育王寺，赦。《通考》云「設無礙食，大赦」。四年七月，以東冶徒李胤之降如來真形舍利，大赦。六年八月，赦。七年正月，郊，赦。十年九月，詔曰：「今茲遠近，雨澤調適，其穫已及，冀必萬箱，宜使百姓因斯安樂。凡天下罪無輕重，已發覺未發覺，討捕未擒者，皆赦宥之。侵割耗散官物，無問多少，亦悉原除。田者荒廢、水旱不作、無當時文例，應追税者，并作田不登公格者，並停。各備臺州以文最逋殿，罪悉從原。其有因饑逐食，離鄉去土，悉〔聽〕復業，蠲課五年。」《通考》云大赦。中大同元年三月，大赦。凡主守割盜、放散官物，及以軍糧器（下）〔甲〕，凡是赦所不原者，起十一年正月以前，皆悉從恩，十一年正月已後，悉原加責；其或爲事逃叛流移，因饑以後亡鄉失土，可聽（從）〔復〕業，蠲課五年，停其徭役；其被拘之身，各還本郡，舊業〔若在〕，皆悉還之。四月，於同泰寺解講，設法會。大赦，改元。大清元年正月，郊，大赦。清議禁錮，並皆宥釋；所討逋叛，巧籍隱年，闇丁匿口，開恩百日，各令自首，不問往罪；流移他鄉，聽復宅業，蠲課五年。三月，幸同泰寺，設無遮大會，捨身。四月，還宮，大赦，改元。

按：武帝在位四十八年，凡赦三十七，内不言大者十二，未知當時有分別否，《通考》或亦引作大赦也。赦死罪以下三，又曲赦十三。

《簡文紀》：大清三年五月，即位，大赦。大寶元年，大赦，改元。二年八月，侯景矯爲太宗詔，禪于豫章王棟，大赦改年。

按：簡文在位二年，大赦二，侯景矯詔一。

《元紀》：承聖元年五月，下令赦。時未卽位。十一月，卽位，赦。有詔而無大赦之文。《通考》、《圖書集成》並稱大赦。

按：元帝在位三年，赦二，不言大。

《敬紀》：紹泰元年九月，卽位。十月，大赦。太平元年正月，大赦，其與任約、徐嗣徽叶契同謀，一無所問。六月，大赦。時破齊兵。九月，改元，大赦。

按：敬帝在位二年，大赦二，又曲赦三。

陳

《陳書·高紀》：永定元年十月，卽位，大赦。如宋、齊、梁。二年正月，郊，詔「罪無輕重，已發覺未發覺，在今昧爽以前，皆赦除之。西寇自王琳以下，並許返迷，一無所問」。《通考》云大赦。

按：高祖在位三年，赦二，一言大，又別赦一。

《文紀》：永定三年六月，卽位，大赦。天嘉元年，大赦，改元。二年正月，大赦。三年三月，大赦。四年十二月，大赦。天康元年二月，大赦，改元。詔內有「疹患淹時，亢陽累月」語。

按：文帝在位七年，大赦六，又曲赦七，別赦二。

《廢帝紀》：天康元年四月，卽位，大赦。光大元年正月，大赦，改元。

按：廢帝在位二年，大赦二，又曲赦一。

《宣紀》：太建元年正月，即位，大赦，改元。二年三月，大赦。三年三月，大赦。又詔犯逆子弟支屬逃亡異境者，悉聽歸首；見縶繫者，量可散釋；其有居宅，並追還。四年九月，日有蝕之，大赦。十年三月，大赦。十一年十一月，大赦。有詔。

按：宣帝在位十四年，大赦六，在六代時赦爲少。又曲赦二，別赦一。

《後主紀》：太建十四年正月，即位，大赦。七月，大赦。九月，設無礙大會於太極殿，捨身，大赦。至德元年正月，大赦，改元。三年正月，大赦。十一月，大赦。三年十一月，幸長干寺，大赦。四年十一月，大赦。有詔。禎明元年正月，大赦，改元。九月，大赦。

按：後主在位七年，大赦十。

北魏

《魏書·昭成紀》：建國三十四年七月，皇孫珪生，大赦。

按：魏初赦事僅見此。

《道武紀》：天興元年十二月，大赦，改元。帝始御袞服。天賜元年十月，大赦，改元。

按：道武在位三十三年，大赦二，又曲赦一。

《明元紀》：登國七年，太宗生于雲中宮。太祖晚有子，聞而大悅，乃大赦。《明元紀》：永興元年十月，即位，大赦，改元。五年五月，行幸雲中舊宮，大赦。神瑞元年正月，以禎瑞頻集，大赦，改元。泰常元年四月，大赦，改元。

按：明元在位十五年，大赦四，又曲赦一。

《太武紀》：泰常八年十月，即位，大赦。神䴥元年四月，田于河西，大赦。三年正月，大赦。西巡狩，還宮。延和元年正月，立皇后、皇太子，大赦。二年十二月，大赦。太延元年正月壬午，降死刑已下各一等。甲申，大赦，改年。四年五月，大赦。太平真君元年六月，皇孫濬生，大赦，改年。四年四月，大赦。九年十月，大赦。正平元年五月，大赦。六月，改年。二年三月，帝崩。中常侍宗愛殺東平王翰，迎南安王余入而立之，大赦，改元爲永平。

按：太武在位二十九年，大赦十一，降等一，又曲赦一，别赦一，又南安王大赦一。

《文成紀》：正平二年十月，即位，大赦，改年。〔興安〕二年八月，詔「殊死已下各降罪一等」。興光元年七月，皇子弘生，大赦，改年。〔太安〕二年二月，立皇太子，大赦。四年九月，太華殿成。饗羣臣，大赦。和平元年正月，大赦，改元。六年正月，大赦。

按：文成在位十一年，大赦六，降等一。

《獻文紀》：和平六年五月，即位，大赦。天安元年正月，大赦，改元。皇興元年，皇子生，大赦，改元。三年四月，名皇子曰宏，大赦。六月，立皇太子，大赦。四年四月，大赦。

按：獻文在位六年，大赦六，又曲赦二。

《孝文紀》：皇興五年八月，即位，大赦，改元。延興。承明元年六月，太上皇帝崩。大赦，改年。

十月，幸建明佛寺，大宥罪人。太和元年八月，大赦。三年十月，大赦。五年二月，大赦。六年正月，大赦。七年閏月，皇子生，大赦。八年六月，變法改度。大赦。有詔。十年，名皇子曰恂，大赦。十二年四月，大赦。十六年四月，班新律令，大赦。十七年，遷都，大赦。十九年十一月，郊，大赦。二十三年正月，車駕至自鄴，告（格）〔於〕廟社。行飲至策勳禮，大赦。

按：孝文在位二十九年，大赦十五，又曲赦十三，赦徒二，別赦五。

《宣武紀》：太和二十三年四月，即位，大赦。景明元年正月，大赦，改年。二年二月，親政，大赦。七月，大赦。正始元年正月，大赦，改元。三年正月，皇子生，大赦。承平元年八月，大赦，改年。三年三月，皇子生，大赦。延昌二年八月，減降死罪以下。有詔，以水旱互侵。

按：宣武在位十六年，大赦七，又曲赦五。

《孝明紀》：延昌四年正月，即位，大赦，改元。八月，帝朝皇太后於宣光殿，大赦。熙平元年正月，大赦，改年。二年正月，大赦。神龜元年〔二月〕，詔以神龜表瑞，大赦，改年。二年二月，羽林千餘人焚征西將軍張彝第，大赦。十二月，大赦。正光元年七月，帝加元服，大赦，改年。三年十一月，郊，大赦。五年六月，大赦。孝昌元年二月，大赦。六月，大赦，改年。二年四月，大赦。三年七月，大赦。武泰元年，皇女生，秘言皇子，大赦，改元。二月，帝崩，皇子即位，大赦。

按：肅宗在位十三年，大赦十五，又曲赦六，又皇子大赦一。

《孝莊紀》：武泰元年四月，即位，大赦，改元。建義。九月，以平葛榮，大赦，改爲永安元年。二年七月，大赦。元顥敗走，帝歸洛陽。三年(三)〔四〕月，以關中平，大赦。九月，誅尒朱榮。大赦。十月，皇子生，大赦。尒朱兆推長廣王曄爲主，大赦所部。十二月，元曄大赦。

按：孝莊在位三年，大赦五，又曲赦一，又長廣王赦二。

《前廢帝紀》：普泰元年三月，卽位，大赦，改元。

《後廢帝紀》：普泰元年十月，卽位，大赦，稱中興元年。

《出帝紀》：中興二年四月，卽位，大赦，改太昌元年。十二月，殺汝南王悅，大赦，改爲永熙元年。三年二月，大赦。

按：前廢帝在位二年，大赦一；後廢帝在位二年，大赦一；出帝在位三年，大赦三。

《孝靜紀》：永熙三年十月，卽位，大赦，改天平元年。三年七月，大赦。四年四月，遷七帝神主入新廟，大赦。元象元年正月，巨象自至碭郡陂中，南兗州獲送于鄴，大赦，改元。興和元年五月，立皇后，大赦。十一月，以新宮成，大赦。二年，徙御新宮，大赦。武定元年正月，大赦，改元。五月，以克復虎牢，降天下死罪以下囚。二年三月，以旱故，宥死罪以下囚。三年五月，大赦。五年五月，大赦。六(月)〔年〕三月，以冬春亢旱，赦罪人各有差。七年八月，大赦。

按：孝靜在位十七年，大赦十一，赦一，降宥二。

《北史·魏文紀》：大統元年正月，卽位，改元。四月，降罪人。三年二月，獲神璽，大赦。四年三月，立皇后，大赦。六年二月，降罪人。九年正月，降罪人。七月，大赦。十三年三月，大赦。十四年正月，皇孫生，大赦。十六年九月，大赦。

按：文帝在位十七年，大赦六，降二。

魏起朔方，昭成以前赦惟一見，道武、明元之世赦事亦希，太武、文成漸多赦事，獻文以後又幾於無歲不赦矣。西魏廢帝在位二年，恭帝在位一年，皆無赦，則宇文氏不以君視之。

北齊

《北齊書·文宣紀》：天保元年五月，即位，大赦，改元。六月，以皇太子初入東宫，赦畿内及并州死罪已下，餘州死降，徒流已下一皆原免。五年七月，降罪人。七年七月，大赦。

按：文宣在位十年，大赦二，降免一，降一。

《廢帝紀》：天保十年十一月，即位，大赦。乾明元年正月，親録囚徒，降免各有差。

按：廢帝在位一年，大赦一，降免一。

《孝昭紀》：皇建元年八月，即位，大赦，改元。二年正月，郊禘，詔降罪人各有差。

按：孝昭在位二年，大赦一，降一。

《武成紀》：大寧元年十一月，即位，大赦，改元。河清元年，立皇后、立皇太子，大赦。四月，以河、濟清，改大寧二年爲河清，降罪人各有差。三年三月，以律令班下，大赦。

按：武成在位五年，大赦三，降一。

《後主紀》：天統元年四月，卽位，大赦，改元。河清四年四月，太史奏天文有變，其占當有易王，乃傳位於皇太子。二年正月，郊，祫祭於太廟，詔降罪人各有差。三月，以旱故，降禁囚。三年二月，帝加元服，大赦。十一月，以晉陽大明殿成，大赦。四年十二月，太上皇帝崩，大赦。武平元年二月，降死罪已下囚。六月，皇子恆生，大赦。三年十月，降死罪已下囚。拜弘德夫人穆氏爲左皇后，大赦。五年五月，大赦。七年正月，大赦；十二月甲寅，大赦；軍敗。丁巳，大赦，改元。幼主隆化二年正月，卽位，改元，大赦。

按：後主在位十一年，大赦十，降四，又幼主大赦一。

北周

《孝閔紀》：元年正月，卽位，大赦。未建元。四月，詔死罪已下，各降一等。八月，詔曰「今秋律已應，將行大戮，其犯〔死〕者宜降從流，流以下各降一等。不在赦限者，不從此降」。

按：孝閔在位一年，大赦一，降二。

《明紀》：元年九月，卽天王位，大赦。二年四月，降死罪一等，五歲刑已下皆原之。七月，順陽獻三足烏。八月，大赦。十二月，大赦。武成元年八月，改天王稱皇帝，大赦，改元。

按：明帝在位四年，大赦四，降一。

《武紀》：武成二年四月，卽位，大赦。保定元年七月，旱，詔「所在見囚殊死以下，一歲刑以上，各降本罪一等；百鞭以下，悉原免之」。二年二月，以久不雨，降宥罪人。五月，以山南衆瑞並集，大赦。

三年七月，幸津門，降死罪一等。四年九月，以皇世母閻氏自齊至，大赦。護之母。五年，幸秦州，降死罪以下。天和元年正月，大赦。三年三月，皇后阿史那氏至自突厥，大赦。五年六月，以皇女生，降宥罪人。建德元年正月，帝幸玄都觀，親御法座講説，公卿道俗論難，事畢還宮。降死罪及流罪一等，其五歲刑已下，並宥之。三月，誅晉國公護，大赦，改元。四月，立皇太子，大赦。三年二月，大赦。五年十二月，平齊，大赦。六年正月，詔去年大赦班宣未及之處，皆從赦例。

按：武帝在位十九年，大赦九，降六。

《宣紀》：宣政元年六月，即位。大象元年正月，大赦，改元。大成二月，傳位皇太子衍，大赦，改大成元年爲大象元年。二年四月，詔「率土見囚死罪並降從流，流罪從徒，五歲刑已下悉皆原宥。其反叛惡逆不道，及常赦所不免者，不在降例」。

按：宣帝在位二年，大赦一，降宥一。

《静紀》：大象二年五月，大赦。八月，相州平，大赦。其共迥元謀，執迷不悟，及迥子姪，逆人司馬消難、王謙等，不在赦例。是年六月，相州總管尉遲迥舉兵。

按：静帝在位二年，大赦一，又别赦一。

隋

《隋書·文紀》：開皇元年二月，即位，大赦，改元。四月，大赦。三年正月，將入新都，大赦。九月，幸城東，觀稼穀，大赦。六年二月，大赦。九年四月，平陳，大赦。十五年正月，以歲旱，大赦。四月，大赦。十九年正月，大赦。　仁壽元年正月，大赦，改元。四年正月，大赦。四月，上不豫；六月，大赦。

按：文帝在位二十四年，大赦十二，又曲赦五，降囚徒四。

《煬紀》：大業元年正月，大赦，改元。二月，入東京，大赦。三年四月，頒律令，大赦。四年八月，祠恆岳，大赦。五年六月，大赦天下。開皇已來流配，悉放還鄉，晉陽逆黨，不在此例。時西巡。八年四月，大赦。自大業八年四月十六日昧爽已前，大辟罪已下，已發覺未發覺，已結正未結正，繫囚見徒，罪無輕重，皆赦除之。其常赦所不免、謀反、大逆、妖言惑衆語及國家，並不在赦例。見《册府元龜》有詔，本《紀》不載。九年正月，大赦。十年十二月，如東都，大赦。

按：煬帝在位十四年，大赦八，又曲赦三。

《恭紀》：義甯元年十一月，大赦，改元。

按：恭帝在位一年，大赦一。

十六國

漢劉淵元熙元年，稱王，赦其境内。永鳳元年，即皇帝位，大赦，改元。河瑞元年，汾水中得玉璽，以爲己瑞，大赦，改元。二年，赦其境内。

劉聰光興元年，即位，大赦。嘉平元年，克洛陽，大赦，改元。三年，立后，大赦境内殊死已下。建元元年，以太廟新成，大赦，改元。　麟嘉元年，陷長安，大赦。二年，立太子，大赦。

劉粲漢昌元年，即位，大赦。

劉曜光初元年，即位，大赦，惟靳準一門不在赦例。二年，改國號曰趙，大赦境内殊死已下。三年，討句渠知，大赦。四年，終南山崩，得白玉，以爲己瑞，大赦。五年，葬其父及妻，大赦。七年，曲赦隴右殊死已下，惟陳安、趙募不在其例。十年，病瘳，曲赦長安殊死已下。十一年，以夜夢不祥，大赦。

以上前趙

趙石勒元年，稱王，赦殊死已下。太和元年，獲黑兔，大赦，改元。建平元年二月，稱天王，大赦。九月，稱帝，大赦，改元。赦三歲刑已下，特赦涼州殊死。二年，郊，赦四歲刑；耕籍田，赦五歲刑。四年，録囚徒五歲刑已下，皆輕決遣之。

石宏延熙元年，赦殊死已下。虎拔長安，大赦。

石虎建武元年，稱居攝天王，大赦，改年。九月，遷都鄴，大赦。二年，赦二歲刑。運洛陽鐘簴九龍于鄴。三年，稱大趙天王，大赦。六年，以星虹之變，京獄見囚非手殺人，一皆原遣。大甯元年，稱帝，大赦，改元。

石遵即位，大赦。

石鑒即位，大赦。

冉閔永興元年，即位，大赦，改元，國號魏。

以上後趙

燕慕容皝四年，稱王，大赦。十二年，黑龍一白龍一見于龍山，赦其境内。

慕容儁十五年，即位，大赦。元璽元年，稱帝即位，大赦。光壽元年正月，立皇太子，大赦。十二月，入鄴宫，大赦。

慕容暐光壽四年，即位，改元建熙，誅慕輿根等，大赦。

以上前燕

秦苻健皇始元年，即天王位，大赦。二年，，稱帝，大赦。

苻生皇始五年，即位，大赦，改元壽元。

苻堅永興元年，稱大秦天王，赦，改元。三年，鳳皇集於東闕，大赦。建元六年，平燕，大赦。十一月，以王猛病未痊，大赦殊死已下。十九年，伐晉，敗歸，赦死已下。

苻丕太安元年，即位，大赦。

苻登太初元年，即位，大赦。七年，秣馬厲兵，告堅神主，大赦。九年，聞姚萇死，大赦。

以上前秦

燕慕容垂建興元年，即位，大赦，改元。

慕容寶永康元年，大赦。三年，蘭（州）〔汗〕奉太子策承制，大赦。慕容盛建平元年七月，告成宗廟，大赦，改元。以長樂王稱制。十月，卽皇帝位，大赦殊死已下。　長樂元年，大赦，改元。二年正月，大赦，去帝號，稱庶民天王，立定爲太子，大赦。

慕容熙光始元年，卽位，大赦。四年，立后，赦。　建始元年，大赦，改元。

高雲正始元年，卽天王位，大赦，改元。

以上後燕

秦姚萇白雀元年，稱王，大赦，改元。　建初元年，稱帝，大赦，改元。

姚興皇初元年，卽位，大赦，改元。　弘始元年，大赦，改元。四年，立皇太子，大赦。　八年，姚額德來朝，大赦。

姚泓永和元年，卽位，大赦，改元。

以上後秦

燕慕容德燕元年，卽位，大赦。　建平元年，稱帝，大赦，改元。六年，立皇太子，大赦。

慕容超太上四年，郊，遇災異，懼而大赦。

以上南燕

夏赫連勃勃龍昇元年，自稱天王、大單于，大赦，改元。　鳳翔元年，大赦，改元。　昌武元年，克長安，稱帝，大赦，改元。　真興元年，統萬所建宮殿、苑囿成，大赦，改元。

赫連昌承光元年，卽位，大赦，改元。

赫連定勝光元年，即位，大赦，改元。

以上夏

涼張軌晉永嘉四年，赦州內殊死已下。

張茂攝州事，大赦。

張駿茂之四年，拜涼州牧，大赦。四年，赦其境〔內〕。永樂元年，拜子爲世子，大赦。

張祚和平元年，即王位，改元，赦。

張元靖和平二年，爲西平公，赦。

張天錫十年，疾瘳，大赦。

以上前涼，張氏僻在一方，故事多散逸。

蜀李特建初元年，自稱益州牧，改元，大赦。

李雄建興元年，即成都王位，大赦，建元。晏平元年，即帝位，大赦，改元，國號大成。玉衡元年，攻涪，陷之。大赦，改元。二十三年，有南中之地，赦其境內。

李期玉恒元年，大赦，改元。

李壽漢興元年，即位，大赦，改元。

李勢，即位，大赦，改元太和。嘉甯元年，誅李奕，大赦，改年。

以上蜀

涼呂光大安元年，聞苻堅爲姚萇所害，哭泣三日，大赦，改元。　麟嘉元年，稱三河王，大赦，改元。　龍飛元年，即天王位，大赦，改元。
呂纂咸甯元年，即位，大赦，改元。
呂隆神鼎元年，即位，大赦，改元。

以上後涼

秦乞伏乾歸太初元年，爲河南王，大赦，改元。　七年，稱秦王，大赦。　更始元年，復稱秦王，大赦。
乞伏熾磐永康元年，即位，大赦，改元。　建弘元年，立皇太子，大赦，改元。
乞伏慕末永弘元年，大赦，改元。

以上西秦

涼禿髮烏孤太初元年，自稱平西王，改元，赦。
禿髮利鹿孤即位，大赦。　建和元年，大赦，改元。
禿髮傉檀嘉平元年，稱涼王，大赦，改元。

以上南涼

涼李暠元年，爲涼公，大赦。　建初元年，大赦，改元。
李歆嘉興元年，大赦，改元。

以上西涼

涼沮渠蒙遜永安元年，爲涼州牧，大赦，改元。王始元年，即河西王位，大赦，改元。二年，母疾，大赦。六年，大旱，大赦。承元元年，大赦，改元。義和元年，大赦，改元。執赫連定。

沮渠茂虔永和元年，即位，大赦，改元。

以上北涼

燕馮跋太平元年，即位，大赦，改元。

馮弘太興元年，大赦，改元。

以上北燕

按：崔鴻《十六國春秋》久已散逸，茲從《晉書·載記》及《十六國春秋》輯補本摭赦事如此，弗能詳也。

唐

《唐書·高祖紀》：武德元年，即位，大赦，改元。四年七月，大赦。東都平。五年四月，釋流罪以下。六年十月，降死罪，流以下原之。七年四月，大赦。時輔公祏平，詔見《册府》。九年六月，秦王世民殺皇太子建成、齊王元吉。大赦。

按：高祖在位九年，大赦四，降一，釋流罪以下一，又曲赦九。

《太宗紀》：武德九年八月，大赦，武德流人還之。貞觀二年三月，以旱蝗責躬，大赦。四年二月，大赦。伐突厥，克之。詔見《册府》。五年五月，皇太子承乾疾篤，請降囚徒，許之。見《册府》中，《紀》不載。八年二月，皇太子加元服，降死罪以下。九年三月，大赦。十七年四月，立皇太子，大赦。二十一年正月，慮囚，降死罪以下。二十三年三月己未，自冬旱，至是雨。辛酉，大赦。

按：太宗在位二十三年，大赦六，降二，流罪以下一，又曲赦十四。

《高宗紀》：貞觀二十三年，即位，大赦。永徽元年七月，以旱慮囚，八月，降死罪以下。三年正月，以旱避正殿，減膳，降囚罪，徒以下原之。《册府》云「流以下放免」。七月，立皇太子，大赦。六年二月，皇太子加元服，降死罪以下。十月，立皇后，大赦。顯慶元年正月，立皇太子，大赦，改元。四年十月，皇太子加元服，大赦。龍朔二年七月，以子旭輪生滿月，大赦。乾封元年正月，封于泰山，大赦，改元。總章元年三月，大赦，改元。咸亨元年三月，大赦，改元。以京師旱。上元元年八月，大赦，改元。追尊祖宗謚號，長流人並放還。二年六月，立皇太子，大赦。儀鳳元年十一月，大赦，改元。陳州言鳳凰見。三年四月，大赦。調露元年六月，大赦，改元。永隆元年，立皇太子，大赦，改元。永淳元年二月，以孫重照生滿月，大赦，改元。弘道元年十二月，大赦，改元。

按：高宗在位三十四年，大赦十七，降三，又曲赦十八。

《武后紀》：弘道元年十二月，皇太子即位，尊后爲皇太后，臨朝稱制。大赦。光宅元年二月，廢帝，立豫王旦爲皇帝，大赦。九月，大赦，改元。垂拱元年正月，大赦，改元。二年正月，大赦。三年七月，大赦。十二月，拜洛受圖，大赦。永昌元年正月，享于萬象神宮，大赦，改元。天授元年正月，大赦，改元載初。九月，改國號曰周，大赦，改元。四年二月，大赦。長壽元年四月，大赦，改元如意。九月，大赦，改元。二年九月，加號，大赦。延載元年五月，加號，大赦。天册萬歲元年正月，加號，改元證聖，大赦。九月，郊，加號，大赦，改元。萬歲通天元年臘月，改元萬歲登封，大赦。三月，復作明堂，改曰通天宮。大赦，改元。神功元年九月，大赦，改元。聖歷元年正月，大赦，改元。九月，立廬陵王顯爲皇太子，大赦。二年（正）〔臘〕月，賜皇太子姓武氏，大赦。（二月）久視元年五月，大赦，改元。十月，復唐正月，大赦。長安元年四月，大赦。十月，大赦，改元。二年十一月，郊，大赦。五年正月，大赦。

按：武后僭位二十一年，大赦二十九，又曲赦九。唐代大赦之多，於斯爲甚。《册府元龜》詳載唐赦事而不及武后，蓋削除之矣。

《中宗紀》：神龍元年正月，張柬之等討亂。甲辰，皇太子監國，大赦，改元。丙午，復位，大赦。二月，皇后韋氏復于位，大赦。九月，祀明堂，大赦。十一月，及皇后享于太廟，大赦。

按：一年五赦，中宗之昏懦即此事可見。

二年十一月，大赦。景龍元年七月，大赦。太子舉兵誅武三思，不克，死之。九月，大赦，改元。受神龍皇帝尊號。二年二月，大赦。皇后衣裙有五色雲圖，示百寮。十一月，大赦。安樂公主下降。三年，郊，大赦。

按：中宗在位六年，大赦六，又曲赦三。

《睿宗紀》：景雲元年六月，韋后弑中宗，矯詔立温王爲皇太子。即位，大赦，改元唐隆。庚子，臨淄郡王討亂，誅韋氏等。辛丑，大赦。甲辰，帝即位，大赦。立平王隆基爲皇太子。七月，大赦，改元。二年四月，大赦。八月，大赦。舊宅枯株重生。先天元年正月，大赦，改元太極。五月，大赦，改元延和。八月，皇太子爲皇帝，自爲太上皇，大赦，改元。二年三月，詔京城見禁囚，除死罪以外，並特放免營農，天下諸州准此。《本紀》不載，見《册府》。七月甲子，大赦，歸政。誅太平公主等。

按：睿宗在位三年，大赦八，放免一，又曲赦一。

《玄宗紀》：先天元年八月，即位。十月，享于太廟，大赦。開元元年七月丁卯，大赦，改元。二年二月，慮囚。六月甲子，以太上皇避暑，徙御大明宮。

按：《册府》：「六月甲子，以太上皇避暑，制兩京及諸州宜令長官親理寃獄，除犯名教及官典犯贓并緣妖僞以外，餘罪徒以下咸宜放免。」此即慮囚也，與《紀》月分不符。

三年正月，立皇太子。降死罪，流以下原之。二月，赦囚非惡逆、造僞者。五年正月，如東都。二月，大赦。九年五月，原見囚死、流罪隨軍效力、徒以下未發者。十一月，大赦。十一年十一月，郊，大赦。十三年正月，降死罪，流以下原之。十一月，封禪，大赦。十五年八月，降天下死罪，嶺南邊州流人，徒以下原之。十六年正月，許徒以下囚保任營農。三月，免營農囚罪。九月，以久雨降囚罪，徒以下原之。十七年四月，降死罪，流已下原之。十一月，謁諸陵，還，大赦。十八年二月，免囚罪杖以下。《册府》：「正月，迎氣東郊。大辟罪已下咸赦除之。」與此文不同。十九年四月，降死罪以下，八月，以千秋節降死罪，流以下原之。二十年二月，降囚罪，徒以下原之。十一月，如汾陰，祠后土，大赦。二十一年五月，皇太子納妃，降死罪，流以下原之。二十二年四月，降死罪以下。二十三年正月，耕籍，大赦。二十四年四月，降死罪以下。二十六年正月，迎氣東郊。降死罪，流以下原之。四月，有司讀時令。降死罪，流以下原之。六月，立皇太子。七月，大赦。二十七年，上尊號，大赦。二十九年正月，降死罪，流以下原之。夢玄元皇帝畫，真容布告天下。天寶元年正月，大赦，改元。三月，郊，大赦。三載正月，改年爲載，降死罪，流以下原之。三月，降死罪，流以下原之。十二月，祠九宮貴神于東郊，大赦。六載正月，郊，大赦。七月，以旱降死罪，流以下原之。七載五月，上尊號，大赦。八載閏六月，上尊號，大赦。十載正月，郊，大赦。十三載正月，上尊號，大赦。十四載八月，降死罪，流以下原之。十五載七月，次蜀郡。八月，大赦。

按：玄宗在位四十四年，大赦二十，降二十，曲赦十四。

《肅宗紀》：至德元載七月，卽位，大赦，改元。二載十二月，上皇至自蜀，大赦。乾元元年二月，上上皇册號曰聖皇天帝，大赦，改元。四月，大赦。親行郊廟之禮。十月，立皇太子，大赦。二年三月，以旱降死罪，流以下原之。三年二月降死罪，流以，下原之。（按：乾元無三年。此係誤記。）上元元年三月，降死罪，流以下原之。閏月，大赦，改元。二年正月，降死罪，流以下原之。九月，大赦。寶應元年建卯月，大赦。建辰月，大赦。建巳月，皇太子監國，大赦，改元。楚州獻定國寶十有三，因以建元。

按：肅宗在位七年，大赦十，降三，又免徒一。寶應元年二月至四月，月一赦，加以代宗卽位又赦，一年四赦矣。

《代宗紀》：寶應元年四月，卽位。五月，大赦。廣德元年七月，上尊號，大赦。二年二月，郊，大赦。永泰元年正月，大赦，改元。大曆元年十一月，大赦。四年七月，降死罪，流以下原之。五年六月，以彗星滅，降死罪，流以下原之。七年五月，以旱，大赦。八年五月，降死罪，流以下原之。九年四月，大赦。

按：代宗在位十七年，大赦七，降三，又曲赦二。

《德宗紀》：大曆十四年五月，卽位。六月，大赦。建中元年正月，改元，上尊號，郊，大赦。興元元年正月，大赦，改元。七月，至自興元，大赦。貞元元年正月，大赦，改元。十一月，郊，大赦。四年正月，大赦。六年十一月，郊，降囚罪，徒以下原之。九年十一月，郊，大赦。

按：德宗在位二十五年，大赦八，降一。

《順宗紀》：貞元二十一年正月，卽位，大赦。四月，册皇太子，降死罪以下。永貞元年八月，立皇太子爲皇帝，自稱太上皇。改元。降死罪以下。

按：順宗在位一年，大赦一，降二。

《憲宗紀》：元和元年正月，大赦，改元。六月，降死罪以下。二年正月，郊，大赦。三年正月，上尊號，大赦。四年六月，立皇太子。十月，降死罪以下。七年七月，立皇太子。十月，降死罪以下。十三年正月，大赦。淮蔡平。十四年七月，上尊號，大赦。

按：憲宗在位十五年，大赦五，降三。八年至十二年凡五年不赦，赦事之少惟此時。

《穆宗紀》：元和十五年閏月，即位。二月，大赦。長慶元年，郊，大赦，改元。七月，上尊號，大赦。二年十二月，立皇太子，降死罪以下。四年正月，降死罪以下，減流人一歲。

按：穆宗在位四年，大赦三，降二，又曲赦三。

《敬宗紀》：長慶四年正月，即位。三月，大赦。寶曆元年正月，郊，大赦，改元。四月，上尊號，大赦。

按，敬宗在位二年，大赦三，又別赦一。

《文宗紀》：寶曆二年十二月，即位。太和元年二月，大赦，改元。三年十一月，郊，大赦。六年正月，降死罪以下。去冬雨雪寒甚。七年八月，降死罪以下。《册府》：「册皇太子。」《本紀》立皇太子在六年十一月。八年二月，以疾愈，降死罪以下。開成元年正月，大赦，改元。二年二月，以彗見，降死罪，流以下原之。三年十一月，降死罪以下。以妖星再見。

按：文宗在位十四年，大赦二，降五，又曲赦四。

《武宗紀》：開成五年正月，即位。二月，大赦。會昌元年，郊，大赦，改元。二年四月，上尊號，大赦。五年正月，上尊號，郊，大赦。六年二月，以旱，降死罪以下。

按：武宗在位六年，大赦四，降一。

《宣宗紀》：會昌六年三月，即位。五月，大赦。大中元年，郊，大赦，改元。二年正月，上尊號，大赦。四年正月，大赦。七年正月，郊，大赦。十三年正月，大赦。

按：宣宗在位十三年，大赦六。自八年至十二年，五年不赦。又曲赦二。

《懿宗紀》：大中十三年八月，卽位。十月，大赦。咸通元年十一月，郊，大赦，改元。三年，上尊號，大赦。十一月，降死罪。四年正月，郊，大赦。七年十一月，大赦。以復安南。八年五月，以不豫降囚罪，出宮人。十一年正月，上尊號，大赦。十四年四月，大赦。迎佛骨。

按：懿宗在位十四年，大赦七，降二。

《僖宗紀》：咸通十四年七月，卽位。十二月，大赦。乾符元年二月，降死罪以下。十一月，改元。《册府》：「郊廟，大赦，改元。」二年正月，郊，大赦。三年二月，以旱，降死罪以下。四年正月，降死罪以下二等。中和元年七月，大赦，改元。光啓元年三月，至自成都，大赦，改元。五月，上尊號，大赦。《本紀》不載。文德元年二月，至自鳳翔，大赦，改元。三年七月，降死罪以下。

按：僖宗在位十五年，大赦七，降四，又曲赦二。

《昭宗紀》：文德元年三月，卽位。龍紀元年正月，大赦，改元。十一月，郊，大赦。大順元年正月，上尊號，大赦，改元。二年四月，有彗星，大赦。景福元年正月，大赦，改元。乾甯元年正月，大赦，改元。四年二月，立皇太子，大赦。光化元年五月，大赦。立后。八月，至自華州，大赦，改元。天復元年四月，大赦，改元。三年正月，至自鳳翔，大赦。天祐元年四月，大赦，改元。遷都洛陽。

按：昭宗在位十六年，大赦十二，又曲赦三。

昭宣帝天祐元年八月，卽位。

按：昭宣帝在位四年，惟曲赦三。卜郊不行，朱全忠不以君事之矣。

赦五

述赦四

五代

後梁太祖開平元年正月，卽位，大赦，改元。三年正月，郊，大赦。八月，降死罪囚。乾化元年正月，赦流罪以下。五月，大赦，改元。二年五月，德音降死罪以下囚。

末帝貞明六年正月，降死罪以下囚。龍德元年五月，德音改元，降流罪以下囚。赦友能。

按：後梁二主合十六年，大赦三，降四。五代之亂，事多闕失，他無可考。《册府元龜》赦宥門無梁事，蓋删而不録。

後唐莊宗同光元年四月，卽位，大赦，改元。十月，德音降死罪囚，流已下原之。滅梁。二年二月，郊，大赦。四年正月，降死罪已下囚。

明宗天成元年四月，卽位，大赦，改元。十一月，詔降大辟罪已下，降當死刑外並釋放。《本紀》不載。二年十月，德音釋輕繫囚。長興元年二月，郊，大赦，改元。二年四月，以旱赦流罪以下囚。四年八月，大赦。

愍帝應順元年正月，大赦，改元。

廢帝清泰元年四月，即位，大赦，改元。二年五月，宥死罪以下囚。《本紀》不載。

按：後唐四主合十三年，大赦七，宥死罪以下一，降二，免流罪以下二，輕繫囚一。

後晉高祖天福元年十一月，即位，大赦，改元。閏月，至自太原，大赦。二年三月，如汴州。四月，赦囚。八月，赦非死罪囚及張從賓、符彦饒、王暉餘黨。張從賓反，克之。三年十月，大赦。諸叛平。六年八月，如鄴都，大赦。

出帝天福七年六月，即位。七月，大赦。八年五月，以旱蝗大赦。開運元年七月，大赦，改元。二年五月，大赦。

按：後晉二主合十一年，大赦八，又曲赦九。

漢高祖天福十二年二月，即位。六月，赦罪人。乾祐元年正月，大赦，改元。

隱帝乾祐元年二月，即位，大赦。二年正月，赦囚。

按：後漢二主合四年，大赦二，赦二，又曲赦二。

周太祖廣順元年正月，即位，大赦，改元。顯德元年正月，郊，大赦，改元。

世宗顯德元年正月，即位。三月，大赦。四年正月，赦非死罪囚。

恭帝顯德六年六月，即位。七月，大赦。舊《紀》。

按：後周三主合九年，大赦四，赦一，又曲赦七。

十國

吴楊隆演武義元年，即吴王位，大赦。

楊溥順義元年二月，改元，赦。十一月，郊，大赦。七年，即帝位，改元乾貞，大赦。三年，加尊號，大赦，改元太和。七年，加尊號，大赦，改元天祚。

按：吴自楊行密至溥四主合四十六年，凡赦六。

唐李景交泰元年正月，大赦，改元。

李煜嗣立，大赦。宋建隆二年。

按：南唐三主合三十九年。《十國世家》記赦止此二事。

前蜀王建武成元年正月，大赦，改元。三年十二月，大赦，改明年爲永平元年。通正元年十月，大赦，改元。天漢元年，大赦。

王衍乾德元年，大赦。

按：前蜀二主合三十五年，大赦五。

南漢劉龑乾亨二年，大赦。四年，赦。

按：南漢五主合六十五年，赦二。

北漢劉永鈞天會元年，赦，改元。

按：北漢四主合二十八年，赦一。

又按：以上並據《新五代史》，參以《舊五代史》及《册府元龜》至《十國世家》，後蜀、楚、南平、吴越、閩五國不言赦，其五國赦事亦希，恐記載未具，非其實也。

宋

《宋書·太祖紀》：建隆元年正月，大赦，改元。即位在上年。六月，大赦，減死罪。澤潞平。二年五月，以皇太后疾，赦雜犯死罪。乾德元年十一月，郊，大赦，改元。三年五月，大赦，減死罪一等。開寶元年十一月，郊，大赦。四年二月，大赦。廣南平。十一月，郊，大赦。九年正月，大赦，減死罪一等。四月，郊，大赦。

按：太祖在位十七年，大赦九，赦雜犯一，又曲赦六，别赦一。

《太宗紀》：開寶九年十月，即位，大赦，常赦所不原者咸除之。十二月，御乾元殿受朝，大赦，改元。太平興國三年十一月，郊，大赦。六年五月，降死罪囚，流以下釋之。十一月，郊，大赦。八年八月，以大水故釋死罪以下。雍熙元年十一月，郊，大赦。二年九月，以歲無兵凶，死罪減降，流以下釋之。三年九月，減兩京諸州繫囚流以下一等，杖罪釋之。端拱元年正月，耕籍，大赦，改元。二年八月，大赦。淳化二年五月，減兩京諸州繫囚流以下一等，杖罪釋之。十二月，慮囚，降徒流以下一等，釋杖罪。四年正月，郊，大赦。五年正月，慮囚，流罪以下釋之。四月，赦降死罪以下囚。九月，以襄王元侃爲開封尹，改封壽王。大赦。至道元年二月，以旱慮囚，減流罪以下。四月，遣使分決諸路刑獄，劫賊止誅首惡，降流罪以下一等。八月，立壽王元侃爲皇太子，大赦。二年正月，祀圜丘，大赦。

按：太宗在位二十年，大赦十一，降釋十一，又曲赦十一，別赦一。

《真宗紀》：至道三年二月，即位，赦天下。常赦所不原者，咸除之。按：此大赦也，疑奪「大」字。咸平元年正月，彗出。二月，慮囚，老幼疾病，流以下聽贖，杖以下釋之。二年閏月，以久不雨，詔天下繫囚非十惡、枉法及已殺人者，死以下減一等。十一月，郊，大赦。三年五月，詔天下死罪減一等，流以下釋之。四年正月，詔天下繫囚死罪已下減一等，杖罪釋之。五年十一月，郊，大赦。六年十一月，慮囚，雜犯死罪以下遞減一等，杖釋之。十二月，太后不豫。赦天下，死罪減一等，流以下釋之。景德元年正月，大赦，改元。二年正月，以契丹講和，大赦。十一月，郊，大赦。大中祥符元年正月，迎天書，大赦，改元。十月，封禪，大赦。四年二月，次河中府。祀后土地祇，大赦。五月，慮囚，死罪流徒降等，杖以下釋之。五年十月，延恩殿道場，帝瞻九天司命天尊降，大赦。七年二月，恭謝天地，大赦。十一月，玉清昭應宮成，詔減諸路繫囚罪流以下一等。八年正月，謁玉清昭應宮，赦。閏六月，赦。九年五月，詔天下繫囚死罪減等，流以下釋之。天禧元年，謝天地於南郊，大赦。二年四月，赦天下死罪減一等，流以下釋之。七月，以星變赦天下，流以下罪減等，左降官羈管十年以上者放還京師。八月，立皇子昇王爲皇太子，大赦。三年七月，上尊號。八月，大赦。十一月，郊，大赦。四年九月，赦。五年正月，帝疾愈。詔天下死罪降，流以下釋之。五月，慮囚，降天下死罪。乾興元年正月，改元。二月，大赦。

按：真宗在位二十六年，大赦十六，赦一，贖釋一，降釋十二，又曲赦十九，別赦一。天書出而赦事多矣，王欽若之罪可勝誅哉？

《仁宗紀》：乾興元年二月，即位，大赦。五月，録繫囚，雜犯死罪遞降一等，杖以下釋之。天聖元年八月，德音，減天下囚罪一等，杖以下釋之。二年，郊，大赦。四年六月，京師水，降天下囚罪一等，徒以下釋之。五年十一月，郊，大赦。七年四月，赦。八年，郊，大赦。明道元年八月，大内火，延八殿。詔羣臣直言闕失，大赦。十一月，以修内成，謝天地於大安殿，謁太廟，大赦，改元。二年二月，耕籍，大赦。三月，以皇太后不豫，大赦。景祐元年八月，以星變，大赦。二年五月，降天下繫囚罪一等，杖以下釋之。十一月，郊，大赦。四年五月，皇子生，録繫囚，降死罪一等，流以下釋之。寶元元年十一月，郊，大赦，改元。康定元年三月，德音，降天下囚罪一等，徒以下釋之。大風，晝暝，黑氣見。慶歷元年，郊，大赦，改元。四年，降天下繫囚流、徒罪一等，杖、笞釋之。十一月，郊，大赦。五年三月，以曩霄稱臣，降繫囚罪一等，笞釋之。十月，祔章獻明肅皇后、章懿皇后神主於太廟，大赦。七年，郊，大赦。八年十二月，以霖雨爲災，頒德音，改明年元，減天下囚罪一等，徒以下釋之。皇祐二年九月，大饗明堂，大赦。五年，郊，大赦。《通考》作四年。至和元年三月，日當食四月朔，下德音，改元，減死罪一等，流以下釋之。嘉祐元年正月，不豫，赦。《通考》云大赦。九月，恭謝天地於大慶殿，大赦，改元。二年二月，録繫囚，降罪一等，徒以下釋之。八月，録繫囚，降罪一等，徒以下釋之。三年二月，録繫囚，降罪一等，徒以下釋之。四年四月，録繫囚，降罪一等，徒以下釋之。八月，大祫於太廟，大赦。五年五月，録繫囚，降罪一等，徒以下釋之。六年，録繫囚，降罪一等，徒以下釋之。五月，録繫囚，降罪一等，徒以下釋之。七年九月，大饗明堂，大赦。《通考》作二年。八年正月，帝不豫，下德音，減天下囚罪一等，徒以下釋之。

按：仁宗在位四十二年，大赦二十，赦二，《通考》云大赦二十二。德音十二，不言德音而是德音者十二，曲赦二十五，録囚十二，別赦一。《通考》曲赦五，德音十五，録囚五十八，當必有據。今録囚惟取《紀》言減釋者，餘姑不録。

《英宗紀》：嘉祐八年，嗣位，大赦。治平二年，郊，大赦。三年十一月，帝不豫，降天下囚死罪一等，流以下釋之。十二月，立潁王頊爲皇太子，大赦。四年正月，上尊號，降天下囚罪一等，徒以下釋之。

按：英宗在位四年，大赦三，德音三。《通考》云録囚七。

《神宗紀》：治平四年正月，卽位，赦。熙甯元年正月，以旱，減天下囚罪一等，杖以下釋之。德音。十一月，郊，大赦。二年十一月，減天下囚罪一等，杖以下釋之。德音。三年八月，以旱，慮囚，死罪以下遞減一等，杖笞釋之。四年六月，大饗明堂，赦。六年三月，以四月朔日當食，降天下囚罪一等，流以下釋之。十一月，中太一宮成，減天下囚罪一等，流以下釋之。並德音。七年三月，慮囚，減死罪一等，杖以下釋之。七年十一月，郊，赦。八年五月，慮囚，降死罪一等，杖以下釋之。十月，彗出，赦。《通考》云大赦。九年六月，慮囚，降死罪一等，杖以下釋之。十年三月，慮囚，降死罪一等，杖以下釋之。十一月，郊，赦。元豐元年三月，慮囚，降死罪一等，杖以下釋之。十二月，録囚，降死罪一等，杖以下釋之。二年十月，太皇太后疾，減天下囚罪一等，流以下釋之。德音。三年九月，大饗明堂，赦。五年三月，以日當食，赦降死罪一等，流以下原之。德音。十一月，景靈宮成，以奉安神御赦。六年十一月，郊，赦。七年五月，慮囚，降死罪一等，杖以下釋之。八年正月，帝不豫，赦。《通考》云大赦。三月，立延安郡王傭爲皇太子，赦。《通考》云大赦。

按：神宗在位十九年，赦十一，其一言大。然卽位之赦，《紀》云「赦天下常赦所不原者」，實大赦。《通考》云大赦十一，當得其實。《本紀》殆史之省文歟？《通考》云德音八，其一以皇子生，當卽《本紀》二年三月之事。《通考》云曲赦十一，《紀》所書者十三。詳曲赦。《通考》云熙河獨再，而《紀》惟見其一。《通考》云親録在京繫囚凡十五，及諸路者及西京者二，茲録八，又京畿一。詳曲赦。《通考》所言當有據，今無以證之。又別赦四。

《哲宗紀》：元豐八年三月，卽位，大赦。元祐元年九月，大享明堂，赦。三年二月，德音，減囚罪一等，徒以下釋之。八月，降繫囚罪一等，杖以下釋之。四年八月，大享明堂，赦。五年二月，減天下囚罪，杖以下釋之。六年九月，上清儲祥宮成，減天下囚罪一等，杖以下釋之。七年，郊，赦。《通考》云大赦。八年八月，以太皇太后疾，赦。紹聖二年九月，大享明堂，赦。四年九月，以星變，赦。元符元年五月，御大慶殿，受天授傳國受命寶。段義獻。班德音，減囚罪一等，徒以下釋之。十一月，郊，赦。二年八月，皇太子生，降德音，減囚罪一等，流以下釋之。三年正月，奉安太宗皇帝御容於景靈宮，大赦。

按：哲宗在位十五年，大赦二，赦七，德音三，不言德音而是德音者七，曲赦二，録囚一。《通考》云大赦八，德音九。西邊進築，《紀》云曲赦，而《通考》云德音，是二者亦難區別矣。

《徽宗紀》：元符三年正月，即位，赦。《通考》云大赦。四月，長子亶生，大赦。七月，皇太后還政，減天下囚罪一等，流以下釋之。德音。十二月，皇太后不豫，降德音於諸路，減囚罪一等，流以下釋之。建中靖國元年三月，以日當食，降天下囚罪一等，流以下釋之。德音。十一月，郊，赦。崇甯二年四月，以初謁景靈宫，赦。《通考》云大赦。三年十一月，郊，赦。四年九月，赦。五年正月，以星變，赦。毁《元祐黨人碑》，除黨人一切之禁。大觀元年正月，赦。《通考》云大赦。九月，享明堂，赦。二年正月，受八寶於大慶殿，赦。四年五月，以彗見，赦。《通考》云大赦。十一月，郊，赦，改明年元。政和元年七月，以疾愈，赦。二年十月，得玉圭於民間。十一月，受元圭於大慶殿，赦。《通考》云大赦。三年十月，郊，大赦。四年十二月，以禁中神御殿成，減天下囚罪一等。德音。五年二月，立定王桓爲皇太子，赦。六年九月，上玉皇上帝徽號，赦。《通考》云大赦。十一月，郊，赦。七年五月，祭地於方澤，降德音於諸路。九月，大享明堂，赦。重和元年正月，受定命寶于大慶殿，赦。《通考》云大赦。九月，以歲當戊、月當壬爲元命，降德音於天下。十一月，改元，大赦。宣和元年八月，以神霄宫成，降德音於天下。十一月，郊，赦。二年五月，祭方澤，降德音於諸路。三年二月，赦。《通考》云討方臘，大赦。四年十一月，郊，赦。六年，以復燕雲，赦。《通考》云大赦。七年十一月，郊，赦。

按：徽宗在位二十五年，大赦三，赦二十三，德音十三，不言德音而是德音者九，曲赦十八，又別赦一。《通考》及《宋志》並云大赦二十六，曲赦十四。德音則《通考》二十七，《志》三十七，又各不同。

《欽宗紀》：宣和七年十二月，即位，赦大逆、反叛以下罪。《通考》云大赦。靖康元年二月，金人退師，赦。

按：欽宗在位二年，赦二。即位赦及反逆，實大赦也。曲赦一。《通考》云大赦二，德音一。

《高宗紀》：建炎元年五月，即位，改元，大赦。張邦昌及應干供奉金國之人，一切不問。六月，子旉生，大赦。二年十一月，郊，大赦。三年二月，降德音，赦雜犯死罪以下囚，放還士大夫被竄斥者，惟李綱罪在不赦，更不放還。蓋用黄潛善計，罪綱以謝金人。《通考》云上如杭州，大赦。三月，苗傅、劉正彦等叛，迫帝遜位，大赦。四月，帝復位，大赦。十一月，詔降雜犯死罪，釋流以下囚。四年二月，以金兵退，肆赦。《通考》云大赦。紹興元年正月，改元。釋流以下囚。九月，大享明堂，大赦。二年九月，以彗出，大赦。四年九月，大享明堂，大赦。七年正月，聞上皇及甯德皇后崩。帝成服，下詔降徒囚，釋杖以下。九月，大享明堂，大赦。九年正月，以金國通和，大赦。十年九月，大享明堂，大赦。十二年九月，大赦。和議成。十三年十一月，郊，大赦。十五年四月，以彗出，大赦。十六年十一月，郊，大赦。十九年十一月，郊，大赦。二十二年十一月，郊，大赦。二十五年十一月，郊，大赦。二十八年十一月，郊，大赦。二十九年九月，以皇太后不豫，大赦。三十一年九月，大享明堂，大赦。

按：高宗在位三十六年，大赦二十一，德音一，肆赦一，降釋三。

《孝宗紀》：紹興三十二年六月，即位，大赦。乾道元年正月，郊，大赦，改元。八月，立子愭爲皇太子，大赦。三年七月，以皇太子疾，減雜犯死罪囚，釋流以下。十一月，郊，大赦。六年十一月，郊，大赦。七年二月，立子惇爲皇太子，大赦。九年十一月，郊，大赦。淳熙二年十二月，朝德壽宮，行慶壽禮，大赦。三年十一月，大赦。六年九月，大享明堂，大赦。九年九月，大享明堂，大赦。十年十二月，朝德壽宮，行太上皇后慶壽禮，推恩如太上皇故事。按：是年《本紀》不言赦，《圖書集成·祥刑典》列于《赦宥部》內，以既言「推恩如太上皇故事」，必有赦也。《通考》云：「十年，行太上皇帝慶壽禮，赦。」其言赦則是，其言帝則非，或傳寫之譌。十三年，詣德壽宮，行慶壽禮。《紀》不言太上皇帝皇后，蓋兼有之。《通考》云「行太上皇后慶壽禮」，尤誤。十二年十一月，郊，大赦。十三年正月，率羣臣詣德壽宮，行慶壽禮，大赦。十四年十月，以太上皇不豫，赦。十五年九月，大享明堂，大赦。

按：孝宗在位二十七年，大赦十四，赦一，減釋二，又曲赦七。

《光宗紀》：淳熙十六年二月，即位，大赦。紹熙元年三月，以久雨，釋杖以下。二年十一月，郊，不成禮，肆赦。五年五月，以壽皇聖帝疾，赦。

按：光宗在位五年，大赦一，肆赦一，赦一，又曲赦三。

《甯宗紀》：紹熙五年七月，即位，大赦。九月，大享明堂，大赦。慶元三年十月，以太皇太后違豫，赦。《通考》云，以冬雷，赦。似誤。十一月，郊，大赦。五年八月，以過宮上壽禮成，詔減諸路流囚，釋杖以下。六年正月，子坦生。二月，減諸路雜犯死罪囚，釋徒以下。六月，以太上皇后違豫，赦。八月，以太上皇違豫，赦。九月，大享明堂，大赦。嘉泰元年五月，以旱，釋諸路杖以下囚。二年七月，以旱，釋諸路杖以下囚。三年十一月，郊，大赦。開禧二年九月，祀明堂，大赦。三年五月，以太皇太后謝氏有疾，赦。

十一月，以立皇太子，大赦。嘉定二年九月，祀明堂，大赦。五年十一月，郊，大赦。八年四月，減臨安及諸路雜犯死罪以下囚，釋杖以下。九月，祀明堂，大赦。十年七月，以旱，釋諸路杖以下囚。十一年九月，祀明堂，大赦。十四年九月，祀明堂，大赦。十五年正月，以受寶，大赦。十七年八月，帝不豫，赦。《本紀》不載，見《通考》。

按：甯宗在位三十年，大赦十三，赦五，減釋六。

《理宗紀》：嘉定十七年，嗣位，大赦。九月，祀明堂，大赦。寶慶二年，郊，大赦。紹定三年，祀明堂，大赦。四年正月，皇太后年七十有五，上詣慈明殿行慶壽禮，大赦。五年十月，以星變，大赦。十二月，皇太后不豫，大赦。六年，祀明堂，大赦。端平三年，祀明堂，大赦。嘉熙三年，祀明堂，大赦。四年二月，大赦。星變。十二月，詔繫囚情理輕者釋之。淳祐二年，祀明堂，大赦。五年，祀明堂，大赦。八年，祀明堂，大赦。十一年，祀明堂，大赦。寶祐二年，祀明堂，大赦。五年，祀明堂，大赦。景定元年七月，册皇太子，大赦。九月，祀明堂，大赦。四年，祀明堂，大赦。五年十月，帝有疾，大赦。

按：理宗在位四十年，大赦二十一，曲赦三，其他降釋，《紀》皆不書，大約元代修史時《本紀》不出於一人之手，故體例各不同也。

《度宗紀》：景定五年十月，卽位，大赦。咸淳三年正月，郊，大赦。五年，祀明堂，大赦。八年，明堂禮成，祀景靈宮，肆赦。

按：度宗在位十年，大赦三，肆赦一。

《帝昺紀》：德祐元年，祀明堂，赦。

按：帝昺在位二年，赦一，又曲赦一。

《端宗紀》：德祐二年五月，立於福州，郊，赦。

按：端宗流離海上，所謂赦者亦空有其名而已。

遼

《太祖紀》：神册元年二月，上尊號，大赦，建元。天顯元年二月，祭天地，大赦，改元。

按：太祖在位先九年，及建元後十一年，大赦二，又曲赦三。

《太宗紀》：天顯二年十一月，卽位，大赦。不改元。會同元年十一月，上尊號，大赦，改元。大同元年，建國號大遼，大赦，改元。

按：太宗在位二十一年，大赦三，又曲赦一，別赦一。

《世宗紀》：大同元年四月，卽位。九月，大赦，改元。天禄。三年正月，肆赦。蕭翰伏誅。

按：世宗在位三年，大赦一，肆赦一。

《穆宗紀》：應歷十一年二月，蕭恩言老人星見，乞行赦宥。六月，赦。

按：穆宗在位十八年，赦一，又曲赦四。

《景宗紀》：應歷十九年二月，卽位，大赦，改元。保甯。乾亨元年十一月冬至，赦，改元。

按：景宗在位十三年，大赦一，赦一。

《聖宗紀》：乾亨四年九月，卽位。十月，大赦。統和元年六月，上尊號，大赦，改元。十二年八月，録囚，雜犯死罪以下釋之。二十四年十月，上尊號，大赦。二十七年十二月，皇太后不豫，肆赦。開泰元年十月，上尊號，大赦，改元。六年九月，以皇子生，大赦。太平元年十一月，上尊號，大赦，改元。

按：聖宗在位四十九年，大赦六，肆赦一，録囚一，又曲赦一。

《興宗紀》：太平十一年六月，卽位，大赦，改元景福。重熙元年十一月，上尊號，大赦，改元。四年十一月，行柴册禮，大赦。七年十二月，録囚，非故殺者減科。八年十一月，皇太后行再生禮，大赦。九年三月，以應聖節，大赦。十年十月，以皇子生，肆赦。十一年十一月，册皇后，大赦。十二年七月，北院樞密使蕭孝忠薨，特釋繫囚。十五年三月，以應聖節，減死罪釋徒以下。十六年四月，肆赦。十二月，以太后愈，雜犯死罪減一等論，徒以下免。十七年七月，録囚，減雜犯死罪。十八年三月，赦雜犯死罪以下。燕趙國王洪基疾愈。二十年十二月，以皇太后行再生禮，肆赦。二十三年十一月，上尊號，大赦。二十四年八月，疾大漸，大赦。

按：興宗在位二十五年，大赦八，肆赦三，德音五，曲赦六，録囚二，釋徒二，别赦一。《續通考》曰，史稱興宗好名又溺浮屠法，務行小惠，數降赦宥，以故釋死囚，及犯罪應加而特赦其罪者甚衆。

《道宗紀》：重熙二十四年，卽位，改元清甯，大赦。二年十一月，上尊號，大赦。四年三月，肆赦。十一月，受大册禮，大赦。咸雍元年正月，上尊號，改元，大赦。三年十二月，行再生禮，赦死罪以下。五年十二月，行皇太子再生禮，減諸路徒以下罪一等。德音。六年十二月，以坤甯節，赦徒罪以下。八年十二月，以坤甯節，大赦。十年十二月，改明年爲太康，大赦。太康二年三月，皇太后崩，大赦。五年十二月，行再生禮，赦雜犯死罪以下。九年六月，詔諸路檢括脱户，罪至死者，原之。十一月，進封梁王延禧爲燕國王，大赦。十年十二月，改明年爲大安，赦雜犯死罪以下。大安五年十一月，燕國王延禧生子，大赦。九年十月，燕國王延禧生子，肆赦。十年十二月，詔改明年元，減雜犯死罪以下。德音。

按：道宗在位四十六年，大赦九，肆赦二，赦七，又曲赦六，赦徒五。

《天祚紀》：壽隆七年正月，卽位，改元乾統，大赦。三年十一月，上尊號，大赦。六年，行柴册禮，大赦。保大元年正月，改元，肆赦。

按：天祚在位二十四年，大赦三，肆赦一。

北遼耶律淳建福元年，大赦。

金

《太祖紀》：天輔七年二月，大赦。

按：太祖在位十一年，建元九年，大赦一，又曲赦二。

《太宗紀》：天輔七年九月，卽位，大赦，改元天會。十年十月，天清節，大赦。

按：太宗在位十三年，大赦二。

正月，上尊號，大赦，改元。二年，以皇子生，赦中外。五年十二月，赦。九年五月，以天變，肆赦。十月，大赦。

《熙宗紀》：天會十三年正月，卽位。未改元。十五年十二月，改明年爲天眷元年，大赦。皇統元年

按：熙宗在位十四年，大赦三，肆赦一，赦二，又曲赦二。

《海陵庶人紀》：皇統九年十二月，篡位，大赦，改元天德。正隆元年二月，改元，大赦。

按：海陵在位十二年，大赦二，又曲赦一。

《世宗紀》：大定元年，卽位，改元，大赦。二年十月，葬睿宗皇帝于景陵，大赦。七年正月，受尊號，大赦。十一年十一月，郊，大赦。十九年十一月，改葬昭德皇后，大赦。二十七年三月，皇太孫受册，赦。二十八年十二月，上不豫，赦天下。

按：世宗在位二十九年，大赦五，赦二，又曲赦二。

《章宗紀》：大定二十九年五月，以祔廟禮成，大赦。明昌四年五月，羣臣上尊號，不受，詔諭中外，徒罪以下遞降一等，杖以下原之。德音。八月，百僚再請上尊號，不許，大赦。承安元年十一月，郊，大赦，改元。二年五月，皇子生，詔中外，降死罪，釋徒以下。德音。泰和三年五月，以定律令、正土德、鳳皇來、皇嗣建，大赦。

按：章宗在位二十年，大赦四，德音二，又曲赦四。

《衛紹王紀》：大安元年正月，改元，大赦。三月，道陵禮成，大赦。崇慶元年，改元，赦。

按：衛紹王在位五年，大赦二，赦一，又曲赦二。

《宣宗紀》：至甯元年九月，改元貞祐，大赦。二年三月，赦國內。四月，以大元允和議，大赦國內。三年八月，大赦。四年十月，祔享禮成，赦。興定元年九月，改元，赦。二年十二月，大赦。元光元年六月，大赦。八月，以彗星見，改元，大赦。二年二月，大赦。

按：宣宗在位十一年，大赦七，赦三，又曲赦十六。

《哀宗紀》：元光二年十二月，即位，大赦。正大元年四月，宣宗祔廟，大赦。二年五月，以旱甚責己，避正殿，減常膳，赦罪。五年六月，以旱，赦雜犯死罪以下。八年四月，赦。天興元年正月，肆赦，改元開興。四月，肆赦，改元天興。

按：哀宗在位十四年，大赦二，肆赦二，赦二，又曲赦四，別赦一。

元

《太宗紀》：十三年二月，帝有疾，詔赦天下囚徒。

按：太宗在位十三年，赦一。

《憲宗紀》：二年十二月，大赦。

按：憲宗在位九年，大赦一。

《世祖紀》：中統元年五月，以阿里不哥反，詔赦天下。至元元年八月，以改元，大赦。六年七月，遣官審理諸〔路〕冤滯，正犯死罪明白者，各正典刑，其雜犯死罪以下量斷遣之。十年五月，詔：「天下獄囚，除殺人者待報，其餘一概疏放，限以八月内自至大都，如期而至者皆赦之。」十月，有司斷死罪五十人，詔加覆審，其十三人因鬪毆殺人，免死充軍，餘令再三覆審以聞。十三年九月，以平宋，赦。二十一年，上尊號，赦。二十二年正月，遣官諸路慮囚，罪輕者釋之。十二月，赦減天下罪囚。二十四年二月，幸上都。札魯忽赤合剌合孫等言：「去歲審囚官所録囚數，南京、濟南兩路應死者已一百九十人，若總核諸路，爲數必多，宜留札魯忽赤數人分道行刑。」帝曰：「囚非羣羊，豈可遽殺耶！宜悉配隸淘金。」二十五年正月，大赦。二十七年九月，赦。二十八年十二月，詔釋天下囚非殺人抵罪者。二十九年二月，遣使分行諸路，釋死罪以下輕囚。十月，詔擇囚徒罪輕者釋之。三十年十月，赦。

按：世祖在位三十五年，大赦二，赦五，釋死罪一，釋非殺人者二，録囚三，釋輕囚三，減一，又別赦三。

《成宗紀》：至元三十一年四月，卽位，大赦。大德元年二月，改元，赦。四年十一月，詔頒寬令，徒罪各減一半，杖罪以下釋之。德音。六年三月，以旱、溢爲災，赦。八年正月，以災異故，詔天下恤民隱，省刑罰。雜犯之罪，當杖者減輕，當笞者並免。私鹽徒役者減一年。德音。九年二月，赦。六月，立皇太子。諸處罪囚淹繫五年以上，除惡逆外，疑不能決者釋之。流竄遠方之人，量移内地。十年七月，釋諸路囚，常赦所不原者不與。

按：成宗在位十三年，大赦一，赦二，德音二，釋囚十一，曲赦一，赦徒一。

《武宗紀》：大德十一年五月，即位，大赦。十二月，以明年改元，赦。《本紀》不言赦罪人，此據《續通考》。至大二年二月，以受尊號，大赦。十月，以饑疫旱蝗相仍，大赦。此二赦《本紀》無，見《續通考》。三年十月，以皇太后授尊號，赦。四年正月，帝不豫，大赦。

按：武宗在位五年，大赦四，赦二，曲赦一。

《仁宗紀》：至大四年三月，即位，大赦。皇慶元年十月，赦。延祐元年正月，改元，釋天下流以下罪囚。二年十月，以星變，赦。五年五月，遣官分道減決笞以下罪。

按：仁宗在位十年，大赦一，赦二，德音一，録囚一，釋囚六。

《英宗紀》：延祐七年三月，即位，赦。十二月，以明年改元，赦。《本紀》無，見《續通考》。

按：英宗在位三年，赦二，又曲赦一，釋囚二。

《泰定帝紀》：至治三年八月，即位，大赦。泰定元年十月，釋笞四十七以下囚及輕重流人。二年閏月，赦。三年十一月，赦。地震。四年閏月，以災變，赦。致和元年二月，改元，詔疑獄繫囚三年不決者咸釋之。

按：泰定帝在位五年，大赦一，赦三，釋囚四，又曲赦一。

《文宗紀》：致和元年九月，即位，大赦，改元天歷。十二月，赦。二年八月，復即位，大赦。至順元年十二月，郊，大赦。三年六月，以月魯帖木兒等罪詔告中外，赦。

按：文宗在位五年，大赦三，赦二，又曲赦一，釋囚二。又《紀》云，至順二年八月，以星變，令羣臣議赦。而不言何時赦，或未行也。

《寧宗紀》：至順三年十月，卽位，大赦。未及改元。

按：甯宗在位未及一年，大赦一。

《順帝紀》：至順四年六月，卽位，赦。元統二年八月，赦。以星變。至元元年七月，誅荅里及剌剌等，赦。九月，赦。十一月，星文示儆，改元至元，赦。四年正月，地震，赦。至正三年十月，郊，大赦。六年閏月，赦。十年四月，赦。十二年正月，河復故道，大赦。十三年六月，立皇太子，大赦。十五年十二月，以天下兵起，下詔罪己，大赦。十七年二月，以征河南大捷，赦。二十一年正月，赦。二十三年三月，大赦。二十五年七月，孛羅帖木兒伏誅。召皇太子還宮。大赦。二十七年十月，赦。

按：順帝在位三十六年，大赦六，赦十一，釋囚三，又曲赦四。

明

《太祖紀》：洪武元年八月，赦殊死以下。克元都。八年二月，宥雜犯死罪以下及官犯私罪，謫鳳陽輸作屯種贖罪。十三年五月甲午，雷震謹身殿。乙未，大赦。十四年三月，大赦。十五年正月，減大辟囚。十七年正月，大赦。二十三年十二月，令殊死以下輸粟北邊自贖。二十五年正月，令死囚輸粟塞下。

按：太祖在位三十一年，大赦三，赦一，減一，贖三，又曲赦一，別赦二。

《惠帝紀》：洪武三十一年閏五月，卽位，大赦。十二月，釋黥軍及囚徒還鄉里。

按：惠帝在位四年，大赦一，釋一。

《成祖紀》：永樂元年五月，宥死罪以下遞減一等。四年十二月，赦天下殊死以下。五年六月，詔自永樂二年六月後犯罪去宮者悉宥之。《本紀》無，見《續通考》。八月，録囚，雜犯死罪減等論戍，流以下釋之。十一年十月，命皇太子録囚。《明志》：「録南京囚贖雜犯死罪以下。」十二年八月辛丑朔，至北京，御奉先殿受朝賀。《續通考》：「十一年，御北京新殿，大赦。」按《本紀》事在十二年，「一」乃「二」之譌，惟《本紀》不言大赦。十五年三月，雜犯死罪以下囚，輸作北京贖罪。十九年正月，大赦。兩京宮殿成，有詔，見《明大政記》。

按：成祖在位二十二年，大赦二，赦一，録囚二，減釋二，贖一，又曲赦三。

《仁宗紀》：永樂二十二年八月，卽位，大赦。

按：仁宗在位一年，大赦一，又別赦二。

《宣宗紀》：洪熙元年六月，卽位，大赦。宣德元年正月，赦死罪以下運糧宣府自贖。十二月，録囚，宥免三千餘人。二年，以皇長子生，大赦。八年二月，録囚，宥免五千餘人。

按：宣宗在位十年，大赦二，贖一，録囚二，又曲赦一，別赦一。

《英宗前紀》：宣德十年正月，卽位，大赦。二月，上兩宮尊號，赦。見《明大政記》。正統四年三月，赦。六年十一月，詔定都北京，大赦。見《明大政記》。八年五月，大赦。十一年十一月，減殊死以下罪。十四年六月，赦。南京宮殿災。

按：英宗先在位十四年，大赦二，赦三，減一，又曲赦一。

《景帝紀》：正統十四年九月，卽位，大赦。十二月，尊皇太后爲上聖皇太后，尊母賢妃爲皇太后，立妃汪氏爲皇后，大赦。　景泰元年八月，上皇歸，赦。三年五月，立皇子見濟爲皇太子，太子母杭氏爲皇后，大赦。

按：景帝在位八年，大赦三，赦一。

《英宗後紀》：天順元年正月，復位，赦。七月，大赦。《明大政記》云：「承天門災，上下詔責躬。」五年七月，大赦。曹吉祥等伏誅。

按：英宗復位後在位八年，大赦二，赦一。

《憲宗紀》：天順八年正月，卽位，大赦。　成化六年八月，以水旱相仍，下詔寬卹。《續通考》：「除真犯死罪不宥，軍徒以上降等發落，杖以下悉寬宥。」七年十一月，立皇子祐極爲皇太子，大赦。旋薨。十一年十一月，立皇子祐樘爲皇太子，大赦。二十年五月，再録囚，減死罪以下。二十一年正月，星變，赦。

按：憲宗在位二十三年，大赦三，赦一，録囚一，又曲赦一。

《孝宗紀》：成化二十三年九月，卽位，大赦。　弘治五年三月，立皇子厚照爲皇太子，大赦。十一年十二月，以清寧宮災，赦。

按：孝宗在位十八年，大赦二，赦一。

《武宗紀》：弘治十八年五月，卽位，大赦。八月，尊皇太后爲太皇太后，皇后爲皇太后。《續通考》：「詔徒流以下罪悉宥之。」 正德五年四月，赦。安化王反。六年四月，審囚，凡矜疑閱實者奏聞，從末減釋之。《本紀》不載，見《明大政記》。

按：武宗在位十六年，大赦一，赦一，審囚一。

《世宗紀》：正德十六年四月，即位，大赦。 嘉靖三年四月，追尊興獻帝，大赦。九年十一月，郊，大赦。十二年八月，皇子生，赦。十五年十一月，皇長子生，赦。十七年十一月，郊，赦。十八年二月，立皇太子，赦。三月，謁顯陵，赦。二十四年七月，有事於太廟，赦徒罪以下。

按：世宗在位四十五年，大赦三，赦五，徒以下一。明代郊赦，惟世宗行之。

《穆宗紀》：嘉靖四十五年十二月，即位，大赦。 隆慶二年三月，立皇太子，赦。

按：穆宗在位六年，大赦二。

《神宗紀》：隆慶六年六月，即位，赦。 萬曆十年九月，皇太子生，赦。二十五年七月，赦。二十九年十月，立皇太子，赦。三十三年，皇長孫生，赦。四十一年三月，慈聖皇太后崩。四月，以皇太后遺命，赦。

按：神宗在位四十八年，赦六。明列帝即位，皆書大赦，獨神宗、熹宗不言大，其史文之駁歟？

《光宗紀》：萬曆四十八年八月，即位，大赦。

按：光宗在位一月，大赦一。

《熹宗紀》：萬曆四十八年九月，即位，赦。 天啓三年閏月，皇子生，赦。五年十月，皇子生，赦。

按：熹宗在位七年，赦三。

《莊烈帝紀》：天啓七年八月，即位，大赦。崇禎二年，皇長子慈烺生，赦。三年三月，立皇太子，大赦。

按：莊烈帝在位十七年，大赦二，赦一。

赦六

述赦五

曲赦

《魏志·文紀》：黄初五年秋七月，行東巡，幸許昌宫。八月，幸壽春。揚州界將吏士民，犯五歲刑以下，皆原除之。九月，遂至廣陵，赦青、徐二州。六年六月，利成郡兵蔡方等以郡反，殺太守徐質。遣屯騎校尉任福、步兵校尉段昭與青州刺史討平之；其見脅略及亡命者，皆赦其罪。

《明紀》：景初元年七月，璽書徵公孫淵，淵發兵反。詔遼東將吏士民爲淵所脅略不得降者，一切赦之。

《三少帝紀》：高貴鄉公正元二年正月，鎮東將軍毌丘儉、揚州刺使文欽反。特赦淮南士民諸爲儉、欽所詿誤者。十一月，以隴右四郡及金城，連年受敵，或亡叛投賊，其親戚留在本土者不安，皆特赦之。甘露二年五月，諸葛誕反，赦淮南將吏士民爲誕所詿誤者。

陳留王景元四年十一月，平蜀。十二月，特赦益州士民。咸熙元年正月，鍾會反于蜀，爲衆所討；二月，特赦諸在益土者。

以上魏

《晉書·武紀》：泰始五年，曲赦交阯、九真、日南五歲刑。

按：曲赦之名，始見於此。

七年五月，雍、涼、秦三州饑，赦其境内殊死以下。八月，分益州之南中四郡置寧州，曲赦四郡殊死已下。

《惠紀》：永平元年六月，曲赦洛陽。時賈后使楚王瑋殺汝南王亮、太保衛瓘。後又殺瑋。四年九月，赦諸州之遭地災者。壽春、上庸、上谷、居庸。六年十月，曲赦雍、涼二州。匈奴雍氏悉叛。永康元年八月，曲赦洛陽。時淮南王允舉兵討趙王倫，不克，遇害。太安元年三月，赦司、冀、兖、豫四州。

《懷紀》：永嘉元年八月，曲赦幽、并、司、冀、兖、豫等六州。三年三月，曲赦河南郡。

《廢帝紀》：太和元年九月，曲赦梁、益二州。

《安紀》：元興元年十二月，曲赦廣陵、彭城大逆以下。時桓元擅政。

《宋書·文紀》：元嘉四年正月，曲赦都邑百里内。十年七月，曲赦益、梁、秦三州。十一年五月，曲赦梁、南秦二州劍閣以北。平氏楊難當。二十八年十一月，曲赦二兖、徐、豫、青、益六州。

《孝武紀》：元嘉三十年五月，曲赦京邑二百里内。孝建元年二月，曲赦豫州。時豫州刺史魯爽反。

大明四年十二月辛丑，車駕幸廷尉寺，凡囚繫咸悉原遣。丁未，車駕幸建康縣，原放獄囚。五年七月，曲赦雍州。七年十一月，曲赦南豫州，殊死以下。原放行獄徒繫。東諸郡大旱，十二月，大赦南豫州別署敕繫長徒，一切原散。其兵期考襲謫戍，悉停。

《前廢帝紀》：景和元年十月，曲赦徐州。時討徐州刺史義陽王昶。十一月，赦揚、南徐二州。

《明帝紀》：泰始二年二月，曲赦吴、吴興、義興、晉陵四郡。時四郡太守並舉兵反。曲赦浙江東五郡。三月，原赦〔揚〕、南徐二州囚繫，凡逋亡一無所問。五月，曲赦豫州。時豫州刺史叛。九月，曲赦江、郢、荆、雍、湘五州：守宰不得離職。時晉安王子勛反，據五州。十月，曲赦揚、南徐二州。三年正月，曲赦豫、南豫二州。二月，曲赦青、冀二州。九月，曲赦徐、兖、青、冀四州。四年五月，曲赦廣州。時妖賊攻廣州。九月，曲赦揚、南徐、兖、豫四州。

《後廢帝紀》：元徽四年七月，曲赦南徐州。

《南齊書・高紀》：宋昇明三年三月，爲齊公，赦國内殊死以下，今月十五日昧爽以前，一皆原赦。

按：此襲曹操之故事也，似爾時州將皆得赦境内，齊國更無論矣。

建元元年七月，曲赦交州部内。二年六月，詔「昔歲水旱，曲赦丹陽、二吴、義興四郡」。四年二月，詔原京師囚繫有差。

《武紀》：永明九年正月，祠南郊，詔「京師見囚繫，詳量原遣」。十一年正月，詔「京師見繫囚，詳所原遣」。七月，曲赦南兖、兖、豫、司、徐五州，南豫州之歷陽、譙、臨江、廬江四郡。

《明紀》：建武二年正月，詔「京師繫囚殊死，可降爲五歲刑，三署見徒五歲以下，悉原赦」。永泰元年四月，改元，赦三署囚繫原除各有差。五月，曲赦浙東、吳、晉陵七郡。時會稽太守王敬則反。

《東昏侯紀》：永元元年八月，曲赦京邑。始安王遥光據東府反。二年四月，曲赦京邑、南徐、兗二州。崔慧景入京師。五月，曲赦京邑、南徐、兗二州。三年六月，曲赦江州安成、廬陵二郡。蕭穎孚起兵廬陵。七月，曲赦荆、雍二州。蕭穎胄起兵荆州。

《和紀》：永元二年十一月，教曰「所領内繫囚見徒，罪無輕重，殊死已下，皆原遣」。

《梁書・武紀》：中興二年三月，進爵爲王，令國内殊死以下，今月十五日昧爽以前，一皆原赦。天監二年〔五月〕，曲赦益州。時刺史劉季連反，克之。《通考》云：「祀南郊，曲赦益州死囚以下。」今《紀》無此文，馬不知何據。四年二月，曲赦交州。時刺史李凱反，平之。十一年三月，曲赦揚、徐二州。十五年十一月，曲赦交州。斬反者。 大通元年，曲赦東豫州。魏東豫州内屬。大同四年八月，詔「南兗、北徐、西徐、東徐、青、冀、南北青、武、仁、潼、睢等十二州，既經饑饉，曲赦逋租宿責，勿收今年三調」。六年正月，曲赦司、豫、徐、兗四州。十一月，曲赦京邑。 太清元年八月，詔曰：「今汝南新復，嵩、潁載清，瞻言遺黎，有勞鑒寐，宜覃寬惠，與之更始。應是緣邊初附諸州部内百姓，先有負罪流亡，逃叛入北，一皆曠蕩，不問往諐，并不得挾以私讐而相報復。若有犯者，嚴加裁問。」二年五月，曲赦交、愛、德三州。八月，曲赦南豫州。侯景反。

《敬紀》：太平元年正月，曲赦吳興郡。二月，曲赦東揚州。二年四月，曲赦江、廣、衡三州；并督内爲賊所拘逼者，並皆不問。時蕭勃反。

《陳書・文紀》：天嘉元年六月，國哀周忌，赦京師殊死已下。二年二月，曲赦湘州諸郡。湘州平。三年四月，曲赦東陽郡。東陽郡平。四年九月，曲赦京師。五年七月，曲赦京師。詔内有「比獲微痊」語。十二月，曲赦建安、晉安二郡。晉安郡平。六年十二月，曲赦京師。詔内有「慜陽累月」語。

《廢帝紀》：光大元年十月，赦巴、湘二州爲皎所詿誤者。湘州刺史華皎反，破之。

《宣紀》：太建二年三月，曲赦廣、衡二州。歐陽紇反，誅之。六年正月，詔曰「始覩皇風，宜覃曲澤，可赦江右淮北南司、定、霍、光、建、朔、合、豫、北徐、仁、北兗、青、冀、南譙、南兗十五州，郢州之齊安、西陽，江州之齊昌、新蔡、高唐，南豫州之歷陽、臨江郡士民，罪無輕重，悉皆原宥。將帥職司，軍人犯法，自依常科」。時諸州郡新復。

《魏書・道武紀》：天興二年正月，初祠南郊，曲赦京師。

《明元紀》：泰常七年十一月，曲赦司州殊死已下。

《太武紀》：太平真君十一年九月，曲赦定、冀、相三州死罪已下。

《文成紀》：興光元年二月，帝至道壇，登受圖籙；禮畢，曲赦京師。太安元年正月，奉世祖，恭宗神主于太廟。三月，曲赦京師死囚已下。有詔。六月，詔名皇子曰弘，曲赦京城，改年。二年，曲赦京師。五年三月，曲赦京師死罪已下。

《獻文紀》：和平六年九月，曲赦京師。皇興二年六月，以河南闢地，曲赦京師殊死已下。

《孝文紀》：延興二年正月，曲赦京師及河西，南至秦涇，西至枹罕，北至涼州諸鎮。五年六月，曲赦京師死罪，遣備蠕蠕。承明元年九月，曲赦京師。太和二年四月，澍雨大洽，曲赦京師。九月，曲赦京師。三年三月，曲赦京師。四年五月，以澍雨大洽，曲赦京師。十九年四月，曲赦徐、豫二州。六月，曲赦梁州。十月，曲赦相州。二十年八月，幸華林園，親録囚徒，咸降本罪二等決遣之。十月，曲赦京師。二十二年三月，曲赦二荆、魯陽郡。十月，曲赦二豫殊死已下。

《宣武紀》：正始元年六月，以旱，録京師見囚，殊死已下皆減一等，鞭杖之坐悉皆原之。三年八月，曲赦涇、秦、岐、涼、河五州。永平元年九月，赦冀州民雜工役爲元愉所詿誤者，其能斬獲逆黨，别加優賞。時刺史元愉反。二年五月，以旱，親録囚徒，犯死罪已下降一等。延昌二年六月，曲赦揚州。

《肅宗紀》：神龜元年八月，詔「京師見囚，殊死已下可悉減一等」。孝昌元年九月，曲赦南、北兩秦州。二年六月，曲赦齊州，曲赦平陽、建興、正平三郡。三年正月，曲赦關西及正平、平陽、建興。十月，曲赦恒農以西，河北、正平、平陽邵郡及關西諸州。

《孝莊紀》：永安二年四月，曲赦畿内，死罪至流人減一等，徒刑以下悉免。

《孝静紀》：天平元年十二月，赦畿内。二年四月，降京師見囚。元象元年四月，曲赦畿内。興和元年九月，發畿内民夫十萬人城鄴城，四十日罷。曲赦畿内死罪以下各有差。

《北史・魏文紀》：大統五年二月，赦京城内。十四年正月，赦潁、豫、廣、北洛、東荆、襄等七州。（按「北洛」無此州名，且「北洛」若爲一州，只得六州。疑「北」下脱「荆」字。北荆州見《魏書・地形志》及《隋書・地理志》中河南郡陸渾縣條。此州本東魏武定二年置，治伊陽，在今河南中部。蓋侯景降西魏後，初爲西魏所得，故赦。）

《北齊書・文宣紀》：天保元年十月，曲赦并州〔太原〕郡晉陽縣及相國府四獄囚。

《武成紀》：河清二年正月，帝臨都亭録見囚，降在京罪人各有差。三年十二月，帝至洛陽，赦州城内死罪已下囚。帝至武牢，經滑臺，次於黎陽，所經減降罪人。

《後主紀》：武平元年十月，曲降并州死罪已下囚。二年九月，曲降并州界内死罪已下各有差。

《周書・明紀》：元年十二月，赦長安見囚。

《武紀》：建德三年十月，幸蒲州，曲赦蒲見囚大辟以下。

《隋書・文紀》：開皇三年五月，赦黄龍死罪已下。時高寶甯入寇。七年九月，廢梁國，曲赦江陵。十月，行幸同州，以先帝所居，降囚徒。八年十月，伐陳，曲赦陳國。仁壽二年九月，隴西地震。十月，曲赦益州管内。

《煬紀》：大業元年十月，赦江淮已南。九年閏月，幸博陵。十月，詔曰「博陵昔爲定州，先皇歷試所基。可改博陵爲高陽郡。赦境内死罪已下」。十一年八月，幸雁門。九月，曲赦太原、雁門郡死罪已下。

《唐書・高祖紀》：武德二年二月，赦并、浩、介、石四州賈胡堡以北繫囚。五月，曲赦涼、甘、瓜、鄯、肅、會、蘭、河、廓九州。李軌平。三年六月，赦晉、濕、潞、并四州。劉武周平。四年二月，赦代州總管府石嶺之北。五月，赦山東爲竇建德所詿誤者。六月，赦河南爲王世充所詿誤者。六年四月，赦京城。六月，曲赦朔州。《册府》作「馬邑」。九年六月，幽州都督，廬江郡王瑗反，伏誅。赦幽州管内爲瑗所詿誤者。

《太宗紀》：貞觀四年九月，如隴州。十月，赦岐、隴二州，降咸陽、始平、武功死罪以下。曲赦武功同岐、隴二州。

按：曲赦武功，詳《册府》，《本紀》但云免租賦。

五年十二月，赦關内。六年三月，降雍、岐、豳三州死罪已下。十一年三月，降洛州囚見徒。十二年二月，如長春宫。免朝邑縣今年租賦，降囚罪。《册府》云「降囚免徒」。十三年正月，拜獻陵，赦三原及行從。《册府》云「赦三原縣及從官衛士等囚罪已下」。十四年正月，幸魏王泰第，赦雍州長安縣。二月，觀釋奠於國學，赦大理、萬年縣。九月，赦高昌部内。十七年十一月，以涼州獲瑞石，赦涼州。《册府》作「梁州」。二十年正月，幸并州，赦并州。二十二年三月，赦宜君。十二月，降長安、萬年徒罪已下。

《高宗紀》：永徽四年十月，幸温湯，赦新豐。五年三月，如萬年宫，赦岐州及所過徒罪以下。六年正月，拜昭陵，赦醴泉及行從。顯慶二年閏正月，如洛陽宫。二月，降洛州囚罪，徒以下原之。十一月，講武於新鄭，赦鄭州。三年二月，至自東都，慮囚。《册府》云「悉原宥之」。五年正月，如并州，赦并州及所過州縣。八月，赦神兵道大總管以下軍士及其家。《册府》云「以蘇定方等討平百濟」。龍朔元年二月，改元，赦洛州。《册府》云「以益縣等五州皆言龍見」。三年十二月，改明年爲麟德元年，降京師雍州諸縣死罪以下。以麟見。麟德元年二月，如萬年宫。八月，幸舊第，降萬年縣死罪以下。二年四月，赦桂、廣、黔三都督府。以蠻獠平。總章二年九月，如岐州，赦岐州。咸亨四年四月，如九成宫。十月，以皇太子納妃，赦岐州。儀鳳元年二月，如汝州温湯，慮免汝州輕繫。三年四月，以旱，慮囚。親慮市城繫囚，悉原宥之。開耀元年七月，以太平公主下嫁，赦京師。九月，赦定襄軍及諸道緣征官吏兵募。俘突厥汗。弘道元年九月，以太平公主子生，赦東都。

《武后紀》：光宅元年十月，曲赦揚，楚二州。徐敬業舉兵。垂拱二年十月，有山出于新豐縣，改新豐爲慶山。赦囚。三年八月，曲赦博州。九月，赦豫州。天授元年七月，赦永昌縣。神功元年三月，赦河南、北。聖曆元年四月，赦神都及河北。二年九月，如福昌縣，曲赦。久視元年十月，如新安隴澗山，曲赦。長安四年四月，如興泰宮，赦壽安縣。中宗景龍元年四月，赦雍州。三年十二月，如新豐温湯，赦新豐。四年正月，如始平。二月，赦咸陽、始平。金城公主出降。

《睿宗紀》：景雲元年十一月，葬孝和皇帝，赦靈駕所過。萬年、高陵、三原、華原、富平等縣。

玄宗開元三年五月，以旱録京師囚。《册府》：「遞降一等論。」十月，如郿，赦所過徒以下。如鳳泉湯，降大理繫囚罪。十二月，降鳳泉湯所過死罪已下。八年九月，降京城囚罪，杖以下原之。十一年正月，降東都囚，杖以下原之。如并州，降囚罪，徒以下原之。次潞州，赦囚。次并州，赦太原府。三月，至自汾陰，赦京城。十五年七月，降都城囚罪，徒以下原之。十七年十一月，拜橋陵，赦奉先縣。二十年十月，如潞州，赦潞州。十一月，如北都，赦北都。二十四年十月，次華州，降兩京死罪，流以下原之。至德二載十月，詔降劍南囚罪，流以下原之。

《肅宗紀》：乾元二年二月，中書門下慮囚。《册府》：「三月，分録大理寺、御史臺、京兆府見禁囚徒已下，皆免之。」「三月」當爲「二月」之譌。

代宗寶應元年，詔東都河北應受賊脅從署僞官并僞出身，悉原其罪，一切勿問。《本紀》不載。大曆五年三月，以昭陵皇堂有光，赦京兆、關輔。八年五月，赦京師。九年十二月，降京師死罪，流以下原之。

十二年六月，以旱降京師死罪，流以下原之。

《德宗紀》：建中三年二月，赦吏民爲李惟岳迫脅者。　貞元十年四月，赦京城。十月，以日食不見，釋京城繫囚。《本紀》不載。

《憲宗紀》：元和元年十月，減劍南東西川、山南西道今歲賦，釋脅從將吏。劉闢誅。　四年閏月，以旱降京師死罪非殺人者。七年十月，魏博節度使田興以六州歸于有司。十一月，赦魏、博、貝、衛、澶、相六州。

《穆宗紀》：元和十五年十月，成德軍觀察支使王承元以鎮、趙、深、冀四州歸于有司。十一月，赦鎮、趙、深、冀四州死罪以下。　長慶元年二月，劉總以盧龍八州軍歸于有司。三月，赦幽、涿、檀、順、瀛、莫、管、平八州死罪以下。　十二月，以疾痊，放在京繫囚。《本紀》不載。

文宗太和元年六月，以旱降京畿死罪以下。　八年十二月，降京畿死罪以下。　九年十二月，降京師死罪以下。　開成四年十一月，降京畿死罪以下。

宣宗太中五年四月，赦平夏党項羌。　八月，赦南山党項羌。

《僖宗紀》：中和元年正月，如成都。　二月，赦劍南三川。　四年六月，赦劍南三川。

《昭宗紀》：景福元年八月，降京畿、關輔囚罪。　乾寧二年十二月，赦京師。　天復三年二月，降京畿、河中鳳翔興德府、同邠鄜三州死罪以下。

昭宣帝天祐二年，降京畿死罪以下。有星孛于西北。

後唐天成二年二月，赦京師囚。

晉天福三年九月己酉，赦范延光。赦魏州。延光反而復降，故赦之。此是一事。七年正月，克鎮州，安重榮伏誅，赦廣晉。八月，高行周克襄州，詔免被安從進脅從者。九月，高行周獻俘，赦京城禁囚。二事見《舊紀》。八年二月，如東京，赦廣晉府囚。次澶州，赦囚。開運元年四月，至自澶州，赦京師。閏月，赦青州囚。以收青州。二年四月，至自澶州，赦左右軍囚。

漢天福十二年五月，至陝府，釋管内繫囚。《本紀》不載。九月，北征。十月，赦河北。

周廣順二年五月，次曹州，赦流罪以下囚。詳《册府》。克兗州，赦兗州。顯德元年三月，如潞州，赦潞州流罪以下囚。二年十一月，復鳳州，赦秦鳳、階成等州管内罪人。《舊紀》。三年五月，至自淮南，赦京師囚。六月，德音赦淮南囚。四年三月，克壽州，赦壽州管内見禁罪人。《舊紀》。

《宋史·太祖紀》：建隆三年六月，減京畿、河北死罪以下。乾德元年四月，減荆南朗州、澶州管内死罪一等，鹵掠者給主。三年正月，赦蜀，歸俘獲。開寶二年六月，至自太原，赦京城囚。四年十月，放廣南民毆充軍者。八年十月，江南平。十一月，赦江南。

《太宗紀》：太平興國三年四月，陳洪進獻漳、泉二州。五月，赦漳、泉。錢俶獻其兩浙諸州，赦兩浙。四年五月，北漢平，赦河東常赦所不原者。七年十二月，詔赦銀、夏等州常赦所不原者。李繼捧獻銀、夏、綏、宥四州。淳化元年正月，減京畿繫囚流罪以下一等。改元。三年八月，釋嶺南東、西路罰作荷校者。五年六月，赦李順脅從詿誤。八月，釋劍南、峽路諸州亡命。十二月，弛忠、靖二州刑徒。至道元年正月，改元，赦京畿繫囚，流罪以下遞降一等，杖罪釋之。三年二月，帝不豫，降京畿死罪囚，流以下釋之。

《真宗紀》：至道三年十一月，詔兩京死罪以下遞降一等。咸平三年正月，赦河北及淄、齊州罪人，非持仗劫盜，謀故殺、枉法贓、十惡至死者並釋之。時契丹入寇。十月，詔原川峽路繫囚雜犯死罪以下。復益州。四年正月，詔應益州軍民因城亂殺傷劫盜，除官吏外皆釋不問。五月，御乾元殿受朝。京畿繫囚罪流以下遞減一等，杖罪釋之。十二月，詔蜀賊王均既平，除追捕亡命，餘詿誤之民並釋不問。

景德元年十二月，赦河北諸州死罪以下民經蹂躪者。契丹入寇。景德四年正月，御乾元殿受朝。詔京畿繫囚流以下減一等。丁卯，帝素服詣諸陵。減西京及諸路繫囚罪。十月，詔「宜、柳、象州、懷遠軍死罪以下，非十惡、謀故鬭殺、官吏犯枉法贓者，並原之。廣南東、西路雜犯死罪以下遞減一等，脅從受署者勿理」。宜州亂平。十一月，曹利用等言招安賊黨，其饋賊食物者，請追捕滅死論，詔釋不問。大中祥符元年六月，迎泰山天書，曲赦兗州繫囚流罪以下。二年四月，振陝西民饑。五月，遣使陝西決獄，流罪以下減一等，死罪情可憫者上請。三年閏月，幸開封府，詔東京畿內死罪以下遞減一等。八月，以江南旱，罷江、淮和糴，所在繫囚遞減一等，盜穀食者量行論決。六年五月，詔：「聖像所經郡邑減繫囚死罪，流以下釋之。」建安軍鑄玉皇、聖祖、太祖、太宗尊像，以丁謂爲迎奉使。七年正月，朝太清宮，曲赦亳州及車駕所經流以下罪。建南京歸德殿，赦境内及京畿車駕所過流以下罪。天禧元年五月，奉太祖聖容於西京應天院。六月，赦西京繫囚，死罪減一等，流以下釋之。

《仁宗紀》：乾興元年十月，降東、西京囚罪一等，杖以下釋之。祔真宗神主於太廟。天聖元年三月，奉安真宗聖容於西京應天院。詔減西京囚罪一等，徒以下釋之。三年二月，詔陝西災傷州軍，盜廪穀傷王者，刺配鄰州牢城，徒減一等。六年四月，下德音，以星變齋居，不視事五日；降畿内死罪，流以下釋之。

明道元年三月，以江、淮旱，遣使與長吏録繫囚，流以下減一等，杖笞釋之。二年十月，祔莊獻明肅太后、莊懿太后神主於奉慈廟。下德音，降東、西京囚罪一等，徒以下釋之。景祐三年七月，大雨震電。太平興國寺災。降三京罪囚一等，徒以下釋之。四年二月，葬莊惠皇〔太〕后於永定陵。德音，降東、西京及靈駕所過州縣囚罪一等，徒以下釋之。寶元二年八月，皇子生，降三京囚罪一等，徒以下釋之。

康定元年二月，德音，釋延州保安軍流以下罪。趙元昊反。六月，降三京囚罪一等，徒以下釋之。慶曆元年四月，德音，降陝西囚死罪一等，流以下釋之。任福軍敗。二年五月，降河北州軍繫囚罪一等，杖、笞以下釋之。十月，赦陝西保捷軍。七年七月，奉安太祖、太宗、真宗御容於南京鴻慶宫。德音，降南京畿内囚罪一等，徒以下釋之。八年閏月，曲赦河北。貝州平。皇祐五年二月，赦廣南。儂智高敗遁。德音，減江西、湖南繫囚罪一等，徒以下釋之。至和元年正月，録繫囚，減三京、輔郡雜犯死罪一等，徒以下釋之。二年正月，奉安真宗御容於萬壽觀。減畿内、輔郡囚罪一等，徒以下釋之。八月，減畿内、輔郡囚罪一等，徒以下釋之。嘉祐元年八月，朝謁景靈宫，減京城繫囚徒罪一等，杖、笞釋之。三年十二月，録繫囚，降三京囚罪一等，徒以下釋之。

《英宗紀》：嘉祐八年十一月，減東、西二京罪囚一等。

《神宗紀》：治平四年九月，減兩京、畿内、鄭孟州囚罪一等。以山陵畢功。熙寧元年七月，減河北路囚罪一等。河朔地震。二年五月，奉安仁宗、英宗御容于會聖宮及應天院。減西京囚罪一等。四年三月，減河東、陝西路囚罪一等，徒以下釋之。以師旅。五年十月，減秦鳳囚罪一等。時破木征。六年七月，禱雨。録在京囚，死罪以下降一等，杖以下釋之。七年五月，減熙河路囚罪一等，流以下釋之。十年二月，以復廣源、蘇茂諸州，赦廣州囚罪一等，徒以下釋之。以交阯降，赦廣南東路、荆湖南路繫囚，餘各降一等，徒以下釋之。　元豐二年八月，以潁州爲順昌軍節度。九月，降順昌軍囚罪一等，杖以下釋之。帝先封潁王。三年正月，陞許州爲潁昌府。降潁昌府囚罪一等，徒以下釋之。三月，降兩京、河陽囚罪一等。以復土，德音。五年二月，以出師赦梓州路，減囚罪一等。六月，詔以成都路供給瀘州邊事，曲赦。九月，帝以疾愈，降京畿囚罪一等，徒以下釋之。六年七月，以四后祔廟，降京畿囚罪一等，流以下原之。德音。

《哲宗紀》：元豐八年十一月，減兩京、河陽囚罪一等，杖以下釋之。德音，以永裕陵復土。元祐元年正月，改元。録在京囚，減死罪已下一等，杖罪釋之。二年十月，恭謝景靈宮。減西京囚罪一等，杖已下釋之。八年八月，太皇太后疾，減京師囚罪一等，徒以下釋之。　紹聖元年二月，減兩京、河陽、鄭州囚罪一等。四月，減四京囚罪一等，杖以下釋之。德音，以宣仁皇后復土。四年四月，以西邊板築有勞，曲赦陝西、河東路。　元符二年五月，曲赦陝西、河東路囚罪一等，流以下釋之。德音，以西邊進築畢功。

《徽宗紀》：元符三年三月，以日當食，降德音于四京，減囚罪一等，流以下釋之。八月，葬哲宗皇帝。九月，減兩京、河陽、鄭州囚罪一等。德音。十月，升端州爲興慶軍。德音，帝先封端王。十一月，降德音於端州，減囚罪一等，徒以下釋之。　建中靖國元年五月，葬欽聖憲肅皇后、欽慈皇后於永裕陵。減兩京、河陽、鄭州囚罪一等。德音。十二月，奉安神宗神御於景靈宮，降德音於西京，減囚罪一等，徒以下釋之。崇寧元年五月，葬欽成皇后。六月，減西京、河陽、鄭州囚罪一等。德音。二年正月，以復荆湖疆土曲赦兩路。三月，減西京囚罪一等。七月，降德音于熙河蘭會路，減囚罪一等，流以下釋之。三年四月，以火災降德音于西京，減囚罪一等，流以下原之。曲赦陝西。四年閏月，曲赦熙河蘭湟路。趙懷德降。六月，曲赦熙河、陝西、河東、京西路。五年十月，升澶州爲開德府，降德音于開德府，減囚罪一等，徒以下釋之。　大觀元年二月，以黎洞納土，曲赦廣西。八月，降德音于淮、海、吴、楚二十六州，減囚罪一等，流以下釋之。二年九月，曲赦熙河蘭湟、秦鳳、永興軍路。十二月，葬靖和皇后。三年正月，減兩京、河陽、鄭州囚罪一等。德音。政和元年四月，以淮南旱，降囚罪一等，徒以下釋之。三年五月，葬昭懷皇后。六月，降兩京、河陽、鄭州囚罪一等。德音。五年六月，以修三山河橋，降德音于河北、京東、京西路。十二月，以平晏夷，曲赦四川。六年七月，曲赦湖北。九月，以西内成，曲赦京西。　重和元年三月，以茂州番族平，曲赦四川。六月，以淮西盜平，曲赦。以西邊獻捷，曲赦陝西、河東路。　宣和元年四月，曲赦陝西、河東路。平其三城。三年八月，曲赦兩浙、江東、福建、淮南路。方臘平。四年十月，曲赦所復州縣。郭藥師以涿、易二州降。五年四月，曲赦河北、河東、燕、雲路。撫定燕城。七年正月，詔赦兩河、京西流民爲盜者。河北、山東盜起。四月，降德音于京東、河北路。

《欽宗紀》：靖康元年五月，曲赦河北路。

《高宗紀》：建炎元年十一月，曲赦應天府、亳、宿、揚、泗、楚州、高郵軍。二年二月，赦福州叛卒張員等。五月，曲赦河北、陝西、京東路。四年正月，詔原兩浙州郡降金官吏。八月，以饒、信妖賊平，赦二州徒以下囚。紹興二年四月，釋福建諸州雜犯死罪以下囚。三年六月，詔降川、陝死罪囚，釋流以下。四年七月，曲赦虔州。五年正月，詔減淮南諸州雜犯死罪，釋流以下囚。八月，以諸盜平，減湖、廣、江西二十二州雜犯死罪，釋徒、杖以下囚。六年十二月，詔降盧、光、濠等州死罪，釋流以下囚。七年三月，帝至建康，減建康流罪以下囚。八月，手詔赦廬州屯駐行營左護軍。十年閏月，降陝西雜犯死罪，釋流以下囚。詔釋順昌府流以下囚。七月，曲赦海州。十一年三月，詔釋淮西雜犯死罪以下囚。三十一年十二月，曲赦新復州軍。降淮南、京西、湖北雜犯死罪以下。

《孝宗紀》：隆興二年三月，以廣西賊平，詔減高、藤、雷、容四州雜犯死罪囚，釋杖以下。十二月，應沿邊被兵州軍，除逃遁官吏不赦外，雜犯死罪情輕者減一等，餘並放遣。乾道二年四月，以久雨，減大理、三衙、臨安府及浙西州縣雜犯死罪以下囚一等，釋杖以下。四年七月，以久雨，慮囚，減臨安府、三衙死罪以下囚，釋杖以下。九年閏月，以久雨，命大理、三衙、臨安府及兩浙州縣決繫囚，減雜犯死罪以下一等，釋杖以下。淳熙八年五月，以久雨，減京畿及兩浙囚罪一等，釋杖以下。十四年六月，減兩浙路囚罪一等，釋杖以下。以久旱。十五年四月，減臨安、紹興府囚罪一等，釋杖以下。攢高宗陵。

《光宗紀》：紹熙二年九月，以久雨，命大理、三衙、臨安府及兩浙決繫囚，釋杖以下。四年七月，以不雨，命臨安府及三衙決繫囚，釋杖以下。五年四月，以不雨，命大理、三衙、臨安府及兩浙決繫囚，釋杖以下。

《寧宗紀》：紹熙五年十二月，減臨安、紹興二府死罪以下囚，釋杖以下。孝宗權攢。慶元元年二月，以久雨，釋大理、三衙、臨安府兩浙路杖以下囚。五月，減大理、三衙、臨安府雜犯死罪以下囚，釋杖以下。大疫。二年七月，減諸路死罪囚，釋流以下。六年五月，詔大理、三衙、臨安府及諸路闕雨州縣，釋杖以下。嘉泰元年七月，以旱，釋大理、三衙、臨安府及諸路闕雨州縣杖以下囚。三年五月，以旱，詔大理、三衙、臨安府釋杖以下囚。六月，減大理、三衙、臨安府囚罪一等，釋杖以下。開禧元年六月，減大理、三衙、臨安府囚罪一等，釋杖以下。二年六月，減大理、三衙、臨安府囚罪一等，釋杖以下。曲赦泗州，減雜犯死罪囚，餘皆除之。復泗州。十二月，釋大理、三衙、臨安府杖以下囚。三年二月，釋兩浙路杖以下囚。三月，曲赦四川，減雜犯死罪囚，釋杖以下。四月，赦兩淮、湖北、京西被兵諸州，減雜犯死罪囚，釋流以下。赦西和、階、成、鳳四州。四州平。十月，減臨安、紹興二府囚罪一等。成肅皇后權攢。嘉定元年閏月，詔大理、三衙、臨安府及諸路闕雨州縣決繫囚，釋杖以下。九月，赦沿邊諸州。二年五月，釋大理、三衙、臨安府兩浙州縣杖以下囚。旱。三年三月，以久雨，釋兩浙州縣繫囚。四月，決臨安繫囚，釋杖以下。四年六月，減京畿囚罪一等，釋杖以下。七年六月，釋大理、三衙及兩浙路杖以下囚。九月，以久雨，釋大理、三衙、臨安府杖以下囚，釋兩浙路杖以下囚。八年二月，蠲平江等五郡逋負米，釋其繫囚。三月，旱，釋兩浙諸州繫囚，釋江、淮闕雨州縣杖以下囚。十年五月，以久雨，釋大理、三衙、臨安府杖以下囚。十月，以久雨，釋大理、三衙、臨安府及兩浙諸州杖以下囚。十二年五月，減兩淮、荆襄、湖北、利州路沿邊諸州雜犯死罪囚，釋流以下。十四年正月，以雪寒，釋大理、三衙、臨安兩浙諸州杖以下囚。六月，以立皇子，減京畿囚罪一等，釋杖以下。十五年十一月，赦京東、河北路。收復京東州軍。

《理宗紀》：紹定五年十月，赦盱眙。金將以盱眙來降。端平三年四月，悔開邊，責己，其京湖、興沔州軍縣鎮見繫囚情理輕者釋之。嘉熙二年三月，詔四川被兵州、軍、府、縣、鎮并轉輸勞役之所，見繫囚人情理輕者釋之。

帝㬎德祐元年正月，赦京畿罪。

《遼史·太祖紀》：天贊元年二月，赦軍前殊死以下。四年十一月，幸安國寺，飯僧，赦京師囚。天顯元年二月，改渤海國爲東丹，赦其國内殊死以下。

《太宗紀》：天顯四年七月，觀市，曲赦繫囚。

《穆宗紀》：應曆二年十二月，以生日，飯僧，釋繫囚。三年八月，以生日，釋囚。十四年八月，以生日值天赦，不受賀，曲赦京師。十八年六月，曲赦京畿囚。

《聖宗紀》：開泰八年七月，觀市，曲赦市中繫囚。

《興宗紀》：重熙五年十月，曲赦析津府境内。六年七月，以皇太弟重元生子，賜詩及寶玩器物，曲赦死罪以下。十五年十二月壬申，曲赦徒以下罪。是日爲聖宗在時生辰。二十二年十二月，應聖節，曲赦徒以下罪。二十三年十月，以開泰寺鑄佛像，曲赦在京囚。二十四年三月，皇太弟重元生子，曲赦行在及長春、鎮北二州徒以下罪。

《道宗紀》：清甯元年十二月，以聖宗在時生辰，赦上京囚。二年三月，應聖節，曲赦百里内囚。三年十二月，南京地震，赦其境内。十二月，太皇太后不豫，曲赦行在五百里内。八年十二月，以皇太后行再生禮，曲赦西京囚。咸雍四年十月，曲赦南京徒罪以下囚。大安二年十一月，爲燕國王延禧行再生禮，曲赦上京囚。壽隆四年十二月，爲燕國王延禧行再生禮，曲赦三百里内囚。

《金史·太祖紀》：天輔四年五月，赦上京官民。克上京。七年正月，曲赦平州。平州降。

《熙宗紀》：皇統七年七月，太白經天，曲赦畿内。九年五月，曲赦上京囚。

《海陵紀》：正隆五年七月，詔東海縣徐元、張旺詿誤者，並釋之。

《世宗紀》：大定二年二月，詔前户部尚書梁銶、户部郎中耶律道安撫山東百姓。招諭盜賊或避賊及避徭役在他所者，並令歸業，及時農種，無問罪名輕重，並與原免。二十四年四月，次東京，曲赦百里内犯徒二年以下罪。二十五年四月，曲赦會甯府。

《章宗紀》：明昌二年十月，以山東、河北旱，應雜犯及强盜已未發覺減死一等，釋徒以下。泰和六年五月，山東路災，赦死罪已下。八月，赦唐、鄧、潁、蔡、宿、泗六州。七年二月，赦成、鳳、西和、階、山五州。

《衛紹王紀》：大安二年六月，曲赦西京、太原兩路雜犯，死罪減一等，徒以下免。崇慶元年十月，曲赦西京、遼東、北京。

《宣宗紀》：貞祐二年六月，次彰德府，曲赦其境内。十月，曲赦中都路。十一月，曲赦山東路，曲赦遼東路。三年二月，詔曲赦，招撫北京作亂者。四月，曲赦山東路，曲赦蒲察七斤脅從之黨。四年三月，曲赦中都、河北等路，曲赦遼東路。興定二年四月，曲赦遼東等路。三年六月，曲赦河東南、北路。七月，曲赦陝西路，曲赦山東西路。四年六月，京畿不雨，勑有司閱獄，雜犯死罪以下皆釋之。五年二月，曲赦東平府。以旱災，曲赦河南路。

《哀宗紀》：正大三年十一月，以夏全等來降，赦諸路從宋及淮、楚官吏軍民，并其家屬。四年七月，赦陝西東、西兩路。天興二年正月，赦河朔。上入歸德，赦在府囚。七月，曲赦蔡州管内雜犯死罪以下。

《元史·成宗紀》：大德六年四月，曲赦雲南諸部蠻夷。

《武宗紀》：至大元年正月，曲赦御史臺見繫犯贓官吏，罪止徵贓、罷職。

《仁宗紀》：至大四年十二月，仁宗已卽位。曲赦大都大辟囚一人，并流以下罪。

《英宗紀》：至治二年七月，車駕次應州，曲赦金城縣囚徒。三年四月，敕都功德使闊兒魯至京師。釋囚大辟三十一人，杖五十七以上者六十九人。

《泰定帝紀》：泰定元年五月，赦上都囚笞罪以下者。十二月，太白經天，曲赦重囚三十八人，以爲三宫祈福。

《文宗紀》：天曆二年十月，雲南八番爲囊加台所詿誤，反側未安者，並貰其罪。

《順帝紀》：至元六年三月，赦漳、潮二州民爲李志甫、劉虎仔脅從之罪。至正九年閏月，赦湖廣猺賊詿誤者。至正十二年二月，詔「徐州内外羣聚之衆，限二十日，不分首從，並與赦原」。十二月，詔以杭、常、湖、信、廣德諸路皆克復，赦詿誤者。

《明史·太祖紀》：洪武十三年五月，釋在京及臨濠屯田輸作者。

《成祖紀》：永樂九年二月，詔赦交阯。十二月，敕宥福餘、朵顔、泰甯三衛罪，令入貢。

《仁宗紀》：永樂二十二年十一月，赦兀良哈罪。

《宣宗紀》：宣德元年五月，赦交阯，許黎利自新。

《英宗紀》：正統三年八月，以陝西饑，令雜犯死囚以下輸銀贖罪，送邊吏易米。

《憲宗紀》：天順八年十二月，免京官雜犯罪。

《神宗紀》：萬曆十三年四月，以旱，釋鳳陽輕犯及禁錮年久罪。二十九年正月，播州平，除官民詿誤罪。

《莊烈帝紀》：崇禎九年五月，詔赦脅從諸賊願歸者。

別赦

《晉書·武紀》：泰始元年十二月，詔曰：「昔王凌謀廢齊王，而王竟不足以守位。鄧艾雖矜功失節，然束手受罪。今大赦其家，還使立後。興滅繼絕，約法省刑。除魏氏宗室禁錮。」

《元紀》：大興四年五月，詔曰：「昔漢二祖及魏武皆免良人，武帝時，涼州覆敗，諸爲奴婢亦皆復籍，此累代成規也。其免中州良人遭難爲揚州諸郡僮客者，以備征役。」

《孝武紀》：太元十四年正月，詔淮南所獲俘虜付諸作部者一皆散遣，男女自相配匹，賜百日廩，其没爲軍賞者悉贖出之，以襄陽、淮南饒沃地各立一縣以居之。

《宋書・孝武紀》：孝建二年九月，詔「在朕受命之前，凡以罪徙放，悉聽還本。犯釁之門，尚有存者，子弟可隨才署吏」。大明二年六月，詔曰：「往因師旅，多有逋亡。或連山染逆，懼致軍憲；或辭役憚勞，苟免刑罰。雖約法從簡，務思弘宥，恩令驟下，而逃伏猶多。豈習愚爲性，忸惡難反；將在所長吏，宣導乖方。可普加寬申，咸與更始。」五年二月，詔曰：「昔人稱人道何先，於兵爲首，雖淹紀勿用，忘之必危。朕以聽覽餘閒，因時講事，坐作有儀，進退無爽。軍幢以下，普量班錫。頃化弗能孚，而民未知禁，逭役違調，起觸刑網。凡諸逃亡，在今昧爽以前，悉皆原赦。已滯囹圄者，釋還本役。其逋負在大明三年以前，一賜原停。」七年八月，詔「考讁貿襲，在大明七年以前，一切勿治」。

《明紀》：泰始二年十二月，詔曰：「近衆藩稱亂，多染釁科。或誠係本朝，事緣逼迫，混同證錮，良以悵然。夫天道尚仁，德刑並用，雷霆時至，雲雨必解。朕眷言静念，思弘風澤，凡應禁削，皆從原蕩。其文武堪能，隨才詮用。」

《南齊書・鬱林王紀》：永明十一年八月，詔曰：「近北掠餘口，悉充軍實。刑故無小，罔或攸赦，撫辜興仁，事深睿範。宜從蕩宥，許以自新，可一同放遣，還復民籍。已賞賜者，亦皆爲贖。」

《梁書・武紀》：天監十七年八月，詔以兵騶奴婢，男年登六十，女年登五十，免爲平民。普通六年三月，賜新附民長復除，應諸罪失一無所問。大同七年十一月，詔曰：「民之多幸，國之不幸，恩澤屢加，彌長姦盜，朕亦知此之爲病矣。如不優赦，非仁人之心。凡厥㬀耗逋負，起今七年十一月九日昧爽以前，在民間無問多少，言上尚書督所未入者，皆赦除之。」

《陳書·高紀》：永定二年二月，南豫州刺史沈泰奔於齊。三月，詔曰：「罰不及嗣，自古通典，罪疑惟輕，布在方策。沈泰反覆無行，但令朝廷無我負人。其部曲妻兒各令復業，所在及軍人若有恐脅侵掠者，皆以劫論。若有男女口爲人所藏，並許詣臺申訴。若樂隨臨川王及節將立効者，悉皆聽許。」

《文紀》：天嘉元年二月，王琳奔齊。詔曰：「王琳識暗挈瓶，智慚衞足，干紀亂常，自貽顛沛，而縉紳君子，多被縶維，宜加寬仁，以彰雷作。其衣冠士族，預在凶黨，悉皆原宥；將帥戰兵，亦同肆眚，並隨才銓引，庶收力用。」六年三月，詔侯景以來遭亂移在建安、晉安、義安郡者，並許還本土，其被略爲奴婢者，釋爲良民。

《宣紀》：太建五年十二月，詔曰：「古者反噬叛逆，盡族誅夷，所以藏其首級，誡之後世。比者所戮止在一身，子胤或存，梟懸自足，不容久歸武庫，長比月支。惻隱之懷，有仁不忍。維熊曇朗，留異、陳寶應、周迪、鄧緒等及今者王琳首，並還親屬，以宏廣育。」

《魏書·太武紀》：神䴥二年正月，丁零鮮于臺陽等歸罪，詔赦之。

《孝文紀》：延興三年正月，相州執送妖人滎永安於京師，斬之。詔赦其支黨。六月，詔曰：「往〔年縣〕召民秀二人，問以守宰治狀，善惡具聞，將加賞罰。而賞者未幾，罰者衆多。肆法傷生，情所未忍。今特垂寬恕之恩，申以解網之惠。諸爲民所列者，特原其罪，盡可代之。」太和五年二月，沙門法秀謀反，伏誅。三月，詔曰：「法秀妖詐亂常，妄說符瑞，蘭臺御史張求等一百餘人，招結奴隸，謀爲大逆，有司科以族誅，誠合刑憲。且矜愚重命，猶所弗忍。其五族者，降止同祖；三族，止一門；門誅，止身。」七年正月，詔曰：「朕每思知百姓之所疾苦，以增修寬政，而明不燭遠，實有缺焉。故具問守宰苛虐之狀於州郡使者、秀孝、計掾，而對多不實，甚乖朕虛求之意。宜案以大辟，明罔上必誅。然情猶未忍，可恕罪聽歸。申下天下，使知後犯無恕。」二十一年三月，次離石。叛胡歸罪，宥之。

《肅宗紀》：正光五年八月，詔諸州鎮軍貫，元非犯配者，悉免爲民。

《北史·魏文紀》：大統五年五月，免妓樂雜役之徒，皆從編户。

《北齊書·文宣紀》：天保二年九月，詔免諸伎作、屯、牧、雜色役隸之徒爲白户。

《孝昭紀》：皇建元年，詔官奴婢年六十以上免爲庶人。

《後主紀》：天統四年十二月，詔天保七年以來諸家緣坐配流者，所在令還。五年二月，詔應宫刑者普免刑爲官口。七月，詔降罪人各有差。

《周書·明紀》：元年十一月，詔魏政諸有輕犯未至重罪、及諸村民一家有犯乃及數家而被遠配者，並宜放還。十二月，詔元氏子女自坐趙貴等事以來，所有没入爲官口者，悉宜放免。二年二月，詔自元年以來，有被掠入賊者，悉可放免。

《武紀》：保定五年六月，詔曰：「江陵人年六十五以上爲官奴婢者，已令放免。其公私奴婢有年至七十以外者，所在官司，宜贖爲庶人。」建德元年十月，詔江陵所獲俘虜充官口者，悉免爲民。三年八月，詔自建德元年八月以前犯罪，未被推糾，於後事發失官爵者，並聽復舊。六年二月，詔自僞武平三年以來，河南諸州之民，僞齊被掠爲奴婢者，不問官私，並宜放免。八月，詔曰：「以刑止刑，世輕世重。罪不及嗣，皆有定科。雜役之徒，獨異常憲，一從罪配，百世不免。罰既無窮，刑何以措。道有沿革，宜從寬典。凡諸雜户，悉放爲民。配雜之科，因之永削。」十一月，詔自永熙三年七月已來，去年十月以前，東土之民，被抄略在化内爲奴婢者；及平江陵之後，良人没爲奴婢者：並宜放免。所在附籍，一同民伍。若舊主人猶須共居，聽留爲部曲及客女。宣政元年三月，詔：「柱國故豆盧甯征江南武陵、南平等郡，所有民庶爲人奴婢者，悉依江陵放免。」

《静紀》：大象二年六月，詔南定、北光、衡、巴四州民爲宇文亮抑爲奴婢者，並免爲民，復其本業。

《唐・高祖紀》：武德二年十月，赦募士背軍者。

《太宗紀》：七年九月，縱囚來歸，皆赦之。

敬宗長慶四年二月，放掖庭内園没入者。

《宋史・太祖紀》：開寶六年十月，特赦諸官吏姦贓。

《太宗紀》：淳化五年十月，釋殿前司逃軍親屬之禁錮者。

真宗大中祥符五年十二月，詔：「天慶節節日，民犯罪情輕者，釋之。」

仁宗天聖元年閏月，詔裁造院女工及營婦配南北作坊者，並釋之。

神宗熙甯四年六月，河北饑民爲盜者，減死刺配。五年十二月，赦亡命荆湖溪洞者。九年十二月，詔：「岷州界經鬼章兵燹者賜錢，脅從來歸者釋其罪。」　元豐元年二月，赦安南戰棹都監楊從先等。

徽宗政和六年四月，詔：「天甯諸節及壬戌日，杖已下罪聽贖。」

高宗建炎二年正月，諭流民、潰兵之爲盜賊者，釋其罪。　三年四月，詔：「傅、正彥、苗瑀、苗翊、張達不赦，餘黨並原。　赦傅黨王鈞甫、馬柔吉罪，許其自歸。」　紹興元年三月，始下詔罪李成，募人禽斬，赦脅從者。

遼太宗天顯五年三月，皇弟李胡請赦宗室舍利郎君以罪繫獄者，詔從之。

聖宗開泰九年十月，詔釋宿累。　國家舊使遠國，多用犯徒罪而有才略者，使還，卽除其罪。

金哀宗正大三年六月，詔諭高麗及遼東行省葛不靄，討反賊〔萬〕（家）奴，赦脅從者。

元世祖中統三年四月，詔博興、高苑等處軍民嘗爲李壇脅從者，並釋其罪。　十月，詔益都府路官吏軍民爲李壇脅從者，並赦其罪。　至元十三年二月，宋主舉國內附。　詔「凡歸附前犯罪，悉從原免。　應抗拒王師及逃亡嘯聚者，並赦其罪」。

成宗至元三十一年十二月，用帝師奏，釋京師大辟三十人，杖以下百人。　元貞元年九月，用帝師奏，釋大辟三人，杖以下四十六人。　二年十二月，釋在京囚百人。　大德二年十二月，釋在京囚二百一十九人。　三年十一月，釋囚二十人。　六年二月，帝有疾，釋京師重囚三十八人。　四月，釋輕重囚三十八人。　上都大水，釋重囚。　十年三月，釋上都死囚三人。

武宗大德十一年十二月，敕內庭作佛事，毋釋重囚，以輕囚釋之。　至大二年十月，以皇太后有疾，詔天下釋大辟百人。

仁宗延祐元年三月，以僧人作佛事，擇釋獄囚。皇慶二年七月，以作佛事，釋囚徒二十九人。五年九月，以作佛事，釋重囚三人，輕囚五十三人。六年三月，以天壽節，釋重囚一人。七月，皇姊大長公主祥哥剌吉作佛事，釋全甯府重囚二十七人。九月，以作佛事，釋大辟囚七人，流以下囚六人。

英宗至治二年二月，西僧亦思剌蠻展普疾，詔爲釋大辟囚一人、笞罪二十人。三年四月，敕京師，釋囚大辟三十一人，杖五十七以上者六十九人。

泰定帝泰定三年十一月，命帝師修佛事，釋重囚三人。

文宗至順二年十月，爲皇子古納荅别作佛事，釋在京囚，死罪者二人，杖罪者四十七人。三年四月，以作佛事祈福，釋御史臺所囚定興劉縣尹及刑部囚二十六人。

順帝至順四年十月，依皇太后行年之數，釋罪囚二十七人。至正十三年正月，用帝師請，釋放在京罪囚。十四年十一月，皇太子修佛事，釋京師死罪以下囚。

明太祖洪武二年十二月，詔臨洮將士之亡匿山谷者，罪無大小，並行赦。見《續通考》。二十六年，赦胡惟庸、藍玉餘黨。

成祖永樂七年三月，詔起兵時將士及北京効力人民雜犯死罪咸宥之，充軍者官復職，軍民還籍伍。

十一年，敕姦黨齊黄等遠親未孥者悉皆宥之，有來告者，勿論。

按：此條見《明大政記》。

二十二年十一月，仁宗已卽位。詔禮部：「建文諸臣家屬在教坊司、錦衣衛、浣衣局及習匠、功臣家爲奴者，悉宥爲民，還其田土。言事謫戍者亦如之。」十一月，宥建文諸臣外（戚）〔親〕全家戍邊者，留一人，餘悉放還。

宣宗宣德元年八月，宥武臣殊死以下罪，復其官。

英宗天順元年十月，釋建文帝幼子文圭及其家屬，安置鳳陽。

憲宗成化元年正月，詔釋戍邊陳循、江淵、俞士悅等各回原籍，王文子宗彝、于謙子冕、謙壻朱驥並放回籍。

按：此條見《續通考》。

神宗萬曆十二年二月，釋建文諸臣外親謫戍者後裔。

《續通考》：仁宗初卽位已宥方孝孺等家屬爲民，至是以御史屠叔明言始赦其外親後裔，詔自齊泰、黃子澄外，其坐方孝孺等連及者皆免之。於是浙江、江西、福建、四川、廣東得免者凡三千餘人。

赦徒

《晉書·武紀》：泰始五年五月，曲赦交阯、九真、日南五歲刑。六年三月，赦五歲刑已下。咸甯二年二月，赦五歲刑已下。

《惠紀》：太安二年正月，赦五歲刑。

《明紀》：太寧二年正月，赦五歲刑以下。

《成紀》：咸和元年十月，赦百里内五歲以下刑。八年正月，赦五歲刑以下。新宫成，有詔。

《孝武紀》：太元五年夏四月，大旱。癸酉，大赦五歲刑以下。六年七月，赦五歲刑以下。

《宋書·少帝紀》：景平元年七月，以旱赦五歲以下罪人。

《文紀》：永嘉四年三月，詔五歲刑以下皆悉原遣。

《南齊書·武紀》：永明二年八月，幸舊宫。詔申「京師獄及三署見徒，量所降宥」。五年四月，祠太廟。詔「繫囚見徒四歲刑以下，悉原遣，五年減爲三歲，京邑罪身應入重，降一等」。六年正月，詔「三署徒隸，詳所原釋」。

《明紀》：建武二年四月，三署徒隸，原遣有差。

《魏書·孝文紀》：太和四年閏月，幸虎圈，親録囚徒，輕者皆免之。二十一年十二月，詔流徒之囚，皆〔勿〕決遣，有登城之際，令其先鋒自效。

北周宣政元年十二月，免京師見徒，並令從軍。

後梁開平元年十一月，赦亡命背軍、髠黥刑徒。

宋太宗淳化五年十二月，弛忠、靖二州刑徒。

遼重熙十九年十月，釋臨潢府役徒。二十一年十二月，釋役徒限年者。

道宗大安四年正月，曲赦西京役徒。二月，曲赦春州役徒，終身者皆五歲免。如春州。赦泰州役徒。五月，詔免役徒，終身者五歲免之。七月，曲赦奉聖州役徒。八年三月，曲赦中京、蔚州役徒。

元成宗元貞二年五月，詔諸徒役者，限一年釋之，毋杖。

明成祖永樂十三年，釋工作囚徒。先是，命出繫囚，輸作贖罪。既而，多亡者，有司請捕之。帝曰：「此皆衣食空乏出於不得已。」遂命見役者俱還家，共釋四千九百餘人。

按：此條見《續通考》，《本紀》不書。

王國赦事

《魏志・武宣卞后傳》：建安二十四年，拜爲王后，減國死罪一等。

按：漢帝在而自赦國内，未知曹操已帝制自爲，抑漢時有此制也。六代時，諸王之爲州將者每自赦境内矣。

《南齊書・高紀》：宋昇明三年三月，爲齊公下令赦國内殊死以下，今月十五日昧爽以前，一皆原赦。

按：此襲曹操之故事也。

江淹、建平王赦五刑教：府州國綱紀，吾謬紲朝組，迺班恩命，重渥華蕃，踐寵懋甸。永言政惠，良攪清寐。況舊楚地曠，前郢氓殷，水帶枉渚山市；魯陽自頃，田邑榛故封井。萊蕪財賦，方屈犴獄，實繁思所以厚風釐俗、變瑟改調。自五歲刑以下未送臺者，一皆原遣。文武彈坐，亦悉復職。主局依舊施散，薄紓此懷！

按：《梁書·江淹傳》：「建元初，又爲驃騎（建安）〔豫章〕王記室，帶東武令，參掌詔册。」《南齊書·建安王子真傳》：「永明四年，爲輔國將軍、南琅琊彭城二郡太守。」此教所言舊楚、魯陽，舊卽指南琅琊、彭城二郡也。齊時別無建平王，恐本集有誤。梁建平王大球大寶二年遇害，年十一，淹卒於天監之初，不相及也。至六代，諸王之領州府者得自赦境内。此文及後陸倕豫章王拜後赦教皆是其證。

梁陸倕豫章王拜後赦教曰：夫議獄緩死，著在令圖，疑罪惟輕，聞諸雅誥，是以虞經惻隱，流涕冬決，鍾意垂仁，哀矜寒送。吾以虛薄，夙頒寵章，光宅襟險，奄有全粤。非有沛獻矜嚴，空紆青組。東平智思，徒舉赤帷。思所以迎述皇猷，導揚弘澤，遵彼下車，譬兹解網。

外國赦

《南史·東夷扶桑國傳》：其國法有南北獄，若有犯，輕罪者入南獄，重者入北獄。有赦則放南獄，不赦北獄。文身國在倭東北七千餘里。犯輕罪者則鞭杖，犯死罪則置猛獸食之，有枉則獸避而不食，輕宿則赦之。

赦屬國

《元世祖本紀》：中統元年三月辛卯，陝西宣撫使廉希憲言：「高麗國王嘗遣其世子倎入覲，會憲宗將兵攻宋，倎留三年不遣。今聞其父已死，若立倎，遣歸國，彼必懷德於我，是不煩兵而得一國也。」帝是其言，改館倎，以兵衞送之，仍赦其境内。

爲臣下赦

《吴志·吕蒙傳》：會蒙疾發，權時在公安，迎置内殿，所以治護者萬方。病中瘳，爲下赦令。

《初學記》二十崔鴻《前秦録》：「王猛疾病未瘳，苻堅大赦殊死以下。」

《册府》八十四：貞觀五年五月，皇太子承乾疾篤，請釋囚徒，許之。《本紀》不載。

《唐書·高宗紀》：開耀元年七月，以太平公主下嫁，赦京師。

赦七

赦例一

《漢書·高紀》：五年春正月，赦天下殊死以下。

按：殊死，斬刑也，刑之重者。重者赦則無不赦者矣。

八年秋八月，吏有罪未發覺者，赦之。

按：此赦罪之未發覺者，專指吏言。

《惠紀》：高祖十二年五月，上造以上及内外公孫耳孫有罪當刑及當爲城旦舂者，皆耐爲鬼薪白粲。民年七十以上若不滿十歲有罪當刑者，完之。

按：專言親貴老小，則其他皆不赦矣。且但降而不免，此赦之小者，與尋常即位之大赦迥乎不同。

《通考》：《司馬氏大事記》：「漢惠帝六年八月，赦降。」

按：降者，減罪之謂，前條即其比也。東漢多言減死罪一等，今減等之法蓋原於此。又詳特赦。

《文紀》：「二年正月，民讁作縣官及貸種食未入、入未備者，皆赦之。

按：讁作縣官，充徒役者也，此特赦徒役之人。景帝中四年赦徒作陽陵者亦此例。

四年夏五月，復諸劉有屬籍，家無所與。

按：諸劉皆有籍，其有因事除籍者今赦之，復其屬籍。此出於特恩，不在常赦中，故凡復籍者《紀》必書之。景三年，楚元王子藝等因事除籍者也。武元光元年，復七國宗室前絕屬者。顔注：「此等宗室，前坐七國反，故絕屬，今加恩赦之，更令上屬籍於宗正也。」此景除之而武復之，出於特恩也。」此後宣帝地節元年復宗室屬籍，和帝元興元年、順帝永建元年、四年、陽嘉元年並有此赦，皆特恩也。

後四年，赦天下。免官奴婢爲庶人。

按：此并奴婢亦免之，古無世世爲奴婢之事也。武帝建元元年，赦七國帑輸在官者亦卽此意。《安紀》永初四年，詔没入官爲奴婢者，免爲庶人。《桓紀》建和三年，詔曰「昔孝章帝愍前世禁徒，故建初之元，流徙者使還故郡，没入者免爲庶民」。今《章紀》建初二年有還徙之事，而「没入者，免爲民」，《紀》不書，蓋逸文也。

《景紀》：中四年，死罪欲腐者，許也。詳宮。

按：宮刑，文帝已除，此貸死爲宮也，西漢祇此一見。東漢建武二十八年，詔「死罪繫囚一切募下蠶室」卽本此法。其後屢行，至永初中除蠶室刑，此決始廢。

《武紀》：元朔六年六月，詔曰「諸禁錮及有過者，咸蒙厚賞，得免減罪」。注師古曰：「有罪者，或被**釋免**，或得減輕。」

按：是年二月赦天下，此詔所言卽指赦文言。

元封二年，赦所過徒。詳曲赦。

按：此曲赦之但赦徒者，今時恩旨但赦軍流以下人犯事蓋仿此。

六年，赦京師亡命令從軍。

按：亡命，犯罪在逃者也，專赦亡命而不及別項繫囚，別是一法。《明紀》中元二年，詔「天下亡命殊死以下，聽得贖論」；永平十八年，「令天下亡命，自殊死已下贖」，並是專指亡命者言，但非從軍耳。迨郭躬建言亡命者，亦在赦之列。自是赦書皆及亡命。

《光武紀》：建武二十二年，制詔「遣謁者案行，其死罪繫囚在戊辰已前，減死罪一等；徒皆弛解鉗，**衣絲絮**」。注：「舊法，在徒役者不得衣絲絮，今赦許之。」

按：死罪減而徒罪不減，但解鉗衣絲絮而已，此赦之又一例也。

二十九年，詔令天下繫囚自殊死已下及徒各減本罪一等，其餘贖罪輸作各有差。

按：此死罪與徒並減，又有贖罪者赦之，又一例也。東漢贖法屢行，西漢贖法不盡因赦。

《明紀》：中元二年，明帝已即位。詔曰「其施刑及郡國徒，在中元元年四月己卯赦前所犯而後捕繫者，**悉免**其刑。又邊人遭亂爲內郡人妻，在己卯赦前，一切遣還邊，恣其所樂。中二千石下至黃綬，貶秩贖論者，悉皆復秩還贖」。十二月，詔「天下亡命殊死以下，聽得贖論：死罪入縑二十匹，右趾至髡鉗城旦春十匹，完城旦春至司寇作三匹。其未發覺，詔書到先自告者，半入贖」。

按：此年二月之赦但赦徒，所謂「赦前犯而後繫捕」，謂發覺在先而捕繫在後，與亡命者不同也。「復秩還贖」亦他赦所不皆有者，此又一例。十二月之赦，不論重輕皆贖，「先自告者半贖」，專指亡命者言，此又一例。永平十五年、十八年之赦同此。至建初七年之赦，則繫囚減亡命贖，自是之後，減等之赦並如此。罪同而減與贖不同，未知當時之律減重乎？贖重乎？論其情則繫囚已服罪而亡命尚逃罪，亡命實重於繫囚。論其法則減者尚有罪贖者卽無罪，似贖實寬於減，不知漢時人輕重之見究何如也。復秩還贖亦出特恩，不在尋常赦款之内，其後十七年及安帝永初六年復行之。

《明紀》：永平八年，詔三公募郡國中都官死罪繫囚，減罪一等，勿笞，詣度遼將軍營，屯朔方、五原之邊縣；妻子自隨，便占著邊縣；父母同産欲相代者，恣聽之。其大逆無道殊死者，一切募下蠶室。亡命者令贖罪，各有差。凡徙者，賜弓弩衣糧。

按：此但赦死罪輕者減徙重者，宫亡命者贖赦之，又一例。

九年三月，詔郡國死罪囚減罪，與妻子詣五原、朔方。

按：此但赦郡國囚而不及中都官，赦中之又一例。惟郡國皆赦中都官獨不赦，恐無此法，疑此《紀》有奪文也，《桓紀》建和元年赦亦但言郡國。

十五年四月乙巳，大赦天下，其謀反大逆及諸不應宥者，皆赦除之。

按：赦之見於兩漢《本紀》者，或曰赦，或曰大赦，如何分別，史文不具。《漢舊儀》言赦，或自殊死以下，或自殊死以下及謀反大逆不道，諸不當得赦者皆赦除之，二者差等顯有不同，而概謂之赦，似與大赦無分別矣。然《高紀》五年正月赦殊死以下，六月大赦，一年兩赦，而一曰赦，一曰大赦，又似當時實有分別。此年《紀》書大赦，又言「謀反大逆及諸不應宥者皆赦除之」，又似餘年大赦但赦殊死以下，此年赦典更爲大也。若大赦皆并反逆等罪人赦之，何必特申言之而辭繁不殺如此？《章紀》元和二年，大赦，諸犯罪不當得赦者皆除之；陽嘉二年，大赦，自殊死以下、謀反大逆，諸犯不當得赦者皆赦除之。並同此。

十六年，詔令郡國中都官死罪繫囚減死罪一等，勿笞，詣軍營，屯朔方、敦煌；妻子自隨，父母同產欲求從者，恣聽之；女子嫁爲人妻，勿與俱。謀反大逆無道不用此書。

按：此詔獨言「謀反大逆無道不用此書」者，凡減死之赦，謀反大逆無道亦有得赦者矣。永平八年，大逆無道殊死者，一切募下蠶室；永元八年，犯大逆募下蠶室；是死罪減等，大逆等亦得減宮也。惟大赦之年反逆等不皆在得赦之列，而減等之年反逆等亦得邀恩。漢法之義例今不可考，或者臨時所定，並不拘拘於成式歟？此赦中之又一例也。《沖紀》建和元年，令郡國中都官繫囚減死一等，徙邊，謀反大逆不用此令。《桓紀》建和元年，詔郡國繫囚減死罪一等，勿笞，惟謀反大逆不用此書，與此年之赦同。

十七年五月，制「中二千石、二千石下至黄綬，貶秩奉贖，在去年以來皆還贖」。八月，令武威、張掖、酒泉、敦煌及張掖屬國，繫囚右趾以下任兵者，皆一切勿治其罪，詣軍營。

按：此年五月之制但及貶秩還贖，以公卿百官奉觴上壽而施此恩，與尋常之赦事不同。八月之令任兵，勿治罪，雖係曲赦，較之減贖爲寬。是冬，竇固、耿秉諸人出敦煌昆侖塞，擊破白山虜於蒲類海上，遂入車師。初置西域都護、戊己校尉。因用兵塞外，故施此赦也。

《章紀》：建初二年夏四月戊子，詔還坐楚、淮揚事徙者四百餘家，令歸本郡。

按：《桓紀》建和三年，詔「昔孝章帝愍前世禁徙，故建初之元，流徙者使還故郡」，當即指此事。其後，安帝永初四年「詔坐徙邊者歸本郡」、詳下。延光元年「還徙者」、桓帝建初三年「徙邊者歸本部」、靈帝中平元年「還諸徙者」，蓋皆出于特恩，不在常赦中也。

七年，詔天下繫囚減死一等，勿笞，詣邊戍；妻子自隨，占著所在；父母同産欲相從者，恣聽之；有不到者，皆以乏軍興論。注：「軍興而致闕乏，當死刑也。」及犯殊死，一切募下蠶室；其女子宫。繫囚鬼薪、白粲以上，皆減本罪各一等，輸司寇作。亡命贖：死罪入縑二十匹，右趾至髡鉗城旦舂十匹，完城旦舂至司寇三匹，吏人有罪未發覺，詔書到自告者，半入贖。

按：死罪及髡鉗已下減，殊死、宫、亡命及未發覺自告者贖，此赦中之又一例。惟死罪與殊死分爲二，繫囚與亡命分爲二。此後赦例依此爲準，與明帝時不同矣。

元和元年十二月壬子，詔曰：「《書》云：『父不慈，子不祇，兄不友，弟不恭，不相及也。』祇，敬也。《左傳》胥臣云，《康誥》曰父不慈云云，今《康誥》之言，事同而文異。往者祆言大獄，所及廣遠，一人犯罪，禁至三屬，卽三族也。莫得垂纓仕宦王朝。如有賢才而没齒無用，朕甚憐之，非所謂與之更始也。諸以前妖惡禁錮者，一皆蠲除之，以明棄咎之路，但不得在宿衞而已。」

按：此赦除禁錮者仍得仕宦，一時之特恩也。《殤紀》延平元年，大赦，諸犯禁錮復爲平民，乃大赦而兼除禁錮，但復爲平民而不言仕宦，與此少異。《順紀》永建三年之除禁錮與延平略同，若《桓紀》永康元年之大赦，悉除黨錮，則以宦官懼，引其子弟請之帝也。《靈紀》中平元年之大赦黨人，則以吕强言黨錮久積，恐與黄巾合謀，懼而赦也，並與元和之出于特恩者不同。天下盛衰之故，可卽此而考見矣。

章和元年七月，詔死罪囚犯法在丙子赦前而後捕繫者，皆減死，勿笞，詣金城戍。

按：丙子赦在是年四月，此與《明紀》中元二年二月赦同，惟彼但言徒此但言死罪爲不同，又一例。

《和紀》：永元三年，減弛刑徒從駕者刑五月。

按：此但減從駕之徒，又一例。

六年，京師旱。詔中都官徒各除半刑謫，其未竟，五月已下皆免遣。

按：此赦中之又一例。未竟五月者免，與上條之減刑並以五月爲限，赦之至小者。

八年，詔郡國中都官繫囚減死一等，詣敦煌戍。其犯大逆，募下蠶室；其女子宫。自死罪已下，至司寇作及亡命者入贖，各有差。

按：死減，大逆宮，餘罪贖，此赦中又一例。惟既云減罪詣戍，又云死罪贖，是一罪兩歧，恐《紀》文有誤。

十一年，詔郡國中都官徒及篤癃老小女徒各除半刑，其未竟三月者，皆免歸田里。

按：徒除半刑，赦之又一例。

《殤紀》：延平元年，大赦，自建武以來諸犯禁錮，其皆復爲平民。

按：此大赦而并禁錮者免之，赦中又一例。順帝永建四年，閻顯、江京等知識婚姻禁錮，一原除之，與此同。

《安紀》：永初四年二月乙亥，詔曰自建初以來，諸祅言它過坐徙邊者，各歸本郡；其没入官爲奴婢者，免爲庶人。

按：桓帝建初三年，詔「昔孝章帝愍前世禁徙，故建初之元，流徙者使還故郡，没入者免爲庶民」。此年之赦頗與相合，赦中之特恩也。惟《章紀》建初二年但有還徙而無免奴婢之文，疑范《紀》之疏也。

元初二年，詔郡國中都官繫囚減死罪一等，勿笞，詣馮翊、扶風屯，妻子自隨，占著所在；女子勿輸。亡命死罪以下贖，各有差。其吏人聚爲盜賊，有悔過者，除其罪。不輸作也。

按：末一層前赦所無，又一例也。

《順紀》：永建元年正月甲寅，大赦天下。坐法當徙，勿徙；亡徙當傳，勿傳。宗室以罪絶，皆復屬籍。其與閻顯、江京等交通者，悉勿考。

按：閻顯率兵入宫，情同反逆，交通勿考，務崇寬貸也，此亦可見謀反大逆不在此赦令中矣。亡徙卽亡命者，已赦，故勿傳也。此赦文又一例。

漢安二年冬十月辛丑，令郡國中都官繫囚殊死以下出縑贖，各有差；其不能入贖者，遣詣臨羌縣居作二歲。

按：不能贖者居作，赦中之又一例。今日本刑法：罰金之不能納者，折作工若干日。卽此法也。

《桓紀》：建和三年，詔自永建元年迄乎今歲，凡諸妖惡，支親從坐，及吏民減死徙邊者，悉歸本郡；唯没入者不從此令。詳災異。

按：此年之詔引孝章還徙免没入故事，而又但令還徙，而没入者不用此令，此又一例也。徙之中有没入者，故特聲明之。

《桓紀》：和平元年，減天下死罪一等，徙邊戍。

按：但減死罪徙邊而不及其他，又一例。其後永興元年、二年又行此令。

《靈紀》：建寧元年，令天下繫囚罪未決入縑贖，各有差。

按：但赦罪未決者，又一例。其後熹平三年、四年、六年，光和三年、五年，中平四年，並行此令。

四年正月，大赦天下。唯黨人不赦。詳改元。

按：不赦黨人，亂政也，赦中又一例。

中平元年，大赦天下黨人，還諸徙者，惟張角不赦。

按：此專爲黨人而赦，亦除禁錮也，惟不赦張角一人，又一例。

《後漢書·郭躬傳》：章和元年，赦天下繫囚在四月丙子以前減死罪一等，勿笞，詣金城，而文不及亡命未發覺者。躬上封事曰：「聖恩所以減死罪使戍邊者，重人命也。今死罪亡命無慮萬人，又自赦以來，捕得甚衆，而詔令不及，皆當重論。伏惟天恩莫不蕩宥，死罪以下並蒙更生，而亡命捕得獨不沾澤。臣以爲赦前犯死罪而繫在赦後者，可皆勿笞詣金城，以全人命，有益於邊。」肅宗善之，即下詔赦焉。邱濬曰：「赦固非國家之美事，然死罪既赦而獨不及亡命，不可也。蓋自古所以起禍亂者，多犯法亡命之徒也。朝廷一持以法而無所貸，彼固無辭而甘心焉。苟施曠蕩之恩而彼獨不與焉，能無觖望乎？郭躬之慮可謂遠矣。」

按：武帝元封六年，赦亡命從軍，自是亡命亦在得赦之列，然西漢他未見也。東漢則明帝於中元二年詔天下亡命殊死以下聽得贖。永平十五年、十八年同，永平八年則死罪減罪，亡命者贖。章帝建初七年、元和元年並與永平八年同，獨章和元年四月之赦不及亡命者，未知當時別有所見歟？抑偶遺之歟？是年九月又赦，仍與永平八年同，亡命者贖蓋即用躬之言也。和帝永元三年、八年，安帝元光二年、延光三年，順帝陽嘉元年、永和五年之赦，並言亡命者贖。自桓帝以後遂無此令，蓋祖制漸廢矣。

《藝文類聚》五十二：《續漢書》：「建武二年，詔曰：其赦天下。惟殘賊用刑戮深刻，獄多寃人，朕甚愍之，自今已後，有犯者將正厥辜。」

按：此文與范《紀》所載者不同，互有删落處。據此詔則殘賊者雖遇赦不赦矣，漢律原有不當得赦之條，今不可考。此則本非常赦所不原者，一時之戒令也。

《哀紀》：綏和二年哀帝已卽位。六月，詔有司無得舉赦前往事。

《平紀》：元壽二年平帝已卽位。九月，詔曰：「夫赦令者，將與天下更始，誠欲令百姓改行絜己，全其性命也。往者有司多舉奏赦前事，累增罪過，誅陷亡辜，殆非重信慎刑，洒心自新之意也。及選舉者，其歷職更事有名之士，則以爲難保，廢而弗舉，甚謬於赦小過舉賢材之義。諸有臧及内惡未發而薦舉者，皆勿案驗。令士厲精鄉進，不以小疵妨大材。自今以來，有司無得陳赦前事置奏上。師古曰：「置，立也。置奏上，謂立文案而上陳也。」有不如詔書爲虧恩，以不道論。定著令，布告天下，使明知之。」

按：此亦赦例也。觀綏和二年之詔，是漢世本有此例，特奉行不善，此詔申明之。

又按：漢律久亡，其赦例亦不可復覩，兹從班、范兩書所紀赦事條舉而詳考之，兩漢赦例亦可得其大凡矣。

赦八

赦例二

《晉書・元紀》：建武元年，大赦。其殺祖父母、父母及劉聰、石勒，不從此例。

按：殺祖父母、父母不赦而不及其他，則謀反大逆皆在赦中，又一例。

《宋書・武紀》：永初元年六月，大赦。有犯鄉論清議、贓污淫盜，一皆蕩滌洗除，與之更始。長徒之身，特皆原遣。亡官失爵，禁錮奪勞，一依舊準。

《通考》一百七十二：裴子野論曰：「昔重華受終，四凶流放，武王克殷，頑民遷洛，天下之惡一也。鄉論清議，除之過矣。」

按：自九品中正之法行，而鄉論清議關乎仕進，故亦除之，此兩漢所無者。

八月，開亡叛〔赦〕，限内首出，蠲租布二年。先有資狀、黄籍猶存者，聽復本注。

按：此蓋漢時亡命贖罪之法。

乙亥，詔「見刑罪無輕重，可悉原赦。限百日，以今爲始。先因軍事所發奴僮，各還本主；若死亡及勳勞破免，亦依限還直」。

按：此赦以百日爲限，乃漢時所無。奴僮還主、還直，則當時有此等奴僮，亦前代所無者。

《南齊書·高紀》：建元元年，大赦。與宋永初元年同。又詔「劫賊餘口没在臺府者，悉原赦。諸負釁流徙者，聽還本土」。

按：此赦全襲永初，惟又詔一層爲永初所無，此赦例之增者，此後常行之。

六月，立皇太子。斷諸州郡禮慶。見刑入重者，降一等，并申前赦恩百日。

按：申前赦恩百日，舊例所無，始見於此，後常行之。

《武紀》：永明元年三月，詔申辛亥赦恩五十日。京師囚繫，悉皆原宥。三署軍徒，優量降遣。

按：此申赦恩五十日，又與前例不同，三署軍徒亦他所未及。

《梁書·武紀》：中興元年十二月，封建安郡公，下令大赦天下。

按：齊和帝尚在而下令大赦天下，視曹操、蕭道成之但赦國内者更不同矣。

天監七年八月，赦大辟以下未結正者。

按：未結正者赦則已結正者不赦矣，此又一例。

太清元年，大赦，清議禁錮，並皆宥釋；所討逋叛，巧籍隱年，闇丁匿口，開恩百日，各令自首，不問往罪。

按：所討逋叛等開恩以百日爲限，赦中又一例。

《隋志》：《梁律》：劫身皆斬，妻子補兵。遇赦降死者，黵面爲劫字，髡鉗，補治鎖士終身。其下又讁運配材官治士、尚方鎖士，皆以輕重差其年數。其重者或終身。

按：此强盜遇赦之例。

後魏宣武延昌二年，詔「殺人、掠賣人、羣强盜首，及雖非首而殺傷財主，曾經再犯公斷道路劫奪行人者，依法行決；自餘恕死。徒流已下各準減降」。

按：此赦之分別減降例。道路劫奪行人，乃後來白晝搶奪之權輿。

《北周·武帝紀》：保定元年，詔「所在見囚：殊死以下，一歲刑以上，各降本罪一等；百鞭以下，悉原免之」。

按：一歲刑以上降，〔百〕鞭以下免，此專免最輕之罪也。後來宋世但釋杖以下者，正同此例。

建德五年十二月，平齊，大赦。六年正月，詔去年大赦班宣未及之處，皆從赦例。

按：此亦赦中之別一例。

《宣紀》：大象二年，詔見囚死罪並降從流，流從徒，五歲刑已下悉皆原宥。其反叛惡逆不道，及常赦所不免者，不在降例。

按：此卽漢代「謀反大逆無道不用此書」之例也，常赦所不免之文始見於此。唐天寶赦書曰「常赦所不原」，元和以後，承用此語。明律常赦所不原律目卽用之。

《魏志》：熙平中，有冀州妖賊延陵王買，負罪逃亡，赦書斷限之後，不自歸首。廷尉卿裴延儁上言：

「《法例律》：『諸逃亡，赦書斷限之後，不自歸首者，復罪如初。』依《賊律》，謀反大逆，處（置）〔罝〕梟首。其延陵法權等所謂月光童子劉景暉者，妖言惑衆，事在赦後，〔亦〕合死坐。」正崔纂以爲：「景暉云能變爲蛇雉，此乃傍人之言。雖殺暉爲無理，恐赦暉復惑衆。是以依違，不敢專執。當今不諱之朝，不應行無罪之戮。景暉九歲小兒，口尚乳臭，舉動云爲，並不關己，月光之稱，不出其口。皆姦吏無端，橫生粉墨，所謂爲之者巧，殺之者能。若以妖言惑衆，據律應死，然更不破□惑衆。赦令之後方顯其〔事〕，律令之外，更求其罪。赦律何以取信於天下，天下焉得不疑於赦律乎！《書》曰：與殺無辜，寧失有罪。又案《法例律》：『八十已上，七歲已下，殺傷論坐者上請。』議者謂悼耄之罪，不用此律。愚以老智如尚父，少惠如甘羅，此非常之士，可如其議，景暉愚小，自依凡律。」靈太后令曰：「景暉既經恩宥，何得議加橫罪，可謫略陽民。餘如奏。」

按：此赦書斷限之律當時明著於律中，殆漢以來相承之舊典也。

《册府元龜》八十三：隋煬帝大業八年，大赦。詔大辟罪已下、已發覺未發覺、已結正未結正繫囚見徒，罪無輕重，皆赦除之。其常赦所不免、謀反大逆、妖言惑衆、語及國家並不在赦例。

按：此詔云常赦所不免、謀反大逆、妖言惑衆、語及國家，恐常赦不免者不止此數項，其文當以常赦所不免自爲一項，非指謀反云云也。

唐高祖武德元年，大赦。子殺父、奴殺主不在赦限。以下並見《册府》。

按：不赦者但有子殺父、奴殺主二項，與他例稍異。

四年五月，以竇建德平，詔其亡命山澤仍爲結聚，詔書到後三十日不來歸首者，復罪如初。六月，王世充降。詔可赦河南諸州舊爲世充所詿誤者，自武德四年六月四日已前，皆赦其罪。亡命山澤，詔書到後三十日不來歸首者，復罪如初。

按：此以三十日爲來歸之限，其時律尚未定，故與百日不首之法不同。

六年，曲赦京城内繫囚見徒及被推問應集之人，死罪已下，並從放免。其内有於政切害情理難原者，宜降死從流。

按：此於死罪之中擇其情重者減降，乃赦款中之減等也。

七年四月，大赦。其犯十惡、劫賊、官人枉法受財、主守自盜及常赦不免、流已上道者並不在赦例。亡命山澤，挾藏軍器，百日不首者，復罪如初。其與賊同心共爲逆亂，非被迫脅情狀難原者，不在此例。

按：此不赦之款又與他赦不同，亡命者以百日爲限，其例亦嚴，與漢世亡命者贖之例迥異。流犯已上道者即不赦，與《唐律》流配人在道之律不合，或武德中此律尚未修定也。

太宗武德九年，太宗已即位。大赦，武德元年以來責情流配者亦并放還。

按：此赦流人亦準放還，與前條又不合，恐亦在律未定之先，故參差也。

貞觀四年，大赦。其謀反大逆、妖言惑衆及殺期親以上尊長、奴婢、部曲反主、官人枉法受財不在赦例。

按：此不赦者有殺期親以上尊長，爲前赦書所無。

九年三月，詔大辟罪已下皆赦除之，其常赦不免者不在赦例。

按：常赦不免，《唐律》有其文，《疏議》雖成于永徽之時，而律文先定，或即用開皇原文。貞觀赦書多有「常赦不免者不在赦限」之語，其赦例尚嚴也。中葉以後，其例漸寬矣。

十四年，以交河道行軍總管侯君集擊高昌麴文泰，破之，曲赦其部內大辟罪已下，其佞邪之徒勸文泰爲惡并凶逆不變抗拒官軍者，不在赦例。可汗浮圖城及從軍兵士非犯十惡，并從赦免。其士卒有父子犯死以下罪、期親犯流、大功犯徒、小功緦麻犯杖罪，悉皆放。若妖言惑衆、殺人、官人枉法受財、劫賊、監治之主守自盜所監治，不在赦限。

按：此曲赦之分别原不原者。

十七年，大赦，罪非十惡皆赦之。

按：此不赦者但以十惡爲限。

高宗永徽六年，大赦，流人達前所放還。緣王、柳、蕭等家臣欽若等曰，王皇后等并舅柳氏及蕭淑妃家配流者不在此限。

按：是年十月立武氏爲皇后，故后王氏、淑妃蕭氏並爲武后所害，並其舅家亦配流，復不得援赦。武后之慘忍如此，而高宗不悟何也？此赦在律疏已成之後，而流人亦得放還，是不用流配人在道之律矣。後上元元年、弘道元年之赦，長流人并放還，同在高宗之世，當出於特恩，不爲也。

常例。

中宗神龍元年九月，大赦雒州境内。天下諸州見禁囚徒罪應至死者特宜免死，配流者入徒，餘并原宥。

按：此條本《册府元龜》，《新舊書·本紀》並云大赦，與此不同。據此文乃大赦雒州境内至天下諸州，死罪之免死、配流者入徒、流以下原之，其死罪之不得免死者不在赦中，與尋常之大赦迥不同也。免死、配流當即配隸之流人，如景雲二年之配流嶺南，三年之配流嶺南、磧石諸州，皆是後來赦書中配隸名目，當謂此。

十一月，大赦，前後流人非反逆緣坐者並放還。

按：此與前赦同在一年，相去三月耳，卽此一端，其不同如此。此後景龍三年、開元十七年、天寶十五載、寶應元年三月四月五月、三次。廣德元年、二年、興元元年、貞元元年、四年、二十一年、元和二年、乾符四年赦書，流人並許放還，殆皆出於一時所定，不爲常例也。景龍三年赦文云「親祀流人並放還」，「流人」上有「親祀」二字，不甚可解，恐有譌奪。開元十七年赦文云「雜犯經移近處，流人並配隸磧西、瓜州者，並宜放還，其反逆緣坐、長流及城奴，量移近處，編附爲百姓」，是流人之中尚有輕重之别，非一概放還。《舊書·本紀》云流移並放還，與《册府》所載之詔語稍有不同。天寶十五載則云流人一切放還，寶應元年四月、廣德元年、興元元年、貞元元年、四年、二十一年、元和二年、乾符四年赦文大致相同。寶應元年三月赦文曰諸色流人及效力罰鎮人等並放還，五月赦文曰諸色流人及罰鎮效力配軍團人等一切卽放還，廣德二年赦文曰諸應流人及量移人并罰鎮效力配隸等一切放還，是凡係流人無不放還者矣。又長慶四年赦文曰諸色得罪人，先有敕云「縱逢恩赦，不在免限，並别敕安置者放還」，此亦流人也。

温王唐隆元年六月庚子，臨淄郡王平韋庶人。辛丑，詔大辟罪已下常赦所不免者，咸赦除之，其逆賊頭首，咸已斬決，自餘支黨，一無所問。

按：唐太宗以前，赦文每云「常赦所不免者不在赦例」，高宗、中宗時詔書不具，至此次詔書始有「常赦所不免者咸赦除」之文，蓋當討亂之時，赦例務從寬也。是年七月、十一月兩次赦詔，仍有「常赦不免不在赦例」之語，至開元十七年十一月之赦始曰「常赦不免咸赦除之」，自是以後，其例遂寬矣。

《睿宗紀》：景雲元年六月甲辰，大赦，長流、長任及流人未達者還之。

按：《本紀》有此文而《册府》無此赦詔書，故不具流人未達卽在道會赦者。此時承武、韋二后之後，長流人中寃抑者多，故不用流配人會赦之律，而《本紀》特書之，任保也。長任，當卽責保放營農者。

《册府》：景雲二年四月，大赦，流移未達前所及已到流所者皆赦之。

按：已到流所，當是謂程内至配所者，律得從赦原也。

八月乙卯，以高祖舊宅有柹樹，天授中已經枯死，至是重生，因而大赦天下。謀殺人、造僞頭首者并免死，配流嶺南，官典取受者特免放。

按：此於常赦不免中分别流配、免放二例，造僞頭首始見於此。自後遇赦，别項免而此項多在不免之列，殆當日此風甚盛，故嚴之歟？

玄宗開元三年二月，制兩京及天下見禁囚除犯惡逆、造僞以外，決一百，配流嶺南、磧石諸州，其餘一切放免。

按：決杖配流之例爲後來流罪加杖之權輿，在唐則死罪降等，故加杖也。

十月，詔巡遊所過之縣見禁囚徒以下減放免，流以上罪具犯狀奏聽進止。大理具囚名，奏帝覽之，以所犯重者降一等，輕者並釋放。

按：此流罪重降輕釋之例，《本紀》但言赦所過徒以下，不若此所載詳也。

十二月，有司所奏往幸鳳泉所過之縣，流以上囚奏聽進止者，凡罪至死刑，宜決杖一百，配流遠惡處；其犯杖配流者，宜免杖依前配流；已決及流三千里者，節級稍移近處；二千五百里以下，並宜配徒以殿。臣欽若等曰：「殿，謂自遠而近也。」

按：犯杖配流，蓋本應免死者也，故免杖仍流，三流同一減，故流從徒。此則流三千里者移近，二千五百里以下配徒，三流之中又有分别，其二千五百里以下當亦有分别，故曰配徒以殿。至如何配法，則不得而詳矣。流罪移近之例始見於此，與流配人在道之律亦不符也。

八年九月，京城内犯罪人等，造僞頭首及謀殺人斷死者，決一百，配流嶺南惡處；斷死者，決一頓，免死，配流遠處；雜犯流移者，各減一等；杖罪已下並免。

按：此條兩斷死者如何分別？未詳，疑有奪文。

九年五月，詔天下見禁囚徒犯流已下、徒已上，並遣隨軍展效，仍令所司明爲年限條例，隨便近諸軍分配。其杖已下卽令釋放。

按：流、徒並隨軍展效，卽明代之充軍也。流、徒並遣，明制頗近似，隨便近諸軍則無遠處。明爲年限，限滿卽可釋放，此與明制迥殊者，且係赦例非常律也。《紀》云「原見囚死、流罪隨軍効力，徒以下未發者」，與此文不符，此所載有詔語，當不誤，恐《紀》誤也。隨軍展效，當卽後來效力名目所始，後十五年赦書亦有邊州效力之名。

十一年十一月，大赦。其十惡死罪、造僞頭首、劫賊殺財主，不在赦例。就中仍慮有寃濫者，所具狀送中書門下，盡理詳覆奏聞，朕將親覽。左貶官非逆人五服內親及犯贓賄名教者，量移近處。

按：左貶官量移近處卽流人移近之例。

十五年八月，詔天下見禁囚犯死罪者特宜免死，配流者配邊州效力，徒已下罪並放免。官人犯贓者不在此例。

按：《本紀》云「降天下死罪、嶺南邊州流人，徒以下原之」，與此相合，有死罪及徒以下而不及流罪，未詳其故，《舊書·本紀》無此赦。

十六年三月，制徒已下罪並責保放營農，今詳刑格亦非重罰，特從免放。

按：《本紀》此年正月，許徒已下保任營農；三月，免營農囚罪。

十七年，大赦，大辟罪已下，罪無輕重，已發覺未發覺、已結正未結正繫囚見徒常赦所不免者，咸赦除之。自先天以來，有雜犯經移近處，流人並配隸磧西瓜州者，並宜放還。其反逆緣坐、長流及城奴，量移近處，編附爲百姓。左降官量移近處。

按：常赦所不免者咸赦除之，景雲元年赦書有此文，自餘未用，至此赦又用之，自此以後即以爲常矣。

十八年正月丁巳，親迎氣於東郊祀青，帝下制曰：大辟罪已下，罪無輕重，已發覺未發覺、已結正未結正繫囚見徒常赦所不免者，咸赦除之。其左降官及流移配隸、安置罰鎮效力之類，并宜量移近處。其官已復資，至敍用之時，不須爲累。其流人配隸并一房家口者，所犯人情非劫害身已亡歿其家口，放還。流人及左降官考滿、載滿、丁憂服滿者，亦准例稍與量移。其亡官失爵，放還。不齒及諸色被停解免與替人等非犯贓者，宜令司存勘，責量加收敍。

按：《本紀》云「二月，免囚罪杖以下」，而無正月之赦。《舊紀》兩月皆不言赦，此有詔書足據，恐兩《紀》誤也。流人量移，已前赦或不及，此後遇赦非移近即放還，亦以爲常矣。

十九年四月，詔天下囚徒即令疏決，其妖訛、盜賊、造僞頭首，既深蠹時政，須量加懲罰。刑名致死者各量決重杖一百，長流嶺南。自餘支黨，被其詿誤，矜其至愚，量事科罰，使示其懲創，流已下罪並節級處分。令中書門下就大理及州縣詳理。

按：詔文有「即令疏決」語，似是録囚之典，而《本紀》不言録囚也。

二十年二月，制應天下囚徒罪至死者特寬宥，配隸嶺南遠惡處。其犯十惡及造僞頭首，量決一百，長流遠惡處。流罪罰鎮三年。其徒已下罪并宜釋放。其有官吏犯贓推未了者仍推所實，收定名訖，然後准降例處分。計贓一匹已上及與百姓怨讎者，並不須令卻上。

按：推未了者仍推，以犯贓者不可寬也，古人之於貪吏嚴懲也如此。流罪罰鎮之例，始見於此。

二十四年四月，敕天下見禁囚犯十惡死罪及造僞頭首、劫殺人，先決六十，長流嶺南遠惡處。自外死罪，先決一頓，並流嶺南。流罪情狀重者決六十，輕者決一頓，決訖並放。徒已下並放。

按：流罪決杖即放，又一例。

十月，敕兩京城内及京兆府諸縣囚徒反逆、緣坐及十惡、故殺人、造僞頭首死罪，特宜免罪，長流嶺南遠惡處。其餘雜犯死罪，隸配效力五年。流罪並放。

按：隸配效力以五年爲期，見此。

二十六年四月，敕天下見繫囚徒及事發應推身不禁者放，即遣使分往諸道。除犯贓賄名教十惡死罪，自餘徒已下，特宜免放。

按：《紀》云「降死罪，流已下原之」，與此異，此有敕文可據，疑《紀》誤。

二十七年二月，大赦。大辟罪已下，罪無輕重，已發覺未發覺、已結正未結正繫囚見徒常赦所不免，咸赦除之。自開元以來，諸色應員痕累人等，咸從洗滌令，許自新，所司更不須以此爲累。其有別敕停官及亡官失爵者，放歸。不齒之類，量加收敘。左降官及諸色流人，並稍量移近處。

按：痕累人始見此，《舊紀》作「痕瘕人」，貞元元年赦文作「痕殿」。

二十九年五月，制天下見禁囚徒其十惡罪及造僞頭目并謀殺、妖訛、宿宵人等，特宜免死，配流嶺南。官人犯贓，據情狀輕重量事貶降，餘一切放免。

按：宿宵人始見於此，未詳其義。天寶七載三月，制如聞山林學道之士每被搜括，且法之防邪，本有所以。至於宿宵、妖訛、亡命聚衆、誘陷愚人，故令禁斷，郡縣遂一概迫逐，使志道之者「者」字疑誤。不得安居。自今已後，審係清潔，更不得恐動以廢修行。據此詔書，宿宵當是道士以左道惑衆者，其字義則仍難以臆說也。

天寶元年四月，大赦。大辟罪已下，罪無輕重，已發覺未發覺、已結正未結正繫囚見徒常赦所不原者，咸赦除之。諸色左降官並流人未經量移者，亦與量移。

按：常赦所不免，改「免」爲「原」自是年始。八載已後，又稱「不免」。德宗即位，赦文又稱「不原」。自此已後，赦書咸云「常赦所不原」矣。

三載正月，制天下見禁囚徒應雜犯罪死者，宜各降一等，自餘一切放免。其十惡及造僞、妖妄頭首、官吏犯贓並姦盜等，害政既深，情難容恕，不在免限。

按：姦盜不免，始見此赦。

三月，制天下見禁囚徒應合死，配流嶺南。流已下罪并見徒，一切放免。其責保在外及追捉未獲者，并同見禁例處分。

按：責保、追捉二者爲他赦書所無。

肅宗乾元元年四月，赦。詔除反逆之黨、緣坐、謀殺、十惡、劫盜臨監主掌，自餘一切原免。其餘逆賊元謀及脅從，今但歸投，並原其罪，仍與官賞。

按：此赦之詳於反逆者。

上元二年九月，詔大辟罪無輕重，已發覺未發覺、已結正未結正見繫囚徒常赦所不免者，咸赦除之。其十惡、五逆及造僞頭首、官典犯贓法，實難容刑，故無小，並不在免限。其史朝義能翻然改圖，背逆歸順，無所問加以勳封。自乾元元年已前、開元已來，應反逆連累赦慮節度限及未該及者，並宜釋放。

按：五逆，未知爲何者五項。自開元以來未該及者皆得釋放，此又一例。既云常赦不免者咸赦，而又提出十惡等不赦，此亦一例。寶應元年赦同。

大曆元年十一月，制大辟罪已下已發覺未發覺已結正未結正繫囚見徒，罪無輕重，常赦所不免者咸赦除之。長吏犯贓，不在免限。元和十三年正月、寶應元年正月赦同。

按：不免者，僅犯贓一項，又一例，亦可見當時此例之嚴。

德宗大曆十四年即位，大赦。罪無輕重，常赦不原者咸赦除之。寶應元年已後，痕累禁錮及反逆緣坐等，一切洗滌。

按：此赦有禁錮一項。

興元元年正月，詔諸軍諸道應赴奉天并進收京城將士，身有過犯，遞減罪三等，子孫有犯，減罪二等。

按：此赦款之特例。

貞元六年十二月，詔見禁囚徒罪至流死者，各遞減一等，徒罪已下，一切放免，左降官經三考，流人配隸效力之類經三周年者，普與量移。

按：此流人三年量移之例。

順宗貞元二十一年二月，詔大辟罪已下，罪無輕重，已發覺未發覺、已結正未結正繫囚見徒常赦所不原者，咸赦除之。左降官並移近處，亡官失爵放歸。不齒者量加收敘。流人放還。僧尼道士移隸者、罪人已亡没家口未許歸者，一切放歸。如自情願住者，勿拘令歸。如先有敕云縱逢恩赦不在放還之限者及別敕安置者，並宜放還。其安置之人五品已上，待進止。左降官及流人亡没有官者，各還本官。今日已前痕累禁錮及反逆緣坐，一切並與洗滌。

按：此赦文最爲詳備，僧尼道士，他赦未言。元和十五年正月，制左降官及流人，與此詔略同。

憲宗元和十四年七月，詔大辟罪已下咸赦除之，唯故殺人及官典犯贓不在此限。

按：不赦者惟故殺、犯贓二項，又一例。

文宗太和九年十二月，京百司見禁囚徒死罪遞減一等，未結正者推問，畢日准此處分。諸色所繇官吏陷於脅從，雖有名籍，涉於詿誤者，一切不用更問，仍付左右神策、兩金吾、京兆府、御史臺，並准恩赦處分，休便追捕。其有潛藏回避，限令出三日，各歸本司，逆人親族已處置外，其餘周親已上一切不問，所在更不用繫留聞報。其先有定名捕捉者，所在尋追，獲日奏聞，不得漏網。昨者有擅入逆人之家，盜掠財物，擁無故之利，生怙亂之心，尚有縱酒聚徒、妖言惑衆、志於掠盜、恐嚇居人、假託軍司、輒持兵器及以前月二十一日事妄相告訐者，委御史臺、京兆府嚴加伺察，擒捉奏聞，所在集衆決殺，不在恩赦之限。

按：此甘露之變事後赦文也，與他赦迥不同矣。

宣宗大中四年正月，大赦天下。徒流人比在天德者以十年爲限，既遇明恩，例減三載，使循環添換，邊不闕人，次第放歸，人無怨苦。其秦州、源州、威州、武州諸關等所配流人，須量輕重與立年限，宜令止於七年放還，如有住者亦聽。中有犯死罪及逆人、賤隸，不在此限。

按：《唐書·地理志》豐州九原郡中受降城西二百里大同川有天德軍，大同川之西有天安軍，皆天寶十二載置。是天德軍在邊外，故流人與立年限，限滿得歸。「源州」當作「原州」。秦、原、威、武地亦臨邊，故亦有七年放還之例，不與長流人同也。

懿宗咸通十二年五月，敕應天下所禁繫罪人，十惡、五逆、故意殺人、合造毒藥、持仗行劫、開發墳墓外，餘並宜疏理釋放。

按：合造毒藥、開發墳墓二者前赦所無，《唐律》無合造毒藥之文，當爲後來續定。此二事非十惡、五逆之比而列諸赦例，必當日此風正熾，故特懸此厲禁也。

又按：《册府元龜·赦宥門》所載唐代赦文甚詳，今節録其有關赦例于右。武宗以後，所載漸略，蓋典籍多散失矣。

《唐律·名例》十惡條：四曰惡逆。謂毆及謀殺祖父母、父母，殺伯叔父母、姑、兄姊、外祖父母、夫、夫之祖父母、父母者。《疏議》曰：「毆謂毆擊，謀謂計謀。自伯叔以下，即據殺訖，若謀而未殺，自當不睦之條。惡逆者，常赦不免，決不待時。不睦者，會赦合原，唯止除名而已。」

應議請減條：其加役流、反逆緣坐流、子孫犯過失流、不孝流及會赦猶流者，各不得減贖，除名、配流如法。《疏議》曰：「案《賊盜律》云：造畜蠱毒，雖會赦，并同居家口及教令人亦流三千里。《斷獄律》云：殺小功尊屬、從父兄姊及謀反大逆者，身雖會赦，猶流二千里。此等並是會赦猶流。其造畜蠱毒，婦人有官無官，並依下文，配流如法。有官者，仍除名，至配所免居官。」問曰：「五流不得減贖，若會降，合減贖以否？」答曰：「五流，除名、配流，會降至徒以下，有蔭、應贖之色，更無配役之文，即有聽贖者，有不聽贖者。止如加役流、反逆緣坐流、不孝流，此三流會降，並聽收贖。其子孫犯過失流，雖會降亦不得贖。何者？（又）文云：於期以上尊長犯過失殺傷應徒，不得減贖。此雖會降，猶是過失應徒，故不合贖。其有官者，自准除、免、當、贖之例。本法既不合例減，降後亦不得減科。其會赦猶流者，會降，灼然不免。」

諸犯十惡、故殺人、反逆緣坐，獄成者，雖會赦猶除名。獄成，謂贓狀露驗及尚書省斷訖未奏者。《疏議》曰：「犯十惡等罪，獄成之後，雖會大赦，猶合除名。獄若未成，即從赦免。注云『贓狀露驗者』，贓，謂所犯之贓，見獲本物。狀，謂殺人之類，得狀爲驗。雖在州縣，並名獄成。『及尚書省斷訖未奏者』，謂刑部覆斷訖，雖未經奏者亦爲獄成。此是赦後除名，常赦不免之例。」

卽監臨主守於所監守內犯姦、盜、略人，若受財而枉法者，除名。姦，謂犯良人；盜及枉法，謂贓一匹者。獄成會赦者，免所居官。會降者，同免官法。《疏議》曰：「會赦者，免所居官。此是赦後仍免所居之一官，亦爲常赦所不免。」問曰：「監守內略人，罪當除名之色。奴婢例非良人之限，若監守內略部曲，亦合除名以否？」答曰：「據『殺一家非死罪三人』，乃入不道；奴婢、部曲不同良人之例。强盜若傷財主部曲，卽同良人，各以當條見義，亦無一定之理。今略良人及奴婢，並合除名。舉略奴婢是輕，計贓入除名之法；略部曲是重，明知亦合除名。又《鬭訟律》云：『毆傷部曲，減凡人一等；奴婢，又減一等。』又令云『轉易部曲事人，聽量酬衣食之直』。既許酬衣食之直，必得一匹以上，準贓卽同奴婢，論罪又減良人。今準諸條理例除名，故爲合理。」注：「會降者，同免官法。」《疏議》曰：「降既節級減罪，不合悉原，故降除名之科，聽從免官之法。假令降罪悉盡，亦依免官之例。卽降後重斷，仍未奏畫，更逢赦降，猶合免所居之官。」

其雜犯死罪，卽在禁身死，若免死別配及背死逃亡者，並除名。皆謂本犯合死而獄成者。《疏議》曰：「其雜犯死罪，謂非上文十惡、故殺人、反逆緣坐、監守內姦、盜、略人、受財枉法中死罪者。卽在禁身死者，謂犯罪合死，在禁身亡。若免死別配者，謂本犯死罪，蒙恩別配流、徒之類。及背死逃亡者，謂身犯死罪，背禁逃亡者。此等四色所犯，獄成，並從除名之律。故注云，皆謂本犯合死而獄成者。背死逃亡者，卽斷死除名，依法奏畫，不待身至。其下文犯流、徒，獄成逃走，亦準此。」

會降者，聽從當、贖法。《疏議》曰：「雜犯死罪以下，未奏畫逢降，有官者聽官當，有蔭者依贖法。本法不得蔭贖者，亦不在贖限。其會赦者，依令，解見任職事。」問曰：「上文云十惡、故殺人、反逆緣坐，會赦猶除名。雜犯死罪等，會降從常贖法。若有別蒙敕放及會慮減罪，得同赦、降以否？」答曰：「若使普覃惠澤，非涉殊私，雨露平分，自依恒典。如有特奉鴻恩，總蒙原放，非常之斷，人主專之，爵命並合如初，不同赦、降之限。其有會慮減罪，計與會降不殊，當免之科，須同降法。慮若全免，還從特放之例。」又問：「加役流以下五流，犯者除名、配流如法。未知會赦及降若爲處分？」答曰：「會赦猶流，常赦所不免，雖會赦、降，仍依前除名、配流。其不孝流、反逆緣坐流，雖會赦亦除名。子孫犯過失流，『會赦免罪，會降有官者聽依當、贖法。其加役流，犯非一色，入十惡者，雖會赦降，仍合除名。稱以枉法論、監守內以盜論者，』會赦免所居官；會降同免官之法。自餘雜犯，會赦從原，會降依當、贖法。凡斷罪之法，應例減者，先減後斷。其五流先不合減者，雖會降後，亦不合減科。」《釋文》：降者卽赦之別文。赦則罪無輕重，降則減重就輕。慮者又與降同，然降自咸免，慮則奏免，赦、降、慮三者，名殊而義歸於赦。

諸犯流應配者，三流俱役一年。本條稱加役流者，流三千里，役三年。役滿及會赦免役者，卽於配處從戶口例。《疏議》曰：「役滿一年及三年，或未滿會赦，卽於配所從戶口例。課役同百姓。」

若流、移人身喪，家口雖經附籍，三年内願還者，放還。即造畜蠱毒家口，不在聽還之例。下條準此。《疏議》曰：「依本條：造畜蠱毒并同居家口，雖會赦猶流；況此已至配所，故云不在聽還之例。」

諸流配人在道會赦，計行程過限者，不得以赦原。謂從上道日總計，行程有違者。《疏議》曰：「行程，依令：馬日七十里，驢及步人五十里，車三十里。其水程，江、河、餘水沿泝，程各不同。但車馬及步人同行，遲速不等者，並從遲者爲限。」「假有配流二千里，準步程合四十日，若未滿四十日會赦，不問已行遠近，並從赦原。從上道日總計，行程有違者，即不在赦限」。

有故者，不用此律。《疏議》曰：「故，謂病患、死亡及請糧之類。準令：『臨時應給假者及前有阻難，不可得行，聽除假。』故不入程限，故云不用此律。」

若程内至配所者，亦從赦原。《疏議》曰：「假有人流二千里，合四十日程，四十日限前已至配所而遇赦者，亦免。」

逃亡者，雖在程内亦不在免限。即逃者身死，所隨家口仍準上法聽還。《疏議》曰：「行程之内逃亡，雖遇恩赦，不合放免。」

犯流罪者，權留養親。謂非會赦猶流者。《疏議》曰：「犯流罪者，雖是五流及十惡，亦得權留養親。會赦猶流者，不在權留之例。」

不在赦例。仍準同季流人，未上道限内會赦者，從赦原。《疏議》曰：「權留養親，動經多載，雖遇恩赦，不在赦限。依令，流人季别一遣。同季流人，若未上道而會赦者，得從赦原。」問曰：「死罪囚家無期親，上請，赦許充侍。若逢恩赦，合免死以否？」答曰：「權留養親，不在赦例。既無各字，止爲流人。但死罪上請，敕許留侍，經赦之後，理無殺法，況律無不免之制，即是會赦合原。又斷死之徒，例無輸課，雖得留侍，課不合徵，免課霑恩，理用爲允。」又問：「死罪是重，流罪是輕。流罪養親，逢赦不免；死罪留侍，卻得會恩。則死刑何得從寬，流坐乃翻爲急，輕重不類，義有惑焉。」答曰：「死罪上請，唯聽敕裁；流罪侍親，準律合住。合住者須依常例，敕裁者已沐殊恩。豈將恩許之人比同曹判之色？以此甄異，非爲重輕。」

若家有進丁及親終期年者，則從流。計程會赦者，依常例。《疏議》曰：「本爲家無成丁，故許留侍。若家有期親進丁及親終已經期年者，並從流配之法。計程會赦者，一準流人常例。」

諸年七十以上、十五以下及廢疾，犯流罪以下，收贖。犯加役流、反逆緣坐流、會赦猶流者，不用此律。至配所，免居作。《疏議》曰：「加役流者，本是死刑，元無贖例，故不許贖。反逆緣坐流者，逆人至親，義同休戚，處以緣坐，重累其心。此雖老疾，亦不許贖。會赦猶流者，爲害深重，雖會大恩，猶從流配。此等三流，特重常法，故總不許收贖。至配所免居作者，矜其老小，不堪役身，故免居作。其婦人流法與男子不同，雖是老小，犯加役流，亦合收贖。反逆緣坐流，依《賊盜律》，亦免流配。婦人犯會赦猶流，唯造畜蠱毒，并同居家口仍配。」

彼此俱罪之贓條：即簿斂之物，赦書到後，罪雖決訖，未入官司者，並從赦原。《疏議》曰：「簿斂之物，謂謀反、大逆人家資合沒官者。赦書到後，罪人雖已決訖，其物未入官司者，並從赦原。若簿斂之物已入所在官司守掌，並不合放免。」

若罪未處決，物雖送官，未經分配者，猶爲未入。《疏議》曰：「若反、逆之罪仍未處決，罪人雖已斷訖，其身尚存者，物雖送官，但未經分配者，並從赦原。」

即緣坐家口，雖已配没，罪人得免者，亦免。《疏議》曰：「謂反逆人家口，合緣坐没官，罪人於後蒙恩得免，緣坐者雖已配没，亦從放免。其奴婢同於資財，不從緣坐免法。」問曰：「但是緣坐遇恩，罪人得免。其有罪人不合免者，緣坐亦有免法以否？」答曰：「謀反、大逆，罪極誅夷，污其室宅，除惡務本。罪人既不會赦，緣坐亦不合原，去取之宜，皆隨罪人爲法。其謀叛已上道及殺一家非死罪三人、支解人，緣坐雖及家口，其惡不同反、逆。又律文特顯反逆緣坐，爲與十惡同科，不得請、減及贖，自同五流，除名，配流如法。自餘緣坐流，並得減、贖，不除名。雖云合流得減、贖者，明卽與反、逆緣坐不同。赦書若十惡不原，非反、逆緣坐人，仍從恩免。以其身非十惡，又非反、逆之家故也。」

以贓入罪條：已費用者，死及配流勿徵。《疏議》曰：「因贓斷死及以贓配流，得罪既重，多破家業，贓已費用，矜其流、死，其贓不徵。若未經奏畫，會赦免流、死者，徵贓如法。畫訖會恩，卽同免例。」

若計庸、賃爲贓者，亦勿徵。《疏議》曰：「既計庸、賃爲贓，其贓元非正物，故雖非會赦，其贓並亦不徵。」

會赦及降者，盜、詐、枉法猶徵正贓。《疏議》曰：「謂會赦及降，唯盜、詐、枉法三色正贓猶徵，各還官、主，盜者免倍贓，故云猶徵正贓。謂赦前事發，若赦後事發，捉獲見贓，準《鬬訟律》徵之。」問曰：「枉法會赦，正贓猶徵，未知此贓還官、還主？須定明例。」答曰：「彼此俱罪之贓，例並合没。雖復首得原罪，正贓猶徵如法。其贓追没，於法何疑。」

餘贓非見在及收贖之物，限内未送者，並從赦降原。《疏議》曰：「餘贓非見在，赦前已費用盡，若非轉易得他物及生産蕃息者，皆非見在之贓。及收贖之物者，謂犯罪徵銅，依令節級，各依期限，限内未送，並從赦、降原，過限不送，不在免限。稱限内不送，唯據贖銅，餘贓舊無限約，逢赦並皆放免。其犯罪應贖徵銅，送有期限，違限不納，會赦不原。故云限内未送者，唯爲贖銅生文，不爲餘贓立制。」

諸略、和誘人，若和同相賣；及略、和誘部曲、奴婢，若嫁賣之，卽知情買娶；及藏逃亡部曲、奴婢；署置官過限及不應置而置；《疏議》曰：「在令，置官各有員數，員外剩置，是名過限。」詐假官、假與人官及受假者；若詐死，私有禁物，赦書到後百日，見在不首，故蔽匿者，復罪如初。媒、保不坐。《疏議》曰：「赦書原罪，皆據制書出日，昧爽以前，並從赦免。惟此蔽匿條中乃云赦書到後百日，此據赦書所至之處，別取百日爲限。見在不首故蔽匿者，謂人、物及所假官等見在，故蔽匿隱藏而不首出，並復罪如初。初者，謂如犯罪之初，贓物應徵及倍，悉從初犯本法。若人有轉易在他所，但其人見在不首，皆爲故蔽匿。其媒、保不坐者，謂嫁娶有媒，買賣有保，既經赦原，無問百日内外，雖不自首，並皆不坐。」

其限内事發，雖不自首，非蔽匿。雖限内，但經問不承者，亦爲蔽匿。《疏議》曰：「從『略、和誘』以下，『私有禁物』以上，謂赦書到後，事發之所百日内發者，雖不自首，亦非蔽匿，以其限尚未充，故得無罪。」注云云。《疏議》曰：「上云限內事發，雖不自首，非蔽匿。謂限內事發，經問即承，為無隱心，乃非蔽匿。其經問不承，雖在限内，仍同蔽匿之法。」

即有程期者，計赦後日爲坐。《疏議》曰：「程者，依令：公案小事五日程，中事十日程，大事二十日程。及公使，各有行程。如此之類，是爲有程期者。《律》有『大集校閱，違期不到』之條，亦有計帳等，在令各有期限。此等赦前有違，經恩不待百日，但赦出後日仍違程期者，即計赦後違日爲坐。赦後並須準事給程，以爲期限。」

其因犯逃亡，經赦免罪，限外不首者，止坐其亡，不論本罪。謂赦書到後，百日限外計之。《疏議》曰：「謂赦前犯罪，因即逃亡，會赦之後，罪皆原免。赦後百日，仍不自首，止有逃亡之坐，更不論其本罪。又如征防逃亡，會赦免罪，計百日限外，征防仍自未還，須計征防之日，以爲逃亡定罪；限内流例若還，即同在家亡法。即軍人上番，因犯逃走，經赦當下，亦同常亡之律。」注云云。《疏議》曰：「上論蔽匿，既以百日之外爲限，此逃亡之坐，亦以百日限外計之。」

諸會赦應改正、徵收，經責簿帳而不改正、徵收者，各論如本犯律。謂以嫡爲庶，以庶爲嫡，違法養子，私入道，詐復除，避本業，增減年紀，侵隱田園，脱漏户口之類，須改正。監臨主守之官私自借貸及借貸人財物、畜産之類，須徵收。《疏議》曰：「前條以百日爲限，此據赦後經責簿帳即須改正、徵收，仍有隱欺不改從正者，皆如本犯得罪。其應改正、徵收，具如子注。」問曰：「上條會赦以百日爲限，下文會赦乃以責簿爲期。若有上條赦後百日内責簿帳隱而不通者，下條未經責簿帳，經問不承，合得罪否？」答曰：「上條以罪重，故百日内經問不承，罪同蔽匿，限内雖責簿帳，事終未發，縱不吐實，未得論罪。後條犯輕，赦後經責簿帳不通，即得本罪。經年不經責簿帳，據理亦未有辜，雖復經問不承，未合得罪。」又問：「蔽匿之事，限内未首，及應改正，簿帳未通，乃有非是物主，傍人言告，未知告者得罪以否？」答曰：「赦前之事，各有程期，限内事發，律許免罪，終須改正徵收，告者理不合坐。」

犯罪共亡條：若罪人自首及遇恩原減者，亦準罪人原減法。《疏議》曰：「謂因罪人以得罪，罪人於後自首及遇恩原減者，或得全原，或減一等、二等之類，一依罪人全原、減降之法。」

謀反大逆條：《疏議》問曰：「反、逆人應緣坐，其妻妾據本法，雖會赦，猶離之、正之。其繼養子孫依本法，雖會赦，合正之。準離之、正之，即不在緣坐之限。反、逆事彰之後，始訴離之、正之，如此之類，並合放免以否？」答曰：「刑法慎於開塞，一律不可兩科，執憲履繩，務從折中。違法之輩，已汨朝章，雖經大恩，法須離、正，離、正之色，卽是凡人。離、正不可爲親，須從本宗緣坐。」

造畜蠱毒條：造畜者，雖會赦，并同居家口及教令人亦流三千里。八十以上、十歲以下、篤疾無家口同流者放免。《疏議》曰：「老幼及篤疾，身自犯罪，猶尚免流。今以同居共活，有同流家口亦配，無同居家口共去，其老小及疾不能自存，故從放免。」問曰：「被毒之人父母不知情者，放免。假有親兄弟，大房造蠱，以毒小房，既同父母，未知父母合免以否？」答曰：「蠱毒家口，會赦猶流，恐其涉於知情，所以例不聽住。若以蠱毒毒同居，被毒之人父母、妻妾、子孫不知情者，不坐。雖復兄弟相毒，終是被毒之人父母，既無不免之制，不知情者合原。」又問：「依律犯罪未發自首，合原，造畜蠱毒之家，良賤一人先首，事既首訖，得免罪以否？」答曰：「犯罪首免，本許自新，蠱毒已成，自新難雪，比之會赦，仍並從流。」

諸殺人應死，會赦免者，移鄉千里外。《疏議》曰：「殺人應死，會赦免罪，而死家有期以上親者，移鄉千里外爲户。其有特敕免死者，亦依會赦例移鄉。」

《鬬訟律》：諸以赦前事相告言者，以其罪罪之。官司受而爲理者，以故入人罪論。至死者，各加役流。《疏議》曰：「以赦前事相告言者，謂事應會赦，始是赦前之事不合告言。若常赦所不免，仍得依舊言告。假有會赦，監主自盜得免，有人輒告，以其所告之罪罪之。謂告徒一年贓罪者，監主自盜即合除名，告者還依比徒之法科罪。官司違法受而爲理者，以故入人罪論。謂若告赦前死罪，前人雖復未決，告者免死處加役流，官司受而爲理至死者，亦得此罪。故稱各加役流。若官司以赦前合免之事彈舉者，亦同受而爲理之坐。」

若事須追究者，不用此律。追究，謂婚姻、良賤、赦限外蔽匿、應改正徵收及追見贓之類。《疏議》曰：「事須追究者，備在注文：不用此律者，謂不用入罪之律。注云『追究，謂婚姻、良賤、赦限外蔽匿』，謂違律爲婚，養奴爲子之類，雖會赦，須離之、正之。『赦限外蔽匿』，謂會赦應首及改正徵收，過限不首，若經責簿帳不首，不改正徵收。及應徵見贓，謂盜詐之贓，雖赦前未發，赦後捉獲正贓者，是爲見贓之類，合爲追徵。」又準問曰：「準誣告條，至死而前人未決，聽減一等；流罪以下，前人未加拷掠，而告人引虛，得減一等。官司入人罪，若未決放，聽減一等；有誣告赦前死罪，官司受而爲推，得依此條減罪以否？」答曰：「依律以赦前事相告言者，以其罪罪之；官司爲理者，以故入人罪論。此是赦前之事，並不許告言。論實尚無減例，誣告豈得減之？不至死者，俱無減法；至死者，處加役流。」

《斷獄律》：諸赦前斷罪不當者，若處輕爲重，宜改從輕，處重爲輕，即依輕法。《疏議》曰：「處斷刑名，或有出入不當本罪，其事又在恩前，恐判官執非不移，故明從輕坐之法。若處輕爲重，宜改從輕。假有鬬殺堂兄，當時作親兄，斷爲惡逆，會赦之後，改從堂兄，坐當不睦。赦若十惡亦原，處流二千里，以常赦不免，故仍處流坐。又如鬬殺凡人，斷爲緦麻尊長，會赦，十惡不免，改爲雜犯，免死移鄉，此並仍有輕罪。又有受所監臨五十匹，斷爲枉法處死，會赦，改爲受所監臨，不在徵贓之例。又有犯近流，科作遠流，或止合一官當徒，斷用二官以上，若奏畫訖，及流至配所會赦者，改從本犯近流及還所枉告身；若未奏畫及流人未到流所會赦者，即從赦原。若應徵銅，而處輕爲重，其銅或在限外未輸，或在限內納訖，會赦者，並改從輕法，其剩納者卻還，未送者依輕罪數徵納。若限內未納會赦者，從赦並免。稱輕者，全免亦是。故令云，犯罪未斷決逢格改者，格重聽依犯時，格輕聽從輕法。即總全無罪，亦名輕法。其處重爲輕，即依輕法，假令犯十惡，非常赦所不免者，當時斷爲輕罪及全放，並依赦前斷定。」

其常赦所不免者，依常律。常赦所不免者，謂雖會赦猶處死及流，若除名、免所居官及移鄉者。《疏議》曰：「常赦所不免者，赦書云，罪無輕重，皆赦除之。不言常赦所不免者，亦不在免限，故云依常律。即犯惡逆，仍處死；反逆及殺從父兄姊、小功尊屬、造畜蠱毒，仍流；十惡、故殺人、反逆緣坐獄成者，猶除名；監守內姦、盜、略人、受財枉法，獄成會赦，免所居官；殺人應死，會赦移鄉等是。」

即赦書定罪名合從輕者，又不得引律比附入重，違者各以故失論。《疏議》曰：「赦書定罪名合從輕者，假如貞觀九年三月十六日赦：『大辟罪以下並免，其常赦所不免、十惡、妖言惑衆、謀叛已上道等，不在赦例。』據赦，十惡之罪，赦書不免，謀叛即當十惡，未上道者，赦特從原。叛罪雖重，赦書定罪名合從輕，不得引律科斷，若比附入重，違者以故失論。」

諸聞知有恩赦而故犯，及犯惡逆，若部曲、奴婢毆及謀殺若强姦主者，皆不得以赦原。即殺小功尊屬、從父兄姊及謀反大逆者，身雖會赦，猶流二千里。《疏議》曰：「聞知有恩赦而故犯，謂赦書未出，私自聞知而故犯罪者。及犯惡逆，謂毆及謀殺祖父母、父母，殺伯叔父母、姑、兄姊、外祖父母、夫、夫之祖父母、父母，此名惡逆。若部曲、客女亦同，并奴婢毆及謀殺若强姦主者，皆不得以赦原。即殺小功尊屬、從父兄姊及謀反大逆者，此等雖會赦免死，猶流二千里。」

按：唐代赦例甚繁，今節取各帝制詔之文而備録律文于後，其大略可覩矣。大抵盛時赦少而例嚴，及其衰也，赦多而例亦寬矣。其常赦所不原之款略分四等。一會赦不原者：犯惡逆若部曲、奴婢毆及謀殺若强姦主，見《斷獄律》。赦詔中稱十惡，已包惡逆在内，亦有十惡外稱五逆者，未知爲何者五項。詔有稱奴殺主者，有稱奴婢、部曲反主者，並與律文不盡相同，此一等也。一會赦猶流者：造畜蠱毒，見《賊盜律》。殺小功尊屬、從父兄姊及謀反大逆，見《斷獄律》。謀反大逆，十惡之首；造畜蠱毒，十惡之不道也；殺小功尊屬，不睦也；皆包于十惡之内。從父兄姊，乃大功尊長，則不關十惡，諸赦詔無及之者，蓋包於常赦不免之中矣，此一等也。一會赦猶除名者：十惡、故殺人、反逆緣坐，見《名例》。開皇律犯十惡及故殺人，會赦猶除名，《唐律》承之。十惡已見前二等，并此分三等矣。赦詔多言謀殺，開元二十四年赦制始言故殺人，自此已後，皆爲故殺矣。反逆緣坐亦偶及之，此一等也。一會赦免所居官者：監臨主守於所監守内犯姦盜、略人，若受財枉法，見《名例》。受財枉法、主守自盜，赦詔有之。亦有稱官人犯贓者，則無所不包，官吏犯姦，亦見赦詔，惟監守内犯略人，詔中未見。除名者官爵悉除，免所居官者但免所居之一官，視除名爲輕矣，此一等也。以上皆常赦不原者也。又有赦後百日不首故蔽匿復罪如初者，諸略、和誘人，若和同相賣；及略、和誘部曲、奴婢，若嫁賣之，卽知情娶買，及藏逃亡部曲、奴婢；署置官過限及不應置；詐假官、假與人官及受假者；若詐死，私有禁物。見《名例》，赦詔中未見明文。梁太清元年大赦，有開恩百日，各令自首，不問往罪之例，乃此律之所仿，此又一等，而不在常赦不原之例。又若赦詔有其目而律無文者，曰妖言惑衆、曰劫賊、曰謀殺人、曰造僞頭首、曰犯名教、曰妖僞、開元二。曰劫賊殺財主、開元十一。曰妖訛、曰盜賊、開元十九。似是録囚。曰劫殺人、曰痕累人、曰宿宵人、曰僞造妖妄頭首、曰攻劫、曰五逆、上元二。曰官典犯入已贓、太和元。曰劫獄、曰奪囚、曰持仗强劫、太和七。曰合造毒藥、曰開發墳墓、咸通十二。曰光火持杖。咸通十四。以上各項，皆律所不及，或出于臨時之裁定，或由于故事之遵循，非皆常赦不原者也。大抵漢之赦例，每云謀反大逆不道，不用此書，是以謀反大逆不道爲重。唐之赦例，惡逆會赦不原，反逆會赦猶流，是惡逆視反逆爲重。若官典犯贓、妖言惑衆、造僞頭首、謀故殺人，則往往不原，而反逆轉有特原之事。自餘款目，或此赦有而彼赦無，或此赦增而彼赦減，三百年中，參錯不一，大旨本乎律而亦不全用律，法之無定，蓋自古然矣。

赦九

赦例三

後唐莊宗同光元年四月制，除大辟罪已下，罪無輕重，已發覺未發覺、已結正未結正，咸赦除之。唯犯十惡、五逆、火光行劫、持刃殺人、官典犯贓、屠牛、鑄錢、合造毒藥，不在原赦之限。

按：持刃殺人，《唐律》以故殺論，即赦例之故殺人也。屠牛、鑄錢二項則舊例所無。《唐律》「盜牛殺者，徒二年半」，罪名尚輕。後唐同光元年勅，凡軍人百姓將牛、驢及馬宰殺貨賣，處斬訖奏。獨創峻法，并列諸赦款中矣。

二年二月制，大辟罪已下所犯，罪無輕重，已發覺未發覺、已結正未結正見禁囚徒常赦所不原者，咸赦除之。十惡、五逆、屠牛、鑄錢、故意殺人、合造毒藥、持仗行劫、官典犯贓，不在此限。

按：既云常赦不原者咸赦而又提出十惡、五逆等不赦，又一例也。《容齋隨筆》謂此制得其中，當亂離之朝，乃能如此，亦可取也。然屠牛實當時之峻法，列諸赦款，究爲過重，未見其得中矣。

四年正月制，應在京及天下州府，凡有繫囚，除十惡、五逆、官典犯贓、屠牛、鑄錢、光火劫舍、持刃殺人、准律常赦不原外，合抵極刑者遞減一等，並貸餘生。其次罪等悉與減降，疏理釋放，不得久有禁繫。自同光元年後，或有犯罪流人情非巨蠹者，並許歸還。

按：屠牛、鑄錢，唐時並不在不赦之限，即光火劫舍亦赦例有之，不載於律乃云准律，恐是當日之誤。

天成元年十一月敕，應天下諸州府見禁囚徒，除十惡、五逆、殺人、光火劫盜、合造毒藥、官典犯贓、僞行印信、屠牛外，罪無輕重，並宜釋放。

按：此赦又增僞行印信一項，而不言鑄錢，可見當日制書其款目乃臨時所定。上條所謂准律者，語未核也。長興元年赦書與此同，但無殺人一項。又長興元年制曰「赦書有不該者，所司各具條例聞奏。如聞近年赦書所在不廣宣布，仍令御史臺嚴加訪察，無縱稽留」云云。他赦制所無也。

長興四年八月制，在京天下州府見禁囚徒，已結正未結正、已發覺未發覺，罪無輕重，常赦所不原者咸赦除之。長流人並諸色徒流人，不計年月遠近、已到配所，並放還。或有亡命山澤及爲事關連逃避人等，並放歸鄉，一切不問。如過百日不歸，首者復罪如初。

按：百日不〔歸〕，首〔者〕復罪如初之法，本于《唐律》，第《唐律》不指亡命者耳。

愍帝清泰二年五月御札，應王京諸道州府見禁囚徒，自五月十二日已前，除五逆、十惡、光火劫舍、持杖殺人、官典犯贓、僞行印信、合造毒藥外，委逐處長吏，據已發覺未發覺、已結正未結正，不在追呼支蔓，只正身招罪便疾速斷遣，並見欠省司錢物外，諸罪無輕重，一切釋放。

按：此赦又一辨法。至持杖殺人，當跟上文光火劫舍言，卽强盜殺人。晉天福二年八月赦同，三年赦文曰光火殺人，亦卽此八字之省文也。

晉高祖天福二年四月制，應諸道州府管界内有自僞命抽點鄉兵之時，多是結集劫盜，因此畏懼刑章，藏隱山谷，宜令逐處曉諭招攜，各令復業。自今年四月五日已前爲非一切不問，如兩月後不來歸業者，卽令所在長吏嚴加捕逐，復罪如初。

按：此與長興四年赦同，但改百日爲兩月耳。後周廣順元年正月赦制又改爲一月。

六年八月制，諸色罪犯，已結正未結正、已發覺未發覺，罪無輕重，常赦所不原者咸赦除之。其持仗行劫並殺人賊，免罪移鄉，仍配逐處軍都收管。其犯枉法贓人，雖免罪卽不得再有任用。或始因罪犯，久處竄流，特行洗滌之恩，各遂歸還之。願應配流人并已前逢赦不在放還人等，并放還，徒罪年限未滿者並放。

按：此亦大赦也，强盜仍移鄉配發，又一例。

出帝天福七年七月制，四京及諸道州府諸色罪犯，除十惡、五逆、殺人、强盜、官典犯贓、合造毒藥、屠牛、鑄錢、諸色僞造外，其餘罪犯，已結正未結正、已發覺未發覺，咸赦除之。已前諸色配流人等，除終身不齒，常知所在，縱逢恩赦，不放還人。及曾爲强盜，已配諸處收管人外，其餘並放還。

按：《五代會要》「晉天福十二年八月，應天下凡關强盜捉獲，不計贓物多少，按驗不虛，並宜處死」，蓋卽明律强盜但得財皆斬之所仿也。可見石晉時治盜獨嚴，故赦款亦視他罪爲嚴。如前條之赦後移鄉，此條之在配不放，皆特例也。迨後，開運元年七月赦制「曾行劫盜之人並宜放罪，願在軍者，與配軍收管，願歸農者，委本縣安存」，則視此兩赦爲寬矣，此事固當因時制宜，本未可執一定之見也。開運二年五月赦制「流人曾爲盜賊者不放歸」，則又與此年同。至後漢、後周赦書則並無此例，可見重法但能施於一時，豈可歷久而不變哉？

周太祖廣順元年制，今後應犯盜賊及和姦者，並依晉天福元年已前條制施行。應諸處犯罪人等，除反逆罪外，其餘罪並不得籍没家產，〔誅〕及骨肉，一依格令處分。

按：觀此赦書，可見石晉時用法之重，天福元年已前條制大都仍循唐法也。此年制書又云，諸處有犯罪逃亡之人及山林草寇等，咸許自新，一切不問，各還鄉里，自務營生。是草寇且得歸還，流人更宜放免矣。五季至後周，亦氣運將轉之時，即此一端，正由亂而治之機關也。近人文云，凋弊之餘，承以嚴酷，則其亡愈速，此石晉之謂也。

顯德元年正月制，其殺人者放罪移置他處。諸配流人，並任逐便。如刺面配軍收管者，不在此例。

按：殺人移鄉，唐法也。刺配者，有應充之軍役，故不得逐便。此赦書又云，草賊避法隱藏者，所有巡簡人諭以恩赦招呼，令歸農，如願在軍亦聽。可見軍事方重，即草寇亦許從軍也。

宋太祖開寶元年十一月，大赦，十惡、殺人、官吏受贓不原。四年十一月，大赦，十惡、故劫殺、官吏受贓者不原。九年四月，大赦。十惡、故殺者不原。

按：此三赦三例。傳曰殺人不忌爲賊，大約古之言殺人者皆指故意者言，故可以殺人該之。

此三例實一事，惟九年之赦無受贓一項耳。

六年十月，特赦諸官吏姦贓。

按：是年赦官吏姦贓，故九年赦文遂無官吏受贓一項，亦一時之特恩也。

太宗太平興國元年十月，大赦，常赦所不原者咸除之。

按：此即位赦文，其後諸帝即位之赦並有「赦常赦不原」之文，奉爲常典矣。

三年十一月，大赦。詔自元年十二月二十二日以後，即登極赦。京朝幕府州縣官犯入已贓除名配諸州者，縱逢恩赦，不在放還之限。《本紀》不載，見《通考》。

按：《本紀》是年六月，詔太平興國元年十月乙卯以來諸職官以贓致罪者雖會赦不得敘，永爲定制。《通考》所言赦款即此事，惟月日不同。贓以入已爲限，蓋指枉法言也。

雍熙二年九月，除十惡、官吏犯贓、謀故劫殺外，死罪減降，流以下釋之。

按：較開寶四年多一「謀」字，減死、釋流以下，此一例。

端拱元年正月，大赦，除十惡、官吏犯贓至殺人者不赦外。

按：「至」字疑有誤，或「至」下有奪文，或是「及」字。

淳化五年四月，赦，除十惡、故劫殺、官吏犯正贓外，降死罪以下囚。

按：「贓」上加一「正」字，蓋亦指入已贓言。

九月，大赦，除十惡、故謀劫殺、鬬殺、官吏犯正贓外，諸官先犯贓罪配隸禁錮者，放還。

按：鬬殺無不免之例，此赦增入鬬殺，嚴矣。而犯贓者得放還，又視太平興國三年之赦爲寬。

十月，詔釋殿前司逃軍親屬之禁錮者。

按：此亦特赦。

至道元年四月，遣使分決諸路刑獄，劫賊止誅首惡，降流罪以下一等。

按：此慮囚也，劫賊止誅首惡，視今時强盜之分法無可貸、情有可原者爲更寬，第宋世偶一行之，不爲常例耳。

真宗咸平元年二月，慮囚，老幼疾病，流以下贖，杖以下釋之。

按：此但赦老幼疾病，流徒贖，杖釋，又一例。

二年閏月，詔天下繫囚，非十惡、枉法及已殺人者，死以下減一等。

按：言已殺人，則鬬殺亦包在内，蓋用淳化五年之例，觀於此文，則前條之「至殺人者」有譌奪，益可見。

十一月，大赦。《通考》云：詔如聞小民知有恩赦故爲劫盜，自今不在原免之限。

按：唐時赦例亦時有劫賊一款，宋世咸平以前無此款，後遂時有之。

三年正月，赦河北及淄、齊州罪人，非持仗强盜、謀故殺、枉法贓、十惡至死者，並釋之。

按：契丹師退，故赦。惟言持仗强盜，則不持仗者赦矣；言謀故殺，則鬬殺赦矣；言十惡至死，則不至死者赦矣。雖是曲赦而赦例獨寬。

六年十一月，慮囚，雜犯死罪以下遞減一等，杖釋之。

按：死流徒減，杖釋，又一例。

景德二年正月，大赦，非故鬬殺、放火强盜、僞造符印、犯贓官典、十惡至死者，悉除之。

按：又增僞造符印一項，放火强盜當是一項，卽唐赦之光火劫舍也。

大中祥符元年十月，大赦天下，常赦所不原者咸赦除之。

按：宋世之赦，惟卽位詔有「常赦不原咸赦」之文，餘並無之。自是年天書出而赦例寬，是月以封禪而赦，此後「常赦不原咸赦」之文遂屢見矣。

五年十二月，詔罪犯情輕者釋之。

按：此詔但云情輕而不言罪名，又一例。

六年三月，詔沙門島流人罪輕者徒近地。

按：此卽唐代量移之例。

八年正月，赦，非十惡、枉法贓及已殺人者咸除之。

按：此例又無强盜。

仁宗天聖元年三月，詔減西京囚罪一等，徒以下釋之。

按：此減死流釋徒以下，又一例。大抵宋世之赦，有減死釋流以下者、有減死流釋徒以下者有減死流徒釋杖以下者，赦之大小，此三等概之矣。

閏九月，詔裁造院女工及營婦配南北作坊者並釋之。

按：此特赦婦女之留住者。

神宗熙甯二年五月，減西京囚〔罪〕一等。司馬光《西京應天禪院及會聖宮奉安仁宗英宗皇帝御容了畢德音》：應西京管内限，德音到日，見禁罪人除故殺、劫殺、鬬殺、謀殺、十惡及僞造符印、放火、官典犯贓不赦外，雜犯死罪，降從流内，情理切害，奏取指揮。其餘流罪降從徒，徒罪降杖，杖罪已下並放。

按：有放火而無强盜，又一例。《宋史・禮志》神御殿：仁宗、英宗有景靈宮、應天院，而無會聖宮，當是《志》文之疏略。

徽宗宣和七年正月，赦爲盜流民。十二月，赦叛逆以下罪。

按：此並是特赦。

孝宗隆興二年十二月，應沿邊諸軍除逃遁官吏不赦外，雜犯死罪情輕者減一等，餘並放遣。

按：此特例。

《太祖紀》：乾德四年八月，樞密直學士馮瓚、綾錦副使李美、殿中侍御史李檝爲宰相趙普陷以贓，論死；會赦，流沙門島，逢恩不（赦）〔還〕。

按：宋初治贓吏最嚴，故普特陷以贓罪，逢恩不（赦）〔還〕。爾日之赦例如是也。

《仁宗紀》：天聖五年十二月，詔百官、宗室受賂，冒爲親屬奏官者，毋赦。

按：此當時有此惡習，故特嚴之。赦文中無此款也。

寶元元年九月，詔應祀事，已受誓戒而失虔恭者，毋以赦原。

按：此罪名甚輕而不以赦原，亦一時之特例。

《英宗紀》：治平三年四月，詔有司察所部左道、淫祀及賊殺善良不奉令者，罪毋赦。

按：此亦特例，然過重。

《宋志》：初，太祖將祀南郊，詔：「兩京、諸道，自十月後犯强竊盜，不得預郊祀之赦。所在長吏告諭，民無冒法。」是後，必先申明此詔。天聖五年，馬亮言：「朝廷雖有是詔，而法官斷獄，乃言終是會赦，多所寬貸，惠姦失詔旨。」遂詔：「已下約束而犯劫盜，及官典受贓，勿復奏，悉論如律。」

按：竊盜亦在不免之律，此宋法之嚴於唐者，然自十月爲限亦非全不免也。

仁宗在位久，明於人之情僞，尤惡訐人陰事，故一時士大夫習爲惇厚。久之，小人乘間密上書，疏人過失，好事稍相與唱和，又按人赦前事。翰林學士張方平、御史呂誨以爲言，因下詔曰：「蓋聞治古，君臣同心，上下協穆，而無激訐之俗，何其德之盛也！朕竊慕焉。嘉與公卿大夫同底斯道，而教化未至，澆薄日滋。比者中外羣臣，多上章言人過失，暴揚難驗之罪，或外託公言，內緣私忿，詆欺曖昧，苟陷善良。又赦令者，所以與天下更始，而有司多舉按赦前之事，殆非信命〔令〕，重刑罰，使人洒心自新之意也。今有上言告人罪，言赦前事者，訊之。至於言官，宜務大體，非事關朝政，自餘小過細故，勿須察舉。」

神宗卽位，又詔曰：「夫赦令，國之大恩，所以蕩滌瑕穢，納於自新之地，是以聖王重焉。中外臣僚多以赦前事捃摭吏民，興起獄訟，苟有詿誤，咸不自安，甚非持心近厚之義，使吾號令不信於天下。其內外言事、按察官，毋得依前舉劾，具按取旨，否則科違制之罪。御史〔臺〕覺察彈奏，法寺有此奏按，許舉駁以聞。」知諫院司馬光言曰：「按察之官，以赦前事興起獄訟，禁之誠爲大善。至於言事之官，事體稍異。何則？御史之職，本以繩按百僚，糾擿隱伏。姦邪之狀，固非一日所爲。國家素尚寬仁，數下赦令，或一歲之間至于再三，若赦前之事皆不得言，則其可言者無幾矣。萬一有姦邪之臣，朝廷不知，誤加進用，御史欲言則違今日之詔，若其不言，則陛下何從知之。臣恐因此言者得以藉口偷安，姦邪得以放心不懼。此乃人臣之至幸，非國家之長利也。請追改前詔，刊去『言事』二字。」光論至再，帝諭以「言者好以赦前事誣人」，光對曰：「若言之得實，誠所欲聞，若其不實，當罪言者。」帝命光送詔于中書。

按：赦後不得言赦前事，定法也。若如温公所言，法亦有不可過泥者矣。此事自漢以來論之者多，其弊則在于赦之數，赦數則犯法者多，已赦而得言是法不信也，不得言而人易犯法是法害法也，赦之害如此，赦數何爲哉？

熙寧八年，編定《廢免人敍格》，常赦則郡縣以格敍用，凡三期一敍，卽期未滿而遇非次赦者，亦如之。

按：此廢免人遇赦敘用之例。

元祐元年，門下省言：「當官以職事墮曠，雖去官不免，猶可言；至於赦降大恩，與物更始，雖劫盜殺人亦蒙寬宥，豈可以一事差失，負罪終身？今刑部所修不以〔去〕官、赦降原減條，請更删改。」

按：此文未了，當有闕奪。《通考》云：「今刑部所修不以去官、赦降原減條，所留尚多，所删尚少，請更删改存留。從之。」可取以補《志》之闕。

朱弁《曲洧舊聞》：凡國朝以來，州縣官吏無問大小，其受代者，必展刺交相慶謝。蓋在任日，除私過外，皆得以去官原免，其行慶謝之禮，爲此故也。自新政初頒，大臣恐人情不附，乃有不以赦降去官原減指揮。自是成例，而命官有過犯，雖經赦宥及去官，必取旨特斷。以此恩霈悉爲空文，而公卿士大夫莫有釐正之者。

按：此條與前條足以互相印證，惟公過可以去官原免，此法究未允協，當時之改定非無故也。

《通考》：端拱元年，大赦。少府監言：「犯贓配役人郭冕等九人皆嘗任京朝官，會赦當敘用。」上曰：「冕等贓吏，不可復齒仕版，止令釋遣之。」

按：唐、宋赦例，贓吏多在不原之列，故貪風尚不甚熾，今則不然矣。

景德二年，郊，大赦。大理寺言：「郊禮在近，諸州奏按多不精詳，冀於覆駁，延留以俟恩宥。請自今有侵損贓私，事狀明白，公然抗拒當駁退者，即具情實定斷，以絶僥倖。」詔可。

按：彼時之懲創貪吏可謂上下一心矣，而貪吏仍不絶於世，矧今之世無以貪相戒者乎？

神宗元豐六年，郊，赦。大理少卿劉袞言：「赦書以赦降日昧爽以前爲限，非次恩霈，人難預期，請依德音例，以赦到日爲限。」從之。

按：據此，是宋世赦例大赦以赦降日爲限，德音以赦到爲限，劉袞議改爲一例，更寬矣。赦固不可使人得預期也，況道里有遠近，判決有遲速，若必以赦到日爲限，其中窒礙頗多，劉議未是。

哲宗元祐八年，赦。門下侍郎韓維言：「請自今每近郊赦令，刑部大理寺、開封府並依當時決遣獄訟，不減日限，其情重難釋者，别爲一等，奏斷。」從之。

按：此京師遇赦以赦降日爲限，不用劉袞之議，京外烏可兩歧？

紹聖三年，大赦。中書省言：「元祐編敕，惟傳習妖教託幻變之術及故盜決河堤堰不以赦降原減，餘犯一再遇，非次赦或兩經大禮者，聽從原免。元符新敕删去，遂使犯法無由自新，詔依元祐法。」

按：傳習妖教卽唐赦例之妖言惑衆，故盜決河堤堰則唐例所無，二者並不見於諸赦文之中，知宋之赦例不可考者多矣。

徽宗政和五年，赦。知興仁府夏鰆言：「諸路奏獄有因祖父母爲人所毆而子孫毆之以致死者並坐，情理可憫，奏裁多免流配。若遇赦則不復奏裁，卽作鬬殺情理減等流配，是不遇赦者爲幸，遇赦者爲不幸。請自今雖遇赦亦令奏裁。」從之。

按：此今之救親斃命也，奏裁卽可免，較今時辦法爲寬。遇赦轉須流配，其弊在兩不照顧，夏鰭之言甚允。

孝宗淳熙九年，赦。 大理卿王尚之言：「近以民間詞訴， 官司按劾多有連及赦前事者，復送有司根勘，如此則與不曾經大赦無以異，非所以示信也。 請降指揮，應今復還所司推勘者，只合將大赦後罪犯依法結斷，若所犯在大赦前，苟非惡逆以上，並不許推究。」從之。

按：此事歷代以來言者自言之而所司仍違之，甚不可解，或者曰罪雖免，事須明白。 夫罪既免矣，事之明白與否有何關係？ 而必求其明白，牽累無辜，蒲服公庭，亦不過爲胥吏益囊槖耳。 此其中惟後事之根於前事不能不問， 否則赦文明明言不許告言而獨許推究， 此何理也？ 近嘗與人言之，而人終不悟甚矣，曉事人之寡也。

光宗紹熙五年，是歲五月，以孝宗大漸，嘗肆赦。 七月，上登極。 九月，宗祀明堂。 尚書契勘，一歲之間三行赦放， 恐有凶惡累犯之人指恩作過。 内曾犯徒流罪已經登極赦恩免罪，後再犯徒流，以情理深重者，未曾斷遣，別聽朝廷指揮，與赦文同降，但以白紙連書於黃牒前云，蓋前此所未有。

按：此赦中之變例。 是歲爲甲寅，此云三赦，而《容齋隨筆》以爲歲至四赦者，是年尚有曲赦一次也。

《續通考》一百四十：淳祐三年七月，臣寮奏乞，今後疏決， 先期降旨，犯罪在指揮前許引用恩赦，如指揮後有犯，雖有停決，不在原減之數。 其合引赦人不許於停決前輕行斷遣， 如或違戾， 並從故出入人罪條制施行。 令刑部詳度，上於尚書省。

按：指揮前卽赦降日前也。宋之赦詔不傳，故赦例亦不及唐之詳，要其大旨亦先嚴而後寬。開創之初，事多整肅，中葉以後，漸歸寬弛，亦勢使然也。

遼興宗重熙（八）〔七〕年，録囚。非故殺者減科。

按：故殺不減，大旨亦同于唐，鬬殺自在可原之例。

道宗大安四年，曲赦西京役徒。二月，曲赦春州役徒，終身者皆五歲免。五月，詔免役〔徒〕，終身者五歲免之。

按：自唐以後，專赦役徒之事，史不多見。道宗時，赦徒凡五，亦可見爾時役徒之多。終身者五歲免之，亦一時之例也。遼之赦例多不可考，其曰赦殊死以下、赦雜犯死罪以下、赦徒以下，其大略也。其赦之事則有與歷代大異者，如飯僧、觀市、行柴册禮，並歷代所無，最異者爲再生禮。《禮志》再生儀者，凡十有二歲一舉行，於禁門北除地置室，皇帝詣室，三過歧木之下，而卧於其旁。羣臣進襁褓、綵絡等物，若初生時然。皇帝起拜先帝諸御容，遂宴羣臣。蓋遼祖蘇爾威制此禮，以發嗣君孝思，而其後皇太后行之，皇太子亦行之。

《金史・宣紀》：元光元年八月，大赦。諭旨宰臣曰：「赦書已頒，時刻之閒人命所繫。其令將命者速往，計期而至。」

《哀紀》：元光二年十二月，詔大赦，略曰：「朕述先帝之遺意，有便於時欲行而未及者，悉奉而行之。國家已有定制，有司往往以情破法，使人罔遭刑憲，今後有本條而不遵者，以故入人罪罪之。草澤士庶，許令直言軍國利害，雖涉譏諷無可采取者，並不坐。」

《金志》：大定十二年，尚書省言：「内丘令蒲察臺自科部内錢立德政碑，復有其餘錢二百餘貫，罪當除名。今遇赦當敘，仍免徵贓。」上以貪僞，勿敘，且曰：「乞取之贓，若以赦原，予者何辜。自今可並追還其主，惟應入官者免徵。」

按：金源一代，以世宗爲令主，其懲貪僞之意上符前王，可知治世貪人不能幸免也。

《賈鉉傳》：泰和三年，拜參知政事。亳州醫者孫士明輒用黄紙大書「敕賜神鍼先生」等十二字，又於紙尾年月間摹作寶樣朱篆「青龍」二字，以誑惑市人。有司捕治款伏。值赦，大理寺議宜准僞造御寶，雖遇赦不應原。已奏可矣。鉉奏：「天子有八寶，其文各異，若僞造，不限用泥及黄蠟。今用筆描成青龍二字，既非八寶文，論以僞造御寶，非本法意。」上悟，遂以赦原。

按：「青龍」二字，既非寶文，准以僞造，實大相懸殊。此律無正條而用比附，其誤至此。若非鉉言，其人死非其罪矣。

金代赦例，《紀》、《志》不詳，今録此四條以備考。

元《世祖紀》：至元十年五月，詔：「天下獄囚，除殺人者待報，其餘一概疏放，限以八月内自至大都，如期而至者皆赦之。」八月，前所釋諸路罪囚，自至大都者凡二十二人，並赦之。

按：此略用前代赦雜犯死罪之意，故除殺人者不放，其事則與唐太宗縱囚相似，但此明告以如期則赦爲差異耳，至者並赦則襲唐故事也。

十九年十一月，中書省臣言：「天下重囚，除謀反大逆，殺祖父母、父母，妻殺夫，奴殺主，因姦殺夫，並正典刑外，餘犯死罪者，令充日本、占城、緬國軍。」從之。

按：此條《圖書集成》、《續通考》以非赦事，並不録，然可以爲赦例之考證，故録於此。

二十一年十一月，赦囚徒，黥其面，及招宋時販私鹽軍習海道者爲水工，以征日本。

按：與上條係一時事，發罪人以從軍，原非赦也。《圖書集成》、《續通考》以此文有「赦」字，故録之，惟囚徒不言何等罪名，難爲赦例之比。

二十八年十二月，釋天下囚非殺人抵罪者。

按：至元年間赦例以殺人爲重，此言殺人抵罪，則不獨謀故，卽鬭殺似亦包在内矣。

成宗大德九年，諸處罪囚淹繫五年以上，除惡逆外，疑不能決者釋之。流竄遠方之人量移内地。

按：此釋淹繫之囚，爲舊例之所無者。疑不決卽釋，不若今時之待質也。獨惡逆不釋，是以惡逆爲重矣。流人移内，唐法也。

十年七月，釋囚，常赦所不原者不與。

按：常赦不原者不赦，此赦之嚴者。

武宗至大元年正月，赦御史臺見繫犯贓官吏，罪止徵贓、罷職。

按：罪赦而贓仍徵，又罷職不敍，元世懲貪法尚不廢也。

仁宗至大四年三月，大赦。

《續通考》：是月，命毋赦十惡大逆等罪。

按：十惡大逆等特命不赦，則當時卽位之赦無不赦者矣。

泰定帝泰定元年五月，(釋)〔赦〕上都囚(罪)笞〔罪〕以下者。十月，釋笞四十七以下囚及輕重流人。

按：但釋笞以下囚，又一例，前代所無也。但釋笞四十七以下更爲前代所無，流人囚輕重皆釋，又從寬。

致和元年，詔疑獄三年不決者咸釋之。

按：此用大德之例又減二年之限，此清理繫囚之良法，惜後世不能行之。唐時疑獄固三考卽釋也。

《文宗紀》：致和元年九月，大赦。除謀殺祖父母、父母，妻妾殺夫，奴婢殺主，謀故殺人，但犯强盜，印造僞鈔不赦外，其餘罪無輕重，咸赦除之。

按：此詔無謀反大逆，殆別有用意。文宗既卽位，而陽讓於兄，其慚德多矣。

《寧宗紀》：至順三年(二)〔十〕月，大赦。除謀反大逆、謀殺祖父母、父母，妻妾殺夫，奴婢殺主，謀故殺人，但犯强盜，印造僞鈔，蠱毒魘魅犯上者不赦外，其餘一切罪犯，咸赦除之。

按：此詔内謀反大逆及蠱毒魘魅犯上爲前詔所無，犯上一項舊例亦未見。元代不原之款此二詔爲最詳矣。但犯强盜卽不赦，當時之治盜非不嚴也，而盜滿天下，可見治盜之道仍視政本矣。

順帝至正十二年二月，詔：「徐州内外羣聚之衆，限二十日，不分首從，並從赦原。」

按：以二十日爲限，較唐例之三十日、兩月、百日者限期爲促，其時燎原之勢已不可救正，非一紙詔書所能息其焰也。

明太祖洪武元年，赦殊死以下。

按：此大赦。

八年，宥雜犯死罪以下及官犯私罪，謫鳳陽輸作屯種贖罪。

按：赦雜犯死罪以下亦唐、宋舊例，惟明之雜犯死罪，弘治年間定有例款，與唐、宋不盡同也。輸作屯種乃漢法，特漢代行之於邊，此時謫往鳳陽者，亂後荒蕪，俾助屯也。後來輸作之事皆用此例。

十四年九月，敕刑部：自今惟十惡真犯者決之，如其餘雜犯死罪，皆減死論。十五年正月，諭刑官：方春，萬物發生，而無知之民有犯法至死者，雖有決不待時之律，然於朕心有所不忍，其犯大辟者，皆減死論。

按：此二條見《續通考》一百四十，《本紀》十五年正月言減大辟囚，而十四年一事《紀》不書，蓋明《紀》於減釋之事不備書也。首條專指雜犯死罪，次條但云大辟，則真犯亦得減矣。其赦較大，故《紀》書之。

二十三年，令殊死以下輸粟北邊自贖。

按：《明志》：「是年，太祖諭刑部尚書楊靖，自今惟犯十惡並殺人者論死，餘死罪皆令輸粟北邊以自贖」即此事，亦漢法也。二十五年，又行之。自來論明法者多議其重，觀以上四事，亦何嘗偏於重哉？

惠帝洪武三十一年，釋黥軍及囚徒還鄉里。

按：此即唐代流人放還之例。

成祖永樂元年，宥死罪以下，遞減一等。

按：此死罪以下皆減。

五年，命雜犯死罪減等論戍，流以下釋之。

按：此減死、釋流以下。

宣宗宣德元年，赦死罪以下，運糧宣府自贖。

按：此改輸粟爲運糧。

十二月，録囚，宥免三千餘人。八年，録囚，宥免五十餘人。

按：此録囚，宥罪之例。《明志》：「帝寬詔歲下，閱囚屢（放）〔決〕遣，有至三千人者。諭刑官曰：吾慮其瘦死，故寬貸之，非常（例）〔制〕也。」

景帝景泰三年十二月，命婦人犯死罪蒙恩，審録當宥，死者皆杖八十釋之。

按：此從都御史王文等請也，免死者止杖八十，可謂寬矣。杖須的決，可見婦人之贖杖乃後來之例，非舊制也。

弘治十八年，武宗已即位。詔徒流以下，悉宥其罪。

按：此但赦徒流之例，若今時之軍流徒減等也。

正德十六年，遺詔釋天下繫囚。

按：此釋囚之例。

《明志》：凡有大慶及災荒皆赦，然有常赦，有不赦，有特赦。十惡及故犯者不赦。律文曰：「赦出臨時定罪名，特免或降減從輕者，不在此限。」十惡中，不睦又在會赦原宥之例，此則不赦者亦得原。若傳旨肆赦，不別定罪名者，則仍依常赦不原之律。自仁宗立赦條三十五，皆楊士奇代草，盡除永樂年間敝政，歷代因之。凡先朝不便於民者，皆援遺詔或登極詔革除之。凡赦前事告言人罪者，即坐以所告者罪。

按：仁宗赦條，今無可考見，《志》言「盡除永樂敝政」，當以寬仁爲宗旨者。

弘治元年，民呂梁山等四人，坐竊盜殺人死，遇赦。都御史馬文升請宥死戍邊，帝特命依律斬之。

按：竊盜殺人，依唐律當以强盜論者，唐時劫殺多不赦，此事不爲過嚴。

穆宗登極覃恩，雖徒流人犯已至配所者，皆許放還，蓋爲遷謫諸臣地也。

按：此不用徒流在道會赦之律，是此律明時已不盡遵用。

正統八年，大理寺言：「律載竊盜初犯刺右臂，再犯刺左臂，三犯絞。今竊盜遇赦再犯者，咸坐以初犯，或仍刺右臂，或不刺。請定爲例。」章下三法司議，刺右遇赦再犯者刺左，刺左遇赦又犯者不刺，立案。赦後三犯者絞。帝曰：「竊盜已刺，遇赦再犯者依常例擬，不論赦，仍通具前後所犯以聞。」後憲宗時，都御史李憲援舊例奏革。既而南京盜王阿童五犯皆遇赦免。帝聞之，詔仍以赦前後三犯爲令。至神宗，復議奏請改遣云。

按：此竊盜遇赦之例。

《續通考》一百四十：洪武五年九月，定赦款事例。先是，帝諭中書省曰：「凡犯贓罪者，罪雖已赦，仍徵其贓。赦文内有云已發覺未發覺、已結正未結正之類，其詳定以聞。」至是，刑部議凡謀反、大逆、謀殺祖父母、父母、妻妾殺夫、奴婢殺主、謀故殺人及强盜、蠱毒魘魅不赦外，其餘輕重咸赦。有以赦前事相告訐者抵罪。若係官錢糧事，須推究，罪雖遇原，依律改正徵收。民間户婚、田産、錢債雖已經赦應合改正歸還者，並聽追理。凡今後官吏受贓，遇赦免罪，贓並追納。其在赦前犯贓，事發懼罪逃避，及革後發落，依律追究，奏上。制從之。

按：此所舉不赦之款，與前代略同而與明律異，其時律雖定，未刊布也。私債聽追，則較唐法爲允。

七年十一月，詔曰：「古人謂赦乃小人之幸君子之不幸，朕爲生民主，恐悖理乖仁，脱凶頑於僥倖，長姦佞於姑息，有乖聖人明刑慎罰之意。中書具陳獄囚，若果真犯，但笞罪以上俱各不原，其餘詿誤過失、因人致罪者悉皆宥之。」

按：此分别應赦諸人之例，即《書》所謂「宥過無大，刑故無小」也。

憲宗成化元年十一月，申明赦例。時法司會奏遵旨，帝命人命故殺者不宥，餘皆宥之。犯在十惡者，罪雖輕亦不可宥。官吏貪淫，事無顯迹證佐者具奏。區處邊遠爲民者，自天順元年爲始，於謫所成家業不願回者聽。有犯贓追未完者悉免之，仍令通行知會。

按：故殺、十惡不赦，舊例也，此特申明之耳。事無顯迹證佐，自當赦原，未使以官吏而過嚴也。

嘉靖十年七月，令每年熱審并五年審録之期，凡雜犯死罪准徒五年者皆減去一年，永爲定例，從刑部請也。二十三年，刑科羅崇奎言：「五、六月閒，笞罪應釋放、徒罪應減等者亦宜如成化時欽恤涣號例，暫與蠲免，至六月終止。」南法司亦如之報可。

按：此熱審、審録減年之例。

《明律·名例》常赦所不原條：凡犯十惡、殺人、盜係官財物及强盜、竊盜、放火、發塚、受枉法不枉法贓、詐僞、犯姦略人、略賣和誘人口，若姦黨及讒言左使殺人、故出入人罪、若知情故縱聽行、藏匿、引送、說事過錢之類，一應真犯，雖會赦並不原宥。謂故意犯事得罪者，雖會赦皆不免罪。其過誤犯罪，謂過失殺傷人、失火及誤毁、遺失官物之類。及因人連累致死，謂因别人犯罪連累以得罪者，如人犯罪失覺察關防鈐束及干連聽使之類。若官吏犯公罪，謂官吏人等因公事得罪及失出入人罪，若文書遲錯之類。並從赦宥。謂會赦旨得免罪。其赦書臨時定罪名特免，謂赦書不言常赦所不原，臨時定立罪名寬宥者，特從赦原。及減降從輕者，謂降死從流、流從徒、徒從杖之類。不在此限。謂皆不在常赦所不原之限。令曰：凡今後若遇國家恩赦，除見禁未曾斷决罪囚该赦者，並行釋放，其有已經斷决徒流及遷徙煙瘴地面安置之人，卽係已絶事理，除徒役候年滿放回外，其餘流徙安置之人並不許放還。《纂注》：十惡以下至説事過錢之類，皆有心故犯，並不赦原絶之。如過誤連累至官吏公罪之類，皆無心誤犯，並從赦原矜之也。其有赦書臨時定立罪名雖所不原者，或特從全免，或減降從輕，又一時曠蕩之恩，蓋特赦也。

按：常赦所不原之目，漢律久亡，除謀反大逆不道外，無可考見。唐法之見於律者，曰惡逆、曰部曲、奴婢毆及謀殺、若强姦主，此會赦不原者。曰造畜蠱毒、曰殺小功尊屬從父兄姊、曰謀反大逆，此會赦猶流者。曰十惡、曰故殺人、曰反逆緣坐，此會赦猶除名者。曰監臨主守於所監守内犯姦盜略人、受財枉法，此會赦免所居官者。以上並是常赦所不免者。又有赦後百日不首，復罪如初之律：曰略和誘人，若和同相賣；曰略和誘部曲奴婢，若嫁賣，卽知情娶買；曰藏逃亡部曲奴婢；曰署置官過限及不應置而置；曰詐假官、假與人官及受假者；曰詐死；曰私有禁物；則在常赦不免之列。今以《明律》比核之，曰十惡、曰受枉法贓，此與《唐律》同者。曰殺人，《唐律》則曰故殺人，而赦文中亦有但稱殺人者，此與《唐律》不同。而同者曰盜係官財物、曰犯姦、曰略人略賣，《唐律》但有監臨主守於所監守内犯姦盜略人而不及常人，此與《唐律》同。而不同者曰强盜、曰發塚、曰詐僞，《唐律》無而赦文中有之。則尚與唐法同者曰和誘人口，《唐律》在百日不首之列，並非常赦不免，此與唐不同者，其餘並爲《唐律》所無。竊盜放火則宋赦書中有之，若姦黨及讒言左使殺人，又明時獨有之律，爲歷代所無者。洪武五年有赦款事例，與此律亦不相符，蓋彼時所用尚是歷代之舊典，而此律則明所改定者也。

徒流人在道會赦條：凡徒流人在道會赦，計行程過限者，不得以赦放，謂如流三千里，日行五十里，合該六十日程，未滿六十日會赦，不問已行遠近，並從赦放。若從起程日總計行過路程有違限者，不在赦限。有故者不用此律。有故謂如沿途患病或阻風、被盜，有所在官司保勘文憑者皆聽，除去事故日數不入程限，故云不用此律。若曾在逃，雖在程限內亦不放免。其逃者身死，所隨家口願還者聽，遷徙安置人準此。其徒流、遷徙安置人已至配所及犯謀反逆叛緣坐應流，若造畜蠱毒、採生折割人、殺一家三人會赦猶流者，並不在赦放之限。

給没贓物條：其犯罪應籍没財産，赦書到後，罪雖決訖，未曾抄劄入官者，並從赦免。其已抄劄入官守掌及犯謀反逆叛者，並不放免。若罪未處決，物雖送官，未經分配者，猶爲未入。其緣坐人家口雖已入官，罪人得免者亦從免放。

斷獄赦前斷罪不當條：凡赦前處斷刑名罪有不當，若處輕爲重者當改正從輕，處重爲輕其常赦所不免者，依律貼斷。若官吏故出入者，雖會赦並不原宥。

聞有恩赦而故犯條：凡聞知有恩赦而故犯罪者加常犯一等，雖會赦並不原宥。若官司聞知有恩赦而故論決囚罪者，以故入人罪論。

赦十

赦儀

《漢舊儀》：日食，卽日下赦，曰制詔御史其赦天下。自殊死以下及吏不奉法、乘公就私、淩暴百姓、行權相放、治不平正、處官不良、細民不通、下失其職、俗不孝弟、不務於本、衣服無度、出入無時、衆彊勝寡、盜賊滋彰，丞相以聞，於是乃命刺史出刺並察監御史。元封元年，御史止，不復監。

按：此據《永樂大典》本。

《初學記》二十：《漢舊儀》云：「踐阼、改元、立皇后、太子，赦天下。每赦，自殊死以下及謀反、大逆不道，諸不當得赦者皆赦除之。命下丞相、御史復奏，可分遣丞相、御史乘傳駕行郡國，解囚徒，布詔書。郡國各分遣吏傳廄車馬行屬縣，解囚徒。」

按：此條《大典》本所無。觀於此二條，漢代之赦已著爲常典矣。此文言「諸不當得赦者」，是漢時不赦之罪定有科條，非僅謀反、大逆不道而已，第漢律已亡，無可考耳。

《隋志》：《齊律》赦日，則武庫令設金雞及鼓於閶闔門外之右。勒集囚徒於闕前，撾鼓千聲，釋枷鎖焉。

《北齊書》：武成大赦，于殿門外建金雞。不詳其義。(同)〔問〕于司馬膺之，對曰：「海中日占云，天雞星動，當有赦，帝王以爲候。」

按：此條見《韻府·禡韻·赦下》，今《北齊書·司馬膺之傳》無此文，未詳，候考。

《談苑》：宋孝王問司天膺之後魏、北齊赦日樹金雞事，膺之曰：「按海中星占云，天雞星動，爲有赦。北齊赦日，令武庫設金雞於闕門右，撾鼓千聲，宣赦，建金雞。或云起於西京呂光，究其旨，蓋西方(生)〔主〕兑，〔兑〕爲澤，雞者巽之神，巽爲號令，故合二物置其形，揭長竿，使衆人覩之。」

按：此見《圖書集成·祥刑典》，與前條是一事，而傳之者異耳，姑兩載之。

《北齊書·河間王孝琬傳》：初，魏世謡言：「河南種穀河北生，白楊樹頭金雞鳴。」祖珽讚之曰：「河南、河北，河間也。金雞鳴，孝琬將建金雞而大赦。」帝頗惑之。

《通典》一百六十九：大唐令：赦日，武庫令設金雞及鼓於宫城門外之右，勒集囚徒於闕前，撾鼓千聲訖，宣制放其赦書，頒諸州，用絹寫行下。

《唐書·百官志·少府·中尚署》：令一人。赦日，樹金雞於仗南，竿長七丈，有雞高四尺，黄金飾首，銜絳幡長七尺，承以綵盤，維以絳繩，將作監供焉。擊𢶍鼓千聲，集百官、父老、囚徒。坊小兒得雞首者官以錢購，或取絳幡而已。

《玉海》六十七：《實録》：「貞觀十七年四月丙戌，立晉王爲皇太子。帝御承天門樓，大陳仗衛，當道植金雞，大赦天下。」

按：唐代大赦，或御承天門樓，或御宣政殿，或御丹鳳樓，均詳《玉海》。至於宋代，或御明德門樓，或御丹鳳樓，即明德門也。或御乾元門、正陽門、麗正門，祥符元年則御乾觀壇，時修封禪在泰山也。均詳《玉海》。

《宋史·刑法志》：凡大赦及天下，釋雜犯死罪以下，甚則常赦所不原罪，皆除之。凡曲赦，惟一路或一州，或別京，或畿內。凡德音，則死及流罪降等，餘罪釋之，間亦釋流罪。所被廣狹無常。又，天子歲自錄京師繫囚，畿內則遣使，往往雜犯死罪以下，第降等，杖、笞釋之，或徒亦得釋。若並及諸路，則命監司錄焉。

《宋史·禮志》：御樓肆赦。每郊祀前一日，有司設百官、親王、蕃國諸州朝貢使、僧道、耆老位宣德門外，太常設宮縣、鉦鼓。其日，刑部錄諸囚以俟。駕還至宣德門內幄次，改常服，羣臣就位，帝登樓御坐，樞密使、宣徽使侍〔立〕，仗衛如儀。通事舍人引羣官橫行再拜訖，復位。侍臣宣曰「承旨」，舍人詣樓，侍臣宣敕立金雞。舍人退詣班南，宣付所司訖，太常擊鼓集囚。少府監立雞竿於樓東南隅，竿末伎人四面緣繩爭上，取雞口所銜絳幡，獲者即與之。樓上以朱絲繩貫木鶴，仙人乘之，奉制書循繩而下，至地以畫臺承鶴，有司取制書置案上。閤門使承旨引案宣付中書、門下，轉授通事舍人，北面宣云「有旨」，百官再拜。宣赦訖，還授中書、門下，付刑部侍郎承旨放囚，百官稱賀。閤門使進詣前，承旨宣荅訖，百官又再拜，舞蹈，退。若德音、赦書自內出者，並如文德殿宣制之儀。其降御劄，亦閤門使跪授殿門外，置箱中，百官班定，閤門授宰臣讀訖，傳告，百僚皆拜無稱萬歲。真宗宣制，有司請用儀仗四千人，自承天殿設細仗導衛，近臣起居訖，則分左右前導之。

《玉海》六十七：乾興元年正月朔，改元。三月朔，正陽門宣制覃慶如郊祀例，有司具儀注。禮院言，舊制御樓，儀仗千九百人，今請用四十按「十」乃「千」之譌。人。又請細仗導衛。紹興四年七月，臣僚請御端門肆赦。既而給事中唐輝言：「行宮南門外，地陿不可布儀衛，望詔有司止於常御殿宣赦。」從之。十三年十月十三日，禮部奉常修立行宮門肆赦儀注，其儀大略如前。禮部侍郎奏：中嚴，外辦簾卷，乾安之樂〔作〕。扇合，皇帝臨軒。卽御坐，鳴鞭。扇開，樂止，立金雞。禮畢，扇合，乾安之樂作，放仗，令舍人於門下宣勞將士，訖，退。十一月八日，南郊禮畢，御麗正門肆赦如儀。

《東京夢華録》：車駕登宣德樓，樓上以紅緜索通門下一綵樓，上有金鳳銜赦而下至綵樓上，而通事舍人同宣赦讀。

按：《玉海》所載赦儀與《宋志》合，乃木鶴仙人奉赦書，非金鳳銜也，此恐不確。

《金史·禮志·肆赦儀》：大定七年正月十一日，上尊册禮畢。十四日，應天門頒赦。十一年制同。前期，宣徽院使率其屬，陳設應天門之內外，設御座于應天門上，又更御衣御幄於大安殿門外稍東，南向。閤門使設捧制書箱案於御座之左。少府監設雞竿於樓下之左，竿上置大盤，盤中置金雞，雞口銜絳幡，〔幡〕上金書「大赦天下」四字，卷而銜之。盤四面近邊安四大鐵環，盤底四面近邊縣四大朱索，以備四伎人攀緣。又設捧制書木鶴仙人一，以紅繩貫之，引以轆轤，置於御前欄（子）〔干〕上。又設（捧）〔承〕鶴畫臺於樓下正中，臺以弩手四人對舉。大樂署設宮縣於樓下，又設鼓一於宮縣之左稍北，東向。兵部立黄麾仗於門外。刑部、御史臺、大興府以囚徒集於左仗外。御史臺、閤門司設文武百官位於樓下，東西相向。又設典儀位於門下稍東，西向。宣徽院設承受制書案於畫臺之前。又設皇太子侍立褥位於門下稍東，南向。又設皇太子致賀褥位於百官班前。又設協律郎位於樓上前楹稍東，西向。尚書省委所司設〔宣〕制書位於百官班之北稍東，西向。司天臺〔設〕雞唱生於東闕樓之上。尚衣局備皇帝常服，如常日視朝之服。尚輦設輦於更衣御幄之前。

躬謝禮畢，皇帝乘金輅入應天門，至幄次前，侍中俛伏，跪奏「請降輅入幄」，俛伏，興。皇帝降輅入幄，簾降。少頃，侍中奏「中嚴」。又少頃，俟典贊儀引皇太子至門下侍立位，通事舍人引羣官就門下分班相向立，侍中奏「外辦」。皇帝服常朝服，尚輦進輦，侍中奏「請升輦」，傘扇侍衛如常儀，由左翔龍門踏道升應天門，至御座東，侍中奏「請降輦升座」，宮縣樂作。所司索扇，五十柄。扇合，皇帝臨軒即御座，樓下鳴鞭，簾捲扇開，執御傘者張於軒前以障日，樂止。東上閤門使捧制書置於箱，閤門舍人二員從，以俟引繩降木鶴仙人。通事舍人引文武羣官合班北向立，宮縣樂作，立定即止。典儀曰「再拜」，在位官皆再拜，訖，分班相向立。侍中詣御座前承旨，退，稍前南向，宣曰：「奉敕樹金雞。」通事舍人於門下稍前東向，宣曰：「奉敕樹金雞。」退復位。

金雞初立，大樂署擊鼓，樹訖鼓止。竿木伎人四人，緣繩争上竿，取雞所銜絳幡，展示訖，三呼「萬歲」。通事舍人引文武羣官合班北向立。樓上乘鶴仙人捧制書，循繩而下至畫臺，閤使奉承置於案。閤門舍人四員舉案，又二員對捧制書，閤使引至班前，西向稱「有制」，典儀曰「拜」，在位官皆再拜，訖，以制書授尚書省長官，稍前，搢笏，跪受，訖，以付右司官，右司官搢笏，跪受訖，長官出笏，俛伏，興，退復位。右司官捧制書詣宣制位，都事對捧，右司官宣讀，至「咸赦除之」，所司帥獄吏引罪人詣班南，北向，躬稱「脱枷」，訖，三呼「萬歲」，以罪人過。右司官宣制訖，西向，以制書授刑部官。跪受訖，以制書加於笏上，退以付其屬，歸本班。典儀曰「拜」，在位官皆再拜，舞蹈，又再拜。

典贊儀引皇太子至班前褥位立定，典儀曰「拜」，皇太子以下羣官皆再拜。典〔贊〕儀引皇太子稍前，俛伏，跪致詞，俛伏，興，典儀曰「再拜」，皇太子以下羣官皆再拜，搢笏，舞蹈，又再拜。侍中於御座前承旨，退臨軒宣曰「有制」。典儀曰「再拜」，皇太子以下羣官皆再拜，侍中宣答，宣訖歸侍位，典儀曰「再拜」，皇太子以下羣官皆再拜，搢笏，舞蹈，又再拜，訖，典贊儀引皇太子至門下褥位，通事舍人引羣官分班相向立。侍中詣御座前，俛伏，跪奏「禮畢」，俛伏，興，退復位。所司索扇，宮縣樂作，扇合，簾降，皇帝降座，樂止。樓下鳴鞭，皇帝乘輦還内，傘扇侍衛如常儀。侍中奏「解嚴」。通事舍人承敕，羣臣各還次，將士各還本所。

臣下拜赦詔儀。宣赦日，於應天門外設香案，及設香輿於案前，又於東側設卓子，自皇太子宰臣以下序班定。閤門官於箱内捧赦書出門置於案。閤門官案東立，南向稱「有敕」，贊皇太子宰臣百僚再拜，皇太子少前上香，訖，復位，皆再拜。閤門官取赦書授尚書省都事，都事跪受，及尚書省令史二人齊捧，同升於卓子讀，在位官皆跪聽，讀訖，赦書置於案，都事復位。皇太子宰臣百僚以下再拜，搢笏，舞蹈，執笏，俛伏，興，再拜。拱衞直以下三稱「萬歲」，訖，退。其降諸書，禮亦準此，惟不稱「萬歲」。

其外郡，尚書省差(人)〔官〕送赦書到京府節鎮，先遣人報，長官卽率僚屬吏從，備旗幟音樂綵輿香輿，詣五里外迎。見送赦書官，卽於道側下馬，所差官亦下馬，取赦書置綵輿中，長官詣香輿前上香，訖，所差官上馬，在香輿後，長官以下皆上馬後從，鳴鉦鼓作樂導至公廳，從正門入，所差官下馬。執事者先設案并望闕褥位於庭中，香輿置於案之前，又設所差官褥位在案之側，又設卓子於案之東南。所差官取赦書置於案，綵輿退。所差官稱「有敕」，長官以下皆再拜。長官少前上香，訖，退復位，又再拜。所差官取赦書授都目，都目跪受，及孔目官二員，三人齊捧赦書，（按既云「孔目官二員」，又云「三人齊捧赦書」，殊不銜接。《大金集禮》卷二四《赦詔》、《外路迎拜赦詔》爲此儀文所本，其「及孔目官二員」下注云「如闕則司吏內上三人」，此處脫「如闕則司吏內上」七字，并將「三人」二字誤入正文。）同高几上宣讀，在位官皆跪聽。〔讀〕訖，都目等復位。長官以下再拜，舞蹈，俛伏，興，再拜。公吏以下三稱「萬歲」。禮畢。明日，長官率僚屬，音樂送至郭外。

《元史·世祖紀》：至元八年十一月，劉秉忠及王磐、徒單公履等言：「元正、朝會、聖節、詔赦及百官宣敕，具公服迎拜行禮。」從之。

《明史·禮志·頒詔儀》：凡頒命四方，有詔書，有赦書，有敕符、丹符，有制諭、手詔。詔赦，先於闕廷宣讀，然後頒行。敕符等，則使者齎付所授官，祕不敢發。開讀迎接，儀各不同。

洪武二十六年定頒詔儀，設御座於奉天殿，設寶案於殿東，陳中和韶樂於殿內，設大樂於午門及承天門外，設宣讀案於承天門上，西南向。清晨，校尉擎雲蓋於殿內簾前，百官朝服班承天門外，公侯班午門外，東西向。皇帝皮弁服，升殿如儀。禮部官捧詔書詣案前，用寶訖，置雲蓋中。校尉擎雲蓋，由殿東門出。大樂作，自東陛降，由奉天門至金水橋南午門外。樂作，公侯前導，迎至承天門上。鳴贊唱排班，文武官就位，樂作。四拜，樂止。宣讀展讀官升案，稱有制，衆官跪。禮部官捧詔書，授宣讀官。宣訖，禮部官捧置雲蓋中。贊禮唱俯伏興，樂作。四拜，樂止。舞蹈山呼，又四拜。儀禮司奏禮畢，駕興。禮部官捧詔書分授使者，百官退。

嘉靖六年續定，鴻臚官設詔案，錦衣衛設雲蓋盤於奉天殿內東，別設雲盤於承天門上，設綵輿於午門外，鴻臚官設宣讀案於承天門上。百官入丹墀侍立，帝冕服升座，如朝儀。翰林院官捧詔書從，至御座前東立。百官入班，四拜，出至承天門外。贊頒詔，翰林院官捧詔書授禮部官，捧至雲盤案上。校尉擎雲蓋，俱從殿左門出，至午門外，捧詔置綵輿內。公侯伯三品以上官前導，迎至承天門上，宣讀贊拜，俱如上儀。禮部官捧詔書授錦衣衛官，置雲匣中，以綵索繫之龍竿，頒降。禮部官捧置龍亭內，鼓樂迎至禮部，授使者頒行。隆慶六年，詔出至皇極門，即奏禮畢，駕還。

迎接詔赦儀　洪武中定。凡遣使開讀詔赦，本處官具龍亭儀仗鼓樂，出郭迎。使者下馬，奉詔書置龍亭中，南向，本處官朝服行五拜禮。衆官及鼓樂前導，使者上馬隨龍亭後，至公廨門。衆官先入，文武東西序立，候龍亭至，排班四拜。使者捧詔授展讀官，展讀官跪授，詣開讀案。宣讀訖，捧詔授朝使，仍置龍亭中。衆官四拜，舞蹈山呼，復四拜畢。班首詣龍亭前，跪問皇躬萬福，使者鞠躬答曰：「聖躬萬福。」衆官退，易服見使者，並行兩拜禮。復具鼓樂送詔於官亭。如有出使官在，則先守臣行禮。

赦占

《史記·天官書》：有句圜十五星，屬杓，曰賤人之牢。《索隱》：「宋均以爲連營，貫索也。」《正義》：「貫索九星在七公前，一曰連索，一曰連營，一曰天牢，主法律，禁暴彊，故爲賤人牢也。牢口一星爲門，欲其開也。（九）〔占〕：星悉見，則獄事繁；不見，則刑務簡；動摇，則斧鉞用；中虚，則改元；口開，則有赦；人主憂，若閉口，及星入牢中，有自繫死者。常夜候之，一星不見，有小喜；二星不見，則賜禄；三星不見，則人主德令且赦。遠十七日，近十六日。若有客星出，視其小大：大，有大赦；小，亦如之也。」黄帝行德，天矢爲之起。《正義》：「中央含樞紐之帝。季夏萬物盛大，則當大赦，含養羣品也。」風從西北來，必以庚、辛。一秋中，五至，大赦；三至，小赦。白帝行德，以正月二十日、二十一日，月暈圍，常大赦。

《藝文類聚》五十二：《風角書》曰：「春甲寅日，風高去地三四丈，鳴條以上，常從申上來，爲大赦，期六十日應也。」《初學記》二十、《御覽》六百五十二引同。

《初學記》二十：《望氣經》曰：「黄雲四出，注期五十日，赦。」《風角書》曰：「冬至後丁巳日，有風從巳上來，有大赦。」

按：「《御覽》六百五十二前條「雲」作「氣」。後條云：「候赦法，冬至後盡丁巳之日，南風從巳上來，滿三日以上，必有大赦。」

《藝文類聚》五十二：謝承《後漢書》曰：「學中諸生與李膺等更相褒重，莫不患其貶議。時河南張成善説風角，推占當赦，遂教子殺人。李膺爲河南尹，督之促收捕，既而逢宥獲免，膺愈憤，竟案殺之。初，成以方伎交通宦官，帝亦頗訊其占。成弟子牢脩因上書誣告膺等多養太學游士，交結諸郡生徒，更相驅馳，共爲部黨，於是天子震怒，班下郡國，逮捕黨人。」

按：此事在范書《黨錮傳》敍中。

王充《論衡》：赦令將至，繫室籥動，獄中人當出，故其感應令籥動也。

《晉書·天文志》：七公七星，在招摇東，貫索九星在其前，賤人之牢也。一曰連索，一曰連營，一曰天牢，主法律，禁暴彊也。牢口一星爲門，欲其開也。九星皆明，天下獄煩；七星見，小赦；六星、五星，大赦。動則斧鉞用，中空則更元。

按：中空則更元，即《史記·正義》之中虚改元，古者改元則赦，赦則獄空，故以此爲占也。

《開元占經》六十五：《黄帝占》云：「天牢中常有繫星三，以甲子、丙子、戊子、庚子、壬子暮視之，其一星去，有喜事；其二星去，有賜令爵禄之事；三星盡去，人君令德赦天下。甲子期八十一日，丙子期七十二日，戊子期六十日，庚子期八十日，壬子期六十二日而赦。」

按：占候家每言天氣當赦，人主順之而施德焉。世多惑之，王符《潛夫論》已議其非，文詳《論赦》，兹姑彙録占赦之文於此以備考。

《吴志·孫皓傳》：天册元年，吴郡言掘地得銀印，長一尺，廣三分，刻上有年月字，於是大赦，改元。

按：今本「銀」下無「印」字，依《初學記》二十引補，《初學記》事對以銀印對玉璽。

天璽元年，吴郡言臨平湖自漢末草穢壅塞，今更開通。長老相傳，此湖塞，天下亂，此湖開，天下平。又於(石)〔湖〕邊得石函，中有小石，青白色，長四寸，廣二寸餘，刻上作皇帝字，於是改元，大赦。

《初學記》二十：崔鴻《前趙録》曰：「劉元海遷都平陽，汾水中得玉璽，文曰『有新保之歸元海』，蓋王莽時璽也。獻者因增其三字，元海以爲已瑞，大赦天下，改元。」

赦十一

論赦一

《逸周書·常訓篇》：萬民無法□□在赦□復在古。

按：此文缺三字，未詳其義。或曰民之無法，由于赦也。今姑存其說於此。

《管子·法法篇》：民毋重罪，過不大也。民毋大過，上毋赦也。不赦則懼而修德。上赦小過則民多重罪，積之所生也，所謂積小以成高大。故曰赦出則民不敬，有罪不誅則安用敬？惠行則過日益。恃恩不恭，非過而何？惠赦加於民而囹圄雖實，殺戮雖繁，姦不勝矣，造姦以待赦也。故曰邪莫如蚤禁之。無使滋蔓，蔓難圖也。赦過遺善則民不勵，善即惠也。有過不赦，有善不遺，勵民之道於此乎用之矣。凡赦者，小利而大害者也，苟悦衆心，故曰小利，人則習而易犯法，故曰大害。故久而不勝其禍。犯法漸廣，轉欲危君，故曰不勝其禍。毋赦者，小害而大利者也，人初不悦，故曰小害，創而修德，故曰大利也。故久而不勝其福。家正而天下定，則太平可致，故曰不勝其福也。故赦者犇馬之委轡，必致覆佚也。毋赦者痤徂禾切，癤也。雎之礦石也。疾可瘳也。按：雎者，疽之叚借。《初學記》引作「疽」。爵不尊祿不重者，不與圖難犯危，以其道爲未可以求之也。是故先王制軒冕所以著貴賤，不求其美；設爵祿所以守其服，不求其觀也。使君子食於道，小人食於力。君子食於道則上尊而民順，小人食於力則財厚而養足。上尊而民順，財厚而養足，四者備體則胥足上尊，時而王，不難矣。胥，相也。文有三侑，侑，寬也。武毋一赦。惠者多赦者也，先易而後難，久而不勝其禍；法者先難而後易，久而不勝其福。故惠者民之仇讎也，法者民之父母也。

按：《管子》以不赦小過爲勵民之道，與孔子赦小過之語正相反。《書》言「眚災肆赦」，《易》言「赦過」，帝王之道，莫不以過爲可赦。夫小過與小罪有別，過者非本意也，非本意而偶有失是謂過失，其情可矜，固當赦也。罪者有心爲非，其事雖小，積而成大，此不當赦。《書》所謂「刑故無小」也，《管子》之所言，必皆其有心爲非者也。小者不赦則民知自勵，然則《管子》之語初無悖於聖人也，若不問事之爲有心爲無心，嚴則濫，寬則縱，其亦未體會乎古人立言之本旨矣！

《漢書·匡衡傳》：元帝初，衡上疏曰：「臣竊見大赦之後，姦邪不爲衰止，今日大赦，明日犯法，相隨入獄，此殆導之未得其務也。蓋保民者，『陳之以德義』，『示之以好惡』，觀其失而制其宜，故動之而和，綏之而安。今天下俗貪財賤義，好聲色，上侈靡，廉恥之節薄，淫辟之意縱，綱紀失序，疏者逾内，親戚之恩薄，婚姻之黨隆，苟合徼幸，以身設利。不改其原，雖歲赦之，刑猶難使錯而不用也。

《後漢書·吳漢傳》：漢病篤，車駕親臨，問所欲言。對曰：「臣愚無所知識，惟願陛下慎無赦而已。」

王符《潛夫論·述赦篇》：凡治病者，必先知脈之虛實，氣之所結，然後爲之方，故疾可愈而壽可長也。爲國者，必先知民之所苦，禍之所起，然後爲之禁，故姦可塞而國可安也。今日賊良民之甚者，莫大於數赦。（贖）赦贖數，則惡人昌而善人傷矣。奚以明之哉？曰：孝悌之家，修身慎行，不犯上禁，從生至死，無銖兩罪；數有赦贖，未嘗蒙恩，常反爲禍。何者？正直之士之爲吏也，不避强禦，不辭上官。從事督察，方懷不快，而姦猾之黨，又加誣言，皆知赦之不久，則且共橫枉侵冤，誣奏罪法。（令）〔今〕主上妄行刑辟，高至死徙，下乃論冤，而被冤之家，乃甫當乞鞫告故以信直，亦無益於死亡矣。及隱逸行士，淑人君子，爲讒佞利口所加誣覆冒，下土冤民，能至闕（廷）〔者〕，萬無數人，得省問者，不過百一，既對尚書，空遣去者，復十六七。雖蒙考覆，州郡轉相顧望，留苦其事。春夏待秋冬，秋冬復涉春夏，如此行逢赦者，不可勝數。又謹慎之民，用天之道，分地之利，擇莫犯（法）〔土〕，（按：此句當有誤字。《漢魏叢書》本《潛夫論》「土」作「法」。孫詒讓云：「案此句當作『捽草杷土』。《漢書·貢禹傳》云：『農夫父子，暴露中野，不避寒暑，捽草杷土，手足胼胝。』即王節信所本。今本上三字皆形近譌易，惟『土』字未譌，而程榮又臆改爲『法』，謬之甚也。」孫說至確，據改。）謹身節用，積累纖微，以致小過，此言質良蓋民，惟國之基也。汪繼培箋：質良當作貞良，言當作皆，蓋當作善。此皆貞良善民爲句。輕薄惡子，不道凶民，思彼姦邪，起作盜賊，以財色殺人父母，戮人之子，滅人之門，取人之賄，及貪殘不軌，凶惡弊吏，掠殺不辜，侵冤小民，皆望聖帝當爲誅惡治冤，以解蓄怨。反一門赦之，令惡人高會而夸（咤）〔詫〕，老盜服臧而過門，孝子見讎而不得討，亡主見物而不得取，痛莫甚焉。故將赦而先（薄）〔暴〕寒者，以其多冤結悲恨之人也。夫養稊稗者傷禾稼，惠姦宄者賊良民。《書》曰：「文王作罰，刑茲無赦。」是故先王之制刑法也，非好傷人肌膚，斷人壽命者也，乃以威姦懲惡除民害也。天下本以民不能相治，故爲立王者以統治之。天子在於奉天威命，共行賞罰。故經稱「天命有德，五服五章；天討有罪，五刑五用」。《詩》刺「彼宜有罪，汝反脫之」。古者惟始受命之君，承大亂之極，被前王之惡，其民乃並爲敵讎，罔不寇賊消義姦宄奪攘，以革命受祚，爲之父母，故得一赦。繼體以下，則無違焉。何者？人君配乾而仁，順育萬物以成大功，非得以養姦活罪爲仁，放縱天賊爲賢也。今夫性惡之人，居家不孝悌，出入不恭敬，輕薄慢傲，凶悍無辨，明以威侮侵利爲行，以賊殘酷虐爲賢，故數陷王法者，此乃民之賊，下愚極惡之人也。雖脱桎梏而出囹圄，終無改悔之心，自詩以贏敖頭，汪箋：「當云『自恃以數赦贖』，字形相近而誤。」出獄踧踖，復犯法者何不然。洛陽至有主諧合殺人者，謂之會任之家，受人十萬，謝客數千。又重饋部吏，吏與通姦，利入深重，幡黨盤牙，請至貴戚寵臣，説聽於上，謁行於下。是故雖嚴令、尹，終不能破擴斷絶。何者？凡敢爲大姦者，材必有過於衆，而能自媚於上者也。多散苟得之財，奉以諂諛之辭，以轉相驅，非有第五公之廉直，孰能不爲顧？今案洛陽主殺人者，高至數十，下至四五，身不死則殺不止，皆以數赦之所致也。由此觀之，大惡之資，終不可化，雖歲赦之，適勸姦耳。或云：「三辰有候，天氣當赦，故人主順之而施德焉。」未必然也。王者至貴，與天通精，心有所想，意有所慮，未發聲色，天爲變移。或若休咎庶徵，月之從星，此乃宜有是事。故見瑞異，或戒人主。若忽不察，是乃已所感致，而反以爲天意欲然，非直也。俗人又曰：「先世欲赦，當先遣馬分行市里，聽於路隅，咸云當赦，以知天之教也，乃因施德。」若使此言也而信，則殆過矣。夫民之性，固好意度者也，見久陰則稱將水，見久陽則稱將旱，見小貴則言將饑，見小賤則言將穰，然或信或否。由此觀之，民之所言，未必天下。汪箋：「讀如下雨之下。」前世贖赦稀疏，民無覬覦。近世以來，赦贖稠數，故每春夏，輒望復赦；或抱罪之家，僥倖蒙恩，故宣此言，以自悦喜。誠令仁君聞此，以爲天教而輒從之，誤莫甚焉。論者多曰：「久不赦則姦宄熾，而吏不制，故赦贖以解之。」此乃招亂之本原，不察禍福之所生者之言也。凡民之所以輕爲盜賊，吏之所以易作姦匿者，以赦贖數而有僥望也。若使犯罪之人終身被命，得而必刑，則計姦之謀破，而慮惡之心絕矣。夫良贖可，汪箋：「『良』疑『赦』，『可』疑『行』。」孺子可令姐，汪箋：「《説文》：『嫭（騎）〔驕〕也』。『姐』乃『嫭』之省。」中庸之人，可引而下，故其諺曰：「一歲載赦，奴兒噫嗟。」言王誅不行，則痛瘀之子皆輕犯，況狡乎？若誠思畏，汪箋：「『思』字衍。」盜賊多而姦不勝故赦，則是爲國爲姦宄報也。夫天道賞善而刑淫，天工人其代之，故凡立王者，將以去邪惡而養正善，而以逞邪惡逆，妄莫甚焉。且夫國無常治，又無常亂，法令行則國治，法令弛則國亂；法無常行，亦無常弛，君敬法則法行，君陽法則法弛。昔孝明帝時，制舉茂才，過闕謝恩，賜食事訖，問何異聞，對曰：「巫有劇賊九人，刺使數以竊郡，汪箋：「『竊』當作『察』。」訖不能得。」帝曰：「汝非部南郡從事耶？」帝乃振怒，曰：「賊發部中而不能擒，然材汪箋：當作才。何以爲茂？」捶數百，便免官，而切讓州郡，十日之間，賊即伏誅。由此觀之，擒滅盜賊，在於明法，不在數赦。今不顯行賞罰以明善惡，嚴督牧守以擒姦猾，而反數赦以勸之，其文常曰：「謀反大逆不道諸犯，不當得赦皆除之，將與士大夫灑心更始。」歲歲灑之，然未嘗見姦人冗吏，有肯變心悔服稱詔者也。有司奏事，又俗以赦前之微過，妨今日之顯舉。然則改往修來，更始之詔，亦不信也。《詩》譏「君子屢盟，亂是用長」。故不若希其令，必其言。若〔良〕不能于無赦者，罕之爲愈，令世歲老古時一赦，汪箋：「『世』當作『卅』，謂三十年也。『老』蓋『放』字。」則姦宄之減十八九，可勝必也。昔大司馬吳漢老病將卒，世祖問以遺戒，對曰：「臣愚不智，不足以（爲）〔知〕治，慎無赦而已矣。」夫方以類聚，物以羣分。人之情皆見乎辭，故諸言不當赦者，非修身慎行，則必憂哀謹慎而嫉毒姦惡者也。諸利數赦者，非不達赦務，則必內懷隱憂有願爲者也。人君之發令也，必諮于羣臣，羣臣之姦邪者，固必伏罪，雖正直吏，猶有公過，自非覊拳、李離，孰肯刑身以正國？然則是皆接私計以論公政也。與狐議裘，無時焉可！《傳》曰：「民之多幸，國之不幸也。」夫有罪而備辜，汪箋：「《漢書·王莽傳》云：『所征殄滅，字備暴辜。』按『備』俱『犕』之誤。」《後漢書·皇甫嵩傳》：「董卓曰：『義真犕未乎？』」章懷注：「『犕』，古『服』字。」寃結而伸理，此天之正也，而王之法也。故曰：「無縱詭隨，以謹無良。」若枉善人以惠姦惡，此謂「斂怨以爲德」。先帝制法，論衷刺刀者。何則？以其懷姦惡之心，有殺害之意也。聖主有子愛之情，而是有殺害之意，故誅之，況成罪乎？《尚書·康誥》：王曰：「於戲！封，敬明乃罰。人有小罪匪省，乃惟終自作不典，戒爾，有厥罪小，乃不可不殺。」言惡人有罪雖小，然非以過差爲之也，乃欲終身行之，故雖小，不可不殺也。何則？是本頑凶思惡而爲之者也。「乃有大罪匪終，乃惟省哉，適爾，既道極厥罪，時亦不可殺」。言殺人雖有大罪，非欲以終身爲惡，乃過誤爾，是不殺也。若此者，雖曰赦之可也。金作贖刑，赦過宥罪，皆謂良人吉士，時有過誤，不幸陷離者爾。先王議讞獄以制，原情論意，以救善人，非欲令兼縱惡逆以傷人也。是故《周官》差八議之辟，此先王所以整萬民而致時雍也。《易》故觀民設教，變通移時之議。今日捄世，莫先此意。

《御覽》六百五十二：崔寔《政論》曰：「孝文皇帝即位二十三年乃赦天下，示不廢舊章而已。近永平、建初之際，亦六七年乃〔一〕赦，亡命之子，皆老於草野，窮困懲艾，皆至於死。頃歲以來，歲且一赦，百姓輕爲姦非，前年一朞之中，大小四赦。諺曰『一歲再赦，奴兒噫啞』，況不軌之民，孰不肆意？遂以赦爲常俗。赦以趨赦，轉相趨踧而不得息，雖日赦之，亂彌繁也。」又四百九十六：崔寔《政論》曰：「每詔書所欲禁絶，雖重懇惻，罵詈極筆，由復廢捨，終無悛意。故里諺曰『州郡記，如霹靂，得詔書，但掛壁』。又曰『一歲再赦，奴兒噫嗐』。况不軌之民孰不肆意？」

《困學紀聞》十三：崔寔《政論》云，諺曰「一歲再赦，好兒喑啞」，唐太宗之言蓋出于此。「兒」與「人」同，如以「可人」爲「可兒」。閻按《潛夫論》「奴兒噫嗟」，「奴」恐是「好」字之譌。翁元圻案，范祖禹《唐鑑》三：「帝謂侍臣曰，古語有之，赦者小人之幸，君子之不幸，一歲再赦，善人喑啞。」《潛夫論》「奴兒噫嗟」，汪繼培箋「奴」讀爲「駑」。崔寔《政論》亦載此諺，《困學紀聞》引《政論》「奴」作「好」，或云「好兒」卽「好人」，非也。

按：《政論》下句「况不軌之民」云云，與「好兒」對，自以「好」字爲勝，况有太宗語，更足印證。宋時《政論》尚存，伯厚所引，必可據也。卽以《潛夫論》考之，其下文云「言王誅不行，則痛瘀之子皆輕犯，況狡乎」？「痛瘀」之義未詳，觀「況狡乎」一句，似亦與《政論》之意相同。

崔寔《政論》：「長吏或實清廉，心平行潔，内省不疚，不可媚竈，曲禮不行於所屬，私愛無□於□府。州郡側目，以爲負折，乃選巧文猾吏，向壁作條，誣覆闔門，捕攝妻子。大赦之造，乃聖王受命而興，討亂除殘，誅其鯨鯢，赦其臣民，漸染□化者耳。及戰國之時，犯罪者輒亡奔鄰國，遂赦之，以誘還其逋逃之民。漢承秦制，遵而不越。頃間以來，歲且一赦，百姓忸忕，輕爲姦非，每迫春節徼倖之會，犯惡尤多。踐祚、改元際，未嘗不赦，每其令曰：「蕩滌舊惡，將與士大夫更始。」是褎己薄先，且違無改之義，非所以明孝抑邪之道也。今如欲遵先王之制，宜曠然更下大赦令，因明諭使知永不復赦，則羣下震慄，莫輕犯罪。縱不能然，宜十歲以上，乃時一赦。

《三國志・蜀書・後主傳》：評：「諸葛亮爲政，軍旅屢興而赦不妄下，不亦卓乎！」裴松之注：「《華陽國志》曰：丞相亮時，有言公惜赦者，亮答曰：『治世以大德，不以小惠，故匡衡、吳漢不願爲赦。先帝亦言吾周旋陳元方、鄭康成間，每見啟告，治亂之道悉矣，曾不語赦也。若劉景升、季玉父子，歲歲赦宥，何益於治！』」

又《孟光傳》：延熙九年秋，大赦，光於衆中責大將軍費禕曰：「夫赦者，偏枯之物，非明世所宜有也。衰弊窮極，必不得已，然後乃可權而行之耳。今主上仁賢，百僚稱職，有何旦夕之危，倒縣之急，而數施非常之恩，以惠姦宄之惡乎？又鷹隼始擊，而更原宥有罪，上犯天時，下違人理。老夫耄朽，不達治體，竊謂斯法難以經久，豈且瞻之高美，所望於明德哉！」禕但顧謝踧踖而已。

《傅子》：若親貴犯罪，大者必議，小者必赦，是縱封豕於境内，放長蛇於左右也。

《藝文類聚》五十二：《裴頠集》曰：「臣聞感神以政，應變以誠，故桑穀之異，以勉已而消。漢末屢赦，猶凌不反，由此言之，上協宿度，下甯萬國，唯在賢能，慎厥庶政，殆非孤赦所能增損也。」

《通考》一百七十二：宋武帝即位，大赦，改元。逋租宿債，勿收。其犯鄉論清議，贓汙淫盜，一皆蕩滌，與之更始。長徒之身，特皆原遣。亡官失爵，禁錮奪勞，一依舊準。裴子野論曰：昔重華受終，四凶流放，武王克殷，頑民遷洛，天下之惡一也。鄉論清議，除之過矣。

又二年正月，祀南郊，大赦。裴子野曰：夫郊祀天地，修歲事也，赦彼有罪，夫何爲哉？

按：此二條蓋子野《宋略》之文，其書今亡。

《魏書・刑法志》：顯祖末年，尤重刑罰。又以赦令屢下，則狂愚多僥倖，故自延興，終于季年，不復下赦。

《名臣奏議》二百十八：後周宣帝在位，德政不修，數行赦宥。京兆丞樂運上疏曰：「臣謹按《周官》曰『國君之過市，刑人赦』，此謂市者，交利之所，君子無故不游觀焉，若游觀則施惠以悦之也。《尚書》曰『眚災肆赦』，此謂過誤爲害，罪雖大，當緩赦之。《呂刑》云『五刑之疑有赦』，此謂刑疑從罰，罰疑從免。《論語》曰『赦小過，舉賢才』。謹尋經典，未有『罪無輕重，溥天大赦』之文，逮兹末葉，不師古始無益於治，未可則之，故管仲曰『有赦者奔馬之委轡，不赦者痤疽之礪石』，又曰『惠者民之仇讐，法者民之父母』。吳漢遺言猶云『惟願無赦』，王符著論亦云『赦者非明世之所宜』，豈可數施非常之惠，以肆姦宄之惡乎？」

王通《中說・王道篇》：無赦之國，其刑必平。

《唐志》：貞觀六年，親録囚徒，閔死者三百九十人，縱之還家，期以明年秋卽刑；及期，囚皆詣朝堂，無後者，太宗嘉其誠信，悉原之。歐陽修《縱囚論》：信義行於君子，而刑戮施於小人，刑入於死者，乃罪大惡極，此又小人之尤甚者也。甯以義死，不苟幸生，而視死如歸，此又君子之尤難者也。方唐太宗之六年，録大辟囚三百餘人，縱使還家，約其自歸以就死，是以君子之難能期小人之尤者以必能也。其囚及期而卒自歸無後，是君子之所難而小人之所易也，此豈近於人情哉？或曰罪大惡極，誠小人矣，及施恩德以臨之，可使變而爲君子，蓋恩德入人之深而移人之速，有如是者矣。曰太宗之爲此，所以求此名也，然安知夫縱之去也，不意其必來以冀免所以縱之乎？又安知夫被縱而去也，不意其自歸而必獲免所以復來乎？夫意其必來而縱之，是上賊下之情也，意其必免而復來，是下賊上之心也，吾見上下交相賊以成此名也，烏有所謂施恩德與夫知信義者哉？不然太宗施德於天下，於茲六年矣，不能使小人不爲極惡大罪，而一日之恩能使視死如歸而存信義，此又不通之論也。然則何爲而可？曰縱而來歸，殺之無赦，而又縱之而又來，則可知爲恩德之致爾，然此必無之事也。若夫縱而來歸而赦之，可偶一爲之爾，若屢爲之，則殺人者皆不死，是可爲天下之常法乎？不可爲常者其聖人之法乎？是以堯舜三王之治必本於人情，不立異以爲高，不逆情以干譽。

按：此特赦也，不可以爲常例，歐陽氏論之詳矣。太宗嘗論赦，不以爲是，其語見後條，可見此事乃偶爾行之以取名耳。自來特赦之事亦甚多，有不可不赦而赦者，有不必赦而赦者，當分別觀之。

《名臣奏議》二百十八：唐太宗嘗謂侍臣曰：「天下愚人者多，智人者少，智者不肯爲惡，愚人好犯憲章。凡赦宥之恩，惟及不軌之輩，古語云『小人之幸，君子之不幸，一歲再赦，善人喑啞』。凡養稂莠者傷禾稼，惠姦宄者賊良人，昔文王作罰刑，茲無赦。又蜀先主嘗謂諸葛亮曰『吾周旋陳元方、鄭康成之間，每見啟告，理亂之道備矣』，曾不語赦，故諸葛亮理蜀，十年不赦而蜀大化。梁武每年數赦，卒至傾敗。夫小仁者大仁之賊，故我有天下以來絶不放赦。今四海甯，禮義興，行非常之恩，彌不可數，將恐愚人常冀僥倖，惟欲犯法不能改過。」

《通考》一百七十二：武后天册萬歲元年正月，大赦。九月，加尊號，赦天下。獲嘉縣主簿劉知幾上表言：「皇業權輿，天地開闢，嗣君卽位，黎元更始，則時籍非常之慶，以申再造之恩。今六合清晏而赦令不息，近則一年再降，遠則每歲無遺，至於違法悖禮之徒、無賴不仁之輩，編户則寇攘爲業，當官則贓賄是求。而元日之朝，指期天澤，重陽之節，佇降皇恩，如期忖度，咸樂釋免，咸爲各垂結正。罪當斷決，竊行貨賄方便，規求故致稽延，畢霑寬宥用使，俗多頑悖。時罕廉隅，爲善者不預恩光，作惡者獨承徼幸。若乃方正直言之士，守善嫉惡之夫，每欲攬轡埋輪，效鷹鸇而報國，褰帷露冕，去蝥賊以安人，而遇赦無以效其功，閲恩無所施其巧。古語云『小人之幸，君子之不幸』，斯之謂也。望今後頗節於赦，使黎民知禁，姦宄肅清。又海内臣僚九品以上，每歲逢赦，必賜階勳，遂使緋服衆於青衣，象版多於木笏，皆榮非德舉，位罕才望，稍息私恩，使有善者愈效忠勤，無才者咸知勉勵。」疏奏太后，頗嘉之。

又一百七十三：晉高祖天福元年十一月，卽位，大赦。十二月，入洛陽，大赦。二年，至汴州，大赦。三年，大赦。左散騎常侍張元進駮赦論曰：「竊觀自古帝王皆以水旱則降德音而宥過，開狴牢而放囚，冀感天心以救其災者，非也。假有二人訟，一人有罪，一人無罪，遇赦則有罪幸免，無罪者銜寃，銜寃者何疏？見赦者何親？寃氣升聞乃所以致災，非弭災也。小民遇大災則喜，皆勸爲惡，曰國家好行赦，必赦我以救災，如此則赦者教民爲惡也。且天道福善禍淫若以赦，爲惡之人以變災爲福，是則天助惡民也。或曰天降之災，警誡人主，豈以濫捨有罪而能救其災乎？」上嘉納之。中書舍人李詳上疏，以爲十年以來赦令屢降，諸道職掌，皆許推恩，而藩方薦論，動踰數百，乃至藏典書吏優伶奴僕。初命則至銀青階，被服皆紫袍象笏，名器僭濫，貴賤不分。請自今諸道主兵將校之外，節度州聽奏記大將軍以上十人，他州止聽都押牙都虞候孔目官，自餘但委本道遷職名而已。

按：赦之爲言，宥有罪之謂也，後來之赦，非獨宥罪而已，又從而推恩焉。於是有罪者幸免，無功者超遷，刑賞俱失，皆由於赦，其無益而有害也明矣。

《宋史·真宗紀》：天禧元年春正月辛亥，謝天地于南郊，大赦。

《通考》一百七十三：江南提點刑獄范應辰上言：「伏覩辛亥制書，常赦不原者咸除之。謹按《呂刑》云『兩造具備，師聽五辭。五辭簡孚，正於五刑。五刑不簡，正於五罰。五罰不服，正於五過』。繇是『五刑之疑有赦，五罰之疑有赦』，其來詳矣。臣今所部州軍，過誤而被宥者雖多，竊害而蒙釋者亦衆。蓋以姦凶之輩密斷赦期，百計是爲，萬端斯起，發其夙憾，狃於忿心，單弱受辜，强梁肆暴。或舉家隕命，罄室虜財；或持刀殺人，肝腦塗地；或縱火焚舍，蘊蓄蕩空。至有糾輕生之徒爲强剽之盜，公行戕害以奪資儲。巡警之官，上逼下逐，設謀緝捕，冒險鬬敵，科罰者伍，簿責令尉，以茲敗獲，合正典刑。逢此霈恩，亦蠲其罪，悉又配爲卒伍，咸給衣糧。今力耕之人有受其寒餒者，而此輩季賜以服，月賦以粟，又何異賞人爲盜者耶與？夫疑則赦之言殊矣。望自今應有知赦在近而故爲罪戾，若赦後彰顯情理切害者，死罪以下，止遞減一等。赦前殺人剽財，赦後雖不復爲，若因事捕獲，決隸遠惡州軍。其殺人放火，虜劫財貨，已依赦配本城者，如更犯逃亡飲博之罪，依禁軍例科斷。其重罪該原而情理切害者，所在長吏籍其犯由，若再贖憲綱，不以罪之大小，禁錮奏裁。其州縣官吏侮刑受賄，望止原其罪而削其官，以申警戒焉。」上覽之，頗嘉其盡心，然以赦數則不可無之，實難也。

《名臣奏議》二百十八：真宗時，右正言夏竦上奏，略曰：「政不可以逆知，逆知則姦作，姦不可以數惠，數惠則政煩。」

又仁宗時，起居舍人知諫院范鎮上奏曰：「臣聞古人有言曰『一歲再赦，好人喑啞』，此言赦之惠姦而無益於治道，不可數者也。屬者京師及畿輔歲一赦，而去歲再赦，今歲三赦，京師兵士又得再賜錢，姑息之政，無此甚者。夫歲一赦者，細民謂之熱恩，必其在五六月間也。猾胥姦盜，倚爲過惡，指斯以待免，況再赦乎？況三赦乎？其爲惠姦，虧損治道可知矣。好人良善也，數赦尚猶喑啞，蚩蚩愚民，其不狃而爲姦，且盜者無幾矣。又今防秋備塞之人無慮五六十萬，使聞京師端坐而受賜者能無動心乎？不可不慮。然陛下德音已下，賜錢已出，臣知不可救已。伏乞今後罷所謂歲一赦者，以摧姦猾而使善良有所立也。罷兵士之特賜錢者，以均內外，以防後患，而使民力得寬裕於財也。昔唐太子承乾爲長孫皇后請肆赦以崇福祐者，長孫皇后曰：『赦者，國之大事，豈以吾故亂天下法乎？』長孫，婦人耳，猶能如此，陛下神武堯舜之資，顧不爲長孫后之所爲乎？臣竊惜之。」

《通考》一百七十三：仁宗世大赦二十二，曲赦五，德音十五，録繫囚五十八。英宗世大赦二，德音三，録繫囚七。其赦常赦所不原罪，唯仁宗、英宗即位及明道中太后不豫行之。然明道所行，人以爲濫，既而詔殺人者，雖會前赦，皆刺録千里外牢城。世或謂三歲一赦，於古未有。景祐中，言者以爲三王歲親祀圜丘，未嘗輒赦。自唐兵興以後，事天之禮不常行，因有大赦，以蕩亂獄。且有罪者宥之未必自新，被害者抑之未必無怨。不能自新，將復爲惡，不能無怨，將悔爲善，一赦而使民悔善長惡，政教之大患也。願罷三歲一赦，使良民懷惠，凶人知禁。或謂未可盡廢，即請命有司前郊三日理罪人，有過誤者引而赦之，州縣須詔到倣此疏奏朝廷，重其事。第詔自今罪人情重者毋得一以赦免，然亦未嘗行。

邱濬曰：「人君爲天之子，奉天之祀則當體天之心，以惠天之民，天之民不得已而誤入於罪，赦之可也。不幸而爲，人所害焉，爲天子者不能恭行天討，使天之民寃苦莫伸，豈天意所欲哉？蓋赦之初設，爲眚災也，後世相承既久，不能復古。然曠蕩之恩如雷雨之施，不時而作，使人莫測知可也。宋人爲之常制而有定時，則人可揣摩，以需其期，非獨刑法不足以致人懼，而赦令亦不足以致人感也。」

《名臣奏議》二百十八：神宗熙甯元年，通判利州周來臣論災異不必肆赦。成湯、高宗、周宣未嘗赦。

《宋志》：熙甯七年二月，帝以旱，欲降赦，時已兩赦，王安石曰：「湯旱以六事自責，曰政事不節與？若一歲三赦，是政不節矣，非所以弭災也。」乃止。《容齋隨筆》曰：「安石平生持論務與衆異，獨此説爲至公。」

《名臣奏議》二百八十：元祐中，上清儲祥宮成，將肆赦，樞密直學士王巖叟曰：「昔天禧中祥源成、治平中醴泉成皆未嘗赦，古人有垂死諫君無赦者，此可見赦無益於聖治也。」

《通考》一百七十三：高宗紹興二十五年，郊，赦。右正言凌哲上言：「陛下深念比年臣僚有緣誣告不測之罪，投竄遐裔，無路自明，迺因郊祀赦，曠然與之昭雪，或除罪籍，或復元官。冤憤既伸，萬物吐氣，甚盛德也。至於姦贓狼籍，已經按治，跡狀顯著，人所共知者，亦復巧飾詞理，公肆誕謾，咸以違忤權臣爲辭。今陛下方開公正之路，小人乃欲啟僥倖之門，此正清議之所不容也。又況此曹嗜利之人，與生俱生，未易悛革，儻復齒仕途，再臨民社，且益務掊克以殘虐吾民，其害將有甚於前日矣。請特詔有司，應自今請雪過名之人並須檢會元犯事因，如係贓罪已經勘劾者，乞止依元斷條法施行，詔刑部看詳。本部言：命官犯罪，若元因論訴按發鞫勘，贓證結録別無番異者，並欲依元斷，因依告示，其餘特放罪。或因緣連坐之人後來有司看詳委有冤抑者，即行開具，因依申取朝廷指揮。」從之。

按：此所謂小人之幸也。

《容齋隨筆》曰：「近者六年之間，再行覃霈。婺州富人盧助教，以刻核起家，因至田僕之居，爲僕父子四人所執，投寘杵臼內，搗碎其軀爲肉泥，既鞫治成獄，而遇己酉赦恩獲免。至復登盧氏之門，笑侮之曰：「助教何不下莊收穀？」」茲事可爲冤憤，而州郡失於奏論。甲寅歲至四赦，凶盜殺人一切不死，惠惡長姦，何補於治哉？

按：此事謀殺也，四人皆應論死。宋初在赦例不免之列，自常赦不原者咸赦之例行而謀殺亦可放免。赦例之寬皆後來之弊，其初不然也。甲寅爲光宗紹興五年。

又曰：「淳熙十六年二月登極赦：「凡民間所欠債負，不以久近多少，一切除放。」遂有方出錢旬日未得一息而并本盡失之者，人不以爲便。何澹爲諫大夫，嘗論其事，遂令只償本錢，小人無義，幾至喧譟。紹興五年七月覃赦乃只爲蠲三年以前者。按晉高祖天福六年八月赦云：「私下債負取利及倍者並放。」此最爲得。又云：「天福五年終已前，殘税並放。」而今時所放官物常是以前二年爲斷，則民已輸納，無及於惠矣。唯民間房賃欠負則從一年以前皆免，比之區區五代，翻有所不若也。

按：民間債負乃私有之權，本不應在赦中，赦本非美事，此尤爲失之甚者。今時之赦無此事，蓋不用宋法矣。

《通考》一百七十一：致堂胡氏曰：「赦之無益於治道也，前賢言之多矣而終不能革，至按以常典而行之，於其間有吉慶、克捷、祥瑞、祈禱之事則又赦焉，不信二帝三王之法而循後世之制，是何也？其說多矣，始受命則赦，改年號則赦，獲珍禽奇獸則赦，河水清則赦，刻章璽則赦，立皇后則赦，建太子則赦，生皇孫則赦，平叛亂則赦，開境土則赦，遇災異則赦，有疾病則赦，郊祀天地則赦，行大典禮則赦。或三年一赦，或比歲一赦，或一歲再赦。赦令之下也，有罪者除之，有負者蠲之，有滯者通之。或得以廕補子，或得以爵封祖考，大概如是而已耳。明哲之君則赦希而實，昏亂之世則赦數而文。希者尚按故事而不能盡去也，數者則意在邀福而歸諸己也；實者有罪必除，有負必蠲也，文者雖有是言而人不被其澤也。復有姦宄，擅權者以急征、暴賦、多獄、無罪歸之上，而施行寬宥布宣惠必自我請之，按「惠」上下疑有脱字。由是數者而論，赦爲有益乎？爲無益乎？人君誠以明哲自期，而以昏亂爲戒，則所謂按故事而釋有罪者尚在所議，故事有是有非，豈可盡循罪人？若審有罪，豈可盡貸？有罪而貸則善人奈何？甲殺乙而遇赦，乙已不可復生，而甲得不死，以赦爲偏枯者此也。若曰乙已不辜而死矣，吾未知甲之果當殺之乎？抑疑似也則援寧失不經之文而赦之以爲從厚，而終不恤乙之無辜，以赦爲偏枯者此也。百姓負租，或以旱，或以貧，或以已納而不爲之除籍，或爲官司所抑代人而輸，其事非一，每下赦令，未嘗不蠲也。而百姓有『黄紙放白紙催』之言，自古如此。則以著於甲令者，曰凡蠲旱税不得過若干分，而赦令則曰『歲大旱，其盡蠲之』，百姓喜於盡蠲之文，而不知令甲之有限也則相與怨。其上曰『黄紙之放，特給我耳』，此又偏枯之甚者也。姦宄亂賊之人知赦之可擬也，則前期而爲姦宄亂賊之事，僥倖貸釋，不可勝數矣。亦或病其然，則下令曰，凡距赦若干日而殺人是待赦也，不得以赦原先爲遠期焉。而姦宄亂賊之人有財可行，有力可援，有反可恃，有來可使，一入囹圄用是數者，遷延稽故，終以無事。而捕寇之吏、被傷之主、發覺之人往往反坐，於是良善困于姦宄，閭里怵於亂賊，喑嗚飲氣，無路伸吐，此又偏枯之甚者也。靈帝行冠禮，大赦天下，而黨人不與焉。自是後，凡五赦而益增五族之錮，又五赦。而黄巾起，不得已乃赦黨人，黨人縱有罪，不輕於十赦之惡逆乎？況黨人無罪而願忠於君，志除姦凶以清天下者也，乃經十赦，不得已而後赦，此豈直偏枯而已？舉四肢皆廢矣，四肢盡廢，頭首兀然，其能不爲人所捽擊曳挽而仆乎？於是董卓角之，袁紹犄之，曹操靡之，獻帝爲所挾而不得赦，伏后爲所弑而不得赦，二皇子爲所弑而不得赦，語赦至此，無益明矣。明哲之君，監失而思得，舍非而從是，莫若并用《虞舜》、《大易》、《吕刑》、《周官》之法，則雖曠歲而不一赦，一年而十、百赦無不可者。《舜》之法曰『眚災肆赦』，謂有目病而害加乎人者也。《大易》之法曰『君子以赦過宥罪』，過誤則直肆之，罪咎則稍寬之而已。

《吕刑》之法曰，五刑五罰之疑而不明者則赦，無疑則不赦矣。《周（公）〔官〕》之法曰，赦幼弱、老耄、惷愚，非此三者則不赦矣。魯國肆大眚，《春秋》非之，以其無謂而盡赦也。取正乎孔子，略法乎《虞》、《周》、《大易》之訓，則刑罰盡道可以代天之春生秋殺矣。夫吴漢攻戰之士也，臨終獻言勸光武以勿赦，陳壽於孔明有憾者也，而稱譽不赦之卓，況爲天下國家者可不如吴漢、陳壽之見乎？」

《元史·英宗紀》：至治元年正月，享太廟，或言祀事畢宜赦天下，帝諭之曰：「恩可常施，赦不可屢下。使殺人獲免，則死者何辜？」十月，受尊號，拜住請釋囚，不允。二年十二月，西僧灌頂請釋囚，帝曰：「釋囚祈福，豈爲師惜。朕思惡人屢赦，反害善良，何福之有？」

按：元之君多佞佛喜僧，其因僧人請釋囚者史不絶書，獨英宗不輕赦，雖以灌頂之請而不許可，謂持之堅矣。

《張雄飛傳》：至元二十一年春，册上尊號，議大赦天下，雄飛諫曰：「古人言：無赦之國，其刑必平。故赦者，不平之政也。聖明在上，豈宜數赦？」帝嘉納之，語雄飛曰：「大獵而後見善射，集議而後知能言，汝所言者是，朕今從汝。」遂止降輕刑之詔。

《續通考》一百四十：趙天麟上策曰：「赦者欲以蕩滌瑕穢，與民更始，以負罪者言之則爲莫大之深恩，以致治者論之則非太平之常事也。近世以來，郊天、祀宗、建儲、立后，未有不肆赦者，僥倖之子逆知期會，能不啟非濫之心哉？養稂莠於良田，縱豺狼於當道，獨不念害嘉穀而傷平民乎？又況大赦之後，姦邪未嘗衰止，朝脱囹圄，夕攖縲絏，其不能承化自新亦已明矣。夫當罪而宥之，當殺而生之，亦猶來暄風於霜雪之辰，行春令於秋冬之際，如此而欲天道之成，臣不知其可也。伏望陛下信賞決罰，無肆赦宥，使上下有紀，內外絕倖，則治天下可運之掌矣。」元世祖時。

《名臣奏議》二百十八：順帝時，蘇天爵論不可數赦疏略曰：「唐太宗貞觀二年謂侍臣曰，朕有天下以來，嘗須慎赦，蓋數赦則愚人嘗冀僥倖，唯欲犯法不復能改過矣。我世祖在位三十五年，肆赦者八，近自天曆改元至元統初歲，六年之中肆赦九，蓋數恩宣澤雖出於朝廷之美意，然長姦惠惡誠爲政者所尚慎也。顧自今以始，近法世祖皇帝之所行，遠鑑唐太宗之所言，使中外臣民知非常之恩不可復覬。」

按：元世張雄飛、趙天麟、蘇天爵並以赦爲非，自是正論，而耶律楚材屢以赦勸太宗行之，此中調劑之權別有深識存焉，事豈可一概論哉？

邱濬曰：「元西僧歲作佛事，或姿意縱囚以售其姦宄，俾善良者喑啞而飲恨。按赦宥出於上，識治體者猶以爲非，元人信胡僧之言，每作佛事輒縱罪囚，以希福報恩不出於上而出於下，人不感帝之恩而感乎僧。是以每遇將作佛事之先，有罪在繫者輒賄僧以求免，遂使凶頑席僧勢以稔惡，善良抱冤屈而莫訴，胡俗所爲，無足責也。中國之治，烏可尤而效之哉？

《續通考》一百四十：元世西僧每歲爲佛事，必請釋輕重囚徒以爲福利，謂之都勒幹。豪民犯法者皆賄賂之以求免，雖大臣有罪莫不假是逭其誅。迨仁宗延祐元年，始以僧人作佛事擇釋罪囚，命中書審察。又功德使額珠沁以佛事奏釋重囚，帝不允。時御史臺亦言：「西僧以作佛事之故累釋重囚，外任之官身犯刑憲輒營求內旨以免罪，請革其弊。」制曰：「可。」六年，皇姊大長公主以作佛事釋全甯府重囚二十七人，按問全甯守臣何從不法，仍追所釋囚還獄。若仁宗者可謂善守憲典者矣，然而終元之世，故事相沿，迄不能革，壞法長姦，弊政未有甚於此也。

按：佛事釋囚始見於成宗即位之初，其後屢見之，仁宗時亦有六次，雖欲釋而未能也。惟英宗時，僅以西僧亦思剌蠻展普疾，釋大辟囚一人，笞罪二十人。西僧灌頂請釋囚，勿許也，是則善守憲典。英宗方足當之，仁宗弗及也。

邱濬曰：赦之爲言始見於《虞書》，然所肆赦者眚災而已，未嘗泛及於有罪者焉。《管子》之書雖云「赦者小利而大害」，然僅行於其國中，未徧及於天下。赦而加之以大，始見於史，後世遂以爲故事，一遇國家有變革、喜慶之事，則形於王言，頒之天下，不問情之故誤，罪之當否，一切施以曠蕩之恩。嗚呼！是何三代之後君子常不幸而小人常多幸哉？

又曰：西漢之世，赦令最頻數，高帝在位十九年，凡九赦，蓋漢初得天下，人之染秦俗者深，事之襲秦弊者久，不可不赦，赦之所以與民更始也。文帝在位者二十三年，凡四赦，文帝承呂后之後，蓋亦有不得已焉者。若夫景帝，十六年而五赦，武帝五十五年而十八赦，昭帝十三年而七赦，宣帝二十五年而十赦，成帝二十六年而九赦，哀帝六年而四赦，大約計之，未有過三年而不赦者，數赦如此，何其爲良民計也恆不足，而爲姦民計也恆有餘哉？

《明志》：世宗雖屢停刑，尤慎無赦。廷臣屢援赦令，欲宥大禮大獄，暨建言諸臣，益持不允。及嘉靖十六年，同知姜輅酷殺平民，都御史王廷相奏當發口外，乃特命如詔書宥免，而以違詔責廷相等。四十一年，三殿成，羣臣請頒赦，帝曰：「赦乃小人之幸。」不允。

按：世宗之世，如三年之追尊興獻宗，十八年謁顯陵，二十四年有事於太廟，安神定位，躋睿宗於武宗之上，皆赦，皆私情也。世宗以制禮作樂自任明代，郊不赦，而嘉靖九年、十七年南郊皆赦，其餘則皇子生兩赦，亦私情也。惟十八年建儲赦爲舊典耳。二十四年以後歷二十一年無赦，自來赦之疏者誠無如此時矣。然其不赦也亦深惡大禮大獄，曁建言諸臣不欲放令歸，故持之堅耳。自九年舉謝醮免決囚後，或因祥瑞，或因郊祀，大報停刑之典，每歲舉行，又何爲也？然明代之慎赦者莫如世宗，故附記其事。

赦十二

論赦二

《後漢書·郭躬傳》：章和元年，赦天下繫囚，在四月丙子以前減死罪一等，勿笞，詣金城，而文不及亡命未發覺者。躬上封事曰：「聖恩所以減死罪使戍邊者，重人命也。今死罪亡命無慮萬人，又自赦以來，捕得甚衆，而詔令不及，皆當重論。伏惟天恩莫不蕩宥，死罪以下並蒙更生，而亡命捕得獨不沾澤。臣以爲赦前犯死罪而繫在赦後〔者〕，可皆勿笞，詣金城，以全人命，有益於邊。」肅宗善之，卽下詔赦焉。

邱濬曰：「赦固非國家之美事，然死罪既赦而獨不及亡命，不可也。蓋自古所以起禍亂者多犯罪亡命之徒也，朝廷一持以法而無所貸，彼固無辭而甘心焉。苟施曠蕩之恩而彼獨不與，焉能無觖望乎？郭躬之慮可謂遠矣。」

按：郭以死罪相擬，論其情也，邱則言其害，亦可謂深切著明矣。世之盛也，此輩竄身匿迹，終老山澤而已，若遇世運之衰，揭竿而起，如火燎原，不可撲滅。明之張、李，初亦不過亡命之徒，歲饑煽亂，而宗社遂移，夫亦始謀之未得其道歟？

荀悅《赦論》：夫赦者，權時之宜，非常典也。漢興，承秦兵革之後，比屋可刑，故設三章之法、大赦之令，蕩滌穢流，與民更始，時勢然也。後世承業，襲而不改，失時宜矣。若惠文之世，無所赦之。若孝景之時，七國之亂，異心並起，姦邪非一。及武帝末，賦役繁興，羣賊並起，加太子之事、巫蠱之禍，天下紛然，百姓無聊，人不自安。及光武之際，撥亂之後如此之比，宜無赦矣。君臣失禮，政教陵遲，犯法者衆，亡命流竄而不擒獲，前後相積，布滿山野，勢窮形蹙，將爲羣盜。或刑政失中，猛暴横作，怨枉繁多，天下憂慘，羣獄姦昏，難得而治，承此之後，宜爲赦也。或赦大逆，或赦輕罪，或赦一方，或赦天下，期於應變濟時也。邱濬曰：「當承平之世，赦不可有，有則姦宄得志而良民不安。當危疑之時，赦不可無，無則反側不安而禍亂不解。荀氏謂赦爲權時之宜，而後世乃以之爲常典，何哉？」

按：大亂之時，欲人人以法繩之，匪獨事有所難行，其害必相因而至，高祖之赦所以安反側而散其勢也。王允拘於一歲不再赦之見，不肯赦涼州人，既身罹其禍，國運亦因之而移，謀之不臧，豈得辭其咎哉？故君子道其常，尤貴通其變，荀氏斯言，誠至論也。

荀悦《申鑒》：赦令，權也。或曰：「有制乎？」曰：「權無制，制其義，不制其事。巽以行權，義制也。權者反經，無事也。」問其象，曰：「无妄之災，大過凶其象矣，不得已而行之，禁其屢也。」曰：「絶之乎？」曰：「權。」曰：「宜弗之絶也。」

按：此篇與《赦論》之義同。

《晉書・郭璞傳》：爲著作佐郎，于時陰陽錯繆，而刑獄繁興，璞上疏曰：臣聞《春秋》之義，貴元慎始，故分至啟閉以觀雲物，所以顯天人之統，存休咎之徵。臣不揆淺見，輒依歲首粗有所占，卦得《解》

之《既濟》。按爻論思，方涉春木王龍德之時，而爲廢水之氣來見乘，加升陽未布，隆陰仍積，《坎》爲法象，刑獄所麗，變《坎》加《離》，厥象不燭。以義推之，皆爲刑獄殷繁，理（者）有壅濫。又去年十二月二十九日，太白蝕月。月者屬《坎》，羣陰之府，所以照察幽情，以佐太陽精者也。太白，金行之星，而來犯之，天意若曰刑理失中，自壞其所以爲法者也。臣（學）術〔學〕庸近，不練内事，卦理所及，敢不盡言。又去秋以來，沈雨跨年，雖爲金家涉火之祥，然亦是刑獄充溢，怨歎之氣所致。往建興四年十二月中，行丞相令史淳于伯刑於市，而血逆流長標。伯者小人，雖罪在未允，何足感動靈變，致若斯之怪邪！明皇天所以保祐金家，子愛陛下，屢見災異，殷勤無已。陛下宜側身思懼，以應靈譴。皇極之謫，事不虚降。不然，恐將來必有愆陽苦雨之災，崩震薄蝕之變，狂狡蠢戾之妖，以益陛下旰食之勞也。臣謹尋按舊經，《尚書》有五事供禦之術，京房《易傳》有消復之救，所以緣咎而致慶，因異而邁政。故木不生庭，大戊無以隆；雉不鳴鼎，武丁不爲宗。夫寅畏者所以饗福，怠傲者所以招患，此自然之符應，不可不察也。按《解卦》繇云：「君子以赦過宥罪。」《既濟》云：「思患而豫防之。」臣愚以爲宜發哀矜之詔，引在予之責，蕩除瑕釁，贊陽布惠，使幽斃之人應蒼生以悦育，否滯之氣隨谷風而紓散。此亦寄時事以制用，藉開塞而曲成者也。

其後日有黑氣，璞復上疏曰：臣以頑昧，近者冒陳所見，陛下不遺狂言，事蒙御省。伏讀聖詔，歡懼交戰。臣前云升陽未布，隆陰仍積，《坎》爲法象，刑獄所麗，變《坎》加《離》，厥象不燭，疑將來必有薄蝕之變也。此月四日，日出山六七丈，精光潛昧，而色都赤，中有異物大如雞子，又有青黑之氣共相搏擊，良久方解。按時在歲首純陽之月，日在癸亥全陰之位，而有此異，殆元首供禦之義不顯，消復之理不著之所致也。計去微臣所陳，未及一月，而便有此變，益明皇天留情陛下懇懇之至也。往年歲末，太白蝕月，今在歲始，日有咎謫。曾未數旬，大眚再見。日月告釁，見懼詩人，無曰天高，其鑒不遠。故宋景言善，熒惑退次；光武寧亂，呼沱結冰。此明天人之懸符，有若形影之相應。應之以德，則休祥臻；酬之以怠，則咎徵作。陛下宜恭承靈譴，敬天之怒，施沛然之恩，諧玄同之化，上所以允塞天意，下所以弭息羣謗。臣聞人之多幸，國之不幸。赦不宜數，實如聖旨。臣愚以爲子產之鑄刑書，非政事之善，然不得不作者，須以救弊故也。今之宜赦，理亦如之。隨時之宜，亦聖人所善者。此國家大信之要，誠非微臣所得干豫。今聖朝明哲，思弘謀猷，方闢四門以亮采，訪輿誦於羣（小）〔心〕，況臣蒙珥筆朝末，而可不竭誠盡規哉！

永昌元年，皇孫生，璞上疏曰：有道之君未嘗不以危自持，亂世之主未嘗不以安自居。故存而不忘亡者，三代之所以興也；亡而自以爲存者，三季之所以廢也。是以古之令主開納忠讜，以弼其違；標顯切直，用攻其失。至乃聞一善則拜，見規誡則懼。何者？蓋不私其身，處天下以至公也。臣竊惟陛下符運至著，勳業至大，而中興之祚不隆、聖敬之風未躋者，殆由法令太明，刑教太峻。故水至清則無魚，政至察則衆乖，此自然之勢也。臣去春啟事，以囹圄充斥，陰陽不和，推之卦理，宜因郊祀作赦，以蕩滌瑕穢。不然，將來必有愆陽苦雨之災，崩震薄蝕之變，狂狡蠢戾之妖。其後月餘，日果薄鬭。去秋以來，諸郡並有暴雨，水皆洪潦，歲用無年。適聞吳興復欲有構妄者，咎徵漸成，臣甚惡之。頃歲以來，賦役轉重，獄犴日結，百姓困擾，甘亂者多，小人愚嶮，共相扇惑。雖勢無所至，然不可不虞。按《洪範傳》，君道虧則日蝕，人憤怨則水涌溢，陰氣積則下代上。此微理潛應已著實於事者也。假令臣遂不幸謬中，必貽陛下側席之憂。今皇孫載育，天固靈基，黔首顒顒，實望惠潤。又歲涉午位，金家所忌。宜於此時崇恩布澤，則火氣潛消，災譴不生矣。陛下上承天意，下順物情，可因皇孫之慶大赦天下。然後明罰敕法，以肅理官，克厭天心，慰塞人事，兆庶幸甚，禎祥必臻矣。」疏奏，納焉，即大赦改元。

按：自來論者，莫不謂赦非善政，而璞獨請赦，觀其疏中語，一則曰刑獄殷繁，理者有壅濫；再則曰刑理失中，自壞其法；三則曰法令太明，刑法太峻；是必當日之刑法實有未得其平者。《晉志》言元帝爲丞相時，朝廷草創，議斷不循法律，人立異議，高下無狀。主簿熊遠言：「自軍興以來，法度陵替，至於處事不用律令，競作厲命，人立異議，曲適物情，虧傷大例。府立節度，復不奉用，臨事改制，朝作夕改。」時衞展亦以爲言，可見東晉之初，刑法不定，獄訟繁滋。璞欲以赦爲補救之方，而特假災異爲詞耳，其意旨固在彼不在此也。

《舊唐書·孫伏伽傳》：及平王世充、竇建德，大赦天下，既而責其黨與，並令配遷。伏伽上表諫曰：「臣聞王言無戲，自古格言；去食存信，聞諸舊典。故《書》云：『爾無不信，朕不食言。』又《論語》云，一言出口，駟不及舌。以此而論，言之出口，不可不慎。伏惟陛下光臨區宇，覆育羣生，率土之濱，誰非臣妾。絲綸一發，取信萬方，使聞之者不疑，見之者不惑。陛下今月二日發雲雨之制，光被黔黎，無所閒然，公私蒙賴。既云常赦不免皆赦除之，此非直赦其有罪，亦是與天下斷當，許其更新。以此言之，但是赦後，卽便無事。因何王世充及建德部下赦後乃欲遷之？此是陛下自違本心，欲遣下人若爲取則？若欲子細推尋，逆城之中，人誰無罪。故《書》云：『殲厥渠魁，脅從罔治。』若論渠魁，世充等爲首，渠魁尚免，脅從何辜？且古人云：『蹠狗吠堯，蓋非其主。』在東都城内及建德部下，乃有與陛下積小故舊，編髮友朋，猶尚有人敗後始至者。此等豈忘陛下皆云被壅故也。以此言之，自外疏者，竊謂無罪。又《書》云：『知之非艱，行之惟艱。』上古已來，何代無君，所以祇稱堯、舜之善者何也？直由爲天子者實難，善名難得故也。往者天下未平，威權須應機而作；今四方既定，設法須與人共之。但法者，陛下自作之，還須守之，使天下百姓信而畏之。今自爲無信，欲遣兆人若爲信畏？故《書》云：『無偏無黨，王道蕩蕩；無黨無偏，王道平平。』賞罰之行，達乎貴賤，聖人制法，無限親疏。如臣愚見，世充、建德下僞官，經赦合免責情，欲遷配者，請並放之，則天下幸甚。」

《通鑑考異》曰：伏伽表云「今月二日發雲雨之制」，而赦書乃十二日，或脱「十」字也。又云「常赦所不免咸赦除之」，今赦無此文，豈《實録》之赦文不盡歟？

按：《册府》所載赦文與《考異》所言同，疑亦取諸《實録》。伏伽言赦之不可無信，時高祖從之，論國家之政令，何者可以無信乎？

《宋志》：初，太宗嘗因郊禮議赦，有秦再恩者，上書願勿赦，引諸葛亮佐劉備數十年不赦事。帝頗疑之。時趙普對曰：「凡郊祀肆赦，聖朝彝典，其仁如天，若劉備區區一方，臣所不取。」上善之，遂定赦。

按：武侯佐蜀，十年不赦，亦不當先主時也，秦語稍有誤。趙普阿諛之詞，殊不足取。我得下一轉語曰：「區區一方尚能行之，況富有天下者乎？」至郊祀之赦，始于漢武，然初未定爲常典，六代以後則幾于無郊不赦。五季之時，每逢恩赦，軍士並有賞給。宋承其敝，遂爲國用之一大宗，理財治軍，均受其牽制之害，而趙普猶爲此言，以熒惑主聽，豈純臣而肯出此？

《宋志》：仁宗曰：「赦不欲數，然捨是無以召和氣。」遂命赦天下。

按：刑重之世，枉濫時聞，故偶施赦宥，可以召和氣。若刑平之世，法如其罪，與氣運何干哉？仁宗斯言，非探本之論。

《宋史·孫永傳》：神宗卽位，擢天章閣待制，安撫陝西。民景詢外叛，詔捕送其孥，勿以赦原。永言：「陛下新御極，曠澤流行，惡逆者猶得虧除。今緣坐者勿宥，非所以示信也。」

按：觀此《傳》，是宋時大赦惡逆亦免矣。緣坐於唐法在會赦猶除名之列而仍須捕送，此永之所以不能已於言也。

司馬光《論赦劄子》：嘉祐七年。臣伏見國家每下赦書輒云「敢以赦前事言者以其罪罪之」，誠欲恩澤下究而號令必信也，比見臣僚多以私意偏見奏赦前事，乞不原赦，或更特行編配，重於不經赦之人，朝廷皆從其請。若其人情理巨蠹必不可赦者，則國家當於約束敕及赦文內明白言之，若所坐不至甚重而特不赦，是恩澤有所不均，而同罪之人有幸有不幸也。且今劫盜殺人不死，及雜犯死罪猶赦之而微罪不赦，是則罪之輕重不繫於人主，不刊之法令而次於人臣一時之私意也。況使經赦之人仍就編配，得罪重於不經赦者尤無謂也。夫赦者，誠非致治之道，然朝廷若能永無赦令，使有罪者必刑，斯人知恐懼，莫敢犯矣。今既數下赦令，而使大罪得免，小罪被刑，經赦者其罰重，不經赦者其罰輕，臧否糾紛，使百姓何所取信哉？臣愚欲望陛下自今犯罪之人，情理巨蠹必不可赦者，乞於豫降約束敕內明白言之，其餘並從赦文處分。其有指赦作過，情狀顯然，不因臣僚奏請，陛下聖意特不原免者，止宜依法施行，亦不可使重於赦前之罪。應昨赦前犯，罪不至編配而赦後特行編配者，并請放令逐便，庶使恩澤均一，號令明信。取進止。

按：此言既下赦令，則恩澤宜使均一也。《温公集》又有論赦及疏決狀，大旨謂赦者害多而利少。見前卷。

《通考》：高宗建炎元年六月，大赦。右僕射李綱言：「登極赦獨遺河東、北而不及勤王之師，夫兩路爲朝廷堅守而赦令不及勤王之師，雖未嘗用，然在道半年亦已勞矣，況疾病死亡者不可勝數，恩恤不及，後復有急，何以使人？」上嘉納。故此赦於二者特詳。

按：此事理之顯而易見者，而當日中書諸公竟不見及，殊可怪也。

光宗紹熙二年，郊，赦。殿中侍御史張釜言：「國家三歲一郊，霈曠蕩之澤以幸天下，德至渥也。然赦文與令甲抵牾者有失參考，乞預飭省部令將各按具到赦文内合行事件，逐一比照現行條法，法意寬而條或從窄則改定赦文，令捨窄而就寬，赦文本寬而法或從窄則明載赦書，令捨法而從赦，毋令引法以阻赦，毋令因赦以傷恩，如此則國家曠蕩之澤不爲虚文。」從之。

按：刑法定自刑官，而赦文則出於中書省官，中書省未必有深明刑法之人，遇有赦事，或沿襲舊文，或意爲輕重，而孰知事多變遷，不加參考，遂至抵牾，往往法已改於數十年之前而仍列諸赦文之内，所司棘手，不得不思通變之方，以至赦書成爲虚文，不足以取信於天下。觀張釜所言，乃知此弊自古然矣。

《元史・耶律楚材傳》：太宗卽位，朝集後期應死者衆，楚材奏曰：「陛下新卽位，宜宥之。」太宗從之。中原甫定，民多誤觸禁網，而國法無赦〔令〕。楚材議請肆宥，衆以云迂，楚材獨從容爲帝言。詔自庚寅正月朔日前事勿治。歲辛丑二月三日，帝疾篤，醫言脈已絶。皇后不知所爲，召楚材問之，對曰：「今任使非人，賣官鬻獄，囚繫非辜者多。古人一言而善，熒惑退舍，請赦天下囚徒。」后卽欲行之，楚材曰：「非君命不可。」俄頃，帝少蘇，因入奏，請肆赦，帝已不能言，首肯之。是夜，醫者候脈復生，適宣讀赦書時也，翌日而瘳。

按：元初用法嚴，故楚材以寬劑之，此之謂善用法。醫言脈絶，特脈偶伏，故得復生而疾亦瘳也。

邱濬曰：赦之爲言，釋其罪之謂也，後世之赦，乃以蠲逋負、舉隱逸、蔭子孫、封祖考，甚至立法制、行禁令皆於赦令行焉，失古人眚災肆赦、赦過宥罪之意矣。臣愚以爲赦令之頒，宥罪之外，蠲逋減税、省刑已責、弛工罷役、寬征招亡，凡寬民惠下之道因赦而行可也，非此屬也，一切付之有司行焉。凡夫赦文之初作條件之初擬也，必須會集執政大臣各擬所司合行條貫，從公計議，必於律例無礙，必於事體無違，必於人情不拂，斷然必可行，的然必無弊。如蠲逋也，其物必可除後決不至復追；如寬征也，其事必可已後決不至於再作；其文意必不至解而兩通，其前後必不至言而相戾。既處置其事，宜復講解其文理，明白切當，然後著於赦文，行於天下，則上之所頒者無虛文，下之所沾者皆實惠矣。

又曰：五代時，温韜發唐諸陵，唐莊宗入朝，賜姓名曰李紹沖。韜多齎金帛賂劉夫人及權貴，旬日遣還。郭崇韜曰：「温韜發唐山陵，殆徧其罪與朱温相埒耳，何得復居方鎮？天下義士謂我何？」莊宗曰：「入汴之初，已赦其罪。」竟遣之。胡寅曰：「罪人不可不誅，赦令不可不守，二者將何處？必於未赦之前揆情法審輕重而區別之，使預赦者無可誅之罪，被刑者無可恕之人，則一舉而兩得矣。臣按事幾多端，變故不一，人之所爲所犯，赦文所條具者豈能一一該盡之哉？然閭閻之幽，郡邑之遠，事出於一時，或有反常殊異者，上之人固無由周知而豫料之。若夫干紀亂常之事，關於大倫，入於大惡，昭昭於天下耳目者豈應用事秉筆之人無一人知哉？如温韜發諸帝陵以竊取寶玉，雖婦人走卒亦或知之，若是者，宜於羣臣計議，詔條之前，明舉某人某事，決不可赦，豫有以處之，使吾詔條頒布天下，有司奉行之無有妨礙，不至犯萬世之義，失一時之信，則得之矣。」

按：赦既不能遽廢，則赦文之頒布不可不慎於初文。莊此二論，皆爲初擬之條件說也，乃當事者每多忽之，何哉？

又曰：仁宗嘉祐中，學士張方平言：「中外官多發人積年罪狀，數按人赦前事及奏劾事，輒請不以赦原減，快一時之小忿，失天下之大信。自今有類此者，以故違制書坐之。」御史呂誨亦以爲言，乃下詔云云。按無事而赦，固非國家美事，有事而赦，而又不能守，使失信於人，尤非國家善治也。蓋國寶於民，民寶於信，上之出令，一有不信於民，異時再有所言則民不信之矣。是以善爲治者必不輕於出令，令既出矣而必守之以信，非但欲其令之必行，蓋欲其事之可繼也。

漢代錄囚

《漢書·雋不疑傳》：拜爲青州刺史，每行縣録囚徒還。注師古曰：「省録之，知其情狀有寃(抑)〔滯〕與不也。今云慮囚，本録聲之去者耳，音力具反。而近俗不曉其意，訛其文遂爲思慮之慮，失其源矣。」

《何武傳》：及武爲刺史，行部録囚徒。

按：録囚之事，漢時郡守之常職也。《百官公卿表》：「武帝元封五年，初置部刺史，掌奉詔條察州。」注：「《漢官典職儀》云，刺史班宣，周行郡國，省察治狀，黜陟能否，斷治寃獄。」此事又屬於刺史，雋、何二《傳》皆爲刺史時事也。

《續漢書·百官志》：諸州常以八月巡行所部郡國，録囚徒。注胡廣曰：「縣邑囚徒，皆閲録視，參考辭狀，實其真僞。有侵寃，即時平理也。」

按：東漢沿武帝之制，刺史爲一州監察之官，其人初以御史行之，後亦不專任御史矣。其期每年一舉行，與舊郡守之制是否相同，已無可考。魏、晉尚踵行之，乃理寃之事，非肆赦之事也。

《後漢書·應奉傳》：爲郡決曹吏，行部四十二縣，録囚徒數百千人。及還，太守備問之，奉口説繫囚姓名，坐狀輕重，無所遺脱。

按：此郡守行縣録囚有不親臨而遣吏者，並可見諸州雖常年録囚，而郡守之舊制仍未嘗廢也。

《晉書·刑法志》：及明帝即位，常臨聽訟觀録洛陽諸獄。帝性既明察，能得下姦，故尚書奏決近於苛碎。

按：此東漢明帝事，然《後漢書·明紀》不書。

《後漢書·和帝紀》：永元六年秋七月，京師旱。丁巳，幸洛陽寺，録囚徒，舉寃獄。收洛陽令下獄抵罪，司隸校尉、河南尹皆左降。未及還宫而澍雨。

《安帝紀》：永初二年五月，旱。丙寅，皇太后幸洛陽寺及若盧獄，録囚徒，賜河南尹、廷尉、卿及官屬以下各有差。

又《和熹鄧皇后紀》：永初二年夏，京師旱，親幸洛陽寺録寃獄。有囚實不殺人而被考自誣，羸困輿見，畏吏不敢言，將去，舉頭若欲自訴。太后察視覺之，即呼還問狀，具得枉實，即時收洛陽令下獄抵罪。行未還宫，澍雨大降。

按：鄧后事放免者一人，和帝事不詳，然皆是理寃，抑非赦宥也。

六代錄囚

《魏志·明紀》：太和三年冬十月，改平望觀曰聽訟觀。帝常言「獄者天下之性命也」，每斷大獄，常幸觀臨聽之。

《晉書·武紀》：泰始四年十二月庚寅，帝臨聽訟觀，録廷尉洛陽獄囚，親平決焉。五年正月丙申，帝臨聽訟觀録囚徒，多所原遣。十年六月癸巳，臨聽訟觀，多所原遣。

按：魏明之聽獄亦即録囚之意而小變之，晉武之平決則不但省録而已，多所原遣，則放免者不止一人。唐制慮囚，當沿於此。至元帝大興四年四月，帝親覽庶獄而不言録囚徒，似與武帝之平決不同。《隋書·刑法志》云「陳文帝留心刑政，親覽獄訟」，與此《紀》同，言「覽」而不言「録」，殆如隋文之省閱諸州申奏罪狀，而非省録囚徒歟？

《隋書·刑法志》：高祖每季親録囚徒。嘗以秋分之前，省閱諸州申奏罪狀。

按：《書·立政》云：「文王罔攸兼于庶言，庶獄庶慎，惟有司之牧夫是訓用違。庶獄庶慎，文王罔敢知于兹。」孔傳：「文王一無敢自知，委任賢能而已。」是聖如文王於庶獄猶不敢親自平決，而必委任賢能。後之人主，不及文王，而輒欲躬自録囚，在漢、晉偶一行之，尚不失爲勤政之一端。若隋文以此爲常，是任己而不任人，實大違文王無敢自知之宗旨，況又性多猜忌，甚至殿陛殺人，安望省閱之不任意輕重乎？夫治獄乃專門之學，非人人之所能爲，後世人主每有自聖之意，又喜怒無常，每定一獄，即成一例，畸輕畸重，遺害無窮，可不慎哉？虞舜施刑，必屬皋陶，周公敬獄，必推蘇公，聖人之所爲，固非庸衆之所能窺測矣。

唐代慮囚

《唐書・高祖紀》：武德元年九月己巳、二年二月丁巳、《舊》缺。三年五月丙午、八月庚子、《舊》缺。九年十二月癸酉。太宗已即位。

按：慮囚，《舊唐書・本紀》作「親録囚徒」，慮、録通用。然小顔云，今之「慮囚」則唐之正文實作「（慮）〔録〕囚」也。

《太宗紀》：貞觀二年八月甲戌，省寃獄於朝堂。

按：此正舉寃之事，但不於獄中而於朝堂，其制稍不同。三年三月己酉、以下二事《舊》缺。閏月辛酉、六年十二月辛未，慮囚，縱死罪者歸其家。七年九月，縱囚來歸，皆赦之。十五年四月、以下四事《舊》缺。十七年四月己亥、十八年十一月戊寅、二十一年正月，慮囚，降死罪以下。二十二年閏月癸巳。

按：《紀》書慮囚，不言赦降，惟二十一年言降死罪以下，於檢閱之中寓寬釋之意。《舊書・太宗紀》三年六月戊寅，以旱，親録囚。十七年十一月，曲赦涼州，并録京城及諸州繫囚，多所原宥。

此二事《新紀》無，與漢制遂不盡同矣。

《高宗紀》：永徽元年七月辛酉，以旱。《舊紀》「辛酉」作「丙寅」。親録京城囚。四年四月壬寅以旱。《舊紀》：「親録繫囚，遣使省天下寃獄。」《新紀》改爲「決天下獄」。可見慮囚者但決之而已，非盡降赦之也。（六）〔五〕年六月丙寅，河北大水，遣使。以下四事《舊》缺。顯慶二年十一月甲辰，遣使慮所過囚。是年七月，如洛陽宫。四年七月壬辰，以旱。龍朔三年二月庚戌。《舊》作「在京繫囚應流死者，每日將二十人過。於是親自臨問，多所原宥，不盡者皇太子録之」。《玉海》六十七引《紀》作「日親慮二十人，不盡者皇太子於百福殿慮之」。按《玉海》所引與《新、舊紀》皆不同，未詳所引何人之作。麟德二年三月戊午，遣使慮京師諸司及雍、洛二州囚。《舊紀》惟此作「慮」。乾封二年正月丁丑，以旱。七月乙卯，以旱遣使。《舊》缺。咸亨元年二月戊申。七月甲戌，以雍、華、蒲、同四州旱，遣使。《舊》缺。二年六月癸巳，以旱。《舊紀》「癸巳」作「丁亥」。儀鳳元年二月，遣使慮免汝州輕繫。七月，有彗星出于東井。八月庚子。《舊紀》：「放京城繫囚。」是不但決之而已。三年四月丁亥，以旱。《舊紀》：「悉原之。」

《武后紀》：垂拱元年五月壬戌，以旱。三年四月癸丑，以旱。延載元年二月乙亥，以旱。萬歲通天元年十月甲午。神功元年二月乙巳。以上《舊》缺。

《中宗紀》：景龍元年正月丙辰，以旱。《舊》缺。三年六月丙寅。七月癸亥。

《初學紀》二十：唐中宗孝和皇帝慮囚制：念將慮降，再釋狴牢，庶無滯禁之寃，仍示小懲之誡，其都城之内見禁囚徒，朕特親慮。仍令所司具爲條例聞奏。

按：此慮囚制文明言慮降，是降而非赦。所司具爲條例，是當時必别有其文，仍屬於所司之決定，非由特頒。

《玄宗紀》：開元二年二月己酉。三年五月丁未，以旱，録京師囚。前《紀》多曰慮，此獨稱録。六年八月庚辰，以旱。七年五月己丑。日食。以上三事《舊》無。閏七月甲申。以旱。《舊紀》作「丙辰，上親録囚徒，多所原免。諸州委牧、縣宰量事處置」。八月丙戌。此一年三慮囚，而《舊紀》祇書其一。《舊紀》：「十三年正月，遣御史中丞蔣欽緒等往十道疏放囚徒。」又「十七年四月癸亥，令中書門下分就大理、京兆、萬年、長安等獄疏決囚徒」。此二事《新紀》不書，疏決亦慮之意，覲下一條可見。二十年十月，如潞州。丙戌，中書門下慮巡幸所過囚。《舊》作「疏決囚徒」，此疏決卽慮之證。二十一年四月乙卯，遣宣慰使決繫囚。《舊》作「以久旱，命太子少保陸象先、户部尚書杜暹等七人往諸道疏決囚徒」。又「天寶六載七月乙酉，以旱，命宰相、臺寺、府縣録繫囚，死罪決杖配流，徒以下特免」。《新》作「降死罪，流以下原之」。不言慮囚。天寶九載五月庚寅。以旱。十二載八月，中書門下。《舊紀》：「以京城霖雨，疏決囚徒。」又《舊紀》：「十四載八月壬辰，上親録囚。」《新》作「八月辛卯，降死罪，流以下原之」。當是一事，而日干不同。

《肅宗紀》：乾元二年二月壬戌，中書門下。此後多不親録。

《德宗紀》：貞元十一年五月庚午，中書門下。《舊紀》：「旱故也。」十三年四月辛酉，以旱。以下五事《舊》缺。

《武宗紀》：會昌元年十一月，有彗星出于營室，理囚。改「慮」爲「理」，未詳其故。自此無言「慮囚」者，或是史官之變文。三年九月丁未，以雨霖，理囚。

《宣宗紀》：大中元年二月癸未，以旱理京師囚。四年四月，以雨霖，詔京師、關輔理囚。八年三月，以旱理囚。《舊》〔作〕「疏決」。

《懿宗紀》：咸通十年六月戊戌，以蝗旱理囚。《舊紀》載是月制云：「量罪輕重，速(久)〔令〕決遣，無久繫留。」是則理囚者仍是省録之意。十二年五月庚午，理囚。《舊紀》載是月制「並宜疏理釋放」之語，理者疏理之謂也。

《僖宗紀》：乾符元年四月辛卯，以旱理囚。以下《舊》無。三年五月庚子，以旱理囚。是年二月，以旱，降死罪以下。可知理與降二事也。

按：唐代慮囚之制有二：一大理之常職也。《唐六典》：「大理卿之職，若禁囚有推決未盡，留繫者，五日一慮。」此無關於赦也。一特赦也。《唐律疏議》：「會降者聽從當贖法。」問曰：「若有別蒙敕放及會慮減罪，得同赦降以否？」答曰：「其有會慮減罪，計與會降不殊，當免之科，須同降法。慮若全免，還從特放之例。」《釋文》：「赦、降、慮三者，名殊而義歸於赦。」此赦之一端也。唐初慮囚，似尚循漢世理冤之義，故貞觀六年慮囚之事，《刑法志》云「親録囚徒，閔死罪者三百九十人，縱之還家，期以明年秋即刑；及期，囚皆詣朝堂，無後者，太宗嘉其誠信，悉原之」。此其縱之還也，乃出于一念之仁而非以其罪之可恕其來歸而悉原之也，乃出于非常之特恩，亦非以其真有可原，歐陽永叔所謂違道以干譽也。然就此事觀之，唐初慮囚，其初亦與漢制無大異，其後十七年云「多所原宥」，二十一年云「降死罪以下」，於是慮囚遂爲赦之一端。新、舊《紀》所書雖互有詳略，而大致有可考見也。

宋代慮囚

《宋史·刑法志》：恩宥之制，凡大赦及天下，釋雜犯死罪以下，甚則常赦所不原罪，皆除之。凡曲赦，惟一路或一州，或別京，或畿内。凡德音，則死及流罪降等，餘罪釋之，間亦釋流罪。所被廣狹無常。又，天子歲自録京師繫囚，畿内則遣使，往往雜犯死罪以下，第降等，杖、笞釋之，或徒罪亦得釋。若并及諸路，則命監司録焉。

按：宋代慮囚，《刑志》言之已詳。

《宋史·太宗紀》：太平興國六年三月，令諸州長吏五日一慮囚。雍熙元年六月，令諸州長吏十日〔一〕慮囚。四年正月己卯，遣使按問四川、嶺南、江、浙等路刑獄。淳化三年五月壬寅，詔御史府所斷徒罪以上獄具，令尚書丞郎、兩省給舍一人慮問。三年五月乙酉，以旱遣使分行諸路決獄。

按：慮囚之制，宋與唐稍不同。唐之五日一慮，大理之常職也；宋之五日一慮，或十日一慮，臨時之命令也。慮與決亦微不同，慮者，省慮，所謂慮問是；決者，論決，在慮之先，必先慮而後能決也。慮、決是一串事，非赦宥也。

太平興國七年五月戊申。雍熙二年十月辛丑。端拱二年五月戊戌，以旱。淳化元年四月庚戌，慮囚，遣使分決諸道獄。此慮決並言，可爲一事之證。三年十一月甲申，慮囚，降徒流以下一等，釋杖罪。

按：慮而降釋，《宋紀》始於此，真爲赦典。

五年正月乙丑，慮囚，流罪以下釋之。己巳，別遣決諸路刑獄。

按：有釋無降，視三年爲寬，亦可見宋時初無定例，皆臨時輕重也。

至道元年二月戊戌，以旱慮囚，減流罪以下。四月辛丑，遣使分決諸路刑獄，劫賊止誅首惡，降流罪以下一等。壬寅，慮囚。

《真宗紀》：咸平元年二月乙未，慮囚，老幼疾病，流以下聽贖，杖以下釋之。彗出。三年二月戊辰，京畿旱，慮囚。(五)〔六〕年十一月癸巳，慮囚，雜犯死罪以下遞減一等，杖釋之。六年十一月癸巳。同上。景德二年九月庚戌，淮南旱，詔轉運使疏理繫囚。辛未，命近臣慮開封府繫囚。三年正月丁巳，親釋逋負繫囚。大中祥符二年五月丁卯，遣使陝西〔決獄〕，流罪以下減一等，死罪情可憫者上請。陝饑。三年八月辛亥，以江南旱，詔轉運使決囚。四年五月丁酉，慮囚，死罪流徒降等，杖以下釋之。七年正月辛丑，慮囚。天禧元年十二月丁丑，放逋負，釋繫囚。三年五月辛未，慮囚。五年五月乙亥，慮囚，降天下死罪。

《仁宗紀》：乾興元年五月乙亥，録繫囚，雜犯死罪遞降一等，杖以下釋之。

按：此《紀》忽改「慮」爲「録」。

天聖元年五月辛未，録繫囚。天聖二年五月乙未同。三年五月庚寅同。四年五月戊子同。五年五月辛亥同。六月丙子，詔決畿内繫囚。七年五月癸酉同。明道元年四月丙午同。二年五月戊寅同。〔景祐〕三年五月丙申同。四年五月庚戌，皇子生同。降死罪一等，流以下釋之。乙卯，以旱遣使決三京繫囚。寶元元年五月乙巳同。二年五月己酉同。慶曆元年五月丁巳同。三年五月庚午同。四年五月庚午同。五年四月丁亥，日當食，陰晦不見同。遣官録三京囚。六年五月丙戌同。八年三月壬戌，以霖雨。同。皇祐三年五月庚戌，以恩。冀州旱，詔長吏決繫囚。丁丑同。四年三月辛酉同。五年五月壬子同。至和元年正月辛卯同。減三京、輔郡雜犯死罪一等，徒以下釋之。嘉祐二年二月庚戌同。降罪一等，徒以下釋之。遣使録三京、輔郡繫囚。八月庚申同。降罪一等，徒以下釋之。三年二月癸丑同。降罪一等，徒以下釋之。閏月壬午同。降三京囚罪一等，徒以下釋之。四年四月壬辰同。降罪一等，徒以下釋之。五年二月壬戌同。五月丁巳同。降罪一等，徒以下釋之。六年五月庚戌同。降罪一等，徒以下釋之。分命官録三京繫囚。七年二月癸酉同。命官録被水諸州繫囚。

《英宗紀》：治平元年三月戊午，録囚。二年二月丁未同。六月壬辰同。三年三月戊辰，上親録囚。

按：此《紀》作「録囚」。

《神宗紀》：治平四年四月丙寅，録囚。二年三月乙未，以旱慮囚。

按：此《紀》一作「録囚」，餘又作「慮囚」。

熙甯三年八月丙寅同。死罪以下遞減一等，杖、笞者釋之。四年六月丙寅，慮囚。六年七月，録在京囚，死罪以下降一等，杖罪釋之。十二月戊子，詔決開封府囚。七年三月壬寅，慮囚，減死罪一等，杖以下釋之。八年五月辛酉，慮囚，降死罪一等，杖以下釋之。九年六月己亥同。十年三月辛未同。元豐元年三月辛巳同。十二月辛亥，録囚，降死罪一等，杖以下釋之。

按：同一年而前作「慮」後作「録」，《紀》中參差之處未詳。

七年五月壬子，慮囚，降死罪一等，杖以下釋之。

《哲宗紀》：元祐元年正月丙子，録在京囚，減死罪以下一等，杖罪者釋之。十二月戊申，以冬温無雪，決繫囚。二年十一月丙子，決囚。二年正月甲戌同。

按：此三事作「決囚」。

四年二月癸巳，録囚。六年六月壬辰同。七年三月己亥同。八年五月己丑同。紹聖元年四月己酉，詔中外決獄。十一月壬子，以冬温無雪，決繫囚。三年五月丙辰，録囚。四年五月辛酉，以皇太妃服藥及亢旱，決四京囚。元符二年七月己巳，盛暑，中外決繫囚。

按：《哲紀》四年作「録」。

《徽宗紀》：元符三年十二月辛丑，慮囚。

按：至此忽又作「慮」。

崇甯元年二月丙戌，以聖瑞皇太妃疾，慮囚。閏月辛酉，慮囚。二年六月壬戌同。四年六月丁丑同。大觀三年五月丁巳同。政和元年四月丙辰同。二年五月癸亥同。三年五月乙酉同。四年六月戊午同。五年五月壬辰同。六年六月庚午同。重和元年六月庚子同。宣和元年五月甲戌同。三年五月戊寅同。四年五月丙戌同。五年六月己亥同。六年五月壬寅同。七年六月辛亥同。

《高宗紀》：建炎二年六月甲子，親慮囚。三年七月己卯同。四年六月辛巳，慮囚。九月壬寅，詔諸路決囚。紹興三年五月甲申，親慮囚。三年七月己巳，命兩浙及諸路憲臣親按部録囚。六年五月丙申，詔監司慮囚不能徧及者，聽遣官，著爲令。紹興十一年七月庚子，遣官決滯獄，出繫囚。十五年四月癸未，命提刑巡行決獄。彗出。

《孝宗紀》：隆興二年六月辛酉，以淫雨，詔州縣理滯囚。八月甲子，以久雨決繫囚。乾道元年二月甲辰，以久雨決繫囚。三年八月甲寅，以久雨，命臨安府決繫囚。戊午，遣官分決滯獄。九年閏月戊申，以久雨，命大理、三衙、臨安府及兩浙州縣決繫囚，減雜犯死罪以下一等，釋杖以下。淳熙元年十月癸亥，以久雨，命中外決繫囚。三年五月，理囚。八月壬午，以久雨，命中外決繫囚。十月甲戌同。十月丙子，以久陰，命中外同。十年七月乙丑，以不雨同。十一年三月辛卯，詔刑部、御史臺每季以仲月録囚徒。紹熙元年六月甲午，御後殿慮囚。二年九月乙丑，以久雨，命大理、三衙、臨安府及兩浙決繫囚。四年七月丙子，以不雨，命諸路提刑審斷滯獄。戊寅，命臨安府及三衙決繫囚，釋杖以下。

《甯宗紀》：紹熙五年十月庚子，以久雨，命大理、三衙、臨安府兩浙州縣決繫囚，釋杖以下。慶元二年九月乙酉，以久雨決繫囚。二年五月辛巳，以旱詔大理、三衙、臨安府兩浙州縣決繫囚。三年七月，監察御史沈繼祖録淹囚四百餘條來上，詔進二官。嘉泰三年三月丁丑，以久雨詔大理、三衙、臨安府決繫囚。四年七月甲子，以旱詔大理、三衙、臨安府兩浙及諸路決繫囚。開禧元年七月，以旱詔大理、三衙、臨安府兩浙州縣及諸路決繫囚。二年二月丁巳，以久雨。餘同上。三年二月庚申，以旱。餘同上。嘉定元年閏月，詔大理、三衙、臨安府及諸路闕雨州縣決繫囚，釋杖以下。乙未，命大理、三衙、臨安府兩浙州縣決繫囚。二年五月丁酉，以旱詔諸路監司決繫囚。三年四月乙丑，決臨安繫囚，釋杖以下。五年三月戊辰，以久雨。同開禧二年二月。六年五月丁卯，以旱，命大理、三衙、臨安府決繫囚。七年六月，詔諸路監司官臣速決滯訟。十五年五月甲寅，詔監司慮囚。

《理宗紀》：嘉定十七年十月，詔諸路提點刑獄以十一月按理囚徒。淳祐二年十一月癸卯，詔決中外繫囚。

審錄

《明史·刑法志》：會官審録之例，定於洪武三十年。初制，有大獄必面訊。十四年命法司論囚，擬律以奏，從翰林院、給事中及春坊正字、司直郎會議平允，然後覆奏論決。至是置政平、訟理二旛，審諭罪囚。諭刑部曰：「自今論囚，惟武臣、死罪，朕親審之，餘俱以所犯奏。然後引至承天門外，命行人持訟理旛，傳旨諭之；其無罪應釋者，持政平旛，宣德意遣之。」繼令五軍都督府、六部、都察院、六科、通政司、詹事府，間及駙馬雜聽之，録寃者以狀聞，無寃者實犯死罪以下悉論如律，諸雜犯准贖。永樂七年，令大理司官引法司囚犯赴承天門外，行人持節傳旨，會同府、部、通政司、六科等官審録如洪武制。十七年，令在外死囚，悉赴京師審録。仁宗特命内閣學士會審重囚，可疑者再問。宣德三年奏重囚，帝令多官覆閲之，曰：「古者斷獄，必訊於三公九卿，所以合至公，重民命。卿等往同覆審，毋致枉死。」英國公張輔等還奏，訴枉者五（六）十〔六〕人，重命法司勘實，因切戒焉。成化十七年，命司禮太監一員會同三法司堂上官，於大理（司）〔寺〕審録，謂之大審。南京則命内守備行之。自此定例，每五年輒大審。大審，自萬曆二十九年曠不舉，四十四年乃行之。正德元年，掌大理寺工部尚書楊守隨言：「每歲熱審事例，行於北京而不行於南京。五年一審録事例，行於在京而略於在外。今宜通行南京，凡審囚三法司〔皆〕會審，其在外審録，亦依此例。」詔可。嘉靖十年，令每年熱審并五年審録之期，雜犯死罪、准徒五年者，皆減一年。

在外恤刑會審之制，定於成化時。初，太祖患刑獄壅蔽，分遣御史林愿、石恆等治各道囚，而敕諭之。宣宗夜讀《周官立政》：「式敬爾由獄，以長我王國。」慨然興歎，以爲立國基命在於此。乃敕三法司：「朕體上帝好生之心，惟刑是恤。令爾等詳覆天下重獄，而犯〔者〕遠在千萬里外，需次當決，豈能無寃？」因遣官審録之。正統六年四月，以災異頻見，敕遣三法司官詳審天下（刑）〔疑〕獄。於是御史張驥、刑部郎林厚、大理寺正李從智等十三人同奉敕往，而復以刑部侍郎何文淵、大理卿王文、巡撫侍郎周忱、刑科給事中郭瑾審兩京刑獄，亦賜之敕。是年，出死囚以下無數。成化八年，分遣刑部郎中劉秩等十四人會巡按御史及三司官審録，敕書鄭重遣之。十二年，大學士商輅言：「自八年遣官後，五年於兹，乞更如例行。」帝從其請。至十七年，定在京五年大審。卽於是年遣部寺官分行天下，會同巡按御史行事。於是恤刑者至，則多所放遣。此中外法司審録之大較也。

按：五年審録之制乃明制之善者，不知何以今不行也。此制與唐、宋之録囚相似，特唐、宋録因大都因事而施，明制則有五年之例耳。若洪武之政平，訟理二播，但從形式上鋪張，無關事實。太祖權操一己，雖以獄囚之或決或放，亦必以己意宣之，故有此等舉動，其後亦不能行也。

律令九卷

律令一

律

《爾雅·釋詁》：「律，常也，法也。」郝氏《義疏》：「常，《説文》以爲『裳』本字，經典借爲久常字，蓋尋、常俱度長之名，因訓爲長。故《方言》云，『凡物長謂之尋』，是尋亦訓長，常與長音義同，故《詩·文王》箋『長猶常也』。法則者，俱一定而不可變，是有常意。律者，與法則同意，故同訓。既云常又云法者，法必有常，有常可以爲法也。」

《漢書·律曆志》：律，法也，莫不取法焉。

《釋言》：「律，述也。」郝氏《義疏》：「述者，《説文》云『循也』。《詩·日月》傳及《士喪禮·少牢饋食禮》注並云『述，循也』。古文『述』皆作『術』。按術，《韓詩》云『法也』，法與律其義又同矣。律者，《釋詁》云『常也，法也』。奉爲常法，即述之義，故又訓述。《中庸》注及《史記·律書·索隱》引《釋名》並云『律，述也』。《廣雅》云『律，率也』。率、循即述也。」

《坎》：「律，銓也。」注：「《易·坎卦》主法，法律皆所以銓量輕重。」郝氏《義疏》：「銓者，《説文》云『衡也』，《廣韵》云『量也，次也，度也』，《文選·文賦》注引《蒼頡篇》曰『銓，稱也』，《聲類》曰『銓，所以稱物也』，《廣雅》『稱謂之銓』，《吳語》云『無以銓度天下之衆寡』。坎者，水也，水主法者。《左氏宣十二年》杜預注『坎爲法象』。《說文》云『法，刑也。平之如水，从水』。《考工記·輪人》云『水之以眡其平沈之均也，權之以眡其輕重之侔也』，然則水主均平，權知輕重，水即坎也，權亦銓也，銓衡所以取平，故坎訓銓矣。律者，上文云述也，《釋詁》云『常也，法也』。法律同類，故《易·集解》師坎下並引九家注坎爲法律，《淮南·覽冥篇》注又云『律，度也』，蓋律度銓衡並主法之器，故展轉相訓。《左宣十二年傳》正義引樊光曰『《坎卦》水也，水性平，律亦平，銓亦平也。』」

《管子·七臣七主篇》：夫法所以興功懼暴也，律者所以定分止爭也，令者所以令人知事也。法律政令者，吏民規矩繩墨也。

《史記·律書》：王者制事、立法、物度、軌則，壹稟於六律，六律爲萬事根本焉，其於兵械尤所重。

按：《史記》之《律書》乃兵書也，古者大刑用甲兵，則刑亦在其中矣。律爲萬事根本，刑律其一端耳。今則法律專其名矣。

《說文》：「律，均布也。从彳，聿聲。」段《注》：「《易》曰『師出以律』，《尚書》『正日，同律度量衡』，《爾雅》『《坎》：律，銓也』。律者所以範天下之不一而歸於一，故曰均布也。」王氏《句讀》：「均句，以均釋律者。《周語》『律，所以立均出度也』。《後漢·律曆志》『夏至，陳八音，聽五均』。《樂協圖徵》曰『均者，六律調五聲之均也』。宋均曰『均，長八尺，施弦以調六律五聲是也』。又申之以布也者，《釋器》『律，謂之分』。《禮運》注『陽曰律，陰曰呂，布在十二辰是也』。」

按：王注本於桂氏《義證》，是律之本義，段《注》乃後來引伸之義也。

《釋名》：律，累也，累人心使不放肆也。

按：《史記》言「王者制事立法一稟於六律」，《漢書·律曆志》云「推曆生律，制器規圜矩方，權重衡平，準繩嘉量，探賾索隱，鉤深致遠，莫不用焉。度長短者不失豪氂，量多少者不失圭撮，權輕重者不失黍絫」，又云「夫律陰陽九六，爻象所從出也。故黃鐘紀元氣之謂律」。律，法也，莫不取法焉，蓋六律之密必無豪氂圭撮黍絫之差，立法者皆應如是，故亦以律名。《爾雅》四訓，自是古義，《釋名》以累心爲訓，非定律之本旨。

《御覽》六百三十八：杜預《律序》：「律以正罪名，令以存事制。」

令

《爾雅·釋詁》：「令，告也。」郝氏《義疏》：「《獨斷》云『告，教也』，《釋名》云『上敕下曰告。告，覺也，使覺悟知己意也』。按以告爲上敕下，亦不必然，《廣韻》二沃梏紐下云『告上曰告，發下曰告』，是告乃上下通名耳。」

《詩·東方未明》：自公令之。傳：「令，告也。」

《漢書·東方朔傳》：令者命也。

《周禮·大司馬》：犯令陵政則杜之。注：「令，猶命也。」

《國策·秦策》：挾天子以令天下。注：「謹聞令。」注：「令，教。」

《論語》：不令而行。《集解》：「令，教令也。」

《鹽鐵論·刑德》：令者，所以教民也。又詔聖令者，教也，所以導民。

《漢書·食貨志》下注：「令謂法令。」

《説文》：「令，發號也。」桂氏《義證》：「發號也者，本書『君』下云發號，故从口。『后』下云發號者，君后也。《易·涣卦》『涣汗其大號』。《書·冏命》『發號施令，罔有不臧』。文十七年《左傳》『居大國而從於强令』，杜云『令，號令也』。」

《賈子·等齊篇》：天子之言曰令，令甲令乙是也。

《文選·爲袁紹檄豫州》注：《風俗通》：「時王所制曰令。」

《管子·法法篇》：令者人主之大寶也。

《釋名》：令，領也，理領之，使不得相犯也。

按：令者，上敕下之詞，命令、教令、號令，其義同。法令則著之書策，奉而行之，令甲、令乙是也。

《史記·杜周傳》：客有讓周曰：「君爲天子決平，不循三尺法，專以人主意指爲獄。獄者固如是乎？」周曰：「三尺安出哉？前主所是著爲律，後主所是疏爲令，當時爲是，何古之法乎！」《漢書》注：「師古曰，著謂明表也，疏謂分條也。」

按：「前主所是」二句，疑是成語。

科

《說文》：「科，程也，从禾从斗。斗者量也。」段《注》：「《廣韻》曰，程也，條也，本也，品也。又科斷也。按實一義之引伸耳。」「程，程品也。十髮爲程，一程爲分，十分爲寸。」段《注》：「品者，衆庶也。因衆庶而立之法則，斯謂之程品。荀卿曰，程者，物之準也。」

《釋名》：「科，課也。課其不如法者，罪責之也。」

《後漢書·桓譚傳》注：「科謂事條。」

法

《爾雅·釋詁》：「法，常也。」

《管子·法法篇》：「不法法則事毋常。」

又《正篇》：「制斷五刑，各當其名，罪人不怨，善人不驚。曰刑，如四時之不貣，如星辰之不變，如宵，如晝，如陰，如陽，如日月之明。曰法，法以遏之，遏之以絕其志意，毋使民幸。用法正人之志意，毋使人有非心之幸也。當故不改曰法。

按：當故，不改常也。

黄帝李法

《管子·任法篇》：故黄帝之治也，置法而不變，使民安其法者也。

《淮南·覽冥訓》：黄帝治天下，法令明而不闇。

《漢書·胡建傳》：《黄帝李法》曰：「壁壘已定，穿窬不繇路，是謂姦人，姦人者殺。」注蘇林曰：「獄官名也。

《天文志》：左角李，右角將。孟康曰：「兵書之法也。」師古曰：「李者，法官之號也，總主征伐刑戮之事也，故稱其書曰《李法》。蘇説近之。」

《通典》一百六十三：黄帝以兵定天下，此刑之大者。陶唐以前，未聞其制。

按：唐虞以前，刑法無聞《黄帝李法》，僅此一條。《漢書·藝文志》不録其書，是全書亡矣。《管子》言「黄帝置法」，《淮南》言「黄帝法令明」，則其時之法律必已詳備。《淮南》又言「神農無法制而民從」，《路史·後紀》云「神農氏謂賞在於成民之生，賞誠設矣，然不施於人而天下化。謂政無有棄法而成治，法誠立矣，然刑罰不施於人而俗善」。是神農時非無制令，特設而不用耳。《路史》又言「太昊氏明刑政」，《左傳》郯子言「少皞氏設刑官」。太昊、神農、黄帝、顓頊並有刑官，《通鑑前編外紀》載之。有官必有法，特古時法令簡質，不若後世之繁，書缺有間，不可考矣。

唐虞造律

《後漢書・張敏傳》：建初中，上疏曰：「孔子垂經典，皋陶造法律，原其本意，皆欲禁民爲非。」注：「史游《急救篇》曰『皋陶造獄法律存』也。」

《類聚》五十四：《風俗通》曰，咎陶謨虞始造律，蕭何成《九章》，此關諸百王不易之道也。時所制曰令，《文選》四十四引「時」下有「主」字。《漢書》著于甲令。夫吏者治也，當先自正然後正人，故文書下如律令，言當承憲履繩，動不失律令也。

《左傳》：昭十四年，《夏書》曰「昏、墨、賊、殺」，皋陶之刑也。

按：黄帝有《李法》，似律書非始于皋陶，而漢人多云皋陶造律者，殆皋陶始以律名歟？

《國語・魯語》：展禽曰：「堯能單均刑法以儀民。」注：「單，盡也。均，平也。儀，善也。」

《春秋元命苞》：堯得皋陶，聘爲大理，舜時爲士師。

《竹書紀年》：帝舜三年，命咎陶作刑。

《路史・後紀》：陶唐氏惟敬五刑，以成三德，是故明法察令單刑法非汔于威，惟汔于富。象刑以儀之而亡犯，畫衣冠異章服謂之戮，故人可殺而不可辱。上刑赭衣不純，中加雜屨，下則墨幪，以居州里，故民有恥而興禮。又《少昊紀》：大業取少典氏女，曰華生，繇虞帝求旃以爲士師，繇一振褐而不仁者遠，乃立犴獄，造科律，聽獄執中，爲虞之氏而天下亡寃，封之于皋，是曰皋陶。

按：《魯語》以單均刑法歸諸堯，證以《元命苞》之言，皋陶亦舉于堯世，《書・舜典》象以典刑一節乃堯時事，其時舜宅百揆，未即帝位也。故自來《書》傳或以之屬堯，或以之屬舜。其時堯尚在位，自應屬諸堯也。《竹書紀年》載咎陶作刑於帝舜三年，則與《尚書》不符，或爾時又命咎陶修之，與堯時爲兩事。

夏科條　贖刑

《唐律疏議》：《尚書大傳》「夏刑三千條」，《隋志》「夏后氏正刑有五科，條三千」。

《呂刑》：穆王訓夏贖刑。注：「穆王訓暢夏禹贖刑之法。揚子《法言》先知篇：『夏后肉辟三千。』」

按：《周禮·司刑》注「夏刑大辟二百，臏辟三百，宫辟五百，劓墨各千」，此三千之數。《法言》云「肉辟三千」，乃約略之詞也。科條之名，始見于夏，《路史》言「咎繇造科律」，似科之名亦始于繇，然其説未知何本。《説文》：「條，小枝也。」《後漢書·章紀》注：「條，事條也，事之由綱領而分爲條，猶木之由本根而分爲枝條也。」　贖刑詳贖下。

《左傳》昭十四年：叔向曰：「已惡而掠美爲昏，掠，取也。昏，亂也。貪以敗官爲墨，殺人不忌爲賊。忌，畏也。《夏書》曰『昏、墨、賊、殺』，《逸書》：三者皆死刑。皋陶之刑也。」

按：此唐虞之科目而夏后承之也，故見於《夏書》。

軍法

《甘誓》：左不攻于左，汝不恭命。左，車左，左方主射。攻，治也，治其職。右不恭于右，汝不恭命。右，車右，勇力之士執戈矛以退敵。御非其馬之政，汝不恭命。御以正馬爲政，三者有失，皆不奉我命。用命賞于祖，弗用命戮于社，予則孥戮汝。

按：此夏之軍法。

政典

《胤征》：《政典》曰：「先時者殺無赦，不及時者殺無赦。」傳：「《政典》，夏后爲政之典籍，若周官六卿之治典。先時，謂曆象之法，四時節氣，弦、望、晦、朔，先天時則罪死無赦。不及，謂曆象後天時，雖治其官，苟有先後之差則無赦，況廢官乎？」林氏之奇曰：「自《政典》以下，乃是胤侯誓師敕戒吏士之辭，當屬於下文，不當復謂指羲和而言也。」陳氏櫟曰：「《政典》，司馬所掌，胤侯爲大司馬，故引《政典》之語以敕戒吏士。『先時』、『不及時』，先後失師期時也，以屬下文者是。」

按：如孔傳所言，乃明律之失占天象也，其罪僅科以杖，不應夏時重至死，自以林、陳二說爲是。《政典》蓋亦夏后之軍法也。

《史記·平準書·索隱》：《尚書大傳》云：「夏后氏不殺不刑，死罪罰二千饌。」馬融曰：「饌，六兩。《漢書》作『撰』，音同。」

《路史·後紀》：夏后氏罪疑惟輕死者千饌，中罪五百下，饌二百。罰有罪而民不輕，罰輕而貧者不致於散，故不殺不刑，罰弗及彊而天下治。注：「《大傳·甫刑傳》云，禹之君民也，罰弗及强而天下治。

一饌六兩。鄭云，所出金鐵也。死罪出三百七十五斤，用財少爾。」

按：此二條乃夏后之贖法。

禹刑

《左傳》昭六年傳：夏有亂政而作《禹刑》，商有亂政而作《湯刑》，夏、商之亂，著禹、湯之法，言不能議事以制。周有亂政而作《九刑》，周之衰亦爲刑書，謂之《九刑》。三辟之興，皆叔世也。言刑書不起於始盛之時。

按：《禹刑》雖起於叔世，然是取禹之法著於書，故仍以禹名也。叔向謂先王議事以制，不爲刑辟，乃以是爲譏，固屬探源之論。而後世實有難行之勢，子産爲春秋救時之相，正有萬不得已者也，《湯刑》、《九刑》，其事正同。

殷官刑

《書·伊訓》：制官刑儆于有位，言湯制治官刑法以儆戒百官。曰敢有恆舞于宫、酣歌于室，時謂巫風。常舞則荒淫。樂酒曰酣，酣歌則廢德。事鬼神曰巫，言無政。敢有殉于貨色、恆于游畋，時謂淫風。殉，求也，昧求財貨美色。常游戲畋獵，是淫過之風俗。敢有侮聖言、逆忠直、遠耆德、比頑童，時謂亂風。狎侮聖人之言而不行，拒逆忠直之規而不納，耆年有德疏遠之，童稚頑嚚親比之，是荒亂之風俗。惟兹三風十愆，卿士有一于身家必喪，邦君有一于身國必亡。臣下不匡，其刑墨，具訓于蒙士。臣不正君，服墨刑，鑿其額湼以墨。

按：此官府之刑，湯所制也。

殷罰 殷彝

《書·康誥》：王曰：「外事，汝陳時臬，司師，茲殷罰有倫。」疏：「外土以獄事上於州牧之官爲奉王事，汝當用刑書爲布陳，是刑法爲司牧其衆，故受而聽之。既衞居殷墟，又周承於殷後，刑書相因，故兼用。其有倫者，謂當時刑書或無正條，而殷有故事可兼用，若今律無條，求故事之比也。」王曰：「汝陳時臬，事罰，蔽殷彝。」傳：「陳是法事，其刑罰斷獄用殷家常法，謂典刑故事。」

按：《玉海》引此二條標目曰《殷刑書》，然書之本意，殷罰，殷之罰。彝，常也。殷彝，殷之常法也。孔疏以《刑書》釋之亦是通常之語，未必爲殷時律令之名也。殷時先罰後賞，其刑罰當重于周，康叔治殷民，故仍以殷法行之。

湯令

《玉海》六十五：《帝王紀》：「湯令：未命之爲士者，車不得朱軒及有飛軨，不得乘飾車駢馬、衣文繡，命然後得，以順有德。」

按：湯有四方獻令，見《逸周書·王會篇》，是湯時諸法皆有令也。

湯刑

湯刑見上。又《竹書紀年》：祖甲二十四年，重作湯刑。注：「王舊在野，及即位，知小人之依，能保惠庶民，不侮鰥寡。迨其末也，繁刑以攜遠，殷道復衰。」郝懿行曰：「《國語》曰，元王勤商，十有四世，帝甲亂之，七世而隕。」案此當以《尚書》爲據，《國語》誤。

按：湯刑之作，叔向以爲叔世，而祖甲曰重作，當更在其後矣。

《韓非子·内儲說》：殷之法，刑棄灰於街者，子貢以爲重，問之仲尼。仲尼曰：「知治之道也。夫棄灰於街必掩人，灰塵播揚，善播翳人也。掩人，人必怒，怒則鬬，鬬必三族相殘也，此殘三族之道，雖刑之可也。且夫重罰者，人之所惡也，而無棄灰，人之所易也，使人行之所易而無離所惡，此治之道。」一曰，殷之法，棄灰于公道者，斷其手。子貢曰：「棄灰之罪輕，斷手之罰重，古人何太毅也？」毅，酷也。曰：「無棄灰所易也，斷手所惡也，行所易不關所惡，古人以爲易故行之。」

按：此法太重，恐失其實，即前後兩說已不甚同矣。

周文王法

《左傳》：昭七年，周文王之法曰，有亡，荒閱。注：「荒，大也。閱，蒐也。有亡人當大蒐其衆。」

《公羊傳》：文九年，繼文王之體，守文王之法度，文王之法無求，故譏之也。何休注：「引文〔王〕者，文王始受命制法度。」

按：文王以西伯而自立法，封建之世，其制如此。定四年《左傳》：祝佗言，魯、衛之封，皆啟以商政，疆以周索。晉之封，啟以夏政，疆以戎索。蓋各因其風俗開用其政，不强以全用周法也。《康誥》用殷罰、殷彝，卽啟以商政之明證。何休謂文王始受命制法度者，未可信也。今時美洲爲合衆國，而各邦之法各不相侔，頗與古代情形相似。

周刑典　官刑　宫刑　八成

《周禮》：大宰之職掌建邦之六典。五曰刑典，以詰邦國，以刑百官，以糾萬民。注：「典，常也，經也，法也。王謂之禮經，常所秉以治天下也。邦國官府謂之禮法，常所守以爲法式也。常者，上下通名。詰，猶禁也。《釋文》『詰，禁也』。干云『彈正糾察也』。」

以八法治官府，七曰官刑，以糾邦治。注：「鄭司農云，官刑謂司刑所掌墨罪、劓罪、宫罪、刖罪、殺罪也。玄謂官刑司寇之職，五刑其四曰官刑，上能糾職。」疏：「司刑所掌，正五刑施于天下，非爲官中之刑，故後鄭不從之也。」

以八則治都鄙，七曰刑賞，以取其威。疏：「使人入善畏威，故云以馭其威。」

以八柄詔王馭羣臣，六曰奪，以馭其貧。七曰廢，以馭其罪。八曰誅，以馭其過。注：「奪，謂臣有大罪没入家財者。六極，四曰貧。廢，放也，舜殛鯀于羽山是也。誅，責讓也。《曲禮》曰齒路馬有誅，凡言馭者，所以敺之內之於善。」

小宰之職，掌建邦之宮刑，以治王宮之政令，凡宮之糾禁。注：「宮刑，在王宮中者之刑，建明布告之。糾，猶割也，察也。若今御史中丞。」

以官府之六屬舉邦治。五曰秋官，其屬六十，掌邦刑。大事則從其長，小事則專達。

以官府之六職辨邦治。五曰刑職，以詰邦國，以糾萬民，以除盜賊。

以官府之八成經邦治。一曰聽政役以比居，二曰聽師田以簡稽，三曰聽閭里以版圖，四曰聽稱責以傅別，五曰聽禄位以禮命，六曰聽取予以書契，七曰聽買賣以質劑，八曰聽出入以要會。注：「鄭司農云，政，謂軍政也。役，謂發兵起徒役也。比居，謂伍籍也，比地爲伍。因內政寄軍令，以伍籍發軍起役者，平而無遺脱也。簡稽，士卒兵器簿書簡閱也。稽，猶計也，合也。合計其士之卒伍，閱其兵器，爲之要簿也。故遂人職曰稽其人民，簡其兵器。《國語》曰，黄池之會，吴陳其兵，皆官師擁鐸拱稽版户、籍圖、地圖也。聽人訟地者，以版圖決之。司書職曰邦中之版，土地之圖。稱責，謂貸子。傅別，謂券書也。聽訟責者，以券書決之。傅，傅著約束於文書。別，別爲兩，兩家各得一也。禮命，謂九賜也。書契，符書也。質劑，謂市中平賈，今時月平是也。要會，謂計最之簿書，月計曰要，歲計曰會，故宰夫職曰，歲終則令羣吏正歲會，月終則令正月要。玄謂政謂賦也，凡其字或作『政』，或作『正』，或作『征』，以多言之，宜從『征』。如《孟子》交征利云。傅別，謂爲大手書於一札中，字別之。書契，謂出、予、受、入之凡要，凡簿書之最目、獄訟之要辭皆曰契。《春秋傳》曰，王叔氏不能舉其契。質劑，謂兩書一札，同而別之。長曰質，短曰劑。傳別，皆今之券書也。事異，異其名耳。禮命，禮之九命之差等。」疏：「以官府之中有八事，皆是舊法，成事品式，依時而行之，將此八者經紀國之治政，故云經邦治也。一曰聽政役以比居者，八事皆聽者，舊事爭訟，當斷之也。政謂賦稅，役謂使役，民有爭賦稅使役則以地比居者共聽之。二曰聽師田以簡稽者，謂師出征伐及田獵，恐有違法則當閱其兵器與人，並算足否。三曰聽閭里以版圖者，在六鄉則二十五家爲閭，在六遂則二十五家爲里，閭里之中有爭訟則以户籍之版、土地之圖聽決之。四曰聽稱責以傅別者，稱責謂舉責生子，彼此俱爲稱意故爲稱責，於官於民俱是稱也，爭此責者則以傅別券書決之。五曰聽禄位以禮命者，有人爭禄之多少、位之前後，則以禮命文書聽之也。六曰聽取予以書契者，此謂於官直貸不出子者，故云取予，若爭此取予者，則以書契券書聽之。七曰聽買賣以質劑者，有人爭市事者，則以質劑聽之。八曰聽出入以要會，此出入者，正是官内自用，有人爭此官物者，則以要會簿書聽之。先鄭云責謂貸子者，謂貸而生子者，若今舉責，即《地官·泉府職》云，凡民之貸者，以國服爲之息。若近郊民貸則一年十一，生利之類是也。」

按：大宰之六典曰建，小宰之宫刑亦曰建，是大宰爲立法之官而小宰佐之者也。大司寇之三典亦曰建，則立法之事大司寇亦與聞之，至小司寇以下則皆奉行之人，不得干與立法之權矣。自來立法之權必統于一方無紛歧之弊，大宰爲執政之人，大司寇爲刑官之長，故任立法之事者僅此數人，未聞築室道謀而能有成者也。

大司寇之職掌建邦之三典，以佐王刑邦國，詰四方。一曰刑新國用輕典，新國者，新辟地立君之國。用輕法者，爲其民未習於教。二曰刑平國用中典，平國，承平守成之國也。用中典者，常行之法。三曰刑亂國用重典。亂國，篡弒叛逆之國。用重典者，以其化惡伐滅之。以五刑糾萬民，刑亦法也，糾猶察異之。一曰野刑，上功糾力；功，農功。力，勤力。二曰軍刑，上命糾守；命，將命也。守，不失部伍。三曰鄉刑，上德糾孝；德，六德也。善父母爲孝。四曰官刑，上能糾職；能，能其事也。職，職事修理。五曰國刑，上愿糾暴。愿，愨慎也。暴，當爲「恭」字之誤也。以圜土聚教罷民，詳監禁作工。以兩劑禁民獄，入鈞金，三日乃致于朝，然後聽之。獄，謂相告以罪名者。劑，今券書也。使獄者各齎券書。既兩券書使入鈞金，又三日乃治之，重刑也。不券書，不入金，則是亦自服不直者也。必入金者，取其堅也。三十斤曰鈞。以嘉石平罷民，詳枷號。以肺石達窮民。肺石，赤石也。窮民，天民之窮而無告者。凡遠近惸獨老幼之欲有復於上而其長弗達者，立於肺石，三日士聽其辭，以告於上，而罪其長。無兄弟曰惸，無子孫曰獨。復，猶報也。上，謂王與六卿也。報之者若上書詣公府言事矣。長，謂諸侯，若鄉遂大夫。正月之吉，始和，布刑于邦國都鄙，乃縣刑象之法于象魏，使萬民觀刑象，挾日而斂之。

凡諸侯之獄訟以邦典定之，邦典，六典也，以六典待邦國之治。凡卿大夫之訟獄以邦法斷之，邦法，八法也，以八法待官府之治。凡庶民之獄訟以邦成弊之。邦成，八成也，以官成待萬民之治。邦成，謂若今時决事比也。弊之，斷其獄訟也。

八辟

小司寇之職以八辟麗邦法，附刑罰。一曰議親之辟，二曰議故之辟，三曰議賢之辟，四曰議能之辟辟，五曰議功之辟，六曰議貴之辟，七曰議勤之辟，八曰議賓之辟。

五禁　八成

《小司寇》：正歲，帥其屬而觀刑象，令以木鐸。曰不用法者，國有常刑，令羣士乃宣布于四方，憲刑禁。宣，徧也。憲，表也，謂縣也。刑禁，士師之五禁。

士師之職掌國之五禁之法以左右刑罰。一曰宮禁，二曰官禁，三曰國禁，四曰野禁，五曰軍禁，皆以木鐸徇之于朝，書而縣于門閭。左右，助也，助刑罰者，其禁民爲非也。宮，王宮也。官，官府也。國，城中也。古之禁盡亡矣。掌士之八成，鄭司農云，八成者，行事有八篇，若今時決事比。一曰邦汋，鄭司農云，汋，讀如酌酒尊中之酌。國汋者，斟汋盜取國家密事，若今時刺探尚書事。二曰邦賊，爲逆亂者。三曰邦諜，爲異國反間。四曰犯邦令，干冒王教令者。五曰撟邦令，稱詐以有爲者。六曰爲邦盜，竊取國之寶藏者。七曰爲邦朋，朋黨相阿，使政不平者。八曰爲邦誣。誣罔君臣，使事失實。

邱氏濬曰：三代未有律之名，而所謂禁者即是豫爲法制，以禁之於未然，雖無律之名而律之意已具于此矣。違乎禁即入于刑，入于刑即犯于法，犯于法則加以罰焉，然非徇之以木鐸、書之以門閭，則蚩蚩蠢蠢之民何以知爲禁而不犯哉？故以木鐸徇之于朝，使之內有所聞，以書而懸于門閭，使之外有所見，聞見于耳目之間，警省於心思之內，知所禁忌而不犯刑法。所謂五禁之法，左右乎刑罰，豈不然哉？又曰先儒謂官府之八成，則其經始之成法也，士師之八成，則其正亂之成法也。先王之時，齊八政以防淫，一道德以同俗。愚夫姦人之爲禍於邦家也，立八成之法，使士師掌之，使其知有犯於此者必刑之而無赦。制治於未亂，保邦於未危，所以防其芽蘖者豈不豫哉？

按：五禁、八成，當各有科條，今書已亡，但存其目。五禁不行而犯刑者遂多矣。邱氏謂三代未有律，然皋陶造律漢人言之者非止一人，周律之名見于《管子》，謂三代無律之名恐未必然。

以五戒先後刑罰，毋使罪麗于民。一曰誓，用之于軍旅。二曰誥，用之于會同。三曰禁，用諸田役。四曰糾，用諸國中。五曰憲，用諸都鄙。先後，猶左右也。誓、誥，於《書》則《甘誓》、《湯誓》、《大誥》、《康誥》之屬。禁，則軍禮曰無干車毋自後射此其類也。糾、憲，未有聞焉。

邱氏濬曰：以五戒先後刑罰，卽唐、宋之律而有名例、職制、敕、令、格、式之意也，蓋禁止使勿爲，施於未然之前，戒敕其怠忽，施於事爲之際。先之則引而導之，使無進而麗於罰，後之則柅而止之，使無退而麗于刑。

《欽定周官義疏》：以誓言之，《費誓》則戒之於先，《秦誓》則以戒於後。以誥言之，《大誥》則戒之於先，《多士》、《多方》則以戒於後，故曰以先後刑罰。誓用於軍旅，賞罰用命，不用命必出矢言，使知必行也。誥用於會同者，宣諭以禮義也。禁用於田役者，使衆守法而不敢踰也。國中用糾，其民聚可合致而申警之也。都鄙用憲，其地遠必分布而表縣之也。

按：五戒先後刑罰與五禁之左右刑罰，其意同而其事不同，五禁必有科條，五戒則但爲文誥。觀於《湯誓》諸篇，其體制可見大概，邱氏以名例、職制、敕、令、格、式當之，誤矣。此五戒本與律令無涉，諸書之言律令者多采之，今仍録之。

五刑

《司刑》：掌五刑之法，以麗萬民之罪。墨罪五百，劓罪五百，宫罪五百，刖罪五百，殺罪五百。注：「此二千五百罪之目略也，其刑書則亡。」

按：此正五刑乃周初之目略，《吕刑》云「五刑之屬三千」，是穆王時其制已變矣。

三法

《司刺》：掌三刺、三宥、三赦之法，以贊司寇聽獄訟。刺，殺也，訊而有罪則殺之。宥，寬也。赦，舍也。壹刺曰訊羣臣，再刺曰訊羣吏，三刺曰訊萬民。訊言。壹宥曰不識，再宥曰過失，三宥曰遺忘。鄭司農云，不識，謂愚民無所識則宥之。過失，若今律過失殺人不坐死。玄謂，識，審也。不審，若今仇讎當報甲，見乙誠以爲甲而殺之者。過失，若舉刃欲斫伐而軼中人者。遺忘，若間帷薄忘有在焉，而以弓失投射之。以此三法者求民情，斷民中，施上服下服之罪，然後刑殺。

六約

《司約》：掌邦國及萬民之約劑。治神之約爲上，治民之約次之，治地之約次之，治功之約次之，治器之約次之，治摯之約次之。此六約者，諸侯以下至於民皆有焉。劑，謂券書也。治者，理其相抵冒上下之差也。神約，謂命祀郊社羣望及所祖宗也。夔子不祀祝融，楚人伐之。民約，謂征稅、遷移、仇讐既和。若懷宗九族在晉，殷民六族、七族在魯、衞皆是也。地約，謂經界所至、田萊之比也。功約，謂王功國功之屬，賞罰所及也。器約，謂禮樂、吉凶、車服所得用也。摯約，謂玉帛、禽鳥相與往來也。凡大約劑書於宗彝，小約劑書於丹圖，若有訟者則珥而辟藏，其不信者服墨刑。訟，訟約，若宋仲幾薛宰者也。辟藏，開府視約書。不信，不如約也。珥讀曰衈，謂殺雞取血釁其户。若大亂則六官辟藏，其不信者殺。大亂，謂僭約，若吴楚之君、晉文公請隧以葬者。六官辟藏，明大罪也。六官，初受盟約之貳。

邱氏濬曰：先爲之約劑使人知所守，而有不知其約者則考其券書以治之，亦猶後世之格式也。

按：約劑，若今時合同契約之類，因事而有，與格式不同。格式者，若今章程條款之類，乃國家所定與衆守之者也。邱以約劑當格式，其誤與以五戒當名例等項正同，殆於大明律令未嘗考之歟？此條一墨一殺，乃周時刑書之僅存者。

周刑禁

《地官·媒氏》：禁遷葬者與嫁殤者。遷葬，謂生時非夫婦，死既葬，遷之使相從也。殤，十九以下未嫁而死者，生不以禮相接，死而合之，是亦亂人倫者也。鄭司農云，嫁殤者，謂嫁死人也，今時娶會是也。

《司市》：凡市僞飾之禁，在民者十有二，在商者十有二，在賈者十有二，在工者十有二。鄭司農云，所以俱十有二者，工不得作，賈不得粥，商不得資，民不得畜。玄謂《王制》曰，用器不中度不粥於市，兵車不中度不粥於市，布帛精麤不中數、幅廣狹不中量不粥於市，姦色亂正色、五穀不時、果實未熟不粥於市，木不中伐不粥於市，禽獸魚鼈不中殺不粥於市，亦其類也。

國君過市則刑人赦，夫人過市罰一幕，世子過市罰一帟，命夫過市罰一蓋，命婦過市罰一帷。市者，人之所交利而行刑之處，君子無故不遊觀焉，若遊觀則施惠以爲説也。國君則赦其刑人，夫人、世子、命夫、命婦則使之出罰，異尊卑也。

《朝士》：禁慢朝，錯立族談者。凡盜賊軍鄉邑及家人，殺之無赦。鄭司農云：「謂盜賊羣輩若軍共攻盜鄉邑及家人者，殺之無罪。若今時無故入人室屋廬舍、上人車船，牽引人欲犯法者，其時格殺之無罪。」疏：「盜賊並言者，盜謂盜取人物，賊謂殺人曰賊。鄉，據鄉黨之間。邑，據郭邑之內。家人者，先鄭舉漢《賊律》云，牽引人欲犯法則言家人者，欲爲姦淫事，故攻之。」凡報仇讎者書於士，殺之無罪。謂同國不相辟者，將報之必先言之於士。

《掌戮》：掌斬殺賊諜而搏之。凡殺其親者焚之，殺王之親者辜之。

《禁殺戮》：掌司斬殺戮者。凡傷人見血而不以告者，攘獄者，遏訟者，以告而誅之。司，猶察也。察此四者，告於司寇罪之也。斬殺戮，謂吏民相斬、相殺、相戮者。傷人見血，見血乃爲傷人耳。鄭司農云：「攘獄者，距當獄者也。遏訟者，遏止欲訟者也。玄謂，攘，猶御也。御獄者，言不受也。」疏：「御獄者，言不受也者，謂人有罪過，官有文書，追攝不肯受者。」

《禁暴氏》：掌禁庶民之亂暴力正者，撟誣犯禁者，作言語而不信者，以告而誅之。民之好爲侵陵、稱詐、謾誕，此三者亦刑所禁也。力正，以力强得正也。

《野廬氏》：若有賓客則令守涂地之人聚欜之，有相翔者誅之。有姦人相翔於賓客之側則誅之，不得令寇盜賓客。禁野之横行徑踰者。皆爲防姦也。横行，妄由田中。徑踰，射邪趍疾越隄渠也。

《司寤氏》：禦晨行者，禁宵行者、夜游者。備其遭寇害及謀非公事。禦亦禁也，謂遏止之無刑法也。晨，先明也。

宵，定昏也。

《脩閭氏》：禁徑踰者與以兵革趨行者與馳騁於國中者。皆爲其惑衆。

《銜枚氏》：掌司囂。禁囂讙者，爲其聒亂在朝者之言語。禁訓呼歎嗚於國中者、行歌哭於國中之道者。爲其惑衆，相感動嗚吟也。

按：以上諸條乃周代刑禁之可考者，故彙録之。

没入

《司厲》：掌盜賊之任器貨賄，辨其物，皆有數量，賈而楬之，入于司兵。鄭司農云，任器貨賄，謂盜賊所用傷人兵器及所盜財物也。入于司兵，若今時傷殺人所用兵器、盜賊贓加責没入縣官。其奴男子入于罪隸，女子入于舂槀。凡有爵者與七十者與未齔者，皆不爲奴。

按：此周時没入之法。

鄉八刑

大司徒之職，以鄉八刑糾萬民。一曰不孝之刑，二曰不睦之刑，三曰不婣之刑，四曰不弟之刑，五曰不任之刑，六曰不恤之刑，七曰造言之刑，八曰亂民之刑。糾，猶割察也。不弟，不敬師長。造言，訛言惑衆。亂民，亂名改作，執左道以亂政也。鄭司農云：「任謂朋友相任，恤謂相憂。」疏：「不任之刑，謂不信任於朋友。不恤之刑，謂見災危而不憂恤。」凡萬民之不服教而有獄訟者與有地治者，聽而斷之，其附于刑者歸于士。

按：附于刑者歸于士，則鄉八刑必其過惡尚輕而麗于刑者，故大司徒糾之。八者之中，若重而附于刑則歸于士矣。

和難 辟讎

《調人》：掌司萬民之難而諧和之。凡過而殺傷人者，以民成之，鳥獸亦如之。凡和難，父之讎辟諸海外，兄弟之讎辟諸千里之外，從父兄弟之讎不同國。君之讎眂父，師長之讎眂兄弟，主友之讎眂從父兄弟，弗辟則與之瑞節而以執之。凡殺人有反殺者，使邦國交讎之。凡殺人而義者，不同國，令勿讎，讎之則死。凡有鬬怒者成之，不可成者則書之，先動者誅之。

按：辟讎之法，掌自調人。欲報仇讎而書于朝士者，殺之無罪。今則擅殺應死罪人者杖一百，古法不盡行于今矣。和難之事，息事安人，周著爲法，今則往往諱言之，古今治法之不同如此。

邱氏濬曰：成周之世，未有律令之書，凡《秋官·司寇》所設之官屬，所掌之刑禁，凡所掌禁約施行者，卽後世法律之條件也。説者謂《秋官》自《禁殺戮》至《脩閭氏》八官，皆幾防盜賊姦軌者，較之今律，斬殺戮卽今之人命律，攘獄卽今之劫囚律，遏訟卽今之告狀不受律，姑舉一二，餘可以類推矣。

按：周代律令之書，今不傳耳，《左傳》明言作九刑，《逸周書》明言正刑書，不得云未有也。

周刑書

《逸周書·嘗麥解》：維四年孟夏，王命大正正刑書，太史筴刑書九篇以升授大正，以刑書之筴九篇升。大正坐舉書乃中降，再拜稽首，太史乃藏之盟府，以爲歲典。

按：此成王之四年，大正蓋司寇也。正者，蓋修改之。曰授、曰舉、曰藏，實有書在，是周之律令有書矣，邱文莊之言考之未詳也。

周贖刑

《呂刑》詳贖。

甫刑金選品

《漢書·蕭望之傳》詳贖。

周誓命 九刑

文十八年，先君周公作《誓命》曰：「毀則爲賊，誓要信也，毀則壞法也。掩賊爲藏，掩，匿也。竊賄爲盜，賄，財也。盜器爲姦。器，國用也。主藏之名，以掩賊爲名。賴姦之用，用姦器也。爲大凶德，有常無赦，在九刑不忘。」《誓命》以下皆九刑之書，九刑之書今亡。孔疏言：「制《周禮》曰」，「作《誓命》曰」，謂制禮之時有此語，爲此誓耳，此非《周禮》之文，亦無《誓命》之書。在後作九刑者，記其誓命之言，著於死刑之書耳。謂之九刑，必其諸法有九，而九刑之書今亡，不知九者何謂。服虔云，正刑一，議刑八，卽引《小司寇》八議議親、故、賢、能、功、貴、勤、賓之辟，此八議者，載於《司寇》之章，周公已制之矣。後世更作，何所復加？且所議八等之人，就其所犯正刑，議其可赦以否，八者所議，其刑一也，安得謂之八刑？《周禮·司刑》賈疏在「九刑不忘」，言九刑者，鄭注《堯典》云，正刑五，加之流、宥、鞭、扑、贖刑，此之謂九刑者，賈、服以正刑一，加之以八議。昭六年云「周有亂政而作九刑」，而云周公作者，鄭志云，三辟之興皆在叔世，受命之王所制法度，時不行耳。世末政衰，隨時自造刑書，不合大中，故叔向譏之。作刑書必重其事，故以聖人之號以神其書耳，若然，九刑之名是叔世所作，假言周公，其實非周公也。

按：九刑，舊說二。服虔之說，疏已駁之。康成據《虞書》爲説則是唐虞已有九刑，何至周方名爲九，是其說亦未可從。竊謂《逸周書》言刑書九篇，是周初舊有九篇之名，後世本此爲書，故謂之九刑，非謂刑有九也。

周律

《管子·言法》：周鄭之禮移則周律廢矣。

按：《漢志》有《周法》九篇，法天地，立百官，在儒家類，與刑法無涉。周律之名則見於《管子·

言法》，必刑法言也。

周令

《周禮·春官》：內史執國法及國令之貳。御史掌邦國都鄙及萬民之治令，以贊冢宰，凡治者受法令焉。

按：此周有令之證。

箕子八條

《漢書·地理志》：殷道衰，箕子去之朝鮮，教其民以禮義，田蠶織作。樂浪朝鮮民犯禁八條：師古曰：「八條不具見。」相殺以當時償殺；相傷以穀償；相盜者男沒入爲其家奴，女子爲婢，欲自贖者，人五十萬。雖免爲民，俗猶羞之，嫁取無所讎，師古曰：「讎，匹也。」是以其民終不相盜，無門户之閉，婦人貞信不淫辟。其田民飲食以籩豆，都邑頗放效吏及內郡賈人，往往以杯器食。郡初取吏於遼東，吏見民無閉臧，及賈人往者，夜則爲盜，俗稍益薄。今於犯禁寖多，至六十餘條。可貴哉，仁賢之化也！

按：相殺、相傷、相盜，當爲八條，三餘無可考。

晉常法

《左傳》：文六年春，晉蒐於夷，舍二軍。使狐射姑將中軍，趙盾佐之。陽處父至自溫，改蒐于董，易中軍。陽子，成季之屬也，故黨於趙氏，且謂趙盾能，曰：「使能，國之利也。」是以上之。宣子於是乎始爲國政，制事典，正法罪，輕重當。辟獄刑，辟，猶理也。董逋逃，董，督也。由質要，治舊洿，本秩禮，續常職，出滯淹。既成，以授太傅陽子與太師賈佗，使行諸晉國，以爲常法。

晉被廬之法　刑鼎

昭二十九年冬，晉趙鞅、荀寅帥師城汝濱，遂賦晉國一鼓鐵，以鑄刑鼎，著范宣子所爲刑書焉。仲尼曰：「晉其亡乎！失其度矣。夫晉國將守唐叔之所受法度，以經緯其民，卿大夫以序守之，民是以能尊其貴，貴是以能守其業。貴賤不愆，所謂度也。文公是以作執秩之官，爲被廬之法，僖二十七年文公蒐被廬，修唐叔之法。以爲盟主。今棄是度也，而爲刑鼎，民在鼎矣，何以尊貴？貴何業之守？棄禮徵書，故不尊貴。民不奉上，則上失業。貴賤無序，何以爲國？且夫宣子之刑，夷之蒐也，晉國之亂制也，范宣子所用刑，乃夷蒐之法也。夷蒐在文六年，一蒐而三易中軍帥，賈季、箕鄭之徒遂作亂，故曰亂制。若之何以爲法？」蔡史墨曰：「范氏、中行氏其亡乎！中行寅爲下卿而干上令，擅作刑器，以爲國法，是法姦也。又加范氏焉，易之，亡也。其及趙氏，趙孟與焉。然不得已，若德，可以免。」

按：春秋之時各國多自爲法，如晉之被廬、刑鼎，鄭之刑書、竹刑，楚之僕區，皆非周法。晉國啓以夏政，疆以戎索，是本不全用周法矣。

晉戎索

定四年，子魚曰：「分唐叔以大路、密須之鼓、闕鞏、沽洗，懷姓九宗，職官五正。命以《唐誥》而封以夏虚，啓以夏政，亦因夏風俗開用其政。疆以戎索。」大原近戎而寒，不與中國同，故自以戎法。

按：索，法也。啟以夏政，疆以戎索，卽唐叔所受之法度也。

鄭刑書

昭六年三月，鄭人鑄刑書。鑄刑書於鼎，以爲國之常法。叔向使詒子產書，曰：始吾有虞於子，今則已矣。昔先王議事以制，不爲刑辟，懼民之有争心也。臨事制刑，不豫設法也。法豫設則民知争端。猶不可禁禦，是故閑之以義，糾之以政，行之以禮，守之以信，奉之以仁。制爲禄位，以勸其從。嚴斷刑罰，以威其淫。懼其未也。故誨之以忠，聳之以行，教之以務，使之以和，臨之以敬，涖之以彊，斷之以剛，猶求聖哲之上、明察之官、忠信之長、慈惠之師，民於是乎可任使也，而不生禍亂。民知有辟，則不忌於上。權移於法，故民不畏上。並有争心，以徵於書，而徼幸以成之，因危文以生争，緣徼幸以成其巧僞。弗可爲矣。夏有亂政而作《禹刑》，商有亂政而作《湯刑》，夏、商之亂，著禹湯之法，言不能議事以制。周有亂政而作《九刑》，周之衰亦爲刑書，謂之《九刑》。三辟之興，皆叔世也。言刑書不起於始盛之世。今吾子相鄭國，作封洫，立謗政，制參辟，鑄刑書，制參辟，謂用三代之末法。疏：「三代皆取前世故事制以爲法，子產亦本三代所聞見，斷獄善者以爲書也。」將以靖民，不亦難乎？

《詩》云「儀式刑文王之德，日靖四方」。又曰「儀刑文王，萬邦作孚」。如是，何辟之有？民知争端矣，將棄禮而徵於書，以刑書爲徵。錐刀之末，將盡争之。錐刀末，喻小事。亂獄滋豐，賄賂並行。終子之世，鄭其敗乎？肸聞之，國將亡，必多制，數改法。其此之謂乎！復書曰：若吾子之言，僑不才，不能及子孫，吾以救世也。既不承命，敢忘大惠！疏：「當時鄭國大夫邑長蓋有斷獄不平、輕重失中，故作此書以令之，所以救當世也。」

《晉志》：劉頌上疏：「上古議事以制，不爲刑辟。夏殷及周，書法象魏。三代之君齊聖，然咸棄曲當之妙鑒，而任徵文之直準，非聖有殊，所遇異也。今論時敦（弊）〔朴〕，不及中古，而執平者欲適情之所安，自託於議事以制。臣竊以爲聽言則美，論理則違。」

《通典》一百六十六：議曰：古來述作，鮮克無累，或其識未至精，或其言未至公。觀左氏之紀叔向書也，蓋多其義而表其詞，孟堅從而善之，似不敢異於前志，豈其識或未精乎？按虞舜立法，曰象以典刑，流宥五刑，鞭作官刑，扑作教刑，金作贖刑，眚災肆赦，怙終賊刑，欽哉欽哉，惟刑之恤哉！又按《周官·司寇》建三典，正月之吉縣於象魏，使萬民觀之，浹旬而斂。漢宣帝患決獄失中，置廷尉平，時鄭昌上疏曰：聖王立法明刑者，救衰亂之起也。今宜删定律令，愚民知所避，姦吏無所弄。後之論者，即云上古議事不爲刑辟，夫有血氣必有争心，羣居勝物之始。三皇無爲之代，既有君長焉，則有刑罰焉。其俗至淳，其事至簡，人犯者至少，何必先定刑名？所以因事立制，叔向之言可矣。自五帝以降，法教益繁虞舜聖哲之君，後賢祖述其道，刑章輕重亦以素設。周氏三典，縣諸象魏，皆以防民陷令避罪辜，是故鄭昌獻疏蓋以發明其義。當子産相鄭，在東周衰時，王室已卑，諸侯力政，區區鄭國，介於晉、楚。法弛民怠，政墮俗微，觀時之宜，設救之術，外抗大國，内安疲甿。仲尼兄事，聞死出涕，稱之遺愛，非盛德歟？而叔向乃謂赫胥栗陸御宇之時，徒存閑誼行禮致治之説，雖虞夏之盛亦未可，在殷周之初固不及研尋，反覆斯言，諒同玉巵無當矣。詳《左氏之傳》，或匪至公，晏嬰、張趯譏議則别，先儒注釋亦已昌言所紀叔向此書有如曲護晏子也。或曰，按孔穎達《正義》云，子産鑄刑書而叔向責之，趙鞅鑄刑鼎而仲尼譏之，則刑之輕重不可使人知也。聖王雖制刑法，舉其大綱，但共犯一法，情有深淺，待至臨事，議其輕重也。按孔議會叔向之言，前已論之矣。又按《左傳》晉趙鞅鑄刑鼎，著范宣子所爲刑書焉。仲尼曰晉國將守唐叔之所受法度，以經緯其民。文公又爲被廬之法，以爲盟主。今棄是度也而爲刑鼎，民在鼎矣，何以尊貴？且宣子之刑，夷之蒐，晉國之亂制也。又議曰，夫經籍指歸誠要，疏議固當解釋本文，豈可徒爲臆説？詳左氏載夫子所議，令守晉國舊法，范宣子所爲，非善政也，故録本傳以證之。佑誠慚學，輒議前賢，儻遇精鑒，達識庶幾，要終原始，幸詳鄙見。

按：叔向探原立論，實與夫子道德齊禮之旨相同，其所望於子産者，在于行先王之道，乃時世所迫，子産亦無可如何，但爲此補救之法，叔向深有慨乎？先王之道以子産之才尚不能行之，故發憤而爲此書。左氏載之，留此一段議論於天壤間，庶或旦暮遇之也。春秋時具此等識見者能有幾人？此等崇論竑議烏可使之湮没而不彰？班固采入《刑法志》中，頗爲有見。杜佑乃議左氏所載爲未公，是未知先王之道在德禮不在刑政也。至《周禮·大司寇》「縣刑象于象魏，使萬民觀之」，王氏昭禹謂因事以制刑，亦當因時而爲之變通，量時而有輕重。正月之吉，布刑于邦國都鄙爲是故也。蓋先王之法若江河，貴乎易避而難犯，若匿爲物而愚不識，其陷於罪又從而刑之，不幾於罔民乎？其使民觀象者，亦使知所避而已。邱氏濬曰：設法令以待天下，固將使民易避而難犯，顧乃深藏於理官法家，自典正職掌之官猶不能徧知其所有、洞曉其所謂，況愚夫細民哉？閭閻之下望朝廷之禁憲，如九地之於九天，莫測其意嚮之所在，乃陷乎罪，從而刑之，是罔民也，豈聖王同民出治之意乎？此皆本鄭昌「愚民知避」一語演而爲説，與議事以制之意若相反。竊謂月吉縣象與議事以制，實兩不相妨且兩相成也。《秋官》「布憲掌憲邦之刑禁，正月之吉，執旌節以宣布四方，而憲邦之刑禁」。注：「憲，表也，謂縣之也。刑禁者，國之五禁，所左右刑罰者。司寇正月布刑于天下，正歲又縣其書于象魏，布憲于司寇。布刑則以旌節出，宣令之於司寇。縣書則亦縣之于門閭及都鄙邦國。」是所布所縣者五禁也，司寇所布所縣當亦不出乎是。夫象魏之上，六象同縣，其所著于象者亦舉其大者要者而已，細微節目，不能備載也。五刑三千，科目繁重，若必並細微節目而亦載之，卽刑象之多象魏必已有不能容之勢，況兼六官之象而並縣之哉？惟舉其大者要者，使民知所避，其中情之同異、罪之輕重細微節目，仍在臨時之擬議，其權上操之而民不得而争也，此兩不相妨者一也。《太宰》「正月之吉，始和」。注：「凡治有故，言始和者，若改造云爾。」夫法令既定，雖未必時有所改造，而未必遂無因時變通之事，故以始和爲言。其變通之制，自上議之，下不得而與聞，此兩不相妨者又其一也。必始和而後布，斯議事之權，不爲法所移法，必爲共見共聞之法，斯議事之人不得曲說于法之外，此其兩相成者也。若鑄之於器，則一成而不可易，故民可棄禮徵書，爭及錐刀。若欲變法，必先毀器，豈不難哉？當時鄭國族大寵多，子產患法之難行，故爲此。刑書之鑄必先與衆議而後定此書，書成而鑄之，使衆議不能復撓，其救世之苦心有出于不得已者，叔向豈不知之？特以先王之道自此無復有能行之者，不得不一吐其衷曲耳。叔向以《禹刑》、《湯刑》、《九刑》爲出于叔世，則三代始盛之時尚議事以制，劉頌屬之上古，其說不符杜佑之言，則未會其通也。

孔氏《正義》曰：子產鑄刑書而叔向責之，趙鞅鑄刑鼎而仲尼譏之，如此傳文則刑之輕重不可使民知也。而李悝作法，蕭何造律，頒於天下，懸示兆民，秦、漢以來，莫之能革，以今觀之，不可一日而無律也。爲當吏不及古，民僞於昔爲是，聖人作法不能經遠，古今之政何以異乎？斯有旨矣，古者分地建國，作邑命家，諸侯則奕世相承，大夫亦子孫不絕，皆知國爲我土，衆實我民，自有愛吝之心，不生殘賊之意，故得設法以待刑，臨事而議罪，不須預以告民自令，常懷怖懼，故仲尼、叔向所以譏其鑄刑書也。秦、漢以來，天下爲一，長吏以時遷代，其民非復已有。懦弱則爲殿負，彊猛則爲稱職，且疆域闊遠，户口滋多，大郡竟餘千里，上縣數以萬計，豪横者陵蹈邦邑，桀健者雄張閭里，故漢世酷吏專任刑誅，或乃肆情好殺成其不橈之威，違衆用己以表難測之知。至有積骸滿穽，流血丹野，郅都被蒼鷹之號，延年受屠伯之名。若復信其殺伐，任其縱舍，必將喜怒變常，愛憎改意，不得不作法以齊之，宣衆以令之。所犯當條則斷之以律，疑不能決則讞之上府，故得萬民以察，天下以治。聖人制法，非不善也，古不可施於今，今人所作非能聖也，足以周於用。所謂觀民設教，遭時制宜，謂此道也。

按：議事以制，三代叔世已不能行，況秦、漢以後乎？孔氏所言，大略見矣。

鄭竹刑

定四年，鄭駟歂殺鄧析而用其竹刑。杜注：「鄧析，鄭大夫。欲改鄭所鑄舊制，不受君命而私造刑法，書之竹簡，故言竹刑。」

楚僕區

昭七年，楚子之爲令尹也，爲王旌以田。芋尹無宇斷之曰：「一國兩君，其誰堪之？」及卽位，爲章華之宮，納亡人以實之。無宇之閽入焉。無宇執之，有司弗與，曰：「執人於王宮，其罪大矣。」執而謁諸王。王將飲酒，無宇辭曰：「今有司曰：『女胡執人於王宮？』將焉執之？周文王之法曰『有亡，荒閱』，所以得天下也。吾先君文王，作僕區之法，曰『盜所隱器，與盜同罪』，隱盜所得器。所以封汝也。若從有司，是無所執逃臣也。逃而舍之，是無陪臺也。杜注：「僕區，刑書名。」《釋文》：「僕區，烏侯反。徐如字。」服云：「僕，隱也。區，匿也。爲隱匿亡人之法也。」

楚憲令

《史記·屈原傳》：懷王使屈原造爲憲令，屈平屬草稾，未定，上官大夫見而欲奪之，屈平不與。因讒之曰：「王使屈平爲令，衆莫不知，每一令出，平伐其功，(曰)以爲『非我不能爲』也。」王怒而疏屈平。

按：此楚有令，似各國皆有令矣。

魏憲

《戰國策·魏策·魏攻管篇》：安陵君曰：「吾先君成侯，受詔襄王以守此地也，手受大府之憲。大府，謂魏憲法令也。憲之上篇曰：上篇，猶言第一篇也。『子弑父，臣弑君，有常刑不赦。國雖大赦，降城亡子以城降人及亡人之子。不得與焉。』」

按：高誘注以襄王爲趙襄子，計其年在李悝之前，是魏國本有法令之書，不自悝始。

魏李悝法經

《晉志》：秦漢舊律，其文起自魏文侯師李悝。悝撰次諸國法，著《法經》。以爲王者之政莫急於盜賊，故其律始於《盜賊》。盜賊須劾捕，故著《囚》、《捕》二篇，其輕狡、越城、博戲、借假不廉、淫侈、踰制以爲《雜律》一篇，又以《具律》具其加減。是故所著六篇而已，然皆罪名之制也。商君受之以相秦。

《故唐律疏》：魏文侯師於里悝，集諸國刑典造《法經》六篇，一盜法，二賊法，三囚法，四捕法，五雜法，六具法。

邱氏濬曰：刑法之著爲書始于此。成周之時雖有禁法，著于《周官》，然皆官守之事，分繫于其所職掌，未有成書也。然五刑之目其屬各有多少，五等之刑各以類而相從焉，著之篇章，分其事類，以爲詮次，則於此乎始焉。

按：里悝卽李悝，李、里古通。《左傳》閔二年「里克」，《呂覽》先已注作「李克」，《史記·魏世家》「李克」，《韓詩外傳》作「里克」，此李、里通用之證。戰國時，各國各有刑法，悝不過集而自成爲一家言。《漢書·藝文志》法家有《李子》三十二篇，《法經》當在其中，此書爲秦法之根原，必不與雜燒之列，不知何時其書始亡，恐在董卓之亂，故《隋書·經籍志》已不著其名，《晉志》但存目次，他無考焉，邱氏之言乃臆測之詞也。《史記·孟子荀卿列傳》魏有李悝盡地力之教，《漢書·食貨志》亦言李悝爲魏文侯盡地力之教，所述盡地力之事甚備，而《法經》則無述之者，此學之不講，自古然矣。

律令二

秦法

《史記·秦本紀》：文公二十年，法初有三族之罪。

按：衞鞅之前，秦自有法，鞅亦不盡變也，如三族之罪是。

衞鞅變法

《商君傳》：商君者，《正義》：「秦封於商，故號商君。」衞之諸庶孽公子也，名鞅，姓公孫氏，其祖本姬姓也。鞅少好刑名之學。聞秦孝公下令國中求賢者，遂西入秦，因孝公寵臣景監以求見孝公。孝公既用衞鞅，鞅欲變法，恐天下議己。衞鞅曰：「疑行無名，疑事無功。且夫有高人之行者，固見非於世；有獨知之慮者，必見敖於民。愚者闇於成事，知者見於未萌。民不可與慮始而可與樂成。論至德者不和於俗，成大功者不謀於衆。是以聖人苟可以彊國，不法其故；苟可以利民，不循其禮。」孝公曰：「善。」甘龍曰：「不然。聖人不易民而教，知者不變法而治。因民而教，不勞而成功；緣法而治者，吏習而民安之。」衞鞅曰：「龍之所言，世俗之言也。常人安於故俗，學者溺於所聞。以此兩者居官守法可也，非所論於法之外也。三代不同禮而王，五伯不同法而霸。智者作法，愚者制焉；賢者更禮，不肖者拘焉。」杜摯曰：「利不(十)〔百〕，不變法；功不十，不易器。法古無過，循禮無邪。」衛鞅曰：「治世不一道，便國不法古。故湯武不循古而王，夏殷不易禮而亡。反古者不可非，而循禮者不足多。」孝公曰：「善。」以衛鞅爲左庶長，卒定變法之令。令民爲什伍，《索隱》：劉氏云：「五家(相)〔爲〕保，十保相連。」《正義》：「或爲十保，或爲伍保。」而相收司連坐。不告姦者腰斬，告姦者與斬敵首同賞，匿姦者與降敵同罰。民有二男以上不分異者，倍其賦。有軍功者，各以率受上爵；爲私鬬者，各以輕重被刑大小。僇力本業，耕織致粟帛多者復其身。事末利及怠而貧者，舉以爲收孥。宗室非有軍功論，不得爲屬籍。明尊卑爵秩等級，各以差次名田宅，臣妾衣服以家次。有功者顯榮，無功者雖富無所芬華。令既具，未布，恐民之不信，已乃立三丈之木於國都市南門，募民有能徙置北門者予十金。民怪之，莫敢徙。復曰「能徙者予五十金」。有一人徙之，輒予五十金，以明不欺。卒下令。令行於民朞年，秦民之國都言初令之不便者以千數。於是太子犯法。衛鞅曰：「法之不行，自上犯之。」將法太子。太子，君嗣也，不可施刑，刑其傅公子虔，黥其師公孫賈。明日，秦人皆趨令。行之十年，秦民大説，道不拾遺，山無盜賊，家給人足。民勇於公戰，怯於私鬬，鄉邑大治。秦民初言令不便者有來言令便者，衛鞅曰「此皆亂化之民也」，盡遷之於邊城。其後民莫敢議令。

《李斯傳》：故商君之法，刑棄灰於道。《正義》：「棄灰於道者黥也。」夫棄灰，薄罪也，而被刑，重罰也。彼唯明主爲能深督輕罪。夫罪輕且督深，而況有重罪乎？故民不敢犯也。

按：《唐律舊疏》云，商鞅改法爲律，謂改李悝之六法爲盜律、賊律、囚律、捕律、雜律、具律也。此《傳》不言受之於悝及改律之事，而收司連坐、告姦、匿姦、私鬬被刑、怠貧收孥諸法爲鞅之所創，實改律之事，乃變法之大者也。其他科目，恐亦有改悝之舊者，不可考矣。至二男分異，將使人人有自立之才，力庶不惰而後不貧，此實强民之本計。今時泰西父子異居實具此意，勿謂彼法之異于中國也，特中國此時則不能行耳。

秦法令

《始皇紀》：二十六年，秦初并天下。丞相棺、卿史大夫劫、廷尉斯等皆曰：「昔者五帝地方千里，其外侯服夷服諸侯或朝或否，天子不能制。今陛下興義兵，誅殘賊，平定天下，海内爲郡縣，法令由一統，自上古以來未嘗有，五帝所不及。」

《李斯傳》：乃上書曰：「古者天下散亂，莫能相一，是以諸侯並作，語皆道古以害今，飾虛言以亂實，人善其所私學，以非上所建立。今陛下并有天下，别白黑而定一尊；而私學乃相與非法教之制，聞令下，卽各以其私學議之，入則心非，出則巷議，非主以爲名，異趣以爲高，率羣下以造謗。如此不禁，則主勢降乎上，黨與成乎下。禁之便。臣請諸有文學《詩》、《書》百家語者，蠲除去之。令到滿三十日弗去，黥爲城旦。所不去者，醫藥卜筮種樹之書。若有欲學按：《始皇紀》「學」下有「法令」二字。者，以吏爲師。」始皇可其議，收去《詩》、《書》百家之語以愚百姓，使天下無以古非今。明法度，定律令，皆以始皇起。

同文書。《正義》：「六國制令不同，今令同之。」

《始皇紀》：丞相李斯曰：「臣請史官非秦記皆燒之。非博士官所職，天下敢有藏《詩》、《書》百家語者，悉詣守、尉雜燒之。有敢偶語《詩》、《書》者棄市。《集解》：「應劭曰，禁民聚語，畏其謗己。」《正義》：「偶，對也。」以古非今者族。吏見知不舉者與同罪。令下三十日不燒，黥爲城旦。所不去者，醫藥卜筮種樹之書。若有欲學法令者，以吏爲師。」制曰：「可。」

按：春秋戰國之時，諸侯各自爲法令，勢難統一。秦并天下，改封建爲郡縣，法令遂由一統，當必有統一法令之書，史不詳也。《傳》言「定律令，同文書」，《始皇紀》言「欲學法令，以吏爲師」，其有書也明矣。

秦律令

《史記・蕭相國世家》：沛公至咸陽，諸將皆爭走金帛財物之府分之，何獨先入收秦丞相御史律令圖書藏之。

按：此秦有律有令之證。漢之有律有令，承秦之名也。《張蒼傳》「秦時爲柱下史，明習天下圖書計籍」，是律令在丞相府，圖書在御史府。《漢書・嚴延年傳》「少學律令丞相府」，是漢時律令亦在丞相府也。

二世法律

《始皇紀》：於是二世乃遵用趙高，申法令。

《李斯傳》：趙高曰：「嚴法而刻刑，令有罪者相坐誅，至收族，滅大臣而遠骨肉；貧者富之，賤者貴之。盡除去先帝之故臣，更置陛下之所親信者近之。此則陰德歸陛下，害除而姦謀塞，羣臣莫不被潤澤，蒙厚恩，陛下則高枕肆志寵樂矣。計莫出於此。」二世然高之言，乃更爲法律。於是羣臣諸公子有罪，輒下高，令鞫治之。殺大臣蒙毅等，公子十二人僇死咸陽市，十公主矺死於杜，《索隱》：「矺音宅，與『磔』同，古今字異耳。磔謂裂其支體而殺之。」財物入於縣官，相連坐者不可勝數。法令誅罰日益刻深。

按：二世更爲法律又重於始皇之時。《傳》曰「作法於涼，其敝猶貪，作法於貪，敝將若之何？」審哉斯言！

漢三章

《史記·高紀》：還軍霸上。召諸縣父老豪傑曰：「父老苦秦苛法久矣，誹謗者族，偶語者棄市。吾與諸侯約，先入關者王之，吾當王關中。與父老約，法三章耳：殺人者死，傷人及盜抵罪。《集解》應劭曰：「抵，至也，又當也。除秦酷政，但至於罪也。」李斐曰：「傷人有曲直，盜臧有多少，罪名不可豫定，故凡言抵罪，未知抵何罪也。」張晏曰：「秦法，一人犯罪，舉家及鄰伍坐之，今但當其身坐，合於《康誥》『父子兄弟罪不相及』也。」《索隱》韋昭云：「抵，當也。謂使各當其罪。」今按：秦法有三族之刑，漢但約法三章耳，殺人者死，傷人及盜者使之抵罪，餘並不論其辜，以言省刑也。則抵訓爲至，殺人以外，唯傷人及盜使至罪名耳。餘悉除去秦法。

按：三章之約，極爲簡要，李悝盜、賊二法已賅之矣。秦法之酷，必非李悝之舊，《紀》云「餘悉除去」，則蕩滌煩苛。秦民如出水火而登袵席，與項羽之屠咸陽，殺秦降王子嬰，燒秦宮室，火三月不滅，收其貨寶婦女者，仁暴之分，得失判焉。論者往往右項而左劉，何哉？殺人者死，當謂有心殺人者，漢時有謀殺而無故殺，有所謂賊殺者，當即今律之故殺。《傳》曰「殺人不忌爲賊，皋陶之刑罪當至死」，夫曰不忌，有心之謂也，其無心者自不得同論死矣。兩相鬬而傷人，其傷有輕重，有傷而死者，有傷而不死者，傷而未死者無論已，其傷而死者既先無致死之心，起衅又有曲直之别，此與殺人不忌者上下比罪，衡情酌理，豈得同科？後之説者輒謂殺人不死，堯舜亦不能治天下。此辭無别白，何哉？

漢律九章

《漢志》：漢興，高祖初入關，約法三章，曰：「殺人者死，傷人及盜抵罪。」蠲削煩苛，兆民大説。其後四夷未附，兵革未息，三章之法不足以禦姦，於是相國蕭何攈摭秦法，取其宜於時者，作律九章。

《晉書·刑法志》：漢承秦制，蕭何定罪，除參夷連坐之罪，增部主見知之條，益事律《興》、《廄》、《户》三篇，合爲九篇。叔孫通益律所不及，傍章十八篇，張湯《越宫律》二十七篇，趙禹《朝律》六篇，合六十篇。又漢時決事，集爲《令甲》以下三百餘篇，及司徒鮑公撰嫁娶辭訟決爲《法比都目》，凡九百六卷。世有增損，率皆集類爲篇，結事爲章。一章之中或事過數十，事類雖同，輕重乖異。而通條連句，上下相蒙，雖大體異篇，實相採入。《盜律》有賊傷之例，《賊律》有盜章之文，《興律》有上獄之法，《廄律》有逮捕之事，若此之比，錯糅無常。後人生意，各爲章句。叔孫宣、郭令卿、馬融、鄭玄諸儒章句十有餘家，家數十萬言。凡斷罪所當由用者，合二萬六千二百七十二條，七百七十三萬二千二百餘言，言數益繁，覽者益難。天子於是下詔，但用鄭氏章句，不得雜用餘家。

按：《隋志》已云漢律久亡，今人於書傳所徵引者採輯成編，已百不存一，其目之可考者：《盜律》有劫略、恐猲、和賣買人受、所監受財枉法、勃辱强賊、還贓畀主。《賊律》有欺謾、詐僞、踰封、矯制、賊伐樹木、殺傷人畜産及諸亡印、儲峙不辦。《囚律》有詐僞生死、告劾、傳覆、繫囚、鞫獄、斷獄。《雜律》有假借不廉。《具律》有出賣呈。《興律》有上獄、擅興徭役、乏徭稽留、烽燧。《廄律》有告反逮受、乏軍之興、上言變事、驚《通典》引作「警」。事告急。《金布律》有毁傷亡失縣官財物、罰贖入責以呈黄金爲價。律之中各有科，科各有目，《盜律》之科有持質，《雜律》有使者驗賂，《具律》有擅作修舍，《興律》有考事報讞，《廄律》有登聞道辭，《金布律》有平庸坐贓。律之外有令，令各有目，《雜律》之《令乙》有呵人受錢，《囚律》之《令丙》有詐自復免。此外又有舊典，其目曰奉詔不謹，曰不承用詔書。又有漢氏施行，其目曰小愆乏，曰不如令。張湯、趙禹又有監臨部主、見知故縱之例。以上並見《晉志》，漢律之目大略可考者如此，餘别爲《漢律考》，茲不悉具。

邱氏濬曰：律之名始見於此。春秋之時，子產所鑄者謂之刑書，戰國之世，李悝所著者謂之《法經》，未以律爲名也。《禮記》雖有進地加律之文，析言破律之誅，解者謂進律爲爵命之等，破律雖以法律言，然《王制》漢文帝時博士刺經所作，固已出蕭何之後也。律之言昉於《虞書》，蓋度量衡受法於律，積黍以盈，無錙銖爽，凡度之長短，衡之輕重，量之多寡，莫不於此取正。律以著法，所以裁制羣情，斷定諸罪，亦猶六律正度量衡也，故制刑之書以律名焉。

按：皋陶造律，說已見前。李悝六法，商鞅改爲律，亦不自蕭何始，邱氏之言疏矣。惟謂律之名本于六律，自是確論。

賈誼定律令

《史記·賈誼傳》：諸律令所更定，及列侯悉就國，其說皆自賈生發之。

按：賈生之才不專在律令，而律令之更定何者？爲賈生之說史亦不具。

漢除律令

《漢書·惠紀》：四年三月甲子，省法令妨吏民者；除挾書律。應劭曰：「挾，藏也。」張晏曰：「秦律：敢有挾書者族。」

《高后紀》：元年春正月，詔曰：「前日孝惠皇帝言欲除三族罪、妖言令，議未決而崩，今除之。」

《史記·漢興以來將相名臣年表·大事記》：孝文元年，除收帑相坐律。二年，除誹謗律。五年，除錢律，民得鑄錢。十三年，除肉刑及田租稅律、戍卒令。

按：《漢書·文紀》「五年夏四月，除盜鑄錢令」，即《大事記》之「除錢律」也，餘亦書于《紀》，惟「戍卒令」一事不書。挾書、妖言、收帑相坐，自此不復用。三族則後有新垣平之獄，誹謗則有顔異、楊惲諸獄，是已除而仍用也。肉刑，則宫刑仍用也。錢律、田租稅律、戍卒令，則景帝以後復行矣。

叔孫通傍章

叔孫通傍章十八篇。見上。

按：《通傳》不言修律事，《百官公卿表》孝惠七年「奉常免」，師古曰「名免也」，是通之卒在此時。

張蒼定律令

《史記·張丞相傳》：爲計相時，緒正律曆。以高祖十月始至霸上，因故秦時本以十月爲歲首，弗革。推五德之運，以爲漢當水德之時，尚黑如故。吹律調樂，入之音聲，及以比定律令。若百工，天下作程品。至於爲丞相，卒就之，故漢家言律曆者，本之張蒼。《集解》如淳曰：「比謂五音清濁各有所比也。以定十二月律之法令於樂官，使長行之。」瓚曰：「謂以比故取類，以定法律與條令也。」《正義》：「比音鼻，或音必履反，謂比方也。」惠氏棟云：「比，刑罰之比例也。《尚書·吕刑》『上下比罪』，《禮記》『必察小大之比以成之』，蓋漢初約法省刑，蕭何造律尚簡，律所未詳，蒼更以上下大小之比例定之，猶後世律外有例也。此刑罰之律，故曰律令，與樂音之律異。蒼吹律調樂器與人聲，又以比例定刑律，又爲百工立程品，故以及與若之文相承屬，所以別其爲三事也。」蔣西谷曰：「以舊律相比定新律，即文帝十三年張蒼、馮敬議請定律事。」

按：此比定律令，瓚説是，惠説即從此衍出也。惟蒼定律令非一時之事，故《傳》云「爲丞相，卒就之」。至孝文十三年，乃詔除肉刑，議請定律，與他律令無涉。恐本《傳》所言不專指此一事也。

孝景改定律令

《漢書·景紀》：元年秋七月，詔曰：「吏受所監臨，以飲食免，重；受財物，賤買貴賣，論輕。廷尉與丞相更議著令。」廷尉信謹與丞相議曰：「吏及諸有秩受其官屬所監、所治、所行、所將，其與飲食計償費，勿論。它物，若買故賤，賣故貴，皆坐臧爲盜，没入臧縣官。吏遷徙免罷，受其故官屬所將監治送財物，奪爵爲士伍，免之。無爵，罰金二斤，令没入所受。有能捕告，畀其所受臧。」

二年冬十二月，令天下男子年二十始傅。師古曰：「舊法二十三，今此二十，更爲異制也。傅讀曰附。」

中二年二月，改磔曰棄市，勿復磔。

四年秋，死罪欲腐者許之。

六年十二月，定鑄錢僞黄金棄市律。　五月，令長吏二千石車朱兩幡，千石至六百石朱左幡。　車騎從者不稱其官衣服，下吏出入閭巷亡吏體者，二千石上其官屬，三輔舉不如法者。　減笞法，定箠令。

後二年五月，詔訾算四得（官）〔宦〕。

三年春正月，詔吏發民若取庸采黄金珠玉者，坐臧爲盜。　二千石聽者，與同罪。

按：以上諸條皆景帝所改定者。　景帝爲太子時，鼂錯爲家令，於申、商刑名之學素所習也。

鼂錯更定法令

《史記·鼂錯傳》：學申、商刑名於軹張恢先所。　孝文時，言削諸侯事，及法令可更定者。　書數十上，孝文不聽。　景帝卽位，以錯爲内史。　法令多所更定。　遷爲御史大夫，〔請〕諸侯之罪過，削其地，收其枝郡。　奏上，上令公卿列侯宗室集議，莫敢難。　錯所更令三十章，諸侯皆諠譁。

按：錯所更定之説不傳，景帝所改定律令或有采用錯之書者。

孝武條定法令

《漢志》：及至孝武卽位，外事四夷之功，内盛耳目之好，徵發煩數，百姓貧耗，窮民犯法，酷吏擊斷，姦軌不勝。於是招進張湯、趙禹之屬，條定法令，作見知故縱、監臨部主之法，緩深故之罪，急縱出之誅。其後姦猾巧法，轉相比況，禁罔寖密。律令凡三百五十九章，大辟四百九條，千八百八十二事，死罪決事比萬三千四百七十二事。文書盈於几閣，典者不能徧睹。是以郡國承用者駮，或罪同而論異。姦吏因緣爲市，所欲活則傅生議，所欲陷則予死比，議者咸冤傷之。

邱氏濬曰：自高帝世至武帝時，僅五六十年間爾，乃增至三百五十九章，其大辟乃有四百九條，千八百八十二事，其決事比乃至萬三千四百七十二事，何禁網之密一至此哉？觀呂步舒治一淮南，獄死者數萬人，由是推之，則當時死者不知凡幾千百萬也。意其當世之民，舉手動足即陷刑辟，大者可誅，小者可論，其不聊生也甚矣。國之不亡，蓋亦幸爾！

按：周初殺罪五百，則大辟四百九條未及其數，此未足爲武帝病也。武帝時病在于株連故入，見知故縱之法皆株連也。淮南獄死者數萬，皆株連也，沮誹之法則故入也，諸法行而冤傷乃衆矣。

《平準書》：吏道雜而多端，則官職秏廢。自公孫弘以《春秋》之(之)義繩臣下取漢相，張湯用峻文決理爲廷尉，於是見知之法生，《集解》張晏曰：「吏見知不舉劾爲故縱。」而廢格沮誹窮治之獄用矣。其明年，淮南、衡山、江都王謀反迹見，而公卿尋端治之，竟其黨與，而坐死者數萬人，長吏益慘急而法令明察。於是天子與公卿議，更錢造幣。盜鑄諸金錢罪皆死，而吏民之盜鑄白金者不可勝數。大農上鹽鐵丞孔僅、咸陽言：「敢私鑄鐵器煮鹽者，釱左趾，没入其器物。」御史大夫張湯方隆貴用事，減宣、杜周等爲中丞，義縱、尹齊、王温舒等用慘急刻深爲九卿，而直指夏蘭之屬始出矣。而大農顔異誅。初，異爲濟南亭長，以廉直稍遷至九卿。上與張湯既造白鹿皮幣，問異。異曰：「今王侯朝賀以蒼璧，直數千，而其皮薦反四十萬，本末不相稱。」天子不説。張湯又與異有郤，及人有告異以它議，事下張湯治異。異與客語，客語初令下有不便者，《集解》李奇曰：「異與客語，道詔令初下，有不便處也。」異不應，微反脣。湯奏當異九卿見令不便，不入言而腹誹，論死。自是之後，有腹誹之法《漢書·食貨志》「誹」作「非」。（以此）〔比〕，而公卿大夫多諂諛取容矣。

按：張湯、趙禹改定律令，《志》、《傳》無年月可考，《通鑑綱目》書于元光五年七月，未知何本。湯以侍御史治陳皇后巫蠱獄在元光五年，上以爲能，遷太中大夫與趙禹共定律令，約略在此時也。惟《平準書》言「其明年，淮南、衡山王謀反」爲元狩元年，是年之前一年則爲元朔六年，而湯於元朔三年已爲廷尉，禹則於元光六年爲中尉，元朔五年爲少府，故《湯傳》於「共定律令」之下即曰「已而禹至少府，湯爲廷尉」，是二人共定律令不當在元朔六年。《平準書》此節乃總挈之文，亦非謂見知之法定於此時也。顔異之誅在元狩六年，自是而後，有腹誹之法。而沮誹之文，已見於先，可以見其爲總挈之語，難以年限計也。見知部主之法造自湯、禹，文、景仁厚之風遂蕩然無遺，至創爲腹誹之法而冤傷益不可問矣。《晉志》謂蕭何增部主見知之條者似誤。

越宫律　朝律

張湯《越宫律》二十七篇，趙禹《朝律》六篇。見上。

《史記·趙禹傳》：今上時，禹以刀筆吏積勞，稍遷爲御史，上以爲能，至太中大夫。與張湯論定諸律令。作見知吏傳得相監司，用法益刻，蓋自此始。

《張湯傳》：稍遷至太中大夫，與趙禹共定諸律〔令〕，務在深文，拘守職之吏。

按：《史記》張湯與趙禹同在《酷吏傳》，紀其實也。《漢書》張湯自爲《傳》，以安世之賢也。《越宫律》、《朝律》見於《晉志》，而本《傳》不言，《漢志》亦不及，略之也。

主父偃律令八事

《史記·主父偃傳》：乃上書闕下。朝奏，暮召入見。所言九事，其八事爲律令，一事諫伐匈奴。

漢律經　令甲

《漢書·宣紀》：地節四年，令甲，死者不可生，刑者不可息。注文穎曰：「蕭何承秦法所作律令，律經是也。天子詔所增損，不在律上者爲令。令甲者，前帝第一令也。」如淳曰：「令有先後，故有令甲、令乙、令丙。」師古曰：「如説是也。甲、乙者，若今之第一、第二篇耳。」

《史記・惠景間侯者年表》：夫長沙王者，著《令甲》，稱其忠焉。《漢書・吳芮傳》贊作「甲令」。

賈誼《新書・等齊篇》：天子之言曰令，《令甲》、《令乙》是也。

《續漢書・律曆志中》：案官所施漏法《令甲》第六《常符漏品》。

《晉志》：漢時決事，集爲《令甲》三百餘篇。

按：蕭何律經之名僅見此注，他書皆言何作律九章，不以經名，疑當日沿李悝舊名而稱之耳。漢令以甲、乙爲次，若今時書之第一卷、第二卷也，各律有名，律之分令，各有甲、乙。如《晉志》所載《雜律・令乙》、《囚律・令丙》是也。《哀紀》「名田」如淳注、《平紀》「女徒」如淳注並引《令甲》如魏人，其時漢令具在，故如得引之。《趙策・趙燕後胡服篇》：「臣敬循衣服，以待令日。」高誘注：「令，善也。」《韵府》甲下作「令甲」，不知所據何本。

令乙令丙

《江充傳》：盡劾没入官。如淳曰：令乙，騎乘車馬云云。

《後書・章紀》：元和元年，詔曰：《令丙》，箠長短有數。

按：令乙、令丙，説已見上。

甲令乙令

《漢書・吴芮傳》贊：著于《甲令》而稱忠也。注師古曰：「甲者，令篇之次也。」

《敍傳》：著于《甲令》，民用寗康。述《景紀》第五。

《後漢書・皇后紀》：論向使因設外戚之禁，編著《甲令》。注：「《前書音義》曰，《甲令》者，前帝第一令，有《甲令》、《乙令》、《丙令》。」《張釋之傳》：釋之奏當「此人犯蹕」。注如淳：「《乙令》『蹕先至而犯者，罰金四兩』。」

按：甲令、乙令猶言令甲、令乙也。《吴芮傳》之「甲令」，《史表》作「令甲」是其證。《易・蠱卦》「先甲」，疏：「漢時謂令之重者謂之甲令。」頗與舊説異，此當以如淳之説爲據，如氏親見漢令，其言自可信。

漢氏施行　丁酉詔書

《晉志》：《漢氏施行》有小愆乏及不如令，輒劾以不承用詔書乏軍要斬，又減以《丁酉詔書》，《丁酉詔書》，漢文所下，不宜復以爲法。

按：「漢氏施行」似是當日書名，《丁酉詔書》不知在文帝何年，《史》、《漢》並無可考。

宣帝蠲除律令

《宣紀》：本始四年夏四月，詔曰：「律令有可蠲除以安百姓，條奏。」

按：當時蠲除者何事？無可考。

元帝省刑罰

《元紀》：初元五年夏四月，省刑罰七十餘事。除光禄大夫以下至郎中保父母同産之令。

《漢志》：宣帝未及修正。至元帝初立，迺下詔曰：「夫法令者，所以抑暴扶弱，欲其難犯而易避也。今律令煩多而不約，自典文者不能分明，而欲羅元元之不逮，斯豈刑中之意哉！其議律令可蠲除輕減者條奏，惟在便安百姓而已。」

邱氏濬曰：律令之設，蓋懸法以示人，使人知所避而不犯，非故欲爲是以待天下之罪人如人設網羅以待禽獸也。後世之律往往文深而義晦，比擬之際彼此可以旁通，下人不知所守，而舞文之吏得以輕重其罪，誠有如此。詔所謂「律令煩多而不約，自典文者不能分明，而欲羅元元之不逮」者，所謂「不逮」者，解者謂不逮言意識所不及也。噫！蚩蚩之民，不能皆讀律令，及其讀之，又有所不逮者，則其不幸而陷於罪者，豈非上之人之過哉？然則後世有制律者當何如？亦曰淺易其語，顯明其義，使人易曉，知所避而不犯可也。今之律文，蒙唐之舊文，以時異，讀者容或有所不逮者。伏乞聖明簡，命儒臣之通法意者爲之解釋，必使人人易曉，不待思索考究而自有得於言意之表，則愚民知所守而法吏不得以容情實法矣，斯世斯民不勝大幸。

按：《東觀記》元初五年輕殊死刑三十四事，即在此《紀》省刑罰七十餘事之内，《漢志》之詔但言元帝初立，不言何年。《紀》又載：元初二年三月，詔曰「間者歲數不登，元元困乏，不勝飢寒，以陷刑辟，朕甚閔之。郡國被地動災甚者無出租賦。赦天下。有可蠲除減省以便百姓者，條奏，毋有所諱」。與《志》所載之詔未知爲一事爲二事。省刑罰至七十餘事，必非一時所能決，是必先下詔，至五年始定議施行也。邱氏言比擬之弊甚詳，然此乃定律之過而非律文不明之過，其因詔文「不逮」之語，欲使淺顯易知，其言誠是。第律文語多古奥，以明律而言，解者不下數十家，皆係專門之學，而其中論説彼此尚多異同，況素未研求此事者欲其全律貫通，戛戛乎其難之！況今天下之人不識字不通文者實居多數，即使淺易其語、顯明其辭，亦未必能人人易曉。古者遒人木鐸之徇亦舉其大者要者，使知所警戒而不敢輕犯，今則遒人木鐸之制久廢不行矣。

成帝減死蠲除律令

《漢志》：至成帝河平中，復下詔曰：「《甫刑》云『五刑之屬三千，大辟之罰其屬二百』，今大辟之刑千有餘條，律令煩多，百有餘萬言，奇請它比，日以益滋，自明習者不知所由，欲以曉喻衆庶，不亦難乎！於以羅元元之民，夭絶亡辜，豈不哀哉！其與中二千石、二千石、博士及明習律令者議減死刑及可蠲

〔除約〕省者，令較然易知，條奏。《書》不云乎？『惟刑之恤哉』！其審核之，務準古法，朕將盡心覽焉。」有司無仲山甫將明之材，不能因時廣宣主恩，建立明制，爲一代之法，而徒鉤摭微細，毛舉數事，以塞詔而已。

邱氏濬曰：漢之律百有餘萬言，可謂煩多矣，而大辟之刑至千有餘條，視成周時蓋數倍矣。成帝議減死刑及可蠲除約省者可謂知所先務。奇請它比，分破律條，妄生端緒，舞弄文法，巧詆文致。意所欲生，卽援輕比，意欲其死，卽引重例，上不知其姦，下莫測其故，此民所以無所措手足，網密而姦不塞，刑繁而犯愈多也。

按：梁統言「元、哀二帝輕減死刑」不及成帝，是成帝有是詔而有司未能廣宣主恩，班固言「毛舉數事」可以見矣。比附之弊，邱氏此言視上條尤爲痛切，言律令者愼毋忽諸。

哀帝輕殊死刑

《後漢書·梁統傳》：以爲法令既輕，下姦不勝，宜重刑罰，以遵舊典，迺上疏曰：「臣竊見元、哀二帝輕殊死之刑以一百二十三事，手殺人者減死一等，自是以後，著爲常準，故人輕犯法，吏易殺人。」注：《東觀記》曰：「元帝初元五年，輕殊死刑三十四事，哀帝建平元年，輕殊死刑八十一事，其四十二事手殺人者減死一等。」

按：《呂刑》大辟之屬二百，至漢武時大辟四百九條，已倍于穆王之世，成帝時又多至千有餘條，視武帝時又倍差矣，自來大辟之多無過于此時者。元、哀二帝輕殊死之刑實爲盛德，且當時必據舊典而改，所改又止百餘事，死刑猶視舊爲多，而統獨痛詆之何也？《東觀記》所載止一百十五事，與《傳》文不符，必有一誤。統疏又言：「至哀、平繼體，而卽位日淺，聽斷尚寡，丞相王嘉輕爲穿鑿，虧除先帝舊約成律，數年之間，百有餘事。」章懷太子注謂：「《嘉傳》及《刑法志》並無其事，統與嘉時代相接，所引固不妄矣，但班固略而不載也。」今考《前書·嘉傳》，於建平三年代平，當爲丞相，而輕死刑事《東觀》言在建平元年，則不當嘉爲相時。或曰《晉志》引統疏建平元年下有「盡四年」三字，則八十一事非皆定于元年，容有嘉爲相時所與聞者，然究不得盡歸過于嘉，況數止八十一，豈得云「數年之間，百有餘事」？元帝所改在先，更與嘉無涉。嘉以剛直忤帝，爲相三年而下獄死，不逮平帝時。疏言「哀、平繼體」恐亦有譌。哀帝長，好法律，建平元年，限名田、畜奴婢，除任子令及誹謗詆欺法，官奴婢五十以上免爲庶人，有司無得舉赦前事，博士弟子父母死予甯三年，皆書於《紀》。其輕死刑當爲同時之事，疑出於帝意者爲多，統言「卽位日淺，聽斷尚寡」者亦非其實也。

漢法近古

《漢志》：景帝後三年復下詔曰：「高年老長，人所尊敬也；鰥寡不屬逮者，人所哀憐也。其著令：年八十以上，八歲以下，及孕者未乳，師、朱儒當鞠繫者，頌繫之。」至孝宣元康四年，又下詔曰：「朕念夫耆老之人，髮齒墮落，血氣旣衰，亦無暴逆之心，今或羅于文法，執于囹圄，不得終其年命，朕甚憐之。自令以來，諸年八十非誣告殺傷人，它皆勿坐。」至成帝鴻嘉元年，定令：「年未滿七歲，賊鬬殺人及犯殊死者，上請廷尉以聞，得減死。」合於三赦幼弱老眊之人。此皆法令稍定，近古而便民者也。

漢律令百有餘篇

《鹽鐵論・刑德篇》：方今律令，百有餘篇，文章繁，罪名重，郡國用之疑惑，或淺或深，自吏明習者不知所處，而況愚民乎！

按：「百有餘篇」與《志》所言不合，或此爲約略之詞。

挈令　板令

《張湯傳》：上所是，受而著讞法廷尉挈令。注韋昭曰：「在板挈也。」師古曰：「著謂明書之也。挈，獄訟之要也。書於讞法挈令以爲後式也。」

《燕王旦傳》注師古引漢光祿挈令。

《說文》「絨」下引樂浪挈令。

《溝洫志》：租挈。注師古曰：「收田租之約令也。」

《後書・應劭傳》：廷尉板令。

漢章程

《漢書·高紀》：天下既定，命蕭何次律令，韓信申軍法，張蒼定章程。注如淳曰：「章，曆數之章術也。程者，權衡丈尺斗斛之平法也。」師古曰：「程，法式也。」

《敍傳·北平志》：古司秦柱下定漢章程律度之緒。

按：章程即《蒼傳》之緒正律曆，若百工天下作程品也。上文已言「次律令」，則章程自與律令無涉。《詩·魯頌》「奚斯所作」，注：「奚斯作者，教護屬功課章程也。」疏：「《漢書》稱高祖使張蒼定章程，謂定百工用材多少之量及制度之程品，是課章程之事也。」是鄭、孔並不以章程指律令說。唐魏徵言孝甯以章程練名，實似亦泛言法度，今則律例外又有章程矣。

任子令　誹謗詆欺法

《哀紀》：建平元年，除任子令及誹謗詆欺法。

酎金律

《後漢書·禮儀志》注：丁孚《漢儀》曰：「《酎金律》，文帝所加。」

田租稅律　田律田令　戍卒令

田租稅律。見上。《周禮・士師》注引《田律》。《後・黄香傳》引《田令》。戍卒令。見上。

水令

《兒寬傳》：定《水令》。

公令

《何並傳》注如淳引《公令》。

功令

《儒林傳》：請著《功令》。師古曰：「功令，篇名，若今選舉令。」

養老令

《文紀》詳漢律考。

馬復令

《西域傳》：修《馬復令》以備缺。

禄秩令

《文紀》注臣瓚引《禄秩令》。

宫衞令

《張釋之傳》注如淳引《宫衞令》。

金布律令　錢律

《晉志》引《金布律》。《蕭望之傳》金布令甲。《高紀》注臣瓚引《金令》。《錢律》。見上。

胎養令

《後書・章紀》：著《胎養之令》。

祀令　祠令

《郊祀志》注臣瓚引《漢祀令》。《文紀》注如淳引《漢祠令》。

齋令

《玉海》六十五：《蔡邕表志》引《齋令》。

三互法

《後書·蔡邕傳》：至是復有《三互法》。

賣爵令

《史記·平準書》：孝景時，上郡以西旱，亦復修《賣爵令》。

品令

《百官公卿表》少府注如淳引《品令》。

上計律

《周禮・典路》注鄭司農引《漢上計律》。

大樂律

《周禮・大胥》注鄭司農引《漢大樂律》。

漢尚方律

《宋書》：尚方所制漢有嚴律。

尉律

《昭紀》「更賦」注如淳引《尉律》。

按：以上漢律令之名可考者，別詳漢律考。

建武律令故事

《唐書・藝文志》：《漢建武律令故事》三卷。《隋志》二卷，亡。

《唐六典》：《漢建武律令》上、中、下三卷，皆刑法制度也。

按：《隋志》云亡而《唐志》復録者，民間之書復出也。《後漢書·光武紀》：「建武二年三月乙未，詔曰：『頃獄多冤人，用刑深刻，朕甚愍之。孔子云：「刑罰不中，則民無所措手足。」其與中二千石、諸大夫、博士、議郎議省刑法。』」是建武時曾有修改律令之事，其見於《紀》者，如三年之墨綬以上有罪之請，八十以上十歲以下及婦人不繫，女徒雇山歸家；十一年之殺奴婢不得減罪，炙灼奴婢論如律，除奴婢射傷人棄市律；十二年之追虜料敵不拘以逗留法；十八年除邊郡盜穀五十斛死罪法；二十四年申明舊制阿附蕃王法；二十八年之死罪囚募下蠶室，其女子宫；疑皆在《故事》之中也。

陳寵辭訟比

《後漢書·陳寵傳》：辟司徒鮑昱府，寵爲昱撰《辭訟比》十卷，決事科條，皆以事類相從。昱奏上之，其後公府奉以爲法。

按：此即《晉志》之司徒鮑公辭訟決也。

肅宗著令五十餘事

《陳寵傳》：帝敬納寵言，每事務於寬厚。其後遂詔有司，絶鉆鑽諸慘酷之科，解妖惡之禁，除文致之請讞五十餘事，定著于令。

按：《章紀》元和元年七月，禁掠考鉆鑽之屬。十二月，除妖惡禁錮。惟文致之請讞《紀》未見。

陳寵請除漢法溢于甫刑者

《陳寵傳》：永元六年，寵代郭躬爲廷尉。又鉤校律令條法，溢於《甫刑》者除之。曰：「臣聞禮經三百，威儀三千，故《甫刑》大辟二百，五刑之屬三千。禮之所去，刑之所取，失禮則入刑，相爲表裏者也。今律令死刑六百一十，耐罪于六百九十八，贖罪以下二千六百八十一，溢於《甫刑》者千九百八十九，其四百一十大辟，千五百耐罪，七十九贖罪。《春秋保乾圖》曰：『王者三百年一蠲法。』漢興以來，三百二年，憲令稍增，科條無限。又律有三家，其説各異。宜令三公、廷尉平定律令，應經合義者，可使大辟二百，而耐罪、贖罪二千八百，並爲三千，悉删除其餘令，與禮相應，以易萬人視聽，以致刑（錯）〔措〕之美，傳之無窮。」未及施行。

邱氏濬曰：漢去古未遠，論事往往主於經義，而言刑者必與禮並其原，蓋出于《吕刑》「伯夷降典，折民惟刑」。陳寵論刑，必與大辟二百、耐罪以下二千八百並爲三千以合於禮，固似乎泥，然其所平定惟取其應經合義者則百世定律之至言要道也。

按：寵此言在和帝時，死刑六百一十，視成帝時三千有餘條者十減其四矣。哀帝時除八十一事，餘不知何時所除，大約在建武之世。建武二年，有省刑法之詔也。寵以大辟猶多，欲復《吕刑》

之數，惜其事未施行也。

鮑昱法比都目

鮑昱《法比都目》。見上。

《鮑昱傳》：永平十七年，代王敏爲司徒。注：「《東觀記》曰，時司徒例訟久者至數十年，比例輕重，非其事類，錯雜難知。昱奏定《辭訟》七卷，《決事都目》八卷，以齊同法令，息遏人訟也。」

按：《決事都目》當卽《法比都目》，《東觀記》二書共十五卷，而《晉志》云凡九百六卷，多寡懸殊，未詳。

郭躬輕刑四十一事

《郭躬傳》：元和三年，拜爲廷尉。躬家世掌法，務在寬平，及典理官，決獄斷刑，多依矜恕，乃條諸重文可從輕者四十一事奏之，事皆施行，著于令。

按：此四十一事中當有由大辟而從輕者，東漢死刑所以減于西漢也。西漢重刑，雖創于張、趙，實孝武信任之。東漢輕刑，固議自郭、陳，實光武不取梁統重刑之議，故後嗣遂多輕刑之政。作法之始，可不慎哉？

陳忠決事比

《陳忠傳》：司徒劉愷舉忠明習法律，宜備機密，於是擢拜尚書，使居三公曹。忠自以世典刑法，用心務在寬詳。初，父寵在廷尉，上除漢法溢於《甫刑》者，未施行，及寵免後遂寢。而苛法稍繁，人不堪之。忠略依寵意，奏上二十三條，爲《決事比》，比，例也。必寐反。以省請讞之敝。又上除蠶室刑；解臧吏三世禁錮；狂易殺人，得減重論；母子兄弟相代死，聽，赦所代者。事皆施行。

孝宣舊令

《陳忠傳》：元初三年有詔，大臣得行三年喪，服闋還職。忠因此上言：「孝宣皇帝舊令，人從軍屯及給事縣官者，大父母死未滿三月，皆勿徭，令得葬送。請依此制。」太后從之。

按：據此則西京舊令已多不行矣。

小杜律

《郭躬傳》：父弘，習《小杜律》。注：「《前書》，杜周武帝時爲廷尉、御史大夫，斷獄深刻。少子延年亦明法律，宣帝時又爲御史大夫。對父故言小。」

按：延年以寬厚稱，其所著律書必不若周之深刻。郭氏世傳《小杜律》，故用法多依矜恕，其淵源有自來矣。

律說

《文紀》注如淳引律說。

按：如氏引律甚多，未知爲何氏之說。

律三家

律有三家。見上。

按：三家姓氏無考。《晉志》所述有叔孫宣、郭令卿、馬融、鄭玄等十有餘家，陳寵此言在和帝之世焉，鄭並在其後，叔孫宣、郭令卿則未知爲何時人也。

律鄭氏說

《諸侯王表》注張晏引《律鄭氏說》。

按：鄭氏章句行于魏世，見上。今其書已亡，此注其僅存者。

律家

《周禮·司刑》注：今律家所署法。

按：今律家，謂當時説律之書。

九法

《敍傳》：漢章九法，太宗改作，輕重之差，世有定籍。

按：九法即九章。

律本章句　尚書舊事

《應劭傳》：輒撰《律本章句》、《尚書舊事》、《廷尉板令》、《決事比例》、《司徒都目》、《五曹詔書》及《春秋斷獄》凡二百五十篇。又集《駮議》三十篇，以類相從，凡八十二事。

按：《律本》蓋謂李悝、蕭何、張湯、趙禹諸家之書，乃律之本原，若今之律例根原也。劭自撰《章句》，當與諸儒章句不同。《隋志》杜預有《律本》二十一卷，《唐志》作賈充、杜預《刑法律本》，其意可見。《尚書舊事》乃尚書之故事品式。《孔光傳》：「以高第爲尚書，觀故事品式，數歲明習漢制及法令。」《後書·鄭弘傳》：「建初〔初〕，爲尚書。前後所陳有補益王政者，皆著之南宮，以爲故事。」舊事卽故事，劭集故事成書也。《廷尉板令》卽廷尉挈令。《決事比例》卽《陳忠傳》之決事比。《司徒都目》卽《東觀記》之《決事都目》、《晉志》之《法比都目》也。《五曹詔書》乃當時詔令。《春秋斷獄》似卽董氏之書。《隋志》：「《漢朝議駮》三十卷，應劭撰。」《唐志》同，是一篇爲一卷，卽此書也。

六條　九條

《百官公卿表》注：《漢官典職儀》云，刺史班宣，周行郡國，以六條問事。

《唐六典》：惠帝三年，相國奏御史監三輔不法事凡九條。

按：此並是監察之事，而御史與刺史不同。

廷尉決事　駮事　雜詔書

《唐志》：《廷尉決事》二十卷，《廷尉駮事》十一卷，《廷尉雜詔書》二十六卷。

按：此書《唐志》並列於《漢朝議駮》之前，皆漢事也，與《廷尉挈令》有無同異，未詳。

漢名臣奏　漢名臣奏事

《隋志》：《漢名臣奏事》三十卷。刑法篇。

《唐志》：《漢名臣奏》二十卷，陳壽《漢名臣奏事》三十卷。刑法類。

按：《隋志》《漢名臣奏事》三十卷，無撰人姓名，其卷數與陳壽書合。《唐志》之《漢名臣奏》二十卷，或别一書也，其書列在刑法篇，古人於此事蓋甚重之。

南臺奏事

《唐志》：《南臺奏事》二十二卷。

按：此書《隋志》亦有之，列于晉漢之間，而《唐志》則列漢代諸書之中，《舊書・經籍志》似是漢代之書。《通典》：「漢初，尚書雖有曹名，不以爲號，及靈帝以侍中梁鵠爲選部尚書，於是始見曹名，總謂之尚書臺，亦謂之中臺。」《初學記》：「尚書，秦置也，漢因之。故尚書爲中臺，謁者爲外臺，御史爲憲臺，謂之三臺。」其時尚無南臺之名也，梁以後方稱御史爲南臺，此漢代之書，似非指御史臺也。《通典》：「陳忠爲尚書令，前後所奏悉條於南宮閣上以爲故事。」《藝文類聚》：「後漢鄭弘爲尚書令，前後所有補益於政者皆著之爲南宮故事。」《後書》朱祐等《傳》：「永平中，顯宗追感前世功臣，乃圖畫二十八將於南宮雲臺。」《賈逵傳》：「建初元年，詔逵入講北宮白虎〔觀〕、南宮雲臺。」疑南臺卽南宮，所載者尚書所奏事也。

律略論

《隋志》：梁應劭《律略論》五卷。亡。

按：《劭傳》不載此書，《舊唐書·經籍志》劉劭《律略論》五卷列于漢人之中，疑是一書，而傳寫譌也。

具令　著令

《文紀》：元年三月，養老具爲令。師古曰：「使其備爲條制。」

《景紀》：〔元年〕七月，廷尉與丞相更議著令。注蘇林曰：「著音著幘之著。」師古曰：「音著作之著。」

按：《廣雅·釋詁》二：「具，備也。」與師古之注合，言備爲令也。《杜周傳》注：「著謂明表也。」《管子·幼官》注：「著猶明表。」《張湯傳》注：「著謂明書之也。」《張良傳》注：「著謂書之於史；著令者，明書之於令也。」此音當如著作之著。《國語·晉語》「底著滯淫」，注：「著，附也。」《一切經音義》三、《字書》：「著，相附著也。」此音當如著幘之著。《成紀》言「乃著令」，《平紀》言「定著令」，《韋元成傳》亦言「定著令」，《史記·惠景間侯者年表》言「著令甲」，凡新定之令必先具而後著之，必明書而附於舊令之内。蘇、顔兩音，實相引伸也。

法十家

《漢志》：《李子》三十二篇。悝。《商君》二十九篇。鞅。《申子》六篇。不害。《處子》九篇。《慎子》四十二篇。到。《韓子》五十五篇。非。《游棣子》一篇。《鼂錯》三十一篇。《燕十事》十篇。《法家言》二篇。右法十家，二百一十七篇。法家者流，蓋出於理官，信賞必罰，以輔禮制。《易》曰「先王以明罰飭法」，此其所長也。及刻者爲之，則無教化，去仁愛，專任刑法而欲以致治，至於殘害至親，傷恩薄厚。

按：法十家所言不皆刑罰，而刑罰在其中，故録之。《隋志》存六部，入《管子》十九卷，崔寔《正論》六卷，桓範《世要論》十二卷。云梁有《申子》、《朝氏新書》，亡。則《李子》及《處子》、《游棣子》、《燕十事》、《法家言》五家，梁以前已亡矣。《唐志》於《隋志》所録外有《申子》三卷、《晁氏新書》七卷及劉廙、劉氏《政論》五卷、阮武《阮子政論》五卷、劉劭《劉氏法論》十卷、陳融《陳子要言》十（六）〔四〕卷六家，並《隋志》言梁有已亡而後來書復出者。又入董仲舒《春秋決（獄）〔事〕》十卷，《隋志》在春秋〔類〕。又增李文博《治道集》十卷，邯鄲綽《五經折疑》三十卷，凡十五家。

漢晉律序注

《隋志》：《漢晉律序注》一卷，晉僮長張斐撰。

按：此並漢晉律而序注之，《晉志》所載甚詳，未知是其全書否。

馬將軍故事

《後漢書·馬援傳》：交阯女子徵側及女弟徵貳反，攻没其郡。於是璽書封援伏波將軍，南繫交阯。

十八年春，軍至浪泊上，與賊戰，破之。明年正月，斬徵側、徵貳，傳首洛陽。擊九真賊徵側餘黨都羊等，自無功至居風，斬獲五千餘人，嶠南悉平。援條奏越律與漢律駮者十餘事，駮，乖舛也。與越人申明舊制以約束之，自後駱越奉行馬將軍故事。駱者，越別名。

董仲舒治獄

《漢書・藝文志》：《公羊董仲舒治獄》十六篇。春秋家。《隋書・經籍志》：《春秋決事》十卷，董仲舒〔撰〕。春秋類。《唐志》：董仲舒《春秋決獄》十卷。黄氏正法家類。《崇文總目》：《春秋決事比》十卷。

按：應劭云：「故膠（東）〔西〕相董仲舒老病致仕，朝廷每有政議，數遣廷尉張湯親至陋巷，問其得失。於是作《春秋決獄》二百三十二事，動以經對，言之詳矣。」見《劭傳》，《志》之十六篇當即此書。《春秋繁露》曰：「《春秋》之聽獄也必本其事而原其志。」《鹽鐵論》：「《春秋》之定獄，論心定罪。志善而違於法者免，志惡而合於法者誅。」《論衡》：「董仲舒表《春秋》之義，稽合於律，無乖異者。」董子決獄之宗旨如此，豈張湯輩所可同日語哉？應劭有《春秋斷獄》，《史記・正義》引《七録》「《春秋斷獄》五卷」當即董書，劭重加編定耳。漢人多以《春秋》治獄，如膠西王議淮南王安罪、呂步舒治淮南獄、終軍詰徐偃矯制顓行、雋不疑縛成方遂、御史中丞衆等及廷尉共議薛況罪、龔勝等議傅晏等罪，並引《春秋》之義，乃其時風尚如此，仲舒特其著焉者耳。

蜀科

《蜀志·伊籍傳》：後遷昭文將軍，與諸葛亮、法正、劉巴、李嚴共造《蜀科》，《蜀科》之制，由此五人焉。

法檢科令軍令

《諸葛亮傳》：《諸葛氏集》目録：「《法檢》上、《法檢》下、《科令》上、《科令》下、《軍令》上、《軍令》中、《軍令》下。」

按：《武侯集》已闕逸不完，今所傳本有《軍令》十五首，乃從他書輯録者。

十六條

《玉海》六十五：《中興書目·雜家》：「《武侯十六條》一卷。初，蜀主三訪亮於草廬，既見，亮上便宜事，列之文武二篇，凡十六條。」

按：此僞書，今在集中。

吴科條

《吴志·孫權傳》:黄武五年冬十月,陸遜陳便宜,勸以施德緩刑。於是令有司盡寫科條,使郎中褚逢齎以就遜及諸葛瑾,意所不安,令損益之。

七年注:「《江表傳》曰:是歲將軍翟丹叛如魏。權恐諸將畏罪而亡,乃下令:『自今諸將有重罪三,然後議。』」

嘉禾五年春,鑄大錢,一當五百。設盜鑄之科。

六年春正月,詔曰:「夫三年之喪,天下之達制,人情之極痛也;賢者割哀以從禮,不肖者勉而致之。世治道泰,上下無事,君子不奪人情,故三年不逮孝子之門。至於有事,則殺禮以從宜,要經而處事。故聖人制法,有禮無時則不行。遭喪不奔非古也,蓋隨時之宜,以義斷恩也。前故設科,長吏在官,當須交代,而故犯之,雖隨糾坐,猶已廢曠。方事之殷,國家多難,凡在官司,宜各盡節,先公後私,而不恭承,甚非謂也。中外羣寮,其更平議,務令得中,詳爲節度。」顧譚議,以爲「奔喪〔立科〕,輕則不足以禁孝子之情,重則本非應死之罪,雖嚴刑益設,違奪必少。若偶有犯者,加其刑則恩所不忍,有減則法廢不行。愚以爲長吏在遠,苟不告語,勢不得知。比選代之間,若有傳者,必加大辟,則長吏無廢職之負,孝子無犯重之刑」。將軍胡綜議,以爲「喪紀之禮,雖有典制,苟無其時,所不得行。方今戎事軍國異容,而長吏遭喪,知有科禁,公敢干突,苟念聞憂不奔之恥,不計爲臣犯禁之罪,此由科防本輕所致。忠節在國,孝道立家,出身爲臣,焉得兼之?故爲忠臣不得爲孝子。宜定科文,示以大辟,若故違犯,有罪無赦。以殺止殺,行之一人,其後必絶」。丞相雍奏從大辟。其後吴令孟宗喪母奔赴,已而自拘於武昌以聽刑。陸遜陳其素行，因爲之請，權乃減宗一等，後不得以爲比，因此遂絶。

按：奔喪，孝子之至情也，予以大辟，何以教孝？衰世之律令往往如是。

赤烏七年注：「《江表傳》載權詔曰：『督將亡叛而殺其妻子，是使妻去夫，子棄父，甚傷義教，自今勿殺也。』」

律令三

魏　甲子科

《晉志》：魏武帝定甲子科，又嫌漢律太重，故令依律論者，聽得科半，使從半減也。

按：是時漢祚未移，故不欲公言改律而別定科令，此操之詐也。

減死令　罰金令

魏文帝受禪，時有大女劉朱，撾子婦酷暴，前後三婦自殺，論朱減死輸作尚方，因是下怨毒殺人減死之令。魏明帝改士庶罰金之令。

禁復讎

《文紀》：黃初四年春正月，詔曰：「喪亂以來，兵革未戢，天下之人，互相殘殺。今海內初定，敢有私復讎者，皆族之。」

新律　舊律　魏令

《晉志》：其後，天子又下詔改定刑制，命司空陳羣、散騎常侍劉劭、給事黄門侍郎韓遜、議郎庾嶷、中郎黄休、荀詵等刪約舊科，傍採漢律，定爲魏法，制《新律》十八篇，《州郡令》四十五篇，《尚書官令》、《軍中令》，合百八十餘篇。其序略曰：舊律所難知者，由於六篇篇少故也。篇少則文荒，文荒則事寡，事寡則罪漏。是以後人稍增，更與本體相離。今制新律，宜都總事類，多其篇條。舊律因秦《法經》，就增三篇，而《具律》不移，因在第六。罪條例既不在始，又不在終，非篇章之義。故集罪例以爲《刑名》，冠於律首。《盜律》有劫略、恐猲、和賣買人，科有持質，皆非盜事，故分以爲《劫略律》。《賊律》有欺謾、詐僞、踰封、矯制，《囚律》有詐僞生死，《令（景）〔丙〕》有詐自復免，事類衆多，故分爲《詐律》。《賊律》有賊伐樹木、殺傷人畜産及諸亡印，《金布律》有毁傷亡失縣官財物，故分爲《毁亡律》。《囚律》有告劾、傳覆，《廄律》有告反逮受，《玉海》「逮」作「訊」。科有登聞道辭，故分爲《告劾律》。《囚律》有繫囚、鞫獄、斷獄之法，《興律》有上獄之事，科有考事報讞，宜别爲篇，故分爲《繫訊》、《斷獄律》。《玉海》「訊」作「逮」。《盜律》有受所監受財枉法，《雜律》有假借不廉，《令乙》有呵人受錢，科有使者驗賂，其事相類，故分爲《請賕律》。《盜律》有勃辱强賊，《興律》有擅興徭役，《具律》有出賣呈，科有擅作修舍事，故分爲《興擅律》。《興律》有乏徭稽留，《賊律》有儲峙不辦，《廄律》有乏軍之興，及舊典有奉詔不謹、不承用詔書，漢氏施行有小愆乏及不如令，「乏及」從《通典》。輒劾以不承用詔書乏軍要斬，又減以《丁酉詔書》，《丁酉詔書》，漢文所下，不宜復以爲法，故别爲(乏)〔之〕《留律》。秦世舊有廄置、乘傳、副車、食廚，漢初承秦不改，後以(資)〔費〕廣稍省，故後漢但設騎置而無車馬，律猶著其文，則爲虚設，故除《廄律》，取其可用合科者，以爲《郵驛令》。其告反逮驗，别入《告劾律》。上言變事，以爲《變事令》，以驚《通典》作「警」，下同。事告急，與《興律》烽燧及科令者，以爲《驚事律》。《盜律》有還贓畀主，《金布律》有罰贖入責以呈黄金爲價，《通典》作「償」。科有平庸坐贓事，以爲《償贓律》。律之初制，無免坐之文，張湯、趙禹始作監臨部主、見知故縱之例。其見知而故不舉劾，各與同罪，失不舉劾，各以贖論，其不見不知，不坐也，是以文約而例通。科之爲制，每條有違科，不覺不知，從坐之免，不復分别，而免坐繁多，宜總爲免例，以省科文，故更制定其由例，以爲《免坐律》。諸律令中有其教制，本條無從坐之文者，皆從此取法。凡所定增十三篇，就故五篇，合十八篇，於正律九篇爲增，於旁章科令爲省矣。

改漢舊律不行於魏者皆除之，更依古義制爲五刑。其死刑有三，髡刑有四，完刑、作刑各三，贖刑十一，罰金六，雜抵罪七，凡三十七名，以爲律首。又改《賊律》，但以言語及犯宗廟園陵，謂之大逆無道，要斬，家屬從坐，不及祖父母、孫。至於謀反大逆，臨時捕之，或汙瀦，或梟菹，夷其三族，不在律令，所以嚴絶惡迹也。賊鬬殺人，以劾而亡，「劾」一作「劫」，《通典》作「劾」，《通考》作「劫」。許依古義，聽子孫得追殺之。會赦及過誤相殺，不得報讎，所以止殺害也。正殺繼母，與親母同，防繼假之隙也。除異子之科，使父子無異財也。毆兄姊加至五歲刑，以明教化也。囚徒誣告人反，罪及親屬，異於善人，所以累之使省刑息誣也。改投書棄市之科，所以輕刑也。正篡囚棄市之罪，斷凶强爲義之蹤也。二歲刑以上，除以家人乞鞫之制，省所煩獄也。改諸郡不得自擇伏日，所以齊風俗也。斯則魏世所改，其大略如是。

《唐六典》：魏命陳羣等採漢律爲魏律十八篇，增漢蕭何律劫掠、詐僞、毁亡、告劾、繫訊、斷獄、請賕、驚事、償贓等九篇也。

按：魏律修於何年，《魏志》、《紀》、《傳》並無年月可考，《晉志》亦未詳。《通鑑綱目》與立聽訟觀、置律博士同書於太和三年十月，蓋以《明帝紀》太和三年冬十月改平望觀爲聽訟觀，故連類及之。律博士之置乃從衛覬之請，《魏志·覬傳》亦不言何年也，《晉志》於置律博士之下稱「是時，鍾繇求復肉刑，王朗議不同，又寢。其後，天子又下詔改定刑制」云云。朗死於太和二年，則律博士之置大約同在此時，而改定刑制既云「其後」，則必非一時之事。青龍二年，詔删定大辟，減死罪，修律之事或在此時。《玉海》六十五引「韓遜」作「韓遂」。

減鞭杖令　删定大辟

《魏志·明紀》：青龍二年春二月，詔減鞭杖之制。詳鞭。冬十二月，詔有司删定大辟，減死刑。

按：是年兩下減刑之詔，疑改漢法爲魏法即是年事也。史文不具，無以明之。

士亡法

《盧毓傳》：時天下草創，多逋逃，故重士亡法，罪及妻子。亡士妻白等，始適夫家數日，未與夫相見，大理奏棄市。毓駮之曰：「夫女子之情，以接見而恩生，成婦而義重。故《詩》云『未見君子，我心傷悲；亦既見止，我心則夷』。又《禮》『未廟見之婦而死，歸葬女氏之黨，以未成婦也』。今白等生有未見之悲，死有非婦之痛，而吏議欲肆之大辟，則若同牢合卺之後，罪何所加？且《記》曰『附從輕』，言附人之罪，以輕者爲比也。又《書》云『與其殺不辜，寧失不經』，恐過重也。苟以白等皆受禮聘，已入門庭，刑之爲可，殺之爲重。」太祖曰：「毓執之是也。又引經典有意，使孤歎息。」

《高柔傳》：鼓吹宋金等在合肥〔亡〕逃（亡）。舊法，軍征士亡，考竟其妻子。太祖患猶不息，更重其刑。金有母妻及二弟皆給官，主者奏盡殺之。柔啟曰：「士卒亡軍，誠在可疾，然竊聞其中時有悔者。愚謂乃宜貸其妻子，一可使賊中不信，二可使誘其還心。正如前科，固已絶其意望，而猥復重之，柔恐自今在軍之士，見一人亡逃，誅將及己，亦且相隨而走，不可復得殺也。此重刑非所以止亡，乃所以益走耳。」太祖曰：「善。」即止，不殺金母、弟，蒙活者甚衆。

按：士亡法爾時所創，蓋軍法也。其時尚在建安之中，而權歸於魏，實爲魏法，故列於此。

女嫁不從坐

《晉志》：及景帝輔政，是時魏法，犯大逆者誅及已出之女。主簿程咸議改舊律。詳緣坐。

律略論　法論

《魏志·劉劭傳》：著《律略論》。

《唐志》：《劉劭律略論》五卷。《舊志》列於漢人之間，誤也。《隋志》法家：梁有《法論》十卷，劉劭撰，亡。

按：《律略論》與《法論》恐是二書。

魏王奏事　魏名臣奏事　魏臺雜訪議　魏廷尉決事

《隋志》刑法：《魏王奏事》十卷。《魏名臣奏事》四十卷，目一卷，陳壽撰。《魏臺雜訪議》三卷，高堂隆撰。《魏廷尉決事》十卷。

按：《唐志》諸書皆不録，蓋已亡。

金策

《魏志·文紀》：延康元年，其宦人爲官者不得過諸署令；爲金策著令，藏之石室。

按：《明紀》亦書「金策藏之宗廟，著於令典」之文。

晉泰始律

《晉志》：文帝爲晉王，患前代律令本注繁雜，陳羣、劉劭雖改革，而科綱本密，又叔孫、郭、馬、杜諸儒章句，但取鄭氏，又爲偏黨，未可承用。於是令賈充定法律，令典太傅鄭沖、司徒荀顗、中書監荀勗、中軍將軍羊祜、中護軍王業、廷尉杜友、守河南尹杜預、散騎侍郎裴楷、潁川太守周（權）〔雄〕、《玉海》「權」作「榷」。齊相郭頎、都《玉海》「都」上有「騎」字。尉成公綏、尚書郎柳軌及吏部令史榮邵等十四人典其事，就漢九章增十一篇，仍其族類，正其體號，改舊律爲《刑名》、《法例》，辨《囚律》爲《告劾》、《繫訊》、《斷獄》，分《盜律》爲《請賕》、《詐僞》、《水火》、《毀亡》，因事類爲《衛宫》、《違制》，撰《周官》爲《諸侯律》，合二十篇，（按：上云「就漢九章增十一篇」，又加《諸侯律》一篇，當爲二十一篇。《隋書·刑法志》杜預《律本》二十一卷，《新唐書·藝文志》二有賈充、杜預《刑法律本》二十一卷，亦可證。）六百二十條，（按：《通典》一六三、《通志》六〇、《通考》一六四俱作「六百三十條」。）二萬七千六百五十七言。蠲其苛穢，存其清約，事從中典，歸於益時。其餘未宜除者，若軍事、田農、酤酒，未得皆從人心，權設其法，太平當除，故不入律，悉以爲令。施行制度，以此設教，違令有罪則入律。其常事品式章程，各還其府，爲故事。減梟斬族誅從坐之條，除謀反適養母出女嫁皆不復還坐父母棄市，省禁固相告之條，去捕亡、亡没爲官奴婢之制。輕過誤老小女人，當罰金杖罰者，皆令半之。重姦伯叔母之令，棄市。淫寡女，三歲刑。崇嫁娶之要，一以下聘爲正，不理私約。峻禮教之防，準五服以制罪也。凡律令合二千九百二十六條，十二萬六千三百言，六十卷，故事三十卷。泰始三年，事畢，表上。武帝詔曰：「昔蕭何以定律令受封，叔孫通制儀爲奉常，賜金五百斤，弟子百人皆爲郎（中）。夫立功立事，古今之所重，宜加禄賞，其詳考差叙。輒如詔簡異弟子百人，隨才品用，賞帛萬餘匹。」武帝親自臨講，使裴楷執讀。四年正月，大赦天下，乃頒新律。

《武紀》：泰始四年正月丙戌，律令成，封爵賜帛各有差。

《唐六典》：晉氏受命，命賈充等十四人增損漢魏律爲二十篇。一刑名，二法例，三盜律，四賊律，五詐僞，六請賕，七告劾，八捕律，九繫訊，十斷獄，十一雜律，十二户律，十三擅興律，十四毁亡，十五衞宫，十六水火，十七廄律，十八關市，十九違制，二十諸侯，凡一千五百三十條。

按：漢之具律，魏改爲刑名，晉又分刑名、法例爲二。《志》文「改舊律」句，「律」上當有「具」字。「辨囚律」者，因於魏律改囚律爲繫訊，而又分出告劾、斷獄二律，辨乃分别之意也。《文紀》魏常道鄉公咸熙元年，文帝爲晉王。秋七月，帝奏中護軍賈充正法律。是晉律經始於魏世，閱四年而成。惟《志》文稱律六百二十條，律令合二千九百二十六條，而《六典》則稱一千五百三十條，數不相符，未詳其故。當魏晉之世，漢時諸家章句具在，儒者尚多通律之士，魏又設律博士之官，故其所修頗有條理，觀《晉志》所言，其大略可見矣。惜漢律久亡，魏晉之律亦皆泯滅不得其全書討論之。

其後，明法掾張裴按「裴」當作「斐」。又註律，表上之，其要曰：律始於《刑名》(其)〔者〕，所以定罪制也；終於《諸侯》者，所以畢其政也。王政布於上，諸侯奉於下，禮樂撫於中，故有三才之義焉，其相須而成，若一體焉。《刑名》所以經略罪法之輕重，正加減之等差，明發衆篇之多義，補其章條之不足，較舉上下綱領。其犯盜賊、詐僞、請賕者，則求罪於此，作役、水火、畜養、守備之細事，皆求之作本名。告訊爲之心舌，捕繫爲之手足，斷獄爲之定罪，名例齊其制。《通典》、《通考》引「制」上有「法」字。自始及終，往而不窮，變動無常，周流四極，上下無方，不離於法律之中也。其知而犯之謂之故，意以爲然謂之失，違忠欺上謂之謾，背信藏巧謂之詐，虧禮廢節謂之不敬，兩訟相趣謂之鬭，兩和相害謂之戲，無變斬擊謂之賊，不意誤犯謂之過失，逆節絶理謂之不道，陵上僭貴謂之惡逆，將害未發謂之戕，唱首先言謂之造意，二人對議謂之謀，制衆建計謂之率，不和謂之强，攻惡謂之略，三人謂之羣，取非其物謂之盜，貨財之利謂之贓。凡二十者，律義之較名也。

夫律者，當慎其變，審其理。若不承用詔書，無故失之刑，當從贖。謀反之同伍，實不知情，當從刑，此故失之變也。卑與尊鬭，皆爲賊。鬭之加兵刃水火中，不得爲戲，戲之重也。向人室廬道徑射，不得爲過，失之禁也。都城人衆中走馬殺人，當爲賊，賊之似也。過失似賊，戲似鬭，鬭而殺傷旁人，又似誤，盜傷縛守似强盜，呵人取財似受賕，囚辭所連似告劾，諸勿聽理似故縱，持質似恐猲。如此之比，皆爲無常之格也。

五刑不簡，正於五罰，五罰不服，正於五過，意善功惡，以金贖之。故律制，生罪不過十四等，死刑不過三，徒加不過六，囚加不過五，累作不過十一歲，累笞不過千二百，刑等不過一歲，金等不過四兩。月贖不計日，日作不拘月，歲數不疑閏。不以加至死，並死不復加。不可累者，故有並數；不可並數，乃累其加。以加論者，但得其加；與加同者，連得其本。不在次者，不以通論。以人得罪與人同，以法得罪與法同。侵生害死，不可齊其防；親疏公私，不可常其教。禮樂崇於上，故降其刑；刑法閑於下，故全其法。是故尊卑敍，仁義明，九族親，王道平也。

律有事狀相似而罪名相涉者，若加威勢下手取財爲强盜，不自知亡爲縛守，將中有惡言爲恐猲，不以罪名呵爲呵人，以罪名呵爲受賕，劫（名）〔召〕其財爲持質。此六者，以威勢得財而名殊者也。即不求自與爲受求，所監求而後取爲盜贓，輸入呵受爲留難，斂人財物積藏於官爲擅賦，加毆擊之爲戮辱。諸如此類，皆爲以威勢得財而罪相似者也。

夫刑者，司理之官；理者，求情之機；情者，心神之使。心感則情動於中，而形於言，暢於四支，發於事業。是故姦人心愧而面赤，内怖而色奪。論罪者務本其心，審其情，精其事，近取諸身，遠取諸物，然後乃可以正刑。仰手似乞，俯手似奪，捧手似謝，擬手似訴，拱臂似自首，攘臂似格鬭，矜莊似威，怡悦似福，喜怒憂歡，貌在聲色。姦（貞）〔真〕猛弱，候在視息。出口有言當爲告，下手有禁當爲賊，喜子殺怒子當爲戲，怒子殺喜子當爲賊。諸如此類，自非至精不能極其理也。

律之名例，非正文而分明也。若八十，非殺傷人，他皆勿論，即誣告謀反者反坐。十歲，不得告言人；即奴婢捍主，主得謁殺之。賊燔人廬舍積聚，盜（賊）贓五匹以上，棄市；即燔官府積聚盜，亦當與同。毆人教令者與同罪，即令人毆其父母，不可與行者同得重也。若得遺物强取强乞之類，無還贓法隨例畀之文。法律中諸不敬，違儀失式，及犯罪爲公爲私，贓入身不入身，皆隨事輕重取法，以例求其名也。

夫理者，精元之妙，不可以一方行也；律者，幽理之奥，不可以一體守也。或計過以配罪，或化略（不）〔以〕循常，或隨事以盡情，或趣舍以從時，或推重以立防，或引輕而就下。公私廢避之宜，除削輕重之變，皆所以臨時觀釁，使用法執詮者幽於未制之中，采其根牙之微，致之於機格之上，稱輕重於豪銖，考輩類於參伍，然後乃可以理直刑正。

夫奉聖典者，若操刀執繩，刀妄加則傷物，繩妄彈則侵直。梟首者惡之長，斬刑者罪之大，棄市者死之下，髡作者刑之威，贖罰者誤之誡。王者立此五刑，所以寶君子而逼小人，故爲敕慎之經，皆擬《周易》有變通之體焉。欲令提綱而大道清，舉略而王法齊，其旨遠，其辭文，其言曲而中，其事肆而隱。通天下之志唯忠也，斷天下之疑唯文也，切天下之情唯遠也，彌天下之務唯大也，變無常體唯理也，非天下之賢聖，孰能與於斯！

夫形而上者謂之道，形而下者謂之器，化而財之謂之格。刑殺者是冬震曜之象，髡罪者似秋彫落之變，贖失者是春陽悔吝之疵也。五刑成章，輒相依準，法律之義焉。

按：晉律篇目及修改之迹，《志》及《六典》甚詳。張斐之註都陳律義，時當魏代，但用鄭氏章句。晉文帝以爲偏黨，乃令改定，當必參用諸家章句，是晉之不專用鄭氏。由於文帝而非武帝，命理初謂晉用武帝外祖王肅之言，盡廢鄭義，此殆不然。肅卒於甘露元年，在修律之前約八九年，不相及也。文帝習其婦翁之說，故有偏黨之論，第義理有定，諸家之乖異者不過輕重出入之間，其精要之旨實不能顯相違背也。《玉海》六十五引齊王植曰：「晉律文簡辭約，旨通大綱，事之所質，取斷難釋。」張斐、杜預同注一事，而生殺永殊。自晉泰始以來，唯斟酌參用。江左相承用晉世張、杜律二十卷，齊世祖詳正舊注。杜預奏律注亦云「網羅法意」，其非專主一家可知，是晉律參用諸家，鄭義亦不能盡廢也。

庚戌制

《哀紀》：興寧二年三月庚戌朔，大閱户人，嚴其法禁，稱爲庚戌制。《玉海》云：「令所在上斷。」

陳杜律

《六典》六十五：晉續咸修陳杜律，明達刑書。永嘉中，遷廷尉平。

晉令

《隋志》：《晉令》四十卷。《唐志》同。晉初，甲令已下至九百餘卷，武帝命賈充引羣儒删采其要，增律十篇。其餘不足經遠者，爲法令。施行制度者爲令，品式章程者爲故事，各還其官府。舊事篇。

《唐六典》：晉命賈充等撰令四十篇：一户，二學，三貢士，四官品，五吏員，六俸廩，七服制，八祠，九户調，十佃，十一復除，十二關市，十三捕亡，十四獄官，十五鞭杖，十六醫藥疾病，十七喪葬，十八雜上，十九雜中，二十雜下，二十一門下散騎中書，二十二尚書，二十三三臺秘書，二十四王公侯，二十五軍吏員，二十六選吏，二十七選將，二十八選雜士，二十九宫衛，三十贖，三十一軍戰，三十二軍水戰，三十三至三十八皆軍法，三十九、四十皆雜法。

按：《南齊書·百官志序》：「荀勗欲去事煩，唯并省。定制成文，本之《晉令》。」《宋書·禮志》、

《文選》注、《酉陽雜俎》、《北堂書鈔》、《藝文類聚》、《初學記》、《太平御覽》諸書並引《晉令》。《北史·劉芳傳》引晉祠令，即其令第八篇也。

籍田令

杜預奏事：竊惟籍田令本以籍田千畝十頃之田計，其按行周旋不過數里。

按：此似不在前四十篇之内，別以籍田名篇。

六條

《武紀》：魏咸熙二年十一月乙未，晉令諸郡中正以六條舉淹滯：一曰忠恪匪躬，二曰孝敬盡禮，三曰友於兄弟，四曰潔身勞謙，五曰信義可復，六曰學以爲己。

《隋志》：《晉刺史六條制》一卷。刑法篇。

按：以六條舉淹滯似無關於刑名，而《隋志》入於刑法篇，豈別一書歟？

五條詔書

《武紀》：泰始四年十二月，班五條詔書於郡國：一曰正身，二曰勤百姓，三曰撫孤寡，四曰敦本息末，五曰去人事。

按：《隋志》總集類梁有《班五條詔書》十卷，亡。是詔中所言之事甚多，《紀》所載其大綱也。

尚書十二條

《宋書·百官志》：漢東京置太傅，録尚書事。晉康帝世，何充表曰：「咸康中，分置三録，王導録其一，荀崧、陸曄各録六條事。」然則似有二十四條，若止有十二條，則荀、陸各録六條，導又何所司乎？若導總録，荀、陸分掌，則不得復云導録其一也。其後每置二録，輒云各掌六條事，又是止有十二條也。十二條者，不知悉何條。晉江右有四録，則四人參録也。江右張華、江左庾亮並經關尚書七條，則亦不知皆何事也。

按：尚書總六曹之事，所謂十二條者，刑獄必在其内，特史無明文耳。

晉故事

《唐六典》：晉賈充等撰律令，兼删定當時制詔之條，爲《故事》三十卷，與律令並行。

隋《經籍志》舊事篇：《晉故事》四十三卷。《唐志》同。

漢晉律序注

張斐《漢晉律序注》。見上。

雜律解

《隋志》：《雜律解》二十一卷，張斐撰。《唐志》：張斐《律解》二十卷。

按：《唐志》無「雜」字，與《隋志》所録是一是二，未詳。

律本　雜律

《隋志》：《律本》二十一卷，杜預撰。梁有《杜預雜律》七卷，亡。

《唐志》：賈充、杜預《刑法律本》二十一卷。

按：《律本》，《隋志》屬之杜預一人，《唐志》兼及賈充。《杜預傳》云「與賈充等定律令，預爲之註解」，當時稱張、杜律，謂斐及預也。是當時定律賈充不過領銜之人，其書並出預手，故預爲之註解也。

雜議　彈事　駮事　雜制

《隋志》：《晉雜議》十卷，《晉彈事》十卷，《晉駮事》四卷，《晉雜制》六十卷。刑法篇。

按：《唐志》《雜議》，故事類、儀註類卷同。並見，疑一重出，或《雜制》之譌。《彈事》、九卷。《駮事》卷同。在刑法類，《雜制》未見。

晉宋齊梁律

《隋志》：《晉宋齊梁律》二十卷，蔡法度撰。　《唐志》：《條鈔晉宋齊梁律》二十卷。

按：《隋志》別有《梁律》二十卷，此四代之律爲二十卷，疑係比較之書，《唐志》冠以「條鈔」二字而無撰人名字，或已非原本矣。

宋改定制令

《宋書·劉秀之傳》：大明四年，改定制令，疑民殺長史《御覽》六百三十七「史」作「吏」。科，議者謂值赦宜加徙送，秀之以爲：「律文雖不顯民殺官長之旨，若值赦但止徙送，便與悠悠殺人曾無一異。民敬官長，比之父母，行害之身，雖遇赦，謂宜長付尚方，窮其天命，家口令補兵。」從之。

按：《孝武紀》大明四年無改制之事，惟五年詔曰「近籍改新制，在所承用，殊謬實多，可普更符下，聽以今爲始」，是當時實有改制之事也。《册府元龜》引此事「改定」上有「請」字。《隋志》云「晉氏刑憲，稱爲簡易，宋、齊方駕轥其餘軌」，《唐六典》云「宋及南齊略同晉氏」，是宋、齊二代刑制多仍晉制，卽有改者亦一二端而已。

除峻重法

《武紀》：永初元年秋七月壬子，詔曰：「往者軍國務殷，事有權制，劫科峻重，施之一時。今王道維新，政和法簡，可一除之，還遵舊條。反叛淫盜三犯補治士，本謂一事三犯，終無悛革。主者頃多并數衆事，合而爲(之)〔三〕，甚違立制之旨，普更申明。」八月，制有無故自傷殘者補治士，實由政府煩苛，民不堪命，可除此條。二年，定杖罰、詳杖。充兵侵濫服親詳緣坐。之科。

《王弘傳》：元嘉六年，與八座丞郎疏曰：「主守偷五匹，常(盜)〔偷〕四十匹，並加大辟，議者咸以爲重，宜進主偷十匹，常偷五十匹死，四十匹降以補兵。既得小寬民命，亦足以有懲也。」《通考》云「從之」。

《孝武紀》：大明七年夏四月甲子，詔曰：「自非臨軍戰陳，一不得專殺。其辠甚重辟者，皆如舊先上須報，有司嚴加聽察。犯者以殺人辠論。」

《明帝紀》：泰始四年，定黥刖之刑。詳刖。

按：此宋時所定之律令可以考見者。

《孝武紀》：大明七年八月，詔省律令。

按：所省者何事，無可考。

宋律

《晉宋齊梁律》。見前。

按：宋律自有書，故蔡法度得纂爲一編。

宋令

《唐六典》：《晉令》四十篇，宋、齊略同晉氏。

按：隋、唐《志》不録宋、齊之令，是其書已亡，而《六典》云略同晉氏，當別有所據也。

南齊律

《南齊書·孔稚珪傳》：轉廷尉。江左相承用晉氏張、杜律二十卷，世祖留心法令，數訊囚徒，詔獄官詳正舊注。先是七年，大明。尚書删定郎王植撰定律章表奏之，曰：「臣尋《晉律》，文簡辭約，旨通大綱，事之所質，取斷難釋。張斐、杜預同註一章，而生殺永殊。自晉泰始以來，唯斟酌參用。《玉海》六十五引《齊史》云「自泰始以來，用之律文簡約，或一章之中兩家所處生殺頓異，臨時斟酌，吏得以爲姦」云云。未知所引何家之史。是則吏挾威福之勢，民懷不對之怨，所以温舒獻辭於失政，絳侯忼慨而興歎。皇運革祚，道冠前王，陛下紹興，光開帝業。下車之痛，每惻上仁，滿堂之悲，有矜聖思。爰發德音，删正刑律，敕臣集定張、杜二註。謹礪愚蒙，盡思詳撰，削其煩害，録其允衷。取張註七百三十一條，杜註七百九十一條。或二家兩釋，於義乃備者，又取一百七條。其註相同者，取一百三條。集爲一書。凡一千五百三十二條，爲二十卷。請付外詳校，擿其違謬。」從之。於是公卿八座參議，考正舊註。有輕重處，竟陵王子良下意，多使從輕。其中朝議不能斷者，制旨平決。至九年，稚珪上表曰：「臣聞匠萬物者以繩墨爲正，馭大國者以法理爲本。是以古之聖王，臨朝思理，遠防邪萌，深杜姦漸，莫不資法理以成化，明刑賞以樹功者也。伏惟陛下躡歷登皇，乘圖踐帝，天地更築，日月再張，五禮裂而復縫，六樂穨而爰緝。乃發德音，下明詔，隆恤刑之文，申慎罰之典，敕臣與公卿八座共删註律。謹奉聖旨，諮審司徒臣子良，禀受成規，創立條緒。使兼監臣宋躬、兼平臣王植等抄撰同異，定其去取。詳議八座，裁正大司馬臣嶷。其中洪疑大議，衆論相背者，聖照玄覽，斷自天筆。始就成立《律文》二十卷，《録序》一卷，凡二十一卷。今以奏聞，請付外施用，宣下四海。」

按：稚珪同時又奏「宜寫律上，國學置律助教。詔報納從，事竟不施行」，所云不施行者，似專指律助教言，非謂律文，而《隋志》言王植集注事不施行，何也？惟云凡一千五百三十二條，而所取張、杜二注，合之爲一千五百二十二條，其數不符，若益以一百七條及一百三條，其數又多，殊不可解。疑所謂一百七條、一百三條卽在一千五百二十二條之内，而傳文二十二僞爲三十二也。《隋志》作一千五百三十條，又與《稚珪傳》不合。

齊永明律

《唐志》：宗躬《齊永明律》八卷。

按：宗躬，《孔稚珪傳》作「宋躬」，未知孰是。宋躬爲廷尉監，當時與抄撰之列。原書二十卷，而此止八卷，殆非全書矣。

齊五服制

《隋志》：《齊五服制》一卷。刑法篇。

按：五服親疏，關於刑法，故在此篇。

齊令

《齊令》。詳宋令。

梁律

《梁書·武紀》：天監元年八月丁未，詔中書監王亮等八人參定律令。二年夏四月癸卯，尚書删定郎蔡法度上《梁律》二十卷，《令》三十卷，《科》四十卷。

《隋志》：梁武帝承齊昏虐之餘，刑政多僻。既即位，乃制權典，依周、漢舊事，有罪者贖。其科，凡在官身犯，罰金。鞭杖杖督之罪，悉入贖停罰。其臺省令史士卒欲贖者，聽之。時欲議定律令，得齊時舊郎濟陽蔡法度，家傳律學，云齊武時，删定郎王植之集注張、杜舊律，合爲一書，凡一千五百三十條，事未施行，其文殆滅。法度能言之。於是以爲兼尚書删定郎，使損益植之舊本，以爲《梁律》。天監元年八月，乃下詔曰：「律令不一，實難去弊。殺傷有法，昏墨有刑，此蓋常科，易爲條例。至如三男一女，懸首造獄，事非慮內，法出恆鈞。前王之律，後王之令，因循創附，良各有以。若游辭費句，無取於實錄者，宜悉除之。求文指歸，可適變者，載一家爲本，用衆家以附。(景)〔丙〕丁俱有，則去丁以存(景)〔丙〕，若(景)〔丙〕丁二事，注釋不同，則二家兼載。咸使百司，議其可不，取其可安，以爲標例。宜云『某等如千人同議，以此爲長』，則定以爲《梁律》。留尚書比部，悉使備文，若班下州郡，止撮機要。可無二門侮法之弊。」法度又請曰：「魏、晉撰律，止關數人，今若皆諮列位，恐緩而無決。」於是以尚書令王亮、侍中王瑩、尚書僕射沈約、吏部尚書范雲、長兼侍中柳惲、給事黃門侍郎傅昭、通直散騎常侍孔藹、御史中丞樂藹、太常丞許懋等，參議斷定，定爲二十篇。大凡定罪二千五百二十九條。二年四月癸卯，法度表上新律，又上《令》三十卷，《科》三十卷。帝乃以法度守廷尉卿，詔頒新律於天下。

《隋書・經籍志》：《梁律》二十卷，梁義與太守蔡法度撰。

按：《梁紀》詔王亮等八人，而《隋志》所列九人；《梁紀》《科》四十卷，而《隋志》《科》三十卷，此兩書之不符者。法度言「魏、晉撰律，止關數人」，可見此事自屬專門，非盡人所習。若聚無數素所不習之人參預其間，非尸位卽掣肘矣，況欲徵天下之人之意見乎？築室道謀事何能成？今之名公卿頗有此種識見，真可笑也。

三年，復有徒流之罪。詳流。除黥面罪之刑。詳墨。

梁令

隋《經籍志》：《梁令》三十卷，録一卷。《唐志》「三十卷」。《唐六典》：「梁初，命蔡法度等撰《梁令》三十篇：一户，二學，三貢士贈官，四官品，五吏員，六服制，七祠，八户調，九公田公用儀迎，十醫藥疾病，十一復除，十二關市，十三劫賊水火，十四捕亡，十五獄官，十六鞭杖，十七喪葬，十八雜上，十九雜中，二十雜下，二十一宮衛，二十二門下散騎中書，二十三尚書，二十四三臺秘書，二十五王公侯，二十六選吏，二十七選將，二十八選雜士，二十九軍吏，三十軍賞。」

《玉海》六十五：户令至軍賞三十篇，録一卷。隋、唐《志》同。」

梁科

《隋志》：《梁律》三十卷。梁時又取故事之宜於時者爲《梁科》。《唐志》「二卷」。

《唐六典》：梁易故事爲《梁科》三十卷，蔡法度所删定。

按：《梁紀》作四十卷，或復有損益，《唐志》「二卷」則不全矣。

陳律

《陳書・武紀》：永定元年冬十月癸未，詔立删定郎，治定律令。

《隋志》：陳氏承梁季喪亂，刑典疏闊。及武帝即位，思革其弊，乃下詔曰：「朕聞唐、虞道盛，設畫象而不犯，夏、商德衰，雖孥戮其未備。洎乎末代，綱目滋繁，矧屬亂離，憲章遺紊。朕始膺寶歷，思廣政樞，外可搜舉良才，删改科令，羣僚博議，務存平簡。」於是稍求得梁時明法吏，令與尚書删定郎范泉參定律令。又敕尚書僕射沈欽、吏部尚書徐陵、尚書左丞宗元饒、兼尚書左丞賀朗參知其事，制《律》三十卷，《令科》四十卷。採酌前代，條流冗雜，綱目雖多，博而非要。其制唯重清議禁錮之科。若搢紳之族，犯虧名教，不孝及内亂者，發詔棄之，終身不齒。先與士人爲婚者，許妻家奪之。其獲賊帥及士人惡逆，免死付（治）〔冶〕，聽將妻入（没）〔役〕，不爲年數。又存贖罪之律，復父母緣坐之刑。自餘篇目條綱，輕重簡繁，一用梁法。

《隋書·經籍志》：《陳律》九卷。《唐志》同。

按：范泉，《通考》作「范杲」。隋、唐《志》並止九卷，未知省併抑殘缺也。

陳令　陳科

《隋書·經籍志》：《陳令》二十卷，范泉撰。《陳科》三十卷，范泉撰。《唐志》同。

按：隋《刑法志》云《令科》四十卷，而《經籍志》各三十卷，兩《志》不符。《唐志》亦各三十卷，蓋後來有所增益矣。

陳新制

《隋志》:《陳新制》六十卷。《唐志》無。

按:《陳新制》六十卷之多而傳者極少,《唐志》不録,蓋已亡矣。

後魏律

《魏志》:魏初,禮俗純朴,刑禁疏簡。宣帝南遷,復置四部大人,坐王庭,決辭訟,以言語約束,刻契記事,無囹圄考訊之法。諸犯罪者,皆臨時決遣。神元因循,亡所革易。昭成建國二年,當死者,聽其家獻金馬以贖;犯大逆者,親族男女無少長皆斬;男女不以禮交皆死;民相殺者,聽與死家馬牛四十九頭及送葬器物以平之;無繫訊連逮之坐;盜官〔物〕一備五,私則備十。法令明白,百姓晏然。

按:死者贖,盜者備,此法之簡易也。而男女不以禮交者罪至死,此則魏俗之特别者。又魏世門房之誅爲最重之法,未言始於何帝。此親族男女無少長皆斬,但指大逆言,他罪尚不用此法也。

太祖患前代刑網峻密,乃命三公郎王德除其法之酷切於民者,約定科令,大崇簡易。

世祖即位,以刑禁重。神䴥中,詔司徒崔浩定律令。除五歲四歲刑,增一年刑。分大辟爲二,科死、斬死入絞。大逆不道腰斬,誅其同籍。年十四以下腐刑,女子没縣官。害其親者,轘之。爲蠱毒者，男女皆斬，而焚其家。巫蠱者，負羖羊抱犬沈諸淵。當刑者贖，貧則加鞭二百。畿內民富者燒炭於山，貧者役於圊溷，女子入舂槀；其固疾不逮於人，守苑囿。王官階九品，得以官品除刑。婦女當刑而孕，産後百日乃決。年十四已下，降刑之半；八十及九歲，非殺人不坐。拷訊不逾四十九。

按：神䴥之制，定於崔浩，頗參古法。後魏律令，此其一變也。

初盜律，贓四十匹致大辟，民多慢政，峻其法，贓三匹皆死。正平元年，詔曰：「刑網太密，犯者更衆，朕甚愍之。其詳案律令，務求厥中，有不便於民者增損之。」於是游雅與中書侍郎胡方回等改定律制。盜律復舊，加故縱、通情、止舍之法及他罪，凡三百九十一條。門誅四，大辟一百四十五，刑二百二十一條。

按：此又變崔浩之法矣，門誅之名始見於此，其數僅四，是大逆外他事尚少。大辟及刑，其數止此，魏法簡易，此歷代所不及也。至分列之數，與總數不符，未詳其故。

高宗太安四年，始設酒禁。釀、沽飲皆斬之。增置內外候官，伺察諸曹外部州鎮，至有微服雜亂於府寺間，以求百官疵失。其所窮治，有司苦加訊惻，而多相誣逮，輒劾以不敬。諸司官贓二丈皆斬。又增律七十九章，門房之誅十有三，大辟三十五，刑六十二。和平末，冀州刺史源賀上言：「自非大逆手殺人者，請原其命，謫守邊戍。」詔從之。

按：門誅增至十三，則不獨大逆用之，大辟又增三十五，此魏法之又變，遂大失舊制之意，迨從源賀之議，原命謫戍則大辟雖增亦虛有其名矣。手殺人，《源賀傳》作「赤手殺人」，疑即古法之殺人不忌，非尋常之鬬毆殺人。《賀傳》有「坐贓及盜與過誤之愆應入死者，皆可原命，謫守邊境」之語，當必有所區别也。此事《志》稱和平末，而《通鑑綱目》書於太安二年十一月，《祥刑典》從之。考賀出爲冀州刺史，改封隴西王，本《傳》不言何年，唯賀書中稱「將違闕廷」，是其書上於未赴冀州之時。《傳》稱「高宗納之。已後入死者，皆恕死徙邊。久之，高宗謂羣臣曰：源賀勸朕宥諸死刑，徙充北番諸戍，自爾至今，一歲所活殊爲不少」云云。曰「久之」，曰「自爾至今」，明非一時之事，則不在和平之末顯然，可見《志》文恐有譌。《通鑑綱目》定爲太安二年者，蓋據《高宗紀》太安二年十一月書「尚書、西平王源賀改封隴西王」也。

顯祖卽位，除口誤，開酒禁。延興四年，詔自非大逆干紀者，皆止其身，罷門房之誅。定杖制。詳杖。

按：門房之誅，以大逆干紀者爲斷，知高祖之世他事之寃濫多矣。此言罷者，不關大逆干紀者皆罷之，非竟罷此制也。又太平真君五年，詔私養沙門、師巫及私主學校者門誅，是太武帝之時門誅已不僅大逆干紀者。正平之制，門誅有四，此其證也。

高祖馭宇，留心刑法。故事，斬者皆裸形伏質，入死者絞，雖有律，未之行也。太和元年，詔曰：「刑法所以禁暴息姦，絶其命不在裸形。其參詳舊典，務從寬仁。」司徒元丕等奏言：「聖心垂仁恕之惠，使受戮者免裸骸之恥。普天感德，莫不幸甚。臣等謹議，大逆及賊各棄市袒斬，盜及吏受賕各絞刑，踣諸甸師。」又詔曰：「民由化穆，非嚴刑所制。防之雖峻，陷者彌甚。今犯法至死，同入斬刑，去衣裸體，男女媟見。豈齊之以法，示之以禮者也。今具爲之制。」高祖太和元年秋七月庚子，定三等死刑。九月己酉，詔羣臣定律令於太華殿。太和三年，先是以律令不具，姦吏用法，致有輕重。詔中書監高閭集中秘官等修改舊文，隨例增減。又敕羣官，參議厥衷，經御刊定。五年冬訖，凡八百三十二章，門房之誅十有六，大辟之罪二百三十五，刑三百七十七；除羣行剽劫首謀門誅，律重者止梟首。律：「枉法十匹，義贓二百匹大辟。」至八年，始班祿制，更定義贓一匹，枉法無多少皆死。

按：後魏太和之律與曹魏太和之律年號相同。後魏《高允傳》言「詔議定律令」，而《高閭傳》無此文。允時爲中書監，非中書令，或高閭亦與其事歟？魏之律至此又一變，門誅、大辟，視舊益多，惟《志》云「奏讞，率從降恕，全命徙邊，歲以千計」，是死罪雖未全廢而決者鮮矣。

十一年春，詔曰：「三千之罪，莫大於不孝，而律不遜父母，罪止髡刑。於理未衷。可更詳改。」又詔曰：「前命公卿論定刑典，而門房之誅猶在律策，違失《周書》父子異罪。推古求情，意甚無取。可更議之，删除繁酷。」秋八月詔曰：「律文刑限三年，便入極默。坐無太半之校，罪有死生之殊。可詳案律條，諸有此類，更一刊定。」冬十月，復詔公卿令參議之。

按：是年如何刊定，史無文。

十二年詔：「犯死罪，若父母、祖父母年老，更無成人子孫，又無朞親者，仰案後列奏以待報，著之令格。」

按：此後來留養之法。

《高宗紀》：太安四年冬十月甲戌，北巡。至陰山，有塚毁廢，詔曰：「昔姬文葬枯骨，天下歸仁。自今有穿毁墳隴者斬之。」

和平二年正月乙酉，詔曰：「刺史牧民，爲萬里之表。自頃每因發調，逼民假貸，大商富賈，要射時利，旬日之間，增贏十倍。上下通同，分以潤屋。故編户之家，困於凍餒；豪富之門，日有兼積。爲政之弊，莫過於此。其一切禁絶，犯者十匹以上皆死。布告天下，咸令知禁。」

《高祖紀》：太和十五年五月己亥，議改律令於東明觀。八月丁巳，議律令事。十六年四月丁亥朔，班新律令，大赦天下。五月癸未，詔羣臣於皇信堂更定律條，流徒限制，帝親臨決之。十七年二月乙酉，詔賜議律令之官各有差。

按：此年所修之律，帝親臨決定，律成，大赦。須賜極爲重大之事，而《志》中未及，何也？流徒限制如何？其餘律條史皆不具，無可考矣。

十八年八月丙寅，詔諸北城人，年滿七十以上及廢疾之徒，校其元犯，以準新律，事當從坐者，聽一身還鄉，又令一子扶養，終命之後，乃遣歸邊；自餘之處，如此之犯，年八十以上，皆聽還。

按：此即今留養之例。留養乃閔其親老，非以犯罪者情可恕也。終命仍遣歸邊，自合情理，一釋不問，太寬矣。

《世宗紀》：正始元年十二月己卯，詔羣臣議定律令。

《册府元龜》：時尚書殿中郎袁翻、門下録事常景、孫紹、廷尉監張彪、律博士侯堅固、治書侍御史高綽、前軍將軍邢苗、奉事都尉程靈虬、羽林監王元龜、尚書郎祖瑩、宋世景、員外郎李琰之、大樂令公孫崇等，並在議限。

按：正始定律，史不言議定，如何？不可考矣。

《隋志》：《後魏律》二十卷。

法例律　盜律　賊律　赦律　鬬律

法例律、盜律、賊律、赦律、鬬律。並見《魏志》。

按：魏律篇名無考，此其僅見者。

獄官令　官品令

獄官令、官品令。並見《魏志》。

按：魏令篇名，此其僅見者。

太皇太后令十八條

《高閭傳》：臣伏思太皇太后十八條之令。

按：此十八條何事？史不具。

太昌條格

《出帝紀》：太昌元年夏五月丁未，詔曰：「理有一凖，則民無覬覦；法啟二門，則吏多威福。前主爲律，後主爲令，歷世永久，實用滋章。非所以凖的庶品，隄防萬物。可令執事之官四品以上，集於都省，取諸條格，議定一途，其不可施用〔者〕，當局停記。新定之格，勿與舊制相連。務在約通，無致冗滯。」

北齊麟趾格

《隋志》：齊神武、文襄，並由魏相，尚用舊法。及文宣天保元年，始命羣官刊定魏朝《麟趾格》。是時軍國多事，刑政不一，決獄定罪，罕依律文，相承謂之變法〔從事〕。

《北齊書·文宣紀》：天保元年秋（七）〔八〕月甲午，詔曰：「魏世議定《麟趾格》，遂爲通制，官司施用，猶未盡善。可令羣官更加論究。適治之方，先盡〔要〕切（要），引綱理目，必使無遺。」

《魏書·静紀》：興和三年冬十月癸卯，齊文（宣）〔襄〕王自晉陽來朝。先是，詔文襄王與羣臣於麟趾閣議定新制。甲寅，頒於天下。

《李渾傳》：天保删定《麟趾格》。

《唐志》：《麟趾格》四卷，文襄帝時撰。

《玉海》六十五：《麟趾格》，李渾、邢劭等撰。

《唐六典》：後魏以格代科，於麟趾殿删定，名爲《麟趾格》。北齊因魏，以格代科，格與律令並行。

按：《麟趾格》之初頒當在孝静之世，時魏政已歸高氏，孝静擁虚器而已。文宣代魏，重加刊定，亦未奉行。《玉海》云「李渾、邢劭等撰」，而《北齊書·渾傳》載其事，《劭傳》不載。

北齊律

《隋志》：既而司徒功曹張老〔上書〕，稱大齊受命以來，律令未改，非所以創制垂法，革人視聽。於是始命羣官，議造《齊律》，積年不成。武成即位，思存輕典，大寧元年，乃下詔曰：「王者所用，唯在賞罰，賞貴適理，罰在得情。然理容進退，事涉疑似，盟府司勳，或有開塞之路，三尺律令，未窮畫一之道。想文王之官人，念宣尼之止訟，刑賞之宜，思獲其所。自今諸應賞罰，皆賞疑從重，罰疑從輕。」又以律令不成，頻加催督。河清三年，尚書令、趙郡王叡等，奏上《齊律》十二篇：一曰名例，二曰禁衛，三曰婚户，四曰擅興，五曰違制，六曰詐僞，七曰鬬訟，八曰賊盜，九曰捕斷，十曰毁損，十一曰廄牧，十二曰雜。其定罪九百四十九條。又上《新令》四十卷，大抵採魏、晉故事。是後法令明審，科條簡要，又敕仕門之子弟，常講習之。齊人多曉法律，蓋由此也。其不可爲定法者，别制《權令》二卷，與之並行。

《北齊書·世祖紀》：河清三年三月辛酉，以律令班下，大赦。

隋《經籍志》：《北齊律》十二卷，目一卷。

按：魏、晉分析漢律，篇目遂多，北齊省併爲十二。隋氏代周，開皇律不用周律而就齊律改定之者，以其簡要也。唐、宋以迄明初，並承用開皇篇目。迨洪武二十二年，律以六曹分篇，面目遂一變矣。齊律多採魏、晉故事，史言「齊人多曉法律」，其流派實出於魏、晉。《隋志》稱齊律之簡要而議周律之苛密，開皇律多採後齊之制。唐用開皇律亦沿齊人流派，溯厥從來，則魏、晉之律多採漢世諸儒章句，其淵源甚遠，固可推尋也。

權令　别條權格

《權令》見上。《隋志》：後平秦王高歸彥謀反，須有約罪，律無正條，於是遂有《别條權格》，與律並行。

《經籍志》：《北齊權令》二卷。《唐志》無。

按：《權令》與《别條權格》是否二書？無考。

北齊令

新令見上。　《經籍志》《北齊令》五十卷，《唐志》「八卷」。

《唐六典》：《北齊令》趙郡王叡等撰，令五十卷，取尚書二十八曹爲其篇名。又撰《權令》二卷，兩令並行。

按：齊令，《刑法志》稱四十卷，而《經籍志》及《唐六典》並云五十卷，或後來有所增益也。《唐志》八卷則不全矣。

免宫刑

《北齊書·後主紀》：天統五年二月乙丑，詔應宫刑者普免刑爲官口。

按：宫刑之免先見於西魏，各行其事，不相謀也。

西魏免宫刑

《通考》一百六十五：文帝大統十三年，詔自今應宫刑者直没官，勿刑；亡奴婢應黥者，止亡罪。

按：大統十三年在齊天統五年之前二十餘年，其免者止西魏一隅。天統詔免宫刑，於是北朝無此刑，而南朝所未及也。至隋，承齊、周之後，開皇律亦無宫刑，迨平陳之後，區夏混一，自是遂無宫刑矣。

大統式

《隋志》：周文帝之有關中也，霸業初基，典章多闕。大統元年，命有司斟酌今古通變，可以益時者，爲二十四條之制，奏之。七年，又下十二條制。十年，魏帝命尚書蘇綽總三十六條，便損益爲五卷，頒於天下。

《周書·文紀》：魏大統元年三月，太祖爲二十四條新制，奏魏帝行之。七年十一月，太祖奏十二條制，恐百官不能勉職，又下詔申明之。十年七月，魏帝以太祖前後所上二十四條及十二條新制，方爲中興永式，乃命尚書蘇綽更損益之，總爲五卷，頒於天下。於是搜簡賢才，以爲牧守令長，皆依新制而遣焉。數年之間，百姓便之。

《唐六典》：魏大統十年，命尚書蘇綽總三十六條，更損益爲五卷，謂之《大統式》。

《經籍志》：《周大統式》三卷。

《唐志》：蘇綽《大統式》三卷。

按：「大統」乃魏帝年號，《隋志》云《周大統式》似非其實，雖其時政在宇文，魏帝固在也。《蘇綽傳》有六條詔書，其五恤獄訟，然語載《綽傳》乃誥誡之詞，非法典也。

周律

《隋志》：其後以河南趙肅爲廷尉卿，撰定法律。肅積思累年，遂感心疾而死。乃命司憲大夫託一作拓。拔迪掌之。至保定三年三月庚子乃就，謂之《大律》，凡二十五篇：一曰刑名，二曰法例，三曰祀享，四曰朝會，五曰婚姻，（七）〔六〕曰户禁，七曰水火，八曰興繕，九曰衛宫，十曰市廛，十一曰鬬競，十二曰劫盜，十三曰賊叛，十四曰毁亡，十五曰違制，十六曰關津，十七曰諸侯，十八曰廐牧，十九曰雜犯，二十曰詐僞，二十一曰請求，二十二曰告言，二十三曰逃亡，二十四曰繫訊，二十五曰斷獄。大凡定罪一千五百三十七條，班之天下。其大略滋章，條流苛密，比於齊法，煩而不要。

《經籍志》:《周律》二十五卷。

《唐志》:趙肅等《周律》二十五卷。

《周書·武紀》:保定三年三月庚子,初頒新律。

按:《志》言趙肅修律未成而死,《周書·趙肅傳》同。《唐志》仍題趙肅等,《唐六典》亦云趙肅等造律,保定中奏之,是其書實肅所創,託拔迪踵其成耳。北周時欲行周官,是以官制多依周禮,刑法亦略參古制,與魏、晉流派稍殊,故開皇定律舍周而從齊也。

禁報讎

《周書·武紀》:保定三年四月,初禁天下報讎,犯者以殺人論。

刑書要制

《隋志》:建德六年,齊平後,又以齊之舊俗,未改昏政,賊盗姦宄,頗乖憲章。其年,又爲《刑書要制》以督之。其大抵持仗羣盗一匹以上,不持仗羣盗五匹以上,監臨主掌自盗二十匹以上,盗及詐請官物三十匹以上,正長隱五户及丁以上、及地頃以上,皆死。自餘依《大律》。由是澆詐頗息焉。

《周書·宣紀》:大象元年初,高祖作《刑書要制》,用法嚴重。及帝卽位,以海内初平,恐物情未附,乃除之。

《隋志》：隋高祖爲相，又行寬大之政，删略舊律，作《刑書要制》。既成奏之，静帝下詔頒行。諸有犯罪未科決者，並依制處斷。

按：《周書·武紀》「羣」下有「彊」字，「盜及」上有「小」字，「丁」上有「十」字，「頃」上有「三」字，此奪。周先後兩《刑書要制》，其宗旨輕重不同。

《周書·宣紀》：宣政元年八月，詔制九條，宣下州郡：一曰決獄科罪，皆準律文；二曰母族絶服外者，聽婚；三曰以杖決罰，悉令依法。餘不備録。

按：決獄科罪，皆準律文，則律無正條者不得科罪矣。

刑經聖制

《隋志》：宣帝荒淫日甚，惡聞其過，誅殺無度，疏斥大臣。又數行肆赦，爲姦者皆輕犯法，政令不一，下無適從。於是又廣《刑書要制》，而更峻其法，謂之《刑經聖制》。

《唐六典》：宣帝殘酷，廣《刑書要制》爲《刑經聖制》謂之法經。

隋律

《隋志》：高祖既受周禪，開皇元年，乃詔尚書左僕射、渤海公高熲，上柱國、沛公鄭譯，上柱國、清河郡公楊素，大理前少卿、平源縣公常明，刑部侍郎、保城縣公韓濬，比部侍郎李諤，兼考功侍郎柳雄亮等，更定新律，奏上之。定訖，詔頒之曰：「帝王作法，沿革不同，取適於時，故有損益。夫絞以致斃，斬則殊(形)〔刑〕，除惡之體，於斯已極。梟首轘身，義無所取，不益懲肅之理，徒表安忍之懷。鞭之爲用，殘剥膚體，徹骨侵肌，酷均臠切。雖云遠古之式，事乖仁者之刑，梟轘及鞭，並令去也。貴礪帶之書，不當徒罰，廣軒冕之蔭，旁及諸親。流役六年，改爲五載，刑徒五歲，變從三祀。其餘以輕代重，化死爲生，條目甚多，備於簡策。宜頒諸海内，爲時軌範，雜格嚴科，並宜除削。先施法令，欲人無犯之心，國有常刑，誅而不(怨)〔恕〕之義。措而不用，庶或非遠，萬方百辟，知吾此懷。」三年，因覽刑部奏，斷獄數猶至萬條。以爲律尚嚴密，故人多陷罪。又敕蘇威、牛弘等，更定新律。除死罪八十一條，流罪一百五十四條，徒杖等千餘條，定留唯五百條。凡十二卷。一曰名例，二曰衞禁，三曰職制，四曰户婚，五曰廄庫，六曰擅興，七曰賊盜，八曰鬭訟，九曰詐僞，十曰雜律，十一曰捕亡，十二曰斷獄。自是刑網簡要，疏而不失。

《裴政傳》：開皇元年，轉率更令。詔與蘇威等修定律令。政採魏、晉刑典，下至齊、梁，沿革輕重，取其折衷。同撰著者十有餘人，凡疑滯不通者，皆取決於政。

《鄭譯傳》：詔譯參撰律令。

《文紀》：開皇元年冬十月戊子，行新律。

《蘇威傳》：隋承戰争之後，憲章踳駮，上令朝臣釐改舊法，爲一代通典。律令格式，多威所定，世以爲能。

《李德林傳》：開皇〔元年〕，敕令與太尉任國公于翼、高熲同修律令。事訖奏聞，别賜九環金帶一腰，駿馬一匹，賞損益之多也。格令班後，蘇威每欲改易事條。德林以爲格式已頒，義須畫一，縱令小有踳駮，非過蠹政害民者，不可數有改張。

《玉海》六十五：隋則律令格式並行。文帝開皇元年，以周法繁而不要，命高熲、鄭譯及上柱國楊素率更令，裴政等更加修定，政練習典故，達於漢政，乃參魏、晉舊律，下至齊、梁，沿革輕重，取其折衷。時同修者十餘人，凡有滯礙，皆取決於政。開皇元年冬十月戊子始行新律，二年七月甲午行新令。

《經籍志》：《隋律》十二卷。

《唐志》：高熲等《隋律》十二卷。

按：開皇律初修於元年，已删除梟轘等酷刑，三年復删除死罪八十一條、流徒杖一千一百數十條，又除孥戮相坐之法，輕重得中。唐律本之，此律法之一大變更也。惜隋文意尚慘急，不能慎守此範圍也。

六年，除孥戮相坐之法。

十三年，改徒及流並爲配防。

十六年，有司奏合川倉粟少七千石，命斛律孝卿鞫問其事，以爲主典所竊。復令孝卿馳驛斬之，没其家爲奴婢，鬻粟以填之。是後盜邊糧者，一升以上皆死，家口没官。

按：已除孥戮相坐之法而又没家口入官，此法與事之不相應者也。因此事而遂立爲法，尤非修律之本意。

盜一錢以上皆棄市。旋停。

按：此非法之法，故不久卽停。

大業律

煬帝卽位，以高祖禁網深刻，又敕修律令，除十惡之條。三年，新律成。凡五百條，爲十八篇。詔施行之，謂之《大業律》：一曰名例，二曰衞宮，三曰違制，四曰請求，五曰户，六曰婚，七曰擅興，八曰告劾，九曰賊，十曰盜，十一曰鬬，十二曰捕亡，十三曰倉庫，十四曰廏牧，十五曰關市，十六曰雜，十七曰詐僞，十八曰斷獄。其五刑之內，降從輕典者二百餘條。其枷杖決罰訊囚之制，並輕於舊。

《經籍志》：《大業律》十一卷。《唐志》「十八卷」。

《煬紀》：大業三年四月甲申，頒律令，大赦天下，關內給復三年。

《玉海》六十五：大業二年十月，更制《大業律》，牛弘等造。

《劉炫傳》：煬帝卽位，牛弘引炫修律令。

按：《大業律》修自大業二年十月，成於三年四月，《志》及《炫傳》但云煬帝卽位者渾言之耳，非必定在元年也。《祥刑典》疑作大業元年爲是，未免稍拘。

隋開皇令

隋《經籍志》:《隋開皇令》三十卷,目一卷。

《唐志》:牛弘等《隋開皇令》三十卷。

《唐六典》:隋開皇,命高熲等撰《令》三十卷:一官品上,二官品下,三諸省臺職員,四諸寺職員,五諸衛職員,六東宫職員,七行臺諸監職員,八諸州郡縣鎮戍職員,九命婦品員,十祠,十一户,十二學,十三選舉,十四封爵俸廪,十五考課,十六宫衛軍防,十七衣服,十八鹵薄上,十九鹵薄下,二十儀制,二十一公式上,二十二公式下,二十三田,二十四賦役,二十五倉庫廄牧,二十六關市,二十七假寧,二十八獄官,二十九喪葬,三十雜。

隋大業令

隋《經籍志》:《隋大業令》三十卷。《唐志》無。

新式

《煬紀》:大業四年十月乙卯,頒新式於天下。

律令四

唐　約法十二條

《唐書·高祖紀》：大業十三年十一月丙辰，克京城。命主符郎宋公弼收圖籍。約法十二條，殺人、劫盗、背軍、叛者死。

律令格式

《刑法志》：唐之刑書有四，曰律、令、格、式。令者，尊卑貴賤之等數，國家之制度也；格者，百官有司之所常行之事也；式者，其所常守之法也。凡邦國之政，必從事於此三者。其有所違及人之爲惡而入於罪戾者，一斷以律。律之爲書，因隋之舊，爲十有二篇：一曰名例，二曰衛禁，三曰職制，四曰户婚，五曰廄庫，六曰擅興，七曰賊盗，八曰鬬訟，九曰詐僞，十曰雜律，十一曰捕亡，十二曰斷獄。

新格五十三條

高祖受禪，命納言劉文静等損益律令。武德二年，頒新格五十三條，唯吏受賕、犯盗、詐冒府庫物，赦不原。

武德律

已而又詔僕射裴寂等十五人更撰律令，凡律五百，麗以五十三條。流罪三皆加千里，居作三歲至二歲半者悉爲一歲。餘無改焉。《藝文志》：《武德律》十二卷，又《式》十四卷，《令》三十一卷。尚書左僕射裴寂、右僕射蕭瑀、大理卿崔善爲、給事中王敬業、中書舍人劉林甫、顏師古、王孝達、涇州别駕靖延、太常丞丁孝烏、隋大理丞房軸、天策上將府參軍李桐客、太常博士徐上機等奉詔撰定。以五十三條附新律，餘無增改。武德七年上。《高紀》：七年四月庚子，大赦。班新律令。給復江州道二年、揚越一年。《唐六典》：武德中，裴寂、殷開山等定律令，其篇目一準隋開皇之律，除苛細五十三條。《唐會要》：武德元年六月一日，《通鑑》：「五月壬申。」詔劉文靖等因隋開皇律令而損益之，遂制爲五十三條，務從寬簡，取便於時。其年十一月四日，頒下，仍令裴寂、殷開山、郎楚之、沈叔安、崔善爲等更撰定律令。十二月十二日，又加蕭瑀、李綱、丁孝烏等同撰之。至七年三月二十九日成，詔頒於天下。四月庚子朔。大略以開皇爲準，正五十三條，凡律五百條，格入於新律，無所改。《韓瑗傳》：父仲良，武德初，與定律令，建言：「周律，其屬三千，秦、漢約爲五百。依古則繁，請從寬簡，以示維新。」於是採《開皇律》宜於時者定之。《劉林甫傳》：武德初，撰定律令，著《律議》萬餘言。《郎餘令傳》：祖穎，字楚之。武德初，以大理卿與李綱、陳叔達定律令。《舊書・高紀》：武德元年五月壬申，命相國長史裴寂等條律令。六月甲戌，廢隋《大業律令》，頒新格。十一月，詔頒五十三條格，以約法緩刑。

按：武德之律，實本開皇，觀七年頒律詔有云「有隋之世，雖有釐革，然而損益不定，疏舛尚多，品式章程，罕能甄備。加以微文曲致，覽者惑其淺深，異例同科；用者殊其輕重。遂使姦吏巧詆，任情與奪，愚民妄觸，動陷羅網，屢聞釐革，卒以無成」。又云「是以斟酌繁省，取合時宜，矯正差遺，務從體要」。是當時頗有所釐正，不全用開皇也。其條五百，與隋正同。《志》言麗以五十三條，《六典》言除苛細五十三條，一麗一除，其數相當，此損益之可考者。至爾時修律之人，《刑法志》言十五人，《藝文志》但列十二人，闕其三。據《六典》有殷開山，《會要》於殷開山之外有郎楚之、沈叔安、李綱，《韓瑗傳》又有韓叔良，《郎餘令傳》又有陳叔達，十二人之外，共得五人，其數又不止十五，或諸人非一時所命，或未始終其事，故諸書所述不盡相同。《藝文志》所列十二人，當爲書成奏上時所列，銜名悉具，其餘五人，疑已不在位，故名不列焉。

貞觀律

太宗卽位，詔長孫無忌、房玄齡等復定舊令，議絞刑之屬五十，皆免死而斷右趾。其後貞觀元年三月。蜀王法曹參軍裴弘獻駮律令四十餘事，乃詔房玄齡與弘獻等重加删定。於是除斷趾法，爲加役流三千里，居作二年。玄齡等遂與法(苛)〔司〕增損隋律，降大辟爲流者九十二，流爲徒者七十一，以爲律；定令一千五百四十六條，以爲令。又删武德以來敕三千餘條爲七百條，以爲格；又取尚書省列曹及諸寺、監（十六）〔門、宿〕衛、計帳以爲式。《藝文志》：《貞觀律》十二卷，又《令》二十七卷，《格》十八卷，《留司格》一卷，《式》三十三卷。中書令房玄齡、右僕射長孫無忌、蜀王府法曹參軍裴弘獻等奉詔撰定。凡律五百條，令一千五百四十六條，格七百條。以尚書省諸曹爲目，其常務留本司者，爲《留司格》。

《舊書·太宗紀》：貞觀十一年正月庚子，頒新律令於天下。《唐會要》：貞觀十一年正月十四日，頒新格於天下。凡律五百條，分爲十二卷；令爲三十卷，二十七篇，一千五百九十條；格七百條，以爲通式。

《玉海》六十六：崔融云：「貞觀律唯有十卷，捕亡、斷獄乃永徽二年長孫無忌等奏加。」

按：《唐律》以貞觀所修爲定本，貞觀本於武德，武德本於開皇，然武德已非全用開皇之制，貞觀又重加删定。《舊志》云「凡削繁去蠹，變重爲輕者，不可勝紀」，其删定之大致可見矣。今《唐律》全書具在，自宋已後，修律莫不奉爲圭臬，此蓋承隋氏變革之後而集其成者也。後之定律者，或於其重者輕之，輕者重之，往往有畸輕畸重之失，細心推究，方知《唐律》之輕重得其中也。

《唐六典》：貞觀初，減開皇律大辟入流者九十三條，比古死刑，殆除其半。

《舊志》：今定律，祖孫與兄弟緣坐，俱配没。其以惡言犯法不能爲害者，情狀稍輕，兄弟免死，配流爲允。從之。自是比古死刑，殆除其半。

按：《唐律》死刑，《衛禁》斬五、絞十六，《職制》斬一、絞九，《廄庫》絞一，《擅興》斬八、絞八，《賊盜》斬三十四、絞四十二，《鬭訟》斬二十五、絞四十三，《詐僞》斬三、絞六，《雜律》斬五、絞一，《捕亡》斬五、絞四，《斷獄》斬三、絞四，凡斬八十九條，絞一百四十四條。其減死入流者祗九十三條，

「除半」之語，殊不可解，豈以隋開皇律雖減死刑八十一條合而言之，故云比古歟？若以《舊志》之文推之，則所云「除半」但就緣坐一項而言，非統括全律也。唐之加役流皆由死減，計律内《衛禁》三、《職制》三、《户婚》二、《擅興》一、《賊盜》九、《雜律》一、《捕亡》三、《斷獄》二，凡二十五，不獨與九十三條之數不合，與減絞五十之數亦不合，是其減死入流必三流並有，不盡爲加役流矣。

唐令

《唐六典》：皇朝之令，武德中裴寂等與律同時撰。至貞觀初，又令房玄齡等刊定。麟德中源直心、儀鳳中劉仁軌、垂拱初裴居道、神龍初蘇瓌、太極初岑羲、開元初姚崇、四年宋璟並刊定，凡令二十有七：分爲三十卷。一曰官品，分爲上、下。二曰三師三公臺省職員，三曰寺監職員，四曰衛府職員，五曰東宫王府職員，六曰州縣鎮戍嶽瀆關津職員，七曰内外命婦職員，八曰祠，九曰户，十曰選舉，十一曰考課，十二曰宫衛，十三曰軍防，十四曰衣服，十五曰儀制，十六曰鹵簿，分爲上、下。十七曰公式，分爲上、下。十八曰田，十九曰賦役，二十曰倉庫，二十一曰廄牧，二十二曰關市，二十三曰醫疾，二十四曰獄官，二十五曰營繕，二十六曰喪葬，二十七曰雜令，而大凡一千五百四十有六條焉。

《藝文志》見上。《玉海》六十六：《唐令》三十篇，曾鞏爲目録、序。《崇文目》同。

按：《唐令》一書，宋時具在，今亡矣。《新志》及《六典》並云一千五百四十六條，《舊志》及《會要》並云一千五百九十條，或開元以後有所增益。

貞觀格

《舊志》：又删定武德、貞觀已來敕格三千餘件，定留七百條，以爲格十八卷，留本司施行。斟酌古今，除煩去弊，甚爲寬簡，便於人者。以尚書省諸曹爲之目，初爲七卷。其曹之常務但留本司者，别爲《留司格》一卷，蓋編録當時制敕，永爲法則，以爲故事。《貞觀格》十八卷，房玄齡等删定。

《藝文志》見上。《唐六典》：凡格二十有四篇。

貞觀式

《唐六典》：凡式三十有三篇，亦以尚書省刑曹及秘書、太常、司農、光禄、太僕、太府、少府及監門、宿衛、計帳爲其篇目，凡三十三篇，爲二十卷。《舊志》同。《藝文志》見上。

貞觀留司格

《留司格》見上。

永徽律　式　式本　令　散頒格　留司格

《唐志》：高宗初卽位，詔長孫無忌等增損格敕，其曹司常務曰《留司格》，頒之天下曰《散頒格》。龍朔、儀鳳中，司刑太常伯李敬玄、左僕射劉仁軌相繼又加刊正。

《藝文志》：《永徽律》十二卷，又《式》十四卷，《式本》四卷，《令》三十卷，《散頒天下格》七卷，《留本司行格》十八卷。太尉無忌、司空李勣、左僕射于志寧、右僕射張行成、侍中高季輔、黄門侍郎宇文節柳奭、尚書右丞段寶玄、太常少卿令狐德棻、吏部侍郎高敬言、刑部侍郎劉燕客、給事中趙文恪，中書舍人李友益、少府丞張行實、太府丞王文端、大理丞元紹、刑部郎中賈敏行等奉詔撰定。分格爲二部，以曹司常務爲「行格」，天下所共爲「散頒格」。永徽二年上。至龍朔二年，詔司刑太常伯源直心、少常伯李敬玄、司刑大夫李文禮復删定，唯改官曹局名而已。題行格曰「留本司行格中本」，散頒格曰「天下散行格中本」。

《舊紀》：永徽二年閏九月辛未，頒新定律令格式於天下。

《舊志》：永徽初，敕太尉長孫無忌等共撰定律令格式。舊制不便者，皆隨删改。

按：永徽時有删改之語，似律令亦有删改者矣。而《新志》但云「增損格敕」，《唐六典》亦無永徽删改律令之文，疑永徽時律令二書不過小有更變，故諸書不言。其時永徽律令别自爲書，故《藝文》另列其目。式本猶律本也，乃舊所無者，其名僅見於此。

律疏

《唐志》：高宗初即位，詔律學之士撰《律疏》。《藝文志》：《律疏》三十卷，無忌、李勣、于志寧、刑部尚書唐臨、大理卿段寶玄、尚書右丞劉燕客、御史中丞賈敏行等奉詔撰，永徽四年上。《舊志》：永徽三年，詔曰：「律學未有定疏，每年所舉明法，遂無憑準。宜廣召解律人條義疏奏聞，仍使中書、門下監定。」於是太尉趙國公長孫無忌等參撰《律疏》，成三十卷，四年十月奏之，頒於天下。自是斷獄者皆引《疏》分析之。《舊紀》：永徽四年冬十一月癸丑，頒新《律疏》於天下。《故唐律疏議》，疏律者，訓銓訓法也。《易》曰「理財正辭，禁人爲非曰義」，故銓量輕重，依義制律。《尚書大傳》曰「丕天之大律」，注云「奉天之大法，法亦律也，故謂之爲律」。昔者聖人制作謂之爲經，傳師所説則謂之爲傳，此則丘明、子夏於《春秋》、《禮》經作傳是也。近代以來，兼經注而明之則謂之爲義疏，疏之爲字，本以疏闊疏遠立名。又《廣雅》云「疏者，識也」。案：疏訓識，則書疏記識之道存焉。《史記》云「後主所是疏爲令，前主所是著爲律」。《漢書》云「削牘爲疏」，故云疏也。俞正燮云：「此書名疏者，申明律及注意，云議者，申律之深義及律所不周不達，若董仲舒《春秋決獄》、應劭《決事比》及《集駮議》之類。」

按：長孫无忌等進《律疏》表云「永徽四年十一月十九日進」，《舊志》稱十月，疑傳寫奪「一」字也。其書原名《律疏》，原進表文及《唐志》可據。《宋史·藝文志》刑法類「《律》十二卷，《疏》三十卷，唐長孫无忌等作。」《崇文總目》及《玉海》所引《館閣書目》並曰《律疏》，是宋時但名《律疏》也。明焦竑《國史經籍志》「《律疏》三十卷」亦尚稱《律疏》，而別出劉惟謙《唐律疏義》十卷，則《疏義》乃劉惟謙所作，自爲一書。至錢謙益《絳雲樓書目》乃標《唐律疏議》六册，三十卷。錢曾《述古堂宋板書目》又標《唐律疏義》三十卷，劉刻元泰定本標曰《故唐律疏議》，盧氏抱經堂抄本中縫作《疏義》，前序作《疏議》，《四庫目録》亦作《疏義》，《疏議》、《疏義》其名錯出，皆非其本名也。或謂律文之疏並稱「疏議曰」，當以「疏議」爲是。然疏中之議曰猶之疏中問曰、答曰及《十三經注疏》疏下或稱正義曰，《易》、《書》、《詩》、《禮記》、《左傳》、《論語》、《孟子》、《孝經》。或稱釋曰，《周禮》、《儀禮》、《穀梁傳》、《爾雅》。或稱解曰《公羊傳》並有問曰、答曰之文。也。然則稱疏議者，亦後來流俗相沿之名，非此書之本名也。《玉海》六十六：「《館閣書目》：《律疏》三十卷，所存止二十八卷，闕《斷獄》二卷。」是當時館閣之本不全，而今完善者，民間尚有傳本也。

永徽留本司格後

《唐志》見上。

《藝文志》：《永徽留本司格後》十一卷，左僕射劉仁軌、右僕射戴至德、侍中張文瓘、中書令李敬玄、右庶子郝處俊、黄門侍郎來恆、左庶子高智周、右庶子李義琰、吏部侍郎裴行儉、馬載、兵部侍郎蕭德昭、裴炎、工部侍郎李義琛、刑部侍郎張楚金、金部郎中盧律師等奉詔撰，儀鳳二年上。

按：《舊志》及《六典》作《永徽留司格後本》，多一「本」字，《舊志》稱儀鳳二年二月九日撰定奏上。

永徽式

《唐志》見上。《唐六典》：《皇朝永徽式》十四卷。

法例

《藝文志》：趙仁本《法例》三卷，崔知悌《法例》二卷。

《舊志》：先是詳刑少卿趙仁本撰《法例》三卷，引以斷獄，時議亦爲折衷。後高宗覽之，以爲煩文不便，因謂侍臣曰：「律令格式，天下通規，非朕庸虚所能創制。並是武德之際，貞觀已來，或取定宸衷，參詳衆議，條章備舉，軌躅昭然，臨事遵行，自不能盡。何爲更須作例，致使觸緒多疑。計此因循，非適今日，速宜改轍，不得更然。」自是，《法例》遂廢不用。

按：趙仁本《法例》一作二卷，一作三卷，未詳孰是。

垂拱格式　删垂拱式

《唐志》：武后時，内史裴居道、鳳閣侍郎韋方質等又删武德以後至於垂拱詔敕爲新格，藏於有司，曰《垂拱留司格》。神龍元年，中書令韋安石又續其後至於神龍，爲《散頒格》。

《藝文志》：《垂拱式》二十卷，又《格》十卷，《新格》二卷，《散頒格》三卷，《留司格》六卷，秋官尚書裴居道、夏官尚書同鳳閣鸞臺三品岑長倩、鳳閣侍郎同鳳閣鸞臺平章事韋方質、删定官袁智弘、咸陽尉王守慎奉詔撰。加計帳、勾帳二式，垂拱元年上新格，武后製序。《删垂拱式》二十卷，又《散頒格》七卷，中書令韋安石、禮部尚書同中書門下三品祝欽明、尚書右丞蘇瓌、兵部郎中狄光嗣等删定，神龍元年上。

《舊志》：則天又敕内史裴居道、夏官尚書岑長倩、鳳閣侍郎韋方質與删定官袁智弘等十餘人，删改格式，加計帳及勾帳式，通舊式成二十卷。又以武德已來、垂拱以後詔敕便於時者，編爲《新格》二卷，則天自製序。其二卷之外，别編六卷，堪爲當司行用，爲《垂拱留司格》。時韋方質詳練法理，又委其事(及)〔於〕咸陽尉王守慎，又有經《會要》「經」作「法」。理之才，故《垂拱格》、《式》，議者稱爲詳密。其律令惟改二十四條，又有不便者，大抵依舊。中宗神龍元年，依貞觀、永徽故事，敕中書令韋安石、禮部侍郎祝欽明、尚書右丞蘇瓌、兵部郎中狄光嗣等删定《垂拱格》，後至神龍元年已來制敕，爲《散頒格》七卷。又删補舊式，爲二十卷，頒於天下。《武后紀》：垂拱元年三月辛未，頒《垂拱格》。《會要》：「三月二十六日。」

《唐會要》：神龍元年六月二十七日，又删定《垂拱格》及《格後敕》，左僕射唐休璟、韋安石、散騎李懷遠、祝欽明、蘇瓌、郎中姜師度、狄光嗣等同删定，至神龍二年正月二十五日前制敕，爲《散頒格》七卷，又删補舊式，爲二十卷，表上之，制令頒於天下。

太極格

《唐志》：睿宗即位，户部尚書岑羲等又著《太極格》。《藝文志》：《太極格》十卷，户部同中書門下三品岑羲、中書侍郎同中書門下三品陸象先、右散騎常侍徐堅、右司郎中唐紹、刑部員外郎邵知新、大理寺丞陳義海、評事張名播、右衛長史張處斌、右衛率府倉曹參軍羅思貞、刑部主事閻義顓等删定，太極元年上。《舊志》：景雲初，睿宗又敕岑羲等凡十人，删定格式律令。太極元年二月奏上，名爲《太極格》。《會要》：「正月二十五日奏上。」《舊紀》：太極三年春二月己巳，頒新格式於天下。夏四月辛丑，制曰：「朕聞措刑由於用刑，去殺存乎必殺。明罰峻典，自古而然；立制齊人，於是乎在。自我朝建國，僅將百年，天下和平，其來已久。往承隋季，守法頗專；比襲時安，持綱日緩。況朕薄德，甚莫逮先；惟人難理，遠不如昔。粤從守位，三載於兹，庶務煩勞，不損晷景。嘗謂自我作則，感而成化；痛乎迷俗忘返，不威罔懲。將至純風，先歸重典。比者贓賄不息，渝濫公行，放心未甯，禁犯無懼。此焉暫革，期於承平，遂割小慈，以崇大體。自今已後，造僞頭首者斬，仍没一房資財，同用蔭者並停奪。非頭首者絞。其承前造僞人，限十日内首使盡。官典主司枉法受贓一匹以上，先決杖一百。其緣贓及惡狀被解及與替者，非選時不得輒入京城。縱家貫在京，不得輒至朝堂，妄有披訴。如有此色，並決杖仍加貶斥。其先在京城者，限三日内勒還。上下官僚輒緣私情相囑者，其受囑人宜封狀奏聞，成器以下，朕自決罰。其餘王公以下，並解見任官，三五年間不須齒録。其進狀人别加褒賞。御史宜令分察諸司。

開元格　後格

《唐志》：玄宗開元三年，黄門監盧懷慎等又著《開元格》。至二十五年，中書令李林甫又著新格，凡所損益數千條。明年，吏部尚書宋璟又著後格，皆以開元名書。天寶四年，又詔刑部尚書蕭炅稍復增損之。《藝文志》：《開元前格》十卷，兵部尚書兼紫微令姚崇、黄門監盧懷慎、紫微侍郎兼刑部尚書李乂、紫微侍郎蘇頲、舍人吕延祚、給事中魏奉古、大理評事高智静、韓城縣丞侯郢璡、瀛州司法參軍閻義顗等奉詔删定，開元三年上。《開元後格》十卷，又《令》三十卷，《式》二十卷，吏部侍郎兼侍中宋璟、中書侍郎蘇頲、尚書左丞盧從愿、吏部侍郎裴漼、慕容珣、户部侍郎楊滔、中書舍人劉令植、大理司直高智静、幽州司功參軍侯郢璡等删定，開元七年上。《舊志》：開元初，玄宗敕黄門監盧懷慎云云，删定格式令，至三年三月奏上，名爲《開元格》。六年，玄宗又敕吏部侍郎兼侍中宋璟云云等九人，删定律令格式，至七年三月奏上，律令式仍舊名，格曰《開元後格》。

《祥刑典》按語云：黄門監盧懷慎等删定格式令，《册府元龜》作開元元年，而《通鑑綱目》云三年正月以盧懷慎爲黄門監，則開元二年盧懷慎固未爲黄門監也。按《盧懷慎傳》，開元元年，進同紫微黄門平章事；三年，改黄門監。是此書始修於開元二年，奏上於三年，故懷慎書其新官也。《會要》言三年正月，而《舊志》作三月，互異。至七年之書，《會要》稱三月十九日，仍不殊也。

格後長行敕

《藝文志》：《格後長行敕》六卷，侍中裴光庭、中書令蕭嵩等删次，開元十九年上。《舊志》：十九年，侍中裴光庭、中書令蕭嵩，又以格後制敕行用之後，頗與格文相違，於事非便，奏令所司删撰《格後長行敕》六卷，頒於天下。

開元新格　格式律令事類

《藝文志》：《開元新格》十卷，《格式律令事類》四十卷，中書令李林甫、侍中牛仙客、御史中丞王敬從、左武衛胄曹參軍崔晃、衛州司户參軍直中書陳承信、酸棗尉直刑部俞元杞等删定，開元二十五年上。

《舊志》：二十二年户部尚書李林甫又受詔改修格令。林甫遷中書令，乃與侍中牛仙客、御史中丞王敬從，與明法之官前左武衛胄曹參軍崔見、《新志》「崔晃」。衛州司户參軍直中書陳承信、酸棗尉直刑部俞元杞等共加删緝舊格式律令及敕，總七千二十六條。其一千三百二十四條於事非要，並删之。二千一百八十條隨文損益，三千五百九十四條仍舊不改，總成〔律〕十二卷，《律疏》三十卷，《令》三十卷，《式》二十卷，《開元新格》十卷。又撰《格式律令事類》四十卷，以類相從，便於省覽。二十五年九月奏上，敕於尚書都省寫五十本，發使散於天下。

《舊紀》：二十五年九月壬申，頒新定《令》、《式》、《格》及《事類》一百三十卷於天下。

開元格後敕

《唐志》：憲宗時，刑部侍郎許孟容等删天寶以後敕爲《開元格後敕》。《舊紀》：元和二年秋七月丙戌朔，敕刑部侍郎許孟容等删定《開元格後敕》。八月壬戌，刑部奏改《律》卷第八爲《鬬競律》。《蔣乂傳》：又與許孟容、韋貫之删正制敕三十篇爲《開元格後敕》。《柳登傳》：元和初，爲大理少卿，與許孟容等刊正敕格。

按：《藝文志》不録《開元格後敕》之目。

開元格令科要

《藝文志》：裴光庭《唐開元格令科要》一卷。

按：《格後長行敕》裴光庭與修，此或其時所纂録者。

元和格敕　元和删定制敕

《藝文志》：《元和格敕》三十卷，權德輿、劉伯芻等集。《元和删定敕》三十卷，許孟容、韋貫之、蔣乂、柳登等集。《舊志》：元和十三年八月，鳳翔節度使鄭餘慶等詳定《格後敕》三十卷，右司郎中崔郾等六人修上。其年，刑部侍郎許孟容、蔣乂等奉詔删定，復勒成三十卷。刑部侍郎劉伯芻等考定，如其舊卷。《唐會要》：元和二年七月，詔刑部侍郎許孟容、少卿柳登、郎中房式、熊執易、崔光禮、員外郎韋貫之等删定《開元格後敕》。至十年十月辛丑，刑部尚書權德輿奏，其元和三年准制删定，至元和五年删定畢，所奏三十卷。歲月最近，望且送臣本司。其五年以後有敕文合長行者，望令諸司録送刑部，臣請與本司侍郎郎官參詳錯綜，隨司編入本卷續，具聞奏。至十三年八月，鳳翔節度使鄭餘慶等詳定《格後敕》三十卷，郎中崔郾、陳諷及庾敬休、王長文、元從質、林寶同修上進。其年，刑部侍郎許孟容、蔣乂等奏詔删定《格後敕》，勒成三十卷，刑部侍郎劉伯芻等考定修爲三十卷。《權德輿傳》：先是，詔許孟容、蔣乂刊彙格敕，既成，上之，留禁中；德輿請出其書，與侍郎劉伯芻參復研考，定三十篇奏上。《舊紀》：元和十年十月庚子，刑部尚書權德輿奏請行用新刪定《敕格》三十卷，從之。

按：許孟容等所刪定《開元格後敕》見《刑法志》，而《藝文志》不列其目，《藝文志》之《元和格敕》、《刑法志》亦不及之。觀於《權德輿傳》，知孟容等所修之本留禁中未行，至詔輿等復修之始奏請行用。《藝文志》之《元和格敕》，德輿所修，即元和刪定制敕，孟容等初修之本也。至十三年詳定《格後敕》當又是一事。《舊志》及《會要》於十三年之下接云「其年刑部侍郎許孟容」云云，孟容於四年遷京兆，十二年四月卒，豈得是年尚爲刑部侍郎？「其年」二字必有譌奪。

太和格後敕　開成詳定格

《唐志》：文宗命尚書省郎官各刪本司敕，而丞與侍郎覆視，中書門下參其可否而奏之，爲《太和格後敕》。開成三年，刑部侍郎狄兼謩採開元二十六年以後至於開成制敕，刪其繁者，爲《開（定）〔成〕詳定格》。

《藝文志》：《太和格後敕》四十卷，《格後敕》五十卷。初，前大理丞謝登纂，凡六十卷。詔刑部詳定，去其繁複。太和七年上。狄兼謩《開成詳定格》十卷。

《舊志》：太和七年十二月，刑部奏：「先奉敕詳定前大理丞謝登《新編格後敕》六十卷者。臣等據謝登所進，詳諸理例，參以格式，或事非久要，恩出一時，或前後差殊，或書寫錯誤，竝已落下及改正訖。去繁舉要，列司分門，都爲五十卷。伏請宣下施行。」可之。開成四年，兩省詳定《刑法格》一十卷，敕令施行。

《馮宿傳》：爲刑部侍郎，修《格後敕》三十篇，行於時。《唐會要》：太和四年七月，大理卿裴誼奏《格後敕》六十卷，得丞謝登狀，斷獄，取最後敕爲定。　《玉海》六十六：後唐天成元年十月，用《開成格》。

大中刑法總要格後敕

《藝文志》：《大中刑法總要格後敕》六十卷，刑部侍郎劉瑑等纂。　《舊志》：大中五年四月，刑部侍郎劉瑑等奉敕修《大中刑法總要格後敕》六十卷，起貞觀二年六月二十日，至大中五年四月十三日，凡二百二十四年雜敕，都計六百四十六門，一千一百六十五條。　《舊紀》：大中五年四月癸卯，刑部侍郎劉瑑奏：據今年四月十三日已前，凡二二原作「三」似誤。百四十四年，雜制敕計六百四十六門，二千一百六十五條，議輕重，名曰《大中刑法統類》，欲行用之。　新《劉瑑傳》：大中五年，遷刑部侍郎，乃裒彙敕令可用者，由武德訖大中，凡二千八百六十五事，類而析之，參訂重輕，號《大中刑律統類》以聞，法家推其詳。　舊《瑑傳》：大中初，轉刑部侍郎。瑑精於法律，選大中以前二百四十四年制敕可行用者二千八百六十五條，分爲六百四十六門，議其輕重，別爲一家法書，號《大中統類》，奏行用之。

按：劉瑑《大中刑法總要格後敕》，《舊志》與《藝文志》同，《會要》亦同，《舊紀》則曰《刑法統類》，新《傳》則曰《刑律統類》，舊《傳》則曰《大中統類》，遂與張戣之書相亂。《五代會要》後唐天成元年，御史臺、刑部、大理寺奏内所舉舊格敕有《大中刑法格後敕》六十卷，當即瑑書，但省去「總要」二字耳。《舊志》「六月二十日」，《會要》作「二十八日」，或《志》文奪「八」字。「二十四年」，《舊紀》及《會要》作「四十四年」，考貞觀二年戊子至大中五年辛未，實二百二十四年，《紀》及《會要》傳寫譌也。

大中刑律統類

《唐志》：宣宗時，左衛率府曹參軍張戣以刑律分類爲門，而附以格敕，爲《大中刑律統類》，詔刑部頒行之。　《藝文志》：張戣《大中刑律統類》十二卷。

《舊志》：七年五月，左衛率倉曹參軍張戣進《大中刑法統類》一十二卷，敕刑部詳定奏行之。

《舊紀》：大中七年五月，左衛率府倉曹張戣集律令格式條件相類一千二百五十條，分一百二十一門，號曰《刑法統類》，上之。

《五代會要》：長興四年，詳定《大中統類》。詳後。顯德四年，中書門下奏所行用者《大中統類》十二卷。

按：張戣《刑律統類》，《舊志》「刑律」作「刑法」，與劉瑑之書名遂相混。《五代會要》於六十卷者名《大中刑法格後敕》，於十二卷者名《大中統類》，雖一無「總要」字，一無「刑律」字，而卷數則〔與〕劉、張之書相符，可以見在五代時劉書不以「統類」名也，不知何以劉書亦蒙張書之名，致不可辨。《崇文目》劉書曰《大中刑法總要格後敕》六十卷，張書曰《大中刑律統類》十二卷，與《唐志》合，知宋時二書具在，其書名本不相混，作史者不加別白，致有差互耳。

《玉海》六十六：唐詔令曰《刑書統類》十篇，獨著元結縣令箴。

按：《刑書統類》又是何書，未詳。《玉海》附於張戣書之後。

度支長行旨

《藝文志》：《度支長行旨》五卷。刑法類。

律令手鑑

《藝文志》：王行先《律令手鑑》二卷。《崇文目》同。

按：《宋史·藝文志》「先」一作「仙」。

式苑

《藝文志》：永泳《式苑》四十卷。《崇文目》、宋《藝文志》同。

刑法要録

《藝文志》：盧紓《刑法要録》十卷，裴向之上。

《唐會要》：寶曆二年十月，裴向進。

《玉海》：盧紓，大理丞。《宋志》作「盧紓」。

按：「之上」《玉海》作「上之」。

判格

《藝文志》：張伾《判格》三卷。《宋志》同。

法鑑

《藝文志》：李崇《法鑑》八卷。《玉海》「鑑」作「覽」。

大中後雜敕

宋《藝文志》：《大中後雜敕》十二卷。刑法類。

《玉海》六十六：《國史志》：「《大中已後雜敕》三卷。」

吏部甲令

《玉海》六十六：沈既濟德宗時選舉之弊云云，吏部甲令云云。

按：吏部甲令當在臺省職員之內，甲令，其篇第也。

學令

《唐會要》：太和五年十二月，祭酒裴通奏按《學令》。

《史記·儒林傳·索隱》「即今《學令》」。

按：梁、隋令並有《學令》之目，唐令無之，蓋併入他篇中矣。

品秩令式

《唐會要》：會同二年九月，中丞李回奏文武常參官據品秩令式。

按：品秩令式即官品令式。

水令

《王起傳》：山南東道節度，濱漢渠堰聯屬，吏弗修治，起修復，與民約爲水令，遂無凶年。

按：此一隅之令。

司門式　光禄式

《唐會要》：永徽二年，禮部尚書許敬宗言《光禄式》云云。

《顔真卿傳》：太宗勤勞庶政，具《司門式》云云。

按：唐式以尚書省刑曹及秘書太常司農光禄云云爲其篇目，此其二篇名也。

兵部格

《通典》：《兵部格》：「破敵戰功，各有等差。」

唐刑法二十八家

《玉海》六十六：《藝文志》史録十曰刑法，二十八家，六十一部，一千四百卷，始於《漢建武律令故事》，終於開元《格後長行敕》，失姓名九家。《建武律令故事》、《名臣奏》、《廷尉決事》、《駮事》、《雜詔書》、《南臺奏事》、《議駮》、《名臣奏事》則漢氏之書也。《駮事》、《彈事》、《刑法律本》、《晉令》以至張斐、劉劭之《解》、《論》則晉氏之書也。齊、梁、陳有宗躬、蔡法度、范泉等之律令，而條鈔晉、宋、齊、梁律附焉。北齊、周、隋有趙王叡、趙肅、蘇綽、高熲、牛弘等之律令式，而《麟趾格》附焉。有唐之興，始定於武德之裴寂者五十七卷；更定於貞觀之玄齡者九十一卷；无忌撰於永徽，源直心删於龍朔，劉仁軌著於鳳儀，爲卷一百二十有六；裴居道撰於垂拱，韋安石删於神龍，及趙、崔之《法例》，爲卷七十有二；岑義删於太極元年，姚崇删於開元三祀，宋璟、裴光庭删於七年、十九年，爲卷八十有六。大凡律之外有疏、例；式之外有式本；格有留司、散頒、行格、格後、新格；敕有格長行。不著録者，《開元新格》而下有《事類科要》及《度支長行》者，《元和格敕》、《制敕》而下有《太和格後敕》、《開成詳定格》、《大中刑法總要格後敕》及《刑律統類》。法家所著有《律令手鑑》、《式苑》、《刑法要録》、《判格》，終於李崇《法鑑》，凡十三家,三百二十三卷。

旁通開元格　開元禮律格令要訣

《宋史·藝文志》:宋璟《旁通開元格》一卷,蕭旻《開元禮律格令要訣》一卷。

按:此二書《唐志》不著録。

貞觀募戍西州法

《唐書·太宗紀》:貞觀十六年正月戊辰,募戍西州者,前犯流死亡匿,聽自首以應募。辛未,徙天下死罪囚實西州。

《册府》刑法部:十六年正月制:徙死罪以實西州,其犯流徙則充戍,各以罪名輕重爲年限焉。

天寶重杖代死刑法

《册府》刑法部:天寶六載正月,詔曰:「朕承大道之訓,務好生之德,於今約法,已去極刑。議罪執文,猶存舊日,既措而不用亦惡聞其名。自今以後,所斷絞、斬刑者宜除削此條,仍令法官約近例詳定處分。」今斷極刑云決重杖以代極刑,法始於此也。

元和死罪改流法

《唐志》：元和八年，詔兩京、關内、河東、河北、淮南、山南東西道死罪十惡、殺人、鑄錢、造印，若强盜持仗劫京兆界中及它盜贓踰三匹者，論如故。其餘死罪皆流天德五城，父祖子孫欲隨者，勿禁。

按：貞觀徙死罪戍西州尚是實邊之策，天寶以重杖代極刑而斬絞之名廢。元和十惡等項外餘悉流天德五城，並重杖亦幾於廢矣。是廢止死刑之説實胚胎於唐，雖未全廢而存者已少矣。今日西國廢止死刑之説，學者日揚其波而不能遂廢者，氣運猶未至也。

乾元改重法

《册府》刑法部：肅宗乾元元年四月，詔曰：「百姓中有事親不孝、别籍異財、點污風俗、虧敗名教，先決六十，配隸磧西，有官品者禁身。奏聞。」

按：唐律諸祖父母、父母在而子孫别籍異財者徒三年，此改爲決杖配隸，視舊法爲重矣。先杖後配，正是明律徒流加杖之所昉。

建中改重法

又京兆府奏准建中三年三月敕節文，當府界内捉獲强盜，不論有贓無贓及竊盜贓滿三匹以上者並準敕集衆决殺；不滿匹者量事科决補充。所由犯盜人雖有官及屬軍等，一切並此例處分。

按：唐律諸强盜不得財徒二年，十匹及傷人者絞，殺人者斬；其持仗者雖不得財流三千里，五匹絞。此不論有贓無贓，一概决殺，治盜之重，以此爲嚴矣。竊盜五匹徒一年，五匹加一等，五十匹加役流，無死罪，此三匹即决殺，亦可謂重矣。

元和改重法

《册府》刑法部：文宗太和三年，中書門下奏：「今請令以鉛錫錢交易者一貫以下州府行常杖，决脊二十；十貫以（上）〔下〕决六十，徒三年；過十貫已上集衆决殺。其受鉛錫錢交易者亦准此。」

〔按〕：唐律諸私鑄錢者流三千里，無以鉛錫錢交易之文。交易較私鑄爲輕，受者尤輕，而法重至此。

會昌改重法

《唐志》：武宗性嚴刻，故時竊盜無死，所以原民情迫於飢寒，至是贓滿千錢者死。至宣宗，乃罷之。

按：此事在會昌元年，《册府》作「一百文」處死，乃「一貫文」之誤。唐律竊盜無死法，自建中有三匹以上決殺之敕，而竊盜乃入於死。至會昌中，滿千錢卽死，更重。宣宗大中四年，罷會昌而用建中法，仍重也。

《册府》刑部法：會昌四年七月，京兆府奏：「擒盜賊並鬬行鬬毆人等被姦惡所由與府縣人吏同情欺罔，因緣卜射，求取恣爲，不顧典刑，隱藏愆犯。臣見今推鞫須立條科，府縣所由輒因事取錢及恐嚇平人，遣重囚典引坊市人户推問得實，贓至十貫以上者從今後伏請集衆決殺，十貫以下者卽量情科斷。」

按：唐律恐喝取人財物準盜論加一等，三十五匹流三千里，亦無死法。此十貫以上卽決殺，視舊重矣。唐律贓多以匹計，而是條獨以貫計，竊盜千錢亦是以貫計，此又幣制之因時變遷而刑法亦因之矣。

天寶改輕法

舊《玄宗紀》：天寶元年二月丙申，詔枉法贓十五匹當絞，今加至二十匹。

按：玄宗法主從輕，唐法之改重多在肅宗後。

寶曆增法

舊《敬宗紀》：寶曆元年十月庚子朔，河南尹王起奏，盜銷錢爲佛像者，請以盜鑄錢論。

按：此私銷用私鑄之例。

律令五

梁新定格式律令

《五代會要》：梁開平三年十月，敕太常卿李燕、御史司憲蕭頃、中書舍人張衮、尚書户部侍郎崔沂、大理寺卿王鄯、尚書刑部郎中崔誥共删定律令格式。四年十二月，中書門下奏：「新删定令三十卷，式二十卷，格一十卷，律並目録一十三卷，律疏三十卷，共一百三卷。請目爲《大梁新定格式律令》，頒下施行。」從之。《舊五代史·刑法志》「十月」作「十一月」。

刑律總要

《舊五代史·刑法志》：大理卿李保殷進所撰《刑律總要》十二卷。開平中。

梁令　梁式　梁格

《宋史·藝文志》：《梁令》三十卷，《梁式》二十卷，《梁格》十卷。《崇文目》同。

《通志略》：《梁令》，朱梁時修。

按：此卽開平四年所修之令式格也，《通志略》出有此目，似南宋時此書尚在。

後唐同光刑律統類

《五代會要》：後唐同光三年二月，刑部尚書盧質上新集《同光刑律統類》十三卷。《舊五代史》「三年」作「二年」，「盧質」作「盧價」。

開成格

《五代會要》：天成元年九月二十八日，御史大夫李琪奏：「奉八月二十八日敕，以大理寺所奏見管四部法書内有《開元格》一卷、《開成格》一十一卷，故大理卿楊遘所奏行僞梁格並目録一十一卷與《開成格》微有舛誤，未審祇依楊遘先奏施行，爲復别須聖旨，令臣等重加商較刊定奏聞者。今莫若廢僞梁之新格，行本朝之舊章，遵而行之，違者抵罪。」至其年十月二十一日，御史臺、刑部、大理寺奏：「奉九月二十八日敕：『宜依李琪所奏，廢僞梁格，施行本朝格令者。』伏詳敕命，未該律令。伏以開元朝與開成隔越七帝，年代既深，法制多異，且有重輕。律無二等，若將兩朝格文並行，伏慮重疊舛誤。況法者天下之大理，非一人之法，天下之法也，故爲一代不變之制。又敕：『立後格合破前格。』若將《開元格》與《開成格》並行，實難檢舉。又有《大和格》五十二卷、《刑法要録》一十卷、《格式律令事類》四十卷、《大中刑法格後敕》六十卷，共一百六十一卷，久不檢舉，伏請定其予奪。奉敕：『宜令御史臺、刑部、大理寺同評定一件格施行者。』今集衆商量，《開元格》多定條流公事，《開成格》關於刑獄，今欲且使《開成格》。」從之。「大理」，《册府》作「大信」。

按：《開成格》即狄兼謩之《開成詳定格》也，後唐名《紹唐祀》，故云本朝舊章。

長興敕條

《册府》刑法部：晉天福二年四月，敕應在京及諸道監臨主當倉庫官吏等，當受納時例破加耗，及交替日豈合虧懸？自今後如得替交割及非時點檢無故妄稱欠少者，並準唐長興二年敕條，計贓絹五十匹決重杖一頓處死，所有錢物家業盡底通納，餘外不徵，其有自盜及私專用擅借，各依格律本條處分。

清泰制敕

《五代會要》：清泰二年四月，御史中丞盧損等進清泰元年已前十一年内制敕，可久遠施行者凡三百九十四道，編爲三十卷；其不中選者各令本司封閉，不得行用。敕付御史臺頒行。

賊徒推勘致死以故殺論

《册府》刑法部：長興二年四月，大理正劇可久奏引《開成格》應盜賊須得本贓然後科決，如有推勘因而致死，以故殺罪論。臣詳此理未便，且云無持贓待捕之賊或偷生隱諱，所司又須訊拷，死反償命，實恐惠姦起。今後如因而致死者，如無故則請減一等，别增患病而死者從辜限，正賊減本罪五等。中書覆云：「今後凡關賊徒若推勘因而致死者有故以故殺論，無故減一等。如拷決因增疾患，候驗分明，如無他故，雖辜内致死亦以減一等論。」

按：此與唐律輕重懸殊說見上。

贓罪

是月，刑部郎中周知微奏：「臣每詳覆案文，静究贓罪條件，或有因緣勘鞫，滋漫告陳，雖廣訟論，漸異根本。其間有物關獻遺，事同情異，或果實紙筆之徒，或絲履藥茶之類，逐色目計錢不及三二百，聚都數不過四五千，爲案牘之微贓，傷朝廷之大體。引律二罪俱發以重者論，不累輕以加重。請非正論事條外，定贓之時並許除落。」中書覆奏云：「周知微踐揚華省，獻納明廷，所貢讜言，深符治道，蓋慮細微之物便爲贓賄之名，遂致刑章過行深刻。須知撙節，務守廉隅，或是監臨之司，或因公事之際，凡關取與便涉阿私物，若顯屬貨財，並宜爲贓罪，其餘不是監臨，不因公事，不在此限，應推斷科條，不得有違格律。」

按：枉法之贓，應累科論罪，不能以贓微而不計也。此條尚不分明。

竊盗

《五代會要》：清泰元年九月，大理寺奏：「所用法書竊盗條，〔準〕建中年，贓滿三匹已上決殺，不及三匹量情決杖。本朝以量情之文不定，詔御史中丞龍敏等議。贓滿三匹，準舊法；一匹已上，決徒一年半；一匹以下，量罪以杖。大理寺又以量罪之文不定，申奏集寺重議。今議定贓滿一匹，徒二年半；不及一匹，徒一年半；不得財，杖七十。」從之。一匹已上云云，《册府》六百十三作「一匹以上，決杖十八；一匹以下，量罪決杖。大理」云云。集寺官議，議云「贓一匹杖脊十八，不滿一匹杖十五，不得財，杖臀十五」。從之。

盗分攻劫城鎮劫掠鄉村

是月，天雄軍節度使范廷光上言：「副使王欽祚報管内頻有盗賊剽劫坊市鄉村，差兵巡捕，嚴切隄防。緣此歲蠶麥不熟，游惰之徒結集爲惡，或殺傷攘奪，及捕獲處斷又前後法條不一。以天成二年敕，應山林羣盗害物殘人，若捕捉勘結不虛，全家處置；有偶然劫盗者，正身準法，知情者同罪。又以長興四年敕，據天成敕只爲界内連結黨惡殘物害人所以誅族，此中興之初權行之法，若斷獄只坐此條，恐違於律令。今後結黨連羣爲害者，並男十五以上並準元敕處斷，其父母兄弟妻女小兒一切不罪，有骨肉中與賊同惡者亦同罪，如同謀不行或受贓不受贓則準律科斷。臣當管賊盗屢發，蓋見用法太寬，只罪一身，又不籍没家産，又不連累家屬，得以恣行兇惡。今後捕盜，權行重條，俾其知懼，易爲禁止。」詔曰：「應劫掠鄉村宜依長興四年敕條斷處，攻劫城鎮宜依天成二年敕處斷。」

按：此等斷處，都非唐法。天成敕固重，長興敕猶及男十五以上，仍非法也。五季亂世，民不聊生，盜之屢發，豈緣法輕？執法者但有治標之策，孰是能探本言之者乎？

枉法贓

《册府》六百十三：清泰三年五月，中書門下奏：「刺史位列公侯，縣令爲人父母，只合倍加乳哺，豈合自至瘡痍？一昨張宗裔胥吏訟，論合當極典，法司據律罪止徒流，向來此法極嚴纔可存其軀命，即一二十年不復還鄉。卻緣近日赦宥稍頻，遷易頗數，致其兇物不顧嚴刑。臣竊維立法稍嚴則人不敢犯，其見行法律望下所司更加詳酌。」及下御史臺，刑部大理議云：「舊律枉法贓十五匹絞，天寶元年加至二十匹，請今後犯枉法贓十五匹準律絞。不枉法贓舊律三十匹加役流，受所監臨，五十匹流二千里。今請依《統類》不枉法贓過三十匹，受所盜贓過五十匹。」從之。

詳定大中刑法統類

《册府》六百十三：長興四年六月，敕御史中丞龍敏、給事中張鵬、中書舍人盧遵、刑部侍郎任贊、大理卿李延範詳定《大中刑法統類》。

按：《大中刑法統類》，不言何人之書，晉天福二年大理寺見管《統類》一十二卷，與張戣之書卷數相符，是五季時張書實相沿行用，此時所詳定必亦張書也。

天成長定格

宋《藝文志》：《天成長定格》一卷。《崇文目》：《後唐長定格》三卷。

按：《後唐長定格》與《天成長定格》似是一書，惟卷數不符。

天成雜敕

《宋志》：《天成雜敕》三卷。《崇文目》同。《通志略》：《後唐詔敕》，僞，蜀人編。

後晉天福編敕

《五代會要》：晉天福三年六月，中書門下奏：「伏覩天福元年十月敕節文，唐明宗朝敕命法制，仰所在遵行，不得改易。今諸司每有公事，見執清泰元年十月十四日編敕施行，稱明宗朝敕，除編集外，並已封鎖不行。臣等商量，望差官將編集及封鎖前後敕文並再詳定，其經久可行條件，别録奏聞。」從之。遂差左諫議大夫薛融、秘書監丞吕琦、尚書駕部員外郎知雜事劉皞、尚書刑部郎中司徒詡、大理正張仁瑑同參詳。至四年七月，薛融等上所詳定編敕三百六十八道，分爲三十一卷，令有司寫録，與格式參用。左諫議大夫薛融，《册府》「左」作「右」，「融」一作「馳」。

《宋志》：《天福編敕》三十一卷。《崇文目》「三十卷」。

按：三十一卷與《會要》同，内一卷當是目録，《崇文目》作三十卷者不數目録也。石晉所行用唐法爲多，此書亦多採後唐也。

鬭毆故傷人辜内死

《五代會要》：晉天福三年八月，大理寺奏：「左街〔史〕韓延嗣爲百姓李延暉衝者，本街使連喝不住，毆擊致死。准律，鬭毆者原無殺心，因相鬭毆而殺者，依故殺人者斬。其韓延嗣準律合斬。準《刑法統類》節文：絞刑決重杖一頓處死。」敕：「法寺定法，比不因鬭毆故傷人，辜内死者依殺人論。蓋微相類，且非本條，罪有可疑，法當在宥。徒二年半，刺而配華州，發運務收管。」

竊盜贓

《册府》六百十三：天福五年十月癸丑，詔曰：「朕自臨區夏，每念生靈惡殺，爲心實慈是務。凡於獄訟，嘗切哀矜，況時漸興文，民皆知禁，宜伸輕典，用緩峻刑。今後竊盜贓滿五匹處死，三匹已上決杖配流。以盜論者，依律文處分。」

《五代會要》：天福六年五月十五日，尚書刑部員外郎李象奏：「據《刑法統類》節文云『盜賊未見本贓，推勘因而致死者，有故者以故殺論，無故者減一等。』又云：『今後或有故者以故殺論，或無故者景迹顯然，支證不謬，堅持姦惡，不招本情，以此致死者減故殺罪五等。其或妄被攀引，終是平人，以此致死者減故殺罪一等。』臣按上文云『有故殺者，以故殺者論』，此是矣。其無故殺者亦坐減一等罪，卽恐未當。假如官司或有刑獄，未見本情，不可全不詰問。據言有故者，則是曾拷掠，及違令式，或粗大棒，强相抑壓，以此致死者並屬有故。無故者卽是推勘之司不曾拷掠，又不違法律，亦不堅有抑壓，此則並屬無故，不坐罪。假若有犯事人舊患疾病，推勘之際，卒暴身亡，不可亦坐推司減等之罪。又據斷獄云：『若依法使(伏)〔杖〕，依數拷決而邂逅致死者勿論。』邂逅，謂不期致死而死，且彼言拷決，尚許勿論，此云無故，卻令坐罪，事實相背，理有未通。請今後推勘之時致死者，若實情無故，請依邂逅勿論之義。」詳定院奏：「臣等參詳，若違法拷掠，卽非託故挾情以致其死但有情故者，依故殺論。若雖不依法拷掠，卽非託故挾情以致其死而無情故者，請減故殺一等。若無本情故，又依法拷掠或未拷掠，或詰問未詰問，及不抑壓因他故致死，並屬邂逅勿論之義。」從之。

强盗

《册府》六百十三：漢高祖卽位，稱天福十二年，八月敕：「應天下凡關賊盜捕獲，不計贓多少，按驗不虛，並宜處死。俾其重法，斯爲愛民。」又《五代史·志》云「漢之濫刑也如是」。

《通考》一百六十六：時四方盜賊多，朝廷患之，故重其法，仍分命使者捕逐。蘇逢吉自草詔意云「應賊及四鄰同保皆全族處斬」，衆以爲盜猶不可族，況鄰保乎？逢吉固争，不得已但省去「全族」字。由是捕賊使者張令柔殺平陰十七村民。

周續編敕

《舊五代史·刑法志》：周太祖廣順元年六月，敕侍御史盧億、刑部員外郎曹匪躬、大理正段濤同議定重寫法書一百四十八卷。先是，漢隱帝末，因兵亂法書亡失，至是大理奏重寫律令格式、統類編敕，凡改點畫及義理之誤字二百一十有四，以晉、漢及國初事關刑法敕條，凡二十六件，分爲二卷，附于編敕，目爲《大周續編敕》，命省、寺行用焉。

按：《玉海》言宋初用周廣順類敕，當即此書。

二年二月，中書門下奏：「準元年正月五日赦書，凡今後應犯竊盜贓及和姦者，並依晉天福元年已前條制施行，諸處犯罪人等，除反逆罪外，其餘罪並不籍没家産、誅及骨肉，一依格令處分者。請再下明敕，頒示天下。」乃下詔曰：「赦書節文，明有釐革，切慮邊城遠郡，未得審詳，宜更申明，免致差誤。其盜賊，若是强盜，並準自來格條遺斷；其犯竊者，計贓絹滿三匹已上者，並集衆決殺，其絹以本處上估價爲定，不滿三匹者，等第決斷。應有夫婦人被强姦者，男子坐殺，婦人不坐；其犯和姦者，並準律科斷，罪不至死，其餘姦私罪犯，準格律處分。應諸色罪人，除謀反大逆外，其餘並不得誅殺骨肉、籍没家産。」先是，晉天福中敕，凡犯和姦者，男子婦人並處極法，至是始改律文焉。

按：和姦男女並處極法，晉法之重可謂極矣。强姦之男子坐殺當亦起於此時，而漢、周承之。

鹽麴條法

《册府》刑法部：廣順二年八月，敕承前所立鹽麴條法，每犯，至少盡處極刑。近年以抵罪甚重，兼以邑居人户隨稅請鹽，既不許帶入城隍，又不容向外破賣，立法之弊，一至于斯，爰自新朝，尚沿舊制。昨因鄭州按獄，備見百姓銜寃既詳，斷之逾違，亦條令之疑誤，覩兹深刻，須議改更，庶令輕重得中，兼復上下知禁。國計之重，立法爲先，貴在必行，何須過當。凡鹽麴犯一斤已下至一兩，杖臀十七，配役一年；五斤已下一斤已上，杖脊二十，役三年；五斤已上，杖死之。煎鹻鹽犯一斤已下，杖脊二十，役三年；一斤已上，杖死之。若捉獲鹻土及水煎成鹽了，秤之定罪。顆鹽未按「未」疑當作「末」。各有界分，如界分相侵，同犯鹽罪論。鄉村所請蠶鹽各自充用，不得將入城邑村坊郭博易貨賣，如違同犯鹽論。所請蠶鹽處，道路津鎮，須驗公憑。凡買鹽麴並須官場官務，若衷私興販，同犯鹽麴例論。官場官務有羨餘鹽麴並盡底納官，如輒將貨賣，同犯鹽麴論。凡鹽户酒户衷私與場官院官買賣，同犯例論。凡鹽麴同情共犯，若是卑幼骨肉奴婢同犯，只罪家長，主者不知情，只罪造意者，其餘減等。凡城郭人户後屋稅鹽並于城内請給，若外縣鎮郭下人户亦許將所請鹽歸家供食，卽本部官據人户合請數都計於倈場請數，點檢入城，不得因便帶入。其郭下户或城外有莊田合并户稅者，亦本處官預前分説，勿令逐處都請。凡鹽麴鹽鹻隨處地分節級專切捉搦，如透漏必重其科斷。告犯鹽麴人死罪者賞錢五十千文，不死罪賞三十千文，以本處係省錢充，故斟酌輕重，立此科條，宜令三司施行，其中有合指揮件目，隨事處分以聞。

周刑統

《舊五代史·刑法志》：世宗顯德四年五月，中書門下奏：「準宣，法書行用多時，文意古質，條目繁細，使人難會，兼前後敕格互換重疊，亦難詳定。宜令中書門下並重删定，務從節要，所貴天下易爲詳究者。伏以刑法者御人之銜勒，救弊之斧斤，故鞭扑不可一日弛之于家，刑法不可一日廢之于國，雖堯、舜淳古之代，亦不能舍此而致理矣。今奉制旨删定律令，有以見聖君欽恤明罰敕法之意也。竊以律令之書，政理之本，經聖賢之損益，爲古今之章程，歷代以來，謂之彝典。今朝廷之所行用者一十二卷、「二」《玉海》作「律」。律疏三十卷、式二十卷、令三十卷、《開成格》一十卷、《大中統類》一十二卷、後(居)〔唐〕以來至漢末編敕三十二卷及皇朝制敕等。折獄定刑，無出于此。律令則文辭古質，看覽者難以詳明；格敕則條目繁多，檢閱者或有疑誤。加之邊遠之地，貪猾之徒，緣此爲姦，寖以成弊。方屬盛明之運，宜申畫一之規，所冀民不陷刑，吏知所守。臣等商量，望準聖旨施行，仍差侍御史知雜事張湜、太子右庶子劇可久、殿中侍御史帥汀、職方郎中鄧守中、倉部郎中王瑩、司封員外郎賈玭、太常博士趙礪、國子博士李光贊、大理正蘇曉、太子中允王伸等一十人編集，勒成部帙。律令之有難解者，就文訓釋；格敕之有繁雜者，隨事删除。止要諸理省文，兼且直書易會。其中有輕重未當，便于古而不便于令，矛盾相違，可于此而不可于彼，盡宜改正，無或牽拘。候編集畢日，委御史臺、尚書省四品以上及兩省五品以上官參詳可否，送中書門下議定，奏取進止。」詔從之。自是湜等于都省集議删定，仍令大官供膳。五年七月，中書門下奏：「侍御史知雜事張湜等九人，奉詔編集刑書，悉有條貫，兵部尚書張昭等一十人，參詳旨要，更加損益。臣質、臣溥據文評議，備見精審。其所編集者，用律爲正；辭旨之有難解者，釋以疏意；義理之有易了者，略其疏文。式令之有附近者次之，格敕之有廢置者又次之。事有不便與該説未盡者，別立新條于本條之下；其有文理深古、慮人疑惑者，別以朱字訓釋。至于朝廷之禁令，州縣之常科，各以類分，悉令編附。所冀發函展卷，綱目無遺，究本討原，刑政咸在。其所編集，勒成一部，別有目録，凡二十一卷。刑名之要，盡統于兹，目之爲《大周刑統》，欲請頒行天下，與律疏令式通行。其《刑法統類》、《開成格》、編敕等，採掇既盡，不在法司行使之限，自來有宣命指揮公事及三司臨時條法，州縣見今施行，不在編集之數。應該京百司公事，逐司各有見行條件，望令本司删集，送中書門下詳議聞奏。」敕宜依，仍頒行天下。乃賜侍御史知雜事張湜等九人各銀器二十兩，雜綵三十匹，賞删定《刑統》之勞也。

按：《顯德刑統》，《宋刑統》之所本也，其體例當與《宋刑統》無異。《宋刑統》一書今尚有鈔本，可以見《周刑統》之大略矣。

諸盜三犯

《五代會要》：顯德五年七月七日敕：「諸盜經斷後仍便行盜，前後三犯，並曾經官司推問伏罪，不問赦前後、贓多少，並取決殺。」

江南刑律統類

《宋志》：姜虔嗣《江南刑律統類》十二卷。《崇文目》同。

按：當是江南李氏之刑書，下同。

江南格令條

《宋志》：《江南格令條》八十卷。

江南刪定條

《崇文總目》：《江南刪定條》三十卷，僞，唐李氏撰。

僞吴刪定格令

《崇文目》：僞《吴删定格令》五十卷，楊行密時大修。

蜀雜制敕

《宋志》：《蜀雜制敕》三卷。

律令六

宋建隆律

《宋史·太祖紀》：建隆二年二月己丑，定竊盜律。三年二月己亥，更定竊盜律。

《宋志》：唐建中令，竊盜贓滿三匹者死。武宗時，竊盜贓滿千錢者死。宣宗立，乃罷之。漢乾祐以來，用法益峻，民盜一錢抵極法。周初，深懲其失，復遵建中之制。帝猶以其太重，嘗增爲錢三千，陌以八十爲限。既而詔曰：「禁民爲非，乃設法令，臨下以簡，必務哀矜。竊盜之生，本非巨蠹。近朝立制，重於律文，非愛人之旨。自今竊盜贓滿五貫足陌者死。」舊法，强盜持仗，雖不傷人，皆棄市。又詔：「但不傷人者，止計贓論。」

《太祖紀》：建隆二年四月庚申，班私鍊貨易鹽及貨造酒麴律。

建隆編敕　新編敕詳下

《玉海》六十六：《稽古録》：「建隆二年十月癸巳，初定《編敕》二十條。」

《宋志》：宋法制因唐律、令、格式，而隨時損益別有《編敕》，一司、一路、一州、一縣又別有《敕》。建隆初，詔判大理寺竇儀等上《編敕》，凡一百有六條，詔與新定《刑統》三十卷並頒天下，參酌輕重爲詳，世稱平允。

《藝文志》:《建隆編敕》四卷。

新定律

《太祖紀》:乾德元年三月癸酉,班新定律。

按:《玉海》云是年三月癸酉始定折杖法,是《紀》所書新定律即折杖法也。

建隆重定刑統

《玉海》六十六:國初用唐律、令、格、式外,有後唐《同光刑律統類》、《清泰編敕》、《天福編敕》、《周廣順類敕》、《顯德刑統》,皆參用焉。建隆四年二月五日,工部尚書、判大理寺竇儀言:「《周刑統》科條繁浩,或有未明,請別加詳定。」乃命儀、與權、大理少卿蘇曉等同撰集,凡削出令式宣敕一百九條,增入制敕十五條,又録律内餘條,准此者凡四十四條,附於名例之次,并目録成三十卷。取舊削去格令宣敕及後來續降要用者一百六十條,按《宋志》及《通考》當作六條,「十」字衍。爲《編敕》四卷。其釐革一司、一務、一州、一縣之類不在焉。至八月二日上之,詔並摸印頒行,一本建隆四年七月己卯即乾德元年十月,方改元。工部尚書、判大理寺竇儀進建隆《重定刑統》三十卷、《編敕》四卷,詔付大理寺刻板摹印,頒行天下。儀表云:「臣與大理少卿蘇曉、正奚璵、丞張希遜等同考詳舊二十一卷,今併目録增爲三十一卷。舊疏議節略今悉備，文字難識者音於本字之下，義似難曉并例具别條者悉注引於其處，有今昔寖異，輕重難同，禁約之科，刑名未備，臣等起請總三十二條，其格令宣敕削出及後來至今續降要用者凡一百六條，今别編分爲四卷，名曰《新編敕》。」《刑統》凡三十一卷，二百十三門，律十二篇，五百二條，并疏令格式敕條一百七十七，起請條三十二。先是，建隆三年十二月，鄉貢明法張自牧嘗上封事，駮《刑統》之不便者凡五條，詔下有司參議而釐正之，詔儀等撰集。端拱二年十月，詔賜宰臣《刑統》各一部，詔中外臣僚常讀律書。天聖七年，學士孫奭奉詔校定《刑統》，作《律文音義》一卷。天聖四年十一月辛亥，詔國子監摹印律文并疏，頒行。

《太祖紀》：乾德元年七月己卯，頒《重定刑統》等書。

《藝文志》：竇儀《重詳定刑統》三十卷。

開寶刑統

《崇文總目》：《開寶刑統》三十卷，竇儼與法官蘇曉等撰。

按：《開寶刑統》他無所見，或開寶年間所刊，遂以開寶名之歟？竇儼嘗言，丁卯歲五星聚奎，自此天下太平。二拾遺見之，儼不與也。丁卯爲乾德五年，《儼傳》「車駕征澤、潞，以疾不從，卒」，乃建隆元年，儼之卒在開寶之前，此「儼」字當爲「儀」字之誤，卽建隆四年所修之書，故題儀之名也。《刑統》爲有宋一代之法制，其後雖用《編敕》之時多，而終以《刑統》爲本，乃《宋志》於《刑統》之修纂言之不詳，當採《玉海》所載以補之。

開寶長定格　盧多遜長定格

宋《藝文志》：《開寶長定格》三卷。不著撰人。盧多遜《長定格》三卷。

捕盜令

《太祖紀》：建隆三年十二月丙戌，詔縣置尉一員，理盜訟；置弓手，視縣户爲差。庚子，班捕盜令。開寶元年三月庚寅，班縣令、尉捕盜令。

《玉海》六十六：建隆三年十二月庚午，有司上捕盜條，頒行之。開寶元年五月庚寅，增修令尉捕盜功過令，頒行之。

按：建隆三年十二月有庚子無庚午，《玉海》譌也。

論訴人不得驀越陳狀

《燕翼詒謀録》：乾德二年正月己巳，詔應論訴人不得驀越陳狀，違者科罪。

士庶閹童男

《太祖紀》：乾德四年六月丙午，詔人臣家不得私養宦者，内侍年三十以上方許養一子，士庶敢有閹童男者不赦。

别籍異財

開寶二年八月丁亥，詔川峽諸州察民有父母在而别籍異財者論死。

《太宗紀》：太平興國八年十一月，除川峽民祖父母、父母在别籍異財棄市律。

按：此法太重，當爲一時一地而設，故太宗除之。

内侍養子令

四年七月，復著内侍養子令。

按：乾德四年詔見前，此當是重申其令。

僞黄金

十月己巳，詔僞作黄金者棄市。

試判假手

六年八月丁酉，泗州推官侯濟坐試判假手，杖，除名。

按：此即今槍手之名所昉，而科罪視今爲輕。

市二價

七年五月乙丑，詔市二價者以枉法論。

按：此情罪不相符。

嶺南盜贓

八年四月庚午，詔嶺南盜贓滿十貫以上者死。

《志》：八年，廣州言：「前詔竊贓至死者奏裁，嶺南遐遠，覆奏稽滯，請不俟報。」帝覽奏，惻然曰：「海隅習俗，貪獷穿窬，固其常也。」因詔：「嶺南民犯竊盜，贓滿五貫至十貫者，決杖、黥面、配役，十貫以上乃死。」

太平興國編敕

《玉海》六十六：三年六月，詔有司取國初以來敕條纂爲編敕頒行，凡十五卷，名曰《太平興國編敕》。

《志》：《太平興國編敕》十五卷。《崇文目》同。

決獄違限令

《宋志》：太宗在御，復制聽獄之限，大事四十日，中事二十日，小事十日，不他逮捕而易決者，毋過三日。後又定令：「決獄違限，準官書稽程律論，踰四十日則奏裁。事須證逮致稽緩者，所在以其事聞。」

繼母殺子及婦

《太宗紀》：太平興國二年五月丙寅，詔繼母殺子及婦者同殺人論。

私鑄

二年十一月丁酉，禁江南諸州新小錢，私鑄者棄市。

礬法

二年十二月癸酉，詔定晉州礬法，私煮及私販易者罪有差。

《仁宗紀》：天聖九年十一月丁亥，弛兩川礬禁。

按：私礬之法始此。

尊長錮送子弟

三年五月戊申，以秦州節度判官李若愚子飛雄矯制乘驛至清水縣，縛都巡檢周承瑨及劉文裕、馬知節等七人，將刼守卒據城爲叛，文裕覺其詐，禽縛飛雄按之，盡得其狀，詔誅飛雄及其父母妻子同產，而哀若愚宗奠無主。申戒中外臣庶，自今子弟有素懷凶險、屢戒不悛者，尊長聞諸州縣，錮送闕下，配遠處，隱不以聞，坐及期功以上。

雍熙竊盜令

《宋志》：雍熙二年，令竊盜滿十貫者，奏裁；七貫，決杖、黥面、隸牢城；五貫，配役三年；三貫，二年；一貫，一年。它如舊制。

《通考》云，十年五月承太平興國九年之後。《祥刑典》云，太平興國八年止，並無九年、十年之說，及以事相勘，則《通考》之十年五月令竊盜云云與《志》同，則此之十月卽雍熙二年。按太平興國九年十一月改元雍熙，是有九年而無十年，《通考》之文當傳寫之誤。

斷獄失入制

《宋志》：雍熙三年，刑部張佖言：「官吏枉斷死罪者，請稍峻條章，以責其明慎。」始定制：應斷獄失入死刑者，不得以官減贖，檢法官、判官皆削一任，而檢法仍贖銅十斤，長吏則停任。

按：贖銅十斤，杖一百之罪也，殆以其非長吏而輕之。

蒲博

《太宗紀》：淳化二年閏月己丑，詔京城蒲博者開封府捕之，犯者斬。

按：此法太重，猶今康熙中旗人犯賭擬絞之比，究非常法。

劫賊

至道元年四月辛丑，遣使分決諸路刑獄，劫賊止誅首惡，降流罪以下一等。

淳化編敕

《玉海》六十六：端拱二年十月，詔翰林學士宋白等詳定端拱以前詔敕，至淳化二年三月，白等上《淳化編敕》二十五卷，《赦書德音目録》五卷。帝閱之，謂宰相曰：「其間賞罰條目頗有重者，難於久行，宜重加裁定。」卽詔翰林承旨蘇易簡、右諫議大夫知審刑院許驤、職方員外郎李範同詳定。至五年八月二十一日庚子，驤、範上言，重删定《淳化編敕》三十卷，一本淳化二年八月庚子右諫議大夫判審刑院許驤以新定《編敕》一部三十卷上獻，《編敕》與《刑統》並行。上以其滋章煩碎，因命重删定，至是畢，付有司頒行天下。

《稽古録》：淳化五年八月，初行《淳化編敕》。《志》：蘇易簡《淳化編敕》三十卷。

淳化令式

《玉海》六十六：太宗以開元二十六年所定令式修爲《淳化令式》。

咸平編敕

《玉海》六十六：元年十二月二十三日丙午，給事中柴成務上刪定《編敕儀制車服敕赦書德音》十三卷，詔鏤板頒行。先是十二月，詔户部尚書張齊賢專知刪定淳化後盡至道末續降宣敕，去繁密之文以便民。十一月齊賢等上新編敕。又詔成務等重詳定十二月丁酉，令諸州大辟可疑者具奏。《實録》。十二月丙午，成務等上言其表曰：「臣聞王者發號施令，誕告萬方，先德後刑，大賚四海，故《書》曰『慎乃出令，令出惟行』，又曰『刑期無刑，民協于中』，蓋拯邦之典也。自夏、商之際，訓誓聿興，隋、唐已還，律令兼著，自唐開元至周顯德咸有格敕兼著簡編。國初重定《刑統》，止行《編敕》四卷，纔百有六條，洎方隅平定，文軌大同。太宗臨朝，聲教彌達，遂增《太平編敕》十五卷，淳化中又增後敕爲《淳化編敕》三十卷。編緝之始，太宗親戒有司務存體要，當時臣下不能申明聖意以去繁文。又自淳化元年六月以後止至道元年終續降宣敕至多，頗爲繁密，乃命權判刑部李範等七人同加刪定，取刑部大理寺在京百司諸路轉運司所受《淳化編敕》及《續降編敕》一萬八千五百五十五道徧共披閲，凡敕文與舊條重出者及一時機宜非永制者並刪去之，凡取八百五十六道爲新編敕。有止爲一事前後累敕者令聚爲一本，元是一敕條理數事者各以類分，取其條目相因，不以年代爲次。其間文繁意局者量理制事增損之，情輕法重者取約束刑名削去之，皆條奏以聞。降敕方定，凡成二百八十六條，准律分十二門，并目錄爲十一卷。又以儀制車服等敕一十六道別爲一卷，附儀制令。又以續降敕書德音九道別爲一卷，附淳化中赦書合爲四卷。」又詔柴成務等九人重加詳定，衆議無殊，謹詣閤門上進。詔曰：「國家創業以來，詔令所下，年紀寖久，科條實繁，爰命有司，重定厥要，宜頒下諸路。」

《藝文志》：柴成務《咸平編敕》十二卷。

按：先是十二月下接云十一月，必有誤。又准律分十二門自當爲十二卷。

三司删定編敕

《索湘傳》：咸平二年，入爲户部使。受詔詳定《三司編敕》。

《會要》：咸平二年七月三十日，户部使索湘上《三司删定編敕》六卷。

景德三司新編敕

《真宗紀》：景德二年九月癸亥，三司上《新編敕》。

《玉海》六十六：二年九月癸亥，三司上《新編敕》十五卷，請雕印頒行。從之。十月庚辰，鹽鐵副使林特上《三司編敕》三十卷。

景德農田編敕

《真宗紀》：景德二年冬十月庚辰，丁謂上《景德農田編敕》。

《玉海》六十六：三年正月七日，右諫議大夫三司使丁謂等上《景德農田編敕》五卷。《崇文目》同。三年二月乙丑，賜輔臣洎王欽若新印《農田編敕》各一部。《藝文志》：丁謂《田農敕》五卷。

按：《編敕》但曰《敕》，省文也。「農田」作「田農」，當是《志》誤，《紀》在二年十月，《玉海》在三年正月，相差三月。

大中祥符編敕

《真宗紀》：大中祥符六年六月丙子，詔翰林學士陳彭年等刪定《三司編敕》。《玉海》六十六：六年四月，判大理寺王曾言：「咸平後，詔敕共三千六百餘道，宜刪定。」詔曾與陳彭年等九人詳定，止六年終。又以《三司編敕》條目繁重，令彭年等重詳定增損。九年八月己卯上之，名《重定編敕》。翰林學士彭年等詳定新舊編敕并三司文卷續降宣敕，盡祥符七年六千二百二道，千三百七十四條，分爲三十卷。《儀制赦書德音》別爲十卷，目録二卷。九月乙巳，彭年等三人加階勳。《轉運司編敕》二十卷，陳彭年等編。

《會要》：九年九月二十一日，編敕所上刪定《編敕儀制赦書德音目録》四十三卷。詔頒行。

《稽古録》：八月己卯，行《新編敕》。天禧元年七月壬寅，判寺李虛己請以《新編敕》鏤板頒行。從之。

《藝文志》：陳彭年《大中祥符編敕》四十卷，又《轉運司編敕》三十卷。《崇文目》《大中祥符編敕》二十卷，陳彭年編。《諸路轉運司編敕》三十卷，陳彭年編。《儀制赦書德音》十卷。原釋闕。

按：《大中祥符編敕》，《通志略》亦作三十卷，《藝文志》作四十卷者，連《儀制赦書德音》數之也。

《宋志》：太平興國中，增《敕》至十五卷，淳化中倍之。咸平中增至萬八千五百五十有五條，詔給事中柴成務等芟其繁亂，定可爲《敕》者二百八十有六條，準律分十二門，總十一卷。又爲《儀制令》一卷。當時便其簡易。大中祥符間，又增三十卷，千三百七十四條。又有《農田敕》五卷，與《敕》兼行。

天禧編敕

《玉海》六十六：元年六月甲戌，十日。上《在京三司敕》，共十二卷。四年二月辛卯，九日。參政李迪等上《一州一縣新編敕》五十卷。《實録》云《一司一務》三十卷。先是，元年七月庚戌詔迪與吕夷簡等詳定，至是上之。壬辰，盛度等加階勳。十一月甲子，十七日。迪等上《刪定一司一務編敕》三十卷，賜銀帛。

盗剥桑柘

《宋志》：祖宗時，重盗剥桑柘之禁，枯者以尺計，積四十二尺爲一功，三功以上抵死。殿中丞于大成請得以減死論，下法官議，謂當如舊。帝意欲寬之，詔死者上請。真宗時。

童僕勿私黥

《燕翼詒謀録》：真宗咸平六年五月，復詔士庶之家奴僕有犯，不得黥面。蓋重于戕人肌膚也。又詳黥。

誘人子弟析産

《真宗紀》：大中祥符二年正月戊辰，詔「誘人子弟析家産，或潛擧息錢，輒壞墳域者，令所在擒捕流配」。

海行條貫

《通考》一百六十六：法官參詳除《海行條貫》云云。

按：《烏臺詩案》記蘇軾下御史臺獄事所稱當日公牘有《海行條貫》之名，是《海行條貫》爲宋時通用之書，《玉海》所記宋代刑書甚詳，而獨無《海行條貫》之名，惟云乾道六年八月乙亥進海行法，是海行之名宋時所有，若今時之通行章程也。

天聖删定咸平編敕

《宋志》：仁宗嘗問輔臣曰：「或謂先朝詔令不可輕改，信然乎？」王曾曰：「此憸人惑上之言也。咸平之所删，太宗詔令十存一二，去其繁密以便於民，何爲不可？」於是詔中外言《敕》得失，命官修定，取《咸平儀制令》及制度約束之在《敕》者五百餘條，悉附《令》後，號曰《附令敕》。天聖七年《編敕》成，合《農田敕》爲一書，視《祥符敕》損百有餘條。其麗于法者，大辟之屬十有七，流之屬三十有四，徒之屬百有六，杖之屬二百五十有八，笞之屬七十有六。又配隸之屬六十有三，大辟而下奏聽旨者七十有一。凡此，皆在律令外者也。既頒行，因下詔曰：「敕令者，治世之經，而數動摇，則衆聽滋惑，何以訓迪天下哉？自今有司毋得輒請删改。有未便者，中書樞密院以聞。」然至慶曆又復删定，增五百條，别爲《總例》一卷。後又修《一司敕》二千三百一十七條，《一路敕》千八百二十七條，《一州》、《一縣敕》千四百五十有一條。其麗于法者，大辟之屬總三十有一，流之屬總二十有一，徒之屬總百有五，杖之屬總百六十有八，笞之屬總十有二。又配隸之屬總八十有一，大辟而下奏聽旨者總六十有四。凡此，又在《編敕》之外者也。

《玉海》六十六：四年九月壬申，命翰林學士夏竦、蔡齊等重删定《編敕》。十月乙酉，詳定編敕所言，《咸平編敕》差官七員，請以審刑院官太常博士張其、國子博士董希顔、中丞劉革、大理寺丞龐籍同删定。從之。

《通考》一百六十七：天聖四年，有司言《敕》增至六千餘條，請命官删定。從之。七年，令成頒之。是歲，《編敕》成，詔下諸路閲視，聽言其未便者。既而又詔，須一年無改易。然後鏤板，至明道元年乃頒焉。

《仁宗紀》：天聖五年五月辛酉，命呂夷簡等詳定《編敕》。明道元年三月戊子，頒《天聖編敕》。

按：《紀》在五年，而《玉海》在四年，先命夏竦等，繼又命呂夷簡也。詳下。

天聖新修令

《玉海》六十六：七年五月己巳，詔以新修《令》三十卷又《附令敕》頒行。初，修令官修令成，又録罪名之輕者五百餘條爲《附令敕》一卷，《志》：「《令文》三十卷，《附令敕》一卷。」乃下兩制看詳。既上，頒行之。先是，詔參政呂夷簡等參定令文，乃命龐籍、宋祁爲修令官，取唐令爲本，參以新制。七年五月十八日，上删修《令》三十卷。十年即明道元年。三月十六日戊子，以《天聖編敕》十三卷、《崇文目》：「《天聖編敕》十三卷，目一卷。」《敕書德音》十二卷、《令》三十卷下崇文院鏤板頒行。先是，四年九月壬申，命學士夏竦、蔡齊、知制誥程琳重删定《編敕》，合《農田敕》爲一書。五年五月，詔以祥符七年止天聖五年續降宣敕增及六千七百八十三條。辛酉，命宰臣呂夷簡等詳定。依律分門十二卷，定千二百餘條。七年六月，上之，賜器幣，進勳階。九月，詔下諸路閱視，聽言未便者。

《書目》：「《天聖令文》三十卷，時令文尚依唐制，夷簡等據唐舊文斟酌衆條，益以新制，天聖十年行之。《附令敕》十八卷，夷簡等撰官品令之外，又案敕文録制度及罪名輕簡者五百餘條，依令分門，附逐卷之末。」《藝文志》：「《天聖令文》三十卷，呂夷簡、夏竦等撰。」

律文音義　律令釋文

《玉海》六十六：天聖七年四月，判國子監孫奭言：「准詔校定律文及疏律，疏與《刑統》不同本，疏依律生文，《刑統》參用。後敕雖盡引疏義，頗有增損，今校爲定本，須依元疏爲正。其《刑統》衍文者、省闕文者，益以遵用舊書，與《刑統》兼行。又舊本多用俗字，改從正體，作《律文音義》一卷，文義不同，卽加訓解。」詔崇文院雕印，與律文並行。先是四年十一月，奭言：「諸科唯明法一科，律文及疏未有印本，舉人難得真本習讀。」詔國子監直講，楊安國、趙希言、王圭公、孫覺、宋祁、楊中和校勘，判監孫奭、馮元詳校，至七年十二月畢，鏤板頒行。《書目》：「《律令釋文》一卷，天聖中孫奭等撰，字義不同，悉有訓解。」《藝文志》：「孫奭《律音義》一卷，孫奭《律令釋文》一卷。」

按：《律音義》，《律令釋文》恐是一書而異名，《玉海》但云作《音義》，《中興書目》有《律令釋文》而無《音義》，且止一卷，必非今所傳之《釋文》也。《律音義》今尚有傳本，與《釋文》不同。

天聖五服敕

《仁宗紀》：天聖五年十月己丑，頒新定《五服敕》。《藝文志》：《五服敕》一卷，劉筠、宋綬等撰。

景祐編敕

《玉海》六十六：二年六月乙亥，二十四日。翰林學士承旨，章得象上《一司一務編敕》、《在京編敕》並目録四十四卷。《紀》云「頒《一司一務及在京敕》」。先是，詔以祥符八年止明道二年宣敕，命司徒昌運等與得象删定，至是上之。十一月，詔審刑、大理別減定配隸刑名。五年十月四日，上《刑名敕》五卷。

慶曆編敕又詳前

《仁宗紀》：慶曆三年八月乙未朔，命官詳定編敕。七年正月己亥，頒《慶曆編敕》。

《玉海》六十六：自景祐二年至慶曆三年，又增四千七百六十五條。八月丁酉，復命官删定。戊戌，宰臣殊參政，昌朝提舉。十月丁巳，命王質、曾公亮詳定。七年正月乙亥，《編敕》成，凡十二卷。定千七百五十七條。別爲《總例》一卷，目録三卷，視《天聖敕》增五百條。詳定官張方平等賜器幣。慶曆之書有參詳新立之例。八年四月二十八日，宰臣賈昌朝、樞副吴育上《删定編敕赦書德音附令敕目録》二十卷，詔崇文院鏤板頒行。初，命陳大素等删定，張方平等詳定，昌朝、育提舉。七年九月丁酉，詔删定《一州一縣敕》。皇祐中，並《一司一路敕》修定上之。先是，四年五月癸酉，司勳郎吕紹甯請以見行《編敕》、《續降宣敕》令大理檢法官依律門分十二編，頒天下，以便檢閲，無誤出入刑名。從之。《藝文志》：賈昌朝《慶曆編敕》十二卷，《總例》一卷。

慶曆編敕　律學武學敕式

《藝文志》：賈昌朝《慶曆編敕》、《律學武學敕式》共二卷。

附令敕　續附令敕

《藝文志》：《附令敕》十八卷，慶曆中編，不知作者。《續附令敕》一卷，慶曆中編，不知作者。《玉海》同。

三司條約

《藝文志》：《三司條約》一卷，慶曆中纂集。

皇祐一司一路一州一縣敕

《玉海》六十六：皇祐中，修定《一司敕》二千三百十七條，《一路敕》千八百二十七條，《一州一縣敕》千四百五十一條。此又在《編敕》之外。

《藝文志》：呂夷簡《一司一務敕》三十卷。《崇文目》不著撰人，卷同。

貢舉條制

《藝文志》：《貢舉條制》十二卷，至和二年。

嘉祐祿令　驛令

《宋志》：嘉祐初，因樞密使韓琦言，內外吏兵奉祿無著令，乃命類次爲《祿令》。三司以驛料名數，著爲《驛令》。

《仁宗紀》：嘉祐二年十月丙午，班《禄令》。四年正壬月寅，頒《嘉祐驛令》。

《藝文志》：吴奎《嘉祐禄令》十卷，又《驛令》三卷；張方平《嘉祐驛令》三卷，又《嘉祐禄令》十卷。

《玉海》六十六：二年十月甲辰朔，三司使張方平上新修禄令十卷，名曰《嘉祐禄令》。先是，元年九月，樞密使韓琦言：「内外文武官俸入添支並將校請受雖有品式，（上自皇太子，下至軍校，本俸添支則例。）而每遇遷徙，須由有司按勘申覆，至有待報歲時不下者，請命近臣就三司編定。」甲辰，乃命知制誥吴奎等六人即三司類次爲《禄令》，至是方平上之，詔頒行。

《稽古録》：二年十月甲辰朔，初頒《禄令》。三年三月丙申，詔三司編天下驛券則例，從樞密韓琦之請也。四年正月十二日壬寅，（一云正月七日。）三司使張方平上所編驛券則例，賜名《嘉祐驛令》。初，内外文武下至吏卒所給驛券皆未有定例，又或多少不同，遂降密院舊例下三司掌券司，會稡名數而纂次之，並取宣敕令文專爲驛券立文者附益，删改爲七十四條，總上、中、下三卷。二月，頒行天下。八年四月十六日，編定《禄令》，所奏以諸道至在京程數分爲三卷，頒天下。從之。二書與敕令兼行。

按：《禄》、《驛》二令，先編自吴奎，而上之者方平也，時方平爲三司使，《藝文志》兩見重出。

嘉祐編敕

《仁宗紀》：嘉祐二年八月壬子，命富弼等詳定《編敕》。《志》：琦又言：「自慶曆四年，距嘉祐二年，敕增至四千餘條，前後抵牾。請詔中外，使言《敕》得失，如天聖故事。」七年，書成。總千八百三十四條，視《慶曆敕》大辟增六十，流增五十，徒增六十有一，杖增七十有三，笞增三十有八。又配隸增三十，大辟而下奏聽旨者增四十有六。又別爲《續附令敕》三卷。

《玉海》六十六：二年八月丁未，樞密使韓琦言：「天下見行編修敕，自慶曆四年以後距今十五年，續降四千三百有餘條，前後多抵牾，請删定爲嘉祐敕。」從之。壬子，以宰臣富弼、參政曾公亮、提舉錢象先等三人詳定，齊恢等六人删定官。七年五月壬午，九日。提舉宰臣韓琦、曾公亮上《删定編敕》、《赦書德音》附《令敕》、《總例》、目録三十卷，取《敕》在《刑統》而行於今者附益，總一千八百三十四條，視慶曆初有所增減。詔編敕所鏤板頒行。七年四月，宰臣琦等上言，所修《嘉祐編敕》，起慶曆四年冬，盡嘉祐三年，凡十二卷。《志》「十八卷，卷大，分上、中、下。」《總例》一卷，目録五卷，其元降敕但行約束不在刑名者又析爲《續降附令敕》三卷，目録一卷。《續赦書德音》二卷。熙甯二年三月壬寅，命蔡延慶、孫永修《嘉祐編敕》。

《仁宗紀》：嘉祐七年四月壬午，頒《嘉祐編敕》。

《藝文志》：韓琦《嘉祐編敕》十八卷，《總例》一卷。

嘉祐詳定編敕

《藝文志》：韓琦《嘉祐詳定編敕》三十卷。

按：《嘉祐編敕》見前，此疑複出，惟卷數不同。

端拱以來宣敕劄子

《藝文志》：韓琦《端拱以來宣敕劄子》六十卷。

嘉祐審官院編敕

《藝文志》：《審官院編敕》十五卷。

《玉海》六十六：王珪以審官院皇祐《一司敕》至嘉祐七年以前續降敕劄一千二十三道編成《條貫》並《總例》，共四百七十六條，爲十五卷，以《嘉祐審官編敕》爲目。

饑民劫倉廩

《宋志》：凡歲饑，强民相率持仗劫人倉廩，法應棄市，每具獄上聞，輒貸其死。此太宗時。真宗時，蔡州民三百一十八人有罪，皆當死。知州張榮、推官江嗣宗議取爲首者杖脊，餘悉論杖罪。帝下詔褒之。遣使巡撫諸道，因諭之曰：「平民艱食，强取餱糧以圖活命爾，不可從盜法科之。」天聖初，有司奏盜劫米傷主，仁宗曰：「饑劫米可哀，盜傷主可疾。雖然，無知迫於食不足耳。」命貸之。五年，陝西旱，因詔：「民劫倉廩，非傷主者減死，刺隸他州，非首謀又減一等。」自是，諸路災傷卽降敕，饑民爲盜，多蒙矜減，賴以全活者甚衆。司馬光時知諫院，言曰：「臣聞敕下京東、西災傷州軍，如貧户以饑偷盜斛斗因而盜財者，與減等斷放，臣竊以爲非便。《周禮》荒政十有二，散利、薄征、緩刑、弛力、舍禁、去幾，率皆推寬大之恩以利於民，獨於盜賊，愈更嚴急。蓋以饑饉之歲，盜賊必多，殘害良民，不可不除。頃年嘗見州縣官吏，有不知治體，務爲小仁。遇凶年，劫盜斛斗，輒寬縱之，則盜賊公行，更相劫奪，鄉村大擾，不免廣有收捕，重加刑辟，或死或流，然後稍定。今若朝廷明降敕文，豫言與減等斷放，是勸民爲盜也。百姓乏食，當輕徭薄賦、開倉振貸以救其死，不當使之自相劫奪。今歲府界、京東、京西水災極多，嚴刑峻法以除盜賊，猶恐春冬之交，饑民嘯聚，不可禁禦，又況降敕以勸之。臣恐國家始於寬仁，而終於酷暴，意在活人而殺人更多也。」事報聞。帝嘗御邇英閣，經筵講《周禮》「大荒大札，薄征緩刑」。楊安國曰：「緩刑，乃過誤之民耳，當歲歉則赦之，憫其窮也。今衆持兵杖劫糧廩，一切寬之，恐不足以禁姦。」帝曰：「不然，天下皆吾赤子也。一遇饑饉，州縣不能振恤，饑莩所迫，遂至爲盜，又捕而殺之，不亦甚乎？」

輕强盜法 竊盜附

《仁宗紀》：景祐二年八月壬子，詔輕强盜法。《志》：景祐二年，改强盜法。不持杖、不得財，徒二年；得財爲錢萬及傷人者，死；持杖而不得財，流三千里；得財爲錢五千者，〔死〕；傷人者，殊死。不持杖得財爲錢六千，若持杖罪不至死者，仍刺隸（二）千里外牢城。能告羣盜劫殺人者第賞之，及十人者予錢十萬。既而有司言：「竊盜不用威力，得財爲錢五千，即刺爲兵，反重於强盜，請減之。」遂詔至十千始刺爲兵，而京城持杖竊盜，得財爲錢四千，亦刺爲兵。自是盜法惟京城加重，餘視舊益寬矣。

殊死親老疾

《宋志》：慶曆五年，詔罪殊死者，若祖父母、父母年八十及篤疾無期親者，列所犯以聞。

治平諸司條式

《藝文志》：王珪《在京諸司庫務條式》一百三十卷。

《玉海》六十六：二年六月十四日壬寅，學士提舉諸司庫務王珪等上提舉司並三司額一作「類」。例一百五册及都册二十五册，共一百三十册，詔以《在京諸司庫務條式》爲名。珪等言：「四海貢賦漕挽以輸京師，又建官寺，府庫委積，苑囿關市工治之局以謹出納，雖調用繫之三司，然綱領一總于提舉司與三司所部，凡一百二處。其額例自嘉祐七年秋許遵重修，訖今三年始成書。官吏之數、金布之籍、監臨賞罰之格、工器良窳之程、舟車受納之限、筦榷虧贏之比、轉補之資、敘招收之等式，皆迹舊便，今芟繁之要。」按「之」字疑譌。

《會要》：京城諸司庫務場院坊作共七十四所，隸提舉司。景德二年十月，命龍圖閣待制戚綸、宮苑使劉承規都大提舉諸司庫務。百三十餘所。

熙甯三司令式

《玉海》六十六：熙甯三年十二月庚辰，命宰臣安石提舉編修《三司令式》，學士元絳、三司使李肅之詳定。

熙甯編敕

《宋志》：神宗以律不足以周事情，凡律所不載者一斷以敕，乃更其目曰敕、令、格、式，而律恒存乎敕之外。熙甯初，置局修敕，詔中外言法不便者，集議更定，擇其可採者賞之。元豐中，始成書二十有六卷，復下三府參訂，然後頒行。帝留意法令，每有司進擬，多所是正。嘗謂：「法出於道，人能體道，則立法足以盡事。」又曰：「禁於(未)〔已〕然之謂敕，禁於(已)〔未〕然之謂令，設於此以待彼之謂格，使彼效之之謂式。脩書者要當識此。」於是凡入笞、杖、徒、流、死，自名例以下至斷獄，十有二門，麗刑名輕重者，皆爲敕。自品官以下至斷獄三十五門，約束禁止者，皆爲令。命官之〔賞〕等十有七，吏、庶人之賞等七十有七，又有倍、全、分、釐之(級)〔給〕凡五等，有等級高下者，皆爲格。表奏、帳籍、關牒、符檄之類凡五卷，有體制模楷者，皆爲式。

《玉海》六十六：六年八月七日，提舉編敕宰臣王安石上《删定編敕赦書德音附令敕申明敕目録》共二十六卷，詔編敕所鏤板，自七年正月一日頒行。先是，詔以嘉祐四年正月以後續降宣敕删定，命劉賡等充檢詳删定官，曾布充詳定官，安石提舉，至是上之。八年九月辛酉，併令式及諸司敕式入一司敕所，遂號一司敕令所。《藝文志》：「王安石《熙甯詳定編敕》二十五卷。」

按：《志》言二十五卷而《玉海》云二十六卷者，其一卷乃目録也。

熙甯諸司敕式

《玉海》六十六：七年三月八日，宰臣安石言，提舉編修《三司敕式》成四百卷。九年九月二十五日，編修式令所上《諸司敕式》四十卷，頒行。先是，命官修式令，至是先成《閤門擡賜式》，一本《支賜式》二、《賞賜贈式》十五、《問疾澆奠支賜式》一、《御廚式》三、《炭式》二，上之。十年二月，上《諸司敕令格式》十二卷，是年十一月辛亥，上三十卷。

按：「熙編」難解，「熙」下疑奪「甯新」二字，卽安石提調所修者。《藝文志》：陳繹《熙編三司式》四百卷。《藝文志》：「《支賜式》十二卷、《支賜式》二卷、《官馬俸馬草料等式》九卷、陳繹《隨酒式》一卷、《馬遞鋪特支式》二卷、《熙甯新定時服式》六卷、《熙甯新脩凡女道士給賜式》一卷。」

按：以上諸式，疑皆在四百卷之内。

尚書刑部敕

《藝文志》：范鏜《熙甯詳定尚書刑部敕》一卷。

《玉海》六十六：十年十二月六日壬午，詳定敕令所言：「準送下《刑部敕》二卷，令將所修條並後來敕劄一處看詳，其間事係别司者悉歸本司，若當司以上通行者候將來復入，在京通用敕已有條式者更不重載。又義未安者就損益。其後來聖旨劄子批狀中書須降者悉名曰敕，樞密須降者悉名曰宣，共修成一卷，分九卷，總六十三條。乞降敕旨以《熙甯詳定刑部敕》爲名。」從之。

軍馬敕

《藝文志》：吴充《熙甯詳定軍馬敕》五卷。

《玉海》六十六：九年十二月癸未朔，吴充等上《詳定軍馬司敕》五卷。

熙甯中書禮房條例

《藝文志》：李承之《禮房條例》並目録十九册。卷亡。

《玉海》六十六：熙甯八年二月己丑，編修中書條例，李承之等上《禮房條例》十三卷，並目録十九册。詔行之。

熙甯新編敕令式

《藝文志》：《熙甯新編大宗正司敕》八卷，《熙甯新定諸軍直禄令》二卷，章惇《熙甯新定孝贈式》十五卷，又《熙甯新定節式》二卷、《熙甯新定皇親録令》十卷、《熙甯將官敕》一卷，沈括《熙甯詳定諸色人廚料式》一卷，張敍《熙甯葬式》五十五卷，張誠一《熙甯五路義勇保甲敕》五卷、《總例》一卷，又《學士院等處敕式交並看詳》十二卷，許將《熙甯開封府界保甲敕》二卷、《申明》一卷，曾布《熙甯新編常平敕》二卷、《審官東院編敕》二卷，熙甯七年編。范鏜《熙甯貢舉敕》二卷、《八路差官敕》一卷，編熙甯總條、審官東院條、流內銓條。《熙甯歷任儀式》一卷。不知作者。

按：以上諸敕令式，《玉海》所未收，其書似已罕覯，其敕式是否在陳繹所編四百卷之內亦無可考。

重修開封府熙甯編

《藝文志》：王安禮《重修開封府熙甯編》十卷。

熙甯條貫

《藝文志》：沈立《新修審官西院條貫》十卷，《總例》一卷。

按：《志》列于熙甯諸敕式中，其《審官東院編敕》及《審官東院條》既皆熙甯所修，則此書亦在其時。

《新編續降并敍法條貫》一卷，編治平、熙甯詔旨並官吏犯罪敍法、條貫等事。張大中《入國條貫》二卷，又《奉朝要錄》二卷。

按：張大中書《志》亦列熙甯敕式中。

曾肇《將作監式》五卷，蒲宗孟《八路敕》一卷、《司農寺敕》一卷、《式》一卷、《諸敕式》二十四卷、《諸敕令格式》十二卷，又《諸敕格式》三十卷、《御書院敕令式》二卷。

按：以上諸書，《志》列于熙甯之間，曾肇、蒲宗孟乃熙甯間人，餘無考，兹姑彙録于此。

法寺斷例

《藝文志》：《熙甯法寺斷例》十二卷。《玉海》引《中興書目》同。

熙甯常平敕

《玉海》六十六：《熙甯常平敕》二卷，七十條，分七門。五年修。

國子監敕式令　學令

《神宗紀》：元豐二年十二月乙巳，御史中丞李定上《國子監敕式令》并《學令》，凡百四十條。

《藝文志》：李定《元豐新修國子監太學小學元新格》十卷，又《令》十三卷。

元豐諸司敕式　編敕

《玉海》六十六：二年六月辛酉，二十四日。一云戊午。左諫議安燾等上《諸司敕式》。六年三月十七日，詔門下中書後省詳定六曹條貫，給事韓忠彦同詳定，名中書門下外省。上謂忠彦等曰：「法出於道，人能體道則立法足以盡事。」又曰：「著法者欲簡於立文，詳於該事。」七年三月乙巳，六日。詳定重修編敕書成。孫覺謂煩碎難用，有一條分爲四、五。《書目》：《元豐敕令式》七十一卷。七年，刑部侍郎崔台符等撰，元祐中，劉摯等刊修。元豐以約束爲令，刑名爲敕，酬賞爲格。熙甯敕據嘉祐舊文，元豐敕用熙甯前例。

《藝文志》：崔台符《元豐編敕令格式》并《赦書德音》、《申明》八十一卷，崔台符《元豐敕令式》七十二卷，沈希顔《元豐新定在京人從敕式三等》，卷亡。《武學敕令格式》一卷，元豐間。曾伉《新修尚書吏部式》三卷，蔡碩《元豐將官敕》十二卷，《貢舉醫局龍圖天章寶文等敕令儀式》及《看詳》四百一十卷，元豐間。《宗室及外臣葬敕令式》九十二卷，元豐間。《皇親禄令并釐條敕式》三百四十卷，吴雍《都提舉市易司敕令》并《釐正看詳》二十一卷、《公式》二卷，元豐間。朱服《國子監支費令式》一卷，李承之《江湖淮浙鹽敕令賞格》六卷，曾伉《元豐新修吏部敕令式》十五卷，吕惠卿《新史吏部式》二卷、又《縣法》十卷，陸佃《國子監敕令格式》十九卷。

按：以上諸書，有不言元豐者《志》列于元豐間，今彙録於此。熙甯、元豐，王安石當國，喜于紛更，故敕、令、式亦多變革云。

元豐司農敕式令

《藝文志》：蔡確《元豐司農敕令式》十七卷。

《玉海》六十六：《元豐司農敕令式》，二年九月甲午司農寺上，十五卷，詔行之。

元豐講筵式

《玉海》六十六：元豐二年六月辛酉，諫議安燾等上諸司式，上閱《講筵式》「開講罷講申中書」，上曰，「此非政事，何預中書，可刊去之。」

三省樞密六曹條制

《神宗紀》：元豐五年二月癸丑朔，頒三省、樞密、六曹條制。

謀殺已傷案問欲舉

《神宗紀》：熙甯元年七月癸酉，詔謀殺已傷，案問欲舉自首者，從謀殺減二等。

按：此王安石之偏見，説詳《學斷録》。

重贓併滿輕贓法

《宋志》：詔審刑院、大理寺議重贓併滿輕贓法。審刑院言：「所犯各異之贓，不待罪等而累併，則於律義難通，宜如故事。」而大理寺言：「『律稱，以贓致罪，頻犯者並累科；若罪犯不等者，即以重贓併滿輕贓各倍論；累併不加重者，止從重。』蓋律意以頻犯贓者，不可用二罪以上之法，故令累科；爲非一犯，故令倍論。此從寬之一也。然六贓輕重不等，若犯二贓以上者，不可累輕以從重，故令併重以滿輕。此從寬之二也。若以重併輕後加重，則止從一重，蓋爲進則改從於輕法，退亦不至於容姦。而《疏議》假設之法，適皆罪等者，蓋一時命文耳。若罪等者盡數累併，不等者止科一贓，則恐知法者足以爲姦，不知者但繫臨時幸與不幸，非律之本意也。」帝是大理議，行之。熙甯中。

失入死罪

《神宗紀》：熙甯二年十二月癸酉，增失入死罪法。

命官免杖黥

《通考》一百六十七：二年，知金州張仲宣坐受贓論罪。時金州金坑發，仲宣發檄巡檢體究，無甚利，土人憚興作，以金八兩求仲宣，不差官比較法官坐仲宣枉法贓抵死，援前比貸死杖脊黥配海島。知審刑院蘇頌言：「仲宣所犯可比恐喝條，且古者刑不上大夫，仲宣官五品，有罪得乘車，今刑爲徒隸，恐污辱衣冠耳，其人則無足矜也。」仲宣繇是免杖黥，止流海外。自是命官無杖黥者。

諸倉丐取法

《宋志》：凡在京班直諸軍請糧，斗斛不足，出戍之家尤甚。倉吏自以在官無祿，恣爲侵漁。神宗謂非所以愛將士之意，於是詔三司，始立《諸倉丐取法》。而中書請主典役人，歲增禄至一萬八千九百餘緡。凡丐取不滿百錢，徒一年，每百錢則加一等；千錢流〔二〕〈一〉千里；每千錢則加一等，罪止流三千里。其行貨及過致者，減首罪二等。徒者皆配五百里，其賞百千；流者皆配千里，賞二百千；滿十千，爲首者配沙門島，賞三百千，自首則除其罪。凡更定約束十條行之。其後内則政府，外則監司，多倣此法。内外歲增吏禄至百餘萬緡，皆取諸坊場，河渡，市利，免行役剩息錢。久之，議臣欲稍緩倉法，編敕所修立《告捕獲倉法給賞條》，自一百千分等至三百千，而按問者減半給之。中書請依所定，詔仍舊給全賞，雖按問，亦全給。吕嘉問嘗請，行貨者宜止以不應爲坐之，刑部始減其罪。及哲宗初，嘗罷重禄法，而紹聖復仍舊。

《通考》百六十七：熙甯三年八月，詔曰在京班直云云。

盜賊重法

《宋志》：熙甯四年，立《盜賊重法》。凡劫盜罪當死者，籍其家資以賞告人，妻子編置千里；遇赦若災傷減等者，配遠惡地。罪當徒、流者，配嶺表；流罪會降者，配三千里，籍其家資之半爲賞，妻子遞降等有差。應編配者，雖會赦，不移不釋。凡囊橐之家，劫盜死罪，情重者斬，餘皆配遠惡地，籍其家資之半爲賞。盜罪當徒、流者，配五百里，籍其家資三之一爲賞。竊盜三犯，杖配五百里或鄰州。雖非重法之地，而囊橐重法之人，以重法論。其知縣、捕盜官皆用舉者，或武臣爲尉。盜發十人以上，限内捕半不獲，劾罪取旨。若復殺官吏，及累殺三人，焚舍屋百間，或羣行州縣之内，劫掠江海船栰之中，非重地，亦以重論。凡重法地，嘉祐中，始於開封府諸縣，後稍及諸州。以開封府東明、考城、長垣縣、京西滑州、淮南宿州、河北澶州，京東應天府，濮、齊、徐、濟、單、兖、鄆、沂州，淮陽軍，亦立重法，著爲令。至元豐時，河北、京東、淮南、福建等路皆用重法，郡縣寖益廣矣。〔元祐〕敕，重法地分，劫盜五人以上，凶惡者，方論以重法。紹聖後，有犯即坐，不計人數。復立《妻孥編管法》。至元符三年，因刑部有請，詔改依舊敕。先是，曾布建言：「盜情有重輕，贓有多少。今以贓論罪，則劫貧家情雖重，而以贓少減免，劫富室情雖輕，而以贓重論死。是盜之生死，係於主之貧富也。至於傷人，情狀亦殊。以手足毆人，偶傷肌體，與夫兵刃湯火，固有間矣，而均謂之傷。朝廷雖許奏裁，而州郡或奏或否，死生之分，特幸與不幸爾。不如一變舊法，凡以贓定罪及傷人情狀不至切害者，皆從罪止之法。其用兵刃湯火，情狀酷毒，及污辱良家，或入州縣鎮砦行劫，若驅虜官吏巡防人等，不以傷與不傷，凡情不可貸者，皆處以死刑，則輕重不失其當矣。」及布爲相，始從其議，詔有司改法。未幾，御史陳次升言：「祖宗仁政，加於天下者甚廣。刑法之重，改而從輕者至多。惟是强盜之法，特加重者，蓋以禁姦宄而惠良民也。近朝廷改法，詔以强盜計贓應絞者，並（減）〔增〕一倍；贓滿不傷人，及雖傷人而情輕者奏裁。法行之後，民受其弊。被害之家，以盜無必死之理，不敢告官，而鄰里亦不爲之擒捕，恐怨仇報復。故賊益逞，重法地分尤甚。養成大寇，以貽國家之患，請復行舊法。」布罷相，翰林學士徐勣復言其不便，乃詔如舊法，前詔勿行。

按：曾布之議頗爲平允，不可以人而廢言也。

配流遇冬停遣

《神宗紀》：熙甯四年十月丙子，詔罪人配流，遇冬者至中春乃遣。

供奉官有養子不得更養子

五年閏月，詔入内供奉官以下，已有養子，更養次子爲内侍者斬。

估贓法

《宋志》：元豐二年，成都府、利路鈐轄言：「往時川陜絹匹爲錢二千六百，以此估贓，兩鐵錢得比銅錢之一。近絹匹不過千三百，估贓二匹乃得一匹之罪，多〔不〕至重法。」令法寺定以一錢半當銅錢之一。

元祐敕令式

《宋志》：元祐初，中丞劉摯言：「元豐編修敕令，舊載敕者多移之令，蓋違敕法重，違令罪輕，此足以見神宗仁厚之德。而有司不能推廣，增多條目，離析舊制，因一言一事，輒立一法，意苛文晦，不足以該事物之情。行之幾時，蓋已屢變。宜取慶曆、嘉祐以來新舊敕參照，去取删正，以成一代之典。」右諫議孫覺亦言煩細難以檢用，乃詔摯等刊定。哲宗親政，不專用元祐近例，稍復熙寧、元豐之制。自是用法以後衝前，改更紛然，而刑制紊矣。

《玉海》六十六：元年三月己卯，二十四日。詔中丞劉摯等以《元豐敕令格式》并續降條貫六千八百七十六道刊修。先是，摯言：「先王制法，其意使人易避難犯，至簡至直而盡天下之理。」二年十二月二十四日，蘇頌等上《敕》十二卷，二千四百四十條，二十卷，名件多者分爲上、下。《令》二十五卷，一千二十條。《式》六卷，一百七十七條。《申明》、《例》各一卷，《赦書德音》一卷，併目録總五十六卷，詔頒行。一本云，三年閏十二月癸卯朔，詔頒《元祐敕令格式》。頌等奉詔詳定成書，表上之曰：「以《元豐敕令格式》取嘉祐、熙寧《編敕》、《附令敕》等講求本末，合二紀所行約三書大要隨門標目，用舊制也。以義名篇，倣唐律也。簡而易從，久而無弊。考東都之議，應劭有臣所創造之言，按慶曆之書，羣官有參詳新立之例，今依慶曆故事，注云臣等參詳新立。魏律則尚書州郡著令，自殊唐格，則留司散頒，立名亦異，便於典掌，不使混淆。」

《通考》一百六十七：元祐元年，詔御史中丞劉摯、右正言王覿等刊修《元豐敕令格式》。

《哲宗紀》：元祐二年十二月壬寅，頒《元祐敕令式》。

《藝文志》：《吏部四選敕令格式》一部、元祐初，卷亡。《元豐户部敕令格式》一部、元祐初，卷亡。《六曹條貫》及《看詳》三千六百九十四册、元祐間，卷亡。《元祐諸司市務敕令格式》二百六册、卷亡。《六曹敕令格式》一千卷、元祐初。《樞密院條》二十册、《看詳》三十册。元祐間，卷亡。

按：元祐條例，崇寧中悉燬之，故世不傳，姦臣之凶狠可畏哉！究之崇寧中所修之敕令格式亦多亡于兵火，其所修者非無舊法，理固不得存也。故《玉海》詔令類北宋至元祐而止。

《哲宗紀》：元祐六年五月丁亥，後省上《元祐敕令格》。八年六月壬戌，中書後從按，「從」字疑衍。省上《元祐在京通用條貫》。

紹聖敕令

《哲宗紀》：紹聖三年十二月甲戌，蔡京上《新修大學敕令式》、《詳定重修敕令》。元符元年六月甲午，蔡京等上《常平免役敕令》。二年八月癸酉，章惇等進《新修敕令式》。惇讀於帝前，其間有元豐所無而用元祐敕令修立者，帝曰：「元祐亦有可取乎？」惇等對曰：「取其善者。」

《藝文志》：《紹聖續修武學敕令格式看詳》并《淨條》十八册，建中靖國初，卷亡。《紹聖續修律學敕令格式看詳》并《淨條》十二册，建中靖國初，卷亡。《諸路州縣敕令格式》并《一時指揮》十三册，卷亡。《六曹格子》十册，卷亡。《中書省官制事目格》一百二十卷、《尚書省官制事目格參照卷》六十七册，卷亡。《門下省官制事目格》并《參照卷舊文淨條釐析總目目録》七十二册，卷亡。章惇《元符敕令格式》一百三十四卷。

元符刑名斷例

《藝文志》：曾旼《刑名斷例》三卷。

《玉海》六十六：元符二年《刑名斷例》三卷，曾旼等撰，凡四百九條。慶曆三年三月戊辰朔，詔刑部大理寺集斷獄編爲例。

强盜欲舉自首

《哲宗紀》：元豐八年十一月癸巳，詔按問强盜，欲舉自首者毋減。

按：此司馬温公與安石爭之而不得者也，安石非而温公是。温公秉政，乃革其令，可見法之行也全在當局之人主持之，自古無真是非，不自今日始矣。

預妓樂宴會法

元祐四年十一月辛卯，改發運、轉運、提刑預妓樂宴會徒二年法。

佃客犯主　命士送徒

《宋志》：元祐六年，刑部論：「佃客犯主，加凡人一等。主犯之，杖以下勿論，徒以上減凡人一等。謀殺盜詐，有所規求避免而犯者，不減。因毆致死者不刺面，配鄰州，情重者奏裁。凡命士死於官或去位，其送徒道亡，則部轄將校、節級與首率衆者徒一年，情輕則杖百，雖自首不免。」初，神宗以流人去鄉邑，疾死于道，而護送禁卒，往來勞費，用張誠一之議，隨所在配諸軍重役。後中丞黄履等言，罷之。

按：此條《志》不言何年，《祥刑典》附于前條之後。

失入人罪

《通考》一百六十七：元祐七年，臣僚言：「法寺斷獄，大辟失入有罰，失出不坐。常人之情，自擇利害，誰肯公心。正法者請自今失出死罪五人比失入一人，失出徒流罪三人比失入一人者著爲法。」從之。

按：唐律失出減五等，而此言不坐，是其時不用律文也。舍律文而别定此法，殊不可解。死罪五人比一人，徒流三人比一人，亦覺輕重倒置。

《徽宗紀》：元符三年徽宗已即位。五月丁卯朔，罷理官失出之罰。

《通考》一百六十七：元符三年，刑部言：「祖宗以來，重失入之罪，所以恤刑。紹聖之法，以失出三人比失入一人，則是一歲之中偶失出死罪三人即抵重譴。夫失出，臣下之小過；好生，聖人之大德。請罷理官失出之責，使有司讞獄之間務盡忠恕。」從之。

按：元祐之法，紹聖蓋已改之，故與上條不符，至是又罷之，宋法之寬如此。

崇甯斷例刑名例

《徽宗紀》：崇甯元年七月己丑，焚元祐法。四年十月甲申，以左右司所編紹聖、元符以來申明斷例班天下，刑名例班刑部、大理司。《志》：崇甯元年，臣僚言：「有司所守者法，法所不載，然後用例。今引例破法，非理也。」乃令名曹取前後所用例，以類編修，與法妨者去之。尋下詔追復元豐法制，凡元祐條例悉燬之。

《藝文志》：《徽宗崇甯國子監算學敕令格式》并《對修看詳》一部，卷亡。《崇甯國子監畫學敕令格式》一部，卷亡。沈錫《崇甯改修法度》十卷，《崇甯學制》一卷。徽宗學校新法。

大觀法制敕令格式

《藝文志》：《八行八刑條》一卷，大觀元年御製。《諸路州縣學法》一部，大觀初，卷亡。《大觀新修内東門司應奉禁中請給敕令格式》一部，卷亡。《國子大學辟廱并小學敕令格式申明一時指揮目録》、《看詳》一百六十八册，卷亡。《大觀告格》一卷。

政和敕令格式

《玉海》六十六：政和二年十月丙戌，敕、令、格、式成，詔來年頒行之。

《藝文志》：鄭居中《政和新修學法》一百三十卷，李圖南《宗子大小學教令格式》十五册，卷亡。何執中《政和重修敕令格式》五百四十八册，卷亡。《政和禄令格》等三百二十一册，卷亡。《宗祀大禮敕令格式》一部，政和間，卷亡。張動《直達綱運法》并《看詳》一百三十一册，卷亡。王韶《政和敕令式》九百三卷，白時中《政和新修御試貢士敕令格式》一百五十九卷，孟昌齡《政和重修國子監律學敕令格式》一百卷，鄭居中《學制書》一百三十卷，蔡京《政和續編諸路州縣學敕令格式》十八卷，白時中《政和新修貢士敕令格式》五十一卷。

宣和敕令格式

《藝文志》：《接送高麗敕令格式》一部，宣和初，卷亡。《奉使高麗敕令格式》一部，宣和初，卷亡。《明堂敕令格式》一千二百六册，宣和初，卷亡。《兩浙福建路敕令格式》一部，宣和初，卷亡。薛昂《神霄宫使司法令》一部。卷亡。

疑獄當奏不奏

《徽宗紀》：建中靖國元年四月壬寅，詔諸路疑獄當奏而不奏者科罪，不當奏而輒奏者勿坐，著爲令。

鬥殺情理輕重格

六月己未，詔班《鬥殺情理輕重格》。

《通考》一百六十七：元年五月，大理卿周鼎言：「律鬥殺人者絞，故殺人者斬，蓋兩相争競者謂之故，義理甚明。今法寺斷案，每於故鬥之際議論不一，蓋泥《刑統》所謂非因鬥争無事而殺是名故殺，殊不知所謂無事而殺者，以言無彼此争鬥之事而殺人者，是名故殺，若謂不必鬥争但緣他事而殺者，不當爲故，則律之立文奚不曰有事殺人者絞而曰鬥殺人絞？不曰無事殺人斬而曰故殺人斬？以此質之，法意可見。請自今凡斷奏故鬥案，並令有司指定兩相鬥争是否，若止辨説往復，卽非忿競，則故鬥情狀判然矣。」刑部亦是鼎議，詔申明行下。

圜土法

崇寧三年三月丁亥，作圜土以居强盜貸死者。詳監禁作工。五年正月，罷圜土法。

監司互察法

六月癸亥，立諸路監司互察法，庇匿不舉者罪之。

十二月己巳，(照)〔詔〕監司按事有懷姦挾情不盡實者，流竄不敍。

違御筆

《宋志》：崇寧五年，詔曰：「出令制法，輕重予奪在上。比降特旨處分，而三省引用敕令，以爲妨礙，阻抑不行，是以有司之常守，格人主之威福。夫擅殺生之謂王，能利害之謂王，何格令之有？臣强之漸，不可不戒。自今應有特旨處分，間有利害，明具論奏，虚心以聽；如或以常法阻格不行，以大不恭論。」明年，詔「凡御筆斷罪，不許詣尚書省陳訴。如違，並以違御筆論。」又定令「凡應承受御筆官府，稽滯一時杖一百，一日徒一年，二日加一等，罪止流三千里，三日以大不恭論。」由是吏因緣爲姦，用法巧文寖深，無復祖宗忠厚之志。

情法輕重取旨令

《宋志》：崇寧五年，詔：「民以罪麗法，情有重輕，則法有增損。故情重法輕，情輕法重，舊有取旨之令，今有司惟情重法輕則請加罪，而法重情輕則不奏減，是樂於罪人，而難於用恕，非所以爲欽恤也。自今宜遵舊法取旨，使情法輕重各適其中，否則以違制論。」宣和六年，臣僚言：「元豐舊法，有情輕法重，情重法輕，若入大辟，刑名疑慮，並許奏裁。比來諸路以大辟疑獄決於朝廷者，不理寺類以『不當』劾之。夫情理巨蠹，罪狀明白，奏裁以幸寬貸，固在所戒；然有疑而難決者，一切劾之，則官吏莫不便文自營。臣恐天下無復以疑獄奏矣。願詔大理寺並依元豐法。」從之。

計贓律

《通考》一百六十七：大觀元年，詔計贓之律以絹論罪。絹價有貴賤，故論罪有輕重。今四方絹價增貴，而計絹之數猶循舊制以定一貫三百爲率，計價既低，抵罪太重，非仁民恤獄之意，可以一貫五百定罪。

定笞法

又二年，更定笞法。自今並以小杖行決笞，十爲五，二十爲七，三十爲八，四十爲十五，五十爲二十，不以大杖比折，永爲定制。

囊橐之家

又八年，大理少卿任良弼言：「州縣推勘盜賊，多以止宿林野爲詞，不究囊橐之家。請自今應推強盜而不究囊橐及所止之地名，各徒二年，不盡者減二等爲令。」從之。

士庶拜僧

《徽宗紀》：大觀四年正月辛酉，詔士庶拜僧者，論以大不恭。

官吏論告按察官

《通考》一百六十七：政和五年，今後不法官吏已爲按察官所劾而輒論告按察官者，雖指斥等事亦候結勘斷罪畢再推勘，如不實，誣告人特於法外别行重斷。

品官枷訊　宗室捶考　去官免罪

又七年，詔品官犯罪，三問不承即奏請追攝，若果情理重害而拒隱者方許枷訊，所以示別也。邇來有司廢法，不候三問追攝，不原輕重枷訊，與常人無異，將使人有輕視爵祿之心。可申明條令，以稱欽恤庶獄之意。

又詔：宗室犯罪與常人同法，有司承例奏請，不候三問未承即加訊問，非朕所以篤親親之恩也。宗室以下云云，《宋志》作「宗子犯罪，庭訊示辱。比有去衣受杖，傷膚敗體，有惻朕懷。其令大宗正司恪守條制，違者以違御筆論」。自今有犯除涉情理重害別被處分外，餘止以衆證爲定，仍取伏辨，無得輒加捶考。若罪至徒、流以上，方許依條置勘，其合庭訓者並送大宗正司，以副朕敦睦九族之意。中書省言律「在官犯罪，去官勿論」，蓋爲命官立文其後敕文，相因修立，掌典解役亦用去官免罪例，而有犯則解役歸農，幸免重罪。詔《政和敕》「掌典解役者，聽從去官法」勿行。

虐吏慘酷

又重和元年二月，河北西路提點刑獄虞奕言：「州縣虐吏輒借杖爲溜筒，用鐵鉗項，以竹實沙而貫之，非理慘酷。」詔悉禁止，犯者以違制論。

以禁錢買物饋獻

《徽宗紀》：重和元年二月丁丑，詔監司輒以禁錢買物爲苞苴饋獻，論以大不恭。

減捶刑

四月癸亥，減捶刑。

《通考》一百六十七：四月，詔肉刑廢而爲杖、笞，折杖之數多寡不倫。民抵慮禁傷及肌膚，宜約其數以善天下。自今徒二年半杖九十者折十七，徒二年杖八十者十五，徒一年半杖七十者十三，徒一年杖六十者十二。笞五十者十，笞四十者八，笞三十者七，笞二十者六，笞十者五。

御筆斷罪

《徽宗紀》：宣和六年七月丁酉，詔應係御筆斷罪，不許詣尚書省陳訴改正。互詳前違御筆條。

禁蘇黄文

冬十月庚午，詔有收藏習用蘇、黄之文者，並令焚毀，犯者以大不恭論。

靖康删修條法

《宋志》：靖康初，羣臣言：「祖宗有一定之法，因事改者，則隨條貼説，有司易於奉行。蔡京當國，欲快己私，請降御筆，出於法令之外，前後抵捂，宜令具録付編修敕令，此下疑奪「所」字。參用國初以來條法，删修成書。」詔從其請，書不果成。《欽宗紀》：靖康元年九月乙亥，詔編修敕令所取靖康以前蔡京所乞御筆手詔，參祖宗法及今所行者，删修成書。

建炎修敕令格式

《高宗紀》：建炎元年九月，詔内外官司參用嘉祐、元豐《敕》，以俟新書。三年四月乙卯，舉行仁宗法度，應嘉祐條制與今不同者，自官制役法外，賞格從重，條約從寬。《志》：高宗播遷，斷例散逸，建炎以前，凡所施行，類出人吏省記。三年四月，始命取嘉祐條法與政和敕令對修而用之。嘉祐〔法〕與見行不同者，自官制、役法外，賞格從重，條約從輕。紹興元年，書成，號《紹興敕令格式》，而吏胥省記者亦復引用。監察御史劉一止言：「法令具在，吏猶得以爲姦，今一切用其所省記，欺蔽何所不至。」十一月，乃詔左右司、敕令所刊定省記之文頒之。時在京通用敕内，有已嘗衝改不該引用之文，因大理正張柄言，亦詔删削。十年，右僕射秦檜上之。然自檜專政，率用都堂批狀、指揮行事，雜入吏部續降條册之中，脩書者有所畏忌，不敢删削，至與成法並立。吏部尚書周麟之言：「非天子不議禮，不制度，不考文。」乃詔削去之。在徽宗時，刑法已峻。雖嘗裁定笞杖之制，而有司猶從重比。中興之初，詔用政和遞減法，自是迄嘉定不易。自蔡京當國，凡所請御筆以壞正法者，悉釐正之。

紹興重修敕令格式互詳上條

《高宗紀》：紹興元年八月戊辰，張守等上《紹興重修敕令格式》。

《通考》一百六十七：熙寧中，神宗厲精爲治，議置局修敕，蓋謂律不足以周盡事情，凡邦國沿革之政與人之爲惡入於罪戾而律所不載者一斷以敕，乃更其目曰敕、令、格、式，而律存乎敕之外。自元祐變熙寧之法，紹聖復熙寧之制，以後衡前，以新改舊，各自爲書，而刑書寖繁，至是乃有此詔。又詔重修敕令所應仁宗法度理合舉行，自今遵奉嘉祐條法，將嘉祐敕與政和敕對修。紹興初，張守等上《對修嘉祐政和敕令格式》一百二十卷及《看詳》六百四卷，詔以《紹興重修敕令格式》爲名頒行。於是，熙寧、元祐、紹聖法制無所偏徇善者。從之。

《玉海》六十六：元年八月四日戊辰，參政張守等上《紹興新敕》一十二卷，《令》五十卷，《格》三十卷，《式》三十卷，目録十六卷，《申明刑統》及《隨敕申明》三卷，政和二年以後《赦書德音》一十五卷及《看詳》六百四卷。詔自二年正月一日頒行，以《紹興重修敕令格式》爲名。總七百六卷。先是，建炎三年四月八日，詔並遵用嘉祐條法，於是下敕令所將嘉祐與政和條法對修。紹興元年五月二十八日，先修《敕》十二卷，至是續修上之。三年九月二十七日，朱勝非等上《重修吏部敕令格式》。《繫年録》云：「紹興三年十月癸未，朱勝非等上《吏部七司敕令格式》一百八十八卷。先是，吏部尚書洪擬、兵部侍郎章誼同修，以省記舊法及續降旨詳定，至是成書。」

《藝文志》：張守《紹興重修敕令格式》一百二十五卷，《紹興重修六曹寺監庫務通用敕令闕。按：此下原註「闕」字，疑即《玉海》所謂《看詳》六百四卷之書。格式》五十四卷，秦檜等撰。按：「格」上原有奪文，疑是紹興十年所修在京通用互詳上條及下條。《紹興重修吏部敕令格式》一百二卷，朱勝非等撰。

《高宗紀》：紹興三年十月癸未，朱勝非上《重修吏部七司敕令格式》。五年五月壬辰，召張浚還行在。丁酉，詔浚提舉詳定一司敕令。十二月，命左右司、樞密院參考中興已行條例，修爲定法。

《章誼傳》：紹興二年，除大理卿。宰相奏知平江府，帝曰：「誼儒者，賴其奏讞平恕，使民不寃，勿令補外。」尋除權吏部侍郎，乞：「詔有司編類四選通知之條，與一司專用之法，兼以前後續降指揮，自成一書。如此則銓曹有可守之法，姦吏無舞文之弊，書成而吏銓有所執守。」復改刑部侍郎並詳定一司敕令，誼奏：「比修紹興敕令格式，其忠厚之意，則本於祖宗；其綱條之舉，則仍於舊貫。今在有司，爲日既久，州縣推行，漸見抵捂。欲承疑遵用，則衆聽惑而不孚；欲因事申明，則法屢變而難守。乞詔監司、郡守與承用官司，參考祖宗舊典，各摭新書之闕遺，條具以聞，然後命官審訂刪去，著爲定法。」

按：《紹興敕令格式》卷數，《通考》、《玉海》、《藝文志》三處不符，或後來續有修改之故。章誼所言是否施行亦無明文。惟朱勝非所修之書，誼在同修之列，至其月日，《本紀》與《玉海》又不同。

紹興在京令式

《高宗紀》：紹興十二年十二月壬申，秦檜上《六曹寺監通用敕令格式》。

《藝文志》：《紹興重修在京通用敕令格式申明》五十六卷，紹興中進。

《玉海》六十六：十年十月戊寅，七日。宰臣等上《重修在京通用敕》十二卷、《令》二十六卷、《格》八卷、《式》二卷、目録七卷，共四十八卷。《申明》十二卷、《看詳》三百六十卷。詔自十一年正月朔行之，名曰《紹興重修敕令格式》。十二年十二月壬申，十四日。上《六曹寺監通用敕令格式》四十七卷、《申明》六卷、《看詳》四百十卷。《六曹》並目録十二卷，《寺監》並目録十卷，《庫務》並目録七卷，《六曹寺監通用申明》並目録共二十四卷。詔自十三年四月朔行之。

禄秩新書　禄秩敕令格

《玉海》六十六：紹興六年九月，張浚等上《禄秩新書》。八年十月，又上《禄秩敕令格》。

紹興太學敕令　貢舉令式

《藝文志》：《紹興重修貢舉敕令格式申明》二十四卷。紹興中進。

《玉海》六十六：十三年十月六日己丑，宰臣等上《國子監敕令格》並目録十四卷、《太學敕令格式》並目録十四卷、《武學敕令格式》並目録十卷、《律學敕令格式》並目録十卷、《小學令格》並目録二卷、《申明》七卷、《指揮》一卷。總爲二十五卷。詔自來年二月朔行之。二十六年十二月癸丑，上《重修貢舉敕令格式》四十五卷。一本云：二十六年十二月癸丑，右僕射万俟卨上《重修貢舉敕令格式》五十卷，《看詳法意》四百八十七卷。

紹興常平免役敕令格式

《藝文志》：《紹興重修常平免役敕令格式》五十四卷。秦檜等撰。

《玉海》六十六：十七年十一月，刑部尚書周三畏等詳定《重修常平免役敕令格式》五十四卷書成。丙寅，宰臣上之。《高宗紀》：紹興十年冬十月戊寅，秦檜上《重修紹興在京通用敕令格式》。

吏部續降七司通用法

《高宗紀》：紹興十九年六月戊午，秦檜上《吏部續降七司通用法》。

大宗正司敕令格式

《藝文志》：《大宗正司敕令格式申明》及目録八十一卷。紹興重修。

紹興刑名斷例

《玉海》六十七：紹興三年正月乙丑，手詔曰，廷尉天下之平也，曹劌謂小大之獄雖不能察，必以情，爲忠之屬也，可以一戰。可布告中外爲吾士師者各務仁平，濟以哀矜，天高聽卑，福善禍淫，莫遂爾情，罰及爾身，置此座右，永以爲訓。臺屬憲臣常加檢察，日具所平反刑獄以聞三省，歲終鉤考，當議殿最。四年七月癸酉，初命大理丞評刊定見行斷例，刑部言：「國朝以來，斷例皆散失，今所用多是建炎以來近例，乞將見行斷例并臣僚繳進元符斷例裒集爲一，若特旨斷例則別爲一書。」九年十月戊寅朔，命評事何彥猷等編集《刑名斷例》，刑部郎張柄等看詳。二十六年九月二十九日戊辰，臣僚請以吏刑部例修入見行之法。閏十月一日，刑寺具崇寧、紹興刑名疑難斷例三百二十條。二十七年，吏部尚書詳定敕令，王師心編修，以紹興刑名疑難斷例爲名，又以吏部改官例六十一條，修可行者三十條爲紹興吏部改官申明。十一月二日，從之。

紹興續修條例

《高宗紀》：紹興二十五年十二月辛卯，命三省、六部條具續降敕旨來上，審詳施行。二十六年九月戊辰，命吏、刑二部修條例爲成法。二十八年九月甲戌，詔以吏部七司舊制與續降參訂異同，立爲定法。

《藝文志》：《紹興參附尚書吏部敕令格式》七十卷。陳康伯等撰。

按：康伯所撰當卽紹興末奉詔所修之書，《玉海》未收。

紹興申明刑統

《玉海》：淳熙十一年，臣僚言：「《刑統》繇開寶、元符間申明訂正，凡九十二條，目曰《申明刑統》，同《紹興敕令格式》爲一書。自乾道書成進表，雖有遵守之文而此書印本廢而不載，淳熙新書不載遵守之文而印本又廢而不存，讞議之際，無所據依。乞仍鏤板，附淳熙隨敕申明之後。」四年六月，令國子監重鏤板頒行。

以絹計贓

《通考》一百六十七：建炎元年，大理正權刑部郎官朱端友言：「舊例以絹計贓者千三百爲一匹，今所在絹直高，合議增估。」乃詔自今以絹定罪，並以二千爲準。

《宋志》：舊以絹計贓者，千三百爲一匹，竊盜至二(十)貫者徒。至是，又加優減，以二千爲一匹，盜至三貫者徒一年。三(月)〔年〕，復詔以三千爲一匹，竊盜及凡以錢定罪，遞增五分。

私鹽法

《高宗紀》：紹興三年十月壬辰，詔寬私鹽重法。

《通考》一百六十七：三年，詔自今犯私鹽並依《紹興敕》斷，其去年十二月甲午敕旨及今年六月辛丑尚書省批送指揮更不施行。先是，殿中侍御史常同入對論私販刑名太重，其略曰：《紹興敕》私有鹽一斤徒一年，三百斤配本城，煎煉者一兩比二兩，刑名不爲不重。後來復降指揮又因官司申請不以赦原減，雖遇特恩不原，爲法可謂盡矣。去年之冬，因大軍所屯，嘗有軍卒私販，百姓因之，故有亭户不以多寡，杖脊配廣南指揮，蓋一時禁止，非通天下永久之法也。昨因榷貨務看詳以爲諸路亦合一體施行，遂批狀行提領官張純一堂吏耳，但欲附會去相之意，朝廷不謀之廷臣、不付之户部、不稟之聖旨，遂以批狀行之，何其易哉？自此法之行，州郡斷配日日有之，破家蕩産不可勝計。主議之臣但曰刑不峻不足以致厚利，夫峻刑而不恤民害，此蔡京王黼之術也，奈何今遂用之？自古及今，刑之所犯必稱罪之輕重，豈有罪無等降一用重刑之理？今私鹽一斤至杖脊配廣南，則孰不相率而爲百千斤之多哉？祖宗仁德，在人猶人之元氣，今天下之勢可爲病矣，奈何遂欲傷元氣乎？法令之行，繫乎國本，不使有識搢紳之士議之而使刀筆之吏弄其文墨，非國之福也，望付三省熟議。故有是詔。

誤決重囚法

又十八年，撫州、泉州誤決重囚，官吏各置重憲，大理寺丞石邦哲上疏曰：「伏覩《紹興令》決大辟皆於市先給酒食，聽親戚辭訣，示以犯狀，不得窒塞口耳、蒙蔽面目及喧呼奔逼，而有司不以舉行視爲文具，無辜之民至是强置之法。如近年撫州獄案已成，陳四閑合斷放，陳四合依軍法；又如泉州獄案已成，陳翁進合決配，陳進哥合決重杖，姓名略同而罪犯迥别。臨決遣之日，乃誤以陳四閑爲陳四，以陳翁進爲陳進哥，皆已配而事方發，倘使不窒塞蒙蔽其面目口耳而舉行給酒辭訣之令，是二人者豈不能呼寃以警官吏之失哉？欲望申嚴法禁，否則以違制論。」從之。

三省法　贓吏法

孝宗隆興二年二月癸巳，修三省法。九月丁酉，嚴贓吏法。

乾道新編特旨斷例

《通考》一百六十七：孝宗乾道二年，刑部方滋上《乾道新編特旨斷例》七十卷。

乾道敕令格式

《孝宗紀》：乾道六年八月，虞允文上《乾道敕令格式》。八年正月庚午朔，班《乾道敕令格式》。

《宋志》：乾道時，臣僚言：「紹興以來，續降指揮無慮數千，抵牾難以考據。」詔大理寺官詳難，定其可否，類申刑部，以所隸事目分送六部長貳參詳。六年，刑部侍郎汪大猷等上其書，號《乾道敕令格式》。八年，頒之。《藝文志》：《乾道重修敕令格式》一百二十卷。虞允文等撰。

《玉海》六十六：四年十一月二十八日，詔删修紹興、建炎法令，以重修敕令所爲名。六年八月癸丑，復署敕令所。乙亥，進海行法。六年八月二十八日，虞允文言將《紹興敕》與《嘉祐敕》及建炎四年至乾道四年續旨參酌删修，今成《敕》十二卷、《令》五十卷、《格》三十卷、《式》三十卷、目録一百二十二卷，《存留照用旨揮》二十卷，會粹法令至二萬二千有奇，煩複者刊，踳駁者正。詔以乾道重修爲名，自八年正月朔行之。一本云：

六年三月癸酉，詔以建炎元年至乾道四年續降刪修成書。

檢驗格目

《孝宗紀》：淳熙元年五月壬寅，班鄭興裔所創《檢驗格目》。

《通考》一百六十七：初，興裔言諸州縣檢驗之弊，遂措置《格目》行下所屬州縣。每一次檢驗，依立定字號，用《格目》三本，一申所屬州縣，一付被害之家，一申本司照會。州縣受詞差官、檢官受牒起發皆注日時於上，關防詳密，州縣不得爲欺，朝廷善之，乃行於諸路。

淳熙敕令格式

《孝宗紀》：淳熙四年七月甲子，班《淳熙重修敕令格式》。

《藝文志》：《淳熙重修敕令格式》及《隨敕申明》二百四十八卷。

《玉海》六十六：淳熙三年，以乾道新書編削未盡，多有牴牾，詔刊修。明年，書成二百四十八卷。又詳下。

淳熙條法事類　修法樞要

《宋志》：當是時，法令雖具，然吏一切以例從事，法當然而無例，則事皆泥而不行，甚至隱例以壞法，賄賂既行，乃爲具例。淳熙初，詔除刑部許用乾道刑名斷例，司勳許用獲盜推賞例，并乾道經制條例事指揮，其餘並不得引例。既而臣僚言，乾道新書，尚多抵牾。詔户部尚書蔡洸詳定之，凡删改九百餘條，號《淳熙敕令格式》。帝復以其書散漫，用法之際，官不暇徧閲，吏因得以容姦，令敕令所分門編類爲一書，名曰《淳熙條法事類》，前此法令之所未有也。四年七月，頒之。孝宗究心庶獄，每歲臨軒慮囚，率先數日令有司進款案披閲，然後決遣。法司更定律令，必親爲訂正之。丞相趙雄上《淳熙條法事類》，帝讀至收騾馬、舟船、契書税，曰：「恐後世有算及舟車之譏。」《户令》：「户絶之家，許給其家三千貫，及二萬貫者取旨。」帝曰：「其家不幸而絶，及二萬貫迺取之，是有心利其財也。」又《捕亡律》：「公人不獲盗者，罰金。」帝曰：「罰金而不加罪，是使之受財縱盗也。」又：「監司、知州無額上供者賞。」帝曰：「上供既無額，是自取於民也，可賞以誘之乎？」並令削去之。其明審如此。

《玉海》六十六：三年十月乙卯，通判潭州潘燾進祖宗以來因革法令並修法樞要，詔遷秩。四年八月三日戊子，進重修敕令格式，御筆圈去户令一條捕亡令一條及無額上供賞並令删去。六年正月庚午，趙雄奏：「士大夫罕通法律，吏得舞文，今若分門編次，聚於一處，則遇事悉見，吏不能欺。」乃詔敕局取敕令格式申明，體倣《吏部七司條法總類》，隨事分門，纂爲一書。七年五月二十八日成書，四百二十卷。爲總門三十三，別門四百二十，以明年三月一日頒行，賜名《條法事類》。六年七月六日，進一州一路酬賞法。自乾道後，新修之書共三千一百二十五卷。

按：淳熙四年七月所頒者《敕令格式》，八年三月所頒者《條法事類》，乃二書也。《志》以《條法事類》班於四年，與《紀》不符，恐誤。《藝文志》不録《淳熙條法》，未詳其故。

淳熙吏部左選敕令格式　吏部條法總類

《孝宗紀》：淳熙二年十二月辛巳，班《淳熙吏部七司法》。《藝文志》：《淳熙重修吏部左選敕令格式申明》三百卷，龔茂良等撰。

《玉海》六十六：二年十二月二日，上《重修吏部敕令格式申明》一千一百五册，參政茂良等撰。三年三月二十九日，上《吏部條法總類》四十卷，爲類六十八，爲門三十。淳熙敕令，二年所編。

《書目》：《左選令格式申明》三百卷，修纂紹興三十年以後續旨，乾道中從吏侍周操、胡沂之言也。

販牛過淮

《孝宗紀》：乾道四年四月戊午，詔販牛過淮者，論如興販軍需之罪。

盜賊法

四年十一月甲戌，嚴盜賊法。六年正月丁巳，復强盜舊法，其四年十一月指揮勿行。

死罪奏流徒先決遣

《通考》一百七十：乾道六年，臣僚言：「國家立法議罪最爲詳備，大抵共毆傷殺人必有首、有從，甲爲首則乙以下皆從，甲於法合坐死罪，自乙而下並當先次決遣在外州郡，如甲情理可憫，方許奏裁。如駐蹕之地，凡罪應死者必奏，徒流以下申御史臺取旨施行，此定制也。今有司不務遵行成法，纔事涉大辟，不問首從具奏。又流徒以下，多作情重，看詳取旨則合先次，決遣之人豈得不例遭禁繫？請今後大辟只許以爲首坐應死罪者奏，爲從而不應坐死者先次決遣流徒，不許牽引情重取旨，不然則坐以不應奏而奏之罪。」從之。

以絹計贓以錢定罪

《宋志》：乾道六年，詔「以絹計贓者，更增一貫。以四千爲一匹」。議者又言：「犯盜，以敕計錢定罪，以律計絹。今律以絹定罪者遞增一千，敕内以錢定罪，亦合例增一千。」從之。

六項强盜

《通考》一百七十：中書舍人葛邲言：「乾道六年，指揮强盜並依舊法，議者以爲持仗脅人以盜財者亦死，是脅人與殺人等死，恐非所以爲良民地，後來遂立六項，並依舊法處斷外，餘聽依刑名，疑慮奏裁。自此指揮已行之後，非特刑名疑慮者不死，而在六項者亦爲不死。法出姦生，徒爲胥吏受贓之地，若犯强盜者，不別輕重而一於死，則死者必多，又非所以示好生之德也，乞下有司詳議立爲定法。」從之。其後，言者又謂强盜苟不犯六項，雖累行劫至十數次以上並贓至百十貫，皆可以貸命。謂宜除六項指揮外，其間行劫至兩次以上，雖是爲從亦合依舊法處斷。乃詔自今應强盜除六項指揮外，其間有累行劫至兩次以上，雖是爲從亦依舊法處斷，有情實可憫者方行奏裁。所謂六項者，謂爲首及下手傷人、下手放火，因而行姦殺人、加功已曾貸命、再犯之人也。

慶元敕令格式

《甯宗紀》：慶元四年九月丁未，頒《慶元重修敕令格式》。

《志》：淳熙末，議者猶以新書尚多遺闕，有司引用，間有便於人情者，復令刑部詳定，迄光宗之世未成。慶元四年，右丞相京鏜始上其書，爲百二十卷，號《慶元敕令格式》。

《玉海》六十六：二年二月丙辰，復置編修敕令所，遂抄録乾道五年正月至慶元二年十二月終續降旨揮得數萬事，參酌淳熙舊法五千八百條删修爲書，總七百二册，《敕》、《令》、《格》、《式》及目録各百二十二卷，《申明》十二卷，《看詳》四百三十五册，《會要》云「二百六十六卷」，《書目》云「二百五十六卷」。四年九月丙申十一日。上之。

《藝文志》：《慶元重修敕令格式》及《隨敕申明》二百五十六卷。慶元三年詔重修。

慶元條法事類

《寧宗紀》：（慶元）〔嘉泰〕二年八月甲午，謝深甫等上《慶元條法事類》。三年七月辛未，頒《慶元條法事類》。

《藝文志》：《慶元條法事類》八十七卷。嘉泰元年，敕令所修。《玉海》六十六：嘉泰二年八月二十三日，上《慶元條法事類》四百三十七卷。《書目》云八十卷，元年詔編是書。

按：此書卷數，三處不同，《玉海》與兩書多寡懸絶，未詳何故。

開禧重修七司法

《甯宗紀》：開禧元年六月己巳，右執法陳自强等上《新修淳熙以後吏部七司法》。二年三月甲午，頒《開禧重修七司法》。

《藝文志》：《開禧重修吏部七司敕令格式申明》三百二十三卷。開禧元年上。

《玉海》：嘉泰二年，詔重修《七司法》，開禧元年書成三百二十三卷，上之，以淳熙二年正月一日至嘉泰四年十月續旨增修。

檢驗正背人形圖

《通考》一百六十七：嘉定四年，詔頒湖南、廣西刊印檢驗正背人形圖於諸路提刑司。先是，江西提刑徐似道言：「推鞫大辟之獄自檢驗始，其間有因檢驗官司指輕作重，以有爲無，差訛交互，以故姦吏出入人罪，弊倖不一。伏見湖南、廣西見行刊印正背人形，隨格目給下檢驗官司，令於傷損去處依樣朱紅書畫横斜曲直，仍於檢驗之時唱喝傷痕，令罪人同共觀看所畫圖本，衆無異詞，然後著押，則吏姦難行，愚民易曉。」於是詔行之。

嘉定吏部條法總類　百司吏職補授法

《甯宗紀》：嘉定六年二月丙戌，有司上《嘉定編修吏部條法總類》。

《藝文志》：《嘉定編修吏部條法總類》五十卷，嘉定中詔修。《嘉定編修百司吏職補授法》一百三十三卷。嘉定六年上。

《玉海》六十六：六年三月四日，上一百一十四册，成五十卷，凡改正四百六十餘條。并《百司吏職補授法》二百六十三册，一百三十三卷。七年五月頒行。

家屬受財私和

《通考》一百六十七：嘉泰二年臣僚言：「近日大辟行兇之人鄰保逼令自盡，或使之説誘被死家，賂之財物，不令到官。嘗求其故，始則保甲憚檢驗之費，避證佐之勞；次則巡尉憚於檢覆；又次則縣道憚於鞫勘結解，上下蒙蔽，只欲省事，不知置立官府本何所爲。今若縱而不問，則是被殺人者反爲妻子親戚乞錢之資，甚可痛也。請明降指揮，凡有殺傷人處，如都保不曾申官、州縣不差官檢覆及家屬受財私和，許諸色人告首，並合從條究治，其行財受和會之人更合計贓論罪。」從之。

毁錢爲銅

《甯宗紀》：開禧二年正月辛亥，詔坑户毁錢爲銅者不赦，仍籍其家，著爲令。

計贓鐵錢二當一

《宋志》：嘉定四年，詔以絹計贓定罪者，江北鐵錢依四川法，二當銅錢一。

官物不應用而用

《通考》一百六十七：嘉定十三年，詔凡在官財物不應用而用之，依律科坐贓罪之人，自今私自入己者爲贓罪，私自饋遺者爲私罪，用之充公用者爲公罪。創始者爲首，坐以全罪；循例者爲從，與減一等。

淳祐敕令格式

《宋志》：理宗寶慶初，敕令所言：「自慶元新書之行，今二十九年，前指揮殆非一事，或舊法該括未盡，文意未明，須用續降參酌者，或舊法元無，而後因事立爲成法者；或已有舊法，而續降不必引用者；或一時權宜，而不可爲常法者。條目滋繁，無所遵守，乞攷定之。」淳祐二年四月，敕令所上其書，名《淳祐敕令格式》。十一年，又取慶元法與淳祐新書删潤。其間修改者百四十條，㧞入者四百條，增入者五十條，删去者十七條，爲四百三十卷。度宗以後，遵而用之，無所更定矣。

淳祐條法事類

《理宗紀》：淳祐十一年四月丁未，進《淳祐條法事類》凡四百三十篇，鄭清之等各進二秩。又詳上。

寶祐七司條令

寶祐二年十月庚午朔，謝方叔等進寶祐編《吏部七司續降條令》。

羣牧司編

《藝文志》：王誨《羣牧司編》十二卷。

按：《兵志》馬政熙寧十年，置羣牧行司，以往來督市馬者，則此書當爲熙寧中撰。

銓曹格敕　大宗正司條　諸軍班直禄令　茶鹽目録

又《銓曹格敕》十四卷，張稚圭《大宗正司條》六卷，《諸軍班直禄令》一卷，《編類諸路茶鹽令格式目録》一卷。

五服相犯法纂　九族五服圖制

又程龜年《五服相犯法纂》三卷，《九族五服圖制》一卷。不知何人編。

按：《宋志》儀注類别有韓挺《服制》一卷，《五服志》三卷，裴茝《五服儀》二卷，劉筠《五服年月敕》一卷，《喪服加減》一卷，殆不關刑法，故不與二書類列。

紹興士師龜總

《玉海》六十七：三年九月六日丁巳，大理卿李與權以聖賢之訓與謹獄之事分章取義，類聚條分，凡三百事，列十門，總爲一書上之，繕寫成五册，名曰《士師龜總》。詔録副本，申尚書省。

紹興折獄龜鑑

又《紹興折獄龜鑑》，紹興中鄭克撰，三卷。和凝著《疑獄集》三卷，述事猥并克乃分二十門，以義類詮次。一本云：鄭克《決獄龜鑑》二十卷，和凝有《疑獄集》。近時趙仝有《疑獄事類》，皆未詳盡。克因增廣之，依劉向《晏子春秋》，舉其綱要爲之目録，分二十門，計三百九十五事。

《藝文志》：鄭克《折獄龜鑑》三卷。

疑獄集　續疑獄集

《藝文志》：和凝《疑獄集》三卷，王皞《續疑獄集》四卷，趙仝《疑獄集》三卷。

《崇文總目》：《疑獄集》三卷，和凝及子㠓撰。

《玉海》六十七：和凝集古今明於聽斷者二十九條爲上卷，子㠓續三十八條爲下二卷，表上之。一本云：凝取古今史傳聽訟、斷獄、辨雪、寃枉等事著爲《疑獄集》，子㠓因增益事類，分爲三卷，表上之。

《國史志》：王皞《續疑獄集》四卷。

律鑑　法要

《藝文志》：趙綽《律鑑》一卷、《法要》一卷。

《崇文目》：《律鑑》一卷，無撰人；《法要》一卷，趙綽撰。

按：《宋志》《法要》列于《律鑑》之下，據《崇文目》亦趙綽撰也。

金科易覽

《藝文志》：趙緒《金科易覽》一卷。　《崇文目》、《玉海》六十七並云「趙綽《金科易覽》一卷」，《玉海》六十六又云「唐趙綽《金科易覽》一卷，《崇文目》蕭緒三卷。田氏《書目》：『緒刪析之爲三。』《通志略》『趙緒撰』」。

按：據《玉海》，趙綽之書，蕭緒刪析之，作趙緒者，疑誤合二人爲一也。

五刑纂要録　五刑纂經

《藝文志》：黄克升《五刑纂要録》三卷。

《崇文目》：《五刑纂經》三卷，黄克升撰。

刑法纂要　斷獄立成　外臺祕要　憲問

《藝文志》：《刑法纂要》十二卷，《斷獄立成》三卷，《外臺祕要》一卷，《憲問》一卷。

按：四書《志》不著作者，《崇文目》有《斷獄立成》、《外臺祕要》，亦不著作者，《通志略》《斷獄立成》亦無撰人。

刑法要例　法鑑　章程體要　法例六贓圖

《藝文志》：黄懋《刑法要例》八卷，張員《法鑑》八卷，田晉《章程體要》二卷，張履冰《法例六贓圖》二卷。

沿革制置敕　百司考選格敕

《藝文志》：盛度《沿革制置敕》三卷，《百司考選格敕》五卷。無撰人。

讞獄集　青囊本旨論

《藝文志》：元絳《讞獄集》十三卷，劉次莊《青囊本旨論》一卷。

作邑自箴　諭俗編　養賢録　使範

《藝文志》：李元弼《作邑自箴》一卷，鄭至道《諭俗編》一卷，王日休《養賢録》三十二卷，王晉《使範》一卷。

按：《使範》，儀注類重出。

金科玉律總括詩　金科玉律　金科類要　刑統賦解

《藝文志》：劉高夫《金科玉律總括詩》三卷，《金科玉律》一卷，《金科類要》一卷，《刑統賦解》一卷。並不知作者。《玉海》：傅霖《刑統賦》二卷。或人爲注。

按：《宋史·藝文志》刑法類所録之書，今録于右，以備考。

廣律判辭　措刑論律心

《玉海》六十六：李康侯著《廣律判辭》十一卷，以廣律意。胡宿繳進錢熙著《措刑論律心》四卷。未詳撰人纂《刑統綱要》。晁氏志。

律令七

遼法律

遼《太祖紀》：神册六年夏五月，詔定法律。

《志》：神册六年，克定諸夷，乃詔大臣定治契丹及諸夷之法，漢人則斷以《律令》。

軍律　軍法

《太宗紀》：會同三年三月庚寅，詔扈從擾民者從軍律。　九年七月辛亥，詔徵諸道兵，故傷禾稼者，以軍法論。

宮刑令

《遼志》：穆宗應曆十二年，國舅帳郎君蕭延之奴海里彊陵拽刺秃里年未及歲之女，以法無文，加之宮刑，仍付秃里以爲奴。　因著爲令。

立標識

《穆宗紀》：十六年秋七月壬午，諭有司：凡行幸之所，必高立標識，令民勿犯，違以死論。

《志》：十六年，諭有司：「自先朝行幸頓次，必高立標識以禁行者。比聞楚古輩，故低置其標深草中，利人誤入，因之取財。自今有復然者，以死論。」

南京律文

《聖宗紀》：統和元年四月壬子，樞密院請詔北府司徒頗德譯南京所進律文，從之。

按：南京律文，當是漢律。

漢律

《聖宗紀》：統和十二年七月庚午，詔契丹人犯十惡者依漢律。

按：漢律，中國之律，實唐律也。

統和更定法令

《遼志》：聖宗冲年嗣位，睿智皇后稱制，留心聽斷，嘗勸帝宜寬法律。帝壯，益習國事，鋭意于治。

當時更法令凡十數事，多合人心，其用刑又能詳慎。先是，契丹及漢人相毆致死，其法輕重不均，至是一等科之。

兄弟不連坐

《耶律阿没里傳》：先是，叛逆之家，兄弟不知情者亦連坐。阿没里諫曰：「夫兄弟雖曰同胞，賦性各異，一行逆謀，雖不與知，輒坐以法，是刑及無罪也。自今，雖同居兄弟，不知情者免連坐。」太后嘉納，著爲令。統和十二年。

奴婢告首主

《遼志》：二十四年，統和。詔主非犯謀反大逆及流罪者，其奴婢無得告首；若奴婢犯罪至死，聽送有司，其主無得擅殺。

黥面

二十九年，以舊法，宰相、節度使世選之家子孫犯罪，徒杖如齊民，惟免黥面，詔自今但犯罪當黥，卽准法同科。

竊盜

開泰八年，以竊盜贓滿十貫，爲首者處死，其法太重，故增至二十五貫，其首處死，從者決流。敵八哥始竊蘇州王令謙家財，及覺，以刃刺令謙，幸不死。有司擬以盜論，止加杖罪。又邢母古犯竊盜者十有三次，皆以情不可恕，論棄市。因詔自今三犯竊盜者，黥額、徒三年；四則黥面、徒五年；至于五則處死。

太平更定法令

《聖宗紀》：太平七年七月己亥朔，詔更定法令。

重熙輕法

《遼志》：興宗重熙元年，詔職事官公罪聽贖，私罪各從本法；子弟及家人受賕，不知情者，止坐犯人。先是，南京三司銷錢作器皿三斤，持錢出南京十貫，及盜遺火家物五貫者處死；至是，銅逾三斤，持錢及所盜物二十貫以上處死。　二年，有司奏：「元年詔曰，犯重罪徒終身者，加以捶楚，而又黥面。是犯一罪而具三刑，宜免黥。其職事官及宰相、節度使世選之家子孫，犯姦罪至徒者，未審黥否？」上諭曰：「犯罪而悔過自新者，亦有可用之人，一黥其面，終身爲辱，朕甚憫焉。」後犯終身徒者，止刺頸。奴婢犯逃，若盜其主物，主無得擅黥其面，刺臂及頸者聽。犯竊盜者，初刺右臂，再刺左，三刺頸之右，四刺左，至于五則處死。

重熙條制

《遼志》：五年，《新定條制》成，詔有司凡朝日執之，仍頒行諸道。蓋纂修太祖以來法令，參以古制。其刑有死、流、杖及三等之徒，而五凡、五百四十七條。（按：《遼史·刑法志》上言「制刑之凡有四：曰死、曰流、曰徒、曰杖」。此亦稱死、流、杖、徒。「五凡」之「五」字，設非「四」字之訛，則杖前應脱「笞」字。）

重熙改法

《興宗紀》：重熙十年秋七月壬戌，詔諸職官私取官物者，以正盜論。諸敢以先朝已斷事相告言者，罪之。諸帳郎君等于禁地射鹿，決三百，不徵償；小將軍決二百以下；百姓犯者，罪同郎君論。十一年秋七月壬寅朔，詔盜易官馬者減死論。

《志》：時有羣牧人竊易官印以馬與人者，法當死，帝曰：「一馬殺二人，不亦甚乎？」減死論。

清甯重法

《道宗紀》：清甯元年十二月辛卯，詔部署院，事有機密卽奏，其投謗訕書，輒受及讀者〔並〕棄市。

按：此法過重。

咸雍條制　太康續增　大安續增

《遼志》：咸雍六年，帝以契丹、漢人風俗不同，國法不可異施，於是命惕隱蘇、樞密使乙辛等更定《條制》。凡合于《律令》者，具載之；其不合者，别存之。時校定官即重熙舊制，更竊盜贓二十五貫處死一條，增至五十貫處死；又删其重復者二條，爲五百四十五條；取《律》一百七十三條，又創增七十一條，凡七百八十九條，增重編者至千餘條。皆分類列。以太康間所定，復以《律》及《條例》參校，續增三十六條。其後因事續校，至大安三年止，又增六十七條。條約既繁，典者不能徧習，愚民莫知所避，犯法者衆，吏得因緣爲姦。故五年詔曰：「法者所以示民信，而致國治。簡易如天地，不忒如四時，使民可避而不可犯。比命有司纂修刑法，然不能明體朕意，多作條目，以罔民于罪，朕甚不取。自今復用舊法，餘悉除之。」

《道宗紀》：大安五年冬十月乙巳，以新定法令太煩，復行舊法。

按：此《條制》修自咸雍六年，訖于大安三年，前後相距十七年，恐是各爲一編，《志》文未别白耳。

金用遼宋法

《金志》：太宗雖承太祖無變舊風之訓，亦稍用遼、宋法。

天眷衛禁法　律文

天眷元年十月，禁親王以下佩刀入宮，衛禁之法，自此始。三年，復取河南地，乃詔其民，約所用刑法皆從律文。

按：此所言律文當爲唐律。

皇統制

至皇統閒，詔諸臣，以本朝舊制，兼採隋、唐之制，參遼、宋之法，類以成書，名曰《皇統制》，頒行中外。

正隆續降制書

及海陵庶人多變易舊制，至正隆閒，(者)〔著〕爲《續降制書》，與《皇統制》並行焉。

軍前權宜條理

及世宗即位，以正隆之亂，盜賊公行，兵甲未息，一時制旨多從時宜，遂集爲《軍前權宜條理》。五年，命有司復加删定《條理》，與前《制書》兼用。

大定重修制條

上以正隆《續制書》多任己意，傷於苛察。而與皇統之《制》並用，是非淆亂，莫知適從，姦吏因得上下其手。遂置局，命大理卿移剌慥總中外明法者共校正。乃以皇統、正隆之《制》及大定《軍前權宜條理》、後《續行條理》，倫其輕重，删繁正失。制有闕者，以律文足之。制、律俱闕及疑而不能決者，則取旨畫定。《軍前權行條理》內有可以常行者亦爲定法，餘未應者亦別爲一部存之。參以近所定徒杖減半之法，凡校定千一百九十條，分爲十二卷，以《大定重修條制》爲名，詔頒行焉。

《世宗紀》：二十二年三月癸巳，詔頒《重修制條》。

按：《祥刑典》列于十七年，以《志》文在十七年之後也。《續文獻通考》列于十九年，未知別有所據否。《本紀》十七、十九二年均不書，而書于二十二年。

明昌律義　泰和律義　律令　新定敕條　六部格式

《金志》：明昌元年，上問宰臣曰：「今何不專用律文？」平章政事張汝霖曰：「前代律與令各有分，其有犯令，以律決之。今國家制、律混淆，固當分也。」遂置詳定所，命審定律、令。三年七月，右司郎中孫鐸先以詳定所校《名例篇》進，既而諸篇皆成，復命中都路轉運使王寂、大理卿董師中等重校之。五年正月，復令鉤校制、律，即付詳定所。時詳定官言：「若依重修制文爲式，則條目增減，罪名輕重，當異於律。既定復與舊同頒，則使人惑而易爲姦矣。臣等謂，用定制條，參酌時宜，準律文修定，歷採前代刑書宜於今者，以補遺闕，取《刑統》疏文以釋之，著爲常法，名曰《明昌律義》。別編榷貨、邊部、權宜等事，集爲《敕條》。」宰臣謂：「先所定令文尚有未完，俟皆通定，然後頒行。若律科舉人，則止習舊律。」遂以知大興府事尼龐古鑑、御史中丞董師中、翰林待制奥屯忠孝、小字牙哥。提點司天臺張嗣、翰林修撰完顏撒刺、刑部員外郎李庭義、大理丞麻安上爲校定官，大理卿閻公貞、户部侍郎李敬義、工部郎中賈鉉爲覆定官，重修新律焉。〔承安〕四年四月，尚書省請再覆定令文。泰和元年十二月，所修律成，凡十有二篇：一曰《名例》，二曰《衛禁》，三曰《職制》，四曰《户婚》，五曰《廄庫》，六曰《擅興》，七曰《賊盜》，八曰《鬬訟》，九曰《詐僞》，十曰《雜律》，十一曰《捕亡》，十二曰《斷獄》。實唐律也，但加贖銅皆倍之，增徒至四年、五年爲七，削不宜於時者四十七條，增時用之制百四十九條，因而略有所損益者二百八十有二條，餘百二十六條皆從其舊；又加以分其一爲二、分其一爲四者六條，凡五百六十三條，爲三十卷，附注以明其事，疏義以釋其疑，名曰《泰和律義》。自《官品令》、《職員令》之下，曰《祠令》四十八條，《户令》六十八條，《學令》十一條，《選舉令》八十三條，《封爵令》九條，《封贈令》十條，《宫衛令》十條，《軍防令》二十五條，《儀制令》二十三條，《衣服令》十條，《公式令》五十八條，《禄令》十七條，《倉庫令》七條，《廄牧令》十二條，《田令》十七條，《賦役令》二十三條，《關市令》十三條，《捕亡令》二十條，《賞令》二十五條，《醫疾令》五條，《假甯令》十四條，《獄官令》百有六條，《雜令》四十九條，《釋道令》十條，《營繕令》十三條，《河防令》十一條，《服制令》十一條，附以年月之制，曰《律令》二十卷。又定《制敕》九十五條，《榷貨》八十五條，《蕃部》三十九條，曰《新定敕條》三卷，《六部格式》三十卷。司空襄以進，詔以明年五月頒行之。

《章宗紀》：承安五年四月，尚書省進《律義》。泰和元年十二月丁酉，司空襄等進《新定律令敕條格式》五十二卷。（按：據《金史·刑法志》，計《律令》二十卷，《新定敕條》三卷，《六部格式》三十卷，合之當爲五十三卷。）辛丑，詔頒行之。

按：《紀》、《志》卷數不同。

提刑司條制

《章宗紀》：明昌三年六月丁巳，定提刑司條制。

按：《本紀》此條上文云「甲寅，以久雨，命有司祈晴」，與此似各爲一事。《續通考》以「以久雨」三字冠于「定」字之上，未知別有所據否。

校定泰和新格

《金志》：泰和二年，御史臺〔奏〕：「監察御史史肅言，《大定條理》：自二十年十一月四日以前，奴娶良人女爲妻者，並準已娶爲定，若夫亡，拘放從其主。離夫摘賣者令本主收贖，依舊與夫同娶。放良從良者卽聽贖換，如未贖換閒與夫所生男女並聽爲良。而《泰和新格》復以夫亡服除準良人例，離夫摘賣及放夫爲良者，並聽爲良。若未出離再配與奴，或雜姦所生男女並許爲良。如此不同，皆編格官妄爲增減，以致隨處訴訟紛擾，是涉違枉。」敕付所司正之。初，詔凡條格入制文内者，分爲別卷。復詔制與律文輕重不同，及律所無者，各校定以聞。如禁屠宰之類，當著于令也，愼之勿忽，律令一定，不可更矣。

金國舊俗

《金志》：金國舊俗，輕罪笞以柳葼，殺人及盜刼者，擊其腦殺之，没其家資，以十之四入官，其六賞主，併以家人爲奴婢，其親屬欲以馬牛雜物贖者從之。或重罪亦聽自贖，然恐無辨於齊民，則劓、刵以爲別。

盜賊徵償法

《世紀》：康宗七年己丑，歲不登，減盜賊徵償。

《太祖紀》：康宗七年，歲不登，民多流莩，强者轉而爲盜。歡都等欲重其法，爲盜者皆殺之。太祖曰：「以財殺人，不可。財者，人所致也。」遂減盜賊徵償法爲徵三倍。

《章宗紀》：明昌三年三月，更定强盜徵償制。

按：「以財殺人，不可」，此千古名言，向未有表而出之者。金之徵償法不傳，減之而猶徵三倍，舊法之重可知矣。

以人對贖法

《太祖紀》：收國二年二月，詔曰：「比以歲凶，庶民艱食，多依附豪族，因爲奴隸，及有犯法，徵償莫辦，折身爲奴者，或私約立限，以人對贖，過期則爲奴者，並聽以兩人贖一爲良。若元約以一人贖者，卽從元約。」

同姓爲婚

《太祖紀》：天輔元年五月，詔自收甯江州以後同姓爲婚者，杖而離之。

《太宗紀》：天會五年四月，詔曰：「合蘇館諸部與新附人民，其在降附之後同姓爲婚者，離之。」

没入法

天輔三年正月，東京人爲質者永吉等五人結衆叛。事覺，誅其首惡，餘皆杖百，没入在行家屬資産之半。詔知東京事斡論，繼有犯者並如之。

盜發遼陵

天會二年二月，詔有盜發遼諸陵者，罪死。

買貧民爲奴

三年七月，詔權勢之家毋買貧民爲奴。其脅買者一人償十五人，詐買者一人償二人，皆杖一百。

竊盜制

《金志》：天會七年，詔凡竊盜，但得物徒三年；十貫以上徒五年，刺字充下軍；三十貫以上徒終身，仍以贓滿盡命刺字於面；五十貫以上死；徵償如舊制。大定十五年，詔有司曰：「朕惟人命至重，而在制竊盜贓至五十貫者處死，自今可令至八十貫者處死。」

《海陵紀》：正隆五年二月，遣引進使高植、刑部郎中海狗分道監視所獲盜賊，並陵遲處死，或踞灼去皮截手足。仍戒屯戍千户謀克等，後有獲者，並處死，總管府官亦決罰。

私度僧尼　繼父母男女不嫁娶

《太宗紀》：天會八年五月，禁私度僧尼及繼父繼母之男女無相嫁娶。《續文獻通考》云「違者，杖而離之」。

漏泄

《海陵紀》：貞元三年九月，上謂宰臣及左司官曰：「朝廷之事，尤在慎密。昨授張中孚、趙慶襲官，除書未到，先已知之，皆汝等泄之也。敢復爾者，殺無赦。」

私相越境法

正隆四年正月，更定私相越境法，並論死。

決杖法

《金志》：時制杖罪至百，則臀、背分決。及海陵庶人以脊近心腹，遂禁之，雖主決奴婢，亦論以違制。

大定九年，復命杖至百者，臀、背分受，如舊法。已而，上謂宰臣曰：「朕念罪人杖不分受，恐至深重，乃令復舊。今聞民間有不欲者，其令罷之。」

禁酒

《熙宗紀》：天會十三年正月，詔中外公私禁酒。

《海陵紀》：正隆五年十二月，禁朝官飲酒，犯者死，三國人使燕飲者罪。六年三月，自中都至河南，復禁扈從毋輒離次及游賞飲酒，犯者罪皆死。

《世宗紀》：大定十四年三月，詔猛安謀克之民，今後不許殺生祈祭。若遇節辰及祭天日，許得飲會。自二月一日至八月終，並禁絶飲燕，亦不許赴會他所，恐妨農功。雖閒月亦不許痛飲，犯者抵罪，可徧諭之。

《續文獻通考》云：同一酒禁而用意絶殊，類而觀之，得失自見。

出征軍逃亡法

《世宗紀》：大定二年五月，更定出征軍逃亡法。

亂言

《金志》：大定四年，尚書省奏，大興民男子李十、婦人楊仙哥並以亂言當斬。上曰：「愚民不識典法，有司亦未嘗丁甯誥誡，豈可遽加極刑。」以減死論。

服用金線

《世宗紀》：大定七年七月，禁服用金線，其織賣者，皆抵罪。

盜馬

大定八年七月，制盜羣牧馬者死，告者給錢三百貫。

品官犯賭博法

《金志》：大定八年，制品官犯賭博法，贓不滿五十貫者其法杖，聽贖。再犯者杖之。且曰「杖者所以罰小人也。既爲職官，當先廉恥，既無廉恥，故以小人之罰罰之」。

親民吏杖決收贖

《祥刑典》二十三：《續文獻通考》：「世宗大定八年，時焦旭攝左警巡事，以杖親軍百夫長，有司議其罪當杖決。上曰：『旭親民吏也，若因杖有官人復行杖之，何以行事？其令收贖。』」

兄弟之妻續婚

《世宗紀》：大定九年正月，制漢人、渤海兄弟之妻，服闋歸宗，以禮續婚者，聽。

妄言邊關兵馬

二月，制安言邊關兵馬者，徒二年。

網捕走獸法

三月，尚書省定網捕走獸法，或至徒，上曰：「以禽獸之故而抵民以徒，是重禽獸而輕民命也，豈朕意哉。自今有犯，可杖而釋之。」

職官犯罪去官猶論

十二月，制職官犯公罪，在官已承伏者，雖去官猶論。

命婦犯姦

十年四月，制命婦犯姦，不用夫廕以子封者，不拘此法。

踐民田　盜穀

七月，敕扈從人縱畜牧蹂踐禾稼者，杖之，仍償其直。

《志》：二十年，上見有蹂踐禾稼者，謂宰相曰：「今後有踐民田者杖六十，盜人穀者杖八十，並償其直。」

《續通考》：十九年二月，帝如春水，見民桑多爲牧畜齧毁，詔親王、公主及勢要家牧畜有犯民桑者，許所屬縣官立加懲斷。

盗太廟物

十一月，制盗太廟物與盗宫中物同論。十三年四月，更定盗宗廟祭物法。

僚佐並坐

十二年二月，詔自今官長不法，其僚佐不能糾正又不言上者，並坐之。

推算相命

《宗望傳》：大定十二年，詔曰：「德州防禦使文、北京曹貴、鄜州李方皆因術士妄談禄命，陷于大戮。凡術士多務苟得，肆爲異説。自今宗室、宗女有屬籍及官職三品者，除占問嫁娶、修造、葬事，不得推算相命，違者徒二年，重者從重。」

出繼子分産制

《世宗紀》：大定十三年四月，定出繼子所繼財産不及本家者，以所繼與本家財産通數均分制。

榷場香茶罪賞法

十六年十二月，定榷場香、茶罪賞法。

護送罪人逃亡

十七年十月，更護送罪人逃亡制。

婚娶不以禮者以姦論

十二月，以渤海舊俗男女婚娶多不以禮，必先攘竊以奔，詔禁絶之，犯者以姦論。

殺妻及奴婢

十八年正月，定殺異居周親奴婢、同居卑幼，輒殺奴婢及妻無罪而輒毆殺者罪。

《志》：二十一年，尚書省奏：鞏州民馬俊妻安姐與管卓姦，俊以斧擊殺之，罪當死。上曰：「可減死一等，以戒敗風俗者。」

按：妻犯姦而殺特減一等，可見向不減矣。殺妻之罪，於今爲輕，鮮實抵者，古不爾也。

職官再犯贓

十八年七月，上謂宰臣曰：「職官始犯贓罪，容有錯誤，至於再犯，是無改過之心。自今再犯，不以贓數多寡，並除名。」

糾彈之官犯法不舉

十九年三月，制糾彈之官知有犯法而不舉者，減犯人罪一等科之，關親者許回避。

服内成親

十月，制知情服内成親者，雖自首仍依律坐之。

《章宗紀》：承安五年七月，定居祖父母喪婚娶聽離法。

《續文獻通考》一百二十五：妻亡服内娶婦者亦聽離。

冒廕罪賞

二十年四月，定冒廕罪賞。

行幸妄取于民

二十二年三月，諭户部，今歲行幸山後，所須並不得取之民間，雖所用人夫，並以官錢和雇，違者杖八十，罷職。

强取羊馬

十二月，立强取諸部羊馬法。

情見

《金志》：大定二十三年，上以法寺斷獄，以漢字譯女直字，會法又復各出情見，妄生穿鑿，徒致稽緩，遂詔罷情見。明昌五年，時奏獄而法官有獨出情見者，上曰：「或言法官不當出情見，故論者紛紛不已。朕謂情見非出于法外，但折衷以從法爾。」平章守貞曰：「是制自大定二十三年罷之。然律有起請諸條，是古亦許情見矣。」上曰：「科條有限，而人情無窮，情見亦豈可無也。」

婦人免輸作分決杖

《金志》：大定二十五年二月，上以婦人在囚，輸作不便，而杖不分決，與殺無異，遂命免死輸作者，決杖二百而免輸作，以臀、背分決。

八議

時后族有犯罪者，尚書省引「八議」奏，上曰：「法者，公天下持平之器，若親者犯而從減，是使之恃此而橫恣也。昔漢文誅薄昭，有足取者。前二十年時，后族濟州節度使烏林達鈔兀嘗犯大辟，朕未嘗宥。今乃宥之，是開後世輕重出入之門也。」宰臣曰：「古所以議親，尊天子，別庶人也。」上曰：「外家自異於宗室，漢外戚權太重，至移國祚，朕所以不令諸王、公主有權也。夫有功於國，議勳可也。至若議賢，既曰賢矣，肯犯法乎。脱或緣坐，則固當減請也。」二十六年，遂奏定太子妃大功以上親、及與皇家無服者、及賢而犯私罪者，皆不入議。　興定元年八月，上謂宰臣曰：「律有八議，今言者或謂應議之人即當減等，何如？」宰臣對曰：「凡議者先條所坐及應議之狀以請，必議定然後奏裁也。」上然之，曰：「若不論輕重而輒減之，則貴戚皆將恃此以虐民，民何以堪。」

同職糾察法

《世宗紀》：二十六年十月，定職官犯贓同職相糾察法。

罪人在禁聽親族入視

二十七年二月，命罪人在禁有病，聽親屬入視。

禁民收制書

《金志》：舊禁民不得收制書，恐滋告訐之弊，章宗大定二十九年，言事者乞許民藏之。平章張汝霖曰：「昔子產鑄刑書，叔向譏之者，蓋不欲預使民測其輕重也。今著不刊之典，使民曉然知之，猶江河之易避而難犯，足以輔治，不禁爲便。」詔姑令仍舊禁之。

按：《汝霖傳》言「詔從之」，與《志》文互異。

品官子孫試補法提刑司條

《章宗紀》：大定二十九年八月，初定品官子孫試補令史格，及提刑司所掌三十二條。

捕盜制

九月，制諸盜賊聚集至十人，或騎五人以上，所屬移捕盜官捕之，仍遞言省部，三十人以上聞奏，違者杖百。

明昌三年三月，更定品官及諸人親獲强盜官賞制。

泰和三年九月，詔定千户謀克受隨處捕盜官公移，盜急，不即以衆應之者罪有差。

强族大姓交往官吏

《章宗紀》：大定二十九年九月，制强族大姓不得與所屬官吏交往，違者有罪。

親王長史府掾故失罪

明昌元年六月，制定親王家人有犯，其長史府掾失覺察、故縱罪。

奴誘良人法

明昌二年二月，更定奴誘良人法。

部内按灾傷法

四月，制諸部内災傷，主司應言而不言及妄言者杖七十，檢視不以實者罪如之，因而有傷人命者以違制論，致枉有徵免者坐贓論，妄告者户長坐詐不以實罪，計贓重從詐匿不輸法。

民庶不得服純黄銀褐色

禁民庶不得服純黄銀褐色，婦人勿禁，著爲永制。

稱本朝爲蕃一作「番」

六月，禁稱本朝人及本朝言語爲「蕃」，違者杖之。

受獻遺

七月，禁職官元日、生辰受所屬獻遺，仍爲永制。

詐爲制書

九月，定詐爲制書未施行罪。

司獄筵宴往還　私建庵室

十月，敕司獄毋得與府州司縣官筵宴往還，違者罪之。禁以太一混〔元〕受籙私建庵室者。

伶人禁

十一月，禁伶人不得以歷代帝王爲戲，及稱萬歲，犯者以不應爲事重法科。

投匿名書

制投匿名書者，徒四年。

釋道拜父母

三年三月，尚書省奏：「言事者謂，釋道之流不拜父母親屬，敗害風俗，莫此爲甚。禮官言唐開元二年敕云：『聞道士、女冠、僧、尼不拜二親，是爲子而忘其生，傲親而徇於末。自今以後並聽拜父母，其有喪紀輕重及尊屬禮數，一准常儀。』臣等以爲宜依典故行之。」制可。

故作疑申呈

六月，詔定内外所司公事故作疑申呈罪罰格。

習角抵槍棒

四年三月，制定民習角觝、槍棒罪。

徒不決杖

《金志》明昌五年。詳徒。

元舉官連坐

《章紀》：明昌六年八月，敕宮中承應人出職後三年內犯贓罪者，元舉官連坐，不在去官之限，著爲令。

軍前受財法

《金志》：承安二年，制軍前受財法，一貫以下徒二年，以上徒三年，十貫處死。

隨處盜賊敕

《章紀》：承安三年三月，敕隨處盜賊，毋以强爲竊，以多爲少，以有爲無。嘯聚三十人以上奏聞。違者杖百。

屬託法

十一月，定屬託法。

宮中傳達轉遞

四年六月，定宮中親戚非公事傳達語言、轉遞諸物及書簡出入者罪。

軍前怠慢

五年正月，定猛安謀克軍前怠慢罷世襲制。

服内婚娶

三月，定妻亡服内婚娶聽離制。　七月，定居祖父母喪婚娶聽離法。

官犯鬪殺遇赦　決斷法

五月，定猛安謀克鬪毆殺人遇赦免死罷世襲制。　定進納官有犯決斷法。

皇族養異姓爲子

九月，定皇族收養異姓男爲子者徒三年，姓同者減二等，立嫡違法者徒一年。

品官過闕則下

十一月，初定品官過闕則下制。

管軍官受財　監户爲婚　造作不如法

十二月，定管軍官受所部財物輒放離役及令人代役法。詔宫籍監户，百姓自願以女爲婚者聽。定造作不如法，三年内有損壞者罪有差。

造士茶

泰和元年二月，去造士茶律。

避廟諱

三月，敕官司、私文字避始祖以下廟諱小字，犯者論如律。七月，初禁廟諱同音字。

卑幼捕尊長

五月，削尊長有罪卑幼追捕律。

猛安謀克户毁樹蠶地

六月，用尚書省言，申明舊制，猛安謀克户每田四十畝樹桑一畝，毁樹木者有禁，蠶土地者有刑。其田多汙萊，人户闕乏，並坐所臨長吏。按察司以時勸督，有故慢者量決罰之，仍減牛頭税三之一。

放良人不得應科舉

七月，禁放良人不得應諸科舉，子孫不在禁限。

户絶田宅

八月，初命户絶者田宅以三分之一付其女及女孫。

賣毁銅牌

三年三月，定從人銅牌賣毁罪賞制。

增減宫門鎖鑰

五月，定擅增減宫門鎖鑰罪。

省令史詭稱妄易

四年五月，定省令史闕決公務，詭稱已禀，擅退六部、大理寺法狀及妄有所更易者罪。

申報盜賊　限錢法

七月，定申報盜賊制。罷限錢法。

按察司體訪不實

八月，以安州軍事判官劉常言，諸按察司體訪不實，輒〔加〕糾劾者，從故出入人罪論，仍勒停。若事涉私曲，各從本法。

私鹻

十月，定私鹻法。

鞫勘官受飲宴　盜用僞造都門契

泰和五年二月，定鞫勘官受飲宴者罪。　制盜用及僞造都門契者罪，視宫城門減一等。

避孔子諱

三月，諭有司，進士名有犯孔子諱者避之，仍著爲令。

軍逃亡　拜禮依本朝

六月，制鎮防軍逃亡致邊事失錯、陷敗户口者罪。　詔拜禮不依本朝者罰。

姦細　圍場誤射人

七月，宣撫使摚奏定姦細罪賞法。　定圍場誤射中人罪。

急遞鋪　軍前差發受贜　飛蝗入境

六年六月，初置急遞鋪，腰鈴轉遞，日行三百里，非軍期、河防不許起馬。　定軍前差發受贜罪。除飛蝗入境雖不損苗稼亦坐罪。

賣馬外境

七月，詔禁賣馬外境，但至界欲賣而爲所捕卽論死。

茶禁

十一月，初定茶禁。七年正月，更定茶禁。元光二年三月，禁茶。

蟲蝻生發

七年三月，初定蟲蝻生發地主及鄰主首不申之罪。八年七月，更定蝗蟲生發坐罪法。詔頒《捕蝗圖》於中外。

制書忘誤

九月，更定受制忘誤及誤寫制書事重加等罪。

造作人匠

八年閏月，制諸州府司縣造作，不得役諸色人匠。違者準私役之律，計傭以受所監臨財物論。

安泊强竊盜

十月，更定安泊强竊盜罪格。

亡失告身文憑

《宣宗紀》：貞祐元年十一月，定亡失告身文憑格。三年七月，詔職官吏兵亡失告身，見任者保識即重給之，妄冒者從詐僞法。

按察官笞決

貞祐三年。又四年。詳杖。

私發進奉帖關及制書

四年六月，詔凡進奏帖及申尚書省、樞密院關應密大事，私發視者絞，誤者減二等，制書應密者如之。

收潰軍亡馬

興定元年三月，定民間收潰軍亡馬之法，及以馬送官酬直之格。

逃軍居停人　安泊逃軍

八月，制增定擒捕逃軍賞格及居停人罪。　元光元年八月，增定藏匿逃亡親軍罪及告捕賞格。興定四年九月，更定安泊逃亡出征軍人罪及捕獲賞格。

不求仕不赴任

十月，定職官不求仕及規避不赴任法。

奴婢捄主

二年二月，定奴婢捄主法。

京師失火

十一月，定京師失火法。

屠牛

三年閏三月，申明屠宰牛罪律。

以銀計贓

十月，定贓吏計罪以銀。

《續通考》一百三十五：先是，貞祐三年五月，有司輕重謀罰以錢贖而當罪不平，遂命贖銅計贓皆以銀價爲準。至是，省臣奏，向以物重錢輕，犯贓者計錢論罪則太重。於是以銀爲則，每兩爲錢二貫，有犯通寶之贓者直以通寶論。如因軍興調發受通寶及三十貫者已得死刑，準以金銀價纔爲錢四百有奇，罪止當杖，輕重懸絕如此，遂命準犯時銀價論罪。後參政李復亨言：「近制犯通寶贓者並以物價折銀定罪，每兩爲錢二貫，而法當贖銅者止納通寶見錢，乞亦令輸銀，既足懲惡，又有補於官。」詔省臣議，遂命犯公錯過誤者止徵通寶見錢，贓污故犯者輸銀。

御史的決

五年九月，更定監察御史違犯的決法。

藏匿逃亡

十月，尚書省言：「司、縣官貪暴不法，部民逃亡，既有決罰，他縣停匿亦宜定罪」云云。上皆從其請。元光元年八月，增定藏匿逃亡親軍罪及告捕賞格。

行省杖屬官

元光元年二月，權定行省、樞府、元帥府輒杖左右司、經歷司官罪法。

不遵本條

《哀宗紀》：元光二年十二月，遺詔國家已有定制，有司往往以情破法，使人妄遭刑憲，今後有本條而不遵者，以故入人罪罪之。

律令八

元　初頒條畫

《續通考》一百三十五：元太祖初頒刑獄，惟重罪處死，其餘雜犯量情笞決。

太宗條令

《元史·太宗紀》：六年夏五月，帝在達蘭達葩之地，大會諸王百僚，諭條令曰：「凡當會不赴而私宴者，斬。諸出入宮禁，各有從者，男女止以十人爲朋，出入毋得相雜。軍中凡十人置甲長，聽其指揮，專擅者論罪。其甲長以事來宮中，即置權攝一人、甲外一人，二人不得擅自往來，違者罪之。諸公事非當言而言者，拳其耳；再犯，笞；三犯，杖；四犯，論死。諸千户越萬户前行者，隨以木鏃射之。百户、甲長、諸軍有犯，其罪同。不遵此法者，斥罷。今後來會諸軍，甲内數不足，於近翼抽補足之。諸人或居室，或在軍，毋敢喧呼。凡來會，用善馬五十匹爲一羈，守者五人，飼羸馬三人，守乞烈思《三史國語解》改曰「克呼蘇嚕克」。三人。但盜馬一二者，即論死。諸人馬不應絆於乞烈思内者，輒没與畜虎豹人。諸婦人製質孫《三史國語解》改曰「濟遜」。燕服不如法者及妒者，乘以騾牛徇部中，論罪，即聚財爲更娶。」

中統條格　行中書條格

《世祖紀》：中統三年二月，命大司農姚樞講定條格。

《姚樞傳》：詔赴中書議事，及講定條格，且勉諭曰：「姚樞辭避台司，朕甚嘉焉。省中庶務，須賴一二老成同心圖贊，其與尚書劉肅往盡乃心，其尚無隱。」及修條格成，與丞相史天澤奏之，帝深嘉納。

至元元年八月，詔新立條格：省併州縣，定官吏員數，分品從官職，給俸禄，頒公田，計月日以考殿最；均賦役，招流移；禁勿擅用官物，勿以官物進獻，勿借易官錢；勿擅科差役；凡軍馬不得停泊村坊，詞訟不得隔越陳訴；恤鰥寡，勸農桑，驗雨澤，平物價；具盜賊、囚徒起數，月申省部。又頒陝西四川、西夏中興、北京三處行中書條格。定立諸王使臣驛傳税賦差發，不許擅招民户，不得以銀與非投下人爲斡脱，禁口傳敕旨及追呼省臣官屬。

按：講定條格，《樞傳》在二年，史天澤爲丞相亦在二年，《樞傳》言與「劉肅往盡乃心」，《肅傳》亦言「二年，授左三部尚書，官曹典憲，多所議定」，而《紀》書於三年，《紀》、《傳》不符。肅於三年致仕，其與議自在致仕之前，至書之成，不詳何年。《紀》於至元元年書新立條格，不言爲是年頒行，恐此書之成尚在中統時也。省併縣以下凡十八項，當爲條格之目，其行中書條格及諸王使臣各項是否在條格，不能詳也。

贓罪十三等

《世祖紀》：至元二十九年三月，中書省與御史臺共定贓罪十三等，枉法者五，不枉法者八，罪入死者以聞。制曰「可」。

《續通考》一百三十五：先是，十九年九月始定官吏受賄及倉庫官侵盜，臺察知而不糾者，驗其輕重罪之。凡中外官吏贓罪，自五十貫以上皆杖決，除名不敍；百貫以上者處死。言官緘默與受贓者一體論罪。至是，中書省、御史臺共定贓罪十三等，枉法者五云云，不枉法者八云云，罪人死者以聞。三十一年十一月，成宗即位，京師犯贓罪者三百人，帝命事無疑者凖世祖所定十三等例決之。

按：至元贓罪十三等，大德七年改定，除去死罪，故爲十二章，其法仍本至元。《刑法志》所載受財與《續通考》所載十三等入死外，其罪並同，未嘗有所增損。惟《刑法志》奪去「五十貫以上至一百貫八十七」一章，是少一章。《續通考》亦奪去此層，亦少一等，當以《元典章》及王元亮《五刑圖說》補之。

法令三十七章

《耶律鑄傳》：至元元年，奏定法令三十七章，吏民便之。

按：鑄於中統二年拜中書左丞相，與史天澤同在中書，則天澤奏上之條格，鑄必與聞其事，則此三十七章是否卽天澤所上之書，疑不能明也。

尚書省條畫

《世祖紀》：至元八年二月，以尚書省奏定條畫頒天下。

禁行金泰和律

十一月乙亥，禁行金《泰和律》。二十三年四月，中書省臣言：「此奉旨，凡爲盜者毋釋。今竊鈔數貫及佩刀微物，與童幼竊物者，悉令配役。臣等議，一犯者杖釋，再犯依法配役爲宜。」帝曰：「朕以至元八年十月禁行金《泰和律》，漢人徇私，用《泰和律》處事，致盜賊滋衆，故有是言。人命至重，今後非詳讞者，勿輒殺人。」

按：《刑法志》：「元興，其初未有法守，百司斷理獄訟，循用金律，頗傷嚴刻。」是世祖之初亦用金律，此但禁《泰和律》耳。《泰和律》本於唐，其宗旨平允，世祖禁之，蒙、漢之畛域甚深也。

軍官格例

至元二十一年八月，定擬軍官格例，以河西、回回、畏吾兒等依各官品充萬户府達魯花赤，同蒙古人；女直、契丹，同漢人。若女直、契丹生西北不通漢語者，同蒙古人；女直生長漢地，同漢人。

軍籍條例

二十二年十二月，從樞密院請，嚴立軍籍條例，選壯士及有力家充軍。

至元新格

二十八年五月丁巳，何榮祖以公規、治民、禦盜、理財等十事緝爲一書，名曰《至元新格》，命刻版頒行，使百司遵守。

《志》：及世祖平宋，疆理混一，由是簡除繁苛，始定新律，頒之有司，號曰《至元新格》。

《何榮祖傳》：改中書右丞。奏行所定《至元新格》，請改提刑按察司爲肅政廉訪司，而立監治之法。

大德律令

《何榮祖傳》：先是，榮祖奉旨定《大德律令》，書成已久，至是乃得請於上，詔元老大臣聚聽之。未及頒行。

按：《至元新格》成於二十八年，《紀》言十事則刑法當是其一端也。《大德律令》他未見，當是未頒行之書。

滅盜賊條格

《成宗紀》：元貞元年七月，御史臺臣言：「内地盜賊竊發者衆，皆由國家赦宥所致。乞命中書立爲條格，督責所屬，期至盡滅。」制曰「可」。

受賕條格

元貞二年六月，降官吏受賕條格，凡十有三等。

大德律令

大德三年三月甲午，命何榮祖等更定律令。　四年二月壬戌，帝諭何榮祖曰：「律令良法也，宜早定之。」榮祖對曰：「臣所擇者三百八十條，一條有該三四事者。」帝曰：「古今異宜，不必相沿，但取宜於今者。」

《何榮祖傳》：先是，榮祖奉旨定《大德律令》，書成已久，至是乃得請於上，詔元老大臣聚聽之。未及頒行，適子祕書少監惠没，遂歸廣平，卒。

按：《元典章》所録《大德律令》甚多。

贓罪十二章

七年三月甲辰，詔定贓罪爲十二章。

按：此十二章詳《元典章》，王元亮《唐律纂例》、《五刑圖説》亦載之。

風憲宏綱

《武宗紀》：大德十一年十二月，中書省臣言：「律令者治國之急務，當以時損益。世祖嘗有旨，金《泰和律》勿用，令老臣通法律者，參酌古今，從新定制，至今尚未行。臣等謂律令重事，未可輕議，請自世祖即位以來所行條格，校讎歸一，遵而行之。」制可。至大二年九月癸未，尚書省言：「國家地廣民衆，古所未有。累朝格例前後不一，執法之吏輕重任意，請自太祖以來所行政令九千餘條，删除繁冗，使歸於一，編爲定制。」從之。四年三月，仁宗已即位。帝諭省臣曰：「卿等裒集中統、至元以來條章，擇曉法律老臣，斟酌重輕，折衷歸一，頒行天下，俾有司遵行，則抵罪者庶無寃抑。」

《謝讓傳》：讓上言：「古今有天下者，皆有律以輔治。堂堂聖朝，詎可無法以準之，使吏任其情、民罹其毒乎！」帝嘉納之。乃命中書纂集典章，以讓精律學，使爲校正官。《仁宗紀》：延祐二年四月，命李孟等類集累朝條格，俟成書，聞奏頒行。

《志》：仁宗之時，又以格例條畫有關於風紀，類集成書，號曰《風憲宏綱》。

按：《武宗紀》兩言修律令，據《何榮祖傳》其書已成，何以總未頒行？仁宗時亦屢有修律之事，惟《風憲宏綱》見於《志》，《紀》亦不書也。

大元通制

《英宗紀》：至治二年十一月（金帶）御史李端言：「世祖以來所定制度，宜著爲令，使吏不得爲姦，治獄者有所遵守。」從之。三年二月，格例成，定凡二千五百三十九條，内斷例七百一十七、條格千一百五十一、詔赦九十四、令類五百七十七，名曰《大元通制》，頒行天下。

《志》：至英宗時，復命宰執儒臣取前書而加損益焉，書成，號曰《大元通制》。其書之大綱有三：一曰詔制，二曰條格，三曰斷例。凡詔制爲條九十有四，條格爲條一千一百五十有一，斷例爲條七百一十七，大概纂集世祖以來法制事例而已。

《泰定紀》：泰定元年正月，敕譯《列聖制誥》及《大元通制》，刊本賜百官。

按：《元史·刑法志》以《大元通制》爲本，不言令類一門，蓋缺文也。《元典章》各門皆載有斷例，當爲《通制》之原文，惟其法往往與《志》不合，則後來又有改定者矣。《志》所載名例四條，又附一條。衛禁八條，職制三百五條，《續通考》作「三百七條」。祭令五條，學規十三條，學律十二條，户婚六十九條，食貨三十六條，《續通考》「二十六」，「二十」當爲「三十」之譌。大惡五十一條，姦非五十八條，《續通考》「五十九」。盜賊一百四十條，《續通考》「一百十四」條，「十四」當爲「四十」之譌。詐爲五十一條，《續通考》「五十」。訴訟二十一條，《續通考》「二十二」。鬬毆四十二條，殺傷一百五條，《續通考》百六條。禁令一百十一條，雜犯十四條，捕亡九條，恤刑十五條，平反四條。

封贈通制

《仁宗紀》：延祐二年十二月，命省臣定擬封贈通例，俾高下適宜以聞。三年四月，命中書省與御史臺、翰林、集賢院集議封贈通制，著爲令。

按：先曰通例，後曰通制，似當以後爲定。

農桑舊制

《泰定紀》：致和元年正月，頒《農桑舊制》十四條於天下。

遷徙法

《文宗紀》：天曆二年七月，更定遷徙法：凡應徙者，驗所居遠近，移之千里，在道遇赦，皆得放還；如不悛再犯，徙之本省不毛之地，十年無過，則量移之；所遷人死，妻子聽歸土著。著爲令。

按：此用唐律流配人在道之意。

經世大典

九月戊辰，敕翰林國史院官同奎章閣學士采輯本朝典故，準唐、宋《會要》，著爲《經世大典》。至順元年正月，命趙世延、趙世安領纂修《經世大典》事。二月，以修《經世大典》久無成功，專命奎章閣阿鄰帖木兒、忽都魯都兒迷失等譯國言所紀典章爲漢語，纂修則趙世延、虞集等，而燕鐵木兒如國史例監修。九月，以奎章閣纂修《經世大典》，命省、院、臺諸司以次宴其官屬。二年五月乙未，奎章閣學士院纂修《皇朝經世大典》成。

《虞集傳》：有旨采輯本朝典故，倣唐、宋《會要》，修《經世大典》，命集與中書平章政事趙世延同任總裁。集言："禮部尚書馬祖常，多聞舊章，國子司業楊宗瑞，素有曆象地理記問度數之學，可共領典；翰林修撰謝端、應奉蘇天爵、太常李好文、國子助教陳旅、前詹事院照磨宋褧、通事舍人王士點，俱有見聞，可助撰錄。庶幾是書早成。"帝以嘗命修遼、金、宋三史，未見成績，《大典》令閣學士專率其屬爲之。既而以累朝故事有未備者，請以翰林國史院修祖宗實録時百司所具事蹟參訂。翰林院臣言於帝曰："實録，法不得傳於外，則事蹟亦不當示人。"又請以國書《脱卜赤顔》增修太祖以來事蹟，承旨塔失海牙曰："《脱卜赤顔》非可令外人傳者。"遂皆已。俄世延歸，集專領其事，再閲歲，書乃成，凡八百帙。既上進，以目疾丐解職，不允。

魏源《元史新編》凡例云：元《經世大典》八百卷，文宗天曆中所修，共十篇。君事之目四：一帝號，二帝訓，三帝制，四帝係，並附録。此四篇蒙古局治之。臣事之目六：曰治典，曰賦典，曰禮典，曰政典，曰憲典，曰工典，此六篇蒙、漢官分治之。治典篇第五，一制官、二三公、三宰臣年表、四行省、五入官、六補吏、七儒學教官、八軍官、九錢穀、十投下、十一封贈、十二承廕、十三臣事。賦典第六，一都邑、二版籍、三經界、四農桑、五賦稅上、六賦稅中、七賦稅下、八海運、九鈔法、十雜貨、十一鹽法、十二茶法、十三酒醋、十四商稅、十五市舶、十六宗親歲賜、十七俸稅、十八公用錢、十九常平義倉、二十藥局、二十一市糴糧草、二十二蠲免、二十三振貸。禮典第七，一朝會、二燕饗、三行幸、四符寶、五輿服、六樂律、七曆法、八進講、九御書、十學校、十一藝文、十二貢舉、十三舉遺逸、十四求言、十五進書、十六遣使、十七朝貢、十八瑞典。右上篇。一郊祀、二宗廟、三社稷岳瀆、四三皇先農、五宣聖、六雩祀、七功臣廟、八謚法、九賜碑、十旌表，右中篇。一僧、二道。右下篇。政典篇八，一征伐、二招捕、三軍制、四軍器、五教習、六整點、七軍賞、八責罰、九屯戍、十功役、十一存郵、十二兵雜録、十三馬政、十四屯田、十五驛傳、十六急遞、十七扈從、十八田獵。憲典第九，一名例、二衛禁、三職制、四祭令、五學規、六軍律、七户婚、八食貨、九大惡、十姦非、十一盜賊、十二訟訴、十四鬬毆、十五殺傷、十六禁令、十七雜犯、十八捕亡、十九平反、二十赦宥、二十一獄空、二十二附録。工典第十，一宮苑、二官府、三倉庫、四城郭、五橋樑、六河渠、七郊廟、八僧寺、九道宮、十廬帳、十一兵器、十二鹵簿、十三玉工、十四金工、十五搏埴工、十六石工、十七絲枲、十八皮工、十九氈罽工、二十畫塑工、二十一諸匠。

按：《經世大典》一書久已不傳，聞《永樂大典》尚存其目，魏氏所輯，未詳所本，今録於此。此書經始於天曆二年八月，成於至順二年四月，故《傳》云再閱歲書成也。

私造格例

《順帝紀》：至元二年四月，禁民間私造格例。

至正條格

四年三月，命中書平章政事阿吉剌監修《至正條格》。六年七月，命翰林學士承旨腆哈、奎章閣學士巙巙等删修《大元通制》。至正五年十一月甲午，《至正條格》成。六年四月壬子，頒《至正條格》於天下。

王圻《續通考》：監察御史蘇天爵奏：「國家自太祖勘定中夏，法尚寬簡，世祖混一海宇，肇立制度，列聖相承，日圖政治，雖法令之未行，皆因事以立法，歲月既久，條例滋多。英宗始命中書定爲《通制》，頒行多方，官吏遵守。然自延祐至今又幾二十年矣，夫人情有萬狀，豈一例之所能拘？加以一時官曹材識有高下之異，以致諸人罪狀議擬有輕重之殊，繁條碎目，與日俱增，每罰一辜或斷一事，有司引用不能通舉，若不類編頒示中外，誠恐遠方之民或未識而誤犯，姦貪之吏獨習知而舞文，事至於斯，深爲未便。宜從都督省早爲奏聞，精選文臣學通經術、明於治體練達民政者圜坐聽讀，定擬去取，續爲通制，刻板頒行。中間或有與先行《通制》參差抵牾，本末不應，悉當會同講貫畫一要在，詳書情犯，顯言法意，通融不滯，於一偏明白，可行於久遠。庶幾列聖之制度合爲一代之憲章，民知所避，吏知所守矣。」

《欽定續通考》：《大元通制》頒自英宗，至帝始命重加損益，以其頒于至正之時，故名曰《至正條格》。其先改元至正及未定名爲《至正條格》之先，必仍以《通制》名之無疑也。是以至元六年之紀尚云命學士等刪修《通制》，而乃於至元四年即云監修《至正條格》，取後日始定之名冠先時方修之稿，史筆之疏不無遺議矣。

按：《至正條格》頒于六年四月，而是年即有江州羅天麟、雲南死可伐、湖廣吴天保之亂。七年，沿江盜起。八年，方國珍起于浙。十年，劉福通、徐壽輝等先後起兵，海内鼎沸。此項《條格》蓋已無人遵守之，故亦不傳也。

假貸歲久子本相侔而止　息以三分爲率

《太宗紀》十二年：是歲，以官民貸回鶻金償官者歲加倍，名羊羔息，其害爲甚，詔以官物代還，凡七萬六千錠。仍命凡假貸歲久，惟子本相侔而止，著爲令。

《世祖紀》：至元十九年四月，定民間貸錢取息之法，以三分爲率。

私商越境

《世祖紀》：中統元年四月，禁私商不得越境，犯者死。二年五月，申嚴沿邊軍民越境私商之禁。

申嚴越境私商，販馬匹者罪死。至元元年正月，罷南邊互市。申嚴持軍器、販馬、越境私商之禁。二年正月，申嚴越界販馬之禁，違者處死。十月，詔隨路私商曾入南界者，首實免罪充軍。

按：此卽明律之「私出外境」也。是時宋存，故禁嚴。

私殺馬牛

中統二年五月，禁私殺馬牛。三年十二月，申嚴屠殺牛馬之禁。至元三年十一月，申嚴殺牛馬之禁。十二年六月，申嚴屠牛馬之禁。

按：此卽明律之「宰殺馬牛」，《元志》在禁令門，曰「諸私宰牛馬者」。

宣聖廟侵擾褻瀆

中統二年六月，詔「宣聖廟及管內書院，有司歲時致祭，月朔釋奠；禁諸官員使臣軍馬，毋得侵擾褻瀆，違者加罪」。

《成宗紀》：大德七年五月，詔禁犯曲阜林廟者。

按：此明律之「褻瀆神明」，《元志》祭令亦有此條，文不同。

使臣禁令

中統二年五月，禁使臣毋入民家，令止頓（析津驛）。八月，詔自今使臣有矯稱上命者，有司不得聽受。〔三年〕十月，禁諸王、使臣、師旅敢有恃勢擾民者，所在執以聞。

《文宗紀》：天曆二年九月，敕「使者頒詔赦，率日行三百餘里。既受命，逗留三日及所至飲宴稽期者治罪。取賂者以枉法論」。

諸王禁令

中統二年八月，詔「諸王、后妃、公主、駙馬非聞奏，不許擅取官物」。

至元八年九月，詔忙安倉失陷米五千餘石，特免徵，仍禁諸王非理需索。

二十七年八月，禁諸王遣僧建寺擾民。

《成宗紀》：至元三十一年七月，扎魯花赤言：「諸王之下有罪者，不聞於朝，輒自決遣。」詔禁治之。

元貞元年九月，諸王小薛部衆擾民，遣官按問，杖其所犯重者，餘聽小薛責之。

大德元年十二月，禁諸王、駙馬並權豪，毋奪民田，其獻田者有刑。

二年二月，詔諸王、駙馬毋擅祀嶽鎮海瀆。禁諸王從者假控鶴佩帶擾民。

七年五月，禁諸王、駙馬，毋輒杖州縣官吏，違者罪王府官。閏五月，禁諸王、駙馬等征北諸軍以奴爲代者罪之。

八年四月，凡諸王、駙馬徵索，有司非奉旨輒給者，罪且罷之。十月，詔諸王、駙馬毋乘傳以獵。

《仁宗紀》：皇慶元年七月，禁諸王徑宣旨於各路。

延祐元年五月，禁諸王支屬徑取分地租賦擾民。十二月，禁諸王、駙馬、權勢之人增價鬻鹽。

《順帝紀》：至元六年二月，詔「除知樞密院事脱脱之外，諸王侯不得懸帶弓箭、環刀輒入內府」。

官吏禁令

《世祖紀》：至元十六年九月，詔「凡有官守不勤於職者，勿問漢人、回回皆論誅之，且没其家」。十九年九月，敕「官吏受賄及倉庫官侵盜，臺察官知而不糾者，驗其輕重罪之。中外官吏贓罪，輕者杖決，重者處死。言官緘默，與受贓者一體論罪」。

《成宗紀》：至元三十一年六月，御史臺臣言：「名分之重，無踰宰相，惟事業顯著者可以當之，不可輕授。廉訪司官歲以五月分按所屬，次年正月還司。職官犯贓，敕授者聽總司議，宣授者上聞。其本司聲迹不佳者代之，受賂者依舊例比諸人加重。」帝曰：「其與中書同議。」七月，禁內外諸司減官吏俸爲宴飲費。十月，帝諭右丞阿里、參政梁德珪曰：「中書職務，卿等皆懷怠心。朕在上都，令還也的迷沙已没財産，任明里不花，皆至今未行。又不約束吏曹，使選人留滯。桑哥雖姦邪，然僚屬憚其威，政事無不立決。卿等其約束曹屬，有不事事者笞之。」

元貞二年六月，御史臺臣言：「官吏受賂，初既辭伏，繼以審覈，而有司徇情致令異辭者，乞加等論罪。」從之。

大德二年三月，禁官吏受賂詣諸司首者，不得輒受。

五年正月，御史臺臣言：「官吏犯贓及盜官錢，事覺避罪逃匿者，宜同獄成。雖經原免，亦加降黜，庶姦僞可革。」從之。　二月，詔廉訪司非親喪遷葬及以病給告者，不得離職；或以地遠職卑受任不赴者，臺憲勿復用。

七年二月，詔「樞密院、宗正府等，自今每事與中書共議，然後奏聞；諸司不得擅奏選調；官員雖經特旨用之，而於例未允者，亦聽覆奏」。

《武宗紀》：至大元年四月，中書省臣言：「請依元降詔敕，勿超越授官，泛濫賜賚。」帝曰：「卿等言是。朕累有旨止之，又復蒙蔽以請，自今縱有旨，卿等其覆奏罷之。」

三年九月，詔諭三寶奴等：「去歲中書省奏，諸司官員遵大德十年定制，濫者汰之。今聞員冗如故，有不以聞而竟之任者。有旨不奏而擅令之任及之任者，並逮捕之，朕不輕釋。」十月，敕「尚書省事繁重，諸司有才識明達者，並從尚書省選任，樞密院、御史臺及諸有司毋輒奏用，違者論罪。其或私意請托，罷之不敍」。

《成宗紀》：元貞元年七月，詔申飭中外：「有儒吏兼通者，各路舉之，廉訪司每道歲貢二人，臺、省委官立法考試，中程者用之，所貢不公，罪其舉者。職官坐贓論斷，再犯者加二等。倉庫官吏盜所守錢糧，一貫以下笞之，至十貫杖之，二十貫加一等，一百二十貫徒一年，每三十貫加半年，二百四十貫徒三年，滿三百貫者死。計贓以至元鈔爲則。」

《仁宗紀》：延祐四年十月，監察御史言：「官吏丁憂起復，人情驚惑，請禁止以絶僥倖。惟朝廷耆舊特旨起復者，不在禁例。」

五年十一月，用監察御史乃蠻帶等言，追奪建康富民王訓等白身濫受宣敕，仍禁冒籍貫宿衛及巧受遠方職官、不赴任求別調者，隱匿不自首者罪之。

六年九月，御史臺臣言：「比者官以倖求，罪以賂免。乞凡內外官非勳舊有資望者，不許驟陞。諸犯贓罪已款伏及當鞫而倖免者，悉付元問官以竟其罪。其貪污受刑，奪職不敍者，夤緣近侍，出入內庭，覬倖名爵，宜斥逐之。」帝皆納其言。詔謂四宿衛嘗受刑者，勿令造禁庭。

《英宗紀》：延祐七年五月，敕百司日勤政務，怠者罪之。

至治元年二月，禁越臺、省訴事。罷先朝傳旨濫選者。十月，禁中書掾曹，毋泄機事。

《泰定紀》：泰定四年九月，御史言：「廣海古流放之地，請以職官贓污者處之，以示懲戒。」從之。

致和元年正月，詔諭百司：「凡不赴任及擅離職者，奪其官；避差遣者，笞之。」四月，塔失帖木兒、倒剌沙請凡蒙古、色目人效漢法丁憂者除其名，從之。

《文宗紀》：至順元年十月，御史臺臣言：「內外官吏令家人受財，以其干名犯義，罪止四十七，解任。今貪污者緣此犯法愈多，請依十二章計贓多寡論罪。」從之。

二年六月，詔「諸官吏在職役或守代未任，爲人行賕關説，卽有所取者，官如十二章論贓，吏罷不敍終其身，雖無所取，訟起滅由己者，罪加常人一等」。

按：今時有起滅自由之語，蓋始見于此。

十二月，河南河北道廉訪副使僧家奴言：「自古求忠臣必於孝子之門。今官於朝者，十年不省覲者有之，非無思親之心，實由朝廷無給假省親之制，而有擅離官次之禁。古律，諸職官父母在三百里，於三年聽一給定省假二十日；無父母者，五年聽一給拜墓假十日。以此推之，父母在三百里以至萬里，宜計道里遠近，定立假期。其應省覲匿而不省覲者坐以罪。若詐冒假期，規避以掩其罪，與詐奔喪者同科。」御史臺臣以聞，命中書省、禮部、刑部及翰林、集賢奎章閣議之。

《順帝紀》：至元三年七月，詔「除人命重事之外，凡盜賊諸罪，不須候五府官審録，有司依例決之」。

軍官軍人禁令

《世祖紀》：中統四年七月，詔阿朮戒蒙古軍，不得以民田爲牧地。

至元十二年二月，禁無籍自效軍俘掠新附復業軍民。

十五年，詔軍官不能撫治軍士及役擾致逃亡者，没其家資之半。

二十一年十月，宋有手記軍，死則以兄弟若子繼，詔依漢軍籍之，毋文其手。

《成宗紀》：元貞二年二月，詔奉使及軍官没而子弟未襲職者，其所佩金銀符歸于官，違者罪之。

大德元年二月，諸軍民相訟者，命軍民官同聽之。

二年三月，命各萬户出征者，其印令副貳掌之，不得付其子弟，違法行事。

三年三月，詔軍官受贓罪，重者罷職，輕者降其散官，或決罰就職停俸，期年許令自效。五年二月，凡軍士殺人姦盜者，令軍民官同鞫。七月，詔軍官犯贓者與民官同例。十月，詔「軍官既受命而不時赴者、病故不行者、被差事畢不卽還者，准民官例，違限六月選人代之。被代者期年始敍」。

八年二月，敕軍人姦盜詐僞悉歸有司。三月，詔「軍民官已除，以地遠官卑不赴者，奪其官不敍。軍官擅離所部者，悉遣還翼，違者論如律。軍人不告所部私歸者，杖而還之」。

《仁宗紀》：至大四年閏七月，敕「軍官七十致仕，始聽子弟承襲。其有未老卽託疾引年，令幼弱子弟襲職者，除名不敍；其巧計求遷者，以違制論」。

延祐五年九月，敕「軍官犯罪，行省樞咨密院議擬，毋擅決遣」。

《英宗紀》：至治二年閏月，萬户李英以良民爲奴，擅文其面，坐罪。

三年二月，定軍官襲職，嫡長子孫幼者，令諸兄弟姪攝之，所受制敕書權襲，以息争訟。

《文宗紀》：至順元年八月，中書省、樞密院、御史臺言：「臣等比奉旨裁省衛士，今定大内四宿衛之士，每宿衛不過四百人；累朝宿衛之士，各不過二百人。鷹坊萬四千二十四人，當減者四千人。内饔九百九十人，四怯薛當留者各百人。累朝舊邸宫分饔人三千二百二十四人，當留者千一百二十人。媵臣、怯憐口共〔萬人〕，當留者六千人。其汰去者，斥歸本部著籍應役。自裁省之後，各宿衛復有容匿漢、南、高麗人及奴隸濫充者，怯薛官與其長杖五十七，犯者與曲給散者皆杖七十七，没家資之半，以籍人之半爲告者賞。仍令監察御史察之。」制可。

《順帝紀》：至正九年二月，定軍民官不守城池之罪。

僧官僧人禁令

《成宗紀》：大德元年六月，詔僧道犯姦盜重罪者，聽有司鞫問。

二年三月，詔僧人犯姦盜詐僞，聽有司專決，輕者與僧官約斷，約不至者罪之。

六年正月，詔自今僧官、僧人犯罪，御史臺與内外宣政院同鞫。宣政院徇情不公者，聽御史臺治之。

七年七月，禁僧人以修建寺宇爲名，齎諸王令旨乘傳擾民。

十一月，命依十二章斷僧官罪。

《武宗紀》：至大二年六月，皇太子言：「宣政院先奉旨，毆西番僧者截其手，詈之者斷其舌，此法昔所未聞，有乖國典，且於僧無益。僧俗相犯，已有明憲，乞更其令。」

《仁宗紀》：皇慶元年正月，敕諸僧犯姦盜、詐僞、鬭訟，仍令有司專治之。

延祐三年十一月，大萬甯寺住持僧朱普雲濟以所佩國公印移文有司，紊亂官政，敕禁止之。

《泰定紀》：泰定三年十一月，中書省臣言：「西僧每假元辰疏釋重囚，有乖政典，請罷之。」有旨：「自今當釋者，敕宗正府審覆。」

四年八(九)月，禁僧道買民田，違者坐罪，没其直。

《順帝紀》：至元五年正月，禁濫予僧人名爵。

匿名書

《成宗紀》：大德七年正月，詔凡爲匿名書，辭語重者誅之，輕者流配，首告賞鈔有差，皆籍没其妻子充賞。

私藏軍器　私造

《世祖紀》：中統三年三月，諭諸路禁民間私藏軍器。　四年正月，申禁民家兵器。　七月，詔弛河南沿邊軍器之禁。　四年二月，諸路置局造軍器，私造者處死；民間所有，不輸官與私造同。

至元五年三月，禁民間兵器，犯者驗多寡定罪。

《順帝紀》：至元五年五月，禁民間藏軍器。

按：《元典章》私藏乃至元五年例，殆中統先申其禁，至元乃定例也。

《世祖紀》：至元十三年三月，禁西番僧持軍器。

二十六年四月，禁江南民挾弓矢，犯者籍而爲兵。　六月鞏昌汪惟和言：「近括漢人兵器，臣管内已禁絶，自今臣凡用兵器，乞取之安西官庫。」帝曰：「汝家不與它漢人比，弓矢不汝禁也，任汝執之。」

二十七年五月，江西行省言：「吉、贛、湖南、廣東、福建，以禁弓矢，賊益發，乞依內郡例，許尉兵持弓矢。」從之。

《仁宗紀》：至大四年十二月，禁漢人持弓矢、兵器田獵。

《英宗紀》：至治二年正月，禁漢人執兵器出獵及習武藝。

《泰定紀》：泰定二年七月，禁漢人藏執兵器。

《順帝紀》：至元二年十一月，禁彈弓、弩箭、袖箭。

三年四月，禁漢人、南人、高麗人，不得執持軍器，凡有馬者拘入官。　八月，弛高麗執持軍器之禁，仍令乘馬。　漢人鎮遏生番處，亦開軍器之禁。

五年四月，申漢人、南人、高麗人不得執軍器、弓矢之禁。

按：漢人、南人執軍器之禁，元代行之百年，究之元之亂仍起於南，蔓延于北，不修政事而惟知懸此等厲禁，何救于亡哉？秦始皇銷兵器以弱天下之民，二世而亡，可爲殷鑒，有國家者當省之。

獵禁

《世祖紀》：至元二年九月，申禁京畿畋獵。

十二年十月，弛北京、義、錦等處獵禁。

十六年三月，詔禁歸德、亳、壽、臨淮等處畋獵。

二十七年八月，申禁漢人田獵之禁。

按：元之獵禁，慮擾民也。其禁漢人，則仍是不得執弓矢之意，以弱漢人也。

二十八年十月，詔嚴益都、般陽、泰安、甯海、東平、濟甯畋獵之禁，犯者没其家貲之半。

《成宗紀》：大德元年三月，禁正月至七月捕獵，大都八百里内亦如之。

《仁宗紀》：延祐三年三月，禁天下春時畋獵。

天文圖讖

《世祖紀》：至元二年十二月，詔禁天文、圖讖等書。

《泰定紀》：泰定二年十二月，申禁圖讖，私藏不獻者罪之。

畏吾兒僧陰陽巫覡道人呪師

《成宗紀》：大德五年七月，詔禁畏吾兒僧、陰陽、巫覡、道人、呪師，自今有大祠禱必請而行，違者罪之。

方士日者

《武宗紀》：大德十一年十月，敕方士、日者毋游諸王、駙馬之門。至大二年正月，禁日者、方士出入諸王、公主、近侍及諸官之門。

《英宗紀》：至治元年五月，禁日者毋交通諸王、駙馬，掌陰陽五科者毋泄占候。

《泰定紀》：泰定二年正月，禁后妃、諸王、駙馬，毋通星術之士，非司天官不得妄言禍福。

巫蠱

《文宗紀》：至順二年八月，詔刑部鞫內侍撒里不花巫蠱事，凡當死者杖一百七，流廣東、西。

妄談天象

《英宗紀》：至治二年六月，禁日者妄談天象。

回回曆

《世祖紀》：至元九年七月，禁私鬻《回回曆》。

失誤軍期

中統二年十月，括西京兩路官民，有壯馬皆從軍，令宣德州楊庭訓統之，有力者自備甲仗，無力者官與供給。兩路奥魯官并在家軍人，凡有馬者并付新軍劉總管統領。昂吉所管西夏軍，并豐州、蕁麻林、夏水阿刺渾皆備鞍馬甲仗，及孛魯歡所管兵，凡徒行者市馬給之，並令從軍，違者以失誤軍期論。

按：《元志》軍律門無失誤軍期之文，明律有失誤軍事、從征違期二目。

踐民禾

中統三年正月，禁諸道戍兵及勢家縱畜牧犯桑棗禾稼者。四月禁同。四年七月，禁縱畜牧損踐禾稼。至元六年五月，禁戍邊軍士牧踐屯田禾稼。十四年七月，禁羊馬羣之在北者，八月内毋縱出北口諸隘踐食京畿之禾，犯者没其畜。

《英宗紀》：至治二年六月，車駕至五臺山，禁扈從宿衛，毋踐民禾。

按：此後巡幸時申此禁。

擾民

《世祖紀》：中統四年正月，禁蒙古軍馬擾民。申禁蒙古軍擾民者。七月，詔禁益都路探馬赤擾民。

至元十八年八月，申嚴大都總管府、兵馬司、左右巡院歛民之禁。

三十年二月，卻江淮行樞密院官不憐吉帶進鷹，仍敕自今禁戢軍官無從禽擾民，違者論罪。

《武宗紀》：至大二年六月，從皇太子言，禁諸賜田者馳驛徵租擾民。

《仁宗紀》：至大四年閏七月，車駕將還大都，太后以秋稼方盛，勿令鷹坊、駝人、衛士先往，庶免害稼擾民，敕禁止之。

《英宗紀》：至治元年十一月，以營田提舉司徵酒稅擾民，命有司兼榷之。

私鹽

《世祖紀》：中統四年七月，禁蒙古、漢軍諸人煎、販私鹽。八月，冀州蒙古百户阿昔等犯鹽禁，没入馬百二十餘匹，以給軍士之無馬者。

至元二年二月，禁山東東路私煎硝鹽。

四年八月，申嚴平灤路私鹽酒醋之禁。九月，申嚴西夏中興等路僧尼、道士商稅、酒醋之禁。

《成宗紀》：至元三十一年五月，陞福建鹽提舉司爲鹽轉運司，增捕私鹽人賞格。禁諸司豪奪鹽船遞運官物，僧道權勢之家私匿盜販。

大德七年二月，禁内外中書省户部轉運司官，不得私買鹽引。

《武宗紀》：至大元年十月，敕「凡持内降文記買河間鹽及以諸王、駙馬之言至運司者，一切禁之。持内降文記不由中書者，聽運司以聞」。

《甯宗紀》：至順三年十月，定婦人犯私鹽罪，著爲令。

按：《元志》私鹽罪在食貨門。

販馬

《世祖紀》：至元二十年正月，邳州萬户張邦直等違制販馬，並處死。

代軍

至元二十年六月，敕行院及諸軍將校卒伍，須正身應役，違者罪之。

十五年五月，申嚴無籍軍虜掠及傭奴代軍之禁。

《成宗紀》：元貞二年二月，禁軍將擅易侍衛軍、蒙古軍，以家奴代役者罪之，仍令其奴別入兵籍，以其主資產之半畀之，軍將敢有縱之者，罷其職。

大德五年十一月，選六（御）〔衛〕扈從漢軍習武事，仍禁萬户以下毋令私代，犯者斷罪有差。　詔軍卒擅更代及逃歸者死。

軍逃

《世祖紀》：至元三年七月，詔招集逃亡軍，限百日詣所屬陳首，原其罪，貧者併户應役。

五年十二月，詔諭四川行省沿邊屯戍軍士逃役者處死。

十六年八月，詔漢軍出征逃者罪死，且没其家。

十九年五月，元帥綦公直言：「乞黥逃軍，仍使從軍。」

《成宗紀》：大德六年正月，詔千户、百户等自軍逃歸，先事而逃者罪死，敗而後逃者杖而罷之，没入其男女。

八年三月，敕軍民逃奴有獲者卽付其主，主在他所者，赴所在官司給之，仍追逃奴鈔充獲者賞；逃及誘匿者，論罪有差。

《仁宗紀》：延祐二年四月，敕亦思丹等部出征軍，有後期及逃還者，並斬以徇。

《文宗紀》：至順元年閏七月，行樞密院言：「征戍雲南軍士二人逃歸，捕獲，法當死。」詔曰：「如臨戰陳而逃，死宜也。非接戰而逃，輒當以死，何視人命之易耶！其杖而流之。」

調軍

《成宗紀》：（大德）〔元貞〕二年五月，命諸行省非奉旨毋擅調軍。

按：此明律之擅調官軍。

役軍

《成宗紀》：大德三年六月，詔各省自今非奉命毋擅役軍。

避役

《成宗紀》：大德三年六月，禁福建民冒稱權豪佃户，規免門役。

《武宗紀》：大德十一年七月，詔唐兀禿魯花户籍已定，其入諸王、駙馬、各部避役之人及冒匿者，皆有罪。

至大三年十月，敕諭中外：「民户託名諸王、妃主、貴近臣僚，規避差徭，已嘗禁止。自今違者，俾充軍驛及築城中都。〔郡〕縣官不覺察者，罷職。」

《仁宗紀》：延祐元年三月，敕「姦民宮其子爲閹宦，謀避徭役者，罪之」。

《英宗紀》：延祐七年五月，禁宗室權貴避徭役及作姦犯科。

《順帝紀》：至正元年六月，禁高麗及諸處民以親子爲宦者，因避賦役。

僞造

《世祖紀》：至元二年五月，以捕獵户達魯花赤僞造銀符，處死。

十四年十一月，凡僞造寶鈔、同情者並處死，分用者減死杖之，具爲令。

《成宗紀》：元貞元年五月，增重挑補鈔人罪，告捕者仍優其賞。

大德七年正月，定諸改補鈔罪例，爲首者杖一百有七，從者減二等；再犯，從者杖與首同，爲首者流。

九年十一月，以鈔萬錠給雲南行省，命與貝參用，其貝非出本土者同僞鈔論。

《泰定紀》：致和元年四月，禁僞造金銀器皿。

服色禁令

《世祖紀》：至元六年二月，敕「鞍、靴、箭、鏃等物，自今不得以黄金爲飾」。

七年〔閏〕十一月，禁繒段織日月龍虎，及以龍犀飾馬鞍者。

八年二月，敕軍官佩金銀符，其民官、工匠所佩者，並拘入，勿復給。

十九年八月，申嚴以金飾車馬服御之禁。又禁諸監官不得令人匠私造器物。

《仁宗紀》：至大四年三月，禁民間製金箔、銷金、織金。九月，禁衞士不得私衣侍宴服，及以質于人。

《英宗紀》：至治元年七月，禁服色踰制。

《順帝紀》：至元元年四月，詔諸官非節制軍馬者，不得佩金虎符。六月，禁服色不得僭上。

二年六月，禁諸王、駙馬從衛服只孫衣，繫條環。

五年十月，禁倡優盛服，許男子裹青巾，婦女服紫衣，不許戴笠、乘馬。

至正二年十二月，申服色之禁。

按：《元志》在禁令中，明律服舍違式即此。

誣告

《世祖紀》：至元八年二月，敕「凡訟而自匿及誣告人罪者，以其罪罪之」。

越訴

至元八年三月，敕「有司毋留獄滯訟，以致越訴，違者官民皆罪之」。

擊登聞鼓

《世祖紀》：至元十二年四月，諭中書省議立登聞鼓，如爲人殺其父母兄弟夫婦，寃無所訴，聽其來擊。其或以細事唐突者，論如法。

死罪不待時

《世祖紀》：至元十二年十一月，中書省臣議斷死罪，詔「今後殺人者死，問罪狀已白，不必待時，宜即行刑。其奴婢殺主者，具五刑論」。

用杖不用笞

《成宗紀》：至元三十一年六月，御史臺臣言：「先朝決獄，隨罪輕重，笞杖異施。今止用杖，乞如舊制。」不允。

徒不杖

《成宗紀》：元貞二年五月，詔諸徒役者，限一年釋之，毋杖。

按：此二條是爾時笞已廢不用，徒不加杖矣。

禁刲割

《仁宗紀》：延祐三年六月，敕「大辟罪，臨刑敢有横加刲割者，以重罪論。凡鞫囚，非强盜毋加酷刑」。

按：據此條是仁宗時不用淩遲之法。

繫獄待對

《英宗紀》：至治三年正月，四川行省平章政事趙世延，爲其弟訟不法事，繫獄待對，其弟逃去，詔出之。仍著爲令：逃者百日不出，則釋待對者。

没妻子

《文宗紀》：天曆元年十月，中書省臣言：「凡有罪，既籍其家資，又没其妻子，非古者罪人不孥之意。今後請勿没人妻子。」制可。

《順帝紀》：至元六年，詔「今後有罪，毋籍其妻女以配人」。

按：文宗時已有制，而順帝又有此詔，是前制已勿遵也。元政之弛，此其一端耳。

籍没

《英宗紀》：延祐七年八月，宮人官奴，坐用日者請太皇太后禜星，杖之，籍其資。十月，將作院使也速坐董制珠衣怠工，杖之，籍其家。

至治二年七月，中書左丞張思明坐罪杖免，籍其家。

三年六月，將作院使哈撒兒不花坐罔上（行）〔營〕利，杖流東裔，籍其家。

《文宗紀》：天曆元年九月，中書左丞相别不花言：「回回人哈哈的，自至治間貸官鈔，違制别往番邦，得寶貨無算，法當没官，而倒刺沙私其種人，不許，今請籍其家。」從之。

十一月，燕鐵木兒言：「向者上都舉兵，諸王失剌、樞密同知阿乞剌等十人，南望宮闕鼓譟，其黨拒命逆戰，情不可恕。」詔杖一百七，流遠，籍其家資。

至順二年三月，御史臺臣劾奏：「燕南廉訪使卜咱兒，前爲閩海廉訪使，受贓計鈔二萬二千餘錠、金五百餘兩、銀三千餘兩、男女生口二十二人及它寶貨無算，雖遇赦原，乞追奪制命，籍沒流竄。」

按：元時籍沒之法，凡有罪皆用之，觀文宗之制語可見矣，玆略採數事於此，以見其輕重之毫無等差。諸王失刺等之拒命逆戰，以反逆科之。哈哈的貸鈔下番，法當沒官，其籍沒猶可言也。哈撒兒不花罔上（行）〔營〕利、卜咱兒贓私數多，但當追繳贓款，已無籍沒之法。若官奴等三事，罪止于杖。又如犯酒禁、詳酒禁。捕天鵝、匿鷹犬詳動物禁令。而亦于籍沒之條，不太甚乎？

冒名支糧

《世祖紀》：至元二十七年十一月，大同路蒙古多冒名支糧，置千户、百户十員，以達魯花赤總之，食糧户以富爲貧者，籍家資之半。

按：亦籍沒之一。

漢人與蒙古人鬭毆

《世祖紀》：至元七年四月，禁漢人聚衆與蒙古人鬭毆。

按：元時蒙、漢之等級懸殊，此時尚未混一，而其勢已如此。

驅丁

又敕諸路軍户驅丁除至元七年前從良人名籍者當差，餘雖從良，並令助本户軍力。

《仁宗紀》：延祐二年正月，禁南人典質妻子販買爲驅。

按：驅丁之名，始于金源，元承之。

賭博

《世祖紀》：至元十二年二月，禁民間賭博，犯者流之北地。

按：《元志》禁令門載諸賭博杖七十七，乃至元二十四年例，蓋改從輕矣。

盜

《世祖紀》：至元十二年七月，敕犯盜者皆棄市。符寶郎董文忠言：「盜有强竊，贓有多寡，似難悉寘于法。」帝然其言，遽命止之。

十六年十一月，敕諸路所捕盜，初犯贓多者死，再犯贓少者從輕罪論。阿合馬言：「有盜以舊鈔易官庫新鈔百四十錠者，議者謂罪不應死，且盜者之父執役臣家，不論如法，甯不自畏。」詔處死。

按：此事今之所無，鈔未行也，將來恐有此等案犯。

《成宗紀》：大德元年五月，詔强盜姦傷事主者，首從悉誅；不傷事主，止誅爲首者，從者刺配，再犯亦誅。

按：此是强盜律，尚無但得財不分首從之文。

五年十二月，定强竊盜條格，凡盜人孳畜者，取一償九，然後杖之。

八年十一月，詔「內郡、江南人犯爲盜黥三次者，謫戍遼陽；諸色人及高麗三次免黥，謫戍湖廣；盜禁籞馬者，初犯謫戍，再犯者死」。

《英宗紀》：延祐七年六月，定邊地盜孳畜罪犯者，令給各部力役，如不悛，斷罪如內地法。

《文宗紀》：天曆元年九月，敕「軍中逃歸，及京城游民敢攘民財者斬」。

《順帝紀》：元統二年七月，詔「蒙古、色目人犯盜者免刺」。

至元二年八月，詔「强盜皆死；盜牛馬者劓；盜驢騾者黥額，再犯劓；盜羊豕者墨項，再犯黥，三犯劓；劓後再犯者死。盜諸物者，照其數估價。省、院、臺、五府官三年一次審決。著爲令」。

按：肉刑久廢，此時元政已日敗壞，忽又定此令。孫卿謂「肉刑行于盛世」，此古人欺我。

捕盜令

《成宗紀》：元貞二年八月，詔諸人告捕盜賊者，强盜一名賞鈔五十貫，竊盜半之，應捕者又半之，皆徵諸犯人，無可徵者官給。

《泰定紀》：泰定四年十二月，定捕盜令，限内不獲者，償其贓。

闌遺　買良爲娼

《世祖紀》：至元十五年正月，收括闌遺官也先、闊闊帶等坐易官馬、闌遺人畜，免其罪，以諸路州縣管民官兼領其事。　官吏隱匿及擅易馬匹、私配婦人者，没其家。　禁官吏軍民賣所娶江南良家子女及爲娼者，賣、買者兩罪之，官没其直，人復爲良。

典雇妻女

《英宗紀》：至治二年九月，禁江南典雇妻（女）〔妾〕。

略賣

《世祖紀》：至元三十年十月，禁江南州郡以乞養良家子轉相販鬻，及强將平民略賣者。

《仁宗紀》：延祐二年二月，詔禁民轉鬻養子。

事關中書尚書

《世祖紀》：至元十五年正月，從阿合馬請，自今御史臺非白于省，毋擅召倉庫吏，亦毋究錢穀數，及集議中書不至者罪之。

按：此阿合馬之秕政。

《武宗紀》：至大二年八月，詔天下，敢有沮撓尚書省事者，罪之。

《仁宗紀》：至大四年七月，詔諭省臣曰：「朕前戒近侍毋輒以文記傳旨中書，自今敢有犯者，不須奏聞，直捕其人付刑部治罪。」

延祐元年十月，申飭內侍及諸司隔越中書奏請之禁。

四年三月，御史臺臣言：「諸司近侍隔越中書聞奏者，請如舊制論罪。」制曰「可」。

《泰定紀》：泰定元年三月，中書省臣請禁橫奏賞賚及踰越奏事者，從之。

《文宗紀》：致和元年九月，命速速宣諭中外曰：「昔在世祖以及列聖臨御，咸命中書省綱維百官，總裁庶政，凡錢穀、銓選、刑罰、興造，罔不司之。自今除樞密院、御史臺，其餘諸司及左右近侍，敢有隔越中書奏請政務者，以違制論。」

稽緩文移

《世祖紀》：至元十六年三月，敕中書省，凡掾史文移稽緩一日二日者杖，三日者死。

按：此卽明律之官文書稽程。

搜取私物

《世祖紀》：至元十六年七月庚戌，禁脫脫和孫搜取乘傳者私物。

多取分例

《世祖紀》：至元十六年九月，詔行中書省左丞忽辛兼領杭州等路諸色人匠；以杭州稅課所入，歲造繒段十萬以進。杭、蘇、嘉興三路辦課官吏，額外多取分例，今後月給食錢，或數外多取者罪之。

抽分固匿

《成宗紀》：元貞元年閏四月，禁行省、行泉府司抽分市舶船貨，而（固）〔同〕匿其珍細者。

和市價直

《成宗紀》：大德二年十二月，詔和市價直隨給其主，違者罪之。

奏請金銀

《武宗紀》：至大元年七月，敕以金銀〔歲入〕數少，自今毋問何人，以金銀爲請奏及託之奏者，皆抵罪。

進獻

《仁宗紀》：至大四年三月，詔其僥倖獻地土并山場、窰冶及中寶之人，並禁止之。

《成宗紀》：大德七年五月，禁諸人非奉旨毋得以寶貨進獻。

《泰定紀》：至治三年十二月，禁獻山場湖泊之利。

教兵藝

《英宗紀》：至治元年五月，沂州民張昱坐妖言，濟南道士李天祥坐教人兵藝，杖之。

斂鈔

《文宗紀》：天曆二年八月，中政使哈撒兒不花、太子詹事丞霄雲世月思、前儲慶使姚煒並儲政使。河東宣慰使哈散託朝賀爲名，斂所屬鈔千錠入己，事覺，雖會赦，仍徵鈔還其主。敕自今有以朝賀斂鈔者，依枉法論罪。

親屬

《仁宗紀》：延祐三年十月，禁民有父在者，不得私貸人錢及鬻墓木。

《英宗紀》：至治三年正月，禁故殺子孫誣平民者。

《文宗紀》：至順元年九月，敕「諸人非其本俗，敢有弟收其嫂、子收庶母者，坐罪」。

《順帝紀》：至元六年七月，禁色目人勿妻其叔母。　十一月，禁荅失蠻、回回、主吾人等叔伯爲婚姻。

私渡

《世祖紀》：至元二十九年十一月，禁所在私渡，命關津譏察姦宄。

課程

《世祖紀》：至元十七年正月，定諸路差税課程，增益者卽上報，隱漏者罪之。

十九年九月，禁諸人不得沮撓課程。

下海下番

《世祖紀》：二十九年正月，禁商賈私以金銀航海。

《成宗紀》：至元三十一年十月初，也黑迷失征爪哇時，嘗招其瀕海諸國，於是南巫里等遣人來附，以禁商泛海留京師，至是弛商禁，故皆遣之。

大德三年六月，申禁海商以人馬兵仗往諸蕃貿易者。

七年五月，禁諸人毋以金、銀、絲線等物下番。

《武宗紀》：至大二年九月，金銀私相買賣及海舶興販金、銀、銅錢、綿絲、布帛下海者，並禁之。

《仁宗紀》：延祐元年七月，詔開下番市舶之禁。　十月，敕「下番商販須江浙省給牒以往，歸則征税如制，私往者没其物」。

《英宗紀》：延祐七年四月，罷市舶司，禁賈人下番。

至治二年三月，禁子女、金、銀、絲綿下番。

匿税

《英宗紀》：延祐七年十一月，禁京城諸寺邸舍匿商税。

擅據民田

《世祖紀》：至元十七年十二月，敕擅據江南逃亡民田者有罪。

流民

《英宗紀》：至治二年五月，賑固安州饑。置營於永平，收養蒙古子女，遣使諭四方，匿者罪之。

《泰定紀》：泰定元年三月，給蒙古流民糧、鈔，遣還所部。敕擅徙者斬，藏匿者杖之。七月，賑蒙古流民，給鈔二十九萬錠，遣還，仍禁毋擅離所部，違者斬。

致和元年五月，遣官分護流民還鄉，仍禁聚至千人者杖一百。

按：此非常例。

赦款

《仁宗紀》：至大四年三月，命毋赦十惡大逆等罪。

留養

延祐元年三月，晉甯民侯喜兒昆弟五人，並坐法當死，帝歎曰：「彼一家不幸而有是事，其擇情輕者一人杖之，俾養父母，毋絕其祀。」

酒禁

《世祖紀》：至元十三年五月，申嚴大都酒禁，犯者籍其家資，散之貧民。

二十七年七月，禁平地、忙安倉釀酒，犯者死。

《成宗紀》：大德五年十一月，詔諭中書，近因禁酒，聞年老需酒之人有預市而儲之者，其無釀具者勿問。

六年十一月，禁和林軍釀酒，惟安西王阿難答、諸王忽剌出、脱(脱、八)不沙、也只里、駙馬蠻子台、弘吉列帶、燕里干許釀。

按：元時酒禁甚嚴，重者罪至死並籍没，可見蒙古風俗好飲，自昔已然。

植物動物禁令

《世祖紀》：至元三年六月，申嚴陝西、河南竹禁。

按：此蓋與宋接壤之處，禁其私出外境。

十五年十二月，禁玉泉山樵採漁弋。

按：據此玉泉山在元時已爲禁地。

十九年四月，弛西山薪炭禁。

按：薪炭爲民間不可少之需，前此之禁，當别有故。

《成宗紀》：元貞二年五月，禁民間捕鬻鷹鶻。

大德八年四月，詔「朝廷、諸王、駙馬進捕鷹鶻皆有定户，自今非鷹師而乘傳冒進者，罪之」。十年四月，詔凡匿鷹犬者，没家資之半，笞三十，來獻者給之以賞。

按：元代以畋獵爲習武之事，故禁漢人獵，並鷹鶻亦禁之，其罪重至籍資。以禽鳥之微，而厲禁之嚴如此。

《成宗紀》：大德三年七月，揚州、淮安屬縣蝗，在地者爲鶖啄食，飛者以翅擊死，詔禁捕鶖。

《仁宗紀》：至大四年五月，禁民捕鴐鵝。

《英宗紀》：至治二年三月，禁捕天鵝，違者籍其家。

《析津志》：天鵝，又名鴐鵝，大者三五十斤，小者二十餘斤，俗稱金冠玉體乾皁靴是也。每歲，大興縣管南柳林中飛放之所彼中縣官，每歲差役鄉民於湖中種茭菰，以誘之來游食。其湖面甚寬，所種延曼。天鵝來，千萬爲羣。俟大駕至，飛放海東青，所獲甚厚，乃大張筵會，以爲慶賞，必數宿而返。

《續通考》：以禽獸細微而至籍没資産，不太甚乎？元政之衰，於此可見。

按：天鶖之禁，以供大駕之來，以一游嬉之事，罪至籍没，元法亦酷矣哉！

《仁宗紀》：至大四年九月，禁民彈射飛鳥、殺馬牛羊當乳者。

《武宗紀》：至大二年九月，三寶奴言：「養豹者害民爲甚，有旨禁之，有復犯者，雖貴幸亦加罪。」

《文宗紀》：至順元年十二月，詔宣忠扈衛親軍都萬户府：「凡立營司境内所屬山林川澤，其鳥獸魚鼈悉供内膳，諸獵捕者坐罪。」

按：此從來所未聞之事。

二年九月，禁諸驛毋畜竄行馬。

至順元年十一月，御史臺臣言：「陝西行省左丞怯列，坐受人僮奴一人及鸚鵡，請論如律。」詔曰：「位至宰執，食國厚禄，猶受人生口，理宜罪之。但鸚鵡微物，以是論贓，失於太苛，其從重者議罪。今後凡饋禽鳥者，勿以贓論，著爲令。」

按：此詔平允。

雜禁令

《世祖紀》：至元七年八月，禁諸人以己事輒呼至尊稱號者。

二十八年五月，詔禁失陷錢糧者託故詣京師。

《成宗紀》：大德三年四月，禁和林戍竄名他籍。

六年三月，築渾河隄，長八十里。仍禁豪家毋侵舊河。

《仁宗紀》：延祐二年正月，禁民煉鐵。

《文宗紀》：天曆二年十月，申飭海道轉漕之禁。申飭都水監河防之禁。

括馬

《世祖紀》：至元二十三年六月，括諸路馬。凡色目人有馬者三取其二，漢民悉入官，敢匿與互市者罪之。

市毒藥

《續通考》：世祖至元五年十二月，禁市毒藥，如附子、烏頭、巴豆、砒霜之類，及不通醫理妄行鍼炙，或與婦人墮胎戕害人命者，加等治罪。

按：附子、烏頭，醫方常用之品，何能禁之？此亦具文耳。

律令九

明初律令　律令直解

《明志》：明太祖平武昌，即議律令。吴元年冬十月命左丞相李善長爲律令總裁官，參知政事楊憲、傅瓛，御史中丞劉基，翰林學士陶安等二十人爲議律官，諭之曰：「法貴簡當，使人易曉。若條緒繁多，或一事兩端，可輕可重，吏得因緣爲姦，非法意也。夫網密則水無大魚，法密則國無全民。卿等悉心參究，日具刑名條目以上，吾親酌議焉。」每御西樓，召諸臣賜坐，從容講論律義。十二月，書成，凡爲令一百四十五條，律二百八十五條。又恐小民不能周知，命大理卿周楨等取所定律令，自禮樂、制度、錢糧、選法之外，凡民間所行事宜，類聚成編，訓釋其義，頒之郡縣，名曰《律令直解》。太祖覽其書而喜曰：「吾民可以寡過矣。」

《皇明通紀》：帝以唐、宋皆有成律斷獄，惟元不倣古制，取一時所行之事爲《條格》，胥吏易爲姦弊。自平武昌以來即議定律，至是臺諫已立，各道按察使將巡歷郡縣，欲頒成法，俾内外遵守云云。

《續通考》一百三十六：下並同。帝謂臺省官曰：「元時《條格》繁冗，所以其害不勝，且以七殺言之，謀殺、故殺、鬬毆殺皆死罪，何用如此分析？但誤殺有可議者，要之與戲殺、過失殺亦不大相遠，今立法正欲矯其舊弊，歸於簡嚴。簡則無出入之弊，嚴則民知畏而不敢輕犯，爾等其體此意。」書成，帝與廷臣復閱視之，去煩就簡，減重就輕，凡爲令一百四十五條：吏令二十，户令二十四，禮令十七，兵令十一，刑令七十一，工令二。律則準唐之舊而增損之，計二百八十五條：吏律十八，户律六十三，禮律十四，兵律三十二，刑律一百五十，工律八，命有司刊布中外。十二月，作《律令直解》，頒行郡縣。時律令初行，帝謂大理卿周禎等曰：「律令之設，所以使人不犯法，田野之民豈能悉曉其意，有誤犯者，赦之則廢法，盡法則無民。爾等前所定律令，除禮樂、制度、錢糧、選法之外，凡民間所行事宜類聚成編，直解其義，頒之郡縣，使民家喻户曉焉。」

《周禎傳》：歷大理卿。太祖以唐、宋皆有成律斷獄，惟元以一時行事爲條格，胥吏易爲姦。詔禎與李善長、劉基、陶安、滕毅等定律令，少卿劉惟謙、丞周湞與焉。書成，太祖稱善。

祖訓録

《皇明通紀》：洪武六年五月，《祖訓録》成，上親爲序，其目十有二：曰箴戒，曰持守，曰嚴祭祀，曰謹出入，曰慎國政，曰法律，曰内令，曰内官，曰職制，曰兵衛，曰營繕，曰供用。命頒賜諸王，且録于謹身殿東廡、乾清宫東壁，仍令諸王書於王宫正殿、内宫東壁，以時觀省。

《天一閣書目》：《明祖訓》一册，洪武年頒，全。

宦官禁令

《明史·太祖紀》：洪武五年六月丙子，定宦官禁令。

《續通考》：凡內使於宮城內相詈罵者，先發理屈笞五十，後罵理直者不坐，其不服本管鈐束，而抵罵者杖六十。內使罵奉御者杖六十，罵門官、監官者杖七十。內使於宮城內相鬬毆者，先鬬理屈杖七十，毆傷者加一等，後應理直而無傷者笞五十，其有不服本管鈐束，而毆之者杖八十，毆傷者加一等。毆奉御者杖八十，毆門官、監官者杖一百，傷者各加一等。其內使等有心懷惡逆、出不道之言者淩遲處死，有知情而蔽之者同罪，知其事而不首者斬，首者賞銀三百兩。

鐵榜

乙巳，作鐵榜誡功臣。

《續通考》：作鐵榜誡公侯，申明律令。略曰：「朕起布衣，賴股肱宣力平定天下，論功行賞，封爲公侯，令傳子孫，共享太平之福。尚慮公侯之家奴僕人等冒犯國典，今以鐵榜申明律令，除親屬別議外，其奴僕一犯卽用究治，於爾家無所問，敢有藏匿罪人者，比同一死折罪。其目有九：一凡內外指揮、千户百户鎮撫、總旗小旗等不得私受公侯財物，受者杖一百，發海南充軍。再犯處死。公侯與者，初、再犯免罪附過，三犯準免死一次，奉命征討受者，與者不在此限。二凡公侯不得私役官軍，違者，初、再犯免罪附過，三犯準免死一次。其官軍敢有便聽從者杖一百，發海南充軍。三凡公侯强占官民山場、湖泊、茶園、蘆蕩及金、銀、銅、錫、鐵冶者，初、再犯免罪附過，三犯準免死一次。四凡各衛官軍非出征之時不得輒於公侯門首侍立聽候，違者杖一百，發烟瘴之地充軍。五凡功臣之家管莊人等不得倚勢在鄉欺毆人民，違者刺面劓鼻，家産籍没入官，妻子徙置南寧。其餘聽使之人各杖一百，及妻子皆發南寧充軍。六凡功臣之家屯田佃户管莊幹辦火者、奴僕及其親屬人等倚勢淩民侵奪財産者，並依倚勢欺毆人民律處斷。七凡公侯除賜定儀仗户及佃田人户已有名額報籍在官，敢有私託門下隱閉差徭者，斬。八凡公侯之家倚特權豪欺壓良善、虚錢實契、侵人田地房産孳畜者，初犯免罪附過，再犯住支俸給一半，三犯停其禄，四犯與庶人同罪。九凡功臣之家不得受諸人土田及朦朧投獻物業，違者，初犯免罪附過，再犯住支俸給一半，三犯停其禄，四犯與庶人同。」

《藝文志》：《戒飭功臣鐵榜》一卷，洪武中頒。

按：世多譏太祖待功臣之薄，然觀此九條，大指以擾民爲戒，非别有苛條。其初、再犯免罪，三犯免死一次。其八、九兩條，四犯方與庶人同罪，不可謂不寬。乃後來胡、藍兩獄，坐死至數萬人，株連太甚，固所不免，然諸公侯亦各有自取之道，未可全歸過于太祖也。若宋、潁二公之死，實不免鳥盡弓藏之歎。或謂成祖已萌異志，故以尾大不掉之言進，致帝愈疑忌，恐非虚語。

律令憲綱

《明志》：洪武六年夏，刊《律令憲綱》，頒之諸司。

按：《憲綱》一書，《明志》不録，惟《大明律讀法》引用諸書有《憲綱》若干條，在明時必有單行本。焦竑《國史經籍志》：「《憲綱》一卷。」

洪武七年大明律

《明志》：洪武元年，又命儒臣四人同刑官講《唐律》，日進二十條。六年冬，詔刑部尚書劉惟謙詳定《大明律》。每奏一篇，命揭兩廡，親加裁酌。及成，翰林學士宋濂爲表以進，曰：「臣以洪武六年冬十一月受詔，明年二月書成。篇目一準於唐：曰衛禁，曰職制，曰户婚，曰廄庫，曰擅興，曰賊盜，曰鬭訟，曰詐僞，曰雜律，曰捕亡，曰斷獄，曰名例。採用舊律二百八十八條，續律一百二十八條，舊令改律三十六條，因事制律三十一條，掇《唐律》以補遺百二十三條，合六百有六條，分爲三十卷。或損或益，或仍其舊，務合輕重之宜。」九年，太祖覽律條猶有未當者，命丞相胡惟庸、御史大夫汪廣洋等詳議釐正十有三條。十六年，命尚書開濟定詐僞律條。

按：《明律》載劉惟謙進律表云：「臣惟謙以洪武六年冬十一月受詔，明年二月書成，篇目一準之於唐：曰名例，曰衛禁，曰職制，曰户婚，曰廄庫，曰擅興，曰賊盜，曰鬭訟，曰詐僞，曰雜犯，曰捕亡，曰斷獄」云云。後題洪武七年月日刑部尚書等官臣劉惟謙等上表，是此書實成于七年二月。《太祖紀》書于六年閏月，誤也。表以惟謙領銜，而《志》稱宋濂作表者，必濂當日亦與斯役，故其文出于濂手，《志》語未分明耳。至律目次序不同，説詳《律目考》。

土官犯罪律

《續通考》：洪武十七年十月，定土官犯罪律。雲南布政司言：「土官犯罪，律條無所依據，乞加定議。」上命六部官會議，凡土官選用者有犯，依流官律定罪。世襲者所司不許擅問，先以干證之人推得其實，定議奏聞，杖以下則紀録在職，徒流則徙之北平著爲令。

洪武更定大明律

《明志》：二十二年，刑部言：「比年條例增損不一，以致斷獄失當。請編類頒行，俾中外知所遵守。」遂命翰林院同刑部官，取比年所增者，以類附入，改《名例律》冠於篇首。爲卷凡三十，爲條四百六十。《名例》一卷，四十七條。《吏律》二卷，曰職制十五條，曰公式十八條。《户律》七卷，曰户役十五條，曰田宅十一條，曰婚姻十八條，曰倉庫二十四條，曰課程十九條，曰錢債三條，曰市廛五條。《禮律》二卷，曰祭祀六條，曰儀制二十條。《兵律》五卷，曰宫衛十九條，曰軍政二十條，曰關津七條，曰廄牧十一條，曰郵驛十八條。《刑律》十一卷，曰賊盜二十八條，曰人命二十條，曰鬭毆二十二條，曰罵詈八條，曰訴訟十二條，曰受贓十一條，曰詐僞十二條，曰犯姦十條，曰雜犯十一條，曰捕亡八條，曰斷獄二十九條。《工律》二卷，曰營造九條，曰河防四條。爲五刑之圖凡二。首圖五，次圖七。又爲喪服之圖凡八。太祖諭太孫曰：「此書首列二刑圖，次列八禮圖者，重禮也。顧愚民無知，若於本條下即注寬恤之令，必易而犯法，故以廣大好生之意，總列《名例律》中。善用法者，會其意可也。」蓋太祖之於律令也，草創於吳元年，更定於洪武六年，整齊於二十二年，至三十年始頒示天下。日久而慮精，一代法始定。中外決獄，一準三十年所頒。其洪武元年之令，有律不載而具於令者，法司得援以爲證，請於上而後行焉。大抵明律視唐簡覈，而寬厚不如宋。至其惻隱之意，散見於各條，可舉一以推也。如罪應加者，必贓滿數乃坐。如監守自盜，贓至四十貫絞。若止三十九貫九十九文，欠一文不坐也。加極於流三千里，以次增重，終不得至死。而減至流者，自死而之生，無絞斬之別。即唐律稱加就重條。稱日者以百刻，稱年以三百六十日。如人命辜限及各文書違限，雖稍不及一時刻，仍不得以所限之年月科罪，即唐律稱日以百刻條。未老疾犯罪，而事發於老疾，以老疾論；幼小犯罪，而事發於長大，以幼小論。即唐律老小廢疾條。死罪，非常赦所不原，而祖父母、父母老無養者，得奏聞取上裁。犯徒流者，餘罪得收贖，存留養親。即唐律罪非十惡條。功臣及五品以上官禁獄者，許令親人入侍，徒流者並聽隨行，違者罪杖。同居親屬有罪，得互相容隱。即唐律同居相容隱條。奴婢不得首主。凡告人者，告人祖父不得指其子孫爲證，弟不證兄，妻不證夫，奴婢不證主。文職責在奉法，犯杖則不敘。軍官至徒流，以世功猶得擢用。凡若此類，或間採唐律，或更立新制，所謂原父子之親，立君臣之義以權之者也。

《藝文志》：《更定大明律》三十卷。洪武二十八年，命詞臣同刑官參考比年律條，以類編附，凡四百六十條。

邱濬云：「本朝洪武六年，命刑部尚書劉惟謙等重定諸律，以協厥中。而近代比例之繁，姦吏可資以出入者咸痛革之，明年書成，篇目一準于唐。其後以其比類成篇，分合無統，復爲釐正，定爲吏、户、禮、兵、刑、工六類，析十八篇以爲二十九約，六百六條以爲四百六十。析户婚以爲户役、婚姻，分鬭訟以爲鬭毆、訴訟。廄庫一也，則分廄牧于兵、倉庫于户焉。職制一也，則分公式于吏、受贓于刑焉。名例舊五十七條，今止存其十有五。賊盜舊五十三條，今止有其二十八。名雖沿于唐而實皆因時以定制，緣情以制刑。且又分爲六部，各有攸司備天下之事情該朝廷之治典，統宗有綱，支節不紊，無比附之勞，有歸一之體，吏知所守而不眩於煩文，民知所避而不犯於罪戾，誠一代之良法，聖子神孫所當遵守者也。然臣於此竊有見焉，蓋刑犯雖有一定，不易之，常而事情則有世輕世重之異，方天下初定之時，人稀事簡，因襲前代之後，政亂人頑。今則承平日久，生齒日繁，事久則弊生，世變則俗改，是以周人象魏之法每歲改懸，三典之建隨世輕重，蓋前日之要策乃今日之芻狗，此必然之勢亦自然之理也。今法司於律文之中往往有不盡用者，律文如此而所以斷罪者如彼，罪無定科，民心疑惑，請下明詔，會官計議，本之經典，酌諸事情，揆之時宜。凡律文於今有窒礙者，明白詳著於本文之下，若本無窒礙而所司偶因一事有所規避遂爲故事者，則改正之。仍敕自時厥後，内外法司斷獄一遵成憲，若事有窒礙，明白具奏，集議不許，輒引前比，違者治以專擅之罪，如此則法令畫一，情罪相當，而民悉不惑矣。」

又云歐陽修曰：「《書》曰『慎乃出令』，令在簡，簡則明，行之在久，久則信。而中材之主、庸愚之吏常莫克守之，而喜爲變革，至其繁積，雖有精明之士不能徧習，而吏得上下以爲姦，此刑書之弊也。」按，我朝之律，僅四百六十條，頒行中外用之百餘年于茲，列聖相承，未嘗有所增損，而於律之外未嘗他有所編類如唐、宋格敕者。所謂簡而明，久而信，誠有如歐陽氏所云者，萬世所當遵守者也。

葉良佩云：「國家之法雖本於李唐之十二篇，然或芟繁定舛，因事續置，大抵比舊增多十二三，而祥德美意殆未易以言語殫述也。姑舉其大者：如以笞杖徒流絞斬定爲五刑，而鈦趾、蠶室之制一切剗除，以六曹分爲類目，而《擅興》、《廄庫》等篇悉爲裁定。代背箠以臀杖而斷無過百，易黥面以刺臂而法止賊盜。他如見知嚴於逃叛，故縱深於捕亡，收孥連坐之條，獨於反逆大不道者當之，凡茲皆法之至善者也。至夫圜土之制，嫌於太重，則貸之以輸作。嘉石之制，嫌於太輕，則罰之以荷校。盜官藏受贓枉法罪皆死，又嫌於太重，則著爲雜犯之令而聽其贖鍰與輸作焉。由杖徒一轉而入大辟，嫌於太疏，則定議著爲徙邊戍邊永戍之令，不與同中國。其冥頑不軌之民，或情罪勿麗於法，復許所司比議奏決以行，曲而不苛，平而難犯。蓋肉刑雖亡而厥威故在，象刑無事於復而欽恤之意未嘗不行乎其間也。」

按：明律初準於唐，自胡惟庸誅後，廢中書而政歸六部。是年，更定《大明律》亦以六曹分類，遂一變古律之面目矣。《志》所稱其善處，本于唐律者爲多，邱、葉二氏以明人論明事，但舉其善者言之。《志》謂「寬厚不如宋」，自是公論，若以唐律、明律詳加比較，論者終以唐爲長，明之所改，輕重未必悉愜人意也。明律更定在二十二年，《藝文志》乃云二十八年，或後來又經修改歟？

太孫改定律條

《明志》：太孫請更定五條以上，太祖覽而善之。太孫又請曰：「明刑所以弼教，凡與五倫相涉者，宜皆屈法以伸情。」乃命改定七十三條，復諭之曰：「吾治亂世，刑不得不重。汝治平世，刑自當輕，所謂刑罰世輕世重也。」建文帝卽位，諭刑官曰：「《大明律》，皇祖所定，命朕細閱，較前代往往加重。蓋刑亂國之典，非百世通行之道也。朕前改定，皇祖已命施行。然罪可矜疑者，尚不止此。夫律設大法，禮順人情，齊民以刑，不若以禮。其諭天下有司，務崇禮教，赦疑獄。稱朕嘉與萬方之意。」

按：建文帝所改者何條？靖難以後，無人甄錄，已不可考。年祚短促，不獲重加考定，致其中重法相沿遂數百年，或重者又加重焉，雖因時制宜，未可執一而論，然重法之無益於治，其成效可睹矣。

大明律誥

《明志》：三十年作《大明律誥》成。御午門，諭羣臣曰：「朕倣古爲治，明禮以導民，定律以繩頑，刊著爲令。行之既久，犯者猶衆，故作《大誥》以示民，使知趨吉避凶之道。古人謂刑爲祥刑，豈非欲民並生於天地間哉。然法在有司，民不周知，故命刑官取《大誥》條目，撮其要略，附載於律。凡榜文禁例悉除之，除謀逆及《律誥》該載外，其雜犯大小之罪，悉依贖罪例論斷，編次成書，刊布中外，令天下知所遵守。」

按：《大明律誥》，明《藝文志》不載，《讀法》所采明代諸法家言亦無此目。《志》云「附載于律」，當是本無單行本也。《問刑條例》有采用《大誥》之條，然不甚多。

大誥

《明志》：《大誥》者，太祖患民狃元習，徇私滅公，戾日滋。十八年，采輯官民過犯，條爲《大誥》。其目十條：曰攬納户，曰安保過付，曰詭寄田糧，曰民人經該不解物，曰灑派抛荒田土，曰倚法爲姦，曰空引偷軍，曰黥刺在逃，曰官吏長解賣囚，曰寰中士夫不爲君用。其罪至抄劄。次年，復爲《續編》、《三編》，皆頒學宫以課士，里置塾師教之。囚有《大誥》者，罪減等。於時，天下有講讀《大誥》師生來朝者十九萬餘人，並賜鈔遣還。自《律誥》出，而《大誥》所載諸峻令未嘗輕用。其後罪人率援《大誥》以減等，亦不復論其有無矣。

《藝文志》：太祖《御製大誥》一卷、《大誥續編》一卷、《大誥三編》一卷、《大誥武臣》一卷。

按：《大誥》前編七十四條，成于洪武十八年十月；《續編》八十七條，成于十九年三月；《三編》四十三條，成于十九年十二月。《大誥武臣》三十二條，成于二十年十二月，其書今尚有傳本，説詳《大誥跋》及《大誥峻令考》。

大明令

《大明令》一百四十五條。詳前。

邱濬曰：唐有律，律之外有令、格、式。宋初因之，至神宗更其目曰敕、令、格、式。所謂敕者，兼唐之律也。洪武元年即爲《大明令》，頒行天下。制曰：惟律令者治天下之法也，令以教之於先，律以齊之於後。古者律令至簡，後世漸以煩多，甚至有不能通其義者，何以使人知法意而不犯哉？民既難知，是啟吏之姦而陷民於法，朕甚憫之。今所定律令，芟繁就簡，使之歸一，直言其事，庶幾人人易知而難犯。《書》曰「刑期于無刑」，天下果能遵令而不蹈於律，刑措之效亦不難致。兹命頒行四方，惟爾臣庶體予至意斯令也，蓋與漢高祖初入關約法三章、唐高祖入京師約法十二條同一意也。至六年，始命刑部尚書劉惟謙等造律文，又有《洪武禮制》、《諸司職掌》之作與夫《大誥》三編及《大誥武臣》等書，凡唐、宋所謂律、令、格、式與其編敕皆在是也，但不用唐、宋之舊名耳。

按：《大明令》，《藝文志》不録。焦竑《國史經籍志》「《大明令》一卷」，是當時尚有單行之本，今佚。《讀法》所采甚多，輯之尚可成一卷也。

皇明祖訓

《太祖紀》：二十八年六月己丑，御奉天門，諭羣臣曰：「朕起兵至今四十餘年，灼見情僞，懲創姦頑，或法外用刑，本非常典。後嗣止循《律》與《大誥》，不許用黥刺、剕、劓、閹割之刑。臣下敢以請者，置重典。」九月庚戌，頒《皇明祖訓條章》於中外，後世有言更祖制者，以姦臣論。

按：《藝文志》不録，《讀法》采引此書，與《祖訓録》當是二書。

教民榜文

焦竑《國史經籍志》：《教民榜文》一卷。

《春明夢餘録》四十四：霍韜疏：「洪武《教民榜文》一，民間子弟十八歲者或十三歲者，此時欲心未動，良心未喪，早令講讀。二編三誥誠以先入之言爲定，使知避凶趨吉，日後皆稱賢人君子，爲良善之民，免貽父母憂慮亦且不犯刑憲，永保身家。臣謹按《教民榜文》及御製《大誥》等書皆聖祖訓飭天下，拳拳至意，天下臣民皆得熟讀敬守，真可以寡過矣。今則非直百姓不見此書，雖學校生儒見此書者亦鮮也。伏願敕下禮部將聖制各書各刻一本，頒各布政司翻刻，頒布學校里閭社學，實嘉惠臣民至幸。」

按：《藝文志》不録此書，據霍韜疏是嘉靖中此書流傳已少。（按：《明史·藝文志》有此書，在儀注類。）

榜例

《天一閣書目》：《累朝榜例》一卷，全鈔本。

按：太祖三十年律序有「榜文禁例，悉行革去」之語，蓋爾時榜諭榜示時常頒發。又有稱《聖旨榜例》者，其法都從嚴，故是時悉革去。其後諸帝亦有此榜示，故當時有《累朝榜例》之書，太祖榜自亦在其中也。

應合抄劄

《明會典》：《應合抄劄律令》：姦黨　謀反大逆　姦黨惡　造僞鈔　殺一家三人　採生折割人爲首。

《大誥》：攬納户　安保過付　詭寄田糧　民人經該不解物　灑派抛荒田土　倚法爲姦　空引偷軍　黥刺在逃　官吏長解賣囚　寰中士大夫不爲君用。

《明志》：《大誥》所定十條，後未嘗用。

合編充軍

諸司職掌合編充軍二十二條。詳充軍。

決不待時

《明會典》：洪武三十年，定決不待時：十惡、强盜、劫囚、激變良民失陷城池、罪囚反獄在逃、告謀逆不受理以致攻陷城池、僞造制書寶鈔印信曆日等。

遷發種田

《明會典》：永樂元年，定遷發種田：棄毁官文書　漏泄軍情　脱漏户口　人户以籍爲定　收留迷失子女　隱蔽差役　主保小里長　逃避差役　欺隱田糧　檢踏災傷田糧　盗賣田宅　盗種官民田　棄毁器物稼穡等　男女婚姻　僧道娶妻　典雇妻女　出妻　逐壻嫁女　居喪嫁娶　强占良家妻女　良賤爲婚姻　嫁娶違律主婚媒人　鈔法　攬納税糧官物　隱匿入官家財　鹽法　舶商匿貨　違禁取利　費用受寄財物把持行市　服舍違式　私買戰馬　私藏應禁軍器　私越冒度關津　詐冒給路引　關津留難　遞送逃軍妻女出城　私出外境及違禁下海　宰殺牛馬　隱匿孳生官畜産　邀取實封　盗各衙門官文書　盗關防印記　盗園陵樹木　常人盗倉庫錢糧　竊盗　恐嚇取財　詐欺官私取財　發冢　盗賊窩主　採生折割人　造畜蠱毒殺人　同謀共毆人因而致死　殺子孫奴婢圖賴人　威逼人致死　尊長爲人殺私和　拒毆追攝人　威力制縛人　奴婢毆家長　罵制使及本管長官　奴婢罵家長　越訴　誣告　千名犯義　教唆詞訟　受贓　有事以財請求　在官求索借貸人財物　家人求索　因公擅科斂　尅留盗贜　詐爲制書　詐病死傷避事　詐傳三品四品衙門言語　教誘人犯法　犯姦　縱容妻妾犯姦　親屬相姦　賭博　囑託公事　放火燒毁人房屋　罪人拒捕　獄囚脱監及反獄在逃　知情藏匿罪人　囚應禁而不禁　獄囚誣指平人　盗決河防　侵占官街

交趾刑名事例

《續通考》：永樂八年十月，令交趾仍前降刑名事例，　交趾布政司言：「先頒降刑名事例，交趾土人有雜犯死罪及徒流、遷徙者發邱温抵交趾充驛夫、遞運夫，　雜犯死罪者服役終身，　徒流、　遷徙者各以所犯輕重爲限。　官吏犯笞杖罪，　吏斷決還役，　官降用，　應解見任別敘及雜職於邊遠敘用者皆斷決還職。　今新例徒流、遷徙、杖罪皆發北京爲民種田，　先後例殊不一。」皇太子曰：「交趾遠在萬里外，　宜從先例。」令刑部移文知之。

貴州土人斷罪例

《續通考》：宣宗宣德元年五月，定貴州土人斷罪例，雜犯死罪就彼役作終身，徒流徙杖者依年限役之，應笞者役五月，應杖者役十月，畢日釋放。

會定見行律

《明志》：成化十五年，南直隸巡撫王恕言：「《大明律》後，有《會定見行律》百有八條，不知所起。　如《兵律》多支廩給，《刑律》罵制使及本管長官條，皆輕重失倫。　流傳四方，　有誤官守。　乞追板焚燬。」命即焚之，有依此律出入人罪者，以故論。

按：既非奏定之律何以刻入官書相率遵用？殊不可解，或別有緣因，不便形諸奏牘歟？

問刑條例

《明志》：弘治中，去定律時已百年，用法者日弛。五年，刑部尚書彭韶等以鴻臚少卿李鐩請，刪定《問刑條例》。至十三年，刑官復上言：「洪武末，定《大明律》，後又申明《大誥》，有罪減等，累朝遵用。其法外遺姦，列聖因時推廣之而有例，例以輔律，非以破律也。乃中外巧法吏或借便己私，律浸格不用。」於是下尚書白昂等會九卿議，增歷年《問刑條例》經久可行二百九十七條。帝摘其中六事，令再議以聞。九卿執奏，乃不果改。然自是以後，律例並行，而網亦少密。王府禁例六條，諸王無故出城有罰，其法尤嚴。嘉靖二十八年，刑部尚書喻茂堅言：「自弘治間定例，垂五十年。乞敕臣等會同三法司，申明《問刑條例》及嘉靖元年後欽定事例，永爲遵守。弘治十三年以後嘉靖元年以前事例，雖奉詔革除，顧有因事條陳，擬議精當可採者，亦宜詳檢。若官司妄引條例，故入人罪者，當議黜罰。」會茂堅去官，詔尚書顧應祥等定議，增至二百四十九條。三十四年，又因尚書何鼇言，增入九事。萬曆時，給事中烏(昂)〔昇〕請續增條例。至十三年，刑部尚書舒化等乃輯嘉靖三十四年以後詔令及宗藩軍政條例、捕盜條格、漕運議單與刑名相關者，律爲正文，例爲附注，共三百八十二條，刪世宗時苛令特多。崇禎十四年，刑部尚書劉澤深復請議定《問刑條例》。帝以律應恪遵，例有上下，事同而二三其例者，刪定畫一爲是。然時方急法，百司救過不暇，議未及行。

《續通考》：嘉靖三十四年二月，刑部尚書何鼇奏上九事：「一凡犯姦緦麻以上親之妻及妻前夫之女、同母異父姊妹者，姦夫近邊充軍，婦女離異歸宗，聽夫嫁賣。一凡用財冒襲軍職，俱依成祖欽定安告冒籍，不實之官並保勘官俱罷職揭黄，永不得襲，若有贓，以枉法論。一凡宗室悖逆祖訓，出城越關赴京者，即奏請先降爲庶人送回。一宗室互相訐奏，行勘未結而輒誣奏勘官及以不干己事捏奏者，不論事情輕重，俱寢不行。一軍職犯死罪及充軍者，子孫俱不許襲。一沿邊總兵以下官員，但有科斂入己，贓至二百兩以上戍邊，四百兩以上梟示。一沿邊沿海寇至不能固守，致賊陷入衛所，掌印官與捕盗官俱比守邊將帥失陷城寨律斬，府、州、縣降級别用。其府、州、縣原無衛所專城之責者，如有前項失事，不分邊腹，掌印、捕盗官俱比牧民官激變良民因而失陷律斬。一凡搶奪至三次犯罪者，俱比竊盗三犯絞罪，奏請定奪。一凡軍職有犯倚勢役占並受財賣放餘丁至三十名以上致廢防守，俱比賣放正軍包納月錢至二十名以上事例罷職戍邊。」議入皆允行。刑部尚書舒化重修《問刑條例》疏：「案查萬曆二年，刑科都給事中烏昇等題准將《問刑條例》參酌續附，四五等年，具稿甫完，纂修官俱因事去任。六年，郎中沈九疇及主事李伯春、方範將各《條例》及《大明令》、《大明會典》、《累朝詔赦》、《宗藩軍政條例》、《漕運議單》並節年各衙門題准事例凡有關於刑名者，各查照本律，參酌事情，裒集成帙，咨送各部院衙門堂上官及該科公同酌議，未經回覆。十一年，御史陳薦以捕盗法嚴、獄滋冤濫爲言，重定捕盗條格。給事中蕭彦以事例未一爲言，重定侵盗錢糧事例，咨送各部院衙門堂上官及該科隨據，吏户禮兵工等部、都察院、大理寺回咨前來，仍委沈九疇及郎中王炳璿、員外郎章潤、主事詹思謙再行逐條評議，編輯已完，呈乞題請施行等。因臣等看得《問刑條例》一書先定于弘治十三年，重修於嘉靖二十九年，續增于嘉靖三十四年，共三百八十五條。事例稽之累朝，損益成於列聖，遵行已久，固非臣等所敢輕議。但法因時變，情以世殊，其中或有舉其一而未盡其詳，亦有宜於前而不宜於後，事本一類乃分載於各條，罪本同科或變文以異斷，至若繁詞冗義，未盡芟除，甲是乙非，未經畫一。蓋立例以輔律，貴依律以定例，律有重而難行，故例常從輕，不無過輕而失之，縱律有輕而易犯，故例常從重，不無過重而近於苛，諸如此類，亦略可言。如强盜傷人與殺人者，其情自異，難同梟示之條；私賣軍器比出境者，其罪既同，原無各斬之律，人命出辜限而通擬抵償，恐多冤獄，略賣至三犯而照前發遣，未足懲姦；冒籍生員，非買文頂替之比，何以俱發口外？賣放軍犯有終身、永遠之别，豈容一概代當？至於加死爲重，不引律而即引例，梟示尤重，律無斬而例即梟，凡此，據文既有可訾，於律不無相礙。今臣等所議，必求經久可行、明白易曉，務祛苛縱之弊，以協情法之中。校勘多年，粗有端緒，臣等再照《大明律》共四百六十條，今《條例》亦多至三百八十餘條，民之情僞既該，法之防範亦密，我皇上欽恤庶獄，命臣等重加酌議，蓋將使上有畫一之法，民知趨避之途。若題准頒布之後，敢有恣任喜怒妄行引擬及將已前未經采入事例輒擅比照，容臣等及該科參奏，照舊例分别重處，仍將本例增改移附末簡，以示申飭，庶法紀嚴而刑罰當，清淨寧一之化復見於今日矣。臣等遵奉前旨，仍會同吏部等衙門、尚書等官、臣楊巍等公同議擬，除各例妥當相應照舊者共一百九十一條，其應删應併應增改者共一百九十一條，逐條開列，前件擬議上請，伏乞皇上特賜裁定，恭候命下本部，容臣等將前例開送史館，以憑纂入《大明會典》，仍將《大明律》逐欵開列於前，各例附列於後，刊刻成書，頒布問刑衙門永永遵守。」云云。

《藝文志》：顧應祥《問刑條例》七卷，舒化《問刑條例》七卷。

按：律外有例，明初已然，特未纂爲一書。弘治初，李鐩始有删定之請，十三年書成，其後嘉靖中兩次修改，萬曆十三年舒化又重修之，即今所傳之本也。其初《問刑條例》律外單行，舒化始修附於各律之後，然其時亦有單行本。《藝文志》録顧應祥、舒化書各七卷，崇禎中所刻《官常政要》十八種内有《問刑條例》七卷，可見當時雖附于律後，仍有單行本也。萬曆十三年《大明律》目録律後附例，名例九十一條，吏律三十一條，户律六十六條，禮律九條，兵律五十一條，刑律一百二十二條，工律八條，共計三百八十條，不合疏内所稱三百八十二條之數。細檢户律實六十九條，刑律實一百二十三條，與原數相符，自是目録之誤，單行本其目亦誤，必當時官刊本已誤，坊間相沿未改也。舒化又有進新刻《大明律》附例疏，内稱將弘治十三年題準真犯雜犯罪名及節年題準見行納贖事例並收贖錢鈔細加查考，編寫成圖，一併附刻。據此則新附圖四，前所無。

武官有犯奏請

《續通考》：洪武三年，詔自今武官有犯，非奏請不得逮問。十四年一月，又詔武官三品以上有犯者奏請，得旨乃鞫之，四品以下有犯，所司就逮問，定罪議功，請旨裁決。若文職有犯干涉武官，三品以上者亦須奏請，毋擅問。

申明亭

五年二月，建申明亭。　帝以田野之民不知禁令，往往誤犯刑憲，命有司於内外府州縣及鄉之里社皆立申明亭，凡境内人民有犯者，書其過名，榜於亭上，使人有所懲戒。　洪武十五年八月，諭禮部曰：「天下郡邑申明亭，書記犯罪者姓名，昭示鄉里，以勸善懲惡。今有司概以雜犯小罪書之，使善良一時過誤爲終身之累，雖欲改過自新，其路無由，爾等詳議之。」於是禮部議：「自今犯十惡、姦盜、詐僞、干犯名義、有傷風俗及犯贓至徒者書於亭，其餘雜犯公私過誤，非干風化者，悉皆除之，以開良民自新之路。其有私毁亭舍、除所懸法令及塗抹姓名者，監察御史、按察司官以時按視罪如律。」制曰可。

更定親屬相容隱律

六年八月，更定親屬相容隱律。　凡同居大功以上親及外祖父母、外孫、若孫之婦、夫之兄弟及兄弟妻、若妻之父母、女壻許相容隱，或奴婢爲本主隱者，皆勿論。其小功以下相容隱減凡人三等，若無服之親，姑姊妹夫、妻之兄弟、姑夫妻姪相容隱者亦減二等，犯謀反惡逆不用此律。

按：此改唐律也，唐律無妻之父母女壻，蓋是外姻，緦麻尊卑已包於小功以下之内，無無服之親，以其非同居者則恩義已疏也。明律更定，視唐爲寬矣，無服之親專指姑姊妹夫等，服雖無而情則甚親。「姑夫」重見，下「姑夫」當是「姨夫」之誤，後來定律删姑姊妹夫云云，則凡有親無服者皆得援以爲斷，漫無限制，實非原定此律之意，故今例内有無服之親以律圖爲斷之條也。明初有司決獄，笞五十者縣決之，杖八十者州決之，一百者府決之，其徒罪以上具獄送行省。由是州縣或受贓減重從輕，省府或弄法加輕入重，文移駁議，囚繫淹連。至是命中書省御史臺定議，令出，天下便之。

九月，命府州縣輕重獄囚卽依律斷決，不須轉發，果有違枉，御史、按察司究劾之。

案：罪無輕重，州縣皆得專決，一時雖便而久必滋弊，殊非慎刑之意。考洪武《實録》十六年四月，帝以八事頒布天下州縣，内言：「凡民有犯笞杖罪者，縣自斷決，具實以聞。犯徒流罪者，縣擬其罪，申州若府，以達布政司定擬。其有犯死罪者，縣擬其罪，申州若府，以達布政司、達刑部定擬，或准工贖罪，或奏聞遣官審決。凡諸司獄訟當詳審，按律決遣，毋得淹禁。」如此分別定擬，最爲允當，可見州縣專決之例當亦洞悉其弊，故行之未十年，旋卽更改也。

越訴

《明志》：洪武末年，小民多越訴京師，及按其事，往往不實，乃嚴越訴之禁。命老人理一鄉詞訟，會里胥決之，事重者始白於官，然卒不能止。越訴者日多，乃用重法，戍之邊。宣德時，越訴得實者免罪，不實仍戍邊。景泰中，不問虚實，皆發口外充軍，後不以爲例也。

功臣死罪減禄

《續通考》：建文四年九月，成祖已即位。定功臣死罪減禄例。免三死者，初犯減其禄二之七，再犯減其十之七，三犯盡奪。免二死者，初犯減十之五，再犯盡奪。免一死者，一犯盡奪。

誣告法

永樂元年二月，定誣告法。凡誣告三四人者杖一百、徒三年，五六人者杖一百、流三千里。所誣重者，從重論。誣告十人以上者，淩遲處死，梟首其鄉，家屬遷化外。

監生犯罪

定監生犯罪律。都察院奏定：「監生犯公罪依律紀録，私罪當笞者罰。歷事一年考，謹勤者准歷事監生出身，平常者再歷事一年覆考。當杖者斷發充吏，准吏員資格出身。」

誹謗

四年七月，申嚴誹謗之禁。案永樂二年，有典仗率軍卒往安慶採木，道過民家，縱軍强取民財，民將訴於官，典仗教軍卒誣民爲誹謗，縛送刑部獄，具以聞。帝慮民受誣，命五府六部都察院共訊，得其實，遂釋民而抵官軍罪。夫以一夫受冤輒命多官雜治之，可云辨釋無辜矣。然前此三年四月，有錦衣衛校尉訐朝臣誹謗時政者，是年十月，通政司引告有發人誹謗而引其母爲證者。後五年五月，山陽縣丁珏訐其鄉誹謗罪數十人，珏遂擢爲刑科給事中，則當時側目重足之象亦可想見。

《明志》：成祖起靖難之師，抗違者既盡殺戮，懼人竊議之，疾誹謗特甚。永樂十七年，復申其禁。而陳瑛、吕震、紀綱輩先後用事，專以刻深固寵。於是蕭議、周新、解縉等多無罪死。洪熙改元，二月諭都御史劉觀、大理卿虞謙曰：「往者，法司以誣陷爲功，人或片言及國事，輒論誹謗，身家破滅，莫復辨理。今數月間，此風又萌。夫治道所急者求言，所患者以言爲諱，柰何禁誹謗哉？」因顧士奇等曰：「此事必以詔書行之。」於是士奇承旨，載帝言於己丑詔書云，告誹謗者勿治。

京城盜馬

《續通考》：十六年十月下令京城，凡盜馬者斬。

吏典犯罪

洪熙元年十月，定吏典犯罪等差行在。吏部郎中陳叔剛上言：「吏犯杖罪，律斷決爲民，近時吏胥謀欲去役，私約相訐，多以杖罷去，乞命法司定議。」於是尚書金純等議：「吏犯徒罪以上，准工滿日安置別郡。死罪如律，公罪附過若杖罪，除坐累詿誤依律的決還役外，其受枉法不枉法贓並詐取人財考滿丁憂不赴部，避役逃亡、詐稱疾病者，仍請依永樂年間事例免杖，發北京爲民，庶有所懲戒。」從之。繼復有廣西按察僉事王愷奏言：「近例在外諸司吏典犯笞杖罪俱贖鈔改撥，姦猾之徒必有避易就難，乘機作弊者，請敕法司會議。法司議請凡照刷諸司文卷事干遲錯，若漏報卷籍，官吏應公私笞罪及公杖罪者，皆依律決，罰還職役。如錢糧埋没刑名違枉有所規避者，仍依律發遣。」從之。

義女爲妾

正統三年十一月，定義女爲妾罪律。先是洪武十七年十二月，以刑部尚書王惠迪言命定義女犯姦之罪，比同宗無服之親律加一等，杖六十，徒一年，其女歸宗，著爲令。至是，民有收義女爲妾者，法司論姦。大理寺評事王亮請行勘原賣與媒合人，果係義女，罪之如律。若通房使女收爲妾而立約明白兩相願者，不治罪，不離異。從之。

侵欺軍糧

五年六月，立侵欺軍糧禁例。帝以内外軍官侵欺糧餉，致軍士逃匿。命所司議，今後尅減糧至五十石、布至五十匹、棉花至一百斤以上者，擬死罪，官充軍立功，總小旗充軍守哨五年，滿日還役。其計贓四十貫以下者，擬徒流罪，官稱爲事官立功，總小旗充軍守哨，流罪四年，徒罪照年限，滿日各復職役，調邊衞差操。從之。

盜採銀礦

九月，定盜採銀礦新例。爲首者處斬，從者發戍。時雲南有犯者，御史陳智以在例前，論徒，帝命從新例。

竊盜遇赦

八年七月，定竊盜遇赦之例。大理寺言：「竊盜初犯刺右臂，再犯刺左臂，三犯絞。今竊盜遇赦再犯者咸坐以初犯，或仍刺右臂，或不刺，請定爲例。」章下三法司議，刺右遇赦再犯者刺左，刺左遇赦又犯者不刺，立案。赦後三犯者絞。帝曰：「竊盜已刺，遇赦再犯者依常例，擬不論赦，仍通具前後所犯以聞。」後憲宗時，都御史李秉援舊例奏革。既而南京盜王阿童五犯皆遇赦免，帝聞之，詔仍以赦前後三犯爲令。至神宗時，復議奏請改遣云。

姦義男婦

十三年六月，定姦義男婦例。刑部尚書金濂奏：「洪、永以來，有論依姦子孫之婦應斬，有論依姦妻前夫之女應徒者，乞聖斷遵守，三法司奉詔議親男與義男情有親疏，宜比姦妻前夫之女徒罪科斷。」帝曰：「通姦者如議男與婦仍斷還本宗，强姦者處斬。」　案《刑志》載「十二年，知縣陳敏政言，民以後妻所攜前夫之女爲子婦，及以所攜前夫之子爲壻者，並依同母異父姊妹律，減等科斷」。與此條均爲比律之最當者。

生員犯罪

十四年六月，定生員犯罪等差。時有生員犯居喪娶妻及挾妓飲酒者，例應充吏，刑部言：「生員無志讀書者往往過犯以求脱免，請輕罪充吏，免追廩米，若犯受贓姦盜、冒籍科舉、挾妓飲酒、居喪娶妻妾等罪者，南北直隸發充兩京國子監膳夫，名布政司發充鄰近儒學齋夫。膳夫滿日，原籍爲民，廩膳仍追廩米。」從之。

拷訊致死

弘治六年閏五月，定拷訊致死之罪。時以久旱求言，太常卿李東陽因奏：「五刑最輕者笞杖，然杖有分寸，數有多寡。今在外諸司，笞杖之罪往往致死，縱令事覺，不過以因公還職。以極輕之刑置之不可復生之地，多者數十，甚者數百，積骸滿獄，流血塗地，可爲傷心。律故勘平人者抵命，刑具非法者除名，偶不出此，便謂之公。一以公名，雖多無害，此則情重而律輕者，不可以不議也。請凡拷訊輕罪卽時致死，累二十或三十人以上，本律外仍議行降調，或病死不實者，並治其醫。」命下所司議處。

親屬相姦

十一年正月，定親屬相姦罪例。時陝西宜川縣民馮子名，兄亡妻其嫂，法司議以逆天道、壞人倫，擬絞。仍通行中外，有犯此類及親屬相姦者，並依此例。從之。

威逼父母致死

十六年十月，嚴威逼父母致死之律。撫州人江緣一擊殺其弟緣四，遺一女。其母吳氏以許嫁李氏，緣一又欲取所受聘財，母不從，緣一怒罵，劫奪之，母忿之而自縊。有司擬罵母律絞，巡按王育以律毆父母者斬。緣一手殺親弟，逼死親母，使得全首領，情重律輕，具獄以聞，法司覆議，毆母律斬決不待時。仍請後有威逼祖父母、父母死者，悉依此斷。從之。

按：論情固重，然非毆而科以毆罪，豈律意乎？手殺親弟，律無死罪，按律從重擬絞可矣。

訐告原問官

十七年六月，定訐告原問官罪例。先是，成化間定議，凡訐告原問官者，覈究得實，然後逮問。至是南京御史王良臣按指揮周愷等怙勢黷賄，愷等遂訐良臣。詔下南京法司逮繫會鞫。侍郎楊守隨言：

「此與舊章不合，請今後官吏軍民奏訴牽緣別事，摭拾原問官者立案不行，所奏事仍令問結，虛詐者擬罪，原問官枉斷亦罪。」乃下其議於三法司，法司覆奏如所請。從之。

殺人不同謀　竊盜臨時拒捕

十月，申明殺人不同謀及臨時拒捕之律。御史魏紳奏：「在外有司問故殺鬭殺，其助殺之人俱擬爲從坐以流罪。又竊盜臨時拒捕，不得財者止作犯罪拒捕科斷，其拒捕不繫，臨時者或反坐斬罪，俱不合律意。法司覆議，令今後凡故殺鬭殺，正犯坐擬斬絞，其同行之人本非同謀而但不勸阻者，止問不應杖罪。竊盜若臨時拒捕，雖不得財亦坐以斬，庶律意不違。」帝從之。

子弟劫父兄

正德十三年九月，定子弟劫父兄罪例。時有子糾他人劫其父及兄者，刑部循例以同居卑幼引他人爲盜及私擅用財，擬罪止徒杖。大理卿劉玉奏：「律以弼教，此人倫之變，如前擬是置倫理於不論，盜賊益肆而莫禁矣。」於是改擬重罪，著爲令。

僞造文書

嘉靖二十二年四月，定僞造文書事例。時有僞造察院文書畫押者，刑部擬以盜用印信律。大理寺駮之，詔法司會議，尚書聞淵等議，文書以印信爲重，押字次之，今後盜用印信卽無押字俱坐杖流，若止犯押字，不必概用前律。又如有詐爲衙門關防，俱比各衙門印信擬罪，凡盜用棄毁僞造，悉與同科。詔從之，著爲令。

買休賣休

隆慶三年正月，更定買休賣休律。大理寺少卿王諍言：「問刑官多違背律例獨任意見，如律文犯姦條下所謂『買休賣休和娶人妻者』，本指用財買求其妻，又使之休賣其妻，而因以娶之者言也，故律應離異歸宗，財禮入官。至若夫婦不合者律應離異，婦人犯姦者律從嫁賣，則後夫憑媒用財娶以爲妻，原非姦情，律所不禁。今則概引買休賣休和娶之律。臣不知其所謂。」時刑部尚書毛愷力争之，廷臣皆是諍議。得旨：「買休賣休，本屬姦條，今後有犯，非係姦情者不得引用。」

侵盜錢糧

萬曆七年三月，改侵盜錢糧加侵盜邊海錢糧一倍者罪照邊海事例，著爲令。舊例盜銀二百兩、糧四百石者罪論斬，此在邊海行之，以比腹裏較重也。御史胡執禮見腹裏侵盜者多欲以此例行之，部覆以爲太嚴，議盜銀四百兩、糧八百石者罪如之，仍責限一年，完贓者准改戍，過限不完者處斬，餘拘親屬追賠。後十一年六月，科臣有言律文侵盜錢糧皆准徒五年，後因輕易犯，復設條例，永遠充軍。近御史胡執禮請將侵至四百兩以上者照邊海事例處斬，竊謂充軍下死罪一等，而永遠世世句補與死埒矣，宜仍照原定條例，新例停止。從之。

盜珠

五月，定廣東盜珠罪例。刑部奏：「廣東珠池之盜因無律例，概以强盜坐之，似屬過重。今議比常人盜官物併贓論罪，免刺，仍分爲三等：其拒捕者爲一等，首從俱遠戍，若殺傷人，爲首者斬。不曾拒捕，聚衆至二十人以上、珠值銀二十兩以上者爲二等，爲首者戍，爲從者枷號三月，照罪發落。人與珠俱不及數者爲三等，爲首者，初犯枷三月，若假以盜珠爲名劫客商船隻及人財物者，俱依强盜論。」

刺字

十三年九月，申明刺字事例。刑部尚書舒化奏：「刺字之法，所以懲盜，凡盜賊犯徒罪以下者，不問贓數多寡，並從刺字。監守常人盜二條，據律各載刺字之文，而滿貫罪至斬絞者，從無刺字之例。今後除各盜犯該徒罪以下刺字外，其雜犯斬絞准徒者俱照舊免刺，得旨軍官軍人犯該徒流律並免刺，以後文職照軍官一體行，其餘俱以盜論。及雜犯斬絞准徒者俱盡本法刺字，著爲令。」後十二年，刑部以律文内監守常人盜俱於右臂刺「盜官物」三字，又有以盜論者刺字，准盜者免刺，載之名例甚明。然二百年來，以盜論者亦未以刺字之法繩之，蓋盜賊與侵欺犯自不同，故與真盜之罪終屬稍間，且今犯法者有議贖之條，竊盜不准贖，刺配亦所甘心，若糧里庫役有力者准贖矣，又從而刺之不亦甚乎？得旨盜犯贓貫，原有正律，以從真盜，實贓不論，犯徒減徒，務遵前旨。其坐盤查侵欺等項，准照舊免刺。

熱審

《續通考》：永樂二年四月，定熱審之例。諭曰：「天氣向熱，獄囚淹久必病，病無所仰給必死，輕罪而死與枉殺何異？今令五府六部六科協助爾等，盡數日疏決，凡死罪獄成者俟秋處決，輕罪即決遣，有連引待辨未能決者，令出獄聽候。」

按：明制熱審始此，至宣德中，尤戒法司緩玩，至令刻期竟事。嘗有終夏之間而疏決繫囚，詔三四下，蓋深有念於古者孟夏斷薄刑，仲夏挺重囚之義，然是時既命馳諭中外，悉如京師例矣。而正統元年乃以兵部侍郎于謙言始命外省隆冬盛暑如京師録囚，蓋已不免抵牾。至孝宗弘治七年，禮科給事中呂獻言：「每歲初夏，縱釋繫囚，此例獨行兩京，未及天下。」而武宗正德元年，掌大理寺工部尚書楊守隨又言：「每歲熱審事例行於北京而不行於南京，五年大審事例行於在京而略於在外。」於是始通行南京，凡審囚三法司皆會審，在外審録亦依此例。則獻所云兩京者果何例也？兩人相距僅十餘歲，而先後互異若此，或孝宗末造刑政多所廢弛故歟？

按：熱審之制，即《月令·孟夏》「斷薄刑，決小罪，出輕繫」之意，良法，明代時行之而未經纂入例册，故有時行時不行之事。弘治中修《問刑條例》，而此事未經纂入，何也？

寒審

《明志》：歷朝無寒審之制，崇禎十年，以代州知州郭正中疏及寒審，命所司求故事。尚書鄭三俊乃引數事以奏，言：「謹按洪武二十三年十二月癸未，太祖諭刑部尚書楊靖，『自今惟犯十惡並殺人者論死，餘死罪皆令輸粟北邊以自贖』。永樂四年十一月，法司進月繫囚數，凡數百人，大辟僅十之一。成祖諭吕震曰：『此等既非死罪，而久繫不決，天氣沍寒，必有聽其冤死者。』凡雜犯死罪下約二百，悉准贖發遣。九年十一月，刑科曹潤等言：『昔以天寒，審釋輕囚。今囚或淹一年以上，且一月間瘐死者九百三十餘人，獄吏之毒所不忍言。』成祖召法司切責，遂詔：『徒流以下三月内決放，重罪當繫者恤之，無令死於饑寒。』十二年十一月，復令以疑獄名上，親閲之。宣德四年十月，以皇太子千秋節，減雜犯死罪以下，宥笞杖以枷鐐者。嗣後，世宗、神宗或以災異修刑，或以覃恩布德。寒審雖無近例，而先朝寬大，皆所宜取法者。」奏上，帝納其言。然永樂十一年十月遣副都御史李慶齎璽書，命皇太子録南京囚，贖雜犯死罪以下。宣德四年冬，以天氣沍寒，敕南北刑官悉録繫囚以聞，不分輕重。因謂夏原吉等曰：「堯、舜之世，民不犯法，成、康之時，刑措不用，皆君臣同德所致。朕德薄，卿等其勉力匡扶，庶無愧古人。」此寒審最著者，三俊亦不暇詳也。

明志刑法類所録書

《明史·藝文志》：何廣《律解辨疑》三十卷，盧雍《祥刑集覽》二卷，陳廷璉《大明律分類條目》四卷，劉惟謙《唐律疏義》十二卷，張楷《大明律解》十二卷，應檟《大明律釋義》三十卷，高舉《大明律集解附例》三十卷，范永鑾《大明律例》三十卷，陳璋《比部招擬》二卷，段正《柏臺公案》八卷，應廷育《讀律管窺》十二卷，雷夢麟《讀律瑣言》三十卷，孫存《大明律讀法書》三十卷，王樵《讀律私箋》二十四卷，林兆珂注《大明律例》二十卷，王之垣《律解附例》八卷，〔舒化〕《刑書會據》三十卷，王肯堂《律例箋解》按「解」當作「釋」。三十卷，歐陽東鳳《闡律》一卷，熊鳴歧《昭代王章》十五卷，吴（炳）〔訥〕《祥刑要覽》二卷。

按：《明志》所録律例諸書，高舉、范永鑾、王肯堂三書及《刑書會據》尚有傳本。《瑣言》原本雖未見，其文則具見於陳省所刻《明律》中。應檟《釋義》，天一閣尚有藏本，餘則罕見矣。天一閣所藏尚有明彭應弼《大明律附例》三十卷、明胡瓊《律解附例》四卷、無撰人《律條疏義》□□卷、《大明律直引》五卷、《大明律比例》一卷、《律疏附例》八卷、《條例便覽》七卷，以上四書不著撰人。《大明律讀法》所引書亦有直引之名。此外尚有陳詵禮部尚書。《讀律管見》，卷數未詳。陳省刻本中亦引之，又有陳察《律例集解》，有孫承宗序。

〔清〕沈家本　撰
鄧經元　駢宇騫　點校

歷代刑法考

附寄簃文存

三

中華書局

獄考一卷

獄考

《急就章》："皋陶造獄法律存。"顔師古注："獄之言埆也，取其堅牢也。字從二犬，所以守備也。"

《廣韻》三燭："獄，皋陶所造。"

按：據二書所言，獄爲皋陶所造，故首録之。

《竹書紀年》："夏帝芬三十六年，作圜土。"

按：周圜土之制因於夏。

《詩·行露》："何以速我獄。"傳："獄，埆也。《釋文》獄音玉，埆音角。又户角反。盧植云，相質觳争訟者也。崔云，埆者，埆正之義。一云獄名。"疏："《鄭異義駮》云，獄者埆也。囚證於埆核之處，《周禮》之圜土。然則獄者，核實道理之名。皋陶造獄謂此也。既囚證未定，獄事未決，繫之於圜土，因謂圜土亦爲獄。"《説文》："獄，确也，從㹜從言，二犬所以守也。"段注："《召南》傳：獄埆也。埆同确，堅剛相持之意，許云所以守者，謂陛牢拘罪之處也。"《釋名·釋宮室》："獄，确也，實确人之情僞也。又謂之牢，言所在堅牢。又謂之圜土，土築，表牆形，形圜也。又謂之囹圄，囹領也，圄御也，領録囚徒禁御之也。"

按：獄有二義。《國語·周語》："夫君臣無獄。"注："《左傳》襄十年傳：坐獄於王庭。"注並云，獄訟也。《周禮·大司寇》注:「獄謂相告以罪名者。」《左傳》僖二十八年注:「獄訟皆争罪之事也。」《淮南·氾論》:「有獄訟者。」注:「獄亦訟。」《詩·行露》疏:「此章言獄,下章言訟,《司寇》職云『兩造禁民訟、兩劑禁民獄』對文,則獄、訟異也。故彼注云『訟謂以財貨相告者,獄謂相告以罪名』,是其對例也。散則通也。此詩亦無財、罪之異,重章變其文耳。」以上諸説,謂獄即訟也。《易·噬嗑》:「利用獄。」《象傳》:「君子以明庶政,无敢折獄。君子以明慎用刑而不留獄。君子以議獄緩死。」並是此義也。《荀子》:「獄行不治。」《韓詩》曰:「朝廷曰獄。」《獨斷》:「漢曰獄。」《説文》之義亦以爲拘罪之處。《鄭駮異義》謂即周之圜土。《釋名》又謂之牢。以上諸説,以獄爲罪人之牢,此一義也。《行露》毛《傳》似主前義,故但曰埆也。鄭《箋》不爲獄訓,似亦不異於毛。崔靈恩曰:「一云獄名。」乃用後義。孔《疏》又引《鄭異義駮》以證之,又似歸重後一義矣。實則二義本相引伸。有争端而後相告以罪名,於是有埆核之事,有拘罪之處,其事本相因也。獄,從㹜,從言。㹜,兩犬相齧也,語斤切。相齧必先相争,人之相争亦類是,故從㹜。相争必以言,以言相争而後有獄,此會意字。許云二犬所以守,似非從㹜矣,與部首相屬之義不符。爲許學者謂此乃别一例也。

《詩·小宛》:「宜岸宜獄。」傳:「岸,訟也。」箋云,仍有獄訟之事。」《釋文》:「岸如字。韋昭注《漢書》同。《韓詩》作犴,音同,云鄉亭之繫曰犴,朝廷曰獄。」陳喬樅《韓詩遺説攷》:「犴,《毛詩》作岸。此古文,以岸爲犴之叚借。《説文》豻或從犬,作犴,引《詩》宜犴宜獄,據《韓詩》文也。」胡承珙曰:「犴、獄字皆從犬,取犬所以守意,毛《傳》訓岸爲訟者,訟爲訟繫,獄則讞成,故《韓詩》以鄉亭、朝廷分屬之。」又

《魯詩遺説攷》：「周官・射人》注，豻讀如宜豻宜獄之豻。案《韓詩》作犴，豻、犴字同。《荀子・宥坐篇》注引《詩》宜犴宜獄。《漢書・刑法志》豻獄不平云云。注引服虔曰，鄉亭之獄曰豻。班書皆據《齊詩》，服説多從魯訓，然則齊、韓與魯文同矣。」《御覽》：六百四十三。「《風俗通》曰，《詩》云宜犴宜獄，犴，司空也。《周禮》凡萬民有罪過已離於法者，桎梏以上坐諸嘉石獄，諸司空令平易道路也。」

按：《小宛》傳箋與《行露》同三家詩説，並與毛、鄭異，蓋各主一義也。

蔡邕《獨斷》：「四代獄之別名：唐、虞曰士官；《史記》曰皋陶爲理，《尚書》曰皋陶作士。夏曰均臺，周曰囹圄，漢曰獄。」

按：皋陶造獄，而虞之獄名惟見此書，他無可證。《詩》有「宜獄」之言，其名亦未必始於漢。此言四代之獄，獨無殷，未詳其故。

《荀子・宥坐篇》：「獄犴不治，不可刑也。」楊倞注：「獄犴不治，謂法令不當也。犴亦獄也。《詩》曰『宜犴宜獄』，獄字從二犬，象所以守者。犴，胡地野犬，亦善守，故獄謂之犴也。」

按：楊倞之注當亦本于《説文》，《荀子》獄犴之文恐亦原於《詩》句，可知三家詩説其淵源甚遠，不始於漢儒也。伯喈「漢曰獄」之語未足徵信。

《御覽》：六百四十三。「《風俗通》曰，《易・噬嗑》爲獄，獄十月之卦。从犬、言聲，二犬亦所以守也。廷者陽也，陽尚生長。獄者陰也，陰主刑殺。故獄皆在廷北，順其位。」

按：獄从㹜，非从犬，言亦非聲，此云从犬、言聲，恐有譌奪。《意林》引作「獄字二犬守言，無情狀」，亦得之。與《御覽》所引不同，恐是應氏原文。

又《風俗通》曰：「《周禮》三王始有獄。夏曰夏臺。言不害人，若游觀之臺，桀拘湯是也。殷曰羑里。言不害人，若於閭里，紂拘文王是也。周曰囹圄。囹令，圄舉也，言令人幽閉思愆，改惡爲善，因原之也，今縣官録囚皆舉也。」

按：史游云皋陶造獄，而此云三王始有獄，説相乖異。蔡邕亦言唐、虞有獄，恐應氏之言未足憑也。《史記》桀囚湯夏臺，紂囚文王羑里，並與此同。《鄭志》以囹圄爲秦獄名，則與此異。此蓋師説之傳授不同，漢儒往往有此。惟所言三代命名之意，設獄原非以害人，其「幽閉思愆」、「改善爲惡」二語，以感化爲宗旨，尤與近世新學説相合。可以見名理自在天壤，今人之所矜爲創獲者，古人早已言之，特無人推闡其説，遂至湮没不彰，安得有心人搜尋追討，以與新學説家研究之乎。

《初學記》獄第十一：「《博物志》云，夏曰念室，殷曰動止，周曰稽留，三代之異名也。又狴牢者，亦獄別名。」

按：此云三代之異名，則非本名矣。《晉刑法志》念室後刑，實用此事。餘他無所考。

《史記·夏本紀》：「夏桀不務德而武，傷百姓，百姓弗堪，迺召湯而囚之夏臺。」索隱：「獄名，夏曰均臺。皇甫謐云，地在陽翟是也。」

按：夏臺獄名，與應劭之説合。《左傳》昭四年：「夏啟有鈞臺之享。」注：「河南陽翟縣南有鈞臺陂，蓋啟享諸侯於此。」《竹書紀年》亦云夏啟元年大饗諸侯於鈞臺。均、鈞文通，地又同在陽翟。

既爲宴享之所，不應與獄同名，索隱蓋用《獨斷》之說，恐有誤。《竹書》亦言桀囚商侯履於夏臺，《北堂書鈔》四十五。引《白虎通》亦曰夏曰夏臺，是夏臺之名，史傳確可證。而均臺他無文也。

《殷本紀》：「紂囚西伯羑里。」集解：「《地理志》曰，河內湯陰有羑里城，西伯所拘處。」正義：「牖一作羑，音酉。羑城在相州湯陰縣北九里，紂囚西伯城也。」

《禮記·月令》：「仲春三月，命有司省囹圄。」注：「省，減也。囹圄，所以禁守繫者，若今別獄矣。」《釋文》：「囹圄，今之獄。」疏：「蔡云囹牢也，圄止也，所以止出入，皆罪人所舍也。崇精問曰：『獄，周曰圜土，殷曰羑里，夏曰均臺，囹圄何代之獄？』焦氏答曰：『《月令》，秦書，則秦獄名也。漢曰若盧，魏曰司空是也。』」

《說文》：「囹，獄也，从口令聲。」鍇曰：「囹，櫺也，櫳檻之名，郎丁切。」段注：「獄上當有囹圄二字。幸部曰，囹圉所以拘罪人。蓋許作囹圉，與他書囹圄不同也。」王筠曰：「此不言囹圉者，蓋囹之一字即爲名也。《月令》『省囹圄』，蔡氏章句：『囹牢也，圄止也。』《漢書·禮樂志》：『囹圄空虛』，顏注：『囹獄也，圄守也。』皆不連解囹圄。」　「圄，守之也，从口吾聲。」《韻會》：「案《說文》，圄，守也；圉，囹圉也，禦祀也。今文圄爲囹圄字，圉爲牧圉字，禦爲守禦字，經傳中相承久矣。」王筠曰：「《左傳》圉伯嬴於轑陽而殺之，即俗語所謂看守也。」　「圉，囹圉，所以拘辠人。」段注：「他書作囹圄者，同音相叚。圄者，守之也，其義別。《說文》宋本作囹圄者非是。蔡邕云，囹牢也，圄止也，所以止出入，皆罪人所舍也。按蔡說囹圄皆罪人所舍，云皆，則不必一地。是以口部曰：囹，獄也。不連圉也。」桂馥曰：「《釋言》：『圉，禁也。』

郭云禁制。《秦詛楚文》：『拘圉其叔父。』經典通作『圄』。圄、圉聲相近。《禹貢》『朱圉』，《漢書》作『朱圄』。顔注：『圄與圉同』。《公羊傳》『衛孔圄』，《左傳》作『圉』。」王筠曰：「囹圄，小徐本作囹圉，許謂圉一名囹圉也。《聖主得賢臣頌》：『昔者周公躬吐捉之勞，故有圉空之隆。』此言圉者也。《月令》：『省囹圄。』此言囹圄者也。然亦有言囹圉者，《東方朔傳》『囹圉空虛』是也。案圉之言禦也，《莊子》『其來不圉』，言禦諸外也。囹圄則禦諸内也。」

《北堂書鈔》四十五。「《白虎通》云，《周禮》三王始有獄，夏曰夏臺，桀拘湯，殷曰羑里，周曰囹圄。」

《公羊傳》昭二十一年：「宋華亥、向寧、華定自陳入于宋南里以畔。宋南里者何？若曰因諸者然。」注：「因諸者，齊放从鄂本。他本放作故。刑人之地。公羊子齊人，故以齊喻也。」疏：「舊説云，即《博物志》云周曰囹圄，齊曰因諸是也。」

《玉篇》：「囹圄，獄也。」《廣韻》八語：「囹圄，周獄名。」

《華嚴經音義》下：「囹圄謂周之獄名也。」

按：《月令》疏所引崇精問乃《鄭志》之文。其以囹圄爲秦獄名者，以《月令》乃吕不韋所作也。不韋纂此書，召集當世儒生，三代之制並歸甄録，不皆秦制。以囹圄爲秦獄名，他無據也。諸書並以爲周獄名，當是漢時舊説，不得以圜土爲疑。因諸，齊獄，他無可考。

《周禮·秋官·司圜》注：「鄭司農云，圜謂圜土也。圜土謂獄城也，今獄城圜。《司圜》職中言凡圜土之刑人也，以此知圜謂圜土也。」疏：「獄城圜者，東方主規，規主仁恩，凡斷獄以仁恩求之，故圜也。」

《初學記》獄第十一：「《春秋元命包》曰，爲獄圓者，象斗運合。宋均注曰，作獄圓者象斗運也。」

按：圜土之制，周仿於夏。《周禮》云，以圜土收教罷民，是專爲罷民而設。囹圄則爲通常之獄，當分别言之。《鄭志》以周有圜土，遂疑囹圄非周獄名，亦拘墟之見也。圜之義，疏語盡之。象斗運合，姑存古説可也。

《晏子·内篇》：「景公藉重而獄多，拘者滿圄，怨者滿朝。」《尉繚子》：「今夫決獄，小圄不下十數，中圄不下百數，大圄不下千數。」

按：此二事並單言圄者。段氏謂不必一地，其説是。

《説文》非部：「陛，牢也，《廣韻》兩引同。《韻會》引作「陛牢謂之獄」。段注從之。所以拘非也。段注：「説从非之意。」陛省聲。邊兮切。」《玉篇》：「陛，方奚切。，陛牢也，所以拘罪人也。」《一切經音義》：十三「陛，牢，方奚反。」

按：《御覽》六百四十三。引《説文》「獄謂之牢」，當即「陛牢謂之獄」，傳寫譌奪耳。據《韻會》所引《説文》及玄應書，陛牢二字連文爲名。《易林》：「失志懷憂，如幽狴牢。」杜甫《有事於南郊賦》：「叢棘坼而狴牢傾」。亦二字連文。狴，《廣韻》同陛。《法言》：「狴犴使人有禮。」又以狴犴連言矣。《家語·始誅篇》：「孔子爲魯大司寇，有父子訟者，夫子同狴執之。」王肅注：「狴，獄牢也。」《一切經音義》引《家語》「狴」作「陛」。唐人沈佺期詩：「雪枉間深狴。」又《觀赦詩》：「聖人觀天下，幽籥動圜狴。」劉禹錫《白太守詩》：「朱户非不崇，我心如重狴。」此並單言狴者。《易林》：「開牢闢門，巡狩釋寃。」《後漢書·黨錮傳》：「論幽深牢。」此單言牢者。又詳下。

《史記·天官書》：「在斗魁中，貴人之牢。」集解：「孟康曰：傳曰天理四星在斗魁中，貴人牢名曰天理。」索隱：「《樂汁圖》云，天理，理貴人牢。宋均曰：以理牢獄也。」正義：「占：明，及其中有星，此貴人下獄也。」「有句圜十五星，屬杓，曰賤人之牢。其牢中星實則囚多，虛則開出。」索隱：「《詩氾歷樞》云，賤人牢，一曰天獄。又《樂汁圖》云，連營，賤人牢。宋均以爲連營，貫索也。正義：「貫(星)〔索〕九星在七公前，一曰連索，主法律，禁暴彊，故爲賤人牢也。牢口一星爲門，欲其開也。占：星悉見則獄事繁，不見則刑務簡，動搖則斧鉞用，中虛則改元，口開則有赦；人主憂，若閉口，及星入牢中，有自繫死者。」

《晉書·天文志》：「天牢六星在北斗魁下，貴人之牢也。」

按：《說文》牛部：「牢，閑也，養牛馬圈也，从牛冬省，取其四周帀。」引申之，凡閑罪人者亦曰牢。今則本義亡，而牢獄專其名矣。

《左傳》襄二十一年傳：「將歸死於尉氏。」注：「尉氏，討姦之官。」疏：「歸死尉氏，猶言歸死於司敗。明尉氏主刑人，故爲討姦之官。《周禮》司寇之屬無尉氏之官，蓋周室既衰，官名改易，於時有此官耳。其司敗亦非《周禮》之官名也。」《漢書·地理志》：「陳留郡尉氏。」注：「應劭曰：「古獄官曰尉氏，鄭之別獄也。」臣瓚曰：「鄭大夫尉氏之邑，故遂以爲邑。」師古曰：「鄭大夫尉氏亦以掌獄之官，故爲族耳。應說是也。」

按：據小顏之說，尉氏乃討姦之官，故別有獄。是時欒盈過周西鄙掠之，故有此語。然則尉氏者，蓋巡徼姦宄之官也。

《越絶書》：「吴獄庭周三里，春申君所造。」

按：黄歇封邑在吴，故於吴造獄。庭三里之大，其訟獄繁多歟？抑規模詳備歟？無可考矣。

《北堂書鈔》：四十五。「《東方朔别傳》云，孝武皇帝時，上行甘泉，至長陵馳道中，有蟲伏地而赤，如生肝狀。上召朔視之，還曰：『怪哉。』上曰：『何謂也？』朔曰：『秦始皇拘繫無道，悲哀之苦，仰天歎曰怪哉，感動皇天，此憤氣之所生也，故名之曰怪哉。是地必秦之獄也。』丞相按圖，秦獄也。」

按：憤氣生怪哉，朔其譎諫乎。然氣之所感，實理之所有，勿以别傳而疑之也。

《漢書・宣紀》：「望氣者言長安獄中有天子氣，上遣使分條中都官獄繫者，輕重皆殺之。」注：師古曰：「中都官，凡京師諸官府也。」

按：此長安獄通中都官言之，不單指長安縣獄。

神爵元年注：「《漢儀注》：長安諸官獄三十六所。」《張湯傳》注：「《漢儀注》：獄二十六所。」《續漢書・百官志》：「廷尉卿。」本注曰：「孝武帝以下置中都官獄二十六所，各令長名。」《三輔黄圖》：「長安城中有獄二十四所。」

按：《張湯傳》及《續志》並稱二十六所，《宣紀》注云三十六所，疑「三」字誤也。《黄圖》言二十四，與三書皆乖異。至二十六所之名，已無可考，兹就紀傳所見者具録於左：

《宣紀》：「曾孫雖在襁褓，猶坐收繫郡邸獄。」注：如淳曰：「諸郡邸置獄也。」師古曰：「據《漢舊儀》，郡邸獄治天下郡國上計者，屬大鴻臚。此蓋巫蠱獄繁，收繫者衆，故曾孫寄在郡邸獄。」《孝成趙后傳》：「婢六人盡置暴室獄。」《宣紀》：「爲取暴室嗇夫許廣漢女。」注：應劭曰：「暴室，宫人獄也，今曰薄室。」師古曰：「暴室者，掖庭主織作染練之署，故謂之暴室，取暴曬爲名耳。或云薄室者，薄亦暴也，今俗語亦云薄曬。蓋暴室職務既多，因爲署獄，主治其罪人，故往往云暴室獄耳。然本非獄名，應説失之矣。」《續漢書·百官志》：「掖庭令一人，左右丞、暴室丞各一人。」本注曰：「宦者。暴室丞主中婦人疾病者，就此室治。其皇后貴人有罪亦就此室。」

按：《漢書·百官公卿表》有東織、西織，河平元年省東織，更名西織爲織室，而無暴室。《許后傳》言許廣〔漢〕爲暴室嗇夫時，宣帝養於掖庭，與廣漢同寺居。顔注：「寺者掖庭之官舍。」是暴室屬掖庭，《表》不具耳。《續志》暴室屬掖庭，尚仍西京舊制。織室改屬御府令，與掖庭各爲一署。應劭謂舊時東、西織室織作文繡郊廟之服。《續志》考工令主織綬諸雜工，平準令主練染作采邑。是織作、染練各有官司，並與暴室無涉。《趙后傳》明言暴室獄。宋貴人姊妹載送暴室，見《清河孝王慶傳》。是本有獄也。師古之注不知何據？「暴」字《續志》不作「薄」。司馬彪所據爲世祖後宫，必不誤。應劭生東漢季年，乃云今曰薄室，或其時有書「暴」作「薄」者，非官名已改也。

《成紀》：「建始元年，罷上林詔獄。」注：師古曰：「《漢舊儀》云，上林詔獄主治苑中禽獸宫館事，屬水衡。」《伍被傳》：「又僞爲左右都司空、上林中都官詔獄書。」注：晉灼曰：「《百官表》宗正有左右都司空，上林有水司空，皆主囚徒官也。」

按：上林詔獄以《伍被傳》證之，其官則水司空也。

《蕭何傳》:「乃下何廷尉,械繫之。」

按:廷尉有獄,漢時大臣多下廷尉。如《周勃傳》:「下廷尉,逮捕勃治之。」《周亞夫傳》:「召詣廷尉。」《趙廣漢傳》:「下廣漢廷尉獄。」《王章傳》:「果下廷尉獄。」皆是。《杜周傳》:「至周爲廷尉,詔獄亦益多矣。」又云:「廷尉及中都官詔獄逮至六七萬人。」是凡下廷尉者並謂之詔獄。而廷尉之獄又別於中都官諸獄之外,似不在二十六所之數。

《竇嬰傳》:「劾繫都司空。」《百官公卿表》:「宗正屬官有都司空令丞。」注:如淳曰:「律司空主水及罪人。賈誼曰,輸之司空,編之徒官。」《漢舊儀》:「司空詔獄治列侯二千石,屬宗正。」

按:《伍被傳》言左右都司空詔獄,是當日宗正有二獄矣。《表》無「左右」字。嬰之繫都司空,以其爲列侯也。

《灌夫傳》:「有詔劾灌夫駡坐不敬,繫居室。」《百官公卿表》:「少府屬官有居室令丞,太初元年更名爲保宮。」《蘇武傳》:「陵始降時,忽忽如狂,自痛負漢,加以老母繫保宮。」

按:居室,署名。保宮卽居室更名也。

《劉輔傳》:「上使侍御史收縛輔,繫掖庭祕獄。」注:師古曰:「《漢書舊儀》掖庭詔獄令丞宦者爲之,主理婦人女官也。」《外戚高祖呂后傳》:「爲皇太后,迺令永巷囚戚夫人。」《孝惠張后傳》:「惠帝崩,太子立爲帝,四年迺自知非皇后子,出言曰:『太后安能殺吾母而名我,我壯卽爲所爲。』太后聞而患之,恐其作亂,迺幽之永巷。」《百官公卿表》:「少府屬官有永巷令丞,太初元年更名爲掖庭。」

按：永巷、掖庭一獄也，《孝成趙后傳》有掖庭獄丞籍武。

《劉輔傳》：「上迺徙繫輔共工獄。」注：蘇林曰：「考工也。」師古曰：「少府之屬官也，亦有詔獄。」

《百官公卿表》：「少府屬官有考工室，太初元年更名爲考工。」

按：考工何時又更名共工，未詳。

《張湯傳》：「事下廷尉，謁居病死，事連其弟，弟繫導官，湯亦治它囚導官，見謁居弟。」注：蘇林曰：「《漢儀注》獄二十六所，導官無獄也。」師古曰：「蘇説非也。導，擇也，以主擇米，故曰導官，事見《百官表》。時或以諸獄皆滿，故權寄在此署繫之，非本獄所也。」《百官公卿表》：「少府屬官有導官令丞。」

按：導官無獄，蘇據《漢儀注》爲説，似導官不在二十六所之内。其書已亡，今無可考。惟謁居事下廷尉，其弟則繫導官，湯爲御史大夫而治它囚導官，所囚既非一人，亦不獨廷尉之囚，若本無獄，不應繫者之多，並不論何署之囚皆可於此署繫之。師古權寄之説，未必然也。

《王商傳》：「臣請詔謁者召商詣若盧詔獄。」注：孟康曰：「若盧，獄名，屬少府黄門北寺是也。」《百官公卿表》：「少府屬官有若盧令丞。」注：服虔曰：「若盧，詔獄也。」鄧展曰：「舊洛陽兩獄，一名若盧，主受親戚婦女。」如淳曰：「若盧，官名也，藏兵器。《品令》曰，若盧郎中二十人，主弩射。《漢儀注》有若盧獄令，主治庫兵將相大臣。」《王吉傳》：「補若盧右丞。」

按：若盧獄主治將相大臣，故張匡請召商詣若盧也。若盧亦二十六所之一。以漢獄通名若盧者，非是。

《王嘉傳》：「縛嘉載都船詔獄。」《百官公卿表》：「中尉屬官有寺互都船令丞。」注：如淳曰：「《漢儀注》有寺互都船獄令，治水官也。」

按：寺互、都船，二署也，當各有獄。王温舒爲中尉，姦猾窮治，大氐盡靡爛獄中，見《温舒傳》。當即用此二獄。

《東方朔傳》：「昭平君日驕，醉殺主傅，獄繫内官。」《百官公卿表》：「宗正屬官有内官長丞。」

按：昭平君乃隆慮公主子，故繫於内官。

《百官公卿表》：「典客屬官有别火令丞。」注：如淳曰：「《漢儀注》，别火，獄令官，主治改火之（争）〔事〕。」

《漢舊儀》：「太子家令獄，太子官，屬太子太傅也。」

《漢舊儀》：「未央廄獄，主理大廄、三署郎，屬太僕、光禄勳。」

按：此條見《初學記》。二十《唐類函》引「大廄」作「六廄」。《百官公卿表》太僕屬官有大廄、未央、家馬三令，各五丞一尉，是「大」字不誤，太僕所屬廄不止六也。「主理」，《北堂書鈔》作「主治」，當爲《漢舊儀》原文，徐避唐諱也。大廄屬太僕，三署郎屬光禄勳。《北堂書鈔》無光禄勳，奪文也。

以上三獄他未見。

《劉向傳》：「章（充）〔交〕公車，人滿北軍。」注：如淳曰：「《漢儀注》中壘校尉主北軍壘門内，尉一人主上書者獄。上章於公車，有不如法者，以付北軍尉，北軍尉以法治之。楊惲上書，遂幽北闕。北闕，公車所在。」

按：此北軍自有獄。

《漢舊儀》：「東市獄屬京兆尹，西市獄屬左馮翊。」《百官公卿表》：「京兆尹屬官有長安市厨兩令丞，左馮翊屬官有長安四市長丞。」

按：此官屬於京兆尹、左馮翊而自爲市獄，有市官主之。

《北堂書鈔》四十五「振貢獄。《漢書》云，貢於治水舊本作「火」。事，屬水衡尉也。」

按：《百官公卿表》水衡都尉屬官無「振貢」之文，此條當有譌奪。

《賈誼傳》：「故貴大臣定有其辠矣，猶未斥然正以謼之也，尚遷就而爲之諱也。故其在大譴大何之域者，聞譴何則白冠氂纓，盤水〔加〕劍，造請室而請辠耳，上不執縛係引而行也。」注：應劭曰：「請室，請罪之室。」蘇林曰：「音絜清。胡公《漢官》車駕出有請室令在前先驅，此官別有獄也。」《爰盎傳》：「及絳侯就國，人上書告以爲反，徵，繫請室。」《史記》作「清室」。集解：「應劭曰：『請室，請罪之室，若今鍾下也。』如淳曰：『請室，獄也，若古刑於甸師氏也。』」

按：賈誼所言乃古制，非漢制也。《周勃傳》言下廷尉，亦無請室之文。然則請室當如應劭之說。《漢官》有請室令，不言別有獄，蘇林之說恐非。

二十六所之名：曰郡邸，曰暴室，曰上林，曰左右都司空，曰居室，卽保宫。曰京兆尹，曰掖庭，卽永巷。曰共工，曰導官，曰若盧，曰都船，曰寺互，曰內官，曰別火，曰太子家令，曰未央廄，曰北軍，曰東市，曰西市，可考者凡十九。廷尉詔獄不在此數。《北堂書鈔》振貴獄疑不能明。亦不數請室，則非漢獄名。

《張敞傳》：「爲京兆尹，坐與光禄勳楊惲厚善，等比皆免，而敞奏獨寢不下。敞使賊捕掾絮舜有所案驗，舜以敞劾奏當免，不肯爲敞竟事，私歸其家。人或諫舜，舜曰：『吾爲是公盡力多矣，今五日京兆耳，安能復案事？』敞聞舜語，卽部吏收舜繫獄。」

按：敞時爲京兆尹，此獄當爲京兆之獄，不在中都官獄之數。其東、西市獄雖分屬於京兆尹、左馮翊，自有市官主之，或仍爲中都官也。

《尹賞傳》：「賞以三輔高第選守長安令，得壹切便宜從事。賞至，修治長安獄，穿地方深各數丈，致令辟爲郭，師古曰：「致謂積累之也。令辟，瓴甓也。郭謂四周之内也。」以大石覆其口，名曰『虎穴』。乃部户曹掾史，與鄉（里）〔吏〕、亭長、里正、父老、伍人，雜舉長安中輕薄少年惡子，無市籍商販作務，而鮮衣凶服被鎧扞持刀兵者，悉籍記之，得數百人。賞一朝會長安吏，車數百輛，分行收捕，皆劾以〔爲〕通行飲食羣盜。賞親閱，見十置一，其餘盡以次内虎穴中，百人爲輩，覆以大石。數日壹發視，皆相枕籍死，便輿出，瘞寺門桓東，揭著其姓名，師古曰：「揭，杙也。椓杙於瘞處而書死者名也。揭音竭。」百日後，迺令死者家各自發取其尸。親屬號哭，道路皆歔欷。長安中歌之曰：『安所求子死？桓東少年場。師古曰：「死謂尸也。」生時諒不謹，枯骨後何葬？』」

按：此長安縣獄也，當亦不在中都官獄之數。三輔與中都官，史每分別言之，如中都官徒、三輔徒不相混也。

《漢官儀》：「綏和元年，罷御史大夫官，法周制，初置司空。議者又以縣道官獄司空，故覆加『大』，爲大司空，亦所以別大小之文。」

按：縣道皆有獄，有獄必有官以主之，獄司空其官也。乃《百官公卿表》及《續志》並無此名，僅見於應劭之書，未詳其故。

《義縱傳》：「於是徙縱爲定襄太守。縱至，掩定襄獄中重罪二百餘人。」

《嚴延年傳》：「還爲涿郡太守，遣掾蠡吾趙繡按高氏，得其死罪。繡見延年新將，心內懼，卽爲兩劾，欲先白其輕者，觀延年意怒，迺出其重劾。延年已知其如此矣。趙掾至，果白其輕者，延年索懷中，得重劾，卽收送獄。」

按：觀此二《傳》，郡亦有獄，史不具也。

《曹參傳》：「相齊九年，齊國安集，大稱賢相。蕭何薨，召參，參去，屬其後相曰：『以齊獄市爲寄，愼勿擾也。』後相曰：『治無大於此者乎？』參曰：『不然，夫獄市者，所以并容也，今君擾之，姦人安所容乎？吾是以先之。』」注：「孟康曰：『夫獄市者，兼受善惡，若窮極姦人，姦人無所容，竄久且爲亂。秦人極刑而天下畔，孝武峻法而獄繁，此其效也。』師古曰：『《老子》云：「我無爲民自化，我好靜民自正。」參欲以道化爲本，不欲擾其末也。』」

按：參以清靜爲治，故以勿擾相告。實則勿擾之端所包者廣，昏暴擾也，明察亦擾也，殘刻擾也，繁碎亦擾也。惟善體感格之意，使人人入于化導之中，斯一獄也而政本基焉。後世知此意者鮮矣。

《賈誼傳》：「夫嘗已在貴寵之位，天子改容而體貌之矣，吏民嘗俯伏以敬畏之矣，今而有過，帝令廢之可也，退之可也，賜之死可也，滅之可也，若夫束縛之，係緤之，輸之司寇，編諸徒官，司寇小吏詈駡而榜笞之，殆非所以令衆庶見也。」

《周勃傳》：「其後人有上書告勃欲反，下廷尉，逮捕勃治之。勃恐，不知置辭，吏稍侵辱之。勃以千金與獄吏，獄吏迺書牘背示之。云云。勃既出，曰：『吾嘗將百萬軍，然安知獄吏之貴也。』」

《周亞夫傳》：「召詣廷尉，廷尉責問曰：『君侯欲反何？』亞夫曰：『臣所買器乃葬器也，何謂反乎。』吏曰：『君縱不欲反地上，卽欲反地下耳。』吏侵之益急。初，吏捕亞夫，亞夫欲自殺，其夫人止之，以故不得死。遂入廷尉，因不食五日，歐血而死。」

《韓安國傳》：「其後安國坐法抵罪，蒙獄吏田甲辱安國。安國曰：『死灰獨不復然乎？』甲曰：『然卽溺之。』」

《郅都傳》：「臨江王徵詣中尉府對簿。臨江王欲得刀筆爲書謝上，而都禁吏勿與。魏其侯使人閒予臨江王。臨江王既爲書謝上，因自殺。」

《王温舒傳》：「温舒多諂，善事有埶者，卽無埶視之如奴。有埶家雖有姦如山弗犯，無埶雖貴戚必侵辱。舞文巧，請下户之猾以動大豪。其治中尉如此。姦猾窮治，大氐盡靡爛獄中。」

《司馬遷報任安書》:「大上不辱先，其次不辱身，其次不辱理色，其次不辱辭令，其次詘體受辱，其次易服受辱，其次關木索被箠楚受辱，其次鬄毛髮嬰金鐵受辱，其次毀肌膚斷支體受辱，最下腐刑極矣。《傳》曰『刑不上大夫』，此言士節不可不厲也。猛虎處深山，百獸震恐，及其在穽檻之中，搖尾而求食，積威約之漸也。故士有畫地爲牢埶不入，削木爲吏議不對，定計於鮮也。今交手足受木索，暴肌膚受榜箠，幽於圜牆之中，當此之時，見獄吏則頭槍地，視徒隸則心惕息，何者？積威約之埶也。及已至此，言不辱者，所謂彊顏耳，曷貴乎。」

按：漢代獄中情狀，大氐盡於此數事矣。臨江王以故太子迫而自殺，周勃、周亞夫以丞相之貴見辱於獄吏。以貴寵體貌之大臣，小吏得施其詈罵榜笞，積威之漸，子長言之可云痛心。後之論獄者，其亦有哀矜之意乎。

《續漢書・百官志》:「孝武帝以下置中都官獄二十六所，各令長名，世祖中興皆省，唯廷尉及雒陽有詔獄。」

按：世祖省併官寺，獄存二所，而時無廢事，因由天下初平，亦政治清明之效。

《後漢書・和紀》:「永元六年秋七月，京師旱。丁巳，幸洛陽寺，寺，官舍也。録囚徒，舉寃獄，收洛陽令下獄抵罪，司隸校尉河南尹皆左降，未及還宮而澍雨。」

按：不幸廷尉而但幸洛陽寺，殆尋常獄訟皆歸洛陽，不之廷尉也。

「九年十二月己丑，復置若盧獄官。」《前書》曰：「若盧屬少府。」《漢舊儀》曰：「主鞫將相大臣也。」

按：是時將相大臣之獄亦不常見。此殆尋常訟獄漸多，洛陽一獄不能容，故復置一獄以處囚徒，非爲將相大臣設也。觀於鄧太后幸洛陽寺及若盧獄可見。

《安紀》：「永初二年五月，旱。丙寅，皇太后幸洛陽寺及若盧獄，録囚徒，賜河南尹、廷尉卿及官屬以下各有差。」

按：觀賜河南尹、廷尉卿，云云洛陽寺屬河南尹，若盧屬廷尉，故皆獲賜也。六年五月則但幸洛陽寺，不至若盧，或其時若盧囚少之故。

《千乘貞王伉傳》：「初，迎立靈帝，道路流言悝恨不得立，欲鈔徵書，而中常侍鄭颯、中黄門董騰並任俠通剽輕，數與悝交通。王甫司察，以爲有姦，密告司隸校尉段熲。熹平元年，遂收颯送北寺獄。」注：「北寺，獄名，屬黄門署。《前書音義》曰：『卽若盧獄也。』」《范滂傳》：「滂坐繫黄門北寺獄。」《向栩傳》：「中常侍張讓讒詡，收送黄門北寺獄殺之。」

按：《滂傳》桓帝使中常侍王甫以次辯詰。北寺屬黄門，故中常侍主其事也。鄭颯宦官，故亦送北寺。孟康謂北寺卽若盧。若盧在西京，原屬少府，建武中省，永元中復置，是否仍屬少府，史無明文。《安紀》録囚之賜，有廷尉而無少府，似未必仍屬少府。鄧展又謂洛陽兩獄，一名若盧，似又屬河南尹矣。北寺、若盧實非一獄，《後書·竇武傳》自黄門北寺、若盧、都内諸獄繫囚，以北寺與若盧並言，此其證也。宋張方平上論謂漢有亂政，而立黄門北寺之獄。若盧復置於和帝時，漢政尚清明，蓋亦以黄門北寺自爲一獄，由于黨事之起也。《桓紀》延熹八年十一月壬子，德陽殿西閣黄門北寺火，延及廣義神虎門。注：「廣義神虎，洛陽宫西門也。」《順紀》注：「《漢官儀》曰，崇賢門内德陽殿北寺與德陽殿同火。」是其署亦在宫門之内。

《續志》：「廷尉卿。」注：「《漢官》曰，獄史二十七人，佐二十六人。」

《魯恭傳》：「使仁恕掾肥親往廉之。」注：「仁恕掾主獄，屬河南尹，見《漢官儀》。」《續志》注：「《漢官》曰，河南尹員吏，案獄仁恕三人。」

《續志》注：「《漢官》曰，雒陽令獄史五十六人，佐史鄉佐七十七人。」

《後書·竇武傳》：「有詔原李膺、杜密等。自黄門北寺、若盧、都内諸獄繫囚罪輕者皆出之。」注：「都内，主藏官名。《前書》有都内令丞，屬大司農。」

按：都内獄惟見此《傳》。《續百官志》大司農屬官亦無都内之名。疑西京本有此獄，後廢，是時復設若盧，乃其比也。

《三國志·蜀志·劉焉傳》注：「《英雄記》曰，範聞父焉爲益州牧，董卓所徵發皆不至，收範兄弟三人，鎖械於郿塢，爲陰獄以繫之。」

按：陰獄殆與尋常之制不同，其制不可考。董卓暴虐無道，必殘酷之事。

《晉書·武紀》：「泰始四年十二月，帝臨聽訟，觀録廷尉、洛陽獄囚，親平決焉。」

按：此晉初京師惟有二獄。

「太康五年六月，初置黄沙獄。」《職官志》：「晉置治書侍御史員四人，泰始四年又置黄沙獄治書侍御史一人，秩與中丞同，掌詔獄及廷尉不當者皆治之。後并河南，遂省黄沙治書侍御史。及太康中，又省治書侍御史二員。」《高光傳》：「是時武帝置黄沙獄以典詔囚，以光歷世明法，用爲黄沙御史。」《劉頌傳》：「中正劉友辟公府掾尚書郎黄沙御史。」

按：黄沙獄，《志》言泰始四年置，《紀》言太康五年，玩《志》語，黄沙御史太康中已省，《紀》、《志》不同。高光爲黄沙御史當是初置獄時，《光傳》一本作「長沙」者誤。劉友作黄沙御史不知在何年？

《職官志》：「太子家令，主刑獄、穀貨、飲食。」「縣有獄小史、獄門亭長等員。」

《御覽》：六百四十三。「《晉令》曰，獄屋皆當完固，厚其草蓐，家人餽餉，獄卒爲温煖傳致。去家遠無餉饋者悉給廪。獄卒作食，寒者與食，疾者給醫藥。」

按：舊本《北堂書鈔》四十五「蓐」下有「功無令漏溼」五字。

《初學記》：二十。「衞展陳諺言。表〔曰〕：諺言廷尉獄，平如砥，有錢生，無錢死。此諺之起，死生之出於此法獄也。」

按：晉世諺語如此，今則此風猶未替，古今一轍，言之可慨。

《南齊書·到撝傳》：「撝頗怨望，帝令有司誣奏撝罪，付廷尉，將殺之。撝入獄數宿，鬚鬢皆白，免死，繫尚方。」《百官志》：「少府屬官有左右尚方令各一人。」

按：南齊時尚方蓋有獄，故撝先繫廷尉，而後尚方也。

《王僧虔傳》：「郡縣獄相承有上湯殺囚。僧虔上疏言之曰：『湯本以救疾，而實行冤（報）〔暴〕，或以肆忿。若罪必入重，自有正刑，若去惡宜疾，則應先啟，豈有死生大命而潛制下邑。愚謂治下囚病，必先刺郡，求職司與醫對共診驗，遠縣家人省視，然後處理，可使死者不恨，生者無怨。』上納其言。」

按：上湯殺囚，殘酷已極，當時郡縣之不仁，乃至如是乎！後來獄吏殺囚之事，仍所不免，宋世岳忠武之死，亦出于獄吏之手。哀哉！

《梁書・武紀》：「天監五年夏四月甲寅，初立詔獄。詔建康縣置三官，與廷尉三官分掌獄事，號建康爲南獄，廷尉爲北獄。」

《隋志》：「《梁律》丹陽尹月一詣建康縣，令三官參共録獄，察斷枉直。其尚書當録人之月者，與尚書參共録之。」

按：自建武省中都官獄，但留廷尉及洛陽二所，自是遵以爲法，梁武廷尉、建康二所，亦其制也。丹陽尹參録建康獄囚，可以見丹陽尹不别設獄矣。

「陳氏一用梁法，廷尉寺爲北獄，建康縣爲南獄，並置正監評。又制，常以三月，侍中、吏部尚書、尚書、三公郎、部都令史、三公録冤局，令〔史〕、御史中丞、侍御史、蘭臺令史親行京師諸獄及冶署，理察囚徒冤枉。」

《魏書・孝文紀》：「延興三年九月己亥，詔囚罪未分判在獄致死無近親者，公給衣衾棺櫝葬埋之，不得暴露。」

「太和四年四月乙卯，幸廷尉、籍坊二獄，引見諸囚。詔曰：『廷尉者天下之平，民命之所懸也，朕得惟刑之恤者，仗獄官之稱其任也。今農時要月，百姓肆力之秋，而愚民陷罪者衆，宜隨輕重決遣以赴耕耘之業。』九月戊子，詔曰：『隆寒雪降，諸在徽纆及轉輸在都，或有凍餒，朕用愍焉。可遣侍臣詣廷尉獄及有囚之所周巡省察，饑寒者給以衣食，桎梏者代以輕鎖。』」

《孝明紀》：「熙平二年正月庚寅，詔囹圄皆令造屋。」

按：元魏京師亦止二獄。

《唐志》：「凡州縣皆有獄，而京兆河南獄治京師，其諸司有罪及金吾捕者又有大理獄。諸獄之長官五日一慮囚，夏置漿飲，月一沐之。疾病給醫藥，重者釋械，其家一人入侍，職事散官三品以上婦女子孫二人入侍。歲以正月遣使巡覆，所至閱獄囚杻校糧餉，治不如法者。」

《唐六典》：「凡京都大理寺、京兆河南府、長安萬年、河南洛陽縣咸置獄，其餘臺省寺監衞皆不置獄。」

按：唐代京兆河南府皆有獄，長安萬年又皆有獄，京師之獄視六朝時爲多。

《舊唐書·刑法志》：「長壽年周興、來俊臣等相次受制，推究大獄，乃於都城麗景門內別置推事使院，時人謂之『新開獄』。」

《通考》：一百六十六。「又置制獄於麗景門內，入是獄者非死不出，人戲呼爲『例竟門』。」

按：「例竟」之名可云慘極。則天淫虐，固不可以常理論也。

《宋志》：「開寶二年五月，帝以暑氣方盛，深念縲繫之苦，乃下手詔：兩京諸州，令長吏督獄掾，五日一檢視，洒埽獄户，洗滌杻械，貧不能自存者給飲食，病給醫藥，輕繫卽時決遣，毋淹滯。自是每仲夏申飭官吏，歲以爲常。」

《宋志》：「官司之獄，在開封有府司、左右軍巡院，在諸司有殿前、馬步軍司及四排岸，外則（二）〔三〕京府司、左右軍巡院，諸州軍院、司理院，下至諸州皆有獄。諸獄皆置樓牖，設漿鋪席，時具沐浴，食令温煖，寒則給薪炭、衣物，暑則五日一滌枷杻。郡縣則所職之官躬行檢視，獄敝則修之使固。神宗卽位初，詔曰：『獄者民命之所繫也，比聞有司歲考天下之奏而多瘐死，深惟獄吏並緣爲姦，檢視不明，使吾元元橫罹其害。書不云乎，與其殺不辜，甯失不經。其具爲令：應諸州軍巡司院所禁罪人，一歲在獄病死及二人，五縣以上州歲死三人，開封府司、軍巡歲死七人，推吏、獄卒皆杖六十，增一人則加一等，罪止杖一百。典獄官如推獄，經兩犯卽坐從違制。提點刑獄歲終會死者之數上之，中書檢察。死者過多，官吏雖已行罰，當更黜責。』帝以國初廢大理獄非是，元豐元年詔曰：『大理有獄尚矣。今中都官有所劾治，皆寓繫開封諸獄，囚既猥多，難於隔訊，盛夏疾疫，傳致瘐死，或主者異見，歲時不決，朕甚愍焉。其復大理獄，置卿一人，少卿二人，丞四人，專主鞫訊，檢法官二人，主簿一人。應三司、諸寺監吏犯杖、笞不俟追究者，聽卽決，餘悉送大理獄。其應奏者並令刑部、審刑院詳斷。應天下奏按亦上之。』元祐三年，罷大理寺獄。初，大理置獄本以囚繫淹滯，俾獄事有所統，而大理卿崔台符等不能奉承德意，雖士大夫若命婦，獄辭小有連逮，輒捕繫。凡邏者所探報，卽下之獄。傅會鍛鍊，無不誣服。至是，台符等皆得罪，獄迺罷。八年，中書省言：『昨詔內外，歲終具諸獄囚死之數。而諸路所上，遂以禁繫二十而死一者不具，即歲繫二百人許以十人獄死，恐州縣弛意獄事，甚非欽恤之意。』詔刑部自今不許輒分禁繫之數。紹聖三年，復置大理寺右治獄，官屬視元豐員，仍增置司直一員。」

按：《哲宗紀》紹聖二年秋七月，詔大理寺復置右治獄，《職官志》亦在二年，《刑法志》作「三年」，恐有誤。宋初，大理寺讞天下奏案而不治獄，神宗始命官起寺，元祐罷之，紹聖復，自是大理終有獄矣。

「初，真宗時以京師刑獄多滯冤，置糾察司，而御史臺獄亦移報之。」「初，羣臣犯法體大者多下御史臺獄，小則開封府、大理寺鞫治焉。」

按：《宋史》御史臺有獄，蘇軾有以事繫御史臺獄詩。臺獄亦不設獄官，故《職官志》不詳，僅見於《刑法志》。後金、元、明皆因之。

《哲紀》：「紹聖四年四月丁亥，令諸獄置氣樓涼窗，設漿飲薦席，杻械五日一浣，繫囚以時沐浴，遇寒給薪炭。」

《章惇傳》：「又以文及甫誣語書導蔡渭，使告劉摯、梁燾有逆謀。起同文館獄，命蔡京、安惇、蹇序辰窮治，欲覆諸人家。」

按：《通鑑輯覽》書此事于元符元年，置獄于同文館。蓋同文館本無獄，特于館中治此獄，其人即羈于此，偶然行之，故亦不他見。

《通考》：一百六十七。「高宗中興，著令，暑月每五日一濯枷杻，禁囚因得少休。刑寺遇浣濯之日，輪官一員躬親監視。州縣獄犴不得輒爲非法之具，違者論如律。」「紹興十年，詔諸獄，並一更三點下鎖，五更五點開鎖定牢，違者杖八十。獄官令佐不親臨及縣令輒分輪餘官，並徒一年。知通監司覺察按劾。著爲令。」

《理宗紀》：「紹定二年三月辛卯，詔：『郡縣繫囚多瘐死獄中，憲司其具獄官姓名以聞，黜罷之。』」

宋胡太初《晝簾緒論·治獄篇》：「刑獄重事，犴狴惡地也。人一入其中，大者死，小者流，又小者亦杖，寧有白出之理。脫或差誤，胥吏奚恤，其咎必屬之令。縱可逃陽罰，亦必損陰德，詎可不致謹哉。一曰禁繫必審。二曰鞫視必親。三曰牆壁必完。四曰饑寒必究。五曰疾病必察。六曰疑似必辨。七曰出入必防。令每有私忿怒，輒置人於圄，兩争追會未圓，亦且押在，佐廳亦時有遣至者，謂之寄收。長官多事，漫不暇省，遂致因循淹延。不知一人坐獄，闔户抱憂，飽煖失時，疾病傳染，殆有甚可慮之事。而又有合共處、不合共處者。蓋兩争若使異牢，則有賂者可使獄吏傳狀稿通信，而無賂者必被其害，孰若使之共處，可以互相察視乎。健訟之徒，樂入囹圄，因得以唆教獄辭，變亂情節，孰若别處一牢而使之不得與餘囚相近乎。羸老之人，必察其無疾病，或致沈重，徒見費力。婦人女子，必察其有無娠孕，脱有墮墜，無以自明。此所以禁繫之不可不審也。在法，鞫勘必長官親臨，今，也令多憚煩，率令獄吏自行審問，但視成款僉署，便爲一定，甚至有獄囚不得一見知縣之面者。不知吏逼求賄賂，視多寡爲曲直，非法拷打，何罪不招。令合戒約推款，不得自行訊鞫。公事無大小，必令躬自喚上詰問再三，頑狡不伏，盡情然後量施笞榜。《周官》有五聽之法，亦有獄情難測，不可專事箠楚也。在法，一更三點，長官親自定牢。今也，聽政無暇，則委佐官，飲酒相妨，則委典押，不知脱有逃逸，咎將誰執？況吏輩受賂，則雖重囚亦與釋放安寢，無賂，則雖散禁亦必加之縲紲，最不可不躬自檢察。昔熊子復宰暨陽，日間不時趨獄點視，夜則置一鈴，其索直達寢所，夜半掣鈴，獄卒應喏，否則必罰，由是並無不測之慮，最爲可法。此所以鞠視之不可不親也。今在在州縣，獄多有頹牆敗壁不甚完固者，固當亟加整葺。然重囚姦態萬狀，尤宜深防。每有獄吏受重囚賂，放其自便，日間因以飲水爲名，將水潠壁，浸漬泥溼，夜深則鑽壁踰牆，倏然而遁，吏卒睡熟無由知覺，洎覺，則追之已無及矣。此最利害。令當審量罪囚輕重，重者勿使處近壁之匣。牆之上必加以茨，壁之内必夾以板。每五日一次，躬自巡行，相視有不完處，隨加修補。戒飭吏卒，每夜不可止留一人值更，須要每更輪流兩三人，明燭巡視諸牢。次早，令出廳，先詣獄點名，然後僉押文字，日以爲常。牆壁之當完者如此。獄囚合給糧食，自當於經費支破。有因縣道匱乏而責諸吏者，不知官給尚欲減尅，而可使吏供輸乎？寧節他費，此費不可節也。人當日給米二升，鹽菜錢十二文，朝巳晚申，立定程式，獄子聲喏報覆，令躬點視，然後傳入。其有家自送飯者，當即傳與，仍點檢夾帶毒藥、刀仗、銅鐵器皿、文字之屬。春夏天氣蒸鬱，須與疏其窗牖，蠲其穢汙，使不至卑溼奥渫，致興疫癘。如稍向寒，便當糊飾户牖，支給縣炭，使各得温煖和適，可免疾患。饑寒之當究者如此。不幸獄囚有以疾病告者，將奈何哉？曰此不可不察也。有實病而吏不以告者，有未嘗病而吏誣以告者。蓋吏視囚猶犬豕，不甚經意，初有小病，不加審詰，必待困重方以聞官，甚至死而後告者。若有貲之囚，吏則令其詐病，巧爲敷説，以覬責出，漸爲免脱之地。此令所當深察。責在推司，日具有無疾病，申令於點視之際，又自躬加審察。如以病告者，且與召醫治療，日申增減。其甚困頓不可支者，然後責令親屬保識前去。若必待病重方始聞官者，推吏必寘於罰。不然萬一死者接踵，憲司歲計人多，令能免咎乎？又不幸獄情有疑似而難明者，將奈何乎？曰此不可不辨也。世固有畏懼監繫，覬欲早出而妄自誣伏者矣；又有吏務速了，强加拷訊逼令招認者矣；亦有長官自恃己見，妄行臆度，吏輩承順旨意，不容不以爲然者矣。不知監繫最不可泛及，拷訊最不可妄加，而臆度之見最不可恃以爲是也。史傳所載，耳目所知，以疑似受枉而死而流而伏辜者，何可勝數。諺曰：『捉賊須捉贓，捉姦須捉雙。』此雖俚言，極爲有道。故凡罪囚供款，必須事事著實，方可憑信。不然萬一逼人於罪，使無辜者受枉罰，令得無憾於心？乃若獄門出入之禁，其責專在當日推司。監牢嚴行拘督，應當日而抛離不到者有罰，吏卒非係在獄而輒入者有罰。令自點察之外，許人告訐。罪人水火茶飯各須有人監臨，事畢即入元處，不得放令閒散。逐牢内門無故不得輒開。若家屬傳送茶飯，不得私令與囚相見，吏卒亦不得因而與之傳遞信息，漏洩獄情。此皆所當深致其防者也。夫縣獄與州郡不同，州郡專設一官，故防閑曲盡，縣令期會促迫，財賦煎熬，於獄事每不暇詳謹。罪之小者，縣得自行決遣，罪之大者，雖必申州，而州家亦惟視縣款爲之憑據。則縣獄豈不甚重，而令之責任豈容不曲盡其心哉？故愚於此，反覆諄複，不嫌於贅。」

按：此篇言獄事可云詳且盡矣。獄之弊防不勝防，獄之治也不易。以州縣兼理，事簡者或能兼顧，事繁者力有未逮，此必然之勢。惟設專官以專理之，庶有責成乎。元代多設專官，其制爲勝於古，至今遵行之。

《遼志》：「穆宗應歷十六年，京師置百尺牢以處繫囚。蓋其卽位未久，惑女巫肖古之言，取人膽合延年藥，故殺人頗衆。後悟其詐，以鳴鏑叢射、騎踐殺之。」

按：此非尋常之獄。

《金志》：「其獄則掘地深廣數丈爲之。」

「大定十一年，詔諭有司曰：『應司獄廨舍須近獄，安置囚禁之事常親提控，其獄卒必選年深而信實者輪直。』」

金御史臺有獄，諸節鎭節度使有獄。並詳《獄官》。

按：金御史臺有獄，因於宋也。其官有獄丞，而大理寺無官，蓋不設獄矣。金節鎭亦設獄，此異於宋者。

元刑部、御史臺並有獄。詳《獄官》。

按：元代不設大理寺，故獄設於刑部，古制之變自元始，明遂因之。其御史臺設獄則沿宋、金之制。

《元史・百官志》：「大都路兵馬都指揮使司獄司凡三：一置於大都路。一置於北城兵馬司，通領南城兵馬司獄事。皇慶元年以兩司異禁，遂分置一司於南城。」

《元志》職制門：「諸郡縣佐貳及幕官，每月分番提牢，三日一親臨點視，其有枉禁及淹延者，卽舉問，月終則具囚數牒次官。其在上都囚禁，從留守司提之。」「諸南北兵馬司，每月分番提牢，仍令提控案牒兼掌囚禁。」「諸鹽運司監收鹽徒，每月佐貳官分番董視，與有司同。」

按：分番提牢，是其時獄無專官也。惟南北兵馬有司獄司，何以亦分番提牢，未詳其故。

又恤刑門：「諸獄囚必輕重異處，男女異室，毋或參雜。司獄致其慎，獄卒去其虐，提牢官盡其誠。」「諸在禁囚徒無親屬供給，或有親屬而貧不能給者，日給倉米一升。三升之中給粟一升，以食有疾者。凡油炭席薦之屬，各以時具。其饑寒而衣糧不繼，疾患而醫療不時，致非理死損者，坐有司罪。」「諸各處司獄司看守囚徒，夜支清油一斤。」「諸路府州縣，但停囚去處，於鼠耗糧內放支囚糧。」「諸在禁無家屬囚徒，歲十二月至于正月，給羊皮爲披蓋袴韈及薪草爲煖匣爊炕之用。」「諸獄醫，因之司命，必試而後用之。若有弗稱，坐掌醫及提調官之罪。」「諸獄囚病至二分，申報；漸增至九分，爲死證。若以重爲輕，以急爲緩，誤傷人命者，究之。」「諸獄囚有病，主司驗實，給醫藥。病重者去枷栲杻，聽家人入侍。職事散官五品以上，聽二人入侍。犯惡逆以上及强盜至死、奴婢殺主者，給醫藥而已。」「諸有司在禁囚徒，饑寒衣食不時，病不督醫看候，不脱枷杻，不令親人入侍，一歲之内死至十人以上者，正官笞二十七，次官三十七，還職；首領官四十七，罷職别敍，記過。」

按：元於通制内特立「恤刑」一門，頗爲周至。大抵立法者無不規其善，所患用法者多違之耳。

明刑部、都察院並有獄。詳《獄官》。

按：明刑部、都察院並有獄。都察院即御史臺，承元制也。大理寺掌審讞平反，凡刑部、都察院、五軍斷事官所推問獄訟，皆移案牘，引囚徒，詣寺詳讞，其職但主覆審，故無獄。

順天府、應天府、各府州縣並有獄。詳《獄官》。

《刑法志》：「洪武十七年，建三法司於太平門外鍾山之陰，命曰『貫城』。下敕言：『貫索七星如貫珠，環而成象，名天牢。中虛則刑平，官無邪私，故獄無囚人，貫內空。中有星或數枚者即刑繁，刑官非其人。有星而明爲貴人無罪而獄。今法天道置法司，爾諸司其各慎乃事，法天道行之，令貫索中虛，庶不負朕肇建之意。』」

「嘉靖六年，給事中周瑯言：『比者獄吏苛刻，犯無輕重，概加幽繫，案無新故，動引歲時，意喻色授之間，論奏未成，囚骨已糜。又況偏州下邑，督察不及，姦吏悍卒，倚獄爲市，或扼其飲食以困之，或徙之穢溷以苦之，備諸痛楚，十不一生。臣觀律令所載，凡逮繫囚犯，老疾必散收，輕重以類分，枷杻薦席必以時飭，涼漿煖匣必以時備，無家者給之衣服，有疾者予之醫藥，淹禁有科，疏決有詔，此祖宗良法美意，宜敕臣下同爲奉行。凡逮繫日月并已竟未竟疾病、死亡者，各載文册申報，長吏較其結竟之遲速，病故之多寡，以爲功罪而黜陟之。』帝深然其言。」

「獄囚貧不自給者，洪武十五年定制，人給米日一升。二十四年革去。正統二年以侍郎何文淵言，詔如舊，且令有贓罰敝衣得分給。成化十二年，令有司買藥餌送部，又廣設惠民藥局療治囚人。至正德十四年，囚犯煤油、藥料皆設額銀定數。嘉靖六年，以運炭等有力罪囚折色糴米，上本部倉，每年約五百石，乃停收。歲各給棉衣袴各一事，提牢主事驗給之。」

「東廠之設，始於成祖。錦衣衛之獄，太祖嘗用之，後已禁止，其復用亦自永樂。時廠與衛相倚，故言者並稱『廠衛』。」

「錦衣衛獄者，世所稱詔獄也。古者獄訟掌於司寇而已，漢武帝始置詔獄二十六所，歷代因革不常。五代唐明宗設侍衛親軍馬步軍都指揮使，乃天子自將之名。至漢有侍御司獄，凡大事皆決焉。明錦衣衛獄近之，幽縶慘酷，害無甚於此者。太祖時天下重罪逮至京者收繫獄中，數更大獄，多所斷治，所誅殺爲多，後悉焚衛刑具以囚送刑部審理。二十六年申明其禁，詔內外獄毋得上錦衣衛，大小咸經法司。成祖幸紀綱，令治錦衣親兵，復典詔獄，綱遂用其黨莊敬、袁江、王兼、李春等，緣借作姦，數百千端。久之族綱，而錦衣典詔獄如故，廢洪武詔不用矣。」

「鎮撫司職理獄訟，初止立一司，與外衛等。洪武十五年添設北司，而以軍匠諸職掌屬之南鎮撫司，於是北司專理詔獄。」

「初，衛獄附衛治，至門達掌問刑，又於城西設獄舍，拘繫狼藉。達敗，用御史呂洪言毀之。」

按：前明衛獄以聽斷之權授諸武夫，而又與奄豎相倚，其寃慘何可勝言。恂一代之秕政，爲古今所無者。斯禍之延，實由成祖。

《明會典》：「凡提牢，刑部每月劄委主事一員接管。先五日，舊提牢官將提牢須知封送接管官看閱，至日，將囚數并一應煤米等項文簿呈堂查驗，批發新提牢官管理。除朔望日陞堂及有事稟堂外，餘日不得擅出。專一點説獄囚，關防出入，提督司獄司官吏鈐轄獄卒晝夜巡邏，稽查收支月糧煤油，修理獄具什物，查理病囚醫藥，禁革獄中一應弊端，每日仍會同巡風官點視封監。」「凡各府司獄，專管囚禁，如有寃濫，許令檢舉申明，如本府不准，直申憲司，各衙門不許差占。府州縣牢獄仍委佐貳官一員提調。其男女罪囚，須要各另監禁，司獄官常切點視，州縣無司獄去處，提牢官點視。若獄囚患病，即申提牢官驗實，給藥治療。除死罪枷杻外，其餘徒、流、杖罪囚人病重者，開疏枷杻，令親人入視；笞罪以下，保管在外醫治；病痊依律斷決，如事未完者，復收入禁，即與歸結。」

洪武元年令：禁繫囚徒年，七十以上、十五以下、廢疾散收。輕重不許混雜。枷杻常須洗滌，席薦常須鋪置，冬設煖匣，夏備凉漿。無家屬者日給倉米一升，各給綿衣一件，夜給燈油，病給醫藥，並令於本處有司係官錢糧内支破，獄司預期申明關給，毋致缺誤。有官者犯私罪，除死罪外，徒、流鎖收，杖以下皆散收。司獄常切拘鈐獄卒不得苦楚囚人，提牢官不時點視，違者禁子嚴行斷罪，獄官申達上司究治。」

「洪武二十六年，定凡刑部見問囚人，設置司獄司監禁。每月山東司案呈，差委主事一員躬親提調一應牢獄。各部每夜又各委官各點本部囚數，應押而押，應枷杻而枷杻，應鎖鐐而鎖鐐，將監門牢固封鎖，其總提牢官將鎖匙拘收，督令司獄輪撥獄卒直更提鈴。至天明，各提牢官將監門鎖封看訖，令司獄於總提牢官處關領鎖匙，眼同開鎖，照依各部取囚勘合内名數點放出監，各該獄卒管押赴部，問畢隨即押回收監，須刻不得擅離左右。務要内情不得外出，外情不得内入，使人知幽囚困苦之狀，以頓挫其頑心。又行提督司獄人等，常加潔淨，不致刑具顛倒，獄囚飯食，以時接遞，毋得作弊習蠹。其有寃抑不伸及淹禁日久不與決者，提牢官審察明白，呈堂整治。」

「成祖永樂元年，按月劄委主事一員提調牢獄。每月公同本部巡風官點視寺監，督令司獄人等嚴謹巡守。至明，查照各司取囚票帖，判送司獄司，點付皁隸押至該司，問畢送監。」

「世宗嘉靖四十三年，題准：凡撫按審録重囚已經奉有決單者，悉照京師會官熱審事例，不必再拘干證，先查始末文卷，止將見禁囚犯送審。除情真外，如果情罪的可矜疑者，卽爲奏請定奪。若有異詞相應再問者，案行守巡道轉委府州縣正官或推官就近拘取原證再審明確，務要立限速完，不許動延時月。若原證年遠不存，卽便明白聲説，不許混提家屬。各府州縣問官不許轉批首領等官，以滋繁擾。各該干證只暫候，不許一概混監。撫按守巡官嚴加禁約，違者參奏處治。」

《明律》捕亡門：「獄囚脱監及反獄在逃。」《纂注》：「由門而逃曰『脱監』，踰牆而逃曰『越獄』。」

按：古者獄無監名，稱獄爲監，蓋自《明律》始，今則通稱爲監矣。《漢書・王尊傳》：「署守屬監獄。」師古曰：「署爲守屬，令監獄主囚也。」是監者監察之義，而獄之名監，卽原於此。

《南史・扶桑傳》：「扶桑國法有南、北獄，若有犯輕罪者入南獄，重罪入北獄，有赦則放南獄不放北獄。」

刑具考一卷

刑具考

梏拲桎

《王制》:「屏之四方。」注:「《虞書》曰五流有宅,五宅三居是也。」《釋文》:「有宅,王肅注《尚書》如字,鄭音知嫁反,徽艾也。」疏:「《虞書·舜典》文。鄭注云,宅讀曰咤,徽刈之器。謂五刑之流皆有器。徽刈五咤者,是五種之器,謂桎一、梏二、拲二。」校勘記曰:「《考文》引宋板同。閩、監、毛本『二』作『三』。盧文弨云:『按梏二、拲二與桎一是五種,從宋本是。』」江聲曰:「五種之器,而以桎一、梏二、拲三當之,爲數不符。案《掌囚》,上辠梏拲而桎,中辠桎梏,下辠梏,王之同族拲,有爵者桎。蓋梏拲而桎,一也;桎梏,二也;梏,三也;拲,四也;桎,五也。」

按:古者梏拲之制不傳。如云梏二、拲二,必一名而有二制,無以證之。江說亦有見,故備録之。

《易·蒙》:「初六,發蒙,利用刑人,用説桎梏,以往吝。」《釋文》:「在足曰桎,在手曰梏。《廣雅》云,杻謂之梏,械謂之桎,杻音丑。」

按:五經言刑具始此。

《周禮・秋官・掌囚》：「掌守盜賊。凡囚者，上罪梏拲而桎，中罪桎梏，下罪梏，王之同族拲，有爵者桎，以待弊罪。」注：「凡囚者，謂非盜賊，自以他罪拘者也。鄭司農云，拲者，兩手共一木也，桎梏者，兩手各一木也。玄謂在手曰梏，在足曰桎，中罪不拲，手足各一木耳，下罪又去桎。王同族及命士以上雖有上罪，或拲或桎而已。」《釋文》：「張揖云，參著曰梏，偏著曰桎。《說文》云，梏，手械也，所以告天；桎，足械也，所以質地。拲，劉云三家姜奉反，一家居辱反。《漢書音義》韋昭音拱。云兩手共一木曰拲，兩手各一木曰梏。」疏：「此謂五刑罪人。古者五刑不入圜土，故使身居三木，掌囚守之。此一經所云五刑之人，三木之囚，輕重著之：極重者三木俱著，次者二，下者一；王之同族及有爵縱重罪亦著一而已，以其尊之故也。先鄭云，拲者兩手共一木也者，於義爲是。以其拲字共下著手，又與梏共文，故知兩手共一木。以桎與梏同在手則不可，故後鄭不從，而謂在手曰梏，在足曰桎。此無正文，直以先言梏後言桎，故知義然。」

《大司寇》：「桎梏而坐諸嘉石。」注：「木在足曰桎，在手曰梏。」疏：「鄭云木在足曰桎，在手曰梏。知者無正文，見《掌囚》云上罪梏拲而桎，拲謂兩手共一木，梏與拲連言，故知梏在手，桎在足也。《廣雅》云，手間之梏械，足間之桎械，亦是手曰梏，足曰桎。《易志》冷剛問：《大畜》六四，童牛之梏，元吉。注：巽爲木，互體震，震爲牛之足，足在艮體之中，艮爲手，持木以就足，是施梏。又《蒙》初六注云，木在足曰桎，在手曰梏，今《大畜》六四，施梏於足，不審桎梏手足定有別否？荅曰：牛無手，故以足言之。」

按：《內饔》疏引鄭荅冷剛，木在手足梏，牛無手，以前足當之。《禮記・月令》疏引冷剛問云，牛四足，何以稱梏？鄭荅云，牛無手，前足施梏也。與此所引詞稍異而意並同。

《禮記·月令》：「仲春之月，去桎梏。」注：「桎梏，今械也。在手曰梏，在足曰桎。」《釋文》：「桎，今械也。梏，今杻也。」

《左傳》莊三十年：「鬥射師諫，則執而梏之。」杜注：「足曰桎，手曰梏。」

《呂氏春秋·孟秋紀》：「具桎梏。」注：「桎梏謂械，在足曰桎，在手曰梏。」《士容篇》：「桎其後足。」注：「桎械也，著足曰桎，著手曰梏。」

《淮南·時則訓》：「仲春之月，去桎梏。」注：「在足曰桎，在手曰梏。」

《漢書·刑法志》：「凡囚，上罪梏拲而桎。」注：「師古曰：「械在手曰梏，在足曰桎。」

《後漢書·鍾離意傳》：「意遂於道解徒桎梏。」章懷太子注：「在手曰梏，在足曰桎。」

《玉篇》：「在手曰梏，在足曰桎。」《廣韻》：「在足曰桎，梏手械，紂所作也。」

《左傳》襄六年：「子蕩怒以弓梏華弱於朝。」杜注：「張弓以貫其頸，若械之在手，故曰梏。」

《列子·楊朱篇》：「重囚纍梏。」注：「梏，手械也。」

王安石《周官新義》：「梏在脰，桎在足，拲在手。《左傳》子蕩以弓梏華弱於朝，則梏在脰明矣。」

劉氏敞曰：「梏者校也，在頭曰梏。謂之梏者，以其在首，猶牛馬梏者。」

按：在手曰梏，在足曰桎，唐以前無異說。此自古相傳，其説有所授受者也。安石獨爲異，取《左傳》爲證。杜注固云貫其頸若械之在首，是不足爲在脰之證也。劉氏謂在首猶牛馬梏，説亦未允。《易》「童牛之牿」，《九家》作「告」。《説文》：「告，牛觸人，角著横木，所以告人。《易》曰僮牛之告。」許用《九家》説。虞翻云：「坤爲牛告，謂以木楅其角。大畜，畜物之家惡其觸害，艮爲手，爲小木，巽爲繩，繩縛小木，横著牛角，故曰童牛之告。《説文》衡牛觸，横大木，其角楅以木，有所畐束也。」《魯頌》：「夏而楅衡。」傳：「楅横，設牛角以楅之也。」《周禮·封人》：「設其楅衡。」杜子春云：「楅衡所以持牛，令不得抵觸人。」然則楅衡者，牛馬之牿，與梏人之梏意亦相通，而其形狀則絶不相同，亦不足爲在首之證也。鄭氏謂施梏於前足，此鄭易作「梏」，與許異，王弼本作「牿」。牿，《説文》：「牛馬牢也，《周書》曰今惟牿牛馬。」與《易》義異。王弼注云：「能止健，初距不以角。」是其意亦與許同。其字不當从牿也。

《御覽》：六百四十四。「晉令：死罪二械加拲手。」

「又《趙書》：『後石率精騎五千襲邵續，一戰生擒續於青丘，鉗頭拲手於襄國青陽城門，頓首稱四。』」

按：拲之名晉時尚存，但加一「手」字耳。《陳律》亦有「拲手」，蓋南朝此名未廢。

《隋書·刑法志》：「《陳律》，死罪將決，乘露車，著三械，加壺手。」

按：《通典》、《通考》引「壺」作「拲」。並注云，拲音拱，兩手曰拲。

「北周，凡死罪枷而拲，流罪枷而梏，徒罪枷，鞭罪桎，杖罪散以待斷。獄成，將殺者書其姓名及其罪於拲，而殺之市。」

按：梏桎之名，秦漢以下不詳。拲之名尚見南朝。北周復古，三者皆仍古名，隋以後則鮮見矣。

《御覽》：六百四十四。「《風俗通》曰，桎，實也，言其下垂至地，然後吐情首實。

按：今《風俗通》逸此文。下垂至地，蓋以其在足也。《詩·抑》「有覺德行」，《禮記·緇衣》引作「有梏德行」。然則梏之言覺也，將以覺寤之也。

《一切經音義》：十六。「《蒼頡篇》，偏著曰桎，參著曰梏。」

按：此與《掌囚》《釋文》所引張揖之說同，與許、鄭諸家之說異。

《山海經·海内西經》：「貳負之臣曰危，危與貳負殺窫窳，帝乃梏之疏屬之山，梏猶繫縛也，古沃切。桎其右足，桎，械也。反縛兩手與髮，并髮合縛之也。繫之山上木。」注：「漢宣帝使人上郡發盤石，石室中得一人，跣裸被髮，反縛械一足，以問羣臣，莫能知。劉子政按此言對之，宣帝大驚，於是時人争學《山海經》矣。論者多以爲是其尸象，非真體也。意者以靈怪變化論，難以理測，物稟異氣，出於不然，郝疏云，「不」當爲「自」字之譌。不可以常運推，不可以近數揆矣。」

按：反縛桎足之説，釋義以爲終屬荒唐，固也。而桎梏之名，其來甚古，可藉以證之。

《大荒南經》：「有宋山者，有木生山上，名曰楓木。楓木，蚩尤所棄其桎梏。」注：「蚩尤爲黄帝所得，械而殺之，已，摘棄其械，化而爲樹也。」

按：此與上條同屬荒唐，而此稍爲近理。至其時之後先，可不必論也，但存古説可矣。

《新書·君道篇》：「紂作梏數千，睨諸侯不諂已者，杖而梏之。文王桎梏於羑里，七年而後免。」

按：《廣韻》云紂作梏。然以前二事觀之，恐非始於紂。

杻

《説文》：「杽，械也，從木手。」段注：「械當作『梏』字，從木手則爲手械無疑也。杽，杻古今字。」《玉篇》：「杻，敕九切；械也，杽同。」《廣韻》：「杻，敕九切。杻，械，杽古文。」《廣雅·釋宫》：「杽謂之梏。」王氏《疏證》：「杽之言紐也。紐，束也。杻與杽同。梏之言鞠也，急繫之名也。《漢書·刑法志》，當鞠繫者，頌繫之。顔師古注云，頌讀曰容，謂寬容之，不桎梏是也。」

《隋志》：「《梁律》，囚有械、杻、升械及鉗，並立輕重大小之差，而爲定制。」「《陳律》，立測者，著兩械及杻，上垛。」「北魏有杻，有高杻。詳枷。」「北齊流罪已上加杻、械。」

《唐書·刑法志》：「杻、校、鉗、鎖，皆有長短廣狹之制，量囚輕重用之。」《唐律疏議》：二十九。「獄官令：禁囚死罪枷、杻，婦人及流以下去杻，其杖罪散禁。」

按：杻本手械之名，其後凡械皆以杻名之。《唐志》但有杻名，該梏、拲、桎三者而言。蓋其時梏、拲、桎之名已不行，此古今稱名之異也。杻乃木名手械之字，本作「杽」，杻行而杽廢矣。

《明律》獄具圖：「杻長一尺八寸，厚一寸，以乾木爲之。男子犯死罪者用杻，犯流罪以下及婦人犯死罪者不用。」

械

《説文》：「械，桎梏也，從木戒聲。一曰械，器之總名。一曰持也。一曰有所盛曰器，無所盛曰械。」

按：趙注《孟子》曰，器，械之總名。《禮記音義》引郭璞《三蒼解詁》同。而許以桎梏居先者，《御覽》六百四十四。引《風俗通》曰，械，戒所以警戒，使爲善也，此從戒之義，故許先之也。一曰持也。《文選・長笛賦》注引作「治」也。王筠曰，此句當在「桎梏也」句下，謂械一名治也。《列女傳》臧孫母曰，吾子拘，有木治矣。《御覽》引而説之曰，木治，梏也。

盜械

《漢惠紀》：「有罪當盜械者，皆頌繫。」注：如淳曰：「盜者逃也，恐其逃亡，故著械也。頌者容也，言見寬容，但處曹吏舍，不入狴牢也。」師古曰：「盜械者，凡以罪著械皆得稱焉，不必逃亡也。據《山海經》，貳負之臣、相柳之尸皆云盜械，其義是也。古者頌與容同。」

《山海經・海内經》：「北海之内，有反縛盜械，帶戈常倍之佐，名曰相顧之尸。」注：「貳負臣危之類。」

按：《詩・巧言》：「君子信盜。」毛傳：「盜，逃也。」疏云：「《風俗通》亦云盜逃也。」是盜逃乃古義，如説不誤。《御覽》：六百四十四。「應劭曰，盜械，恐其亡，故著械」。不謂盜竊，乃械也。師古不取如説，而不爲盜字作解，疏矣。貳負事詳前。桎足反縛，不云盜械反縛。盜械者相顧之尸，非相柳。相柳見《海外北經》，不言盜械也。師古所云與今《山海經》異。

《一切經音義》：「《通俗文》云，拘罪人曰桁、械。謂穿木加足曰械，大械曰桁。」

《莊子·在宥篇》：「今世殊死者相枕也，桁楊者相推也，刑戮者相望也，而儒墨乃始離跂攘臂乎桎梏之間，意甚矣哉，其無愧而不知恥也甚矣。吾未知聖知之不爲桁楊椄槢也，仁義之不爲桎梏鑿枘也。」注：「桁楊以椄槢爲管，而桎梏以鑿枘爲用。《釋文》：桁，户剛反。司馬云腳長械也。楊，向音陽。崔云械夾頸及脛者皆曰桁楊。椄，李如字，向、徐音㜸，郭慈接反。槢，郭、李音習，向、徐徒㜸反。司馬云，椄槢，械楔，音息節反。崔本作槢，云讀爲牒，或作謵字。椄槢，桎梏梁也。《淮南》曰，大者爲柱梁，小者爲椄槢也。《文選·景福殿賦》：槢似瓊英。李善注：司馬彪《莊子》注曰，槢，械楔也。凡楔皆謂之槢。」

《唐六典》：「後魏流罪已上加杻械，死罪桁之。」

按：桁之名出《莊子》，他罕見。

《廣雅·釋宫》：「械謂之桎。」王氏《疏證》：「桎之言窒，械之言礙，皆拘止之名也。《説文》云，梏手械也，桎足械也，械桎梏也。《月令》注亦云桎梏今械也。然則械爲在手在足之通稱也。」

按：漢時獄具但稱械。如《漢書·司馬遷傳》：「淮陰王也，受械于陳。」《王嘉傳》：「大臣括髮關械，裸躬就笞。」謝承《後漢書》：「式侯從獄中參械出街中。」范蔚宗《後漢書·張磐傳》：「被誣下廷尉，會赦見原，磐更牢持械自列。」《戴就傳》：「卽解械更與美談。」《許揚傳》：「鄧晨收揚下獄，而械輒自解。」皆是。魏、晉亦然。如《魏志·賈逵傳》：「太祖以逵送獄，吏以逵主簿也，不卽著械。」《田豫傳》：「遷南陽太守。先時郡人侯音反，衆數千人，在山中爲羣盜，大爲郡患。前太守收其黨與五百餘人，表奏，皆當死。豫悉見諸繫囚，慰喻開其自新之路，一時破械遣之。」《陳表傳》：「詔以明付表，表便破械，沐浴，易其衣服。」《御覽》六百四十四。「《江表傳》，孫策得太史慈，卽救破械，使沐浴。」《晉書·范廣傳》：「爲堂邑令。丞劉榮坐事當死，郡劾以付縣。縣堂爲野火所及，榮脫械救火，事畢還自著械。」是也。《宋書》、《梁書》獨以械稱。迨北朝枷、杻之名行于世，而械但爲器之總名矣。

校

《易·噬嗑》：「初九，屨校滅趾，無咎。」王注：「居無位之地以處刑，初受刑而非治刑者也。凡過之所始，必始於微，而後至於著。罰之所始，必始於薄，而後至於誅。過輕戮薄，故屨校滅趾。桎其行也，足懲而已，故不重也。過而不改，乃謂之過。小懲大誡，乃得其福，故無咎也。校者，以木絞校者也，「校者也」，《御覽》六百四十四引作「之」。卽械也。校者，取其通名也。」疏：「屨，謂著而履踐也。」

《周易集解》：「虞翻曰：屨貫趾足也。震爲足，坎爲校，震沒坎下，故屨校滅趾。初位得正，必無咎。干寶曰：趾，足也。屨校，貫械也。初居剛躁之家，體貪狼之性，以震掩巽，强暴之男也。行侵陵之罪，以陷屨校之刑，故曰屨校滅趾。得位於初，顧震知懼，小懲大戒，以免刑戮，故曰無咎矣。」

「上九，何校滅耳，凶。」注：「處罰之極，惡積不改者也。罪非所懲，故刑及其首，至于滅耳。及首非誡，滅耳非懲，凶莫甚焉。」疏：「何謂擔何。何擔枷械，滅没於耳，以至誅殺。《周易集解》：「荀爽曰：爲五所何，故曰何校。據五應三，欲盡滅坎，三體坎爲耳，故曰滅耳。凶，上以不正，侵欲無已，奪取異家，惡積而不可弇，罪大而不可解，故宜凶矣。鄭玄曰：離爲槁木，坎爲耳木，在耳上，何校滅耳之象也。」

程傳：「九居初，最在下，無位者也，下民之象，爲受刑之人。當用刑之始，罪小而刑輕。校，木械也，其過小而屨之於足，以滅傷其趾。人有小過，校而滅其趾，則當懲懼不敢進於惡矣。上過乎尊位，無位者也，故爲受刑者，居卦之終，是其間大噬之極也，《繫辭》所謂惡積而不可掩，罪大而不可解者也，故何校而滅其耳，凶可知矣。何，負也，謂在頸也。」丘富國曰：「初上無位，爲受刑之人，初過小而在下，爲用獄之始，故以屨校滅趾爲象。上惡極而怙終，爲用獄之終，故以何校滅耳爲象。」邱氏濬曰：「《易》之作，以道陰陽，而於天下之事無不備。刑之用，非爲政之先務，而《易》之於刑屢屢言之，非徒言其理，而刑之具亦無不有焉。《蒙》之初六，以桎梏言，械其手足者也。《坎》之上六，以徽纆言，繫縛其身者也。《噬嗑》之初六與上九，以校言，械其頸與足者也。是知天下之物，人世之用，無一不出於陰陽之理，非但十三卦之制器尚象也。」

《説文》：「校，木囚也。」段注：「囚，繫也。木囚，以木羈之也。《易》曰屨校滅趾，何校滅耳。屨校，若今軍流人犯新到，箸木韡。何校，若今犯人帶枷也。」桂氏《義證》：「《韵會》引《繫傳》，校者，連木也。《易》荷校滅耳，此桎也。屨校滅趾，此梏也。按桎、梏二字互譌。馥案：本書，圉：囹圄，所以拘罪人，一曰圉人掌馬者。案：圄有牆壁之囚，校貫木之囚，皆可拘罪人養馬。《周禮》校人掌王馬之政。《漢書·成紀》從胡客大校獵。顔注：此校謂以木自相貫穿爲闌校耳。校人職云六廄成校。是則以遮闌爲義也。《趙充國傳》校聯不絕。顔注：此校謂以木自相貫穿以爲固者。亦猶《周易》荷校滅耳也。《周禮》校人掌王馬之政，六廄成校，蓋用闌械闌養馬也。《説文解字》云校木囚也，亦謂以木相貫遮闌禽獸也。今云校聯不絕，言營壘相次。《後漢書·明紀》車騎校獵上林苑。注云：《周禮》校人掌王田獵之馬，故以校獵，謂以木相貫穿爲欄校以遮禽獸。」王氏《句讀》：「囚从囗，高其牆以闌罪人也。木囚者，以木作之如牆也。桎梏皆圄其手足，情事相似，故得校名。《漢書·趙充國傳》顔注云云。筠案：顔氏詮解木囚，是校與今虎城相似，故不與桎、梏二篆類次。」

按：木囚，王蕠友謂以木作之如牆，其説較長。《説文》：囚，繫也，从人在囗中。囗，回也，凡圜繞週圍字當作囗。人在囗中，不僅如桎梏之狀，今世獄中有以木作柵，四面如牆，拘罪人其中，謂之木櫳，疑即古之木囚也。《噬嗑》之校當如王説。桎梏圜其手足，故亦得校名。

《唐書·刑法志》：「杻、校、鉗、鎖。《詳杻》。居作者著鉗若校，病者釋鉗、校。

按《舊唐書》及《唐六典》並言枷不言校，是唐時稱枷不稱校。《新書》改枷爲校，殆當世尚有此稱也。《宋史·太宗紀》言釋罰作荷校者，是宋世尚有校名。

枷

《晉書·石勒載記》：「會建威將軍閻粹説并州刺史東瀛公騰，執諸胡於山東賣充軍實。騰使將軍郭陽、張隆虜羣胡，將詣冀州，兩胡一枷。勒時年二十餘，尚在其中。」

按：此文是晉時尚有枷名。而《隋志》梁、陳刑律皆不言枷，豈當時世間有此名稱，而官府尚未改敷？兩胡一枷，即後來二人連枷之始。

《魏書·刑法志》：「高祖太和五年，時法官及州郡縣不能以情折獄，乃爲重枷大幾圍，復以縋石懸於囚頸，傷内至骨，更使壯卒迭搏之，囚率不堪，因以誣服，吏持此以爲能。帝聞而傷之，乃制：非大逆有明證而不款辟者，不得大枷。」

「世宗永平元年秋七月，詔尚書檢校枷、杖大小，違制之由，科其罪失。尚書令高肇、尚書僕射清河王懌、尚書邢巒、尚書李平、尚書江陽王繼等奏曰：『臣等聞王者繼天子物，爲民父母，導之以德化，齊之以刑法，小大必以情，哀矜而勿喜；務以三訊五聽，不以木石定獄。伏惟陛下子愛蒼生，恩侔天地，疏網改祝，仁過商后，以枷杖之非度，愍民命之或傷，爰降慈旨，廣垂昭恤，雖有虞慎獄之深，漢文惻隱之至，亦未可共日而言矣。謹案獄官令，諸察獄先，備五聽之理，盡求情之意，又驗諸證信，事多疑似，猶不首實者，然後加以拷掠。諸犯年刑已上，枷鎖流徙已上，增以杻、械，迭用不俱。非大逆外叛之罪，皆不大枷、高杻、重械，又無用石之文。而法官州郡因緣增加，遂爲恒法。進乖五聽，退違令文，誠宜案劾，依旨科處。但踵行已久，計不推坐。檢杖之小大，鞭之長短，令有定式，但枷之輕重，先無成制。臣等參量造大枷，長一丈三尺，喉下長一丈，通頰木各方五寸，以擬大逆外叛，杻、械以掌流刑已上。諸臺寺州郡大枷請悉焚之。枷本掌囚，非拷訊所用，從今斷獄，皆依令，盡聽訊之理。量人强弱，加之拷掠，不聽非法拷人，兼以拷石。』自是枷杖之制，頗有定準。未幾，獄官肆虐，稍復重大。《世宗紀》永平元年載此事。」

按：《說文》：「枷，柫也。柫，擊禾連枷也。齊語耒耜枷芟。韋昭云，枷，柫也，所以擊草也。《釋名》，枷，加也，加杖於柄頭以撾穗而出其穀也。或曰羅枷三杖而用之也。或曰了了杖轉於頭，故以名之也。是枷本農具之名也。何時刑具亦得枷名，不詳所自。《後漢書·馬融傳》：「捎罔兩，拂游光，枷天狗，緤墳羊。」章懷太子不爲「枷」字作解，以上下文推之，枷字但爲擊打之意，未必遂作枷鎖解。《石勒載記》始有枷名，似始於此時。齊蕭子良《淨住子》：「壁如牢獄重，囚具嬰衆苦。抱長枷，牢大械，帶金鉗，負鐵鎖。」《玉篇》枷有枷鎖、連枷二義。是齊、梁已爲通稱，特律文未改耳。北朝自魏訖隋，並以枷名，唐、宋承之，而枷之名遂專屬於刑具矣。

《魏書·宋翻傳》：「初，翻爲河陰令，縣舊有大枷，時人號曰『彌尾青』，及翻爲縣主，吏請焚之，翻曰：『且置南牆下，以待豪家。』未幾，有內監楊小駒詣縣言事，辭色不遜，命取尾青以鎮之。既免，入訴世宗，世宗大怒，敕河南尹推治其事。翻具自陳狀。詔曰：『卿故違朝法，豈不欲作威以買名？』翻對：『造者非臣，買名者亦宜非臣。所以留者，非敢施於百姓，欲待凶暴之徒如小駒者耳。』於是威振京師。」

按：《御覽》六百四十四。引此事，「彌」下有「方結切」三字，不知何據？字書「彌」無此音。

《隋志》:「《齊律》:罪刑年者鎖,無鎖以枷。」「《周大律》:凡死罪枷而拲,流罪枷而梏,徒罪枷。」「《隋開皇律》:枷、杖大小咸爲之程品。」

《唐六典》:「諸流、徒罪及作者皆著鉗,若無鉗者著盤枷,病及有保者聽脱。枷長五尺已上,六尺已下,頰長二尺五寸已上,六寸已下,共闊一尺四寸已上,六寸已下,徑頭三寸已上,四寸已下。」

《舊唐書·刑法志》:「時周興、來俊臣等相次受制,推究大獄,乃於都城麗景門内别置推事使院,時人謂之『新開獄』。俊臣又與侍御史侯思止、王宏義、郭霸、李敬仁、評事唐暐、衞遂忠等招集告事數百人,共爲羅織,以陷良善,前後枉遭殺害者不可勝數。又造《告密羅織經》一卷,其意旨皆網羅前人,織成反狀。俊臣每鞫囚,無問輕重,多以醋灌鼻,禁地牢中,或盛之于瓮,以火圜繞炙之,兼絶其糧餉,至有抽衣絮以噉之者。其所作大枷,凡有十號:一曰定百脈,二曰喘不得,三曰定地吼,四曰著即承,五曰失魂膽,六曰實同反,七曰反是實,八曰死豬愁,九曰求即死,十曰求破家。又令寢處糞穢,備諸苦毒。每有制書寬宥囚徒,俊臣必先遣獄卒,盡殺重皋,然後宣示。是時海内懾懼,道路以目。」

《宋史·田錫傳》:「錫好言時務,既居諫官,即上疏:案獄官令,枷、杻有長短,鉗、鎖有輕重、尺寸、斤兩,並載《刑書》,未聞以鐵爲枷者也。」

王(禹偁)〔闢之〕《澠水燕談録》:「舊制,枷惟二等,以二十五斤、二十斤爲限。景德初,陳綱提點河北路刑獄,上言請制杖罪,枷十五斤爲三等。詔可其奏,遂爲常法。」

《金史·刑志》:「泰和四年七月,上以諸路枷多不如法,平章政事守貞曰:『枷尺寸有制,提刑兩月一巡察，必不敢違法也。』」

《明律》獄具圖：「枷長五尺五寸，頭闊一尺五寸，以乾木爲之：死罪重三十五斤，徒、流重二十斤，杖罪重一十五斤，長短輕重，刻誌其上。」

徽纆

《易·坎》：「上六，係用徽纆，寘于叢棘，三歲不得，凶。」王注：「險陗之極不可升也，嚴法峻整難可犯也，宜其囚執，寘于思過之地。三歲，險道之夷也，險終乃返，故三歲不得，自脩三歲，乃可以求復，故曰三歲不得，凶也。」疏：「上六居此險陗之處，犯其峻整之威，所以被繫，用其徽纆之繩，置于叢棘，謂囚執之處，以棘叢而禁之也。」《周易集解》：「虞翻曰：徽纆，黑索也。觀巽爲繩，艮爲手，上變入坎，故係用徽纆。寘，置也。坎多心，故叢棘，獄外種九棘，故稱叢棘。二變則五，體剥，剥傷坤殺，故寘于叢棘也。不得，謂不得出獄。艮止坎獄乾爲歲，五從乾來，三非其應，故曰三歲不得，凶矣。《九家易》曰：坎爲叢棘，又爲法律。案《周禮》，王之外朝，左九棘，右九棘，面三槐，司寇公卿議獄于其下，害人者加明刑，任之以事，上罪三年而舍，中罪二年而舍，下罪一年而舍也。案：坎於木，堅而多心，叢棘之象也。坎下巽爻，巽爲繩直，係用徽纆也。馬融云，徽纆索也。劉表云，三股爲徽，兩股爲纆，皆索名，以繫縛其罪人矣。」程傳：「上六以陰柔而居陰之極，其陷之深者也。以其陷之深，取牢獄爲喻，如繫縛之以徽纆，囚寘於叢棘之中。陰柔而陷之深，其不能出矣。」邱氏濬曰：「坎爲刑獄。荀《九家易》坎爲叢棘。傳曰：

叢棘如今之棘寺。蒙、坎二卦，聖人作《易》，皆取象于刑獄。是知聖人爲治，不能以不用刑，此蓋天地自然之理，本諸陰陽，合請爻象，非人爲之私也。雖若不得已而爲之，而爲之亦自不容已。蓋人生不能無欲，欲勝而理微，教之而不從，而不繼之以刑，則人欲肆矣。聖人作《易》，以扶陽抑陰，而取象於刑獄，豈無意哉。」

《說文》：「徽，衺幅也。一曰三糾繩也。」段注：「三糾，謂三合而糾之也。丩部，糾，三合繩。一說糾本三股，三糾當爲九股。」桂氏《義證》：「揚雄《解嘲》：徽以糾纆。《梁書·王僧孺傳》：既貽疵辱，方致徽繩。《文選·西征賦》注：引大索也。《玉篇》：徽，大索也。《廣雅》：徽，索也。《漢書·揚雄傳》：免放徽索。《陳遵傳》：觀瓶之居，居井之眉，不得左右，牽於纆徽。顏注：纆徽，井索也。」王氏句讀：「糾，三合繩也。三糾之卽是大索矣。」「纆，索也。从糸黑聲。」莫北切。段注：「从黑者，所謂黑索拘攣罪人，今字从墨。」王氏句讀：「經典作纆，又省作墨。《漢書·揚雄傳》：徽以糾墨。顏注：徽、糾、墨皆繩也。」

按：《穀梁》宣二年傳注：《易》曰繼用徽纆。疏：馬融曰，徽纆，索也。陸德明云，三糾繩曰徽，二糾繩曰纆。《釋文》三股曰徽，兩股曰纆。《五經文字》同。《史記·屈賈傳》索隱：《通俗文》合繩曰糾。《一切經音義》：十七。《蒼頡解詁》繩三合曰糾。並與許說相合。《文選·長笛賦》五臣注：《漢書音義》張晏曰，二股謂之糾，三股謂之纆。《鵩鳥賦》注：《字林》曰，糾兩合繩，纆三合繩。孫楚征西官屬送於陟陽詩注：糾兩股索，纆三股索。與許異。至或曰三糾、二糾，或曰三合，或曰三股、兩股，合與股尚無區別，糾則義不同矣。以索之義求之，糾爲是，段、王二說可互證也。

縲絏

《論語》：「雖縲絏之中。」注：「縲，黑索。絏，攣也。所以拘罪人。」皇侃《義疏》：「古者用黑索以攣係罪人也。」校勘記云：「皇本、高麗本『絏』作『紲』，宋石經亦作『紲』。案：字本作『紲』，唐人避太宗諱，改作『絏』。《五經文字》云，絏本文从世，緣廟諱偏旁，今經典並準式例變。」

按：《釋文》引孔安國注，縲黑索，紲攣也。何注用孔説。

《説文》：「纍，綴得理也，一曰大索，从糸畾聲。」段注：「《論語》〔作『縲』〕，字之誤。亦誤作『累』，如《孟子》係累其子弟是。亦作『羸』，如《易·大壯》羸其角，馬云大索也。鄭、虞作『纍』。引申之，不以罪死曰『纍』，見揚雄《反離騷》注。按：纍、絫二字大不同。纍，大索也，其隸變不得作『累』。絫，增也，引申之，延及也，其俗體作『累』，古所不用。」桂氏《義證》：「一曰大索也者，蕭該《漢書音義》引《字林》同。《急就篇》顔注：纍，大索也。《六韜》：環利小微縲，長二丈以上。馥案：纍所以繫囚，因謂纍爲繫。僖二十三年《左傳》：君之惠，不以纍臣釁鼓。杜注：纍，囚繫也。成三年《傳》：兩釋纍囚。杜注：纍，繫也。襄二十五年《傳》：使其衆男女別而纍，以待於朝。杜注：纍，自囚係以待命。又作『累』，《孟子》係累其子弟。《戰國策》係累吾民。《荀子·成相篇》箕子累。注云：累讀爲縲，書曰，釋箕子之囚。通作『壘』。《荀子·大略篇》不憂其係壘也」。王氏《句讀》：「省作『累』，俗加『糸』作『縲』」。」

按：古者拘係罪人並以索，徽、纆、纍皆是其字，皆从糸。其用鐵索，不詳始于何時。觀《西域》、《王莽》二傳，是漢時已用之矣。

鎖

《説文》：「鋃，鋃鐺，瑣也。」段注：「瑣俗作『鎖』，非。瑣爲玉聲之小者。引申之，彫玉爲連環不絶，謂之瑣。漢以後罪人不用纍紲，以鐵爲連環不絶係之，謂之鋃鐺，遂製『鎖』字。《漢西域傳》陰末赴琅當德。謂以長鎖鎖趙德也。正文本無『鎖』字，今本乃作『鎖琅當德』，殊爲不辭。琅當，假借字也。若宮室青瑣，以青畫户邊爲瑣文，故《楚辭》注曰，文如連瑣。」桂氏《義證》：「《荀子·儒效篇》鄉也胥靡之人。注云：胥，相。靡，繫也。謂鏁相聯相繫，《漢書》所謂鋃鐺者。華嶠《後漢書》：董卓收崔鈞父烈下之郿獄，鋃鐺。《顔氏家訓·文章篇》：《後漢書》囚司徒崔烈以鋃鐺鏁。鋃鐺，大鏁也，世間多誤作金銀字，武烈太子亦是。數千卷學士嘗作詩云：『銀鏁三公脚，刀撞僕射頭。爲俗所誤。』王氏《句讀》：「《王莽傳》以鋏鎖琅當其頸。顔注：琅當，長鎖。案：琅當即鋃鐺，説以長鎖固不誤，然『鋏鎖琅當』相連，似不可如此説之。琅當，疊韵，蓋形容拘係牽曳之狀。唐人小説：明皇幸蜀，雨中聞鈴，問何聲？優人對曰：『三郎鋃鐺。』亦可推知也。」

《漢書·西域傳》：「後軍候趙德使罽賓，與陰末赴相失，陰末赴鎖琅當德。」顔注：「琅當，長鎖也，若今之禁繫人鎖矣。」《王莽傳》：「民犯鑄錢，伍人相坐，没入爲官奴婢，其男女檻車，兒女子步，以鐵瑣琅當其頸，傳詣鍾官，以十萬數。」顔注：「琅當，長鏁也。」《食貨志》：「莽以私鑄錢死，及非沮寶貨投四裔，犯法者多，不可勝行。迺更輕其法：私鑄作泉布者，與妻子没入爲官奴婢，吏及比伍知而不舉告，與同罪；非沮寶貨，民罰作一歲，吏免官。犯者愈衆，及五人相坐，皆没入郡國，檻車鐵鎖，傳送長安鐘室。」

按：段以《西域傳》「鎖」字爲本無，然以《王莽傳》及《食貨志》參之，其説亦未甚確。王以琅當爲形容之詞，然造字之初，未必即會此意。鋃鐺本鎖名，而身負鋃鐺者，即有拘係牽曳之狀，亦遂以爲形容之詞。《西域》、《王莽》二傳，似是以鎖鎖之之意。《食貨志》但言銕鎖，不言鋃鐺。《御覽》六百四十四。引宋躬《孝子傳》繆斐事，其文有云：「父忽得患，斐晝夜叩頭，氣息將盡。至三更中，忽有二神引鎖而至，求哀曰：『尊府君昔經見侵，故有怒報，君至孝所感，昨爲天曹所攝，鎖鋃鐺。斐驚視，父已差，云云。」亦有「鎖鋃鐺」之語，與《漢書》同也。蘇子瞻獄中詩：「風動琅璫月向紙。」其字又作「琅璫」。

《玉篇》：「鎖，鐵鎖也。鏁，俗。」《廣韻》：「鐵鎖，鎖俗作鏁。」

鄭珍《説文新坿攷》：「鎖，鐵門鍵也。按《説文》鋃，注：鋃鐺，瑣也。鎖，注：大瑣也，本作瑣。《漢元后傳》青瑣，《王莽》鐵瑣亦同。从金，俗加。」

按：《後漢書·仲長統傳》：「古來繞繞，委曲如瑣。」「瑣」當即「鎖」字。古來繞繞，如鎖之連環不絶也。

《隋志》：「《陳律》：其髡鞭五歲刑，降死一等，鎖二重。其五歲刑已下並鎖一重。徒並著鎖。」「北齊：一歲者無笞，並鎖繫左校而不髡。罪刑年者鎖，無鎖以枷。」「《北周律》：皇族及有爵者死罪已下鎖之。」

《唐六典》：「鎖字或誤「鎮」，或誤「鏁」。長八尺已上，一丈二尺已下。」

《明律》獄具圖：「鋃鐺索，長一丈，以鐵爲之。犯輕罪人用鐐，連環，共重三斤，以鐵爲之。犯徒罪者帶鐐工作。」《明志》：「鐐，鐵連環之，以縶足。」

按：鋃鐺索，鎖之小者，今謂之鍊。鐐，鎖之大者。《爾雅·釋器》：「白金謂之銀，其美者謂之鐐。」《說文》：「鐐，白金也。」本非刑具之名。元王元亮《五刑圖說》徒有帶鐐居作之文。《元史·刑法志序》鹽徒盜賊既決而又鐐之。始借用爲刑具之名。明代承之，又曰「鐐鐘」，亦曰「鎖鐘」，字書無「鐘」字。

鉗釱

《漢書·刑法志》：「當黥者，髡鉗爲城旦舂。」《楚元王傳》：「楚人將鉗我於市。」顏注：「鉗，以鐵束頸也。」

《急就篇》：「鬼薪、白粲，鉗、釱、髡。」顏注：「以鐵錔頭曰鉗，錔足爲釱。」

《史記·平準書》：「敢私鑄鐵器者，釱左趾。」集解：「《史記音義》曰：釱，音徒計反。韋昭曰：釱，以鐵爲之，著左趾以代刖也。」索隱：「按《三蒼》云：釱，踏脚鉗也。《字林》徒計反。張斐《漢晉律序》云：狀如跟衣，著足，足下重六斤，以代臏。至魏武，改以代刖也。」

《説文》:「鉗,〔以〕鐵有所劫束也。」段注:「劫者,以力脅止也。束者,縛也。」「鈦,鐵鉗也。」《御覽》六百四十四。引《説文》作「脛鉗也」。

《漢書・陳萬年傳》:「或私解脱鉗鈦。」顔注:「鉗在脛,鈦在足。」

《晉志》:「魏武帝定甲子科,犯鈦左右趾者,易以木械。是時乏鐵,故易以木焉。」

《御覽》:六百四十四。「《晉律》:鉗重二斤,趐長一尺五寸。」

按:趐,《玉篇》許劣切,無訓釋。《字典篇》:海進也,又飛也,鳥叢飛也。於本文難通。《説文句讀》引作「翹」,未詳所據何本。竊謂「趐」乃「翅」之譌。鉗著于頸,其横出被于肩者,如鳥之翅也。

又按:鉗以束頸。自曹魏易以木械,而鉗與鈦遂不復用矣。後世之枷,卽古之鉗也。但鐵、木及大小、長短之不同耳。

鞭

《御覽》:六百四十九。「《晉令》:鞭皆用牛皮革廉成。法鞭,生革去四廉。常鞭,用熟靼之列反。柔革也。不去廉。作鵠頭紒,長一尺一寸,鞘長二尺二寸,廣三分,厚二分,柄皆長二尺五寸。」

按:《説文》:靼,柔革也。从革旦聲,旨熱切。段云:柔革,謂革之柔耎也。旨熱切,音浙。《廣韻》又當割切,音怛。本或从且,作「靻」。《廣韻》:靻,則古切,音祖。靻勒名義與靼異。「紒」乃

「紐」之譌。

《隋志》：「《梁律》：其鞭有制鞭、法鞭、常鞭，凡三等之差。制鞭，生革廉成。法鞭，生革去廉。常鞭，熟靻不去廉。皆作鶴頭紐，長一尺一寸，稍長二尺七寸，廣三寸，靶長二尺五寸。老小於律令當得鞭杖罰者，皆半之。其應得法鞭、杖者，以熟靻鞭、小杖。其問事諸罰，皆用熟靻鞭、小杖。其制鞭大杖，法鞭法杖，自非特詔，皆不得用。」

「北齊：鞭鞘皆用熟皮，削去廉棱。鞭瘡長一尺。」

隋《開皇律》去鞭刑。《詳鞭》。

《北齊書・崔伯謙傳》：「後除濟北太守，恩信大行。乃改鞭用熟皮爲之，不忍見血，示恥而已。有朝貴行過郡境，問人，太守治政何如？對曰：『府君恩化，古者所無。因誦民爲歌曰：崔府君，能政治，易鞭鞭，布威德，民無争。』客曰：『既稱恩化，何由復威？』曰：『長吏憚威，民庶蒙惠。』」

按：伯謙之仕在文襄時，北齊之律定于武成時，鞭用熟皮，其卽創于伯謙歟？

笞杖

《漢志》：「孝文十三年定律：當劓者笞三百，當斬左止者笞五百。是後外有輕刑之名，内實殺人。斬右止者又當死。斬左止者笞五百，當劓者笞三百，率多死。注：笞數既多，亦不活也。景帝元年下詔曰：『加笞與重罪無異，幸而不死，不可爲人。其定律笞五百曰三百，笞三百曰二百。』猶尚不全。至中六年，又下詔曰：『加笞者或至死而笞未畢，朕甚憐之，其減笞三百曰二百，笞二百曰一百。』又曰：『笞者所以教之也，其定箠令。』師古曰：箠，策也。所以擊者也，音止橤反。丞相劉舍、御史大夫衞綰請：『笞者箠長五尺，其本大一寸，其竹也，末薄半寸，皆平其節。當笞者笞臀，如淳曰：然則先時笞背也。毋得更人，師古曰：謂行笞者不更易人也。畢一罪乃更人。』自是笞者得全。」王棠《知新録》：「按古之一寸合今之六分六，末薄半寸，合今之三分餘。毋得易人，則無後世五板易人之例。今世箠法未有明文，若依此行，亦仁政之一也。」

《北堂書鈔》：四十五。「《晉令》：杖皆用荊，長六尺。制杖大頭圍一寸，尾三分半。」

《隋志》：「《梁律》：杖皆用生荊，長六尺，有大杖、法杖、小杖三等之差。大杖大頭圍一寸三分，小頭圍八分半。法杖圍一寸三分，小頭五分。小杖圍一寸一分，小頭極杪。諸督罰大罪無過五十、三十，小者二十。當笞二百以上者，笞半，餘半後決，中分鞭杖。互詳《鞭》。」

《魏書·刑罰志》：「顯祖末年，尤重刑罰。理官鞫囚，杖限五十，而有司欲免之，則以細捶，欲陷之，則先大杖，民多不勝而誣引，或絶命於杖下。顯祖知其若此，乃爲之制：其捶用荊，平其節，訊囚者其本大三分，杖背者二分，撻脛者一分，拷悉依令。皆從於輕簡也。」

《隋志》：「北齊：笞者笞臀，而不中易人。杖長三尺五寸，大頭徑二分半，小頭徑一分半。決三十以下杖者，長四尺，大頭徑三分，小頭徑二分。在官犯罪，鞭杖十爲一負。閑局六負爲一殿，平局八負爲一殿，繁局十負爲一殿。加一殿者，復計爲負焉。開皇元年，更定新律。自前代相承，有司訊考，皆以法外，或有用木棒束杖，車輻鞵底，壓踝杖桄之屬，楚毒備至，多所誣伏。雖文致於法，而每有枉濫，莫能自理。至是盡除苛慘之法，訊囚不得過二百，枷杖大小，咸爲之程品，行杖者不得易人。」

按：法外訊考，即非刑也。大棒束杖，車輻鞵底，自各爲一物。壓踝杖桄，當自爲一事，疑是以杖桄壓踝也。《說文》「桄」下段注：玄應曰：桄音光。古文橫、櫎二形，聲類作「輄」，今車牀及梯轝下橫木皆是也。是凡橫木皆可以桄。稱壓踝，必以木橫用，故謂杖桄矣。

《唐六典》：「杖皆削去節目，長三尺五寸。訊囚杖，大頭徑三分二釐，小頭二分二釐。常行杖，大頭二分七釐，小頭一分七釐。笞杖，大頭二分，小頭一分半。其決笞，腿、臀分受。杖者背、腿、臀分受，須數等拷訊。笞亦同。願背、腿均受者聽。殿庭決杖者，皆背受。」

《金史·刑志》：「明昌四年五月，上以法不適平，常行杖樣多，不能用，遂定分寸，鑄銅爲杖式，頒之天下。且曰：『若以笞杖太輕，恐情理有難恕者，訊杖可再議之。』五年五月，刑部員外郎馬復言：『外官尚苛刻者，不遵銅杖式，輒用大杖，多致人死。』詔令按察司糾劾黜之。泰和元年正月，尚書省奏：『以見行銅杖式輕細，姦宄不畏。』遂命有司量所犯用大杖，且禁不得過五分。」

《明律》獄具圖：「笞，大頭徑二分七釐，小頭徑一分七釐，長三尺五寸，以小荊條爲之。杖，大頭徑三分二釐，小頭徑二分二釐，長三尺五寸，以大荊條爲之。並須削去節目。用官降較板法如法較勘，毋令觔膠諸物裝釘。應決者，用小頭，臀受。訊杖，大頭徑四分五釐，小頭徑三分五釐，長三尺五寸，以荊杖爲之。其犯重罪，贓證明白，不服招承，明立文案，依法拷訊，臀、腿受。」

《禮記・學記》："「夏、楚二物，收其威也。」注："「夏，槄也。楚，荊也。《釋文》："「槄，吐刀反。」《爾雅・釋木》："「槄，山榎。」郭注："「今之山楸。」《釋文》："「榎，古雅反。」舍人本又作「檟」。《詩・秦風・終南》疏引陸璣疏云："「槄，今山楸也，亦如下田楸耳。皮葉白色，亦白材，理好，宜爲車板，能溼，又可爲棺木，宜陽共北山多有之。」《本草》："「楸，其木溼時脃，燥時堅，故謂之良材。牡荊，恭曰即作捶杖者。所在皆有之。實細，黃色。莖勁，作樹生。」李時珍曰："「牡荊，處處山野多有，樵采爲薪，年久不樵者，其樹大如盌也。有青、赤二種，青者爲荊，赤者爲楛，嫩條皆可爲筥篋。古者貧婦以荊爲釵，即此二木也。」

按："夏、楚均是木，而其質夏重楚輕，其用之也，亦必有輕重之差矣。漢時易以竹，梁復用荊，荊即楚也。其後承之，是但用楚，而不用夏。《唐志》謂漢用竹，後世更以楚者，誤也。明用荊，不知何時復用竹？

《北史・燕榮傳》："「除幽州總管，嘗按部，道次見叢荊堪爲笞箠，命取之，輒以試人。人或自陳無咎，榮曰："『後有罪當免。』及後犯細過，將檛之，人曰："『前日被杖，許有罪宥之。』榮曰："『無過尚爾，況有過耶。』榜捶如舊。」

按："此北朝笞刑亦用荊之證。

邱氏濬曰："「《大明律》卷首作爲橫圖，以紀獄具笞杖大小厚薄，視唐略等，比宋則尤爲輕焉。祖宗好生之仁，雖爲惡之罪人，惟恐或有所傷，而爲之薄刑也如此。是以仁恩厚德，浹于民心，百年于茲。近年以來，乃有等酷虐之吏，恣爲刑具，如突棍、腦箍、烙鐵之類，名數不一，非獨有以違祖宗之法，實有以傷天地之和。伏乞聖明申明舊制，凡内外有因襲承用者，悉令棄毁。然禁之必自内始，敢有仍前故用，即以所製者加之。庶使太祖皇帝慎罰之意，恤刑之仁，所以著于律文者，萬世之下，恒如一日。所以恢皇仁於九有，緜國祚於萬年者，端在於斯。」

按：漢箠之制，本大一寸，末半寸。漢尺小於今尺三之一，當爲本大六分六零，末半之，此其徑數也。梁杖制，大頭圍一寸三分，小頭圍八分半，以圍數合徑數，與漢箠約略相等。隋杖，大頭徑三分，小頭徑二分，視梁制更小。唐訊杖大于隋杖二釐，而常行杖大頭二分七釐，小頭一分七釐，笞杖大頭二分，小頭一分半，視隋制更小。明之笞及杖，與唐之笞杖及常行杖同，而訊杖大于唐一分三釐，然亦止大頭徑四分五，小頭徑三分五而已。今之小竹板，大頭闊一寸五分，小頭闊一寸；大竹板，大頭闊二寸，小頭闊一寸五分，不知定於何年？視前代之笞杖，大數倍矣。

拶指

《莊子·天地篇》：「則是罪人交臂歷指，而虎豹在於囊檻，亦可以爲得矣。」《釋文》：「司馬云，交臂，反縛；歷指，猶歷樓貌。」

《説文》：「櫪，櫪㯕，椑指也。」各家並云椑當作「柙」。段注：「柙指，如今之拶指，故與械、杽、桎、梏爲類。《莊子》曰，罪人交臂歷指。歷指，謂以櫪㯕柙其指也。《尉繚子》曰，束人之指而訊囚之情。」桂氏《義證》：「《一切經音義》十二《通俗文》：考囚具謂之櫪㯕。《字林》：柙其指也。《韵會》引《繫傳》謂以木柙十指而縛之也。《唐韻》：櫪，郎擊切。㯕，先稽切。」

《玉篇》：「(桚)〔拶〕，子葛切，逼〔拶〕也。」《類篇》：「(拶)〔桚〕，笮也。拶，逼也。並子末切。」《廣韻》：「(拶)〔拶〕，逼(拶)〔拶〕，姊末切。」《正字通》：「拶，宗滑切，贊入聲，相排迫也。又刑具。《莊子》罪人交臂歷指。注：即今背繃拶指也。俗讀作『斬』，本作『揩』，俗作『拶』。桚，舊注音纈，笞也。按指刑俗呼『桚』，穿小木以繩繫十指閒束縛之。讀若『昝』，桚即桚之譌。」

按：《類篇》桚、拶並收。《玉篇》、《廣韻》但收拶字。《類篇》、《廣韻》右旁作「𡿺」，當以《玉篇》从「𡿺」爲是。𡿺本作「𡿹」。《說文》水流𡿹𡿹也。至桚指，刑部久無此具，外省亦罕見，不知廢於何時？

夾棍 腦箍

《宋志》：「理宗起自民間，具知刑獄之弊，初即位，即詔天下恤刑。而天下之獄，不勝其酷。每歲冬、夏，詔提刑行郡決囚，提刑憚行，悉委倅貳，倅貳不行，復委幕屬，所委之人，類皆肆行威福以要饋遺。監司、郡守，擅作威福，意所欲黥，則令入其當黥之由；意所欲殺，則令證其當死之罪。呼喝吏卒，嚴限日時，監勒招承，催促結款。而又擅置獄具，非法殘民。或斷薪爲杖，掊擊手足，名曰『掉柴』。或木索並施，夾兩脰，名曰「夾幫」。或纏繩於首，加以木楔，名曰『腦箍』。或反縛跪地，短豎堅木，交辮兩股，令獄卒超躍於上，謂之『超棍』。痛深骨髓，幾於殞命。」

王棠《知新録》："夾棍之説，唐世未聞，其制起于宋理宗之世。以木索並施，夾兩股，名曰『夾幫』。又豎堅木，交辮兩股，令獄卒跳躍于上，謂之『超棍』。合二者思之，當即今之夾棍也。"

按：邱氏濬謂酷虐之吏恣爲刑具，如夾棍、腦箍、烙鐵之類，是明代有夾棍名目，但未詳始于何年？據邱氏之言，固例載之刑具也，今則纂爲定例矣。南北朝時有壓踝杖桄之法，其形狀不知何如？是即夾棍之意也。

檻車

《釋名》："檻車，上施闌檻，以格猛獸，亦囚禁罪人之車也。"《説文》："檻，櫳也。"《段注》："許云檻，櫳也者，謂罪人及虎豹所居，假借爲凡闌檻字。"《華嚴經音義》上三蒼："櫳，所以宬禽獸也。"《漢書·張耳傳》："貫高獨怒罵曰：『誰令公等爲之。今王實無謀，而并捕王公等，死，誰當白王不反者？』迺檻車與王詣長安。"顏注："檻車，車而爲檻形，謂以板四周之無所通見。"

按：車上施闌檻以防罪人之逸，《釋名》説是。顏云以板四周之，與「檻」字之義不合。漢代官吏之有罪者，以檻車傳送。《梁律》二千石已上非檻徵者，並頌繫之，見《隋志》。是六朝時猶沿此制。

行刑之制一卷

行刑之制考

《周禮・秋官》:「鄉士掌國中。獄訟成,士師受中。協日刑殺,肆之三日。」注:「言掌國中,此主國中獄也。六鄉之獄在國中。受中,謂受獄訟之成也。鄭司農云,士師受中,若今二千石受其獄也。中者,刑罰之中也。故《論語》曰,刑罰不中則民無所措手足。協日刑殺。協,合也,和也。和合支幹善日,若今時望後利日也。肆之三日。故《春秋傳》曰,三日棄疾請尸。《論語》曰,肆諸市朝。玄謂士師既受獄訟之成,鄉士則擇可刑殺之日,至其時而往涖之,尸之三日,乃反也。」疏:「此經爲上議得其實欲行刑之時,故云獄訟成。成謂罪已成定云。士師受中者,士師當受取士成定中平文書爲案云。協日刑殺者,謂鄉士當和合善日行刑及殺之事云。肆之三日者,據死者而言。其四刑之類,行訖即放,不須肆之。尸之三日乃反者,乃反,謂收取其尸。」

「遂士掌四郊。獄訟成。士師受中。協日就郊而刑殺,各於其遂,肆之三日。」注:「言掌四郊者,此主四郊獄也。六遂之獄在四郊。就郊而刑殺者,遂士也。遂士擇刑殺日,至其時往涖之,如鄉士爲之矣。言各於其遂者,四郊六遂,遂處不同。」疏:「鄉士之獄在國中,不須言就此。在郊差遠,故云就郊也。」

「縣士掌野。獄訟成。士師受中。協日刑殺,各就其縣,肆之三日。」注:「言掌野者,郊外曰野,大總言之也。獄居近野之縣獄，在二百里上；縣之縣獄，在三百里上；都之縣獄，在四百里上。刑殺各就其縣者，亦謂縣士也。」

「方士掌都家。獄訟成。士師受中。書其刑殺之成，與其聽獄〔訟〕者。」注：「都家之吏，自協日刑殺，但書其成，與治獄之吏姓名，備反覆有失實者。」

《掌囚》：「及刑殺，告刑於王。奉而適朝，士加明梏，以適市，而刑殺之。」注：「告刑於王，告王以今日當行刑，及所刑姓名也。其死罪則曰某之罪在大辟，其刑罪則曰某之罪在小辟。奉而適朝者，重刑爲王欲有所赦。且當以付士。士，鄉士也。鄉士加明梏者，謂書其姓名及其罪於梏而著之也。囚時雖有無梏者，至於刑殺皆設之。以適市，就衆也。庶姓無爵者，皆刑殺於市。」疏：「凡囚，鄉士、遂士、縣士、方士各自有獄，推問之時，各於本獄之所。獄成上於王時，則使掌囚掌之，及欲刑殺，掌囚還付士若然。上皆云士師受中，協日刑殺，刑殺各於本獄之所。今此經云以適市者，此文止謂六鄉之獄在國中，推問在獄，行刑殺則在市。若遂士以下，自在本獄之所刑殺之。故此云士，鄉士也。若遂士以下，於此時掌囚亦當付士也。云囚時雖有無梏者，案上經，王之同族及有爵，囚時並無梏也。」「凡有爵者與王之同族，奉而適甸師氏，以待刑殺。」注：「適甸師氏，亦由朝乃往也。待刑殺者，掌戮將自市來也。《文王世子》曰：雖親，不以犯有司，正術也，所以體異姓也。刑於隱者，不與國人慮兄弟也。」

按：明梏之制，若今行刑者以紙書姓名及其罪縮於小竿，插犯人之背，曰「斬條」以示衆是也。雖與古制稍異，而其意則同矣。刑必適市。而《遂士》云刑殺各於其遂，《縣士》云刑殺各就其縣，皆不言適市。此先言告王，後言適朝，故知士爲鄉士。鄉士掌國中也。據賈疏，似古者刑人，國中於市，六遂以下皆在本獄之所，不盡在市也。《孟子》：「在國曰市井之臣。」《攷工記》：「匠人營國，面朝後市。」似市必在國中。《周禮·遺人》：「五十里有市。」五十里必有都邑，故亦有市。然遂、縣之獄未必皆與都邑近，賈云在本獄之所，於情理爲近。若遂、縣而必於市，恐有遠隔數十里者，甚不便也。

《掌戮》：「凡殺人者踣諸市，肆之三日。刑盜於市。」注：「踣，僵尸也。肆，猶申也，陳也。凡言刑盜，罪惡莫大焉。」「凡罪之麗於法者亦如之。唯王之同族與有爵者，殺之於甸師氏。」注：「罪二千五百條，上附下附，刑五而已。於刑同科者，其刑殺之一也。」

《小司寇》：「凡王之同族有罪，不即市。」鄭司農云，刑諸甸師氏。」

《天官》：「甸師掌帥其屬而耕耨王藉，以時入之，以共齍盛。王之同姓有辠則死刑焉。」注：「鄭司農云，王同姓有罪當刑者，斷其獄於甸師之官也。《文王世子》曰：「刑于隱者，不與國人慮兄弟。」」疏：「必在甸師氏者，甸師氏在疆埸，多有屋舍，以爲隱者，故就而刑焉。若刑兄弟於市朝，則是與國人慮兄弟。令於隱處者，則是不使國人慮兄弟。彼是諸侯法，引之以證王之同姓。刑於甸師，亦是隱刑者也。」

《禮記·文王世子》：「公族其有死罪，則磬於甸人，不於市朝者，隱之也。甸人掌郊野之官。其刑罪，則纖剸亦告於甸人。纖讀爲鍼。鍼，刺也。剸，割也。刺、割、臏、墨、劓、刖，皆以刀鋸刺割人體也。告讀爲鞠。讀書用法曰鞠。公族無宮刑。宮刑，淫刑。獄成，有司讞于公。其死罪則曰『某之罪在大辟』，其刑罪則曰『某之罪在小辟』。

公曰『宥之』，有司又曰『在辟』。公又曰『宥之』，有司又曰『在辟』。及三宥不對，走出，致刑於甸人。公又使人追之曰，『雖然，必赦之』。有司對曰，『無及也』。反命，自已刑殺。公素服，不舉，爲之變，如其倫之喪，無服，親哭之。不往弔，爲位，哭之而已。君於臣使有司哭之。」疏云：「告讀爲鞠。讀書用法曰鞠者，以刑之殺人皆於甸師氏，何得唯告而已，故以爲鞠。《漢書》每云『鞠獄』是也。讀書，讀囚人之所犯罪狀之書。用法，謂用其法律，平斷其罪。鞠，盡也，謂推審其罪狀令盡也。」「刑於隱者，不與國人慮兄弟也。」弗弔，弗爲服，哭於異姓之廟，爲忝祖遠之也。素服，居外，不聽樂，私喪之也，骨肉之親無絕也。」疏：「刑於隱者，不與國人慮兄弟也者，此覆釋上致刑於甸人之事。若異姓則刑之於市。此同姓刑於甸師隱僻之處者，不與國人謀慮兄弟也。」方氏慤曰：「《周禮·甸師》王之同姓有罪則死刑焉。彼言天子，故謂之師，此言諸侯，止謂之人而已。亦告于，謂有司告之，更制其刑也。」陳氏祥道曰：「公之於族，示之孝弟、睦友、子愛之道，以教其善。示之朝廟之禮，以教其敬。示之喪服之禮，以教其哀。示之燕食之禮，以教其親。示之宮室之守，以教其忠。示之赴告弔免，以教其睦。教之也盡，而猶犯焉，則隨以刑可也。而死罪罄於甸人，刑罪告於甸人，不忍與衆棄之也。必於甸人者，甸人供宗廟祭薦之事，不以親廢法，不以私廢公，然後宗廟可得而事也。不以公盡法，故無宮刑。不以義揜恩，故三宥而又追之，至於無及，然後素服，不舉，爲之變。」葉氏時曰：「甸人掌供粢盛，子孫所不忘也。今也罪不可免，而刑之甸師，是猶得罪於祖宗，而祖宗罪之也。」朱子曰：「刑于甸師，特不以示衆耳，刑固不可免也。今之法，乃殺人不死。祖宗時，宗室至少，又聚於京師，犯法極寡，故立此法。今散於四方萬里，與常無異，乃縱之殺人，是何法令？不可不革。」

按：熙甯八年，沂州民告前越州餘姚縣主簿李逢，辭連右羽林大將軍秀州團練使世居等，獄具，世居賜死。《通考》一百四十七。是宋之宗室，未嘗不殺也。朱子所言，豈南渡之制歟？

《禮記·王制》：「爵人於朝，與士共之。刑人於市，與衆棄之。」注：「必共之者，所以審慎之也。《書》曰『克明德慎罰』。」疏：「刑人於市，與衆棄之者，亦謂殷法，謂貴賤皆刑於市。周則有爵者刑於甸師氏也。」《禮記義疏》：「案此因上民材而言。卿大夫尊，故爵於廟，刑於甸師。民材卑，故爵於朝，刑於市。若秀士執技至下大夫，則亦不刑於市。禮所謂刑不上大夫。賈子所云，造請室而請罪，聞命而自裁也。天子、諸侯亦不近刑人，故《春秋》以閽殺吳子著戒。此三代通法，正不必辨其爲殷、爲周也。」周氏謂曰：「衆不足以知人，可以知人者士而已，故爵人則與士共之，刑人則與衆棄之。《孟子》言國人殺之，而不言國人用之，以此。」

按：刑人於市，古之通法。疏謂殷法貴賤皆刑于市，他無可證，《義疏》破之，是也。

《孟子》：「左右皆曰可殺，勿聽；諸大夫皆曰可殺，勿聽；國人皆曰可殺，然後察之，見可殺焉，然後殺之，故曰國人殺之也。」趙注：「言當慎行大辟之罪，五聽三宥。古者刑人於市，與衆棄之。」朱注：此言非獨以此進退人才，至於用刑，亦以此道，蓋所謂天命天討皆非人君之所得私也。」

按：刑人衆棄之義，即國人殺之之義，蓋必與天下共之，而不出於一己之私意也。衆棄之本旨如此。自後來以刑爲威世之具，遂謂刑人於市者，所以示顯戮，所以昭炯戒，是直以刑爲洩忿而逞威者矣。揆諸三代衆棄之本旨，豈其然哉。

《左傳》桓四年：「厚從州吁如陳，陳人執之而請涖于衞。九月，衞人使右宰醜涖殺州吁于濮，石碏使其宰獳羊肩涖殺石厚於陳。」

按：請涖，杜注云，請衞人自臨討之。是古者刑人必有監決之人，即《周禮·大司寇》之涖戮，後世所謂監斬者也。

桓十五年：「祭仲殺雍糾，尸諸周氏之汪。」注：「汪，池也。周氏，鄭大夫。殺而暴其尸，以示戮也。」

按：周氏之汪非市也，尸於此以示戮，是古人陳尸有不於市朝者。

僖二十八年：「晉殺顛頡以徇于師。」「城濮之戰，晉中軍風于澤，亡大旆之左旃。祁瞞奸命，司馬殺之，以徇于諸侯。師還，壬午，濟河，舟之僑先歸。秋七月丙申，殺舟之僑，以徇于國。」

按：殺之以徇，軍法也，與常刑不同。

宣十一年：「冬，楚子爲陳夏氏亂，故伐陳。謂陳人，無恐，將討于少西氏。遂入陳，殺夏徵舒，轘諸栗門。」成二年：「春，齊侯伐我北鄙，圍龍。頃公之嬖人盧蒲就魁門焉。龍人囚之，殺而膊諸城上。膊，磔也。韓獻子將斬人，郤獻子馳，將救之。至，則既斬之矣，郤子使速以徇。」十七年：「三郤將謀於榭，矯以戈殺駒伯、苦成叔於其位。溫季曰，逃威也。遂趨。矯及諸其車，以戈殺之，皆尸諸朝。陳其尸于朝。」襄十九年：「齊侯疾，崔杼微逆光，疾病而立之。光殺戎子，尸諸朝，非禮也。婦人無刑。無黥、刖之刑。雖有刑，不在朝市。謂犯死刑者猶不暴尸。」二十二年：「楚觀起有寵於令尹子南，未益禄而有馬數十乘。楚人患之，王遂殺子南於朝，轘觀起於四竟。轘，車裂以徇。子南之臣謂棄疾，請徙子尸於朝。曰：『君臣有禮，唯二三子。』三日，棄疾請尸，王許之。」二十七年：「衞甯喜專，公患之，公孫免餘請殺之。夏，免餘復攻甯氏，殺甯喜及右宰穀，尸諸朝。」二十八年：「求崔杼之尸，將戮之，不得。既，崔氏之臣曰：『以我其拱璧，吾獻其柩。』於是得之。十二月乙亥朔，齊人遷莊公，殯于大寢。以其棺尸崔杼於市。」昭二年：「秋，鄭公孫黑將作亂，欲去游氏而代其位，傷疾作而不果。駟氏與諸大夫欲殺之，子產在鄙聞之，懼弗及，乘遽而至，使吏數之曰：『伯有之亂，以大國之事，而未爾討也。爾有亂心無厭，國不女堪。專伐伯有，而罪一也；昆弟争室，而罪二也；薰隧之盟，女矯君位，而罪三也。有死罪三，何以堪之？不速死，大刑將至。』七月壬寅，縊，尸諸周氏之衢，衢，道也。加木焉。書其罪於木，以加尸上。」四年：「秋七月，楚子以諸侯伐吴，使屈申圍朱方。八月甲申，克之，執齊慶封而盡滅其族。將戮慶封，椒舉曰：『臣聞無瑕者可以戮人。慶封惟逆命，是以在此，其肯從於戮乎？播於諸侯，焉用之？』王弗聽，負之斧鉞，以徇於諸侯，使言曰：『無或如齊慶封弑其君，弱其孤，以盟其大夫。』慶封曰：『無或如楚共王之庶子圍弑其君，兄之〔子〕麇而代之，以盟諸侯。』王使速殺之。」十四年：「邢侯怒，殺叔魚與雍子於朝。宣子問其罪於叔向，叔向曰：『三人同罪，施生戮死可也。』施，行罪也。乃施邢侯，而尸雍子與叔魚於市。」

按：古者刑人，陳尸以示戮，據襄十九《傳》，或於朝，或於市。左氏所紀，晉之三郤，楚之子南，衛之甯喜、右宰穀，尸於朝者；齊之崔杼，晉之雍子、邢侯，尸於市者。若鄭之雍糾、公孫黑，陳之夏徵舒，或於汪，或於衢，或於門，則非市非朝，是陳尸之所，不必定在朝、市矣。行刑必有監決者，衛之右宰醜等是。行刑必暴其罪，鄭之公孫黑加木是。加木蓋卽《周禮》明梏之意也。楚之戮慶封，使之自言其罪，當亦是。爾時戮人之制，盧蒲就魁之膊，顛頡等之徇，當爲軍中之法。觀起之徇於四竟，則非常法。婦人不暴尸。唐時婦人犯罪，非斬者絞於隱處，亦卽其意，是婦人行刑不於市也。凡此可以見春秋時行刑之大略，故備録之。

《論語》：「公伯寮愬子路於季孫。子服景伯以告，曰：『夫子固有惑志於公伯寮。吾力猶能肆諸市朝。』」注：「鄭曰，吾勢力猶能辨子路之無罪於季孫，使之誅寮而肆之。有罪既刑，陳其尸曰肆。」疏：「言市朝者，應劭曰，大夫以上於朝，士已下於市。」《禮記・檀弓》：「遇諸市朝。」疏：「皇氏以爲市朝正謂市也。市有行肆似朝，故謂市朝。此辭非也。「又對曰：『君之臣不免於罪，則將肆諸市朝，而妻妾執。』」注：「肆，陳尸也。大夫以上於朝，士以下於市。」《國語》：「大者陳之原野，小者致之市朝，五刑三次，是無隱也。」韋昭注：「其死刑，大夫以上尸諸朝，士以下尸諸市。次，處也。三處：野、朝、市。」曹之升《四書摭餘》說：「案《周禮・小司寇》，刑鄉者肆國市，刑遂者肆遂，刑縣者肆縣，惟公族及大夫以上刑于甸師氏者，不在肆中。《掌戮》，凡殺人者踣諸市，肆之三日，惟殺于甸師氏者不肆。是周制祇有肆市，並無肆朝。然則《論語》非歟？《日知録》：《禮記・檀弓》，遇諸市朝，不反兵而鬥。兵器非可入朝之物。奔喪哭辟市朝。奔喪亦但過市不過朝之事也。其謂之市朝者，《史記・孟嘗君傳》曰莫之後，過市朝者，掉臂不入，索隱曰，言市之行列有如朝位，故曰市朝也，則雖市朝連稱，朝實只是市歟？毛西河曰：不然。《國語》臧孫論五刑，大者陳之原野，小者致之市朝，謂之三次，則明分野與市與朝爲刑次之三，焉得混并。且其事春秋亦有之，如晉尸三郤于朝，楚殺令尹子南于朝而三日反尸之類。雖是時晉、楚行事多失典制，且皆係賊殺，並非國法，不當引周制爲《左》據，然而有其事矣。據此，則刑士于市，刑大夫于甸師氏，而苟有重罪宜肆者，則士肆市，大夫肆朝，士以下則各于其地，刑之肆之，未爲不可。吾願讀《論語》者，毋執《周官》而疑注疏之說也。」周柄中《四書典故辨正》：「春秋時固實有肆朝者，意者衰世之事與？」

按：市之行列似朝，故曰市朝。皇侃已有此說，孔疏非之。蓋但就市言，亦可稱市朝，而未可以之訓「肆諸市朝」也。鄭、應、韋並云大夫以上尸朝，士以下尸市，此漢儒相傳之經說，必有所受。考《左傳》之事，尸朝、尸市者並有之，然三郤、子南、甯喜皆大夫也，故於朝，而右宰穀則非大夫，亦尸於朝，雍子、叔魚非大夫也，故於市不於朝，雍糾亦不於朝，而崔杼、公孫黑、夏徵舒則大夫也，而亦不於朝，與鄭、應、韋三君之說不能盡合。《周禮》又無尸朝之文。此未可強爲之詞也。大抵春秋時事，證諸《周禮》，其不合者甚多，不獨此一事。其爲周法之已變與？抑當時列國各自爲制與？景伯以春秋時人言春秋時事，自當即以春秋時事證之。尸朝、尸市當分爲二，不必徇皇侃之說。

《釋名》：「獄死曰考竟。考竟者，考得其情，竟其命於獄中也。」

《隋志》：「《陳律》：罪死將決，乘露車，著三械，加壺手，至市，脱手械及壺手焉。當刑於市者，夜須明，雨須晴，晦朔、八節、六齊、月在張心日並不得行刑。」

按：壺手，《通典》、《通考》引作「桊手」。並注云，桊音拱，兩手曰桊。六齊，《三通》並引作「齋」。

「又《北齊律》：刑名，重者轘之，其次梟首，並陳屍三日，無市者，列於鄉亭顯處。其次斬刑，殊身首。其次絞刑，死而不殊。」

按：轘、梟陳尸，而斬、絞不陳尸，蓋與古制異矣。後世惟梟首者懸杆示衆，而他無陳尸之事，或卽始於此時。

「又《北周律》：凡惡逆，肆之三日。」「獄成，將殺者，書其姓名及其罪於桊，而殺之市。唯皇族與有爵者隱獄。」

按：惡逆肆三日，如非惡逆，卽不肆矣。書姓名及罪於桊，古明梏之制也。

《唐志》：「每歲立春至秋，及大祭祀、致齊、朔望、上下弦、二十四氣、雨及、夜未明、假日、斷屠月，皆停死刑。京師決死，涖以御史、金吾，在外則上佐，餘皆判官涖之。五品以上，罪論死，乘車就刑，大理正涖之。或賜死於家。凡囚已刑，無親屬者，將作給棺，瘞於京城七里外，壙有甎銘，上揭以榜，家人得取以葬。」

按：斷屠月，《通考》「月」作「日」，奪「月」字也。《唐六典》：舊志並作「日月」。《唐律疏義》作

「斷屠月日」，當從之。雨及，當作「雨未晴」。

《唐六典》：「凡決大辟罪，皆於市。古者決大辟罪皆於市。自今上臨御以來，無其刑，但存其文耳。五品已上，犯非惡逆已上，聽自盡於家。七品已上，及皇族若婦人，犯罪非斬者，皆絞於隱處。決大辟罪，官爵五品已上，在京者大理正監決；在外者上佐監決，餘並判官監決；在京決者，亦皆有御史、金吾監決。若囚有冤濫灼然者，聽停決，奏聞。凡決大辟罪，在京者，行決之司五覆奏。在外者，刑部三覆奏。在京者，決前一日二覆奏，決日三覆奏。在外者，初一日再覆奏，縱臨時有敕不許覆奏，亦準此覆奏。若犯惡逆已上，及部曲奴婢殺主者，唯一覆奏。決大辟罪，皆防援，至刑所，囚一人防援二十人，每一人加五人。五品已上，非惡逆者，聽乘車，並官給酒食，聽親故辭決，宣告犯狀，仍日未後乃行刑。囚在外，奏報之日，不得馳驛行下。凡京城決囚之日，尚食蔬食，內教坊及太常皆徹樂。」

按：《唐六典》撰於開元年間，注中所稱今上，謂玄宗也。棄市之制，當時已廢。後世之市，既與古制不同，殺人於市，已與古制不能盡合。今時惟京師尚於市，各直省情形不同，有在教場者，有在城外曠地者。所謂殺人於市，亦虛有其文而已。

《唐志》：「安史之亂，僞官陸大鈞等背賊來歸。及慶緒奔河北，脅從者相率待罪闕下，自大臣陳希烈等合數百人。以御史大夫李峴、中丞崔器等爲三司使，而肅宗方喜刑名，器亦刻深，乃以河南尹達奚珣等三十九人爲重罪。斬于獨柳樹者十一人，珣及韋恆要斬，陳希烈等賜自盡於獄中者七人，其餘決重杖死者二十一人。以歲除日行刑，集百官臨視。家族流竄。」胡三省《通鑑》注：「劉昫曰，獨柳樹在長安子城西南隅。」

按：唐自玄宗不用棄市之制，其事遂廢。至德宗後，重杖處死之法行，無復有斬絞之事矣。肅宗治僞官，斬之于獨柳樹，蓋長安城隅僻地，非市也。甘露之變，賈餗、舒元輿等朝臣並駢首于獨柳下，蓋當時以此爲殺人之所矣。

《遼志》：「統和十二年，詔契丹人犯十惡亦斷以律。舊法，死囚尸市三日，至是一宿卽聽收瘞。」

孫承澤《春明夢餘録》：「元世祖定天下之刑五等，天下死囚審讞已定，亦不加刑，皆老死於囹圄。自後惟秦王伯顔出天下囚，始一加刑。故七八十年之中，老稚不曾覩斬戮，及見一死人頭，輒驚駭。」

按：據此，則元一代行刑之事絶少，亦法令廢弛故耳。

《明志》：「凡決囚，每歲朝審畢，法司以死罪請旨，刑科三覆奏，得旨行刑。在外者，奏決單於冬至前，會審決之。正統元年，令重囚三覆奏畢，仍請駕帖，付錦衣衛監刑官，領校尉詣法司取囚赴市。又制：臨決，囚有訴冤者，直登聞鼓，給事中取狀封進，仍批校尉手馳赴市曹，暫停刑。嘉靖元年，給事中劉濟等以囚廖鵬父子及王欽、陶杰等頗有内援，懼上意不決，乃言：『往歲三覆奏畢，待駕帖則已日午，鼓下仍受訴詞，得報且及未、申時，及再請始刑，時已過酉，大非刑人於市與衆棄之之意，請自今決囚，在未前畢事。』從之。七年，定議：重囚有冤，家屬於臨決前一日撾鼓，翼日午前下，過午行刑，不覆奏。南京決囚無刑科覆奏例。弘治十八年，南刑部奏決不待時者三人，大理寺已審允，下法司議，謂：『在京重囚，間有決不待時者，審允奏請，至刑科三覆奏，或蒙恩仍監候會審。南京無覆奏例，乞俟秋後審竟，類奏定奪。如有巨憝，難依常例者，更具奏處決，著爲令。』詔可。各省決囚，永樂元年定制，死囚百人以上者，差御史審決。弘治十三年，定歲差審決重囚官，俱以霜降後至，限期復命。」

行刑之時

《左傳》襄二十六年：「古之治民者，勸賞而畏刑，恤民不倦。賞以春夏，刑以秋冬。」

《禮記·月令》：「孟秋之月，命有司，脩法制，繕囹圄，具桎梏，禁止姦，愼罪邪，務搏執，命理瞻傷、察創，視折，審斷決，獄訟必端平，戮有罪，嚴斷刑，天地始肅，不可以贏。」注：「順秋氣，政尚嚴。」「仲秋之月，乃命有司，申嚴百刑，斬殺必當，毋或枉橈。枉橈不當，反受其殃。」注：「申，重也。當，謂值其罪。」方慤曰：「孟秋既命嚴斷刑矣，至此又命之，故曰申嚴焉。且酉爲陰中物，既告成，先王奉天，故其所命止於是月也。刑之所加，不止於斬殺，所命止及於此者，以大辟尤人所重故也。」「季秋之月乃趣獄刑，毋留有罪。」注：「殺氣已至，有罪即決也。」《續漢書·百官志》：「歲盡，遣吏上計。」注：「盧植禮注曰：計斷九月，因秦以十月爲正故也。」

按：盧植此語，當是合諸侯制百縣一節之注，而獄刑之毋留，必在此月，意亦在其中也。

「孟冬之月，是察阿黨，則罪無有掩蔽。」邱氏濬曰：「自古斷決死刑，皆以孟冬之月。凡有罪入於死刑，必先訊問詳讞之，至於是純陰之月，乃施刑焉。苟獄吏阿私，黨比其人，而掩蔽其罪狀，故爲之延及，使不施刑，未幾則陽生，而刑不可施行矣，且使囚者又將有期月之禁焉。此先王於季秋之月，既有毋留之令，而於孟冬之月，又申明是察之令也歟？」又曰：「刑者，陰事也。陰道屬義，人君奉天出治，當順天道肅殺之威，而施刑害殺戮之事，所以法天時行義道也。然秋之爲秋，所以成乎春，義之爲義，所以全乎仁，有春而無秋，則生物不成，有仁而無義，則生民不安。方天地始肅之時，則不可以贏，亦猶天地始和之時，不可以縮也。是則聖人之用刑，雖若不得已，而實不容已也；於不容已之中，而存不得已之心。不容已者，上天討罪之義。不得已者，聖人愛物之仁。」

按：《月令》一篇，卽《呂覽》之十二紀，爲呂不韋賓客之所纂集，其所采者，多先王之舊典，非秦制也。古者行刑在於何時？他書無可考見。惟此言孟秋戮有罪，仲秋斬殺必當，季秋毋留有罪，是行刑之實在秋令，當爲古法如是，康成所謂順秋氣也。季秋既曰毋留，則凡死罪之應行刑者，皆在三秋，而秋後卽無復有斬殺之事。至孟冬之是察阿黨，乃考核之事，非行刑之事。邱氏謂古人斷決死刑皆在孟冬之月，恐未然也。曰戮，曰斬殺，曰毋留，可知死罪之當決者，三秋之月皆可施行。過此，則非其時矣。

秦四時行刑。《陳寵傳》。見後。

蕭何草律，季秋論囚，但避立春之月。同上。

《漢書·竇嬰傳》：「迺劾嬰矯先帝詔害，罪當棄市。五年十月，悉論灌夫支屬。嬰良久迺聞有劾，卽陽病痱，不食欲死。或聞上無意殺嬰，復食，治病，議定不死矣。迺有飛語爲惡言聞上，故以十二月晦論棄市渭城。」注：張晏曰：「著日月者，見春垂至，恐遇赦贖之。」

按：《張敞傳》西漢時春至卽不行刑。此《傳》言十二月晦者，明冬月止未盡一日，恐春至不能行刑也。

《張敞傳》：「坐與光祿勳楊惲厚善，後惲坐大逆誅，公卿奏惲黨友不宜處位，等比皆免，而敞奏獨寢不下。敞使賊捕掾絮舜有所案驗，舜以敞劾奏當免，不肯爲敞竟事，私歸其家。人或諫舜，舜曰：『吾爲是公盡力多矣。今五日京兆耳，安能復案事？』敞聞舜語，卽部吏收舜繫獄。是時，冬月未盡數日，案事吏晝夜驗治舜，竟致其死事。舜當出死，敞使主簿持教告舜曰：『五日京兆，竟何如？冬月已盡，延命乎！』迺棄舜市。會立春，行冤獄使者出，舜家載尸，並編敞教，自言使者。使者奏敞賊殺不辜。天子薄其罪，欲令敞得自便利，卽先下敞前坐楊惲不宜處位奏，免爲庶人。」

按：觀此《傳》，是西漢之制，殺人盡冬月。既立春，卽不得殺人，並有使者出行冤獄。此《傳》之冬月未盡數日，卽《嬰傳》之未盡一日也。

《王温舒傳》：「遷爲河内太守，以九月至。令郡具私馬五十匹，爲驛自河内至長安。部吏如居廣平時方略，捕郡中豪猾，相連坐千餘家。上書請，大者至族，小者乃死，家盡没入償臧。奏行不過二日，得可，事論報，至流血十餘里。河内皆怪其奏，以爲神速。盡十二月，郡中無犬吠之盜。其頗不得，失之旁郡，追求，會春，温舒頓足歎曰：『嗟乎，令冬月益展一月，足吾事矣。』其好殺行威不愛人如此。顏注：立春之後，不復行刑，故云然。」

《後漢書·章紀》：「元和二年秋七月庚子，詔曰：『《春秋》於春每月書王者，重三正愼三微也。三正，謂天地人之正。所以有三者，由有三微之月，王者所當奉而成之。《禮記》曰：正朔三而改，文質再而復。三微者，三正之始，萬物皆微，物色不同，故王者取法焉。十一月時，陽氣始施於黃泉之下，色皆赤，赤者陽氣，故周爲天正，色尚赤。十二月，萬物始牙而色白，白者陰氣，故殷爲地正，色尚白。十三月，萬物莩甲而出，其色皆黑，人得加功展業，故夏爲人正，色尚黑。《尚書大傳》曰：夏十三月爲正，平旦爲朔。殷以十二月爲正，鷄鳴爲朔。周以十一月爲正，夜半爲朔。必以三微之月爲正者，當爾之時，物皆尚微，王者受命當扶微理弱，奉成之義也。律十二月立春不以報囚。《月令》冬至之後有順陽助生之文，而無鞫獄斷刑之政。朕咨訪儒雅，稽之典籍，以爲王者生殺宜順時氣。其定律：無以十一月、十二月報囚。』」

《陳寵傳》：「漢舊事，斷獄報重，常盡三冬之月。報，論也。重，死刑也。是時，帝始改用冬初十月而已。元和二年，旱，長水校尉賈宗等上言，以爲斷獄不盡三冬，故陰氣微弱，陽氣發泄，招致災旱，事在於此。帝以其言下公卿議，寵奏曰：『夫冬至之節，陽氣始萌，故十一月有蘭、射干、芸、荔之應。《易通卦驗》曰：十一月廣莫風至，則蘭、射干生。《月令》：仲冬，日短至，陰陽爭，諸生蕩，芸始生，荔挺出。射音夜，即今之烏扇也。芸，香草。荔，馬薤。《時令》曰：諸生蕩，安形體。《時令》、《月令》也。蕩，動也。仲冬一陽爻生，草木皆欲萌動也。《禮記·月令》：仲冬，諸生蕩，君子齋戒，安形性也。天以爲正，周以爲春。正，春，皆始也。十一月萬物微而未著，天以爲正，而周以爲歲首。十二月陽氣上通，雉雊雞乳，地以爲正，殷以爲春。十二月二陽爻生，雁北鄉，陽氣上通，諸生皆動，始萌牙，地以爲正，殷以爲歲首也。《月令》：季冬，雉雊雞乳也。十三月陽氣已至，天地已交，萬物皆出，蟄蟲始振，人以爲正，夏以爲春。十三月今正月也，天子迎氣東郊，陰陽交合，萬物皆出於地，人始初見，故曰人以爲正，夏以爲歲首也。《月令》：孟春，天氣下降，地氣上騰，天地和同，草木萌動，東風解凍，蟄蟲始振也。三微成著，以通三統。統者，統一歲之事。王者三正遞用，周環無窮，故曰通三統。《三禮義宗》曰：三微，三正也。言十一月陽氣始施，萬物動於黃泉之下，微而未著，其色皆赤，赤者陽氣，故周以天正爲歲，色尚赤，夜半爲朔。十二月萬物始牙，色白，白者陰氣，故殷以地正爲歲，色尚白，雞鳴爲朔。十三月萬物始達，其色皆黑，人得加功以展其業，夏以人正爲歲，色尚黑，平旦爲朔。故曰三微。王者奉而成之，各法其一以改正朔也。《易乾鑿度》曰：三微而成著，三著而體成。當此之時，天地交，萬物通也。周以天元，殷以地元，夏以人元。若以此時行刑，則殷、周歲首皆當流血，不合人心，不稽天意。《月令》曰：孟冬之月，趣刑獄，無留罪。臣賢按：《月令》及《淮南子》皆言季秋趣獄刑，無留罪，今言孟冬，未詳其故。明大刑畢在立冬也。又：仲冬之月，身欲甯，事欲靜。《月令》：仲冬，君子齋戒，身欲寧，事欲靜，以待陰陽之所定也。若以降威怒，不可謂甯；若以行大刑，不可謂靜。議者咸曰：旱之所由，咎在改律。臣以爲殷、周斷獄不以三微，而化致康平，無有災害。自元和以前，皆用三冬，而水旱之異，往往爲患。由此言之，災害自爲它應，不以改律。秦爲虐政，四時行刑，聖漢初興，改從簡易。蕭何草律，季秋論囚，但避立春之月，而不計天地之正，二王之春，實頗有違。言蕭何不論天地之正及殷、周之春，實乖正道。陛下探幽析微，允執其中，革百載之失，建永年之功，《尚書》曰：立功立事，可以永年。上有迎承之敬，下有奉微之惠，三正之月，不用斷獄，敬承天意，奉順三微也。稽《春秋》之文，當《月令》之意，《春秋》於春每月書王，所以通三統也。何休注云：二月三月皆有王者，二月殷正月，三月夏正月也。聖功美業，不宜中疑。』書奏，帝納之，遂不復改。」

《魯恭傳》：「初，肅宗時，斷獄皆以冬至之前，自後論者互多駮異，鄧太后詔公卿以下會議。恭議，奏曰：『夫陰陽之氣，相扶而行，發動用事，各有時節，若不當其時，則物隨而傷。王者雖質文不同，而兹道無變，四時之政，行之若一。《月令》周世所造，而所據皆夏之時也。其變者唯正朔、服色、犧牲、徽號、器械而已。故曰，殷因於夏禮，周因於殷禮，所損益可知也。《易》曰，潛龍勿用。言十一月、十二月陽氣潛藏，未得用事。雖煦嘘萬物，養其根荄，而猶盛陰在上，地凍水冰，陽氣否隔，閉而成冬。故曰，履霜堅冰，陰始凝也。馴致其道，至堅冰也。《易》坤卦象辭也。馴，順也，言陰以卑順爲道，漸至顯著，猶自履霜而至堅冰。言五月微陰始起，至十一月堅冰至也。夫王者之作，因時爲法，孝章皇帝深推古人之道，助三正之微，定律著令，冀承天心，順物性命，以致時雍。然從變改以來，年歲不熟，穀價長貴，人不寧安。小吏不與國同心者，率入十一月得死罪賊，不問曲直，便即格殺，雖有疑罪，不復讞正。一夫吁嗟，王道爲虧，況於衆乎？《易》十二月君子以議獄緩死稽覽圖中孚十二月卦也可令疑罪，使詳其法，大辟之科，盡冬月乃斷。其立春在十二月中者，勿以報囚，如故事。報囚，謂奏請報決也。』後卒施行。」

《郎顗傳》：「今立春之後，火卦用事，當温而寒，違反時節，由功賞不至，而刑罰必加也。宜須立秋，順氣行罰。」「方春東作，布德之元，陽氣開發，養導萬物，王者因天視聽，奉順時氣，宜務崇温柔，遵其行令。而今立春之後，考事不息，秋冬之政，行乎春夏，故白虹春見，掩蔽日曜。凡邪氣乘陽，則虹蜺在日，斯皆臣下執事刻急所致，殆非朝廷優寬之本，此其變常之咎也。」

《襄楷傳》：「永平舊典，諸當重論，皆須冬獄，先請後刑，所以重人命也。頃數十年以來，州郡翫習，又欲避請讞之煩，輒託疾病，多死牢獄。長吏生殺自己，死者多非其罪，魂神寃結，無所歸訴，淫厲疾疫，自此而起。」

邱氏濬曰：「斷決死囚，必以十月，以其純陰之月也。因寵此言，後世遂以爲定制。」

按：《月令》刑殺皆在秋令，殆是三代舊典。西漢以冬月爲斷，即傳所謂刑以秋冬，亦古義也。章帝改爲冬初十月，實取三正之義，時人不察，妄爲異說，陳寵論之，可謂詳矣。今世決囚，在冬至以前，殆權輿於此。至寵引《月令》，以季秋爲孟冬，章懷太子疑之，然觀下句云「明大刑畢在立冬」，似「孟冬」二字乃傳寫之譌。如云「孟冬趣獄刑」，即不得云「畢在孟冬」也。

《御覽》六百四十二。「《會稽典録》曰：盛吉拜廷尉。吉性多仁恩，務在哀矜，每至冬月，罪囚當斷，夜省刑狀，其妻執燭，吉持筆，夫妻相向垂泣。妻嘗謂吉曰：『君爲天下執法，不可使一人濫死。』」

按：《初學記》二十引謝承《後漢書》作「盛大吉」，冬月作「冬節」。據此，則漢之決囚惟在冬月，秋令不行刑也。其作冬節者，謂冬至前也，然與元和之詔冬初十月之制未盡合。

《隋志》：「帝常發怒，六月棒殺人。大理少卿趙綽固争曰：『季夏之月，天地成長，庶類不可以此時誅殺。』帝報曰：『六月雖曰生長，此時必有雷霆，天道能於炎陽之時震其威怒，我則天而行，有何不可。』遂殺之。帝，文帝也。」　胡氏寅曰：「則天而行，人君之道，堯、舜、禹、湯、文、武之盛，由此而已，文帝所言，王言也，而其事則非也。憲天者，以慶賞法春夏，以刑威法秋冬，雨露猶人君之惠澤，雷霆猶人君之號令，生成萬物之時，固有雷霆，而雷霆未嘗殺物，隋文取則雷霆，而乘怒殺人，其違天多矣。」　邱氏濬曰：「隋文帝以陰謀得天下，而性尤猜忌，往往欲殺人以立威。殺御史以元正日不劾武官衣劍之不齊者，諫臣諫，並殺之。至長史考校不平，將作寺丞以課麥䴬遲緩，武庫令以署庭荒蕪，察而知之，並親臨斬決。嗚呼！天立君以主生人，欲其則天道以爲治，使天所生得全其生。今爲天之子，不能奉天道以養天民，反假天之威以害之，使天無知則已，天道有知，豈肯容之耶？卒之不得其死，而其子若孫自相魚肉，至於殄宗絶祀，孰謂天道無知耶！」

《周禮·鄉士》："協日刑殺。"注："協，合也，和也。和合支幹善日，若今時望後利日也。"疏："利日，合刑殺之日。"

按：漢時刑殺用望後利日，則望前不殺人矣。

停刑日期

《周禮·鄉士》："協日刑殺。"

按：刑殺必協日而後行，是必有不合刑殺之日矣。孔疏謂利日即合刑殺之日，是也。疑古者亦有停刑日期，今不傳耳。

《月令》："仲春之月，毋肆掠。"注："肆，謂死刑暴尸也。《周禮》曰，肆之三日。掠，謂捶治之。"疏："春陽既動，理無殺人，何得更有死尸，而禁其陳肆者？蓋是大逆不孝罪甚之徒，容得春時殺之，殺則埋之，故禁其陳肆。"

按：古者殺人必陳尸，故戒之曰"毋肆"，卽謂不殺人，所以順陽氣也。惟孟春卽當行之，而繫於仲春，未詳其義。古者停刑之事，實見於此，孔疏之説，亦以仲春而爲之，通其固也。

《後漢書·章紀》："律，十二月立春不以報囚。"注："報，猶論。立春，陽氣至，可以施生，故不論囚。""其定律：無以十一月、十二月報囚。"

按：陳寵言蕭何草律，論囚但避立春之月，似仲春以後卽可論囚矣。小顏言立春之後不復行刑。二説稍異。

《隋志》:「《陳律》:晦朔、八節、六齊、月在張心日,並不得刑。」

按:此恐是舊法,非始於陳。惟「月在張心日」未詳其義。

《舊唐書志》:「太宗又制:從立春至秋分不得奏決死刑。其大祭祀及致齊、朔望、上下弦、二十四氣、雨未晴、夜未明、斷屠日月及假日,並不得奏決死刑。」《唐律》:「諸立春以後秋分以前決死刑者,徒一年。其所犯雖不待時,若於斷屠月及禁殺日而決者,各杖六十。待時而違時者,加二等。」《疏議》曰:「依《獄官令》,從立春至秋分不得奏決死刑,違者徒一年。若犯惡逆以上,及奴婢部曲殺主者,不拘此令。其大祭祀及致齋、朔望、上下弦、二十四氣、雨未晴、夜未明、斷屠月日及假日,並不得奏決死刑。其所犯雖不待時,若於斷屠月,謂正月、五月、九月,及禁殺日,謂每月十直日,月一日、八日、十四日、十五日、十八日、二十三日、二十四日、二十八日、二十九日、三十日,雖不待時,於此月日亦不得決死刑。違而決者,各杖六十。待時而違者,謂秋分以前立春以後,正月、五月、九月及十直日,不得行刑。故違時日者,加二等,合杖八十。其正月、五月、九月有閏者,令文但云正月、五月、九月斷屠,即有閏者各同正月,亦不得奏決死刑。」

《金志》:「大定十三年,詔:立春後立秋前,及大祭祀、月朔望、上下弦、二十四氣、雨未晴、夜未明、休假並禁屠宰日,皆不聽決死刑。惟強盜則不待秋後。」

按:「秋後」之名,始見於此。

《明律》：「若立春以後秋分以前決死刑者，杖八十。其犯十惡之罪應死，及强盜者，雖決不待時，若禁刑日而決者，笞四十。」纂注：「禁刑日期，每月初一、初八日、十四、十五、十八、二十三、二十四、二十八、二十九、三十日也。此出《唐律》。今正、五、九月，閏月，上下弦日、二十四氣日、雨未霽、天未晴及大祭享日，亦禁。」

明《問刑條例》：「在京法司監候梟首重囚在監病故，凡遇春夏不係行刑時月，及雖在霜降以後冬至以前，若遇聖旦等節，或祭祀、齋戒日期，照常相埋，通類具奏。」

死刑之數一卷

死刑之數

夏：大辟二百。《周禮·司刑》注。

周：殺罪五百。《周禮·司刑》。大辟其屬二百。《書·呂刑》。

按：殺罪五百，當爲周初之制，尚承用殷法。大辟二百，乃穆王訓夏所改，夏刑輕於殷，故大辟少也。

《漢志》：「孝武卽位，律令凡三百五十九章。大辟四百九條，千八百八十二事，死罪決事比萬三千四百七十二事。至成帝河平中，詔曰：『今大辟之刑，千有餘條。』」

按：漢祖入關，蠲削煩苛，孝文務在寬厚，刑罰大省，斷獄四百，斯時死罪條目雖無可考，必不繁多。迨孝武信任張、趙，而見知故縱、監臨部主之法行，禁罔寖密，大辟之多，在此時也。條凡四百九，而事至千八百有奇，則每條中實具數事。成帝詔言千餘條，是又增多於孝武時矣。顧元帝以下，屢有蠲除輕減之詔：《東觀記》稱元帝初元五年，輕殊死刑三十四事，哀帝建平元年，輕殊死刑八十一事，梁統於建武中上重刑之疏，方以孝武爲是，而元、哀爲非：不應死罪反多於孝武之世。疑孝武時之所謂條者，一條具數事，河平詔之所謂條者，一條舉一事，後之千有餘條，較前之千八百餘事爲輕減矣。夫以孝武時之刑獄繁重，後世方以爲譏，元、哀之輕殊死刑，實爲惠政，況當建武時寇難初平，瘡痍滿目，正宜與民休息，豈可再事重刑？梁統之議，宜爲當世所不取也。

《後漢書·陳寵傳》：「和帝永元六年，寵代郭躬爲廷尉，鉤校律令條法，溢於《甫刑》者除之。曰：『《甫刑》大辟二百，今律令死刑六百一十，溢於《甫刑》者四百一十大辟。可使大辟二百，悉刪除其餘。』未及施行。」

按：東京刑法，輕於孝武，此所言死刑六百一十，當亦是一條爲一事，非一條具數事，蓋視元、哀之際，死罪爲又少矣。而寵尚欲刪除以符《甫刑》之數，與梁統所見正相反。

《魏書·刑罰志》：「世祖正平元年，改定律制，大辟一百四十五。高宗太安四年，增大辟三十五。高祖太和三年，修改刊定大辟之罪二百三十五。」

按：六代南朝死罪之數，史不具，惟元魏頗詳。此卽《隋律》之根原，其時死罪已少矣。

唐：斬罪八十九事，絞罪一百四十四事。

按：《唐律》每條中每該數事，死罪凡二百三十三事。内有斬、絞同條者，若以條計，無此數也。《唐律》本於隋，《隋律》原於元魏。元魏《太和律》大辟二百三十五條，隋開皇除死罪八十一，唐貞觀降大辟爲流九十二，合之爲一百七十三條，兩相比較，已少四分之三，則所存當不及六十條，與《唐律》見存之數不合。疑《太和律》之二百三十五條，條具數事，開皇、貞觀所刪降之條，條止一事，約略計之，尚得太和之半。故《唐六典》謂《貞觀律》比古死刑，殆除其半也。

宋：天聖編敕，大辟之屬十有七，慶曆增爲三十一，嘉祐增六十。

按：《宋刑統》全用《唐律》，而當時行用以編敕爲準，此編敕大辟之數係在律外者，是死罪已多于唐矣。

元：死刑一百三十五，内淩遲九。

按：《元志》所載死罪：《衞禁》二，《軍律》三，《户婚》一，《食貨》二，《大惡》四十一，内淩遲六。《姦非》十八，内陵遲一。《盜賊》二十五，内淩遲二。《詐僞》五，《鬬毆》一，《殺傷》二十九，内與《盜賊》門重一條。《禁令》八，共計一百三十五事。

明律死罪二百四十九。又《雜犯》十三。又《問刑條例》死罪二十。

按：《明律》死罪，淩遲十三，斬決三十八，絞決十三，斬候九十八，絞候八十七，共計死罪二百四十九。又《雜犯》斬四，《雜犯》絞九，共計十三。又《問刑條例》軍罪爲多，其死罪，《婚姻》一，《軍政》一，《關津》一，《賊盜》八，《人命》二，《鬬毆》二，《訴訟》一，《詐僞》一，《雜犯》一，《捕亡》一，《斷獄》一，共計二十事。大抵元死罪視唐尤少，明則多于唐，而視宋爲少。説者多謂明法重，而未考死罪之數，實未爲多也。

又按：近數十年來，歐洲學者創廢止死刑之説，諸小國中有實已施行者，而諸大國則皆不能行，亦虚懸此學説而已。推原其故，欲廢死刑，先謀教養，教養普而人民之道德日進，則犯法者自日見其少，而死刑可以不用。故國小者尚易行之，若疆域稍廣之國，教養之事安能盡美盡善，犯死罪而概寬貸之，適長厥姦心，而日習于爲惡，其所患滋大。《盤庚》云，殄滅之無遺育，無俾易種于兹新邑。《泰誓》云，除惡務本。古人之言，非無故也。

唐死罪總類一卷

唐死罪總類

斬

《衞禁》：闌入宫門條：若持仗及至御在所者。謂持仗入上閤及通内諸門。

應入上閤内，但仗不入而持寸刃入者，亦以闌入論。持仗。

向宫殿射條：箭入御在所者。

殺人者，以故殺論。

行營宫門條：至御所。

以上《衞禁》門，斬五條。

《職制》：指斥乘輿條：諸指斥乘輿，情理切害者。

以上《職制》門，斬一條。

《擅興》：乏軍興條：諸乏軍興者，故失等。

征人稽留條：臨軍征討而稽期者，三日。

征討告消息條：諸密有征討而告賊消息者。

主將守城條：諸主將守城，爲賊所攻，不固守而棄去，及守備不設，爲賊所掩覆者。

若連接寇賊，被遣斥候不覺賊來，以故致有覆敗者。

主將臨陣先退條：諸主將以下，臨陣先退，若寇賊對陣，捨仗投軍及棄賊來降而輒殺者。

鎮所放征人還條：臨軍征討而放者。

征人巧詐避役條：若有校試，以能爲不能，以故有所稽乏者，以乏軍興論。

以上《擅興》門斬八條。

《賊盜》：謀反大逆條：諸謀反及大逆者。

即雖謀反，詞理不能動衆，威力不足率人者。

若部曲奴婢犯反逆者，止坐其身。

謀叛條：已上道者。

其抗拒將吏者，以已上道論。

謀殺府主等官條：諸謀殺制使若本屬府主、刺史、縣令及吏卒謀殺本部五品以上官長，已殺者。

謀殺期親尊長條：諸謀殺期親尊長、外祖父母、夫、夫之祖父母、父母者。

謀殺緦麻以上尊長，已殺者。

部曲奴婢殺主條：諸部曲奴婢謀殺主者。　謀殺主之期親及外祖父母，已傷者。

謀殺故夫父母條：諸妻妾謀殺故夫之祖父母、父母，已殺者。

部曲奴婢謀殺舊主，已殺者。

謀殺人條：諸謀殺人，已殺者。　造意者，雖不行，仍爲首。　雇人殺者。

劫囚條：殺人者。

竊囚而亡，殺人者。

規避執人條：諸有所規避而執持人爲質者。

殺一家三人條：諸殺一家非死罪三人，及支解人者。

以物置人耳鼻條：若恐迫人使畏懼致死者。故相恐迫。

憎惡造厭魅條：諸有所憎惡而造厭魅，及造符書呪詛欲以殺人者，各以謀殺論減二等。於期親尊長及外祖父母、夫、夫之祖父母、父母各不減。

以故致死，各依本殺法。欲以疾苦人者，又減二等。子孫於祖父母、父母，部曲奴婢於主者，各不減。

直求愛媚而厭呪，若涉乘輿者。

殘害死屍條：諸殘害緦麻以上尊長。死屍及棄屍水中者。

棄而不失及髡髮若傷者，子孫於祖父母、父母，部曲奴婢於主。

强盜條：殺人者。　持仗傷人者。

本以他故毆人奪物條：故殺者。

盜緦麻小功財物條：殺尊長者。

卑幼將人盜己家財條：若有殺者。　他人殺，卑幼不知情。

因盜過失殺傷人條：其共盜臨時有殺傷者，以强盜論。殺人。　持仗傷人。

略人略賣人條：諸略人略賣人，因而殺傷人者，同强盜法。

以上《賊盜》門斬三十四條。

《鬬訟》：鬬故殺用兵刃條：以刃及故殺人者。　雖因鬬而用兵刃殺者。　雖因鬬但絶時而殺者。

保辜條：限内死者，各依殺人法。本罪合斬。

毆制使府主縣令條：毆制使、本屬府主、刺史、縣令，及吏卒毆本部五品以上官長死者。　若毆六品以下官長死者。　卽毆佐職死者。

佐職統屬毆官長條：諸佐職及所統屬官毆官長死者。

皇家袒免以上親條：諸皇家袒免以上親而毆之死者。

部曲奴婢良人相毆條：若奴婢毆良人死者。

部曲奴婢過失殺主條：卽毆主之期親及外祖父母，已傷者。　毆主之緦麻、小功、大功死者。

媵妾毆詈夫條：諸妻毆夫死者。

若妾犯妻者，與夫同。死者。　媵及妾犯夫及妻，若妾犯媵。死者。

毆緦麻兄姊條：諸毆緦麻兄姊，　小功、大功尊屬死者。

毆兄姊條：諸毆兄姊死者。

毆詈祖父母父母條：毆祖父母、父母。

妻妾毆詈夫父母條：妻妾毆夫之祖父母、父母傷者。

妻妾毆詈故夫父母條：妻妾毆故夫之祖父母、父母死者。

毆妻前夫子條：毆傷繼父。死者。

毆傷見受業師死者。

毆詈夫期親尊長條：諸妻毆夫之期親以下緦麻以上尊長死者。

祖父母爲人毆擊條：諸祖父母、父母爲人所毆擊，子孫卽毆擊之，至死者。以刃殺。

部曲奴婢詈舊主條：諸部曲奴婢毆舊主殺者。

誣告謀反大逆條：諸誣告謀反及大逆者。

以上《鬬訟》門斬二十五條。

《詐僞》：僞造皇帝寶條：諸僞造皇帝八寶者。

僞寶印符節假人條：以僞寶及得亡寶假人，若出賣及所假若買者封用。皇帝八寶。

盜寶印符節封用條：盜寶封用，卽所主者盜封用及以假人，若出賣所假及買者封用。皇帝八寶。

以上《詐僞》門斬三條。

《雜律》：醫合藥不如方條：其故不如本方殺人者。賣藥故不如本方殺人者。

奴姦良人條：部曲及奴姦主及主之期親若期親之妻，强者。

盜決隄防條：故決隄防殺人者。

燒官府私家宅舍條：諸故燒官府廨舍及私家舍宅殺人者。

以上《雜律》斬五條。

《捕亡》：罪人持仗拒捍條：已就拘執及不拒捍而殺，用刃者。

罪人拒毆捕者，殺人者。

被毆擊姦盜捕法條：餘犯不言請而輒捕繫，殺人者。

從軍征討亡條：臨對寇賊而亡者。

被囚禁捍拒走條：諸被囚禁拒捍官司而走，殺人者。

以上《捕亡》門斬五條。

《斷獄》：死罪囚辭窮竟條：囚之親故，爲囚所遣，雇倩人殺之，及殺之者，子孫於祖父母、父母，部曲奴婢於主。

監臨以杖捶人條：前人不合捶考而捶考至死，用刃者。

以上《斷獄》門斬三條。

共斬八十九條。

絞

《衞禁》：闌入宮門條：入上閤内者。

即應入上閤内，但仗不入而持寸刃入者，亦以闌入論。若非兵器杵棒之屬。

闌入踰閾爲限條：其越殿垣者。

非應宿衞自代條：諸宿衞者以非應宿衞人冒名自代及代之者，殿内。

若以應宿衞人自代及代之者，各以闌入論。殿内。

宫殿作罷不出條：諸在宫殿内作罷而不出者，御在所。

將司將領主司知者與同罪。

闌入非御在所條：雖非闌入，輒私共宮人言語，若親爲通傳書信及衣物者。

奉勑夜開宮殿門條：其不承勑而擅開閉者。

夜禁宫殿出入條：持仗入殿門者。

向宫殿射條箭：入上閤内者。

即宿衞人於御在所誤拔刀子者。

行宫營門條：御幕門。闌入者。

私度關條：若無徒以上罪而妄陳者。妄訴死罪，還得死罪。

越度緣邊關塞條：私與禁兵器者。

烽候不警條：以故陷敗户口軍人城戍者。

以上《衛禁》門絞十六條。

《職制》：合和御藥條：誤不如本方及封題誤者。

造御膳犯食禁條：誤犯食禁者，主食。

御幸舟船條：誤不牢固者，工匠。

監當主食有犯條：諸監當官司及主食之人，誤將雜藥至御膳所者。

漏泄大事條：諸漏泄大事應密者。

指斥乘輿條：對捍制使而無人臣之禮者。

驛使稽程條：以故陷敗户口軍人城戍者。

監主受財枉法條：諸監臨主司受財而枉法者，十五匹。

無禄者枉法者，二十匹。

以上《職制》門絞九條。

《廐庫》：庫藏主司搜檢條：即故縱贓滿一百匹。

以上《廐庫》門絞一條。

《擅興》：擅發兵條：諸擅發兵，千人。　寇賊來攻，城屯反叛者。

若賊有内應，急須兵者，不即調發及不與者。

征人稽留條：諸征人稽留者，二十日。

征討告消息條：非征討而作間諜，若化外人來爲間諜，或傳書信與化内人并受，及知情容止者。

鎮所放征人還條：諸在軍所及在鎮戍私放征防人還者。十五日及主司故縱者。

私有禁兵器條：甲三領及弩五張。私造者。

以上《擅興》門絞八條。

《賊盜》：謀反大逆條：諸謀反及大逆，父子年十六以上。

自述休徵，假託靈異，妄稱兵馬，虚説反由，傳惑衆人而無真狀可驗者，自從祆法。

謀大逆者。謀而未行。

謀叛條：謀叛者。

卽亡命山澤不從追喚者，以謀叛論。

謀殺府主等官條：諸謀殺制使若本屬府主、刺史、縣令及吏卒謀殺本部五品以上官長，已傷者。

謀殺期親尊長條：犯姦而姦人殺其夫，所姦妻妾雖不知情，與同罪。

謀殺緦麻以上尊長，已傷者。

卽尊長謀殺卑幼，已殺者依故殺法。

部曲奴婢殺主條：謀殺主之期親及外祖父母者。

謀殺故夫父母條：諸妻妾謀殺夫之祖父母、父母，已傷者。　部曲奴婢謀殺舊主，已傷者。

謀殺人條：諸謀殺人，已傷者。　已殺，從而加功者。　造意不行、受雇加功者。

劫囚條：傷人及劫死囚者。

竊囚而亡，與囚同罪。　竊死囚，還得死罪。　以故傷人者。

若恐迫人使畏懼致死者。　因鬬。

以物置人耳鼻條：諸以物置人耳鼻及孔竅中，其故屏去人服用飲食之物，殺人者。

造畜蠱毒條：諸造畜蠱毒及教令者。

以毒藥藥人條：諸以毒藥藥人及賣者。

脯肉有毒故與人食，并出賣以故致死者。

穿地得死人條：若子孫於祖父母、父母，部曲奴婢於主冢墓熏狐狸燒屍者。

造妖書妖言條：諸造妖書及妖言者。

傳用以惑衆者。

盜御寶條：諸盜御寶者。

發冢條：諸發冢，已開棺槨者。

强盜條：諸强盜不得財傷人者。　持仗者，五匹。

監臨主守自盜條：諸監臨主守自盜及盜所監臨財物者，三十匹。　若親王財物而監守自盜者亦同。

故燒人舍屋條：諸故燒人舍屋及積聚之物而盜者，計所燒減價併贓以强盜論。十四。

本以他故毆人奪物條：因鬬致死者。

盜緦麻小功財物條：傷者。尊長。有所規求而故殺期以下卑幼者。

卑幼將人盜己家財條：若傷者。他人傷，卑幼不知情因。

盜過失殺傷人條：其共盜臨時有殺傷者，以强盜論。傷人。

略人略賣人條：諸略人略賣人爲奴婢者。

略賣期親卑幼條：賣餘親者，各從凡人和略法。五服之內，本條殺罪名至死者。

共盜併贓論條：若本不同謀，相遇共盜。共强盜者，罪無首從。

盜經斷後三犯條：三犯流者。

以上《賊盜》門絞四十二條。

《鬬訟》：鬬故殺用兵刃條：諸鬬毆殺人者。因用兵刃拒而傷殺者。

保辜條：限內死者各依殺人法。本罪合絞。

同謀不同謀毆傷人條：諸同謀共毆至死者，隨所因爲重罪。

其事不可分者，以後下手爲重罪。

若亂毆傷不知先後輕重者，以謀首及初鬬者爲重罪。

威力制縛人條：即威力使人毆擊致死者，雖不下手，猶以威力爲重罪。

兩相毆傷論如律條：後下手，理直，至死者。

毆制使府主縣令條：諸毆制使、本屬府主、刺史、縣令及吏卒毆本部五品以上官長，折傷者。

部曲奴婢良人相毆條：若奴婢毆良人折跌支體及瞎其一目者。

若故殺部曲者。

奴婢毆部曲損傷二事以上，及因舊患令至篤疾，及斷舌、毀敗陰陽者。　若部曲故殺奴婢。

部曲奴婢過失殺主條：諸部曲奴婢過失殺主者。　即毆主之期親及外祖父母者。

毆傷妻妾條：諸毆妻死者。　若妻毆殺妾。

媵妾毆詈夫條：媵及妾毆夫折一支或瞎一目。

毆緦麻兄姊條：　即毆從父兄姊，準凡鬬應流三千里者。　若尊長毆卑幼死者。　即毆殺從父弟妹及從父兄弟之子孫以刃及故殺者。

毆兄姊條：諸毆兄姊刃傷及折支，若瞎其一目者。

毆詈祖父母父母條：諸詈祖父母、父母者。

妻妾毆詈夫父母條：妻妾毆夫之祖父母、父母。

妻妾毆詈故夫父母條：舊舅姑毆子孫、舊妻妾死者。

毆兄妻夫弟妹條：諸毆兄之妻及毆夫之弟妹，若妾犯者。　即妾毆夫之妾子、毆妻之子，若妻之子毆傷父妾，妾子毆傷父妾，至死者，各依凡人法。

毆妻前夫子條：諸毆傷妻前夫之子死者。

毆詈夫期親尊長條：毆傷卑屬死者。　故殺夫之兄弟子者。　妾犯者，各從凡鬭法。　尊長毆傷卑幼之婦妾死者。

祖父母爲人毆擊條：諸祖父母、父母爲人所毆擊，子孫卽毆擊之，至死者。

部曲奴婢詈舊主條：諸部曲奴婢毆舊主傷者。

戲殺傷人條：其不和同，及於期親尊長、外祖父母、夫之祖父母，雖和並不得爲戲，各從鬭殺傷法。

密告謀反大逆條：諸知謀反及大逆不告者。　官司承告不卽掩捕經半日者。

誣告謀反大逆條：諸誣告謀反及大逆者，從者。

誣告反坐條：諸誣告人者，各反坐。　至死。

告祖父母父母條：諸告祖父母、父母者。

部曲奴婢告主條：諸部曲部奴婢告主，非謀反逆叛者。

犯罪經所在官司首條：其謀叛以上。　滿半目不掩。

以上《鬭訟》門絞四十二條。

《詐僞》：僞造皇帝寶條：諸僞造太皇太后、皇太后、皇后、皇太子寶者。

僞寫宮殿門符條：諸僞寫宮殿門符、發兵符、傳符者。

僞寶印符節假人條：諸以僞寶印符節及得亡寶印符節假人，若出賣及所假若買者封用。

盜寶印符節封用條：諸盜寶印符節封用，卽所主者盜封用及以假人，若出賣所假及買者封用。

詐爲制書條：諸詐爲制書及增減者。

詐陷人死傷條：諸詐陷人至死。

以上《詐僞》門紋六條。

《雜律》：醫合藥不如方條：其故不如本方殺人者。卑幼賤。賣藥故不如本方殺人者。

姦緦麻親及妻條：諸姦緦麻以上親，及緦麻以上親之妻，折傷者。

姦從祖母姑條：諸姦從祖祖母姑、從祖伯叔母姑、從父姊妹、從母及兄弟妻、兄弟子妻，强者。

姦祖父妾條：諸姦父祖妾、伯叔母、姑姊妹、子孫之婦、兄弟之女者。

奴姦良人條：折傷者。

其部曲及奴姦主及主之期親若期親之妻者。

姦主之緦麻以上親及緦麻以上親之妻，强者。

官府倉庫失火條：延燒廟及宮闕者。

燒官府私家宅舍條：諸故燒宮府廨舍及私家舍宅若財物者，十匹。

毁神御之物條：棄毁御寶。

以上《雜律》門紋十一條。

《捕亡》：罪人持仗拒捍條：已就拘執及不拒捍而殺。

從軍征討亡條：諸征名已定及從軍征討而亡者，十五日。　主司故縱。

被囚禁拒捍走條：被囚禁拒捍官司而走，殺人，從者。

以上《捕亡》門絞四條。

《斷獄》：主守導令囚翻異條：諸主守受囚財物，導令翻異，及與通傳言語，有所增減者，三十匹。

囚給衣食醫藥條：減竊囚食致死者。

官司出入人罪條：從徒流入死罪。

以上《斷獄》門絞四條。

共絞一百四十三條。

充軍考一卷

充軍考上

王氏明德《讀律佩觿》曰：「充軍之令，從古未有，始自前明。開創伊始，放牛歸馬，一倣漢充國遺制。分隸老師夙將，星屯遐荒，世守其地，各爲外捍而内衞。然而征戰之餘，什伍恒缺而不周，故特出此令以實之。其所謂『軍』者，卽此分屯各隘荷戈執戟之行列，而『充』卽充此逃故傷亡之什伍也。故統其名曰『充軍』。律例中有此充軍一例，猶夫曆之置閏以成歲，所謂閏律也。」

愚按此說，似是而未盡也。秦始皇三十三年，發諸嘗逋亡人、贅壻、賈人略取陸梁地。二世二年，赦酈山徒，發以擊楚軍。漢武帝元鼎五年，越馳義侯遺別將巴蜀罪人，發夜郎兵，下牂柯江。元封六年，益州昆明反，赦京師亡命，令從軍，遣拔胡將軍郭昌將以擊之。天漢四年，發天下七科讁及勇敢士，遣貳師將軍李廣利將六萬騎步兵七萬人出朔方。「七科」，張晏以爲吏有罪一，亡命二也。東漢顯宗永平八年，詔郡國中都官死罪繫囚減罪一等，勿笞，屯朔方、五原之邊縣。肅宗建初七年，詔天下繫囚減死一等，勿笞，詣邊戍。章和元年，令郡國中都官繫囚減死一等，詣金城戍。和帝永元八年，詔郡國中都官繫囚減死一等，詣敦煌戍。安帝元初二年，詔郡國中都官繫囚減死一等，勿笞，詣馮翊、扶風屯。延光三年，詔郡國中都官死罪繫囚減罪一等，詣敦煌、隴西及度遼營。是發罪人以充軍，秦、漢之時久有此令，特不在常刑之内耳。自魏、晉相承，死罪其重者妻子皆以補兵。宋制，爲劫者同籍周親讁補兵。梁制，劫身皆斬，妻子補兵。此充軍爲常刑之始，然猶是緣坐之犯也。北齊河清三年，奏上《齊律》，流刑鞭、笞各一百，髡之，投於邊裔以爲兵卒。此本犯正身充軍之始，惟未有道里之差。且以流爲軍，與後代區軍於流者有異。《唐律》以加役爲最重，而未有充軍之制。天寶六載，詔以徒役者寒暑不釋械繫，杖或捶以至死，皆免以配諸軍自效。乃一時寬大之政，非常制也。宋沿五代之制，於流罪配役之外，其罪重者刺配充軍，始區軍、流爲二。元制，諸盜罪合流者有出軍之例，漢兒、蠻子發遼陽省奴兒干地方，色目、高麗發湖廣省極邊地面。又有蒙古人毆死漢人者斷罰出征之例。詳《元典章·徒上》。明制頗有沿於元者，充軍即仿出軍而變通之，發往各衞所。金天會七年，詔凡竊盜十貫以上徒五年，刺字，充下軍。此又徒罪充軍之制。謂從古未有始自前明者，特未考之史册耳。今日軍衞悉裁充軍之犯，與流無異，又徒有充軍之名矣。

充軍考中

發罪人以爲兵，自古有之，不始於明。曩嘗考之秦、漢以下而著爲説。特明自京師達於郡縣，皆立衛所，軍伍恒虚，因發謫罪人以充實之，故其制獨詳。今卽明制而綜考之。其初但發邊方，餘衛尚少，所發者軍官、軍人及無籍之民。迨後條例日增，遂亦編發各衛，而平常民人之充軍者亦遂多。然仍依律問罪而後發遣，不以充軍爲本罪，其本罪有斬、絞、流、徒、杖之別。而依例充軍，亦不盡論本罪之輕重，更非爲流罪加等之用也。考《明律》徒流遷徙地方律，内載邊遠充軍應發各衛，而不詳附近、邊衛等衛所發地方。宏治三年，奏定充軍三十九條，内通例四，降充軍人者一，抵數充軍者一，依舊充軍者一，與充軍囚徒同罪者一，抵充軍人犯發遣者一，稱充軍而不言衛所者八，俱發附近。附近一，邊遠二十一，編入律内邊遠獨較餘衛爲多。《明史·刑法志》言充軍者，明初惟邊方屯種，後定制，分極邊、烟瘴、邊遠、邊衛、沿海、附近。雖未言定制始於何年，而源委略具，此其制之可考者一也。

《明律·名例》文武官犯私罪律載，軍官、軍人犯該徒、流，照依地里遠近發各衛充軍。又軍官軍人犯罪免徒流律載，軍官、軍人犯罪，徒五等皆發二千里内衛，分充軍、流三等，照依地里遠近發各衛充軍，該發邊遠充軍者，依律發遣；若軍丁、軍吏及校尉犯罪，俱准軍人擬斷，亦免徒、流；又在京軍犯杖八十以上者，發外衛充軍，各等語。此三條爲軍官、軍人犯罪之通例。此外《吏律》職制二條，選用軍職一，官員襲廕一。《户律》户役一條，人户以籍爲定。《兵律》宫衛四條，宫殿門擅入一，從駕稽違一，關防内使出入一，門禁鎖鑰一。軍政十九條，擅調官軍三，軍人替役一，主將不固守一，縱軍擄掠二，不操練軍士二，私賣戰馬一，私賣軍器二，縱放軍人歇役二，公侯私役官軍一，從征守禦官軍逃四。關津二條，詐冒給路引一，遞送逃軍妻女出城一。《刑律》受贓一條，私受公侯財物。皆專指軍官、軍人言。《名例》殺害軍人一條，《刑律》訴訟一條，誣告充軍。捕亡二條，徒流人逃一，稽留囚徒一。亦皆與軍人關涉。惟《户律》隱蔽差役一條，私創庵院一條，一以警遊惰，一以懲豪强；《兵律》關防内使出入二條，所以戢閹寺，特著重典；不關軍人者，此數條耳。又《問刑條例》内犯罪屬軍衛者充軍，屬有司者爲民，凡十三條。可見此事爲軍官、軍人犯罪免徒、流而設。說者謂軍官免徒、流，優其前蹟，亦冀其後功；軍人免徒、流，憫其勞役，亦實其行伍也。此其制之可考者二也。

洪武中，翟善等編《諸司職掌》十卷，世鮮傳本，沈子培方伯曾植藏有此書殘帙，内刑部司門科言編發囚軍之事，尚存崖略。其合編充軍條目，曰販賣私鹽，曰詭寄田糧，曰私充牙行，曰私自下海，曰閑吏，曰土豪，曰應合抄劄家屬，曰積年民害官吏，曰誣告人充軍，曰無籍户，曰攬納户，曰舊日山寨頭目，曰更名易姓家屬，曰不務生理，曰遊食，曰斷指誹謗，曰小書生，曰主文，曰野牢子，曰幫虎，曰伴當，曰直司，凡二十二項，强半爲律文所不載。而揆厥大旨，總在編無業之人充實行伍，並驅恃頑挾詐者束諸軍律之中，故此刑不列五刑之内。迨後平常民人亦多充軍，乃推而及之，已非明初合編充軍之本意。此其制之可考者三也。

《諸司職掌》所載充軍地方，浙江、河南、山東、陝西、山西、北平、福建並直隸應天、廬州、鳳陽、淮安、揚州、蘇州、松江、常州、和州、滁州、徐州人，發四川、雲南屬衛；江西、湖廣、四川、廣東、廣西並直隸太平、甯國、池州、徽州、廣德、安慶人，發北平、大甯、遼東屬衛。此卽《明志》所謂初惟邊方屯種者也。可見明初軍罪定地與後來《問刑條例》不同，尚無附近、邊衛等名目。《明律》內亦只有附近、邊遠二項。《問刑條例》附近、邊遠外，始有邊衛、極邊、烟瘴、沿海、口外，又有專發口外獨石等處，發北方邊衛者，發南方烟瘴地面者。然尚無五軍之名，其名目亦不止於五。至里數遠近，律內並無明文。《續文獻通考》："嘉靖六年御史楊彝奏：『凡罪應充軍者，請敕有司從宜編發，遠不過三千里，程不過一二月，無使軍人走死，解户貽累。』從之。二十九年給事中俞鸞奏：『比者邊事孔棘，軍伍空虛，與其投生人於必死之地，不若少寬其法，因而用之。夫今之充軍，除附近之外，不過曰邊衛、曰邊遠、曰極邊而已，南北地里不過曰本省、隔省、再隔省而已。以罪之輕重，權地之遠近，邊衛可以本省擬配，邊遠可以隔省擬配，極邊可以再隔省擬配。如內地無邊方者，可以隔省附近邊方擬配邊衛。其邊遠、極邊亦可依類遞配。』從之。」徒流遷徙地方例言，無極邊字樣者，遠不過三千里，蓋卽據楊彝之言纂入。既言不過三千里，則無一定里數可知。迨崇禎十一年，諭兵部編遣事宜，以千里爲附近，二千五百里爲邊衛，三千里爲邊遠，其極邊、烟瘴以四千里外爲率，見《明志》。蓋至爾時始編定遠近里數，而《明律》無文者，明社將墟，不及修纂矣。是明之充軍，本是從宜編發，其初但分南北，其後始分遠近，而亦無里數。此其制之可考者四也。

《明律》萬曆十三年奏定充軍款目，凡永遠二十七，極邊烟瘴一，烟瘴九，極邊十五，沿海一，口外七，口外獨石等處一，邊遠四，邊衛一百二十一，附近五十六，外爲民二十二條。計二百四十二條。以《問刑條例》逐條考核，每條聲明依律問罪，或曰依律問擬，或省文曰問罪，凡充軍者，皆先科本罪而後發遣。故有由杖問發者，有由徒問發者，有由流問發者，有杖、徒俱問發者，有徒罪以上不分首從俱問發者，有徒、流俱問發者，有杖、徒、流俱問發者，有笞、杖、徒、流俱問發者，有由斬、絞問發者，有免罪減等仍問發者，大凡一百三十三條。款目另詳於後。按：其本罪輕重大不相同而依例問發，或權其本罪之輕重，或不復論其本罪之輕重。此其制之可考者五也。

又《諸司職掌》載：「凡本部問有應合充軍者，必須照依《律》與《大誥》内議擬明白，大理寺審無寃枉，開付陝西部照依南北籍編成排甲，每一小甲軍一十名，總甲管軍五十名，每百户該管一百十二名，造册後將總、小甲軍人責付該百户領去充軍云云。」是其鈐束有法，不若今日之散而無紀；入伍後即有應食之糧，不若今日之聽其自謀生路；既有可供之役，又無貧苦之虞，故逃亡者少。此其制之可考者六也。

綜而論之，明代充軍所以實邊，與流罪之加等，本毫不相涉。其時衛所林立，邊方尤多重鎮，故軍有所歸，人户或屬軍衛，或屬有司，其籍顯有區分，故犯罪者之科擬亦異。隨事編發，本以充逃亡之什伍，故道里之遠近，與本罪之輕重，或相比附，或不相比附，或有差等，或竟無差等。其事以視古人之發罪人爲兵者，雖不甚懸殊，而款目繁多，遂成爲一代之法。自來考古制者，陳其數，尤貴通其義，故撮其大略如此。世有好學深思之士，聊以備考證之一助云爾。

明《問刑條例》充軍款目除關涉軍職者不録外，今分析條列於左：

由杖問發者

《吏律》：濫設官吏一 各鄉里書飛詭稅糧二百石以上。邊衛。 欺隱田糧律，詭寄田糧，罪止杖一百。

漏洩軍情大事一 軍民人等與朝貢夷人私通往來，投託管顧，撥置害人，因而透漏事情者。邊衛。 本例通事並伴送人等係文職，革職爲民。 蓋照本律漏洩常事，杖一百。

《户律》：人户以籍爲定一 軍户子孫另開户籍，或於別府縣州入籍、寄籍等項，及至原衛發册清勾，買囑原籍官吏、軍書人等捏作丁盡户絶回申者，里書人等。附近。 逃避差役律，杖一百，里長與同罪。

私創庵院及私度僧道一 漢人冒詐番人者。邊衛。 人户以籍爲定律，詐冒者杖八十。

逃避差役一 沿邊沿海地方軍民人等，躲避差役，逃入土夷洞寨、海島潛住。邊遠、永遠。 本律杖一百。

鈔法一 官員通同勢要賣納户口等項課鈔者，賣鈔之人。邊衛。 問違制。

收糧違限二 勢豪大户恃頑不納本户秋糧五十石以上，監追完日；附近。二百石以上。邊衛。 本律罪止杖一百。 本例三月之内能完納者照常發落，則仍擬杖矣。 勢豪大户不行運赴官倉，逼軍私兑者。比照前例。

攬納稅糧二 糧草軍需包攬誆騙，銀一百兩、糧二百石以上，三個月不完者；經年不完者。 各邊武職主使家人伴當跟隨交結人員攬納作弊者，聽使之人。邊衛。 本律杖六十。 監臨主守加二等。 納稅去處包攬侵尅，雖無攪擾之情，但係國課者，一百兩以上。附近。 按：過期不完及侵費正數律，以誆騙論卽應計贓科斷，不止杖罰矣。

轉解官物一 漕運跟官、書算人等，指稱使用科索軍人財物入己，贓至二十兩以上。邊衛。枉法贓杖六徒一，無祿人減一等，滿杖。

鹽法一 越境興販官司引鹽至三千斤以上。 客商收買餘鹽買求掣摯至三千斤以上。 巡捕官司乘機興販至三千斤以上。附近。原係腹裏，發邊衛。本律杖一百。

把持行市五 會同館內外四鄰軍民人等，代替夷人收買違禁貨物。邊衛。問違制。 甘肅、西甯等處勢豪之家，主使弟男、子姪、家人、頭目人等，將夷人好馬、奇貨包收，逼令減價，依本律，兩不和同。以賤易貴，及將粗重物並瘦損頭畜拘收，取覓用錢方許買賣本律者，聽使之人。附近。 牙行及無籍之徒，用强邀截客貨，如有誆賒貨物，監追年久，累死客商。屬軍衛，邊衛。屬有司，附近。依本律。 楊村、蔡村、河西務等處，如有用强攔民運糧船，在家包雇車兩，逼勒多出脚錢者。邊衛。依本律。 揑稱皇店，在於京城內外，邀截客商，指勒財物。邊衛永遠。依本律。

《禮律》：匿父母夫喪一 父母見在，詐稱死亡者。口外獨石等處。 本律，無喪詐稱有喪，杖一百。

《兵律》：私出外境及違禁下海二 夷人貢船到岸，先行接買番貨，及爲夷人收買違禁貨物者。邊衛。依違制。 糾通下海之接買番貨與探聽下海之人，番貨到來，私買販賣蘇木、胡椒至一千斤以上者。邊衛。 依違制。

驛使稽程二 南北直隸、山東等處各屬馬驛，僉到馬頭情願雇募土民代役者聽，若用强包攬。民並軍丁人等，附近。 會同館夫供役五年以上不行替役，及近館無籍軍民人等用强攬當者。邊衛。 以上二條俱依把持行市律。

乘官畜産車船附私物一黄船附搭客貨及夾帶私物者，小甲、客商人等。極邊永遠。客商人等空身附搭者，亦連小甲。附近。　馬快船隻附搭客貨及夾帶私物者，小甲、客商人等。口外。　本律罪止杖七十。

《刑律》：盗賊窩主一知强竊盗而接買、受寄坐贓至滿貫者；三犯以上，不拘贓數多寡。邊衛。　本律罪止杖一百。

鬬毆及故殺人一同謀共毆人，除下手致命傷重者依律處絞外，其共毆之人，審係執持鎗刀等項兇器，亦有致命傷痕者。邊衛。　本律餘人杖一百。

威逼人致死二因事威逼人致死，一家二命，及非一家但至三命以上；邊衛。若一家三命以上。邊衛永遠。本律杖一百。　婦人夫亡願守志，别無主婚之人，若有用强求娶逼受聘財因而致死，依律問罪。邊衛。本律杖一百。

越訴二擅入午門、長安等門内叫訴寃枉，勘問涉虚者。口外。　本律申訴不實，杖一百。　假以建言爲由挾制官府，及將曖昧不明姦贓事情污人名節報復私仇者。文革爲民，武革差操。　旗軍人等，邊衛。　民，附近。　文武官爲民，差操照違制律杖。

閹割火者一先年浄身人犯曾經發回，若不候朝廷收取官司明文起送，私自來京圖謀進用。邊衛。此無正律可引，應依違制論。

徒流人逃二起解逃軍並軍丁及充軍人犯，長解縱容在家遷延不即起程，違限一年之上者，解人。附近。　稽留囚徒律，罪止杖六十。　問發延慶、保安二州爲民人犯逃者，改發遼東自在、安樂二州，再逃者。　極邊。　本律遷徙人逃者，罪止杖一百。

《工律》：失時不修隄防—運河一帶，用强包攬閘夫二名之上，撈淺鋪夫三名之上。民並軍丁人等，附近。把持行市律。

計三十三條

由徒問發者

《名例》：職官有犯—僧道、官受財枉法滿貫。附近。雜犯絞，總徒。

《户律》：盜賣田宅—軍民人等將爭競不明並賣過及民間起科、僧道將寺觀各田地、若子孫將公共祖墳山地朦朧投獻王府及内外官豪勢要之家，私捏文契典賣者，投獻之人。　山東、河南、北直隸各處空閒地土，祖宗朝俱聽民儘力開種永不起科，若有占奪投獻者。邊衞永遠。本律滿徒。

盜耕種官民田—陝西榆林等處近邊地土，各營堡草場界限明白，敢有那移條款盜耕草場，及越出邊牆界石種田者。民係外處者發榆林，本處者發甘肅。本律罪止杖八十。强者加一等。係官者加二等，杖六十，徒一年。

鹽法三各邊召商上納糧草，内外勢要官豪家人開立詭名占窩轉賣取利者。邊衞。私鹽本律，徒。　兩淮等處運司中鹽商人必須納過銀兩紙價方給引目守支，若先年不曾上納，故捏守支年久等項虚詞奏擾者，依律問罪。邊衞。本律，徒。　運司總催買囑官吏並覆盤委員指倉指囤扶同作弊者。邊衞。本律，徒。

私茶三興販夾帶五百斤。邊衞。　興販私茶潛往邊境與番夷交易，及在腹裏販賣與進貢回還夷人者，不拘斤數，連知情歇家、牙保。烟瘴。在西甯、甘肅、河州、洮州、四川、雅州販賣者，雖不入番，一百斤以上；附近。三百斤以上。邊衛。若守備、把關、巡捕等官自行興販私茶通番者；邊衛。在西甯、甘肅、洮河、雅州販賣至三百斤以上者。附近。行茶地方冒頂番名中納支茶者。民，附近。以上均同私鹽法。

把持行市—遼東開設馬市，擅放夷人入城及縱容官軍人等無貨者任意入市、有貨者在內過宿，規取小利，透漏邊情。兩廣烟瘴。漏洩軍情大事律，邊將報到軍情重事而漏洩者，杖百，徒三。

《兵律》：衝突儀仗—聖駕出郊，衝突儀仗妄行奏訴，追究主使教唆捏寫本狀之人，俱問罪。邊衛。申訴寃抑衝入儀仗内，而所訴事不實者，絞。雜犯，徒。

《刑律》：盜内府財物—監守盜銀三十兩，錢帛等物值銀三十兩以上；常人盜銀六十兩，錢帛等物值銀六十兩以上。邊衛永遠。雜犯流，總徒四年。

盜園陵樹木—禁山盜砍樹株，爲從；取土取石開窰燒造，放火燒山，爲從。邊衛。首比照盜大祀神御物，斬。爲從，應減流。本律，滿徒。神烈山鋪舍以外開山取石，安插墳墓，築鑿池臺。邊衛。上層比律擬斬，此層蓋比本律，滿徒。

監守自盜倉庫錢糧—倉庫錢糧，若宣大、甘肅、榆遼、四川、建松、廣西、貴州並沿邊沿海去處，監守盜糧四十石，草八百束，銀二十兩，錢帛等物值銀二十兩以上；常人盜倍之。兩京衙門、漕運並京、通、臨、淮、徐、德六倉，監守盜糧六十石，草一千二百束，銀三十兩，錢帛等物值銀三十兩以上；常人盜倍之。腹裏撫按等官查盤去處，監守盜糧一百石，草二千束，銀五十兩，錢帛等物值銀五十兩以上；

常人盜倍之。各處徵收在官應該起解錢糧，有侵盜者，照腹裏例。邊衛永遠。雜犯流，總徒。雜犯斬，準徒。

盜馬牛畜産一 盜御馬者。枷三月，邊衛。若將自己及他人騎操官馬盜賣者。枷一月發落。盜至三匹以上，及再犯不拘匹數。免枷，屬軍衛者邊衛，屬有司者附近。五匹以上。屬軍衛者極邊，屬有司邊衛，各永遠。若養馬人户盜賣官馬至三匹以上。附近。雜犯徒。

《纂注》云：「按馬、牛、驢、騾、豬、羊、雞、犬、鵝、鴨，今有《值鈔定例》。然物價一也，而在人家者與在官者不同。故盜他人所養，計贓以竊盜論，爲首者一百二十貫，罪止杖一百、流三千里，爲從減一等。若盜在官者，以常人盜官物論，不分首從，八十貫，絞。國初鈔重，每貫值銀一兩，今鈔輕，每馬一匹，定八百貫，但犯竊盜，常人盜者，計贓俱該坐流、絞罪名。」按：此條以常人盜官物論，滿貫者，雜犯絞。惟律係計贓，而據《纂注》所引《值鈔定例》，馬一匹八百貫，即應擬絞，是無流、徒以下罪名，未免太重。例内不及三匹者，枷號一個月發落，未知如何發落？殊難擬斷。大約仍按時價估計，否則難通矣。此例所以通律之變，故以匹計，於計贓之外，别著一法。此後例内牛以隻計，樹木以株計，皆從此推出，而計贓之法愈紛煩矣。《明律》每鈔一貫折銀一分二釐五毫，八百貫僅折銀十兩，三匹則三十兩，常人盜杖八十、徒二年，四匹四十兩，杖一百、徒三年，五匹五十兩，杖一百、流二千五百里，雜犯總徒四年。

盜賊窩主三 皇親功臣管莊、家僕、佃户人等及諸色軍民大户勾引來歷不明之人，窩藏强盜二名以上，竊盜五名以上，坐家分贜者。邊衞。知强盜後而分贜至滿貫者。邊衞。本律計所分贜，准竊盜爲從論，應滿徒。

毆期親尊長—毆期親尊長，執有刀刃，赴殺情狀兇惡，雖未成傷，依律問罪。邊衞。本律，徒。

官吏受財—文職官吏監生知印承差，受財枉法，至滿貫絞罪者。附近。雜犯徒。

親屬相姦—姦内外緦麻以上親，及緦麻以上親之妻，若妻前夫之女，同母異父姊妹者，姦夫。附近。本律，徒。

故禁故勘平人—酷刑，官員不論情罪輕重，輒行挺棍、夾棍、腦箍、烙鐵等項慘刻刑具，致死三命以上。文附近，武邊衞。非法毆打律，滿徒。

計二十一條

由流問發者

《户律》：鹽法二豪强鹽徒拒敵官兵，不曾殺傷人，爲從。邊衞。首，斬。從，減流。僞造鹽引印信，爲從，並經紀牙行、店户、運司吏書一應知情人等，計贜滿貫者。邊衞。首，斬。從，減流。滿貫者加重。則未滿貫者，仍依律擬流矣。

《兵律》：私出外境及違禁下海三擅造違式大船將帶違禁貨物下海前往番國買賣，潛通海賊同謀結聚，及爲嚮導刼掠良民者。正犯比照謀叛已行律斬，全家發邊衞。本律，流二千里。打造前項海船賣與夷人圖利，爲從，邊衞。首，斬。從，減流。私自販賣硫黃、焰硝與外夷及邊海賊寇，爲從。邊衞。首，斬。從，減流。

官員、軍民人等私將應禁軍器賣與夷人圖利，爲從。邊衛。首，斬。從，減流。

《刑律》：劫囚一聚衆十人以上，中途打奪，爲從係異姓同惡相濟，及搥師打手。邊衛。首，斬。從，減流。

盜馬牛畜産一冒領太僕寺官馬至三匹者。邊衛。如比照冒支官糧律計贓，准竊盜論，罪止滿流。明時每馬一匹定鈔八百貫，三匹即應擬流。如以鈔折銀，三匹計三十兩，罪止徒。

略人略賣人二設方略誘取良人與略賣良人子女，不分已賣、未賣。邊衛。略賣至三口以上及再犯者。邊衛。三犯者。極邊永遠。本律，流。將腹裏人口用强略賣與境外土人峒寨去處圖利，未曾殺傷人，爲從者。民，邊衛永遠。首，絞。從，減流。

威逼人致死一軍民人等因事威逼本管官致死，爲從。邊衛。首，絞。從，減流。

教唆詞訟一代人捏寫本狀，教唆或扛幫奏告叛逆等項機密、强盜、人命重事不實，並全誣十人以上。邊衛。本律，誣告人死罪未決，加役流。誣告加三等，罪止流。

私鑄銅錢一私鑄銅錢，爲從民匠。附近。本律，減流。

詐假官一買到土人倒過所司起送公文頂名赴部投考者，若已受職，賣者。邊衛。正犯比律斬，應減流。

親屬相姦一親屬犯姦至死罪者，若强姦未成，依律問罪。邊衛。依已成斬罪上減流。

閹割火者一私自净身，本身及下手之人；斬。全家。邊遠。蓋比照緣坐流罪。

檢驗屍傷不以實一仵作受財增減傷痕，符同屍狀，以成冤獄，贓至滿貫者。邊衛。照誑騙例罪止流。

計十六條

杖、徒俱問發者

《工律》：盜決河防：故決、盜決山東南旺湖、沛縣昭陽湖、屬山湖、安山積水湖、揚州高寶湖、淮安高家堰、柳浦灣及徐邳上下濱河一帶各隄岸，並阻絕山東泰山等處泉源，有干漕河禁例，爲首之人附近。

本律分杖、徒。

計一條

徒、流俱問發者

《户律》：盜賣田宅：西山一帶私自開窰賣煤，鑿山賣石，立廠燒灰者。邊衛。　大同、山西、宣府、延綏、甯夏、遼東、薊州、紫荆、密雲等邊擅自入山將應禁林木砍伐販賣。南方烟瘴。　此二條俱應比照强占官民山場律，首，滿流；從，徒。

《刑律》：發冢：發掘王府、將軍、中尉、夫淑人等、郡縣主、郡縣鄉君及歷代帝王、名臣、先賢墳冢，開棺，爲從，與發見棺槨爲首者。邊衛。　本律，流。　發見棺槨爲從，與發而未至棺槨爲首，及發常人冢開棺見屍爲從，與發見棺槨爲首者。附近。　本律分徒、流。

殺子孫及奴婢圖賴人：故殺妾及弟妹、子孫、姪、姪孫與子孫之婦圖賴人。屬有司者，附近。　本律分徒、流。

鬬毆：兇徒因事忿争，剜瞎人眼睛，打跌人肢體，全抉人耳、鼻、口脣，斷人舌，毁敗人陰陽者。邊衛。本律分徒、流。

誣告二　各處姦徒串結衙門人役，假以上司訪察爲由，纂集事件挾制官府陷害良善，或詐騙財物，或報復私讐，名爲窩訪者，依律問罪該徒、流者。邊衛。無籍棍徒私自串結，將不干己事情捏寫本詞聲言奏告，恐嚇得財計贓滿貫者，不分首、從。邊衛。首，流。從，徒。

詐爲制書一　詐爲察院、布政司、按察司、府、州、縣及其餘衙門文書，誆騙科歛財物。邊衛。本律分徒、流。

放火故燒人房屋一　放火故燒自己房屋因而延燒官民房屋及積聚之物，與故燒人空閑房屋及田場積聚之物者。邊衛。本律分徒、流。

計九條

徒罪以上俱問發者

《名例》：應議者之父祖有犯一　王府人役假借威勢侵占民田，攘奪財物，致傷人命，除真犯死罪外，徒罪以上。邊衛。

《户律》：匿税一　納税去處若權豪無籍之徒結黨把持，攔截生事，攪擾商税者，徒罪以上。附近。

《兵律》：多乘驛馬一　指稱勳戚、文武大臣、近侍官員姻黨、族屬、家人名目，虚張聲威，擾害經過軍衛、有司、驛遞衙門，占宿公館，索取人夫、馬匹、車輛、財物等項，及姦徒詐稱勢要衙門，乘坐黑樓等船隻，懸掛牌面，希圖免税誆騙違法者，徒罪以上。邊衛。

《刑律》：詐欺官私取財一 指稱內外大小官員名頭，並各衙門打點，使用名色誆騙財物，計贓犯該徒罪以上者，不分首、從。邊衛。

鬬毆一 聚衆執持兇器傷人，及圍繞房屋搶檢家財，棄毀器物，姦淫婦女，除真犯死罪以上，俱不分首、從。邊衛永遠。 在官求索借貸人財物二 文武職官索取土官、夷人、猺獞財物，犯該徒三年以上者。邊衛。 雲貴、兩廣、四川、湖廣等處流官，擅自科斂土官財物，僉取兵夫，徵價入己，强將貨物發賣，多取價利，各贓至滿貫，犯該徒三年以上者。附近。

僞造印信曆日等一 描摸印信，行使誆騙財物，犯該徒罪以上者。邊衛永遠。

詐假官二 詐冒皇親族屬、姻黨家人，在京在外巧立名色，挾騙財物，侵占地土並有禁山場，攔當船隻措要銀兩，出入大小衙門囑託公事，販賣錢鈔、私鹽，包攬錢糧，假稱織造，私開牙行，擅搭橋梁，侵漁民利者，除真犯死罪者，徒罪以上。邊衛。 假充大臣及近侍官員家人名目，豪横鄉村，生事害民，强占田土、房屋，招集流移住種，犯該徒罪以上者。邊衛。

詐稱內使等官一 詐充錦衣衛、旗校，假以差遣體訪事情、緝捕盜賊爲由，占宿公館，妄拏平人，嚇取財物，擾害軍民者，除真犯死罪外，徒罪以上。邊衛。

《工律》：盜決河防二 閘官人等用草捲閣閘板，盜洩水利，串同取財，犯該徒罪以上。邊衛。 河南等處地方盜決及故決隄防，毁害人家，漂失財物，淹没田禾，犯該徒罪以上，爲首者。旗舍餘丁、民人，附近。

計十三條

杖、徒、流俱問發者

《名例》：應議者犯罪三　各王府擅自招集外人，淩辱官府，擾害百姓，擅作威福，打死人命；受人投獻地土，進送女子，及强取人財物，占人妻妾；收留有孕婦女，以致生育不明，冒亂宗支；及畜養術士，招尤惹釁，無故出城遊戲；追究設謀撥置之人，不分徒、流、杖罪。旗校舍餘人等，邊衞。　各處郡王、將軍、中尉凡有奏請，啓王參詳後奏，違者齎奏人員照撥置例。邊衞。　其無籍之徒誆挾各府財物來京交通，歇家潛住，打點例不該行事務者，照前例。邊衞。　宗室違悖祖訓，越關來京奏擾，其同行撥置之人。極邊永遠。

應議者之父祖有犯三　王府選婚若先通媒合納賄營求，及符同保勘婚配不當者，經該官吏、媒合人等通坐以枉法罪名，營求撥置之人。邊衞。　依教誘。　管莊、佃僕人等占守水陸關隘，抽分措取財物，挾制把持害人。邊衞永遠。　投充王府及鎮守總兵、兩京内臣、功臣、戚里勢豪之家作爲家人伴當等項名色，事干嚇騙財物、撥置打死人命、强占田地等項情重者，除真犯死罪外，其餘。邊衞。

工樂户及婦人犯罪一　樂工縱容女子擅入王府及容留各府將軍、中尉在家行姦，並軍民、旗校人等與將軍、中尉賭博誆哄財物，及擅入府内教誘爲非者。邊衞。

犯罪自首一　自首。　强盜傷人，平復，准自首，照兇徒執持兇器傷人例。自首免因科傷罪，止杖、徒。　其放火燒人空房及田場積聚之物者，依律充徒，若計所燒之物重於本罪者。邊衞。　徒、流。

《吏律》：濫設官吏一　各處司、府、州、縣、衞所等衙門主文、書算、快手、皂隸、總甲、門禁、庫子人等，久戀衙門，違制。　説事過錢，罪止杖一百，遷徙比流減半，徒二年。　把持官府，本律，杖。　飛詭税糧，攬納税糧律，杖六十。

起滅詞訟，陷害良善，教唆詞訟，與犯人同罪。賣放强盜，誣執平民，爲從。誣告人死罪未決，加役流。民並軍丁，附近。

舉用有過官吏一 文職官員舉貢官恩援例監生並省祭知印承差人等，曾經考察論劾罷黜，及爲事闕革、年老事故例不入選者，若買求官吏，行求枉法。增減年歲，增減官文書。改洗文卷隱匿公私過名，本律。或詐作丁憂起復，無喪詐有。以圖進用，已除授者，邊衛。未除授者，附近。起送官吏知情受賄。附近。

《户律》：賦役不均一 豪猾規利之徒買囑書吏，枉法。妄稟編□下屬，承攬害民。附近。

多收税糧斛面一 在京在外並各邊收放糧草去處，若職官子弟、積年光棍、跟子買頭、小脚歇家、跟官伴當人等，三五成羣搶奪籌斛占堆行概等項，打攪倉場，及欺陵官攢，或挾詐運納軍民財物者，或毆非本管九品官。詐欺、恐嚇、求索各律。徒罪以上，與再犯杖罪以下。屬有司者，附近。

攬納税糧二 納税去處權豪無籍之徒朋謀結黨，倚勢用强，措勒客商，恐嚇。挾制官吏，違制。攬擾商税，或恐嚇騙客商財物者，徒罪以上，及再犯杖罪者。附近。在京刁徒光棍訪知鋪行但與解户交關價銀，輒便邀集黨類，數十爲羣，入門噪鬧，指爲攬納，捉要送官，其家畏懼罪名，厚賂買滅，所費錢物出在解户，以致錢糧累年不完，照打攪倉場例。

收支留難一 指稱權貴名色措勒解户，誆詐財物，不分軍民、匠役。邊衛。計贓詐欺。

鹽法一 各處鹽場無籍之徒，號稱長布衫、趕船虎、光棍好漢等項名色，把持官府，依違制。詐害客商，依詐欺。犯該徒罪以上，及再犯杖罪以下。邊衛。

私茶一做造假茶五百斤以上者，本商並轉賣之人，附近。店户窩頓一千斤以上。附近。照詐欺。

《禮律》：褻瀆神明一僧道軍民人等於各寺觀神廟刁姦婦女，杖。因而引誘逃走，流。或誆騙財物計贓。者。附近。

《兵律》：盤詰姦細一川廣、雲貴、陝西等處漢人交結夷人，互相買賣借貸，誆騙財物，計贓。引惹邊釁及潛住苗寨，越邊關，滿徒。教誘爲亂貽患地方者，除真犯死罪外。邊衛永遠。

私出外境及違禁下海一私販硫黄、焰硝合成火藥賣與鹽徒。邊衛。依私造應禁軍器律，杖至流。

驗畜産不以實二州縣起解備用馬匹，馬販交通官吏、醫獸人等，枉法。兜攬作弊者，無行求，依違制。邊衛。再犯、累犯者。極邊。大同三路官旗舍人、軍民人等將不堪馬匹通同行求。光棍過錢。引赴該管官處，及管軍頭目收買私馬，詭令伴當人等出名，情囑各守備等官俵與軍士，通同醫獸作弊多支官銀常人盜。者。民並舍餘人等，附近。

宰殺馬牛一宰殺耕牛，並私開圈店，及知情販賣牛隻與宰殺者，再犯、累犯，附近。宰殺自己牛，杖。故殺他人牛，杖七十、徒一年半，計贓重於本罪者，准盜論，罪止流。盜而宰殺及貨賣者，不分初犯、再犯。附近。

遞送公文一各鋪司兵，若有無籍之徒不容正身應當，用强包攬，多取工錢，詐欺求索。致將公文稽遲、沈匿等項。民並軍丁人等，附近。

驛使稽程二各處水馬驛遞運所夫役、巡檢司弓兵，若有用强包攬不容正身著役，多取工錢，害人攪擾衙門者。民並軍丁人等，附近。《示掌》云：「若止是包攬，問不應如不曾多取工錢。問違制。」按：多取工錢，問求索計贓，以不枉法論。　各屬馬驛僉到馬頭，其有光棍交通包攬之徒，將正身姓名揑寫虛約投託官豪勳戚之家，前去原籍妄拏正身家屬，措勒取財者。附近。恐嚇。

《刑律》：　盜田野穀麥一　盜掘金、銀、銅、錫、水銀等項礦砂，在山洞捉獲者，計贓准竊盜論。分爲三等：持仗拒捕者爲一等，不論人數、礦數多寡及初犯、再犯，不分首、從；邊遠。其不曾拒捕，若聚至三十人以上者爲二等，不論礦數多寡及初犯、再犯，爲首者；邊遠。不曾拒捕，又人數不及三十，名爲三等，爲首者，再犯。邊遠。

恐嚇取財一　將良民誣指爲盜及寄賣賊贓，捉拏拷打，嚇詐財物，或以起贓爲由，沿房搜檢，搶奪財物，淫辱婦女，除真犯死罪外，其餘不分首、從。邊衛永遠。

詐欺官私取財一　誆騙聽選官吏及舉人、監生、生員人等財物，指稱買官賣缺及買求中式等項，不分首、從；烟瘴。央浼營幹致被誆騙者。照前。

盜賊窩主一　各處大户家人佃僕，結搆爲盜，知情故縱，除真犯死罪外，其餘徒、流、杖罪。屬有司者，附近。

威逼人致死一　因事用强毆打，威逼人致死，果有致命重傷及成殘廢篤疾者，雖有自盡實迹。傷重，問以毆傷，或威力主使人毆打，威力制縛人毆打律。傷輕，依本律。邊衛。

威力制縛人一　在京在外無籍之徒，投託勢要作爲心腹，誘引生事，綁縛平民，在於私家拷打，本律。脅騙財物計贓。者。烟瘴。

越訴一漢人投入夷地冒頂夷人親屬、頭目名色，代爲奏告報讐，占騙財物詐欺。者。邊衛。

僞造印信曆日等一起解軍士揑買印信批迴者，除真犯死罪外，解人。附近。

詐稱内使等官一詐冒内官親屬、家人等項名色，恐嚇官司，誆騙財物者，除真犯死罪外，其餘。邊衛。

計三十五條

笞、杖、徒、流俱問發者

《刑律》：誣告一刁軍、刁民專一挾制官府，陷害良善，起滅詞訟，結黨揑詞纏告，把持官府不得行事等項，情犯深重者；民，附近。原係充軍口外爲民人犯，遇例放回原籍，有前項罪犯者。極邊。揑詞纏告即誣告也，本律笞、杖、徒、流皆有。妄指宫禁親藩誣害平人者，不分首、從。邊衛。本律。

計二條

由斬絞問發者

《名例》：應議者之父祖有犯一文職本身并同祖親枝有女爲王妃，男爲郡縣主儀賓，俱各見在，不許陞除京職，若保勘隱情，以存作亡，以有作無，正犯。邊衛。大臣專擅選官律，大臣親戚非奉特旨不許除授官，違者斬。

《吏律》交結近侍官員一罷閑官吏在京潛住，擅出入禁門交結。烟瘴。本律不分首、從，斬。

計二條

免罪減等仍充軍者

《名例》：犯罪自首，强盜係親屬首告到官，審其聚衆不及十人，乃行劫止一次者，依律免罪減等等項擬斷發落。若聚衆至十人，及行劫累次者，係大功以上親屬告發，附近；小功以下發邊衛。

計一條

通計一百三十三條

充軍考下

法必名實符而後可爲一代經常之法，未有循其名則是，責其實則非，而可以法名者。國朝充軍之法，沿自前明。夷考今日情形，名存而實亡矣，名同而實異矣。二百數十年來，因仍未改，其中窒礙難通之處，不止一端，固當綜厥源流，而亟思變通者也。

明代充軍皆發衞所，今衞所裁矣，軍無所歸，與流等耳。此其異於明者一也。明代軍官、軍人免徒、流，故皆分別充軍，今此律已删改，非其舊矣，軍官、軍人與平民等耳。此其異於明者二也。明代軍與民分，其治罪亦不盡同，故有屬軍衞者充軍，屬有司者爲民之例，凡二十二條；國朝雍正以前尚仍其舊，迨乾隆三十六年將《名例》邊外爲民之語删除，凡例内爲民者悉改充軍，不復分别軍、民矣。此其異於明者三也。明無五軍之名，道里遠近亦無定數；國初充軍亦皆發邊遠安置，康熙年間定爲五等，曰附近、曰邊衞、曰邊遠、曰極邊、曰烟瘴，雍正三年始據兵部題定《中樞政考》及《邦政紀略》内發遣道里、省分，定爲附近二千里，邊衞二千五百里，邊遠三千里，極邊、烟瘴俱四千里，另立充軍地方律目編入《律》内。此其異於明者四也。

至其窒礙難通者，約有數端。明不以軍爲流罪之加等，隨事編發，故不計道里之遠近。今既以軍爲流之加等，而流三千里者，加爲附近，轉近千里，是名爲加重，實則從輕矣。新章滿流即加極邊，而例内附近、近邊、邊遠皆未改定，將用新章乎？抑不用新章乎？此其窒礙者一。明不以軍爲本罪，笞、杖、徒、流依律定罪而隨宜編發，故尚少窒礙。今既以軍爲本罪矣，而笞、杖、徒、流一概充發，遂有同律同例之罪名，徒、流不充軍，而笞、杖轉充軍者，輕重倒置，不得其平。此其窒礙者二。名之爲軍，乃不屬於軍，而管束責諸州縣。既無可供之役，更無可食之糧，各州縣名爲管束，而竟無管束之術，不過空文一紙，發充看役而已。居處聽其自主，衣食聽其自謀，其逃也聽之，其不逃也聽之，非州縣管束之不力，勢使然也。此其窒礙者三。

夫充軍之法，其異於明者如此，已大失立法之初意。而其窒礙也又如此，更有乖用法之常經。失其初意謂之無法，乖乎常經謂之非法，無法非法，而二百數十年來沿襲焉而奉以爲法，不思通其變而救其弊，此事之不可解者也。余既考明代充軍之制，復舉國朝之制而互證之，以質諸明律之君子。

鹽法考　私礬考

私茶考　酒禁考　合一卷

同居考　丁年考

鹽法考

《管子·海王篇》：「桓公曰：『然則吾何以爲國？』管子對曰：『惟官山海爲可耳。』桓公曰：『何謂官山海？』管子對曰：『海王之國，謹正鹽筴。』桓公曰：『何謂正鹽筴？』尹知章注：正稅也。管子對曰：『十口之家，十人食鹽，百口之家，百人食鹽，終月，大男食鹽五升少半，大女食鹽三升少半，吾子食鹽二升少半，注：吾子謂小男、小女也。此其大曆也。注：曆，數。鹽百升而釜，令鹽之重，升加分彊。注：分彊半彊也。令使鹽官稅其鹽之重，每一(斗)〔升〕加半合爲彊而取之，則一釜之鹽，得五十合而爲之彊。升加一彊，釜百也，升加二彊，釜二百也，鍾二千，十鍾二萬，百鍾二十萬，千鍾二百萬。萬乘之國，人數問口千萬也。禺筴之商，日二百萬，注：禺讀爲偶。偶，對也；商，計也。對其大男大女食鹽者之口數而立筴，以計所稅之鹽，一日計二百萬合爲二百鍾。十日二千萬，一月六千萬。萬乘之國，正九百萬也。注：萬乘之國，大男大女(合)〔食〕鹽者千萬人，而稅之鹽，一日二百鍾，十日二千鍾，一月六千鍾也。今有施其稅數，以千萬人如九百萬人之數，則所稅之鹽，一日百八十鍾，十日千八百鍾，一月五千四百鍾。月人三十錢之籍，爲錢三千萬。注：又變其五千四百鍾之鹽，而籍其錢，計一月每人籍三十，凡千萬人，爲錢三萬萬矣。以籍之數而比其常籍，則當一國而有三千萬人矣。今吾非籍之諸君吾子，而有二國之籍者六千萬。注：諸君，謂老男老女也。六十已上爲老男，五十已上爲老女也。既不籍於老男老女，又不籍於小男小女，乃能以千萬人而當三千萬者，蓋鹽官之利耳。使君施令曰：吾將籍於諸君吾子，則必囂號。今夫給之鹽筴，則百倍歸於上，人無以避此者數也。』」

按：《周禮》有鹽人掌鹽之政令以共百事之鹽，而不聞有鹽筴。鹽筴之法，管子所創也，已大異先王藏富於民之意，然尚無私鹽之禁令，其立法尚寬。自私鹽之禁令，而案牘繁興，不勝其擾矣。

《史記·平準書》：「封君皆低首仰給，冶鑄煑鹽，財或累萬金，而不佐國家之急，黎民重困云云。於是以東郭咸陽、孔僅爲大農丞，領鹽鐵事；桑弘羊以計算用事，侍中。咸陽，齊之大煑鹽，孔僅，南陽大冶，皆致生累千金，故鄭當時進言之。弘羊，雒陽賈人子，以心計，年十三侍中。故三人言利事析秋毫矣。大農丞孔僅、咸陽言：山海，天地之藏也，皆宜屬少府，陛下不私，以屬大農佐賦。願募民自給費，因官器作煑鹽，官與牢盆，浮食奇民欲擅管山海之貨，以致富羨，役利細民，其沮事之議，不可勝聽。敢私鑄鐵器煑鹽者，釱左趾，没入其器物。」

按：私鹽之禁令罪名，實始於漢武。此孔僅、咸陽之法，非蕭何之律也。《集解》韋昭曰：「釱，以鐵爲之，著左趾以代刖也。」其法去死一等，亦可云嚴矣。《唐律》無私鹽罪名，蓋唐之榷鹽佐軍興自第五琦始，其時在肅宗初，見《琦》及《劉晏傳》。律文定於永徽之初，故不及也。

《唐書·食貨志》：「乾元元年，鹽鐵鑄錢使第五琦初變鹽法，就山海井竈近利之地置鹽院，游民業鹽者爲亭户，免雜傜，盗鬻者論以法。自兵起，流庸未復，税賦不足供費，鹽鐵使劉晏上鹽法輕重之宜，自淮北置巡院十三，曰揚〔州〕、陳許、汴州、廬壽、白沙、淮西、甬橋、浙西、宋州、泗州、嶺南、兗鄆、鄭滑，捕私鹽者，姦盗爲之（頓）〔衰〕息。包（結）〔佶〕爲汴東水陸運兩税鹽鐵使，許以漆器、瑇瑁、綾綺代鹽價，雖不可用〔者〕亦高估而售之，廣虛數以罔上。亭户冒法，私鬻不絶，巡捕之卒，徧於州縣。鹽估益貴，商人乘時射利，遠鄉貧民困高估，至有淡食者。巡吏既多，官冗傷財，當時病之。按：在貞元中。憲宗之討淮西也，度支使皇甫鎛加劍南東西兩川、山南西道鹽估以供軍。貞元中，盜鬻兩池〔鹽〕一石者死，至元和中，減死流天德五城，鎛奏論死如初。一斗已上杖〔脊〕〔背〕，没其車驢。能捕斗鹽者賞千錢。節度觀察使以判官、州以司録録事參軍察私鹽，漏一石以上罰課料。鬻兩池鹽者，坊市居邸主人、市儈皆論坐。盜刮鹻者一斗，比鹽一升。州縣團保相察，比於貞元中加酷矣。宣宗即位，户部侍郎、判度支盧弘止以兩池鹽法敝，遣巡院官司空輿更立新法，其課倍入，遷榷鹽使。以壕籬者，鹽池之隄禁，有盜壞與鬻鹻皆死，鹽〔鹽〕〔盜〕持弓矢者亦皆死刑。兵部侍郎、判度支周墀又言：兩池鹽盜販者，迹其居處，保、社按罪。鬻五石，市二石，亭户盜糶二石，皆死。」

按：唐律第五琦榷鹽佐軍興而私鹽之禁遂嚴，罪重有至死者，此《唐律》之所不及載也。

《五代會要》：「長興四年三月七日，諸道鹽鐵轉運使奏諸道州府鹽法條流元末，一概定奪，謹具如後：應食顆鹽州府省司，各置榷糶、折博場院，應是鄉村，並通私商興販。所有折博，並每年人户蠶鹽，並不許將帶一斤一兩入城，侵奪榷糶課利。如違犯者，一兩已上至一斤，買賣人各杖六十。一斤已上至三斤，買賣人各杖七十。三斤已上至五斤，買賣人各杖八十。五斤已上至十斤，買賣人各徒二年。十斤已上，不計多少，買賣人各脊杖二十處死。所有犯鹽人隨行錢物驢畜等，並納入官。所有元本家業莊田，如是全家逃走者，即行點納。仍許般載脚户、經過店主，並脚下人力等糾告，等第支與優給。如知情不告，與賣鹽人同罪。其犯鹽人經過處，地(分)〔方〕門司廂界巡檢、節級所由，並諸色關連人等，不專覺察，委本州臨時斷訖報省。如是門司、關津、口鋪捉獲私鹽，依下項等第一半賞錢：十斤以上至五十斤，支賞錢二十千；五十斤以上至一百斤，支賞錢五十千。應食末鹽地界州府縣鎮，並有榷糶場院，久來内外禁法，卽未一概條流，應刮鹻煎鹽，不計多少斤兩，並處極法，兼許四鄰及諸色人等陳告，等第支給賞錢。欲指揮此：後犯一兩已上至一斤，買賣人各杖六十；一斤已上至二斤，買賣人各杖七十；二斤已上至三斤，買賣人各徒一年；三斤已上至五斤，買賣人各徒二年；五斤已上，各決脊杖二十處死。如是收到鹻土鹽水，卽委本處煎煉，鹽數准條科斷。或有已經違法，不至死刑，經斷後公然不懼條流再犯者，不計斤多少，所犯人並處極法。其榷糶場院員寮、節級、人力，煎鹽池客竈户、般鹽，船綱押綱軍將、衙官、梢工等，具知鹽法，如有公然偷盜官鹽，或將貨買，其買賣人及窩盤主人，知情不告，並依前項刮鹻例，五斤已上處死。其諸色關連人等，並合支賞錢，卽準洛京諸鎮條流事例指揮。顆、末、青白等鹽，元不許界分參襍。其顆鹽先許通商之時指揮，不得將帶入末鹽地界，如有違犯一斤一兩，並處極法，所有隨行物色，除鹽外，一半納官，一半與捉事人充賞。其餘鹽色，未有(盡)〔晝〕一條流。其洛京並鎮定、邢州管内，多北京末鹽入界，捉獲並依洛京條流科斷。欲指揮此後：但是顆、末、青白諸色鹽侵界參襍，捉獲並準洛京條流施行。」「一應諸道今後若捉獲犯私鹽、麴人罪犯分明，正該條流，便仰斷遣訖奏。若稍涉疑誤，祇須申奏取裁。」

《舊五代史・食貨志》：「周廣順元年九月，詔改鹽法：凡犯五斤已上者處死，煎鹻鹽犯一斤已上者處死。先是漢法不計斤兩多少並處極刑，至是始革之。」

《五代會要》：「顯德二年八月二十四日，改立鹽法：一、贍國軍堂場務，邢、洛州鹽務，應有見垛貯鹽貨處，並煎鹽場竈，及應是鹻地，並須四面修置牆塹。如是地里遥遠，難爲修置牆塹，卽作壕籬爲規隔。內偷盜夾帶官鹽，兼于壕籬外煎造鹽貨，便仰收捉。所犯不計多少斤兩，並決重杖一頓處死。其經歷地方及門司節級人(夫)〔員〕，並當量罪(勘)〔酌〕斷。一、應有不係官中煎鹽處鹻地，並須標識，委本州府差公幹職員，與巡(檢)〔鹽〕(第)〔節〕級村保地主鄰人同共巡檢。(著)〔若〕諸色人偷刮(鹵)〔鹻〕地，便仰收捉，及許人陳告。若勘逐不虛，刮鹻煎鹽人並知情人所犯，不計多少斤兩，並決重杖一頓處死。其刮鹻處地分並刮鹻人住處巡檢節級所有村保等，各徒二年半，令衆一月，依舊勾當刮鹻處。地主不切檢校，徒二年，令衆一月。一、顆鹽地分界內，有人刮鹻煎煉鹽貨，所犯並依前法。一、今緣改價賣鹽，慮有別界分鹽貨遞相侵犯，及(諸)〔將〕鹽入城諸色犯鹽人，(令)〔今〕下三司，依下項條流科斷：其犯鹽人隨行物色，給與本家，其鹽没納入官。所經歷地分節級人員，並行勘斷。一兩至一斤，決臀杖十五，令衆半月；一斤已上至一十斤，徒一年半，令衆一月；十斤已上，不計多少，徒二年，配發運務役一年。一、諸州府人户所請蠶鹽，不得于鄉村中私貨賣，及信團頭脚户縣司請鹽節級所由等剋折糶賣。如有犯者，依諸色犯鹽例科斷。一、如有人于河東界將鹽過來，及自家界內往彼興販鹽貨，所犯者並處斬。其犯鹽人隨行驢畜資財，並與捉事人充賞。」「慶州青白榷税院，元有條流，所有隨行驢畜物色，一半支與捉事人充賞，其餘一半並鹽並納入官。欲並且依舊：一斗已上至三斗，杖七十；三斗已上至五斗，徒一年；五斗已上處死。安邑、解縣兩池所出鹽，舊日(苦)〔若〕無文榜，如擅將一斤一兩，準元敕〔條〕並處極法。此後有人偷盜官鹽一斤一兩出池，其犯鹽人並準元敕條流處分。應有知情偷盜官鹽之人，亦依犯鹽人一例處斷。其不知情關連人，臨時酌情定罪。所有透漏地(分)〔方〕弓射及池陽門子，如是透漏出鹽二十斤已下，徒一年半。」

按：五季之世，武夫用事，用法皆偏於嚴厲，鬻鹽者不計斤兩皆處死，自來無此法也。國祚之不長，多由於政令之不仁也，此其一端而已。

《宋史・食貨志》：「先是，五代時鹽法太峻。建隆二年，始定官鹽闌入法，禁地貿易至十斤、鬻鹻鹽至三斤者乃坐死，民所受蠶鹽以入城市三十斤以上者，上請。三年，增闌入至三十斤、鬻(鹽)〔鹻〕至十(五)斤坐死，蠶鹽入城市百斤以上，奏裁。自乾德四年後，每詔優寬。太平興國二年，乃詔闌入至二百斤以上，鬻鹻及主吏盜販至百斤以上，蠶鹽入城市五百斤以上，並黥面送闕下。至淳化五年，改前所犯者(正)〔止〕配本州牢城。代州寶興軍軍民私市契丹骨堆渡及桃山鹽，雍熙四年，詔犯者自一斤論罪有差，五十斤加(徒)〔役〕流，百斤以上部送闕下。」「自范祥議禁八州軍商鹽，重青白鹽禁，而官鹽估貴，土人及蕃部販青白鹽者益衆，往往犯法抵死而莫肯止。至和中，詔蕃部犯青白鹽抵死者止投海島，羣黨爲民害者上請。嘉祐赦書，〔稍遷〕配(從)〔徒〕者於近地，自是禁法稍寬。

按：唐法鬻鹽一石卽死，元和中改流，而皇甫鎛又改從死刑，此唐法之嚴者也。五季之法，乃非法之法，不足爲訓。宋遞改從輕，而至於無死罪，此宋之仁也。此宋祚之所以不同於五季也。

《通考》：一百六十七「紹興〔二〕〔三〕年，詔自今犯私鹽並依紹興赦斷，其去年十二月甲午赦旨及今年六月辛丑尚書省批送指揮吏不施行。」「先是，殿中侍御史常同入對，論私販刑名太重，其略曰：『紹興赦私有鹽一斤徒一年，三百斤配本城，煎煉者一兩比二兩，刑名不爲不重。後來復降指揮，又因官司申請，不以赦原減，雖遇特恩不原，爲法可謂盡矣。去年之冬，因大軍所屯嘗有軍卒私販，百姓因之，故有亭户不以多寡杖脊配廣南指揮，蓋一時禁止，非通天下永久之法也。昨因榷貨務看詳，以爲諸路亦合一體施行，遂批狀行。提領官張純，一堂吏耳，但欲附會去相之意，朝廷不謀之羣臣，不付之户部，不稟之聖旨，遂以批狀行之，何其易哉。自此法之行，州郡斷配日日有之，破家蕩産不可勝計。主議之臣但曰刑不峻不足以致厚利，夫峻刑章而不恤民害者，蔡京、王黼之術也，奈何今遂用之？自古及今，刑之所犯，必稱罪之輕重，豈有罪〔無〕等降，一用重刑之理？今私鹽一斤至杖脊配廣南，則孰不相率而爲百千斤之多哉？祖宗仁德在人，猶人之有元氣，今天下多勢，可爲病矣，奈何遂欲傷元氣乎？法令之行繫乎國本，不使有識縉紳之士議之，而使刀筆之吏弄其文墨，非國之福也。望付三省熟議。』故有是詔。」

按：此論極是。幸高宗聽其言，不逐蔡、王之步。

《金史·食貨志》：「大定三年二月，定軍私煮鹽及盜官鹽之法，命猛安謀克巡捕。」「二十三年七月，博興縣民李孜收日炙鹽，大理寺具私鹽及刮鹹土二法以上，宰臣謂非私鹽可比。張仲愈獨曰：『私鹽罪重而犯者猶衆，不可縱也。』上曰：『刮鹽非煎，何以同私？』仲愈曰：『如此則渤海之人恣刮鹻而食，將侵官課矣。』力言不已。上乃以孜同刮鹻科罪，後犯則同私鹽法論。」「二十八年五月，創巡捕使，取鹽使司弓手充巡捕人，且禁不得於人家搜索，若食鹽一斗以下不得究治，惟盜販私煮則捕之。」「明昌五年四月，宰臣奏：『在法，猛安謀克有告私鹽而不捕者，杖之，其部人有犯而失察者，以數多寡論罪。今乃有身犯之者，與犯私酒麴、殺牛者，皆世襲權貴之家，不可不禁。』遂定制徒年、杖數，不以贖論，不及徒者杖五十。」「泰和（元）〔四〕年十月，西北路有犯花鹹〔禁〕者，欲同鹽禁罪，宰臣謂若比私鹽，則有不同。詔定制，收鹻者杖八十，十斤加一等，罪止徒一年。」「七年十二月，尚書省以盧附翼所言，遂定制竈户盜賣鹽課法。若應納課鹽外有餘，則盡以申官，若留者減盜一等；若刮鹻土煎食之，採黄穗（羊）〔草〕燒灰淋鹵，及以酵粥爲酒者，杖八十。」

按：《金律》今已不傳，觀《志》中所列各條，皆極平恕，不同五季之苛慘。大定、明昌之政令，固不可及也。

《元史·刑法志》食貨門：「諸犯私鹽者，杖七十（七），徒二年，財産一半没官，于没物内一半付告人充賞。鹽貨犯界者，減私鹽罪一等。提點官禁治不嚴，初犯笞四十（七），再犯杖八十（七），本司官與總管府官一同歸斷，三犯聞奏定罪。如監臨官及竈户私賣鹽者，同私鹽法。諸僞造鹽引者斬，家産付告人充賞。失覺察者，鄰佑不首告，杖一百（七）。商賈販鹽，到處不呈引發賣，及鹽引數外夾帶，鹽引不相隨，並同私鹽法。鹽已賣，五日内不赴司縣批納引目，杖六十（七），徒一年，因而轉用者同賣私鹽法。犯私鹽及犯界斷後，發鹽場充鹽夫，帶鐐居役，役滿放還。諸給散煎鹽竈户工本，官吏通同剋減者，計贓論罪。諸大都南北兩城關廂，設立鹽局，官爲發賣，其餘州縣鄉村並聽鹽商興販。諸賣鹽局官、煎鹽竈户、販鹽客旅行鋪之家，輒插和灰土硝鹻者，笞五十七。諸蒙古人私煮鹽者，依常法。諸犯私鹽，會赦，家産未入官者，革撥。諸私鹽再犯，加等斷徒如初犯，三犯杖斷同再犯，流遠，婦人免徒，其博易諸物，不論巨細，科全罪。諸轉買私鹽食用者，笞五十七，不用斷没之令。諸捕獲私鹽，止理見發之家，勿聽攀指平民。有榷貨，無犯人，以榷貨解官；無榷貨，有犯人，勿問。諸巡捕私鹽，非承告報明白，不得輒入人家搜檢。諸犯以鹽，被獲拒捕者，斷罪流遠，因而傷人者處死。諸巡鹽軍官，輒受財脱放鹽徒者，以枉法計贓論罪，奪所佩符及所受命，罷職不敍。」

按：私鹽不計斤兩，此五季之法，不足道。唐、宋皆以斤兩定罪之輕重，自屬平允。元法不計斤兩，一概徒二年，《明律》因之，而又加重，是私鹽一斤以下者亦擬徒没産，未免重矣。然元法較之五季之法已爲平恕，未可遽議其非。明因《元律》，而罪多加重，則又過矣。

元李翀《日聞録》：「國朝通例，婦人犯鹽罪，坐夫男。至正丁亥，李堂卿爲兩浙運司，海甯州一婦人犯私鹽，上有翁在，李改一檢云：『舍翁論婦，於理未然。舍婦論翁，於法未當合。』下仰照驗施行，遂兩釋之。可謂權宜矣。」

按：一家共犯罪，坐尊長，定律也。若尊長果不知情，而亦坐之，似非律意。此案舍婦論翁，於理不順。舍翁論婦，有罪之人不至幸免，似爲得之。李堂卿此斷極爲平恕，按之法理，似尚未盡洽也。

《元史·世祖紀》："中統四年正月，領部阿合馬請興河南等處鐵冶，及設東平等路巡禁私鹽軍。從之。三月，諸路獵户及捕盜巡鹽者執弓矢。"

私（茶）〔礬〕考

《宋史・食貨志》：「礬。唐於晉州置平陽院以收其利，開成三年，度支奏罷之。五代以來，復創務置官吏，宋因之。白礬出晉、慈、坊州、無爲軍及汾州之靈石縣，緑礬出慈、隰州及池州之銅陵，皆設官典領，有鑊户鬻造入官市。建隆中，詔：商人私販幽州礬，官司嚴捕没入之。繼定〔私販〕河東、幽州礬一兩以上，私鬻礬三斤，及盜官礬至十斤者，棄市。開寶三年，增私販至十斤，私鬻及盜滿五十斤者死，餘罪論有差。太平興國初，以歲鬻不充，迺詔私販化外礬一兩以上，及私鬻至十斤，並如律論決，再犯者悉配流，還復犯者死。淳化元年，有司言：慈礬滯積，小民多於山谷僻奥之地，私鬻侵利，而緑礬價（錢）〔賤〕，不宜與晉礬均法。詔同犯私茶罪賞。天聖以來，無爲軍亦置務鬻礬，後聽民自鬻，官置場售之，私售礬禁如私售茶法。」

按：宋初河東、幽州礬法獨重，恐利資敵國也。其後漸遞減從輕，悉如私茶法。《元史・食貨志》無礬税名目，故《元律》亦無私礬之條。

《明會典》：三十七。「洪武三年，令廬州黄墩崑山及安慶桐城縣歲納礬課，每歲二十二萬七百斤，每三斤爲一引，官給工本錢一百五十文，私煎者論如私鹽法。河南礬課鈔一千五百七十貫，陝西一千一百六十貫一百一十文，山西六百六十六貫。」

私茶考

《唐書·食貨志》："初，德宗納户部侍郎趙贊議，《通考》云建中元年。稅天下茶、漆、竹木，十取一以爲常平本錢，及出奉天，乃悼悔，下詔亟罷之。及朱泚平，佞臣希意興利者益進。貞元八年，以水災減稅，明年，諸道鹽鐵使張滂奏出茶州縣若山及商人要路以三等定估，十稅其一，自是歲得錢四十萬緡，然水旱亦未嘗拯之也。武宗即位，鹽鐵轉運使崔珙又增江淮茶稅。是時，茶商所過州縣有重稅，或掠奪舟車，露積雨中，諸道置邸以收稅，謂之搨地錢，故私販益起。大中初，鹽鐵轉運使裴休著條約：私鬻三犯皆三百斤乃論死，長行羣旅茶雖少皆死，雇載三犯至五百斤、居舍儈保四犯至千斤者皆死，園户私鬻百斤以上杖背，三犯加重徭伐園，失業者刺史、縣令以縱私鹽論。"

按：古者茶未有稅，有稅自唐建中始。利孔既開，即不可杜矣。三百斤乃論死，視私鹽爲輕，而長行羣旅雖少皆死，則又過重，此立法之所以難得其平也。

《宋史·食貨志》："凡民茶折稅外，匿不送官及私販鬻者没入之，計其直論罪。園户輒毁敗茶樹者，計所出茶論如法。主吏私以官茶貿易，及一貫五百者死。自後定法。務從輕減。太平興國二年，主吏盜官茶販鬻錢三貫以上，黥面送闕下。淳化三年，論直十貫以上，黥面配本州牢城。巡防卒私販茶，依本條加一等論。凡結徒持仗販易私茶，遇官司擒捕抵拒者，皆死。太平興國四年，詔鬻僞茶一斤杖一百，二十斤以上棄市。雍熙二年，民造溫柔偽茶，比犯真茶計直十分論二分之罪。淳化五年，有司以侵損官課言加犯私（鹽）〔茶〕一等非禁法，州縣者如太平興國詔條論決。至和三年，河北提舉糴便糧草薛向建議：『並邊十七州軍，歲計粟百八十萬石，爲錢百六十萬緡，豆六十五萬石，芻三百七十萬圍，並邊租賦歲可得粟、豆、芻五十萬，其餘皆商人入中。請罷並邊入粟，自京輦錢帛至河北，專以見錢和糴。』時揚察爲三司使，請用其說。因輦絹四十萬匹當緡錢七十萬，又蓄見錢及擇上等茶場八，總爲緡錢百五十萬，儲之京師，而募商人入錢並邊，計其道里遠近，優增其直，以是償之，且省輦運之費，唯入中芻豆計直償以茶如舊。（行）自是茶法不復爲邊糴所須，而通商之議起矣。初，官既榷茶，民私畜盜販皆有禁，臘茶之禁又嚴於他茶，犯者其罪尤重，凡告捕私茶皆有賞。然約束愈密而冒禁愈繁，歲報刑辟，不可勝數。園户困於征取，官司並緣侵擾，因陷戾至破產逃匿者，歲比有之。論者皆謂宜弛禁便。景祐中，葉清臣上疏曰：『山澤有產，天資惠民，兵食不充，財臣兼利，草芽木葉，私不得專，對園置吏，隨處立筦。一切官禁，人犯則刑，既奪其資，又加之罪，黥流日報，踰冒不悛。誠有厚利重貨能濟國用，聖仁恤隱，矜赦非辜，猶將弛禁緩刑爲民除害。度支費用甚大，榷易所收甚薄，刳剥園户，資奉商人，使朝廷有聚斂之名，官曹滋虐濫之罰，虛張名數，〔刻〕蠹黎元。建國以來，法敝輒改，載詳改法之由，非有爲國之實，皆（言）〔商〕吏協計，倒持利權，幸在更張，倍求其羨。富人豪族坐以賈贏，薄販下估日皆朘削，官私之（計）〔際〕，皆非遠策。臣竊嘗校計茶利所入，以景祐元年爲率，除本錢外，實收息錢五十九萬餘緡，又天下所售食茶，並本息歲課亦祇及三十四萬緡，而茶商見通行六十五州軍，所收税錢已及五十七萬緡。若令〔天下〕通商，祇收稅錢，自及數倍，即榷務山場及食茶之和，盡可籠（收）〔取〕。又況不費度支之本，不置榷易之官，不興輦運之勞，不濫徒黥之辟。臣意生民之弊，有時而窮，盛德之事，俟聖不惑。議者謂榷賣有定率，征稅無彝準，通商之後，必虧歲計。臣按管氏鹽鐵法，計口受賦，茶爲人用，與鹽鐵均，必令天下通行，以口定賦，民獲善利，又去嚴刑，口數出錢，人不厭取。景祐元年，天下户千二十九萬六千五百六十五，丁二千六百二十萬五千四百四十一，三分其一爲産茶州軍，內外郭鄉又居五分之一。丁賦〔錢〕三十，村鄉丁賦二十，不産茶州軍郭〔鄉〕村鄉如前計之，又第損十錢，歲計已及緡錢四十萬。榷茶之利，凡止九十餘萬緡，通商收稅，且以三倍舊稅爲率，可得一百七十餘萬緡，更加口賦之入，乃有二百一十餘萬緡。或更於收稅則例，微加增益，即所增至寡，所聚愈厚，比於官自榷易，驅民就刑，利病相須，炳然可察。』時下三司議，皆以爲不可行。至嘉祐中，著作佐郎何鬲、三班奉職王嘉麟又皆上書，請罷給茶本錢，縱園户貿易，而官收租錢，與所在征算，歸榷貨務以償邊糴之費。淮南轉運副使沈立，亦陳通商之利。時富弼、韓琦、曾公亮執政，決意嚮之，力言於帝。三年九月，命韓絳、陳升之、吕景初即三司置局議之。十月，三司言：『茶課緡錢歲當入二百二十四萬八千，嘉祐二年纔及一百二十八萬，又募人入錢，皆有虛數，實爲八十六萬。而三十九萬有奇是爲本錢，纔得子錢四十六萬九千，而輦運麋耗喪失，與官吏、兵夫廩給雜費，又不與焉。至於園户輸納，侵擾日甚，小民趨利犯法，刑辟益繁，獲利至少，爲弊甚大。宜約至和以後一歲之數，以所得息錢均賦茶民，恣其買賣，所在收算，請遣官詢察利害以聞。』詔遣官分行六路，還言如三司使議便。四年二月，詔曰：『自唐建中時始有茶禁，上下規〔利〕，垂二百年。如聞比來爲患益甚，民被誅求之困，日惟咨嗟，官受濫惡之入，歲以陳積。私藏盜販，犯者實繁，嚴刑重誅，情所不忍。閒遣使者往就問之，而皆驩然願弛其禁，歲入之課，以時上官。一二近臣，條析其狀，朕猶若慊然，又於歲輸裁〔減〕其數，使得饒阜，以相爲生，俾通商利。歷世之敝，一旦以除，著爲經常，弗復更制。損上益下，以休吾民。尚慮喜於立異之人，緣而爲姦之黨，妄陳奏議，以惑官司，必寘明刑，無或有貸。』自是惟臘茶禁如舊，餘茶肆行天下矣。」

按：改官榷爲通商，法簡刑清，洵一代之德政也。官榷則有私鬻之刑，有私交易之刑，有負課之刑，有拒捕，科目日繁，姦不可遏。通商而收其稅，則與尋常賦稅等耳，此法之所以簡也。虧免之事亦所不免，然有通常之科條可用，而舊日私販諸法一律可廢，此刑之所以清也。乃當時論者猶多遺議，劉敞、歐陽修皆嘗言之。其時朝廷方排衆論而行之，敞等雖言，不聽也。王安石喜變法，而於茶法獨無所變，殆通商之法，實有長於官榷者矣。

「熙甯四年，神宗與大臣論昔茶法之弊，文彥博、吳充、王安石各論其故，然於茶法未有所變。及王韶建開湟之策，委以經略。七年，始遣三司幹當公事李杞入蜀經畫買茶，於秦鳳、熙河博馬。而韶言西人頗以善馬至邊，所嗜惟茶，乏茶與市。卽詔(趨)〔趣〕杞，據見茶計水陸運致，又以銀十萬兩、帛二萬五千、度僧牒五百付之，假常平及坊場餘錢，以著作佐郎蒲宗閔同領其事。初，蜀之茶園，皆民兩稅地，不殖五穀，唯宜種茶。賦稅一例折輸，蓋爲錢三百，折輸紬絹(各)〔皆〕一匹；若爲錢十，則折輸綿〔一兩〕，爲錢二，則折輸草一(團)〔圍〕。役錢亦視其賦。民賣茶資衣食，與農夫無異，而稅額總三十萬。(被)〔杞〕

乃卽（屬）〔蜀〕諸州創設官場，歲增息爲四十萬，而重禁榷之令。其輸受之際，往往壓其斤重，侵其價直，法既加急矣。八年，杞以疾去。宗閔乃議川峽路民茶息收什之三，盡賣於官場，更嚴私交易之令，稍重至徒刑，仍没緣身所有物，以待賞給。於是蜀茶盡榷，民始病焉。」

按：《志》言民賣茶資衣食，與農夫業田無異，此通商之所以利於民也。李杞、蒲宗閔用事，而嘉祐之法始壞，然止在蜀之一方，尚未及天下也。

「元祐元年，右司諫蘇轍言：『呂陶嘗奏改茶法，止行長引，令民自販，每緡長引錢百，詔從其請，民方有息肩之望。孫迥、李稷入蜀商度，盡力掊取，息錢、長引並行，民間始不易矣。且盜賊贓及二貫，止徒一年，出賞五千，今民有以錢八百私買茶四十斤者，輒徒一年，賞三十千。立法苟以自便，不顧輕重之宜。』」

按：據子由此言，是李稷諸人於刑法亦任意輕重，不守成法，而當時深信之不疑。甚矣，利之足以惑人也。

「崇甯元年，右僕射蔡京言：『祖宗立禁榷法，歲收浄利凡三百二十餘萬〔貫〕，而諸州商税七十五萬貫有奇，食茶之算不在焉。其盛時幾五百餘萬緡。慶曆之後，法制寖壞，私販公行，遂罷禁榷，行通商之法。自後商旅所至，與官爲市，四十餘年，利源寖失。謂宜荆、湖、江、淮、兩浙、福建七路所産茶州郡隨所置場，申商人園户私易之禁。』詔悉聽焉。自是歲以百萬緡輸京師所供私奉，掊息益厚，盜販公行，民滋病矣。」

按：自蔡京當國，而嘉祐之法破壞浄盡，禍及天下矣。

酒禁考

《書·酒誥》孔傳：「康（成）〔叔〕監殷民，殷民化，紂嗜酒，故以戒酒誥。」蔡傳：「商受酗酒，天下化之，妹土商之都邑，（甚）〔其〕染惡尤甚，武王以其地封康叔，故作書誥戒之云。」

按：《誥》曰：「我民用大亂喪德，亦罔非酒惟行，越小大邦用喪，亦罔非酒惟辜。」《微子》云：「我祖底遂陳于上，我用沈酗于酒，用亂敗厥德于下。」是紂之失德，悉由於酒。《殷本紀》：「紂大（最）〔聚〕樂，戲于沙丘，以酒爲池，縣肉爲林，使男女倮相逐其間，爲長夜之飲。」正義：「《太公六韜》云：紂爲酒池，迴船糟丘而牛飲者三千餘人爲輩。」所言當不誣也。

「厥或誥曰：羣飲，汝勿佚，盡執拘以歸於周，予其殺。」孔傳：「盡執拘羣飲酒〔者〕以歸於京師，我其擇罪重者而殺之。」疏：「飲有稀數，罪有大小，不可一皆盡殺，故知擇罪重者殺之。」蔡傳：「其者，未定辭也。」蘇氏曰：「予其殺者，未必殺也。猶今法曰當斬者，皆具獄以待命，不必死也。然立法者欲人畏而不敢犯也。羣飲蓋亦當時之法，有羣聚飲酒謀爲大姦者。其詳不可得而聞矣。如今之法，有曰夜聚曉散者，皆死罪，蓋聚而爲妖逆者也。使後世不知其詳而徒聞其名，凡民夜相過者輒殺之，可乎？」

按：《酒誥》一篇，始終以酒爲戒，不及他事。當時酗酒之風，必有不可以常理論者，故特用重典，非經常之法也。《誥》文曰「羣飲」，《漢律》「三人已上」當卽本此。如不及三人者，不用此重典矣。「予其殺」句，孔、蔡之解並得經意。蘇氏疑其太重，故解爲羣聚飲酒謀爲大姦者。不知謀爲大姦，自各有本罪，不必羣飲也。

「又惟殷之迪諸臣，惟工乃湎於酒，勿庸殺之。姑惟教之，有斯明享，乃不用我教辭，惟我一人（勿）〔弗〕恤，弗蠲乃事，時同于殺。」孔傳：「又惟殷家蹈惡俗諸臣，惟衆官化紂日久，乃沈湎於酒，勿用法殺之。以其漸染惡俗，故必三申法令，且惟教之。」江聲《集注音疏》云：「有讀當爲又。鄭康成曰：斯，析也。聲謂享，獻也。又惟殷之爲紂所道之諸臣工，乃沈湎於酒，是其久染惡俗，故非不可化道者，勿用殺之。姑且教之，又分析其明用我教者獻之。古者諸侯有獻士於天子之制。恤，收；蠲，絜也。言教之而乃不用我教詞，惟我不憂恤之，此其人將不絜於女之政事，言其傷化也，是當同於誅殺之辠。」

按：此以殷之諸臣，惟工積染深而受化淺，故不遽殺之，而必先教之。教之而不從，則同於殺。是其用法固未嘗偏於輕重也。妹土之臣民非不教也，《誥》文「嗣爾股肱」一節，教妹土之民。「庶士有正」一節，教妹土之臣。其所以教之者諄諄矣。舊説疑其用法有異者，非也。

《周禮·秋官·萍氏》：「幾酒。注：苛察沽買過多及非時者。謹酒。注：使民節用酒也。《書·酒誥》曰：有政有事無彝酒。」

按：萍氏所掌但有禁令而無罪名。其罪名必有常法，非若《酒誥》之所言，概用重典也。

《史記·文紀》：「賜民爵一級，女子百户牛酒，酺五日。」注：文穎曰：「《漢律》三人已上無故羣飲，罰金四兩。今詔横賜得令會聚飲食五日。」索隱：「《封禪書》云：百户牛一頭，酒十石。《説文》云：酺，王者布德，大飲酒也。出錢爲(醵)〔醵〕，出食爲酺。又按：趙武靈王滅中山，酺五日，是其所起也。」《漢書·文紀》注：服虔曰：「酺音蒲。」文穎曰：「音布。」師古曰：「酺之爲言布也，服音是也。字或作脯，音義同。」《補注》：「宋祁曰：『酺，』南本、浙本並作『餔』。沈欽韓曰：《周禮·族師》，春秋祭酺。案：古者無事不飲酒。《酒誥》曰，祀茲酒。故假祭名以飲酒，因謂賜民飲酒爲酺。《禮器》注：合錢飲酒爲醵。王居明堂之禮，仲秋乃命國醵。賈公彦云：州長、黨正飲酒禮，皆得官物爲之。族師卑，不得官物爲禮。鄭據《禮器》明堂禮，皆有醵法，以不得官酒，故須合錢耳。然則賜酺卽是合錢醵飲也。」《説文》：「醵，會飲酒也。酺，王德布大飲酒也。」段云：「《禮器》注引王居明堂禮曰，仲秋乃命國醵。蓋醵、酺略同也。《周禮》祭酺別一義。」王云：「《周禮·族師》春秋祭酺。注：酺者爲人物災害之神也。族長無飲酒之禮，因祭酺而與其民以長幼相獻酬焉。《詩·良耜》箋云：又有祭酺合醵之歡。」

按：據鄭氏注，因祭酺而飲酒，遂名飲酒爲酺，非別一義，居明堂禮之國醵殆一事也。趙武靈王事見《趙世家》，然《周禮》既有酺名，其事亦不起於趙也。

「《漢律》三人已上無故羣飲，罰金四兩。」見上。

按：律言三人已上，則不及三人者，不用此律。羣飲之目，當本於周法，特輕重懸殊耳。

《漢書·景紀》：「中三年，夏旱，禁酤酒。後元年，大酺五日，民得酤酒。」顏注：「酤謂賣酒也。」

按：先因旱禁酤，凡四年，弛之。《詩·伐木》云：「無酒酤我。」《論語·鄉黨》：「沽酒不食。」知古不禁酤，但飲非其時則禁之耳。

《武紀》：「天漢三年，初榷酒酤。」注：如淳曰：「榷音較。」應劭曰：「縣官自酤榷賣酒，小民不復得酤也。」韋昭曰：「以木渡水曰榷，謂禁民酤釀，獨官開置，如道路設木爲榷，獨取利也。」師古曰：「榷者，步渡橋，《爾雅》謂之石杠，今之略彴是也。禁閉其事，總利入官，而下無由以得，有若渡水之榷，因立名焉。韋説如音是也。」《食貨志》補注：「沈欽韓曰：《鹽鐵論·輕重篇》，(上)〔大〕夫君以心計策國用，構諸侯，參以酒榷。則酒榷亦弘羊所建也。」

按：税酒自此始，特變民酤爲官酤，而於舊律之禁令無涉也。

《昭紀》：「始元六年，秋七月，罷榷酤官，令民得以律占租，賣酒升四錢。」注：如淳曰：「律，諸當占租者，家長身各以其物占，占不以實，家長不身自書，皆罰金二斤，没入所不自占物及賈錢縣官也。」師古曰：「占謂自隱度其實，定其辭也。占音章贍反。下又言占名數，其義並同。今猶謂獄訟之辨曰占，皆其意也。蓋武帝賦斂繁多，律外而取，令始復舊。」《補注》：「劉攽曰：予謂罷榷酤官，令民得以律占租，賣酒升四錢，共是一事爾。以律占租者，謂令民賣酒，以所得利占而輸其租矣，占不以實，則論如律也。租卽賣酒之税也，賣酒升四錢，所以限民不得厚利爾。」(以)《食貨志》：「昭帝卽位六年，詔郡國舉賢良文學之士，問以民所疾苦，教化之要。皆對願罷鹽鐵酒榷均輸官，毋與天下爭利，視以儉節，然後教化可興。弘羊難，以爲此國家大業，所以制四夷，安邊足用之本，不可廢也。迺與丞相千秋共奏罷酒酤。」

按：罷酒酤而不罷鹽鐵者，鹽鐵利大而酒酤利小也。元帝初元五年罷鹽鐵官，永(元)〔光〕三年卽復之，以國用不足。故武帝奢靡之餘習，必有不能盡滌者矣。

《食貨志》：「王莽居攝，羲和魯匡言：『名山大澤，鹽鐵錢布帛，五均賒貸，斡在縣官，唯酒酤獨未斡。酒者，天之美祿，帝王所以頤養天下，享祀祈福，扶衰養疾。百禮之會，非酒不行。故《詩》曰：無酒酤我。而《論語》曰：酤酒不食。二者非相反也。夫《詩》據承平之世，酒酤在官，和旨便人，可以相御也。《論語》孔子當周衰亂，酒酤在民，薄惡不誠，是以疑而弗食。今絕天下之酒，則無以行禮相養；放而亡限，則費財傷民。請法古，令官作酒，以二千五百石爲一均，率開一盧以賣，讎五十釀爲準。一釀用麤米二斛，麴一斛，得成酒六斛六斗。各以其市月朔米麴三斛，並計〔其〕賈而參分之，以其一爲酒一斛之平。除米麴本賈，計其利而什分之，以其七入官，其三及醩酨灰炭，給(丁)〔工〕器薪樵之費。』」注：師古曰：「酨，酢漿也，音才代反。」

按：昭帝罷榷酤，而莽又復之。

《後漢書·和紀》：「永元十六年二月己未，詔兗、豫、徐、冀四州比年雨多傷稼，禁沽酒。」《順紀》：「漢安二年冬十月丙午，禁沽酒。」《桓紀》：「永興二年九月，詔曰：『朝政失中，雲漢作旱，川靈涌水，蝗蟲孳蔓，殘我百穀，太陽虧光，饑饉薦臻。其不被害郡縣當爲飢餧者儲，天下一家，趣不靡爛，則爲國寶。其禁郡國不得賣酒，祠祀裁足。』」

按：永元、永興之禁，以水旱也。一禁被災之州，一禁不被害州郡，其禁也不同。漢安二年《紀》不言水旱，而與減百官奉貸、王侯國租同，書其爲年歲不登，國用不足，亦可知。

《桓彬傳》：「時中常侍曹節女壻馮方亦爲郎。彬厲志操，與左丞劉歆、右丞杜希同好交善，未嘗與方共酒食之會，方深怨之，遂章言彬等爲酒黨。事（令）〔下〕尚書令劉猛，猛雅善彬等，不舉正其事。節大怒，劾奏猛，以爲阿黨，請收下詔獄，在朝爲之寒心。猛意氣自若，旬日得出，免官禁錮。彬遂以廢。」

按：酒黨之目，爲曹節誣奏，然可以見東漢之世，酒禁猶嚴也。

《蜀志·簡雍傳》：「時天旱禁酒釀者，有刑吏於人家索得釀具，論者欲令與作酒者同罰。雍與先主游觀，見一男女行，謂先主曰：『彼人欲行淫，何以不縛？』先主曰：『卿何以知之？』雍對曰：『彼有其具，與欲釀者同。』先主大笑，而原欲釀者。」

按：此雖滑稽之事，然可見因旱而禁酤，當時之常制也。

《魏書·刑罰志》：「高宗太安四年，始設酒禁。是時年穀屢豐，士民多因酒致酗訟或議主政，帝惡其若此，故一切禁之，釀沽飲皆斬之，吉凶賓親則開禁有日程。顯祖卽位，開酒禁。天會十三年正月，詔中外公私禁酒。」

羣

「《漢律》三人已上無故羣飲，罰金四兩。」見《史紀·文紀》注。

按：羣飲本於《酒誥》，其名最古。《易象》下傳：「羣疑亡也。」虞注：「物三稱羣。」《國語·周語》：「獸三爲羣。」韋注：「自三以上爲羣。」《漢律》以三人已上爲羣。蓋古義也。後世律文則不曰羣而曰衆。《説苑·奉使篇》：「羣者，衆也。」《史紀·周本紀》：「獸三爲羣，人三爲衆，女三爲粲。」正義引曹大家曰：「羣、衆、粲，皆多之名也。」

同居考

《漢書·惠紀》：「卽位，詔：『吏所以治民也，能盡其治則民賴之，故重其祿，所以爲民也。今吏六百石以上父母妻子與同居，及故吏嘗佩將軍都尉印將兵及佩二千石官印者，家唯給軍賦，他無有所與。』」顏注：「同居，謂父母妻子之外若兄弟及兄弟之子等見與同居業者，若今言同籍及同財也。」

按：「同居」二字，始見於此詔，《漢律》之名詞也，漢人如何解釋，已不可考。小顏唐人，乃不本《唐律》爲說，而漫云同籍同財，《疏議》明言同居不限籍之同異，豈得以同籍爲同居之限哉？自當以《疏議》之説爲斷。

《唐律疏議·名例律》同居相爲隱條：「諸同居，若大功以上親，及外祖父母、外孫，若孫之婦、夫之兄弟，及兄弟妻，有罪相爲隱。」《疏議》曰：「同居，謂同財共居，不限籍之同異，雖無服者亦是。」

按：《疏議》之文，《明律》采入律注，乃「同居」二字之正解也。律文「大功以上親云云」特爲提出，以其親近恩重，不必同居而亦得相爲隱，小功以下則必須同居矣。

《户婚律》卑幼私輒用財條：「諸同居卑幼私輒用財者，十匹笞十，十匹加一等，罪止杖一百。卽同居應分不均平者，計所侵坐贓論，減三等。」

又卑幼將人盗己家財條：「諸同居卑幼將人盗己家財物者，以私輒用財物論，加二等。」《疏議》曰：

「同居卑幼，謂共居子孫弟姪之類。」《鬥訟律》囚不得舉告他事條：「卽年八十以上十歲以下及篤疾者，聽告謀反、逆叛、子孫不孝及同居之内爲人侵犯者，餘並不得告。」

按：已上三條之同居，皆以同財共居言。

《唐律疏議·擅興律》征人冒名相代條：「同居親屬代者減二等。」《疏議》曰：「稱同居親屬者，謂同居共財者。」

按：律文曰「同居親屬」，則親屬而不同居，同居而非親屬，皆不得用此律矣。

《賊盜律》緣坐非同居條：「諸緣坐非同居者，資財田宅不在没限。雖同居非緣坐，及緣坐人子孫應免流者，各準分法留還。」《疏議》曰：「緣坐非同居者，謂謀反大逆人親伯叔兄弟，已分訖，田宅資財不在没限。雖見同居準律非緣坐，謂非期以上親及子孫，其祖母及伯叔母姑兄弟妻，律文不載，並非緣坐。其緣坐人子孫，謂伯叔子及兄弟孫，據律亦不緣坐。各準分法留還，謂未經分異，犯罪之後並準户令分法。」

按：此條爲資財田宅没官區分之法。其已經分異者，卽非同居，雖是緣坐之人，亦不在没限。其未經分異者，卽尚同居，苟非緣坐之人，仍得留還。緣坐者以非同居而從寬，非緣坐者又不以同居而從嚴也。上條《疏議》同居共財之解，卽就此條引伸而出，平時既不共財，故不没其財也。

又造畜蠱毒條：「造畜者同居家口，雖不知情，皆流三千里。造畜者雖會赦，並同居家〔口〕及教令人，亦流三千里。八十以上、十歲以下及篤疾，無家口同流者，放免。卽以蠱毒毒同居者，被毒之人父母、妻妾、子孫不知造蠱情者，不坐。」

按：同居家口，《疏議》謂不限籍之同異，弟變親屬而稱家口，似包女口在內。並其全家而遠徙之，惡之至也。此與緣坐之法不同。

《鬥訟律》毆妻前夫子條：「諸毆傷妻前夫之子者，減凡人一等，同居者又減一等，死者絞。毆傷繼父者，謂曾經同居今異者。與緦麻尊同，同居者加一等。」《疏議》曰：「同居者，謂與繼父同居。依禮，繼父同居服期，謂妻少子幼，子無大功之親，與之適人，所適者亦無大功之親，而所適者以其資財爲之築家廟於家門之外，歲時使之祀焉，是謂同居。其不同居者，謂先嘗同居今異者。繼父若自有子，及有大功之親，雖復同住，亦爲異居。若未嘗同居，則不爲異居，即同凡人之例。」

按：此條同居不同居，以立廟服期爲斷，與前條之義又別。

《明律·名例》親屬相爲容隱條：「凡同居。」注：「同謂同財共居。親屬不限籍之同異，雖無服者亦是。」

按：此注本《唐律疏議》。《户律·户役》卑幼私擅用財條、《刑律·賊盜》親屬相盜條並云「同居卑幼」。《人命》造畜蠱毒殺人「同居家口」，《人命》採生折割人之「同居家口」，則《明律》所增，與《唐律》同。《兵律·軍政》軍人替役條「同居少壯親屬」，但加「少壯」二字，其義與《唐律》亦同。而唐僅減二等，明則自願者聽。蓋明有軍籍，同居親屬亦是軍人，故立法不同也。親屬相盜添入「同居奴婢雇工」，爲唐法所無。

《刑律・賊盜》謀反大逆條：「祖父、父、子孫、兄弟及同居之人，不分異姓，及伯叔父、兄弟之子，不限籍之同異，年十六以上，不論篤疾廢疾皆斬。」《纂注》：「不分異姓，謂同居之人，如本宗無服親屬，及外祖、外孫、妻父、女壻之類，至奴婢、雇工人，凡同居者皆坐。不限籍之同異，謂不分同籍、異籍，雖各居期親之伯叔皆坐。」

按：明改《唐律》，而過於嚴厲者也，加入「不分異姓」四字，其株連更廣。《纂注》謂異姓指妻父女壻及奴婢、雇工，然此外如子弟之塾師，或同學寄宿之人，或平日友朋之契合者，亦係一同居住，將謂之同居之人乎？抑不爲同居之人乎？若謂此等人非共財者，則妻父、子壻豈皆共財，奴婢乃豢養之人，雇工乃暫時傭雇之人，亦不得謂之共財，於共財之義究難吻合。夫同謀反逆非無異姓之人，然必其預知謀情，方可科之以重罪。若僅止同居一處，卽坐以皆斬之條，似此株連遂無限制，此胡、藍諸獄死者竟至數萬人也。

《鬥毆》毆妻前夫之子條：「同居者。」

按：此條「同居」全依唐律。

一家

《漢書・翟方進傳》注：如淳：「律，殺不辜一家三人爲不道。」

按：後世律文「一家」二字原於《漢律》。至漢代如何解釋，無可考。

《唐律・賊盜律》殺一家三人條：「諸殺一家非死罪三人。」注：「同籍及期親爲一家。奴婢、部曲非。」《疏議》曰：「同籍不限親疏，期親雖別籍亦是。殺一家三人內兼殺部曲、奴婢者非。」

按：「一家」二字以律注及《疏議》爲正解。三人必皆良口，如內有一人有罪，即不以三人論。奴婢、部曲皆非良口，況非親屬乎。

丁年考

《周禮·鄉大夫》："以歲時登其夫家之衆寡，辨其可任者，國中自七尺以及六十，野自六尺以及六十有五，皆征之。"注："國中，城郭中也，晚賦税而早免之，以其所居復多役少。野，早賦税而晚免之，以其復少役多。鄭司農云，征之者，給公上事也。"疏："七尺謂年二十。知者，案《韓詩〔外〕傳》二十行役，與此國中七尺同，則知七尺謂年二十。六尺謂年十五，故論語云可以託六尺之孤。鄭注云，六尺之孤，年十五已下，彼六尺亦謂十五。鄭言已下者，謂十四已下亦可以寄託，非謂六尺可通六尺已下。鄭必知六尺年十五者，以其國中七尺爲二十對六十，野云六尺對六十五，晚校五年，明知六尺與七尺早校五年，故以六尺爲十五也。云皆征之者，所征税者，謂築作挽引道渠之役，及口率出(泉)〔錢〕。若田獵五十則免，是以《祭義》云五十不爲甸徒。若征伐六十乃免是以《王制》云六十不與服戎。彼二者並不辨國中及野外之别云。"陳氏深曰："國中地近役多，故晚征而早舍之。野地遠役少，故早征而晚舍之。"欽定《周官義疏》案："後鄭以征爲税，又引此以證《大宰》九賦爲口率出泉，遂爲聖經莫大之薄蝕。若易税爲役，則其義可與陳氏深之説相足。蓋注謂國中役者少，野外役者多，以人言也。陳氏謂國中役多，野役少，以事言也。唯國中之服役者既少，而役事又多，所以征宜遲而舍宜早也。唯野之服役者既多，而役事又少，所以征宜早而舍宜遲也。"

按：古者賦役未有丁名，《鄉大夫》以六尺、七尺爲斷。注疏謂六尺年十五，七尺年二十，當是漢代相傳之說也。《曲禮》：「人生十年曰幼學。」注：「名曰幼時始可學也。」疏：「幼者自始生至十九時。」故《檀弓》云：「幼名者，三月爲名稱幼。」《冠禮》曰：「棄爾幼志。」是十九以前爲幼。《內則》：「成童。」注：「十五以上。」《釋名》：「十五曰童。」《易・蒙卦》：「童蒙。」《釋文》引鄭注：「童，未冠之稱。」《曲禮》：「童子不衣裘裳。」疏：「童子，未成人之名也。」《詩・芄蘭序》疏：「童者未成人之稱，年十九以下皆是也。」古者二十而冠，凡未冠者爲未成人，則曰幼，曰童，不得謂丁也。《說文》：「丁，夏時萬物皆丁壯成實。」小徐本。《釋名》：「丁，壯也，物體皆丁壯也。」《白虎通》：「丁者，强也。」《參同契》：「老物復丁壯。」《急就篇》：「長生無極，老復丁。」《漢書・律曆志》：「大成於丁。」《史記・律書》：「丁者，言萬物之丁壯也。」《漢書・主父偃傳》：「發丁男以輸北河。」《嚴安傳》：「丁男被甲，丁女轉輸。」丁者强壯之稱，故男可曰丁男，女亦可曰丁女，若童幼異於强壯，不得稱丁也。觀於《鄉大夫》之征及六尺，未成人之稱童幼，可以證周代之未有丁名。漢世更有三品，是爲更賦，亦未有丁名。丁之名蓋起於晉矣。其成丁之年，歷代不同，自十六以上至二十五，今類敍如左：

十六以上

《晉書・食貨志》：「及平吳之後，又制户調之式。丁男之户，歲輸絹三匹，緜三斤，女及次丁男爲户者半輸。男子一人占田七十畝，女子三十畝。其外丁男課田五十畝，丁女二十畝，次丁男半之，女則不課。男女年十六已上至六十爲正丁，十五已下至十三、六十一已上至六十五爲次丁，十二已下六十六已上爲老小，不事。」《范甯傳》：「求補豫章太守，臨發上疏曰：『禮：十九爲長殤，以其未成人也，十五爲中殤，以爲尚童幼也。今以十六爲全丁，則備成人之役矣，以十三爲半丁，所任非復童幼之事矣。豈可傷天理，違經典，困苦萬姓，乃至此乎？今宜修禮文，以二十爲全丁，十九爲半丁，則人無夭折，生長滋繁矣。』帝善之。」

按：周代役民，歲不過三日，雖征及六尺，而民不勞。且在野征之，國中則以七尺爲斷也。漢十五以上出賦錢，而給徭役則以二十爲斷，未至二十，不役之也。晉以十六以上爲全丁，不知何人所定，實虐民之政也。范武子之疏，援據經義，自是正論。孝武帝善之，而未見諸施行，何也？

《明史·食貨志》：「太祖卽位之初，定賦役法，丁曰成丁，曰未成丁，凡二等。民始生籍，其名曰不成丁，年十六曰成丁，成丁而役，六十而免。」

十七

《通考》十：「宋文帝元嘉中，始興太守孫豁上表曰：『武吏年滿十六，便課米六十斛，(五十)〔十五〕以下至十三，皆課三十斛，一户內隨丁多少，悉皆輸米，且十三兒未堪田作，或是單迴，便自逃匿，户口之減，實此之由。宜更量課限，使得存立。今若減其米課，雖有交損，考之將來，理有深益。』詔善之。

按：漢以前田賦自爲田賦，户口之賦自爲户口之賦，魏晉以來，似始混而賦之。所以晉孝武時除度定田收租之制，祇口稅三斛增至五石。而宋元嘉時乃至課米六十斛，與晉制懸絶，殊不可曉。豈所謂六十斛者非一歲所賦耶？當考。」

按：晉時丁男課田五十畝，故有口稅三斛增至五石之制。以五石計，每畝課米一升，此在絹緜之外者。疑米之六十斛亦以五十畝計之，每畝已須輸米一斗二升。若不以畝計而人課米六十斛，誰能堪之？又孫豁云隨丁多少，悉皆輸米，似絹緜已除，《通考》所謂混賦也。否則一斗二升之外，每户更課絹三匹、緜三斤，恐六代重賦，未必至此。

《通典》：「宋孝武大明中，王敬宏上言：『舊制，人年十二半役，十六全役，當以十三以上能自營私及公，故以充役。考之見事，猶或未盡。體有强弱，不皆稱耳，循吏恤隱，可無甚患，庸愚守宰，必有勤劇，況值苛政，豈可稱言。至今逃竄求免，胎孕不育，乃避罪憲，實亦由兹。今皇化維新，四方無事，役名之宜，應存消息，十五至十六且爲半丁，十七爲全丁。』帝從之。」

按：宋承晉後，元嘉之時，尚以十六爲斷，孫豁之言可證也。大明中始從敬宏之請，以十七爲全丁，視晉稍寬矣。

《金史·食貨志》户口：「金制，男女二歲以下爲黄，十五以下爲小，十六爲中，十七爲丁，六十爲老。」

十八

《通典》：「北齊河清三年，乃令男子十八以上、六十五以下爲丁，十六以上、十七爲中，六十六以上爲老，十五以下爲小。」

按：丁、中、老、小之名，始定於此。全丁視宋又增一年，北齊雖多僻王，此事則勝於南朝也。

《隋書·食貨志》：「後周太祖作相，創制六官。司賦掌功賦之政令。凡人自十八以至六十有四，與輕癃者，皆賦之。司役掌力役之政令。凡人自十八以至五十有九，皆任於役。」

按：後周雖無丁、中之名而十八任賦役與北齊同，惟六十有四及五十有九分賦、役爲二稍不同。

《隋志》：「高祖頒新令，男女三歲已下爲黃，十歲已下爲小，十七已下爲中，十八已上爲丁，丁從課役，六十爲老，乃免。」

按：隋初又變北齊之制，而十八課役則未改也。

《白帖》七十八：「户令：諸子孫繼絶應以户户下有脱文。者，非年十八已上不得析。其年十七已下命繼者，俱於本(有)〔生〕籍内。注云：年十八然然下當有「後」字。聽。即所繼處有母在者，雖〔小〕，亦聽析出。」

按：唐武德後以二十一爲丁，而析户之令又以十八爲斷，豈猶沿十八課役之制，至此時卽應以户論歟？

二十

《漢書·景紀》：「二年冬十二月，令天下男子年二十始傅。」注：師古曰：「舊法二十三，今此二十，更爲異制也。」

《宋史·食貨志》：「其丁口，男夫二十爲丁，六十爲老。」《通考》：「乾德元年，令諸州歲奏，男夫二十爲丁，六十爲老，女口不預。」

按：古者民二十受田，六十歸田。見《漢書·食貨志》。景帝令男子二十而傅，爲古民受田之歲，最爲得中。宋制尤與古受田、歸田之制相合。定丁年者，當以此爲法。

二十一

《隋志》：「開皇三年正月，帝入新宮，初令軍人以二十一成丁。」《通典》：「開皇三年，乃令人以二十一歲成丁。」《通考》同。

按：《隋志》言「軍人」，《通典》、《通考》皆無「軍」字。

《通典》：「大唐武德七年定令：男女始生爲黄，四歲爲小，十六爲中，二十一爲丁，六十爲老。」

《慶元條法事類》七十七。「户令：諸男年二十一爲丁。」

按：武德蓋用開皇之制。《宋史志》言二十爲丁，而《户令》又言二十一爲丁，疑二十一者，南渡後之制也。

二十二

《隋志》：「煬帝即位，户口益多，男子以二十二成丁。」

《通典》：「神龍元年，韋皇后求媚於人，上表請天下百姓年二十二成丁，五十八免役，制從之。韋庶人誅後復舊。」

二十三

《漢書・高紀》：「發關中老弱未傅者。」注：服虔曰：「傅(者)〔音〕附。」孟康曰：「古者二十而傅，三(十)〔年〕耕有一年儲，故二十三而後役之。」如淳曰：「律，年二十三傅之疇官，各從其父疇學之，高不滿六尺二寸以下爲罷癃。《漢儀注》云民年二十三爲正，一歲爲衞士，一歲爲材官騎士，習射御馳騎戰陳。又曰年五十六衰老，乃得免爲庶民，就田里。今老弱未嘗傅者皆發之。未二十三爲弱，過五十六爲老。」師古曰：「傅，著也。言著名籍，給公家徭役也。」

按：二十三始役漢舊法，景帝改爲二十而傅，而衞宏《漢舊儀》仍載此制，似景帝之後不知何時又改歸舊制矣。衞宏後漢人，所載西京舊事，此注《漢儀注》當即衞書也。

《通典》：「天寶三載十二月，制自今以後百姓宜以十八以上爲中，男二十三以上成丁。」

按：是時户口繁盛，故減役年，遂與漢制同矣。

二十五

《通典》：「廣德元年，制百姓二十五成丁，五十五老。」

按：代宗之時，户口不及天寶之盛，而行此制者，以優民也。

丁年有此八等。十六過早，廿五過晚，是惟二十爲得其中。既冠，難比童幼，徭役力所能勝。《周禮・小司徒》「可任」注謂丁强任力役之事。二十有成人之目，不得謂非丁强，以此爲斷，不違經典，范武子之言，最爲平允。漢時二十傅籍，二十三而始役之，立法之寬，非司馬氏可比。隋唐漸革舊制，天寶遂與漢同，廣德特施曠恩，汴京固中制也。

東西各國責任年齡表

國名	絶對無責任	相對無責任	減輕時代	刑事丁年
第一種				
俄羅斯	七歲未滿	七、一四	一四、二一	二一以上
葡萄牙	七歲未滿	七、一四	一四、二〇	二〇以上
羅馬尼亞	八歲未滿	八、一五	一五、二〇	二〇以上
伊太利	九歲未滿	九、一四	一四、一八 一八、二一	二一以上
西班牙	九歲未滿	九、一五	一五、一八	一八以上
墺地利	一〇歲未滿	一〇、一四	一四、二〇	二〇以上
丹麥	一〇歲未滿	一〇、一五	一五、一八	一八以上
那威舊法	一〇歲未滿	一〇、一五	一五、一八	一八以上
佛富伊	一四歲未滿	一四、一八	一八、二三	二三以上
日本現行法	一二歲未滿	一二、一六	一六、二〇	二〇以上
第				
英吉利	七歲未滿	七、一四	無	一四以上
紐育	七歲未滿	七、一二	無	一二以上

二種	墨西哥	九歲未滿	九、一四	無	一四以上
	希臘	一〇歲未滿	一〇、一四	無	一四以上
	和蘭	一〇歲未滿	一〇、一六	無	一六以上
	仇南勃	一〇歲未滿	一〇、一六	無	一六以上
	布加里亞	一〇歲未滿	一〇、一七	無	一七以上
	巴那	一二歲未滿	一二、一六	無	一六以上
	斐里伏	一二歲未滿	一二、一六	無	一六以上
	匈牙利	一二歲未滿	一二、一六	無	一六以上
	德意志	一二歲未滿	一二、一八	無	一八以上
	伏特	一四歲未滿	一四、一八	無	一八以上
第三種	法蘭西	無	一六歲未滿	無	一六以上
	比利時	無	一六歲未滿	無	一六以上
	里克薩勃免	無	一六歲未滿	無	一六以上
	土耳其	無	一五歲未滿	無	一五以上

第四種				
那威新法	一四歲未滿	無	無	一四以上
日本改正法	一四歲未滿	無	無	一四以上

按：《漢書·食貨志》云，民年二十受田，六十歸田。七十以上，上所養也；十歲以下，上所長也；十一以上，上所强也。顔師古曰，勉强勸之，令習事也。是古之民，必二十受田之後，方任役事，其在十歲以下，十一歲以上，尚未授田，則爲上所長所强者也。《韓詩》云二十行役，實爲二十方任役事之確證。至十歲以下，則全不任事，十一以上，則勸令習事，等是未授田之民，詎有厚薄於其間哉？十歲以下，筋力脆弱，强責以事，必不能勝，惟賴上之長之。十一以上，筋力漸壯，不可聽其游惰，量其力之所能，勸令習事，亦惟在上之强之。寓區别於慈愛之中，實有精意存焉。夫此相長相强之義，固專爲役事而言，而刑事亦可類推矣。《曲禮》七年曰悼。鄭注：悼，憐愛也。孔疏：未有識慮，甚可憐愛也。尋繹《周官·司刺》三赦之意，老旄者精神荒忽，識慮已衰，惷愚者生而癡騃，識慮不具，與幼弱者之識慮未充，事歸一致，情狀相同。孔氏之言，乃古義也。東西各國之舊説，亦謂年齡未及之人，其辨别是非之心尚未充滿，故無責任，與古義正相吻合。《唐律》未成年者分十五歲、十歲、七歲三等。七歲以下不加刑，十歲以下，雖反逆殺人應死亦得上請，此上所長者，不忍以法遽加之也。十五以下，流罪收贖，此上所强者，不忍以法概繩之也。蓋此相長相强者，皆上之所當教之者也，其罹乎法者，教之有未至，而仍當用其教者也。其與役事不同者，特十

五以上至未滿二十者耳。然則此相長相强之義，雖爲役事言，而刑事之義亦相通矣。近日各國學説，以舊説爲腐，而别爲之説曰：刑者乃出於不得已而爲最後之制裁也，幼者可教而不可罰，以教育涵養其德性而化其惡習，使爲善良之民，此明刑弼教之義也。其説非不正大，然此教之之意，已包涵於相長相强之中，新義仍古義也。況未成年所貴乎教者，正以其識慮之未充滿，而是非或有未當也。則二義實一義也。

律目考一卷

律目考

李悝《法經》六篇　一《盜法》，二《賊法》，三《囚法》，四《捕法》，五《雜法》，六《具法》。

《唐律疏議》云：「一《盜法》，今《賊盜律》是也。二《賊法》，今《詐僞律》是也。三《囚法》，今《斷獄律》是也。四《捕法》，今《捕亡律》是也。五《雜法》，今《雜律》是也。六《具法》，今《名例律》是也。」

按：賊、盜二字，義本不同，故《法經》分爲二篇。左氏文十八年《傳》：「周公作誓命曰：毁則爲賊，竊賄爲盜。」杜注：「毁則壞法也。」昭〔十〕四年《傳》：「叔向曰：己惡而掠美爲昏，貪以敗官爲墨，殺人不忌爲賊。《夏書》曰，昏、墨、賊，殺，皋陶之刑也。」此皆法家言之最古者。《説文》：「賊，敗也，從戈則聲。」「敗，毁也。」與毁則爲賊之義合，乃諧聲兼會意字。「盜，私利物也，從次。」次欲皿者，乃會意字。二字之本義如此，初不相通也。《荀子·修身篇》：「害良曰賊，竊貨曰盜。」晉張裴《律注》：「無變斬擊謂之賊，取非其物謂之盜。」《周禮·朝士》疏：「盜賊並言者，盜謂盜取人物，賊謂殺人曰賊。」二字連文，唐以前人分别甚明，絶不相蒙。其賊、盜單言者，賊爲賊害，如《孟子》「賊仁者謂之賊」，以及《漢書》、《吕覽》、《淮南》、《楚辭》諸書之注釋皆同。殺人乃賊害之甚者，故叔向曰殺人不忌爲賊。又《大戴記·曾子立事篇》：「殺人而不戚（也）〔焉〕賊也。」以及《書·舜典》傳、《吕覽》、《後漢書》注並言「殺人曰賊」，與賊害之義相引伸也。盜爲盜竊。如《穀梁傳》定八年。「非其所取而取之謂之盜」，《莊子・山木篇》注「盜竊者私取之謂也」，足與《説文》之義相發明。其餘諸書，不勝枚舉。《玉篇》、《廣韵》「賊」下始有「盜也」一訓。蓋二書爲宋人所亂，已失顧野王、孫緬之舊，非古義也。《盜法》、《賊法》李悝本爲二事，《漢律》因之，盜則盜竊劫略之類，賊則叛逆殺傷之類。魏於《盜律》内分立《劫略律》，晉無《劫略》，則仍入《盜律》。梁爲《盜劫律》，《賊律》則曰《賊叛律》，北齊始合二律爲一，曰《賊盜》。周、隋時合時分，唐復合而爲一，故叛逆、殺傷諸事皆在其中。元於《賊盜》外別立《殺傷》之目，明又改爲《人命》，蓋大失古律本義矣。《疏議》謂《盜法》今《賊盜律》，《賊律》今《詐僞律》，俱未諦當。唐之《賊盜》兼《盜法》、《賊法》在内，《詐僞律》魏由《賊律》分出，而《賊律》固不止詐僞一事也。又按《周禮・士師》：「八成：一曰邦汋，二曰邦賊，三曰邦諜，四曰犯邦令，五曰撟邦令，六曰爲邦盜，七曰爲邦朋，八曰爲邦誣」。注：「鄭司農云，八成者，行事有八篇，若今時《決事比》。」據先鄭注，則周代刑法此其篇目之可考者，然究非全體也。「邦賊」注云「爲逆亂者」，「爲邦盜」注云「竊取國之寶藏者」，賊、盜分爲二事，蓋古法皆然。

《漢律》九章　《晉書・刑法志》：「李悝撰次諸國法，著《法經》。以爲王者之政，莫急於盜賊，故其律始於《盜》、《賊》。盜賊須劾捕，故著《囚》、《捕》二篇。其輕狡、越城、博戲、借假、不廉、淫侈、踰制以爲《雜律》一篇。又以《其「其」疑「具」之譌。律》具其加減。是故所著六篇而已，然皆罪名之制也。商君受之以相秦。漢承秦制，蕭何定律，除參夷連坐之罪，增部主見知之條，益事律《興》、《廄》、《户》三篇，合爲九篇。叔孫通益律所不及，《傍章》十八篇，張湯《越宮律》二十七篇，趙禹《朝律》六篇，合六十篇。又漢時決事，集爲《令甲》以下三百餘篇，及司徒鮑昱撰嫁娶辭訟決爲《法比都目》，凡九百六卷。」《唐律疏議》序：「漢相蕭何，更加悝所造《户》、《興》、《廄》三篇，謂之九章之律。」

按：《漢書》久亡，而律目之見於魏《新律》序略者，如《盜律》有劫略、恐猲、和買賣人、受所監受財枉法、勃辱强賊、還贓畀主，《賊律》有欺謾、詐僞、踰封、矯制、賊伐樹木、殺傷人畜産、諸亡印、儲峙不辦、但以言語及犯宗廟園陵，《囚律》有詐僞生死、告劾、傳覆、繫囚、鞫獄、斷獄，《雜律》有假借、不廉，《具律》有出賣呈，未詳其義。《興律》有上獄、擅興徭役、乏徭稽留、烽燧，《廄律》有告反訊受、一作「逮受」，一作「逮驗」。乏軍之興、上言變事、驚事告急。其可考者如此。序略又謂，舊律因秦《法經》，就增三篇，而《具律》不移，因在第六。其篇次亦尚可考也。李悝《雜律》爲輕狡、越城、博戲、假借、不廉、淫侈、踰制七端，漢《賊律》之踰封、矯制，即《雜律》之踰制，此與李悝不同。其餘假借、不廉仍在《雜律》，則輕狡、越城、博戲、淫侈四者，亦當與李悝同也。

《魏律》十八篇　《魏志・劉劭傳》：「明帝即位，徵拜騎都尉，與議郎庾嶷、荀詵等定科令，作《新律》十八篇。」　《晉書・刑法志》載其序略曰：「舊律因秦《法經》，就增三篇，而《具律》不移，因在第六。罪條例既不在始，又不在終，非篇章之義，故集罪例以爲《刑名》冠於律首。《盜律》有劫略、恐猲、和賣買人，科有持質，皆非盜事，故分以爲《劫略律》。《賊律》有欺謾、詐僞、踰封、矯制，《囚律》有詐僞生死，《令丙》有詐自復免，事類衆多，故分爲《詐律》。《賊律》有賊伐樹木、殺傷人畜産及諸亡印，《金布律》有毁傷亡失縣官財物，故分爲《毁亡律》。《囚律》有告劾、傳覆，《廄律》有告反逮《玉海》引作「訊」。受，科有登聞道辭，故分爲《告劾律》。《囚律》有繫囚、鞫獄、斷獄之法，《通考》、《玉海》引同。《通典》引無「斷獄」二字。《興律》有上獄之事，科有考事報讞，宜別爲篇，故分爲《繫訊》、《斷獄律》。《盜律》有受所監受財枉法，《雜律》有假借、不廉，《令乙》有呵人受錢，科有使者驗賂，其事相類，故分爲《請賕律》。《盜律》有勃辱强賊，《興律》有擅興徭役，《具律》有出賣呈，科有擅作修舍事，故分爲《興擅律》。《興律》有乏徭稽留，《賊律》有儲峙不辦，《廐律》有乏軍之興，及舊典有奉詔不謹、不承用詔書，漢氏施行有小愆之反「之反」《通典》作「乏及」，《通考》「之」亦作「乏」。不如令，輒劾以不承用詔書乏軍要斬，又減以《丁酉詔書》，《丁酉詔書》漢文所下，不宜復以爲法，故別爲《之「之」當作「乏」留律》。秦世舊有廐置、乘傳、副車、食厨，漢初承秦不改，後以費廣稍省，故後漢但設騎置而無車馬，而律猶著其文，則爲虛設，故除《廐律》，取其可用合科者，以爲《郵驛令》。其告反逮驗，別入《告劾律》。上言變事，以爲《變事令》，以驚事告急，與《興律》烽燧及科令「令」疑「合」之譌。者，以爲《驚事律》。《盜律》有還贓畀主，《金布律》有罰贖入責以呈黄金爲價，《通典》「價」作「償」。科有平庸坐贓事，以爲《償贓律》。律之初制，無免坐之文，張湯、趙禹始作監臨部主、見知故縱之例。其見知而故不舉劾，各與同罪，失不舉劾，各以贖論，其不見不知，不坐也，是以文約而例通。科之爲制，每條有違科，不覺不知，從坐之免，不復分別，而免坐繁多，宜總爲免例，以省科文，故更制定其由例，以爲《免坐律》。諸律令中有其教制，本條無從坐之文者，皆從此取法也。凡所定增十三篇，就故五篇，合十八篇，於正律九篇爲增，於旁章科令爲省矣。改漢舊律不行於魏者皆除之，更依古義制爲五刑。其死刑有三，髡刑有四，完刑、作刑各三，贖刑十一，罰金六，雜抵罪七，凡三十七名，以爲律首。又改《賊律》但以言語及犯宗廟園陵，謂之大逆無道，要斬，家屬從坐，不及祖父母、孫。至於謀反大逆，臨時捕之，或汙瀦，或梟菹，夷其三族，不在律令，所以嚴絶惡迹也。賊鬭殺人，以劾而亡，許依古義，聽子弟得追殺之。會赦及過誤相殺，不得報讎，所以止殺害也。正殺繼母，與親母同，防繼假之隙也。除異子之科，使父子無異財也。毆兄姊加至五歲刑，以明教化也。囚徒誣告人反，罪及親屬，異於善人，所以累之使省刑息誣也。改投書棄市之科，所以輕刑也。正篡囚棄市之罪，斷凶强爲義之蹤也。二歲刑以上，除以家人乞鞫之制，所以省煩獄也。改諸郡不得自擇伏日，所以齊風俗也。」斯皆魏世所改，其大略如是。

按：《唐六典》言魏增《漢律》，《劫掠》、《詐僞》、《毁亡》、《告劾》、《係訊》、《斷獄》、《請賕》、《驚事》、《償贓》等九篇也。以《晉志》核之，《詐僞》即《詐律》，疑《志》奪「僞」字。此外有《留「留」上當有「乏」字。律》、《免坐律》，《留律》《志》言别爲之，當不在正律之内，而《免坐律》亦魏所增，合前九篇，共得十篇。《盗律》、《賊律》、《囚律》、《雜律》並有分出之事，《具律》改爲《刑名》，《擅興》當即《興律》所改，是改定者凡六篇。仍其舊者止《捕律》、《户律》二篇。除《廐律》一篇改爲《郵驛令》不計外，合而計之，與十八篇之數相符。惟《晉志》言所定增十三篇，就故五篇，合十八篇，核與前數不合，《六典》言魏增九篇，與十篇之數亦不合，未詳其故。

《晉律》二十篇　《唐六典》：「晉命賈充等十四人損增漢魏爲二十篇，一《刑名》，二《法例》，三《盗律》，四《賊律》，五《詐僞》，六《請賕》，七《告劾》，八《捕律》，九《繫訊》，十《斷獄》，十一《雜律》，十二《户律》，十三《興律》，十四《毁亡》，十五《衛宫》，十六《水火》，十七《廐律》，十八《關市》，十九《違制》，二十《諸侯》，凡一千五百三十條。」《晉刑法志》：「賈充定法律，就《漢九章》增十一篇，改舊律「舊」疑「具」之譌。爲《刑名》、《法例》，辨《囚律》爲《告劾》、《繫訊》、《斷獄》，分《盜律》爲《請賕》、《詐僞》、《水火》、《毁亡》，因事類爲《衛宫》、《違制》，撰《周官》爲《諸侯律》，合二十篇。」

按：《晉律》就《漢九章》增定，故與《魏律》不同。無《魏律》之《劫略》、《驚事》、《償贓》、《免坐》四篇，而增《法例》、《衛宫》、《水火》、《關市》、《違制》、《諸侯》六篇，復漢之《廐律》一篇，而無《囚律》。此增損之數也。

《梁律》二十篇　《隋書·刑法志》：「梁武帝得齊時舊郎濟陽蔡法度，云齊武時，删定郎王植之集注張、杜舊律，合爲一書，凡一千五百三十條，事未施行。於是以法度爲兼尚書删定郎，使損益植之舊本，以爲《梁律》。定爲二十篇：一曰《刑名》，二曰《法例》，三曰《盜劫》，四曰《賊叛》，五曰《詐僞》，六曰《受賕》，七曰《告劾》，八曰《討捕》，九曰《繫訊》，十曰《斷獄》，十一曰《雜》，十二曰《户》，十三曰《擅興》，十四曰《毁亡》，十五曰《衛宫》，十六曰《水火》，十七曰《倉庫》，十八曰《廐》，十九曰《關市》，二十曰《違制》。」

按：《盜劫》、《賊叛》、《受賕》、《討捕》、《擅興》並梁所改，又增《倉庫》而删《諸侯》，此梁代律目之異於晉者。

《北齊律》十二篇　《隋書·刑法志》：「齊河清三年，尚書令趙郡王叡等奏上《齊律》十二篇。一曰

《名例》，二曰《禁衞》，三曰《婚户》，四曰《(興擅)〔擅興〕》，五曰《違制》，六曰《詐僞》，七曰《鬥訟》，八曰《賊盜》，九曰《捕斷》，十曰《毁損》，十一曰《廄牧》，十二曰《雜》。」

按：元魏改律，史無明文，《北齊律》大約承《晉律》而改定之。省併者，《刑名》、《法例》曰《名例》，《盜律》、《賊律》曰《賊盜》，《捕律》《斷獄》曰《捕斷》。改者，《衞宫》曰《禁衞》，《户》曰《婚户》，《興》曰《擅興》，《告劾》曰《鬥訟》，鬬事疑從《賊律》分出。《毁亡》曰《毁損》，《廄》曰《廄牧》。删者，《請賕》、《繫訊》、《水火》、《關市》、《諸侯》五篇。其目視《晉律》爲簡矣。

周《大律》二十五篇　《隋志》：「周文帝以趙肅爲廷尉卿，撰定法律，保定三年三月庚子乃就，謂之《大律》，凡二十五篇。一曰《刑名》，二曰《法例》，三曰《祀享》，四曰《朝會》，五曰《婚姻》，六曰《户禁》，七曰《水火》，八曰《興繕》，九曰《衞宫》，十曰《市廛》，十一曰《鬬競》，十二曰《劫盜》，十三曰《賊叛》，十四曰《毁亡》，十五曰《違制》，十六曰《關津》，十七曰《諸侯》，十八曰《廄牧》，十九曰《雜犯》，二十曰《詐僞》，二十一曰《請求》，二十二曰《告言》，二十三曰《逃亡》，二十四曰《繫訊》，二十五曰《斷獄》。」

按：此於《晉律》增《祀享》、《朝會》、《婚姻》、《鬬競》四篇，分《關市》爲《市廛》、《關津》二篇，故得二十五篇也。其改者，《户》曰《户禁》，《興》曰《興繕》，《盜》曰《劫盜》，《賊》曰《賊叛》，《廄》曰《廄牧》，《雜》曰《雜犯》，《告劾》曰《告言》，《捕》曰《逃亡》。蓋視晉目爲繁矣。

隋《開皇律》十二卷　《隋志》：「開皇元年，更定新律，凡十二卷。一曰《名例》，二曰《衞禁》，三曰《職制》，四曰《户婚》，五曰《廄庫》，六曰《擅興》，七曰《賊盜》，八曰《鬥訟》，九曰《詐僞》，十曰《雜律》，十一曰《捕亡》，十二曰《斷獄》。」

按：此蓋用北齊律目，改《禁衞》爲《衞禁》，《婚户》爲《户婚》，《違制》曰《職制》，《廄牧》爲《廄庫》，而分《捕斷》爲二篇，删《毁損》一篇。《唐律》目實因之。

隋《大業律》十八篇 《隋志》：「煬帝即位，又敕修律令，三年新律成，凡五百條，爲十八篇，謂之《大業律》。一曰《名例》，二曰《衞宫》，三曰《違制》，四曰《請求》，五曰《户》，六曰《婚》，七曰《擅興》，八曰《告劾》，九曰《賊》，十曰《盗》，十一曰《鬥》，十二曰《捕亡》，十三曰《倉庫》，十四曰《廄牧》，十五曰《關市》，十六曰《雜》，十七曰《詐僞》，十八曰《斷獄》。」

按：此分《開皇律》之《户婚》、《廄庫》、《賊盗》爲二，增《請求》、《告劾》、《關市》三篇也。

《唐律》 《唐六典》：「武德中，定律令，其篇目一准隋開皇之律。」《册府元龜》卷三：「唐順宗諱誦，憲宗元和二年八月，刑部奏改律卷第八爲《鬭競律》。」

《宋刑統》 《玉海》：六十六「《刑統》凡三十一卷，二百十三門，律十二卷，五百二條。」

按：《宋律》一本於唐，其篇目當同。

《金律》 《金史·刑志》：「泰和元年十二月，所修律成，凡十二篇，實《唐律》也。」

《元律》 見《元史·刑法志》。

按：元代刑法載入《元史志》者，其目，一《名例》，二《衞禁》，三《職制》，四《祭令》，五《學規》，六《軍律》，七《户婚》，八《食貨》，九《大惡》，十《姦非》，十一《盗賊》，十二《詐僞》，十三《訴訟》，十四《鬥毆》，十五《殺傷》，十六《禁令》，十七《雜犯》，十八《捕亡》，十九《恤刑》，二十《平反》。《元典章》目録以《詔令》、《聖政》、《朝綱》、《臺綱》居前，而吏、户、禮、兵、刑、工六部分條於後，隱爲《明律》六部分列之權輿。其刑部之目，曰《刑制》、《刑獄》、《諸惡》、《諸殺》、《毆詈》、《諸姦》、《諸贓》、《諸盜》、《詐僞》、《訴訟》、《雜犯》、《闌遺》、《諸禁》，凡十三。與《元志》不同者，《職制》、《户婚》等項，已分屬於吏、户、禮、兵各部。且《元志》多本《大元通制》，與《元典章》各自爲書，故標目亦異，猶之自晉訖唐之令目與律目多不相同。元又有《經世大典》，纂於文宗天曆中，共十篇。其臣事之目六，曰《治典》、《賦典》、《禮典》、《政典》、《憲典》、《工典》，亦以六曹分類。其《憲典》之目凡二十二。一名《禁蓋》，即《元志》之《名例》。二至十八與《志》全同。無《恤刑》而《平反》居十九。二十《赦宥》，二十一《獄空》，二十二《附録》，此三目爲《志》所無。雖小有差異，然即此可見《元志》之目出於《大元通制》。後來纂述亦不越此範圍也。

《明律》 劉惟謙《進大明律表》：「洪武六年冬十一月受詔，明年二月書成，篇目一準之於唐。」《明史·刑法志》：「洪武二十二年，刑部言，比年條例增損不一，以致斷獄失當，請編類頒行，俾中外知所遵守。遂命翰林院同刑部官，取比年所增者，以類附入，改《名例律》冠於篇首，爲卷凡三十，爲條四百有六十。《名例》一卷。《吏律》二卷，曰《職制》，曰《公式》。《户律》七卷，曰《户役》，曰《田宅》，曰《婚姻》，曰《倉庫》，曰《課程》，曰《錢債》，曰《市廛》。《禮律》二卷，曰《祭祀》，曰《儀制》。《兵律》五卷，曰《宫衛》，曰《軍政》，曰《關津》，曰《廐牧》，曰《郵驛》。《刑律》十一卷，曰《賊盜》，曰《人命》，曰《鬭毆》，曰

《罵詈》，曰《訴訟》，曰《受贓》，曰《詐僞》，曰《犯姦》，曰《雜犯》，曰《捕亡》，曰《斷獄》。《工律》二卷，曰《營造》，曰《河防》。」

按：《洪武七年律》，篇目準於唐，而《名例》移於篇末，蓋用古法也。迨十三年，罷丞相不設，析中書之政歸六部，故二十二年修律，亦遂分六曹，實時爲之也。相沿既久，便於檢閱，故國朝因之而不改。既分六曹，《衛禁》退人《兵律》，《廄庫》分屬户、兵二律，爲《倉庫》、《廄牧》，《擅興律》析出工作諸事，《雜律》内析出河防諸事，別爲《工律》。仍以《名例》冠首。《名例》之後，《吏律》居前，而《職制》析出《公式》。次《户律》，《户婚》析爲二，曰《户役》，曰《婚姻》，又析出《田宅》、《課程》，又於《雜律》析出《錢債》、《市廛》。次《禮律》，《祭祀》、《儀制》從各律採集。次《兵律》，《衛禁》改爲《宫衛》，而析出《關津》，《擅興》改爲《軍政》，而增《郵驛》。次《刑律》，於《賊盜》析出《人命》，析《鬭訟》爲二，曰《鬭毆》、《訴訟》，《雜犯》析出《犯姦》，而增《罵詈》、《受贓》、《斷獄》。本總結各律，而其後《工律》贅焉。蓋大非《唐律》之舊矣。劉惟謙《表》言篇目悉依唐舊，而《明志》言《名例》移於篇末，殆既進之後所改，《表》與《志》不符。

附明律目源流

《名例》。卽李悝之《具法》也。古人序例都在全書之後，故《具法》居終。商君改法爲律。漢增三章，而六法之次序不改。魏改《具律》爲《刑名》，而移於律首。晉析爲《刑名》、《法例》二篇。北齊合《刑名》、《法例》爲一，曰《名例》。後周復分爲二。隋仍合爲一。唐因於隋，相承不改。

《職制》。蓋即李悝《雜律》之《踰制》也。漢《賊律》有《踰封》、《矯制》，魏改入《詐律》。《晉志》言因事類爲《違制》，疑即《踰制》及《踰封》、《矯制》之事。梁、齊、周因之。隋開皇改爲《職制》。唐以後相承不改。

《公式》。古無此目，《明律》從《職制》分出。隋、唐令皆有《公式》篇。

《户役》。漢《户律》，爲蕭何所增三章之一，魏、晉、梁承之。北齊曰《婚户》，蓋以婚事附之。後周分爲《户禁》、《婚姻》。隋開皇以《户》在《婚》前，改爲《户婚》，唐、宋、元皆承用之。明乃分爲《户役》、《田宅》、《婚姻》三篇。

《田宅》。唐、宋、元皆在《户婚律》中，明始分出。

《婚姻》。北齊合於《户律》，曰《婚户》。後周分出，爲《婚姻》。隋開皇又合於《户》，大業分出，曰《婚》。唐用《開皇律》，仍曰《户婚》，宋、元因之。明復分出。

《倉庫》。漢《賊律》有儲峙不辦，蓋即倉庫之事，魏在《乏留律》；《金布律》有毁傷亡失縣官財物，魏在《毁亡律》。《梁律》始有《倉庫》之名。隋《開皇律》並《庫》於《廐》，曰《廐庫》，《大業律》分爲《倉庫》、《廐牧》。唐用《開皇律》，故仍曰《廐庫》。宋仍《唐律》。元無其目。明分《廐》、《庫》，《廐》入《兵律》，而《庫》在《户律》曰《倉庫》。

《課程》，古無其目，《唐律》散見各律，然無鹽、茶諸法也。元有《食貨》一篇，凡私鹽、私茶皆入之。明改爲《課程》。

《錢債》。古無此目，唐在《雜律》，明始分立此篇。李悝《雜法》有《假借》之名，《漢律》因之，魏分入《請賕律》，未知是《錢債》之事否？元在《禁令》門内。

《市廛》。《晉律》有《關市》，梁因之。《後周律》分爲《關津》、《市廛》。隋《開皇律》删之，《大業律》又有《關市》。唐用《開皇律》，故關津之事在《衛禁》，市廛之事在《雜律》。明又分出。

《祭祀》。《後周律》有《祀享》，元有《祭令》，唐散見各律。明始類而爲一。

《儀制》。《後周律》有《朝會》，唐散見各律，明始立此篇。蓋以爾時政歸六部，故以六曹分類，不得不立此二目也。隋、唐令皆有《儀制》篇。

《宫衛》。《晉律》始立《衛宫》之名，梁及後周皆承用之。北齊附以《關禁》，更名《禁衛》。隋開皇改爲《衛禁》，《大業律》爲《衛宫》。唐用《開皇律》，曰《衛禁》，宋、元承之。明改爲《宫衛》，而關禁事别入《關津律》。漢有《宫衛令》。

《軍政》。此卽漢之《興律》也。魏附以擅事，曰《擅興》。晉復去《擅》爲《興》。梁仍爲《擅興》。北齊改爲《興擅》。後周合於繕事，曰《興繕》。隋開皇復爲《擅興》，唐承之。元改爲《軍律》。明復改此名。

《關津》。梁爲《關市》，後周分《關津》、《市廛》二篇。隋開皇仍入《衛禁》，《大業律》復爲《關市》。唐用《開皇律》，入《衛禁》，宋、元因之。明復分出《市廛》屬《户》，《關津》屬《兵》也。

《廐牧》。卽漢之《廐律》。魏除《廐律》，而别爲《郵驛令》。《唐律疏議》云，晉以牧事合之，名爲《廐牧律》。《唐六典》所引《晉律》曰《廐律》，無「牧」字。自宋及梁，復名《廐律》。後魏太和年名《牧産律》，至正始年復名《廐牧律》。北齊、後周更無改作。隋開皇以庫事附之，更名《廐庫》，《大業律》分爲《倉庫》、《廐牧》。唐用《開皇律》，仍合爲一，名《廐庫》。明復分爲二，而以《廐牧》屬《兵律》也。

《郵驛》。《魏律》序略謂，秦世舊有廐置、乘傳、副車、食厨，漢初承秦不改，後以費廣稍省，故後漢但設騎置而無車馬，律猶著其文，故除《廐律》，取其可用合科者，以爲《郵驛令》。此《郵驛》之名起於魏也。《唐律》在《職制律》中，《元律》亦然。明始分立此篇。

《賊盜》。二字之義，説已見前。李悝《盜法》、《賊法》分爲二篇，自漢以下因之，惟魏分劫略等項爲《劫略》。晉無此篇，蓋仍入《盜律》。梁曰《盜劫》、《賊叛》。北齊始合二律爲一，曰《賊盜》。後周仍分爲《劫盜》、《賊叛》。隋《開皇律》又合之，《大業律》復分之。唐用《開皇律》，仍合爲《賊盜》，自是以後，其名不改。元將殺人之事分出，别標《殺傷》，明别爲《人命》一篇，是名同而義不同矣。

《人命》。古無此目，其事統於《賊律》之内，明始别立此名。

《鬭毆》，《唐律疏議》云：《鬭訟律》者，首論鬭毆之科，次言告訟之事，從秦漢至晉，未有此篇。至後魏太和年，分《繫訊律》爲《鬭律》。至北齊，以訟事附之，名爲《鬭訟律》。後周爲《鬭競律》。隋開皇依齊《鬭訟》名，至今不改。按：《大業律》分《鬭訟》爲二，曰《告劾》，曰《鬭》。唐用《開皇律》，仍爲《鬭訟》。元分爲《訴訟》、《鬭毆》。《明律》蓋因於元。

《罵詈》。前代毆、詈兼言，明乃分爲此篇。《罵詈》亦鬭事分出，殊可不必。

《訴訟》。漢《囚律》有告劾之事，魏分立《告劾律》，晉、梁因之。北齊合於《鬭律》，曰《鬭訟》。後周曰《告言》。隋《開皇律》仍曰《鬬訟》，《大業律》復分之。唐用《開皇律》，仍爲一篇。元始分爲《訴訟》，明因之。

《受贓》。漢《盜律》有受所監受財枉法之條，魏分爲《請賕律》，晉因之。梁曰《受賕》，後周曰《請求》，北齊無此目。隋《開皇律》因之，《大業律》復曰《請求》。唐用《開皇律》，故無此篇，其事在《職制律》內。元亦然。明乃立此篇。

《詐僞》。漢《囚律》有詐僞生死之條，魏分爲《詐律》，亦曰《詐僞》。晉又分《盜律》爲《詐僞》。自後歷代相承，迄明不改。

《犯姦》。前代在《雜律》中，元始分爲《姦非》。明改此名。

《雜犯》。自李悝有《雜法》，歷代相因。惟後周爲《雜犯》，隋仍爲《雜律》，元又爲《雜犯》。明因之不改，其事則多分爲他篇，非其舊矣。

《捕亡》。自李悝有《捕法》歷代因之。梁曰《討捕》。北齊曰《捕斷》，蓋附以斷獄事。後魏名《捕亡律》，見《唐律疏議》。後周曰《逃亡》，《唐律疏議》作《逃捕》。隋復名《捕亡》。自後相承不改。

《斷獄》。漢《囚律》有斷獄之法，魏分爲《斷獄律》，晉、梁因之。北齊合於《捕律》爲《捕斷》，後周仍爲《斷獄》。隋、唐相仍不改。元改爲《恤刑》、《平反》二篇。明仍改爲《斷獄》。

《營造》。漢作《興律》，本該造作之事。唐在《擅興律》中。明始分此篇。《唐令》有《營繕篇》。

《河防》。古無此目，唐在《雜律》中，明始分立此篇。蓋既分六曹，不得無一律目，《禮》、《工》二律，皆從各律採集，以充數也。

按：明律目三十內，古無而明增者，《公式》、《田宅》、《課程》、《錢債》、《儀制》、《郵驛》、《人命》、《罵詈》、《營造》、《河防》，凡十。

《法經》次序　詳《晉刑法志》。見前《漢律》九章下。

《晉律》次序　《晉志》：「張裴《注律表》曰：「律始於《刑名》者，所以定罪制也；終於《諸侯》者，所以畢其政也。王政布於上，諸侯舉於下，禮樂撫於中，故有三才之義焉，其相須而成，若一體焉。《刑名》所以經略罪法之輕重，正加減之等差，明發衆篇之多義，補其章條之不足，較舉上下綱領。其犯盜賊、詐僞、請賕者，則求罪於此，作役、水火、畜養、守備之細事，皆求之作本名。告訊爲之心舌，捕繫爲之手足，斷獄爲之定罪，名例齊其制。自始及終，往而不窮，變動無常，周流四極，上下無方，不離於律法之中也。」

《唐律》次序　一《名例》。名者五刑之罪名，例者五刑之體例。名訓爲命，例訓爲比，命諸篇之刑名，比諸篇之法例。但名因罪立，事由犯生，命名卽刑應，比例卽事表，故以《名例》爲首篇。二《衞禁》。衞者言警衞之法，禁者以關禁爲名。但敬上防非，於事尤重，故次《名例》之下，居諸篇之首。三《職制》。言職司法制，備在此篇，宮衞事了，設官爲次，故在《衞禁》之下。四《户婚》。既論職司事訖，卽户口婚姻，故次《職制》之下。五《廄庫》。廄者鳩聚也，馬牛之所聚；庫者舍也，兵甲財帛之所藏。户事既終，廄庫爲次，故在《户婚》之下。六《擅興》。大事在於軍戎，設法須爲重防，廄庫是訖，須備不虞，故此論兵，次於《廐庫》之下。七《賊盜》。前禁擅發兵馬，此須防止賊盜，故次《擅興》之下。八《鬥訟》。賊盜之後，須防鬥訟，故次於《賊盜》之下。九《詐僞》。鬥訟之後，須防詐僞，故次《鬥訟》之下。十《雜律》。諸篇罪名，各有條例，此篇拾遺補闕，錯綜成文，班雜不同，故次《詐僞》之下。十一《捕亡》。此篇以上，質定刑名，若有逃亡，恐其滋蔓，故須捕繫，以寘疏網，故次《雜律》之下。十二《斷獄》。諸篇罪名，各有類例，訊捨出入，各立章程，此篇錯綜一部條流，以爲決斷之法，故承衆篇之下。節録《疏議》。

按：《漢律》九章於李悝六篇不移其次，所增附於後。魏雖改《具律》爲《刑名》，而冠於篇首，並新增九篇，間厠其中，然《漢律》序次仍在，故首篇之後，即繼以《盜律》、《賊律》。晉、梁皆同。北齊始改漢之次序，改《户》、《興》居於前，合《賊》、《盜》而退居第八。後周略同。隋《開皇律》則並《廐庫》亦改居於前，已非復《漢律》之次序。第《賊》、《盜》雖合爲四卷，而前二卷爲賊事，後二卷爲盜事，固甚分明。迨元析《殺傷》，明改《人命》，而賊事遂不全，更非古律之面目矣。

律之次序，李悝六篇以《盜》、《賊》居前，係民事，《雜法》亦多民事，《囚》、《捕》二法與《盜》、《賊》相因，《具法》總各律之加減，皆與國政無關。漢增《興》、《廐》、《户》三章，係國政，而列於六篇之後，其殆有重民之義歟？魏《刑名》雖冠篇首，而《盜律》、《賊律》即繼之，是仍以《盜》、《賊》居首，晉、梁皆然，未改《漢律》之次序也。北齊《名例》之後，繼以《禁衛》、《婚户》、婚，民事，而可賅於户。《興擅》、《違制》，國政也，次以《詐僞》、《鬥訟》、《賊盜》，民事也，《捕斷》、《毁損》、《廐牧》則國政民事兼有之，《雜》則補各律之遺，故厠於末。隋《開皇律》改《廐牧》爲《廐庫》而移於前，於是國政皆居前，而民事皆居後，《唐律》因之，蓋用尊王之義，故與梁以前之次序不同。明政歸六部，而律亦分六部，與重民尊王之義皆不合矣。

漢律摭遺二十二卷

漢律摭遺自序

自商鞅變法相秦孝公而秦以强，秦人世守其法，是秦先世所用者，商鞅之法也。始皇并天下，專任刑法，以刻削毋仁恩和義爲宗旨，而未盡變秦先世之法，是始皇之所用者，亦商鞅之法也。鞅之法，受之李悝。悝之法，撰次諸國，豈遂無三代先王之法存于其中者乎？鞅之變者，牧司連坐之法，二男分異之法，末利怠貧收孥之法，餘仍悝法也。然則商鞅之法，豈遂無三代先王之法存于其中者乎？迨李斯創焚書之議，敢偶語《詩》、《書》者棄市，是古非今者族，法之煩苛，莫此爲甚；其後復行督責之令，民不堪命，而秦以亡，非盡由商鞅之法。商鞅之法，故李悝之法也。漢興，約法三章，蠲削煩苛，然不足以禦姦。蕭何於是攈摭秦法，取其宜於時者，作律九章，其三章何所增，其六章卽李悝之《法經》也。是漢法亦本于李悝而參之以秦法，非取秦法而全襲之也。今試以《周官》攷之：先請原于八議，決事本于八成，受獄卽士師之受中，案比卽司徒之大比，讀鞫者小司寇之讀書也，乞鞫者朝士之聽治也，過失不坐三宥之法也，年未滿八歲、八十以上非手殺人不坐三赦之法也。其他之合于周法者，難僂指數。先鄭、後鄭注《周官》，並舉漢法以爲比況，可見《漢律》正多古意，非猶爲三代先王之法之留遺者乎。歷代之律存于今者唯《唐律》，而古今律之得其中者亦唯《唐律》，謂其尚得三代先王之遺意也。《唐律》之承用《漢律》者不可枚舉，有輕重略相等者，有輕重不盡同者，試取相較，而得失之數可藉以證厥是非。是則求《唐律》之根源，更不可不研究夫《漢律》矣。惜《漢律》久亡，其散見於史傳者百不存一。然使搜羅排比，分條比類，按律爲篇，其大凡亦可得而攷見焉。同治、光緒之間，長安薛大司寇曾纂《漢律輯存》一書，業經寫定，將付手民，庚子之變，爲某舍人所得，匿不肯出，百計圖之，竟未珠還，良可惋惜。巴陵杜貴墀有《漢律輯證》六卷，頗稱詳備，然尚有闕遺。近富平張大令鵬一有《漢律類纂》一書，編次亦未分明。壬子之春，鍵户養痾，斗室枯坐，因取杜、張二書重爲編次，以律爲綱，逐條分入，目之可攷者取諸《晉志》，事之可證者取諸《史記》及班、范二書，他書之可以相質者，亦採附焉。諸書所引律、令往往相淆，蓋由各律中本各有令，引之者遂不盡别白。如《金布律》見于《晉志》，而諸書所引則《金布令》爲多。今於律、令二者亦不能詳爲區别，若二鄭注之所稱，今時固難定其爲律爲令也。齡積氣茶，時須卧息，窮竟日之力，所獲無多。自春徂夏，今又秋氣初悲，甫克畢事，凡得二十二卷。雖未足遂爲三代先王之法，世有稽古之士，其或有取於斯。壬子立秋後三日，七十三叟沈家本。

古人引書，每有省文，此編所引，以《周禮》、《兩漢書》、《説文》爲多。《周禮》但稱「某官」，《漢書》但稱「某紀」、「某表」、「某志」、「某傳」，《史記》必稱《史記》，以别于班，《説文》以段玉裁、桂馥、王筠三家之説爲多，但稱「段曰」、「桂曰」、「王曰」，省文也。附記。

漢律摭遺卷一

總述

《漢書·刑法志》：「漢興，高祖初入關，約法三章曰：『殺人者死，傷人及盜抵罪。』蠲削煩苛，兆民大悅。其後四夷未附，兵革未息，三章之法不足以禦姦，於是相國蕭何攈摭秦法，取其宜於時者，作律九章。孝文十三年，丞相張蒼、御史大夫馮敬請定律，曰：『諸當完者，完爲城旦舂；當黥者，髡鉗爲城旦舂；當劓者，笞三百；當斬左止者，笞五百；當斬右止，及殺人先自告，及吏坐受賕枉法，守縣官財物而即盜之，已論命復有笞罪者，皆棄市。罪人獄已決，完爲城旦舂，滿三歲爲鬼薪白粲。鬼薪白粲一歲，爲隸臣妾。隸臣妾一歲，免爲庶人。隸臣妾滿二歲，爲司寇。司寇一歲，及作如司寇二歲，皆免爲庶人。其亡逃及有罪耐以上，不用此令。前令之刑城旦舂歲而非禁錮者，如完爲城旦舂歲數以免。臣昧死請。』制曰：『可。』是後，外有輕刑之名，内實殺人。斬右止者又當死。斬左止者笞五百，當劓者笞三百，率多死。景帝元年，下詔曰：『加笞與重罪無異，幸而不死，不可爲人。其定律：笞五百曰三百，笞三百曰二百。』猶尚不全。中六年，又下詔：『加笞者，或至死而笞未畢，朕甚憐之。其減笞三百曰二百，笞二百曰一百。』自是笞者得全。及至孝武即位，張湯、趙禹之屬條定法令，作見知故縱、監臨部主之法，緩深故之罪，急縱出之誅。其後姦猾巧法，轉相比況，禁罔寖密。律令凡三百五十九章，大辟四百九條，千八百八十二事，死罪決事比萬三千四百七十二事。」《晉書·刑法志》：「漢承秦制，蕭何定律，除參夷連坐之罪，增部主見知之條，益事律《興》、《廄》、《户》三篇，合爲九篇。叔孫通益律所不及，《旁章》十八篇，張湯《越宫律》二十七篇，趙禹《朝律》六篇，合六十篇。又漢時決事，集爲《令甲》以下三百餘篇，及司徒鮑公撰嫁娶辭訟決爲《法比都目》凡九百六卷。世有增損，率皆集類爲篇，結事爲章。一章之中，或事過數十，事類雖同，輕重乖異。而通條連句，上下相蒙，雖大體異篇，實相採入。《盜律》有賊傷之例，《賊律》有盜章之文，《興律》有上獄之法，《廄律》有逮捕之事，若此之比，錯糅無常。後人生意，各爲章句，叔孫宣、郭令卿、馬融、鄭玄諸儒章句十有餘家，家數十萬言。凡斷罪所當由用者，合二萬六千二百七十二條，七百七十三萬二千二百餘言。」

按：《漢律》大略，二書盡之。《隋書·經籍志》刑法篇但收杜預、張裴之書，而不及《漢律》，漢代之書，僅有《漢朝議駁》、《漢名臣奏事》二書。其梁有而隋亡者，每見於注中，亦僅云梁有《建武律令故事》一卷，亡。其序述云，《漢律》久亡，故事駁議又多零失。是《漢律》久已不傳，至其亡在何時亦無可考。梁武修律，得齊時舊郎蔡法度，家傳律學，云齊武時删定郎王植之集注張、杜舊律，合爲一書。則齊、梁之時，所傳者祇張、杜之書，其時《漢律》殆已亡矣。蓋自晉改《漢律》之後，張、杜之書風行于世，習律學者但研究見行之法，不復追求漢、魏各家章句，束諸高閣，其漸即于亡，勢固然也。元魏崔浩有《漢律序》，見《史記》索隱注中，不知當日崔氏親見《漢律》而序之歟？抑第就張、杜之書而序之歟？經之亡於南者每存於北，或北方當日尚有其書，未可知也。亦可見北方之士，尚知探討《漢律》，以求其本焉。竊嘗進而論之，一代之法，不徒在立法之善，而在用法之得其平。漢初除秦苛法，秦人喜悦，其後參用秦法，亦尚因乎時之宜。而孝惠除挾書律，除三族辠、妖言令，孝文除收孥相坐律，除誹謗訞言法，除祕祝，而除肉刑一事，尤爲古今刑法之一大關鍵。孝景之世，亦務在寬。故其時禁網疏闊，刑罰大省，斷獄四百，有刑措之風，此爲漢法最平恕之時。其時用法者，張釋之、張歐諸人也。洎乎孝武之世，公孫宏以《春秋》繩臣下，主父偃、郭解之獄，其罪重至于族，並不知於律爲何條？張湯、趙禹之徒，作見知故縱、監臨部主之法，緩深故之罪，急縱出之誅，禁網寖密，用法之吏，唯以武健嚴酷爲能，久之遂成爲風氣，此漢法最苛急之時也。孝昭時霍光輔政，與民休息，而用法仍嚴，蓋習見武帝時之苛急，而不知其非，徐仁、王平之獄，尤爲失當。孝宣時于定國爲廷尉，黄霸等爲廷平，獄刑號爲平，然趙、韓、楊、蓋諸獄，人尚寃之。孝元有蠲除輕減之詔，孝成有議減死刑之詔，孝哀有除誹謗詆欺法之詔，其時輕殊死之刑一百二十三事，雖後人誚其毛舉細微，固與苛急者實不同也。光武中興，議省刑法，除邊郡盜縠之律，定男子八十以上、十歲以下及婦人從坐者非不道不得捕繫之令，施羣盜自相糾擿之法，更以天地之性人爲貴，於奴婢尤諄諄致意，既除奴婢射傷人棄市之律，其殺奴婢者不得減罪，灸灼奴婢者論如律，略爲奴婢者免爲庶人；梁統屢以嚴刑爲請，而終不聽。明帝用法苛切。章帝納陳寵之言，除慘酷之科，解妖惡之禁，除文致之請讞，是後人俗和平，屢有嘉瑞。和帝時郭躬、陳寵相繼爲廷尉，用法務存寬厚。此又漢法平恕之時也。安、順以後，政治日非，黨錮獄興，誅鉏正士，用法之權，操之閹寺，而漢亡矣。

目録

《唐律疏議》：「魏文侯師里悝，集諸國刑典，造《法經》六篇，一《盜法》，二《賊法》，三《囚法》，四《捕法》，五《雜法》，六《具法》。商鞅傳授，改法爲律。漢相蕭何更加悝所造《户》、《興》、《廐》三篇，謂九章之律。」《釋文》：「《一《盜法》，今《賊盜律》是也；二《賊法》，今《詐僞律》是也；三《囚法》，今《斷獄律》是也；四《捕法》，今《捕亡律》是也；五《雜法》，今《雜律》是也；六《具法》，今《名例律》是也。」

按：里悝，卽李悝也。《漢律》本于李悝，其篇目之次第，必當遵悝之舊，其次序爲一《盜》、二《賊》、三《囚》、四《捕》、五《雜》、六《具》不應有異也。古人著書，總敘之文多在終篇，《史記》之《自序》，《漢書》之《敘傳》，並在末卷，乃古法也。蕭何增律三篇而不列之于《具律》之前者，蓋以《户》、《興》、《廐》三篇爲是律與原六篇之專言刑名者不同，抑以新纂之文不欲越古人之前歟？魏改《漢律》爲十八章，其體例與《漢律》既不相同，自難仍襲其舊，惟不列于終而冠於律首，則與古法不同矣。今之所輯，前六篇一依李悝之次序，後三篇《晉志》作《興》、《廐》、《户》，而《疏議》作《户》、《興》、《廐》，次序不同，則依《晉志》以《興》、《廐》、《户》爲次序，從其先者也。

《盜律》：劫略　恐猲　和賣買人　持質　受所監　受財枉法　勃辱强賊　還贓畀主　賊傷

按：《盗律》之目，可考者九。「劫略」當卽今之强盜。魏以「劫略」等四者爲非盗事，而分以爲《劫略律》，殆分强、竊爲二事，而「恐猲」等近於强而附之歟？「受所監」、「受財枉法」亦非盗事，而迹其貪心，與盜無殊，故古人入之《盗律》，魏分出爲《請賕律》，失古意矣。「勃辱强賊」者，勃，《廣雅・釋言》「懟也」。《淮南・説山》「病而不就藥則勃矣。」注：「不擇于事曰勃。」此條「勃」字當兼此二義。言懟其强，遂不擇事之是否，而遽加毆辱也。强賊固可懟，若已就拘執，卽應送官，今不送官而自行毆辱，致有殺傷，卽不得不謂之擅，故魏入之《興擅律》。「還贓畀主」卽《唐律》之以贓入罪諸條。「賊傷」則今之强盜殺傷人。竊盜拒捕殺傷人今仍在《賊盗律》。《魏律》詳敍分改之處，不及「賊傷」，當亦仍其舊矣。《唐律》並在本律，當亦用漢法也。

《賊律》： 大逆無道　欺謾　詐僞　踰封　矯制　賊伐樹木　殺傷人畜産　諸亡印　儲峙不辦

盗章

按：《賊律》之目，可考者十。「大逆無道」卽今之謀反大逆。張斐曰：「違忠欺上謂之謾，背信藏巧謂之詐。」二者分別如此。賊者，害也，凡有害于人民，有害于國家，皆可謂之賊。「欺謾」、「詐僞」有害于人民，「踰封」、「矯制」有害于國家，故皆入于《賊律》，此古義如是。若《唐律疏議》釋文竟以《賊律》爲《詐僞律》，則又非也。《賊律》以大逆爲重，《唐律》賊、盗雖併爲一，然其律文，前二卷皆賊事，後二卷皆盗事，截然分明。賊事以謀反大逆居首，恐《漢律》亦然，詐僞其一端也。李悝《雜律》有「踰制」，一曰「踰封」，當卽「踰制」，漢改入《賊律》。惟「踰制」所包者廣，「踰封」則限于封域，有無分別，亦不能詳。「賊伐樹木」、「殺傷人畜產」並有害于人民，諸亡印」、「儲峙不辦」並有害于國家，故皆入《賊律》。《唐律》盜園内草木歸盜事，殺傷人畜產在《廄庫律》，盜印亦歸盜事，輸課税物違期在《户婚律》，此唐之與漢不同者。《費誓》牿之傷，汝則有常刑。峙乃糗糧，無敢不逮，汝則有大刑。此卽漢法之所昉歟？「盜章」不詳何事？既在《賊律》，亦有害于人民者也。

《囚律》：　詐僞生死　詐自復除令丙　告劾　傳覆　繫囚　鞫獄　斷獄

按：《囚律》之目，可考者六。「令丙」一目，今不別出，亦附見焉，後並同。「詐僞生死」卽《唐律》詐病死傷不實。「詐自復除」唐目同。「告」、「劾」是二事，告屬下，劾屬上。《説文》：「劾，法有辠也。」段曰：「法者，謂以法施之。」《廣韻》曰：「劾，推窮罪人也。」王曰：「《急就篇》諸罰詐僞劾罪人。顔注：劾，舉案之也。有罪則舉案。然劾字不見于經，蓋漢法也。《周禮・鄉士》異其死刑之辠而要之。注：要之爲其罪法之要辭，如今劾矣。《吕刑》正義曰：漢世問罪謂之鞫，斷獄謂之劾。」按：段、王二説已詳。又《玉篇》：「劾，推劾也。」《文選・幽通賦》：「妣聆呱而劾石兮。」注：「應劭曰：劾其必滅羊舌氏。項岱曰：舉(案)〔罪〕曰劾。」《漢書・百官表》：「中丞外督部刺史，内領侍御史，受公卿奏事，舉劾按章。」《張敞傳》：「敞身被重劾。」凡此言劾者，並爲上對下之詞，而告者乃下對上之詞，二字正相對待。此一義也。又《昭紀》：「元鳳五年，史有告劾亡者。」注：「如淳曰：告者爲人所告也，劾者爲人所劾也。師古曰：告劾亡者，謂被告劾而逃亡。」又《嚴延年傳》：「於是覆劾延年闌内罪人，法至死。」顔注：「覆，反也，反以此事劾之。」凡此言劾者，並爲兩人相對之詞。此義從上義引伸而出。此又一義也。《嚴延年傳》：「爲涿郡太守，遣掾蠡吾趙繡按高氏，得其死罪。繡見延年新將，心内懼，卽爲兩劾，欲先白其輕者，觀延年意怒，乃出其重劾。延年已知其如此矣。趙掾至，果白其輕者，延年索懷中，得重劾，卽收送獄。」此《傳》之言劾，卽《周禮》之要，鄭注之所謂今劾也。此又一義也。三義相引伸而各自爲用。魏分漢之《囚律》、《廐律》爲《告劾》，而又别爲《斷獄律》，是用第二義，而與漢法之旨殊矣。傳，逮也，覆，覆按也，分爲二事，則或傳或覆；合爲一事，則謂傳逮罪人而覆按之也。此乃鞫囚之事，而非告劾之事，魏分入《告劾律》，未詳其義。「繫囚」之事，唐在《斷獄律》中，魏分爲《繫訊律》，而「鞫獄」、「斷獄」又爲《斷獄律》。鞫者，推勘之詞，斷者，論決之事，可區爲二，而事實相因，實難分别。《通考》、《玉海》引《晉志》與今本同，而《通典》所引無「斷獄」二字，豈唐時本無此二字，而後來誤衍歟？繫訊、斷獄事既相連，分之轉無界限，漢統于《囚律》，而唐統于《斷獄律》，最爲得之。

《捕律》

按：《捕律》之目，《晉志》無文，無以考之。

《雜律》：　假借　不廉　呵人受錢令乙　使者驗賂科

李悝《雜律》之目：　輕狡　越城　博戲　假借　不廉　淫侈　踰制

按：《雜律》之目，可考者四。李悝《雜律》之目，可考者七。「假借」、「不廉」與《漢律》同。「踰制」漢改爲「踰封」，入于《賊律》。似其餘四者，《漢律》亦當與之同也。「假借」、「不廉」當爲二事。

假借卽《唐律・廐庫律》中假借各條。「不廉」卽後世受贓之事，刑法中不能無此名目。賈誼《陳政事疏》：「古者大臣有坐不廉而廢者，不曰不廉，曰簠簋不飾」。特以「不廉」二字標名，可見不廉爲律中之一端，不容缺也。或曰漢「受所監」、「受財枉法」並在《盜律》，不應別有受贓之條，「假借」、「不廉」卽《唐律》之假借官物不還也，說亦有理。然不廉之事甚廣，匪僅受所監各項也。「呵人受錢」或謂卽恐猲取財。然《漢律》「恐猲」目在《盜律》，必非一事。按《周禮・地官》：「比長。若無授無節，則唯圜土內之。」注：「鄉中無授，出鄉無節，過所則呵問，繫之圜土，考辟之也。」疏：「過所則呵問，繫之圜土，考辟之也者，謂所過之官司，見卽呵問之。必知有呵問之者，若不呵問窮詰，則虛實難明，故知呵問也。繫之圜土，考辟之者，謂繫在獄中；辟，法也，考量以法，推問無授無節之由也。」此目「呵人」，當卽鄭注所謂呵問。當呵問而受錢，後世差役受財，而應傳者不傳，應拘者不拘，與此頗相似，故入之《請賕律》中，與恐猲實二事也。「使者驗賂」在《唐律》未有相當之條，望文生義，當爲使者受命案驗賄賂之獄而更有違法之舉也。「輕」爲訬輕之輕，《尹賞傳》之輕薄少年惡子。「狡」當爲狡獪之狡，《翟方進傳》之狡猾不道。所爲並是猥薄無賴之事，男女不以義交，其一端也。「越城」，《唐律》在《衛禁律》，漢別有《越宮律》，亦衛禁之事。「博戲」卽漢之揜博。「淫侈」當卽舍宅車服器物違法之事。二者唐並在《雜律》。凡此四端，漢既用李法，當仍李之舊目，故附錄於此。漢法可卽此而推焉。

《具律》：　出賣呈　擅作修舍事科

按：《具律》之目，可考者二。「出賣呈」未詳何事？魏入之《興擅律》，非擅事卽是興事。「科有擅作修舍事」，此律與之爲類，其亦關於宮室者乎？今以意推之。《説文》：「呈，平也」。王曰：「他書皆無此訓，蓋許君以呈爲程之古文也。」禾部「程」下雖無平義，然《漢書·高紀》注如淳曰：「程者，權衡丈尺斗斛之平法也。」《荀子·致任篇》：「程者，物之準也。」案：準固所以爲平之器也。是知法律章程，莫不要於平，而「呈」、「程」一字可知矣。《史記·秦始皇紀》：「至以衡石量書，日夜有呈，不中呈，不得休息。」雖無「平」義，而其用「呈」字，卽今之所謂「程」矣。按《文選·魏都賦》：「明宵有程。」注：「程與呈通。」樊安碑：「作呈作式。」冀州從事郭君碑：「先民有呈。」「程」作「呈」。是此目之「呈」，卽「程」字也。程，法也，式也，言出賣之法式也，屬諸興事。諸興事大者，其宮室之類乎。有呈卽不得擅行出賣，則又與擅事相關矣。「擅作修舍事」卽《唐律》與造當言上而不言上及非法興造之類，亦在《擅興律》。

《興律》：上獄　考事報讞　擅興徭役　乏徭　稽留　烽燧

按：《興律》之目，可考者七。「上獄」之法未詳，疑是罪人入獄之事。人數既衆，則收管防護，非召集徒衆不可，故漢時在《興律》也。「考事報讞」疑是遣使分赴郡國治獄之事，如田叔治梁獄，呂步舒治淮南獄也。使者當有徒衆隨之，亦屬興事，故在《興律》。餘條以《唐律》準之，「擅興徭役」卽非法興造，「乏徭」卽丁夫差遣不平條內之欠剩，「稽留」卽征人稽留及丁夫雜匠稽留，「烽燧」卽主將守城條內之守備不設，烽燧亦守備之事。

《廄律》：逮捕　告反　逮受　登聞道辭科　乏軍之興　奉詔不謹　不承用詔書　上言變事　以驚事告急

按：《廄律》之目，可考者九。內「奉詔不謹」、「不承用詔書」二目，《晉志》言係舊典，與《廄律》文意相連，故入于此。「逮捕」應在《捕律》，其在此者，逮捕之官司或當乘傳，故在《廄律》。漢世「告反」之人亦得乘傳，故亦在此律。「逮受」下文作「逮驗」，《玉海》引作「訊受」，魏分爲《告劾律》，而《繫訊》又自爲律，則此目當非「訊」也。下文既曰「逮驗」，與逮捕爲先後之事，凡捕須驗之也，似以「逮驗」爲是。「上言變事」魏既分出爲《驚事律》，則與「告反」者不同。如何區別之處，今不能詳。「以驚事告急」，《通典》引「驚」作「警」，下《驚事律》同。《通考》上作「驚」，下作「警」。按作「警」者是。《丙吉傳》有邊塞發犇命書警備事。犇命書，告急之書也，警備事，即警事也。魏氏既與烽燧同律，其爲專屬於軍中告急之事，可推而知，「與上言變事」非一事矣。

《户律》

按：《户律》之目，《晉志》無文以考之。以上漢《九章之律》，其目之可考見者，《盜》九，《賊》十，《囚》七，《雜》四，《具》二，《興》七，《廄》九，凡四十八。益以李悝之目，則爲五十二。武帝時律令凡三百五十九章，蓋所存者不及十之二矣。

《傍章》　《晉志》：「叔孫通益律所不及，《傍章》十八篇。」　《輯證》云：「《周禮·大司馬》遂以蒐田。注：無干車，無自後射。賈疏：此據漢《田律》而言。《士師》五禁注引作『軍禮』。按《前書禮樂志》，今叔孫通所撰禮儀與律令同録，藏於理官，法家又復不傳。《應劭傳》，删定律令爲漢儀。據此，知漢禮儀多在律令中。《晉志》所謂叔孫通益律所不及，當即以所撰禮儀益之。此條爲《田律》，亦爲軍禮，是其證也。」

按：杜氏據《禮樂志》及《應劭傳》爲説，頗有據。傍，廣也，《廣雅·釋詁》二。衍也。《文選》封禪文注引張揖。律所不及者，廣之衍之，於律之中拾其遺，於律之外補其闕。其書今亡，其目亦無可考矣。《曹褒傳》有叔孫通《禮儀》十二卷，《周禮》、《儀禮》疏所引有叔孫通《漢禮器制度》，未知與《傍章》同異何如？

《越宮律》、《朝律》　《晉(制)〔志〕》：張湯《越宮律》，趙禹《朝律》。《御覽》：六百三十八。「張斐《律序》曰，張湯制《越宮律》，趙禹作《朝會正見律》。」

按：《越宮律》、《朝律》與《旁章》並在蕭何《九章》之外，其目已無聞。通尚與何同時，湯、禹遠在何後，其時之情形已不相同。高祖豁達大度，必少苛禁。《樊噲傳》：「黥布反時，高帝嘗病，惡見人，卧禁中，詔户者無得入羣臣。羣臣絳、灌等莫敢入。十餘日，噲迺排闥直入，大臣隨之。上獨枕一宦者卧。噲等見上，流涕曰，云云。高帝笑而起。」可以見宮禁之寬。張湯《越宮律》殆就後來情形所增設者。朝儀爲叔孫通所起。《通傳》云：「謁者言罷酒。御史執法，舉不如儀者輒引去。竟朝置酒，無敢讙譁失禮者。」是朝會之制皆通所定。趙禹殆即通所定者纂之成律，其中或有所增益，亦未可知。《唐律》衛禁諸條兼言衛、禁二事，疑湯所制亦必兼二事而言。又《職制律》中朝會侍衛行事失錯及違式儀式各條皆關於朝事，《漢律》當亦有之。

《金布律》　毁傷亡失縣官財物　罰贖入責以呈黄金爲價　平庸　坐贓

按：《金布律》，他書多引作《金布令》，《晉志》作「律」，其目可考者四。「殺傷亡失縣官財物」即《唐律》之盜官私牛馬，在《賊盜律》，「棄毁官私財物」在《雜律》。惟漢專指縣官，唐兼官私，爲不同。「罰贖入責以呈黄金爲價」，價，《通典》引作「償」，《晉志》下文言爲《償贓律》，則償字是也。罰贖、入責當分爲二事。呈者程也，以法程定之也。黄金爲償，以黄金償其贖與責也。《唐律》無此文。「平庸」者，平其值也。《漢書·溝洫志》：「非受平賈者。」注：「蘇林曰：平賈，以錢取人作卒，顧其時庸之平賈也。如淳曰：律説，平賈一月，得錢二千。師古曰：賈音價。」按：踐更者月出錢二千，過更者三日出錢三百，詳《昭紀》注。如淳説其值不同，故須平之。《唐律》若計庸賃以爲贓者亦勿徵。《疏議》曰：「庸謂私役使所監臨及借車馬之屬，計庸一日爲絹三尺，以受所監臨財物論。」漢法大約亦計日，第其值不同耳。「坐贓」與唐之坐贓不同，唐坐贓最輕，漢有坐贓爲盜之文，似是計贓之法。此與平庸當爲二事，庸不平固計贓，其他亦然也。

《酎金律》　《續禮儀志》補注：「丁孚《漢儀》曰，《酎金律》，文帝所加。」

按：文帝定酎金之律，直至元鼎五年，因酎金失侯至百六人之多，其法久而生弊歟？抑武帝别設苛律歟？

《尉律》　許慎《説文解字》序：「《尉律》。」徐鍇曰：「《尉律》，《漢律》篇名。」段曰：「謂漢廷尉所守律令也。《百官公卿表》曰，廷尉，秦官，掌刑辟。《藝文志》曰，漢興，蕭何草律。《刑法志》所謂蕭何捃摭秦法取其宜於時者作律九章也。」桂曰：「董彥遠《謝除正字啟》：《尉律》四十九類，書蓋已亡。《漢書·昭紀》注引《尉律》。《御覽》引《廷尉決事》。襄二十一年《左傳》欒盈曰，將歸死于尉氏。注云：尉氏，討姦之官。《漢書·地理志》陳留尉氏。應劭曰：古獄官曰尉氏，鄭之別獄也。《陳留風俗傳》：尉氏，鄭東鄙弊獄官名。」

按：「尉律」之義，段氏以尉爲廷尉之尉，而律卽蕭何《九章之律》，桂氏之説略同。惟小徐以爲《漢律》篇名，段、桂皆不從之。惟許序所引律文乃漢初取人之法，不專指廷尉。《昭紀》如淳注云：「後從尉律，卒踐更一月，休十一月也。」所言亦非治獄之事。漢之以尉名官者，曰太尉，掌武事。應劭曰，自上安下曰尉，武官悉以爲稱。曰衞尉，掌宮門衞屯兵。曰中尉，掌徼循京師。曰水衡都尉，掌上林苑。曰主爵中尉，景帝更名都尉，武帝更名右扶風，治内史右地。曰護軍都尉，武帝屬大司馬。曰司隸校尉，督大姦猾。曰八校尉，所掌並武事。曰奉車都尉，掌御乘輿車。駙馬都尉，掌駙馬。其他以尉名者尤多，大抵近於武事。郡有郡尉，亦典武職。安見《尉律》之必專指廷尉也？且《九章之律》，《戶律》關于大司農，《廐律》關於太僕，《興律》關于衞尉、中尉諸官，不僅關于廷尉一官，正不得以尉氏舊名而附會之也。《説文》：「尉，從上按下也。從𡰥，又持火，所以申繒也。」《通俗文》曰：「火斗曰尉。」字之本義如此。引申之，爲凡自上按下之稱，是其義本不專屬於刑獄。董彥遠言《尉律》四十九類，則其目必多，今已無攷。

《田租税律》　《田令》　《史記·將相名臣年表》大事記："孝文十三年，除《田租税律》。"《後書·黄香傳》引《田令》。

按：《田租税律》與《士師》注之《田律》不同。彼謂田獵之田，此則田畝之事也。文帝除租税，故此律可廢。景帝復取半租，則其律亦當修復矣。《田令》則《田律》中之令也。

《錢律》　《史記·將相名臣年表》："孝文五年，除《錢律》。"《文紀》："五年，除《盜鑄錢令》。"

按：文帝聽民鑄錢，故除其律。後景帝復禁民鑄錢，則其律亦必修復矣。

《上計律》　《春官·典路》注："鄭司農云，漢朝《上計律》，陳屬車於庭。"

按：《玉海》六十五。引《漢舊儀》稱《朝會上計律》，疑此律爲《朝律》之一目。

《大樂律》　《春官·大胥》注："鄭司農云，漢《大樂律》曰云云。"《續志》："大予樂令。"《補注》引盧植《禮注》亦稱漢《大樂律》。

按：大予樂令屬太常，《百官表》作「大樂令」，明帝永平三年改「大樂」爲「大予樂」，故官名亦改。《大樂律》尚是西京舊名也。

《田律》　《秋官·士師》五禁注："今野有《田律》。"

按：《田律》謂田獵之律，非田畝之事也。觀後所引軍禮，鄭注大司馬云犯田法之罰，彼所言者，蒐田之法也。

《尚方律》　《宋書》："有司奏曰：『車服以庸，《虞書》茂典。名器謹假，《春秋》明誡。是以尚方所制，漢有嚴律，諸侯竊服，雖親必罪。』」

按：《尚方律》，他未見。《百官表》少府屬官有尚方令，顔注：「尚方主作禁器物。」《續志》尚方令掌上手工作御刀劍諸好器物，非主車服者。《百官表》有御府令丞，顔注：「主天子衣服。」《續志》御府令作中衣服。又有内者令，掌中布張諸衣物。《宋書》所言當考。

《挾書律》 《惠紀》：「四年，除《挾書律》。」注：應劭曰：「挾，藏也。」張晏曰：「《秦律》，敢有挾書者族。」《史記·秦始皇紀》：「丞相李斯曰：『臣請史官非秦記皆燒之。非博士官所職，天下敢有藏《詩》、《書》百家語者，悉詣守尉雜燒之。有敢偶語《詩》、《書》者棄市。以古非今者族。吏見知不舉，與同罪。令下三十日不燒，黥爲城旦。』」

按：焚書之議，建自李斯，古先哲王之彝訓都歸銷滅，其幸而存者亦幾希矣。漢除是律，而後壁藏之書稍出而見于世。然《書》已亡十六篇。梅賾之《書》，世攻其僞。《周禮》亡《冬官》，更無從補。良可悲也。

《箠令》 《景紀》：「中六年，定《箠令》。」《刑法志》：「詔曰：『笞者所以教之也，其定《箠令》。』」

按：《説文》：「箠，所以擊馬也。」段曰：「『所以』二字今補。假借爲杖人之稱。」王曰：「箠者，笞之器。以箠擊之，謂之笞。」

《挈令》 《廷尉挈令》 《光禄挈令》 《説文》糸部：「織，作布帛之總名也。絨，樂浪挈令，織從糸從式。」段曰：「樂浪，漢幽州郡名也。『挈』當作『栔』。栔，刻也，樂浪郡刻於板之令也。其織字如此録之者，明字合於六書之法，則無不可用也。」王曰：「『挈』即券契之『契』，詰計切。《魏略》文帝詔曰，代郡黄布爲細，樂浪練爲精。」　《張湯傳》：「奏讞疑，必奏先爲上分別其原，上所是，受而著讞法《廷尉挈令》。」注：韋昭曰：「在板挈也」。師古曰：「著謂明書之也。挈，獄訟之要也。書於讞法挈令以爲後式也。契音口計反。」《史記·湯傳》作「絜令。」　《燕王旦傳》：「又將軍都郎羽林。」注：張晏曰：「都試郎羽林也。」師古曰：「都，大也，謂大會試之。漢《光禄挈令》：諸當試者不會都所免之。」

按：挈，段解作栔刻之「栔」，王解作契券之「契」，韋昭云「在板挈」，則段説爲勝，而《史記》字又作「絜」。《説文》：「絜，麻一耑也。」段曰：「一耑，猶一束也。耑，頭也。束之必齊其首，故曰耑。人部係下云，絜，束也，是知絜爲束也。束之必圍之，故引申之，圍度曰絜。」王曰：「絜之爲言挈也，束之便於提挈。」是此字當從《史記》作「絜」。絜者，絜束也，度也。法之絜束出于省度，而可以爲後式者也。《溝洫志》：「元鼎六年，上曰，令内史稻田租挈重不與郡同。」顔注：「租挈，收田租之約令也。」約令亦挈束之意也。絜，《説文》縣持也，於絜令之義較遠。《釋名》：「絜，結也。結，束也。束，持之也。」與絜束之意爲近。然則絜者正字，挈叚借字。廷尉、光禄二寺有此令，樂浪郡署有此令，似漢時中外官府皆有此令，以爲法式，蓋皆不在正律之中者。唐臺省多書格令於屋壁，嗣聖中令内外官人書格令聽事之壁，殆亦有所承歟？《張湯傳》著讞法《廷尉絜令》，言著其所讞之法于廷尉之挈令也，師古注微不明。

《廷尉板令》　《後書·應劭傳》：「撰《廷尉板令》。」

按：板令卽挈令，韋昭所謂在板挈也。此與唐、宋之敕令相似。

《水令》《兒寬傳》：「定《水令》。」

按：《水令》，他未見。

《公令》《何並傳》如淳注引《公令》。

按：《公令》，他未見。

《功令》《史記·儒林傳》：「太史公曰：『余讀《功令》，於廣厲學官之路未嘗不廢書而歎也。』」索隱：「案謂學者課功著之於令，卽今《學令》是也。」

按：《功令》，索隱以爲卽唐之《學令》，顏師古《漢書》注則以爲卽唐之《選舉令》，當以索隱之說爲是。《玉海》列《功令》於各令之中。今人言功令者，若云公家之令，不知何所本？《通俗編》以爲非。

《養老令》《文紀》：「元年，詔曰：『老者非帛不煖，非肉不飽，今聞吏禀當受鬻者或以陳粟，豈稱養老之意哉。具爲令。』」顏注：「使其備爲條制。」

按：此令東京尚遵行之。

《馬復令》《西域傳》：「征和中，上下詔曰：『當今務在禁苛暴，止擅賦，力本農。修《馬復令》以補缺，毋乏武備而已。』」注：孟康曰：「先是，令長吏各以秩養馬，亭有牝馬，民養馬皆復不事，後馬多絶乏，此復修之也。」師古曰：「此説非也。馬復，因養馬以免徭賦也。」

按：孝文時鼂錯説曰：「令民有車騎馬一匹者復其三人。車騎，天下之武備也，故爲復卒。」顏注：「當爲卒者免其三人，不爲卒者復其錢。」此所謂《馬復令》也。武帝時已非其舊，故至是修之。

《秩禄令》《史記·吕后紀》「戚姬」注瓚曰：「漢《秩禄令》及《茂陵書》：姬，内官也，秩比二千石，位次倢伃，在七子、八子之上。」《漢書·文紀》注同。《玉海》：六十五《茂陵書》、《禄秩令》此二書亡失，不得過江，明此瓚晉中朝人。」

按：《玉海》所言，乃宋祁《漢書》校語。「秩禄」作「禄秩」。

《宫衛令》《張釋之傳》注如淳曰：「《宫衛令》：諸出入殿門公車司馬門皆下，不如令，罰金四兩。」

按：此當是《越宫律》之令文。

《任子令》《哀紀》：「綏和二年，除《任子令》。」注：應劭曰：「《任子令》者，《漢儀注》吏二千石以上視事滿三年，得任同産若子一人爲郎。不以德選，故除之。」師古曰：「任，保也。」

按：任乃保任之義，以父兄之官保任其子弟也。

《胎養令》《章紀》論曰：「深元元之愛，(者)〔著〕胎養之令。」元和二年詔，見《户律》「民産子復勿事條」。

按：胎養僅一事，甚簡易，其令當屬于他律中，未必自爲一書。

祀令　《郊祀志》：「聖漢興，禮儀稍定，已有官社，未立官稷。」注臣瓚曰：「高帝除秦社稷，立漢社稷，禮所謂泰社也。時又立官社，祀以夏禹，所謂王社也。見漢《祀令》。《續祭祀志》：「上幸魯。」注：「漢《祀令》云云。」

《祠令》　《文紀》：「臣謹請陰安侯。」注：如淳曰：「案漢《祠令》，陰安侯高帝嫂也。」

按：《祀令》、《祠令》當爲一書。

《齋令》　《續祭祀志》：「尊號曰世祖廟。」注：蔡邕《表志》曰：「孝明立世祖廟，以明再受命祖有功之義。自執事之吏，下至學士，莫能知其所以兩廟之意，誠宜具録本事。建武乙未、元和丙寅詔書，下《宗廟儀》及《齋令》，宜入《郊祀志》，永爲典式。」

按：齋與祀爲相連之事，其令當合爲一書，否則一事一書，書亦繁矣。

《品令》　《百官表》「少府」注：如淳曰：「若盧，官名，藏兵器。《品令》曰，若盧郎中二十人，主弩射。」

按：《品令》當是官品令。

《戍卒令》　《史記・將相年表》大事記：「孝文十三年，除《戍卒令》。」

按：《鼂錯傳》：「今使胡人數（次）〔處〕轉牧行獵於塞下，或當燕、代，或當上郡、北地、隴西，以候備塞之卒，卒少則入。陛下不救，則邊民絶望而有降敵之心，救之，少發則不足，多發，遠縣纔至則胡又已去。聚而不罷，爲費甚大，罷之，則胡復入。如此連年，則中國貧苦而民不安矣。陛下幸憂邊境，遣將吏發卒以治塞，甚大惠也。然令遠方之卒守塞，一歲而更，不知胡人之能，不如選常居者，家室田作，且以備之。以便爲之高城深塹，具藺石，布渠答，復爲一城其內，城間百五十步。要害之處，通川之道，調立城邑，毋下千家，爲中周虎落。先爲室屋，具田器，迺募辠人(乃)〔及〕免徒復作令居之；不足，募以丁奴婢贖辠及輸奴婢欲以拜爵者；不足，迺募民之欲往者。皆賜高爵，復其家。予冬夏衣，廩食，能自給而止。郡縣之民得買其爵，以自增至卿。其亡夫若妻者，縣官買予之。人情非有匹敵，不能久安其處。塞下之民，祿利不厚，不可使久居危難之地。胡人入驅而能止其所驅者，以其半予之，縣官爲贖其民。如是，〔則〕邑里相救助，赴胡不避死。非以德上也，欲〔全〕親戚而利其財也。此與東方之戍卒不習地勢而心畏胡者，功相萬也。上從其言，募民徙塞下。」據此，是戍卒之法至是而變。賈山言文帝滅外繇，如淳謂漢初因秦法，後遂改易，有謫乃戍邊一歲，蓋皆謂此事也。惟外繇之法，終漢之世未改，此云除《戍卒令》者，殆小變其法歟？抑後來又修復歟？

《予告令》　《馮野王傳》：「夫三最予告，令也。病三月賜告，詔恩也。令告則得，詔恩則不得，失輕重之宜。」

按：據此，予告自有令文，漢舊法也。

《捕斬單于令》　《陳湯傳》：「議者皆以爲宜如軍法《捕斬單于令》。」

按：漢伐匈奴，其捕斬單于必有非常之賞賚著于軍法中，此令是。

令甲　令乙　令丙

《令甲》　《宣紀》：「地節四年，詔：《令甲》。」注：文穎曰：「蕭何承秦法所作爲律令，律經是也。天子詔所增損，不在律上者爲令。《令甲》者，前帝第一令也。」如淳曰：「令有先後，故有《令甲》、《令乙》、《令丙》。」師古曰：「如説是。甲、乙者，若今之第一、第二篇耳。」賈誼《新書·等齊篇》：「天子之言曰令，《令甲》、《令乙》是也。」《晉志》：「又漢時決事，集爲《令甲》以下三百餘篇。」《後書·律曆志》中：「案官所施漏法《令甲》第六《常符漏品》。」《哀紀》「名田」注、《平紀》「顧山錢」注並引《令甲》。《史記·惠景間侯者年表》：「長沙王者，著《令甲》，稱其忠焉。」《漢書·吴芮傳》贊：「著于《甲令》而稱忠也。」《(續)[敍]傳》景紀述：「務在農桑，著于《甲令》。」《後書·皇后紀》論：「向使因設外戚之禁，編置《甲令》。」

按：《令甲》或作《甲令》。吴芮之忠，《史》稱《令甲》，《漢》作《甲令》。《令甲》猶言令之第一篇，《甲令》猶言第一篇令，當時隨便言之，初無分別也。《令乙》、《乙令》亦同。惟令之名可考者尚多，在當時必更多，則所云《令甲》、《令乙》者，諸令皆在甲篇、乙篇中乎？抑各令各有甲篇、乙篇乎？舊説未之及考。漢法之名，有律，有令，有科。《晉志》於《囚律》稱《令丙》，稱科，《雜律》稱《令乙》，稱科，《具律》、《廐律》、《興律》、《金布律》並稱科，似各律各有令，有科，初非並爲一編也。《續志》稱《令甲》第六，第六者，又《令甲》中之次第也。《易》：「先甲三日，後甲三日。」王注：「甲者，創制之令。」孔疏：「漢時謂令之重者謂之《甲令》。」此説與如異，當以如説爲長。

《令乙》《江充傳》注：如淳曰：「《令乙》。」《晉志》：「漢《雜律》有《令乙》。」《張釋之傳》注：如淳曰：「《乙令》。」

《令丙》《後書・章紀》：「元和元年，詔《令丙》，箠長短。」《晉志》：「漢《(日)〔囚〕律》有《令丙》。」

按：《箠令》定于孝景之世，此言《令丙》者，當謂《箠令》之丙篇也。

《五時令》《通典》：三十「《後漢志》：太史每歲上其年曆，先立春、立夏、大暑、立秋、立冬，常讀《五時令》。皇帝所服，隨五時之色。帝升御座，尚書令以下就席位，尚書三公郎中以令置案上，奉以先入，就席伏讀訖，賜酒一卮。」

按：此制始於東漢，魏、晉以下猶承用之。魏不讀《大暑令》，晉不讀《秋夏令》，惟春、冬行之。晉荀奕云，先王所以順時讀令者，蓋後天而奉天時。《通典》云，非古制也，自東漢因而沿襲。

科　《晉志》引《漢律》《雜律》、《具律》、《興律》、《廄律》、《金布律》並有「科」。又云，除異子之科，改投書棄市之科。《武紀》：「天漢四年發天下七科謫。」注張晏曰：「吏有罪一，亡人二，贅壻三，賈人四，故有市籍五，父母有市籍六，大父母有市籍七，凡七科也。」《後書・明紀》：「永平十二年詔：車服制度，恣極耳目，田荒不耕，游食者衆，有司其申明科禁，宜於今日者宣下郡國。」《桓譚傳》：「校定科比。」注：「科謂事條，比謂類例。」《張敏傳》：「夫輕侮之法，先市一切之恩，不有成科，頒之律令也。」《郭躬傳》：「躬奏讞法科，多所生全。」《蜀志・伊籍傳》：「籍與諸葛亮、法正、劉巴、李嚴共造《蜀科》，《蜀科》之制，由此五人焉。」《說文》：「科，程也。從禾斗。斗者，量也。」段曰：「《廣韻》曰，程也，條也，本也，品也，又科斷也。

按實一義之引伸耳。程，程品也。十髮爲程，一程爲分，十分爲寸。」

按：《漢律》之外有令，令之外又有科，《晉志》所引，此其證也。《釋名·釋典藝篇》：「科，課也。課其不如法者，罪責之也。」《廣雅》：「科，品也，條也。」《太玄》：「從從水之科滿。」注：「科，法也。」科之義當兼諸説也。《魏志·曹仁傳》：「爲將奉法令，常置科於左右，案以從事。」時魏律未修，仁所奉者漢科也。揚雄劇秦美新曰金科玉條，科與律令並重矣。

科品　《後書·安紀》：「元初五年，詔曰：舊令制度各有科品。」注：「《漢令》，今亡。」《濟南王康傳》：「國傅何敞諫康曰：『大王以骨肉之親，享食茅土，當施張政令，明其典法，出入進止，宜有期度，輿馬臺隸，應爲科品。』」《劉祐傳》：「三轉大司農。時中常侍蘇康、管霸用事於內，遂固天下良田美業、山林湖澤，民庶窮困，州郡累氣。祐移書所在，依科品没入之。桓帝大怒，論祐輸左校。復得赦出。」

按：據元初詔語，是科亦即在令中，非别爲一編也。品，階格也，《禮記·檀弓》品節斯疏。等差也。《漢書·匈奴傳》繒絮食物有品注。科品者，科中所定階格等差也。劉祐依科品而反觸帝怒，此漢之所以亡。

品式　《宣紀》：「地節二年，上始親政事，樞機周密，品式備具，上下相安，莫有苟且之意也。」《孔光傳》：「爲尚書，觀故事、品式數歲，明習漢制及法令。」

按：式，法也。品式者，凡品物之法是也。觀《孔光傳》，似品式與故事各自爲書。

章程　《高紀》：「張蒼定章程。」注：如淳曰：「章，曆數之章術也。程者，權衡丈尺斗斛之平法也。」

師古曰：「程，法式也。」《張蒼傳》：「天下初定，公卿皆軍吏，蒼爲計相時，緒正律曆。以高祖十月始至霸上，故因秦時本十月爲歲首，不革。推五德之運，以爲漢當水德之時，上黑如故。吹律調樂，入之音聲，及以比定律令。若百工，天下作程品。至於爲相，卒就之。故漢家言律曆者本張蒼。」注：如淳曰：「比音比次之比。謂五音清濁，各有所比，不相錯入，以定十二律之法令於樂官，使長行之。或謂比謂比方之比，音必履反。」臣瓚曰：「謂以比故取類，以定法律與條令。」師古曰：「依如氏之說，比音頻二反。」如淳曰：「若，順也。百工爲器物皆有尺寸斤兩斛斗輕重之宜，使得其法，此之謂順。」晉灼曰：「若，豫及之辭。」師古曰：「言吹律調音以定法令，及百工程品，皆取則也。若，晉說是。」

按：《高紀》張蒼定章程，與蕭何次律令，韓信申軍法，陸賈造《新語》同相提並論，是章程非律令書也。本《傳》以比定律令，臣瓚以法律條令當之，非爲無見，然觀「漢家言律曆者本張蒼」一句，乃總結上文之詞，是此段文字，專言律曆，與律令無涉，且律令次于蕭何，不得云本張蒼也，當以如淳之注爲是。《傳》云「爲相，卒就之。」蒼爲丞相在孝文四年，是其書在高祖時尚未成就，《紀》文亦終言之耳。

崔浩《漢律序》

《史記・文紀》：「今法有肉刑三。」索隱：「崔浩《漢律序》云，文帝除肉刑而宮不易。張斐注云，以淫亂人族序，故不易之也。」

按：崔浩於魏世祖神䴥中奉命修律，因上溯《漢律》而序之，其時當南朝宋元嘉年間，豈《漢律》亡于南，而尚存于北歟？晉初修律，就《漢九章》增十一篇，可知《漢律》猶存。迨後中原擾亂，晉室東渡，南朝《漢律》之亡，殆在此時歟？然杜預、張斐所作《律注》，亦曰「律本」，蓋以明《晉律》之所自出，其所載必多《漢律》。但不知取《漢律》全載之？抑但取《晉律》之所沿用者載之？索隱引崔浩之序，卽繼以張斐之注，豈索隱所引者卽張斐《律注》，而崔《序》亦在其中歟？杜、張之注，唐代猶存，是《漢律》雖亡而未盡亡也，何以歷來無別白之者歟？崔既爲《漢律》作序，其所修之律，當必以漢爲宗。《魏書·刑罰志》中頗引律文，豈卽漢之遺文歟？代遠年深，書缺有間，皆不可攷矣。

漢律摭遺卷二

盜律

《史記·高祖本紀》：「傷人及盜抵罪。」集解：「李奇曰：傷人有曲直，盜臧有多少，罪名不可豫定，故凡抵罪者，未知抵何罪也。」索隱：「韋昭云：抵，當也，謂使各當其罪。」

按：盜之情狀非一二端之所可罄，故但言各當其罪，示必持平，不復用秦之酷法也。漢之盜目可考者惟九，而盜事之重大者不在其中。今將盜事之重大者分列于先，再依目編次，其輕者更列于後，庶覽者較易檢尋焉。

盜宗廟服御物者棄市　《漢書·張釋之傳》：「其後人有盜高廟座前玉環，得。顏注：得者，盜環之人爲吏所捕得也。文帝怒，下廷尉治。案盜宗廟服御物者奏，當棄市。上大怒曰：『人亡道，乃盜先帝器。吾屬廷尉者，欲致之族，而君以法奏之，非吾所以共承宗廟意也。』釋之免冠頓首謝曰：『法如是足也。且罪等，然以逆順爲基。今盜宗廟器而族之，有如萬分一，假令愚民盜長陵一抔土，陛下且何以加其法虖？』文帝與太后言之，乃許廷尉當。」

按：釋之所引乃《漢律》正文。宗廟之物無更重於服御者，故釋之以長陵一抔土相比，喻所盜者服御物，不可再重也。《書·微子》：「今殷民乃攘竊神祇之犧牷牲，用以容，將食無災。」孔傳：「自來而取曰攘。盗天地宗廟牲，用相容，行食之，無災罪之者，言政亂。」疏：「漢魏以來著律，皆云敢盗郊祀宗廟之物，無多少皆死，爲特重故也。」按孔疏所言《漢律》，與釋之所言輕重縣殊。孔氏既未親見漢文，其所稱當爲魏氏改定之法，非漢之原文也。

盗天牲　《公羊春秋》成十年傳：「不免牲。」何休注：「不免牲，當坐盗天牲。失事天之道，故諱，使若重難不得郊。」凌曙《公羊問答》曰：「此《漢律》也。《書·微子》云云。據此，知何氏以漢法況之。」

按：前條不及郊祀，《漢律》自當别有專條。何休《公羊傳》注中時引《漢律》爲證，則此文爲《漢律》所當有，固屬無疑。何注不及罪名，孔疏又似魏法，惟郊祀與宗廟同爲大祀，犯之者罪亦當同等，不得重於宗廟也。

盗園中物　《百官表》：「宣帝地節四年，弋陽侯任宫爲太常，坐人盗茂陵園中物免。」《補注》：「免官不免侯。」《類聚》八十八。木部柏：「《三輔舊事》：漢諸陵皆屬太常，有人盗柏者棄市。」《張湯傳》：「會有人盗發孝文園瘞錢。」注：如淳曰：「瘞，埋也。埋錢於園陵以送死也。」

按：此盗園陵之物也。他書所引無盗園陵之物明文，今但以「盗園中物」標目，仍原文也。園陵與宗廟同，如有盗服御物者，其罪亦當同。任宫僅止免官而未免侯，其子千秋尚嗣侯爵，此唐法之但免職事官不免勳官也。唐無盗園陵内服御之物律文，蓋已該於大祀神御物之内，故不另立專條。柏亦園中物之一種，究與服御者不同，乃其罪重至棄市，似覺太重，或别有用意歟？《唐律》盗園陵内草木者僅科徒二年半，罪名相懸絶也。盜瘞錢，《唐律》無文，漢不知科何罪？《六帖》四十六。議讞門：「狄仁傑左衛大將軍權善才、右監門中郎將范懷義坐誤斧昭陵柏，罪當免。高宗詔誅之，仁傑奏不應死。帝怒曰：『是使我爲不孝子，必殺之。』仁傑曰：『漢有盜高廟玉環，文帝欲當之族，張釋之廷諍曰，假令取長陵一抔土，何以加其法？於是罪止棄市。陛下之法在象魏，固有差等，犯不至死而致之死，何哉？今誤伐一柏殺二臣，後世謂陛下爲何如主！』帝意解，遂免死。」按此亦一柏也。誤伐而欲殺二臣，非仁傑之廷諍，不得免矣。大抵事之關於宗廟園陵者，人主每欲以重法處之，謂如是則庶盡吾孝，不如是則人將議我之不孝。法重則必殺人，以殺人爲孝，其理安在？《唐律》諸盜大祀神御物者流二千五百里，不問死罪，此所以得其平也。後來又加入死罪，是不恤人命以奉祖宗。且謂法重則犯之者少，究之重法，果能禁人之不犯哉？又《功臣表》：安丘嗣侯拾坐入上林謀盜鹿，又搏揜，完爲城旦。城旦爲搏揜本罪，謀盜鹿未得罪，輕。此二罪以重論也。

侵廟地　《臨江閔王榮傳》：「坐侵廟壖地爲宮。上徵榮詣中尉府對簿，中尉郅都簿責訊王，王恐，自殺。」《食貨志》：「過試以離宮卒田其宮壖地。」顏注：「壖，餘也。宮壖地，謂外垣之內，内垣之外也。諸緣河壖地，廟垣餘地，其義皆同。」《景紀》：「中二年三月，臨江王榮坐侵太宗廟地，徵詣中尉，自殺。」王先謙《補注》：「蘇輿曰，案此郡國新立之太宗廟。」

按：臨江國於二年封皇子閼，四年閼薨，無子國除。七年復封榮。則太宗廟亦係新作，其地之界址未必有舊籍可稽。榮以廢太子而景帝徵詣中尉，而不詣廷尉，此於父子之間，自當有以善處之。郅都酷吏，但知以殘刻爲能，簿責既嚴，吏又迫辱之，致令自殺，其事甚寃。觀於百姓之哀憐，謚葬如禮，恐侵地之詞亦未可信矣。又餘地究與正地不同，未知漢法有區别否？

盗園陵地 《功臣表》：「安樂侯李蔡以丞相侵賣園陵道壖地，自殺。」《史表》作「侵盗孝景園神道壖地。」本《傳》：附《李廣傳》内。「以丞相坐詔賜冢地陽陵，當得二十畝，蔡盗取三頃，頗得四十餘萬；又盗取神道外壖地一畝，葬其中，當下獄，自殺。」

按：蔡既賜地陽陵，則所得者必陵外官地，故能盗取三頃之多。以侵占官地論，其罪輕。至神道外壖地，方爲園陵地，盗雖止一畝，其罪重。《漢表》作「侵賣壖地」，將二事混而爲一。不若《史表》但言「侵盗孝景園神道壖地」，二罪從其重者，言爲確當也。至其罪名，二獄皆自殺，未論決，無以詳之。古人於事之關於宗廟園陵，意多從重，正地、餘地，或竟無區别也。

敢盗乘輿服御物 蔡邕《獨斷》：「天子車馬衣服器盛百物曰按以上十一字，今本《獨斷》脱，據孫奭《律音義》引補。乘輿。出於律曰敢盗乘輿服御物。謂天子所服食者也。天子至尊，不敢渫瀆言之，故託之於乘輿。乘猶載也，輿猶車也，天子以天下爲家，不以京師宫室爲常處，則當乘車輿以行天下，故羣臣託乘輿以言之，或謂之車駕。

按：《唐律》盗乘輿服御物在盗御寶律内，其名卽本之於漢。唐之罪名爲流二千五百里，未詳漢法之輕重何如？自尊君之義重，臣下之修律者，凡涉於君者，多以加重爲主義，抑知以財物殺人，究非天理之所有，故《唐律》於此項之計贓重者，卽準贓同常盗之法加一等，並無死罪，竊盗亦無死罪。《明律》雖改爲死罪，而係雜犯准徒，較《唐律》尤輕。可見爲人君者，非必皆嗜殺人，又何必以殺人媚之。

盗武庫兵　《六帖》九十一。竊盗門：「《春秋決獄》曰：甲爲武庫卒，盗强弩弦一，時與弩異處，當何罪？論曰：兵所居比司馬，闌入者髡，重武備，貴精兵也。弩蘖機郭，弦軸異處，盗之，不至盗武庫兵。陳論曰：大車無輗，小車無軏，何以行之？甲盗武庫兵，當棄市乎？以上或人論二。曰：以下仲舒語。雖與弩異處，不得弦不可謂弩。矢射不中，與無矢同，不入，與無鏃同。律曰，此邊鄙兵所贓，值百錢者，當坐棄市。」《鹽鐵論·刑德篇》：「今傷人，持其刀劍而亡，亦可謂盗武庫兵而殺之乎？」注：「《三輔黄圖》云，武庫在未央宫，蕭何造，以藏兵器者也。」

按：武庫地在禁中，兵又非常用之器，故罪重至棄市。邊鄙兵所居比司馬門，則亦與禁中等，故盗者亦當以盗武庫兵論也。若弦、弩異處，董謂不可謂弩，自是持平之語，似此者自當以減論。贓值百錢當爲别條。原文「邊鄙兵所贓」句必有訛奪，恐當爲「盗邊鄙所居贓百錢即棄市」，重邊防也。漢法之嚴如此。後世藏兵之所既不在禁中，亦無兵所居比司馬之法。《唐律》盗禁兵器，弩五張方擬絞，與漢法懸殊。大約唐法輕於漢者，多不止此一事也。

主守盗　《陳咸傳》：「主守盗。」注：如淳曰：「律，主守而盗，直十金棄市。」《馮野王傳》：「池陽令並素行貪汙，野王部督郵掾祋祤、趙都案驗，得其主守盗十金罪。」《薛宣傳》：「吏民條言君如牒，或議以爲疑於主守盗。馮翊敬重令，又念十金法重，不忍相暴章。」注：孟康曰：「法有主守盗，斷官錢自入己也。」師古曰：「依當時律條，臧值十金，則至重罪。」《刑法志》：「守縣官財物而即盜之。」顔注：「即今律所謂主守自盜者也。」

按：主守並在官任用之人，守之正以防盜，乃他人不盜而自盜之，其情節實較他盜爲重。漢法十金即棄市，雖重，亦不爲過。《唐律》三十匹絞，尚遵用漢法，不爲貪吏開倖門也。

盜都内錢　《恩澤侯表》：「陽城侯田延年，坐爲大司農盜都内錢三千萬，自殺。」注：如淳曰：「天子錢藏中都，又曰大内史。」《表》同本《傳》：「初大司農取民牛車三萬兩爲僦，師古曰：一乘爲一兩。僦謂賃之與顧直也。載沙便橋下，送至方上，車值千錢，延年上簿詐增僦直車二千，凡六千萬，盜取其半。焦、賈兩家告其事，下丞相府。丞相議奏延年主守盜三千萬，不道。自刎死。」《百官志》「大司農屬官有都内令丞」。《補注》：先謙曰：「都内見《王莽傳》。都内主臧官見《張延壽傳》。都内令見《尹翁歸傳》。桓譚《新論》云，漢之百姓賦斂，一歲爲四十餘萬萬，吏奉用其半，餘二十萬萬藏於都内，爲禁財。」

按：都内屬大司農，自有主守之責。惟延年詐增僦直，在後世爲浮冒之事，與公然取都内之錢入己者稍有區别。而即以主守科之者，自主之而自冒取之，與他人之冒取不同。臧至三千萬，論漢法爲不道，死罪不能逭也。

專地盜土　《匡衡傳》：「有司奏衡專地盜土，衡竟坐免。初，衡封僮之樂安鄉，鄉本田提封三千一百頃，南以閩佰爲界。師古曰：佰者田之東西界也。閩者佰之名也。初元元年，郡圖誤以閩佰爲平陵佰。積十餘歲，衡封蘇林曰：平陵佰在閩佰南，誤十餘歲衡乃始封此鄉。臨淮郡，遂封真平陵佰以爲界，多四百頃。至建始元年，郡乃定國界，上計簿，更定圖，言丞相府。衡謂所親吏趙殷曰：『主簿陸賜故居奏曹，習事曉知國界，署集曹掾。』明年治計時，衡問〔殷〕國界事：『曹欲柰何？』殷曰：『賜以爲舉計，令郡實之。師古曰：舉發上計之簿，令郡故從平陵佰以爲定〔實〕。恐郡不肯從實，可令家丞上書。』衡曰：『顧當得否耳，何至上書？』亦不告曹使舉也，聽曹爲之。後賜與屬明舉計曰：『案故圖，樂安鄉南以平陵陌爲界，不足故而以閩佰爲界，解何？』郡卽復以四百頃付樂安國。衡遣從史之僮，收取所還田租穀千餘石入衡家。司隸校尉駿、少府忠行廷尉事，劾奏『衡監臨盜所主守值十金以上。《春秋》之義，諸侯不得專地，所以壹統尊法制也。衡位三公，輔國政，領計簿，知郡實正國界，計簿已定而背法制，專地盜土以自益，及賜、明阿承衡意，猥舉郡計，亂減縣界，附下罔上，擅以地附益大臣，皆不道。』於是上可其奏，勿治，丞相免爲庶人。」

按：此獄國界之誤，誤在郡圖，本與衡無涉，乃郡既正國界，而仍取此四百頃之租入此衡之鄙也。「專地盜土」爲當日斷獄之詞，乃不科盜土，而科主守，罪名與讞詞不相比附，豈《漢律》無盜土之條耶？謂地非衡之所當有，卽難目之爲主守之人。衡據始封之界，而仍收其租入，亦尚與盜取者有間。當時蓋有意周內，故特引重律以劾之。本《傳》敘其論斷之語甚詳，今亦詳録之，不獨可以見當時之程式，亦以見古人之斷獄未必盡當也。

盜所收財物　《陳湯傳》：「丞相衡復奏湯以吏二千石奉使顓命蠻夷中，不正身以先下，而盜所收康居財物，戒官屬曰『絶域事不覆校』，雖在赦前，不宜處位。湯坐免。」

按：此獄當以主守論者，康居財物既收入官，卽是官物，湯爲副校尉，又有主守之責，科以主守方與律相符。惟事在赦前，依律不得言。言之卽以其罪罪之，乃衡與石顯既抑湯之功於前，又摭其過於後，豈將以此媚顯耶？此真不可解者。又按以上各條並盜事之重者，《漢律》是否各有標目？抑統在盜事？已不能詳。今姑彙於先。

刦略

奪人掠虜　《功臣表》：「臨蔡嗣侯襄，坐擊番禺奪人掠虜，死。」

按：張斐《律注表》，不和謂之强，攻惡謂之略，又云加威勢下手取財爲强盜。是《魏律》有强盜之目，疑漢亦當然，但無以證之耳。奪人掠虜者，他人所得掠虜之物，輒恃强而刦奪之，此與强盜何異。惟《表》但云死，似是病死，非論決棄市者。

彊盜、攻盜　《後書·陳忠傳》：「臣竊見元年已來，盜賊連發，攻亭刦掠，多所傷殺。夫穿窬不禁則致彊盜，彊盜不斷則爲攻盜，攻盜成羣必生大姦。故亡逃之科，憲令所急，至於通行飲食，罪至大辟。而頃者以來，莫以爲憂，州郡督録怠慢，長吏防禦不肅，皆欲採獲虚名，諱以盜賊爲負。雖有發覺，不務清澄，至有逞威濫怒，無辜僵仆，或有跼蹐比伍，轉相賦斂，或隨吏追赴，周章道路。是以盜發之家，不敢申告，鄰舍比里，共相壓迮，迮，迫也。或出私財，以償所亡。其大章著不可掩者，乃肯發露。陵遲之漸，遂且成俗。寇攘誅咎，皆由於此。前年勃海張伯路，可爲至戒。」

按：漢法「强盜」罪名無可考。《郭解傳》作姦剽攻，若遇赦是亦有死罪也。忠所言長吏諱盜，及盜發不敢告，或出私財以償所亡，種種情形，與今日無異，法度陵遲，古今一轍也。至於「攻盜」，更非强盜可比。《安紀》永初三年，海賊張伯路等寇略緣海九郡，四年，張伯路復與勃海、平原劇賊劉文河、周文光等攻厭次，殺縣令，用兵討破。此所謂大刑用甲兵者，固非常法之所能制者。

恐猲

恐猲受賕　《王子侯表》：「葛魁嗣侯戚，坐縛家吏恐猲受賕，棄市。」顔注：「猲，謂以威力脅人也。賕，枉法以財相謝。猲，呼葛反。」《史表》作「坐殺人棄市。」

恐猲取財　《王子侯表》：「平城侯禮，坐恐猲取人雞，以令買償免，復謾，完爲城旦。」顔注：「恐猲取人雞，依令買雞以償，坐此免侯。又犯欺謾，故爲城旦也。」《補注》：「沈欽韓曰：《景紀》吏飲食計償費勿論。此謂取飲食，準令當買償，復欺謾未償，故論城旦也。以宗室，故不髡鉗。」又承鄉嗣侯德天，坐恐猲國人受財，臧五百以上，免。藉陽侯顯，坐恐猲國民取財物，免。《晉書・刑法志》：「張斐上《律注表》，有事狀相似而罪名相涉者，將中有〔惡〕言爲恐猲。」

按：猲，《集韵》許葛切，相恐怯也。或作「曷」。《公羊傳》僖十四年：「是見恐曷而亡。」又作「喝」。《趙策》：「是故横人日夜務以秦恐喝諸侯，以求割地。」《史記・蘇秦傳》作「愒」。集解，愒音呼葛反。索隱，許葛反。謂相恐脅也。喝本作「猲」。《唐律》作猲。《明律》作「嚇」，失古義矣。恐猲近于强，故魏入《劫略律》。然究與强者不同，人被脅而與之財，非入其室而强奪之也。故漢法自爲一章。其罪名如承鄉、藉陽僅止免侯，平城以謾而爲城旦，惟葛魁棄市。蓋受賕者必有枉法，非僅止取財者可比，其從重必有故也。

和賣買人

略人　《功臣表》：「曲逆嗣侯何，坐略人妻，棄市。蒲嗣侯夷吾，坐婢自贖爲民後略以爲婢，免。」《後漢書・光武紀》：「建武七年，詔：『吏人遭饑亂，及爲青、徐賊所略，爲奴婢、下妻，欲去留者，恣聽之。敢拘制不還，以賣人法從事。』又十三年詔：『益州民自八年以來被略爲奴婢者，皆一切免爲庶民。或依託爲人下妻，欲去者，恣聽之。敢拘留者，比青、徐二州，以略人法從事。』」

按：《王莽傳》：「秦爲無道，置奴婢之市，與牛馬同蘭，制於民臣，顓斷其命。姦虐之人因緣爲利，至略賣人妻子，逆天心，誖人倫，繆於天地之性人爲貴之義。」是秦時和賣買人，在所不禁。《漢律》特立「和賣買人」之條，此力矯秦之弊俗，乃世輒謂漢法皆承於秦，非通論矣。建武二詔，係是一事，而一引賣人律，一引略人律，可見賣人、略人《漢律》本在一條。光武承大亂之後，於良人之略爲奴婢者尤爲注意，屢頒詔誥，蓋深有念於貴人之義，故反覆申命，不憚煩也。此二事並是略人，然一是略良人爲妻，故罪至棄市，一是贖身之舊奴婢，故僅止免侯，事狀不同，擬罪亦不同也。《唐律》略賣人爲奴婢者絞，蓋亦源於漢法。

持質

《漢書·趙廣漢傳》："長安少年數人，會窮里空舍，謀共劫人，坐語未訖，廣漢使吏捕治，具服。富人蘇回爲郎，二人劫之。有頃，廣漢將吏到家，自立庭下，使長安丞龔香叩堂户曉賊曰：『京兆尹趙君謝兩卿，無得殺質，此宿衛臣也。釋質，束手，得善相遇，幸逢赦令，或時解脱。』二人驚愕，又素聞廣漢名，卽開户出，下堂叩頭。廣漢跪謝曰：『幸全活郎，甚厚。』送獄，敕吏謹遇，給酒肉。至冬當出死，豫爲調棺，給斂葬具，告語之。皆曰：『死無所恨。』」《後書·順紀》："陽嘉三年，益州盜賊劫質令長，殺列侯。"《橋玄傳》："玄少子十歲，獨游門次，卒有三人持杖劫執之，入舍登樓，就玄求貨，玄不與。有頃，司隸校尉陽球率河南尹、洛陽令圍守玄家。球等恐并殺其子，未欲迫之。玄瞋目呼曰：『姦人無狀，玄豈以一子之命而縱國賊乎！』促令兵進。於是攻之，玄子亦死。玄乃詣闕謝罪，乞下天下：凡有劫質，皆并殺之，不得贖以財寶，開張姦路。詔書下其章。初，自安帝以後，法禁稍弛，京師劫質不避豪貴，自是遂絶。」《魏志·夏侯惇傳》："布退還，遂入濮陽，襲得惇輜重。遣將僞降，共執持惇，責以寶貨。惇軍中震恐，惇將韓浩乃勒兵屯惇營門，召軍吏諸將皆案甲當部不得動，諸營乃定。遂詣惇所，叱持質者曰：『汝等凶逆，乃敢執劫大將軍，復欲望生耶？且吾受討賊，寧能以一將軍之故而縱汝乎？』因涕泣謂惇曰：『當柰國法何？』促召兵擊持質者。持質者惶遽叩頭，言我但欲乞資用去耳。浩數責，皆斬之。惇既免，太祖聞之，謂浩曰：『卿此可爲萬世法。』乃著令：自今已後有持質者，皆當并擊，勿顧質。由是劫質者遂絶。」注：「孫盛曰：案《光武紀》建武九年，盜劫陰貴人母弟，吏以不得拘質迫盜，盜遂殺之也。然則合擊者乃古制也。自安、順已降，政教陵遲，劫質不避王公，而有司莫能遵奉國憲者，浩始復斬之，故魏武嘉焉。」

按：持質者執持人爲質，以求財也。觀於廣漢諸《傳》，是西漢此風已盛，京師且然，外郡可知。沿及東漢之末，而猶未息，史雖云劫質者遂絶，亦但戢於一時耳。《唐律》諸有所規避而執持爲質者皆斬，部司及鄰伍知見避質不格者徒二年，頗與古法相合。《疏議》謂規財者求贖，避罪者防格，分規、避爲二事。然避罪者少，規財者多，《唐律》兼言之，於事方備。但不知漢法何如？

受所監

《漢書・景紀》：「元年，詔曰：『吏受所監臨，以飲食免，重；受財〔物〕，賤買貴賣，論輕。師古曰：帝以爲當時律條，吏受所監臨賂遺飲食，即坐免官爵，於法太重，而受所監臨財物，及賤買貴賣者，論決太輕，故令更議改之。廷尉與丞相更議著令。』廷尉信謹與丞相議曰：『吏及諸有秩受其官屬所監、所治、所行、所將，師古曰：行謂按察也，音下更反。《補注》先謙曰：行謂行事，若今署任也。顏說非。其與飲食計償費，勿論。師古曰：計其所費而償其直，勿論罪也。它物，若買故賤，賣故貴，皆坐臧爲盜，沒入臧縣官。師古曰：它物，謂非飲食者。吏遷徙免罷，受其故官屬所將監治送財物，奪爵爲士伍，免之。李奇曰：有爵者奪之，使爲士伍，有位者免官也。師古曰：此說非也。謂奪其爵，令爲士伍，又免其官職，即今律所謂除名也。謂之士伍者，言從士卒之伍也。《補注》沈欽韓曰：此與見爲吏監治受財物者異科。以其遷免徙罷非威力所劫，但官屬送財自不應受耳。故惟奪爵，而免其坐臧也。顔説誤。漢法，初罪免官，重論奪爵。已奪爵矣，免官何待言乎。無爵，罰金二斤，没入所受。有能捕告，畀其所受臧。」」

按：自「吏及諸有秩」以下乃是改定之律文也。飲食一層，它物一層，買賤賣貴一層，故官屬一層，無爵一層，分别極細。以《唐律》準之，飲食卽監臨受供饋也，它物卽受所監臨財物也，買賤賣貴及買賣有剩利及强市也，故官屬卽去官受舊官屬也，無爵則統於無官犯罪矣。其罪名唐與漢不同，其事狀則無異也。

買故賤、賣故貴　詳上。又《功臣表》：「湘成嗣侯益昌，坐爲九真太守盗使人出買犀、奴婢，臧百萬以上，不道，誅。」《百官表》：「建始二年，右扶風温順，爲少府二年，坐買公田與近臣，下獄論。」《史記・功臣侯表》：「邔嗣侯遂，坐賣宅縣官故貴，國除。」

按：益昌爲九真太守，九真臨邊，盗使人出者，使人私出邊也。買犀、奴婢者，買故賤也。律坐臧爲盗，故臧至百萬以上也。知是買故賤者，但出邊私買無坐臧之理也。漢法，臧多者以不道論，故益昌以不道誅也。温順爲少府，位列九卿，其爲近臣買田，何罪之可科？若是私買，文不言盗，而以下獄論者，亦當爲買故賤也。兹故列二事於此。邔嗣侯黄遂所坐爲賣故貴之事。《漢表》别有搏揜、奪馬二罪。疑遂所犯者不止一端，兩《表》各舉其一二事言之耳。

受故官送　《功臣表》：「故安嗣侯臾，坐爲九江太守受故官送，免。」

按：《景紀》言奪爵爲士伍，此云免侯，卽與士伍等。

受財枉法

受賕枉法　《刑法志》：「吏坐受賕枉法。」注：師古曰：「吏受賕枉法者，謂曲公法而受賂者也。」《說文》：「賕，以財物枉法相謝也。」段曰：「枉法者，違法也。法當有罪而以財求免，是曰賕。受之者亦曰賕。」蕭該《漢書音義》引《字林》，以財枉法相謝曰賕。《廣雅》：「賕，謝也。」《急就篇》：「受賕枉法忿怒仇。」顏注：「以財求事曰賕。」《書・呂刑》：「五過之疵，惟官，惟反，惟內，惟貨，惟來。」《釋文》：「來，馬本作『求』。云有求請賕也。」惠棟《九經古義》：「漢《盜律》有受賕之條，即《書》所云『惟貨』也。又有聽請之條，即《書》所云『惟求』也。」張斐《律注表》：「即不求自與爲受求，所監求而後取爲盜贓。」

按：賕，謝也。求而謝，不求而謝，皆得謂之賕。《說文》云以財物枉法相謝，亦兼二者而言，不分別求與不求也。《呂刑》馬注以請賕詁求。張斐言不求自與爲受求，其字作「求」，以賕、求相通用，亦與馬同。惟張斐又言求而與者爲盜贓，是《魏律》之凡言賕者，皆不求自與。其求而與者，即以盜論，必爲漢之舊律而承用之者。此受財枉法諸條，漢之所以入于《盜律》也。至《呂刑》之惟貨、惟求，惠氏以受賕、聽請分屬之。然《孟子》曰，是貨之也。《左傳》昭二十六年：能貨子猶。杜注：言若能爲我行貨于子猶。則「惟貨」者，行貨之謂，乃不求自與。而「惟求」者，求而後與者也。求字當從本義，不必如馬說也。段氏以枉法、不枉法分屬二事，似亦未諦。

行言許受財　《公羊》宣元年：「齊人取濟西田。」傳注：「當坐取邑。未入齊。坐者由律行言許受賂也。」又十年：「齊人歸我濟西田。」傳：「言我者，未絶于我也。齊已言取之矣，注：齊已言語許取之。其實未之齊也。」疏：「似若《漢律》行言許受財之類，故云當坐取邑耳。

按：《公羊傳》兩引《漢律》，一言取賂，一言取財，當以取財爲是。「行言許取財」者，謂以言語許取其財，而財尚未入於家者也。觀《公羊傳》云，齊已言取之，而實未之齊，足以相證。在後世爲贓未入手之事，自較已入手者情節爲輕。準諸《唐律》，則無相當之條文也。

聽請　爲人請求枉法　《恩澤侯表》：「平丘侯王遷，坐平尚書聽請受臧六百萬，自殺。」注：如淳曰：「律，諸爲人請求於吏以枉法，而事已行，爲聽行者，皆爲司寇。」師古曰：「有人私請求而聽受之。」《補注》：「《史表》作『坐受諸侯王金錢財，漏泄省中事誅。』」《王子侯表》：「沈猷嗣侯受，坐爲宗正聽請不具宗室，耐爲司寇。」注師古曰：「受爲宗正，有人私請求者，受聽許之，故於宗室之中事有不具，而受獲罪。」《史表》「請」作「謁」。《杜業傳》：「與丞相翟方進、衞尉定陵侯淳于長不平。後業坐法免官，復爲函谷關都尉。會定陵侯長有罪當就國，長舅紅陽侯立與業書曰：『誠哀老姊垂白，隨無狀子出關，願勿復用前事相侵。』定陵侯既出關，伏罪復發，下雒陽獄。丞相史搜得紅陽侯書，奏業聽請，不敬，服虔曰：受立屬請爲不敬。坐免就國。」

按：聽請有受財、不受財之不同。律之請求而聽行，罪止司寇，此不受財者也。王遷之臧六百萬，當以不道論死，此受財者也。請求與請賄亦不同。請求者，不皆以財，其字但作「求」。《唐律》諸有所請求者笞五十，主司許者與同罪，已施行者各杖一百，與漢法之皆爲司寇輕重略相等，此無贓之請求也。賕，謝也，請賕者必以財相謝，若無贓，何謝之可言。《唐律》監主受財枉法十五匹絞，科罪較重，此有贓之請求也。此「請求」當作「請賕」。而《唐律》無「賕」字者，求可兼賕之義，而賕不能兼求之義也。枉法爲六贓之重者，漢法輕重何如，今不能詳。《類纂》謂如淳之注當有脱誤，謂爲人請求枉法，如已聽，事雖未行，請者、聽者皆司寇論，重枉法故也。按以沈猷之耐爲司寇證之，與律正相合，並無脱誤。此以不受財而罪輕，故止爲司寇，非以其未行也。

行賕　《史記·功臣表》：「臨汝侯灌賢，坐行賕罪，國除。」《漢書·功臣表》：「汾陰嗣侯意，坐行賕，髡爲城旦。」

按：臨（安）〔汝〕侯《漢表》作「坐子傷人，首匿，免。」似是一事，因子傷人而行賕也。惟汾陰髡爲城旦，視司寇爲重，以有賕也。而臨汝僅止免侯，輕重不同，何耶？

請賕　《史記·功臣侯表》：「樂平嗣侯侈，坐以買田宅不法、又請求吏罪，國除。」《漢表》「樂平」作「樂成」，「又」作「有」，「求」作「賕」。《補注》：「沈欽韓曰：『有』讀爲『又』，又以財請賕吏。」

按：《漢表》作「賕」，與行賕同。《史表》但云國除，而《漢表》云死，此當是病死者。

教人上書枉法　《功臣侯表》：「朝陽嗣侯當，坐教人上書枉法，耏爲鬼薪。」

按：此教令之事。當坐教令者，不爲司寇，而爲鬼薪，殆以上書而重之歟？

勃辱强賊

張斐《注律表》：「加毆擊之爲戮辱。」

按：《唐律》罪人已就拘執及不拒捍而殺，或折傷之，各以鬬殺傷論，其法殆卽本於此條。

還贓畀主

張斐《注律表》：「若得遺物强取强乞之類，無還贓法隨例畀之。」

按：張斐所注雖是《晉律》，漢法當亦如是。《唐律》諸以贓入罪，正贓見在者還官，此卽還贓畀主之法。《唐律》乞索之贓並還主，則與斐言稍有不同，當是唐所改者。

賊傷

盜傷與殺同罪　《鹽鐵論·刑德篇》：「大夫曰：『故盜馬者死，盜牛者加，所以重本而絶輕疾之資也。盜傷與殺同罪，所以累其心而責其意也。』文學曰：『今盜馬者罪死，盜牛者加，乘車馬馳行道中，吏舉苛而不止，以爲盜馬而罪亦死。今傷人持其刀劍而亡，亦可謂盜武庫兵而殺之耶？念傷民未有所害，志不甚惡而合於法者，謂盜而傷人者耶？將執法者過耶？何以人心不厭也。』」張斐《注律表》：「盜傷縛守似强盜。」

按：大夫之言，當是《漢律》。凡盜之傷，皆當科死罪矣。而文學謂人心不厭，是當時以爲重也。張斐之言，專指竊盜拒捕者，用一「似」字，是特爲區别而不以强盜論，其法亦必從輕，非一概與殺同罪矣。此未知魏、晉之所改，抑漢法因人心之不厭已改輕歟？律目「賊傷」，則指有心傷人者言，凡强盜殺傷人之類皆包在內，與張斐所言者情節不同，乃盜情之重者，不得從輕比，當仍用漢時舊法也。《唐律》强盜傷人即斬，必有所受之矣。

以上各條，依可考之目，分類編定，凡有目可歸者，悉彙於此。其無目可歸者，别録如左：

邊郡盜穀五十斛罪至死　《後漢書·光武紀》：「建武十八年，詔曰：『今邊郡盜穀五十斛罪至於死，開殘吏妄殺之路，其蠲除此法，同之内郡。』」

按：内郡盜穀，罪名何若，今無可考。穀以斛計，則不計穀值之貴賤矣。

從行而盜　《漢書·孝宣許皇后傳》：「父廣漢，少時爲昌邑王郎。從武帝上甘泉，誤取他郎鞌以被其馬，發覺。吏劾從行而盜，當死。有詔募下蠶室。」注：孟康曰：「死罪囚欲就宫者聽之。」

按：《傳》云「下詔募下蠶室」，蓋以其誤而寬之也，孟康之注，與《傳》意不合。一鞌之微，罪至於死，其法已太重，況是誤取，更不得謂之盜耶，乃吏竟以死論，而不爲之分析，可見武帝時殘酷風成，吏皆以此爲能，而寃死者不知凡幾矣。此子長所以特立《酷吏傳》也。

盜馬　盜牛　詳前「盜傷與殺同罪」條下。

按：盜馬者死，此法太重，不知承秦法而用之歟？抑武帝用兵馬少，特創此峻法歟？盜牛者加，不知如何加法？將計贓而加歟？抑計隻而加歟？皆不可考。

斷盜　《後書·蓋勳傳》：「中平元年，北地羌胡與邊章等寇亂隴右，刺史左昌因軍興斷盜數千萬。

動固諫，昌怒。昌坐斷盜徵。」注：「斷謂割截。」《孔融傳》：「是時荆州牧劉表不供職。融上疏曰：『案表跋扈，擅誅列侯，遏絶詔命，斷盜貢篚。』」《輯證》：「《魏志・鮑勳傳》：太子郭夫人弟爲曲周縣吏，斷盜官布，法應棄市。按此法爲漢法，事在建安時也。」

按：左昌所犯似侵蝕，劉表所犯以邀截，曲周縣吏所犯似主守盜，而並稱「斷盜」者，殆其所盜之物並非其所監所守之物，故以斷盜爲名歟？

通行飲食　《楊僕傳》：「盜賊滋起，乃使光禄大夫范昆等衣繡衣持節，虎符發兵以興擊，斬首大部或至萬餘級。及以法誅通行飲食，坐相連諸(部)〔郡〕，甚者數千人。」《尹賞傳》：「選守長安令。雜舉長安中輕薄少年惡子得數百人，賞一朝會長安吏，車數百兩，分行收捕，皆劾以爲通行飲食羣盜。」《元后傳》：「他部御史暴勝之等奏殺二千石，誅千石以下，及通行飲食坐連及者，大部至斬萬餘人。」《後書・陳忠傳》：「臣竊見元年以來，盜賊連發，攻亭劫掠，多所傷殺。夫穿窬不禁，則致彊盜，彊盜不斷，則爲攻盜，攻盜成羣，必生大姦。故亡逃之科，憲令所急，至於通行飲食，罪致大辟。而頃者以來，莫以爲憂。」注：「通行飲食，猶今律云過致資給與同罪也。」

按：章懷注稱「今律」，謂《唐律》也。《唐律》「過致資給」在捕亡門知情藏匿罪人條，係減罪人罪一等，乃云「與同罪」，與律文不符。《疏議》謂「過致資給」者，謂指授道途，送過險處，助其運致，資給衣糧。漢之通行飲食，其事實當亦類此。在《明律》，所謂「盜賊窩主」也。

漢律摭遺卷三

賊律一

《書·舜典》：「寇賊姦宄。」孔傳：「殺人曰賊。」左氏文十八年《傳》：「周公作誓命曰，毁則爲賊。」杜注：「毁則，壞法也。」昭四年《傳》：「叔向曰：『已惡而掠美爲昏，貪以敗官爲墨，殺人不忌爲賊。《夏書》曰，昏、墨、賊，殺，皋陶之刑也。』」僖九年《傳》：「不僭不賊。」注：「賊，傷害也。」《荀子·脩身篇》：「害良曰賊。」《楚詞·招魂》：「恐自遺賊些。」注：「賊，害也。」

按：據此諸説，是殺人也，傷害也，害也，皆爲賊。《孟子》「賊仁者謂之賊」，《荀子》「保利非義謂之賊」，則毁則之謂也。兼此數者，其義始備。《漢律》凡言賊者，並有心傷害之事，視無心爲重。賊目之可考者十，今先依目編次，餘條列後。

大逆無道

謀反　《漢書·景紀》：「三年冬十二月，詔曰：『襄平侯嘉子恢説不孝，謀反，欲以殺嘉，大逆無道。其赦嘉爲襄平侯，及妻子當坐者復故爵。論恢説及妻子如法。』」注：晉灼曰：「恢説言嘉知反情，而實不知也。」如淳曰：「律，大逆不道，父母妻子同産皆棄市。今赦其餘子不與恢説謀者，復其故爵。」《補注》：「沈欽韓曰：恢説謀反發覺，復扳父爲知情，故云不孝。晉説是。」《後漢書·阜陵王延傳》：「律有明刑。」注：「《前書》曰，大逆無道，父母妻子同産無少長皆棄市。」

按：謀反爲賊事之最重大者，《唐律》謀反大逆居《賊盜律》之首，《漢律》當亦不殊，茲故首列焉。西漢謀反之獄最多，並見于諸侯王、王子侯、功臣侯、外戚恩澤侯各《表》，茲不具録。此紀恢説之事，子謀反而扳父知情，尤出于人情之外，但論恢説及妻子如法，餘皆復故爵，在漢時治獄中最爲平恕，故備録之。至《漢律》之文，如淳所引無「無少長」三字，而《前書音義》有之，鼂錯、孔光二《傳》所言皆有此三字，則有者是。

大逆　《漢書·淳于長傳》：「立嗣子融從長請車騎，長以珍寶因融重遺立，立因爲長言。於是天子疑焉，下有司案驗。吏捕融，立令融自殺以滅口。上愈疑其有大姦，遂逮長繫洛陽詔獄窮治。長具服戲侮長定宮，謀立左皇后，辠至大逆，死獄中。妻子當坐者徙合浦，母若歸故郡。紅陽侯立就國。《功臣侯表》：「術陽侯建德，坐使南海逆不道，誅。」《百官表》：「京兆尹于已衍，坐大逆，誅。」

按《唐律疏議》大逆者謂謀毁宗廟山陵及宮闕，反則止據始謀，大逆者謂其行訖。是謀反大逆本是一事，一則已謀，一則已行耳。淳于長所犯，以謀立左皇后爲重。然許后廢處長定宮，因姊嬺賂遺長，長許爲白上立爲左皇后，此實欺詐虚言，並無實事，何足爲逆？科以大逆，實不相符。第漢獄之以大逆定者，往往與本意不合，或其律別有條文，今不能詳矣。長但坐死，妻子遠徙，而母得歸故郡，是不及父母同產也，與大逆無道實有區別。建德、已衍所犯，史文不具，無以證之。

誹謗妖言　賈誼《陳政事疏》：「胡亥今日即位，則明日射人，忠諫者謂之誹謗，深計者謂之妖言。」路温舒《尚德緩刑書》：「秦之時，正言者謂之誹謗，遏過者謂之妖言。」

按：《唐律》造祅書祅言。《疏議》曰：「祅言謂詐爲鬼神之語。」後來之律皆承用之，而與秦漢之所謂妖言者不同。《唐律》有指斥乘輿一條，實卽秦漢之誹謗妖言，惟罪名改輕耳。

《史記・高紀》：「父老苦秦苛法久矣。誹謗者族，偶語者棄市。」《高后紀》：「元年，詔曰：『孝惠皇帝言欲除三族辠、妖言令，議未決而崩，今除之』。」顏注：「罪之重者戮及三族，過誤之語以爲妖言，今謂重酷，皆除之。」《文紀》：「二年五月，詔曰：『古之治天下，朝有進善之旌，誹謗之木，所以通治道而來諫者也。今法有誹謗訞言之罪，是使衆臣不敢盡情，而上無由聞過失也。將何以來遠方之賢良？其除之。民或祝詛上，以相約而後相謾，吏以爲大逆，其有它言，吏又以爲誹謗。此細民之愚，無知抵死，朕甚不取。自今以來，有犯此者勿聽治。』」顏注：「高后元年詔除妖言之令，今此又有妖言之罪，是則中間曾重復設此條也。訞與妖同。」

按：誹謗祅言之律，漢本於秦，前古所無。厲王使衞巫監謗，以告則殺，此特一時之命令，非常法也。文帝特詔除之，可謂盛德。而其後復設，大約在武帝時張湯之徒造作苛法。而誹謗祅言，不過辭語之不慎，尤易陷人以死。腹非之比，實創于湯，變其名而加厲焉，殘酷極矣。

《路温舒傳》：「唯陛下除誹謗以招切言，開天下之口，廣箴諫之路。上善其言。」

按：宣帝雖善其言，而未聞有明詔以除之者，綜核之，主固欲留此律以自尊也。

《律曆志》：「元（壽）〔鳳〕三年，太史令張壽王課疏遠。丞相屬寶、長安單安國、安陵桮育劾壽王吏八百石，古之大夫，服儒衣，誦不詳之辭，作祆言欲亂制度，不道。奏可。壽王候課，比三年下，終不服。再劾死，更赦勿劾。遂不更言，誹謗益甚，竟以下吏。」《眭弘傳》：「孝昭元鳳三年正月，泰山萊蕪山南匈匈有數千人聲，民視之，有大石自立，高丈五尺，大四十八圍，入地深八尺，三石爲足。石立後有白烏數千下集其旁。是時昌邑有枯社木卧復生。又上林苑中大柳樹斷枯卧地，亦自立生，有蟲食樹葉成文字，曰『公孫病已立』。孟推《春秋》之意，以爲石柳皆陰類，下民之象，而泰山者岱宗之嶽，王者易姓告代之處，今大石自立，僵柳復起，非人力所爲，此當有從匹夫爲天子者。枯社木復生，故廢之家公孫氏當復興者也。孟意亦不知其所在，卽說曰：『先師董仲舒有言，雖有繼體守文之君，不害聖人之受命。漢家堯後，有傳國之運。漢帝宜（推）〔誰〕差天下，求索賢人，禪以帝位，而退自封百里，如殷周二王後，以承順天命。』孟使友人内官長賜上此書。昭帝幼，大將軍霍光秉政，惡之，下其書廷尉。奏賜孟妄設祆言惑衆，大逆不道，皆伏誅。後五年，孝宣帝興於民間，卽位，徵孟子爲郎。」《楊惲傳》：「與太僕戴長樂相失。人有上書告長樂非所宜言，事下廷尉。長樂疑惲教人告之，亦上書告惲罪：高昌侯車犇入北掖〔門〕，惲語富平侯張延壽曰：『聞前曾有犇車抵殿門，門關折，馬死，而昭帝崩。今復如此，天時，非人力也。』左馮翊韓延壽有罪下獄，惲上書訟延壽。郎中丘常謂惲曰：『聞君侯訟韓馮翊，當得活乎？』惲曰：『事何容易。脛脛者未必全也。我不能自保，真人所謂鼠不容穴銜窶數者也。』又中書謁者令宣持單于使者語，視諸將軍、中朝二千石。惲曰：『冒頓單于得漢美食好物，謂之殠惡，單于不來明甚。』惲上觀西閣上畫人，指桀、紂畫謂樂昌侯王武曰：『天子過此，一二問其過，可以得師矣。』畫人有堯、舜、禹、湯不稱而舉桀、紂。惲聞匈奴降者道單于見殺，惲曰：「得不肖君，大臣爲畫善計不用，自令身無處所。若秦時但任小臣，誅殺忠良，竟以滅亡。令親任大臣，卽至今耳。古與今如一丘之貉。』惲妄引亡國以誹謗當世，無人臣禮。又語長樂曰：『正月以來，天陰不雨，此《春秋》所記，夏侯君所言，行必不至河東矣。』以主上爲戲語，尤悖逆絶理。事下廷尉。廷尉定國考問，左驗明白，奏惲不服罪，而召戶將尊，欲令戒飭富平侯延壽，曰：『太僕定爲死罪數事，朝暮人也。惲幸與富平侯婚姻，今獨三人坐語，侯言「時不聞惲語」，自與太僕相觸也。』尊曰：『不可。』惲怒，持大刀，曰：『蒙富平侯力，得族罪。毋泄惲語，令太僕聞〔之〕亂餘事。』惲幸得列九卿諸吏，宿衛近臣，上所信任，與聞政事，不竭忠愛，盡臣子義，而妄怨望，稱引爲訞惡言，大逆不道，請逮捕治。上不忍加誅，有詔皆免惲、長樂爲庶人。惲既失爵位，其友人安定太守孫會宗，與惲書諫戒之。惲內懷不服，報會宗書云云。又惲兄子安平侯譚爲典屬國，謂惲曰：『西河太守建平杜侯前以罪過出，今徵爲御史大夫。侯罪薄，又有功，且復用。』惲曰：『有功何益？縣官不足爲盡力。』惲素與蓋寬饒、韓延壽善，譚卽曰：『縣官實然。蓋司隸、韓馮翊皆盡力吏也，俱坐事誅。』會有日食變，騶馬猥佐成上書告惲『驕奢不悔過，日食之咎，此人所致。』章下廷尉按驗，得所予會宗書，宣帝見而惡之。廷尉當惲大逆無道，要斬。妻子徙酒泉郡。譚坐不諫正惲，與相應，有怨望語，免爲庶人。召拜(咸)〔成〕爲郎。」《功臣侯表》：「譚坐爲典屬國，季父惲有罪，譚言誹免。」《嚴延年傳》：「時黄霸在潁川以寬恕爲治，郡中亦平，婁蒙豐年，鳳皇下。上賢焉，下詔稱揚其行，加金爵之賞。延年素輕霸爲人，及比郡爲守，褒賞反在己前，心内不服。河南界中又有蝗蟲，府丞義出行蝗，還見延年，延年曰：『此蝗豈鳳皇食耶？』義又道司農中丞耿壽昌爲常平倉，利百姓，延年曰：『丞相御史不知爲也，當避位去。壽昌安得權此？』後左馮翊缺，上欲徵延年，符已發，爲其名酷復止。延年疑少府梁丘賀毁之，心恨。會琅邪太守以視事久病，滿三月免，延年自知見廢，謂丞曰：『此人尚能（告）〔去〕官，我反不能去耶？』又延年察獄（吏）〔史〕廉，有臧不入身，延年坐選舉不實貶秩，笑曰：『後復敢有舉人者矣？』丞義年老頗悖，素畏延年，恐見中傷，上書言延年罪名十事。已拜奏，因飲藥自殺，以明不欺。事下御史丞按驗，有此數事，以結延年，顏注：結，正其罪也。坐怨望非謗政治不道棄市。」《王子侯表》：「温水侯安國，坐上書爲妖言，會赦免。」

按：壽王、眭孟二事在昭帝時，壽王獄未竟，孟上書請禪位，其言極駭人，受誅宜也。楊、嚴二獄並在宣帝時，宣帝既善路温舒之言，何以不下詔除之，而任臣下用之，此不可解者。觀楊、嚴獄詞，所謂誹謗妖言者如此，世尚有敢言極諫者邪？楊惲一廢侯耳，何與日食？乃擢告者爲郎，此尤不可解者。今備録二《傳》，以見漢人治獄迎合上意者，多不盡平允。温水會赦得免，幸矣。

《哀紀》：「綏和二年六月，除誹謗詆欺法。」

按：哀帝甫即位，即除此法，殆夙知其弊歟？

《後書·章紀》：「元和元年詔曰：『《書》云，父不慈，子不祗，兄不友，弟不恭，不相及也。往者妖言大獄，所及廣遠，一人犯辜，禁至三屬，莫得垂纓仕（官）〔宦〕王朝。如有賢才而没齒無用，朕甚憐之，非所謂與之更始也。諸以前妖惡禁錮者，一皆蠲除之，以明棄咎之路，但不得在宿衞而已。』」安帝永初四年，詔曰：「自建初以來，諸祅言它過坐徙邊者，各歸本郡，其没入官爲奴婢者，免爲庶人。」《梁松傳》：「松數爲私書請託郡縣，二年，發覺免官，遂懷怨望。四年，迺縣飛書誹謗，下獄死，國除。注：飛書，無根而至，若飛來，即今匿名書也」。《李固傳》：「甘陵劉文、魏郡劉鮪各謀立蒜爲天子，梁冀因此誣固與文、鮪共爲妖言，遂誅之。」

按：觀此二詔及梁、李二獄，是此律東京仍用之，不知復於何時？《續五行志》六：「建武二十九年二月丁巳朔，日有蝕之，在東壁五度。東壁爲文章，一名娵訾之口。先是，皇子諸王各招來文章談説之士，去年中，有人上奏『諸王所招待者，或真僞雜受刑罰者子孫，宜可分別。』於是上怒，詔捕諸王客，皆被以苛法，死者甚多。」疑在此時。苛法者，即此律也。順帝時，趙騰上言災異，有司收騰繫考，黨輩八十餘人，皆以誹謗當伏重法。是終漢之世，此律未除也。

《後書·孔僖傳》：「僖與崔篆孫駰復相友善。鄰房生梁郁怒恨之，陰上書〔告〕駰、僖誹謗先帝，刺譏當世。事下有司，駰詣吏受訊。僖以吏捕方至，恐誅，迺上書肅宗自訟曰：『臣之愚意，以爲凡言誹謗者，謂實無此事，而虛加誣之也。至如孝武皇帝，政之美惡，顯在漢史，坦如日月。是爲直説書傳實事，非虛謗也。且陛下即位以來，政教未過，而德澤有加，天下所具也，臣等獨何譏刺哉？假使所非實是，則固應悛改，儻其不當，亦宜含容，又何罪焉？』帝始亦無罪僖等意，及書奏，立詔勿問。」

按：孔僖之言，自是正論。然漢世誹謗之獄，何者爲虛加誣之哉？顏異一反脣而即誅矣。章帝寬容，故此獄勿問，否亦殆矣。

祝詛　《諸侯王表》：「廣陵厲王胥，坐祝詛上自殺。」東平煬王雲同。又濟北嗣王寬本《傳》云：「坐誖人倫，祝詛上，自殺。」《王子侯表》：「安檀侯福，坐爲常山太守祝詛上，訊未竟，病死。郚侯舟，祝𧜟上，要斬。」顏注：「𧜟，古詛字也，音側據反。」又《功臣表》：「繆嗣侯終根，陽(阿)〔河〕嗣侯仁，戴嗣侯蒙，(大逆)按道嗣侯興，迺嗣侯則，容城嗣侯光，膫嗣侯奉義，外石嗣侯首，下鄜嗣侯奉漢，開陵嗣侯禄，承父侯續相如，並坐祝詛上，要斬。」《百官表》：「大鴻臚戴仁，坐祝詛誅。」又《功臣表》：「襄城嗣侯病已，坐祝詛上，下獄瘐死。散嗣侯賢，坐祝詛上，下獄病死。」《恩澤侯表》：「宜陵侯息夫躬，坐祝詛，下獄死。」

按：祝詛見文帝詔，已詳上，漢法以大逆論。故屈氂之妻坐祝詛，而獄詞云大逆無道。《功臣表》屈氂坐爲丞相祝詛，要斬。以其妻之所爲屬諸其夫，與本《傳》情事不合，當以《傳》爲是。開陵嗣侯禄又坐舍衛太子所私幸女子。顏注：舍，居止也。其罪視祝詛爲輕，故以重論，要斬。承父侯續相如又坐賊殺軍吏謀入蠻夷。其罪與祝詛相等，故從一論，要斬。又秺侯商丘成，《功臣表》云坐侍祠大不敬，自殺。而《百官表》云坐祝詛自殺。二者不同，未知孰是？

腹非　《食貨志》：「御史大夫張湯方貴用事云云。而大農顏異誅矣。初，異爲濟南亭長，以廉直，稍遷至九卿。上與湯既造白鹿皮幣，問異，異曰：『今王侯朝賀以倉璧，直數千，而其皮薦反四十萬，本末不相稱。』天子不説。湯又與異有隙，及人有告異以它議，事下湯治。異與客語，客語初令下有不便者，異不應，微反脣。《補注》：「張照曰：異聞客語不敢應，而倉卒自禁不覺微笑而脣褰耳」。湯奏當異九卿見令不便，不入言而腹非，論死。自是後有腹非之法比，而公卿大夫多諂諛取容。」《百官表》：「大農令顔異坐腹非誅。」

按：一反脣而卽論死，視秦法之偶語棄市爲更嚴矣。藉事以洩私忿，張湯不足道，武帝何以曲聽之也。

謗毀宗室　《後書·李燮傳》：「靈帝時爲安平相。先是，安平王續爲張角賊所掠，國家贖王，得還。朝廷議復其國，燮上奏曰：『續在國無政，爲妖賊所虜，守藩不稱，損辱聖朝，不宜復國。』時議者不同，而續竟歸藩。燮以謗毀宗室，輸作左校。」

按：此以大逆言者，漢律是否有此條文，未詳。或從誹謗法比附論之。

造作圖讖　《後書·楚王英傳》：「英後遂交通方士，作金龜玉鶴，刻文字以爲符瑞。十三年，男子燕廣告英與漁陽王平、顔忠等造作圖書，有逆謀，事下案驗。有司奏英招聚姦猾，造作圖讖，擅相官秩，置諸侯王公將軍二千石，大逆不道，請誅之。帝以親親不忍，乃廢英，徙丹陽涇縣，賜湯沐邑五百户。明年，英至丹陽，自殺。於是封燕廣爲折姦侯。楚獄遂至累年，其辭語相連，自京師親戚諸侯州郡豪傑及考案，阿附相陷，坐死徙者以千數。」《阜陵王延傳》：「永平中，有人告延與姬兄謝弇及姊館陶公主壻駙馬都尉韓光招姦猾，作圖讖，祠祭祝詛。事下案驗，光、弇被殺，辭所連及，死徙者甚衆。有司奏請誅延，顯宗以延罪薄〔於〕楚王英，故特加恩，徙爲阜陵王，食二縣。延既徙封，數懷怨望。建初中，復有告延與子男魴造逆謀者，有司奏請檻車徵詣廷尉詔獄。貶爵爲阜陵侯，食一縣。赦魴等罪勿驗。」

按：圖讖之學，張平子謂起于哀、平之間，然甘忠可詐造《天官曆》、《包元太平經》十二卷在成帝之世，但無圖讖名目耳。忠可即夏賀良之師也，《哀紀》待詔夏賀良等言赤精子之讖，讖字實始見於此。孝平之世，王莽以圖讖傾漢。至光武中興，以赤伏符始即天子位，圖讖之學遂盛。于時惑世誣民，遂生姦軌，此二獄是也。楚獄同于謀反，僅予廢徙阜陵，所處尤輕，親親之誼也。

惡逆　《後書·梁竦傳》：「肅宗納其二女，皆爲貴人。小貴人生和帝，竇皇后養以爲子，而竦家私相慶。後諸竇聞之，恐梁氏得志，終爲己害。建初八年，遂譖殺二貴人，而陷竦等以惡逆。詔使漢陽太守鄭據傳考竦罪，死獄中。家屬復徙九真。辭語連及舞陰公主，坐徙新城，使者護守。」

按：張斐《注律表》陵上僭貴謂之惡逆。身死，家屬從坐，此大逆之例也。北齊重罪十條，五曰惡逆，似指子孫於祖父母父母有犯者言。唐代赦款有惡逆之名，亦指親屬也。

不道　《輯證》：「張斐《律表》曰，逆節絶理謂之不道。《翟方進傳》：『不道賊。』注：如淳『引律，殺一家三人爲不道。』按《史記·杜周傳》：『獄久者至更數赦十有餘歲而相告言，大抵盡抵以不道。』《前書·杜延年傳》：『時御史大夫遷亡，過父故吏侯史吳。會赦，侯史吳自出繫獄。議者知大將軍指，皆執吳爲不道，延年奏記光，以爲：吏縱罪人，有常法，今更詆吳爲不道，恐於法深。』《陳湯傳》：『廷尉增壽議，以爲：不道無正法，以所犯劇易爲罪，臣下承用失其中，故移獄廷尉，無比者先以聞，所以正刑罰，重人命也。明主哀憫百姓，下制書罷昌陵勿徙吏民，已申(布)。湯妄以意相謂且復發徙，雖頗驚動，所流行者少，不可謂惑衆。湯稱詐，虛設不然之事，非所宜言，大不敬也。』據此二《傳》云云，知《漢律》不道非有專科，讞者欲與重比，則以坐之。故同一非所宜言，《陳湯傳》爲大不敬，《師丹傳》爲大不道，而楊秉、韋著二人被徵不至，有司並劾以大不敬。樂成侯丁義言五利侯，且以不道棄市矣。《鮑宣傳》宣坐距閉使者無人臣禮，大不敬不道。宋祁曰：南本無『不道』二字。按《匈奴傳》下：『元帝即位，明年，遣車騎都尉韓昌、光禄大夫張猛送呼韓邪侍子，即與爲盟約。昌、猛還奏事，公卿議者以爲：昌猛擅以漢國世世子孫與夷狄詛盟，令單于得以惡言上告於天，羞國家，傷威重，不可得行。昌、猛奉使無狀，罪至不道。』《趙充國傳》：『是時，光禄大夫義渠安國使行諸羌。先零豪言，欲時度湟水，北逐民所不田處畜牧。安國以聞。充國劾安國奉使不敬。』《朱博傳》：『彭宣劾奏：博、玄、晏股肱大臣云云。博執左道，虧損上恩，以結信貴戚，背君向臣，傾亂政治，姦人之雄，附下罔上，爲臣不忠不道。玄知博所言非法，枉義附從，大不敬。』據已上各《傳》文知『不道』重於『不敬』。又按《馮野王傳》：『大將軍鳳〔風〕御史中丞劾奏野王賜告養病而私自便持虎符出界歸家，奉詔不敬。杜欽奏記〔於〕鳳〔曰〕：罰疑從去，所以慎刑，闕難知也。今釋令與故事而假不敬之法，甚違闕疑從去之意。』師古注：『假託法律而致其罪也。』《薛宣傳》：『博士申咸給事中，毁宣不供養行喪服。宣子況爲右曹侍郎，數聞其語，賕客楊明，令遮斫咸宮門外，斷鼻脣，身八創。御史中丞衆等奏：言敬近臣，爲其近主也。禮，下公門，式路馬，〔君〕畜產且猶敬之。上浸之源不可長也，況首爲惡，明手傷，功意俱惡，皆大不敬。廷尉直以爲：本爭私變，雖於掖門外傷咸道中，與凡民爭鬬無異。今以況爲首惡，明手傷，爲大不不敬，加詆欺，輯小過成大辟，陷死刑，違明詔，恐非法意，不可施行。』據此，知不敬、不大敬亦如不道之無正法。按《秋官》士師職注：『詔司寇，若今白聽正法解也。』是漢時聽斷獄訟，必有正法。」

按：不道之制，杜説詳矣。不道亦曰無道，亦曰大不道，似無分别，而其罪則大有分别。大逆不道，身要斬，父母妻子同産無少長皆棄市。此其最重者。他如成方遂詐爲衛太子，坐誣罔不道，要斬東市，見《雋不疑傳》。此要斬爲一級。嚴延年、丁義並棄市，見《延年傳》及《功臣表》。此棄市爲一級。韓昌、張猛以贖論，見《匈奴傳》。此贖罪爲一級。鮑宣減死一等，髠鉗。此髠鉗爲一級。是同一不道，而等級懸殊如此，在漢法必有所以區别之故，今不可考矣。《陳湯傳》：「丞相御史奏湯惑衆不道，妄稱詐，歸異於上，非所宜言，大不敬。廷尉以不道無正法，百姓不變，不可謂惑衆。湯虚設不然之(言)〔事〕，非所宜言，大不敬也。制以廷尉議是，以湯前功，免爲庶人，徙邊。」是丞相等奏其二罪，而廷尉定爲一罪，必大不敬輕于不道，故帝以爲是也。《朱博傳》：「彭宣等議博附下罔上，爲臣不忠不道。玄枉義附從，大不敬。晏失禮不敬。」分不道、大不敬、不敬爲三級。制以晏要大臣以罔上，宜與博、玄同罪，罪皆不道。是併三人爲一級。而玄則減死罪三等，晏削户四之一，博召詣詔獄，遂自殺。是定罪又非從一級也。薛況、楊明，御史中丞議，皆大不敬，棄市。廷尉議，明當以賊傷人不直，況與謀者，皆爲城旦。公卿以廷尉議是。況減罪一等，徙敦煌。並不以大不敬論矣。《(趙)〔杜〕周傳》：「獄久者至更數赦十餘歲而相告言，大氐盡詆以不道以上。」顔注：

「詆，誣也。」按漢赦例甚寬，更數赦而仍詆以不道，言其酷也。不道之法，其流毒如此。「大氏」兩字空言，人主每不能辨，故其術易行也。至不道之事狀，嚴延年以非謗政治，丁義以言欒大，韓昌、張猛以奉使無狀，朱博以不忠，事各不同，而罪名則同，此萬難以法理論者。至楊秉、韋著被徵不至，而亦坐以不道，此真不可解者矣。若侯史吳以縱反者坐不道，而杜延年謂吏縱罪人，有常法，今更詆吳爲不道，恐於法深，是當時議者但知承霍光指，舍正法而別科以重法，遂成此冤獄。此風實自張湯、杜周開之，而其後獨昌，何哉？《史記》二人入《酷吏傳》，甚允。

非所宜言　《律曆志》：「詔與丞相、御史、大將軍、右將史各一人，雜候上林清臺。壽王課疏遠。案漢元年不用黄帝《調曆》，壽王非漢曆，逆天道，非所宜言，大不敬，有詔勿劾。壽王，太史令張壽王，後以祆言誹謗下吏」。《楊惲傳》：「人有上書告長樂非所宜言，事下廷尉。長樂，太僕戴長樂。」《陳湯傳》：「丞相御史奏湯惑衆不道，妄稱詐，歸異於上，非所宜言，大不敬。」《昌邑王賀傳》：「揚州刺史柯奏賀與故太守卒史孫萬世交通，萬世問賀：『前見廢時，何不堅守毋出宮，斬大將軍，而聽人奪璽綬乎？』賀曰：『然。失之。』萬世又以賀且王豫章，不久爲列侯。賀曰：『且然，非所宜言。』有司按驗，請逮捕。制曰：『削户三千。』」《師丹傳》：「與大司馬王莽共劾奏宏高昌侯董宏。知皇太后至尊之號，天下一統，而稱引亡秦以爲比喻，詿誤聖朝，非所宜言，大不道。上免宏爲庶人。」《元后傳》：「上使尚書劾奏章京兆尹王章。知野王前以王舅出補吏而私薦之，欲令在朝阿附諸侯。又知張美人體御至尊，而妄稱引羌胡殺子蕩腸，非所宜言。遂下章吏。廷尉致其大逆罪，以爲：比上夷狄，欲絶繼嗣之端；背畔〔天子〕，私爲定陶王。章死獄中，妻子徙合浦。」《王莽傳》：「夙夜連率韓博上言：『有奇士，長丈，大十圍，來至臣府，曰欲奮擊胡虜，自謂巨毋霸。軺車不能載，三馬不能勝，即日以大車四馬，建虎旗，載霸詣闕。霸卧則枕鼓，以鐵箸食。此皇天所以輔新室也。』博意欲以諷莽。莽聞惡之，徵博下獄，以非所宜言，棄市。」《功臣表》：「樂成嗣侯丁義，坐言五利侯，不道，棄市。」《王尊傳》：「尊於是劾奏：『丞相衡、御史大夫譚位三公，知中書謁者令顯等專權擅勢，爲海內患害，不以時白奏行罰，而阿諛曲從，附下罔上，懷邪迷國，無大臣輔政之義，皆不道，在赦令前。赦後，衡、譚舉奏顯，不自陳不忠之罪，而反揚著先帝任用傾覆之徒，妄言百官畏之，甚於主上，卑君尊臣，非所宜稱，失大臣體。又正月行幸曲臺，臨饗罷衛士，衡與中二千石大鴻臚賞等會坐殿門下，衡南鄉，賞等西鄉，衡更爲賞布東鄉席，起立延賞坐，私語如食頃。衡知行臨，百官共職，萬衆會聚，而設不正之席，使下坐上，相比爲小惠於公門之下，動不中禮，亂朝廷爵秩之位。衡又使官大奴入殿中，問行起居，還言漏上十四刻行臨到，衡安坐，不變色改容，無怵惕肅敬之心，驕慢不謹，皆不敬。』有詔勿治。」《輯證》曰：「《史記·叔孫通傳》二世令御史案諸生，言反皆下吏，非所宜(所)言。漢蓋承《秦律》也。梁沈約奏彈孔稾肆此醜言，比物連類，非所宜稱云云，見《初學記》。廿四。是六朝時猶用漢律文。」

按：非所宜言與妖言不同，妖言者，非謗之詞，非所宜者，失實之詞也。《王尊傳》之非所宜稱即非所宜言之變詞，而斷之曰不敬。是同一非所宜言，《師丹傳》以爲大不道，《陳湯傳》以爲大不敬，《王尊傳》以爲不敬，分爲三級。可知漢之非所宜言，亦如不道之無正法，議獄者可任意輕重也。丁義之言五利，當亦以爲非所宜言，與王莽之於韓博，並重至棄市。王章死獄中，妻子徙。此皆以不道論者。戴長樂、董宏並免爲庶人，昌邑削户，張壽王、匡衡有詔勿劾、勿治，等級之不同如此，可謂無定法矣。

大不敬　不敬　《薛宣傳》：「哀帝初卽位，博士申咸給事中，亦東海人也，毁宣不供養行喪服，薄於骨肉，前以不忠孝免，不宜復列封侯在朝省。宣子況爲右曹侍郎，數聞其語，賕客楊明，欲令創咸面目，使不居位。會司隸缺，況恐咸爲之，遂令明遮咸宫門外，斷鼻脣，身八創。事下有司，御史中丞衆等奏：『況朝臣，父故宰相，再封列侯，不相敕丞化，而骨肉相疑，疑咸受修言以謗毁宣。咸所言皆宣行迹，衆人所共見，公家所宜聞，況知咸給事中，恐爲司隸舉奏宣，而公令明等迫切宫闕，要遮創戮近臣於大道人衆中，欲以鬲塞聰明，杜絶論議之端。桀黠無所畏忌，萬衆讙譁，流聞四方，不與凡民忿怒争鬭者同。臣聞敬近臣，爲近主也。禮，下公門，式路馬，君畜産且猶敬之。《春秋》之意，意惡功遂，不免於誅，上浸之源不可長也。況首爲惡，明手傷，功意俱惡，皆大不敬。明當以重論，及況皆棄市。』」《鮑宣傳》：「拜宣爲司隸。丞相孔光四時行園陵，官屬以令行馳道中，宣出逢之，使吏鉤止丞相掾史，没入其車馬，摧辱宰相。事下御史，中丞侍御史至司隸官，欲捕從事，閉門不肯内。宣坐距閉使者，亡人臣禮，大不敬，不道，下廷尉。上遂抵宣罪減死一等，髡鉗。」《師丹傳》：「又丹使吏書奏。丁傅子弟聞之，使人上書告丹上封事，行道人偏持其書。上以問將軍中朝臣，皆對曰：『忠臣不顯諫，大臣奏事不宜漏洩，令吏民傳寫流聞四方。臣不密則失身。宜下廷尉治。』事下廷尉，廷尉劾丹大不敬。事未決，給事中博士申咸、炔欽上書言：『丹經行無比，自近世大臣能若丹者少。發憤懣，奏封事，不及深思遠慮，使主簿書，漏泄之過不在丹。以此貶黜，恐不厭衆心。』尚書劾咸、欽：『幸得以儒官選擢備腹心，上所折中定疑，知丹社稷重臣，議罪處罰，國之所慎，咸、欽初傅經義以爲當治，事以(事)〔暴〕列，迺復上書妄稱譽丹，前後相違，不敬。』上貶咸、〔欽〕秩各二等，遂策免丹。」張斐《注律表》：「虧禮廢節謂之不敬。」

按：大不敬、不敬與不道，罪分差等，每一事而引二律，其無正法，與不道同，杜説詳之矣。薛況使楊明遮斫申咸在大道人衆中，則與禁門無涉，廷尉謂雖於掖門外傷咸道中，與凡民爭鬬無異，其議自較平允。漢人好以經義折獄，而此獄則强傅經義以成重比，又經義之禍也。鮑宣科大不敬，而又有「不道」二字，宋祁曰，南本無「不道」二字，當以無此二字者爲是。既言大不敬，不得復言不道也。師丹事亦妄傅經義，獨怪咸、欽初以爲當治，而又稱譽之，前後相違，誠不可解也。丹以大不敬策免，咸、欽以不敬貶秩二等，此又大不敬與不敬輕重之差，足與《朱博傳》互相印證焉。張斐云「虧禮廢節」謂之不敬，自是古意。然考漢時之獄，又不盡與四字相符，知漢人治獄每越乎範圍之外，淺識者尚以經義相矜，是未嘗深考之耳。

廢格沮誹　《史記·平準書》：「而廢格沮誹窮治之獄用矣。」集解：「如淳曰：廢格天子文法，使不行也。誹謂非上所行，若顏異反脣之比也。」索隱：「格音閣，亦如字。按謂廢格天子之命而不行，及沮敗誹謗之者，皆被窮治。」又《淮南王安傳》：「此時有欲從軍者輒詣京師，被即願奮擊匈奴。太子遷數惡被於王，王使郎中令斥免被，欲以禁後。被遂亡至長安，上書自明。詔下其事，公卿治者曰：『淮南王擁閼奮擊匈奴雷被等，廢格明詔，當棄市。』詔勿許。公卿請削五縣，詔削二縣。」索隱：「崔浩云：詔書募擊匈奴，而雍遏應募者，《漢律》所謂廢格。案如淳注《梁孝王傳》云：閣，（歧）〔音〕不行也。」又《義縱傳》：「楊可方受告緡，縱以爲此亂民，部吏捕其爲可使者。天子聞，使杜式治以爲廢格沮事，棄縱市。」集解：「《漢書音義》曰：武帝使楊可主告緡，沒入其財物，縱捕爲可使者，此爲廢格詔書，沮已成之事。」《後書・朱祐傳》：「大司馬吴漢劾奏祐廢詔受降，違將帥之任。帝不加罪。」袁宏《後漢紀》：「吴漢劾朱祐云：秦豐狡猾，連年固守，當伏誅滅，以謝百姓。祐不斬截以示四方，而廢詔命，聽受豐降，大不敬。」《夏侯勝傳》：「宣帝初即位，欲褒先帝，詔丞相御史其與列侯二千石博士議。於是羣臣大議廷中，皆曰：『宜如詔書。』長信少府勝獨曰：『武帝雖有攘四夷，廣士斥境之功，然多殺士衆，竭民財力，奢泰亡度，天下虛耗，百姓流離，物故者過半，蝗蟲大起，赤地數千里，或人民相食，畜積至今未復，亡德澤於民，不宜爲立廟樂。』公卿共難勝曰：『此詔書也。』勝曰：『詔書不可用也。人臣之誼，宜直言正論，非苟阿意順指。議已出口，雖死不悔。』於是丞相義、御史大夫廣明劾奏勝非議詔書，毀先帝，不道，及丞相長史黃霸阿縱勝不舉劾，俱下獄。」

按：廢格、沮誹是二事，廢格重，沮誹輕，乃罪則同一棄市，是不分輕重矣。《夏侯勝傳》以非議爲不道，《後漢紀》以廢詔爲大不敬，又似廢格輕而非議重者，此不可解者也。至於廷中會議，事有是非，烏可一味順從？夏侯之言，洵爲正論，惜乎三代直道之難行也。勝、霸後亦釋放復官，已非若張湯之酷。朱祐受降而不妄殺，難科廢詔之條，帝之不加罪，自屬允當。

左道　《王商傳》：「大中大夫蜀郡張匡，上書願對近臣陳日蝕咎。下朝者左將軍丹等問匡，對曰：『竊見丞相商云云。太后前聞商有女，欲以備後宮，商言有固疾，後有耿定事，更詭道因李貴人家内女。執左道以亂政，誣罔誖大臣節，故應是而日蝕。《周書》曰，以左道事君者誅云云。』於是師丹等奏：『商執左道以亂政，爲臣不忠，罔上不道，《甫刑》之辟，皆爲上戮。臣請詔謁者召商詣若盧詔獄。』制曰：『弗治。』鳳固争之，商免相。」《杜業傳》：「業上書言：『方進素與司直師丹相善，丹前親薦邑子丞相史能使巫下神，爲國求福，幾獲大利。幸賴陛下至明，遣使者毛莫如先考驗，卒得其姦，皆坐死。假令丹知而白之，此誣罔罪也。不知而白之，是背經術惑左道也。二者皆在大辟。』」《李尋傳》：「初，成帝時，齊人甘忠可詐造《天〔官〕曆》、《包元太平經》十二卷，以言：『漢家逢天地之大終，當更受命於天，天帝使真人赤精子，下教我此道。』忠可以教重平夏賀良、容丘丁廣世、東郡郭昌等，中壘校尉劉向奏忠可假鬼神罔上惑衆，下獄治服，未斷病死。賀良等坐挾學忠可書以不敬論。後賀良等復私以相教。哀帝初立，司隸校尉解光亦以明經通災異得幸，白賀良等所挾忠可書。事下奉車都尉劉歆，歆以爲不合五經，不可施行。而李尋亦好之，光曰：『前歆父向奏忠可下獄，歆安肯通此道？』時郭昌爲長安令，勸尋宜助賀良等。尋遂白賀良等皆待詔黄門，數召見，陳說：『漢曆中衰，當更受命。宜卽改元易號，迺得延年益壽，皇子生，災異息矣。』哀帝久寢疾，幾其有益，於是遂從賀良等議。以建平二年爲太初元將元年，號曰『陳聖劉太平皇帝。』漏刻以百二十爲度。後月餘，上疾自若。賀良等復欲妄變政事，大臣争以爲不可許。賀良等奏言大臣皆不知天命，宜退丞相御史，以解光、李尋輔政。上以其言亡驗，遂下賀良等吏，而下詔曰：『賀良等反道惑衆，姦態當窮竟。』皆下獄，光禄勳平當、光禄大夫毛莫如與御史中丞、廷尉雜治，當賀良等執左道，亂朝政，傾覆國家，誣罔主上，不道。賀良等皆伏誅。尋及解光減死一等，徙敦煌郡。」

按：《禮記・王制》：「執左道以亂政，殺。」注：「左道，若巫蠱及俗禁。」疏：「盧云，左道謂邪道。地道尊右，右爲貴，故《漢書》云右賢左愚，右貴左賤。故正道爲右，不正道爲左，若巫蠱及俗禁者。按《漢書》，武帝時江充埋桐人於天子宫是也。蠱者，損壞之名，巫行邪術，損壞於人。俗禁者，若前漢張竦行辟反支，《後書・郭躬傳》有陳伯子者，出辟往亡，入辟歸忌是也。」夏賀良之僞造讖文，此真所謂左道者，《唐律》之祆書祆言，正指此類，其誅也宜。師丹之使巫下神，亦屬左道。若王商之事，與左道何涉？乃謬引經義以證其罪，而師丹等亦附和其詞，此又獄之不平者也。制曰「弗治」，而王鳳必欲去商，帝亦遂免商，此可以見鳳之顓權，而王氏篡漢已朕兆於此。

媚道　《孝武陳皇后傳》：「后又挾婦人媚道，頗覺。元光五年，上遂窮治之，女子楚服等坐爲皇后巫蠱祠祭祝詛，大逆無道，相連及誅者三百餘人。楚服梟首於市。使有司賜皇后策曰：『皇后失序，惑於巫祝，不可以承天命。其上璽綬，罷退居長門宫。』」《孝成許皇后傳》：「后姊平安剛侯夫人謁等爲媚道祝詛後宫有身者王美人及鳳等，事發覺，太后大怒，下吏考問。謁等誅死，許后坐廢處昭臺宫，親屬皆歸故郡山陽。」《周禮・天官》：「内宰禁其奇邪。」注：「奇邪，若今媚道。」疏：「案《漢書》漢孝文時婦人蠱惑媚道，更相呪詛，作木偶人埋之於地。漢法又有宫禁，云敢行婦道者若然。媚道謂道妖邪巫蠱以自衒媚，故鄭舉漢法證經『奇邪』也。《漢制考》『蠱』作『術』。」

按：媚道似是漢時宮禁，觀《陳后傳》，則亦左道之一端也。武帝時巫蠱之獄，此最先矣，以大逆無道論，株連遂衆。而婦人梟首爲後世法律所不許，豈漢世尚無此例歟？

持喪葬築蓋嫁取卜數文書使民倍禮違制　《禮記·王制》：「假於鬼神、時日、卜筮以疑衆，殺。」注：「今時持喪葬、築蓋、嫁取、卜數文書，使民倍禮違制。」疏：「妄陳邪術，恐懼於人，假託吉凶，以求財利。假於鬼神、時日、卜筮者，謂假託鬼神，假託時日，假託卜筮，以疑於衆，鬼神、時日、卜筮共有假文。注今時至違制，謂今時之人，持執此喪葬、築蓋、嫁娶、卜數之文書，以惑於衆，妄陳禍福浪説。築謂垣牆，蓋謂舍宇。」

按：今時南方鄉閒頗有假託神佛，妄言能禍福，愚民惑之，盡心供養，往往有傾家敗産者。此卽假於鬼神之事，古人在必殺之科，而今則牧民者從不顧問，何哉？其假時日卜筮以脅取民財者，今時亦有此種邪術之人，然不多見。鄭注所引，自是漢法，亦妖言之類也。

降敵　《史記·商君傳》：「匿姦者與降敵同罰。」索隱：「案律，降敵者誅其身，沒其家。」《輯證》曰：「按《李陵傳》，族陵家，母弟妻子皆伏誅。據此，是漢時仍用此律。」《功臣侯表》：「親陽侯月氏、若陽侯猛，坐謀反入匈奴，要斬。承父侯續相如，坐賊殺軍吏，謀入蠻夷，祝詛上，要斬。建平嗣侯憲，以先降梁王，薨，不得代。爰戚嗣侯牧，建武四年，以先降梁王，免。」

按：索隱所謂律，似是約《唐律》謀叛之文以爲證，非漢之律文也。《輯證》謂漢用秦法，固是。

惟以《李陵傳》攷之，漢之族陵家，乃誤聞其教單于爲兵，非以其降也。上遣公孫敖將兵迎陵，而敖無功還，武帝之於陵，重之如此，斷不以其降而族之。漢之族陵家，乃用《謀反律》，而陵事與謀反不同，《漢律》殆無謀叛專條。《唐律疏議》云，謀叛者，謂欲背國投僞。親陽、若陽二侯之謀入匈奴，乃謀叛，而非謀反，仍以謀反科之，承父之謀入蠻夷，與謀入匈奴何異，而又以祝詛科之，此可見謀叛之無明文矣。

漢律摭遺卷四

賊律二

欺謾

詆欺 《漢書·哀紀》：「綏和二年，除誹謗詆欺法。」顏注：「詆，誣也，音丁禮反。」《薛宣傳》：「廷尉直以爲『詔書無以詆欺成罪，原況無它大惡，加詆欺，輯小過成大辟。』」《翟方進傳》：「時大中大夫平當給事中，奏言：『方進國之司直，不自敕正以先羣下，前親犯令行馳道中，司隸慶平心舉劾，方進不自責悔，而内挾私恨，伺記慶之從容語言，以詆欺成罪。』」《匡衡傳》：「司隸校尉王尊劾奏衡，衡慙懼上疏謝罪。上報曰：『今司隸校尉尊妄詆欺加罪於君，朕甚閔焉，方下有司問狀。』」《孫寶傳》：「鄭崇下獄，寶上書曰：『按尚書令昌奏僕射崇，下獄覆治，榜掠將死，卒無一辭，道路稱冤。疑昌與崇内有纖介，浸潤相陷，自禁門内樞機近臣，蒙受冤譖，虧損國家，爲謗不小。臣請治昌，以解衆心。』書奏，天子不説。以寶名臣，不忍誅，迺制詔丞相大司空：『司隸寶奏故尚書僕射崇冤，請獄治尚書令昌。案崇近臣，罪惡暴著，而寶懷邪，附下罔上，以春月作詆欺，遂其姦心，蓋國之賊也。傳不云乎：惡利口之覆國家。其免寶爲庶人。』」《後書·陳忠傳》：「又尚書決事多違故典，罪法無例，詆欺爲先，文慘言醜，有乖章憲。」

按：詆欺之法，哀帝卽位卽除之，《薛宣傳》之無以詆欺成罪，似卽除法詔書中語。平當之言，亦用詔書也。獨不解帝自除之，而孫寶之獄，詔中又有詆欺之文，何自相矛盾耶？陳忠云罪法無例，詆欺爲先，是東京又有此律矣。

謾　賈誼《新書·道術篇》：「期果言當謂之信，反信爲謾。」《說文》：「謾，欺也。」張斐《注律表》：「違忠欺上謂之謾。」《王子侯表》：「平城侯禮，坐恐猲取雞，以令買償，免，復謾，完爲城旦。離石侯綰，坐上書謾，耐爲鬼薪。新利侯偃，坐上書謾，免，復更封户都侯，又上書謾，免。隨成侯趙不虞，坐爲定襄都尉，匈奴敗太守，以聞非實，謾，免。衆利侯郝賢，坐爲上谷太守，入戍卒財物，上計謾，免。此從《史表》。」《薛宣傳》：「遂策免曰：『迺者廣漢羣盜橫恣，殘賊吏民，朕惻然傷之，數以問君，君對輒不如其實。西州鬲絶，幾不爲郡。三輔賦斂無度，酷吏並緣爲姦，侵擾百姓，詔君案驗，復無欲得事實之意。九卿以下，咸承風指，同時陷於謾欺之辜，咎繇君焉。有司法君領職解嫚，開謾欺之路，傷薄風化，無以帥示四方。』」

按：欺謾與詐僞義頗相通，以張斐之言分別之，則欺謾者，事之對於君上者也，詐僞者，事之對於人民者也。觀《諸侯表》所列五事及《薛宣傳》，皆屬於欺上者。張説蓋亦漢律家相傳之語，並可見張、杜二家之律，亦多取諸前人，漢代章句亦在其中，但原書俱亡，無從辨別耳。《宣紀》黄龍元年詔，上計簿具文而已，務爲欺謾，以避其課。郝賢所坐，正是其事。

誣罔　《武紀》：「元鼎五年，樂通侯欒大，坐誣罔，要斬。」《廣川繆王齊傳》：「是後，齊數告言漢公卿及幸臣所忠等，又告中尉蔡彭祖捕子明，罵曰：『吾盡汝種矣。』有司案驗，不如王言，劾齊誣罔，大不敬，請繫治。病薨，除國。」《司馬遷傳》：「上以遷誣罔，欲沮貳師功，爲陵游説，下遷腐刑。」《百官表》：「昭帝始元元年，司隸校尉雒陽李仲季主爲廷尉，四年，坐誣罔，下獄，棄市。」《昭紀》：「始元五年，夏陽男子張延年詣北闕，自稱衛太子，誣罔，要斬。」《雋不疑傳》：「始元五年，有一男子乘黃犢車，建黃旐，衣黃襜褕，著黃冒，詣北闕，自稱衛太子。公車以聞，詔使公卿將軍中二千石雜識視。長安中吏民聚觀者數萬人。右將軍勒兵闕下，以備非常。丞相御史中二千石至者（立）〔並〕莫敢發言。京兆尹不疑後到，叱從吏收縛。或曰：『是非未可知，且安之。』不疑曰：『諸君何患於衛太子！昔蒯聵違命出奔，輒距而不內，《春秋》是之。衛太子得罪先帝，亡不卽死，今來自詣，此罪人也。』遂送詔獄。廷尉驗治何人，竟得姦詐。本夏陽人，姓成名方遂，居湖，以卜筮爲事，故太子舍人嘗從方遂卜，謂曰：『子狀貌甚似衛太子。』方遂心利其言，幾得以富貴，卽詐自稱詣闕。廷尉逮召鄉里識知者張宗祿等，方遂坐誣罔不道，要斬東市。一姓張名延年。」《恩澤侯表》：「楊鄉侯朱博，坐誣罔，自殺。」《劉向傳》：「遂逮更生繫獄，下太傅韋玄成、諫大夫貢禹與廷尉雜考。劾更生教令人言變事，誣罔不道。更生坐免爲庶人。」

按：誣罔以不道論，乃《漢律》之重者，欒大、成方遂並坐要斬，而李仲僅棄市，輕重不同。《昭紀》：「始元四年，廷尉李种坐故縱死罪棄市。」疑《紀》是也。司馬遷止腐刑，劉向止免官，又不以不道論矣。《秋官・士師》：「八曰爲邦誣。」注：「誣罔君臣，使事失實。」《輯證》云，蓋《漢律》語。然鄭引漢法，並有若今時之語，而此無之，杜説未必然。

罔上不道　《朱博傳》：「彭宣等劾奏：『博執左道，虧損上恩，以結信貴戚，附下罔上，爲臣不忠，不道。』自殺。」《王嘉傳》：「光禄大夫孔光、左將軍公孫禄、右將軍王安、光禄勳馬宮、光禄大夫龔勝劾嘉迷國罔上，不道，請與廷尉雜治。勝獨以爲嘉備宰相，諸事俱廢，咎由嘉生；嘉坐薦相等，微薄，以應迷國罔上不道，恐不可以示天下。遂可光等奏。光等請謁者召嘉詣廷尉詔獄。嘉繫獄二十餘日，不食，歐血而死。」《恩澤侯表》：「新甫侯王嘉，坐罔上，下獄瘐死。」《孫寶傳》：「遷丞相司直。時帝舅紅陽侯立使客因南郡太守李尚占墾草田數百頃，頗有民所假少府陂澤，略皆開發，上書願以入縣官。有詔郡平田予直，錢有貴一萬萬以上。寶聞之，遣丞相史按驗，發其姦，劾奏立、尚懷姦罔上，狡猾不道。尚下獄死，立不坐。鄭崇下獄，寶上書，天子不説，制詔：寶懷邪，附下罔上。」《王子侯表》：「南陵侯慶，坐爲沛郡太守横恣，罔上，下獄瘐死。」《恩澤侯表》：「牧丘嗣侯德，坐爲太常失法罔上，祠不如令，完爲城旦。」《後書・楊震傳》：「尋有河間男子趙騰詣闕上書，指陳得失，帝發怒，遂收考詔獄，結以罔上不道。震復上疏救之。帝不省，騰竟伏尸都市。」

按：罔上與誣罔於義無大分別，而漢法似有輕重。誣罔要斬，而罔上或止免官，或止城旦，加「不道」二字者棄市，與誣罔不甚同也。

附下罔上　《武紀》：「元朔元年有司奏議曰：『夫附下罔上者死，附上罔下者刑，與聞國政而無益於民者斥，在上位而不能進賢者退。』」《補注》：「沈欽韓曰：《説苑・臣術》引《太誓》與此四語同，此今文《泰誓》也。」

按：此議所稱「附下罔上」自是引《書》之語。惟漢時治獄多有此詞，如王尊劾匡衡、張譚曰附下罔上，謂阿附石顯也。見尊及衡《傳》。彭宣等劾朱博曰附下罔上，謂結信貴戚也。見博《傳》。疑《漢律》中有此文，故嘗引之。其但稱「罔上」者，省文也。

詐僞

張斐《注律表》：「背信藏巧謂之詐。」

按：詐僞與欺謾之分別已詳前，而詐與僞亦有分別。詐者，虛言相誑以取利，如《唐律》之詐欺取財是也。僞者，造私物以亂真，如私鑄之類是也。統言之則一端，析言之則二事，《漢律》已不能詳，略引數事以證之。

詐取　《功臣侯表》：「赤泉嗣侯毋害，坐詐紿人臧六百，免。高梁嗣侯平，坐詐衡山王取金，免。」

詐疾　《功臣侯表》：「襄城嗣侯釋之，坐詐疾不從，耐爲隸臣。」《補注》：「周壽昌曰：《史表》『不從』下有『不敬』二字，是也。是年上行幸甘泉，蓋詐疾不從往。」《後書·何敞傳》：「常忿中常侍蔡倫，倫深憾之。元興元年，敞以祠廟嚴肅，微疾不齋。後鄧皇后上太傅禹冢，敞起，隨百官會。倫因奏敞詐病，坐抵罪。」《龐參傳》：「參於道爲羌所敗，既已失期，乃稱疾引兵還。坐以詐疾徵下獄。馬融上書請之。赦參等。」《續百官志》「廷尉卿」注：「蔡質《漢儀》曰：正月旦百官朝賀，光禄勳劉嘉、廷尉趙世各辭不能朝。高賜舉奏，皆以被病篤困，空文武之位，闕上卿之贊，不謹不敬，請廷尉治嘉罪，河南尹治世罪。」

按：前二事是詐取財，《唐律》之詐欺官私取物也。後四事是詐疾病，《唐律》之詐疾病有所避也。此亦漢法之流傳遞衍者。

矯枉以爲吏　《景紀》：「後二年，詔曰：『今歲或不登，民食頗寡，其咎安在？或詐僞爲吏，吏以貨賂爲市，漁奪百姓，侵牟萬民。縣丞，長吏也，奸法與盜盜，甚無謂也。其令二千石各修其職，不事官職耗亂者，丞相以聞，請其罪。』」注：張晏曰：「以詐僞人爲吏也。」臣瓚曰：「律所謂矯枉以爲吏者也。」師古曰：「二說並非也。直謂詐自稱吏耳。」《補注》：「周壽昌曰：張、瓚二說近之，師古說非也。果詐自稱吏，則《漢律》本罪已重，尚容其侵牟漁奪哉？觀下文云云，重在察吏，並未云治其詐稱吏也。『詐僞爲吏』數語，即詔所云『不事官職耗亂者』也。」

按：周說是以矯枉之人爲吏，則無事不用其矯枉矣。詔曰「詐僞爲吏」，實以此爲害之大者。下文「貨賂爲市」等語，即其害之昭著者也。

盜鑄錢　僞黄金　《文紀》：「五年，除盜鑄錢令。」《景紀》：「中六年，定鑄錢僞黄金棄市律。」注：應劭曰：「文帝五年，聽民放鑄，律尚未除。先時多作僞金，僞金終不可成，而徒損費，轉相誑燿，窮則起爲盜賊，故定其律也。」孟康曰：「民先時多作僞金，故其語曰『金可作，世可度。』費損甚多而終不成，民亦稍知其意，犯者希，因此定律也。」師古曰：「應說是。」《食貨志》：「孝文五年，除盜鑄錢令，使民放鑄。賈誼諫曰：『法使天下公得顧租鑄銅錫爲錢，敢雜以鉛鐵爲它巧者，其罪黥。然鑄錢之情，非殽雜爲巧，則不可得贏。而殽之甚微，爲利甚厚。夫事有召禍而法有起姦，今令細民人操造幣之埶，各隱屏而鑄作，因欲禁其厚利微姦，雖黥罪日報，其勢不止。迺者民人抵罪，多者一縣百數，及吏之所疑，榜笞奔走者甚衆。夫縣法以誘民，使入陷阱，孰積於此！曩禁鑄錢，死罪積下；今公鑄錢，黥罪積下。爲法若此，上何賴焉？又民用錢，郡縣不同，或用輕錢，百加若干，或用重錢，平稱不受。法錢不立，吏急而壹之虖，則大爲煩苛，而力不能勝。縱而弗呵虖，則市肆異用，錢文大亂。苟非其術，何鄉而可哉。今農事棄捐而采銅者日蕃，釋其耒耜，冶鎔炊炭，姦錢日多，五穀不爲多。善人怵而爲姦邪，愿民陷而之刑戮，刑戮將甚不詳，奈何而忽。國知患此，吏議必曰禁之，禁之不得其術，其傷必大。今禁鑄錢，則錢必重，重則其利深，盜鑄如雲而起，棄市之罪又不足以禁矣。姦數不勝而法禁數潰，銅使之然也。故銅布於天下，其爲禍博矣。今博禍可除，而七福可致也。何謂七福？上收銅勿令布，則民不鑄錢，黥罪不積，一矣。僞錢不蕃，民不相疑，二矣。采銅鑄作者反於耕田，三矣。銅畢歸於上，上挾銅積以御輕重，錢輕則以術斂之，重則以術散之，貨物必平，四矣。以作兵器，以假貴臣，多少有制，用別貴賤，五矣。以臨萬貨，以調盈虛，以收奇羨，則官富（貴）〔實〕而末民困，六矣。制吾棄財，以與匈奴逐爭其民，則敵必懷，七矣。故善爲天下者，因禍而爲福，轉敗而爲功。今久退七福而行博禍，臣誠傷之。』上不聽。是時，吳以諸侯即山鑄錢，富埒天子，後卒叛逆。鄧通，大夫也，以鑄錢財過王者。故吳、鄧錢布天下。」《賈山傳》：「其後，文帝除鑄錢令，山復上書諫，以爲變先帝法，非是。章下詰責，對以爲錢者無用器也，而可以易富貴，富貴者人主之操柄也，令民爲之，是與人主共操柄，不可長也。」《食貨志》又云：「於是天子與公卿議，更造錢幣以澹用，而摧浮淫兼并之徒。是時，禁苑有白鹿而少府多銀錫。自孝文更造四銖錢，至是歲四十餘年，從建元以來，用少，縣官往往即多銅山而鑄錢，民亦盜鑄，不可勝數。錢益多而輕，物益少而貴。有司言曰：『古者皮幣，諸侯以聘享。金有三等，黃金爲上，白金爲中，赤金爲下。今半兩錢法重四銖，而姦或盜摩錢質而取鎔，注：如淳曰：錢一面有文，一面幕，幕爲質。民盜摩漫面而取其鎔，以更鑄作錢也。臣瓚曰：許慎云「鎔，銅屑也」。摩錢漫面以取其屑，更以鑄錢。《西京黃圖》敍曰「民摩錢取屑」是也。《補注》宋祁曰：鎔，俞玉反。錢益輕薄而物貴，則遠方用幣煩費不省。』乃以白鹿皮方尺，緣以繢，爲皮幣，直四十萬。王侯宗室朝覲聘享，必以皮幣薦璧，然後得行。又造銀錫白金。以爲天用莫如龍，地用莫如馬，人用莫如龜，故白金三品：其一曰重八兩，圜之，其文龍，名曰「白撰」，直三千；二曰以重差小，方之，其文馬，直五百；三曰復小，撱之，其文龜，直三百。令縣官銷半兩錢，更鑄三銖錢，重如其文。盜鑄諸金錢罪皆死，而吏民之犯者不可勝數。有司言三銖錢輕，輕錢易作姦詐，迺更請郡國鑄五銖錢，周郭其質，令不可得摩鎔。大農上鹽鐵丞孔僅、咸陽言：『山海天地之藏，宜屬少府，陛下勿私，以屬大農佐賦。願〔募〕民自（結）〔給〕費，因官器作鬻鹽，官與牢盆。浮食奇民欲擅斡山海之貨以致富羨，役利細民，其沮事之議，不可勝聽。敢私鑄鐵器鬻鹽者，釱左趾，没入其器物。』自造白金五銖錢後五歲，而赦吏民之坐盜鑄金錢死者數十萬人。其不發覺相殺者，不可勝計。赦自出者百餘萬人。然不能半自出。天下大氐無慮皆鑄金錢矣。犯法者衆，吏不能盡誅，於是遣博士褚大、徐偃等分行郡國，舉兼并之徒守相爲利者。郡國鑄錢，民多姦鑄，錢多輕，而公卿請令京師鑄官赤仄，應劭曰：所謂子紺錢也。如淳曰：以赤銅爲其郭也。今錢郭見有赤者，不知作法云何也。

《補注》：《史記》作「鍾官赤仄。」周壽昌云：《史記》「仄」作「側」。索隱「鍾官掌鑄赤仄之錢」，此云官，即鍾官省文也。當時赤仄甫行，嚴防私鑄，直以官赤仄呼之。一當五，賦官用非赤仄不得行。白金稍賤，民勿寶用。縣官以令禁之，無益，歲餘終廢不行。其後二歲，赤仄錢賤，民巧用之，不便，又廢。於是悉禁郡國毋鑄錢，專令上林三官鑄。錢既多，而令天下非三官錢不得行，諸郡國前所鑄錢皆廢銷之，輸入其銅三官。而民之鑄錢益少，計其費不能相當，唯真工大姦迺盜爲之。」《鄧通傳》：「景帝立，人有告通盜出徼外鑄錢 下吏驗問，頗有，遂竟案，盡沒入之。」《劉向傳》：「淮南有《枕中鴻寶苑祕書》，書言神僊使鬼物爲金之術，及鄒衍重道延命方，世人莫見，而更生父德，武帝時治淮南獄，得其書。更生幼而誦讀，以爲奇，獻之，言黃金可成。上令典尚方鑄作事，費甚多，方不驗。上乃下更生吏，吏劾更生鑄僞黃金，繫當死，得踰冬減死論。」

盜鑄金錢 詳上。又《功臣表》：「慎陽嗣侯買之，坐鑄白金棄市。」

鑄銅錫爲錢敢雜以鉛鐵爲它巧者 詳上。

敢私鑄鐵器鬻鹽者 詳上。

按：盜鑄錢，漢初舊律本是死罪，大約承秦之舊。文帝除之，而景帝又復之。《景紀》書「定鑄錢僞黃金棄市律」，鑄錢復舊，僞黃金新頒，史一併書之耳。更生典尚方鑄作，乃奉帝之命，方不驗而金不成，固難辭咎，然與私作僞黃金者不同，乃吏與僞黃金不加區別。此漢法之嚴。然漢人用律往往如此，實不若後世之援情定罪，分別重輕爲得其平也。金錢爲武帝所鑄新幣，有犯自當與鑄錢同科。鹽鐵之禁，究屬利于國而不利于民，其罪釱左趾，僅降死一等，可謂重矣。後來所以有鹽鐵論之反覆辨難也。昭帝始元六年，議罷鹽鐵榷酤，而《紀》但書「罷榷酤官。」《鹽鐵論》第四十一，公卿奏曰：「賢良文學不明縣官事，猥以鹽鐵爲不便，請且罷郡國榷酤、關內鐵官。奏可。」是當時鐵官亦有罷者，但止關內，故《紀》文不具耳。宣帝地節四年，減天下鹽賈。雖未罷而民食亦稍舒。元帝初元五年，罷鹽鐵官。永光三年，復鹽鐵官。以用度不足，民多復除也。鹽鐵之利，終西漢之世未能除，至王莽而變本加厲矣。銅錫錢雜鉛鐵之禁，在文帝時雖放鑄而仍禁它巧，故錢法尚不至於極弊。

非子　《功臣表》：「復陽嗣侯嘉薨，康侯拾嗣。拾薨，侯彊嗣，坐拾非嘉子，免。杜嗣侯福，坐非子，免。」《恩澤侯表》：「營平嗣侯岑，坐父欽詐以長安女子王君俠子爲嗣，免。」

非正　《恩澤侯表》：「平周嗣侯滿，坐非正，免。汝昌嗣侯昌以商兄子紹奉祀封，坐非正，免。陽新侯鄭業，坐非正，免。」

按：非子與非正有無分別，未詳。以文字求之，非子爲異姓，非正爲非正嫡，似有殊也。《唐律》非正嫡詐承襲在《詐僞律》中，疑《漢律》已然，今故列于此。

踰封

附益　《諸侯王表》：「景遭七國之難，抑損諸侯，減黜其官。武有衡山、淮南之謀，作左官之律，設附益之法，諸侯惟得衣食稅租，不與政事。」注：張晏曰：「律鄭氏說，封諸侯過限曰附益。或曰阿媚王侯，有重法也。」師古曰：「附益者，蓋取孔子云『求也爲之聚斂而附益之』之義也，皆背正法而厚於私家也。」《高五王傳》贊：「自吴楚誅後，稍奪諸侯權，左官、附益阿黨之法設。其後諸侯唯得衣食租税，貧者或乘牛車。」

按：附益之律設于吴、楚誅後，爲漢初所無。《匡衡傳》獄詞有「以地附益大臣」之語，事詳《盜律》專地盜土條下，是附益即踰封之事。過于例限，故謂之附益。

非始封十減二　《漢書・宣紀》：「地節二年，詔嚋其爵邑。」注張晏曰：「律，非始封十減二。嚋者，等也，言不復減也。」

按：此霍光薨後其子紹封之詔文也。觀律意，紹封之侯，視始封之户十減其二，光以功高不減，嚋其爵邑者，爵邑與始封等也。此似專指功臣、恩澤等侯而言。諸侯王因罪而削者有之，未聞有紹封減二之事，或以此屬諸侯王者非。

名田他縣　《哀紀》注：如淳曰：「令甲，諸侯在國，名田他縣，罰金二兩。」

按：他縣在封外，故不得名田。名田，占田也。此亦踰封之一端，特事之小者耳。

左官　見上。注：服虔曰：「仕於諸侯爲左官，絶不得使仕於王侯也。」《補注》：周壽昌曰：「王侯」宜作「王朝」。應劭曰：「人道尚右，今舍天子而仕諸侯，故謂之左官也。」師古曰：「漢時朝廷之列以右爲尊，故謂降秩爲左遷，仕諸侯爲左官也。」《彭宣傳》：「遷廷尉，以王國人出爲太原太守。李奇曰：初，漢制王國人不得在京師。數年，復入爲大司農、光禄勳、右將軍。哀帝即位，徙爲左將軍。歲餘，上欲令丁、傅處爪牙官，迺策宣曰：『有司數奏言諸侯國人不得宿衞。』」《龔勝傳》：「以王國人不得宿衞補吏。」《後書・丁鴻傳》：「臣愚以爲左官外附之臣，依託權門。」注：「外附，謂背正法而附私家。」

按：左官之律作於武帝，漢初無此制也。《田叔傳》：「宣平侯乃進言叔等十人，上召見與語，漢廷臣無能出其右者，上説，盡拜爲郡守諸侯相。」是未嘗不得仕於王朝。叔子仁後爲京輔都尉，更不以王國人論矣。漢初諸侯相皆由漢廷任用，周昌由御史大夫爲趙相，故高祖曰「吾極知其左遷」，顔注以爲降秩，最是。《朱博傳》：「遷爲大司農，歲餘，坐小法，左遷犍爲太守。」或以左遷爲左官，謂仕諸侯王爲左官，漢初已然者，非也。彭宣後爲大司空，龔勝後爲光禄大夫守右扶風，亦不拘定此法矣。

外附諸侯　《恩澤侯表》：「汝昌侯傅高，坐外附諸侯，免。」《王子侯表》：「有利侯釘，坐遺淮南王書稱臣，棄市。」《功臣表》：「廣平嗣侯穰，坐受淮南王賂稱臣，在赦前，免。安平嗣侯但，坐與淮南王安通，遺王書稱臣盡力，棄市。」《嚴助傳》：「後淮南王來朝，厚賂遺助，交私論議。及淮南王反事與助相連，上薄其罪，欲勿誅。廷尉張湯争，以爲助出入禁門腹心之臣，而外與諸侯交私如此，不誅，後不可治。助竟棄市。」《魏志·武紀》：「曹騰爲中常侍大長秋。」注：「司馬彪《續漢書》曰：蜀郡太守因計吏修敬於騰，益州刺史种暠於函谷關搜得其牋，上太守，並奏騰内臣外交，所不當爲，請免官治罪。」

按：「外附諸侯」當是漢時律語，嚴助之事，正外附之情狀也。高僅免侯，而助竟棄市，實由張湯之酷。武帝欲勿誅，必交通實而反狀虚，乃以近臣之故而轉加重，湯之術誠巧矣。《後漢書》注以外附爲附私家，則不專指諸侯言矣。

藩王不宜私通賓客　《後書・鄭衆傳》：「漢有舊防，藩王不宜私通賓客。」《馬援傳》：「初，援兄子壻王磐子石，有名江淮間。後游京師，與衛尉陰興、大司空朱浮、齊王章共相友善。援謂姊子曹訓曰：『王氏，廢姓也，子石當屏居自守，而反游京師長者，用氣自行，多所陵折，其敗必也。』後歲餘，磐果與司隸校尉蘇鄴、丁鴻事相連，坐死洛陽獄。而磐子肅復出入北宮及王侯邸第。援謂呂种曰：『建武之元，名爲天下重開，自今以往，海内日當安耳。但憂國家諸子並壯，而舊防未立，若多通賓客，則大獄起矣。卿曹戒慎之。』及郭后薨，有上書者，以爲肅等受誅之家，客因事生亂，慮致貫高、任章之變。帝怒，乃下郡縣收捕諸王賓客，更相牽引，死者以千數。呂种亦豫其禍，臨命歎曰：『馬將軍誠神人也。』」《沛獻王輔傳》：「建武二十年，復徙封沛王。時禁網尚疏，諸王皆在京師，競修名譽，爭禮四方賓客。壽光侯劉鯉，更始子也，得幸於輔，鯉怨劉盆子害其父，因輔結客報殺盆子兄故式侯恭。輔坐繫(結)〔詔獄〕，三日乃得出。自是後，諸王賓客多坐刑罰，各循法度。」

按：交通賓客，西京時以梁孝王及淮南王安、衡山王賜爲最盛，淮南、衡山卒以此敗，交通之禁當亦定於此時。東京之初，舊律先已廢而不用，後有王肅之事，大獄遂興，其法復申明焉。伏波之先見，誠深於世情者也。

阿黨　詳上。注張晏曰：「諸侯有罪，傅相不舉奏爲阿黨。」《輯證》曰：「按《魏志・楚王彪傳》，彪之官屬以下及監國謁者，坐知情無輔導之義，皆伏誅。蓋承用漢法。」《後書・光武紀》：「建武二十四年，詔有司申明舊制，阿附蕃王法。」注：「《前書音義》曰：以曲附益王侯者，將有重法。」《韓棱傳》：「棱孫演，桓帝時爲司〔馬〕〔徒〕，大將軍梁冀被誅，演坐阿黨抵罪，以減死論，遣歸本郡。」《馮石傳》：《馮魴傳》內。「及北鄉侯立，遷太傅，與太尉東萊劉喜參録尚書事。順帝既立，石與喜皆以阿黨閻顯、江京等策免。」《輯證》云：「《禮·月令》鄭注，阿黨謂治獄吏以私恩曲撓相爲按。疑此亦當時律說。」

阿附　見上。又《王尊傳》：「初，中書謁者令石顯貴幸專權，丞相匡衡、御史大夫張譚皆阿附畏事顯，不敢言。元帝崩，顯徙爲中太僕，不復典權，衡、譚請免顯等。尊於是劾奏。」《後書·楚王英傳》：「楚獄遂至累年，其辭語相連，自京師親戚諸侯州郡豪傑，及考案吏阿附相陷，坐死徙者以千數。」《張酺傳》：「及竇氏敗，酺乃上疏曰：『方憲等寵貴，羣臣阿附唯恐不及，今嚴威既行，皆言當死，不復顧其前後。』」《黄瓊傳》：「梁冀被誅，太尉胡廣、司徒韓演、司空孫朗皆坐阿附免廢。」《袁安傳》：「又奏司隸校尉、河南尹阿附貴戚，無盡節之義。」

阿附反虜　《袁安傳》：「拜楚郡太守，不入府，先〔注〕〔往〕案獄，理其無明驗者，條上出之。府丞掾史皆叩頭争，以爲阿附反虜，法與同罪，不可。」

按：左官、阿黨二律與附益同時所設，雖無關于踰封，疑必類聚一門，今故附于附益之後。外附交通賓客當爲阿黨之分目，亦類列於此。據張晏注，阿黨專指諸侯之傅相等官而言。阿附卽阿黨之變相。然其它之阿黨、阿附，似亦從此律比擬而成。阿附反虜則又别立專條。今悉列於此，從其類也。

踰侈　《武紀》：「天漢元年，閉城門大搜。」注：臣瓚曰：「《漢帝年紀》六月禁踰侈，七月閉城門大搜，則搜索踰侈者也。」李奇曰：「搜索巫蠱也。」師古曰：「時巫蠱未起，瓚説是也。踰侈者，踰法度而奢侈者也。」《江充傳》：「還拜爲直指繡衣使者，督三輔盜賊，禁察踰侈。貴戚近臣多奢僭，充皆舉劾，奏請没入車馬，令身待北軍擊匈奴。奏可。充即移書光禄勳中黄門，逮(召)〔名〕近臣侍中諸當詣北軍者，移劾門衛，禁止無令得出入宫殿。於是貴戚子弟惶恐，皆見上叩頭求哀，願得入錢贖罪。上許之，令各以秩次輸錢北軍，凡數千萬。」

按：此兼踰封、淫侈二者言之，但不知其罪居何等，與《江充傳》似非一事。江充所爲，乃一時虐政，未必遽爲定律，姑附於此。

矯制

矯制　《汲黯傳》：「『臣過河内，河内貧人傷水旱萬餘家，或父子相食，臣謹以便宜持節發河内倉粟以振貧民。請歸節伏矯制辠。』上賢而釋之。」顔注：「矯，託也，託奉制詔而行之。」《馮奉世傳》：「少府蕭望之，獨以奉使有指而擅矯制違命發諸國兵，雖有功效，不可以爲後法。即封奉世，開後奉使者利，以奉世爲比，争逐發兵，要功萬里之外，爲國家生事於夷狄，漸不可長。奉世不宜受封。上善望之議。」

矯制大害　《終軍傳》：「元鼎中，博士徐偃使行風俗，偃矯制使膠東魯國鼓鑄鹽鐵。還奏事，徙爲太常丞。御史大夫張湯劾偃矯制大害，法至死。」

矯制害　《竇嬰傳》：「迺劾嬰矯先帝詔害，罪當棄市。」《功臣表》：「浩侯王恢，坐使酒泉矯制害，當死，贖罪免。」注：如淳曰：「律，矯詔大害要斬，有矯詔害，矯詔不害。」《匈奴傳》：「詔報單于曰：『藩擅稱詔從單于求地，法當死，更大赦二。』」

矯制不害　《恩澤侯表》：「宜春侯伉，坐矯制不害，免。」

按：蔡邕《獨斷》：「漢天子其言曰制詔。其命令一曰策書，二曰制書，三曰詔書，四曰戒書。」制與詔二者，析言之則有別，合言之則同，故矯制亦稱矯詔也。《獨斷》又云：「制書，帝者制度之命也，其文曰制詔三公，赦令、贖令之類是也。詔書，詔誥也，有三品，其文曰告某官、官如故事，是爲詔書。」《漢書》中之稱制詔者，乃制書也。矯者，《公羊》僖三十三年傳：「矯以鄭伯之命而犒師焉。」注：「詐稱曰矯。」《周語》：「其刑矯誣。」注：「以詐用法曰矯。」《呂覽·悔過篇》：「乃矯鄭伯之命以勞之。」注：「擅稱君命曰矯。」具此三說，其義方備。師古以託釋矯，其意尚不明也。此律大害、害、不害分作三等，而引用之輕重則仍在人。汲黯之事，時張湯尚未用事，上賢而釋之，最爲平允。徐偃之事，並無大害，上已不究，而張湯以矯制大害科之，此之謂酷吏。

宣詔誤言　《後書·郭躬傳》：「又有兄弟共殺人者，而罪未有所歸。帝以兄不訓弟，故報兄重而減弟死。中常侍孫章宣詔，誤言兩報重，尚書奏章矯制，罪當腰斬。帝復召躬問之，躬對章應罰金。帝曰：『章矯詔殺人，何謂罰金？』躬曰：『法令有故、誤，章傳命之謬，於事爲誤，(二)〔誤〕者其文則輕。』帝曰：『章與囚同縣，疑其故。』躬曰：『周道如砥，其直如矢。君子不逆詐。君王法天，刑不可以委曲生意。』帝曰：『善。』」

按：尚書言罪當要斬，竟科以矯制大害矣。躬言法令有故、誤，可見《漢律》非無故、誤之分，而讞獄者往往不分此，非法之疏，乃用法者之咎也。西京自張湯以刻酷爲能，典刑者相習成風，若非此不稱其位。東京自郭躬、陳寵相繼爲廷尉，一則多依矜恕，一則務從寬恕，深文刻敝於此少衰，此東京之勝于西京。范《書》郭、陳合傳，有以夫！「不逆詐」三語，可爲法家之箴規。

專擅　《後漢・梁慬傳》：「詔慬發邊兵迎三郡太守，使將吏人徙扶風界，慬即遣南單于兄子優孤塗奴將兵迎之。既還，慬以塗奴接其家屬有勞，輒授以羌侯印綬。坐專擅，徵下獄抵罪。馬融上書訟慬，有詔原刑。」《郭躬傳》：「永平中，奉車都尉竇固出擊匈奴，騎都尉秦彭爲副，彭在別屯而輒以法斬人，固奏彭專擅，請誅之。顯宗乃引公卿朝臣平其罪科，躬以明法律召入議。議者皆然固奏，躬獨曰：『於法，彭得斬之。』帝曰：『軍征，校尉一統於督，彭既無斧鉞，可得專殺人乎？』躬對曰：『一統於督者，謂在部曲也。今彭專軍(列)〔別〕將，有異於此。兵事呼吸，不容先關督帥。且漢制棨戟即爲斧鉞，於法不合罪。』帝從躬議。」

按：專擅與矯制相似，但一稱制，一不稱制耳。據此二事，《漢律》當專擅之條，今列於矯制之次。郭躬之議，可謂平恕，法家所當留意者也。

擅假印綬　《後書・桓紀》：「建和元年詔：『若有擅相假印綬者，與殺人同棄市論。』」

按：擅假印綬即《唐律》之詐假官、假與人官，在詐僞門。今列于矯制之後，矯制亦詐事也。梁憧之事，正與詔文同，惟係安帝初年之事，在此詔之先，豈漢時律文先無此條歟？

擅離部署　《漢書·王尊傳》：「起家，復爲護羌將軍轉校尉，護送軍糧委輸。而羌人反，絶轉道，兵數萬圍尊。尊以千餘騎奔突羌賊。功未列上，坐擅離部署，會赦，免歸家。」《王子侯表》「楊丘嗣（後）〔侯〕偃，坐出國界，耐爲司寇。祝茲侯延年，坐棄印綬出國，免。」《功臣表》：「終陵嗣侯禄，坐出界，耐爲司寇。甯嗣侯指，坐出國界，免。下摩嗣侯冠支，詔居弋居山，坐將家屬闌入惡師居，免。」《補注》：「陳景雲曰：惡師，烏孫國中地名，見《常惠傳》。謂違詔而攜家擅居惡師地也。」「邔侯李壽，坐爲衛尉居守擅出長安界送海西侯至高橋，又使吏謀殺方士，不道，誅。」《補注》：「先謙曰：李廣利征匈奴而壽送之。」

按擅離部署亦專擅之一端也。私出界即擅離，《唐律》有刺史、縣令私出界之條，當即本於漢法。各表出界者僅止免侯，而李壽獨以不道誅，殆以所送者海西侯必有交通之事，當不僅以謀殺方士也。

賊伐樹木

封樹　《周禮·地官》：「封人爲畿，封而樹之。」注：「畿上有封，若今時界矣。」疏：「漢時界上有封樹，故舉以言之。」《續百官志》：「掌修作宗廟路寢宫室陵園木土之功，並樹桐梓之類列于道側。」注：「《漢官篇》曰：樹栗、椅、桐、梓。胡廣曰：古者列樹以表道，並以爲林囿，四者皆木名。」

按：賊者有心之謂，即《唐律》之棄毁器物稼穡也。賊伐者不必皆封樹，而封樹亦在其中，其事無徵，姑缺之。

殺傷人畜産

妄屠牛　《後書·第五倫傳》：「追拜會稽太守。會稽俗多淫祀，好卜筮，民常以牛祭神，百姓財産以之困匱。其自食牛肉而不以薦祠者，發疾且死，先爲牛鳴。前後郡將莫敢禁。倫到官，移書屬縣，曉告百姓，其巫祝有依託鬼神詐怖愚民皆案論之，有妄屠牛者吏輒行罰。民初頗恐懼，或祝詛妄言，倫案之愈急，後遂斷絶，百姓以安。」《風俗通·怪神篇》：「會稽俗多淫祀，第五倫到官，先禁絶之。掾吏皆諫，倫曰：『律，不得屠殺少齒。令鬼神有知，不妄飲食民間，使其無知，又何能禍人云云。』」

按：殺傷人畜産即《唐律》之故殺官私馬牛也。《唐律》亦指人之畜産言，而主自殺者即附在律内，《漢律》或亦然。《第五倫傳》妄殺牛有禁，《風俗通》城陽景王祠條亦有不得殺牛之語，是殺牛之禁，漢法本嚴，特日久法弛耳。不得屠殺少齒似不專指牛一項而言，《禮記》載無故不殺之禁，自天子以至庶人皆有之，可見此律乃古法也。

諸亡印

《百官表》：「諸侯王，高帝初置，金璽盭綬。凡吏秩比二千石以上，皆銀印青綬，光禄大夫無。秩比六百石以上，皆銅印黑綬，大夫、博士、御史、謁者、郎無。其僕射、御史治書尚符璽者，有印綬。比二百石以上，皆銅印黄綬。綏和元年，長、相皆黑綬。哀帝建平二年，復黄綬。」《王子侯表》：「祝兹侯延年，坐棄印綬出國，免。」《史表》「出國」下有「不敬」二字。

按：《志》不言列侯印綬，《王子侯表》中言印綬者屢見，是亦稱印也。印以銀印爲最貴，列侯當亦如是。延年棄其印綬，此亡印之一端也。

儲跱不辦

不辦　《漢書・王尊傳》：「後上行幸雍，過虢，尊供張如法而辦。」《百官表》：「武强侯嚴青翟爲御史大夫，坐竇太后喪不辦，免。」《薛宣傳》：「會邛成太后崩，喪事倉卒，吏賦歛以趨辦。顏注：言苟取辦。其後上聞之，以過丞相御史，遂册免官。」

《功臣表》：「酇嗣侯壽成，坐爲太常犧牲瘦，免。蓼嗣侯臧，坐爲太常衣冠道橋壞不得度，免。《百官表》作「坐南陵橋壞衣冠道絶免」。繩嗣侯平，坐爲太常不繕園屋，免。睢陵嗣侯昌，坐爲太常乏祠，免。廣阿嗣侯越人，坐爲太常廟酒酸，免。江鄒侯靳石，坐爲太常行幸離宫，道橋苦惡，太僕敬聲繫以謁聞，赦免。」《百官表》：「當塗侯魏不害，爲太常坐孝文廟風發瓦，免。」按：免官不免侯。

按：《説文》：「儲，偫，待也。」段曰：「謂儲物以待用也。偫，經典或作『跱』，或作『庤』。《周頌・臣工》傳曰，庤，具也，庤儲置屋下也。義本同若《崧高》『以跱其粻』，《費誓》『跱乃糗糧』。某氏傳云，

『儲峙』，則假借『峙躇不前』字爲之，俗乃改從『止』爲從『山』，作『峙』，訓云『山立』以附合之矣。《釋詁》云，供峙，共具也。峙在《說文》爲『偫』。」《後書·和熹鄧(君)〔皇后〕紀》注：「儲峙，猶蓄積也。」《費誓》疏：「預貯米粟謂之儲峙。」《文選》曹植贈丁翼詩注：「儲謂蓄積以待無也。」然則儲峙者乃平時蓄積之事，與乏興者不同也。王尊之如法而辦，嚴青翟之不辦，皆在臨時，與儲峙之義稍有不同。《薛宣傳》之趨辦，亦以平時之儲峙不備，致臨時出於賦斂，故上聞之而以爲過也。蕭壽成以下爲太常者並屬不辦，故附焉。

盜章

按：此未詳其義，無事以證之。

以上賊律之目可考者，逐條分繫以事，其大略可見矣。其無目可歸者詳下卷。

漢律摭遺卷五

賊律三

無尊上非聖人不孝者斬首梟之。《公羊》文十六年傳：「宋人弑其君杵臼。」注：「無尊上、非聖人、不孝者，斬首梟之。無誉上、犯軍法者，斬要。殺人〔者〕，刎脰。」

按：何休注中多引漢法以爲證，此亦當是也。無尊上、非聖人、不孝者是三項。無尊上卽謀反大逆之類，非聖人卽誹謗妖言之類，並已詳上。不孝者專指親屬言矣，互詳下條。

毆父母　《御覽》：六百四十「《董仲舒決獄》曰：『甲按：甲下似脱「父」字。乙與丙争言相鬬，丙以佩刀刺乙，甲卽以杖擊丙，誤傷乙，當何論？』或曰：『毆父也，當梟首論。』曰：『臣愚以父子至親也，聞其鬬莫不有怵惕之心，扶杖而救之，非所以欲詬父也。《春秋》之義，許止父病，進藥於其父而卒，君子原心，赦而不誅。甲非律所謂毆父，不當坐。』」《檀弓》：「子弑父，凡在宫者殺無赦。」疏：「《異義》云：妻甲，夫乙毆母，甲見乙毆母而殺乙。《公羊》説甲爲姑討夫，猶武王爲天誅紂。鄭駮之云，乙雖不孝，但毆之耳，殺之太甚。凡在宫者未得殺之，殺之者士官也。如鄭此言，毆母，妻不得殺之。若其殺母，妻得殺之。」《輯證》：「毆母者殺，當據漢法而言。《晉書》殷仲堪言，律詐取父母，甯依毆詈法棄市。此可知漢之有毆詈父母律矣。」

按：上條不孝者，似是何休約舉漢法之意而言，非《漢律》原文。無尊上、非聖人二句亦同。此條毆父、毆母方是律文，即《唐律》之毆詈祖父母、父母也。《唐律》毆者即斬，與漢法同。唐删梟首之法，故不言梟首。

殺季父殺兄殺弟　《功臣表》：「梧嗣侯戎奴，坐使人殺季父，棄市。」《王子侯表》：「騶丘嗣侯毋害，坐使人殺兄，棄市。宜成嗣侯福，坐使人殺弟，棄市。」

按：殺人者棄市，漢通常法也，尊屬若季父，尊長若兄，卑屬若弟，亦不輕重於其間。罪既至死，無可復加，於父母則梟之。季父及兄究有間矣，弟雖卑屬，而骨肉相殘古人以爲風俗之害，故不爲之減也。後來律法則輕重不同矣。

殺繼母　《晉志》：「正殺繼母與親母同，防繼假之隙也云云。斯皆魏世所改。」

按：據此，則《漢律》繼母不與親母同。當與下條參。

殺殺父之繼母　《通典》：一百六十六。「廷尉上囚防年。繼母陳殺防年父，防年因殺陳。依律，殺母以大逆論，帝疑之。武帝時年十二爲太子，在旁，帝遂問之，太子答曰：『繼母如母，明不及母，緣父之故，比之於母。今繼母無狀，手殺其父，則下手之日，母恩絶矣。宜與殺人者同，不宜以大逆論。』從之。」《孔叢子》：七「梁人取後妻，後妻殺夫，其子又殺之。孔季彦返魯過梁，梁相曰：『此子當以大逆論。禮：繼母如母。是殺母也。』季彦曰：『若如母，則與親母不等，欲以義督之也。昔文姜與殺魯桓,《春秋》去其姜氏。傳曰:絶不爲親,禮也。絶不爲親,卽凡人爾。且夫手殺重於知情,知情猶不得爲親,則此手殺之時,母名絶矣。方之古義,是子宜以非司寇而擅殺當之,不得爲殺母而論以逆也。』梁相從其言。」

按:二事絶相同,疑本一事而傳之者異耳。繼母殺其父,則恩義已絶,其子殺之,義也。季彦所論與武帝略同,處以擅殺而不與殺人同,則較武帝所論尤爲允當。漢有司拘於「如母」而仍欲以殺母科之,可云悖謬。惟按之上條,則殺繼母本不與殺母同,《漢律》既亡,無以定其是非也。孔季彦,孔僖子。

搏姑 《御覽》:六百四十。「《風俗通》曰:南郡讞女子何侍,爲許遠妻,侍父何陽素酗酒,從遠假求不悉如意,陽數罵詈,遠謂侍曰:『汝翁復罵,吾必揣之。』侍曰:『類作夫妻,奈何相辱?揣我翁者,搏若母矣。』其後陽復罵遠,遠揣之,侍因上搏姑耳再三。下司徒,鮑宣決事曰:『夫妻所以養姑者也,今婿自辱其父,非姑所使,君子之於凡庸不遷怒,況所尊重乎,當減死罪論。』」

按:毆姑僅減死論,是不與子孫同論也。觀決事但云「所尊重」,其義自見。古者婦與舅、姑服止期年,不與子孫同,故其相犯亦不同。此獄稱減死論,乃妻毆夫之祖父母、父母者本罪如是。《唐律》毆夫之祖父母、父母者絞,已加至死罪,然尚不與子孫之毆祖父母、父母者同科斬也。鮑宣乃「鮑昱」之訛。

毆兄姊 《晉志》:「毆兄姊,加至五歲刑,以明教化也云云。斯皆魏世所改。」

按：據此文，知《漢律》本有毆兄姊之文。五歲刑，漢之城旦舂也。《惠紀》當爲城旦舂者，皆耐爲鬼薪、白粲。乃因大赦得降一等。魏氏此法大約加漢一等，則漢之本法當爲鬼薪、白粲。此可以意推者。鬼薪、白粲三歲刑，漢無正四歲刑，魏法當同，故由三歲即加爲五歲也。

殺妻　《後書·班超傳》：「長子雄。雄卒，子始嗣，尚清河孝王女陰城公主。主，順帝之姑，貴驕淫亂，與嬖人居帷中，而令始入，使伏牀下，始積怒。永建五年，遂拔刃殺主。帝大怒，腰斬始，同産皆棄市。」

按：此殺妻也。《漢律》殺妻無明文，以殺弟推之，亦不過棄市，今乃處以要斬，同産皆棄市，是直以大逆不道論矣。史臣謂順帝儌僻，此其一端也。

撾妻　《蜀志·劉琰傳》：「琰妻胡氏，入賀太后，太后令特留胡氏，經月乃出。胡氏有美色，琰疑其與後主有私，呼卒五百撾胡，至於以履搏面，而後棄遣。胡具以告言琰，琰坐下獄。有司議曰：『卒非撾妻之人，面非受履之地。』琰竟棄市。」

按：撾人非尊親屬無死罪，此以撾妻棄市，殊乖法理，恐漢法不如是，或傳文有誤。

殺子　《後書·賈彪傳》：「補新息長。小民困貧，多不養子，彪嚴爲其制，與殺人同罪。城南有盜劫害人者，北有婦人殺子者，彪出案，發而掾吏欲引南，彪怒曰：『賊寇害人，此則常理，母子相殘，逆天違道。』遂驅車北行，案驗其罪。城南賊聞之，亦面縛自首。數年間，人養子者以千數，僉曰：賈父所長，生男名爲賈子，女名爲賈女。」

按：此乃偉節，律外辦法，非《漢律》如此。《魏書·刑罰志》引《鬥律》：「諸祖父母、父母忿怒以兵刃殺子孫者五歲刑，毆殺及愛憎而殺者減一等。」似即出于漢法。《唐律》毆殺者徒一年半，以刃殺者徒二年，較後魏爲輕。而故殺各加一等，則又與後魏不同矣。

殺使者　《恩澤侯表》：「軹侯薄昭，坐殺漢使者，自殺。」《文紀》：「十年，將軍薄昭死。」注：鄭氏曰：「昭殺漢使者，文帝不忍加誅，使公卿從之飲酒，欲令自引分，昭不肯。使羣臣喪服往哭之，乃自殺。有罪故言死。」如淳曰：「一說昭與文帝博，不勝，當飲酒，侍郎酌爲昭少，一侍郎譴呵之，時此郎下沐，使人殺之，是以文帝使自殺。」師古曰：「鄭説是也。」

按：殺使者《唐律》之殺制使也，較平人爲重。《漢律》無明文，似亦科以棄市，不加重也。薄昭係肺腑之親，而法又不可廢，迫令自殺，情法兩全之道也。

亨姬不道　《諸侯王表》：「廣川王去，坐亨姬不道，廢徙上庸。」本《傳》：「昭信知去已怒，即誣言望卿，歷指郎吏卧處，具知其主名。去即與昭信從諸姬至望卿所，贏其身，更擊之，令諸姬各持燒鐵共灼望卿。望卿走，自投井死。昭信出之，與去共支解，置大鑊中，取桃灰毒藥並煮之。後去數召姬榮愛與飲，昭信復譖之。愛恐，自投井，出之，未死。笞問，愛自誣與醫姦。去縛繫柱，燒刀灼潰兩目，生割兩股，銷鉛灌其口中，愛死，支解以棘埋之。諸幸於去者，昭信輒譖殺之，凡十四人。初，去年十四五，事師受《易》，師數諫正去，去益大，逐之。内史請以爲掾，師數令内史禁切王家。去使奴殺師父子，不發覺。相、内史奏狀，天子遣大鴻臚、丞相長史、御史丞、廷尉正雜治鉅鹿詔獄。議者皆以爲去悖虐，聽后昭信讒言，燔燒亨煑，生割剥人，距師之諫，殺其父子，凡殺無辜十六人，至一家母子三人，逆節絶理。其十五人在赦前，大惡仍重，當伏顯戮以示衆。制曰：『朕不忍致王於法，議其罰。』有司請廢勿王，與妻子徙上庸。奏可。與湯沐邑百户。去道自殺，昭信棄市。」

按：此獄支解亨煮並在死後，《唐律》之殘害死屍也。《唐律》注謂焚燒支解之類。第《唐律》之殘害死屍乃已死之屍，輒殘害非殺其人，而又焚燒支解也。《諸侯王表》云「亨姬不道」，當爲當日劾獄之語，是此獄以亨姬爲重矣。漢諸侯王犯罪，除謀反外並有不忍致法之制，廢徙亦親親之道也。

殺奴婢當告官　《田儋傳》：「狄城守儋，陽爲縛其奴從少年之廷，欲謁殺奴，見狄令，因擊殺令。」注：服虔曰：「古殺奴婢皆當告官。儋欲殺令，故詐縛奴以謁也。」《類聚》：三十五。「謝承《後漢書》曰：長沙祝良爲洛陽令，常侍樊豐妻殺侍婢置井中，良收其妻殺之。」

按：殺奴婢告官乃古法，《漢律》雖無明文，以祝良事推之，亦不得擅自殺之也。《趙廣漢傳》丞相傳婢自絞死，廣漢入丞相府，召其夫人，責以殺婢事。是奴婢不得私殺，故廣漢欲以此事脅丞相也。

敢蠱人及教令者棄市　《周禮・秋官》「庶氏」注：「《賊律》云，敢蠱人及教令者棄市。」

按：此《唐律》之造畜蠱毒也。《周官》庶氏乃治蠱之官，知此事由來遠矣。

謀殺人　《王子侯表》榮圃侯騫，《功臣表》博陽嗣侯始，並坐謀殺人，會赦免。留嗣侯不疑，坐與門大夫謀殺楚内史，贖爲城旦。邘侯李壽，坐爲衛尉居守，擅出長安界送海西侯至高橋，又使吏謀殺方士，不道，誅。

按：《漢律》殺人者死，蓋指謀殺人言，其罪當爲棄市。《魏書·刑罰志》案《賊律》云，謀殺人而發覺者流，從者五歲刑，已傷及殺而還蘇者死，從者流，已殺者斬，從而加功者死，不加者流。後魏崔浩神䴥中修律，其所著有《漢律序》，疑其時北方《漢律》尚存，此文出於漢也。纂始以赦免，不疑以贖爲城旦，李壽之誅兼因送海西侯，不但以謀殺方士也。

謀殺人未殺　《恩澤侯表》：「章武嗣侯常生，謀殺人未殺，免。」

按：此謀殺人而未死者，常生僅止免侯。或是行而未傷者，又以恩澤而得從寬也。

殺人　《諸侯王表》：「濟東王彭離，坐殺人，廢遷上庸。河間王元，坐殺人，廢遷房陵。廣川王汝陽，坐殺人，廢徙房陵。」《王子侯表》原洛侯敢、甘井侯光，《功臣表》貫嗣侯猜，坐殺人，棄市。《王子侯表》：「茲侯明、路陵侯章，坐殺人，自殺。」《功臣表》：「承父侯孫王，坐殺人，會赦免。安道嗣侯當時，坐殺人，棄市。」《王子侯表》：「胡孰嗣侯聖、易嗣侯德，並坐殺人，免。」

按：此但言殺人，疑亦是謀者，故三王並廢徙，敢、(免)〔光〕、猜三侯皆棄市，章自殺，孫王以赦免。聖、德二侯之免，必別有故，非常法也。

賊殺人　《王子侯表》：「張侯嵩，坐賊殺人，上書要上，下獄，瘐死。」顏注：「要上者，怙親而不服罪也。」「南利侯昌，坐賊殺人，免。」

按：凡言賊者，有心之謂，此疑卽後來律文之故殺也。嵩以要上，瘐死，其獄未決。昌僅免侯，當別有故。

殺太傅中傅中尉謁者家丞　《武紀》：「建元三年，濟川王明，坐殺太傅、中傅，廢遷防陵。」本《傳》：「坐射殺其中尉，廢爲庶人，徙房陵。」《諸侯王表》：「濟川王明，坐殺中傅，廢遷房陵。平干王元，坐殺謁者，會薨，不得代。周子南君當，坐使奴殺家丞，棄市。」

按：《百官表》諸侯王官有太傅、中尉，而無中傅。《武紀》注應劭曰：「中傅，宦者也。」惟《紀》、《傳》、《表》三處不同，未詳孰是？恐《表》云「中傅」乃「中尉」之誤。謁者亦王國官。列侯有家丞、庶子等官。此所殺者太傅等並是其國之官，非漢使者也。濟川、平干，一廢徙，一不得代，乃親親之誼。周子南君則竟棄市，法固不可廢也。

殺下獄侍中　《百官表》：「鉅鹿太守淮陽朱壽少樂爲廷尉，坐侍中邢元下獄風吏殺元，棄市。」

此殺死獄囚之事，情節較平人爲重，亦止棄市，不加重。

殺一家二人　《王子侯表》：「平邑侯敞，坐殺一家二人，棄市。」

此今律之從一科斷者，漢法亦不加重，與殺一家不辜三人之列於不道者有殊也。

殺不辜一家三人爲不道　《翟方進傳》：「後丞相宣以一不道賊。」注：如淳曰：「律，殺不辜一家三人爲不道。」《廣川王海陽傳》：「謀殺一家三人，已殺，坐廢徙房陵，國除。」

按：殺人而以不道論，此情節之最重者。然不道無正法，其重者身斬，家屬徙邊。殺不辜一家三人較尋常殺人爲重，當從重比。海陽以諸侯王坐廢徙，其法可見矣。

殺十六人　《王子侯表》："郚侯順，坐殺人及奴凡十六人，以捕匈奴千騎，免。"顏注："詐云捕得匈奴騎，故私殺人以當之。"《補注》："沈欽韓曰：順殺良賤十六人，本當重論，以捕得匈奴千騎，故第免侯也。武帝時有重罪者得自募擊匈奴，顏謂私殺人當匈奴騎，此殺人而兼欺詐，至不道，豈但免侯乎？"

按：沈説是。殺人至十六人之多，自非尋常殺人可比，此以軍功得免耳。

使人謀殺人　《梁孝王傳》："梁王怨爰盎及議臣，乃與羊勝、公孫詭之屬謀，陰使刺殺爰盎及他議臣十餘人，賊未得也。於是天子意梁王乃使勝、詭自殺出之。"

按：此獄梁王造意，勝、詭乃從者耳。今迫令從者自殺以滅口，卽無由究詰矣，漢廷亦遂不究詰，親親之誼也。

使人殺人　《王子侯表》："樂侯義，坐使人殺人，髠爲城旦。武安侯慢，坐使奴殺人，免。富侯龍，坐使奴殺人，下獄，瘐死。陽興侯昌，坐朝私留他縣使庶子殺人，棄市。"《功臣表》："酇嗣侯獲，坐使奴殺人，減死，完爲城旦。"

按：此謀殺而身不行者也，當以爲首論。各侯，一棄市，一瘐死，一減死完爲城旦，一髠爲城旦，一免，凡分五級。其分別之故，不可詳矣。

賊鬬殺人　《漢書·刑法志》："成帝鴻嘉元年，定令：年未滿七歲，賊鬬殺人，及犯殊死者，上請，廷尉以聞，得減死。"《晉書·刑法志》："賊鬬殺人，以劾而亡，許依古義，聽子孫得追殺之。"《後漢書·馮異傳》："長子彰嗣。彰卒，子普嗣，有罪，國除。"注："《東觀記》曰：坐鬬殺游徼，會赦，國除。"

按：據成帝詔，以《晉志》證之，是《漢律》有賊鬭殺人之文。賊，害也。《唐律》有害心者名故殺，漢之賊殺，當卽唐之故殺。漢言賊鬭殺人，并作一條，《唐律》故殺在《鬭律》內，當亦本於漢。

鬭以刃傷人完爲城旦其賊加罪一等與謀者同罪　《漢書·薛宣傳》：「廷尉直以爲：『律曰：鬭以刃傷人，完爲城旦，其賊加罪一等，與謀者同罪。詔書無以詆欺成罪。傳曰：遇人不以義而見疻者，與痏人之罪鈞，惡不直也。咸厚善修，而數稱宣惡，流聞不誼，不可謂直。況以故傷咸，計謀已定，後聞置司隸，因前謀而趣明，非以恐咸爲司隸故造謀也。本争私變，雖於掖門外傷咸道中，與凡民争鬭無異。殺人者死，傷人者刑，古今之通道，三代所不易也。孔子曰：必也正名。名不正，則至於刑罰不中；刑罰不中，而民無所錯手足。今以況爲首惡，明手傷爲大不敬，公私無差。《春秋》之義，原心定罪。原況以父見謗發忿怒，無他大惡。加詆欺，輯小過成大辟，陷死刑，違明詔，恐非法意，不可施行。聖王不以怒增刑。明當以賊傷人不直，況與謀者，皆爵減完爲城旦。』顏注：以其身有爵級，故得減罪而爲完也。況身及同謀之人，皆從此科。上以問公卿議臣。丞相孔光、大司空師丹以中丞議是，自將軍以下至博士議郎皆是廷尉。況竟減罪一等，徙敦煌。宣免爲庶人。」《功臣表》：「南安嗣侯千秋，坐傷人，免。」

按：薛況之獄，以廷尉直所議爲平允，中丞之議近周内矣。此事之前一節已録入大不敬條内，故不複述。以刃傷人，罪至三歲刑，非刃傷者，罪當降等。賊者，《唐律》之故傷。與謀者，《唐律》之同謀毆傷人也。《唐律》諸同謀共毆傷人者，各以下手重者爲重罪，元謀減一等，從者又減一等。《漢律》與謀者同罪，則元謀及從者皆不減，此漢之重於唐者。而以下手重者爲重罪，則漢與唐同。

此獄自應以楊明坐下手重之罪，而況坐元謀，卽與律合。廷尉直之議，並非故從輕比，漢人治獄，往往有意從重，此獄則尚得其平，故備録之。千秋傷人，僅止免侯，或非刃傷。

疻痏　《薛宣傳》：「傳曰，遇人不以義而見疻者，與痏人之罪鈞，惡不直也。」注：應劭曰：「以杖手毆擊人，剝其皮膚腫起青黑而無創瘢者，律謂疻痏。遇人不以義爲不直，雖見毆，與毆人罪同。」師古曰：「疻音侈，痏音鮪。」《説文》：「疻，毆傷也。痏，疻痏也。」段曰：「此應注譌脱。《急就篇》顏注云，毆人皮膚腫起曰疻，毆傷曰痏。蓋應注『律謂疻』下奪去六字，當作『其有創瘢者謂痏』。《文選》嵇康詩：『怛若創痏。』李善引《説文》，痏，瘢也，正與應語合。皆本《漢律》也。疻輕痏重，遇人不以義而見疻，罪與痏人等，是疻人者輕論，見痏者重論，故曰惡不直也。創瘢謂皮破血流。或曰，依應仲遠，則疻、痏異事，何爲合之也？曰：應析言之，許渾言之。許曰毆傷，則固兼無創瘢有創瘢者言之。」王曰：「《倉頡篇》，痏，毆傷也。與顏注《急就》同，與許説疻以毆傷異。許之毆傷，卽皮膚腫起。《西京賦》：所惡成瘡痏。注：瘡痏謂瘢痕。」

按：疻、痏二字，《説文》渾曰毆傷，不分輕重。「痏」下「疻痏」卽承「疻」字而來。應注原文亦不分輕重。《倉頡篇》痏，毆傷，與許未嘗異也。顏注《急就》又有輕重之分，與許應耳。段氏析言、渾言乃古人通例，惟以創瘢之有無爲疻、痏之分別，無佐證。《唐律》見血爲傷，並有拔髮、內損、折傷種種差等，而不及創瘢，恐段説亦未確也。《唐律》兩相毆傷論如律，後下手理直減二等，而無「不義」、「見疻」仍應科罪之文，此漢唐不同之處。衡情而論，見疻而仍科罪，固可以懲不義，其人究不心服，不若理直減等之得其平也。

罵坐　《田蚡傳》：「今日召宗室，有詔，劾灌夫罵，坐不敬。」《補注》：「李慈銘曰：案蚡言今日請召宗室，因有太后詔而行之，灌夫罵，坐是輕詔命，故爲不敬也。先謙曰：蚡言召宗室有詔，乃能陷夫以不敬之罪。」

罵主　《功臣表》：「博成嗣侯建，坐尚陽邑公主與婢姦主旁，數醉罵主，免。」

罵廷史　《功臣表》：「邛成嗣侯勳，坐選舉不以實，罵廷史，大不敬，免。」

按：《唐律》毆、詈同在一律，觀此三事，是漢法亦有罵律也。今附於鬭毆之後。

殺奴婢　炙灼奴婢　《後書·光武紀》：「建武十一年二月，詔曰：『天地之性人爲貴，其殺奴婢不得減罪。』八月，詔曰：『敢炙灼奴婢論如律，免所炙灼者爲庶民。』」《東觀漢記》：列傳十六。「首鄉侯段普曾孫勝，坐殺婢，國除。」

按：《唐律》有罪奴婢杖一百、無罪者徒三年，此良賤之區分，歷代律文無不如是，《漢律》當亦如是。建武此詔，行之東京，觀段勝之事，知東京實遵用之，不知何時又廢而不用。光武於奴婢一事極爲注意，此即尊重人格之權輿，自來無能體此意者，則良賤之見阻之也。炙灼奴婢乃漢時舊法，此詔特申明之耳。

奴婢射傷人　《光武紀》：「建武十一年，詔除奴婢射傷人棄市律。」

按：此《漢律》專條也。《唐律》部曲奴婢良人相毆條，若奴婢毆良人，折跌支體及瞎其一目者絞，當亦原於漢之舊律。建武此詔，未知廢於何時？

保辜　《公羊》襄七年傳：「鄭伯髡原如會，未見諸侯，丙戌，卒於操。鄭伯髡〔原〕何以名？傷而反，未至乎舍而卒也。」注：「舍，昨日所舍止處也。以操鄭邑，知傷而反也。未見諸侯尚往辭，知未舍也。云爾者，古者保辜，諸侯卒名，故於如會名之，明如會時爲大夫所傷，以傷辜死也。君親無將，見辜者，辜内當以弑君論之，辜外當以傷君論之。」疏：「其弑君論之者，其身梟首，其家執之。其傷君論之者，其身斬首而已，罪不累家，《漢律》有其事。然則知古者保辜者亦依《漢律》，律文多依古事，故知然也。」《功臣表》：「昌武嗣侯德，坐傷人，二旬内死，棄市。」《補注》：「沈欽韓曰：此在保辜限也。唐《鬥訟律》，諸保辜者，手足毆傷人限十日，以他物毆傷人者二十日，以刃及湯火傷人者三十日，限内死者皆依殺人論，與漢制同。《急就篇》顔師古注：保辜者各隨其狀輕重，令毆者以日數保之，限内至死，則坐重辜也。」

按：傷人保辜，其法甚古，漢制限期，他無明文。昌武坐傷人二旬内死，棄市，與《唐律》毆傷人二十日者合，似唐法亦原於漢。徐疏弑君者其身梟首，即何注無尊上斬首梟之。而傷君者斬首，未知本於何書？抑以意推測而知也。

狂易殺人　《御覽》：六百四十六。「《廷尉決事》曰：河内太守上民張太，有狂病，病發殺母、弟，應梟首，遇赦，謂不當除之，梟首如故。」《王子侯表》：「樂平侯訢，坐病狂易，免。」顔注：「病狂而改易其本性也。後更封共樂侯。」「貰鄉侯平，病狂，自殺。」《後書・陳忠傳》：「狂易殺人，得減重論。」

按：人至病狂而改易其本性，則凡病中之所爲皆非出於其本性，故雖有殺人之事，亦得恕之。近日東西國學説並持此論，其刑律中有精神病不爲罪之文。陳忠之減重論，實爲今法之權輿。張太遇赦而梟首，當在陳忠未定減重之先也，亦不準除。

輕侮《後書·張敏傳》：「建初中，有人侮辱人父者，而其子殺之。肅宗貰其死刑而降宥之。自後因以爲比，是時遂定其議以爲輕侮法。敏駁議曰：『夫輕侮之法，先帝一切之恩，不有成科班之律令也。夫死生之決，宜從上下，猶天之四時，有生有殺。若開相容恕，著爲定法者，則是故設姦萌，生長罪隙。孔子曰，民可使由之，不可使知之。《春秋》之義，子不報讎，非子也。而法令不爲之減者，以相殺之路不可開故也。今託義者得減，妄殺者有差，使執憲之吏，得設巧詐，非所以導在醜不爭之義。又輕侮之比，寖以繁滋，至有四五百科，轉相顧望，彌復增甚，難以垂之萬載。臣聞師言，救文莫如質。故高帝去煩苛之法，爲三章之約。建初詔書，有改於古者。可下三公、廷尉，蠲除其敝。』議寢不省。敏復上疏曰：『臣伏見孔子垂經典，皋陶造法律，原其本意，皆欲禁民爲非也。未曉輕侮之法，將以何禁？必不能使不相輕侮，而更開相殺之路，執憲之吏，復容其姦枉。議者或曰，平法當先論生。臣愚以爲天地之性唯人爲貴，殺人者死，三代通制。今欲趣生，反開殺路，一人不死，天下受敝。記曰，利一害百，人去城郭。夫春生秋殺，天道之常，春一物枯卽爲災，秋一物華卽爲異。王者承天地，順四時，法聖人，從經律。願陛下留意下民，考尋利害，廣令平議，天下幸甚。』和帝從之。」《周禮·地官·調人》：「凡殺人而義者，不同國，令勿讎，讎之則死。」注：「義，宜也。謂父母、兄弟、師長嘗辱焉，而殺之者，如是爲得其宜。雖所殺者人之父兄，不得讎也，使之不同國而已。」《輯證》云：「此亦鄭之以漢法釋經，可知此法漢末尚未改也。」《後漢·吴祐傳》：「遷膠東侯相。安丘男子毋丘長，與母俱行市道，遇醉客辱其母，長殺之而亡。安丘追蹤於膠東得之。祐呼長謂曰：『子母見辱，人情所恥，然孝子忿必慮難，動不累親，今若背親逞怒，白日殺人，赦若非義，刑若不忍，將如之何？』長以械自繫曰：『國家制法，囚身犯之，明府雖加哀矜，恩無所施。』祐問長：『有妻子乎？』對曰：『有妻，未有子也。』即移安丘，逮長妻到，解其桎梏，使同宿獄中，妻遂懷孕。至冬盡行刑，長泣謂母曰：『負母應死，當何以報吴君乎！』乃齧指而吞之，含血言曰：『妻若生子，名之吴生，言我臨死吞指爲誓，屬兒以報吴君。』因投繯而死。」《通考》云：此即所謂遭侮辱而殺人者。肅宗時貰其死刑，和帝時除之，故吴祐疑此獄，且容其投繯以死，而不明正典刑，蓋猶在可議之列也。

按：輕侮之法，但可施以特恩，未可以爲常法，張敏之言自是正論。《傳》言和帝從之，是此法已除。鄭注《調人》亦是就文詮釋，並非引漢法爲證。吴祐之事，在和帝之後，祐矜因而不能貰其死刑，乃此法已除之明證。《輯證》以爲漢末尚未改者，未考吴祐之事也。親雖受辱，並未喪生，遽爾殺人，背親逞怒，此等殘殺之風，不可長也。

仇怨相報　《調人》注：「鄭司農云，猶今二千石以令解仇怨，後復相報，移徙之。」《校勘記》：「猶今」，閩、監本同誤也。宋本、余本、嘉靖本、毛本作「猶令」，當訂正。《後書·桓譚傳》：「今人相殺傷，雖已伏法，而私結怨讎，子孫相報，後忿深前，至於滅户殄業，而俗稱豪健，故雖有怯弱猶勉而行之，此爲聽人自理而無復法禁者也。今宜申明舊令，若已伏官誅而私相殺傷者，雖一身逃亡，皆徙家屬於邊，其相傷者加常二等，不得雇山贖罪。如此則仇怨自解，盜賊息矣。」《御覽》五百九十八。「王裒《僮約》注云，漢時官不禁報怨，民家皆高樓鼓其上，有急卽上樓擊鼓，以告邑呈令救助。」

按：周法，殺人而義者令勿讎，而非義者固不得私相報復也。桓譚所稱舊令，已伏官誅而私相殺傷者徙家屬於邊，卽此條後復相報移徙之法也。是漢時未嘗不禁人報怨也，第法令雖具而奉行不力，其私相殺傷者仍不絶於世，故桓譚有申明舊令之請，乃當時不省何也？《僮約》所言，在西漢之時，則舊令早成具文矣。

誤　《後漢書・郭躬傳》：「躬對曰：『法令有故、誤，章傳命之繆，於事爲誤，誤者其文則輕。』」孫章事詳矯制條。《周禮・秋官》：「司刺掌三刺、三宥、三赦之法。壹宥曰不識，再宥曰過失，三宥曰遺忘。」注：「鄭司農云，過失若今律過失殺人不坐死。玄謂識，審也。不審，若今仇讎當報甲，見乙，誠以爲甲而殺之者。過失，若舉刃欲斫伐而軼中人者。遺忘，若間帷薄忘有在焉，而以兵矢投射之。」

按：《漢律》既有故、誤之分，則殺傷亦當有之。賊殺人出於有心，卽《唐律》之故殺。康成注謂報甲殺乙，卽《唐律》之誤殺也。或古人文字簡質，故、誤但有通例，各條中未嘗分析言之。如矯制之誤，尚書不知，而郭躬申明之也。據康成此注，而參以郭躬之語，則《漢律》之有誤殺，可以互相印證矣。

過失殺人不坐死　見上。《儀禮・鄉射禮》：「射者有過，則撻之。」注：「有過，謂矢揚中人。凡射時矢中人當刑之。今鄉會衆，以禮樂勸民，而射者中人，本意在侯，去傷害之心遠，是以輕之，以朴撻於中庭而已。」《周禮·秋官》序注：「《孝經》說曰，刑者，侀也。過出罪施。」疏：「下侀爲著也。行刑者所以著人身體。過誤者出之，實罪者施刑。」《地官·調人》：「凡過而殺傷人者。」注：「過，無本意也。」

按：《鄉射禮》所言，正康成所云軼中人者，此亦過失之事。本當以贖論而非當刑者，撻之而別無處罰，則又以鄉射爲勸民之地，與平時不同也。誤與過失，康成注分別最爲明了。不審爲誤，無本意爲過失。張斐《律注表》謂不意誤犯謂之過失。「不意」二字，即本康成無本意而出。可見張氏《律注》其說多本諸前人，而康成之說亦在其中。或謂晉人全不用鄭氏章句者，非也。

立子姦母見乃得殺之。《公羊》桓六年傳：「猶律文立子姦母，見乃得殺之。」疏解云：「猶言對子姦母。」

按：此即今殺姦之例也。見乃得殺之，頗與今姦所登時之例相近。唐《捕亡律》，强姦雖傍人皆得捕繫以送官司。注：「捕格法準上條。即姦同籍，雖和，聽從捕格法。」《疏議》曰：「持仗拒捕，其捕者得格殺之，持仗及空手而走者亦得殺之。即姦同籍內言同籍之內，明是不限良賤親疏，雖和姦亦聽從上條捕格之法。」是唐無殺姦之律，而有捕姦之律，捕者有格殺之權，而無專殺之權，所以杜殘殺之風，用意甚深，此其所以爲得中也。漢文簡質，又不完備，其法意如何，不可詳矣。

無故入室宅廬舍上人車船牽引人欲犯法者其時格殺之無罪　《秋官·朝士》：「凡盜賊軍，鄉邑及家人殺之無罪。」注：「鄭司農云，謂盜賊羣輩若軍，共攻盜，鄉邑及家人者殺之無罪。若今時無故入人室宅廬舍、上人車船、牽引人欲犯法者，其時格殺之無罪。」疏：「盜賊並言者，盜謂盜取人物，賊謂殺人曰賊。鄉據鄉黨之中，邑據郭邑之内。家人者，先鄭舉漢《賊律》云牽引人欲犯法，則言家人者，欲爲姦淫之事，故攻之。」

按：此《唐律》之夜無故入人家也。漢多上人車船一層，較唐爲密。惟古者車制大，可以參乘、駟乘，故人得上之。若後世之車，則一二人卽已滿，人欲上而無從也。漢無「夜」字，則晝與夜不分，同用此律。唐增一「夜」字，則界限較隘。或有議其失者，謂此律爲防衛身命財産至要之文，晝與夜不當分别。然防衛之道，夜與晝究有不同。晝則人之來也，易識其爲何人，其情狀何如，舉動何如，其故易測，防衛不難。若夤夜猝然而來，不知爲何人，不知爲何事，其意莫測，安知非刺客姦人，主家懼爲所傷，倉猝防衛而殺，故得勿論也。若白晝亦許其殺人，則凶人逞凶殺人亦得託之，無故開殘殺之風，不可不防其漸。《唐律》自有深意，豈可遽議之哉！

向人室廬道徑射　《晉志》：「向人室廬道徑射，不得爲過失之禁也。」

按：此《唐律》之向城官私宅射條也。《唐律》分兩層，因而殺傷人者減鬬殺傷一等，故令者以鬬殺傷論。漢法不爲過失，疑亦與唐同。或云以故殺傷論者，非。

都城人衆中走馬殺人　《晉志》：「都城人衆中走馬殺人，當爲賊，賊之似也。」

按此《唐律》之城内街巷走車馬條也。《唐律》殺傷人者減鬬殺傷一等，以其初無害心也。此云當爲賊，是直以賊殺人論矣，未免稍重。以上出張斐《律注表》序，所舉爲舊法，知卽漢法之未改者。

漢律摭遺卷六

囚律

詐僞生死

陽病欲死　《竇嬰傳》：「迺劾嬰矯先帝詔害，罪當棄市。嬰良久迺聞有劾，即陽病痱，不食欲死。或聞上無意殺嬰，復食，治病，議定不死矣。迺有飛語爲惡言聞上，故以十二月晦論棄市渭城。」

按：此詐僞生死之一端，特後復食治病耳。

詐自復除

復除　《高紀》：「二年二月，蜀漢民給軍事勞苦，復勿租税二歲。關中卒從軍者，復家一歲。」顔注：「復者，除其賦役也。」《元紀》：「永光三年，以用度不足，民多復除，無以給中外傜役。」《周禮·地官·鄉大夫》：「國中自七尺以及六十，野自六尺以及六十有五，皆征之。其舍者。」注：「鄭司農云，征之者給公上事也。舍者，謂有復除，舍不收役事也。」

按：復除之法，至唐猶遵用，故《唐律》有應復除不給及詐自復除之條文也。

告劾

婦告威姑　《説文》女部："「威，姑也。《漢律》曰婦告威姑。」桂曰："「《廣雅》姑謂之威。案：威姑，君姑也。本書『萛』讀若威，易順以從君也，與『蔚』爲韻。《詩·采芑》鑾荆來威，與「狁」爲韻。《逸周書》合閭立教，以威爲長，以閭胥爲君也。《釋親》舅、姑在，則曰君舅、君姑。《釋名》婦於舅、姑在，則稱之曰君舅、君姑。」《衡山王賜傳》："「太子爽，坐告王父不孝，棄市。」

按《唐律》諸告祖父母、父母者絞，與《漢律》之棄市大略相等。《唐律》告夫之祖父母徒二年，與孫之告祖父母者不同，而無婦告舅姑之文。妻妾之詈夫之祖父母、父母者徒三年，與子孫之詈祖父母、父母者絞罪懸殊。夫之祖父母、父母不分爲二等，則婦之告夫之父母亦當與祖父母同也。《漢律》既立婦告威姑專條，而所定何罪不可詳矣。

囚徒誣告人反　《晉書·刑法志》："「囚徒誣告人反，罪及親屬，異於善人，所以累之，使省刑息誣也。魏世所改。」

按：此魏改《漢律》之一，足徵漢有囚徒誣告人反之律，魏特加重耳。《唐律》有誣告謀反大逆條，又有囚不得舉告他事條，《疏議》引《獄官令》，囚明知謀叛以上聽告，是謀反大逆囚亦許告。唐法如是，恐亦本于漢也。

誣告　《宣紀》："「元康四年，詔曰："『朕惟耆老之人，髮齒墮落，血氣衰微，亦亡暴虐之心，今或罹文法，拘執囹圄，不終天年，朕甚憐之。自今以來，諸年八十以上，非誣告、殺傷人，佗皆勿坐。』」顔注：「誣告人及殺傷人皆如舊法，其餘則不坐。」《補注》：「何焯曰：誣告人與殺傷人同在不以老耄縱舍之科，當時誣告之重如此。」《王嘉傳》：「故事，尚書希下章，爲煩擾百姓，證驗繫治，或死獄中，章文必有『敢告之』字迺下。」顔注：「所以丁寧告者之辭，絶其相誣也。」惠棟云：「《論衡》曰，兩郡移書曰『敢告之〔卒〕人』，蓋漢法也。注非。」《補注》：「胡曰：此乃防其誣告。」《長沙剌王建德傳》：「宣帝時，坐獵縱火燔民居九十六家，殺二人，又以縣官事怨內史，教人誣告以棄市罪，削八縣，罷中尉官。」「義陽侯衛山，坐教令誣告衆利侯當時棄市罪，獄未斷，病死。」《孝元馮昭儀傳》：「中郎謁者張由，因誣言中山太后祝詛上及太后，因是遣御史丁玄案驗，無所得。更使中謁者令史立與丞相長史大鴻臚丞雜治。立受傅太后指，劾奏祝詛謀反大逆，責問馮太后，太后迺飲藥自殺。張由以先告，賜爵關內侯，史立遷中太僕。哀帝崩，大司徒孔光奏由前誣告骨肉，立陷人入大辟，爲國家結怨於天下，以取秩遷獲爵邑。幸蒙赦令，請免爲庶人，徙合浦云。」《後書・彭城靖王恭傳》：「元初三年，恭以事怒子酺，酺自殺。國相趙牧以狀上，因誣奏恭祠祀惡言，大逆不道。恭上書自訟。朝廷令考實，無徵。牧坐下獄，會赦免死。」又《陳愍王寵傳》：「熹平二年，國相師遷，追奏前相魏愔與寵共祭天神，希幸非冀，罪至不道。詔檻車傳送愔、遷詣北寺詔獄。使中常侍王黼與尚書令侍御史雜考。愔辭與王共祭黄老君，求長生福而已，無他冀幸。黼等奏愔職在匡正而所爲不端，遷誣告其王罔以不道，皆誅死。有詔赦寵不案。」

按：誣告爲害人之計畫，漢法重之，即八十以上之人亦不在勿坐之列。趙牧以赦免，師遷伏誅，雖所誣者死罪未決，亦不寬貸。衞山教唆，情節亦重，未斷病死，想其本罪亦不能從輕比也。

投書　《晉志》：「改投書棄市之科，所以輕刑也。魏世所改。」

按：此卽《唐律》之投匿名告人罪也，漢時亦謂之「飛語」，見《灌夫傳》，張晏曰，蚡爲作飛揚誹謗之語也。《南史·孔奐傳》作飛書棄市，乃漢法。魏改從輕，未知居何等？《唐律》諸投匿名書告人罪者流二千里，視漢法減三等，豈卽本于魏耶？

上書詣公府言事　《秋官·大司寇》：「凡遠近惸獨老幼之欲有復於上。」注：「復猶報也。報之者，若上書公府言事矣。」

按：此與今之京控相似。

劾　《竇嬰傳》、《田蚡傳》：「蚡迺戲騎縛夫置傳舍，召長史曰：『今日召宗室，有詔。』劾灌夫罵坐不敬，繫居室云云。於是上使御史簿責嬰所言灌夫頗不讎，劾繫都司空。」《淮南王安傳》：「會有詔卽訊太子，淮南相怒壽春丞留太子逮不遣，劾不敬云云。有司求捕與淮南王謀反者，得陳喜於孝家。吏劾孝首匿喜。」《王嘉傳》：「上迺發怒，召嘉詣尚書責問。事下將軍中朝者，劾嘉。」《師丹傳》：「高昌侯董宏言宜立定陶共王后爲皇太后。事下有司，時丹以左將軍與大司馬王莽共劾奏宏云云。事下廷尉，廷尉劾丹大不敬事。未決，給事中博士申咸、炔欽上書云云。尚書劾咸、欽不敬。」《何武傳》：「莽風有司劾奏武、公孫祿互相稱舉，皆免。」《翟方進傳》：「遷爲丞相司直。從上甘泉，行馳道中，司隸校尉陳慶劾奏方進沒入車馬。」《淮南王傳》：「擅罪人，無告劾繫治城旦以上十四人。」

按：劾有三義，已詳前目録中。告是爲人所告，劾是爲人所劾，觀《淮南王傳》云無告劾繫治，可見凡繫治者未有無人告劾者也。惟劾之事，田蚡劾灌夫，此丞相劾人，先劾而後案治；御史劾嬰，是先案而後劾；王嘉、董宏、師丹，並事下而後劾，與竇嬰同；淮南相劾壽春丞，有司劾孝，尚書劾咸、欽，並因事而劾；何武則莽風有司劾；翟方進則犯其所司之事而劾。劾之事不一端，並被人劾者也。故略引數事以證之。

囚辭所連　張斐《律注》序：「囚辭所連，似告劾。」

按：囚辭牽連之人，不能不拘訊，其中并多同犯之人，此非囚所告，而有似于告者。《唐律》有囚不得告舉他事及囚引人爲徒侶二條，未知《漢律》之意何如？

傳覆

傳　《漢書·張湯傳》：「劾鼠掠治，傳爰書，訊鞫論（報）。」顏注：「傳謂傳逮，若今之追送赴對也。」《劉屈氂傳》：「以姦傳朱安世。」顏注：「傳，逮捕也。」《嚴延年傳》：「冬月，傳屬縣囚。」《翟義傳》：「收縛立，傳送鄧獄。」《後漢書·陳禪傳》：「州辟治中從事。時刺史爲人所上，受納臧賂，禪當傳考。」注：「傳謂逮捕而考之也。」

按：傳謂傳逮。郡守當行縣録囚，亦得傳逮至郡而録之，嚴延年所言是也。

覆　《爾雅·釋詁》：「覆，審也。」郭注：「覆校所爲審諦。」《華嚴經音義》：「復謂重審察也。」《江都易王非傳》：「使者卽復來覆我。」顏注：「覆，治也。」《王嘉傳》：「張敞爲京兆尹，有罪當免，黠吏知而犯敞，敞收殺之。其家自冤，使者覆獄，劾敞賊殺人。」《鄭崇傳》：「願得考覆。」《杜延年傳》：「奏請覆治。」

按：覆，重審察也。《江都王傳》太子建先爲男子荼恬所告，事下廷尉，建罪不治。後其國中多欲告言者，建恐，故爲此語，言漢廷重審察我也。《王嘉傳》覆獄之文，自是正解。

繫囚

囚徒私解脱桎梏鉗赭加罪一等爲人解脱與同罪　《義縱傳》：「爲死罪解脱。」注：孟康曰：「律，諸囚徒私解脱桎梏鉗赭，加罪一等；爲人解脱，與同罪。」

按：《唐律》囚自脱去枷鎖杻，在囚應禁而不禁律内。又有與囚金刄解脱，則專指他人而言，其罪較自脱去爲重，以其爲金刄也。漢法加罪一等，是加本罪一等，與唐法不同。此唐用漢律而量爲變通者也。

頌繫　《惠紀》：「爵五大夫、吏六百石以上及宦皇帝而知名者，有罪當盗械者，皆頌繫。」注：如淳曰：「盗者逃也，恐其逃亡，故著械也。頌者容也，言見寬容，但處曹吏舍，不入狴牢也。」師古曰：「盗械者，凡以罪著械皆得稱焉，不必逃亡也。據《山海經》，貳負之臣、相柳之尸皆云盗械，其義是也。古者頌與容同。」《補注》：「沈欽韓曰：此頌繫卽《唐律》之散禁，非謂不入狴牢也。先謙曰：荀紀『盗械』作『刑械』，『頌繫』作『容繫』。容、頌古通，顏、沈説是。」

按：唐《獄官令》，杖罪散禁，見囚應禁而不禁，《疏議》中與漢法之用意不同。《百官表》少府屬官若盧，注：如淳曰：「若盧，官名也。」《漢儀注》有若盧獄令，主治庫兵將相大臣。《後漢書・和紀》注引《漢舊儀》作「主鞫將相大臣。」《王商傳》：「臣請詔謁者召商詣若盧詔獄。」注：孟康曰：「若盧，獄名，屬少府，黃門北寺是也。」此獄既專爲將相大臣而設，其收繫之法當與尋常之獄不同。而此《紀》所言則爲爵五大夫、吏六百石以上及宦皇帝而知名者，非專指將相大臣。且當時將相大臣之收繫者，亦不專在若盧。如蕭何之械繫廷尉，竇嬰之繫都司空，王嘉之繫都船，並將相大臣也。或疑頌繫卽若盧之制，未必然也。如淳謂但處曹吏舍，頗與近世情形相似，凡府廳州縣監中所收者，皆是已經畫供之囚，其未定罪者，皆在外監或看守所，不在正監中。古法固不可以今法擬之，而如淳所言必非無據也。囚之著械，原是慮其逃亡：盜，逃也，故曰盜械。非必逃亡之人，始令著械，收繫亦不必皆在犴牢。顔、沈之説，尚未全是。

年八十以上八歲以下及孕者未乳師朱儒當鞠繫者頌繫之 《刑法志》：「孝景後三年，復下詔曰：『高年老長，人所尊敬也。鰥寡不屬逮者，人所哀憐也。其著令：年八十以上、八歲以下及孕者未乳、顔注：乳，産也。師、朱儒顔注：師，樂師盲瞽者。朱儒，短人不能走者。當鞠繫者，頌繫之。』」

按：《六帖》四十五《獄囚》引作「訟繫」。古頌、訟通用。《淮南・泰族訓》訟繆胸中。注：「訟，容也。」《説文》：「訟，争也。一曰歌訟。」《繫傳》曰，古本《毛詩》「雅頌」，字多作「訟」。段曰：「訟，頌古今字。古作『訟』，後人假『頌皃』字爲之。」案《説文》，頌，皃也。今字作「容」。古「容皃」之「容」

作「頌」，多叚爲「寬容」之「容」。「訟」乃「歌訟」本字，「頌」之作「訟」，亦假借也。老小廢疾等，《唐律》無頌繫明文，或在《獄官令》中，不入律。

男子八十以上十歲以下及婦人從坐者自非不道詔所名捕皆不得繫當驗問者卽就驗　《平紀》：「元始四年，詔曰：『蓋夫婦正，則父子親，人倫定矣。前詔有司復貞女，歸女徒，誠欲以防邪辟，全貞信，及眊悼之人，刑罰所不加，聖王之所制也。惟苛暴吏多拘繫犯法者親屬婦女老弱，搆怨傷化，百姓苦之。其明敕百僚：婦女非身犯法及男子八十以上、七歲以下家非坐不道、詔所名捕，他皆無得繫；其當驗者卽驗問。定著令。』」注：張晏曰：「名捕，謂下詔特所捕也。」《補注》：「周壽昌曰：名捕，謂詔書所指名令捕者，卽驗問不稽時也。」《後書・光武紀》：「建武三年，秋七月庚辰，詔曰：『男子八十以上、十歲以下及婦人從坐者，自非不道、詔所名捕，皆不得繫。注：詔書有名而特捕者。當驗問者卽就驗。』」

按：建武之詔本于元始，不必以王莽專擅之文而諱之也。惟一係七歲以下，一係十歲以下，爲不同耳。上條又係八歲以下。《補注》：「俞樾曰：《曲禮》七年曰悼，此正漢制所本。《刑法志》八歲以下亦當作『七歲』。成帝定令，年未滿七歲賊鬥殺人及犯殊死，上請得減死，知漢制皆以七歲爲斷。」案成帝令云年未滿七歲，則已滿七歲者不得用此令，與《平紀》之七歲以下亦微有不同。孝惠卽位詔則云年未滿八歲，建武詔係十歲以下，《後書・來歷傳》又云年未滿十五過惡不在其身，則謂漢制以七年爲斷，其說尚待考訂矣。

郡國歲上繫囚以掠笞若瘐死者所坐名縣爵里丞相御史課殿最以聞　《宣紀》：「地節四年，詔又曰：

『《令甲》，死者不可生，刑者不可息。此先帝之所重，而吏未稱。今繫者或以掠辜若饑寒瘐死獄中，何用心逆人道也。朕甚痛之。其令郡國歲上繫囚以掠笞若瘐死者所坐名、縣、爵、里，丞相御史課殿最以聞。』」注：蘇林曰：「瘐，病也。囚徒病，律名爲瘐。」如淳曰：「律，囚以饑寒而死曰瘐。」師古曰：「瘐，病是也。此言囚或以掠辜及饑寒及疾病而死。如説非也。名，其人名也。縣，所屬縣也。爵，其身之官爵也。里，所居邑里也。凡言殿最者：殿，後也，課居後也；最，凡要之首也，課居先也。」《補注》：「蘇輿曰：掠辜者，情罪未得，笞掠過當。」《後書・朱暉傳》：「再遷臨淮太守，數年，坐法免。」注：「《東觀記》曰，坐考長吏，囚死獄中，州奏免官。」

按：詔文云或以掠辜若饑寒瘐死獄中，玩一「若」字，明是以掠辜、饑寒爲二項，而瘐死分承二項言，或以掠辜瘐死，或以饑寒瘐死，並爲吏未稱之事，故下云用心逆人道。若繫囚自病而死，其咎不在吏，豈能責以用心逆人道乎？如淳魏人，《漢律》所親見，其注中引律，較他注爲完備。此引律云，以饑寒而死，合之蘇林瘐病之注，文義本自明白。師古分掠辜、饑寒、疾病爲三，而未思自病之不可以責吏，其説不可從。《白帖》拷訊門引宣詔，繫者或以掠辜瘐死獄中，可見舊説亦多以瘐死承上文言也。辜，辠也。掠辜者，笞掠之使自承其辠也。此是考囚者之事。饑寒是掌囚者之事。禁此二者，而恤囚之道略具矣。觀朱暉事，知東京尚用此法也。

獄　《宣紀》神爵元年注：「《漢儀注》，長安諸官獄三十六所。」《張湯傳》注：「《漢儀注》，獄二十六所。」《續百官志》「廷尉卿」本注曰：「孝武帝以置中都官獄二十六所，各令長名。」《三輔黄圖》：「長安城中有獄二十四所。」

按：武帝時酷吏用事，政急刑繁，故中都官置獄遂多。建武之世，一律停設，而事亦無不舉，可見獄多之無益于政治也。

未央廄獄　《百官表》：「太僕屬官有大廄、未央、家馬三令，各五丞一尉。」《漢舊儀》：「未央廄獄主理。大廄、三署郎屬太僕、光禄勳。」

按：（太）〔大〕廄屬（大）〔太〕僕，三署郎屬光禄勳。《唐類函》引「大廄」作「六廄」。

廷尉獄　《蕭何傳》：「乃下何廷尉，械繫之。」《周勃傳》：「其後人有上書告勃欲反，下廷尉，逮捕勃治之。勃恐，不知置辭，吏稍侵辱之。勃以千金與獄吏，獄吏乃書牘背示之。」《漢官》曰：「廷尉獄吏二十七人。」

按：廷尉，刑官，此當有獄者。然漢時詔獄不盡在廷尉也。《百官表》廷尉屬官無獄官。

別火獄　《百官表》：「典客，武帝太初元年更名大鴻臚。屬官有別火令丞及郡邸長丞。」注：如淳曰：「《漢儀注》，別火，獄令官，主治改火之事。」

按：別火獄不知主何事？他未見。

郡邸獄　見上。顏注：「主諸郡之邸在京師者也。」《補注》：「錢大昭曰：郡國朝宿之舍在京師者名邸。」《文紀》：「至邸而議之。」《宣紀》：「曾孫雖在襁褓，猶坐收繫郡邸獄。」注：如淳曰：「諸郡邸置獄。」師古曰：「據《漢舊儀》，郡邸獄治天下郡國上計者，屬大鴻臚。此蓋巫蠱獄繁，收繫者衆，故曾孫寄在郡邸獄。」

按：郡邸獄專收繫上計者，曾孫乃偶然寄獄。

都司空獄內官獄　《百官表》：「宗正，屬官有都司空令丞，內官(令)〔長〕丞。」注：如淳曰：「律，司空主水及罪人。」《伍被傳》：「又僞爲左右都司空上林中都官詔獄書。」《漢舊儀》：「司空詔獄治列侯、二千石，屬宗正。」《竇嬰傳》：「劾繫都司空。」《東方朔傳》：「昭平君獄繫內官。」

按：《伍被傳》言有左右都司空，而《百官表》不言有左右，或中間有省併也。竇嬰以列侯繫都司空，與《舊儀》之言合。昭平君乃公主子，故繫內官。

導官獄　《張湯傳》：「趙王怨之，并上書告：『湯大臣也，史謁居〔有病〕，湯至爲摩足，疑與爲大姦。』事下廷尉。謁居病死，事連其弟，弟繫導官。湯亦治他囚導官，見謁居弟。」注：蘇林曰：「《漢儀注》，獄二十六所，導官無獄也。」《百官表》：「少府，屬官有導官令丞。」注：師古曰：「導官主擇米。」《補注》：「《續志》云，主舂御米及作乾糒導擇也。」

按：蘇林據《漢儀注》，獄二十六所無導官之名，似導官之獄不在二十六所之內。張湯治囚導官，則導官非無獄者。

若盧　《百官表》：「少府，屬官有若盧令丞。」注：服虔曰：「若盧，詔獄也。」鄧展曰：「舊洛陽兩獄，一名若盧，主受親戚婦女。」如淳曰：「若盧，官名也，藏兵器。《品令》曰，若盧郎中二十人，主弩射。《漢儀注》有若盧獄令，主治庫兵將相大臣。」《王商傳》：「臣請詔謁者召商詣若盧詔獄。」注：孟康曰：「若盧，獄名，屬少府，黄門（北）〔內〕寺是也。」《後漢書·和紀》：「永元九年十二月己丑，復置若盧獄官。」注：「《漢舊儀》曰，主鞫將相大臣也。」

按：王商丞相，故張匡請召詣若盧。建武時廢，而永元復置，當必有故。

考工獄　《百官表》：「少府，屬官有考工室，武帝太初元年更名考工室爲考工。」注：臣瓚曰：「冬官爲考工，主作器械。」《劉輔傳》：「上迺徙輔共工獄。」注：蘇林曰：「考工也。」

按：考工何時改爲共工，《表》不具。王莽改少府爲共工，宋弘爲共工亦在莽時，劉輔在成帝時，或其時已改也。《續志》仍作考工，則以莽制而復之。

居室獄保宫獄　《百官表》：「少府，屬官有居室令丞，武帝太初元年更名爲保宫。」《灌夫傳》：「有詔，劾灌夫罵坐不敬，繫居室。」《蘇武傳》：「加以老母繫保宫。」

按：灌夫之繫居室，不詳何故，豈以丞相所自劾者歟？李陵之母繫保宫，殆以婦女之故。

左右司空獄　《百官表》：「少府，屬官有左右司空令丞。」

按：漢官之以司空名者並爲主獄官。《伍被傳》言左右都司空詔獄，都司空屬宗正，而《表》不言有左右，少府之左右司空又無「都」字。《伍被傳》混而爲一，疑有誤。

永巷獄掖庭獄　《百官表》：「少府，屬官有永巷令丞，武帝太初元年更名永巷爲掖庭。」《外戚高祖吕后傳》：「迺令永巷囚戚夫人。」《孝惠張后傳》：「惠帝崩，太子立爲帝，四年，太后乃幽之永巷。」《劉輔傳》：「上使侍御史收縛輔，繫掖庭祕獄。」注：師古曰：「《漢書舊儀》，掖庭詔獄令丞宦者爲之，主理婦人官也。」

按：劉輔先繫掖庭，後以中朝上書徙繫共工，可見掖庭獄不繫中朝官也。

暴室獄　《宣紀》：「爲取暴室嗇夫許廣漢女。注：應劭曰：「暴室，宫人獄也，今曰薄室。」《續志》：「掖庭令一人，左右丞、暴室令各一人。」本注曰：「宦者暴室丞，主中婦人疾病者就此室治，其皇后貴人有罪亦就此室。」《孝成趙后傳》：「婢六人，盡置暴室獄。」

按：《百官表》無暴室官名，據《續志》，屬掖庭。

寺互獄　《百官志》：「中尉屬官有寺互、都船令丞。」注：如淳曰：「《漢儀注》有寺互、都船獄令，治水官也。」

按：《臨江王榮傳》，榮至，詣中尉府對簿，中尉郅都簿責訊王，王恐，自殺。似是自殺于獄中者。中尉有二獄，不知其在何獄也？《百官表》，初，寺互屬少府，中屬主爵，後屬中尉，景帝時寺互或尚未改屬也。

都船獄　《薛宣傳》：「少爲都船獄史。」《王嘉傳》：「縛嘉載（致）都船詔獄。」

按：嘉以大臣不繫若盧而繫都船，不知其故？大約漢時詔獄惟上所命，不拘定何獄也。

太子家令獄　《百官表》：「詹事，屬官有太子家令。」《漢舊儀》：「家令，秩千石，主倉獄。」《北堂書鈔》：設官部「太子家獄治太子官，屬太子太傅。」

按：《表》屬詹事，而《舊儀》云屬太子太傅，與《表》不同。《續漢志》屬太子少傅，東京無太子太傳也。

上林詔獄　《百官表》：「水衡都尉，屬官有上林令丞，水司空長丞。」《成紀》：「建始元年，罷上林詔獄。」

按：上林詔獄又見《伍被傳》，其官當爲水司空。成帝罷之，則上林亦弛禁矣。

東市獄西市獄　《百官表》：「京兆尹，屬官有長安市令丞。左馮翊，屬官有長安四市四長丞。」《漢舊儀》：「東市獄屬京兆尹，西市獄屬左馮翊。」

按：東、西市各有獄，西市有四長丞，獄亦當有四。

北軍獄　《百官表》：「中壘校尉掌北軍壘門內外。」《劉向傳》：「章充公車，人滿北軍。」注：如淳曰：「《漢儀注》，中壘校尉主北軍壘門內，尉一人，主上書者獄。上章於公車，有不如法者，以付北軍尉，北軍尉以法治之。」

按：此北軍自有獄，主治上書不如法者。

振貢獄　《北堂書鈔》：四十五。「振貢獄。《漢書》云，貢於治水，舊本作「火」。事屬水衡都尉也。」

按：《百官表》水衡屬官無振貢之名。

京兆尹獄　《張敞傳》：「爲京兆尹云云。敞聞舜語，即部吏收舜繫獄。」

按：敞時爲京兆尹，此獄當是京兆尹之獄。趙廣漢爲京兆尹，亦有捕治送獄之事，見《廣漢傳》，此京兆自有獄之證。三輔職同，京兆尹有獄，左馮翊、右扶風亦必各有獄矣。

長安獄　《趙廣漢傳》：「廣漢奏請，令長安游徼獄吏秩百石，其後百石吏皆差自重。尹賞以三輔高第選守長安令，治長安獄。」

按：長安獄吏增秩百石，其餘外縣則在百石以下，史無明文。《續志》凡縣丞各一人。本注曰，丞署文書，典知倉獄。

河南府獄　《漢舊儀》：「府下置詔獄。」注：「府，河南府也。」《後書·魯恭傳》注：「仁恕掾主獄，屬河南尹。」

按：東京之河南府與西京之三輔同，自有獄。

洛陽寺獄　《後書·和紀》：「永元六年七月，京師旱。丁巳，幸洛陽寺，録囚徒，舉冤獄。」《續志》注：「《漢官》曰，雒陽令獄吏五十六人。」

按：東京之洛陽獄，即西京之長安獄也。

郡獄　《義縱傳》：「爲定襄太守。縱至，掩定襄獄中重罪二百餘人。」《嚴延年傳》：「還爲涿郡太守。遣掾蠡吾趙繡按高氏云云。卽收送獄。」

按：此郡自有獄之證。

縣道獄　《續志》：「爲大司空。」注：「應劭《漢官儀》曰，綏和元年，罷御史大夫官，法周制，初置司空。議者又以縣道官獄司空，故覆加大爲大司空，亦所以別大小之文。」

按：獄司空官，《前表》、《續志》並不載。漢之獄官多以司空爲名，如都司空、水司空皆是，賈誼所謂輸之司空也。

黄門北寺獄　《後書·范滂傳》："滂坐繫黄門北寺獄。"《向栩傳》："收送黄門北寺獄。"

按：黄門北寺獄，西漢所無。蓋自宦豎用事始設此獄，疑在安帝之後也。此與若盧乃是二獄，《竇武傳》以黄門北寺與若盧、都内稱爲諸獄。《前書音義》謂卽若盧獄者，非也。

都内獄　《後書·竇武傳》："有詔原李膺、杜密等。自黄門北寺、若盧、都内諸獄繫囚罪輕者皆出之。"注："都内，主藏官名。《前書》有都内令丞，屬大司農也。"

按：都内獄僅見此《傳》，而《續志》大司農屬官無都内之名。疑西京原有此獄，建武中廢，此時復設，若盧是其比也。

軍獄　《杜延年傳》："補軍司空。"注："蘇林曰：'主獄官也。'如淳曰：'律，營軍司空、軍中司空各二人。'"

按：軍有征、防之别。防軍在所屯之地自設一獄，尚屬易行。征軍行止無常，安有設獄之地？第軍中不能無罪人，不能無收繫之處，其收繫之處，亦卽以獄名歟？營軍司空防軍之官，軍中司空征軍之官，實各主其事者。

又按：此《傳》如淳之注，《漢律》中實具有獄名及主獄之官。今將獄名、官名彙集一處，附列于繫囚條内，以備稽考。惟武帝中都官獄凡二十六所，今已不能悉知，姑從《百官表》諸書蒐討編入，其不知者缺之。卽如振貴不得其解，但附存其名，黄門北寺東京之制，皆不在二十六所之數。

鞫獄

《刑法志》：「宣帝卽尊位，迺下詔曰：『間者吏用法，巧文寖深，是朕之不德也。夫決獄不當，使有罪〔興〕邪，不辜蒙戮，父子悲恨，朕甚傷之。今遣廷史與郡鞫獄，任輕祿薄，其爲置廷平，秩六百石，員四人。其務平之，以稱朕意。』」注：如淳曰：「廷史，廷尉史也。以囚辭決獄事爲鞫，謂疑獄也。」李奇曰：「鞫，窮也，獄事竟窮也。」師古曰：「李說是也。」《宋書·謝莊傳》：「孝文傷不辜之罰，除相坐之令。孝宣倍深文之吏，立鞫訊之法。」

按：謝莊所謂鞫訊之法，當卽指此詔而言。當時刑獄號爲平，蓋武帝時酷吏之風稍戢矣。

掠者唯得笞榜立　《後書·章紀》：「元和元年，詔曰：『律云，掠者唯得笞榜立。又《令丙》，箠長短有數。自往者大獄以來，掠考多酷，鉆鑽之屬，慘苦無極，念其痛毒，怵然動心。《書》曰，鞭作官刑。豈云若此？宜及秋冬理獄，明爲其禁。』」注：「《蒼頡篇》曰，掠，問也。《廣雅》曰，榜，擊也，音彭。《說文》曰，笞，擊也。立謂立而考訊之。鉆音其廉反。《說文》曰，鉆，銸也。《國語》曰，中刑用鑽鑿。皆謂慘酷其肌膚也。」

按：考訊之事，古者亦不得已而用之。棰楚之下，何求不得，大可患也。漢法但得立而考訊之，限制尚嚴，而有司不遵法度，横施鉆鑽之屬，何其慘也。章帝感陳寵之言而頒此詔，其時風氣爲之一變，實盛德也。

死罪及除名罪證明白考掠已至而抵隱不服者處當列上杜預注云處當證驗明白之狀列其抵隱之意

《陳書・沈洙傳》：「范泉今牒述《漢律》云：死罪及除名，罪證明白，考掠已至，而抵隱不服者，處當列上。杜預注云：處當，證驗明白之狀，列其抵隱之意。」

按：范泉所引，乃杜預《律本》之文，可以見《律本》一書，實取《漢律》而自爲之注。以其爲《晉律》之所本，故名曰《律本》。但不知其於《漢律》全載之歟？抑但取《晉律》之所本者載之而注之歟？杜書唐代尚存，是《漢律》尚不得謂之全亡也，唯各家章句杜書不存耳。《唐律》有考囚限滿不首條，在《斷獄律》，惟唐法反考告人及取保並放，二者並與漢法之處當列上者不同。不知漢時列上之後若何處置，殆亦從寬歟？

辭訟有券書者爲治之　《秋官・朝士》：「凡有責者有判書以治則聽。」注：「鄭司農云，謂若今時辭訟有券書者爲治之。」《士師》：「凡以財獄訟者，正之以傅別約劑。」注：「傅別，中別手書也。約劑，各所持券也。故書別爲辨。鄭司農云，傅或爲付，辨讀爲風別之別，若今時市買爲券書以別之，各得其一，訟則案券以正之。」疏：「《小宰》注，爲大手書於一札，中字別之。語異義同。」

按：《士師》先鄭之注爲漢時鞫獄之法，非必律文如是。其法則與《朝士》之注同，意必有券書乃可治之正之也。

讀鞫已乃論之　《小司寇》：「讀書則用灋。」注：「鄭司農云，讀書則用法，如今時讀鞫已乃論之。」疏：「鞫謂劾囚之要辭，行刑之時，讀已乃論其罪也。」《書・呂刑》：「輸而孚。」傳：「謂上其鞫劾文辭。」

疏：「漢世問罪謂之鞫，斷獄謂之劾。」

按：唐法有宣告，見《唐六典》，實卽漢之讀鞫也。今東西各國並行之，而中國則廢而不用矣。

故乞鞫　《史記・夏侯嬰傳》集解：「鄧展曰：律有故乞鞫。高祖自告不傷人。」索隱：「案《晉令》云，獄結竟，呼囚鞫語罪狀，囚若稱枉欲乞鞫者，許之也。」

按：《唐律》，諸獄結竟，徒以上，各呼囚及其家屬具告，仍取囚服辯，若不服者，聽其自理，更爲詳審。此卽乞鞫之法。索隱引晉令，漢法當亦如是。

家人乞鞫　《晉志》：「二歲刑以上，除家人乞鞫之制，省所煩獄也。魏世所改。」

按：家人乞鞫，漢制也，魏世除之。《唐律》獄結竟取服辯條《疏議》曰：「其家人親屬唯止告示罪名，不須問其服否，囚若不服，聽其自理。」是亦不用家人乞鞫之制，因于魏也。

徒論決滿三月不得乞鞫　《秋官・朝士》：「凡士之治，有期日，國中一旬，郊二旬，野三旬，都三月，邦國朞。期內之治聽，期外不聽。」注：「鄭司農云，謂在期內者聽，期外者不聽，若今時徒論決滿三月不得乞鞫。」

按：乞鞫限以期日，今東西各國皆用此法。而其法則原於周，亦云古矣。

郡國遣主者吏詣廷尉議　《秋官・訝士》：「凡四方之有治於士者造焉。」注：「謂讞疑辨事先來詣，乃通之於士也。士主謂士師也。如今郡國亦時遣主者吏詣廷尉議者。」胡廣《漢官解詁》：「廷尉當疑獄。」

按：郡國主吏詣廷尉議，此法極善，慎刑之一端也。近世亦行之，但以文書而吏不來耳。

疑獄　《刑法志》：「高皇帝七年，制詔御史：『獄之疑者，吏或不敢決，有罪者久而不論，無罪者久繫不決。自今以來，縣道官獄疑者，各讞所屬二千石官，二千石官以其罪名當報之。顔注：當謂處斷也。所不能決者，皆移廷尉，廷尉亦當報之。廷尉所不能決，謹具爲奏，附所當比律令以聞。』」《補注》：「讞者，平議其罪而上之。」《景紀》：「後五年，詔曰：『法令度量，所以禁暴止邪也。獄，人之大命，死者不可復生。吏或不奉法令，以貨賂爲市，朋黨比周，以苛爲察，以刻爲明，令亡罪者失職，朕甚憐之。有罪者不伏罪，姦法爲暴，甚亡謂也。諸獄疑，若雖文致於法而於人心不厭者，輒讞之。』」顔注：「厭，服也，音一贍反。讞，平議也，音魚列反。」《補注》：「胡三省云，謂原情定罪，本不至於死而以傅致之。」「後元年，詔曰：『獄，重事也。人有智愚，官有上下，獄疑者讞有司，有司所不能決移廷尉。有令讞而後不當，讞者不爲失。欲令治獄者務先寬。』」顔注：「假令讞訖，其理不當，所讞之人不爲罪失。」

按：漢承秦苛法之後，慎獄恤刑，與民更始。高、景之詔，尤於疑獄鄭重言之，而以寬爲先務。故《志》言「自此之後，獄刑益詳，近于五聽三宥之意。」文景之時，幾於刑措，夫豈偶然。迨武帝任用張湯、趙禹之徒，風氣爲之一變，漢初慎獄慎刑之旨，澌滅殆盡，酷吏之罪，可勝誅哉！

鞫獄故不直　《張敞傳》：「臣竊以舜無狀，枉法以誅之。臣敞賊殺無辜，鞫獄故不直，雖伏明法，死無所恨。」《趙廣漢傳》：「司直蕭望之劾奏：『廣漢推辱大臣，欲以劫持奉公，逆節傷化，不道。』宣帝惡之，下廣漢廷尉獄。又坐賊殺不辜，鞫獄故不以實，擅斥除騎士乏軍興數罪。天子可其奏，廣漢竟坐要斬。」《功臣表》：「新時〔侯〕趙弟，坐爲太常鞫獄不實，入錢百萬贖死，完爲城旦。」注：如淳曰：「鞫者，以其辭決罪也。」晉灼曰：「律説出罪爲故縱，入罪爲故不直。」《補注》：「《説文》，鞫，窮理辠人也。作『鞫』者，假字。本書作『鞫』、作『鞠』，爲例不一。」

按：《秦律》有治獄不直之文，《史記・秦始皇本紀》，三十四年，適治獄吏不直者築長城及南方越地是也。漢乃采用秦法。據晉灼引律説，足證漢之律文爲故不直。《表》、《傳》之或稱不實，或稱故不以實者，就事實上言之也。故不直之罪爲棄市，而趙廣漢坐要斬者，又有乏軍興之罪，重于故不直，故以重論。然廣漢軍興之罪已會赦貶一等，則已論決矣，何以又重科？此真不可解者。《唐律》有官司出入人罪條，即《漢律》之出罪、入罪，此又唐法之本于漢者。

故劾十人罪不直　《功臣表》：「商利侯王山壽，坐爲代郡太守故劾十人罪不直，死。」《補注》：「《史表》作：『上書願治民，爲代太守。爲人所上書言，繫獄當死，會赦，出爲庶人。』」

按：故劾至十人之多，其罪自當死。此《表》但言死，不詳如何死法？以《史表》證之，恐此表有奪文。

出罪故縱　《昭紀》：「始元四年，廷尉李种，坐故縱死罪，棄市。」顔注：「縱謂容放之。」「元鳳三年少府徐仁、廷尉王平、左馮翊賈勝胡，皆坐縱反者，仁自殺，平、勝胡皆要斬。」《杜延年傳》：「治燕王獄時，御史大夫桑弘羊子遷亡，過父故（史）〔吏〕侯（吏）〔史〕吴。後遷捕得，伏法。會赦，侯史吴自出繫獄，廷尉王平與少府徐仁雜治反事，皆以爲桑遷坐父謀反而侯史吴臧之，非匿反者，乃匿爲隨者也。即以赦令除吴罪。後侍御史治實，以桑遷通經術，知父謀反而不諫争，與反者身無異，侯史吴故三百石吏，首匿遷，不與庶人匿隨從者等，吴不得赦。奏請覆治，劾廷尉、少府縱反者。遂下廷尉平、少府仁獄。延年乃奏記光争，以爲：『吏縱罪人有常法，今更詆吴爲不道，恐於法深。』光以廷尉、少府弄法輕重，皆論棄市。」《朱雲傳》：「遷杜陵令，坐故縱亡命，會赦。」《王嘉傳》：「二千石益輕賤，吏民慢易之。或持其微過，增加成辠，言於刺史、司隸，或至上書章下。衆庶知其易危，小失意則有離畔之心。孝(武)〔成〕皇帝悔之，下詔書，二千石不爲縱。」注：孟康曰：「二千石不以故縱爲罪，所以優也。」

按：鞫獄故縱與見知故縱、故縱同，而事實不同，此出罪故縱也。出罪視入罪爲輕。成帝詔二千石不爲縱，乃深悉當日情形，以此救其敝，非過寬也。

諸勿聽理　張(斐)〔裴〕《(傳)〔律〕注》序：「諸勿聽理似故縱。」

按：獄固有控辭失實駁斥不聽理者，據此文，是《漢律》中定有專條。《唐律》之越訴，其一端也。

斷獄

二千石受其獄　《秋官・鄉士》：「士師受中。」注：「受獄訟之成也。鄭司農云，士師受中，若今二千石受其獄也。中者，刑罰之中也。」疏：「士師受中者，士師當受取上成定中平文書。漢時受二千石禄廩郡守之等，受在下已成之獄官。」

按：此疏語羼入「禄廩」二字，其義未詳，疑有譌脱。《小司寇》以三刺斷庶民獄訟之中。注：

「中謂罪正所定。」《春官・天府》：「凡官府鄉州及都鄙之治中，受而藏之。」注：「鄭司農云，治中謂其治職簿之要。」據先鄭之注，是中者簿書之要。天府之受中與士師之受中，其義不殊。士師之中，則爲罪正所定之文書，即《張湯傳》之爰書。二千石受其獄者，謂郡守受在下之爰書也。

白聽正法解　《秋官・士師》：「察獄訟之辭，以詔司寇斷獄弊訟，致邦令。」注：「詔司寇，若今白聽正法解也。致邦令，以法報之。」疏：「獄訟辭訴各有司存，謂若鄉士、遂士、縣士、方士各主當司之獄訟，其有不決來問都頭士師者，則士師察審以告大司寇斷獄弊訟也。云致邦令者，此即所察獄訟斷訖致與本官，謂之致邦令也。」

按：白聽正法解，孔疏不詳其義，殆未得其解歟？竊謂白，告語也，正即罪正所定之正也，解乃辭之誤言，告令聽正法之辭也。至漢時何人白之？何人聽之？其義既難明，其事更難詳矣。

理官決罪三日得其宜乃行之　《說文》晶部：「疊，揚雄說以爲古理官決罪，三日得其宜，乃行之。從晶、宜。」王曰：「《管子》，無坐抑，而獄訟者正三禁之，而不直則入一束矢以罰之。注云，謂其人自無所坐而被抑屈，爲訟者正當禁之三日，得其不直者則令入束矢也。《康誥》要囚，服念五六日，至於旬時，不蔽要囚。」桂氏曰：「官府文書謂之疊成，即揚雄說之意。」

按：王引《管子》與揚雄說不合。揚雄說則與《康誥》之言合。孔傳要囚，謂察其要辭以斷獄。既得其辭，服膺思念，五六日至於十日，至於三月乃大斷之。言必反覆思念，重刑之至也。雄說，意與孔傳同。三者衆多之詞，非必定拘以三日也。疊爲小篆會意之字。雄言古理官當在漢以前，漢法或亦如是，姑録之。

十二月立春不以報囚　無以十一月十二月報囚　《後書·章紀》：「元和二年，詔曰：『《春秋》於春，每月書王，重三正，慎三微也。律，十二月立春不以報囚。注：報猶論也。立春陽氣至，可以施生，故不論囚。《月令》冬至之後有順陽助生之文，而無鞠獄斷刑之政。朕咨訪儒雅，稽之典籍，以爲王者生殺宜順時氣，其定律：無以十一月、十二月報囚。』」《陳寵傳》：「漢舊事斷報重，常盡三冬之月，注：重，死刑也。是時帝始改用冬初十月而已。元和二年，旱，長水校尉賈宗等上言，以爲斷獄不盡三冬，故陰氣微弱，陽氣發泄，招致災(害)〔旱〕，事在於此。帝以其言下公卿議，寵奏曰：『夫冬至之節，陽氣始萌，故十一月有蘭、射干、芸、荔之應。《時令》曰：諸生蕩，安形體。天以爲正，周以爲春。十二月陽氣上通，雉雊雞乳，地以爲正，殷以爲春。十三月陽氣已至，天地已交，萬物皆出，蟄蟲始振，人以爲正，夏以爲春。三微成著，以通三統。周以天元，殷以地元，夏以人元。若以此時行刑，則殷、周歲首皆當流血，不合人心，不稽天意。《月令》曰：孟冬之月，趣獄刑，無留罪。臣賢按：《月令》及《淮南子》皆言季秋趣獄刑，無留罪，今言孟冬，未詳其故。明大刑畢在立冬也。又仲冬之月，身欲寧，事欲靜。若以降威怒，不可謂寧；若以行大刑，不可謂靜。議者咸曰，旱之所由，咎〔在改〕律。臣以爲殷、周斷獄不以三微，而化致康平，無有災害。自元和以前，皆用三冬，而水旱之異，往往爲患。由此言之，災害自爲它應，不以改律。秦爲虐政，四時行刑，聖漢初興，改從簡易。蕭何草律，季秋論囚，(但)〔俱〕避立春之月，而不計天地之正，二王之春，實頗有違。陛下探幽析微，允執其中，革百載之失，建永年之功，上有迎承之敬，下有奏微之惠，稽《春秋》之文，當《月令》之意，聖功美業，不宜中疑。』書奏，帝納之，遂不復改。」

按：漢儒舊説以通三統爲要義，章帝蓋深信之，故漢初報囚自季秋得盡三冬，而元和定律，子、丑月皆不報囚。《玉海》六十五。稱元和元年定報囚，卽指此事也。《唐律》立春後不決死刑，《疏議》引《獄官令》，從立春至秋分不得奏決死刑，與漢初季秋論囚微有不同，元和之制則不復用矣。

揭頭明書其罪法　《秋官·司烜氏》：「邦若屋誅，則爲明竁焉。」注：「明竁，若今揭頭，明書其罪法也。」疏：「爲明竁焉者，明用刑以板書其姓名及罪狀著於身竁壙中也。」昭二年：「鄭公孫黑作亂，子產數其罪云，不速死，大刑將至。七月壬寅，縊尸諸周氏之衢，加木焉。」注云：「書其罪於木，以加尸上。」《尹賞傳》：「雜舉長安中輕薄少年惡子，得數百人。賞親閲，見十置一，其餘盡以次内虎穴，百人爲輩，覆以大石。數日，壹發視，皆相枕藉死。便輿出，瘞寺門桓東，楬著其姓名。百日後，乃令死者家各自發取其尸。」顔注：「楬，杙也，椓杙於瘞處，而書死者名也。」《何並傳》：「爲長陵令。初，邛成太后外家王氏貴，而侍中王林卿通輕俠，傾京師。後坐法免，歸長陵上冢，因留飲連日。並謂林卿曰：『冢間單外，君宜以時歸。』林卿曰：『諾。』先是，林卿殺婢壻埋冢舍，並具知之，卽且遣吏奉謁傳送。林卿既去，北度涇橋，令騎奴還至寺門，拔刀剥其建鼓。並自從吏兵追林卿，行數十里，林卿迫窘，乃令奴冠其冠被其襜褕自代，身變服從閒徑馳去。會日暮追及，收縛冠奴，奴曰：『我非侍中，奴耳。』並心自知已失林卿，乃曰：『王君困，自稱奴，得脱死耶？』叱吏斷頭持還，縣所剥鼓置都亭下，署曰：『故侍中王林卿，坐殺人埋冢舍，使奴剥寺門鼓。』吏民驚駭。」

按：漢自景帝改磔爲棄市，已無張尸之事，殺人斬首而已，不梟也。尹賞之瘞而楬著其姓名，當是景帝之後漢法如是，與鄭注所言合。何並署林卿姓名罪狀，並不爲過，惟林卿殺人，罪不得梟，此則軼於法之外者。

大署帛於其背　賈山《至言》：「赦罪人，憐其亡髮，賜之巾。憐其衣赭書其背。」《後書·李燮傳》：「先是，潁川甄邵諂附梁冀，爲鄴令。有同歲生得罪於冀，亡奔邵，邵僞納而陰以告冀，冀卽捕殺之。邵當遷爲郡守，會母亡，邵且埋尸於馬屋，先受封，然後發喪。邵還至洛陽，燮又行途遇之，使卒投車於溝中，笞捶亂下，大署帛於其背曰：『諂貴賣友，貪官埋母。』乃具表其狀，邵遂廢錮終身。」惠棟曰：「《周官》注云，明刑，書其罪惡於大方版，著其背。賈山云，衣赭書其背，漢之罪人如此。」

按：《秋官·司圜》，凡害人，弗使冠飾而加明刑焉。疏：明刑者，以版牘書其罪狀與姓名著於背，表示於人，是明刑也。《掌囚》，及刑殺，告刑于王，奉而適朝士，加明梏以適市而刑殺之。注：加明梏者，謂書其姓名及其罪於梏而著之也。此是二事。明刑，《李燮傳》之署帛於背也。明梏，尹賞之楬著也。惟明梏在行刑之時，若今時之斬條。楬著在行刑之後，若今時之榜示也。

篡囚　《王子侯表》：「攸輿侯則，坐篡死罪囚，棄市。」《晉志》：「正篡囚棄市之罪，斷凶强爲義之蹤也云云。斯皆魏世所改。」

按：攸輿以王子侯篡囚棄市，是《漢律》本係死罪。《晉志》云魏世所改，豈漢法中間曾改輕歟？抑攸輿所篡死罪囚，其非篡死囚不棄市歟？今無可考矣。

與罪人交關三日已上皆應知情　《後書・孔融傳》:「又袁術僭逆,非一朝一夕,日磾隨從,周旋歷歲。《漢律》與罪人交關三日已上,皆應知情。」《陳寵傳》:「寵代郭躬爲廷尉,會坐詔獄吏與囚交通抵罪,詔特免刑。」《樂恢傳》:「事博士焦永,永爲河東太守,恢隨之官。後永以事被考,諸弟子皆以通關被繫,注:爲交通關涉也。恢獨皦然不污於法。」

按:交關與通行飲食不同,通行飲食但資其逃亡而已,交關則所包者廣。重則爲之營求,輕則與之謁問,情各不同,罪亦當異,不知漢法如何處分也?

謁問囚　《百官表》:「武帝太始四年,江都侯靳石爲太常,四年,坐爲謁問囚故太僕敬聲亂尊卑,免。」《補注》:「沈欽韓曰:靳石以列侯修謁問囚,爲亂尊卑。」

按:此交通之輕者,故僅止免官。

望後利日　《秋官・鄉士》:「協日刑殺。」注:「協,合也,和也。和合支幹善日,若今時望後利日。」疏:「月大則十五日爲望,小則十六日爲望。利日即合刑殺之日是也。」

按:利日必和合支幹,是漢時於選日一事亦甚重之。

録囚　《雋不疑傳》:「每行部録囚徒。」顔注:「省録之,知其情狀,有寃滯不也。」《續百官志》:「諸州常以八月巡行所部郡國録囚。」注:「胡廣曰:縣邑囚徒皆閲録視,參考辭狀,實其真僞,有侵寃者,即時平理也。」

按:漢制録囚爲郡守之事,然武帝復設州刺史,則諸州亦行之。《漢官典職儀》云,刺史班宣,周行郡國，省察治狀，黜涉能否，斷治寃獄，以六條問事。所云斷治寃獄，即録囚之事也。《何武傳》：「及武爲刺史，行部録囚徒。」

在徒役者不得衣絲絮　《後書・光武紀》：「建武二十二年，制詔曰：『其令徒皆弛解鉗，衣絲絮。』」注：「弛，解脱也。舊法在徒役者不得衣絲絮，今赦許之。」

漢律摭遺卷七

捕律

逮捕　《高紀》：「九年，貫高等謀逆發覺，逮捕高等。」顏注：「逮捕，謂事相連及者皆捕之也。一曰在道守禁，相屬不絶，若今之傳送囚耳。」《補注》：「劉攽曰：予謂逮者其人存，直追取之；捕者其人亡，當討捕也。故有或但言逮，或但言捕，知異物也。一云逮易辭，捕加力也。逮呼名召之，捕加束縛矣。」

收捕　《武五子傳》：「收捕充等繫獄。」

詔捕　《公孫賀傳》：「是時詔捕陽陵朱安世，不能得，上求之急，賀自請逐捕安世。」

逐捕　見上。又《武紀》：「泰山、琅邪羣盜徐勃等阻山攻城，道路不通，遣直指使者暴勝之等衣繡衣杖斧分部逐捕。」《江充傳》：「充本名齊，太子疑齊以己陰私告王，使逐捕，不得。」

疏捕　《趙充國傳》：「疏捕山閒虜。」注：蘇林曰：「疏，搜索也。」師古曰：「疏字本作跡，言尋跡而捕之也。」

名捕　《鮑宣傳》：「時名捕隴西辛興。」注：「顯其名而捕之。」《後書・光武紀》：「自非不道、詔所名捕者。」注：「有名而特捕者。」

追捕 《韓延壽傳》：「吏無追捕之苦。」

急捕 《後書・曹節傳》：「有何人書朱雀闕。詔司隸校尉劉猛逐捕，十日一會。猛以誹書言直，不肯急捕。」

按：《紀》、《傳》之言捕者，其法不同，疑《漢律》中必有分別，今不可攷。

羣盜起不發覺發覺而捕弗滿品者二千石以下至小吏主者皆死 《咸宣傳》：「於是作沈命法，曰：『羣盜起不發覺，發覺而捕弗滿品者，二千石以下至小吏主者皆死。』其後小吏畏誅，雖有盜弗敢發，恐不能得，坐課累府，府亦使不言。故盜賊寖多，上下相爲匿，以避文法焉。」注：應劭曰：「沈，没也。敢蔽匿盜賊者，没其命也。」孟康曰：「沈，藏匿也。命，亡逃也。」師古曰：「應説是也。品，率也，以人數爲率也。」《王子侯表》：「藺侯罷軍，坐盜賊，免。」《恩澤侯表》：「高陽侯薛宣，以丞相侯坐西州盜賊羣輩，免。」《百官表》：「甘露三年，雁門太守建平侯杜緩爲太常，七年，坐盜賊多，免。」

按：盜賊之多，由于政令之煩苛而民生貧困。沈命法可謂嚴矣，當時二千石以下官吏死者不知凡幾，而盜賊不爲之衰息，知重法之無益於治也。建武之政，可謂寬矣，而盜賊解散。孰得孰失，可不煩言而解。沈命解當以孟説爲長。

牧守令長但取獲賊多少爲殿最唯蔽匿者乃罪之 《後書・光武紀》：「建武十六年，郡國大姓及兵長、羣盜處處並起，攻劫殺害長吏。郡縣追討，到則解散，去復屯結，青、徐、幽、冀四州尤甚。冬十月，遣使者下郡國，聽羣盜自相糾擿，五人共斬一人者，除其罪。吏雖逗留回避故縱者，皆勿問，聽以禽討爲效。其牧守令長坐界内盜賊而不收捕者，又以畏愞捐城委守者，皆不以爲負，但取獲賊多少爲殿最，唯蔽匿者乃罪之。於是更相追捕，賊並解散，徙其魁帥於它郡，賦田受廪，使安生業。自是牛馬放牧，邑門不閉。」

按：建武不用天漢沈命之法，而盜賊以平，可見治盜之道，貴得其宜，徒懸一重法，無益也。《唐律》部内容止盜者卽是此律，而主司於强盜罪止徒二年半，雖不用建武之制，而與天漢之制則大相懸殊矣。

首匿羣盜　《王子侯表》：「修故侯福，坐首匿羣盜，棄市。」《後書·梁統傳》：「武帝軍役數興，豪傑犯禁，姦吏弄法，故重首匿之科，著知從之律。」

按：首匿罪以盜爲重，故福至棄市。《唐律》知情藏匿罪人在捕亡門，係減罪人罪一等，則無死罪矣。

匿亡虜　《功臣表》：「瀘清侯參，坐匿朝鮮亡虜，下獄，病死。」

匿反者　《杜延年傳》侯史吳事，見前出罪故縱條。

首匿死罪　《王子侯表》：「安郭嗣侯崇，坐首匿死罪，免。」《功臣表》：「平嗣侯執，坐匿死罪，會赦，免。任侯張越，坐匿死罪，免。」

按：亡虜、反者固重，死罪亦重，而首匿之罪，反者會赦亦不免，亡虜亦瘐死，而死罪則僅止免侯，何輕重相懸如此？平嗣侯執云會赦免，不知所赦者何罪？已視安郭及任侯爲重，不知漢律如何分別也？

首匿罪人　《王子侯表》：「畢梁侯嬰，坐匿罪人，爲鬼薪。」

按：此罪人不知何罪？爲鬼薪則不僅免侯矣。平嗣侯執或與此同。

首匿亡命　《王子侯表》：「陸嗣侯延壽，坐知女妹夫亡命笞二百首匿罪，免。」顏注：「妹夫亡命，又有笞罪而藏匿之，坐免也。」《補注》：「沈欽韓曰：謂其妹夫有笞二百罪亡命，延壽知而首匿，故免，非謂亡命後又有笞罪也。」《淮南厲王傳》：「亡之諸侯，游宦事人，及舍匿者，論皆有法。」顏注：「舍匿，謂舍止而藏隱也。」《輯證》：「《魏志・婁圭傳》注：坐藏亡命，被繫當死。按事在建安中，蓋仍漢法。」

按：首匿笞二百罪僅止免侯，則畢梁之爲鬼薪，必其所匿者罪較重也。婁圭事見《魏志・崔琰傳》注，官本作「坐藏」，而汲古閣作「坐贓」，《漢書》藏、贓字並作「臧」，此難遽定，姑采杜說於此。

列侯太夫人夫人諸侯王子及吏二千石無得擅徵捕　《文紀》：「七年，令列侯太夫人、夫人、諸侯王子及吏二千石無得擅徵捕。」注：如淳曰：「列侯之妻稱夫人，列侯死子復爲列侯乃得稱太夫人，子不爲列侯不得稱也。」

按：漢初諸侯王子、列侯夫人多不奉法，擅徵捕，其一端也。文帝至是始禁之。

逮不直　《史記・高祖功臣表》：「武彊嗣侯青翟，坐爲丞相與長史朱買臣等逮御史大史湯不直，國除。」

按《漢表》「逮」作「建」，「湯」作「陽」，顏注以獄建之意而不直也。按《漢表》難解，當是傳寫之誤，顔注亦誤。當云以獄逮之而意不直也。《漢表》云自殺，《武紀》云下獄死，亦不同。此事出於三長史，而丞相亦坐之，可見漢法之嚴，且湯非無罪之人也。

殺人而亡聽子弟得追殺之　《晉志》：「賊鬥殺，以劾而亡，許依古義，聽子弟得追殺之。會赦及過誤相殺，不得報讎，所以止殺害也。魏世所改。」

按：「以劾」，官本、閣本同，鍾本作「以劫」，《通典》引作「劾」，《通考》引作「劫」。按復仇之義，不必以劾而始得追殺，當以「劾」字爲是，言被劾即亡，許子弟追殺之也。許追殺乃古法，而漢用之，魏增出會赦及過誤不得報讐一層，自屬允當。《唐律》無此條，殆已删除，所以戢殘殺之風，其宗旨殊矣。

捕亡亡没爲官奴婢　《晉志》：「去捕亡亡没爲官奴婢之制。」《魏志·高柔傳》：「護軍營士竇禮，近不還營，以爲亡，表言逐捕，没其妻盈及男女爲官奴婢。」

按：此句未詳，疑有脱誤。據《高柔傳》，當是軍士逃亡，没其妻子爲官奴婢，非一切罪人皆没其妻子。後魏尚有亡者妻子没爲官奴婢之事，必承于古也。惟晉去而後魏復用之，當是後魏用漢、魏之舊法，而不取晉法也。

捕斬謀反　《田廣明傳》：「爲淮陽太守。歲餘，故城父令公孫勇與客胡倩等謀反，倩詐稱光禄大夫，從車騎數十，言使督盜賊，止陳留傳舍，太守謁見，欲收取之。廣明覺知，發兵，皆捕斬焉。而公孫勇衣繡衣，乘駟馬車，至圉，圉使小史侍之，亦知其非是。守尉魏不害與廏嗇夫江德、尉史蘇昌共收捕之。上封不害爲當塗侯，德轑陽侯，昌蒲侯。初，四人俱拜於前，小史竊言，武帝問：『言何？』對曰：『爲侯者得東歸否？』上曰：『汝欲不貴矣！女鄉名爲何？』對曰：『名遺鄉。』上曰：『用遺汝矣。』於是賜小史爵關內侯，食遺鄉六百户。上以廣明連禽大姦，徵入爲大鴻臚。」

按：捕斬謀反者，而或封侯，或徵爲九卿，是漢法郡守有捕斬之責也。律內當有明文，今姑據《廣明傳》列於此。

彊盜爲上官若他郡縣所糾覺一發部吏皆正法尉貶秩一等令長三月奉贖罪二發尉免官令長貶秩一等三發以上令長免官　《後書·陳忠傳》：「臣竊見元年以來，盜賊連發，州郡督録怠慢，長吏防禦不肅，宜糾增舊科，以防來事。自今彊盜爲上官若它郡所糾覺，一發，部吏皆正法，尉貶秩一等，令長三月奉贖罪；二發，尉免官，令長貶秩一等；三發以上，令長免官。便可撰立科條，處爲詔文，切敕刺史，嚴加糾罰。」注：「部吏，督郵、游徼也。正法，依法也。」

按：此法見《忠傳》。部吏依舊法，尉令長則加重也。惟當日是否施行，《忠傳》既不詳，它亦無考。至正法，注解爲依法，乃正法之本義，後世以正法爲死罪立決者，非此義也。

捕豺貀　《説文》豸部：「貀，獸無前足。《漢律》，能捕豺貀，購百錢。」段曰：「《爾雅》郭注：律，捕虎一，購錢三千，其狗半之。蓋亦沿《漢律》也。」《集韻》四十五厚：「豿，熊、虎子也。《漢律》捕虎購錢三，其豿半之是也。」

按：《集韻》所引《漢律》，當卽本于郭注，「三」下無「千」字，奪文也。

捕蝗　《平紀》："元始二年，夏四月，郡國大旱，蝗，青州尤甚。遣使者捕蝗，民捕蝗詣吏，以石㪷受錢。"顔注："量蝗多少而賞錢。"《補注》："先謙曰：《五行志》云，秋，蝗偏天下，此在夏，《志》蓋終言之。"

按：捕蝗之事，古已有之，《大田》之詩所謂"田祖有神，秉畀炎火"也。《漢紀》惟見于此。

又按：以上二事與追捕罪人無涉，然皆王政之一端也，今姑附于此。

株送徒　《食貨志》："所忠言：'世家子弟富人或鬥雞走狗馬，弋獵博戲，亂齊民。'迺徵諸犯令，相引數千人，名曰'株送徒'。入財者得補郎，郎選衰矣。"注："如淳曰：'世家，謂世世有禄秩家也。齊，等也。無有貴賤，謂之齊民，若今言平民矣。'應劭曰：'株，根本也。送，致也。'如淳曰：'株，蔕也。諸坐博戲事決爲徒者，能入錢，得補郎。'李奇曰：'先至者爲魁株也。'師古曰：'言被牽引者爲其根株所送當充徒役，而能入財者，則當補郎。'"《補注》："先謙曰：索隱，先至之人，令之相引，似若得其株本，則枝葉自窮，故曰'株送徒'。"

按：根株與枝葉相連者，後世株連之語蓋是。此意株送者，株連而逮送也。此亦捕事之一端。

傷殺人所用兵器盜賊贓加責没入縣官　《秋官·司厲》："入于司兵。"注："鄭司農云，入于司兵，若今時傷殺人所用兵器、盜賊贓加責，没入縣官。"疏："其加責者，若今時倍贓者也。"

按：此《唐律》犯禁之物則没官也。唐律在《名例》彼此俱罪之贓條内，今附此者，以此事捕者所當盡之事也。

小使車　《續輿服志》："小使車，此謂追捕考案有所敕取者之所乘也。"詳《廄律》。

按：此追捕考案之事，故附見於此。

部索反具不得　《孝宣許后傳》：「父廣漢，爲宦者丞。上官桀謀反時，廣漢部索。顏注：部分搜索罪人也。其殿中廬有索長數尺可以縛人者數千枚，滿一篋緘封。廣漢索不得，他吏往得之，廣漢坐論爲鬼薪，輸掖庭。」顏注：殿中廬，桀所止宿廬舍在宮中者也。緘，束篋也。須得此繩索者，用爲桀之反具。」

《補注》：「先謙曰：『具』當作『證』。」

按：此亦搜捕中之事。先索不得，而它人得之，祇是搜索之不力，科以鬼薪，似重。

漢律摭遺卷八

雜律

假借

取息過律　《王子侯表》：「旁光侯殷，坐貸子錢不占租，取息過律，會赦，免。」顏注：「以子錢出貸人，律合收租，匿不占，取息利又多也。」《補注》：「沈欽韓曰：《景紀》服虔注：貲萬錢算百二十七。《昭紀》：始元六年令民得以律占租。貢禹所謂租銖之律也。《周禮·小司徒》：以下攷夫家衆寡六畜兵器。《管子》：問貧士之受責於大夫者幾何人？人之貸粟米有別券者幾何家？此其貧富生業皆官司所知。《平紀》：民貲不滿二萬勿租稅。蓋漢去古未遠，故私家具立文簿泉府。注：貸萬錢者朞出息五百。是取無過二分也。陵鄉侯訢，坐使人傷家丞，又貸穀息過律，免。顏注：以穀貸人而多取其息。」

按：卽《明律》之違禁取利。不占租卽《唐律》之脱户。

不償責　《功臣表》：「河陽侯嗣信，坐不償人責過六月，免。」《補注》：「沈欽韓曰：《潛夫論·斷訟篇》：永平時，諸侯負責，輒有絀削之罰，其後皆不敢負民。蓋沿舊制。」

按：過六月免，是以六月爲期也。《唐律》負債違契不償，一匹以上以二十日爲限，二十日加一等，而以百日爲罪止之限，較漢之期限爲短；不及百匹者，罪止杖六十，或杖八十，較漢爲輕，則其法不同也。

當歸宅不與　《恩澤侯表》：「周陽嗣侯田祖，坐當歸軹侯宅不與，免。」《補注》：「蘇輿曰：《潛夫論·斷訟篇》：孝武仁明，周陽侯田彭祖，坐當軹侯宅而不與，免國。即此事。惟『〔田〕祖』作『彭祖』爲異。『當』下奪『歸』字。先謙曰：《史表》作『彭祖』。」

按：此違契不償之一端也。

加貴取息坐贓　《秋官·朝士》：「凡民同貨財者，令以國灋行之，犯令者刑罰之。」注：「玄謂同貨財者，富人畜積者，多時收斂之，乏時以國服之法出之，雖有騰躍其贏不得過此，以利出者與取者，過此則罰，若今時加貴取息坐贓。」疏：「雖有騰躍其贏者，謂販易得利多少者爲騰躍，其贏謂其贏利騰踴乘躍而出。故晉灼曰，言市物賤，預買畜之，物貴而出賣之，故物騰躍。是其事以利出者與取者，依常契獲利；取者又騰躍，所贏二者俱有利物。違國服則爲犯，今得刑。」

按：物賤時息少，物貴時息多，若物貴之時以騰躍之數取息，出者固獲大利，取者未免受虧，故以國服爲之息，出者不止獲賤時之息，而取者不致過虧，此持平之道也。此與買故賤、賣故貴之事稍有不同，彼乃任意而爲，此乃乘時而得，其初意殊也。

不廉

受財物　《功臣表》：「岸頭張次公，坐與淮南王女陵姦受財物，免。」

按：所受之財物未知得之淮南王者歟？抑得自女陵者歟？

贓直六十　《書鈔》：七十七。「《汝南先賢傳》：范滂，字孟博，被詰受幾贓賕。滂曰：『曾爲北郡督郵、汝陽令，有記囊，表裏六尺，若以此爲贓，贓直六十耳。』」

按：記囊不得爲贓，且贓直六十亦微矣。觀此詞意，亦六十不爲贓。

受所監臧二百五十以上　《前書·蕭望之傳》：「後丞相司直緐延壽奏：『知御史有令不得擅使，望之多使守史自給車馬，之杜陵護視家事。少史冠法冠，爲妻先引，又使買賣，私所附益凡十萬三千。案望之大臣，通經術，居九卿之右，本朝所仰，至不奉法自修，踞慢不遜攘，受所監臧二百五十以上，請逮捕繫治。』上於是策望之云云。左遷君爲太子太傅。」顔注：「二百五十以上者，當時律令坐罪之次，若今律條言一尺以上、一匹以上矣。」

按：二百五十以上亦臧之微者。此獄亦周内爲之，故臧數僅止此，望之固非受臧之人也。

臧五百以上　《功臣表》：「梁期〔侯〕任（破奴）〔當千〕，坐賣馬一匹賈錢十五萬，過平，臧五百以上，免。」《補注》：「蘇輿〔曰〕：《武紀》元狩五年天下馬少，平馬匹二十萬。如淳曰，貴平其賈，使人競畜。此賤其直，故以過平罪之，又犯臧五百以上免官也。」

按：此所賣之馬疑是官馬，其臧卽賤直所得者，非一事。五百以上乃計臧之限界，破奴所得未知若干也。

長（史）〔吏〕臧滿三十萬而不糾舉者刺史二千石以縱避爲罪　《後書·桓紀》：「建和元年，詔：『長吏臧滿三十萬而不糾舉者，刺史二千石以縱避爲罪。』」

按：三十萬數較多矣，然不滿三十萬者亦臧也，遂可不問乎？

臧百萬以上　《功臣表》：「湘成嗣侯益昌，坐爲九真太守盜使人出買犀、奴婢，臧百萬以上，不道，誅。」

按此已見《盜律》買故賤賣故貴條，説詳彼。　漢法，臧多者爲不道，此侯之臧在百萬以上，故誅。但不知究以若干爲限？觀《桓紀》詔，是三十萬爲臧之多者，或即以三十萬爲限乎？《御覽》：六百四十一。「《三輔決録》曰，馬融爲南郡太守，三輔以融在郡貪濁，受主記掾歧肅錢四十萬，融子强又受吏白向錢六十萬、布三百匹，以肅爲孝廉，向爲主簿，又坐忤大將軍梁冀，竟髡鉗，徙朔方。自刺不死。得赦還，拜議郎。」據此，融之臧合之爲百萬，卽除其子之所受，亦四十萬，在三十萬以上矣。罪止髡鉗遠徙，是尚不以不道論，其以不道論，必在百萬以上矣。今綜計各條，似以二百五十以上爲一級，五百以上爲一級，滿三十萬爲一級，百萬以上爲一級，約分四級。然二百五十以上受所監臧也，五百以上通常臧也，不得并而言之。然則二百五十以上與五百以上各自爲一級，猶後來六贓之數之不相同也。若滿三十萬及百萬以上，則爲二者之所同也。

賊取錢財　《薛宣傳》：「入守左馮翊，滿歲稱職爲真。始高陵令陽湛、櫟陽令謝游皆貪猾不遜，宣察湛有改節敬宣之效，迺手自牒書，條其姦臧，湛自知罪臧皆應記，卽時解印綬付吏，爲記謝宣。而櫟陽令游自以大儒有名，輕宣。宣獨移書顯責之曰：『告櫟陽令，吏民言令治行煩苛，適罰作使千人以上；賊取錢財數十萬，給爲非法；買賣聽任富吏，賈數不可知。證驗以明白云云。』游得檄，亦解印綬去。」

按：二令皆不廉者，僅止去官，漢法之疏節闊目如此，不若後之拘乎墟也。

貪污　《翟方進傳》：「方進奏：『咸陳咸與逢信，邪枉貪污，營私多欲。皆知陳湯姦佞傾覆，利口不軌，而親交賂遺，以求薦舉。後爲少府，數饋於湯。信、咸幸得備位九卿，不思盡忠正身，過惡暴見，不宜處位，臣請免以示天下。』奏可。」

按：饋遺乃交際之常事，未便據以爲臧。方進之所謂貪污，初無實事，特哀帝方信用，故得肆其威耳。

辜榷爲姦利　《翟方進傳》：「是時起昌陵，營作陵邑，貴近子弟賓客多辜榷爲姦利者，方進部掾史覆案，發大姦臧數千萬。」顏注：「榷，專也。辜榷，言己專之，他人取者輒有辜罪。」《功臣表》：「柏至嗣侯福，坐爲姦，爲鬼薪。」

按：柏至侯之爲姦，謂爲姦利也。《武紀》天漢三年初榷酒酤。注：韋昭曰：「以木渡水爲榷，謂禁民酤釀，獨官開置，如道路設木爲榷獨取利也。」榷是專利之名。時方營昌陵，故人多於中爲姦利之事也。

又：受臧之事，如受所監枉法受財，《漢律》在《盜律》。然不廉之情事正多，非一二事所能該，略舉漢事數端以爲證，不能詳也。

呵人受錢

按：無事可證，缺之。

使考驗賂

《說文》：「賂，遺也。」段曰：「以此遺彼曰賂，如道路之可往來也。貨賂皆謂物其用之，則有公私邪正之不同。」《淮南王安傳》：「安初入朝，武安侯與語曰：『方今非王當誰立者。』淮南王大喜，厚遺武安侯寶賂。」《王莽傳》：「郡縣賦斂，遞相賕賂，白黑紛然。」《後書·賈琮傳》：「交趾土多珍產，前後刺史率多無清行，上承權貴，下積私賂，吏民怨叛。」

按：驗賂之事無可證，缺之。

輕狡

離載下帷　《秋官》：「士師之職，掌國之五禁之灋。」注：「古之禁盡亡矣。今宮門有簿籍，官府有無故擅入，城門有離載下帷，野有田律，軍有嚻讙夜行十禁，其惰可言者。」疏云：「離載下帷者，謂在車，離耦，耦載而下帷，恐是姦非，故禁之。」校勘記云：「《漢制考》，耦字不重。」

按：不重者非也。在車離耦，謂獨坐一車者。耦載而下帷，謂同坐一車而下帷者。皆形迹可疑。」

按：古者婦人坐乘，男子立乘，大夫七十乘安車，則男子坐乘亦謂之安車也。《詩・氓》：「漸車帷裳。」傳：「帷裳，婦人之車也。」箋云：「帷裳，童容也。」疏：「帷裳一名童容，故巾車云重翟、厭翟、安車，皆有容蓋。鄭司農云，容謂襜車，山東謂之裳幃，或曰童容。以幃障車之傍如裳，不以爲容飾，故或謂之幃裳，或謂之童容。其上有蓋，四傍垂而下，謂之襜。故《雜記》曰其輤有裧。注云，裧謂鼈甲邊緣是也。然則童容與襜別。司農云，謂襜車者，以有童容，上必有襜，故謂之爲襜車也。此唯婦人之車飾爲然。」據此諸説，是古者男子乘車出入無下帷者，入城門而下帷，則形迹可疑，故禁之也。校勘記之説，於賈疏可通，而《漢律》之文則難通。「離載」二字連文，今解「離」爲離耦，又解「載」字爲耦載，律文本無「耦」字，憑臆添入，殊無根據。此律重在「下帷」，若一人獨坐一車，又何可疑之有？考《月令》宿離不貸。《釋文》：離，依。注：音儷，吕計反，偶也。《後書・和熹鄧后紀》注：離，並也。《公孫賀傳》：偶，並也，對也。《文選》文賦注：耦與偶古字通。賈疏語當以謂「在車」絶句，「離耦」絶句，「離耦也，疑脱也字。耦載而下帷」絶句。二人爲偶，言二人並載入城門而下帷焉，故恐有姦非也。又《霍光傳》：使從官略女子載衣車，内所居傳舍。《説文》車部：輜、軿，衣車也。前後有蔽。王曰，定九年《左傳》正義引如此。嚴氏曰，輜與軿皆衣車屬，衣車前户，輜旁户，輜載重，軿載輕。《釋名》云，衣車前户。又云，輜車，載輜重，卧息其中之車。軿車，四面屏蔽。據此，《霍光傳》之衣車，當是軿也。離（在）〔載〕下帷之車亦當爲衣車也。又《原涉傳》乘藩車入閭巷。顏注：藩車，車之有屏者，當卽衣車。

絶蒙大巾持兵杖　《秋官》：「野廬氏掌凡道禁。」注：「禁謂若今絶蒙布巾持兵杖之屬。」校勘記：「宋本、岳本、嘉靖本『布』作『大』」，《漢制考》所引同，當據正。」

按：無故蒙大巾，形狀詭異，持兵杖足以傷人，此並輕狡之一端，故禁之。

三人以上無故羣飲酒　《文紀》：「酺五日。」注：文穎曰：「《漢律》三人以上無故羣飲酒，罰金四兩。」

按：自《周書・酒誥》反覆申戒，是後酒禁極嚴。趙武靈王滅中山，酺五日，可見戰國時此禁未弛，故以酺爲凱歌之慶也。漢法蓋承于古。

長吏車騎從者不稱其官衣服下吏出入閭巷無吏體　《景紀》：「中六年五月，詔曰：『夫吏者，民之師也，車駕衣服宜稱。吏六百石以上皆長吏也，亡度者或不吏服，出入閭里，與民無異。令長吏二千石車朱兩轓，千石至六百石朱（長）〔左〕轓。車騎從者不稱其官衣服，下吏出入閭巷亡吏體者，二千石上其官屬，三輔舉不如法令者，皆上丞相御史（議）〔請〕之。』先是，吏多軍功，車服尚輕，故爲設禁。」

按：此以正吏體，亦所懲輕狡之習也。

與人妻姦　《功臣表》：「土軍嗣侯生，坐與人妻姦，免。岸頭侯張次公，坐與淮南王女陵姦受財物，免。」顔注：「陵，淮南王安女名也。」

按：《秋官・司刑》引《尚書大傳》，男女不以義交者其刑宫。古者姦罪甚重，此二者僅止免侯，蓋輕於古矣。稱淮南王女，似是無夫者，而與土軍之罪同，是漢時不分有夫無夫矣。姦亦輕狡之一端，故彙列于此。

吏姦部民妻　《功臣表》：「成嗣侯朝，坐爲濟南太守與城陽王女通，耐爲鬼薪。」《御覽》：六百三十九。「《會稽典録》曰：謝夷吾爲荆州刺史，行部到南魯縣，遇章帝巡狩幸魯陽，敕夷吾入，傳録囚徒。有亭長姦部民妻者，縣言和姦，上意以爲吏姦民何得言和？觀刺史決當云何？頃，夷吾呵之曰：『亭長，詔書朱幘之吏，職在禁姦，今爲惡之端，何得言和？』切讓三老、孝弟、兄弟罪。其所決正一縣三百餘事，與上意合。」

按此《唐律》之監主於監守内姦條也。《唐律》加姦罪一等，無夫徒二年，有夫徒二年半。姦人妻前二事僅止免侯，而成嗣侯爲鬼薪者，殆城陽歸濟南所監，故罪較重歟？南魯亭長不得言和，未知所處者何罪？或與成嗣侯同論。若以强姦論，則無此法理也。

强姦人妻　《王子侯表》：「庸嗣侯端，坐强姦人妻，會赦，免。」

按：會赦免侯，則其所犯者重，但不知所赦者何罪？

淫寡女　《晉志》：「淫寡女三歲刑。」

按：淫寡女，無夫者也。於無夫者加重，與《唐律》有夫重而無夫輕者意正相反。《漢律》無夫、有夫似無分别，此條殆晉世所增者歟？

齊民與妻婢姦曰姘　《説文》女部：「姘，除也，從女并聲。普耕切。《漢律》，齊民與妻婢姦曰姘。」段曰：「此别一義也。『民』各本作『人』，今正。高注《淮南》曰，齊民，凡人齊於民也。禮，士有妾，庶人不得有妾，故平等之民與妻婢私合，名之曰姘，有罰。此姘取合并之義。」王曰：「桂氏曰，齊當爲齋，謂齋日不近女。《廣韻》，齋與女交，罰金四兩，曰姘。《蒼頡篇》，男女和合爲姘。筠案，依此說，則『人』當作『日』。」

按：二說以段說爲是。《蒼頡篇》不言齋日，漢人重祀事，如係齋日，恐不止罰金。

與婢姦　《功臣表》：「博嗣侯建，坐尚陽邑公主與婢姦主旁，數醉罵主，免。」

按：此侯殆以醉罵主而免，非以與婢姦。齊民僅止罰金，列侯不得重也。

未除服姦　《諸侯王表》：「常山王勃，坐憲王喪服姦，廢徙房陵。」《楚王戊傳》：「爲薄太后服，私姦，削東海、薛郡。」《功臣表》：「望邑嗣侯季須，坐母公主卒未除服姦，兄弟争財，當死，自殺。降慮侯融，以公主子侯，坐母薨未除服姦，自殺。」《補注》：「《史表》『融』作『蟜』，『姦』下有『禽獸行當死』五字。」

按：漢法居喪犯姦其罪極重，諸侯王罪至廢徙，其他皆當棄市矣。楚王戊以國喪罪至削郡，禮法之嚴如此。

與後母亂　《王子侯表》：「乘丘嗣侯外人，元康四年，坐爲子時與後母亂，免。」

按：與後母亂，罪不得輕，此殆已更大赦，故僅止免侯。

假子以母爲妻　《王尊傳》：「守槐里，兼行美陽令事。春正月，美陽女子告假子不孝，曰：『兒常以我爲妻，妒笞我。』尊聞之，遣吏收捕驗問，辭服。尊曰：『律無妻母之法，聖人所不忍書，此經所謂造獄者也。』尊於是出坐廷上，取不孝子縣磔著樹，使騎吏五人張弓射殺之。」《補注》：「沈欽韓曰：前妻之子也。《列女傳》，魏芒慈母曰：『於假子而不爲，何以異於凡母。其父爲其孤也，而使妾爲其繼母。』頌曰：

慈惠仁義，扶養假子。《晉書・閻纘傳》，家門無祐，三世假親。案纘自言繼母。武梁畫像題云，閔子騫與假母居。與此假子對也。周壽昌曰：漢制，春不行刑，此以非常逆惡，不能緩至冬，即今律之決不待時也。」

按：此與乘丘之時，辦法輕重大不同。

與姊妹姦　《王子侯表》：「安城嗣侯壽光，坐與姊亂，下獄，病死。東平王慶，坐與姊姦，下獄，瘐死。」《諸侯王表》：「代王年，坐與同產妹姦，廢徙房陵，與邑百家。」

按：與姊妹姦，漢法極重，諸侯王廢徙，其他當棄市矣。

禽獸行　《燕王定國傳》：「定國與父康王姬姦，生子男一人，奪弟妻爲姬，與子女三人姦。事下公卿，皆議曰：『定國禽獸行，亂人倫，逆天道，當誅。』上許之，定國自殺。」

按：此禽獸行之當誅之者，雖諸侯王不寬也。

與父御婢姦　《史記・功臣表》：「汝陰嗣侯頗，坐尚公主與父御婢姦，自殺。」

按：父御婢與父妾究有分別，此侯畏罪自殺，在《漢律》不知科以何罪？

報伯叔母　《晉志》：「重姦伯叔母之令，棄市。」《左傳》宣三年：「文公報鄭子之妃，曰陳嬀。」杜注：「《漢律》淫季父之妻曰報。」

按：此晉世所改。漢法無死罪，未知是何罪名？無可考。

又按：自乘丘嗣侯以下，並姦罪之關於親屬者，《唐律》分姦緦麻親及妻、姦從祖母姑、姦父祖妻三條;姦伯叔母者絞,亦沿於晉法,而未改輕者。

私爲人妻　《御覽》:六百四十。「《董仲舒決獄》:甲夫乙將船,會海風盛,船没溺流死亡,不得葬,四月,甲母丙卽嫁甲,欲皆何論?或曰:『甲夫死未葬,法無許嫁,以私爲人妻,當棄市。』議曰:『臣愚以爲《春秋》之義言夫人歸於齊,言夫死無男有更嫁之道。婦人無專制擅恣之行,聽從爲順,嫁之者歸也。又尊長所嫁,無淫衍之心,非私爲人妻也。明於決事,皆無罪名,不當坐。』」

按:以今律論之,甲母主婚,甲不當坐;甲母不俟三年而遽嫁甲,不能無罪。漢法,夫死必葬,而後許更嫁。若夫亡而死生未定者,不將終身不得嫁乎?此乃法之常。若遇此等情形,自不當一律論也。

三男共娶一妻　《初學記》十二:「謝承《後漢書》:范延壽宣帝時爲廷尉。時燕、趙之間有三男共娶一婦,生四子,長,各求離别,争財分子,至聞於縣。縣不能決斷,讞之於廷尉。於是延壽決之,以爲『悖逆人倫,比之禽獸,生子屬其母。以子並付母,尸三男於市。奏免郡太守令長等無師化之道。』天子遂可其奏。」《御覽》:六百四十七。「《搜神記》曰:漢宣帝之世,燕、代之間有三男共娶一婦,生四子,及其將分妻子而不可均,反致争訟。廷尉范延壽斷之曰:『此非人類,當以禽獸從母不從父也。請戮三男,以兒還母。』帝嗟歎曰:『事何必古。若此則可謂當於理而厭於人情也。』延壽蓋見人事而知用刑矣。」

按:《御覽》二百三十一。引謝《書》與《初學記》同。《書鈔》五十三。引謝《書》無「宣帝時」三字,「縣」下有「丞相」二字,「於是」至「人倫」作「延壽上言:男子貴信,婦人貴貞,今三男一妻」,「等無」以下作「切讓三老，無師道也。」考《百官表》，成帝河平二年北海太守安成范延壽子路爲廷尉，八年卒。時爲鴻嘉元年，皆當成帝之世，與二書所云宣帝者不符。《書鈔》四十四。引《搜神記》作「靈帝」尤誤。《折獄龜鑑》謂是黄霸爲丞相時事，或别有所本也。三男娶一婦，事本非姦，而實近於姦。平時此婦既不能有兄妻、弟妻之稱，其所生子，又將呼何人爲父？此當以姦論者，三男並無死法，乃遽駢首就戮，且曰以禽獸處之，何其輕視人格哉？况此等事乃風俗之敝者，不思革其敝俗，而但以刑從事，尚謂當於理而厭人心，此真大惑不解者。漢人斷獄，好自作聰明，而凖諸法理，實未必盡當。而美其名者，輒曰依經造獄，但不知此等於經義，果屬何條也。此事於《漢律》並無科罪之文，而既成此獄，特附於此，以備法家之討論焉。

越城

按：無事可證，缺之。

博戲

搏揜　《功臣表》：「安丘嗣侯拾，坐入上林謀盜鹿，又搏揜，完爲城旦。」顏注：「搏揜，謂搏擊揜襲人而奪其物也。『搏』字或作『博』。一曰博，六博也。揜意錢之屬也。皆謂戲而取人財也。」「邔嗣侯遂，坐掩搏奪公主馬，髡爲城旦。」顏注：「『搏』字或作『博』。」「樊嗣侯辟方，坐搏揜，完爲城旦。」《攷工記》：

「輪人察其蓄。」注：「鄭司農云，博立梟棊，亦爲蓄。」疏云：「博立梟棊，謂博戲時立一子於中央，謂之梟棊。」

按：樊嗣侯之完爲城旦，乃搏揜之本罪。安丘嗣侯之謀盜鹿未成，罪輕，故亦從搏揜之本罪。邔嗣侯另犯奪公主馬，視搏揜爲重，故髡爲城旦。三獄情事不盡同，故罪亦稍有區別也。

淫侈

車服嫁娶葬埋過制　《成紀》：「永始四年，詔曰：『聖王明禮制以序尊卑，異車服以彰有德，雖有其財，而無其尊，不得踰制，故民興行，上義而下利。方今世俗奢僭罔極，靡有厭足。公卿列侯親屬近臣，四方所則，未聞修身遵禮，同心憂國者也。或迺奢侈逸豫，務廣第宅，(沼)〔治〕園池，多蓄奴婢，被服綺穀，設鐘鼓，備女樂，車服嫁娶葬埋過制。吏民慕效，寖以成俗，而欲望百姓儉節，家給人足，豈不難哉！《詩》不云乎：赫赫師尹，民具爾瞻。其申敕有司，以漸禁之。青綠，民所常服，且勿止。顏注：然則禁紅紫之屬。列侯近〔臣〕各自省改。司隸校尉察不變者。』」

按：此詔戒奢侈，而踰制之事亦在其中。凡奢侈未有不踰制者，其事相因也。

諸名田畜奴婢過品　《哀紀》：「綏和二年六月，詔曰：『制節謹度以防奢淫，爲政所先，百王不易之道也。諸侯王、列侯、公主、吏二千石及豪富民多畜奴婢，田宅亡限，與民爭利，百姓失職，重困不足。其議限列。』有司條奏：『諸王、列侯得名田國中，列侯在長安及公主名田縣道，關內侯、吏民名田，皆無得過三十頃。諸侯王奴婢二百人，列侯、公主百人，關内侯、吏民三十人。年六十以上、十歲以下不在數中。賈人皆不得名田、爲吏，犯者以律論。諸名田畜奴婢過品，皆没入縣官。齊三服官、諸官（皆）〔織〕綺繡，難成，害女紅之物，皆止，無作輸。』」注：如淳曰：「名田國中者，自其所食國中也，既收其租税，又自得有私田三十頃。名田縣道者，《令甲》，諸侯（自）〔在〕國，（内）名田他縣，罰金二兩；今列侯有不之國者，雖遥食其國租税，復自得田於他縣道，公主亦如之，不得過三十頃。」《補注》：「先謙曰：名田，占田也，各以名自占。諸王侯各有國，故得名田國中。在長安未就國之列侯與公主，止得名田縣道，其限制與關内侯、吏民同。《通鑑》云，自諸侯王、列侯、公主名田各有限，關内侯、吏民名田皆毋過三十頃。文法微有乖異。荀《紀》云，王侯以下至庶人，占田不得過三十頃，與《紀》文相應。」

按：此詔亦以防奢淫也。名田、畜奴婢各有限，過律卽爲踰制，可見淫侈、踰制二事之難分也。《食貨志》云，丁傅、董賢皆不便之，寢不行。則此詔亦徒託空言耳。

諸侯在國名田他縣罰金二兩　詳上。

按：此列侯但得名田國中，而不得在他縣也，與不之國之列侯名田縣道者有異。罰金二兩，亦云輕矣。

列侯墳高四丈關内侯以下至庶人各有差　《春官・冢人》：「以爵等爲丘封之度。」注：「《漢律》曰，列侯墳高四丈，關内侯以下至庶人各有差。」

列侯葬國得發民輓喪穿復土治墳無過三百人畢事　《景紀》：「中二年，令諸侯王薨、列侯初封及之國，大鴻臚奏諡、誄、策。王薨，遣光祿大夫弔襚祠(贈)〔賵〕，視喪事，因立嗣子。列侯薨，遣大中大夫弔祠，視喪事，因立嗣。其薨葬，國得發民輓喪，穿復土，治墳無過三百人畢事。」顏注：「畢事，畢葬事也。」

葬過律　《功臣表》：「武原嗣侯不害，孝景後二年坐葬過律免。」

按：以上三條，首條列侯之墳制，次條(立)〔列〕侯之葬制，三條過律之處分，是漢初並有定制，載在律中。成、哀之際，王侯皆不遵舊典，奢僭無度，雖疊申誥誡，而終不能行，風俗敝而法紀積矣。

侈從　《後書・虞延傳》：「太守富宗聞延名，召署功曹。宗性奢靡，車服器物多不中節，延諫，宗不悅，延卽辭退。居有頃，宗果以侈從被誅。臨當伏刑，攬涕而歎曰：『恨不用功曹虞延之諫。』光武聞而奇之。」

按：侈從之「從」，當讀作「縱」。建武時政令方新，故侈縱者誅。

從吏過例　《王莽傳》：「公卿入宮，吏有常數。太傅平晏，從吏過例，掖門僕射苛問不遜，戊曹士收繫僕射。莽大怒，使執法發車騎數百圍太傅府，捕士，卽時死。」

按：從吏過例，不知如何處分？《莽傳》但言殺士，餘不詳也。

事國人過律　《功臣表》：「信武嗣侯亭，坐事國人過律，免。」顏注：「事謂役使之也。」「東茅嗣侯告，坐事國人過員，免。」顏注：「事謂役使之員數也。」「祝何嗣侯成，坐事國人過律，免。」

按：過員卽過律，律有員數也。奢侈則役使之事多，故事國人過律是淫侈之一端也。今故列於此。

又按：以上並依目編定。其他之應入《雜律》者，未有依據，姑以《唐律》之《雜律》爲準，條列於左，不敢謂《漢律》果如是也。

賜衣者縵表白裏　《説文》系部：「縵，繒無文也。《漢律》曰，賜衣者縵表白裏。」段曰：「《春秋繁露》庶人衣縵。引申之，凡無文皆曰縵。《左傳》乘縵。注：車無文者也。」

按：《天官・内司服》注：素沙者，今之白縛也。《聘禮》「束紡」注：紡，紡絲爲之，今之縛也。《春官・大宗伯》注：帛，如今璧色繒也。又見《聘禮》「束帛」注。《覲禮》「斧依」注：依，如今綈素屏風也。此三條雖非《漢律》文，亦漢制也。今附著於此。

綺絲數謂之絩布謂之總綬組謂之首　《説文》糸部：「絩，綺絲之數也。《漢律》曰，綺絲數謂之絩，布謂之總，綬組爲之首。」段曰：「綺者，文繒也。《禮經》，布八十縷爲升。禾部曰，布八十縷爲稯。《漢王莽傳》一月之祿十緵布二匹。孟康曰：緵，八十縷也。今按，總即稯也，稯即緵也，緵即升也，皆謂八十縷。《召南》羔羊五總。傳曰：總，數也。司馬紹統《輿服志》：乘輿黄赤綬五百首，諸侯王赤綬三百首，相國緑綬二百四十首，公侯將軍紫綬百八十首，九卿中二千石二千石青綬百二十首，千石六百石黑綬八十首，四百石三百石二百石黄綬六十首。凡先合單紡爲一系，四系爲一扶，五扶爲一首，五首爲一文，文采淳爲一圭。首多者系細，首少者系麤。」王曰：「《算經》，黄帝爲法，數有十等，謂億、兆、京、垓、秭、壤、溝、澗、正、載。案兆蓋絩之省。絩數繁多，故謂之絩，非必果是十億也。」

按：《鄉射禮》中十尺注：方者也，用布五丈。今官布幅廣二尺二寸，旁削一寸。此亦漢制，附著於此。

又按：以上二條，關於絹本者也。唐《雜律》有器用絹布行濫一條，今故列於此。

舳艫　《説文》舟部：「舳，艫也，從舟由聲。《漢律》名船方長爲舳艫，一曰舟(尼)〔尾〕。艫，舳艫，從舟盧聲，一曰船頭。」段曰：「『長』當作『丈』。《史》、《漢》《貨殖傳》皆曰船長千丈。注者謂總積其丈數。蓋漢時計船以丈，每方丈爲一舳艫也。」《武紀》：「元封五年，自尋陽浮江，親射蛟江中，獲之。舳艫千里，薄樅陽而出。」

按：《食貨志》船五丈以上一算。此亦以丈計之證。唐《雜律》有茹船不如法條，今故列此。若原文以算言，則當入《户律》。《食貨志》：是時粤欲與漢用船戰逐，廼大修昆明池，列館環之，治樓船，高十餘丈，旗幟加其上，甚壯。是漢實有治船之役，則其文在茹船條下亦未可知。

失火　《百官表》：「孝昭始元六年，轑陽侯江德爲太常，四年，坐廟郎夜飲失火，免。」

按：《唐律》官府倉庫失火在《雜律》，故列此。

會稽獻蘈一斗　《説文》艸部：「蘈，煎茱萸。《漢律》，會稽獻蘈一斗。」《禮記・内則》：「三牲用藙。」注：「藙，煎茱萸也。《漢律》會稽獻焉。」

會稽郡獻鮚醬二斗　《説文》魚部：「鮚，蚌也。《漢律》，會稽郡獻鮚醬三斗。」段曰：「二斗『二』字依《廣韻》補。《廣韻》『斗』誤『升』。小徐本作『三斗』。」

按：《漢制攷》所引《説文》與小徐本同。《御覽》九百四十一。引《漢書》《漢律》作「會稽獻鮚醬二升」，文有脱誤。又《説文》：「鯛，鯛魚也。皮有文，出樂浪東暆，神爵四年初捕收，輸考工。」段曰：「捕此魚輸考工者，用其皮飾器也。」此亦漢制，附此。

稻米一斗得酒一斗爲上尊稷米一斗得酒一斗爲中尊粟米一斗得酒一斗爲下尊　《平當傳》：「賜君養牛一，上尊酒十石。」注：如淳曰：「律，稻米一斗得酒一斗爲上尊，稷米一斗得酒一斗爲中尊，粟米一斗得酒一斗爲下尊。」師古曰：「稷即粟也。中尊者宜爲黍米，不當言稷。且作酒自有澆、醇之異，爲上中下耳，非必繫之米。」

按：稻米酒今時之紹興酒也。稷米酒今時之高粱酒也。粟米酒今時之黄米酒也。今時亦以稻米爲上，知漢世已然。如淳引律自是漢制如是，師古駁之非。

常滿尊　《天官·酒正》：「凡祭祀，以灋，共五齊、三酒，以實八尊。大祭三貳，中祭再貳，小祭壹貳。」注：「玄謂三貳、再貳、壹貳者，謂就三酒之尊而益之也。益之者，以飲諸臣，若今常滿尊也。」疏：「若今常滿尊也者，言益之，故常滿。故以漢法況之。」

挏馬酒　《百官表》：「太僕屬官有家馬，武帝太初元年更名家馬爲挏馬。」注：應劭曰：「主乳馬，取其汁，挏治之，味酢可飲，因以名官也。」如淳曰：「主乳馬，以韋草爲夾兜受數斗，盛馬乳，挏取其上肥，因名曰挏馬。《禮樂志》丞相孔光奏省樂官七十二人，給大官挏馬酒。今梁州亦名馬酪爲馬酒。」晉灼曰：「挏音挺挏之挏。」師古曰：「晉音是也。挏音徒孔反。」《補注》：「錢大昭曰：《説文》挏，擁引也。漢有挏馬官作馬酒。」

按：以上五條，關於酒食。《唐律》非應食官酒食而食者，分別科罪，在《雜律》食官私田園瓜果律內，故列此。又酒正辨五齊之名，一曰泛齊，二曰醴齊，三曰盎齊，四曰緹齊，五曰沈齊。注：「泛者，成而滓浮泛泛然，如今宜成醪矣。醴猶體也，成而滓汁相將，如今恬酒矣。盎猶翁也，成而翁翁然蔥白色，如今酇白矣。緹者，成而紅赤，如今下酒矣。沈者，成而滓沈，如今造清矣。」又「三酒」注：「玄謂事酒，則今之醳酒也。昔酒，今之酋久白酒，所謂舊醳者也。清酒，今中山冬釀接夏而成。」又「四飲」注：「漿，今之酨漿也。酏，今之粥。」亦皆漢制，附此。

瓚槃大五升口徑八寸下有槃口徑一尺　《春官·典瑞》「祼圭」注：「漢禮，瓚槃大五升，口徑八寸，下有槃口，徑一尺。」疏：「此據《漢器制度》文，叔孫通所作。」校勘記：「『一尺』嘉靖本作『二尺』。」

按：此漢禮之制，未知律文中有之否？姑録於此。

簞小筐也　《說文》竹部：「簞，笥也。《漢律令》，簞小筐也。」

按：以上二條，關於器物者。《唐律》棄毀器物稼穡在《雜律》，故列此。又《士冠禮》「爵弁皮弁緇布冠各一匴」注：「緇布冠，今小吏冠其遺象也。匴，竹器名，今之冠箱也。」《聘禮》「勞以二竹簋方。」注：「竹簋方者，器名也。以竹爲之，狀如簋而方，如今寒具筥。筥者，圜此方耳。」此二條，漢制之有關於禮器者，附此。

得遺物及放失六畜持詣鄉亭縣廷　《秋官·朝士》：「凡得獲貨賄人民六畜者，委於朝，告於士，旬而舉之，大者公之，小者庶民私之。」注：「鄭司農云，若今時得遺物及放失六畜持詣鄉亭縣廷。大者公之，大物没入公家也。小者私之，小物自畀也。」

按：大物没入公家，小物自畀，乃先鄭釋經之語，非《漢律》文也。《輯注》並此二句，亦作律文，誤。《唐律》得闌遺物在《雜律》，今列此。

不如令　《晉志》：「漢氏施行有小愆乏不如令，輒劾以不承用詔書乏軍要斬，又減以丁酉詔書。」《百官表》：「元狩六年，俞侯欒賁爲太常，作犧牲不如令，免。元封四年，酇侯蕭壽成爲太常，坐犧牲不如令，免。」《恩澤侯表》：「牧丘嗣侯德，坐爲太常失法罔上，祠不如令，完爲城旦。」

按：不如令卽《唐律》之違令也，乃律之最輕者。俞侯、酇侯僅免侯，而牧丘爲城旦者，以其別有罔上之事也。唐違令在《雜律》，而別有大祀犧牲不如法在《廏庫律》。未知漢律何屬？姑列於此。

所不當得爲　《昌邑王賀傳》：「臣敞前書言：『昌邑哀王歌舞者張修等十人，無子，又非姬，但良人，無官名，王薨當罷歸。大傅豹等擅留，以爲哀王園中人，所不當得爲。』」顏注：「於法不當然。」《蕭望之傳》：「首匿、見知縱、所不當得爲之屬，議者或頗言其法可蠲除，今因此令贖，其便明甚。」《田延年傳》：「延年奏言：『商賈或豫收方上不祥器物，冀其疾用，欲以求利，非臣民所當爲。請没入縣官。』奏可。」《尚書大傳》：「非事而事之，出入不以道義，而誦不祥之辭者，其刑墨。」鄭注：「非事而事之，今所不當得爲也。」

按：「所不當得爲」五字，觀《望之傳》與《大傳》鄭注相合，此《漢律》原文也。鄭注言今者，猶言若今時也。陳氏《大傳》定本改「今」爲「令」，五字中删去「得」字，非也。鄭注見《御覽》。六百四十八。《唐律》不應得爲在《雜律》，今列此。不應猶不當也，《唐律》承于漢。《輯證》云，誦不祥之辭，當卽非所宜言，然則此律之由來久矣。

漢律摭遺卷九

具律一

按：《具律》目録，可考者僅二。論其體裁，自應以刑制居先，而別條分列於後。刑制之先後，則輕者居先，重者居後。《呂刑》始墨終大辟。《唐律》始笞終死刑。《刑法志》除肉刑議，始完而終以斬右止。是漢法亦輕先重後，今並用此例。

罰金　《哀紀》注：如淳曰：「《令甲》，諸侯在國，名田他縣，罰金二兩。」《張釋之傳》注：如淳曰：「《宮衛令》，諸(侯)出入殿門公車司馬門〔者〕皆〔下〕，不如令，罰金四兩。《乙令》，蹕先至而犯者，罰金四兩。」

按：罰金之制，見於《秋官》。(職)〔罰〕金乃刑之最輕者，漢法載在各令，律文當有專條也。

罰作　《漢舊儀》：「秦制，有罪各盡其刑。凡有罪，男髡鉗爲城旦，城旦者治城也；女爲舂，舂者治米也，皆作五歲。完四歲，鬼薪三歲。鬼薪者，男當爲祠祀鬼神，伐山之薪蒸也；女爲白粲者，以爲祠祀擇米也，皆作三歲。罪爲司寇，司寇男備守，女爲作如司寇，皆作二歲。男爲戍罰作，女爲復作，皆一歲到三月。」《秋官·司圜》注：「鄭司農云，罷民謂惡人不從化，爲百姓所患苦而未入五刑者也。故曰，凡害人者不使冠飾，任之以事，若今時罰作矣。」《文紀》「元年刑者及有罪耐以上」注：蘇林曰：「一歲爲罰作，二歲刑以上爲耐。」《馮唐傳》：「魏尚爲雲中守，吏削其爵，罰作之。」

按：自五歲刑至一歲刑以下，漢蓋承用秦法，故《舊儀》詳述之。今本輯自《永樂大典》，遺文佚事，訛脱者多，故不及漢法如何也。《後書》稱輸作，如李燮、李膺二《傳》稱輸作左校，《蔡衍傳》言曹鼎輸作左校，《龐參傳》輸作若盧，而史弼、皇甫規、劉祐三《傳》並曰論輸左校。《説文》：「輸，委輸也。」委輸，轉運也。以車遷賄曰委輸。引申之，凡遷往者皆曰輸往居作耳，非刑名也。《後書·張晧傳》「餘皆司寇」注：「《前書音義》曰，司寇二歲刑。輸作司寇因以名焉。」是二歲刑亦可言輸作，不若罰作之爲定名也。《舊儀》言罰作、復作皆一歲到三月。觀女徒之顧山者作如徒六月，是漢世之徒有以數月爲期者。《和紀》永元三年減弛刑徒從駕者刑五月。六年，詔中都官徒各除半刑，讁其未竟，五月以下皆免遣。《桓紀》建和元年其令徒作陵者減刑各六月。在減刑之次序，既以五月、六月爲斷，疑當日有五月、六月者，至少以三月爲期，故云到三月也。若《續志》之適作左校二月，則又少於三月也。《百官(志)〔表〕》，司隸校尉，武帝征和四年初置，從中都官徒千二百人。顏注：「以掌徒隸〔而巡〕察故云。中都官，京師諸府也。」是中都諸官府皆有徒，而屬於太常者爲多。《昭紀》及《趙充國傳》，太常徒與三輔並稱。以諸陵縣皆屬太常，故太常徒多也。少府、將作大匠徒亦多。《百官表》，少府屬官有導官令，主擇米。則女徒之白粲當供役導官。《衛青傳》，至甘泉居室有一鉗徒相青。甘泉居室屬少府。《後書·龐參傳》，輸作若盧。若盧官名，屬少府。此徒之屬於少府者。將作大匠屬官，左校令一人，掌左工徒，右校令一人，掌右工徒。設二令分掌之，其徒之多可知。韋彪、李燮、史弼、皇甫規、李膺、劉祐、曹鼎並輸左校，此徒之屬於將作大匠者。又水衡都尉有屬官水司空，主囚徒，見《伍被傳》。此又徒之屬於水衡都尉者。其它官府之有役事者，即無不有徒，亦不必皆罰作之徒。自司寇上至髡鉗、城旦舂，並有居作之役，皆徒也。後來五徒之名，亦即本於此矣。

罰作二月 《續律曆志》：「整宗整。適作左校二月。」

按：此適作月數之至少者。《舊儀》言罰作一歲到三月，而此又少至二月，豈臨時酌定輕重，不拘定律文歟？

復作 見上。又《宣紀》：「使女徒復作。」注：李奇曰：「復作者，女徒也。謂輕罪，男子守邊一歲，女子輭弱不任守，復命作於官，亦一歲，故謂之復作徒也。」孟康曰：「復音服，謂弛刑徒也，有赦令詔書去其鉗鈦赭衣。更犯事，不從徒加，與民爲例，故官復爲官作，滿其本罪年月日，律名爲復作也。」師古曰：「孟説是也。」「又神爵元年，西羌反，發三輔、中都官徒弛刑，詣金城。」注：李奇曰：「弛，廢也。謂若今徒解鉗鈦赭衣，置任輸作也。」《後書・光武紀》：「建武十二年，遣驃騎大將軍杜茂將衆施刑屯北邊，築亭候，修烽燧。」注：「施讀弛，弛解也。《前書音義》曰，謂有赦令去其鉗鈦赭衣，謂之弛刑。」

按：復作乃女徒作一歲之名，非弛刑徒也。弛刑徒亦曰復作，則指男子言，是否專屬於一歲刑，抑一歲以上，亦賅之傳無明文。孟康云，有赦令去其鉗鈦赭衣，然神爵元年、建武十二年並無赦令，特徵發徒囚以充役，故予弛刑耳。其所發不必盡爲一歲刑者，即一歲以上亦在其中。然則此項復作，初非正刑，乃徵發中變通辦法，有徒名，無刑名也。

顧山　《平紀》：「元始元年，天下女徒已論，歸家，顧山錢月三百。」注：如淳曰：「已論者，罪已定也。《令甲》，女子犯罪，作如徒六月，顧山遣歸。說以爲當於山伐木，聽使入錢顧功直，故謂之顧山。」應劭曰：「舊刑鬼薪，取薪於山以給宗廟，今使女徒出錢顧薪，故曰顧山也。」師古曰：「(名)〔如〕說近之。謂女徒論罪已定，並放歸家，不親役之，但令一月出錢三百，以顧人也。爲此恩者，所以行太皇太后之德，施惠政於婦人。」《補注》：「沈欽韓曰：《楊惲傳》富郎出錢名山郎，則女徒出錢亦名顧山，義同也。先謙曰：『顧』上應有『出』字，文義乃足，疑傳寫奪之。《通鑑》有『出』字。」《後書・光武紀》：「建武三年詔女徒雇山歸家。」注：「《前書音義》曰，《令甲》，女子犯徒，遣歸家，每月出錢雇人於山伐木，名曰雇山。」

按：《舊儀》稱女徒復作一歲到三月，此顧山作如徒六月，似卽復作中之一等也。鬼薪爲三歲刑，此徒之伐木當爲別一事，應劭之說未確。

司寇作如司寇　見《漢舊儀》，詳上。

按：此二歲刑。司猶察也，《周禮・師氏》注。古無「伺」字，司察卽伺察，與備守之意合。惟女徒作如司寇，不知所作者何役？《王子侯表》、《功臣表》耐爲司寇者凡六人。

隸臣妾　《漢志》：「鬼薪白粲一歲，爲隸臣妾。隸臣妾一歲，免爲庶人。隸臣妾滿二歲，爲司寇。」《後書・明紀》：「中元二年，完城旦。」注：「完者，謂不加髡鉗而築城也。次鬼薪白粲，次隸臣妾，次作司寇。」

按：《舊儀》所稱秦制，無隸臣妾之名。自髡鉗、城旦舂至罰作，分五歲至一歲爲五等，中間忽參以隸臣妾，舊説未有言。其爲幾歲刑者，以滿二歲爲司寇之文推之，當亦是三歲刑，其名在鬼薪白粲之下，以《後書·明紀》注證之，其次序可見矣。《功臣表》爲隸臣者凡五人，知此刑爲漢代所增者。

鬼薪白粲　見《漢舊儀》，詳上。又《惠紀》：「上造〔以上〕及内外公孫耳孫有罪當刑，及當爲城旦舂者，皆耐爲鬼薪白粲。」注：應劭曰：「今皆就鬼薪白粲。取薪給宗廟爲鬼薪，坐擇米使正白爲白粲，皆三歲刑也。」

按：此三歲刑。《王子侯表》、《功臣表》坐罪爲鬼薪者凡九人。《惠紀》所言當刑謂肉刑，城旦舂兼髡、完言，此惠帝初即位，恩加親貴，乃赦降之法，非常律也。

完城旦舂髡鉗城旦舂　見《漢舊儀》，詳上。又見下條。又《史記·始皇紀》：「黥爲城旦。」集解：「如淳曰：律説，論決爲髡鉗，輸邊築長城，晝日伺寇虜，夜暮築長城，城旦四歲。」《惠紀》注應劭曰：「城旦，旦起行治城，舂者，婦人不豫外徭，但舂作米，皆四歲刑也。」《後書·明紀》注：「舂者，婦人犯罪不任軍役之事，但令舂以食徒者。完者，謂不加髡鉗而築城也。」《論衡·四諱篇》：「象刑重者髡鉗之法也。若完城旦以下施刑，綵衣系躬冠帶。」

按：據《舊儀》，完城旦舂四歲刑，髡鉗城旦舂五歲刑也。如、應二説但云四歲刑，未詳其故。《漢志》亦分完城旦舂、髡鉗城旦舂爲二。《後書·明紀》中元二年詔曰：「天下亡命殊死以下聽得贖，死罪入縑二十匹，右趾至髡鉗城旦舂十匹，完城旦舂至司寇作三匹。」據此赦款等差，髡鉗城旦舂與完城旦舂輕重攸殊，其非同爲四歲刑可知。抑漢初本同爲四歲刑，文帝除肉刑後，以髡鉗城旦舂當黥，復依秦制改爲五歲刑歟？《王子侯表》、《功臣表》坐罪髡爲城旦者三人，完爲城旦者十四人，贖爲城旦者一人。其中有贖死而仍爲城旦，此又贖法之異也。

耐　完而不髡曰耐　《高紀》：「七年，令郎中有罪耐以上，請之。」注：應劭曰：「輕罪不至於髡，完其耏鬢，故曰耏。古耐字從彡，髮膚之意也。杜林以爲法度之字皆從寸，後改如是。言耐罪以上，皆當先請也。耐音若能。」如淳曰：「耐猶任也，任其事也。」師古曰：「依應氏之說，耐當音而，如氏之解則音乃代反，其義亦兩通。而謂頰旁毛也。彡，毛髮貌也，音所廉反，又先廉反。而《功臣表》宣曲侯通耏爲鬼薪，則應氏之說斯爲長矣。」《說文》而部：「耏，罪不至髡也。從彡、而。而亦聲。或從寸。諸法度字從寸。」段曰：「按耐之罪輕於髡。髡者鬄髮也，不鬄其髮，僅去須鬢，是曰耐，亦曰完。謂之完者，言完其髮也。漢令謂完而不髡曰耐。然則應仲遠言完其須鬢，正謂去須鬢而完其髮耳。耐，漢人叚爲『能』字，本如之切，後變音奴代切。古音『能』讀如『而』，今音耐、能，皆奴代切。」《後書·光武紀》注耐罪注：「《前書音義》曰，二歲刑以上爲耐。」《史記·趙奢傳》：「許歷復請諫。」索隱：「王粲詩云，許歷爲完士，一言猶敗秦。江遂曰，《漢令》稱完而不髡曰耐。」

按：《王子侯表》坐罪耐爲司寇，耐爲隸臣，耐爲鬼薪，耐爲城旦者屢見。「耐」亦作「耏」，所謂二歲刑以上爲耐也。惟城旦言髡，餘不皆髡也。耐者去其須鬢，若罰作一歲刑，並須鬢亦不去矣。漢法，在徒役者不得衣絲絮，乃《論衡》云完以下綵衣冠帶，恐不甚確。豈漢末之時，徒隸竟有違法而綵衣冠帶者，故王充爲此言歟？

髠鉗城旦舂　詳完城旦舂條下。《説文》：「髠，鬀髮也。鬀，鬄髮也。大人曰髠，小人曰鬀，盡及身毛曰鬄。」《楚詞·涉江》：「接輿髠首。」王逸注：「髠，剔也。」《御覽》六百四十九。「《風俗通》：秦始皇遣蒙恬築長城，徒士犯罪依止鮮卑山，後遂繁息，今皆髠頭衣赭，亡徒之明效也。」《説文》金部：「鉗，以鐵有所劫束也。」《御覽》六百四十四。「《晉律》曰，鉗重二斤，翅長一尺五寸。」《急就篇》顔注：「以鐵錔頭曰鉗，足曰釱。」《衞青傳》：「有一鉗徒相青。」

按：首髠而項鉗，此居作刑之最重者，完以下皆不髠鉗矣。據《風俗通》逸文，似秦之徒皆髠。然鮮卑以髠爲輕便，如匈奴之黥面，自是其風俗相沿，未必皆秦徒。漢時官奴皆髠鉗。《季布傳》，迺髠鉗布，衣褐，竝與其家僮數十人之魯朱家所賣之。《田叔傳》，赭衣自髠鉗，如爲王家奴也。

肉刑　《史記·文紀》：「今法有肉刑三。」集解：「李奇曰：約法三章無肉刑，文帝則有肉刑。孟康曰：黥、劓(劓)〔二〕，左右趾合一，凡三。」

按：約法無肉刑，迨蕭何作九章之律，當亦循用古肉刑，非始自文帝也。古者肉刑四，見於《呂刑》者，曰墨、劓、剕、宫。漢初之法爲黥、劓、左右止、宫。黥卽墨。左右止卽剕，亦謂之刖，分左右，分輕重而不分爲二名。合之黥、劓爲肉刑三。宫不言者，文帝除宫刑別爲一事，疑不在是年，故丞相等所議亦不及宫也。

除肉刑　《文紀》：「十三年五月，除肉刑。」《刑法志》：「十三年，齊太倉〔令〕淳于公有罪〔當刑〕，詔獄逮繫長安。淳于公無男，有五女，當行會逮，罵其女曰：『生子不生男，緩急非所益也。』其少女緹縈，自傷悲泣，迺隨其父至長安，上書曰：『妾父爲吏，齊中皆稱其廉平，今坐法當(行)〔刑〕。妾傷夫死者不可復生，刑者不可復屬，雖後欲改過自新，其道無繇也。妾願沒入爲官(奴)婢，以贖父刑罪，使得自新。』書奏天子，天子憐悲其意，遂下令曰：『制詔御史，蓋聞有虞氏之時，畫衣冠異章服以爲戮，而民弗犯，何治之至也。今法有肉刑三，而姦不止，其咎安在？非乃朕德之薄，而教不明與！吾甚自愧。故夫訓道不純而愚民陷焉。《詩》云，愷弟君子，民之父母。今人有過，教未施而刑已加焉，或欲改行爲善，而道亡繇至，朕甚憐之。夫刑至斷支體，刻肌膚，終身不息，何其刑之痛而不德也！豈稱爲民父母之意哉？其除肉刑，有以易之。及令罪人各以輕重，不亡逃，有年而免。孟康曰：其不逃亡者，滿其年數，得免爲庶人。具爲令。』丞相張蒼、御史大夫馮敬奏言：『肉刑所以禁姦，所由來者久矣。陛下下明詔，憐萬民之一有過被刑者終身不息，及罪人欲改行爲善而道亡繇至，於盛德，臣等所不及也。臣謹議請定律曰：諸當完者，完爲城旦舂。臣瓚曰：文帝除肉刑，皆有以易之，故以完易髡，以笞代劓，以釱左右止以代刖。今既曰完矣，不復云以完代完也。此當言髡者完也。《補注》先謙曰：官本「代刖」作「代刑」。引宋祁曰，「代刑」，姚本改作「代刖」。先謙案：注「此當言髡者完也」，「言」字應在「當」字上。不加髡鬄則謂之完，男子城旦，婦人舂。以釱左右止代刖，尋《志》文，定律實不然。當黥者，髡鉗爲城旦舂。當劓者，笞三百。當斬左止者，笞五百。當斬右止，及殺人先自告，及吏坐受賕枉法，守縣官財物而卽盜之，已論命復有笞罪者，皆棄市。李奇曰：命，逃亡也。復於論命中有罪也。晉灼曰：命者，名也，成其罪也。師古曰：止，足也。當斬右足者，以其罪次重，故從棄市也。殺人先自告，謂殺人而自首，得免罪者也。吏受賕枉法，謂曲公法而受賂者也。守縣官財物而即盜之，即今律所謂主守自盜者也。殺人害重，受賕盜物，贓汙之身，故此三罪已被論名而又犯笞，亦皆棄市也。罪人獄已決，完爲城旦舂，滿三歲爲鬼薪白粲。《補注》先謙曰：鬼薪白粲三歲刑。此下並就已論決者言之。鬼薪白粲輕於城旦舂，已滿三歲得減此刑。是鬼薪白粲三歲當城旦舂一歲也。鬼薪白粲一歲，爲隸臣妾。隸臣妾一歲，免爲庶人。師古曰：男子爲隸臣，女子爲隸妾。鬼薪白粲滿三歲爲隸臣，隸臣一歲免爲庶人。隸妾亦然也。《補注》先謙曰：此自鬼薪白粲遞減，故隸臣一歲即免爲庶人，與下本罪爲隸臣妾者不同。注「三歲」誤，當爲「一歲」。隸臣妾滿二歲，爲司寇。《補注》先謙曰：此本罪爲隸臣妾者。《功臣表》戚侯李信臣坐縱丞相侵道爲隸臣是也。司寇一歲，及作如司寇二歲，皆免爲庶人。如淳曰：罪降爲司寇，〔故一歲〕，正司寇，故二歲也。《補注》：《漢舊儀》司寇男備守，女爲作如司寇，皆作二歲。其亡逃及有罪耐以上，不用此令。師古曰：於本罪中又重犯者也。前令之刑城旦舂歲而非禁錮者，如完爲城旦舂歲數以免。李奇曰：謂文帝作此刑之前有刑者。《補注》：宋祁曰「如完」，姚本删「如」字。先謙曰：但非須加禁錮，並依四歲例免之。臣昧死請。』制曰：『可。』」

按：肉刑三代相沿不廢，歷歲二千，文帝因一女子之言一旦除之，可謂有毅力者矣。是年所除者，黥、劓及斬左右止，髡刑爲詔所未及，而亦略爲變通者，欲以髡鉗代黥也。惟當斬右止至復有笞罪者一節，頗難解釋。當斬右止，本不當死者也。殺人先自告，當免死者也。吏受賕枉法，如係聽請枉法而未受財，罪爲司寇，受財者未有明文，當亦爲未至死罪者也。守縣官財物而即盜之，十金棄市，其未及十金亦不當死者也。此四者情事略相等，其復犯笞罪情節亦相等。笞爲舊日之劓，與斬左止爲罪之次重者，乃已論命而又犯之，故加入於死也。已論者，罪已定也。命，逃亡也。逃亡復犯，視論決復犯爲重，故問罪亦重，斯爲允當。斬右止者本不當死，若但因除肉刑而加入於死，與文帝輕刑之本旨不甚相符。然下文云斬右止者又當死，《後書·崔實傳》亦有右趾無既殞其命之語，似當時改法實如此。此其故所未詳也。此文第一節議詔文之「有以易之」也。自「罪人已論決」以下爲第二節，議詔文之「罪人各以輕重，不亡逃，有年而免」也。末云「亡逃及有罪耐以上，不用此令」，則此節皆指罪人之不亡逃者也。詔云「不亡逃，有年而免」，當減於舊日之年。完本四歲刑，鬼薪白粲三歲刑，故《補注》謂鬼薪白粲三歲當城旦舂一歲也。隸臣妾亦當爲三歲刑，是三歲刑有二項。隸臣妾之役輕於鬼薪白粲，其刑在鬼薪白粲之下，故鬼薪（應爲「隸臣妾」）滿二歲爲司寇，與城旦舂之滿三歲爲鬼薪白粲者同。而司寇一歲即爲庶人，不以二歲當一歲，則又不同，何也？或曰鬼薪白粲一歲爲隸臣妾，謂減去一歲滿二歲降爲隸臣妾也；隸臣妾一歲爲庶人，亦減去一歲以所剩之二歲當鬼薪白粲一歲。此說與上條之例符，而與下條之司寇一歲爲庶人者仍不符。然則此文衹可就文論文，難以義例繩之矣。漢法多疏闊，固未可守拘墟之見也。

黥　罪人妻子没爲奴婢黥面　黥，見上。《魏志·毛玠傳》：「後有白玠者：『出見黥面反者，其妻子没爲官奴婢，玠言曰，使天不雨者蓋此也。』太祖大怒，收玠付獄。大理鍾繇詰玠曰：『漢律，罪人妻子没爲奴婢，黥面。』」《高柔傳》：「護軍營士竇禮近出不還營，以爲亡，表言逐捕，没其妻盈及男女爲官奴婢。」

按：文帝除肉刑，當黥者爲髡鉗城旦舂，不當再有黥面之事。觀毛玠、高柔二《傳》，是黥面者爲反者及逃亡之軍士，非它罪人也。反者之妻子本在從坐之列，免其死而没爲奴婢，乃當時之寬典。軍士逃亡，没其妻以爲儆，又爲特别之法，不知起於何時？《輯證》云，《安紀》永初四年詔「建初以來諸祅言他過坐徙邊者各歸本郡，其没入爲官奴婢者免。」此即收孥相坐律也。文帝除肉刑相坐之法，肉刑除而相坐之法仍未除，或當時但免黥面歟？按文帝除相坐之法與肉刑非一時事，不得云但免黥面。此蓋武帝時張湯等創見知不舉之法，其事與相坐不殊，而實非舊日之相坐法也。至妻子之徙邊者，所犯皆不道重罪妻子，律當棄市，降而爲徙邊，乃後來矜恤之事。如文帝除宮刑，而景帝時欲腐者許之，乃以腐刑代死刑，此亦以徙邊代死刑也。此又不當議者也。

劓　詳除肉刑條下。《御覽》：六百四十八。「《楚漢春秋》曰，（王）〔正〕疆數言〔事而〕當，上使參乘，解玉劍以佩之。天下定，以爲守。有告之者，上曰：『天下方急，汝何在？』曰：『亡。』上曰：『（王）〔正〕疆沐浴霜露與我從軍，而汝亡，告之何也！』下廷尉，劓。」

按：漢法之劓刑可考者僅此一事，今録之。

斬左止　見上除肉刑條。

按：漢之斬左右止，古之刖也。古之刖，先左而後右。《韓非子·和氏篇》，和氏得玉璞楚山中，獻諸厲王，王以爲誑而刖其左足。又獻諸武王，又以爲誑，而刖其右足。此先左後右之證。漢法亦然。故斬左止者當以笞，而斬右止者竟棄市，殆以其再犯刖歟？若龐涓之忌孫臏，兩足同時並刖，此又常法所無者。

釱左趾　《史記·平準書》：「敢私鑄鐵器煮鹽者，釱左趾。」集解：「《史記音義》曰：釱音徒計反。韋昭曰：釱，以鐵爲之，著左趾以代刖也。」索隱：「按《三蒼》云，釱，踏腳鉗也。《字林》徒計反。張斐《漢晉律序》云，狀似跟衣，著（足）〔左〕足下，重六斤，以代臏，至魏武改以代刖也。」《說文》金部：「釱，鐵鉗也。」段曰：「《御覽》作『脛』。《漢志》注臣瓚曰，文帝除肉刑，以釱左右止代刖。」

按：文帝除肉刑，張蒼等定議，當斬左止者笞五百，當斬右止者棄市，無釱左右止之文。景帝改笞五百曰三百，又改三百曰二百，終景帝之世，未聞改爲釱也。迨武帝之世，既有釱左止之明文，則臣瓚以釱代刖之說必有所本。《後書·明紀》，詔天下亡命殊死以下，聽得贖論，以死罪爲一等，右趾至髡鉗城旦舂爲一等，完城舂至司寇作爲一等。右趾不與死罪同一等，可見右止棄市之律已廢不用，當如臣瓚之說矣。惟釱右止者無事可證耳。疑當日或以笞二百猶嫌其多，而舊無死法者加入於死，究有未安，故改之歟？

斬右止釱右止　見上條。又《後書·明紀》：「中元二年，右趾至髡鉗城旦舂。」注：「《前書音義》曰，右趾謂刖其右足，次刖左足，次劓，次黥，次髡鉗爲城旦舂。」《晉志》：「魏武定甲子科，犯釱左右趾者，易以木械，是時乏鐵，故易以木焉。」

按：曹操甲子科在建安之中，以乏鐵改釱木械，此可證釱左右趾爲漢代舊法，臣瓚之說，實有所本。以釱代刖，則斬左止者不笞，斬右趾者不棄市，於法大有變更，史文不具，史之疏也。《前書音義》之次序常猶是漢初之法，故尚仍舊名。

宮　《鼂錯傳》：「後詔有司舉賢良文學士，錯在選中。上親策詔之，曰：『惟十有五年云云。』錯對曰：『今陛下配天象地，寬大愛人，肉刑不用，辠人亡帑，非謗不治，鑄錢者除，後宮出嫁，除去陰刑。』」注張晏曰：「宮刑也。」《景紀》：「元年，詔曰：『孝文皇帝臨天下，通關梁，不異遠方，除誹謗，去肉刑，賞賜長老，收恤孤獨，以遂羣生；減嗜欲，不受獻，罪人不帑，不誅亡罪，不私其利也；除宮刑，出美人，重絶人之世也。』」《史記・文紀》索隱：「崔浩《漢律序》云：文帝除肉刑而宮不易。張斐注云，以淫亂人族序，故不易之也。」《景紀》：「中四年，赦徒作陽陵者，死罪欲腐者，許之。」注：蘇林曰：「宮刑，其創腐臭。」如淳曰：「腐，宮刑也。丈夫割勢，不能復生子，如腐木不生實。」《後書・光武紀》：「建武二十八年，詔死罪繫囚皆一切募下蠶室，其女子宮。」注：「蠶室，宮刑獄名。有刑者畏風，須暖，作窨室蓄火如蠶室，因以名焉。窨音一禁反，見《前書音義》。」又《陳忠傳》：「司徒劉愷舉忠明習法律，於是擢拜尚書，使居三公曹。初，父寵在廷尉，上除漢法溢於《甫刑》者，未施行，及寵免後遂寢。而苛法稍繁，人不堪之。忠略依寵意，奏上二十三條，爲《決事比》，以省請讞之敝。又上除蠶室刑，事皆施行。」注：「蠶室，宮刑名也，或云犗刑也。音奇敗反。作窨室畜火如蠶室。」《説文》曰：「犗，騬牛也。騬音繪。」《漢舊儀》注曰：「少府若盧獄有蠶室也。」《張安世傳》顔注：「凡養蠶者欲其温而早成，故爲密室蓄火以置之。而新腐刑亦有中風之患，須入密室乃得以全，因呼爲蠶室耳。」

按：鼂錯之對肉刑不用，與除去陰刑分爲二，景帝詔亦分爲二事，是宮刑文帝實已除之，特與除肉刑非一時事，故錯對及景詔皆分言之。除肉刑在十三年，錯之對在十五年，則宮刑之除，當在十五年之前也。景帝時之欲腐者許之，是以腐代死刑。建武赦詔亦有募下蠶室之文。其曰許之，曰募下，原在罪人之自願，非懸爲定法。第人無不惜生命，既有此令，則欲腐者自多，而此法亦遂復行矣。司馬遷諸人並由死罪減者。《通考》謂景帝後宮刑復用，而以之施之死罪之情輕者，不常用，理或然也。張斐、崔浩輩但見後來宮刑之復行，而以爲文帝不易，盍考鼂錯之對，景帝之詔，具有明文，未可誣耶。司馬遷事據《李陵傳》云，上以遷誣罔，欲沮貳師，爲陵游說，下遷腐刑。此正所謂附下罔上者死也。《張安世傳》，初安世兄賀幸於衞太子，太子敗，賓客皆誅，安世爲賀上書，得下蠶室。《外戚孝宣許皇后傳》，父廣漢，吏劾從行而盜，當死，有詔募下蠶室。此三人者，並由死罪降爲宮，非宮之本法也。《烏孫傳》，副使季都别將醫養視狂王，狂王從十餘騎送之。都還，坐知狂王當誅，見便不發，下蠶室。此恐亦是由死減者。《樓蘭傳》，國人來請質子在漢者，欲立之。質子常坐漢法，下蠶室宮刑，故不遣。《佞幸傳》，李延年坐法腐刑，石顯、弘恭皆少坐法腐刑，則皆不知所坐者何事矣。

笞　見上。又《志》云：「是後，外有輕刑之名，内實殺人。斬右止者又當死。斬左止者笞五百，當劓者笞三百，率多死。景帝元年，下詔曰：『加笞與重罪無異，幸而不死，不可爲人。其定律：笞五百曰三百，笞三百曰二百。』猶尚不全，至中六年，又下詔曰：『加笞者，或至死而笞未畢，朕甚憐之。其減笞三百曰二百，笞二百曰一百。』又曰：『笞者，所以教之也，其定箠令。』顔注：箠，策也，所以擊之也，音止蘂反。丞相劉舍、御史大夫衛綰請：『笞者，箠長五尺，其本大一寸，其竹也，末薄半寸，皆平其節。當笞者笞臀。毋得更人，畢一罪乃更人。』自是笞者得全。」注：如淳曰：「然則先時笞背也。」師古曰：「謂行笞者不更易人也。」《補注》：「周壽昌曰：謂更人則力紓，行笞者重。《北齊刑律》，笞者笞臀而不中易人，皆承漢法也。」

按：《舜典》扑作教刑，本不在正刑之內，漢用以代劓與斬左止，故景帝詔有教之之語。杖不得過二百，不得易人，後世咸遵行之，法之良者，古今一也。斬左止者後改釱左止，則笞二百者其刑未知仍用否？

勿笞　《後書·明紀》：「永平八年冬十月，詔三公募郡國中都官死罪繫囚，減罪一等，勿笞，詣度遼將軍營，屯朔方、五原之邊縣。」《章紀》：「建初七年，詔天下繫囚減死一等，勿笞，詣邊戍。章和元年秋七月，詔死罪囚犯法在丙子赦前而後捕繫者，皆減死，勿笞，詣金城戍。是年三月、九月並有減死詣戍之詔，惟不言勿笞。」《桓紀》：「建和元年，詔郡國繫囚減死罪一等，勿笞。」

按：死減一等爲斬右趾，當笞二百，既以釱代之，即不當笞，而《後書》各《紀》言勿笞者，豈犯右趾本罪者得以釱代，其由死減者仍當笞，故遣戍者有勿笞之文歟？和帝永元八年、安帝延光三年、順帝永建五年並有減死詣戍之事，皆不言勿笞。桓帝建和元年又言勿笞，和平以後又不言勿笞，《紀》文參差不同，未詳其故。

笞辱　《高紀》：「五年，詔曰：『諸侯子在關中者，復之十二歲，其歸者半之。民前或相聚保山澤，不書名〔數〕，今天下已定，令各歸其縣，復故爵田宅，吏以文法教訓辨告，勿笞辱。』」

按：笞辱即《舜典》之扑作教刑也。蓋有司嘗用之，非代肉刑之笞。

棄市　見上。又《景紀》：「中二年，改磔曰棄市，勿復磔。」注：應劭曰：「先此諸死刑皆磔於市，今改曰棄市，自非妖逆不復磔也。」師古曰：「磔謂張其尸也。棄市，殺之於市也。謂之棄市者，取刑人於市，與衆棄之也。」《司馬法》：「小辠聅之，中辠刖之，大辠剄之。」

按：漢之棄市，斬首之刑也。何休謂之「刎脰」。脰，項也。《釋文》作「刎頭」。頭，首也。頭以首之全部言，脰乃首斷之處。《司馬法》之剄之，亦卽斬首之事。

磔　見上。

按：景帝改磔爲棄市，是漢初有磔矣。《掌戮》注：「而搏之『搏』當爲膊諸城上之『膊』字之誤也。膊謂去衣磔之。」又「辜之」注：「辜之言枯也，謂磔之。」又「踣諸市，肆之三日。」注：「踣，僵尸也。肆猶申也，陳也。」是磔與陳尸爲二事，鄭所云去衣磔之，顏所云張其尸，此磔也。

要斬　已見上。《秋官·掌戮》注：「斬以鈇鉞，若今要斬也。殺以刀刃，若今棄市也。」

按：鄭氏此注，是斬者要斬，而棄市則斬首也。漢之要斬，大逆無道之外，它亦罕見。如一祝詛問要斬，亦以大逆論者。據上條何休之語，則軍法皆要斬，如乏軍興者要斬是也。紀傳中凡要斬皆書明，可見其法之重矣。

梟首　《高紀》：「梟故塞王欣頭櫟陽市。」《公羊》文十六傳：「無尊上、非聖人、不孝者斬首梟之，無營上、犯軍法者斬要，殺人者刎脰。」《釋文》：「頭，如字，本又作『脰』，音豆。」校勘記：「閩、監、毛本『脰』改『頭』。」

按：無尊上卽大逆不道謀反之事皆賅之。《欒布傳》：「漢召彭越，責以謀反，夷三族，梟首雒陽。（下）布還，奏事彭越頭下，祠而哭之。」此謀反之梟首也。《外戚傳》：「女子楚服等坐爲皇后巫蠱祠祭祝詛，大逆無道，相連及誅者三百餘人，楚服梟首於市。」《劉屈氂傳》：「妻子梟首。」此大逆之梟首也。毆父梟首見《董仲舒決獄》。梁平王之后任后亦以不孝梟首於市。此不孝之梟首也。並與此言合。然漢之梟首亦衹此三者用之，它不用也。其有於律外用之者，非法也。楚服、屈氂妻、任后皆婦女，亦梟首。與今法不同。今法婦女不梟。

族 《公孫敖傳》：「坐妻爲巫蠱族。」《主父偃傳》：「上欲勿誅，公孫弘爭曰：『齊王自殺，無後國除，爲郡入漢，偃本首惡，非誅偃無以謝天下。』迺遂族偃。」《郭解傳》：「吏奏解無罪。御史大夫公孫弘議曰：『解布衣，爲任俠行權，以睚眦殺人，解不知，此辠甚於解知，當大逆無道。』遂族解。」

按：解之族也，當大逆無道，其罪爲身要斬，父母妻子同産無少長皆棄市，蓋以連及父母妻子同産，故亦謂之族。他傳之言族者，當亦如是，非真三族也。齊王與姊姦，以《代王平傳》證之，罪當廢徙，今自殺國除，自不爲過；偃之罪在受金臧多，而科以不道，亦止棄市，乃重於族，如弘言，是齊王之姦罪不當問矣？解不知，甚於解知，直是莫須有之事，遽當以大逆；凡言逆者，必關於君上，而解之逆何在？卽以任俠爲風俗之害，亦殺其身可矣，乃竟重至於族，弘治《公羊》，將以經義斷獄歟？亦不知於《公羊》之義何屬？真《公羊》之罪人也。

夷三族　《刑法志》：「漢興之初，雖有約法三章，網漏吞舟之魚，然其大辟，尚有夷三族之令。令曰：『當三族者，皆先黥，劓，斬左右止，笞殺之，梟其首，菹其骨肉於市。』顏注：菹，謂醢也。其誹謗詈詛者，又先斷舌。故謂之具五刑。彭越、韓信之屬皆受此刑。至高后元年，乃除三族罪。其後新垣平謀爲逆，復行三族之誅。」《高后紀》：「元年春正月，詔曰：『孝惠皇帝言，欲除三族罪、妖言令，議未決而崩，今除之。』」

按：三族之刑，惠帝除之，而後復行之者，殆律令雖不載，而臨時得命令歟？漢之大逆無道，身要斬，父母妻子同産無少長皆棄市。父母一族，已身與妻及同産一族，子一族，雖無三族之名，而已具三族，乃不謂之三族者，殆以伯叔兄弟之子不在其中，尚有區別歟？

漢律摭遺卷十

具律二

按：以下略依《唐律・名例》之次序爲次序。

先請　《高紀》：「七年，令郎中有罪，耐以上請之。」注：應劭曰：「言耐罪以上皆當先請也。」《東方朔傳》：「隆慮公主子昭平君醉殺主傅，獄繫内官，以公主子，廷尉上請，請論。顔注：論，決其罪也。」《劉屈氂傳》：「司直田仁部閉城門，坐令太子得出，丞相欲斬仁。御史大夫暴勝之謂丞相曰：『司直，吏二千石，當先請，奈何擅斬之？』」《宣紀》：「黄龍元年，詔曰：『吏六〔百〕石位大夫，有罪先請。』」《平紀》：「元始元年，公、列侯嗣子有罪，耐以上先請。」《後書・光武紀》：「建武三年，詔曰：『吏不滿六百石，下至墨綬長、相，有罪先請。』」《續百官志》：「宗正卿一人。郡國歲因計上宗室名籍，若有犯法，髡以上，先上諸宗正，宗正以聞，乃報決。」《秋官・小司寇》：「以八辟麗邦灋，一曰議親之辟。」注：「鄭司農云，若今時宗室有罪先請是也。」「三曰議賢之辟。」注：「鄭司農云，若今時廉吏有罪先請是也。」「六曰議貴之辟。」注：「鄭司農云，若今時吏墨綬有辠先請是也。」《百官表》：「秩比六百石以上，皆銅印墨綬。綏和元年，長、相皆墨綬。哀帝建平二年，復黄綬。」《續百官志》：「千石、六百石墨綬。四百石、三百石長同。」

按：漢無八議之文，而有先請之律，先鄭所舉三者，卽《唐律》八議之議親、議賢、議貴也。其名亦曰上請，《東方朔傳》所言是也。昭平君尚公主，有位於朝，不僅以公主之子。公、列侯嗣子未有爵職，本不在先請之列，平帝時特推廣之，王莽之權詐也。《唐律》請章有上請之文，實本於漢。

不先請　《後書・橋玄傳》：「坐事爲城旦。」蔡邕《太尉橋公神廟碑》：「臨淄令臧多罪正，受鞫就刑，没齒無怨。竟以不先請免官。」《南匈奴傳》：「中郎將張修與南單于不相能，修擅斬之，更（在）〔立〕右賢王羌渠爲單于。修以不先請而擅誅殺，檻車徵詣廷尉抵罪。」

按：應先請而不先請，此違法之事，橋玄坐爲城旦；張修下獄死，見《後書・靈紀》光和二年。特不知漢法等差何如？

爵減　《薛宣傳》：「皆爵減完爲城旦。」顔注：「以其身有爵級，故得減罪而爲完也。」

按：此以爵減完爲城旦者，謂完而不髡也。《漢書》中凡言完爲某刑者，皆是此法。《唐律》請章後有減章，諸七品以上之官及官爵得請者之祖父母、父母、兄弟、姊妹、妻、子孫犯流罪以下各減一等，與爵減之意相合。

減死一等　《魏志・鍾繇傳》：「司徒王朗議，以爲：五刑之屬，著在科（條）〔律〕，（科條）自有減死一等之法，不死卽爲減。施行已久，不待遠假斧鑿於彼肉刑，然後有罪次也。」

按：此亦漢法，魏氏承之。似一切科（條）〔律〕皆有減死之法。《漢書》中言減死一等者，各傳頗有其文，當出於一時之裁斷，與爵減之意殊矣。

贖

《惠紀》："元年，民有罪，得買爵三十級以免死罪。"注：應劭曰："一級直錢二千，凡爲六萬。若令贖罪入三十匹縑矣。"師古曰："令出買爵之錢以贖罪。"《食貨志》："孝景二年，令民半出田租，三十而稅一也。其後，上郡以西旱，復修賣爵令，而裁其賈以招民，及徒復作，得輸粟於縣官以除罪。"《武紀》："天漢四年，令死罪人贖錢五十萬，減死一等。太始二年同。"《史記·平準書》："有司言：天子曰『日者，大將軍攻匈奴，斬首虜萬九千級，留蹛無所食。議令民得買爵及贖禁錮免減罪。』元封元年，桑弘羊爲治粟都尉，領大農，又請令吏得入粟補官，及罪人贖罪。"

按：漢代贖法，惠、景時常行之，然僅行之於一時，非常法也。武帝時贖法，其見於《紀》、《志》者，似亦是一時之事，並非常法。後來張敞建贖罪之議，而蕭望之駁之，此其證也。惟武帝時之軍法當斬者，皆得贖爲庶人，王子侯各《表》言贖死罪者甚多。司馬遷報任安書，言家貧不足自贖，又似常時皆可以贖者，所未詳也。《平準書》之議令贖禁錮免減罪事，在元朔六年，《武紀》是年詔曰："日者，大將軍巡朔方，征匈奴，斬首虜萬八千級，諸禁錮及有過者，咸蒙厚賞，得免減罪。"免減者，顔注所謂或被釋免，或得減輕也。《食貨志》"免減"作"免臧"。《補注》王先謙謂"臧"當爲"減"字之誤也。免罪不應獨言臧罪，《平準書》作"免減"，謂免罪及減罪也。"臧"與"減"形近而誤，《武紀》云得免減罪，尤其明證。其說是也。贖有減、免二等。如《功臣表》之無錫侯多軍，贖罪免；平陽侯曹（宋）〔宗〕、留侯張不疑、成安侯韓延年、將梁侯楊僕、新時侯趙弟並贖爲城旦，此入贖而得減罪之證也。《唐律》減章之後爲贖章，乃爲應議請減之人犯流罪以下者而設，係常法，與漢之贖法一時暫行者不同也。

聽贖　《後書・光武紀》:「建武二十九年，令天下繫囚自殊死已下及徒各減本罪一等，其餘贖罪輸作各有差。」《明紀》:「中元二年，詔曰:天下亡命殊死以下，聽得贖論:死罪入縑二十匹，右趾至髡鉗城旦舂十匹，完城旦舂至司寇作三匹。其未發覺，詔書到先自告者，半入贖。永平八年，詔其大逆無道、亡命者令贖罪。十五年，詔亡命自殊死以下贖:死罪縑四十匹，右趾至髡鉗城旦舂十匹，完城旦至司寇五匹。犯罪未發覺，詔書到日自告者，半入贖。十八年，詔云云贖:死罪縑三十匹。餘與十五年同。」《章紀》:「建初七年詔。云云與中元二年同。元和元年，詔亡命者贖。章和元年，詔亡命者贖:死罪縑二十匹，右趾至城旦舂七匹，完城旦至司寇三匹。」

按:此赦款之贖法也。《明紀》中元二年之詔曰聽贖，不强迫之也。贖死之縑有二十匹、三十匹、四十匹之不同，完城旦至司寇有三匹、五匹之不同，而右趾至髡鉗城旦舂則同爲十匹，此其故不可考。和帝以後，則不復言縑數。《惠紀》應劭注言三十匹縑，其殆爲漢末之法歟? 和帝永元三年、八年、安帝元初二年、順帝陽(表)〔嘉〕元年、漢安二年、靈帝建寧元年、四年、光和三年、五年、中平四年。漢安二年之詔，有其不能入贖者，遣詣臨羌縣居作二歲，爲他年所無，此所以通聽贖之窮也。

贖論　《後書・明紀》:「貶秩贖論者，悉皆復秩還贖。」

按:贖論者，獄成時卽以贖罪論決者也。漢時自有贖論之律，爲情罪之輕者。《晉志》言見知故縱之例，其失不舉劾者，各以贖論，乃其一端也。

贖死金二斤八兩　《淮南王安傳》：「其非吏，他贖死金二斤八兩。」

按：贖罪金數，史無明文。死罪之金數如此，他罪自當遞減矣。

奉贖　《續律曆志》：「恂、整、誠馮恂、宗整、宗誠。各復上書。恂言不當施誠術。整言不當復棄恂術。爲洪議所侵，事下永安臺復實，皆不如恂、誠等言。劾奏欺謾，詔書報恂、誠各以二月奉贖罪，整適作左校二月。」

按：以二月奉贖罪，若今之罰俸矣。此殆以天文而寬之。恂、誠並舍人也，《續百官志》太史令屬官無舍人。

奴婢自贖　《漢舊儀》：「省中待使令者皆官婢，奴婢欲自贖，錢千萬，免爲庶人。」

按：據此，漢之官奴婢許贖身。

收帑相坐　《文紀》：「元年，盡除收帑相坐律令。」注：應劭曰：「帑，子也。秦法，一人有罪，並其室家，今除此律。」《刑法志》：「孝文二年，又詔丞相、太尉、御史：『法者，治之（並）〔正〕，所以禁暴而衞善人也。今犯法已論，而使無罪之父母妻子同產坐之及收，朕甚《勿》〔弗〕取，其議。』左右丞相周勃、陳平奏言：『父母妻子同產相坐及收，所以累其心，使重犯法〔也〕。收之之道，所由來久矣。臣之愚計，以爲如其故便。』文帝復曰：『朕聞之，法正則民慤，罪當則民從。且夫牧民而道之以善者，吏也，既不能道，又以不正之法罪之，是法反害於民，爲暴者也。朕未見其便，宜孰計之。』平、勃乃曰：『陛下幸加重大惠於天下，使有罪不收，無罪不相坐，甚盛德，臣等所不及也。臣等謹奉詔，盡除收律、相坐法。』」《補注》：「沈欽韓曰：坐者，核其輕重，滅本人一等二等也。收者，無少長皆棄市也。錢大昕曰：《公卿表》孝文元年十月，右丞相陳平爲左丞相，太尉周勃爲右丞相，八月勃免，平獨爲丞相，是平、勃同爲丞相在元年，非二年也。《志》云二年誤。」《王子侯表》：「平曲侯曾，廣陵厲王子，坐父祝詛上，免。嚴鄉侯信、武平侯璜，並坐父大逆，免。後並復封。」《功臣表》：「葛繹侯賀，以子敬聲有罪，下獄，死。」《公孫賀傳》：「賀子敬聲，代賀爲太僕。征和中，擅用北軍錢千九百萬，發覺，下獄。是時詔捕陽陵朱安世，賀自請逐捕，以贖敬聲罪。上許之。後果得安世。安世遂從獄中上書，告敬聲與陽石公主私通，及使人巫祭祠詛上，且上甘泉當馳道埋偶人，祝詛有惡言。下有司案驗賀，窮治所犯，遂父子死獄中，家族。」《功臣表》：（莪）〔義〕陽侯厲温敦，坐子伊細王謀反，削爵爲關内侯。信成侯王定，坐弟謀反，削百五户。宜鄉侯馮參，坐姊中山太后祝詛，自殺。成陽嗣侯訢、新成侯欽，坐弟昭儀絶繼嗣，免，徙遼西。」《武紀》：「征和三年，丞相屈氂下獄要斬，妻子梟首。」注：鄭氏曰：「妻作巫蠱，夫從坐，但要斬也。」師古曰：「屈氂亦坐與貳師將軍謀立昌邑王。」本《傳》：是時治巫蠱獄急，内者令郭穰告丞相夫人以丞相數有譴，使巫祠社，祝詛主上，有惡言，及與貳師共禱祠，欲令昌邑王爲帝。有司奏言〔請〕案驗，罪至大逆不道。有詔載屈氂廚車以徇，要斬東市，妻子梟首華陽街。」又《功臣侯表》：「汲嗣侯廣德，坐妻大逆，棄市。」《史表》作「坐妻精大逆罪，頗連廣德。」《公孫敖傳》：「坐妻爲巫蠱族。」《孔光傳》：「時定陵侯淳于長坐大逆誅，長小妻迺始等六人皆以長事未發覺時棄去，或更嫁。及長事發，丞相方進、大司空武議，以爲：『令，犯法者各以法時律令論之，明有所訖也。長犯大逆時，迺始等見爲長妻，已有當坐之罪，與身犯法無異。後迺棄去，於法無以解。請論。』光議以爲：『大逆不道，父母妻子同産無少長皆棄市，欲懲後犯法者也。夫婦之道，有義則合，無義則離。長未自知當坐大逆之法，而棄去迺始等，或更嫁，義已絶，而欲以爲長妻論殺之，名不正，不當坐。』有詔光議是。」《鹽鐵論·周秦篇》：「御史曰：『一室之中，父兄之際，若身體相屬，一節動而知於心。故今自關内侯以下，比地於伍，居家相察，出入相司。父不教子，兄不正弟，舍是誰責乎？』文學曰：『《春秋》曰，子有罪執其父，臣有罪執其君。聽失之大者也。今以子誅父，以弟誅兄，親戚小坐，什伍相連，若引根本之及華葉，傷小指之累四體也。如此，則以有罪誅及無罪，無罪者寡矣。自首匿相坐之法立，骨肉之恩廢，而刑罰多。聞父母之於子，雖有罪猶匿之，豈不欲服罪爾。子爲父隱，父爲子隱，未聞父子相坐也。聞兄弟緩追以免賊，未聞兄弟之相坐也。聞惡惡止其人，疾始而誅首惡，未聞什伍之相坐。』」

按：《史記·商君傳》：「卒定變法之令。令民爲什伍，而相牧司連坐。不告姦者腰斬，告姦者與斬敵首同賞，匿姦者與降敵同罰。事末利及怠而貧者，舉以爲收孥。」索隱：「劉氏云，五家爲保，十保相連。牧司爲相糾發也。一家有罪而九家連舉發，若不糾發，則十家連坐。恐變令不行，故設重禁。案律，降敵者誅其身，没其家，今匿姦者，言當與之同罰也。怠者，懈也。《周禮》謂之『疲民』。以言懈怠不事事之人而貧者，則糾舉而收録其妻子，没爲官奴婢，蓋其法特重於古也。」據索隱之説，是秦法之相坐，謂十家相保之家，不但父母妻子同産也。怠懈不事事之人，即收孥爲官奴婢，不但犯大逆不道之緣坐也。漢初之法，未知與秦制是否相同？觀詔文特舉父母妻子同産言，可見漢法並未全襲秦制。第文帝已盡除之，何以武帝以後，仍有父子兄弟夫妻相坐之獄，如各《表》、《傳》所載者？嘗推求其故焉。新垣平之夷三族，即在文帝之世，距除律之年僅十七年，其事或别有情形，史不能具。景帝之殺鼂錯，以大逆無道論引律，父母妻子無少長皆棄市。此律文尚有收孥之事，在新垣平後僅止九年。不應新廢之法，未久復行，絶不似文帝所爲者。似漢初雖未全襲秦舊，而罪之當收孥者，不止大逆無道一條，文帝先盡除之，新垣平之獄，必不得已而用重法，而大逆無道一條，遂復施行，故景帝亦仍用之耳。至相坐之法，與收孥本不同條。武帝時之相坐者，又屬于見知不舉之法，與舊法之相坐不同。而同如公孫賀、公孫敖、劉屈氂諸獄，事起巫蠱，係以大逆不道論者，無論已。他若義陽坐子謀反，僅止削爵一級。信成坐弟謀反，僅止削户。似皆是依見知不舉之法。成陵嗣侯德坐弟與後母亂，共殺兄，德知不舉，不道，下獄瘐死。《功臣表》邳離侯路博德坐見知子犯逆不道罪，免。相坐之出於見知不舉，此尤其明證也。淳于長亦以大逆無道論者，身當要斬，而僅止妻子徙邊，不及父母同産。此法不知何時減輕？《後書·梁竦傳》坐兄松事，與弟恭俱徙九真。則同産亦坐，與淳于之獄又異，未知爲東漢所改定？抑西京亦有此法？而無事以證之也。馮參爲馮太后少弟，趙訢、趙欽爲趙昭儀之兄，參之自殺出於傅太后之修怨，訢、欽之徙邊由於昭儀之罪重，皆不可以常法論。《趙后傳》以訢爲欽兄子，必有一誤。劉屈氂等三事，則以夫坐妻，而三事之罪，輕重不同。公孫敖最重，其事不詳。屈氂别有欲立昌邑王之事，不但以妻之祝詛，故要斬。廣德棄市，則從坐之常法也。《漢律》有無兄弟爲出嫁姊妹、夫爲妻從坐明文，已不可考。姑録其事於此。長小妻事，自以孔光之議爲是。凡議獄者，必當以平恕之心處之，否則人不堪命矣。

監臨部主見知故縱　《刑法志》："孝武招進張湯、趙禹之屬，條定法令，作見知故縱、監臨部主之法。"顔注："見知人犯法不舉告爲故縱，而所監臨部主有罪並連坐也。"《食貨志》："自公孫弘以《春秋》之義繩臣下取漢相，張湯以峻文決理爲廷尉，於是見知之法生，而廢格沮誹窮治之獄用矣。"注：張晏曰："吏見知不舉劾爲故縱。"《晉志》："律之初制，無免坐之文，張湯、趙禹始作監臨部主、見知故縱之例。其見知而故不舉劾，各與同罪；失不舉劾，各以贖論；其不見不知，不坐也；是以文約而例通。科之爲制，每條有違科。不覺不知，從坐之免，不復分别，而免坐繁多，宜總爲免例以省科文，故更制定其由例，以爲《免坐律》。諸律令中有其教制，本條無從坐之文者，皆從此取法也。"《張湯傳》："湯欲致其文丞相見知。"注：張晏曰："見知故縱，以其罪罪之也。"《王子侯表》："成陵嗣侯〔德〕，坐弟與後母亂，共殺兄，德知不舉，不道，下獄瘐死。"《功臣表》："戚嗣侯信成，坐爲太常縱丞相侵神道，爲隸臣。"《補注》："丞相侵神道，謂李蔡也。""邳離侯路博德，坐見知子犯逆不道罪，免。商陵侯趙周，坐爲丞相知列侯酎金輕，下獄自殺。"《武紀》："元鼎五年，列侯坐獻黄金酎祭宗廟不如法奪爵者百六人，丞相趙周下獄死。"注：如淳〔曰〕："《漢儀〔制〕〔注〕》諸侯王歲以户口酎黄金於漢廟，皇帝臨受獻金，金少不如斤兩，色惡，王削縣，侯免國。"臣瓚曰："《表》云趙周坐知列侯酎金輕，下獄自殺。然則知其輕而糾擿之也。"《史記·高祖功臣侯者年表》："汾陽嗣侯石坐爲太常，行太僕事，治嗇夫可年，益縱年，國除。"《漢表》作"坐爲太常，行幸離宮，道橋苦惡，赦免。」與《史表》異。《輯證》云：「按《史記・秦始皇紀》，吏見知不舉與同罪，是此非創自張湯。《鹽鐵論・周秦篇》御史曰，一室之中，父兄之際，若身體相屬，一節動而知於心，故今自關内侯以下，比地於伍，居家相察，出入相司，父不教子，兄不正弟，舍是誰責乎？」

按：張湯見知之法實本於商君什伍相坐之意，觀《鹽鐵論》御史之言，乃其明證。第御史所言，但及父子兄弟，而不及保伍之人，較商君之法稍寬。湯欲文致丞相以見知者，其時會人盜發孝文園瘞錢，丞相有四時行園之責，故欲文致之。然盜發瘞錢丞相安能見而知之？可以見當日監臨部主之獄，其要辭實難盡信，不特此一事。文帝除相坐之法，而後來復行之者，其事實出於湯，非必其法之創自湯也。《咸宣傳》作沈命法曰，「羣盜起不發覺，而弗捕滿品者，二千石以下至小吏，主者皆死。此則監臨部主也。監臨部主與見知故縱爲二事，有其一卽當死，不必二事兼也。《唐律》惟反逆有緣坐之文，老疾且得免，蓋至唐而此法之存者尟矣。

免坐　見《晉志》。詳上條。

按：免坐之文，因相坐而生者也。見知而故不舉劾數語，當是《漢律》原文，故《晉志》稱其文約而例通。就文而論，尚有故、失之區別。第當時緩深故之罪，急縱出之誅，官吏多以文致周内爲能，而上亦信任之，以失爲故者無罪，至若張湯之文致丞相，則尤與律文相去甚遠。丞相於四時行園，實與監臨部主有異，欲殺之則入死比，此酷吏之心之所以可誅也。風氣一開，挽回不易，讀《史記・酷吏傳》，爲之三歎息！

免　《高紀》：「十(七)〔一〕年，詔：有而弗言，覺，免。」《補注》：「先謙曰：免郡守官。」《百官表》：「高祖十年，符璽御史趙堯爲御史大夫，十年，免。」《表》言免者不勝舉，茲舉其首見者以爲例。《文紀》：「三年，詔曰：『前日詔遣列侯之國，辭未行，丞相朕之所重，其爲朕率列侯之國。』遂免丞相勃，遣就國。」

按：《禮記·樂記》：「人情之所不能免也。」疏：「免，猶止退也。」史文有稱免官者，如《劉向傳》云堪、更生下獄，及望之皆免官是也。官有職事官、勳官，《高紀》及《百官表》所言免者，免職事官也，《王子侯表》之言免者，免勳官也。《功臣表》之鄲嗣侯壽成，坐爲太常犧牲瘦免，臨汝侯賢，坐子傷人首匿免，則職事官與勳官悉免。《唐律》之所謂除名者，官、爵悉除也。《百官表》之弋陽侯任宮，坐人盜茂陵園中物免。《補注》：見《馮奉世傳》，免官未免侯。《唐律》所謂免官，爵聽留也。諸《表》中有稱會赦免者，罪雖赦，而侯仍免。《唐律》所謂會赦者，免所居官也。大約漢初之言免，不過爲退止之義，故周勃率列侯之國，而史文稱免。病免、自免者亦稱免。其後三公有以罪策免者，何武。有策免就第、傅喜。還第、丁明。歸第竇憲。者，有免歸田里者，有免歸故郡者，諸竇。有免徙合浦者，毋將隆等。有免爲庶人者。諸葛豐、孫寶、蕭由。而以災異策免三公，則東京爲多，此出于臨時之處分，無一定也。

削爵一級　《王子侯表》：「龔頡侯信，高后元年有罪，削爵一級爲關内侯。祚陽侯仁，坐輿繇賦，削爵一級爲關内侯。」《功臣表》：「博陽侯周遬，有罪，奪爵一級爲關内侯。南鄭侯起，坐後父故削爵一級爲關内侯。義陽侯(信)厲温敦，坐子謀反，削爵爲關内侯。」《恩澤侯表》：「高平侯魏宏、博陽侯丙顯，坐不敬，削爵一級爲關内侯。」

按：「削」或作「奪」，無異義。此卽《唐律》之免所居官降一等敍也，特唐法須在期年之後耳。

光禄大夫以下至郎中保父母同産　《元紀》：「初元五年，除光禄大夫以下至郎中保父母同産之令。」注：應劭曰：「舊時相保，一人有過，皆當坐之。」師古曰：「特爲郎中以上除此令者，所以優之也。同産謂兄弟也。」

按：相保卽當相坐，此亦本於十保相連之意，但不至若秦法之與同罪耳。宣帝有首匿勿坐之詔，何以相保之令未除？此詔但除郎中以上，而其他仍不及，與宣詔終未符也。《唐律》詐僞門有保任不如所任，乃臨時之保任人，非平日相保之法也。

爲保殺人　《王子侯表》：「胡孰嗣侯聖，坐知人脱亡名數以爲保殺人，免。」顔注：「脱亡名數，謂不占户籍也。以此人爲庸保，而又别殺人也。」

按：《欒布傳》注：孟康曰：「酒家作保，保，庸也。可保信，故謂之保。」師古曰：「爲保，謂保可任使。」是既以爲保，卽有相保之義，殺人當屬此庸保之人。知其脱籍，致令殺人，故坐免，卽部主見知之例，似不當分爲二事。其罪僅止免侯，可見漢時相保之法不與秦同矣。

遷徙　《彭越傳》：「有司治反形已具，請論如法，上赦以爲庶人，徙蜀青衣。」《文紀》：「六年，淮南王長謀反，廢遷蜀嚴道，死雍。」《武紀》：「建元三年，濟川王明，坐殺太傅、中傅廢遷房陵。元鼎元年，濟東王彭離，有罪廢徙上庸。三年，常山王立，有罪廢徙房陵。」《宣紀》：「本始三年，廣川王去，有罪廢遷上庸，自殺。地節四年，清河王年，有罪廢遷房陵。甘露四年，廣川王海陽，有罪廢遷房陵。」《元紀》：「建昭元年，河間王元，有罪廢遷房陵。《諸侯王表》：梁王立，元始三年，有罪廢徙漢中，自殺。」《諸侯王表》：清河王年，與邑百家。廣川王去，予邑百户。《成紀》：「永始元年，詔曰：『前將作大匠萬年，佞邪不忠，毒流衆庶，雖蒙赦，不宜居京師。其徙萬年敦煌郡。』」解萬年。《哀紀》：「建平元年，侍中騎都尉新成侯趙欽、成陽侯趙訢皆有罪，免爲庶人，徙遼西。」《後書·明紀》：「永平十三年，楚王英謀反，廢，國除，遷於涇縣，所連及死徙者數千人」。《順紀》：「永建元年，詔坐法當徙，勿徙；〔亡徙〕當傳，勿傳。」注：「（徙）〔徒〕囚逃亡當傳捕者，放之勿捕。」《桓紀》：「建和三年，其自永建元年迄乎今歲，凡諸妖惡支親從坐，及吏民減死徙邊者，悉歸本郡，唯没入者不從此令。」《靈紀》：「建甯二年，中常侍侯覽諷有司奏前司空虞放、太僕杜密、長樂少府李膺、司隸校尉朱瑀、潁川太守巴肅、沛相荀翌、河内太守魏朗、山陽太守翟超皆爲鉤黨，下獄，死者百餘人，妻子徙邊。」《馬融傳》：「免官，髡徙朔方。」《蔡邕傳》：「有詔減死一等，與家屬髡鉗徙朔方。」

按：漢法無流而有徙，徙亦曰遷，後亦稱流徙。見《桓紀》建和三年詔。徙自彭越始，其後諸王有罪者行之，此外惟見解萬年、趙欽趙訢兩事。《淳于長傳》妻子當坐者徙合浦，母若歸故郡。《董賢傳》父恭、弟寬信與家屬徙合浦，母別歸故郡鉅鹿。此則從坐之法也。《石顯傳》顯與妻子徙歸故郡。此但不得居長安中，尚非遠徙也。馬融、蔡邕之髡而又徙，一忤梁冀，一忤宦官，恐是漢末之法，其先無此也。

謫戍　《武紀》：「元狩五年，徙天下姦猾吏民於邊。天漢元年，發謫戍屯五原。」《昭紀》：「元鳳五年，發三輔及郡國惡少年、吏有告劾亡者，屯遼東。」《後書・光武紀》：「建武十二年，遣驃騎大將軍杜茂將衆郡施（行）〔刑〕屯北邊，築亭候，修烽燧。」《明紀》：「永平（七）〔八〕年，詔三公募郡國中都官死罪繫囚，減罪一等，勿笞，詣度遼將軍營，屯朔方、五原之邊縣；妻子自隨，便占著邊縣；父母同産欲相代者，恣聽之。其大逆無道殊死者，一切募下蠶室。亡命者令贖罪各有差。凡徙者，賜弓弩衣糧。十六年，詔令郡國中都官死罪繫囚，減死罪一等，勿笞，詣軍營，屯朔方、敦煌；妻子自隨，父母同産欲求從者，恣聽之；女子嫁爲人妻勿與俱。」《章紀》：「建初七年，詔天下繫囚減死一等，勿笞，詣邊戍；妻子自隨，占著所在；父母同産欲相從者，恣聽之；有不到者，皆以乏軍興論。元和元年，郡國中都官繫囚減死一等，勿笞，詣邊縣；妻子自隨，占著所在。章和元年，令郡國中都官繫囚減死一等，詣金城戍。四月、九月二次。死罪囚犯法在丙子赦前而後捕繫者，皆減死勿笞，詣金城戍。」《和紀》：「永元八年，詔郡國中都官繫囚減死一等，詣敦煌戍。」《安紀》：「元初二年，詔郡國中都官繫囚減死一等，勿笞，詣馮翊、扶風屯；妻子自隨，占著所在；女子勿輸。」《順紀》：「永建元年，詔減死罪以下，徙邊五年。詔郡國中都官死罪繫囚，皆減罪一等，詣北地、上郡、安定戍。建康元年，令郡國中都官繫囚減死一等，徙邊。」《桓紀》：「建和元年，減天下死罪一等，戍邊。和平元年，減天下死罪一等，徙邊戍。」

按：漢世謫戍之事，東京爲多。武帝時惟元狩、天漢二事。又昭帝元鳳一事。至元朔二年收**河**南地置朔方、五原郡，募民徙朔方十萬口，元鼎六年武威、酒泉地置張掖、敦煌郡，徙民以實之，元封三年武都氐人反，分徙酒泉郡，並徙民實邊之事，非謫發罪人。《魏書·刑罰志》游雅謂漢武時始啟河右四郡，議諸疑罪而謫徙之，所言未盡然也。《唐律》犯流應配者，妻妾從之，父祖子孫欲隨者聽之，實原於漢法。

亡命捕得戍邊　《後書·郭躬傳》：「章和元年，赦天下繫囚在四月丙子以前減死罪一等，勿笞，詣金城，而文不及亡命未發覺者。躬上封事曰：『聖恩所以減死罪使戍邊者，重人命也。今死罪亡命無慮萬人，又自赦以來，捕得甚衆。而詔令不及，皆當重論。伏惟天恩莫不蕩宥，死罪以下並蒙更生，而亡命捕得獨不沾澤。臣以爲赦前犯死罪而繫在赦後者，皆可勿笞詣金城，以全人命，有益於邊。』肅宗從之。」

按：東漢之時，金城等郡户口稀少，故謫罪人以實之，又推及亡命之人，躬云有益於邊，此當時政策也。

民年七十以上若不滿十歲有罪當刑者皆完之　《惠紀》：「高祖十二年五月，民年七十以上若不滿十歲有罪當刑者，皆完之。」注：孟康曰：「不加肉刑，髡鬄也。」師古曰：「若，預及之言也。謂七十以上及不滿十歲以下，皆完之也。」《補注》：「先謙曰：完謂免也。荀《紀》作『免之』。」

年未滿八歲八十以上非手殺人他皆不坐　《秋官·司刺》：「壹赦曰幼弱，再赦曰老旄。」注：「鄭司農云，幼弱、老旄若今律令年未滿八歲、八十以上非手殺人，他皆不坐。」疏：「案《曲禮》云，八十、九十曰耄，七十曰悼，悼與耄雖有罪，不加刑焉。與此先鄭義合。云未滿八歲，則未齔，是七年。若八歲已齔，則不免也。」

年八十以上非誣告殺傷人他皆勿坐　詳《囚律》誣告條。

年未滿七歲賊鬥殺人及犯殊死者上請廷尉以聞得減死　詳《賊律》三賊鬥殺人條。

年八十以上八歲以下及孕者未乳當鞠繫者頌繫之　詳《囚律》頌繫條。

男子八十以上十歲以下及婦人從坐者自非不道詔所名捕皆不得繫當驗問者即就驗　詳《囚律》頌繫條。

年未滿十五過惡不在其身　《後書·來歷傳》：「歷與太常桓焉、廷尉張皓議曰：『經說，年未滿十五，過惡不在其身。』」

按：老者漢以七十以上、年八十、八十以上爲三級，小者以未滿七歲、未滿八歲、未滿十歲爲三級，而未滿八歲、八十以上則律文也。當以律文爲準，與《曲禮》合。惠帝之詔，乃即位之恩施。成帝之令，則後定者也。《唐律》老小以七十以上十五以下爲一級，八十以上十歲以下爲一級，九十以上七歲以下爲一級。其與漢異者，爲九十以上、十五以下。九十以上，可賅於八十以上之中，而十五以下，僅有《來歷傳》所引之經說，似是《漢律》所無，故歷等不引律而引經。《唐律》十五以下一級，或即本漢儒之說歟？古者十五成童，尚稱爲童子，謂之爲小，於經義尚不悖也。

先自告除其罪　《衡山王賜傳》：「元狩元年，有司求捕與淮南王謀反者，得陳喜於孝家。孝，淮南王少男。吏劾孝首匿喜。孝以爲陳喜雅數與王計反，恐其發之，聞律先自告除其罪，即先自告所與謀反者：

枚赫、陳喜等。廷尉治，事驗。王聞，卽自殺。孝先自告反，告除其罪。顔注：「先告有反謀，又告人與己反，而自得除反罪。」孝坐與王御婢姦，及后徐來坐蠱前后乘舒，及太子爽告王父不孝，皆棄市。

按：此《唐律》之犯罪未發自首也。孝之自告在陳喜已得之後，與未發者略異，得除其罪，漢法之闊疏也。其仍以與王御婢姦棄市者，《唐律》之自首不實及不盡者，以不實不盡之罪罪之也。惟唐法至死者聽減一等，而孝仍棄市，視唐爲嚴耳。

一人有數罪以重者論之　《公羊》莊十年傳：「戰不言伐，圍不言戰，入不言圍，滅不言入，書其重者也。」注：「明當以重者罪之。猶律一人有數罪，以重者論之。」《輯證》云：「《尚書大傳》，一夫而被此五刑。鄭注，被此五刑，喻犯數罪也。犯數罪猶以上一罪刑之，此當是據《漢律》爲說。」

按：《唐律》諸二罪以上俱發以重者論，在《名例》六。《公羊》昭六年傳，杞伯益姑卒。徐彦疏引律云，一人有數罪，則以重者坐之。徐，唐人，《漢律》非所及見，《唐律》文不如是，恐卽取諸何注，字句稍有異同耳。

以重論之　《高紀》：「五年夏五月，詔曰：『七大夫、公乘以上，皆高爵也，其令諸吏善遇高爵，稱吾意。且廉問，有不如吾詔者，以重論之。』」

按：《陳寵傳》，漢舊事，論獄報重，常盡三冬之月。注：重，死刑也。此《紀》所言似但謂問重罪，非皆以死刑論也。吏之不善遇高爵，情節亦非一端，豈得不問輕重，而概擬死刑哉？此與上條之意不同，姑附於此。

親親得相首匿　《公羊傳》閔元年：「親親之道也。」注：「論季子當從議親之辟，猶律親親得相首匿。」《宣紀》：「地節四年，詔曰：『父子之親，夫婦之道，天性也。雖有患禍，猶蒙死而存之，誠愛結於心，仁厚之至也，豈能違之哉。自今子首匿父母，妻匿夫，孫匿大父母，皆勿坐。其父母匿子，夫匿妻，大父母匿孫，罪殊配，皆上請廷尉以聞。』」顏注：「凡首匿者，言爲謀首而藏匿罪人。」《補注》：「周壽昌曰：顏說未晰。直言首謀藏匿罪人耳。何焯曰：此詔最得法意，非前人不知及此也。蓋古者議事以制，子首匿父母等，(因)〔固〕在所原宥耳。父母匿子，情雖同，而平居失於不教，故坐之。然猶必上請，將權衡其輕重以行法，或直原宥之也。周壽昌曰：《鹽鐵論·周秦篇》，父母之於子，雖有罪猶匿之，豈不欲服罪？子爲父隱，父爲子隱，未聞父子之相坐也。《論語》皇侃疏：今王許期親以上得相隱，不問其罪是也。邢昺疏：今律大功以上得相容隱，告言父祖者入(于)〔十〕惡。蓋由漢宣此詔推廣之。」

按：《唐律》同居相爲隱，若大功以上親及外祖父母、外孫若孫之婦、夫之兄弟及兄弟妻有罪相爲隱，小功緦麻亦得減等，視漢法爲更寬矣。武帝之世，方嚴首匿相坐之法，臨汝侯灌賢於元朔五年坐子傷人，首匿免，其事在地節之前也。

官奴婢　《文紀》：「後四年，赦天下，免官奴婢爲庶人。」《哀紀》：「綏和二年六月，官奴婢五十以上免爲庶人。」《武紀》：「建元二年，赦吴楚七國帑輸在官者。」注：應劭曰：「吴楚七國反時，其首事者妻子没入爲官奴婢，武帝哀焉，故赦遣之也。」《秋官·司厲》「其奴」注：「鄭司農云，謂坐爲盜賊而爲奴者。玄謂奴從坐而没入縣官者，男女同名。」《平準書》：「乃募豪民田南夷，入粟縣官，而内受錢於都內。東至滄海之郡，人徒之費擬於南夷。又興十萬餘人築衛朔方，轉漕甚遼遠，自山東咸被其勞，費數十百巨萬，府庫益虛。乃募民能入奴婢得以終身復，爲郎增秩，及入羊爲郎，始於此。」又云：「卜式相齊，而楊可告緡偏天下，中家以上大抵皆遇(書)〔告〕。杜周治之，獄少反者。乃分遣御史廷尉正監分曹往，卽治郡國緡錢，得民財以億計，奴婢以千萬數，田大縣數百頃，小縣百餘頃，宅亦如之。」

按：古之奴婢，皆罪人也。漢承秦敝，其官奴婢必多收帑相坐之人。迨文帝除此法，此項人應日少，而官奴婢之名猶存者，大抵爲謀反獄中牽連之人沒入者也。吳楚七國之反，在景帝三年，已在文帝盡除收帑相坐法之後，而關於謀反者，則已除而復行，亦事勢使然。則漢之有官奴婢，從坐其一也。《司厲》注先、後鄭分爲二説，後鄭主從坐之説，而先鄭以爲坐爲盜賊者，當亦據漢法有此事，故舉以爲證，則漢之官奴婢，盜賊亦其一也。武帝時入奴婢得終身復，或爲郎，則漢之官奴婢，輸入又其一也。楊可告緡，私奴婢沒入縣官者至以千萬數，其他之獄沒入者亦必不少，則漢之官奴婢，沒入又其一也。漢法，軍士逃亡沒入其妻子爲官奴婢，見《魏志·高柔傳》。此法不知起於何時，或在軍法之內，則漢之官奴婢，逃亡之妻子又其一也。總計漢法，大氐不外此數端矣。當時之奴婢等於畜産，私家富者其奴婢多者數百人，役使工作皆出於奴婢，六朝人有「耕當問奴，織當問婢」之語，知其風尚未改也。武帝以人徒不足，遂有輸入奴婢之令，而奴婢之多可知矣。建武之時，屢令賣爲奴婢者悉免爲庶人，以天地之性人爲貴相詔，知此義者，光武一人而已。唐《名例六》有官户部曲條，官私奴婢亦附在內。各諸律中奴婢罪名最重，蓋猶仍秦、漢之習俗，知

《漢律》亦必非一二條也。

蠻夷卒有額　《說文》系部：「額，絆前兩足也。《漢令》，蠻夷卒有額。相主切。」段曰：「疑有奪字。『殊』下云蠻夷長有罪當殊之，此應云蠻夷卒有罪當額之。」

按：額，《切韻》相主切。以絆爲義，則縲絏之屬也。凡罪人皆有徽纆之繫，何獨於蠻夷卒而異之？疑《漢律》別有義，今難考耳。

蠻夷長有罪當殊之　《說文》歺部：「殊，死也。一曰斷也。四字依《左傳釋文》補。《漢令》曰，蠻夷長有罪當殊之。」段曰：「按殊之者，絕之也，所謂別異蠻夷。此舉《漢令》證斷義。而裴駰以來，皆謂殊之爲誅死。夫蠻夷有罪，非能必執而殺之也，而顧箸爲令哉。《史記·蘇秦傳》，不死，殊而走。集解：《風俗通義》稱《漢令》蠻夷戎狄有罪當殊。殊者死也，與誅同指。」

按：《風俗通》引《漢令》「長」作「戎狄」，則不專指其長言，然以上條蠻夷卒例之，又似作「長」者爲是，疑二書所引，或並有省文也。集解訓「殊」，爲「誅」，段氏非之，而別爲一說。若但以別異蠻夷言，而無關罪法，何必於律中特設此文。《百官志》列侯所食縣曰國，皇太后皇后公主所食曰邑，有蠻夷曰道。《補注》錢大昕曰：《地理志》，道三十二。是道之所轄，多蠻夷之地，其人之犯法者，豈能不問？段說未必然。《唐律·名例六》諸化外人同類自相犯者，各依本俗法；異類相犯者，以法律論。《疏議》曰：化外人謂蕃夷之國別立君長者，各有風俗，制法不同，其有同類自相犯者，須問本國之制，依其俗法斷之。異類相犯者，若高麗與百濟相犯之類，皆以國家法律論定刑名。唐法似即本於漢。《玉篇》引《蒼頡》，殊，異也。殊之者，不純以法律治之，使異於中國也。《記》所謂修其教不易其俗，齊其政不易其宜也。

罪之坐之與同罪　罪之坐之見文二年詔。詳上收帑相坐條。與同罪見《晉志》。詳上監臨部主、見知故縱條。

按：《唐律》稱反坐罪之條，在《名例》六。律中文法固有相承而不能改，此類是也。

又按：以上各條略依《唐律·名例》之次序，但取其名稱之相同，於律意未能悉合也。

漢律摭遺卷十一

具律三

按：《具律》之目可考者，今列於此卷之首，餘則隨條編入，無次序可言矣。

出賣呈

賣馬過平　《功臣表》：「梁期嗣侯當千，坐賣馬一匹賈錢十五萬，過平臧五百以上，免。」

按：呈者，程也。説詳《目録》。武帝時牡馬平賈二十萬，此所定之程也，今賣十五萬，則不及程矣。餘詳前卷平賈條。

擅作修舍事

《梁孝王傳》：「於是孝王築東苑，方三百餘里，廣睢陽城七十里，大治宮室，爲復道，自宮連屬平臺三十餘里。」

《後書·濟南王康傳》：「國傅何敞上疏諫康曰：『又多起内第，觸犯防禁，費以巨萬，而功猶未半。』」

按：梁孝王之大治宮室，卽律之擅作修舍事也。漢待諸侯王，法多疏闊，孝王又太后愛子，故僭侈如此。何敞以多起内第爲觸犯防禁，當卽指此律。

禁錮　《刑法志》：「前令之刑城旦舂歲而非禁錮者，如完爲城旦舂歲數以免。」《貢禹傳》：「禹又言：『孝文皇帝時，貴廉潔，賤貪污，賈人、贅壻及吏坐臧者，皆禁錮不得爲吏。』」《史記・景紀》：「中元年，赦天下，除禁錮。」《漢紀》不書。《淮南王安傳》：「國吏二百石以上及比者，宗室近幸臣不在法中者，不能相教，皆當削爵爲士伍，免，毋得宦爲吏。」《武紀》：「元朔六年，詔曰：『諸禁錮及有過者，咸蒙厚賞，得免減罪。』」《後書・周景傳》：「及梁冀誅，景以故吏免官禁錮。」《韓棱傳》：「初，爲郡功曹，太守葛興中風病，棱陰代興視事。事下按驗，吏以棱掩蔽興病，專典郡職，遂致禁錮。」

按：禁錮之事，春秋時已有之，秦之籍門，卽禁錮也。漢世禁錮，其文始見於《刑法志》，其事在文帝十三年，合之貢禹所言，是漢初卽有其法。《淮南王安傳》之不得宦爲吏，亦卽禁錮也。《息夫躬傳》躬同族親屬素所厚者皆免廢錮，是同族親屬及素所厚者，本在廢錮之列，躬獄得免耳。班《書》禁錮事少，而范《書》爲多。周景以故吏，韓棱以屬吏，禁錮之途，更無限制矣。

禁至三屬　《後書・章紀》：「元和元年，詔曰：『《書》云，父不慈，子不祇，兄不友，弟不恭，不相及也。往者妖言大獄，所及廣遠，一人犯罪，禁至三屬，卽三族也。謂父族、母族及妻族。莫得垂纓仕宦王朝。如有賢才而没齒無用，朕甚憐之，非所謂與之更始也。諸以前妖惡禁錮者，一皆蠲除之，《左傳》曰以重繫錮之。杜預注曰，禁錮，勿令仕也。以明棄咎之路，但不得在宿衞而已。』」

按：禁錮與相坐之義不同，而即由相坐而推及者，錮至三屬，可謂嚴矣。注以父族、母族、妻族爲三屬，乃今文《尚書》説。《黨錮傳》注則以斬衰、齊衰、大功、小功、緦麻五服爲五屬，又用古文《尚書》説。范《書》之注出于章懷太子賢，當時蓋集衆手而成，此書紀傳非出于一人之手，故其説互異。光和二年，和海上言：禮，從祖兄弟，服屬疏末。帝悟，黨錮自從祖皆得解釋。是當時實以同宗五服爲五屬，則三屬不應有殊。王温舒罪至族，其時兩弟家及兩婚家亦各自坐他罪而族，徐自爲謂古有三族，而温舒罪至五族，是妻族不在三族之内。《漢律》實主古文《尚書》家説，此《紀》之注誤也。章帝此詔，洵爲寬大之政，惜未將律文删除，後來復有鉤黨之事，其禍倍烈耳。

禁錮復爲平民　《殤紀》：「皇太后詔曰：『自建武以來，諸犯禁錮，詔書雖解，有司持重，多不奉行，其皆復爲平民。』」

按：據詔書「雖解」語，是歷帝赦款並有此文，特史不具耳。此詔言復爲平民，是當日被錮之人竟不與平民等視，可謂嚴矣。

知識婚姻禁錮　《順紀》：「永建四年，詔曰：『其赦天下。其閻顯、江京等知識、婚姻禁錮，一原除之。』妻父曰婚，壻父曰姻。」

按：此詔云知識婚姻禁錮，可見婚姻不在三屬之内，故特言之。知識所賅者廣，《息夫躬傳》之素所厚者，即知識之類。此皆窮其黨與，更不以三屬爲限矣。

禁錮終身　免官禁錮爰及五屬　《後書・桓紀》：「延熹九年，南陽太守成瑨、太原太守劉質並以譖棄市。司隸校尉李膺等二百餘人受誣爲黨人，並坐下獄，書名王府。永康七年，大赦天下，悉除黨錮。」《靈紀》：「建寧二年，中常侍侯覽諷有司奏前司空虞放、太僕杜密、長樂少府李膺、司隸校尉朱瑀、潁川太守巴肅、沛相荀翌、河内太守魏朗、山陽太守翟超皆爲鉤黨，下獄，死者百餘人，妻子徙邊，諸附從者錮及五屬。五屬謂五服内親也。制詔州郡，大舉鉤黨。於是天下豪傑及儒學行義者，一切結爲黨人。熹平五年，永昌太守曹鸞坐訟黨人，棄市。詔黨人門生故吏父兄子弟在位者，皆免官禁錮。光和二年，大赦天下，諸黨人禁錮小功以下皆除之。中平元年，大赦天下黨人，還諸徙者。」《黨錮傳》序：「初，桓帝爲蠡吾侯，受學於甘陵周福，及帝卽位，擢福爲尚書。時同郡河南尹房植有名當朝，鄉人爲之謡曰：『天下規矩房伯武，因師獲印周仲進。』二家賓客，互相譏揣，遂各樹朋徒，漸成尤隙，由是甘陵有南北部，黨人之議，自此始矣。後汝南太守宗資任功曹范滂，南陽太守成瑨亦委功曹岑晊，音質。二郡又爲謡曰：『汝南太守范孟博，南陽宗資主畫諾。南陽太守岑公孝，弘農成瑨但坐嘯。』因此流言轉入太學，諸生三萬餘人，郭林宗、賈偉節爲其冠，並與李膺、陳蕃、王暢更相褒重。學中語曰：『天下模楷李元禮，不畏强禦陳仲舉，天下俊秀王叔茂。』又渤海公族進階、扶風魏齊卿，並危言深論，不隱豪强。自公卿以下，莫不畏其貶議，屣履到門。時河内張成善説風角，推占當赦，遂教子殺人。李膺爲河南尹，督促收捕，既而逢宥獲免，膺愈懷憤疾，竟案殺之。初，成以方技交通宦官，帝亦頗誶其占。成弟子牢修因上書誣告膺等養太學游士，交結諸郡生徒，更相驅馳，共爲部黨，誹訕朝廷，疑亂風俗。於是天子震怒，班下郡國，逮捕黨人，布告天下，使同忿疾，遂收執膺等。(因)其辭所連及陳寔之徒二百餘人，或有逃遁不獲，皆懸金購募。使者四出，相望於道。明年，尚書霍諝、城門校尉竇武並表爲請，帝意稍解，乃皆赦歸田里，禁錮終身。而黨人之名，猶書王府。自是正直廢放，邪枉熾結。又張儉鄉人朱並，承望中常侍侯覽意旨，上書告儉與同鄉二十四人別相署號，共爲部黨，圖危社稷。刻石立墠，而儉爲之魁。靈帝詔刊章捕儉等。大長秋曹節因此諷有司奏捕前黨故司空虞放、太僕杜密、長樂少府李膺、司隸校尉朱瑀、潁川太守巴肅、沛相荀(昱)〔翌〕、河内太守魏朗、山陽太守翟超、任城相劉儒、太尉掾范滂等百餘人，皆死獄中。餘或先殁不及，或亡命獲免。自此諸爲怨隙者，睚眦之忿，濫入黨中。又州郡承旨，或有未嘗交關，亦離禍毒。其死徙廢禁者，六七百人。熹平五年，永昌太守曹鸞上書大訟黨人，言甚方切。帝省奏大怒，即詔司隸，益州檻車收鸞，送槐里獄掠殺之。於是又詔州郡更考黨人門生故吏父兄子弟，其在位者，免官禁錮，爰及五屬。謂斬衰、齊衰、大功、小功、緦麻也。光和二年，上祿長和海上言：『禮，從祖父兄別居異財，恩義已輕，服屬疏末。而今黨人錮及五族，既乖典訓之文，有謬經常之法。』帝覽而悟之，黨錮自從祖以下，皆得解釋。中平元年，黄巾賊起，中常侍吕彊言於帝曰：『黨錮久積，人情多怨。若久不赦宥，輕與張角合謀，爲變滋大，悔之無及。』帝懼其言，乃大赦黨人，誅徙之家皆歸故郡。其後黄巾遂盛，朝野崩離，紀綱文章蕩然矣。凡黨事始自甘陵、汝南，成於李膺、張儉，海内塗炭，二十餘年。」

按：漢之禁錮，有本人禁錮終身者，有錮及三屬者，有錮及五屬者，有錮及素所厚及知識、婚姻者，有錮及門生故吏父子兄弟者。三屬乃舊法。五屬及門生故吏父子兄弟則閹寺之肆虐，不復遵守律文矣。五屬之義，《傳》注與《靈紀》注合，而與《章紀》三屬之注不合，此《章紀》注誤。《傳》

言靈帝因和海之言，皆得解釋，而《紀》則曰小功以下皆除之，則小功以下姪孫亦當皆在解釋之列。未知當日辦法如何？門生故吏已不在從坐之條，又推及於門生故吏之父子兄弟，則更苛矣。桓帝鉤黨未及一年而赦除，靈帝則直到黃巾徧地始懼而赦之，世言靈之昏更甚於桓，信哉！

臧吏三世禁錮　《後書・陳忠傳》：「又上除蠶室刑，解臧吏三世禁錮。」

按：三世禁錮，漢舊法之待臧吏如此之嚴，忠請除之者，惡惡止其身，《春秋》之義也。此事當在元初中忠任尚書之後。

坐臧增錮二世　《後書・劉愷傳》：「清河相叔孫光，坐臧抵罪，遂增錮二世，釁及其子。二代謂父子俱禁錮。是時居延都尉范邠復犯臧罪，詔下三公、廷尉議。司徒楊震、司空陳襃、廷尉張皓議依光比。愷獨以〔爲〕：『《春秋》之義，善善及子孫，惡惡止其身。所以進人(以)〔於〕善也。《尚書》，上刑挾輕，下刑挾重。如(令)〔今〕使臧吏禁錮子孫，以輕從重，懼及善人，非先王詳刑之意也。』有詔：『太尉議是。』」

按：劉愷於建光元年爲太尉，其議范邠事，係在陳忠解三世禁錮之後。叔孫光事，《傳》稱安帝初，則在前。三世之制未解，而二世卽稱增錮者，殆當日定罪於情節亦分輕重，或終身，或三世，律有明文，光罪本止終身，加爲二世，故曰增也。劉愷之議，自是正論，臧吏雖可誅，錮及其子，究非法也。

禁錮相告　《晉志》：「省禁錮相告之條。」

按　此晉世所刪，其事則未詳。

禁錮六年　《馬融傳》：「因兄子喪自劾歸。太后聞之，怒謂融羞薄詔除，欲仕州郡，遂令禁錮之。」注：「《融集》云，時左將奏融遭兄子喪，自劾而歸，離署當免官。制曰：『融典校祕書，不推忠盡節，而羞薄詔除，希望欲仕州郡，免官勿罪。』禁錮六年矣。」

按：此禁錮之有年限明文者。疑當時非禁錮終身，皆有年限，史不具耳。至於召用，亦不拘定年限。融於永初四年爲校書郎，十年不調，已當元初六年，甫二年，而鄧太后崩，安帝卽召還郎署，則未及六年也。

鞭杖　《北堂書鈔》四十五。「《三輔決録》注云：丁邯，字叔春。選邯爲郎，託疾不就。詔問實病否？邯對曰：『實不病，恥以孝廉爲令史職耳。』世祖怒曰：『虎賁減頭，杖之數十。』」《後書·鍾離意傳》：「永平三年，時詔賜降胡子縑，尚書案事，誤以十爲百。帝見司農上簿，大怒，召郎將笞之。五字《後漢紀》作「詔卽欲鞭之」。意因入叩頭曰：『過誤之失，常人所容。若以懈慢爲愆，則臣位大（辜）〔罪〕重，郎位小（辜）〔罪〕輕，咎皆在臣，臣當先坐。』乃解衣就格。格，《漢紀》作「撻」。帝意解，使復冠而貰郎。帝性褊察，好以耳目隱發爲明，故公卿大臣數被詆毀，近臣尚書以下至見提拽。常以事怒郎藥崧，以杖撞之。崧走入牀下，帝怒甚，疾言曰：『郎出！郎出！』崧曰：『天子穆穆，諸侯煌煌，未聞人君自起撞郎。』帝赦之。」《御覽》六百四十九。「《漢晉春秋》曰：明帝勤於吏事，苛察踰甚，或於殿前鞭殺尚書。《會稽典録》曰：鍾離爲尚書僕射，時匈奴有降者，詔賜縑三百匹，尚書郎暨酆誤以三千匹賜之。上大怒，鞭酆殿下，重痛（時）〔將〕死。意（且）〔直〕排閤入諫曰：『陛下德被四表，恩及夷狄，是以左衽之徒稽首來服。愚聞刑疑從輕，賞疑從重，今陛下以斲賞誤，發雷霆之威，海内謂陛下貴微財而賤士命也。』」《後漢紀・順紀》：「陽嘉二年，初明帝時政嚴事峻，九卿皆鞭杖，雄上言曰：『九卿位亞三等，班在大臣，行有佩玉之節，動有庠序之儀，加以鞭杖，誠非古典。』上即除之。」《南史・蕭琛傳》：「郎有杖，起自後漢。爾時郎官位卑，親主文案，與令史不異，故郎三十五人，令史二十人。是以古人多恥爲是職。」

按：《舜典》鞭作官刑，朴作教刑，本不在五刑之數。漢文改肉刑爲笞，笞者罪名，其械曰箠，不名杖也。《後漢紀》方有杖之名，然亦不在五刑之數，當時殿廷任意用之，固無法律之可言也。世祖杖丁邯，可謂作法於涼矣。

督笞　《丙吉傳》：「吉識，謂則曰：『汝(官)〔嘗〕坐養皇曾孫不謹督笞，汝安得有功？』」《尹翁歸傳》：「豪彊有論罪，輸掌畜官，使斫莝，責以員程，不得取代。不中程，輒笞督。」《輯證》云：「若以督爲察視，則『笞督』不辭矣。吴仁傑引《晉令》曰，應受杖而體有瘡者督之。爲督爲決罰之名，不與督責同義。」

按：笞督即督笞，漢時官府蓋隨事用之，不列正刑之内。《高紀》五年詔吏以文法教訓辨告，勿笞辱。可見笞刑凡吏皆得用之也。笞者必解衣露體，《鍾離意傳》所謂解衣就格是也。笞督則不解衣，不露體，故魏時婦人加笞從鞭督之例，所以全其恥。《晉令》體有瘡者督之，不至傷及肌膚也。

髡笞　《後書・橋玄傳》：「又爲漢陽太守，時上邽令皇甫禎有臧罪，玄收考髡笞，死於冀市。」

按：髡、笞二刑不得並用，漢時笞重於髡，既笞，何得先髡？此皆用刑之不合于律者。

考竟　《釋名》：「獄死曰考竟。考竟者，考得其情，竟其命於獄中也。」《輯證》云：「《順紀》，陽嘉三年，詔以久旱，京師諸獄無輕重皆且勿考竟。《質紀》，其令中都官繫囚罪非殊死考未竟者，一切任出，以須立秋。《後書·韓棱傳》，竇氏敗，棱典案其事，深竟黨與。安帝詔，自今長吏被考竟未報，自非父母喪無故輒去職者。據以上《紀》、《傳》所述，非竟命於獄中，乃考實以竟其事耳。」

按：考竟之義，杜説固是。然就班范二《書》諸傳觀之：如《元后傳》王章下廷尉，致其大逆罪，死獄中。《鄭崇傳》窮治死獄中。胡毋班，《袁紹傳》云殺之，而謝承《書》云死獄中。《向相傳》收受獄殺之，而《御覽》所引《後漢書》云考竟之。《蔡邕傳》收付廷尉治罪，遂死獄中，《御覽》所引《後漢書》云考竟其罪，邕遂死獄中。是凡死於獄中，即謂之考竟。《釋名》爲劉熙作，熙漢末人，其所言必有據。然則考竟有二義，杜説未可拘矣。《魏志·賈逵傳》道逢囚人數十車，逵以軍事急，輒竟重者一人，皆放其餘。是以竟爲殺，此足以證劉説者。

有罪失官爵稱士伍　《淮南厲王傳》「士伍開章等」注：如淳曰：「律，有罪失官爵稱士伍也。」

奪爵爲士伍　《景紀》：「元年，奪爵爲士伍，免之。」注：李奇曰：「有爵者奪之，使爲士伍，有位者免官也。」師古曰：「此説非也。謂奪其爵令爲士伍，又免其官職，即今所謂除名也。謂之士伍者，言從士卒之伍也。」《補注》：「顔説誤。漢法，初罪免官，重論奪爵。已奪爵矣，免官何待言乎。《史記·淮南王安傳》，宗室近幸臣不在法中者，不能相教，當皆免官，削爵爲士伍，毋得宦爲吏。」

按：士伍之稱，奪爵之法，皆沿於秦。《秦紀》，昭襄王五十年，武安君白起有罪，爲士伍，遷陰密。集解：「如淳曰：嘗有爵，而以罪奪爵，皆稱士伍。」《始皇紀》，嫪毐舍人奪爵遷蜀四千餘家，呂不韋舍人或奪爵遷，或遷勿奪爵。此秦法也。《百官表》爵一級曰公士。顏注：「言有爵命，異於士卒，故稱公士也。」《功臣表》公士凡三十一見。二上造，十二見。三簪褭，凡十二見。四不更，八見。五大夫，凡二十見。六官大夫，凡二見。七公大夫，凡三見。八公乘，凡二十七見。此民之爵也。九五大夫，凡二見。十左庶長，卜式、桑弘羊、徐自爲皆賜。十一右庶長，景帝後元年，賜中二千石諸相爵右庶長；武帝元狩元年，賜中二千石爵右庶長。十二左更，宣帝即位，賜二千石左更爵。十三中更，它未見。十四右更，成帝永始二年，詔吏民以義收食貧民其百萬以上，加賜爵右更。十五少上造，它未見。十六大上造，《功臣表》一見；《惠紀》言大造以上，省文也。十七駟車庶長，它未見。十八大庶長，文帝令民入粟於邊萬二千石爲大庶長。十九關内侯。二十徹侯。自五大夫以上，官之爵也。凡言賜民爵者，公士至公乘。此皆秦制，而漢承之。公士異於士卒，可見爵本由士伍而得，失爵則仍爲士伍。漢法有免官不免爵者，有官爵俱免者，有無爵而免官者，故亦云免爲庶人，或云復爲平民，非皆爲士伍也。《續百官表》不列庶長以下，蓋中興所省。王粲《爵論》曰：「依律，有奪爵之法。此謂古者爵行之時，民賜爵則喜，奪爵則懼，故可以奪賜而法也。今爵事廢矣，民不知爵者何也，奪之民亦不懼，賜之民亦不喜，是空設文書而無用也。今誠循爵，則上下不失實，而功勞者勸，得古之道，合漢之法。以貨財爲賞者不可供，以復除爲賞者租稅損減，以爵爲賞者民勸而費省，故古人重爵也。」粲卒於建安中，其所言如此，是東漢時爵之名已省，而奪爵之法尚存，故云空設文書也。東漢之爵存列侯、關内侯二等，而别有衛公、宋公，在列侯之上。其後又有鄉侯、亭侯，當在列侯之次矣。

犯法者各以法時律令論之　《孔光傳》：「時定陵侯淳于長坐大逆誅，長小妻迺始等六人皆以長事未發覺時棄去，或更嫁。及長事發，丞相方進、大司空武議，以爲：『令，犯法者各以法時律令論之，師古曰：此引令條之文也。法時，謂始犯法之時也。明有所訖也。長犯大逆時，迺始等見爲長妻，已有當坐之罪，與身犯法無異。後迺棄去，於法無以解。請論。』光議以爲：『大逆無道，父母妻子同産無少長皆棄市，欲懲後犯法者也。夫婦之道，有(道)〔義〕則合，無義則離。長未自知當坐大逆之法，而棄去迺始等，或更嫁，義已絶，而欲以爲長妻論殺之，名不正，不當坐。』有詔光議是。」

按：「法時」，《通典》引作「犯時」。師古有注，則顔所據本實作「法時」也。《明律》斷罪用新頒律，與此意相合，知《明律》此條其淵源甚遠也。

母子兄弟相代死聽赦所代者　《後書·陳忠傳》：「又上云云。母子兄弟相代死，聽，赦所代者。事皆施行。」論曰：「忠(論)〔能〕承風，亦庶乎明慎用刑而不留獄。然其聽狂易殺人，開父子兄弟得相代死，斯大謬矣。是則不善人多幸，而善人常代其禍，進退無所措也。」

按：枉易殺人，近世學説多云不爲罪，以其本性已亡也。得臧重論，不得謂之爲謬。若母子兄弟相代死論者，紛如難折衷焉。

赦　《漢舊儀》：「日食，即日下赦曰：『制詔御史，其赦天下自殊死以下。及吏不奉法，乘公就私，凌暴百姓，行權相放，治不平正，處官不良，細民不通，下失其職，俗不孝弟，不務於本，衣服無度，出入無時，衆彊勝寡，盜賊滋彰，丞相以聞。』於是乃命刺史出刺，並察監御史。元封元年，御史止不復（盜）〔監〕。」

按：此據《永樂大典》本。

《初學記》二十。「《漢舊儀》云，踐阼、改元、立皇后、太子，赦天下。每赦自殊死以下及謀反大逆諸不當得赦者，皆赦除之。命下，丞相御史復奏可，分遣丞相御史乘傳駕行郡國解囚徒，布詔書。郡國各分遣吏傳廄車馬行屬縣解囚徒。」

按：後條爲《大典》本所無。合二條觀之，漢法方略具。第《舊儀》言日食卽日下赦，而稽諸班、范二《書》各《紀》，文帝後四年、成帝河平元年、陽朔元年、元延元年、哀帝元壽元年、平帝元始元年、二年、世祖建武三年、七年、二十九年、三十一年、安帝元初元年、二年、四年、順帝永和五年、桓帝建和三年、永興二年、延熹八年、靈帝建甯元年、光和二年、獻帝初平四年有赦，餘皆無赦。則《舊儀》所言，亦不可拘也。《舊儀》稱卽位、改元、立后、建儲四者皆赦。而高、惠之赦並在卽位之前，景帝、武帝、和帝、冲帝卽位皆無赦。文帝後元、武帝元封、太初、征和、昭帝元年、宣帝神爵、甘露、黃龍、元帝建昭、竟寧、成帝鴻嘉、少帝光熹、昭寧、獻帝延康，改元皆無赦。高、惠、文、景及宣帝后許氏、王氏、元帝后王氏、成帝后許氏、哀帝后傅氏、世祖后陰氏，皆無赦。自後各帝立后，皆不書赦。惟靈帝后宋氏，蔡質所記有大赦，或范《紀》遺之也。文之立景，武之立昭，世祖之立明，皆無赦。明之立章，章之立和，和之立安，皆有賜而無赦。是《舊儀》所言四者之赦，亦不一律也。四者之外，如后臨朝，呂、鄧。大喪，太上皇、高帝、高后、平帝。帝冠，惠、和、安、桓、靈。郊，文十五、武元鼎五、天漢元、後元元、元初元四、永光元、建昭二、成建始二、永始四、獻建安。祀明堂，明永平二、章建初三、元和二、和永元五。臨雍，明永平八、和永元十四。封禪，武元封五、天漢三、太始四、世祖中元元。立廟，世祖建武三。巡狩，武元鼎二、明永平十五、章建初七、章和元。徙宮，昭元鳳二。定都，高五。從軍，高十一、武元封六、明永平八、十六、十七、章建初七、元和元、章和元、和永元元、八、安元初二、延光三、順永建五。克捷，高二、五、六、十一、武元朔六、元建昭四。年豐，明永平十。祥瑞，武元封二、四、六、太初二、宣本始元、地節二、元康元、神爵二、四、五鳳三、甘露二、明永平十七年、安延光三、桓建和元。災異，高后六、武元光四、元狩三、昭元鳳四、宣本始四、元初元二、三、永光二、四、成建始元、二、陽朔二、世祖建武五、二十二、三十一、和永元六、十一、安永初四、六、元初二、順永建五、陽嘉三、永和四、五、質本初元、桓建和元、和平元、永興元、二、永壽二、延熹四、靈熹平二、三、四、六、光和三、五。劭農，文二、景元、成陽朔四、明中元二。飲酎，和永元八。遇亂，靈中平元、獻初平三。以上之制，皆《舊儀》所未及者。其中亦多出於臨時之制詔，或前帝偶一施恩，後帝遂踵而行之，非盡經常之法，故《舊儀》不具也。至於大赦、特赦、別赦、曲赦、赦徒、赦亡命，事有輕重，恩有廣狹，亦多定於臨時，其制已無可考。《舊儀》一則曰自殊死以下，一則曰自殊死以下及謀反大逆不道諸不當得赦者皆赦除，此即爲大小之殊。《高紀》五年正月赦殊死以下，六月大赦，一年二赦，當有區分，殆即如《舊儀》之所言歟？《明紀》永平十五年大赦，其謀反大逆及諸不應宥者，皆赦除之。《章紀》元和二年，《順紀》陽嘉二年大赦同。又永平十六年，減繫囚死罪，謀反大逆不道不用此書。

《沖紀》建康元年，《桓紀》建和元年減死罪同。此又二者之顯然分别者也。餘詳分考述赦、赦例各篇，諸不具。

有司無得舉赦前往事　《哀紀》：「綏和二年六月，詔有司無得舉赦前往事。」

有司無得陳赦前事置奏上有不如詔書爲虧恩以不道論　《平紀》：「元壽二年，詔曰：『夫赦令者，將與天下更始，誠欲令百姓改行潔己，全其性命也。往者有司多舉奏赦前事，累增罪過，誅陷亡辜，殆非重信慎刑，洒心自新之意也。及選舉者，其歷職更事有名之士，則以爲難保，廢而勿舉，甚謬於赦小過舉賢才之義。諸有臧及內惡未發而薦舉者，皆勿案驗。令士厲精鄉進，不以小疵妨大材。自今以來，有司無得陳赦前事置奏上。顏注：置，立也。置奏上，謂立文奏而上陳也。上音時掌反。有不如詔書爲虧恩，以不道論。定著令，布告天下，使明知之。』」《輯證》云：「按《王尊傳》，御史丞劾奏尊妄詆欺非謗赦前事，猥歷奏大臣，無正法，飾成小過，以塗污宰相，摧辱公卿。《朱博傳》彭宣等劾奏：博宰相云云，知喜武前已蒙恩詔決，事更三赦，博執左道，虧損上〔恩〕云云，附下罔上，爲臣不忠不道。是陳赦前事爲虧恩不道，《漢律》必有此文，平帝特申令布告耳。」

按：杜氏據王尊諸《傳》謂《漢律》有此文，證以綏和二年之詔，其説自爲有本。而《平紀》稱定著爲令者，殆以選舉一節，舊法所無，故定著之歟？《武紀》元朔元年赦詔，辭訟在孝景後三年已前，皆勿聽治。《郭解傳》，少時陰賊感概，不快意，所殺甚衆。以軀藉友報仇，臧命作姦剽攻，休乃鑄錢掘冢，不可勝數。適有天幸，窘急常得脱，若遇赦。據此《紀》、《傳》所言，是凡所應得赦者，雖以殺人剽攻重大之獄，但在赦前皆勿治，乃漢舊法也。若杜周之更數赦而相告言，盡詆以不道，此酷吏所爲，多軼乎法律之外。武帝時風尚如此，可深慨也夫！

漢律摭遺卷十二

興律

按：《晉志》言李悝六篇皆罪名之制，蕭何益事律《興》、《廄》、《户》三篇，是此三篇者，事在其中，不僅罪名之制也。今采事之可考者亦編入，其先後則無例可仿，以有目者列於先，餘編於後。

上獄

謁問囚　《百官表》：「太始四年，江都侯靳石爲太常，坐爲謁問囚故太僕敬聲，亂尊卑，免。」《補注》：「沈欽韓曰：靳石以列侯修謁問囚，爲亂尊卑。」

殺囚　《百官表》：「元鳳五年，鉅鹿太守淮南朱壽少樂爲廷尉，坐侍中邢元下獄風吏殺元，棄市。」

按：「上獄」疑爲罪人在獄之法，無事可徵，姑列此二事於此。

考事報讞

遣覆考　《後書·周嘉傳》：「嘉高祖父燕，宣帝時爲郡決曹掾，太守欲枉殺人，燕諫不聽，遂殺囚而黜燕。因家守闕稱寃，詔遣覆考。」《江都王建傳》：「事發覺，漢遣丞相長史與江都相雜案。」《趙敬肅王傳》：「太子丹與其女弟及同産姊姦，江充告丹淫亂，又使人椎埋攻剽，爲姦甚衆。武帝遣使者發吏卒捕丹下魏郡詔獄，治罪至死。」《廣川王去傳》：「天子遣大鴻臚、丞相長史、御史丞、廷尉正雜治鉅鹿詔獄。」《常山王勃傳》：「天子遣大行騫驗問。」

按：尋常考事不得在《興律》，此必遣使赴郡國考事。《周嘉傳》及江都諸王《傳》並遣使往考者也。

論報　《張湯傳》：「訊鞫論報。」顔注：「論報，謂上論之而獲報也。」《義縱傳》：「是日，皆報殺四百餘人。」顔注：「奏請得報而論殺。」《王温舒傳》：「自河内至長安，奏行不過二日，得可事論報。」顔注：「天子可其奏而論決之。」

按：論報之法遣使與尋常同。此條「考事報讞」自當爲一事。

擅興徭役

擅興繇賦　《王子侯表》：「祚陽侯仁，坐擅興繇賦，削爵一級爲關内侯。」

按：削爵一級，較過律之免侯者爲輕。殆過律者常行役使，擅興者偶行賦役歟？

役使附落　《王子侯表》：「江陽侯仁，坐役使附落，免。」顔注：「有聚落來附者輒役使之，非法制也。」

按：役使有律，此殆以新附之人不依律而任意役使之免，則罪與過律同。

擅繇大樂令　《功臣表》：「陽平侯相夫，坐爲太常與大樂令中可當鄭舞人擅繇，闌出入關，免。」顔注：「擇可以爲鄭舞而擅從役使之，又闌出入關。」《百官表》：「陽平侯杜相爲太常，坐擅繇大樂令論。」

按：相夫爲杜恬之曾孫，《百官表》但稱杜相，疑脱「夫」字。又《百官表》無「闌出入關」之文，當與役使爲一事。舞人本太常所當擇，必其所擇者有關外之人，致有闌出入關之事。非當繇者，故曰擅也。其事亦因公，故罪止免侯。《地官》舞師舞徒四十人注：「舞徒，給徭役能舞者以爲之。」疏：「此官徒言舞者。徒是給繇役之人，今兼言舞，即徒中使能舞者以充徒數也。」疑漢之舞人亦若周制，皆給徒役者，方與擅繇之文合。又《大樂律》之舞人取諸六百石、五大夫之適子，猶之《周禮》有《地官》舞師之舞徒。而《春官》大胥掌學士之版，以待致諸子。鄭司農云，學士謂卿大夫諸子學舞者。其法正同也。漢法之本於周者甚多，此其一端。

乏徭

《食貨志》：「其後，衛青歲以數萬騎出擊匈奴，遂取河南地，築朔方。時又通西南夷道，作者數萬人，千里負擔餽饟，率十餘鍾致一石，散幣於邛僰以輯之。數歲而道不通，蠻夷因以數攻吏，吏發兵誅之。悉巴蜀租賦不足以更之，迺募豪民田南夷，入粟縣官，而內受錢於都內。東置滄海郡，人徒之費疑於南夷。興十餘萬人築衛朔方，轉漕甚遠，自山東咸被其勞，費數十百鉅萬，府庫並虛。迺募民能入奴婢得以終身復，爲郎增秩，及入羊爲郎，始於此。」

按：是時徭役闕乏，募入奴婢以充徭役也。

稽留

留外國書一月　《功臣表》：「成安侯韓延年，坐爲太常行大行令事留外國書一月，乏興，入穀贖，完爲城旦。」顔注：「當有所興發，因其遲留故闕乏。」「一月」《百官表》作「六月」。

按：此實稽留之罪，因稽留而闕乏，即以乏興科之。入穀贖而仍爲城旦，豈以事關外國而以重論歟？

詔書稽留　《後書·章紀》：「建初元年春正月，詔三州郡國：『方春東作，恐人稍受稟，往來煩劇，或妨耕農。其各實覈尤貧者，計所貸并與之。流人欲歸本者，郡縣其實稟，令足還到，聽過(上)〔止〕官亭，無雇舍宿。長吏親躬，無使貧弱遺脱，小吏豪右得容姦妄。詔書既下，無得稽留，刺史明加督察尤無狀者。』」《陽球傳》：「帝乃徙球爲衛尉。節敕尚書令召拜，不得稽留尺一。」

按：詔書事關民瘼者，多稽留則民受其害，衡情爲重，此云無得稽留，而稽留者如何處分，無可考。若陽球之不得稽留，固屬曹節之弄權，亦可見漢法之如此。《唐律》稽緩詔書條在《職制》。

烽燧

舉烽燔燧　《賈誼傳》：「斥候望烽燧不得卧。」注：文穎曰：「邊方備胡寇，作高土櫓，櫓上作桔皋，桔皋頭兜零，以薪草置其中，常低之，有寇卽火然舉之以相告，曰烽。又多積薪，寇至卽然之，以望其煙，曰燧。」張晏曰：「晝舉烽，夜燔燧也。」師古曰：「張説誤也。晝則燔燧，夜則舉烽。」《後書·光武紀》：「建武十二年，遣驃騎大將軍杜茂將衆郡施(行)〔刑〕屯北邊，修烽燧。」

按：《光武紀》注引《前書音義》「櫓」作「臺」，「桔皋頭」(上)〔下〕有「有」字，段末有「晝則燔燧，夜乃舉烽。《廣雅》曰，兜零，籠也。」十五字，而無「張晏語」。疑章懷所據本不同。唐有守備不設烽燧之律，亦本於漢者。

衞士給徭役　《周禮·天官》敍：「官徒百有二十人。」注：「此民給徭役者，若今衞士矣。」疏：「徒給使役。鄭云若今衞士者，衞士亦給徭役，故舉漢法説之。」《百官表》：「衞尉，秦官，掌宫門衞屯兵，屬官有衞士令、衞士三丞。」注：「《漢舊儀》云，衞尉寺在宫内。胡廣云，主宫闕之門内衞士，於周垣下爲區廬。區廬者，(亦)〔若〕今之仗宿屋矣。」《補注》：「宫門者，未央宫門也。先謙曰：衞士令見《藝文志》，亦秦官，省文稱之曰衞令。」《續志》：「衞士令一人，六百石，掌南北宫衞士丞各一人。」《武紀》：「建武元年，詔曰：『衞士轉置送迎二萬人，其省萬人。』」

按：漢之衞士，亦給徭役，此猶是兵民未分之制。《貢禹傳》又言諸離宫及長樂宫衞可減其大半，以寬徭役。可以見漢世諸宮之衞士，並力役之民，與後世不同。

勿繇　《高紀》：「擇鄉三老一人爲縣三老，與縣令丞尉以事相教，勿復繇戍。」《宣紀》：「地節四年，詔曰：『導民以孝，則天下順。今百姓或遭衰絰凶災，而吏繇事使不得葬，傷孝子之心，朕甚憐之。自今諸有大父母、父母喪者，勿繇事，使得收斂送終，盡其子道。』」《後書·陳忠傳》：「元初三年，有詔大臣得行三年喪，服闋還職。忠因此上言：『孝宣皇帝舊令，人從軍屯及給事縣官者，大父母死未滿三月，皆勿繇，令得葬送。請依此制。』太后從之。」

按：宣詔兼大父母、父母言，而《忠傳》但言大父母，似《忠傳》遺漏。有大父母不得無父母，同爲葬送之事，兼言之方備。未滿三月一語爲《宣紀》所無，可補其缺。此直免徭三月。漢時徭役繁多，此誠寬典。若後世役法既變，則此令爲無用矣。

擅發卒　《功臣表》：「軑嗣侯扶，元封元年，坐爲東海太守行過擅發卒爲衞，當斬，會赦免。」

按：《武紀》元封元年春正月，行(辜)〔幸〕緱氏，遂東巡海上。行過東海，扶因發卒爲衞，其情輕，故會赦得免。惟是年《紀》不言赦。《唐律》擅發兵在《擅興律》。

擅棄兵還　《功臣表》：「無錫侯多軍，坐與歸義趙文王將兵追反虜到弘農，擅棄兵還，贖罪免。」

按：唐《擅興律》有臨陣先退，而是侯所坐不甚相同。弘農距長安甚近，反虜不知在何方，恐係兵到弘農即棄之而歸，尚未與反虜相及也。其情事與不至期者爲近。

擅罷　《功臣表》：「祁嗣侯它，坐射擅罷，免。」顏注：「方大射而擅自罷出也。」《補注》：「先謙云：徐廣曰，『射』一作『酎』。」

按：大射之禮，漢世希聞，恐徐廣之一本爲是。漢時酎禮甚重，故擅罷卽免侯。《唐律・擅興律》有校閲違期，與大射擅罷之義合。

民不繇貲錢二十二 《說文》貝部：「貲，小罰以財自贖也。《漢律》，民不繇，貲錢二十三。」段注：「繇，傜古今字。『二十三』各本作『二十二』，今正。《漢儀注》曰，人年十五至五十六出賦錢，人百二十，爲一算。又七歲至十四出口錢，人二十，以供天子。至武帝時又口加三錢，以補車騎馬。見《昭紀》、《光武紀》二注及今《四庫全書》內《漢舊儀》。按《論衡・謝短篇》曰七歲頭錢二十三，亦謂此也。然則民不繇者，謂七歲至十四歲。貲錢二十三者，口錢二十併武帝所加三錢也。」

按：不繇與勿繇不同。勿繇者上之恩，不繇民之事。段氏引證詳明，王氏句讀亦取之。惟許訓貲爲小罰以財自贖，而此七歲至十四應出之賦乃常法，非罰贖也。不繇之貲，當別是一事。《周禮・載師》，凡民無職事者，出夫家之征。鄭注：夫稅者百畝之稅，家稅者出士從車輦給傜役。此卽不傜之稅。疑漢法亦如是也。

符節 《文紀》：「二年九月，初與郡(國)〔守〕爲銅虎符、竹使符。」注：應劭曰：「銅虎符第一至第五，國家當發兵遣使者，至郡合符，符合乃聽受之。竹使符皆以竹箭五枚，長五寸，鐫刻篆書，第一至第五。」張晏曰：「符以代古之圭璋，從簡易也。」師古曰：「與郡守爲符者，謂各分其半，右留京師，左以與之。」《春官・典瑞》：「珍圭以徵守，以恤凶荒。牙璋以起軍旅，以治兵守。」注：「杜子春云，珍當爲鎮，

《書》亦或爲鎮。以徵守者，以徵召守國諸侯，若今時徵郡守以竹使符也。鄭司農云，牙璋，瑑以爲牙。牙齒兵象，故以牙璋發兵，若今時以銅虎符發兵。」《説文》竹部：「符，信也。漢制，以竹長六寸，分而相合。」段曰：「許云六寸，《漢書》注作五寸，未知孰是？」

按：《唐律》不給發兵符在擅興令，故列於此。以符代圭璋，事趨簡易，而符合乃聽受，作僞亦較難，視古制爲善矣。

宮中諸官詔符　《地官・掌節》：「門關用符節。」注：「符節者，如今宮中諸官詔符也。」

宮門有符籍　《秋官・士師》「五禁」注：「今宮門有符籍。」一本作「簿籍」者誤。

按：宮中諸官詔符，其或未聞。宮門有符有籍，無籍者不得入宮門，有籍而無符者仍不得入宮門，則符爲要矣。

使者擁節　《地官・掌節》：「道路用旌節。」注：「旌節，今使者所擁節是也。」《玉藻》：「凡君召以三節。」注：「今漢使者擁節。疏：擁，持也。漢時使人召臣，持節召之也。」《春官・典〔瑞〕》「珍圭」注：「如今時使者持節矣。」《輯證》云：「《通典》八十四。魏劉劭皇后銘旌議：據《漢律》，使節稱漢，今魏使者亦稱魏。按據此可證，凡稱漢法者爲《漢律》。」

按：觀於劉劭之語，可知符節之事，《漢律》中載之必詳，興事之要者也。漢出使者無不持節，如汲黯持節發河内倉粟以振貧民，司馬相如建節略定西南夷，嚴助以節發兵會稽，終軍建節東出關，皆是。

節　《高紀》：「封皇帝璽符節。」注：師古曰：「節以毛爲之，上下相重，取象竹節，因以爲名，將命者持之以爲信。」《武紀》：「征和二年，更節加黄旄。」注：應劭曰：「時太子亦發節以戰，故加其上黄以别之。」《補注》：「錢大昭曰：《劉屈氂傳》，初漢節純赤，以太子持赤節，故更爲黄旄加上以别之。」《後書・光武紀》：「更始元年，持節北度河。」注：「節所以爲信也。以竹爲之，柄長八尺，以旄牛尾爲其眊三重。馮衍與田邑書曰：『今以一節〔之〕任，（運）〔建〕三軍之威，豈特寵其八尺之竹，犛牛之尾哉！』」

印章　《地官・掌節》：「貨賄用璽節。」注：「璽節者，今印章也。」

按：印章亦符節之類，所以徵信者也，故列於符節之後。

築長安城　《史記・吕后紀》：「三年，方築長安城，四年就半，五年、六年成就。」索隱：「按《漢宫闕疏》，四年築東面，五年築北面。」《將相名臣年表》：「孝惠元年，始作長安城西北方。三年，初作長安城。」《漢書・惠紀》：「元年春正月，城長安。」《補注》：「齊召南曰：胡三省云，漢都長安，蕭何雖治宫室，未暇築城，帝始築之，至五年始成。召南按《功臣表》，城及宫殿，皆少府陽城延所作。何梓曰，高帝六年，令天下縣邑城，至惠帝元年乃城長安。先使百姓有所保聚，而後規拓京師，後世所不及也。」「三年春，發長安六百里内男女十四萬六千人城長安，三十日罷。」注：鄭氏曰：「城一面，故速罷。六月，發諸侯王、列侯徒隸二萬人城長安。」《補注》：「何焯曰：諸侯遠近地異，故豫以六月發之，使各及期而至，其築城仍在春正月。五年春正月，復發長安六百里内男女十四萬五千人城長安，三十日罷。九月，長安城成。」

按：興築關於役民，興事之重要者也。漢初大興築，如蕭何築宮室之事，皆無可紀。惟城長安四年乃畢工，據《史記》。使民有敍，實可爲後世法。其不欲勞民之意，卽寓於勞民之中，故特載之。《史記·高后紀》言三年方城，而《將相表》則云元年始城西北方，與《漢紀》合。《漢宮闕疏》四年築東面，五年築北面，而《漢紀》四年不書築城之事，或當如何氏之説，先於三年徵發，四年春正月乃就工也。惟《史記》言六年成就，而《漢紀》五年書九月城成，則年分差異耳。

漢律摭遺卷十三

廄律

《晉志》:「秦世舊有廄置、乘傳、副車、食厨，漢初承秦不改，後以費廣稍省，故後漢但設騎置而無車馬，律猶著其文，則爲虚設，故除《廄律》，取其可用合科者，以爲《郵驛令》。」

按：秦始皇併六國後，二十七年，巡視，治馳道。馳道，天子道也。《賈山傳》:「秦爲馳道於天下，東窮燕齊，南極吴楚，江湖之上，濱海之觀畢至。道廣五十步，三丈而樹，厚築其外，隱以金椎，樹以青松。」其侈也如此，故廄置中有後車食厨之制。漢承秦後，高帝經營天下，日不暇給。惠帝無出巡之事。文帝三年，幸甘泉，之高奴，幸太原，欲自擊匈奴也。十一年，幸代。十五年，幸雍，始郊見五帝，惑於公孫臣之説也。後二年，幸雍。三年，幸代。四年，幸雍。五年，幸雍，幸代。未嘗遠出也。景帝僅一幸雍而已。武帝元光、元狩之間，尚止幸雍。元鼎元年，得鼎汾水上，自是幸汾陰，幸熒陽，至洛陽。次年，又踰隴，登空同，西臨祖(厲)〔厲〕河。元封元年，封禪，登崇高，登泰山，自泰山東巡海上至碣石，自遼西歷北邊九原歸於甘泉。四年，通回中道，北出蕭關，歷獨鹿、鳴澤，自代而還，幸河東。五年，南巡狩至於(咸)〔盛〕唐，登灊天柱山，自尋陽浮江，親射蛟江中，獲之。舳艫千里，薄樅陽而出，遂北至琅邪，並海，還至泰山，增封。還幸甘泉。自後河東、泰山幾無一歲不至，其巡幸幾與始皇埒，而廄事遂繁。元封元年之役，東度河，河東守不意行至，不辦，自殺。行西踰隴，卒、從官不得食，隴西守自殺。於是郡國皆豫治道，修繕故宮，及當馳道縣，縣治宮儲，設共具而望幸。見《食貨志》。而天下騷然矣。東漢廄無車馬，事歸省約。章帝嘗詔車駕皆精騎輕行，無它輜重；不得輒修橋道，遠離城郭遣吏逢迎，刺探起居，出入前後，以爲煩擾；動務省約。誦此詔語，與武帝之舳艫千里者，其得失爲何如哉！

廄　《百官表》：「太僕，秦官，掌輿馬，有兩丞。屬官有大廄、未央、家馬三令，各五丞一尉。顏注：家馬者，主供天子私用，非大祀戎事軍國所須，故謂之家馬也。《補注》先謙曰：大廄丞見《咸宣傳》。未央廄令見《霍光》、《外戚傳》。家馬官見《地理志》。案大廄、未央、家馬及下路軨、騎馬、駿馬共爲六廄也。又車府、路軨、騎馬、駿馬四令丞。注：伏儼曰：主乘輿路車，又主凡小車。軨，今之小馬車曲輿也。師古曰：軨音零。《補注》先謙曰：車府令，秦官，見《始皇紀》，又見《藝文志》。騎馬令，見《嚴安傳》。駿馬監，見《傅介子傳》。又龍馬、閑駒、橐泉、騊駼、承華五監長丞。注：如淳曰：橐泉廄在橐泉宮下。師古曰：閑，闌，養馬之所也，故曰閑駒。《補注》沈欽韓曰：《黃圖》，大宛廄在長安城外。疑此之龍馬監也。先謙曰：《續志》劉注引《古今注》云，漢安元年，置承華廄令，秩六百石。尚存承華之名耳。又邊郡六牧師菀令，各三丞。又牧橐、昆蹏令丞。注：應劭曰：橐，橐佗。昆蹏，好馬名也。如淳曰：《爾雅》曰：「昆蹏研，善升甗」者也，因以爲廄名。師古曰：牧橐，言牧養橐佗也。昆，獸名也。蹏研者，謂其蹏下平也。善升甗者，謂山形如甑，而能升之也。《補注》沈欽韓曰：郭注昆蹄之如研，而健上山。秦時有騠蹄苑。《釋文》引舍人云，騠蹄者，溷蹄也。劭晉涵曰：應說是。皆屬焉。中太僕掌皇太后輿馬，不常置也。武帝太初元年，更名家馬曰挏馬，初置路軨。」《續志》：「未央廄令一人，六百石。」本注曰：「主乘輿及廄中諸馬。」「長樂廄丞一人。右屬太僕。」本注曰：「舊有六廄，皆六百石令。注：《前書》曰，有大廄、未央、家馬三令，各五丞一尉。又車府、路軨、騎馬、駿馬四令丞。晉灼曰，六廄名也，主馬萬匹。中興省約，但置一廄。後置左駿令廄，別主乘輿御馬，後或並省。又有牧師苑，皆令官，主養馬，分在河西六郡界中，中興皆省。唯漢陽有流馬苑，但以羽林郎監領。」

按：廄亦事律也，自以廄事爲主，今備録二《志》之文。至六廄、九廄之分別，另詳於後。

六廄　《漢舊儀》：「天子六廄：未央廄，承華廄，騊駼廄，路軨廄，騎馬廄，大廄。馬皆萬匹。」《三輔黄圖》：六。「《漢官儀》曰，未央宮六廄、長樂、承華等廄，令皆秩六百石。」《後書·和紀》注引未央宮六廄作「未央大廄」。

按：《續志》云舊有六廄，是六廄爲西漢舊制，其名見於《舊儀》。今以《漢表》核之，《表》言大廄、未央、家馬三令丞，車府、路軨、騎馬、駿馬四令丞，晉灼以此爲六廄名，然其數實七。《補注》六廄不數車府，未知何據？《舊儀》六廄無家馬、車府、駿馬，有承華、騊駼。承華、騊駼《表》在五監長丞之内，其職視七令丞爲次，似不得在六廄之列。路軨置於太初元年，是太初以前之六廄當以大廄、未央、家馬、車府、騎馬、駿馬爲是。武帝增路軨而仍稱六廄者，太初元年改家馬爲挏馬。應劭曰：主乳馬，取其汁挏治之，味酢可飲，因以名官。如淳曰：主乳馬，以韋革爲夾兜，受數斗，盛馬乳，挏取其上肥，因名曰挏馬。《禮樂志》，丞相孔光奏省樂官七十二人，給大官挏馬酒。今梁州亦名馬酪爲馬酒。晉灼曰：挏，音挺挏之挏。師古曰：晉音是也。挏，徒孔反。《説文》：挏，推引也。漢有挏馬官，作馬酒。參《説文》及如淳之説，疑太初改家馬爲挏馬，專主馬酒之事，而又置路軨以足六廄之數。然則西漢之六廄：大廄也，未央也，車府也，路軨也，騎馬也，駿馬也。《表》本無六廄之稱，六廄爲周制，天子之廄也。

九廄　《三輔黄圖》：「未央大廄在長安故城中。金華殿廄，翠華廄，大輅廄，果馬廄，騎馬廄，大宛廄，軛梁廄，胡河廄，騊駼廄，凡廄九，皆在長安城內。」

按此據平津館宋本《魏漢叢書》本，未央大廄下有「在長安故城中」六字。又有《漢官儀》一節，「長安城內」皆作「長安城外」，與宋本不同。《通典》，太僕，漢初夏侯嬰常爲之，領五監六廄。是六廄五監，漢初已有此制。《漢表》七令丞五監，除路軨爲太初所增，適符六廄五監之數，實不止於九也。「未央大廄」《表》分爲二，而此併爲一。餘八廄，惟騎馬爲舊稱，騊駼本在五監，大苑當卽龍馬。餘五廄他未見，無以證之。

平樂廄　《傅介子傳》：「至元鳳中，介子以駿馬監求使大宛。還奏事，詔拜介子爲中郎。遷平樂廄監。」

按：《百官表》駿馬有令丞而無監。介子由駿馬監拜中郎，又由中郎而遷平樂廄監，中郎秩六百石，廄令亦六百石，廄監當在廄令之次，是監之位次在中郎之右，不應由廄監而拜中郎，由中郎而又遷廄監。疑駿馬監乃駿馬丞之誤，丞位次在令長之下，故奉使歸而拜爲中郎也。

栘中廄　《蘇武傳》：「稍遷，至栘中廄監。」《昭紀》：「始元六年，栘中監蘇武。」注：蘇林曰：「（移）〔栘〕音（栘）〔移〕，廄名也。」應劭曰：「栘，地名。監，其官也，掌鞍馬鷹犬射獵之具。」如淳曰：「栘，《爾雅》『唐棣，栘也。』（移）〔栘〕園之中有馬廄也。」師古曰：「蘇音、如說是。」

按：栘中廄監與平樂觀監皆不在五監之數。《補注》謂不入《百官表》，未知何故？本按：此疑是上林之六廄。說詳下。

上林六廄　《百官表》：「水衡都尉，屬官有六廄令丞。」顔注：「《漢舊儀》云，天子六廄，未央、承華、騊駼、騎馬、輅軨、大廄也，馬皆萬匹。據此《表》，太僕屬官以有大廄、未央、輅軨、騎馬、騊駼、承華，而水衡又云六廄技巧官，是則技巧之徒供六廄者，其官則屬水衡也。」《補注》：「劉攽曰：《表》敍水衡九屬官，技巧、六廄各一物也。後省技巧、六廄，顔遂謂此都是一官，非矣。蓋上林自有六廄，一令丞主之，後六廄等〔各〕別有官，非此六廄也。」

按：六廄爲九官之一，自以劉說爲是。惟廄既有六，必非一處。上林苑有平樂觀，疑《傳介子傳》之平樂廄屬平樂觀，猶之上林有霸昌觀，而有霸昌觀馬廄也。然則霸昌，漢舊廄。平樂及蘇武之栘中，或爲上林六廄之一，令丞總主六廄，而各廄仍各有監主其事也。

霸昌廄　《史記·梁孝王世家》：「於是遣田叔、呂季主往治〔之〕。來（遷）〔還〕，至霸昌廄。」正義：「《括地志》云，漢霸昌廄在雍州萬年縣東北三十八里。」《王莽傳》：「司徒尋初發長安，宿霸昌廄。」顔注：「霸昌觀之廄也。」《黄圖》：「霸昌觀馬廄在長安城外。」

按：田叔治梁事在景帝時，則霸昌廄，漢之舊廄也。

都廄　《惠紀》：「三年七月，都廄災。」《黄圖》：「都廄，天子車馬所在。中廄，皇后車馬所在。」

按：都廄、中廄疑卽指天子六廄，而言非别有二廄。

路軨廄　《黄圖》：「路軨廄，在未央宫，掌宫中輿馬，亦曰未央廄。」

按：「路軨」亦作「輅軨」，與未央各爲六廄之一，不得以路軨爲未央。或曰，亦曰未央廄謂未央宫之廄，以别上林之廄。《上官皇后傳》，祖父桀，少時爲羽林期門郎，遷未央廄令。未央廄自有令，與《表》合。

交道廄　《谷永傳》：「敕過交道廄者勿追。」注：晉灼曰：「交道廄去長安六十里，近延陵。」

按：交道廄似亦漢舊廄。

濯龍廄　《文選》赭白馬賦：「處以濯龍之奥。」注：「《盧植集》曰，詔給濯龍廄馬三百匹。銑曰，濯龍内廄名。」

按：濯龍，他未見。

太子廄　《百官表》：「詹事，屬官有（府）〔廚〕廄長丞。」《補注》：「（府）〔廚〕廄長丞見《王莽傳》。」《續志》：「太子廄長一人，四百石。」本注曰：「主車馬。」

按：府、廄當是二官。《續志》有廄無府，蓋中興省之。

長樂廄　《續志》：「長樂廄丞一人。」《漢官儀》：「未央大廄、長樂、承華等廄，令皆秩六百石。」

按：長樂廏丞，《百官表》無此官，疑東京所設。《陳留風俗傳》，陵樹縣北有大澤，名曰長樂廏。未知即其地否？

左駿令廏　見《續志》。詳上。

按：《志》「後或省并」，或不列入官名，置與省均不詳在何時。

承華廏　《後書·順紀》：「漢安元年七月，始置承華廏。」注：「《東觀記》曰，時以遠近獻馬衆多，園廏充滿，始置承華廏，令秩六百石。」

按：此非西京之承華廏，或采用舊名，或別有所取，無考。《續〔志〕》注引《古今注》事與此同。

騄驥廏　《靈紀》：「光和四年春正月，初置騄驥廏丞，領受郡國調（發）〔馬〕注：調謂徵發也。豪右辜榷，馬一匹至二百萬。」注：「《前書音義》曰，辜，障也。榷，專也。謂障餘人賣買而自取其利。」

按：此廏與承華廏並是後來增置，《續志》不收，未詳其故。馬價每匹至二百萬，視武帝時之牡馬平價二十萬者，十倍矣。辜榷至此，閹奄之龍斷可知，亦當日秕政之一也。

牧師苑　見《百官表》及《續志》。詳上。又《漢舊儀》：「太僕，牧師諸苑三十六所，分布北邊、西邊。以郎爲苑監，官奴婢三萬人，分養馬三十萬頭，擇聚教習，給六廏；牛羊無數，以給犧牲。」《漢官儀》略同。

按：《表》言六牧師苑，而《舊儀》云三十六所，《續志》言分在河西六郡，而《舊儀》云分置西、北邊，均不相符。

流馬苑　見《續志》。詳上。

苜蓿苑　《續志》「太僕」注：「《漢官》曰，苜蓿苑官田所一人守之。」《西域傳》：「大宛左右以蒲陶爲酒，富人藏酒至萬餘石。俗耆酒，馬耆目宿。宛王蟬封與漢約，歲獻天馬二匹。漢使采蒲陶、目宿種歸。天子以天馬多，又外國使來衆，益種蒲陶、目宿離宮館旁，極望焉。」顏注：「今北道諸州舊安定、北地之境往往有目宿者，皆漢時所種也。」

按：目宿苑之設，以天馬耆之也。此西京之制，東京已省。

廏置　《史記·田横傳》：「田横乃與其客二人乘傳詣雒陽，未至三十里，至尸鄉廏置。」集解：「瓚曰：廏置，置馬以傳驛也。」

按：《廏律》廏事之外，以傳事爲重，故以傳事次於廏事之後。廏置，秦法，見前《廏律》條。《田横傳》尚曰廏置，似漢本仍秦舊，文帝稱傳置，似已改矣。

傳置　《史記·文紀》：「二年，上曰：『朕既不能遠德，故憪然念外人之有(罪)〔非〕，是以設備未息。今縱不能罷邊屯戍，而又飭兵厚衛，其罷衛將軍軍。太僕見馬遺財足，餘皆以給傳置。』」索隱：「按《廣雅》云，置，驛也。《續漢書》云，驛馬三十里一置。故樂産亦云傳置一也。言乘傳者以傳次受名，乘置者以馬取匹。傳音丁戀反。如淳云，律，四馬高足爲傳置，四馬中足爲馳置，下足爲乘置，一馬二馬爲軺置。如置急者乘一馬曰乘也。」《漢書·文紀》注：「置者，置傳驛之所，因名置也。」《補注》：「宋祁曰：傳，傳舍。置，廏置。」

按：索隱所引如説與《平紀》所引文不盡同，改「傳」爲「置」，未知其所據何本？《史記·田横傳》集解引如淳曰，四馬下足爲乘傳，與《平紀》文同，恐《漢書》注是也。秦曰廄置，漢曰傳置，疑漢初已改，《田横傳》之廄置，尚承秦之名也。

傳　《高紀》：「五年，横田横。懼，乘傳詣雒陽。」注：如淳曰：「律，四馬高足爲置傳，四馬中足爲馳傳，四馬下足爲乘傳，一馬二馬爲軺傳。急者乘一乘傳。」師古曰：「傳者，若今之驛。古者以車，謂之傳車，其後又單置馬，謂之驛騎。」《文紀》：「十二年，除關無用傳。」注：張晏曰：「傳，信也，若今過所也。」如淳曰：「兩行書繒帛，分持其一，出入關，合之乃得過，謂之傳也。」李奇曰：「傳，棨也。」師古曰：「張説是也。古者或用棨，或用繒帛。棨者，刻木爲合符也。傳音張戀反。」《補注》：「沈欽韓曰：《周官·司關》注：傳如今移過所文書。《釋名》：示，示也。過所至關津以示之也。如云兩行書繒帛者，乃《小宰》『質劑』鄭注所云兩書一札，同而別之，今之券書。《釋名》：莂，別也。大書札中破別之也。此又同《周官》之傳。別以帛書，故《終軍傳》謂之繻，今謂之路引。」《景紀》：「四年，復置諸關，用傳出入。」注：應劭曰：「以七國新反，用備非常。」《司關》賈疏：「別有過所文書，若下文節傳，當載人年幾及物多少，至關至門，皆別寫一通，入關家門家，乃案勘而過。」

按：文帝除關無用傳，即景帝詔所云通關梁不異遠方也。七國反而諸關復設，不得不用傳，亦事勢使然。後惟宣帝時詔載穀入關者，得毋用傳。

乘傳騎驛而使者　《秋官·行夫》：「掌邦國傳遽之小事。」注：「傳遽，若今時乘傳騎驛而使者也。」

按：使者乘傳騎驛，古制已然，後世亦不能廢。「騎驛」疑當作「驛騎」，丙吉、陳湯二《傳》並稱「驛騎」。

軺傳置傳馳傳乘傳　《平紀》：「元始五年，〔徵〕天下通知逸經、古記、天文、曆算、鍾律、小學、史篇、方術、本草及以《五經》、《論語》、《孝經》、《爾雅》教授者，在所爲駕一封軺傳，遣詣京師。」注：如淳曰：「律，諸當乘傳及發駕置傳者，皆持尺五寸木傳信，封以御史大夫印章。其乘傳參封之。參，三也。有期會累封兩端，端各兩封，凡四也。乘置馳傳五封也，兩端各二，中央一也。軺傳兩馬再封之，一馬一封也。」師古曰：「以一馬駕軺車而乘傳。」《補注》：「沈欽韓曰：《漢舊儀》，丞相掾屬以詔使案事，御史爲駕一封。行赦令，駕二封。姚鼐曰，如引律，以《高紀》注所引律合之：此所云五封者，即彼所引四馬高足爲置傳也，如《劉屈氂傳》長史乘疾置是也。所云四封者，中足爲馳傳也。所云三封者，下足爲乘傳也。以緩急別用馬之上下，此三等乃出使者及吏二千石所乘，故當用御史大夫印封也。若軺傳乘者，事輕，所在爲駕，固不必是御史大夫印矣。如梅福從縣道(告)〔求〕假軺傳，司隸從事爲申屠蟠封傳是也。然則後世有以使臣出當名乘傳而稱軺傳者，乃是誤也。至《漢律》所云當乘傳，謂其爵位使命當乘也。發駕置傳，謂其爵位非應乘傳，特發傳以往迎其人也。《儒林傳》以安車駕駟迎申公，弟子二人乘軺傳。案申公所乘，則所云發者歟？《說文》：棨，傳信也。此卽如淳所云尺五寸木。」《漢舊儀》：「丞相刺史(掌)〔常〕以秋分行部，御史爲駕四封乘傳。」《續漢書・輿服志》：「驛馬三十里一置，卒皆赤幘絳轓。」

按：漢世設傳之制，諸書言之已詳。如淳言傳者四名，而史傳中但有乘傳、軺傳之文，蓋他處所言乘傳，乃乘坐傳車之謂，非律之所言乘傳也。軺傳所乘當是軺車。《平紀》：「又詔光禄大夫劉歆等雜定婚禮。四輔、公卿、大夫、博士、郎、吏家屬皆以禮娶，親迎立軺併馬。」注：服虔曰：「軺音謡，立乘小車也。併馬，驪駕也。」《説文》：「軺，小車也。以招切。」王注：「《史記·季布傳》軺車。索隱：案謂輕車一馬車也。《曲禮》坐安車注：安車，坐乘，若今小車也。」按：軺車有一馬者，有兩馬者，如淳所謂兩馬再封，一馬一封也。《季布傳》朱家迺乘軺車之洛陽，乃言其乘小車耳，難定其爲一馬兩馬。若《平紀》之一封軺傳，方是一馬車。安車坐乘，軺車立乘，傳置所用，恐皆是立乘。但叀小而便者，亦難定其爲安車。朱家之洛陽，不必乘安車也。馬總《意林》引《傅子》曰，漢世賤軺車，而今貴之。此言恐亦非實。王莽方以爲婚禮所用，曷嘗賤之哉。《儀禮·既夕》「齊三采無貝」注：「左右面各有前後，齊居柳之中央，若今小車蓋上蕤矣。」疏：「漢時小車蓋上有蕤，在蓋之中央。」《春官·巾車》「皆有容蓋」注：「蓋如今小車蓋也。」疏：「凡蓋所以表尊，亦所以禦雨。」又「有握」注：「有握則此無蓋矣，如今輧車是也。」疏：「漢法，輧車無蓋，故舉以況之。」據此，則小車有蓋方以表尊，《傅子》之言，或魏晉之事。

大使車小使車　《續輿服志》：「大使車，立乘，駕駟，赤帷。持節者，重導從：賊曹車、斧車、督車、功曹車皆兩；大車，伍百璅弩十二人；辟車四人；《周禮·滌狼氏》干寶注曰：「个卒辟車之屬。」從車四乘。無節，單導從，減半。小使車，不立乘，有騑，赤屏泥油，重絳帷。導無斧車。近小使車，蘭輿赤轂，(自)〔白〕蓋赤帷。從騶騎四十人。此謂追捕考案，有所敕取者之所乘也。諸使車皆朱班輪，四輻，赤衡軛。」

按：《晉志》言東漢設騎置而無車馬，而《續志》有大使車、小使車，駕駟，有騑，又有騶騎，是非無車馬。豈《晉志》所言爲漢末之制歟？小使車不立乘，殆以追捕罪人，有不能一概立乘之勢，然不得謂是安車。《志》既不言是軺車，恐是別一等小車，與安車之坐乘者殊也。

載穀入關得無用傳　《宣紀》：「本始四年春正月，詔曰：『蓋聞農者興德之本也，今歲不登，已遣使者振貸困乏。其令太官損膳省宰，樂府減樂人，使歸就農業。丞相以下至都官令丞上書入穀，輸長安倉，助貸貧民。民以車船載穀入關者，得毋用傳。』」顏注：「傳，傳符也。欲穀之多，故不問其出入也。」

按：景帝以後關無用傳惟此一事。

繻　《終軍傳》：「初，軍從濟南當詣博士，步入關，關吏予軍繻。軍問：『以此何爲？』吏曰：『爲復傳，還當以合符。』軍曰：『大丈夫西遊，終不復傳還。』棄繻而去。」注：張晏曰：「繻音須。繻，符也。書帛裂而分之，若券契矣。」蘇林曰：「繻，帛邊也。舊關出入皆以傳。傳煩，因裂繻頭合以爲符信也。」師古曰：「復，返也。謂返出關更以爲傳。」

按：此即過所文書。漢本用木，其改用帛者，取其便易也。終軍入關不用繻，詣博士者，與計偕也。

長檄　《後書・安紀》：「永初元年十一月，敕司隸校尉、冀并二州刺史：『民訛言相驚，棄捐舊居，老弱相攜，窮困道路。其各敕所部長吏，躬親曉諭。若欲歸本郡，在所爲封長檄，不欲勿强。』」注：「封謂印封之也。長檄猶今長牒也。欲歸者，皆給以長牒爲驗。」

按：此於傳符之外别作此文書者，殆以流民所在不必皆有關，故别爲此長檄以爲驗也。

無因郵奏　《後書・光武紀》：「中元二年，『刺史、二千石長吏皆無離城郭，無遣吏及因郵奏。』」注：「《説文》曰：郵，境上行書舍也。」

按：此蓋以戒紛擾也。

郵行有程　《地官・掌節》：「皆有期以反節。」注：「將送者，執此節以送行者，皆以道里日時課，如今郵行有程矣。以防容姦，擅有所通也。」《漢舊儀》：「奉璽書使者乘馳傳。其驛騎也，三騎行，晝夜行千里爲程。」《漢官儀》亦有此文。

按：郵行有一定之程，律内當有明文。唐有驛使稽程，在《職制律》，本於漢也。

養馬　《食貨志》：「天子爲伐胡，盛養馬。馬之往來食長安者數萬匹，顔注：食讀曰飤。卒掌者關中不足，迺調旁近郡。」

馬母　《食貨志》：「新秦中或千里無亭徼，於是誅北地太守以下。而令民得畜邊縣，官假馬母，三歲而歸，及息什一，以除告緡，用充入新秦中。」

亭母馬　《食貨志》：「車騎馬乏，縣官錢少，買馬難得，迺著令，令封君以下至三百吏以上差出牡馬天下亭，亭有畜字馬，歲課息。」《補注》：「錢大昭曰：『牡』當作『牝』。」

罷亭母馬　《昭紀》：「元始五年夏，罷天下亭母馬。」

按：武帝時征胡之師屢出，馬死亡者多，於是行母馬之法。《王子侯表》：平侯遂，坐知人盜官母馬爲臧，會赦，猶復作。其法可謂嚴矣。昭帝罷之，息民之一端也。

籍民馬　《武紀》：「太初二年五月，籍民馬補車騎馬。」顔注：「籍者，總入籍録而取之。」《補注》：「何焯曰：此籍馬可伐宛也。」

按：籍馬尤爲苛政。武帝之失德，不在好大喜功，而在徇私縱欲也。

馬口錢　《昭紀》：「元鳳二年六月，詔曰：『朕閔百姓未贍，前年減漕三百萬石，頗省乘輿馬及苑馬，以補邊郡三輔傳馬。其令郡國毋斂今年馬口錢。』」注：文穎曰：「往年有馬口出歛錢，今省。」如淳曰：「所謂租及六畜也。」《補注》：「沈欽韓曰：武帝令亭畜馬，故歛民出錢爲市直芻秣費也。」

按：馬口錢當卽四年如淳之三錢者，武帝加口錢以補車騎馬者也。加口錢以補馬，故亦謂之爲馬口錢。文穎之注尚不明確。如注云租及六畜，是謂民之有馬者稅之，實與詔文之意不合。詔謂省乘輿馬、苑馬以補傳馬，則馬不必再有口錢以補之，故可以毋歛此錢。至亭畜馬，歸民自畜，三年而歸息，與馬口錢之事無涉，並非令民畜馬，而又別出芻秣之費，沈說亦非。唯馬口錢加入口賦之内，是年所免者，僅此三錢，其口賦二十錢仍須出也。餘詳下條。

口賦　《昭紀》：「元鳳四年正月，毋收四年、五年口賦。」注：如淳曰：「《漢儀注》民年七歲至十四出口賦錢，人二十三。二十錢以食天子，其三錢者，武帝加口錢以補車騎馬。」「元平元年，詔曰：『天下以農桑爲本。日者省用，罷不急官，減外繇，耕桑者益衆，而百姓未能家給，朕甚愍焉。其減口賦錢。』有司奏請減什三，上許之。」《貢禹傳》：「禹上言：『古民無賦算口錢，起武帝征伐四夷，重賦於民，民産子三歲則出口錢，故民重困，至於生子輒殺，甚可悲痛。宜令兒七歲去齒乃出口錢，年二十乃算。』天子下其議，令民産子七歲出口錢，自此始。」

按：馬口錢加入口賦之内爲武帝苛政之一，終漢世行之者也。昭帝一免二年，一減什三，宣帝亦常減之，當時必有議口錢之非者。元帝因貢禹之言而增三歲爲七歲，民乃得稍寬焉。《御覽》：一百五十七。「《零陵先賢傳》曰：鄭産，泉陵人，爲白土嗇夫。漢末産子一歲輒出口錢，民多不舉，産乃勅民勿得殺子，口錢自當代出。因名其鄉曰更生鄉。」然武帝增三歲出口錢，乃云一歲輒出口錢，恐非其實。

馬給傳置　《文紀》：「二年，詔太僕（見）馬遺財足，餘皆以給傳置。」

禁食馬粟　《景紀》：「後二年，以歲不登，禁内郡食馬粟，没入之。」顔注：「食讀曰飤。没入者，没入其馬。」

罷苑馬　《武紀》：「建元元年，罷苑馬，以賜貧民。」顔注：「養馬之苑，舊禁百姓不得芻牧采樵，今罷之。」

勿出馬　《昭紀》：「始元四年，詔曰：『比歲不登，民匱於食，流庸未盡還。往時令民共出馬，其止勿出。諸給中都官者，且滅之。』」

省乘輿馬苑馬補傳馬　《昭紀》：「元鳳二年，詔曰：『朕閔百姓未贍，前年減漕三百萬石，頗省乘輿馬及苑馬，以補邊郡、三輔傳馬。注張晏曰：驛馬也。其令郡國毋斂今年馬口錢。』」

罷中牟苑　《昭紀》：「元鳳三年，罷中牟苑，賦貧民。」

省苑馬減穀食馬　《元紀》：「初元元年六月，省苑馬。八月，太僕減穀食馬。」

減乘輿廄馬　《成紀》：「建始二年，減乘輿廄馬。」

減廄馬苑馬　《和紀》：「永元五年，詔有司省減内外廄及涼州諸苑馬。」

廄馬減半食　《安紀》：「永初元年，詔廄馬非乘輿常所御者，皆減半食。」

廄馬給軍　《靈紀》：「中平元年，詔廄馬非郊祭之用，悉出給軍。」

按：以上各條，並廄馬之寬政。惟靈帝以黄巾大起，始頒此詔，蓋以軍事方興，郡國馬不足，出廄馬以給之，乃迫于勢之不得不然者也。

諸關用傳出入　詳前。

按：關譏而不征，古法也，文帝除之，而景帝復之。其出入之無傳，即唐《衛禁律》之私度關、越度緣邊關塞諸條也。

胡市吏民不得持兵器及鐵出關雖於京師市買其法一也　《汲黯傳》：「從渾邪王至，賈人與市者，坐當死五百餘人。黯入請間云云：渾邪帥數萬之衆來，虛府庫賞賜，發良民侍養，若奉驕子。愚民安知市買長安中而文吏繩以爲闌出財物如邊關乎？」注：應劭曰：「闌，妄也。律，胡市，吏民不得持兵器及鐵出關。雖於京師市買，其法一也。」臣瓚曰：「無符傳出入爲闌也。」

按：兵器與鐵禁止賣與胡人，故雖在京師市買，其法不能少異，其事同也。惟愚民無知，坐死者至五百餘人之多，亦應略分差等，當時一概論死，黯請之而上弗許，過矣。

馬高五尺九寸以上齒未平不得出關　《景紀》：「中四年，御史大夫綰奏：禁馬高五尺九寸以上齒未平不得出關。」注：服虔曰：「綰，衞綰也。馬十歲齒不平。」《補注》：「蘇輿曰：《史記·平準書》益造苑馬以廣用，故綰有此奏。」

罷馬弩關　《昭紀》：「始元五年夏，罷天下亭母馬及馬弩關。」注：應劭曰：「武帝又作馬上弩機關。」孟康曰：「舊馬高五尺六尺齒未平、弩十石以上皆不得出關，今不禁也。」師古曰：「孟説是。」《補注》：「沈欽韓曰：《新書·壹通篇》禁游宦諸侯及無得出馬關者。豈不曰諸侯國衆車騎則力益多。案馬不出關之制，漢初已有也。」

按：禁馬出關之制，由御史大夫奏定，自非漢初已有其事，在七國既反之後。似禁馬出關，全從軍事上起見，關兼內地之關言。自諸侯王行分封子弟之制，而諸侯日弱，無變事可慮，故昭帝罷之，若邊關則仍在當禁之列。

買塞外禁物　《功臣表》：「宋子嗣侯九，坐寄使匈奴買塞外禁物，免。」

按：越關買禁物法止免侯，而賣禁物于胡人者罪重至死，利害不同也。

内珠入於關者死　《列女傳·珠崖二義傳》：「二義者，珠崖令之後妻及前妻之女也。女名初，年十三。珠崖多珠，繼母連大珠以爲繫臂。及令死，當送喪，法内珠入於關者死，繼母棄其繫臂珠。其子男年九歲，好而取之，置之母鏡奩中，皆莫之知。遂奉喪歸，至海關，關侯士吏搜索得珠十枚於繼母鏡奩中。吏曰：『嘻，此值法無可奈何？誰當坐者？』初乃曰：『初當坐之。』繼母聞之，乃因謂吏曰：『此珠妾之繫臂也，妾當坐之。』初因曰：『實初取之。』繼母又曰：『兒但讓耳，實妾取之。』因涕泣不能自禁。女又曰：『夫人實不知也。』又因哭泣之，下交頸。送葬者盡哭。關吏執筆書劾，不能就一字。關侯乃曰：『母子有義如此，吾寧坐之，不忍加文。且又相讓，安知孰是？』遂棄珠而遣之。」王昭圓《補注》：「内與納同。珠崖以産珠得名，恐官吏不廉，私自懷挾入關，故坐此者法至死也。」

按：此一關之特別法，非諸關之通例，論法過重，以懲貪也。武帝元封元年置儋耳、珠厓二郡，昭帝罷儋耳，元帝罷珠厓。《續志》合浦郡屬縣有朱崖，是後漢復設，故有令也。此事當在後漢時。

逮捕

《菑川思王終古傳》：「五鳳中，青州刺史奏終古使所愛奴與八子及諸御婢姦，終古或參與被席，或白晝使贏伏，犬馬交接，終臨觀。事下丞相御史，請逮捕。有詔削四縣。」《淮南王安傳》：「廷尉以建辭連太子遷聞，上遣廷尉監與淮南中尉逮捕太子云云。有司請逮捕衡山王。」《衡山王賜傳》：「廷尉治，事驗，請逮捕衡山王。」《廣川王去傳》：「奏請逮捕去及昭信。」

按：遣使至郡國逮捕，往來必乘傳，故在《廏律》。此所引各《傳》，乃赴各國逮捕者。《杜周傳》郡吏大府舉之廷尉，一歲至千餘章。章大者連逮證案數百，小者數十人。此逮捕于諸郡者也。

告反

變告　《韓信傳》：「信初之國，行縣邑，陳兵出入。有變告信欲反，書聞。」顏注：「凡言變告者，謂告非常之事云云。其舍人得罪信，信囚，欲殺之。舍人弟上書變告信欲反狀於呂后。」《彭越傳》：「梁太僕有罪亡走漢，告梁王與扈輒謀反。」《黥布傳》：「布有所幸姬病，就醫。(之)〔醫〕家與中大夫賁赫對門云云。王疑與亂，赫恐，稱病，王愈怒，欲捕赫。赫上變事，乘傳詣長安。布使人追，不及。赫至，上變，言布謀反有端，可先未發誅也。」

按：漢時上變告得乘傳，如賁赫事是也。

逮受

逮證　《杜周傳》：「至周爲廷尉，詔獄亦益多矣。二千石繫者新故相因，不減百餘人。郡吏大府舉之廷尉，一歲至千餘章。章大者連逮證案數百，小者數十人，遠者數千里，近者數百里。會獄，顏注：往赴對也。吏因責如章告劾，不服，以掠笞定之。於是聞有逮證，皆亡匿。獄久者至更數赦十餘歲而相告言，大氐盡詆以不道，以上廷尉及中都官。詔獄逮至六七萬人，吏所增加十有餘萬。」顏注：「舉，皆也。言郡吏大府獄事皆歸廷尉也。」

按：郡府之獄，悉歸廷尉，廷尉受而逮治之，遠者至數千里，近亦數百里，其往來當乘傳，故入《輿律》。此似可謂之逮受矣。

登聞道辭

上變事擊鼓驛馬軍書當急聞者亦擊此鼓　《夏官·太僕》：「以待達窮者與遽。令聞鼓聲，則速逆御僕與御庶子。」注：「鄭司農云，窮謂窮冤失職，則來擊此鼓以達於王，若今時上變事擊鼓矣。遽，傳也。若今時驛馬軍書當急聞者，亦擊此鼓。令聞此鼓聲，則速逆御僕與御庶子也。玄謂達窮者謂司寇之屬。朝士掌以肺石，達窮民，聽其辭以告王。」

按：先鄭言擊鼓而不言鼓之設於何處。《百官表》衞尉屬官有公車令丞。《續志》公車司馬令一人，六百石。本注曰，掌宫南闕門，凡吏民上章四方貢獻及徵諸公車者。《漢官儀》公車司馬令掌殿司馬門，夜徼宫中，天下上事及闕下，凡所徵召者皆總領之。《後書·和紀》永元六年注引應《書》，「天下至闕下」作「諸上書詣闕下者皆集奏之」。據諸説，是漢世上變急聞並集于公車，公車令掌殿門，則殿門之外必設有此鼓以備上變急聞者之用，可推而知。但不知此鼓爲何名？以律目「登聞道辭」推之，似即登聞鼓，特未有明文可證耳。登聞者，有變事及急聞則登之。道辭者，聽其辭以集奏之也。

行冤獄使者　《張敞傳》:「敞使主簿持教告舜曰:『五日京兆竟何如?冬月已盡,延命乎?』酒棄舜市。會立春,行冤獄使者出,舜家載尸,并編敞教,自言使者。使者奏敞賊殺不辜。天子薄其罪。」

按:漢世論決重獄在立春以前,故立春後命行冤獄使者出以理冤獄,此常制也。

詣闕訟訴　《潛夫論·考績篇》:「令長守相不思立功,貪賤專恣,不奉法令,侵冤小民,州司不詔,令遠詣闕上書訟訴。」又《三式篇》:「細民冤結無所控告,下土邊遠能詣闕者,萬無數人。」

按:詣闕上書訟訴,及前條之擊鼓,卽《唐律》之諸邀車駕及撾登聞鼓,若上表自理訴也。邀車駕漢事無聞。餘二者,先鄭言之,王符言之,後來律文卽原于漢,知《漢律》必非無文也。

乏軍興

《地官·旅師》:「平頒其興積。」注:「縣官徵聚物曰興,今云軍興是也。」《尚書·費誓》:「峙乃糗糧,無敢不逮,汝則有大刑。」傳:「皆當儲峙汝糗糒之糧,使足食,無敢不相逮及,汝則有乏軍興之死刑。」疏:「興軍征討而有乏少,謂之乏軍興。《唐律·擅興律》:『諸乏軍興者斬,故失等。』注:『謂臨軍征討有所調發而稽廢者。』《疏議》曰:『興軍征討,國之大事,調發征行有所稽廢者名乏軍興,犯者合斬,故失罪等,爲其事大,雖失不減。注云謂臨軍征討有所調發兵馬,及應須供軍器械,或所須戰具,各依期會,克日俱充,有所闕者,卽是稽廢。若充使命報告軍期而違限廢事者,亦是乏軍興。』」

按乏軍興之義,《疏議》所言最爲詳備。《費誓》糗糧不逮,汝有大刑,蓋此關于軍事,自古重之。《甘誓》之不用命戮于社，無所不包，此法當亦概之矣。

知人盜官母馬爲臧　《王子侯表》：「平侯遂，元狩元年坐知人盜官母馬爲臧，會赦，復作。」顏注：「有人盜馬爲臧，匿之，雖會赦，猶復作。復作者，徒役也。」《補注》：「沈欽韓曰：案漢法，若以重論，則盜官母馬乏軍興當斬，爲臧者減一等，逢赦猶復作一歲刑。」

不出持馬　《功臣表》：「黎嗣侯延，元封六年坐不出持馬，要斬。」顏注：「時發馬給軍，匿而不出也。」《補注》：「錢大昭曰：《潛夫論》黎陽侯邵延坐不出持馬身斬國除，是其事也。『黎』作『黎陽』，『召』作『邵』，則傳記之誤耳。」

按：武帝時征匈奴，馬政極嚴。此二侯一知人盜馬而藏之，一不出馬，皆當以乏軍興論者。一會赦猶復作，一身斬國除，此《潛夫論》所謂絶詐欺之端也。

騎士不詣屯所　《趙廣漢傳》：「初廣漢客私酤酒長安市，丞相史逐去客。客疑男子蘇賢言之，以語廣漢。廣漢使長安丞按賢，尉史禹故劾賢爲騎士屯霸上，不詣屯所，乏軍興。賢父上書訟罪，告廣漢，事下有司覆治。禹坐要斬。請逮捕廣漢。有詔即訊，(亂)〔辭〕服，會赦，貶秩一等。」

按：《唐律》諸防人在防未滿而亡者，罪止滿流。鎮人亦同。此獄蘇賢屯霸上，乃鎮防人，非從軍征討者，其不詣屯所，至重罪止滿流，不得以乏軍興論。在《唐律》從流入死罪，以金罪論，亦當科以死罪。《漢律》未詳。而按之後文，廣漢所坐以擅斥除騎士爲乏軍興，則騎士之不詣屯所亦必以乏軍興論，尉史禹及廣漢之坐要斬，皆依乏軍興律也。

馬不適士　《黄霸傳》：「徵守京兆尹。坐發民治馳道不先以聞，又發騎士詣北軍馬不適士，劾乏軍興，連貶秩。有詔歸潁川太守官，以八百石居。」

按：發騎士而馬不適士，非細故也。劾乏軍興而僅止貶秩，豈以北軍騎士非征討之軍，故科罪不同歟？然則漢之乏軍興實有輕重之等差，非概從要斬矣。

擅發兵　《段會宗傳》：「以擅發戊己校尉之兵，乏興。有詔贖論。拜爲金城太守。」

按：此擅發兵而以乏興論，是事與律不相侔。是時康居太子保蘇匿率衆欲降，漢遣衞司馬逢迎，會宗發兵隨司馬受降。司馬欲降者皆自縛，保蘇匿怨望，舉衆亡去。是其咎在司馬，與會宗無與也。所發兵盡還，初無損失。如以擅發爲罪，則非乏興之謂，而以乏興論，乃事之此不可解者。贖論而仍拜太守，蓋亦寬之矣。此亦不用乏軍興之本法。但稱乏興者，省文也。

留外國書　韓延年事見《興律》稽留條。

按：延年事因稽留而致有闕乏，故以乏興論。然則段會宗事因擅發而妄費，致有所闕乏，故亦以乏興論。此二事實相同也。

奉詔不謹

不如詔　《高紀》：「五年，其令諸吏善遇高爵，稱吾意。且廉問有不如吾詔者，以重論之。」

按：不如詔者以重論，不知當論以何罪？從來之不如詔，並非概以重論也。

議詔　《吴王濞傳》：「吴王兵既破，敗走，於是天子制詔將軍：『其勸士大夫擊反虜。擊反虜者，深入多殺爲功，斬首捕虜比三百〔石〕以上皆殺，無有所置。敢有議詔及不如詔者，皆要斬。』」《夏侯勝傳》：「於是丞相義、御史大夫廣明劾奏勝非議詔書，毁先帝，爲不道，丞相長史黄霸阿縱勝不舉劾，俱下獄。」

按：景帝之詔關于軍事，故罪至要斬。夏侯之議詔，以毁先帝，故下獄，久之始出也。

不承用詔書

不用詔書　《功臣表》：「曲成嗣侯皇柔，元鼎二年坐爲汝南太守知民不用赤側錢爲賦，爲鬼薪。」顔注：「赤側解在《食貨志》。時並令以充賦而汝南不遵詔令。」「鄲嗣侯仲居，元鼎三年坐爲太常收赤側錢不收，完爲城旦。」注：「如淳曰：『《食貨志》，民巧法用之，不便，又廢也。《百官表》作『坐不收赤側錢收行錢論』。』顔注：『赤側當廢而不收，乃收見行之錢也。』」《食貨志》：「郡國鑄錢，民多姦鑄，錢多輕。而公卿請令京師鑄官赤仄，一當五，賦官用非赤仄不得行。其後二歲，赤仄錢賤，民巧法用之，不便，又廢。」注：「應劭曰：『所謂子紺錢也。』」《恩澤侯表》：「平津嗣侯度爲山陽太守，坐詔徵鉅野令史成不遣，完爲城旦。」

按：「赤仄」兩《表》皆作「赤側」，《史記》作「鑄鍾官赤側」，此云官赤仄，即鐘官之省文。集解引如説作「今錢見有赤側者」。韋昭云，側，邊也。似當以作「側」者爲是。集解又引《漢書音義》，子紺錢者，紫紺錢。此二侯一在元鼎二年以不用赤側爲罪，一在元鼎三年又以不收赤側爲罪。不用、不收，並是不承用詔書，相去一年，而情事頓殊，當日錢法之紊亂可知矣。詔徵令史而不遣，亦必有故，然不得謂非不承用詔書也。故罪與酇嗣侯同。

小愆乏　《晉志》：「漢（民）〔氏〕施行有小愆乏及不如令，輒劾以不承用詔書乏軍要斬。又減以丁酉詔書。丁酉詔書，漢文所下，不宜復以爲法，故別爲（乏）〔之〕《留律》。」

按：「乏及」二字原誤「之反」，今據《通典》改正。小愆乏及不如令，乃罪之最輕者，輒劾以不承用詔書乏軍要斬，其輕重相去太覺懸殊，此乃承秦之敝。丁酉詔書不知如何減法？文帝盛德，其事之遺佚者多矣。

上言變事

上變事　見前登聞道辭條。

以警事告急

軍書急聞　見前登聞道辭條。又《丙吉傳》：「此馭吏邊郡人，習知邊塞發犇命警備事，嘗出，適見驛騎持赤白囊，邊郡發犇命書馳來至。馭吏因隨驛騎至公車刺取，知虜入雲中、代郡，遽歸府見吉白狀。」

按：上（邊）〔變〕事他無可證。軍書急聞，即《丙吉傳》之犇命書也。又《陳湯傳》段會宗爲烏孫所圍，驛騎上書，願發城郭敦煌以自救，此亦以警事告急者。　又按：以上各條，依目編入。此下先言傳事，《廄律》以傳爲重也。　餘則無次序可分矣。

漢律摭遺卷十四

户律一

按：《户律》目無可考，其事以賦役爲重要，今故以賦役居先。唐《户婚律》四十四條，前廿五條並户事。餘條略依其次序編入。

算賦　《高紀》：「四年八月，初爲算賦。」注：如淳曰：「《漢儀注》，民年十五以上至五十六出賦錢，人百二十爲一算，爲治庫兵車馬。」

人出一算算百二十錢唯賈人與奴婢倍算　《惠紀》六年注應劭曰：「《漢律》人出一算，算百二十錢，唯賈人與奴婢倍算。」《天官·冢宰》：「以九賦斂財賄。」注：「玄謂賦口率出泉也。今之算泉，民或謂之賦，此其舊名與？」疏：「案《大府》云九貢、九賦、九功各別。又見《司會》云，以九貢致邦國之財用，以九賦令田野之財用，以九功令民職之財用。貢、賦及功，各別賦爲口泉也。是以鄭君引漢法，民年二十五已上至六十出口賦錢，人百二十以爲算。故鄭於此注亦云，今之算泉云云。」

按：如注所引《漢儀注》自十五以上至五十六人出一算，其未滿十五者則自七歲至十四出口賦錢也。二法年歲相接，漢法如是。賈疏所稱漢法，謂鄭注《司會》所引，而《司會》無此注文，其年歲與如注不合。鄭君漢人，所言不應歧異。《通典》、《通志》諸書所引並是如注，自當以如注爲準。《漢舊儀》材官、樓船年五十六老衰乃得免爲庶民，與前注亦合也。

減算　《賈捐之傳》：「至孝文皇帝，閔中國未安，偃武行文，則斷獄數百，民賦四十，丁男三年而一事。」注：如淳曰：「常賦歲百二十，歲一事。時天下民多，故出賦四十，三歲而一事。」《宣紀》：「甘露二年正月，赦天下，減民算三十。」顏注：「一算減錢三十也。」「成帝建始二年正月，減天下賦錢，算四十。」注：孟康曰：「本算一百二十，今減四十爲八十。」

按：文帝民賦四十，此省事之效，非因天下民多也。觀下文云：「孝武皇帝録冒頓以來數爲邊害，籍兵厲馬，因富民以攘服之。西連諸國，至于安息，東過碣石，以玄菟、樂浪爲郡，北卻匈奴，萬里更起營塞。制南海以爲八郡。則天下斷獄萬數，民賦數百。又云，是皆廓地泰大，征伐不休之故。」其用意可知，如説非也。宣、成之減賦，乃赦欵中之一事，所減者當年而已。

勿算　《武紀》：「元封元年，詔行所巡至，博、奉高、蛇丘、歷城、梁父，民田租逋賦貸，已除。四縣無出今年算。」顏注：「自博至梁父凡五縣，今云四縣毋出算者，奉高一縣素以供神，非算限也。」《宣紀》：「地節三年，詔流民還歸者，假公田，貸種食，且勿算事。」顏注：「不出算賦及給徭役。」

按：以上各條勿算者，皆指算賦言。

不加賦　《蕭望之傳》：「昔先帝征四夷，兵行三十餘年，百姓猶不加賦。」《西域傳》：「上迺下詔，深陳既往之悔曰：『前有司奏欲益民賦三十助邊用，是重困老弱孤獨也。』」

按：武帝之不加賦，不加算賦也。證以《西域傳》，可見望之等駁張敞贖罪之議，而謂雖户賦口斂以贍其困乏，古之通義。不知此義見于何書？望之迂執不曉事，而此數語最悖謬者。

年二十三傅之疇官各從其父疇學之高不滿六尺二寸以下爲罷癃　《高紀》：「二年，蕭何發關中老弱未傅者悉詣軍。」注：服虔曰：「傅音附。」孟康曰：「古者二十而傅，三年耕有一年儲，故二十三而後役之。」如淳曰：「律，年二十三傅之疇官，各從其父疇學之，高不滿六尺二寸以下爲罷癃。《漢儀注》云，民年二十三爲正，一歲爲衛士，一歲爲材官騎士，習射御騎馳戰陳。又曰，年五十六衰老，乃得免爲庶民就田里。今老弱未嘗傅者皆發之。未二十三爲弱，過五十六爲老。」師古曰：「傅，著也。言著名籍給公家徭役也。」《景紀》：「二年，令天下男子二十始傅。」顔注：「舊法二十三，今此二十，更爲異制也。」《補注》：「沈欽韓曰：本年十五以上出算錢，今寬之，至二十歲始傅著於版籍也。先謙曰：史索隱引荀悦云，傅，正卒也。」

按：景帝承文帝之後，所行多寬大之政，若本二十三而改二十，是較舊法爲嚴，似與當時之宗旨不合，故沈氏別爲一説。竊謂此「傅」字不必與「傅之疇官」之「傅」并爲一事。此傅字但就算賦言，沈亦可通。惟十五以上之制見于《漢儀注》，是漢法始終未改。豈景帝此制後亦廢而不用歟？《律曆志》：「疇人子弟分散。」注：李奇曰：「同類之人俱明曆者。」如淳曰：「家業世世相傳爲疇。」《補注》：「王鳴盛曰：《尚書》洪範九疇，鄭康成及僞孔傳皆訓疇爲類。《易·否》九四，疇離祉。《九家》注：疇者，類也。樂官亦曰疇人。則不必定屬治算數者矣。周壽昌曰：《齊語》人與人相疇，家與家相疇。注：疇，匹也。先謙曰：索隱韋昭云，疇，類也。又引李注作孟說。按：訓類、匹近之。」本按：《説文》：「疇，耕治之田也。」段曰：「謂耕治必有耦，且必非一耦。故賈逵注《國語》曰一井爲疇。杜預注《左傳》曰並畔爲疇。並畔，則二牛也。引申之，高注《國策》，韋注《漢書》，疇，類也。王逸注《楚辭》，二人爲匹，四人爲疇。張晏注《漢書》，疇，等也。如淳曰：家業世世相傳爲疇。攷《國語》人與人相疇，家與家相疇，《國策》曰夫物如有疇，《漢書》疇人子弟，《王粲賦》顯敞寡疇，《曹植賦》命疇嘯侶，蓋自唐以前，無不用從田之疇，絶無用從人之儔。訓類者，此古今之變，不可不知也。」據此說，則疇之訓類，自是古義。李、如二說，其義本同，不必是李而非如也。

女子年十五以上至三十不嫁五算　《惠紀》：「六年，女子年十五以上至三十不嫁，五算。」注：應劭曰：「《國語》越王句踐令國中女子年十七不嫁者，父母有罪，欲人民繁息也。《漢律》人出一算，算百二十錢，唯賈人與奴婢倍算。今使五算，罪謫之也。」孟康曰：「或曰復之也。」師古曰：「應說是。」《補注》：「劉攽曰：予謂女子五算亦不頓謫之，自十五至三十爲五等，每等加一算也。」

按：此大亂後生聚之方，但可行於一時，而未可著爲常法。女子之不嫁，非盡無故，豈可概罪其父母？然則凡有故者當不算矣。

口賦　詳《廏律》口賦及馬口錢條。

按：口賦自七歲至十四，與算賦之十五以上年歲相接。《地官·鄉大夫》：「辨其可任者，國中自七尺以及六十，野自六尺以及六十有五，皆征之。」疏：「案《韓詩〔外〕傳》二十行役，與此國中七尺同。則知七尺謂年二十，六尺謂年十五。故《論語》云，可以託六尺之孤。鄭注云，六尺之孤年十五已下。」是周法十五以上，野在可任之列。國中復多役少，故晚賦税而早免之也。其十五以下者，則不論國野皆不征矣。漢仍有此口賦者，其法殆因于秦矣。

更賦　《昭紀》：「元鳳四年，三年以前逋更賦未入者，皆勿收。」注：如淳曰：「更有三品，有卒更，有踐更，有過更。古者正卒無常人，皆當迭爲之，一月一更，是爲卒更也。貧者欲得顧更錢者，次直者出錢顧之，月二千，是謂踐更也。天下人皆直戍邊三日，亦名爲更，律所謂繇戍也。雖丞相子亦在戍邊之調。不可人人自行三日戍，又行者當自戍三日，不可往便還，因便住一歲一更。諸不行者，出錢三百入官，〔官〕以給戍者，是謂過更也。律説，卒踐更者，居也，居更縣中五月乃更也。後從尉律，卒踐更一月，休十一月也。《食貨志》云，月爲更卒，已復爲正，一歲屯戍，一歲力役，三十倍於古。漢初因秦法而行之也。後遂改易，有讁乃戍邊一歲耳。逋，未出更(踐)〔錢〕者也。」師古曰：「更音工衡反。」《補注》：「何焯曰：如説更有三品，有卒更，有踐更，有過更。案，其實則二也。踐更卽是代人卒更，但以月計，私得雇直。過更則是總代人繇戍，以歲計，人輸戍邊三日之直於官，官爲給與久住之人也。蓋卒更卽古者田賦，是兵之制。戍邊三日則仿力役之制爲之。雇更卽雇役之法所仿。」《溝洫志》：「爲著外繇六月。」注：如淳曰：「律説，戍邊一歲當罷，若有急，當留守六月。」《後書・明紀》：「中元二年四月，亦復是歲更賦。」注：「更謂戍卒相更代也。賦謂過更之錢也。」

按：卒更，本卒自行者也。踐更，本卒出錢顧人者也。過更，本卒入錢於官，官以給戍卒者也。

實是三品。何氏謂其實則二者，以卒更、踐更以月計，過更以日計耳。然律既分爲三品，則踐更者，實官許之其行也，亦必聞于官，非私自替代之比，故自爲一品，不得以代人卒更即混而爲一也。過更輸錢於官，謂之更賦，爲賦税中之一項名目。昭帝有勿收逋更賦之詔。明帝以後復除更賦甚多，並載于紀，兹不備録。

户賦　《貨殖傳》：「秦漢之制，列侯封君食租税，歲率户二百。千户之君則二十萬，朝覲聘享出其中。」

按：《吴王濞傳》：「其居國以銅鹽故，百姓無賦。卒踐更，輒予平賈。」據此，可以見王侯國之賦税與郡無異。而此歲率二百千，將取之常賦中乎？抑在常賦外乎？如在常賦外，是國民之賦税重于郡。如在常賦中，則一户之賦未必及二百千也。此不可解者。

獻費　《高紀》：「十一年，詔曰：『欲省賦甚。今獻未有程，吏或多賦以爲獻，而諸侯王尤多，民疾之。令諸侯王、通侯常以十月朝獻，及郡各以其口數，率人歲六十三錢，以給獻費。』」顔注：諸侯王賦其國中以爲獻物又多於郡，故百姓疾苦之。《補注》：「沈欽韓曰：案此於一算之外，復歲取六十三錢也。」

按：此於常賦之外又出此六十三錢也。然終漢之世，鮮言獻費者。景帝詔曰：孝文皇帝減耆欲，不受獻。景帝後二年詔亦云不受獻。既不受獻，則此費當在免除之列。然諸侯王列侯之十月朝獻未聞廢。疑不受獻專指漢郡而言。《文紀》後六年以大旱蝗，令諸侯無入貢，而不及郡，此必郡獻久廢，故不必言也。《後書・光武紀》建武十三年詔曰：「往年已敕郡國，異味不得有所獻御，今猶未止，非徒有豫養導擇之勞，豫養，謂未至獻時，豫前養之。導亦擇也。至逈煩擾(導)〔道〕上，疲費過所。其令太官勿復受。明敕下以遠方口實所以薦宗廟，自如舊制。」觀於此詔，可見獻費之久罷。和帝罷臨武荔支，雖薦宗廟者亦省焉。漢之賢君，其於息民之事固甚切矣。又按《安紀》，永初五年，詔省減郡國貢獻太官口食。

軍賦 《公羊傳》哀十二年注：「禮，税民公田不過什一，軍賦不過一乘。」《惠紀》：「令吏六百石以上父母妻子與同居，及故吏嘗佩將軍都尉印將兵，及佩二千石官印者，家唯給軍賦，它無有所與。」

按：軍賦蓋即古者丘出馬牛，甸出長轂之制。然漢事它處無言軍賦者，疑軍賦即算賦，算賦本爲庫兵車馬者也。又如武帝之重母馬籍民馬似亦在軍賦之列。

復 《高紀》：「二年，令蜀漢民給軍事勞苦，復勿租税二歲。關中卒從軍者，復家一歲。擇鄉三老一人爲縣三老，與縣令丞尉以事相教，復勿繇役。」顏注：「復者，除其賦役也。音方目反。」《刑法志》：「中試則復其户。」顏注：「復謂免其賦税也。」

按：復者，復除也。賦、役二者皆免之也。

復十二歲六歲 《高紀》：「五年，詔曰：『諸侯子在關中者，復之十二歲，其歸者半之。顏注：各已還其本土者，復六歲也。軍吏其七大夫以上，皆令食邑，非七大夫以下，皆復其身及户，勿事。』」注：應劭曰：「不輸户賦也。」如淳曰：「事謂役使也。」師古曰：「復其身及一户之内皆不繇賦也。」

七大夫以下復其身及户勿事 見上。

復終身　《高紀》："八年，令吏卒從軍至平城及守城邑者，皆復終身勿事。十一年，令士卒從入蜀漢關中者，皆復終身。"

按：高帝時所復者皆軍吏軍卒，此有功而復。

宗室及關内侯皆復　《地官·鄉大夫》："其舍者，國中貴者、賢者、能者、服公事者、老者、疾者皆舍。"注："鄭司農云，舍者謂有復除，舍不收役事也。貴者，謂若今宗室及關内侯皆復也。服公事者，謂若今吏有復除也。老者，謂若今八十九十復羨卒也。疾者，謂若今癃不可事者復之。"

吏有復除　見上。

年九十一子不事八十二算不事　《賈山傳》："陛下即位，禮高年，九十者一子不事，八十者二算不事。"顏注："一子不事，蠲其賦役。二算不事，免二口之算賦也。"

按：賈山《至言》之文，其一書上于文帝時，陛下謂文帝。《通典》引作孝景時事，似誤。一子不事，復子也。而武帝别定復子若孫之法，豈其法未著爲令歟？

八十復二算九十復甲卒　《武紀》："建元元年，赦天下，年八十復二算，九十復甲卒。"注張晏曰："二算，復二口之算也。復甲卒，不豫革車之賦也。"

按：《紀》文似在赦款之列，殆未纂入律文故也。

九十以上復子若孫　又詔曰："古之立教，鄉里以齒，朝廷以爵，扶世導民，莫善於德。然則於鄉里先耆艾，奉高年，古之道也。今天下孝子順孫願自竭盡以承其親，外迫公事，内乏資財，是以孝心闕焉。

朕甚哀之。民年九十以上，已有受鬻法，爲復子若孫，令得身帥妻妾遂其供養之事。」顏注：「若者，豫及之辭也。有子卽復子，無子卽復孫也。」

按：此卽一子不事之意，古法也。

八十九十復羨卒　見前宗室及關內侯條下。

按：此東漢之律，與前條並不同。八十較優，而九十不復子若孫，與古制不合。

癃不可事者復之　癃不可事者不算卒可事者半之　見上。又《地官・大司徒》：「以保息六，養萬民。」注：「寬疾若今癃不可事者不算卒，可事者半之。」疏：「漢時癃病不可給事不算計以爲士卒，若今癈疾者也。云可事者半之也者，謂不爲重役，輕處使之，取其半功而已，若今殘疾者也。」

按：先、後鄭所引詳略不同，實一條，而引之者文有異同耳。

孝弟力田復其身　《惠紀》：「四年，舉民孝弟力田者復其身。」

按：此《鄉大夫》所謂賢者能者皆舍也。漢法亦承于周。

民産子復勿事　《高紀》：「七年，令民産子復勿事二歲。」顏注：「勿事，不役使也。」《補注》：「何焯曰：大亂之後，户口減半，優之使生聚日滋。」《章紀》：「元和二年正月，詔曰：『令云，人有産復勿算三歲。今諸懷妊者，賜胎養穀人三斛，復其夫勿算一歲，著以爲令。』」

按：據《章紀》，是《高紀》之事已著爲令，東漢猶相承不改。惟一言二歲，一言三歲，未知爲傳寫之誤？抑後來又增一歲歟？

懷妊者賜胎養穀復其夫一歲　見上。

復家　《宣紀》：「元康元年，復高皇帝功臣絳侯周勃等百三十六人家子孫，令奉祭祀，世世勿絕，其毋嗣者復其次。」《補注》：「《通鑑考異》云，《功臣表》詔復家者皆云元康四年，其數非一，不容盡訛，蓋《紀》訛耳。錢大昕云，攷《功臣表》，諸功臣之後詔復家者實百二十三人，與《紀》人數不合，或《表》有脱漏矣。《表》稱元康四年，而《紀》書於元年，蓋有司奉詔檢校得實，請於朝而復之，非一時所易之。《紀》所書者下詔之歲，《表》所書者賜復之歲也。」《功臣表》：「平陽侯參玄孫之孫杜陵公乘喜，詔復家。」注：孟康曰：「諸侯家皆世世無所與，得傳同産子。」

按：孟康云得傳同産子，即詔所云毋嗣者復其次。《功臣表》周緤曾孫禹復家，死，亡子，復免。元始元年，緤玄孫護以詔書爲次復禹同産弟子。楊武孫談，復家，亡子，絕。談兄孫爲次復。並詔書所謂復其次也。《功臣表》高祖功臣實百三十七人，除韓信、陳豨謀反國除，劉澤爲琅邪王，蕭何國未絕，奚涓、杜得臣、吴郢無後外，尚得百三十人。而《表》中不言復家者有劉纏、酏跖、工師喜、張越、棘丘侯襄、馮解散、陳署、鄧弱、杜恬、趙堯、王虞人凡十一人，言復家者實百十九人。又孝惠三人，高后二人，凡百二十四人。「劉纏」下《補注》錢大昭曰：「纏與酏跖、張越、棘丘侯襄、鄧弱、趙堯六人皆無位次，蓋呂后時或以罪免，或以身死，不得與。陽夏、淮陰反誅，其不與更不待言。」按錢説就位次言，蓋位次定于高后二年也。然劉纏即項伯，鴻門之會，微纏，高祖且不得免，豈他功臣可比而竟無位次乎？謂纏與酏跖前死，則奚涓亦前死者，何以仍有位次？鄧弱史文缺，是否前死，或以罪免，并無可攷。位次定于高后二年，而張越之罪免在高后三年，則罪免、身死之説皆不確矣。表凡百三十七人，而孝惠所封吴淺、黎朱倉、劉到三人，高后所封陽城延、齊受、吴陽三人並有位次，合之爲百四十三人。陸量侯須無百三十七，位次最後。則案此，百四十三人中有六人無位次，韓信、陳豨居其二，餘四人無可攷，不得如錢氏所指之六人也。《宣紀》詔云百三十六人者，除六人無位次，實百三十七人，劉澤雖有位次而已爲琅邪王不在列侯之數，故得百三十六人。此百三十六人中，必有無後如奚涓諸人者，有司奉詔考核，上其實數，得百二十四人，非詔文與事實有抵牾也。惟復家而别賜黄金十斤者，如周緤之曾孫，楊喜之玄孫，陳遬之曾孫，旅卿之玄孫，凡四人，未詳其故。此四侯者，在高祖功臣中皆非傑出之人，何以獨視他人爲優，當必有説，無可考矣。

戍邊死者賜復　《後書・明紀》："永平九年，詔郡國死罪囚減罪，與妻子詣五原、朔方占著，所在死者皆賜妻父若男同産一人復終身，其妻無父兄獨有母者，賜其母錢六萬，又復其口算。"

按：此實邊之策。賜復以優之，俾占著邊縣者安於其所在也。

無田徙他界者除算　《後書・章紀》："元和元年，詔：『其令郡國募人無田欲徙他界就肥饒者，恣聽之。到在所，賜給公田，爲雇耕傭，賃種餉，貰與田器，勿收租五歲，除算三年。』"

按：此勸農之政。

吏六百石以上父母妻子與同居及故吏嘗佩將軍都尉尉印將兵及佩二千石官印者家唯給軍賦他無有所與　見前軍賦條。

按：此亦《鄉大夫》之所謂國中貴者。

諸當占租者家長身各以其物占占不以實家長不身自書皆罰金二斤没入所不自占物及賈錢縣官

《昭紀》：「始元六年，罷榷酤官，令民得以律占租，賣酒升四錢。」注：如淳曰：「律，諸當占租者家長身各以其物占，占不以實，家長不身自書，皆罰金二斤，没入所不自占物及賈錢縣官也。」師古曰：「占謂自隱度其實，定其辭也。占音章贍反。今猶謂獄訟之辨曰占，皆其意也。蓋武帝時賦歛繁多，律外而取，今始復舊。」《補注》：「劉攽曰：予謂能榷酤官，令民得以律占租，賣酒升四錢，共是一事爾。以律占租者，謂令民賣酒以所得利占而輸其租矣。占不以實，則論如律也。租卽賣酒之稅也。賣酒升四錢，所以限民不得厚利爾。《王子侯表》旁況侯殷坐貸子錢不占租皆免侯，義與此占租同。卽如顏說，賣酒升四錢，無爲所著，官既罷榷酤矣，何處賣酒乎？」

按：《紀》文令民得以律占租句在罷榷酤官、賣酒升四錢之間，自當爲一事，劉說是也。《食貨志》：「諸賈人末作貰貸賣買，居邑貯積諸物，及商以取利者，雖無市籍，各以其物自占，率緡錢二千而算一。」顏注：「占，隱度也，各隱度其財物多少而爲名簿送之于官也。」是凡占租者，皆入其名簿于官，故律文有家長身自書之語。今罷榷酤官而聽民自酤，民得以律自占而上其籍於官，官卽其自占之籍而取其租。升四錢者，限民之賣貴也。

販賣租銖　《食貨志》：「元帝時，貢禹言：『鑄錢采銅，一歲十萬人不耕，民坐盜鑄陷刑者多。富人臧錢滿室，猶無厭足。民心動搖，棄本逐末，耕者不能半，姦邪不能禁，原起於錢。疾其末者絕其本，宜罷采珠玉金銀鑄錢之官，毋復以爲幣，除其販賣租銖之律。』」顔注：「租銖，謂計其所賣物價，平其錙銖而收租也。」《貢禹傳》末句作「市井勿得販賣，除其租銖之律。」顔注：「租税之法皆依田畝，不得雜計百物之銖兩。」《輯證》：「按禹言市井勿得販賣珠玉金銀，故平其錙銖，而收租之律可除耳，未論及田畝之税。當從《食貨志》。」《舊唐書・刑法志》：「漢(民)〔氏〕撥亂，思易前轍，尚行葅醢之誅，猶設錙銖之禁。」《和紀》：「永元六年，詔流民所過，郡國皆實稟之，其有販賣者，勿出租税。」注：「漢循周法，商賈有税。流人販賣，故矜免之。」

按：不販賣而租銖可除，是租銖本就買賣言。租以銖計，故曰租銖。禹所請者，珠玉金銀之税，非凡物之税一概除也。《和紀》所免正是販賣之税。

貸子錢不占租　詳《雜律》取息過律條。

按：《王子侯〔表〕補注》以此租銖之律，漢時民間交易往來皆當上其籍於官，所謂占租也。此侯既不占租，取息又過律也。

私販賣　《貢禹傳》：「又欲令近臣自諸曹侍中以(士)〔上〕家亡得私販賣與民爭利，犯者輒免官削爵，不得仕宦。

按：此事未施行。然玩其文意，似漢法本如此，禹欲實行耳。

算緡錢　《武紀》：「元狩四年，初算緡錢。」注：李斐曰：「緡，絲也，以貫錢也。一貫千錢，出算二十也。」臣瓚曰：「《茂陵書》諸賈人末作貰貸，置居邑儲積諸物，及商以取利者，雖無市籍，各以其物自占，率緡錢二千而一算。此緡錢是儲錢也，故隨其用所施，施於利重者，其算亦多也。」師古曰：「謂有儲積錢者，計其緡貫而稅之。李説爲是。緡音武巾反。」《補注》：「蘇輿曰：《説文》（緡）〔緍〕下云，業也，賈人占緍。卽此緡字義。緡下云，釣魚繁也。與緍義別。此借緡爲緍。段氏以緍爲後人增造字，（形）〔非〕也。《廣雅·釋詁》，昀，本也。緍，算也。《玉篇》，昀本作緍。案訓業、訓本，若今商賈成本之謂算緡錢者。古度貨物成本直錢若干，簿納官稅，有不實則繩以法。」

告緡者以其半與之　《武紀》：「元鼎三年，令民告緡者以其半與之。」《史記·平準書》：「商賈以幣之變，多積貨逐利。於是公卿言：『郡國頗被災害，貧民無産業者，募徙廣饒之地。陛下損膳省用，出禁錢以振元元，寬貸賦，而民不齊出于南畝，商賈滋衆。貧者畜積無有，皆仰縣官。異時算軺車賈人緡錢皆有差，請算如故。諸賈人末作貰貸賣買，居邑稽諸物，及商以取利者，雖無市籍，各以其物自占，率緡錢二千而一算。諸作有租及鑄，如淳曰：以手力所作而賣之。率緡錢四千一算。非吏比者三老、北邊騎士，軺車〔以〕一算，商賈人軺車二算，船五丈以上一算。匿不自占，占不悉，戍邊一歲，沒入緡錢。有能告者，以其半畀之。賈人有市籍〔者〕及家屬，皆無得〔籍〕名田，以便農。敢犯令，沒人田僮。』」索隱：「郭璞云，占，自隱度也。謂各自隱度其財物多少，爲文簿送之官也。若不盡，皆沒入於官。音之贍反。賈人有市籍，不許以名占田也。若賈人更占田，則沒其田及僮僕，皆入之於官也。」《張湯傳》：「排富商大賈，出告緡令。」正義：「緡書岷，錢貫也。武帝伐四夷，國用不足，故稅民田宅船乘畜産奴婢等，皆平作錢數，每千錢一算，出一（算）〔等〕，賈人倍之，若隱不稅，有告之，半與告人，餘半入官，謂緡。出此令，用鋤築豪强兼并富商大賈之家也。一算百二十文也。」《輯證》：「按一算百二十文，據《志》，緡民二千算一、〔四〕千〔四〕算〔一〕，是二千、四千之中取二十。若如李斐所云，一貫千錢出算二十，則是千錢出二十算，以算百二十計之，當出錢二千四百，決無此重斂之法。斐注疑誤。」

按：漢之算賦一百二十錢爲一算，故正義云一算百二十文也。斐注一貫千錢出算二十，當是謂出算錢二十，然與漢之算不合。若云出二十算，則是千錢出二千四百，萬無此理，自當依正義之説也。武帝苛政，告緡尤虐，天下騷然而不至太亂者，所取者皆豪强兼并富商大賈之人而不及士民。天下士民多而豪强兼并富商大賈究居少數，故當時士民尚得相安而不至于亂也。

八月案比　《地官・小司徒》：「及三年則大比。大比則受邦國之比要。」注：「大比，謂使天下更簡閲民數及其財物也。受邦國之比要，則亦受鄉遂矣。鄭司農云，五家爲比，故以比爲名。今時八月案比是也。要謂其簿。」疏：「漢時八月案比而造籍書。周以三年大比，未知定用何月，故司農以漢法八月況之云。要謂其簿者，謂若今時之造籍，户口地宅具陳於簿也。」《續禮儀志》：「仲秋之月，縣道皆案户比。民年始七十者，授之以玉杖，餔之糜粥。八十九十，禮有加賜。」《皇后紀》序：「漢法常因八月算人。」注：「《漢儀注》曰，八月初爲算賦，故曰算人。」

按：漢賦民以口爲率，故算人其要政。八月案比，歲歲行之，民習爲常，得賢令長以督察之，亦不見其紛擾。周制三年大比，則其期較舒矣。

户籍　《秋官・司民》：「掌登萬民之數，自生齒以上，皆書於版。」注：「版，今户籍也。」

按：户籍之事，周專設官以掌之，乃國之大事。孔子式負版者，其敬之也如此。後世歷代皆有户籍。户籍詳而民事刑事皆有根據，其所關非細。今則户籍廢矣。

户版　《天官·宫伯》：「凡在版者。」注：「鄭司農〔云〕，版，名籍也，以版爲之。今時鄉户籍謂之户版。」

漢律摭遺卷十五

户律二

十傷二三實除減半　《地官·司稼》：「以年之上下出斂法。」注：「斂法者，豐年從正，凶荒則損，若今十傷二三，實除減半。」疏：「十傷二三者，謂漢時十分之内傷二分三分，餘有七分八分在。實除減半者，謂就七分八分中爲實在，仍減去不税，於半内税之，以凶荒優饒民可也。」

按：此荒政。七分八分中僅税其半，可謂寬矣。《和紀》永元四年詔：「今年郡國秋稼爲旱蝗所傷，其什四以上勿收田租芻稾，有不滿者以實除之」。注：所損十不滿四者，以見損除也。十三年詔：「以淫水爲害，令天下半入今年田租芻稾；有宜以實除者，如故事。」十四年三州雨水，「令被害者什四以上皆半入田租芻稾；其不滿者，以實除之」。十六年詔：「令天下皆半入今年田租芻稾；其被災害者，以實除之」。《安紀》永初七年詔：「郡國被蝗傷稼，十五以上勿收今年田租；不滿者，以實除之」。以上各條皆足與實除之律相印證。

振貸鰥寡孤獨窮困之人　《文紀》：「元年，詔曰：『方春和時，草木羣生之物皆有以自樂，而吾百姓鰥寡孤獨窮困之人或阽於死亡，而莫之省憂。爲民父母將何如？其議所以振貸之。』」顔注：「振，起也，爲給貸之，令其存立也。諸振救、振贍，其義皆同。今流俗作字從貝者非也，自別有訓。貸音吐戴反。」「十三年，賜天下孤寡布帛絮各有數。」《史記·文紀》：「上爲立后，故賜天下鰥寡孤獨窮困及年八十已上、孤兒九歲已下布帛米肉各有數。」

按：《文紀》同時二詔，前一詔振貸鰥寡孤獨窮困之人，後一詔養老。此詔另見養老令。後詔有司有請令之文，而前詔所議如何，史不具，不知何故？《史記》不載詔文，而多「孤兒九歲已下」一層，是合二詔爲一事而總言之。班不及孤兒者，孤兒在孤獨之中，前詔議未具，故不及也。據《史記》，此二詔爲立后而發，班亦不及。至振貸之振，師古以振起言。《左傳》文十六年振廩同食。杜注：振，發也。振貸者，發倉廩以貸之也。兼有此義方備。十三年賜孤寡布帛絮而不及窮困。建武詔言給穀而不及布帛絮。是年之賜，似出于特恩，非前詔所定之律。景帝詔「孝文皇帝賞賜長老，收恤孤獨，以遂羣生」，又不及鰥寡窮困。蓋詔文但約舉大端，而未一一詳載之也。

賜年九十以上及鰥寡孤獨帛人二匹絮三斤八十以上米人三石　《武紀》：「元狩元年，詔：『其遣謁者巡行天下，存問致賜。曰皇帝使謁者賜縣三老、孝者帛，人五匹；鄉三老、弟者、力田帛，人三匹；年九十以上及鰥寡孤獨帛，人二匹，絮三斤；八十以上米，人三石。』」

按：此赦款外之特恩，非常典。

存問鰥寡孤獨　《武紀》：「元狩六年，詔：『(令)〔今〕遣博士大等六人分循行天下，存問鰥寡孤獨廢疾，無以自振業者貸與之。』」

按：此亦特恩。增廢疾而無貧困。

加年七十以上孤寡帛　「又元封元年，詔：『行所巡至，博、奉高、蛇丘、歷城、梁父，民田租逋賦貸，已除。加年七十以上孤寡帛，人二匹。』」

按：此限于五縣。七十以上爲舊法所無。

賜孤獨高年米　「又二年，赦所過徒，賜孤獨高年米，人四石。」

按：此限于所過。但有孤獨高年而不及其他。

賜鰥寡孤獨帛貧窮者粟　「又五年，所幸縣毋出今年租賦，賜鰥寡孤獨帛，貧窮者粟。」

按：此限所幸縣。增貧窮而無高年。

賜貧民布帛　「又六年，賜天下貧民布帛，人一匹。」

按：此又但言貧民。

賜鰥寡孤獨高年帛　《宣紀》：「地節三年，詔：『鰥寡孤獨高年貧困之民，朕所憐也。其賜鰥寡孤獨高年帛。』」

按：元康元年加賜鰥寡孤獨三老孝弟力田帛，無高年。二年、三年、神爵元年、四年、五鳳三年、甘露二年並與地節三年同。元康四年、甘露三年則有鰥寡孤獨而無高年。元帝初元元年、五年曰鰥寡孤獨二匹。四年曰鰥寡高年。永光元年正月但曰高年。其三月及二年又成帝鴻嘉元年、永始四年、平帝元始四年並與地節三年同。成哀卽位之年則沿元初元年之制。惟文帝詔有窮困之人，而各《紀》所書，元狩元年有貧窮者，六年專言貧民，其餘皆不及窮困之人，未詳其故。建武詔則有貧不能自存者。又文帝詔不及篤癃。各《紀》第元狩六年有廢疾，他皆無，此亦不同者也。

《後書・光武紀》：「建武六年，詔曰：『往歲水旱蝗蟲爲災，穀價騰躍，人用困乏。朕惟百姓無以自贍，惻然愍之。其命郡國有穀者，給稟高年鰥寡孤獨及篤癃無家屬貧不能自存者，如律。』」

按：此恤窮之政。詔云如律，是漢舊法如是。《明紀》中元二年即位，賜鰥寡孤獨篤癃粟，人十斛。永平十二年，賜鰥寡孤獨篤癃貧無家屬不能自存者粟，人三斛。十七年、十八年同。無「無家屬」三字。《章紀》建初三年賜鰥寡孤獨篤癃貧不能自存者粟，人五斛。四年同。元和二年以符瑞屢臻，詔「賜高年鰥寡孤獨帛，人一匹。《經》曰：無侮鰥寡，惠此煢獨。」《和紀》永元三年，賜鰥寡孤獨篤癃貧不能自存者粟，人三斛。八年與建初三年同。十二年、元興元年《安紀》元初元年並與永元三年同。六年，賜民尤貧困孤弱單獨穀，人三斛。無鰥寡篤癃。建光元年，賜鰥寡孤獨貧不能自存者穀，人三斛。無篤癃。延光元年與永元三年同。《順紀》永建元年、陽嘉元年。《桓紀》建和元年並與建初三年同。是建武以後奉爲常典矣。

嬰兒稟給　《後書・章紀》：「元和三年，詔曰：『蓋君人者，視民如父母，有憯怛之憂，有忠和之教，匍匐之救。其嬰兒無父母親屬，及有子不能養食者，稟給如律。』」

按：此恤嬰之政。詔云如律，舊法也。

令諸侯無入貢弛山澤減服御損郎吏貧發倉庾賣爵　《文紀》：「後六年，大旱，蝗。令諸侯無入貢。弛山澤。減諸服御。損郎吏員。發倉庾以振民。民得賣爵。」《補注》：「史索隱引崔浩云，富人欲爵，貧人欲錢，故聽買賣。」

聽民徙寬大地　《景紀》：「元年，詔曰：『間者歲比不登，民多乏食，夭絶天年，朕甚痛之。郡國或磽陿，無所農桑繫畜，或地饒廣，薦草莽，水泉利，而不得徙。其議民欲徙寬大地者，聽之。』」

禁食馬粟　「又後二年，以歲不登，禁内郡食馬粟，没入之。」顔注：「食讀曰飤。没入者，没入其馬。」

減漕以叔粟當賦　《昭紀》：「元鳳二年，詔曰：『朕閔百姓未贍，前年減漕三百萬石。頗省乘輿馬及苑馬，以補邊郡、三輔傳馬。其令郡國毋斂今年馬口錢。三輔、太常郡得以叔粟當賦。』」注：如淳曰：「《百官表》太常主諸陵，别治其縣，爵秩如三輔郡矣。元帝永光五年，令各屬在所郡也。」師古曰：「諸應出賦算租税者，皆聽以叔粟當錢物也。叔，豆也。」《補注》：「顧炎武曰：漢時田租本是叔粟，今并口算、褓征之用錢者皆令以叔粟當之，其獨行於三輔、太常郡者，不獨爲穀賤傷農，亦以減漕三百萬石，慮儲偫之乏也。何焯曰：此事得《禹貢》甸服本意。沈欽韓曰：下六年亦令以叔粟當賦，非常制也。六年詔曰：夫穀賤傷農，今三輔、太常穀減賤，其令以叔粟當賦。」

按：叔粟當賦，惟《昭紀》兩見，它《紀》所無。減漕亦僅見。

毋漕貸勿收責　「又三年，詔：『迺者民被水災，頗匱於食，朕虚倉廩，使使者振困乏。其止四年毋漕。三年以前所振貸，非丞相御史所請，邊郡受牛者勿收責。』」

罷中牟苑賦貧民　《昭紀》：「元鳳三年，罷中牟苑賦貧民。」顔注：「在滎陽。」

池籞未御幸者假與貧民　《宣紀》：「地節三年，又詔池籞未御幸者，假與貧民。」

按：各《紀》書省苑假池籞之事甚多，茲姑録二事，餘不備。

賜棺取傭　《光武紀》：「建武二十二年，地震裂。制詔曰：『日者地震，南陽尤甚。賜郡中居人壓死者棺錢，人三千。其口賦逋稅而廬宅尤破壞者，勿收責。吏人死亡，或在壞垣毁屋之下，而家羸弱不能收拾者，其以見錢穀取傭，爲尋求之。』」

貸種糧聽漁采　《和紀》：「永元十二年，詔貸被災諸郡民種糧。賜下貧鰥寡孤獨不能自存者、流民聽入陂塘漁采，以助蔬食。」

調租米　《安紀》：「永初元年，調揚州五郡租米，五郡謂九江、丹陽、吳郡、豫章也。揚州領六郡，會稽最遠，蓋不調也。贍給東郡、濟陰、陳留、梁國、下邳、山陽。」

貣積穀　《桓紀》：「永壽元年，敕州郡振給貧弱。若王侯吏民有積穀者，一切貣得十分之三，以助稟貸。其百姓吏民者，以見錢雇直。雇猶酬也。王侯須新租迺償。」

收葬　「又詔被水死流失屍骸者，令郡縣鉤收葬，及所唐突壓溺物故，七歲以上賜錢，人二千。壞敗廬舍，亡失穀食，尤貧者稟，人一斛。」

按：以上並救災之政。各《紀》所書遇災振貸之事，今不備録。

稟貸　《章紀》：「建初元年，詔三州郡國：『方春東作，恐人稍受稟，往來煩劇，或妨耕農。其各實尤貧者，計所貸并與之。流人欲歸本者，郡縣其實稟，令足還到，（賦）〔聽〕過止官亭，無雇舍宿。長吏親躬，無使貧弱遺脱，小吏豪右得容姦妄。』」

按：此常年稟貸之政。

畜蔬食勿收假税　《和紀》：「永元五年，令郡縣勸民蓄蔬食，以助五穀。其官有陂池，令得采取，勿收假税二歲。」

按：此輔助民食之政。

收葬賜葬錢　《安紀》：「元初二年，遣中謁者收葬京師客死無家屬及棺椁朽敗者，皆爲設祭。其有家屬尤貧無以葬者，賜錢人五千。」《質紀》：「永嘉元年，（設）〔詔〕：『兵役連年，死亡流離，或骸不斂，或停棺莫收，朕甚愍焉。昔文王葬枯骨，人賴其德。今遣使者案行，若無家屬及貧無資者，隨宜賜卹，以慰孤魂。』（永）〔本〕初元年，詔：『九江、廣陵二郡數離寇害，殘害最甚，生者失其資業，死者委尸原野。其調比郡見穀，出稟窮弱，收葬枯骸，務加理卹。』」

按：此各條乃掩骼埋胔之政。

稟貧人不實　《後書・魯丕傳》：「拜陳留太守，後坐稟貧人不實，徵司寇論。」

按：稟貧之事，百弊所叢，丕以循吏爲之，而竟至不實。僅以司寇論者，公過也。

賦卹非實　《後書・獻紀》：「興平元年，三輔大旱。是時穀一斛五十萬，豆麥一斛二十萬，人相食啖，白骨委積。帝使侍御史侯汶出太倉米豆，爲飢人作糜粥，經日而死者無（數）〔降〕。帝疑賦卹有虛，迺親於御坐前量試作糜，迺知非實，使侍中劉艾出讓有司。於是尚書令以下皆詣省閤謝，奏收侯汶考實。詔曰：『未忍致汶于理，可杖五十。』自是之後，多得全濟。」

按：此杖五十乃量決之數，非本法止此。以杖爲刑，自東漢已然。

郡被災害　《何武傳》：「出爲清河太守，坐郡中被災害什四以上，免。」《輯證》：「災害至什四爲重。成帝建始元年，詔郡國被災十四以上毋收田租。哀帝初即位，詔令水所傷縣邑及他郡國災害什四以上，民貲不滿十萬皆無出今年租賦。下逮靈帝熹平四年，亦詔令郡國遇災者減田租之半，其傷什四以上勿收責。蓋所傷過二三則實除減半之舊法不足以饒民，太守坐此免任，亦災異策免三公之例與？」

按：以災害而免郡守，非法也。他傳亦罕見，殆東京偶一行之。《唐律》户婚律諸部内有旱澇霜雹蟲蝗爲害之處，主司應言而不言及妄言者，杖七十，覆檢不以實者與同罪。其得罪並有故，非以災害也。

稟假貧人　《後書・竇憲傳》：「瓌以素自修，不被逼迫，明年坐稟假貧人，徙封羅侯，不得臣吏人。」注：「稟，給也。假貸貧人非侯家之法，故坐焉。」《虞詡傳》：「是時長吏二千石聽百姓讁罰者輸贖，號爲『義錢』，託爲貧人儲，而守令因以聚斂。詡上疏曰：『元年〔以來〕，貧百姓章言受取百萬以上者，匈匈不絶，讁罰吏人至數千萬，而三公、刺史少所舉奏。尋永平、章和中，州郡以走卒錢給貸貧人，司空劾(奏)〔案〕，州及郡縣皆坐免黜。今宜遵前典，蠲除權制。』於是詔書下詡章，切責州郡。讁罰輸贖自此而止。」

按：《朱浮傳》爲大司空，以賣弄國恩免以列侯。稟假貧人亦賣弄國恩之一端也，故罪之。

度田不實　《後書・光武紀》：「建武十五年，詔下州郡檢覈墾田頃畝及户口年紀。十六年，河南尹張伋及諸郡守十餘人，坐度田不實，皆下獄死。」注：「《東觀記》曰，刺史太守多爲詐巧，不務實核，苟以度田爲名，聚人田中，并度廬屋里落，聚人遮道啼(吁)〔呼〕。」《劉隆傳》：「守南郡太守。是時，天下墾田多不以實，又户口年紀互有增減。十五年，詔下州郡檢覈其事，而刺史太守多不平均，或優饒豪右，侵刻羸弱，百姓嗟怨，遮道號呼。時諸郡各遣〔吏〕奏事，帝見陳留吏牘上有書，視之，云『潁川、弘農可問，河南、南陽不可問。』帝詰吏由趣。吏不肯服，抵言於長壽街上得之。抵，欺也。帝怒。時顯宗爲東海公，年十二，在幄後言曰：『吏受郡敕，當欲以墾田相方耳。』帝曰：『卽如此，何故言河南、南陽不可問？』對曰：『河南帝城，多近臣，南陽帝鄉，多近親，田宅踰制，不可爲準。』帝令虎賁將詰問吏，吏乃實首服，如顯宗對。於是遣謁者考實，具知姦狀。明年，隆坐徵下獄，其疇輩十餘人皆死。帝以隆功臣，特免爲庶人。」《周章傳》：「後坐度人田不實徵，以章有功，但司寇論。月餘，免刑歸。」《晉書・傅玄傳》：「上便宜五事。其二曰，以二千石雖奉務農之詔，猶不勤心以盡地利。昔漢氏以墾田不實，徵殺二千石以十數。臣愚以爲宜由漢氏舊典，以警戒天下郡縣，皆以死刑督之。」

按：度田事極繁難，惟大亂後較易行之，建武之初正其時也。而當事者不肯實心爲之，故用重法以繩之，未必爲西京之舊制也。傅玄欲采漢法以昭警戒，可以見積習之難除矣。

月奉　《天官・冢宰》：「四曰祿位。」注：「祿如今月奉也。《釋文》奉，符用反。本或作俸。」疏：「古者祿皆月別給之。漢之月奉，亦月給之。」

丞相大司馬大將軍奉錢月六萬御史大夫奉月四萬　《成紀》：「綏和元年，罷將軍官。御史大夫爲大司空，封爲列侯。益大司馬、大司空奉如丞相。」注：如淳曰：「律，丞相、大司馬大將軍奉錢月六萬，御史大夫奉月四萬也。」《補注》：「洪亮吉曰：大司馬果如丞相，此何得云益？蓋宣帝地節三年置大司馬，不冠將軍，無印綬官屬，疑祿亦少減，故此增益之，與丞相等耳。注引律當屬武帝時制。《百官表》：成帝綏和元年，初賜大司馬金印紫綬。蓋因宣帝時有無印綬者，故云初賜，非有加於舊也。」《百官表》：「成帝綏和元年，初賜大司馬金印紫綬，置官屬，祿比丞相，去將軍。」

真二千石月得百五十斛歲凡得千八百石二千石月得百二十斛歲凡得一千四百四十石　《汲黯傳》：「令黯以諸侯相秩居淮陽。」注：如淳曰：「諸侯王相在郡守上，秩真二千石。律，真二千石月得百五十斛，歲凡得千八百石耳。二千石月得百二十斛，歲凡得一千四百四十石耳。」

中二千石一歲得二千一百六十石　《宣紀》：「神爵四年，潁川太守黃霸以治行尤異，秩中二千石。」注：如淳曰：「太守雖號二千石，有千石、八百石居者，有功德茂異乃得滿秩。霸得中二千石，九卿秩也。」晉灼曰：「此直謂二千石增秩爲中二千石耳，不謂滿不滿也。」師古曰：「如說非也。霸舊已二千〔石〕矣，今增爲中二千石以寵異之。此與地節三年增膠東相王成秩其事同耳。漢制，秩二千石者一歲得一千四百四十石，實不滿二千石也。其云中二千石者，一歲得二千一百六十石，舉成數言，故曰中二千石。中者，滿也。」《史記・外戚世家》：「娙何秩比中二千石，容華秩比二千石。」索隱：「按崔浩云，中猶滿也。漢制，九卿已上秩一歲滿二千斛。又《漢官儀》云，中二千石俸月百八十斛。二千石是郡守之秩，《漢官儀》云，其俸月百二十斛。又有真二千石者。如淳云，諸侯王相在郡守上，秩真二千石。《漢律》，真二千石俸月二萬。按是二萬斗也，則二萬斗亦是二千石也。崔浩云，列卿已上秩石皆正二千石。按此則是真二千石也。其云中二千石，亦不滿二千，蓋千八九百耳。此崔氏之說，今兼引而解之。」《輯證》：「按衛宏《漢舊儀》，元朔三年，以上郡、西河爲萬騎太守，月俸二萬。綏和元年，省大郡萬騎員秩，以二千石居。《類聚》四十五。引《晉書·百官志》李重儀云，漢法不得真秩，京房爲魏郡太守，以八百石居。」

按：《京房傳》石顯、五鹿充宗皆疾房，欲遠之，建言宜試以房爲郡守，元帝於是以房爲魏郡太守，秩八百石居。房以郎試爲郡守，驟遷秩，故以八百石居。黃霸連貶秩，歸潁川太守，以八百石居。或遷或貶，不得如郡守本秩，非郡守有八百石者。

百石奉月六百　《宣紀》：神爵三年，詔曰：「吏不廉平則治道衰，今小吏皆勤事而奉祿薄，欲其毋侵漁百姓難矣。其益吏百石以下奉十五。」注：如淳曰：「律，百石奉月六百。」韋昭曰：「若食一斛則益五斗。」《補注》：「宋祁曰：刊誤據《後漢志》及師古《百官表》注當云『律百石奉月十六斛』。先謙曰：《通鑑考異》云，《荀紀》云益吏百石以下俸五十斛，蓋以十五難曉，故改之。然詔云以下，恐難指五十斛。」

按：如注殊不明了，疑有脱誤。《續志》諸受奉皆半錢半穀。荀綽《晉百官表》注引漢延平中制，百石月錢八百。則此注之六百指錢言。舊本六百，復增八百也。

斗食月奉十一斛佐史月奉八斛　《百官表》：「百石以下有斗食佐史之秩。」顏注：「《漢官名秩簿》云，斗食月奉十一斛，佐史月奉八斛也。一說，斗食者歲奉不滿百石，計日而食一斗二升，故云斗食也。」

《續志》注引《漢書音義》曰：斗食禄，日以斗爲計。」《惠紀》：「二百石以下至佐史五千。」注：如淳曰：「律有斗食、佐史。」韋昭曰：「若今曹史書佐也。《孟子》庶人在官者注：若今之斗食、佐史除吏也。除吏，疏作「屬吏」。

按：師古所引乃建武之例，增於西京舊制。舊制則未詳。

益吏百石以下奉十五　詳上。

百官受奉例　《後書·光武紀》：「建武二十六年，詔有司增百官奉，其千石已上減於西京舊制，六百石以下增於舊秩。」《續志》：「百官受奉例：大將軍、三公奉，月三百五十斛。中二千石奉，月百八十斛。二千石奉，月百二十斛。比二千石奉，月百斛。千石奉，月八十斛。六百石奉，月七十斛。比六百石奉，月五十斛。四百石奉，月四十五斛。比四百石奉，月四十斛。三百石奉，月四十斛。比三百石奉，月三十七斛。二百石奉，月三十斛。比二百石奉，月二十七斛。一百石奉，月十六斛。斗食奉，月十一斛。佐史奉，月八斛。凡諸受奉，皆半錢半穀。」注：「《古今注》曰，建武二十六年四月戊戌，增吏奉如此，志例以明也。荀綽《晉百官表》注曰：漢延平〔中〕，中二千石奉，錢九千，米七十二斛。真二千石，月錢六千五百，米三十六斛。比二千石，月錢五千，米三十四斛。一千石，月錢四千，米三十斛。六百石，月錢三千五百，米二十一斛。四百石，月錢二千五百，米十五斛。三百石，月錢二千，米十二斛。二百石，月錢一千，米九斛。百石，月錢八百，米四斛八斗。」

按：《續志》所載乃建武之制，於西京舊制有減有增，若引以證西京之事，未必相符也。延平爲殤帝年號，《紀》不言減奉之事。《安紀》永初四年詔減百官及州郡縣奉各有差，以年饑行之，未必爲永制。《桓紀》延熹三年詔無事之官權絶奉，豐年如故。五年詔減虎賁、羽林住寺不任事者半奉，勿與冬衣，其公卿以下給冬衣之半。假公卿以下奉。又換王侯租以助軍糧，出濯龍中藏錢還之。其時歲比不登，不得已而出此，亦衰世之政也。

益三河郡太守秩户十二萬爲大郡　《元紀》：「建昭二年，益三河郡太守秩。户十二萬爲大郡。」《補注》：「王念孫曰：《漢紀》秩下有『中二千石』四字是也。太守秩二千石，益之則爲中二千石。下文『令三輔都尉、大郡都尉秩皆二千石』，與此文同一例。若無中二千石四字，則文義不明。先謙曰：官本『郡』上有『大』字。」

三輔都尉大郡都尉秩皆二千石　又「三年，令三輔都尉、大郡都尉秩皆二千石。」《補注》：「周壽昌曰：初比二千石也。比二千石穀月百斛，二千石穀月百二十斛。」

按：宣帝時二千石有治理效輒增秩賜金。王成爲膠東相，賜爵關内侯，秩中二千石。黄霸由刺史爲潁川太守，秩比二千石居官。蓋漢之郡守，其試守者秩禄不得如二千石。京房以八百石爲魏郡太守，此其證也。霸初爲太守而即比二千石，蓋優之也。後守京兆尹，秩二千石，連貶秩歸潁川太守官，以八百石居。後賜爵關内侯，秩中二千石。漢九卿並中二千石，霸與王成皆增秩爲中二千石，等於九卿矣。

除吏八百石五百石秩　《成紀》：「陽朔二年，除吏八百石、五百石秩。」注：李奇曰：「除八百就六百，除五百就四百。」

按：《百官表》諫大夫秩比八百石，它無八百石、五百石者。蓋成帝除之，故《表》亦不具。諫大夫比八百石，後當爲六百石矣。東京奉例亦無八百、五百二級，承西京之制也。

益吏三百石以下奉　《哀紀》：「綏和二年，益吏三百石以下奉。」

按：宣帝益百石以下，此益三百石以下奉，更爲優矣。其制則未聞。

亂妻妾位　《恩澤侯表》：「孔鄉侯傅晏，元壽二年坐亂妻妾位免，徙合浦。」

按：《唐律》以妾爲妻徒一年半，在《户婚律》中，罪尚不至遠徙。此自以傅后而從重也。《外戚傳》王莽白太皇太后下詔曰：「定陶共王太后與孔鄉侯晏同心合謀，背恩忘本，專恣不軌，與至尊同稱號，終没，至乃配食於左坐，誖逆無道。今令孝哀皇后退就桂宫。」後月餘，復與孝成趙皇后俱廢爲庶人，就其園自殺。

尚主不敬　《功臣表》：「張嗣侯申，坐尚南宫公主不敬，免。」顔注：「景帝女也。」

按：一不敬而卽免侯，漢法可謂重矣。少府陰就以子豐殺其妻酈邑公主，致坐自殺。永平二年。定遠侯班始殺其妻陰城公主罪至要斬，同産皆棄市，則竟以大逆無道論。此皆不可解者也。

婚姻非制　《彭宣傳》：「徙爲左將軍。歲餘，上欲令丁、傅處爪牙官，乃策宣曰：『有司數奏言，諸侯國人不得宿衛，將軍不宜典兵馬，處大位。朕唯將軍任漢將之重，而子又前取淮陽王女，婚姻不絶，非國之制。使光禄大夫曼賜將軍黄金五十斤、安車駟馬，其上左將軍印綬，以關内侯歸家。』」《酈寄傳》：

「孝景中二年，寄欲取平原君姊爲夫人，景帝怒，下寄吏，免。」注：蘇林曰：「景帝王皇后母臧兒也。」

按：彭宣之免，哀帝欲以丁、傅處爪牙，藉詞以爲非。然亦可見漢世婚姻之制，自有律文也。平原君爲景帝王皇〔后〕之母，先嫁王氏，後嫁田氏，其年必甚長，其姊之年必更長，而酈寄欲取而景帝怒之，皆不可解，必別有故，史文不具耳。《唐律》違律爲婚在《户婚》。

棄妻畀所齎　《禮記・雜記下》：「有司官陳器皿，主人有司亦官受之。」注：「器皿，其本所齎物也。律，棄妻畀所齎。」

按：所齎者，今俗所謂奩物也，本妻所自有，故畀之。近世棄妻之事實以罕見，若有棄者，所齎物亦必歸之，否則争端起矣。《唐律》妻無七出在《户婚》。

宮人出嫁不得適諸國　《後書・樂成靖王傳》：「舊禁，宮人出嫁，不得適諸國。有故掖庭技人哀置，嫁爲男子章初妻，黨召哀置入宮與通。初欲上書告之，黨恐懼，乃密賂哀置姊焦，使殺初。事發覺，黨乃縊殺内侍三人，以絶口語。又取故中山簡王傅婢李羽生爲小妻。永元七年，國相舉奏之。和帝詔削東光、鄡二縣。」《陳思王鈞傳》：「後鈞取掖庭出女李嬈爲小妻，復坐削圜、宜禄、扶溝三縣。」

按：此二事樂成重而陳輕，乃陳削三縣而樂成止削二縣，反似陳重而樂成輕。或曰陳先因殺人曾削三縣，今又犯法故從重比。然前事久已論決，不得復重科。樂成縊殺内侍三人，尚在奴隸之列，而謀殺章初，情節較重，豈章初並未殺訖，故得從輕耶？

漢中巴蜀廣漢自擇伏日　《風俗通》曰：「漢中、巴蜀自擇伏日。俗説漢中、巴蜀、廣漢土地温暑，草木早生晚枯，氣異中國，夷狄畜之，故令自擇伏日也。謹案《漢書》，高帝分四郡之衆，用良、平之策，還定三秦，席卷天下。蓋君子所因者本也，諸公定封，加以金帛，重復寵異，令自擇伏日，不同於風俗也。」《晉志》：「改諸郡不得自擇伏日，所以齊風俗也。」

按：此條今本《風俗通》逸，見《類聚》、五。《御覽》。三十一。《晉志》所云，乃《魏律》所改。

伏閉盡日　《後書・和紀》：「永元六年六月己酉，初令伏閉盡日。」注：「《漢官舊儀》曰，伏日萬鬼行，故盡日閉，不干它事。」

反支日不受章奏　《後書・王符傳》：「明帝時，公車以反支日不受章奏。帝聞而怪曰：『民廢農桑，遠來詣闕，而復拘以禁忌，豈爲政之意乎？』於是遂蠲其制。」注：「凡反支日，用月朔爲正。戌、亥朔一日反支，申、酉朔二日反支，午、未朔三日反支，辰、巳朔四日反支，寅、卯朔五日反支，子、丑朔六日反支。見《陰陽書》也。」

按：以上二事皆陰陽家俗忌，明帝蠲除反支不受章奏之制，可謂明決。今時拘忌雖多，此二事則無聞矣。

及其門首洒潸　《説文》水部：「潸，所以擁水也。從水昔聲。《漢律》曰，及其門首洒潸。」段曰：「蓋謂擁水於人家門前有妨害也。所責切，曹憲倉故反。」

按：《唐律》穿垣出穢污在《雜律》侵巷街阡陌條内，亦謂於人有妨害也，與《漢律》此條意同。

掊　《説文》手部：「掊，把也。今鹽官入水取鹽爲掊。」《續百官志》：「置鹽官。」注：「胡廣曰，鹽官掊坑而得鹽。」

按：今時長蘆晒鹽之法猶如此。

帣　《説文》巾部：「帣，囊也。今鹽官三斛爲一帣。从巾𢍏聲。居捲切。」段曰：「舉漢時語證之，掊字下云云皆漢時鹽法中語。」

按：《集韻》囊有底曰帣。《廣韻》三石爲一帣。今鹽以包及斤兩計，與漢法不同。

漢律摭遺卷十六

傍章

《輯證》以叔孫通益律所不及，卽以所撰禮儀益之，其說詳前目錄中。今據此說，凡關於禮儀者，彙列於此。

祠宗廟丹書告　《說文》系部：「縡，籀文繒。從宰省。揚雄以爲《漢律》祠宗廟丹書告。」《韻會》引《說文》「告」下有「也」字。段曰：「縡爲祠宗廟丹書告神之帛，見於《漢律》者字如此作，揚雄言之。雄《甘泉賦》曰，上天之縡，蓋卽謂郊祀丹書告神者。此則從宰，不省者也。」

按：繒，帛也。帛，繒也。是爲轉注。縡則繒之籀文也。

祠𥙊司命　《說文》示部：「𥙊，以豚祠司命也。《漢律》曰祠𥙊司命。」段曰：「鄭注《周禮》曰，求福曰禱，得求曰祠。此祠與春祭之祠異。《祭法》注曰，司命小神，居（令間）〔人之間〕，司察小過作譴告者。主督察三命。今時民家或春秋祀司命。《風俗通義》曰：《周禮》司命，文昌也。今民間祀司命，刻木長尺二寸爲人像，行者擔篋中，居者别小屋。齊地大尊重之，汝南餘郡亦多有。皆祠以睹，率以春秋之月。按睹同豬，許所謂豚也。應說司命爲文昌，鄭說人間小神，未知許意何居也？」

按：祉，《切韻》卑履切。《初學記》引，俾利反。《廣韻》卑履、毗至二切。

祕祝　《史記·文紀》：「十三年，上曰：『蓋聞天道，禍自怨取，而福繇德興，百官之非，皆由朕躬。今祕祝之官，移過於下，以彰吾之不德，朕甚不取。其除之。』」

按：《輯證》云，蕭何律有此。

祝釐　《史記·文紀》：「十四年，上曰：『朕獲執犧牲珪幣以事上帝宗廟，十四年于今，歷日彌長。以不敏不明而久撫臨天下，朕甚自愧。其廣增諸祀墠場珪幣。昔先王遠施，不求其報，望祀不祈其福，右賢左戚，先民後己，至明之極也。今吾聞祠官祝釐，皆歸福朕躬，不爲百姓，朕甚愧之。夫以朕不德，而躬享獨美其福，百姓不與焉，是重吾不德。其令祠官〔致敬〕，毋有所祈。』」

按：祝釐與祕祝相類，律有祕祝，當亦有祝釐也。釐音僖，福也。

祭功臣於廟庭　《夏官·司勳》：「凡有功者，銘書於王之大常，祭於大（丞）〔烝〕。」注：「今漢祭功臣於廟庭。」《漢制考》：「《漢舊儀》，宗廟祭功臣四十人，食堂下，惟御僕滕公祭於廟門外塾。」

按：漢功臣之祭于廟廷者四十人，未知皆是何人？它無可考，唯滕公見於此。今《漢舊儀》無此條。

見姅變不得侍祠　《說文》女部：「姅，婦人污也。博幔切。《漢律》曰，見姅變不得侍祠。」段曰：「謂月事及免身及傷孕皆是也。《廣韻》曰，姅，傷孕也。傷孕者，懷子傷也。按見姅變如今俗忌入產婦房也。不可以侍祭祀。《內則》曰，夫齋則不入側室之門，正此意。《漢律》與《周禮》相爲表裏。」

按：此漢法之本于《周禮》者。說者謂漢禮全襲秦制，亦未攷耳。

乏祠　《功臣表》：「睢陵侯張昌，坐爲太常乏祠，免。」顔注：「祠事有闕也。」

按：乏祠之事，所包者廣，兹但此條。餘條《表》稱不如令者，已入不如令門。

侍祠　《史記・文紀》：「後七年，郡國諸侯宜各爲孝文皇帝立太宗之廟。諸侯王列侯使者侍祠天子，歲獻祖宗之廟。」集解：「張晏曰：王及列侯歲時遣使詣京師，侍祠助祭也。如淳曰：若光武廟在章陵，南陽太守稱使者往祭是也。不使侯王祭者，諸侯不得祖天子也。凡臨祭祀宗廟，皆爲侍祭。」《續百官志》：「舊列侯奉朝請在長安者，位次三公。中興已來，惟以功德賜位特進者，次車騎將軍。賜位朝侯，次（王）〔五〕校尉。賜位侍祠侯，次大夫。」

按：列侯侍祠之制，定于西京，至東京尚遵行之，《續志》有侍祠侯名目。侍祠侯之下尚有猥諸侯，蓋不在侍祠之列矣。據《文紀》注，諸侯遣使侍祠，則不皆親侍祠。《輯證》謂諸侯親侍祠，或指八月嘗酎，會諸侯而言固也。然列侯之在長安者，自當親侍祠，無遣使侍祠之理。其列侯之在國者，卽八月嘗酎，亦非人人皆親自來也。

侍祠醉歌　《功臣表》：「秺侯商丘成，坐爲詹事侍祠孝文廟，醉歌堂下曰：出居安能鬱鬱。大不敬，自殺。」《補注》：「先謙曰：《公卿表》成坐祝詛自殺，與此異。案成以征和二年爲御史大夫，此云爲詹事誤。」

按：成時以列侯爲御史大夫，自不能親侍祠；醉歌雖是大不敬，然罪不至死，何至遽自殺？《百官表》以爲祝詛者，其事爲近。

山陵未成置酒歌舞　《恩澤侯表》：「成都嗣侯況，綏和二年坐山陵未成，置酒歌舞，免。」

臨喪後　《功臣表》：「北平嗣侯類，坐臨諸侯喪後，免。」《史記·張蒼傳》：「類代爲侯，坐臨諸侯喪後，就位不敬，國除。」《續禮儀志》：「列侯薨，百官會送如故事。」

按：以上二事，殆皆以不敬論。

予寧　《哀紀》：「綏和二年，即位，詔博士弟子父母死予寧三年。」顏注：「寧謂處家持喪服。」《補注》：「何焯云，漢制之失，莫大於仕者不爲父母行服三年，達禮於是焉廢。其予寧者不過自卒至葬後三十六日而已。哀帝既許博士弟子予寧三年，何不推之既仕者乎？至安帝元初三年，鄧太后臨朝，初聽大臣、二千石、刺史行三年喪。至建元元年，安帝親政，宦豎不便，復議斷之。桓帝永興二年，初聽刺史、二千石行三年喪。延熹二年復斷之。若公卿，則終漢之祚，不議行三年喪服也。」

按：《安紀》元初三年書「初聽大臣、二千石、刺史行三年喪。」而《劉愷傳》所議惟刺史、二千石，無大臣。《陳忠傳》又專言大臣。漢之大臣，三公九卿也，未聞有行三年服者。殆此制行之僅數年，故大臣尚無行之者。

告歸　《高紀》：「高祖嘗告歸之田。」注：服虔曰：「告者，加嘷呼之嘷。」李斐曰：「休謁之名，吉曰告，凶曰寧。」孟康曰：「古者名吏休假曰告。告又音嚳。《漢律》，吏二千石有予告，有賜告。予告者，在官有功最，法所當得也。賜告者，病滿三月當免，天子優賜其告，使得帶印綬將官屬歸家治病。至成帝時，郡國二千石賜告不得歸家。至和帝時，予、賜並絶。」師古曰：「告者請謁之言，謂請休耳。或謂之謝，謝亦告也。假爲嗥、嚳二音，並無別義，固當依本字以讀之。《左傳》韓宣子告老。《禮記》曰若不得謝。《漢書》諸云謝病皆同義。」

吏二千石有予告有賜告　見上條。又《衛綰傳》：「上廢太子，誅栗卿之屬。上以綰爲長者不忍，乃賜綰告歸，而使郅都治捕栗氏。」《輯證》：「此不因病而賜告，以區別於罷歸者。《汲黯傳》：黯多病，病滿三月，上帝賜告者數，終不瘉。最後嚴助爲請告。注：如淳曰：杜欽所謂病滿賜告，詔恩也。數者，非一也。師古曰：數音所角反。《谷永傳》：數年，出爲安定太守。平阿侯譚年次當繼大將軍鳳輔政，與永善。鳳薨，薦從弟御史大夫音以自代。由是譚、音相與不平。永遠爲郡(史)〔吏〕，恐爲音所危，病滿三月免。又云：曲陽侯根爲票騎將軍，薦永，徵入爲大司農。歲餘，永病，三月，有司奏請免。故事，公卿病，輒賜告，至永獨卽時免。」

吏二千石以上告歸歸寧道不過行在所者便道之官無辭　《馮野王傳》注：如淳曰：「律，二千石以上告歸歸寧，道不過行在所者，便道之官無辭。」

按：告歸之制秦時已有，漢承之。予告者，三月當免。賜告則出自特恩。汲黯常賜告，最後嚴助爲請告，是又有他人代請告之例。此優典也，二千石不皆賜告。谷永以太守病滿三月免，其常也。其後以九卿而不賜告，則出于上意矣。《初學記》：二十。《晉起居注》曰，孝武太康元年，詔大臣疾病假滿三月解職。《白帖》四十三。引此文「解職」上有「不差」二字。《皇甫湜集》韓文公神道碑：病滿三月免。是自晉至唐，並承此制。

被害者與告　《元紀》：「永光五年，潁川水出，流殺人民，吏、從官縣被害者與告，士卒遣歸。」注：「晉灼曰：『從官，猶從役從軍也。』臣瓚曰：『告，休假也。』師古曰：『晉說非也。從官卽上侍從之官也。言凡爲吏爲從官其本縣有被害者，皆與休告。』」

按：此亦特恩。

吏五日得一下沐　《初學記》：二十。「休假亦曰休沐。《漢律》，吏五日得一下沐，言休息以洗沐也」。《楊惲傳》：「移病盡一日，輒償一沐。」注：「晉灼曰：『五日一洗沐也。』」《薛宣傳》：「及日至休吏，賊曹掾張扶獨不肯休，坐曹治事。宣出教曰：『蓋禮貴和，人道尚通。日至，吏以令休，所繇來久。曹雖有公職事，家亦望私恩意。掾宜從衆，歸對妻子，設酒肴，請鄰里，壹笑爲樂，斯亦可矣。』扶慙愧。官屬善之。」

按：至日休吏，在五日一沐之外者。薛宣之教，亦近人情。

越宮律

闌入宮門殿門　賈誼《新書·等齊篇》：「天子宮門曰司馬，闌入者爲城旦。諸侯宮門曰司馬，闌入者爲城旦。殿門俱爲殿門，闌入之罪亦俱棄市。」《功臣表》：「平陽嗣侯宗，征和二年坐與中人姦，闌入宮掖門，入財贖，完爲城旦。」《補注》：「錢大昭曰：《世家》宗坐太子死國除。《五行志》征和二年二月巫蠱事興，宗下獄死。與此異。」又「長平嗣侯伉，蘭入宮，完爲城旦。」《補注》：「『蘭』當爲『闌』，誤加艸。」

《外戚孝昭上官皇后傳》:「又桀妻父所幸充國爲太醫監，闌入殿中，下獄當死。冬月且盡，蓋主爲充國入馬二十匹贖罪，乃得減死論。」《成紀》:「建始三年，虒上小女陳持弓聞大水至，走入横城門，闌入尚方掖門。」注:應劭曰:「無符籍妄入宫曰闌。掖門者，正門之傍小門也。」師古曰:「掖門在兩傍，言如人背掖也。」《汲黯傳》:「闌出財物。」注:臣瓚曰:「無符傳出入爲闌也。」《後書·孔融傳》:「路粹枉狀奏融不遵朝儀，秃巾微行，唐突宫掖。」《説文》門部:「䦨，妄入宫掖也。讀若闌。」段曰:「《漢書》以『闌』爲『䦨』字之叚借，又或作『蘭』。《列子》宋有蘭子。張湛注曰:凡物不知生之主曰蘭。殷敬順曰:《史記》無符傳出入謂之闌。此蘭子謂以技妄遊。」

按:《新書》所言乃漢初之制。蓋漢初立諸王，因項羽所立諸王之制，百官皆如朝廷，故門禁亦與漢朝無異。迨景帝後，諸侯王不得復治其國，天子爲置吏，百官皆損其員，似此禁亦必不復用矣。平陽侯曹宗本《傳》亦云有罪完爲城旦，惟《史記·世家》稱坐太子死，或免侯之後復坐太子事死於獄也。據段説，則衞伉《表》之「蘭」字或非誤字。然他《表》皆作「闌」。

闌入甘泉上林 《功臣表》:「山都嗣侯當，坐闌入甘泉上林，免。」

按:甘泉上林非宫殿之比，故闌入者罪亦輕。《唐律》闌入宫門、闌入非御在所各條並《衞禁律》。其闌入禁苑者視宫門輕二等，亦用《漢律》之義。

失闌 《王嘉傳》:「爲郎，坐户殿門失闌，免。」顔注:「户，止也。嘉掌守殿門，止不當入者，而失闌入之，故坐免也。《春秋左氏傳》曰，屈蕩户之。」

按：此《唐律》所云守衛不覺也。

衣襜褕入宮　《恩澤侯表》：「武安嗣侯恬，坐衣襜褕入宮不敬，免。」顏注：「衣謂著之也。襜褕，直裾襌衣也。襜音昌占反。褕音踰。」

按：襜褕，私居之服。此卽《曲禮》重素袗絺綌不入公門之意，以其褻也。《說文》衣部：褕，翟羽飾衣。一曰直裾，謂之襜褕。段曰：《方言》，襜褕，江淮、南楚謂之襜褣，自關而西謂之襜褕。《釋名》，荆州謂襌衣曰布襹，亦曰襜褕，言其襜褕宏裕也。師古注《急就篇》及《雋不疑傳》曰，直裾襌衣也。《史記》索隱曰，謂非正朝衣，如婦人服也。

無引籍不得入宮司馬殿門　《天官・宮正》：「幾其出入。」注：「鄭司農云，幾其出入，若今時宮中有罪禁止不得出亦不得入，及無引籍不得入宮司馬殿門也。玄謂幾，荷同呵。其〔衣服〕持操及疏數者。」疏：「先鄭引今時者謂漢法，言引籍者有門籍及引人乃得出入也。又云司馬殿門者，漢宮殿門每門皆司馬二人守門，比千石，皆號司馬殿門也。玄謂幾荷其衣服持操及疏數者，案《閽人》云，喪服凶器不入宮，潛服賊器不入宮，奇服怪民不入宮。《司門》云幾出入不物者，謂衣服視占不與衆同，及所操物不如品式者。職雖不同，皆是守禁。此經直云幾其出入，明知漢有此呵其衣服持操及疏數，此增成司農義也。」《閽人》：「掌守王宮之中門之禁。」注：「中門於外内爲中，若今宮闕門。」《梁孝王傳》：「梁之侍中、郎、謁者著引籍出入天子殿門，與漢宦官無異。」《竇嬰傳》：「太后除嬰門籍，不得朝請。」《秋官・士師》「五禁」注：「今宮門有符籍。」

按司馬殿門卽司馬門也。《漢官儀》公車司馬掌殿司馬門，司馬殿門亦卽殿司馬門也。賈疏爲司馬殿門詳釋之，或疑鄭注殿字衍者，非也。《唐律》宫殿門無籍、無著籍入宫殿各條在《衞禁》。

宫中有罪禁止不得出亦不得入　見上條。《嚴延年傳》：「後復劾大司農田延年持兵干屬車，大司農自訟不干屬車。事下御史中丞，譴責延年何以不移書宫殿門禁止大司農，而令得出入(官)〔宫〕。於是覆劾延年闌内罪人，法至死。」注：張晏曰：「故事，有所劾奏，並移宫門，禁止不得入。」

按：先鄭所引當爲《漢律》原文，與《延年傳》之不禁止得出入相合。張晏注但言不得入，於漢法未全，或「入」上脱一「出」字。

從官給事宫司馬中者得爲大父母父母兄弟通籍　《元紀》：「初元四年，令從官給事宫司馬中者，得爲大父母父母兄弟通籍。」注：應劭曰：「從官，謂宦者及虎賁、羽林、太醫、太官是也。司馬中者，宫内門也。司馬主武，兵禁之意也。籍者，爲二尺竹牒，記其年紀名字物色，縣之宫門，案省相應，乃得入也。」師古曰：「應説非也。從官，親近天子常侍從者皆是也。故此下云科第郎、從官。司馬門者，宫之外門也。衞尉有八屯，衞候司馬主衞士徼巡宿衞。每面各二司馬，故謂宫之外門爲司馬門。」《補注》：「錢大昭曰：《漢舊儀》皇帝起居儀，宫司馬内，百官案籍出入。營衞周廬，晝夜誰何。先謙曰：宫司馬中，謂宫中及司馬門中也。顔以司馬爲宫之外門是，應言宫内門非也。」

按：此以從官常在禁中，故優待之。

衛宮　《後書・胡廣傳》：「延熹二年，大將軍梁冀誅，廣與司徒韓縯、司空孫朗坐不衛宮，皆減死一等，奪爵土免爲庶人。」《桓紀》：「太尉胡廣坐免，司徒韓縯、司空孫朗下獄。」〔注〕：「《東觀記》曰，並坐不衛宮，止長壽亭，減死一等，以爵贖之。」

按：衛宮非三公之責，此特以討冀之時三公不與聞，因而免之耳。

諸出入殿門及公車司馬門者皆下不如令罰金四兩　《張釋之傳》：「上拜釋之爲公車令。頃之，太子與梁王共車入朝，不下司馬門。於是釋之追止太子、梁王毋入殿門。遂劾不下公門不敬，奏之。」注：如淳曰：「宮衛令，諸出入殿門公車司馬門者皆下，不如令，罰金四兩。」

按：《史記・釋之傳》注「皆下」之上有「乘軺傳者」四字。此衛宮之事，宮衛令當屬于《越宮律》中。

酎宗廟騎至司馬門　《恩澤侯表》：「高平嗣侯弘，坐酎宗廟，騎至司馬門，不敬，削爵一級爲關內侯。博陽嗣侯顯同。」《韋玄成傳》：「後以列侯侍祀孝惠廟，當晨入廟，天雨淖，不駕駟馬車而騎至廟下。有司劾奏，等輩數人皆削爵爲關內侯。」

按：此以騎至廟門爲不敬，三侯皆削一級，視上條之罰金爲重矣。觀於《玄成傳》，凡侍祠者當乘駟馬車矣。

部署諸廬者舍其所居寺　《天官・宮正》：「以時比宮中之官府，次舍之次序。」注：「時，四時。比，（據）〔校〕次其人之在否。官府之在宮中者，若膳夫、玉府、內宰、內史之屬。次諸吏直宿，若今時部署諸廬者舍其所居寺。」疏：「寺卽舍也，是官府退息之處。」《漢制攷》曰：「《史記・秦紀》衛令曰，周廬設卒甚謹。《西京賦》曰，徼道外周，千廬内傳。胡廣曰，衛士於周垣下爲區廬。」

按：周廬設卒亦古制也。

蹕先至而犯者罰金四兩　《張釋之傳》：「頃之，上行中渭橋，有一人從橋下走，乘輿馬驚。於是使騎捕之，屬廷尉。釋之治問。曰：『縣人來，聞蹕，匿橋下。久，以爲行過，既出，見車騎，卽走耳。』釋之奏當：『此人犯蹕，當罰金。』上怒曰：『此人親驚（我）〔吾〕馬，馬賴和柔，令它馬，（豈）〔固〕不敗傷我乎？而廷尉乃當之罰金！』釋之曰：『法者天子所與天下公共也。今法如是，更重之，是法不信於民也。且方其時，上使使誅之則已。今已下廷尉，廷尉，天下之平也，壹傾，天下用法皆爲之輕重，民安所錯其手足？唯陛下察之。』上良久曰：『廷尉當是也。』」注：如淳曰：「《乙令》蹕先至而犯者，罰金四兩。」《史記・釋之傳》「此人犯蹕」作「一人犯蹕」。錢大昕《三史拾遺》云：「此律文二人以上則犯當加重。《漢書》作『此人』，於義爲短。」《補注》：「沈欽韓曰：唐《衞禁律》車駕行，衝隊者徒一年，衝三衞仗者徒二年。如云罰金四兩，是《漢律》較《唐律》輕也。」

按：《唐律》車駕行衝隊，誤者各減二等，誤入隊間杖九十，仗間徒一年。《漢律》多簡，或無隊間、仗間之别。杖九十較罰金四兩固不爲重，卽徒一年亦未爲重。緣漢世所罰者係黄金，重至四兩亦不輕矣。犯蹕者同時如有數人，此爲各自身犯罪，無首從，與私越度關、擅入宫殿門者其法正同，無以人數加重之理。《唐律》車駕行衝隊亦無以人數加重之文。錢氏據《史記》一人犯蹕語，謂二人以上罰當加重，其説非。

衛士填街蹕　《天官・宫正》：「凡邦之事，蹕宫中廟中。」注：「鄭司農云，國有事，王當出，則宫正主禁絶行者，若今時衛士填街蹕矣。」疏：「漢儀，大駕行幸，使衛士填塞街巷以止行人，備非常也。」

執金吾下至令尉奉引　《秋官・小司寇》：「前王而辟。」注：「鄭司農云，小司寇爲王道辟除姦人也，若今時執金吾下至令尉奉引矣。」《百官表》：「中尉，武帝太初元年更名執金吾，屬官有式道、左右中候。」《續志》：「執金吾本有式道、左右中候三人，六百石，車駕出掌在前清道，還持麾至宫門，宫門乃開。中興但一人，又不常置，每出以郎兼式道候，事已罷，不復屬金吾。」《漢舊儀》：「皇帝起居儀，輦動則左右侍帷幄者稱警，車駕則衛官填街騎士塞路，出殿則傳蹕止人清道，建五（族）〔旗〕，丞相九卿執兵奉引。」《續輿服志》：「乘輿大駕，公卿奉引，太僕御，大將軍參乘。屬車八十一乘，薛綜曰：屬之言相連屬也。皆在後爲三行。備千乘萬騎。西都行祠天郊，甘泉備之。官有其注，名甘泉鹵簿。東都唯大行乃大駕。大駕，太僕校駕；法駕，黄門令校駕。乘輿法駕，（八）〔公〕卿不在鹵簿中。河南尹、執金吾、雒陽令奉引，奉車郎御，侍中參乘。屬車四十六乘，前驅有九斿靈罕。最後一車懸豹尾，薛綜曰：侍御史載之。豹尾以前比省中。」注：「《小學漢官篇》曰，豹尾過後，罷屯解圍。胡廣曰，施於道路，豹尾之内爲省中，故須過後，屯圍乃得解，皆所以戒不虞也。」

按：《霍光傳》：「宣帝始立，謁見高廟，大將軍光從驂乘，上内嚴憚之，若有芒刺在背。」卽《續志》所云大將軍驂參也。似不止行祠天郊甘泉大將軍乃驂乘矣。惟它官得代之。《光傳》所云車騎將軍張安世代光也。

出入屬車間　《功臣表》：「高苑嗣侯信，坐出入屬車間，免。」顏注：「天子出行，陳列屬車，而輒至於其間。」

卒辟車　《秋官・條狼氏》：「以趨辟。」注：「趨辟，趨而辟行人，若今時卒辟車之爲也。」《續輿服志》：「大使車，辟車四人。」注：「《周禮・滌狼氏》干寶注曰，今卒辟車之屬。」又：「黄綬，武官伍百，文官辟車。軨下、侍閤、門闌、部署、街里走卒，皆有程(亦)〔品〕，多少隨所典領。」

按：大使車有辟車四人，是使者可以辟除行人矣。武官伍百、文官辟車皆有程，亦是凡屬官屬皆得辟除行人矣。《孟子》曰，君子平其政，行辟人可也。然則古制已如是也。

三公出城郡督郵盜賊道　《秋官・鄉士》：「三公若有邦事，則爲之前驅而辟。」注：「鄭司農云，鄉士爲三公道也，若今時三公出城郡督郵盜賊道也。」疏：「郡督郵盜賊道也者，郵謂郵行往來，盜賊謂舊爲盜賊即不良之人。故郡内督察郵行者，是盜賊之人使之道，以況鄉士爲道相類也。」校勘記：「《漢讀攷》云，《廣韻》引《釋名》曰，督郵主諸縣罰負郵殿糾攝之。此『盜賊』似衍字。郡督郵爲三公導，若鄉士爲三公導也。按賈疏本有『盜賊』二字，並曲爲之説。」

按：《續百官志》州郡其監屬縣有五部督郵曹掾一人，所謂郡督郵也。「盜賊」或爲「賊曹」之譌，郡之屬官有賊曹掾。《續志》大使車導從有賊曹車、督車，賊曹掾主盜賊，應在導從之列也。賈説難通。

無故擅入官府 《秋官・士師》「五禁」注：「今官府有無故擅入。」

按：此由擅入宮殿門推之者，故列于此。

漏泄省中語 《賈捐之傳》：「長安令楊興新以材能得幸，與捐之相善。捐之欲得召見，謂興曰：『京兆尹缺，使我得見，言君蘭，京兆尹可立得。』興曰：『縣官言興瘉薛大夫，我易助也。君房下筆，言語妙天下，使君房爲尚書令，勝五鹿充宗遠甚。』捐之曰：『捐之前言平恩侯可爲將軍，期思侯並可爲諸曹，皆如言。又薦謁者滿宣，立爲冀州刺史。言中謁者不宜受事，宦者不宜入宗廟，立止。相薦之信，不當如是乎。』石顯聞知，白之上。乃下興、捐之獄，令皇后父陽平侯禁與顯共雜治。奏興、捐〔之〕懷詐僞，以上語相風，更相薦譽，欲得大位，漏洩省中語，罔上不道，請論如法。捐之竟坐棄市。興減死一等，髡鉗爲城旦。」《陳咸傳》：「是時，中書令石顯用事顓權，咸頗言顯短，顯等恨之。時槐里令朱雲殘酷殺不辜，有司舉奏，未下。咸素善雲，雲從刺侯，教令上書自訟。於是石顯微伺知之，白奏咸漏洩省中語。下獄掠治，減死，髡爲城旦。」《元紀》：「建昭二年，淮陽王舅張博、魏郡太守京房，坐窺道諸侯王以邪意，漏洩省中語，博要斬，房棄市。」《京房傳》：「淮陽憲王舅張博從房受學，以女妻房。房與相親，每朝見，輒爲博道其語，以爲上意欲用房議，而羣臣惡其害己，故爲衆所排。博具從房記諸所説災異事，因令房爲淮陽王作求朝奏草，皆持束與淮陽王。石顯微司具知之，以房親近，未敢言。及房出守郡，顯告房與張博通謀，非謗政治，歸惡天子，詿誤諸侯王，語在《憲王傳》。初，房見道幽厲事，出爲御史大夫鄭弘言之。房、博皆棄市，弘坐免爲庶人。」《紀》博要斬，《傳》棄市，不同。《百官表》：「孝成河平二年，楚相齊宋登爲京兆尹，貶爲東萊都尉，未發，坐漏洩省中語，下獄自殺。」《趙充國傳》：「初，破羌將軍武賢辛武賢。在軍中時與中郎將卬充國子。宴語，卬道：『車騎將軍張安世始嘗不快上，上欲誅之，卬家將軍以爲安世本持橐簪筆事孝武帝數十年，見謂忠謹，宜全度之。安世用是得免。』及充國還言兵事，武賢罷歸故(國)〔官〕，深恨，上書告卬泄省中語。卬坐禁止而入至充國莫府司馬中亂屯兵，下吏自殺。」《師丹傳》：「又丹使吏書奏，吏私寫其草。丁傅子弟聞之，使人上書，告丹上封事行道人偏持其書。上以問將軍、中朝臣，皆對曰：『忠臣不顯諫，大臣奏事不宜漏泄。令吏民傳寫，流聞四方，宜下廷尉治。』廷尉劾丹大不敬。詔勿治，罷歸。」《孔光傳》：「太后從弟子傅遷尤佞邪，上免官遣歸故郡。傅太后怒，上不得已，復留遷。光與大司空師丹奏言：『詔書侍中駙馬都尉遷巧佞無義，漏泄不忠，國之賊也，免歸故郡。復有詔止，天下疑惑。臣請歸遷故郡，以銷姦黨。』卒不得遣，復爲侍中。」《後書·鄭弘傳》：「奏尚書張林阿附侍中竇憲而素行臧穢，又上洛陽令楊光，竇之賓客，在官貪殘，並不宜處位。書奏，吏與光故舊，因以告之。光報憲，憲奏弘大臣漏泄密事。帝詰讓弘，收上印綬。弘自詣廷尉，詔敕出之。」

按：漏泄省中語，孝昭以前此獄詞甚罕，辛武賢之告趙卬已爲僅見。石顯陷賈捐之、陳咸、京房三人皆以此爲詞，小人之害人，以語言之細，殺人以自快，亦可哀矣。博、捐之、房棄市，咸城旦，其等級若何分別，亦不可詳。趙卬及宋登自殺，未定獄。師丹罷歸，鄭弘收印綬，獄皆未成。孔光、師丹逐一傅遷而不能，亦可見君子之直，不若小人之巧也。《唐律》漏洩大事在《職制》。所漏洩者如關于軍事國政自當重論，否則尋常燕私之語，烏可遂以殺人哉？

泄祕書　《百官表》：「元鳳四年，蒲侯蘇昌爲大常，坐籍霍山書泄祕書，免。」顏注：「以祕書借霍山。」《補注》：「顧炎武曰：顏說非也。蓋籍没霍山之書中有祕書，當密奏之，而輒以示人，故以宣泄罪之。《山傳》言山坐寫祕書，顯爲贖罪。若山之祕書從昌借之，昌之罪不止免官而已。且如顏說，云坐借霍山祕書足矣，何用辭復。」

按：祕書與省中語不同，豈其有關于國是者，故加之罪歟？

刺探尚書事　《秋官·士師》：「一曰邦汋。」注：「鄭司農云，汋讀如酌，酒尊中之酌。國汋者，斟汋盜取國家密事，若今時刺探尚書事。」疏：「漢時尚書掌機密，有刺探尚書密事，斟酌私知，故舉爲況也。」《後書·楊倫傳》：「有司以倫言切直，辭不遜順，下(云)〔之〕。尚書奏倫探知密事，(徼)〔激〕以求直，坐不敬，結鬼薪。結，正其罪也。詔特原之。」

按：尚書密事多關國是，刺探之者必將藉以爲姦利也，其情節實較漏泄爲重。乃漏泄之獄多而刺探少者，刺探必有實，不若漏泄之但託空言，易於比附也。以上二事，并關官禁，故列於此。

挾詔書　《功臣表》：「衍嗣侯不疑，坐挾詔書論，耐爲司寇。」顏注：「詔書當奉持之，而挾以行，故爲罪也。」

按：詔書出自尚書，其頒行也，自有主之者，非列侯之無官職者所得與聞而挾以行也。《惠紀》除挾書律，應劭曰：挾，藏也。此當是奉有詔書，令宣布，於封内輒藏之而不宣布也。顏說非。詔書自禁中出，故列於此。

尚書入省事　《春官・内史》：「凡四方之事，書内史讀之。」注：「若今尚書入省事。」疏：「漢法，奏事讀之，故舉以況之也。」《霍光傳》：「光與羣臣連名奏王，尚書令讀奏。」

尚書作詔文　《春官・御史》：「掌贊書。」注：「若今尚書作詔文。」《續百官志》：「尚書侍郎三十六人，一曹有六人，主作文書起草。」《漢制考》：「安帝時，陳忠上疏薦周興曰：『諸郎多文俗吏，鮮有雅材，每爲詔文宣示内外，轉相求請，或以不能而專己自由，辭多鄙固。』乃拜興尚書郎。」

按：詔文宣示内外，不容有鄙固之辭。出于尚書之故，須妙選雅材。陳忠言當時之弊，古今一轍也。

上書　《蕭望之傳》：「會望之子散騎中郎伋上書訟望之前事。事下有司，復奏望之前所坐明白無譖訴者，而教子上書，稱引亡辜之詩，失大臣體，不敬，請逮捕。」《劉德傳》：「子向，坐鑄僞黄金，當伏法。德上書訟罪，會薨。大鴻臚奏德訟子罪，失大臣體，不宜賜謚置嗣。制曰：賜謚繆侯，爲置嗣。」《江都易王傳》：「建異母弟定國爲淮陽侯，易王最小子也。其母幸立之，具知建事，行錢使男子荼恬上書，告建淫亂，不當爲後。事下廷尉，廷尉治恬受人錢財爲上書論，棄市。」《王子侯表》：「温水侯安國，坐上書爲妖言，會赦，免。張侯嵩，坐賊殺人上書要上，下獄，瘐死。」《功臣表》：「朝陽嗣侯當，坐教人上書枉法，耏爲鬼薪。」

按：此上書而犯罪者，荼恬得財，温水爲妖言，情節較重，其罪重宜也。張侯情節亦重，瘐死未論決。朝陽以枉法爲鬼薪。若望之及德，實非其罪，當時周内之也。《王子侯表》又有富陽、鼇鄉以上書還印綬，轑陽侯以上書還印符，情節爲輕，僅止免侯，見《朝律》。《唐律》對制上書不以實在《詐僞》。

舉奏非是　《蓋寬饒傳》：「遷諫大夫，行郎中户將事。劾奏衛將軍張安世子侍中陽都侯彭祖不下殿門，并連及安世居位無補。彭祖時實下門。寬饒坐舉奏大臣非是，左遷爲衛司馬。」《陳湯傳》：「後湯上書言康居王侍子非王子也，按驗實王子也。湯下獄當死，大中大夫谷永上疏訟湯曰：『今湯坐言事非是，幽囚久繫，歷時不決，執憲之吏欲致之大辟云云。』天子出湯，奪爵爲士伍。」

按：寬饒舉奏非是，罪止左遷，陳湯言事非是，竟至論死，當時有司承丞相之指也。天子出湯，奪爵爲士伍，已屬幸矣。湯爲射聲校尉，匡衡奏湯之坐免官而關内侯仍在，至此而官爵俱削矣。此亦《唐律》對制上書不以實也，與上條意同。

議不正　《平當傳》：「先是太后姊子衛尉淳于長白言昌陵不可成，下有司議。當以爲作治連年，可遂就。上既罷昌陵，以長爲首建忠策，復下公卿議封長。當又以爲長雖有善言，不應封爵之科。坐前議不正，左遷鉅鹿太守。」《百官表》：「孝宣本始四年，左馮翊宋疇爲少府，坐議鳳皇下彭城未至京不足美，貶爲泗水太傅。」

按：議非正而但予左遷，此罪之輕者。宋疇所議甚正，而以此得罪，宣帝綜核名實而侈言祥瑞，甚可怪也。

不舉奏　《淮陽憲王傳》：「王以金五百斤予博。會房出爲郡守，離左右，顯具得此事告之。房漏泄省中語，博(元)〔兄〕弟詿誤諸侯王，誹謗政治，狡猾不道，皆下獄。有司奏逮捕欽，上不忍致法，賜欽璽書曰：『有司奏王，王舅張博數遺王書，非毀政治，謗訕天子，褒舉諸侯，稱引周、湯，以諂惑王，所言尤惡，悖逆無道。王不舉奏而多與金錢，報以好言，辠至不赦。已詔有司〔勿治〕王事云云。』京房及博兄弟三人皆棄市，妻子徙邊。」

按：此以不舉奏爲罪。不治者，親親之誼也。《唐律》事應奏而不奏在《職制》。

觸諱 《宣紀》：「元康二年，詔：『聞古天子之名，難知而易諱也。今百姓多上書觸諱以犯罪者，朕甚憐之。其更諱詢。諸觸諱在令前者，赦之。』」《補注》：「周壽昌曰：上書觸諱犯罪，漢制無考。《齊書・王慈傳》，慈以朝堂諱榜，非古舊制，上表議廢。儀曹郎任昉議云：『班諱之典，爰自漢世，降及有晉，歷代無爽。今之諱榜，兼明義訓，邦之字國，實爲前事之徵。名諱之重，情敬斯極，故懸諸朝堂，搢紳所聚，將使起伏晨昏，不違耳目，敬避之道，昭然易從。』慈議遂止。據昉言，是漢故有班諱之典。《石奮傳》，石建爲郎中令，奏事下，建讀之，驚恐曰：『書馬者與尾而五，今迺四，不足一，獲譴死矣。』據此，上書誤一字，猶慮譴死，則觸諱之罪當更不輕。《唐律》諸上書若奏事誤犯宗廟諱者杖八十，口誤及餘文書誤犯者笞五十。又云，卽爲名字觸犯者徒三年，若嫌名及二名偏犯者不坐。援此，可以測漢制也。何焯曰：宣帝因人有以觸諱犯罪者，故更其名。然則生而諱名，前此已然，疑起秦世。周壽昌曰：更讀曰庚。漢名諱無異稱。」

按：《漢律》上書奏事誤，《疏議》謂文字脫剩及錯失者。漢制吏民上書字或不正輒舉劾，卽《唐律》之所本也。漢制詳《尉律》。

騎乘車馬行馳道中已論者没入車馬被具　《江充傳》：「充出，逢館陶長公主行馳道中。充呵問之，公主曰：『有太后詔。』充曰：『獨公主得行，車騎皆不得。』盡劾没入官。後充從上甘泉，逢太子家使乘車馬行馳道中，充以屬吏。太子聞之，使人謝充曰：『非愛車馬，誠不欲令上聞之，以教敕亡素者。唯江君寬之。』充不聽，遂白奏。上曰：『人臣當如是矣。』大見信用，威震京師。」注：如淳曰：「《令乙》，騎乘車馬行馳道中，已論者，没入車馬被具。」《翟方進傳》：「遷爲丞相司直，從上甘泉，行馳道中。司隸校尉陳慶劾奏方進，没入車馬。」《功臣表》：「平州嗣侯昧，坐行馳道中，免。」

按：《史記·始皇紀》：「治馳道。」集解：「應劭曰：馳道，天子道也。道若今之中道然。」《漢書·賈山傳》：「秦爲馳道於天下。東窮燕齊，南極吴楚，江湖之上，瀕海之觀畢至。」據此，則秦之馳道徧於天下。若行馳道卽有罪，是徧布犯法之所於天下，而行旅皆荆棘矣。漢時此道不知尚在否？漢法當不若秦法之苛。此所云馳道，乃長安至甘泉之馳道也。昭涉昧重至免侯，而方進僅止没入車馬，反劾司隸免官，其獄豈得爲平？《令》云已論，則没入車馬之外自有當論之罪，未知漢時之用法何如也？

諸使有制得行馳道中者行旁道無得行中央三丈　《鮑宣傳》：「拜宣爲司隸。丞相孔光四時行園陵，官屬以令行馳道中，宣出逢之，使吏鉤止丞相掾史，没入其車馬。」注：如淳曰：「令，諸使有制，得行馳道中者，行旁道，無得行中央三丈也。」

按：《江充傳》館陶公主事與孔光之事相類。注所引令中並無明文，然有二事，恐漢法如是。注中令文或未全也。

太子得絶馳道　《成紀》：「上嘗急召，太子出（就）〔龍〕樓門，不敢絶馳道，西至直城門，得絶乃度，還入作室門。上遲之，問其故，以狀對。上大説，乃著令，令太子絶馳道云。」顔注：「絶，横度也。」

按：太子得絶馳道，有太后詔得行馳道，丞相行園得行馳道，并優典也。然以一行道之故而遽科以免侯之罪，未免過重。《唐律》無文，蓋删之矣。

吏卒不得繫馬宫門樹　《輯證》：十五。「《初學記》二十四。崔寔引永平中詔。」

按《輯證》所引之書每有書名及卷第錯誤者，並檢原書改正。此條檢原書未見，仍之。

朝律

朝請　《史記·竇嬰傳》：「不得入朝請。」集解：「律，諸侯春朝天子曰朝，秋曰請。」正義：「才性反。」《吴王濞傳》：「及後使人爲秋請。」注：孟康曰：「律，春曰朝，秋曰請，如古諸侯朝聘也。」如淳曰：「濞不自行也，使人代己致請禮。」師古曰：「請音材姓反。」

按：此太初改曆以後之律文也。漢初以冬十月爲歲首，諸侯多朝冬十月。《高紀》九年冬十月，淮南王、梁王、趙王、楚王朝未央宫。十年冬十月，淮南王、燕王、荆王、梁王、楚王、齊王、長沙王來朝。《惠紀》二年冬十月，齊悼惠王來朝。以後《吕后紀》、《文紀》、《景紀》、《武紀》太初以前無書諸侯王來朝者。元封五年冬，行南巡狩，春三月，還至泰山，增封，因朝諸侯王。列侯既不在長安，亦非冬十月也。自太初元年正曆以後，天漢四年春正月，朝諸侯王于甘泉宮。此爲諸侯春朝之始。後元二年春正月，朝諸侯王于甘泉宮。《昭紀》元鳳五年春正月，廣陵王來朝。《宣紀》不書諸侯王來朝。惟甘露三年春正月，書匈奴呼韓邪單于稽侯狦來朝，黄龍元年春正月，書匈奴呼韓邪單于來朝，紀功也。《元紀》竟寧春正月，匈奴虖韓邪單于來朝，《成紀》河平四年春正月，匈奴單于來朝，《哀紀》元壽二年春正月，匈奴單于烏孫大昆彌來朝，餘皆不書。大約諸侯非歲歲來朝，其不書者亦非無人來朝，史不具耳。范書《光武紀》無來朝之文。《明紀》永平二年秋九月，沛王輔等來朝。六年、十一年、《章紀》建初七年春正月，皆書沛王輔等來朝。元和元年春正月，中山王焉來朝。章和二年，濟南王庸等來朝。《順紀》永建二年春正月，樂安王鴻來朝。永和元年春正月，夫餘王來朝。餘無書者。綜計班、范二書，書春朝者尚屢見，書秋朝者永平二年一見而已。可見春朝，諸侯或自行，秋請，例使人。其不使人者則有罪，詳下文。

十月朝獻　《高紀》：「十一年，令諸侯王、通侯常以十月朝獻。」《史記・梁孝王世家》：「褚先生曰：諸侯王朝天子，漢法凡當四見耳。始到，入小見。到正月朔旦，奉皮薦璧賀正月，法見。後三日，爲王置酒，賜金錢財物。後二日，復入小見，辭去。凡留長安不過二十日。小見者，燕見於禁門內，飲於省中，非士人所得入也。今梁王西朝，因留且半歲云云。今漢之儀法，朝見賀正月者，常一王與四侯俱朝見，十餘歲一至。今梁王常比年入朝見，久留。」

按：據褚少孫所言漢法，漢諸侯王但朝歲首，十餘歲一至，不常至也。高帝時以冬十月爲歲首，故謂之十月朝獻。太初正曆以正月爲歲首，則謂之朝正月，卽春朝也。其制蓋自高帝是年始，弟不用古者五年一朝之制，故朝無常期也。

不朝 《史記・王子侯表》：「建成侯拾，元鼎二年坐不朝，不敬，國除。」《漢表》作「坐使行人奉璧皮薦賀元年十月，不會，免。」顏注：「以皮薦璧也。時以十月爲歲首，有賀而不及會也。」

按：此卽朝正月之事。王不自行而使人行之者，其咎在行人，而遽免侯，似較重。此法簡而無分別之故。皮幣以薦璧，詳《食貨志》。

不使人爲秋請 《王子侯表》：「重侯擔，坐不使人爲秋請，免。」

按：秋請例得使人，不使人則有罪，故免侯。

不請長信 《功臣表》：「翕侯邯鄲，坐行來不請長信，免。」注：如淳曰：「長信宮，太后所居也。」師古曰：「請，謁也。」《補注》：「周壽昌曰：請，朝也。春曰朝，秋曰請。」

按：據此《表》，是王侯來朝，有朝長信宮之制。惟太后所居不常在長信宮耳。

月朔大朝 《續禮儀志》：「每月朔歲首，爲大朝受賀。其儀，夜漏未盡七刻，鐘鳴，受賀。及贄，公、侯璧，中二千石、二千石羔，千石、六百石雁，四百石以下雉。《獻帝起居注》曰：舊典，市長執雁，建安八年始令執雉。百官賀正月。二千石以上上殿稱萬歲。舉觴御坐前。司空奉羹，大司農奉飯，奏食舉之樂。百官受賜宴饗，大作樂。其每朔，唯十月旦從故事者，高祖定秦之月，元年歲首也。」〔注〕：「《決疑要注》曰：

『古者朝會皆執贄，侯、伯執珪，子、男執璧，孤執皮帛，卿執羔，大夫執雁，士執雉。漢、魏粗依其制，正旦大會，諸侯執玉璧，薦以鹿皮，公卿以下所執如古禮。』蔡邕《獨斷》：『三公奉璧上殿，向御坐，北面，太常贊曰：皇帝爲君興。三公伏，皇帝坐，乃進璧。』蔡質《漢儀》曰：『正月旦，天子幸德陽殿，臨軒。公、卿、將、大夫、百官各陪朝賀。蠻、貊、胡、羌朝貢畢，見（討史）〔計吏〕，皆陛覲，庭燎。宗室諸劉雜會，萬人以上，立西面。位定，公納薦，太官賜酒食，西入東出。既定，上壽，計吏中庭北面立，太官上食，賜羣臣酒食。貢事，御史四人執法殿下，虎賁、羽林（孤）〔張〕弓撮矢，陛戟左右，戎頭逼脛（敞）〔陪〕前向後。左右中郎將（住）〔位〕東，羽林虎賁將（住）〔位〕東北，五官將（住）〔位〕中央，悉坐就賜。作九賓（徹）〔散〕樂。舍利從西方來，戲於庭極，乃畢入殿前，激水化爲比目魚，跳躍嗽水，作霧鄣日。畢，化成黃龍，長八丈，出水遊戲於庭，炫燿日光。以兩大絲繩繫兩柱中頭間，相去數丈，兩倡女對舞，行於繩上，對面道逢，切肩不傾，又蹋局出身，藏形於斗中。鐘磬並作，樂畢，作魚龍曼延。小黃門吹三通，謁者引公卿羣臣以次拜，微行出，罷。尊者在前，卑者在後。德陽殿周旋（客）〔容〕萬人。天子正旦節，會朝百官於此。」

按：趙禹《朝律》亦曰「朝會正見律」，則朝會之儀必具於律中，今故錄《續志》及劉昭《補注》於此。蔡質所記乃東京之制，西京當亦如是。

饗遣故衛士儀　《續志》：「饗遣故衛士儀，百官會，位定，謁者持節引故衛士入自端門。衛司馬執幡鉦護行。行定，侍御史持節慰勞，以詔問所疾苦，受其章奏所欲言。畢饗，賜作樂，觀以角抵。樂闋罷遣，勸以農桑。」

按：此亦朝會之一，故并録之。

歸印綬　《王子侯表》：「富陽侯賜，盭鄉侯固，并坐上書歸印綬，免。」

封上印綬　《王子侯表》：「昌鄉侯憲，坐使家丞封上印綬，免。」

按：此二事其故未詳。以下條例之，必别有故。

上書還印符隨方士　《功臣表》：「轑陽嗣侯仁，永光四年坐使家丞上書還印符隨方士，免。」《補注》：「朱一新曰：方士，張宗也。符者，所剖之符也。」《郊祀志》：「至初元中，有天淵玉女、鉅鹿神人、轑陽侯師張宗之姦，紛紛復起。」顔注：「轑陽侯，江仁也，元帝時坐使家丞上印綬隨宗學仙免官。」

按《唐律》私入道在《户婚律》。此隨方士學仙即私入道也。

朝私留他縣　《王子侯表》：「陽興侯昌，坐朝私留他縣，使庶子殺人，棄市。」

按：私留他縣其罪輕，使庶子殺人其罪重，蓋從其重者論棄市。

皮幣率鹿皮方尺直黄金一斤　《史記・孝武紀》：「其後，天子苑有白鹿，以其皮〔爲〕幣。」索隱：「案《食貨志》，皮幣以白鹿皮方（皮）〔尺〕，緣以繢，以薦璧，得以黄金一斤代之。又《漢律》皮幣率鹿皮方尺，直黄金一斤。」

司徒府中百官朝會殿　《地官・稾人》：「掌共内外朝冗食者之食。」注：「外朝司寇斷獄，弊訟之朝也。今司徒府中有百官朝會之殿，云天子與丞相舊決大事焉，是外朝之存者。」《秋官・朝士》：「掌建邦外朝之灋。」注：「今司徒府有天子以下大會殿，亦古之外朝哉。」

按：王應麟《漢制考》序，司徒府有百官朝會殿，以決大事，猶近于外朝之詢衆也。此漢制之近于古者。

侍曹伍百傳吏朝　《天官・宰夫》：「七曰胥，掌官敍以治敍。」注：「治叙，次序官中，如今侍曹伍百傳吏朝也。」疏：「漢時五人爲伍。伯，長也，是五人之長。言傳吏朝者，傳在朝羣吏諸官事務於朝也。」

按：侍曹之儀，疏未及，蓋吏之在朝皆分曹治事，此伍伯者，常侍于曹，以傳吏也。

漢律摭遺卷十七

金布律

毀傷亡失縣官財物　按：此目無事可證。

罰贖入責呈黄金爲價

罰贖　《淮南王傳》：「其非吏，它贖死金二斤八兩。」《書·吕刑》：「其罰百鍰。」傳：「六兩曰鍰。鍰，黄鐵也。」疏：「《舜典》云金作贖刑，傳以金爲黄金。此言黄鐵者，古者金銀銅鐵總號爲金，今别之以爲四名。此傳言黄鐵，《舜典》傳言黄金，皆是今之銅也。古人贖罪悉皆用銅，而傳或言黄金，或言黄鐵，謂銅爲金爲鐵爾。」

按：《説文》，銅，赤金也；鐵，黑金也。此以黄鐵爲銅，與許説不能符。疏謂古人贖罪悉皆用銅，其説不知何本？漢法則以黄金不以銅，故罰金以二兩、四兩爲率。《晉志》金等不過四兩，是四兩爲其重者。贖死亦止二斤八兩耳。《吕刑》之百鍰計重三斤，若以黄金計，似過重，故傳言黄鐵。然黄金之值，代各不同，亦難以此爲解也。《隋志》，贖罪舊以金，北齊代以中絹。隋《開皇律》以銅代絹，《唐律》之用銅，因於隋也。至漢之贖亦不純用黄金，如韓延年入穀，楊僕入竹二萬箇，趙弟入錢百萬，以上見《功臣表》。蓋主爲充國入馬二十匹。見《上官皇后傳》。據此律文，凡物之平賈皆當以黄金爲程矣。《食貨志》黄金一金直錢萬，趙弟入錢百萬，直黄金百斤。準是以推，是贖死者爲黄金百斤，與《淮南傳》之贖死金二斤八兩各爲一法。二斤八兩者，常法也，律之當贖者，故其數少。百斤者，非常法也，律之不當贖者，故其數多。惟《惠紀》元年民有罪得買爵三十級以免死罪，應劭曰，一級直錢二千，凡爲六萬，若今贖罪入三十匹縑矣。此入錢六萬得免死也。《武紀》天漢四年令死罪人贖錢五十萬減死一等，此入錢五十萬僅得減死一等也。二法又不相同。大約西京贖罪並無成法，皆臨時所定，遂至多寡懸殊。應劭所言三十匹縑者，乃東京之法。《後書》明帝即位之初，贖死罪者縑二十匹。永平十五年，增爲四十匹。十八年改爲三十匹。《章紀》建初七年，又爲二十匹。章和元年同。和帝以後不詳縑數。應劭之所謂三十匹，不知何時所定？當在和帝以後。而用縑不用金，則明帝以下並同，此東京之所改也。

入責　《文紀》：「二年春正月，詔民讁作縣官及貸種食未入未備者，皆赦之。」顔注：「種者，五穀之種也。食，所以爲糧食也。」《昭紀》：「始元二年三月，遣使者振貸貧民毋種食者。秋八月，詔曰：『往年災害多，今年蠶麥傷，所振貸種食勿收責。』元鳳三年，詔三年以前所振貸，非丞相御史所請，邊郡受牛者勿收責。」《元紀》：「鴻嘉元年，詔逋貸未入者勿收。四年，詔逋貸未入皆勿收。」

按：貸種食卽《周禮·大司徒》之散利，入責卽《周禮·泉府》凡民之貸者以國服爲之息也。漢時蓋承周制，尚有貸民入責之事，西京實遵行焉。歲不登則勿收，《昭紀》、《元紀》之事可證。

平庸

平賈　《武紀》：「元狩五年，天下馬少，平牡馬匹二十萬。」注：如淳曰：「貴平牡馬賈，欲使人競畜馬。」《補注》：「先謙曰：時競乘牡馬，見《平準書》，故平其賈。」《功臣表》：「梁期嗣侯當千，太始四年坐賣馬一匹賈錢十五萬，過平臧五百以上，免。」《補注》」：「蘇輿曰：《武紀》云云，如淳云，貴平其賈，使人競畜。此賤其直，故以過平罪之，又犯臧五百以上免官也。」

按：《平準書》，衆庶街巷有馬，阡陌之間成羣，而乘字牝者儐而不得聚會。集解《漢書音義》曰，皆乘父馬，有牝馬間其間則相踶齧，故斥不得出會同。《補注》之説本此。平者，評也，《唐律》所謂市司評物價也。當千賣馬十五萬，少于平賈五萬，乃不及二十萬之數，非過也。《表》言過平，《補注》以賤其直爲過，皆不甚可解。或過乃「違」之譌，姑存疑於此。至臧五百以上，當卽賣馬所得之臧五百以上，乃律文斷罪之限斷，非此侯之臧止五百也。如爲二事，臧上當有又字。《唐律》平臧者在《名例》。四市司評物價在《雜律》。

治河卒非受平賈者爲著外繇六月　《溝洫志》：「治河卒非受平賈者，爲著外繇六月。」注：蘇林曰：「平賈，以錢取人作卒，顧其時庸之平賈也。」如淳曰：「律説，平賈一月得錢二千。」師古曰：「賈音價。」《補注》：「先謙曰：受平賈者，顧庸於官，得直既優，故不著外繇。其先役未受直者，乃著之。」

按《志》文先云，卒治河者爲著外繇六月。顔注謂以卒治河有勞，雖執役日近，皆得此繇戍六月也。著謂著於簿籍也。著音竹助反。今按古者力役之征本與傭雇不同，無應給之賈，因治河事亟特予平賈，優之也。其未受平賈者，則爲著外繇六月。延世隄防三旬立塞，以三旬抵六月，亦所以優之也。女徒顧山月止出錢三百，當爲漢世平時之傭值，平賈月得二千，優之至矣。《唐律》平功庸在《名例》平贓者律中。

坐贓

坐贓爲盜　《景紀》：「元年，詔：『(物)吏及諸有秩受其官屬所監、所治、所行、〔所〕將，其與飲食計償費，勿論。他物，若買故賤，賣故貴，皆坐臧爲盜，没人臧縣官。』」詳《盜律》受所監條。又：「後三年，詔曰：『農，天下之本也。黄金珠玉，饑不可食，寒不可衣，以爲幣用，不識其終始。間歲或不登，意爲末者衆，農民寡也。其令郡國務勸農桑，益種樹，可得衣食物。吏發民若取庸采黄金珠玉者，坐臧爲盜。二千石聽者，與同罪。』」注：韋昭曰：「發民，用其民。取庸，用其資以顧庸。」

按：此非盜臧而以盜臧之罪坐之，漢法以重論者。

邊郡數被兵離饑寒夭絶天年父子相失令天下共給其費　《蕭望之傳》：「永惟邊竟之不贍，故《金布令甲》曰：『邊郡數被兵，離饑寒，夭絶天年，父子相失，令天下共給其費。』顔注：同共給之也。因爲軍旅卒暴之事也。」顔注：「《金布》者，令篇名也。其上有府庫金錢布帛之事，因以篇名。令甲者，其篇甲、乙之次。卒讀曰猝。言此令文專爲軍旅猝暴而施設。」

按：此指被兵之郡人民而言，故令他郡共給其費，言天下衆擊易舉也。

軍士不幸死者吏爲衣衾棺斂轉送其家　《高紀》：「四年，漢王下令，軍士不幸死者，吏爲衣衾棺斂，轉送其家。四方歸心焉。」

士卒從軍死者爲槥歸其縣縣給衣衾棺葬具祠以少牢長吏視葬　《高紀》：「八年，令士卒從軍死者爲槥，服虔曰：槥音衞。應劭曰：小棺也，今謂之櫝。歸其縣，縣給衣衾棺葬具，祠以少牢，長吏視葬。」注：如淳曰：「棺音貫，謂棺斂之服也。」臣瓚曰：「初以槥致其尸於家，縣官更給棺衣更斂之也。《金布令》曰『不幸死，死所爲櫝，傳歸所居縣，賜以衣棺』也。」師古曰：「初爲槥櫝，至縣更給衣及棺，備其葬具耳。不勞改讀音爲貫也。《金布》者，令篇名，若今言《倉庫令》也。」

不幸死死所爲櫝傳歸所居縣賜以衣棺　見上條。

按：四年、八年之令實一事，而重申之文則有詳略之不同。注所引《金布令》恐亦非全文。此專爲軍士言，令中當有軍士明文也。

一室二尸官與之棺　《秋官·小行人》：「若國札喪，則令賻補(補)〔之〕。」注：「鄭司農云，賻補之，謂賻喪家補助其不足也，若今時一室二尸則官與之棺也。」

按：此不關軍事者，似指常時言矣。然周法在國札喪之時，恐漢法或亦如是。札者，《左氏傳》「民不夭札」注：夭死爲札。《魯語》「其夭札也」注：疫死曰札。《司關》「國凶札」注：鄭司農云，札謂疾疫死亡也。《膳夫》「大札」注：大札，疫癘也。蓋當疫癘之年，民疫死者多，力或有不足，故官補助之也。

酎金律

奉金會酎　《續禮儀志》："八月飲酎。" 補注："丁孚《漢儀》曰：《酎金律》，文帝所加，以正月旦作酒，八月成，名酎酒。因令諸侯助祭貢金。漢律《金布令》曰：皇帝齋宿，親率羣臣承祠宗廟，羣臣宜分奉請。諸侯、列侯各以民口數，率千口奉金四兩，奇不滿千口至五百口亦四兩，皆會酎，少府受。又大鴻臚食邑九真、交趾、日南者，用犀角長九寸以上若瑇瑁甲一，鬱林用象牙長三尺以上若翡翠各二十，準以當金。"《景紀》："元年，詔高廟酎。"注："張晏曰：'正月旦作酒，八月成，名曰酎。酎之言純也。至武帝時，因八月嘗酎會諸侯廟中，出金助祭，所謂酎金也。'師古曰：'酎，三重釀，醇酒也，味厚，故以薦宗廟。酎音直救反。'"

按：酎金之制，丁孚云文帝所加，張晏屬之武帝。《後書·章紀》建初七年飲酎高廟注所言與張晏同，當即用晏注也。《輯證》疑丁孚之説非，別無可證，無以定之。《章紀》注引九真、交趾、日南云云，作丁孚《漢儀式》，與《續志》不同。疑丁孚亦取諸《金布令》者，金布二字所包者廣，酎金亦金事，當在《金布律》中。或酎金爲《金布》之一目，《漢律》既亡，他無可攷耳。

列侯獻黃金酎祭宗廟不如法　《武紀》："元鼎六年九月，列侯坐獻黃金酎祭宗廟不如法奪爵者百六人。"《平準書》："天子下詔曰：'卜式雖躬耕牧，不以爲利，有餘輒助縣官之用。今天下不幸有急，而式奮願父子死之，雖未戰，可謂義形於內。賜爵關內侯，金六十斤，田十頃。'布告天下，天下莫應。列侯以百數，皆莫求從軍擊羌、越。至酎，少府省金，而列侯坐酎金失侯者百餘人。」集解：「如淳曰：《漢儀注》，王子爲侯，侯歲以户口酎黄金於(宗)〔漢〕廟，皇帝臨受獻金以助祭。大祀日飲酎，飲酎受金。金少不如斤兩，色惡，王削縣，侯免國。」《王子侯表》：「朝嗣侯固城，坐酎金少四兩，免。襄隄侯聖，坐奉酎金斤八兩少四兩，免。」

按：酎金之法，少四兩卽免侯，其法甚苛。武帝因列侯莫求從軍者，而少府遂有此省金之罰，故以爲事屬武帝，其説爲近，文帝必無此苛法也。元鼎五年，以酎金失侯者，《王子侯表》六十人，《功臣表》廿六人，恩澤侯三人，共八十九人，不符百六人之數，恐有遺脱。又不言年者六人。又征和二年一人，宣帝時地節四年一人，五鳳四年一人。元帝以後則無此事。功臣、恩澤二《表》並有以酎金失侯者，則列侯皆當酎金，不專屬王子侯也。

知列侯酎金輕　《功臣表》：「商陵侯趙周，坐爲丞相知列侯酎金輕，下獄自殺。」

按：此知而不舉之罪，張湯之苛法也。

尉律

太史試學童能諷書九千字以上乃得爲史又以六體試課最以爲尚書御史史書令史吏民上書字或不正輒舉劾　《藝文志》：「漢興，蕭何造律，亦著其法，曰：『太史試學童，能諷書九千字以上，乃得爲史。又以六體試之，課最者以爲尚書御史史書令史。吏民上書，字或不正，輒舉劾。』」《補注》：「王鳴盛曰：卽史籀大篆也。諷書，許自序作『諷籀書』，『乃得爲史』作『乃得爲吏』。賈子《新書》云，胡以孝弟循順爲善書而爲吏耳。亦以作『吏』爲是。蘇輿曰：案《江式傳》亦作『史』，近段氏注《說文》轉據以改吏爲史。注云，得爲史，得爲郡縣史也。《周禮》史十有二人注云，史，掌書者。又史掌官書以贊治注云，贊治，若今起草文書也。《後漢書·百官志》郡太守、郡丞、縣令、尉若長、縣丞，縣〔尉〕各置諸曹掾史。案史字於義尤長。李賡芸曰：《說文》敘云，又以八體試之。此『六』乃『八』之誤。據《說文》敘言，王莽時甄豐改定古文有六體，蕭何時有八體無六體也。先謙曰：李說是也。上文明有八體，是班氏非不知有八體者。且此數語與《說文》脗合，不應事實岐異，淺人見下六體字而妄改耳。」注：韋昭曰：「若今尚書蘭臺令史。」臣瓚曰：「史書，今之太史書。」《補注》：「劉奉世曰：史與書令史二名，今有書令史。吳仁傑曰：太史課試，善史書者以補史書令史，而分隸尚書，乃御史也。尚書御史皆在禁中，受公卿奏事，故下文云，吏民上書，字或不正，輒舉劾。則所謂史書令史，正以其通知六體書，故以補此吏員耳。《百官表》於尚書御史不載令史，而《後書》有之，曰尚書六曹，有令史三人，主書，御史中丞有蘭臺令史掌奏，則所謂史書令史，即主書及掌奏者是已。故《通典》引《漢官儀》云，能通倉頡《史籀篇》，補蘭臺令史，滿歲爲尚書郎。蓋當時奏牘皆當用史書。《嚴延年傳》稱其善史書，所欲誅殺，奏成於手中。《貢禹傳》亦言郡國擇便巧史書者以爲右職。又《王尊傳》司隸遣假佐，蘇林謂取內郡善史書佐給諸府。則外之郡國，內之諸府，皆有史書吏以備劾奏也。令史專以史書爲職，恐不可爲二名。先謙曰：吳說是。何焯曰，今訛字必飭行，蓋其遺意。葉德輝曰，《史記·萬石君傳》建爲郎中令，奏書事，事下，建讀之曰：『誤書馬字，與尾當五，今乃四，不足一，上讜死矣。』甚惶恐。《東觀漢記·馬援傳》：援上言：『臣所假伏波將軍印，〔書〕伏字，犬外嚮。成皋令印，皋字(爲)爲白下羊；丞印四(不)〔下〕羊；尉印白下人，人下羊。一縣長吏，印文不同，恐天下不正者多。所宜齊同，薦曉古文字者。』事下大司空，正郡國印章。奏可。據此，則兩漢正書之嚴可見。」

學僮十七已上始試諷籒書九千字乃得爲吏又以八體試之郡移(文)太史并課最者以爲尚書史書或不正輒舉劾之　《說文》序：「《尉律》，學僮十七已上段曰：僮，今之童字。始試，段曰：句絶。謂始應考試也。諷籒書九千字，乃得爲吏。又以八體試之，郡移大史并課，段曰：句絶。最者以爲尚書史書。或不正，輒舉劾之。」段曰：「乃得爲吏，依《魏書·江式傳》，改『吏』爲『史』。《周禮》注曰，倍文曰諷。竹部曰，籒，讀書也。《毛詩》傳曰，讀，抽也。《方言》曰，抽，讀也。抽卽籒。籒、讀二文爲轉注。《尚書》克曰繹之，由繹卽籒繹也。《史記》云，紬史記石室金匱之書。如淳曰，抽徹舊書故事而次述之。紬亦卽籒字也。凡古卜筮，抽繹卦爻本義而爲辭者，因以籒名之。今《左傳》作『繇』，許稱則作『卜籒』。籒之說明，而許所謂諷籒書者可明矣。諷籒書九千字者，諷謂能背誦《尉律》之文，籒書謂能取《尉律》之義推演發揮而繕寫至九千字之多；諷若今小試之默經，籒書若今試士之時藝。上云始試，則此乃試之(云)〔之〕事也。《藝文志》云云無『籒』字。得爲史，得爲郡縣史也。《周禮》史十有二人。注曰，史，掌書者。又史掌官書以贊治。注曰，贊治，若今起文書草也。《後漢書·百官志》郡太守、郡丞、縣令若長、縣丞、縣尉，各置諸曹掾史。八體，《漢志》作『六體』。攷六體乃亡新時所立，漢初蕭何艸〔律〕當沿秦八體耳。班《志》固以試學童爲蕭何律文也。自學僮十七至輒舉劾之，許與班略異，而可互相補正。班云太史試學童，許則云郡縣以諷籀書試之，又以八體試之，而後郡移大史試之。此許詳於班也。班云諷書，許云諷籀書。此亦許詳於班也。班云六體，許則云八體。此許覈於班也。班云以爲尚書御史史書令史，許云尚書史。此班詳於許也。班云吏民上書，字或不正，輒舉劾，許不言吏民上書。此亦班詳於許也。班《書》之成雖在許前，而許不必見班《書》，固別有所本矣。大史者，大史令也。并課者，合而試之也。上文試以諷籀書九千字，謂試其記誦文理。試以八體，試其字迹。縣移之謂郡，郡移之大史，大史合試此二者。最，讀殿最之最。其最者，用爲尚書令史也。尚書令史十八人，二百石，主書。《藝文志》曰，以爲尚書御史史書令史。云史書令史者，謂能史書之令史也。漢人謂隸書爲史書。故孝元帝、孝成許皇后、王尊、嚴延年、楚王侍者馮嫽、後漢孝和帝、和熹鄧皇后、順烈梁皇后、北海敬王睦、樂成靖王黨、安帝生母左姬、魏胡昭，史皆云善史書，大致皆謂適於時用。如《貢禹傳》云，郡國擇便巧史書者以爲右職。又蘇林引胡公云，《漢官》假佐，取内郡善史書者給佐諸府也。是可以知史書之必爲隸書。向來注家釋史書爲大篆，其繆可知矣。石建自詭，馬不足一，馬援糾繆，皋爲四羊，其可證也。蓋漢承秦後，切於時用，莫若小篆、隸書也。《志》兼言御史令史。御史之令史，卽《百官志》之蘭臺令史，許不及之者。以下文云，字或不正，輒舉劾之，乃尚書所職，非御史所職也。《光武紀》注引《漢制度》曰，帝之下書有四，一曰策書，二曰制書，三曰詔書，四曰誡敕。策書者，編簡也，其制長二尺，短者半之，篆書，起年月日，稱皇帝，以命諸侯王。三公以罪免亦賜策，而以隸書，用尺一木，兩行，惟此爲異也。制書者，帝者制度之命，其文曰制詔，三公皆璽封，尚書令印重封，露布州郡也。詔書者，詔，告也，其文曰告某官云，如故事。誠敕者，謂敕〔刺〕史、太守，其文曰有詔敕某官。他皆倣此。按此，知漢人除策諸侯王用木簡篆書外，他皆用縑素隸書而已，絶無用大篆之事也。劾者，用法以糾有罪也。《百官志》曰，民曹尚書，主凡吏民上書事。然則吏民上書字或不正輒舉劾，正民曹尚書事，而令史實佐之者也。此以上言漢初《尉律》之法如此。」

按：此條律文，許《序》與班《志》不同，疑許所引者漢初律文，故言試以八體，班所引者，東京改定之文，故言六體也。許云諷籀書，舊説俱以籀書爲大篆，而班《志》無「籀」字。如所諷者實爲大篆，班不應無籀字，且大篆自在八體之中，不得與初試時相複。本文用一又字，是八體自在始試所試者之外，當以段説爲長。班《志》於引律之中卽接以「六體者，古文、奇字、篆書、隸書、繆篆、蟲書」，正以釋律文之六體，是班所據者如此，不得以許改班也。八體者，秦書：一曰大篆，史籀所作。二曰小篆，三曰刻符，刻符書，符節令掌之。四曰蟲書，卽鳥蟲書。五曰摹印，卽繆篆。六曰署書，凡一切封檢題字皆曰署，題榜亦曰署。册部：扁者，署也。七曰殳書，蕭子良曰：殳者，伯氏之職也。古者文既記笏，武亦書殳。段曰：按言殳以包凡兵器題識，不必專謂殳。八曰隸書。六體者，王莽使甄豐等所改定：一曰古文，孔子壁中書也；二曰奇字，卽古文而異者也；三曰篆書，卽小篆；四曰左書，卽秦隸書，秦始皇帝使下杜人程邈作也；五曰繆篆，所以摹印也，亦曰鳥蟲書，所以書幡信也。段曰，秦文八體尚有刻符、署書、殳書，此不及之者。三書之體，不離乎摹印書旛之體，故舉二以包三。古文則析爲二，以包大篆。莽意在復古應制作，不欲襲秦制也。班制所稱六體，實與莽同，則其文出于東京無疑。班《志》言：「漢興，閭里書師合《蒼頡》、《爰歷》、《博學》三篇，斷六十字以爲一章，凡五十五（字）〔章〕，并爲《蒼頡篇》。」計五十五章，每章六十字，計三千三百字。且三篇原本分二十章，又分之爲五十五章，並非十章爲一篇。王筠曰，大篆十五篇，蓋亦斷六十字爲一章，十章爲一篇，十五篇則九千字。其説他無所據，恐未可從。董彦遠云，《尉律》四十九類，未知何本？説者亦不得其是，闕疑可也。但可以見《尉律》固非一二章矣。《魏書·江式傳》言漢興有《尉律》學云云。似本於許序，而其文亦微有不同。古人引書多約舉之詞，字句往往參差。惟「書或不正」句，江作「吏民上書」，省字「不正」。似吏民上書四字爲今《説文》之脱文，無此四字，事不具也。許《序》又云，今雖有《尉律》，不課，小學不修，莫達其説久矣。今者，許自謂當時。許《書》創始於和帝永光十二年庚子，至安帝建光元年辛酉，凡歷廿二年，而其子冲獻之。是和帝之時，《尉律》之試已廢，而律爲具文矣。段曰，漢之取人，蕭何初制用律及八體書，迄乎孝武，依丞相御史言，通用一藝以上補卒史，乃後史多文學之士。合《説文》、《藝文志》及《儒林傳》，參觀可見。蓋始用律，後用經，而文學由之盛。始試八體，後不試，第聽閭里書師習之，而小學衰矣。本按：漢初取人之法，亦不專在《尉律》之試。《文紀》二年，詔舉賢良方正能直言極諫者。十五年，詔諸侯王公卿郡守舉賢良能直言極諫者，上親策之。他如賈誼以吴公薦，鼂錯以文學進，馮唐以孝著。又有以父兄任者，如汲黯以父任，袁盎以兄噲任爲郎中是也。有以貲爲郎，《漢注》貲五百萬得爲常侍郎，張釋之以貲爲騎郎是也。是用人之途亦多矣。《尉律》之試，專爲史書令史設耳。

又按：漢選舉之法，亦取人之大端也。今將關於選舉者列于後：

不舉孝不察廉　《武紀》：元朔元年，詔曰：『公卿大夫，所使總方略，壹統類，廣教化，美風俗也。夫本仁祖義，褒德録賢，勸善刑暴，五帝三王所繇昌也。朕夙興夜寐，嘉與宇内之士臻於斯路。故旅耆老，復孝敬，選豪俊，講文學，稽參政事，祈進民心，深詔執事，興廉舉孝，庶幾成風，紹休聖緒。夫十室之邑，必有忠信，三人並行，厥有我師。今或至闔郡而不薦一人，是化不下究，而積行之君子雍於上聞也。二千石官長紀綱人倫，將何以佐朕燭幽隱，勸元元，厲蒸庶，崇鄉黨之訓哉？且進賢受上賞，蔽賢蒙顯戮，古之道也。其與中二千石、禮官、博士議不舉者罪。』有司奏議曰：『古者，諸侯貢士，壹適謂之好德，再適謂之賢賢，三適謂之有功，乃加九錫。不貢士，壹則黜爵，再則黜地，三而黜爵地畢矣。夫附下罔上者死，附上罔下者刑，與聞國政而無益於民者斥，在上位而不能進賢者退，此所以勸善黜惡也。今詔書昭先帝聖緒，令二千石舉孝廉，所以化元元，移風易俗也。不舉孝，不奉詔，當以不敬論。不察廉，不勝任也，當免。』奏可。」

按：舉孝與廉，取人之一途。此定不舉之罪。

博士置弟子員　《武紀》：「元朔五年，詔曰：『蓋聞導民以禮，風之以樂，今禮壞樂崩，朕甚閔焉。故詳延天下方聞之士，咸薦諸朝。其令禮官勸學，講義洽聞，舉遺興禮，以爲天下先。太常其議予博士弟子，崇鄉黨之化，以厲賢材焉。』丞相弘請爲博士置弟子員，學者益廣。」

按：此取人之又一途也。博士置弟子，而經學始昌明矣。

茂材異等可爲將相及使絶國者　《武紀》：「元封五年，詔曰：『蓋有非常之功，必待非常之人，故馬或奔踶而致千里，士或有負俗之（類）〔累〕而立功名。夫泛駕之馬，跅弛之士，亦在御之而已。其令州郡察吏民有茂材異等可爲將相及使絶國者。』」

按：此取人之又一途也。時衞、霍皆逝，故有此令。

選擇英俊賢行廉潔平端於縣邑務授試以職有非其人臨計過署不便習官事書疏不端正不如詔書有司奏罪名并正舉者　《漢官儀》：「世祖詔：『方今選舉，賢佞朱紫錯用。丞相故事，四科取士：一曰德行高妙，志節清白；二曰學通行修，經中博士；三曰明達法令，足以決疑，能案章覆問，文中御史；四曰剛毅多略，遭事不惑，明足以決，才任三輔。令皆有孝悌廉公之行。自今以後，審四科辟台，及刺史二千石察茂才尤異，孝廉之吏，務盡實覈選。則英俊賢行，廉潔平端，於縣邑務授試以職。有非其人，臨計過署，不便習官事，書疏不端正，不如詔書，有司奏罪名，并正舉者。』」

選舉不實　《後書・明紀》：「即位，詔：『今選舉不實，邪佞未去，權門請託，殘吏放手，百姓愁怨，情無告訴。有司明奏罪名，并正舉者。』」注：「舉非其人，并正舉主之罪。」《章紀》：「建初元年，詔：『選舉乖實，俗吏傷人。』」《功臣表》：「山陽侯張當居，坐爲太常，擇博士弟子故不以實，完爲城旦。」《恩澤侯表》：「卬成嗣侯勳，坐選舉不以實，駡廷史，大不敬，免。」《百官表》：「孝元竟寧元年，張譚爲御史大夫，坐選舉不實，免。孝成陽朔三年，韓立爲執金吾，坐選舉不實，免。」《陳湯傳》：「富平侯張勃與湯交，高其能。初元二年，元帝詔列侯舉茂材，勃舉湯，待遷，父死不犇喪。司隸奏湯無循行，勃選舉故不以實，坐削二百户。會薨，因賜謚曰繆侯。湯下獄論。」《杜業傳》：「會司隸奏業爲太常，選舉不實，業坐免官，復就國。」《嚴延年傳》：「又延年察(御)〔獄〕史廉，有臧不入身，延年坐選舉不實貶秩。」《翟方進傳》：「詔舉方正直言之士。紅陽侯立舉咸陳咸。對策，拜爲光禄大夫給事中。方進復奏咸前爲九卿，坐爲貪邪免，自知罪惡暴陳，依託紅陽侯立徼幸，有司莫敢舉奏。冒濁苟容，不顧耻辱，不當蒙方正舉，備内朝臣。并劾紅陽侯立選舉故不以實。有詔免咸，勿劾立。」《後書・竇融傳》：「大司徒戴涉，坐所舉人盜金，下獄。帝以三公參職，不得已，乃策免融。」《胡廣傳》：「出爲濟陰太守，以舉吏不實，免。」《順紀》：「陽嘉四年，太尉施延免。」注：「《東觀記》曰，以選舉貪污策罷。」《輯證》：「《後書・吕强傳》：舊典，選舉委三府。三府有選，參議掾屬，咨其行狀，度其器能，受試任用，(則)〔責〕以成功。若無可察，然後付之尚書。尚書(請劾舉)〔舉劾，請〕劾，請下廷尉，覆案虚實，行其誅罰。觀此，知并正舉典爲漢舊法。久而廢弛，至有如《楊倫傳》所云，任嘉所作狼籍未受辜戮而改典大郡者。此等非案坐舉主，無以禁絶姦萌。明、章二帝，特申舊令耳。楊倫言，昔齊威之霸，殺姦臣五人，并及舉者，以弭謗讟。貢禹言，守相選舉不以實，及有臧者，輒行其誅，亡但免官。是貶秩削户尚爲輕典也。」《魏志・何夔傳》：「可修保舉故不以實之令，上以觀朝臣之節，下以塞争競之原。」

按：選舉并正舉者，乃漢代舊法，《功臣表》、《百官表》所列選舉不實免侯免官者可證。張當居重至完爲城旦，法亦不輕矣。東漢各帝，特申明舊章耳。至戴涉之下獄死，見《光武紀》注引《古今注》，坐入故大倉令奚涉罪，不但以所舉人盜金也。《唐律》貢舉非其人在《職制》，保任不所所任在

《詐謁》。

不爲親行三年服不得選舉　《揚雄傳》：「結以倚廬。」注：孟康曰：「在倚廬行服三年也。」應劭曰：「《漢律》以不爲親行三年服不得選舉。」

長吏以下不爲親行服者不得典城選舉　《後書・劉愷傳》：「元初二年，代夏勤爲司徒。舊制，公卿二千石刺史不得行三年喪，由是内外衆職并廢喪禮。元初中，鄧太后詔長吏以下不爲親行服者不得典城選舉，時有上言牧守宜同此制，詔下公卿。議者以爲不便，愷獨議曰：『詔書所以爲制服之科者，蓋化厲俗以弘孝道也。今刺史一州之表，二千石千里之師，職在便章百姓，宣美風俗，尤宜尊重典禮，以身先之。而議不尋其端，至於牧守則云不宜，是猶濁其源而望流清，曲其形而欲景直，不可得也。』太后從之。」

按：漢法，大臣不得行三年服，而不行三年服者不得選舉，此劉愷所謂濁其源而望流清，曲其形而欲景直也。元初之制，建光三年以宦豎不便，復議斷之。若公卿大臣，固終漢之世無行三年服者。

舉子　《百官表》：「孝成河平元年，千乘太守東萊劉順爲宗正，坐使合陽侯舉子，免。」

按：使人舉子，未合内舉不避親之義。《補注》言此時已無合陽侯，當有誤。

吏六百石毋得舉廉吏　《宣紀》：「黃龍元年詔曰：『舉廉吏，（議）〔誠〕欲得其直也。吏六百石位大夫，有罪先請，秩禄上通，足以効其賢材，自今以來毋得舉。』」《補注》：「趙廣漢爲平準令，察廉爲陽翟令。平準令適秩六百石，是先時官六百石有舉廉者。自有此明詔，遂絶矣。」

諸有臧及内惡未發而薦舉者皆勿案驗　《平紀》：「卽位，詔：『及選舉者，其歷職更事有名之士，則以爲難保，廢而勿舉，甚謬於赦小過舉賢材之義。諸有臧及内惡未發而薦舉者，皆勿案驗。令士厲精鄉進，不以小疵妨大材。』」《補注》：「何焯曰：此莽羅致屏棄不齒之人，被以望外過恩，使爲己用耳。」

按：何説是。此本非漢法，在《平紀》中，姑録之。

更相稱舉　《賈捐之傳》：「奏興、捐之更相薦譽，請論如法。」詳前漏洩省中語條下。《六帖》四十四。自舉門引此事：「此更相薦舉，請論如律。」《輯證》言：「如律者，如更相薦舉之舊律。《漢書》作『如法』，法卽律。」《何武傳》：「武爲前將軍，素與左將軍公孫禄相善，於是武舉公孫禄可大司馬，而禄亦舉武。莽風有司劾奏武、公孫禄互相稱舉，皆免，武就國。」

按：《輯證》舉《六帖》所引，謂如律者，如更相薦舉之舊律，《漢書》作如法，法卽律。然此律係以漏洩定罪，故捐之重至棄市。如法者，如漏洩之法也。

妄相稱舉　《朱雲傳》：「元帝時，琅邪貢禹爲御史大夫，而華陰守丞嘉上封事，言平陵朱雲可使以六百石秩試守御史大夫。上乃下其事問公卿，太子少傅匡衡對，以爲『大臣者，國家之股肱，今嘉從守丞而圖大臣之位，欲以匹夫徒走之人而超九卿之右。今御史大夫禹，絜白廉正，而嘉猥稱雲，欲令爲御史大夫，妄相稱舉，疑有姦心，宜下有司案驗。』嘉竟坐之。」

按：妄相稱舉，疑亦律中所有之語，故當日以此爲獄訶也。

訾算四得宦　《景紀》：「後二年，詔曰：『人不患其不知，患其爲詐也；不患其不勇，患其爲暴也；不患其不富，患其亡厭也。其唯廉士，寡欲易足。今訾算十以上乃得宦，廉士算不必衆。有市籍不得宦，無訾又不得宦，朕甚愍之。訾算四得宦，亡令廉士久失職，貪夫長利。』」注：服虔曰：「訾萬錢，算百二十七也。」應劭曰：「古者疾吏之貪，衣食足知榮辱，限訾十算乃得爲吏。十算，十萬也。賈人有財不得爲吏，廉士無訾又不得宦，故減訾四算得（官）〔宦〕矣。」師古曰：「訾讀與貲同。」《補注》：「何焯曰：董仲舒所謂選郎吏以富訾，指此訾算也。司馬相如以訾算爲郎。姚鼐曰：此所云宦謂郎也。漢初郎須有衣馬之飾乃得侍上，故以訾算。張釋之云久宦滅仲之産，衛將軍青令舍人具鞍馬、絳衣、玉具劍是也。漢之士進，大抵郎侍及仕州郡及卿府辟召三塗，郎乃宦於皇帝者也。無訾不得宦於皇帝，自可仕郡縣及卿府也。至武帝建學校舉孝廉後，則郎不必訾算而後登，而入羊入粟補郎更甚於昔之訾算，皆景帝前所未有。應謂限訾十算乃得爲吏，不悟此制不通行於凡吏也。」《張釋之傳》：「以訾爲騎郎。」注：如淳曰：「《漢注》訾五百萬得爲常侍郎。」《司馬相如傳》：「以訾爲郎，事孝景帝，爲武騎常侍。」顔注：「訾讀與貲同，貲財也。以家財多，得拜爲郎也。武騎常侍，秩六百石。」

按：漢舊法，訾算十萬得爲郎，景帝減爲訾算四，則四萬即得爲郎。而訾五百萬者即得爲常侍郎，是以訾算之多寡分郎位之高卑也。

卒踐更一月休十一月　見《户律》更賦條。

都水治渠隄水門　《百官表》：「屬官都水長丞。」注：如淳曰：「律，都水治渠隄水門。《三輔黄圖》云，三輔皆有都水也。」《補注》：「何焯曰：都水屬太常，治都以内之水，故其官曰長。山陵所在，尤以流水爲急，故太常有專責也。先謙曰：都，總也，謂總治水之工，故曰都水，非都以内之水也。」

按：都字之義，自當作總治解，何氏解作都内，非也。惟此官屬於太常，則當專治三輔之水。三輔常爲山林所在，故屬太常也。郡國自有都水長丞，屬于大司農，詳《百官表》，知郡國亦有都水之官。而何氏都内之解，不攻而自破矣。

司空主水及罪人　《百官表》：「宗（伯）〔正〕屬官有都司空令丞。」注：如淳曰：「律，司空主水及罪人。」《補注》：「先謙曰：都司空，見《伍被》、《灌夫傳》。都司空令，見《儒林傳》。《續志》後漢省都司空令丞。」

按：司空之主獄事，已詳《囚律》獄事條内。其主水事未知與都水之職守如何區别？觀此二條，益見《漢律》官制必甚詳備矣。

漢律摭遺卷十八

田租稅律　田令

田租稅　《食貨志》：「漢興，天下既定，輕田租，什五而稅一。」《惠紀》：「減田租，十五稅一。」注：鄧展曰：「漢家初十五稅一，儉於周十稅一也。中間廢，今復之也。」《文紀》：「十三年，詔曰：『農，天下之本，務莫大焉。今廑身從事，而有租稅之賦，是謂本末者無以異也，其於勸農之道未備。其除田之租稅。』」《景紀》：「元年，令田半租。」《補注》：「齊召南曰：《史記》除田半租，此文令田半租，以文帝十三年盡除田租，至此年始復收其半租也。」《西漢會要》：「三十而稅一也。」《食貨志》：「王莽下令曰，漢氏減輕田租，三十而稅一。」《後書·光武紀》：「建武六年，詔曰：『頃者師旅未解，用度不足，故行什一之稅。今軍士屯田，糧食差積，其令郡國收見田租，三十稅一，如舊法。』」注：「景帝二年令人田租三十而稅一，今依景帝，故云舊制。」《後書·桓紀》：「延熹八年，初令郡國有田者畝斂稅錢。」注：「畝十錢也。」《靈紀》：「中平二年，稅天下田，畝十錢。」注：「以修宮室。」

按：漢之田稅，其初承秦什五之制。天下既定，即輕田稅，十五而稅一。文帝除田租稅，故律亦除之。景帝復田半租，則此律亦必修復矣。除田租稅，終文之世，行之十一年。景帝令田半租，其一半則永遠除之，故《史記》云除田半租也。漢世待農民最優，雖以武帝之侈，而農不加賦，有司欲加算賦而不許，其家法固未替也。桓、靈畝税十錢，而漢亡矣。

疁田茠艸　《説文》田部：「疁，燒穜也。從田翏聲。力求切。《漢律》，疁田茠艸。」段曰：「《篇》、《韻》皆云，田不耕，火種也。謂焚其艸木而下種，葢治山田之法爲然。《史記》曰，楚越之地或火耕。杜甫夔府〈詩〉：燒畬度地偏。」桂曰：「漢武帝詔，江湖之地，火耕水耨。《齊民要術》：凡開荒，山澤田皆七月芟艾之，草乾卽放火。《越絶書》：吴北野胥主疁者，吴王女胥主田也。《晉書·殷浩傳》：開江西疁田千餘頃以爲軍儲。《宋書·豫章王子尚傳》：時東土大旱，鄞縣多疁田。」

按：疁田、茠艸二者皆農事。《説文》蓐部：「薅，披田艸也。薅或從休。」段曰：「披者，迫地削去之也。」此田事，當在《田租税律》。

解衣而耕謂之襄　《説文》衣部：「襄，《漢令》，解衣而耕謂之襄。」段曰：「而字依《韻會》補。此襄字所以從衣之本義，惟見於《漢令》也。引申之，爲除去。《爾雅·釋言》、《詩·牆有茨》出車，傳皆曰，襄，除也。《周書》謚法云，辟地有德曰襄。凡云攘地、攘夷狄，皆襄之假借字也。」

按：此亦田事，當在《田令》。

商者不農　《後書·黄香傳》：「遷魏郡太守。郡舊有内外園田，常與人分種，收穀歲數千斛。香曰：『《田令》商者不農，《王制》仕者不耕。伐冰食禄之人，不與百姓争利。』乃悉以賦人，課令耕種。」《劉般傳》：「先是時，下令禁民二業。謂農者不得商賈也。般上言：『郡國以官禁二業，至有田者不得漁捕。今濱江湖郡，率少蠶桑，民資漁採，以助口實，且以冬春閑月，不妨農事。夫漁獵之利，爲田除害，有助穀食，無關二業也。』」《輯證》：「惠棟《後漢書補注》案《劉般傳》曰，永平中，下令禁民二業，般上言云云。是商者不農之令，始於永平也。按《般傳》明言先是時禁民二業。又《桓譚傳》疏陳時所宜云，理國之道，舉本業而抑末利，是以先帝禁人二業，錮商賈不得宦爲吏。注：高祖時令市井不得宦爲吏。據此，不得云始於永平。」

按：商者不農，仍是崇本抑末之意。使富商大賈亦得爲農業，必膏腴盡歸兼并，而農人受困；若使農人得爲商賈，則逐末者多，而農事不修。此又禁止二業之微意也。

度田增加與奪田同罪　《劉般傳》：「『又郡國以牛疫水旱墾田多減，故詔敕區種，增進頃畝，以爲民也。而吏舉度田，欲令多，前至於不種之處，亦通爲租。可申勑刺史二千石，務令實覈。其有增加，皆使與奪田同罪。』帝悉從之。」此通上條二業言，故云悉從。

按：度田不實，建武時罪重至死，而此風未息。吏多以增進頃畝爲功，而不顧民之受害，使與奪田同罪，庶其弊可以少除。注云華嶠書「奪」作「脱」。脱字爲長，脱與增加相反待也。

稻田三品條式　《後書・秦彭傳》：「遷山陽太守，興起稻田數十頃。每於農月，親度頃畝，分別肥埆，差爲三品，各立文簿，藏之鄉縣。於是姦吏跼蹐，無所容詐。彭乃上言，宜令天下齊同其制。詔書以其所立條式班令三府，並下州郡。」

按：詔令班下州縣，卽與令無異。

斂民錢以田爲率　《公羊傳》哀十二年：「春用田賦。」注：「若今漢家斂民錢以田爲率矣。」

按：漢之賦民，如算賦、口賦、更賦，并以口爲率，未有以田爲率者，惟桓、靈之畝稅十錢，則以田爲率。何氏殆舉漢近事以爲況。哀公之用田賦，與桓、靈之畝稅錢，同爲末世之秕政。《漢律》本無此法，休卒于靈帝光和五年，則其所據者，桓帝延熹之事也。

錢律

盜鑄　詳《賊律》詐僞。

五銖錢　《食貨志》：「有司言三銖錢輕，輕錢易作姦詐。乃更請郡國鑄五銖錢，周郭其質，令不可得摩取鋊。」注：「孟康曰：『周匝爲郭，文漫皆有。』」

按：漢初郡國皆得鑄錢。文帝聽民放鑄，而吴鄧錢布天下。景帝禁之，民不得私鑄，而郡國仍得鑄錢也。

赤仄錢　《食貨志》：「郡國鑄錢，民多姦鑄，錢多輕。而公卿請令京師鑄官赤仄，一當五，賦官用非赤仄不得行。」顏注：「充賦及給官用，皆令以赤仄。」

三官錢　《食貨志》：「其後二歲，赤仄錢賤，民巧法用之，不便，又廢。於是悉禁郡國毋鑄錢，專令上林三官鑄錢。既多，而令天下非三官錢不得行，諸郡國前所鑄錢皆廢銷之，輸入其銅三官。而民之鑄錢益少，計其費不能相當，唯真工大姦乃盜爲之。」《補注》：「齊召南曰：『三官錢卽水衡錢也。據《百官表》，水衡都尉掌上林，其屬有均輸、鍾官、辨銅三令丞。《鹽鐵論》曰，廢天下諸錢，專命水衡三官作，即言此也。」

按：自三官鑄錢，而郡國皆不得鑄錢矣。此五銖錢終漢之世行之，歷時最久，以其輕重得宜也。

上計律

上計　《天官·小宰》：「歲終，則令羣吏致事。」注：「使齎歲盡文書來至，若今上計。」疏：「漢之朝集使謂之上計吏，謂上一年計會文書及功狀也。」

上計吏　《朱買臣傳》：「買臣隨上計吏爲卒，將重車至長安。」《文翁傳》：「減省少府用度，買刀布蜀物齎計吏以遺博士。」注：如淳曰：「金馬書刀，今賜計吏是也。作馬形於刀環内，以金鏤之。」

按：齎計以上於京師者，謂之上計吏，亦曰計吏。

上計簿　《宣紀》：「黄龍元年，詔：『方今天下少事，繇役省減，兵革不動，而民多貧，盜賊不止，其咎安在？上計簿具文而已，務爲欺謾，以避其課。三公不以爲意，朕將何任！諸請詔省卒徒自給者，皆止。御史察計簿，疑非實者，按之，使真僞毋相亂。』」《貢禹傳》：「郡國擇便巧史書習於計簿能欺上府者，以爲右職。」

按：上計簿，郡國所上計會之文書也。宣帝綜核名實，而計簿有具文之弊，知綜核二字之未易言也。

尚書主大計　《天官·序官》「司會」注：「會，大計也。司會主天下之大計，計官之長，若今尚書。」

疏：「漢之尚書亦主大計，故舉以況之也。」

按：《張蒼傳》：「六年，封爲北平侯，遷爲計相，一月，更以列侯爲主計四歲。是時蕭何爲相國，而蒼乃自秦時爲柱下御史，明習天下圖書計籍，又善用算律曆，故令蒼以列侯居相府，領主郡國上計者。」注：師古曰：「專主計籍，故號計相。」如淳曰：「以其所主，因以爲官號，與計相同。時所卒立，非久施也。」師古曰：「去計相之名，更號主計。」據此，則漢初主計之事在丞相府，張蒼之後必有繼其職者。周制，冢宰受一歲之計，漢之丞相，周之冢宰也。則此制實承於周也。《百官表》尚書令丞爲少府屬官之一，不言主大計。成帝初置尚書，員五人，分五曹，亦無主計事。《續志》尚書六曹，亦不及焉。惟《漢舊儀》云，尚書郎四人，民曹一郎，主天下户口墾田功作；謁者曹一郎，主天下見錢貢獻委輸。所謂尚書主大計者，或即指此。但尚書主大計，不知始於何時？宣帝時任中書官弘恭爲令，石顯爲僕射，元帝時恭死，顯爲中書令，委以政事，遂爲機要，大計亦中書所與聞。其權之移於中書，或在此時，後乃屬尚書也。

歲盡遣吏上計　《續百官志》：「凡州郡皆掌治民，進賢勸功，決訟檢姦。常以春行所主縣，勸民農桑，振救乏絶。秋冬遣無害吏案訊諸囚，平其罪法，論課殿最。歲盡遣吏上計。」注：「盧植《禮注》，計斷九月，因秦以十月爲正故也。」

按：此上一歲之計也。兩漢奉爲常法，蓋承於周制。

計文書斷於九月　《秋官·小行人》「秋獻功」注：「功，考績之功也，秋獻之。今計文書斷於九月，其舊法。」

按：盧植《禮注》計斷九月，因秦以十月爲正故。然則漢制與秋獻功之義不同矣。漢初以十月爲歲首，朝會在十月，計吏自不得不以九月爲斷。自太初正曆，以正月爲歲首，而計文書仍斷於九月者，計吏歲盡卽詣京師，不及候至十二月。郡國之遠者若必斷於歲盡，卽不及赴正月旦之朝會，故斷於九月。

正月旦朝賀見屬郡計吏　詳《朝律》。

按：此計吏朝會之禮，漢常制也。

受計　《武紀》：「元封五年三月，還至泰山，因朝諸侯王列侯，受郡國計。太初元年，東臨勃海，春，還受計于甘泉。」顏注：「受郡國所上計簿也。若今之諸州計帳。」

按：受計當在京師，甘泉距長安不遠，武帝常駐蹕之所，卽與京師不異。惟泰山非受計之地，而郡國計吏咸集焉，殆當日行幸之年，正月無朝會，而諸侯之來朝者並集于行幸之處，而計吏亦咸集歟？

陳屬車於庭　《春官·典路》：「大賓客亦如之。」注：「亦出路當陳之。鄭司農說，漢朝《上計律》，陳屬車於庭。」

按：陳屬車，朝會之常儀也，見於《上計律》，故引之。

御史大夫敕上計丞長史　《漢舊儀》：「御史大夫敕上計丞長史曰：『詔書殿下，布告郡國。臣下承宣無狀，多不究，百姓不蒙恩被化。守丞長史到郡與二千石同力爲民興利除害，務有以安之，稱詔書。郡國有茂才不顯者，言上。殘民貪污煩擾之吏，百姓所苦，務勿任用，方察不稱者。刑罰務於得中，惡惡止其身。選舉，民侈過度，務有以化之。問今歲善惡孰與往年？對上。問今年盜賊孰與往年？得無有羣輩大賊？對上。』」

按：此御史大夫敕問計吏之制。

敕遣計吏　《漢舊儀》：「哀帝元壽二年，以丞相爲大司徒。郡國守丞長史上計事竟，遣君侯出坐庭上，親問百姓所疾苦。計室掾吏一人大音者讀敕畢，遣敕曰：『詔書（殿）〔數〕下，禁吏無苛暴。丞長史歸告二千石，（順）〔凡〕民所疾苦，急去殘賊，審擇良吏，無任苛刻，治獄決訟，務得其中。明詔憂百姓困於衣食，二千石帥勸農桑，思稱厚恩，有以振贍之，無煩擾奪民時。公卿以下務飭儉恪，今俗奢侈過制，（度）〔度〕日以益甚，二千石務以身帥，有以化之。民冗食者，（請諭）〔謹〕以法養視，疾病致醫藥，務（治）〔活〕之。詔書無飾，廚傳增養食至今未變，或更尤過度，甚不稱。歸告二千石，務省約如法，且案不改者，長吏以聞。官寺鄉亭漏敗，垣牆（阤）〔阤〕壞，所治無（辨）〔辦〕護者，不稱任，先自劾。不應法，歸告二千石勿聽。』」

按：此敕遣計吏之事。其敕文臨時所定，未必盡同，而其旨總以問民疾苦爲先。此等宗旨是否備載律文之中，不可得而詳矣。

郡國計吏會陵　《續禮儀志》：「正月上丁，祠南郊。禮畢，次北郊，明堂，高廟，世祖廟，謂之五供。五供畢，以次上陵。西都舊有上陵。東都之儀，百官、四姓親家婦女、公主、諸王大夫、外國朝者侍子、郡國計吏會陵。晝漏上水，大鴻臚〔設〕九賓，隨立寢殿前。鐘鳴，謁者治禮引客，羣臣就位如儀。乘輿自東廂下，太常導出，西向拜，止旋升阼階，拜神坐。退坐東廂，西向。侍中、尚書、陛者皆神坐後。公卿羣臣謁神坐，太官上食，太常樂奏食舉，舞文始、五行之舞。禮樂闋，羣臣受賜食畢，郡國上計吏以次前，當神軒占其郡國穀價，民所疾苦，欲神知其動静。孝子事親盡禮，敬愛之心也。周徧如禮。最後親陵，遣計吏，賜之帶佩。」

按：會陵之禮，西京所無，始於明帝。蔡邕以爲用心周密，魚豢以爲甚違古不墓祭之義，劉昭以邕爲然，實非禮也。

計偕　《武紀》：「元光五年，徵吏民有明當世之務，習先聖之術者，縣次續食，令與計偕。」顔注：「計者，上計簿使也，郡國每歲遣詣京師上之。偕者，俱也，令所徵之人與上計者俱來，而縣次給之食。後世譌誤，因承此語，遂總謂上計爲計偕。闕騆不詳，妄爲解説，云秦漢謂諸侯朝使曰計偕。偕，次也，晉代有計偕簿。又改偕爲階，失之彌遠，致誤後學。」《補注》：「宋祁曰：舊本正文『續』作『給』。王念孫曰：舊本是也。據注云，縣次給之食，則本作給食明矣。《平紀》亦有縣次給食之語。若作續食，則義不可通。」《儒林傳》：「郡國縣官有好文學，敬長上，肅政教，順鄉里，出入不悖，所聞，令相長丞上屬所二千石。二千石謹察可者，常與計偕，詣太常，得受業如弟子。」顏注：「隨上計吏俱至京師。」

按：計偕之制，始於孝武，乃用人之事，無關上計者。然既與計吏偕來，計吏即不得不任其責矣。縣次給食，足見漢室待士之優。後來無此制矣。

計偕物　《禮記·射義》：「諸侯歲獻，貢士於天子。」注：「歲獻國事之書及計偕物也。」疏：「漢時謂郡國送文書之使謂之爲計吏，其貢獻之物與計吏俱來故謂之計偕物也。偕，俱也，非但獻國事之書，又俱獻貢物。」

按：計偕物乃漢代之名，故鄭注舉以爲況。

諸州奏事因計吏　《續百官志》：「諸州常以八月巡行所部郡國，録囚徒，考殿最。初歲盡詣京都奏事，中興但因計吏。」注：「《東觀書》曰，和帝初，張酺上言：『臣聞王者法天，熒惑奏事太微，故州牧刺史入奏事，所以通下問知外事也。數十年以來，重其道歸煩擾，故時止勿奏事，今因以爲故事。臣愚以爲刺史視事滿歲，可令奏事如舊典。問州中風俗，恐好惡過所道，事所聞見考課衆職，下章所告，及所自舉有意者賞異之。其尤無狀，逆詔書，行罪法，冀敕戒其餘。令各敬慎所職，於以衰滅貪邪便佞。』」《光武紀》：「建武十一年，初斷州牧自還奏事。」注：「《前書音義》曰，刺史每歲盡則入奏事京師，令斷之。哀帝改刺史曰州牧。」

按：州牧，建武十八年復爲刺史。張酺所言，頗有可采，未聞當時用其議也。若改爲三年一詣京師，亦折衷之道歟。

歲上墨綬長吏理狀尤異者　《後書・明紀》：「永平九年，令司隸校尉、(郡)〔部〕刺史歲上墨綬長吏視事三歲已上理狀尤異者各一人，與計偕上。及尤不政理者，亦以聞。」

按：此又計偕之一。

月計日計　《天官・宰夫》「八職」注：「治要若歲計也，治凡若月計也，治目若今日計也。」

按：漢法歲計之外，有月計、日計，雖與上計無涉，然亦計會之事，故附於此。

金馬書刀賜計吏　詳前上計吏條。

按：如淳魏時人，其所說自是漢制。

齎計吏　《天官・掌皮》：「歲終則會其財齎。」注：「齎，所給予人以物曰齎，今時詔書或曰齎計吏。」疏：「齎有兩義。上《外府》注行道之財用曰齎。此皮革，無行道所用之義，故齎爲出給，與人物解之也。漢時考使謂之計吏，有詔賜與之則曰齎。引之證齎，是與人物也。」

按：《說文》：「齎，持遺也。」王曰：「《廣雅》：齎，持也。又曰：齎，送也。知是兩義。送即遺也。其訓爲持，而不必有所遺者：《聘禮》曰，問幾月之齎。《外府》曰，共其財用之幣齎。注：齎，行道之財用也。是也。其持而有所遺：《掌皮》云云。《急就篇》妻婦聘嫁齎媵僮。顔注：將持而遺之也。是也。是知持義不能該備，故許君以遺足之。」據此，是許義與鄭義正相合。漢時遺計吏必有賜。《續志》云賜之帶佩，乃金刀書刀之賜，皆所謂齎計吏也。

大樂律

大予樂　《後書・明紀》：「永平三年，改大樂爲大予樂。」注：「《尚書琁璣鈐》曰，有帝漢出，德洽作樂名予。故據《琁璣鈐》改之。」《百官表》：「太常屬官大樂令。」《續志》：「大予樂令一人，六百石。」本注曰：「掌伎樂。凡國祭祀，掌請奏樂，及大饗用樂，掌其陳序。」注：「盧植《禮注》曰，大予令如古大胥，大予丞如古小胥。」

卑者之子不得舞宗府之酎除吏二千石到六百石及關内侯到五大夫子先取適子高七尺已上年十二到年三十顔色和順身體脩治者以爲舞人　《春官・大胥》：「掌學士之版，以待致諸子。」注：「鄭司農云，學士謂卿大夫諸子學舞者。版，籍也，今時鄉户籍，世謂之户版。大胥主此籍，以待當召聚學舞者卿大夫之諸子，則案此籍以召之。漢《大樂律》曰：卑者之子不得舞宗廟之酎。除吏二千石到六百石及關内侯到五大夫子，先取適子，高七尺以上，年十二到年三十，顔色和順，身體脩治者，以爲舞人。與古用卿大夫子同義。」疏：「既云取七尺以上而云十二到三十，則十二者誤，當云二十至三十。何者？按《鄉大夫》職云，國中自七尺以及六十、野自六尺以及六十有五皆征之。按《韓詩》，二十從役，與國中七尺同。是七尺爲二十矣，明不得爲十二也。」

按：《續志》補注引《大樂律》文略同，惟「七尺」作「五尺」，「和」下無「順」字。如律文爲五尺以上，則賈疏之説難通矣。《内則》十三舞勺，成童舞象，似不以十二幼小爲嫌。

田律

無干車無自後射　《夏官·大司馬》：「有司表貉、誓民。」注：「誓民，誓以犯田法之罰也。誓曰：無干車，無自後射。」疏：「此據漢《田律》而言。無干車，謂無干犯他車。無自後射，象戰陣不逐奔走。又一解云，前人已射中禽，後人不得復射。彼又云，無面傷之，等象降者不逆擊之。」《秋官·士師》：「三曰禁，用諸田役。」注：「禁則軍禮，曰無干車，無自後射，比其類也。」疏：「《易·比》之九五曰，王用三驅，失前禽。注云，王因天下顯習兵于蒐狩焉，驅禽而射之，三則已發，軍禮。失前禽者，謂禽在前來者不逆而射，旁去又不射，唯其走者順而射之，不中亦已，是皆所失。用兵之法亦如之，降者不殺，奔者不禁，背敵不殺，以仁恩養威之道。若然，此不自後射，亦謂不中之後不重射。前敵不破則有追法，《春秋》公追戎於濟西是也。」

按：此二語鄭注云是軍禮。《大司馬》賈疏以爲漢《田律》者，以鄭注有田法之文也。無自後射句，賈疏兩處之解不同，今備録之。

尚方律

按：無事可證，缺之。

漢律摭遺卷十九

箠令

箠　《刑法志》："景帝中六年詔：『笞者，所以教之也，其定箠令。』丞相劉舍、御史大夫衛綰請：『笞者，箠長五尺，其本大一寸，其竹也末薄半寸，皆平其節。當笞者笞臀，毋得更人，畢一罪乃更人。』自是笞者得全。"注："如淳曰："然則先時笞背也。"」《補注》："周壽昌曰：'案漢法，先或笞背，後但鞭背耳。更人則力紓，行笞者重。北齊刑律，笞者笞臀而不中易人，皆承漢法也。'"

按：此法歷代遵循，法之善者，不能廢也。若遇殘酷之吏，雖有此法，亦具文耳。

挈令

廷尉挈令

光禄挈令

廷尉板令

按：以上四者無事證之。

公令

吏死官得法賻　《何並傳》：「疾病，召丞掾作先令書顏注：先爲遺令也。曰：『告子恢，吾生素餐日久，死雖當得法賻，勿受。』」注：如淳曰：「公令，吏死官得法賻。」師古曰：「贈終者布帛曰賻。」

按：《唐律》，卒官，家無手力不能勝致者，仰部送還鄉，即此意。據《並傳》，是漢法凡死官者皆有法賻，不必其家無手力也。

水令

《兒寬傳》：「遷左内史，寬奏開六輔渠，定水令以廣溉田。」顏注：「爲用水之次，具立法令，皆使得其所也。」

按：此水令專爲六輔渠而定，用水各有次序，以免人民之争端，與召信臣之均水約束大略相同，非通行郡國之令也。

均水約束　《召信臣傳》：「遷南陽太守，行視郡中水泉，開通溝瀆，起水門提閼凡數十處，以廣溉灌，歲歲增加，多至三萬頃，民得其利，畜積有餘。信臣爲民作均水約束，刻石立於田畔，以防分争。」顏注：「閼，所以壅水。」《補注》「齊召南曰：案『提』應作『隄』。又案，信臣於南陽水利無所不興，其最鉅者鉗盧陂、六門竭，並在穰縣之南，灌溉穰、新野、昆陽三縣，後漢杜詩修其故迹，民有召父、杜母之歌。晉杜預復其遺規，地有二十九陂之利。故讀《後書》、《晉書》及《水經注》、《通典》而歎信臣功在南陽，並於蜀李冰、鄴史起也。顏注太略。錢大昕曰：提閼卽隄壎也。古讀『閼』如『焉』，亦作『傿』。《後書・董卓傳》於所度水中爲立傿以爲捕魚。注云《續漢書》『傿』字作『堰』。』其字義則同，但異體耳。又作『堨』。《後書・王景傳》與將作謁者王吳共修作後儀渠，吳用景堨流法，水乃不復爲害。『閼』又有『遏』音，故字亦作『遏』。』《水經注》載魏劉靖碑云，以嘉平二年立遏於水道高梁河，造戾陵遏。卽戾陵堰也。《說文》無堰字。《周禮・𢿤人》以時𢿤爲梁。鄭司農云，梁，水堰也。堰水爲關，空以笱，承其空。是漢人亦作堰也。周壽昌曰：堤、隄字通，《刑法志》『提封』作『隄封』可證。沈欽韓曰：《長安志》涇渠圖制云，立三限閘以分水，立斗門以均水。凡用水，先令一吏入狀，官給申帖，方許開斗。自十月一日放水，至六月遇漲水歇渠，七月往罷。每夫一名，溉夏秋田二頃六十畝，仍驗其工給水行之序次，自下而上，晝夜相繼，不以公田越次，霖潦輟功。此均水之法也。」

按：信臣之均水約束，其法不傳。沈氏引涇水圖制爲證，其大旨當亦如是。閼，《說文》遮擁也。段曰：古書「壅遏」字多作「擁閼」，如許所説，則同義異字。本案：《史記・天官書》：「土與水合穰而擁閼其國，不可舉事。」又《朝鮮傳》：「真番旁衆國欲上書見天子，又擁閼不通。」此段氏所謂古書多作「擁閼」。而又云同義異字者，豈以閼從於聲，當在魚虞部，遏從曷聲，在脂漸部，古音不同部乎。然閼，《切韻》烏割切，其音與遏同部，古音相通，於雙聲取之於聲曷聲，同爲影字母也。閼，古或讀如「焉」。《匈奴傳》閼氏，閼音於連反。《爾雅》歲在卯曰單閼。《史記・屈賈傳》索隱引孫本作「蟬焉。」焉聲在元寒部，而焉亦屬影字母，其音亦出於雙聲也。

功令

能通一藝以上補文學掌故缺其高弟可以爲郎中者太常籍奏卽有秀才異等輒以名聞其不事學若下材及不能通一藝輒罷之而請諸不稱者罰　禮掌故秩比二百石以上及吏百石通一藝以上補左右內史大行卒史比百石以下補郡太守卒史皆各二人邊郡一人先用誦多者若不足乃擇掌故補中二千石屬文學掌故補郡屬

《史記·儒林傳》：「公孫弘爲學官，悼道之鬱滯，乃請曰：『丞相御史言，正義：自此以下，皆弘奏請之辭。制曰：蓋聞導民以禮，風之以樂，婚姻者，居室之大倫也，今禮廢樂崩，朕甚愍焉。故詳延天下方正博聞之士，咸登諸朝，其令禮官勸學，講議洽聞興禮，以爲天下先。太常議，與博士弟子，崇鄉里之化，以廣賢材焉。謹與太常臧、博士平等議曰：聞三代之道，鄉里有教，夏曰校，殷曰序，周曰庠。其勸善也，顯之朝廷，其懲惡也，加之刑罰。故教化之行也，建首善自京師始，由內及外。今陛下昭至德，開大明，配天地，本人倫，勸學脩禮，崇化厲賢，以風四方，太平之原也。古者政教未洽，不備其禮，請因舊官而興焉。爲博士官置弟子五十人，復其身。太常擇民年十八已上，儀狀端正者，補博士弟子。郡國縣道邑有好文學，敬長上，肅政教，順鄉里，出入不悖所聞者，令相長丞上屬所二千石，二千石謹察可者，索隱：屬，委也。所二千石，謂於所部之郡守相。當與計偕，詣太常，得受業如弟子。一歲皆輒試，能通一藝以上，補文學掌故缺；其高第可以爲郎中者，太常籍奏。卽有秀才異等，輒以名聞。其不事學若下材及不能通一藝，輒罷之，而請諸不稱者罰。臣謹案詔書律令下者，明天人分際，通古今之義，文章爾雅，訓詞深厚，恩施甚美。小吏淺聞，不能究宣，無以明布諭下。治禮次治掌故，集解：徐廣曰：一云次治禮樂掌故。以文學禮義爲官，遷留滯。請選擇其秩比二百石以上，及吏百石通一藝以上，補左右内史、大行卒史，比百石以下，補郡太守卒史，皆各二人，邊郡一人。先用誦多者，若不足，乃擇掌故補中二千石屬，索隱蘇林曰：屬亦曹(史)〔吏〕今縣官文書解云屬某甲。文學掌故補郡屬，備員。請著功令，它如律令。』制曰：『可。』」索隱：「如淳曰：《漢儀》弟子射策，甲科百人補郎中，乙科二百人補太子舍人，皆秩比二百石；次郡國文學，秩百石也。」

按：公孫原議請著功令，必已編入令中，唯令文詳略如何不可考。《漢書・儒林傳》顏注云，備員者，示以升擢之，非藉其實用。《補注》錢大昕曰，師古説非也。平津本意，以詔書爾雅深厚，非俗吏所解，故選文學掌故補卒史，所謂以儒術緣飾吏事也，安得云不藉其實用乎？備員蓋蒙上文不足之文，謂如有不足，當以文學掌故充之，毋使缺額耳。中二千石屬即謂内史、大行卒史，郡屬即謂郡卒史。按：錢説是。蕭望之治《齊詩》以令詣太常受業，《匡衡傳》射策甲科不應令，皆指此令言。

養老令

受鬻法　《武紀》：「建元元年，詔：『民年九十以上，已有受鬻法。』」顏注：「給米粟以爲糜粥。」

按：文帝詔，受鬻者或以陳粟，豈稱養老之意。是此法漢初已行之，猶本於《月令》麋粥之舊法。《後書・安紀》元初四年亦有糜粥糠粃相半之詔。雖有良法美意而奉行不力，皆爲具文矣。

縣道年八十以上賜米人月一石肉二十斤酒五斗其九十以上又賜帛人二匹絮三斤賜物及當稟鬻米者長吏閲視丞若尉致不滿九十嗇夫令史致二千石遣都吏循行不稱者督之刑者及有罪耐以上不用此令

《文紀》：「元年，詔：『老者非帛不煖，非肉不飽，今歲首，不時使人存問長老，又無布帛酒肉之賜，將何以佐天下子孫孝養其親？今聞吏稟當受鬻者，或以陳粟，豈稱養老之意哉？具爲令。』有司請令縣道，年八十以上，賜米人月一石，肉二十斤，酒五斗。其九十以上，又賜帛人二匹，絮三斤。賜物及當稟鬻米者，長吏閲視，丞若尉致。顔注：致者，送至也。或丞或尉，自致之也。不滿九十，嗇夫、令史致。二千石遣都吏循行，不稱者督之。刑者及有罪耐以上，不用此令。」

按：此恤老之政。《順紀》陽嘉二年賜民年八十以上，米人一斛，肉二十斤，酒五斗。九十以上加賜帛人二匹，絮三斤。《桓紀》建和二年年八十以上賜米酒肉，九十以上加帛二匹，緜二斤。

年始七十者授之以玉杖餔之糜粥八十九十禮有加賜　《續禮儀志》：「仲秋之月，縣道皆案户比民，年始七十者，授之以玉杖，餔之糜粥，八十九十禮有加賜。」《後書・安紀》：「元初四年，詔：『又《月令》仲秋養衰老，授几杖，行糜粥。方今案比之時，郡縣多不奉行，雖有糜粥，糠粃相半。長吏怠事，莫有躬親，甚違詔書養老之意。其務崇仁恕，振護寡獨，稱朕意焉。』」

按：東京八月案比，有授杖餔糜粥之政，全仿《月令》仲秋之制，蓋與西京稍不同矣。

賜布帛爲醴酪　《後書·章紀》："章和元年，賜高年二人共布帛各一匹，以爲醴酪。"

按：醴酪蓋在糜粥之外者。"一匹"一作"二匹"，似以一匹爲是。

加年七十以上帛　見《户律》。

賜高年米　見《户律》。

賜高年帛　見《户律》。

郡國有穀給稟高年　見《户律》。

按：此政始於文帝，終漢之世常行之。七十以上稱加者，舊法自八十以上始也。

賜高年爵　《玉海》：七十四。"《章紀》元和二年五月，賜天下高年爵三級。"

按：《後書·章紀》元和二年五月詔，其賜天下吏爵，人三級，高年鰥寡孤獨帛，人一匹。無賜高年爵之文。豈王氏所見之《後書》與今本不同耶？姑録之。

馬復令

苑馬　《食貨志》："孝景始造苑馬以廣用。"《景紀》："中六年，匈奴入雁門，至武泉，入上郡取苑馬。"注："如淳曰：'《漢儀注》，太僕牧師諸苑三十六所，分布北邊西邊，以郎爲苑監，官奴婢三萬人養馬三十萬匹。'師古曰：'養鳥獸者通名爲苑，故謂牧馬處爲苑。'"

按：馬復之議建自鼂錯，文帝行之，官無養馬之勞，民養馬者得復算，故民不困。迨景帝造苑馬，官自養馬而用繁矣。匈奴取苑馬在中六年，則苑馬之造在其前矣。

不欲爲吏者出馬　《食貨志》：「於是除千夫、五大夫爲吏，不欲者出馬。」

官假馬母　《食貨志》：「於是誅北地太守以下，而令民得畜邊縣，官假馬母，三歲而歸，及息什一，以除告緡，用充入新秦中。」注：李奇曰：「邊有官馬，今令民能畜官母馬者，滿三歲歸之，歸十母馬還官一駒，此爲息什一也。」師古曰：「官得母馬之息，以給用度，得充實秦中人，故除告緡之令也。」《補注》：「除告緡者，惟邊縣畜馬得除此令。」

按：畜馬者免告緡，與馬復之意相近。

亭馬　《食貨志》：「車騎馬乏，縣官錢少，買馬難得，乃著令，令封君以下至三百石吏以上差出牡馬天下亭，亭有畜字馬，歲課息。」《補注》：「錢大昭曰：『牡』當作『牝』。昭帝始元五年罷天下亭母馬是也。」

按：以上三條，皆武帝所行之苛政。始元罷亭母馬，而民困少舒矣。衞青之初擊匈奴在元光六年，與公孫賀、公孫敖、李廣各將萬騎，敖亡七千騎，廣亡失亦多。元朔元年，青復將三萬騎出雁門，明年復出，遂取河南地。元朔五年，青復將三萬騎出高闕，明年出定襄。是青之出，大約以三萬騎爲率也。元狩三年，霍去病將萬騎出隴西，其夏，去病與合騎侯敖出北地，張騫將萬騎、李廣將四千騎合之。亦不過數萬。迨元狩四年，大發卒，青、去病各五萬騎出塞，閱官及私馬凡十四萬，而後入塞者不滿三萬匹，是失馬十一萬匹矣。失馬之多，此役爲最，而青、去病亦自此不復出，以馬少也。所不可解者，兩軍之出皆有功，何以馬之亡失者若此之多？恐史所言者未必盡得其實，或出塞之時軍吏之報於官者本非其實，藉出塞之亡失以爲侵蝕計也。

秩禄令

太守都尉諸侯内史史各一人卒史書佐各十人　《史記·汲黯傳》：「擇丞史而任之。」集解：「如淳曰：律，太守、都尉、諸侯内史史各一人，卒史書佐各十人。今總言丞史，或以爲擇郡丞及史使任之。鄭當時爲大農推官，屬丞史，亦是也。」

按：景帝令諸侯不得治民，令内史主治民，成帝省内史，更令相治民，此如淳所引律，蓋成帝以前之舊文也。《尹翁歸傳》，田延年爲河東太守，除補卒史。《張敞傳》，補太守卒史。《朱博傳》，遷琅琊太守，召見諸曹史書佐。《王尊傳》，給事太守府，除補書佐。此郡之有卒史書佐也。惟《朱博傳》云見諸曹史。《博傳》又有賊曹掾史。《王尊傳》爲郡決曹史。《龔遂傳》有議曹王生。《尹賞傳》有户曹掾史。《鄭崇傳》爲郡文學史。則郡史實不止一人。《續志》，郡皆置諸曹掾史，略如公府曹，無東西曹。公府凡十曹，曰户曹、奏曹、即議曹。辭曹、法曹、尉曹、賊曹、決曹、兵曹、金曹、倉曹。郡又有功曹史。乃律云史各一人，恐有誤也。

都吏　《文紀》：「遣都吏循行。」注：蘇林曰：「取其都吏有德也。」如淳曰：「律説，都吏今督郵是也。閑惠曉事，卽爲文無害都吏。」師古曰：「如説是。」

按：《續志》，郡有五部督郵曹掾一人，監屬縣。《尹翁歸傳》，徙署督郵。河東二十八縣，分爲兩部，閎孺部汾北，翁歸部汾南。所舉應法，得其罪辜，屬縣長（史）〔吏〕雖中傷，莫有怨者。《廣韻》十八尤，郵，督郵，古官號。《釋名》曰，督郵，主諸縣罰負郵殿糾攝之。今本《釋名》脱此條。督，察也。郵，過也。乃督察諸縣之過失而糾舉之者。其稱都吏者，都，大也，總也，或謂之大吏，大吏見《朱博傳》。總領屬縣者也。《通典》，督郵，功曹之極位。此賜物諸事所以令都吏循行，其任亦重矣。

近塞郡皆置尉百里一人士史尉史各一人　《史記·匈奴傳》：「是時雁門尉史行徼。」索隱：「如淳云：律，近塞郡皆置尉，百里一人，士史、尉史各一人。」

按：《漢（史）〔書〕·匈奴傳》此注作「師古曰」，是師古襲如説也。行徼，巡行徼塞也，乃尉史之責。尉者，郡尉，若任囂爲南海尉，《高紀》東郡尉是也。景帝更名都尉。《續志》，建武省都尉官，唯邊郡往往置都尉，治民比郡。是則尉史者，都尉之史。《續志》都尉亦置諸曹掾史，則尉史亦不止一人。而律云一人者，其漢初之制歟？此尉史與縣尉不同，縣尉主盗賊，不屬於都尉。

游徼徼循禁盗賊　《百官表》：「大率十里一亭，亭有長。十亭一鄉，鄉有三老，有秩嗇夫、游徼。三老掌教化，嗇夫職聽訟收賦税，游徼徼循禁賊盗。」《朱博傳》：「檄到，游徼王卿力有餘，如律令。」顔注：「游徼職主捕盗賊，故云如律令。」

按：文云如律令，似律令有此明文矣。然律文不可考，姑録《百官表》語於此。大約律文中官名職守皆具，今但采諸書所引之明著律文數條，餘不具。

無害都吏　《史記·蕭相國世家》：「以文無害爲沛主吏掾。」集解：「漢書音義》曰：文無害，有文無所枉害也。律有無害都吏，如今言公平吏。一曰無害者，如言無比，陳留間語也。」《漢書》注：「爲人解通無嫉害也。」應劭曰：「雖爲文吏而不刻害也。」蘇林曰：「毋害若言無比也。一曰害，勝也，無能勝害之者。」師古曰：「害，傷也，無人能傷害之者。」《補注》：「劉奉世曰：持法者或以己意私欲陷人，謂之害，故貴於文毋害。毋害者，取其爲人無害於行，則可以爲吏矣。文毋害者，蓋其時擇吏之二事也。亞夫所以稱禹無害，廉其一節也。故《韓信傳》又云，無行，不得推擇爲吏。餘説太汎。先謙曰：《宣紀》詔云，能使生者不怨，死者不恨，則可謂文吏矣。文者，循理用法之謂。過於理則爲文深，爲舞文。集解引《漢書音義》云云。此無害之確詁。文毋害者，猶言文吏之最能者耳。周亞夫稱趙禹云，極知禹無害，然文深，不可以居大府。顔注，無害，言無人能勝之者。訓爲無比意是也。而此注云無人能傷害之，則尚拘於字義，不悟其爲當時語耳。既言禹無害，又云文深，則無害非無嫉害、不刻害之義甚明，服、應非也。索隱引韋昭云，有文理，不傷害。訓文爲有文理，是，訓毋害爲無傷害，非也。《續志》郡國秋冬遣無害吏案訊諸囚，平其辠法。謂遣吏能最高者。劉昭注，律有無害都吏，猶今言公平吏。天下豈有公平而文深者，劉注誤矣。」

按：以周亞夫語審之，王説是。蘇林之害，勝也，言無人能勝之也。當時方言，其意亦當如是。原注多一害字，便支離。

票騎將軍秩禄與大將軍等　《霍去病傳》：「定令，令票騎將軍秩禄與大將軍等。」

按：此令當著於《秩禄令》中。

宫衛令

候司馬不拜出先置衛輒上奏辭　《蓋寬饒傳》：「左遷爲衛司馬。先是時，衛司馬在部，見衛尉拜謁，常爲衛官繇使市買。寬饒視事，案舊令，遂揖官屬以下行衛者。蘇林曰：衛尉官屬。衛尉私使寬饒出，寬饒以令詣官府門上謁辭。文穎曰：私見使而公辭尚書也。尚書責問衛尉，由是衛官不復私使候、司馬。候、司馬不拜，出先置衛，輒上奏辭，如淳曰：天子出，爲天子先導。先天子發，故上奏辭。自此正焉。」

按：《傳》云案舊令，則令中當有明文。九卿屬官不獨衛尉不得私使候、司馬，它官亦在所禁，惟衛尉有直宿之時，故私使衛司馬時多耳。

任子令

父任　《劉向傳》：「年十二，以父德任爲輦郎。」服虔曰：「父保任其子爲郎也。輦郎，如今引御輦郎也。」《補注》：「沈欽韓曰：《唐六典》引周遷《輿服雜事》曰，羊車，一名輦車，小兒衣青布袴褶，紫碧襻，青耳屩，五辮髻，數人引之，今代名爲羊車小史。案此則漢以郎挽輦，爲輦郎。周壽昌曰：任，用也，言以父德爲宗正等官，遂用其子爲郎。《漢律》如此，無庸保任也。服注誤。」《汲黯傳》：「世爲卿大夫，以父任孝景時爲太子洗馬。」《蘇武傳》：「少以父任兄弟並爲郎。」《辛慶忌傳》：「少以父任爲右校丞。」《韋玄成傳》：「以父任爲郎。」《馮野王傳》：「少以父任爲太子中庶子。」《翟義傳》：「少以父任爲郎。」《董賢傳》：「父恭爲御史，任賢爲太子舍人。」《後書・高詡傳》：「父容爲光祿大夫，詡以父任爲郎中。」

按：任爲保任之義，舊説皆同，周説似未可從。至以任爲官，而官之高卑不盡同。太子中庶子六百石，太子洗馬比六百石，右校丞四百石以下，郎六百石至二百石，太子舍人二百石，殆以其父之官分高卑歟？董恭官御史，六百石，故任其子爲二百石。《續志》引《漢官》曰，太子舍人十三人，選良家子孫，故賢得入選。就董恭言之，則六百石以上並得任其子矣。輩郎以年幼者爲之，與諸郎恐又不同。

兄任　《袁盎傳》：「盎兄噲，任盎爲郎中。」顔注：「盎爲兄所保任，故得爲郎中。」《霍光傳》：「票騎將軍去病弟也。時年十餘歲，任光爲郎。」

按：袁盎之兄不言爲何官，當在九卿之列。郎中比三百石。

胎養令

按：此令無事可徵，缺之。

祀令　祠令

擅議宗廟　《韋玄成傳》：「初，高后時患臣下妄非議先帝宗廟寢園官，故定著令，敢有擅議者棄市。

至元帝改制，蠲除此令。成帝時以無繼嗣，河平元年復復太上皇寢廟園，世世奉祠。昭靈后、武哀王、昭哀后并食於太上(皇)寢廟如故，又復擅議宗廟之命。」《霍光傳》：「山曰：『丞相擅減宗廟羔、菟、鼃，可以此罪也。』」注：如淳曰：「高后時定令，敢有擅議宗廟者棄市。」《後書·明紀》：「遺詔無起寢廟，敢有所興作者，以擅議宗廟法從事。」

按：漢宗廟之制多不合於古，貢禹、匡衡建議修正而終多阻閡，甚矣，習俗之難移也。

齋令

不齋　《功臣表》：「武陽嗣侯勝，坐不齋，耐爲隸臣。」顔注：「謂當侍祠而不齋也。」《百官表》同。《補注》：「勝以景七年爲奉常，中二年嗣武陽。爲奉常而不齋，官爵俱削。《史表》作『坐不敬絶』。」

按：不齋卽官爵俱削，此漢法之重者。漢人於祀事，法甚嚴。

齋不謹　《百官表》：「元狩五年，衛尉充國，坐齋不謹，棄市。」

按：齋不謹，未知所犯何事？重至棄市，疑有别故牽連之。

品令

按：此與《秩禄令》如何區别已不能詳。凡關於官職者已列入彼令條下，兹不復出。

戍卒令

戍卒歲更　《史記・將相年表》大事記：「高后五年，令戍卒歲更。」

按：《昭紀》如淳注謂卒更一月一更，過更一歲一更，似過更之法始於高后矣。《食貨志》云，月爲更卒，卽卒更也。又云，已復爲正，一歲屯戍，豈既爲正卒卽當屯戍一年耶？顏注謂更卒給郡縣者，正卒給中都官者，不知所據何書？給中都官乃徒役之事，非屯戍也，其説尚不分明。鼂錯言遠方之卒守塞，一歲而更，亦謂高后歲更之制。惟如淳言律説，卒踐更者，居更縣中，五月乃更。後從《尉律》，卒踐更一月，休十一月。專指踐更者言。而文帝除《戍卒令》，不知所除者何項也？

予告令

吏二千石告過長安謁　《馮野王傳》：「於是野王懼不自安，遂病，滿三月賜告，與妻子歸杜陵就醫藥。大將軍鳳風御史中丞劾奏野王賜告養病而私自便，持虎符出界歸家，奉詔不敬。杜欽時在大將軍莫府，欽素高野王父子行能，奏記於鳳，爲野王言曰：『竊見令曰，吏二千石告，過長安謁，如淳曰：謁者，自白得告也。律，吏二千石以上告歸歸寧，道不過行在所者，便道之官無辭。不分別予、賜。如淳曰：予，予告也。賜，賜告也。今有司以爲予告得歸，賜告不得，是一律兩科，失省刑之意。夫三最予告，令也；病滿三月賜告，詔恩也。令告則得，詔恩則不得，失輕重之差。又二千石病賜告得歸有故事，〔不〕得去郡亡著令。如淳曰：律施行無不得去郡之文也。傳曰：賞疑從予，所以廣恩勸功也；罰疑從去，所以慎刑，闕難知也。今釋令與故事而假不敬之法，甚違闕疑從去之意。即以二千石守千里之地，〔任〕兵馬之重，不宜去郡，將以制刑爲後世法者，則野王之罪，在未制令前也。刑賞大信，不可不慎。』鳳不聽，竟免野王。郡國二千石病賜告不得歸家，自此始。」

按：此奏記曰令曰、令也、亡著令、釋令，是始終據令以爲言。「令告則得」句《補注》引王念孫之說，謂「令」當作「今」，其說甚辯，然當以作「令」者爲是。令告，猶言例告也。循例則得，特恩則不得，此事之不平者。若作「今」字，則以告字與詔恩相對待，詔恩亦告也，按之語氣，全不合矣。《白帖》六帖四十三。引《漢令》曰，吏二千石過長安謁，脱「告」字。

三最予告　見上條。

按：此優賢之意。

令甲

長沙王忠　《史記·惠景間侯者年表》：「夫長沙王者，著《令甲》，稱其忠焉。」集解：「鄧展曰：非劉氏不王，如芮王，故著令，使特王。或曰以芮至忠，故著令也。瓚曰：漢以芮忠，故特王之，以非制，故特著令。」《吴芮傳》：「初，文王芮，高祖賢之，制詔御史：『長沙王忠，其定著令。』」《補注》：「劉攽曰：定著令者，謂於令著長沙王車服土地之類也。《功臣表》，陸量侯須無，令長受令長沙王，亦其一證。沈欽韓曰：此蓋當時因韓、彭等反逆，著爲條約，以戒飭王侯，而稱長沙王之忠也。先謙曰：芮徙王後一年薨，此亦高祖賢芮而著令耳。《王莽傳》張竦爲陳崇奏云，高祖之約，非劉氏不王，然而番君得王長沙，定著於令，明有大信，不拘於制也。蓋盧綰反後高祖刑白馬而盟，此令當在其時，以賢芮故，使後人得嗣王也。諸説未晰。」

按：盧綰反後異姓王略盡，惟長沙存耳，高祖以芮爲賢，故存其王爵不改，而特著《令甲》以符非劉氏不王之約。若但賢芮而已，則與令何涉也。

農桑詔　《景紀》：「元年，詔曰：『間者歲比不登，民多乏食，夭絶天年，朕甚痛之。郡國或磽陿，無所農桑毄畜；或地饒廣，薦草莽，水泉利，而不得徙。其議民欲徙寬大者，聽之。』」《補注》：「王念孫曰：《通典·食貨一》引「磽陿」上有「地」字，今本脱，當校補。地磽陿，與下地饒廣對文。薦者，聚也，言地廣饒而草莽聚其中也。薦與荐同。襄四年《左傳》戎狄荐居。《晉語》戎狄荐處。韋、杜注並云，荐，聚也。地饒廣爲句。薦草莽爲句。水泉利爲句。」「後二年，詔曰：『雕文刻鏤，傷農事者也；錦繡纂組，害女紅者也。農事傷則饑之本也，女紅害則寒之原也。夫饑寒並至，而能亡爲非者寡矣。朕親耕，后親桑，以奉宗廟粢盛祭服，爲天下先；不受獻，減太官，省繇賦，欲天下務農蠶，素有畜積，以備災害。彊毋攘弱，衆毋暴寡，老耆以壽終，幼孤得遂長。今歲或不登，民食頗寡，其咎安在？或詐僞爲吏，吏以貨賂爲市，漁奪百姓，侵牟萬民。縣丞，長吏也，奸法與盜盜，甚無謂也。其令二千石各修其職；不事官職耗亂者，丞相以聞，請其罪。布告天下，使明知朕意。』」注：李斐曰：「奸法，因法作奸也。」文穎曰：「與盜，謂盜者當治，而知情反佐與之，是則共盜無異也。」師古曰：「與盜盜者，共盜爲盜耳。」「三年，詔曰：『農，天下之本也。黄金珠玉，饑不可食，寒不可衣，以爲幣用，不識其終始。間歲或不登，意爲末者衆，農民寡也。其令郡國務勸農桑，益種樹，顏注：樹，植也。可得衣食物。吏發民若取庸采黄金珠玉者，坐臧爲盜。二千石聽者，與同罪。』」

按：《敍傳》：「務在農桑，著於《令甲》。」是孝景諸詔載在《令甲》中也，今備録之。

決事集爲令甲　《晉志》：「又漢時決事，集爲《令甲》以下三百餘篇。」

按：此若今時之以成案纂爲條例也。律令相承已久，而成案取決一時，畸重畸輕，得失參半。其本應重而輕之，不過失之於寬，本應輕而重之，則貽害無窮，不知漢法能不蹈此弊否？

寧告科

《後書・陳忠傳》：「元初三年，有詔大臣得行三年喪，服闋還職。至建光中，尚書令祝諷、尚書孟布等奏，以爲孝文皇帝定約禮之制，光武皇帝絶告寧之典，貽則萬世，誠不可改，宜復建武故事。忠上疏曰：『臣聞之《孝經》始於愛親，終於哀戚，上至天子，下至庶人，尊卑貴賤，其義一也。夫父母於子，同氣異息，一體而分，三年乃免於懷抱。先聖緣人情而著其節，制服二十五月，是以《春秋》臣有大喪，君三年不呼其門。閔子雖要絰服事，以赴公難，退而致位，以究私恩，故稱君使之非也，臣行之禮也。周室陵遲，禮制不序，《蓼莪》之人作詩自傷曰：瓶之罄矣，惟罍之恥。言己不得終竟子道者，亦上之恥也。

高祖受命，蕭何創制，大臣有寧告之科，合於致憂之義。建武之初，新承大亂，凡諸國政，多趣簡易，大臣既不得告寧，而羣司營禄念私，鮮循三年之喪，以報顧復之恩者。禮義之方，實爲彫損。大漢之興，雖承衰敝，而先王之制，稍以施行。故籍田之耕，起於孝文；孝廉之貢，發於孝武；郊祀之禮，定於元、成；三雍之序，備於顯宗；大臣終喪，成乎陛下。聖功美業，靡以尚兹。孟子有言：老吾老以及人之老，幼吾幼以及人之幼，天下可運於掌。臣願陛下登高北望，以甘陵之思，揆度臣子之心，則海内咸得其所。』宦豎不便之，竟寢忠奏，從諷、布議，遂著于令。」

按：《馮野王傳》以予告爲令，而此稱寧告之科，是科者卽令中之科文也。寧告之意，詳《傍章》告歸條下。此事《安紀》所書亦有大臣，而《劉愷傳》所議者但有二千石、刺史，而無大臣，此《傳》則又專言大臣，忠疏亦專言大臣，並無區別之語，似當以《紀》及此《傳》爲據。元初三年至建光元年，首尾僅六年，宦豎已不便之，大臣必尚無行之者。至高帝之制，《安紀》元初三年章懷太子注云，文帝遺詔，以日易月，於後大臣遂以爲常。至此，復遵古制也。諷、布之奏，亦以孝文約禮爲詞，蓋相沿以爲故事，非律文應爾也。

漢律摭遺卷二十

雜録

按：表、傳所載，有未詳應歸何類者，彙録於此。

不合衆心　《恩澤侯表》：「高安侯董賢，坐爲大司馬不合衆心免，自殺。」《董賢傳》：「莽使謁者以太后詔曰：『高安侯賢，未更事理爲大司馬，不合衆心，其收大司馬印綬，罷歸第。』即日，賢與妻皆自殺。父恭、弟寬信與家屬徙合浦，母别歸故郡鉅鹿。」《何武傳》：「武後母在郡，遣吏歸迎。會成帝崩，吏恐道路有盜賊，後母留止。左右或譏武事親不篤，哀帝亦欲改易大臣，遂策免武曰：『君舉錯煩苛，不合衆心，孝聲不聞，惡名流行，其上大司空印綬，罷歸就國。』」

衆職廢　《恩澤侯表》：「博山侯孔光，以丞相侯坐衆職廢，免。」《孔光傳》：「由是傅氏在位者與朱博爲表裏，共毁譖光，遂策免光曰：『今相朕，出入三年，憂國之風，復無聞焉。陰陽錯謬，歲比不登，天下空虚，百姓饑饉，父子分散，流離道路以十萬數，而百官羣職曠廢，姦軌放縱，盜賊並起。君其上丞相博山侯印綬，罷歸。』」

不忠孝父子賊傷近臣　《恩澤侯表》：「高陽侯薛宣，永始二年坐西州盜賊羣輩免。其年復封。綏和二年，坐不忠孝，父子賊傷近臣，免。」

按：《宣傳》云，初宣有兩弟明、修，後母常從修居官，宣迎後母，修不遣。後母病死，修去官持服。宣謂修三年服少能行之者，兄弟相駮不可，修遂竟服，繇是兄弟不和。久之，哀帝初即位，博士申咸毀宣不(給)〔供〕養行喪服，薄於骨肉，前以不忠孝免，不宜復列封侯在朝省。其免丞相詔亦云，忠孝之行，率先百僚，朕無聞焉。是宣之初次免，兼以不忠孝也。其後次免，則以子況賊傷申咸也。此《表》有誤。

耎弱不勝任　《王尊傳》：「尊子伯，亦爲京兆尹，坐耎弱不勝任免。」《百官表》：「孝元永光四年，光禄大夫琅琊張譚仲叔爲京兆尹，四年，不勝任免。」《尹賞傳》：「遷京兆尹，數年，卒官。疾病且死，戒其諸子曰：『丈夫爲吏，正坐殘賊免，追思其功效，則復進用矣。一坐輭弱不勝任免，終身廢棄，無有赦時，其羞辱甚於貪污坐臧，慎毋然。』」

按：甘坐殘賊而不坐耎弱，可以瞻當時之風氣矣。誰爲厲階，是可歎也。

爲姦讒　《恩澤侯表》：「方陽侯孫寵，坐前爲姦讒免，徙合浦。」《息夫躬傳》：「躬、寵迺與中郎右師譚，共因中常侍宋弘上變事告焉。上惡之，下有司案驗，東平王雲、雲后謁及伍宏等皆坐誅。上擢寵爲南陽太守，封方陽侯。丞相御史奏躬罪過，上繇是惡躬等，免躬、寵官，遣就國。哀帝崩，有司奏方陽侯寵及右師譚等皆造作姦謀，罪及王者骨肉，雖蒙赦令，不宜處爵位在中土。皆免，寵等徙合浦郡。」

按：姦讒指東平王雲獄事。丞相王嘉固疑東平獄事不實也。

受太子節　《功臣表》：「亞谷嗣侯賀，坐受衛太子節，掠死。」顏注：「以衛太子擅發兵而賀受其節，疑有反心，故見考掠而死也。」

按：此忠於太子者，故至考掠而死，即可見當日治獄者，惟以考掠爲能矣。

痼疾不任朝　《王子侯表》：「東莞侯吉，坐痼疾不任朝，免。」

病狂易　《王子侯表》：「樂平侯訢，坐病狂易，免。元壽二年，更封共樂侯。」顏注：「病狂而改易其本性也。」《補注》：「蘇輿曰：易訓輕讀，爲禮樂慢易之易。顏讀如亦音，似非。」

按：此侯續封，則狂易之病愈矣。狂易之易當讀如亦，蘇讀爲慢易之易，非也。《說文》疒部：「瘍，脈瘍也。從疒易。羊益切。」段曰：「脈瘍，疊韻字。脈瘍者，善驚之病也。潘岳賦：靡聞而驚，無見自脈。徐爰注，言雉性驚，鬼黠。《漢書》所云易病者，當是瘍之叚借。」《廣雅・釋詁一》：「瘍，病也。」王氏《疏證》曰：「瘍謂狂病也。」又《釋詁三》：「瘍，癡也。」《疏證》曰：「脈瘍，猶辟易也。《吴語》稱疾辟易。韋昭注，辟易，狂疾。《韓非子・内儲說》云，公惑易也。易與瘍通。」據二說，易即《說文》之瘍，其音不當如蘇說也。本按：《玉篇》瘍，羊赤切，脈病。《漢志》有《客疾五藏狂顛〔病〕方》十七卷，是狂顛之病發於五藏。《史記》正義曰，寸口，脈之大會，五藏六府之所終始，病發於五藏，故謂之脈病。脈病者，狂顛病也。《說文》瘍字與㾕字相連，㾕，狂走也，是許意亦以瘍爲狂病也。《廣雅・釋詁四》瘨，狂也。《疏證》曰，瘨之言顛也。《素問》腹中論：石藥發瘨，芳草發狂。王冰注云，多喜曰顛，多怒曰狂。字通作「顛」。《急就篇》疝瘕顛疾狂失響。顏注，顛疾，性理顛倒失常也。然則據

《玉篇》之説，而以《漢志》通之，許之脈瘍即脈病，不必如段氏疊韻之説矣。

年老　《百官表》：「孝武太初三年，搜粟都尉上官桀爲少府，年老免。」《補注》：「先謙曰：此又一上官桀。從李廣利征大宛以敢深入爲少府，見《廣利傳》，非左將軍上官桀。」

按：此條年老免官，與前東莞侯以痼疾免侯，若今時入法之年老官、有疾官也。

不法　《百官表》：「丞相，武帝元狩五年初置司直，秩比二千石，掌佐丞相舉不法。諸吏得舉法。」《補注》：「沈欽韓曰：《御覽》二百二十九。《漢官解詁》曰，士之權，貴不過尚書，其次諸吏。賈山《至言》，選方正之士，賢者使爲常侍諸吏。此諸吏之始也。加諸吏得舉劾殿省吏不法。」

非法　《續百官志》：「御史中丞一人，千石。」本注曰：「御史大夫之丞也。舊(則)〔別〕監御史在殿中，密舉非法。「侍御史十五人，六百石。」本注曰：「掌察舉非法，受公卿羣吏奏事，有違失舉劾之。」「司隸校尉一人，比二千石。」本注曰：「持節，掌察舉百官以下，及京師近郡犯法者。」「從事(吏)〔史〕十二人」。本注曰：「都官從事，主察舉百官犯法者。其(飭)〔餘〕部郡國從事，每郡國各一人，主督促文書，察舉非法。」《丁鴻傳》：「部署之吏，無所畏憚，縱行非法，不伏罪辜。」

按：不法即非法，並謂事之悖乎法者，大小輕重無所不包，與不如今及非所當爲似又不同，疑律文中有此名詞。

州郡不得迫脅驅逐長吏　《桓紀》：「建和元年，詔州郡不得迫脅驅逐長吏。」

按：州郡無驅逐長吏之理，而當時必有其事，故特詔禁之，非舊有此律文也。

三互法　《後書・蔡邕傳》：「初，朝議以州郡相黨，人情比周，乃制婚姻之家，及兩州人士，不得對相監臨。至是，復有三互法，禁忌轉密，選用艱難，幽、冀二州，久闕不補。」注：「三互，謂婚姻之家及兩州人不得交互爲官也。謝承《書》史弼遷山陽太守，其妻鉅野薛氏女以三互自上，轉拜平原相是也。」

按：此亦後來所立之法，非舊律所有，蔡邕言之而不省也。

免罷守令自非詔徵不得妄到京師　《後書・蘇不韋傳》：「父謙，累遷至金城太守，去郡歸鄉里。漢法，免罷守令，自非詔徵，不得妄到京師。而謙後私至洛陽，時暠李暠。爲司隸校尉，收謙詰掠，死獄中，暠又因刑其尸。」

按：此殆因諸侯交通賓客而設此禁。然何至流死並刑其尸，可謂酷矣。

入山鑿石　《後書・順紀》：「永建四年，詔以民人入山鑿石發洩藏氣，敕有司檢察所當禁絶，如建武、永平故事。」

按：此後來講風水之權輿也。

三輔毋得以春夏擿巢探卵彈射飛鳥　《宣紀》：「元康三年，詔曰：『前年夏，神爵集雍。今春五色鳥以萬數飛過屬縣，翺翔而舞，欲集未下。其令三輔，毋得以春夏擿巢探卵，彈射飛鳥，具爲令。』」

按：《月令》孟春之月，毋覆巢，毋殺孩蟲，胎夭飛鳥，毋麛毋卵。古法也，蓋久不行矣。《宣紀》此詔因神爵來集而設，且限以三輔，其尚未合乎古之道歟！

六條　《百官表》：「武帝元封五年，初置部刺史，掌奉詔條察州。」顏注：「《漢官典職儀》云，刺史班宣，周行郡國，省察治狀，黜陟能否，斷治冤獄，以六條問事，非條所問，即不省。一條，强宗豪右田宅踰制，以强凌弱，以衆暴寡。二條，二千石不奉詔書遵承典制，倍公向私，旁詔守利，侵漁百姓，聚斂爲姦。三條，二千石不恤疑獄，風厲殺人，怒則任刑，喜則淫賞，煩擾刻暴，剥截黎元，爲百姓所疾，山崩石裂，訞祥訛言。四條，二千石選署不平，苟阿所愛，蔽賢寵頑。五條，二千石子弟恃怙榮勢，請託所監。六條，二千石違公下比，阿附豪强，通行貨賂，割損正令也。」《補注》：「王鳴盛曰：師古引《漢官儀》惟一條察强宗豪右，其五條皆察二千石。而歷考諸《傳》中，凡居此官者，率以督察藩國爲事。如《高五王傳》青州刺史奏淄川王終古罪。《文三王傳》冀州刺史林奏代王年罪。《武王子傳》青州刺史雋不疑知齊孝王孫劉澤等反謀，收捕澤以聞。亦見《不疑傳》。又昌邑王封海昏侯，揚州刺史柯奏其罪。《張敞傳》拜冀州刺史，既到部，而廣川王國羣輩不道，賊發不得，敞圍王宫，搜得之，捕格斷頭，縣王宫門外，因劾奏廣川王，削其户。蓋賈誼在文帝時已慮諸國難制，吴楚反後防禁益嚴，郡刺史總率一州，故以此爲要務。《後書・郅惲傳》惲子壽爲冀州刺史，時冀部屬郡多封，諸王賓客放縱，壽案察之，無所容貸。乃使部從事專住王國，又徙督鄴舍王宫外，動静失得，即時騎驛言上，奏王罪及劾傅相。袁宏《後漢紀》永甯元年，樂城王萇驕淫失度，冀州刺史舉奏萇罪，至不道。然則刺史以察藩國爲事，東京猶然。俞樾曰：漢分天下爲十三部，故有部刺史之名。所謂部者，若唐之言道，宋之言路，元之言行省也。先謙曰：《後志》劉注引六條，『守利』作『守吏』，『刻暴』作『苛暴』，『剥截』作『剥戮』，『正令』作『政令』。」

按：《續志》引蔡質《漢儀》「守利」不作「守吏」，閣本、官本、局本皆同，王所據未知何本也。此六條爲刺史省察郡國者。郡守、國相觀其治狀之能否，其餘事關一州者無所不包，藩國自在省察之中。其時諸侯王率多驕侈，故藩國關涉之事不少，守相之黜陟乃常事，史故不具，非刺史專以此爲要務也。武帝常分遣博士巡行天下，刺史之設，殆即此意，豈專爲藩國哉？《薛宣傳》成帝初，言陰陽不和，咎在部刺史不循守條職。《翟方進傳》遷朔方刺史，所察應條輒舉。並指此六條言。可以見此六條刺史察州之責任，皆其要務也。《鮑宣傳》遷豫州牧，丞相司直郭欽奏宣舉錯煩苛，代二千石署吏聽訟，所察過詔條。顔注：出六條之外，宣坐是免歸。此又以不遵守六條爲罪。益可見此六條之重要，而非專爲藩國矣。惟既爲刺史，察州之要務自當載入律文之内，而無文以證之，今故附列於此焉。

九條　《玉海》：六十五。「《唐六典》惠帝三年，《舊儀》作六年。相史奏御史監三輔不法事，詞訟、盜賊、鑄僞錢、獄不直、繇賦不平、吏不廉、苛刻、踰侈及弩力十石以上作非所當服，凡九條」。

按：《百官表》刺史未設之前，丞相遣史分刺諸州，不常置。此九條蓋丞相史刺州之所用者，六條行而九條廢矣，其大旨亦該於六條之中。盜賊鑄錢尋常獄事，惟弩力一條爲禁兵器律文中，當別具條文矣。

律説

律説　《漢書》諸家注頗引《律説》。

按：諸家注中頗引《律說》，而不著其名，無以知其爲何人之語。然必漢時說律諸家，此《漢律》原文也。

律三家　《後書·陳寵傳》：「律有三家，其說各異。」

按：此三家者，不知誰氏，《小杜律》殆是其一家歟？

小杜律　《後書·郭躬傳》：「父弘習《小杜律》。」注：「《前書》杜周武帝時爲廷尉、御史大夫，斷獄深刻。少子延年亦明法律，宣帝時又爲御史大夫，對父故言小。」

按：《杜周傳》少子延年行寬厚。《延年傳》亦明法律，本大將軍霍光吏，爲太僕右曹給事中。光持刑罰嚴，延年輔之以寬。其治侯史吴獄，侍御史迎合光意，劾廷尉、少府縱反者爲不道，延年以爲吏縱罪人有常法，今更詆爲不道，於法深。雖争之不得，而其用心平恕，不詭隨以阿附，實非同時諸人之所能及。其說律之書必不蹈張湯、趙禹之故轍，與乃父斷獄之深刻亦必不同。觀於郭氏世習《小杜律》，而用法多依矜恕，其宗旨可推而知焉，惜其書不傳矣。

《郭躬傳》：「父弘，習《小杜律》。太守寇恂以弘爲決曹掾，斷獄至三十年，用法平。諸爲弘所決者，退無怨情，郡内比之東海于公。年九十五卒。躬少傳父業，講授徒衆常數百人。元和三年，拜爲廷尉。躬家世掌法，務在寬平，及典理官，決獄斷刑，多依矜恕，乃條諸重文可從輕者四十一事奏之，事皆施行，著於令。躬奏讞法科，多所生全。中子晊，亦明法律，至南陽太守，政有名迹。弟子鎮，少修家業，延光中爲尚書。及中黄門孫程誅中常侍江京等而立濟陰王，鎮率羽林士擊殺衛尉閻景。太傅、三公奏鎮宜顯爵土，乃封鎮爲定潁侯，拜河南尹，轉廷尉。長子賀嗣爵，累遷，復至廷尉。賀弟禎，亦以能法律至廷尉。鎮弟子禧，少明習家業，延熹中亦爲廷尉。建寧二年，代劉寵爲太尉。禧子鴻，至司隸校尉，封城安鄉侯。郭氏自弘後，數世皆傳法律，子孫至公者一人，廷尉七人，侯者三人，刺史、二千石、侍中、中郎將者二十餘人，侍御史、正、監、平者甚衆。」

按：郭氏世傳家業，其家業《小杜律》也。《傳》所云公者一人，禧也。廷尉七人，見於《傳》者，躬、鎮、賀、禎、禧者五人，餘二人未詳。侯者三人，鎮、賀、鴻也。緜延至數十百年，亦云盛矣。本《傳》論曰，曾子云：「上失其道，民散久矣。如得其情，則哀矜而勿喜。」夫不喜於得情則恕心用，恕心用則可寄枉直矣。夫賢人君子斷獄，其必主於此乎？郭躬起自佐史，小大之獄必察焉。原其平刑審斷，庶於勿喜者乎？若乃推己以議物，拾狀以貪情，注：貪與探同法家之能慶延於世，蓋此也。蔚宗此論，「恕心用」三字實爲平刑審斷之本。酷虐殘暴之人習焉而不察者，皆由其心之不恕也。恕則仁心自生，酷虐殘暴之爲即有不忍爲之者矣。躬傳父業，授徒至數百人。東京法學之盛，並出於諸名家傳授之有素，與傳經相等。必詣丞相府肄業者之舊制，不知尚行否？《躬傳》有孫章、秦彭二事，已見《賊律》二矯制條下。

法名家　《郭躬傳》：「順帝時，廷尉河南吴雄季高，以明法律，斷獄平，起自孤宦，致位司徒。雄少時家貧，喪母，營人所不封土者，擇葬其中。喪事趣辦，不問時日，醫巫皆言族當滅，而雄不顧。及子訢、孫恭三世廷尉，爲法名家。」注：「名爲明法之家。」

按：雄以明法律，孤宦特起，三世爲廷尉，名爲明法之家，可見當日於法律一事，推爲專門之學。士之明於法律者見重於一時，而一時之士亦知講求此事，不若近世以來，刑名之學無人問津也。

鉤校律令條法溢於甫刑者除之　《後書·陳寵傳》：「曾祖父咸，成、哀間以律令爲尚書。平帝時，王莽輔政，即乞骸骨去職。及莽篡位，時三子參、豐、欽皆在位，乃悉令解官。其後莽復徵咸，遂稱病篤。於是乃收斂其家律令書文，皆壁藏之。咸性仁恕，常戒子孫曰：『爲人議法，當依於輕，雖有百金之利，慎無與人重比。』建武初，欽子躬爲廷尉左監，早卒。躬生寵，明習家業，辟司徒鮑昱府。數爲昱陳當世便宜，昱高其能，轉爲辭曹，掌天下獄訟。其所平決，無不厭服衆心。肅宗初，爲尚書。是時承永平故事，吏政尚嚴切，尚書決事率近於重。寵以帝新即位，宜改前世苛俗，乃上疏曰：『臣聞先王之政，賞不僭，刑不濫，與其不得已，寧僭不濫。故唐堯著典：眚災肆赦。周公作戒：勿誤庶獄。伯夷之典：惟敬五刑，以成三德。由此言之，聖賢之政，以刑罰爲首。往者斷獄嚴明，所以威懲姦慝，姦慝既平，必宜濟之以寬。陛下即位，率由此義，數詔羣僚，弘崇晏晏。而有司執事，未悉奉承，典刑用法，猶尚深刻。斷獄者急於篣格酷烈之痛，注：篣即搒也，古字通用。《聲類》曰，笞也。《說文》曰，格擊也。執憲者煩於詆欺放濫之文，或因公行私，逞縱威福。夫爲政猶張琴瑟，大絃急者小絃絶，故子貢非臧孫之猛法，而美鄭僑之仁政。《詩》云：不剛不柔，布政優優。方今聖德充塞，假於上下，宜隆先王之道，蕩滌煩苛之法。輕薄箠楚，以濟羣生。全廣至德，以奉天心。』帝敬納寵言，每事務於寬厚。其後遂詔有司，絶鉆鑽諸慘酷之科，解妖惡之禁，除文致之請讞五十餘事，定著於令。永元六年，寵代郭躬爲廷尉。性仁矜，及爲理官，數議疑獄，常親自爲奏，每附經典，務從寬恕，帝輒從之，濟活者甚衆。其深文刻敝，於此少衰。寵又鉤校律令條法，溢於《甫刑》者除之。曰：『臣聞禮經三百，威儀三千，故《甫刑》大辟二百，五刑之屬三千。禮之所去，刑之所取，失禮則入刑，相爲表裏者也。今律令死刑六百一十，耐罪千六百九十八，贖罪以下二千六百八十一，溢於《甫刑》者千九百八十九，其四百一十大辟，千五百耐罪，七十九贖罪。《春秋保乾圖》曰：王者三百年一蠲法。漢興以來，三百二年，憲令稍增，科條無限。又律有三家，其説各異。宜令三公、廷尉平定律令，應經合義者，可使大辟二百，而耐罪、贖罪二千八百，并爲三千，悉删除其餘令，與禮相應，以易萬人視聽，以致刑措之美，傳之無窮』。未及施行。寵子忠，永初中辟司徒府，三遷廷尉正。司徒劉愷舉忠明習法律，於是擢拜尚書，使居三公曹。三公曹尚書主知斷獄。忠自以世典刑法，用心務在寬詳」。

按：陳氏自咸至忠五世，惟欽不詳爲何官，餘皆典刑法，與郭氏、吴氏並世傳家業者也。咸固傑士，寵鉤校律令條法之溢於《甫刑》者，議删除之，内有大辟四百一十，實爲刑法之一大議論，乃其事竟不施行。迨寵爲司空，亦未議及此事，豈阻礙多乎？《唐律》大辟凡二百三十三，視漢之六百一十幾少三之二，非太宗之毅力，亦不能決然行之。《通考》一百六十八。太宗初議死刑之屬五十皆免死斷右趾，繼又改爲加役流，比隋舊律減大辟入流九十二條，減入徒七十一條，蓋視《開皇律》爲更輕矣。漢之大辟，孝武時四百九條，至成帝時多至十餘條，實有不可不減之理。梁統言元、哀二帝輕殊死之刑一百二十三事，歸咎於丞相。在當時之丞相，鉤摭微細，毛舉數事以塞詔，固不足道，而其咎不在於減死刑。夫以死刑如是之多，而統猶以刑輕爲非，屢以重刑爲請，吾正不知統果何所見而云然也。寵言大辟六百一十在和帝之世，以視成帝時已少十之四，然猶視孝武世爲多。孝武爲漢世用刑最重之時，而後來之死刑復有增益渾罕。所謂作法於涼，其敝猶貪，作法於貪，敝將若之何也。後之作法者，其慎諸！

叔孫宣郭令卿章句　《晉志》：「後人生意，各爲章句。叔孫宣、郭令卿、馬融、鄭玄諸儒十有餘家，家數十萬言。凡斷罪所當由用者，合二萬六千二百七十二條，七百七十三萬二千二百餘言，言數益繁，覽者益難。天子於是下詔，但用鄭氏章句，不得雜用餘家。」

按：叔孫宣、郭令卿並不詳爲何時人。陳寵於肅宗時言律有三家，而《晉志》言十有餘家，當皆在其後。郭令卿或爲潁川之裔，令卿其字也。《郭躬傳》所著見之人，鎮字桓鐘，本《傳》。禧字公房，《靈紀》注。餘皆不知字，則亦難定其是否矣。

馬融章句　詳上。

按：《融傳》載，所著述皆經傳注説及賦訟諸文字，而不及律章句，豈以律爲官書而不録歟？

鄭玄章句　詳上。

按：康成本《傳》亦不言爲律章句，與季長之《傳》同。曹魏但用鄭氏章句，是其書當時甚尊重之。迨文帝爲晉王，患前代律令本注煩雜，又叔孫、郭、馬、杜諸儒章句，但取鄭氏，又爲偏黨，未可承用，於是令賈充定法律，就《漢九章》增十一篇，仍其族類，正其體號，蠲其苛穢，存其清約。其時杜預又爲之注解，其自謂所注皆綱羅法意。然則舊時章句亦必有在綱羅之内而存焉，非竟一概屏除也。張斐亦爲《律注表》上之，其所稱律義之較名凡二十，似皆漢人章句之舊文。今約舉其可證者數條。知而犯之謂之故者。《淮南·氾論訓》勒問其故。高誘注，故，意也。《國語·楚語》夫其有故。韋昭注，故猶意也。夫曰意者，有意之謂，即知而犯之謂也。不意誤犯謂之過失者。《地官·調人》凡過而殺傷人者，以民成之。鄭注，過，無本意也。無本意即不意也。逆節絶理謂之不道者。《廣川王去傳》議者皆以爲去逆節絶理，大惡。仍重大惡者，大惡，不道也。取非其物謂之盜者。《穀梁》定八年傳，非其所取而取之謂之盜。又哀四年傳，非所取而取之謂之盜。取其非物，即非所取而取之謂也。以上數條，意皆本於漢儒。而不意誤犯本於鄭注，其爲出於鄭氏章句尤屬顯然。惟鄭云無本意，其語最爲渾含。此加入誤字，則過與誤未免混淆，恐是晉人所改，非《漢律》之原文也。

封諸侯過限曰附益　《諸侯王表》：「設附益之法。」張晏曰：「律鄭氏説，封諸侯過限曰附益。」

按：張晏所引鄭氏説當爲康成章句中語。《漢書》注多引律説，此明著之曰律鄭氏説，自當屬康成，非《漢書音義》所稱不知名之鄭氏也。

律本章句　《應劭傳》：「又删定律令爲《漢儀》，建安元年乃奏之。曰：『夫國之大事，莫尚載籍。載籍也者，決嫌疑，明是非，賞刑之宜，允獲厥中，俾後之人永爲監焉。故膠東相董仲舒老病致仕，朝廷每有政議，數遣廷尉張湯親至陋巷，問其得失。於是作《春秋決獄》二百三十二事，動以經對，言之詳矣。逆臣董卓，蕩覆王室，典憲焚燎，靡有孑遺，開闢以來，莫或茲酷。今大駕東邁，巡省許都，拔出險難，其命維新。臣累世受恩，榮祚豐衍，竊不自揆，貪少云補，輒撰具《律本章句》、《尚書舊事》、《廷尉板令》、《決事比例》、《司徒都目》、《五曹詔書》及《春秋斷獄》凡二百五十篇。蠲去復重，爲之節文。又集《駮議》三十篇，以類相從，凡八十二事。其見《漢書》二十五，《漢記》四，皆删敍潤色，以全本體。其二十六，博採古今瓌瑋之士，文章煥炳，德義可觀。其一十七，臣所創造。豈繄自謂必合道衷，心焉憤邑，聊以藉手。』」

按：劭之所述書凡八種。《隋經籍志》所録者，有《漢朝議駮》三十卷，梁有應劭《律略論》五卷，亡，及《春秋決獄》十卷，餘皆不著録。是在隋時所存者，已僅有二書，今則並此二書而亦亡矣。《律本章句》於馬、鄭諸家章句之外，《晉志》所謂十有餘家者，此書當在其中。律本者，造律之本原，後來杜預、張斐《律本》之名，當本於此。《廷尉板令》已詳諸令門内。餘並詳決事類。

律略論　《隋經籍志》：「梁有應劭《律略論》五卷，亡。」

按：劭本《傳》不載此書。唐有劉劭《律略論》五卷，而無此書。

漢律摭遺卷二十一

軍法

《高紀》：「初，高祖不脩文學，而性明達，好謀，能聽，自監門戍卒，見之如舊。初順民心作三章之約。天下既定，命蕭何次律令，韓信申軍法，張蒼定章程，叔孫通制禮儀，陸賈造《新語》。又與功臣剖符作誓，丹書鐵契，金匱石室，藏之宗廟。雖日不暇給，規摹弘遠矣。」《補注》：「先謙曰：《藝文志》兵權謀家《韓信》三篇。又云，漢興，張良、韓信序次兵法，凡百八十二家，刪取要用，定著三十五家。」

按：此文軍法在《律九章》之外，韓信所定者，《漢書》注多引，軍法乃其書也。至《藝文志》之兵法，乃孫子、吴子之類，所述乃行軍之要，與軍法不同。今就諸書所引，編輯成卷，附於《漢律》之後。

畏愞 《武紀》：「天漢三年秋，匈奴入雁門，太守坐畏愞棄市。」注：如淳曰：「軍法，行逗留畏愞者要斬。」愞音如掾反。」師古曰：「又音乃館反。」官本《史記·韓安國傳》索隱引如注「愞」作「橈」。《漢書·韓傳》引作「懦」。《功臣表》：「合騎侯公孫敖，坐將兵擊匈奴與票騎將軍期後，畏懦當斬，贖罪。博望侯張騫，坐以將軍擊匈奴，畏懦當斬，贖罪免。將梁侯楊僕，坐爲將軍擊朝鮮，畏懦，入竹二萬箇贖，完爲城旦。」《兩粵傳》：「明年秋，餘善東粵王。乃遂發兵距漢道，殺漢三校尉。是時，漢使大司農張成、故山州侯鹵將屯，不敢擊，卻就便處，皆坐畏懦誅。」

按：「畏愞」《韓安國傳》注引如説作「畏懦」，《功臣表》皆作「畏懦」，《後書·光武紀》注引漢法作「畏愞」，《南匈奴傳》注引作「畏愞」。愞、懦同是律文，實作「畏懦」。《史記》注作「畏橈」，恐有誤。

逗留　見上條。《匈奴傳》：「祁連將軍出塞千六百里，至雞秩山，斬首捕虜十九級，獲牛馬羊百餘。逢使匈奴還者冉弘等，言雞秩山西有虜衆，祁連即戒弘，使言無虜，欲還兵。御史屬公孫益壽諫，以爲不可，祁連不聽，遂引兵還。虎牙將軍出塞八百餘里，至丹余吾水上，即止兵不進，斬首捕虜千九百級，鹵馬牛羊七萬餘，引兵還。上以虎牙將軍不至期，詐增鹵獲，而祁連知鹵在前，逗留不進，皆下吏自殺。」注：「孟康曰：『律語也，謂軍頓止稽留不進也。』」《後書·光武紀》：「建武十二年，詔邊吏力不足戰則守。追虜料敵不拘以逗留法。」注：「《説文》曰，逗，留止也。《前書音義》曰，逗是曲行避敵也。漢法，軍行逗留畏愞者斬。追虜或近或遠，量敵進退，不拘以軍法，直取勝敵爲務也。逗，古住字。」《南匈奴傳》：「鄧鴻還京師，坐逗留失利，下獄死。」

按：逗留、畏愞，軍法本是一條，而當時治獄者每分引之，兹亦分列爲二條。《霍去病〔傳〕》博望侯張騫、（傳）合騎侯敖並坐行留。行留即逗留。而《功臣表》並言坐畏愞。可見二條爲（二）〔一〕事，隨事引用也。

逗橈　《韓安國傳》：「於是下恢王恢。廷尉。廷尉當恢逗橈當斬。」注：應劭曰：「逗，曲行避敵也。橈，顧望也。軍法語也。」如淳曰：「軍法，行而逗留畏愞者要斬。」師古曰：「逗謂留止也。橈，屈弱也。逗又音住。」

按：律文曰逗留畏愞，而此《傳》言逗橈者，疑是有司斷獄約律文言之，非直稱律文也。

不至質　《田廣明傳》：「以祁連將軍將兵擊匈奴，出塞至受降城。受降都尉前死，喪柩在堂，廣明召其寡妻與姦。既出不至質，引兵空還。下太僕杜延年簿責，廣明自殺闕下。」注：服虔曰：「質，所期處也。」《功臣表》作「不至期。」《補注》：「先謙曰：期謂所期之地。」《史記》作「不至質當死」，義同。

按：本《傳》作「不至質」，與《史表》合，疑此是律文不至期者，有司治獄之詞。上條虎牙將軍亦以不至期自殺，並軍法之重者。

亡失多　《公孫敖傳》：「復以因杅將軍再出擊匈奴，至余吾，亡士多，下吏當斬。」《李廣傳》：「漢下廣吏，吏當廣亡失多，爲虜所生得，當斬，贖爲庶人。」《蘇建傳》：「以右將軍再從大將軍出定襄，亡翕侯，失軍當斬，贖爲庶人。」《功臣表》：「平陵侯蘇建，坐爲前將軍與翕侯信俱敗，獨身脱來歸，當斬，贖罪免。」《武紀》：「樓船將軍楊僕，坐失亡多，免爲庶民。」

按：蘇建獨身脱歸，是全軍並没，四事中以此爲重，而不分輕重者，罪已至死，無可復加也。

後期　《張騫傳》：「騫後期當斬，贖爲庶人。」《楊僕傳》：「以書敕責之曰：『失期内顧，以道惡爲解。』」《後書·龐參傳》：「參於道爲羌所敗，既已失期，乃稱病引兵還。坐以詐疾，徵下獄。」

按：張騫一事，而《傳》曰後期，《表》曰畏懦，《霍去病傳》曰行留，《李廣傳》亦曰後期。此當是當日獄詞，所言較詳，傳者各約其詞，遂致參差。失期即後期。僕失期而不加罪者，以其先有功也。龐參失期而以詐疾下獄，此軍事之所以不振歟？

迷失道　《趙食其傳》：「爲右將軍，從大將軍出定襄，迷失道當斬，贖爲庶人。」《武紀》作「後期」。

按：迷失道情節爲輕，而罪亦至斬者，軍法也。匈奴行國，逐水草而居，無城郭宮室爲標識，廣莫之野，所可推測，惟山川耳，雖以李廣之在邊年久，亦尚有失道之事。然爲將而不知地理，其敗也宜也。大約當時以塞外沙漠之區，無精確地圖，國家亦無使人測繪之舉。若張騫者，蓋亦希有者矣。

首謀不進　《武紀》：「元光二年春，詔問公卿曰：『朕飾子女以配單于，金幣文繡賂之甚厚，單于待命加嫚，侵盜無已。邊境被害，朕甚憫之。今欲舉兵攻之，何如？』大行王恢建議宜擊。夏六月，御史大夫韓安國爲護軍將軍，衛尉李廣爲驍騎將軍，太僕公孫賀爲輕車將軍，大行王恢爲將屯將軍，大中大夫李息爲材官將軍，將三十萬衆屯馬邑谷中，誘致單于，欲襲擊之。單于入塞，覺之，走出。六月，軍罷，將軍王恢坐首謀不進，下獄死。」顏注：「首爲此謀，而反不進擊匈奴輜重。」

按：首謀不進，疑亦軍法之文。

奔北　《後書·桓紀》：「延熹五年冬十月，武陵蠻叛，寇江陵，南郡太守李肅坐奔北棄市。」

沮敗　《後書·和紀》：「永元九年，鮮卑寇肥如，遼東太守祭參下獄死。」注：「《東觀記》曰，鮮卑千餘騎攻肥如城，殺略吏人，祭參坐沮敗，下獄誅。」參本《傳》：「鮮卑入郡界，參坐沮敗，下獄死。」

按：奔，走也。《左傳》隱九年，進而遇覆，必速奔。疏：必速迴奔走。《論語》奔而殿。朱注：奔，敗走也。《文選》李陵答蘇武書，然猶斬將搴旗，追奔逐北。李善注：《商君書》曰，戰勝逐北。服虔

《漢書》注曰，師敗曰北。《婁敬傳》，乃今妄言沮吾軍。顏注：沮謂止壞也，音材汝反。奔北、沮敗與逗留、畏懦同爲騈語，似並是漢軍法之文。

不循法　《武紀》：「元光六年，詔曰：『夷狄無義，所從來久。間者匈奴數寇邊境，故遣將撫師。古者治兵振旅，因遭虜之方入，將吏新會，上下未輯，代郡將軍敖、雁門將軍廣所任不肖，校尉又背義妄行，棄(師)〔軍〕而北，少吏犯禁。用兵之法，不勤不教，將率之過也；教令宣明，不能盡力，士卒之罪也。將軍已下廷尉，使理正之，而又加法於士卒，二者並行，非仁聖之心。朕閔衆庶陷害，欲刷恥改行，復奉正議，厥路亡繇。其赦雁門、代郡軍士不循法者。』」顏注：「循，從也，由也。」

按：不循法即上文之背義妄行，棄師而北，及不能盡力也。

吏卒斬首以尺籍書下縣移郡令人故行不行奪勞二歲　《史記・馮唐傳》：「夫士卒盡家人子，起田中從軍，安知尺籍伍符。」集解：「如淳曰：漢軍法曰，吏卒斬首，以尺籍書下縣移郡。令人故行、不行奪勞二歲。伍符亦什伍之符約節度也。或曰以尺簡書，故曰尺籍也。」索隱：「按尺籍者，謂書其斬首之功於一尺之板。伍符者，命軍人伍伍相保，不容姦詐也。故行不行，謂故命人行而身不自行，奪勞二歲也。故與雇同。」《漢書・馮唐傳》注李奇曰：「尺籍所以書軍令，伍符軍士五五相保之符信也。」

按：尺籍者，斬首上功之籍也。伍符者，尺籍中什伍相保之符信也。下縣移郡者，上功之幕府，下之移之也。是時雲中守魏尚以上功首虜差六級削爵罰作，故有家人子安知尺籍伍符之語。令人故行不行，與上文語意似不甚相屬，疑爲二事。故行不行，依索隱說與《唐律》之征人冒名相代爲近。或曰此尺籍書當由幕府遣使行之，若有故行及不行者，別有奪勞之罰，似亦可通。

勒兵而守曰屯　《史記·傅寬傳》：「徙爲代相國，將屯。」集解：「如淳曰：既爲相國，有警則將卒而屯守也。案律，謂勒兵而守曰屯。」索隱：「案孔文祥云，邊郡有屯兵，寬爲代相國兼領屯兵。後因置將屯將軍也。」《漢書·趙充國傳》：「遷中郎將，將屯上谷。」顏注：「領兵屯於上谷也。」《馮奉世傳》：「於是遣奉世將萬二千騎，以將屯爲名到隴西，分屯三處。典屬國爲右軍屯白石，護軍都尉爲前軍屯臨洮，奉世爲中軍屯首陽西極上。」顏注：「且言領兵屯田，不言討賊。」《輯證》：「按《傳》云分屯三處，所謂以將屯爲名也，非屯田。」

按：將屯之義，當從律文。師古說每參差，《輯證》駁之是。

營軍司馬中　《趙充國傳》：「卬坐禁止而入至充國莫府司馬中亂屯兵」注：如淳曰：「司馬中，律所謂營軍司馬中也。」

按：營軍司馬中與宮司馬中同爲禁地，卬於充國雖父子，亦不得擅入，故得罪。

棨戟即爲斧鉞　《郭躬傳》：「永平中，奉車都尉竇固出擊匈奴，騎都尉秦彭爲副。彭在別屯，而輒以法斬人。固奏彭專擅，請誅之。顯宗乃引公卿朝臣平其罪科。躬以明法律，召入議，議者皆然固奏，躬獨曰：『於法，彭得斬之。』帝曰：『軍征，校尉一統於督，督謂大將。彭既無斧鉞，可得專殺人乎？』躬對曰：『一統於督者，謂在部曲也。今彭專軍別將，有異於此。兵事呼吸，不容先關督帥。且漢制棨戟即爲斧鉞，於法不合罪。』帝從躬議。」注：「有衣之戟曰棨。」

按：躬議頗得仁恕之意《小杜律》之宗旨如此，宜其自成爲一家也。

正亡屬將軍將軍有罪以聞二千石以下行法　《胡建傳》：「天漢中，守軍正丞。時監軍御史爲姦，穿北軍壘垣以爲賈區，建欲誅之，乃約其走卒曰：『我欲與公有所誅，吾言取之則取，斬之則斬。』於是當選士馬日，監御史與護軍諸校列坐堂皇上，建從走卒趨至堂皇下拜謁，因上堂皇，走卒皆上。建指監御史曰：『取彼。』走卒前曳下堂皇。建曰：『斬之。』遂斬御史。護軍諸校皆愕驚，不知所以。建亦已有成奏在其懷中，遂上奏曰：『臣聞軍法，立武以威衆，誅惡以禁邪。今監御史公穿軍垣以求賈利，私買賣以與士市，不立剛毅之心，勇猛之節，亡以帥先士大夫，尤失理不公。用文吏議，不至重法。《黃帝李法》曰：壁壘已定，穿窬不繇路，是謂姦人，姦人者殺。臣謹按軍法曰：正亡屬將軍，將軍有罪以聞，二千石以下行法焉。丞於用法疑，執事不諉上，臣謹以斬，昧死以聞。』」注：師古曰：「言軍正不屬將軍。將軍有罪過，得表奏之。」孟康曰：「丞屬軍正，斬御史於法有疑。」

按：此以《黃帝李法》爲據，豈漢軍法中載此文歟？《李法》所言，自是行軍之際，故壁壘定而穿窬者即屬姦人，在可斬之列。若此御史之穿北軍壘垣，自與行軍時之壁壘不同，豈得緣以爲比？建藉此以立名耳。

軍征士亡考竟其妻子　《魏志·高柔傳》：「鼓吹宋金等在合肥亡逃。舊法，軍征士亡，考竟其妻子。太祖患猶不息，更重其刑。金有母妻及二弟皆給官，主者奏盡殺之。柔啓曰：『士卒亡軍，誠在可疾，然竊聞其中時有悔者。愚謂乃宜貸其妻子，一可使賊中不信，二可使誘其還心。正如前科，固已絶其意望，而猥復重之，柔恐自今在軍之士，見一人亡逃，誅將及已，亦且相隨而走，不可復得殺也。此重刑非所以止亡，乃所以益走耳。』太祖曰：『善。』即止不殺金母、弟，蒙全活者甚衆。」

按：此云舊法乃漢法也。柔説極爲明曉，自此全活者甚衆，仁人之言，其利博哉。李陵母、妻被誅，遂絶生還之望，亦可哀已。唐《捕亡律》從軍征討亡、臨對寇賊而亡者斬，不及其妻子。此等苛法，《唐律》蓋删之盡矣。

嘂讙　《秋官·士師》「五禁」注：「今軍有嘂讙夜行之禁。」

按：《地官·司虣》「禁其鬥嘂者」注：嘂，讙也。」《秋官·銜枚氏》「掌司嘂」注：「察嘂讙者，爲其聒亂在朝者之言語。」讙，《説文》譁也。《左傳》成十六年：「在陳而嘂，合而加嘂，各顧其後，莫有鬥心。」注：「嘂，喧嘩也。陳合宜静，而益有聲。」此鄢陵之役楚以軍嘂而敗也。嘂讙乃軍中之大禁，漢軍法有此禁，其制亦古矣。

捕斬單于令　《甘延壽傳》：「許嘉薦延壽爲郎中諫大夫，使西域都護騎都尉，與副校尉陳湯共誅斬郅支單于，封義成侯。」《陳湯傳》：「後復以薦爲郎，數求使外國。久之，遷西域副校尉。建昭三年，湯與延壽出西域。湯多策謀，喜奇功，與延壽謀曰：『西域本屬匈奴，今郅支單于威名遠聞，侵陵烏孫、大宛，常爲康居畫計，欲降服之。如得此二國，北擊伊列，西取安息，南排月支、山離烏弋，數年之間，城郭諸國危矣。且其人剽悍，好戰伐，數取勝，久畜之，必爲西域患。』延壽遂從之，部勒行陳，益置揚威、白虎、合騎之校，漢兵胡兵合四萬餘人，延壽、湯上疏自劾奏矯制，陳言兵狀。即日引軍分行，前至郅支城都賴水上，離城三里，止營傅陳。延壽、湯令軍士圍城，康居兵引卻。漢兵四面推鹵楯，並入土城中，單于男女百餘人走入大內。漢兵縱火，吏士爭入，單于被創死。軍候假丞杜勳斬單于首，得漢使節二及谷吉等所齎帛書。諸鹵獲以畀得者。凡斬閼氏、太子、名王以下千五百十八級，生虜百四十五人，降虜千餘人，賦予城郭諸國所發十五王。既至，論功，石顯、匡衡以爲『延壽、湯擅興師矯制，幸得不誅，如復加爵土，則後奉使者爭欲乘危徼幸，生事於蠻夷，爲國招難，漸不可開。』元帝內嘉延壽、湯功，而重違衡、顯之議，議久不決。故宗正劉向上疏，於是天子下詔，其赦延壽、湯罪勿治。詔公卿議封焉。議者皆以爲宜如軍法捕斬單于令。匡衡、石顯以爲郅支本亡逃失國，竊號絕域，非真單于。元帝取安遠侯鄭吉故事，封千户，衡、顯復爭。乃封延壽爲義成侯，賜湯爵關內侯，食邑各二百户，加賜黃金百斤。（上告）〔告上帝〕、宗廟，大赦天下。」

按：甘延壽、陳湯之功始終爲石顯、匡衡所抑。石顯嘗欲以姊妻延壽不取，遂與之有隙，匡衡阿附石顯者也。延壽僅封三百户侯，湯僅賜關內侯，杜勳親斬郅支首而不賞，此千古恨事也。今就《湯傳》綜論之。《傳》云，郅支怨漢擁護呼韓邪而不助己，困辱漢使者江乃始等。初元四年，遣使奉獻，因求侍子，漢遣衛司馬谷吉送之。郅支怒，竟殺吉等。自知負漢，又聞呼韓邪益彊，遂西奔康居。此著郅支負漢之罪。劉向疏所謂郅支單于囚殺使者吏士以百數，事暴揚外國，傷威毀重。元帝詔所謂匈奴郅支背畔禮義，留殺漢使者吏士，甚逆道理，朕豈忘之。以明郅支之當誅也。康居王以女妻郅支，郅支亦以女予康居王。康居甚尊敬郅支，欲倚其威以脅諸國。郅支數借兵擊烏孫，深入至赤谷城，殺略民人，驅畜產，烏孫不敢追。此著郅支之剽悍，終爲西域患，以明郅支之不可不誅也。《傳》云，康居副王抱闐將數千騎，寇赤谷城東，殺略大昆彌千餘人，驅畜產甚多。從後與漢軍相及，頗寇盜後重。湯縱胡兵擊之，殺四百六十人，得其所略民四百七十人，還付大昆彌。又捕得抱闐貴人伊奴毒。又云，康居兵萬餘騎，分十餘處，四面環城。此著康居之助郅支，不得以郅支兵少而易視之也。《傳》又云，別爲六校，其三校從南道踰葱領經大宛，其三校都護自將，發溫宿國，從北道入赤谷，過烏孫，入康居東界東，至單于城六十里，止營。明日引行，未至城三十里，止營。單于遣使問：「漢兵何以來？」應曰：「單于上書，願歸計彊漢，故使都護將軍來迎單于妻子。」明日，前至郅支城都賴水上，離城三里，止營傅陳。望見單于城上立五采幡幟，數百人被甲乘城，又出百餘騎往來馳城下，步兵百餘人夾門魚鱗陳。城上人更招漢軍曰：「鬥來。」百餘騎馳赴營，營皆張弩持滿指之，騎引卻。頗遣吏士射城門騎步兵，騎步兵皆入。延壽、湯令軍聞鼓音皆薄城下，四面圍城，各有所守，穿塹，塞門户，鹵楯爲前，戟弩爲後，卬射城中樓上人，樓上人下走，土城外有重木城，從木城中射，頗殺傷外人。外人發薪燒木城。夜，數百騎欲出外，迎射殺之。初，單于聞漢兵至，欲去，疑康居怨己，爲漢內應，又聞烏孫諸國兵皆發，自以無所之。郅支已出，復還，曰：「不如堅守。漢兵遠來，不能久攻。」單于乃被甲在樓上，諸閼氏夫人數十皆以弓射外人。外人射中單于鼻，諸夫人頗死。單于下騎，傳戰大內。夜過半，木城穿，中人卻入土城，乘城呼。時康居兵萬餘騎，分十餘處，四面環城，亦與相應和。夜，數犇營，不利，輒卻。平明，四面火起，吏士喜，大呼乘之，鉦鼓聲動地。康居兵引卻。漢兵四面推鹵楯，並入土城中。此敍其戰事，班《書》中未有如此《傳》之詳者。以見郅支之不易取，而延壽、湯調度之有方，吏士之用命，於一日之間立破堅城，非尋常之戰功可比也。方五單于争立，其强者爲呼韓邪與郅支，郅支破呼韓邪，呼韓邪降漢，郅支亦嘗遣子入侍，漢亦以單于待之。郅支死而呼韓邪且喜且懼，是郅支爲呼韓邪所忌，呼韓邪亦以單于視之，元帝詔亦以單于稱之，乃顯、衡曰非真單于，此何理也？謂非强盛時之匈奴則可，謂非單于則不可也。郭忠以屬國都尉，其騎士射殺匈奴之犂汗王封成安侯。七百二十四户。傅介子以斬樓蘭王，首封義陽侯。七百五十九户。續相如以誅斬扶樂王，首封承父侯。千百五十户。王恢以捕得車師王，封浩侯。犂汗王，匈奴之裨王也，樓蘭、車師，西域之小國也，並得封侯。鄭吉僅破車師一城，又以迎日逐王封安遠侯。七百九十户。乃顯、衡等猶以爲不可。趙弟以騎士從貳師斬郁成，首封新時侯，而杜勳親斬單于竟不得賞。以漢之舊事相比，而益見此事之未饜衆心也。劉向之疏，以及谷永之上疏訟湯，耿育之上書寃訟湯，具見本《傳》，文繁不備録。班氏詳述之，史筆也。夫捕斬單于，非尋常之克捷可比。漢有此令，而未嘗有其事。衞青七出擊匈奴，霍去病六出擊匈奴，惟青一與單于遇，漢軍圍之，單于冒圍走，它未嘗與單于遇也。蘇建、趙信獨逢單于，建亡其軍，信降敵，更安望捕獲哉？今幸斬郅支首，懸諸稾街，而又以非真單于抑其功，匡衡始終沮湯，實不解其是何居心也？

詐增虜獲　《功臣表》：「宜冠侯高不識，坐擊匈奴增首不以實，當斬，贖罪免。」《恩澤侯表》：「富民嗣侯順，坐爲虎牙將軍詐增虜獲，自殺。」《馮唐傳》：「今臣竊聞，魏尚爲雲中守，坐上功首虜差六級，陛下下之吏，削其爵，罰作之。」《後書・滕撫傳》：「廣陵賊張嬰等反，據廣陵。拜爲九江都尉，與中郎將趙序助馮緄，合州郡兵數萬人共討之。趙序坐畏懦不進，詐增首級，徵還棄市。」

按：秦上首功，漢承用其法，故論功以級計。魏尚止差六級，即削爵罰作，其法嚴矣。宜冠之贖罰，田順之自殺，必其所增者多。趙序之棄市，以畏懦不進，當不僅以詐增首級也。

夜行　《秋官・士師》「五禁」注：「今軍有囂讙夜行之禁。」《司寤氏》：「以詔夜士夜禁。禁宵行者、夜游者。」注：「夜士主行夜徼候者，如今都候之屬。」《百官表》：「衛尉屬官有衛候。」《續志》：「衛尉屬官左右都候各一人，六百石。」本注曰：「主劍戟士，徼循宮。」注：「《漢官》曰：右都候，員吏二十二人，衛士四百一十六人；左都候，員吏二十八人，衛士三百八十三人。」《李廣傳》：「屏居藍田南山中射獵。嘗夜從一騎出，從人田間飲。還至亭，霸陵尉醉，呵止廣，廣騎曰：『故李將軍。』尉曰：『今將軍尚不得夜行，何故也。』宿廣亭下。」《文選》鮑照放歌行：「鐘鳴猶未歸。」注：「崔元始《正論》：永寧詔曰，鐘鳴漏盡，洛陽中不得有行者。」

按，夜行之禁，不獨行於軍中，凡都邑平時亦重之。漢法入之軍法者，殆以所屬皆衛士，有關於軍法歟？《百官表》有衛候而無都候，《續志》有都候而無衛候，當是東京所改。《唐律》犯夜在《雜律》。

無干車無自後射　詳《田律》。

按：鄭（志）〔注〕引作「軍禮」。

介胄之士不拜　《周亞夫傳》：「文帝後六年，匈奴大入邊。以宗正劉禮爲將軍軍霸上，祝兹侯徐厲爲將軍軍棘門，以河内守周亞夫爲將軍軍細柳，以備胡。上自勞軍，至霸上及棘門軍，直馳入，將以下騎出入送迎。已而之細柳軍，軍吏被甲，鋭兵刃，彀弓弩，持滿。天子先驅至，不得入。先驅曰：『天子且至。』軍門都尉曰：『軍中聞將軍之令，不聞天子之詔。』有頃，上至，又不得入。於是上使使持節詔將軍曰：『吾欲勞軍。』亞夫迺傳言開壁門。壁門士請車騎曰：『將軍約，軍中不得驅馳。』於是天子迺按轡徐行。至中營，將軍亞夫揖，曰：『介胄之士不拜，請以軍禮見。』天子爲動，改容式車。使人稱謝：『皇帝敬勞將軍。』成禮而去。既出軍門，羣臣皆驚。文帝曰：『此真將軍矣。鄉者棘門、霸上如兒戲耳，其將固可襲而虜也。至於亞夫，可得而犯耶！』稱善者久之。」

按：介胄之士不拜，古禮也，漢軍法中當亦有之，故亞夫行之。

軍中不得馳驅　見上。

按：此亦軍法也，與禁嚻讙同意。

都軍官長史一人　《衛青傳》：「長史安。」注：如淳曰：「都軍官長史一人。」《史記》正義同。

按：此官名之屬於軍者。

弗赦　《恩澤侯表》：「鄗侯駟鈞，坐濟北王興居，弗赦，免。」

按：弗赦之罪當亦軍法所具。

大有利　《鼂錯傳》：「今兹隴西之吏起破傷之民，以當乘勝之匈奴，用少擊衆，殺一王，敗其衆，而法曰大有利。」

按：法曰大有利，當指軍法。《匈奴傳》不載此事，他亦未見。

蹶張士　《申徒嘉傳》：「以材官蹶張從高帝。」注：如淳曰：「材官之多力能脚踏彊弩張之，故曰蹶張。律有蹶張士。」師古曰：「今之弩，以手張者曰擘張，以足蹋者曰蹶張。蹶音厥。」《史記·嘉傳》索隱：「孟康云：主張强弩。蹶音其月反。漢令有蹶張士百人是也。」《說文》走部：「⿺走㡿，距也。從走㡿聲。車者切。漢令曰，⿺走斥張百人。」段曰：「距當作歫，止也。一曰搶也。按蹠弩主於掌歫，故曰⿺走斥張。考許《書》，⿺走厥、令二字並出，⿺走厥云蹠也，⿺走斥云距也。引漢令與如、孟引作『蹶張』不合。今尋繹字義，⿺走厥者跳起也，⿺走斥者拓也，如、孟二家作蹶張，皆由誤認蹶、⿺走厥、⿺走斥爲一字耳。《篇》、《韻》皆云⿺走厥同⿺走歴，正誤合二爲一之證。」王曰：「段氏以爲誤認，是也。《篇》、《韻》皆別收⿺走斥字。」

按：此字《漢書》作「蹶」，蹶跳也，諸家之説其字似皆從厥。許《書》作⿺走歴，依段説其義較長。《玉篇》蹶，跳起也。⿺走歴同上。又出⿺走斥字，尺夜切，怒也。一曰牽也。又丑格切，半步也。《廣韻》十月：⿺走厥，跳⿺走厥。⿺走歴同上。四十禡：⿺走斥，⿺走斥脚立也。並於⿺走歴外別出⿺走斥，雖訓各不同，而分⿺走歴、⿺走斥爲二字則同。然斥者㡿之俗體，並非二字，則其誤又不僅誤認⿺走厥、⿺走歴爲一矣。

漢律摭遺卷二十二

決事類故事附

決事比　《刑法志》："孝武招進張湯、趙禹之屬，條定法令，死罪決事比萬三千四百七十二事。"顏注："比，以例相比況也。"《後書·陳忠傳》："初父寵在廷尉，上除漢法溢於《甫刑》者，未施行。及寵免，後遂寢，而苛法稍繁，人不堪之。忠略依寵意，奏上二十三條，爲決事比，以省請讞之敝。"注："比，例也。"《秋官·大司寇》："以邦成弊之。"注："鄭司農云，邦成，謂若今時決事比也。"疏："此八者皆是舊法成事品式，若今律其有斷事，皆依舊事斷之，其無條取比類以決之，故云決事比也。"《士師》"八成"注："若今時決事比。"疏："凡言成者，皆舊有成事品式，後人依而行之，決事依前比類決之。"

按：決事，若今時之成案也。周之八成乃成法，與漢之決事似不甚同。先鄭取以爲況，似漢之決事比卽視爲成法矣。孝武時決事比萬三千四百七十二事，可謂繁矣。陳忠之二十三條，第就當時法之苛者言之耳。《晉志》謂率皆集類爲篇，結事爲章，一章之中，或事過數十。孝武之書，當亦如是。後來或亦有編入《令甲》中者。賈疏若今律云云，謂《唐律》也。然《唐律》並無此文，或當時令中有此文。唐令已亡，諸書所引亦不能全也。

辭訟比　決事都目　法比都目　《陳寵傳》："辟司徒鮑昱府。昱高其能，轉爲辭曹，掌天下獄訟，其所平決，無不厭服衆心。時司徒辭訟久者數十年，事類溷錯，易爲輕重，不良吏得生因緣。寵爲昱撰《辭訟比》七卷，決事科條，皆以事類相從。昱奏上之，其後公府奉以爲法。"《玉海》六十五："《東觀記》，建初中，司徒辭訟久者至數十年，比例倒，輕重非，其事類錯雜難知。鮑昱爲司徒，奏定《辭訟比》七卷，《決事都目》八卷，以齊同法令，息遏人訟也」。《晉志》："又漢時決事，集爲《令甲》以下三百餘篇。又司徒鮑公撰嫁娶辭訟決爲《法比都目》凡九百六卷。世有增損，率皆集類爲篇，結事爲章。一章之中，或事過數十，事類雖同，輕重乖異。而通條連句，上下相蒙，雖大體異篇，實相採入。"《通志》引「採」作「探」。

按：《寵傳》祇《辭訟比》七卷，《東觀記》增出《決事都目》八卷，《晉志》則名曰《法比都目》，爲九百六卷，多寡懸絶如此。考漢初承秦之制，天下學法律者皆詣丞相府，丞相府爲總領法律之處。哀帝改丞相爲司徒，官名改而職事不改。東京設三公，太尉雖在司徒前，但掌兵事，凡人民之事，仍歸司徒，故辭訟以司徒府爲繁。寵爲此書，便於引斷，吏不能因緣輕重，故公府奉以爲法。《傳》所云決事科條，以事類相從，當卽指《決事都目》而言，特言之不詳耳。鮑昱奏上者，本止一七卷、一八卷之書。《晉志》所稱九百六卷，有嫁娶在內，且後來世有增益，積卷遂富，故多寡不同。其稱都者，總也。司徒總領法律，故曰都也。《應劭傳》章懷注，司徒卽丞相也，總領綱紀，佐理萬機。故有都目，是亦以司徒當丞相也。《風俗通》記南郡女子何侍搏姑一條，詳《賊律》三。搏姑條下内稱司徒鮑宣決事云云，當爲《決事都目》之文，鮑宣乃鮑昱之訛。宣官至司隸，未嘗爲司徒，亦無決事之書。搏姑一獄，論極平允，固非畸輕者也。

尚書舊事　詳律說《律本章句》條下五目同。《孔光傳》：「光以高第爲尚書，觀故事品式，數歲，明習漢制及法令，上甚信任之。」《後書·鄭弘傳》：「建初爲尚書令。弘前後所陳有補益王政者，皆著之南宮，以爲故事。」

按：舊事卽故事。觀《孔光傳》，是尚書省中有此官書。隨時所編纂者，《鄭弘傳》著之南宮，以爲故事也。東漢洛陽宮有北宮白虎觀、南宮雲臺。《隋經籍志》有《南臺奏事》二十二卷，與《漢名臣奏事》相次，在刑法篇。《唐志》厠於漢令中。似《南宮奏事》亦尚書舊事之類，南臺卽南宮也。

決事比例　詳上。

按：此亦決事比之屬。

司徒都目　詳上。

按：此亦決事都目之屬。

五曹詔書　詳上。《書鈔》：七十九。「應劭《漢官儀》云，漢世祖中興，甲寅詔書曰：『方今選舉賢能，朱紫錯用，丞相故事，辟士四科：一曰德行高妙，志潔清白；二曰學通行修，經中博士；三曰明集法令，足以決疑；四曰剛毅多略。』此謂四科。」今本《漢官儀》但稱世祖。《後書·和紀》永元五年注引作「建初八年十二月己未詔書」。

按：尚書，五曹詔書所出。兩漢詔書見於兩《漢書》者，輯之尚可成編，茲不備錄。辟召詔書闕於法律，故特録之。互詳《尉律》選舉。

春秋斷獄　詳上。《藝文志》：「春秋類《公羊董仲舒治獄》十六篇。」《隋志》：「春秋類《春秋決事》十卷。」《唐志》：「法家類《春秋決獄》十卷。黄氏正。」

按：《春秋斷獄》當即董仲舒之《春秋決獄》，諸《志》書名各不同。《崇文總目》作《春秋決事比》十卷，《宋志》作《春秋決事》，一本作「決獄」，然則「春秋決獄」其本名也。《困學紀聞》云，《春秋決獄》，其書今不傳，是南渡時已亡。原書凡二百三十二事，今有玉函山房輯本一卷，今備録於後。此關於漢時讞法，乃決事比之權輿也。

春秋斷獄

拾道旁棄兒養以爲子　「時有疑獄曰：『甲無子，拾道旁棄兒乙養之以爲子，及乙長，有罪殺人，以狀語甲，甲藏匿乙，甲當何論？』仲舒斷曰：『甲無子，振活養乙，雖非所生，誰與易之。《詩》云，螟蛉有子，蜾蠃負之。《春秋》之義，父爲子隱。甲宜匿乙，詔不當坐。』」

乞養子杖生父　「甲有子乙以乞丙，乙後長大而丙所成育。甲因酒色謂乙曰：『汝是吾子。』乙怒杖甲二十。甲以乙本是其子，不勝其忿，自告縣官。仲舒斷之曰：『甲生乙不能長育以乞丙，於義已絶矣，雖杖甲，不應坐。』」　《通典》六十九：「東晉成帝咸和五年，散騎侍賀嶠妻于氏上表云：董仲舒一代純儒，漢朝每有疑議，未嘗不遣使者訪問，以片言而折衷焉。時有疑獄云云。又一事曰甲有子乙云云。夫拾兒路旁，斷以父子之律，加杖所生，附於不坐之條，其爲予奪不亦明乎。」

放麑　「君獵得麑，使大夫持以歸，大夫道見其母隨而鳴，感而縱之。君慍，議罪未定。君病，恐死，欲托孤幼，乃覺之大夫其仁乎，遇麑以恩，況人乎，乃釋之以爲子傅。其議何如？董仲舒曰：『君子不麛不卵。大夫不諫，使持歸，非也。然而中感母恩，雖廢君命，徙之可也。』」《六帖》：二十六。「董仲舒《春秋決獄》曰：君獵得麑云云。又《淮南子》孟孫獵得麑，使秦巴持歸烹之，其母隨而啼，巴不忍，去之。孟孫怒，逐秦巴。西居一年，取爲子傅，曰：『一麑猶不忍，況人乎。』董仲舒曰云云。」

按：《白帖》此文先引君獵云云，中間忽雜以《淮南》一事，蓋引以證得麑之事，而文法則間隔，恐傳寫有誤。

武庫卒盜弩　「甲爲武庫卒，盜强弩弦一，時與弩異處，當何罪？論曰：『兵所居，比司馬，闌入者髡，重武備，責精兵也。弩蘗機郭弦軸異處，盜之不至盜武庫兵。』陳論曰：『大車無輗，小車無軏，何以行之。甲盜武庫兵，當棄市乎？』王紹蘭曰：以上二論皆或說。曰：此下仲舒所斷。『雖與弩異處，不得弦不可謂弩。矢射不中與無矢同，不入與無鏃同。律曰，此邊鄙兵，所盜贓值百錢者，當坐棄市。』」　詳《盜律》盜武庫兵。

毆父　「甲按：甲下當有「父」字。乙與丙爭言相鬭，丙以佩刀刺乙，甲卽以杖擊丙，誤傷乙，甲當何論？或曰，毆父也，當梟首。論曰：『臣愚以父子至親也，聞其鬭莫不有怵悵之心，扶杖而救之，非所以欲詬父也。《春秋》之義，許止父病，進藥於其父而卒，君子原心，赦而不誅。甲非律所謂毆父，不當坐。』」　詳

《賊律》毆父母。

「甲夫乙將船，會海風盛，船没溺流死亡，不得葬。四月，甲母丙卽嫁甲，欲皆何論？或曰，甲夫死未葬，法無許嫁，以私爲人妻，當棄市。議曰：『臣愚以爲《春秋》之義，言夫人歸於齊，言夫死無男，有更嫁之道也。婦人無專制擅恣之行，聽從爲順，嫁之者歸也。甲又尊者所嫁，無淫衍之心，非私爲人妻也。明於決事，皆無罪名，不當坐。』」詳《雜律》私爲人妻。

按：以上六條，前二條明言董仲舒，後四條明引董仲舒《春秋決獄》，並確爲董氏之言。惟《唐志》稱《春秋決事》，而白氏唐人，乃稱《春秋決獄》，《御覽》亦稱《春秋決獄》，而《宋志》亦稱《春秋決事》，是一書而二名也。

爲姑討夫　「妻甲夫乙毆母，甲見乙毆母而殺乙。《公羊》説甲爲姑討夫，猶武王爲天誅紂。」《禮記·檀弓》：「子殺父，凡在宫者殺無赦。」注：「言子孫無尊卑皆得殺之。」疏：「鄭此云子孫無問尊卑皆得殺之，則似父之弑祖，子得殺父。然子之於父天性也，父雖不孝於祖，子不可不孝於父。今云子因孫而連言之，或容兄弟之子耳。除子以外，皆得殺其弑父之人。《異義》：衞輒拒父，《公羊》以爲孝子，不以父命辭王父之命。許拒其父，《左氏》以爲子而拒父，悖德逆倫大惡。鄭駁《異義》云，以父子私恩言之，則傷仁恩。則鄭意以《公羊》所云公義也，《左氏》所云是私恩也。故知今之子報殺其父，是傷仁恩也。若妻則得殺其弑父之夫。故《異義》云，妻甲夫乙毆母，甲見乙毆母而殺乙。《公羊》説甲爲姑討夫，猶武王爲天誅紂。鄭駁云，乙雖不孝，但毆之耳，殺之太甚。凡在宫者未得殺之，殺之者士官也。如鄭此言，毆母妻不得殺之，若其殺母，妻得殺之。」

按：此條《異義》但稱《公羊》説而不言仲舒，果否爲《決獄》之文，無他可證。玉函輯本謂，案其文義，亦《決事》之文，亦臆度之詞。漢人以公羊決獄者，亦不獨仲舒也。第許、鄭之駁難實有關於法律，故詳録之。玉函本所輯凡八條，其七條已見上。其一條云，武帝外事夷狄而民去本，董仲舒説上曰：「《春秋》他穀不書，至於麥禾不成則書之。以此見聖人五穀最重粟麥。」見《類聚》八十五引《漢書》。輯本謂閻若璩《困學紀聞》等以此條當《決獄》佚文，據録。本按，此條之文見《食貨志》，乃仲舒説上之語，與《決獄》無涉。《困學紀聞》閻箋但云《類聚》亦載一事，而未舉其文。蕭山王紹蘭曰：「朱竹垞《經義考》亦云《藝文類聚》有引《決獄》君獵得麑一事。今攷《類聚》六十六，是引《韓子》孟孫獵得麑事，非引《決獄》。蓋朱、閻俱誤記《六帖》爲《類聚》耳。」然則輯本引此條當之，實是錯誤，今故不編入正條中，而考之如此。

《五行志》：「武帝建元六年六月丁酉，遼東高廟災。四月壬子，高廟便殿火。董仲舒對曰：『案《春秋》魯定公、哀公時，季氏之惡已孰，而孔子之聖方盛。夫以盛聖而易孰惡，季孫雖重，魯君雖輕，其勢可成也。故定公二年五月兩觀災。兩觀，僭禮之物，天災之者，若曰，僭禮之臣可以去。已見皐徵，而後告可去，此天意也。定公不知省。至哀公三年五月，桓宮、釐宮災。二者同事，所爲一也，若曰，燔貴而去不義云爾。哀公未能見，故四年六月亳社災。兩觀，桓、釐廟、亳社，四者皆不當立，天皆燔其不當立者以示魯，欲其去亂臣而用聖人也。季氏亡道久矣，前是天不見災者，魯未有賢聖臣，雖欲去季孫，其力不能，昭公是也。至定、哀乃見之，其時可也。不時不見，天之道也。今高廟不當居遼東，高園殿不當居陵旁，於禮亦不當立，與魯所災同。其不當立久矣，至於陛下時天乃災之者，殆亦其時可也。昔秦受亡周之敝，而亡以化之；漢受亡秦之敝，又亡以化之。夫繼二敝之後，承其下流，兼受其猥，難治甚矣。又多兄弟親戚骨肉之連，驕揚奢侈恣睢者衆，所謂重難之時者也。陛下正當大敝之後，又遭重難之時，甚可憂也。故天災若語陛下：當今之世，雖敝而重難，非以太平至公，不能治也。視親戚貴屬在諸侯遠正最甚者，忍而誅之，如吾燔遼東高廟乃可；視近臣在國中處旁仄及貴而不正者，忍而誅之，如吾燔高園殿乃可云爾。在外而不正者，雖貴如高廟，猶災燔之，況諸侯乎。在內不正者，雖貴如高園殿，猶燔災之，況大臣乎。此天意也。辠在外者天災外，辠在內者天災內，燔甚辠當重，燔簡辠當輕，承天意之道也。』先是，淮南安王入朝，始與帝舅太尉武安侯田蚡有逆言。其後膠西于王、趙敬肅王、常山憲王皆數犯法，或至夷滅人家，藥殺二千石，而淮南、衡山王遂謀反。膠東、江都王皆知其謀，陰治兵弩，欲以應之。至元朔六年，乃發覺而伏辜。時田蚡已死，不及誅。上思仲舒前言，使仲舒弟子呂步舒持斧鉞治淮南獄，以《春秋》誼顓斷於外，不請。既還奏事，上皆是之。」《董仲舒傳》：「遼東高廟、長陵高園殿災，仲舒居家推說其意，草稿未上，主父偃候仲舒，私見，嫉之，竊其書而奏焉。上召視諸儒，仲舒弟子呂步舒不知其師書，以爲大愚。於是下仲舒吏，當死，詔赦之。仲舒遂不敢復言災異。」《通考》：一百六十三。「容齋洪氏《隨筆》曰：淮南、衡山二獄，死者數萬人。嗚呼！以武帝之嗜殺，時臨御方數歲，可與爲善，廟殿之災，豈無他說，而仲舒首勸其殺骨肉大臣，與平生學術大爲乖剌，馴致數萬人之禍，皆此書啓之也。然則下吏幾死，蓋天所以激步舒云，使其就戮，非不幸也。按漢儒如賈誼、董仲舒最爲醇正，然至其論諸侯王，則皆主於誅殺。仲舒此對，與天人三策議論迥別。真西山亦謂，太史公言賈誼明申韓，今讀政事書，藹然有洙泗典刑，未見其爲申韓之學，至諸侯王皆衆髖髀等語，然後知太史之説不繆。孟子曰，子以爲有王者作，將比今之諸侯而誅之乎？其教之不改而後誅之乎？聖賢處事固不同也。蓋諸侯王雖漢初之深患，然根連株逮而誅鋤之於後，固不若建法立制而閑防之於初也。孝文時淮南、濟北亦嘗搆逆，討而戮之，罪止其身，未嘗深竟黨與，亦不聞復有後患，何必誅及二萬餘人哉。」

按：桓、釐廟親盡當毁而不毁，故爲天所災，此孔子之(竟)〔意〕也。《公羊》家説雖與《左氏》不同，而以爲不當立，則董仲舒推衍其意而爲此説，蓋深有見於田蚡之驕横，淮南、衡山之恣縱，將有大患，不若早正之耳。使早正之，其黨與必尚少，何至誅及二萬餘人哉。賈誼髖髀之喻，其説在衆建諸侯而少其力，武帝時終用其説，而諸侯之勢遂分，是其説未可議也。且其言曰，爲法制，人主之斤斧也。是斤斧云者，非謂盡人而誅之也，亦爲之法制而已。其所謂法制，即衆建而少其力之説。乃不通觀其説之終始，但取一語而非議之，殊未得其實也。吕步舒治淮南獄，深竟黨與，乃不得其師之意者。若因步舒而歸罪仲舒，此猶李斯以督責治秦而歸罪於孫卿也。仲舒此議，乃私爲之，未上之天子，主父偃竊而奏焉。其下吏當死者，依擅議宗廟之律也。偃蓋嫉之而欲致其死，武帝赦之，武帝之明也。《淮南王傳》言上下公卿治，所連列與淮南王謀反列侯、二千石、豪傑數千人。初非由步舒顓斷，與《五行志》之言不合。衡山王尤與步舒無干。乃論者並歸獄於步舒，亦未得其實也。今觀《決獄》之論斷極爲平恕，迥非張湯、趙禹之殘酷可比，使武帝時治獄者皆能若此，《酷吏傳》何必作哉。

駮議　詳上。

按：《駮議》大旨，劭之自敘已詳。《傳》又云，二年，詔拜劭爲袁紹軍謀校尉。時始遷都於許，舊章堙没，書記罕存。劭慨然歎息，乃綴集所聞，著《漢官禮儀故事》，凡朝廷制度，百官典式，多劭所立。與前文刪定律令爲《漢儀》是二事。前書奏於建安元年，獻帝喜之。此書集於二年，其時不同，當爲二書。《漢儀》已不傳，《漢官儀》亦散逸。近有平津館輯本，所集多係漢制，而《漢律》之文當亦在其中，然難別白矣。

殺人母兄代死　《應劭傳》：「初，安帝時河間人尹次、潁川人史玉皆坐殺人當死，次兄初及玉母軍並詣官曹求代其命，因縊而物故。尚書陳忠以罪疑從輕，議活次、玉。劭後追駮之，據正典刑，有可存者。其議曰：『《尚書》稱，天秩有禮，五服五章哉。天討有罪，五刑五用哉。而孫卿亦云，凡制刑之本，將以禁暴惡，且懲其末也。凡爵列、官秩、賞慶、刑威，皆以類相從，使當其實也。若德不副位，能不稱官，賞不酬功，刑不應罪，不祥莫大焉。殺人者死，傷人者刑，此百王之定制，有法之成科。高祖入關，雖尚約法，然殺人者死，亦無寬降。夫時化則刑重，時亂則刑輕。《書》曰刑罰時輕時重，此之謂也。今次、玉公以清時釋其私憾，阻兵安忍，僵屍道路。朝恩在寬，幸至冬獄，而初、軍愚狷，妄自投斃。昔召忽親死子糾之難，而孔子曰經於溝瀆，人莫之知。鼂氏之父非錯刻峻，遂能自隕其命，班固亦云不如趙母指括以全其宗。傳曰，僕妾感慨而致死者，非能義勇，顧無慮耳。夫刑罰威獄，以類天之震燿殺戮也；温慈和惠，以放天之生殖長育也。是故春一草枯則爲災，秋一木華亦爲異。今殺無罪之初、軍，而活當死之次、玉，其爲枯華，不亦然乎！陳忠不詳制刑之本，而信一時之仁，遂廣引八議求生之端。夫親故賢能功貴勤賓，豈有次、玉當罪之科哉？若乃小大以情，原心定罪，此謂求生，非謂代死可以生也，敗法亂政，悔其可追。』劭凡爲《駮議》三十篇，皆此類也。」

按：劭所集《駮議》八十二事，其見《漢書》二十五，尚可採而彙録之，餘皆散佚。劭自造者二十七，存本《傳》所録之一事。唯此篇實無精義，不知范氏何以獨取之，豈以其文詞勝耶？今就此獄論之。次、玉殺人，本無可疑，乃初、軍詣官自縊，將許其代死乎？不許其代死乎？許之違法，不許傷情，事處兩難，遂生疑義。以法論，則次、玉無可生之理；以事論，則初、軍有已死之情。死者不可復生，生者仍然論死，是人之一家之中，於法死之外，復死一人也。使初、軍有代死之心，詣官自訴，經官許之，而初、軍乃死，此則爲殺無罪之初、軍，而活當死之次、玉，誠於法有違。今初、軍不經官許而自死，其愛子愛弟之深，亦出於天理人情之不自已，與自經溝瀆者不同，烏得置之不論？制刑之本，必協情理，若不問情理，而但云執法，恐未足以饜人心也。陳忠因罪疑而從輕，其用法不失爲平恕。夫殺人而無償命之人，則法廢，今有一命以償，以全法也。求代死而不得，必飲恨黄泉，今不使之徒死，以順情也。一家之中，若償命者一人，徒死者又一人，則不平，不平則争端不息。今但以一命償之，以息争也。忠之原議不傳，不知其讞詞若何？然不得謂之敗法亂政，又何悔之可追哉！唯次、玉阻兵安忍，貸其命已幸矣。若仍得安處鄉里，亦非所以禁暴之道。減死而戍之邊，則情法兩盡，忠猶未計及此也。

建武律令故事　《隋志》：「梁《建武律令故事》一卷，亡。」《唐志》：「刑法類《漢建武律令故事》三卷。」

按：《隋志》稱梁有已亡，而《唐志》又列之者，其書於唐時又出自民間也。

《後書·光武紀》：「建武二年，詔曰：『頃獄多冤人，用刑深刻，朕甚愍之。孔子曰，刑罰不中，則民無所措手足。其與中二千石、諸大夫、博士、議郎議省刑法。』」

按：建武既有省刑法之議，其更改者必多。今《紀》中所書關於法律者約二十餘條，已分見各門，不再出，其不載於《紀》者，則無可攷矣。

漢名臣奏事三十卷　《隋志》：「《漢名臣奏事》三十卷。」《唐志》：「《漢名臣奏事》二十九卷。又陳壽《漢名臣奏事》三十卷。」並在刑法類。

按：此奏事之關乎刑法者，故在刑法類。《晉書·陳壽傳》載所著各書，無《漢名臣奏事》之名。《舊唐書·經籍志》與《新志》同。

《初學記》刑罰第九：「《漢名臣奏事》唐林曰：『秦誤重刑而羣盗盈山，赤衣半道。』」

按：此書所見者，僅此數語，録之。

廷尉決事　廷尉駮事　《唐志》刑法類：「《廷尉決事》二十卷。《廷尉駮事》十一卷。」

按：此書名不題漢而厠於漢人之間，當爲漢人書。《隋志》有《魏廷尉決事》而無此二書。

廷尉決事

狂病殺母弟　《御覽》：六百四十六。「《廷尉決事》曰，河内太守上民張太，有狂病，病發，殺母、弟，應梟首。遇赦，謂不當除之，梟首如故。」

前世決事　《朱博傳》：「遷廷尉，職典決疑，當讞平天下獄。博恐爲官屬所誣，視事，召見正監典法掾史，謂曰：『廷尉本起於武吏，不通法律，〔幸〕有衆賢，亦何憂。然廷尉治郡斷獄以來且二十年，亦獨耳剽日久，三尺律令，人事出其中。掾史試與正監共撰前世決事吏議難知者數十事，持以問廷尉，得爲諸君覆意之。』正監以爲博苟强，意未必能然，卽共條白焉。博皆召掾史，並坐而問，爲平處其輕重，十中八九。官屬咸服博之疏略，材過人也。」

按：前世決事，後世之師也。博能平其輕重，十中八九，其材固過人，亦經驗之多。博自謂二十年耳剽日久，三尺律令，人事在其中，此真曉事人語。若一無經驗，而人事又不能深求，但拘守法律，以爲定斷，而天理人情，或未盡協其輕重，轉有不得其平者。此經驗之所以必不可少也。博事無關決事，因所言頗有理，故録之。

馬將軍故事　《馬援傳》：「條奏《越律》與《漢律》駮者十餘事，駮，乖舛也。與越人申明舊制，以約束之。自後駱越奉行馬將軍故事。駱者，越別名。」

〔清〕沈家本 撰
鄧經元 駢宇騫 點校

歷代刑法考

附寄簃文存

四

中華書局

明律目箋三卷

明律目箋一

按明之律目，洪武七年所修者，一準于唐，分《名例》、《衛禁》、《職制》、《户婚》、《廄庫》、《擅興》、《賊盜》、《鬭訟》、《詐僞》、《雜律》、《捕亡》、《斷獄》十二門，見劉惟謙所上《修律表》中。迨胡惟庸被誅，廢中書而事歸六部，於是廿二年重修律文，亦以六曹分部，古來律式爲之一變，已於《律目考》中詳言之矣。至其細目，除軍官軍人諸條爲《明律》之特設者，其餘大旨於《唐律》間有增損，或改其字句，仍不能越其範圍焉。明人刻律，或不録劉惟謙原《表》，世遂不知洪武初律，其總目實承唐之舊有，以爲已以六曹分部者，殆失之未考歟？今就《明律》之目，以唐目校其同異，而得失亦可以考見。長安薛氏《唐明律合刻》，右唐而左明，此固非深求其故不能曉然也。

五刑

五刑之名，始見《虞書》，而苗民五虐之刑實在其先，是其名甚古。三代以肉刑及大辟爲五刑。漢文除肉刑而易以笞，而五刑之名遂不著。魏承《漢律》，不言五刑。晉改《魏律》，始言更依古義，制爲五刑。然《晉律》有死刑、髡刑、完刑、作刑、贖刑、罰金、雜抵罪，其等凡七，將以何者爲五刑？《志》不言也。梁之刑爲十五等，陳因之，元魏亦不言五刑也。迨至北齊，始以一死、二流刑、三刑罪、四鞭、五杖爲五刑。北周改刑罪爲徒刑。隋開皇復去鞭而加笞，以笞、杖、徒、流、死爲五刑。《唐律》仍之，相傳至今，遵循勿改。宋承五季，有陵遲之刑，然偶一用之，不爲常制。元刑用斬而不用絞，然有陵遲之刑。《明律》承唐，以笞、杖、徒、流、死列入五刑之目。而律文中有陵遲若干條，條例中有梟首若干條，又別有充軍之法，是皆軼于五刑之外者。夫刑不止于五，而仍以五刑列于篇首，已非其實。況笞、杖不過大小之差，其刑並無所分別，强分之以作五刑之數，亦未見其確當也。嘗謂國家設刑，所貴差等分明，不必拘拘以五爲數，致有强分强合之病。若泥古之儒，以五刑之名爲甚古，設今廢五刑之目是蔑古也，則非吾之所敢知也。

十惡

《隋書·刑法志》：「齊河清三年，奏上《齊律》。又列重罪十條：一曰反逆，二曰大逆，三曰叛，四曰降，五曰惡逆，六曰不道，七曰不敬，八曰不孝，九曰不義，十曰内亂。其犯此十者，不在八議論贖之限。」

按：此即今律之十惡也，創于北齊。第此文但曰重罪，似尚未標十惡之名。

「高祖開皇元年，更定新律，又置十惡之條，多採後齊之制而頗有損益：一曰謀反，二曰謀大逆，三曰謀叛，四曰惡逆，五曰不道，六曰大不敬，七曰不孝，八曰不睦，九曰不義，十曰内亂。犯十惡及故殺人，獄成者雖會赦猶除名。煬帝又敕修律令，除十惡之條。」

《唐六典》:「初北齊立重罪十條爲十惡,隋氏頗有益損,皇朝因之。」《唐律疏議》曰:「五刑之中,十惡尤切,虧損名教,毁裂冠裳,特標篇首,以爲明誡。其數甚惡者,事類有十,故稱十惡。然漢制九章,雖並湮没,其不道不敬之目見存,原夫厥初,蓋起諸漢。案梁、陳已往,略有其條。周、齊雖具十條之名,而無十惡之目。開皇創制,始備此科,酌於舊章,數存於十。大業有造,復更刊除,十條之内,唯存其八。自武德以來,仍遵開皇,無所損益。」

按:開皇之律,頗采北齊,故亦立十惡之名。《疏議》謂周亦有十條之名,《隋志》所未及也。《唐律》多本開皇,十惡之名遂列于篇首,至今不廢。然論其罪名,輕重之間,似亦尚有遺議也。

《唐律》:「十惡:一曰謀反。謂謀危社稷。」《疏議》曰:「臣下將圖逆節,而有無君之心,君位若危,神將安恃?不敢指斥尊號,故託云社稷。二曰謀大逆。謂謀毁宗廟、山陵及宫闕」。

按:以上二條《明律》同。今《律》同。

「三曰謀叛。謂謀背國從僞」。

按:《明律》此注作「謂謀背本國潛從他國」。今《律》同。

「四曰惡逆。謂毆及謀殺祖父母、父母,殺伯叔父母、姑、兄姊、外祖父母、夫之祖父母、父母者」。

按:《明律》夫之祖父母、父母移于祖父母、父母之下。今《律》同明。

「五曰不道。謂殺一家非死罪三人及支解人、造畜蠱毒厭魅」。

按：《明律》支解人下添「若採生」三字，「厭」作「魘」。今《律》又於「採生」下添「折割」二字。殺一家三人爲不道，本于《漢律》，此律文之較古者。

「六曰大不敬。謂盜大祀神御之物、乘輿服御物，盜及僞造御寶，合和御藥誤不如本方，及封題誤，若造御膳誤犯食禁，御幸舟船誤不牢固，指斥乘輿情理切害，及對捍制使而無人臣之禮」。

按：《明律》「題」下添「錯」字，「牢」作「堅」，刪「指斥乘輿」以下十九字。今《律》同明。《唐律·職制門》諸指斥乘輿情理切害者斬，言議政事乖失(干)〔而〕涉乘輿者，上請。非切害者徒二年，對捍制使而無人臣之禮者絞。《明律》删去，故此處亦删。

「七曰不孝。謂告言詛詈祖父母、父母，及祖父母、父母在，别籍異財，若供養有闕，居父母喪身自嫁娶，若作樂釋服從吉，聞祖父母、父母喪匿不舉哀，詐稱祖父母、父母死」。

按：《明律》「詛詈祖父母、父母」下添「夫之祖父母、父母」。今《律》同明。

「八曰不睦。謂謀殺及賣緦麻以上親，毆、告夫及大功以上尊長、小功尊屬」。

按：此條《明律》同。今《律》亦同。

「九曰不義。謂殺本屬府主、刺史、縣令、見受業師，吏卒殺本部五品以上官長，及聞夫喪匿不舉哀，若作樂釋服從吉及改嫁」。

按《明律》此注「謂殺」至「官長」作「謂部民殺本屬知府、知州、知縣，軍士殺本管指揮、千户、百户，吏卒殺本部五品以上長官，若殺見受業師。」以下同。今《律》「殺本管指揮、千户、百户」作殺

「本管官」。餘同明。

「十曰内亂。謂姦小功以上親、父祖妾，及與和者」。

按：《明律》同。今《律》亦同。

又按：此律始于北齊，原係重罪十條，其款目雖不可詳，其無輕罪可知。隋氏改之，輕罪亦列入焉，似非定律之本意也。如前五條，情節並重，罪亦較重。若第六條之盜大祀神御物、乘輿服御物，罪止流二千五百里，非重罪也。合和御藥等項，罪雖合絞，然究是無心之過，豈得與前五條比哉？第七條之告言詛詈祖父母、父母，情節重矣，若別籍異財，罪止徒三年，供養有闕，罪止徒二年，居喪身自嫁娶及作樂釋服從吉，並罪止徒三年，聞喪匿不舉哀，罪止流二千里，詐稱祖父母、父母死，罪止徒三年，非重罪也。第八條之賣緦麻以上親，罪有止徒一年半者。第九條之聞夫喪匿不舉哀及改嫁，罪止徒三年。凡若此等輕罪，亦竟入于常赦不原之列，其情節有重于此者，轉得遇赦邀恩，兩兩相衡，殊未平允。夫不敬、不孝、不睦、不義，其情事之輕重，豈能一致？論其名則同，論其實則不盡同。今不問名實之如何，而一概歸之十惡，先王之法，恐不若是之苛也。此《唐律》之可議者。

八議

《周禮》：「小司寇以八辟麗邦法，附刑罰：一曰議親之辟，鄭司農云，若今時宗室有罪先請是也。二曰議故之辟，故謂舊知也。鄭司農云，故舊不遺則民不偷。三曰議賢之辟，鄭司農云，若今時廉吏有罪先請是也。玄謂賢有德行者。四曰議能之辟，能謂有道藝者。《春秋傳》曰，夫謀而鮮過，惠訓不倦者，叔向有焉，社稷之固也，猶將十世宥之，以勸能者，今壹不免其身，以棄社稷，不亦惑乎。五曰議功之辟，謂有大勳力立功者。六曰議貴之辟？鄭司農云，若今時吏墨綬有罪先請是也。疏：先鄭推引漢法，墨綬爲貴。若據周，大夫以上皆貴也。墨綬，漢法丞相、中二千石金印紫綬，御史大夫、二千石銀印黃綬，令六百石銅印墨綬是也。七曰議勤之辟，謂憔悴以事國。八曰議賓之辟。謂所不臣者三恪二代之後與」。

按：先鄭於親、賢、貴三者引今時先請之例以爲證，而餘五者不言今法，是《漢律》有此三者而無餘五者，不盡用《周官》八議之法。魏、晉以下，律有八議之文，詳後。

《漢書・高紀》：「七年，令郎中有罪，耐以上請之。」《宣紀》：「黃龍元年，詔吏六百石位大夫，有罪先請。」《劉屈氂傳》：「司直吏二千石，當先請。」

《後漢書・光武紀》：「建武三年，詔曰：『吏不滿六百石下至墨綬長、相，有罪先請。』」

按：《百官公卿表》秩比六百石皆銅印墨綬，此與《宣紀》合。郎中秩比三百石，無印綬，殆以此官在禁中，乃近臣，故特優之歟？墨綬長、相謂不滿六百石者。《續漢書・輿服志》千石、六百石墨綬，四百石、三百石長同。此長、相之未滿六百石亦得用墨綬也。又《百官志》每縣、邑、道大者置令一人，千石，其次置長，四百石，小者置長，三百石，侯國之相秩次亦如之。是相秩與長同，故并稱墨綬長、相也。夫以三百石而亦必先請，與周時議貴之意不盡吻合。若嗣子若公主子，則又由議親而推之也。

又《匈奴傳》：「光和二年，中郎將張修與單于不相能，修擅斬之，更立右賢王羌渠爲單于。修以不先請而擅誅殺，檻車徵詣廷尉抵罪。」

按：此應先請而不先請者，當抵罪也。但不知應得何罪？未詳。

又《橋玄傳》：「爲齊相，坐事爲城旦。刑竟，徵，再遷上谷太守。」《太尉橋公神廟碑》：「臨淄令臧多罪正，受鞫就刑，没齒無怨。竟以不先請免官。」

按：此不先請之罪爲城旦。第臨淄令未被殺，則橋玄與張修之應抵當不同也。

《續漢書·百官志》：「宗正卿一人。郡國歲因計上宗室名籍，若有犯法，當髡以上先上請宗正，宗正以聞，乃報決。」

《史記·五帝紀》：「五度三居。」集解：「馬融曰：謂在八議，君不忍刑，宥之以遠，五等之差，亦有三等之居。」

按：此説謂唐虞已有八議。然似據周制爲説，别無他證。

《唐六典》：「《周禮》以八辟麗邦法，附刑罰，卽八議也。自魏、晉、宋、齊、梁、陳、後魏、北齊、後周及隋皆載于律。」

按：八議之文，魏始入律，至今仍之。

《唐律》：「八議：一曰議親，謂皇帝袒免以上親，及太皇太后、皇太后緦麻以上親，皇后小功以上親。二曰議故，謂故舊。三曰議賢，謂有大德行。四曰議能，謂有大才業。五曰議功，謂有大功勳。六曰議貴，謂職事官三品以上，散官二品以上，及爵一品者。七曰議勤，謂有大勤勞。八曰議賓。謂承先代之後爲國賓者。」

《明律》：「八議：一曰議親，謂皇家袒免以上親，及太皇太后、皇太后緦麻以上親，皇后小功以上親，皇太子妃大功以上親。二曰議故，謂皇家故舊之人，素得侍見，特蒙恩待日久者。三曰議功，謂能斬將奪旗，摧鋒萬里，或率衆來歸，甯濟一時，或開拓疆宇有大勳勞，銘功太常者。四曰議賢，謂有大德行之賢人君子，其言行可以爲法則者。五曰議能，謂有大才業能整軍旅、治政事，爲帝王之輔佐、人倫之師範者。六曰議勤，謂有大將吏謹守官職早夜奉公，或出使遠方經涉艱難，有大勤勞者。七曰議貴，謂爵一品，及文武職事官三品以上，散官二品以上者。八曰議賓。謂承先代之後爲國賓者。」

按：今《律》第三項注「甯」改「安」，第五項末二句改爲「爲帝王之良輔佐者」，餘同。惟第七項職事官、散官今難區别，具文也。

《金史・刑志》：「興定元年八月，上謂宰臣曰：『律有八議，今言者或謂應議之人卽當減等，何如？』宰臣對曰：『凡議者，先條所坐及應議之狀以請，必議定然後奏裁也。』上然之曰：『若不論輕重而輒減之，則貴戚皆將恃此以虐民，民何以堪！』」《東華録》：「雍正六年三月丙子，諭内閣：『朕覽律例舊文，於名例内載有八議之條，曰議親、議故、議功、議賢、議能、議勤、議貴、議賓。此歷代相沿之文，其來已久。我朝律例於此條雖具載其文，而實未嘗照此律行者，蓋有深意存焉。夫刑法之設，所以奉天罰罪，乃天下之至公至平，無容意爲輕重者也。若於親故功賢人等之有罪者，故爲屈法以示優容，則是可意爲低昂，而律非一定者矣，尚可謂之公平乎！且親故功賢等人，或效力宣勞，爲朝廷所倚眷，或以勳門戚畹，爲國家所優崇，其人既異於常人，則尤當制節謹度，秉禮守義，以爲士民之倡率。乃不知自愛而致罹於法，是其違理道而蹈愆尤，非蚩蚩之氓無知誤犯者可比也。儻執法者又曲爲之宥，何以懲惡而勸善乎！如所犯之罪果出於無心而情有可原，則爲之臨時斟酌，特與加恩，亦未爲不可。若豫著爲律，是於親故功賢等人，未有過之先，卽以不肖之人待之，名爲從厚，其實乃出于至薄也。且使恃有八議之條，或任意爲匪，漫無顧忌，必有自干大法而不止者，是又以寬容之虛文而轉陷之於罪戾。姑息之愛，尤不可以爲優恤矣。今修輯律例各條，務俱詳加斟酌，以期至當。惟此八議若概爲删去，恐人不知其非理而害法，故仍令載入。特爲頒示諭旨，俾天下曉然於此律之不可爲訓，而親故人等亦各知儆惕而重犯法，是則朕欽恤之至意也。』」

按：八議之條，著于《周官》，其法甚古。明道先生言，八議設而後輕重得宜，是宋儒亦不以爲非。金世始有議之者。伏讀世宗聖訓，言之尤爲詳明，實在可删之列。存之律中，徒滋疑惑而已。

應議者犯罪

《漢高紀》：「七年春，令郎中有罪，耐以上請之。」注：應劭曰：「輕罪不至于髡，完其耏鬢，故曰耏。古耐字從彡，髮膚之意也。言耐罪以上皆當先請也。耐音若能。」如淳曰：「耐猶任也，任其事也。」師古曰：「依應氏之説，耏當音而，如氏之解則音乃代反，其義亦兩通。耏謂頰旁毛也。彡，毛髮貌。而《功臣侯表》宣典侯通耏爲鬼薪，則應氏之説斯爲長矣。」

按：此漢制也。耐以上請之，則罪不及耐者不請矣。後來《唐律》流以下得徑自減等，卽本此意，第視漢法更寬耳。

《唐律》：「諸八議者犯死罪，皆條所坐及應議之狀，先奏請議，議定奏裁。流罪以下減一等。其犯十惡者不用此律。」《疏議》曰：「流罪以下，犯狀既輕，所司減訖，自依常斷。」

《明律》：「凡八議者犯罪，實封奏聞取旨，不許擅自勾問。若奉旨推問者，開具所犯及應議之狀，先奏請議，議定奏聞，取自上裁。其犯十惡者不用此律。」

按：唐必死罪方奏請，流以下徑自減等，其法極寬。明則概須奏請，其法遂嚴矣。唐代優禮臣下，體恤倍至，故立法寬。明祖承元代廢弛之後，以峻厲馭臣下，故立法嚴。宗旨不同，法遂懸殊如此。

職官有犯

《唐律》若官爵五品以上犯死者，上請，流罪以下減一等，在請章。《明律》分出爲此目。《唐律》不言京官與外官，視同一律。《明律》言京官及在外五品以上官，是京官兼大小而言，自四品以下至未入流皆是，此較《唐律》爲寬。然同是朝廷之官，何分京、外？今重内輕外，此理之不平者。《唐律》死罪上請，流以下徑減，明則概行奏請，又較唐爲嚴矣。《唐律》諸七品以上之官犯流罪以下各從減一等之例，在減章；九品以上之官犯流罪以下聽贖，在贖章。《明律》並無。是以律文而斷，唐時職官無實流、實徒者矣，此其法之特寬者。

軍官有犯　軍官軍人犯罪免徒流　處決叛軍　殺害軍人　在京犯罪軍民

明世優待軍人，凡軍官有犯，不與民官同。此五條律目律文，並《明律》所創，故彙列一處。其第二目，卽軍官犯罪之辦法也。叛軍，都指揮使司得委官審問處治，不必待按察使司也。殺軍人者，以餘丁抵充，重軍伍也。在京犯罪，亦分別爲軍爲民。皆有明一代特定之法也。

文武官犯公罪　文武官犯私罪

《唐律》文武官犯罪，議章之外，有請章、減章、贖章及人有議請減、以官當徒、以官當徒不盡各條。《明律》一概删去，而定此兩條，實有明一代之典章也。唐法大約分官當、免所居官、免官、除名四等，而以請、減、贖之法參之。明但有除名一等，餘皆不用，遂與唐法大異。卽按之今《律》，亦不盡同，實由待遇臣下之宗旨先不同也。

應議者之父祖有犯

《漢書·平紀》：「公、列侯嗣子有罪，耐以上先請。」《東方朔傳》：「隆慮公主子昭平君醉殺主傅，獄繫內官，以公主子，廷尉上請請論。」

按：漢制宗室有罪先請，卽《周官》議親之辟。親該五屬之內，公、列侯嗣子，公主子，卽《明律》應議者之子孫也。是此律遠出于漢，此二條足以證之。

《唐律》：「應議者期以上親及孫犯死罪者上請，流罪以下減一等。」疏議曰：「八議之人，蔭及期以上親及孫，入請。期親者，謂伯叔父母、姑、兄弟姊妹、妻子及兄弟子之類。又例云，稱期親者，曾、高同，及孫者謂嫡孫、衆孫皆是，曾、玄亦同，其子孫之婦服雖輕而義重亦同。期親之例，曾、玄之婦者非。」

《明律》：「凡應八議者之祖父母、父母、妻及子、孫犯罪，實封奏聞取旨，不許擅自勾問；若奉旨推問者，開具所犯及應議之狀，先奏請議，議定奏聞，取自上裁。若皇親國戚及功臣之外祖父母、伯叔父母、姑、兄弟姊妹、女壻、兄弟之子，若四品、五品官之父母、妻及應合襲蔭子孫犯罪，從有司依律追問，議擬奏聞，取自上裁。」

按：《唐律》普及期親，《明律》以祖父母、父母、妻及子、孫爲限，視唐法爲嚴矣。皇親國戚以下，雖亦議擬奏裁，然有司可依律追問，與應議者實不同也。唐此文在請章，明分出爲此目。《唐律》有官爵得請之祖父母、父母、兄弟姊妹、妻、子孫犯流罪以下各從減一等之例，在減章，官品得減者之祖父母、父母、妻、子孫犯流罪以下聽贖，在贖章，《明律》並無此，又唐法之寬者。

犯罪得累減

唐目爲「人有議請減」。原以《唐律》議、請、減三者並有減等之例，如以一人而三處俱令減罪，唯得以一高者減之，不得累減也。明删議、請、減三者減罪之法，故改其目曰犯罪得累減，餘法與唐同也。

以理去官　無官犯罪

此二目仍《唐律》。唯唐有用蔭之法，而明代無之，故不言用蔭也。

除名當差

唐目爲「除名者」、「除名比徒三年」二條。除名者，官爵悉除，爲最重之法。明改其目曰除名當差。當差者，即《唐律》之課役從本色也。明無官當之法，故第二目從删。唐又有敍法，除名者六載後聽敍，免官者三載之後降先品二等敍，免所居官及官當者期年之後降先品一等敍。明無敍法，故但曰罷職，不敍而已。

流囚家屬

唐目曰「犯流應配」，明改如此。此條與《唐律》大略相同。唯唐法三流俱役一年，役滿及會赦免役者，即於配處從户口例。明删此文，而流犯到配遂無安置之法。此改而不善者也，説詳薛氏《唐明律合刻》。

常赦所不原

《漢舊儀》云：「每赦，自殊死以下及謀反大逆不道、諸不當得赦者皆赦除之。」此所謂諸不當赦者，當在謀反大逆不道之外別有科條。《後漢書・明紀》：「永平十五年，大赦天下，其謀反大逆及諸不應宥者皆赦除之。」此與《漢舊儀》所言相符。又十六年論減死罪，謀反大逆無道不用此書。此則常赦所不宥者亦得減罪也。梁代赦書亦有凡是赦所不原之文。北周赦書稱常赦所不免，隋、唐因之。《唐律》云其常赦所不免者依常律，與赦書之文正同。玄宗天寶元年大赦詔，稱常赦所不原。自此以後，赦書皆云常赦所不原，宋代因之。《明律》常赦所不原律目，其事則本於漢，其文則承於開元也。

徒流人在道會赦

《唐律》曰「流配人在道」，明增入「徒」而改其目如此。唐法，流犯到配，役滿後即在配從户口例。凡已到配之犯，即爲該處之民，無再放回之理。惟在道者尚非該處之人，故得赦原也。若徒犯本無在配從户口之例，與流犯不同，故不入此條。此條主義全在「在道」二字，故程内至配所者亦從赦，原以計其日期尚在道中也。《明律》删去流犯至配從户口之文，則同一流犯在道與在配有何殊異？目中「在道」二字已成贅文，明又添入徒犯，與《唐律》宗旨大相徑庭。此亦改而失其本意者也。

犯罪存留養親

《御覽》：六百四十六。「《晉書》咸和二年句容令孔恢罪棄市詔曰：『恢自陷刑網，罪當大辟，但以其父年老而有一子，以爲惻可憫之。』」

按：此以父老憫之，當時如何處置？未詳。然卽後來留養之權輿也。

《魏書·刑罰志》：「太和十二年詔：『犯死〔罪〕，若父母、祖父母年老更無成人子孫又無朞親者，仰案後列奏以待報。著之令格。』」

按：留養之法，實仿於此。《志》云列奏待報，當亦就案情之輕重以定留養與不留養，非一概寬之也。第其辦法不詳，無可考見耳。

《唐律》：「諸犯死罪非十惡，而祖父母、父母老疾應侍，家無期親成丁者，上請。犯流罪者，權留養親，謂非會赦猶流者。不在赦例，課調依舊。若家有進丁及親終期年者，則從流。計程會赦者，依常例。卽至配所應侍，合居作者，亦聽親終期年，然後居作。」《明律》：「凡犯死罪，非常赦所不原者，而祖父母、父母老疾應侍，家無以次成丁者，開具所犯罪名奏聞，取自上裁。若犯徒流者，止杖一百，餘罪收贖，存留養親。」

按：唐目曰「犯死罪非十惡」，明改定如此律，文改「非十惡」爲「非常赦所不原」，較唐爲嚴。唐有期親成丁，卽不在上請之例；家有進丁及親終期年者，仍從流，其罪未能免也。明删期親一層，徒流止杖一百，餘罪收贖，從此爲無罪之人，又較唐爲寛矣。究之《唐律》，情法兩盡，改之未爲當也。

《通考》：一百六十八。「肅宗乾元元年敕：『左降官非反逆緣坐及犯惡逆名教、枉法强盜贓，如有親年八十以上及患在牀枕不堪扶持更無兄弟者，許停官終養。其流移人亦準此。』」

按：此由留養而推及之者。流移人準此，則已到配之人皆可邀恩矣。

「宋延祐元年三月，晉甯民侯喜兒昆弟五人並坐法當死，帝歎曰：『彼一家不幸而有是事，其擇情輕者一人杖之，俾養父母，毋絶其祀。』」

按：此卽今兄弟二人共犯死罪，準留一人養親之例。

《金史·海陵紀》：「天德三年三月，沂州男子吴真犯法當死，有司以其母老疾無侍爲請，命官與養濟，著爲令。」

《金世宗紀》：「大定十三年，尚書省奏鄧州民范三毆殺人當死，而親老無侍，上曰：『在醜不争謂之孝，孝然後能養斯人。以一朝之忿忘其身，而有事親之心乎？可論如法，其親官與養濟。』」

按：世宗之論極正。留養之法，原憫恤老疾之人，非謂犯罪之人其親有老疾卽罪可恕也。老而無子曰獨，在窮民無告之列，發政施仁之所先。老有子而不能侍，與無子無異，官爲養濟，未爲過也。海陵著令而世宗復申言之，金政之善者也。

《元史·文宗紀》：「至順二年四月，涇縣民張道，殺人爲盜，道弟吉從而不加功，居囚七年不決。吉母老，無他子孫，中書省臣以聞，敕免死，杖而黜之，俾養其母。」

按：此未決囚而準予留養者，以其久羈囹圄也。

嘉慶六年五月十三日，諭：「朕思律內有承祀、留養兩條，原係法外施仁，必須核其情罪甚輕，始可量加未減，於施恩之中，仍不失懲惡之意，方足以昭平允。若不論罪案輕重，祇因家無次丁，概准承祀、留養，則凶惡之徒，稔知律有明條，自恃身係單丁，有犯不死，竟至逞凶肆惡，是承祀、留養非以施仁，適以長姦，轉似誘人犯法，豈國家矜慎用刑之道！蓋法律務在持平，生者固當加之矜恤，死者尤不可令其含冤。儻情真罪當，必爲寬宥，如世俗鄙論所云救生不救死之說，以爲積陰功，試思死者含痛莫伸，損傷陰德，孰大乎是？嗣後問刑衙門，總當詳慎折衷，勿執存寬存嚴之見，遇有關留養、承祀者，尤當核其所犯情罪，果有可原，實在別無次丁，或有子息而尚未成丁，與定例相符，量爲定擬，庶幾無枉無縱，刑協于中，共襄明允之治。」

謹按：仁宗此諭，論留養之利害極爲詳明，敬録于此，言留養者不可不知也。

工樂戶及婦人犯罪

唐目曰「工樂雜户」，明改如此。此條本言留住及加杖之法，婦人犯流亦留住，故類附焉。明於工樂留住仍唐法，而改加杖爲收贖，大略尚不差。婦人改決杖一百，餘罪收贖，與唐法不同。又增入決罰一層，則與前後主義全不同矣。周有女舂、女章。漢法，婦人不豫外繇，但舂作米；孝宣帝幼時女徒乳贖之銀爲數又極微。此婦人之所以有恃無恐，逞惡放刁，無所不至，豈非改法之不善乎！養。北齊刑罪婦人配春及掖庭織。此皆婦人役法也。明誤以婦人無拘役之理，遂改留住爲收贖，其收

徒流人又犯罪

唐目曰「犯罪已發」，明改如此，其律文大略相同。唯《唐律》各重其事，《疏議》謂各重其後犯之罪而累科之，下節又有累流徒應役之文，此實累科之法也。明改爲從重科斷，則宗旨大不同矣。薛氏《唐明律合刻》辯之甚詳，今録其説于後。薛云：「事已發而又犯，謂更犯，在已發之後也。雖未決配，究與二罪俱發，及一罪先發已經論決，餘罪後發之律不符，故《唐律》又立有各重其事之法。重其事云者，係前後累併之意，即下文重犯流之重，故《疏議》謂重其後犯之事而累科，非輕重之重。《明律》改各重其事爲從重科斷，是以律應累科之案等于二罪俱發之條，殊嫌未協。且既分列兩條，亦不應彼此重複也。二罪俱發，謂犯各事同時並發也。一罪先發，餘罪後發，謂所發雖有先後，而犯事總在發覺以前，若事已發而更爲罪，則情事大不相同矣。《明律》以事發後又犯之案，與同時並發混而爲一，似係錯誤。而事發在逃各條亦紛紛歧出，皆不善。讀此律，誤之也。」

老小發疾收贖　犯罪時未老疾

《曲禮》：「八十、九十曰耄，七年曰悼，悼與耄雖有罪，不加刑焉。」

《尚書大傳》：「老弱不受刑，故老而受刑謂之悖，弱者受刑謂之克。」

按：老小不加刑，其法甚古，此見于經説者也，故特引之。

《周禮·司刺》：「壹赦曰幼弱，再赦曰老旄，三赦曰惷愚。」注：「惷愚，生而癡騃童昏者。鄭司農云，幼弱、老旄若今律令年未滿八歲、八十以上，非手殺人，他皆不坐。」

《漢書·惠紀》：「民年七十以上若不滿十歲有罪當刑者，完之。」注：孟康曰：「不加肉刑，髡鬄也。」

《刑法志》：「孝景後三年，又下詔曰：『高年老長，人所尊敬也。鰥寡不屬逮者，人所哀憐也。其著令：年八十以上、八歲以下，及孕者未乳、師、朱儒注如淳曰：師，樂師盲瞽者。朱儒，短人不能走者。當鞫繫者，頌繫之。」注師古曰：頌讀曰容。容，寬容之，不桎梏。至孝宣元康四年，又下詔曰：「朕念夫耆老之人，髮齒墮落，血氣既衰，亦無暴逆之心，今或罹于文法，執于囹圄，不得終其年命，朕甚憐之。自今以來，諸年八十非誣告殺傷人，它皆勿坐。」至成帝鴻嘉元年，定令：「年未滿七歲，賊鬭殺人及犯殊死者，上請廷尉以聞，得減死。」

又《平紀》：「元始四年正月，詔曰：『蓋夫婦正，父子親，人倫定矣。前詔有司復貞婦，歸女徒，誠欲以防邪辟，全貞信，及眊悼之人刑罰所不加，聖王之所制也。惟苛暴吏多拘繫犯法者親屬，婦女老弱，搆怨傷化，百姓苦之。其明敕百僚，婦女非身犯法，及男子年八十以上、七歲以下，家非坐不道，詔所名捕，它皆無得繫。張晏曰：名捕，謂下詔特所捕也。其當驗者，卽驗問。』師古曰：就其所居而問。」

按：唐目第一條無「收贖」二字，第二條無「罪」字，明增。律文收贖之外，有奏裁、勿論、不加刑數層，增此二字，轉不能賅矣。漢法但言八十以上，唐增七十一層，《疏議》謂依《周禮》年七十以上及未齔者，並不爲奴，蓋由八十而推廣之。小者增十歲、十五歲二層，亦漢法所未及也。篤疾、廢疾余別有考《苔王仁山問》，在《寄簃文存》中。此條唐、明律大略相同，至今遵之。

《隋志》：「梁天監十一年詔：『自今捕謫之家，及罪應質作，若年有老小者，可停將送。』時百姓有罪緣坐，老幼不免。」

《通考》：一百七十。「慶曆間，甯州童子年九歲，毆殺人當棄市，帝以童孺爭鬭，無殺心，止命罰金入死者家。」

給沒贓物

《周官・職金》：「掌受士之金罰貨罰，入於司兵。」注：「罰，罰贖也。《書》曰金作贖刑。」《司厲》：「掌盜賊之任器貨賄，辨其物，皆有數量，賈而楬之，入於司兵。」注：「鄭司農云，任器貨賄，謂盜賊所用傷人兵器及所盜財物也。入於司兵，若今時傷殺所用兵器，盜賊贓加責沒入縣官。」疏：「加責者，即今時倍贓者也。」

按：職金所受，入官之贓也，司厲所任，犯禁之物也，二者故分屬二官。此條唐目分「彼此俱罪之贓」、「以贓入罪」、「平贓者」三條，明併爲一，而定此名。給者，還主也；沒者，入官也。律文大略相同，第小有參差耳。

犯罪自首

《書·康誥》:「既道極厥辜,時乃不可殺。」蔡傳:「人有大罪,非是故犯,乃其過誤,出於不幸,偶爾如此,既自稱道,盡輸其情,不敢隱匿,罪雖大時,乃不可殺,《舜典》所謂宥過無大也。諸葛孔明治蜀,服罪輸情者,雖重必釋。其既道極厥辜時乃不可殺之意歟?」

按:據蔡説,卽今之自首也。《大學衍義補》采之。

《漢書·衡山王賜傳》:「聞律先自告,除其罪。」

按:此《漢律》也,可見此法甚古。漢世必有所承,蔡氏書傳之説似可從也,故備録於首。

唐目曰「犯罪未發自首」,明删「未發」二字。律文大略相同,亦尚有參差之處,見《唐明律合刻》。

二罪俱發以重論

唐目曰「二罪從重」,明改定如此。《唐律》前段與《明律》大略相同,惟唐代累科之法詳於此條,明悉删之,此與唐異者也。《唐律》「以重者論」句,注云,謂非應累者,並詳著累科之法,可見前徒流人又犯罪一條之各重其事,非從重科斷之謂。以此相證,益見《明律》前文之誤矣。《唐律》另有「盜詐取人財物」一條,明已併入此條中。

犯罪共逃　同僚犯公罪　公事失錯　共犯罪分首從　犯罪事發在逃

唐目第一條曰「犯罪共亡」，第二條曰「同職犯公坐」，第四條分二條，一曰「共犯罪造意爲首」，一曰「共犯罪本罪别」，五曰「共犯罪有逃亡」，唯第三條明同。第一、第二、第五明改定，第四條明改併。第五條之目言共犯罪人中有逃亡者也，改曰犯罪事發在逃，轉不明顯矣。律文大略相同。唯第二條删去勾檢及省審之官、若辭狀隱伏數層，第四條删去監臨主守一層，第五條删前輸贖物一層，而增入衆證明白卽同獄成一層。其餘參差詳《唐明律合刻》。

親屬相爲容隱

《論語》：「子爲父隱，父爲子隱，直在其中矣。」

按：羣言殽亂，孔子之言，可奉爲千秋定論矣。

《孝宣紀》：「地節四年，詔曰：『父子之親，夫婦之道，天性也。雖有患禍，猶蒙死而存之。誠愛結於心，仁厚之至也，豈能違之哉。自今子首匿父母，妻匿夫，孫匿大父母，皆勿坐。其父母匿子，夫匿妻，大父母匿孫，罪殊死，皆上請廷尉以聞。』」注：師古曰：「凡首匿者，言爲謀首藏匿罪人。」

按：此漢法也，蓋卽本於孔子之言。

唐目曰「同居相爲隱」，明改定如此。律文大略相同。唯《明律》增入妻之父母、女壻無服之親，薛氏議其非，説詳《唐明律合刻》。

《晉書・刑法志》：「衞展上書曰：『今施行詔書，有考子正父死刑，或鞭父母問子所在。近主者所稱《庚寅詔書》，舉家逃亡家長斬。若長是逃亡之主，斬之雖重猶可。設子孫犯事，將考祖父逃亡，逃亡是子孫，而父祖嬰其酷，傷順破教，如此者衆。相隱之道離，則君臣之義廢；君臣之義廢，則犯上之姦生矣。』」

《宋書・蔡廓傳》：「爲侍中，建議『以爲鞫獄不宜令子孫下辭明言父祖之罪。虧教傷情，莫此爲大。自今家人與囚相見，無乞鞫之訴，便足以明伏罪，不須責家人下辭。』朝議咸以爲允，從之。」

按：以子證父，正與子爲父隱相反，衞、蔡二人之議，洵至論也，故附見於此。

《隋書・刑法志》：「天監三年八月，建安女子任提女，坐誘口當死。其子景慈對鞫辭云，母實行此。是時法官虞僧虬啟（稱）：『案子之事親，有隱無犯，直躬證父，仲尼爲非。景慈素無防閑之道，死有明目之據，陷親極刑，傷和損俗。凡乞鞫不審，降罪一等，豈得避五歲之刑，忽死母之命。景慈宜加罪辟。』詔流於交州。」

按：此以子證母罪之，固宜。然其事亦當有辨。官不問而子自言，此乃子之罪。若官使證之而又罪之，豈得謂之平？且案情萬變，若母殺父而子出爲證，又豈得罪其子？此條與前二條足以相證，故並録之。

吏卒犯死罪

此條《唐律》所無。不須申稟，卽可處決，所謂先行正法者也。《管見》曰：「此條蓋國初懲元之頑民，用重典也。後此犯者不用矣。」是亦虛設此文而已。

化外人有犯

此條本《唐律》。唯唐有同類、異類之分，明删之，則同類相犯亦以法律論矣。今蒙古人自相犯，有專用蒙古例者，頗合《唐律》各依本俗法之意。

本條別有罪名　加減罪例　稱乘輿車駕　稱期親祖父母　稱與同罪　稱監臨主守　稱日者以百刻　稱道士女冠

唐目第一條曰「本條別有制」，第二條曰「稱加就重」，第三條無「稱」字，第五條曰「稱反坐罪之」，第六條曰「統攝案驗爲監臨」，並明改，餘同。律文大略相同。唯第一條「所爲重者」改爲「有所規避」；第二條無半年徒加杖之法；第三條稱制者唐係減等，改並同，又無東宮犯失及宮衛有違二層；第四條無祖免以上親一層；第五條無反坐、罪之、坐之三層，而增入同罪、罪同之分。其參差之處，《唐明律合刻》言之詳矣。

斷罪依新頒律

此條《唐律》無文。舊律與新律豈能無輕重互異之處，而概依新律者，非但謂遵王之制也。法律爲人人所當遵守，既定而頒行之，則犯罪不論新舊，斷罪自當一律，不得再有參差，致法律失信用之效也。若如舊説，例應輕者，照新例行，新例嚴而犯在前者，應照舊例。其參差孰甚哉。

斷罪無正條

斷罪無正條，用比附加減之律，定於明而創於隋。國朝律法承用前明，二百數十年來，此法遵行勿替。近來東西國刑法皆不用此文，而中國沿習既久，羣以爲便，一旦議欲廢之，難者鋒起，而未考古人之議此律者正非一人也。今彙録衆説，而附以管見如左。

《書·吕刑》：「上下比罪，無僭亂辭。」傳：「上下比方其罪，無聽僭亂之辭以自疑。」疏：「罪條雖有，多數犯者未必當條。當取故事並之，上下比方其罪之輕重，上比重罪，下比輕罪，觀其所犯當與誰同。」蔡傳：「比，附也。罪無正律，則以上下刑而比附其罪也。」夏氏僎曰：「上下比罪，謂於法無此條，則上比重罰，下比輕罰，上下相比，觀其所犯當與誰同，然後定其輕重之法，如今律無明文則許用例也。」孫氏繼有曰：「罪而曰比，則廷評無一成之議，或有惑於人言而妄爲比附者；爰書無一定之條，或有泥於古法而强爲比附者，皆非用法之公。故戒其勿僭勿用，而以惟察審克者勉之。」

按：蔡氏、夏氏之説，謂上下比罪，即今律無正條，比附定擬也。然此句承上句「五刑之屬三千」之下，初不見有罪無正律之意，若以經文有一比字，卽謂係比附定罪，似非經旨。孔疏云犯者未必當條，較爲得之。五刑之屬三千，而一條之中其刑罪亦不一。如謀殺人也，有已殺、已傷、已行之分，有造意、加功、不加功之別，上比於已殺或造意，則爲重罪，下比於已行或不加功，則爲輕罪。各條之中，莫不皆然。必令刑當其罪，乃無失刑，此不可不上下比方其輕重也。更考比字之義：次也，《周禮·世婦》註。校也，《周禮·大胥》註。例也，《禮記·王制》註。類也，《史記·天官書》正義。比方也，《國語·齊語》註。類例也，《後漢書·桓譚傳》註。以例相比況也，《漢書·刑法志》註。謂相比附也，《漢書·陳湯傳》註。已行故事曰比。《禮記·月令》疏。韻書或分上、去二聲，其義實相引伸而出。《史記·張蒼傳》：「及以比定律令。」集解：「瓚曰：謂以比故取類，以定法律與條令也。」正義：「比音鼻，或音必履反。謂比方。」《漢書·蒼傳》注如淳曰：「比音比次之比。」比方，比次，其義不殊。定律令者以比，與定罪者以比，其事亦不殊。《説文》：「例，比也。」例與比相轉注。孫奭《律音義》曰：「統凡之謂例。例以統凡，而必以類相比而後成，故亦謂之類例。決事者必以例相比況，相比附，以比而成爲故事，故決事之書曰決事比，皆已行之故事也。求之古義，固未有比附他律之説。然則此經仍當釋以古義，豈得以一比字而强以今義附會之。」孫氏言比附之弊，頗爲得之。蓋妄爲比附，則必至逞其私見而挾仇陷害，酷刑鍛鍊之風作，羅鉗吉網，受害者將無窮已；强爲比附，則必至徇於衆議而文致周内之習成，五過之疵，惟官、惟反、惟内、惟貨、惟來，何所不有。法令不一，寃濫滋多，可不慎歟！

《王制》：「附從輕。」注：「附，施行也。求出之，使從輕。」疏：「施刑之時，此人所犯之罪在輕重之間，可輕可重，則當求可輕之刑而附之，則罪疑惟輕是也。」郝氏敬曰：「比例無正律曰附，從輕以防寃。」

按：郝氏之説，亦以今義釋古經也。此句與下句「赦從重」相對待，自以鄭説爲是。陳氏澔《集説》亦用施刑之義，所謂與其殺不辜，甯失不經也。歐陽崇公曰：求其生而不得，則死者與我皆無恨也。即此義。郝説未是，因一附字，遂以比例爲説。《周禮·小司寇》附於刑，用情訊之，亦可以比例爲説乎？

「疑獄，汎與衆共之；衆疑，赦之；必察小大之比以成之。」注：「小大，猶輕重。已行故事曰比。《釋文》比，必利反，例也。」疏：「此言雖疑而赦之，不可直爾而放，當必察按舊法輕重之例，以成於事。」《集説》：「小者有小罪之比，大者有大罪之比，察而成之，無往非公也。」

按：比即決事比之比。小大必察，亦即上下比罪之意。

《周禮·秋官》：「大司寇，正月之吉，始和，布刑於邦國都鄙，乃縣刑象之法於象魏，使萬民觀刑象，挾日而斂之。」「小司寇，正歲，帥其屬而觀刑象，令以木鐸，曰不用法者，國有常刑。令羣士，乃宣布於四方，憲刑禁。」注：「宣，徧也。憲，表也，謂縣之也。刑禁，士師之五禁。」「士師之職，掌國之五禁之法，以左右刑罰，一曰宫禁，二曰官禁，三曰國禁，四曰野禁，五曰軍禁。皆以木鐸徇之於朝，書而縣於門閭。」「布憲，掌憲邦之刑禁。正月之吉，執旌節以宣布於四方，而憲邦之刑禁，以詰四方邦國，及其都鄙，達於四海。」注：「憲，表也，謂縣之也。司寇正月布刑於天下，正歲又縣其書象魏。布憲於司寇布刑，則以旌節出宣令之，於司寇縣書，則亦縣之於門閭及都鄙邦國。刑者，王政所重，故屢丁寧焉。」

按：刑象縣諸象魏，刑禁縣於門閭，使萬民觀之，而又有士師木鐸之徇，布憲旌節之宣，不憚反復申戒，務使萬民共知之而共守之，其不得於所縣、所觀、所徇、所宣之外尚有施刑之法可知也。若律無正條，而仍有刑，是不信於民也，古先王當不出此。

《左傳》：「昭六年三月，鄭人鑄刑書，叔向使詒子産書曰：『民知有辟則不忌於上，並有争心，以徵於書，而徼幸以成之。』又曰：『民知争端矣，將棄禮而徵於書，錐刀之末，將盡徵之。』」

按：叔向之譏子産也，從源頭説下，其陳義甚高，與《周禮》縣象之制不合。第觀其棄禮徵書及争錐刀之末等語，是書之外不得更有刑也。可見春秋之時，尚無比附他律之事。

《漢書·刑法志》：「高皇帝七年，制詔御史：『獄之疑者，吏或不敢決，有罪者久而不論，無罪者久繫不決。自今以來，縣道官獄疑者，各讞所屬二千石官，二千石官以其罪名當報之。師古曰：「當謂處斷也。」所不能決者，皆移廷尉，廷尉亦當報之。廷尉所不能決，謹具爲奏，傅所當比律令以聞。』師古曰：「傅讀曰附。」」

按：此詔雖未言律無正條，而既爲疑獄，其中必有無正條而難以處斷者。曰傅，曰比，比附律令之法實始見於此。孝景中五年詔曰：「諸獄疑，雖文致於法而於人心不厭者，輒讞之。」夫曰文致於法，其非律有明條而灼然無疑者亦可見矣。第此法專爲疑獄言，他未用耳。

「及至孝武卽位，外事四夷之功，內盛耳目之好，徵發煩數，百姓貧耗，窮民犯法，酷吏擊斷，姦軌不勝。於是招進張湯、趙禹之屬，條定法令，作見知故縱、監臨部主之法，緩深故之罪，急縱出之誅。其後姦猾巧法，轉相比況，禁罔寖密。律令凡三百五十九章，大辟四百九條，千八百八十二事，死罪決事比萬三千四百七十二事。師古曰：比，以例相比況也。文書盈於几閣，典者不能徧睹。是以郡國承用者駮，或罪同而論異。姦吏因緣爲市，所欲活則傅生議，所欲陷則予死比，師古曰：傅讀爲附。議者咸冤傷之。」

按：姦猾巧法，轉相比況，此真以他律相比附矣。巧法出於姦猾，其律無明文可知。罪同論異等語，本於桓譚。其流弊如此，當時冤傷之，而後世尚奉爲金科玉律，何也？

「至成帝河平中，復下詔曰：『《甫刑》云，五刑之屬三千，大辟之罰其屬二百。今大辟之刑千有餘條，律令煩多，百有餘萬言，奇請它比，日以益滋，自明習者不知所由，欲以曉諭衆庶，不亦難乎。於以羅元元之民，夭絶亡辜，豈不哀哉！』」師古曰：「奇請，謂常文之外，主者別有所請以定罪也。它比，謂引它類以比附之，稍增律條也。奇音居宜反。」邱濬曰：「奇請它比，分破律條，妄生端緒，舞弄文法，巧詆文致，意所欲生，卽援輕比，意欲其死，卽引重例。上不知其姦，下莫測其故，此民所以無所措手足，網密而姦不塞，刑繁而犯愈多也。」

按：奇請它比，當時不獨用以定罪，且用以增律條矣。故武帝時大辟四百九條，此時多至千有餘條也。元元之民，夭絶亡辜，詔文方以爲哀，而隋時竟纂爲律，唐、宋相承迄於今。在定律者自具有深意，而流弊則不可殫述矣。

《後漢書・桓譚傳》：「陳時政所宜，曰：『又見法令決事，輕重不齊，或一事殊法，同罪異論，姦吏得因緣爲市，所欲活則出生議，所欲陷則與死比，是爲刑開二門也。今可令通義理明習法律者，校定科比，註：科謂事條，比爲類例。一其法度，班下郡國，蠲除故條。如此，天下知方，而獄無怨濫矣。』書奏不省。」

按：同罪異論等語，班氏采入《刑法志》中。所欲活則出生議，所欲陷則與死比，比附他律之弊，兩語賅之矣。

《晉書・刑法志》：「劉頌上疏曰：『上古議事以制，不爲刑辟。夏、殷及周，書法象魏。三代之君齊聖，然咸棄曲當之妙鑒，而任徵文之直準，非聖有殊，所遇異也。今論時敦弊，不及中古，而執平者欲通情之所安，自託於議事以制，臣竊以爲聽言則美，論理則違。然天下至大，事務衆雜，時有不得悉循文如令，故臣謂宜立格爲限，使主者守文，死生以之，不敢錯思於成制之外，以差輕重，則法恒全。事無正據，名例不及，大臣論當，以釋不滯，則事無閡。至如非常之斷，出法賞罰，若漢祖戮楚臣之私己，封趙氏之無功，唯人主專之，非奉職之臣所得擬議。然後情求傍請之跡絶，似是而非之奏塞，此蓋齊法之大準也。』又云：『又律法斷罪，皆當以法律令正文，若無正文，依附名例斷之，其正文、名例所不及，皆勿論。法吏以上，所執不同，得爲異議。如律之文，守法之官，唯當奉用律令。至於法律之內，所見不同，迺得爲異議也。今限法曹郎令史，意有不同爲駁，唯得論釋法律，以正所斷，不得援求諸外，論隨時之宜，以明法官守局之分。』詔下其事，侍中、太宰、汝南王亮奏以爲：『周縣象魏之書，漢詠畫一之法，誠以法與時共，義不可二。宜如頌所啟，爲永久之制。』」

按：頌疏後段所言，今東西國之學説正與之同，可見此理在古人早已言之，特法家之論説無人參究，故稱述之者少耳。至前段所言，欲主者守文，大臣論當，爲事無正據、名例不及者開一方便之門，然必大臣明於法律，方能釋滯而事無閡。否則任情專斷，安得皆公，仍不若大臣小吏各守其局，庶法可一也。

《隋志》：「後齊平秦王高歸彦謀反，須有約罪，律無正條，於是遂有《别條權格》，與律並行。大理明法，上下比附，欲出則附依輕議，欲入則附從重法，姦吏因之，舞文出没。」

按：《志》所言，可見《北齊律》初無上下比附之文，故特設《别條權格》，與律並行也。《志》言其弊如此，後世當知所從矣。

《周書・宣紀》：「宣政元年八月，詔制九條，宣下州郡，一曰決獄科罪皆準律文。」

按：科罪準律，則律無文者不得科罪不待言矣。

《唐律》：「諸斷罪而無正條。其應出罪者，則舉重以明輕：《疏議》曰：斷罪無正條，一部律内，犯無罪名。其應出罪者，依《賊盗律》，夜無故入人家，主人登時殺者勿論。假有折傷，灼然不坐。又條，盗緦麻以上財物，節級減凡盗之罪。若犯詐欺及坐贓之類，在律雖無減文，盗罪尚得減科，餘犯明從減法。此並舉重明輕之類。其應入罪者，則舉輕以明重。《疏議》曰：案《賊盗律》，謀殺期親尊長皆斬，無已殺、已傷之文。如有殺傷者，舉始謀是輕，尚得死罪，殺及謀而已傷是重，明從皆斬之坐。又例云毆告大功尊長、小功尊屬不得以蔭論。若有毆告期親尊長，舉大功是輕，期親是重，亦不得用蔭。是舉輕明重之類。」

按：《唐律》此文本於開皇，乃用律之例，而非爲比附加減之用也。觀《疏議》所言，其重其輕皆於本門中舉之，而非取他律以相比附，故或輕或重仍不越乎本律之範圍。其應出者，重者且然，輕者更無論矣。其應入者，輕者且然，重者更無論矣。其宗旨本極平恕，而趙冬曦猶譏之，矧《明律》之宗旨與《唐律》又不同哉。

《唐律·擅興門》：「主將臨陣先退條。即違犯軍令，軍還以後，在律有條〔者〕，依律斷，無條者勿論。」又《斷獄門》：「即赦書定罪合從輕者，又不得引律比附入重。」

按：此明言不得比附者也。是唐時雖有比附之事，而限制甚嚴。

又《名例》：「官户部曲條。諸官户、部曲、官私奴婢有犯，本條無正文者，各準良人。」又《鬭訟門》：「部曲奴婢良人相毆條。良人、部曲奴婢私相犯，本條無正文者，並準此。」

按：此律明言無正文者，定一準法，其於比附之事，蓋慎之又慎矣。

《舊唐書·刑法志》：「永徽六年七月，上謂侍臣曰：『律通比附，條例太多。』左僕射志寧等對：『舊律多比附斷事，乃稍難解，科條極衆，數至三千。隋日再定，惟留五百，以事類相似者，比附科斷。今日所停，即是參取《隋律》修易，條章既少，極成省便。』」

按：據此條，則唐時以事類相似者比附科斷，實有明文，第斷罪無正條律内言之未詳耳。

《唐書·趙冬曦傳》：「神龍初，上書曰：『古律條目千餘，隋時姦臣侮法，著律曰律無正條者，出罪舉重以明輕，入罪舉輕以明重，一辭而廢條目數百。自是輕重沿愛憎，被罰者不知其然，使賈誼見之，慟哭必矣。夫法易知則下不敢犯而遠機穽，文義深則吏乘便而朋附盛。律令格式，謂宜刊定科條，直書其事。其以準加減、比附量情及舉輕以明重不應爲之類，皆勿用，使愚夫愚婦相率而遠罪，犯者雖貴必坐。律明則人信，法一則主尊。』當時稱是。」

按：冬曦書中有比附量情之語，是《唐律》雖無此文，而當時實有此法，故有輕重沿愛憎之譏，誠至論也。至并以準加減而亦議之，則所見稍偏。以準加減，並有一定不移之差等，非可輕重隨意也。

《慶元條法事類》：七十三。「斷獄令。諸斷罪無正條者，比附定刑慮不中者，奏裁。」

按：比附定刑，宋世竟著之《令甲》中。

《金史·刑志》：「大定九年，因御史臺奏獄事，上曰：『近聞法官或各執所見，或觀望宰執之意，自今制無正條者，皆以律文爲準。』」

按：金代承用唐、宋刑法，而制無正條者一以律文爲準，其不得用他律比附，灼然無疑。是中國本有此法，晉劉頌議之於前，金世宗行之於後，初不始於今東西各國也。世宗爲金源一代令主，大定之世，其國人有小堯舜之號，而特頒誥誡如此，豈非深悉其弊哉。

《明律》：「凡律令該載不盡事理，若斷罪而無正條者，引律比附，應加應減，定擬罪名，轉達刑部議定奏聞。若輒斷決，致罪有出入者，以故失論。」《瑣言》曰：「今問刑者於死罪比附類皆奏聞，流徒以下比附鮮有奏者，安得罪無出入也哉？雖無出入，猶當以事應奏不奏論罪，其不思也夫！」《箋釋》曰：「應加應減，如京城門鎖鑰，守門者失之，於律止有不下鎖之文，是該載不盡。須知鎖鑰與印信、夜巡銅牌俱爲關防之物，今既遺失，事與彼同，許其比附。」

按引律比附，應加應減定擬，此明改《唐律》之文，與《唐律》之舉重明輕，舉輕明重，其宗旨遂不同矣。而又申之曰議定奏聞。若輒斷決，致罪有出入者，以故失論者，亦明知比附之流弊滋多，故特著此文，以爲補救之法。而孰知沿習既久，問刑者輒行斷決，有如《瑣言》之所言哉。觀於《箋釋》所言，事同者方許比附，未嘗推及他律。自律內增一「他」字，而其弊益不可究詰矣。

《大清律例》：「凡律令該載不盡事理，若斷罪無正條者，援引他律比附，應加應減，定擬罪名，申詳上司。議定奏聞。若輒斷決，致罪有出入者，以故失論。」

按：此承《明律》。順治三年添入小註，雍正三年删去「轉達刑部」一句。姚範《援鶉堂筆記》：「姚思仁，萬曆癸未進士，仕至工部尚書。嘗以律文簡而意晦，乃用小字釋其下。國朝順治初，頒行《大清律》，依其注本云。」據此，是順治中所增小注，本於姚思仁也。其於律字上注一「他」字，實非原定此律之意。觀於《箋釋》事同方許比附之語，可知其非。自來引用，大多於本門律內上下比附，其引他律比附者並不多見。蓋既爲他律，其事未必相類，其義卽不相通，牽就依違，獄多周內，重輕任意，冤濫難伸。此一字之誤，其流弊正有不可勝言者矣。因比附而罪有出入，治罪之事久已無聞，律文後半同虛設矣。自國初以來，比附之不得其平者，莫如文字之獄。查律載，凡謀反不利於國，謂謀危社稷。及大逆，不利於君，謂謀毁宗廟、山陵及宮闕。但共謀者，不分首從，已、未行。皆淩遲處死。舊說反及於國，逆及於君，不敢指斥，故註云云也。《唐律》云：「有結謀真實而不能爲害者。傳衆惑人而無真狀可驗者，自從妖法。」是結謀真實及已傳衆惑人者，尚不皆科以反逆也。《唐律》又云：「諸口陳欲反之言，心無真實之計，而無狀可尋者，流二千里。」《疏議》曰：「有人實無謀危之計，口出欲反之言，勘無實狀可尋，妄爲狂悖之語者，流二千里。若有口陳欲逆叛之言，勘無真實之狀，律令既無條制，各從不應爲重。」是雖有謀反之言，而無謀反之事者，尚不遽科以謀反也。其有欲逆叛之言者，僅止科不應重，則更輕矣。至若文字之中，語多狂悖，較之口陳欲反之言者，情節爲輕。在秦法爲誹謗，其罪重至於族。漢文除之，武、宣之際，雖有顔異、楊惲諸獄，然亦無族法。自唐已來，律無誹謗之條，用意至爲深遠。明仁宗時，曾以姦人誣人爲誹謗，申明除誹謗禁，自是一朝善政。今律承於前明，故亦無誹謗之文。若以律無正條之犯，竟與真正大逆同科，情罪既不相當，誣揑亦所難免，將至儒林蹙額，鄉里寒心，赴市者慘及賢才，遣戍者禍連婦孺，揆諸堯、舜欽恤之宗旨，恐未盡符也。如康熙中戴名世《南山集》一案，以文字之故，竟成大獄，非出特恩，則死者衆矣。查康熙五十一年正月，刑部等衙門奏：「察審戴名世所著《南山集·孑遺録》内有大逆等語，應即行凌遲。已故方孝標所著《滇黔紀聞》内亦有大逆等語，應剉其屍骸。戴名世、方孝標之祖父、子孫、兄弟及伯叔、兄弟之子，年十六歲以上者，俱查出解部，即行立斬。其母、女、妻妾、姊妹，子之妻妾，十五歲以下子孫、伯叔父、兄弟之子，亦俱查出，給功臣家爲奴。方孝標歸順吴逆，身受僞官，迨其投誠，又蒙恩免罪，仍不改悖逆之心，書大逆之言。令該撫將方孝標同族人，不論服之已盡、未盡，逐一嚴查，有職銜者盡皆革退。除已嫁女外，子女一併即解到部，發與烏喇、寧古塔、白都訥等處安插。汪灝、方苞爲戴名世悖逆書作序，俱應立斬。方正玉、尤雲鶚、聞拏自首，應將伊等妻子一併發寧古塔安插。編修劉巖雖不曾作序，然不將書出首，亦應革職僉妻流三千里。奉上諭，九卿具奏。」四月，復奉上諭：「汪灝在内廷行走年久，已經革職，著從寬免死，但令家口入旗。餘另行啟奏。」五十二年二月，上諭：「戴名世從寬免凌遲，著卽處斬。方登峯、方雲旅、方世樵俱從寬免死，並伊妻子充發黑龍江。此案内干連人犯俱從寬免治罪，著入旗。」是獄也，得恩旨全活者三百餘人。仰見聖祖寬大之德，不以刑官之比附從重爲是，故特予從輕。乃當日刑官不能曲體皇仁，原情定罪，竟以極重之典，漫爲比附，五上摺本，固執不移，其爲黨禍牽連，可以想見。而比附之未足爲法，卽此一獄，可推而知矣。

曹一士《請寬妖言禁誣告疏》：「竊聞古者太史採詩以觀民風，藉以知列邦政治之得失，俗尚之美惡，卽《虞書》在治忽，以出納五言之意，使下情之上達也。降及周季，鄭之子産，尚能不禁鄉校之議。惟是行僞而堅，言僞而辯，學非而博，順非而澤者，雖屬聞人，聖人有兩觀之誅，誠惡其惑衆也。至於造作語言，顯有悖逆之迹，如戴名世、汪景祺等，聖祖仁皇帝暨世宗憲皇帝因其自蹈大逆而誅之，非得已也。若夫賦詩作文，語涉疑似，如陳鵬年任蘇州知府，游虎邱作詩，有密奏其大逆不道者，聖祖仁皇帝明示九卿，以爲誣陷善類，如神之哲，洞察隱微，可爲萬世法則。比年以來，閭巷細人不識兩朝所以誅殛大憝之故，往往挾睚眦之怨，借影響之詞，攻訐私書，指摘字句，有司見事生風，多方窮鞫，或致波累師生，株連親族，破家亡命，甚可憫也。臣愚以爲井田封建，不過迂儒之常談，不可以爲生今反古；述懷詠史，不過詞人之習態，不可以爲援古刺今。卽有序跋，偶遺紀年，亦或草茅一時失檢，非必果懷悖逆，敢於明布篇章。若此類悉比附妖言，罪當不赦，將使天下告訐不休，士子以文爲戒，殊非國家義以正法，仁以包蒙之至意也。臣伏讀皇上諭旨，凡奏疏制義中，從前避忌之事，一概掃除。仰見聖聰，廓然大度，卽古敷奏采風之盛事。竊謂大廷之章奏，尚捐忌諱，則在野之筆札，焉用吹求。伏請敕下直省大吏，查從前有無此等獄案，現在不準援赦者，條列上請，候旨欽定。嗣後凡有舉首詩文書札悖逆譏刺者，審無的確形迹，卽以所告本人之罪依律反坐，以爲挾仇妄告者戒。庶文章之株累悉蠲，告訐之刁風可息，似於風俗人心，稍有裨益。」

按：本朝文字之禍，大多在乾隆以前，其中出於素挾仇怨者半，出於藉端詐索者半。匪獨姦人羣相告訐，卽大臣之中，亦有因睚眦小隙圖快己私者。律例既無正條，遂不得不以他律比附，事本微細，動以大逆爲言。給諫此疏，所言比附之害，可謂痛切。此疏係上於乾隆元年，經刑部纂入條例，告訐之風亦漸息矣。仁人之言，其造福爲何如哉！

法律館《刑律草案》原奏：「一曰删除比附。考《周禮·大司寇》有縣刑象於象魏之法。又《小司寇》之憲刑禁，《士師》之掌五禁，俱徇以木鐸。又《布憲》執旌節以宣布刑禁。誠以法者，與民共信之物，故不憚反復申告，務使椎魯互相警誡，實律無正條不處罰之明證。《漢書·刑法志》高帝詔：『獄疑者，廷尉不能決，謹具奏附所當比律令以聞。』此爲比附之始，然僅限之於疑獄而已。至隋，著爲定例，卽《唐律》出罪者舉重以明輕，入罪者舉輕以明重是也。《明律》改爲引律比附，加減定擬，現行律同。在唐神龍時,趙冬曦曾上書痛論其非,且曰:『死生罔由於法律,輕重必因乎愛憎,受罰者不知其然,舉事者不知其法。』誠爲不刊之論。況定律之旨,與立憲尤爲抵捂。立憲之國,立法、司法、行政之權鼎峙,若許司法者以類似之文致人於罰,是司法而兼立法矣。其弊一。人之嚴酷慈祥各隨稟賦而異,因律無正條而任其比附輕重偏畸,轉使審判不能統一。其弊又一。兹擬删除此律,而各刑酌定上下之限,憑審判官臨時審定。並别設酌量減輕、宥恕減輕各例,以補其缺。雖無比附之條,而援引之時,亦不致爲定例所縛束。論者謂人情萬變,斷非科條數百所能賅載。不知法律之用,簡可馭繁,例如謀殺應處死刑,不必問其因姦因盜。如一事一例,恐非立法家逆臆能盡之也。」

《草案》第十條:「凡律例無正條者,不論何種行爲,不得爲罪。理由:本條所以示一切犯罪須有正條乃爲成立,卽刑律不準比附援引之大原則也。凡刑律於正條之行爲若許比附援引及類似之解釋者,其弊有三:第一,司法之審判官,得以己意,於律無正條之行爲,比附類似之條文,致人於罰,是非司法官,直立法官矣。司法、立法混而爲一,非立憲國之所宜有也。第二,法者與民共信之物,律有明文,乃知應爲與不應爲,若刑律之外,參以官吏之意見,則民將無所適從。以律無明文之事,忽援類似之罰,是何異以機穽殺人也。第三,人心不同,亦如其面,若許審判官得據類似之例,科人以刑,卽可恣意出入人罪,刑事裁判難期統一也。因此三弊,故今惟英國視習慣法與成文法爲有同等効力,此外歐美及日本各國,無不以比附援引爲例禁者。本案故採此主義,不復襲用舊例。」

《草案簽註》:

「一曰，謂比附易啟意爲輕重之弊，但由審判官臨時判斷，獨不虞其意爲輕重乎？引律比附，尚有依據，臨時判斷，實無限制。」

按：定律凡數百條，若不問情事之何如，而他律皆可比附，將意爲輕重，所欲活則出生議，所欲陷則與死比，必有如桓譚所譏者。試以今事言，《南山集》案内，原擬死罪之汪灝等，恭奉諭旨，或僅予革職，或僅令入旗，實爲所欲陷則與死比之明證。充其所至，舞文弄法，何所不可，尚何限制之有。若《草案》所定，本條之内，限以幾等以上，幾等以下，過此以往，卽不得稍越範圍，其所以限制審判官者爲何如？乃反謂引律比附，尚有依據，臨時判斷，實無限制，然乎，否乎！

「一曰，律例所未載者，不得爲罪，則法不足以禁姦，罪多可以倖免，刁徒愈譸張爲幻，有司之斷獄亦窮。」

「一曰，設有準情酌理，確爲有罪之行爲，只以律無正條，遽爾判爲無罪，似亦難昭允協。」

「一曰，民情萬變，防不勝防，若例無正條，不論何種行爲，不得爲罪，則必本案三百八十七條，盡數賅括，毫無遺漏而後可。否則有犯無刑，國家可力存寬大，人民將不免怨咨，持是謂得情理之平，恐不然矣。」

按：以上三條，大意在律難賅括，犯罪可倖免也。夫人之情僞，變幻萬端，謂此數百條律文，卽足以盡人之情僞，誠非立法者所敢自信。然謂無比附而人多倖免，似亦不必慮也。嘗考自唐以來至於本朝律文，雖時有出入，而罪狀則大略相同。其關於國事者，不外《衛禁》、《職制》、《廄庫》、

《擅興》諸端，其關於人民者，《賊盜》、《鬬訟》、《詐僞》足以賅之，卽東西各國刑法，亦不甚懸殊也。惟近數十年來，五洲交通，不能無國際法，輪船、氣車及電礦之屬，日新月異，爲前古所無耳。家本自甲子歲筮仕西曹，於今四十餘年矣，所見案牘，難以萬計，其案情之千奇百怪出於情理之外者往往有之，而罪狀之出於律例之外，情輕者或亦時有，不過科以不應情，重者則未曾一覩。蓋律文經千數百年，此千數百年風俗遞有變遷，而罪狀之可名者未見出乎律例之外，是皆由千數百年經驗而來，非出於一二人之曲見，故歷代雖多損益，亦不過輕重出入，而大段未嘗改也。人之倖免者，殆亦絶無僅有矣。至近來於比附之法，引用亦極詳慎。今試略舉之：如絞犯在押，乘變逸出，比依在監乘變逸出之例；搶奪婦女，架至馬上，顛跑致令墮胎身死，或將其拕拉致傷身死，並比依搶奪婦女，拒捕殺人之例；糾夥持械傷人，未得財，比依强盜傷人未得財之例；略賣小功兄妻，將其致斃，比依略賣良人爲妻因而殺人之律；殺一家三命，二故一鬬，比依殺三人而非一家，內二命仍係一家之例；姦夫故殺縱姦之姑，比依謀殺縱姦本夫之例；革役嚇詐釀命，比依蠹役嚇詐釀命之例。此皆近年之有案可稽者，卽不用比附之法，亦各有本罪可科，何至逍遥法外，爲有司者亦何至窮於斷獄乎。至人民怨咨，固所難免，然使問官善於勸導，卽不加懲戒，亦可解釋争端。若充斯人報復之心，鬬毆而欲科謀故矣，偷竊而欲科强刼矣，苟執法不撓，亦未必盡如人意。正未可以怨咨之故，立一法以塗飾耳目也。

「一曰，邇來人心不古，犯罪者擇律例無正條者，故意犯之，以難執法之人，俾執法者無所措施，其流弊亦不堪設想。且以一人之心思才力，對付千萬人之心思才力，非以定法治之，不足以爲治。蘇文忠曰：『古人之用法，如醫者之用藥，蓋法有定而罪無定，藥有定而病無定也。後世人心巧詐，以致任意枉法，實非治法之過，乃不得治人之過也。』此條不如仍遵舊條爲妥。」

按：此段議論不甚可解。既云非以定法治之不足以爲治，並引蘇文忠言法有定而罪無定，是爲治者必先有定法。正條者，定法也。無正條而可以比附他律，有定者仍無定矣。與持論之宗旨不自相矛盾乎？犯法以難執法，必姦民之尤。此等人平時當有以制之，彼自不敢輕於犯法。否則縱有千百正條，在彼方且巧以嘗試，豈區區比附即能制其死命哉！

「一曰，謂比附類似之文，致人於罰，則司法、立法混而爲一，非立憲國所應有，不知無此法而定此例者，方爲立法，若既有他律，而比附定擬，則仍屬司法，非立法也。如以比附爲立法，則於本律酌量輕重者，又與立法何異？類似之例，不能援以罰人，而輕重之權，衡可操之？問官誠恐任意出入，將較比附爲尤甚。」

「一曰，引律比附，乃司法之事，卽如審判官因律有臨時審定之文，而審定罪名上下不同，亦可謂之司法兼立法耶？竊謂定律果能簡以馭繁，比附自屬罕見。然法律中斷不可無此條，以規定律令賅載不盡之事理。」

按：此二條大意相同。其謂定律能簡以馭繁，比附自屬罕見，洵平允之論。而所言司法、立法，尚未確當。既云無此法而定此例，方爲立法，乃無此法而卽用此例，是司法者自創爲之矣，不且與立法相混乎？立一法自有此法一定之範圍，有此範圍，司法者卽不能任意出入，故於本律酌量輕重，則仍在範圍之內，可以聽司法者操其權衡。若以他律相比附，則軼乎範圍之外，司法者真可任意出入矣。孰得孰失，可不煩言而解。

「一曰，法制有限，而人情變幻無窮，刁詐之徒，擇無專條者犯之，可任其倖逃法網乎？且查第五十四條，言同一犯罪，情節互異，予裁判官以特權，許其酌量犯人之心術與犯罪之事實，減三等核。與此條語意相反而分，則多無一定罪名，心術二字不可見。是罪名之輕重，皆定於審判官之口，流弊無窮。」

按：五十四條酌量減輕，卽中律矜疑之法。如救親斃命，得減一等；毆死不孝之妻，得減二等。此皆從心術上論者，乃舊法相與遵循，新法卽干非議，是何爲者？且凡減輕者，皆從本條中酌量行之，非於本條外有所比附，兩條各明一義，亦未嘗相背也。

「二曰，審判官程度不及，援引失當，卽難免罪有出入，恐亦不能無弊。」

按：此說乃當今實在情形。州縣明曉律例者，百人中難得數人，而迂謬糊塗者所在皆是，良可浩歎。然不爲國家培養人才，而但議新法之難行，猶七年之病求三年之艾。及今畜之，庶幾可及，不然病日深而艾終不可得，奈何！

《違警律》第二條：「凡本律所未載者，不得比附援引。」

按：《違警律草案》經民政部會同法律館於光緒三十三年八月十八日具奏，三十四年四月初十日經憲政編查館核訂奏準，於頒定文到之日三個月，所有各直省一律施行。《違警律》係與《刑律草案》互相銜接，《違警律》已奉旨施行，則《刑律草案》不便更有異義，致法典不能統一。

徒流遷徙地方

此條《唐律》無文，明之流並以《大誥》減徒，已有其名而無其實。遷徙之法，近於移鄉，然律中止有三條，不常用也。後有邊遠充軍直隸府州地方，乃附見，非另一目也。

明律目箋二

職制

唐目第三。明分六曹之後，以《吏律》居首，故《職制》亦遂列各律之首。

選用軍職　大臣專擅選官　文官不許封公侯

此三條《唐律》無文。第一條乃明代優待軍人，與民官不同，故特立此法。第二條似係中書省未罷以前之律，事歸六部後，選官由吏、兵二部，大臣無從專擅也。第三條亦明代專條。薛氏云，總係猜忌大臣之意。王夫之有論，甚詳，見本集中。按：在洪武時，大約有此等事，故特設此律以禁之，必非無故者。

官員襲廕

《唐律》在《詐僞律》中，目曰「非正嫡詐承襲」，其參差不合之處，薛氏言之詳矣。明自律分六曹之後，《刑律》最多，《户》、《兵》次之，餘三《律》皆少，故凡與此三《律》相牽及者，悉改入二《律》以充數。此亦無可奈何之事，可以見古法之不可輕改也。

濫設官吏　貢舉非其人

唐目第一條曰「官有員數」，明改。第二條同。第一條律文不盡相同，其罷閑官吏一層，則唐所無。洪武時於罷閑官吏約束極嚴，疑是元代風氣。此等人在里多生事擾民，《大誥》中申戒甚詳，未可議其苛也。惟後來此等風氣已漸化除，而律中尚有此文，實爲贅設耳。第二條唐有選官乖於舉狀一層，明删之。似此條專爲考試設者，殊失律之本旨。

舉用有過官吏　擅離職役　官吏赴任過限　無故不朝參公座

第一條唐無此目。惟《詐僞門》詐假官條内其於法不應爲官而詐求得官注云，其有罪譴未合仕之類，卽是有過官吏。惟唐言詐求，明言舉用，爲不同耳。第二條唐分「刺史縣令私出界」及「在官應直不直」二目，明改併。第三條唐目曰「之官限滿」，第四條唐曰「官人無故不上」，並明改。至各律之輕重煩簡，明多與唐不同，薛氏論之詳矣。洪武時，有過官吏與罷閑官吏治之極嚴。蓋吏權之重至元而極，由于以蒙古人治漢人，悉聽吏之所爲，此弊之所以日重。明祖嚴懲之，亦因時制宜之道也。《漢書·王尊傳》：「坐擅離部署，會赦免歸家。」《王子侯表》：「嗣楊丘侯偃，孝景四年坐出國界，耐爲司寇。」《功臣表》：「邗侯李壽，坐爲衞尉居守，擅出長安界送海西侯至高橋，又使吏謀殺方士，不道，誅。嗣終陵侯華祿，坐出界，耐爲司寇。」是擅離部署，私出界，並漢法也，是二事。唐但有私出界而無擅離。明改出界爲擅離，是併二事爲一，與漢法不合。

擅勾屬官　官吏給由　姦黨　交結近侍官員　上言大臣德政

此五條《唐律》並無文。前二條乃明制與唐不同之處。後三條乃所以防閑大臣，前人議其苛刻者非一人矣。此等律文，當定于胡惟庸亂政之後，所謂亡羊補牢也。

公式

按：此目列代所無，明從《唐律·職制》中分出，特立此目。

講讀律令

此條《唐律》無文。蓋自元廢律博士之官，而講讀律令者，世遂無其人，明雖設有此律，亦具文耳。

制書有違

唐目曰「被制書施行違者」，明改。唐尚有「稽緩制書」一條，明併入此。《史記·平準書》：「張湯用峻文決理爲廷尉，於是見知之法生，而廢格沮誹窮治之獄用矣。」集解：「如淳曰：廢格天子文法使不行也。」索隱：「格音閣，亦如字。謂廢格天子之命而不行及沮敗誹謗之者皆被窮治。」《淮南王安傳》：「廢格明詔，當棄市。」索隱：「崔浩云：『詔書募擊匈奴，而被壅遏應募者，《漢律》所謂廢格。』」《晉書·刑法志》：「舊典有奉詔不謹，不承用詔書，亦漢法也。」然則此律創自張湯，初非先王忠厚之遺。第漢法重至于死，而《唐律》罪止徒杖笞，此唐律之所以得中也。《明律》較唐爲更輕，則矯枉過正矣。唐又有「受制忘誤」、「制書誤輒改定」二條，《明律》無。

棄毁制書印信

唐目「棄毁符節印」、「棄毁制書官文書」、「官物亡失簿書」、「亡失符印求訪」四條，並在《雜律》中，明併爲一條，改入此律。棄毁即斬，明法過重，其餘參差之處，薛氏詳言之矣。漢《賊律》有諸亡印，見《晉志》。

上書奏事犯諱　事應奏不奏

唐目上條同。又有「上書奏事誤」一條，明併入下條。「不」上有「而」字，明删。此二律與《唐律》大略相同，唯輕重有不同耳，説詳薛氏。唐有不應奏而奏一層，即漢法之非所宜言也，明删之。《漢書·宣帝紀》元康二年詔曰：「聞古天子之名難知而易諱也，今百姓多上書觸諱以犯罪者，朕甚憐之，其更諱詢。諸觸諱在令前者赦之。」《齊書·王慈傳》：「班諱之典，爰自漢世。」是觸諱乃漢法也。

出使不復命　漏洩軍情大事　官文書稽程

唐目第一條「(出使受制)〔受制出使〕不返」，第二條無「軍情」二字，並明增改。第三條在「稽緩制書」條內，不另列目，明增。唐目有「私發官文書印封」一條，在《雜律》中，明併入第二條。其輕重多與《唐律》不同，薛氏已詳之。漢有漏洩法，如張博、京房以邪意漏洩省中語，博要斬，房棄市，見《元帝紀》。此治罪最重，殆以邪意歟？又如《百官公卿表》：「楚相宋登，坐漏洩省中語下獄，自殺。」《陳萬年傳》：「陳咸以漏洩省中語下獄，減死，髡爲城旦。」此二事罪亦不輕。至若駙馬都尉遷，漏洩不忠，免歸故郡，見《孔光傳》。蘇昌以籍霍山書洩秘書免。此則最輕者矣。

照刷文卷　磨勘卷宗

此二條《唐律》無文，乃有明之制。防弊之法，可謂至矣，而悉成具文，亦徒法耳。

同僚代判署文案　增減官文書

唐目第一條曰「事直代判署」，明改。第二條在《詐僞門》，曰「詐爲官私文書增減」，明改移。《唐律》判、署爲二事，代判重于代署，明不分，蓋併爲一事矣。代判署之人亦不指同僚，此與唐顯異者。增減罪名輕于唐，薛氏已詳之。

封掌印信　漏使印信　漏用鈔印　擅用調兵印信　信牌

此五條《唐律》無文，皆明制也，大端亦本于元。蓋尋常習慣之事，苟便于用，亦相沿不改。《明律》中承用元法處甚多，以元法校之，可得其大凡矣。《唐律·擅興門》之兵符違式仍以軍事言，此律以假公營私言，其事不同也。

户律

此《唐律》之《户婚》也，原列第四，在《職制》之後。

户役

唐無子目，明增。此卷卽《唐律》之第十二卷，惟各目不盡同耳。

脱漏戸口　人戸以籍爲定　私創庵院及私度僧道

唐目第一條曰「脱户」，又有「里正不覺脱漏」、「州縣不覺脱漏」二目，明併入改定如此。第二條唐無專條，惟《詐僞門》「詐除去官户奴婢」、「詐自復除」等條與此律之意相近。第三條唐曰「私入道」，而無私創庵院一層，明增改。户籍之法，古人所重，脱漏之罪，唐重而明輕，已漸變古法，今則此法廢矣。

既廢而欲舉之，豈不難哉！

立嫡子違法　收留迷失子女

唐目第一條無「子」字，而別有「養雜户爲子孫」及「養子捨去」二條，明併改。第二條《唐律》無文，惟《賊盜門》「略和誘奴婢」條有若得逃亡奴婢不送官，而賣者以和誘論，與此文相同。此文亦有在逃子女一層，則迷失一層，明所增也。首條與《唐律》大略相同。次條迷失一層亦常有之事，其情與逃亡不同。《唐律》但指奴婢言，而明則兼指尋常子女言，奴婢亦包在内。按之事實，亦較完備，未可議也。

賦役不均　丁夫差遣不平　隱蔽差役　禁革主保里長　逃避差役

唐目第一條曰「差科賦役違法」。第二條在《擅興門》，又有「丁夫雜匠稽留」一條，明併入移改。第三條、第四條《唐律》無文。第五條《唐律》在《捕亡門》，曰「丁夫雜匠亡」。首條唐有非法賦歛及擅加益二層，明删之，而别立「多收税糧斛面」，入於《倉庫門》。第四條主保里長乃元代積弊，明初嚴禁之，見于《大誥》者不止一端，故設此專條也。第五條之豪民當即《大誥》之土豪，乃元代風氣，故明初嚴懲之。律中時有豪民之文，亦唐所無也。

點差獄卒　私役部民夫匠

首條《唐律》無文。律著代替應役之罪，故入于此門。《明律》分隸六部時，凡律之略相類者卽歸于一門，此其比也。次條唐目凡二，一曰「役使所監臨」，在《職制門》，卽部民也；一曰「私使丁夫雜匠」，在《擅興門》，卽夫匠也。明併爲一，而移入此門。部民、夫匠二項究有不同，《唐律》分輕重，明併爲一，而罪名亦從同矣。漢有過律法。《功臣表》：「嗣東茅侯劉告，孝文十六年坐事國人過員，免。」師古曰：「事，役使之員數也。在漢時有役使國人之法，而皆有定數，過其數謂之過律。」又過律亦不專指役使國人言。「嗣武原侯衞不害，坐葬過律，免。」《王子侯表》：「旁光侯殷，坐貸子錢不占，租取息過律，會赦免。」是凡事之過乎律者，皆得謂之過律也。或以此爲私役之所仿，未的。

别籍異財　卑幼私擅用財　收養孤老

唐目首條曰「子孫不得别籍」，次條「擅」作「輒」，并明改。第三條《唐律》無文，明增。古人最重户籍，故别籍者有禁。今無籍矣，何别籍之有？唐罪滿徒入于十惡，明改滿杖，而仍列十惡之中，此輕重失倫也。次條大略相同。《元律》諸鰥寡孤獨老弱殘疾窮而無告者，於養濟院收養，應收養而不收養，不應收養而收養者，其守宰按治，官常糾察之，第三條之所仿也。薛氏于《明律》多微詞，而此條獨極稱之。

田宅

此《唐律》之第十三卷之前十一目也。

欺隱田糧　檢踏災傷田糧

唐目首條曰「占田過限」，明改。唐時尚有限田之制，故過限者有罪，至明已無復有限田之事，故改定如此。唐重在田，明重在糧，其事實大不同矣。次條唐曰「部内旱澇霜雹」，律文大略相同。

功臣田土　盜賣田宅　任所置買田宅　典買田宅　盜耕種官民田　荒蕪田地

第一條《唐律》無文。明特設者，所以防閑功臣也，立法可謂嚴矣。第二條唐目二，一曰「妄認盜賣公私田」，一曰「在官侵奪私田」，明改併。此洪武五年鐵榜九條之二。第三條不得强占官民場泊園冶。第九條不得受諸人投獻物業。律之前半與唐同，投獻一層爲唐所無，此明初風氣，故律例屢及之。侵占他人田宅，明兼官私言，唐之侵奪，專指官占私田，其事不同矣。第三條《唐律》無文。蓋唐時官有職田，故不以任所爲嫌，明則恐倚勢侵奪，故設此防閑也。第四條《唐律》無文。第五條唐曰「盜耕種公私田」，明改。唐不分公私，最爲得體。明於在官者加一等，歧官民爲二，此不合公理者也。第六條唐曰「部内田疇荒蕪」，明改，與《唐律》略同。薛云此即《周禮》宅不毛、田不耕者有罰之意，而亦司寇所謂糾力者也。

棄毁器物稼穡等　擅食田園瓜果　私借官車船

《唐律》首條在《雜律》，目有三，一曰「棄毁器物稼穡」，一曰「毁人碑碣石獸」，一曰「棄毁官私器物」，明移併。次條亦在《雜律》，明移入。第三條《唐律》無文。私借官物在《倉庫門》，車船亦官物，分出而入于此門，不知何故？至器物瓜果亦以官私分罪名之輕重，爲《明律》之通例，多見其不宏也。

婚姻

即《唐律》卷十三之後七條及卷十四之十四條也。

男女婚姻

唐目三，一曰「許嫁女報婚書」，一曰「爲婚女家妄冒」，一曰「尊長與卑幼定婚」，明併爲一律。文與《唐律》大略相同，而亦多參差之處。追歸前夫，是否已成婚者亦令離異？此情理之最難允協者。薛氏此條論之最爲詳盡，見《唐明律合刻》。

典雇妻女　妻妾失序　逐壻嫁女

首條及第三條《唐律》並無文。次條唐目二，一曰「有妻更娶」，一曰「以妻爲妾」，明併爲一。妻女可以典雇，實有害于風化，唐時尚無此事，故律中不及。《元律》有典雇之條，必其時此風已盛，故特立專條以懲之，《明律》本于元也。次條與《唐律》略同。三條亦本于元，專爲贅壻而設，《唐律》無贅壻之文，錢竹汀以秦之贅壻當之。考《漢書·晁錯傳》，秦之戍卒，先發吏有讁及贅壻、賈人。至若何而爲贅壻？注家未詳。淳于髡乃齊之贅壻，爲稷下上客，似亦未可遽斥之爲賤。然則秦之贅壻與元、明之贅壻似否相同，無事可證之也。若今俗男入贅于女家亦謂之贅壻，然此或男家無人在側，希圖省費，或女家母女不忍遽爾分離，婚後仍可隨便移居。《南史·王敬弘傳》：「弘性樂山水，求爲天門太守。及之郡，妻弟荊州刺史桓靈寶遺信要令過己，弘曰：『靈寶正當欲見其姊，吾不能爲桓氏贅壻。』乃遣別船送妻往江陵。」是六代與妻同居于妻家者稱爲贅壻，與今之贅壻正相近也。

居喪嫁娶　父母囚禁嫁娶

唐目首條凡二，一曰「居父母夫喪嫁娶」，一曰「夫喪守志」，明併爲一，改定如此。次條同。《御覽》六百四十：「《董仲舒決獄》：甲夫乙將船，會海風盛，船沒溺流死亡，不得葬。四月，甲母丙卽嫁甲，欲皆何論？或曰：『甲夫死未葬，法無許嫁，以私爲人妻，當棄市。』議曰：『臣愚以爲《春秋》之義，言夫人歸於齊，言夫死無男，有更嫁之道也。婦人無專制擅恣之行，聽從爲順，嫁之者，歸也。甲又尊者所嫁，無淫衍之心，非私爲人妻也。明於決事，皆無罪名，不當坐。』」按夫死未葬而嫁爲私爲人妻，此漢法也。《左傳》成二年：「王遣夏姬歸，將行，謂送者曰：『不得尸，吾不反矣。』」沈欽韓《補注》：「《漢律》，夫喪，既葬而嫁。未葬而嫁爲不道。夏姬將適巫臣，故託求襄老之尸。」然則夫死葬而嫁乃古法，《漢律》亦原于古也。惟漢法罪至棄市，似覺太重。唐改爲徒，斯爲得中。明改爲杖，則太輕。此項在十惡之中，以杖罪而歸之十惡，究非法也。次條《唐律》有流徒罪，而明删之，似未妥。流徒罪亦有囚禁之時，與死罪何異哉？

同姓爲婚　尊卑爲婚　娶親屬妻妾　娶部民婦女爲妻妾　娶逃走婦女

唐目首條同。次條唐在首條，明分出。第三條唐曰「爲祖免妻嫁娶」，第四條唐曰「監臨娶所監臨女」，第五條「逃走」作「逃亡」，並明改。首條明分同姓、同宗爲二，實未允當。古人重姓氏，而姓之源流各別，有同一姓而宗派不同者。其初既非一本，又何嫌疑之有？故《疏議》以同宗共姓釋之，必同宗者方不得爲婚也。次條與唐略同。三條唐但云祖免，明改爲同宗無服之親，亦微有不同。兄亡收嫂，弟亡收弟婦之文，皆唐所無也。

强占良家妻妾　娶樂人爲妻妾　僧道娶妻　良賤爲婚姻　蒙古色目人婚姻

此前三條及後一條《唐律》均無文。第四條唐目凡二，一曰「奴娶良人爲妻」，一曰「雜户不得娶良人」，明併爲一，改定此文。强占首言豪勢之人，是明初豪民之在鄉者頗武斷滋事，故立此等條文以懲之，《明律》非止一條也。唐有官妓爲妾非所禁，爲妻則必無之事。明此律與下條皆本于元。元最崇僧道，而設此等律亦可怪也。明承元後，蒙古、色目人之雜居中土者尚多，不許本類自相嫁娶，意在變其風俗，亦明代特設之律也。

出妻　嫁娶違律主婚媒人罪

唐目首條凡二，一曰「妻無七出」，一曰「義絶離之」。次條凡三，一曰「違律爲婚」，一曰「違律爲婚離正」，一曰「嫁娶違律」，明改併爲二條。七出之文，見于《儀禮·喪服》「出妻」疏，此必古法，但未詳始出于何書？唐載在令中，故律文不具。明令今不盡傳，而律文又不具，則所謂七出者是何名目耶？出妻之事，與從一而終之義頗難融合。淫泆、不事舅姑、口舌、盜竊、妬忌，此五者，當出者也。若無子、惡疾，乃婦人之不幸也，方矜之不暇，而遽出之，不太甚乎！宋人程子以此爲修身刑家之道，近日錢竹汀亦有説以闡發之，其言極合乎事理。惟劉文成非之。《郁離子》：羹藿篇「或問於郁離子曰：『在律，婦有七出，聖人之言也。』曰：『是後世薄夫之所云，非聖人意也。夫婦人，從夫者也，淫也，妬也，不孝也，多言也，盜也，五者天下之惡德也，婦而有焉，出之宜也。惡疾之與無子，豈人之所欲哉？非所欲而得之，其不幸也大矣，而出之，忍矣哉！夫婦，人倫之一也，婦以夫爲天，不矜其不幸而遂棄之，豈天理哉？而以是爲典訓，是教不仁以賊人道也。』」此其言正自近情。近情之言，而必以理繩之，似非中庸之道。《宋書·禮志》：「婦人之有惡疾，乃慈夫之所愍也，而在七出，誠以人理應絶故也。」此事頗與今日歐人之習相近，一有惡疾，卽不復以人道待之矣。次條爲婚姻全律之綱領，併三爲一，未嘗不可，第與《唐律》參差，有未盡妥善者。

倉庫

唐目廄、庫合一，明分爲二，此即唐第十五卷之後十四條。

鈔法　錢法

此二條《唐律》所無。明承元後，鈔法最重，此律亦本于元。迨中葉以後，鈔法大壞，而此律亦具文矣。鈔敝而錢重，故又定有錢法。

收糧違限　多收税糧斛面　隱匿費用税糧課物　攬納税糧　虚出通關硃鈔　附餘錢糧私下補數

唐目首條曰「輸課税物違期」，在《户婚門》。次條唐無專條，惟「差科賦役違法」條内有若非法而擅賦斂及以法賦斂而擅加益之文，與此律相類。第三條唐曰「應輸課税」，其文不盡同。後三條《唐律》並無文。第四條本于《元律》，明承其敝，攬納之風最盛，故《大誥》嚴懲之。第五條即《周官·宰夫》之所謂辟名者。

私借錢糧　私借官物　那移出納　庫秤雇役侵欺　冒支官糧　錢糧互相覺察

首條《唐律》無文。唐時官物可以借用，而錢糧非可借之物，苟私自借用，卽當以盜論，故不立此條也。次條唐目凡三，一曰「假借官物不還」，一曰「監主貸官物」，一曰「監主以官物借人」，明改併，律文較唐爲略。明無官物可以假借之事，故不言也。第三條以下《唐律》並無文。第六條本于元。

倉庫不覺被盜　守支錢糧及擅開官封　出納官物有違　收支留難　起解金銀足色

唐目首條曰「庫藏主司搜檢」，次條曰「官物有印封」，明改如此。三條同。四條「輸給給受留難」，明改。五條《唐律》無。其時不以金銀爲貨幣，故無此文也。前四條與《唐律》大略相同，但有參差之處。

損壞倉庫財物　轉解官物　擬斷贓物不當　守掌在官財物　隱瞞入官家產

唐目首條曰「損敗倉庫積聚物」，次條曰「輸課物齎財市糴」，三條曰「財物應入官私」，四條曰「官物應入私」，並明改。五條曰「緣坐没官放之」，在《斷獄門》，明移改。首條與《唐律》略同。次條末節與《唐律》同，餘明所增。三條《明律》指入官與給主錯誤而言，與《疏議》之言合。薛氏謂《疏議》補律之未備，而應入官私而不入、不應入官私而入者，轉無明文，是以《唐律》之入、不入爲故意矣。然此事錯誤者多，故意者恐少也。四條與《唐律》略同。五條《唐律》但指緣坐之人，不及家産也。

課程

唐無此目，明增課税課程。程，度也

鹽法　監臨勢要中鹽　沮壞鹽法

唐以鹽法佐軍興，自第五琦始，其時在肅宗初年，《唐律》修于永徽之時，故無文也。唐法，鬻鹽一石者死，猶嫌其重。五季不計斤兩皆死，其法不足道。宋從五季之法，遞減從輕，至於無死罪，似最得中。《元律》拒捕傷人者方處死，其法尚不爲苛。明一拒捕卽斬，則又重矣。此律明本于元而加重焉，尚不若宋、元也。中鹽之法始于宋，令商人輸粟京師及邊而優給以鹽，故曰中鹽。明初猶存其制，宏治間始改輸粟爲輸銀，而中鹽之名猶存。監臨勢要中鹽，則奪民利而鹽法壞，故設此條以禁之。迨中鹽之制廢，而此亦具文矣。第三條爲轉賣鹽引之禁。

私茶　私礬　匿税　舶商匿貨　人户虧兑課程

此五條《唐律》皆無文。唐之茶法，始于德宗建中元年，私鬻三犯皆三百斤乃論死，視私鹽爲輕。宋法計直論罪，卽尋常計贓之法，亦不與私鹽同。元法私自採賣者，其罪與私鹽法同，其罪名遂重。明法實因于元也。礬法始于五季，宋因之。建隆中，私販一兩以上，私鬻三斤，盜官礬十斤，即論死。開寶三年，增私販至十斤，私鬻及盜滿五十斤者死，其法稍寬矣。《元史·食貨志》無礬稅。明洪武三年始定礬課，貨賣者同私鹽法論罪。然礬課爲數無多，與私鹽同論，似不侔也。《周禮·司關》凡貨不出於關者，舉其貨，罸其人。此即匿稅之權輿。《宋史·食貨志》，商稅應算物貨而輒藏匿，爲官司所捕獲，沒其三分之一，以半畀捕者。販鬻而不出官路者罪之，而罪之輕重，《志》不言也。《元律》有匿稅之條，明取之，但增入頭匹一層耳。漢初與南越通關市，此互市之始。其後歷代互市多在西北，未有在海疆者。置市船司于廣州，自宋開寶四年始，自是乃有舶商之目。《元律》市舶有數外夾帶之禁，而無匿貨之文，此明之不同於元者。末條乃虧公之通例，《元律》亦無文，明所立也。

錢債

古無此目，明所創也。

違禁取利　費用受寄財物　得遺失物

唐在《雜律》中。首條目凡二，一曰「負債違契不償」，一曰「負債强𢷏掣畜産」，明改併。次條目曰「受寄物費用」。三條目凡二，一曰「得宿藏物」，一曰「得闌遺物」，明改併。《周禮》有國服爲息之文。是舉錢取息，自古有之。《漢書·王子侯表》：「旁光侯殷，坐貸子錢不占，租取息過律，會赦免。」取息過律，即違禁取利也。旁光侯重至免侯，漢法甚重，後來則從輕矣。後二條與《唐律》略同。

市廛

唐無此目，明增。

私充牙行埠頭　市司評物價　把持行市　私造斛斗秤尺　器用布絹不如法

首條《唐律》無文。次條唐目同。三條唐目曰「賣買不和較固」，四條唐目曰「私作斛斗秤度」，五條曰「器用絹布行濫」，明改。古無牙行之稱。《舊唐書·史思明傳》之互市郎，《安祿山傳》之互市牙郎，蓋即牙行之權輿。「牙」當作「𠂓」，乃「互」之俗體，説詳《唐韻正》。二條、四條、五條與《唐律》大略相同。三條文不同，殆以「較固」難解而改之歟？

禮律

此律各條《唐律》在《職制》、《雜律》二門，明取以充數，分爲《祭祀》、《儀制》二門。

祭祀

《箋釋》：歷代無此篇名，惟北周有祀享之律。《唐律》有「大祀不預申期」，明增以爲此篇。

祭享

唐目凡三，曰「大祀不預申期」，曰「大祀散齋弔喪」，曰「廟享有喪」，在《職制門》，明移併爲一而改此名。《漢書·欒布傳》：「子賁嗣侯，坐爲太常犧牲不如法，國除。」又《蕭何傳》：「曾孫之子壽成，坐爲太常犧牲瘦，免。」又《功臣表》：「宣平侯張昌，坐爲太常乏祀，免。」按《唐律》，闕數者杖一百，全闕者徒一年。明改爲一事，缺少者杖八十，一座全缺者杖一百，較《唐律》爲輕。然唐有官當之法，徒可以官當之。明則滿杖即須罷職，與漢法之除免相等，視唐反重。此輕重之不同。又不在本律而在全部之法制，參差矣。

毁大祀丘壇

唐目同。惟毁神御之物，唐另爲一條，明併入。唐在《雜律》中，而明移於此。丘壇，唐有將行事、非行事日之分，極爲平恕，明删之。神御物，唐以盗論流二千五百里，明改爲徒三年，而盗者罪重至斬，則太懸殊矣。

致祭祀典神祇　歷代帝王陵寢　褻瀆神明　禁止師巫邪術

此四條《唐律》均無文。惟大祀條内唐有中小祀遞減二等一層。《疏議》曰，社稷、日月星辰、岳鎮、海瀆、帝社等爲中祀，司中、司命、風師、雨師、諸星、山林川澤之屬爲小祀。明於大祀條内删去中小祀一層，故另立第一條。《箋釋》謂在外州縣所祭者。薛氏謂即《唐律》之中小祀也。第律文渾言至期失誤祭祀，而不指何事，則大祀所列各條若有犯之者，將科之歟？抑不科之歟？轉無依據矣。《元律》諸伏羲、媧皇、堯、舜、禹、湯、后土等廟，軍馬使臣敢沮壞者禁之，第二條蓋本于此。《元律》文云，諸以白衣善友爲名，聚衆結社者，禁之；諸以非禮迎賽祈禱，惑衆亂民者，禁之；諸俗人集衆鳴鐃作佛事者，禁之；諸軍官鳩財聚衆，張設儀衛，鳴鑼擊鼓，迎賽社神以爲民倡者，笞五十七，其副二十七，並記過；諸陰陽家者流，輒爲人燃燈祭星，蠱惑人心者，禁之。第三條、第四條蓋均本于元。爾時有此等風氣，故設此等律條也。

儀制

《箋釋》：前代惟有違制之律，《唐律》儀制散見諸篇，明併爲一篇。

合和御藥　乘輿服御物

此二目《唐律》同，並在《職制門》。第一條唐另列「造御膳犯食禁」、「監當主食有犯」二目，第二條唐另列「御幸舟船」、「主司借服御物」二目，明改併隸此。第一條律文大旨同。而罪名則唐絞，明滿杖，相去懸絶。夫以錯誤之事，又未因錯誤而致有損傷，遽予死罪，本嫌太重。明以《唐律》爲自待太尊，特痛自抑損，輕之又輕，此《明律》之改而最善者，未可議其非。第罪名既改爲杖，而仍列於十惡之中，此則彼此之不相照應者。第二條大旨亦同。惟御幸舟船，唐絞，明滿杖，其意與前條同，不欲自待之過于尊也。惟仍列入十惡，則其誤亦與前條同。

收藏禁書及私習天文

唐目曰「玄象器物」，在《職制》，其律文大略相同。惟《唐律》有其緯、候及《論語讖》不在禁限一層，而明無之者，明時緯、讖已亡，故不及也。明有帝王圖像、金玉符璽等亦在禁限，而唐無之。以此物等于古器，私家卽有之亦無所關係，不若天文圖讖等易於惑人，禁之所以杜亂源也。

御賜衣物　失誤朝儀　失儀　奏對失敘　朝見留難

第一條及第四、五條《唐律》均無文。第二、三條唐目曰「祭祀有事於園陵」，明分爲二，并改其目。此律「失儀」二字足以該之，第二目實宂文也。《周禮·朝士》：「禁慢朝錯立族談者。」注：「慢朝，謂臨朝不肅敬也。錯立族談，違其位僔語也。」疏云：「違其位解錯立，僔亦聚也。聚語解族談也。」漢叔孫通起朝儀，謁者言罷酒，御史執法，舉不如儀者，輒引去，見《史記·通傳》。趙禹有《朝律》六篇，是失儀之律，古法也。但不知漢以前科斷若何耳？第一條重在不行親送而轉附他人給與，此卽《唐律》之「奉使部送顧寄人」，今《律》改爲「承差轉雇寄人」。彼條本可該括同一奉使不行親送之事，似不必因朝衣而特立專條也。第四條事極微細，薛氏謂不應入於刑律，甚是。第五條所以防壅蔽。明初老人皆可朝見，容或有留難之事。然似是《大誥》之峻令，不可以爲常法。惠帝所欲修正者，殆此等條文乎？

上書陳言　見任官輒自立碑　禁止迎送　公差人員欺陵長官

第一條唐目曰「稱律令式」，律文亦不盡相同。《唐律》甚簡當，《明律》則煩碎矣。明祖力防壅蔽，故即百工技藝之人有可言之事亦許直至御前奏聞，阻當者即斬，與朝見留難之律同一宗旨。此峻令也。第二條唐目曰「長吏輒立碑」，律文則大略相同。第三、四條《唐律》無文。送迎難禁，公差欺陵長官乃一時風氣，後來不盡然也。

服舍違式　僧道拜父母

前條唐目曰「舍宅車服器物」，在《雜律》中，明改移。唐服舍之制多載令文，故律文曰於令有違。明制多載在《會典》，令文中不具備，故改曰違式。《元律》此條甚詳，《明律》蓋就《元律》而約取之而詳于條例中，亦仍《會典》之文也。後條《唐律》無文。惟開元二年敕：「道士、女冠、僧尼不拜二親，是爲子而忘其生，傲親而循於末。自今以後，並聽拜父母，其有喪紀輕重及尊屬禮數，一准常儀。」見《金史·章宗紀》。此律蓋即本開元敕也。

失占天象　術士妄言禍福

此二條《唐律》並無文。《書·胤征》：「乃季秋月朔，辰弗集于房，瞽奏鼓，嗇夫馳，庶人走。羲和尸厥官，罔聞知，昏迷于天象，以干先王之誅。政典曰：先時者殺無赦，不及時者殺無赦。」按：政典以下云云，孔、蔡二傳皆上屬。然昏迷天象卽罪至殺無赦，未免太重。當日羲和黨羿，故胤征之，不僅以天象也。林氏之奇謂政典曰以下乃是胤侯誓師敕戒將士之辭，當屬於下文，不當復謂指羲和而言，其說較勝。《書》既云干先王之誅，亦必有罪科之，今不可詳耳。然則失占天象之律，其制亦古矣。次條殆指一人一事言，情節甚輕，故治罪亦輕，與師巫邪術不同，故另爲一條也。

匿父母夫喪　棄親之任　喪葬　鄉飲酒禮

首條唐目同，在《職制》中，而《雜律》另有「父母死言餘喪」一條，明併爲一而移於此。此律匿父母喪，唐重至流二千里，而明改爲徒一年，輕重懸殊。《漢書·楊雄傳》結以倚廬。注應劭曰：漢律以不爲親行三年服，不得選舉。是漢無匿喪之律。蓋漢自文帝短喪，父母之喪無去官之制，自無匿喪之事也。唐罪以流，而列入十惡不孝之列，自是教孝之意。至後唐明皇時孟昇之案，大理斷流，照《唐律》也。明宗特賜自盡，則又太過矣。次條唐目曰「府號官稱犯名」，明移改。明無官稱犯名冒榮之罪，餘則大略同也。三條、四條《唐律》無文。

兵律

此律各條《唐律》在《職制》、《廄庫》、《擅興》、《雜律》、《捕亡》各門中，明取以爲《兵律》，分《宮衛》、《軍政》、《關津》、《廄牧》、《郵驛》五門。

宮衛

晉有《宮衛律》，唐曰《衛禁》，統關津而言，明分《關津》自爲一篇，仍曰《宮衛》。

太廟門擅入　宮殿門擅入　宿衛守衛人私自代替　從駕稽違　直行御道

唐目首條曰「闌入太廟門」，次條曰「闌入宮門」，而別有「闌入踰閾爲限」一目，明併入首條。又有「宮殿門無籍」、「無著籍入宮殿」二目，明併入次條。三條唐目凡二，一曰「非應宿衛自代」，一曰「宿衛上番不到」。四條曰「宿衛人亡」，在《捕亡律》中。五條曰「登高臨宮中」。此數條唐詳而明略，唐重而明輕，殆亦自待不欲太尊之意歟？《漢書·功臣表》：「嗣侯曹宗，坐與中人姦，闌入宮掖門，入財贖，完爲城旦。」《外戚恩澤侯表》：「嗣侯衛伉，坐闌入宮，完爲城旦。」《外戚上官皇后傳》：「充國爲太醫監，闌入殿中，下獄當死，蓋主爲充國入馬二十匹贖罪，乃得減死論。」按此三事，宗及充國並以贖罪得減死，伉則非贖罪而不論死，此中等級如何區別，不可詳矣。又《功臣表》：「嗣侯王當，坐闌入甘泉上林，免。」

較衛伉尤輕。是禁苑不與宮殿同科。《唐律》亦禁苑輕于宮殿也。又漢法無引籍不得入宮司馬殿門，見《周禮·宮正》鄭司農注。《唐律》之有籍無籍，其法亦本于漢。又漢法騎乘車馬行馳道中，已論者没入車馬被具，此即《唐律》之宮殿中行御道也。

內府工作人匠替役　宮殿造作罷不出　輒出入宮殿門　關防內使出入　向宮殿射箭　宿衛人兵仗　禁經斷人充宿衛

首條《唐律》無文。次條唐目曰「宮殿作罷不出」。三條唐目凡三，一曰「宿衛被奏劾」，一曰「應出宮殿輒留」，一曰「夜禁宮殿出入」，明併爲一。四條及七條《唐律》俱無文。五條曰「向宮殿射」。六條曰「宿衛兵仗」。《周禮·天官·宮正》：「幾其出入。」注：「若今時宮中有罪，禁止不得出，亦不得入。」此古法宮殿出入之禁，爲後來之所本。《宮正》注所引漢法，則又一事也。五條《唐律》放彈及投瓦石得減一等，而明則一體擬絞，《唐律》傷人者加鬭殺一等，而明則但傷人卽斬，爲此門律中明之重于唐者。殆以易于殺傷人而特重之歟？末條蓋古者刑人不在君側之意。

衝突儀仗　行宮營門　越城　門禁鎖鑰　懸帶關防牌面

唐目首條曰「車駕行衝隊」。次條同。三條曰「越州鎮戍等城垣」。四條在三條內，明分出。五條唐無文。《唐律》越宮殿垣、皇城京城垣在「闌入踰閾爲限」條內，故此目但曰州鎮戍，明分出併爲一條，故以越城概之。其各律參差輕重之處，薛氏詳之。

軍政

卽唐之《擅興》也。明改爲《軍政》，入于《兵律》，而將興事分出別爲《工律》。

擅調官軍　申報軍務　飛報軍情　邊境申索軍需

唐目首條曰「擅發兵」，律文大旨相同。《漢書·王莽傳》：「未賜虎符而擅發兵，以乏軍興論。」此漢法也。次條、三條《唐律》無文。惟來降一層，《唐律》在「主將臨陣先退」條中，而文亦不同。薛云，此律之飛報，卽上條之申報，亦卽首條之先申報本管上司轉達朝廷奏聞也。本來數語可了者，乃連篇累牘出之，似嫌煩瑣。末條唐目曰「調發供給軍事」，而與《唐律》不盡相符，薛說詳之。

失誤軍事　從征違期　軍人替役　主將不固守

唐目首條曰「乏軍興」。次條曰「征人稽留」。三條曰「征人冒名相代」。四條目凡二，一曰「主將守城」，一曰「主將臨陣先退」，明併爲一。《唐律》乏軍興者故失等，自是該備，明以失誤標目，似脫卻故一層。然按其意，乃得失之失，而非故失之失，律文但言誤，初無失字之意也。不依期進兵一層，卽漢法之逗遛，唐無此層。後二條《唐律》大略相同。《甘誓》：「弗用命，戮于社。」傳：「不用命奔北者，則戮之于社。」主前四條臨陣先退之文，其法甚古。

縱軍擄掠　不操練軍士　激變良民　私賣戰馬　私賣軍器　毀棄軍器　私藏應禁軍器　縱放軍人歇役　公侯私役官軍　從征守禦官軍逃　優恤軍屬　夜禁

前五條《唐律》並無文。其中屬于軍令者爲多，故不著於律。唐目六條曰「停留請受軍器」，在《雜律》中，明改。七條曰「私有禁兵器」。八條曰「鎮所放征人還」。九條爲洪武五年鐵榜九條之二，第二條公侯不得私役官軍。第四條內官軍不得于公侯門首侍立聽候。明時特別律文，故唐無之。十條唐曰「從軍征討亡」，在《捕亡律》中。十一條《唐律》無文。十二條唐曰「犯夜」，在《雜律》中。漢夜行之禁在軍法中，明殆用漢法歟？

關津

唐在《衛禁》中，明分出而標此目。

私越冒渡關津　詐冒給路引　關津留難　遞送逃軍妻女出城　盤詰姦細　私出外境及違禁下海　私役弓兵

唐目首條曰「私度關」。次條曰「不應度關」。三條同。四條乃明時特別之法，專爲軍官軍人設。唐目五條曰「緣邊城戍」。六條曰「越度緣邊關塞」。七條《唐律》無。首條明將越度緣邊關塞一層併入，而後復有私出外境之文，事近複出。次條之路引，即《唐律》之過所，漢時謂之傳。《史記・景紀》：「四年，復置津關，用傳出入。」集解：「應劭曰：文帝十二年，除關無用傳，至此復置傳，以七國新反，備非常也。張晏曰：傳，信也。若今過所也。如淳曰：傳音檄傳之傳。兩行書繒帛，分持其一，出入關合之，乃得過，謂之傳也」。姦細，即《周禮・士師》八成之邦諜，其法甚古。私出外境，即《唐律》之越度緣邊關塞也。唐時尚無海禁，故無違禁下海之文。《元律》有諸下海使臣及舶商輒以中國生口、寶貨、戎器、馬匹遺外番者，從廉訪司察之；諸海濱豪民輒與商交通貿易銅錢下海者，杖一百七。然則此律因於元也。《宋(書)〔史〕・食貨志》：「開寶四年，置市舶司于廣州。後又於杭、明州置司。凡大食、古邏、闍婆、占城、渤泥、麻逸、三佛齊諸蕃，並通貨易，以金銀、緡錢、鉛錫、雜色帛、瓷器，市香藥、犀象、珊瑚、琥珀、珠琲、鑌鐵、鼊皮、瑇瑁、瑪瑙、車渠、水精、蕃布、烏樠、蘇木等物。太宗時，置榷署于京師，詔諸蕃香藥寶貨至廣州、交阯、兩浙、泉州，非出官庫者，無得私相貿易。雍熙中，遣內侍八人齎敕書金帛，分四路招致海南諸蕃。商人出海外蕃國販易者，令並詣兩浙(司)市舶司請給官券，違者沒入其寶貨。太平興國初，私與蕃國人貿易者，計直滿百錢以上論罪，十五貫以上黥面流海島，過此送闕下。淳化五年，申其禁，至四貫以上徒一年，稍加至二十貫以上，黥面配本州爲役兵。」是違禁下海之令，宋初已著之，元時遂入之斷例中耳。諸國之來中國者，宋、元時尚不多，至明永樂中使鄭和使西洋，而諸國之來者遂日衆矣。《明史・鄭和傳》：「鄭和，世所謂三保太監者也。永樂三年，命和及其儕王景弘等通使西洋。將士卒二萬七千八百餘人，多齎金幣，造大舶，自蘇州劉家河泛海至福建。復自福建五虎門揚帆，首達古城，以次徧歷諸蕃國。宣天子詔，因給賜，其君長不服，則以武懾之。五年九月，和等還，諸國使者隨和朝見，和獻所俘舊港酋長，帝大悦，爵賞有差。舊港者，故三佛齊國也。六年，再往錫蘭山國。十年，復命和等往使，至蘇門答剌。十四年，滿剌加、古里等十九國咸遣使朝貢。宣德五年，和、景弘復奉命歷忽魯謨斯等十七國而還。和經事三朝，先後七奉使，所歷占城、爪哇、真臘、舊港、暹羅、古里、滿剌加、渤泥、蘇門答剌、阿魯、柯枝、大葛蘭、小葛蘭、西洋瑣里、瑣里、加異勒、阿撥把丹、南巫里、甘把里、錫蘭山、喃渤利、彭亨、急蘭丹、忽魯謨斯、比剌、溜山、孫剌、木骨都束、麻林、剌撒、祖法兒、沙里灣泥、竹步、榜葛剌、天方、黎伐、那孤兒、凡三十餘國。所取無名寶物，不可勝計，而中國耗廢亦不貲。」蓋自是之後，西洋各國之來華者日益多，而海禁遂爲海防之一大關係矣。

廄牧

唐在《廄庫律》。明將庫事分出，隸於《户律》。改其目曰《廄牧》，隸於《兵律》。

牧養畜産不如法　孳生馬匹　驗畜産不以實　養療瘦病畜産不如法　乘官畜脊破領穿　官馬不調習

唐目首條曰「牧畜産課不充」。次條孳生之事，唐載在令而律不具，蓋已該于課不充之内，明删首條課不充之文而立此條，是從首條分出。惟但言馬而餘畜無文，實與唐不符耳。三條唐目無「以」字。四條曰「受官羸病畜産」。五、六條同。各律文亦大略相同。

宰殺馬牛　畜産齕踢人　隱匿孳生官畜産　私借官畜産　公使人等索借馬匹

唐目首條二，一曰「故殺官私馬牛」，一曰「殺緦麻親馬牛」，明併爲一。次條曰「畜産觝蹹齧人」。三條及五條《唐律》無文。四條曰「監主借官奴畜」。《書·費誓》：「今惟淫舍牿牛馬，杜乃擭，敜乃穽，無敢傷牿牿之傷，汝則有常刑。」此殺馬牛之古法也。三條、五條，增所不必增，薛説詳之。餘條與《唐律》大略相同。

郵驛

唐在《職制律》中，明分出而標此目。

遞送公文　邀取實封公文　鋪舍損壞　私役鋪兵　驛使稽程　多乘驛馬　多支廩給　文書應給驛而不給　公事應行稽程

前四條《唐律》均無文。邀取公文即問斬，乃《大誥》之峻令未經删汰者，究嫌其重。五條唐目同。六條唐目「多」作「增」。七條唐目曰「應給傳送剩取」，在《雜律》中。八條唐目曰「文書應遣驛」。九條

「稽程」作「稽留」。各條律文大略相同，其參差之處，薛説詳之。

占宿驛舍上房　乘驛馬齎私物　私役民夫擡轎　病故官家屬還鄉　承差轉雇寄人　乘官畜車船附私物　私借驛馬

首條《唐律》無文。公差人員非不應入驛，但不得占宿正廳上房耳，與《唐律》之不應入驛而入輒受供給者，情事不同。次條唐目同。三條唐無文。四條唐無此目，而有從征從行身死應送還本鄉，係指本身。惟《疏議》言，依令，去官家口弱累，尚得送還。是唐時家屬還鄉亦有令文，但律文不具耳。五條唐目曰「奉使部送顧寄人」六條唐目曰「乘(車)〔官〕船衣糧」。七條唐在《廄庫門》「監主借官奴畜」條中，明分出。同一官物，何必以驛馬立專條，此可以不必者。餘大略相同。

明律目箋三

刑律

《唐律》之《賊盜》、《鬭訟》、《詐僞》、《雜律》、《捕亡》、《斷獄》，明彙爲《刑律》，而《職制律》之關于贓事者亦入之，分《賊盜》、《人命》、《鬭毆》、《駡詈》、《訴訟》、《受贓》、《詐僞》、《犯姦》、《雜犯》、《捕亡》、《斷獄》十一門。

賊盜

本《唐律》，大略相同。目同者不敍。

謀反大逆　謀叛　造妖書妖言

宋本《唐律》「妖」作「祅」。《説文》：「祅，地反物爲(祅)〔祅〕」。隸省作「祅」，經典通作「妖」。則祅、妖一也。《漢律》大逆無道，父母妻子同産無少長皆斬，見《漢書·景紀》如淳注。《晉書·刑法志》，魏改《賊律》，但以言語及犯宗廟園陵謂之大逆無道，要斬，家屬從坐不及祖父母、孫。至於謀反大逆，監時捕之，或汙瀦，或梟菹，夷其三族，不在律令，所以嚴絶惡跡也。較漢法爲重矣。《唐律》諸謀反及大逆者皆斬，父子年十六以上皆絞，十五以下及母女、妻妾、子妻妾亦同。祖孫、兄弟姊妹並没官。是母妻及同產無死罪，又必年十六以上，視漢法爲更寬。又詞理不能動衆，威力不足率人者，本犯斬，父子、母女、妻妾皆流。自述休徵，假託靈異，妄稱兵馬，虚説反由，傳惑多人，而無真狀可驗者，本犯絞，妻子不緣坐。口陳欲反之言，心無真實之計，而無狀可尋者，流二千里。謀大逆而未行，絞。其中等級又詳細分别，此《唐律》之輕重所以得中。《明律》共謀者皆斬，祖父、父、子孫、兄弟，及同居之人不分異姓，及伯叔父、兄弟之子不限籍之同異，年十六以上皆絞，其母女、妻妾、姊妹、若子之妻妾，給功臣之家爲奴。夫上及父下及子，已近于夷三族之法，今乃上及祖下及孫，是罪及五族矣，較之曹魏之法尤重。《唐律》中之分别數級概行删去，遂使後來沿用，以文字之獄而與大逆同科，重法之禍世，烈矣。謀叛條唐有被驅率者，非一語，亦分别之意，明亦删之，古法遂蕩然于鹵莽滅裂之中。幸《唐律》之未亡，尚可考。尋其法理，此其所以最可寶貴也。《漢書·吕后紀》元年，詔曰：「前日孝惠皇帝言，欲除三族辠、妖言令，議未決而崩，今除之」。顔注：「過誤之語以爲妖言」。又《文紀》二年，詔曰：「古之治天下，朝有進善之旌，誹謗之木，所以通治道而來諫者也。今法有誹謗訞言之罪，是使衆臣不敢盡情而上無由聞過失也，將何以來遠方之賢良？其除之」。顔注：「高后元年詔，除妖言之令，今此尚有訞言之罪，是則中間曾重復設。」此條「訞」與「妖」同，是秦漢之妖言，乃誹謗之類。《唐律》小注：造謂自造休咎及鬼神之言，妄説吉凶，涉於不順者。此祆書祆言之正解。《明律》加讖緯二字，亦是此意，與秦漢之所謂妖言實不同也。

盜大祀神御物　盜制書　盜印信　盜內府財物　盜城門鑰　盜軍器　盜園陵樹木

唐目三條曰「盜官文書印」。四條曰「盜御寶」。五條曰「盜宮殿門符」。六條曰「盜禁兵器」。七條曰「盜園陵內草木」。《唐律》盜大祀神御物流二千里，盜制書及官文書印並徒二年，明改爲皆斬，與唐之輕重懸殊。《漢書·張釋之傳》：「有人盜高廟坐前玉環，捕得，下廷尉。釋之案律盜宗廟服御物者爲奏，奏當棄市。」棄市，今之斬也。唐以漢爲重而改從輕，明又以唐爲輕而改從重，一重一輕，此正煩學者之討論矣。《明律》無御寶之文，而盜內府財物律小注原有「盜御寶及乘輿服御物者皆是」十二字，是以二者同爲內府財物而無復分別。其罪爲雜犯，皆止准徒五年。唐則御寶絞，乘輿服御物流二千五百里，罪名既有分別，又較明爲重。迨後來《問刑條例》將乘輿服御物改作實犯死罪，雖不及御寶，而御寶自在其中，罪名又較唐爲重。究之御寶可以發命令，乘輿服御物不過服用而已，當有區別，此《唐律》之所以稱爲平允也。唐制重在符，故門鑰附之。明無符，故删之，而但以門鑰標題。罪名則由徒二年加至流三千里，重至五等。園陵樹木，《唐律》徒二年半，《明律》但加一等，尚無出入。後來《問刑條例》比照大祀神御物處斬，則相去懸絕。以樹木而謂之神御物，其理難通。此等皆不學之故也。

監守自盜倉庫錢糧　常人盜倉庫錢糧

首條唐目曰「監臨主守自盜」。次條唐無文。竊盜之罪，唐不分官私，故無盜官物專條也。明事事以官私分別，其宗旨遂歧出矣。竊謂監守乃知法守法之人，竟置法於不問而故犯之，其情罪甚重。《唐律》竊盜無死罪，而監主三十匹絞，此監主之重于常人。《漢律》主守盜直十金，棄市，見《漢書·陳咸傳》如淳注。是唐法本于漢也。《明律》四十貫斬，本重于常人之八十貫絞，後來以其重也，而改爲雜犯，其罪僅止准徒五年，反視凡盜之罪至滿流者爲輕，而其理遂難通矣。薛云監守重於竊盜，情法本應如是。《唐律》監守盜有絞罪，而竊盜止於加役流，非謂竊盜之不應死也。古人立法原有至理，天下未有生而爲盜者，教養不先而窮苦無度迫於不得已，非盡小民之罪，在上者方引以爲愧，未忍盡法相繩，亦網開一面之意也。「子爲政焉用殺」，聖言早已立之準矣。然三犯徒者流，三犯流者絞，又何嘗輕恕此輩哉。監臨主守俱係在官之人，非官卽吏，本非無知愚民可比，乃居然潛行竊盜之事，有何情節可原之有！本係斬罪，後改爲雜犯准徒五年，遂致諸多轇轕矣。

强盜

《唐律》注謂以威若力而取其財，先强後盜，先盜後强等。但論其强不强，不論其强之先與後，其立法似嚴。然其律有持仗、不持仗之分，有一尺、二匹、十匹、五匹之分，有傷人、殺人之分，得財而未至五匹者亦止流三千里。其法最爲平允。宋、元咸遵守之。至明而改爲但得財者不分首從皆斬，而古法遂大變。《通考》：「晉天福十二年，赦應天下，凡關强盗，捉獲不計贓物多少，按驗不虚，並宜處死。時四方盗賊多，朝廷患之，故重其法。」此特石氏一朝之秕政，而可尤而效之哉？今乃著爲常典，意謂治盗貴嚴，而實非探源之道。其律文之失，不在「不分首從」四字，而在「但得財」三字。受害者僅止些微，到案者遽膺駢戮，情法相準，豈得爲平？至若竊盗臨時有拒捕及殺傷人者皆斬，此卽《唐律》先盗後强之事，明入之《强盗律》内，實與《唐律》之意相符。後人不知先盗後强之義，凡先盗後强者不以强盗論，妄增條例，枝節横生，固由昧于古法，亦因但得財三字立法太嚴，而爲此補苴之計，孰如改從《唐律》之爲善乎！

劫囚

《唐律》劫囚流三千里，傷人及劫死囚者絞，殺人者斬。但劫卽坐，不須得囚。《明律》不問殺傷與否，但劫卽皆斬，未免過重。其不得囚猶之强盗之不得財，乃不得財者僅止滿流，而不得囚者竟予駢誅，可乎？聚衆中途奪犯一節，唐無其文，薛氏議其增之爲未當，其説詳矣。《漢書·王子侯表》：「攸輿侯則，坐篡死罪囚，棄市。」《梁平王襄傳》：「謀篡死罪囚。」顔注：「逆取曰篡。」《成帝紀》亦有篡囚徒之語。篡取卽劫也。是漢時已有此法。篡死罪囚者棄市，與《唐律》劫死囚者絞，罪尚相符。

白晝搶奪

唐無白晝搶奪之文，蓋賅括於《强盜律》內。《元律》諸搶奪人財以强盜論，亦即此義。明別立此條，意以《强盜律》太嚴，故爲此調劑之法。《纂注》云，人少而無兇器者，搶奪也；人衆而有兇器者，强劫也。然則必白晝一二人徒手搶奪，方依本律辦理，强竊盜不計人數多寡曾否持仗，獨於此條强行分別。後來結夥持械諸例，俱從此紛紛矣。第二節原本《元律》加入失火一層。元比同强盜科斷，其科罪不盡相同。第三節唐目曰本以他故毆擊人，而無勾捕罪人一層，其罪則計贓以强盜論。明於搶奪計贓加竊盜二等，蓋別成一法也。

竊盜　盜馬牛畜産　盜田野穀麥　親屬相盜

唐目次條曰「盜官私牛馬殺」。三條曰「山野物已加功力」。四條目凡二，一曰「盜緦麻小功財物」，一曰「卑幼將人盜己家財」。竊盜律明無死罪，與唐同。唐有加役流一等，而明無之，視唐爲更輕。明以一主爲重，亦視唐累倍之法爲輕。惟多一「刺」字，承宋、元之法，爲不善耳。次條唐專就盜殺言，但盜者自有竊盜本律。明馬牛仍計贓，以竊盜論，而又加入官物一層，此與唐不符者。薛氏謂其無謂，極是。三條唐無穀麥及無人看守器物，此明所增者。四條減法與唐不同，唐又無無服之親及親屬行强盜各節。卑幼雖行强，所盜者究是己家財物，竟以强盜論，究嫌太重。况明之强盜律重於唐，以凡盜論即多一斬决罪名耶。薛氏論之詳矣。

恐嚇取財　詐欺官私取財　略人略賣人　發冢

唐目首條曰「恐喝取人財物」。三條别有「略和誘奴婢」、「略賣期親卑幼」、「知略和誘和同相賣」三目，四條又有「殘害死屍」、「穿地得死人」二目，明皆併入。漢《盗律》有恐猲和賣買人。《功臣表》：「嗣侯酈平，坐詐衡山王取金，免」。是漢亦有詐欺取財之律。發冢則《史記・貨殖傳》之掘冢姦事也。《功臣表》：「嗣侯陳何，坐略人妻，棄市。」漢法重至死罪，《唐律》略賣人爲奴婢者亦問絞，明改爲滿流，與漢、唐不符。其餘亦大略相同，參差之處，薛氏詳之。

夜無故入人家　盗賊窩主　共謀爲盗　公取竊取皆爲盗　起除刺字

漢《賊律》無故入人室宅廬舍其時格殺之無罪，見《周禮・秋官・朝士》注，即此首條也。唐、明《律》大略相同。《漢書・張敞傳》：「爲之囊橐。」顔注：「言容止盗賊，若囊橐之盛物也。」此即《明律》之窩主。《王子侯表》：「修故侯福，坐首匿羣盗，棄市。」是漢法甚重。唐不立專條，蓋該於共謀爲盗中矣。唐有「知略和誘强竊盗」一條，明在此條内。三條唐目曰「共謀强盗不行」，與四條律文並大略相同。五條充警之法，本于元制，開自新之路，乃法之最善者，惜後來廢弛而不實行也。

人命

《傳》曰：殺人不忌爲賊。故謀殺之事古在《賊律》。唐合賊、盜爲一，而前二卷仍屬賊事，甚分明也。《元律》分出而改爲《殺傷》。明又改爲《人命》，於賊律與鬬訟律混而爲一，究之關於人命者又未能全行編入，仍屬參差也。

謀殺人

此條與《唐律》大略相同。惟增入因而得財一節，卽圖財害命之事，尚無不可。惟已行未傷，唐無爲從罪名，明增而有，但同謀者皆坐一語，遂多支節。或云已行未傷，人爲從，無加功、不加功之分，故律文於杖一百上加一「各」字。又接以「但同謀者皆坐」六字，其承上之詞耶？抑起下之詞耶？否則一贅語也。按《明律》爲從者各杖一百，但同謀者皆坐。《瑣言》云，爲從者原未傷人，故無加功、不加功之別，彼此各杖一百，但同謀者皆坐以杖一百之罪。是雖其人之無恙，而猶惡其已行，故不全貸之也。《箋釋》於此節亦云，此謀而同行之罪。此並明代舊解，不同行者並不科杖一百也。《纂注》於第四段既云未傷人者杖九十，仍用不行減等之律，而第三段又云但同謀者皆坐，則雖不行者亦坐，顯係自相矛盾，似不若《瑣言》、《箋釋》之爲當。必如此解，律意方前後一絲不亂，界限亦分明，故《輯注》亦取二家之說。但同謀者皆坐一句，實等于贅設，大可删也。薛云，《唐律》已行未傷滿徒，不言爲從罪名。減爲首一等，卽應徒二年半，不行者直減一等，亦應徒二年。蓋六殺惟謀爲重，一重而無不重，其不言者不待言也。《明律》爲首與《唐律》同。爲從僅擬滿杖，已嫌參差。且既云爲從者各杖一百，下又云但同謀者皆坐，是無問行與不行皆杖一百矣，尤爲未協。從者不行，減行者一等，自係承上各層而言，此層又言但同謀者皆坐，亦嫌自相矛盾。若謂被謀之人並未受傷，擬徒未免太重，首犯何以仍照《唐律》問擬徒也？且首滿徒而從滿杖亦不多見。按照尋常首從法，已行未傷之從犯，自應徒二年半。惟此條從犯已殺有絞、流之別，已傷有流、徒之別，並分二等，不用尋常首從之法，以其罪名過重也。未傷之從犯若概照爲首減一等，不復分別，既與前二層相歧，欲分別則又無可分別，故《明律》特定滿杖罪名，以其人未傷，故略寬之，似尚是持平之道。惟「但共謀者皆坐」一句未免贅設耳。

謀殺制使及本管長官　謀殺祖父母父母

唐目前條曰「謀殺府主等官」，後條曰「謀殺期親尊長」，明改。唐別有「部曲奴婢殺主」一條，明併入次條中，律文大略相同。唐無謀殺祖父母、父母及已殺之文，毆祖父母、父母及謀殺期尊已行者並已應斬，無可復加，故不言也。明增爲淩遲處死，其法在五刑之外。此特別辦法，不足以爲典要。

殺死姦夫

此條《唐律》無，本于《元律》。薛云，律云處斬，是否不論造意加功之處，殊未明晰。又云，姦夫之名，《唐律》所無，《明律》以男女犯姦謂之姦夫姦婦，殊嫌未妥。姦婦尚可言也，姦夫何可爲訓。如親屬相姦，亦可謂之姦夫乎？以通姦之夫謂之姦夫，名之不正，莫此爲甚。《唐律》所以可貴也。按姦夫姦婦之名，見于《元律》，詳《元史·刑法志》，明代承用之而不悟其非。《唐律》稱姦人，見「謀殺期親尊長」律注。宋承《唐律》，未之有改。元人少講求法律者，既未自定刑法，又不遵守舊典，遂有此失。餘説詳後篇。

謀殺故夫父母　殺一家三人　採生折割人　造畜蠱毒殺人

薛云，故夫父母與見奉舅姑究有不同，是以《唐律》特立專條，以示辦理，本有區別之意。《明律》與見奉舅姑同，未知何解？律有爲嫁母服期之文，而妻妾爲故夫父母應持何服？並未言及。以禮推之，則無服矣。無服者與見奉舅姑同，似嫌未允。按婦之於舅姑，因夫而以義合者也，既與夫家離，則義已不相屬，故無服，無服而與見奉者同，實理之不可通者，此《明律》之可議者也。《漢書》殺不辜一家三人爲不道，見《漢書·翟方進傳》如淳注。此漢法也，後遵用之。惟《唐律》斬，明改爲淩遲，爲不同耳。採生折割，唐無此文。《元律》諸採生人支解以祭鬼者，淩遲處死，仍没其家産，其同居家口雖不知情，並徙遠方；已行而不曾殺人者，比强盗不曾傷人不得財，杖一百七徒三年；謀而未行者，九十七徒二年半。《明律》蓋本之，而罪又加重焉。然此等案，絶少見也。四條唐目凡三，一曰「造畜蠱毒」，一曰「以毒藥殺人」，一曰「憎惡造厭魅」，明併爲一。《周禮·秋官·庶氏》掌除毒蠱。注：毒蠱，蠱物而能病害人。

《賊律》曰，敢蠱人及教令者，棄市。是周時早有蠱之名。漢法亦是死罪，并及教令者。漢初棄市，舊説爲斬罪。《明律》與之同，唐則絞也。

鬭毆及故殺人

唐目凡二，一曰「鬭故殺用兵刃」，一曰「同謀不同謀毆傷人」，在《鬭訟律》中，明改併移於《人命》，此明與唐之不同者。唐用兵刃殺者與故殺同，明則不問手足、他物、金刃，並爲鬭殺。唐有故殺，有故傷，明則有故殺而無故傷。唐共毆從者減元謀一等，應擬滿徒，明則概擬滿杖。其得失薛氏言之已詳。至故殺之解，另詳後篇。《漢律》鬭以刃傷人，完爲城旦，其賊加罪一等。賊者，卽故意害人之謂。是漢法刃傷與他傷不同，故傷者加一等，其卽《唐律》之所本歟？

屏去人服食

《唐律》上一節大略相同，而無下一節。以物置人耳鼻孔竅有所妨者杖八十，不必其有傷，故屏去人服食殺傷人者則以鬭殺傷論，本分爲二事，明併而爲一。傷人者方杖八十，廢篤疾方以鬭傷論，則未至廢疾，亦僅科杖八十矣，實與唐不同。律文曰「故屏去」，而不用故殺傷法，其屏去但在令人疾苦，究非殺傷之事也。若蛇蝎毒蟲，乃可以殺傷人之物而故用之，情節較上節爲重，死者斬，是直以故殺論矣。而傷者又以鬭毆傷論，是殺與傷分而爲二，恐法理不應如是。《唐律》「鬭毆折齒毀耳鼻」條《疏議》：如其以蛇蜂蝎螫人，同他物毆人法。《明律》之傷以鬭論，或本於此。則死者不當遽擬斬也。

戲殺誤殺過失殺傷人

唐分三目，曰「戲殺傷人」、「鬭毆誤殺傷人」、「過失殺傷人」，在《鬭訟律》中，明併爲一而移於此。惟若知津河水深泥濘一節，唐目曰「詐陷人死傷」，在《詐僞律》中，死傷者以鬭殺傷論，非戲、非誤、非過失也，移入於此，殊覺不倫，讀者不察。至《纂注》有其事與戲殺者相等之語，姚氏并取作小注，實大謬不然。此等非可以相戲之事，故律文曰詐稱，曰誑令也。唐戲殺分減二等、減一等及不和同不得爲戲各以鬭殺傷論三等。誤殺有僵仆致死傷及誤殺傷助己者。明戲、誤併爲一條，而刪去此等層級，遇有案件，似此者定罪，遂難允當。此並明之不如唐者也。

夫毆死有罪妻妾　殺子孫及奴婢圖賴人

薛云，不孝翁姑卽在應出之列，律許出而不許殺，是以《唐律》並無此條，《明律》添入，殊覺無謂。毆死有罪卑幼，律無明文，特立此條，不解何故？次條圖賴者，誣賴人殺死或逼死之類。薛云，上條較本律爲輕，此條較本律爲重，俱爲《唐律》所無，似可不必。

弓箭傷人　車馬殺傷人　庸醫殺傷人　窩弓殺傷人

唐目首條曰「向城官私宅射」，次條曰「城内街巷走車馬」，四條曰「施機槍作坑穽」，並在《雜律》中。三條目二，一曰「醫違方詐療病」，在《詐僞律》中，一曰「醫合藥不如方」，在《雜律》中，明併爲一而並移於此。張斐《律注表》向人室廬道徑射，不得爲過失之禁也；都城人衆走馬殺人，當爲賊，賊之似也，見《晉志》。是古法有此二者。至《明律》與《唐律》參差之處，薛氏詳之。

威逼人致死

此條《唐律》無文。蓋輕生自盡，與人無尤，威逼者自有所犯應科之罪，不因致死而加重。古法本應如是，特世風日薄，陵弱暴寡者實繁有徒，故明代於土豪勢惡治之綦嚴，其立此律，亦所以應世變。若因姦盜而威逼人致死，《輯注》謂因姦者常有之，因盜者則絶無，律文並言，未詳其故。

尊長爲人殺私和　同行知有謀害

唐目首條曰「祖父母父母夫爲人殺」，在《賊盜律》中。貪利忘仇，故祖父母、父母、夫被殺私和者流二千里，期親減二等，大功以下遞減一等，受財重者準盜論。明俱依《唐律》減一等，似失重義輕財之道。次條唐無文，《捕亡律》中有「鄰里被盜」一條，其意相似而不同也。同伴人究何指？亦無確解。

鬭毆

唐曰《鬭訟》。明將訟事、罵詈事分出別爲《罵詈》《訴訟》二門，而改定此目曰《鬭毆》。

鬭毆

唐目曰「鬭毆手足他物傷」、「鬭毆折齒毀耳鼻」、「兵刃斫射人」、「毆人折毀支體瞎目」、「兩相毆傷論如律，」凡五條，明併爲一。《唐律》殺傷不分條，故「同謀不同謀毆傷人」條至死亦在其內。明分人命、鬭毆爲二，故此條之「同謀共毆傷人者各以下手傷重者爲重罪、元謀減一等」數語，不得不與鬭毆及故殺人條重複矣。薛云，《唐律》無《人命》，均係殺傷並舉，其同謀不同謀之處亦最分明。《明律》特立《人命》一門，而罪坐原謀初鬭轉無明文，且只有同謀共毆而無不同謀一層，求詳而失之略。此律小注「亂毆不知先後輕重」等語亦係後來添入，而《人命門》並未注明是毆傷、有原謀初鬭罪名而毆死，並無原謀初鬭罪名，殊嫌未協。分訴訟、鬭毆爲二門可也，鬭毆之外又特立人命一門，似可不必。此門所載，因鬭毆而致成人命者十居八九，蓋可見矣。按今律注亂毆、原謀等語係本朝順治初年添入，內「初鬭時」三字順治本亦無，又似係雍正年間添入。

保辜限期

唐目曰「保辜」。《春秋公羊襄七年傳》:「鄭伯髡原何以名?傷而反,未至乎舍而卒。」注:「古者保辜,諸侯卒名,故於如會名之,明如會時爲大夫所傷,以傷辜死也。君親無將,見辜者,辜内當以弑君論之,辜外當以傷君論之。」是保辜,古法也。律文與唐大略相同。惟手足傷,唐係十日,《明律》與他物同爲二十日。至例内又加十日、二十日,更與舊法不符矣。

宫内忿爭　皇家袒免以上親被毆　毆制使及本管長官　佐職統屬毆長官　上司官與統屬官相毆　九品以上官毆長官

唐目次條無「被毆」二字。三條目二,曰「毆制使府主縣令」,曰「流外官毆議貴」。五條曰「監臨官司毆統屬」。六條曰「九品以上毆議貴」。諸律與《唐律》大略相同。所不同,毆法等級與唐異,其輕重遂不能盡同矣。《周禮·秋官·掌戮》:「殺王之親者,辜之。」注:「辜之,言枯也,謂磔之。」見古者於王之親,亦不與凡人等也。

拒毆追攝人　毆受業師　威力制縛人

唐目首條曰「拒毆州縣使」。「追攝」二字卽本于《唐律》注之「徵攝」,《疏議》亦有追攝之文。薛云,《唐律》拒者一層,傷者一層,傷重者一層,被禁掌而拒捍又一層,更爲分明。《明律》拒與毆併爲一層,又改爲追征錢糧、勾攝公事,而科罪反較拒捕爲重,殊失《唐律》之意。按《疏議》有若使人官品高,各依本品加等語，是此文不專指差役言，亦不專指錢糧言。薛謂明不得其解，任意删改，所譏不爲過也。毆受業師《唐律》在「毆妻前夫子」律中，其罪名爲毆者加凡人二等，死者斬，與《明律》同。惟唐有律注曰「謂服膺儒業而非私學者」。《疏議》曰：「儒業謂經業。非私學者，謂弘文、國子、州縣等學。私學者，《禮》云家有塾、遂有序之類。如有相犯，並同凡人。」是私學者卽不得照此律問擬矣。《通考》：一百七十。「慶曆間，開封民聚童子教之，有因榎楚死者，爲其父母所訟。府上具獄，當民死，宰相以爲可矜，帝曰：『情雖可矜，法亦難屈。』命杖脊捨之。」可見私學之師與弟子如有相犯，律無正文，故須奏裁也。《明律》似又專重私學者，與《唐律》不同。惟死者與大功尊長同一斬，傷者較大功尊長爲輕，初非比照服制也。乃後之定例者，竟比照期尊，遂多轇葛矣。三條唐無私家拷禁監禁之文。《疏議》謂威力，或以官威，或恃勢力，非謂平人但有喝令情形卽以主使論。後來用此律者，多失此意。

良賤相毆　奴婢毆家長

唐目首條二，曰「部曲奴婢良人相毆」，曰「毆緦麻親部曲奴婢」。次條三，曰「部曲奴婢過失殺主」，曰「主殺有罪奴婢」，曰「毆部曲死決罰」，明併爲一。古之奴婢並緣坐之罪人，故可斥之爲賤，若今之奴婢，出于買賣者爲多，其初本良人，因貧苦而賣爲人役，其情堪憫，實與古之奴婢不同，乃亦以賤目之，揆之於義，有未安者，此當研究者也。唐之部曲，宋以後卽無其名，明加入雇工人，而其法不盡與部曲同。此項雇工人，以貧苦而爲人服役，是良是賤？與平人相犯是否以凡論？律内皆無明文。此又義例之未詳備者。薛云，《唐律》無奴婢殺傷其主之文，期親及外祖父母等項，亦止言傷而不及死，以傷者即應皆斬，其罪更無可加也。子孫之於父母等項亦然。明有斬決淩遲之刑，故不嫌縷晰言之也。按《唐律》係奴婢過失殺主及傷與詈而不言毆死，蓋過失已應擬絞，毆傷主之期親及外祖父母已應皆斬，故毆死主不待言矣。

妻妾毆夫　同姓親屬相毆　毆大功以下尊長　毆期親尊長　毆祖父母父母

唐目首條曰「媵妾毆詈夫」，而律文仍以妻毆夫居首。唐毆、詈同律，而明分爲二，故無詈字。各條言毆詈者並同。明有毆妻父母之文，而唐無之，蓋已該於外姻尊長之中，不待言也。次條《唐律》無，明增。薛云，五服之外，尚有袒免之親，《名例》議親律皇家袒免以上親是也。《唐律疏議》，袒免者，據《禮》有五：高祖兄弟，曾祖從父兄弟，祖再從兄弟，父三從兄弟，身四從兄弟也。又云：高祖親兄弟，曾祖堂兄弟，祖再從兄弟，父三從兄弟，身四從兄弟，三從姪，再從姪孫，並緦麻絶服之外，即是袒免也。此處所云五服已盡而尊卑名分猶存，似即指此等而言。然不曰袒免，而曰同姓服盡親屬，則漫無區別矣。古人定禮各有限制，立法亦同，親有等殺，卽法有重輕，非疏漏也。《明律》於五服相毆之外另立此條，而相盜、相姦及容隱、首告等門均有無服之親在內，甚至相隔十餘世及數十世者均謂之無服親屬，則更無限制矣。功緦尚不得等於期親，此等無服之人竟有與緦麻相同者，古律雖有袒免之名，而姦盜、殺傷則並無治罪明文，其應以凡論自不待言，《明律》添入此層，意求勝於《唐律》，而不知其實非古法也。法與禮相輔而行，禮所不載者，法亦未便遽增。若以爲名分猶存，未可竟以凡論，則依禮添入袒免一層，其餘均與凡人相等，亦屬情法兩盡。不然比鄰而居者，未必皆同姓也，出入相友，守望相助，疾病相扶持，其情誼亦不減於親屬，有犯何以並不加等耶？蓋禮教行，則異姓亦同骨肉，風俗薄，雖同胞亦如陌路，多設科條，無謂也。按此説委曲而詳盡，質言之，則不必增也。三條唐曰「毆緦麻兄姊」。四條曰「毆兄姊」。五條目三，曰「毆詈祖父母父母」，曰「妻妾毆詈夫父母」，明併爲一。其律文並大略相同，參差之處，薛氏詳之。末條乞養子孫《唐律》所無，明添入。其後更有義子義父母等名目，皆非古法。

妻妾與夫親屬相毆　毆妻前夫之子　妻妾毆故夫父母

唐目首條二，曰「毆詈夫期親尊長」，曰「毆兄妻夫弟妹」，明改併。次條無「之」字，三條毆下有「詈」字，明增删。《唐律》毆詈夫之期服以下尊長，減夫一等，不獨以服制本減一等也；禮有隆殺，當隆者隆之，當殺者亦當殺之，不可過于隆，致無差等也；明改爲與夫毆同，是當殺者而隆之，豈禮意哉？夫與親屬，以天合者也，妻妾於夫之親屬，以人合者也，以人合者之難等于以天合者，此理顯然，强而同之，則差等難辨矣。次條與《唐律》大略相同。三條説已見謀殺條。

父祖被毆

唐目曰「祖父母爲人毆擊」，《明律》上一節與《唐律》同，下一節唐無文。《元律》諸人殺死其父，子毆之，死者不坐，是承於元也。薛云，殺人之人，雖罪犯應死，死者之子孫亦不許擅殺。《唐律》所以並無其文，蓋不肯以殺人之權付諸平民，正《孟子》所謂爲士師則可以殺之之意也。且不獨此也，《捕亡門》内兩言罪人本犯應死，而擅殺者加役流，與此義亦屬相同。明去唐世七八百年，采衆儒之説，特立勿論及杖六十專條補《唐律》，實因《元律》也。按之禮經聖言，似不相背。惟《周禮·朝士》凡報仇讐者，書於士，殺之無罪。不執官而擅殺，安得無罪？遽予勿論，亦未甚允。《捕亡門》内又定有殺死應死罪人滿杖之條，而平人相殺者遂紛紛見於條例矣。《明律》本好爲異同，此又矯枉過正者。平情而論，《唐律》雖嚴，尚有以禮坊民之意，《明律》則導人以私自相殺矣。夫人各有親，親各有子，展轉尋仇，其禍伊於胡底？議法者何以不爲之防耶！

罵詈

唐在毆律中，明分出自爲一門。

罵人　罵制使及本管長官　佐職統屬罵長官　奴婢罵家長　罵尊長　罵祖父母父母　妻妾罵夫期親尊長　妻妾罵故夫父母

唐無罵人之律，以其情輕也。明增此文，似覺無謂。《唐律》之言詈者，曰媵妾詈夫、詈兄姊、詈毆祖父母父母、詈夫父母、詈故夫父母、詈夫期親尊長、部曲奴婢詈舊主，並在毆律中，餘皆無文，與《明律》亦不盡同也。

訴訟

唐在《鬬訟律》中，明分出爲此門。

越訴　投匿名文書告言人罪　告狀不受理　聽訟迴避

首條《唐律》大略同。惟《唐律》有受、不受之處分，而明删之，是但指訴者一面矣。《周禮·夏官·太僕》：「建路鼓于大寢之門外而掌其政，以待達窮者與遽令。」注：「鄭司農云，窮謂窮冤失職，則來擊此鼓，以達于王，若今時上變擊鼓矣。」其卽登聞鼓之權輿與？漢《廄律科》有登聞道辭，見《晉志》。登聞二字，殆本于此。次條唐目曰「投匿名書告人罪」，本罪流二千里，明加入絞，未免稍重。《唐律》注有「棄置、懸之皆是」，則不但投送官府矣。三條唐目凡二，一曰「密告謀反大逆」，一曰「强盜殺人」，明改併。唐有當告不告之罪，而明無，則又專就不受一面説矣。四條《唐律》無文。《元律》諸職官聽訟者，事關有服之親並婚姻之家，及曾受業之師與所仇隙之人，應迴避而不迴避者，各以所犯坐之；有以官法臨決尊長者，雖會赦仍解職降敍。《明律》蓋本於此，薛氏以爲不必增。然近日東西各國之法律亦有此文，實辦事之義當如此，未可非也。

誣告

唐目凡二，曰「誣告反坐」，曰「告小事虛」，明併改。《唐律》誣告反坐，而明有分別加二等、三等之法。《唐律》告二事以上，重事虛者，反其所剩，何等直捷。明則有徒流折杖之法，紆曲而難明。且人僅犯笞杖而誣以徒流，折算之後，但以杖贖，故折算雖極精密，而於理究未能盡合也。唐之加役流，明只存此律一條，而又不與《唐律》合，殊不可解。

干名犯義　子孫違犯教令　見禁囚不得告舉他事

唐目首條凡三，曰「告祖父母父母」，曰「告期親尊長」，曰「告緦麻卑幼」，明併改。三條唐無「見」字、「禁」字。諸律與《唐律》大略相同。《漢書·衡山王賜傳》：「太子爽，坐告王不孝，棄市。」此《唐律》告祖父母、父母者絞所由昉也。次條奉養有缺，《唐律》徒二年，在十惡不孝。此亦明改滿杖，而仍入十惡者。

教唆詞訟　軍民約會詞訟　官吏詞訟家人訴　誣告充軍及遷徙

首條唐目曰「爲人作辭牒加狀」，明改。薛云，《唐律》加增其狀云云，《疏議》謂假有前合徒一年，爲人作詞牒增狀至徒一年半，便是剩誣半年，減誣告一等，合杖九十之類。蓋增狀由於作詞之人，故坐以笞及誣告罪名，告人者並無科罪之文。《明律》改爲與犯人同罪，似嫌未協。《唐律》專言增罪，而《明律》添入減罪，更屬難通。既減罪矣，安得以誣告論乎？若謂本人原有罪名，詞牒内故行隱匿，卽爲減去情罪，然此律只言告人之罪，並非爲隱匿自己情罪而設。且係告他事者居多，雖所作詞牒不實，亦與誣告律文無涉。按《唐律》專就增加言，最爲了當，明添一減字，遂費解釋。無已則曰本人原亦有罪，作狀者爲之減去本人之罪而加之他人，是亦誣也。其亦可通乎？後三條《唐律》並無文。次條專爲軍人而設。明代軍人不屬有司，遇有詞訟，管軍衙門須約會有司歸問，故特立此條。《元律》諸有司事關蒙古軍者，與管軍官約會問，亦此事也。《周禮·小司寇》：「命夫命婦不躬坐獄訟。」注：「躬，身也。不身坐者，必使其屬若子弟也。」《春秋傳》曰，衞侯與元咺訟，甯武子爲輔，鍼莊子爲坐。是也。此三條之所昉，薛謂此律猶得古意。四條因誣告律不及充軍，特補之。薛云，誣告反坐，此古法，亦最平允。《明律》笞罪加二等，杖徒以上加三等，罪名較重者反無可加，又立有誣告遷徙之法，刑之不中，莫甚於此。按誣告充軍者，抵充軍役，尚是反坐之意，而遷徙者又加三等，是一條之内，自相抵牾矣。

受贓

唐無此目。明從《職制律》中取其關於贓事者分爲此篇。魏、晉曰《請賕》，梁曰《受賕》，北周曰《請求》，餘代多附他律。薛云，《唐律》職官有犯贓私均在《職制門》，不另列受贓名目，可謂得體。

官吏受財

唐目曰「監主受財枉法」，明改。此受贓之專條也。六贓中枉法最重，各主者通算全科，視竊盜之以一主爲重者爲嚴，然計入己之贓坐罪，又視竊盜之併贓論罪者爲寬，蓋寬嚴相劑矣。薛云，《明律》雖有苛刻之處，而不枉法並無死罪，則仍係寬典；雖無累倍之法，而折半科罪尚爲近古；分别有祿無祿，《唐律》已然。《疏議》曰，應食祿者具在祿令，若令文不載者，並是無祿之官。《明律》若者爲有祿，若者爲無祿，俱詳細開列，《箋釋》亦然。原以律目既統言官吏受財，而吏之受財較官爲尤重，官爲有祿人不待言矣，吏之名目較多，若不一一敍明，科罪即難免出入。此律頗得《唐律》之意。今則約略言之，頗難區分，辦案者遂以官爲有祿人，而吏爲無祿人矣。律注既未詳明，故臨事亦鮮所依據也。

坐贓致罪

此條唐在《雜律》。律注云，謂非監臨主司而因事受財者，是本非爲官吏而設。《明律》改爲官吏人等非因事受財，其宗旨不同矣。《唐律》「受所監臨財物」條乃不因公事而受監臨内財物者，其罪名視坐贓爲重。坐贓一尺笞二十，一匹加一等；十匹徒一年，十匹加一等，罪止徒三年。受所監臨財物一尺笞四十，一匹加一等；八匹徒一年，八匹加一等，五十匹流二千里。二法截然不同。薛謂明將《唐律》之「受所監臨財物」並「坐贓致罪」二條併而爲一，而六贓遂少一名目矣。按六贓之名，唐與明異。唐以受財枉法、不枉法、受所監臨、强盜、竊盜、坐贓爲六贓，見「坐贓致罪」律《疏議》。薛氏唐六贓圖卽據此編定。明以監守盜、常人盜、竊盜、枉法、不枉法、坐贓爲六贓，而無强盜及受所監臨。然計贓之法，監守與枉法同，常人與不枉法同，名爲六贓，實止四等，不若唐之六贓之確爲六等也。唐無常人盜，而監主加凡盜二等，別無計贓之法，故入六贓之内。此唐、明之所以異也。

事後受財　有事以財請求

首條唐目曰「有事先不許財」，明改。此較事前受財者情節爲輕，故不枉法者以受所監臨財物論。明無受所監臨一條，故亦以不枉法論，視受所監臨科罪爲重。此可見古法之不可妄删也。次條「請求」唐目作「行求」。《吕刑》：「五過之疵，惟官、惟反、惟内、惟貨、惟來。」《釋文》：「『來』馬〔本〕作『求』」，云有求，請賕也。」《説文》：「賕，以財物枉法相謝也。」段玉裁注：「枉法者，違法也。法當有罪，而以財求免，是曰賕。受之者亦曰賕。《吕刑》『惟來』，馬本作『惟求』，云有請賕也。按上文，惟貨者，今之不枉法贓。惟求者，今之枉法贓也。」惠棟《九經古義》：「按漢《盜律》有受賕之條，卽經所謂惟貨也；又有聽請之條，卽經所云惟求也。」《漢書·外戚恩澤侯表》：「平丘侯王遷，坐平尚書聽請受臧六百萬，自殺。」注：如淳曰：「律，諸爲人請求於吏以枉法而事已行，爲聽行者，皆爲司寇。」師古曰：「有人私請求而聽受之。」按馬注《吕刑》以「賕」釋「求」。然惟貨指受者言，惟求指與者言，自是兩事。《廣雅》賕，謝也。卽《説文》之義。則二者皆可言賕。段注以枉法、不枉法分指二者，似尚不確。

在官求索借貸人財物　家人求索　風憲官吏犯贓

唐律首條目六，曰「因使受送饋」，曰「貸所監臨財物」，曰「役使所監臨」，曰「監臨受供饋」，曰「去官受舊官屬」，曰「挾勢乞索」，明併爲一。次條曰「監臨家人乞借」。末條唐無專條，惟「因使受送饋」律注有糾彈之官不減，即指此。諸律與《唐律》大略相同。惟風憲官吏唐與監臨同，而明加二等，似嫌重。

因公擅科歛　私受公侯財物　剋留盜贓　官吏聽許財物

唐目首條曰「率歛監臨財物」。後三條唐無文。唐率歛財物係以饋遺人，明增入因公一層，則與《唐律》不同矣。此等贓並無關乎法之枉不枉，而以枉不枉科之，未爲允協。次條爲洪武五年鐵榜九條之一，曰内外各指揮千户等不得私受公侯金帛衣物。四條之聽許與漢法之聽請微有不同。聽許謂但許之而未受者也，其情尚輕。事未枉者而亦以不枉法論，於法稍重。

詐僞

《唐律》第九篇。原律二十七條，明分「非正嫡詐承襲」一條入《職制》，「詐爲官文書增減」、「詐爲官私文書增減」二條入《公式》，「妄認良人爲奴婢」一條入《户役》，「父母死言餘喪」一條入《儀制》，「詐欺官私取財」一條入《賊盜》，「醫違方詐療病」、「詐陷人死傷」二條入《人命》，「證不言情」一條入《斷獄》。以上凡十條。「僞造皇帝寶」等七條俱無文。當存十一條，明增「詐傳詔旨」、「近侍詐稱私行」二條，而併改一條，故爲十二條。薛云，《唐律》計二十七條，凡詐僞之事，無論詐爲何項，犯者何人，均彙列一處。《明律》止有三分之一，其餘則分見各律。豈此數條爲詐僞而別條非詐僞乎？

詐爲制書　詐傳詔旨　對制上書詐不以實　僞造印信曆日等　僞造寶鈔

《唐律》無次條，而首條律注中有口詐傳及口增減亦是之文，卽次條也。薛云，《疏議》謂意在詐僞而妄爲制敕，及因制敕成文而增減其字，最爲明晰。明分詐爲、詐傳二條，是歧制書、詔旨爲二矣。又添入詐傳品官言語，殊覺無謂。夫同一有規避而以官品之崇卑爲罪名之輕重，似嫌未協。至末段卽係詐傳詔旨之事，乃抽出另言之，亦可不必。漢法有稱矯制，有稱矯詔者，制、詔一也，豈亦有分別乎？三條唐目無「詐」字，文略同。四條曰「僞寫官文書印」而不及曆日等，蓋該于僞寫中矣。僞寫唐止流二千里，而明改爲皆斬，未免過重。唐有「僞造御寶」一條，《明律》十惡大不敬條下有此名目而律文不及，未詳其故。殆偶然遺漏歟？末條則承《元律》。明初亦承元法用鈔也，中葉以後鈔法大敝，而此律亦成虛設矣。

私鑄銅錢

唐目曰「私鑄錢」，在《雜律》中。其罪流三千里，磨錯薄小者徒一年。明加至絞，匠人同，而磨錯薄小者僅科滿杖，未詳其故。明有僞造金銀一節而唐無之，唐時不以金銀爲幣也。《漢書·景紀》中六年定鑄錢僞黄金棄市律，立法極重，其時以黄金爲幣也。明鑄錢亦問死罪，而僞造金銀僅止滿徒，較漢法爲輕。蓋明初方嚴鈔法，金銀非正幣，故不重也。

詐假官　詐稱内使等官　近侍詐稱私行　詐爲瑞應　詐病死傷避事　詐教誘人犯法

首條唐目二，曰「詐假官假與人官」，曰「詐稱官所捕人」，明併改。二條曰「詐乘驛馬」，無上節而有下節，明添入内使一節而改此目。三條唐無。五條曰「詐疾病有所避」，明改。《漢書·景紀》後二年詔曰：「或詐僞爲吏。」注臣瓚曰：「律所謂矯誣以爲吏者也。」是漢法已有此事。薛云，《輯注》謂「不知不坐」四字恐是衍文。已本無官，何得受人之官而云不知其假耶？不知，《明律》凡作姦犯科及尋常不合事件並扶同聽行之事俱有此語，幾致全部皆然，觀於末一層可知，蓋謂凡有知情卽應有不知情者也。男女婚姻門添入此語已屬非是，此處則更難通矣。按此處不知句，按之舊事自不可通，若以近日情形而言，各省捐官之局其中假照甚多，受之者安知其詐？此真所謂不知情者。不謂數百年前有此錯誤之文，而數百年後竟有此等事以實之，亦可云事之巧適者矣。三條科罪固重，然嚴立之防，尚有犯之者，世道可知。餘律與《唐律》大略相同。

犯姦

唐無此目，姦事在《雜律》中。《元律》立《姦非》一條，明因之而改此名。

犯姦　縱容妻妾犯姦　親屬相姦　誣執翁姦　奴及雇工人姦家長妻　姦部民妻女　居喪及僧道犯姦　良賤相姦　官吏宿娼　買良爲娼

唐目首條曰「姦徒一年半」。次條無，其中賣休買休一節與和娶人妻相似，唐《户婚律》内有「和娶人妻」一條也。三條目三，曰「姦緦麻親及妻」，曰「姦從祖母姑」，曰「姦父祖妾」，明併改。四條無。五條在「奴姦良人」一條之内，明分出。六條曰「監主於監守内姦」。七條亦在六條之内，明分出自爲一條。八條卽曰「奴姦良人」。九、十條無。《明律》和姦罪輕于唐，而强姦重于唐，蓋因于元。《元律》諸和姦者杖七十七，有夫者八十七，强姦有夫婦人者死，無夫者杖一百七。惟《明律》强姦不論有夫無夫皆擬絞，則又重于元矣。《元律》有徒罪一等而律内問徒者甚少，《姦非律》中無徒罪，明《犯姦律》中亦無徒罪，豈亦因于元乎？《尚書大傳》：「男女不以義交者其刑宫。」卽後世之所謂姦也。漢文除肉刑，皆代以笞。宫刑本在斬左、右止之次，漢文亦曾除宫刑，亦必代以笞。是元、明之問杖，未可遽以爲非。特自北齊五刑列徒於鞭杖之上，隋又去鞭而加笞，列于杖之下，人遂視杖爲輕。此古今法列之不同。元法死罪降一等爲杖一百七，則元時視杖爲重。此又元與古法之不同。明習于元而仍元。唐之徒罪往往改爲杖，若以明法之等級論之，則覺其輕耳。《元律》又有諸夫受財縱妻爲娼，及諸和姦同謀以財買休卻娶爲妻之例，又有諸翁欺姦男婦之例，又有諸買賣良人爲娼之例，爲二條、三條、十條之所昉。三條改《唐律》之流爲絞，絞爲斬，與凡姦之改徒爲杖宗旨相反，不知何故？《史記·衡山王賜傳》："次子孝，坐與王御婢姦，棄市。"是漢法甚重也。五條、六條明並視《唐律》加重，其宗旨當與三條同。餘律參差之處，薛氏詳之。

雜犯

此卽唐之《雜律》。惟《唐律》凡六十二條，明分出若干條入于各律，所存十一條，而又有《唐律》所無者，此其不同也。

拆毀申明亭　夫匠軍士病給醫藥　賭博　閹割火者　囑託公事　私和公事　失火　放火故燒人房屋　搬做雜劇　違令　不應爲

首條唐無文。宣德七年正月，陝西按察使僉事林時言："洪武中，天下邑里皆置申明、旌善二亭，民有善惡則書之，以示勸懲。凡户婚、田土、鬬毆常事，里老於此剖決。今亭宇多廢，善惡不書，小事不由里老，趣赴上司，獄訟之繁，實由於此。」據此，申明亭立於洪武之時，實一代之善政。乃至宣德時，已亭宇多廢。可見制治者，非立法之難，而行法之難。薛云，此律猶得先教化而後刑法之意。次條唐目曰「丁匠防人等疾病」。三條曰「博戲賭財物」。四條及六條、九條唐並無文。五條唐曰「有所請求」，在《職制律》中。七條唐目四，曰「山陵兆域内失火」，曰「官府倉庫失火」，曰「庫藏倉不得然火」，曰「見火起不告救」，明改併。八條唐目二，曰「燒官府私家宅舍」，在此律，曰「故燒人舍屋」，在《賊盜律》，明改併。賭博律有贓重各以已分準盜論之文，而明無之。《元律》有不得展轉攀指革撥一語，《明律》止據見發爲坐，亦是《元律》之意，恐株連拖累也。其刪去贓重一句，殆即此意。蓋必究其平日之贓，則展轉攀指牽連必多，非治體也。火者之名，宋已有之。洪武五年詔：「福建、兩廣等處豪户之家，多有乞覓他人之子，閹割驅使，名曰火者。敢有違犯，以閹割抵罪，没官爲奴。」殆當時閩、粤有此風氣，故設此律以禁之。囑託卽請求之事，故唐在《職制》中。明既立《受贓》一門，此律亦有計贓論罪之語，而獨不入《受贓》而移於此，甚不可解。雜劇事近細微，但申禁令，可不必遽治以罪，且禁之亦不易言，故唐不立此條。餘律與《唐律》大略相同。明初有《大明令》，後來並未續纂，違令之律，聊備引用而已。

捕亡

《唐律》第十一。原十八條，明存八條，移併者多矣。薛云，《唐律》先言將吏追捕罪人逗遛不力及漏露其事之罪，次言因捕罪殺傷及罪人拒捕之罪，又次言各色逃亡之罪，又次言在禁在役而亡及主守失囚故縱之罪，蓋既以捕亡名篇，故無論何項人均彙入於此門，猶詐僞之但係行詐作僞，亦無論何等類人俱歸於一處也。《明律》將越獄及徒流人逃編列於此，其餘分載各律，有計日者，亦有不計日者，與《唐律》之命意已屬不符。再有亡者，卽有容匿亡者之人，《唐律》是以又有部內「容止他界逃亡」及「知情藏匿罪人」二條，《明律》有平人藏匿，而無官司容止，未知其故。按明初本用《唐律》之次序，後因律分六部，刑律多而五律少，不得不取各律之文以充五律之數，勢難循舊律之次序，致五律皆簡而刑律獨繁，此亦無可柰何之事也。

應捕人追捕罪人　罪人拒捕　獄囚脫監及反獄在逃　徒流人逃　稽留囚徒　主守不覺失囚　知情藏匿罪人　盜賊捕限

唐目首條曰「將吏追捕罪人」。次條曰「罪人持仗拒捍」。三條曰「被囚禁拒捍走」。四條曰「流徒囚役限內亡」。五條曰「徒流送配稽留」。唐有「捕罪人漏露其事」，明併入七條中。八條曰「部內容止盜者」，在《賊盜律》中。薛云：「『應捕』之『應』，於證切。《集韻》，荅也。《廣韻》，物相應也。卽應詔、應差、應命之意，作去聲讀。《明律》作平聲讀，是以有應捕、非應捕之分也。按此解無人言之，於法理上大有關係，故特録之。此律受財故縱與囚同罪，其非受財者得從寬矣。《漢書・杜延年傳》，霍光持刑法嚴，延年輔之以寬。治燕王獄，桑宏羊子遷亡過父故吏侯史吳，後遷捕得，伏法。會赦，侯史吳自出繫獄，廷尉王平與少府徐仁雜治反事，皆以爲桑遷坐父謀反，而侯史吳藏之，非匿反者，乃匿隨從者也，卽以赦令除吳罪。後侍御史治實，以遷通經訓，知父謀反而不諫爭，與反者身無異，侯史吳故三百石吏，首匿遷，不與庶人匿隨從者等，吳不得赦。奏請覆治，劾廷尉、少府縱反者。少府徐仁，丞相車千秋女壻也。遂下平、仁獄，朝廷皆恐丞相坐之。延年乃奏記光，光以廷尉、少府弄法輕重，皆論棄市，而不以及丞相。薛云，漢法之嚴厲如此，而此獄尤近于周內，不可爲訓。然亦可見縱死罪卽科死罪，並無減等之科，《唐律》尚未之改也。按漢世故縱之法，至張湯而始嚴，乃酷吏之所爲，豈可爲訓。不問其事情而一律科以死罪，必有情罪不符者矣。《周禮·秋官·禁殺戮》：「攘獄者。」注：「鄭司農云，攘獄，距當獄者也。玄謂攘猶郤也。郤獄者，言不受也。」疏：「先鄭云攘獄者，距當獄者也。後鄭不從者，此經皆謂未在官司，而先鄭云距獄，據在官而言，故不從也。郤獄者，謂人有罪過，官有文書追攝，故不從也。」按先鄭之義近于脱監，後鄭之義則是拒捕。惟拒捕何必言獄，追攝不從，與獄無與也。竊疑攘爲攘奪之攘，攘獄，劫囚也。姑記于此。餘律與《唐律》大略相同。

斷獄

《唐律》第十二篇。

囚應禁而不禁　故禁故勘平人　淹禁　陵虐罪囚　與囚金刃解脱　主守教囚反異　獄囚衣糧　功臣應禁親人入視　死囚令人自殺

二條、三條、八條《唐律》無文。四條淩虐唐無文，而剋減衣糧唐曰減竊囚食，在「囚給衣食醫藥」一條之內。六條曰「主守導令囚翻異」。七條曰「囚給衣食醫藥」。九條曰「死罪囚辭窮竟」。《漢書·惠紀》：「有罪當盜械者。」注：如淳曰：「盜者，逃也。恐其逃亡，故著械也。」漢之盜械，卽此律之枷鎖杻。是古法亦然。《元龜》：「《開成格應》，盜賊須得本贓然後科決，其推勘因而致死者，以故殺罪論。」此卽唐代故勘之事。雖此格所言者盜犯而非平人，而故勘之事殆昉於此。三條有未盡妥協之處，薛氏詳之。陵虐爲《唐律》所未及，薛謂《明律》添入自屬美善，然陵虐者比比皆是，安得賢有司時常留意稽查耶？五條《唐律》不言何人，明添入「獄卒」字樣，薛氏議其非，其說甚詳。《疏議》有雖囚之親屬及他人與者之文，是未嘗專指獄卒也。六條與《唐律》不盡相符。七條、九條與《唐律》大略相同。八條明所增，薛謂《明律》之最善者。

老幼不拷訊　鞫獄停囚待對　依告狀鞫獄　原告人事畢不放回　獄囚誣指平人

唐目首條曰「八議請減老小」。四條唐無。五條曰「囚引人爲徒侶」，惟證佐不言實情一節，唐目曰「證不言情」，在《詐僞律》中，明附入此條。諸律與《唐律》大略相同。四條《箋釋》謂原告非必盡係己事，容有告別事者，故特立此條。五條《唐律》專指引人爲同夥而言，故有徒侶之文。明改爲平人，轉不分明矣。證不言情，薛氏謂不當附于此律。竊謂不以實對卽詐僞之一端，唐在《詐僞律》中最是，卽欲移入此門，亦當立爲專條也。

官司出入人罪

此條唐目同。惟增輕作重、減重作輕其抵罪之法亦如誣告條，意求精密，反不如《唐律》之簡當。失出入並以吏典爲首，首領官減吏典一等，佐貳官減首領一等，長官減佐貳官一等，其法本諸《名例》「同僚犯公罪」，實爲謬誤。《唐律》「同職犯公坐」各以所由爲首，何等平允。若如明法，豈問刑之權果可操諸吏典乎？失出入者在上官，而乃以吏典爲罪首，抑亦不平之甚矣。

辯明冤枉　有司決囚等第　檢驗屍傷不以實

此三條《唐律》並無文。首條《箋釋》謂專爲監察御史及按察司官而設，謂其職專理冤抑也。次條薛氏以爲朝審之始。然朝審之制始于英宗天順三年，由三法司會同多官審録，與此律之在內聽監察御史、在外聽按察司審録者不同。且在內並不會同刑部。是此律乃審録之制，不必在朝也。第明代審録之事非年年行之，而此律並無明文，未詳其。故檢驗格目創于宋鄭興裔，在淳熙之初，唐時尚無此制，故不及。《元律》有檢屍之條，明因之。

決罰不如法　長官使人有犯　斷罪引律令

《唐律》有「監臨以杖棰人」一條，謂自以杖捶人，首條第二節有自以大杖之文。唐律又有「制敕斷罪」一條，三條第二節特旨斷罪不得比引爲律即是此意。蓋皆是取《唐律》併入。二條唐在《職制律》中，各條律文與《唐律》大略相同。薛云，後魏孝明帝詡熙平元年，中尉元匡彈侍中侯剛掠殺羽林，廷尉處剛大辟。太后曰：「剛因公事掠人，邂逅致死，於律不坐。」少卿袁翻曰：「邂逅謂情狀已露，隱避不引，考訊以理者也。今此羽林問則具首，剛口唱打殺，撾築非理，安得謂之邂逅？」此所引是否魏代之律，抑係漢時舊律？無從稽考。按元魏自太和修律之後，具有律文，《魏書·刑罰志》中所引頗多，大約仍本于魏、晉之律，或有漢法在其中，未可知也。

獄囚取服辯

《周禮·小司寇》：「讀書則用法。」注：「鄭司農云，如今時讀鞫已乃論之。」疏：「漢時讀鞫已乃論之者，鞫謂劾囚之要辭，行刑之時，讀已乃論其罪。」《史記·夏(孫)〔侯〕嬰傳》集解：「鄧展曰：律有故乞鞫。」索隱：「案《晉令》云，獄結竟，呼囚鞫語罪狀，囚若稱枉欲乞鞫者，許之也。」《唐六典》：「決大辟罪，皆防援至刑所，囚一人，防援二十人，每一人加五人。五品已上非惡逆者，聽乘車。並官給酒食，聽親故辭訣，宣告犯狀，仍日未後乃行刑。囚在外，奏報之日不得馳驛行下。」按獄囚取服辯，蓋即周時讀書，漢時乞鞫，今東西各國有宣告之制。其名蓋取諸唐，其法實原于周、漢，世人不知而妄訾之，是未嘗考之於古也。今時犯供但令書吏誦，使聽之，誦畢即令畫供，未嘗告之所犯罪名，與律文不符矣。《晉志》:「《魏律》序略,二歲刑以上,除家人乞鞫之制,省所煩獄也。」是舊二歲刑以上並有乞鞫之事。《唐律》取服辯者自徒以上,實用古法。魏除之而唐又復之。《明律》與《唐律》亦大略相同。

赦前斷罪不當　聞有恩赦而故犯　徒囚不應役　婦人犯罪　死囚覆奏待報　斷罪不當　吏典代寫招草

唐目次條曰「聞知恩赦故犯」。三條曰「領徒囚應役不役」。四條目二,曰「婦人懷孕犯死罪」,曰「拷決孕婦」。五條曰「死囚覆奏報決」。唐有「立春後不決死刑」一條,明併入此條。六條唐目二,曰「斷罪決配而收贖」,曰「斷罪應絞而斬」,明併爲一。七條唐無文。前六條與《唐律》大略相同。惟三條專指領徒囚之人而言,《明律》下節言監守之人,而上節不言,未免含糊。末條薛云,《箋釋》謂鞫問刑名等項必據犯之人之招草以定其情,卽古之所謂爰書也。《康誥》之要囚,《周禮·鄉士》異其死刑之罪而要之,皆是。此律尚得古意。

工律

《明律》既分六部,而《唐律》之關於工事者較少,於《擅興》《雜律》中取若干條,分爲《營造》、《河防》二篇。

營造

此古之《興律》。唐曰《擅興》而無此目。惟唐有《營繕令》，明仿之而定此名。

擅造作　虛費工力採取不堪用　造作不如法　冒破物料　帶造段匹　織造違禁龍鳳文段匹　造作過限　修理倉庫　有司官吏不住公廨

唐目首條二，曰「興造言上」，曰「非法興造」，明併。次條曰「功力採取不任用」。三條曰「工作不如法」。並在《擅興律》。《明律》與《唐律》大略相同，惟三條罪名較重。薛云，《唐律》末段係監當官司各減三等，並無償物價工錢之語，《明律》罪名已較《唐律》爲重，而科罪之外均償物價工錢還官，尤覺過重，亦與躬自抑損之意不符。四條以下凡六條，唐並無文。明增事多瑣細，或可附他律。殆以《工律》太簡而增之以充數，亦無可奈何之事也。

河防

古無此名。此律各條唐在《雜律》中，明分出而立此篇。薛云，既總云河防，而「侵占街道」、「修理橋梁道路」二律與河防有何關涉而亦入於此耶？又云，《唐律》均係隄防，《明律》於盜決、故決則改爲河防，於失時不修則仍曰隄防，且俱添入圩岸陂塘等語。解者遂謂河防係在官築防之隄，圩岸陂塘係民間水利之業，盜決河防則害及於官，盜決圩岸陂塘則害及於民之説矣。然律内明言毀害人家、漂失財物及殺傷人，又何嘗非害及於民耶？按《周禮·秋官·薙氏》掌溝瀆澮池之禁，凡害於國稼者。《野廬氏》掌達國道至于四畿，比國郊及野之道路，宿息井樹。此門諸條正二氏之職也。

失時不修隄防　侵占街道　修理橋梁道路

次條唐目曰「侵巷街阡陌」。三條前一節唐無文，後一節在首條内，明改併。各律與《唐律》大略相同。薛於次條云，《日知録》，古之王者於國中之道路，則有滌狼氏滌除道上之狼扈而使之潔清，於郊外之道路，則有野廬氏達之四畿，合方氏達之天下，使之津梁相湊，不得陷絶。晉文之霸也，亦曰司空以時平易道路。而道路若塞，川無舟梁，單子以卜，陳靈之亡云云。此律與下一條尚有古意，而認真經理者十不獲一，律亦具文而已。

明大誥峻令一卷

明大誥峻令考

明祖當元代法紀廢弛之後，人多徇私滅公，因嚴刑以懲戒之，蓋欲風俗之移易也。其峻令之著于《大誥》者，多出於律外。自序云：「棄市之屍未移，新犯大辟者卽至，然則風俗之未能移易，重刑云乎哉！」茲從《大誥》分條録出，以見一時之法令如此云。

族誅

所在有司濫設，無籍之徒，四業不務，惟交結官府，捏巧害民，指稱的當、幹辦、管幹名色，出入市村，虐民甚如虎狼。律有常憲，亂政者斬。所在官吏，並非吾良民者，搆此非爲，姦狡百端，令吾良民受害。今敢有仍前爲非者，的當人，管幹人，幹辦人，並有司官吏，族誅。

按：濫設官吏律，罪止杖一百徒三年，此以其亂政而加重。然姦黨律，紊亂朝政者皆斬，妻子爲奴。雖前人已議其殘刻，尚非族誅也。此則視亂政爲尤重矣。

凡在官之物，起解之際，須差監臨主守者。若是布政司、府、州、縣不差監臨主守，故差市鄉良民，因而賣富差貧，許市鄉年老耆宿老人及英壯豪傑之士將首領官並該吏幫縛赴京。若或深知在閑某人或刁狡好閑民人教此官吏，一發幫縛赴京來。有司官吏，精目是誥，勿墮此憲，敢有故違，族誅之。

按：賦役不均律，放富差貧那移作弊者，當該官吏各杖一百，此應科差而那移者也。轉解官物，律，凡各處徵收錢帛、買辦軍需、成造軍器等物，所在州縣交收，差有職役人員陸續類解本府；若本府不即交收，差人轉解，勒令人户就解布政司者，當該提調正官、首領官、吏典各杖八十，此不應差而勒令者也。與此條故差市鄉良民者雖不甚相符，然罪名不應懸絶若是。明祖之意，特惡其擾民，故用此重法耳。

一切閑民信從有司，非是朝廷設立應當官役名色，私下擅稱名色，與不才官吏同惡相濟，虐害吾民者，族誅，有司淩遲處死。

按：亦濫設官吏之類。因係閑民害民而用重典。然害民之事，輕重不等，一概族誅，太無區別。觀容留濫設條，似此條閑民亦指罷閑官吏而言，故其法特重。此條之目曰閑民同惡。

指揮林賢，胡黨，法司問出造反情由，族誅了當。十九年冬十月二十五日，將賢於京師大中橋，及男子出幼者皆誅之，妻妾婢之。

按：蓋用叛逆律，尚非法外加重。男子出幼者誅，似不及歲者，尚不在駢誅之列。

民拏害民該吏，正官、首領官及一切人等敢有阻當者，其家族誅。

按：此條何房吏作弊？許高年有德耆民及年壯豪傑者將何房該吏拏赴京來？意在使貪官污吏盡化爲賢，意非不善，然恐流弊滋多。一阻當而卽族誅，較之前編第四十六條耆民赴京奏事阻者論如邀截實封律斬爲更重。以情法而言，其阻當根因大有區別，未可一律論也。

常熟縣陳壽六爲縣吏顧英所害，率弟與甥三人擒其吏執《大誥》赴京面奏，賞鈔三十錠，三人衣各二件，更勅都察院榜諭市村。其陳壽六與免雜泛差役三年。敢有羅織生事擾害者族誅，捏詞誣陷陳壽六者亦族誅。

按：此因如《誥》擒惡，故特厚其賞，並懸此重典以庇之也。究之羅織、誣陷，情各不同，自當分别論之。

又按：族誅卽秦夷族之法也。自漢以來，非叛逆無用此重典者。明祖意在懲惡，未免作法于涼。其後成祖屠戮忠良，率用此法，可慨也夫！

淩遲

金吾後衛知事靳謙，事頗不律，數犯以爲常。命斷事官稽衛卷宗，一衛卷宗十不存一。又令妻妾擊鼓以訴，覈之不實。朕親問之，謙不以卷宗奏答，卻言斷事官誹謗朝廷。試將與斷事官對向，委實謗言，於是淩遲處死。謙未任之先，軍七千餘，自謙到任，增八千餘，其一切賞賜月支，其數浩大。謙盜賣倉糧數多，剋落月支並賞賜，其數亦浩大，故不立案，必欲支吾。

按：此條之目曰沈匿卷宗，而本文曰故不立案，則尚非沈匿之謂也。磨勘卷宗律，各衙門文卷隱漏不報磨勘者，罪止杖八十；有所規避者從重論。此不立案，爲盜賣剋落起見，有所規避也。從重計贓論，應按監守盜律，淩遲則法外之刑。

閑民擅稱名色，有司淩遲。

按：見族誅一切閑民信從有司條。此等似因其亂政而特嚴，不專在害民也。

蘇州府知府張亨、知事姚旭，被假千户沈儀賫僞造御寶文書，至府不行比對勘合，承接即便當廳開讀，行下屬縣，意在通同擾民作弊。沈儀並伴當四名淩遲處死，知府、知事梟令。

按：《唐律》僞造皇帝八寶者斬，《明律》無文，惟詐爲制書者皆斬，似僞造御寶已該其中。沈儀與伴當皆淩遲，蓋不分首從也。至知府、知事，不過受其朦朧，乃云意在通同，近於莫須有矣。後容留濫設條稱，張亨等將屢犯在逃黥刺之吏，分付常熟縣恭充縣吏，結黨下鄉虐民。或不僅因沈儀一事。

建昌縣知縣徐頤，夏税違限不納，暗令納户赴倉，虚買通關。事發，刑部差旗軍提取，本官將刑房吏隱藏，暗圖賄賂，接受鄧子富等三名鈔四百餘貫，脱放各人，卻令刑房吏徐文政抄批支吾。是後官吏潛於後門往來，各軍等候日久，不見提到，每日止於縣前伺候。忽見徐文政，拏住欲同赴京，本官發怒，故將各軍羅織搶入縣廳跪問，誣以直行正道，於縣門下監鎖。内三名脱歸面奏，本官聞知，纔將軍人疏放。及提本官，又令弟徐二舍會集老人七十餘人赴京，妄訴官有政事。如此姦狡百端，淩遲示衆。

按：收糧違限律，罪止杖一百。此因其受鈔脱放提取之人，並將旗軍監鎖，故法外加重。第旗軍奉差出外，其倚勢作威，在所不免，其面訴之言，未必皆可信。以一縣令而敢鎖刑部旗軍，非情事迫切，卽係有風力之人，恐受鈔等項情節皆不確實也。況此案論罪，以受鈔四百餘貫爲重。按

《明律》，枉法贓八十貫絞，雜犯徒罪。遽擬淩遲，殊懸絕矣。

松江府知府李子安，爲旗軍傅龍保等十五名到府抄札犯人計三家財，提取贓吏夏時中等三名。比對勘合之後，李子安不與旗軍知會，私自將計三家抄札，剋落家財作弊，又將夏時中等三名受財賣放。各軍欲帶該吏張子信赴京回話，本吏將鈔十貫相送，被各軍送到本府封記。李子安慮恐各軍發其姦貪，帶吏典皂隸人等搶奪該吏回去，將旗軍傅龍保等十二名收監，又三名走脱，李子安與守門鎮撫閉門邀截回還，鎖禁五十餘日。朦朧妄申都察院定奪，又將旗軍解赴府軍前衛，以致事發。淩遲示衆。

按：此因抄札不知會旗軍，遂誣以剋落賣放。其將旗軍收監，必别有故，治獄者匿不上聞耳。此獄恐尤寃。觀此可以見當日旗軍之横。太祖時所用深文吏開濟、詹徽、陳甯、陶凱輩，後率以罪誅，未必非治獄不平之報。

江浦縣知縣楊立，爲旗軍到縣追徵胡黨李茂實鹽貨，與給事中句端面約，故不答應。卻用掌記書寫事情，差皂隸至句端家，句端備寫，緣仍令皂隸將回，傳遞消息。别無上司明文，卻稱我於給事中處討得分曉來了，如今不要追鹽，每引止折鈔四貫。如此結交近侍，欺罔朝廷，淩遲示衆，句端處斬。

按：交結近侍官員律皆斬。句端依本律，楊立加重。此條《明律》前人有議其殘刻者，今雖仍之，然久不用。

德安縣丞陳友聰，通同里長唐祐等，欺隱茶株，不行踏勘，接受本人羅絹布共十匹、鈔八十貫，本府帖下二十七次，抗拒不服。府委推官坐提，會集吏典、弓兵、里長、茶户周鼎等三十餘人，將推官等搶擎入縣，喝令打死勿論，隨即幫縛杻枷拘監。卻寫奏啟本，差典史等管押陳推官等九名赴京，遮掩前非，反至憲司，差喻承差同本府知府同去追提。又會集周鼎等將門把住，自執鐵叉拒敵。肆惡如此，淩遲示衆。

按：此案計贓雜犯絞罪應擬徒五年。具毆本府推官，以毆首領官論，罪止滿徒。惟將推官拘監及拒敵本府爲出乎情理之外，然淩遲究屬太過。

萊陽縣丞爲句軍事，府帖上一次下縣催句，因與兵房吏劉英等受贓一百貫，不行挨句。及本府差典吏董志等到縣提句，卻誣董志等馳當道入正門，枷杻赴京。聞本府具奏，纔將軍丁張玉山句解措塞。淩遲示衆。

按：此案計贓雜犯絞罪止徒五年。本府差吏提句亦常事，何必遽誣以罪。恐所謂馳當道入正門原非誣也，特事不得白耳。淩遲寃矣。

崇德縣民李付一等充本縣里甲，爲起夫擾民生理二次，牌句抗拒不答，俱各在逃。本縣批差甲首王辛三句喚，李付一設計王辛三飲酒，醉後將本人作害民甲首幫縛赴京，稱王辛三騙我羊酒飲喫。如此誣誑，各人淩遲處死。

按：此按誣告反坐，罪止於徒，衡情亦不爲重，遽用重典，不甚可解。既各在逃，何以又與甲首飲酒？又縛甲首赴京？此案情之可疑者。

松陽縣民楊均育與葉惟宗寃讐，將葉惟宗姓名寫狀，告其兄葉允名係積年老吏，弟葉允槐係逃軍。

及至法司，差人將帶原告句提被告對問，原告已在逃。承差人詣本處，將原告姓名及被告人數照名提至松陽縣，熟視非是帶去原告。及法司審問，葉惟宗曰：「不曾赴京告狀。今所告之人係惟宗兄弟，與我無讐可告。」法司以聞，特命釋之。惟宗出獄，見鄉中熟識楊桃兒曰：「將你名字告狀約，係是楊均育將伊母藥死，圖賴告我。我於通政司前拏住，搜出本人身上狀單一紙，係是你的名字。」告狀本人因同赴都察院，問招明白，淩遲處死。

按：藥母圖賴，此律應淩遲者。此條之目曰詭名告狀。

樂安縣知縣潘行與本縣周公煥先在監爲同堂生員，公煥任太平府同知，丁憂回還，有叔周德泰原任旌德縣丞，爲事刺面回家，叔姪二人常於潘知縣家來往，說事過錢。縣民陳添用告民人羅本中是胡惟庸行財之人，先被廖慶芳告發，用錢買息，懼事漏洩，將財穀散與葉志和等五十八人，議往福建楊門菴，請給彭玉琳旗號，回歸搶掠積糧，接應彭玉琳作亂，及見彭玉琳被獲，方纔止息，係是舊逆餘黨。潘行徇私，從周公煥叔姪并禮生耆宿曾原鼎等囑託，接受羅本中賄賂，教羅本中男羅伯彰告陳添用强占有夫婦人等事。及體勘，羅伯彰所告涉虛。周公煥叔姪又設計與潘行言說，將陳添用作積年民害，并柳召生等共十三人釘枷起程。繼聞陳添用齎擎《大誥》赴京伸訴，潘行差阜隸同周德泰趕至土名大嶺，將陳添用脱放。陳添用赴京告其不法。潘行唤弓兵胡士亨等到縣，著令狀供管解陳添用等，行至進賢縣深山去處，陳添用將弓兵幫縛在樹，打開枷鐐逃走。如此捏詞來奏，如此同惡肆貪，朋姦罔上，所以淩遲示衆。

按：謀反大逆律，知情故縱隱藏者斬。羅本中果係逆黨，知縣自不得徇情枉法也。

御史劉志仁、周士良爲剋落課程等事前往淮安追問，輒欲非爲，提取淮安、大河二衛卷宗，查出積年害民皁隸人等二百六名收捕軍役，聲言具奏，並不以狀來聞。自是與衛官往來，大肆貪婪之心，時常挾妓飲宴。並不將巡闌陳五等侵欺課程追徵還官，乃指以追贓爲由，故縱巡闌誣指平民，帖下鄉村，徧邑科擾。又容留里長鞠七等說事過錢，受銀一百五十兩、金三十四兩、鈔二萬五千二百貫，將民人夏良等拘收，各人妻小捶楚威逼，因而姦騙。如此妄爲百端，以致事發，差錦衣衛千户追提，卻用銀七十兩、金四兩、鈔五十貫、紵絲四表裏及綿布等物買求至京好言，掩其罪惡。所以淩遲示衆。

按：此依故勘平人律罪止杖八十，應以枉法計贓論絞，係雜犯徒罪。

何哲、任輝、齊肅俱任北平道御史。哲先爲追問尤榮一告不應事內受鈔七十貫、銀十兩，將一千人不曾提問，被都御史詹微舉問，又爲編管小牢子遲慢，被都御史喝罵搶出，因此懷恨。與輝、肅商議，會同各道御史魏卓等十八名，言前爲兩事，被都御史當衆辱詈，又奏了喫打，受氣不過。衆人回說再作商量。至洪武二十年正月初十日朝回，邀魏卓等十八名至家喫茶，詐捏詞情，言本道有兩起原告，一名許昂，告曹爲是胡黨，許昂不曾與曹爲對證；徐阿真告莫糧長不法事，倒被發去充軍，把這兩事著人告他受了銀子。各官回說，待各道人齊時大家商量。至本月二十七日，哲又與衆御史言，今我道裏有一名原告宋紹三，告狀都院，五十日不與給批提人，如今只放保，著告去通政司，告只說是許原教他去告。如此捏詞排陷，妨賢蠹政。此條之目曰排陷大臣。許原，許昆之弟，别因欠糧事與宋紹三同監收繫。魏卓，四川道御史，除同謀陷都御史外，又欲提問太倉衛指揮使孫茂，知係勳舊，不明白奏聞，朦朧具本送科給批將本官一概提取，意在陷害勳臣。 及平日在道問事，因罪本有一分，輒增作二三分，文致其罪； 其囚一分情真，增以二分，文飾無罅。 意在獻能，希求陞用，故使是非混淆，如此亂政。

以上四名淩遲示衆外，同謀排陷姑容戴罪鐐足在道問囚，一十四名。名不録。

按：宋紹三以原告而收繫五十日不與給批提人，事本可疑，何哲主使宋紹三告詹微受銀十箇，即按誣告反坐，不過照枉法雜犯絞罪擬徒，此蓋按朋黨亂政律應斬，加重也。 然何哲所言許昂、徐阿真兩事，詹微亦非無故，不獨宋紹三之收繫五十日也。 不罪詹微，而獨誅何哲等，殊不得其平。 且何哲與詹微有隙，任、肅等則屬無干，會議時一則曰再作商量，一則曰大家商量，並未爲何哲設一謀出一計，特不能正言勸阻，爲有不是耳，謂之同謀排陷，不免周内。 輝、肅與哲同道， 别無他罪。 魏卓之提孫茂而曰意在陷害，更爲文致之詞。 時太祖方信任詹微，諸御史遂攖此禍，著諸《誥》中，殊不足以服人也。

又案：淩遲案内惟孫旺、蔡祥、傅旺三起在《大誥》武臣編中。 情真罪當， 今不録。 太祖之治武臣，不若文臣之法外用刑也。

又按：律内淩遲，惟謀反大逆、謀殺祖父母父母、殺一家三人、採生折割四項， 他無有也。 《大誥》淩遲各案，有罪止于徒而遽行淩遲者，可謂重矣。

極刑

刑以淩遲爲極，《誥》内所言極刑，不知是淩遲否？姑列于淩遲之後。

崑山縣皁隸朱昇一等，毆打欽差旗軍，罪至極刑。旗軍縱有贓私，亦當奏聞區處，安可輕視。

按：皁隸固不當毆打旗軍，然皁隸亦非旗軍之所能管轄，其相毆也，直凡鬬耳。律内毆制使者杖一百徒三年，旗軍實非制使可比，卽以其係欽差前往，亦不過與奉命出使者等。罪至極刑，宜當日旗軍之横也。

管解囚徒赴京，長押人等中途賣放，處以極刑，籍没家産，人口遷於化外。

按：律内押解人故縱罪囚，與囚同罪，受財者計贓以枉法從重論，《明律》枉法滿貫雜犯絞罪，此則直以叛逆處之矣。

梟令

開州州判劉汝霖。北平布政司按察司官吏李彧、趙全德等通同六部官郭桓等、十二道丁廷舉等寄借贓鈔，各官事發，坐名定數，遣人追取。本州官吏羅從禮等分寄一萬七千貫，劉汝霖不照名追還，卻帖下鄉村，徧處科民，代陪前項，甚至禁錮其民，逼令納鈔，於是梟令於市。

按：律因公科斂杖六十，贓重坐贓論，入己並計贓以枉法論。此案科斂雖非因公，卻非入己，律無正條，可以枉法科之。劉汝霖之不照名追贓而出帖科民，當别有故，特治獄者不能平情以察，致令罹法外之刑耳。

布政司府州縣在役之吏、在閑之吏、城市鄉村老姦巨猾頑民，專一起滅詞訟，教唆陷人，通同官吏害及州里之間者，許賢良方正豪傑之士幫縛赴京，敢有邀截阻當者梟令。

按：邀截阻當依劫囚律皆斬，中途打奪者滿流，傷人者絞，殺人聚至十人爲首斬，下手致命者絞，爲從各減一等。此則但邀截阻當即梟令，不復問殺傷人與否矣。

承差之徒不拘貴賤，所到衙門徑由中道直入公廨，據公座，口出非言，諸司阿奉，略不奏聞。布政司聽六部所囑，府州縣聽布政司囑，州縣聽府囑，縣聽州囑；所以布政司吏員皁隸承差入府州縣，徑由中道直入公堂，據公座，口出非言，淩辱府州縣。府吏皁隸巧立名色，的當人、幹辦人，擅差至州，徑由中道直入公廳，據公座，口出非言；州差下縣者與府同。閒民擅當的當名色、幹辦名色，官擅與立名，民擅承之，異日拏至京師，官民皆梟於市。此條之目曰妄立幹辦等名。

按：妄立名色亦濫設官吏之一端耳，依律罪止杖一百徒三年。官民皆梟，惡其亂政壞法也。

吴江縣正糧長張鏐孫妄告親叔，副糧長朱太奴妄告親母舅，梟令。

按：干名犯義律，告期親尊長雖得實杖一百，小功杖八十，若誣告，重者加所誣罪三等。本文云二糧長告兇頑之户不輸納官税，又云正陷叔父於聚衆，副陷母舅同惡。按律，人户欠糧，罪止杖一百，加三等應杖八十徒二年，聚衆無正律可科。此因其絶滅綱常而用重典也。

小溝小港山澗及灌溉塘池，民間自養魚鮮池澤，皆已照地起科，並不係辦課去處，小人生事，一概搜拏，聲言要奏，如此虐民，今後敢有仍前奪民取採鰕魚器具者，梟令。此目曰魚課擾民。

按：律無專條，應計贓科罪，或以强占湖泊蘆蕩論，此以虐民而加重也。

蘇州府知府張亨、知事姚旭。

按：見前淩遲條。

嘉定縣民郭元二等，手執《大誥》赴京，首告本縣首領弓兵楊鳳春等害民，經過淳化鎮，巡檢何添觀刁蹬留難，致使弓兵馬德旺索要鈔貫，聲言差人送赴京來。如此沮壞，馬德旺梟令，何添觀刖足枷令。

按：索要鈔貫不過計贓論罪，此因沮壞遵奉《大誥》之人，故特用重典。此可以見徒法之終不足以爲治也。太祖作《大誥》，本欲民知懼而不敢犯，而孰知無藉之徒卽假此以爲挾詐之具乎。

洪武十九年，福建沙縣民羅輔等十三名，不務生理，專一在鄉搆非爲惡，心恐事覺，朋姦誹謗，卻説如今朝廷法度好生利害，我每各斷了手指，便没用了。如此設謀自殘父母之遺體，是謂不孝；捏詞上謗朝廷，是謂不臣。似爾不孝不臣之徒，惑亂良民，久則爲禍不淺，所以押回原籍，梟令於市，闔家成丁者誅之，婦女遷於化外。此目曰斷指誹謗。

按：漢文除誹謗之法，欲聞己過也。此等斷指誹謗之人，固屬刁惡，然遽施以法外之刑，何其度量之不宏也。

開州同知郭惟一，贓貪害民，本州耆宿董恩文等再三勸諭本官，如今《大誥》頒行，務要安民，官人不可如此。惟一發忿嗔怪，董思文等赴京陳告，惟一率領祗禁人等邀截回州，收監在禁，監死董恩文一家四口。梟令示衆。

按此亦因《大誥》釀禍也。律故禁平人致死者絞，監斃至一家四命，加重尚不爲過，第不至梟令耳。

溧水縣主簿范允爲抄扎姦黨張名善家財，縣民湯希悦等隱匿財物，冒告文引，私下遞與張名善盤費。民人霍進等到縣告發主簿受湯希悦等鈔四百貫、紅綾二疋，泯滅其事。霍進等欲赴京陳告，又令湯希悦等邀截回還，卻説便告我也，赦三箇死罪。如此怙恩肆惡，梟令任所。

按：此但應計贓科罪者。

嘉定縣民蒲辛四，一户分爲三户，辛四充耆宿，常騙要周祥二錢物。《大誥》頒行，畏懼告發，父子三人將周祥二幫縛家内，用油浸紙撚，插於周祥二左足大指二指間，逼令招爲害民弓兵，幫縛赴京。通政司問出前情，梟令示衆，籍没其家。

按：此應依誣告科罪，燒傷周祥二究未致死也。

嘉定縣民沈顯二，詐稱魚湖頭目，與周官二將積年害民里長顧匡幫縛赴京，曹貴和勸和，沈顯二接受鈔一十五貫、紬一匹、銀釵、銀鐲等物，就行脱放。顧匡懼後事發，赴京出首。曹貴五、周官二亦赴京出首。沈顯二聞三人赴京，星夜趕至淳化鎮，意在一同出首。周官二、曹貴五、顧匡設計，將沈顯二幫縛面奏。至通政司，沈顯二扭脱在逃。周官二、曹貴五又設計將顧匡幫縛，赴通政司告。似此姦頑四人，皆梟令示衆，籍没其家。

按：沈顯二騙人財物，計贓無多，不過徒杖。周官二等三人情節固屬刁詐，究非誣良，律無正條，酌量科斷，亦不能過重。梟令、籍没，特以懲創姦頑，固不以尋常論也。

歸安楊旺二，明知里長攢造文册，雇倩文阿華在家書寫，甲首盛秀二助勞，卻將文阿華、盛秀二幫縛至安吉縣地面，私自監禁一月，百般欺詐銀鈔等物，爲無人保領，還家仍將各人拏來。如此排陷小民，肆姦玩法，梟令示衆。

按：此誣良訛詐，然無死法。

安吉縣民金方，佃種潘俊二田一畝六分，兩年田租不還，潘俊二取討，反將潘俊二作害民豪户幫縛，騙要牛一隻、猪一口宰請衆人飲喫，又虚勒要已收田租并不曾騙要文書三紙，將潘俊二幫縛前來。如此騙害良民，梟令示衆。

按：此於律無正文，頗與光棍之例相近。蓋自有許民幫縛赴京之《誥》，而民間紛紛生事矣。

烏程縣余仁三等二十九名，係富民游茂玉佃户，游茂玉見余仁三等水災缺食，將糧米俵借各人食用。余仁三等不行交還，卻嗔游茂玉取討，結搆頑民一百餘人，至游茂玉家，打碎房屋門户，搜出原借米文約，糧長閔益亦在其中同惡相濟，將供約俵還各户，又搶銀四十五兩、鈔七十五貫，又將山羊二隻宰殺賽神，卻將游茂玉作豪民幫縛赴京。如此凶頑，除余仁三、閔益、嚴之保等梟令示衆，其餘各人發化外充軍，家下人口遷發化外。

按：此等兇頑，嚴懲甚允。

吴縣糧長於友，本係胡黨，數犯法，面刺死囚「隱送同罪」，發鳳陽屯種。後本人將「隱送同罪」四字起去，還鄉復業，充洪武十八年糧長。至十九年，本區里長盛宗欲赴京陳告本人胡黨事，於友邀回，置禮求免，略同少暇，卻將盛宗作害民弓兵幫縛赴京。朕親面見，盛宗分訴緣由，黨弊昭然。發回本貫，梟令示衆，籍没其家。

按：此胡黨之漏網者也。當日胡黨株連之禍，蓋數年而未息。胡惟庸謀反，十三年事。

蹇煜，太平府經歷，一次爲水灾受鈔銀戴徒罪讀書，一次爲受贓擅自巧立受給名色，罪該梟令。

按：受贓應計贓科罪，巧立名色亦事之常也，乃曰罪該梟令，豈當日别有條例乎？

官民赴京，身藏空引，及其歸也，非盗逃軍而回，即引逃囚而去。今後所在有司，敢有出空引者，受者皆梟令，籍没其家。有等齎正引赴京，引本十人，至京之日，存留五名，假作營生，餘五名或偷囚，或偷軍，頂名而去，他日引後至，正名方歸。惟江西之民，其姦尤甚。本引已偷軍、囚去，却故行哀憐，赴官陳告同行將引先去，致曾以道等無引而歸，該司憐其所以，給引以往。今後敢有如此者，梟令於鄉間，籍没其家，成丁家口遷於化外。

按：此目曰空引偷軍，乃《明志》所稱十條目之一也。律惟官軍遞送逃軍妻女出京城者絞，民犯者杖一百，偷軍、囚者無文。知情藏匿罪人律，凡知人犯罪事發，藏匿在家，及指引道路，資給衣糧，送令隱避者，各減罪人罪一等，與此情節頗相似，可以比照定擬。梟令、籍没，則法外之法也。

貴溪縣儒士夏伯啟叔姪二名，人各截去左手大指。去指不爲朕用，是異其教而非朕所化之民爾。梟令，籍没其家，以絶狂夫愚夫倣效之風。令法司詣本貫決之。此目曰秀才剁指。

蘇州人才姚叔閏、王謂，有人以儒者舉于朝廷，朕欲擢用，二生交結本府官吏張亨等，暗作主文老先生，因循破調，不行赴京以就官位，而食禄於本郡，作害民之源。梟令，籍没其家。此目曰蘇州人才。

按：此二條所謂寰中士夫不爲君用，此八字見第二條。《明志》十條目之一也。此四人者，視白衣宣召，白衣還者，相去懸絶矣。

黥刺者發充軍遐荒，往往中途在逃，其有親戚影射四鄰擒獲到官者，本人梟令，田産入官，人口發往化外；鄰里隱藏同罪；巡檢弓兵受財縱放越境而逃者同罪。

按：徒流人逃律，凡徒流遷徙囚人，役限内逃者，罪止杖一百。若起發，已斷決徒流遷徙充軍，囚徒未到配中途在逃者，罪亦如之。竟予梟令，太懸絶矣。

溧陽縣皁隸潘富，教唆官長貪贓壞法，自已挾勢恃權，知縣李皐與潘富同謀害民，設計科斂，名色紛然。潘富買蘇州女子與本官爲妻，就舍潘富家，本官於本家往來三五遭，然後潘富占恡此女，不與本官，自行收要，本官亦莫誰何。潘富教本官行害民計，著科荆杖，偏一溧陽所屬人民盡要荆杖。及其有將荆杖至者，故推不好，不行收受，留難刁蹬生事，捶楚民出錢矣。既得錢後而後荆杖息焉。遣人按治，潘家在逃，蔣士魯等一十三户自溧陽節次遞至廣德。蔣士魯引導至建平縣，建平民王海三等潛遞復回溧陽。溧陽民朱子榮等暗遞至宜興。宜興民杭思鼎等暗遞至安吉。安吉民潘海私遞至長興。長與民錢弘真等遞至歸安。歸安民吳清甫等遞至德清。德清民趙罕仁暗遞至崇德。崇德豪民趙真勝奴，家貲數萬，日集無藉之徒五十餘人在家，常川販賣私鹽，鄰里相朋者二百餘人。追者至，將潘富遞入千乘鄉僧寺。僧澄寂、周原善將追捕者率領二百餘丁終宵困逼，天明解去。追者回奏，將趙真勝奴并二百餘家盡行抄沒，持杖者盡皆誅戮，沿途節次遞送者一百七户盡行梟令，抄沒其家。

按：以一皁隸之在逃而誅戮至數百人之多，無怪胡、藍兩獄之株連四萬也。葉伯巨以用刑太繁爲規，反觸其怒。嘻，甚矣！

歙縣吳慶夫充巡闌，鄉民程保買牛二隻，已有入官文契，要稅錢二十六貫；本家蓋房木料係本山土産，要稅錢八十貫；販乾魚客人要稅錢准乾魚三十斤。又於偏處鄉村不問有無門店，一概科要門攤。如此强豪姦頑，差人押發本籍，本人凌遲。其弟及男同惡害民，皆梟令示衆。今後爲巡闌者，倚恃官威，剥盡民財，罪亦如之。

按：此亦應計贓科罪。

醫人王元堅賣毒藥毒人，梟令。

按：律用毒藥殺人者斬，此加梟而已。

大軍北行，兩兵合腳力驢一頭，罷舉兵歸各衛，驢留北平，命布民間各户分養。莊農雖作生理，帶驢前去，羈絆於郊，不甚妨人。經歷董陵雲與府州縣官吏設計，令民入邑圈槽喂驢，每驢妨夫一名，出城取草，歸家取料，往復艱辛。又設計科斂棘針，擅蓋牢牆。梟令。

按：兵驢民養，萬無不騷擾之理。此更害民矣，然亦始令之不善，奈何徒罪經歷。

松江王子信，田地廣有，點充爲事，免死刺發西河州充軍。至衞，交結官吏，詐計多端，私逃還家。又交結官吏，稱爲軍身，常率佃户四五十名，軍容妝扮，擾害鄉民，欺壓良善。事覺句捉，將錢物買求拏捉人，多端破調，急不至京。又以家人作親姪，擊登聞鼓妄訴，又令妻妄訴數番，令人頂名到官，其詭詐非一。於本貫梟令，家財入官，田産籍没，人口流移。

按：前明《問刑條例》，充軍人犯逃回，犯至三次，通在著伍以後，依守禦官軍律絞，不至三次，無死罪也。此以其害民而置諸重典耳。

江西代人告狀，梟令。

按：律受雇誣告人，與自誣告罪同，自應按所告之輕重坐罪，未便一律梟令也。

丹徒縣丞李榮中，并應天府吏任毅等六名，先爲受贓五百七十五貫，賣放均工人夫一千二百六十五名，各斷十指，押回本處，將所賣人夫著句赴工。卻謂先時已受各人財物，遂匿其名，反將應免夫役、鋪兵、弓兵、生員、軍户周善等數百餘家一概徧鄉句拏動擾，意在搪塞於内，又復受財作弊。梟令。

按：此等計贓科罪，自無死法，以其恃刑肆貪而重懲之也。

斬

洪洞縣姚小五妻史靈芝，係有夫婦人，已生男女三人，被軍人唐閏山於兵部朦朧告取妻室，兵部給與勘合，著落洪洞縣將唐閏山家屬起赴鎮江完聚。本夫告縣，本縣不與民辨明，推稱內府勘合，不敢擅違。及至一切內府勘合應速行而故違者，不下數十道。其史靈芝係人倫綱常之道，故違不理，所以有司盡行處斬。

按：此等有司不過畏葸不曉事耳，遽予斬罪，濫矣。

僧尼、道士、女冠，不務祖風，混同世俗，交結官吏，爲人受寄生放，犯者棄市。

按：此亦太重。

凡布政司府州縣耆民人等赴京面奏事件者，雖無文引，所在關津把隘去處卽時放行，毋得阻當，阻者論如激截實封律。

按：邀取實封律斬，係指在外大小各衙門官實封公文而言，耆民人等奏事而亦用此律，意在達下情也。

官吏下鄉擾民，洪武十七年，福建右布政陳泰，斬。

按：官吏之惰者，高坐衙齋，不出國門一步，求其下鄉而不可得，其肯下鄉者，皆勤於民事者也。召伯《甘棠》，歌興郊野，古事可徵。乃因擾民而概禁下鄉，不問下鄉之是非而一概處斬，毋乃皁白不分乎？况官不下鄉則境內之阨塞形勢無自周知，風土人情無自咨訪，惰者樂於從事，勤者欲有所施設而不能，於吏治甚有關繫。且事之擾民者何必下鄉，因噎廢食，此之謂歟？

十二布政司及府州縣官，差使倉場、庫務、湖池、閘壩、巡檢等司官員離職辦事，罪得亂政之條，合該身首異處。

按：此以其亂政也。亂政之事，大小輕重不同，一律處斬，未免太無區別。

山西都司斷事陳允中，爲管州山賊不時刦民承差採取木植，旗軍張士能等拏獲送糧供給賊人男子二名，發下斷事廳，會石州同知俞桓問實供招，通同受財，將供送賊糧民人脱放，張士能等各杖一百充軍。爲此，各人處斬。

按：故出入人罪律，以全罪論，尚不至死，此殆以故脱賊黨而處斬歟？

天下府州縣以慶節爲由，和買民物，不還民錢，斬。

按：出納官物有違律，有司和買不即給價，坐贓論，其罪止滿徒，此處斬太重。

朝廷凡有諸色造作，文書明下有司，止許官鈔買辦，毋得指名要物，實不予價，違者斬。

按：此與上條同。

死罪

餘姚縣吏葉彦彬，邑呼曰小疾靈，以黄冠符篆印作縣印，用使批文，下鄉騙民，被弓兵史敬德覺露，賄於有司，虚有罪，實釋之。後以吏役起赴京師，建言便民事理，中含報讎於史敬德等。二人依所言章，至法司對問，所言事已虚三件，況實報讎告人。御史王式文，徇情出妄告之罪，别事不公者，多由小疾靈發露，墨面文身，挑筋去指；書吏梁仲真亦然。既刑之後，皆繫獄中。疾靈罪未决，遠房代人書寫，疾靈事内被告者，知疾靈姦詐，以銀相送，人各與花押一枝爲照。後各出獄，果送鈔銀布疋。疾靈他犯又將及身，乃以鈔銀段絹布疋赴通使司首。父本老吏，朝廷起取，推風疾不起。其子赴京，父俱至。疾靈被獲，傍云父亦在是，遣人試捕，就京被獲。父子皆死。

按：疾靈之死，以本身罪未決，輒敢於苦楚處受贓也。其父則以推風疾不起而潛來京也。疾靈姦詐可誅，其父亦罹是禍，未知科以何條？

甯國府教授方伯循、生員張恆等五名，憾府官督責於祭祀之際，徑率諸徒詣齋所，將府官祭服四面揪捽，若奉上司明文擒拏有罪者。方伯循出納學糧不明，改換文案，以致本府檢舉，非止一端，反與不才生徒誣辱提調官，罪皆當死。

按：部民毆本屬知府，杖一百徒三年，佐職毆長官減二等，乃云罪皆當死，何也？

臨淮縣知縣張泰、縣丞林淵、主簿陳日升、典史吴學文，句補逃軍，受要錢鈔，逼令民人管伍頂陳保仔名，管歪兒頂王虎子名。又河南嵩縣知縣牛承、縣丞毋亨、主簿李顯名、典史趙谷安，亦受錢鈔，逼令征進雲南有功留守烏撒軍人趙成子鐵驢，代充逃軍趙成軍役。此兩縣官員盡行典刑。

按：此亦應計贓科罪者。

逸夫或於公門中，或在市閭裏，有犯非爲，捕獲到官處死，里甲四鄰遷化外。

按：此在互知丁業條。欲民皆守士農工商四業，市村不許有逸夫也。

今後無物引老者，雖引未老，無物可鬻，終日支吾者，坊廂村店拏捉赴官，治以遊食，重則殺身，輕則黥竄化外。設若見此不拏，爲他人所獲，所安之處，本家鄰里罪如之。

按：此在驗商引物條。遊食與逸夫其爲惰民一也，遊食罪有輕重，而逸夫不分輕重，未免歧異。

上海縣糧長瞿仲亮，科斂太重，納糧既畢，拘收納户各人路引，刁蹬不放回家，除淋尖踢斛外，科使神福錢一萬貫。

按：此案贓數之多既非尋常，故其罪亦重，文但云身亡家破，未知科以何罪？

工部侍郎韓鐸，以儒士任吏科給事中，與同科給事中彭允遠、吏部尚書陳敬等，將取到十二布政司儒士與諫院等各官私下定擬職名，作見行事例朦朧奏啟，以交結近侍律處斬，妻子流二千里，朕閔初任釋放，復取赴京，發往雲南烟瘴盤江安置，使改非心。不數月，取回爲工部司務，後陞本部侍郎。斂威結黨，遂同諸官贓貪亂政，賣放木瓦匠土工，木匠、木艌匠，剋落關支人匠食錢，盜賣蘆柴木炭節次，八千九百貫。同案侍郎李楨五千七百五十貫。郎中侯恆禮七百貫。郎中陳恭一千三百五十貫。員外郎陳侃二千四百貫。員外郎郝彬四百貫。員外郎王大用三千貫。主事郭昇二千三百貫。主事張鳳二千貫。主事詹瞻三百貫。主事邵炳四百貫。司務宋原二千貫。給事中哈安七百貫。給事中楊霖一百五十貫。

按：文云遂致殺身，是死罪也。但專指韓鐸一人，餘人未詳何罪？贓數多寡不同，似應有區別。

禮部試侍郎章祥等六員，命部賞賜婚禮銀鈔出庫，通同近侍盜出銀錠，虛出鈔貫，同謀事覺，章祥身故，員外郎辛欽等五名受刑。

按：此不言盜出銀錠若干。文云雖未供指本官，已行神思荒促。是此獄未經供證明白，遽將餘犯受刑，濫矣。

十二布政司起到能吏，發付在京，掌管親軍文册，皆言不解管軍吏事。及其著役，通同上下，結交近侍，關支月糧，報名賞賜，重支一次者有之，兩三次者有之，皆殺身而後已。鎮南衛吏范彥彰等五十六人。

按：此案亦無贓數。

五軍都督府首領官掾吏陳仔等，到任以來，不親筆起藁，凡有書寫，多令典吏、囚人起藁立意，然後押字，及至駁問，惟知大意，本末幽微，莫能解分。結交近侍兵科給事中孫昺等，支出征官軍盤纏，賞賜工役軍人，優給幼官兒男，恤賜軍屬，妄出鈔錠不下數十萬，至殺身而後已。此囚書辦文案。

按：此案贓數雖多，而入己數目未經究明，蓋其情節重在用囚人起藁立意也。武人解公牘者甚少，其用囚書辦文案，當時必習爲故常，太祖甚惡此事，故重懲之。

應天府宣課司官點與巡闌大使張從義等，定計害民。如巡闌時子清，一户家有三丁，一丁充軍，常川在役，一丁身役巡闌，本官計役，一丁作做飯名色，常欲差占，每朝要肉三斤，副使于進二斤，司吏攢陳禮等人各一斤，皆係巡闌出辦，故難本户，待買之後方已。事覺身亡。此目日科取巡闌。

按：私役部民律罪止杖八十，其科取之贓亦甚瑣細，而罪至殺身，法重如此，而犯者未息，故欲化鴟爲鳳，不在法也。

浙江按察使陶晟，將會稽知縣淩漢吹毛求疵，入獄收監五月有餘，有罪無罪，並不與決，故意枉禁。及朕覺，陶晟已待罪在京，朕思伊父相從之舊，已行釋免，爲枉禁淩漢，復枷項前去浙江取淩漢至京。陶晟將淩漢出獄，大肆無禮，復收入禁半月，方起抵京就船，又監四日，方交法司。晟有罪，朕宥之，復有罪磨難，令省之，終不自省。殺身後已。

按：此依故禁平人律，不致死，無死罪也。

東流江口河泊所官陳克素，通同業户人等，侵欺本所魚課一萬貫入己。復通同東流、建德兩縣官吏王文質等，詭言兩縣不行闌棧江口，致魚隨水去，有虧國課，將兩縣山村人民驗丁斂鈔，不下數萬，官數獨不納足，其餘皆分受入己。及進納魚課，陳克素假有親喪，遽然丁憂。身死後已。

按：此案贓甚多，然入己之處尚不甚分明。

大理寺左少卿艾祖丁，誣奏在寺進士揚吉不遵禮法，於公堂大辱臣等。按問誅之。

按：誣告反坐，自有明條，大辱長官，罪不過杖也。

兵馬指揮趙興勝，警巡坊廂一切非爲之人，洪武十八年夏，民人陳來安首平涼侯男造反，興勝匿而不奏，同僚不從，朦朧奏聞。及鞫問平涼侯男，其弊多端。稽求平昔職掌路引之弊，贓多。凡出軍民引一張，重者一錠，中者四貫，下者三貫。其引紙皆給引之人自備，卻具文關支官紙。止追十八年半年紙劄，其鈔已盈萬計。所以不赦而誅之。

按：此不重贓數之多，而在匿告反之情也。

軍吏董演，因公道經山下，遇虎搏人，人皆驚走，獨演奪軍手槍挺身捕虎。其虎捨已搏之人，徑來趨演，演乃格殺之。本衛官以狀來聞，即受承勅郎，養威於近侍。不數月，侮於寡，歸法司，具奏如律，釋之。方免未久，假勢淩人。數入上元縣分付公事，阻壞縣治不已。忽陷倉脚夫王三等於死地，捏詞具狀來聞。私下没楊三元保家産，僞造非言。上罔朝廷，下虐黎民，其應天府京尹孫鳳等明知虚誑，輒便黨比阿從。由是囚而皆殺之。

按：律，董演誣告人死罪未決，應科以滿流加徒役三年。孫鳳等故出入罪未至死，亦無死罪。此以其亂政壞法而誅之也。

前軍斷事官提控案牘司吏施德莊、楊耀、喬方，問泉州衛指揮張傑等私下蕃事，接受張傑等銀四百七十兩、鈔五百三十貫，將原告范源擬作虚告，朦朧奏聞，意在殺無罪而脱有罪。

按：本文云人各死於有罪，則所科死罪也。依官司出入人罪律，不至死，計贓亦不至死。

糧長郝阿仍，令徐添長代替赴京，本人在家，朋黨譚理、徐付六、周伯賢、譚真五、張二、徐付三、莊壽二、胡付四，起立名色，科擾糧户。立名曰船水脚米、斛面米、装糧飯米、車脚錢、脱夫米、造册錢、糧局知房錢、看米様中米、鐙油錢、運黄糧脱夫米、均需錢、棕軟篋錢一十二色，通計斂米三萬七千石、鈔一萬一千一百貫。正米止該一萬，便做加五收受，尚餘二萬二千石、鈔一萬一千一百貫。民以房屋准折者有之，揭屋瓦准者有之，變賣牲口准者有之，衣服、段疋、布帛之類准者亦有之，其鍋竈、水車、農具盡皆准折。

按：文云身亡家破，則死罪也。第此等科斂，不皆入己，糧長獨承其罪耳。

蘇州府吏顧顯，初本原顯，因犯工役在逃，改名顧源，仍復爲吏。拘拏赴京，著令工役，亦復在逃，改名顧顯，依然縣吏，至殺身而後已。其次更名一次者有之，二次者有之。其次六名，名不録。

按：此目曰逃吏更名。依舉用有過官史，律不過杖一百耳。明初最重閑吏之誅，故罪至於死。

常熟知縣成蒐奇，聽知府張亨參逃囚逃吏黄通等更名爲吏，自己所用，盡收市鄉無籍之徒，掌行文案，亂政壞法，自取滅亡。

按：此亦以亂政壞法誅之。當日逃囚逃吏之禁甚嚴，故容留爲吏之罪亦重。

吏部主事蕭惟一。誤將奏本出外，被守衛軍搜出，送察院鞫問，索本部官銀三百兩，如無便亂指。鷹揚衛知事王貞。剋落故官舍人鈔一千二百貫。六科給事中并承勅郎、尚寶司、各衛知事，交結朋黨，互相蒙蔽，盜出銀鈔衣服，給事中言信、入己鈔六萬三千五百貫、衣服二十二件。盧敏等六十三人。分鈔自三萬貫至三百貫不等。承勅郎追問秋糧，將人犯江仲康等招狀改抹作弊，及通同言信等私置人匠食錢則例簿，於尚寶司用印，誣證受贓，殷裕等二十人。分鈔自一千二百十三貫至三百五十貫不等。龍江抽分場副使李興。通同韓鐸盜賣蘆柴二萬八千束。金吾前衛千百户紙德等四員。通同鈔庫官孫安等將太平進到折收秋糧鈔一萬貫存留在外，虛出實收各門印押長單與納户收照。御史武希顏。丁祭赴太學齋宿，與刑部主事許桐及監生高霖等三名飲酒。監生陳敨。查踏水災，於僧寺造册，恃勢争房，將名藏主拷打身死。虎賁右衛吏魏叔温。將已編隊伍軍人七十四名受鈔一百三十五貫賣放。留守左衛吏李仲恭。故行刁蹬水軍，不支三箇月糧，卻於糧榜上朦朧開寫具奏。廣洋衛百户洪福。抄札犯人家財，通同害民猾吏著犯人招指良民，致傷人命。留守右衛百户吴祥、李英。監工將囚人賣到石頭私下貨賣。

按：文云其屍未移，各人繼踵而爲非，蓋皆死罪也。惟此九十三人之中，武希顏爲丁祭赴太學齋宿飲酒，情節最輕，亦擬死罪，蓋以大不敬論矣。大不敬亦有僅予杖罪者。陳敨、洪福上關人命，其死也宜。李仲恭不支水軍月糧，而於糧榜皆朦朧具奏，其意自在尅落，然事未明白，科死罪亦太過。其餘諸人，皆以贓入罪，惟贓之多者六萬三千五百貫，少者一百三十五貫，毫無區别，豈爲平允？

天下諸司差人解物赴京一起，解絹千尺，該部點掣，一二百以爲不堪，令換。解物人依數兑换交納，欲取原絹，部官吏已入己矣，並無有還者。已將各官吏棄市。今後諸司解物，公同印押，封記牢固，直抵當該庫，分庫官辨驗開封。其所在諸司通同起解者，並不公同緘封，惟是散盛解行，印信封皮令解物人身藏，沿途或以微抵巨，或以賤易貴，或虚買實收，止納一半，全不納者有之，有抵庫而不如數者有之。鞫問其由，印信封皮懸帶在身，至京方用。直至殺身而後已。

按：此亦應計贓科罪。

各府州縣解納應合入官諸色物件，正官、佐貳官、首領官或該吏須得一名親起解。若差無籍之徒至京，有周年不納虚買實收而歸者，有使訖一半妄言原本不足者。今後敢有如此者，倍追之後，官吏殺之，妄承行者亦殺之。

按：此亦應計贓科罪。

蒲州知州孫景德起解課程，於本州減莊等九十八里每里科斂脚力驢一頭，共科驢九十八頭，將四十頭賣放，與司吏喬思義各分入己，止將五十八頭馱載課鈔赴京。又於六房每房斂盤纏五十貫共三百貫入己。及先因公幹赴布政司回還，到本州典史王勉家，置備羊酒，與伊父王直同座而飲。如此貪婪無禮，誅。

按：因公科斂入己，計贓以枉法論，《明律》乃雜犯絞也。

吉州知州游尚志，指以生員爲由，逼令生員二百餘户句至，受贓放歸。以中鹽事，客商已繳原買官引，復每一引重追引五道，無者追鈔五貫。又每户用柴五十斤炭十斤，以巡闌爲由，多差人户賣放。少點應當進納商税課程。科民驢二百四十頭，每頭要鈔三貫，除存留外，其餘盡行賣去。誅。

按：此亦因公科斂。

鄭州知州康伯泰等十二人剋減賑錢入己，自四千貫至五百貫。除參政張宣等功臣之子免死充軍外，其有司官吏宜其然而死乎。

按：剋減賑錢入己，較其餘婪贓爲重，其死也宜。

有司衙門皁隸、吏員、獄卒不許用市井之民，有司仍前用此，治以死罪，市井之徒擅應此役及暗搆爲是皆死。

按：此非惡市井之民，因市井中無籍者多，一爲吏卒，良民受害不已，故設此厲禁。

李子中等九名，先爲罪遷徙福建沙縣安置，怙惡不悛，復入衙門交結官吏頑民汪澄、林均澤等，朋黨搆非，同惡相濟，殺身之罪可得而逃乎。

按：此不言其何事，無以知罪之輕重。

力士周金保等催辦城磚，差往常州等府，受財無厭。又受贓脱放有罪囚徒，經九月不至，差人捉拏，本人已於本處娶妻造宅，就彼爲家。以致殺身。

按：此案自以受贓爲重，但無贓數，無以定之。

海南民取新婦，縣官將下禮牲口并新婦俱要税錢，已治以死罪。今山東膠水縣丞歐陽祥，可以將人家下禮牲口索要税錢，詐取財物，所以罪(官)〔同〕海南縣官。

按：此應以枉法贓論，然亦無贓數。蓋此等死罪當日隨事施行，不復問贓之多寡矣。

進士秦昇等往視崑山縣水災，教諭漆居恭、巡檢姚誠説誘受納衣布銀兩靴物外，鈔該一千一百貫，將熟田二萬二千六百畝作災妄奏。不解見任，姑待革非，止是畫影圖形，昭示刑狀，頓挫成人。昇已親筆供招在官，明日見出示象形，昇乃以是飾非，意在上謗朝廷，指名摭拾當道御史，親筆所招盡皆不認。復命法司更問，被原根查踏水災皁隸、弓兵、吏員人等，將昇等本末作弊緣由，罄其所以，及將昇親筆所招置昇面前，昇默然無對。令錦衣衛與爾刃器繩索，從爾自盡。内除王朴性不怙終，見任不解。昇等詣元津橋，觀刃器繩索曰：「臨終上且加恩於我。」就繩而縊。此案共一百四十一人，惟王朴得免。

按：此因翻供而始令自盡，初非以受贓也。王朴蓋戴罪還職者。後仍因事死，見後。

進士監生王本道等三百六十四名，姦計日生，殺身之道數履，兩犯不悛，至於四犯，由是雖有一犯者，不得不誥之天下。四犯，刑部主事王本道。一次淹禁無招糧長身死，戴徒罪還職。一次贓一百貫，戴絞罪還職。一次受鈔五十貫。一次受贓六十貫，禁死原告。處決。三犯，御史羅師貢。一次受贓戴流罪還職。一次受贓一百貫，戴絞罪。一次受贓，故出邀截實封李典史死罪。處決。二犯，御史王朴。一次受贓一百貫，戴絞罪還職。一次爲姦頑誹謗不辦事。處決。徐彥和。一次受贓，戴罪還職。一次爲故禁平人致死。處決。一犯，給事中句端。交通江浦知縣楊立作弊，處斬。楊克紹。盜勘合賣囚，處決。應孟吕。選武官作弊，處決。庶吉士吳淵。詐傳旨意作弊，處決。金華府同知諶克貞。違《誥》下鄉擾民，處決。曹縣知縣杜用。賣放積年民事，受鈔一百五十貫，及阻當耆民赴京奏事，處斬。曹縣主簿李淪。受鈔四百四十九貫、銀四十五兩、絹三十疋，出人罪名，處絞。嵊縣知縣何璵。違《誥》下鄉擾民，該斬。此與諶克貞罪同，彼云處決，此云該斬，而無處決字樣。給事中邵克敬。交通江浦縣知縣楊立作弊，該斬。此條該斬，不言處決。楊立案見淩遲下，但有句端，而無邵克敬，此或有誤。

按：此三編，其目曰進士監生不悛。其總結文云，三犯、四犯而至殺身者三人，二犯而誹謗殺身又三人，姑容戴罪在職者三十人，一犯戴罪者三百二十八人。以目考之，四犯處決者一人，三犯處決者一人，不及三人之數。三犯劉輻一名，係剁指書寫，豈旋亦身故歟？二犯處決者二人，別有蹇煜一名，罪該梟令，當亦在三人之數。一犯處決者七人，而文內不言。又該斬而不言處決者二人。文與目不符，未詳其故。此條處決之人，皆不以贓。王本道、徐彥和故禁平人致死，依律應絞。羅師貢故出人死罪，以全罪論，本人應斬，罪亦應斬。句端、邵克敬依交結近侍作弊皆斬律，應斬。楊克紹依盜起馬起船符驗律，應斬。應孟呂依大臣專擅選官律，應斬。吴淵依詐傳詔旨律，應斬。杜用依邀截實封律，應斬。李淪故出人罪，當是出人絞罪律，以全罪論，故處絞，尚非律外加重。惟王朴以誹謗，諶克貞、何璵以下鄉擾民，皆非律文所有，乃一時之峻令也。其餘受贓者，或戴罪還職，或讀書，或充軍，或降除，《明志》所謂三編稍寬容者，此也。

江甯知縣高炳，先以工部員外郎選太常少卿，未久作故而歸。又五年，以通經復至，命職江甯知縣。到任未久，非公而事覺，罪犯徒年罪，非死罪，而敢褻慢妄出謗言，以《唐律》作流言以示人，身亡家破。

按：此亦以誹謗誅者。

上元縣知縣吕貞，將民王七所告見丁著業事内事盡行受財阻滯，獲罪殺身。

按：亦以違《誥》誅者。

安慶府洪武十七年冬季魚課鈔三萬九百七十四貫，差業户徐應隆等管解赴京交納，自十八年三月至十九年三月，計一年之上，不行進納，通同前户部侍郎張易，意在埋没侵欺入己。望江縣吏汪誠，接管本縣户房，檢驗無實收入卷，赴京面陳，擢爲户部司務。徐應隆等盡治死罪。

按：此事恐有别情。如果通同埋没，何以一年之久尚在聚寶門河下隱藏，並未瓜分入己乎？

禮部郎中王錫，通同察院、刑部子部、光禄寺少卿屈圖南將斷没猪羊暗地移文作收買破用，其所支官鈔或數千，或數萬，抵下入己。禮部有《大誥》一本，尹巖時常看讀，王錫故藏匿其書。由是殺身。

按：此以藏匿《大誥》而誅，不以贓也。

膠州官夏達可、長子縣官趙才、新安縣官宋玘、建昌縣官徐頤等，恣肆爲惡，贓貪害民，法司差人提取，乃會集耆民，逼令赴京，妄行奏保，且與耆民捏詞書記，教其熟讀，用此面奏，肆爲欺罔。各耆民聽受教唆，即與同惡。以致殺身，人口遷于化外。

按：此以欺罔誅者，非其本罪也。

官民犯罪，買重作輕，買輕誣重，或盡行買免，除死罪坐死勿論，其餘雖笞，亦坐以死。

按：笞亦坐死，可謂酷矣，而不足以禁姦，知此事不在過嚴。

墨面文身挑筋去指

御史王式文、書吏梁仲真。

按：事見死罪葉彦彬條。古肉刑無挑筋去指之法。

墨面文身挑筋去膝蓋

龍江衞倉官攢人等，通同户部官郭桓等，盜賣倉糧，墨面文身，挑筋去膝蓋，仍留本倉守支。

按：去膝蓋，古之臏也。

剁指

光禄寺署丞劉輻，一次受贓四十七貫五百文，戴流罪還職。一次受贓一百十七貫，戴絞罪還職。一次剋落官鈔九十三貫，剁指書寫。

按：三次犯贓而僅予剁指，《明律》枉法贓係雜犯死罪故也。本朝改爲實絞，故乾隆以前犯贓棄市者甚多。自定完贓減罪之例，死者鮮矣。

斷手

金華府官故縱皁隸王討孫等毆打舍人，皁隸斷手，府官之罪又何免哉。

按：斷手亦非古刑，府官不知科以何罪？

刖足

刑部子部總部、司門二部郎中、員外郎、主事、都吏等官吏胡寧、童伯俊等，恣肆受財，縱囚代辦公務書文案。司獄王中以聞，朕親詣太平門，將各官捶楚無數，刖其足，發於本部，昭示無罪者。

按：用囚辦事，明初風氣如此，殊不可解，殆沿於元代之俗歟？此以違《誥》而罪之也。

閹割爲奴

平陽梅鎮撫，有被告軍人赴京告指揮李源，替李源邀截回去，事發，與李源家爲奴。

按：李源被告而不罪，必無罪可科，而軍人妄告也。乃將旁人治以重罪，可謂池魚之禍。

斬趾枷令

黔陽安江驛丞李添奇，每月取要驛户酒七十罎，茶、油、鹽各七斤，喂猪白米一石二斗，喂雞鵝鴨穀一石二斗，及拘驛夫妻小到家紡織，又擅拆官船改造自己船隻裝載瓦器買賣，科斂驛夫銀鈔，收買良民來與等三名作本家驅口，占據驛夫五名在家使喚，不行走遞。後權江安司巡檢，違法作生牛皮鞭，身帶腰刀，時常飛放擾民。及生員賫詔書到司，在外飛放，不行迎接開讀。斷趾，枷令驛前。

按：斷趾尚是漢法，枷令則是明制。此案科斂並非因公，應以枉法贓論。斷趾亦律外之刑。官員枷令則明初之制，其後不常有矣。

常枷號令

上元、江甯兩縣民劉二等、軍丁王九兒等十四名，暗出京師百里地名邊湖，稱爲牙行，恃强阻客。常枷號令，至死而後已。

按：私充牙行律止杖罪，此以其違《誥》也，爲後來永遠枷號之始。

枷項游歷

常州府同知王復春，先任宜興縣主簿，訴府官下鄉擾民，命禮部齎諭酒醴以勞，即陞常州府同知；不半年，親自下鄉臨民科擾。青州府知府陳希文，先任懷寧縣丞，深知指揮畢寅廣侵民地，聞民已告，赴縣，意在囑託，府官代寅囑，希文執大義以責之，遣使勞勵，即陞青州府知府；不逾年，差皁隸並令臨朐等三縣需索糯米等物。陽爲君子，陰爲小人，所以枷項，諸衙門封記，差人互遞有司，徧歷九州之邑。

按：此以示辱也，真法外之法。

重刑

攬納户隱匿入己虛買實收者，追物還官，處以重刑，籍没家産。

按：虛出通關硃鈔律，以監守自盜論，納户減二等，則無死罪矣。至攬納税糧律，止杖六十，著落赴倉納足，再於犯人名下追罰一半入官，罪亦甚輕。此云重刑，未知科以何條也？

府州縣安保之家，并説事過錢人，皆以口舌利便，説誘君子，一時被其昏愚，陷入憲章。處以重刑，籍没家産。此目曰安保過付。

按：安保之家，未詳於今爲何項人？説事過錢律內，罪止杖一百遷徙，有贓計贓。此云重刑，亦不知何條？

按：《誥》內言重刑者尚多，今録此三條，皆不知所科爲何條也。律內無文。

句解罪人，賣放正身，將同姓名良善解發，該吏處以重刑。

免死發廣西拏象人口遷化外

歸安縣民慎右三等，指以民害爲由，恐嚇許福三、張勝四等逃躲，將福三房屋門户毀壞，雞鵝羊酒私宰羣飲，詣神祈卜。然後將許福三拏來，行至上元縣土橋，又設計逼令本人虚寫借米四十七石文約一紙，祇作幫虎名色拏去，免致梟令、抄扎。行至通濟門外，又將二人分作二起，妄告冒賞。免死，發廣西拏象，人口遷于化外。

按：此律内無文，而與例内光棍情形相似，爾時蓋尚未定此例也。此條辦法尚不爲重。

歸安縣民戴興四等，恃頑不納秋糧，里長雇農民丘華一前到伊家催取，將丘華一作幫虎拏來。免死，發廣西拏象，全家抄扎，人口遷于化外。

按：此較上一條情節爲輕，而多全家抄扎一層，罪名反重，可見當日隨事處斷，未能歸一律也。

遷

奴僕皁隸人等入正門，馳當道，坐公座，有乖治體，全家遷入雲南。容令之官吏不行舉覺，杖一百，流雲南。

按：今例奴僕皁隸人等杖七十徒一年半，吏員承差人等加一等，視此爲輕。

鄉飲酒禮敍長幼，論賢良，別姦頑，異罪人。姦頑紊亂正席，全家移出化外。

按：律係笞五十，視此亦輕。

户部主事王肅，藏匿錦衣衛力士支賞册，朕親問之，明旦以册來首。御史汪麟常，不居道，懷己私上言。竄居金齒。

按：此皆於律無文。

游食。輕者。

按：見死罪。

姦頑豪富之家，以自己科差灑派細民；境内本無積年荒田，買囑官吏及造册書算人等，科糧之際，作包荒名色，徵納小户；書算手受財，將田灑派，移坵换段，作詭寄名色靠損小民。連家遷發化外，田土給被擾羣民。

按：欺隱田糧律，罪止杖一百，其田入官。詭寄罪亦如之，其田改正，收科當差。此以懲豪户也。

豪富之家，聞有差發，隨即應當，不許出錢買免。倘有官吏刁蹬，爾勿賄賂，少加窘逼，縛吏來京。不依朕言，誘引官吏貪汙，全家遷于化外。

按：被官吏刁蹬而反云誘引官吏，詞意未免矛盾。

隱藏逃軍，全家遷居化外，家私就賞捉拏之人。

按：知情藏匿罪人律，減罪人罪一等，此則同罪矣。

納户糧少者，或百户，或十户，或三五户，自備盤纏，水覓船隻，旱覓車輛，於中議讓幾人總領，跟隨糧長赴倉交納，就鄉里加三起程，糧〔長〕不許起立諸等名色，取要錢物。其議讓領糧交納人，毋得破調不敷。民有刁頑不納，非是糧長排陷，闔家遷於化外。糧長捏詞朦朧奏聞，罪如之。

按：於律無文。

府州縣鎮店去處，不許有官牙、私牙，一切客商應有貨物，照例投税之後，聽從發賣。敢有稱係官牙、私牙，遷徙化外，官牙全家遷徙。兩鄰不首，罪同。

按：律有私充牙行之文，罪係杖六十，此並官牙而亦禁之，乃一時之法令，後不行矣。

朕出斯令，一曰《大誥》，一曰《續編》，敢有不敬不收者，遷居化外，永不令歸。

按：此恐民之不從而特申此厲禁也。

余仁三等家下人口遷發化外。

按：見梟令。

公侯世禄佃户，一切雜泛差役敢有不當者，全家遷發化外。

按：律，逃避差役杖一百，豪民隱蔽差役，家長杖一百，跟隨之人充軍。此公侯世禄佃户應以豪民論，尚與律相符，特全家爲重耳。

逃囚人口，發往化外。

按：見梟令。

諸色匠人不親身赴工者，遷發雲南。目曰工匠頂替。

按：此以其誤工也。其初，工匠近九萬，秦逵爲工部侍郎，改爲輪班，一班不滿五千，寬政也。而工匠人等多有頂替者，故重其罪。

充軍

積年民害官吏，有發雲南安置充軍者，有發福建、兩廣、江東、直隸充軍者，有修砌城垣二三年未完者，這等官吏，皆是平日酷害於民者。

按：此《諸司職掌》所載合編充軍款目之一。

糧長安奏水災，發雲南。

按：此不言充軍。檢踏災傷田糧律，初覆檢踏，官吏止憑里長、甲首朦朧供報。中間以熟作荒，以荒作熟，增減分數，通同作弊者，各杖一百，里長、甲長同罪。若人户將成熟田地移坵換段，冒告災傷者，罪止杖一百。

余仁三餘人發化外充軍。

按：見梟令。

人匠沈添二等二百七名，中有三名親身赴役，餘皆以老羸不堪、幼懦難用以代正身，致使工不能就。點出姦頑，將幼丁、老者盡發廣西充軍。

按：此與前諸色匠人不親身赴工爲一條。

又按：《大誥》武臣編有充軍數條，軍官犯罪，明例免徒流充軍，茲故不録。

全家抄没

將自己田地移坵換段，詭寄他人，及灑派等項，全家抄没。

按：此合編充軍款目之詭寄田糧也。此云全家抄没，是但籍没其家産，而不遷發其人口矣。

戴罪還職

進士監生不悛，戴罪還職。二犯皆斬者一人：御史陳宗禮。一次紊亂朝政。一次朦朧奮監生作新監生疏放。

一流一斬者四人：御史李哲。一次受鈔五十貫、衣二件。一次變亂成法。吳江知縣張翥。一次受鈔六十貫、綿布一疋、靴一雙。一次阻當耆宿拏人赴京。吳江縣丞周從善。一次受鈔五十貫。一次阻當耆宿拏人赴京。御史王克順。一次受鈔八十貫。一次受鈔八十貫，減輕人罪，該斬。按：先一次八十貫擬流，與別人不同。後一次加重擬斬，蓋爲減輕人罪也。然第二云該斬而無還職字，未詳其故。一斬一絞者一人：刑部主事龐守文。一次受五十貫，朦朧奏准。一次九十貫。一絞一斬者一人：御史田斌。一次脱放逃囚，受一百三十貫、絹十匹，戴罪由亳縣主簿改除今職。一次八十貫，減輕陳至善罪名。一斬一流者一人：刑部主事陳郁。一次穿黄色衣服。一次變亂成法，爲從減等。一安置一斬者一人：御史鍾道元。一次聽宋正心設計，逼令曹英等招承，戴一百安置罪。一次八十貫，減輕陳至善罪名。一流一絞者二人：户部主事黄健。一受鈔二十五貫、青紵絲一匹。一九十貫。黄克庸。一科斂受五十貫。一受一百一十貫，該絞。第云該絞而無還職字。一砌城安置一絞者一人：御史張翥。一受十貫，出人死罪。一受二百十貫。一徒一絞者二人：刑部主事徐誠。一三十七貫五百文、壇衫一領。一二十兩，計前贓。工部主事李巽。一四十貫。一五百五十貫。一徒一流者四人：旌德縣主簿李伯沖。一三十貫。一四十八貫。刑部主事胡寧。一禁死無招糧長。一五十貫，故禁人致死，爲從減等。高沖。同上。刑部郎中何鳴。一淹禁囚死。一變亂成法，爲從減等。一杖一流者一人：安鄉縣丞盛如英。一保舉人才不當。一科斂三百貫。一犯一百安置者一人：御史萬質。一巡按失職。一受四十五貫，陷害軍官。一犯斬者二十二人：刑部主事王進、林同、鄧偉奇。俱受五十貫，朦朧奏准。太康縣張翀、杞縣丞楊新。俱尅落賑濟鈔，一五百貫，一三百五十貫。刑部主事陳迪。接受糧長鵝酒，漏洩事情。定襄縣丞鄧祐。進課結交近侍。茶陵縣丞張善同。分課程鈔三百貫。御史程士箴。具本變亂成法。刑部主事邵思恭。同上。宿松縣主簿李登。分受官價鈔六十五貫。刑部司務郭選。受葉通鈔，五十貫，朦朧具奏，免刺砌城。鄆城縣主簿車德。遣官吏過名册進呈，不開真犯緣由。霑化縣主簿李亨。分受課八十貫。丹陽縣主簿歐遷。編排糧長地方，變亂成法。桃源縣主簿劉志聰。受六十貫，捏合檢屍，朦朧具啟。南城縣丞王璵。分受贓銀十四兩。兵部主事樊暹。選武官，扶同作弊。吏部司務竇禮、張哲。俱揭籍點吏作弊。吳縣主簿閻文。阻當耆宿拏直司赴京。儀真縣丞尹福護。受三十貫，枉問軍職。一犯淩遲者二人：益都縣丞謝謙。擅接無勘合行移。户部司務謝載。填批不關勘合。一犯絞罪者四十四人：或解課受鈔。徐敏等六人。或水灾受鈔。魏惟古等十六人。或不公等受鈔。楊居正。或秋糧受鈔。石岳等三人。或修船等事受鈔。魯望。或造課册受銀鈔。錢巽。或受鈔故出人罪。陳基等二人。或賣放人匠受鈔。魯瞻。或城磚事受鈔。陳德宣。或伸訴事。傅温。或差往山西盤糧受鈔。張焕。或因公擅科。俞文。或受人鈔。鄧繼先等三人。龐安等二人。按：上三人但云受某人鈔，不言何事。下二人但云受鈔，並不言何人。或娶妻等事。曾覲生。或分受銀放保極刑老吏。黄宗名。或受鈔脱放民害。申瑩。一犯死罪者一人：兵部主事董薛。選武官，受贓作弊。一犯流罪者六十六人：陳仲述等五人，具本變亂成法，爲從減等。柴愚等二人，將許嫁未過門女作犯人妻抄扎。李震那移官錢。其餘皆受贓。一犯一百安置者四人：御史嚴震、何魯，巡按失職。又見人下水不救者二人。一犯徒罪者四十二人：禁死無招糧長者一人。直入宮殿中門者一人。料豆事妄奏不實者一人。啟奏不實者五人。爲李達身死者一人。其餘皆受贓。一犯杖罪者十二人：内奉化縣丞陳權，提人下鄉擾民，戴杖一百罪。餘皆不應重，或違制耳。

先戴罪還職後追贓

二犯一徒一斬者一人：工部主事辛民。先後皆受鈔。二犯皆絞者一人：阜平縣丞趙泰。先後皆受贓。一流一絞者一人：兵部員外郎向寶。先受銀五兩。又教秦昇，後受贓。

先戴罪充書吏後杖一百戴罪還職

二犯一徒一死罪者一人：漢陽府知府凌輅。先受贓。後搜求楚王細事。一徒一斬者一人：揚州試知府龐清。先受贓。後欽差旗軍將帶該吏赴京，强行奪回。

先戴罪還職後降充書吏

二犯一流一絞者二人：進士張山、葉耀。先後皆受贓。

先戴罪充書吏後降除

嚴州府同知魏安仁。先詐冒丁憂，徒。後故出人罪，降除典史。

先戴罪改除後追贓

給事中孫翥。先受贓，改除嘉定縣丞。後亦受贓。

戴罪降除

蔡元。先受贓，由給事中降除長洲縣丞。後受贓，降兩淮鹽倉副使。

免罪充軍

免死者二人：進士卓閏、海永清。受贓，發金齒。楊志銘等三人。受鈔，發金齒。甘友信。受鈔，發雲南。

免流者二人：靈寶縣丞周月華。受鈔，流罪。又爲伊父結交官吏，抄扎，發楚雄。免杖徒者二人：進士王肅等。迷失官文書，發雲南。

禁錮書寫

該斬者二人：來安縣丞陳玉善。科斂民錢，邀截實封。來安知縣王智。燒毀實封，並買重作輕。

追贓

該斬者二人：給事中陳迪。受解鈔人鈔。壽陽縣知縣李忠。解課盜用鈔。戴絞罪者一人：監生張煥。差往山西盤糧，受贓。不言罪名者二人：工部郎中姚復、員外郎高起。受盜賣官炭鈔。

戴罪充書吏

絞罪一人：監生高巍。受鈔。徒罪十一人：衛善初等。具奏詐不以實二人。全惟一等。受贓九人。杖罪一人：張瑞。受鵝酒。

免罪工役及砌城准工

監生丘岳。通姦囚婦事情，免死。揚州府推官楚惟善。受鈔同謀藥死人，免杖流。監生朱茂。具啟房屋不實。姚道。同上。秦昭。受鈔。賈彬。同上。以上四人免杖徒。以上工役。渾源州同知王崧。受贓。泰州判官常慶。受鈔，將藥死人扶同檢屍。溧水縣知縣張復禮。受鈔。以上免杖流砌城。監生王亨。受鈔。免杖徒准工。

戴罪讀書皆監生

斬罪一人：沈養。查黄册，將出小帖，漏洩事情。流罪三人：虞震等。受鈔。徒罪五十七人：曹恆等。受贓五十六人。易仁富。啟遷葬不實。杖罪三人：馮敬生。

戴罪充監生

進士張義。任光祿司監事，水災受鈔。

鐲腳本部書寫

刑部員外郎劉憲。受鈔，將囚鎖開放。

杖一百安置

御史南榮甫。伸訴不問。

監生戴徒罪除職

王觀。受鈔。知府。蘇清、劉嘉、陳順民、呂昭。受鈔。同知。畢昱、王訥。受鈔。通判。鄧廷秀。受鈔。提舉。呂宗敬、穆通。受鈔。推官。張克允、袁亨。受鈔。府經歷。

爲民

監生趙鐸。具奏不實，工役。在逃被獲，釋放爲民。

戴罪聽差

監生張遜。受鈔。

該徒

監生劉鳳等二人。受贓。

戴罪調除烟瘴地面

新城縣丞武赴。爲抄扎事。

笞四十别用

監生宋立。酒醉毁罵衞士。

按：二十貫徒，四十五貫流，八十貫絞，此枉法贓分别科罪之差等也。此條計贓科罪，大抵以枉法論。鄧廷秀、馬驥二十貫，徒罪。齊肅、黄維清受鈔十五貫、綿布一疋，徒罪。殆當日一疋值鈔五貫，已至二十貫徒罪。石岳受鈔八百六十八貫，贓雖多，亦止絞罪也。惟戴流罪還職者中有受鈔一百貫並衣物均分入己者一人，八十貫者九人，一百貫、紵絲一匹者二人，一百十六貫者一人，一百五十貫、紵絲一匹者一人。戴徒罪還職者中有受鈔七十五貫者一人，六十貫者二人，五十貫者六人，五十貫、布衫一領、條一條者一人，四十貫、銀二兩五錢者一人，三十貫、銀五兩、衣服一領者二人，五十貫、銀二兩五錢、衣服等物者一人，五十五貫、銀四兩者一人，六十五貫、銀二兩五錢者一人。戴徒罪讀書者中有三十五貫、銀二兩五錢者三人，五十貫者三人。皆與枉法之律不合。且同一受鈔五十貫，而或流，或徒，顯相歧異，豈案情不同，有枉法不枉法之別耶？廣昌縣丞宛賢，受寬限鈔三十貫，按枉法杖八十、徒二年，又盤纏鈔九十貫，按不枉法杖一百、徒三年，二罪俱發，以重論，故止科徒罪。事犯不同，故不用枉法併贓之法也。

又按：徐誠先受鈔三十七貫五百文、氊衫一領，徒罪；後受銀十兩，計前贓，絞罪。大約銀一兩作鈔五貫，計在八十貫以上，故合得絞罪。前後兩犯，併贓計枉法，律如是也。孫翥受鈔二十貫、銀五兩，流罪。亦以銀一兩作鈔五貫，五兩爲二十五貫，合之鈔二十貫，得四十五貫，適符枉法流罪之數。卓閏、海永清鈔三十七貫五百文、銀七兩五錢、木棉衣一件。此銀亦以一作五，得銀三十七貫五百文，合之鈔爲七十五貫，木棉衣蓋估贓五兩，計已至八十貫，應絞，故曰免死充軍。惟辛民、丁麟皆鈔二十貫、銀五兩，徒罪，其贓數與孫翥同，爲水灾亦同，而或流或徒，未詳其故？王讞鈔貫三十貫、銀三兩，徒罪，數亦不合。豈當日以銀作鈔，其價值時有長落，此三案銀一兩祇作鈔四貫耶？高善、楊逵、袁岳、白涓銀五兩，徒罪。無論銀以一作鈔五，以一作鈔四，皆合徒罪，亦可見當日銀貴鈔賤之大凡矣。洪武八年立鈔法，鈔一貫准銀一兩，行之甫十餘年，而其弊已如此。何以元代習用鈔，明初專用錢而民不便，迨兼用鈔而貴賤又如是之懸殊？此其故正未易言。辛民後一次受買炭等鈔五百五十貫，該斬，追贓，事非監守盜，而言該斬，未詳其故？此條内言追贓者甚多，乃今日監守盜勒限追贓之權輿也。御史張公宣，酒醉直行東安門正道，戴杖八十罪。按律，直行午門外御道，杖八十，東安門似不在内，此或洪武時之禁令，後不論矣。奉化縣丞陳權，爲提人下鄉擾民，戴杖一百罪。按下鄉擾民應得違《誥》之誅，而此獨從寬典，殆擾民各有實事，此事輕，故罪亦輕歟？

按：因事受財，罪有應得，乃或戴罪還職，或戴罪讀書，或戴罪除官，可見明祖之用法，非有意從苛。特以民俗之積，思以峻法繩之，迨繩之而民俗之積如故，帝亦悟嚴刑之不足以化民。故洪武二十三年，以楊靖爲刑部尚書，帝諭曰：「愚民犯法，如啗飲食，嗜之不知止，設法防之，犯益衆。推恕行仁，或能感化。」靖承旨治獄，明察而不事深文，在部多所平反。帝嘉納之。蓋《大誥》之峻令已不復用矣。

歷代刑官考二卷

歷代刑官考敘

武階梁重，簿撰將軍；詞苑唐崇，志詳學士；乃於弼教，莫覯成編。夫士作皋陶，專官斯拜；民新康叔，宏父特名；列於五臣，班擬五事，立國之本，司法莫先。迨於後來，厥職多舛。蘭臺執法，柱後惠文，槐府辟寮，決曹辭掾。北寺置獄，實導錦衣；中尉判章，推嚴赤棒；廷平讞事，待正録公；司空罪人，轉隸宗伯。掖庭暴室，少府攸司；右校弛徒，大匠乃領。丞相之劾，五卿雜治；内侍之誅，六王胥召。專責莫屬，雜以他官，其難一也。亞相總憲，秋官顧隸中書；提刑慮囚，天府乃銓右秩。至元肅訪，制抗政樞；洪武按察，平揖都、布；署稱獨立，事可逕聞。其如河、陝諸道，又兼勸農；副、僉分巡，或領兵備。任寄不一，兼攝爲勞，其難二也。詔典六條，方州按事；符剖千里，郡將決人。令長理民，權優斬斷；鄉亭宣化，地釋訟争。都護、督軍，皆有典獄；廉車將席，亦署推官。韓鎮海之暴，封杖武康；燕幽州之横，竟笞長史。幾於外職，皆綜祥刑，其難三也。都官、比部，但覆文書；大理、審刑，同除官佐。憲部常伯，爲宰執之寄階；棘寺少卿，領翰垣之鉅任。本司郎吏，别釐都水；法掾遷轉，又隸流銓。名雖具存，實非所掌，其難四也。魏帝百年，《官氏》殊略；唐修五《史》，隸屬多遺。慕容諸霸，故實其亡；耶律一朝，法廷尠録。雍容經略，勘鞫必上；馬步虞候，禁止當司。官典少徵，舊章漸泯，其難五也。我吴興侍郎，博綜古今，貫賅裔夏，漢、晉律篇三十五部，蔡、荀官名一百餘家，咸擷菁英，並勞纂述。三《通》所列，廿《史》所詳，明是別非，鈎玄提要。聿成鉅製，嘉惠來兹。是宜明法之科，著爲讀本；救時之彦，人手一編。洗濯斯民，光華聖治；孕虞育夏，乃方盛軌。至於班《表》廷尉，多繫年月；雷《紀》刑卿，必詳名氏。郎、掾諸職，或難備求；部、寺之長，尚可參見。是則下走所有志也。宣統元年七月，江甯吴廷燮謹敍。

歷代刑官考自敍

官制之因革損益，代各不同，卽一代之中，或亦先後不同。刑官之制，尤爲糾紛，非觀舉而詳究之，不能得其變遷之故。日者欽奉明詔，改定官制，設局詳議，纂爲一編。在他官之當討論者，尚不過名稱之改易，案牘之區分，惟刑官之制，新舊大相徑庭，其關繫乎他日之政治者，得失是非，正非一言所可罄也。因述歷代刑官之制，粗加考論，輯爲二卷，得失是非，大略可覩矣。編既成而序之曰：《傳》稱自顓頊以來，以民事命官。《周禮》曰，設官分職，以爲民極。是則國家之設官，爲民事設也。《家語·禮運篇》王肅注：官，職分也。有一官卽有一官之職分。故任是官者，必皆能各盡其職分，而後國家乃非虛設此官。此設官之本義也。稽之於古，未聞無是事而虛設一官者，亦未聞設一官而可以不事其事者；未聞任是官而不必問是官之職分當如何乃克盡者，亦未聞任是官而不必問職分之相當不相當可以漫居是官者。此理之易曉者也。則請更言其弊：進取之路，升轉之階，但爲人謀，不以事計，遂有無一事而增數官者，其弊一。伴食之流，竊禄之輩，不親公牘，世亦相容，遂有作此官而不作一事者，其弊又一。不考例案，未敍年資，應對偏工，奔走無誤，遂有職分不必盡而升擢可邀者，其弊又一。甲署敍勞，乙署授秩，事非所習，位在人前，遂有職分不相當而冒昧從事者，其弊又一。凡此諸弊，與設官之本義實相刺謬，在他官皆不當如此，況安民和衆，其關繫重要尤在刑官，而可以蹈常襲故，不思變計乎？至於禄薄籌增，多一官卽多一官之俸給，度支告絀，區畫爲難，此又關乎國用，不可不計及者也。古者士之仕也，以行道也，故爲貧而仕者，必辭尊居卑，辭富居貧。委吏乘田，孔子爲之。自此義不明，而急流競進，利禄爲心，用不必才，官失其守，此治道之所以日衰也，良可慨已！若夫刑官變遷之故，苟卽是編而討論之，得失是非亦可了然。何者與古同，何者與古異，何者古當因，何者古當革，因時損益，必得其宜，是在主之者。宣統建元仲秋，歸安沈家本自識。

歷代刑官考上

太皞伏羲氏

白龍氏　《左傳》昭十七年：「郯子曰：『昔者黄帝氏以雲紀，故爲雲師而雲名。炎帝氏以火紀，故爲火師而火名。共工氏以水紀，故爲水師而水名。太皞氏以龍紀，故爲龍師而龍名。我高祖少皞摯之立也，鳳鳥適至，故紀於鳥，爲鳥師而鳥名。鳳鳥氏，歷正也。玄鳥氏，司分者也。伯趙氏，司至者也。青鳥氏，司啟者也。丹鳥氏，司閉者也。祝鳩氏，司徒也。（雎）〔鴡〕鳩氏，司馬也。鳲鳩氏，司空也。爽鳩氏，司寇也。鶻鳩氏，司事也。五鳩，鳩民者也。五雉，爲五工正，利器用，正度量，夷民者也。九扈，爲九農正，扈民無淫者也。自顓頊以來，不能紀遠，乃紀於近。爲民師而命以民事，則不能故也。』」正義曰：「此黄帝以上四代，用雲、火、水、龍紀事，其官之名必用雲、火、水、龍爲之。但書典散亡，更無文紀，其名不可復知，故杜不須委説。唯有縉雲見《傳》，疑是黄帝官名耳。服虔云：『黄帝以雲名官，蓋春官爲春雲氏，夏官爲夏雲氏，秋官爲白雲氏，冬官爲黑雲氏，中官爲黄雲氏。炎帝以火名官，春官爲大火，夏官爲鶉火，秋官爲西火，冬官爲北火，中官爲中火。共工以水名官，春官爲東水，夏官爲南水，秋官爲西水，冬官爲北水，中官爲中水。太皞以龍名官，春官爲青龍氏，夏官爲赤龍氏，秋官爲白龍氏，冬官爲黑龍氏，中官爲黃龍氏。』此皆事無所見，苟出胏腸。少皞鳥紀，不以五方名官焉，知彼四代者皆以四時五方名官乎？以縉爲赤色則云夏官爲縉雲，焉知餘方不更爲之目，而直指青、黃爲名也？以天文有大火、鶉火，卽云春爲大火，夏爲鶉火，其餘何故直以西、北名火也？此皆虛而不經，故不可采用。」

按：唐虞以前官制，紀載闕如，惟郯子所言得其大概，而少皞氏爲詳。雲、火、水、龍，服說較備，而孔穎達以爲虛而不經。然服氏在杜預之前，《漢書·百官公卿表》注應劭之說所稱宓羲、神農、黃帝官名與服正同，是漢儒相傳有此說，恐非服之虛造也。故《通鑑前編》采之。

共工氏

西水　說見上。

炎帝神農氏

西火　說見上。

黃帝有熊氏

白雲　說見上。

按：長孫無忌《唐律疏議》序：「昔白龍、白雲，則伏犧、軒轅之代；西火、西水，則炎帝共工之年。」蓋本服、應之說。

少皞金天氏

爽鳩氏　說見上。　杜注：「爽鳩，鷹也。鷙，故爲司寇，主盜賊。」

顓頊高陽氏

金正　《漢書·百官公卿表》注應劭曰：「顓頊氏，代少昊者也。不能紀遠，始以職事命官也。春官爲木正，夏官爲火正，秋官爲金正，冬官爲水正，中官爲土正。」

按：《唐律疏議》序作「金政」。注云，金政者，金屬西方，亦司刑之官。

唐虞夏

士　《書·舜典》：「汝作士。」傳：「士，理官也。」正義曰：「士即《周禮》司寇之屬，有士師、鄉士等，皆以士爲官名。鄭玄云，士，察也，主察獄訟之事。《月令》云，命大理。昭十四年《左傳》云，叔魚攝理。是謂獄官爲理官也。」　《尚書大傳·虞夏傳》：「秋伯之樂。」注：「秋伯，秋官，士也。咎陶掌之。」《禮記·曲禮下》正義曰：「鄭注《大傳·夏書》云，所謂六卿者，后稷、司徒、秩宗、司馬、作士、共工也。」「作」字衍文。《路史·後紀十四夏后紀下》引《大傳·夏書》註同，無作字。

按：《禮記》正義所引《大傳》鄭注與《路史》所引同，當是說《甘誓》乃召六卿之文，知夏后氏亦承虞制也。《月令》：「命理瞻傷。」鄭注：「理，治獄官也。有虞氏曰士，夏曰大理，周曰大司寇。」與《尚書大傳》注異。《説苑・君道篇》：「當堯之時，皋陶爲大理。」《春秋元命苞》：「堯爲天子，蓼馬啄子，得皋陶，聘爲大理。」則又與《尚書》異。

殷

司寇　《禮記・曲禮》：「天子之五官曰司徒、司馬、司空、司士、司寇，典司五衆。」鄭注：「此亦殷時制也。」正義曰：「司寇主除賊寇。司士主公卿以下版籍爵禄之等。」

按：鄭氏以此制與夏、周並異，故斷爲殷制，今從之。《禮記・明堂位》云，有虞氏官五十，夏后氏官百，殷二百，周三百。《書・周官》云，唐虞建官惟百，夏商官倍。説雖不同，而建官之數後多於前，時勢所趨，有不能强同者也。夏、商以前刑官雖略可考，其屬官之數，書傳無徵，今不能詳矣。

周

大宰　《周禮》：「治官之屬，大宰卿一人。」　大宰之職，掌建邦之六典，以佐王治邦國。五曰刑典，以詰邦國，以刑百官，以糾萬民。」注：「刑典，司寇之職，故立其官曰，使帥其屬而掌邦禁，以佐王刑邦國。」「以八灋治官府。七曰官刑，以糾邦治。」注：「百官所居曰府。官刑謂司刑所掌墨辠、劓辠、宫辠、刖辠、殺辠也。」「以八則治都鄙。七曰刑賞，以馭其威。」「以八柄詔王馭羣臣。六曰奪，以馭其貧。七曰廢，以馭其罪。八曰誅，以馭其過。」注：「廢，猶放也。誅，責讓也。」正義曰：「六曰奪以馭其貧。謂臣有大罪，身殺奪其家資，故云以馭其貧。」

按：大宰總御羣職，故六典俱建，八灋、八則、八柄皆所以佐王之治者也。蓋爲立法之官，而刑亦統之矣。

小宰　《周禮》：「小宰中大夫二人。小宰之職，掌建邦之宮刑，以治王宮之政令，凡宮之糾禁。」注：「宮刑，在王宮中者之刑。建明布告之。糾猶割也，察也。若今御史中丞。」「以官府之六屬，舉邦治。五曰秋官，其屬六十，掌邦刑。大事則從其長，小事則專達。」「以官府之六職，辨邦治。五曰刑職，以詰邦國，以糾萬民，以除盜賊。」「以官府之八成，經邦治。一曰聽政役以比居。二曰聽師田以簡稽。三曰聽閭里以版圖。四曰聽稱責以傅別。五曰聽禄位以禮命。六曰聽取予以書契。七曰聽賣買以質劑。八曰聽出入以要會。」

按：小宰之職，贊大宰者也。宮刑曰建，則亦立法之官，而非行政之官。六屬、六職、八成，皆其所建之法。《秋官》士師五禁，一曰宮禁，則王宮之禁亦士師掌之。鄭節卿謂司寇無宮刑而小宰專掌之者，非也。

宮伯　《周禮》：「宮伯中士二人，下士四人。掌王宮之士庶子，凡在版者。掌其誅賞。」

按：宮伯所掌誅禁，專指士庶子而言，當亦事之小者，其大者當仍屬於士師。

大司徒　《周禮》：「教官之屬，大司徒卿一人。」「因此五物者民之常，而施十有二教焉。七曰以刑教中，則民不虣。」正義曰：「刑者，禁民虣亂。今明刑得所，民得中正，不爲虣亂。」「以鄉八刑糾萬民。一曰不孝之刑。二曰不睦之刑。三曰不婣之刑。四曰不弟之刑。五曰不任之刑。六曰不恤之刑。七曰造言之刑。八曰亂民之刑。」「凡萬民之不服教，而有獄訟者，與有地治者聽而斷之，其附於刑者歸於士。」

按：先王之世，以教爲先，而刑其後焉者也。大司徒十二教，而刑僅居其一，必教之不從而後刑之，則民之附於刑者亦少矣。不教而誅，先王所不忍也。國家設官，本以教養斯民，而後世之官，皆不識教養二字。非無賢者勤求民隱，勉作循良，而權力之所限，往往無可展布。其餘則膜視斯民者居其多數。下焉者則逞其刑威，肆其貪虐，而民生可知矣。教養云乎哉，三復陳編，爲之太息。居今日而治斯民，刑其後者也，其惟以教爲先乎！故序刑官而先録大司徒。舊説鄉刑乃教刑，所謂扑作教刑是也。凡未麗於刑者糾之，其附於刑者歸於士，職分不相侵也。

小司徒　《周禮》：「小司徒之職：凡民訟，以地比正之。地訟，以圖正之。」注：「鄭司農云，以田畔所與比正，斷其訟。地訟，争疆界者。圖謂邦國本圖。」疏曰：「民訟，六鄉之民有争訟之事，是非難辨，故以地之比鄰知其是非者共正斷其訟。」

按：此蓋民事之未麗於刑者，故小司徒自治之。

司救　《周禮》：「司救掌萬民之衺惡過失，而誅讓之。以禮防禁而救之。」注：「衺惡謂侮慢長老，語言無忌，而未麗於罪者。過失亦由衺惡酗醟好訟，若抽拔兵器誤以行傷害人麗於罪者。誅，誅責也。古者重刑且責怒之，未即罪也。」「凡民之有衺惡者，三讓而罰，三罰而士加明刑。恥諸嘉石。役諸司空。其有過失者，三讓而罰，三罰而歸於圜土。」

媒氏　《周禮》：「媒氏：凡男女之陰訟，聽之於勝國之社。其附於刑者，歸之於士。」

司市　《周禮》：「司市掌市之治教政刑，量度禁令。以刑罰禁虣而去盜。刑罰：憲、徇、扑。凡市入則胥執鞭度，守門市之羣吏平肆，展成奠價，上旌於思次以令市。市師涖焉，而聽大治大訟。胥師、賈師，涖於介次，而聽小治小訟。市刑：小刑憲罰，中刑徇罰，大刑扑罰。其附於刑者歸於士。」注：「徇，舉以示其地之衆也。扑，撻也。鄭司農云，憲罰，播其肆也。」疏曰：「憲是以文書表顯之名，表示於肆。」

胥師　司虣　司稽　胥　《周禮》：「胥師各掌其次之政令。聽其小治小訟而斷之。」「司虣掌憲市之禁令。禁其鬬囂者，與其虣亂者，出入相陵犯者，以屬遊飲食於市者。若不可禁，則搏而戮之。」「司稽掌巡市，而察其犯禁者，與其不物者，而搏之。掌執市之盜賊以徇，且刑之。」「胥，凡有罪者，撻戮而罰之。」

按：古者前朝後市，故市政甚嚴，設司市諸官以掌之。其附於刑者，得行其誅罰。正如東西各國之犯違警罰者，警察官主之，不歸司法省也。後世之市，不過衆人所聚會貿易之場，而非由官立，並無官以糾察之。風俗之偷，此其一端也。

遂師　遂大夫　縣正　《周禮》：「遂師各掌其遂之政令戒禁。作役事，則聽其治訟。」「遂大夫各掌其遂之政令。掌其政令戒禁，聽其治訟。」「縣正各掌其縣之政令徵比。以頒田里，以分職事，掌其治訟。」

按：遂師各官之治訟，乃役事、功事、職事之争訟未麗於刑者，故不歸於士。

山虞　《周禮》：「山虞掌山林之政令。凡竊木者，有刑罰。」注：「竊，盜也。」

按：竊盜之罪當歸士師，此但言其禁耳。

按：成周官制，政刑權分。教官之屬，如鄉師、鄉大夫、州長、黨正，各掌其所屬之政教禁令，此持政權者也。刑官之屬，如鄉士、遂士、縣士、方士，各掌其所屬之訟獄，此持刑權者也。其職守不相侵越，故能各盡所長，政平訟理，風俗休美，夫豈偶然。後世政刑叢於一人之身，雖兼人之資，常有不及之勢，況乎人各有能有不能。長於政教者未必能深通法律，長於治獄者未必爲政事之才，一心兼營，轉致兩無成就。吏治之日下，固非一朝夕之故也。近日歐洲制度，政刑分離，頗與周官相合。今人侈談西政，輒謂曠古無疇，其墨守舊聞者則又極口菲薄，其亦卽遺經而一考之乎！

大司馬　《周禮》：「政官之屬，大司馬卿一人。中冬，教大閱。誅後至者。羣吏聽誓於陳前，斬牲，以左右徇陳，曰，不用命者斬也。及致，建大常，比軍衆，誅後至者。」

按：此軍法也，故不隸於秋官。

馬質　《周禮》：「馬質掌質馬。若有馬訟，則聽之。」注：「訟謂賣買之言相負。」

按：此關於軍事者。

司爟《周禮》：「掌行火之政令。凡國失火，野焚萊，則有刑罰。」注：「野焚萊，民擅放火。」

按：火屬南方，故在夏官。

按：軍中之刑，與常刑有別，當掌於夏官。惟此《經》小司馬、軍司馬、輿司馬、行司馬皆闕，弗能詳也。

「大司寇卿一人。掌建邦之三典，以佐王刑邦國，詰四方。小司寇中大夫二人。以五刑聽萬民之獄訟。以五聲聽獄訟，求民情。以八（解）〔辟〕麗邦法，附刑罰。以三刺斷庶民獄訟之中。士師下大夫四人。掌國之五禁之法，以左右刑罰。以五戒先後刑罰。鄉士上士八人，中士十有六人，旅下士三十有二人。掌國中。各掌其鄉之民數而糾戒之。聽其獄訟。遂士中士十有二人。掌四郊。各掌其遂之民數，而糾其戒令。聽其獄訟。縣士中士三十有二人。掌野。各掌其縣之民數，糾其戒令。而聽其獄訟。方士中士十有六人。掌都家。聽其獄訟之辭。訝士中士八人。掌四方之獄訟。朝士中士六人。疏曰：以朝士爲詢衆庶，讞疑獄，故屬秋官。司民中士六人。疏曰：案其職云掌登萬民之數。凡斷獄弊訟必須知民年幾老幼，是以司民雖非刑獄，連類在此也。司刑中士二人。掌五刑之法，以麗萬民之罪。司刺下士二人。掌三刺三宥三赦之法，以贊司寇聽獄訟。司約下士二人。掌邦國及萬民之約劑。疏曰：亦是禁戒之事，故在此。司盟下士二人。掌盟載之法。有獄訟者，則使之盟詛。職金上士二人。掌受士之金罰貨罰。司厲下士二人。掌盜賊之任器貨賄。司圜中士六人，下士十有二人。掌收教罷民。掌囚下士十有二人。鄭注：主拘繫當刑殺之者。掌戮下士二人。掌斬殺刑戮。司隸中士二人，下士十有二人。掌五隸之法。布憲中士二人，下士四人。掌憲邦之刑禁。鄭注：憲，表也，謂縣之也。禁殺戮下士二人。掌司斬殺戮者。鄭注：司猶察也。禁暴氏下士六人。掌禁庶民之亂暴力正者，撟誣犯禁者，作言語而不信者。野廬氏下士六人。掌凡道禁。蜡氏下士四人。掌凡國之骴禁。雍氏下士二人。掌溝瀆澮池之禁。萍氏下士二人。掌國之水禁。司寤氏下士二人。鄭注：主覺夜者。司烜氏下士六人。修火禁。脩閭氏下士二人。掌比國中宿互欜者銜枚氏下士二人。掌司囂。禁嘂呼歎嗚於國中者。都士中士二人，下士四人。家士亦如之。鄭注：都家之士，主治都家吏民之獄訟以告方士者也。」

按：三代以前刑官之制，周室爲詳。以大司寇爲之長，而小司寇掌禁以副之。鄉士主六鄉之獄。王城百里內。遂士主六遂之獄。王城百里以外至二百里。縣士主縣之獄。司馬法曰：四百里爲縣。鄭註：距王城三百里至四百里。方士主四方都家之獄。鄭註：都王子弟及公卿之采邑，家大夫之采地，大都在疆地，小都在縣地，家邑在稍地。《載師》註《司馬法》曰：五百里爲都。玄謂疆五百里，王畿界也。此主王畿以內之官也。訝士主四方諸侯之獄訟。此主王畿以外之官也。獄之疑者詢於衆庶，則朝士主之。獄有不信者，約劑則司約主之。盟詛則司盟主之。罷民之收教，則司圜主之。罪輕而罰贖，受其入者職金。罪重而奴隸，司其入者司厲。弊訟須知民年，主其數者司民。拘繫有掌囚。斬殺有掌戮。輸作有司隸。此皆用刑者也。禁止於先則刑可不用，故士師以禁戒助刑罰。而布憲表之，以宣布於下。禁民之殺戮、陵暴、囂讙，則有禁殺戮、禁暴氏、銜枚氏三官。達道路、利溝瀆、比互欜，則有野廬氏、雍氏、修閭氏三官。其他骴禁、水禁、火禁、夜禁，則有蜡氏、萍氏、司烜氏、司寤氏四官。又如攻猛獸，冥氏。除毒蠱，庶氏。攻蟄獸，穴氏。攻猛鳥，翨氏。除蠹物，翦氏。除牆屋，赤犮氏。除水蟲，壺涿氏。除夭鳥，庭氏。亦各有官以掌之。此皆用禁者也。前人謂用刑則掌戮居後，用禁則禁殺戮居先，聖人之意，欲申禁以止殺也。至冥氏諸官，其所以保衞民生，且無所不至。觀於設官之次第，其旨微矣。自秦以後，密於用刑，而疏於用禁，衞生之事，並無專官，此治之所以不古若也。方今歐洲之政，嚴於警察而寬於刑罰，衞生之事尤爲講求，頗與古法相合。乃淺識之士，極口詆諆，殆未卽古今之治迹，一詳考而深察之歟？

大士　《左傳》僖二十八年：「士榮爲大士。」杜注：「大士，治獄官也。」

理　《左傳》昭十四年：「晉邢侯與雍子争鄐田，久而無成，士景伯如楚，註：士景伯，晉理官。叔魚攝理。註：攝代景伯。」

士　《左傳》成十八年：「齊侯使士華免以戈殺國佐於内宮之朝。」正義曰：「士者，士官也，掌刑政。」

尉氏　《左傳》襄二十一年：「將歸死於尉氏。」杜注：「尉氏，討姦之官。」正義曰：「《周禮》司寇之屬無尉氏之官，蓋周室既衰，官名改易耳。」

少司寇　《左傳》成十五年：「向爲人爲大司寇，鱗朱爲少司寇。」

司敗　《左傳》文十年：「臣歸死於司敗也。」杜注：「陳、楚名司寇爲司敗。」《論語》：「陳司敗問昭公。」《左傳》定三年：「唐人竊馬而獻之子常，子常歸唐侯。自拘於司敗。」

按：春秋時官名多與《周禮》不同，而各國之不相同刑官已如此。尉氏不見於《周禮》，而《漢書·地理志》「陳留郡尉氏」注，應劭曰：「古獄官曰尉氏，鄭之别獄也。」師古曰：「鄭大夫尉氏，亦以掌獄之官，故爲族耳。」是鄭亦有尉氏之官，蓋皆後來改易者。

秦

廷尉　《漢書·百官公卿表》：「廷尉，秦官。」注：應劭曰：「聽訟必質諸朝廷，與衆共之，兵獄同制，故稱廷尉。」師古曰：「廷，平也。治獄貴平，故以爲號。」又「太尉」。注：應劭曰：「自上安下曰尉。」又《車千秋傳》注：「尉安之字，本無心也。」《後漢·光武紀》注：「尉，平也，故稱廷尉。」韋昭《辨釋名》曰：「廷尉、縣尉，皆古官也。以尉尉人也，凡掌賊及司察之官皆曰尉。尉，罰也，言以罪罰姦非也。」《御覽》二百三十一。

按：廷尉諸解，以《漢表》之注爲是。獄得其平，所以安下也，故稱廷尉。張釋之曰：「廷尉，天下之平也，壹傾，天下用法皆爲之輕重，民安所措其手足？」然則繹廷尉二字之義，知其官之所繫重矣。周獄官之稱尉氏，蓋亦取自上安下之義。

漢

廷尉　正　左右監　左右平　《漢書·百官公卿表》：「廷尉，秦官，掌刑辟，有正、左右監，秩皆千石。景帝中六年更名大理，武帝建元四年復爲廷尉。宣帝地節三年初置左右平，秩皆六百石。哀帝元壽二年復爲大理。王莽改曰作士。」《續漢書・百官志》：「廷尉，卿一人，中二千石。」本注曰：「掌平獄，奏當所應。凡郡國讞疑罪，皆處當以報。胡廣曰：讞，質也。正、左監各一人。前(各)〔漢〕有左右監平，世祖省右而猶曰左。左平一人，六百石。」本注曰：「掌平決詔獄。右屬廷尉。」《漢舊儀》：「廷尉正、監、平物故，以御史高第補之。」

廷尉史　《漢書・張湯傳》：「湯決大獄，欲傅古義，乃請博士弟子治《尚書》、《春秋》，補廷尉史，平亭疑法，奏讞疑。」

奏曹掾亦曰奏讞掾。　廷尉文學卒史　從史　廷尉書佐　《漢書・路温舒傳》：「廷尉光以治詔獄，請温舒署奏曹掾，守廷尉史。」《兒寬傳》：「以射策爲掌故，功次，補廷尉文學卒史。臣瓚曰：《漢註》卒史秩百石。時張湯爲廷尉，除爲從史。師古曰：從史者，但只隨官僚，不主文書。會廷尉時有疑奏，已再見卻矣，掾史莫知所爲。寬爲言其意，掾史因使寬爲奏。奏成，讀之皆服，以白廷尉湯。湯大驚，以寬爲奏讞掾。」《薛宣傳》：「少爲廷尉書佐。」《續志》「廷尉」注：「《漢官》曰：員吏百四十人，其十一人四科，十六人二百石廷史，文學十六人百石，十三人獄史，二十七人佐，二十六人騎吏，三十人假佐，一人官醫。」

按：《續志》三公諸曹掾史屬有奏曹，主奏議事，此《路傳》之奏曹掾，即《兒傳》之奏讞掾也。

中都官獄令長　丞　獄史　《續志》：「孝武帝以下，置中都官獄二十六所，各令長名世祖中興皆省，唯廷尉及雒陽有詔獄。」《漢表》：「典客，屬官有別火令丞及郡邸長丞。」注：如淳曰：「《漢儀注》，別火，獄令，主治改火之事。」《宣紀》：「曾孫坐收郡邸獄。」注：「《漢舊儀》，郡邸獄治天下郡國上計者。」「宗正，屬官有都司空令丞，內官長丞」。注：如淳曰：「律，司空主水及罪人。賈誼曰：『輸之司空，編之徒官』。」《竇嬰傳》：「劾繫都司空。」《伍被傳》：「又僞爲左右都司空上林中都官詔獄書。」注：晉灼曰：「《百官表》，宗正有左右都司空，上林有水司空，皆主囚徒官也。」《北堂書鈔》：設官部。「《漢舊儀》，司空詔獄治列侯二千石，屬宗正。」《律歷志》：「職在內官，廷尉掌之。」《東方朔傳》：「隆慮公主子昭平君日驕，醉殺主傅，獄繫內官。」　「少府，屬官有若盧、考工室、居室令丞，永巷令丞。武帝太初元年更名考工室爲考工，居室爲保宮，永巷爲掖廷。掖廷八丞。」注：服虔曰：「若盧，詔獄也。」鄧展曰：「舊洛陽兩獄，一名若盧，主受親戚婦女。」如淳曰：「若盧，官名也，藏兵器。《品令》曰，若盧郎中二十人，主弩射。《漢儀注》有若盧獄令，主治庫兵將相大臣。」《王商傳》：「召商詣若盧詔獄。」《劉輔傳》：「上迺徙繫輔共工獄。」注：蘇林曰：「考工也。」師古曰：「少府之屬官也，亦有詔獄。」《灌夫傳》：「有詔。劾灌夫罵坐不敬，繫居室。」《蘇武傳》：「加以老母繫保宮。」《趙后傳》：「掖廷獄丞籍武。」《劉輔傳》：「繫掖庭祕獄。」注：師古曰：「《漢舊儀》，掖庭詔獄令丞，宦者爲之，主理婦人女官也。」《續志》：「掖庭〔令〕一人，宦者。」　「中尉，屬官有寺互、都船令丞。都船有三丞。」注：如淳曰：「《漢儀注》有寺互、都船獄令，治水官也。」《王嘉傳》：「縛嘉，載致都船詔獄。」《薛宣傳》：「少爲都船獄史。」　「水衡都尉，屬官有水司空長丞。按詳上都司空下。詹事，屬官有家令。」注：張晏曰：「太子稱家，故曰家令。」臣瓚曰：「《茂陵中書》，太子家令秩八百石。」《漢舊儀》：「家令秩千石，主倉獄。」《北堂書鈔》：設官部。「《漢舊儀》，太子家獄治太子官，屬太子太傅。」《續志》：「暴室丞一人。」本注曰：「宦者。主中婦人疾病者就此室治，其皇后、貴人有罪亦就此室。」《宣紀》注：應劭曰：「暴室，宫人獄也，今曰薄室。」《後漢書・桓帝鄧皇后紀》：「八年，詔廢后，送暴室，以憂死。」注：「《漢官儀》曰，暴室在掖庭内。」按：《續志》暴室丞屬掖庭令。

按：西漢中都官獄二十六所，各令長名史不備書。以今考之，則典客之别火也，郡邸也，宗正之都司空也，據《伍被傳》都司空獄有左、右。内官也，少府之若盧也，考工也，居室也，即保宫。永巷也，即掖廷。中尉之寺互也，都船也，水衡都尉之水司空也，詹事之家令也，可見者凡十有二。《續志》之暴室，前書《表》無，未知與掖廷是一是二？宣帝詔掖廷養視，取暴室嗇夫許廣漢女，見《宣紀》，是暴室屬於掖庭，西漢已然，恐是一獄也。又《張湯傳》：「弟繫導官。」注：蘇林曰：「《漢儀注》，獄二十六所，導官無獄也。」師古曰：「蘇説非也。導，擇也。以水擇米，故曰導官。事見《百官表》。時或(有)〔以〕諸獄皆滿，故權寄在此署繫之，非本獄所也。」然則導官無獄，蘇説自有所本。師古亦謂非本獄所，而又非之，何也？《宣紀》注引《漢儀注》，長安中諸官獄三十六所，與《續志》之言二十六者不符。《張湯傳》注亦稱二十六，疑「三」字乃傳寫之譌也。《成紀》：「罷上林詔獄。」注：師古曰：「《漢舊儀》，上林詔獄主治苑中禽獸宫館事，屬水衡。」此即《伍被傳》之上林中都官詔獄，指水司空，非别有獄也。《北堂書鈔》刑法部。引《漢舊儀》，東市獄屬京兆尹，西市獄屬左馮翊。《漢表》京兆尹爲右内史之更名，其屬官有長安市令丞；左馮翊爲左内史之更名，其屬官有長安市長丞。東市、西市獄當即長安市令丞、長丞主之，亦二十六所之二也。《劉向傳》注引《漢舊儀》，中壘校尉主北軍壘門内，尉一人，主上書者獄。上章於公車，有不如法者，以付北軍尉，北軍尉以法治之。似北軍亦有獄，而他無可徵。

請室令　《漢書・賈誼傳》：「造請室而請罪耳。」注：應劭曰：「請室，請罪之室。」蘇林曰：「音絜清。胡公《漢官》，車駕出有請室令在前先驅，此官有别獄也。」《爰盎傳》：「絳侯就國，人上書告以爲反，請繫請室。」

按：《漢官儀》，静室令、式道候，秦官也。静宫令，車駕出，在前驅，静清所徼車，逆日，以示重慎也。式道，左右凡三，惟車駕出迎，式道持麾，王宫行之乃閉。《北堂書鈔》設官部。孫星衍校云：案《續漢志》，執金吾下本注云，本有式道中候三人，六百石，車駕出，掌在前清道；還，持麾至宫門，宫門乃開云云。此所引多譌，當依彼訂據。此是《漢官儀》之静室令，即胡公《漢官》之請室令也。而前、續二《志》皆無此官名，豈請室令與式道候本是一官歟？

三公曹尚書　《漢表》：「成帝建始四年，更名中書謁者令爲中謁者令。初置尚書，員五人，有四丞。」《成紀》：「建始四年春，罷中書宦官，初置尚書，員五人。」注：師古曰：「《漢舊儀》云，尚書四人爲四曹：常侍尚書主丞相御史事，二千石尚書主刺史二千石事，户曹尚書主庶人上書事，主客尚書主外國事。成帝置五人，有三公曹，主斷獄事。」《續志》注：「蔡質《漢儀》曰：三公尚書二人，典三公文書。齋祀屬三公曹。」《後漢・光武紀》注：「《漢官儀》曰：尚書四員，武帝置。成帝加一爲五。成帝加三公尚書，主斷獄事。」

二千石曹尚書　侍郎　令史　《續志》：「尚書六人，六百石。」本注曰：「二千石曹尚書，主郡國二千石事。世祖承遵，後分二千石曹。」注：「《漢舊儀》曰：亦云主刺史。蔡質《漢儀》曰：掌中都都，今本作「郎」。中郎官之義難通，當爲「都」之譌。世祖分二千石曹爲中都官曹，說見後。官水火、盜賊、辭訟、罪眚。」「侍郎三十六人，四百石。」本注曰：「一曹有六人，主作文書起草。」「令史十八人，二百石。」本注曰：「曹有三，主書。(識)〔後〕增劇曹三人。」

按：《宋書・百官志》引應劭《漢官》曰，尚書二千石曹掌水火、盜賊、詞訟、罪法，與蔡質之言合。《晉志》言光武以二千石曹主辭訟，中都官曹主水火、盜賊。蓋二事本皆二千石曹主之，光武分中都官，水火、盜賊別爲中都官曹，可以見《續志》注之中(都)〔郎〕官爲譌字也。

中都官曹尚書　《晉書・職官志》：「列曹尚書。後漢光武以三公曹主歲盡考課諸州郡事，改常侍曹爲吏部曹，主選舉、祠祀事，民曹主繕修、功作、鹽池、園苑事，客曹主護駕、羌胡朝賀事，二千石曹主辭訟事，中都官曹主水火、盜賊事，合爲六曹。」

侍御史　《漢表》：「侍御史有繡衣直指，出討姦猾，治大獄，武帝所制，不常置。」

治書侍御史　《續志》：「治書侍御史二人，六百石。」本注曰：「掌選明法律者爲之。凡天下諸讞疑事，掌以法律，當其是非。」注：「蔡質《漢儀》曰：選御史高第補之。胡廣曰：孝宣感路溫舒言，秋季後請讞。時帝幸宣室，齋居而決事，令侍御史二人治書，御史起此。後因別置，冠法冠，秩六百石，有印綬，與符節郎共平廷尉奏事，罪當輕重。荀綽《晉百官表注》曰：惠帝以後，無所平治，備位而已。」

尚符璽郎中　《續志》：「尚符璽郎中四人。」本注曰：「在中主璽及虎符、竹符之半。」注：「《漢官》曰：當得明法律郎。」

司隸校尉　都官從事　《漢表》：「司隸校尉，周官，武帝征和四年初置。持節，從中都官徒千二百人，捕巫蠱，督大姦猾。後罷其兵。察三輔、三河、宏農。元帝初元四年去節。成帝元延四年省。綏和二年，哀帝復置，但爲司隸，屬大司空，比司直。」《續志》：「司隸校尉從事史十二人。」本注曰：「都官從事，主察舉百官犯法者。」「假佐二十五人。」本注曰：「律令師主平法律。」

軍司空　《漢書·杜延年傳》：「補軍司空。」注：蘇林曰：「主獄官也。」如淳曰：「律，營軍司空、軍中司空各二人。」

少府光禄勳執金吾衛尉　《漢舊儀》：「黄門冗從，持兵無數，宣通内外，宦者署，尚書，皆屬少府。殿中諸署五郎將屬光禄勳。宫司馬、諸隊都候領督盜賊，屬執金吾。掖門、殿門屯衛士皆屬衛尉。右中二千石、二千石四官孫星衍案：此條本題上事四官，少府、光禄勳、執金吾、衛尉也。奉宿衛，各領其屬，斷其獄。」

按：據此條，則四官之屬有獄事即自斷之，不皆之廷尉也。漢法之簡易如此。

公府掾　《續志》：「太尉，公一人。掾史屬二十四人。」本注曰：「《漢舊注》，東西曹掾比四百石，餘掾比三百石，屬比二百石，故曰公府掾，比古元士三命者也。辭曹主辭訟事。賊曹主盜賊事。決曹主罪法事。」

京兆尹左馮翊右扶風　《漢表》：「内史，周官，秦因之，掌治京師。景帝二年分置左内史。師古曰：

《地理志》云武帝建元六年置左右內史，而此《表》云景帝二年分置，《表》、《志》不同。又據《史記》，知《志》誤矣。右內史武帝太初元年更名京兆尹，左內史更名左馮翊。主爵（都）〔中〕尉，秦官。景帝中六年更名都尉。武帝太初元年更名右扶風，與左馮翊、京兆尹是爲三輔。」注：服虔曰：「皆治長安城中。」

河南尹　《續志》：「河南尹一人，主京都。其京兆尹、左馮翊、右扶風三人，漢初都長安，皆秩中二千石，謂之三輔。中興都雒陽，更以河南郡爲尹。」

仁恕掾　《漢官儀》：「仁恕掾，主獄，屬河南尹。」《後漢書·魯恭傳》註。《漢官》：「河南尹員吏，案獄仁恕三人。」《續志》註。

按：三輔皆治長安城中，河南尹當亦治雒陽城中也。三輔刑獄可以專斷，河南尹當亦如之。

刺史　《漢表》：「監御史，秦官，掌監郡。漢省，丞相遣史分刺州，不常置。武帝元封五年初置部刺史，掌奉詔條察州，師古曰：《漢官典職儀》云，刺史班宣，周行郡國，省察治狀，黜陟能否，斷治冤獄。秩六百石。成帝綏和元年更名牧，秩二千石。哀帝建平二年復爲刺史，元壽二年復爲牧。」《續志》：「建武十八年，復爲刺史，十二人，各主一州。諸州常以八月巡行所部郡國，録囚徒，胡廣曰：縣邑囚徒，皆閱録視，參考辭狀，實其真僞，有侵冤者，即時平理也。考殿最。初歲盡詣京都奏事，中興但因計吏。」

太守　《漢表》：「郡守，秦官，掌治其郡，秩二千石。有丞，邊郡又有長史，掌兵馬，秩〔皆〕六百石。景帝中二年更名太守。」《續志》：「太守掌治民，決訟檢姦。秋冬遣無害吏案訊諸囚，平其罪法，論課殿最。歲盡遣吏上計。」

郡決曹掾史　賊曹掾史　《續志》：「每郡皆置諸曹掾史。」本注曰：「諸曹略如公府〔曹〕，無東西曹。」《前書·于定國傳》：「其父于公爲縣獄史，郡決曹，決獄平。」《薛宣傳》：「池陽令舉廉吏獄掾王立，府未及召，聞立受囚家錢。宣責讓縣，縣案驗獄掾，乃其妻獨受繫者錢萬六千，受之再宿，獄掾實不知。掾慚恐自殺。宣聞之，移書池陽曰：『縣所舉廉吏獄掾王立，家私受財，而立不知，殺身以自明。立誠廉士，甚可憫惜。其以府決曹掾書立之柩，以顯其魂。』」《路温舒傳》：「太守行縣，見而異之，署決曹史。」《王尊傳》：「爲郡決曹史。」《薛宣傳》：「賊曹掾張扶。」《朱博傳》：「賊曹掾史自白，請至姑幕。」《張敞傳》：「賊捕掾絮舜。」注：師古曰：「賊捕掾，主捕賊者也。」

按：張敞時爲京兆尹，賊捕掾當即郡賊曹掾也。

郡書佐　守屬　《王尊傳》：「給事太守府，除補書佐，署守屬監獄。師古曰：署爲守屬，令監獄主囚也。復召署守屬治獄。」《續志》：「每郡諸曹各有書佐，幹主文書。」注：「《漢官》曰，河南尹書佐五十人。」

縣令長　丞尉　嗇夫　游徼　《漢表》：「縣令、長，皆秦官，掌治其縣。萬户以上爲令，秩千石至六百石。減萬户爲長，秩五百石至三百石。皆有丞、尉，秩四百石至二百石，是爲長吏。百石以下有斗食、佐史之秩，是爲少吏。大率十里一亭，亭有長。十亭一鄉，鄉有三老、有秩、嗇夫、游徼。三老掌教化。嗇夫職聽訟，收賦税。游徼徼循禁賊盜。」《續志》：「縣萬户以上爲令，不滿爲長。丞各一人。尉大縣二人，小縣一人。」本注曰：「丞署文書，典知倉獄。尉主盜賊。」注：「應劭《漢官》曰，大縣丞、左右尉，所謂命卿三人。小縣一尉、一丞，命卿二人。雒陽令秩千石，丞三人四百石，孝廉左尉四百石，孝廉右尉四百石。」

縣獄掾史　賊曹　《續志》:「凡縣各署諸曹掾史。」本注曰:「諸曹略如郡員。」注:「《漢官》曰,雒陽令員吏七百九十六人。鄉有秩、獄史五十六人。」又見于定國、薛宣二《傳》。又《路温舒傳》:「求爲獄小吏,因學律令,轉爲獄史,縣中疑事皆問焉。」《後書·黄昌傳》:「後拜宛令。至門下賊曹家。」

獄司空　《説文》:「獄,司空也。从犾臣聲。息兹切。復説獄司空。」段玉裁注:「《周禮》司救役諸司空。注:如漢法城旦、鬼薪、白粲之類。《儒林列傳》太后怒曰,安得司空城旦書乎?徐廣曰,司空,掌刑徒之官也。如淳説,都司空主罪人。應劭《漢官儀》曰,綏和元年,罷御史大夫官,法周制,初置司空。議者又以縣道官有獄司空,故覆加大爲大司空。是則漢時有都司空,有獄司空,皆主罪人,皆有治獄之責。」《玉篇》:「獄,辨獄官也。」

按:應説漢時縣獄有獄司空一官,而兩漢《志》皆不載。

諸侯王國内史　獄史　《漢書·何武傳》:「『往者諸侯王斷獄治政,内史典獄事,相總紀綱輔王,中尉備盜賊。今王不斷獄與政,中尉官罷,職并内史,郡國守相委任,所以一統信,安百姓也。今内史位卑而權重,威職相踰,不統尊(也)〔者〕,難以爲治。臣請相如太守,内史如都尉以順尊卑之序,平輕重之權。』制曰:『可』。以内史爲中尉。」《漢表》:「成帝綏和元年,省内史,更令相治民,如郡太守,中尉如郡都尉。」《丙吉傳》:「爲魯獄史。」

按:漢代刑官,在内惟廷尉卿一人,張釋之所謂天下之平也,是其權固有統一之象。然其時天下之獄不皆之廷尉，匪獨在外之郡國也，即京師之內，三輔分治之，其訟獄自論決之，不之廷尉也。東漢屬河南尹。之廷尉者皆詔獄，廷尉乃得治之。觀於《杜周傳》云：「至周爲廷尉，詔獄亦益多矣。二千石繫者新故相因，不減百餘人。郡吏大府舉之廷尉，孟康曰：「舉之廷尉，以章劾付廷尉治之也。」師古曰：「孟說非也。舉，皆也。言郡吏大府獄事皆歸廷尉也。大府，丞相、御史之府也。」按：此句當合孟、顏二說解之方明。一歲至千餘(事)〔章〕。(事)〔章〕大者連逮證案數百，小者數十人；遠者數千里，近者數百里會獄。」可以見自周未爲廷尉以前，詔獄不若是之多也。《續志》言，凡郡國讞疑獄，皆處當以報。是常時劾付廷尉之獄，皆事之有疑者，其無疑者三輔郡國自論決之，廷尉不問也。廷尉屬官正、監、掾史皆有議獄之職。如《張湯傳》云：「上意所便，必引正、監、掾史賢者，曰：『固爲臣議如此，上責臣，臣弗用，愚抵此。』罪常釋。間即奏事，上善之，曰：『臣非知爲此奏，乃監、掾、史某所爲。』」是也。廷尉史亦得奉使案事。如《杜周傳》「爲廷尉史，使案邊失亡，所論殺甚多。」是也。在外之獄，郡縣則守令主之，侯王國其始內史主之，後屬於相。三輔及守令、相皆有專殺之權。如張敞之於絮舜、京兆尹。廣川王同族宗室劉調等，冀州刺史。並見《敞傳》。何並之於王林卿奴、長陵令。鍾威、趙季、李款，潁川太守。並見《並傳》。趙廣漢之於杜建，京兆尹。見《廣漢傳》。田延年之於趙繡，涿郡太守。見《延年傳》。黄昌之於彭氏婦人，陳相。見《昌傳》。皆不及奏報。然其常時仍奏之天子。有不待奏而先報殺者。如《義縱傳》云：「於是徙縱爲定襄太守。縱至，掩定襄獄中重罪二百餘人，及賓客昆弟私入相視者亦二百餘人。縱一切捕鞠，曰『爲死罪解脫』。是日皆報殺四百餘人。」師古曰：「奏請得報而(後)〔論〕殺。」按：顏說非也。《說文》報，當辠人也。从辛从𠬝。𠬝，服辠也。《張湯傳》爰書(於)訊鞫〔論〕報。《胡建傳》註蘇林曰：報，論也。斷獄曰報。《續志》廷尉皆處當以報。是則處分其罪以上聞曰報，非上之報下也。此《傳》言一切，言是日皆著其酷處。若待奏請得報而後殺，非此《傳》之意。是也。有待奏可而後論報者。如《王溫舒傳》云：「遷爲河内太守。令郡具私馬五十匹，爲驛自河内至長安，部吏如居廣平時方略。捕郡中豪猾，相連坐千餘家。上書請，大者至族，小者乃死，家盡没入償臧。奏行不過二日，得可，事論報，至流血千里。」是也。按：可者，可其意耳。既得可而後論斷也。縣之獄不必皆上於郡，而亦有上於郡者。如《于定國傳》：「東海有孝婦，少寡，無子，養姑甚謹，姑欲嫁之，終不肯。姑謂鄰人曰：『孝婦事我勤苦，哀其無子守寡。我老，久累丁壯，奈何？』其後姑自經死。姑女告吏：『婦殺我母』。吏捕孝婦，孝婦辭不殺姑。吏驗治，孝婦自誣服。具獄上府，于公以爲此婦養姑十餘年，以孝聞，必不殺也。太守不聽，于公爭之，弗能得，乃抱其具獄，哭於府上，師古曰：「具獄者，獄案已成，其文備具也。」因辭疾去。太守竟論殺孝婦。」是也。州刺史則監郡而不治獄。《鮑宣傳》云：「遷豫州牧。歲餘，丞相司直郭欽奏宣舉錯煩苛，代二千石署吏聽訟，所察過詔條。」是州牧之職，但以六條察郡，不得出於六條之外。若張敞之捕劉調等，與鮑宣之代二千石聽訟，皆非其常也。《書·立政》曰：「文王罔攸兼于庶言、庶獄、庶慎，惟有司之牧夫。是訓用違，庶獄庶慎，文王罔敢知于兹。」言不敢下侵庶職而任之專也。漢代刑官，頗得此意。惟獄之重大者，仍自天子與丞相論定之，廷尉諸官有不能專斷者。其時京師又有行寃獄使者，《張敞傳》：「會立春，行寃獄使者出。」外郡則太守及刺史行部録囚徒奏事京師，《雋不疑傳》：「爲京兆尹，每行縣録囚徒。」師古曰：

「省録之，知其情狀有寃滯與不也。今云慮囚。」《何武傳》：「爲刺史，行部録囚徒，每奏事至京師。」師古曰：「刺史每歲盡，則入奏事於京師也。」此皆所以防專斷之弊，相因爲用者也。杜周(子)〔孫〕《緩傳》：「拜爲太常，治諸陵縣，每冬月封具獄日，常去酒省食。」是諸陵縣之獄，太常治之。又《臨江王榮傳》：「詣中尉府對簿。」則詔獄之不付廷尉者，中尉屬官固有獄也。

魏

廷尉　盧毓、高柔並爲廷尉。見《魏書》本《傳》。

廷尉正監評　《宋書・百官志》：「廷尉正、監，並秦官。本有左右監，漢光武省右，猶云左監。魏、晉以來直云監。廷尉評一人。漢宣帝置左右評，光武省右，猶云左評。魏、晉以來，直云評。」

按：「平」改爲「評」，未詳始於魏歟？抑始於晉歟？《晉志》作「評」，梁、陳作「平」。

律博士　《三國志・衛覬傳》：「魏國既建，拜侍中。文帝卽王位，徙爲尚書。明帝卽位，覬奏曰：『九章之律，自古所傳，斷定刑罪，其意微妙，百里長吏，皆宜知律。刑法者，國家之所貴重而私議之所輕賤。獄吏者，百姓之所縣命而選用者之所卑下。王政之弊，未必不由此也。請置律博士，轉相教授。』事遂施行。」《宋志》：「律博士，魏武初建魏國置。」

按：據《覬傳》，律博士之置在明帝時，《宋志》謂魏武初建魏國置，似誤。

比部三公二千石都官尚書郎　《晉書・職官志》：「魏尚書郎有比部、三公、二千石。青龍二年，尚書陳矯奏置都官。」《宋志》：「魏青龍二年有軍事，尚書令陳矯奏置都官、騎兵二曹郎。三公、比部主法制。都官主軍事刑獄。」

公府賊曹掾　《宋志》：「魏初公府職僚，史不備書。及晉景帝爲大將軍，置賊曹掾一人。晉文帝爲相國，置賊曹掾一人。」

吴

大理　廷尉　顧雍爲大理，見《吴書》本《傳》。虞翻子聳、昺並爲廷尉。見《翻傳》。廷尉郝普，見《胡綜傳》。

按：《三國志》無官志，大約多承於漢。顧雍爲大理在權爲吴王時，似吴時先名大理後改廷尉也。

晉

廷尉　正監評　律博士　丞　功曹　主簿　五官　《晉書·職官志》：「廷尉，主刑法獄訟，屬官有正、監、評，並有律博士員。太常、光禄勳、衛尉、太僕、廷尉、大鴻臚、宗正、大司農、少府、將作大匠、太后三卿、大長秋，皆爲列卿，各置丞、功曹、主簿、五官等員。」

治書侍御史　《晉志》：「治書侍御史，漢宣帝置。及魏，又置治書執法，掌奏劾，而治書侍御史掌律令，二官俱置。及晉，唯置治書侍御史，員四人。泰始四年，又置黄沙獄治書侍御史一人，秩與中丞同，掌詔獄及廷尉不當者皆治之。後并河南，遂省黄沙治書侍御史。及太康中，又省治書侍御史二員。」

法曹侍御史　《晉志》：「侍御史，案二漢所掌凡有五曹，一曰令曹，掌律令。晉置員九人，品同治書，而有十三曹：吏曹、課第曹、直事曹、印曹、中都督曹、外都督曹、媒曹、符節曹、水曹、中壘曹、營軍曹、法曹、算曹。」

家令　《晉志》：「太子官有家令，主刑獄、穀貨、飲食，職比司農、少府。」

尚書右丞　《晉志》：「尚書右丞掌刑獄。」

尚書郎　三公　比部　都官　二千石　《晉志》：「尚書郎。武帝置三公、比部、都官、二千石曹郎。康、穆以後，又無二千石。」

公府賊曹令史屬　《晉志》：「諸公及開府位從公者，置賊曹令史屬各一人。」

縣法曹　賊曹掾史　獄小史　獄長　賊捕掾　《晉志》：「縣有法曹門幹、賊曹掾史、獄小史、獄門亭長、賊捕掾等員。」

宋

廷尉　丞　正　監　評　律博士　《宋書・百官志》：「廷尉，一人。丞一人。掌刑辟。廷尉正，一人。廷尉監，一人。廷尉評，一人。正、監秩千石，評六百石。廷尉律博士，一人。」

長流賊曹刑獄賊曹城局賊曹參軍　《宋志》：「大將軍參軍，無定員。有長流賊曹、刑獄賊曹、城局賊曹。」

尚書曹郎　三公比部　都官　《宋志》：「三公、比部主法制。都官主軍事刑獄。」

齊

廷尉　官與宋同。《南齊・百官志》：「廷尉府置丞一人，正一人，監一人，評一人，律博士一人。」

都官尚書　《南齊志》：「都官尚書領都官、水部、庫部、功論四曹。又三公、比部二曹屬吏部尚書。」

梁

廷尉卿　丞功曹主簿　律博士　《隋書・百官志》：「諸卿，梁初猶依宋、齊，皆無卿名。天監七年，以衛尉爲衛尉卿，廷尉爲廷尉卿，將作大匠爲大匠卿。三卿是爲秋卿。皆置丞及功曹主簿。廷尉卿，梁國初建曰大理。天監元年復改爲廷尉。有正、監、平三人。元會，廷尉三官與建康三官，皆法冠玄衣朝服，以監東、西、中華門。手執方木，長三尺，方一寸，謂之執方。四年，置胄子律博士，位視員外郎。」

都官尚書　三公比部都官郎　《隋志》：「梁尚書省置都官尚書，三公、比部、都官郎。」

獄丞　正平監　《隋志》：「建康舊置獄丞一人。天監元年，詔依廷尉之官，置正、平、監，（華）〔革〕選士流，務使任職。又令三官更直一日，分受罪繫，事無小大，悉與令籌。若有大事，共詳，三人具辨。脱有同異，各立議以聞。」

陳

廷尉卿　正監平　《隋志》：「陳廷尉卿，中二千石。廷尉正、監、平，並六百石。建康正、監、平，秩同廷尉。」

後魏

廷尉　正監評　《魏書·官氏志》：「太和中，高祖詔羣寮議定百官。廷尉第二品上，廷尉正、監、評第五品中，律博士第六品中，獄丞第六品下，獄掾第七品下。二十三年，復次職令。廷尉六卿之一。第三品，廷尉少卿第四品，廷尉正、監、評第六品，律博士第九品。」

律博士　獄丞　獄掾　見上。

司直　《魏志》：「永安二年，復置司直十人，視五品，隸廷尉，覆治御史檢劾事。《唐六典》：「後魏永安三年，御史中尉高穆奏置司直十人，視五品，隸廷尉，位在正、監上。」

後齊

尚書　郎中　《隋志》：「後齊制官，多循後魏。尚書省置六尚書，分統（六）〔列〕曹。殿中統殿中、儀曹、三公、掌五時讀時令，諸曹囚帳，斷罪，赦日建金雞等事。駕部四曹。都官統都官、掌畿內非違得失事。二千石、掌畿外得失等事。比部、掌詔書律令勾檢等事。水部、膳部五曹。吏部、三公，郎中各二人，餘並一人。吏部、儀曹、三公、虞曹、都官、二千石、比部、左户，各量事置掌故、主事員。」

掌故　主事　見上。

大理寺卿　少卿　丞　功曹　主簿録事　《隋志》：「太常、光禄、衛尉、宗正、太僕、大理、鴻臚、司農、太府是爲九寺。（卿）置卿、少卿、丞各一人。各有功曹、五官、主簿、録事等員。　大理寺，掌決正刑獄。正、監、評各一人，律博士四人，明法掾二十四人，檻車督二人，掾十人，獄丞、掾各二人，司直、明法各十人。　大理（卿）爲第三品，司直第五品，正、監、評第六品，律博士第九品。」

大理寺正監評　律博士　明法掾　檻車督　掾獄丞　掾　司直　明法　並見上。

令史　書令史　書吏　《隋志》：「自諸省臺府寺，各因繁簡而置吏。有令史、書令史、書吏之屬。」

都官從事　《隋志》：「司州，置牧。屬官有都官從事。」

賊曹掾　《隋志》：「清河郡置賊曹掾。　鄴、臨漳、成安三縣置賊曹掾。」

長流城局刑獄參軍事　刺姦　《隋志》：「上二州刺史，置府。屬官有長流、城局、刑獄等參軍事及〔掾〕史，朝直、刺姦、記室掾。」

後周

大司寇卿　刑部中大夫　小司寇中大夫　小刑部下大夫　司厲下士　《隋志》：「周太祖命尚書〔令〕盧辯，遠師周之建職，置三公三孤，次置六卿，以分司庶務。」《周書·盧辯傳》：「辯所述六官，秋官府領司寇等衆職。」《通典》：「後周有秋官大司寇卿，掌刑邦國。其屬官又有刑部中大夫，掌五刑之法。隋初有都官尚書，開皇三年，改都官爲刑部尚書，統都官、刑部、比部、司門四曹，亦因後周之名。《周官》小司寇中大夫，後周依《周官》。　後周有小刑部下大夫，屬秋官府。　都官郎中，後周則曰司(屬)〔厲〕。《周官》曰司厲下士，後周依焉。」

按：《通典》云，比部郎中，後周曰計部中大夫，《唐六典》云後周天官府有計部中大夫，則不屬秋官。《通典》又云，《周禮》地官有司門下大夫，後周依焉，《六典》又云《周禮》有司門上士，後周有小司門上士，皆周時地官之屬，不知後周果何屬也？《通典》又謂隋之都官、刑部、比部、司門四曹因於後周，然後周之制並依《周官》，《六典》所引後周之官亦無都官、比部名目，此語恐有誤。

隋

都官尚書侍郎刑部比部司門侍郎　《隋志》：「都官尚書統都官侍郎二人，刑部、比部侍郎各一人，司門侍郎二人。」《唐六典》：「都官尚書，開皇三年改爲刑部。煬帝置刑部侍郎。」《通典》同。

憲部郎　《唐六典》：「隋初省三公曹，置刑部郎曹，掌刑法，置侍郎一人。煬帝除侍字，又改爲憲部郎。」《隋志》：「煬帝卽位，多所改革，尚書六曹各侍郎一人，以貳尚書之職。諸曹侍郎並改爲郎，刑部爲憲部郎。」

按：上文云煬帝置刑部侍郎，此云煬帝除侍字者，蓋升侍郎爲尚書之副，故諸曹侍郎並除侍字也。

刑部員外郎　憲部承務郎　《唐六典》：「隋開皇六年，置刑部員外郎，煬帝改爲憲部承務郎。」

都官郎　《唐六典》：「隋初置都官侍郎二人，猶掌非違得失事。開皇三年，改都官尚書曹曰刑部，其都官郎曹遂改掌簿録，配没官私奴婢並良賤訴競、俘囚之事。煬帝時，都官郎置二人。」

都官員外侍郎　《唐六典》：「隋文帝置員外侍郎，煬帝改爲承務郎。」

比部郎　員外侍郎　《唐六典》：「比部郎中，梁、陳、隋並爲侍郎，煬帝曰比部郎。隋置員外侍郎，煬帝曰承務郎。」

司門郎　員外郎　《唐六典》：「隋開皇初置司門侍郎，煬帝曰司門郎。隋置司門員外郎，煬帝改曰承務郎。」

大理卿　少卿　丞　主簿　録事　《隋志》：「大理卿、少卿各一人，丞二人，主簿二人，録事二人。大理寺，不統署。又有正、監、評、各一人。司直、十人。律博士、八人。明法、二十人。獄掾。八人。」

大理寺正監評　司直　律博士　明法　獄掾　並見上。

勾檢官　評事　《隋志》:「煬帝即位,大理寺丞改爲勾檢官,增正員爲六人,分判獄事。置司直十六人,降爲從六品,後加至二十人。又置評事四十八人,掌頗同司直,正九品。」

歷代刑官考下

唐

刑部尚書　侍郎　郎中　員外郎　主事　令史　書令史　亭長　掌固　計史　《唐書·百官志》：

「尚書省，尚書令一人，掌典領百官。其屬有六尚書，五曰刑部。刑部，尚書一人，正三品。《唐六典》：龍朔二年改爲司刑太常伯，咸亨元年復爲刑部。光宅元年改爲秋官尚書，神龍元年復故。侍郎一人，正四品下。掌律令、刑法、徒隸、按覆讞禁之政。其屬有四：一曰刑部，二曰都官，三曰比部，四曰司門。刑部郎中、《舊書》：二員，從五品上。《唐六典》：隋憲部郎，武德三年改曰刑部郎中。龍朔二年改爲司刑大夫，咸亨、光宅、神龍並隨曹改復。員外郎，《舊書》：二員，從六品上。《唐六典》：隋承務郎，武德三年改曰刑部員外郎。咸亨、光宅、神龍隨曹改復。掌律法，按覆大理及天下奏讞，爲尚書、侍郎之貳。凡鞫大獄，以尚書侍郎與御史中丞、大理卿爲三司使。刑部主事四人，都官主事二人，比部主事(二)〔四〕人，司門主事二人。天寶十一載，改刑部曰司憲，比部曰司計。有刑部令史十九人，書令史三十八人，亭長六人，掌固十人。都官令史九人，書令史十二人，掌固四人。比部令史十四人，書令史二十七人，計史一人，掌固四人。司門令史六人，書令史十三人，掌固四人。都官郎中、《唐六典》：隋都官郎，武德三年加中字。龍朔三年改曰司僕大夫，咸亨元年復故。員外郎，《唐六典》：隋承務郎，武德三年改爲員外郎。龍朔、咸亨並隨曹改復。各一人，掌俘隸簿録，給衣糧醫藥，而理其訴免。比部郎中、《唐六典》：隋比部郎，武德三年加中字。龍朔二年改爲司計大夫，咸亨元年改復。員外郎，《唐六典》：隋承務郎，武德三年改爲員外郎。龍朔、咸亨隨曹改復。各一人，掌勾會内外賦斂、經費、俸禄、公廨、勳賜、贓贖、徒役課程、逋欠之物，及軍資、械器、和糴、屯收所入。司門郎中、《唐六典》：隋司門郎，武德三年加中字。龍朔二年改曰司門大夫，咸亨元年復改。員外郎，《唐六典》：隋煬帝承務郎，武德三年改曰員外郎。各一人，掌門關出入之籍及闌遺之物。」《唐六典》：「都官者，本因漢置司隸校尉，其屬官有都官從事一人，掌中都官不法事，因以名官。都官者，義取掌中都官。中都官者，京師官也。至魏明帝青龍二年，尚書郎陳矯奏置都官郎，有郎中。晉、宋、齊都官郎中二人，後魏、北齊一人，梁、陳爲侍郎。並掌京師非違得失事，非今都官之任。後周置秋官府，有司厲之職，掌諸奴男女男子入於罪隸女子入於舂饎之事，蓋比今都官郎中之任也。隋初置都官侍郎二人，猶掌非違得失事。開皇三年，改都官尚書曹曰刑部，其都官郎曹遂改掌簿録，配没官私奴婢並良賤訴競、俘囚之事。比部郎中，魏氏置，歷晉、宋、齊、後魏、北齊皆有郎中。後周天官府有計部中大夫，蓋其任也。」

按：都官從事屬於司隸校尉，本爲捕巫蠱而設，後遂因仍不改。《續漢志》云，都官從事，主察舉百官犯法者。中都官獄二十六所，世祖中興皆省，唯廷尉及雒陽有詔獄。蓋與武帝時情形不相同矣。《六典》所敘都官源委甚詳。惟《續志》言世祖後分二千石曹，而不言所分何曹。《晉志》，光武以二千石曹主辭訟事，中都官曹主水火、賊盜事。蔡質《漢儀》曰，二千石曹掌中都官水火、盜賊、辭訟、罪眚。似光武所分出者爲中都官曹，其所主之事本隸於二千石曹也。《六典》獨未及此，未詳其故？都官之義，本與刑獄無涉，自宋始置都官尚書，掌京師非違得失事，兼領刑獄，見《六典》。而刑官乃有都官之稱。在漢、魏、六代，尚書諸曹多有兼領之事，如晉太康中省三公尚書，以吏部尚書兼領刑獄，見《六典》。是其比也。然竟以都官爲刑官之稱，名義究嫌未協。隋改都官尚書爲刑部尚書，而都官郎中所掌爲俘隸簿録等事，又非漢、魏之舊，名義亦不相符。《宋志》言魏有軍事置都官，《通典》魏都官郎佐督軍事，是都官郎初爲軍事而設。《宋志》都官主軍事刑獄，當是主軍事兼領刑獄。《通典》亦云晉、宋都官兼主刑獄，與《六典》之言合。獨怪《六典》既明都官之義，而當日都官所掌並非中都官事，何歟？比部始於曹魏，其初所掌何事？史弗能詳。劉宋主法制。後齊掌詔書、律令、勾檢等事。第宋之刑獄領於都官，齊三公掌斷罪，似法制非專指刑獄之法制，律令亦但爲勾檢之一端。唐比部掌司會之事，《六典》言後周天官府計部中大夫，是其任也。隸刑部而所掌非刑，宋代承之。繹比字之義：《小司徒》三年大比，比，校也；《王制》必察小大之比，比，例也。比部如以刑法得名，當爲比例之比；如以勾會得名，當如比校之比。《韻會》四支，比，相次也，比部官名；四紙，比，校也，唐比部官名。凡比校者必相次而始見，故《大司馬》注云，比，校次之也。是舊説比部本是三年大比之比，而非大小比之比，與唐宋職掌其義正合。後人稱刑部爲比部者，殆因嘗主法制及勾檢律令，遂襲其名。而稽諸舊説，蓋不如是。

御史大夫　中丞　侍御史　監察御史　《唐志》：「御史臺，大夫一人，正三品。中丞二人，正四品下。大夫(常)〔掌〕以刑法典章糾正百官之罪惡，中丞爲之貳。凡寃而無告者，三司詰之。三司，謂御史大夫、中書、門下也。大事奏裁，小事專達。有制覆囚，則與刑部尚書平閱。侍御史六人，從六品下。凡三司理事，與給事中、中書舍人更直朝堂。若三司所按而非其長官，則與刑部郎中、員外郎、大理司直、評事往訊。監察御史十五人，正八品下。掌分察百寮，巡按州縣獄訟。決囚徒則與中書舍人、金吾將軍涖之。」

大理寺卿　少卿　正丞　主簿　獄丞　司直　評事　《唐志》：「大理寺，卿一人，從三品。少卿二人，從五品下。掌折獄，詳刑。凡罪抵流、死，皆上刑部，覆於中書、門下。繫者五日一慮。龍朔二年，改曰詳刑(司)〔寺〕。武后光宅元年，改曰司刑寺。中宗時廢獄丞。有府二十八人，史五十六人，司直史十二人，評事史二十四人，獄史六人，亭長四人，掌固十八人，問事百人。正二人，從五品下。掌議獄，正科條。丞六人，從六品上。掌分判寺事，正刑之輕重。主簿二人，從七品上。掌印，省署鈔目，勾檢稽失。《唐六典》：大理正，龍朔二年改爲詳刑大夫，咸亨元年改爲大理正。光宅元年改爲司刑正，神龍初復舊。獄丞二人，從九品下。《舊志》、《六典》並云四人。掌(主)〔率〕獄史，知囚徒，貴賤、男女異獄。司直六人，從六品上。評事八人，從八品下。《舊志》、《六典》並云十二人。掌出使推按。凡承制推訊長吏，當停務禁錮者，請魚書。録事二人。」

推官　《唐志》：「節度使，推官一人。觀察使，推官一人。團練使，推官一人。防禦使，推官一人。」《通典》：「採訪使有推官一人，推鞫獄訟。」

按：《唐志》開元二十年採訪置使，乾元元年改曰觀察處置使。採訪使推官卽觀察使推官也。

牧尹　刺史　縣令　《唐志》：「西都、東都、北都牧各一人。西都、東都、北都、鳳翔、成都、河中、江陵、興元、興德府尹各一人。掌歲巡屬縣，録囚。上州刺史一人，從三品，職同牧尹。中州刺史一人，正四品下。下州刺史一人，正四品下。京縣令，正五品。上畿縣令，正六品。上上縣令，從六品上。中縣令，正七品上。中下縣令，從七品上。下縣令，從七品下。掌察冤滯，聽獄訟。」

法曹司法參軍事　司法佐　《唐志》：「法曹司法參軍事，掌鞫獄麗法、督盜賊、知贓賄没入。府二人，都督府一人，都護府一人，上州二人，中州、下州一人。《舊唐書志》：「司法佐，京縣五人，畿縣、上縣四人，中縣、中下縣二人，下縣一人。」《唐志》：三都大都督府有典獄十八人，問事十二人。典獄以防守囚繫，問事以行罰。

宋

門下省　《宋史》：「門下省，受天下之成事，審命令，較正違失，受發通進奏狀。覆刑部大理寺所斷獄，審其輕重枉直，不當罪，則以法駁正之。凡官十有一：侍中、侍郎、左散騎常侍各一人，給事中四人，左諫議大夫、起居郎、左司諫、左正言各一人。」

刑部尚書　侍郎　郎中　員外郎　《宋史·職官志》：「尚書省，掌受付六曹文書。曰吏部，曰户部，曰禮部，曰兵部，曰刑部，曰工部，皆隸焉。刑部，掌刑法、獄訟、奏讞、赦宥、敘復之事。凡大理、開封、殿前馬步司獄，糾正其當否。其屬三：曰都官，曰比部，曰司門。設官十有一：尚書一人，侍郎二人，郎中、員外郎，刑部各二人，都官、比部、司門各一人。國初，以刑部覆大辟案。淳化二年，增置審刑院，知院事一人，以郎官以上至兩省充，詳議官以京朝官充，掌詳讞大理所斷案牘而奏之。凡獄具上，先經大理，斷讞既定，報審刑，然後知院與詳議官定成文草，奏記上中書，中書以奏天子論決。大中祥符三年，置糾察刑獄司，糾察官二人，以兩制以上充。凡在京刑禁，徒以上卽時以報。若理有未盡或置淹恤，追覆其案，詳正而駁奏之。凡大辟，皆録問。熙甯三年八月，詔：『省審刑院，歸刑部。以知院官判刑部，掌詳議、詳覆司事。刑部主判官爲同判刑部，掌詳斷司事。審刑議官爲刑部詳議官。』官制行，悉罷歸刑部。崇甯二年十二月，詔：『刑部尚書通左右曹。侍郎一治左曹，一治右曹，如獨員，〔卽通治〕。』」尚書，掌天下刑獄之政令。凡麗於法者，審其輕重，平其枉直，而侍郎爲之貳。應定奪、審覆、除雪、敍復、移放，則尚書專領之。制勘、體量、奏讞、糾察、録問，則長貳治之。而郎中、員外郎分掌其事。分案十三：曰制勘，掌凡根勘諸路公事；曰體量，掌凡體究之事；曰定奪，掌訴雪除落過名；曰舉敍，掌命官敍復；曰糾察，掌審問大辟；曰檢法，掌供檢條法；曰頒降，掌頒條法降赦；曰(退)〔追〕毁，掌斷罰追毁宣敕；曰會問，掌批會過犯；曰詳覆，掌諸路大辟帳狀；曰捕盜；曰帳籍，掌行在庫務、理欠帳籍；曰進擬，掌進斷案刑名文書。郎中、員外郎各二人，分左右廳，掌詳覆、敍雪之事。都官郎中、員外郎，掌徒流、配隸。分案五：曰差次，曰磨勘，曰吏籍，曰配隸，曰知雜。比部郎中、員外郎，掌勾覆中外帳籍。司門郎中、員外郎，掌門關、津梁、道路之禁令，及其廢置移復之事。」

檢法　《宋志》：「御史臺。檢法一人，掌詳檢法律。主簿一人，掌受事發辰，勾稽簿書。宋初置推直官二人，專治獄事。凡推直(官)有四：曰臺一推，曰臺二推，曰殿一推，曰殿二推。咸平中，置推勘官十員。元豐官制行，推直等官悉罷。」

大理寺卿少卿正推丞斷丞司直評事主簿　《宋志》：「大理寺，舊置判寺一人，兼少卿事一人。凡獄訟之事，隨官司決劾，本寺不復聽訊，但掌斷天下奏獄，送審刑院詳讞，同署以上於朝。詳斷官八人，以京官充。國初，大理正、丞、評事皆有定員。其後，擇他官明法令者，若常參官則兼正，未常參則兼丞，謂之詳斷官。舊六人，後加(五)〔至〕十一人，又去兼正、丞之名。咸平二年始定置。法直官二人，以幕府、州縣官充，改京官則爲檢法官。元豐官制行，置卿一人，少卿二人，正二人，推丞四人，斷丞六人，司直六人，評事十有二人，主簿二人。卿掌折獄、詳刑、鞫讞之事。凡職務分左右：天下奏劾命官、將校及大辟囚以下以疑請讞者，隸左斷刑，則司直、評事詳斷，丞議之，正審之；若在京百司事當推治，或特旨委勘及係官之物應追究者，隸右治獄，則丞專推鞫。蓋少卿分領其事，而卿總焉。舊制，大理寺讞天下奏案而不治獄。熙甯五年，增詳斷官二爲十員。七年，置詳斷習學官十四，詳覆習學官六。九年，詔以『京師官寺，凡有獄皆繫開封府司録司及左右軍巡三院，囚逮猥多，難以隔訊，又暑多瘐死，因緣流滯，動涉歲時。稽參(時)〔故〕事，宜屬理官，可復置大理獄。』元祐元年，以右治獄勘斷公事全少，併左右兩推爲一司。三年，三省請罷右治獄。紹聖二年，復置右治獄，置官屬如元豐制。左右推事有翻異者互送，再有異者朝廷委官審問，或送御史臺治之。」

提點刑獄公事　《宋志》：「提點刑獄公事，掌察所部之獄訟而平其曲直，所至審問囚徒，詳覆案牘，凡禁繫淹延而不決，盜竊逋竄而不獲，皆劾以聞，及舉刺官吏之事。舊制，參用武臣。熙甯初，神宗以武臣不足以察所部人材，罷之。六年，置諸路提刑司。其屬有檢法官、幹辦官。」

大都督府司法司士司理參軍　《宋志》：「大都督府、都督府：司法、司士、司理、文學參軍。」

開封府牧尹　判官推官　司録參軍　《宋志》：「開封府，牧、尹不常置，權知府一人，以待制以上充。掌正畿甸之事，中都之獄訟皆受而聽焉。其屬有判官、推官四人，日視推鞫，分事以治，而(助)〔佐〕其長。司録參軍一人，(相)〔折〕户婚之訟，而通書六曹之案牒。功曹、倉曹、户曹、兵曹、法曹、士曹參軍各一人，視其官曹分職涖事。左右軍巡使、判官各二人，分掌京城爭鬬及推鞫之事。左右廂公事幹當官四人，掌檢覆推問，凡鬬訟事輕者論決。元祐三年，以罷大理寺獄，置軍巡院判官一員。崇甯三年，蔡京奏：『乞罷權知府，置牧一員、尹一員，專總府事。少尹二員，分左右，(二)〔貳〕府之政事。牧以皇子領之，尹以文臣充。以士、户、儀、兵、刑、工爲六曹次序。司録二員，六曹各二員。參軍事八員。』大觀元年，詔：『開封六職閒劇不同，如士曹之官，唯主到罷批書，而刑、户事繁，自今凡士之婚田鬬訟皆在士曹。』」

臨安府知府　通判　判官　推官　參軍　廂官　《宋志》：「臨安府，置知府一員，通判二員，簽書節度判官廳公事、節度推官、觀察推官、觀察判官、録事〔參軍〕、左司理參軍、右司理參軍、司户參軍、司法參軍各一員。城内外分南北左右廂，各置廂官，以聽民之訟訴。分使臣十員，以緝捕在城盜賊。乾道七年，皇太子領尹事，廢臨安府通判、簽判職官。置少尹一員，日受民詞以白太子。置判官二員、推官三員。九年，皇太子解尹事，臨安府知、通、簽判、推、判官並依舊置。」

河南應天府　牧尹　少尹　司録　法曹　《宋志》：「河南應天府：牧、尹、少尹、司録、户曹、法曹、士曹。尹以下掌同開封府。尹闕則置知府事一人。以郎中以上充，二品以上曰判。通判一人，判官、推官各一人。法曹專掌讞議。」

次府牧尹少尹司録法曹司理　《宋志》：「次府：牧、尹、少尹、司録、户曹、法曹、士曹、司理、文學、助教。牧、尹以下所掌並同開封。尹闕則知府事一人。通判一人。」

提點開封府界公事　《宋志》：「提點開封府界諸縣鎮公事，掌察畿内縣鎮刑獄、盜賊、場務、河渠之事。」

知軍州事　知府事　《宋志》：「宋初，命朝臣出守列郡，號權知軍州事，軍謂兵，州謂民政焉。其後，文武官參爲知州軍事，二品以上及帶中書、樞密院、宣徽使職事，稱判(其)〔某〕府、州、軍、監。諸府置知府事一人，州、軍、監亦如之。掌總理郡政。其賦役、錢穀、獄訟之事，兵民之政皆總焉。」

通判　《宋志》：「乾德初，始置諸州通判。凡兵民、錢穀、户口、賦役、獄訟聽斷之事，可否裁決，與守臣通簽書施行。　諸曹官：司法參軍掌議法斷刑。司理參軍掌訟獄勘鞫之事。」

司法司理參軍　見上。

按：魏、晉以降，刑官各史志具載，而其制度則唐、宋爲詳。考漢代刑獄，統於廷尉一官，尚書令丞則屬少府，但在禁中通章奏而已。成帝初置尚書，屬中謁者令，三公曹主斷獄，但爲尚書之一部分，然六曹分職，實萌芽於此。光武時增爲六曹，以三公曹主歲盡考課諸州郡事，而以二千石曹主辭訟事。自魏、晉下迄唐、宋，尚書品秩漸尊，而仍屬於尚書省，折獄詳刑仍歸大理，其制大抵皆祖於漢，損益無多。後齊大理始置少卿，隋用其制，唐、宋仍之，此與漢制以廷尉一人主刑獄者爲少異。後周志存復古，多仿《周官》，則與漢制不相同矣。

遼

夷離畢　左夷離畢　右夷離畢　知左夷離畢事　知右夷離畢事　敞史　選底掌獄　《遼史·百官志》：「夷離畢院，掌刑獄。夷離畢、左夷離畢、右夷離畢、知左夷離畢事、知右夷離畢事、敞史、選底、掌獄。《志》序：「契丹舊俗，事簡職專，官制樸實，不以名亂之，其興也勃焉。太祖神册六年，詔正班爵。至於太宗，兼制中國，官分南、北，以國制治契丹，以漢制待漢人。國制簡樸，漢制則沿名之風固存也。遼國官制，分南、北院。北面治宫帳、部族、屬國之政，南面治漢人州縣、租賦、軍馬之事。因俗而治，得其宜矣。凡遼朝官，北樞密院視兵部，南樞密院視吏部，北、南二王視户部，夷離畢視刑部，宣徽院視工部，敵烈麻都視禮部。」

按：遼之設官，國制治契丹，漢制待漢人，夷離畢院以治契丹者也。此外又有國舅夷離畢司，其官曰國舅左夷離畢、國舅右夷離畢，敞史屬於大國舅司，似所掌亦是刑獄，故其名相同。又有押行宫輜重夷離畢司，掌諸宫巡幸扈從輜重之事，夷離畢、敞史二官則所掌非刑獄矣。遼有北面朝官矣，既得兵刑房承旨　《遼史》：「其始，漢人樞密院兼尚書省，吏、兵、刑有承旨。

燕、代十有六州，乃用唐制，復設南面三省、六部、臺、院、寺、監、諸衞、東宮之〔司〕〔官〕。兵、刑房承旨屬漢人樞密院。」

大理寺提點　正　《遼志》：「大理寺，有提點大理寺，有大理正，聖宗統和十二年置。」

按：遼既用唐制設六部，則六部之官必備，而所可考見者，僅吏部、禮部尚書，兵部、工部侍郎，禮部、虞部郎中，禮部、庫部、虞部、倉部員外郎，餘弗能詳也。刑部但見承旨一官，大理寺亦止提點、正二官，他無可考。

南面分司官　《遼志》：「南面分司官，平理庶獄，採摭民隱，漢、唐以來，賢主以爲恤民之令典。官不常設，有詔，則選材望官爲之。」

分決諸道滯獄使　《遼志》：「分決諸道滯獄使。聖宗統和九年，命邢〔拖樸〕〔抱朴〕等五員，又命馬守瑛等三員，分決諸道滯獄。」

按察諸道刑獄使　《遼志》：「按察諸道刑獄使。開泰五年，遣劉涇等分路按察刑獄。」

按：《遼史·刑法志》，神册六年，克定諸夷，上詔侍臣曰：「凡國家庶務，鉅細各殊，若憲度不明，則何以爲治？羣下亦何由知禁？」乃詔大臣治契丹及諸夷之法，漢人則斷以律令。至太宗時，治渤海人一依漢法，餘無改焉。是遼代之政，不獨官制區分南北面，刑法亦有殊焉。史謂因俗而治爲得其宜，然一朝之制顯分二途，唐、宋以前固未之見也。

金

尚書省右司郎中員外郎　《金史·百官志》:「尚書省。右司郎中一員,正五品。員外郎一員,正六品。掌本司奏事,總察兵、刑、工三部。」

刑部尚書　侍郎　郎中　員外郎　主事　架閣庫管勾　同管勾　《金志》:「刑部,尚書一員,正三品。侍郎一員,正四品。郎中一員,從五品。員外郎二員,從六品。一員掌律令格式、審定刑名、關禁稽察、赦詔勘鞫、追徵給没等事,一員掌監户、官户、配隸、訴良賤、城門啟閉、官吏改正、功賞捕亡等事。主事二員,從七品。令史五十一人,內女直二十二人。譯史五人,通事二人。架閣庫,管勾一員,正八品。掌刑、工兩部架閣。同管勾一員,從八品。右三部檢法司,司正二員,正八品。檢法,從八品,二十二員。」

御史大夫　御史中丞　侍御史　獄丞　《金史》:「御史臺,登聞檢院隸焉。御史大夫,從二品。凡內外刑獄所屬理斷不當,有陳訴者付臺治之。御史中丞,從三品,貳大夫。侍御史二員,從五品。掌奏事,判臺事。獄丞(二)〔一〕員,從九品。」

大理寺卿　少卿　正　丞　司直　評事　知法　明法　《金志》:「大理寺,天德二年置。自少卿至評事,漢人通設六員,女直、契丹各四員。卿,正四品。少卿,從五品。正,正六品。丞,從六品。掌審斷天下奏案,詳讞疑獄。司直四員,正七品。掌參議疑獄、披詳法狀。評事三員,正八品。掌同司直。知法十一員,從八品。女直司五員,漢人司六員。掌檢斷刑名事。明法二員,從八品。興定二年置,同流外，四年罷之。」

推官　《金志》：「大興府推官二員，從六品，分判户、刑案事。　諸京留守司推官一員，從六品，分判刑案之事。　諸總管府推官一員，正七品，分判工、刑案事。　諸府推官一員，正七品，掌判兵、刑、工案事。」

知法　《金志》：「大興府知法三員，從八品，女直一員，漢人二員。掌律令格式、審斷刑名。抄事一人，掌抄事目、寫法狀，以前後行吏人選。公使百人。　諸京留守府知法，女直、漢人各一員。　南京漢人（一）〔二〕員。　抄事一人，掌抄録事目、書寫法狀。公事百人。　諸總管府知法一員。　諸府知法一員。　諸節鎮知法一員。　諸防禦州知法，從九品。　諸刺史州知法一員，從九品。　按察司知法二員。」

按察司提刑使兼宣撫使　副使　簽事　判官　提刑　知事　知法　《金志》：「按察司，本提刑司，承安三年以上京、東京等提刑司併爲一提刑使，兼宣撫使勸農採訪事，爲官稱。　副使、判官以兼宣撫副使、判官爲名。　復改宣撫爲安撫，各設安撫判官一員、提刑一員，通四員。　安撫司，掌鎮撫人民、譏察邊防軍旅、審録重刑事。　安撫判官則銜内不帶『勸農採訪』事，令專管千户謀克。　安撫使副内，差一員於咸平、一員於上京分司。　承安四年罷咸平分司，使在上京，副在東京，各設簽事一員。　承安四年改按察司，貞祐三年罷，止委監察採訪。　使一員，正三品，掌審察刑獄、照刷案牘、糾察濫官汙吏豪猾之人、私鹽酒麴並應禁之事，兼勸農桑，與副使、簽事更出巡案。　副使，正四品，兼勸農〔事〕。　簽按察司事，正五品。　判官二員，從六品。　知事，正八品。　知法二員，從八品。」

司獄　《金志》：「諸京留守司司獄一員，正八品。　諸司獄司獄一員，正九品，提控刑獄。　司吏一人。公使一人。典獄二人，防守獄囚門禁啟閉之事。獄子防守罪囚者。」

作院使　副使　《金志》：「作院，使一員，副一員，掌監造軍器，兼管徒囚，判院事。牢長，監管囚徒及差設牢子。中都、南京依此置，仍加『都』字。」

禿里　《金史》：「諸禿里，禿里一員，從七品，掌部落詞訟、訪察違背等事。女直司吏一人，通事一人。」

元

中書省右司郎中　《元史・百官志》：「中書省右司，郎中二員，正五品。員外郎二員，正六品。都事二員，正七品。右司所掌按：兵、刑、工三科。刑房之科有六：一曰法令，二曰弭盜，三曰功賞，四曰禁法，五曰枉勘，六曰鬬訟。」

斷事官　《元志》：「斷事官，秩〔正〕三品，掌刑政之屬。國初嘗以相臣任之，其名甚重，其員數增損不常，其人則皆御位下及中宮、東宮、諸王各投下怯薛丹等人爲之。至元二十七年，分立兩省，而斷事官隨省並置。樞密院斷事官，秩正三品，掌處決軍府之獄訟。至元元年，始置二員，後定置八員。大宗正府，國初置斷事官，曰札魯忽赤，會決庶務。凡諸王駙馬投下蒙古、色目人等，應犯一切公事，及漢人姦盜詐僞、蠱毒厭魅、誘拐逃驅、輕重罪囚〔諸事悉掌之〕。至元九年，止理蒙古公事。皇慶元年，以漢人刑名歸刑部。泰定(二)[元]年，復命兼理，置札魯忽赤四十(一)[二]員。致和元年，以上都、大都所屬蒙古人並怯薛軍站色目與漢人相犯者，歸宗正府處斷，其餘路府州縣漢人、蒙古、色目詞訟，悉歸有司刑部掌管。正官札魯忽赤四十二員，郎中二員，員外郎二員，都事二員，承發架閣庫管勾一員，掾史十(八)[人]，蒙古必闍赤十三人，通事、知印各三人，宣使十人，蒙古書寫一人，典史三人，庫子一人，醫人一人，司獄二員。宣政院斷事官，四員，從三品。內史府斷事官，理王府詞訟之事，一十六員，正三品。都護府，至元十一年初置畏吾兒斷事官，秩三品。行樞密院斷事官，一員。」

刑部尚書　侍郎　郎中　員外郎　主事　《元史》：「刑部，尚書三員，正三品。侍郎二員，正四品。郎中二員，從五品。員外郎二員，從六品。掌天下刑名法律之政令。凡大辟之按覆，繫囚之詳讞，孥收產没之籍，捕獲功賞之式，寃訟疑罪之辨，獄具之制度，律令之擬議，悉以任之。世祖中統元年，以兵、刑、工爲右三部，置尚書二員，侍郎二員，郎中五員，員外郎五員。以郎中、員外郎各一員，專署刑部。至元元年，析置工部，而兵、刑仍爲一部。尚書四員，侍郎仍二員，郎中四員，員外郎置五員。三年，復爲右三部。七年，始別置刑部。尚書一員，侍郎一員，郎中一員，員外郎二員。八年，改爲兵刑部。十三年，又爲刑部。二十三年，六部尚書、侍郎、郎中、員外郎定以二員爲額。大德四年，尚書增置一員。其首領官則主事三員。吏屬則蒙古必闍赤四人，令史三十人，回回令史二人，怯里馬赤一人，知印二人，奏差十人，書寫三人，典吏七人。其屬附見。司獄司，司獄一員，正八品。獄丞一員，正九品。獄典一人。初以右三部照磨兼刑部繫獄之任，大德七年始置專官。部醫一人，掌調視病囚。司籍所，提領一員，同提領一員。至元二十年，改大都等路斷没提領所爲司籍所，隸刑部。」

按：唐、宋以前，刑部不置獄而大理有獄，元不設大理寺，始於刑部置獄，此刑制中之一大關鍵也。夫刑部隸於尚書省，乃行政之官，大理則裁判之官。漢代刑獄掌於廷尉，尚書出納王命而已。唐時大理斷獄上刑部，覆於中書、門下。宋時刑部設審刑院，大理斷天下奏獄，送審刑院，上中書，中書以奏天子。是其時中書爲行政，大理爲司法，刑部特於中書、大理中間作一樞紐，惟有詳議糾正之職，而初不干預審斷之事，其界限尚分明也。自大理裁而刑部置獄，司法、行政遂混合爲一，不可復分。迨明初權歸六部，設大理以稽查刑部，蓋與唐、宋之制適相反矣。

御史臺大夫　中丞　侍御史　治書侍御史　典事　檢法　獄丞　《元志》：「御史臺，大夫二員，中丞二員，侍御史(三)〔二〕員，治書侍御史二員，典事從七品，檢法二員，獄丞一員。〔至元〕七年，改典事爲都事。十九年，罷檢法二員，獄丞一員。至治二年，定承發管勾兼獄丞一員。」

按：元御史臺初設獄丞之官，是其時御史臺有獄，即有治獄之事矣。其後忽罷忽設，未知何故？

行御史臺　《元志》：「江南諸道行御史臺，設官品秩同内臺。以監臨東南諸省，統制各道憲司，而總諸内臺。陝西諸道行御史臺，設官品秩同内臺。」

肅政廉訪司廉訪使　副使　僉事　經歷　知事　照磨兼管句　《元史》：「肅政廉訪司。國初，立提刑按察司四道：曰山東東西道，曰河東陝西道，曰山北東西道，曰河北河南道。至元六年，以提刑按察司兼勸農事。八年，置河東山西道、陝西四川道。十二年，分置燕南河北道。十三年，以省併衙門，罷按察司。十四年復置，增立八道：曰江北淮東道，曰淮西江北道，曰山南江北道，曰浙東海右道，曰江南浙西道，曰江東建康道，曰江西(河)〔湖〕東道，曰嶺北湖南道。十五年，復增三道：曰江南湖北道，曰嶺南廣西道，曰福建廣東道。十九年，增西蜀四川道。二十年，增海北廣東道，改福建廣東道曰福建閩海道，以雲南七路置雲南道，以女直之地置海西遼東道。二十三年，以淮東、淮西、山南三道撥隸內臺。二十四年，增河西隴右道。是年罷雲南道。二十五年，罷海西遼東。二十七年，以雲南按察司所治，立雲南行御史臺。二十八年，改按察司曰肅政廉訪司。大德元年，徙雲南行臺於陝西，復立雲南道。三十年，增海北海南道，其後遂定爲二十二道。每道廉訪使二員，正三品。副使二員，正四品。僉事四員，兩廣、海南止二員，正五品。經歷一員，從七品。知事一員，正八品。照磨兼管句一員，正九品。書吏十六人，譯史、通事各一人，奏差五人，典吏二人。」

按：元置廉訪司，專治刑獄，頗得刑政分離之意。其屬官無獄丞，是其時司未置獄，尚爲行政之官。明按察司始置司獄官，則司亦有獄，復成混合之制矣。

都護府大都護　同知　副都護　經歷　都事　照磨　《元志》：「都護府，掌領舊州城及畏吾〔兒〕之居漢地〔者〕，有詞訟則聽之。大都護四員，從二品。同知二員，從三品。副都護二員，從四品。經歷(二)〔一〕員，從六品。都事一員，從七品。照磨兼承發架閣庫管勾一員，正八品。令史四人，譯史二人，通事、知印各一人，宣使四人，典吏二人。至元十(二)〔一〕年，初置畏吾兒斷事官，秩三品。十七年，改領北庭都護府，秩〔從〕二品，置官十二員。二十年，改大理寺，秩正三品。二十二年，復爲大都護，品秩如舊。

按：元無大理寺，大都護改爲大理寺，年餘仍改復，故始終無大理一官。至大都護所掌與大理亦不相同也。

兵馬司指揮使　副指揮使　知事　提控案牘　司獄　獄丞　《元史》：「上都留守司。兵馬司，秩正四品。指揮使三員，副指揮使二員，知事一員，提控案牘一員。大都路兵馬都指揮使司，凡二，秩正四品。掌京城盜賊姦僞鞫捕之事。都指揮使一員，副指揮使五員，知事一員，提控案牘一員。至元九年，改千户所爲兵馬司，隸大都路。而刑部尚書一員提調司事，凡刑名則隸宗正，且爲宗正之屬。二十九年，置都指揮使等官，其後因之。一置司於北城，一置司於南城。司獄司，凡三，秩正八品。司獄一員，獄丞一員，獄典二人。掌囚繫獄具之事。一置於大都路，一置於北城兵馬司，通領南城兵馬司獄事。皇慶元年，以兩司異禁，遂分置一司於南城。」

總管府推官　司獄　獄丞　《元志》：「諸路總管府。至元二十三年，置推官二員，專治刑獄，下路一員。司獄司，司獄一員，丞一員。」

散府推官　《元志》：「散府，推官一員。」

按：《元志》府州縣所掌均不分明，故未備録。

又按：遼、金、元官制與歷代異者，遼官分南、北面，北面用國制，南面取諸唐，以分任契丹、漢人，匪獨官制不同，其用刑亦不同，此遼之異於歷代者也；金官制多本於宋，而一官之中或參用女直、契丹、漢人，其官之大者則不拘此例，此金之異於歷代者也；元之官制最爲紛糅，多易舊稱，尚書尚統於省，而以刑官言之，内則有刑部無大理，其制爲最不善，外則置廉訪司以統一刑名，其制又獨善，此元之異於歷代者也。夫考古制以證今日，東西各國之制本難强合，然其中用意未嘗無暗相合者。特古人不立主名，又無人推闡其説，其意或明或晦，不若今之西人喜恢張其科學以炫世人之耳目，而世人亦遂奉其説而尊爲鴻寶。迨智者探厥微眇，其中亦得失相參，正未可以耳爲目也。因論官制而附及之。

明

刑部尚書　侍郎　司務　郎中　員外郎　主事　照磨　檢校　司獄　《明志》：「刑部，尚書一人，正二品。左右侍郎各一人。正三品。其屬，司務廳，司務二人。從九品。浙江、江西、湖廣、陝西、廣東、山東、福建、河南、山西、四川、廣西、貴州、雲南十三清吏司，各郎中一人，正五品。員外郎一人，從五品。主事二人。正六品。正統六年，十三司俱增設主事一人。成化元年，增設四川、廣西二司主事各一人，後革。萬曆中，又革湖廣、陝西、山東、福建、四川主事各一人。照磨所，照磨、正八品。檢校正九品各一人。司獄司，司獄六人。從九品。尚書掌天下刑名及徒隸、勾覆、關禁之政令。侍郎佐之。十三司各掌其分省及兼領所分京府、直隸之刑名。照磨、檢校，照刷文卷，計録贓贖。司獄，率獄吏，典囚徒。凡軍民、官吏及宗室、勳戚麗於法者，詰其辭，察其情僞，傅律例而比議其罪之輕重，以請詔獄。洪武元年，置刑部。六年，增尚書、侍郎各一人。設總部、比部、都官部、司門部，部設郎中、員外郎各二人，惟都官各一人。總部、比部主事各六人，都官、司門主事各四人。八年，以部事浩繁，增設四科，科設尚書、侍郎、郎中各一人，員外郎二人，主事五人。十三年，陞部秩，設尚書一人，侍郎一人。仍分四屬部，部設郎中、員外郎各一人，總部、比部主事各四人，都官、司門主事各二人。尋增侍郎一人。始分左右侍郎。二十二年，改總部爲憲部。二十三年，分四部爲河南、北平、山東、山西、陝西、浙江、江西、湖廣、廣東、廣西、四川、福建十二部，浙江部兼領雲南。部各設官，如户部之制。二十九年，改爲十二清吏司。永樂元年，以北平爲北京。十(九)〔八〕年，革北京司，增置雲南、貴州、交阯三司。宣德十年，革交阯司，遂定爲十三清吏司。」

按：太祖承前制，設中書省，置左右丞相。十三年正月誅丞相胡惟庸，遂罷中書省，析中書省之政歸六部，以尚書任天下事，侍郎貳之。其糾劾則責之都察院，章奏則達之通政司，平反則參之大理寺，外設都、布、按三司，分隸兵刑錢穀，其考核則聽於府部。此古今官制之一大變局也。其時太祖自操威柄，變革之始，頗具整齊畫一之規，迨後票擬皆歸內閣，閣權日重，權姦用事，儼然宰相，壓制六卿，遂大失變革之初意矣。刑獄初歸刑部，大有獨立之意。其後錦衣、東廠先後設立，生殺之柄，非操自佞幸，卽屬諸閹豎，匪獨權之不統一也，慘毒之禍及於忠良。明制之弊，無逾此者。元無大理而明設之，元刑部有獄而明仍之。唐、宋以刑部覆大理，明則以大理覆刑部；唐、宋尚書屬尚書省，尚爲行政之官，明則天下刑名皆歸刑部，大理寺不過覆按之而已。司法行政混合之制，蓋至於明不可復分矣。

都御史　副都御史　僉都御史　經歷　都事　司務　照磨　檢校　司獄　《明志》：「都察院，左、右都御史，正二品。左、右副都御史，正三品。左、右僉都御史。正四品。其屬，經歷司，經歷一人，正六品。都事一人。正七品。司務廳，司務二人。從九品。初設四人，後革二人。照磨所，照磨、正八品。檢校，正九品。司獄司，司獄，從九品。初設六人，後革五人。各一人。十三道監察御史一百十人。正七品。浙江、江西、河南、山東各十人，福建、廣東、廣西、四川、貴州各七人，陝西、湖廣、山西各八人，雲南十一人。都御史職專糾劾百司，辯明冤枉，提督各道，爲天子風紀之司。大獄重囚會鞫於外朝，偕刑部、大理讞平之。十三道監察御史，在外巡按，則代天子巡狩，所按藩服大臣、府州縣官，諸考察舉劾尤專，大事奏裁，小事立斷。按臨所至，必先審録罪囚，弔刷案卷，有故出入者理辯之。又有理刑進士、理刑知縣，理都察院刑獄，半年實授。正德中革。」

通政使　通政　參議　經歷　知事　《明志》：「通政使司，通政使一人，正三品。左、右通政各一人，謄黄〔右〕通政一人，正四品。左、右參議各一人。正五品。其屬，經歷司，經歷一人，正七品。知事一人。正八品。通政使掌受內外章疏敷奏封駁之事。凡四方陳情建言，申訴冤滯，或告不法等事，於底簿內謄寫訴告緣由，齎狀奏聞。凡議大政、大獄及會推文武大臣，必參預。」

大理寺卿　少卿　寺丞　司務　寺正　寺副　評事　《明志》：「大理寺，卿一人，正三品。左、右少卿各一人，正四品。左、右寺丞各一人。正五品。其屬，司務廳，司務二人，從九品。左、右二寺，各寺正一人，正六品。寺副二人，從六品。後革右寺副一人。評事四人。正七品。初設右評事八人，後革四人。卿掌審讞平反刑獄之政令。少卿、寺丞贊之。左、右寺分理京畿、十三布政司刑名之事。凡刑部、都察院、五軍斷事官所推問獄訟，皆移案牘，引囚徒，詣寺詳讞。左、右寺正，各隨其所轄而覆審之。既按律例，必復問其款狀，情允罪服，始呈堂准擬具奏。不則駁令改擬，曰照駁。三擬不當，則糾問官，曰參駁。有悟律失入者，調他司再訊，曰番異。猶不愜，則請下九卿會訊，曰圓審。已評允而招由未明，移再訊，曰追駁。不合，則請旨發落，曰制決。凡獄既具，未經本寺評允，諸司毋得發遣。誤則糾之。大理寺之設，爲慎刑也。三法司會審，初審，刑部、都察院爲主，復審，本寺爲主。明初，猶置刑具、牢獄。宏治以後，止閱案卷，囚徒俱不到寺。　司務典出納文移。」

刑科都給事中　左右給事中　給事中　《明志》：「刑科，都給事中一人，正七品。左、右給事中各一人。從七品。給事中，刑科八人。從七品。刑科，每歲二月下旬，上前一年南北罪囚之數，歲終類上一歲蔽獄之數，閱十日一上實在罪囚之數，皆憑法司移報而奏御焉。」

五城兵馬指揮司指揮　副指揮　吏目　《明志》：「中、東、西、南、北五城兵馬指揮司，各指揮一人，正六品。副指揮四人，正七品。吏目一人。指揮巡捕盜賊，疏理街道溝渠及囚犯、火禁之事。凡京城内外各畫境而分領之。境内有遊民、姦民則逮治。隆慶間，御史趙可懷言：『五城兵馬司官，宜取科貢正途，職檢驗死傷，理刑名盜賊。』」

順天府府尹　治中　推官　宛平大興知縣　司獄　《明志》：「順天府，府尹一人，正三品。治中一人，正五品。推官一人。從六品宛平、大興二縣，各知縣一人。正六品。司獄司，司獄一人。從九品。府尹掌京府之政令，疏理獄訟。治中參理府事。推官理刑名，察屬吏。二縣職掌如外縣。」

提督東廠太監　《明志》：「提督東廠，掌印太監一員，掌班、領班、司房無定員。貼刑二員，掌刺緝刑獄之事。舊選各監中一人提督，後專用司禮、秉筆第二人或第三人爲之。其貼刑官則用錦衣衛千百户爲之。凡内官，司禮監掌印權如外庭元輔，掌東廠權如總憲，秉筆、隨堂視衆輔，各設私臣掌家、掌班、司房等員。」

南京刑部都察院通政使司大理寺各官　《明志》：「南京刑部，尚書一人，右侍郎一人，司務、照磨各一人。十三司郎中十三人，員外郎五人，惟浙江、江西、河南、陝西、廣東五司設。主事十四人，廣東司二人。分掌南京諸司，及公、侯、伯、五府、京衛所刑名之事。司獄二人。都察院，右都御史一人，右副都御史一人，右僉都御史一人，司務、經歷、都事、照磨各一人，司獄二人。通政使司，通政使一人，右通政一人，右參議一人，掌收呈(收)〔狀〕，付刑部審理。經歷一人。大理寺，卿一人，右寺丞一人，司務一人，左、右寺正各一人，左、右評事各三人。隆慶三年革左、右評事各一人。五城兵馬司，指揮各一人，副指揮各三人，吏目各一人。應天府，府尹一人，治中一人，推官一人。上元、江甯二縣，各知縣一人。司獄一人。」

布政使　理問　司獄　《明志》：「承宣布政使司，左、右布政使各一人。從二品。理問所，理問一人。從六品。司獄司，司獄一人。從九品。布政使掌一省之政。理問典刑名。宣德三年，定爲十三布政司。初置藩司，與六部均重。布政使入爲尚書、侍郎，副都御史每出爲布政使。宣德、正統間猶然，自後無之。」

按：明設布、按二司，分理政刑，其制頗善，與近日分别民事刑事之説甚近。布政司亦有審判之事，故設理問一官，後來失其職矣。

按察使　副使　僉事　經歷　知事　照磨　檢校　司獄　《明志》：「提刑按察使司，按察使一人，正三品。副使、正四品。僉事無定員。正五品。經歷司，經歷一人，正七品。知事一人。正八品。照磨所，照磨一人，正九品。檢校一人。從九品。司獄司，司獄一人。從九品。按察使掌一省刑名按劾之事。糾官邪，戢姦暴，平獄訟，雪寃抑，以振揚風紀，而澄清其吏治。大者暨都、布二司會議，告撫、按，以聽於部、院。吴元年，置各道按察司，設按察使。建文時，改爲十三道肅政按察司。成祖初，復舊。宣德五年，革交阯按察司，除兩京不設，共十三按察司。」

知府　推官　司獄　《明志》：「府，知府一人，正四品。推官一人。正七品。司獄司，司獄一人。知府掌一府之政，宣風化，平獄訟。推官理刑名，贊計典。各府推官，洪武三年始設。」

知州　知縣　吏目　典史　《明志》：「州，知州一人。從五品。其屬，吏目一人。從九品。縣，知縣一人。其屬，典史一人。知州掌一州之政。知縣掌一縣之政。嚴緝捕，聽獄訟，皆躬親厥職而勤慎焉。」

斷事官　經歷　都事　《明志》：「中軍、左軍、右軍、前軍、後軍五都督府。其屬，經歷司，經歷、從五品。都事從七品。各一人。初，太祖置大都督府，設司馬、參軍、經歷等官，並設斷事官。吴元年，罷大都督不設，以左、右都督爲長官，其屬設經歷、斷事官、從五品。都事。正七品。洪武十三年，始改都督府爲五軍都督府，以中軍都督府斷事官爲五軍斷事官。十七年，五軍各設左、右斷事二人，提控案牘一人。並從九品。二十三年，陞五軍斷事官爲正五品，總治五軍刑獄。分爲五司，司設稽仁、稽義、稽禮、稽智、稽信五人，俱正七品。各理其軍之刑獄。建文中，革斷事及五司官。永樂元年，設經歷、都事各一人。」

錦衣衛 《明志》：「錦衣衛，掌侍衛、緝捕、刑獄之事。恆以勳戚都督領之，恩蔭寄禄無常員。凡承制鞫獄録囚勘事，偕三法司。洪武十五年，罷儀鸞司，改置錦衣衛，秩從其品。其屬設鎮撫司，掌本衛刑名，兼理軍匠。十七年，改錦衣指揮使爲正三品。二十年，以治錦衣衛者多非法凌虐，乃焚刑具，出繫囚，送刑部審録，詔内外獄咸歸三法司，罷錦衣衛獄。成祖時復置。尋增北鎮撫司，專治詔獄。成化間，刻印畀之，獄成得專達，不關白錦衣，錦衣官亦不得干預。而以舊所設爲南鎮撫司，專理軍匠。」

按：明初各行省未設總督、巡撫，按察使與都指揮使、布政使爲三司，分職而治，實是獨立之官，初未有人節制之也。《明史·職官志》云，巡撫之名，起於懿文太子巡撫陝西。永樂十九年，遣尚書蹇義等二十六人巡行天下，安撫軍民。以後不拘尚書、侍郎、都御史、少卿等官，事畢復命，即或停遣。初名巡撫，或名鎮守，後以鎮守侍郎與巡按御史不相統屬，文移窒礙，定爲都御史巡撫兼軍務者加提督，有總兵地方加贊理或參贊，所轄多事重者加總督。永樂二年，遣給事中雷填巡撫廣西，當亦暫設卽停。據此，則總督、巡撫二官不常設，卽中葉以後亦旋設旋罷。成化以後始多常設之員，然亦非各行省皆有也。巡按之設，始於洪武十年。初設之意，俾詢民間疾苦，廉察風俗，申教化，亦暫遺不常設。永樂元年，復遣御史分巡天下，遂爲定制。然巡按乃考察之官，非以節制三司者也。大抵明代總督多爲漕運、河道、軍務而設，亦有兼巡撫者。巡撫初爲地方而設，事畢停遣，其後亦有爲軍務而設，故有一府一巡撫，一省數巡撫者。中葉以後，巡撫之常設者多，三司之權漸輕，與洪武設官之初意不相符矣。

附錄

警巡使　警巡副使　《遼史·百官志》：「五京警巡院職名總目：某京警巡使。某京警巡副使。上京警巡院。東京警巡院。中京警巡院。南京警巡院。西京警巡院。」

諸京警巡院使　副使　判官　《金史·百官志》：「諸京警巡院，使一員，正六品，掌平理獄訟，警察別部《金史詳校》云，「別」當作「所」。總判院事。副一員，從七品，按：「副」下當有「使」字，觀註可見。掌警巡之事。判官二員，正九品，掌檢稽失，簽判院事。司吏：女直，中都（各）三人，上、東、西三京各二人，餘各一人；漢人，中都十五人，南京九人，西京八人，東京六人，北京五人，上京四人。惟東、西、北、上京無副使。」

録事　《金志》：「諸府節鎮録事司，録事一員，正八品。判官一員，正九品。掌同警巡使。司吏，户萬以上設六人，以下爲率減之。凡府鎮二千户以上則依此置，以下則止設録事一員，不及百户者並省。」

警巡院達魯花赤　警巡使　副使　判官　《元史·百官志》：「上都留守司警巡院，秩正六品。達魯花赤一員，警巡使一員，副使二員，判官一員，司吏八人。大都路左、右警巡二院，秩正六品。達魯花赤各一員，使各一員，副使、判官各三員，典史各三人，司吏各二十五人。至元五年置。領民事及供需，視大都路。大德五年，分置供需院，以副使、判官、典史各一員主之。大都警巡院，品職分置如左、右院。達魯花赤一員，使一員，副使二員，判官二員，司吏二十人。大德九年置，以治都城之南。警巡院正，至正十一年七月，陞左、右兩巡院爲正五品。十八年，又於大都在城四隅各立警巡分院，官吏視本院減半。」

按：警巡之職，蓋漢中尉之所掌，循徼京師。前世無此官，始見於遼，而《志》不詳其所掌之事。金、元仍遼制。《金志》言掌平理獄訟、警察別部，《元志》言領民事，此正今日警察之司。警察二字，始見《金志》，疑日本警察之名，卽取諸此也。遼、金、元三《志》於警巡之職司言之既不詳，與今日東西國警察制度難以比附，而循名責實，其義亦可見矣。

理匭使　《唐書·百官志》：「左諫議大夫四人，正四品下。掌諫諭得失，侍從贊相。武后垂拱二年，有魚保宗者，上書請置匭以受四方之書，乃鑄銅匭四，塗以方色，列於朝堂。青匭曰延恩，在東，告養人勸農之事者投之；丹匭曰招諫，在南，論時政得失者投之；白匭曰申冤，在西，陳抑屈者投之；黑匭曰通玄，在北，告天文、祕謀者投之。以諫議大夫、補闕、拾遺一人充使，知匭事。御史中丞、侍御史一人，爲理匭使。其後，同爲一匭。天寶九載，元宗以匭聲近鬼，改理匭使爲獻納使。至德元年復舊。寶應元年，命中書門下擇正直清白官一人知匭，以給事中、中書舍人爲理匭使。建中二年，以御史中丞爲理匭使，諫議大夫一人爲知匭使。投匭者，〔使〕先驗副本。開成三年，知匭使李中敏以爲非所以廣聰明而慮幽枉也，乃奏罷驗副封。」

按：理匭之制始於武后，唐世相沿未改。惟武后之意在開告密以行誅殺，其初實非善政，不知當日何以因仍而垂爲定制也。

知匭院使　《遼史·百官志》：「匭院，知匭院使。太平三年，見知匭院事杜防。」

按：遼之匭院，用唐制也。

理檢司　登聞鼓院　檢院　《宋史·職官志》：「門下省。登聞檢院，隸諫議大夫；登聞鼓院，隸司諫、正言。掌受文武官及士民章奏表疏。凡言朝政得失、公私利害、軍期機密、陳乞恩賞、理雪冤濫，及奇方異術、改換文資、改正過名，無例通進者，先經鼓院進狀；或爲所抑，則詣檢院。並置局於闕門之前。」龐元英《文昌雜録》：「登聞鼓院，未知起於何代？因讀《唐會要》，顯慶五年，有抱屈人齎鼓於朝堂訴，遂令東西都各置登聞鼓，自此始也。」《燕翼詒謀録》：「唐有理匭使，五代以來無聞。太宗淳化三年，設置理檢司，以錢若水領之。其後改曰登聞院。又置鼓於禁門外以達下情，名曰鼓司。真宗景德四年，詔改鼓司爲登聞鼓院，登聞院爲檢院。應上書人並詣鼓院，如本院不行，則詣檢院。以朝官判之，院之名始於此。」

登聞鼓使　《遼史·百官志》：「登聞鼓院，登聞鼓使。」《淵鑑類函》六十一：屬門下省。景宗保甯二年始置，金、元因之。

按：《周禮·夏官》：「太僕建路鼓於大寢之門外，而掌其政，以待達窮者與遽令。聞鼓聲，則速逆御僕與御庶子。」注：「達窮者，謂司寇之屬朝士掌以肺石，達窮民，聽其辭以告於王。遽令，郵驛上下程品。御僕、御庶子，直事鼓所者。太僕聞鼓聲則速逆此二官，當受其事以聞。」此登聞鼓之所仿也。漢《囚律》科文有登聞道辭之目，見《晉書・刑法志》。又有上變事擊鼓之制，見《太僕》鄭司農注。《世説》：「元帝時張闓私作，都門早閉晚開，羣小患之，詣州府訴，不得理，撾鼓，公車上奏其表。」似漢時已有登聞鼓名目，特史傳未詳耳。《晉書・范堅傳》：「邵廣二子撾登聞鼓乞恩。」《南史・臧厥傳》：「前後再兼中書通事舍人，辯斷精明，咸得其理。卒後，有撾登聞鼓，訴求付清直舍人。帝曰：『臧厥既亡，此事便無所付。』」《魏書・刑罰志》：「太武神䴥（中）〔年〕闕左懸登聞鼓，人有窮冤則撾鼓，公車上奏其表。」《隋書・刑（罰表）〔法志〕》：「文帝敕四方，詞訟有枉屈縣不理者，令以次經郡及州，至省仍不理，乃詣闕申訴。有所未惬，聽撾登聞鼓，有司録狀奏之。」歷觀諸書，是登聞鼓之制，自晉迄隋，皆有此事。《唐會要》言顯慶五年於東、西都各置登聞鼓。又《唐書・裴諝傳》：「德宗初卽位，時朝堂别置三司，決庶獄，辯争者輒擊登聞鼓。」《册府元龜》：「楊漢公爲司封郎中。文宗太和九年，兄虞卿爲京兆尹，以家人出妖言，事下御史臺按鞫。漢卿並虞卿男知等八人撾登聞鼓稱寃，旋放歸私第。」《東觀奏記》：「大理寺直王景初與刑部郎中唐技議讞不平，景初坐貶潭州司户參軍。制下，景初撾登聞鼓稱寃，再貶昭州司户。制曰：『不遵嚴譴，輒冒登聞，以懲不恭也。』」可以徵唐代本有此事，《唐志》未及，史闕文也。遼官多本於唐，有登聞鼓使亦其證。

知登聞鼓院　同知登聞鼓院事　登聞檢院　同知登聞檢院　《金史・百官志》：「登聞鼓院，知登聞鼓院，從五品。同知登聞鼓院事，正六品。掌奏進告御史臺、登聞檢院理斷不當事。承安二年諫官兼。知法二員，從八品。女直、漢人各一員。登聞檢院，知登聞檢院，從五品。同知登聞檢院，正六品。掌奏御進告尚書省、御史臺理斷不當事。知法，從八品。女直、漢人各一員。」

中書省登聞鼓院　《元史·世祖紀》：「至元十二年四月甲寅，諭中書省議立登聞鼓，如爲人殺其父母兄弟夫婦，冤無所訴，聽其來擊。其或以細事唐突者，論如法。二十年，敕諸事赴省臺訴之。理決不平者，許詣登聞鼓院擊鼓以聞。」

值登聞鼓御史　《明史·職官志》：「十三道監察御史，輪值登聞鼓。後改科員。詞訴必自下而上，有事重而迫者，許擊登聞鼓。朝參門籍，六科流掌之。登聞鼓樓，日一人，皆錦衣衛官監涖。洪武元年，以監察御史一人監登聞鼓。後令六科與錦衣衛輪直。」

刑部不置獄　《唐六典》：「凡京都大理寺、京兆河南府、長安萬年、河南洛陽縣咸置獄，其餘臺、省、寺、監、衛、府皆不置獄。」

按：漢武帝置中都官獄二十六所，爲一代秕政，世祖中興皆省，惟廷尉及雒陽有獄。唐制頗與之相似。至尚書決事禁中，本非置獄之地。唐刑部無獄，宋世猶然。刑部之有獄自元始。

大理寺案牘刑部詳覆　《宋刑法志》：「雍熙三年，始用儒士爲司理判官。尋置刑部詳覆官六員，專閱天下所上案牘，勿復遣鞫獄吏。自是，大理寺杖罪以下，須刑部詳覆。又所駁天下案牘未具者，亦令詳覆乃奏。判刑部李昌齡言：『舊制，大理定刑送部，詳覆官入法狀，主判官下斷語。至開寶六年，闕法直官，致兩司共斷定覆詞。今宜令大理所斷案牘，寺官印署送詳覆。得當，則送寺共奏，否卽疏駁以聞。』帝又慮大理、刑部吏舞文巧詆，置審刑院於禁中。以樞密直學士李昌齡知院事，兼置詳議官六員。凡獄上奏，先達審刑院，印訖，付大理寺、刑部斷覆以聞。乃下審刑院議申覆，裁決訖，以付中書省。當，卽下之；其未允者，宰相覆以聞，始命論決。蓋重愼之至也。」

按：宋世天下案牘，大理定刑，刑部詳覆，上於中書而施行之，與唐制大略相同。後置審刑院於禁中，亦不過多一覆而已。刑部及審刑院但議其當否，定刑之事大理主之，權限固分明也。大約此制變於元而成於明，國朝因之，遂爲純一混合之制。

推司不得與法司議事　《名臣奏議》：二百十七。「高宗時，周林奏《推司不得與法司議事劄子》，略曰：『獄司推鞫，法司檢斷，各有司存，所以防姦也。然而推鞫之吏，獄案未成，先與法司議其曲折，故於結案之時，不無高下遷就。願嚴立法，禁推司公事未曾結案之前，不得輒與法司（高）〔商〕議，重立賞格，許人告首。獄吏慘刻，動以縲絏捶楚爲能，常在圜扉，毒猶不廣，至於使之預追呼之事，則虎而翼矣。望令州郡追呼赴獄之人，在州則赴廂界，在縣則委令佐遣詣郡治，然後付之獄司，庶幾獄吏不能爲惡於囹圄之外。』」

按獄司推鞫，法司檢斷，是分審、判爲二事，與今日政、法二權分立之說固不相同，然實非混合之制也。蓋宋大理職分左、右，左斷刑，右治獄，同在一署，而各司其職。審、判二者且不容混合，司法、行政更無論矣。

刑部理寺讞決分職　《名臣奏議》二百十七。「右司郎中汪應辰《論刑部理寺讞決當分職劄子》，略曰：『國家累聖相授，民之犯於有司者，常恐不得其情，故特致詳於聽斷之初。罰之施於有罪者，常恐未當於理，故復加察於赦宥之際。在京之獄，曰開封，曰御史，又置糾察司以紀其失。斷其刑者，曰大理，曰刑部，又置審刑院以決其平。鞫之與讞者，各司其局，初不相關，是非可否，有以相濟，無偏聽獨任之失。此臣所謂特致詳於聽斷之初也。至於赦令之行，其有罪者，或叙復，或内徙，或縱釋之，其非辜者則爲之湔洗。内則命侍從館閣之臣置司詳定，而昔之鞫與讞者皆無預焉。外之益、梓、夔、利，去朝廷遠，則付之轉運鈐轄司，而提點刑獄之官亦無預焉。蓋以獄訟之初，既更其手，苟非以持平彊恕爲心，則於有罪者，或疾惡之太甚，於非辜者，或遂非而不改，故分命他官以盡至公。此臣所謂復加察於赦宥之際也。迨元豐中更定官制，始以大理兼治獄事，而刑部如故。然而大理少卿二人，一以治獄，一以斷刑，刑部郎中四人，分爲左、右，左以詳覈，右以叙雪，雖同僚而異事，猶不失祖宗所以分職之意。本朝比之前世，獄刑號爲平者，蓋其並建官師，所以防閑考覈者，有此具也。陛下寬厚慈惠，於庶獄丁甯告戒，前後非一。惟是中興以來，百司庶府，務從簡省，大理少卿，往往止於一員，治獄、斷刑皆出於一人，則獄之有不得其情者，誰復爲之平反乎？刑部郎官，或二員，或三員，而關掌職事，初無分異，然則罰之有不當於理，又將孰使之追改乎？望明詔執事，刑部、理寺之官，雖未能盡復祖宗之舊，亦當遵用元豐定制。庶幾官各有守，人各有見，參而伍之，反覆詳盡，以稱陛下欽恤，亦以爲後世法。』」

按：此與前周林之議，大旨相同，而意更詳盡。周言大理之左、右司不可混合爲一，汪言刑部、大理不可混合爲一，可見混合之制，古人早議其非，不自西人始也。

司獄司隸行臺　《元典章》行臺門：「司獄司直隸本臺，非官府不得私置牢獄。」

按：行臺，行御史臺也。是元時各行省之獄直隸御史臺，而廉訪司無獄也。

寄簃文存八卷

寄簃文存卷一

奏議

刪除律例內重法摺

奏爲遵旨考訂法律謹擬將現行律例內重法數端先行刪除以裨治理而彰仁政恭摺仰祈聖鑒事。

光緒二十八年四月初六日，奉上諭：「現在通商交涉事益繁多，著派沈家本、伍廷芳將一切現行律例，按照交涉情形，參酌各國法律，悉心考訂，妥爲擬議，務期中外通行，有裨治理。等因。欽此。」仰見聖謨宏遠，欽佩莫名。當經臣等酌擬大概辦法，並遴選諳習中西律例司員分任纂輯，延聘東西各國精通法律之博士、律師以備顧問，復調取留學外國卒業生從事繙譯，請撥專款以資辦公，刊刻關防以昭信守各等因，先後奏明在案。計自光緒三十年四月初一日開館以來，各國法律之譯成者，德意志曰刑法，曰裁判法，俄羅斯曰刑法，日本曰現行刑法，曰改正刑法，曰陸軍刑法，曰海軍刑法，曰刑事訴訟法，曰監獄法，曰裁判所搆成法，曰刑法義解；較正者曰法蘭西刑法。至英、美各國刑法，臣廷芳從前遊學英國，夙所研究，該二國刑法雖無專書，然散見他籍者不少，飭員依類輯譯，不日亦可告成。復令該員等比較異同，分門列表，展卷瞭然，各國之法律已可得其大略。臣等以中國法律與各國參互考證，各國法律之精意固不能出中律之範圍，第刑制不盡相同，罪名之等差亦異，綜而論之，中重而西輕者爲多。蓋西國從前刑法，較中國尤爲慘酷，近百數十年來，經律學家幾經討論，逐漸改而從輕，政治日臻美善。故中國之重法，西人每訾爲不仁，其旅居中國者，皆藉口於此，不受中國之約束。夫西國首重法權，隨一國之疆域爲界限，甲國之人僑寓乙國，卽受乙國之裁制，乃獨於中國不受裁制，轉予我以不仁之名，此亟當幡然變計者也。方今改訂商約，英、美、日、葡四國均允中國修訂法律，首先收回治外法權，實變法自强之樞紐。臣等奉命考訂法律，恭繹諭旨，原以墨守舊章，授外人以口實，不如酌加甄採，可默收長駕遠馭之效。現在各國法律既已得其大凡，卽應分類編纂，以期尅日成書，而該館員等僉謂宗旨不定，則編纂無從措手。臣等竊維治國之道，以仁政爲先，自來議刑法者，亦莫不謂裁之以義而推之以仁，然則刑法之當改重爲輕，固今日仁政之要務，而卽修訂之宗旨也。

現行律例款目極繁，而最重之法亟應先議刪除者，約有三事。

一曰凌遲、梟首、戮屍。查凌遲之刑，唐以前無此名目，始見於《遼史·刑法志》。遼時刑多慘毒，其重刑有車轘、礮擲諸名，而凌遲列於正刑之内。宋自熙甯以後，漸亦沿用。元、明至今，相仍未改。梟首在秦漢時惟用諸夷族之誅，六朝梁、陳、齊、周諸律始於斬之外別立梟名。至隋而刪除其法，自唐迄元，皆無此名。今之斬梟，仍明制也。戮屍一事，惟秦時成蟜軍反，其軍吏皆斬戮屍，見於《始皇本紀》，此外無聞。歷代刑志並無此法，《明律》亦無戮屍之文。至萬歷十六年始定此例，亦專指謀殺祖父母、父母者而言。國朝因之，後更推及於强盜案件，凡斬、梟之犯，監故者無不戮屍矣。凡此酷重之刑，固所以懲戒凶惡。第刑至於斬，身首分離，已爲至慘，若命在頃忽，菹醢必令備嘗，氣久消亡，刀鋸猶難倖免，揆諸仁人之心，當必慘然不樂。謂將以懲本犯，而被刑者魂魄何知？謂將以警戒衆人，而習見習聞，轉感召其殘忍之性。故宋真宗時，御史臺請臠咼殺人賊，帝曰：「五刑自有常刑，何爲慘毒也？」陸游常請除淩遲之刑，亦謂肌肉已盡而氣息未絶，肝心聯絡而視聽猶存，感傷至和，虧損仁政，實非聖世所宜遵。隋時頒律，詔云梟首義無所取，不益懲肅之理，徒表安忍之懷。洵皆仁人之言也。且刑律以唐爲得中，而《唐律》並無淩遲、梟首、戮屍諸法。國初律令，重刑惟有斬刑，準以爲式，尤非無徵。擬請將淩遲、梟首、戮屍三項一概删除，死罪至斬決而止。凡律内淩遲、斬梟各條俱改斬決，斬決各條俱改絞決，絞決俱改監候，入於秋審情實，斬候俱改絞候，與絞決人犯仍入於秋審，分别實、緩。將來應否酌量變通，再由臣等妥議核定。或謂此等重法，所以處窮凶極惡之徒，一旦裁除，恐無以昭炯戒。顧有唐三百年不用此法，未聞當日之凶惡者獨多。且貞觀四年斷死罪二十九，開元二十五年才五十八，其刑簡如此。乃自用此法以來，凶惡者仍接踵於世，未見其少，則其效可睹矣。化民之道，固在政教，不在刑威也。

一曰緣坐。緣坐之制，起於秦之參夷及收司連坐法。漢高后除三族令，文帝除收孥相坐律，當時以爲盛德。惜夷族之誅猶間用之，故魏、晉以下仍有家屬從坐之法。《唐律》惟反叛、惡逆、不道律有緣坐，他無有也。今律則姦黨、交結近侍諸項俱緣坐矣，反獄、邪教諸項亦緣坐矣。一案株連，動輒數十人。夫以一人之故而波及全家，以無罪之人而科以重罪，漢文帝以爲不正之法，反害於民。北魏崔挺嘗曰：「人有罪延及闔門，則司馬牛受桓魋之罰，柳下惠膺盜跖之誅，不亦哀哉！」其言皆篤論也。罰弗及嗣，《虞書》所美。罪人以族，《周誓》所譏。今世各國咸主持刑罰止及一身之義，與罪人不孥之古訓實相符合，洵仁政之所當先也。擬請將律例緣坐各條，除知情者仍治罪外，其不知情者悉予寬免，餘條有科及家屬者准此。

一曰刺字。刺字乃古墨刑，漢之黥也。文帝廢肉刑而黥亦廢。魏、晉、六朝雖有逃奴、劫盜之刺，旋行旋廢。隋、唐皆無此法。至石晉天福間，始創刺配之制，相沿至今。其初不過竊盜、逃人，其後日加繁密，刺事由，刺地名，刺改發，有例文不著而相承刺字者，有例文已改而刺字未改者，其事極爲紛糅。在立法之意，原欲使莠民知恥，庶幾悔過而遷善。詎知習於爲非者，適予以標識，助其凶横，而偶罹法網者，則黥刺一膺，終身僇辱。誠如《宋志》所謂，面目一壞，誰復顧籍，强民適長威力，有過無由自新也。夫肉刑久廢而此法獨存，漢文所謂刻肌膚痛而不德者，正謂此也。未能收弼教之益而徒留此不德之名，豈仁政所宜出此？擬請將刺字款目概行刪除。凡竊盜皆令收所習藝，按罪名輕重定以年限，俾一技能嫻，得以糊口，自少再犯三犯之人。一切遞解人犯，嚴令地方官認真僉差押送，果能實力奉行，逃亡者自少也。

以上三事，皆中法之重者。參諸前人之論説，既多議其殘苛，而考諸今日環球各國，又皆廢而不用，且外人訾議中法之不仁者，亦惟此數端爲最甚。此而不思變通，則欲彼之就我範圍，不猶南轅而北轍乎。查各國修訂法律，大率於新法未布，設單行法，或淘汰舊法之太甚者，或參考外國之可行者，先布告國中，以新耳目。是以略採其意，請將重法數端，先行删除，以明示天下宗旨之所在。此外或因或革，端緒繁多，俟臣等隨時釐訂，陸續奏聞。惟更張之始，度必有議其後者。竊思法律之爲用，宜隨世運爲轉移，未可膠柱而鼓瑟。昔宋咸平時删太宗詔令，十存一二，史志稱之。我朝雍正、乾隆年間修改律例，於康熙時現行條例删汰不知凡幾。即臣等承詔之初，亦以祖宗成憲，未敢輕議更張，第環顧時局，默驗將來，實不敢依違模棱，致令事機坐失。近日日本明治維新，亦以改律爲基礎，新律未頒，即將磔罪、梟首、籍没、墨刑先後廢止，卒至民風丕變，國勢駸駸日盛，今且爲亞東之强國矣。中、日兩國，政教同，文字同，風俗習尚同，借鑑而觀，正可無庸疑慮也。伏惟我皇太后、皇上深念時艱，勤求上理，特詔考訂法律，期於通行中外，法權漸可挽回，用敢擇其至要者，披瀝上聞。倘蒙俞允，並請明降諭旨，宣示中外，俾天下曉然於朝廷宗旨之所在，而咸欽仁政之施行，一洗從來武健嚴酷之習，即宇外之環伺而觀聽者，亦莫不悦服而景從。變法自强，實基於此。所有臣等酌擬變通刑法緣由，謹恭摺具陳，伏乞皇太后、皇上聖鑒訓示。謹奏。

三十一年三月二十日奏。内閣奉上諭：「伍廷芳、沈家本等奏考訂法律請先將律例内重刑變通酌改一摺。我朝入關之初，死刑以斬罪爲極重。順治年間修訂律例，詔用前明舊制，始有凌遲等極刑。雖以懲儆凶頑，究非國家法外施仁之本意。現在改訂法律，嗣後凡死罪，至斬決而止，凌遲及梟首、戮屍三項，著即永遠删除。所有現行律例内，凌遲、斬梟各條俱改爲斬決，其斬決各條俱改爲絞決，絞決各條俱改爲絞監候，入於秋審情實，斬監候各條俱改爲絞監候，與絞候人犯仍入於秋審，分别實、緩辦理。

至緣坐各條，除知情者仍治罪外，餘著悉予寬免。其刺字等項，亦著概行革除。此外當因當革應行變通之處，均著該侍郎等悉心甄採，從速纂訂，請旨頒行。務期酌法準情，折衷至當，用副朝廷明刑弼教之至意。將此通諭知之。欽此。」

虛擬死罪改爲流徒摺

奏爲擬將現行律內虛擬死罪數端分別改爲流徒以省繁重而歸簡易恭摺仰祈聖鑒事。

竊臣等奉命修訂律例，參酌各國刑法，以冀收回治外法權，是以上年三月間奏請刪除凌遲、梟示諸重刑，律例内凌遲、斬梟各條改爲斬決，斬決改爲絞決，絞決改爲絞候，入於秋審情實，並聲明尋常應入秋審各犯，將來應否變通，再行妥議等因，奉旨允准通行在案。計自新章頒布，已屆一年，不惟各直省推行無阻，卽外國使館，亦均同聲推服，稱頌文明。

臣等復詳加考核歐美、日本各國死刑，從前極爲慘虐，近年則日從輕減，大約少者止數項，多亦不過二、三十項。中國刑法，周時大辟二百，至漢武帝時多至四百九條，當時頗有禁網漸密之議。元魏時大辟二百三十條。隋開皇中除死刑八十一條。唐貞觀中又減大辟九十三條，比古死刑殆除其半，刑法號爲得中。國朝之律，沿自前明。順治時律例内真正死罪凡二百三十九條，又雜犯斬絞三十六條。迨後雜犯漸改爲真犯，他項又隨時增加，計現行律例内，死罪凡八百四十餘條，較之順治年間增十之七、八，不惟爲外人所駭聞，卽中國數千年來，亦未有若斯之繁且重者也。

竊維寬嚴之用，必因乎其時。在立法之初，原爲整飭人心風俗起見，而世輕世重，未容墨守成規，惟法貴能得其通，而事須行之以漸。臣等查現行律例内，其虚擬死罪而秋審例緩者，莫如戲殺、誤殺、擅殺三項。戲殺初無害人之意，死出意外，情節最輕。誤殺雖有害心，而死非互鬬之人，亦初意之所不及。擅殺情節輕重不等，而死者究係有罪之人。故此數項罪犯，在各國僅處懲役禁錮之刑。考之《唐律》，戲殺、誤殺各按其當場情形，分别徒、流，並無死罪。擅殺分勿論及徒、流、絞四等，亦不概問死罪。中國現行律例，不分戲、誤、擅殺，皆照鬬殺擬絞監候，秋審緩決一次，即准減流。其重者，緩決三次減流。蓋雖名爲絞罪，實與流罪無殊，不過虚擬死罪之名，多費秋審一番文牘而已。現當綜核名實併省繁重之際，與其空擬以絞，徒事虚文，何如徑改爲流，俾歸簡易。

臣等公同商酌，擬請嗣後戲殺改爲徒罪，因鬬誤殺旁人並擅殺各項罪人，現律應擬絞候者，一律改爲流罪，均按照新章，毋庸發配，歸入習藝所，罰令作工。其現行例内如誤殺其人之父母兄弟等項，並擅殺二命以上，及謀故、火器擅殺各項，不准一次減等者，酌加二年。如遇情有可原，或情節較重者，應俟臨時酌量辦理。其戲傷、誤傷並擅殺按例罪不至死者，均於本罪上遞減一等，以免窒礙。似此變通量減，不過去其虚擬死罪之名，仍於生死無關出入。以上三項減輕之後，如果行無窒礙，再將鬬殺及各項死罪分别較量，擇其情節輕者，奏請減等。總期由重就輕，與各國無大懸絶。如蒙俞允，當由刑部將本年秋審册内戲殺、誤殺、擅殺三項人犯一律扣除，先行開單，改照新章，奏明辦理。嗣後此三項人犯，即由各該省專咨報部，仍由刑部核議，按季彙奏一次，以昭慎重。所有臣等擬將律内虚擬死罪數端分別減爲流徒緣由，謹恭摺具陳，伏乞皇太后、皇上聖鑒。謹奏。

僞造外國銀幣設立專條摺

奏爲僞造外國銀幣例無治罪明文擬請設立專條以資引用恭摺仰祈聖鑒事。

竊維銀圓創自外洋西班牙、墨西哥諸國，中國近亦鑄造，各省流暢通行。惟利益所在，詐僞因之而生，是以私造變造之案層見迭出。上年財政處會同户部奏請嚴定私造銀圓、銅圓、紙幣治罪章程，經刑部議，以按照私鑄制錢例從嚴治罪。凡私鑄銀圓、銅圓，僞造紙幣，不論贓數次數，但經鑄成造就，爲首及匠人均擬斬監候，照章改爲絞監候，秋審入於情實；爲從發遣新疆給官兵爲奴，受雇及知情買使者杖一百徒三年；如鑄造未成，畏罪中止者，爲首及匠人發極邊足四千里充軍等因，奏准通行在案。是私造銀銅圓、紙幣已有定章可循。惟是此項新章係專指私造中國銀銅圓、紙幣而設，誠以銀銅圓、紙幣爲我國家財政所繫，故擬罪獨從其重。至於外國銀圓，中國雖一律通行，惟究與國寶不同，如有僞造，擬罪自應略分輕重，以示區別。

查各國法律，私鑄一項，均以本國、外國分别治罪。如法國刑法，凡僞造、改造金銀貨幣，處無期徒刑，僞造改造外國貨幣，處有期徒刑。俄國刑法，凡私鑄俄國錢幣，無限公權全奪，罰作八年以上、十年以下苦工，私鑄外國錢幣，無限公權全奪，罰作四年以上、六年以下苦工。英國刑法，凡僞造貨幣，處終身徒刑，僞造外國貨幣，處五年至七年之徒刑，或二年以下之囚獄。日本改正刑法，以行使之目的將通用貨幣、紙幣僞造變造者，處無期或五年以上之懲役，將國內流通之外國貨幣、紙幣僞造變造者，處三年以下之懲役。是法、俄、英、日各國治罪之輕重雖有不同，而私造外國貨幣均較本國處刑爲輕。現在中國銀幣盛行，而外國銀圓流通内地並無歧視，以致僞造外國銀圓人犯所在多有，現行律例並無治罪明文。與其就案斟酌，臨事鮮有依據，何如定立專條，隨時可資引用。臣等公同商酌，擬請嗣後凡僞造外國銀圓行使，無論贓數次數多寡，爲首及匠人均於奏定私鑄銀幣章程絞罪上減一等，擬以流三千里，其爲從及鑄造未成之犯，各於流罪上減一等問擬，所得流徒罪名，仍照章收入習藝所工作。似此明定章程，庶立法寬嚴得中，而匪徒知所警戒矣。如蒙俞允，即由臣等通行内外問刑衙門，一體遵照。所有臣等擬請設立僞造外國銀幣治罪專條緣由，謹恭摺具陳，伏乞皇太后、皇上聖鑒。謹奏。

旗人遣軍流徒各罪照民人實行發配摺

奏爲遵旨妥議化除滿漢畛域切實辦法擬請將旗人犯遣軍流徒各罪照民人實行發配現行律例折枷各條概行删除恭摺具陳仰祈聖鑒事。

本年七月初二日，内閣奉上諭：「朕欽奉慈禧端佑康頤昭豫莊誠壽恭欽獻崇熙皇太后懿旨，我朝以仁厚開基，迄今二百餘年，滿、漢臣民從無歧視。近來任用大小臣工，即將軍、都統，亦不分滿、漢，均已量材器使。朝廷一秉大公，當爲天下所共信。際兹時事多艱，凡我臣民，方宜各切憂危，同心挽救，豈可猶存成見，自相紛擾，不思聯爲一氣，共保安全。現在滿、漢畛域，究應如何全行化除，著内外各衙門各抒所見，將切實辦法妥議具奏，即予施行。欽此。」

伏讀之下，仰見我皇太后、皇上一視同仁懲前毖後之至意，曷勝欽佩。竊維爲政之道，自在立法以典民。法不一則民志疑，斯一切索隱行怪之徒，皆得乘瑕而蹈隙。故欲安民和衆，必立法之先統於一法。一則民志自靖，舉凡一切奇衺之說，自不足以惑人心。《書》曰：「無偏無黨，王道蕩蕩；無黨無偏，王道平平。」正謂此也。

查律載：「凡旗人犯罪，笞杖各照數鞭責。軍流徒免發遣，分別枷號。徒一年者枷號二十日，每等遞加五日，總徒、准徒亦遞加五日。流二千里者枷號五十日，每等亦遞加五日。充軍附近者枷號七十日，近邊者七十五日，邊遠、沿海、邊外者八十日，極邊煙瘴者九十日等語。」此條乃犯罪免發遣律文，係因《明律》軍官軍人免徒流一條仿照編纂。考明代軍官軍人隸於各衛以充什伍，各衛所差務亦極殷繁，故犯流徒者仍發各衛充軍。當差旗人犯罪折枷，與此意實相符合。方我朝入關之初，八旗生齒未臻繁盛，軍伍有空虛之慮，差務有延誤之虞，故凡八旗之人犯軍流徒者，特設此折枷之制，免其發配，原爲供差務，實軍伍起見，初非區滿人與漢人而歧視之。其時盛京所招之民，有犯徒流軍者，亦照旗下分別枷號。此凡滿、漢並無歧視之明證也。

迨乾隆二十一年，始定有旗人毆死有服卑幼情節慘甚者，不准枷責完結之例。三十二年，又有旗人罪名實係寡廉鮮恥有玷旗籍，削去户籍，依律發遣之例。三十七年，又有莊頭、鷹户、海户人等，如犯軍遣流徒等罪，照民人定擬，不得折枷完結之例。四十二年，又有莊屯旗人並駐防無差使者，軍遣流徒照民人一例辦理之例。道光五年，又定有旗人窩竊、窩娼、窩賭及誣告、訛詐、行同無賴、不顧行止等項，銷除本身旗檔，分別發配，不准折枷之例。自以上各例通行以後，旗人犯罪照民人一體定擬者日見其多，並不一例折枷矣。

本年三月二十七日，法部議覆前順天府府尹孫寶琦《請將枷號人犯比照笞杖贖金折罰摺》內，聲明旗人折枷，仍循其舊在案。此在變法伊始，不得不加以慎重。現既欽奉明詔，化除滿、漢畛域，若舊日兩歧之法，仍因循不改，何以昭大信而釋羣疑。伏思今日八旗丁口日益蕃昌，與昔日情形迥異，若將旗人犯罪應發配者概與民人一體辦理，亦無慮軍伍差務之乏人。如謂新章之監禁期長，舊律之折枷期短，重輕懸絶，不甚相宜，抑知畛域之未能化除，正在此等重輕懸絶之處。盡人在覆幬之內，而一輕一重，此成見之所以未能盡融。似未可拘泥舊規，致法權不能統一。臣默覘世運，概念時艱，欲籌挽救之方，不得不變通辦理。擬請嗣後旗人犯遣軍流徒各罪，照民人一體同科，實行發配，現行律例折枷各條，概行删除，以昭統一而化畛域。請旨飭下廷臣，會議施行，天下幸甚。所有化除滿、漢畛域實籌辦法緣由，謹恭摺具陳，伏乞皇太后、皇上聖鑒。謹奏。

變通旗民交産舊制摺

奏爲旗民交産舊制亟宜變通請旨飭部核議施行以便民生而化畛域恭摺具陳仰祈聖鑒事。

竊維萬物之生機，必周流而始能便利，未有生機阻閡而人民能受益者也。下民之生計，貴能自養，未有生計窘迫而上能徧給者也。是故閭閻資産，或此贏彼絀，或此有彼無，其中消息甚微，不能一致，全賴贏絀可以相濟，有無可以相通。若相濟相通之機關滯而不靈，將絀者無者既困守而益卽於窮，贏者有者亦束縛而難以持久，斯貧富胥受其病。有如一地也，富者不自種而傭人爲之種，貧者若不能自種而又無傭人之資本，則日就荒蕪。又如一房也，富者隨時修葺，破壞無虞，貧者無力經營，一遇破壞，卽日就積廢。苟不使之相濟相通，其病固如是。卽使之相濟相通，而限制太嚴，其機關之滯而不靈者，仍如故也。此理勢之所必至，無可疑者。況乎養民之道，在乎因勢利導，必使人人能自爲養，而後可以無不養。若不爲之籌自養之路，而但作苟且之圖，則立達無方，博濟亦徒存虛願而已。

伏查例載：「一、旗地、旗房概不准民人典買。如有設法借名私行典買者，業主、售主俱照違制律治罪，地畝、房間、價銀一併撤追入官，失察該管官俱交部嚴加議處。至旗人典買有州縣印契跟隨之民地、民房，或輾轉典賣與民人，仍從其便。一、凡八旗人員置買産業於各省者，令該員據實首報，交與該督撫，按其産業之多寡，勒限變價歸旗。如有隱匿不首及首報不實者，該督撫訪查題參，將所置産業入官。其隱匿不首者，照侵占田宅律治罪。首報不實者，按不實之數，亦照侵占律治罪。如地方官扶同徇隱，別經發覺者，照例議處。其未經查出之知府並督撫、司道，均照例分別議處。至於查禁以後，仍有違禁置産、私相授受者，照將他人田産朦朧投獻官豪勢要律，與者、受者各杖一百徒三年，産業入官。其託民人出名詭名寄户者，受託之民人照里長知情隱瞞入官家産計所隱，贓重者坐贓治罪，受財者以枉法從重論，地方官失於查察者，照例議處，各等語。」此二條載在《大清律例·户律》典買田宅門内。

又例載：「順天、直隸所屬旗地，無論京旗屯居、老圈自置，俱准旗户民人互相買賣，照例税契升科。其同治三年例前置買詭寄旗產者，准令呈明更正，除酌定賦額外，業主、售主概免治罪，並免從前花利。如例後匿不首報，一經查出，地畝概追入官，仍照隱匿科罪。一、民人置買旗房一二間至五間，連走道、院落統計，所占地基不得過一畝。六間至十間不得過二畝。十間至四十間不得過三畝。五十間至百餘間不得過五畝。或原買房間本少，續行添建者，核其房間，不得過酌定地數，均准投税，納契執業。如多占地基，卽照上等地則徵租報部，各等語。」此二條載在《户部則例》旗民交產門內。

户、刑兩部例文彼此互相歧異。考第一條例文纂於嘉慶十九年，本係照《户部則例》添纂，係從前舊制。迨咸豐年間，旗民准其交產，同治年間，户部修改《則例》，遂添纂旗民交產各條。而當時刑部條例未及修改，故彼此參差。嗣於光緒十五年，户部復規復旗民不准交產舊制，奏准通行，而《則例》未經修改，故又不相符。此旗民交產前後不同之原委也。至第二條，纂於雍正十二年，《户部則例》大致相同。蓋舊日約束旗人最爲嚴肅，慮其倚勢滋事，故私自出京亦干例禁，置買產業，尤恐與民人交結，致啟争端。此又當日嚴定此例之情形也。

臣等伏思，我朝入關之初，八旗丁口不多，房地頗稱豐厚。迨其後生齒繁衍，在京之房，近京之地，止有此數，人滋生而產不加增，則前人之產萬不能敷後人之養贍。在乾隆初年，已因八旗生計窘迫，二年有借給餉銀之議，三年有八旗空閒處所建造房屋分給居住之議。並議令賣與民人地畝，許旗人出價贖回。所以爲八旗區畫者，委曲備至。而其時上諭云：「貧乏兵丁，食餉有限，無從措價，勢必至盡歸富户。富户或肯周濟親族，亦豈能多爲分給？則贖地一事，恐未必於貧乏旗人有益。等因。欽此。」可見旗人房地必拘定仍歸旗人，未爲長策，聖訓早慮及此。三年一月，又有公産旗地准民人置買之令。此蓋爾時變通辦法，實爲旗民交産之權輿。惟旗人舊有之官給房地，仍禁私售，以示限制。顧例禁雖嚴，而私相典賣，難於稽察。往往一産而旗契、民契參雜其間，不可究詰。年久轇葛，獄訟繁興。房屋之傾積者，木植甎瓦零星拆賣。更有善良之士，株守敝廬，坐困而一籌莫展者。蓋當情勢急迫之時，厲禁愈嚴，生機愈蹙。故咸豐中遂弛其禁，亦知禁之之無益而又害之也。光緒十五年，又規復舊制，不准旗民交産，固爲惠愛旗民起見，然民間之私相授受者仍多，終屬有名無實，且刁滑之徒，轉得藉例禁爲勒掯之地，貧乏者急不能擇，更受其挾制而虧損彌多，實於八旗生計初無裨益。至八旗漢軍，於乾隆年間，准其出旗爲民，在外省居住；駐防漢軍，准其散處營生；駐防兵丁，准其在外置立産業。道光五年，並滿洲蒙古亦准出外營生，改入民籍。凡此區畫，皆爲八旗籌自養之路，與從前情形迥不相同。況既准其在外居住營生，而不准置買産業，則生計全無，烏能自養？揆諸事理，未得其宜。此殆雍正舊例，修例時未及删改，致有抵捂耳。

本年恭奉諭旨，化除滿漢畛域，共保安全，禮制、刑律之歧異者，特諭妥議辦法，將次第見之施行，以彰聖代同風之治。旗民不准交産，亦顯分畛域之一端，自應及時變通，未可拘牽舊制。況究夫生理之源，於相濟相通之機關多阻閡而少便利，則於八旗生計似亦無庸顧慮及此。臣等默窺世變，熟計時宜，擬請嗣後旗人房地准與民人互相買賣，悉照咸豐年間成案辦理。所有《户部則例》旗民交産門内各條，仍一律遵用。至旗人之出外居住營生者，准其在各省隨便置買産業，毋庸禁止。舊時刑部例文二條，即應删除。惟關係田賦事隸度支部，相應請旨飭下度支部核議施行。庶旗民之贏絀有無可以相濟相通，而各有自養之路，便民生而化畛域，洵共保安全之一策也。所有擬請變通旗民交産舊制緣由，謹恭摺具陳，伏乞皇太后、皇上聖鑒。謹奏。

禁革買賣人口變通舊例議

准刑部來片：「據政務處咨稱，由軍機處鈔出署兩江總督周，奏稱買賣人口請旨禁革一摺，奉硃批政務處會同各該部議奏，欽此。查原奏所擬各條，爲變通舊例，禁革積習起見。惟律例條目甚繁，更改動關全體，應由部知照修律大臣，參考中西，擬定辦法，聲覆過部，以便咨覆政務處酌核會奏。等因。」前來查閲原奏，内稱：「中國三代盛時無買賣人口之事，惟罪人乃爲奴隸。周衰，始有鬻身之説。秦漢以後，變而加厲，以奴婢與財物同論，不以人類視之，生殺悉憑主命。我朝定例，逐漸從寬，白契所買奴婢，與雇工同論，奴婢有罪不告官司而毆殺者治罪。疊次推恩，有加無已，然仍准立契買賣。本源未塞，徒挽末流，補救終屬有限。貧家子女，一經賣入人手，虐使等於犬馬，苛待甚於罪囚，呼籲無門，束手待斃，慘酷有不忍言者。泰西歐美各邦，近年治化日進，深知從前競尚蓄奴爲野蠻陋習。英國糜數千萬金幣，贖免全國之奴。美國則以釋奴之令，兵事累歲，卒盡釋放。義聲所播，各國從風。我朝振興政治，改訂法律，百度維新，獨買賣人口一端，既爲古昔所本無，又爲環球所不韙，擬請特沛殊恩，革除此習。嗣後無論滿漢官員軍民人等，永禁買賣人口。如違，買者賣者均照違制律治罪。其使用奴婢，只准價雇，仍議定年限，以本人過二十五歲爲限，限滿聽歸本家。無家可歸者，男子聽其自立，女子由主家婚配，不得收受身價。納妾只准媒説，務須兩相情願，不得抑勒。母家准其看視，仍當恪守妾媵名分，不許僭越。等因。」

查律載：「略賣良人爲奴婢者，杖一百流三千里。和同賣良人爲奴婢者，杖一百徒三年。略賣子孫爲奴婢者，杖八十；弟妹及姪、姪孫、外孫，若己之妾、子孫之婦，杖八十徒二年；同堂弟妹、堂姪、姪孫，杖九十徒二年半；和賣者減一等。賣妻爲婢及賣大功以下親爲奴婢者，各從凡人和略法，買者知情與犯人同罪。又庶民之家存養奴婢者，杖一百，即放爲良。又凡收留良人家迷失子女不送官因而賣爲奴婢者，杖一百徒三年。若收留在逃子女而賣爲奴婢者，杖九十徒二年半。其自收留爲奴婢者，罪亦如之。若買者賣者及牙保知情，減犯人罪一等。不知情者不坐。若冒認良人爲奴婢者，杖一百徒三年。各等語。」是買賣人口久已懸爲厲禁，微特凡人不准買賣，即父母賣其子女，尊長賣其卑幼，亦均分别治罪。定律本極嚴密，所庶民之家並不許存養奴婢，所以杜壓良爲賤之風，重視人類之意也。

考之《漢書》，建武七年詔曰：「吏人遭饑亂及爲賊所略爲奴婢下妻欲去留者，悉聽之。敢拘執不還，以賣人法從事。」注曰：「《盜律》略賣人和賣人爲奴婢者死。」又《唐律》諸略賣人爲奴婢者絞。和賣者流二千里。略賣期親以下卑幼爲奴婢者並同鬬毆殺法，和賣減一等，賣餘親者各從凡人和略法。知祖父母、父母賣子孫而買者，各加賣者一等。是漢、唐時此項罪名視今律更重。至東西各國，德意志刑法，買賣奴隸使就外國軍務或船舶之役者，處以懲役之刑。俄羅斯刑法，凡違禁販賣非洲黑奴者，以行劫論。又將俄國及俄國保護之人民賣與異種人爲奴者，無限公權全奪，罰作八年以上十年以下苦工。其餘各國刑法皆不列此項罪名。蓋久已無奴婢名目，故法典中亦不著也。乃今時厲禁雖懸，而買賣人口之風俗相沿未改。推原其故，大都遇荒歉之年，貧民糊口無資，鬻女賣男，藉圖存活。始僅八旗官紳之家收養驅使，久之而庶民亦多效尤，凡有資財，皆得廣置婢女。姦民藉以漁利，公然販運買賣，若不知爲大干例禁者。以致淩虐折磨，弊端百出。且律文雖有買賣奴婢之禁，而條例復准立契價買，法令已多參差。且官員打死奴婢，僅予罰俸，旗人故殺奴婢，僅予枷號，較之宰殺牛馬，擬罪反輕，亦殊非重視人命之義。

本大臣奉命纂修新律，參酌中外，擇善而從。現在歐美各國均無買賣人口之事，係用尊重人格之主義，其法實可採取。該督擬請永行禁止，係爲革除舊習起見，自應如所奏辦理。惟律例內條目繁多，誠如政務處所稱，更改動關全體，自應通籌參考，核定辦法。茲酌擬十條如左：

一、契買之例宜一律刪除也。價買家人婢女例內，分別旗、民赴該管佐領及本地方官鈐蓋圖記印信，其情願用白契價買者，從其便。遇有相犯，以紅契、白契分別科斷。又買賣人口，不僅奴婢一項，亦有爲妻妾、子孫者。今既以不准買賣爲宗旨，自應一律禁止。擬請嗣後買賣人口，無論爲妻妾、爲子孫、爲奴婢，概行永遠禁止，違者治罪。舊時契買之例，一律作廢。

一、買賣罪名宜酌定也。查略賣、和賣治罪，各律例已極周備。惟買者不知情，律不坐罪。因貧而賣子女及買者，律例内亦無科罪之文。今既禁止買賣人口，則此等情節雖輕，未便置諸勿論。擬請嗣後除略賣、和賣各律例於新律未頒以前照舊遵行外，如有因貧而賣子女及買者，均科以一十五兩以下之罰金，身價入官，人口交親屬領回。其略賣、和賣案内不知情之買者，亦照此辦理。律内買者不知情不坐之文，先行删除。

一、奴婢罪名宜酌改也。律内奴婢干犯家長，罪名綦重，今既禁買奴婢，改爲雇工，此後即永無奴婢名目，自不便沿用舊法。查康熙年間原有旗人白契所買之人以雇工論之例，准此定擬，尚非無所依據。擬請嗣後契雇貧民子女及從前舊有之奴婢，均以雇工人論。遇有相犯，即按雇工人本律本例科斷。其與家長之親屬人等有犯，亦照此辦理。

一、貧民子女准作雇工也。荒歲貧民乏食，無力養贍子女，勢將流爲餓莩，即尋常境遇艱窘者，亦有不能存活之時，若禁止買賣而不籌一善法，亦非兩全之道。擬請嗣後貧民子女不能存活者，准其寫立文券，議定雇錢年限，作爲雇工。年限不問男女長幼，至多以二十五歲爲斷，限滿聽歸親屬。無親屬可歸者，男子聽其自立，女子擇配遣嫁。其女子有親屬而無力遣嫁者，許伊主爲之擇配，親屬不得藉端需索。

一、旗下家奴之例宜變通也。查八旗家奴，先年有賞給者，有投允者，有契買者，其名目不一，人亦衆多。《户律》内則有放出爲民之例，有贖身爲民之例，原未嘗令其世世爲奴。惟未經贖放者，其子孫仍須在主家服役。偶犯軍流等罪，則發駐防爲奴。若犯徒罪，徒滿後仍歸伊主，不能銷除旗檔。其或潛入民籍，即干例擬。此向來情形也。迨至近年以來，不獨賞給一項，例同虚設，即投充、契買之事，亦不復多見。惟從前未經贖放之人，以及莊頭、看墳等項，其賴伊主養贍，已非一世，與本身契買者不同。如果伊主情願放出，或准其贖身，仍可照定例辦理。若未經贖放，而必以二十五歲爲限，限滿聽其自由，則此項人等，皆有經管田廬産業事宜，亦未必盡願舍去，辦理恐多窒礙。此項罪名，今既擬悉照雇工人科斷，則奴僕之名，已可永遠蠲除，似不必再以年歲爲限。擬請旗下家奴，概以雇工人論，不必限定年歲，伊主情願贖放者聽。若此項人等，恃有新章，或欺壓伊主孤幼，或盗賣主家田産，仍各照旗下家奴本律本例定罪，不得寬貸，以懲兇詐。所有《户律》内各例，應修併簡明，以資引用。

一、漢人世僕宜酌量開豁也。現在漢人之畜婢者，各省皆有，而畜奴者實已罕睹。從前安徽省世僕，早於嘉慶十四年奏明，開豁爲良。第恐他省尚有昔年遺留之世僕未經開豁者，自應酌量辦理。擬請嗣後漢人世僕所生之子孫已過三代者，概行開豁爲良。如未及三代者，有犯仍照雇工辦理。俟歷三代後，亦一體開豁爲良，舊主子孫不得刁難勒索。

一、舊時婢女限年婚配也。民間契買婢女，大抵經媒人之手，真正親屬，無從查考。又或歷年已久，或遠道攜歸，若必責令交還親屬，匪特窒礙難行，恐亦徒滋紛擾。定例婢女不行婚配致令孤寡者，照不應重律擬杖。自應明定年限，勒令婚配。擬請嗣後舊時婢女年二十五歲以上無至近親屬可歸者，由主家婚配，不得收受身價，違者照例治罪。

一、納妾只許媒説也。泰西各國，無論何人，不准置妾。日本近從西例，亦無准令置妾明文。但中國風俗民情與東西各國不同，未便遽加禁止。惟向來習俗有憑媒説合者，有用錢價買者，自應明定辦法，庶與此次宗旨相符。擬請嗣後凡納妾者，應憑媒説合，只用財禮接取，由妾之母家寫立爲妾願書，不得再以買賣字樣立契。母家准令看視，以順人情。至妾媵名分，仍當遵守，不許僭越。

一、發遣爲奴之例宜酌改也。查國初流徒人犯，多發往尚陽堡烏喇地方爲奴。迨康熙二十一年，欽奉上諭：「反叛案内應流人犯，仍發烏喇地方，令其當差，不必與新披甲之人爲奴，以昭朕軫恤民隱，哀矜保全之至意。等因。」伏讀聖祖遺訓，雖案關反叛，亦不忍盡令爲奴，盛德深仁，永堪法守。其後因事懲創，復行爲奴之制。有發黑龍江者，有發新疆者，有發各省駐防及八旗兵丁者，漸增至百數十條。復因與煙瘴互相調劑，時而改遣爲軍，時而改軍爲遣。至同治九年，定例將應發新疆爲奴人犯分別改發煙瘴極邊，應發黑龍江爲奴人犯改發四省煙瘴。自此之後，發新疆者已無爲奴人犯，發黑龍江者亦僅太監及旗下家奴兩項。惟發各省駐防及八旗兵丁者，尚存三十餘條。自應照新疆、黑龍江之例，一律改發，庶永絶爲奴字樣。擬請嗣後發遣駐防爲奴人犯，不論旗民男婦，均改發極邊足四千里安置。仍照新章，應發配者發配，監禁應收所習藝者，毋庸發配，收所習藝。按其情節輕重，分別辦理。如係太監及旗下家奴，仍發黑龍江，交該將軍嚴加管束。

一、良賤爲婚姻之律宜删除也。奴婢之於家長，名義至嚴，故有犯罪名獨重。而與良人爲婚姻，不能謂家長無責，故知情則亦坐罪。律内特設專條，預防流失，重在壓良爲賤，而冒賤爲良與以良從賤次之。其於良賤之分，秩序判然，殆如涇渭之不可合流，東西之莫能易位，正始所以正名也。然定律雖嚴，而良賤爲婚，仍各循其風氣，人情所習慣，法亦莫得而加也。今既禁止買賣人口，則以後奴婢名目自當永遠革除，同是齊氓，似不應再分上下之品。擬請將此律删除。凡雇工人與良人爲婚，一概不加禁阻，並於主家無涉，庶與重視人類之意有合，人格乃日見增高矣。

一、買良爲倡優之禁宜切實執行也。奴婢雖爲賤役，尚得齒於人羣。若降至倡優，託業愈卑，品類汙下，蕩然無復廉恥之萌。故例於買良家之女爲娼，及買良家之子爲優者，皆科以枷號滿徒罪名。原是尊重人格主義，無如奉行既久，官吏視爲具文。買良爲倡之案，尚或偶然一見，買良爲優則終年不見一案，亦未聞有經官舉發者。若不重申禁令，實力執行，恐奴婢之名目易除，倡優之根株難絶。流弊所至，將有不爲奴婢，或轉而爲倡優者。擬請責成地方官，嚴密稽查，遇有買良爲倡優案件，務須盡法懲治，勿事姑息。庶足以革澆風而回弊俗，似亦清源塞流之一道也。

以上各條，總期因革得體，勿使妨礙難行。至律例内關涉奴婢罪名者，統計不下數十餘條，應俟奉旨允准後，再行逐條考核，分别應留、應删、應修，再行奏明辦理。光緒三十二年閏四月二十一日，覆刑部。

删除奴婢律例議

光緒三十二年，前署兩江總督周馥奏請禁革買賣人口一摺，奉硃批政務處會同各該部議奏。欽此。准刑部來片，據政務處咨稱，律例條目甚繁，更改動關全體，應由部知照修律大臣，參考中西，擬定辦法。等因。經本館酌擬辦法十條，並聲明俟奉旨允准，再將律例内奴婢罪名分别應留、應删、應修，奏明辦理。等因。咨覆在案。兹據憲政編查館咨稱：「前件未及會奏，政務處裁撤。本年正月，准軍機處片，交欽奉諭旨御史吴緯炳奏置買奴婢惡習請嚴行禁革一摺，著憲政編查館知道，欽此。查原奏請敕下憲政編查館，會同修律大臣，連同周馥原奏一併核議施行，自應咨商修律大臣，連同先今奏案一併參考擬議。等因。」

查禁革買賣人口一事，論者多以爲不便。前擬辦法，久已置諸高閣。兹復據編查館咨商，並抄録吴侍御原奏，聲明律例内關涉奴婢各條均予删除，自應參考情形，再行妥議。竊謂此事應行禁革之緣因，周督原議、本館覆議及吴侍御原奏言之已詳，不煩複述。本館前所擬辦法十條，大略似亦粗具。惟禁革不便之故，若不詳加推究，終無以釋衆人之疑，而礙難決定。今試綜而論之，不便之故，約有數端：

一、謂諸王府中有不便也。查王府包衣人，向准考試出仕，既非尋常奴僕可比，又世居户下，亦非罪隸之徒，本與買賣人口之案無涉。惟奴婢律例若有變革，則王府屬下人亦應一體遵辦，所關係者此耳。在王府屬下人，其中多有品官，初不若尋常奴僕之淪於賤役。按之《唐律》，其隸屬之情事，與部曲約略相似。《唐律》殺奴婢與毆部曲罪有差等，則此項屬下人，本不當與奴婢同科。今若量予變通，法理自當如是。此未可拘牽舊制者也。

一、謂滿蒙官員之家有不便也。查國初旗下家奴，於賞給、投充之外，半由契買，故定例有分别紅、白契之專條。近數十年來，賞給功臣之法早已停止，投充、契買亦久無聞。訪問其故，大抵因爲奴者易逃難育，相戒不用。其所驅使之人，亦多出於傭雇。卽看墳一項，從前多寫立文約，作爲墳丁，近來亦多託付鄰近相識之人，代爲照應，不復沿用墳丁名目。惟世家大族，從先遺留家奴之子孫，尚不乏人。此輩非主家放出及本人贖身，不能脱離奴籍，遂至世世爲奴矣。漢世免官奴婢爲庶人，《本紀》屢書。唐代官奴婢年七十者免爲良人，載在《六典》。古人良法，班班可考，初無世世爲奴之理。卽現行例内，亦有數輩勤勞，情願聽贖，及累代出力，放出爲良諸條。以功令而論，亦未嘗令其世世爲奴也。此輩跟隨主家，必皆數輩後之子孫，閱時一二百年，徒以未放未贖，世世被以奴名，其情亦殊可憫。倘朝廷大沛殊恩，仿照西國贖奴之法，普行放免，固爲我國家一視同仁之盛舉。卽不然，不强之以放贖，而但變通其罪名，此亦修法者維持之苦心，舉世所當共諒者也。

一謂鬻婢之家有不便也。今買奴之風久熄，而鬻婢之家不獨滿漢官員大族，卽中人小康之户，莫不有之。蓋以使用婢女，較之傭婦爲便。此等習慣，勢難禁斷。若改買賣爲價雇，恐此女恃係傭賃，不聽指揮，或親屬人等常來看視，致有勾串逃盜等項情事。此固不可不慮。然只可於文約内預行議明，到主家後，須謹守規矩，年限未滿，親屬不准看視等情。或議明雇值一年一給，於給值時准親屬看視一次，以示限制。未可因一端而致礙全局也。自來鬻婢之家，在良善者相待既好，及年之後，嫁人爲妻妾，必得其所原，與使奴之惡俗迥殊。若遇殘忍之人，或非法毆打，戕賊其生命，或衣食缺之，凍餓其體膚，種種淩虐，慘不可言。如改買賣爲價雇，此風庶可少殺乎。且周督原議，因上海黎王氏一案而起。

黎王氏者，粵東人，其夫係府經歷，在蜀服官，病故，該氏扶柩回里，道出上海，因攜有婢女十餘名，爲關吏所究詰，致涉訟庭。西人晤周督，頗以此爲言，周督始有禁革之議。若禁奴而不及婢，殊非原議之本旨也。

以上數端，皆論者以爲不便之故，今推究而釋之如此。至於奴、雇相犯，其罪名懸殊，論者亦必排其議。在奴、雇於家長，奴重雇輕。第雇工毆家長死者絞決，謀故斬決，此據新修現行刑律。罪名已特重於凡人。當此減輕刑法之時，照此科罪，似亦不爲寬縱。若家長於奴、雇，奴輕雇重。故殺奴婢不過徒一年，毆死雇工者已擬滿徒，故殺者即擬絞抵。人或以此爲詬病。不知奴亦人也，豈容任意殘害。生命固應重，人格尤宜尊，正未可因仍故習，等人類於畜産也。溯康熙年問現行律，旗人故殺白契所買及典當之人，俱照故殺雇工人律擬絞。嘉慶間修改例文，以恩養年久、未久爲罪名之攸判，而其照雇工問擬者，案牘亦頗可稽。可見殺傷奴婢，從前原有區分，並非概用本律。今若一律改照雇工，不過紅契與白契不復分别而已，尚不至大相徑庭。況此等殺傷之人，其爲有罪也者，即故殺亦可酌量科斷，不得拘於絞抵之文。乾隆年間有部駁廣西省外擬絞侯改擬杖徒案。其爲無罪也者，則逞威慘殺，視人命若草菅，予以重比，未爲嚴刻。近年罕見此類案件。如入秋審，亦歸緩決，並不實抵。然則罪名之懸殊，正可毋庸過慮也。

方今朝廷頒行憲法，疊奉諭旨，不啻三令五申。凡與憲法有密切之關係者，尤不可不及時通變。買賣人口一事久爲西國所非笑。律例内奴婢各條，與買賣人口，事實相因。此而不早圖禁革，與頒行憲法之宗旨，顯相違背，自應由憲政編查館速議施行。至於此事辦法，則本館前議具在，自可查照酌核辦理。又律例内爲奴各條，新修現行刑律業已一律酌改，現正奉旨交憲政編查館覆核，當可照准也。謹議。

删除同姓爲婚律議

《禮記·曲禮》曰：「取妻不取同姓，故買妾不知其姓則卜之。」鄭注：「爲其近禽獸也。」邵氏淵曰：「所以重宗也。」《大傳》曰：「其庶姓别於上，而戚單於下，昏姻可以通乎？繫之以姓而弗别，綴之以食而弗殊，雖百世而昏姻不通者，周道然也。」鄭注：「姓，正姓。始祖爲正姓，高祖爲庶姓。」正義曰：「其庶姓别於上者，此作記之人，以殷人五世以後可以通婚，故將殷法以問於周。」《左傳》：「男女同姓，其生不蕃。」杜注：「蕃，息也。」孔疏：「違禮而取，故其生子不能蕃息昌盛也。又昭元年：「内官不及同姓，其生不殖，美先盡矣，則相生疾。」杜注：「殖，長也。同姓之相與先美矣，美極則盡，盡則生疾。」孔疏：「同姓相與先美，今既爲夫妻，又相寵愛美之至極，仕先盡矣，乃相厭患而生疾病。非直美極惡生疾病而已。又美極驕寵，更生妬害也。」劉炫云：「違禮而娶，則人神不祐，故所生不長也。晉文姬出而霸諸侯，同姓未必皆不殖。此以禮法爲言，勸助人耳。」又云：「人之本心，自然有愛，愛之所及，先及近親。同姓是親之近者，其愛之美必深，是同姓之先與自美矣。若使又爲夫妻，則相愛之美尤極，極則美先盡矣。美盡必有惡生，故美盡則生疾。此以爲防，推致此意耳。」《晉語》：「異姓則異德，異德則異類，異類雖近，男女相及，以生民也。同姓則同德，同德則同心，同心則同志，同志雖遠，男女不相及，畏黷敬也。黷則生怨，怨亂毓災，災毓滅性，是故取妻避其同姓，畏亂災也。」此同姓不通婚之見於經傳者，其説亦甚詳矣。

《北史·魏文帝紀》詔曰：「夏、殷不嫌一族之婚，周世始絶同姓之娶，斯皆教隨時設，政因事改者也。是殷之五世爲限，其法亦承於夏，殆上古之禁令皆然。至周法始定爲百世不通，視古爲密，然亦指受姓之同出於一祖者而言。其非同出一祖者，自不在範圍之内。」《唐律》諸同姓爲婚者各徒二年。《疏議》曰：「同宗共姓，皆不得爲婚，違者各徒二年。然古者受姓命氏，因彰德功，邑居官爵，事非一緒。其有祖宗遷易，年代寖遠，流源析本，罕能推詳。至如魯、衛，文王之昭，凡、蔣，周公之胤，初雖同族，後各分封，並傳國姓，以爲宗本，若與姬姓爲婚者，不在禁例。又如近代以來，或蒙賜姓，譜牒仍在，昭穆可知，今姓之與本枝，並不合共爲婚媾。其有複姓之類，一字或同，受氏既殊，元非禁例。」是《唐律》之同姓，專指同宗共姓者而言。其姓同而宗不同者，卽同出一源，亦所不禁。雖亦本之於周道，然視周稍寬。《明律》改爲凡同姓爲婚者，各杖六十，離異。而於娶親屬妻妾一條增其文曰：「凡娶同宗無服之親，各杖一百。」是區同宗與同姓爲二，而同姓指同姓不宗者言。在古之時，凡同宗者無不同祖，同祖故同姓。既同姓，未有不出於一祖者。故但言同姓，其限制甚分明也。《明律》區同姓、同宗爲二，於是不同祖者亦曰同姓，而同姓之義晦矣。

竊考古之言姓者本於五帝，見於《春秋》者得二十有二，如嬀、姒、子、姬、風、嬴、己、任之類是也。

諸侯賜卿大夫以氏。公之子曰公子。公子之子曰公孫。公孫之子以王父字爲氏。《左傳》曰：「天子建德，因生以賜姓，胙之土而命之氏。」是姓與氏有別也。戰國以下，以氏爲姓。司馬遷《史記》姓與氏混而爲一，自是之後，姓氏不分。然同姓之義，説經者尚能辨之。《爾雅·釋親》：「族昴弟之子相謂爲親同姓。」郭注：「同姓之親，無服屬。」《白虎通》：「姓者，一本之稱也。」《詩·杕杜》傳：「同姓，同祖也。」《禮記·大傳》疏：「姓者，生也。以此爲祖，令之相生，雖下及百世，而此姓不改。」可知稱同姓未有不同出於一祖者。

自姓、氏不分，於是有氏同而姓本不同者。如同一王氏也，琅邪、太原二望同出周靈王太子晉，京兆一望出魏信陵君，皆姬姓，王莽自云舜後，則爲嬀姓。同一孔氏也，孔子子姓，而鄭孔叔姬姓，陳孔甯嬀姓，衛孔達姞姓。同一顔氏也，邾顔之裔曹姓，而魯之顔氏則爲姬姓。後來金之完顔，去完爲顔，則又非古之顔氏。凡此之類，其氏雖同，而其祖不同，謂之同姓，名實殊乖。新莽以姚、嬀、陳、田、王五姓爲宗室，且禁元城勿與四姓爲婚，而己取王訢之女。魏東萊王基，爲子納太原王沈女。皆不以爲嫌，蓋知此也。且自元魏改代北之姓，凡三字、二字者並爲一字，遂與中原古姓相亂。明洪武時禁用胡姓，呼延爲呼，乞伏爲乞，由是中國自有之複姓，如公孫、叔孫、士孫、王孫之類亦去一字而爲孫，公羊、公沙、公乘之類亦去一字而爲公，母邱、母將之類亦去一字而爲母，司徒、司空之類亦去一字而爲司，其本姓遂亡。此其中間尚有改之未盡者，如司徒今尚有此姓。視其本宗轉同異姓。氏族之紊，莫甚於此。他如奚之爲嵇，邾之爲倪，棘之爲棗，以避仇難而改。莊之爲嚴，慶之爲賀，以避國諱而改。氏之爲是，以避嘲而改。更有異姓爲後，如魏陳矯本劉氏子，出嗣舅氏；吴朱然本姓施，以姊子爲朱後。以及漢、唐之賜姓，五季之義兒。若此之類，所關者雖不過一人一家，而日久之後，氏族混淆，莫知其祖之所自出。其本非同出一祖者，而亦以同姓論，於法於理，實難允協。而同姓爲婚之律，徒存此虚文，而無當於實事者也。

元魏帝室十姓，百世不通婚。其中如胡、周、奚、車等，與中原舊姓相同，而實非一本，並無明禁。此其立法尚合古制。唐人亦明乎同姓之義，故《疏議》以同宗共姓爲限。《明律》亦承唐舊，乃區同宗於同姓之外。罪名則視唐爲輕，範圍則視唐爲廣大，非《唐律》之本意。此由未明乎同姓之義故也。夫同姓之義曰一本，曰同祖，其不通婚也曰重宗，曰畏亂災，經傳亦既詳言之。其同姓而不同祖，既非一本，則與此義有合與否，亦不待智者而後明之。使不求其理之安否，法之當否，而存之於律之中，豈律之善者乎？

本朝承用《明律》，此條亦仍之未改，而二百年來罕見引用。讀律者之舊説，或云同姓者重在同宗，如非同宗，當援情定罪，不必拘泥律文。或云同姓爲婚，大江以南罕有犯者，他省卽縉紳或不以爲怪，是未可概繩以法也。或云窮鄉僻壤娶，同姓者，事所恆有，若盡繩之以律，離異歸宗，轉失婦人從一而終之義。乾隆五十四年，湖南唐化經娶同姓不宗之唐氏爲妻將其毆傷身死一案，刑部議得：「愚民不諳例禁，窮鄉僻壤，婚娶同姓不宗婦女者往往有之，固不得因無知而犯，遽廢違律之成規。尤不得因違律婚娶之輕罪，轉置夫婦名分於不論。該撫略夫妻名分，依凡鬬問擬，援引究覺失當。將唐化經改依毆妻致死律擬絞在案。」是此律之不能實行，舊説、舊案具有明文。舊例定有同姓爲婚實係明媒正娶者，雖律應離異，有犯仍按服制定擬之條。是同姓爲婚之律，已在存而不論之列。

夫律本應離，而例又不論，此法之兩歧者也。法必定於一，而後人可遵之信之，未有兩歧而可以爲法者。則與其含糊兩可而法有兩歧之患，何如推尋古義而折衷一是乎。以古義而論，當以同宗爲斷，而以《唐律》爲範圍。凡受氏殊者，並不在禁限。娶親屬妻妾律内既已有同宗無服之文，則同姓爲婚一條，即在應删之列，正不必拘文牽義，游移兩可也。

或者曰，古人重宗法。《大傳》云：「别子爲祖，繼别爲宗，繼禰者爲小宗。有百世不遷之宗，有五世則遷之宗。百世不遷者，别子之後也。宗其繼别子者，百世不遷者也。宗其繼高祖者，五世則遷者也。」是宗法有百世不遷，五世則遷之别。今以同宗爲限，而宗法久亡，將以何者爲依據？曰此無慮也。宗法雖亡，而郡望則習俗相沿，歷久不改。凡郡望同者，不論其支派之遠近，籍貫之同異，概以同宗論，則限制既不爲寬，而官民亦易遵守。此仍是周人之法，而較之殷人五世通婚之制，固大相徑庭矣。若《唐律疏議》所云，其有聲同字别，音響不殊，男女辨姓，豈宜仇匹？若陽與楊之類，不合共爲婚媾。此則爾時之禁令，按之同姓之義，實不相蒙，可置勿論。又若近世之以異姓爲後者，就所知者言，則有錢唐許氏，本係沈氏；山陰宗氏，爲前明宗室後裔，本係朱氏；又有避難而改姓者，如歸安王氏，爲前明建文時謝貴之裔。如此之類，其與本宗仍不得爲婚。更有世俗相沿，兩姓同派，不相通婚者，亦應仍其舊。此不在禁令而可從俗者也。

然今欲删除此律，則必有議其後者。謂男女禮之大司也，峻爲之防，民猶踰之，而可先自壞其防哉。此其審微杜漸之心，不可謂不至，而未嘗循名以責實也。使舉前説以喻之，當必有涣然冰釋者。竊謂法無虚設，而事在實行。日者曾詢之一直隸人云：「同姓爲婚，鄉里不以爲非。或以門户之難得相當，或以情好之難得素洽，憑媒作合，即成婚媾。此等風氣，禁約有所不及。」直隸如此，則他省可知。則此律之不能實行，夫人而知之。既不能實行，而仍存之律中，則爲具文。況同姓之義，考諸古説，本不相符，稽諸今説，亦多異議，舊例更有不論之條，此律已久同虚設。又娶親屬妻妾律本有娶同宗無服之親者治罪之語。綱常所繫，藩籬具在，未弛防閑，正無庸鰓鰓過慮也。

軍臺議

軍臺之設，始於康熙。而官犯發軍臺，則始於乾隆六年。是年九月，奉上諭定例：「文武官員犯侵貪等罪者，於限内完贓，俱減等發落。近來侵貪之案漸多，照例減等便可結案。此輩既屬貪官，除參款外，必有未盡敗露之贓私，完贓之後，仍得飽其囊橐，殊不足以示懲儆。著尚書訥親、來保將乾隆元年以來侵貪各案人等，實係貪婪入己情罪較重者，秉公查明，分別奏聞，陸續發往軍臺效力，以爲黷貨營私者之戒。嗣後官員有犯侵貪等案者，亦照此辦理。等因。欽此。」是軍臺之例，爲懲戒貪墨而設，其犯别項罪名，原不在内。

又十四年五月，軍機大臣具奏：「嗣後坐臺人員有情願贖罪者，令其在部具呈，兵部奏明請旨。」又三十七年十月，奉上諭：「嗣後凡遇坐臺贖罪人員，著咨查户、刑、工等部，如有本名應行追賠未完銀兩，概不准其奏請贖免，著爲令。」又乾隆八年，東撫奏：「參革兖州府知府沈斯厚，侵欺庫款銀兩，在一年限内全數通完，呈請減等。沈斯厚生母馮氏，現年八十四歲，例應留養。將沈斯厚照免死減等再減一等例，擬杖一百徒三年。再乾隆六年定例，嗣後官員有犯侵貪等案，凡擬斬絞於題結之後有以限内完贓援例請減者，令刑部查明，如果係貪婪入己情罪較重之犯，卽於題請減等本内，另將該犯貪婪情罪應發軍臺效力之處聲明加簽請旨等語。查沈斯厚原係侵蝕庫銀入己情罪較重之犯，相應照例將該犯加簽請旨發往坐臺。坐臺人員，非徒可比，並無留養之例。疏内聲明母老丁單，毋庸議。奉旨，沈斯厚著發往軍臺效力。等因。各在案。」是此項人員雖准贖罪，而追款未完，仍不准贖。沈斯厚案，並聲明坐臺人員，非徒可比。凡此皆爲黷貨營私者戒，故特於律外加重。

又乾隆三十一年刑部審擬段成功詐擾婪贓一案之江蘇按察使朱奎揚、蘇州府知府孔傳炯，照聽從上司主使出入人罪律擬斬監候，奉旨，究係爲從，從寬免其死罪，發往軍臺效力。又案内藩司文綬、知府劉墉，扶同徇隱，應擬斬，奉旨從寬免死，發往軍臺效力贖罪。此案各員，並係由斬免死發往，亦因正犯係屬婪贓而加重，固與尋常官員之犯徒罪者大相懸殊也。其後官犯之發軍臺，有奉特旨發往者，亦有從重擬發者，不盡屬侵貪案件。然論其情節，必實較尋常之犯爲重，尚非不論情節，一概發往。迨相沿既久，凡係官員犯徒罪者，無不從重擬發。由是徒發軍臺，遂爲官員犯罪一定之法。此實相承沿用之過，定例中初無明文也。

嘉慶十二年，又定例一條云：「凡發往軍臺效力廢員，三年期滿，臺費全數繳完者，由軍臺都統抄録獲罪原案，具奏請旨。如不能完繳臺費者，文職州縣以上，武職都司以上，均由兵部行文各旗籍、任所查明。委係赤貧，具結到部，兵部知照軍臺都統。該都統即抄録獲罪原案，並聲明無力完繳，將該廢員再行留臺五年緣由具奏請旨。如能於留臺五年限內完繳者，准該都統隨時具奏請旨釋回。儻有隱匿寄頓情弊，發往烏魯木齊，永遠充當苦差。其文職佐雜、武職守備以下各員弁不能完繳臺費者，於期滿之日，例應杖一百徒三年。仍令該都統抄録獲罪原案，聲明不能完繳臺費，例應改擬杖徒緣由具奏請旨。此內有仰邀特恩釋回者，兵部行文該都統將其釋回。其照例改爲杖徒者，行文該都統將旗員解交刑部，照例辦理；漢員解交各該原籍督撫，定驛充徒。」道光八年，復加修改。此例既行，知縣以上，三年期滿，再留五年，共計在臺八年，如本罪爲徒一年，則加七年矣。佐雜以下，三年期滿，復實徒三年，如本罪爲徒一年，則加二年，並坐臺三年，共加五年矣。其中非無過誤之犯及因人連累者。援情定罪，殊嫌太重。

查例載：「凡文武官犯罪，若革職後另犯笞杖罪者，照律納贖，徒流軍遣，依例發配。又文武員弁犯徒及總徒四年、准徒五年即在犯事地方定驛發配。各等語。」此官員犯徒、犯軍遣應依律發配，與民人並無歧異之明文也。後條係乾隆十年定例，在官員發往軍臺定例之後。前條係國初現行例，乾隆五年修改，道光四年改定。可以見道光年間，凡官員犯徒流軍遣者，仍照此例辦理，並非一概發往軍臺。今此二例尚載在條例之中，而積習相沿，竟置之不論不議之列，此不可解者也。

家本承乏西曹，前後幾及四十年，所見官員犯徒者：一、湖南一武弁，在本地充徒，經刑部核准。一、刑部問擬李崇山一案，該犯雖有官職，因係書賈，發往天津充徒。此二案皆在光緒年間，並未發往軍臺。此外所見者鮮矣。官員犯軍流之發新疆，與犯徒之發軍臺，雖同爲例文所不載，第新疆地方辦事需人，廢員前往，有差可當，有力可效，非投閑置散之比。且有分别三年、十年奏請釋回之例，以視軍流之非遇恩赦不得減免者，轉有早歸田里之望。故此法尚不爲苛。現行新章，軍流皆收所習藝，官犯諸多窒礙。光緒十年，曾將官犯奏請由黑龍江改發新疆，卽據此纂爲定例，自屬可行。軍臺之例，亟應規復乾隆舊制，庶不至流於枉濫。惟新章徒罪亦收所習藝，官犯辦法之窒礙與軍流同，自應酌量變通，以期推行無阻。玆擬嗣後官員犯徒罪者，除案關侵貪慘酷，仍追繳臺費照例分别辦理外，其餘各犯，按應徒年限，發往軍臺效力，年滿卽行釋回，毋庸追繳臺費，以示區别。似此變通辦理，庶舊制藉可規復，而新章亦不至抵捂。

至臺費名目，《會典》未言，始於何年？因何事定此章程？無可考見。惟據龔自珍《説張家口篇》云：「張家口在宣化府萬全縣北境，察哈爾都統駐焉。凡效力軍臺贖罪者駐焉。效力者，效力軍臺也。何以駐張家口？近今五十年駐張家口也。昔之日稱軍臺者何？仁皇帝親北征，有事蒙古；純皇帝命將西征，出入蒙古；故軍臺始於平噶爾丹時，密於追達瓦齊時，周帀密布於設定邊左副將軍時。軍臺起訖如何？以口外察哈爾爲起，而北，而西北，而又西，以烏里雅蘇臺爲止，凡四十八臺。無軍有臺何也？通檄報也。察哈爾都統與定邊左副將軍遥聲援，中間哲卜尊丹喇麻、喀爾喀諸汗與理藩院往反之檄報，臺員率驛丁奉之走。驛丁受雇，受此也。臺員效力，效此也。駐張家口何名？曰戍張家口也。張家口烏用戍？旅焉而已。有財三年估，無財三年旅。問何所始也？始於臺員有老病者，畏塞外之寒且勞，入資充公，白都統許之，以其資雇蒙古代之。勢也，情也，非法也。亦無臺費之名，亦不上聞。今臺費上聞。臺費行而臺員除矣。兵部尚書青陽王公言，近日事例如此。」自珍此文作於道光中年，而云近今五十年，當爲乾隆季年。然乾隆四十年兵部有廢員不繳臺費請交刑部治罪之奏，見《會典》，則臺費早有定章。特定例之初，本無此費。觀十三年有記名欲行發往軍臺之廢員，皆應在京守候，遇有應換臺缺，令其前往更換之諭。是爾時坐臺者，亦有缺額，有記名，並非儘數發往，其尚無臺費可知。自來罰鍰之制，既贖即免。若既責其效力，復責其繳費，按之刑律，實無此法。此事本隸兵部，或係當時兵部所定，故與刑律歧異。恐自珍所言，亦非無因也。此事關係今陸軍部入款之一宗。查《會典》所載臺費，第一臺至第十臺每月繳銀四十三兩，每年合計五百十六兩，第十臺以外每月繳銀三十三兩，每年合計三百九十六兩。約計每年發往之人爲數無多，其中尚有無力呈繳之人，統計入款，未必逾萬，於該部之盈虚，亦尚無所關係。恐議者或以陸軍部入款爲辭，故附考之如此。

《東華録》：「康熙三十一年三月，内大臣阿爾迪、理藩院尚書班迪等，奉差往邊外蒙古地方五路設立驛站。

雍正元年五月，命八旗外任廢官准於臺站效力自贖，優者予議敍。」

按：雍正年間已有廢員在臺效力之事，但命意不同耳。

與受同科議

《唐律》諸監臨主司受財而枉法者，一尺杖一百，一匹加一等，十五匹絞。不枉法者，一尺杖九十，二匹加一等，三十匹加役流。無祿者各減一等，枉法者二十匹絞，不枉法者四十匹加役流。諸受人財而爲請求者坐贓論，加二等。監臨勢要準枉法論。與財者坐贓論，減三等。《疏議》曰：「受人財而爲請受者，罪止流二千五百里。監臨勢要，罪止流三千里。與財者，罪止徒一年半。諸有事以財行求得枉法者，坐贓論，不枉法者減二等。」《明律》官吏受財枉法，八十兩絞。不枉法，一百二十兩以上絞。無祿人枉法，一百二十兩絞。不枉法，罪止滿流。較《唐律》爲加重，所以嚴責官吏也。其說事過錢者，即《唐律》之受人財而爲請求者。有祿人減受錢人一等。無祿人減二等，罪止杖一百徒二年。有贓者，計贓從重論。若贓重，從本律。《舊說》謂計其入己贓數，照枉法、不枉法，分有祿、無祿人科之，則有死罪矣。然有贓、無贓尚分別也。有事以財行求得枉法者，計所與財坐贓論。用《唐律》而不減等，已較《唐律》加重，而罪則仍止滿徒也。

今例凡有以財行求及說事過錢者，皆計所與之贓，與受財人同科。自定有此例，而死罪遂多，不獨較《唐律》爲重，較《明律》亦重。《明律》本嚴於《唐律》，而此則更嚴矣。夫法者，官吏主之，法之枉不枉，官吏操之，則其罪亦官吏任之。不論所枉者何事，皆應以官吏當其重罪，此一定之法也。以執法之人而貪利曲斷，骫法而法壞，故問罪加嚴，尚是整飭官常之至意。至說事過錢之人，其中有休戚相關勢難漠視者，有鄉黨交游情面難卻者，爲之往來奔走，初非爲圖利起見，論其心，但欲爲負罪者求解免耳，法之枉、不枉，非所計也，亦不敢必也。且並不知如是則於法當有所枉者。此其情罪，視執法之人，固有間矣，故律得減一等。倘此等人別有從中簸弄是非、藉端索詐等情，則自有架訟等法在，不虞其縱也。若以財行求之人，其中情事頗有區別。如係身自犯罪，希圖苟免，行求以出己罪，或父兄子弟骨肉恩深爲之營救，冀少寬貸，衡情亦尚有可原，故但以坐贓論。尚係素挾嫌仇，意圖陷害，行求以入人罪，則自有誣告等法在，亦不虞其縱也。今乃一律同科，且但計所與之數，而不論入己之數，如有說事過錢而未受財，必至有罪止徒二年之本罪而加入死罪者，與本律不大相懸殊乎？情罪輕重，自有等差，乃輕重等差，一概不論，古人立法，恐不如是之武斷也。此條例文亟應修改，庶昭平允。

設律博士議

《魏書・衛覬傳》：「覬奏曰：『九章之律，自古所傳，斷定刑罪，其意微妙，百里長吏，皆宜知律。刑法者，國家之所貴重，而私議之所輕賤。獄吏者，百姓之所縣命，而選用之所卑下。王政之弊，未必不由此也。請置律博士，轉相教授。』事遂施行。」《晉書・職官志》：「廷尉，主刑法獄訟。屬官有正、監、評，並有律博士員。」《宋書・百官志》：「廷尉，律博士一人。」《南齊書》同。《隋書・百官志》：「廷尉卿，梁國初建曰大理。天監四年，置胄子律博士，位視員外郎。陳承梁，皆循其制。胄子律博士，六百石。」《魏書・官氏志》：「律博士，第六品中。」《隋書・百官志》：「後齊大理寺，律博士四人，明法掾二十四人。隋律博士八人，明法二十人。」《唐六典》：「國子監，律學博士一人，從八品下。助教一人，從九品上。律學博士掌教文武官八品已下及庶人子之爲生者，以律令爲專業，格式法例亦兼習之。助教掌佐博士之職。」注：「《晉百官志》廷尉官屬有律博士員。東晉、宋、齊竝同。梁天監四年，廷尉官屬置胄子律博士，位視員外郎，第三班。陳律博士秩六百石，品第八。後魏初律博士第六品，太和二十二年爲第九品上。北齊大理寺官屬有律博士四人，第九品上。隋大理寺官屬有律博士八人，正九品上。皇朝省，置一人，移屬國學。」《唐書·百官志》：「武德初，隸國子監，尋廢。貞觀六年復置。顯慶三年又廢，以博士以下隸大理寺。龍朔二年復置，有學二十人，典學二人。元和初，東都置學生五人。」《舊唐書·職官志》：「學生五十人。」《宋史·百官志》：「國子監，律學博士二人，掌傳授法律及校試之事。」此歷代律博士之官制也。其品秩、人數、多寡、高下雖不盡同，而上自曹魏，下迄趙宋，蓋越千餘年。此律學之所以不絕於世也。

嘗考《周官·大司寇》：「正月之吉，始和，布刑於邦國都鄙。乃縣刑象之法於象魏，使萬民觀刑象，挾日而斂之。」夫縣之象魏而縱民觀，則平日之集衆思而成此法，其幾經討論研究可知矣。又有州長以下諸官，屬民讀法。故其時未嘗有律學之名，而人人知法。洎乎世道陵夷，不遵先王之法，而法亦日即於銷亡，泯泯棼棼之習，遂無從而整齊之。於是法家者流，目擊當世之情形，各就其所學而作爲書，李悝《法經》，其最著者也。當是之時，學者頗衆。自秦焚《詩》、《書》、百家之言，法令以吏爲師，漢代承之，此制未改。士之不能低首下心於吏者，遂不屑爲此學。然當時之法家者流，或父傳其子，或師傳其弟，習此學者，人尚不少。馬、鄭經學大儒，猶爲律章句。其餘諸家章句，各自爲書，轉相傳授，學者遂多矣。董卓之亂，海内鼎沸，生民塗炭，人士凋零。衛覬於是有設律博士之請。自是之後，迄於趙宋，代有此官。雖歷代當局之人，或視爲重要，或視爲具文，所見不同，難歸一致，然賴有此一官，而律學一線之延遂緜緜不絕。宋神宗置律學，蘇軾有「讀書萬卷不讀律，致君堯舜終無術」之諷。蘇氏於安石之新法，概以爲非，故並此議之，而究非通論也。自元代不設此官，而律學遂微。朝廷屢詔修律，迄於無成。明承於元，此官遂廢。然《明律》有講讀律令之文，凡官民咸當服習。是明雖不設此官，律令固未嘗不講求也。

夫國家設一官以示天下，天下之士，方知從事於此學，功令所垂，趨向隨之。必上以爲重，而後天下羣以爲重，未聞有上輕視之，而天下反重視之者。然則律博士一官，其所繫甚重而不可無者也。法律爲專門之學，非俗吏之所能通曉，必有專門之人，斯其析理也精而密，其創制也公而允。以至公至允之法律，而運以至精至密之心思，則法安有不善者。及其施行也，仍以至精至密之心思，用此至公至允之法律，則其論決又安有不善者。此設官之微意也。議官制者，其主持之。

變通行刑舊制議

竊維明刑弼教，貴有以通其意而不徒襲其名。其與斯民心性相關者，尤在杜其殘忍之端，而導之於仁愛之路。考古者刑人於市，與衆棄之。推原其意，誠以犯法者多，不肖之人爲衆所共惡，故其戮之也，亦必公之於衆。孟子所謂「國人殺之」，其意正同。迨相沿日久，遂謂此乃示衆以威，俾之怵目而警心，殊未得衆棄之本旨。且稔惡之徒，愍不畏死，刀鋸斧鉞，視爲故常，甚至臨市之時，謾駡高歌，意態自若，轉使莠民感於氣類，愈長其凶暴之風。常人習於見聞，亦漸流爲慘刻之行。此非獨法久生玩，威瀆不行，實與斯民心性相關，有妨於教育者也。

又考古之立市，多在國中，鄉、遂並不立市。《周禮》明楷適市之制，惟國中行之，鄉、遂行刑，即在本獄之所。《唐六典》稱古者決大辟罪於市，今無其刑，但存其文。是唐時行刑已不定在於市。古之市，有垣有門，周防甚密。今京師處決重囚，在菜市地方，爲四達通衢，略無周防，與古制本不甚合。至各直省、府廳、州縣，大都在城外空曠之地，與棄市之義更不相符。又自近年以來，都下每值決囚之際，不獨民人任意喧呼擁擠，卽外人亦詫爲奇事，升屋聚觀，偶語私譏，攝影而去。既屬有乖政體，並恐別釀事端。此又周防不密，未可忽略者也。

查東西各國刑律，死刑有密行、公行之分。英、美、日、俄、德、意各國皆主密行。惟法蘭西尚存公行舊制，近亦亟議改圖。至其行刑之所，或在監獄一隅，或別擇障圍之地。其臨場之人除裁判等官外，或官吏酌量許可，或止許犯人親屬，各國不盡相同。至其立法之意，一則防衛之嚴密，一則臨刑慘苦情狀不欲令人見聞，於教育、周防兩端均有關繫。其制頗可採擇。第監內行刑，恐多窒礙，不若另擇一區，較爲妥善。酌擬嗣後京師處決重囚，別設刑場一所，築屋數椽，繚以牆垣。除監視官吏、巡警、弁兵外，須由承審官許可，方准入場。其餘無論何項人等，一概不准入視。至各直省、府廳、州縣，向有行刑之地，應即就原處圍造牆垣。規制不嫌簡略，經費可從節省，總以不令平民聞見爲宗旨。似此變通辦理，則防衛既較嚴密，可免意外之虞，而斯民罕覩慘苦情狀，足以養其仁愛之心，於教育之端，實大有裨益也。

寄簃文存卷二

論

論故殺

《説文》：「故，使爲之也。」

按：「故殺」之「故」，訓作「故意」，始見於明人之註釋。漢以前訓詁家未見有以「故意」二字連言者。許氏《説文》使爲之者，謂身不爲而使人爲之也。《史記·馮唐傳》索隱「故行不行」，謂故命人行而身不自行，「故」與「雇」同，與許義最近。使人爲之，必出於有意，後來「故意」之訓，亦從許義引伸而出。《淮南·汜論篇》「勒問其故。」注：故，意也。《國語·楚語》「夫其有故。」注：故，猶意也。以「意」訓「故。」此又後來故意之所本也。

《書·大禹謨》：「刑故無小」。孔傳：「不忌故犯，雖小必刑。」蔡傳：「故者，知之而故犯也。」

按：孔傳但云「故犯」，而不釋「故」字之義，殆其時「故」字已相承作「故意」解，不煩詮釋歟？自來説者以《古文尚書》及孔傳爲僞書，然亦謂出於魏、晉之間，其語必有所本。《康誥》：「人有小罪，非眚，乃惟終，自作不典，式爾。有厥罪小，乃不可不殺。」即刑故無小之義。《舜典》之「怙終賊刑」亦此意也。《左傳》「殺人不忌爲賊。」杜注：「忌，畏也。」蓋包後來之「謀故」在内。孔傳「不忌」二字，卽本於左氏。

《漢書・刑法志》：「作見知故縱監臨部主之法，師古曰：「見知人犯法不舉告，爲故縱。」緩深故之誅。孟康曰：「孝武欲急刑，吏深害，及故入人罪者皆寬緩。」

按：觀於此語，似「故」爲「故意」，漢初已然，特無「故意」二字連言者耳。《景武昭宣元成功臣表》：「新時侯趙弟，鞫獄不實。」注：晉灼曰：「律說，出罪爲故縱，入罪爲故不直。」《張敞傳》「鞫獄故不直」，卽《刑法志》「深故」之「故」，漢之律文也。惟《漢律》之見於各書者，未見「故殺」之文。《薛宣傳》：「律曰，鬭以刃傷人，完爲城旦。其賊加罪一等。與謀者同罪。」《王子侯表》：「南利侯昌，坐賊殺人免。」賊者，殺人不忌。似漢律文簡，「謀故」皆包於「賊」字之内，不别出故殺條也。

《晉書・刑法志》：「張裴《注律表》：其知而犯之，謂之故。」

按：張《表》言律義之較名凡二十，此其一也。似係漢、魏以來法家相傳之舊說，張特揭其要於《表》中。「故」字之義，自當以此爲定論。

《唐律》：「諸鬭毆殺人者絞，以刃及故殺者斬。雖因鬭而用兵刃殺者，與故殺同。《疏議》曰：「鬭毆者元無殺心，因相鬭毆而殺人者絞。以刃及故殺者，謂鬭而用刃，卽有害心，及非因鬭争，無事而殺，是名故殺，各合斬罪。雖因鬭而用兵刃殺者，本雖是鬭，乃用兵刃殺人者，與故殺同，亦得斬罪，並同故殺之法。」不因鬭，故毆傷人者，加鬭毆傷罪一等。雖因鬬，但絕時而殺傷者，從故殺傷法。《疏議》曰：「雖因鬬但絕時而殺傷者，謂忿競之後，各已分散，聲不相接，去而又來殺傷者，是名絕時，從故殺傷法。」若子孫違犯教令，而祖父母、父母毆殺者，徒一年半。以刃殺者，徒二年。故殺者，各加一等。」《疏議》曰：「若子孫違犯教令，謂有所教令，不限事之大小，可從而故違者。故殺者，謂非違犯教令而故殺者。」

按：知而犯之謂之故，相争爲鬬，相擊爲毆，界限極爲分明。凡鬬毆殺人者，此往彼來，兩相毆擊，本無害人之意，與知而犯之者情節懸殊。若金刃本可以害人之物，知其可以害人而用以傷人，與知而犯之何異，故卽因鬬争亦與故殺同科。至故殺，正所謂知而犯之者也。《疏議》稱無事而殺名故殺，謂無鬬争之事，非指他事。後條白居易所論甚爲分曉。因鬬而絕時，則鬬争之事已有間斷，去而又來，顯有害心，故亦以故殺傷論。毆故殺子孫一節，以違犯、非違犯分。毆故有違犯，則事起管教，元無害心，無違犯則事起憎嫌，元有害心，與上節因鬬、不因鬬律意正同。前後義例一綫，此《唐律》之所以精密也。

《通考》：一百七十。「長慶二年，白居易上言：『據刑部及大理寺所斷：准律，非因鬬争無事而殺者，名爲故殺。今姚文秀有事而殺者，則非故殺。據大理寺直崔元式所執准律，相争爲鬬，相擊爲毆，交鬬致死始名鬬殺。今阿王被打狼藉，以致於死，姚文秀檢驗身上一無傷損，則不得名爲相擊。阿王當夜已死，何名相争？既非鬬争，又蓄怨怒，卽是故殺者。又按律疏云，不因鬬争，無事而殺，名爲故殺。此言事者，謂鬬争之事，非該他事。今大理、刑部所執，以姚文秀怒妻有過，卽不是無事。既是有事，因而毆死，則非故殺者。此則惟用無事兩字，不引争鬬上文。如此，是使天下之人皆得因事殺人，殺人了卽曰我有事而殺，非故殺也。如此可乎？且天下之人豈有無事而殺人者？足明事謂争鬬之事，非他事也。又凡言鬬毆死者，謂事素非憎嫌，偶相争鬬，一毆一擊，不意而死。如此，則非故殺，以其本原無殺心。今姚文秀怒妻頗深，挾恨既久，毆打狼藉，當夜便死。察其情狀，不是偶然。此非故殺，孰爲故殺？若以先因争罵，不是故殺，卽如有謀殺人者，先引相罵，便是交争，一争之後，以物毆殺，卽曰我因事而殺，非故殺也。如此可乎？況阿王既死，無以辨明，姚文秀自云相争，有何憑據？伏以獄貴察情，法須可久。若崔元式所議不用，大理寺所執得行，實恐被毆死者自此長冤，故殺人者從今得計。』奉敕：『姚文秀殺妻，罪在十惡，若從宥免，是長兇愚。其律縱有互文，在理終須果斷，宜依白居易狀，委所在重杖一頓處死。』」

按：《疏議》「無事而殺」一語，頗啟疑問之題，得此狀爲剖解之，可以釋然矣。觀於姚文秀之獄，則凡被打狼藉者，若仍以鬬論，豈得爲情法之平？司讞者其慎之！

《通考》一百六十七。「徽宗建中靖國元年五月，大理寺卿周鼎言：『律，鬬殺人者絞，故殺人者斬。蓋兩相争競謂之故，義理甚明。今法寺斷案，每於故、鬬之際，議論不一。蓋泥《刑統》所謂非因鬬争無事而殺，是名故殺。殊不知所謂無事而殺者，以言無彼此争鬬之事而殺人者，是名故殺。若謂不必鬬争，但緣他事而殺者，不當爲故，則律之立文奚不曰有事殺人絞，而曰鬬殺人絞；不曰無事殺人斬，而云故殺人斬。以此質之，法意可見。請自今凡斷奏故、鬬案，並令有司指定兩相鬬争是否若止辯説往復，卽非忿競，則故、鬬情狀判然矣。』刑部亦是鼎議。詔申明行下。」

按：據此，則宋代《刑統》於故殺之義亦承用《唐律疏議》之説，尚無異議也。惟「兩相争競謂之故」一語不甚分曉，再參考之。

《明律瑣言》云：「故殺人者，故意重毆而殺之。原其兇心，已欲致人於死，而其人果即時身死。」又云：「言故殺者，故意殺人。意動於心，非人之所能知，亦非人之所能從。意欲殺人，先以告於爲從者，使隨我而殺之，則爲謀殺，非故殺也。故殺出於一人之意，此故殺之不可以從論也。」

《今律注》：「臨時有意欲殺，非人所知，曰故。」《輯注》：「『臨時有意欲殺，非人所知。』此十字乃故殺之鐵板注脚，一字不可移，一字不可少。有意欲殺，乃謂故殺。若先前有意，不在臨時，則是獨謀於心矣。若欲殺之意，有人得知，則是共謀於人矣。臨時，謂闘毆共毆之時。故殺之心，必起於毆時。故殺之事，卽在於毆内。故列於闘毆、共毆之中。除凡人之外，其他故殺皆附於《毆律》，其義可見。」

按：《明律》故殺一條，既不全用《唐律》，其義例顯有不同。而毆故殺子孫一條，則仍用《唐律》之舊。夫殺子孫者，詎有闘争之事，而可云臨時有意欲殺乎？與故殺條義例頗難會通。律法之義例，固無若斯之兩歧者也。《今律注》有意欲殺非人所知，蓋卽本於《瑣言》，而又加「臨時」二字，遂以爲故殺之鐵板注脚。然馬文昇《請講法律以重民命疏》云：「兩人相争，互相毆打，毆死一人，則名闘毆殺人。一人未曾動手，一人於彼致命去處有意致死，則名故殺。此等律意，人多忽略。」此亦明人之説，與《瑣言》微不同也。

薛氏《讀例存疑》云：「《唐律疏議》闘毆者元無殺心，闘而用刃，卽有害心。又云，雖因闘，但絶時而殺傷者，從故殺傷法。此鬬與故之界限也。《明律》改爲不論金刃他物，均爲鬬殺，而無絶時殺傷等語。後又以有意欲殺爲故。甚至金刃十餘傷，及死者已經倒地並死未還手，恣意迭毆者，亦謂之鬬。天下有如此鬬毆之法耶？金刃最易戕生，傷人卽應擬徒，殺人因以故殺論，本與手足他物不同。《明律》以有意欲殺爲故，設供稱無心致死，卽不以故殺定擬矣。不以顯然有憑者爲準，而以有意、無意爲斷，似嫌未盡允當。自不問金刃他物手足並絞之律行，而故殺中十去其二三矣。自臨時有意欲殺非人所知曰故之律注行，而故殺中又十去其二三矣。近百十年以來，鬬毆案内，情節稍有可原者，秋審俱入於緩決。是從前之應以故殺論者，今俱不實抵矣。每年此等案件，入情實者，不過十之一二。雖係慎重人命之意，然殺人不死，未免過於寬厚矣。」

按：薛氏此論，爲前人所未發。蓋律法之義例，久無人研究矣。意藏於心，人易狡飾。以有意、無意爲斷，此故殺之案所以日少。大約乾隆以前，故殺尚多，嘉慶以後，漸入於寬。世輕世重之故，亦非偶然歟？

英國刑法：「凡雖出於一時之忿激，而行事横暴不法，致人身死者，卽非預謀殺人，然其心已屬極惡，應仍以謀殺論。凡有欲傷害人之意，而故令馬足蹴踏，或於衆中發礮，以致殺人者，雖非預謀殺人，而有害及公衆之虞，應仍以謀殺論。」

按：俄、法、德、日等國刑法並有故意殺人之條，而英國未有明文。此二條與故殺相似，皆以謀殺論。一則以心已極惡，一則以欲傷害人，頗與《唐律》之意合。

日本《刑法汎論》云：「學者別故意之説有三：一、期其必得結果之故意。例如思所裝彈之短銃向甲而彈之，則甲必失生命，因而發銃。此故意一名一定之故意。二、不期其必得結果之故意。例如甲思若銃口正對乙而發之，恐或殺乙，若不正對乙而其彈他出而失正路，則可以全乙生命，因而發銃致乙死者，此爲不期得結果之故意。此故意一名不定之故意。三、混合之故意。即同一之所爲，而生二、三之結果，其一之結果可以豫期，其他之結果爲所不豫期者。例如甲預思銃口向乙而發，則彈丸必貫乙之體而絶乙生命，若此彈丸通過乙體，但不知併貫乙背後之丙，果能絶丙生命與否，因而發銃，則果絶乙、丙二人之生命。是則甲之殺乙、丙，是混同豫期、不豫期之二故意也。故殺罪，有殺人之事實，有殺人之意志，而後構成其罪。」

又《刑法各論》云：「謀殺、故殺之區別，在殺之之決心有豫謀與否。深思遠慮。毒殺者常出於豫謀，然屬於單純故意者，則與謀殺同論。」

按：日本之故意殺人，即有意殺人，亦即知而犯之之謂也。不言臨時，則已不用《明律》矣。至其所謂單純故意，似即中律之獨謀諸心者，故與謀殺同論。若學者之三説，第一説豫期結果似與豫謀相混，第二説不豫期結果又與有殺人之意志之語相違，第三説不過從前二説推衍而出。不若有殺人之事實，有殺人之意志，二語爲簡而該也。其謂區別謀、故在有豫謀與否，則仍用舊説。第二説頗與故毆傷人而致死者相近。

又按：《唐律》以有無害心爲鬬、故之界限，頗爲分明。兩相争而至兩相擊，其事由交鬨而成，無論動手先後，並未有害人之意，故謂之鬬。若先無鬬爭之事而輒行殺人，或鬬已絶時而復來毆人，是明知毆人爲害人之事而有意犯之，故謂之故。死者爲故殺，傷者爲故傷。至同謀共毆，《唐律》但言至死者隨所因爲重罪，而不言斬、絞。《疏議》亦有鬬、故之分。蓋事雖起於謀毆，而兩造覿面之時，亦必有忿競之語言，揪扭之情狀。設不分鬬、故，則與前條之鬬毆，義例不相貫通，天下無此參差之律法也。或疑無鬬争之事而有意殺人，則與獨謀諸心之應以謀殺論者不相混乎？不知《唐律》故傷條下原無至死之文，前條之故殺，即後條故傷之至死者也。否則故傷而至死，何以科之？若亦科以鬬殺，律義豈可通哉？然則故殺者，乃有意毆人而致死，非必有意欲殺者也。自《明律》以金刃殺人者與他物手足同科，勢不能以有無害心爲鬬、故之界限，又删故傷之律，即同謀共毆亦與鬬殺同論，而無故殺傷一層，其後解者遂謂故意殺人，意動於心，非人所知。順治年間，遂將此意纂入《律注》，並以共毆之案必有在場動手之餘人，又加「臨時」二字以區别之。於是「臨時有意欲殺非人所知」十字，奉爲故殺確不可易之注解。二百數十年來，法家治律，無敢爲異議者。有司治獄，亦準以科斷，不能稍越範圍。直至薛氏始議其未允，而今之説者，仍是否參半。蓋由《律注》頒行日久，遽欲破除成見，正未易也。

今試究其義例。凡鬬殺者，必兩相撲打，此往彼來，確有互毆之狀。即同謀共毆而有互毆之狀者，亦得謂之鬬殺。《疏議》無事而殺之文，從律文「因鬬絶時」中推勘而出。此《唐律》之義例也。惟既謂之故，即是有意。既是有意，而先無鬬争之事，則與平日之獨謀諸心者，界限相去甚爲微茫，科斷恐增疑惑。所以治律家亦有謂《唐律》可議而不必拘泥者。《明律》不用《唐律》，解釋家乃有臨時有意欲殺非人所知之説，與獨謀諸心者，界限較爲分明，科斷可無疑惑。此《明律》之義例也。然界限固分明矣，而其中缺陷正多也。

天下有有意殺人之事，卽有有意傷人之事。今以臨時有意欲殺爲故，則兩比相争，其先動手毆人者，孰非臨時有意者乎？《明律》知其抵捂也，遂删去故傷一層。於是凡故毆傷人者，無可科之律。夫同是有意，殺者爲故，而傷者非故，此理之不可解者也。此義例之缺陷者一也。

彼此相毆，乃成鬭狀。若此迭毆而彼未還手，彼逃避而此尚追毆，或一人按而一人毆，或數人按而數人毆，核與相擊爲毆之義不能吻合，尚可謂之鬭乎？唐時姚文秀之案，死者被打狼藉，議者擬以故殺，亦以論事論理論情皆難謂之爲鬭。乃因供非臨時有意欲殺，轉難謂之爲故，遂不能不與鬭殺同科。此義例之缺陷者二也。

互毆互傷，則無論傷多傷重，尚可以鬭言。若此無一傷，而彼則金刃十餘傷，或他物數十傷，或傷重至食、氣嗓俱斷，及洞胸貫脅，此而尚可以鬭論乎？近來部議於此等案件，有情兇近故之勘語，實不得已之辦法也。此義例之缺陷者三也。

幼稚之人，雖敵壯健，往往有年在十齡以下而任意毒毆以致斃命者。此豈尚有鬭情之可言？律意案情既難比附，乃以並非有心致死，舍鬭殺别無可科之條，亦以鬭殺定罪。更有謂律文「鬭毆」二字當分爲二事，有鬭情者爲鬭，無鬭情者爲毆。是未見《律注》相打爲毆之文，未嘗謂是無鬭情者也。鬬止相争，毆乃相打，律内注釋甚明，烏得分爲二事？亦不過於無可解説之中，强爲附會，實不知律法者也。此義例之缺陷者四也。

律法字義須全部貫通，若此律如此解，彼律又不作如此解，非律也。夫知而犯之謂之故，古義本不可易。今乃於故殺一條，獨改之曰臨時有意，曰非人所知，以區别夫在場共毆之人，而按之故殺子孫一條，已不可通，其他律如故縱、故禁、故勘、故出入人罪諸條，豈可通乎？此義例之缺陷者五也。

故殺定案，必須取起意致死之供。在犯之愿而直者，尚肯據實供明。其兇而狡者，類多匿情不吐。官之衡情定獄者，每不勝拷訊之勞，更有嚴刑拷訊而終不吐實者。其顢頇從事者，一任犯供之狡飾，不事推求，而案情致多出入。兇狡可從輕比，愿直必從重科，亦事之不得其平者也。若仿東西各國，廢止刑訊，此等人犯，實供者必十無一二。事雖不關義例，此義例不明有以致之也。此義例之缺陷者六也。

夫必義例完全而始可謂之爲法，乃以此律之缺陷如此，非法家者流所當注意者乎？竊謂《唐律》鬬故殺條，本包故毆傷在内。鬬毆傷見另條。鬬毆者，傷爲鬬毆傷，殺爲鬬毆殺。故者，傷爲故毆傷，殺爲故殺。故殺由故傷而成，事本相因，難分爲二。律文簡要，本無可疑。自《疏議》有無事而殺之文，説者辯論紛如，轉生出許多疑障。夫律貴誅心爲惡，重在有意。臨時有意欲殺，與獨謀諸心而殺，同爲有意。强事區分，其理想不甚微眇哉？今若融會《唐律》及英、日刑法之意，明定界限，自可盡袪疑惑。酌擬嗣後凡有意殺人者，二人以上謀殺者無論矣，其一人獨謀諸心及臨時有意欲殺者，皆以謀殺論。故毆傷者爲故毆傷，人因而致死者，以故殺論。必有互毆之狀者，乃以鬭毆殺論。如此分作三級，界限較爲分明。而因故毆而死，與因鬭而死者，庶有區別。願與明律之君子共參之。

附録康熙雍正年故殺案

康熙五十九年秋審：「蔡友因張成仔曾用錢文，至張成仔家索取。林招祖護張成仔，出與角口，持棍趕毆，蔡友刀扎林招殞命。緩決。」

六十一年秋審：「王純因與一主家人任阿年角口，任阿年先打王純，復持刀欲刺。王純畏刺情急，奪刀還戳致斃。情實未勾，改緩。」

雍正三年秋審：「蔡升因王純與蔡響角口，勸散。王純復向尋鬭，誤將蔡凍園麥戕壞，蔡凍拾石擲傷王純。王純持挑趕毆，蔡凍喊救，蔡升赴援，被王純肆行辱罵，奪挑還戳，王純致斃。緩決。」

按：第一起似係抵禦致斃，第二、三起似係還毆致斃。乾隆元年查辦積年緩決人犯，奏准減等，俱聲明情稍可原。原單所敍情節甚略，然皆無起意致死之語。第二起云畏刺情急，其非有心欲殺甚明。

康熙六十年秋審：「許四因先與雞姦之陳海海復與林世奮姦好，後林世奮在陳海海家，許四持刀向刺林世奮。時值昏黑，適詹挺朗出而閉門，誤將詹挺朗刺傷殞命。黑夜誤傷旁人致死，情稍可原。緩決。」

按：此起頗與《唐律》之不因鬬而殺以故殺論者相似。亦於乾隆元年減等。

康熙六十年秋審：「王信朗因族姪王洪生、王洪德、王海將伊兄王觀朗祭田占耕爭鬬，王洪德被王觀朗戳傷脊背，又被王信朗刀砍頂心斃命。王洪生、王海亦被王信求戳傷，俱殞命。王洪生兄弟三人俱受傷身死，王信求已正法。王信朗係刀砍王洪德立斃，情罪兇惡，不准減等。」

按：此似共毆斃命而以故殺定案者。乾隆元年查辦不准減等。其勘語云情罪兇惡，而不曰逞忿故殺，其未有起意致死之供可知。

「乾隆元年，刑部奏覆福撫疏稱與赦款不符之犯內：依故殺斬犯陳坂。因鄭輯瑞之子鄭仕向借銀兩未償，索欠爭嚷。鄭輯瑞扭毆，陳坂一時氣忿，隨以手內修削煙筒之菜刀抵格，致傷鄭輯瑞胸膛殞命。尚非有心欲殺，情似可原。依故殺律斬犯沈蔡友。因阮亦立懷恨誣告阮幼標盜開銀礦，指沈蔡友爲銀師，沈蔡友懼累，許銀五錢。阮亦立向索，沈蔡友不與，兩相角口。阮亦立毆沈蔡友，沈蔡友拾柴還打其臂膊，阮亦立詈罵，沈蔡友忿怨，打其脊背腰眼殞命。被毆情急，還毆致斃，情似可原。依故殺律斬犯劉六禾。因同叔劉先登夥賣木頭，適邱清印有木遺失，疑係伊物，控縣未審，輒雇楊佛禾撑回木頭。劉先登、劉六禾在岸守宿，劉先登聞響巡視，被楊佛禾竹篙頂傷胸膛倒地。劉先登叫喊，劉六禾睡中聞嚷起，持防夜鳥鎗趕去。見叔倒地，將鎗點放，傷及楊佛禾頂心等處殞命。心切救護，本不知毆打情由，似與有心欲殺者有間。依外姻尊長故殺緦麻卑幼律絞犯高贊。因雇表弟呂貴在店相幫，呂貴屢將店貨、錢銀蕩費，高贊知覺詈罵，呂貴懷恨，棄店不管。高贊遇見，復斥其非，呂貴不遜，爭角。高贊拾起地下斧頭，擊傷頂心殞命。一時氣忿，拾斧打傷一處致斃，本無欲殺之心，似尚可原。等因。奉旨俱寬免。」

按：沈蔡友一起與前王純一起，情節相同。陳坂、高贊二起，原奏聲明尚非有心欲殺，及本無欲殺之心，其爲定案時未取起意致死之供，確實可據。是當時故殺之案，尚不拘定《律注》臨時有意欲殺之語也。劉六禾一起，係火器殺人以故殺論者，當日秋審入緩，逢恩得免。勘語云與有心欲殺者有間，故並録之。

「乾隆三年，刑部查河南民賈五係照故殺律擬斬監候免死擬流之犯，似不應准其贖罪。但該犯因與任景和毆打，任景和站立不穩，跌入河内淹斃。今可否准其贖罪之處，恭候諭旨遵行。奉旨，賈五准其贖罪。」

按：此案辦法頗與《唐律疏議》履危險、臨水岸故相恐迫，使人墜陷而致死傷者，依故殺傷法之説相似。若在今日，則爲鬬殺中極輕之案矣。當日秋審不入實而逢恩得減流，實就案情權衡於其間。而定案時之未取有意欲殺供詞，亦即此可見。

附録駁案

「雍正十二年部駁福撫題吴法生一案：「查黄明禄令吴法生攜帶竹篙扁挑至田挑稻，並未知其前往鬭毆。嗣吴法生因江良與黄明哲打鬧，黄明哲篙戳江良，滚落田裏。吴法生趕至墈下，江良輒行詈罵，吴法生隨手拔路旁竹尖，戳傷江良顖門頂心殞命。是吴法生與江良實係一時格鬭，並非有心欲殺。今該撫將吴法生擬以故殺，黄明禄復減原謀，均未允協。再查吴法生供内並無有心致斃登時殺訖情事。何以看語内突加『吴法生頓起殺機明係臨時有意』之語？供、看不符，未便率結。」

乾隆五年部駁浙撫題童三一案：「緣朱廷相欲圖洩忿，糾約童三等，商謀駕船往毆徐秀臣。又因童三被徐秀臣撳毆，聲喊朱廷相，隨持鐵頭竹篙戳傷徐秀臣眉稍、上脣、手背等處，又用刀劃傷徐秀臣頂心顖門偏左等處，徐秀臣始行鬆手。童三亦即取船内菜刀，戳傷徐秀臣胸膛，倒入船艙。隨同朱廷相將徐秀臣攙扶上岸，經徐秀臣之子扶載回家，在船身死。查核朱廷相刀劃徐秀臣四傷，俱係致命，而童三雖刀戳徐秀臣胸膛致命一處，並未即時身死。如童三果係臨時有意欲殺，自應依故殺律擬斬。今查童三被毆之後，刀戳徐秀臣，倒入船艙，徐秀臣尚未斃命。而童三亦不復持刀再戳，仍同朱廷相等將徐秀臣攙扶上岸。詳察情形，尚非有意致死。即查夾訊童三，亦無臨時欲殺之供。乃該撫將童三斷以頓起殺機依故殺律擬斬，原謀共毆亦有致命重傷之朱廷相從輕擬軍，情罪不符。」

七年部駁川撫題張一文一案：「查張一文之砍傷卜之吉，只因之吉駡及父母，圖砍洩忿。如因忽起殺心，則持刀在手，何難立致於死？而卜之吉乃遲至五日方始斃命，其非臨時欲殺明矣。再查承審官既經究詰，而該犯並無必欲殺死之供，乃該撫遽照故殺律問擬，殊未妥協。」

按：康熙、雍正年間，成案傳本甚尠，茲僅於《成案彙編》録得故殺之蔡友等十起。陳坂、高贊二起，固確無起意致死之供。卽王純、沈蔡友二起，一則曰畏刺情急，一則曰被毆情急，其爲非有心欲殺，亦屬顯然。其餘蔡友等四起，原文甚略，惟皆入於緩決。許四一起，先無鬭情，以故殺誤殺旁人論，而亦入於緩決，當與有意欲殺者不同，亦可推測而見。劉六禾一起，既以故殺論，而云與有心欲殺者有間，當年辦法，可見一斑矣。至吴法生、童三、張一文三案，始以無臨時欲殺之供，經部以供看不符議駁，似恪遵《律注》尺寸不踰，在此後也。人藏其心不可測，度使必欲盡其意之所匿者，悉貢於公廷之上，不獨我國民無此程度，恐東西各國之民亦未必能也。於是不得不用考訊之法。嘗有因一、二語之狡飾，歷數月而始得其情者，司讞者多憚其難，往往明是故殺，而遽以鬭殺定案，及救生不救死之説，刑幕傳爲秘鑰。但求案了，不肯多費推詳。此故殺之案所以日見其少也。今輯録故牘，以見先後用律之不同，其亦足資參考也歟！

故殺餘論

前論故殺詳矣，而意尚有未盡者，更條舉之。

鬭律留難律云：「不顧風浪，故行開船，至中流停船，勒要船錢，因而殺人者，以故殺論。」舊注：「如中流要錢而争角，蹉跌落水，或中流停船時被風浪衝擊等項，皆殺傷之事也。」《輯注》：「事非故殺，而得故殺之罪者，以其故冒風浪，停船嚇詐，因致殺人，卽是有意欲殺矣。」

按：此係有心嚇詐，重在勒要船錢，初無殺人之意而亦以故殺論者，爲其明知風浪之險而不顧風浪，卽有害心也。《輯注》云卽是有意欲殺，未免武斷。本無此意，而强謂之爲有意，此以無爲有，法果有如是之虛枉者乎？況因要錢而有意殺人，乃律之謀殺因而得財，例之圖財害命，自有專條乎。此條「故」字以「臨時云云」十字解之，萬不可通。不若《舊説》「知而犯之」，《唐律疏議》云「有害心」爲允當也。

屏去人服食律云：「凡以他物置人耳鼻及孔竅中，若故屏人服用飲食之物而傷人者，杖八十；謂寒月脱去人衣服，飢渴之人絶其飲食，登高乘馬私去梯轡之類。至死者絞。若故用蛇蝎毒蟲螫傷人者，以鬬毆傷論，因而致死者斬。」舊注：「同一致死而彼絞此斬者，蓋以他物置人耳鼻孔竅及屏人服用飲食雖足傷人，未必遽能致死，若蛇蝎毒蟲，原是毒物，足以殺人，明有致人於死之意，故罪有不同也。」

按：此上一節「故」字，《舊説》云此故字非必欲殺之也。蓋以此律擬絞與故殺之擬斬者不同。以「臨時云云」十字解，此故字理不可通，故不得不別爲之説。特是法家字義必確不可易，方足爲律。若欲殺、非欲殺，情節懸殊，而可任意輕重，妄爲附會，尚成何律法乎？竊謂此「故」字亦以「有害心」三字解之，乃無窒礙。此等事正不得謂無害心也。第尚非必致於死之事，故但絞不斬，以示區別。至下一節「故」字，卽《唐律》「故毆」之「故」。因今律無故毆加重之法，傷者不得不以鬬論，死者擬斬，即故殺法，與《唐律》之義實相符合。若亦以「臨時云云」十字爲解，則傷而未死，何以通之？

庸醫殺人律云：「若故違本方詐療疾病而取財物者，計贓准竊盜論，因而致死及因事私有所謀害。故用反證之。藥殺人者斬。」《輯注》：「詐療而故違本方，初無必殺之意，已施可殺之術，其心可誅。」

按：詐療意在取財，非以殺人而致死即擬斬，是亦以故殺論矣。《輯注》謂故違本方，使之難愈，則病久而用藥多，或病輕而反重之，使其苦而後醫，則功大而報禮重，所言詐療取財之事甚詳。然則詐療必致危險，多受疾苦，與故毆之傷人者無異其死者以故殺論，亦即《唐律》之義也。至因事故用藥殺人，乃是謀殺，律文小注增「私有所謀害」五字，其義顯然謀也，而律用「故」字，可見謀、故之界限甚微。今以臨時有意欲殺者以謀殺論，非無本也。

殺子孫及奴婢圖賴人律：「凡祖父母、父母故殺子孫及家長故殺奴婢圖賴人，杖七十徒一年半。」

按：此較尋常故殺子孫、奴婢加一等。二「故」字亦非臨時有意者也。

放火故燒人房屋律云：「殺傷人者，以故殺傷論。」

按：此律「故」字卽知而犯之之謂，本有害心，故殺傷人以故殺傷論。今律他無故傷之文，獨見於此條，蓋承用《唐律》而删除未盡者也。因放火而殺人，有出於有心者，有並非有心者，依律均以故殺論，可見故殺之事非必皆出於有心，而「臨時云云」十字非通論矣。

鬬毆及故殺人例云：「因争鬬，擅將鳥鎗、竹銃施放殺人者，以故殺論。」

薛氏《讀例存疑》云：「火器爲害最烈，一經施放殺人，即無論是否有意欲殺，均以故殺擬斬，正與《唐律》以刃殺人與故殺同之意相符。乃執特金刃兇器將人砍戳多傷，不照故殺同科，何也？若謂金刃殺人不必均有致死之心，施放鳥鎗豈皆有心殺人者乎？用金刃兇器在人肚腹腰脇虚怯處所疊肆砍戳，而云非有心致死，可乎？」

按：火器殺人之案，非必皆有殺人之心。例云擅將施放，即是故毆之義，此與《唐律》合者，薛説備矣。

又按：以上各條皆不失《唐律》之義，獨故殺人律注有「臨時有意欲殺非人所知曰故」之語，與全律不能貫通。律法果可如是乎？

《唐律》：「諸以威力制縛人者，各以鬭毆論。因而毆傷者，各加鬭毆傷二等。即威力使人毆擊而致死傷者，雖不下手，猶以威力爲重罪。下手者減一等。」

按：《唐律》威力毆傷加鬭毆二等，較故毆之加一等者爲重，其致死者以威力爲重罪，而不言斬、絞，與同謀共毆條相同。《疏議》於同謀共毆分别鬭、故，而此條無文。夫既用威力，其非鬭也可知，傷者尚加二等，死者之不能依鬭法也可知。不依鬭法，即是故矣。今律於毆傷者依《唐律》加二等，而致死者定爲絞罪，似非《唐律》之意。查乾隆七年部議云：「挾勢制縛，又以湯火刃鎗等物致斃人命者，雖非當時殺訖，而存心欲殺，已屬顯然，應以故殺論。」觀於此議，則威力殺人之應以故殺論，前人已有言之者，非今日一二人之私見。而當日故殺之案，不拘拘於臨時欲殺之文，益可見矣。

恭讀尊箸，引證詳博，剖晰微至，而論斷尤極精當，非淺學所能道其隻字。末後以獨謀諸心及臨時有意欲殺皆以謀殺論，故毆傷人及用刃傷人因而致死以故殺論，必有互鬭之狀乃以鬭殺論，分作三層，界劃極爲分明，而判斷亦易措手，可免熬審酷拷之慘。但如此變通，將來改訂新律，似應將鬭殺一項倣照東西各國一律改爲流刑。其故殺一項，從前本有實、緩之分，現擬另訂條款，分別實、緩辦理，不必仍前一概入實，庶於慎重人命之中，仍寓哀矜求生之意。不然每年秋讞，驟添無數實案，不但與修律減輕之宗旨不合，且使煦仁孑義之輩，反以我爲作法於涼也。吉同鈞識。

康熙、雍正年間故殺之案，不必皆有臨時起意欲殺之供，秋審有經擬緩決者，並非一律入實，均有成案可考。乾隆年間，始恪守律注，尺寸不逾，秋審一概入實。然其時每年秋審情實之案，總有三百數十起，鬭殺之案辦理固嚴，故殺之案尚不爲少。嘉慶以後，日趨於寬，有明是故殺而以鬭殺定案者，一則惑於救生不救死之説，一則必須取起意致死之供，司讞憚其難也。迄今已百餘年矣，乍議變通，必多訾議。璣樓所編新律初稿，擬改鬭殺者流，以刃及故殺者絞。鄙意因鬭殺中頗多應實之案，若一概擬流，似涉太寬，故簽別籌辦法。若照此議定稿，則鬭殺中情重者少，可無慮其太寬，故殺別定實、緩條款，亦不慮其太濫，似尚不失爲平中。且考訊之難，可以少省，於將來裁判之事甚有關繫。記與同人共商之。本又注。

附吉郎中説帖

捧讀批示，並康、雍年間故殺成案數則，足見向辦故殺，原不拘泥律註十字，必取「有意致死」之供也。此次擬改故毆致死及刃傷致死均爲故殺，原係參酌古今中外，做照《唐律》，並規復國初舊來辦法，並非平空更張，有意從重也。但故毆致死及刃傷致死均作故殺，與有互鬭之情方作鬭殺，其中每多轇轕，情節極爲微細，若不明立界限，將來仍恐窒礙難行，引用或有歧誤。如刃傷致死爲故殺，然或人以刃逼己，用刃拒毆，《唐律》仍依鬭殺，是刃殺中亦有分别，不能統作故殺矣。如同謀共毆，不得不謂之故毆，然或共毆之時，彼此互鬭，身先受傷，似不可遽以故殺定擬矣。再如威力制縛、威力主使兩項，現律均作鬭殺。惟詳核情節，曰主使，曰制縛，己不動手，喝令行兇，即無致死之心，究無互毆之狀，況明明逞其威力以相凌虐，不謂之故毆，可乎？查《唐律》，威力制縛以鬭毆論，雖無致死以故殺論之文，惟威力制縛傷人，既加毆傷二等。則威力制縛殺人，似當擬以故殺，方爲平允。現既將鬭殺情重各項改爲故殺，則威力主使、制縛二項似未便仍舊以鬭殺論矣。又如律例内現以故殺論者，如不顧風浪故行開船中流勒錢殺人，詐療疾病致死，因事故用藥殺人，故用蝎蛇𧉟傷人致死，放火殺人，鳥鎗殺人等項，所犯之事，皆足致人於死，向與臨時有意欲殺之犯，均以故殺論。今臨時有意欲殺既改謀殺，若將以上各項亦改謀殺，未免稍刻。且細核種種情節，雖足致人於死，究與預謀殺人，情稍有異，似應仍舊以故殺定案。惟於秋審列入情實，又現律以鬬殺論者，如屏去服食及他物置人孔竅致死二項，情近於故，秋審多入情實，若減爲流，未免過寬，似應改作故殺。如知津河水深而詐稱平淺，橋船朽漏而詐稱牢固，誑令過渡以致溺死二項，雖以鬬殺論，惟情近於戲，列於戲殺之後，與實在鬬殺者有間，似應與鬬殺情輕之案均減爲流。惟現在奏定章程，誤殺、擅殺均改爲流，若將鬬殺亦改爲流，未免無所區別，似應分作有期、無期：誤殺、擅殺改爲有期，鬬殺改爲無期，以昭平允。又如互鬬致斃非一家二命及一死四傷並各斃各命案，鬬四命以上暨共毆致斃一家二命聽從下手各案，均係鬬殺中極重應入情實之犯，如照鬬殺減流，固涉輕縱，如亦改作故殺，究係互鬬之案，並無刃傷故毆重情，似應提出另議。又如服制相殺之案，一毆一故，關係罪名極重，如照凡人改鬬情輕者爲流，改無鬬情者爲故之法辦理，其中窒礙甚多，容再詳細斟酌，從長計議。以上各節，均應通盤合算，庶不至彼此參差，致有流弊。事關定法，不厭反覆求詳，謹再具說帖，恭呈鈞誨批示。甚是。本注。

論殺死姦夫

唐《捕亡律》：「諸被人毆擊折傷以上，若盜及强姦，雖旁人皆得捕繫以送官司。」注：「卽姦同籍內，雖和，聽從捕格法。」《疏議》曰：「言同籍之内，明是不限良賤親疏，雖和姦，亦聽從上條捕格之法。問曰：『親戚共外人和姦，若捕送官司，卽於親有罪。律許捕格，未知捕者得告親罪以否？』答曰：『若男女俱是本親，合相容隱。既兩俱有罪，不合捕格告言。若所親共他人姦，他人卽合有罪，於親雖合容隱，非是故相告言，因捕罪人，事相連及，其於捕者，不合有罪。和姦之人，兩依律斷。』」按《唐律》別無殺姦之條，即該於《捕亡律》內。所謂捕格法者，視罪人之拒捍、不拒捍爲分別。拒捍者持仗，則格殺勿論。空手而殺，則徒二年。不拒捍及已就拘執而殺及折傷者，各以鬬殺傷論。是《唐律》於姦人非持仗拒捍者，不得輒殺之也。《元律》諸妻妾與人姦，夫於姦所殺其姦夫及其妻妾，及爲人妻殺其强姦之夫，並不坐。若於姦所殺其姦夫而妻妾獲免、其殺妻妾而姦夫獲免者，杖一百七。始有同時殺死姦夫姦婦不坐之律。《明律》蓋因於元，特設殺死姦夫律一條，並增入止殺姦夫一層，視元爲更寬矣。

竊謂後人立法，必勝於前人，方可行之無弊。若設一律，而未能盡合乎法理，又未能有益於政治、風俗、民生，則何貴乎有此法也。如此律之可議者，約有數端：

凡人和姦罪名，《唐律》徒一年半，元改爲杖，《明律》則分杖八十、九十二等，並不當殺也。不當殺而殺，實爲法之所不許。法既不許，烏得無罪？有罪而予之以罪，義也。明明有罪而許爲無罪，則悖乎義矣。悖乎義者，不合乎法理。此可議者一。

罪人拒捕，律載罪人本犯應死之罪而擅殺者，杖一百。注以捕亡一時忿激，言若有私謀另議。」《輯注》云：「按擅殺止杖一百之法，本爲捕亡者而言，然必罪人有逃走之情，捕人別無私意之事，方擬此律，在常人不得引用也。觀獄卒陵虐罪囚至死者絞，罪囚之中固有應死者矣，何以概曰絞乎？又死囚令人自殺者，下手之人以鬬殺論。既曰死罪囚矣，何以又曰鬬殺論乎？以此推之，常人擅殺死罪之囚人，自當另議也。」觀於此說，即罪犯應死之人，常人亦不得任意殺之，而況非罪犯應死之人乎。和姦，律止擬杖，與罪犯應死者大相懸殊。在官司差人擅殺應死罪犯，尚應擬杖，而謂常人可以任意殺人，所殺者又罪止擬杖之人，輕重相衡，失其序矣。失其序者，不合乎法理。此可議者二。

婦人淫佚，於禮當出，載在《户律》出妻條内，無死法也。其犯七出有三不去而出之者，杖六十。《唐律》此層，有惡疾及姦不用。此律之文，而《明律》删之。是有三不去者，出亦不許矣。出且不許，況於殺乎。不許其出而許其殺，兩律顯相矛盾。夫君子絶交尚不出惡聲，況於妻乎。當出者出，禮也，其不可殺，亦禮也。不可殺而殺，違乎禮矣。違乎禮者，不合乎法理。此可議者三。

好生惡殺，人之常情，況事關門内，斷無立置諸死之理。律所以有親屬相爲容隱之文也，《唐律》本親合相容隱。乃以骨肉之親，牀第之愛，慘相屠戮，其忍而爲此，於情豈終能安乎？情不能安，卽乖乎情矣。乖乎情者，不合乎法理。此可議者四。

以上四端，皆於法律之原理有未能盡合者也。又如殺人之權操自國家，故凶暴之徒尚不敢肆其殘忍。若殺人而可勿論，將報復相尋，罔知顧忌，無論姦情曖昧，難保無虚捏之事，就令情真事實，而私相戕賊，男女并命，甚則剖腹斷頭，情凶狀慘，鄉愚無識，方以自豪，是人人有殺人之權矣。此有關乎政治。可議者五。

世風澆薄，爲政者閑之以義，尤貴導之以仁。殺人者不仁之事，國家禁戢之尚慮其難靖也，今有殺人者不以爲非，而以爲是，是非惟不禁戢之，不幾於獎勵之乎。恐殘殺之習，中於人心，勢將日甚。此有關乎風俗。可議者六。

姦淫有傷風化，從重懲創，固屬扶持世教之心。第人之不善，千彙萬狀，姦罪其一端耳。其重於姦罪者何限，乃他罪皆無許人擅殺之文。即如竊盜一項，必持仗拒捕，格殺者方可勿論，其登時追捕毆打至死者，尚問滿徒。獨此例則殺人不必科罪，世俗更有殺姦殺雙之説，於是既殺姦夫者，必殺姦婦。往往初意捉姦，不過毆打洩忿，迨姦夫斃命，即不得不并姦婦而殺之。姦婦即跪地哀求，矢誓悔過，在本夫初未嘗有殺之之心，而竟有不得不殺之勢。更有因他事殺人，并殺妻以求免罪者。自此例行，而世之死於非命者，不知凡幾，其寃死者亦比比也。此有關於民生。可議者七。

解之者曰：「夜無故入人家，主家登時殺死者勿論，姦、盜罪人均已包括在内。此條姦所獲姦，登時殺死，尚與主家登時殺死勿論之律意相符，第未將拘執而殺擬徒一層纂入，故不免稍有參差耳。」按夜無故入人家律《輯注》云：「時在昏夜，又無事故，主家驚覺，不知其何人，不知爲何事，登時在家内格殺身死者勿論。蓋無故而來，其意莫測，安知非刺客姦人？主家懼爲所傷，情急勢迫，倉猝防禦而殺之，故得原宥耳。」據此説，則凡非情急勢迫者，即不得用此律矣。捉姦之事，皆先知之而後前往，有何情急勢迫之可言？按之此律，意難吻合。《元律》但殺姦夫或但殺姦婦者，皆不能勿論。可見定律初意，並非參取此律之意也。

或又曰：「《唐律》夜無故入人家條，若知非侵犯而殺傷者，減鬬殺傷二等。《疏議》問曰：『外人來姦，主人舊已知委，夜入而殺，亦得勿論以否？』答曰：『律開聽殺之文，本防侵犯之輩，設令舊知姦穢，終是法所不容。但夜入人家，理或難辯，縱令知犯，亦爲罪人。若其殺即加罪，便恐長其侵暴。登時許殺，理用無疑。況文稱知非侵犯而殺傷者減鬬殺傷二等，即明知是侵犯而殺，自然依律勿論。』據《疏議》答問，與捉姦之事，足相印證，此條律文，非無根據也。」按《唐律》「知非侵犯」，《疏議》謂知其迷誤，或因醉亂，及老小疾患並及婦人不能侵犯。此得減鬬殺傷二等者，以其無故夜入也。《疏議》於舊知姦穢一層，亦有夜入理或難辯之語，是所重實在夜入、無故四字。若捉姦者，不必皆於夜，且姦婦乃主家人，非外人也，與夜入之義相徑庭矣。請更以《唐律》推之。男女俱是本親，不許捕格告言，即舊例卑幼不得殺尊長之意。其殺傷從捕格法，與他律亦不至歧異，則無乖乎法理。非持仗拒捍不得輒殺，則政權不旁移。餘犯應死而殺者，且科以加役流，則悍夫不敢逞。此前人之法勝於後人者也。」

明代深於律學者，蓋亦心知其非而不敢輕議，於是有或調戲未成姦，或雖成姦已就拘執，或非姦所捕獲，皆不得拘此律之解釋。諸讀律家並宗其說。本朝修律，遂纂入《律注》，正所以救正其失也。而終於因仍不改者，沿習既久，莫之敢議耳。後來條例日益增多，樛葛紛紜，抵捂不免，證諸《唐律》，有不能盡符者矣。

論威逼人致死

樂生而惡死，人之常情也，未有無故而厭生樂死者。凡人處萬不得已之時，至於厭生而樂死，必其有非常之困難者也，否則憂忿之不可釋者也。夫死有重於泰山而輕於鴻毛者，此惟賢智之士，能權衡於其間，非愚夫愚婦之所能及也。一念之偶萌，不必死而竟死，固未可以遽責夫死者，即迫之死者，亦不全任其責也。《唐律》若恐迫人畏懼致死傷者，各隨其狀以故、鬭、戲殺傷論。《疏議》曰：「若恐迫人者，謂恐動逼迫，使人畏懼而有死傷者。若履危險、臨水岸，故相恐迫，使人墜陷而致死傷者，依故殺傷法。若因鬭恐迫而致死傷者，依鬭殺傷法。或因戲恐迫使人畏懼致死傷者，以戲殺傷論。若有如此之類，各隨其狀，依故、鬭、戲殺傷法科罪。」按此條與威逼相似而不同。據《疏議》所云，履危險、臨水岸，墜陷而死，乃其死之情狀；故、鬭、戲，乃其死之緣因。若今時鬭毆窮追，致令鳬水溺斃，亦科鬭殺，乃其比也。恐迫而致死，非其人之自盡者也，《唐律》無甲自盡而乙抵命之文。蓋非親手殺人，難科以罪。自《明律》設威逼人致死之條，嗣後條例日益加重，雖爲懲豪强兇暴起見，然非古法也。

袁氏濱《律例條辯》云：「調姦不從，本婦羞忿自盡者擬絞。此舊律所無，而新例未協也。夫調之説，亦至不一矣。或微詞，或目挑，或謔語，或騰穢褻之口，或加牽曳之狀。其自盡者，亦至不一矣。或怒，或慚，或染邪，或本不欲生而借此鳴貞，或别有他故而飾詞誣陷。若概定以絞，則調之罪反重於强也。强不成止於杖流，調不成至於抵死，彼毒淫者又何所擇輕重而不强乎？其不受調，本無死法。律旌節婦，不旌烈婦，所以重民命也。調姦自盡，較徇夫之烈婦，猶有遜焉，而況予之旌，又抵其死，不教天下女子以輕生乎！」薛氏《讀例存疑》云：「《唐律》無威逼致死之法，《明律》定爲滿杖，除姦盜及有關服制外，雖因事用强毆打致成殘廢篤疾及死係一家三命或三命以上，亦只充軍而止。非親手殺人之事，故不科死罪也。後來條例日繁，死罪名目日益增多，如刁徒假差蠹役及和姦、調姦、强姦、輪姦等類致令自盡並其親屬自盡者，不一而足，秋審且有人於情實者，較之親手殺人之案，辦理轉嚴。不特刑章日煩，亦與律意不符矣。究而言之，律文未盡妥協，故例文亦諸多紛歧也。」據此二說，是此條律例未臻盡善，在纂定之初，原係懲勸之意，然可行於一時，未可著爲常經也。

至歐洲各國刑法，其用意正與中律相反。英刑法凡自殺者爲重罪，殺犯與前應免者不同。蓋自殺者原由人事艱苦，無力能堪，以致自戕生命，似勇而實怯。按諸希臘律，應斷手。英律，凡人命受之自天，非由天命，不得私自殘害。故犯自殺者，當坐兩重罪：一於教宗，則背上帝好生之德；一於國法，則違君上愛民之意。故爲大罪。凡犯自殺者，應罰去身後所遺之財產及分內應得之光榮，以彰其罪。將其財產沒官，不得用教宗禮式安葬，並限官爲檢驗後，二十四小時以內，夜九小時至十二小時將屍首瘞埋。俄刑法凡素無瘋疾、痰證起意自盡者，所有授其子女、生徒、僕役及關於財產之遺囑，俱不准行。如自盡之人係基督教民者，並不准用教禮喪葬。一千四百七十二條。若忠藎過人，身臨大節，百折不回，或嚴密軍機，誓死不洩，因而殺身成仁者，免罪。婦人拒姦自盡保全名節者亦同。一千四百七十四條。日本人《刑法論》曰：「自殺之罪，自古各國無定於國法上者。耶蘇教國雖有自殺之處罪，然其意則人身爲天所授，無故自戕，是犯神之所惡，當屏諸教外，非關於法律上之規定也。日本古時神道家言亦以自殺爲不善，當處罰之。希臘斯託伊克氏之道德說，則謂人當困難之時，不欲爲惡事而困難又不能解，則惟有死而已，死固無妨害於人，不當處罰。而現時道德說不從此論。故各國法律中雖未規定處罰，而學者則多以處罰爲宜。但所謂法律不處罰者，爲自殺者出自本心，而自著手者耳。至若教唆他人自殺，幫助他人自殺者，則法律自無不處罰之理。」統觀英、俄刑法及日本人之說，蓋西人以生命爲重，自殺懸爲厲禁，英、俄皆明載律內。雖以忠臣、烈婦，俄、法亦僅免罪而已。至自殺而科脅迫之者以罪，不獨英、俄皆無此文，即德、法刑法亦皆不著。由於宗教不同，法律亦因之而異。日本采用西法，但有教唆自殺之罪，而無威逼致死之條。此皆與中律懸殊者也。

然考之中國古來學説，初不以輕生爲貴。孔子曰：「豈若匹夫匹婦之爲諒也，自經於溝瀆而莫之知也。」孟子曰：「可以死，可以無死，死傷勇。」尋繹聖賢語意，可以見宗旨之所在。《禮記·檀弓篇》：「死而不弔者三：畏、厭、溺。」鄭康成注：「謂輕身忘孝也。」「畏」下鄭注：「人或時以非罪攻己，不能有以説之死之者。」陳澔集注：「先儒言明理可以治懼。見理不明者，畏懼而不知所出，多自經於溝瀆，此真爲死於畏矣。」玩鄭氏「非罪攻己」一語，所賅者廣，不止威逼一端。在死者於禮既爲不弔之人，則迫之死者於法當無可科之罪。陳氏「見理不明」一語，乃不弔之所以然也。英人「似勇實怯」之語，頗與孟子合。殆亦未可盡非歟？

綜而論之，自殺之事，根因種種不同。其爲豪惡欺凌，兇徒訛詐，則必有捆縛、弔拷、關禁、勒索等項暴虐情形，死者攖難堪之侮辱，及多般之困苦，寃忿填胸，生不如死。究其致死之故，全係乎脅迫之人，而尚欲責死者以不應自殺而罪之，寃上加寃，情理何在？此死者可憫，而脅迫者之罪之不容寬者也。其爲蠹役婪贓，假差嚇詐，則必有藉端挾制、倚勢作威及揑造簽票、執持鎖鍊等項嚇逼情形，死者或鄉愚寡識，或懦弱無能，視官如神，畏吏如虎，銀錢窘迫，懼涉公庭，愁急自戕，不及再計。此在死者，本不必死，而竟至於死者，官勢迫之也。大約此等情事，官吏清明之世鮮見，而官吏庸闇之世爲多。立憲之國鮮見，而專制之國爲多。推究其故，乃法制之未善，而死者亦爲可憫，則脅迫者之罪亦不容貸者也。以上各情節，實恐嚇取財之事，較威逼爲重。英、俄、法、德、美、日各國刑法，並有脅迫一門，即中律之恐嚇。其輕重雖各不同，然既干此罪，自當各按其情狀分別科斷，不能因其人自殺而反得免罪。但不知西人之裁判如何耳？

至若口角微嫌，逞强毆打，不過尋常争鬧，初無兇惡可言。及或失物，些微形迹有可疑之處，不過空言查問，亦鄉里之恒情。又或錢債無償，再三逼索，不過危詞相怵，冀宿負之能歸。凡此多端，事所常有，本無可死之道。乃或以被毆爲辱，或以誣竊不甘，或以負逋難措，一時短見，不顧爲人，正所謂自經溝瀆者也。被毆可以控訴，誣竊可以理論，負逋可以情求，在脅迫之初，心豈曾料其輕死？此乃死者之愚，脅迫者不全任其咎也。

又或茅檐婦女，强暴猝膺，受辱無顔，捐軀明志，則脅迫之罪，自無可寬。若只手足勾挑，語言調戲，少年佻達，尚無脅迫情形，既非羞辱之難堪，本無死法。乃變生意外，遂罪坐所由，法重情輕，未爲允當。更有村野愚民，戲謔村辱，種種情節，一入婦女之耳，遽爾輕生。此不獨無脅迫之狀，并無猥褻之意。以此抵死，烏得爲平？

立一重法，而無數重法相因而至，古人之法，豈若是哉？此中法之可議者也。若西人自殺爲重罪之説，在彼國之論者，已不以爲然，如斯託伊克之説是也。而墨守宗教者，猶堅持此説。揆諸情理，實有未安。人必所受之苦難萬不能堪而出於死，此最可哀可矜之事。今不哀之矜之，而反加之以罪，仁人之心，必不出此。於禮不過不弔而已。不弔者而大辱之，此不合於人情者也。人之有罪，必其有害於世，不樂生而甘於死，於世乎何害而必罪之，奪其財産、光榮而屏斥之，此不合於天理者也。且使死者而有知，飲恨黄泉，忍與終古。使死者而無知，即處重罪，烏足爲戒？彼殺人之犯未論決而自殺，即無餘罪之可科。自死之人本無罪，反較殺人者之責備爲刻。中律故自傷殘者有罪，如犯罪待對，杖一百。詐病死傷避事律。恐嚇詐賴人，杖八十。同上。避征役，罪止杖一百。從征違期律。此等人若因傷殘而致死，並無治罪之文，蓋以其人已死，罪已無可加也。夫以有罪之人而自殺尚無罪之可加，乃以無罪之人而自死反有罪之難免，豈情也哉？豈理也哉？此西法之可議者也。然則中律威逼之法，於古既不合，調姦釀命之案，獎婦女之輕生，更有如袁氏所譏者，自應酌量變通，以歸平允。西人宗教攸殊，不足取法。至俄刑法又有若父母、師保及撫孤等人，威逼凌虐致令子女自盡，證據明顯者，有限公權量奪，監禁八月以上、一年零四月以下，如係基督教民，仍處本管教堂懺悔一條。此尤與中律之意相背，存而不論可矣。日本刑法於中、西二者皆未甄録，其殆有見於此歟？

論誣指

《唐律》鬭訟律文有誣告而無誣指，誣告實而誣指虚也。實者易究，虚者難科，古人立法，具有深意。前明《問刑條例》恐嚇取財門，凡將良民誣指爲盜，及寄買賊贓，捉拏拷打，嚇詐財物，或以起贓爲由，沿房搜檢，搶奪財物，淫辱婦女，除真犯死罪外，其餘不分首從，俱發邊衛永遠充軍。國朝因之，而於例末添誣指送官，以誣告論。小注：「是誣指而有拷詐等情，及誣指而送官者，皆有治罪明文。」其誣指而未送官者，例未及也。乾隆三十五年，江蘇按察使吴壇條奏，請改例内「誣指良民爲盜」作「誣指良民爲竊」。再於本條之末，添入「若誣指良民爲强盜，雖無拷打嚇詐情事，亦發邊遠充軍，如有拷詐等情，即發極邊烟瘴」數語。經部議准。原奏内聲明，誣指送官者，即照誣告例按其所誣之輕重加罪三等。部議亦有「若僅誣指送官，以誣告治罪」之語。三十七年，恐嚇取財門修例按語有「除誣指良民爲强盜，並無誣詐情節者，應以誣告到官坐罪，纂入誣告門類外云云。」誣告門續纂誣告良民爲强盜者發邊遠充軍一條，其按語云：「查誣指良民爲盜例内，『誣指』二字係指未經到官者而言，罪在嚇詐財物，是以列入恐嚇取財例内。若既無拷詐別情，僅此誣指爲盜，則誣盜尚在未成，自應以誣告到官爲斷。」兩處按語，最爲明晰。蓋此條例意，原重在拷詐等情。若誣指未到官，而無前項重情者，即不得科以重罪。故三十五年部覆吴壇條奏及三十七年修例按語，均有誣指送官之文。而誣指未經到官者，均未議及，非疏也。空言無據，事恐非真，誣既未成，情猶可恕，律例無可比議，故不明定科條。五十二年，以此例與誣告良民爲强盜一條事同語類，遂修併爲一，移改入誣告門，已非原定此例之本旨。且例注有「誣告送官，以誣告論」二語，則例文「誣指」二字，竟是專指誣指而未到官者言。而誣指爲竊，又無明文，何也？

竊謂誣指之故，此例内所列各項，實爲訛詐之尤，情節苟真，自難寬貸。若係素挾嫌仇，而假捏贓私，以圖陷害，論情固爲可惡，第並未到官呈訴，不過虚詞恫嚇，非有實據之可憑，一入公庭，孰肯承認？更有聲張欲控，僅屬一時氣忿之談，既無隻字到官，詎能科以誣告？卽使毀言流播，情至難堪，亦但於名譽有傷，尚未至身受訟累。今例內捏造姦贓款蹟，寫揭字帖，及編造歌謠，挾讐污衊者治罪，自有明文。按之東西各國刑法，皆屬毀損名譽之事。自當酌量情節，別立科條，未便附屬於誣告律內。蓋誣雖有迹，而告究無形也。至於因事懷疑，空言查問，或器物偶然相似，或其人素行不端，此則鄉里之常情，并不能以誣指論矣。昔漢文帝詔誹謗勿治，史册紀其盛德。孝武有腹非之比，君子譏之。故止謗自修，聞過則喜，古聖賢多持此義。豈肯以毀損名譽之故，加罪於人。自唐以來，刑律中無誹毀之科，誠忠恕之道也。雖此等意解，係就道德上著想，未可概語常人，然舍道德而言刑名，其刑名必不得其中，立法者可忽之乎。第今日各國刑法，並設此科，英國更有誹謗外國高位人之罪。德國更有毀損一國君主榮譽之罪，關繫外交，尤爲當務之急，又未可拘泥古法，致臨事無所適從。此固律之當議增者。

《明律》獄囚誣指平人條：「凡囚在禁，誣指平人者，以誣告人論。」《瑣言》曰：「見禁囚不得告舉他事，若有誣指平人者，隨取誣指之罪，以誣告加誣論之。」按此卽《唐律》之囚引人爲徒侶條所稱，諸囚在禁妄引人爲徒侶也。明改「妄」爲「誣」，改「引」爲「指」，改「徒侶」爲「平人」，而律意遂大相徑庭矣。引者，引爲同黨，有意供扳，非素挾嫌仇，卽聽人教唆。指者，指言他人之事，未必有干於己。其不誣者本在不得告舉之列，其誣者必多搆架之詞。唐、明二《律》，其情事初不同也。第二律情事雖異，而其爲在禁之囚則同。在禁則已在官，無論其爲妄引，或爲誣指，皆係向官告言，故皆以誣告人論。乾隆年間按語，誣指以到官爲斷，與此律之意，本相吻合。律文中稱誣指者，此一條外，尚有鹽法律內鹽徒誣指平人一條，均係指在官者言。則未經到官，自未便與到官者同論。律內別無誣指之文。例文之誣指，又係專指各項情重者説。然則無重情者，自不在應科之列，可互證也。

論誣證

《唐律・詐僞門》證不言情條：「諸證不言情及譯人詐僞，致罪有出入者，證人減二等，譯人與同罪。」《明律》：「若鞫囚而證佐之人不言實情故行誣證，及化外人有罪，通事傳譯番語不以實對，致罪有出入，證佐人減罪人罪二等，通事與同罪。」按《明律》此條本於《唐律》，「誣證」二字則明所增也。《説文》：「誣，加也。」《廣雅・釋詁》同。《國語・周語》：「其刑矯誣。」韋昭注：「加誅無辜曰誣。」《後漢書・孔僖傳》：「凡言誹謗者，謂實無此事而虛加誣之也。」左氏襄八年《傳》正義：「不直言殺而云辟殺，明是加誣以罪而殺之。」《潛夫論・述赦篇》：「隱逸行士，淑人君子，爲讒佞利口所加誣。」《魏志・和洽傳》：「此言事者加誣大臣以誤主聽。」《晉刑法志》：「裴頠表陳律令云：『奴聽教加誣。』」歷考諸書，「加誣」二字，相連成文。凡言誣者，謂加乎其所本無，非減乎其所本有也。韋注「加誅無辜曰誣」，《一切經音訓》十二。引《國語》賈逵注正同，與孔僖所言亦合，當爲漢世解律之語，乃古義之廑存者。《呂覽・務本篇》：「今功伐甚薄，而所望厚誣也。」注：「以薄獲厚爲誣也。」以薄爲厚，亦必有所加，故謂之誣。《漢書・五行志》：「淮陽上書，寃博辭語增加。」顏注：「言博本爲石顯所寃，增加其語。」故陷罪凡陷害人者，語必增加，此其證也。戴震謂凡無實而虛加皆爲誣。殆亦就《説文》之説而引伸之。然則非有所加，不得稱誣矣。

此律證人之不言實情，有陷害者，有偏徇者，有顧慮者。陷害者以無爲有，以輕爲重，實情之中，必有所增加，謂之誣證是也。偏徇者以有爲無，以重爲輕，實情之中，必有所諱飾，謂之誣證，於古義已未盡合。若顧慮者不過不肯直言耳，以誣目之，更非古義。如此之類，實《明律》不及《唐律》之處。蓋文字中古義就亡，討論者鮮，矧法律之學尤屬無人問津者乎。近日之講東西各國刑法，皆譯爲「僞證」二字。僞對真言，無論爲陷害，爲偏徇，爲顧慮，其不説真話同也。不真即僞，是「僞證」二字視「誣證」二字之不合古義者爲允協矣。

論附加刑

金大定十五年，濟南尹梁肅上疏曰：「刑罰世輕世重。自漢文除肉刑，罪至徒者帶鐐居作，歲滿釋之。家無兼丁者，加杖準徒。今取遼季之法，徒一年者杖一百，是一罪二刑也。刑罰之重，於斯爲甚。今太平日久，當用中典，有司猶用重法，臣實痛之。自今徒罪之人，止居作，更不決杖。」不報。按今東西各國附加刑之法，即梁肅所議之一罪二刑也。

漢、魏以前有無一罪二刑之制，書缺有間，已無可考。六代宋時，劫竊黥頰斷筋，徙付遠州，不久旋廢。梁武帝時，髡鉗五歲刑笞二百，劫身降死，黵面髡鉗補冶鎖士。北齊刑罪五等加鞭。後周徒流加鞭笞。隋文時三流加杖。此皆一罪而併用二、三刑者。唐除鞭刑，無一罪二、三刑之科，律文具在，最爲可法。洎乎五季，刺配之法興。宋初又定折杖之法，徒流無不加杖。於是竊盜等犯，既刺字，又加杖，又遠配，一罪三刑，遂爲永制。金因於遼。元、明又因於宋。至於國朝，相沿用之，將垂千年。蓋習慣之法，未易除也。

近年既奏删刺字之法，徒流以上之加杖亦經奏删，所未除者，枷杖併用耳。近日又有奏删枷號之議，則梁肅所議者，庶乎可以免矣。今修訂新律，若仍行附加之法，是所謂一罪二刑者已除而仍復也，與近日輕刑之宗旨不能符合。東西各國學者方主張廢除此制，又何必復蹈故轍哉。或曰唐之加役流，非於流之外又加役乎？不知唐時流罪皆居作一年，加役流不過多二年耳。且唐之加役流，在隋時原係絞罪，太宗特創此制，由死罪減降，乃一代仁政，其宗旨正不同也。

論没收

東西各國刑法，有主刑，有附加刑，猶之中律徒流有加杖及刺字也。然必成其爲一種刑，關繫乎刑之輕重等差，而後可名之曰刑。若於輕重等差無所關繫，不過爲刑法上應有之事，即未得稱之爲刑，如附加刑之没收是也。

没收，即中律之没官，約有五項：一、彼此俱罪之贓。謂犯受財枉法、不枉法計贓，與、受同罪者。二、犯禁之物。謂如應禁兵器及禁書之類。凡法令所不應有，如私鹽、私茶之類亦是。此二項並載在律文，本於《唐律》者也。三、犯罪所用之物。如賊盜器械、私鑄作具、賭場賭具之類。卽窩娼、窩賭之房屋亦是。四犯罪孳生之物。如私鑄所出錢文，盜竊馬牛所生駒犢之類。五遺失宿藏之物，應送官而不送官者。證以日本刑法，第一項之受財，因犯罪而得之物也。第二項法律禁制之物也。第三項供犯罪用之物也。第四項犯罪行爲所生之物也。惟第五項日本刑法無没收之文。《唐律》宿藏物之異常者送官，闌遺者分還官、主，與今律亦不盡同。此入官，而與没官之律，意微有不同者也。

綜核以上各項，其没入之物，皆爲其人所不當有之物。或故違禁令，或不應還主，或無主可還。其没入也，於其人應得之罪名，毫無輕重之關繫。則謂之爲刑之一種，名實似不相符。此當平心討論之者。至若姦黨、謀反大逆、謀叛三律，並有財産入官之文。此等情節重大，非尋常之犯罪可比，尚存古來夷族之意，籍没亦非常刑。其他有虧欠官帑而查抄者，乃以私財抵完官款，非没官之比。又若客商匿税者，物貨入官，所以示罰。此又民事上事，非刑事上事，與没收之宗旨正不同也。

由犯罪而得之物，官物還官，私物還主，不止没官一項，亦當分别言之。

《唐律》若盜人所盜之物倍贓，亦没官。《疏議》云：「不可以贓資盜，故倍贓，亦没官。」今律無此項。倍贓之事，亦久難行矣。

寄簃文存卷三

說

死刑惟一說

廢止死刑之説，今喧騰於歐美各洲矣，而終未能一律實行者，政教之關繫也。惟死刑止用一項，則東西各國所同。第譯文簡略，其理説未之能詳。岡田博士之言則曰：「各國之中，廢止死刑者多矣。即不廢死刑者，亦皆採用一種之執行方法。今中國欲改良刑法，而於死刑猶認斬、絞二種，以抗世界之大勢，使他日刑法告成，外人讀此律者，必以爲依然野蠻未開之法，於利權收回、條約改正之事，生大阻礙也必矣。」又曰：「主張斬重絞輕者，恆謂斬者身首異處，故重，絞者身首不異處，故輕。然斬與絞同爲斷人生命之具，身首異處何以重？身首不異處何以輕？要亦不外中國古來之陋習迷信耳，非有正當之理由也。德國斬刑普通用斧執行，而於亞魯沙斯、盧連二州皆用斷頭臺。因二州前屬法國，卽用此制，歸德國後仍存舊習，非有輕重之差也。」又曰：「試問：中國刑法之分別於殺人罪，曾有因犯人用斬用絞之故，以重輕其處分之規定乎，於犯人犯罪之手段，則不問其用斬用絞，皆作爲同一價值，曾無輕重之分，獨於官刑，則斬重絞輕，是何理也？」

按岡田之説如此。前一層論勢，今日世界之情形固然。後二層論理，則未足折服學者之心也。斬、絞既有身首殊、不殊之分，其死狀之感情，實非毫無區別，略分輕重，與他事之迷信不同，遽斥謂非正當之理由，未可爲定論也。刑法乃國家懲戒之具，非私人報復之端，若欲就犯罪之手段以分刑法之輕重，是不過私人報復之心，而絶非國家懲戒之意，自古無此法律，乃以此爲對鏡之喻，實非其比也。且立法宗旨，一定不得兩歧，死刑既定爲一種，則通國中不當再有他種之死刑，何以各國軍律又有鎗斃之法？德國又有用斧及斷頭臺之異？同爲一國之法，而軍法可與常法殊，同爲一國之領土，彼此可行其習慣之法，則獨責中國死分斬、絞之非，中國豈首肯哉！今以鄙意推之。唐虞三代，死刑並稱大辟。《呂刑》正義曰：「辟，罪也。死是罪之大者，故謂死刑爲大辟。」即孔氏之説而尋繹其義，既以此爲罪之大者，自不能於其中再分等差。可見死刑止用一項，自古已然，不自近世也。周室死刑用斬，而《呂刑》言大辟疑赦，其罰千鍰，與墨辟之百鍰至宫辟之六百鍰分爲五等之輕重，而不復於千鍰中再分輕重，尤可見死罪之列於常刑者止有一等，無二等也。公族之磬於甸人，下卿之絞縊以戮誓馭之，車轘乃特別之法，不在五刑之内，與今日東西各國死罪或絞或斬止用一種而仍有鎗擊之法，正可互相參證。夫刑至於死，生命斷絶，亦至慘矣，若猶以爲輕，而更議其重，將必以一死爲未足而淫刑以逞，車裂、菹醢、炮烙、鐵梳種種慘毒之爲，有加無已，極其殘忍之性，胡所底止，更不止於北齊之四等，北周之五等矣。不仁之政，孰階之厲，謂非由於死刑之再分輕重哉！故古者五等常刑，死惟一等，明示限制，即不得再加。居今日而議行此法，乃復古，非徇今也。然則以死刑爲無輕重者，於事未得其實，而死刑不可再分輕重，其理固大可研求矣。

我朝開國之初，死刑用斬一項，最合古法。迨後採用明制，死刑遂多。自光緒三十一年，奏删凌遲、梟首、戮屍諸重刑，死刑中尚有斬、絞二項，當時論者頗慮刑之過輕，反逆、惡逆之犯，不足以昭懲創。近雖此説稍息，察之政治風俗，亦不因删除重刑之故，别有變端。然斬、絞二項中，再議删去一項，必至訾議鋒起，難遽實行。今擬定絞爲死刑之主刑，斬爲特别之刑，凡刑事内之情節重大者，酌立特别單行之法。其軍中之刑，亦以斬行之，不用鎗擊。嘗見一鎗擊者，凡發四十餘鎗而後氣絶，其慘甚於凌遲，非仁政也。即使此種鎗刑，必選擇精於用鎗者行之，可以一發即斃。然斬首者，首斷而氣即絶，其痛楚之時必短。鎗擊者，鎗中而氣未遽絶，其痛楚之時必長。以此相較，鎗擊不如斬首也。方今五洲交通，大非閉關自守之時，若與世界相抗，誠有如岡田之所慮者。然驟欲施行偏國中，先多阻滯，惟以漸進爲主義，庶衆論不至紛拏，而新法可以決定，亦事之次序本當如是，非依違也。至律例内凌遲、斬梟改爲斬決各條，分别酌定辦法如左。

律例内凌遲改斬決各條：

謀反及大逆，但共謀者。謀反大逆律。

按：此《刑律》中情節最重者，東西各國刑法亦無不處以死刑。事關内亂，已改斬決，不必再改。

糾衆行劫獄囚，持械拒殺官弁，爲首及爲從殺官之犯。劫囚例。

罪囚結夥反獄，持械拒殺官弁，起意爲首及爲從殺官之犯。獄囚脫監及反獄在逃例。

按：此二條乃比依謀反大逆問擬凌遲者。前條定於雍正年間，乃一時之峻法。後條定於乾隆五十三年，乃因有此等案件，酌照前條問擬，凌遲遂纂入例文也。劫囚而殺官，情節固重，然究非謀反大逆可比，凌遲緣坐，似乎太重。此等係屬亂民，可以軍法行之，已改斬決，不必再改。

已上三條乃關係反逆者。

謀殺祖父母、父母及期親尊長、外祖父母、夫之祖父母、父母，已殺者。謀殺祖父母父母律。

按：此倫常之變，罪大惡極，無過於是者。已改斬決，未便再改，當以特別法行之。

子孫毆祖父母、父母及妻妾毆夫之祖父母、父母，殺者。毆祖父母父母律。

子孫發掘祖父母、父母墳冢，不分首從，開棺見屍並毀棄屍骸者。發冢例。

按：已上二條與前同旨。已改斬決，不必再改。

妻妾改嫁，謀殺故夫祖父母、父母，已殺者。謀殺故夫父母律。

妻妾夫亡改嫁，毆故夫之祖父母、父母，殺者。妻妾毆故夫父母律。

按：已上二條，與見奉舅姑究有不同，義未絕而情則殊矣。似可改爲絞決。

愚民惑於風水，擅稱洗筋、檢筋名色，將已葬父母骸骨發掘檢視占驗吉凶者。發冢例。

按：此條僅止檢視，並非毀棄，而與毀棄同科。乾隆十一年初定此例，罪止斬候。今遽加至凌遲，似太懸絶。此等案向來少見，此條似可删除。

奴婢及雇工人謀殺家長及家長之期親、外祖父母，已殺者。謀殺祖父母父母律。

已上六條，皆關係倫常者。

按：奴婢雇工，尊卑名分攸關，律與子孫同科。近日議者多主張禁止買賣人口，如果實行，則奴婢一項，律内即應删除，良賤之名，亦難因仍其舊。第官紳大户不能無服役之人，奴婢可去，而雇工不能去。此等傭雇之人，良賤之名可去，而尊卑之分不可去。遇有相犯，自難概以平等同論，而與親屬之誼，究屬有間。似可將此項人犯改爲絞決。

奴婢毆殺家長者。若故殺家長之期親及外祖父母者。奴婢毆家長律。

雇工人故殺家長及家長之期親若外祖父母者。同上。

按：前二條如買賣人口之例，實行禁止，則在應删之列。後一條亦可改爲絞決，謀、故同也。

已上四條乃關繫主僕名分者。

妻妾因姦，同謀殺死親夫者。殺死姦夫律。

妻妾故殺夫。妻妾毆夫律。

按：謀殺夫，律本係凌遲，因姦情重，無可復加，故罪同也。夫爲妻綱，乃三綱之一，然夫之與妻，與君父之於臣子，微有不同。妻者齊也，有敵體之義，論情誼，初不若君父之尊嚴，論分際，亦不等君父之懸絶。西人男女平權之説，中國雖不可行，而衡情定罪，似應視君父略殺，庶爲平允。

此項似可改爲絞決，故殺同。妾則非妻可比，已改斬決，不必再改。

親屬相姦，罪止杖徒，及律應監候，如姦夫與姦婦商通謀死本夫者，姦婦。殺死姦夫律。

因姦同謀殺死親夫，本夫不知姦情，及雖知姦情而迫於姦夫之强悍不能報復並非有心縱容者，姦婦。同上。

按：此二條係用本律。總類另立爲二條，似可不必，皆可删。

妾故殺正妻。妻妾毆夫律。

妾因姦，商同姦夫謀殺正妻。殺死姦夫律。

按：並后匹嫡，爲亂之本，故嫡庶之分，古人嚴之，峻其防也。然妾與妻同事一夫，其愛昵之情無別，太示懸絶，未得爲平，似可改爲絞決。

聘定未婚妻因姦起意殺死本夫。殺死姦夫例。

童養未婚妻因姦謀殺本夫。同上。

按：未婚之妻與已婚不同，此二條未免過重。因其已有名分而不與凡人同科，庶乎平允，似皆可改爲絞決。

已上八條，乃關係夫妻及妻妾名分者。

弟妹故殺兄姊，若姪故殺伯叔父母、姑及外孫故殺外祖父母者。毆期親尊長律。

有服卑幼圖財謀殺尊長、尊屬罪應凌遲者，梟首。同上。

按：親誼之隆殺，《大傳》有上治祖禰，下治子孫，旁治昆弟之别。上治者，卽日本刑法所謂直系血族也，旁治則稍殺矣。親誼殺，則科罪亦當因之而殺，未便從同。弟妹之於兄姊，姪之於伯叔父母、姑，皆在旁治之列，若與干犯祖禰者無異，於隆殺之道，尚未盡協。外祖父母乃外姻之最尊者，然究由父母而推，與本宗有間。似皆可改爲絞決。

已上二條，乃關係期功服制者。

業儒弟子謀故殺受業師。毆受業師律。

按：弟子之於師，分誼尊而無服制，毆死者律已斬決，謀、故無可復加。若以並無服制之人而遽擬凌遲，究不甚妥，似可改爲絞決，以符律意。

此一條比依服制者。

殺一家非死罪三人，及支解人爲首者。殺一家三人律。

採生折割人，爲首者。採生折割人律。

按：此三項皆在十惡不道之列，兇忍殘賊，非尋常殺人者可比，應以特别法行之。已改斬決，不必再改。

本欲支解其人，行兇時勢力不遂，乃先殺訖，隨又支解者。殺一家三人例。

按：此以支解論者，乃定罪之例，非别一條也。

爲父報仇，因忿逞兇，臨時連殺一家三命者。殺一家三人例。

按：爲父報仇，情究可原，似不必與尋常殺一家三人者同論，可以改爲絞決。

本宗及外姻尊長謀占財產，圖襲官職，殺大功、小功、緦麻卑幼一家三人者。殺一家三人例。

按：以尊犯卑竟擬凌遲，究未甚妥。此條例文中多窒礙，《讀例存疑》論之詳矣。似可改爲絞決，庶乎平允。

發遣當差爲奴之犯殺死伊管主一家三人，并三人以上者。同上。

按：爲奴各例，現有刪除之議，將來如果實行，則此條自在刪除之列。

以上七條，乃關係十惡不道者。

以上凡三十三條，皆現行律例。其中可以刪除者七條，可改絞決者十五條，餘十一條内，三條係反逆，五條係惡逆，三條係不道，並是十惡中之情節最重者，已改斬決，不必再改。

已刪例二：

兩犯凌遲重罪者，於處決時加割刀數。二罪俱發以重論例。

殺一家非死罪三、四命以上者。殺一家三人例。

光緒三十一年奏刪。

應刪例三：

殺一家非死罪三人，及支解人爲首，監故者仍割碎死屍，梟示。殺一家三人例。

强姦本宗緦麻以上親及緦麻以上親之妻未成，將姦婦殺死者，分别服制，罪應凌遲者，梟示。威逼人致死例。

子孫毆祖父母、父母，案件審明，奏請斬決後，如其祖父母、父母因傷身死，將該犯戮屍示衆。毆祖父母父母例。

按：梟首之法已奏准删除，則此三條並在應删之列。

律例斬梟改斬決各條：

豪强鹽徒聚衆至十人以上，撑駕大船，張掛旗號，擅用兵仗響器拒敵官兵，若殺人及傷三人以上，爲首者。鹽法例。

按：此條係比照强盜已行得財律殺人斬梟强盜例也。傷三人以上，亦擬斬梟，視强盜更重矣。殺人者已改斬決，不必再改。傷人者可改絞決，以示區别。

直省刁民假地方公事强行出頭，鬨堂塞署，逞兇毆官，爲首者。激變良民例。

按：此等聚衆毆官之事，由于官吏激變者半，由于莠民乘機生事者亦半。如果事由激變，卽至逞兇毆官，其情亦必有可原之處，斬決亦嫌過重。若係莠民滋事，則亂民也。亦當分别觀之。前一層可改絞候，後一層可改絞決。

强盜殺人，放火燒人房屋，姦污人妻女，打劫牢獄倉庫及干係城池衙門，並積至百人以上者，不分曾否得財。

響馬强盜。

江洋大盜。

粤東内河行劫夥衆四十人以上，或雖不及四十人而有拜會結盟，拒傷事主，奪犯傷差，假冒職官，或行劫三次以上，或脱逃二三年後就獲，各犯應行斬決者。

捕役及汛兵、營兵爲盜，起意爲首者，爲從情節重大非尋常行劫可比者。

巡幸之處，匪徒偷竊拒捕殺死官弁兵丁者。

廣東、廣西二省盜犯行劫後因贓不滿慾，將事主人等捉回勒贖者，爲首之犯。

京城、大宛兩縣並五城所屬地方盜案。以上並强盜例。

按：此八條皆强盜之情重者。尋常盜犯已改絞決，則此等改爲斬決，尚不爲重。俟將來强盜之律能否改輕，再議。

已删例五：

爬越入城行劫罪應斬決者。

盜犯明知官帑，糾夥行劫，但經得財，爲首及上盜者。

洋盜案内接贓瞭望之犯。

行劫漕船盜犯。

川省差役埽通之案，如有擄掠人口，燒毁房屋，並拒捕及殺傷人口情事。以上並强盜例。

光緒三十一年奏删。

章程一

强劫及竊盜臨時行强，並結夥十人以上搶奪之案，但有一人執持鳥鎗、洋鎗在場者，不論曾否傷人，不分首從。

按：此條係光緒十三年新章。嗣逢恩詔，即改歸舊例，不加梟示。並聲明事犯在赦後者，仍照新章，俟數年後盜風稍息，再行歸復舊制。是此係暫行章程，可以删除。

糾衆行劫在獄罪囚，持械拒殺官弁，下手幫毆有傷者。

若拒傷官弁及殺死役卒，爲首並豫謀助毆之夥犯。劫囚例。

按：此二項較之拒殺官弁爲首及爲從殺官者情節爲輕，可以改爲絞決。

黔、楚紅苗彼此讐忿搶奪，聚至百人以上，殺人爲首者。白晝搶奪例。

苗人聚衆至百人以上，燒村劫殺，搶擄婦女，造意首惡之人。同上。

按：聚衆至百人以上即屬亂民，已改斬決，不必再改。

大江洋海出哨官弁兵丁，遇商船遭風及著淺，尚不致覆溺，不爲救護，及搶取財物拆毁船隻者，不分首從。

凶惡之徒明知事犯重罪，在外洋無人處所，故將商人全殺滅口，圖絶告發，但係同謀者。白晝搶奪例。

按：此用軍法者。

已删例四：

臺灣盜劫之案，罪應斬決者。他如聚衆散劄豎旗，妄布邪言云云等案內，造意爲首罪應立決者。

川省匪徒云云，在場市搶劫，拒捕奪犯，殺傷兵役並事主及在場之人者，首犯。

川省匪徒云云，在野攔搶，殺人奪犯傷差，爲首之犯。

奉天匪徒執持鳥鎗搶奪者，不分首從。以上並白晝搶奪例。

光緒三十一年奏刪。

廣東省匪徒打單拒捕殺人者。

捉人勒贖之案，如有聚衆拒殺兵役，本罪已至斬決者。以上並恐嚇取財例。

按：此等可以亂民概之。

已刪例一：

貴州及雲南、四川地方有外來流棍勾通本地棍徒，將荒村居住民苗人户殺害人命，擄其婦人子女，**計圖販賣**，不分首從。略人略賣人例。

光緒三十一年奏刪。

奴婢雇工人發掘家長墳冢，開棺槨見屍，爲首者。毁棄撇撒死屍者，不分首從。

發掘貝勒、貝子、公、夫人等並歷代帝王陵寢，及《會典》内有從祀名位之先賢、名臣，並前代分藩承**襲親王墳墓**，開棺槨見屍，爲首者。以上並發冢例。

按：本律僅止絞候，而條例加至斬梟，無乃過重。此二條改絞決可矣。

無籍之徒引賊劫掠，以復私讐，探報消息，致賊逃竄者。盜賊窩主例。

按：此可依强盜法。

職官窩藏竊盜、强盜，罪應斬決者。同上。

按：此等案件似可照窩藏通例，不必因職官而加重。此例可删。

謀殺幼孩，若係圖財，或有因姦情事。謀殺人例。

按：此條本係律外加重，新章斬決改爲絞決，已與尋常謀殺不同，似可不必再加此二層，竟可删去。

有服卑幼圖財謀殺尊屬尊長，罪應斬決者。同上。

按：不明罪止之義，於是律文之外紛紛議加，非法律也。此等例文竟可删去。

船户、店家圖財害命，爲首者。同上。

按：此可依强盜法。

已删例二：

苗人圖財害命者。

臺灣等處商船圖財害命者。以上並謀殺人例。

光緒三十一年奏删。

姦夫起意商同姦婦謀殺本夫，復殺死姦婦期親以上尊長者。姦夫聽從姦婦並糾其子謀殺本夫，陷人母子均罹寸磔者，姦夫擬斬立決，若係姦夫起意，加擬梟示。

按：此例似亦可删，律外加重也。

殺一家非死罪二人，及殺三人而非一家，内二人仍係一家者。

殺死一家三命，分均卑幼，内有一人按服制應同凡論者。

謀、故殺緦麻尊長一家二命者。

誤殺一家三命以上者。

殺死人命罪干斬決之犯，如有將屍身支解情節凶殘者。以上並殺一家三人例。

按：殺一家三人，在十惡不道之列，專指凡人之非死罪者言，故定律獨重。若不及三人，及三人非一家，概行加重，豈律意哉？即卑幼一家三命，亦與凡人不同。殺指謀、故，誤殺亦非其比。事後支解，亦與蓄意支解者有間。此五條似皆可删。第二項中多窒礙，《讀例存疑》言之詳矣。

廣東等六省糾衆械鬭，四十人以上，致斃彼造十命以上，或不及四十人，而致斃彼造二十命以上，首犯。鬭毆及故殺人例。

按：械鬭之案，非尋常鬭毆可比，然擬以絞決可矣。此等私鬭之事，與强盜等項匪徒究不同也。

强姦已成，將本婦殺死者。威逼人致死例。

按：此條似可改爲絞決。此等情節雖重，而究止關乎一人之生命。

强姦本宗緦麻以上親及緦麻以上親之妻未成，將本婦殺死，分别服制，罪應斬決者。同上。

按：此例頗有窒礙，説詳《讀例存疑》。不如仍用本律，斬決照章改絞決，庶免參差。此項人犯强姦已成者，例無明文，若依罪止之義，亦無可加重也。

賊犯遺落火煤，或然燒門櫝板壁，或用火煤照亮，致火起延燒，不期燒斃事主一家三命以上者。同上。

按：此非出於有心，似可改爲絞決，庶有區別。英、美刑法非出於有心者無處死之法，中律尚難照辦。

輪姦良人婦女已成，殺死本婦者，首犯。犯姦例。

按：此等匪犯惡於强盜，已改斬決，不必再改。

已删例一：

川省嘓匪有犯輪姦殺死人命者。犯姦例。

光緒三十一年奏删。

故燒各邊倉場係官錢糧草束者。放火故燒人房屋例。

按：此明代舊例，事關邊防，故用軍法。今各邊並無此等草場，無關引用，可以删除。至别項關於邊防之物甚多，既爲舊例所未言，即可别定律文，不必比依舊法也。

挾仇放火，致死一家三命以上者，首犯。同上。

按：此指並非有心殺人者言，似可改爲絞決。

圖財放火殺傷人。　有因焚壓致死者，爲首之人。同上。

按：圖財放火，《唐律》所謂先强後盜也。既以强盜論，則概用强盜法可。

罪囚結夥反獄，拒殺官弁，下手幫毆有傷者。　若拒傷官弁，殺死役卒，爲首並豫謀助毆爲從者。獄囚脱監及反獄在逃例。

按：此條依劫囚例，即用劫囚法。

已删例一：

殺人盜犯及未殺人之首盜，與傷人之夥盜，原擬斬梟及斬決，若越獄脱逃被獲者。　若因越獄殺傷兵役者。　其從部發遣，在途脱逃，殺傷兵役者。同上。

光緒三十一年奏删。

按：以上斬梟條例，除已經删除之十四條外，尚存四十三條，其中可以删除者十一條，可改絞者十條，又一項。餘十八條姑仍其舊，仍以斬決行之。

三十一年奏請删除凌遲等項重法，原議斬梟各條亦改絞決。經樞廷以斬梟各條情節較重，與凌遲各條俱改斬決，奉旨遵行未及三年，不便遽生他議。故但就現在情形酌定辦法如右，將來修纂新律，仍應逐條酌定去留，一律改爲絞決。惟大江洋海出哨官弁兵丁一條當用軍法，應否列入律內，抑别入陸海軍刑法之内，再酌。

再醮婦主婚人説

孀婦再醮，例所不禁，而應由何人主婚，説者不一。居喪嫁娶例載：「孀婦自願改嫁，翁姑人等主婚，而母家統衆搶奪，杖八十；夫家並無例應主婚之人，母家主婚改嫁，而夫家疏遠親屬强搶者，罪亦如之」等語。」此例定于乾隆初年。自此例行後，孀婦應由翁姑人等主婚，必夫家無例應主婚之人，方許母家主婚改嫁，遵循已久。惟夫家翁姑之外，何者爲應主婚之人？何者爲不應主婚之人？例無明文引斷，殊鮮依據，説者頗議此例之未盡善也。

考《明律箋釋》云：「夫族無醮婦之義，故律不言，其有犯者，亦當坐。非女之祖父母、父母，强嫁之罪，若利其有而逼逐强嫁者，尤當從重論。」此謂夫家之人不應爲孀婦主婚也。《輯注》：「夫族無醮婦，禮也。然例順人情，以祖父母、父母得以專制子孫之婦，若必拘以夫族無醮婦之禮，恐啟争競之端，故居喪嫁娶條内明立翁姑主婚之文，此所以順人情也。而夫族無醮婦之説，存而勿論可也。」又《舊説》云：「鄉野愚民，惟利是視，往往有婦女夫亡，母家、夫家視爲奇貨，互相争奪改嫁者。然在母家，於伊女出閣之時業已受過財禮，迨既經出嫁，即爲他家之婦，如遇夫亡改嫁，自應夫家主婚受財，而非母家所得復行主持矣。是以居喪嫁娶條例内，孀婦自願改嫁，翁姑人等主婚受財，而女家統衆强搶者，杖八十。視此，則孀婦改嫁，應聽夫家主婚受財，已有定例。且今各省府州縣衙門，遇有孀婦改嫁，呈控有案，幾曾有斷令母家主婚者？若謂夫族無醮婦之禮，則夫族豈肯甘心，勢必致瞞背母家，私自許嫁，而母家又得藉爲例應主婚，小則搶奪爭毆，大則釀成人命，訟獄從此滋繁矣。古禮不行於今者甚多，此說斷不可依從也。」此二說謂夫家可以主婚，而不必拘拘於夫族無醮婦之義也。《會典》康熙十二年題准：「凡婦人夫亡之後，願守節者聽；欲改嫁者，母家給還財禮，准其領回。」《律例通考》云：「孀婦改嫁，事所恆有，母家、夫家恆致爭奪滋訟，自應補纂，列爲例款，以昭劃一。」《讀例存疑》謂《會典》此條，修例未經纂入，自係疏漏。此本《會典》爲說，主婚應歸母家，與《箋釋》之說相合者也。

按再醮婦主婚人夫家、母家，說各不同，莫衷一是。竊謂空閨孤守，其事甚難，古人制禮必本人情，萬無拂人情而强以所難者。故再醮之事，北宋以前，不獨世家大族亦行之，卽公主亦有再醮者，漢、唐最多。宋秦國大長公主初適米福德，再適高懷德。榮德帝姬，初適曹晟，再適習古國王。見于史册，不以爲恥。《宋史·汝南王允讓傳》：「爲大宗正，奏『宗婦年少喪夫，雖無子，不許嫁非人情，請除其例。』」范文正公之子婦，先嫁純禮，後適王陶。其所立義莊，有給孀婦改嫁之費。此孀婦改嫁夫家主婚之明證。不獨其時風俗如是，亦必夫家不醮婦之說尚無明文也。況其中更有子女皆無，青年可憫，衣食不給，凍餒堪虞者，翁姑人等，於此或情所不忍，或勢所難全，往往有泣涕而遣嫁者焉，則又不盡關乎風俗矣。試又略風俗而進推其理。婦人有三從之義，未嫁從父，既嫁則從夫從子，夫卽亡没，終屬夫家之人，若夫家不願嫁，母家勢不能强之嫁也。是其權在夫家，不在母家也。《晉書·刑法志》：「主簿程咸議：『緣坐之法，謂在室之女，從父母之誅，既醮之婦，從夫家之罰。』」當時事獲施行，後世纂入律內。夫罰從夫家，則其他之關涉應從夫家，其義一也。是主婚之當歸夫家，其理甚明。《輯注》等所言，但論及事勢之利害而已，尚未深究及此也。

然則今現行夫家主婚之例，豈可遽議其未善乎？特天下事不可執一而論，此項主婚人，亦有不能不由母家者。七出之條，所以全親親之誼，故古者出妻之事最多。今其事雖已絶無僅有，而出妻之律尚列在《婚姻門》內，此等去婦，必歸母家。此當由母家主婚者，一也。或者翁姑早没，夫又云亡，夫家並無至近親屬可以主婚，而母家則父母猶存，或有至近親屬，自不能不聽之母家。此當由母家主婚者，又其一也。更有婦在夫家，素爲翁姑所不喜，親屬又多不睦，夫亡之後，形單影隻，凌逼難堪，不得已而避居母家，夫家亦不復顧問。此等婦人，若仍由夫家主婚，諸多阻礙，不若由母家主婚之爲妥協。此以情勢論之而當由母家主婚者，又其一也。《會典》所稱由母家領回改嫁，當指此等婦女而言。然則《會典》與例文正當參酌而行之，未可偏廢矣。

或曰，如夫家、母家俱無例應主婚人，則奈何？曰此律所謂身自嫁娶者也。夫家之翁姑，母家之父母以及至近親屬皆無其人，則身自改嫁者，亦事所常有。若在喪服已滿之後，即爲例所不禁。此所當別論者。至例內所稱例應主婚人，別無明文，自當仍以律文爲斷。律云，凡嫁娶違律，若由男女之祖父母、父母、伯叔父母、姑、兄姊及外祖父母主婚者，獨坐主婚。男女不坐。餘親主婚者，餘親謂期親、卑幼及大功以下尊長、卑幼主婚者。事由主婚，主婚爲首，男女爲從；事由男女，男女爲首，主婚爲從，等語。是律以有服、無服爲判。有服者並無例應主婚之人，無服者卽爲疏遠親屬。以此引斷，尚非無所依據。若謂餘親下及功、緦、卑幼，限斷太寬，則律內餘親本與祖父母、父母等不同，可以量爲區別。夫家如有祖父母、父母等，由夫家主婚。如無祖父母、父母等，而但有餘親，母家有祖父母、父母等，卽由母家主婚。母家如亦無祖父母、父母等，而但有餘親，則仍由夫家。於彼此之間，稍示親疏之別，似於律意，尚不至抵捂。以夫家之餘親與母家之祖父母、父母等相較，則此疏而彼親也。

惟《會典》所稱財禮一層，則宜加討論。財禮云者，卽六禮之納采、納幣，乃聘女之物，非以貿女也。世俗不明此義，往往因争奪財禮，致啟衅端。此等惡俗，猝難變革。《會典》云給還財禮，亦就風俗之習慣起見。律內亦有追還財禮之文。第追還財禮，乃指違律爲婚者言。若夫亡改嫁而必給還財禮，是直以財禮爲貿女之物，殊與禮意不合。故論習俗，則此層萬不可删；論學理，則此層萬不可存。例文不言財禮之還否，蓋已不用此旨。此固宜加討論而不可忽者也。

變通異姓爲嗣說

唐《户令》："無子者聽養同宗於昭穆相當者。"《唐律》："卽養異姓男者徒一年，與者笞五十。"《疏議》曰："異姓之男，本非族類，違法收養，故徒一年，違法與者，得笞五十。"《明律》："其乞養異姓義子以亂宗族者杖六十，若以子與異姓人爲嗣者罪同，其子歸宗。"卽本於《唐律》而罪名稍改從輕。今《律》承之。此異姓亂宗之禁，自唐以來，並於律內著有明文。蓋古人最重宗法，嗣異姓則宗法紊，是以必嚴其辨。今宗法久已不行，惟此亂宗之禁，守之尚嚴，亦告朔餼羊之意也。

竊嘗以意推之。同宗一族，血脈相連，卽遠至親盡無服之人，亦皆祖宗一脈之所分注，相與嗣續，自無間然。若尋常異姓，族類既殊，聽其嗣續，則血脈不能相屬，而宗系絶矣，律之所以必嚴其禁也。設使爲異姓親屬之人，情誼素來親密，雖事由人合，與同宗一族之以天合者似屬有間，而血脈究亦相通，絶非尋常異姓之人可比。譬諸花木，同根一本，出於天然，其氣脈自相貫注。若移花接木，有能生活者，有不能生活者，其所以移之接之而遂能生活，必其氣脈之隱隱相類者也。然則尋常異姓，誠不可亂宗，若異姓而爲至近之親屬，似亦不妨變通矣。《漢書·惠帝紀》：「内外公孫。」注應劭曰：「内外公孫，謂王侯内外孫也。内外孫有骨血屬婕。師古曰：婕音連。」此血脈相通之義，古人已言之。《魏志·武帝紀》：「建安七年，令曰：『吾起義兵，爲天下除暴亂。舊土人民，死喪略盡，國中終日行，不見所識，使吾悽愴傷懷。其舉義兵已來，將士絶無後者，求其親戚以後之，授土田，官給耕牛，置學師以教之。爲存者立廟，使祀其先人，魂而有靈，吾百年之後何恨哉。』」此古時親戚爲後，見於教令者也。又魏陳矯本劉氏子，出嗣舅氏吴。朱然本姓施，以姊子爲朱後。見於史册，不以爲非。本朝大臣中有陸費瑔，近日史館中有許鄧起樞，並以二姓兼稱。其他之以異姓親屬爲嗣者，更難僂指數。此亦風俗之習慣，不能遽禁者也。

查《户部則例》户口繼嗣門例載：「旗人無子者，許立同宗昭穆相當之姪承繼。先儘同父周親，次及大功、小功、緦麻。如俱無，方許擇立遠房同宗。如實無昭穆相當之人，準繼異姓親屬，取具參佐及族長、族人、生父列名畫押印甘各結，送部準其承繼。如有抱養民間子弟、户下家奴子孫爲嗣，或實有同宗而繼異姓者，均按律治罪，等語。」此條係乾隆五年户部奏準旗人專例。《中樞政考》亦有此條，其文與《户例》大致相符。是異姓親屬旗人本有準其過繼明文，但不得抱養民間子弟及以家奴子孫爲嗣耳。刑部有舊例一條云：「八旗有無嗣之人，請繼立異姓親屬爲嗣者，務令該旗取具兩姓情願甘結，並各該管官參佐領等及族長保結，送部存案，以杜占奪財産之端。如無兩姓情願甘結，不準繼立。」係雍正十二年定例。後於乾隆三年删除。可見雍正以前，旗人立繼之法甚寬。乾隆三年，又定旗人義子繼後之例，後於嘉慶六年删除。視雍正例尤寬。

迨五年户部定例之後，刑部亦纂定一條云：「凡八旗無嗣之人，如無同宗及遠近族人昭穆相當可繼爲嗣者，除户下家奴、民間子弟雖與另户旗人分屬至親不準承繼外，其有另户親屬情願過繼者，取具兩姓族長人等並該參佐領印甘各結，咨部準其繼立。儻實有同宗可繼爲嗣，捏稱並無族人，朦混繼立異姓者，仍按律治罪，等語。」則親屬以另户爲限，已較舊例爲嚴。迨五十三年，又定紊亂旗籍之例，而辦法更嚴。然其例内前一節云「詐冒抱養民間子弟、户下家奴子孫爲嗣紊亂旗籍」，後一節云「若有冒支錢糧情事，毋論所繼者係屬異姓旗人、民間子弟、户下家奴，悉照冒支軍糧律從重科斷」，而異姓親屬一層，並未聲明不準繼立。故户、兵二部之例，至今尚存，與刑部之例並行不悖。蓋異姓親屬彼此均係旗人，所謂情誼親密，血脈相通者也，不獨與民間子弟、家奴子孫不同，並與旗人之異姓而非親屬者不同。論其服制，則或爲母之兄弟，母之姊妹，皆小功也。或爲己之姊妹及同堂姊妹在室期功出嫁，功緦也。或爲妻兄弟之子，於妻則大功也。論其情誼，則或朝夕往來，或自幼團聚，視遠房同宗之無服者爲親密也。

現在編纂嗣續法，承繼一事，可否略爲變通。凡異姓親屬之有服制者，準其承繼爲嗣，其無服制仍不準承繼，以示限制。證諸户、兵二部之則例，既有舊法可遵，即無慮悖乎中國之禮教。而推之民間風俗，其以親屬承繼者，又爲習慣之事，必不至窒礙難行也。薛氏《讀例存疑》云：「以民人而論，如有孤單零户，本宗及遠房無人可以承繼者，取外姓親屬之人承繼，似亦可行。古來名人以異姓承繼者不知凡幾，亦王道本乎人情之意也。」蓋已有此説，今就其説而推衍之如此，以爲共相討論之助。

誤與過失分別説

誤與過失，古人每不分別。《大禹謨》：「宥過無大。」孔傳：「過誤所犯，雖大必宥。」以過、誤並言，此不分別者也。《舜典》：「眚災肆赦。」孔傳：「眚，過。災，害。肆，緩。過而有害，當緩赦之。」疏：「《春秋》言肆眚者，皆謂緩縱過失之人。是肆爲緩也，眚爲過也。過而有害，雖據狀合罪，而原心非故如此者，當緩赦之。小則恕之，大則宥之。」《康誥》：「乃有大罪，非終，乃惟眚災，適爾，既道極厥辜，時乃不可殺。」疏：「若人乃有大罪，非終行之，乃惟過誤爲之，以此故，汝當盡斷獄之道，以窮極其罪，是人所犯，乃不可以殺，當以罰宥論之，以誤故也。」觀《康誥》此節，亦即本于《舜典》及《大禹謨》之意，並專指過失而言。孔疏先言過誤，後言誤，則過與誤未免混淆。《周禮·司刺》：「壹宥曰不識，再宥曰過失，三宥曰遺忘。」鄭司農云：「過失若今律過失殺人不坐死。」玄謂：「識，審也。不審，若今仇讐當報甲，見乙，誠以爲甲而殺之者。過失，若舉刃欲斫伐而軼中人者。」疏：「假令兄甲是仇人，見弟乙，誠以爲是兄甲，錯殺之，是不審也。」康成此注將二者分而爲二。《調人》：「凡過而殺傷人者。」注：「過，無本意也。」是康成以不審爲誤，非本意爲過失，義各不同。張斐《律注表》：「不意誤犯謂之過失。」又云：「過失似賊，戲似鬭，鬭而殺傷旁人，又似誤。」其「不意」二字，卽本諸康成之非本意，而又加以「誤犯」二字，於是二者又混合難分。鬭而殺傷旁人正是誤，而以「似誤」設爲疑詞，可見其誤與過失不知分別。《晉律》中或亦無誤殺傷專條也。

《唐律》：「諸鬭毆而誤殺傷旁人者以鬭殺傷論，至死者減一等。」疏議曰：「鬭毆而誤殺傷旁人者，假如甲共乙鬭，甲用刃杖欲擊之，誤中於丙，或死或傷者，以鬭殺傷論。不從過失者，以其元有害心，故各依鬭法。至死者減一等，流三千里。」又「諸過失殺傷人者，各依其狀，以贖論。」《律》注謂「耳目所不及，思慮所不到，共舉重物力所不制，若乘高履危足跌及因擊禽獸以致殺傷之屬皆是。」《疏議》曰：「假有投甎石及彈射，耳不聞人聲，目不見人出而致殺傷，其思慮所不到者，謂本是幽僻之所，其處不應有人，投瓦及石，誤有殺傷。或共舉重物而力所不制，或共升高險而足蹉跌，或因擊禽獸而誤殺傷人者，如此之類，皆爲過失。稱之屬者，謂若共捕盜賊誤殺傷旁人之類皆是。」據《疏議》所言，於二者之分別，最爲分曉。一則元有害心，一則初無惡意，判然不同耳。「目所不及，思慮所不到」二語，亦卽從「非本意」三字紬繹而出。漢人語簡質，至唐則詳明耳。自是之後，歷代遵循，莫之或改。

今東西各國律文，有過失而無誤，推其用意，蓋亦以誤殺者元有害心，故無論其所殺者係所欲殺之人，或非所欲殺之人，其害之事已成，難以末減。《唐律》以鬭殺傷論，亦卽此意。《唐律》至死得減一等，究以其所殺者非其本欲殺之人。東西律傷害人者本無死罪，與《唐律》亦不甚懸殊。審判官按其情節，亦可酌量減輕，此則在用律者之運用得宜矣。

官司出入人罪唐明律比較説

《漢書·功臣表》：「新時侯趙弟，太始三年，坐爲太常鞫獄不實，入錢百萬贖死而完爲城旦。」晉灼注：「律説出罪爲故縱，入罪爲故不直。」此卽唐、明《律》之官司出入人罪也。此《表》言贖死，則本應科以死罪。《張敞傳》：「臣敞賊殺無辜，鞫獄故不直，雖伏明法，死無所恨。」此亦死罪之證也。《功臣表》：「商利侯王山壽，元康元年，坐爲代郡太守，故劾十人罪不直，免。」則僅止免侯，與趙弟罪名相去懸殊。《漢律》久亡，其如何區别，不可得而詳矣。

《唐律》、《明律》其法不同，今試取而比較之。

《唐律》「官司出入人罪」條：「諸官司入人罪者，若入全罪，以全罪論。從輕入重，以所剩論。刑名易者，從笞入杖，從徒入流，亦以所剩論。從徒入流者，三流同比徒一年爲剩。卽從近流而入遠流者，同比徒半年爲剩。若入加役流者，各計加役年爲剩。從笞杖入徒流，從徒流入死罪，亦以全罪論。其出罪者各如之。卽斷罪失於入者，各減三等。失於出者，各減五等。若未決放而還獲，若囚自死，各聽減一等。」《疏議》曰：「假有從笞十入三十，卽剩入笞二十，從徒一年入一年半，卽剩入半年徒，所入官司，各得笞二十及半年徒之罪。此從笞入笞以所剩笞數抵罪，從徒入徒以所剩徒年抵罪也。」又曰：「從笞入杖，亦得所剩之罪。此從笞入杖，以所剩杖數抵罪也。」從杖入杖准此。從徒入徒見前。又曰：「注云，三流同比徒一年爲剩，謂從徒三年入流二千里，或二千五百里，或流三千里，遠近雖異，俱曰流刑。至於配所役身，三流同有一年居作，故從徒入流，三流同比徒一年爲剩。卽從近流二千里入至二千五百里，或入至三千里者，同比徒半年爲剩。若從三流入至加役流者，各計加役年爲剩。但入加役流者，加常流役二年，將加役二年以爲剩罪。假有囚犯一年徒坐，官司故入至加役流，卽從一年至三年，是剩入二年徒罪，從徒三年入至三流，卽三流同比徒一年爲剩，加役流復剩二年，卽是剩五年徒坐。」此從徒入流者，以流比徒，合計徒年，以所剩徒年抵罪也。其從近流入遠流及加役流者，亦以流比徒，合計徒年，《疏議》語見上。以所剩徒年抵罪也。凡此，皆律所謂以所剩論者也。若從笞杖入徒流，從徒流入死罪，則以全罪論，而不以所剩論。《疏議》曰：「假有從百杖入徒一年，卽是全入一年徒坐。」此其比也。其從重出輕者，或以所剩論，或以全罪論，亦如從輕入重之法。至失入失出之減等，《疏議》謂：「假有從笞失入百杖，於所剩罪上減三等。若入至徒一年，卽同入全罪之法。於徒上減三等，合杖八十之類。失於出者，各減五等。假有失出死罪者，減五等合徒一年半。失出加役流亦準此，三流同爲一減，減五等合徒一年之類。」此失入失出之減法，亦與增輕作重同也。又《疏議》問曰：「有人本犯加役流出爲一年徒坐，放而還，獲減一等，合得何罪？」答曰：「全出加役流，官司合得全罪，放而還獲減一等，合徒五年。今從加役流出爲一年徒坐，計有五年剩罪。放而還獲減一等，若依徒法減一等，仍合四年半徒。既是剩罪，不可重於全出之坐，舉重明輕，止合三年徒罪。」此又減罪從流減徒，不從徒減徒之法。此唐法之大凡也。

《明律》「官司出入人罪」條小注：「若增輕作重，入至徒罪者，每徒一等折杖二十；入至流罪者，每流一等，折徒半年。」《瑣言》云：「若增輕作重，入徒罪者，每徒一等，折杖二十。如人應笞二十，增至杖七十徒一年半，則以二等之徒折杖四十，併入五徒原包杖一百，通作一百四十，於內出去應笞二十，合坐官司剩杖一百二十，全決之也。若入流罪者，每流一等，折徒半年。如其人應杖六十，增至杖一百流三千里，則以三等之流折徒一年半，先於三流原包五徒，通折杖之內除去杖六十，合坐官司杖一百四十徒一年半。其流折徒不折杖矣。自來説者謂五徒原包杖一百，故折徒爲杖。三流原包五徒之杖二百，故折流爲徒，又折爲杖。其折算法：杖一百流三千里，折杖二百徒一年半；杖一百流二千五百里，折杖二百徒一年；杖一百流二千里，折杖二百徒半年；杖一百徒三年，折杖二百；杖九十徒二年半，折杖一百八十；杖八十徒二年，折杖一百六十；杖七十徒一年半，折杖一百四十；杖六十徒一年，折杖一百二十。其除法：笞杖與笞杖相除，各按數除之；笞杖與徒相除，以徒折杖除之；徒與徒相除，各以徒折杖除之；笞杖與流相除，以流折徒杖除之；徒與流相除，以徒折杖，以流折徒杖除之；流與流相除，各以流折徒除之。」此明法之大凡也。

明法本於唐，特刑制與唐稍有不同，故此法亦不能盡同。唐三流各有徒役一年，又加役流加徒役二年。明徒、流並有加杖，而三流無一年之徒役，加役流但存誣告人死罪未決一條，不列五刑之內。其不同者如此。唐三流同比徒一年，加役流以二年爲剩罪，五徒仍按等計算，其法簡而易知。明以徒折杖，每徒一等，折杖二十；以流折徒，每流一等，折徒半年。而又有流罪折杖之法，三流原杖總皆一百，流二千里者較徒三年加一等，徒三年折杖一百，則流二千里應折杖一百二十，合之原杖得二百二十；流二千五百里又加一等，折杖一百四十，合之原杖得二百四十；流三千里又加一等，折杖一百六十，合之原杖得二百六十。其法繁而難曉。

唐三流同比徒一年，從二千里入二千五百里及三千里，並以半年爲剩罪，其等差稍涉含糊，此唐之疏也。明徒、流並折爲杖，與笞杖通而爲一，故折算、除皆無絲毫之參差，此明之密也。

唐三流一年爲剩罪，加役流二年爲剩罪，以其本有一年、二年之徒役；近流入遠流，半年爲剩，以五徒本以半年爲一等也。此唐法之皆有依據者也。明徒流折杖之法不知本於何條？謂本於徒流之加杖，則與加杖之數不相符。謂徒流原包杖數，則律内並無明文。謂徒起於杖一百之後，原以二十杖爲一等，故徒一等折杖二十，此注釋家之説，其意蓋以徒重於杖，故倍加爲一等，而流重於徒何以又不倍加也？此明法之出於一方之見解而非全有依據者也。

更即其輕重而比較之。笞杖入徒流，徒流入死罪，其故入者唐以全罪論，明以剩罪論。此輕重之顯異者，可勿論。笞杖與笞杖相除，明與唐不異。流與流相除，惟二千里入三千里，乃明之重于唐者，若二千里入二千五百里，或二千五百里入三千里，明與唐亦不異。惟唐法失入減三等，失出減五等，明亦從之，而又分吏典、首領、佐貳、長官爲四等。於是長官失入，得統減六等，失出，得統減八等。假如失增杖百至死，唐法徒二年半，明法吏典杖八十，首領六十，佐貳笞四十，長官笞二十；其未決者，吏典杖六十，首領笞四十，佐貳二十，長官減盡無科。又如失增徒一年或一年半或二年至死，唐法並徒二年半，明法徒一年者，佐貳已減盡無科，一年半者，首領已減盡無科，徒二年者，吏典笞二十，首領以上無科；未決，則吏典亦無科。其失增徒二年半至死，則吏典已上並無科。此唐重明輕，其相懸殊也如此。

夫人命至重，以罪不至死之人而妄罹死罪，豈尋常疏忽可比？而原問官司或僅問杖笞，或竟無一人問罪，揆諸情理，豈得爲平？況從笞入杖，明法亦與唐同，失增笞一十、二十、三十至杖百者，長官尚有應科之罪，而失增至死，立法反如此之寬，兩兩相形，實未允當。其他之唐重明輕，非止一端，姑不贅論。

夫明之定此法也，必以唐法爲疏，而務求其密。復以抵算之難也，又創爲折杖之法，固謂如是則可無一毫之差矣。而孰知太密則反疏，仍有可抵之隙乎。大凡法之同異顯著者，其得失易明。此法抵算紆曲，非互相比較，其得失難明，故爲之比較如此。唐、明之得失，可不煩言而解矣。

明律徒流折杖與唐律徒流加杖之法不同說

《明律》「誣輕爲重」及「增輕作重」二律，皆有徒流折杖抵算之法。其算率極密，説者謂卽《唐律》徒流加杖之法。今以《唐律》攷之，其徒罪折杖之法，似出于唐而亦不盡同，流罪折杖之法，與《唐律》流罪加杖之法則迥然各別。今分析説之如左。

《唐律》諸犯徒應役而家無兼丁者，徒一年加杖一百二十，不居作，一等加二十。《疏議》曰：「一等加二十，卽是半年徒加杖二十。不居作，既已加杖，故免居作。」若徒年限內無兼丁者，總計應役日及應加杖數準折決放。

《疏議》曰：「徒限未滿，兼丁死亡，或入老疾，或犯罪、征防，見無兼丁者，若犯徒一年，三百六十日合杖一百二十，即三十日當杖十；若犯一年半徒，五百四十日合杖一百四十，即是三十八日當杖十；若犯二年徒，七百二十日合杖一百六十，即是四十五日當杖十；若犯二年半徒，九百日合杖一百八十，即五十日當杖十；若犯三年徒，一千八十日合杖二百，即五十四日當杖十；若犯三年半徒，一千二百六十日亦杖二百，即六十三日當杖十；若犯四年徒，一千四百四十日亦合杖二百，即七十二日當杖十。其役日未盡，不滿杖十(日)〔者〕，律云加者數滿乃坐，既不滿十，據理放之。」此徒罪無兼丁之例也。又諸工、樂、雜户及太常音聲人犯流者，二千里決杖一百，一等加三十，留住俱役三年。《疏議》曰：「合流二千里者決杖一百，二千五百里者決杖一百三十，三千里者決杖一百六十，俱留住役三年。犯加役流者，役四年。《名例》云，累徒應役者不得過四年。故三年徒上止加一年，以充四年之例。」若習業已成，能專其事，及習天文并給使、散使，各加杖二百。犯徒者，準無兼丁例加杖，還依本色。若婦人犯流者亦留住，流二千里決杖六十，一等加二十，俱役三年。《疏議》曰：「婦人流二千里決杖六十，流二千五百里決杖八十，流三千里決杖一百，三流俱役三年。若加役流亦決杖一百，即是役(三)〔四〕年。既決杖之文在上。明須先決後役。」諸官户、部曲若犯流徒者，加杖，免居作。《疏議》曰：「準無兼丁加杖。準犯三流亦止杖二百。決訖付官、主，不居作。」其罪止有半年徒，若應加杖者，杖一百。應減者，以杖九十爲次。《疏議》曰：「假有縣典，故增囚(杖)〔狀〕，加徒半年，縣尉知而判入，即以典爲首，合徒半年，典若丁單，決杖一百。縣尉應減一等，處杖九十，徵銅九斤之類。」此流罪留住之例也。

《明律》誣告律若告二事以上，輕事告實，重事招虛，或告一事誣輕爲重者，皆反坐所剩。若已論決，全抵剩罪。未論決，笞杖收贖，徒流止杖一百，餘罪亦聽收贖。小注謂誣輕爲重至徒流罪者，每徒一等折杖二十。若從徒入流者，三流并准徒四年，皆以一年爲所剩罪，折杖四十。若從近流入至遠流者，每流一等准徒半年爲所剩罪，亦各折杖二十。又官司出入人罪律，若增輕作重，減重作輕，以所增減論。小注：若增輕作重，入至徒罪者，每徒一等，折杖二十；入至流罪，每流一等，折徒半年。《纂注》：若增輕作重入至徒罪者，每徒一等，折杖二十。如其人本笞二十，增至杖七十徒一年半，則以其二等之徒折杖四十，併入五徒原包杖一百，通作一百四十，於内除訖笞二十，官司合坐剩杖一百二十，全決之也。若入至流罪，每流一等折徒半年。如其人本杖六十，增至杖一百流三千里，則以其三等之流折徒一年半，先於三流原包五徒，通折杖一百之内，除訖杖六十，官司合坐全決杖一百四十徒一年半。其流不折杖也。此《明律》徒流折杖之法也。

按《唐律疏議》謂家無兼丁免徒加杖者，矜其糧餉乏絶，又恐家内困窮；一家二人俱在徒役，理同無丁之法，便須決放一人。是唐代無兼丁之例，加杖而免其居作，乃矜恤之仁；與明法之主于折除抵算者，其命意不同。《唐律》雖有總計徒日準折決放之文，而其名則曰加杖，與明法折杖，其稱名不同。唐之五徒本無加杖，自徒一年加杖一百二十起，每等加二十，至滿徒爲杖二百。明之五徒本有六十至一百之加杖，而折杖之法卽視其原杖之數，徒一年原杖六十，將徒一年亦折六十合之，原杖得一百二十，餘徒準此，徒一年半折杖一百四十，徒二年折杖一百六十，徒二年半折杖一百八十，徒三年折杖二百，其算率亦不同。此以杖折徒之法，以唐與明相較，名同而實不同也。

《疏議》又謂，工屬少府，樂屬太常，並不貫州縣，雜户者，散屬諸司上下，太常音聲人謂在太常作樂者。此等不同百姓，職掌惟在太常、少府等諸司，故犯流者不同常人遠配。又謂，工、樂及太常音聲人皆取在本司習業，依法各有程試，所習之業已成，又能專執其事，及習天文業者，在太史局天文觀，天文生以其執掌天文；依令，諸州有閹人並送官，配內侍省及東宮內坊，名爲給使諸王，以爲散使，本是良人，以其宫闈驅使，並習業已成。天文生等犯流罪並不遠配，各加杖二百。又謂，婦人之法，例不獨流。故犯流不配，是唐代留住之例。或因其散隸諸司，或因能專其事，或因例不獨流，乃有決杖、加杖之别。明稍變其制，分别爲決杖拘役、決杖收贖，亦非以杖折流也。《唐律》誣告重事虚，反其所剩，並無折杖抵算之法。官司出入人罪，從輕入重以所剩論，從徒入流，三流同比徒一年爲剩，近流入遠，同比徒半年爲剩，亦别無折杖之法。《明律》於誣輕爲重、增輕作重二律，不獨以杖折徒，並以杖折流，三流並於徒三年折杖二百，上遞加一等，二千里折杖二百二十，二千五百里折杖二百四十，三千里折杖二百六十，是三流每等抵折杖二十也。雖以徒折流本于唐法，然唐之流本有徒役一年，故得以流比徒，明之流已無徒役，乃以徒折流，復由徒折杖，全非《唐律》之意。核諸唐代留住之律，其決杖、加杖，數皆不符。此流罪折杖之法，以唐與明相較，又迥然各别者也。

大抵明人采用唐法，往往不尋繹其立法之本意，而但於形式間求之。即此誣輕爲重、增輕作重二律，亦但求算率之密，不爽絲毫，其折除抵算，既紆曲而難明，其情罪輕重之間，又未能折衷至當。《明律》之失，每在于是。古人之法，原未可率意更張也。説者或以明之折杖爲本于唐法，故特彙唐、明二《律》而著其不同者如是。

故殺胞弟二命現行例部院解釋不同說

准大理院咨，稱本院具奏解釋現行律例，部、院取義不同，請旨飭交法律館詮釋明白，以免歧異一摺，奉旨依議，欽此。咨行到館。

查原奏內稱：陝撫奏趙憘憘故殺胞弟趙九成、趙火成各身死一案。緣趙憘憘與胞弟趙九成、趙火成同父異母，素相和睦。趙九成年甫七歲，趙火成年甫五歲，俱係趙憘憘繼母馮氏所生。馮氏憎嫌趙憘憘挑唆伊父趙昌喜，將趙憘憘分出另度。光緒三十四年八月初十日，趙昌喜同馮氏並次子趙禿子赴地工作，留趙九成等在家看門，將房門鎖鑰繫於趙九成身上。趙憘憘探知，因貧起意，竊伊父衣服當錢花用，遂獨自前往。見鎖鑰繫於趙九成身上，將鎖鑰誘去，開門搜檢箱內衣服。趙九成喊阻，聲稱告知其母。趙憘憘觸起馮氏挑唆分出之嫌，起意將趙九成致死洩忿，取刀砍傷趙九成右腮頰連右耳，倒地復砍，戳傷其腦後等處，當即身死。趙火成在旁哭鬧，趙憘憘起意一併致死滅口，將趙火成揿按地上，用刀砍戳，傷其左耳連耳輪脊背，登時殞命。趙憘憘攜贓逃逸。報驗獲犯。該撫將趙憘憘依舊例故殺期親弟照故殺大功弟律從一科斷，擬絞監候。經大理院改照現行律期親兄故殺弟者流二千里等因具奏咨部。

法部查現行例載：「期、功以下尊長謀、故殺卑幼之案，如係因爭奪財產、圖襲官職挾嫌慘斃，及圖姦等項者，不論年歲，俱照凡人謀故殺問擬，等語。」此條例文係將期功以下尊長殺死卑幼各條修併爲一。舊例，功服以下尊長致死卑幼之案，如係圖謀財產，並强盜放火殺人，及圖姦謀殺，或挾其父兄、伯叔夙嫌遷怒殺害洩忿者，均照凡問擬。期親尊長因爭奪弟姪財產、官職，及平素讐隙不睦故殺弟姪年在十歲以下者，亦悉照凡人問擬。今現例修併一條，則例內爭奪財產一語，自係本舊例圖謀財產而來。圖襲官職一語，自係本舊例爭奪弟姪官職等項而來。挾嫌慘斃一語，自係本舊例挾嫌遷怒及平素讐隙而來。參觀互證，是文氣雖改從簡括，而於同凡論罪之處並未輕議更張，有犯自應遵依處斷，不得復援服制寬減，致與例意不符。此案趙愭愭先將趙九成致斃，起衅既屬挾嫌，復將趙火成致斃，情節尤爲奇慘。趙九成、趙火成年均幼稚，有何干犯可言？爲之兄者，竟忍挾嫌慘殺，立斃幼弟二命，迹其義絶之狀，自應照凡人定擬。該撫將該犯仍依服制科斷，置同凡之例於不論，情節顯有不符。大理院未經指駁，亦即按服制依現行律改流，自係因舊律重，新律輕，不得不本斷罪依新頒律之義量予判決。惟是律重服制，故以尊犯卑多從寬典，例杜殘殺，故以尊害卑仍應從嚴。今趙愭愭連斃幼弟二人，如果無挾嫌情事，猶得云死者分均卑幼，不妨按服制從寬。惟訊供既明認挾嫌，衡情又實屬慘斃，則按之條則，揆之倫理，均應同凡定罪，俾此等慘殺之徒，不得復依服制減科。相應請旨將趙愭愭一案仍飭下大理院，駁令該撫另行妥擬等因，奏交大理院覆判。

大理院查《明律》於兄姊故殺弟妹及伯叔、姑故殺姪並姪孫俱定爲流二千里，其源實本於《唐律》。蓋服制最近，謀、故亦不擬死罪，初非大功以下尊長所可得而同。迨前明中葉，始有凡兄與伯叔謀奪弟姪財產、官職等項故行殺害者，問罪屬軍衛者發邊衛充軍，屬有司者發邊外爲民之例。然其時第限於財產、官職兩項，亦止充軍，未嘗遽擬以死罪也。　國朝康熙年間，議准「凡親兄因爭奪財產、官職及挾讐持金刃等兇器故殺弟命者擬絞監候」一條。又題准「凡親伯叔爭伊姪財產及奪官職挾讎故殺者，亦照例擬絞監候」一條。雍正三年修併爲一，其文云：「凡兄及伯叔因爭奪弟姪財產、官職，及平素讎隙不睦，有意執持兇器故行殺害者，擬絞監候。仍斷給財產一半與被殺家屬養贍。如無前項重情，仍照律擬罪。」蓋本前明《問刑條例》而加入「讎隙不睦」一層。然其所謂讎隙者，亦指兄之與弟，伯叔之與胞姪而言，固與死者之父母無涉也。迨乾隆四十二年，因江西省郭義焙圖財殺死小功堂姪一案，始定有有服尊長殺死卑幼，如係圖謀卑幼財產殺害卑幼之命，並强盜卑幼資財放火殺人，及圖姦謀殺等案，悉照平人一例辦理之例。五十六年，因山西省余文全故殺大功弟及孫式漢故殺小功堂姪二案，始定有有服尊長殺死卑幼之案，如卑幼並無觸犯情節，只因父兄、伯叔平日不肯資助及相待刻薄、挾有夙嫌，將其年在十二歲以下無辜幼小子嗣、弟姪遷怒故行殺害圖洩私忿者，悉照凡人謀故殺本律擬斬之例。迨嘉慶六年修例時，聲明期親尊長因爭奪弟姪財產、官職及平素讎隙不睦故行殺害者擬絞，係專指期親而言。此二條乃大功以下尊長謀殺卑幼照平人問擬斬候之例，與期親擬絞條例絕不相同，因將有服尊長俱改爲功服以下尊長，而例內之十二歲以下改爲十歲以下。故知挾嫌遷怒故殺係專指功服以下尊長而言，期親並不在內，較然可見。至故殺期親卑幼分別年歲之例，亦始於乾隆五十六年因四川省王均進圖產砍傷四歲幼弟王均連身死案内，經刑部改依凡人定擬斬候，纂爲定例。其原例云：「一、尊長爭奪財產故殺弟姪之案，除被殺弟姪年已長成有與尊長爭鬭之情者仍依爭奪財產舊例定擬外，如弟姪年在十二歲以下，幼小無知，並無爭鬭之情，尊長因圖占財產輒行慘殺毒斃者，悉依凡人謀故殺律擬斬監候。」詳閱舊例，蓋全指争奪財産而言，並無另有挾嫌之説。至嘉慶六年，始將此條併入期親尊長争奪財産、官職條内。其例文云：「期親尊長因争奪弟姪財産、官職，及平素讐隙不睦，有意執持兇器故殺弟姪者，如被殺弟姪年在十一歲以上，將故殺之尊長擬絞監候。若弟姪年在十歲以下，幼小無知，尊長因圖占財産、官職挾嫌慘殺毒斃者，悉照凡人謀故殺律擬斬監候。如無争奪、挾讐情節，無論年歲，仍照本律例定擬。」細繹例意，其於「平素讐隙不睦」一層，隸諸十一歲以上，蓋年已稍長，容有讐隙之事。若十歲以下，幼小無知，從何而生讐隙？例謂因圖占財産、官職挾嫌慘殺毒斃，蓋挾嫌非别爲一項，當即承圖占財産、官職而言。下云如無争奪、挾嫌情節，則復統承上二項。不然故殺期親弟姪分别年歲，舊例本不言及挾嫌，豈容無端加入？原任刑部尚書薛允升，近世號稱專精刑律者，其所著《讀例存疑》一書，於此條頗有微詞。大致謂，争奪財産、官職謀殺弟姪分别年歲問擬斬絞辦理，尚無歧誤。至「讐隙不睦」一層，是否專指胞弟及胞姪之年未及歲者而言，礙難懸擬。蓋非素有嫌隙，決不致蓄謀致死。如胞姪年未及歲，與該犯有何嫌怨？其爲挾死者父母之嫌，不問可知。若死者已屬成人，被該犯挾嫌謀斃，亦照此例定擬，是謀故殺胞姪即應擬絞，不用擬流之律矣。蓋舊例有故殺期親弟妹照故殺大功弟妹律擬絞之文，故於胞弟之年未及歲者，尚未深論。然其意不以「挾嫌」一節爲然，固顯而易見也。上年法律館修改現行刑律，於《讀例存疑》之説，採取獨多。亦以律設大法，其隨時纂入之例，苟與本律違忤，或律外加重者，概從删併。即如故殺弟妹，律本擬流，例則擬絞；其删例而從律，宜也。至功服以下尊長殺死卑幼二條，期親尊長故殺弟姪一條，現行例修併爲一。其於功服條下僅取圖姦一項，而强盗卑幼資財放火殺人，仍依親屬相盜本律辦理，不照凡人謀、故殺問擬也。現行律，凡人謀、故殺擬絞，功服以下尊長故殺卑幼亦擬絞。例既不以年歲爲斷，卽挾其父兄、伯叔素無資助之嫌，遷怒故行殺害情節，亦不比强盜放火殺人爲重，故例不著其文也。至期親尊長條下亦删去「平素讐隙不睦」一語，則以讐隙初無界限案，而至於謀、故，正不必以尋常讐隙生輕重也。故此條既廣爲期、功以下通例，例內第云「如係因争奪財産、圖襲官職挾嫌慘斃及圖姦等項者，不論年歲，俱照凡人謀、故殺問擬」。蓋争奪財産、圖襲官職，其積嫌有素，其蓄謀甚深，其勢不殺不止，自前明以來卽重之。竊謂必挾此争奪、圖襲之嫌方可照凡人謀、故殺定擬，論文氣固屬相承，謂事理亦非過當。若必以挾嫌自爲一項，則故殺容出一時氣忿，謀殺則無非挾有夙嫌，而又不論年歲，將功服以下例本擬絞者無不照凡人實矣，期親尊長律止擬流者無不照凡論抵矣。不惟與律重服制之義不符，卽揆諸删除故殺期親弟妹擬絞之條，不幾求輕而反重乎。故趙愭愭一案，以趙愭愭與趙九成等雖同父異母，而其爲期親兄則一也。趙九成年甫七歲，趙火成年甫五歲，死雖幼稚，然新例既不以年歲論，則自不能以此加重也。至其起衅之由，趙愭愭因貧起意，竊取伊父衣服，固非争奪財産可比，迨趙九成喊阻，聲言告知其母，趙愭愭始觸起繼母馮氏挑唆分出之嫌，將其故行殺斃。迹雖涉於挾嫌遷怒，然舊例亦第爲功服以下而設，期親並不在內。該撫將趙愭愭依故殺弟妹舊例擬絞，尚無錯誤。第所引例文業經删除，而趙愭愭挾伊繼母之嫌故殺胞弟，並不在舊例同凡之列。若以爲無論何嫌俱應引用挾嫌慘斃之條，則以舊例專指功服以下尊長之案而科及期親，輕重失倫，恐非此次修例之本意。惟例內挾嫌慘斃一語，是否於争奪財産圖謀官職外別爲一項？抑或兼承上文而言？例由法律館修併，按語未有明文。應請飭交將此條詳細詮釋通行，以免歧異。等因。

查此條現行例文，法部謂「挾嫌慘斃」一語即本舊例「挾嫌遷怒」而來，大理院則謂「挾嫌」非別爲一項，兩議不同。自應詳考舊例源流及此次修改之本意，庶歸允當。大理院原奏於此例歷次修改之處，縷述剖析，已極詳明。兹復再三尋繹，此例本於前明，而明例無「讐隙不睦」之語，其爲專指謀奪財産、官職而言，本自明白。其原文云「問罪者乃仍科以本律之流罪」，其分別邊衞充軍，邊外爲民者，則明代軍戍之辦法，不過於尋常罪中略示區別，未嘗於律外加至極典。國朝康熙十九年題准現行則例，凡兄欲爭奪弟之財産及奪官職平素讐隙不睦有意欲殺，執持刃槍、小刀、木棍等兇器故殺者，擬絞監候，秋後處決。如無此等情由，仍照律擬罪。凡有親伯叔奪兄弟之子房産田地及奪官職等情由挾讐故行殺害者，照此例擬罪，等語。雖添入「讐隙不睦」及「挾讐」字樣，而其文意緊接上文，其讐即由財産、官職而來，本非别爲一事。迨二十二年，刑部將此條分作二條，題准例文。其一條云：「凡親兄因爭奪財産、官職及挾讐持金刃等兇器故殺弟命，擬絞監候云云」，始將「及」字移在「官職」之下。然其又一條云：「凡親伯叔爭伊姪財産及奪官職挾讐故殺者，亦照例擬絞監候」，「挾讐」二字仍緊接上文，不别爲一項。在兄之於弟，與伯叔之於姪，情誼相同，例文自不得有異疑。編輯時偶未檢對，致有參差之處。雍正三年，將現行例二條修併於《問刑條例》之内，其文云：「凡兄及伯叔因爭奪弟姪財産、官職並平素讐隙不睦，有意執持兇器故行殺害者，擬絞監候云云。」其改「及」字爲「並」字，按語中雖無明文，而並字之義，《讀律佩觿》所謂罪應齊等，情應共視者。有如同姓親屬相毆律並以凡人論，毆祖父母、父母律並令歸宗，皆承上文言。

此條「並」字之義，亦當如是核，與「及」字迥不相同。推其改定之意，殆因兩條併爲一條，故用「並」字以總承之也。乃乾隆五年修律，又改「並」字爲「及」字，無按語可考，不能詳其修改之故。然乾隆元年，又定故殺期親弟妹照故殺大功弟妹律擬絞之例。自是之後，凡尋常因讐隙謀、故殺期親弟妹之案，援引此條者多，而援引争奪財産、官職條内之讐隙不睦例文者少。蓋以兩例皆係絞候，罪名本無出入也。迨乾隆五十六年，又定圖占財産慘殺年十二歲以下弟、姪依凡人謀、故殺擬斬之例，其修律按語云：「財産究屬祖宗所遺，在尊長混行争奪，固屬不合，在卑幼毫無退讓顧恤之情，亦屬有乖名義。故雖殺出有心，亦罪止繯首，不與凡人同科。至若幼小無知弟、姪並無與該犯争鬬之情，輒因圖占財産無辜慘殺，卽屬恩義斷絶，應以凡人謀、故殺本律定擬云云。」是此條同凡之例爲死係幼小無知而設，亦專指圖占財産一事，尋常讐隙並不在内，甚爲明顯。嘉慶六年，將争奪財産官職、圖占財産兩條修併爲一，其文曰：「若弟、姪年在十歲以下，幼小無知，尊長因圖占財産官職挾嫌慘殺毒斃者，悉依凡人謀、故殺律擬斬云云。」此條「因圖占財産、官職挾嫌慘殺毒斃」一句，實本于舊例「因圖占財産輒行慘殺毒斃」之文，但改「輒行」爲「挾嫌」耳。「挾嫌」承上文一串説下，並非别爲一項例文，原自明顯。修律按語中亦不言「挾嫌」别爲一項，尤其明證也。舊例，功服以下尊長殺死卑幼凡兩條。一云：「如係圖謀卑幼財産殺害卑幼之命，並强盗卑幼資財放火殺人，及圖姦謀殺等案，悉照平人謀、故殺律，問擬斬候，不得依服制寬減。其餘尋常親屬相盗，及因圖詐、圖賴他人財物謀故殺卑幼之案，仍依服制科斷。」一云：「因其父兄、伯叔素無資助及相待刻薄、挾有夙嫌，將其十歲以下幼小子女、弟姪遷怒故行殺害圖洩私忿者，悉照凡人謀、故殺本律擬斬監候，不得仍依服制科斷。其挾嫌謀殺卑幼年在十一歲以上，並其餘謀、故殺卑幼之案，仍照律擬絞監候。」各等語。此二條並是同凡之例，前條專指圖產等項，後條專指素無資助、相待刻薄、挾嫌遷怒，而其餘案件均不在内，分别亦極爲明顯。互證參觀，則「挾嫌」乃通常之語，不得自爲一項，毫無疑義。故《秋審條款》謀、故殺期親以下卑幼各案，如圖詐、圖賴、争繼、争產、畏累、憎嫌並因錢債、田土、口角細故逞兇殘殺或非理欺陵者，俱入情實一條。所稱圖詐等項，並在挾嫌範圍之内。可見通常挾嫌之案，歷來辦法不用同凡之例，確有明證。此考諸舊例源流，而知「挾嫌」二字不得别爲一項者也。

至本館此次修改現行刑律，奏明以減輕爲宗旨，凡例之於律外加重者，大多删後定之例而仍用本律。期親服制最近，是以律内卑之犯尊，罪名綦重，而尊之犯卑，並無死法，以恩與義並重，非大功以下可比，律文亦與大功以下分列兩條。明例此條仍問本罪而屏之遠方，初未格外加重。古人謹守律義而不敢逾越者，亦懼立一重法而諸重法因之以生，極有關係。故殺期親弟姪，律止流二千里，而遽照大功擬絞，已屬律外加重，若更等於平人，則重而又重，實非定律之本意。故此次修律，按語謂期親與大功服差一等，治罪亦各不同。今毆死期親弟妹，照本律加等擬流，尚與毆死大功弟妹之應滿流者有别，若故殺同擬絞候，並無等差可分，非惟與律意不符，亦似過於嚴厲。將此條議准删除，此後遇有謀、故殺之案，自應概照本律辦理，不當再於律外加重。若以通常挾嫌之案而與平人同論，則視舊例反重，不轉失此次修改之宗旨耶？争奪財產、圖襲官職等項，情節較重，此次存而未删，而將期親一條，與功服兩條修併爲一。按語謂功服多强盜放火殺人、圖姦兩層，期服多争奪官職一層，除强盜放火殺人一項，已於親屬相盜門改從親屬相毆相盜並凡鬭殺傷從重問擬外，圖姦與爭奪官職均係本宗親屬常有之事，不宜各以期、功爲限，致令互見之案轉失依據，自應畬列各項，改爲期、功通例云云。其條列各項極爲詳悉，而獨不及挾嫌一項，可見此條所云「爭奪財産、圖襲官職挾嫌慘斃」，卽襲用舊例「圖占財産、官職挾嫌慘殺毒斃」之文，而舊例又本于原例「圖占財産輒行慘殺毒斃」一語，並非本舊例「挾嫌遷怒及平素讐隙」而來。其文氣一串說下，「圖姦」上又以「及」字隔斷之，則挾嫌之非自爲一項，亦甚明顯。此修改之本意，亦未嘗以挾嫌別爲一項也。

竊謂挾嫌者，殺害之原因。舉凡通常故殺之案，間或有起于一時之忿怒而謀殺之案，從未有毫無嫌隙而蓄意殺害者。故其範圍所包者廣，情節重大固謂之嫌，卽尋常細故亦不得不謂之嫌。嫌者，通常之語，非若財産、官職等項皆有事實可以指數。挾嫌由事實而生，舍事實而空言挾嫌，則無論情之輕重，事之大小，皆可以「嫌」字概之，亦將不論輕重大小而概以凡人論乎？況挾嫌遷怒一條，以遷怒爲事實，今不出遷怒字樣，而謂已該于挾嫌之内，恐亦無此等解釋。律例中一、二緊要字眼，關繫罪名之生死出入，不得有此含糊籠統之詞也。然則解釋此條例文，當以大理院之議爲是。至趙愭愭一案，由于其繼母馮氏不能容前妻之子，挑唆其夫，將趙愭愭分出另度，後來之慘禍，皆由此醖釀而成。趙愭愭固罪無可逃，而馮氏實當分任其過。自來家庭多故，往往由于後母之不良，特爲法令之所不能及耳。其當場起衅之由，係因竊取伊父衣服，此乃親屬相盜，在舊例功服以下尊長亦仍依服制科斷，何論期親。其情之慘，在兄弟二命，舊例殺死功緦卑幼二命有加重絞決之條，而期親無之。其情之重，在挾繼母之嫌殺害兩弟，舊例功服以下有因素無資助、相待刻薄、挾嫌遷怒同凡之例，而期親亦無之。其事既非争奪財産、官職等項，則又與同凡之舊例不甚吻合。是即按舊例科斷，亦只可照故殺大功弟擬絞，不得照平人故殺擬斬也。雖死者年均幼稚，情節實屬慘忍，而例内分别年齡一層既經删去，又無他條可以依據，是即欲從重問擬，而比附無由，則辦法只可如此。若舍本律而牽就新例，轉恐未能允協也。謹議。

附説

謀、故殺人，舊説謂其元有害心，故論情獨重。古法但問其爲謀爲故，而不問其謀、故之爲何事，原以事之輕重於罪名無關係也。國朝律例，凡尋常謀、故殺，惟圖財、因姦别有加重之條，而其餘案件並無區别，獨於服制之謀、故殺案件，有分别其事實以爲輕重者。其原起於明例之争奪財産、官職一條，其後例文日增，遂有期親亦同凡論之例。究而言之，謀、故之所重者，在其用心之險惡，初不繫乎其事實之何如。財産、官職亦不過謀、故中之事實，何必顯示區分。至若素無資助、相待刻薄等項，尤爲親屬中常有之事。世風衰薄，族誼日疏，此等情形，實由其父兄、伯叔有以致之，不得全歸罪於行兇之人。現在謀、故殺亦改絞候，大功以下尊長同凡、不同凡罪名相等，但秋審有實、緩之分耳。

故殺期親弟妹，律止流二千里，舊例同凡改爲斬候，加至數等，本屬過重，矧案情不一，關于財産、官職之事，往往有由卑幼肇衅者。乾隆五十六年修律，按語謂：「財産究祖宗所遺，在尊長混行争奪，固屬不合，在卑幼毫無退讓顧恤之情，亦有乖名義。」所論最爲平允。然則此條，現行例文論功服以下則治罪從同，論期親則過于嚴厲，實亦在可以删除之列。惟幼小無知之弟姪無辜被殺，實屬義乖情慘，與其餘謀、故之案不同。在凡人謀殺十歲以下幼孩有加重絞決之條，而服制則概行删汰，遇有此等案件，遂滋疑議，如趙愭愭一案是也。在功服以下尊長罪已至死，秋審時亦無不入實，尚無出入，而期親若仍依本律流二千里，與通常謀、故之案毫無區別，不足以懲薄俗而饜人心。似應將現行例此條删除，而另纂期親尊長謀、故殺十歲以下弟、姪加重專條，庶有遵守。惟現行刑律甫經頒布，此時未便修改。且見案而改例從重，亦非所宜。姑存鄙説可也。

法學盛衰説

孔子言道政、齊刑而必進之以德、禮，是制治之原，不偏重乎法，然亦不能廢法而不用。虞廷尚有皋陶，周室尚有蘇公，此古之法家，並是專門之學，故法學重焉。自商鞅以刻薄之資行其法，寡恩積怨而人心以離，李斯行督責之令而二世以亡，人或薄法學爲不足尚。然此用法之過，而豈法之過哉。漢改秦苛法，蕭何修律，雖以李悝之法爲本，而秦法亦采之。然惠帝除夷族之法，文帝除誹謗妖言之法，除肉刑，景帝減笞法，其時人民安樂，幾致刑措。用法而行之以仁恕之心，法何嘗有弊。嘗考法學之盛衰，而推求其故矣。

按法家者流，出于理官。自李悝著法經，其後則有商鞅、申不害、處子、愼到、韓非、游棣子諸人，並有著作，列在《漢志》法家。是戰國之時，此學最盛。迨李斯相秦，議請史官非《秦記》皆燒之，非博士官所職，天下敢有藏《詩》、《書》、百家語者，悉詣守尉雜燒之，若欲學法令者，以吏爲師。自是，法令之書藏于官府，天下之士，阨于聞見。斯時，朝廷之上，方以法爲尚，而四海之内，必有不屑以吏爲師者，而此學亦遂衰。

漢興，雖弛秦厲禁，而積習已久，未能遂改，外郡之學律令者，必詣京師，又必於丞相府。《文翁傳》：「乃選郡縣小吏開敏有材者張叔等十餘人，親自飭厲，遣詣京師，受業博士，或學律令。」《嚴延年傳》：「延年少學法律丞相府，歸爲郡吏。」此其證也。叔孫通秦時以文學徵爲博士，而在漢時益律所不及《傍章》十八篇。于定國學法于父。可以見漢人不皆以吏爲師。《鄭崇傳》：「爲高密大族。父賓，明法令，爲御史。」亦必非師于吏者。丙吉治律令，黄霸少學律令，莫能詳其所從學。然當時此學之未盡歇絶，猶有李悝之流風餘韻也。其後叔孫宣、郭令卿、馬融、鄭玄諸儒章句十有餘家，家數十萬言，合二萬六千二百七十二條，七百七十三萬二千二百餘言。鄭氏括囊大典，網羅衆家，猶爲此學，尤可見此學爲當時所重。故弟子之傳此學者，亦實繁有徒。法學之興，於斯爲盛。

其後晋之杜預與賈充等定律令，預爲之注解，其奏語謂所注皆網羅法意。是其參取漢代諸家章句，而又不專主一家，故能擷其精要。同時張斐亦爲之注，其表之所列，胥律義之要旨。自是，杜、張二家律注，遂行于世。下逮宋、梁、陳，南朝言法律者王植、蔡法度之徒，咸遵守之。北朝法學源流莫考，觀于北齊新令採用魏、晋故事，則亦源于魏、晋。北齊河清中，法令明審，科條簡要，又敕仕門之子弟常講習之，故齊人多曉法律。隋《開皇律》不承用周而參取齊。《唐律》本諸《開皇》，世咸以爲得中，後之治律者咸宗之。溯自魏、晉以下，流派遞衍，至是而集其成。此法學之所以盛也。

宋承《唐律》，通法學者代有其人。蓋自魏置律博士一官，下及唐、宋，或隸大理，或隸國學，雖員額多寡不同，而國家既設此一途，士之講求法律者亦視爲當學之務，傳授不絶於世。迨元廢此官，而法學自此衰矣。明設講讀律令之律，研究法學之書，世所知者約數十家，或傳或不傳，蓋無人重視之故也。本朝講究此學而爲世所推重者不過數人。國無專科，羣相鄙棄。紀文達編纂《四庫全書》，政書類法令之屬僅收二部，存目僅收五部。其按語謂刑爲盛世所不能廢，而亦盛世所不尚，所録略存梗概，不求備也。夫《四庫目録》乃奉命撰述之書，天下趨向之所屬，今創此論於上，下之人從風而靡，此法學之所以日衰也。

夫盛衰之故，非偶然矣。清明之世，其法多平。陵夷之世，其法多頗。則法學之盛衰，與政之治忽，實息息相通。然當學之盛也，不能必政之皆盛，而當學之衰也，可決其政之必衰。試觀七國之時，法學初盛之時也，乃約縱連横，兵連禍結，而併于秦。漢末之時，法學再盛之時也，桓、靈不德，奄寺肆虐，而篡于魏。北齊之時，法學亦盛，而齊祚不永。幾疑法學之無禆于世。然而秦尚督責，法敝秦亡；隋逞淫威，法壞隋滅。世之自喪其法者，其成效又如是。然則有極善之法，仍在乎學之行、不行而已。學之行也，蕭何造律而有文、景之刑措；武德修律，而有貞觀之治。及其不行也，馬、鄭之學盛于下，而黨錮之禍作于上；泰始之制頒于上，而八王之難作于下。有法而不守，有學而不用，則法爲虚器，而學亦等于卮言。此固曠觀百世，默驗治亂之原，有足令人太息痛哭者矣。

吾獨不解，骫法之人，往往卽爲定法之人。梁武詔定律令，緩權貴而急黎庶。隋文詔除慘刑，而猜忌任智，至於殿庭殺人。稽諸史册，不勝枚舉。法立而不守，而輒曰法之不足尚，此固古今之大病也。自來勢要寡識之人，大抵不知法學爲何事，欲其守法，或反破壞之，此法之所以難行，而學之所以衰也。是在提唱宗風，俾法學由衰而盛，庶幾天下之士，羣知討論，將人人有法學之思想，一法立而天下共守之，而世局亦隨法學爲轉移。法學之盛，馨香祝之矣。

寄簃文存卷四

考

比部考

比部官名，始於曹魏，所掌何事，史弗能詳。《唐六典》云：「比部郎中，魏氏置。歷晉、宋、齊、後魏、北齊，皆有郎中。後周天官府有計部中大夫，蓋其任也。梁、陳、隋並爲侍郎，煬帝曰比部郎。自晉、宋、齊、梁、陳，皆吏部尚書領比部，後魏、北齊及隋則都官尚書領之，皇朝因焉。武德三年，加中字，龍朔三年，改爲司計大夫，咸亨元年復故。」所敍沿革甚詳，亦不及魏氏所掌之事。玩其語意，謂後周計部中大夫蓋其任，龍朔改爲司計大夫，是所掌者仍司計之事，而非刑事。《漢書·張蒼傳》：「遷爲計相。」注：文穎曰：「臣能計，故號曰計相。」師古曰：「專主計籍，故號計相。」《周官》司會隸於大宰，故後周計部亦隸天官府也。惟《宋書·百官志》言三公比部主法制，《隋志》言北齊比部掌詔書、律令、勾檢等事。第宋之刑獄，領于都官，北齊斷罪，掌於三公，似法制非專屬刑獄之法制，律令亦但爲司檢之一端，當是立法之事，而非司法之事。周時司寇掌刑，而刑典建自大宰，古時司法、立法殆亦未嘗混合爲一歟？唐比部掌勾會之事，官既隸於刑部，而所掌非刑，宋代承之。

尋繹比字之義，《小司徒》「三年大比」，校比也；《王制》「必察小大之比」，比例也。二義本相引伸，而相承又各爲一義。比部如以刑法得名，當爲比例之比；如以勾會得名，當爲校比之比。《韻會》四支：「比，相次也。又比部，官名。」四紙：「比，校也，唐比部官名。」凡比較者，必相次而始見。《大司馬》注：「比，校次之也。」校、次二義本屬相生，是舊説比部乃三年大比之比，而非小大比之比，與唐、宋職掌其義正合。《正字通》謂比部官名，取校勘、亭平之義，即今刑部。其説不知何本？校勘與亭平各爲一義，不可强合。校勘尚是校比之意，亭平詁比字，如何可通？望文生義，不足爲據。後人稱刑部爲比部，殆因其嘗主法制及勾檢、律令，遂襲其名。稽諸舊説，初不如是。至比字之音，《小司徒》釋文「毗志反」，《大司馬》釋文「必履反」或「毗志反」，原有上、去二音。《韻會》有平聲，當别有所本。自來韻書之訓，皆本經傳，無杜撰者。《正字通》以音皮爲非，蓋泥於校比之比必讀上聲，而未考《韻會》之本有此音。《王制》釋文：「比，必利反，例也。」《後漢書·陳忠傳》：「奏上二十三條，爲決事比。」注：「比，例也。」是比例之比，古讀去聲，今人則多作上聲讀矣。

釋

釋貸借

貸、借二字，義本有別，後來沿用，每相混淆。新譯《簿記學》分別出資者爲貸，受資者爲借。或以爲非，而未可遽非也。攷《說文》貝部有貸、貣二文。「貸，施也。」「貣，從人求物也。」一施一求，義相對待。《玉篇》：「貸，施也。」又云：「以物予人，更還主也。」《釋名・釋姿容篇》：「貸者，言以物貸予。」《廣雅・釋詁三》：「貸，予也。」《老子》：「貸且善成。」范應元注：「貸，施也。」《莊子・天運》釋文：「貸，施與也。」《漢書・元帝紀》：「貰不滿千錢者，賦貸種食。」顏注：「賦，給與之也。貸，假也。」《食貨志》：「諸賈人末作貰貸。」顏注：「貸，假與也。」《貨殖傳》：「惟毋鹽出捐千金貸。」顏注：「貸謂假與之。」凡此並爲貸之本義。《左傳》文十六年：「宋饑，竭其粟而貸之。」襄九年：「輸積聚以貸。」又二十九年：「宋饑，出公粟以貸。使大夫皆貸，司城氏貸而不書，爲大夫之無者貸。」此並是貸之事。又如「恩貸」、《漢書・王訢傳》。「貸贍」、《郎顗傳》：「貸贍元元。」「出貸」，《史記・田完世家》：「以大斗出貸，以小斗收。」亦皆施義也。《周禮・地官・泉府》：「凡民之貸者，與其有司辨而授之，以國服爲之息。」注：「有司，其所屬吏也。與之別其貸民之物，定其賈以與之。鄭司農云，貸者謂從官借本賈也。」疏：「貸者，即今之舉物生利。」說者據此，謂貸亦有求意。第此經之言貸，乃古者王政之一，故《左傳》屢言貸事。上之施於下者謂之貸，於是下之受於上者亦謂之貸，一事不便二名，自不得不定其專名曰貸。疏謂舉物生利，正施之事，亦即先鄭《小宰》注「貸子」之義。母以生子，不可以貣言也。《孟子》：「又稱貸而益之。」稱貸，即《周禮・小宰》之「稱責」。鄭司農云：「稱責謂貸子。」「子」，今本作「予」。阮氏校勘記云，當作「子」。疏：「稱責謂舉責生子。彼此俱爲稱意，故爲稱責。於官於民，俱是稱也。」先鄭云責謂貸子者，謂貸而生子者，若今舉責。即《地官・泉府》職云「凡民之貸者」。據此，而稱貸乃民事之一。亦一事不便二名，不可以貣言。漢《吴仲山碑》：「千金舉𠐿。」《隸釋》云，卽貸字。舉貸卽稱貸也。此貸之義本爲施，而受此施者，亦遂謂之貸矣。

貣之義爲求。釋玄應《一切經音》十五字林：「貣，求也。」《説文》：「從人求也。」《玉篇》：「貣，從人求。」並無物字。《漢書·司馬相如傳》：「從昆弟假貣。」《韓王信傳》：「乞貣蠻夷。」《陳湯傳》：「家貧，匄貣無節。」顔注並音吐得反。此爲求之義。而凡義之屬於求者，其字當作「貣」。桂氏馥《説文義證》云：「貸、貣形與音皆相近，故《説文》施也，求也，相對立文，以區别之。而羣書之借貸爲貣，亦以此也。」此説洵爲通論。《隸辨》：「蟘，《唐公房碑》『去其螟蟘。』按《説文》作『蟘』，從虫從貸，引《詩》云『去其螟蟘』。今《詩》作『螣』。《釋文》云：『螣，《説文》作蟘。』其字從貣，與此碑同，與今本《説文》異。《五經文字》亦作『蟘』《爾雅·釋蟲》：『食葉蟘。』《左傳》隱四年疏引《爾雅》作『蟘』。從貸，從貣，相混已久。」據《隸辨》此説，則典籍中貸、貣二字，亦必有相混者，非必盡出于通借也。諸家之爲許學者，於貸、貣二字皆無異説。惟段氏玉裁云：「代、弋同聲，古無去、入之别。求人、施人，古無貸、貣之分。由貣字或作貸，因分其義，又分其聲。如求人曰乞，給人之求亦曰乞，今分去訖、去既二者。又如假、借二字，皆爲求者、予者之通名，唐人已有求讀上入、予讀兩去之説。古皆未必有是。貣别爲貸，又以改竄許書，尤爲異耳。經史内貣、貸錯出，恐皆俗增人旁。蟘字《釋文》、《五經文字》皆作『蟘』，亦其證也。《周禮·泉府》『凡民之貸者』，注云：『貸者，從官借本賈也。』《廣韻》二十五德：『貣謂從官借本賈也。』其所據《周禮》正作『貣』。而《周禮》注中借者、予者同用一字，《釋文》别其音，亦可知本無二字矣」。

今按弋聲、代聲固爲同部，從弋、從代究屬殊形。形殊聲同，不必便爲一字。如氣從乞聲，而忔、愾不同。瞏從袁聲，而園、圜，轅、轘不同。肖從小聲，而朴、梢不同。岎從分聲，而粉、梤不同。潘從番聲，而蕃、藩不同。類此者甚多，不得以代、弋同聲，遂謂本無二字。施、求二義，《説文》分別甚明，經史亦多如此，不得以後來之貸、貣相混，遂疑許書。《玉篇》貸、貣亦分施、求二義，蓋亦本于《説文》。玄應所引《説文》，貣字亦曰「從人求」，可見古本《説文》與今不異。段氏此説，非確論也。

借，假也。《説文》大徐本新增十九文之一，小徐本無此字。張次立依大徐增入，非也。古字多作「藉」。《詩·抑篇》：「借曰未知。」《漢書·霍光傳》作「藉曰未知」。《大戴禮·衛將軍文子篇》：「使臣如藉。」盧注：「藉，借也。如借力然也。」《家語·弟子行篇》作「借」。王注：「言不有其臣，如借使之也。」《史記·留侯世家》：「臣請藉前箸爲大王籌之。」《漢書·張良傳》「藉」作「借」。注：張晏曰：「求借所食之箸用指畫也。」此「借」作「藉」之明證。《周禮·甸師》：「而耕耨王藉。」注：「藉之言借也。」《禮記·王制》：「古者，公田藉而不稅。」注同。《穀梁傳》：「古者什一，藉而不稅。」疏：徐邈曰：「藉，借也。謂借民力以治公田。」《周語》：「不藉千畝。」韋注：「藉，借也。借民力以爲之。」《説文》耒部：「耤，帝耤千畝也。古者使民如借，故謂之耤。」王氏筠曰：「『借』當作『藉』。《孟子》『助者，藉也。』即所謂使民如借也，而字不作借。」今按以《大戴》「使臣如藉」，《家語》作「借」例之，王説是也。經典中，惟《論語》有「馬者借人乘之」，《穀梁傳》「借道乎虞」作「借」，他不多見。《春秋》作「假」。桓元年「鄭伯以璧假許田」是也。《左傳》多作「假」。桓十三年：「而告諸天之不假易也。」杜注：「言天不借貸慢易之人。」僖二年：「假道於虞。」《穀梁》

作「借道」。襄九年：「假鐘磬焉。」十四年：「范宣子假羽毛於齊而弗歸。」定四年：「晉人假羽旄於鄭。」《禮記·王制》：「大夫祭器不假。」《表記》：「凡乞假於人。」《孟子》：「久假而不歸。」並爲求義。《內則》：「不敢私假，不敢私與。」假、與對言，其專屬於求，尤爲明顯。是經典「借」又多作「假」也。又《左傳》成二年：「惟器與名不可以假人。」疏：「不可以借人也。」《老子》：「國之利器，不可以假人。」《說苑》作「借人」。此又於施義爲近。此猶貸義本爲施，後來亦有作求義用者。大抵古人轉注之法，字之對待者，或相通用。治、亂對待，而亂亦訓爲治，乃其例也。又或對文則別，單文則通，如此之類，尤難枚舉。是以貸之本義爲施，而求義亦時通用；假之本義爲求，而施義亦時通用。《廣雅》釋「貸」爲「予」，而又釋爲「借」。《釋詁一》：「貸，借也。」《儀禮》注「假」訓爲「借」，而《漢書》注又訓爲「給與」。《轅固傳》注：「假，給與也。」然究不得以通用之義，即爲本義也。

至「假」之本字，則作「叚」。《說文》：「叚，借也。」假者，同聲叚借字也。《左傳》莊十八年疏，假、借同義，取者，假爲上聲，借爲入聲；與者，假、借皆爲去聲。是唐時「叚」字已不行，而假、借義亦相混，但以聲分別之。然借爲入聲，則猶是藉之本音也。鄭氏珍《說文逸字》云：「段氏謂許君敍云『六曰假借』，又部『叚』下云借也，當有『借』。按《說文》『叚』訓『借』，此假之最初字，古『借』亦止當作『昔』。耒部『耤』云：古者使民如借，故謂之耤。則耤旁昝即是借字，故耤從之。『叚』既加『人』作『假』，『昔』亦應加『人』。後人因許書寫脫，遂謂古止作耤、藉，非。」今按此說實附和段氏，而段說王氏《釋例》已駁之。謂：「大徐補『借』字，段氏和之，特以『借』字盛行於今耳。《墨子》有『假藉』，而《薛宣、朱博傳》贊作『假借』，武梁祠石刻有『借』字，然則漢人作『借』也。補之，是以隸生篆也。《説文》序例説解用漢字多矣，不列於篆者多矣。如『敚』下曰『妙也』，段氏改之；大徐補『借』，段氏又依之，不知其兩無當也。惟鼎臣補之，而云資昔切，不云子夜切，猶可恕也。」據此説，則「借」非古字，而「叚」者其本字，非最初字。《説文》「假」下有「非真也」、「至也」二義，而無借義。凡經典訓「借」之「假」，當作「叚」，其多用「假」者，乃同聲叚借字。迨「叚借」字行，而本字遂廢。篆、隸變類，此者多矣。「昔」之本義訓「乾肉」，引伸之爲「今昔」之「昔」，與「借」義相去絶遠。乃以「叚」之加「人」爲「假」，遂謂「昔」亦加「人」爲「借」，「借」當作「昔」，是不知「假」之訓「借」，已非本義，而妄謂「借」之去「人」，乃其本字，憑臆虚造，毫無根據，其説烏可信也。《吕氏春秋・士容篇》注：「假猶請也。」《禮記・王制》注：「請，求也。」《唐律》有「假請」之文，「假」有「求」義。借，假也，故亦有求義也。「貸」、「借」二文，攷之古義，其分別也如此。

《唐律・廄庫門》曰假請，曰借，曰貸，分爲三事。「假借官物不還」條：「諸假請官物事訖，過十日不還者，笞三十，十日加一等，罪止杖一百。」《疏議》曰：「假請官物，謂有吉凶，應給威儀、鹵簿，或借帳幕、氈褥之類。」此罪之輕者，專以求言。「監主借官奴畜」條：「諸監臨主守，以官奴婢及畜産私自借，若借人及借之者，笞五十。計庸重者，以受所監臨財物論。驛驢加一等。按：此罪止徒二年。即借驛馬及借之者，杖一百，五日徒一年。計庸重者，從上法。按：徒一年半。即驛長私借人馬、驢者，各減一等，罪止杖一百。」「監主以官物借人」條：「諸監臨主守之官，以官物私自借，若借人及借之者，笞五十。過十日，坐贓論減二等。」《疏議》曰：「監臨主守之物，謂衣服、氈褥、帷帳、器玩之類，準坐贓論減二等，罪止徒二年。」此二條並罪之稍重者，亦以求言。借人雖近于施，然由轉借而來，仍屬於求也。「監主貸官物」條：「諸監臨主守以官物私自貸，若貸及貸之者，無文記，以盜論。有文記，準盜論。」按：罪止流三千里。此罪之重者，兼施與求言。宋本律文「自貸、貸之」作「自貣、貣之」，其分別之義與《説文》合。孫氏《律音義》以「貣」爲俗，是未考《説文》也。《唐律》貸、借二字，確有分別。凡貨財之類，貸之以濟緩急，或有息，或無息，而不必以原物還主者，謂之貸。《左傳》所載諸貸事是也。凡物之偶然借用，而仍以原物還主者，謂之借。《論語》有馬借人是也。此其所以分別者，以事物而非以字義。惟以貸、貣爲施與求之分別，則古義也。《唐律》之分別也如此。

《明律·錢債律》曰「私放錢債及典當財物」，曰「監臨官吏於所部内舉放錢債典當財物」，而無貸借之文。《倉庫門》「庫秤雇役侵欺」曰「侵欺借貸移易」。「錢糧互相覺察律」曰「若知侵欺盜用借貸」。「守掌在官財物律」曰「若有侵欺借貸者」。《受贓門》「在官求索借貸人財物律」曰「求索借貸財物」。此各律借貸並以求言，初不分別。蓋因上下文之侵欺、移易、盜用、求索皆係兩字連文，故不得不用駢文以配之。若「私借錢糧」、「私借官物」及《廐牧門》「私借官畜産」、「公使人等索借馬匹」、《郵驛門》「私借驛馬」各律，皆單用「借」字。可見「貸」字之非用本義，而義之屬于求者，必用「借」字，《明律》全部皆同。此雖非古義，而盛行于世，相沿已久。此攷之《明律》又如此。

然則貸、借二字之解釋，當綜今古而折其衷矣。方今修訂民律，其中債權一編，名詞必須確定，斯義例分明。即如貸、借二者，爲此編中重要之端，論其人，既有債權、債務之分，論其事，又有一施、一求之判，若併爲一詞，將何者爲施？何者爲求？無復區別。義例卽不分明，非完全之法律也。今世法律之學，日趨精密，譬諸牛毛、繭絲，剖析釐毫，無微不至。故同此字義，苟按之事實，合之而無關出入者，合之原亦無妨；若事實有彼此之殊，合之而爲彼爲此，無從辨別，則窒礙殊多。是以法律名詞，泥古不可，徇今亦不可。貸、貣二文之對待，字義最爲分明，卽叚、假亦皆可參取。第貣、叚久不通行，假字俗亦罕用，編入條文，恐未能盡人通曉，雖有許書可攷，《唐律》可遵，未可守拘墟之見而高陳古說也。此不可泥者也。經云「稱責」，俗云「放債」，私放、擧放，著在律文。然偏擧一端，難該兩造。若用借貸連文，仿唐人讀法，以上、去、入三聲分之，於一字之中，包含施與求對待二義，舊律似此者固多，而援引易涉混淆，既多不便，亦非義例之所當如此也。此今說之不可徇者也。

然則貸、借二文，不得不用《簿記學》之說矣。出資者爲貸，卽古義之施也，引伸之則曰與也。受資者爲借，卽古義之求也，引伸之則曰取也。凡關於施者，定其名曰貸。關於求者，定其名曰借。施之義本於《說文》，言古義則不背。求之義出于唐、明《律》，言今義亦可通。一貸、一借，彼此之界畫分明，不相混合，庶義例秩然，俾讀此律者不至生游移之見，多辨釋之勞，免疑誤而利推行，又烏必泥古而徇今也哉。夫今日法律之名詞，其學說之最新者，大抵出于西方而譯自東國，亦既甄其精意，編爲條文，不獨難以古義相繩，卽今義亦未能悉合。此不可不破除成見，片言決定。若再拘文牽義，是作繭自縛也。況此貸、借二文，乃中國固有之解釋，猶欲以古義相諍，或且謂今義之未符，是亦慮之過矣。謹博稽衆說，以質世之講求律學者。

釋慮囚

《漢書·雋不疑傳》："每行縣録囚徒還。"注：師古曰："省録之，知其情狀有寃滯與不也。今云慮囚，本録聲之去者耳，音力具反。而近俗不曉其意，訛其文，遂爲思慮之慮，失其源矣。"《字典》心部"慮"下注："按師古此言近於識字，而實未通韻，惟未通韻，亦未爲識字之源也。蓋每字原具四聲，如慮字，從平聲起韻，閭、吕、慮、録，則閭字爲慮之平，吕字爲慮字之上，録字爲慮字之入也。慮本訓謀思，然兼有詳審之義，故《漢書》録囚亦卽慮囚也。慮字原具入聲，有録音，豈必專屬去聲爲得字之源乎。"

按：録囚漢制，太守任之，乃常事，非赦也。慮囚唐制，故師古曰今云慮囚。然唐之慮囚有二：一大理卿之職，若禁囚有推決未盡，留繫未決者，五日一慮。此無關於赦。一特赦。《唐書·高祖紀》："武德三年六月，慮囚。八月庚午，慮囚。"此後帝紀書慮囚者不可悉數。此赦事之一也。歷代慮囚、録囚之事，别詳考成篇，兹不具録。惟慮字之義，師古謂非思慮之慮，此唐人説唐制，其説最是。《唐六典》李林甫注："慮謂檢閲之也。"《六典》爲林甫奉敕撰定之書，此以定制之人説定制之意，其説自不可易也。

惟師古之言，尚有未盡。《唐紀》作"慮"，《志》作"録"，《舊紀》作"録"，固可爲慮、録通用之證，而無關於字之源也。考《説文》："慮，謀思也。"《方言》同。段注："言部，慮難曰謀，與此爲轉注。口部曰，圖者，畫〔也〕，計難也。然則謀、慮、圖三篆義同。《左傳》曰慮無他，《書》曰無慮，皆謂計畫之纖悉必周，有不周者非慮也。」是謀思爲慮之本義。其他，度也，《齊策》「願王熟慮之」注。議也，《廣雅・釋詁四》。計也，《秦策》「子爲寡人慮之」注。旅也，《釋名》：「慮，旅也。旅，衆也。《易》曰一致而百慮。慮及衆物，以一定之也。」情然而心爲之擇謂之慮，《荀子・正名》。並從謀思之義引伸而出。《周禮・朝士》：「令邦國都家縣鄙慮刑貶。」鄭注：「慮謂謀也。謂當圖謀緩刑。」實與許義相合。師古省録，林甫檢閱之解，亦從謀思引伸而出。此慮字之源也。《説文》：「録，金色也。」其他，存視也，《漢書・董仲舒傳》注。第也，《吴語》注。具也，《廣雅・釋詁三》。領也，《莊子・漁父》注。謂總領之，《後漢書・和紀》注。檢束也，《荀子・修身》注。並與録之本義無關，乃出於後來之通借。此録字之源也。然「慮囚」之字，本當作「慮」，而不當作「録」。《集韻》九御良據紐下：「録，寬省也。」《太玄》：「蹀于狴獄，三歲不録。」王涯説通作「慮」。並與慮囚之事合。古音慮從虍聲，在第五部，録從彔聲，在第二部，其相叚借者，二字同屬來字母，爲雙聲叚借。師古不知「録」當作「慮」，而以慮爲録之去聲，未爲得字之源。《字典》但以四聲爲説，而不考《説文》，亦豈爲通其源哉。至若元人作《刑統賦》，解釋者皆誤爲思慮之慮，是未聞師古之説者。

釋規避

律例内「規避」二字，解之者不一説。《瑣言》曰：「規者，爲圓之法。規避者，謂圓轉委曲，巧以避罪也。《疏議》訓規爲規利之意，則增減官文書條曰規避死罪。死罪何利而規求之耶？」《管見》曰：「規避之規，或訓作求，或作規矩之規。《瑣言》又訓作圓轉委曲。然規以爲圓而已，何以言轉而委曲乎？蓋本文從《唐律》。按《韻會》，規亦訓蔽。《唐書》『規影徭賦』，即《户律》所謂隱蔽差役者也。此規避之規，亦當訓蔽爾。」《集解》曰：「規與窺同，古字通用。規有所求探，避有所回避。二字活看，不可以規專爲求，避專於脱罪。」《輯注》曰：「規者，有所窺求之意。避者，有所脱卸之謂。求取賄賂曰規，脱免罪名曰避。規與窺同，古字通用。」《字典》：「規避，違法以方爲圓也。」

按：律文「規避」二字，本於《唐律》。《唐律》「詐爲官文書增減」條「準（取）〔所〕規避」，《疏議》曰：「規避者，假有於法不應爲官，詐求得官者，徒二年。又詐爲官文書及增減而規官不解，加本罪二等，合徒三年。避者，或有本犯徒三年，詐爲增減以避此罪者，合加二罪，流二千五百里。」是分規、避爲二事。此條下文又有「自有所避，各加所避罪。增減以避稽等語。」《職制律》亦有規求之文。又「詐爲官私文書增減」條：「諸詐爲官私文書及增減，欺妄以求財賞及避没入、備償者。」《疏議》曰：「欺妄以求錢財或求賞物，及緣坐資財及犯禁之物合没官而避没入，或損失官私器物而避備償，如此之類，增減詐爲方便規避者。」可見規避之義，本兼二事而言。規，謀也，《淮南子·主術訓》高誘注。《後漢書·趙熹傳》章懷太子注。圖也，《文選·東京賦》薛綜注。並可以證規求之義。《瑣言》、《字典》以規圓爲説，近于穿鑿。《集解》、《輯注》謂規、窺通用，於古無徵。且律文亦無窺探之意。《管見》取規蔽之訓，僅見《韻會》，他書無聞。且規避與隱蔽事亦不同。恐《唐書》規影之規，亦當作圖謀解，言圖謀影射徭賦也。諸説仍不如《疏議》之説爲有據也。惟自來沿用規避，但爲一事。如《宋史·選舉志》之「規避遐遠獨孤」，及《答楊貴處士書》之「規避之户」，皆指一事言。則二字又當串説，言圖謀有所避也。若元稹詩之「諫獵甯規避，彈毫詎囁嚅。」以「囁嚅」

對「規避」，又似用爲駢語矣。

「規避死罪」乃《明律》之文，《唐律所無。似唐時「規避」二字平列，指二事言。《北史·齊紀》論魏武帝規避權逼，二字似亦平列，「規」貼「權」說，「避」貼「逼」說。《北史》固初唐文字也。後來習俗相沿，但指一事，規避卽當串說。元稹詩亦指一事，古人對偶不盡拘墟也。

釋閘

《明律》漏用鈔印有「不行用心檢閘。」萬曆本。陳省、范永鑾二本均作「檢閘」，高舉本作「點閘」。《纂注》：「點閘，點檢查看之意。」按：凡蓄水處，以木板截流謂之閘。今江浙人凡結算賬目謂之閘。蓋必截數而結算之，帳目方清。故俗用閘，檢閘、點閘，蓋卽此意。

學斷

後魏劉輝之獄

《魏書·刑罰志》：神龜中，蘭陵公主駙馬都尉劉輝，坐與河陰縣民張智壽妹容妃、陳慶和妹慧猛，姦亂耽惑，毆主傷胎。輝懼罪逃亡。門下處奏：「各入死刑，智壽、慶和並以知情不加防限，處以流坐。」詔曰：「容妃、慧猛恕死，髡鞭付宮，餘如奏。」尚書三公郎中崔纂執曰：「伏見旨募若獲劉輝者，職人賞二階，白民聽出身進一階，厮役免役，奴婢爲良。案輝無叛逆之罪，賞同反人劉宣明之格。又尋門下處奏以：『容妃、慧猛與輝私姦，兩情耽惑，令輝挾忿，毆主傷胎。雖律無正條，罪合極法，並處入死。其智壽等二家，配敦煌爲兵。』天慈廣被，不卽施行，雖恕其命，竊謂未可。夫律令，高皇帝所以治天下，不爲喜怒增減，不由親疏改易。案《鬬律》：『祖父母、父母忿怒，以兵刃殺子孫者五歲刑，毆殺者四歲刑，若心有愛憎而故殺者，各加一等。』雖王姬下嫁，貴殊常妻，然人婦之孕，不得非(一夕生)〔子。又依〕永平四年先朝舊格：『諸流刑及死，皆首罪判(官)〔定〕，後決從者。』事必因本以求支，獄若以輝逃避，便應懸處，未有捨其首罪而成其末愆。流死參差，或時未允。門下中禁大臣，職在敷(癸)〔奏〕。昔邴吉爲相，不存鬬斃，而問牛喘，豈不以司別故也。案容妃等，罪止於姦私，若擒之穢(舉)〔席〕，衆證分明，卽律科處，不越刑坐，何得同宮掖之罪，齊奚官之律？案智壽口訴，妹適司士曹參軍羅顯貴，已生二女於其夫，則他家之母。《禮》云婦人不二夫，猶曰不二天。若私門失度〔罪在於夫〕，釁非兄弟。昔魏晉未除五族之刑，有免子戮母之坐。何曾諍之，謂『在室之女，從父母之刑；已醮之婦，從夫家之刑。』斯乃不刊之令軌，古今之通議。律，『期親相隱』之謂凡罪。況姦私之醜，豈得以同氣相證？論刑過其所犯，語情又乖律憲。案律，姦罪無相緣之坐。不可借輝之忿，加兄弟之刑。夫刑人於市，與衆弃之，爵人於朝，與衆共之，明不私於天下，無欺於耳目。何得以非正刑書，施行四海。刑名一失，駟馬不追。既有詔旨，依卽行下，非(理)〔律〕之案，理宜更請。」

尚書元修義以爲：「昔哀姜悖禮於魯，齊侯取而殺之，《春秋》所譏。又夏姬罪濫於陳國，但責徵舒，而不非父母。明婦人外成，犯禮之愆，無關本族。況出適之妹，釁及兄弟乎？」右僕射游肇奏言：「臣等謬參樞轄，獻替是司，門下出納，謨明常則。至於無良犯法，職有司存，刻罪結案，本非其事。容妃等姦狀，罪止於刑，並處極法，準律未當。出適之女，坐及其兄，推據典憲，理實爲猛。又輝雖逃刑，罪非孥戮，募同大逆，亦謂加重。乖律之案，理宜陳請。乞付有司，重更詳議。」詔曰：「輝悖法之罪不可縱，厚賞懸募，必望擒獲。容妃、慧猛與輝私亂，因此耽惑，主致非常。此而不誅，將何懲肅？且已醮之女，不應坐及昆弟，但智壽、慶和知妹姦情，初不防禦，招引劉輝，共成淫醜，敗風穢化，理深其罰。特敕門下結獄，不拘恒司，豈得一同常例，以爲通準。且古有詔獄，寧復一歸（詔獄）〔大理〕。而尚書治本，納言所屬，弗究悖理之淺深，不詳損化之多少，違彼義途，苟存執憲，殊乖任寄，深合罪責。崔纂可免郎，都坐尚書，悉奪禄一時。」

宋安崇緒之獄

《通考》：一百七十。端拱元年，廣安軍民安崇緒録禁軍，訴繼母馮嘗與父知逸離，今來占奪父貲産，欲與己子。大理定崇緒訟母，罪死。太宗疑之。判大理寺張佖固執前斷，遂下臺省集議。徐鉉議曰：「伏詳安崇緒辭理雖繁，今但當定其母馮與父曾離與不離。如已離，卽須令馮歸宗。如不曾離，卽崇緒准法訴母處死。今詳案內，不曾離異，其證有四：崇緒所執父書，只言遂州公論，後母馮自歸本家，便爲離異，固非事實。又知逸在京，阿馮卻來知逸之家，數年後知逸方死，豈可並無論訴遣斥，其證一也。

本軍初勘，有族人安景泛證云：『已曾離異，諸親具知。』及欲追尋諸親，景泛便自引退。其證二也，知逸有三處莊田，馮卻後來自(古)〔占〕兩處，小妻高占一處，高來取馮莊課，曾經論訟，高即自引退，不曾離，其證三也。本軍曾收崇緒所生母蒲勘問，亦稱不知離絕。其證四也。又自知逸入京之後，阿馮卻歸以來，凡經三度官司勘鞫，並無離異狀況。不孝之刑，教之大者，崇緒請依刑部、大理元斷處死。」右僕射李昉等四十三人議曰：「據法寺定斷，以安崇緒論嫡母馮罪，便合處死。臣等深爲不當。若以五母皆同，即阿蒲雖賤，乃是安崇緒之親母。崇緒本以田業爲馮强占，親母衣食不充，所以論訴。若從法寺斷死，則知逸負何辜而絶嗣？阿蒲處何地而託身？臣等參詳，田業並合歸崇緒，馮亦合與蒲同居，終身供侍，不得有闕。馮不得擅自貨易莊田，並本家親族亦不得來主崇緒家務。如是，則男雖庶子，有父業可安，女雖出嫁，有本家可歸，阿馮終身又不乏養。所有罪犯，並准赦原。」詔從昉等議，鉉、佖各奪一月俸。

宋檀偕之獄

《通考》一百七十。宋紹興四年，詔：「宣州奏檀偕殺人疑慮案，令刑部重行擬斷，申尚書省。」初，宣州民葉全二者，盜檀偕窖錢，偕令耕夫阮授、阮捷殺全二等五人，弃屍水中，當斬，屍不經驗，奏裁。詔授、捷並杖脊流三千里，偕貸死，杖脊配瓊州。孫近爲中書舍人，駁之。命更擬。始近之提點浙東刑獄也，紹興民俞富捕盜而併殺盜妻，近奏：「富與盜別無私讐，願貸死。」詔從之。法寺援以爲比，執前擬不變。近又言：「富執本縣判狀捕劫盜，殺拒捕之人，并及妻，偕乃私用威力，被殺者五人，所犯不同。」乃詔御史臺看詳。侍御史辛炳等言：「偕係故殺，衆證分明。」以近降申明條法，不應奏。輔臣進呈，朱勝非曰：「疑獄不當奏而輒奏者，法不論罪。緣近以宣州有觀望，欲併罪之。」上曰：「宣州可貸。今若加罪，則後來實有疑慮者，亦不復奏陳矣。」乃詔偕論如律，法寺當職丞評、刑部郎官各贖金有差。

按：此獄有難明者數端。全二爲盜，則偕所欲殺者全二耳，何以授等竟殺五人？其四人者，全二之徒黨歟？抑平民歟？此難明者一也。使此四人者，非偕所欲殺之人，而授等殺之，則與偕何與？罪坐偕，非法也。此難明者二也。偕造意殺人，是爲謀殺，身雖不行，仍以爲首論，何以辛炳言係故殺？此難明者三也。屍不經驗奏裁，宋法如是，尚係罪疑惟輕之意，故偕得貸死，授等減流。何以朱勝非謂不當奏而奏？此難明者四也。竊意全二爲盜，而四人者非盜，因全二而併殺四人，視俞富案爲重，故當時以貸死爲輕。特史文不詳，難懸斷耳。

宋阿云之獄

《宋史・許遵傳》：及爲登州，執政許以判大理，遵欲立奇以自鬻。會婦人阿云獄起。初，云許嫁未行，嫌婿陋，伺其寢田舍，懷刀斫之，十餘創不能殺，斷其一指。吏求盜弗得，疑云所爲，執而詰之，欲加訊掠，乃吐實。遵按云納采之日，母服未除，應以凡人論，讞于朝。有司當爲謀殺已傷。遵駁言：「云被問即承，應爲按問。審刑、大理當絞刑，非是。」事下刑部，以遵爲妄。詔以贖論。未幾，果判大理。恥用議法坐劾，復言：「刑部定議非直（非），云合免所因之罪。今棄敕不用，但引斷例，一切按而殺之，塞其自守按：「守」疑「首」之誤。之路，殆非罪疑惟輕之義。」詔司馬光、王安石議。光以爲不可，安石主遵。御史中丞滕甫、侍御史錢（覬）〔顗〕皆言遵所争戾法意。自是廷論紛然。安石既執政，悉罪異已者，遂從遵議。雖累問不承者，亦得爲按問。或兩人同爲盜劫，吏先問左，則按問在左；先問右，則按問在右。獄之生死，在問之先後，而非盜之情，天下益厭其説。

按：納采在母服中，固爲失禮，然究未成昏，未便以居喪嫁娶論。惟許嫁未行，則是未昏妻也。今例未昏與已昏同，殺夫應入十惡。而按之古義，必廟見方成爲婦。即不得以殺夫論，當時以謀殺已傷定議，尚爲持平。許遵妄思翻案，而安石助之，甚可怪也。《唐律》云：「犯罪未發而自首者，原其罪。《疏議》曰：「若有文牒言告，官司判令三審，牒雖未入曹司，即是其事已彰，雖欲自新，不得成首。」知人欲告及亡叛而自首者，減罪二等坐之。」《疏議》曰：「犯罪之徒，知人欲告及按問欲舉而自首陳，各得減罪二等坐之。」尋繹律意，罪未發，是未告官司也。案問欲舉，是官吏方興此議，而罪人未拘執到官也，故得原其悔過之心，以自首原減。若阿云之事，吏方求盜勿得，是已告官司；疑云，執而詰之，乃吐實，是官吏已舉，罪人已到官，未有悔過情形，按律本不成首。許遵删去「欲舉」二字，謂被問即爲按問，安石又從而揚其波，將天下無不可原減之獄。鹵莽滅裂，噫甚矣！

《通考》：神宗熙寧元年，詔：「謀殺已傷，按問欲舉，自首，從謀殺減二等論。」初，登州言有婦云於母服嫁韋，惡韋寢陋，謀殺不死，按問欲舉，自首。審刑、大理論死，用違律爲婚奏裁。貸之。知州許遵言當減謀殺罪二等，請論如敕律。乃送刑部，刑部斷如審刑、大理。遵不服，請下兩制議。詔翰林學士司馬光、王安石同議。二人不同，遂各爲奏。光言：「凡議法者，當先原立法之意，然後可以斷獄。按律，其於人損傷，不在自首之列。釋謂犯殺傷而自首者，得免所因之罪，仍從故殺傷者。蓋以與人損傷既不在自首之列，而别因有犯，如爲盜劫囚、略賣人之類，本無殺傷之意而致殺傷人者，慮有司執文并不許首，故申明因犯殺傷而自首者，得免所因之罪。然殺傷之中，自有二等。其處心積慮，巧詐百端，掩人不備，則謂之謀。直情徑行，略無顧慮，公然殺害，則謂之故。謀者重，故者輕。今因犯他罪致殺傷人，他罪得首，殺傷不原，若從謀殺則太重，若從鬬殺則太輕，故參酌其中，從故殺傷法也。其直犯殺傷，更無他罪者，惟未傷可首，已傷不在首限。今許遵欲以謀與殺分爲兩事。按謀殺、故殺皆是殺人，若以謀與殺爲兩事，則故與殺亦爲兩事也。彼平居謀慮，不爲殺人，當有何罪而可首者？以此知謀字止因殺字生文，不得别爲所因之罪。若以劫鬬與謀皆爲所因之罪，從故殺傷法，則是鬬殺自首，反得加罪一等也。云獲貸死，已是寬恩，遵爲之請，欲天下引以爲例，開姦兇之路，長賊殺之源，非教之善者也。臣愚以爲，宜如大理寺所定。」安石言：「《刑統》殺傷罪名不一，有因謀，有因鬬，有因劫囚、竊囚，有因略賣，有因被囚禁拒捍官司而走，有因强姦，有因厭魅呪咀。此殺傷而有所因者也。惟有故殺傷則無所因，故《刑統》因犯殺傷而自首，得免所因之罪，仍從故殺傷法。其意以爲，於法得首，所因之罪既已原免，而法不許首，殺傷刑名未有所從，唯有故殺傷爲無所因而殺傷，故令從故殺傷法。至今因犯過失殺傷而自首，則所因之罪已免，唯有傷殺之罪未除。過失殺傷，非故殺傷，不可亦從故殺傷法，故《刑統》令過失者從本過失法。至於鬭殺傷，則所因之罪常輕，殺傷之罪常重，則自首合從本法可知。此則《刑統》之意，唯過失與鬭當從本法，其餘殺傷得免所因之罪，皆從故殺傷罪科之，則於法所得首之罪皆原，而於法所不得首之罪皆不免，其殺傷之情本輕者自從本法，本重者得以首原。今刑部以因犯殺傷者謂别因有犯，遂致殺傷。竊以爲律但言因犯，不言别因。則謀殺何故不得爲殺傷所因之犯？又刑部以始謀專爲殺人，即無所因之罪。竊以爲律謀殺人者徒三年，已傷者絞，已殺者斬。謀殺與已傷、已殺自爲三等刑名。因有謀殺徒三年之犯，然後有已傷、已殺絞、斬之刑名，豈得稱别無所因之罪？今法寺、刑部乃以法得首免之謀殺，與法不得首免之已傷合爲一事，其失律意明甚。臣以爲云謀殺已傷，按問欲舉自首，合從謀殺減二等論。然竊原法寺、刑部所以自來用例斷謀殺已傷不許首免者，蓋爲律疏但言假有因盜殺傷，盜罪得免，故殺傷罪仍科，遂引爲所因之罪止謂因盜殺傷之類。盜與殺傷爲二事，與謀殺殺傷類例不同。臣以爲律疏假設條例，其於出罪，當舉重以包輕。因盜傷人者斬，尚得免所因之罪，謀殺傷人者絞，絞輕於斬，則其得免所因之罪可知也。然議者或謂謀殺已傷，情理有甚重者，若開自首，則或啟姦。臣以爲有司議罪，惟當守法，情理輕重，敕許奏裁。若有司輒得捨法以論罪，則法亂於下，人無所措手足矣。」御史中丞滕甫猶請再選官定議。詔選翰林學士吕公著、韓維、知制誥錢公輔。於是公著等言：「安石所論，敕、律悉已明備，所争者惟謀爲傷因不爲傷因而已。臣等以爲，律著不得自首者凡六科，而於人損傷不在自首之例。釋謂犯殺傷而自首者，得免所因之罪，仍從故殺傷法。蓋自首者但免所因之罪，而尚從故殺傷法，則所因之謀罪雖原免，而傷者還得傷之罪，殺者還得殺之刑也。且律於器物至不可備償則不許首，今於人損傷尚有可當之刑，而必使償之以死，不已過乎？古初立法，殺人者死，傷人者抵罪。後世因劫殺而傷者，則增至於斬，因謀殺而傷者，則增至於絞，倘有不因先謀，則不過徒杖三等之科而已，豈深入於絞、斬乎？若首其先謀，則傷罪仍在，是傷不可首，而因可首，則謀爲傷因，亦已明矣。律所以設首免之科者，非獨開改惡之路，恐犯者自知不可免死，則欲遂其惡心，至於必殺。今若由此著爲定論，塞其原首之路，則後之首者，不擇輕重，有司一切按文殺之矣，朝廷雖欲寬宥，其可得乎！苟以爲謀殺情重，律意不通其首，則六科之中，當著謀殺已傷不在自首之例也。編敕所載，但意在致人於死，並同已傷及傷與不傷情理兇惡不至死者，許奏裁。今令所因之謀，得用舊律，而原免已傷之情，復以後敕而奏決，則何爲而不可也。臣等以爲宜如安石所議便。」制曰：「可。」大理寺、審刑、刑部法官皆釋罪。於是法官齊恢、王師元、蔡冠卿等皆以公著所議爲不當。又詔安石與法官集議。安石與師元、冠卿反覆論難，師元等堅其說。明年二月庚子，詔：「自今謀殺人已死，自首及按問欲舉，並奏取敕裁。」而判部劉述、丁諷奏庚子詔書未盡，封還中書。於是安石奏以爲：「律意因犯殺傷而自首，得免所因之罪，仍從故殺傷法。若已殺，從故殺法，則爲首者必死，不須奏裁。爲從者自有編敕奏裁之文，不須復立新制。」與唐介等數争議於帝前。卒從安石議。是月甲寅，詔：「自今謀殺人自首及按問欲舉，並以去年七月詔書從事。其謀殺人已死，爲從者雖當首減，依嘉祐敕兇惡之人情理巨蠹及謀殺人傷與不傷奏裁。收還庚子詔書。」劉述又奏以爲：「不當以敕頒御史臺、大理寺、審刑院及開封府，而不頒之諸路，人誤引刑一司。敕請中書、樞密院合議。」中丞呂誨、御史劉琦、錢顗皆請如述等下之二府。

帝以爲律文甚明，不須合議。而曾公亮等皆以博盡同異、厭塞言者爲無傷，乃以衆議付樞密院。文彦博以爲：「殺傷者，欲殺而傷也，卽已殺者不可首。」吕公弼以爲：「殺傷於律不可首。請自今已後，殺傷依律。其從而加功自首，卽奏裁。」陳升之、韓絳議與安石略同。時富弼入相，帝令弼與安石議。弼謂安石以謀與殺分爲二事，以破析律文，曷從衆議？安石不可。弼乃辭以病。八月，遂詔：「謀殺人自首及按問欲舉，並依今年二月甲寅敕施行。」詔開封府推官王堯臣劾劉述、丁諷、王師元以聞，述等皆貶。司馬光言：「阿云之獄，中材之吏皆能立斷，朝廷命兩制、兩府定奪者各一，敕，出而復收者一，收而復出者各一，争論縱横，至今未定。夫執條據例者，有司之職也。原情制義者，君相之事也。分争辨訟，非禮不決，禮之所去，刑之所取也。阿云之事，陛下試以禮觀之，豈難決之獄哉？彼謀殺爲一事，爲二事，謀爲所因，不爲所因，此苛察繳繞之論，乃文法俗吏之所争，豈明君賢相所當留意耶！今議論歲餘而後成法，終爲棄百代之常典，悖三綱之大義，使良善無告，姦宄得志，豈非徇其枝葉，而忘其根本之所致耶！」不報。安石議行，司勳員外郎崔台符舉首加額曰：「數百年誤用刑名，今乃得正。」安石喜其附己，明年六月，擢大理卿。

邱濬《大學衍義補》：一百八。按宋朝刑制，有律有敕。阿云之獄，既經大理、審刑、刑部，又經翰林、中書、樞密，名臣如司馬光、王安石、吕公著、公弼、文彦博、唐介，法官如劉述、吕誨、劉琦、錢顗、齊恢、王師元、蔡冠卿，議論紛紜，迄無定説。推原所自，皆是争律、敕之文，謀與殺爲一事，爲二事，有所因，無所因而已。由是以觀，國家制爲刑書，當有一定之制。其立文之初，當須斟酌穩當，必不可以移易，然後著於簡牘，使執其文而施之，用者如持衡量，然輕重多寡，不可因人而上下，斯爲得矣。然則阿云之獄，何以處之？曰司馬氏固云分争辨訟，非禮不決。臣請決之以禮。夫夫婦，三綱之一，天倫之大者，阿云既嫁與韋，則韋乃阿云之天也，天可背乎？使韋有惡逆之罪，尚在所容隱，今徒以其貌之醜陋之故，而欲謀之，其得罪而悖於禮也，甚矣！且妻之於夫，存其將之之心固不可，況又有傷之之迹乎。諸人之論，未有及此者。司馬氏始是刑部，其後有棄常典、悖三綱之説，然隱而未彰也。臣故推衍其義，以斷斯獄。

《歷代通鑑輯覽》御批云：「婦謀殺夫，悖惡極矣，傷雖未死，而謀則已行，豈可因幸而獲生以逭其殺夫之罪？又豈可以按問即服遂開以自首之條？許遵率請未減，已爲廢法，即科以故出而罷之，亦不爲過。劉述身爲刑官，執之誠是。安石乃袒遵而詆述，且定謀殺首原之令，不特兇婦因曲宥以漏網，非所以飭倫紀，且使姦徒有所恃而輕犯，尤不足以止辟。安石偏執妄行，不復知有明罰。敕法公議而貶逐正人，尤逞其無忌憚之心。小人肆毒，乃至是哉！」

按：此獄兩議相持，争論不已，安石以怙勢而勝，不足爲訓。苟使明乎按問欲舉之義，知首陳當在未舉之先，更推尋夫因字、故字之義，豈難決定哉。按問欲舉之義，前已論之詳矣。因者，由也，謀之所由生也。所由必有事，世有無事而造謀者乎？即如阿云之獄，嫌夫貌陋，其事也因也。有嫌夫之心，而始造殺夫之謀，謀非所因，明甚。故者，有心之謂也，有心爲惡，即不准首。律之意如此，言故而凡有心者概之矣。謀殺爲有心爲無心乎？此皆不待智者而知之也。許遵等强分謀與殺爲二，竟不問由於何事，而必以謀爲因。安石併謂殺傷皆有因，惟故殺傷無因。夫謀也，故也，鬬也，誤也，戲也，擅也，過失也，等殺傷也，殺傷其總名，謀、故等皆各爲一端。乃必謂謀與殺爲二事，故與殺爲一事，此其説之難通者一也。天下非癡狂無知，未有無事而殺人者，則故殺必有事。爲姦爲盜，故殺之事亦至不一，即故殺之因也。乃欲分謀與殺爲二，而遂謂故殺無因，此其説難通者二也。律言仍從故殺傷法，言仍者，仍其本罪也。謀與故皆有心，言故而謀已包舉在内。乃必以謀爲殺之因，而故非殺之因，同此有心，特歧而二之，此其説之難通者三也。温公謂以鬬爲因，從故殺反加一等，其論甚是。安石亦知其説之不可通也，謂鬬殺合從本法。顧律文但言過失殺聽從本，而不及鬬殺者，原以有心、無心爲别，言故則無不該也。今獨云鬬殺合從本，若本是故殺或誤殺、擅殺、戲殺，將何從乎？此其説之難通者四也。又如拒捕殺人，拒捕其事也，因也或因姦，或因盜，其事不一，其殺也爲謀，爲故，爲鬬，爲誤，亦不一，將不以姦、盜爲因，而以謀、故、鬬、誤爲因乎？此其説之難通者五也。安石又云，鬬殺傷所因之罪常輕，殺傷之罪常重。是其意亦謂鬬有别因，而不得即以鬬爲因。鬬不爲因，而謀必爲因，此其説之難通者六也。許遵破析律文，安石力排異己，吕申公等獨從其議，何哉？吕申公等謂殺傷有可當之刑，償死已過，舍律而言情，固自有理。然謂犯者自知不免，至於必殺，則未爲通論。凡人謀殺之心，未有不欲其速死，若傷而不死，或其人暈絶認爲已死而歇手，或其時遇有别故而未能殺訖，或其人被毒而經救得生，其不死，倖也，非謀之本心也。則遂其惡心，豈在得首不得首哉？綜而論之，阿云謀殺未昏夫，刀斫十餘創之多，並斷其一指，情形極爲兇惡，殺而不死，乃不能，非不爲也。初無追悔之心，未有首陳之狀。許、王所議，顯與律意相違。此獄關繫倫紀，當日劉述諸人齗齗辨論，實非得已。邱文莊衍温公之説，固足以斷斯獄。伏讀御批，義正辭嚴，洵爲千秋定論。故謹備録于右云。

又《宋志》嘉祐編敕：「應犯罪之人，因疑被執，贓證未明，或徒黨就擒，未被指説，但詰問便承，皆從律按問欲舉首減之科。若已經詰問，隱拒本罪，不在首減之例。」按此敕從《疏議》推廣而出，與自首之義本不甚符。云之事，乃欲訊掠而吐實，亦與但問便承有異。故當時議者，不主此説也。

寄簃文存卷五

箋

婦女離異律例偶箋

户律婚姻

男女婚姻

凡男女定婚，若再許他人，未成婚者女家主婚人杖七十，已成婚者杖八十，女歸前夫。前夫不願者，倍追財禮，給還其女，仍從後夫。男家悔者，亦如之。仍令娶前女，後聘聽其別嫁。

箋曰：女歸前夫，法也。不願而從後夫，情也。然此指已成婚者言之。若未成婚者，似不得聽其不願而斷從後夫也。男家悔者，仍令娶前女，後聘聽其別嫁，法也。然後定者已成婚，而必令離異，亦非人情。故《總注》謂未成婚則斷娶原聘，聽後聘者另嫁，已成婚則斷與後娶完聚，聽原聘者另嫁，亦情也。律意情法兩盡，未可執法而不原情也。

其未成婚男女有犯姦盜者，男子有犯，聽女別嫁，女子有犯，聽男別娶，不用此律。

箋曰：此因其犯姦盜而斷離，然止云姦盜，則別項罪名不在此限。

若爲婚而女家妄冒者杖八十，男家妄冒者加一等，未成婚者仍依原定，所妄冒相見之無疾兄弟姊妹及親生之子爲婚。如妄冒相見男女先已許聘他人，或已經配有室家者，不在仍依原定之限。已成婚者離異。

箋曰：此因其妄冒而斷離，使不得遂其姦僞之願，然亦據法而言。《總注》謂若女子不願別嫁，亦應免其離異。蓋女子既已失身，必令離異，亦非所以全其節也。《輯注》謂若妄冒之人或非本家男女，其門第不同，貧富各異，有不情願，亦當聽之。蓋婚姻適兩家之好，亦從所願，强合於始，必隙末於終，亦非人情也。

若卑幼或仕宦或買賣在外，其祖父母、父母及伯叔父母、姑、兄姊自卑幼出外之後爲定婚，而卑幼不知自娶妻已成婚者，仍舊爲婚。尊長所定之女聽其別嫁。未成婚者，從尊長所定。自定者從其別嫁。違者杖八十。仍改正。

箋曰：若尊長在外，卑幼在家，兩有聘定者，亦依此斷。卑幼當聽命於尊長，法也。已成婚者仍舊，情也。以上各律，皆所以正婚姻之始，或離或不離，必斟酌乎情法之平，未嘗專論法而不論情也。

典雇妻女

凡將妻妾受財典雇與人爲妻妾者，本夫杖八十，典雇女者，父杖六十，婦女不坐。若將妻妾妄作姊妹嫁人者，杖一百，妻妾杖八十。知而典娶者，各與同罪。並離異。女給親，妻妾歸宗。不知者不坐。仍離異。

箋曰：典雇與人，則敗倫傷化，妄作姊妹，則兼有欺騙之情，在本夫則已義絶，在典娶者則失人道之始，故並應離異。《據會》云，家貧賣妻，依不應重，婦人仍歸後夫。此事之出于不得已者，故原之不離。

妻妾失序

若有妻更娶妻者，亦杖九十，後娶之妻離異。歸宗。

箋曰：並耦匹嫡，亂之本也，故應離。

逐壻嫁女

凡逐壻嫁女，或再招壻者，女斷付前夫，出居完娶。

箋曰：斷付前夫，與後夫離異矣。若前夫以女失節，不願完娶，而仍與後夫離異，必令再行改嫁，不又失節乎？此亦當據情酌斷。《輯注》謂仍與後夫離者，但以法論耳。情與法須相濟也。

居喪嫁娶

凡居父母及夫喪而身自嫁娶者，杖一百。若男子居喪而娶妾妻，女嫁人爲妾者，各減二等。若命婦夫亡，雖服滿再嫁者，罪亦如之，追奪誥敕並離異。知而共爲婚姻者，各減五等。不知者不坐。但離異。

箋曰：居三年之喪而忘哀戚之心，不孝不義之大者也。命婦非凡婦之比，當守從一而終之義，故並應離異。看「身自」二字，則奉有父母之命者不在此限。或云有主婚者，男女卽科爲從，并不離異亦無礙。蓋因離異之事於民情不便，有難行故耳。《瑣言》云此不言婦居舅姑喪，恐有夫已先亡，舅姑並沒，無所依歸，勢不能存立者，聽其改嫁，故律無禁。《輯注》云，若男女係親在之日定婚，於居喪之時嫁娶，則是有父母之命者，止坐罪，不離異。《示掌》云，鬻身殮夫，應援《據會》因貧賣妻之議，止問不應重，免離，毋庸泥律斷離。此三者皆原其情，未可以法繩之也。

若居祖父母、伯叔父母、姑、兄姊喪除承重孫外。而嫁娶者，杖八十。不離異。妾不坐。

箋曰：期服非三年喪之比，故不離。此法之通乎情者，亦可以見法之不可以固執也。固執必難行。

其夫喪服滿，妻妾果願守志，而女之祖父母、父母及夫之祖父母、父母强嫁之者，杖八十；未成婚者，追歸前夫之家，聽從守志，已成婚者給與完聚。例：其孀婦自願守志，母家、夫家搶奪强嫁以致被汙者，婦女均聽回守志，若婦女自願完聚者，照律聽其完聚。

箋曰：聽從守志，全其貞也。給與完聚，則以其業已失身也。若婦女不願完聚，自應仍聽其守志。例所以補律之未備。

同姓爲婚

凡同姓爲婚者，離異。律注：爲婚兼妻妾言，禮不娶同姓，所以厚別也。

箋曰：此乖禮經厚別之義，故應離異。然鄉愚無知，娶同姓者事所常有，若概繩之以法，轉失婦人從一而終之義，似亦當援情酌斷。

尊卑爲婚

凡外姻、有服尊屬、卑幼共爲婚姻，及娶同母異父姊妹，若妻前夫之女者，各以親屬相姦論。其父母之姑舅兩姨姊妹及姨，若堂姨母之姑、堂姑、己之堂姨及再從姨、己之堂外甥女，若女壻之姊妹及子孫婦之姊妹，並不得爲婚姻，違者各杖一百。若娶己之姑舅兩姨姊妹者，杖八十。並離異。婦女歸宗。

箋曰：此有乖倫理，故令離異。末一條聽從民便，有例。

例：前夫子女與後夫子女苟合成婚者，以娶同母異父姊妹律條科斷。

箋曰：此因其苟合而離之。然愚民不知禮法，鰥夫再娶，寡婦再嫁，往往有將子女苟合者，似亦應酌量科斷。《舊説》云，非苟合應免離異。前人於離異一事甚慎之也。《示掌》云，如前夫子女與後夫子女異父異母者，若從尊長主婚，毋概擬離，應援名分不甚有礙例科之。

娶親屬妻妾

凡娶同宗無服之親及無服親之妻者，各杖八十。若娶緦麻親之妻及舅、甥妻，各杖六十徒一年。小功以上，各以姦論。其曾被出及已改嫁而娶爲妻妾者，無服之親不與。各杖八十。若收父、祖妾及伯叔母者，不問被出、改嫁。各斬。若兄亡收嫂、弟亡收弟婦者，不問被出、改嫁俱坐。各絞。妾各減一等。若娶同宗緦麻以上姑姪姊妹者，亦各以姦論。除應死外並離異。

箋曰：此瀆亂無紀，視尊卑爲婚爲尤甚。

娶部民婦女爲妻妾

凡府州縣親民官任内娶部民婦女爲妻妾者，杖八十。若監臨官娶爲事人妻妾及女爲妻妾者，杖一百。妻妾仍兩離之，女給親。兩離者，不許給與後娶者，亦不給還前夫，令歸宗。其女以父母爲親，當歸宗。或已有夫，又以夫爲親，當給夫完聚。强娶者，各加二等，女家不坐。婦還前夫，女給親。若爲子孫、弟姪、家人娶者，罪亦如之。《總注》云，願爲夫婦者聽，不願者離之。

箋曰：此有乖於臨民之體制，故兩離之，娶者違律，前夫義絶也。若子孫、弟姪、家人，究與己身不同，故願爲夫婦者聽，不願者離。此情法兩盡之道也。

娶逃走婦女

凡娶犯罪逃走婦女爲妻妾，知情者與同罪，至死者減一等，離異。不知者不坐。若無夫，會赦免罪，不離。一有不合仍離。

箋曰：有罪婦女他人不得娶，故離。一有不合，謂或有夫，或未赦也。《舊説》云，若女一無至親可歸，雖不會赦，不離。離者法，不離者情也。

强占良家妻女

凡豪勢之人强奪良家妻女姦占爲妻妾者，絞，婦女給親。婦歸夫，女歸親。配於子孫、弟姪、家人者，罪亦如之。仍離異給親。

箋曰：此情兇勢惡，法所必懲者。

娶樂人爲妻妾

凡官吏娶樂人爲妻妾者，杖六十，並離異。歸宗，不還樂工。若官員子孫娶者，罪亦如之。

箋曰：此有闕行止。

僧道娶妻

凡僧道娶妻妾者，杖八十，還俗。女家同罪，離異。若僧道假託親屬或僮僕爲名求娶而僧道自占者，以姦論。婦女還親。

箋曰：此不守戒律。

良賤爲婚姻

凡家長與奴娶良人女爲妻者，杖八十，其奴自娶者，罪亦如之；因而入籍爲婢者，杖一百。若妄以奴婢爲良人而與良人爲夫妻者，各離異改正。謂入籍爲婢，婢女改正復良。

箋曰：此嚴良賤之分。

出妻

凡妻無應出及義絶之狀而出之者，杖八十，雖犯七出有三不去而出之者，減二等，追還完聚。若犯義絶應離而不離者，杖八十。若夫妻不相和諧而兩願離者，不坐。情既已離，難强其合。若夫無願離之情，妻背夫在逃者，杖一百。從夫嫁賣因逃而改嫁者，絞。其因夫逃亡三年之内不告官司而逃去者，杖八十，擅改嫁者，杖一百。妾各減二等。有主婚媒人，有財禮，乃坐。無主婚人，不成婚禮者，以和姦、刁姦論。其妻妾仍從夫嫁賣。

若婢背家長在逃者，杖八十，因而改嫁者，杖一百，給還家長。若由期親以上尊長主婚改嫁者，罪坐主婚，妻妾止得在逃之罪。

箋曰：以前十四門所稱離異，皆不得夫婦之正者也。此條則既爲夫婦之後，名分已定，必實有義絶之狀而始離之。否則雖犯七出，而尚有追還完聚之律。律之於離異，慎重也如此。若不相和諧而兩願離，亦以其情難强合，而法亦準乎情。至背夫在逃改嫁，及因夫逃亡而逃去改嫁，則並有義絶之狀，故離。

例：一、妻犯七出之狀有三不去之理，不得輒絶。犯姦者不在此限。

箋曰：此以補律之未備。婦人最重名節，犯姦則失節，故應離。

例：一、期約已至五年，無過不娶，及夫逃亡三年不還者，並聽經官告給執照，別行改嫁。

箋曰：此亦補律之未備。

嫁娶違律

其違律爲婚各條稱離異改正者，雖會赦猶離異改正。離異者，婦女並歸宗。

箋曰：此斷罪之通例。

户役

收留迷失子女

凡收留人家迷失子女而賣爲妻妾者，若得迷失奴婢而賣者，被賣之人給親完聚。

箋曰：此應送官司召人認領者也。子女、奴婢皆無罪之人，故給親完聚。

錢債

違禁取利

若準折人妻妾子女者杖一百，强奪者加二等，因而姦占婦女者絞，人口給親。

箋曰：此法所必懲者。

兵律軍政

縱軍擄掠

例：一、凡出征官員兵丁，除有不遵紀律，欺壓良民，肆行擄掠子女，仍按律治罪外，其于凱旋回營之日，沿途遇有良民子女，並非逃失，該官兵等强行擕帶者，即照已附地面擄掠人口律治罪。若擕帶逃失良民子女，照收留迷失子女律治罪。其擕帶人口有親屬者，追出給還完聚，無親屬者，交地方官妥爲撫恤。

箋曰：此軍法之不可不禁者。

刑律賊盜

謀叛

例：一、凡内地漢回在回疆地方如有擅娶回婦者，離異。

箋云：此慮其勾結生事，故嚴其法。

略人略賣人

凡設方略而誘取良人，及略賣良人爲奴婢者，皆杖一百流三千里。爲妻妾子孫者，杖一百徒三年。被略之人不坐，給親完聚。若假以乞養過房爲名，買良家子女轉賣者，罪亦如之。若和同相誘及相賣良人爲奴婢者，杖一百徒三年。爲妻妾子孫者，杖九十徒二年半。被誘之人減一等。仍改正給親。

箋曰：此情法必應完聚者。完聚與離異，主義迥乎不同。完聚，當合者也，本無離異之可言。離異，不可合者也，然亦時有完聚之事。一準之於情法而已。

人命

殺死姦夫

凡妻妾與人姦通而本夫於姦所殺死姦夫者，姦婦依律斷罪，當官價賣，身價入官。

箋曰：律内稱當官價賣者惟此一條。此因其無恥而離之，而又不準其歸宗，所以懲之也。

鬭毆

奴婢毆家長

例：若契買家奴及户下陳人將女私聘與人，未成婚者給還本主，已成婚者追身價銀四十兩，無力者量追一半給主。

箋曰：此因其私聘，故未成婚則離而已，成婚則不離，不令女失節也。

妻妾毆夫

凡妻毆夫者，杖一百，夫願離者聽。

箋曰：《舊説》云：「妻以夫爲天，妻而毆夫，是自絶於天矣，法當離異。然離者法，不離者情，緣情立法，不容執法以違情。故離否，聽之於夫，不繩以定法也。」此説甚得律意。妻於夫，有義絶之狀尚不强之使離，不使法勝情也。

其夫毆妻，非折傷勿論。至折傷以上，減凡人二等。先行審問，夫婦如願離異者，斷罪離異。不願離異者，驗罪收贖。仍聽完聚。

箋曰：《舊説》云：「夫妻本以義合，毆至折傷以上，則義絶矣，故法聽離異。若不願離異者，驗所傷，應得之罪全准收贖，聽其完聚。雖有可絶之義，而無願離之心，則其情猶孚合，不但聽其完聚，並許贖其罪犯，不欲重傷其情也。」又云：「如夫願而妻不願，妻願而夫不願，皆不許離異。」此説發明律意，可謂親切。律於離異一事，慎之至也。

毆祖父母父母

若非理毆子孫之婦致令廢疾者杖八十，篤疾者加一等，子孫之婦並令歸宗。

箋曰：子孫之婦，本以義合，毆至篤疾，則義絶矣，故歸宗。若子孫之婦不願歸宗，或無宗可歸，又當衡情酌斷，未可泥於法也。

犯姦

犯姦

其和姦、刁姦者，姦婦從夫嫁賣，其夫願留者聽。若嫁賣與姦夫者，姦夫、本夫各杖八十，婦人嫁賣歸宗。

箋曰：此犯姦之婦而亦不强之使離，所以順人情也。

縱容妻妾犯姦

凡縱容妻妾與人通姦，抑勒妻妾與人通姦者，婦女並離異歸宗。

箋曰：此無恥之事，義不可以合者。

若用財買、休賣、休和娶人妻者，婦人離異歸宗。

箋曰：此有乖倫理，買者貪色，賣者貪財，故離異歸宗。若因貧難無力養贍以至賣妻者，其情可憫，難用此律，當臨時酌斷。

若買休人與婦人用計逼勒本夫休棄，其夫别無賣休之情者，婦人給付本夫，從其嫁賣。

箋曰：此本夫無願離之狀，故從其嫁賣。

買良爲娼

凡娼優樂人買良人子女爲娼優，及娶爲妻妾，或乞養爲子女者，子女歸宗。

箋曰：此亦嚴良賤之分。

督捕則例

口外逃人娶妻

一、凡口外蒙古人逃進内地娶妻者，將所娶之妻斷歸母家。其公主屬下人役在逃走處娶妻者，拏獲審明，斷給逃人完聚。

箋曰：此不應進口之人在口内娶妻，故離之。公主屬下人役則應進口者也，逃有罪，娶妻非其罪，且已成之夫婦也，故不離。

逃人外生之女

一、凡逃人將外娶妻所生之女聘給與人，不論已婚、未婚。斷給伊夫完聚外，若將帶逃之妻外生之女私聘與人，未婚者追還財禮，將女斷給伊主，已婚者不拘年限，俱免其離異，向私娶之人追銀四十兩給主，如貧難無力，量追一半。

箋曰：外生之女，非主家娶妻所生者，即非應追給伊主之人，故不論已、未婚，皆不離。若帶逃之妻所生，則應追給伊主者。已婚者免離，全其節也。

逃人原娶之妻

一、凡逃人逃回原籍，在伊原娶之妻家居住被獲者，審明，將逃人之妻斷給逃人完聚。

箋曰：故妻准完聚，全夫婦之情也。

統觀律内離異之條，如男女婚姻、典雇妻女、妻妾失序、逐壻嫁女、同姓爲婚、尊卑爲婚、娶親屬妻妾、娶部民婦女爲妻妾、娶逃走婦女、娶樂人爲妻妾諸條，皆不得夫婦之正者也。居喪嫁娶，則有關十惡者也。强占良家妻女、僧道娶妻、收留迷失子女、違禁取利、略人略賣人，則有干法紀者也。良賤爲婚姻、人户以籍爲定、奴婢毆家長、買良爲娼，則嚴良賤之分也。内地漢回擅娶回婦等條，則以杜亂萌也。殺死姦夫、犯姦、縱容妻妾犯姦諸條，則敗倫傷化者也。毆祖父母父母一條，則義絶自尊長者也。出妻、妻妾毆夫二條，則義絶自夫婦者也。緣情定法，律意至深，若欲於此外加嚴，事同變法，苟非情法兩盡，殆有未可輕議者歟！

光緒□年，晉撫題杜存毆傷潘廣録身死一案，將案内之潘杜氏比例擬流收贖。刑部律例館議，以杜氏理應離異。而山西司主稿燕訓卿郎中起烈，獨不以館議爲然，另具説帖呈堂。然卒從館議具奏。其時議者紛如，究莫衷一是。因將律例内離異各條，彙録如左，加以箋説。律意精深，雖未能窮其奧突，似亦得其大凡矣。司獄者於離異一端，當慎之又慎也。

節録律例館奏稿

伏思事無害於倫常，民間可聽其自便。義有時而斷絶，門内難掩以私恩。案情百出不窮，往往有律例未盡賅載，全在司讞者準情酌理，折衷至當。所以《春秋》比事，不廢屬辭，漢、唐引經，用斷疑獄，蓋自古爲然也。況案關父仇，事值倫變，若拘泥例無明文，而不釐正其失，則因仍苟且之間，卽乖明刑弼教之道。今潘太之父，被杜氏之父毆死，則杜氏乃仇人之女。潘廣録之死，杜氏雖不知情，實由杜氏而起，則杜氏亦潘太之仇。以仇人之女爲妻不可，以仇爲妻更不可。《春秋公羊傳》曰：「仇讐不處婚姻。」《穀梁傳》曰：「仇讐之人，非所以接婚姻也。」夫魯忘仇爲齊主婚，《春秋》猶非之，而況自爲妻乎？文姜孫齊，《春秋》削其姜氏，左氏曰「絶不爲親」。夫母尚可絶，又何有於其妻乎？漢時梁人有後妻殺夫，其子又殺之。孔季彦議以非司寇而擅殺。夫因父仇殺母，尚以擅論，又何有於離異其妻乎？

《唐律·户婚篇》云：「諸凡義絶者離之。」長孫無忌等《疏議》謂：「若夫妻、祖父母、父母、外祖父母、伯叔父母、姑、姊妹自相殺，皆爲義絶。」《唐律》集秦漢以來法書大成，最爲盡善，明言應離，更屬可則。又考之《隋史》：「南陽公主適宇文士及，士及兄化及行逆，公主爲尼。士及請見，公主不許曰：『我與君仇家。今所以不手刃君者，謀逆之日，察君不與知耳。』訶令速去。」夫婦女有從夫之義，尚可以仇而絶夫，而謂夫不可以絶妻，其義安在？

宋元豐中，壽州民殺妻之父母兄弟數口，州司以不道緣坐其妻，刑曹駁之曰：「毆妻父母卽是義絶，況是謀殺，不當坐其妻。」又莆田民楊訟其子婦不孝，官爲逮問。前，婦之父爲人毆死，楊亦與焉，坐獄未竟，遇赦免，婦仍在家攝守。陳振孫謂：「兩下相殺，義絶之大。初問楊罪時，合勒其婦休離。當離不離，則是違法，卽有相犯，並同凡人。此婦不合收坐。」斯二案皆義絶之事，邱濬載入《大學衍義補》，其按語謂：「生身之恩，重於伉儷之義。女子受命於父，而後有夫，因夫而後有舅姑。異姓所以合者，義也，義既絶矣，恩從而忘。」名儒之論，足維世教，正可於此對觀，然猶異代事也。

國朝道光十一年，山東兩令約爲婚姻，尚未迎娶，後因事壻父殺女父死，女不忍事仇，自經死，詔旌其孝。此女卓絶之行，善處變以全節，固不可望之鄉閭愚婦。而當時議者，咸謂女卽不死，其義已絶，後有此比，宜請斷離。由是以推，則潘太之不應以杜氏爲妻也，明甚。或謂婦女一與之齊，終身不改，中道斷離，設有無所歸者，改適則失節，不嫁則無依，亦堪矜憫。豈知牀笫之間，變成仇敵，卽不離異，未見其能相久安。設有椎魯無知，仍能順處，是敦夫婦之愛，薄父子之恩，於情爲逆，於理爲悖，卽治以違法，亦非過刻，而顧可從而遂其私乎？至離後婦女再醮，原所不禁，若能守貞不二，爲山東令女，則又有旌表之例在，固未可狃小節而淪大綱也。

總之，仇不共天，法尚寬其報復。道由人合，禮原酌其去留。杜氏無罪，已不當與潘太完聚。

杜氏有罪，潘太更不應與之合和。潘太終爲杜氏之夫，必使潘太無父而後可。潘太既爲潘廣録之子，必不以杜氏爲妻而後可。稽諸古訓，證以往行，似應以斷離爲是。再，此案風化所關，例所不及，是以改題爲奏，以昭慎重，合并聲明。

燕訓卿議杜氏不應離異說帖

爲立法不求過甚，度理尤貴準情。竊讀館員斷離杜氏之議，而不能已於言焉。杜氏以鄉曲愚婦，不能善事其翁，屢被毆詈，歸向其父杜存泣訴。其父不知責以婦道，令其委曲承歡，遽向氏翁潘廣録理論。其子聞之，邀同族叔杜四追往勸解。口角争鬭，致杜存與杜四同將潘廣録毆斃。維時氏與其夫潘太均以外出摘豆，未值其事。報驗訊詳，將杜存擬抵。適因毆有致命重傷之杜四在監病故，遂以命有一抵，杜存得援例減等擬流。而杜氏比照因貧不能養贍致父自盡之例，擬流收贖。經該撫具題到部，由司呈請交館。館議以罪名俱可照准，惟杜氏係仇人之女，理應離異。因例無專條，相應奏請遵行。職伏思杜氏之應離異，於理誠不可易也，惟於情竊以爲未安。且恐此例一開，後之以鬭毆而涉姻親，皆將援義絶而兩離之，必多窒礙之處。謹就原議所及，更詳辯之。

《春秋》王姬下嫁，命魯爲齊主婚。夫齊、魯仇讐在先，主婚在後，故《公羊》、《穀梁》非之，本與杜氏之先婚姻而後仇讐者迥别。迨後文姜孫齊，削姜氏以示貶，左氏曰「絶不爲親」。在書法惡其淫濫殺夫，絶之以爲天下萬世戒則可，而謂莊公以子絶母則不可。且絶者，絶齊不許其爲親也，竟作離異解，得乎？梁人以父仇殺母，此天倫之奇變。以今法較之，科以擅殺本輕，但與離異絶不相涉。

《唐律·户婚篇》「諸凡義絶者離之」，長孫無忌等《疏議》謂凡以骨肉相殘者皆爲義絶，自是推廣之詞，不可將離異併在一處。如謂合并言之，則其所指夫妻、祖父母各項殘殺，其重則已罪不容誅，何有於離異？若其罪不至死，則此數項内究竟何人與何人離異？殊覺費解。且當日明指出夫妻、祖父母、父母、外祖父母、伯叔父母、姑、姊妹，皆就服之極重、情之極親者而言，尋常姻親鬭殺，似難牽混。隋南陽公主以夫兄化及行逆，擯不與夫見，此自公主引義以斷恩，而非當日援法以絶之也。至於壽州民婦之不當緣坐，莆田民婦之聽其在家，皆不及離異之事，烏得以一時之空言，而變今日之成憲？若國朝山東令女之不事仇，自經以全節，係在未迎娶之先，更不可與杜氏相提而論。

總之，罪有其應得，而節目不可不疏。事取其相安，而煩苛不能無擾。今謂事有關於倫常，則杜氏之因不能養贍而擬流，正以重倫常也。謂義難掩以私恩，則杜氏與父均已各伏其辜，而未嘗倖逃法網也。至必謂杜氏不得以仇而爲潘太之妻，則如此案之由杜氏起衅固已，設其翁與父不因杜氏而以他事互毆致斃，亦將以其妻爲仇而絶之乎？設如氏之祖父母殺其翁，氏之伯叔父母、兄弟等殺其翁，亦將以氏爲仇人之孫女、姪女及爲仇人之姊若妹而概棄之乎？又如杜氏素本孝順，並無違犯，偶以缺養，致其翁意外自盡，聽之則吾仇也，去之則已甚也，遵法乎？抑將執義乎？且杜氏訴諸父而致父殺翁，並使父轉罹於法，不祥之女，强令歸宗，能相安於母家？謂其可以改適，而矢志不改者，將安之乎？謂其矢志不改，卽可請旌，以之施于未出嫁之令女則可，而謂杜氏可沿以爲例乎？

夫人情之所便者，聖人所不禁也。耰鋤箕帚，時起爭端，執梃刃而尋仇者，難保非誼關姻婭。據法以斷之足矣，法外不深求也。《婚姻門》如兩姨姑舅姊妹不准爲婚，後亦弛禁。父母囚禁嫁娶，斷罪而不離異。犯七出者，《輯注》謂禮可以出，非謂必出。律所已及，尚不加嚴，律所未及，又何必過刻乎？且杜氏聘娶多年，忽遭慘變，亦非意料所及。今必舍法以就義，則潘太之絶其妻猶可言也，不並使所生者絶其母乎？設令其無所生，而又貧不能再娶，不竟使其絶嗣乎？大抵憲典所施，不能概繩之門內。潘太不幸而有此婦，致父死於非命，以後之所以處之者，則在其人之自爲。倘長此飲恨其妻，終身薄待，卽生不同衾，死不同穴，可也。孝子、仁人之苦衷，不得議其不情者也。或由此而杜氏涕泣悔過，自贖前愆，潘太念其國法已伸，格外優容，亦屬勉强處變之道，未必遂爲清議所不容恕也。

善乎卓茂之言曰：「律設大法，禮順人情。」本爲律之所無，揆以情之所順，則杜氏似仍以不斷離爲是。又伏查《鬬毆門》內，妻毆夫，願離者聽；其夫毆妻至折傷以上，先行審問，夫婦願離者，斷罪離異，不願者，驗罪收贖。潘太之於杜氏，何妨照此辦理。然竊料當日之斷是獄者，或已早問及矣。案關例外加重，似不厭反復推詳。且兹事不獨於人情不便，而於政體亦大有關。可否再行斟酌之處，謹僭議以聞。

本按：此案館議詞嚴義正，似無可議。同曹徐酒秋兆豐亦主館議，作判詞一通，大旨謂仇人之女不可爲妻。其詞極華美，惜未留稿，今不復記憶矣。燕議推究事情極爲周到，亦未可議。今兩存之，以待法家之研究。

不能養贍者，人子之責，未可以責子婦。杜氏當日被翁毆詈，有無違犯教令之事，原訊未及，就紙上情形而論，比例科斷，未爲吻合。特該省定案時，因例無可科，而不科以罪，屍親心不輸服，擬流收贖，數少易辦，此其隱情也。否則此等供詞，必俱删削，以免部駁矣。或當時別有起衅情節，該省避重就輕，但云屢被毆詈，或毆詈時牽詈婦之父母，鄉愚無知，事所難免，故婦父怒往理論，皆未可知。滿流罪名已重，又議勒令離異，此燕君之所以議其例外加重也。

竊謂館議據理而言，所以教孝也。第就案辦案，原無窒礙，特恐因此案而他案援以爲據，則窒礙多矣。婦之父殺夫之父，亦鬬毆案中常有之事。若因他故致死，與婦無涉，將離之則婦乃無罪之人，不離則儼然仇人之女也。同爲仇人之女，若一離一不離，法卽兩歧。此窒礙者一。殺其翁者，爲婦之期親服屬，如燕議所稱婦之祖父母、伯叔父母、兄弟等非疏遠者也，推而論之，婦固仇人至近服屬之人，不離則同是仇人，何所區別？離之則天下將添出無數離異之婦，事極紛擾，於民不便。此窒礙者二。婦若有哺乳之子女，尚不能離其母，而又貧不能雇人哺乳也，將坐視此呱呱者之餓死而竟離之？抑將并子女而棄之乎？此窒礙者三。婦離必有宗可歸，苟無宗可歸，則將嫁之乎？是抑令失節也，於理既不順。設婦不甘失節，矢志不肯再醮，將何以處之？於事亦必窮。此窒礙者四。婦有違犯，翁姑之毆詈，宜也。世固有孝順之婦，毫無違犯，而爲之翁姑者聽信譖人，加以非理之毆詈，而婦終一味順受，絕無怨訴之迹者，設婦父因他事殺其翁，則此婦者不離，則明明仇人之女也，離之不大可哀乎？此窒礙者五。

大抵骨肉之間，難論曲直。耰鋤箕帚，何理可言。孟子曰：「責善則離，離則不祥莫大焉。」故苟能相忍，亦相與忍之而已。若時時事事以善相責，將必有不能相安者。處常且爾，況處變乎哉？古人立法多疏節闊目，是以施行之間，窒礙尚少。今人修法，多求其密，密則必至有抵捂之處，往往立一例而有無數之例相因而生。持有限之科條，馭無窮之情僞，謂必能無事不相中也，能乎？迨律無正條，而復以律外苛求之，此法之所以日益紛煩也。晉劉頌有正文名例所不及皆勿論之請，唐趙冬曦有勿用加減比附之議，並有見於律外科刑，必至有恣意輕重之弊。今東西各國刑法，凡律無正條者，不得處罰，職是故也。

補

補洗寃錄四則

光緒戊寅正月初二日，余在刑部直隸司當月，准提督衙門咨，送青海扎薩克台吉丹怎綽克多布於上年十二月三十日在東黄寺因瘋自刎身死一案。東黄寺在德勝門外，例不出刑部相驗，惟死係台吉，職分較大，由本部會同理藩院相驗，以昭慎重。當於初四日，會同理藩院司員詣東黄寺，驗得已死頭等台吉丹怎綽克多布，問年二十二歲，仰面，色微變，口、眼閉，項上偏左傷一處，寬二寸，深至食、氣嗓俱斷，肉卷縮，左起手重，右收手輕；偏右傷一處，皮破，寬一分，深一分，右起手重，左收手輕。兩手皆能彎曲至傷處，餘無别故。取兇器薙刀比對相符，委係先用左手自刎，傷輕，復用右手自刎，傷重身死，故兩手皆能彎曲至傷處。當傳同來之貝勒、台吉二人及死者之跟隨人，問得死者原係喇嘛，承襲台吉，因患瘋病，未曾來京。上年瘋病痊愈，因該年班並初次襲爵來京，引見，蒙恩賞戴翎支摃頭，謝恩時將翎支托落在地，自拾未得，經伯王拾起代爲戴上，心生畏懼，瘋病復發。回廟後即將屋門關閉，不準跟隨人進去。三十早晨，聽聞屋内喊嚷，同來人等撞門進内，見其業已自刎身死。取具供結完案。

查《洗寃録》云：「凡自割，喉下只是一出刀痕。」蓋以一刀之後，疼痛難忍，立時昏迷，不能復割也。又云：「如割幹不深及不係要害，雖兩三處未得致死。」《舊説》謂：「設遇此等兩三傷之案，必當辨其輕重，驗定自割、被殺，方可定斷。未便固執喉下只一刀痕，致有遺誤。」今此案自刎身死，確是兩傷，口、眼俱閉，亦與自刎情形相符，案情亦無疑。似是《洗寃録》「自割喉下，只是一出刀痕」二語未可拘泥。故特録此案，以備司讞之研究焉。

直隸天津縣鄭國錦因姦商同姦婦王氏謀殺本夫劉明身死一案。緣鄭國錦與劉明先不認識。王氏係劉明之妻，劉明帶同王氏並子劉黑兒在天津縣城寄住，鄭國錦亦在天津扎針治病。嗣王氏患病，劉明延鄭國錦給王氏看病，醫治痊愈，劉明卽令黑兒認鄭國錦爲師，時常往來。鄭國錦乘間與王氏通姦，劉明並不知情。光緒十八年二月間，鄭國錦至劉明家內，揑稱有病不能出外行走，王氏卽留鄭國錦在伊家住歇。因房屋無多，同炕睡宿，劉明、王氏一邊睡歇，鄭國錦與劉黑兒另睡一邊。每逢集期，劉明一早出外趕集，鄭國錦卽與王氏續姦，被劉黑兒看破。劉明生氣得病，卽向王氏聲稱，病痊全家回籍。鄭國錦戀姦情熱，起意將劉明謀害，向王氏商允，乘劉明患病，假以針治爲名，將其致死。遂與王氏向劉明勸說，給其針治，劉明不允。三月十七日四更時，鄭國錦料知劉明病中無力，可以用强鍼治，時劉黑兒睡熟，鄭國錦卽起身騎壓劉明兩腿，一手揿住上身，劉明不能動轉，王氏在旁看視，鄭國錦在劉明臍上一寸部位禁針之水穴內連扎三針。劉明聲喊，劉黑兒驚醒睄看，劉明曾說鄭國錦與王氏將其害死。鄭國錦將針拔出，劉明移時殞命。鄭國錦將屍棺殮，揑稱病故，通知屍兄劉長清來津。劉長清信實，帶同劉黑兒將屍棺搬回原籍埋葬。鄭國錦與王氏私自成爲夫婦，一同過度。旋經天津縣訪拏，審供詳由，臬司扎委天津府檢驗。余時承乏天津，率同静海縣知縣史善詒、候補知縣李應培，馳赴静海所屬之楊官店村。督同李、史二令，飭令屍兄劉長清、屍子劉黑兒指明已死劉明墳冢，眼同掘去墳土，起出屍棺，舁至屍場，開棺查看。該屍身皮肉銷化無存，飭令仵作侯永等將骨殖逐一檢出，用温水刷洗净盡，如法檢驗。已死劉明骨殖，仰面頂心骨，骨縫浮出，用絲緜試驗，能挂。顖門骨近左現紅色，向日光照視，如瓜子大一點，明透。骨縫浮出，係應傷。又上下牙齒生成二十八個，脱落二十一個，内一個係舊日脱落無存，餘俱存，齙朽三個。其正中牙根並近左第一、二、三各牙骨俱現紅色，亦係應傷，委係虚怯處所受傷身死。檢查鄭國錦原供，稱在死者水分穴扎三鍼。據醫書内載，水分爲禁刺之處，其爲因此致死無疑。當卽提同屍兄、屍子及犯、證人等，逐一明白指示，並令仵作按件給予看明。鄭國錦及鄭王氏卽劉王氏雖供詞翻異，而頂心骨之浮出，顖門骨及牙根骨之現紅色，當場飭令伊等細看。伊等不能狡混，隨與到案人證一同具結。由府詳司旋經省局將王氏、鄭國錦照律擬罪結案。

按用鍼死者，《洗冤録》但有重竭逆厥之名，而無驗屍檢骨之法。此案余奉扎後，卽念事隔數年，勢須檢骨，而如何檢法，無例案可憑，頗覺爲難。因思凡人下體虚怯處受傷身死者，必有應傷見於上。《洗冤録》云：「凡傷下部之人，其痕皆現於上。男子之傷，現於牙根骨裏。」又《備考》云：「肚腹小腹，乃中焦、下焦皮骨易潰之所。案經日久，無憑驗視，惟檢頭頂骨、顖門骨居中至正處，確有圓圍三四分許紅赤色。」又《疑難雜説》：「將人致死，經久屍肉腐爛，無迹可憑。但檢顖門骨，必浮出腦殼骨縫之外少許，其骨色淡紅，皆因罨絶呼吸，氣血上湧所致。」此數説者，以理推測，當可援以爲據。當經咨調京師仵作侯永到津，先向討論，該仵作亦持此説。迨經檢驗，則牙根及頭頂骨之紅赤色，顖門骨之浮出，與所推測者一一相符，得以定案。可見事理貴能會通，未可以古書所未及而遂忽略之。此案驗法爲《洗冤録》所未載，故并案情詳録之，以備參考，庶檢察官不至無所適從焉。

附記

劉明所埋之地，在村外半里許。開檢時係正月下旬，雪後凍未解，而墳内獨未凍。詢之土人，言此墳當下雪時，旋積旋化，羣以爲異。開棺時，有蛇一條蟠蟄其中，殆其地氣獨煖故也。

劉黑兒曾供稱：「伊父死後，伊拾得小紙包一個，内係水銀。伊先不認識，鄭國錦告知，是藥蝨之用。」故承審官或疑是毒死。開棺時先用銀釵在屍骨胸前土内攪翻良久，細驗胸前各骨，並無顔色，可決其非毒死也。

博野縣王林氏，自服洋火，毒發身死。驗得：仰面，面色青黄，兩眼胞微開，兩眼睛全，兩鼻竅有血水流出，上下唇吻微青，上下牙齒全，口微開，有血水流出。用銀針插入喉内，移時取出，作青黑色，用皂角水擦洗不去。兩血盆骨青紫，兩胳膊伸，兩手微握，心坎微紫，肚腹發脹，合面兩臂膊微青，十指甲微青。下身經屍夫攔驗。光緒二十五年案。按自來火創自西洋，中含燐質，爲中國舊日所無，服之死者，無成案可考。余守保定時，適見此案，録其所驗之情形如此。

《洗冤録》：「自殘若用左手，刃必起自右耳後過一二寸。用右手，必起自左耳後。其痕起手重，收手輕。若無左右深淺之别，必爲人所勒。」同治己巳，湖北漢陽伍萬氏自戕一案，縣令濮君文昶驗之：目瞠齒噤，咽喉一傷，長寸五分，寬三分，皮肉捲縮，食、氣嗓俱透，傷之左右略無輕重，不知孰爲下刃處。檢《洗寃録》，無可證。既而得遺鬋於側，血班然。視其手皆血污，試引之，均可彎曲至傷處。恍然曰：「是以兩手握鬋鬋喉死也。」讞遂定。按此喉下一傷，而無起手、收手之輕重可分者，頗滋疑惑。若非兇器是雙股之鬋，又驗有兩手血污，皆可彎曲至傷處情形，即難定案。其目瞠齒噤，必忿恨而自刎者。世情萬變，未可執一而論也。

書

與戴尚書論監獄書

何君《監獄説》，細讀一過，區畫周備，殺費苦心，甚善甚善。然謂如此卽可令遠人心服，則未敢以爲然。歐洲各國監獄爲專門之學，設立萬國協會，窮年研究，精益求精，方進未已。卽日本之監獄，雖極意經營，尚不完美，彼都人士方以爲憾。中國從未有人講求此學，則際此更張之始，自應周諮博考，擇其善者而從之。若仍墨守己見，不思改圖，恐無以關國人之口，遑論遠人哉！

鄙見所及，已詳於奏請改良一摺及調查清單，玆不贅述。但就表面而論，尚有不可緩者數端，爲我公陳之。歷次召對，慈訓屢以監獄應改相詔，如僅敷衍了事，何以仰答宫廷殷殷求治之至意。此不可緩者一。法部設典獄司，爲監獄改良之樞紐。今直省如天津，如保定，皆設有罪犯習藝所，可容數百人，民政部所設之習藝所，亦可容數百人，而法部轉瞠乎其後，相形之下，無乃見絀。此不可緩者二。順天州縣與直隸各府州同爲一省，今直隸各府州，軍流以下人犯，皆已照章收所習藝，而京師及順天所屬州縣之軍流人犯，因無所可收，仍照舊發配。是同爲一省之人，而辦罪兩歧。此不可緩者三。

此時建築，必須以能容五百人者爲度，其地非見方六、七十丈，不敷各種房屋之布置。今北監地勢，東西長而南北狹，不及二十丈。殊不合用。至參取西式，以扇面形、十字形爲最善，天津及民政部已仿而營之。本部監獄當爲天下之模範，豈可因陋就簡，故弟有别購空地之議也。今日倘能請款五、六萬金，别購地一區，斟酌一極善圖式，爲天下監獄模範，此上策也。若以鉅款一時難籌，先就北監舊屋，去其障蔽，添設工場，有三、二千金即可興辦。俟籌有的款，再議大舉。此中策也。倘不出此，而必舉舊有之監房悉取而改築之，需費必在一、二萬金，不中不西，勢難完美。後之人或以爲未善，又議别圖，則此一、二萬金者，幾同虚擲。此策之下者也。何君謂改法不善，不如不改，改而又改，爲害滋多。數語洵是通論，惟我公熟思而審計之。此事不必太速，與其速而未盡善，不若遲回以有待也。高明以爲然否？

答戴尚書書

昨奉手教，詢及新刑律草案一事，適有客在座，不及作答，僅將書二本藉呈，亮蒙澄察。李參議原奏未見，聞其大旨，欲將殺害祖父母、父母及期親等項，移置於前，作爲第二章，自係從名教起見。惟此次法律館所定律文次序，亦頗參以學説，原奏内業已敍明大意。若一改移，則次序淩亂，於全體甚不相宜。

查《唐律》謀殺期親尊長在第十七卷《賊盜門》內，而無謀殺祖父母、父母之文，蓋已包於毆詈祖父母、父母一條之內。其毆詈祖父母、父母一條，則在第二十二卷《鬭訟門》內，列於尋常鬭毆之後。《大清律例》謀殺祖父母、父母係《刑律·人命門》第三條，亦列于謀殺人、謀殺制使及本管官二條之後。今分則內凡殺尊親屬者一條，列於通常殺人之後，實與《大清律例》宗旨相符。考之於古，證之於今，原定次序，並無悖謬。唐代赦款，叛逆可免，而惡逆多不免，其於惡逆，視叛逆尤重，而律文不列於前者，律有廣、狹二義，狹義多從廣義推演而出，故廣義在前，而狹義居後，此自然之序也。辱承下問，故舉法律之淵源，約略陳之。

答問

答王仁山問篤疾廢疾

問曰：刑律廢疾。《輯注》云：「廢疾者，或折一手，或折一足，或折腰脊，及侏儒、聾啞、癡呆、瘋患、腳瘸之類。篤疾者，或瞎兩目，或折兩肢，損人二事，如瞎一目又折一肢，及顛狂、癱瘓之類。」夫以侏儒爲廢，說已支離。瘋患、顛狂，何從區別？至以損一事爲廢，二事爲篤，較然明白矣。然人固有損二事而疾輕，損一事而疾重，其說究欠明確。《唐律·名例疏議》：「《周禮》三赦，三曰戇愚。篤疾，戇愚之類。」按「戇愚」，《周禮》作「惷」。鄭注：「惷愚，生而癡騃童昏者。」夫曰「癡騃童昏」，則於肢體之殘廢無涉，其爲屬於精神病無疑。稱篤者，言病甚而精神瞀亂也。《唐律疏議》於《鬬訟》註又用損二事之説，前後自相矛盾。未知此説然否？

答曰：古人文簡，未嘗概立義例，故或一名而兼數義，或一義而得數名，或析言之而各有專稱，或渾言之而可以通稱，論轉注、假借之用廣，由於文字少也。迨後來文字日繁，立法者不能不詳定義例，一義必有一名，一名不兼他義，泛言之或可通稱，切言之必有專稱，條理分明，斯遵行畫一，此古今文詞之所以不能盡同也。

篤疾、廢疾，此後來之義例，定以專稱。古時則不甚分別，凡疾之甚者，皆曰篤。《史記·范雎傳》：「應侯因謝病，請歸相印。昭王强起，應侯遂稱篤。」《後漢書·和熹鄧后紀》：「后愈稱篤疾。」《吴志·吕蒙傳》：「會蒙疾發，後更增篤。」李密《陳情表》：「則劉病日篤。」「篤，困也。」《後漢書》注引《爾雅》。今《爾雅》無此文。疾至於困，並泛言疾之甚，不論其爲何等疾也。凡疾之廢於人事者曰廢。《王制》：「廢疾，非人不養者，一人不從政。」鄭注：「廢，廢於人事。」夫疾至非人不養，非尋常之輕疾可知。《左傳》襄七年：「公族穆子有廢疾，晉侯使掌公族大夫。」尚能掌公族之事，其疾之未甚重可知。乃皆稱爲廢疾，是則廢疾者，但指趨事不能如常人者而渾言之，不分别其疾之輕重。

《周禮·小司徒》：「以辨其貴賤、老幼、廢疾。」鄭注：「廢疾謂癃病。」唐石經、宋本、岳本「廢」作「癈」。《説文》：「癈，固病也。」《月令》：「季冬行春令，國多固病。」鄭注：「生不充性，有久病也。」固者，堅久之意，字又作「痼」。《文選》劉楨贈五官中郎將詩：「余嬰沈痼疾。」李善注引《説文》：「痼，久也。」今《説文》無「痼」。字又作「錮」。《漢書・賈誼傳》：「失今不治，必爲錮疾。」注：師古曰：「堅久之疾。」《淮南子・覽冥訓》：「平公癃病。」高誘注：「癃病，篤疾。」《説文》：「癃，罷病也。」段氏玉裁注：「罷者，廢置之意。凡廢置不能事事曰罷癃。《平原君傳》曰，躄者自言『不幸有罷癃之病』。」然則癈疾皆得謂之罷癃也。夫躄乃損二事者，而自謂罷癃。鄭既以癈疾爲癃病，高又以癃病爲篤疾，論轉注之義，篤疾、廢疾可以通論，古人原不甚分別。《急就章》：「篤癃痿廢迎醫匠。」顔師古注：「篤，重病也。廢，四肢不收。」王應麟補注：「《爾雅》：篤，困也。」此篤、廢並列，似爲二事，而未有輕重之殊。然則以篤、廢分輕重者，乃後來之義例，定以專稱者也。

《禮運》：「矜寡孤獨廢疾者，皆有養。」《管子・入國篇》：「凡國都皆有掌養疾。聾盲、喑啞、跛躄、偏枯、握遞注：兩手相拱，著而申者，謂之握遞。不耐自生者，棨按：耐，古能字。上收而養之疾，官而衣食之，殊身而後止，此之謂養疾。」《後漢書・光武紀》：「建武六年詔曰：『其命郡國有穀者，給稟高年、鰥寡、孤獨及篤癃無家屬貧不能自存者，如律。』」注：「《爾雅》曰：『篤，困也。』《蒼頡篇》曰：『癃，病也。』」此養疾之政，自周迄漢，皆常行之。《光武紀》曰如律，則《漢律》必有篤癃之文。《周禮・大司徒》：「五曰寬疾。」鄭注：「寬疾，若今癃不可事不算卒，可事者半之也。」正義曰：「云寬疾若今癃不可事不算卒者，漢時癃病不可給事，不算計以爲士卒，若今廢疾者也。云可事者半之也者，謂不爲重役，輕處使之，取其半功而已，似今殘疾者也。」是鄭所稱者，亦《漢律》之文。可見漢代律文，但曰「篤癃」，而不曰廢疾；但以可事、不可事分輕重，而未嘗以篤、廢分輕重。此顯有可徵者。

《晉律》：「其年老小、篤癃、病及女徒皆收贖」《御覽》六百五十一。此又《晉律》之文，亦但曰「篤癃」，尚與漢無異。《〔後〕漢書·光武紀》：「元狩六年詔：『存問鰥寡、廢疾無以自振業者，貸與之。』」律曰「篤癃」，而詔曰「廢疾」，亦可見篤、廢但渾言之，未有分别也。《隋書·食貨志》：「後周太祖作相，制六官。司賦掌功賦之政令。凡人自十八以至六十有四與輕癃者皆賦之。」此言「輕癃」，以别於「篤癃」。癃之中自分輕重，而不及廢疾。《南齊書》：「詔被水之鄉，賜痼疾、篤癃口二斛。」此篤、廢並言，痼即廢。然不分輕重。《皇甫謐疏》：「久嬰篤疾，(半身)〔軀半〕不仁，右腳偏小。」《晉書》本傳。此篤疾之專指肢體殘廢而又損二事以上者。《問喪》：「然則秃者不免，傴者不袒，跛者不踊，非不悲也，身有錮疾，即廢疾。不可以備禮也。」此廢疾之專指損一事者。以上二證，雖非以篤疾分輕重，而隱與後來之説相合。篤疾明言肢體，自不可專屬之精神。《北齊律》：「侏儒、篤疾、癃殘非犯死罪，皆訟繫之。」《隋書·刑法志》。癃殘似即謂廢疾，乃後來分别篤、廢之本。北齊時，人多明律學，其所定義例，必有可觀，惜久亡矣。

《唐律·名例四》：「諸年老七十以上、十五以下及廢疾犯流罪以下，收贖。八十以上、十歲以下及篤疾犯反逆、殺人應死者，上請。」始以廢疾、篤疾爲分别輕重之等差。而如何分别，《疏議》未詳。《鬬訟》一：「諸鬬毆折人肢體及瞎其一目者，徒三年。即損二事以上及因舊患令至篤疾者，若斷舌及毀敗人陰陽者，流三千里。」《疏議》：「即損二事以上者，謂毆人一目瞎及折一支之類。及因舊患令至篤疾，假有舊瞎一目爲殘疾，更瞎一目成篤疾；或先折一腳爲廢疾，更折一腳成篤疾。」此律文明言損二事以上爲篤疾。其損一事之爲廢疾，自不待言。《唐律》本於隋《開皇律》，而其原出於魏《太和律》，《太和律》用鄭氏章句。然則《唐律》之分篤、廢爲輕重，其説當有所本。《唐類函》引《户令》：「諸一目盲、兩耳聾、手無二指、足無大拇指、秃瘡無髮、久漏下重、大癭瘇之類，皆爲殘疾。痴瘂、侏儒、腰折、一肢廢，如此之類，皆爲廢疾。瘨狂、兩肢廢、兩目盲，如此之類，皆爲篤疾。」此唐時所定義例，謂之三疾，分析甚明。律文不及殘疾，觀《疏議》之言，則殘、廢同等，故從略。從來各家注釋，大抵祖此説，不過小異耳。今律文「廢疾」下注云「瞎一目、折一肢之類」，「篤疾」下注云「瞎兩目折兩肢之類」，係順治初年就《明律》增入，沿用已二百數十年，且唐以來法家之義例如此。古通稱而今專稱，此古今文詞之不同，不必强爲附會也。

惟來説以《周禮》之「惷愚」爲即今之所謂精神病者，其義甚是。但精神病專屬瘨狂之類，固在惷愚之内，而惷愚不止精神病一端。聾啞等人，其精神必有缺陷之處，故智識亦不完全，凡似此類，皆可以愚惷該之。《唐律疏議》謂「篤疾，戇愚之類者」，係以「篤疾」當「惷愚」，故言「之類」，以相比附，並非與後説自相矛盾。《漢律》狂易殺人，其初無得減之律，自不在篤癃之内。陳忠始定得減重論，《後漢書·陳忠傳》。在安帝永初之後，必當自爲一條，而不與篤癃相合。是就《漢律》之篤癃而論，未可遂以精神病當之，審若今之精神病，徵諸古説，其名亦不一。《左傳》昭元年：「醫和曰：『是謂近女室。疾如蠱，非鬼非食，惑以喪志。』」注：「蠱，惑疾。」正義曰：「蠱者，心志惑亂之疾。若今昏狂失性，其疾名之爲蠱。」又曰：「晦淫惑疾。明淫心疾。女陽物而晦時，淫則生内熱惑蠱之疾。」注：「晦，夜也。爲晏寢過節，則心惑亂。

明，晝也。思慮煩多，心勞生疾。」又宣八年《傳》：「晉胥克有蠱疾。」注：「惑以喪志。」又襄二十四年《傳》：「其有惑疾。」正義曰：「有迷惑之疾。」此稱蠱疾、惑疾、心疾者。《晉語》：「董安于曰：『今臣一旦爲狂疾。』」韋昭注：「猶人有狂易之疾。」《漢書·王子侯表》：「樂平侯訢，病狂易，免。」注師古曰：「病狂而改易其本性也。」《國語》宋庠《補音》引姚察以爲病狂而易常性也。《御覽》：六百四十六。「《廷尉決事》曰：河内太〔守〕上民張太有狂病。」「魏武帝丁幼陽令，以憂恚得狂疾。」此稱狂疾亦曰狂病。亦曰狂易。者。《列子》：「秦人逢氏有子，少而慧，及壯而有迷罔之疾。」此稱迷罔疾者。《説文》：「瘨，病也。」《廣雅》：「瘨，狂也。」王氏《疏證》云：「瘨之言顛也。《素問·腹中論》：『石藥發瘨，芳草發狂。』王砅注：『多喜曰瘨，多怒曰狂。』《字通》作『顛』。《急就篇》：『疝瘕顛疾狂失響。』顔師古注：『顛疾，性理顛倒失常也。』」此稱瘨疾者。《一切經音義》十三。聲類：「瘨，風病也。」風病蓋即今例文之瘋病。考《廣韻》、《類篇》尚不收「瘋」字。《集韻》：「瘋，頭病。」《正字通》、《字典》並引《集韻》，尚別無「瘋顛」一解。是今例文「瘋病」乃沿用俗字，古當作「風」也。《左傳》成十八年：「周子有兄而無慧，不能辨菽麥。」注：「菽，大豆也。豆麥殊形易別，故以爲癡者之候。不慧，蓋世所謂白癡。」《説文》：「癡，不慧也。」《周禮》「惷愚」，鄭注：「生而癡騃童昏者。」《廣韻》：「騃，癡也。」《國語》：「胥臣言八疾，童昏不可使謀。」韋注：「童，無知。昏，闇亂也。」綜而言之，蠱疾、惑疾、心疾、狂疾、迷罔疾、瘨疾、風病，皆所謂精神病，而瘨狂其總稱也。《唐令》已列篤疾之内。癡騃童昏非病而類乎病，亦由於精神之失常，謂之精神病可，謂之篤疾亦可，然古時皆未嘗名之爲篤疾也。

《王制》:「瘖聾、跛躄、斷者、侏儒、百工各以其器食之。」鄭注:「侏儒,短人也。」侏儒與跛躄並言。《晉語》「八疾」,侏儒與矇瞍、聾聵並言。可以見古人重視之意。《漢書·刑法志》:「孝景後三年,詔:『其著令:年八十以上、八歲以下、及孕者未乳、師、朱儒當鞠繫者,頌繫之。』」注:「師古曰:『師,樂師盲瞽者。朱儒,短人不能走者。』」《梁律》尚承漢法。《隋書·刑法志》。北齊時亦有侏儒、篤疾頌繫之律。古人於侏儒常施矜恤之政者,殆以其形體短小,不及常人,與形體不具者無異。侏儒實與篤疾同論。《唐令》列於廢疾,蓋已斟酌盡善。《輯注》所言,非無本也。《輯注》所謂「瘋患」,當指痳瘋、羊顛瘋之類,非謂瘋迷。否則俗以癲狂爲瘋,盡人知之,《輯注》必不至如是之謬。至今日東西各國之刑法,以瘨狂爲精神病,若有所犯,皆病使之然,故不爲罪。其生而聾啞者,精神實不完備,故亦在宥恕減輕之列。其餘形體雖不具,而知識無異常人,皆不得與前二者同論,與中律之篤疾、廢疾一概可邀矜恤之仁者,不盡相同。此新學說之異於古說者。

答友人問夫亡守志例文書

來書稱:「《户律》立嫡子違法門例載:『婦人夫亡守志者,合承夫分,須憑族長擇昭穆相當之人繼嗣。其改嫁者,夫家財産及原有妝奩並聽前夫之家爲主。』此條『婦人』二字,似非專指正妻。若妻亡而妾在,則遺産亦得承受。未知例意如此否?希見覆等語。」

查此條例文係爲夫亡應行繼嗣而言,並非承受遺産之專例。而遺産之應否承受,亦即以此例爲衡。能守志，則妻固得承受，卽妾亦得承受。不能守志，非惟妾不得承受，卽妻亦不得承受。觀下文改嫁一層，其義自明。律言嫡妻而此例渾言婦人，自係兼妾在內。若例文「合承夫分」等語，原以繼嗣爲重。或泥於此語，謂妾不能與妻並論。不知妻、妾之間，不過名分之區別，而服圖，妻之於夫、妾之於家長，俱斬衰三年，並未稍有厚薄。夫亡而嫡妻在者，固應由嫡妻主持。若無嫡妻而又無期、功至近之親，斯時之妾，豈能膜視而不顧。其應投明合族爲家長立繼，實屬事之當然。此門律例内既無妾不准擇繼明文，禮部則例妾守志者又在應准旌表之列，自不得因其名分與妻不同，故分軒輊。如謂妾不合承夫分，則必妾不合爲家長立繼，一任他人争繼争産，妾總不得過問，卽遇强横之房族争産而不爲其家長立繼，妾亦不得過問，但坐視宗祧之斬絶，家業之銷亡，口噤不言，束手待斃，恐天下無此情理，古今無此法令也。世又有妻亡而妾任家事者。方家長在時，一切財産妾爲之經理，迨家長殁後，遂謂遺留之産妾不得與聞，非惟理之所不可，亦爲勢之所不能。又官員襲廕律載：「如委絶嗣無可承襲者，准令本人妻小依例關請俸給，養贍終身等語。」此律内妻小，舊説兼妾言。是國家之俸給尚得關給，豈有遺留之財産反不得承受者。以此互証參觀，則妾之承受遺産，亦律例之所許者也。

總之，律設大法，禮順人情，此等事只論守志，不論妻妾。至於擇繼之後，令該嗣子承祧受産，以奉養嗣父媵妾之天年，從權合經，庶於人情、律意兩不相悖也。若夫佯稱守志，實則陰利家財，或與嗣子積不相能，别生嫌怨，此乃家庭之變，是又在司讞者準情酌斷，以劑其平而已。來書所稱，與例相符，用特推闡其意，陳諸左右，惟指教爲幸。

寄簃文存卷六

序

重刻唐律疏議序

《唐律疏議》三十卷，唐長孫無忌等奉敕撰，國朝《四庫全書》所收録，並附見於名家書目中。惟坊間傳本甚希，讀律之士，艱於購覓，敍雪同人，爰鳩貲重刻，以廣傳布。工既竣，而序之曰：

律者，民命之所繫也，其用甚重而其義至精也。根極於天理民彝，稱量於人情事故，非窮理無以察情僞之端，非清心無以袪意見之妄。設使手操三尺，不知深切究明，而但取辦於臨時之檢按，一案之誤，動累數人，一例之差，貽害數世，豈不大可懼哉。是今之君子，所當深求其源，而精思其理矣。自魏李悝著《法經》六篇，漢蕭何、叔孫通、張湯、趙禹遞相增益，馬融、鄭康成以海内巨儒，皆嘗爲之章句，豈非以律意精微，俗吏所不能通曉歟？魏、晉以降，漸趨繁密。《隋律》簡要，而唐實因之。史稱高祖詔裴寂等更撰律令，凡律五百，麗以五十(之)〔三〕條；流罪三，皆加千里；居作三歲至二歲半者，悉爲一歲；餘無改焉。太宗又詔房玄齡等復定舊令，議絞刑之屬五十，皆免死而斷右趾。既而又哀其斷毁支體，除其法，爲加役流三千里，居作二年。其後玄齡等遂與法司增損《隋律》，降大辟爲流者九十二，流爲徒者七十一。高宗又命長孫無忌等偕律學之士撰爲《疏議》，即是書也。名疏者，發明律及注意，云議者，申律之深義及律所不周不達，若董仲舒《春秋決獄》，應劭《決事比》及《集駁議》之類。蓋自有《疏議》，而律文之簡質古奥者始可得而讀焉。嘗考元魏太和中置律博士時，儒説十餘家，詔但用鄭氏章句，不得雜用餘家。《唐律》本隋，由魏而周而隋，淵源具在。然則《唐律》之《疏議》雖不純本太和，而鄭義多在其中，《漢律》雖亡，其意猶賴以考見，深可寶貴。況我朝定律，監古立法，損益歸於大中，而所載律條與《唐律》大同者，四百一十有奇，其異者，八十有奇耳。今之律文與《唐律》合者亦什居三、四。沿波討源，知其所從來者舊矣。則是書非即功令之椎輪，法家之津筏歟？至由是書而深求乎古今異同之原，講明乎世輕世重之故，晰奇闡微，律無遺藴，庶幾傳古亭疑，情罪相準，無銖黍毫髮之爽，是又在善於讀律者。

光緒十有六年十二月，歸安沈家本撰於秋曹之敍雪堂。時董成其事者，漢陰張麟閣郎中成勳，武進馮中甫郎中鍾岱也。

重刻明律序

《易・繫傳》曰：「變通者，趣時者也。」《記》曰：「禮時爲大，刑與禮相表裏。」《書》曰：「輕重諸罰有權，刑罰世輕世重。」惟其變之所適，而權必因乎時，時之義，大矣哉。明太祖平武昌，即議律令。吴元年，命左丞相李善長爲律令總裁官，日具條目以上。十二月，書成，凡爲令一百四十五條，律二百八十五條。洪武六年，又詔刑部尚書劉惟謙詳定《大明律》。七年二月，書成，篇目一准於唐。采用已頒舊律二百八十八條，吴元年定律二百八十五條，而此多三條者，殆其後有所增也。續律百二十八條，舊令改律三十六條，因事制律三十一條，掇《唐律》以補遺一百二十三條，合六百有六，分爲三十卷。九年，又釐正十三條。十六年，又定《詐僞律》條。二十二年，復命翰林官同刑部官取比年所增條例，以類附入。其篇目以《名例》冠首，而分吏、户、禮、兵、刑、工爲六，自此始。考律書之篇目，自李悝造《法經》六篇，蕭何增事律三篇，是爲《九章之律》。魏、晉以下，篇目增多，而大綱不越乎此。北齊定爲十二篇，隋《開皇律》稍變通之，唐、宋下迄明初，皆遵用其篇目。蓋六部本屬中書，故律書未嘗以六部分。迨洪武十三年，懲胡惟庸亂政，罷中書省而政歸六部，律目亦因之而改。千數百年之律書，至是而面目爲之一大變者，實時爲之也。律之外又有條例，洪武初卽有之。三十年，又命刑官取《大誥》條目，撮要附載於律。弘治十三年，刑官言：「法外遺姦，列聖因時推廣之而有例，例以輔律，非以破律也。乃中外巧法吏，或借便己私，律浸格不用。」於是下尚書白昂等會九卿議，增歷年《問刑條例》經久可行者二百九十七條。嘉靖二十九、三十四等年，復重修續增。萬曆十三年，刑部尚書舒化等重定爲三百八十二條，附於律文之後。此有明一代律例隨時增損之大凡也。

太祖懲元之時法度縱弛，刑用重典，故《明律》往往重於唐，其《大誥》諸峻令尤出乎律之外。然其初李善長等論歷代之律，以《漢九章》爲宗，而唐集其成，僉謂今制宜遵唐舊，太祖從其言。洪武元年，又命儒臣六人同刑官講《唐律》，日進二十篇。是《明律》大旨亦本於唐，特其中有因時變通者耳。

至三十年後，《大誥》諸峻令未嘗輕用，太孫嘗改定律七十餘條，太祖善之。復諭之曰：「我治亂世，刑不得不重。汝治平世，刑自當輕。」又嘗諭省臣鞫獄當平恕。尚書夏恕嘗引漢法，請著律，反者夷三族，卻奏不行。前之偏於重者因乎時，後之由重而漸輕者亦因乎時。惠帝諭刑官曰：「《大明律》皇祖所親定，命朕細閱，較前代往往加重，蓋刑亂國之典，非百世通行之道也。朕前所改定，皇祖已命施行，然罪可矜疑者尚不止此。夫律設大法，禮順人情，齊民以刑，不若以禮。其諭天下有司，務崇禮教，赦疑獄。」此蓋其祖孫一堂討論所及。至嗣位後爲是言以詔天下，深得《易傳》趣時之義，惜所謂罪可矜疑者，未詳爲何條？成祖務反惠帝之政，用刑慘毒，後之人亦遂無討論及此者。世謂《明律》偏主乎重者，固非公論。而後之立法者尚以重爲宗旨，豈得爲知時者哉？

方今環球各國，刑法日趨於輕，廢除死刑者已若干國，其死刑未除之國，科目亦無多。此其故，出於講學家之論説者半，出於刑官之經驗者半，亦時爲之也。今刑之重者，獨中國耳。以一中國而與環球之國抗，其優絀之數，不待智者而知之矣。當此時而講求刑法，其亦惟尋繹《易傳》趣時之義乎！余謬承修律之命，開館纂輯，復奏辦法律學堂，方將與講律諸君子，參考古今，博稽中外。既廣譯東西各國法律之書，復甄録我國舊文。若《唐律疏議》，余於庚寅歲曾覆孫氏元至正本，鋟其版於館中。於宋，則《刑統》，訪有天一閣藏本，遠道傳鈔，甫至也。於元，則重印《元史·刑法志》，並假武林丁氏所藏《元典章》鈔本，醵資重刻之。《明律》所見，有嘉靖本、隆慶本、萬曆本，皆舊刊不易得，無以應講學者之蒐討也。此本爲桐鄉沈氏所藏，刻於萬曆三十八年，乃所見《明律》最後之本，假付手民，以公諸世。所願誦是書者，尋繹乎變通趣時之義，而無惑乎偏重之説，斯可與知人論世矣。

宋刑統賦序

律書之傳於今者，以唐爲最古。其後，若《金律》見《永徽法經》，元制見《元史·刑法志》及《元典章》各書，《明律》傳本尤夥，惟宋代《刑統》，僅見於《天一閣書目》，藏書家皆未著録。所著録者，僅傅霖《刑統賦》，而世亦罕覯。法家之學，講求者少，故其書亦少流傳。武進董綬金郎中康、如皋冒鶴亭郎中廣生，並好法家之學，退食之暇，共勤搜討，頗訪獲古書。綬金得璜川吴氏所藏鈔本孟奎《粗解刑統賦》一卷及大興徐星伯所録漢陽葉氏本。鶴亭從《刑書會據》中輯成二卷，與葉本同，乃東原郄某韻釋，益都王亮增注本也。綬金録以見遺，余受而讀之，《刑統》全書雖未得見，亦可識其大凡矣。此賦之注，晁氏《讀書志》謂或人爲之，《四庫全書提要》謂霖自爲註，與竹垞老人跋内所稱霖自解其義者相合。第《玉海》引《中興書目》亦云或人爲注，《宋史·藝文志》則云不知作者。四庫本與葉本大致相同，而《提要》又稱此本於霖所自注竟削去之，已非完本，又似所謂霖自爲注者，别有所據，而非即此本之注。此其故，今不能詳矣。

刑統大略，尚有可考者。唐宣宗時，張戣以刑〔律〕分類爲門，而附以格敕，爲《大中刑律統類》，詔刑部頒行之。《唐書·刑法志》。後唐有《同光刑律統類》。周顯德四年，中書門下以朝廷所行用者，律疏、令式之外，有《開成格》十卷，《大中統類》十二卷，《後唐至漢末編敕》三十二卷，格敕條目繁多，閲者疑誤，命侍御史張湜等十人，訓釋删定爲《大周刑統》二十卷，與律疏、令式通行，事詳《玉海》是《顯德刑統》卽《刑律統類》之省文。《宋刑統》又本之周。此刑統書名沿革之可考者也。《玉海》言：「《刑統》凡三十一卷，二百十三門，律十二篇，五百二條，並疏令、格式、敕條一百七十七，起請條三十二。」此刑統篇目總數之可考者也。《玉海》又言：「建隆三年，鄉貢明法張自牧上封事，駁《刑統》之不便者凡五條，詔下有司參議而釐正之。四年，判大理寺竇儀言：『《刑統》科條繁浩，或有未明，請別加詳定。』乃命儀與權大理寺卿蘇曉等同撰，集併目録爲三十一卷。『舊疏議節略，今悉備。文字難識者，音於本字之下。義似難曉并例具別條者，悉引注於其處。有今昔寖異，輕重難同，禁約之科，刑名未備，臣等起請總三十二條，削出令式、宣敕一百九條，增入制敕十五條，又録律内餘條准此者凡四十四條，附於《名例》之次。其削出格令、宣敕及續降要用者凡一百六條，別爲四卷，名曰《新編敕》。』」此《刑統》修訂凡例之可考者也。王元亮《唐律纂例》五刑圖列《刑統》五刑，其決杖、配役之法與唐制不同。此《刑統》刑制之可考者也。本《賦》注中所引律文之外，有服制令、公式令、户令、品官令。《容齋隨筆》、《夢溪筆談》時引《刑統》疏議之文，《隨筆》又引《刑統》唐太和七年敕。此《刑統》令目、疏議、敕文之可考者也。至《刑統》律文，宋人説部中往往引之，與《唐律》頗有異同。卽如此《賦》注所引《職制律》，枉法受財者，八十貫絞，《唐律》爲十五匹絞。《詐僞律》，若有避罪自傷殘害者徒一年半，若無罪因帶酒自相殘害者，無論有避、無避，俱科一年半徒，《唐律》無帶酒一層。此可見宋代雖沿用《唐律》，而其文大有增損。倘以此《賦》之注，並剌取宋人著述所引之文，裒集成帙，精心校勘，必有可觀。不獨可以備一朝之法制，亦讀律者考證之資也。

《刑統》原書，鄞縣范氏天一閣所藏爲卷三十，烏絲闌鈔本。咸豐辛酉以前尚完好，羣視爲故紙無用之書，無人傳寫。辛酉兵火以後，已逸復歸，雖有殘缺，甚可寶貴。今遣人前往迻寫，未知能如約否？若世所傳宋本《律文》十二卷、《音義》一卷，儀徵阮氏文選樓、昭文張氏愛日精盧、桐鄉沈氏並有影鈔本。蔣君寅昉所藏別有刊本，錢警石、邵蕙西跋語以爲《宋律》。考《玉海》天聖七年判國子監孫奭言：「《律疏》與《刑統》不同，本疏依律生文，《刑統》參用後敕，雖盡引《疏議》，頗有增損。今據爲定本，與《刑統》兼行。」是宋時律文原有單行之本。故陳振孫《書録解題》《律文》十二卷、《音義》一卷，與《刑統》三十卷各自爲書。第阮文達《提要》、《揅經室外集》。顧千里《書後》《思適齋集》。並謂其書爲《唐律》。近得江蘇書局寫樣本，從桐鄉沈氏影宋本出，以《唐律》校之，阮、顧之説良是，錢、邵跋語誤也。世或未考及此，而以爲《宋律》，故附訂於此。光緒甲辰五月。

無冤録序

大辟之獄，自檢驗始。《禮・月令》：「孟秋之月，命理瞻傷察創，視折審斷。」據蔡邕之説，皮曰傷，肉曰創，骨曰折，骨内皆絶曰斷。瞻焉，察焉，視焉，審焉，卽後世檢驗之法也，而其法不傳。秦、漢已下，亦未聞有檢驗之書。宋嘉定中，湖南、廣西刊印《正背人檢驗格目》，江西提刑徐似道言之於朝，四年，詔頒行於諸提刑司，名曰「檢驗正背人形圖」。此爲今屍格之所自始。宋時有《内恕録》等書，言檢驗之事，皆不傳。至淳祐中，宋慈會粹諸書，爲《洗冤集録》，此又「洗冤録」之名所自始也。其後又有《平冤録》及《無冤録》，法家謂之檢驗三録。顧《洗冤録》官司奉爲鴻寶，而平冤、無冤二《録》傳本獨希者，蓋二《録》多采宋《録》之説，世人視爲重儓而忽略之。詎知二《録》遞相祖述，後之所説，多可以補正前人之説，相輔而行，不可廢也。

顧千里既爲孫淵如摹刻元槧《洗冤録》，後又得平冤、無冤二《録》舊鈔本，以語吴山尊學士。吴爲之付刻，與《洗冤録》合爲一編。《思適齋集》有《重刻三録後序》，其年爲嘉慶庚午，距今百年矣。傳本甚尠，許珊林蓋有其書，故所作《洗冤録詳義》頗采二《録》之説。余嘗得《官常政要》一函，係前明崇禎己巳刻本，所集書凡十八種，内有《洗冤集録》及《無冤録》。《無冤録》僅一卷，無撰人名氏。考《四庫全書》存目所録《無冤録》二卷，係浙江巡撫采進本，不著撰人名氏，亦無序跋。《提要》但據《永樂大典》所載及其自序，定爲元王與撰，時在武宗至大元年戊申。又據卷中自稱昔任鹽官，知其嘗爲海鹽縣令。他亦無考。至《平冤録》，《四庫》未收，殆當時未得其書。此可見二《録》者，並爲罕覯之本矣。

今年夏，蘄州王君佑自日本歸，出《無冤録》相示，云録自東京上野圖書館者。其書分二卷，上卷爲官吏章程，下卷爲屍傷辨别，與《提要》之言合。有自序及明羊角山叟序，又有朝鮮人崔致雲等注釋及序。此書蓋由中土流入朝鮮，日本人又自朝鮮傳鈔而歸，故其原書亦鈔本也。其自序題東甌王與，知其爲東甌人。《提要》稱不知何許人，豈《大典》所收之自序無此題名歟？明焦竑《國史經籍志》有《平冤録》二卷，題東甌王氏，恐卽此書，誤「無」爲「平」耳。《平寃録》據王與之序，乃趙逸齊所撰。以宋慈稱宋惠父例之，當亦是其人之號，其名則亦無可考。顧千里《重刻三録序》第云無名氏《平冤録》，東甌王氏《無冤録》，似其所得鈔本無王與自序，故所言亦不能詳也。取崇禎本相校，乃知崇禎本有上卷而無下卷。殆以下卷采自《洗冤録》者爲多，因與《洗冤集録》合刊，嫌其重複，故删之歟？然下卷所采亦有《平冤録》之文，并多駁正二《録》之語，極爲精審，删之是無異于買櫝還珠矣。明人刻書之病，往往如此，不獨此書也。此本轉展傳鈔，不免亥豕、帝虎之誤。與崇禎本及《洗冤録》相校，互有得失，足資考訂。朝鮮人注語，隨文詮解，無所發明，於元代之官制政體未能詳加攷證，并多誤會之處，未足寶貴。今重加校定，上卷以崇禎本爲主，而以朝鮮本校正之，下卷以朝鮮本爲主，而以元槧《洗冤集録》校正之，付梓以廣其傳。朝鮮人注語删之不録。或曰檢驗諸書前人不及後來之密。余曰，術愈研而愈精，理愈推而愈出，古疏今密，凡事皆然。然近時檢驗諸書，其援引此録以資考訂者，不止一端，又烏可數典而忘其祖哉！宣統建元六月。

王穆伯佑新注無冤錄序

宋理宗時，宋慈采《内恕録》諸書，撰《洗冤集録》，檢驗之事，始有專書。其後有《平冤》及《無冤録》，所謂檢驗三録也。《洗冤録》世多研稽，近來《洗冤録辨正》、《續輯》、《彙編》、《集證》、《集注》、《集説》、《附記》、《附考》、《摭遺》諸書，其名難僂指數。海昌許珊林太守槤之《詳義》，世尤風行。蓋《洗冤》一編，垂爲令甲，凡職斯役者，莫不習之，非此書無以決難決之獄，是以羣奉爲圭臬焉。而平冤、無冤二

《録》，傳本甚稀。許珊林作《詳義》，搜集二《録》，參互考訂，頗采其説，是二《録》非竟不行於世也。余嘗得前明崇禎中刻本《無冤録》，係與《洗冤録》合刻者，藏諸篋衍，未及校也。蘄州王穆伯，游學東瀛，講求法醫學，於東京之上野藏書樓見有《無冤録》二卷，爲朝鮮人崔致雲等注釋本，日人鈔自朝鮮者。王君喜其與法醫學足相發明，遂手録一通，加以考訂。今夏歸來，出以相示。余以崇禎本校之，乃知崇禎本僅爲此書之上卷，所言皆官吏章程。其下卷辨别屍傷，采自宋《録》及《平冤録》者爲多，而時有駁正之語，蓋視二《録》益精審矣。

惟轉展傳抄，譌謬不少。王君校正之餘，附以新説。如檢屍法物條云：「各國驗傷檢屍器具，皆不假於人民，其器具多先消去毒物，不作他用，與此言暗合。」食氣顙辨條云：「氣系在前，食系在後，誠爲確論。據英、奧學者巴爾鐵列丙及駭皆格耳《解剖圖説》、德國海滿都《解剖圖附録》、日本故今田束《實用解剖學》所言，皆謂氣管在前，食管在後。可見此書所言，較《洗冤録》爲確也。」檢驗文字條云：「此意正與各國檢查規則之不準用概括的語意同。所謂概括語意者，如傷痕只記大如拳、長約尺餘，不詳記長闊幾寸幾分是也。」又如辨親生血屬條云：「以近時科學所言之理推之，熱血滴入骨肉，無論何人，即非親屬者。皆可沁入。因骨含有電氣在内，經擦熱而吸熱血入内。若所滴非熱血，且非將骨擦熱，雖親屬亦不能滴入。可見滴血之法不足信。」按《洗冤録詳義》云：「骨經日久，須先刷白，用炭火微烘，再刺血滴上，看其沁入有紅瘢，方是與科學家所言頗合。」余親見一戚，亂後尋其母屍，血滴不入，是未知烘熱之法也。又婦人懷孕死屍條云：「據生理學與胎産學所言，孕婦死無多時，而胎皃之所以不能出者，因母體已死而子宮收縮之機能已絶也。若經過半月或月餘，其死胎落出於母之裩袴中者，因死胎已羸瘦枯縮故也。除此以外，卵膜之腐敗破裂，羊水流出，（即胎水。）母體弛緩腐敗，亦皆爲死胎落出之原因。據此論之，則所謂因地水火風所致者不足信也。又據地質學家言，地殼外層四五尺之間甚冷，漸深則漸有温熱。通常屍窨深不過三四尺，安有熱度可言。據此，地水火風之説，又不足信也。」按：據此《録》所載二案，死胎之出，不因地水火風，其論甚是。至謂屍窨不過三四尺，則未知中國北方之葬，大多深四五尺，或有至七八尺者，若南方之葬，皆極淺，稍深則遇水。已葬之棺，有移出數丈外者，有欹側者，亦間有燒毁痕者，使地中無風火，則孰移之？孰欹側之？孰燒毁之？地質學家言，恐尚是一隅之見也。以上諸條，其精者足以明舊説之難誣，餘亦足以互相印證。

總之，道理自在天壤，説到真確處，古今中外歸一致，不必爲左右袒也。向見爲西學者，深詆《洗冤録》之無當於用，豈知《洗冤録》由數百年經驗而成，《平冤録》及此《録》補其所未及。近人《詳義》諸書，則更於舊《録》之固者通之，疑者析之，缺者補之，譌者正之，辨别疑似，剖析毫釐，並薈萃衆説，參稽成牘，視故書爲加詳矣。大抵中説多出于經驗，西學多本于學理。不明學理，則經驗者無以會其通，不習經驗，則學理亦無從證其是，經驗與學理，正兩相需也。所當保其所有而益其所無，庶斯事愈發明耳，烏可視爲無當于用而置之高閣哉！王君獨取此書，迻寫之，辨正之，其用力之勤，用心之深，爲弗可及矣。

此書原有小注，史傳似此者不少，朝鮮人疑爲古注，蓋未識著書之體裁。崔致雲官吏曹參議，奉其國王之命，與判承文院李世衡、藝文館直提學卞孝文、承文院校理金滉注釋音訓，而集賢殿直提學柳義孫爲之序。其注隨文敷衍，鮮見發明，於元代制度未能考究，亦間有錯誤，似不足貴。義孫序稱「正統三年」，朝鮮世奉中朝正朔，當爲明英宗年號，是注釋時在前明中葉。或疑明代遺臣攜往海外者，未確也。宣統建元冬仲。

秋審比較條款附案序

《秋審比較條款》，初定於乾隆三十二年。其時因各司定擬實、緩每不畫一，改正較繁，酌定比對條款四十則，刊刻分交各司，並頒發各省。迨四十九年，四川總督以「秋審事件，本無一定律例可以依據，惟就本案情罪，參酌推敲，稍從其嚴，則不免失入之弊，稍從其寬，則不免失出之弊」，奏請將秋審改案頒發各省，奉爲楷模等因。」經本部以「案情萬變，或同事而異情，心迹介在纖微，輕重卽判然迥別，此省之案，不能遽符乎他省，今年之案，不能預合乎來年，要在司讞者逐案推勘，精詳核定，未可刻舟求劍，致滋似是而非之病。每年審案二千餘起，只講求於駁改之數十案，仍不能槩括通曉。卽就此數十案而論，亦必須詳閱供招，細核屍格傷痕，姑能辨別輕重，删存略節。今若止將略節刊刷，而全案供招屍格無由查覽，究不能得其所以改實、改緩之故，將使稍涉拘牽者，勢必轉致援引失當，紛滋辯論，不獨掛漏無裨，亦與政體未協等因」議駁。惟將三十二年所刊條款，及三十二年以後續增各條，彙總通行。查是年通行内定例擬入情實二十八款，卽係三十二年《實緩比對條款》。除筆内所舉各款，計增者三，併者一，删者二，又酌量入實十三條，與三十二年部定款目不盡相符。阮吾山少司寇葵生《秋讞志稿》别有四十九年續增各條，亦與通行歧異。書闕有間，不可得而詳矣。

三十二年條款雖已頒行，外間傳本甚希。《秋讞志稿》於三十二年《條款》增入按語，甚爲詳盡。其書未經刊行，僅有傳鈔之本，訛脱在所不免。元和王白香有孚所輯《秋審指掌》，將兩次條款悉行載入，而無吾山少司寇按語，蓋所據乃頒發之本也。道光初年，來安戴蘭江少司寇由刑部郎洊升直臬時，會稽謝信齋誠鈞在幕中襄理，得其手録《秋讞條款》，奉爲枕中秘。信齋復採取成案，附於各條之後，編爲兩册。意在由條款而參考比案，由比案而折中條款，意至善也。欲付梓而未果，其女夫陳仲泉觀察受其本而藏之。光緒四年，始刻於吴中。其本蓋編於嘉慶年間而道光初傳鈔之本也。

余家藏有先大夫手鈔《秋審比案》，起道光中年，訖二十九年，各門皆載有條款，與謝本微有不同，則道光末年本也。同治十一年蜀中刻本與道光末年本相同，所據當是舊本。至同治五年京師刻本，頗有增修改訂之處，與各本皆有異同，是爲最後之本。然其中尚多應修而未修者，應併而未併者，應補而未補者，應删而未删者，歷年因仍未改，或與新章有别，或與定例不符，自應考訂詳明，以免分歧而祛疑惑。至案情萬變，初非條款所能賅。謝氏附比案於條款之中，非獨互相印證，并可補條款所不及。

考歷來成案，雍正以前，傳者已鮮，乾隆檔案，稍存崖略，余嘗分門採録，編爲二卷，尚可得其大凡。嘉慶以後，訖乎道光中年，有鈔本八卷。道光二十二年至二十九年，有鈔本七卷，二十年以前之案亦稍存一、二。同治十一年蜀臬刻本凡二十四卷，蓋就道光七卷之本，益以咸豐、同治兩朝，訖於同治八年。光緒七年續編十六卷，則訖於光緒三年。安徽排印本則舉咸豐、同治兩朝，亦訖於光緒三年，而咸豐、同治之案較蜀本爲多。光緒十年京師刻本，起光緒四年，訖九年戊子、己丑之間。余嘗與敍雪同人彙集各本，擷其精要，薙其繁蕪，復益以光緒九年以後之案，編成巨帙。癸巳出守津沽，其書留存敍雪堂中，因循未及付梓，庚子之變，散失不全，良可惜也。今仿謝氏之書，採比案於各條之後，要在會通繁賾，剖析毫芒，事不厭於推求，言必歸於平恕，未始非司讞者之一助，而世輕世重之故，亦可得而詳焉。

光緒癸卯十二月。

通行章程序

刑部《通行章程》，道光十三年以前，有江蘇刊本，祝氏《刑案彙覽》已分類編入。十四年至十七年，祝氏《續編》內亦采入無遺。道光十八年以後，距今五十年，通行各省案件，無歲不有。既已分布官司，而未有專書彙録，每虞其漏，鈔胥又苦其疲。友人因相與蒐羅編輯，起道光十八年，訖光緒十八年閏六月，除業經纂例無庸采入外，按年排比，次爲四卷。又輯刑部《遵行章程》，共計六條，附于其內。既成而序之曰：

律者，一成不易者也。例者，因時制宜者也。於律、例之外，而有通行，又以補律、例之所未盡也。或紬繹例意，或申明定章，或因比附不能晝一而折其衷，或因援引尚涉狐疑而申其議，或係酌量辦理而有成式可循，或係暫時變通而非永著爲例。更有經言官奏請，大吏條陳，因而酌改舊文，創立新例，尚未纂入條例者。凡此，剖析毫芒，決定疑似，重輕出入之際，皆反覆推詳而議始成。稽比亭疑，咸當遵守。蓋律、例之有通行，譬猶江沱漢濳，而非駢拇枝指也。夫天下之情僞萬變，遇一獄立一例，謂庶足以盡之矣。他日一獄出，而與所立之例又不相當，將必更變其例，以定斯獄。是已定之例有定，而未定之獄終無定也。《書》曰「上下比罪」。《傳》曰「議事以制」。是在決讞者之神而明之。

讀例存疑序

商鞅改里悝之法爲律，於是有律之名。自漢以來，律之外有令，有駁議，有故事，有科，有格，有式。隋則律、令、格、式並行。宋則律之外，敕、令、格、式四者皆備，而律所不備，一斷以敕，初無所謂例也。晉於魏《刑名律》中分爲《法例律》，亦但爲律之篇目，而非於律之外別之爲例。《王制》：「必察大小之比以成之。」鄭注：「已行故事曰比。」《釋文》：「比，必利反。例也。」《後漢書·陳忠傳》：「父寵，上除漢法溢於《甫刑》者，未施行。忠奏上二十三條，爲《決事比》。」注：「比，例也。」此其爲後世例之權輿歟？明初有律，有令，而律之未賅者，始有條例之名。弘治三年定《問刑條例》，嘉靖時重定爲三百八十條，至萬曆時，復加裁定，爲三百八十二條。國朝因之，隨時增修。同治九年修訂之本，凡條例一千八百九十二條，視萬曆時增至數倍，可謂繁矣。其中或律重例輕，或律輕例重，大旨在於祛惡俗，挽頹風，即一事一人，以昭懲創，故改重者爲多；其改從輕者，又所以明區別而示矜恤，意至善也。第其始病律之疏也而增一例，繼則病例之仍疏也而又增一例，因例生例，孳乳無窮，例固密矣。究之世情萬變，非例所可賅。

往往因一事而定一例，不能概之事事。因一人而定一例，不能概之人人。且此例改而彼例亦因之以改，輕重既未得其平。此例改而彼例不改，輕重尤虞其偏倚。既有例即不用律，而例所未及，則同一事而仍不能不用律。蓋例太密則轉疏，而疑義亦比比皆是矣。

國朝之講求律學者，惟乾隆間海豐吴紫峯中丞壇《通考》一書，於例文之增删修改，甄覈精詳。其書迄於乾隆四十四年。自是以後，未有留心於斯事者。長安薛雲階大司寇，自官西曹，即研精律學，於歷代之沿革，窮源竟委，觀其會通，凡今律、今例之可疑者，逐條爲之考論，其彼此抵捂及先後歧異者，言之尤詳，積成巨册百餘。家本嘗與編纂之役，爬羅剔抉，參訂再三。司寇復以卷帙繁重，手自芟削，勒成定本，編爲《漢律輯存》、《唐明律合刻》、《讀例存疑》、《服制備考》各若干卷，洵律學之大成而讀律者之圭臬也。同人醵資，籌諸棗梨，甫議鳩工，適值庚子之變，事遂中輟。辛丑春仲，家本述職長安，時司寇在里，復長秋官詢，知所著書惟《漢律輯存》一種存亡未卜，餘編無恙。迨鑾輿將返，家本奉命先歸，司寇初有乞休之意，故瀕行諄諄以所著書爲託。季秋遇於大梁，言將扈蹕同行，約於京邸商搉此事。乃家本行至樊輿，遽得司寇騎箕之耗，京邸商搉之約，竟不能償矣。《唐明律合刻》諸稿，方坤吾太守連軫攜往皖江，惟此《讀例存疑》一編，同人攜來京師，亟謀刊行，家本爲之校讎一過。秋署同僚，復議另繕清本，進呈御覽，奉旨發交律例館。今方奏明，修改律例，一筆一削，將奉此編爲準繩，庶幾輕重密疏罔弗當，而向之抵捂而歧異者，咸釐若畫一，無復有疑義之存，司讞者胥得所遵守焉，固不僅羣玉册府之珍藏爲足榮貴也已。今夏刻既竣，爲述其大略如此。展卷披讀，惜司寇之不獲親見此書之成也。

薛大司寇遺稿序

班孟堅言，法家者流，出於理官。故身任理官者，始推求法家之學，習使然也。《四庫》書浩如烟海，裨官小説悉入搜羅，獨法家之書，所録者寥寥可數。豈世皆鄙棄斯學，竟無人討論而著述歟？抑有討論著述之書，世無人爲之表章，遂湮没而不傳歟？大司寇長安薛公，自釋褐即爲理官，講求法家之學，生平精力，畢瘁此事。所著有《漢律輯存》、《唐明律合刻》、《服制備考》、《讀例存疑》諸書。若是編，則僅有同官傳鈔之本，蓋非公所甚注意者。甲辰歲，敘雪同人爲公刊《讀例存疑》，余實任編纂之役，已行於世。其時，醵資之事，段少滄觀察任之，校讐之事，許俊人僉事任之，凡此諸人之不惜心力以董其成者，豈獨有私於公哉。良以法家者言，非淺學所能道，世間傳述之書既不多覯，如此鴻篇巨帙，其餉遺我後人者，固非獨爲一人一家之事，而實於政治大有關繫者也。當此法治時代，若但徵之今而不考之古，但推崇西法而不探討中法，則法學不全，又安能會而通之以推行於世。然則今之刻公書也，固將使世之人羣講求法家之學，以有裨於政治，豈獨有私於公哉。公所著《漢律輯存》，庚子逸於京師，傳聞爲某舍人所獲，祕不肯出。《唐明律合刻》、《服制備考》二書，有力任校刊者，又在若存若亡之間。自來著述之傳不傳，若有數存乎其間。公之書若無人爲之表章而剞劂之，則亦將不傳。乃有人表章之，剞劂之，而公之可傳者尚不能盡傳。此固公之憾，亦講求法家之學者之羣以爲憾。是編二卷，雖非公精意所存，然前卷乃憲牘之圭臬，後卷亦一代之典章所繫也。余故序而刊之，庶余心之憾可以少釋。崔伯淵有言：「嘗肉一臠，識鑊中之味。」此亦一臠也。近時邵陽魏默深刺史之《元史新編》，其稿流落於仁和龔氏、獨山莫氏者數十年，而終還歸於魏氏，付刊行世。公書之流落人間者，安知不傳於數十年之後，如《元史》之《新編》也乎！

刑案匯覽三編序

《刑案匯覽前編》六十卷，《續編》十六卷，纂訂者會稽祝松菴，刊行者歙縣鮑季涵也。《前編》所集，有說帖、成案、通行、邸抄以及《所見集》、《平反節要》諸書，而以說帖爲最多，約居四之二，成案居四之一。《續編》所集，惟說帖、成案、通行、邸抄而無他書，成案居四之三，說帖僅十之一。其中有道光十三、十四等年交館之案，當時核覆未具說帖者五十九件，此兩《編》纂訂之不同也。

從前刑部遇有疑似難決之案，各該司意主議駁，先詳具說帖呈堂。如堂上官以司議爲是，由司再擬，稿尾覆外省之語曰稿尾。分別奏咨施行。若堂上官於司議猶有所疑，批交律例館詳核，館員亦詳具說帖呈堂。堂定後仍交本司辦稿，亦有本司照覆之稿。堂上官有所疑而交館者，其或准或駁，多經再三商榷而後定，慎之至也。道光中，漸有館員隨時核覆不具說帖之事，去繁就簡，說帖遂少。光緒庚辰以後，凡各司疑難之案，一概交館詳核。於是各司員憚於煩也，遂不復具說帖。館員亦不另具說帖，徑代各司擬定稿尾，交司施行。自是館事日繁，而各司多不講求，因有人才牢落之歎。雖經堂上官諄諄告誡，而積習相沿，未之能改。故說帖亦寥寥罕覯，所可採者，惟成案矣。

余官西曹三十年，癸未秋，在奉天司主稿，凡議駁之案，必先具説帖，或擬定稿尾，再請交館。奉天轄東三省，該省官吏多不知刑名事，每年應駁之稿，有多至百餘件者。余固不敢憚煩，而同司僚友，亦互相講求，頗獲切磋之益。夫刑名關係重要，其事之蕃變，每千頭萬緒，其理之細密，如繭絲牛毛。使身膺斯責而不尋繹前人之成説，參考舊日之案情，但憑一己之心思，一時之見解，心矜則愎，氣躁則浮，必至差以毫釐，謬以千里。往往一案之誤，一例之差，而貽害無窮，豈不殆哉。《匯覽》一書，固所以尋繹前人之成説以爲要歸，參考舊日之案情以爲依據者也。晰疑辨似，回惑祛而游移定，故法家多取決焉。顧或者曰：今日法理之學，日有新發明，窮變通久，氣運將至，此編雖詳備，陳迹耳，故紙耳。余謂：理固有日新之機，然新理者，學士之論説也。若人之情僞，五洲攸殊，有非學士之所能盡發其覆者。故就前人之成説而推闡之，就舊日之案情而比附之，大可與新學説互相發明，正不必爲新學説家左袒也。

鮑之《續編》説帖，訖於道光十七年冬季，成案訖於道光十四年，通行訖於道光十八年秋季，邸抄訖於道光十八年九月。自是以後，無人續纂，以接其緒。鄂省刻有一編，所采僅咸豐、同治兩朝，亦未完備，與鮑書不能相接。余嘗得抄本《駁案集成》一書，起道光十八年，訖三十年，凡三十二卷，係律例館原本，不知爲何人所編，實可以接鮑書之緒。又得抄本道光十八年以後之《館稿》八册，可以補《集成》之未備。光緒戊子秋，余承乏律例館，復得裒集咸豐、同治、光緒年事，如是者五年。癸巳秋，擢守天津，不復與館事，爾後見聞遂寡。間采通行數件，他未及也。丁酉夏，調守保定，省中諸幕僚見此書，咸慫恿付梓。因復手自校訂，除繁去複，排比成書，凡一百二十四卷，顔之曰《三編》，志與飽書相接也。官事冗迫，暇晷難得，燈炧飯罷，搦管吮毫，輒自笑曰：何不憚煩也。光緒己亥秋日。

此編抄撮於京邸，編訂於天津、保定兩郡署，見者謂宜公諸世。余方籌剞劂之資，旋值庚子之變，事遂中輟，忽忽又八九年矣。今日修訂法律之命，屢奉明詔，律例之删除變通者，已陸續施行。新定刑法草案，雖尚待考核，而事機相迫，施行恐亦不遠。此編半屬舊事，真所謂陳迹故紙也。芟薙之功，待諸來日。姑記其緣起於此。丁未仲冬。

刺字集序

刺字，古墨辟遺意也。墨一名黥。《魯語》：「中刑用刀鋸，其次用鑽笮。」韋昭曰：「笮，黥刑也。」班固《白虎通·五刑篇》：「墨者，墨其額也。」高誘《戰國策》注曰：「刻其額，以墨實其中曰黥。」韋昭《國語》注曰：「刀墨，謂以刀刻其顙而墨窒之顙額也。」此三説相同。許叔重《説文》：「黥，墨刑。在面也。」鄭康成《周禮》注曰：「墨，黥也。先刻其面，以墨窒之。」此二説相同。《酉陽雜俎》引《尚書刑德考》曰：「涿鹿者，鑿人顙也。黥者，馬羈笮人面也。」然則古者墨辟有刻顙、刻面之分矣。唐、虞、三代，墨居五刑之一。漢文帝除肉刑，當黥者髠鉗爲城旦舂，而墨刑遂廢。自後則有《晉令》：「奴婢亡，加銅青若墨黥，黥兩眼。後再亡，黥兩頰上。三亡，横黥目下，皆長一寸五分，廣五分。」此今刺逃人之意也。宋太始中，有劫竊遇赦，頰黥「劫」字之制。梁天監初，定律：「劫身皆斬。遇赦降死者，黵面爲『劫』字。」蓋即昉於太始。此今刺强盜之意也，然第施之一事一時者耳。《唐律》十二篇不言刺字，殆尚無此制歟？石晉天福中，始有刺配之法。宋參用其制，凡應配役者傅軍籍，用重典者黥其面。犯盜者刺環於耳後：徒、流，方；杖，圓；三犯杖，移於面。迨其後，科禁日密，刺配特繁，孝宗時增至五百七十條，臣僚多議其重，歷請裁定。元承宋制，然頗疏略。亦越前明，其法加詳。國朝因之，損益盡善矣。顧歷久相沿之成式，暫時變通之章程，例文有未能悉備者，曹司遵用，僅有傳鈔之本。歷年既多律例，屢經修改，而此書久未重編，援引每多窒礙。甘泉董氏，刻《刺字例輯》二卷，但就鈔本復加增益，其中重貤疏謬，未遑删定。乾隆癸丑，震澤沈湘葵孝廉沾霖輯有《刺字便覽》一卷，雖稱簡要，亦多闕略。豈以此屬五刑之末，其見於條例、章奏者，散而難稽歟？將所謂品式備具，莫有苟且者，謂何也？

夫刺字亦國憲也，竊嘗推原其旨。蓋以凶蠹之徒，率多怙惡，特明著其罪狀，俾不齒於齊民，冀其畏威而知恥，悔過而遷善。其間或有逃亡，既可逐迹追捕，即日後別有干犯，詰究推問，亦易辨其等差。是所以啓其愧心而戢其玩志者，意至深也。獨是良民，偶罹法網，追悔已遲，一膺黥刺，終身戮辱。善乎《宋志》之言曰：「面目一壞，誰復顧藉。强民適長威力，有過無由自新。」然則手持三尺，可於此稍忽乎哉。況乎本律所未明言，他例所未該載，不深悉其同異而明究其源委，引用錯謬，即干吏議；起除重補，慘等剥膚，亦司其事者之過也。家本雲司承乏，沈理簿書，傅古亭疑，每深祗懔。因與同司郭存甫主事安仁參商，取舊本重編而類區之：曰通例，挈其綱也；曰條例，詳其目也；曰免刺，條款示別也；曰備考，闕疑也。附以處分各例，又所以誌警惕也。編既成，顔之曰《刺字集》。雖不足爲律例之支流，其亦可以備法家之採擇乎。至夫律義精微，管蠡未逮，例案繁博，見聞不周，則匡謬砭誤，正有待於明律之君子。

歷代刑官考序

官制之因革損益，代各不同，卽一代之中，或亦先後不同。刑官之制，尤爲糾紛，非觀舉而詳究之，不能得其變遷之故。日者欽奉明詔，改定官制，設局詳議，纂爲一編。在他官之當討論者，尚不過名稱之改易，案牘之區分，惟刑官之制，新舊大相徑庭，其關係乎他日之政治者，得失是非，正非一言所可罄也。因述歷代刑官之制，粗加考論，輯爲二卷，得失是非，大略可覩矣。編既成，而序之曰：

《傳》稱：「自顓頊以來，以民事命官。」《周禮》曰：「設官分職，以爲民極。」是則國家之設官，爲民事設也。《家語·禮運篇》王肅注：「官，職分也。」有一官卽有一官之職分，故任是官者，必皆能各盡其職分，而後國家乃非虛設此官。此設官之本義也。稽之於古，未聞無是事而虛設一官者，亦未聞設一官而可以不事其事者；未聞任是官而不必問是官之職分當如何乃克盡者，亦未聞任是官而不必問職分之相當不相當可以漫居是官者。此理之易曉者也。則請更言其弊：進取之路，升轉之階，但爲人謀，不以事計，遂有無一事而增數官者，其弊一。伴食之流，竊祿之輩，不親公牘，世亦相容，遂有作此官而不作一事者，其弊又一。不考例案，未敍年資，應對偏工，奔走無誤，遂有職分不必盡而升擢可邀者，其弊又一。甲署敍勞，乙署授秩，事非所習，位在人前，遂有職分不相當而冒昧從事者，其弊又一。凡此諸弊，與設官之本義實相剌謬。在他官皆不當如此，況安民和衆其關繫重要尤在刑官，而可以蹈常襲故不思變計乎。至于禄薄籌增，多一官即多一官之俸給，度支告絀，區畫爲難，此又關乎國用，不可不計及者也。古者士之仕也，以行道也，故爲貧而仕者，必辭尊居卑，辭富居貧。委吏乘田，孔子爲之。自此義不明，而急流競進，利禄爲心，用不必才，官失其守，此治道之所以日衰也，良可慨已！若夫刑官變遷之故，苟即是編而討論之，得失是非，亦可了然。何者與古同，何者與古異，何者古當因，何者古當革，因時損益，必得其宜，是在主之者。

漢律摭遺自序

自商鞅變法相秦孝公而秦以强，秦人世守其法，是秦先世所用者，商鞅之法也。始皇并天下，專任刑罰，以刻削毋仁恩和義爲宗旨，而未盡變秦先世之法，是始皇之所用者，亦商鞅之法也。鞅之法，受之李悝。悝之法，撰次諸國，豈遂無三代先王之法存于其中者乎？鞅之變者，牧司連坐之法，二男分異之法，末利怠貧收孥之法，餘仍悝法也。然則商鞅之法，豈遂無三代先王之法存于其中者乎？迨李斯創焚書之議，敢偶語《詩》、《書》者棄市，是古非今者族，法之煩苛，莫此爲甚。其後復行督責之令，民不堪命，而秦以亡，非盡由商鞅之法。商鞅之法，固李悝之法也。漢興，約法三章，蠲削煩苛，然不足以禦姦。蕭何於是攈摭秦法，取其宜於時者，作律九章，其三章何所增，其六章即李悝之《法經》也。是漢法亦本于李悝而參之以秦法，非取秦法而全襲之也。今試以《周官》攷之：先請原于八議，決事本于八成，受獄卽士師之受中，案比卽司徒之大比，讀鞫者小司寇之讀書也，乞鞫者朝士之聽治也，過失不坐，三宥之法也，年未滿八歲、八十以上非手殺人不坐，三赦之法也。其他之合于周法者，難僂指數。先鄭、後鄭注《周官》，並舉漢法以爲比況，可見《漢律》正多古意，非猶爲三代先王之法之留遺者乎。歷代之律存于今者唯《唐律》，而古今律之得其中者亦唯《唐律》，謂其尚得三代先王之遺意也。《唐律》之承用《漢律》者不可枚舉，有輕重略相等者，有輕重不盡同者。試取相較，而得失之數可藉以證厥是非，是則求《唐律》之根源，更不可不研究夫《漢律》矣。惜《漢律》久亡，其散見于史傳者，百不存一。然使搜羅排比，分條比類，按律爲篇，其大凡亦可得而攷見焉。

同治、光緒之間，長安薛大司寇曾纂《漢律輯存》一書，業經寫定，將付手民，庚子之變，爲某舍人所得，匿不肯出，百計圖之，竟未珠還，良可惋惜。巴陵杜貴墀有《漢律輯證》六卷，頗稱詳備，然尚闕遺。近富平張大令鵬一有《漢律類纂》一書，編次亦未分明。壬子之春，鍵户養痾，斗室枯坐，因取杜、張二書，重爲編次，以律爲綱，逐條分入。目之可攷者，取諸《晉志》，事之可證者，取諸《史記》及班、范二書，他書之可以相質者，亦採附焉。諸書所引律、令，往往相混，蓋由各律中本各有令，引之者遂不盡別白。如《金布律》見于《晉志》，而諸書所引則《金布令》爲多。今於律、令二者亦不能詳爲區別，若二鄭注之所稱今時，固難定其爲律爲令也。齡積氣苶，時須卧息，窮竟日之力，所獲無多。自春徂夏，今又秋氣初悲，甫克畢事，凡得二十二卷。雖未足遂爲三代先王之法，世有稽古之士，其或有取於斯。壬子立秋後三日，七十三叟沈家本。

大清律例講義序

天下之學，必講焉而後明，矧在專門，義博而科繁，安有不講而能明者。講讀律令，舊載《吏律》。乾隆初，吏部以內外官員各有本任承辦事例，律例款項繁多，難概責以通曉，奏請删除官員考校律例一條，上不允。誠以律例關係重要，非盡人所能通曉，講讀之功，不可廢也。乃今之説者，謂律例當使官吏盡諳，顓愚共喻。信斯言也，必使人人皆能通曉，無待於講焉而後可，必深辭古義非講不明者，概加芟薙焉而後可。不然官吏尚未能盡諳，又安望顓愚之共喻哉？講讀之文，載在功令，烏可誣也。夫讀者但記誦其辭，講者必解説其意，舉凡禮教之精微，事情之繁賾，一字一句，皆有至理存焉。是卽講之讀之，尚恐有不能通曉者，屬在官吏職當盡諳，而官吏之諳之者已不多覯，若欲顓愚之人莫不喻之，能乎？否乎？

在昔《漢律》，各爲章句，叔孫宣、郭令卿、馬融、鄭玄諸儒，十有餘家，家數十萬言。凡斷罪所當由用者，合二萬六千二百七十二條，七百七十三萬二千二百餘言。魏世詔用鄭氏章句，不得雜用餘家。夫以康成一代大儒，其所以講之者，猶如是之詳且盡也。其後《唐律》，則有《疏議》三十卷。在唐初，律學專家頗有其人，奉敕纂修《疏議》，其所以講之者，又如是之詳且盡也。洎乎有明，説律之書，不下數十家，《瑣言》、《讀法》、《纂注》、《箋釋》諸書，世尚有傳本。或自申己見，或彙集羣言，其所以講之者，又如是之詳且盡也。使果人人皆能通曉，古之人何若是之不憚煩哉？《大清律例》承《明律》而損益之，雍正、乾隆以來，疊經修改，其條例視明代增千數百條，律文則因者多而革者少。順治初，以律文有難明之義，未足之語，增人小注。雍正三年，又纂總注附於律後，並列聖垂訓，命官撰集。豈非以禮教之精微，事情之繁賾，正有非官吏之所能盡諳，顓愚之所能共喻者乎？此其所以講之者，又如是之詳且盡也。

然則《律例》一書，將欲考其沿革，窮其義例，辨其同異，權其重輕，是非講不爲功。今試進司牧之自負能名，幕府之素稱老手者，舉律例而周諮焉。其閱歷非不深也，其辦案非不精核也，若夫歷代之沿革，亦嘗考訂之乎？法經之義例，亦嘗推闡之乎？律與律之同異，例與例之同異，律與例之同異，亦嘗參稽而明辨之乎？律輕例重之故，律重例輕之故，古律與今律重輕之故，此律與彼律重輕之故，亦嘗博綜而審定之乎？將皆遜謝不遑曰，未也。夫不明沿革，必至修一例而貽害無窮。不明義例，必至斷一案而情法失當。不明同異，必至援引不衷，于是甲罪用乙例，乙罪用甲例。不明重輕，必至權衡不得其平，重者失之輕，輕者失之重。夫孰非不講之爲害哉。

獨是《律例》爲專門之學，人多憚其難，故雖著講讀之律，而世之從事斯學者實鮮。官西曹者，職守所關，尚多相與討論。當光緒之初，有豫、陝兩派，豫人以陳雅儂、田雨田爲最著，陝則長安薛大司寇爲一大家。餘若故尚書趙公及張麟閣總廳丞，於《律例》一書，固皆讀之講之而會通之。余嘗周旋其間，自視弗如也。近年則豫派漸衰矣，陝則承其鄉先達之流風遺韻，猶多精此學者。韓城吉石生郎中同鈞，於《大清律例》一書，講之有素，考訂乎沿革，推闡乎義例，其同異重輕之繁而難紀者，又嘗參稽而明辨之，博綜而審定之，余心折之久矣。迨偕順德伍秩庸侍郎奏請專設法律學堂，於丙午九月開學，學堂科目特設有《大清律例》一門，即延石生主講。於今已閱五學期，所編講義積成六册。其於沿革之源流，義例之本末，同異之比校，重輕之等差，悉本其所學引伸而發明之，辭無弗達，義無弗宣，洵足啓法家之祕鑰而爲初學之津梁矣。余奉命修律，采用西法互證參稽，同異相半。然不深究夫中律之本原而考其得失，而遽以西法雜糅之，正如枘鑿之不相入，安望其會通哉？是中律講讀之功，仍不可廢也。余嘉是編之成，幸斯學之未墜，而後來者有門徑之可尋也，故樂爲之序。宣統建元六月。

法學通論講義序

余恭膺簡命，偕新會伍秩庸侍郎修訂法律，並參用歐美科條，開館編纂。伍侍郎曰：「法律成而無講求法律之人，施行必多阻閡，非專設學堂培養人才不可。」余與館中同人僉韙其議，於是奏請撥款設立法律學堂，奉旨俞允。擇地庀材，尅日興築，而教習無其人，則講學仍託空言也。乃赴東瀛，訪求知名之士，羣推岡田博士朝太郎爲巨擘，重聘來華。松岡科長義正，司裁判者十五年，經驗家也，亦應聘而至。於光緒三十二年九月開學，學員凡數百人，昕夕講貫，晦經三學期矣。吾中國法律之學，其將由是而昌明乎。

日本之講求法律，著書立説者非一家，而岡田博士之書，最鳴於時。其所撰《法學通論講義》，吾學堂諸君子亦既面聆之而研究之矣，同人復慫恿付梓，以廣流傳。博士因裒集稿本，删訂成書，而問序於余。余維《管子》之言曰：「不法法則事毋常，法不法則令不行。令而不行，則令不法也。法而不行，則修令者不審也。」又曰：「不明于法而欲治民一衆，猶左書而右息之。」是則法之修也，不可不審，不可不明。而欲法之審，法之明，不可不窮其理。而欲窮其理，舍講學又奚由哉。顧知講學矣，而於諸法之繁賾，不能絜其綱領，析其條目，俾秩然而有序，猶未審也。且於諸法之要歸，不能抉其精微，辨其疑似，俾昭晰而無遺，猶未明也。則講學亦豈易言哉。博士天資超邁，於五洲法律之書，博學而詳説之，故能由博反約，提要鉤玄。先之以總説爲一卷，次則憲法、行政法、民法、商法、刑法、編制法、訴訟法、國際私法、國際公法各爲一卷，條分縷析，何其審且明也。方今環球學説，月異日新，苟非會而通之，又烏能折衷而歸一。是世之讀是編者，其亦深思夫會通之故，而勿視爲一家之言焉，庶法律之學日益昌明乎。松岡科長之《講義》亦將編定而公之世，以先覩爲快。光緒三十四年六月。

裁判訪問錄序

光緒乙巳九月，修訂法律館奏請派員赴日本調查裁判監獄事宜，膺斯役者爲郎中董綬金康、主事麥敬輿秩嚴。館事殷繁，於次年四月始克東渡，員外郎熙惟周楨亦相偕前往。抵東京後，適員外郎王書衡儀通奉學部命在彼，相助爲理。日本政府因吾國司法初與交涉，由司法省特簡參事官齋藤十一郎、監獄局事務官小河滋次郎導引諸人分歷各處裁判所及監獄詳細參觀，並於司法省及監獄協會開會講演。見聞所及，撮其大要，爲《裁判》四章、《監獄》二十二章，繕具清單，進呈御覽。董郎中復將輯譯所得，編纂爲書，先成《裁判訪問録》。家本讀竟而序之曰：

人不能無羣，有羣斯有争，有争斯有訟，争訟不已，人民將失其治安，裁判者，平争訟而保治安者也。顧古今中外風俗不盡同，裁判之事卽不能盡同。不同者而必欲强之使同，其勢必有所閡，由是阻力生焉。其在上古之世，風俗渾樸，科條簡易。中古以降，風俗趨於澆漓，事日繁劇，若仍以簡易之科條行之，能乎？是故自秦以來，裁判各自爲法。漢有讀鞫、乞鞫之律，而後世無文。《唐律》考囚不過三度，考滿不承，取保放之，而今無此法。若是之類，非止一端。此古與今之不能同也。

西國司法獨立，無論何人皆不能干涉裁判之事，雖以君主之命，總統之權，但有赦免，而無改正。中國則由州縣而道府，而司，而督撫，而部，層層轄制，不能自由。從前刑部權力頗有獨立之勢，而大理稽察，言官糾劾，每爲所牽制，而不免掣肘。西法無刑訊，而中法以考問爲常。西法雖重犯亦立而訊之，中法雖宗室亦一體長跪。此中與西之不能同也。更有相同而仍不同者。古今無論矣，但卽中、西言之裁判所憑者，曰供，曰證。中法供、證兼重，有證無供，卽難論決。《唐律》獄囚取服辯，今律承之。可見中法之重供，相沿已久。雖律有衆證明白卽同獄成，及老幼不拷訊，據衆證定罪之文，特所犯在軍流以下者，向來照此辦理，至死罪人犯，出入甚鉅，雖有此律，不常行用，蓋慎之也。西法重證不重供，有證無供，雖死罪亦可論決。此又中西之同而不同者也。

方今世之崇尚西法者，未必皆能深明其法之原，本不過藉以爲炫世之具，幾欲步亦步，趨亦趨。而墨守先型者，又鄙薄西人，以爲事事不足取。抑知西法之中，固有與古法相同者乎。如刑之宣告，卽周之讀書用灋，漢之讀鞫及論，唐之宣告犯狀也。獄之調查，卽周之歲終計獄，弊訟登中於天府；宋之類次大辟，奏上朝廷也。至若大司徒所屬之鄉、遂大夫諸官，各掌鄉、遂之政教禁令，而大司寇所屬之鄉士、遂士、縣士分主國中、遂、縣之獄，與鄉、遂諸大夫分職而理，此爲行政官與司法官各有攸司，不若今日州縣官行政、司法混合爲一，尤西法與古法相同之大者。夫古法之不同於今而不行於今，非必古之不若今，或且古勝於今。而今之人習乎今之法，一言古而反以爲泥古，並古勝於今者而亦議之。謂古法之皆可行於今，誠未必然。謂古法皆不可行於今，又豈其然。西之於中，亦猶是耳。值事窮則變之時，而仍有積重難返之勢，不究其法之宗旨何如，經驗何如，崇尚者或拘乎其墟，而鄙薄者終狃於其故。然則欲究其宗旨何如，經驗何如，舍考察亦奚由哉。

泰西裁判之制，英、美爲一派，德、法爲一派，大略相同而微有不同。日本多取諸德、法，然與德、法亦不盡相同。蓋立法以典民，必視乎民以爲法而後可以保民。卽如陪審官，實創自英。英本以自治爲國，故此職最重。法改民主之後，經人民要求，亦用此制，德亦仿行，然皆不若英之出於習慣之自然。故日本不用此制，而別設檢事一官。此東與西之不同者。英、美無區裁判，而德有之，日本用德制也。此西與西之不同者。凡此不同之故，亦仍視乎其國之政教風俗，有不能强之使同者。因民以爲治，無古今中外一也。

中國今者方議改裁判之制，而禮教風俗不與歐美同。卽日本爲同洲之國，而亦不能盡同。若遽令法之悉同於彼，其有阻力也固宜然。我法之不善者當去之，當去而不去，是之爲悖。彼法之善者當取之，當取而不取，是之爲愚。夫必熟審乎政教風俗之故，而又能通乎法理之原，虛其心，達其聰，損益而會通焉，庶不爲悖且愚乎。日本齋藤參事所述裁判之制，頗稱詳備，凡所謂宗旨何如，經驗何如，其大端已具於是。是在講究斯法者，勿求之於形式，而求之於精神，勿淆羣言，勿膠一是，化而裁之，推而行之，斯變通盡利，平爭訟，保治安，阻力罔勿消，而勢亦無所閡矣。古今中外之見，又何必存哉。

監獄訪問錄序

董君編裁判事宜畢，復將監獄事宜輯爲二編，前編爲總論，凡七章，後編爲各論，凡十五章，顔之曰《監獄訪問録》。展卷再四，因得一言以蔽之曰，監獄者，感化人而非苦人、辱人者也。應劭《風俗通》云：「三王始有獄。夏曰夏臺，言不害人，若遊觀之臺。殷曰羑里，言不害人，若於閭里。周曰囹圄，囹令，圄舉也，言令人幽閉思愆，改惡爲善，因原之也。」尋繹此説，可以見古人設獄之宗旨，非以苦人、辱人，將以感化人也。自此義不明，而吏之武健嚴酷者，其慘毒之方，殘刻之狀，難以僂指。由是感化之地，變而爲苦辱之場。其强者踰越逃亡，甚則刦囚反獄，防之每不勝其防。其弱者愁慘呻吟，强半填尸牢户。揆諸古人之宗旨，不大相徑庭哉！

《小宛》之詩曰：「哀我填寡，宜岸宜獄。」漢宣帝詔曰：「今繫者或以掠辜，若飢寒瘐死獄中，何用心，逆人道也。」言之可爲痛切。漢時雖有以繫囚課殿最之令，《晉令》亦有作任與衣，厚草蓐，給醫藥，種種優恤之政，乃千百年來此弊迄未能盡革者，何歟？謂非規制之未能盡善歟？

泰西監獄，初亦未得感化之宗旨，而惟以苦人、辱人爲事。迨後有仁慈者出，目睹夫慘毒之方，殘刻之狀，同爲人類，何獨受此，於是倡爲感化之説，播於歐洲。更有學人輩出，相與研究，定厥宗旨。舉凡建築之法，待遇之法，監督之法，莫不酌理準情，區畫周至，而宗旨一以感化爲歸宿。考其政治，成效昭然。近今各國復立監獄協會，窮年矻矻，方進未已。此其實事求是之心，又何可及哉。日本制仿泰西，頗已改觀，而彼都人士猶以爲未臻盡善，仍刻意講求。試舉泰西之制而證之於古。囚人運動場，即古人遊觀之意也。衣食潔而居處安，即古人閭里之意也。有教誨室以漸啓其悔悟，更設假出獄之律，許其自新，又古人幽閉思愆，改善得原之意也。人凡事理必有當然之極，苟用其極，則古今中西初無二致，特患無人推究之耳。

小河滋次郎爲日本監獄家之巨擘，本其生平所學，爲我國忠告。我國之經營斯事者，誠卽是編以考其得失，當恍然於苦辱之不足以爲政，而深維乎感化之故。其得也者，可取以爲資。其失也者，可引以爲戒。無妄費，無怨囚，無曠職，事半功倍之效，願馨香祝之也。或曰，習染既深，洗滌非易，必謂監獄之内可大收感化之功，恐言似動聽而行難獲效也。顧蚩蚩者氓，自非下愚不移，詎有不可感化之理。縱不能盡人而感化之，第使十人而得六、七人，或四、五人，或二、三人，則人之有害風俗有害治安者，必日見其少。積漸既久，風俗自日進于良，而治安可以長保焉。所慮者，但襲外觀，不求内蘊，遂謂感化無期也。是果感化之不可期哉！

法學名著序

《管子》曰：「不法法則事毋常，法不法則令不行。」此言國不可無法，有法而不善，與無法等。然則議法者欲明乎事理之當然，而究其精意之所在，法學之講求，烏可緩乎。南齊孔稚珪《請置律學助教表》云：「尋古之名流，多有法學。故釋之、定國，聲光漢臺。元常、文惠，績映魏閣。」爾時稚珪提唱宗風，始標法學之名，以樹之的，復特引名流以爲重，其惓惓於法學之講求，意何殷也。

夫自李悝著經，蕭何造律，下及叔孫通、張湯、趙禹之儔，咸明于法，其法卽其學也。迨後叔孫宣、郭令卿、馬融、鄭玄諸儒，各爲章句，凡十有餘家，家數十萬言。凡斷罪所當由用者，合二萬六千二百七十二條，七百七十三萬二千二百餘言。法學之興，於斯爲盛。鄭氏爲一代儒宗，猶爲此學，可以見此學爲當時所重，其傳授亦甚廣。魏衞覬請置律博士，轉相教授。自是之後，下迄唐、宋，代有此官，故通法學者不絕於世。洎乎元主中原，此官遂廢，臣工修律之書，屢上於朝，迄未施行。明承元制，亦不復設此官。國無專科，人多蔑視，而法學衰矣。衞覬云：「刑法者，國家之所貴重，而私議之所輕賤。」斯言若傷於過激。然紀文達編纂《四庫全書》，法令之書，多遭擯棄，並以刑爲盛世所不尚，所錄略存梗概而已。夫以名公鉅卿，創此論於上，天下之士，又孰肯用心於法學？其衰也宜也。

近今泰西政事，純以法治，三權分立，互相維持。其學説之嬗衍，推明法理，專而能精，流風餘韻，東漸三島，何其盛也。各國法學，各自爲書，浩若烟海，譯才難得，吾國中不能多見。日本之游學歐洲者，大多學成始往，又先已通其文字，故能誦其書册，窮其學説，辨其流派，會其淵源。迨至歸國之後，出其所得者，轉相教授，研究之力，不少懈怠。是以名流輩出，著述日富。大抵專門之學，非博觀約取，其論説必不能詳，非極深研幾，其精蘊必不能罄。此固非積數十寒暑之功候不能有所成就。若第淺嘗而獵取之，遂欲折衷羣言，推行一世，難矣。

今者法治之説，洋溢乎四表，方興未艾，朝廷設館，編纂法學諸書，將改弦而更張之矣。乃世之學者，新舊紛拏，各分門户，何哉？夫吾國舊學，自成法系，精微之處，仁至義盡，新學要旨，已在包涵之内，烏可弁髦等視，不復研求。新學往往從舊學推演而出，事變愈多，法理愈密，然大要總不外「情理」二字。無論舊學、新學，不能舍情理而别爲法也，所貴融會而貫通之。保守經常，革除弊俗，舊不俱廢，新亦當參，但期推行盡利，正未可持門户之見也。或者議曰，以法治者，其流弊必入於申、韓，學者不可不慎。抑知申、韓之學，以刻覈爲宗旨，恃威相劫，實專制之尤。泰西之學，以保護治安爲宗旨，人人有自由之便利，仍人人不得稍越法律之範圍。二者相衡，判然各别。則以申、韓議泰西，亦未究厥宗旨耳。

此編網羅法學之書，精譯印行，其中作者並日本近世知名之士，經數十載之研稽，著爲論説，卓然成家，洵足餉遺當世。彼都人士，交相推重，非虚語也。方今憲政推行，新法令將次第頒布，得是書而講求之，法學之起衰，庶於是乎！在竊願拭目竢之。宣統三年夏五〔月〕。

政法類典序

昔鄒衍之談瀛海也，論者以爲虚妄，蓋驚於未見爲怪也。今者五洲懸絶，梯航畢通，譯寄象鞮，交錯若織，列國政教之殊途，質文之異尚，使節所至，亦既見之，且往往能言之。此固天地氣運日開，爲前古未見之變局，人不得而詆爲虚妄矣。惟是智力日出，方有進無已，天演物競，强勝乎，弱勝乎，不待明者而決之。然則處今日之變，通列國之郵，規時勢，度本末，幡然改計，發憤爲雄，將必取人之長，以補吾之短。若者益，若者損，若者先，若者後，不深究其政治之得失，又烏乎取之？顧欲究各國之政治，必先考各國政治之書，非親見之不能得其詳，非親見而精譯之不能舉其要。使節所至，見之矣，或不能譯之，即能譯之矣，而所譯者不能舉其要，則見與不見同，譯與不譯同。蓋政治之要，非深於政治者不能知，譯政治之書，非深於政治者不能通其義，則將欲取長以補短，又烏乎取之？且古治之盛也，政與學爲一途，風教遠曁，王澤下究。其時學者，多究心當世得失，立言類有師法。班固謂儒家者流出於司徒之官，道家者流出於史官，法家者流出於理官，名家者流出於禮官，農家者流出於農稷之官，墨家者流出於清廟之守，雖源流不同，大抵皆本一代之治以爲學，即本一代之學以爲治。降及後世，政與學分，所學非所用，所用非所學，治化不進，非無故也。泰西各國當中土周、秦之世，學術稱盛，而希臘、羅馬亦師儒相望，已爲後世諸家專門之祖。十九世紀以來，科學大明，而研精政法者，復朋興輩作，乃能有今日之强盛，豈偶然哉。

方今中國，屢經變故，百事艱難，有志之士，當討究治道之原，旁考各國制度，觀其會通，庶幾採擷精華，稍有補於當世。東西政治之書，近數十年來，著譯甚夥，雖不乏善本，然或非出專門之手，或其言龐雜，學者無所折衷。若蒐討衆作，鑒別去取，門徑秩然，誠未易見。章君宗祥、戢君翼翬慨念及此，爰勼集同志，纂爲是編，分歷史、政治、法律、經濟四部，其輯録宏富，議論純正，文辭可觀。循是以求於今日列國之政教得失，洞若觀火，洵所謂通其義而舉其要者矣。考各國之政治者，其將於是取之乎。

新譯法規大全序

《管子》曰：「立法以典民則祥，離法而治則不祥。」又曰：「以法治國，則舉錯而已。」又曰：「先王之治國也，使法擇人，不自舉也。使法量功，不自度也。」其言與今日西人之學說，流派頗相近，是法治主義，古人早有持此說者，特宗旨不同耳。將欲明西法之宗旨，必研究西人之學，尤必編譯西人之書。說者謂西文「法」字，於中文有「理」、「禮」、「法」、「制」之異譯，不專指刑法一端。則欲取歐美之法典而盡譯之，無論譯者之難其人，且其書汗牛充棟，亦譯不勝譯。日本則我同洲同種同文之國也，譯和文又非若西文之難也，然鴻編巨帙，正非一手足之力所能竟厥功。日本舊時制度，唐法爲多。明治以後，采用歐法，不數十年，遂爲强國，是豈徒慕歐法之形式而能若是哉？其君臣上下，同心同德，發憤爲雄，不惜財力以編譯西人之書，以研究西人之學，棄其糟粕而擷其英華，舉全國之精神，胥貫注於法律之内，故國勢日張，非偶然也。

古來法制之書，莫詳於《周官》。其後唐之《通典》，元之《至元條格》，明之《會典》，皆備載一朝之制作。我《大清會典》一編，尤爲巨搆。日本全國新制，萃於《法規大全》一書，卽《周官》、《通典》、《會典》諸書之流亞也。卷帙繁重，編譯爲難。光緒辛丑，南洋公學曾譯是書，稿垂成而未遑校定。今商務印書館取其原稿，重加編纂，分門考定，爲類二十有五，凡憲法、民法、刑法、裁判法、訴訟法、商法以及官制、官規、地方制度並警察、財政、軍事、礦業、森林之法，本末洪纖，無不備舉。後附《法規解字》一編，以備檢查。任是事者，總理有人，分纂有人，討論有人，時越二年，金費鉅萬，誠盛舉也。

書成，乞序於余。余向者曾得是書，以未習和文不能讀，茲幸獲睹。是書之成而彼國之日强，并得卽此而考其故，益知法治之説爲不誣矣。方今朝廷孜孜求治，鋭意維新，不憚改弦而更張之，得是書爲考鏡之資，於變通盡利之方，良多裨助，以視編譯西書，事半而功倍焉。夫法者，天下之程式，萬事之儀表也。程式具矣，儀表立矣，而無真精神以運用之，則程式爲虛文，而儀表亦外觀也。古語曰：「徒法不能以自行。」程子曰：「必有關雎、麟趾之意，然後可以行《周官》之法度。」旨哉言乎，世之讀是書者，當思其精神之所在，無徒於程式儀表求之，庶不負編譯之苦心也夫！

法學會雜誌序

自李悝著《法經》，而法學興。秦時以吏爲師，天下之習法學者，羣集于丞相之府。西漢因之。東漢不用秦法，士之習法學者，聚徒教授。如郭弘習小杜律，郭躬傳其父業，講授徒衆，常數百人。吴雄三世爲法名家。陳咸以律令傳爲家業，其後寵、忠皆典刑法。至爲律章句者，凡十餘家，鄭康成以大儒，猶爲此學。是時雖無法學會之名，而其傳授不替，徒衆頗廣，固甚盛也。近世紀歐洲學者孟德斯鳩之倫，發明法理，立説著書，風行于世，一時學者遞衍，流派各持其是。遂相與設立協會，討論推尋，新理日出，得以改革其政治，保安其人民。流風所被，漸及東海，法學會稱極盛焉。獨吾中國寂然無聞，舉凡法家言，非名隸秋曹者，無人問津，名公鉅卿，方且以爲無足重輕之書，屏棄勿録，甚至有目爲不祥之物，遠而避之者，大可怪也。近今十年來，始有參用西法之議。余從事斯役，訪集明達諸君，分司編輯，并延東方博士，相與講求。復創設法律學堂，造就司法人才，爲他日審判之預備。規模略具，中國法學，于焉萌芽。

庚戌之冬，法律學堂學員熊君煜、王君克忠諸君，糾合同志，籌設法學會，來質于余。余喜法學之甫有萌芽者，漸見滋生也，極贊成斯議，并捐資爲之助。于是冬仲月，竟克成立，會事屬汪君子健總其成。子健熱心毅力，定章程，籌經費，粗立形式。惟會甫成立，進行匪易，僉議設立短期法政研究所及月出雜誌一編，以導其先。遂於辛亥之春，設研究所於財政學堂，子健約同岡田、志田二博士，各盡義務，分班講説。並延名流數君，擔認各種雜誌，則自三月始月出一册。研究所於炎暑時暫停，雜誌則已出五期，不意八月中國事變遷，人情惶惑，事遂中輟，良可惜也。余老病侵尋，入春以後，鍵户静養，不復與政界相周旋。子健惜斯會之已成而中輟也，復與章仲和君重加整頓，並乞政府資助千金，斯會乃復成立。一時知名諸公，無不涖止冠裳，蹌濟盛于曩時。余雖以老病，不獲親至會所，一聆偉論，而竊喜已廢之復舉也。因述其緣起,題于雜誌卷端。自後吾中國法學昌明,政治之改革,人民之治安,胥賴于是,必不讓東西各國,競詡文明也。實馨香祝之。七十三叟沈家本。

寄簃文存卷七

跋

鈔本唐律疏義跋

鈔本《唐律疏義》三十卷，附圖十二卷，前後無序跋，圖亦不著王元亮之名，釋文附每卷後，小註亦作大字，以空格分別之，卷末有考亭書院學士余資編校一行。「學士」當爲「學生」之誤。孫氏岱南閣覆元泰定本卷末亦有此一行，似兩本同出一源，而此本題曰「唐律疏義」，孫本則題曰「故唐律疏義」。此本校語云：「宋本、元本並作『疏義』。」「義」、「議」文殊，不獨與孫本異，與諸本亦異矣。卷首有江東羅氏所藏朱記，卷中有黄、藍、朱三色筆校語，末卷有乾隆五十四年二月二十八日寫校畢，盧弓父記，黄筆一行。弓父爲抱經先生晚年自號，此書爲晚年手校之本。各卷又有朱筆庚戌二月二日至五日校語。是此書鈔於己酉年，先以黄筆校之，次年庚戌復以朱筆校之，凡四日而畢。

抱經先生生于康熙丁酉，至乾隆庚戌年已七十有四，而丹鉛不輟，其勤且敏也如此，今之世安得尚有其人哉。其所據以校此本者，有宋本及元本。今取孫本互相校勘，其得失亦時時互見。如闌入宫門條「入上閤門」，孫本「閤」誤「閣」，此本不誤。乘官畜私馱物條末句「同私馱載法」，孫本奪「法」字，此本有。並與宋本《律文》合。兵刃斫射人條小注「弓箭刀矟」，孫本奪「刀」字，此本有。他如「馱物」之「馱」不从「犬」，「淫惡」之「淫」不从「㬎」，孫本並誤，此皆可以訂正孫本者。孫本釋文最難讀，顧千里歷舉其失。此本標目與釋語不相淆亂，遠勝孫本，取以訂正千里所言之失，可十去六七。惟第五卷全同孫本，其失正同。二十一、二十三兩卷無釋文。似傳寫時所據本已殘缺，故孫本之各序亦皆無也。各卷中每有奪落，或十數字，或一、二行，或三、四行，朱筆校添。此不知爲傳鈔之過，抑原書本如是？盧所據宋、元兩本，今已不知流落何方。其宋本如表文釋文「謂子太叔」作「謂子」二字，「獨夫」下引《孟子》「一夫作獨夫」，「次骨」下引《史記》而以《漢書》之語羼入，皆不如孫本之善。惟「張湯杜陵人也」，朱筆校乙「陵」字，與《史記》合。徐廣云：「爾時未爲陵，不當有『陵』字，《漢書》作『杜陵』，從後來之名也。」其元本每卷記其缺葉，蓋亦非完善之本，但不知視孫本何如，校語未分別，無以明也。此本爲吾友董綬金所藏。《唐律》世行惟孫本，他本希覯，先輩手校之本，尤可寶貴，假以校孫本，校畢爲書此而歸之。宣統建元仲冬二十二日，跋於京寓之枕碧樓。

唐律釋文跋

《唐律疏議》所附釋文，據無名氏序，爲「此山貰冶子」所作，不著姓名，亦無年月，故不能詳其爲何時人。惟序有：「《刑統》之內，多援引典故，及有艱字，故此山貰冶子治經之暇，得覽金科，遂爲釋文，以辯其義云云。」是釋文本爲《刑統》而作，非爲《唐律》注釋。其中每多《律文》及《疏議》所未見之語，初亦不得其故，近得《刑統》校之，都在所載令、敕諸文之中，並非無故闌入。其間有與《疏議》不同者，亦《刑統》所改。「梟鏡」作「梟鴟」，係避廟諱同音之字。非得《刑統》原書，亦不能詳也。

《刑統》爲宋代之書，釋之者自當爲宋人。卷三「雜户」，釋曰：「若今不刺面，配在將作監、太常院、東西庫務者。」考《宋史・百官志》有將作監、太常禮院，太府寺有東西庫。《元志》將作監改爲將作院，其官爲院使，亦未見有東西庫名目。觀於「若今」之文，其爲宋人之語，更灼然無疑。其引《詩集傳》，尊之曰「朱子」，則其人亦私淑朱子之學者。惟序文有：「天厭前代寶命，我皇聖慈，惟刑是恤，遂詔刑官，删修墜典等語。」似爲元初人語。或作釋文者自爲宋人，作序者自爲元人，年代相接，故難分別也。王元亮官於元泰定年間，距宋亡將五十年，其於釋文題曰重編，顯非元亮所作。《四庫總目提要》以釋文與纂例並屬之元亮，未得其實也。第元亮重編之時，有無删潤，則不能詳耳。《鐵琴銅劍樓藏書目録》云：「此書進表中注釋及本文有注字者，無名氏序謂此山貰冶子釋文也，卷後之釋文則王元亮所爲。」蓋亦承《提要》之説。第序既謂「《刑統》援引典故，及有難字」，且如問云：「加杖二百比徒四年，部曲與奴婢不等，義服與正服有乖，若此之差，例皆多目。此山貰冶子爲釋文以辯其義。」可見釋文原書不僅表中注釋及各卷中寥寥數條也。惟卷廿八「停家職資」，正文内有釋曰一條，而後文又出「停當」二字，釋云：「『當』字當作『家』字。詳其釋。」意則甚明，差若作「當」字，於義難通。此一本誤作「停當」，故爲此語，乃校刊之詞，而非注釋之文。或是元亮所羼入者歟？

孫宣公《律音義》專釋《律文》，而此書統釋《疏議》。宣公長於訓詁之學，其是正文字，極爲精審，此書則遠不逮。如「懲音呈」、「繩音成」，《廣韻》懲、繩在十六蒸，呈、成在十四清，異韵作音，於音學爲疏。又如卷十八「貓鬼」，不考《隋書·獨孤陀傳》貓鬼爲左道，而以猫爲斑猫，鬼轉音卉，爲治葛之屬，是轉以不誤爲誤也。然其疏解，大致亦有可采，惜多譌舛至不可讀。顧千里謂其所以難讀，則有應别自爲條而連他條者，有應屬一條而分數條者，有標其字而佚其釋者，有釋尚在而遺標字者，有前後互换其處者，有釋所據本不同而抵捂者。今得江東羅氏所藏鈔本《唐律疏義》，其釋文皆作大字，視孫本爲勝，取以相校，千里所言，誠中其失。惟鈔本亦時有譌舛，與孫本同，且有不如孫本者。又廿一、廿三兩卷釋文全缺，亦無可校。至如表文「十角」事出《後漢書·南匈奴傳》，釋文但有「十角者」三字，其下文缺。卷二十四引《周禮·族師》「四閭爲族，八閭爲聯。」「閭」誤作「宫」，兩本皆然。如此之類，又當取他書以校之，庶臻完善云。

常熟瞿氏宋本律文附音義跋

宋本《律文》十二卷附《律音義》一卷，曩見逡寫桐鄉沈氏藏本，嘗書其後，復跋之矣。常熟瞿氏鐵琴銅劍樓藏有影鈔宋本，吾友董綬金倩人影鈔一通，出以相示，款式悉仍其舊。「完」、「桓」二字缺末筆。卷末有墨圖記二方，一曰「子昭」，一曰「撚髭亭子雍」。目録云：「此書世尠傳本，原出浙江人士，稽瑞樓主人從之傳録。」是其書爲陳子準撰舊藏，子準没後，瞿氏得之。瞿云原出浙江人士，殆卽指蔣寅昉本。顧千里曾詆之，故泛言之也。

今以沈本互校，如卷一諸應議請減條第九行之首缺一字，諸婦人有官品條第一行之首缺二字，諸無官犯罪條第四、五行之首各缺一字，其餘缺文，兩本相同者多。卷十二「諸聞知有恩赦」以下十八行錯簡在諸斷罪應絞條第二行之後，兩本相同。此十八行，瞿本自爲一頁，乃此卷之第六頁，因與第七頁倒置，致列在後。此裝池之誤，而非原書之誤，傳録人不悟其故，接連寫去，遂成錯簡。沈本原書雖未見，其錯簡之由，亦必如此。此可以見，兩本實從一本出也。其字句有瞿誤而沈不誤者，亦有沈誤而瞿不誤者，得失互見。此當爲鈔胥之過，故往往不同。書經九寫，焉、烏轉易，自古已然，傳鈔本之病，所不能免。卽宋刊之極精者，薈衆本而校之，其得失亦時時互見也。

至宋本之勝于元刊《唐律》者，如「檢句」、不作「勾」。「然火」、不作「燃」。「考訊」、不作「拷」。「標識」，不作「幟」。若此之類，並屬《音義》之所校定，宋代之本已各不同。又卷一諸略和誘人條小注：「經問不臣。」《音義》：「臣，伏辭也。」按《廣韻》：「臣，伏也。」與《音義》合。又《説文》：「臣，牽也。象屈服之形。」《漢書·王陵傳》注：晉灼曰：「臣，服也。」卽律所謂取囚服辯也。」伏、服二義實相引伸，是其字本當作「臣」。今孫刻《唐律》作「承」。承，奉也，受也，繼也，續也，次也，舉也，迎也，諸書未見有伏、服之義。校者不察，遽改「臣」爲「承」，局刻《律音義》改作「承」，殊謬。而古義湮矣。又「諸道士女官」，《音義》：「《昇元經》云，女官如道士也。流俗以其戴冠，改作『冠』字，非也。」孫本《唐律》已作「女冠」，今習用之，不知有「女官」之名矣。此並宋本之勝于元刊者也。又《衛禁律》之「入上閤内者」句，瞿作「閤」，沈作「闔」，孫作「閣」，當作「閤」爲是，「闔」、「閣」並非。《説文》：「閤，門旁户也。」《爾雅・釋宫》：「小閨謂之閤。」《漢書・公孫弘傳》：「於是起客館，開東閤以延賢人。」注：師古曰：「閤者，小門也。東向開之，避當庭門，而引賓客，以别於掾史官屬也。」顧亭林《日知録》：「閤者，門旁小户也。因開館於其旁，即謂之閤。東晉太極殿有東西閤，唐制倣之。以宣政爲前殿，紫宸爲便殿，前殿謂之正衙。天子不御前殿而御紫宸，乃自正衙唤仗，繇閤門而入，百官候朝于衙者，因隨以入，謂之入閤。《唐六典》：「宣政殿之左曰東上閤，西曰西上閤。」蓋中門不啓，而開角門也。」據此説，其字當作「閤」，方與唐制合。《説文》：「闔，門扉也。」「閣，所以止扉者。」皆非此義。孫本他條亦多作「閤」者，可見此條之誤。鈔本《唐律》作「閤」，足與瞿本相印證。沈本之「闔」，必傳寫之譌。此瞿之勝於沈者。又《律音義》一卷，沈本誤處，瞿多不誤，可據以校正。但所見沈本乃迻寫者，不知原本果何如耳？

此書全本《唐律》，曩時藏書家以《宋律》相詫，爲顧千里所譏。然宋代别未修定律文，惟此書與《刑統》竝行，垂諸功令，宋時治律者咸奉爲圭臬，即稱之爲《宋律》，名非而實是，正不必持拘墟之見也。宣統建元十月朔始校，五日乃畢，校竟記之如此。

刑統賦解跋

宋傅霖《刑統賦解》二卷，鈔本。原書爲大興徐氏迻寫之漢陽葉氏本，董綬金推丞得之，迻寫一通，持以相贈。此書之源流，《四庫總目提要》及諸跋已言之詳矣。惟此注之爲霖所自作，抑出自他人？

則尚難確定。晁公武《郡齋讀書志》:「《刑統賦》二卷,皇朝傅霖撰,或人爲之注。」《玉海》六十六。引淳熙《中興館閣書目》之説同。是在宋孝宗時,已不能定此注之出于何人。《提要》謂霖自爲注,而以晁説爲非,不知所據何書?《提要》又謂王亮增注,於霖所自注竟削去之。是《四庫》採進之本兩淮鹽政。但有韻釋增注而無原注,與此本不同。如此注果爲霖自作,他人安得妄删之?疑元時傳本有有注者,有無注者,王亮增注爲有韻釋而無原注之本,非削去之也。然則此注果爲霖所自注與否,正難確定,不獨亡金及前賢等語爲可疑矣。《永樂大典》所載爲此賦之注者,尚有金李祐之、元程仁壽、練進、尹忠、張汝楫五家,設能編輯成卷,當有可與此本相印證者。惜當日之宗旨鄙棄之,以爲不足道,徒存其名於「提要」之中而不可復攷也。或曰:「程仁壽之書名《直解》,而此注逐句皆稱「解曰」,安知非即程書乎?」第此乃臆測之見,他無證據,姑存其説而已。至傅霖爲宋何代人,已不能詳。《中興書目》作于淳熙中,必在淳熙以前,疑是北宋人。此約略可考者。《宋史·藝文志》南監本作「刑統賦解一卷」,殿本作「刑統賦四卷」,並注云「不知作者」,則并傅霖之名亦逸之。《中興書目》、《讀書志》並作「二卷」,似一卷、四卷數目皆誤。《中興書目》作「刑統賦解」,見《玉海》。似無「解」字者,脱文也。

在金、元時,頗重其書,故注家甚多。然如第三韻「會赦、會降,有輕於會慮」。解謂:「慮者,特旨放一人罪,卽係聖慮所重,不同赦、降之法。」考之唐制,凡慮囚,流徒降杖,笞放,而不及死罪,事與降相等,而輕於赦。宋制同。乃《賦》謂赦、降輕於慮,其所降所放者不止一人,乃注謂放一人罪,殊非其實。若漢郡守有録囚之職,和帝録囚徒、舉寃獄,鄧后親幸洛陽寺録寃獄,乃親行郡守之事,其所釋免者固一人之罪，然非赦宥也。慮者，顔師古《漢書》注曰：「省録之，知其情狀有寃滯與否也。」《唐六典》注：「慮謂檢閲之。」《集韻》訓爲「寛省」。是慮乃省録之義。録、慮古相通借，非思慮之慮也。乃云「聖慮所重」，近於望文生義，殊誤。又第六韻「部曲娶優於雜户」。解謂：「部曲者，民奴放爲良。」不知何所本？部曲之名，起自軍中，余别有《部曲攷》，在《歷代刑法攷》中，此解似亦未當。奴放爲良，卽是良人，豈得仍以下賤視之？校字既竟，附識其略於此。宣統辛亥秋初。

粗解刑統賦跋

《粗解刑統賦》一卷，元孟奎撰。又别本《刑統賦解》，不知撰人姓名，合併于孟《解》之後，實則二書也。此本爲璜川吴氏藏鈔本，董綬金得之，迻寫一通，持以相贈。後又見江陰繆氏鈔本，係從常熟瞿氏本出。瞿本係舊鈔，不言何家所藏也。二書原併爲一卷，前半卷爲孟奎《粗解》，僅少末二條。後半卷自第三韻起至末皆完，惟少前二韻，其解視孟解爲詳，當自爲一書，但不知出于何人。繆本析而二之，頗爲允當。解《刑統賦》者，賦解非傅作，不知爲何人所著外，此則有郄氏、王氏、孟氏、沈氏四家，今又得此别本，自爲一家言。爰從繆本釐爲二卷，仍附于孟《解》之後，而題曰「别本刑統賦解」，闕其撰人姓名。繆跋以爲元人，是也。元人甚重此賦，故爲之注解者非止一家。《永樂大典》所載諸家，惜未輯出，今亦亡矣。宣統三年九月。

刑統賦疏跋

《刑統賦疏》一卷，元沈仲緯撰，江陰繆氏藏鈔本，後有黄蕘夫跋語。其書原本爲黄氏舊藏，今歸常熟瞿氏，此本從黄本迻寫者也。注《刑統賦》者，今世所傳凡三本，一郄氏《韻釋》、王氏《增注》本，一孟奎《粗解》本，一爲此本。前有俞淖、楊維楨二序，作于後至元五年及至正元年，則沈爲順帝時人也。其書於原賦逐句爲之疏解，并引《唐律疏議》以證明之。疏之後爲直解，語較簡質。直解之後爲通例，則引元代斷例及案牘以相印證。視《韻釋》、《增注》、《粗解》三家爲詳明矣。

俞序云，傅霖設爲問答之詞。楊序云，傅霖氏賦《刑統》，設問答。是傅氏原注，元世尚多傳本。此疏於第二韻「著而有定者」句下，第五韻「致傷親畜産」句下並引有傅霖注語，爲今本賦解所無，當確爲傅氏自注之文，知今本《賦解》非出于傅也。惟每韻不録原注，豈以當日風行于世，故不載耶？今此疏傳而原注不傳，殊爲憾事。元至治中，程仁壽有直解此書之《直解》，是否採用程書？抑爲沈所别撰？程書尚載於《永樂大典》中，《四庫》開館時未經輯出，無從考究矣。至原本鈔寫舛誤，第二韻「著而有定者」句下疏語尤顛倒錯亂，幾不可讀。今詳加訂正，並以《唐律疏議》校其誤之顯然者，其文可疑而難臆改者仍之，别爲校語于後。第三韻「矜其」、「稍遠」二句《疏》及《直解》通例並佚，以下「故屏服」十句並原賦全文皆佚，更無他本可以校補，良可惜也。宣統辛亥九月。

鈔本元典章跋

《大元聖政國朝典章》六十卷，附《新集》二册，無卷數，卷中標名亦曰「元典章」，省文也。其大綱分詔令、卷一。聖政、卷二。朝綱、卷一。臺綱、卷二。吏部、卷八。户部、卷十三。禮部、卷六。兵部、卷五。刑部、卷十九。工部、卷三。十類。其目：詔令則爲世祖、成宗、武宗、仁宗、今上；謂英宗。聖政二十四；朝綱一；臺綱六；吏部四，子目凡五十一；户部十五，子目凡七十五；禮部四，子目凡二十三；兵部五，子目凡三十九；刑部十四，子目凡一百三十二；工部二，子目凡七。總計目爲八十一，其六部之子目別爲三百二十七。《四庫總目》稱其目凡三百七十三，每目之中又各分條格，與此本不相應，未知是別一本，抑《總目》之數偶未核也？《新集》之綱分國典、朝綱、吏、户、禮、兵、刑、工八類，其目三十九，子目九十四，與《前集》不盡相同。蓋隨事立名，故不能一一符合。

此本紙色分新、舊，舊者每半頁十五行，當是影鈔元刻本，新者每半頁十行，當是補鈔者，蓋別一本。卷九缺倉庫官、局院官、場務官、站官、首領官、捕盗官六門，卷三十四缺軍裝一門，則已非全帙。此書世無刻本，傳鈔本亦不多見，雖有殘缺之處，已可寶貴矣。

録目有記七行云：「大德七年，中書省劄節文准江西奉宣撫呈，乞照中統以至今日所定格例，編集成書，頒行天下。照得先據御史臺比及國家定立律令以來，合從中書省爲頭，一切隨朝衙門各各編類。中統建元至今聖旨條畫，及朝廷已行格例，置簿編寫檢舉等語。」是此書當日乃奉官刊布，以資遵守，非僅爲吏胥之鈔記。刻於江西，故有江西奉劄之語。《新集》目前有記云：「《大元聖政典章》，自中統建元至延祐四年所降條畫，板行四方，已有年。今謹自至治新元以迄今日頒降條畫，及前所未刊新例，類聚梓行等語。」目後有「至治二年六月日」之文。是此書初刊於大德，嗣後隨時續增，以至延祐。《前集》有延祐五、六、七年詔令、事例，不止於四年。《新集》有至治三年事例，亦不止於二年六月。當日官書隨時續增者有之，故與所記不能盡符。《總目》疑爲未竟之本，殆未究其故也。《大元通制》成於至治三年二月，見《元史·英宗紀》，纂集於仁宗延祐二年，見歐陽玄《至正條格》序，與此書之刊行年月皆不相侔。《總目》謂各爲一編，自是定論。惟此書乃彙集之書，而非修纂之書，故所録皆條畫原文，未加删潤，似今日官署通行之案牘，大都備録全文，以資參考。

元代掌故之編，如《至元新格》、《風憲宏綱》、《大元通制》並亡失，不可復覩，百年制度，蕩然無存。《元史·刑法志》采自《大元通制》，以此書相覆對，頗有不同之處。其他法令，分門臚載，亦甚詳悉。一朝故事，其崖略藉以考見，洵可備政治家之研究者矣。《總目》譏其所載皆案牘之文，兼雜方言俗語，浮詞妨要者十之七八；又體例瞀亂，漫無端緒，乃吏胥鈔記之條格，不可以資考證云云。所論固是。然謂其體例之未善，則原其宗旨，本以備官府之遵守，與著述家之體例不同。謂於考證無關，則删其繁蕪，菁英自出，頗足供考證家之採摭，細流土壤，又何擇焉。若但存文字之見，遂屏而不録，良可惜已。

此本卷末有錢竹汀宫詹跋語，言長洲吴企晉家藏鈔本，持以相贈。卷首有松里小隱吴城跋語。卷面有西泠吴氏印記，又有許子詠印記，並「嘉慶辛酉，嚴秀才杰持以相示，用錢一萬二千買歸。鑑止水齋藏。」跋語二行。子詠吾郡德清人。因知此書由吴而錢，而吴，而許，展轉流傳，又入武林丁氏。吾友董綬金赴日本見是書，據稱從丁氏假鈔者。復從日本假歸付鈔胥，精録一通，儲之法律學堂書樓，以爲學士考證之助。鈔竟爲考之如此。光緒丁未季春，歸安沈家本記。

元史新編跋

邵陽魏默深纂《元史新編》九十五卷，具稿後，屬龔定菴校訂，故其稿在仁和龔氏。復流入獨山莫氏，午莊制軍以三千金購歸鋟板。光緒乙巳歲畢工，距魏氏編纂之日五十年矣。塵霾積久，幸而得傳，吾故謂書之傳不傳有數存乎其間也。

《元史》疏舛，呰議最夥。康熙中，邵戒三學士撰《元史類編》，有紀、傳而無表、志。錢竹汀詹事有《元史稾》百卷，未見傳本，僅有《補元史·氏族表、藝文志》二種在全集中。此編本紀取諸邵，《氏族表》、《藝文志》取諸錢，餘則甄集元代官私之所紀録，明初諸臣遺老之所紀載，遼、金、宋、明諸《史》之所出入，義謹事詳，起三十史官之廢疾而神明焕然，洵巨觀也。

其卷五十四釋老無目無傳，五十一遺逸、五十六羣盜有目無傳，卷五十三藝術存二傳，卷二十九留夢炎、蒲壽庚、方回、卷四十六曾巽申、陳深、王毅並有目無傳，凡例舉宋降臣有王積翁而并無其目。凡若此者，未知爲纂輯之未竟歟？抑其稿展轉流傳或有散逸歟？獨其謂《刑法志》全同案牘，爲禁例之重儓，遂從芟薙，則不能無疑焉。

堯、舜、三代不能去刑，孔子謂，刑罰不中則民無所措手足，是刑者世之大法也。歷代史書，若漢、晉、元魏、隋、唐、宋、遼、金、明，無不有刑法一志，其無此志者，世方以爲未全備之書，奈何本有者而反削之哉？將謂其爲案牘也，自來一朝之經制無不備於案牘之中，作史者第當於案牘之中摭取大要以考其得失，豈可鄙爲案牘而遂棄之？無案牘則經制何存？又豈可別爲空虛無著之辭，致使事實全非乎？將謂其爲重儓也，如五行志之類，鈔集舊聞，無關事實，以重儓目之，人或無詞，若元代刑法，前既不盡同於唐、宋、遼、金，而後來明代之制頗多沿用元法，則欲究其源委，尋其脈絡，而無隻字片言之可據，亦烏乎究之？烏乎尋之？元宰制中原將及百年，使此百年中之刑制蕩焉滅焉，後之人欲考其得失，又烏乎考之？乃遽目爲重儓而芟薙之，可乎？卽如《元典章》一書，固當日之案牘而鈔自胥吏之手者也，第當日行政之事迹皆具於其中，以視稗官野乘之出自傳聞者爲得其實，故邵氏《元史類編》多取以補正史之闕逸，乃鄙爲不足道而并邵氏譏之，何也？魏衞覬云：「刑法者，國家之所貴重而私議之所輕賤。」乃知法律之學，世皆懵暗，自古已非，積習相仍，於今爲甚。故雖以具史才史學若魏氏者，亦以刑法爲不足紀，輕予擯斥，不復討論。

既删《刑法志》，並列傳中之關於刑法者，如《王約傳》議鬭毆殺人減死一等著爲令之文而亦删之，深可怪也。安得績學之士，考求元代刑法，網羅羣書，明其得失，重編斯志，以備一朝之掌故焉，庶以補魏氏之遺乎！

大誥跋

《大誥前編》一卷，《續編》一卷，《三編》一卷，《大誥武臣》一卷。《前編》成於洪武十八年十月，《續編》成於十九年三月，《三編》成於十九年十二月，《大誥武臣》成於二十年十二月。《明史·刑法志》：「三十年，作《大明律誥》成，御午門，諭羣臣曰：『朕倣古爲治，明禮以導民，定律以繩頑，刊著爲令。行之既久，犯者猶衆，故作《大誥》以示民，使知趨吉避凶之道。古人謂刑爲祥刑，豈非欲民並生於天地間哉。然法在有司，民不周知，故命刑官取《大誥》條目，撮其要略，附載於律。凡榜文禁例悉除之，除謀逆及《律誥》該載外，其雜犯大小之罪，悉依贖罪例論斷。編次成書，刊布中外，令天下知所遵守。』《大誥》者，太祖患民狃元習，徇（欲）〔私〕滅公，戾日滋，十八年采輯官民過犯，條爲《大誥》。其目十條：曰攬納户，曰安保過付，曰詭寄田糧，曰民人經該不解物，曰灑派抛荒田土，曰倚法爲姦，曰空引偷軍，曰黥刺在逃，曰官吏長解賣囚，曰寰中士夫不爲君用。其罪至抄劄。次年復爲《續編》、《三編》，皆頒學宮以課士，里置塾師教之。囚有《大誥》者，罪減等。於時，天下有講讀《大誥》師生來朝者十九萬餘人，並賜鈔遣還。自《律誥》出，而《大誥》所載諸峻令未嘗輕用。其後罪人率援《大誥》以減等，亦不復論其有無矣。」

按《大誥前編》七十四條，《續編》八十七條，《三編》四十三條，《大誥武臣》三十二條。《明志》所舉十條，攬納户見《前編》第十九、三十七二條，安保過付爲三十八條，其文云：「所在府州縣安保之家，并說事過錢人，皆以口舌便利説誘云云。」是安保、過付爲二事，特不知安保於今爲何項人？詭寄田糧爲三十九條，民人經該不解物見《續編》五十三、五十五二條，其目一曰經該解物，一曰民拏經該不解物。經該謂各府州縣正官、佐貳官、首領或該吏，皆監臨主守者，非謂民人也。《志》言「民人」恐有誤。灑派抛荒田土見四十五條，其目曰灑派包荒。灑派，以自己科差灑細民。包荒者，本無積年荒田，買囑官吏，當科糧之際，作包荒名色，徵納小户，將田灑派，移坵換段，作詭寄名色，以此靠損小民。《志》作「抛荒」與《誥》意不符，似亦有誤。倚法爲姦爲《三編》第一條，空引偷軍爲第五條，逃囚爲第十六條，此條言黥刺在逃。官吏長押賣囚爲第十九條，寰中士夫不爲君用見《續編》第七十九斷指誹謗、《三編》第十條秀才剁指、第十三條蘇州人才三條之内，殆即所謂取《大誥》條目，撮其要略，附載於律者歟？第律内祇有詭寄田糧、攬納税糧、説事過錢、押解人故縱罪囚各罪名，餘並無文，未詳其故。至《志》所稱《律誥》，似當别爲一書，而《藝文志》不載，他書亦未見有稱述之者，亦未詳也。

范永鑾重刊大明律跋

范永鑾重刊《大明律》三十卷，乃董綬金郎中在日本時以日銀九圓購得者。丁未春，綬金出以相示，余償以原金，而書歸於余。其書爲明代舊帙，卷首載「大明律讀法」，凡例内稱，分注弘治後續例及新舊例之當互見者曰「附考」，采解律諸書簡明數語曰「集解」，録嘉靖元年以後所議定之例曰「嘉靖新例」。又載引用書目有《皇明祖訓大誥》、《大明令》、《卧碑》、《憲綱》、《會典》諸書。核諸各卷中，體例、書名一一符合。每類目録之前列「江西等處承宣布政使左參政今陞河南按察使臣范永鑾重刊」二行。

是此書刊於江西官署，爲范重刊之本，而非范自著之書也。《明史·藝文志》載范永鑾《大明律例》三十卷，孫存《大明律讀法書》三十卷，分爲二書，似范別一著書之人。然此書銜名之下既自署曰重刊，其爲舊有此書而非范所自著毫無疑義。若范果有自著之書，何必重刊他人之書，恐《明志》誤也。惟此書中不見孫存之名，殊不可解。明人刊書，最無義例，況爲官署刊行者，重刊他人之書而不署他人之名，此種習氣恐不能免。

其書名「讀法」者，《周禮》地官之屬，州長一歲三讀灋，黨正一歲七讀灋，族師一歲十四讀灋，閭胥讀灋無定期。讀卽讀其所掌之教灋，以勸以戒。此書刊於布政使署，布政使有承宣教化之責，書以「讀法」名，其義殆取諸此，非斤斤於字義之剖解，句讀之分明，觀於全書之體裁可見。凡例稱以《大明律》爲主，而附以見行條例，又可見律與條例當時本各自爲書，各行省公署合刊一編，以便行用，非部頒如此。迨萬曆十三年舒化等重修《問刑條例》，始將《大明律》開列于前，各例附列于後，刊刻頒本，乃合爲一書。猶之本朝康熙年間現行例亦各自爲書，雍正年間始編入條例之中也。

書無重刻年月，其稱世宗曰「今上」，嘉靖例曰「新例」，當刊於嘉靖年間。卷中有四明西郭范氏私印，氏下尚有二字，色黯不甚分明，似是「空荘」二字，不甚可解，或是「家藏」二字。當爲天一閣藏本，不知何時流落海外。近年日人搜求中華舊帙，吾鄉十萬卷樓書捆載東渡，羣相炫燿，士林引以爲憾。此帙獨從海外歸來，合浦珠還，差可喜也。

萬曆大明律跋

《大明律》三十卷，明萬曆十三年題定。前有刑部尚書舒化等重修《問刑條例》題稿，略謂：「《問刑條例》一書，先定於弘治十三年，重脩於嘉靖二十九年，續增於嘉靖三十四年，共三百八十五條。其中或有舉其一而未盡其詳，亦有宜於前而不宜於後，事本一類，乃分載於各條，罪本同科，或變文以異斷，至若繁詞宂義，未盡芟除，甲是乙非，未經畫一。蓋立例以輔律，貴依律以定例。律有重而難行，故例常從輕，不無過輕而失之縱。律有輕而易犯，故例常從重，不無過重而近於苛。諸如此類，亦略可言。如强盜傷人與殺人者，其情自異，難同梟示之條。私賣軍器比出境者，其罪既同，原無各斬之律。人命出辜限而通擬抵償，恐多冤獄。略賣至三犯而照前發遣，未足懲姦。冒籍生員非買文頂替之比，何以俱發口外。賣放軍犯有終身、永遠之別，豈容一概代當。至於加死爲重，不引律而即引例。梟示尤重，律無斬而例卽梟。凡此，據文既有可訾，於律不無相礙」云云。

所言條例應修之故，頗爲切直。爾時條例三百八十餘條，其應修之故已如此。若今日之條例多至一千八百數十條，或律重而例改輕，或律輕而例改重，或出於一時之懲創，或見於一案之處分，或一例定而多數之例因之以生，或一例興而通行之例不能不廢。夫立例以輔律，非以破律，過輕固近於縱，過重亦失之苛，苟未究乎定律之本原，而但憑一事一人之意見，恐有欲密反疏者。今之條例繁矣，其細已甚古人所譏，此不可不亟思變通者也。因感明人之言，略記所見於此，他日當有議及此者。

原稿又云：「仍將《大明律》逐款開列於前，各例附列於後，刊刻成書，頒布問刑衙門。」可見是年所修條例，附律而行，本非單行之本。崇禎中坊刻《官常政要》十八種，内有《萬曆問刑條例》二卷，是當日民間亦別刻單行。東瀛本《大明律》亦出於萬曆年間本，其《條例》別爲一册，殆彼國亦有單行之本歟？此本《條例》，名例九十一，吏三十一，户六十九，目録「九」作「八」。禮九，兵五十一，刑一百二十三，目録「三」作「二」。工八，凡三百八十二條。與題稿所舉之數合，《明史·舒化傳》數亦相符，而目録不同者，傳刻之誤也。原稿又云：「各衙門題准事例，凡有關於刑名者，咨送各部院衙門堂上官及該科公同酌議。隨據吏、户、禮、兵、工等部，都察院、大理寺回咨，前來仍會同吏部等衙門尚書臣楊巍等公同議擬。」此當日辦法，與後來不同，其詳慎之意，亦可見矣。光緒壬辰秋九月。

此本爲今提學使子培所藏，壬辰假以校雍正律文，因作此跋。今修律之事，屢奉明詔，與往日情形不同，幸前日之所言，可以見諸施行也。復識數語於後。丁未仲冬。

日本享保本明律跋

國朝律例承于前明，而《明律》傳本世不多覯。余所見者，僅有嘉靖本，隆慶本，萬曆十三年本，三十八年本，箋釋本，單行《問刑條例》則有崇禎本外，此又有日本本。其書刊于享保七年，故稱爲「享保本」。《問刑條例》別自爲卷，不分隸于各律之後，每條間有旁注，語亦簡略，不知爲何人之所輯？其條例無萬曆新例，疑出于嘉靖本也。彼國學者頗珍貴此書，歸國庫發售，近東游者往往攜一編歸，亦遂有流入中國者。吾友董綬金奉使東渡，曾觀其國庫所藏書，《明律》有六十餘種之多，可爲巨觀。考《明史·藝文志》所收講律之書不過十餘種，即范氏天一閣所藏之本有爲《志》所未録者，知其遺落者多矣。

竊嘗怪自來好古之士，搜討前人遺籍，每於風雲月露之詞，游戲應酬之作，什襲而珍藏之，或且登諸梨棗，而有關掌故者多不關心，法家之書尤所屏棄。抑知歷代之因革損益，以及法系之源流，非取其遺籍參稽而會通之，不能深明其故。好學之士，考求往事而圖籍散亡，多以爲恨，海外之人乃能刊布流傳，其所見爲何如哉！孫淵如覆元本《唐律疏議》，風行于世，洵爲獨具深心者矣。光緒戊申，法律館覆桐鄉沈氏所藏《明律》，將以爲學者參稽會通之助，非徒作商彝、周鼎觀也。此本爲許君溯伊所藏，昨出相示，與余所藏本同，爰書數語而歸之。宣統庚戌夏初。

律疏附例跋

《大明律疏附例》三十卷，附録一卷，補遺一卷，不著撰人姓名，隆慶二年重刊本。前有河南巡撫李劄文云："《律疏附例》，不知出自何所？亦無刊訂姓氏。中間引經斷獄，剖析精透，至於充類至義之盡，尤發前人所未發，誠老吏之斷案，法家之著龜也。"是隆慶時已不知撰人姓名。李巡撫者，不知何人？亦未加考訂也。《明史·藝文志》有王之垣《律解附例》八卷，而無此書。天一閣書目有《律疏附例》八卷，名同而卷數不符。原目所列。新目無，已亡。《明律》之以疏名者，天一閣書目又有《律條疏議》，原目十卷。新目作「《疏義》存卷一至三十」。成化二年刊本，亦無撰人姓名。孫淵如《唐律疏議跋》稱家藏有張楷《明律疏議》，不言卷數。《明志》載張楷《大明律解》十二卷。「疏」、「解」之名異。但孫氏因《唐律疏議》而及《明律疏議》，又係自藏之本，其名必不誤，恐《明志》或有誤。如王肯堂《箋釋》一書，箋者王樵私箋，釋者肯堂所釋，原書具在，而《明志》乃稱「箋解」，則「疏」之爲「解」，當亦類是。或疑此書即張楷所作。然《纂注》曾引《疏議》，而此書無其文，則非張書審矣。

此書律文後各有「謹按」一段，當即所謂疏語。《箋釋》、《纂注》間采其文，而不言出自何人，豈亦未詳其姓氏耶？余所見《明律》諸本皆與此疏不同，當自爲一家言。其按語之後列《大明令》、《詔令》、《會典》、《憲綱》、《問刑條例》、《續例》、《新例》，亦與諸本詳略不同。疑作疏者一人，附例者又一人。明人刻書，鹵莽滅裂，如《大明律讀法》爲孫存所撰，而范永鑾刻本不著孫存之名，此其比也。

此本爲大梁李氏藏本，董綬金推丞假以相示。余觀其疏語雖不若《瑣言》、《箋釋》諸書之詳明，亦頗簡當，無枝詞。其所載《續例》及《嘉靖新例》頗有爲萬曆時重修所删併省，殆嘉靖時所頒之例尚未編入《問刑條例》之中，故與諸本詳略不同。即諸本亦彼此不同。此書卷末尚有補遺二十四條，皆嘉靖二十年以前《新例》，而各門所收《新例》有在二十年以後者，其爲原書所未載而他人補之形迹顯然，可以見此書非出于一人之手矣。日本書庫所藏《明律》凡數十家，多爲中土所未見。余所及見者不及十家，此本亦未見之書也。今得見之，爲考之如此。

寄簃文存卷八

跋

順治律跋

《大清律集解附例》三十卷，順治二年刑部尚書吴達海等遵旨纂修。其原疏内稱：「臣部屢奉修律之旨，於順治二年四月内，該臣部啓心郎臣額爾革免督同滿洲臣耿愛額記庫、臣烏黑能、臣課羅科遵旨彙集會典，録進睿覽。又於六月内，蒙内院發送臣部該左侍郎黨崇雅彙纂。時吏部主事歐陽蒸、户部員外郎李果珍、禮部主事朱鼎延、兵部主事劉世傑、工部郎中朱國壽各將所分職掌律令纂送到部，崇雅督同郎中張祺、員外郎柯士芳、許宏祚、賀檟、宋調元詳按成法，參酌滿漢，編輯成帙。於閏六月内復呈内院大學士臣馮銓、臣洪承疇、臣范文程、臣剛林、臣祁克格、臣甯完我暨臣部額兒革免細加裁議。仍令啓心郎臣白色純同課羅科參證明白，鳩工發刻。該右侍郎臣提橋、臣房可壯再四考訂，督同郎中范芝、員外郎張毓中、宋炳、夏之中、蕭應聘、宋從心、周瓚、段騰藻、毛永齡、韓養醇、主事王鳳林、司務周再勳、傅作衡逐編磨勘，臣吴達海、左侍郎臣阿拉善、右侍郎臣李率泰督令河南司員外郎金燦繕刊。今已告成，將布告中外，請頒聖諭一道，刊載編首，用垂久遠云云。」

此疏於修律之源委甚爲詳悉。首冠世祖御製序，後題三年五月。次列大學士剛林等刊完奏進疏，係四年三月。是此書經始於二年，校定於三年，康熙九年疏内有「順治三年内院校定譯發」之語。刊成則在四年也。惟此本又有康熙九年大學士管刑部尚書事對哈納等一疏，此疏今官本《律例》失載。内稱：「律内大字有滿字不符漢字者，亦有漢字未譯滿字者，漢律内或注解參差，字句訛誤遺落者尚多，會同都察院、大理寺磨對舊律校正等語。」是康熙九年但校正其參差遺漏之處，於律文、例文初無更定也。

細檢此本，卷十八第十六頁《竊盜律》「一百二十兩以上絞監候，三犯不論贓數絞監候」一行爲《明律》所無。此本卷首所列順治二年奏定真正死罪絞罪總類内亦無此項。吴氏《律例通考》云：「順治四年，定竊盜贓一百二十兩者絞監候。至康熙十一年八月，刑科彭之鳳題准增改一百二十兩杖一百流三千里，一百二十兩以上者擬絞監候。康熙年間律内已經增入。」是此項罪名係康熙十一年所改定。此頁字畫較細，且多擠寫之處，與前後絶不相同。又卷十九第七頁於律文之前列順治五年七月二十四日諭旨一道，計四行。此半頁本係九行，第三行至第七行擠刻九行，遂爲十三行。此二處剜補痕迹顯然。又卷十七第五頁載順治三年五月上諭一道，與《根原》所載不符，字迹既小，每行少三字。此又剜改之明徵。然則此本爲順治元刻而康熙年間修補者。惟十一年改定之律業已修補，而十年改定之律注採生折割人律，見《廣彙全書》。轉未修補，則修補之時尚有遺漏之處矣。

原疏所列修律之員，吏、户、禮、兵、工五部各一人。蓋以刑部律例與五部多相關涉，必須五部之人方通曉五部則例，遇有修改，不至與五部互相歧異。此前人辦事精密之處。後來修律但用刑部之人，不復關照五部，於是刑部之例與五部往往歧異，援引遂多抵牾，竟至久同虚設。由此觀之，謂前人勝於後人，尚何説之辭？

雍正律刻本跋

《大清律集解附例》三十卷，雍正年刻本。所載舊例三百二十一條，上標「原例」二字，係承用《明律》。又刑部原刻例二百九十九條，上標「增例」二字，係康熙見行例。雍正年間增定例二百四條，是爲欽定例。據乾隆元年刑部疏文，係三年刊行。據乾隆五年《大清律》凡例，係五年删改增併。乾隆五年修律時所據，即雍正五年刻本。此本從子培假得，有《集解》、《總注》，確係雍正本。惟應議者犯罪載有雍正六年上諭一道。查《東華録》：「雍正六年十二月丙申《大清律集解附例》告成。」是此書經營始事在五年，而工竣已在六年年終，故其中頗有改定之例。惟六年所定之例亦未全載，至乾隆五年始行纂人者，當時去留之故，不可得而考矣。至刻本與黄册不同之故，則凡例所稱五年删改增併者是也。

雍正三年修律黄册跋

《大清律集解附例》三十卷，計四十册，又目録一册，係雍正三年修律黄册，進呈後發回存儲律例館。余承乏律例館提調，首尾六載，壬辰秋，取是書與萬曆《大明律》、雍正五年刻本《大清律》合校一過，摭其異同，分注於《律例根原》書内，以備稽考。

查《大清律》纂修於順治三年，校正於康熙九年，其《見行則例》酌議於康熙十八年。迨二十八年臺臣盛符升請將《見行則例》載入《大清律》條例内，復命尚書圖納、張玉書等爲律例館總裁，於三十四年將律文名例先繕進呈，至四十六年全書進呈，未蒙頒發。雍正元年，復經部臣奏請，派員速修，於三年進呈黄册，五年刊行。據三十四年館臣疏稱：「律文仿自《唐律》，辭簡義該。誠恐講晰未明，易致訛舛，臣等彙集衆説，於每篇正文後增用總注，疏解律義，期於明白曉暢，使人易知云云。」是律後《總注》爲康熙年間所增輯，雍正三年黄册殆即承用康熙中纂修之本。今《律例根原》所刻《總注》與黄册全文相符，而雍正刻木則與黄册不符者十之四五，豈當發刻之時又有所删潤歟？

黄册先列律文，律後列總注，總注後列原條例，原條例後列現行例，康熙見行例。其有雍正三年修改者爲原改條例，列於原條例之後，其體例如此。雍正刻本原條例改曰原例，現行例改曰增例，雍正年間增定者曰欽定例，其體例與黄册不同。其各條例或黄册有而刻本無，或黄册無而刻本有，是例文亦多修訂之處，不僅《總注》有所删潤矣。至原條例皆承用明之《問刑條例》而與萬曆本所載亦不盡同者，國初修律時彙集諸家注解之書，採輯而成，如范永鑾、高舉等本所采《大誥》、《大明令》、《明會典》諸書，往往改纂爲例，故多萬曆本未載之文。蓋萬曆本爲官頒律例定本，《大誥》、《大明令》、《明會典》之類自有官書在，未嘗編入也。黄册有數十處黏有硃字黄籤，是否當日硃筆，未敢臆定。謹誌於此。

雍正七年續纂條例黄册跋

《續纂大清律附例》黄册七册，雍正七年修例時進呈，發回存儲律例館。計續纂例一百十五條，内五十七條雍正三年業經纂入例内。其餘各條，惟保辜期限門原毆傷輕越日因風身死一條，奴婢毆家長門旗人稱家人喫酒行兇送部發遣一條，父祖被毆門兩家互毆各傷一命一條，後來續纂爲例，餘條未見纂輯，豈乾隆五年修律時皆在就删之列耶？《東華録》：「雍正七年夏四日戊戌，纂輯《律例》成。」是此年實有纂輯之事。其文坊間傳刻，必係曾經奏定，故敢付諸手民。惟歷來修律奏疏從未稱説七年之事，其三年已纂之例何以復入是編？此皆疑不能明者。

廣彙全書跋

《大清律例硃注廣彙全書》三十卷，康熙四十五年刊，不著纂輯人姓名。目録後有「京都琉璃廠萬古齋主人謹述」一行，知係爾時坊本。

全書仍順治之舊，惟採生折割人律文順治初於「採生折割人」下增入「爲妖術以惑人」六字小注，「流二千里安置」下無注，此本「安置」下有注，而「人」下無注，有硃注云：「『爲妖術以惑人』六字，康熙十年更定律例删去。」據此，則「人」下小注亦爲十年所增，因增注有「爲妖術以惑人」之語，故删前注。又闘毆及故殺人律順治本律文之前剜補順治五年諭旨四行，此本已删去。此兩處確爲康熙年間所修改。

康熙十年更定律例之事，僅見於此，他無可考。惟康熙十八年特諭刑部，將所有條例應去應存，詳加酌定，刊刻通行，名爲「見行則例」。是康熙《見行例》本係單行，不附入舊條例之内。迨二十八年臺臣盛符升奏請將《見行則例》載入《大清律》條例之内，因命圖納、張玉書爲總裁，於四十六年繕寫進呈，留覽未發。至雍正元年始行發下，重加校定付刊，五年頒行，卽雍正初年本也。可見終康熙之世，並無官修重刻《大清律附例》之書。此注所謂十年更定之語，當亦不過小小修補而已。

順治本曾於康熙九年校正，僅就原板剜補。而此本則康熙中民間通行之本，故硃注内每曰有新例，益知其時《見行例》爲别本單行。至硃注所采各家注釋，有《明律釋義》、《明律箋釋》及《據會》、《瑣言》、《會解》、《讀法》、《直行》、《管見》各種，又有稱《鏡》云、《軌》云、《箋》云者，亦當爲别一書名。又有稱李云、姚云者，則不知何人之説，無名字可考。其中强半爲已逸之書。近代講求法律之學者，海内牢落，偶有前人舊帙，又苦於傳述無人，遂至散失，并姓氏亦歸湮没。此編所載已逸之書，藏書家多未著録，僅賴此以存，亦可寶貴者矣。

律例根源跋

《律例根源》三十二卷，圖一卷，吾鄉張蘭渚先生官少司寇時所藏本也。薈萃列屆修律按語，起雍正三年，訖道光二十四年，按年排印，《大清律例》因時損益之故，具詳於是。法家循流溯源，正如導河者之必自昆侖也。

道光中，三原張主事承諫官刑部，勾合同志，仿聚珍板印行四十五部。經始於丙年八月，畢工於丁未六月。襄事者爲臨潼吕繡峯震川、三原張松坪長齡，而總司校訂者則何願船年丈秋濤也。承諫有跋記其事。此與皖省所印《律例根原》體例相同，書名亦相似，但「源」、「原」之異耳。皖省印書時殆未見此書也。皖本訖於同治九年，雖較此書爲備，第咸豐以後未載按語，不詳當時修改之意，未爲全璧。此書首録列朝御製序，並列届修律奏疏，并圖一卷。圖中亦載修改按語，爲皖本所無。皖本頗有舛錯之處，賴有此本可以校正之，是可寶也。當日排印本少，流傳甚稀，特儲之法律學堂，爲讀律諸君子考訂之助云。

羅石帆官司出入人罪減除折算表跋

官司出入人罪律定於唐，而明因之。惟明之刑制與唐稍不同，故此律亦不盡用唐之舊。唐法，刑名易者，從笞入杖、從徒入流以剩罪論，從笞杖入徒流、從徒流入死罪以全罪論。明以爲疏也，而創爲折杖之法。既以徒折杖，而以流折徒者，又折爲杖，其減除折算，用法極密，然紆曲而猝難通曉。國朝承用明法，近百餘年來，故增減之律已不常用，而失增減者，吏部又有議處之條而不復用刑律，是以人鮮研稽之者。羅石帆太守官西曹時，慨法家之言無人討論，爰勾集同人，聯爲律課，常以此律命題，人皆苦其艱晦。石帆竭帀月之力，取減除折算法，條分縷析，列爲三表。向之苦其艱晦，今開卷而瞭然，洵足備法家之討論者矣。今春石帆持以相質，爰書數語而歸之。宣統建元丁酉三月。

張扶萬大令鵬一新著二書跋

漢去古未遠，論事者多傅以經義，其最著爲董仲舒之書。《漢書·藝文志》《公羊董仲舒春秋治獄》十六篇，《隋志》作《春秋決事》，《唐志》作《春秋決獄》，《崇文總目》作《春秋決事比》，並十卷，是宋以前此書尚存也。後不知佚于何時，今但有王謨《漢魏遺書》及馬國翰《玉函山房輯佚書》兩輯本。應劭言春秋決獄二百三十二事，所存者已十不及一矣。仲舒之外，漢人以春秋治獄者，史傳所載頗多，古義紛綸，迥異俗吏。張扶萬大令，好古勤學，輯爲是編，凡得九十則。兩漢春秋治獄之事，略具於斯，匪獨仲舒一家之説也。治律者推尋古義，此所當探討者矣。《春秋治獄》。

漢自蕭何造律，益李悝《法經》爲《九章》，實後來治律家之所祖。爾時治律者，代不乏人。文翁守蜀，遣郡吏東學律令。南齊崔祖思謂：「漢來治律有家，子孫並世其業，聚徒講授，至數百人。鄭康成一代大儒，而爲律章句。」漢人於律，其重之也如此。當漢時，五經並置博士，授受淵源，《儒林傳》頗能詳之，而治律者之師承則莫之能詳也。此編輯漢代治律之人，列之爲表，授受淵源，雖不盡可考見，而兩漢治律之人，即此編而徵其得失焉。後之治律者，亦可以爲鑑矣。《兩漢治律家表》

書後

書四庫全書提要政書類後

《四庫全書總目提要》，紀文達公所編纂也。於政書類法令之屬，僅收《唐律疏議》及《大清律例》二部，存目亦僅收五部。其按語曰：「刑爲盛世所不能廢，而亦盛世所不尚，所録略存梗概，不求備也。」

謹按：此編纂之宗旨也，然竊有所未喻者焉。虞廷命官，士與司徒並重，恤刑施刑，反復丁甯，尤詳哉。其言之文王，明德慎罰，罔敢知于庶獄。周公《立政》一書，與《無逸》相表裏，尤惓惓于蘇公之敬獄。孔子言道政齊刑，又言道德齊禮，乃謂政刑之當進之以德禮，方臻郅治耳，非謂政刑之竟可置爲後圖也。故又言禮樂不興則刑罰不中，刑罰不中則民無所措手足。是刑罰之中不中，關於民者若斯之重要。《舜典》曰：「明于五刑，以弼五教。」《吕刑》曰：「士制百姓于刑之中，以教祇德。」是唐虞三代之隆，尚賴有刑以輔治，未能廢刑而不用。乃謂盛世所不尚，持論非不高，其如非事實何？

歷代之典章其存于今者鮮矣。《唐律》得中，爲世所重。自唐以上法令之書無一存者，學者思究其源委，考焉而弗能詳，方引以爲憾。宋以後之書，所存者無多，安可概擯而弗録？如存目中《永徽法經》、《至元條格》二書，皆自《永樂大典》中輯出，一可以考《金律》之異同，一可以考《元律》之大略。在輯之時，固以爲一朝之掌故，不可遺也，迨編纂之時，則擯之於存目之中，而其書遂不傳於世，豈不大可惜哉。《明律》傳本最夥，而存目中僅留《永樂大典》本。此本乃洪武初年初纂之書，尚用《唐律》十二門之目。迨二十三年重修之本，方以六曹分編，明世實皆遵用之。乃一代遵用之書不録，但録其椎輪之初稿，此其故亦正不可解也。名公卿之言論，舉世所宗仰，况爲奉命撰述之編，其立言之宗旨，天下之士，趨向從之，尤不當有所偏倚。乃云所録但存梗概，是直詔天下以法令爲不必學。以一言樹之鵠，於是歷代之朝章政典悉在鄙夷之列。有志者無書可考，欲求其是非之真而不可得。淺見者奉斯言爲楷式，一切屏棄而不知講求。將舉世無一明法之人，持法者但以鹵莽滅裂從事，如是而欲政平訟理，能乎？否乎？此可爲長太息者也。

《隋書·經籍志》於前代法令，雖亡逸猶存其名，唐、宋《藝文》亦皆甄取。隋、唐天府書目不傳，所傳者僅有宋《崇文總目》，其於歷代法令録之甚詳。惟《明史·藝文》始以祕書已亡，無憑記載，第就當代爲斷，實非古法。《總目》既以蒐羅祕籍爲宗旨，自無取乎《明志》之例而又不用隋、唐、宋之例。且瑣語稗編猶不以宂雜廢之，而典章之大者多歸屏黜。此又百思而不得其故者也。

若夫周季刑名法術之學，刻薄寡恩，非帝王之道，誠爲聖世所不取。然卽其言以考其行事，正足以資鑒，誠設并滅其籍，則其言不著，而行事之是非亦無從定矣。况乎法令爲政治得失之所繫，使皆去其籍，則治忽又何從考見之哉。

書鈔本律文十二卷音義一卷後

鈔本《律文》十二卷，《音義》一卷，乃光緒壬寅、辛卯間江蘇書局從桐鄉沈氏影鈔宋本寫樣。中有數卷爲黄子壽方伯彭年手校者，後附阮文達《揅經室外集提要》及顧千里《思適齋集》書後各一篇，又錢警石、邵蕙西二跋。蓋初擬付刊，後僅刻《音義》，附於《唐律疏義》之後。殆以律文與《唐律》同，故從割愛歟？考《玉海》稱：「天聖七年四月，判國子監孫奭言：准詔校定律文及疏，作《律文音義》一卷，與《律文》並行。」《困學紀聞》：十五。「天聖中，孫奭校定《律文》及《疏議》，爲《音義》。」是宣公所校定，并及《疏議》，不獨《律文》。而當日單行之本，則有《律文》而無《疏議》。此本殆卽《律文》單行之本。惟前無總目，各條無子目，體例簡略，未詳其故。文達《提要》謂《音義》爲《唐律》作，今以《唐律》校之，其說良是。

顧氏謂：「是書宋槧，爲浙人某乙所得。某乙以吾鄉某甲爲知書，就而請題目之，某甲告之曰：『此宋槧《宋律》也。』某乙遂每詑人以收藏《宋律》焉。又浙人某丙鈔其副，求善價以沽於諸好書者，亦往往詑人言：『子欲買我影鈔宋本《宋律》乎？』今年始輾轉獲影鈔本，急讀一過，於是啞然笑曰：『是豈《宋律》哉？』客曰：『此何書？』予曰：『《唐律》也。』」顧所謂某乙、某甲、某丙不知指何人？其語涉輕薄，而以是書爲《唐律》，則與文達所見同。至其謂宋一代所用名曰《刑統》，安得有所謂《宋律》？則未知《刑統》中自有律文，《刑統》中律十二篇五百二條，視《唐律》多二條。且《刑統》中律文與《唐律》頗有異同也。《刑統賦》注所引律文多有與《唐律》異者。

此書儀徵阮氏文選樓、昭文張氏愛日精廬並有藏本。桐鄉沈氏本未知從何本出？蔣君寅昉所藏書別有刊本。錢警石、邵蕙西跋語並以爲《宋律》，殆未取《唐律》校勘而致有此誤。乃江蘇書局刻《律音義》，不刻阮、顧之文，而獨刻錢、邵二跋，何也？《音義》卷末校書銜名中闕二人，據《玉海》，爲趙希言、王圭。其例，官大者居後，證諸《玉海》，次序正同。王圭亦係國子監直講，銜之可補者止此，餘不可考矣。

書律音義後

蔣寅昉光焴藏有《律文》刊本，仁和邵蕙西跋其後曰：「律文之古者，世傳《唐律疏議》，而《宋律》無傳。昭文張氏《愛日精廬藏書志》有《律文》十二卷、《音義》一卷，影宋鈔本，引《直齋書録解題》一段，且著其卷末有『天聖七年四月日准敕崇文院雕造』一行。今蔣君所藏刊本與張氏鈔本同，而卷末有修音義各官八人銜名，天聖七年云云，分作兩行，似鈔本有漏略。檢《唐律疏議》律文相校，大同而字句間有小異，蓋《宋律》原於《唐律》也。孫宣公《音義》雖本《唐律釋文》，而亦有出入。考元王元亮重編《唐律疏議》及《釋文》纂例，此本雖稱天聖七年雕造，而雕式非宋刊，或即元至順中刊《唐律》時所併刊歟？」

愚按：《玉海》律令類天聖律文音義條云：「七年四月，判國子監孫奭言：『准詔校定《律文》及《疏》。律疏與《刑統》不同，本疏依律生文，《刑統》參用。後敕雖盡引疏義，頗有增損，今校爲定本，須依元疏爲正。其《刑統》衍文者省，闕文者益，以遵用。舊書與《刑統》兼行，又舊本多用俗字，改從正體。作《律文音義》一卷，文義不同，即加訓解。』詔崇文院雕印，與《律文》並行。先是，四年十一月，奭言：『諸科惟明法一科《律文》及《疏》未有印本，舉人難得真本習讀。』詔國子監直講楊安國、趙希言、王圭、公孫覺、宋祁、楊中和校勘，判監孫奭、馮元詳校。至七年十二月畢，鏤版頒行。」《書目》：「《律令釋文》一卷，天聖中孫奭等撰。字義不同，悉有解訓。」據此，是書原名《律文音義》，《中興書目》之《律令釋文》實即是書。《宋史・藝文志》，《律音義》、《律令釋文》分爲二書，似誤。書名省去「文」字，似當時已如此，故《宋志》但稱《律音義》。

此本爲桐鄉沈氏影宋鈔本，未知從何本出？與蔣、張二本同異何如？今不能詳。卷末銜名列楊中和、宋祁、公孫覺、楊安國、馮元、孫奭，中闕二人，以《玉海》考之，則王圭、趙希言也。陳振孫《書録解題》，《律文十二卷、音義》爲一書，《刑統三十卷》爲一書，是當時《音義》實附於《律文》之後，而不與《刑統》同編。《玉海》稱與《律文》並行，是當時又有單行之本。光緒辛卯，江蘇書局重刻岱南閣本《唐律疏議》，而附此書於後，以《音義》正爲《唐律》作也。《刑統》律文與《唐律》頗有同異，而此本律文與《唐律》全同，蔣本及張本未知何若？恐亦未能免顧千里之譏。邵跋及錢甘泉鄉人跋詫爲《宋律》，似未可信。《唐律釋文》序無年月，亦不著撰人名氏，但云「此山貰冶子」，不能定其爲何時人。觀王元亮自署重編，當在元亮之前。《名例》釋文引《律音義》一條，必在宣公之後。邵跋謂宣公之書本於《釋文》，亦未必然也。

書刑統賦解韻釋後

《刑統賦》：「會赦、會降，有輕於會慮。」郄氏《韻釋解》曰：「赦者全免，降者減輕也，慮者特旨放一人罪也。按《名例》云：『若使普覃惠澤，非涉殊私，雨露平分，自依常典。』有官爵者除名，其有一人犯罪，特旨原免，官爵復故，卽係聖慮所重，不同赦、降之法也。歌曰：『免罪復官，聖慮重意。』」孟奎《粗解》曰：「慮者，人主思慮，矜刑恤死，出于異恩，故或全免復初。赦、降之恩，皆不及之。」沈仲緯《疏》：「或原或減，出於睿斷之謂慮。」此元、明人解「慮」字爲思慮之慮，相承已久。

《漢書·雋不疑傳》注：「師古曰：『省録之，知其情狀有寃滯與不也。今云慮囚，本『録』聲之去者耳。而近俗不曉其意，訛其文，遂爲『思慮』之『慮』，失其源矣。』」據此，則唐人已有作「思慮」解者，不始自元、明人也。慮囚唐制，實本爲漢之録囚，師古以唐人解唐制。《唐六典》爲開元中官定之書，其於「慮囚」注云：「慮謂檢閲之也。」則慮非思慮之慮，灼然無疑，元、明人之説皆誤也。至於慮囚之典，因于水旱而特行省録者爲多。《太宗紀》貞觀二年慮囚，《刑法志》稱親録囚徒，其事爲天子親臨，似乎甚重。然其制，流徒降等，杖笞釋放，而不及死罪，實視人赦之及于死罪者爲輕。

《唐律·名例二》：「曾降者，聽從當贖法。」《疏議》曰：「雜犯死罪以下，未奏畫，逢降，有官者聽官當，有蔭者依贖法。其會赦者依令解見任職事。問曰：『上文云十惡、故殺人、反逆緣坐會赦猶除名，雜犯死罪等會降從當贖法，若有別蒙敕放及會慮減罪，得同赦、降以否？』答曰：『若使普覃惠澤，非涉殊私，雨露平分，自依常典。如有特奉鴻慈，總蒙原放，非常之斷，人主專之，爵命並合如初，不同赦、降之限。其有會慮減罪，計與會降不殊，當免之科，須同降法。慮若全免，還同特放之例。』」觀《疏議》以特放、會慮爲二事，分別甚明。《刑統賦》但節取其前段特放一層，而不及後段，是直以特放卽會慮矣，實與唐制不符。《疏議》乃高宗時官修之書，其所言皆當時之制，既以特放爲非常之典，未可與會慮混而爲一也。若《後漢書》安帝及鄧后《紀》所書録囚而免一人死罪，此偶然之事，本非常典，與唐制之慮囚不同，亦未可援以爲證也。

書明大誥後

凡人之情多移於習，輒狃焉而不知革。苟欲革之而無術以化其習，則其移於習者既深，即懾之以威，而狃焉者如故。何則？習之成也，非一朝一夕之故，由積漸而然，不究其習之所由成而徒用其威，必終于威竭而不振也。昔者三代之民，其心安於爲善，而恥於爲不善，即間有一、二不善之習，不足以移人。其時，上初不以威爲治而以刑驅迫乎其後也，何其德化盛而風俗茂美如斯哉！迨乎學校衰廢，世教淩夷，巧僞變詐無所不爲之習，遂日漸漬焉而不可止。其在優柔之主，以苟安無事爲幸，而不復思挽救之術，其習固日積而日深。其在剛戾之主，施不測之威，若風雨雷霆之震動，謂民必畏而不敢復犯也，乃習之已成，雖以盛威臨之，而終不可革。司馬遷曰：「法令者，治之具，而非致治清濁之源也。」善哉言乎！

明太祖懲元治縱弛之習，欲用威以革之。《大誥》所列諸峻令，族誅、凌遲、梟令以尋常過犯與叛逆、賊盜同科，刖足、斬趾、去膝、閹割既用久廢之肉刑，而斷手、剁指、挑筋更非古肉刑之所有。又或一身而兼數刑，或一事而株連數百人，皆出於常律之外。其威亦云竭矣，方謂天下震慄，必皆革其習而翻然改圖。乃觀於《大誥》所言，一則曰：「棄市之屍未移，新犯大辟者即至」。再則曰：「朝治而暮犯，暮治而晨亦如之。」屍未移而人爲繼踵，治愈重而犯愈多。其於僞鈔條云：「句容楊饅頭起意，縣民合謀者數多，捕獲到官，自京至於句容，其途九十里，所梟之尸相望。朕想決無復犯者，豈期不逾年，本縣村民亦僞造寶鈔甚焉。」此一事而先後犯者相踵，人人狃於習也。刑餘攢典盜糧條云：「龍江衛官攢人等，通同户部官盜賣食糧，墨面文身，挑筋去膝蓋，仍留本倉守支。不逾半年，已刑之吏康名遠偷出官籌轉賣，與一般刑餘攢典費祐盜支倉糧。嗚呼，當是官是吏受刑之時，朕謂斯刑酷矣，聞見者將以爲戒，豈意康名遠等肢殘體壞，刑非命存，惡猶不已。此等兇頑之徒，其將何法以治之乎？」此一人而前後疊犯，狃于習而怙終者也。然則威既竭而習難革，其效可睹矣。太祖之諭楊靖也曰：「愚民犯法，如啗飲食，嗜之不知止。設法防之，犯益衆，推恕行仁，或能感化。」其於陳寧進法重則人不輕犯之説，則折之曰：「古人制刑以防惡衞善，故唐虞畫衣冠、異章服以爲戮，而民不犯。秦有鑿顛抽脅之刑，參夷之誅，而囹圄成市，天下怨叛。未聞用商鞅之法可致堯舜之治也。」又嘗謂劉惟謙曰：「仁義者，養民之膏粱也。刑罰者，懲惡之藥石也。舍仁義而專用刑罰，是以藥石養人，豈得爲善治乎？」自《律誥》既成，而《大誥》所載諸峻令未嘗輕用。其亦悟徒用其威者，威竭則不振，而欲以仁恕化其習也。

夫自教養之道放失既久，民之鴟義姦宄，泯泯棼棼，方沈淪而不返。當夫民物康阜之時，傷秋荼，嗟夏日，已不勝其紛擾，矧彫敝之餘而復以武健嚴酷繼之，民將無所措手足而心亦離矣。民心離則大患將至，可不懼哉。乃世之議刑者，不問罪與刑之相比與否，輒曰是宜從重，抑知民之貪冒嗜利而無恥，非徒治其標，必當深究其本也。本之不求而惟標是治，譬諸醫者之治病，其癥結之所聚，氣血寒熱所因不同，其治各異。若不究其所因，而概以攻伐峻利之品施之，病未去而身先斃，即强壯之人亦將不支，況其爲羸弱者哉。治民者何以異是。觀於《大誥》，而用威之不足言治也可知矣。余故三復斯編而書其後，以告世之議刑者。

書勞提學新刑律草案説帖後

干名犯義

此告訴之事，應於編纂《判決録》時於誣告罪中詳敍辦法，不必另立專條。

犯罪存留養親

古無罪人留養之法，北魏太和中始著之令格。《金史·世宗紀》：「大定十三年，尚書省奏鄧州民范三毆殺人當死，而親老無侍，上曰：『在醜不争謂之孝，孝然後能養斯人。以一朝之忿忘其身，而有事親之心乎？可論如法，其親官與養濟。』」是此法之未盡合理，前人有議之者矣。又嘉慶六年上諭論承祀、留養兩條有云：「兇惡之徒，稔知律有明條，自恃身係單丁，有犯不死，竟至逞兇肆惡。是承祀、留養，非以施仁，實以長姦，轉似誘人犯法等語。」是我朝祖訓亦嘗申言其弊。此所當敬謹尋繹者也。此法不編入《草案》，似尚無悖於禮教。

親屬相姦

新《草案》和姦有夫之婦處三等至五等有期徒刑，較原案又加一等者，原包親屬相姦在内，但未明言耳。此等行同禽獸，固大乖禮教，然究爲個人之過惡，未害及於社會。舊律重至立決，未免過嚴究之。此等事何處無之，而從無人舉發，法太重也。間有因他事牽連而發覺者，辦案者亦多曲爲彌縫，由立決改監候。使非見爲過重，何若是之不憚煩哉。大抵法太重則勢難行，定律轉同虛設。法稍輕則人可受，遇事尚可示懲。如有此等案件，處以三等有期徒刑，與舊法之流罪約略相等，似亦不爲過寬。應於《判決録》詳定等差，毋庸另立專條。

親屬相盜　親屬相毆

此兩條並在酌量減輕之列，應於《判決録》内詳定等差，毋庸另立專條。其關乎毆尊親屬者，《修正草案》内已定有明文矣。

故殺子孫

《公羊傳》僖五年：「晉侯殺其世子申生。曷爲直稱晉侯以殺？殺世子母弟，直稱君者，甚之也。」何休注：「甚之者，甚惡殺親親也。」又疏引《春秋》，説僖五年晉侯殺其世子申生，襄二十六年宋公殺其世子痤，殘虐枉殺其子，是爲父之道缺也。此可見故殺子孫，實悖《春秋》之義。《康誥》稱於父不能字厥子，乃疾厥子，在刑茲無赦之列。古聖人於此等之人，未嘗稍恕之也。《唐律》子孫違犯教令而祖父母父母毆殺者徒一年半，以刃殺者徒二年，故殺者各加一等。二年、二年半。即嫡繼慈養殺者又加一等。《明律》改一年半者爲滿杖，改二年及二年半者爲一年，既失之太輕；其嫡繼慈養之致失絶嗣者復加至絞，又失之過重。此本當損益者也。今試以新草案而論，凡殺人者處死刑、無期徒刑或一等有期徒刑。此專指謀、故言。如係故殺子孫，可處以一等有期徒刑，再以酌量減輕條犯罪之事實情輕減二等之法減之，可減爲三等有期徒刑。而三等之中又可處以最輕之三年未滿，則與《唐律》之輕重亦差相等矣。此亦可以明定於《判决録》内，毋庸另立專條。

殺有服卑幼

宋李綖言，風俗之薄，無甚於骨肉相殘。是同宗自相殺傷，卽尊長於卑幼，亦非風俗之善者。若必明定於律文之中，亦徒見其風俗之不良耳。且謀、故殺卑幼，舊律之應擬死罪者，於新《草案》同凡人論，尚無甚出入。其毆死及毆傷者，照新《草案》雖與凡人同論，而按之舊法亦無大出入。此等但當於《判决録》規定等差，不必多立專條。

妻毆夫夫毆妻

《唐律》毆傷妻減凡人二等，死者以凡人論，以刃及故殺者亦同凡人論斷。妻毆夫徒一年，傷重者加凡人三等，死者斬，故殺亦止於斬也，與凡人罪名相去不遠。《明律》毆妻非折傷勿論，折傷以上減凡人二等，死者絞，故殺亦絞。毆夫滿杖，折傷以上加凡鬬三等，篤疾絞決，死者斬，故殺者淩遲處死。夫則改輕，妻則改重，遂大相逕庭矣。夫妻者，齊也，有敵體之義。乃罪名之輕重懸絶如此，實非妻齊之本旨。今酌擬辦法，凡罪之至死者無論矣，其毆傷及毆死者，卽照傷害人身體條，夫從輕比，妻從重比，與凡人稍示區别，似不至大乖乎禮教。亦於《判决録》内詳細規定，不必另立專條。

發塚

《修正草案》已有此條，在第二十章，與此條所擬大略相等，不必再補。

犯姦

無夫之婦女犯姦，歐洲法律並無治罪之文。《俄律》污人名節門有十四歲以上尚未及歲之女爲師保人等及僕役誘姦一條，違禁嫁娶門有姦占無夫婦女一條。前條指師保人等言，後條指姦占言，非通常之和姦罪名也。近日學説家多主張不編入律内，此最爲外人著眼之處，如必欲增入此層，恐此律必多指摘也。此事有關風化，當於教育上別籌辦法，不必編入刑律之中。孔子曰齊之以刑，又曰齊之以禮，自是兩事。齊禮中有許多設施，非空頒文告遂能收效也。後世教育之不講，而惟刑是務，豈聖人之意哉！

子孫違犯教令

違犯教令出乎家庭，此全是教育上事，應別設感化院之類，以宏教育之方。此無關於刑事，不必規定於刑律中也。